CURSO DE
DIREITO
TRIBUTÁRIO

O GEN | Grupo Editorial Nacional – maior plataforma editorial brasileira no segmento científico, técnico e profissional – publica conteúdos nas áreas de concursos, ciências jurídicas, humanas, exatas, da saúde e sociais aplicadas, além de prover serviços direcionados à educação continuada.

As editoras que integram o GEN, das mais respeitadas no mercado editorial, construíram catálogos inigualáveis, com obras decisivas para a formação acadêmica e o aperfeiçoamento de várias gerações de profissionais e estudantes, tendo se tornado sinônimo de qualidade e seriedade.

A missão do GEN e dos núcleos de conteúdo que o compõem é prover a melhor informação científica e distribuí-la de maneira flexível e conveniente, a preços justos, gerando benefícios e servindo a autores, docentes, livreiros, funcionários, colaboradores e acionistas.

Nosso comportamento ético incondicional e nossa responsabilidade social e ambiental são reforçados pela natureza educacional de nossa atividade e dão sustentabilidade ao crescimento contínuo e à rentabilidade do grupo.

SOLON SEHN

CURSO DE
DIREITO
TRIBUTÁRIO

2ª edição revista, atualizada e ampliada

- O autor deste livro e a editora empenharam seus melhores esforços para assegurar que as informações e os procedimentos apresentados no texto estejam em acordo com os padrões aceitos à época da publicação, e todos os dados foram atualizados pelo autor até a data de fechamento do livro. Entretanto, tendo em conta a evolução das ciências, as atualizações legislativas, as mudanças regulamentares governamentais e o constante fluxo de novas informações sobre os temas que constam do livro, recomendamos enfaticamente que os leitores consultem sempre outras fontes fidedignas, de modo a se certificarem de que as informações contidas no texto estão corretas e de que não houve alterações nas recomendações ou na legislação regulamentadora.

- Fechamento desta edição: *12.02.2025*

- O Autor e a editora se empenharam para citar adequadamente e dar o devido crédito a todos os detentores de direitos autorais de qualquer material utilizado neste livro, dispondo-se a possíveis acertos posteriores caso, inadvertida e involuntariamente, a identificação de algum deles tenha sido omitida.

- **Atendimento ao cliente: (11) 5080-0751 | faleconosco@grupogen.com.br**

- Direitos exclusivos para a língua portuguesa
  Copyright © 2025 by
  Editora Forense Ltda.
  Uma editora integrante do GEN | Grupo Editorial Nacional
  Travessa do Ouvidor, 11 – Térreo e 6º andar
  Rio de Janeiro – RJ – 20040-040
  www.grupogen.com.br

- Reservados todos os direitos. É proibida a duplicação ou reprodução deste volume, no todo ou em parte, em quaisquer formas ou por quaisquer meios (eletrônico, mecânico, gravação, fotocópia, distribuição pela Internet ou outros), sem permissão, por escrito, da Editora Forense Ltda.

- Capa: Fabricio Vale

Dados Internacionais de Catalogação na Publicação (CIP) de acordo com ISBD

S456c	Sehn, Solon
	Curso de direito tributário / Solon Sehn. - 2. ed. - Rio de Janeiro: Forense, 2025.
	840 p.
	Inclui bibliografia.
	ISBN: 978-85-3099-669-7
	1. Direito. 2. Direito tributário. I. Título.
2025-587	CDD 341.39
	CDU 34:336.2

Elaborado por Odilio Hilario Moreira Junior - CRB-8/9949

Índice para catálogo sistemático:
1. Direito tributário 341.39
2. Direito tributário 34:336.2

*"Enquanto eu tiver perguntas e não houver resposta
continuarei a escrever."*
(Clarice Lispector)

*A Karina, Lara e Nicolas,
com amor.*

SOBRE O AUTOR

Professor de Direito Aduaneiro e Tributário. Doutor e Mestre em Direito Tributário pela PUC-SP (Pontifícia Universidade Católica de São Paulo). Advogado, graduado em Direito pela UFPR (Universidade Federal do Paraná). Ex-Conselheiro do Carf (Conselho Administrativo Federal de Recursos Fiscais), representante da CNI (Confederação Nacional da Indústria). Currículo completo: https://linktr.ee/ssehn.

NOTA À SEGUNDA EDIÇÃO

A segunda edição do *Curso de Direito Tributário* incorpora as alterações da Lei Complementar 214/2025, que institui os tributos sobre o consumo criados pela Reforma Tributária (Emenda 132/2023) aprovada pelo Congresso Nacional. Também foram realizadas atualizações gerais para a inclusão de novas referências bibliográficas, outras alterações legislativas e jurisprudenciais. Espera-se que o livro continue cumprindo o seu propósito, que é oferecer aos operadores jurídicos um material adicional para auxílio na interpretação da legislação aduaneira, servindo de estímulo para outros estudos na área. Agradeço a todos os alunos e colegas que, gentilmente, enviaram comentários, críticas e sugestões para esta nova edição. Boa leitura a todos.

NOTA DO AUTOR

Este livro reúne, em um único volume, a parte geral e a parte especial do direito tributário. Nele são estudados o sistema tributário nacional, as limitações constitucionais ao poder de tributar, os institutos fundamentais da tributação e o regime de incidência dos tributos em espécie. Tudo já em conformidade com a Emenda da Reforma Tributária aprovada pelo Congresso Nacional. Os temas são analisados de forma direta e objetiva, considerando as diferentes concepções doutrinárias existentes e os precedentes vinculantes do STJ e do STF. Espera-se que o trabalho proporcione aos estudantes e aos operadores jurídicos uma referência bibliográfica adicional para a resolução dos problemas concretos que emergem da complexa legislação tributária brasileira. Boa leitura a todos.

LISTA DE ABREVIATURAS

Ac.	–	Acórdão
ADCT	–	Ato das Disposições Constitucionais Transitórias
ADI	–	Ação Direta de Inconstitucionalidade
AFC	–	Acordo sobre a Facilitação do Comércio
AgInt	–	Agravo Interno
AgR	–	Agravo Regimental
AgRgAg	–	Agravo Regimental no Agravo
APLI	–	Acordo sobre Procedimentos para o Licenciamento de Importações
ARE	–	Agravo em Recurso Extraordinário
AREsp	–	Agravo em Recurso Especial
AVA	–	Acordo de Valoração Aduaneira
BEPS	–	*Base Erosion and Profit Shifting*
CAM	–	Código Aduaneiro do Mercosul
CAMEX	–	Câmara de Comércio Exterior
Carf	–	Conselho Administrativo de Recursos Fiscais
CC	–	Conselho de Contribuintes
CF	–	Constituição Federal
CMC	–	Conselho do Mercado Comum
CND	–	Certidão Negativa de Débitos
Coana	–	Coordenação-Geral Aduaneira
Confaz	–	Conselho Nacional de Política Fazendária
COSIT	–	Coordenação-Geral de Tributação
CPEN	–	Certidão Positiva com efeito de Negativa
CQR	–	Convenção de Quioto Revisada
CSRF	–	Câmara Superior de Recursos Fiscais
CTN	–	Código Tributário Nacional
CTVA	–	Comitê Técnico de Valoração Aduaneira
CVA	–	Código de Valoração Aduaneira
DCTF	–	Declaração de Débitos e Créditos Tributários Federais

DECEX	–	Departamento de Operações de Comércio Exterior
DECOM	–	Departamento de Defesa Comercial
DI	–	Declaração de Importação
DU-E	–	Declaração Única de Exportação
DUIMP	–	Declaração Única de Importação
ED	–	Embargos de Declaração
FACTA	–	*Foreign Account Tax Compliance Act*
GATT	–	*General Agreement on Tariffs and Trade* (Acordo Geral sobre Tarifas e Comércio)
GIA	–	Guia de Informação e Apuração
NCM	–	Nomenclatura Comum do Mercosul
NESH	–	Notas Explicativas do Sistema Harmonizado de Designação e Codificação de Mercadorias
OCDE	–	Organização para a Cooperação e Desenvolvimento Econômico
OMA	–	Organização Mundial das Alfândegas
OMC	–	Organização Mundial do Comércio
PER/Dcomp	–	Pedido Eletrônico de Restituição, Ressarcimento ou Reembolso e Declaração de Compensação
PGFN	–	Procuradoria-Geral da Fazenda Nacional
PGR	–	Procuradoria-Geral da República
PLC	–	Projeto de Lei Complementar
RA	–	Regulamento Aduaneiro
RE	–	Recurso Extraordinário
REsp	–	Recurso Especial
SH	–	Sistema Harmonizado
STF	–	Supremo Tribunal Federal
STJ	–	Superior Tribunal de Justiça
TE	–	Turma Especial
TFR	–	Tribunal Federal de Recursos
TO	–	Turma Ordinária
TJ	–	Tribunal de Justiça
TJUE	–	Tribunal de Justiça da União Europeia
TRF	–	Tribunal Regional Federal

SUMÁRIO

PARTE GERAL

CAPÍTULO I – DIREITO TRIBUTÁRIO... 3

1 Atividade financeira do estado.. 3

2 Ciência das finanças 4

3 Direito positivo e ciência do direito 5

4 Dogmática do direito tributário... 5

5 Fontes formais 6

    5.1   Constituição Federal 6

        5.1.1   Preeminência hierárquico-normativa da Constituição.............. 6

        5.1.2   Natureza analítica da Constituição Federal de 1988 7

    5.2   Tratados internacionais... 9

        5.2.1   Conceito e espécies 9

        5.2.2   Hierarquia (CTN, art. 98) 11

    5.3   Lei complementar 13

        5.3.1   Conceito constitucional.. 13

        5.3.2   Hierarquia 16

        5.3.3   Funções da lei complementar tributária (CF, art. 146) 20

            5.3.3.1   Dispor sobre conflitos de competência 20

            5.3.3.2   Regular as limitações ao poder de tributar 20

            5.3.3.3   Normas gerais de direito tributário 21

                5.3.3.3.1   Conceito 21

                5.3.3.3.2   Instituição de tributos sem prévia lei complementar... 26

                5.3.3.3.3   Responsabilidade tributária....................... 27

                5.3.3.3.4   Prescrição e decadência 28

                5.3.3.3.5   Extinção e suspensão do crédito tributário... 29

                5.3.3.3.6   Adequado tratamento ao ato cooperativo... 30

| | | 5.3.3.3.7 | Tratamento diferenciado e favorecido para microempresas e empresas de pequeno porte | 31 |

5.3.3.4 *Locus* normativo do Código Tributário Nacional...... 32

5.3.3.5 Leis complementares estaduais e municipais 32

5.4 Lei ordinária 33

5.5 Decretos legislativos e resoluções 34

5.6 Atividade legislativa do Poder Executivo 34

5.6.1 Leis delegadas 34

5.6.2 Medidas provisórias e decretos-leis 35

5.6.3 Convênios públicos... 38

5.6.4 Decretos, regulamentos e outros atos normativos................. 40

CAPÍTULO II – TRIBUTO E ESPÉCIES TRIBUTÁRIAS............................... 43

1 Tributo... 43

1.1 Parametricidade constitucional 43

1.2 Elementos do conceito de tributo.. 45

1.2.1 Recursos monetários (exclusão de prestações *in natura* e *in labore*) 45

1.2.2 Devidos ao poder público... 45

1.2.3 Obrigação *ex lege*... 46

1.2.4 Destinadas ao custeio de despesas públicas.......................... 48

1.2.5 Sem caráter punitivo.. 49

1.3 Irrelevância da denominação 53

1.4 Determinação por exclusão 54

2 Espécies tributárias.. 54

2.1 Relevância da classificação 54

2.2 Divergências na doutrina... 56

2.3 *Nomen iuris*.. 59

2.4 Impostos.. 59

2.4.1 Caracteres constitucionais 59

2.4.2 Impostos diretos e indiretos 60

2.4.3 Impostos reais e pessoais.. 61

2.5 Taxas 61

2.5.1 Características gerais 61

2.5.2 Taxa de serviço 63

2.5.3 Taxa de polícia 64

2.5.4 Figuras afins (preço público, tarifa e pedágio) 65

2.6	Contribuições	66
	2.6.1 Contribuição de melhoria	66
	2.6.2 Contribuições especiais	69
	2.6.2.1 Submodalidades	69
	2.6.2.2 Referibilidade e suas exceções constitucionais	70
	2.6.2.3 Exigência de lei complementar	74
	2.6.2.4 Parafiscalidade obrigatória	76
	2.6.2.5 Afetação e desvio de finalidade (DRU)	78
	2.6.2.6 Contribuições interventivas	81
	2.6.3 Contribuições para o custeio da iluminação pública	89
2.7	Empréstimos compulsórios	90

CAPÍTULO III – COMPETÊNCIA TRIBUTÁRIA 91

1	Aspectos gerais	91
	1.1 Competência e Federação	91
	1.2 Conceito	93
	1.3 Caracteres	94
	1.3.1 Reserva de Constituição	94
	1.3.2 Indelegabilidade, irrenunciabilidade e capacidade tributária ativa	94
	1.3.3 Incaducabilidade	95
	1.3.4 Natureza privativa	95
	1.3.4.1 Eficácia obstativa da competência	95
	1.3.4.2 Bitributação e *bis in idem*	96
	1.3.4.3 Vedação para concessão de isenções heterônomas	99
	1.3.5 Alteração de conceitos e institutos de direito privado	101
	1.3.6 Reconfiguração e redistribuição por emendas constitucionais	102
	1.3.7 Facultatividade e renúncia de receitas	103
2	Competência da União	105
	2.1 Impostos federais	105
	2.2 Taxas	105
	2.3 Contribuições	106
	2.3.1 Contribuições de melhoria	106
	2.3.2 Contribuições especiais	106
	2.4 Empréstimos compulsórios	106
3	Competência dos Estados	106
	3.1 Impostos estaduais	106

	3.2	Taxas	107
	3.3	Contribuições	107
4	Competência dos Municípios		108
	4.1	Impostos municipais	108
	4.2	Taxas	109
	4.3	Contribuições	109
5	Competência do Distrito Federal		109
6	Competência de tributos regulatórios		109

CAPÍTULO IV – IMUNIDADES TRIBUTÁRIAS 111

1 Conceito e natureza jurídica 111

2 Modalidades 112

3 Regime constitucional 113

   3.1 Tributos aplicáveis 113

   3.2 Deveres formais ("obrigações acessórias") 113

   3.3 Intangibilidade: cláusulas pétreas 113

   3.4 Eficácia das regras de imunidade 114

4 Imunidades gerais 114

   4.1 Imunidade recíproca 114

      4.1.1 Administração direta da União, Estados, Distrito Federal e Municípios 114

      4.1.2 Entidades da administração indireta 118

   4.2 Imunidade das entidades religiosas e dos templos de qualquer culto ... 121

   4.3 Imunidade dos partidos políticos, entidades sindicais de trabalhadores, instituições de educação e de assistência social 123

   4.4 Imunidade de livros, jornais e papéis destinados à sua impressão 126

   4.5 Imunidade de fonogramas e videogramas musicais 128

5 Imunidades específicas 129

   5.1 Imunidades de taxas 129

   5.2 Imunidades relacionadas à exportação 129

   5.3 Outras imunidades 134

CAPÍTULO V – PRINCÍPIOS CONSTITUCIONAIS TRIBUTÁRIOS 143

1 Dimensão jurídico-constitucional 143

   1.1 Normatividade e vinculação 143

   1.2 Princípios, regras e ponderação 143

   1.3 Princípios-garantia e tributação 145

      1.3.1 Caracteres 145

		1.3.2	Intangibilidade	146
		1.3.3	Não taxatividade	146
2	Princípio da legalidade tributária			146
	2.1	Reserva de lei e primazia da lei tributária		146
	2.2	Reserva legal qualificada		151
	2.3	Exceções constitucionais		152
		2.3.1	Impostos regulatórios	152
		2.3.2	Contribuição interventiva do § 4º do art. 177	153
		2.3.3	Legalidade e tributos extrafiscais	154
3	Princípio da irretroatividade tributária			155
	3.1	Irretroatividade e retroatividade benigna		155
	3.2	Lei vigente na data do evento imponível		157
	3.3	Leis procedimentais e fiscalizatórias		158
	3.4	Regras sobre a compensação tributária		158
	3.5	Intangibilidade da coisa julgada		160
		3.5.1	Coisa julgada formal e material	160
		3.5.2	"Coisa julgada" administrativa e ajuizamento de ação anulatória pela Fazenda Pública	161
		3.5.3	Eficácia temporal da coisa julgada tributária (Súmula 239/STF)	163
		3.5.4	Coisa julgada inconstitucional	163
	3.6	Irretroatividade e proteção da confiança		166
4	Princípio da anterioridade			170
5	Princípio da capacidade contributiva			174
	5.1	Conteúdo jurídico		174
	5.2	Tributos aplicáveis		177
	5.3	Progressividade		179
	5.4	Mínimo vital		180
	5.5	Dimensão negativa		181
		5.5.1	Idoneidade ou consistência econômica do pressuposto de fato	181
		5.5.2	Capacidade econômica objetiva e subjetiva	182
		5.5.3	Abuso de presunções legais	182
		5.5.4	Mitigação dos efeitos inflacionários	183
		5.5.5	Vedação de tributação sancionatória	184
		5.5.6	Coerência interna	184
		5.5.7	Limitação na definição da sujeição passiva	186
		5.5.8	Neutralidade intertemporal	186
	5.6	Aplicabilidade atenuada na tributação extrafiscal		187

6	Princípio da vedação ao confisco		192
7	Princípio da isonomia		195
	7.1	Igualdade na criação e na aplicação da lei	195
	7.2	Isonomia e tributação extrafiscal	200
	7.3	Extensão de benefício fiscal fundada em isonomia	200
	7.4	Diferenças tributárias em razão da origem ou destino	203
8	Princípios tributários específicos		204
	8.1	Generalidade, universalidade e progressividade do imposto de renda	204
	8.2	Progressividade	205
		8.2.1 ITR	205
		8.2.2 Contribuições previdenciárias	205
		8.2.3 IPTU	205
		8.2.4 ITCMD	206
	8.3	Seletividade	206
		8.3.1 IPI	206
		8.3.2 ICMS	206
	8.4	Não cumulatividade	208
		8.4.1 Origens e antecedentes	208
		8.4.2 Diferentes técnicas de operacionalização	208
		8.4.3 Justificação constitucional	209
		8.4.4 IPI	211
		8.4.5 ICMS	211
		8.4.6 PIS/Pasep e Cofins	211
		8.4.7 CBS e IBS	211

CAPÍTULO VI – VIGÊNCIA, APLICAÇÃO E INTERPRETAÇÃO DA LEGISLAÇÃO TRIBUTÁRIA ... 213

1	Legislação tributária		213
2	Vigência		215
	2.1	Vigência, validade, vigor e eficácia	215
	2.2	Validade, presunção de validade e invalidação	215
	2.3	Vigência da legislação tributária no tempo	217
	2.4	Vigor da lei tributária revogada (ultratividade)	219
	2.5	Vigência no espaço	219
3	Aplicação		220
	3.1	Aplicação e incidência	220
	3.2	Fatos geradores futuros e pendentes	220
	3.3	Retroatividade da lei tributária	221

| 4 | Interpretação e integração | 221 |

4   Interpretação e integração 221

    4.1   Interpretação como construção de sentido.. 221

    4.2   Integração de lacunas.. 222

    4.3   Princípios e institutos de direito privado 225

    4.4   Interpretação mais benéfica e a interpretação literal obrigatória.......... 225

CAPÍTULO VII – OBRIGAÇÃO TRIBUTÁRIA 229

1   Modalidades 229

2   Fato gerador... 230

    2.1   Ambiguidade e designações alternativas... 230

    2.2   Tributo e norma.. 231

        2.2.1   Regra-matriz de incidência tributária.. 231

        2.2.2   Hipótese de incidência 232

            2.2.2.1   Critério material... 233

            2.2.2.2   Critério espacial.. 233

            2.2.2.3   Critério temporal 233

        2.2.3   Consequência jurídica... 234

            2.2.3.1   Base de cálculo.. 234

            2.2.3.2   Alíquota.. 235

    2.3   Disposições do CTN sobre o fato gerador... 236

        2.3.1   Conceito 236

        2.3.2   Fatos instantâneos, continuados e complexivos (ou periódicos) ... 236

        2.3.3   Situação de fato e situação de direito.. 237

        2.3.4   Atos e negócios jurídicos condicionais 238

        2.3.5   Abstração da validade e dos efeitos do ato 238

        2.3.6   Desconsideração de atos ou negócios jurídicos......................... 239

3   Sujeito ativo 239

    3.1   Capacidade tributária ativa 239

    3.2   Parafiscalidade... 239

    3.3   Desmembramento territorial 240

4   Sujeição passiva direta... 240

    4.1   Sujeição passiva direta e indireta... 240

    4.2   Destinatário constitucional tributário 241

    4.3   Ineficácia das convenções particulares 241

    4.4   Solidariedade.. 242

    4.5   Capacidade tributária passiva 244

    4.6   Domicílio tributário.. 244

5	Responsabilidade tributária		245
	5.1	Espécies de responsabilidade tributária	245
	5.2	Responsabilidade por substituição	245
	5.3	Responsabilidade por transferência	248
	5.4	Responsabilidade dos sucessores	250
		5.4.1 Aspectos gerais	250
		5.4.2 Transmissão de bens	252
		5.4.3 Fusão, transformação, cisão ou incorporação	254
		5.4.4 Aquisição de estabelecimento empresarial	255
	5.5	Responsabilidade de terceiros	257
		5.5.1 Responsabilidade subsidiária e responsabilidade direta	257
		5.5.2 Responsabilidade dos sócios	258
		5.5.3 Responsabilidade de administradores da sociedade	259
		5.5.4 Desconsideração da personalidade jurídica	261
		5.5.5 Grupo econômico	262
	5.6	Responsabilidade por infrações	263
		5.6.1 Subjetivização da responsabilidade	263
		5.6.2 Autoria, coautoria e participação	265
		5.6.3 Culpa e dolo	267
		5.6.4 Espécies de infrações	267
		5.6.5 Denúncia espontânea	268

CAPÍTULO VIII – EVASÃO E ELISÃO ... 273

1	Diferenciação		273
2	Parágrafo único do art. 116 do CTN		276
3	Simulação		278
4	Fraude		280
	4.1	Fraude à lei	280
	4.2	Fraude fiscal	284
5	Abuso de direito		285
	5.1	*Economic substance doctrine*	285
	5.2	Princípio da vedação ao abuso do direito	286
	5.3	Admissibilidade do controle no direito brasileiro e a ADI 2.446	294
	5.4	Pressupostos de caracterização do planejamento fiscal abusivo	301
6	Negócio jurídico indireto		304
7	Negócio jurídico fiduciário		305

SUMÁRIO | **XXV**

CAPÍTULO IX – CRÉDITO TRIBUTÁRIO E LANÇAMENTO............................ 307

1 Lançamento tributário 307

   1.1 Conceito e natureza jurídica 307

   1.2 Eficácia 309

   1.3 Legislação aplicável.. 311

   1.4 Competência 312

   1.5 Lançamento e auto de infração... 313

   1.6 Discricionariedade e vinculação.. 313

   1.7 Modalidades 314

      1.7.1 Critério classificatório adotado pelo CTN............................. 314

      1.7.2 Lançamento por declaração.. 314

      1.7.3 Lançamento por homologação... 315

      1.7.4 Lançamento de ofício 320

   1.8 Técnica de arbitramento ("lançamento por arbitramento") 321

   1.9 Lançamento provisório e definitivo 322

   1.10 Constituição do crédito tributário no depósito judicial............... 322

   1.11 Revisão do lançamento 322

      1.11.1 Meios de alteração previstos no CTN 322

      1.11.2 Vício formal 323

      1.11.3 Erro de fato e erro de direito 324

      1.11.4 Mudança de critério jurídico.. 326

      1.11.5 Proteção da confiança na revisão do lançamento...................... 327

2 Suspensão da exigibilidade... 328

   2.1 Hipóteses de suspensão previstas no CTN.................................... 328

   2.2 Lançamento para a prevenção de decadência................................ 330

   2.3 Moratória 331

   2.4 Parcelamento.. 332

   2.5 Depósito integral 334

3 Extinção 335

   3.1 Hipóteses de extinção previstas no CTN....................................... 335

   3.2 Pagamento 336

      3.2.1 Regras do pagamento 336

      3.2.2 Pagamento e imposição de penalidade 338

      3.2.3 Mora.. 338

      3.2.4 Imputação do pagamento 339

      3.2.5 Consignação em pagamento... 340

      3.2.6 Pagamento indevido 341

		3.2.6.1	Direito de repetição do indébito	341
		3.2.6.2	Repetição do indébito nos tributos indiretos	343
		3.2.6.3	Prazo prescricional	346
	3.3	Compensação		350
	3.4	Transação		355
	3.5	Remissão		356
	3.6	Decadência		356
	3.7	Prescrição		359
	3.8	Dação em pagamento		364
4	Exclusão			364
	4.1	Isenção		364
		4.1.1	Natureza jurídica	364
		4.1.2	Regime constitucional	367
		4.1.3	Isenção e não incidência	369
		4.1.4	Isenções pessoais, reais ou mistas	370
		4.1.5	Disposições do CTN aplicáveis às isenções	371
		4.1.6	Isenções "condicionadas" e direito adquirido	372
	4.2	Anistia		372
5	Garantias, privilégios e preferências			373

PARTE ESPECIAL

CAPÍTULO I – IMPOSTOS FEDERAIS 381

1	Imposto de importação			381
	1.1	Origens e características		381
	1.2	Princípios		382
	1.3	Legislação aplicável		385
	1.4	Hipótese de incidência		385
		1.4.1	Critério material	385
		1.4.1.1	Conceito jurídico de importação	386
		1.4.1.2	Importação presumida: tributação do extravio	389
		1.4.1.3	Bens nacionais exportados: incidência na reimportação	391
		1.4.2	Critério espacial	393
		1.4.3	Critério temporal	393
	1.5	Consequência tributária		394
		1.5.1	Base de cálculo	394

		1.5.1.1	AVA/OMC	394
		1.5.1.2	Métodos de valoração aduaneira	395
		1.5.1.3	Método primário	396
		1.5.1.4	Métodos secundários	405
	1.5.2	Alíquotas		409
	1.5.3	Sujeição passiva		410
2	Imposto de exportação			411
2.1	Princípios			411
2.2	Legislação aplicável			411
2.3	Hipótese de incidência			411
2.4	Consequência tributária			415
3	Imposto de renda			416
3.1	Origens históricas			416
3.2	Princípios			416
3.3	Legislação aplicável			416
3.4	Tributação das pessoas físicas			417
	3.4.1	Hipótese de incidência		417
		3.4.1.1	Disponibilidade econômica	417
		3.4.1.2	Distorções e situações-limite	420
		3.4.1.3	Conceito jurídico de renda	421
		3.4.1.4	Cessão gratuita de imóveis	425
		3.4.1.5	Critérios espacial e temporal	426
	3.4.2	Consequência tributária		427
		3.4.2.1	Sujeição passiva	427
		3.4.2.2	Alíquotas	427
		3.4.2.3	Base de cálculo	428
	3.4.3	Restituição e saldo a pagar		431
	3.4.4	Atualização monetária da tabela progressiva e dos limites de isenção		432
3.5	Ganho de capital			432
	3.5.1	Natureza jurídica e constitucionalidade		432
	3.5.2	Hipótese de incidência		433
	3.5.3	Alíquotas e base de cálculo		435
	3.5.4	Sujeição passiva		438
3.6	Tributação das pessoas jurídicas			438
	3.6.1	Lucro real		438
		3.6.1.1	Aplicabilidade	438

		3.6.1.2	Hipótese de incidência	439
			3.6.1.2.1 Lucro líquido ajustado	439
			3.6.1.2.2 Receita bruta	441
			3.6.1.2.3 Custos e despesas	444
			3.6.1.2.4 Preços de transferência	453
			3.6.1.2.5 Vedações de dedutibilidade	457
			3.6.1.2.6 Regime de competência	458
			3.6.1.2.7 Reconhecimento da receita no contrato de compra e venda	462
			3.6.1.2.8 Reconhecimento na prestação de serviços	462
			3.6.1.2.9 Sentenças judiciais e precatórios	463
		3.6.1.3	Base de cálculo e compensação de prejuízos fiscais	466
		3.6.1.4	Subvenções para investimento: requisitos para exclusão do lucro real	469
	3.6.2	Lucro presumido		475
	3.6.3	Lucro arbitrado		478
	3.6.4	Sujeição passiva		479
	3.6.5	Alíquota e adicional		480
4	**Imposto sobre produtos industrializados**			**480**
	4.1	Princípios		480
		4.1.1	Estrita legalidade e anterioridade mínima	480
		4.1.2	Isonomia e cláusula do tratamento nacional	481
		4.1.3	Seletividade	483
		4.1.4	Não cumulatividade	483
	4.2	Legislação aplicável		488
	4.3	IPI-Importação		488
		4.3.1	Hipótese de incidência	488
		4.3.2	Base de cálculo	489
		4.3.3	Alíquotas	490
		4.3.4	Sujeição passiva	490
	4.4	IPI-Industrialização		491
		4.4.1	Hipótese de incidência	491
			4.4.1.1 Critério material	491
			4.4.1.2 Conceito de produtos industrializados	495
			4.4.1.3 Critérios espacial e temporal	499
		4.4.2	Base de cálculo	499
		4.4.3	Alíquotas	502

	4.4.4	Sujeição passiva: limites da equiparação a estabelecimento industrial	502
	4.5	IPI após a Reforma Tributária	503
5	IOF		503
	5.1	Princípios	503
	5.2	Legislação aplicável	503
	5.3	Hipótese de incidência	503
		5.3.1 Critério material	503
		5.3.2 Critério temporal e espacial	507
	5.4	Base de cálculo e alíquotas	508
	5.5	Sujeição passiva	508
	5.6	IOF após a Reforma Tributária	509
6	ITR		509
	6.1	Progressividade	509
	6.2	Hipótese de incidência	509
	6.3	Base de cálculo e alíquotas	510
	6.4	Sujeição passiva	511
7	Imposto seletivo		512
	7.1	Início da vigência	512
	7.2	Caracteres constitucionais	512
	7.3	Princípios	513
	7.4	IS sobre operações	513
		7.4.1 Inconstitucionalidades da lei complementar	513
		7.4.2 Hipótese de incidência	514
		7.4.2.1 Critério material: comercialização de bens e extração de minerais	514
		7.4.2.2 Critérios temporal e espacial	516
		7.4.3 Consequência tributária	516
		7.4.3.1 Sujeição ativa e passiva	516
		7.4.3.2 Base de cálculo	516
		7.4.3.3 Alíquotas	519
	7.5	IS no comércio exterior	519
		7.5.1 Hipótese de incidência	519
		7.5.2 Consequência tributária	520
		7.5.2.1 Sujeição ativa e passiva	520
		7.5.2.2 Base de cálculo	520
		7.5.2.3 Alíquotas	520
		7.5.3 Incidência do IS na exportação	520

XXX | CURSO DE DIREITO TRIBUTÁRIO – *Solon Sehn*

CAPÍTULO II – IMPOSTOS ESTADUAIS 521

1   ITCMD... 521

    1.1   Legislação aplicável.. 521

    1.2   Hipótese de incidência.. 521

    1.3   Base de cálculo 523

    1.4   Alíquotas.. 524

    1.5   Sujeição ativa.. 524

    1.6   Sujeição passiva.. 525

2   ICMS... 525

    2.1   Legislação aplicável.. 525

    2.2   Princípios... 526

        2.2.1   Anterioridade e anterioridade mínima 526

        2.2.2   Isonomia e tratamento nacional.. 526

        2.2.3   Seletividade 527

        2.2.4   Não cumulatividade.. 528

    2.3   ICMS sobre operações mercantis 534

        2.3.1   Hipótese de incidência 534

            2.3.1.1   Critério material... 534

                2.3.1.1.1   Mudança da titularidade........................... 536

                2.3.1.1.2   Conceito de mercadoria............................ 538

                2.3.1.1.3   *Softwares*.. 540

                2.3.1.1.4   Fornecimento de alimentação e bebidas em bares, restaurantes e similares............ 542

                2.3.1.1.5   Fornecimento de mercadorias com a prestação de serviço em contratos mistos... 543

            2.3.1.2   Critérios espacial e temporal 544

        2.3.2   Consequência tributária.. 544

            2.3.2.1   Base de cálculo... 544

            2.3.2.2   Alíquotas 550

            2.3.2.3   Sujeição passiva 552

    2.4   ICMS sobre importações 554

        2.4.1   Hipótese de incidência 554

            2.4.1.1   Critério material... 554

            2.4.1.2   Critérios temporal e espacial 556

        2.4.2   Consequência tributária.. 557

            2.4.2.1   Base de cálculo... 557

            2.4.2.2   Alíquotas 558

| | 2.4.2.3 | Sujeição passiva | 558 |

	2.4.2.3	Sujeição passiva	558
	2.4.2.4	Sujeito ativo: titularidade do crédito tributário	558

2.5 ICMS sobre serviços de transporte 563

    2.5.1 Hipótese de incidência 563

        2.5.1.1 Critério material 563

        2.5.1.2 Critérios espacial e temporal 566

    2.5.2 Consequência tributária 566

        2.5.2.1 Base de cálculo 566

        2.5.2.2 Alíquotas 566

        2.5.2.3 Sujeito passivo 566

        2.5.2.4 Sujeito ativo 567

2.6 ICMS sobre serviços de comunicação 567

    2.6.1 Hipótese de incidência 567

        2.6.1.1 Critério material 567

            2.6.1.1.1 Conceito de comunicação 567

            2.6.1.1.2 Serviços de telecomunicação 568

        2.6.1.2 Critério temporal 571

        2.6.1.3 Critério espacial 571

    2.6.2 Consequência tributária 571

        2.6.2.1 Base de cálculo 571

        2.6.2.2 Alíquotas 571

        2.6.2.3 Sujeição passiva 571

        2.6.2.4 Sujeito ativo 572

2.7 ICMS após a Reforma Tributária 572

3 IPVA 572

3.1 Anterioridade mínima 572

3.2 Hipótese de incidência 572

3.3 Base de cálculo e alíquota 573

3.4 Sujeição passiva e ativa 573

CAPÍTULO III – IMPOSTOS MUNICIPAIS 575

1 IPTU 575

1.1 Princípios 575

    1.1.1 Anterioridade e anterioridade mínima 575

    1.1.2 Estrita legalidade 575

    1.1.3 Progressividade 575

1.2 Hipótese de incidência 577

	1.2.1	Critério material	577
	1.2.2	Critério espacial: conceito de zona urbana	578
	1.2.3	Critério temporal	580
1.3		Consequência tributária	580
	1.3.1	Base de cálculo	580
	1.3.2	Alíquotas	581
	1.3.3	Sujeição passiva	582
2	ITBI		582
2.1		Legislação aplicável	582
2.2		Hipótese de incidência	582
2.3		Base de cálculo	583
2.4		Alíquota	584
2.5		Sujeição ativa e passiva	584
3	ISS		584
3.1		Legislação aplicável	584
3.2		Hipótese de incidência	585
	3.2.1	Critério material	585
	3.2.1.1	Taxatividade da lista de serviços	585
	3.2.1.2	Conceito de serviços no direito privado	586
	3.2.1.3	Ampliação do conceito de serviço na doutrina e na jurisprudência	588
	3.2.1.4	Contratos mistos	590
	3.2.1.5	Autorização, permissão e concessão de serviços públicos	592
	3.2.1.6	Importação de serviços	593
	3.2.2	Critério espacial	595
	3.2.3	Critério temporal	596
3.3		Consequência tributária	597
	3.3.1	Base de cálculo	597
	3.3.2	Alíquotas	599
	3.3.3	Sujeição passiva	599
	3.3.4	Sujeito ativo	600
3.4		ISS após a Reforma Tributária	600

CAPÍTULO IV – TRIBUTOS SOBRE O CONSUMO 601

1 Período de transição 601

2 Direito comparado 604

3	Caracteres constitucionais do IBS e da CBS	606
4	Princípios jurídicos	608
	4.1 Neutralidade	608
	4.2 Não cumulatividade	613
	4.3 Anterioridade e anterioridade nonagesimal	615
	4.4 Isonomia e tratamento nacional	616
5	IBS e CBS sobre operações	616
	5.1 Hipótese de incidência	616
	5.1.1 Núcleos de incidência previstos na lei complementar	616
	5.1.2 Critério material	616
	5.1.2.1 Operações onerosas	616
	5.1.2.1.1 Negócios jurídicos	616
	5.1.2.1.2 Fornecimento com contraprestação	617
	5.1.2.2 Operações não onerosas	620
	5.1.2.2.1 Negócios jurídicos gratuitos e por valor inferior ao de mercado	620
	5.1.2.2.2 Bonificações	621
	5.1.2.3 Operações simultâneas	623
	5.1.2.4 Atos ilícitos	623
	5.1.2.5 Operações não tributadas	625
	5.1.2.6 Síntese da materialidade	626
	5.1.3 Critério temporal	627
	5.1.4 Critério espacial	629
	5.2 Consequência tributária	630
	5.2.1 Base de cálculo	630
	5.2.1.1 Valor da operação	630
	5.2.1.2 Descontos incondicionais e reembolsos	631
	5.2.1.3 Valor de mercado	632
	5.2.1.4 Arbitramento	632
	5.2.2 Alíquotas	632
	5.2.3 Sujeito ativo	633
	5.2.4 Contribuintes e responsáveis	634
	5.3 Não cumulatividade	635
	5.3.1 Hipóteses de creditamento	635
	5.3.2 Apuração, valor do crédito e prova de pagamento na etapa anterior	638
6	IBS e CBS no comércio exterior	641

6.1	Importação de bens imateriais e serviços		641
	6.1.1	Hipótese de incidência	641
		6.1.1.1 Critério material	641
		6.1.1.2 Critérios temporal e espacial	642
	6.1.2	Consequência tributária	642
		6.1.2.1 Base de cálculo e alíquotas	642
		6.1.2.2 Sujeição ativa e passiva	642
6.2	Importação de bens materiais		643
	6.2.1	Hipótese de incidência	643
		6.2.1.1 Critério material	643
		6.2.1.2 Critério temporal	644
		6.2.1.3 Critério espacial	645
	6.2.2	Consequência tributária	646
		6.2.2.1 Base de cálculo	646
		6.2.2.2 Alíquotas	648
		6.2.2.3 Sujeito ativo	648
		6.2.2.4 Contribuintes e responsáveis	649
	6.2.3	Não cumulatividade	649
6.3	Exportação de bens materiais		649
7	Regimes específicos de tributação		655

CAPÍTULO V – CONTRIBUIÇÕES ESPECIAIS 657

1	PIS/Pasep e Cofins		657
1.1	Princípios		657
	1.1.1	Anterioridade nonagesimal	657
	1.1.2	Não cumulatividade	657
	1.1.3	Isonomia e tratamento nacional	658
1.2	Legislação aplicável e diversidade de regimes		661
1.3	Regime cumulativo		662
	1.3.1	Aplicabilidade	662
	1.3.2	Hipótese de incidência	664
		1.3.2.1 Critério material	664
		1.3.2.2 Critério espacial	666
		1.3.2.3 Critério temporal	666
	1.3.3	Consequência tributária	666
		1.3.3.1 Base de cálculo	666
		1.3.3.2 Alíquotas	668
		1.3.3.3 Sujeição passiva e ativa	669

1.4	Regime não cumulativo			669
	1.4.1	Aplicabilidade		669
	1.4.2	Hipótese de incidência		669
		1.4.2.1	Critério material	669
		1.4.2.2	Critério espacial	675
		1.4.2.3	Critério temporal	676
	1.4.3	Consequência tributária		676
		1.4.3.1	Base de cálculo	676
		1.4.3.2	Alíquotas	680
		1.4.3.3	Sujeição ativa e passiva	680
	1.4.4	Não cumulatividade		680
		1.4.4.1	Técnica de operacionalização	680
		1.4.4.2	Hipóteses de creditamento	683
1.5	Importação de produtos e serviços			689
	1.5.1	Produtos		689
		1.5.1.1	Hipótese de incidência	689
		1.5.1.2	Consequência tributária	689
			1.5.1.2.1 Base de cálculo	689
			1.5.1.2.2 Alíquotas	690
			1.5.1.2.3 Sujeitos ativo e passivo	692
	1.5.2	Serviços		692
		1.5.2.1	Hipótese de incidência	692
		1.5.2.2	Alíquotas e base de cálculo	697
		1.5.2.3	Sujeição ativa e passiva	698
	1.5.3	Não cumulatividade		698
1.6	PIS/Pasep sobre a folha de salários			703
	1.6.1	Aplicabilidade		703
	1.6.2	Hipótese de incidência		703
	1.6.3	Alíquota e base de cálculo		704
	1.6.4	Sujeição passiva e ativa		704
1.7	PIS/Pasep sobre receitas e transferências de pessoas jurídicas de direito público interno			704
	1.7.1	Hipótese de incidência		704
	1.7.2	Alíquota e base de cálculo		705
	1.7.3	Sujeição passiva e ativa		705
1.8	PIS/Pasep e Cofins após a Reforma Tributária			705

2	CSLL	706
	2.1 Legislação aplicável	706
	2.2 Hipótese de incidência	706
	2.3 Consequência tributária	706
3	Contribuição social sobre a folha de salários e demais rendimentos do trabalho	709
	3.1 Contribuição social da empresa incidente sobre a remuneração de segurados empregados e trabalhadores avulsos	709
	3.1.1 Hipótese de incidência	709
	3.1.2 Base de cálculo: parcelas remuneratórias e não remuneratórias	714
	3.1.3 Alíquota geral e adicional de instituições financeiras	722
	3.1.4 Sujeição passiva, retenção na fonte e solidariedade	724
	3.2 Contribuição social da empresa incidente sobre a remuneração de contribuintes individuais	727
	3.3 Contribuição ao SAT	729
	3.4 Contribuições de terceiros	732
	3.4.1 Contribuições ao Sistema "S"	732
	3.4.2 Salário-educação	736
	3.5 Contribuição social da empresa contratante das cooperativas de trabalho	737
	3.6 Contribuição social do empregador doméstico	738
	3.7 Contribuição social dos segurados	738
	3.7.1 Empregado, trabalhador avulso e empregado doméstico	738
	3.7.2 Contribuinte individual e segurado facultativo	739
	3.7.3 Segurado especial	740
4	Contribuições substitutivas da folha incidentes sobre a receita bruta	740
	4.1 Contribuição social de associação desportiva futebolística	740
	4.1.1 Hipótese de incidência	740
	4.1.2 Base de cálculo e alíquota	741
	4.1.3 Sujeição passiva e ativa	742
	4.2 Contribuição social da agroindústria	742
	4.2.1 Hipótese de incidência	742
	4.2.2 Base de cálculo e alíquota	744
	4.2.3 Sujeição ativa e passiva	745
	4.3 Contribuição social do empregador produtor rural pessoa jurídica	745
	4.3.1 Hipótese de incidência	745
	4.3.2 Base de cálculo e alíquotas	747

	4.3.3	Sujeição passiva e ativa	748
4.4		Contribuição social do empregador rural pessoa física	748
	4.4.1	Hipótese de incidência	748
	4.4.2	Base de cálculo e alíquotas	749
	4.4.3	Sujeição passiva e ativa	751
4.5		Contribuição previdenciária sobre a receita bruta	751
	4.5.1	Hipótese de incidência	751
	4.5.2	Base de cálculo e alíquotas	753
	4.5.3	Sujeição ativa e passiva	755

CAPÍTULO VI – SIMPLES NACIONAL 757

1 Legislação aplicável 757

2 Aplicabilidade e vedações 757

3 Tributos unificados 761

4 Hipótese de incidência 763

5 Base de cálculo e alíquotas 764

6 Sujeição passiva 764

REFERÊNCIAS 765

PARTE GERAL

Capítulo I

DIREITO TRIBUTÁRIO

1 ATIVIDADE FINANCEIRA DO ESTADO

A atividade financeira do poder público – a atuação do Estado como Fazenda Pública[1] – abrange a obtenção, a gestão e a aplicação de recursos monetários, que, por sua vez, podem advir da tributação, de negócios jurídicos ou da administração de bens e direitos patrimoniais. Trata-se de uma função instrumental destinada a fazer frente às necessidades públicas, no que se incluem o custeio de direitos, de prestações positivas e de serviços públicos previstos pelo texto constitucional, mas também pode apresentar um caráter regulatório (econômico ou extrafiscal)[2]. Por meio da instituição de tributos ou da modulação de alíquotas, o Estado pode induzir ou dissuadir determinados comportamentos. Assim, por exemplo, ao reduzir as alíquotas dos tributos incidentes sobre operações de comércio exterior, é possível estimular a importação de máquinas, equipamentos e insumos, favorecendo a indústria local[3].

---

[1] Portanto, a atividade financeira do Estado é sinônimo de atuação do Estado como Fazenda Pública (LAPATZA, José Juan Ferreiro. *Curso de derecho financiero español*: derecho financiero. 22. ed. Madrid-Barcelona: Marcial-Pons, 2000. v. I, p. 20). Por outro lado, em um sentido mais estrito, o termo *Fisco* é utilizado para fazer referência à atuação da administração pública na cobrança de tributos, o que tem origem no latim *fiscus*, que era o cesto utilizado pelos Romanos para receber o dinheiro (GROSCLAUDE, Jacques; MARCHESSOU, Philippe. *Diritto tributario francese*: le imposte – le procedure. Trad. Enrico de Mita. Milano: Giuffrè, 2006. p. 7).

[2] SOUSA, Rubens Gomes de. *Compêndio de legislação tributária*: parte geral. 3. ed. Rio de Janeiro: Financeiras, 1960. p. 4 e s. A doutrina costuma identificar, genericamente, duas espécies de entradas ou ingressos: as originárias e as derivadas. Como explica José Souto Maior Borges: "A receita originária (patrimonial ou industrial) é obtida pelo Estado através da administração dos seus recursos e bens patrimoniais (*jus gestionis*). Esses ingressos decorrem do exercício de uma atividade estatal equiparável à atividade dos particulares. [...] A receita derivada ou tributária é obtida pela arrecadação de impostos, taxas e contribuições e resulta do exercício por parte do Estado do seu poder de império (*jus imperii*)" (BORGES, José Souto Maior. *Introdução ao direito financeiro*. São Paulo: Max Limonad, 1998. p. 36). Sobre o tema, cf.: BALEEIRO, Aliomar. *Uma introdução à ciência das finanças*. Rio de Janeiro: Forense, 1998. p. 459 e ss.; GROSCLAUDE, Jacques; MARCHESSOU, Philippe. *Diritto tributario francese*: le imposte – le procedure. Trad. Enrico de Mita. Milano: Giuffrè, 2006. p. 8 e ss.; FALSITTA, Gaspare. *Manuale di diritto tributário*: parte generale. 12. ed. Milano: Cedam, 2023. p. 3. e ss.; VILLEGAS, Héctor B. *Manual de finanzas públicas*: la economía jurídicamente regulada del sector público en el mundo globalizado. Buenos Aires: Depalma, 2000. p. 15 e ss.; VILLEGAS, Héctor B. *Curso de finanzas, derecho financiero y tributario*. 7. ed. Buenos Aires: Depalma, 2001. p. 9 e ss.

[3] SEHN, Solon. *Curso de direito aduaneiro*. 2. ed. Rio de Janeiro: Forense, 2022. p. 2 e ss. Esses e outros efeitos econômicos também podem ser atingidos com o uso de outros instrumentos financeiros, a exemplo do crédito público. A emissão ou o resgate de títulos da dívida pública, *v.g.*, permite ao Estado o controle do fluxo de moeda na economia nacional, visando a determinado efeito econômico. BALEEIRO, Aliomar. *Uma introdução à ciência das finanças*. Rio de Janeiro: Forense, 1998. p. 459 e 475 e ss.; GROSCLAUDE, Jacques; MARCHESSOU, Philippe. *Diritto tributario francese*: le imposte – le procedure. Trad. Enrico de Mita. Milano: Giuffrè, 2006. p. 8-9.

4 | CURSO DE DIREITO TRIBUTÁRIO – *Solon Sehn*

2 CIÊNCIA DAS FINANÇAS

A atividade financeira do Estado pode ser estudada desde perspectivas distintas como objeto do conhecimento de diferentes ramos do saber[4]. Na ciência do direito, é estudada pelo direito financeiro. Na ciência econômica, pelas finanças públicas, disciplina também conhecida como economia do setor público. Ambas têm por objeto a atuação do poder público como Fazenda Pública. No entanto, cada uma opera com métodos e linguagens próprios e distintos[5].

Já houve uma proposta teórica – conhecida como Escola de Pavia ou Escola Integralista de Benvenuto Griziotti – que defendia a necessidade do estudo global ou integrado da atividade financeira do poder público, compreendendo os aspectos político, econômico, jurídico e técnico em uma única disciplina: a ciência das finanças[6]. Apesar de ter encontrado importantes seguidores, a concepção integralista gerou resultados aberrantes, tendo sido fortemente criticada por economistas e por juristas[7]. O sincretismo metodológico teve como resultado a construção de um conhecimento destituído de rigor científico, considerado "uma confusão incoerente, uma espécie de dicionário de doutrinas e fatos reunidos por um fio muito fino e tênue"[8]. Por isso, foi substituída por concepções que estudam a atividade financeira desde uma perspectiva dogmático-jurídica[9].

---

[4] LAPATZA, José Juan Ferreiro. *Curso de derecho financiero español*: derecho financiero. 22. ed. Madrid-Barcelona: Marcial-Pons, 2000. v. I, p. 22-23.

[5] GIANNINI, Achille Donato. *Istituzioni di diritto tributario*. 8. ed. Milano: Giuffrè, 1960. p. 6 e ss.

[6] Dino Jarach, um dos filiados a essa corrente de pensamento, ressalta que, em seus últimos estudos, Griziotti acrescentou o aspecto ético entre os enfoques da ciência das finanças (JARACH, Dino. *Finanzas públicas y derecho tributario*. 3. ed. Buenos Aires: Abeledo-Perrot, 1996. p. 73).

[7] Essa oposição teve início da Escola da Universidade Católica de Milão, por iniciativa do economista Marconcini e de Giannini, entre os estudiosos do direito. Desde então, a partir do ano acadêmico de 1935-1936, as cátedras de ciências das finanças e direito financeiro foram unificadas, deixando de ser responsabilidade de economistas para ser ocupada por juristas, sucessivamente Giannini, Bodda, Giannini novamente, Alessi, Allorio e De Mita. Também houve oposição por parte da Escola de Napoli, por influência da obra de Oreste Ranelletti, Professor na Faculdade de Direito da Universidade Frederico II de Napoli até 1924, quando foi transferido para a Universidade de Milão. Sobre a Escola de Pavia, cf. ainda: FONROUGE, Giuliani. *Derecho financiero*. 2. ed. Buenos Aires: Depalma, 1970. v. 1, p. 3 e ss.; NOVOA, César García. *El concepto de tributo*. Buenos Aires: Marcial Pons, 2012. p. 23 e ss.

[8] Traduzimos do original: "un'accozzaglia incoerente, una specie di dizionario di dottrine e di fatti riuniti insieme da un filo molto sottile e tenue" (EINAUDI, L. *Corso di scienza delle finanze*. Torino: Bocca, 1914. VI-VII *apud* FALSITTA, Gaspare. *Il principio della capacità contributiva nel suo svolgimento storico prima e dopo la costituzione repubblicana*: schermaglie dialettiche su "scuole" e "maestri" del passato. Milano: Giuffrè, 2014. p. 307). Enrico Allorio, por sua vez, a qualificava proposta como uma espécie de *jusnaturalismo pré-jurídico*, considerando ser impossível a realização de um estudo simultâneo, com igual rigor científico, mediante conjugação das metodologias jurídica e econômica. Para Allorio, segundo ressalta Enrico de Mita, "[...] se houvesse um estudioso que quisesse estudar simultaneamente, com igual rigor científico, impostos do ponto de vista jurídico e econômico, esse estudioso, mais do que adotar duas metodologias distintas, teria duas cabeças". Traduzimos do original: "[...] se ci fosse uno studioso che volesse studiare simultaneamente, con pari rigore scientifico, le imposte dal punto di vista giuridico e dal punto di vista economico, quello studioso, piu che adottare due metodologie distinte, avrebbe due teste" (DE MITA, Enrico. *Interesse fiscale e tutela del contribuente*: le garanzie costituzionali. 4. ed. Milano: Giuffrè, 2000. p. 19). No Brasil, a proposta integralista encontrou oposição na doutrina de Alfredo Augusto Becker (BECKER, Alfredo Augusto. *Teoria geral do direito tributário*. 3. ed. São Paulo: Lejus, 1998. p. 3 e ss.) e, entre outros, Geraldo Ataliba (ATALIBA, Geraldo. *Hipótese de incidência tributária*. 5. ed. São Paulo: Malheiros, 1997. p. 112 e ss.) e Paulo de Barros Carvalho (CARVALHO, Paulo de Barros. *Curso de direito tributário*. 13. ed. São Paulo: Saraiva, 2000. p. 239 e ss.). Atualmente, encontra-se definitivamente superada entre os autores nacionais.

[9] Oreste Ranelletti foi autor de *Lezione di diritto finanziario*, que disputa com o *Corso di diritto finanziario e tributario* de Giannini o título de primeiro livro italiano de relevância científica no estudo do direito tributário. Para Andrea Amatucci, Professor de Direito Financeiro e de Direito Tributário Internacional na Universidade "Frederico II" de Napoli, *Lezione* teria sido a primeira contribuição científica sobre o tema na Itália (AMATUCCI, Andrea. La *ratio* economica del concetto giuridico di tributo. *Rivista di Diritto Tributario Internazionale*, Roma, p. 46, magg./ago. 2007). Gaspare Falsita, no entanto, questiona a afirmação, alegando que os dois

Parte Geral • Capítulo I • DIREITO TRIBUTÁRIO | **5**

3 DIREITO POSITIVO E CIÊNCIA DO DIREITO

O estudo dogmático da atividade financeira do Estado nada tem a ver com o *dogmatismo*. Como ensina Luiz Fernando Coelho, dogmatismo é a concepção filosófica e método do conhecimento que "engendra a dedução com alcance apodítico, concebendo certos postulados como evidentes, para então construir os respectivos enunciados valendo-se dos princípios da lógica analítica"[10]. Têm essa natureza, por exemplo, a matemática, a geometria euclidiana e a lógica formal, mas não a dogmática jurídica.

Também designada ciência jurídica *stricto sensu* ou *jurisprudência* em alguns países, a dogmática jurídica é uma ciência do *ser* descritiva do *dever ser* do direito. Trata-se de uma *metalinguagem* voltada ao estudo do direito positivo, que se diferencia em função da natureza da linguagem e da lógica aplicável. Suas proposições, como ressaltado de forma pioneira no estudo do direito tributário brasileiro por Paulo de Barros Carvalho, têm natureza descritiva, podendo ser verdadeiras ou falsas, de acordo os postulados da lógica analítica. Já as proposições do direito positivo, têm natureza prescritiva e sujeitam-se a uma lógica distinta: a lógica deôntica (lógica do dever ser). Por isso, não são verdadeiras nem falsas, mas válidas ou não válidas. Isso porque não descrevem um determinado objeto, mas prescrevem a conduta devida, por meio dos modais deônticos obrigatório (O), proibido (V) ou permitido (P)[11].

4 DOGMÁTICA DO DIREITO TRIBUTÁRIO

As limitações do sujeito cognoscente e as exigências de especialização do conhecimento fazem com que, no estudo do direito positivo, a dogmática jurídica opere a partir de cortes metodológicos. É em função desse seccionamento que surgem os diferentes ramos e sub-ramos (*v.g.*, direito civil, direito empresarial, direito constitucional, direito administrativo e assim por diante), que são elaborações teóricas especiais ou regionalizadas de caráter propedêutico de segmentos do direito positivo[12].

Na dogmática do direito tributário, o ponto de partida é a disciplina jurídica da atividade financeira do poder público; e, dentro desse domínio mais amplo da atuação do Estado como Fazenda Pública, o objeto é delimitado em função das normas jurídicas relativas à instituição, fiscalização e arrecadação de tributos. A justificativa para essa segmentação analítica – realizada inicialmente entre os autores alemães, mas incorporada à tradição jurídica brasileira por influên-

---

livros foram publicados no mesmo ano acadêmico e que as duas edições anteriores da obra de Ranelletti não podem ser consideradas, porquanto teriam sido veiculadas apenas internamente em Nápoles, sem publicação por uma editora nem circulação dentro e fora da comunidade acadêmica (FALSITTA, Gaspare. *Il principio della capacità contributiva nel suo svolgimento storico prima e dopo la costituzione repubblicana*: schermaglie dialettiche su "scuole" e "maestri" del passato. Milano: Giuffrè, 2014. p. 341). Em meio a essa controvérsia, um possível "desempate" seria o artigo do jurista alemão Joachim Lang, Professor de Direito Tributário da Universidade de Colônia, para quem a obra de Ranelletti foi a primeira (LANG, Joachim. The autonomy of public finance law and tax law. *Rivista di Diritto Tributario Internazionale*, Roma, p. 27, gen./dic. 2011). Nenhum desses autores, entretanto, coloca em questão a grandiosidade e a relevância do pensamento de Giannini ou de Ranelletti para o desenvolvimento do direito tributário.

[10] COELHO, Luiz Fernando. *Curso de introdução ao direito*: em 13 aulas. 4. ed. Santana de Parnaíba: Manole, 2022. p. 180.

[11] COELHO, Luiz Fernando. *Curso de introdução ao direito*: em 13 aulas. 4. ed. Santana de Parnaíba: Manole, 2022. p. 44; GUASTINI, Riccardo. *Interpretare e argomentare*. Milano: Giuffrè, 2011. p. 213 e ss.; GUASTINI, Riccardo. *La sintassi del diritto*. 2. ed. Torino: Giappichelli, 2014. p. 423 e ss.; CARVALHO, Paulo de Barros. *Curso de direito tributário*. 13. ed. São Paulo: Saraiva, 2000. p. 1-4; CARVALHO, Paulo de Barros. *Direito tributário*: linguagem e método. 6. ed. São Paulo: Noeses, 2015. p. 70 e ss.; VILANOVA, Lourival. *As estruturas lógicas e o sistema do direito positivo*. São Paulo: Max Limonad, 1997. p. 40 e ss.; ENCHAVE, Delia Teresa; URQUIJO, María Eugenia; GUIBOURG, Ricardo A. *Lógica, proposición y norma*. Buenos Aires: Astrea, 1995. p. 107-144.

[12] COELHO, Luiz Fernando. *Curso de introdução ao direito*: em 13 aulas. 4. ed. Santana de Parnaíba: Manole, 2022. p. 182. O autor esclarece que a expressão *dogmática regional* provém de Machado Neto.

6 | CURSO DE DIREITO TRIBUTÁRIO – *Solon Sehn*

cia da doutrina italiana – já foi objeto de intenso debate doutrinário[13]. Contudo, atualmente, em especial no Brasil, não seria exagerado considerá-la uma necessidade pragmática. O volume e a complexidade das normas tributárias vêm crescendo de tal maneira que um estudo em separado não é apenas conveniente, como também indispensável.

O objeto do presente estudo, portanto, será a disciplina da tributação no direito positivo brasileiro, desde uma perspectiva dogmática, mas sem prescindir de uma visão interdisciplinar, comprometida com os postulados da lógica jurídica, da teoria do direito e, sobretudo, com os direitos fundamentais, os princípios e as regras consagrados pela Constituição Federal de 1988.

5 FONTES FORMAIS

5.1 Constituição Federal

5.1.1 *Preeminência hierárquico-normativa da Constituição*

A Constituição representa o fundamento de validade de toda a ordem jurídica. É o texto constitucional que institui e configura os poderes do Estado, estabelecendo as competências das autoridades constituídas, as prestações positivas do poder público e os direitos fundamentais[14]. Ao mesmo tempo, como norma primária de produção jurídica e base de toda a ordem estatal[15], disciplina a competência, os órgãos e os procedimentos de criação de atos normativos, seus limites formais e materiais, assim como as espécies legislativas admitidas no direito positivo[16].

Após um longo período de afirmação, encontra-se definitivamente superada a doutrina que nega a vinculação do legislador à Constituição[17]. Embora se tenha presente que nem todos os preceitos

---

[13] NOVOA, César García. *El concepto de tributo*. Buenos Aires: Marcial Pons, 2012. p. 54-55; FALSITTA, Gaspare. *Il principio della capacità contributiva nel suo svolgimento storico prima e dopo la costituzione repubblicana*: schermaglie dialettiche su "scuole" e "maestri" del passato. Milano: Giuffrè, 2014. p. 356 e ss. Esse último autor ressalta que, na Itália, a separação do direito tributário do direito financeiro, como ressalta Gaspare Falsitta, foi obra de Giannini e da Escola da Católica de Milão (*Ibid.*, p. 345 e ss.).

[14] ENTERRÍA, Eduardo García de. *La Constitución como norma y el Tribunal Constitucional*. 3. ed. Madrid: Civitas, 1994. p. 50 e ss.

[15] Como ensina Kelsen: "La Constitución es la base indispensable de las normas jurídicas que regulan la conducta recíproca de los miembros de la colectividad estatal, así como de aquellas que determinan los órganos necesarios para aplicarlas e imponerlas y la forma como estos órganos habían de proceder; es decir, la Constitución es, en suma, el asiento fundamental del orden estatal" (KELSEN, Hans. *La garantía jurisdiccional de la Constitución*: la justicia constitucional. Trad. Rolando Tamayo y Salmorán. México: UNAM, 2001. p. 20-21).

[16] GUASTINI, Riccardo. Sobre el concepto de constitución. Cuestiones constitucionales. *Revista Mexicana de Derecho Constitucional*, n. 1, p. 161-176, jul./dic. 1999; GUASTINI, Riccardo. *Estudios de teoría constitucional*. México: UNAM, 2001. p. 47 e ss.

[17] Sobre o tema, cf.: OTTO, Ignacio de. *Derecho constitucional: sistema de fuentes*. Barcelona: Ariel, 1998. p. 129; MIRANDA, Jorge. *Teoria do Estado e da Constituição*. Rio de Janeiro: Forense, 2002. p. 244; ENTERRÍA, Eduardo García de. *Reflexiones sobre la ley y los principios generales del derecho*. Madrid: Civitas, 1986. p. 21 e ss.; PFERSMANN, Otto. Carré de Malberg y la "jerarquía normativa". Cuestiones constitucionales. *Revista Mexicana de Derecho Constitucional*, n. 4, p. 184-185, ene./jun. 2001; MENÉNDEZ, Ignácio Villaverde. *La inconstitucionalidad por omisión*. Madrid: McGraw-Hill, 1997. p. 5 e ss.; BONAVIDES, Paulo. *Curso de direito constitucional*. 30. ed. São Paulo: Malheiros, 2015. p. 75-109 e 201-224; CANOTILHO, José Joaquim Gomes. *Direito constitucional e teoria da Constituição*. 7. ed. Coimbra: Almedina, 2003. p. 356; CANOTILHO, José Joaquim Gomes. *Constituição dirigente e vinculação do legislador*: contributo para a compreensão das normas constitucionais programáticas. Coimbra: Coimbra Editora, 1994. p. 63 e ss.; CANOTILHO, José Joaquim Gomes; VITAL MOREIRA. *Fundamentos da Constituição*. Coimbra: Coimbra Editora, 1991. p. 45 e ss.; HESSE, Konrad. *Elementos de direito constitucional da República Federal da Alemanha*. Porto Alegre: Fabris, 1998. p. 20 e ss.; CECILIA, Mora-Donatto. *El valor de la Constitución normativa*. México: UNAM, 2002. p. 10 e ss.; VITAL MOREIRA. O futuro da Constituição. *In*: GRAU, Eros Roberto; GUERRA FILHO, Willis Santiago (org.). *Direito constitucional*: estudos em homenagem a Paulo Bonavides. São Paulo: Malheiros, 2001. p. 317; HARO, Ricardo. *Constitución, poder y control*. México: UNAM, 2002. p. 139.

Parte Geral • Capítulo I • DIREITO TRIBUTÁRIO | 7

constitucionais são dotados do mesmo grau de eficácia, o texto constitucional é visto como a Lei Maior do Estado e da sociedade, vinculante para o poder público e todos os cidadãos. Portanto, como fundamento de validade formal e material de toda ordem jurídica, é hierarquicamente superior a qualquer norma do sistema. Não há outro parâmetro normativo anterior, paralelo ou superior que fundamente a validade de um ato normativo infraconstitucional incompatível com o texto constitucional[18].

O Estado Democrático de Direito pressupõe a existência de uma Lei Fundamental normativa e vinculante para o poder público. Por isso, todas as normas jurídicas sempre devem ser *lidas à luz* da Constituição, e não o contrário[19]. A prática de *interpretar* o texto constitucional *a partir das leis*, ainda comum no direito tributário, não se compatibiliza com a sua supremacia hierárquica. Sempre que um texto de direito positivo apresentar múltiplos sentidos, deve ser privilegiado aquele mais adequado à realização plena dos princípios e regras constitucionais, afastando-se as interpretações incompatíveis[20].

Desse modo, o fundamento do poder de tributar não pode mais ser buscado unicamente na noção de soberania, tampouco pode ser visto como algo inerente ao conceito de Estado, desvinculado do texto constitucional. O poder público institui e cobra seus tributos porque tem competência constitucional para tanto. Fora dos parâmetros constitucionais, nada há além de pura arbitrariedade[21].

5.1.2 Natureza analítica da Constituição Federal de 1988

Os textos constitucionais – por razões ligadas ao contexto histórico e à realidade sociocultural de cada país – podem assumir configurações bastantes distintas. Há, como se sabe, modelos

---

[18] A preeminência da Constituição "[...] quer dizer, por um lado, que ela não pode ser subordinada a qualquer outro parâmetro normativo supostamente anterior ou superior e, por outro lado, que todas as outras normas hão-de conformar-se com ela" (CANOTILHO, José Joaquim Gomes; VITAL MOREIRA. *Fundamentos da Constituição*. Coimbra: Coimbra Editora, 1991. p. 45). Ademais, implica a impossibilidade dissolução político-jurídica decorrente: "(1) da pretensão de prevalência de 'fundamentos políticos', de 'superiores interesses da nação', da 'soberania da Nação' sobre a normatividade jurídico-constitucional; (2) da pretensão de, através do apelo ao 'direito' ou à 'ideia de direito', querer desviar a constituição da sua função normativa e substituir-lhe uma superlegalidade ou legalidade de duplo grau, ancorada em 'valores' ou princípios transcendentes (PREUS)" (CANOTILHO, José Joaquim Gomes. *Direito constitucional e teoria da Constituição*. 7. ed. Coimbra: Almedina, 2003. p. 341 e ss.).

[19] Ainda segundo Canotilho e Moreira: "A principal manifestação da preeminência normativa da Constituição consiste em que toda a ordem jurídica deve ser *lida à luz dela* e passada pelo seu crivo, de modo a eliminar as normas que não se conformem com ela. São três as componentes principais desta preeminência normativa da Constituição: (a) todas as normas infraconstitucionais devem ser interpretadas no sentido mais conforme com a Constituição (princípio da *interpretação conforme à Constituição*); (b) as normas de direito ordinário desconformes com a Constituição são *inválidas*, não podendo ser aplicadas pelos tribunais e devendo ser anuladas pelo Tribunal Constitucional; (c) salvo quando não exequíveis por si mesmas, as normas constitucionais *aplicam-se directamente*, mesmo sem lei intermediária, ou contra ela e no lugar dela" (CANOTILHO, José Joaquim Gomes; VITAL MOREIRA. *Fundamentos da Constituição*. Coimbra: Coimbra Editora, 1991. p. 45-46).

[20] O princípio da interpretação conforme a Constituição decorre da supremacia do texto constitucional, constituindo também uma técnica de controle de constitucionalidade. Nela afasta-se um sentido interpretativo incompatível com o texto constitucional, preservando a higidez do enunciado prescritivo. Sobre o tema, cf.: BASTOS, Celso Ribeiro. *Hermenêutica e interpretação constitucional*. São Paulo: Celso Bastos Editor, 1997. p. 101--102; MIRANDA, Jorge. *Manual de direito constitucional*: constituição e inconstitucionalidade. 3. ed. Coimbra: Coimbra, 1996. p. 265 e ss.; BARROSO, Luís Roberto. *Interpretação e aplicação da Constituição*: fundamentos de uma dogmática constitucional transformadora. São Paulo: Saraiva, 1996. p. 175; CANOTILHO, José Joaquim Gomes. *Direito constitucional e teoria da Constituição*. 7. ed. Coimbra: Almedina, 2003. p. 229-230.

[21] DE MITA, Enrico. *Interesse fiscale e tutela del contribuente:* le garanzie costituzionali. 4. ed. Milano: Giuffrè, 2000. p. 7. Entre nós, Souto Maior Borges ensina que: "No Estado constitucional moderno, o poder tributário deixa de ser um poder de fato, mera relação tributária de força (*Abgabegewaltverhältnis*) para converter-se num poder jurídico que se exerce através de normas. Esgota-se a relação de poder a partir do momento em que o Estado exerce, no âmbito da Constituição, o seu poder tributário e o faz por meio do instrumento de lei formal e material, ato do poder legislativo" (*Teoria geral da isenção tributária*. 3. ed. São Paulo: Malheiros, 2001. p. 25).

8 | CURSO DE DIREITO TRIBUTÁRIO – *Solon Sehn*

lacônicos – *v.g.*, a Constituição dos Estados Unidos da América do Norte – e analíticos, como a Lei Fundamental da República Federal da Alemanha[22] e a Constituição da Espanha, também denominados prolixos pela doutrina constitucionalista[23]. Essa diversidade precisa ser devidamente compreendida pelo intérprete. Do contrário, o operador jurídico corre o risco de promover o transplante irrefletido e descontextualizado de construções de direito comparado, com reflexos negativos para a ordem jurídico-política nacional[24].

Assim, deve-se ter presente que a Constituição Federal de 1988 é marcada por seu caráter analítico bastante acentuado em matéria de tributação[25]. Em contraste com os mais de cem dispositivos constitucionais em matéria tributária identificados ao tempo do texto constitucional pretérito, atualmente, a Constituição brasileira apresenta aproximadamente 350 enunciados prescritivos relacionados diretamente à tributação[26], sem incluir o ADCT, as referências indiretas e os enunciados relacionados à atividade financeira do Estado[27].

---

[22] Não se utiliza, na doutrina alemã, o termo "Constituição" para se referir a tal ato normativo, por razões, em parte, expressas no art. 146 da Lei Fundamental de 1949, modificado em 31.08.1990: "A presente Lei Fundamental que, depois de consumada a unidade e a liberdade da Alemanha, é válida para todo o povo alemão, perderá sua vigência no dia em que entrar em vigor uma Constituição que tenha sido adotada por decisão livre de todo povo alemão".

[23] Sobre os diversos modelos de constituição, cf. BONAVIDES, Paulo. *Curso de direito constitucional*. 30. ed. São Paulo: Malheiros, 2015. p. 200-227.

[24] ATALIBA, Geraldo. *Sistema constitucional tributário brasileiro*. São Paulo: RT, 1968. p. 36-37.

[25] ATALIBA, Geraldo. *Sistema constitucional tributário brasileiro*. São Paulo: RT, 1968. p. 18; CARVALHO, Paulo de Barros. *Curso de direito tributário*. 13. ed. São Paulo: Saraiva, 2000. p. 141; CARRAZZA, Roque Antonio. *Curso de direito constitucional tributário*. 16. ed. São Paulo: Malheiros, 2001. p. 412 e ss. O caráter analítico do texto constitucional não é apenas em matéria tributária, consoante destaca BARROSO, Luís Roberto. Dez anos da Constituição de 1988 (foi bom pra você também?). *In*: BARROSO, Luís Roberto. *A Constituição democrática brasileira e o Poder Judiciário*. São Paulo: Fundação Konrad-Adenauer-Stiftung, 1999. p. 27. (Coleção Debates, n. 20.): "[...] o constituinte de 1988 optou, igualmente, por uma Carta analítica, na tradição do constitucionalismo contemporâneo, materializado nas Constituições Portuguesa e Espanhola, de 1976 e 1978, de Países que, a exemplo do Brasil, procuravam superar experiências autoritárias. O modelo oposto é o que tem como paradigma a Constituição dos Estados Unidos, exemplo típico do constitucionalismo sintético, cujo texto se contém em apenas sete artigos e vinte e seis emendas (em sua maior parte aditamentos, e não modificações, à versão original). A tradição brasileira, a complexidade do contexto em que desenvolvida a reconstitucionalização do país e as características de nosso sistema judicial inviabilizavam a opção pela fórmula do texto mínimo, cuja importação seria uma [sic.] equívoco caricatural. É inevitável a constatação, todavia, de que o constituinte de 1988 caiu no extremo oposto, produzindo um texto que, mais que analítico, é casuístico e prolixo".

[26] Art. 5º, XXXIV, "a" e "b", LXXIII, LXXVI, "a" e "b", LXXVII; art. 8º, IV; art. 24, I e IV; art. 30, III; art. 32, § 1º; art. 33, § 1º; art. 37, XV, XVIII, XXII; art. 40, §§ 18 e 19; art. 43, § 2º, III, e § 4º; art. 48, I; art. 61, § 1º, II, "b"; art. 62, § 2º; art. 95, III; art. 128, § 5º, I, "c"; art. 131, § 3º; art. 145, *caput*, I, II, III, § 1º, § 2º; art. 146, I, II, III, "a", "b", "c", "d", §§ 1º, 2º e 3º; art. 146-A; art. 147; art. 148, *caput*, I, II, parágrafo único; art. 149, §§ 1º, 2º, I, II, III, "a" e "b", 3º e 4º; art. 149-A, *caput*, parágrafo único; art. 150, *caput*, I, II, III, "a", "b", "c", IV, V, VI, "a", "b", "c" e "d", §§ 1º, 2º, 3º, 4º, 5º, 6º e 7º; art. 151, *caput*, I, II e III; art. 152; art. 153, *caput*, I, II, VII e VIII, §§ 1º e 2º, I, § 3º, I, II, III, IV e V, § 4º, I, II, III, § 5º, I e II, e § 6º, I, II, III, IV, V, VI, VII e VIII; art. 154, I e II; art. 155, I, II, III, § 1º, I, II, III, "a" e "b", IV, § 2º, I, II, "a" e "b", III, IV, V, "a" e "b", VI, VII, "a" e "b", VIII, IX, "a" e "b", X, "a", "b", "c", "d", XI, XII, "a", "b", "c", "d", "e" "f", "g", "h", "i", §§ 3º, 4º, I, II, III, IV, "a", "b" e "c", §§ 5º e 6º, I, II e III, "a", "b", "c", "d"; art. 156, *caput*, I, II, III, § 1º, I, II e III, § 2º, I e II, § 3º, I, II e III; art. 156-A, § 1º, I, II, III, IV, V, VI, VII, VIII, IX, X, XI, XII, XIII, §§ 2º, 3º e 4º, I e II, § 5º, I, "a", "b", "c", II, "a", "b", III, IV, V, "a", 1, 2 e 3, "b", 1, 2, "c", 1, 2 e 3, "b", 1 e 2, "c", 1 e 2, "d", 1 e 2, "e", VI, VII e IX, § 6º, I, "a", "b" e "c", II, "a" e "b", III, "a" e "b", IV, V e VI, § 7º, I e II, §§ 8º e 9º, I e II, §§ 10, 11, 12 e 13; art. 156-B, I, II e III, §§ 1º e 2º, I, II, III, IV, V, VI e VII, § 3º, I e II, "a" e "b", § 4º, I, "a" e "b", II, §§ 5º, 6º, 7º e 8º; art. 162, *caput* e parágrafo único; art. 173, § 1º, II, § 2º; art. 177, § 4º, I, "a", "b"; art. 179; art. 182, § 4º, II; art. 184, § 5º; art. 194, parágrafo único, V e VI; art. 195, *caput*, I, "a", "b" e "c", II, III, IV e V, §§ 3º, 4º, 5º, 6º, 7º, 8º, 9º, 11, 12, 13, 14, 15, 16, 17, 18 e 19; art. 201, §§ 3º e 11; art. 202, § 2º; art. 212, § 5º; art. 225, § 1º, VIII; art. 239, *caput*, § 4º; art. 240.

[27] Não há nada próximo disso no direito comparado. A Constituição Portuguesa de 1976 apresenta apenas 15 dispositivos (art. 66, § 2º, "h"; art. 81, "b"; art. 103, §§ 1º, 2º e 3º; art. 104, §§ 1º, 2º, 3º e 4º; art. 165, § 1º, "i"; art. 227, § 1º, "i" e "j"; art. 232; art. 238, § 4º; art. 254); a Constituição Italiana de 1947, 19 dispositivos (art. 20; art. 23; art. 53; art. 81; art. 117; art. 119); a Constituição Francesa de 1958, cinco dispositivos (art. 34; art. 47;

Esse modelo de *Constituição de detalhe* foi idealizado visando a limitar a liberdade de conformação legislativa, proporcionando uma maior segurança jurídica para as empresas e para os cidadãos. Foi criado um capítulo específico dedicado ao sistema tributário nacional. Nele o legislador constituinte previu as espécies tributárias e os respectivos regimes jurídicos de base, as regras de imunidade, além de um amplo rol de princípios e de garantias dos contribuintes. As competências impositivas, por sua vez, foram distribuídas entre as pessoas políticas mediante referências objetivas à materialidade das exações que podem ser validamente instituídas: imposto sobre a renda, de Competência da União (CF, art. 153, III); imposto municipal sobre a propriedade predial e territorial urbana (CF, art. 156, I); imposto estadual sobre a transmissão causa mortis e doação, de quaisquer bens ou direitos (CF, art. 155, I); e assim por diante[28].

5.2 Tratados internacionais

5.2.1 Conceito e espécies

Os tratados internacionais, como ensina Francisco Rezek, podem apresentar diversas designações alternativas, tais como acordo, ajuste, arranjo, ata, ato, carta, código, compromisso, constituição, contrato, convenção, convênio, declaração, estatuto, memorando, pacto, protocolo e regulamento[29]. Na Convenção de Viena sobre o Direito dos Tratados de 1969 (Decreto Legislativo 496/2009; Decreto 7.030/2009), é definido como "[...] acordo internacional concluído por escrito entre Estados e regido pelo Direito Internacional, quer conste de um instrumento único, quer de dois ou mais instrumentos conexos, qualquer que seja sua denominação específica" (Artigo 2.1.a)[30].

Dessa forma, independentemente da denominação, os tratados internacionais constituem acordos formais de vontades entre sujeitos de direito internacional público, vinculantes e obri-

---

art. 72-2; art. 53); a Constituição da Bélgica de 1994, 16 dispositivos (art. 163; art. 170, §§ 1º, 2º, 3º e 4º; art. 171; art. 172; art. 173; art. 174; art. 175; art. 176; art. 177; art. 178; art. 197; art. 180; art. 181); a Constituição Federal Austríaca de 1920, sete dispositivos (art. 10, § 1º, 4; art. 11; art. 51; art. 102, § 2º; art. 116, § 2º); a Lei Fundamental da República Federal da Alemanha de 1949, 43 dispositivos (art. 28, § 2º; art. 105, §§ 1º, 2º e 3º; art. 106, § 1º, 1, 2, 3, 4, 5, 6, 7, § 2º, 1, 2, 3, 4, 5 e 6, § 3º, 1 e 2; §§ 4º, 5º, 6º, 7º, 8º e 9º; art. 106b; art. 107, §§ 1º, 2º e 3º; art. 108, §§ 1º, 2º, 3º, 4º, 5º, 6º e 7º; art. 110, §§ 1º e 4º); a Constituição Espanhola de 1978, 11 dispositivos (art. 31, §§ 1º e 3º; art. 142; art. 149, § 1º, 14; art. 157, § 1º, "a" e "b"; art. 133, §§ 1º, 2º e 3º; art. 134, §§ 6º e 7º).

[28] Ver Capítulo III da Parte Geral.

[29] Contudo, estatisticamente, segundo Francisco Rezek, carta e constituição são preferencialmente utilizados para designação dos tratados constitutivos de organizações internacionais, ao passo que ajuste, arranjo e memorando, dos tratados bilaterais considerados de importância reduzida, todas aquelas expressões são de uso comum e aleatório. "Apenas o termo *concordata* possui, em direito das gentes, significado singular: esse nome é estritamente reservado ao tratado bilateral em que uma das partes é a Santa Sé, e que tem por objeto a organização do culto, a disciplina eclesiástica, missões apostólicas, relações entre a Igreja católica local e o Estado copactuante". Cf.: REZEK, Francisco. *Direito internacional público*: curso elementar. 17. ed. São Paulo: Saraiva, 2018. p. 40 e ss.

[30] Sobre o tema, cf. ainda: PIOVESAN, Flávia. *Direitos humanos e o direito constitucional internacional*. São Paulo: Max Limonad, 1997. p. 74; MIRANDA, Jorge. *Curso de direito internacional público*: uma visão sistemática do direito internacional dos nossos dias. 4. ed. Rio de Janeiro: Forense, 2009. p. 57 e ss.; ACCIOLY, Hildebrando. *Manual de direito internacional público*. São Paulo: Saraiva, 1985. p. 120 e ss.; XAVIER, Alberto. *Direito tributário internacional no Brasil*: tributação das operações internacionais. 5. ed. Rio de Janeiro: Forense, 2002. p. 91 e ss.; GRUPENMACHER, Betina Treiger. *Tratados internacionais em matéria tributária e a ordem interna*. São Paulo: Dialética, 1999. p. 62 e ss.; TREVISAN, Rosaldo. Tratados internacionais e o direito brasileiro. *In*: BRITTO, Demes; CASEIRO, Marcos Paulo (coord.). *Direito tributário internacional*: teoria e prática. São Paulo: RT, 2014. p. 363 e ss.; MARTINS, Marcelo Guerra. Tratados internacionais em matéria tributária em um ambiente de economia globalizada. *In*: BRITTO, Lucas Galvão de; CASEIRO, Marcos Paulo (coord.). *Direito tributário internacional*: teoria e prática. São Paulo: RT, 2014. p. 405 e ss.; BRITTO, Demes. A problemática de conflito entre o direito interno e o direito internacional em matéria tributária. *In*: BRITTO, Lucas Galvão de; CASEIRO, Marcos Paulo (coord.). *Direito tributário internacional*: teoria e prática. São Paulo: RT, 2014. p. 439 e ss.

10 | CURSO DE DIREITO TRIBUTÁRIO – *Solon Sehn*

gatórios, destinados à produção de determinados efeitos jurídicos. Podem ser bilaterais ou multilaterais[31]. Somente os Estados soberanos e as organizações internacionais possuem capacidade jurídica para sua celebração, devendo apresentar a forma escrita[32].

Os tratados são sempre obrigatórios, razão pela qual, como ressalta Alberto Xavier, não são considerados como tal as chamadas *convenções-tipo* em matéria de tributação, como os "Modelos de convenção destinados a evitar as duplas tributações" da OCDE, porquanto não têm natureza vinculante, mas de mera *recomendação*[33].

Os seus efeitos abrangem apenas as partes que expressamente consentiram (*pacta tertiis nec nocent nec prosunt*), salvo se os signatários tiveram a intenção de criar um direito ou uma obrigação em favor de um terceiro e esse, expressamente, o aceitar. No caso de tratados que criam direitos em favor de terceiros, o consentimento é presumido até manifestação em contrário[34]. É o que ocorre, por exemplo, com a cláusula da nação mais favorecida prevista no Artigo I do Gatt 1994 (*General Agreement on Tariffs and Trade* ou Acordo Geral de Tarifas e Comércio)[35], que é relevante no regime jurídico dos tributos incidentes na importação. Em razão dela, todas as vantagens, favores, imunidades ou privilégios, inclusive tributários, concedidos por um Estado--Membro da OMC a produtos originários de outro país são estendidos – imediata e incondicionalmente – para similares importados dos demais países-membros[36].

---

[31] Parte da doutrina, como ensina Rezek, ainda opera com a diferenciação proposta por Charles Rousseau entre *tratados contratuais* (por meio deles as partes realizam uma operação jurídica, tais como os acordos de comércio, de aliança e de cessão territorial) e *tratados normativos* (ou tratados-lei, porque deles resulta uma regra de direito objetivamente válida). Trata-se, no entanto, de distinção carente de sentido, já que mesmo os tratados-contratuais apresentam disposições normativas. A expressão "tratados-normativos", inclusive, mostra-se pleonástica, como bem apontou Kelsen (REZEK, Francisco. *Direito internacional público*: curso elementar. 17. ed. São Paulo: Saraiva, 2018. p. 54-55). A distinção entre ambos, como ressalta Jorge Miranda, mostra-se bastante fluida (MIRANDA, Jorge. *Curso de direito internacional público*: uma visão sistemática do direito internacional dos nossos dias. 4. ed. Rio de Janeiro: Forense, 2009. p. 63). Por isso, não se acolhe a distinção no presente estudo.

[32] REZEK, Francisco. *Direito internacional público*: curso elementar. 17. ed. São Paulo: Saraiva, 2018. p. 42-43. Em sentido contrário, Jorge Miranda entende que é prescindível a forma escrita. Nada o impõe e, ao longo da história, houve tratados não escritos, a exemplo do caso da Groenlândia Oriental, decidido pelo Tribunal Permanente de Justiça Internacional (MIRANDA, Jorge. *Curso de direito internacional público*: uma visão sistemática do direito internacional dos nossos dias. 4. ed. Rio de Janeiro: Forense, 2009. p. 58).

[33] XAVIER, Alberto. *Direito tributário internacional no Brasil*: tributação das operações internacionais. 5. ed. Rio de Janeiro: Forense, 2002. p. 92.

[34] De acordo com a Convenção de Viena sobre o Direito dos Tratados:
"Artigo 35
Tratados que Criam Obrigações para Terceiros Estados
Uma obrigação nasce para um terceiro Estado de uma disposição de um tratado se as partes no tratado tiverem a intenção de criar a obrigação por meio dessa disposição e o terceiro Estado aceitar expressamente, por escrito, essa obrigação.
Artigo 36
Tratados que Criam Direitos para Terceiros Estados
1. Um direito nasce para um terceiro Estado de uma disposição de um tratado se as partes no tratado tiverem a intenção de conferir, por meio dessa disposição, esse direito quer a um terceiro Estado, quer a um grupo de Estados a que pertença, quer a todos os Estados, e o terceiro Estado nisso consentir. Presume-se o seu consentimento até indicação em contrário, a menos que o tratado disponha diversamente. 2. Um Estado que exerce um direito nos termos do parágrafo 1 deve respeitar, para o exercício desse direito, as condições previstas no tratado ou estabelecidas de acordo com o tratado."

[35] A *cláusula de nação mais favorecida* é um "[...] caso em que terceiro sofre consequências diretas de um tratado – geralmente bilateral – por força do disposto em tratado anterior, que o vincule a uma das partes" (REZEK, Francisco. *Direito internacional público*: curso elementar. 17. ed. São Paulo: Saraiva, 2018. p. 112).

[36] Ver Capítulo I, item 1, Parte Geral.

Parte Geral • Capítulo I • DIREITO TRIBUTÁRIO | 11

No Brasil, adota-se a teoria dualista. Assim, a simples assinatura não gera obrigações entre as partes, significando apenas que o tratado é autêntico e definitivo. A sua incorporação na ordem jurídica nacional pressupõe o percurso das seguintes etapas: a negociação, que normalmente é realizada por membros do corpo diplomático do Ministério de Relações Exteriores e outros representantes do Poder Executivo; a assinatura pelo Presidente da República (CF, art. 84, VIII[37]), pelo Ministro das Relações Exteriores, por Embaixadores chefes de missões diplomáticas do País no exterior ou por outras autoridades com Carta de Plenos Poderes; a aprovação pelo Congresso Nacional[38], por meio de decreto legislativo (CF, art. 49, I[39]); a promulgação em decreto do Presidente da República, que é um costume constitucional desde a época da Independência de Portugal[40]; e, finalmente, a ratificação pelo Poder Executivo, mediante comunicação formal à outra parte ou ao depositário do tratado internacional[41].

Ressalte-se que, de acordo com a tese fixada pelo STF na ADC 39: "A denúncia pelo Presidente da República de tratados internacionais aprovados pelo Congresso Nacional, para que produza efeitos no ordenamento jurídico interno, não prescinde da sua aprovação pelo Congresso"[42].

5.2.2 Hierarquia (CTN, art. 98)

A doutrina divide-se acerca da hierarquia dos tratados internacionais. Parte dos autores entendem que os tratados, como normas especiais, sempre prevalecem em face da legislação

---

[37] "Art. 84. Compete privativamente ao Presidente da República: [...] VIII – celebrar tratados, convenções e atos internacionais, sujeitos a referendo do Congresso Nacional."

[38] Discute-se acerca da validade dos *acordos executivos* do direito brasileiro, que, como ensina Rezek, "[...] é expressão criada nos Estados Unidos para designar aquele tratado que se conclui sob a autoridade do chefe do poder Executivo, independentemente do *parecer e consentimento* do Senado" (REZEK, Francisco. *Direito internacional público*: curso elementar. 17. ed. São Paulo: Saraiva, 2018. p. 52). Parte da doutrina entende que são válidos, em razão de costume constitucional. Porém, parece mais apropriada a exegese de Rezek, que os considera uma prática inconstitucional. O autor, no entanto, ressalta que: "*Três* categorias de acordos executivos – mencionados, de resto, por Accioly, ao lado de outras mais – parecem compatíveis com o preceito constitucional: os acordos 'que consignam simplesmente interpretações de cláusulas de um tratado já vigente', os 'que decorrem, lógica e necessariamente, de algum tratado vigente e são como que o seu complemento', e os de *modus vivendi*, 'quando têm em vista apenas deixar as coisas no estado em que se encontram, ou estabelecer simples bases para negociações futuras'" (*Ibid.*, p. 88). Sobre o tema, cf. ainda: MIRANDA, Jorge. *Curso de direito internacional público*: uma visão sistemática do direito internacional dos nossos dias. 4. ed. Rio de Janeiro: Forense, 2009. p. 99.

[39] "Art. 49. É da competência exclusiva do Congresso Nacional:
I – resolver definitivamente sobre tratados, acordos ou atos internacionais que acarretem encargos ou compromissos gravosos ao patrimônio nacional;
[...]."

[40] "[...] o decreto de promulgação não constitui reclamo constitucional: ele é produto de uma praxe tão antiga quanto a Independência e os primeiros exercícios convencionais do Império" (REZEK, Francisco. *Direito internacional público*: curso elementar. 17. ed. São Paulo: Saraiva, 2018. p. 195).

[41] A *ratificação*, ensina Francisco Rezek, é um instituto que tem gerado um acentuado número de erros de entendimento. "Só se pode entender a ratificação como ato *internacional*, e como ato *de governo*. Este, o poder Executivo, titular que costuma ser da dinâmica das relações exteriores de todo Estado, aparece como idôneo para ratificar – o que no léxico significa *confirmar* –, perante outras pessoas jurídicas de direito das gentes, aquilo que ele próprio, ao término da fase negocial, deixara pendente de confirmação, ou seja, o seu consentimento em obrigar-se pelo pacto. Parlamentos nacionais não ratificam tratados, primeiro porque não têm voz exterior neste domínio, e segundo porque, justamente à conta de sua inabilidade para comunicação direta com Estados estrangeiros, nada lhes terão pronunciado, antes, por assinatura ou ato equivalente, que possam mais tarde confirmar pela ratificação" (REZEK, Francisco. *Direito internacional público*: curso elementar. 17. ed. São Paulo: Saraiva, 2018. p. 75). "Ratificação é o ato unilateral com que a pessoa jurídica de direito internacional, signatária de um tratado, exprime definitivamente, no plano internacional, sua vontade de obrigar-se" (*Ibid.*, p. 76).

[42] STF, Tribunal Pleno, ADC 39, Rel. Min. Dias Toffoli, *DJe* 18.08.2023.

ordinária (critério da especialidade)[43]. Essa parece ter sido a interpretação adotada por parte dos Ministros do STF no RE 460.320. O recurso não teve o seu mérito julgado, mas a ementa do acórdão registra o entendimento de alguns dos julgadores. Destaca-se, nesse sentido, o voto do Min. Celso de Mello:

> [...] a precedência dos atos internacionais sobre as normas de direito interno *somente ocorrerá* – presente o contexto *de eventual situação de antinomia* com o ordenamento doméstico –, não em virtude de uma inexistente *primazia hierárquica*, mas, *sempre*, em face da aplicação *do critério da especialidade* (RTJ 70/333 – RTJ 100/1030 – RT 554/434, *v.g.*)". Assim, as antinomias devem "[...] reger-se pela cláusula fundada no art. 98 do Código Tributário Nacional que reconhece, *de modo absolutamente legítimo*, que os tratados internacionais em matéria tributária, *quando postos em situação de antagonismo* com o direito interno *preexistente* ou com o ordenamento normativo *superveniente*, sempre prevalecerão *quanto à sua eficácia e aplicabilidade*[44].

No mesmo processo, o Ministro Gilmar Mendes entendeu que "[...] a possibilidade de afastar a aplicação de normas internacionais tributárias por meio de legislação ordinária (*treaty override*), inclusive no âmbito estadual e municipal, está defasada com relação às exigências de cooperação, boa-fé e estabilidade do atual cenário internacional e, sem sombra de dúvidas, precisa ser refutada por esta Corte". Por isso, os tratados sempre deveriam prevalecer, inclusive porque, "[...] no mínimo, a Constituição Federal permite que norma geral, também recebida como lei complementar por regular as limitações constitucionais ao poder de tributar (art. 146, II e III, da CF/1988), garanta estabilidade dos tratados internacionais em matéria tributária, em detrimento de legislação infraconstitucional interna superveniente, a teor do art. 98 do CTN, como defende autorizada doutrina".

No RE 229.096, por sua vez, o STF entendeu que "o artigo 98 do Código Tributário Nacional 'possui caráter nacional, com eficácia para a União, os Estados e os Municípios' (voto do eminente Ministro Ilmar Galvão)"[45]. Esse dispositivo estabelece que *os tratados e as convenções internacionais revogam ou modificam a legislação tributária interna, e serão observados pela que lhes sobrevenha*". No julgamento, não foi posta em dúvidas a sua compatibilidade com o texto constitucional, de sorte que, para parte da doutrina, o tratado sempre prevaleceria em face da legislação infraconstitucional interna[46].

Contudo, essa não parece ter sido a *ratio decidendi* do julgado. A questão de fundo envolvia a possibilidade de concessão de isenção de tributos estaduais por meio de tratados, matéria que não

---

[43] GRUPENMACHER, Betina Treiger. *Tratados internacionais em matéria tributária e a ordem interna*. São Paulo: Dialética, 1999. p. 107-108. No mesmo sentido, Alberto Xavier ressalta ainda: "Observe-se, em homenagem à exatidão, que é incorreta a redação deste preceito quando se refere à 'revogação' da lei interna pelos tratados. Com efeito, não se está aqui perante um fenômeno ab-rogativo, já que lei interna mantém a sua eficácia plena fora dos casos subtraídos à sua aplicação pelo tratado. Trata-se, isso sim, de limitação da eficácia da lei que se torna *relativamente inaplicável* a certo círculo de pessoas e situações, limitação esta que caracteriza precisamente o instituto da *derrogação* e decorre da relação de especialidade entre tratados e leis" (XAVIER, Alberto. *Direito tributário internacional no Brasil*: tributação das operações internacionais. 5. ed. Rio de Janeiro: Forense, 2002. p. 124).

[44] STF, RE 460.320, Rel. Min. Gilmar Mendes, Rel. p/ Ac. Min. Dias Toffoli, *DJe* 06.10.2020.

[45] STF, Tribunal Pleno, RE 229.096, Rel. Min. Ilmar Galvão, Rel. p/ Ac. Min. Cármen Lúcia, *DJe* 11.04.2008.

[46] É o que sustenta o Prof. Hugo de Brito Machado: "[...] não pode haver dúvidas quanto à superioridade hierárquica dos tratados internacionais em relação às leis internas, tanto em face do que estabelece o art. 98 do CTN, que, embora com terminologia inadequada, afirma a prevalência destes sobre as leis internas, anteriores e posteriores à sua celebração, como porque é sabido que a União, quando os celebra, opera em nome de todo o Estado Brasileiro" (MACHADO, Hugo de Brito. *Normas gerais de direito tributário*. São Paulo: Malheiros, 2018. p. 67).

depende diretamente do art. 98 do CTN[47]. Alguns votos, inclusive, nem sequer consideraram esse dispositivo, de modo que a matéria realmente ainda parece estar em aberto na jurisprudência do STF.

Em meio a essa controvérsia, entende-se que a hierarquia do tratado internacional é a mesma de seu veículo introdutor na ordem jurídica nacional: o Decreto Legislativo, que tem força de lei ordinária[48]. A única exceção diz respeito aos tratados e convenções internacionais sobre direitos humanos, que, de acordo com o § 3º do art. 5º da Constituição Federal, são equivalentes às emendas constitucionais, desde que aprovados, em dois turnos, por três quintos dos votos dos membros de cada Casa do Congresso Nacional[49]. Essa previsão foi incluída pela Emenda 45/2004, encerrando o debate em torno da hierarquia dos tratados no direito brasileiro[50]. Dessa forma, ressalvadas as hipóteses do § 3º do art. 5º, eventuais conflitos devem ser resolvidos pelos critérios da temporalidade (*lex posterior derogat priori*) ou da especialidade (*lex specialis derogat generali*).

É certo que, ao celebrar um tratado internacional, o Estado brasileiro pode convencionar sobre aspectos da incidência, da fiscalização ou da cobrança de determinado tributo. Essas disposições, como *lex posterior e specialis*, afastam a aplicabilidade de enunciados prescritivos anteriores e supervenientes da legislação tributária local, até que ocorra a denúncia do tratado internacional. Dessa forma, apesar de apresentar a mesma hierarquia da lei ordinária, o tratado pode prevalecer em razão de sua especialidade. É esse o sentido do art. 98 do CTN, que, justamente por isso, é considerado um *preceito declaratório*[51] ou *virtualmente supérfluo*[52] por parte da doutrina. Entretanto, não é sempre que o tratado prevalece. É necessário demonstrar a existência de uma relação de *especialidade* efetiva com a legislação nacional. O critério da *lex specialis não pode ser distorcido para transformar a hierarquia do tratado em regra geral.*

5.3 Lei complementar

5.3.1 Conceito constitucional

Apesar da importância da lei complementar no direito brasileiro, os textos constitucionais têm reservado pouquíssimos artigos à disciplina de seu regime jurídico. Esse laconismo, como observou Manoel Gonçalves Ferreira Filho, acaba "forçando o intérprete a apoiar-se exclusivamente na opinião da doutrina, quando o estuda".[53] Não obstante, o tema conta com importantes construções doutrinárias, com destaque para os estudos de Miguel Reale, Pontes de Miranda,

---

[47] Sobre a possibilidade de concessão de isenção de tributos estaduais por meio de tratados, ver Capítulo III, item 1.3.4.1, Parte Geral.

[48] Não há supranacionalidade dos tratados. Tanto é assim que a própria Constituição prevê a possibilidade de declaração de sua inconstitucionalidade (art. 102, III, "b"), o que evidencia sua inferioridade hierárquica em relação ao texto constitucional. CARVALHO, Paulo de Barros. *Curso de direito tributário*. 13. ed. São Paulo: Saraiva, 2000. p. 45-78.

[49] "[...] é sensato crer que ao promulgar esse parágrafo na Emenda Constitucional 45, de 8 de dezembro de 2004, sem nenhuma ressalva abjuratória dos tratados sobre direitos humanos outrora concluídos mediante processo simples, o Congresso constituinte os elevou à categoria dos tratados de nível constitucional" (REZEK, Francisco. *Direito internacional público*: curso elementar. 17. ed. São Paulo: Saraiva, 2018. p. 141).

[50] PIOVESAN, Flávia. *Direitos humanos e o direito constitucional internacional*. São Paulo: Max Limonad, 1997. p. 85 e ss. Cf. ainda: GOMES, Luiz Flávio. A questão da obrigatoriedade dos tratados e convenções no Brasil: particular enfoque da Convenção Americana sobre Direitos Humanos. *Revista dos Tribunais*, São Paulo, v. 83, n. 710, p. 30, dez. 1994.

[51] XAVIER, Alberto. *Direito tributário internacional no Brasil*: tributação das operações internacionais. 5. ed. Rio de Janeiro: Forense, 2002. p. 123.

[52] REZEK, Francisco. *Direito internacional público*: curso elementar. 17. ed. São Paulo: Saraiva, 2018. p. 131.

[53] FERREIRA FILHO, Manoel Gonçalves. *Do processo legislativo*. 3. ed. São Paulo: Saraiva, 1995. p. 241.

José Afonso da Silva, Geraldo Ataliba, José Souto Maior Borges, Celso Bastos, Paulo de Barros Carvalho e Hugo de Brito Machado[54].

Inicialmente, a doutrina ligava o conceito de lei complementar às normas constitucionais não autoexecutáveis ou não autoaplicáveis. *Complementares*, dentro de concepção *clássica* ou *doutrinária*[55], seriam as leis necessárias à regulamentação desses dispositivos. Entretanto, após a *Emenda do Parlamentarismo* (Emenda Constitucional 04/1961), essa denominação ficou restrita a um ato legislativo específico, com âmbito material expresso na Constituição e procedimento de aprovação qualificado. Desde então, a lei complementar é considerada uma categoria identificável formal e materialmente, isto é, uma espécie legislativa que demanda maioria absoluta para aprovação e disciplina matérias expressamente previstas no texto constitucional[56].

Não há discricionariedade na escolha das questões que podem ser disciplinadas por lei complementar. As hipóteses reservadas a essa espécie legislativa são predeterminadas pelo texto constitucional. O legislador infraconstitucional não pode ampliá-las, porque o quórum qualificado representa uma limitação formal à liberdade de conformação legislativa, algo que apenas pode ser disciplinado pela Constituição. Trata-se de uma restrição que objetiva conferir estabilidade a certas matérias reputadas relevantes pelo constituinte. Essas, devido ao quórum de maioria absoluta, ficam protegidas de maiorias fortuitas no Congresso Nacional[57]. Ao mesmo tempo, por exigirem um consenso entre as maiorias e as minorias parlamentares, contribuem para a efetivação do princípio democrático[58].

Discorda-se da doutrina que defende uma abertura para o cabimento de lei complementar[59]. Essa concepção propõe a caracterização formal da espécie legislativa, que já não ficaria restrita às

---

[54]   REALE, Miguel. *Parlamentarismo brasileiro*. São Paulo: Saraiva, 1962; PONTES DE MIRANDA, Francisco Cavalcanti. *Comentários à Constituição de 1946*. Rio de Janeiro: Borsoi, 1962. t. VIII; SILVA, José Afonso da. *Aplicabilidade das normas constitucionais*. 3. ed. São Paulo: Malheiros, 1998. p. 246-247; ATALIBA, Geraldo. *Lei complementar na Constituição*. São Paulo: RT, 1971; BORGES, José Souto Maior. *Lei complementar tributária*. São Paulo: RT, 1975; BASTOS, Celso. *Lei complementar*: teoria e comentários. 2. ed. São Paulo: Celso Bastos Editor, 1999; CARVALHO, Paulo de Barros. *Curso de direito tributário*. 13. ed. São Paulo: Saraiva, 2000. p. 149 e ss.; MACHADO, Hugo de Brito. Posição hierárquica da Lei Complementar. *Revista Dialética de Direito Tributário*, São Paulo, n. 14; CARVALHO, Jeferson Moreira de. *Leis complementares*. São Paulo: Themis, 2000. Sobre o tema, cf.: SEHN, Solon. Lei complementar e normas gerais de direito tributário. *In*: VALLE, Mauricio Dalri Timm do; VALADÃO, Alexsander Roberto Alves; DALLAZEM, Dalton Luiz (coord.). *Ensaios em homenagem ao Professor José Roberto Vieira*. São Paulo: Noeses, 2017. p. 1115 e ss.

[55]   *Doutrinária* foi a denominação empregada por Geraldo Ataliba (ATALIBA, Geraldo. *Lei complementar na Constituição*. São Paulo: RT, 1971. p. 30) e *clássica*, por Celso Bastos (BASTOS, Celso. *Lei complementar*: teoria e comentários. 2. ed. São Paulo: Celso Bastos Editor, 1999. p. 24 e ss.).

[56]   BASTOS, Celso. *Lei complementar*: teoria e comentários. 2. ed. São Paulo: Celso Bastos Editor, 1999. p. 28 e ss.; BORGES, José Souto Maior. *Lei complementar tributária*. São Paulo: RT, 1975. p. 34; ATALIBA, Geraldo. *Lei complementar na Constituição*. São Paulo: RT, 1971. p. 30.

[57]   A observação deve-se a Miguel Reale que, após a revogação da Emenda 4, recomendou o restabelecimento da lei complementar, para dar maior estabilidade a regras que, sem gozar da "rigidez dos textos constitucionais", ficariam resguardadas de "decisões ocasionais ou fortuitas que às vezes surpreendem o próprio Parlamento e a opinião pública" (Conferência. *Reforma do Poder Legislativo no Brasil*, s.l., s.d., p. 112).

[58]   CANOTILHO, José Joaquim Gomes. *Direito constitucional e teoria da Constituição*. 7. ed. Coimbra: Almedina, 2003. p. 33. Ademais, como observou Geraldo Ataliba, "a exigência de quórum qualificado importa restrição ao Poder Legislativo e alteração qualificativa de sua competência, o que só a Constituição pode estabelecer. [...] Aí o principal motivo pela qual a lei complementar não pode, direta ou indiretamente, criar inibições ao legislador ordinário. Estas somente podem conter-se em disposição constitucional" (ATALIBA, Geraldo. *Lei complementar na Constituição*. São Paulo: RT, 1971. p. 38).

[59]   MACHADO, Hugo de Brito. Posição hierárquica da Lei Complementar. *Revista Dialética de Direito Tributário*, São Paulo, n. 14, p. 20-21: "[...] a rigor, não há vigente na Constituição qualquer norma, ou princípios, que expressa ou implicitamente autorize a conclusão de que a lei complementar somente pode cuidar de matérias a estas reservadas pela Constituição. Existem é certo, dispositivos que tornam determinadas matérias privativas de lei complementar, o que é coisa rigorosamente diversa". No mesmo sentido: NETTO, Domingos

Parte Geral • Capítulo I • DIREITO TRIBUTÁRIO | 15

hipóteses previstas no texto constitucional. Assim, a lei complementar seria uma espécie legislativa aprovada por maioria absoluta, após tramitação de um projeto de lei com esse *nomen iuris*, independentemente do conteúdo. A tese parte de uma premissa equivocada, que é a inexistência de norma proibitiva, para sustentar que, na falta de vedação, a lei complementar pode dispor sobre qualquer matéria. Todavia, no Estado de Direito, é a existência de normas de competência autorizadoras – e não a falta de preceitos proibitivos – que legitima a atuação do legislador[60]. A proposta, ademais, acaba conferindo ao legislador infraconstitucional a faculdade de condicionar o legislador ordinário futuro. Esse ficaria sujeito a uma restrição formal – a observância de um quórum qualificado para alteração ou revogação da lei – que não é prevista na Constituição. Isso equivale a atribuir à vontade política circunstancial do presente um peso maior que a dos parlamentares representantes das gerações futuras. Trata-se de uma exegese inaceitável, porque rompe com o equilíbrio temporal de legitimação democrática concebido pelo poder constituinte[61].

Apesar de já ter sido acolhida pela jurisprudência do STJ[62], essa interpretação não é compatível com a Constituição, conforme reafirmado pelo STF no julgamento da ADI 1:

> A jurisprudência desta Corte, sob o império da Emenda Constitucional 1/69 – e a atual não alterou esse sistema –, se firmou o entendimento no sentido de que só se exige lei complementar para as matérias para cuja disciplina a Constituição expressamente faz tal exigência, e, se porventura a matéria, disciplinada por lei cujo processo legislativo observado tenha sido o da lei complementar, não seja daquelas para que a Carta Magna exige essa modalidade legislativa, os dispositivos que tratam dela se têm como dispositivos de lei ordinária[63].

Portanto, como o cabimento da lei complementar é predeterminado pela Constituição, deve-se ter presente que a lei aprovada com esse *nomen iuris* fora das hipóteses expressamente previstas pelo texto constitucional tem natureza de lei ordinária, mesmo quando observado o quórum de maioria absoluta[64]. Trata-se de uma *lei complementar aparente* ou *falsa lei complementar*, que pode ser revogada por uma lei ordinária posterior[65]. Nesses casos, como ensina Sacha Calmon Navarro Coêlho, a lei complementar sofre uma quebra de *status*, passando a valer tanto

---

Franciulli. Cofins – A exclusão das receitas financeiras de sua base de cálculo. *In*: PEIXOTO, Marcelo Magalhães; FISCHER, Octávio Campos (coord.). *PIS-Cofins*: questões atuais e polêmicas. São Paulo: Quartier Latin, 2005. p. 79; NEVES, Luís Fernando de Souza. *Cofins*: contribuição social sobre o faturamento – L.C. 70/91. São Paulo: Max Limonad, 1997. p. 130; FERREIRA, Dâmares. A Cofins incide sobre as instituições particulares de ensino sem fins lucrativos? *Revista da Associação Brasileira de Direito Tributário*, Belo Horizonte, v. 19, p. 18-19, nov./dez. 2002; MARTINS, Ives Gandra da Silva. O perfil da "receita" e do "faturamento" na Emenda Constitucional 20/98. *In*: ROCHA, Valdir de Oliveira (coord.). *Contribuições sociais*: problemas jurídicos (Cofins, PIS, CSLL e CPMF). São Paulo: Dialética, 1999. p. 125.

60 É por essa razão que, segundo ensina Hans Kelsen, mostra-se absolutamente "supérfluo proibir qualquer coisa a um órgão do Estado, pois basta não autorizá-lo a fazê-la" (KELSEN, Hans. *Teoría general del derecho y del Estado*. México: UNAM, 1959. p. 277: "es superfluo prohibir cualquier cosa a un órgano del Estado, pues basta con non autorizarlo a hacerla").

61 CANOTILHO, José Joaquim Gomes. *Direito constitucional e teoria da Constituição*. 7. ed. Coimbra: Almedina, 2003. p. 33.; ATALIBA, Geraldo. *Lei complementar na Constituição*. São Paulo: RT, 1971. p. 38.

62 O entendimento em questão foi acolhido por alguns julgados do STJ, como no AGREsp 253.984 (1ª T., Rel. Min. José Delgado, *DJU* 18.09.2000, p. 105).

63 Voto do Ministro Relator, p. 124, na ADC 1, Tribunal Pleno, Rel. Min. Moreira Alves, *DJU* 16.06.1995. No mesmo sentido, cf.: RE 138.284-8, Tribunal Pleno, Rel. Min. Carlos Velloso, *DJU* 28.08.1992.

64 BORGES, José Souto Maior. *Lei complementar tributária*. São Paulo: RT, 1975. p. 26.

65 Nesses casos, como explica Celso Bastos, "essa 'pseudo' lei complementar pode ser revogada por lei ordinária, dispensando desta maneira a necessidade de votação por maioria absoluta" (BASTOS, Celso. *Lei complementar*: teoria e comentários. 2. ed. São Paulo: Celso Bastos Editor, 1999. p. 144).

16 | CURSO DE DIREITO TRIBUTÁRIO – *Solon Sehn*

quanto uma lei ordinária federal. Considerando a identidade do órgão legislativo, aplica-se o princípio *pas de nullité sans grief* (*não há nulidade sem prejuízo*), admitindo a conservação do ato normativo, porque, em matéria de competência, "quem pode o mais pode o menos"[66].

Por fim, também é inadequada a caracterização da lei complementar como *lei nacional*. Essas, diferentemente da lei federal *stricto sensu* (com âmbito de aplicação circunscrito à União e a seus administrados), aplicam-se a todas as pessoas políticas de direito constitucional interno, enquanto fruto da atividade legislativa do Estado total ou global. Todavia, existem matérias que, apesar de não estarem sujeitas à reserva de lei complementar, têm caráter tipicamente nacional. É o caso da competência privativa da União para legislar sobre direito civil, comercial e penal (CF, art. 22, I), que é exercida por lei ordinária federal. Essa constatação já é suficiente para afastar as doutrinas que afirmam ser a lei complementar uma lei nacional, e não simplesmente federal[67]. Além disso, a previsão de leis complementares estaduais, no § 3º do art. 25 da Constituição, exclui a procedência dessa generalização.

5.3.2   Hierarquia

O segundo aspecto relevante no regime constitucional da lei complementar é a hierarquia. Trata-se de uma problemática que se coloca apenas em relação às leis complementares propriamente ditas, isto é, aquelas que, além de aprovadas dentro do *quórum* do art. 69 da Constituição Federal, dispõem sobre matéria expressamente reservada a essa espécie legislativa. Também há hierarquia em relação às leis ordinárias que, em razão da superveniência de uma nova ordem constitucional, são recepcionadas com eficácia de lei complementar, tema que será examinado no tópico subsequente.

Dentro da concepção clássica, negava-se a existência de hierarquia entre as leis complementares e ordinárias. Afinal, a única diferença entre tais espécies legislativas estava no fato de as primeiras serem voltadas à regulamentação de preceitos constitucionais destituídos de aplicabilidade imediata[68]. Todavia, após a Emenda 04/1961, a doutrina passou a considerá-las uma espécie legislativa intercalar, hierarquicamente superior à legislação ordinária. Sem ser lei constitucional, nem lei ordinária pura, seria um *tertius genus* normativo. A superioridade hierárquica era fundamentada nos seguintes argumentos:

> I – O art. 46 da Constituição de 1967, com a redação que lhe deu a Emenda 1/69 (correspondente ao art. 49 da redação original) colocou logo abaixo das emendas à Constituição (item I), as leis complementares (item II), revelando a sua posição hierárquica, entre as regras jurídicas componentes do ordenamento jurídico nacional, superior à da lei ordinária (e aos atos legislativos com a mesma força desta: a lei delegada e o decreto-lei).

---

[66]   COÊLHO, Sacha Calmon Navarro. *Comentários à Constituição de 1988*: sistema tributário. 8. ed. Rio de Janeiro: Forense, 1999. p. 99.

[67]   Não foi outra a conclusão de José Souto Maior Borges: "[...] tanto a lei complementar, quanto a lei ordinária da União podem revestir-se ou não do caráter de leis nacionais, em função dos respectivos conteúdos e âmbitos pessoais de validade, sendo de rechaçar-se a opinião dos que sustentam indiscriminadamente ser a lei complementar uma lei essencialmente nacional" (BORGES, José Souto Maior. *Lei complementar tributária*. São Paulo: RT, 1975. p. 71-72).

[68]   Era comum, inclusive, a citação, pelos doutrinadores, da seguinte passagem do texto clássico de Victor Nunes Leal: *"A designação de leis complementares não envolve, porém, como é intuitivo, nenhuma hierarquia do ponto de vista da eficácia em relação às outras leis declaradas não complementares. Todas as leis, complementares ou não, têm a mesma eficácia jurídica, e umas e outras se interpretam segundo as mesmas regras destinadas a resolver os conflitos de leis no tempo"* (LEAL, Victor Nunes. Leis complementares da Constituição. *Revista de Direito Administrativo*, São Paulo, n. 7, p. 382, jan./mar. 1947).

II – A lei complementar é formalmente superior à lei ordinária porque esta não pode alterá-la ou revogá-la sendo nula a parte da lei ordinária que contravenha dispositivo de lei complementar, mas inversamente a lei complementar revoga e altera a legislação ordinária.

III – O *quorum* especial e qualificado, estabelecido para a sua aprovação, conferiria à lei *complementar* uma 'superioridade formal' ou 'eficacial' com relação à lei ordinária[69].

Os principais defensores da tese foram José Afonso da Silva, Pinto Ferreira[70] e Geraldo Ataliba. Esse último, inclusive, afirmava que seria *"próprio da técnica de elaboração legislativa inserir os mandamentos eventualmente hierarquizados em ordem tal que os superiores precedam os inferiores e vice-versa. Assim, as enumerações em regra começam pelo mais relevante ou importante, em ordem decrescente"*[71].

Crítico dessa concepção, José Souto Maior Borges demonstrou que a enumeração do art. 46 da Constituição de 1967 não expressava qualquer benefício de ordem no tocante à hierarquia. O autor, partindo da teoria de Kelsen, demonstrou que só há hierarquia quando uma norma jurídica retira o fundamento de validade formal ou material de outra norma[72]. Assim, a possibilidade da revogação de uma lei complementar por uma lei ordinária seria um falso problema:

> [...] "se a lei complementar (a) invadir o âmbito material de validade da legislação ordinária da União, valerá quanto uma lei ordinária federal"; "se, inversamente, (b) a lei ordinária da União invadir o campo da lei complementar estará eivada de visceral inconstitucionalidade porque a matéria, no tocante ao processo legislativo, somente poderia ser apreciada com observância de um *quorum* especial e qualificado, inexistente na aprovação da lei ordinária"; "se ocorrerem as hipóteses (c) de invasão, pela lei complementar, da esfera de competência legislativa dos Estados-membros e Municípios ou (d) de a lei ordinária dos Estados-membros e Municípios invadir o campo privativo da lei complementar, estaremos diante de atos inconstitucionais do Congresso ou das Assembleias Legislativas e Câmaras de Vereadores, conforme a hipótese[73].

A crítica de Souto Maior à doutrina da posição intercalar parece caminhar para o reconhecimento da inexistência de hierarquia. Contudo, o autor acaba concluindo que o regime jurídico da lei complementar não comporta tratamento unitário, sendo necessário diferenciar dois grupos de leis complementares: as leis complementares que fundamentam a validade de atos normativos (leis ordinárias, decretos legislativos e convênios); e as leis complementares que não fundamentam a validade de outros atos normativos[74].

---

[69] BORGES, José Souto Maior. *Lei complementar tributária*. São Paulo: RT, 1975. p. 19-20.

[70] FERREIRA, Pinto. Lei complementar na Constituição. *RMPP,* n. 1, p. 97 e ss., 1972.

[71] ATALIBA, Geraldo. *Lei complementar na Constituição*. São Paulo: RT, 1971. p. 29.

[72] BORGES, José Souto Maior. *Lei complementar tributária*. São Paulo: RT, 1975. p. 23-24.

[73] BORGES, José Souto Maior. *Lei complementar tributária*. São Paulo: RT, 1975. p. 25-27. Além disso, considerando a diferenciação entre os planos da existência, validade e eficácia, de Pontes de Miranda, Souto Maior Borges sustenta que o quórum qualificado exigido pelo art. 50 da Constituição de 1967, sendo um requisito pertinente ao plano da existência, não poderia produzir consequências em plano da eficácia da norma. Logo, a tese da superioridade hierárquica em razão do quórum qualificado não poderia ser aceita, porque representaria uma *transposição indevida da análise do plano da existência para o da eficácia da lei* (ibid., p. 46-47). Esse argumento, contudo, nunca impediu o próprio Pontes de Miranda de sustentar a preeminência hierárquica da lei complementar.

[74] BORGES, José Souto Maior. *Lei complementar tributária*. São Paulo: RT, 1975. p. 83. Segundo o autor, *"a consequência a ser necessariamente extraída das antecedentes considerações é a de que, sob o ângulo analisado, ratione materiae a lei complementar não constitui uma categoria legislativa unitária, embora disciplinada pela Constituição em caráter uniforme"* (Ibid., p. 84).

No artigo *"Regime constitucional e leis nacionais e federais"*, Geraldo Ataliba retificou seu entendimento anterior, passando a defender que a lei complementar e a lei ordinária ocupam âmbitos de validade distintos. Assim, não há hierarquia entre essas espécies legislativas: "como suas áreas são distintas, não há risco de superposição"[75]. Também interpretam dessa forma, entre outros doutrinadores, Celso Bastos, Roque Carrazza[76] e Michel Temer[77].

A crítica de Borges foi objeto da seguinte resposta de José Afonso da Silva, na terceira edição da obra *Aplicabilidade das normas constitucionais*:

> Na 1ª edição desta monografia dissemos, sem maior distinção, que "as leis ordinárias são inferiores às leis complementares, pelo que têm que respeitá-las". Após a publicação do texto surgiram importante trabalhos sobre as leis complementares da Constituição, cabendo destacar as monografias de Geraldo Ataliba e de Souto Maior. Alguns destes trabalhos procuraram refutar a tese da relação hierárquica entre lei complementar e lei ordinária, afirmando que antes se trataria de relação de competência *ratione materiae*. Poder-se-ia, então, dizer que a questão é de reserva legal qualificada, na medida em que certas matérias são reservadas pela Constituição à lei complementar, vedada, assim, sua regulamentação por lei ordinária.
>
> Não se pode recusar razão a essa doutrina, mas isso não exclui uma relação hierárquica também naquelas hipóteses em que a lei complementar seja normativa, ou seja, estabeleça regra limitativa e regulatória de outras normas. O próprio Souto Maior Borges (no regime da Constituição anterior), que criticou acerbamente a doutrina da relação hierárquica, acaba reconhecendo-a em relação à maioria dos casos previstos de lei complementar, a partir de uma adequada classificação das leis complementares, que acolhemos prazerosamente[78].

Portanto, como bem observou José Afonso da Silva, apesar de ter criticado a tese da posição intercalar, Borges acabou reconhecendo a existência de hierarquia nos casos em que a lei complementar fundamenta a validade da lei ordinária, ou seja, em relação às *leis complementares normativas*, que estabelecem regras limitativas e regulatórias de outras normas, justamente a espécie mais recorrente na Constituição.

Em síntese, atualmente, três são as teorias a respeito da hierarquia da lei complementar. De acordo com a doutrina da posição intercalar, sempre há hierarquia entre a lei complementar e a lei ordinária. Já para os que acompanham o entendimento de Borges, a preeminência hierárquica existe apenas quando a lei complementar estabelece o fundamento de validade de outras espécies legislativas. Nos demais casos, a questão seria um falso problema. Eventuais conflitos devem ser solucionados de acordo com o princípio da competência: se a lei ordinária invadir o campo reservado ao legislador complementar, será formalmente inconstitucional; se a lei complementar

---

[75] ATALIBA, Geraldo. Regime constitucional e leis nacionais e federais. *Revista de Direito Público*, n. 53/53, p. 60-61.

[76] CARRAZZA, Roque Antonio. *O regulamento no direito brasileiro*. São Paulo: RT, 1981. p. 81.

[77] Segundo Temer, "para o desate desta questão, é preciso saber o que é *hierarquia* para o Direito. [...] Hierarquia, para o Direito, é a circunstância de uma norma encontrar sua nascente, sua fonte geradora, seu ser, seu engate lógico, seu fundamento de validade, numa norma superior. [...] Pois bem, se hierarquia assim se conceitua, é preciso indagar: lei ordinária, por acaso, encontra seu fundamento de validade, seu engate lógico, sua razão de ser, sua fonte geradora, na lei complementar? Absolutamente, não! [...] A leitura do art. 59, III, indica que as leis ordinárias encontram seu fundamento de validade, seu ser, no próprio Texto Constitucional, tal qual as leis complementares que encontram seu engate lógico na Constituição. Portanto, não há hierarquia entre a lei complementar e a lei ordinária. [...] O que há são âmbitos materiais diversos atribuídos pela Constituição a cada qual destas espécies normativas" (TEMER, Michel. *Elementos de direito constitucional*. 15. ed. São Paulo: Malheiros, 1999. p. 146 e ss.).

[78] SILVA, José Afonso da. *Aplicabilidade das normas constitucionais*. 3. ed. São Paulo: Malheiros, 1998. p. 246-247.

Parte Geral • Capítulo I • DIREITO TRIBUTÁRIO | **19**

invadir o campo próprio da lei ordinária, será considerada uma falsa lei complementar[79]. Já para quem nega a relação hierárquica, a incompatibilidade deve ser resolvida a partir dos princípios da competência e da reserva legal. Em todas essas concepções, no entanto, a lei ordinária não pode contrariar validamente o conteúdo normativo da lei complementar.

Em meio a essa controvérsia doutrinária, entende-se que, ao submeter a disciplina de determinadas matérias ao legislador complementar, a Constituição Federal estabelece uma exclusão *ratione materiae* de outros atos normativos[80]. Em tais hipóteses, o objeto da legislação futura estará limitado pelo fato de a disciplina da matéria estar vinculada a um ato normativo predeterminado pela Lei Maior. Logo, o legislador não é livre para disciplinar a questão mediante lei: somente será válida a regulação do tema por meio do ato normativo previsto na Constituição[81]. Assim, há inconstitucionalidade formal sempre que uma lei ordinária tratar de matéria reservada à lei complementar. O mesmo ocorre em relação a outro ato normativo infraconstitucional que invada o campo exclusivo do legislador complementar. Seria esse o caso, *v.g.*, da instituição de empréstimo compulsório – matéria reservada à lei complementar (CF, art. 148[82]) – por um decreto legislativo. Por outro lado, se a lei complementar sair de seu domínio próprio, duas são as possibilidades: (i) pode ser uma falsa lei complementar (que, portanto, tem natureza de lei ordinária e pode ser revogada por outra lei da mesma natureza); ou (ii) uma lei complementar formalmente inconstitucional (que invadiu o âmbito reservado de outro ato normativo). Um exemplo seria a previsão em lei complementar de alíquotas mínimas de ICMS em operações internas, matéria que, nos termos do art. 155, § 2º, V, "a", da Constituição, apenas pode ser veiculada por Resolução do Senado Federal, aprovada por maioria absoluta e de iniciativa de um terço dos membros da Casa Legislativa[83].

No entanto, essas hipóteses são bastante excepcionais[84]. Na maioria das vezes, a lei complementar tem a função de veicular limites para a produção de outros atos normativos, estabelecendo *limites derivados de normas interpostas*. Essa categoria, segundo ensina Riccardo Guastini, identifica-se quando o texto constitucional remete a tarefa de estabelecer pressupostos de validade – formal ou material – de normas jurídicas futuras a um ato normativo infraconstitucional. Em tais casos, a violação dos pressupostos de validade previstos na legislação interposta caracteriza inconstitucionalidade indireta ou reflexa[85]. É o que ocorre, no direito brasileiro, em relação à lei complementar que estabelece normas gerais de direito tributário (art. 146, III).

---

[79] BORGES, José Souto Maior. *Lei complementar tributária*. São Paulo: RT, 1975. p. 25-27.

[80] Sobre o tema, cf.: VAZ, Manoel Afonso. *Lei e reserva de lei*: a causa da lei na Constituição Portuguesa de 1976. Porto: Universidade Católica Lusitana, 1992. p. 389-391; MONCADA, Luís Cabral de. *A reserva de lei no actual direito público alemão*. Lisboa: Universidade Lusíada, 1992. p. 9 e ss.

[81] GUASTINI, Riccardo. *Estudios de teoría constitucional*. México: UNAM, 2001. p. 47.

[82] "Art. 148. A União, mediante lei complementar, poderá instituir empréstimos compulsórios:
I – para atender a despesas extraordinárias, decorrentes de calamidade pública, de guerra externa ou sua iminência;
II – no caso de investimento público de caráter urgente e de relevante interesse nacional, observado o disposto no art. 150, III, *b*."

[83] "Art. 155. Compete aos Estados e ao Distrito Federal instituir impostos sobre: (Redação da EC 3/1993)
[...]
§ 2º O imposto previsto no inciso II atenderá ao seguinte: (Redação da EC 3/1993)
[...]
V – é facultado ao Senado Federal:
a) estabelecer alíquotas mínimas nas operações internas, mediante resolução de iniciativa de um terço e aprovada pela maioria absoluta de seus membros;
[...]."

[84] SILVA, José Afonso da. *Aplicabilidade das normas constitucionais*. 3. ed. São Paulo: Malheiros, 1998. p. 246-247.

[85] GUASTINI, Riccardo. *Estudios de teoría constitucional*. México: UNAM, 2001. p. 49.

20 | CURSO DE DIREITO TRIBUTÁRIO – *Solon Sehn*

Portanto, a lei ordinária estará subordinada não só aos dispositivos constitucionais, como também às limitações impostas pela lei complementar habilitada pela Lei Maior. Nessas hipóteses, há hierarquia entre os atos normativos. Assim, sempre que incompatível com os limites derivados dessas normas interpostas, a lei ordinária será considerada inválida, por ofensa reflexa ou indireta à Constituição. Essa diferenciação é relevante sob o aspecto processual. Isso porque apenas no caso de inconstitucionalidade formal é cabível o controle concentrado da constitucionalidade (ajuizamento de uma ação direta de inconstitucionalidade ou de constitucionalidade). Ao mesmo tempo, em relação à jurisdição constitucional concreta, os recursos seriam distintos: recurso extraordinário ao STF, na hipótese de leis complementares que não fundamentam a validade de outros atos normativos, por violação ao quórum qualificado de aprovação; e, nos casos de violação de uma lei complementar que estabelece os limites para o exercício de uma competência pelo legislador ordinário, recurso especial ao STJ, com fundamento no art. 105, III, da Constituição Federal[86].

5.3.3 *Funções da lei complementar tributária (CF, art. 146)*

5.3.3.1 Dispor sobre conflitos de competência

Uma das funções da lei complementar é "dispor sobre conflitos de competência, em matéria tributária, entre a União, os Estados, o Distrito Federal e os Municípios" (CF, art. 146, I). Trata-se de previsão criticada pela doutrina, já que, diante da rigidez do sistema constitucional tributário brasileiro, não deveriam existir conflitos de competência. Entretanto, estes efetivamente ocorrem por diversas razões, desde a compreensão equivocada das regras constitucionais[87], divergências interpretativas ou mesmo invasões deliberadas da competência de outros entes políticos. É em situações dessa natureza que o legislador complementar pode atuar, explicitando o domínio próprio de cada ente tributante[88].

5.3.3.2 Regular as limitações ao poder de tributar

Outra matéria submetida à reserva de lei complementar, de acordo com o art. 146, II, da Constituição, é "regular as limitações constitucionais ao poder de tributar". Contudo, isso só é

---

[86] Como destacado no AgInt no REsp 1.906.018: "Na hipótese de a lei ordinária encontrar seu fundamento de validade também na lei complementar, o exame da controvérsia cabe ao Superior Tribunal de Justiça, porque, nesse caso, a lei ordinária extrairá seu fundamento de validade mediatamente da Constituição e imediatamente da lei complementar. Diversamente, se a lei ordinária haurir seu fundamento de validade diretamente da Constituição, a competência para o exame ficará a cargo do Supremo Tribunal Federal, mostrando-se imprópria a via do recurso especial"; e "também são, em regra, da competência desta Corte os casos em que há a constatação de ofensa reflexa ou indireta à Constituição, assentada mediante julgamento de recurso extraordinário, quando com este coexiste recurso especial em que se aponta violação de dispositivo de lei complementar, o que rotineiramente atrai o multicitado conflito entre leis complementar e ordinária" (STJ, 1ª T., AgInt no REsp 1.906.018, Rel. Min. Gurgel de Faria, *DJe* 29.04.2024).

[87] COÊLHO, Sacha Calmon Navarro. *Comentários à Constituição de 1988*: sistema tributário. 8. ed. Rio de Janeiro: Forense, 1999. p. 102 e ss.

[88] Como ensina Roque Carrazza, a lei complementar do art. 146, I, tem a função de *reforçar* o perfil constitucional de cada tributo, prevenindo litígios *logicamente impossíveis, mas verificáveis na prática verificáveis* (CARRAZZA, Roque Antonio. *Curso de direito constitucional tributário*. 16. ed. São Paulo: Malheiros, 2001. p. 773). Por fim, como esclarece Sacha Calmon, "a remoção dos conflitos pela edição de normas práticas destinadas a solvê-lo, mediante lei complementar, agiliza, em tese, a resolução do problema, mantendo incólume o sistema de repartição de competências, o que não significa ter a lei complementar *in casu* a mesma força de uma decisão judicial, pois o monopólio da jurisdição é atributo do Poder Judiciário. Pode perfeitamente ocorrer que as partes não se convençam e continuem a controverter sobre as próprias regras de interpretação dispostas pela lei complementar, apropositando a intervenção provocada do Poder Judiciário" (COÊLHO, Sacha Calmon Navarro. *Comentários à Constituição de 1988*: sistema tributário. 8. ed. Rio de Janeiro: Forense, 1999. p. 779).

Parte Geral • Capítulo I • DIREITO TRIBUTÁRIO | 21

possível nos casos em que o próprio texto constitucional estabelece a necessidade de regulamentação[89]. É o caso do art. 150, VI, "c", que submete a aplicabilidade da imunidade dos partidos políticos, das entidades sindicais dos trabalhadores, das instituições de educação e de assistência social aos "requisitos da lei"[90]. Fora das hipóteses expressamente autorizadas pela Constituição, não cabe qualquer regulamentação, porque as limitações ao poder de tributar – como ocorre com todo preceito proibitivo – sempre são autoaplicáveis[91].

Entretanto, ressalte-se que, de acordo com precedentes do STF, a reserva de lei complementar do inciso II do art. 146 abrange apenas a definição dos limites objetivos (materiais), sem alcançar os aspectos formais ou subjetivos de imunidades tributárias, *v.g.*, normas de constituição e de funcionamento das entidades imunes[92]. O legislador ordinário, por sua vez, pode disciplinar os aspectos procedimentais necessários à verificação do atendimento das finalidades constitucionais da regra de imunidade, tais como certificação, fiscalização e controle administrativo[93].

5.3.3.3 Normas gerais de direito tributário

5.3.3.3.1 Conceito

A expressão "normas gerais" foi introduzida pela primeira vez na Constituição de 1946[94]. Desde então, a doutrina nunca chegou a um consenso acerca do seu conteúdo de significação. No

---

[89] Pontes de Miranda, discorrendo à luz do texto constitucional pretérito, porém, em lições que se aplicam em face da Constituição Federal de 1988, ensina que: "[...] regular limitações constitucionais – limitações que constam da Constituição – não é legislar com a criação ou mantença de limites. [...] Lei complementar pode regular limitações constitucionais; não *criar* limitações. Lei que cria limitações não está a regular limitações constitucionais, está a limitar. As limitações seriam suas, e a Constituição de 1967 não as permitiu" (PONTES DE MIRANDA, Francisco Cavalcanti. *Comentários à Constituição de 1967 com a Emenda n. 1 de 1969*. 3. ed. Rio de Janeiro: Forense, 1987. t. II, p. 384-385).

[90] CARRAZZA, Roque Antonio. *Curso de direito constitucional tributário*. 16. ed. São Paulo: Malheiros, 2001. p. 621-622. A esse propósito, já decidiu o STF que: "Mesmo com a referência expressa ao termo 'lei', não há mais como sustentar que inexiste reserva de lei complementar" (STF, Tribunal Pleno, ADI 1.802, Rel. Min. Dias Toffoli, *DJe* 03.05.2018).

[91] Esse importante aspecto é ressaltado por Geraldo Ataliba, que chega a qualificar como abusiva uma lei complementar voltada a regulamentar um preceito proibitivo: "[...] onde a Constituição diz NÃO é NÃO. O legislador complementar não pode aumentar o NÃO. Também não pode diminuir o NÃO; ele só pode repetir, reproduzir o NÃO, o que é ridículo. É ridículo uma norma inferior repetir a norma superior, porque não acrescenta nada à norma superior no que diz respeito a sua eficácia. Se a Constituição disse NÃO, o que é que adianta outro órgão, qualquer órgão ou instrumento dizer NÃO? Vai aumentar o NÃO? A força, a eficácia do NÃO? Vai reduzir? Não pode" (ATALIBA, Geraldo. Lei complementar em matéria tributária. *Revista de Direito Tributário*, São Paulo, n. 48, p. 90, abr./jun. 1989). No mesmo sentido, COELHO, Luiz Fernando. *Curso de introdução ao direito*: em 13 aulas. 4. ed. Santana de Parnaíba: Manole, 2022. p. 105). Ressalte-se que, também segundo José Afonso da Silva, são de eficácia plena as normas constitucionais que: *a)* contenham vedações ou proibições; *b)* confiram isenções, imunidades e prerrogativas [...]" (SILVA, José Afonso da. *Aplicabilidade das normas constitucionais*. 3. ed. São Paulo: Malheiros, 1998. p. 101).

[92] "A Suprema Corte, guardiã da CF, indicia que somente se exige lei complementar para a definição dos seus limites objetivos (materiais), e não para a fixação das normas de constituição e de funcionamento das entidades imunes (aspectos formais ou subjetivos), os quais podem ser veiculados por lei ordinária, como sói ocorrer com o art. 55 da Lei 8.212/1991, que pode estabelecer requisitos formais para o gozo da imunidade sem caracterizar ofensa ao art. 146, II, da CF, *ex vi* dos incisos I e II" (STF, Tribunal Pleno, RE 636.941, Rel. Min. Luiz Fux, *DJe* 04.04.2014, Tema 432). No mesmo sentido: STF, Tribunal Pleno, RE 566.622, Rel. Min. Marco Aurélio, *DJe* 1º.03.2017 (Tema 32).

[93] "[...] Os aspectos procedimentais necessários à verificação do atendimento das finalidades constitucionais da regra de imunidade, tais como as referentes à certificação, à fiscalização e ao controle administrativo, continuam passíveis de definição por lei ordinária" (STF, Tribunal Pleno, ADI 1.802, Rel. Min. Dias Toffoli, *DJe* 03.05.2018).

[94] Segundo Rubens Gomes de Sousa, teria sido sugestão de Aliomar Baleeiro, na época, deputado federal, a fim de introduzir um artifício verbal capaz de garantir um consenso político entre a corrente favorável à

direito tributário, a polêmica surgiu após a previsão do § 1º do art. 18 da Constituição de 1967: "Lei complementar estabelecerá normas gerais de direito tributário, disporá sobre os conflitos de competência tributária entre a União, os Estados, o Distrito Federal e os Municípios, e regulará as limitações constitucionais do poder tributário". A interpretação desse dispositivo dividiu a doutrina em duas correntes. Alguns autores, dentro de uma linha conhecida como corrente *tricotômica*, sustentavam que a lei complementar teria uma tríplice função: (*i*) estabelecer normas gerias de direito tributário; (*ii*) dispor acerca dos conflitos de competência; e (*iii*) regular as limitações constitucionais ao poder de tributar. Entendia-se que, sem prévia lei complementar definindo o fato gerador dos tributos previstos na Constituição, ficaria obstada a instituição do gravame pela pessoa política competente[95]. Uma segunda corrente, denominada *dicotômica*, defendia que a função da lei complementar seria apenas estabelecer normas gerais de direito tributário, que, por sua vez, seriam aquelas voltadas a regular as limitações constitucionais e a dispor sobre conflitos de competência impositiva[96]. Atualmente, a maioria dos autores entende que a Constituição Federal de 1988, ao enunciar as funções da lei complementar em incisos separados no art. 146, encerrou o debate, optando definitivamente pela primeira proposta interpretativa[97].

Não é objetivo deste estudo entrar diretamente nessa discussão, assumindo uma posição entre essa ou aquela concepção teórica. A expressão "normas gerais" apresenta uma vaguidade por gradiente, que se caracteriza sempre que uma determinada palavra faz referência a uma propriedade que se apresenta em diferentes graus, como algo contínuo, sem que se saiba exatamente a partir de que momento o seu emprego deixa de ser cabível, como em "calvo", "alto"

---

autonomia dos Estados e Municípios e o objetivo do então parlamentar de conferir à União competência privativa em direito tributário:"[...] sua primeira ideia, primeira e última, era atribuir à União competência para legislar sobre direito tributário, amplamente e sem a limitação contida no conceito de normas gerais, desde que esta legislação tivesse a feição de uma lei nacional, de preceitos endereçados ao legislador ordinário dos três poderes tributantes: União, Estados e Município. A única limitação, que ele próprio enxergava, era a de se tratar de preceitos comuns aos três legisladores. Afora isto, ele não via e não achava necessário delimitar, de outra maneira, a competência que queria fosse atribuída ao Legislativo da União, que já então ele concebia, neste setor e em outros paralelos, não como federal, mas sim nacional. Entretanto, ele encontrou resistência política, de se esperar e muito forte, em nome da autonomia dos Estados e da autonomia dos Municípios, em nome de temores, justificados ou não, de se abrir uma porta, pela qual se introduzisse o fantasma da centralização legislativa. Falou-se nada menos do que na própria destruição do regime federativo, todos os exageros verbais, que o calor do debate político comporta e o próprio Aliomar encontrou uma solução de compromisso, que foi a de delimitar essa competência, que ele queria ampla, pelas normas gerais, expressão que, perguntado por mim quanto ao sentido que ele lhe dava, no intuito de ter uma forma de interpretação autêntica, ele me confessou que não tinha nenhuma, que nada mais fora do que um compromisso político, que lhe havia ocorrido e que tinha dado certo. O importante era introduzir na Constituição a ideia; a maneira de vestir a ideia, a sua roupagem era menos importante do que o seu recebimento no texto constitucional e o preço deste recebimento foi a expressão normas gerais [...]" (SOUSA, Rubens Gomes de; ATALIBA, Geraldo; CARVALHO, Paulo de Barros. *Comentários ao Código Tributário Nacional*. São Paulo: RT, 1975. p. 5-6).

[95]   NOGUEIRA, Ruy Barbosa. *Direito financeiro*: curso de direito tributário. 3. ed. São Paulo: José Bushatsky, 1971. p. 106; SOUZA, Hamilton Dias de. Normas gerais de direito tributário. *In*: SOUZA, Hamilton Dias de. *Direito tributário*. São Paulo: José Bushatsky, 1973. v. 2, p. 31; MARTINS, Ives Gandra da Silva *et al. Comentários à Constituição do Brasil*: arts. 44 a 69. São Paulo: Saraiva, 1995. v. 4, t. I, p. 88.

[96]   CARVALHO, Paulo de Barros. *Curso de direito tributário*. 13. ed. São Paulo: Saraiva, 2000. p. 199; CARVALHO, Paulo de Barros. O campo restrito das normas gerais de direito tributário. *Revista dos Tribunais*, São Paulo, n. 433, p. 297 e ss.; ATALIBA, Geraldo. *VI Curso de especialização em direito tributário* (aulas e debates), v. II, p. 789.

[97]   AMARO, Luciano. *Direito tributário brasileiro*. 11. ed. São Paulo: Saraiva, 2005. p. 168 e ss.; ÁVILA, Humberto. *Sistema constitucional tributário*. São Paulo: Saraiva, 2004. p. 133 e ss.; COÊLHO, Sacha Calmon Navarro. *Curso de direito tributário brasileiro*. 4. ed. Rio de Janeiro: Forense, 1999. p. 100 e ss.; CONTI, José Mauricio. *Sistema constitucional tributário interpretado pelos tribunais*. São Paulo: Oliveira Neves, 1998. p. 35 e ss.; CALIENDO, Paulo. *Curso de direito tributário*. São Paulo: Saraiva, 2017. p. 56 e ss. Edição Kindle; JARDIM, Eduardo Marcial Ferreira. *Manual de direito financeiro e tributário*. 3. ed. São Paulo: Saraiva, 1996. p. 107 e ss.; SCHOUERI, Luís Eduardo. *Direito tributário*. 10. ed. São Paulo: Saraiva, 2021. p. 145 e ss. Edição Kindle; TORRES, Ricardo Lobo. *Curso de direito financeiro e tributário*. 7. ed. Rio de Janeiro: Renovar, 2000. p. 40 e ss.

ou "baixo"[98]. Desse modo, é inócua qualquer tentativa de estabelecer um conceito definitivo de "normas gerais". A expressão apresenta um grau de indeterminação semântica impossível de ser totalmente eliminado[99].

De nada adianta afirmar, como faz parte da doutrina, que as normas gerais *estabelecem princípios, diretrizes, linhas mestras e regras jurídicas gerais*. Com isso, apenas se substitui uma expressão indeterminada por outra, sem resolver definitivamente o problema. A vagueza de conceitos jurídicos dessa natureza pode ser apenas mitigada por meio da identificação de limitações contextuais ou pela delimitação de *zonas de certeza positiva* e de *certeza negativa*, de inequívoca aplicabilidade ou inaplicabilidade. Sempre, todavia, haverá um espaço de incerteza (*zona de penumbra*), no qual a abrangência do conceito será questionável ou duvidosa, podendo apenas ser resolvida no caso concreto[100].

---

[98] Víctor Ferreres Comela se refere à "la vaguedad por gradiente" como aquela que "...se produce cuando una palabra hace referencia a una propriedad que se da en la realidad en distintos grados, de modo que los objetos aparecen como formando parte de un continuo. Si no se estipula claramente hasta qué punto de ese continuo es apropiado emplear la palabra y a partir de qué punto deja de serlo, la palabra es vaga" (COMELA, Víctor Ferreres. *Justicia constitucional y democracia*. Madrid: Centro de Estudios Políticos y Constitucionales, 1997. p. 21). Sobre o tema, cf.: NINO, Carlos Santiago. *Fundamentos de derecho constitucional*. Buenos Aires: Atrea, 1992. p. 89-97; CARRIÓ, Genaro. *Notas sobre derecho y lenguaje*. Buenos Aires: Abeledo-Perrot, 1972. p. 31-35; ALCHOURRÓN, Carlos; BULYGIN, Eugenio. *Introducción a la metodología de las ciencias jurídicas y sociales*. Buenos Aires: Astrea, 1987. p. 61 e ss.; MORCHON, Gregório Robles. *Teoría del derecho*: fundamentos de teoría comunicacional del derecho. Madrid: Civitas, 1998. v. I, p. 65 e ss.; WARAT, Luiz Alberto. *O direito e sua linguagem*. 2. ed. Porto Alegre: Fabris, 1995. p. 76 e ss.; GRAU, Eros Roberto. *Direito, conceitos e normas jurídicas*. São Paulo: RT, 1988. p. 76 e ss.; ÁVILA, Humberto. Teoria da indeterminação no direito: entre a indeterminação aparente e a determinação latente. São Paulo: JusPodivm-Malheiros, 2022. p. 25 e ss.

[99] A prova disso é que, mesmo fora do direito tributário, nunca houve consenso acerca do conceito de normas gerais. O primeiro autor a dedicar-se ao tema foi Carvalho Pinto, para o qual existiriam três critérios negativos de identificação: (*i*) *não são normas gerais as que objetivem especialmente uma ou alguma entre as várias pessoas congêneres de direito público, participantes de determinadas relações jurídicas*; (*ii*) *não são normas gerais as que visem, particularmente, a determinadas situações ou institutos jurídicos, com exclusão de outros, da mesma condição ou espécie*; (*iii*) *não são normas gerais as que se afastem dos aspectos fundamentais ou básicos, descendo a pormenores ou detalhes* (PINTO, Carlos Alberto de Carvalho. *Normas gerais de direito financeiro*. III Conferência de Técnicos de Contabilidade Pública e Assuntos Fazendários, s.d., s.l., p. 24). Desde então, muitas foram as construções teóricas. Normas gerais, segundo Pontes de Miranda, seriam normas fundamentais, não exaurientes, limitadas ao estabelecimento de diretrizes e regras gerais (PONTES DE MIRANDA, Francisco Cavalcanti. *Comentários à Constituição de 1967*. São Paulo: RT, 1967. t. II, p. 166). Ferreira Filho entende que, sob o ângulo positivo, normas gerais seriam "[...] princípios, bases, diretrizes que hão de presidir todo um subsistema jurídico" e, sob o ângulo negativo, as que não fossem específicas, particularizantes (FERREIRA FILHO, Manoel Gonçalves. *Do processo legislativo*. 3. ed. São Paulo: Saraiva, 1995. p. 192 e ss.). Segundo Lúcia Valle Figueiredo, "as normas gerais dirigem-se aos legisladores e intérpretes como normas de sobre direito. Normas que condicionam, no assunto em que a competência existe, a legislação ordinária da pessoa política, também competente para legislar sobre a matéria" (FIGUEIREDO, Lúcia Valle. Competência administrativa dos Estados e Municípios. *Revista de Direito Administrativo*, v. 207, p. 7, 1997). Cretella Júnior, de modo diverso, conceitua-as como as "[...] que o legislador entender como tais, discricionariamente, desde que assim rotuladas taxativamente pela Constituição" (CRETELLA JÚNIOR, José. *Comentários à Constituição de 1988*. São Paulo: Forense Universitária, 1990. v. III, p. 1581). Fora entendimentos como o deste último autor, praticamente toda a doutrina vislumbra um sentido limitativo nas normas gerais, como concluiu Diogo Figueiredo Moreira Neto, após amplo estudo da doutrina brasileira e estrangeira sobre o tema (MOREIRA NETO, Diogo Figueiredo. Competência concorrente limitada. *Revista de Informação Legislativa do Senado Federal*, Brasília, n. 100, p. 150 e ss., out./dez. 1988).

[100] Como assinala Warat: "[...] a decisão é puramente convencional. Não existe um 'calvômetro' apto decidir quantos cabelos deve um homem perder para ser chamado 'calvo'. Assim, de um modo geral, teremos um problema de vagueza quando, a partir das regras de uso, não se pode definir com exatidão os critérios de aplicabilidade denotativa, devendo-se recorrer a decisões auxiliares. O exemplo oferecido baseia-se no fato de que existem termos que se referem a situações em que o tempo e o espaço as vão alterando. Esses termos chamam-se 'contínuos'" (WARAT, Luiz Alberto. *O direito e sua linguagem*. 2. ed. Porto Alegre: Fabris, 1995. p. 77). Cf. também: CARRIÓ, Genaro. *Notas sobre derecho y lenguaje*. Buenos Aires: Abeledo-Perrot, 1972. p. 33 e ss.

24 | CURSO DE DIREITO TRIBUTÁRIO – *Solon Sehn*

À luz do texto constitucional brasileiro, parece nítida a existência de três limitações contextuais ou sistêmicas ao conceito de normas gerais: (i) as decorrentes do princípio federativo; (ii) da natureza rígida e analítica do sistema constitucional de repartição de competências tributárias; e (iii) do regime jurídico-constitucional da lei complementar, que funciona como referencial para o posicionamento hierárquico das normas gerais de direito tributário no sistema tributário.

Nessa ordem de ideias, em primeiro lugar, deve-se ter presente que as normas gerais, sendo veiculadas por lei complementar, não podem alterar, contrariar ou restringir a Constituição, sobretudo o sistema de repartição de competências impositivas nela previsto. A modificação dessa estrutura predeterminada demanda alteração do próprio texto constitucional por meio de Emenda à Constituição. Isso reduz o espaço para a sua veiculação, uma vez que a Constituição Federal de 1988 já delineia boa parte do *núcleo essencial* ou *arquétipo* dos diferentes tributos do sistema tributário brasileiro[101].

Em segundo lugar, cumpre considerar que as normas gerais resultaram da superação do modelo de *federalismo clássico*[102]. Esse procurava preservar a ideia fundamental de *two centers of government*, adotando sistemas de repartição horizontal de competências, caracterizados pela incomunicabilidade e pela exclusividade dos âmbitos legislativos de cada ente federado[103]. No entanto, a transformação do papel do Estado[104] fez com que surgisse um novo federalismo – um

---

[101] CARRAZZA, Roque Antonio. *Curso de direito constitucional tributário*. 16. ed. São Paulo: Malheiros, 2001. p. 426-427.

[102] "As Constituições federais passaram a explorar, com maior amplitude, a *repartição vertical de competências*, que realiza a distribuição de idêntica matéria legislativa entre a União Federal e os Estados-Membros, estabelecendo verdadeiro condomínio legislativo, consoante regras constitucionais de convivência. A repartição vertical de competências conduziu à técnica da *legislação federal fundamental*, de *normas gerais* e de *diretrizes essenciais*, que recai sobre determinada matéria legislativa de eleição do constituinte federal. A legislação federal é reveladora das linhas essenciais, enquanto a legislação local buscará preencher o claro que lhe ficou, afeiçoando a matéria revelada na legislação de normas gerais às peculiaridades e às exigências estaduais. A Lei Fundamental ou de princípios servirá de molde à legislação local. É a *Rahmengesetz*, dos alemães; a *Legge-cornice*, dos italianos; a *Loi de cadre*, dos franceses; são as normas gerais do Direito Constitucional Brasileiro" (HORTA, Raul Machado. *Estudos de direito constitucional*. Belo Horizonte: Del Rey, 1995. p. 366).

[103] ROVIRA, Enoch Alberti. *Federalismo y cooperación en La República Federal Alemana*. Madrid: Centro de Estudios Constitucionales, 1986. p. 354; HORTA, Raul Machado. *Estudos de direito constitucional*. Belo Horizonte: Del Rey, 1995. p. 364. Três são os modelos de técnicas de repartição horizontal: (i) a da enumeração dos poderes do ente central, reservando-se as demais matérias aos Estados-Membros, tal qual o modelo inicial da Federação norte-americana (Suíça, Argentina, Iugoslávia, México, Austrália e Brasil foram alguns dos países que, inicialmente, também adotaram esse sistema); (ii) a da atribuição dos poderes enumerados aos Estados e dos remanescentes, à União, como é o caso da Federação canadense (a primeira Constituição canadense de 1867 foi a precursora dessa técnica); (iii) a técnica da enumeração exaustiva de todos os entes federados, adotado pela Índia e Venezuela (MOREIRA NETO, Diogo Figueiredo. Competência concorrente limitada. *Revista de Informação Legislativa do Senado Federal*, Brasília, n. 100, p. 127 e ss., out./dez. 1988).

[104] Esse modelo de separação estrita, como ensina Rovira, tornou-se impraticável após o surgimento do Estado Social. O desenvolvimento técnico-industrial e a necessidade cada vez maior de intervenção estatal na economia colocaram em xeque as técnicas de repartição do federalismo clássico. A transformação das atividades estatais em *res mixta* (STERN) e a substituição do sentimento de separação e rivalidade por um espírito de trabalho em comum para o bem-estar social levaram ao surgimento do federalismo cooperativo (ROVIRA, Enoch Alberti. *Federalismo y cooperación en La República Federal Alemana*. Madrid: Centro de Estudios Constitucionales, 1986. p. 54 e ss.). Na Europa, a repartição vertical de competências surgiu na Constituição Federal da Áustria, de 1.º de outubro de 1920, e a Lei Fundamental da República Federal Alemã, de 23 de maio de 1949. Nos Estados Unidos, esse processo teve início na teoria dos poderes implícitos da jurisprudência da Suprema Corte Americana e consolidou-se com o advento do *New Deal*. A grande depressão sofrida pela economia norte-americana e os graves problemas sociais decorrentes da crise de 1930 e da quebra da Bolsa de Nova Iorque fizeram com que o governo Roosevelt implantasse uma política de ação governamental centralizadora e intervencionista (*New Deal*). Essa, procurando reestruturar o setor produtivo daquele país, mediante intervenções nas áreas econômica e social (até então, intocáveis pela ação estatal), fortaleceu os poderes da Federação, em detrimento da autonomia local. O desenvolvimento econômico que sucedeu esse período fez com que a Presidência da República se convertesse na figura institucional mais importante de todo o processo político. Ao mesmo tempo, o Senado

federalismo de cooperação – assentado na repartição vertical. Nele todos os entes federados legislam concorrentemente e em níveis diversos sobre uma mesma matéria[105].

Esse novo paradigma de Federação exprime, na feliz expressão de Raul Machado Horta, um *verdadeiro condomínio legislativo, consoante regras constitucionais de convivência*[106]. Dentro dessa tendência, a Constituição de 1988 adotou um sistema complexo de repartição competências. Algumas matérias foram separadas de maneira estanque, recebendo, cada ente federativo, uma área própria e exclusiva de atuação. Outras ficaram no âmbito da competência concorrente das pessoas políticas. Ao lado do sistema tradicional, há duas espécies de competência concorrente: a limitada ou não cumulativa (*competência concorrente*, prevista no art. 24) e a cumulativa (*competência comum*, no art. 23)[107]. Essa concepção reflete a própria dualidade política presente na base dos Estados Federais, que convivem e se desenvolvem dentro de uma tensão constante entre necessidades de uniformização e de garantia de preservação das particularidades locais[108].

No direito tributário, de um lado, a competência para a instituição dos tributos é privativa de cada ente político. De outro, por meio das normas gerais, a União pode disciplinar determinados institutos visando a uma uniformidade regulatória mínima no território nacional (*v.g.*, obrigação, lançamento, crédito, prescrição e decadência, entre outras matérias previstas no inciso III do art. 146). Essa competência insere-se no contexto de um federalismo cooperativo. Portanto, as normas gerais pressupõem a participação ativa de todos os entes federados. Dito de outro modo, a esses deve ser reservada a prerrogativa de legislar segundo suas peculiaridades, decidindo autonomamente sobre os tributos de sua competência, e não apenas escolhendo opções preestabelecidas. Não será *geral*, assim, a norma que exclua qualquer espaço de atuação legislativa das demais pessoas políticas ou esgote o assunto legislado. Por isso, deve receber uma configuração tal que demande um desenvolvimento por parte do legislador ordinário. Não pode entrar em pormenores ou detalhes próprios do interesse local, estadual ou municipal. O exercício da competência da União, afinal, não pode excluir a competência legislativa dos demais entes federados. Do contrário, ficará descaracterizada sua natureza concorrente[109]. Entretanto, isso não

---

Federal, em virtude da nacionalização dos interesses político-partidários, foi perdendo seu caráter originário de protetor dos Estados-Membros, para se transformar na "voz dos partidos organizados em nível nacional". Os julgados paradigmáticos nessa transformação foram: *McCulloch* v. *Maryland* (4 Wheat. 316/1819), representando o início da tendência comandada pelo Chefe de Justiça John Marshall (1809 e 1823); *Scott* v. *Sandford* (19 How. 393/1857), quando a Suprema Corte, guiada por Taney, retrocedeu em relação ao posicionamento pró-Federação (1836-1864); e *Adkins* v. *Children's Hospital* (221 U.S. 525/1923), quando a tendência centralizadora praticamente se consolidou (LOEWENSTEIN, Karl. *Teoría de la Constitución*. Barcelona: Ariel, 1986. p. 362 e ss.; BARACHO, José Alfredo de Oliveira. *Teoria geral do federalismo*. Belo Horizonte: FUMAR/UCMG, 1982. p. 53 e ss.).

[105] ROVIRA, Enoch Alberti. *Federalismo y cooperación en La República Federal Alemana*. Madrid: Centro de Estudios Constitucionales, 1986. p. 54 e 350; HORTA, Raul Machado. *Estudos de direito constitucional*. Belo Horizonte: Del Rey, 1995. p. 365.

[106] HORTA, Raul Machado. *Estudos de direito constitucional*. Belo Horizonte: Del Rey, 1995. p. 366.

[107] ALMEIDA, Fernanda Dias Menezes de. *Competências na Constituição de 1988*. São Paulo: Atlas, 1991. p. 51.

[108] É por isso que, em determinados ordenamentos – a exemplo da cláusula de necessidade do art. 72, 2 GG da Lei Fundamental de Bonn – a legislação federal tem como circunstância habilitadora "[...] a salvaguarda da unidade jurídica e econômica, e, em especial, para a manutenção da uniformidade das condições de vida no território de um Estado" (tradução nossa: "[...] que la legislación federal sea necesaria para la salvaguardia de la unidad jurídica y económica, y, en especial, para el mantenimiento de la uniformidad de las condiciones de vida por encima del territorio de un Land" (ROVIRA, Enoch Alberti. *Federalismo y cooperación en La República Federal Alemana*. Madrid: Centro de Estudios Constitucionales, 1986. p. 89-90).

[109] Como ressalta Raul Machado Horta: "A legislação federal de normas gerais, como evidenciada a terminologia jurídica empregada, é legislação não exaustiva. É conceitualmente uma legislação incompleta, de forma que a legislação suplementar estadual, partido da legislação federal de normas gerais, possa expedir normas autônomas, afeiçoando as normas gerais às exigências variáveis e às peculiaridades locais de cada ordenamento jurídico estadual" (HORTA, Raul Machado. Repartição de competências na Constituição Federal de 1988. *Revista Trimestral de Direito Público*, n. 2, p. 9-10, 1993).

significa que as normas gerais não possam apresentar um conteúdo regulatório mais denso[110]. Em determinadas matérias, isso é necessário para assegurar uma unidade mínima no território nacional, desde que não esgotadas as possibilidades de suplementação.

É por isso que, ao dispor sobre o âmbito de atuação concorrente dos entes políticos, a Constituição estabelece que a competência da União (CF, art. 24, I) não exclui a competência suplementar dos Estados (art. 24, § 2º), do Distrito Federal (art. 32, § 1º) e dos Municípios (art. 30, II). Ademais, na falta de normas gerais, esses podem exercer competência legislativa plena para atender as suas peculiaridades (art. 24, § 2º, art. 34, § 3º, do ADCT)[111].

5.3.3.3.2 Instituição de tributos sem prévia lei complementar

A competência para a instituição de tributos está prevista diretamente na Constituição, que, por sua vez, não condiciona o seu exercício à existência de lei complementar prévia. Ao contrário, o texto constitucional estabelece que, na falta de normas gerais, os entes federativos podem exercer a competência legislativa plena para atender as suas peculiaridades (arts. 24, § 2º, e 34, § 3º, do ADCT).

O STF tem precedentes reconhecendo que tributos de perfil local, como o IPVA ("imposto insuscetível de gerar conflito entre os Estados"[112]), podem ser instituídos sem lei complementar prévia. Por outro lado, quando há risco de conflitos de competência entre entes federativos, a lei complementar mostra-se indispensável. Isso levou a Corte a declarar a inconstitucionalidade do adicional estadual de imposto de renda previsto no art. 155, II[113], hoje revogado pela Emenda 03/1993:

> [...]
>
> Admito que se preste esse permissivo, entre a disciplina de outras matérias, a possibilitar a instituição de tributos, dispensada, a título de formalidade, para esse fim, a prévia edição de lei complementar. Jamais, entretanto, quando a existência desta se torne materialmente imprescindível, para a dirimência de conflitos de competência entre os Estados.
>
> É esta última – e tipicamente – a hipótese em discussão, onde a diversidade de critérios legislativos estaduais sobre o domicílio de pessoas físicas e jurídicas (contribuintes e fontes de retenção), especialmente quando possuem mais de uma [sic.] estabelecimento, é campo fértil de inaceitável bitributação.
>
> Figure-se, ainda, e só para exemplificar, a transferência de domicílio, pelo contribuinte, no primeiro dia do ano, de São Paulo (onde o fato gerador – Lei 6.352-88 – é o mesmo do imposto de renda), para o Rio de Janeiro (onde o fato gerador é o pagamento do

---

[110] Já decidiu o STF que: "A observância de normas gerais em matéria tributária é imperativo de segurança jurídica, na medida em que é necessário assegurar tratamento centralizado a alguns temas para que seja possível estabilizar legitimamente expectativas. Neste contexto, 'gerais' não significa 'genéricas' mas sim 'aptas a vincular todos os entes federados e os administrados'" (STF, 2ª T., RE 433.352 AgR, Rel. Min. Joaquim Barbosa, *DJe* 28.05.2010).

[111] A propósito, já decidiu o STF que: "[...] Deixando a União de editar normas gerais, exerce a unidade da federação a competência legislativa plena – § 3º do artigo 24, do corpo permanente da Carta de 1988 –, sendo que, com a entrada em vigor do sistema tributário nacional, abriu-se à União, aos Estados, ao Distrito Federal e aos Municípios, a via de edição de leis necessárias à respectiva aplicação – § 3º do artigo 34 do Ato das Disposições Constitucionais Transitórias da Carta de 1988" (STF, 2ª T., AI 167.777 AgR, Rel. Min. Marco Aurélio, *DJ* 09.05.1997).

[112] STF, 1ª T., AgRegAgIns 279.645-6, Rel. Min. Moreira Alves, *DJU* 02.03.2001; 1ª T., RE 236.931-8, Rel. Min. Ilmar Galvão, *DJU* 29.10.1999.

[113] "Art. 155. Compete aos Estados e ao Distrito Federal instituir: [...] II – adicional de até cinco por cento do que for pago à União por pessoas físicas ou jurídicas domiciliadas nos respectivos territórios, a título do imposto previsto no art. 153, III, incidente sobre lucros, ganhos e rendimentos de capital."

imposto de renda, Lei 1.394-88). A sancionar-se essa liberdade do legislador local, seria o imposto devido aos dois Estados.

O disposto no § 3º do art. 24 da Constituição não pode, portanto, significar a abolição da lei complementar necessária à dirimência de conflitos de competência entre Unidades da Federação. O âmbito do dispositivo está limitado, logicamente, às situações de alcance simplesmente isolado ou local, como também indica a expressão literal da norma, em sua parte final, quando se declara destinada a atender os Estados "em suas peculiaridades", sem se mostrar, assim, pertinente ao trato da matéria tributária que haverá, fatalmente, de compreender o inter-relacionamento de mais de um Estado[114].

Em decisões mais recentes, o STF tem reconhecido que também são exceções à regra do art. 24, § 2º, os casos em que o próprio texto constitucional condiciona a instituição do tributo aos parâmetros da lei complementar. Foi assim no julgamento do RE 851.108, em que foi declarada a inconstitucionalidade de lei estadual dispondo sobre a incidência de ITCMD na hipótese de doador com domicílio ou residência no exterior[115]; e no RE 1.287.019, relativo ao diferencial de alíquotas do ICMS[116].

5.3.3.3.3 Responsabilidade tributária

No RE 562.276, o STF decidiu que o art. 146, III, "b", da Constituição, não impede o legislador ordinário de *criar novos casos de responsabilidade tributária*, desde que observe os requisitos do art. 128 do Código Tributário Nacional e não desconsidere "[...] as regras matrizes de responsabilidade de terceiros estabelecidas em caráter geral pelos arts. 134 e 135 do mesmo diploma"[117]. Assentado nessa premissa, a Suprema Corte definiu a seguinte tese de repercussão geral: "É inconstitucional o art. 13 da Lei 8.620/1993, na parte em que estabelece que os sócios de empresas por cotas de responsabilidade limitada respondem solidariamente, com seus bens pessoais, por débitos junto à Seguridade Social" (Tema 13).

---

[114] STF, RE 136.215, Tribunal Pleno, Rel. Min. Octavio Galotti, *DJU* 16.04.1993. Ver ainda: STF, Tribunal Pleno, RE 140.890, Rel. Min. Nery da Silveira, *DJ* 03.12.1993.

[115] "Recurso extraordinário. Repercussão geral. Tributário. Competência suplementar dos estados e do Distrito Federal. Artigo 146, III, 'a', CF. Normas gerais em matéria de legislação tributária. Artigo 155, I, CF. ITCMD. Transmissão causa mortis. Doação. Artigo 155, § 1º, III, CF. Definição de competência. Elemento relevante de conexão com o exterior. Necessidade de edição de lei complementar. Impossibilidade de os estados e o Distrito Federal legislarem supletivamente na ausência da lei complementar definidora da competência tributária das unidades federativas. [...] 5. Prescinde de lei complementar a instituição do imposto sobre transmissão causa mortis e doação de bens imóveis – e respectivos direitos –, móveis, títulos e créditos no contexto nacional. Já nas hipóteses em que há um elemento relevante de conexão com o exterior, a Constituição exige lei complementar para se estabelecerem os elementos de conexão e fixar a qual unidade federada caberá o imposto. [...] Tese de repercussão geral: 'É vedado aos estados e ao Distrito Federal instituir o ITCMD nas hipóteses referidas no art. 155, § 1º, III, da Constituição Federal sem a edição da lei complementar exigida pelo referido dispositivo constitucional'" (STF, Tribunal Pleno, RE 851.108, Rel. Min. Dias Toffoli, *DJe*-074 20.04.2021).

[116] "Recurso extraordinário. Repercussão geral. Direito tributário. Emenda Constitucional 87/2015. ICMS. Operações e prestações em que haja a destinação de bens e serviços a consumidor final não contribuinte do ICMS localizado em estado distinto daquele do remetente. Inovação constitucional. Matéria reservada a lei complementar (art. 146, I e III, 'a' e 'b'; e art. 155, § 2º, XII, 'a', 'b', 'c', 'd' e 'i', da CF/88). [...] Convênio interestadual não pode suprir a ausência de lei complementar dispondo sobre obrigação tributária, contribuintes, bases de cálculo/alíquotas e créditos de ICMS nas operações ou prestações interestaduais com consumidor final não contribuinte do imposto, como fizeram as cláusulas primeira, segunda, terceira e sexta do Convênio ICMS 93/15. [...] Tese fixada para o Tema 1.093: 'A cobrança do diferencial de alíquota alusivo ao ICMS, conforme introduzido pela Emenda Constitucional 87/2015, pressupõe edição de lei complementar veiculando normas gerais'. [...]" (STF, Tribunal Pleno, RE 1.287.019, Rel. Min. Marco Aurélio, Rel. p/ Ac. Min. Dias Toffoli, *DJ* 25.05.2021).

[117] STF, Tribunal Pleno, RE 562.276, Rel. Min. Ellen Gracie, *DJe* 10.03.2011.

28 | CURSO DE DIREITO TRIBUTÁRIO – *Solon Sehn*

Nessa mesma linha, no julgamento da ADI 4.845, o STF declarou a inconstitucionalidade do parágrafo único do art. 18-C da Lei 7.098/1998, acrescentado pelo art. 13 da Lei 9.226/2009, do Estado de Mato Grosso. Esse preceito atribuiu a responsabilidade tributária solidária por infrações a toda pessoa que concorra ou intervenha, ativa ou passivamente, no cumprimento da obrigação tributária, especialmente a advogado, economista e correspondente fiscal. De acordo com o Plenário do Tribunal, "ao ampliar as hipóteses de responsabilidade de terceiros por infrações, prevista pelos arts. 134 e 135 do Código Tributário Nacional (CTN), a lei estadual invade competência do legislador complementar federal para estabelecer as normas gerais na matéria (art. 146, III, 'b', da CF). A norma estadual avançou em dois pontos de forma indevida, transbordando de sua competência: (i) ampliou o rol das pessoas que podem ser pessoalmente responsáveis pelo crédito tributário; (ii) dispôs diversamente do CTN sobre as circunstâncias autorizadoras da responsabilidade pessoal do terceiro"[118]. Nesse julgado, foi fixada a seguinte tese: "É inconstitucional lei estadual que disciplina a responsabilidade de terceiros por infrações de forma diversa da matriz geral estabelecida pelo Código Tributário Nacional".

Os parâmetros adotados pelo STF nesses processos mostram-se apropriados, porque garantem um campo de desenvolvimento para o legislador ordinário, já que esse pode prever novas hipóteses de responsabilidade tributária. Ao mesmo tempo, asseguram uma uniformidade mínima no âmbito nacional, ao exigir que as novas hipóteses de sujeição passiva indireta não possam desconsiderar as regras matrizes de responsabilidade tributária estabelecidas em caráter geral pelo CTN.

5.3.3.3.4 *Prescrição e decadência*

Como será oportunamente estudado, o CTN estabelece prazos de cinco anos para a decadência (art. 173) e para a prescrição (art. 174) de crédito tributário[119]. Esses, porém, foram ampliados para dez anos pelos arts. 45[120] e 46[121]da Lei 8.212/1991, em relação aos créditos devidos para a seguridade social[122]. Parte da doutrina entendeu que a reserva de lei complementar do art. 146, III, "b", abrange apenas as normas gerais de prescrição e decadência. Portanto, os prazos – devido a sua natureza especial, ligada ao peculiar interesse das pessoas políticas tributantes – poderiam ser ampliados pelo legislador ordinário[123].

---

[118] STF, Tribunal Pleno, ADI 4.845, Rel. Min. Roberto Barroso, *DJe* 04.03.2020.

[119] Ver Capítulo VIII, itens 3.6 e 3.7, Parte Geral.

[120] "Art. 45. O direito da Seguridade Social apurar e constituir seus créditos extingue-se após 10 (dez) anos contados:

I – do primeiro dia do exercício seguinte àquele em que o crédito poderia ter sido constituído;

II – da data em que se tornar definitiva a decisão que houver anulado, por vício formal, a constituição de crédito anteriormente efetuada."

[121] "Art. 46. O direito de cobrar os créditos da Seguridade Social, constituídos na forma do artigo anterior, prescreve em 10 (dez) anos."

[122] Esses dispositivos foram revogados pela Lei Complementar 128/2008.

[123] CARRAZZA, Roque Antonio. *Curso de direito constitucional tributário*. 16. ed. São Paulo: Malheiros, 2001. p. 816-817. No mesmo sentido; BALERA, Wagner. Decadência e prescrição das contribuições de seguridade social. *In*: ROCHA, Valdir de Oliveira (coord.). *Contribuições sociais*: questões polêmicas. São Paulo: Dialética, 1995. p. 96; ESTEVES, Maria do Rosário. *Normas gerais de direito tributário*. São Paulo: Max Limonad, 1997. p. 111; TAVARES, Marcelo Leonardo. *Direito previdenciário*. 6. ed. Rio de Janeiro: Lumen Juris, 2004. p. 360. Em sentido contrário, entende ser inconstitucional: DE SANTI, Eurico Marcos Diniz. *Decadência e prescrição no direito tributário*. São Paulo: Max Limonad, 2000. p. 83 e ss.; MARTINS, Sérgio Pinto. *Direito da seguridade social*. 19 ed. São Paulo: Atlas, 2003. p. 285; CANAZARO, Fábio. *Lei complementar tributária na Constituição de 1988*: normas gerais em matéria de legislação tributária e autonomia federativa. Porto Alegre: Livraria do Advogado, 2005. p. 105. Também se sustentou dessa maneira em: SEHN, Solon. Prazos especiais de prescrição e decadência das contribuições da seguridade social. *In*: CARVALHO, Aurora Tomazini de (org.). *Decadência e prescrição em direito tributário*. 2. ed. São Paulo: MP, 2010.

Parte Geral · Capítulo I · DIREITO TRIBUTÁRIO | 29

O STF, contudo, decidiu que, "recepcionados pela Constituição da República de 1988 como disposições de lei complementar, subsistem os prazos prescricional e decadencial previstos nos arts. 173 e 174 do CTN", definindo em sede de repercussão geral que: "São inconstitucionais o parágrafo único do artigo 5º do Decreto-lei 1.569/1977 e os artigos 45 e 46 da Lei 8.212/1991, que tratam de prescrição e decadência de crédito tributário" (Tema 3)[124]. Também foi editada a Súmula Vinculante 08: "São inconstitucionais o parágrafo único do art. 5º do DL 1.569/1977 e os arts. 45 e 46 da Lei 8.212/1991, que tratam de prescrição e decadência de crédito tributário". No RE 560.626, por sua vez, a Suprema Corte definiu que "normas relativas à prescrição e decadência em matéria tributária são reservadas à lei complementar" (Tema 2, primeira parte)[125].

5.3.3.3.5   Extinção e suspensão do crédito tributário

No julgamento da ADI 2.405, o STF entendeu que "a Constituição Federal não reservou à lei complementar o tratamento das modalidades de extinção e suspensão dos créditos tributários, a exceção da prescrição e decadência[126], previstos no art. 146, III, 'b', da CF. [...] A partir dessa ideia, e considerando também que as modalidades de extinção de crédito tributário, estabelecidas pelo CTN (art. 156), não formam um rol exaustivo, tem-se a possibilidade de previsão em lei estadual de extinção do crédito por dação em pagamento de bens móveis"[127]. Essa decisão implicou a superação do entendimento anterior da Corte, que não admitia a criação de novas hipóteses extintivas[128].

Em decisão mais recente, por sua vez, o STF decidiu que o legislador ordinário não pode estabelecer condicionantes ou requisitos de aplicabilidade para hipóteses de suspensão do crédito tributário previstas no CTN. Considerando que "o art. 151, VI, do CTN, ao prever que o parcelamento suspende a exigibilidade do crédito tributário, não condiciona a existência ou não de garantia", a Suprema Corte definiu que: "É inconstitucional, por afronta ao art. 146, III, 'b', da CF, a expressão 'ou parcelados sem garantia' constante do parágrafo único do art. 73, da Lei 9.430/96,

---

124   STF, Tribunal Pleno, RE 559.943, Rel. Min. Cármen Lúcia, DJe 26.09.2008.

125   STF, Tribunal Pleno, RE 560.626, Rel. Min. Gilmar Mendes, DJe 05.12.2008. Nesse julgamento, a *ratio decidendi* foi a seguinte: "As normas relativas à prescrição e à decadência tributárias têm natureza de normas gerais de direito tributário, cuja disciplina é reservada a lei complementar, tanto sob a Constituição pretérita (art. 18, § 1º, da CF de 1967/69) quanto sob a Constituição atual (art. 146, III, 'b', da CF de 1988). Interpretação que preserva a força normativa da Constituição, que prevê disciplina homogênea, em âmbito nacional, da prescrição, decadência, obrigação e crédito tributários. Permitir regulação distinta sobre esses temas, pelos diversos entes da federação, implicaria prejuízo à vedação de tratamento desigual entre contribuintes em situação equivalente e à segurança jurídica".

126   Ressalte-se que, na ADI 124, o STF decidiu no seguinte sentido: "Norma do Estado de Santa Catarina que estabelece hipótese de extinção do crédito tributário por transcurso de prazo para apreciação de recurso administrativo fiscal. [...] A determinação do arquivamento de processo administrativo tributário por decurso de prazo, sem a possibilidade de revisão do lançamento equivale à extinção do crédito tributário cuja validade está em discussão no campo administrativo. Em matéria tributária, a extinção do crédito tributário ou do direito de constituir o crédito tributário por decurso de prazo, combinado a qualquer outro critério, corresponde à decadência. Nos termos do CTN (Lei 5.172/1996), a decadência do direito do Fisco ao crédito tributário, contudo, está vinculada ao lançamento extemporâneo (constituição), e não, propriamente, ao decurso de prazo e à inércia da autoridade fiscal na revisão do lançamento originário. Extingue-se um crédito que resultou de lançamento indevido, por ter sido realizado fora do prazo, e que goza de presunção de validade até a aplicação dessa regra específica de decadência. O lançamento tributário não pode durar indefinidamente, sob risco de violação da segurança jurídica, mas a Constituição de 1988 reserva à lei complementar federal aptidão para dispor sobre decadência em matéria tributária. Viola o art. 146, III, 'b', da CF norma que estabelece hipótese de decadência do crédito tributário não prevista em lei complementar federal" (STF, Tribunal Pleno, ADI 124, Rel. Min. Joaquim Barbosa, DJe 17.04.2009).

127   Voto do relator na ADI 2.405, Min. Alexandre de Moraes.

128   STF, Tribunal Pleno, ADI 1917 MC, Rel. Min. Marco Aurélio, DJe 19.09.2003.

incluído pela Lei 12.844/13, na medida em que retira os efeitos da suspensão da exigibilidade do crédito tributário prevista no CTN" (Tema 874)[129].

5.3.3.3.6   Adequado tratamento ao ato cooperativo

Uma das funções da lei complementar, prevista no art. 146, III, "c", é estabelecer normas gerais sobre o "adequado tratamento tributário ao ato cooperativo praticado pelas sociedades cooperativas, inclusive em relação aos tributos previstos nos arts. 156-A e 195, V". Essa previsão, segundo decidiu o STF na ADI 2.811, não impede os Estados de "exercer sua competência residual de forma plena, inclusive instituindo isenção de tributos estaduais para operações entre cooperativas"[130]. Por outro lado, como ressaltado pelo Ministro Ricardo Lewandowski no RE 437.776 AgR, "o disposto no art. 146, III, c, da Constituição não implica dizer que o cooperativo deve ter tratamento tributário privilegiado, e sim adequado". Assim, partindo da premissa de que o preceito "não concedeu às cooperativas imunidade tributária", foi decidido que: "O fato de a Constituição determinar que seja estabelecido adequado tratamento tributário ao ato cooperativo não veda a incidência de CPMF sobre as movimentações financeiras efetuadas pelas sociedades cooperativas"[131].

Na interpretação desse dispositivo, cumpre considerar que, no § 2º do art. 174, o texto constitucional impõe ao legislador o apoio e o estímulo ao cooperativismo. Nessa forma de associativismo, um grupo de pessoas, sem condições de concorrer isoladamente no mercado, reúne esforços para atingir um interesse comum e para obter benefícios mútuos. Ao contrário das empresas e das demais organizações societárias, as cooperativas não buscam apenas ganhos econômicos aos associados. Também há preocupação com o desenvolvimento social, como é enunciado nos *princípios do cooperativismo* ou *princípios de Rochdale* (em alusão à Sociedade dos Probos de Rochdale, a primeira cooperativa surgida no ano de 1844): adesão livre e voluntária; controle democrático e participação econômica dos associados; autonomia e independência; educação, treinamento e informação; cooperação entre cooperativas; e preocupação com a comunidade[132].

As cooperativas, destarte, não atuam em benefício próprio. Apesar de apresentarem personalidade jurídica autônoma, são sociedades que não visam ao lucro, mas ao apoio e assistência dos seus associados (os cooperados), que praticam negócios jurídicos por seu intermédio. O eventual resultado positivo obtido é mera sobra de caixa, dividida na proporção do trabalho ou das operações realizadas de cada cooperado, o que também ocorre com o rateio das despesas. Os atos cooperados, por sua vez, são aqueles entre as cooperativas e seus associados (relações internas) e entre cooperativas associadas, não constituindo uma operação de mercado[133].

---

[129]   STF, Tribunal Pleno, RE 917.285, Rel. Min. Dias Toffoli, *DJe* 06.10.2020.

[130]   "Na ausência da lei a que se refere o art. 146, III, 'c', da Constituição, que estabelece que lei complementar disporá sobre o adequado tratamento do ato cooperativo, os Estados-Membros podem exercer sua competência residual de forma plena, inclusive instituindo isenção de tributos estaduais para operações entre cooperativas, como fez o art. 16 da Lei Estadual 11.829/2002. Todavia, a norma deve receber interpretação conforme para excluir do seu alcance o ICMS, uma vez que, nos termos do art. 155, § 2º, XII, 'g', da Constituição da República, as isenções, os incentivos e os benefícios fiscais relativos a esse imposto dependem de prévia deliberação conjunta dos Estados e do Distrito Federal" (STF, Tribunal Pleno, ADI 2.811, Rel. Min. Rosa Weber, *DJe* 07.11.2019).

[131]   RE 437.776 AgR, Rel. Min. Ricardo Lewandowski, *DJe* 1º.02.2011.

[132]   Sobre o tema, cf.: LIMA, Reginaldo Ferreira. *Direito cooperativo tributário*. São Paulo: Max Limonad, 1997. p. 170; GONÇALVES NETO, Alfredo de Assis. *Lições de direito societário*. São Paulo: Juarez de Oliveira, 2002. p. 125-126; BECHO, Renato Lopes. *Tributação das cooperativas*. 2. ed. São Paulo: Dialética, 1999. p. 204.

[133]   Lei 5.764/1971: "Art. 79. Denominam-se atos cooperativos os praticados entre as cooperativas e seus associados, entre estes e aquelas e pelas cooperativas entre si quando associados, para a consecução dos objetivos sociais. [...] Parágrafo único. O ato cooperativo não implica operação de mercado, nem contrato de compra e venda de produto ou mercadoria".

Nada impede a tributação dessas entidades, porém, ao fazê-lo, o legislador deve levar em consideração as particularidades que decorrem da estrutura jurídica e das finalidades das cooperativas. O art. 146, III, "c", atribui ao legislador complementar, por meio de normas gerais, a tarefa de estabelecer um balizamento do legislador tributário nesse sentido. No entanto, desde logo, mesmo na falta de lei complementar, serão inconstitucionais os tributos não adaptados (não adequados) às características especiais dos atos cooperados. Isso decorre da *eficácia mínima derrogatória* ou *eficácia jurídica de vinculação* do preceito, que também implica a revogação das disposições em contrário[134].

5.3.3.3.7 *Tratamento diferenciado e favorecido para microempresas e empresas de pequeno porte*

O art. 146, III, "d", na redação da Emenda 132/2033, estabelece reserva de lei complementar na "definição de tratamento diferenciado e favorecido para as microempresas e para as empresas de pequeno porte, inclusive regimes especiais ou simplificados no caso dos impostos previstos nos arts. 155, II, e 156-A, das contribuições sociais previstas no art. 195, I e V, e § 12, e da contribuição a que se refere o art. 239"[135]. Trata-se de dispositivo que apresenta uma *eficácia mínima derrogatória* ou *eficácia jurídica de vinculação*. Portanto, apesar de não obrigar o legislador a definir o tratamento diferenciado e favorecido, impede-o de tomar medidas incompatíveis com essa exigência constitucional, revogando, ademais, as disposições em sentido contrário[136].

No julgamento da ADI 4.033, o STF entendeu que "[...] a lista de tributos prevista no texto legal que define o campo de reserva da lei complementar é exemplificativa, e não taxativa". Portanto, ao analisar a validade da isenção do art. 13, § 3º[137], da Lei Complementar 123/2006, a Corte entendeu que esta não contraria o texto constitucional. Foi assinalado ainda que "o fomento da micro e da pequena empresa foi elevado à condição de princípio constitucional, de modo a orientar todos os entes federados a conferir tratamento favorecido aos empreendedores que contam com menos recursos para fazer frente à concorrência. Por tal motivo, a literalidade

---

[134] Como ressalta Clèmerson Merlin Clève: "[...] as normas constitucionais sempre produzem uma 'eficácia jurídica de vinculação' (decorrente da vinculação dos poderes públicos à Constituição), e, por isso, contam com aptidão para deflagrar, pelo menos, os seguintes resultados: (i) revogam (invalidação decorrente de inconstitucionalidade superveniente) os atos normativos em sentido contrário; (ii) vinculam o legislador, que não pode dispor de modo oposto ao seu conteúdo (servem como parâmetro para a declaração de inconstitucionalidade do ato contrastante)" (CLÈVE, Clèmerson Merlin. *Fiscalização abstrata de constitucionalidade no direito brasileiro*. 2. ed. São Paulo: RT, 2000. p. 320-321). Nesse mesmo sentido, lembra Luís Roberto Barroso que, "[...] segundo proclama abalizada doutrina, delas não resulta para o indivíduo o direito subjetivo, em sua versão positiva, de exigir uma determinada prestação. Todavia, fazem nascer um direito subjetivo 'negativo' de exigir do poder público que se abstenha de praticar atos que contravenham os seus ditames" (BARROSO, Luís Roberto. *O direito constitucional e a efetividade de suas normas*: limites e possibilidades da Constituição brasileira. Rio de Janeiro: Renovar, 1990. p. 110).

[135] A partir de 2032, de acordo com o art. 3º da Emenda 132/2023, o art. 146, III, "d", terá a seguinte redação: "d) definição de tratamento diferenciado e favorecido para as microempresas e para as empresas de pequeno porte, inclusive regimes especiais ou simplificados no caso dos impostos previstos nos arts. 155, II, e 156-A e das contribuições previstas no art. 195, I e V". Em 2033, por sua vez, a redação será (art. 4º): "d) definição de tratamento diferenciado e favorecido para as microempresas e para as empresas de pequeno porte, inclusive regimes especiais ou simplificados no caso do imposto previsto no art. 156-A e das contribuições sociais previstas no art. 195, I e V".

[136] CLÈVE, Clèmerson Merlin. *Fiscalização abstrata de constitucionalidade no direito brasileiro*. 2. ed. São Paulo: RT, 2000. p. 320-321; BARROSO, Luís Roberto. *O direito constitucional e a efetividade de suas normas*: limites e possibilidades da Constituição brasileira. Rio de Janeiro: Renovar, 1990. p. 110).

[137] "Art. 13. [...] § 3º As microempresas e empresas de pequeno porte optantes pelo Simples Nacional ficam dispensadas do pagamento das demais contribuições instituídas pela União, inclusive as contribuições para as entidades privadas de serviço social e de formação profissional vinculadas ao sistema sindical, de que trata o art. 240 da Constituição Federal, e demais entidades de serviço social autônomo."

32 | CURSO DE DIREITO TRIBUTÁRIO – *Solon Sehn*

da complexa legislação tributária deve ceder à interpretação mais adequada e harmônica com a finalidade de assegurar equivalência de condições para as empresas de menor porte"[138].

5.3.3.4   *Locus* normativo do Código Tributário Nacional

O Código Tributário Nacional foi aprovado como lei ordinária (Lei 5.172/1966), porque, na época, não se exigia lei complementar para dispor sobre a matéria. Contudo, com o advento da Constituição de 1967, a competência para estabelecer normas gerais de direito tributário passou a ser reservada ao legislador complementar (art. 19, § 1º[139], renumerado para art. 18, § 1º, pela Emenda 01/1969). Assim, as disposições do CTN foram recepcionadas com eficácia de lei complementar, apresentando a mesma posição hierárquica ocupada por essa espécie legislativa[140].

Também houve *recepção* expressa do CTN pelo art. 34, § 5º, do Ato das Disposições Constitucionais Transitórias da Constituição de 1988[141], que assegurou a aplicabilidade dos dispositivos materialmente compatíveis com a nova ordem constitucional. Esses tiveram seu conteúdo de regulação preservado, com eficácia de lei complementar ou de lei ordinária, conforme a matéria neles versada tenha sido reservada pelo novo texto constitucional a uma ou outra espécie legislativa.

Nota-se, assim, que nem todos os dispositivos do CTN foram recepcionados com eficácia de lei complementar, sendo equivocadas as concepções generalizantes, ainda presentes em parte da doutrina e da jurisprudência. A rigor, tal eficácia é restrita aos preceitos dispondo sobre matéria reservada à lei complementar pelo novo texto constitucional. Os demais continuaram com eficácia de lei ordinária, podendo ser livremente alterados por ato normativo da mesma espécie. Dito de outro modo, só preceitos abrangidos pela reserva de lei complementar prevista na Constituição Federal de 1988 têm preeminência hierárquica em relação à legislação ordinária.

5.3.3.5   Leis complementares estaduais e municipais

Alguns Estados e Municípios disciplinam os tributos de sua competência por meio de leis complementares locais, mesmo quando a Constituição Federal não estabelece reserva qualificada

---

[138] STF, Tribunal Pleno, ADI 4.033, Rel. Min. Joaquim Barbosa, *DJe* 07.02.2011. Em outro julgado, por sua vez, a Suprema Corte entendeu que "o regime foi criado para diferenciar, em iguais condições, os empreendedores com menor capacidade contributiva e menor poder econômico, sendo desarrazoado que, nesse universo de contribuintes, se favoreçam aqueles em débito com os fiscos pertinentes, os quais participariam do mercado com uma vantagem competitiva em relação àqueles que cumprem pontualmente com suas obrigações". Com base nisso, foi definido em sede de repercussão geral que: "É constitucional o art. 17, V, da Lei Complementar 123/2006, que veda a adesão ao Simples Nacional à microempresa ou à empresa de pequeno porte que possua débito com o Instituto Nacional do Seguro Social – INSS ou com as Fazendas Públicas Federal, Estadual ou Municipal, cuja exigibilidade não esteja suspensa" (Tema 363) – STF, RE 627.543, Rel. Min. Dias Toffoli, *DJe* 29.10.2014.

[139] Esse dispositivo foi mantido pela Emenda 01/1969: "Art. 19. [...] § 1º Lei complementar estabelecerá normas gerais de direito tributário, disporá sobre conflitos de competência nessa matéria entre União, os Estados, o Distrito Federal e os Municípios e regulará as limitações constitucionais ao poder de tributar".

[140] A recepção ou novação assenta-se no *princípio da continuidade da ordem jurídica* e, por razões de economia legislativa, visa à preservação da validade das normas infraconstitucionais materialmente compatíveis com a nova ordem constitucional. Sobre o tema, cf.: MIRANDA, Jorge. *Manual de direito constitucional*: constituição e inconstitucionalidade. 3. ed. Coimbra: Coimbra Editora, 1996. t. II, p. 243 e ss.; BARROSO, Luís Roberto. *Interpretação e aplicação da Constituição*: fundamentos de uma dogmática constitucional transformadora. São Paulo: Saraiva, 1996. p. 64 e ss.

[141] "Art. 34. O sistema tributário nacional entrará em vigor a partir do primeiro dia do quinto mês seguinte ao da promulgação da Constituição, mantido, até então, o da Constituição de 1967, com a redação dada pela Emenda 1, de 1969, e pelas posteriores.

[...]

§ 5º Vigente o novo sistema tributário nacional, fica assegurada a aplicação da legislação anterior, no que não seja incompatível com ele e com a legislação referida nos § 3º e § 4º."

Parte Geral • Capítulo I • DIREITO TRIBUTÁRIO | 33

nesse sentido. Parte da doutrina entende que o art. 25 da Constituição Federal[142] permite aos Estados a previsão, em suas respectivas constituições, de leis complementares estaduais[143]. O mesmo pode-se dizer em relação às leis orgânicas dos Municípios e do Distrito Federal, considerando o disposto nos arts. 29[144] e 32[145]. Essa matéria, bastante controversa no âmbito da Constituição de 1967, foi superada pelo texto constitucional vigente. Afinal, em diversos dispositivos, é possível encontrar referências expressas a leis complementares estaduais, como no caso dos arts. 25, § 3º, e 128, § 5º, da Lei Maior.

A única questão controvertida remanescente está em saber se é dado ao constituinte dos Estados, do Distrito Federal e dos Municípios estabelecer novas hipóteses de reserva de lei complementar ou se esses são taxativamente previstos na Constituição Federal. Segundo Celso Bastos, "as matérias de leis complementares federais são definidas na Constituição da República enquanto as Constituições Estaduais se incumbem de definir as matérias próprias de leis complementares estaduais"[146]. Entretanto, o STF tem precedentes – anteriores ao texto constitucional de 1988 – que entendem que o cabimento de lei complementar estadual resume-se às matérias previstas na Constituição Federal[147]. Essa parece ser a interpretação mais acertada, porque as normas atinentes ao processo legislativo são de repetição obrigatória por parte dos entes federativos, no que se incluem as hipóteses de reserva legal qualificada.

Os Estados, o Distrito Federal e os Municípios devem prever em suas respectivas constituições e leis orgânicas a espécie legislativa da lei complementar. Entretanto, as matérias sob reserva de lei complementar estadual, distrital ou municipal são apenas as previstas na Constituição Federal. Esses entes, portanto, não podem ampliar os casos submetidos à reserva legal qualificada. Isso também se aplica, e com maior razão, para as leis complementares estaduais, distritais ou municipais aprovadas sem que sequer exista previsão para o seu cabimento nos textos constitucionais estaduais e nas leis orgânicas locais. Por isso, as leis complementares locais que disciplinam questões tributárias sem que exista reserva legal qualificada no texto constitucional têm eficácia de lei ordinária. Dito de outro modo, são *falsas* leis complementares (ou leis complementares aparentes) que podem ser revogadas por leis ordinárias posteriores.

5.4 Lei ordinária

O Brasil é uma Federação. Assim, ao lado das leis ordinárias federais, há leis ordinárias estaduais, distritais ou municipais, cada qual com seu campo de atuação definido pelo texto constitucional[148]. As leis ordinárias caracterizam-se, sob o aspecto formal, pelo quórum de maioria simples para aprovação; e, sob o aspecto material, em razão do seu espaço residual. Portanto, cabem ao legislador ordinário todas as matérias que não foram expressamente reservadas a outras espécies legislativas[149].

---

142 "Art. 25. Os Estados organizam-se e regem-se pelas Constituições e leis que adotarem, observados os princípios desta Constituição."
143 BASTOS, Celso. *Lei complementar*: teoria e comentários. 2. ed. São Paulo: Celso Bastos Editor, 1999. p. 127.
144 "Art. 29. O Município reger-se-á por lei orgânica, votada em dois turnos, com o interstício mínimo de dez dias, e aprovada por dois terços dos membros da Câmara Municipal, que a promulgará, atendidos os princípios estabelecidos nesta Constituição, na Constituição do respectivo Estado e os seguintes preceitos: [...]."
145 "Art. 32. O Distrito Federal, vedada sua divisão em Municípios, reger-se-á por lei orgânica, votada em dois turnos com interstício mínimo de dez dias, e aprovada por dois terços da Câmara Legislativa, que a promulgará, atendidos os princípios estabelecidos nesta Constituição."
146 BASTOS, Celso. *Lei complementar*: teoria e comentários. 2. ed. São Paulo: Celso Bastos Editor, 1999. p. 129.
147 STF, 1ª T., RE 106.032, Rel. Min. Neri da Silveira, *DJU* 10.09.1985; Tribunal Pleno, RE 103.808, Rel. Min. Moreira Alves, *DJU* 07.06.1985.
148 Sobre o tema, cf.: BARACHO, José Alfredo de Oliveira. *Teoria geral do federalismo*. Belo Horizonte: FUMAR/UCMG, 1982. p. 11; ALMEIDA, Fernanda Dias Menezes de. *Competências na Constituição de 1988*. São Paulo: Atlas, 1991. p. 19.
149 TEMER, Michel. *Elementos de direito constitucional*. 15. ed. São Paulo: Malheiros, 1999. p. 148.

34 | CURSO DE DIREITO TRIBUTÁRIO – *Solon Sehn*

5.5 Decretos legislativos e resoluções

Os decretos legislativos são atos normativos de veiculação de matérias de competência exclusiva do Congresso Nacional (CF, art. 49[150]). No âmbito tributário, são relevantes na medida em que, por meio deles, é que se aprovam os tratados internacionais (art. 49, I). As resoluções, por sua vez, são instrumentos para o exercício da competência privativa de cada Casa Legislativa (CF, arts. 51[151] e 52[152]). É por meio de Resoluções do Senado Federal que, observado o art. 155, § 2º, IV[153] e V,[154] da Constituição, são estabelecidas as alíquotas interestaduais, mínimas e máximas do ICMS e, nos termos do art. 155, § 1º, IV, e § 6º, I, as alíquotas máximas do ITCMD e mínimas do IPVA.[155]

Além disso, com a aprovação da Emenda 132/2023 (Emenda da Reforma Tributária), também estão sob reserva de resolução do Senado Federal a fixação das alíquotas de referência do IBS[156] e da CBS.[157]

5.6 Atividade legislativa do Poder Executivo

5.6.1 Leis delegadas

As leis delegadas são elaboradas pelo Presidente da República, nos termos definidos por Resolução do Congresso Nacional (CF, art. 68)[158]. Dispensam sanção ou veto. Podem ser previamente apreciadas pelo Legislativo em votação única, vedada qualquer emenda. Não podem ser objeto de

---

[150] "Art. 49. É da competência exclusiva do Congresso Nacional: [...]."

[151] "Art. 51. Compete privativamente à Câmara dos Deputados: [...]."

[152] "Art. 52. Compete privativamente ao Senado Federal: [...]."

[153] "Art. 155. [...] IV – resolução do Senado Federal, de iniciativa do Presidente da República ou de um terço dos Senadores, aprovada pela maioria absoluta de seus membros, estabelecerá as alíquotas aplicáveis às operações e prestações, interestaduais e de exportação."

[154] "Art. 155. [...] V – é facultado ao Senado Federal:
a) estabelecer alíquotas mínimas nas operações internas, mediante resolução de iniciativa de um terço e aprovada pela maioria absoluta de seus membros;
b) fixar alíquotas máximas nas mesmas operações para resolver conflito específico que envolva interesse de Estados, mediante resolução de iniciativa da maioria absoluta e aprovada por dois terços de seus membros."

[155] "Art. 155. Compete aos Estados e ao Distrito Federal instituir impostos sobre: (Redação dada pela Emenda Constitucional 3, de 1993)
[...]
§ 1º O imposto previsto no inciso I:
[...]
IV – terá suas alíquotas máximas fixadas pelo Senado Federal;
[...]
§ 6º O imposto previsto no inciso III: (Incluído pela Emenda Constitucional 42, de 19.12.2003)
[...]
I – terá alíquotas mínimas fixadas pelo Senado Federal; (Incluído pela Emenda Constitucional 42, de 19.12.2003)."

[156] "Art. 156-A. Lei complementar instituirá imposto sobre bens e serviços de competência compartilhada entre Estados, Distrito Federal e Municípios.
§ 1º O imposto previsto no caput será informado pelo princípio da neutralidade e atenderá ao seguinte:
[...]
XII – resolução do Senado Federal fixará alíquota de referência do imposto para cada esfera federativa, nos termos de lei complementar, que será aplicada se outra não houver sido estabelecida pelo próprio ente federativo."

[157] "Art. 195. [...] § 16. Aplica-se à contribuição prevista no inciso V o disposto no art. 156-A, § 1º, I a VI, VIII, X a XII, § 3º, § 5º, II a VI, VIII e IX, e §§ 6º a 11 e 13."

[158] "Art. 68. As leis delegadas serão elaboradas pelo Presidente da República, que deverá solicitar a delegação ao Congresso Nacional.

Parte Geral • Capítulo I • DIREITO TRIBUTÁRIO | 35

delegação as matérias relacionadas no § 1º do art. 68, entre quais se incluem os atos de competência exclusiva do Congresso Nacional, os de competência privativa da Câmara dos Deputados ou do Senado Federal, a matéria reservada à lei complementar, as leis sobre organização do Poder Judiciário e do Ministério Público, a carreira e a garantia de seus membros, nacionalidade, cidadania, direitos individuais, políticos e eleitorais, planos plurianuais, diretrizes orçamentárias e orçamentos.

5.6.2   Medidas provisórias e decretos-leis

As medidas provisórias substituíram os decretos-leis do texto constitucional de 1967. Não obstante, aqueles editados anteriormente permanecem vigentes até ulterior revogação. Diferentemente da Constituição de 1967, a Constituição Federal de 1988 não estabeleceu um sistema de vedações explícitas a esses atos normativos do Poder Executivo. Assim, para parte da doutrina, as medidas provisórias poderiam dispor sobre qualquer matéria da competência legislativa da União[159], inclusive tributária[160].

---

§ 1º Não serão objeto de delegação os atos de competência exclusiva do Congresso Nacional, os de competência privativa da Câmara dos Deputados ou do Senado Federal, a matéria reservada à lei complementar, nem a legislação sobre:

I – organização do Poder Judiciário e do Ministério Público, a carreira e a garantia de seus membros;

II – nacionalidade, cidadania, direitos individuais, políticos e eleitorais;

III – planos plurianuais, diretrizes orçamentárias e orçamentos.

§ 2º A delegação ao Presidente da República terá a forma de resolução do Congresso Nacional, que especificará seu conteúdo e os termos de seu exercício.

§ 3º Se a resolução determinar a apreciação do projeto pelo Congresso Nacional, este o fará em votação única, vedada qualquer emenda."

[159]   TÁCITO, Caio. *Temas de direito público*: estudos e pareceres. Rio de Janeiro: Renovar, 1997. v. 1, p. 515: "Abandona-se a qualificação específica da Constituição de 1967. Não mais há limites, em razão da matéria, à iniciativa presidencial, a ser exercida em qualquer das áreas de competência legislativa da União". Em sentido contrário, cf.: CARVALHO, Paulo de Barros. *Curso de direito tributário*. 13. ed. São Paulo: Saraiva, 2000. p. 62 e ss.; FERREIRA FILHO, Manoel Gonçalves. *Do processo legislativo*. 3. ed. São Paulo: Saraiva, 1995. p. 236; ARAUJO, Luiz Alberto David; NUNES JUNIOR, Vidal Serrano. *Curso de direito constitucional*. 6. ed. São Paulo: Saraiva, 2002. p. 311-312; LACOMBE, Américo Lourenço Masset. Medidas provisórias. *In*: BANDEIRA DE MELLO, Celso Antônio (org.). *Direito administrativo e constitucional*: estudos em homenagem a Geraldo Ataliba. São Paulo: Malheiros, 1997. v. 2, p. 120. Para um estudo completo acerca dos autores, cf.: CLÈVE, Clèmerson Merlin. *Medidas provisórias*. 2. ed. São Paulo: Max Limonad, 1999. p. 75 e ss.

[160]   É o caso de Marco Aurélio Greco (*Contribuições*: uma figura "sui generis". São Paulo: Dialética, 2000. p. 172), para quem não haveria incompatibilidade entre a natureza precária deste ato normativo e a instituição de tributos, tampouco impedimento constitucional, salvo nas hipóteses sob reserva de lei complementar e nos casos em que há vedação constitucional expressa (art. 246). Também se manifestaram pela possibilidade da edição de medida provisória em matéria tributária: AMARO, Luciano. *Direito tributário brasileiro*. 11. ed. São Paulo: Saraiva, 2005. p. 168 e ss.; BASTOS, Celso Ribeiro. *Curso de direito financeiro e de direito tributário*. 6. ed. São Paulo: Saraiva, 1998. p. 171; JARDIM, Eduardo Marcial Ferreira. *Manual de direito financeiro e tributário*. 3. ed. São Paulo: Saraiva, 1996. p. 110 e ss.; TORRES, Ricardo Lobo. *Curso de direito financeiro e tributário*. 7. ed. Rio de Janeiro-São Paulo: Renovar, 2000. p. 41. Em sentido contrário, cf.: CARVALHO, Paulo de Barros. *Curso de direito tributário*. 13. ed. São Paulo: Saraiva, 2000. p. 71 e ss.; CARRAZZA, Roque Antonio. *Curso de direito constitucional tributário*. 16. ed. São Paulo: Malheiros, 2001. p. 248 e ss.; MELO, José Eduardo Soares de. *Curso de direito tributário*. São Paulo: Dialética, 1997. p. 110; DERZI, Misabel Abreu Machado. Medidas provisórias: sua absoluta inadequação à instituição e majoração de tributo. *Revista de Direito Tributário*, n. 45, p. 130 e ss., 1988; ÁVILA, Humberto. *Medida provisória na Constituição de 1988*. Porto Alegre: Fabris, 1997. p. 122 e ss.; BORGES, José Souto Maior. Limitações temporais da medida provisória: a anterioridade tributária. *Revista de Direito Tributário*, n. 64, p. 193 e ss.; FISCHER, Octavio Campos. *A contribuição ao PIS*. São Paulo: Dialética, 1999. p. 112 e ss. Alguns autores, quando muito, admitiam o seu cabimento apenas em relação a determinados tributos, como os empréstimos compulsórios e os impostos extraordinários de guerra: COÊLHO, Sacha Calmon. *Curso de direito tributário brasileiro*. 4. ed. Rio de Janeiro: Forense, 1999. p. 222; *Comentários à Constituição de 1988*: sistema tributário. 8. ed. Rio de Janeiro: Forense, 1999, p. 221; MACHADO, Hugo de Brito. *Curso de direito tributário*. 7. ed. São Paulo: Malheiros, 1993. p. 57 e ss.; CLÈVE, Clèmerson Merlin. *Medidas provisórias*. 2. ed. São Paulo: Max Limonad, 1999. p. 98 (impostos extraordinários).

36 | CURSO DE DIREITO TRIBUTÁRIO – *Solon Sehn*

Essa concepção foi acolhida pela jurisprudência do STF[161]. Entretanto, após excessos do Poder Executivo, o Congresso Nacional alterou o regime constitucional das medidas provisórias por meio da Emenda 32/2001, que proibiu a sua edição nas seguintes hipóteses:

> Art. 62. [...]
>
> § 1º É vedada a edição de medidas provisórias sobre matéria:
>
> I – relativa a:
>
> a) nacionalidade, cidadania, direitos políticos, partidos políticos e direito eleitoral;
>
> b) direito penal, processual penal e processual civil;
>
> c) organização do Poder Judiciário e do Ministério Público, a carreira e a garantia de seus membros;
>
> d) planos plurianuais, diretrizes orçamentárias, orçamento e créditos adicionais e suplementares, ressalvado o previsto no art. 167, § 3º;
>
> II – que vise a detenção ou sequestro de bens, de poupança popular ou qualquer outro ativo financeiro;
>
> III – reservada a lei complementar;
>
> IV – já disciplinada em projeto de lei aprovado pelo Congresso Nacional e pendente de sanção ou veto do Presidente da República.

A Emenda 32/2001 vedou a edição de medida provisória na regulamentação de artigo com redação alterada entre 1º de janeiro de 1995 e 11 de setembro de 2001, data de sua promulgação (art. 246)[162]. Por outro lado, admitiu o seu cabimento em matéria tributária, ao prever que "medida provisória que implique instituição ou majoração de impostos, exceto os previstos nos arts. 153, I, II, IV, V, e 154, II, só produzirá efeitos no exercício financeiro seguinte se houver sido convertida em lei até o último dia daquele em que foi editada" (art. 62, § 2º).

Em síntese, portanto, as medidas provisórias são atos normativos de competência privativa do Presidente de República, editadas em casos de relevância e urgência, e com eficácia de lei ordinária. Podem dispor sobre qualquer conteúdo, desde que compatível com o texto constitucional e não sujeito à reserva legal qualificada nem vedado pelo § 1º do art. 62 da Constituição Federal. Além disso, devem ser convertidas em lei no prazo de 60 dias[163], prorrogável uma vez por igual período, vedada a reedição na mesma sessão legislativa (CF, art. 62, §§ 3º[164], 7º[165] e 10[166]).

---

[161] ADInMC 2.005, Rel. Min. Néri da Silveira, j. 26.05.1999; RE 247243, Rel. Min. Sepúlveda Pertence, *DJU* 14.04.2000; AI 236.976, Rel. Min. Néri da Silveira, *DJU* 24.09.1999; RE 232.526, Rel. Min. Sepúlveda Pertence, *DJU* 10.03.2000.

[162] Cumpre ressaltar que a redação anterior do artigo já vedava a adoção de medida provisória na regulamentação de artigo da Constituição cuja redação tenha sido alterada por meio de emenda promulgada a partir de 1995 (EC 06/1995 e 07/1995).

[163] "§ 4º O prazo a que se refere o § 3º contar-se-á da publicação da medida provisória, suspendendo-se durante os períodos de recesso do Congresso Nacional."

[164] "§ 3º As medidas provisórias, ressalvado o disposto nos §§ 11 e 12 perderão eficácia, desde a edição, se não forem convertidas em lei no prazo de sessenta dias, prorrogável, nos termos do § 7º, uma vez por igual período, devendo o Congresso Nacional disciplinar, por decreto legislativo, as relações jurídicas delas decorrentes."

[165] "§ 7º Prorrogar-se-á uma única vez por igual período a vigência de medida provisória que, no prazo de sessenta dias, contado de sua publicação, não tiver a sua votação encerrada nas duas Casas do Congresso Nacional."

[166] "§ 10. É vedada a reedição, na mesma sessão legislativa, de medida provisória que tenha sido rejeitada ou que tenha perdido sua eficácia por decurso de prazo."

Parte Geral • Capítulo I • DIREITO TRIBUTÁRIO | 37

Outra questão interessante relacionada ao regime jurídico da medida provisória é a **convalidação dos vícios originários pela lei de conversão**. A doutrina majoritária entende que a inconstitucionalidade da medida provisória contamina a respectiva lei de conversão. Essa, por outro lado, não poderia ser considerada uma lei ordinária autônoma, por absoluta incompatibilidade entre o procedimento de aprovação e o procedimento legislativo ordinário[167]. Não obstante, contraditoriamente, admite-se a apresentação de emendas parlamentares ao projeto de conversão.

A rigor, há duas situações que precisam ser claramente diferenciadas. A primeira consiste em saber se a inconstitucionalidade da medida provisória, pela conversão em lei, pode ser sanada pelo Congresso Nacional. A segunda diz respeito ao problema da extensão da inconstitucionalidade da medida provisória à respectiva lei de conversão. No primeiro caso, o entendimento majoritário não demanda qualquer reparo. O vício inicial jamais poderá ser convalidado pela lei de conversão, uma vez que o Parlamento não pode suprir a ausência de pressupostos constitucionais autorizadores (relevância e urgência), tampouco ignorar as hipóteses em que a Lei Maior veda a edição deste ato normativo (arts. 62, § 1º, e 246). Admitir a convalidação do vício equivale a conferir ao Congresso a autoridade para afastar retroativamente a aplicabilidade das limitações materiais e formais à edição de medidas provisórias previstas em texto normativo de hierarquia superior à lei de conversão.

Entretanto, a impossibilidade de convalidação não implica necessariamente a inconstitucionalidade da lei de conversão. Essa resulta da manifestação de uma vontade política autônoma, traduzida na confirmação expressa do conteúdo da medida provisória pelo órgão competente para legislar sem as vedações previstas nos arts. 62, § 1º, e 246, da Constituição[168]. Além disso, a objeção da incompatibilidade entre os procedimentos não pode mais ser invocada após a Emenda Constitucional 32/2001. Os projetos passaram a demandar expressamente a sanção ou o veto do Presidente da República (art. 62, § 12). A deliberação não é mais unicameral, devendo ser apreciados em sessões separadas das Casas do Congresso Nacional, com início na Câmara dos Deputados (art. 62, § 8º), a exemplo dos projetos de lei ordinária de iniciativa do Poder Executivo (art. 64).

A convalidação só não é possível quando a medida provisória versar sobre matéria reservada à lei complementar. Em tal hipótese, a lei de conversão, por estar sujeita à aprovação por maioria simples, é incompatível com o art. 69 da Lei Maior, que, como se sabe, submete as leis complementares a um quórum qualificado de maioria absoluta.

Nada justifica aplicar à lei convertida pressupostos autorizadores (relevância e urgência) e hipóteses de vedação (arts. 62, § 1º, e 246) que se dirigem especificamente à medida provisória. A aprovação do projeto de lei de conversão representa a assunção da anterior intenção legislativa pelo órgão legitimado[169]. Não se pode desconsiderar a decisão positiva confirmatória do Congresso

---

[167] CLÈVE, Clèmerson Merlin. *Medidas provisórias*. 2. ed. São Paulo: Max Limonad, 1999. p. 133; ATALIBA, Geraldo. *O decreto-lei na Constituição de 1967*. São Paulo: RT, 1967, p. 30; BANDEIRA DE MELLO, Celso Antônio. Perfil constitucional das medidas provisórias. *Revista de Direito Público*, n. 95, p. 32, 1990; GRECO, Marco Aurélio. *Medidas provisórias*. São Paulo: RT, 1991. p. 46; TROIANELLI, Gabriel Lacerda. A inconstitucionalidade da criação da Cofins não cumulativa por medida provisória decorrente da falta de urgência. *In*: PEIXOTO, Marcelo Magalhães; FISCHER, Octávio Campos (coord.). *PIS-Cofins*: questões atuais e polêmicas. São Paulo: Quartier Latin, 2005. p. 346; FISCHER, Octavio Campos. *A contribuição ao PIS*. São Paulo: Dialética, 1999. p. 114.

[168] "A lei de conversão da medida provisória é espécie normativa primária autônoma, isto é, trata-se de uma espécie normativa que não se confunde com nenhuma das outras espécies constantes do art. 59 da Constituição de 1988, mas, sim, a essas se soma" (AMARAL JÚNIOR, José Levi Mello do. *Medida provisória e a sua conversão em lei*: a Emenda Constitucional 32 e o papel do Congresso Nacional. São Paulo: RT, 2004. p. 284).

[169] O mesmo entendimento tem sido acolhido no direito comparado. O Tribunal Constitucional de Portugal – assentado em pressupostos jurídico-positivo distintos, mas perfeitamente aplicáveis ao direito brasileiro porque se mostra muito menos rígido (cabe à Assembleia da República apenas a recusa formal de ratificação ou a ratificação com emendas, por meio de um procedimento legislativo específico iniciado com a apresentação de propostas de alteração ao decreto-lei) – tem entendido que: "[...] sempre será necessário

38 | CURSO DE DIREITO TRIBUTÁRIO – *Solon Sehn*

Nacional. A extensão da inconstitucionalidade à lei de conversão somente seria possível diante de uma relação de interdependência entre os atos normativos, que inexiste nesses casos, porquanto a lei convertida não retira seu fundamento de validade da medida provisória da qual resultou, mas diretamente do texto constitucional. A declaração de inconstitucionalidade de ambos tampouco é compatível com o princípio da conservação dos atos normativos, que decorre da supremacia do texto constitucional. Em razão dele, os atos não deverão ser declarados inconstitucionais quando, observados seus fins, puderem ser interpretados conforme a Constituição Federal[170].

O entendimento aqui exposto, rejeitado ao tempo do texto constitucional de 1967[171], já foi acolhido pelo STF após a Constituição Federal de 1988, quando afastou, no julgamento da ADI 1.417, a tese sustentada pelo Ministro Marco Aurélio de que "[...] o vício inicial contamina a lei de conversão, mesmo porque sabemos que há uma diferença substancial entre a aprovação de uma lei via tramitação de projeto, no sistema bicameral, e a aprovação de medida provisória para a conversão no sistema unicameral"[172].

Por fim, deve-se ter presente que, assim como na conversão parcial, a lei de conversão confirmatória da medida provisória editada sem a observância dos pressupostos autorizadores ou em hipóteses vedadas pelo texto constitucional somente produz efeitos *ex nunc*. Afasta-se o reconhecimento de efeitos retroativos, diante da impossibilidade de convalidação do vício inicial pelo Congresso Nacional.

5.6.3   Convênios públicos

Os convênios públicos são os instrumentos pelos quais as Administrações Públicas Federal, Estadual, Distrital ou Municipal, entre si ou com pessoas jurídicas de direito privado, estipulam direitos, obrigações e compromissos recíprocos dos mais variados, dentro dos limites da lei e sempre visando ao atendimento de uma necessidade de interesse coletivo sem caráter lucrativo[173]. A Constituição, por exemplo, prevê a celebração de convênios de cooperação entre

---

ressalvar, pelo menos, a hipótese de a lei de alterações reproduzir as normas organicamente inconstitucionais do decreto-lei submetido à sua apreciação. Em tal caso, é inegável que a Assembleia da República assume ou adopta tais normas como suas ao mantê-las inalteradas de forma expressa e inequívoca. E, assim sendo, tais normas não podem mais ser arguidas de organicamente inconstitucionais, até porque se verifica, quanto a elas, uma novação da respectiva fonte. [...] Assim sendo, não se vê como se possa sustentar que seja possível continuar a invocar a inconstitucionalidade orgânica de uma tal norma depois da entrada em vigor da lei de alteração. Essa tese só poderia, com efeito, assentar em argumentos de puro formalismo jurídico, inteiramente artificial e completamente desligado da razão de ser da atribuição constitucional de uma reserva de competência legislativa ao Parlamento: é que, por essa via, se iria contrariar frontalmente a vontade política desse mesmo Parlamento, já inequivocamente manifestada" (Acórdão 563/2003, Processo 578/98, Plenário, Rel. Conselheiro Bravo Serra, *Diário da República I*, Série A, n. 122, p. 3295 e ss., 25 maio 2004).

[170] CANOTILHO, José Joaquim Gomes. *Direito constitucional e teoria da Constituição*. 7. ed. Coimbra: Almedina, 2003. p. 229-230.

[171] RE 62.739, Rel. Min. Aliomar Baleeiro, *DJU* 20.12.1967.

[172] ADIn 1.417, Rel. Min. Octavio Gallotti, *DJU* 23.03.2001. Grifamos. Prevaleceu entendimento do Ministro Nelson Jobim, no seguinte sentido: "Na técnica legislativa do Congresso Nacional, na hipótese de uma aprovação do texto da medida provisória sem a conversão em lei, ela não é uma lei de conversão e é promulgada pelo Presidente do Congresso Nacional e não pelo Presidente da República. Como não se pode suprimir o direito de emenda do Parlamentar, havendo emendas oferecidas à medida provisória é que virtualmente se faz um projeto de lei de conversão, que tem que ter a sanção do Presidente da República, porque tem alterações. Ou seja, ou a medida provisória poderia ser rejeitada na íntegra, ou aprovada na íntegra, ou se criar um caminho mais democrático, que era o caminho do sistema italiano: o de se estabelecer a possibilidade de emendar a medida provisória e dar-se a esse ser misto o que se chamou de 'lei de conversão'".

[173] JUSTEN FILHO, Marçal. *Curso de direito administrativo*. 13. ed. São Paulo: RT, 2018. p. 387: "O convênio público consiste numa avença em que dois ou mais sujeitos, sendo ao menos um deles integrante da Administração Pública, comprometem-se a atuar de modo conjugado para a satisfação de necessidades de interesse coletivo, sem intento de cunho lucrativo".

órgãos administração pública (CF, art. 39, § 2º[174]), de gestão associada de serviços públicos (art. 241[175]), de repasse de recursos ou transferências voluntárias (CF, art. 71, VI[176]) e de renegociação de dívida pública (art. 160, § 2º[177]). Também há regras sobre essa forma de estipulação nas Leis 13.019/2014 e 14.133/2021.

Em matéria tributária, o inciso XXI do art. 37 da Constituição, incluído pela Emenda 42/2003, autoriza *o compartilhamento de cadastros e de informações fiscais, na forma da lei ou convênio* entre as administrações tributárias da União, dos Estados, do Distrito Federal e dos Municípios[178]. Disposição semelhante já era encontrada no art. 199 do CTN, que prevê a celebração de convênios de assistência mútua na fiscalização tributária e permuta de informações[179]. Os convênios dessa natureza não estabelecem direitos e obrigações perante terceiros, apenas disposições recíprocas entre os órgãos de fiscalização dos entes tributantes[180].

Não obstante, também há previsão de convênios que podem inovar na ordem jurídica. Há pelo menos três situações em que isso é autorizado pelo texto constitucional. A primeira, com eficácia já exaurida, encontra-se prevista no art. 34 do ADCT, aplicável apenas na fase de implementação do ICMS[181]. A segunda no art. 155, § 2º, XII, "g", que reserva ao legislador complementar a atribuição de "regular a forma como, mediante deliberação dos Estados e do Distrito Federal, isenções, incentivos e benefícios fiscais serão concedidos e revogados". Essa matéria,

---

174 "Art. 39. [...] § 2º A União, os Estados e o Distrito Federal manterão escolas de governo para a formação e o aperfeiçoamento dos servidores públicos, constituindo-se a participação nos cursos um dos requisitos para a promoção na carreira, facultada, para isso, a celebração de convênios ou contratos entre os entes federados. (Redação dada pela Emenda Constitucional 19, de 1998)"

175 "Art. 241. A União, os Estados, o Distrito Federal e os Municípios disciplinarão por meio de lei os consórcios públicos e os convênios de cooperação entre os entes federados, autorizando a gestão associada de serviços públicos, bem como a transferência total ou parcial de encargos, serviços, pessoal e bens essenciais à continuidade dos serviços transferidos. (Redação dada pela Emenda Constitucional 19, de 1998)."

176 "Art. 71. O controle externo, a cargo do Congresso Nacional, será exercido com o auxílio do Tribunal de Contas da União, ao qual compete:
[...]
VI – fiscalizar a aplicação de quaisquer recursos repassados pela União mediante convênio, acordo, ajuste ou outros instrumentos congêneres, a Estado, ao Distrito Federal ou a Município."

177 "Art. 160. [...] § 2º Os contratos, os acordos, os ajustes, os convênios, os parcelamentos ou as renegociações de débitos de qualquer espécie, inclusive tributários, firmados pela União com os entes federativos conterão cláusulas para autorizar a dedução dos valores devidos dos montantes a serem repassados relacionados às respectivas cotas nos Fundos de Participação ou aos precatórios federais. (Incluído pela Emenda Constitucional 113, de 2021)"

178 "Art. 37. [...] XXII – as administrações tributárias da União, dos Estados, do Distrito Federal e dos Municípios, atividades essenciais ao funcionamento do Estado, exercidas por servidores de carreiras específicas, terão recursos prioritários para a realização de suas atividades e atuarão de forma integrada, inclusive com o compartilhamento de cadastros e de informações fiscais, na forma da lei ou convênio. (Incluído pela Emenda Constitucional 42, de 19.12.2003)"

179 "Art. 199. A Fazenda Pública da União e as dos Estados, do Distrito Federal e dos Municípios prestar-se-ão mutuamente assistência para a fiscalização dos tributos respectivos e permuta de informações, na forma estabelecida, em caráter geral ou específico, por lei ou convênio."

180 Como ressalta Carrazza: "Tais convênios endereçam-se exclusivamente às Fazendas Públicas das várias pessoas políticas. Absolutamente não se prestam à imposição de obrigações acessórias aos contribuintes; tampouco à extensão de deveres instrumentais instituídos numa esfera de tributação (*v.g.*, aos contribuintes da União) a outra ou outras esferas (*v.g.*, aos contribuintes dos Estados)" (CARRAZZA, Roque Antonio. *ICMS*. 17. ed. São Paulo: Malheiros, 2015. p. 616).

181 "Art. 34. O sistema tributário nacional entrará em vigor a partir do primeiro dia do quinto mês seguinte ao da promulgação da Constituição, mantido, até então, o da Constituição de 1967, com a redação dada pela Emenda 1, de 1969, e pelas posteriores. [...] § 8º Se, no prazo de sessenta dias contados da promulgação da Constituição, não for editada a lei complementar necessária à instituição do imposto de que trata o art. 155, I, "b", os Estados e o Distrito Federal, mediante convênio celebrado nos termos da Lei Complementar 24, de 7 de janeiro de 1975, fixarão normas para regular provisoriamente a matéria."

40 | CURSO DE DIREITO TRIBUTÁRIO – *Solon Sehn*

atualmente, está disciplinada pela Lei Complementar 24/1975, que "dispõe sobre os convênios para a concessão de isenções do imposto sobre operações relativas à circulação de mercadorias, e dá outras providências"[182]. A terceira está prevista no § 5º do art. 155, que reserva aos convênios celebrados na forma do § 2º, XII, "g", a função de estabelecer as regras necessárias à aplicação da partilha do produto da arrecadação, apuração e destinação do ICMS incidente nas operações com lubrificantes e combustíveis derivados de petróleo.

5.6.4 Decretos, regulamentos e outros atos normativos

Os decretos são os instrumentos de veiculação de atos privativos do Presidente da República no exercício da competência prevista no art. 84 da Constituição Federal. Há, assim, decretos de nomeação (inciso I), de indulto (inciso XII) e regulamentares, que são os editados para os fins previstos no inciso IV, isto é, para a fiel execução das leis.

No sistema constitucional vigente, os decretos regulamentares são subordinados e dependentes de lei, o que implica a impossibilidade de serem editados para o fim de criar, modificar ou extinguir direitos e obrigações[183]. Os regulamentos autônomos – aqueles que inovam na ordem jurídica – são vedados pelos arts. 5º, II[184], 84, IV[185], da Constituição e pelo art. 25, I, do

---

[182] Ressalte-se, entretanto, que a inovação é apenas em relação à autorização para a concessão. O benefício fiscal, propriamente dito, é concedido pela lei estadual do ente competente interessado. CARRAZZA, Roque Antonio. *ICMS*. 17. ed. São Paulo: Malheiros, 2015. p. 618. De acordo com a Jurisprudência do STF: "Os convênios CONFAZ têm natureza meramente autorizativa ao que imprescindível a submissão do ato normativo que veicule quaisquer benefícios e incentivos fiscais à apreciação da Casa Legislativa. A exigência de submissão do convênio à Câmara Legislativa do Distrito Federal evidencia observância não apenas ao princípio da legalidade tributária, quando é exigida lei específica, mas também à transparência fiscal que, por sua vez, é pressuposto para o exercício de controle fiscal-orçamentário dos incentivos fiscais de ICMS" (STF, Tribunal Pleno, ADI 5.929, Rel. Min. Edson Fachin, *DJe* 06.03.2020); e STF, 1ª T., RE 630.705 AgR, Rel. Min. Dias Toffoli, *DJe* 13.02.2012.

[183] CARRAZZA, Roque Antonio. *Curso de direito constitucional tributário*. 16. ed. São Paulo: Malheiros, 2001. p. 220; BANDEIRA DE MELLO, Celso Antônio. *Curso de direito administrativo*. 18. ed. São Paulo: Malheiros, 2005. p. 220; XAVIER, Alberto. *Tipicidade da tributação, simulação e norma antielisiva*. São Paulo: Dialética, 2001. p. 18: "A exigência de 'reserva absoluta' transforma a lei tributária em *lex stricta* (princípio da estrita legalidade), que fornece não apenas o fim, mas também o conteúdo da decisão do caso concreto, o qual se obtém por mera dedução da própria lei, limitando-se o órgão de aplicação a subsumir o fato na norma, independentemente de qualquer valoração pessoal".

[184] "Art. 5º [...] II – ninguém será obrigado a fazer ou deixar de fazer alguma coisa senão em virtude de lei." Como ensina Celso Antônio Bandeira de Mello: "Nos termos do art. 5º, II, 'ninguém será obrigado a fazer ou deixar de fazer alguma coisa senão em virtude de lei'. Aí não se diz 'em virtude de' decreto, regulamento, resolução, portaria ou quejandos. Diz-se em "virtude de lei". Logo a Administração Pública não poderá proibir ou impor comportamento algum a terceiro, salvo se estiver previamente embasada em determinada lei que lhe faculte proibir ou impor algo a quem quer seja" (BANDEIRA DE MELLO, Celso Antônio. *Curso de direito administrativo*. 18. ed. São Paulo: Malheiros, 2005. p. 93-94).

[185] "Art. 84. Compete privativamente ao Presidente da República:
[...]
IV – sancionar, promulgar e fazer publicar as leis, bem como expedir decretos e regulamentos para sua fiel execução."

ADCT[186], notadamente em matéria tributária, que é regida pelo princípio da estrita legalidade (CF, art. 150, I[187])[188].

Tampouco podem inovar na ordem jurídica os atos normativos de autoridades de hierarquia inferior na administração pública, como é o caso das Portarias de Ministros de Estado, que, nos termos do art. 87, parágrafo único, II, da Constituição, são "instruções para a execução das leis, decretos e regulamentos". O mesmo se aplica às instruções normativas e outros atos regulamentares da Receita Federal, tais como os atos declaratórios interpretativos, pareceres normativos, entre outros. Esses podem receber as designações mais variadas, o que é irrelevante, já que, em qualquer caso, não podem inovar na ordem jurídica. Além disso, devem respeitar a hierarquia administrativa interna do órgão. Assim, um servidor público não pode editar validamente um ato derrogando ou contrariando outro de seu superior, notadamente do Ministro de Estado e do Presidente da República.

---

[186] "Art. 25. Ficam revogados, a partir de cento e oitenta dias da promulgação da Constituição, sujeito este prazo a prorrogação por lei, todos os dispositivos legais que atribuam ou deleguem a órgão do Poder Executivo competência assinalada pela Constituição ao Congresso Nacional, especialmente no que tange a:
I – ação normativa;
[...]."

[187] "Art. 150. Sem prejuízo de outras garantias asseguradas ao contribuinte, é vedado à União, aos Estados, ao Distrito Federal e aos Municípios:
I – exigir ou aumentar tributo sem lei que o estabeleça;
[...]."

[188] Portanto, segundo ensina Pontes de Miranda: "Se o regulamento cria direitos ou obrigações novas, estanhos à lei, ou faz reviver direitos, deveres, pretensões, obrigações, ações ou exceções, que a lei apagou, é inconstitucional. Por exemplo: se faz exemplificativo o que é taxativo, ou vice-versa. Tampouco pode ele limitar, ou ampliar direitos, deveres, pretensões, obrigações ou exceções à proibição, salvo se estão implícitas. Nem ordenar o que a lei não ordena [...] Sempre que no regulamento se insere o que se afasta, para mais ou para menos, da lei, é nulo, por ser contrária à lei a regra jurídica que se tentou embutir no sistema jurídico" (PONTES DE MIRANDA, Francisco Cavalcanti. *Comentários à Constituição de 1967 com a Emenda 1 de 1969*. 2. ed. São Paulo: RT, 1970. t. III, p. 316).

Capítulo II
TRIBUTO E ESPÉCIES TRIBUTÁRIAS

1 TRIBUTO

1.1 Parametricidade constitucional

A Constituição não apresenta uma *definição analítica* do conceito de tributo, tal como a encontrada no art. 3º do CTN: "Tributo é toda prestação pecuniária compulsória, em moeda ou cujo valor nela se possa exprimir, que não constitua sanção de ato ilícito, instituída em lei e cobrada mediante atividade administrativa plenamente vinculada"[1]. No entanto, o texto constitucional "fala"[2] sobre tributos em vários de seus dispositivos: ao dispor sobre as espécies tributárias (arts. 145, 148, 149, 149-A e 195), sobre as normas gerais de direito tributário (art. 146), as limitações constitucionais ao poder de tributar (arts. 150-152), as regras de competências impositiva (arts. 153-156), sobre repartição de receitas tributárias (arts. 157-162), e assim por diante. Esses enunciados fazem referências ao objeto denotado, constituindo uma *definição extensiva* ou *denotativa* (*definição por exemplos*)[3].

---

[1] Parte da doutrina entende que não cabe ao legislador estabelecer definições. Todavia, as definições legais desempenham um importante papel. Como ensinam Carlos E. Auchourrón e Eugenio Bulygin, citados por Tárek Mousés Moussallem, que também acompanha o esse entendimento: "[...] la tan difundida creencia de que el legislador no debe incluir definiciones en el texto legal, dejando la tarea de definir a la doctrina, es un gravísimo error. Cuanto más definiciones contenga un texto legal, tanto más precisa serán sus normas – siempre, claro está, que el mismo legislador use sus propias definiciones – y tanto mayor será la seguridad jurídica que ofrecerán sus normas" (ALCHOURRÓN, Carlos E.; BULYGIN, Eugenio. Definiciones y normas. *In: Análisis lógica y derecho.* Madrid: Centro de Estudios Constitucionales, 1991. p. 455-456 *apud* MOUSSALLEM, Tárek Moysés. Sobre as definições. *In:* CARVALHO, Paulo de Barros (coord.); BRITTO, Lucas Galvão de (org.). *Lógica e direito.* São Paulo: Noeses, 2016. p. 265).

[2] Como ensina Irving M. Copi, uma definição pode ser expressa de diferentes maneiras: "falando sobre o símbolo definido, ou falando daquilo a que se refere" (COPI, Irving M. *Introdução à lógica.* Trad. Álvaro Cabral. 2. ed. São Paulo: Mestre Jou, 1978. p. 113).

[3] Essa forma de definição, como ressalta Irving M. Copi, constituiu "a maneira mais óbvia e fácil de instruir alguém sobre a denotação de um termo" (COPI, Irving M. *Introdução à lógica.* Trad. Álvaro Cabral. 2. ed. São Paulo: Mestre Jou, 1978. p. 123-124). A esse respeito, ensina Tárek Moysés Moussallem que: "Na definição denotativa, como o próprio nome informa, enumeram-se os objetos que formam a denotação da palavra, ou seja, enunciam-se os elementos da classe [...]. Assim, se alguém pergunta o significado de 'planeta' pode se responder: 'Mercúrio', 'Vênus', 'Terra', 'Marte' etc." (MOUSSALLEM, Tárek Moysés. Sobre as definições. *In:* CARVALHO, Paulo de Barros (coord.); BRITTO, Lucas Galvão de (org.). *Lógica e direito.* São Paulo: Noeses, 2016. p. 256). Ainda segundo Moussallem, "[...] na construção das definições legais, o legislador usa indistintamente aquela que melhor lhe aprouver dentre as várias espécies de definições, sendo as mais comuns, as conotativas – por *gênero e diferença específica* [definições analíticas] – e as denotativas, ambas sempre com caráter estipulativo" (*Ibid.,* p. 263). É interessante observar, como bem destacado por Aurora Tomazini de Carvalho, "[...] que uma pessoa pode possuir o conceito de uma palavra, saber utilizá-la em diversos contextos todos os dias, sem ser capaz de lhe dar uma definição. Isso porque, definir é pôr em palavras do conceito" (CARVALHO, Aurora Tomazini de. *Curso de teoria geral do direito:* o construtivismo lógico-semântico. 6. ed. São Paulo: Noeses, 2019. p. 77). Sobre o tema, cf. ainda: WARAT, Luiz Alberto. *O direito e sua linguagem.* 2. ed. Porto Alegre: Fabris, 1995. p. 55.

44 | CURSO DE DIREITO TRIBUTÁRIO – *Solon Sehn*

A partir deles, é possível identificar os atributos ou elementos de um conceito de tributo pressuposto pela Constituição[4].

Os elementos do conceito constitucional assemelham-se aos que decorrem do art. 3º do CTN. Também há aspectos do art. 9º da Lei 4.320/1964: "Tributo é a receita derivada instituída pelas entidades de direito público, compreendendo os impostos, as taxas e contribuições nos termos da constituição e das leis vigentes em matéria financeira, destinando-se o seu produto ao custeio de atividades gerais ou específicas exercidas por essas entidades". Esses dispositivos foram recepcionados pela Constituição Federal de 1988, o primeiro, aliás, de forma expressa, conforme previsto no art. 34 do ADCT[5].

Destarte, dentro dessa parametricidade constitucional, nota-se que o "tributo": (a) constitui uma fonte de recursos financeiros destinados ao custeio de despesas públicas gerais (art. 167, IV) ou especiais (arts. 149, 149-A e 195); (b) é instituído e cobrado pela União, Estados, Distrito Federal e Municípios (arts. 148, 149, 149-A, 153-156); (c) no exercício de um poder de tributar limitado (Seção II); (d) exigido de pessoas jurídicas ou físicas enquanto sujeitos passivos de relações obrigacionais (art. 150, § 7º); (e) em função de "fatos geradores" definidos em lei (arts. 146, III, "a", e 150, III, "a"), que, por sua vez, podem ser atos administrativos ou dele decorrentes (art. 146, II e III), direitos ou negócios jurídicos de direito privado sem vinculação com uma ação estatal (arts. 153-156), tais como a propriedade de bens móveis (art. 155, III) e imóveis (arts. 153, VI, e 156, I), a importação de produtos (art. 153, I), operações de crédito, câmbio e seguro (art. 153, V), a transmissão *causa mortis* e doação de bens ou direitos (art. 155, I), a circulação de mercadorias (art. 155, II), a prestação de serviços (art. 156, III), entre outros mais.

---

[4] Como ressalta Geraldo Ataliba: "Constrói-se o conceito jurídico-positivo de tributo pela observação e análise das normas constitucionais. [...] A Constituição de 1988 adota um preciso – embora implícito – conceito de tributo" (ATALIBA, Geraldo. *Hipótese de incidência tributária*. 5. ed. São Paulo: Malheiros, 1997. p. 32). O mesmo também se observa no direito comparado. Na Alemanha, como ressalta Lerke Osterloh, Juiz da Corte Constitucional Federal Alemã e Professor de Direito Tributário da Universidade de Frankfurt, a Corte Constitucional entende que, apesar da ausência de uma definição, há um conceito de tributo na Lei Fundamental. Para determiná-lo, levou-se em consideração o desenvolvimento histórico do conceito e a definição da legislação tributária do *Reich* de 1919/1931 (revogada em 1977), enfatizando, porém, a sua autonomia e natureza constitucional (OSTERLOH, Lerke. The concept of tax, the ability-to-pay principle and the economic interpretation – the fundamentals of tax law in the case law of the Federal Constitutional Court in Germany. *Rivista di Diritto Tributario Internazionale*, p. 11, magg./ago. 2007).

[5] Não houve uma constitucionalização, como sustenta parte da doutrina. O texto constitucional autoriza o legislador complementar a estabelecer uma nova definição analítica de tributo (art. 146, III, "a"), desde que respeitadas os elementos do conceito constitucional pressuposto de tributo. Se a intenção fosse constitucionalizar o art. 3º do CTN ou o art. 9º da Lei 4.320/1964, isso não teria sido previsto. Portanto, o legislador complementar pode alterar esses dispositivos ou, se assim entender conveniente, até mesmo revogá-los, optando por estabelecer uma definição legal. Para Lobo Torres: "A Constituição não define o tributo. O CTN é que oferece a seguinte definição: [...]. Constitucionalizou-se, assim, a definição codificada, até porque a CF 88 já a encontrou em vigor e não seria razoável concluir-se que não tenha adotado" (TORRES, Ricardo Lobo. *Curso de direito financeiro*. 7. ed. Rio de Janeiro: Renovar, 2000. p. 319). Todavia, com a devida vênia, diante do disposto no art. 34 do ADCT, é inequívoco que houve recepção: "Art. 34. O sistema tributário nacional entrará em vigor a partir do primeiro dia do quinto mês seguinte ao da promulgação da Constituição, mantido, até então, o da Constituição de 1967, com a redação dada pela Emenda 1, de 1969, e pelas posteriores. [...] § 5º Vigente o novo sistema tributário nacional, fica assegurada a aplicação da legislação anterior, no que não seja incompatível com ele e com a legislação referida nos § 3º e § 4º".

Parte Geral • Capítulo II • TRIBUTO E ESPÉCIES TRIBUTÁRIAS | 45

1.2 Elementos do conceito de tributo

1.2.1 Recursos monetários (exclusão de prestações in natura e in labore)

Historicamente, desde o início da Idade Moderna, a receita tributária é constituída por recursos financeiros ou monetários[6]. O texto constitucional pressupõe essa condição, ao dispor sobre a arrecadação, retenção (art. 160) e repartição de receitas públicas (arts. 157, 158 e 159). Isso afasta do âmbito conceitual do tributo as prestações *in natura* ou *in labore*, tais como a entrega de um bem[7], o serviço militar obrigatório ou o trabalho de cidadão nas eleições. O art. 3º do CTN reflete essa característica[8], ao definir tributo como "prestação pecuniária compulsória, em moeda ou cujo valor nela se possa exprimir".

1.2.2 Devidos ao poder público

O tributo é uma fonte de recursos financeiros do poder público, o que exclui as prestações devidas a particulares, ainda que instituídas em lei ou fiscalizadas por órgãos da administração pública. O art. 3º do CTN foi omisso em relação a esse elemento essencial do conceito, uma vez que não menciona o ente público credor. O art. 9º da Lei 4.320/1964, por sua vez, define o tributo como receita *"instituída pelas entidades de direito público"*. Trata-se, porém, de outra imprecisão, porque, a rigor, o fator relevante é a titularidade, e não a fonte instituidora.

Assim, não são tributos, por exemplo, os depósitos mensais de empresas empregadoras no FGTS. Essa obrigação foi instituída por lei federal[9]. Os depósitos no fundo são fiscalizados por órgão da administração pública da União (Ministério do Trabalho[10]). Entretanto, como a titularidade do recurso é do trabalhador (CF, art. 7º, III[11]), não têm natureza jurídica de tributo. Foi o que entendeu o STF, quando afastou a aplicabilidade dos prazos de prescrição e decadência

---

6   Como ressalta Christoph Gröpl, "não se encontrará pelo menos desde inícios da Idade Moderna – exceto em casos de erros históricos – um Estado cuja configuração política não se baseie no uso do dinheiro como instrumento fundamental de sua atuação" (Traduzimos do original: "no se encontrará por lo menos desde inicios de la Edad Moderna – excepto en casos de errores históricos – un Estado, cuya configuración política no se base en el uso del dinero como instrumento fundamental de actuación"). GRÖPL, Christoph. La relación entre ingresos estatales y egresos estatales en un Estado constitucional democrático. *Rivista di Diritto Tributario Internazionale*, Roma, p. 5, gen./ago. 2008). Ressalte-se, no entanto, que parte da doutrina entende que o tributo pode apresentar natureza não pecuniária (QUERALT, Juan Martín; SERRANO, Carmelo Lozano; OLLERO, Gabriel Casado; LÓPEZ, José M. Tejerizo. *Curso de derecho financiero y tributario*. 9. ed. Madrid: Tecnos, 1998. p. 92).

7   A desapropriação, aliás, apenas pode ocorrer por necessidade ou utilidade pública, ou por interesse social, mediante justa e prévia indenização em dinheiro ("Art. 5º [...] XXIV – a lei estabelecerá o procedimento para desapropriação por necessidade ou utilidade pública, ou por interesse social, mediante justa e prévia indenização em dinheiro, ressalvados os casos previstos nesta Constituição").

8   O preceito, inclusive, o faz de maneira redundante, porque, como ressalta Paulo de Barros Carvalho, "se já dissera que se trata de uma prestação pecuniária, para que insistir com a locução 'em moeda'?" (CARVALHO, Paulo de Barros. *Curso de direito tributário*. 13. ed. São Paulo: Saraiva, 2000. p. 20).

9   Lei 8.036/1990: "Art. 1º O Fundo de Garantia do Tempo de Serviço (FGTS), instituído pela Lei 5.107, de 13 de setembro de 1966, passa a reger-se por esta lei"; "Art. 15. Para os fins previstos nesta Lei, todos os empregadores ficam obrigados a depositar, até o vigésimo dia de cada mês, em conta vinculada, a importância correspondente a 8% (oito por cento) da remuneração paga ou devida, no mês anterior, a cada trabalhador, incluídas na remuneração as parcelas de que tratam os arts. 457 e 458 da Consolidação das Leis do Trabalho (CLT), aprovada pelo Decreto-lei 5.452, de 1º de maio de 1943, e a Gratificação de Natal de que trata a Lei 4.090, de 13 de julho de 1962. (Redação dada pela Lei 14.438, de 2022)".

10   Lei 8.844/1994: "Art. 1º Compete ao Ministério do Trabalho a fiscalização e a apuração das contribuições ao Fundo de Garantia do Tempo de Serviço (FGTS), bem assim a aplicação das multas e demais encargos devidos".

11   "Art. 7º São direitos dos trabalhadores urbanos e rurais, além de outros que visem à melhoria de sua condição social: [...] III – fundo de garantia do tempo de serviço".

tributários para essas obrigações: "Cuida-se de um direito do trabalhador. [...]. Não exige o Estado, quando aciona o empregador, valores a serem recolhidos ao Erário, como receita pública. Não há, daí, contribuição de natureza fiscal ou parafiscal"[12].

1.2.3   Obrigação ex lege

Os tributos são obrigações estabelecidas unilateralmente pelo poder público em razão da ocorrência de um evento previsto na respectiva lei instituidora[13]. Não dependem da manifestação de vontade do devedor, constituindo obrigações *ex lege* ou legais[14], em oposição àquelas que resultam de uma manifestação da vontade do sujeito passivo (obrigações convencionais ou *ex voluntate*)[15].

A Constituição Federal de 1988 é permeada pela concepção de tributo como vínculo obrigacional. Em mais de um dispositivo, essa natureza é inequivocamente pressuposta (arts. 146, III, "b", e 150, §§ 3º e 7º). Isso pode parecer pouco, mas, na realidade, diz muito sobre *ratio do* sistema constitucional tributário brasileiro. A concepção de tributo como vínculo obrigacional implicou a superação das teorias da relação de força, vigentes no final do século XIX e início do século XX na Europa, colocando Estado e contribuinte em um mesmo plano de submissão à lei[16].

---

12   STF, Tribunal Pleno, RE 100.249, Rel. Min. Oscar Correa, Rel. p/ Ac. Min. Néri da Silveira. *DJ* 1º.07.1988. Mais recentemente, reafirmando esse entendimento: STF, 1ª T., RE 994.621 AgR, Rel. Min. Luiz Fux, *DJ* 05.12.2016; STF, Tribunal Pleno, ARE 709.212, Rel. Min. Gilmar Mendes, *DJ* 19.12.2015. Vale destacar, a propósito dessa discussão, a seguinte passagem do Voto do Relator: *"[...] o art. 7º, III, da nova Carta expressamente arrolou o Fundo de Garantia do Tempo de Serviço como um direito dos trabalhadores urbanos e rurais, colocando termo, no meu entender, à celeuma doutrinária acerca de sua natureza jurídica"* (g.n.) Entretanto, não se pode confundir o recolhimento ao FGTS, que é de titularidade do trabalhador, com as extintas contribuições sociais adicionais instituídas pela Lei Complementar 110/2001: "Art. 2º [...] § 2º A contribuição será devida pelo prazo de sessenta meses, a contar de sua exigibilidade". Por outro lado, de acordo com a Lei 13.932/2019: "Art. 12. A partir de 1º de janeiro de 2020, fica extinta a contribuição social instituída por meio do art. 1º da Lei Complementar 110, de 29 de junho de 2001". Essas, diferentemente dos depósitos ao FGTS, são de titularidade da União. Por isso, como reconhecido pelo STF no julgamento do RE 878.313, têm natureza jurídica tributária: "O tributo previsto no art. 1º da Lei Complementar 110/2001 é uma contribuição social geral, conforme já devidamente pacificado no julgamento das ADIs 2.556 e 2.558" (STF, Tribunal Pleno, RE 878.313, Rel. Min. Marco Aurélio, *DJ* 18.08.2020).

13   ATALIBA, Geraldo. *Hipótese de incidência tributária.* 5. ed. São Paulo: Malheiros, 1997. p. 34: "[...] a obrigação tributária nasce da vontade da lei, mediante ocorrência de um fato (fato imponível) nela descrito".

14   Paulo de Barros Carvalho critica a expressão "obrigação *ex lege*", porque: "O primado da legalidade, que irradia por todos os segmentos da ordem jurídica brasileira, alcança qualquer comportamento obrigatório, comissivo ou omissivo. [...] Sendo assim, não se há de imaginar obrigações, no direito brasileiro, que não sejam *ex lege*" (CARVALHO, Paulo de Barros. *Curso de direito tributário.* 13. ed. São Paulo: Saraiva, 2000. p. 21).

15   Não parece apropriada, como ensina Ferreiro Lapatza, a definição de tributo como "prestação coativa", encontrada em parte da doutrina. No direito, todas as prestações são coativas, inclusive aquelas que decorrem de uma manifestação de vontade (LAPATZA, José Juan Ferreiro. *Curso de derecho financiero español*: derecho tributario. 22. ed. Madrid-Barcelona: Marcial Pons, 2000. v. II, p. 12 e ss.). Como ensina Kelsen, o direito constitui uma ordem coativa, executada inclusive mediante emprego de força física. Como tal, distingue-se de todas as demais ordens sociais, desde as baseadas nas técnicas da recompensa, até as que não estabelecem sanção alguma, assentando-se na obediência voluntária (KELSEN, Hans. *Teoria pura do direito.* 6. ed. São Paulo: Martins Fontes, 1998. p. 27). Sobre o tema, cf.: GAFFURI, Gianfranco. *Diritto tributario*: parte generale e parte speciale. 9. ed. Milano: Cedam, 2019. p. 4; GROSCLAUDE, Jacques; MARCHESSOU, Philippe. *Diritto tributario francese*: le imposte – le procedure. Trad. Enrico de Mita. Milano: Giuffrè, 2006. p. 6; FALSITTA, Gaspare. Manuale di diritto tributário: parte generale. 12. ed. Milano: Cedam, 2023. p. 20 e ss.

16   LAPATZA, José Juan Ferreiro. *Curso de derecho financiero español*: derecho tributario. 22. ed. Madrid-Barcelona: Marcial Pons, 2000. v. II, p. 13 e ss.; NOVOA, César García. *El concepto de tributo.* Buenos Aires: Marcial Pons, 2012. p. 60; DE MITA, Enrico. *Interesse fiscale e tutela del contribuente:* le garanzie costituzionali. 4. ed. Milano: Giuffrè, 2000. p. 7. Essa superação tem como obra precursora a doutrina de Albert Hensel, na Alemanha (HENSEL, Albert. *Derecho tributario.* Trad. Andrés Báez Moreno, María Luisa Gonzáles-Cuéllar Serrano y Enrique Ortiz Calle. Madrid-Barcelona: Marcial Pons, 2005. Esse livro corresponde à 3ª edição da obra original,

Parte Geral • Capítulo II • TRIBUTO E ESPÉCIES TRIBUTÁRIAS | **47**

Dessa forma, tem-se que, para exigir validamente um tributo, a administração pública sempre deve respeitar os limites definidos na legislação, observadas as regras de competência impositiva, os direitos fundamentais e as limitações constitucionais ao poder de tributar.

Portanto, é a lei que estabelece a obrigação de pagar tributo. Isso é enunciado no art. 3º do CTN, por meio da referência ao objeto ("prestação pecuniária compulsória") e à fonte da obrigação ("instituída em lei"). Assim, ficam excluídas do conceito as obrigações de origem contratual ou de atos unilaterais, as decorrentes da responsabilidade civil contratual[17] ou extracontratual[18] (obrigação de indenizar) e de direitos reais, como o *foro* e o *laudêmio* cobrados pela União[19] no regime de enfiteuse[20] (aforamento ou emprazamento) dos titulares do domínio útil (foreiros ou enfiteutas) de terrenos de marinha[21] (ADCT, art. 19[22]).

Também não têm natureza tributária os *ônus* exigidos pelo Estado, ainda que instituídos em lei, a exemplo das cauções para participação em licitações públicas[23] ou do *solo criado* exigido por alguns municípios de proprietários de imóveis urbanos. Essa questão, inclusive, já foi objeto de exame por parte do Plenário do STF no RE 387.047, que afastou a natureza tributária do *solo criado*:

> **Recurso extraordinário. Lei 3.338/89 do Município de Florianópolis/SC. Solo criado. Não configuração como tributo. Outorga onerosa do direito de criar solo. Distinção**

---

publicada no ano 1933). Entre nós, Souto Maior Borges ensina que: "No Estado constitucional moderno, o poder tributário deixa de ser um poder de fato, mera relação tributária de força (*Abgabegewaltverhältnis*) para converter-se em um poder jurídico que se exerce através de normas" (*Teoria geral da isenção tributária.* 3. ed. São Paulo: Malheiros, 2001. p. 25).

17   Código Civil: "Art. 389. Não cumprida a obrigação, responde o devedor por perdas e danos, mais juros e atualização monetária segundo índices oficiais regularmente estabelecidos, e honorários de advogado".

18   Código Civil: "Art. 927. Aquele que, por ato ilícito (arts. 186 e 187), causar dano a outrem, fica obrigado a repará-lo"; e "Art. 186. Aquele que, por ação ou omissão voluntária, negligência ou imprudência, violar direito e causar dano a outrem, ainda que exclusivamente moral, comete ato ilícito".

19   O foro de 0,6% é devido anualmente pelo enfiteuta e o laudêmio de 5%, em caso de transferência do domínio útil.

20   A enfiteuse é um direito real perpétuo sobre coisa alheia. Foi extinta pelo Código Civil de 2002. Contudo, em decorrência do art. 49 do ADCT, a seguir transcrito, continua aplicada aos terrenos de marinha. O Código Civil de 1916 a disciplinava nos seguintes termos: "Art. 678. Dá-se a enfiteuse, aforamento, ou emprazamento, quando por ato entre vivos, ou de última vontade, o proprietário atribui a outro o domínio útil do imóvel, pagando a pessoa, que o adquire, e assim se constitui enfiteuta, ao senhorio direto uma pensão, ou foro, anual, certo e invariável".

21   Os terrenos de marinha são bens da União (art. 20, VII) e compreendem os primeiros 33 metros da posição da linha do preamar-médio de 1831 (Decreto-lei 9.760/1946, art. 2º).

22   "Art. 49. A lei disporá sobre o instituto da enfiteuse em imóveis urbanos, sendo facultada aos foreiros, no caso de sua extinção, a remição dos aforamentos mediante aquisição do domínio direto, na conformidade do que dispuserem os respectivos contratos.
[...]
§ 3º A enfiteuse continuará sendo aplicada aos terrenos de marinha e seus acrescidos, situados na faixa de segurança, a partir da orla marítima."

23   Sobre o tema, cf.: SCHOUERI, Luís Eduardo. *Direito tributário.* 10. ed. São Paulo: Saraiva, 2021. p. 278 e ss. Edição *Kindle*. No julgamento do RE 387.047/SC, o Ministro Eros Roberto Grau oferece os seguintes exemplos de ônus: "[...] Por isso não constituem modalidades tributarias, por exemplo, as cauções em dinheiro exigidas pela Administração Pública – artigo 31, III, da Lei 8.666/93 – como condição à admissão de particulares a licitações públicas. O mesmo seja dito em relação a outras prestações de dar, instituídas em lei, que configurem condição para o exercício de determinada conduta; é o caso também, exemplificativamente, do designado 'depósito compulsório' que esteve condicionada, entre nós, nos termos do artigo 1º do Decreto-lei 1.470/76, a emissão ou prorrogação de passaporte, a concessão, nele, de visto de saída ou a simples emissão de vista policial de saída em benefício de estrangeiro admitido ou registrado no País em caráter permanente. [...] Em todas essas hipóteses, inexiste relação obrigacional" (fls. 811). A Lei 8.666/1993 foi revogada pela Lei 14.133/2021, que prevê a exigência de caução no art. 96, § 1º, I.

entre ônus, dever e obrigação. Função social da propriedade. Artigos 182 e 170, III, da Constituição do Brasil.

1. Solo criado

Solo criado é o solo artificialmente criado pelo homem [sobre ou sob o solo natural], resultado da construção praticada em volume superior ao permitido nos limites de um coeficiente único de aproveitamento.

2. Outorga onerosa do direito de criar solo. Prestação de dar cuja satisfação afasta obstáculo ao exercício, por quem a presta, de determinada faculdade. Ato necessário. Ônus.

Não há, na hipótese, obrigação. Não se trata de tributo. Não se trata de imposto. Faculdade atribuível ao proprietário de imóvel, mercê da qual se lhe permite o exercício do direito de construir acima do coeficiente único de aproveitamento adotado em determinada área, desde que satisfeita prestação de dar que consubstancia ônus. Onde não há obrigação não pode haver tributo. Distinção entre ônus, dever e obrigação e entre ato devido e ato necessário.

3. Ônus do proprietário de imóvel urbano.

Instrumento próprio à política de desenvolvimento urbano, cuja execução incumbe ao Poder Público municipal, nos termos do disposto no artigo 182 da Constituição do Brasil. Instrumento voltado à correção de distorções que o crescimento urbano desordenado acarreta, à promoção do pleno desenvolvimento das funções da cidade e a dar concreção ao princípio da função social da propriedade [art. 170, III da CB].

4. Recurso extraordinário conhecido, mas não provido[24].

Destarte, o *ônus* é um comportamento facultativo estabelecido em lei que necessita ser realizado por um determinando sujeito para fins de tutela de seu próprio interesse. A não realização da conduta esperada acarreta, para o onerado, apenas a perda de um benefício ou o risco de um prejuízo[25]. O ônus, assim, diferencia-se da obrigação e do dever, porque nesses o descumprimento da prestação pelo sujeito passivo caracteriza um ilícito e implica a incidência de uma sanção jurídica[26]. Logo, sendo uma faculdade sem caráter obrigacional, não apresenta natureza jurídica de tributo.

1.2.4 Destinadas ao custeio de despesas públicas

Outro aspecto relevante na disciplina constitucional é a vinculação finalística do tributo ao custeio de despesas públicas gerais ou especiais. Essa característica decorre da própria natureza da atuação financeira do poder público, que constitui uma atividade instrumental destinada a fazer frente às necessidades públicas, no que se incluem o custeio de direitos, de prestações positivas e de serviços públicos previstos pelo texto constitucional. Contudo, nada impede que o tributo apresente uma função extrafiscal (regulatória, econômica ou de ordenamento). O poder público, por meio da criação, do aumento ou da redução de tributos, pode promover a indução ou a dissuasão de determinados comportamentos. A Constituição não apenas autoriza (em alguns casos até de forma expressa, a exemplo do art. 182, § 4º, II), como também potencializa o uso extrafiscal, permitindo o aumento ou a redução da alíquota de determinados tributos por meio

---

[24] STF, Tribunal Pleno, RE 387.047, Rel. Min. Eros Grau, *DJe* 02.05.2008. No mesmo sentido: STF, 1ª T., RE 226.942, Rel. Min. Menezes Direito, *DJe* 15.05.2009.

[25] GOMES, Orlando. *Obrigações*. 12. ed. Rio de Janeiro: Forense, 1998. p. 6-7.

[26] GRAU, Eros Roberto. Nota sobre a distinção entre obrigação, dever e ônus. *Revista da Faculdade de Direito da Universidade de São Paulo*, v. 77, p. 182 e ss., 1982.

Parte Geral • **Capítulo II** • TRIBUTO E ESPÉCIES TRIBUTÁRIAS | **49**

de ato do Poder Executivo (art. 153, § 1°) e com efeitos imediatos, vale dizer, sem a observância do princípio da anterioridade (art. 150, § 1°). Um deles é o imposto de importação, que – dentro dos limites máximo e mínimo previstos em lei[27] – pode ter as suas alíquotas moduladas de modo a incentivar ou a desestimular a importação de produtos, visando à realização de políticas públicas e de desenvolvimento econômico[28].

1.2.5   Sem caráter punitivo

A vinculação finalística ao custeio de despesas públicas implica a vedação do uso sancionatório do tributo, o que, de resto, também decorre do princípio da capacidade contributiva (art. 145, § 1°)[29] e do próprio perfil constitucional dos fatos geradores previstos nas regras de competência[30]. Essas descrevem atos, fatos e negócios jurídicos de caráter lícito, inclusive atos administrativos, sem sugerir ou mesmo indicar que, por meio da instituição ou do aumento de tributos, o poder público pode promover reações (retribuição ou prevenção) a condutas reprováveis contrárias à ordem jurídica.

No Estado de Direito, o *ius puniendi* do Estado, para ser validamente exercido, requer a observância de direitos e de garantias fundamentais dos cidadãos, não coincidentes com as exigíveis em matéria tributária. O uso punitivo do tributo não deve ser admitido, porque implica uma violação indireta do regime constitucional sancionatório[31].

Com efeito, um dos pressupostos para o exercício válido do *ius puniendi* é o princípio constitucional da culpabilidade, que decorre dos arts. 1°, III, 4°, II, 5°, *caput* e XLVI, da Constituição Federal[32]. Esse exige que, em matéria sancionatória, a responsabilização dependa da demonstração de culpa ou de dolo. Assim, como ressaltado pelo Ministro Luís Roberto Barroso, em contexto distinto, mas aplicável à hipótese: "sempre que o antecedente de uma norma for um comportamento reprovável e o consequente uma punição, é absolutamente indispensável fazer

---

27   Lei 3.244/1957:

"Art. 3° Poderá ser alterada dentro dos limites máximo e mínimo do respectivo capítulo, a alíquota relativa a produto:

[...]

§ 1° Nas hipóteses dos itens 'a', 'b' e 'c' a alteração da alíquota, em cada caso, não poderá ultrapassar, para mais ou para menos, a 30% (trinta por cento) 'ad valorem'".

28   O regime constitucional dos tributos extrafiscais será analisado no Capítulo III, item 6, da Parte Geral. Sobre o uso extrafiscal dos tributos aduaneiro, cf.: SEHN, Solon. *Curso de direito aduaneiro*. 2. ed. Rio de Janeiro: Forense, 2022. p. 43 e ss.

29   Capítulo V, item 5, da Parte Geral.

30   Capítulo III, da Parte Geral.

31   Como assinalam Queralt, Serrano, Ollero e Lopes: "Tributo y sanción responden a principios materiales de justicia absolutamente diferenciados: capacidad económica y restablecimiento de un orden vulnerado, respectivamente" (QUERALT, Juan Martín; SERRANO, Carmelo Lozano; OLLERO, Gabriel Casado; LÓPEZ, José M. Tejerizo. *Curso de derecho financiero y tributario*. 9. ed. Madrid: Tecnos, 1998. p. 92). César García Novoa ressalta que esse fundamento já foi adotado pelo Tribunal Constitucional da Espanha, na Sentença 194/2009, que afastou medidas tributárias de caráter sancionador (que o autor denomina *sanção encoberta, atípica* ou *anômala*) porque "[...] as mesmas provocam um efeito repressivo a que não se aplicam as garantias próprias de ordem punitiva" (traduzimos do original: "[...] las mismas provocan un efecto represivo al que no se aplican las garantías propias de orden punitivo") (NOVOA, César García. *El concepto de tributo*. Buenos Aires: Marcial Pons, 2012. p. 220). No direito brasileiro, como ensina Rafael Munhoz de Mello: "O regime jurídico punitivo de um Estado de Direito, em suma, tem por princípios a legalidade, a tipicidade, a irretroatividade, a culpabilidade, o *non bis in idem* e o devido processo legal" (MELLO, Rafael Munhoz de. *Princípios constitucionais de direito administrativo sancionador*: as sanções administrativas à luz da Constituição Federal de 1988. São Paulo: Malheiros, 2007. p. 103).

32   PRADO, Luiz Regis. *Bem jurídico-penal e Constituição*. 8. ed. Rio de Janeiro: Forense, 2019. p. 104.

50 | CURSO DE DIREITO TRIBUTÁRIO – *Solon Sehn*

uma análise do elemento subjetivo da conduta"[33]. Como a intenção do agente não tem relevância para o surgimento das obrigações tributárias, um tributo com caráter punitivo viola indiretamente essa e outras garantias constitucionais em matéria sancionatória.

Tributos punitivos tampouco garantem aos cidadãos o devido processo legal, o contraditório e a ampla defesa prévios (art. 5º, LIV e LV). O crédito tributário pode ser constituído de ofício sem um procedimento fiscalizatório antecedente[34]. Há um contraditório diferido, instaurado apenas na fase de impugnação administrativa do auto de lançamento, isto é, depois de formada a convicção do agente fiscal, com o crédito tributário já constituído (Decreto 70.235/1972, art. 14[35]). Nada disso se compatibiliza com o regime constitucional sancionatório. Nele o contraditório é obrigatório e necessariamente prévio, antes da formação do convencimento da autoridade competente. O acusado tem o direito de influir na formação do juízo decisório, formulando alegações e apresentando documentos que devem ser objeto de consideração pelo órgão competente[36].

Em síntese, portanto, o tributo sempre deve ser cobrado em função de fatos lícitos praticados pelo sujeito passivo[37]. Não pode constituir, mesmo indiretamente, uma medida punitiva a um comportamento reprovável contrário à ordem jurídica[38]. Isso implica, de um lado, a impossibilidade de definição de um fato ilícito como hipótese de incidência de um tributo; e, de outro, a vedação para adotar a ilicitude da conduta como critério de aplicabilidade de uma alíquota, de uma base de cálculo mais elevada ou para limitar deduções. Essa vedação é igualmente aplicável aos tributos extrafiscais (regulatórios, econômicos ou de ordenamento), que podem ser empregados como instrumento de motivação de comportamentos lícitos dos contribuintes, mas não para punir. Se o aumento de um tributo regulatório constituir uma reação a uma conduta reprovável, haverá um desvio de finalidade, incompatível com os ditames constitucionais.

---

[33] STF, 1ª T., AI 727.872 AgR, Rel. Min. Roberto Barroso, *DJe* 18.05.2015.

[34] Capítulo IX, item 1, da Parte Geral.

[35] "Art. 14. A impugnação da exigência instaura a fase litigiosa do procedimento." Por isso, a jurisprudência do Carf tem entendido que "só se discute cerceamento do direito de defesa a partir do momento em que tal direito pode ser exercido. Ou seja, a partir da etapa de impugnação" (Ac. 310200.676, 3ª S., 1ª C., 2ª TO, Rel. Cons. Luis Marcelo Guerra de Castro, S. 25.05.2010). No mesmo sentido, cf.: Acórdãos 20181498, 10517234, 30.133707, 10615779, 10195473 e 10421003. Além disso, interpreta-se que não há "[...] nulidade do auto de infração sob a alegação de que a autoridade autuante deixara de oferecer prazo para que o sujeito passivo ofereça contrarrazões às conclusões consignadas no laudo técnico produzido no curso da ação fiscal" (Carf, 3ª S., 1ª C., 2ª TO, Ac. 3102410.625, Rel. Cons. Luis Marcelo Guerra de Castro, S. 18.03.2010).

[36] Como bem sintetiza Maria Sylvia Zanella Di Pietro: "Em atendimento aos princípios do contraditório e da ampla defesa, a Lei 9.784/99 assegura ao administrado os direitos de ter ciência da tramitação dos processos administrativos em que tenha a condição de interessado, ter vista dos autos, obter cópias de documentos neles contidos e conhecer as decisões proferidas; formular alegações e apresentar documentos antes da decisão, os quais serão objeto de consideração pelo órgão competente; fazer-se assistir, facultativamente, por advogado, salvo quando obrigatória a representação, por força de lei (art. 3º, incisos II, III e IV). [...]" (DI PIETRO, Maria Sylvia Zanella. *Direito administrativo*. 33. ed. Rio de Janeiro: Forense, 2020. p. 818. Edição *Kindle*.).

[37] Como ensina Geraldo Ataliba, "O dever de levar dinheiro aos cofres (tesouro = fisco) do sujeito ativo decorre do fato imponível. Este, por definição, é fato jurídico constitucionalmente qualificado e legalmente definido, com conteúdo econômico – por imperativo da isonomia (art. 5º, *caput* e inciso I da C.F.) – não qualificado como ilícito. Dos fatos ilícitos nascem multas e outras consequências punitivas, que não configuram tributo, por isso não integrando seu conceito, nem submetendo-se a seu regime jurídico" (ATALIBA, Geraldo. *Hipótese de incidência tributária*. 5. ed. São Paulo: Malheiros, 1997. p. 34).

[38] A pena criminal "é a sanção imposta pelo Estado e consistente na perda ou restrição de bens jurídicos do autor da infração, em retribuição à sua conduta e para prevenir novos atos ilícitos" (DOTTI, René Ariel. O sistema geral das penas. *In:* DOTTI, René Arial; REALE JÚNIOR, Miguel; TOLEDO, Francisco de Assis *et al. Penas restritivas de direitos*. São Paulo: RT, 1999. p. 65. Sobre o tema, cf.: PRADO, Luiz Regis. *Tratado de direito penal brasileiro*: parte geral. 3. ed. Rio de Janeiro: Forense, 2019. v. 1, p. 738 e ss. *E-book*.

Parte Geral • Capítulo II • TRIBUTO E ESPÉCIES TRIBUTÁRIAS | 51

A vedação ao uso punitivo do tributo é prevista na definição do conceito de tributo do art. 3º do CTN: "Tributo é toda prestação pecuniária compulsória... que não constitua sanção de ato ilícito...", de sorte que, em relação a esse aspecto, foi esclarecedora a definição legal.

A jurisprudência do STF, em decisões anteriores à Constituição Federal de 1988, já declarou a inconstitucionalidade de tributos com essa característica anômala. No RE 94.001, julgado no ano de 1982, a Suprema Corte invalidou a cobrança de um adicional de 200% ao imposto imobiliário de construções irregulares (sem "habite-se", auto de vistoria e alvará de conservação), previsto no art. 15 da Lei Municipal 6.989/1966 (Código Tributário do Município de São Paulo, na redação da Lei Municipal 7.572/1970). Nesse julgamento, ainda atual, o Ministro Moreira Alves ressaltou que a lei não pode "transformar multa em tributo, outorgando àquela a proteção privilegiada – assim, no tocante às preferências (arts. 186 e segs. do C.T.N.) – que a legislação complementar federal atribui a este"[39].

A vedação de tributos sancionatórios tem colocado em questão a **tributação de atos ilícitos**. Essa, porém, não envolve propriamente o uso do tributo como medida punitiva. Trata-se de problemática relacionada à incidência da norma jurídica tributária sobre fatos qualificados como ilícitos por outras normas, em razão de seu caráter geral e abstrato, e não da definição da ilicitude como pressuposto para a exigência do crédito tributário. Parte da doutrina entende que a desoneração de operações dessa natureza seria contrária aos princípios da isonomia e da capacidade contributiva (*pecunia non olet*)[40]. Outros, de modo diverso, sustentam que a cobrança não seria ética, uma vez que o Estado não pode se associar à delinquência privada. A Constituição, ademais, estabelece o perdimento de bens como efeito da condenação (art. 5º, XLVI, "b"; CP, art. 91[41]), de sorte que, em situações dessa natureza, não haveria respaldo jurídico para a cobrança de tributos[42].

---

[39] STF, Tribunal Pleno, RE 94.001/SP, Rel. Min. Moreira Alves, *DJ* 11.06.1982: "Se o município quer agravar a punição de quem constrói irregularmente, cometendo ilícito administrativo, que crie ou agrave multas com essa finalidade. O que não pode – por ser contrário ao artigo 3º do C.T.N., e, consequentemente, por não se incluir no poder de tributar que a Constituição Federal lhe confere – e criar adicional de tributo para fazer as vezes de sanção pecuniária de ato ilícito".

[40] FALCÃO, Amílcar. *Fato gerador da obrigação tributária*. 6. ed. Rio de Janeiro: Forense, 1999. p. 42-46. No direito comparado, a tributação de atividades imorais ou ilícitas é defendida por Popitz, Hensel e Becker com base no princípio da igualdade e por exigência do princípio da capacidade econômica (QUERALT, Juan Martín; SERRANO, Carmelo Lozano; OLLERO, Gabriel Casado; LÓPEZ, José M. Tejerizo. *Curso de derecho financiero y tributario*. 9. ed. Madrid: Tecnos, 1998. p. 92).

[41] "Art. 91. São efeitos da condenação: (Redação dada pela Lei 7.209, de 11.07.1984)
[...]
II – a perda em favor da União, ressalvado o direito do lesado ou de terceiro de boa-fé: (Redação dada pela Lei 7.209, de 11.07.1984)
a) dos instrumentos do crime, desde que consistam em coisas cujo fabrico, alienação, uso, porte ou detenção constitua fato ilícito;
b) do produto do crime ou de qualquer bem ou valor que constitua proveito auferido pelo agente com a prática do fato criminoso.
§ 1º Poderá ser decretada a perda de bens ou valores equivalentes ao produto ou proveito do crime quando estes não forem encontrados ou quando se localizarem no exterior. (Incluído pela Lei 12.694, de 2012).
§ 2º Na hipótese do § 1º, as medidas assecuratórias previstas na legislação processual poderão abranger bens ou valores equivalentes do investigado ou acusado para posterior decretação de perda. (Incluído pela Lei 12.694, de 2012)."

[42] Destaca-se, nessa linha, Misabel Abreu Machado Derzi: "Não seria ético, conhecendo o Estado, a origem criminosa dos bens e direitos, que legitimasse a ilicitude, associando-se ao delinquente e dele cobrando uma quota, a título de tributo. Portanto, põem-se alternativas excludentes, ou a origem dos recursos é lícita, cobrando-se em consequência o tributo devido e sonegado, por meio da execução fiscal, ou é ilícita, sendo cabível o perdimento dos bens e recursos, fruto da infração" (BALEEIRO, Aliomar. *Direito tributário brasileiro*. Atual. Misabel Abreu Machado Derzi. 11. ed. Rio de Janeiro: Forense, 2001. p. 716). No mesmo sentido, Renato Lopes Becho acrescenta que, em vez de tributar a operação ilícita, os Auditores-Fiscais devem encaminhar uma representação para fins penais (BECHO, Renato Lopes. A discussão sobre a tributabilidade de atos ilí-

Há, por fim, uma interpretação que diferencia a ilicitude como elemento da hipótese de incidência (vedada pela ordem jurídica) e a ocorrência do evento imponível em circunstâncias ilícitas. Nessa concepção, defendida por Hugo de Brito Machado[43], só há inconstitucionalidade quando a proposição antecedente da norma tributária descreve um evento ilícito, tal como a legislação paulistana declarada inconstitucional pelo STF no RE 94.001. Nela a hipótese de incidência era ser proprietário de imóvel em situação irregular. O imposto só era devido pelos proprietários de construções sem "habite-se", auto de vistoria ou alvará de conservação, evidenciando o caráter punitivo. Entretanto, se a hipótese tributária descreve eventos lícitos (ser proprietário de imóvel na zona territorial urbana), a incidência ocorrerá mesmo que, neste ou naquele caso concreto, o imóvel se mostre em situação de desconformidade com as normas de construção local[44].

No Judiciário, a questão já foi apreciada pelo STF, que admitiu a incidência sobre a renda auferida com atividade ilícita, nos termos sintetizados na emenda seguinte:

> *Habeas corpus.* Penal. Processual penal. Crime contra a ordem tributária. Artigo 1º, inciso I, da Lei 8.137/90. Desclassificação para tipo previsto no art. 2º, inciso I, da indigitada lei. Questão não analisada pelo Superior Tribunal de Justiça. Supressão de instância. Inadmissibilidade. Precedentes. Alegada atipicidade da conduta baseada na circunstância de que os valores movimentados nas contas bancárias do paciente seriam provenientes de contravenção penal. Artigo 58 do Decreto-lei 6.259/44 – Jogo do Bicho. Possibilidade jurídica de tributação sobre valores oriundos de prática ou atividade ilícita. Princípio do Direito Tributário do *non olet.* Precedente. Ordem parcialmente conhecida e denegada.
>
> 1. A pretendida desclassificação do tipo previsto no art. 1º, inciso I, para art. 2º, inciso I, da Lei 8.137/90 não foi analisada pelo Superior Tribunal de Justiça. Com efeito sua análise neste ensejo configuraria, na linha de precedentes, verdadeira supressão de instância, o que não se admite.
>
> 2. A jurisprudência da Corte, à luz do art. 118 do Código Tributário Nacional, assentou entendimento de ser possível a tributação de renda obtida em razão de atividade ilícita, visto que a definição legal do fato gerador é interpretada com abstração da validade jurídica do ato efetivamente praticado, bem como da natureza do seu objeto ou dos seus efeitos. Princípio do *non olet.* Vide o HC 77.530/RS, Primeira Turma, Relator o Ministro Sepúlveda Pertence, *DJ* de 18.09.98.
>
> 3. Ordem parcialmente conhecida e denegada[45].

---

citos. *Revista Dialética de Direito Tributário,* n. 172, p. 86-111, 2010). Na Espanha, o Professor Novoa defende posição semelhante, sustentando que "aunque también es cierto que el delito no es una vía reconocida por el ordenamiento para adquirir bienes o dinero, de manera que si existe alguna reacción penal que prive de lo adquirido (por ejemplo, el comiso como pena accesoria), no debe gravarse el hecho o acto ilícito" (NOVOA, César García. *El concepto de tributo.* Buenos Aires: Marcial Pons, 2012. p. 221-222). Sobre o tema, cf. ainda: GIOVANNINI, Alessandro. *Provento illecito e pressuposto della'imposta personale.* Milano: Giuffrè, 2010; CALIENDO, Paulo. *Curso de direito tributário.* São Paulo: Saraiva, 2017. p. 561 e ss. Edição *Kindle.*

[43] MACHADO, Hugo de Brito. *Curso de direito tributário.* 27. ed. São Paulo: Malheiros, 2006. p. 79 e ss. Becker, por sua vez, diferencia a ilicitude na hipótese de incidência e no ato de lançamento (BECKER, Alfredo Augusto. *Teoria geral do direito tributário.* 3. ed. São Paulo: Lejus, 1998. p. 598 e ss.). Sobre o tema, cf. também: SCHOUERI, Luís Eduardo. *Direito tributário.* 10. ed. São Paulo: Saraiva, 2021. p. 278 e ss. Edição *Kindle.*

[44] O Professor Hugo de Brito Machado oferece ainda a seguinte exemplificação: "[...] tomemos o exemplo do imposto de renda: alguém percebe rendimento decorrente da exploração do lenocínio, ou de cada de prostituição, ou de jogo de azar, ou de qualquer outra atividade criminosa ou ilícita. O tributo é devido. Não que incida sobre a atividade criminosa ou ilícita, mas porque a *hipótese de incidência* do tributo, no caso, que é a *aquisição da disponibilidade econômica ou jurídica dos rendimentos,* ocorreu. Só isto" (MACHADO, Hugo de Brito. *Curso de direito tributário.* 27. ed. São Paulo: Malheiros, 2006. p. 79).

[45] STF, 1ªT., HC 94.240, Rel. Min. Dias Toffoli, *DJe*-196 13.10.2011. Também no direito comparado, como assinala Paul Kirchhof, a jurisprudência do Tribunal Constitucional Federal da Alemanha entende que "[...] não é

Em situações dessa natureza, não há que se falar em tributo sancionatório. O caráter ilícito da conduta decorre de outra norma jurídica, que o faz para fins punitivos. É o caso, por exemplo, do crime de exercício ilegal da medicina, tipificado no art. 282 do Código Penal[46]. A norma tributária não qualifica o exercício ilegal – nem se vale da qualificação que decorre da legislação penal – para fins de incidência ou de agravamento do valor do tributo. Assim, para a incidência da norma tributária, essencialmente, interessa saber se houve uma prestação remunerada de serviço (ISS) ou a ocorrência de um acréscimo patrimonial (IRPF). É irrelevante a qualificação penal da conduta. Se um falso médico prestou serviços remunerados e auferiu renda, o crédito tributário será devido, inclusive por questões de isonomia. O eventual perdimento do produto do crime como efeito da condenação (art. 5º, XLVI, "b"; CP, art. 91) não é impeditivo para a incidência, salvo em relação aos tributos que têm como hipótese de incidência a posse ou a propriedade, como o ITR, o IPTU e IPVA. No entanto, ainda assim, apenas depois de consumada a perda em favor da Fazenda Pública, porque, nesse caso, não estão mais presentes os pressupostos de incidência. Os tributos são indevidos porque o condenado não é mais proprietário, e não em razão do caráter ilícito de sua conduta.

1.3   Irrelevância da denominação

O poder público, na instituição e na cobrança de tributos, está submetido a um regime jurídico restritivo previsto na Constituição e no CTN. Não raro, porém, para afastar essas limitações, agentes políticos descomprometidos com os valores do Estado Democrático de Direito acabam adotando *nomen iuris* diversos no intuito de descaracterizar a natureza tributária da obrigação. Em outros casos, a inadequação terminológica resulta de simples falta de conhecimento, já que o legislador nem sempre tem o domínio da linguagem técnico-jurídica. Assim, vez ou outra, a doutrina e a jurisprudência deparam-se com prestações marcadas pelas mais variadas designações, inclusive denominações contraintuitivas, mas que efetivamente têm natureza de tributo.

Algumas dessas denominações, como assinala Geraldo Ataliba, seriam verdadeiras "curiosidades num museu de teratologia jurídica ou no 'manicômio tributário' a que alude Alfredo Becker". É o caso, por exemplo, do "salário-educação", da "parcela" do Programa de Integração Social e, mais recentemente, do Encargo de Capacidade Emergencial (ECE), conhecido como "seguro-apagão", entre outros mais[47].

É por essa razão que foi estabelecido, no art. 4º, I, do CTN, que "a natureza jurídica específica do tributo é determinada pelo fato gerador da respectiva obrigação, sendo irrelevantes para

---

possível reconhecer um fundamento justificador para a não tributação dos rendimentos advindos de atividades ilegais ou violadoras dos costumes. Em especial, não há contradição valorativa em haver persecução criminal estatal a determinado comportamento e ao seu resultado ou a determinação de confisco ou perda dos rendimentos obtidos ilicitamente, e a tributação destes rendimentos, que não serão considerados um privilégio fiscal advindo de uma vantagem econômica adquirida por meio de ato criminoso, reduzindo ainda mais o apelo econômico na atuação ilegal" (KIRCHHOF, Paul. *Tributação no Estado constitucional*. Trad. Pedro Adamy. São Paulo: Quartier Latin, 2016. p. 61-62).

46   "Art. 282. Exercer, ainda que a título gratuito, a profissão de médico, dentista ou farmacêutico, sem autorização legal ou excedendo-lhe os limites:

Pena – detenção, de seis meses a dois anos.

Parágrafo único. Se o crime é praticado com o fim de lucro, aplica-se também multa."

47   ATALIBA, Geraldo. *Hipótese de incidência tributária*. 5. ed. São Paulo: Malheiros, 1997. p. 124. O "salário educação" será estudado no Capítulo IV, item 3.4, da Parte Especial; a "parcela" do Programa de Integração Social, no Capítulo IV, item 1, da Parte Especial. Em relação ao Encargo de Capacidade Emergencial, apesar da crítica doutrinária, este que, não obstante, teve a sua natureza tributária afastada pelo STF no julgamento do RE 576.189/RS (STF, Tribunal Pleno, Rel. Min. Ricardo Lewandowski, *DJe* 26.06.2009), em que foi definida a seguinte tese de repercussão geral: "É constitucional a cobrança dos encargos instituídos pela Lei 10.438/2002, os quais não possuem natureza tributária, mas de tarifa ou preço público" (Tema 46).

54 | CURSO DE DIREITO TRIBUTÁRIO – *Solon Sehn*

qualificá-la: [...] I – a denominação e demais características formais adotadas pela lei". Trata-se de preceito relevante para lembrar, como ensina Agustín Gordillo, que "as palavras não são mais que rótulos nas coisas. [...] A garrafa conterá exatamente a mesma substância, ainda que coloquemos nela um rótulo distinto, assim como a coisa seria a mesma ainda que usássemos uma palavra diferente para designá-la"[48]. Da mesma maneira, a natureza jurídica dos institutos nem sempre decorre da denominação legal. O *nomen iuris* é apenas indiciário da natureza jurídica tributária.

1.4 Determinação por exclusão

Algumas vezes, o *nomen iuris* adotado pelo legislador dificulta a determinação da natureza tributária de uma obrigação. Em situações dessa natureza, deve-se operar por exclusão. Assim, sempre que o Estado estiver exigindo uma quantia de dinheiro de alguém, são cinco as possíveis causas: (i) um ônus (comportamento facultativo estabelecido em lei para tutela do interesse do próprio onerado); (ii) uma multa (sanção pecuniária de ato ilícito); (iii) uma obrigação de indenizar (assentada na responsabilidade civil contratual ou extracontratual); (iv) uma obrigação decorrente de uma manifestação de vontade do devedor; ou (v) de um direito real do Estado (*v.g.*, o foro e o laudêmio na enfiteuse). Não sendo nenhuma dessas alternativas, será necessariamente de um tributo[49].

2 ESPÉCIES TRIBUTÁRIAS

2.1 Relevância da classificação

Em muitos países, a determinação da natureza jurídica específica dos tributos tem interesse puramente acadêmico. Contudo, o tema tem bastante relevância nos Estados Federais que promovem a distribuição de competência impositiva em função da espécie tributária[50]. Esse é o caso

---

[48] GORDILLO, Agustín. *Tratado de derecho administrativo*: parte general. 8. ed. Buenos Aires: FDA, 2003. t. 1, p. I-14. O autor argentino, na passagem transcrita, faz referência ao filósofo John Hospers.

[49] Esse critério é apresentado por Geraldo Ataliba, que determinava a natureza tributária por exclusão das multas, obrigações convencionais e da indenização por dano (ATALIBA, Geraldo. *Hipótese de incidência tributária*. 5. ed. São Paulo: Malheiros, 1997. p. 34). Sacha Calmon Navarro Coêlho, por sua vez, acrescenta outros institutos na lista: "[...] o que entrar em dinheiro na burra estatal sob a forma de prestação pecuniária – o que exclui as entradas de caixa (fianças, cauções) e as apropriações – que não seja indenização, multa ou contrato (aluguel, juro, foro, laudêmio, preço) só pode ser tributo" (COÊLHO, Sacha Calmon Navarro. *Teoria geral do tributo da interpretação e da exoneração tributária*. 4. ed. Belo Horizonte: Fórum, 2018. p. 101. Edição *Kindle*.). Em outra passagem, o mesmo autor acrescenta: "Dessarte, toda requisição de dinheiro promovida pelo Governo entre os seus governados, que não seja *preço, multa, indenização, butim de guerra em pecúnia, valores monetários vacantes, jacentes, valores doados ou meras entradas de caixa*, será juridicamente uma requisição tributária e submete-se ao regime jurídico dos tributos" (*Ibid.*, p. 125). Portanto, como se vê, Ataliba não inclui o ônus nem os valores devidos em razão de direito real. Já o segundo, não inclui o ônus e amplia excessivamente a lista. A rigor, como será examinado adiante, os valores doados e o preço público estão incluídos nas obrigações decorrentes de uma manifestação de vontade. Os valores vacantes, por sua vez, não têm natureza obrigacional, isto é, não há exigência quantia em dinheiro de um sujeito passivo por parte do Estado. Os bens são transferidos ao domínio do Municípios ou pelo Distrito Federal em razão do falecimento de alguém sem deixar testamento nem herdeiro legítimo, após decisão judicial (CC, arts. 1.820 e 1.822). Já o butim de guerra, é um saque de bens, um ato de força praticado à margem do direito no território inimigo. Não é adequado, com a devida vênia, categorizá-lo entre os vínculos jurídicos que explicam as possíveis modalidades de exigência de valores por parte do Estado.

[50] Trata-se, como ressalta Gilberto de Ulhôa Canto, de peculiaridade presente em Estados Federais caracterizados pela disciplina constitucional rígida: "Para os países federados com estrutura política e disciplina constitucional rígida, a classificação dos tributos segundo espécies bem definidas e a determinação da aplicabilidade a cada uma delas de um corpo de regras de produção é de suma importância. De fato, sendo necessário, para a atribuição de competência legislativa ao poder central e aos entes públicos regionais ou locais recorrer à designação dos tributos pelas suas espécies e características próprias, é indispensável para

brasileiro, em que há tributos que apenas podem ser instituídos pela União e outros, privativos dos Estados, do Distrito Federal e dos Municípios. Além disso, entre nós, não há um regime jurídico único para todas as espécies tributárias: algumas limitações constitucionais são aplicáveis apenas aos impostos, enquanto outras, às contribuições especiais, taxas ou empréstimos compulsórios.

O problema dessa técnica é que, em alguns casos, o legislador não emprega o *nomen iuris* apropriado, tomando uma espécie tributária por outra. Isso pode ocorrer por desconhecimento técnico ou até de forma deliberada, para afastar regras e princípios mais restritivos para a instituição de determinados tributos. A denominação equivocada, assim, converte-se em instrumento para a atração artificial e indevida de um regime de tributação mais favorável ao interesse arrecadatório. Em razão disso, é essencial delimitar com precisão as características e os aspectos distintivos de cada espécie tributária.

Como será analisado, infelizmente, a doutrina brasileira tem falhado nesse mister[51]. Predomina, entre nós, uma concepção equivocada, também acolhida pelo STF, que suprime a exigência de referibilidade nas contribuições especiais, tornando imprecisa a sua diferenciação dos impostos. A União soube aproveitar essa abertura hermenêutica. Assim, nos últimos anos, podendo instituir contribuições com hipótese de incidência típicas de impostos, mas sem a necessidade de observar as mesmas restrições constitucionais, promoveu uma proliferação dessas espécies tributárias. Isso foi potencializado pelo fato de as contribuições não demandarem a divisão do produto da arrecadação com os Estados, o Distrito Federal e os Municípios[52].

Desde 1988, as contribuições vêm ocupando um espaço cada vez maior na arrecadação federal. O mais grave é a substituição de impostos federais com arrecadação partilhada (*v.g.*, o IRPJ e o IPI) por contribuições (*v.g.*, CSLL, o PIS/Pasep e a Cofins), ou seja, a redução da alíquota de impostos compensada com a criação ou com o aumento de contribuições especiais[53]. Esses expedientes levaram a um aumento da arrecadação da União, reduzindo a receita das demais pessoas jurídicas de direito público interno, em prejuízo do equilíbrio federativo. Além disso,

---

que o sistema possa funcionar bem, que cada uma delas fique delimitada segundo os conceitos que as identificam" (CANTO, Gilberto de Ulhôa. Contribuições especiais no direito brasileiro. *Revista de Direito Tributário*, ano 9, n. 31, p. 129, 1985). No mesmo sentido: CARRAZZA, Roque Antonio. *Curso de direito constitucional tributário*. 16. ed. São Paulo: Malheiros, 2001. p. 46). A mesma observação é realizada por Lerke Osterloh, em relação ao direito alemão e a diferença entre impostos e receitas não fiscais: "Em um estado federal a diferenciação entre impostos e receitas não fiscais (encargos, contribuições, impostos extraordinários) é importante para a distribuição de competências entre a Federação, os Estados e Municípios" (Traduzimos do original: "In a federal State, the differentiation between taxes and non-fiscal revenues (charges, contributions, extraordinary taxes) is important for the distribution of competences between the Federation, Länder and municipalities"). OSTERLOH, Lerke. The concept of tax, the ability-to-pay principle and the economic interpretation – the fundamentals of tax law in the case law of the Federal Constitutional Court in Germany. *Rivista di Diritto Tributario Internazionale*, p. 12, magg./ago. 2007.

[51] Sobre as dificuldades de determinação do regime jurídico constitucional das contribuições, cf.: DERZI, Misabel Abreu Machado. A causa final e a regra matriz das contribuições. *In*: COÊLHO, Sacha Calmon Navarro (coord.). *Contribuições para seguridade social*. São Paulo: Quartier Latin, 2007. p. 663-664. Acompanha-se a crítica da eminente professora, que, a propósito, também é realizada por Sacha Calmon Navarro Coêlho em obra de referência na área (COÊLHO, Sacha Calmon. *Contribuições no direito brasileiro*: seus problemas e soluções. São Paulo: Quartier Latin, 2007).

[52] A exceção é a CIDE dos combustíveis, nos termos do art. 159, III, e da Lei 10.336/2001: "Art. 1º-A A União entregará aos Estados e ao Distrito Federal, para ser aplicado, obrigatoriamente, no financiamento de programas de infraestrutura de transportes, o percentual a que se refere o art. 159, III, da Constituição Federal, calculado sobre a arrecadação da contribuição prevista no art. 1º desta Lei, inclusive os respectivos adicionais, juros e multas moratórias cobrados, administrativa ou judicialmente, deduzidos os valores previstos no art. 8º desta Lei e a parcela desvinculada nos termos do art. 76 do Ato das Disposições Constitucionais Transitórias. (Incluído pela Lei 10.866, de 2004)".

[53] A arrecadação do IPI, que era de 2,41% do PIB em 1990, passou para 0,71%; e a do PIS-Cofins, de 2,65% para 4,6% do PIB (números do ano de 2019, antes da pandemia da "Covid-19"). Fonte: RFB/MF, para 2020 STN. Disponível em: https://observatorio-politica-fiscal.ibre.fgv.br. Acesso em: 12 mar. 2022.

CURSO DE DIREITO TRIBUTÁRIO – *Solon Sehn*

hoje a União – inclusive com respaldo em decisões do STF – cobra contribuições especiais com características próprias de impostos dos Estados, do Distrito Federal e dos Municípios, ao arrepio da isonomia dos entes federados[54]. Assiste-se, assim, a uma preocupante quebra do equilíbrio entre a distribuição de encargos e de receitas concebido pela Constituição Federal de 1988[55].

2.2 Divergências na doutrina

Não há consenso doutrinário em torno das espécies tributárias. No direito brasileiro, há duas propostas mais aceitas[56]. A primeira é da classificação *tripartite* ou *trinária*, teorizada por A. D. Giannini e difundida entre nós por Geraldo Ataliba[57]. Nela as espécies tributárias são divididas em *impostos, taxas e contribuições*[58] (ou, dentro de uma de suas variantes, *impostos, taxas e con-*

---

[54] O STF, no julgamento da Ação Cível Originária 471, entendeu que a contribuição ao PIS/Pasep, após a Constituição Federal de 1988, passou a ser obrigatória para todas as pessoas jurídicas de direito público, em que pese a regra da imunidade recíproca prevista no art. 150, VI, "a". Cf.: STF, Tribunal Pleno, ACO 471, Rel. Min. Sydney Sanches, *DJ* 25.04.2003.

[55] Ver Capítulo III, item 1.1, da Parte Geral.

[56] Antes de prosseguir, não se pode deixar de relatar criticamente um fato curioso que se tem observado na doutrina brasileira nos últimos anos. Entre nós, uma citação isolada do filósofo John Hospers – difundida a partir das obras de Genaro Carrió: "As classificações não são verdadeiras nem falsas, são úteis ou inúteis" (Traduzimos do original: "las clasificaciones no son ni verdaderas ni falsas, son serviciales o inútiles" (CARRIÓ, Genaro. *Notas sobre derecho y lenguaje*. Buenos Aires: Abeledo-Perrot, 1972. p. 72) – despertou em muitos um entusiasmo exacerbado em matéria classificatória. A frase faz parecer que a classificação seria uma atividade livre, uma escolha arbitrária despida de qualquer rigor; e assim, ao longo dos últimos anos, tem servido de amparo para toda a sorte de propostas classificatórias. Algumas são marcadas por classes sobrepostas e sem capacidade delimitadora, apresentando um caráter pitoresco, para dizer o mínimo. Lembram bastante, inclusive, a classificação encontrada em uma certa enciclopédia chinesa intitulada *Empório celestial de conhecimentos benévolos*, referida por Jorge Luís Borges em *El idioma analítico de John Wilkins*, que divide os animais em: *(a) pertencente ao Imperador; (b) embalsamados; (c) amestrados; (d) leitões; (e) sereias; (f) fabulosos; (g) cães soltos; (h) incluídos nesta classificação; (i) que agitam como loucos; (j) inumeráveis; (k) desenhado com uma escova de pelo de camelo muito fina; (l) etc.; (m) que acabam de quebrar o vaso; (n) que de longe parecem moscas* (Traduzimos. BORGES, Jorge Luís. *El idioma analítico de John Wilkins*. Publicado originalmente em *Otras inquisiciones*. Buenos Aires: Sur, 1952. p. 3).

[57] GIANNINI, Achille Donato. *Istituzioni di diritto tributario*. 8. ed. Milano: Giuffrè, 1960. p. 35 e ss. A classificação de Geraldo Ataliba, segundo Aires Barreto, parte dos estudos de Giannini, mas sem se identificar inteiramente (BARRETO, Aires Fernandino. *Base de cálculo, alíquota e princípios constitucionais*. 2. ed. São Paulo: Max Limonad, 1998. p. 35). Não obstante, a leitura dos dois textos não deixa dúvidas. Trata-se de construção do autor italiano, como reconhecem, aliás, toda a doutrina no direito comparado e o próprio Ataliba, o que, não obstante, em nada diminui a relevância acadêmica da obra *Hipótese de incidência tributária*.

[58] ATALIBA, Geraldo. *Hipótese de incidência tributária*. 5. ed. São Paulo: Malheiros, 1997. p. 109 e ss.; SOUZA, Hamilton Dias de; FERRAZ JUNIOR, Tercio Sampaio. Contribuições de intervenção no domínio econômico e a Federação. *In*: MARTINS, Ives Gandra da Silva. *Contribuições de intervenção no domínio econômico*. São Paulo: CEU-RT, 2002. p. 58 e ss.; CANTO, Gilberto de Ulhôa. *Direito tributário aplicado*. Rio de Janeiro: Forense Universitária, 1992. p. 297; COÊLHO, Sacha Calmon Navarro. *Comentários à Constituição de 1988*: sistema tributário. 8. ed. Rio de Janeiro: Forense, 1999. p. 9 e ss.; COÊLHO, Sacha Calmon. *Contribuições no direito brasileiro*: seus problemas e soluções. São Paulo: Quartier Latin, 2007; FISCHER, Octavio Campos. *A contribuição ao PIS*. São Paulo: Dialética, 1999. p. 79; DERZI, Misabel Abreu Machado. A causa final e a regra matriz das contribuições. *In*: COÊLHO, Sacha Calmon Navarro (coord.). *Contribuições para seguridade social*. São Paulo: Quartier Latin, 2007. p. 665-666. A autora, portanto, retificou posição anterior externada na atualização da obra clássica de Aliomar Baleeiro, quando entendeu existirem cinco espécies tributárias (BALEEIRO, Aliomar. *Direito tributário brasileiro*. Atual. Misabel Abreu Machado Derzi. 13. ed. Rio de Janeiro: Forense, 2015. p. 69). Entre os estudos mais recentes, Paulo Caliendo também entende que: "Cremos que a formulação de Geraldo Ataliba é a mais apropriada ao definir que as contribuições são tributos com hipótese de incidência vinculada a uma atuação estatal específica e que possui uma referibilidade indireta" (CALIENDO, Paulo. *Curso de direito tributário*. São Paulo: Saraiva, 2017. *loc*. 1146. Edição *Kindle*).

tribuições de melhoria[59]). Qualquer outro tributo, independentemente da denominação adotada pelo legislador, deve ser reconduzido a uma dessas três categorias[60]. Trata-se da teoria mais aceita no direito comparado[61]. A segunda concepção, conhecida como *quinquipartite* ou *quinária*, divide os tributos em *impostos, taxas, contribuições de melhoria, contribuições especiais* e *empréstimos compulsórios*[62]. É a corrente majoritária na doutrina nacional[63], também acolhida pelo STF[64].

---

[59] Para Paulo de Barros Carvalho e Roque Carrazza, as espécies seriam três: impostos, taxas e contribuições de melhoria. As contribuições, portanto, não seriam espécies autônomas, podendo, em cada caso, revestir-se ora do caráter de impostos, ora de taxas (CARVALHO, Paulo de Barros. *Curso de direito tributário*. 13. ed. São Paulo: Saraiva, 2000. p. 31 e ss.; CARRAZZA, Roque Antonio. *Curso de direito constitucional tributário*. 16. ed. São Paulo: Malheiros, 2001. p. 457 e ss.).

[60] NOVOA, César García. *El concepto de tributo*. Buenos Aires: Marcial Pons, 2012. p. 231 e ss. O autor, no entanto, é crítico a essa forma de interpretação.

[61] COÊLHO, Sacha Calmon. *Contribuições no direito brasileiro*: seus problemas e soluções. São Paulo: Quartier Latin, 2007. p. 110-114.

[62] AMARO, Luciano. Conceito e classificação dos tributos. *Revista de Direito Tributário*, n. 55, p. 284-285, 1991; AMARO, Luciano. *Direito tributário brasileiro*. 10. ed. São Paulo: Saraiva, 2004. p. 56 e ss.; JUSTEN FILHO, Marçal. Contribuições sociais. *Caderno de Pesquisas Tributárias*, São Paulo, v. 17, p. 152 e ss., 1992; MACHADO, Hugo de Brito. *Curso de direito tributário*. 10. ed. São Paulo: Malheiros, p. 312; JARDIM, Eduardo Marcial Ferreira. *Manual de direito financeiro e tributário*. 3. ed. São Paulo: Saraiva, 1996. p. 71 e ss.; MELO, José Eduardo Soares de. *Contribuições sociais no sistema tributário*. 3. ed. São Paulo: Malheiros, 2000. p. 32 e ss.; MELO, José Eduardo Soares de. *Curso de direito tributário*. São Paulo: Dialética, 1997. p. 67 e ss.; MARQUES, Márcio Severo. *Classificação constitucional dos tributos*. São Paulo: Max Limonad, 2000. p. 143 e ss.; SPAGNOL, Werther Botelho. *As contribuições sociais no direito brasileiro*. Rio de Janeiro: Forense, 2002. p. 33 e ss.; GAMA, Tácio Lacerda. *Contribuição de intervenção no domínio econômico*. São Paulo: Quartier Latin, 2003. p. 93 e ss.; SOUZA, Ricardo Conceição. *Regime jurídico das contribuições*. São Paulo: Dialética, 2002. p. 58 e ss.; MATTOS, Aroldo Gomes de. As contribuições no sistema tributário brasileiro. *In*: MACHADO, Hugo de Brito (org.). *As contribuições no sistema tributário brasileiro*. São Paulo-Fortaleza: Dialética-ICET, 2003. p. 106 e ss.; MARTINS, Ives Gandra da Silva. *Contribuições de intervenção no domínio econômico*. São Paulo: CEU-RT, 2002. p. 39 e ss.; GRECO, Marco Aurélio. *Contribuições*: uma figura "sui generis". São Paulo: Dialética, 2000. p. 131 e ss.; GRECO, Marco Aurélio. Contribuição de intervenção no domínio econômico – parâmetros para sua criação. *In*: GRECO, Marco Aurélio (org.). *Contribuições de intervenção no domínio econômico e figuras afins*. São Paulo: Dialética, 2001. p. 18; COSTA, Regina Helena. *Curso de direito tributário*. 6. ed. São Paulo: SaraivaJur, 2016. loc. 2313. Edição *Kindle*; LINS, Robson Maia. *Curso de direito tributário brasileiro*. São Paulo: Noeses, 2019. Kindle Edition. p. 391; PAULSEN, Leandro; VELLOSO, Andrei Pitten. *Contribuições no sistema tributário brasileiro*. 4. ed. São Paulo: Saraiva Educação, 2019. Edição *Kindle*.; PAULSEN, Leandro. *Curso de direito tributário completo*. 13. ed. São Paulo: SaraivaJur, 2022. p. 57.

[63] Registre-se que, para Alfredo Augusto Becker, "no plano jurídico, todo e qualquer tributo pertencerá a uma destas duas categorias: imposto ou taxa. A serena análise científico-jurídica, em cada caso singular, revelará que inexiste terceira categoria ou categoria mista. Os chamados 'tributos para-fiscais', 'contribuições de melhoria', 'empréstimos compulsórios' e 'monopólios fiscais', ao serem dissecados pelo método científico-jurídico (não pelos tradicionais 'métodos' híbridos que confundem os critérios e conceitos da Ciência das Finanças Públicas com os do Direito Tributário), desnudam-se da 'camouflage' político-fiscal ou histórico-filosófica ou simplesmente retórico-acadêmica e mostram-se verdadeiros impostos ou taxas" (BECKER, Alfredo Augusto. *Teoria geral do direito tributário*. 3. ed. São Paulo: Lejus, 1998. p. 381). Também há quem sustente a existência de quatro espécies. Sobre as diferentes interpretações, cf. LINS, *op. cit*., p. 383 e ss.

[64] STF, RE 146.733/SP, Tribunal Pleno, Rel. Min. Moreira Alves, *DJ* 10.02.1993; e ADC 1-1/DF, Tribunal Pleno, Rel. Min. Moreira Alves, *DJ* 16.06.1995: "[...] a par das três modalidades de tributos (os impostos, as taxas e as contribuições de melhoria) a que se refere o artigo 145 para declarar que são competentes para instituí-los a União, os Estados, o Distrito Federal e os Municípios, os artigos 148 e 149 aludem a duas outras modalidades tributárias, para cuja instituição só a União é competente: o empréstimo compulsório e as contribuições sociais, inclusive as de intervenção no domínio econômico e de interesse das categorias profissionais ou econômicas". Sobre o tema, cf.: NISHIOKA, Alexandre Naoki; LOMBA, Juliana Ferretti. Contribuição como espécie de tributos: a jurisprudência do Supremo Tribunal Federal. *In*: PEIXOTO, Marcelo Magalhães; BRANCO, Leonardo Ogassawara de Araújo; PRZEPIORKA, Michell (coord.). *Contribuições*: evolução jurisprudencial no Carf, STJ e STF. São Paulo: MP-Apet, 2022. p. 27-36; MACHADO SEGUNDO, Hugo de Brito. STF e contribuições: reconheceu-se, paulatinamente, que tudo é possível? *In*: PEIXOTO, Marcelo Magalhães; BRANCO, Leonardo Ogassawara de Araújo; PRZEPIORKA, Michell (coord.). *Contribuições*: evolução jurisprudencial no Carf, STJ e STF. São Paulo: MP-Apet, 2022. p. 115-124.

58 | CURSO DE DIREITO TRIBUTÁRIO – *Solon Sehn*

A divergência entre essas duas concepções reside nos critérios classificatórios. A teoria tripartite considera apenas a hipótese de incidência. Os tributos são divididos em *vinculados* ou *não vinculados* a uma atuação estatal, conforme o evento abstratamente descrito em sua hipótese de incidência configure ou não uma atuação do Poder Público[65]. Os impostos, assim, são não vinculados, descrevendo um fato do contribuinte (*v.g.*, auferir renda, vender mercadorias, ser proprietário de imóveis, entre outras). As taxas são tributos diretamente vinculados, tendo como hipótese de incidência atos administrativos imediatamente referidos ao sujeito passivo (*v.g.*, o exercício do poder de política ou a prestação de um serviço público específico e divisível). Já nas contribuições, há uma vinculação mediata ou indireta, a exemplo da contribuição de melhoria, que é exigida em função da valorização imobiliária decorrente de uma obra pública.

Os autores da teoria quinária aceitam esse critério. No entanto, concomitantemente, agregam outros dois: a restituibilidade e a destinação do produto da arrecadação. De maneira geral, entende-se que: (*a*) sob o aspecto da hipótese de incidência, os impostos, as contribuições especiais e os empréstimos compulsórios seriam *não vinculados*; e as taxas e as contribuições de melhoria, direta e indiretamente *vinculados*, respectivamente; (*b*) quanto ao produto da arrecadação, os impostos e as contribuições de melhoria seriam *não afetados* e as taxas, as contribuições especiais e os empréstimos compulsórios *afetados* a uma finalidade constitucional; e (*c*) em relação à exigência de restituição ao final de um período, o único tributo que atenderia a essa característica é o empréstimo compulsório.

Entretanto, a aplicação simultânea de critérios distintos esbarra em um obstáculo de ordem lógica. Como ensina Susan Stebbing, há três regras lógicas que toda classificação deve seguir: (*i*) deve existir apenas um *fundamentum divisiones* (base da divisão ou característica diferenciadora) por etapa; (*ii*) a divisão deve ser exaustiva; e (*iii*) as etapas sucessivas, se existirem, devem ser graduais. Como corolário da primeira regra, as classes devem ser mutuamente excludentes. Assim, exemplifica a autora, os *veículos* não podem ser divididos em *veículos públicos*, *veículos privados*, *automóveis* e *caminhões*, porque há mais de uma base de divisão, resultando em sobreposição de classes. A violação dessa regra acarreta a falácia da *divisão cruzada* ou das classes sobrepostas[66]. Entre nós, essa mesma observação é realizada por Alaôr Caffé Alves[67] e por Goffredo Telles Junior[68], ao ressaltarem que cada divisão deve ter um único fundamento[69].

A classificação quinária não atende a essas regras lógicas, gerando uma divisão cruzada e com classes sobrepostas. Entretanto, além de ter sido a adotada pelo STF, é a mais acolhida pelos autores. É certo que, nos dias de hoje, já se observam alguns indicativos doutrinários de uma possível revisão. Apesar disso, não há a menor sinalização de uma superação do entendimento consolidado na jurisprudência.

---

[65] Geraldo Ataliba, diferentemente dos autores da classificação quinária, considera "absurdo, despropositado, anticientífico, ilógico e primário recorrer a argumento ligado ao destino que o estado dá aos dinheiros arrecadados, para disso pretender extrair qualquer consequência validade em termos de determinação da natureza específica dos tributos" (ATALIBA, Geraldo. *Hipótese de incidência tributária*. 5. ed. São Paulo: Malheiros, 1997. p. 131).

[66] ESTEBBING, Susan L. *Introducción moderna a la lógica*. México: UNAM, 1965. p. 495-496.

[67] ALVES, Alaôr Caffé. *Lógica*: pensamento formal e argumentação. 3. ed. São Paulo: Quartier Latin, 2003. p. 230-231.

[68] TELLES JUNIOR, Goffredo. *Tratado da consequência*: curso de lógica formal. 6. ed. São Paulo: Juarez de Oliveira, 2003. p. 318

[69] Na classificação das espécies tributárias, Tárek Moysés Moussallem (Classificação dos tributos: uma visão analítica. *In*: DE SANTI, Eurico Diniz (org.). *IV Congresso de Estudos Tributários*: tributação e processo. São Paulo: Noeses. 2007. p. 629-635. As referências de páginas no presente texto correspondem à versão em PDF do artigo disponibilizada pelo autor). O mesmo também se observa em estudo de Paulo Ayres Barreto (BARRETO, Paulo Ayres. *Contribuições*: regime jurídico, destinação e controle. São Paulo: Noeses, 2006. p. 58). Esse autor, entretanto, continua dividindo as espécies em cinco.

Parte Geral • Capítulo II • TRIBUTO E ESPÉCIES TRIBUTÁRIAS | 59

2.3 Nomen iuris

Na época em que teorizou a classificação trinária dos tributos, no início do século XX, A. D. Giannini criticou o que chamou de *uso promíscuo* das denominações das espécies tributárias pelo legislador. Entretanto, ressaltou que a questão não causava maiores prejuízos, uma vez que a Constituição Italiana estabelecia um regime jurídico aplicável aos tributos em geral, sem diferenciar impostos, taxas e contribuições[70]. O problema é inevitável em qualquer ordenamento jurídico. O legislador não tem o domínio da linguagem técnico-jurídica. Daí que, ao instituir um tributo, pode acabar tomando uma espécie por outra, designando como taxa uma obrigação com natureza de imposto, por exemplo. Ocorre que, no direito brasileiro, o erro do *nomen iuris* gera consequências relevantes, inclusive para o equilíbrio federativo, porque implica um regime jurídico distinto[71]. Por isso, o inciso I do art. 4º do CTN estabelece a irrelevância do *nomen iuris* para determinar a natureza jurídica específica do tributo:

> Art. 4º A natureza jurídica específica do tributo é determinada pelo fato gerador da respectiva obrigação, sendo irrelevantes para qualificá-la:
>
> I – a denominação e demais características formais adotadas pela lei;

Assim, para determinar a natureza jurídica específica do tributo, nos termos do inciso I do art. 4º, o *nomen iuris* tem caráter apenas indicativo. Independentemente da denominação legal, a natureza jurídica específica dos tributos deve ser determinada em função da respectiva hipótese de incidência[72].

2.4 Impostos

2.4.1 Caracteres constitucionais

O imposto é caracterizado por apresentar como hipótese de incidência um evento qualquer relativo ao contribuinte, desvinculado de uma atuação estatal. Trata-se de um tributo exigido em função da ocorrência um fato jurídico com conteúdo econômico, revelador de capacidade contributiva do obrigado (art. 145, § 1º)[73]. Não há um sinalagma obrigacional, o que equivale a dizer que a prestação do contribuinte não correspondente a uma contraprestação do Estado, isto é, a uma utilidade material ou imaterial em benefício do obrigado[74]. Essa característica permite que, sob uma perspectiva financeira, o gestor público direcione a receita ao custeio de atividades

---

[70] GIANNINI, Achille Donato. *Istituzioni di diritto tributario*. 8. ed. Milano: Giuffrè, 1960. p. 37-38.

[71] SOUZA, Hamilton Dias de; FERRAZ JUNIOR, Tercio Sampaio. Contribuições de intervenção no domínio econômico e a Federação. *In*: MARTINS, Ives Gandra da Silva. *Contribuições de intervenção no domínio econômico*. São Paulo: CEU-RT, 2002. p. 58.

[72] O inciso II do art. 4º do CTN estabelece que, para determinar a natureza jurídica específica do tributo, é irrelevante "a destinação legal do produto de sua arrecadação". Esse dispositivo, como será analisado, não foi recepcionado pela Constituição Federal de 1988, porque a afetação do produto da arrecadação é uma das características definitórias e do regime jurídico dos empréstimos compulsórios e das contribuições especiais.

[73] Sobre o princípio da capacidade contributiva, ver Cap. V, item 5, da Parte Geral.

[74] JARACH, Dino. *Finanzas públicas y derecho tributario*. 3. ed. Buenos Aires: Abeledo-Perrot, 1996. p. 256. Como ensina Roque Carrazza, "[...] o imposto encontra seu fundamento de validade, apenas, na competência tributária da pessoa político, não havendo necessidade, para que ele seja instituído e cobrado, de que o Poder Público desenvolva, em relação ao contribuinte, qualquer atividade específica. É nesse sentido que muitos juristas chamam o imposto de *tributo sem causa*" (CARRAZZA, Roque Antonio. *Curso de direito constitucional tributário*. 16. ed. São Paulo: Malheiros, 2001. p. 440).

60 | CURSO DE DIREITO TRIBUTÁRIO – *Solon Sehn*

estatais e de serviços públicos que beneficiam toda a coletividade[75], o que se reflete na previsão do art. 167, IV, da Constituição Federal, conhecida como *princípio da não afetação*:

> Art. 167. São vedados:
> [...]
> IV – a vinculação de receita de impostos a órgão, fundo ou despesa, ressalvadas a repartição do produto da arrecadação dos impostos a que se referem os arts. 158 e 159, a destinação de recursos para as ações e serviços públicos de saúde, para manutenção e desenvolvimento do ensino e para realização de atividades da administração tributária, como determinado, respectivamente, pelos arts. 198, § 2º, 212 e 37, XXII, e a prestação de garantias às operações de crédito por antecipação de receita, previstas no art. 165, § 8º, bem como o disposto no § 4º deste artigo; (Redação dada pela Emenda Constitucional 42, de 19.12.2003)

No CTN, há uma definição do conceito de imposto que reflete a ausência de sinalagma obrigacional: "Art. 16. Imposto é o tributo cuja obrigação tem por fato gerador uma situação independente de qualquer atividade estatal específica, relativa ao contribuinte". Também a Constituição pressupõe essa característica, na medida em que, ao dispor sobre a competência para a instituição de impostos, faz referência a direitos e a negócios jurídicos de direito privado sem vinculação com uma ação estatal (arts. 153-156), como a propriedade de bens móveis (art. 155, III) e imóveis (arts. 153, VI, e 156, I), a importação de produtos (art. 153, I), operações de crédito, câmbio e seguro (art. 153, V), a transmissão *causa mortis* e doação de bens ou direitos (art. 155, I), operações de circulação de mercadorias (art. 155, II), a prestação de serviços (art. 156, III), entre outros mais.

2.4.2 Impostos diretos e indiretos

A classificação dos impostos em diretos e indiretos tem como fundamento a possibilidade de *translação* ou *repercussão*, isto é, a transferência econômica do encargo financeiro do tributo para um terceiro. Os impostos diretos seriam os suportados pelo patrimônio do obrigado; e os impostos indiretos, aqueles em que a carga financeira é repassada pelo contribuinte *de iure* para um contribuinte *de facto*, mediante incorporação ao preço do produto ou ao valor da remuneração do serviço tributado.

Trata-se de uma classificação bastante antiga e polêmica. Em 1967, Aliomar Baleeiro afirmava que, mesmo após 200 anos de discussão, desde os fisiocratas do século XVII, não se conseguiu determinar um critério seguro para diferenciar um imposto direto do indireto[76]. Pouco mudou até os dias de hoje. Para economistas e juristas, a distinção é desprovida de fundamento. Sob o aspecto jurídico, porque a separação entre contribuinte *de iure* e *de facto* é carecedora de sentido. Para o direito, só há um contribuinte: aquele que realiza o evento imponível[77]. Já sob o aspecto econômico, sabe-se que a translação depende de vários fatores, como o valor do tributo,

---

[75] GIANNINI, Achille Donato. *Istituzioni di diritto tributario*. 8. ed. Milano: Giuffrè, 1960. p. 35.

[76] BALEEIRO, Aliomar. *Direito tributário brasileiro*. Atual. Misabel Abreu Machado Derzi. 13. ed. Rio de Janeiro: Forense, 2015. p. 883.

[77] CARRAZZA, Roque Antonio. *Curso de direito constitucional tributário*. 16. ed. São Paulo: Malheiros, 2001. p. 465-466. A advertência já era conhecida desde a obra Rubens Gomes de Sousa: "[...] em direito tributário, existe, em cada caso, *um só contribuinte*, o que acima definimos como 'contribuinte de direito' ou 'contribuinte legal'" (SOUSA, Rubens Gomes de. *Compêndio de legislação tributária*. São Paulo: Resenha Tributária, 1975. p. 91). Sobre a diferenciação entre impostos diretos e indiretos, cf.: GROSCLAUDE, Jacques; MARCHESSOU, Philippe. *Diritto tributario francese*: le imposte – le procedure. Trad. Enrico de Mita. Milano: Giuffrè, 2006. p. 10.

Parte Geral • Capítulo II • TRIBUTO E ESPÉCIES TRIBUTÁRIAS | 61

o regime de mercado, a estrutura de custos da indústria, a elasticidade da demanda e da oferta dos bens, a conjuntura econômica e a rigidez da oferta monetária no sistema bancário. Assim, entre outros fatores de curto, médio e longo prazo, o mesmo imposto pode ser transladável em determinadas circunstâncias, mas em outras não[78].

No direito brasileiro, é necessário operar com essa categoria nebulosa em razão da previsão do art. 166 do CTN: "Art. 166. A restituição de tributos que comportem, por sua natureza, transferência do respectivo encargo financeiro somente será feita a quem prove haver assumido o referido encargo, ou, no caso de tê-lo transferido a terceiro, estar por este expressamente autorizado a recebê-la".

O curioso é que esse dispositivo – hoje criticado, com razão – foi festejado pela doutrina no início da vigência do Código. Isso ocorreu porque, desde 1963, o STF entendia que: "embora pago indevidamente, não cabe restituição de tributo indireto" (Súmula 71). Após o CTN, foi aprovada a Súmula 546: "Cabe a restituição do tributo pago indevidamente, quando reconhecido por decisão, que o contribuinte *de jure* não recuperou do contribuinte *de facto* o quantum respectivo"[79].

2.4.3 Impostos reais e pessoais

Nos impostos reais, a doutrina ressalta que a hipótese de incidência considera a manifestação de riqueza tributada de forma objetiva, sem relacioná-la com as características pessoais do obrigado. Um exemplo é o IPTU, tributo que grava a propriedade imobiliária em função do seu valor venal. Nos impostos pessoais, a manifestação de capacidade contributiva é tributada sem desprezar os atributos ou as qualidades do sujeito passivo, *v.g.*, o imposto sobre a renda[80]. Essa classificação, entretanto, tem perdido a relevância. É que, sob o aspecto jurídico, todos os impostos são pessoais[81]. Além disso, mesmo os impostos reais podem ser estabelecidos considerando as circunstâncias e as características do sujeito passivo[82]. Atualmente, inclusive, a legislação de municípios brasileiros tem instituído IPTU *social* para contribuintes de baixa renda ou desempregados, sob uma moderna tendência de subjetivação de impostos reais.

2.5 Taxas

2.5.1 Características gerais

A taxa é um tributo que tem como hipótese de incidência uma atividade administrativa diretamente referida (vinculada) ao obrigado, podendo consistir, nos termos do art. 145, II[83], da

---

[78] JARACH, Dino. *Finanzas públicas y derecho tributario*. 3. ed. Buenos Aires: Abeledo-Perrot, 1996. p. 258. Entre nós, Hugo de Brito Machado, com razão, assinala que: "Admitir que o contribuinte sempre transfere o ônus do tributo ao consumidor de bens ou serviços é uma ideia tão equivocada quanto difundida. Na verdade, o contribuinte tenta transferir não apenas o tributário, mas todos os ônus que pesam sobre sua atividade. Mas nem sempre consegue. Ou nem sempre inteiramente. Tudo depende das circunstâncias de cada caso concreto e de cada momento" (MACHADO, Hugo de Brito. *Curso de direito tributário*. 10. ed. São Paulo: Malheiros, p. 218).

[79] O art. 166 do CTN será analisado por ocasião do estudo da repetição de indébito, no Capítulo IX, item 3.2.6.3, da Parte Geral.

[80] LAPATZA, José Juan Ferreiro. *Curso de derecho financiero español*: derecho financiero. 22. ed. Madrid-Barcelona: Marcial Pons, 2000. v. I, p. 198; VILLEGAS, Héctor B. *Manual de finanzas públicas*: la economía juridicamente regulada del sector público en el mundo globalizado. Buenos Aires: Depalma, 2000. p. 218.

[81] CARRAZZA, Roque Antonio. *Curso de direito constitucional tributário*. 16. ed. São Paulo: Malheiros, 2001. p. 466.

[82] LAPATZA, José Juan Ferreiro. *Curso de derecho financiero español*: derecho financiero. 22. ed. Madrid-Barcelona: Marcial Pons, 2000. v. I, p. 199.

[83] "Art. 145. A União, os Estados, o Distrito Federal e os Municípios poderão instituir os seguintes tributos: [...] II – taxas, em razão do exercício do poder de polícia ou pela utilização, efetiva ou potencial, de serviços públicos específicos e divisíveis, prestados ao contribuinte ou postos a sua disposição."

62 | CURSO DE DIREITO TRIBUTÁRIO – *Solon Sehn*

Constituição Federal, no exercício do poder de polícia (*taxa de polícia*) ou na utilização, efetiva ou potencial, de serviços públicos específicos e divisíveis, prestados ao contribuinte ou postos a sua disposição (*taxa de serviço*). A atuação estatal é condição determinante para a cobrança do tributo, da mesma forma que a afetação do produto da arrecadação ao respectivo custeio[84]. Daí que, na taxa, apenas quem apresenta uma relação de referibilidade direta com a ação estatal, por demandá-la ou em razão de sujeição compulsória, pode ser definido como sujeito passivo da obrigação tributária.

As taxas devem refletir o custo da atuação estatal (princípio da equivalência[85]), não podendo apresentar base de cálculo própria de impostos (CF, art. 145, § 2º; e CTN, art. 77, parágrafo único[86]). Na interpretação do alcance dessa vedação, o STF já decidiu que: (a) "É constitucional a adoção, no cálculo do valor de taxa, de um ou mais elementos da base de cálculo própria de determinado imposto, desde que não haja integral identidade entre uma base e outra"[87]; (b) "O critério da atividade exercida pelo contribuinte para se aferir o custo do exercício do poder de polícia desvincula-se do maior ou menor trabalho ou atividade que o poder público se vê obrigado a desempenhar"[88]; (c) "Não se coaduna com a natureza do tributo o cálculo a partir do número de empregados", na taxa de localização e funcionamento de estabelecimento industrial e comercial[89]; (d) "O Supremo Tribunal Federal vem afirmando a validade da utilização do valor da causa como base de cálculo das taxas judiciárias e custas judiciais estaduais, desde que haja fixação de alíquotas mínimas e máximas e mantida razoável correlação com o custo da atividade

---

[84] A esse propósito, já decidiu o STF que: "É constitucional a destinação do produto da arrecadação da taxa de polícia sobre as atividades notariais e de registro, ora para tonificar a musculatura econômica deste ou daquele órgão do Poder Judiciário, ora para aportar recursos financeiros para a jurisdição em si mesma" (STF, Tribunal Pleno, ADI 3.643, Rel. Min. Ayres Britto, *DJ* 16.02.2007). No mesmo sentido: "Constitucionalidade da destinação dos recursos financeiros oriundos das taxas, das custas e dos emolumentos judiciais e extrajudiciais a fundo especial do próprio Poder Judiciário, vedada a transposição deles para serviço diverso, bem como sua destinação a pessoas jurídicas de direito privado" (STF, Tribunal Pleno, ADI 3.086, Rel. Min. Dias Toffoli, *DJe* 24.09.2020). Sobre a taxa devida à Anvisa para autorizar o funcionamento de empresas de fabricação, distribuição e importação de medicamentos (art. 7º, VII, da Lei 9.782/1999), ver: STF, Tribunal Pleno, ADI 2.658, Rel. Min. Dias Toffoli, *DJe* 05.03.2020.

[85] O princípio da equivalência foi aplicado no seguinte julgado do STF: "[...] os valores de grandeza fixados pela lei estadual em conjunto com o critério do volume hídrico utilizado (1 m³ ou 1000 m³) fazem com que o tributo exceda desproporcionalmente o custo da atividade estatal de fiscalização, violando o princípio da capacidade contributiva, na dimensão do custo/benefício – princípio da equivalência –, que deve ser aplicado às taxas. [...]" (STF, Tribunal Pleno, ADI 5.374, Rel. Min. Roberto Barroso, *DJe* 12.03.2021). No mesmo sentido, fundamentando o princípio da equivalência na vedação ao confisco (art. 150, IV), cf.: "Se o valor da taxa, no entanto, ultrapassar o custo do serviço prestado ou posto à disposição do contribuinte, dando causa, assim, a uma situação de onerosidade excessiva, que descaracterize essa relação de equivalência entre os fatores referidos (o custo real do serviço, de um lado, e o valor exigido do contribuinte, de outro), configurar-se-á, então, quanto a essa modalidade de tributo, hipótese de ofensa à cláusula vedatória inscrita no art. 150, IV, da CF" (STF, Tribunal Pleno, ADI 2.551 MC-QO, Rel. Min. Celso de Mello, *DJ* 20.04.2006).

[86] "Art. 77. As taxas cobradas pela União, pelos Estados, pelo Distrito Federal ou pelos Municípios, no âmbito de suas respectivas atribuições, têm como fato gerador o exercício regular do poder de polícia, ou a utilização, efetiva ou potencial, de serviço público específico e divisível, prestado ao contribuinte ou posto à sua disposição. Parágrafo único. A taxa não pode ter base de cálculo ou fato gerador idênticos aos que correspondam a imposto nem ser calculada em função do capital das empresas."

[87] Súmula Vinculante 29. Ver ainda a Súmula 665: "É constitucional a Taxa de Fiscalização dos Mercados de Títulos e Valores Mobiliários instituída pela Lei 7.940/1989", que é cobrada em função do patrimônio líquido do contribuinte.

[88] STF, 2ª T., ARE 990.914, Rel. Min. Dias Toffoli, *DJe* 19.09.2017.

[89] STF, 2ª T., RE 202.393, Rel. Min. Marco Aurélio, *DJ* 24.10.1997. No mesmo sentido: STF, 1ª T., RE 614.246 AgR, Rel. Min. Dias Toffoli, *DJe* 15.03.2012.

Parte Geral • Capítulo II • TRIBUTO E ESPÉCIES TRIBUTÁRIAS | **63**

prestada"[90]; e (e) "A base de cálculo da taxa de fiscalização e funcionamento fundada na área de fiscalização é constitucional, na medida em que traduz o custo da atividade estatal de fiscalização"[91].

2.5.2 Taxa de serviço

As taxas de serviço apenas podem ser instituídas em função da prestação de serviços públicos[92] específicos e divisíveis, efetiva ou potencialmente utilizados pelo contribuinte. Nesse último caso, sempre que, em razão de lei, o serviço for de utilização compulsória e estiver à disposição do sujeito passivo mediante atividade administrativa em efetivo funcionamento (CTN, art. 79[93]). Além disso, somente poderá ser instituída pela pessoa política competente para prestá-lo (CTN, art. 80[94]).

A jurisprudência do STF tem invalidado taxas instituídas em face serviços públicos definidos como gratuitos na Constituição (Súmula Vinculante 12[95]). Também são consideradas inconstitucionais as taxas instituídas em função de serviços públicos indivisíveis, denominados *uti universi*, a exemplo da segurança pública[96], da prevenção e do combate a incêndios (Tema

---

[90] STF, Tribunal Pleno, ADI 1.926, Rel. Min. Roberto Barroso. *DJe* 02.06.2020.

[91] STF, 1ª T., RE 856.185 AgR, Rel. Min. Roberto Barroso, *DJe* 24.09.2015.

[92] A Lei 13.460/2017, que dispõe sobre participação, proteção e defesa dos direitos do usuário dos serviços públicos da administração pública, estabelece que: "Art. 2º Para os fins desta Lei, consideram-se: [...] II – serviço público – atividade administrativa ou de prestação direta ou indireta de bens ou serviços à população, exercida por órgão ou entidade da administração pública".

[93] "Art. 79. Os serviços públicos a que se refere o artigo 77 consideram-se:
I – utilizados pelo contribuinte:
a) efetivamente, quando por ele usufruídos a qualquer título;
b) potencialmente, quando, sendo de utilização compulsória, sejam postos à sua disposição mediante atividade administrativa em efetivo funcionamento;
II – específicos, quando possam ser destacados em unidades autônomas de intervenção, de utilidade, ou de necessidades públicas;
III – divisíveis, quando suscetíveis de utilização, separadamente, por parte de cada um dos seus usuários."

[94] "Art. 80. Para efeito de instituição e cobrança de taxas, consideram-se compreendidas no âmbito das atribuições da União, dos Estados, do Distrito Federal ou dos Municípios, aquelas que, segundo a Constituição Federal, as Constituições dos Estados, as Leis Orgânicas do Distrito Federal e dos Municípios e a legislação com elas compatível, competem a cada uma dessas pessoas de direito público."

[95] "A cobrança de taxa de matrícula nas universidades públicas viola o disposto no art. 206, IV, da Constituição Federal" (Súmula Vinculante 12).

[96] Nos serviços de segurança pública, por sua vez, há decisões divergentes do STF. Em um julgado de 2012, o STF entendeu que: "**1. Tributo. Taxa de Segurança Pública. É inconstitucional a taxa que tenha por fato gerador a prestação de serviço de segurança pública, ainda que requisitada por particular. Serviço Público indivisível e não específico. Agravo regimental improvido. Precedentes**. Dado seu caráter *uti universi*, o serviço de segurança pública não é passível de ser remunerado mediante taxa, atividade que só pode ser sustentada pelos impostos. [...]" (STF, 2ª T., RE 536.639 AgR, Rel. Min. Cezar Peluso, *DJe* 29.08.2012). Em decisão anterior, porém, a Suprema Corte ressalvou a cobrança em atividade solicitada pelo particular: "Em face do art. 144, *caput*, V e § 5º, da Constituição, sendo a segurança pública, dever do Estado e direito de todos, exercida para a preservação da ordem pública e da incolumidade das pessoas e do patrimônio, através, entre outras, da polícia militar, essa atividade do Estado só pode ser sustentada pelos impostos, e não por taxa, se for solicitada por particular para a sua segurança ou para a de terceiros, a título preventivo, ainda quando essa necessidade decorra de evento aberto ao público. [...]" (STF, Tribunal Pleno, ADI 1.942 MC, Rel. Min. Moreira Alves, *DJ* 22.10.1999).

64 | CURSO DE DIREITO TRIBUTÁRIO – *Solon Sehn*

16[97]), dos serviços de conservação e limpeza de logradouros e bens públicos (Tema 146, tese II[98]) e da iluminação pública (Súmula Vinculante 41)[99].

2.5.3 Taxa de polícia

O poder de polícia não tem caráter prestacional[100]. Trata-se de uma atividade administrativa que limita direitos ou liberdades individuais em benefício do interesse público nos mais variados segmentos, como a segurança, a saúde, o meio ambiente, o patrimônio cultural e a propriedade (CTN, art. 78[101]). Pode ser exercido de diferentes maneiras[102], desde a fiscalização e a vistoria em estabelecimentos comerciais, a expedição de alvarás de autorização ou licenças[103], sem que delas resulte necessariamente uma utilidade material para o obrigado[104]. Por isso, como prevê o art. 145, II, da Constituição Federal, o seu efetivo *exercício* já é suficiente para a instituição de uma taxa de polícia.

No RE 588.322, o STF ressaltou que "[...] a existência do órgão administrativo não é condição para o reconhecimento da constitucionalidade da cobrança da taxa de localização e fiscalização, mas constitui um dos elementos admitidos para se inferir o efetivo exercício do poder de polícia, exigido constitucionalmente", definindo a seguinte tese de repercussão geral: "É constitucional

---

97 "Taxa de combate a incêndio. Inadequação constitucional. Descabe introduzir no cenário tributário, como obrigação do contribuinte, taxa visando a prevenção e o combate a incêndios, sendo imprópria a atuação do Município em tal campo" (STF, Tribunal Pleno, RE 643.247. Rel. Min. Marco Aurélio, *DJe* 18.12.2017). **Tema 16: "A segurança pública, presentes a prevenção e o combate a incêndios, faz-se, no campo da atividade precípua, pela unidade da Federação, e, porque serviço essencial, tem como a viabilizá-la a arrecadação de impostos, não cabendo ao Município a criação de taxa para tal fim".**

98 "I – A taxa cobrada exclusivamente em razão dos serviços públicos de coleta, remoção e tratamento ou destinação de lixo ou resíduos provenientes de imóveis não viola o artigo 145, II, da Constituição Federal; II – A taxa cobrada em razão dos serviços de conservação e limpeza de logradouros e bens públicos ofende o art. 145, II, da Constituição Federal; III – É constitucional a adoção, no cálculo do valor de taxa, de um ou mais elementos da base de cálculo própria de determinado imposto, desde que não haja integral identidade entre uma base e outra" (STF, Tribunal Pleno, RE 576.321 QO-RG, Rel. Min. Ricardo Lewandowski, *DJe* 13.02.2009, Tema 146).

99 "O serviço de iluminação pública não pode ser remunerado mediante taxa" (Súmula Vinculante 41). Cf. ainda: Súmula 670: "O serviço de iluminação pública não pode ser remunerado mediante taxa".

100 JUSTEN FILHO, Marçal. *Curso de direito administrativo*. 13. ed. São Paulo: RT, 2018. p. 497.

101 "Art. 78. Considera-se poder de polícia atividade da administração pública que, limitando ou disciplinando direito, interesse ou liberdade, regula a prática de ato ou abstenção de fato, em razão de interesse público concernente à segurança, à higiene, à ordem, aos costumes, à disciplina da produção e do mercado, ao exercício de atividades econômicas dependentes de concessão ou autorização do Poder Público, à tranquilidade pública ou ao respeito à propriedade e aos direitos individuais ou coletivos. (Redação dada pelo Ato Complementar 31, de 1966)

Parágrafo único. Considera-se regular o exercício do poder de polícia quando desempenhado pelo órgão competente nos limites da lei aplicável, com observância do processo legal e, tratando-se de atividade que a lei tenha como discricionária, sem abuso ou desvio de poder."

102 DI PIETRO, Maria Sylvia Zanella. *Direito administrativo*. 33. ed. Rio de Janeiro: Forense, 2020. p. 151. Edição *Kindle*.

103 "Os Estados possuem competência para dispor sobre instituição de taxas de polícia cobradas em função de atividades tais como: fiscalização e vistoria em estabelecimentos comerciais abertos ao público (casas noturnas, restaurantes, cinemas, shows); expedição de alvarás para o funcionamento de estabelecimentos de que fabriquem, transportem ou comercializem armas de fogo, munição, explosivos, inflamáveis ou produtos químicos; expedição de atestados de idoneidade para porte de arma de fogo, tráfego de explosivos, trânsito de armas em hipóteses determinadas; e atividades diversas com impacto na ordem social, no intuito de verificar o atendimento de condições de segurança e emitir as correspondentes autorizações essenciais ao funcionamento de tais estabelecimentos" (STF, Tribunal Pleno, ADI 3.770, Rel. Min. Alexandre de Moraes, *DJe* 26.09.2019).

104 JUSTEN FILHO, Marçal. *Curso de direito administrativo*. 13. ed. São Paulo: RT, 2018. p. 498.

Parte Geral • Capítulo II • TRIBUTO E ESPÉCIES TRIBUTÁRIAS | 65

taxa de renovação de funcionamento e localização municipal, desde que efetivo o exercício do poder de polícia, demonstrado pela existência de órgão e estrutura competentes para o respectivo exercício" (Tema 27)[105].

2.5.4 Figuras afins (preço público, tarifa e pedágio)

A legislação faz uso do termo *tarifa* para designar a remuneração cobrada dos usuários por empresas privadas concessionárias ou permissionárias de serviços públicos, disciplinada pela Lei 8.987/1995 (concessão comum) e pela Lei 11.079/2004 (concessão administrativa ou patrocinada em parcerias público-privadas), na forma do art. 175 da Constituição Federal. Também há referências na Lei 11.107/2005, que dispõe sobre os consórcios públicos constituídos para os fins do art. 241 da Constituição (gestão associada de serviços públicos), autorizando a cobrança e a arrecadação "de tarifas e outros preços públicos pela prestação de serviços ou pelo uso ou outorga de uso de bens públicos", tratando-os como sinônimo. Parte da doutrina, entretanto, usa a denominação *preço público* para fazer referência à remuneração de serviços públicos outorgados por lei (art. 37, XIX) a um ente da administração indireta, que pode ser uma pessoa jurídica de direito público (autarquia ou fundação pública) ou privado (empresa pública ou sociedade de economia mista).

A tarifa, entretanto, tem natureza de preço público[106]. A diferença é que, na concessão, o seu valor é fixado e revisto em função da proposta vendedora de uma licitação e das regras do instrumento convocatório do certame (edital), considerando a preservação do equilíbrio econômico-financeiro do contrato administrativo[107]. Já a remuneração cobrada por entes da administração indireta, nem sempre obedece aos mesmos critérios. Ambas, porém, têm natureza contratual, caracterizando-se por constituírem uma remuneração por serviços de fruição não compulsória. Além disso, não são fonte de receita orçamentária para a administração pública direta. Diferenciam-se da taxa, portanto, em razão do ente credor e porque não podem ser cobrados em função do exercício do poder de polícia nem de serviços públicos de utilização compulsória.

Essa particularidade é assinalada por Marçal Justen Filho, ao ressaltar que, na tarifa ou no preço público, "não é possível o usuário ser constrangido, contra a própria vontade, a usufruir o serviço e pagar a tarifa"[108]. Da mesma forma, Hely Lopes Meirelles ensina que as tarifas podem ser cobradas "somente dos usuários que os utilizam efetivamente, se e quando entenderem fazê-lo, ao passo que as taxas são devidas pelo contribuinte desde que o serviço, de utilização obrigatória, esteja à sua disposição"[109].

O critério da compulsoriedade é reconhecido pela jurisprudência do STF desde aprovação da Súmula 545, no ano de 1969: "Preços de serviços públicos e taxas não se confundem, porque estas, diferentemente daqueles, são compulsórias e têm sua cobrança condicionada à prévia autorização orçamentária, em relação à lei que as instituiu". A parte final da súmula reflete a exigência da anualidade, prevista no art. 150, § 29, da Constituição de 1967[110] e na Emenda

---

[105] STF, RE 588.322, Rel. Min. Gilmar Mendes, *DJe* 03.09.2010, Tema 217.

[106] DI PIETRO, Maria Sylvia Zanella. *Direito administrativo*. 33. ed. Rio de Janeiro: Forense, 2020. p. 331. Edição Kindle.

[107] BANDEIRA DE MELLO, Celso Antônio. *Curso de direito administrativo*. 18. ed. São Paulo: Malheiros, 2005. p. 658 e ss.

[108] JUSTEN FILHO, Marçal. *Curso de direito administrativo*. 13. ed. São Paulo: RT, 2018. p. 696.

[109] MEIRELLES, Hely Lopes. *Direito municipal brasileiro*. 7. ed. São Paulo: Malheiros, 1994. p. 209.

[110] "Art. 150. [...] § 29. Nenhum tributo será exigido ou aumentado sem que a lei o estabeleça; nenhum será cobrado em cada exercício sem prévia autorização orçamentária, ressalvados a tarifa aduaneira e o imposto lançado por motivo de guerra."

66 | CURSO DE DIREITO TRIBUTÁRIO – *Solon Sehn*

Constitucional 01/1969[111], substituída pelo princípio da anterioridade na Constituição Federal de 1988. Contudo, a ausência de compulsoriedade do serviço permanece uma característica do preço público. Foi esse o critério adotado para caracterizar como taxa as exações cobradas pela Superintendência da Zona Franca de Manaus (Suframa)[112] e, como preço público: (a) a remuneração cobrada pelo fornecimento de água e tratamento de esgoto[113]; (b) os encargos adicionais à tarifa de energia elétrica[114]; (c) a retribuição pela análise de pleito de registro de marcas ou proteção das topografias de circuitos integradas ou pedidos de patentes no sistema de proteção à propriedade intelectual[115]; e (d) o pedágio[116].

2.6 Contribuições

2.6.1 Contribuição de melhoria

A contribuição de melhoria caracteriza-se por apresentar como hipótese de incidência a valorização imobiliária decorrente de uma obra pública, ou seja, uma construção, reforma, edificação, recuperação ou ampliação realizada em um bem público[117]. O tributo é devido em

---

[111] "Art. 150. [...] § 29. Nenhum tributo será exigido ou aumentado sem que a lei o estabeleça, nem cobrado, em cada exercício, sem que a lei o houver instituído ou aumentado esteja em vigor antes do início do exercício financeiro, ressalvados a tarifa alfandegária e a de transporte, o imposto sobre produtos industrializados e o imposto lançado por motivo de guerra e demais casos previstos nesta Constituição."

[112] "Recurso extraordinário. Exações pagas à Superintendência da Zona Franca de Manaus – Suframa. Natureza jurídica de taxa. Instituição por meio de portaria. Ofensa ao princípio da legalidade. Parágrafo único do art. 24 do Decreto-lei 288/1967 não recepcionado. 1. Taxa e preço público diferem quanto à compulsoriedade de seu pagamento. A taxa é cobrada em razão de uma obrigação legal enquanto o preço público é de pagamento facultativo por quem pretende se beneficiar de um serviço prestado. 2. A Superintendência da Zona Franca de Manaus – Suframa exerce atividade afeta ao Estado em razão do disposto no art. 10 do Decreto-lei 288/1967, e as exações por ela cobradas são de pagamento compulsório por quem pretende se beneficiar dos incentivos oferecidos pelo Decreto-lei 288/1967, tendo, assim, natureza de taxa. 3. O parágrafo único do art. 24 do Decreto-lei 288/1967, que autoriza a Superintendência da Zona Franca de Manaus – Suframa a instituir taxas por meio de portaria contraria o princípio da legalidade e, portanto, não foi recepcionado pela Constituição da República de 1988" (STF, Tribunal Pleno, RE 556.854, Rel. Min. Cármen Lúcia, *DJe* 11.10.2011).

[113] "Água e esgoto. Tarifa versus taxa. A jurisprudência do Supremo é no sentido de haver, relativamente ao fornecimento de água e tratamento de esgoto, o envolvimento de tarifa e não de taxa. [...]" (STF, 1ª T., AI 753.964 AgR, Rel. Min. Marco Aurélio, *DJe* 30.10.2013). No mesmo sentido: STF, 2ª T., RE 600.237 AgR-AgR, Rel. Min. Dias Toffoli, *DJe* 09.04.2015.

[114] STF, Tribunal Pleno, RE 576.189, Rel. Min. Ricardo Lewandowski, *DJe* 26.06.2009. Tese fixada: "É constitucional a cobrança dos encargos instituídos pela Lei 10.438/2002, os quais não possuem natureza tributária, mas de tarifa ou preço público" (Tema 46).

[115] "Ação direta de inconstitucionalidade. Direito tributário. Programa de incentivos. Equipamentos para TV digital e componentes eletrônicos semicondutores. Propriedade intelectual. MP 352/2007. Conversão em lei. Lei 11.484/2007. Reserva legal. Preço público. Retribuição aos serviços prestados pelo INPI. Pedido de registro. Direito de propriedade e livre-iniciativa. [...] 3. Preço pago como retribuição à análise de pleito de registro de marcas ou proteção das topografias de circuitos integradas ou pedidos de patentes no sistema de proteção à propriedade intelectual não ostenta compulsoriedade, possuindo natureza jurídica de tarifa ou preço público, devida por interesse do particular. Art. 228 da Lei 9.279/1996. Súmula 545 do STF. Precedente: ADI 800, de relatoria do Ministro Teori Zavascki, Tribunal Pleno, *DJe* 1º.07.2014. [...]" (STF, Tribunal Pleno, ADI 3863, Rel. Min. Edson Fachin, *DJe* 05.10.2018).

[116] "Tributário e constitucional. Pedágio. Natureza jurídica de preço público. Decreto 34.417/92, do estado do rio grande do sul. Constitucionalidade. 1. O pedágio cobrado pela efetiva utilização de rodovias conservadas pelo Poder Público, cuja cobrança está autorizada pelo inciso V, parte final, do art. 150 da Constituição de 1988, não tem natureza jurídica de taxa, mas sim de preço público, não estando a sua instituição, consequentemente, sujeita ao princípio da legalidade estrita. 2. Ação direta de inconstitucionalidade julgada improcedente" (STF, Tribunal Pleno, ADI 800, Rel. Min. Teori Zavascki, *DJ* 1º.07.2014).

[117] Lei 14.133/2021: "Art. 6º Para os fins desta Lei, consideram-se: [...] XII – obra: toda atividade estabelecida, por força de lei, como privativa das profissões de arquiteto e engenheiro que implica intervenção no meio

Parte Geral • Capítulo II • TRIBUTO E ESPÉCIES TRIBUTÁRIAS | **67**

razão de uma especial vantagem que decorre da obra pública. A exação funda-se na constatação de que, embora beneficiem toda a coletividade, por vezes, as obras públicas têm como efeito oblíquo a geração de um ganho econômico mensurável (valorização de propriedade privada) para um determinado número de pessoas (os proprietários de imóveis circunvizinhos). Sempre que isso ocorrer, é necessária a recomposição da isonomia entre aqueles que auferem o ganho e a sociedade que custeou a obra.

Parte da doutrina fundamenta a contribuição de melhoria na vedação ao enriquecimento sem causa. Contudo, essa não parece a melhor interpretação. O enriquecimento ou locupletamento ilícito é uma fonte autônoma de obrigações inserida na categoria dos atos unilaterais, inconfundível com os tributos (obrigação *ex lege*)[118]. Pressupõe, para ser caracterizado, a obtenção de uma vantagem patrimonial injustificada (não fundada em lei ou em negócio jurídico anterior) e um nexo de causalidade entre essa e o prejuízo ou empobrecimento de sofrido por outrem[119]. O ganho decorrente de uma obra pública não se ajusta a esses requisitos. Não há um enriquecimento injustificado. O contribuinte, como cidadão, também teve parte no custeio da obra. A valorização não é um ilícito, porque decorre do direito de propriedade. Tampouco há empobrecimento em decorrência da obra ou da valorização nem, menos ainda, relação de causa e efeito. Não há que se falar, portanto, em enriquecimento sem causa, até porque, se esse estivesse caracterizado, a contribuição de melhoria perderia a sua natureza tributária.

A referibilidade indireta da contribuição de melhoria limita a sujeição passiva ao grupo de cidadãos contemplados com a valorização, assim como a base de cálculo, que deve ficar adstrita ao *quantum* da valorização imobiliária individualmente aferida para cada imóvel. Ademais, não é possível a cobrança antes da obra, já que o incremento de valor sempre deve ser real, jamais presumido. Afinal, como se sabe, há obras que podem diminuir o valor dos imóveis, caso em que, em vez de instituir um tributo, a administração pública deverá indenizar os proprietários prejudicados. Pela mesma razão, como a cobrança só ocorre após a construção, o produto da arrecadação do tributo não é afetado ao custeio da obra. Por exigência de responsabilidade fiscal, há impossibilidade jurídica de licitação da obra sem previsão de recursos orçamentários que assegurem o pagamento das obrigações[120].

O art. 81 do CTN limita a cobrança não apenas em função da valorização individual, mas também do próprio custo total da obra[121]. Esse dispositivo reflete o disposto no art. 30, I, parágrafo

---

ambiente por meio de um conjunto harmônico de ações que, agregadas, formam um todo que inova o espaço físico da natureza ou acarreta alteração substancial das características originais de bem imóvel". Sobre o conceito de obra pública, cf.: BANDEIRA DE MELLO, Celso Antônio. *Curso de direito administrativo.* 18. ed. São Paulo: Malheiros, 2005. p. 652.

[118] Como assinala Orlando Gomes: "A figura do enriquecimento sem causa pode ser isolada como fonte autônoma das obrigações. Não é a lei que, direta e imediatamente, faz surgir a obrigação de restituir. Não é a vontade do enriquecido que a produz. O fato condicionante é o locupletamento injusto. Evidentemente, o locupletamento dá lugar ao dever de restituir, porque a lei assegura ao prejudicado o direito de exigir a restituição, sendo, portanto, a causa eficiente da obrigação do enriquecido; mas assim é para todas as obrigações que se dizem legais" (GOMES, Orlando. *Obrigações.* 19. ed. Rio de Janeiro: Forense, 2019. p. 239. *E-book*).

[119] GOMES, Orlando. *Obrigações.* 19. ed. Rio de Janeiro: Forense, 2019. p. 237. *E-book*.

[120] Lei 14.133/2021: "Art. 105. A duração dos contratos regidos por esta Lei será a prevista em edital, e deverão ser observadas, no momento da contratação e a cada exercício financeiro, a disponibilidade de créditos orçamentários, bem como a previsão no plano plurianual, quando ultrapassar 1 (um) exercício financeiro". Para os contratos com prazo superior, ver art. 106 do mesmo diploma legal.

[121] "Art. 81. A contribuição de melhoria cobrada pela União, pelos Estados, pelo Distrito Federal ou pelos Municípios, no âmbito de suas respectivas atribuições, é instituída para fazer face ao custo de obras públicas de que decorra valorização imobiliária, tendo como limite total a despesa realizada e como limite individual o acréscimo de valor que da obra resultar para cada imóvel beneficiado."

68 | CURSO DE DIREITO TRIBUTÁRIO – *Solon Sehn*

único, da Constituição de 1946[122], repetido no art. 19, III, § 3º, da Constituição de 1967[123] e no art. 18, II, da Emenda Constitucional 01/1969[124]. Porém, como não há mais restrição semelhante na Constituição Federal de 1988, parte da doutrina entende que o art. 81 do CTN não teria sido recepcionado. Ocorre que a contribuição de melhoria – ainda que indiretamente – é um tributo vinculado a uma atuação estatal. A sua cobrança tem como razão determinante o restabelecimento do equilíbrio na equação *ganho-de-poucos* e *custo-de-todos*. Na medida em que o custo total da obra deixa de ser um limite para a cobrança, perde-se esse referencial, gerando uma nova assimetria, dessa vez, da maioria em face da minoria. O fato de a obra ter sido custeada por toda a sociedade, gerando um benefício especial indireto para um grupo de cidadãos, deixa de ser fundamento para a recomposição da isonomia, convertendo-se em subterfúgio para violação do mesmo princípio que a existência do tributo visa a preservar. Portanto, a restrição do art. 81 continua exigível, não sendo incompatível com o atual regime constitucional da contribuição de melhoria.

A valorização imobiliária, por sua vez, deve ser determinada de acordo com o art. 82 do CTN:

> Art. 82. A lei relativa à contribuição de melhoria observará os seguintes requisitos mínimos:
>
> I – publicação prévia dos seguintes elementos:
>
> a) memorial descritivo do projeto;
>
> b) orçamento do custo da obra;
>
> c) determinação da parcela do custo da obra a ser financiada pela contribuição;
>
> d) delimitação da zona beneficiada;
>
> e) determinação do fator de absorção do benefício da valorização para toda a zona ou para cada uma das áreas diferenciadas, nela contidas;
>
> II – fixação de prazo não inferior a 30 (trinta) dias, para impugnação pelos interessados, de qualquer dos elementos referidos no inciso anterior;
>
> III – regulamentação do processo administrativo de instrução e julgamento da impugnação a que se refere o inciso anterior, sem prejuízo da sua apreciação judicial.

---

[122] "Art. 30. Compete à União, aos Estados, ao Distrito Federal e aos Municípios cobrar:

I – contribuição de melhoria, quando se verificar valorização do imóvel, em consequência de obras públicas;

[...]

Parágrafo único. A contribuição de melhoria não poderá ser exigida em limites superiores à despesa realizada, nem ao acréscimo de valor que da obra decorrer para o imóvel beneficiado."

[123] "Art. 19. Compete à União, aos Estados, ao Distrito Federal e aos Municípios arrecadar:

[...]

III – contribuição de melhoria dos proprietários de imóveis valorizados pelas obras públicas que os beneficiaram.

[...]

§ 3º A lei fixará os critérios, os limites e a forma de cobrança, da contribuição de melhoria a ser exigida sobre. cada imóvel, sendo que o total da sua arrecadação não poderá exceder o custo da obra pública que lhe der causa."

[124] "Art. 18. Além dos impostos previstos nesta Constituição, compete à União, aos Estados, ao Distrito Federal e aos Municípios instituir:

[...]

II – contribuição de melhoria, arrecadada dos proprietários de imóveis valorizados por obras públicas, que terá como limite total a despesa realizada e como limite individual o acréscimo de valor que da obra resultar para cada imóvel beneficiado."

§ 1º A contribuição relativa a cada imóvel será determinada pelo rateio da parcela do custo da obra a que se refere a alínea c, do inciso I, pelos imóveis situados na zona beneficiada em função dos respectivos fatores individuais de valorização.

§ 2º Por ocasião do respectivo lançamento, cada contribuinte deverá ser notificado do montante da contribuição, da forma e dos prazos de seu pagamento e dos elementos que integram o respectivo cálculo.

Outra questão relacionada é a obrigatoriedade de instituição de contribuições de melhoria. Como ressaltado, o tributo destina-se ao restabelecimento da isonomia, uma vez que não seria razoável um ganho econômico maior de poucos às custas de uma obra paga por todos. Entretanto, isso não acarreta a obrigatoriedade da instituição do tributo. Em primeiro lugar, porque o princípio da igualdade não impõe ao poder público uma ordem de legislar. Em segundo lugar, porque, como todo princípio, a isonomia é um mandado de optimização, podendo ser cumprido em diferentes graus e função das possibilidades fáticas e jurídicas do caso concreto[125]. O ente competente, portanto, pode e deve ponderar a exigência de isonomia em face de outros valores constitucionais, por exemplo, o perfil de moradores da região. Assim, *v.g.*, é evidente que uma obra pública em comunidade carente não pode servir de fundamento para a instituição de contribuição de melhoria. Um tributo com essas características não é compatível com os princípios da capacidade contributiva, da dignidade da pessoa humana, da busca pela erradicação da pobreza, da marginalização e da redução das desigualdades sociais.

2.6.2 Contribuições especiais

2.6.2.1 Submodalidades

As contribuições especiais de competência privativa da União encontram-se previstas nos arts. 149, *caput* e § 2º, 177, § 4º, 195, I a V, 212, § 5º, 239, 240 da Lei Fundamental. Podem ser instituídas para o custeio da seguridade social (assistência, saúde e previdência) e de regime próprio de previdência social dos servidores públicos federais; intervenção no domínio econômico; no interesse de categorias profissionais ou econômicas; e, segundo a jurisprudência do STF, também para finalidades sociais gerais[126]. É em função dessas finalidades que a doutrina diferencia as contribuições especiais em contribuições da seguridade social, contribuições de regime previdenciário próprio de servidores públicos, contribuições interventivas, contribuições corporativas e contribuições sociais gerais.

A Constituição Federal prevê ainda contribuições para o custeio do serviço de iluminação pública, de competência dos Municípios e do Distrito Federal (art. 149-A[127]), bem como contribuições para o custeio de regime próprio de previdência social de servidores públicos ativos, dos

---

[125] ALEXY, Robert. *Teoría de los derechos fundamentales*. Madrid: Centro de Estudios Constitucionales, 1997. p. 86. Sobre o tema, ver Capítulo V, item 1, da Parte Geral.

[126] "Ação direta de inconstitucionalidade. Impugnação de artigos e de expressões contidas na LC federal 110, de 29-6-2001. Pedido de liminar. A natureza jurídica das duas exações criadas pela lei em causa, neste exame sumário, é a de que são elas tributárias, caracterizando-se como contribuições sociais que se enquadram na subespécie 'contribuições sociais gerais' que se submetem à regência do art. 149 da Constituição, e não à do art. 195 da Carta Magna" (STF, Tribunal Pleno, ADI 2.556 MC. Rel. Min. Moreira Alves, *DJ* 08.08.2003). No mesmo sentido: STF, 1ª T., AI 744.316 AgR, Rel. Min. Dias Toffoli, *DJe* 22.03.2011.

[127] "Art. 149-A. Os Municípios e o Distrito Federal poderão instituir contribuição, na forma das respectivas leis, para o custeio, a expansão e a melhoria do serviço de iluminação pública e de sistemas de monitoramento para segurança e preservação de logradouros públicos, observado o disposto no art. 150, I e III. (Redação dada pela Emenda Constitucional 132, de 2023)

Parágrafo único. É facultada a cobrança da contribuição a que se refere o *caput*, na fatura de consumo de energia elétrica. (Incluído pela Emenda Constitucional 39, de 2002)"

70 | CURSO DE DIREITO TRIBUTÁRIO – *Solon Sehn*

aposentados e dos pensionistas (art. 149, § 1º[128]) pela União e pelos Estados, Distrito Federal e Municípios[129]. Além disso, a União tem competência para instituir uma contribuição extraordinária suplementar para equacionamento de déficit atuarial do regime próprio de previdência social[130].

Como será examinado, as contribuições são tributos que apresentam como hipótese de incidência uma atuação estatal indiretamente referida ao contribuinte, podendo constituir uma particular vantagem patrimonial ou uma despesa especial causada por um grupo de cidadãos[131]. Em decorrência dessa *referibilidade mediata* ou *indireta*, apenas podem figurar como sujeitos passivos da obrigação tributária pessoas, físicas ou jurídicas, integrantes daquele grupo que obtém uma particular vantagem econômica advinda de um atuação administrativa ou que provocam uma despesa especial em decorrência de suas atividades[132]. Além disso, a base de cálculo deve necessariamente refletir uma medida do elemento intermediário que representa a causa ou o efeito da atuação estatal[133].

2.6.2.2   Referibilidade e suas exceções constitucionais

Como ressaltado anteriormente, as contribuições especiais descrevem em sua hipótese de incidência uma atuação estatal indiretamente referida ao contribuinte, que, por sua vez, pode ser uma vantagem ou despesa especial relacionada a um grupo de cidadãos. Ocorre que nem sempre são configuradas com essas características pelo legislador. Isso ocorre por falta de conhecimento técnico ou de maneira deliberada, para afastar a aplicabilidade de princípios e regras mais restritivas ou para evitar a necessidade de partilha do produto da arrecadação. Esse problema foi identificado na Itália, no início do século XX, por A. D. Giannini, que fez referência às contribuições com características próprias de impostos ou sem referibilidade (hipótese de incidência não vinculada a uma atuação estatal). Para o mestre italiano, apesar da denominação, "[...] esses tributos são verdadeiros e próprios impostos que não se distinguem juridicamente dos demais"[134]. Também é assim no direito brasileiro. Contudo, a diferença é que, à luz da Constituição Federal de 1988, um imposto travestido de contribuição será inconstitucional, em razão da violação do princípio da não afetação (CF, art. 167, IV), bem como do princípio da lealdade federal, já que implica uma burla à exigência constitucional de partilha da arrecadação com os Estados, o Distrito Federal e os Municípios.

---

[128]   "Art. 149. [...] § 1º A União, os Estados, o Distrito Federal e os Municípios instituirão, por meio de lei, contribuições para custeio de regime próprio de previdência social, cobradas dos servidores ativos, dos aposentados e dos pensionistas, que poderão ter alíquotas progressivas de acordo com o valor da base de contribuição ou dos proventos de aposentadoria e de pensões. (Redação dada pela Emenda Constitucional 103, de 2019)"

[129]   O regime próprio de previdência é aplicável aos servidores titulares de cargos efetivo de acordo com as regras dos arts. 40 e 41 da Constituição. Já o regime geral, aplica-se aos agentes públicos ocupantes, exclusivamente, de cargo em comissão declarado em lei de livre nomeação e exoneração, de outro cargo temporário, inclusive mandato eletivo, ou de emprego público (CF, art. 40, § 13).

[130]   "Art. 149. [...] § 1º-B. Demonstrada a insuficiência da medida prevista no § 1º-A para equacionar o déficit atuarial, é facultada a instituição de contribuição extraordinária, no âmbito da União, dos servidores públicos ativos, dos aposentados e dos pensionistas. (Incluído pela Emenda Constitucional 103, de 2019)"

[131]   Como ensina Sacha Calmon Navarro Coêlho, "Outro traço essencial da figura da contribuição, que parece ser encampado – pela universalidade de seu reconhecimento e pela sua importância, na configuração da entidade – está na circunstância de relacionar-se com uma especial despesa, ou especial vantagem referidas aos seus sujeitos passivos (contribuintes). Daí as designações doutrinárias *special assessment, contributo speciale, tributo speciale* etc." (COÊLHO, Sacha Calmon Navarro. *Teoria geral do tributo, da interpretação e da exoneração tributária*. 3. ed. São Paulo: Dialética, 2003. p. 139).

[132]   GIANNINI, Achille Donato. *Istituzioni di diritto tributario*. 8. ed. Milano: Giuffrè, 1960. p. 41-42; ATALIBA, Geraldo. *Hipótese de incidência tributária*. 5. ed. São Paulo: Malheiros, 1997. p. 162.

[133]   ATALIBA, Geraldo. *Hipótese de incidência tributária*. 5. ed. São Paulo: Malheiros, 1997. p. 163. O autor, assim, diferencia as hipóteses de incidência que descrevem uma atuação provocante ou provocada.

[134]   GIANNINI, Achille Donato. *Istituzioni di diritto tributario*. 8. ed. Milano: Giuffrè, 1960. p. 41.

Parte Geral · Capítulo II · TRIBUTO E ESPÉCIES TRIBUTÁRIAS | **71**

A Constituição, entretanto, estabelece exceções nos arts. 149, § 2º, II e III, "a", 177, § 4º, e 195, I a V, e § 8º, 239[135], autorizando a instituição de contribuições sem referibilidade[136]:

Art. 149. [...]

§ 2º As contribuições sociais e de intervenção no domínio econômico de que trata o *caput* deste artigo: (Incluído pela Emenda Constitucional 33, de 2001)

[...]

II – incidirão também sobre a importação de produtos estrangeiros ou serviços; (Redação dada pela Emenda Constitucional 42, de 19.12.2003)

III – poderão ter alíquotas: (Incluído pela Emenda Constitucional 33, de 2001)

a) *ad valorem*, tendo por base o faturamento, a receita bruta ou o valor da operação e, no caso de importação, o valor aduaneiro; (Incluído pela Emenda Constitucional 33, de 2001)

Art. 177. [...]

§ 4º A lei que instituir contribuição de intervenção no domínio econômico relativa às atividades de importação ou comercialização de petróleo e seus derivados, gás natural e seus derivados e álcool combustível deverá atender aos seguintes requisitos: (Incluído pela Emenda Constitucional 33, de 2001)

[...]

Art. 195. A seguridade social será financiada por toda a sociedade, de forma direta e indireta, nos termos da lei, mediante recursos provenientes dos orçamentos da União, dos Estados, do Distrito Federal e dos Municípios, e das seguintes contribuições sociais:

I – do empregador, da empresa e da entidade a ela equiparada na forma da lei, incidentes sobre: (Redação dada pela Emenda Constitucional 20, de 1998)

[...]

b) a receita ou o faturamento; (Incluído pela Emenda Constitucional 20, de 1998)[137]

c) o lucro; (Incluído pela Emenda Constitucional 20, de 1998)

II – do trabalhador e dos demais segurados da previdência social, podendo ser adotadas alíquotas progressivas de acordo com o valor do salário de contribuição, não incidindo contribuição sobre aposentadoria e pensão concedidas pelo Regime Geral de Previdência Social; (Redação dada pela Emenda Constitucional 103, de 2019)

III – sobre a receita de concursos de prognósticos.

---

[135] Entende-se que não estão incluídas nessas exceções as contribuições recepcionadas pelo art. 240: "Ficam ressalvadas do disposto no art. 195 as atuais contribuições compulsórias dos empregadores sobre a folha de salários, destinadas às entidades privadas de serviço social e de formação profissional vinculadas ao sistema sindical". Essas devem apresentar referibilidade, embora a jurisprudência do STF tenha interpretado diferentemente (Ver, a propósito: STF, 2ª T., AI 632640 AgR, Rel. Min. Joaquim Barbosa, *DJe* 1º.02.2011).

[136] DERZI, Misabel Abreu Machado. A causa final e a regra matriz das contribuições. *In*: COÊLHO, Sacha Calmon Navarro (coord.). *Contribuições para seguridade social*. São Paulo: Quartier Latin, 2007. p. 667: "Existem contribuições (em especial aqueles incidentes sobre os lucros, a folha de pagamentos e o faturamento/receita das empresas, previstas no art. 195 da Constituição da República), que são verdadeiros impostos, afetados a fins específicos".

[137] Esse dispositivo, em decorrência da Emenda 132/2023, será revogado em 2027 (art. 22, I). Porém, a mesma emenda estabelece que: "Art. 11. A revogação do art. 195, I, 'b', não produzirá efeitos sobre as contribuições incidentes sobre a receita ou o faturamento vigentes na data de publicação desta Emenda Constitucional que substituam a contribuição de que trata o art. 195, I, 'a', ambos da Constituição Federal, e sejam cobradas com base naquele dispositivo, observado o disposto no art. 30 da Emenda Constitucional 103, de 12 de novembro de 2019".

IV – do importador de bens ou serviços do exterior, ou de quem a lei a ele equiparar. (Incluído pela Emenda Constitucional 42, de 19.12.2003)

V – sobre bens e serviços, nos termos de lei complementar. (Incluído pela Emenda Constitucional 132, de 2023)

[...]

§ 8º O produtor, o parceiro, o meeiro e o arrendatário rurais e o pescador artesanal, bem como os respectivos cônjuges, que exerçam suas atividades em regime de economia familiar, sem empregados permanentes, contribuirão para a seguridade social mediante a aplicação de uma alíquota sobre o resultado da comercialização da produção e farão jus aos benefícios nos termos da lei. (Redação dada pela Emenda Constitucional 20, de 1998)

Art. 239. A arrecadação decorrente das contribuições para o Programa de Integração Social, criado pela Lei Complementar 7, de 7 de setembro de 1970, e para o Programa de Formação do Patrimônio do Servidor Público, criado pela Lei Complementar 8, de 3 de dezembro de 1970, passa, a partir da promulgação desta Constituição, a financiar, nos termos que a lei dispuser, o programa do seguro-desemprego, outras ações da previdência social e o abono de que trata o § 3º deste artigo. (Redação dada pela Emenda Constitucional 103, de 2019)[138].

Alguns desses dispositivos permitem a instituição contribuições sociais e de intervenção no domínio econômico sem referibilidade, isto é, que podem apresentar hipótese de incidência e a base de cálculo típicas de impostos por autorização constitucional. O problema é que parte da doutrina interpretou a exceção como regra. Nos primeiros anos de vigência do texto constitucional, acabou se consolidando a interpretação segundo a qual todas as contribuições especiais seriam não vinculadas, apresentando como única nota distintiva a afetação do produto da arrecadação a uma das finalidades previstas no art. 149. Houve um abandono da referibilidade, o que – aliado ao caráter amplo das finalidades que permitem a instituição de contribuições – resultou em uma construção destituída de capacidade delimitadora[139]. Essa interpretação gerou uma hipertrofia de contribuições especiais no direito brasileiro, inclusive em contrapartida da redução de impostos partilhados com os demais entes políticos, rompendo com a coerência do sistema e com o equilíbrio federativo. Por isso, já se observa na doutrina uma preocupação em promover o resgate da exigência de referibilidade, inclusive, com revisão de entendimentos anteriores[140].

---

[138] A partir de 2027, de acordo com a Emenda 132/2023, esse dispositivo passará a ter a seguinte redação:"Art. 239. A arrecadação correspondente a 18% (dezoito por cento) da contribuição prevista no art. 195, V, e a decorrente da contribuição para o Programa de Formação do Patrimônio do Servidor Público, criado pela Lei Complementar 8, de 3 de dezembro de 1970, financiarão, nos termos que a lei dispuser, o programa do seguro-desemprego, outras ações da previdência social e o abono de que trata o § 3º deste artigo". Esse tributo será parcialmente revogado na Reforma, ressaltada a seguinte hipótese: "Art. 20. Até que lei disponha sobre a matéria, a contribuição para o Programa de Formação do Patrimônio do Servidor Público, criado pela Lei Complementar 8, de 3 de dezembro de 1970, de que trata o art. 239 da Constituição Federal permanecerá sendo cobrada na forma do art. 2º, III, da Lei 9.715, de 25 de novembro de 1998, e dos demais dispositivos legais a ele referentes em vigor na data de publicação desta Emenda Constitucional".

[139] Como destaca Ferreiro Lapatza: "A falta de 'capacidade delimitadora', diz Canaris demonstra a falsidade e a inconsistência de uma teoria jurídica" (traduzimos do original: "La falta de 'capacidad delimitadora', dice Canaris demuestra la falsead e inconsistencia de una teoría jurídica"). LAPATZA, José Juan Ferreiro. Curso de derecho financiero español: derecho tributario. 22. ed. Madrid-Barcelona: Marcial Pons, 2000. v. II, p. 16.

[140] Emblemáticas são as lições da Professora Misabel Abreu Derzi, ao rever a posição defendida nos primeiros anos de vigência da Constituição Federal de 1988: "Entendemos, hoje, que esse modelo teórico não é suficiente, pois as ações do Estado, a serem financiadas por meio das contribuições mantêm-se estranhas à estrutura da norma tributária. É necessário um retorno à teoria de Geraldo Ataliba, que inseriu as contribuições dentre os tributos vinculados a uma atuação estatal. Previu, porém, como critério de diferenciação das taxas, a

Parte Geral • Capítulo II • TRIBUTO E ESPÉCIES TRIBUTÁRIAS | 73

A interpretação que suprime a referibilidade do regime constitucional das contribuições não parece apropriada. A conclusão não é uma consequência necessária da premissa. Os incisos I a V, e § 8º, do art. 195 realmente descrevem fatos desvinculados de uma atuação estatal (*v.g.*, auferir receita, obter lucro, importar bens ou serviços)[141]. No entanto, diferentemente do que ocorre com os impostos, isso não foi feito em relação a todas as contribuições. Logo, não é possível afirmar que essa característica constitui a regra no regime constitucional do tributo. Tanto é verdade que nem todos os autores, mesmo entre os que acolhem a teoria quinária, dispensam a referibilidade, salvo, evidentemente, naqueles casos em que o texto constitucional não a exige[142]. O próprio art. 195 prevê contribuições especiais com hipóteses de incidência indiretamente referidas ao contribuinte (incisos I, "a", e II). Também têm essa característica as contribuições para o custeio do regime de previdência dos servidores públicos efetivos (art. 149, § 1º).

A rigor, deve-se ter presente que a Constituição foi promulgada em uma época em que a exigência da referibilidade não era ignorada por ninguém. É evidente que, ao dispensá-la em alguns dispositivos, o constituinte procurou estabelecer uma exceção. Não é por outra razão que, desde 1988, foram previstas novas hipóteses de contribuições especiais sem referibilidade. Todas elas, sempre, por meio de emenda constitucional. Foi o que fez a Emenda 33/2001 no art. 149, § 2º, e no art. 177, § 4º. O mesmo se observa na Emenda 132/2023, evidenciando que, anteriormente, isso não era admitido.

É importante ressaltar que, no RE 630.898, julgado no ano de 2021 em regime de repercussão geral, o STF definiu que a referibilidade é dispensada apenas nas contribuições de intervenção no domínio econômico: "Não descaracteriza a exação o fato de o sujeito passivo não se beneficiar diretamente da arrecadação, pois a Corte considera que a inexistência de referibilidade direta não desnatura as CIDE, estando, sua instituição 'jungida aos princípios gerais da atividade

---

circunstância intermediária, exatamente o aspecto da norma que faz a mediação entre a atuação estatal e o contribuinte, ou seja, o aspecto da hipótese de incidência que, indireta e mediatamente, impõe a referibilidade ao obrigado, definindo o grupo de sujeitos passivos atingidos pela ação estatal. Na consequência, refletem-se os dois núcleos da hipótese, a saber, não se pode arrecadar mais, de todos os contribuintes envolvidos, do que o custo da autuação estatal. (Nesse ponto residindo a única diferença que apontamos em relação à teoria de Geraldo Ataliba, pois a hipótese de incidência teria dois núcleos substanciais, um deles chamado de circunstância intermediária)" (DERZI, Misabel Abreu Machado. A causa final e a regra matriz das contribuições. *In*: COÊLHO, Sacha Calmon Navarro (coord.). *Contribuições para seguridade social*. São Paulo: Quartier Latin, 2007. p. 663-664).

[141] "Art. 195. A seguridade social será financiada por toda a sociedade, de forma direta e indireta, nos termos da lei, mediante recursos provenientes dos orçamentos da União, dos Estados, do Distrito Federal e dos Municípios, e das seguintes contribuições sociais:

I – do empregador, da empresa e da entidade a ela equiparada na forma da lei, incidentes sobre: (Redação dada pela Emenda Constitucional nº 20, de 1998)

a) a folha de salários e demais rendimentos do trabalho pagos ou creditados, a qualquer título, à pessoa física que lhe preste serviço, mesmo sem vínculo empregatício; (Incluído pela Emenda Constitucional nº 20, de 1998)

b) a receita ou o faturamento; (Incluído pela Emenda Constitucional nº 20, de 1998)

c) o lucro; (Incluído pela Emenda Constitucional nº 20, de 1998)

II – do trabalhador e dos demais segurados da previdência social, podendo ser adotadas alíquotas progressivas de acordo com o valor do salário de contribuição, não incidindo contribuição sobre aposentadoria e pensão concedidas pelo Regime Geral de Previdência Social; (Redação dada pela Emenda Constitucional nº 103, de 2019)

III – sobre a receita de concursos de prognósticos.

IV – do importador de bens ou serviços do exterior, ou de quem a lei a ele equiparar. (Incluído pela Emenda Constitucional nº 42, de 19.12.2003)

V – sobre bens e serviços, nos termos de lei complementar. (Incluído pela Emenda Constitucional 132, de 2023)"

[142] Destaca-se, nesse sentido, o entendimento de PAULSEN, Leandro. *Curso de direito tributário completo*. 13. ed. São Paulo: SaraivaJur, 2022. p. 69-70.

74 | CURSO DE DIREITO TRIBUTÁRIO – *Solon Sehn*

econômica"'[143]. Entretanto, de acordo com a fundamentação encontrada no voto do relator, Ministro Dias Toffoli, é exigível em relação às demais contribuições especiais, com exceção das previstas no art. 195:

> É sabido que, à exceção das hipóteses do art. 195 da Constituição, nas quais se impõe o custeio por toda a sociedade, a **referibilidade** é característica marcante nas contribuições, sejam elas sociais, do interesse de categorias econômicas ou profissionais ou de intervenção no domínio econômico, o que significa dizer que o legislador não é completamente livre na definição da sujeição passiva de tais contribuições. Todavia, a **referibilidade** admite graduação, sendo que a maior ou a menor presença dela na estrutura da contribuição pode variar de acordo com a regra constitucional de competência.
>
> Especialmente no que se refere às CIDE, a Corte tem admitido que possam ser sujeitos passivos pessoas físicas ou jurídicas que tenham uma **relação indireta** com a atuação estatal custeada pela arrecadação do tributo. Quer dizer, os sujeitos eleitos pelo legislador ordinário devem guardar relação **com os princípios gerais da atividade econômica positivados na Carta Magna, sendo a relação jurídica estabelecida com operadores econômicos que desenvolvam atividades que produzam reflexos no campo delimitado para a intervenção**.
>
> Distinguem-se, assim, as **contribuições de intervenção no domínio econômico** – que são constitucionalmente destinadas a **finalidades não diretamente referidas ao obrigado**, sendo verdadeiros instrumentos de intervenção na ordem econômica e social – das contribuições de **interesse de categorias profissionais e econômicas**, que implicam uma **referibilidade direta**, pois se voltam para o atendimento dos interesses das pessoas que pertencem ao grupo beneficiado.

Essa parte da fundamentação não foi objeto de ressalva de nenhum dos julgadores. Em seus votos, os Ministros Alexandre de Moraes e Edson Fachin, inclusive, consignaram expressamente que a referibilidade não faz parte do regime constitucional das contribuições interventivas. Não houve, contudo, manifestação expressa quanto às demais contribuições especiais, de sorte que não pode ser considerado o motivo determinante (*ratio decidendi*) do julgado, aplicável como precedente vinculante aos processos idênticos ou semelhantes (CPC, art. 489, § 1º, VI[144]). Isso deverá ser mais bem esclarecido pelo próprio STF em outras decisões. De todo modo, desde já, o voto do Ministro Toffoli é uma sinalização positiva.

2.6.2.3   Exigência de lei complementar

Nos primeiros anos da vigência da Constituição Federal de 1988, parte da doutrina sustentou que o art. 149, quando faz referência ao art. 146, III, teria estabelecido uma reserva de lei complementar para a instituição desses tributos. Outros sustentaram que as contribuições podem ser instituídas por lei ordinária, desde que exista uma lei complementar prévia definindo os "fatos geradores, bases de cálculo e contribuintes" (CF, art. 146, III, "a"), ressalvadas as previstas no art. 195, que já apresentam um campo de possível incidência definido pelo próprio texto

---

[143]   STF, Tribunal Pleno, RE 630.898, Rel. Min. Dias Toffoli, *DJe* 11.05.2021. Tema 495: "É constitucional a contribuição de intervenção no domínio econômico destinada ao INCRA devida pelas empresas urbanas e rurais, inclusive após o advento da EC nº 33/2001".

[144]   "Art. 489. São elementos essenciais da sentença: [...] § 1º Não se considera fundamentada qualquer decisão judicial, seja ela interlocutória, sentença ou acórdão, que: [...] VI – deixar de seguir enunciado de súmula, jurisprudência ou precedente invocado pela parte, sem demonstrar a existência de distinção no caso em julgamento ou a superação do entendimento."

Parte Geral • Capítulo II • TRIBUTO E ESPÉCIES TRIBUTÁRIAS | 75

constitucional[145]. Contudo, o Supremo Tribunal Federal entendeu que esse dispositivo implica apenas a submissão das contribuições especiais "às normas gerais estabelecidas pela legislação complementar em matéria tributária, mas não é de se exigir que elas próprias sejam veiculadas apenas por meio de lei complementar"[146]. Ainda de acordo com a jurisprudência do STF, somente há reserva de lei complementar nas hipóteses previstas no art. 195, § 4º[147], ou seja, na instituição de novas fontes de custeio da seguridade social:

> [...] as contribuições do art. 195, I, II, III, da Constituição, não exigem, para a sua instituição, lei complementar. Apenas a contribuição do parág. 4.º do mesmo art. 195 é que exige, para a sua instituição, lei complementar, dado que essa instituição deverá observar a técnica da competência residual da União (C.F., art. 195, parág. 4 C.F., art. 154, I). Posto estarem sujeitas à lei complementar do art. 146, III, da Constituição, porque não são impostos, não há necessidade de que a lei complementar defina o seu fato gerador, base de cálculo e contribuintes (C.F., art. 146, III, "a")[148].

Dessa forma, para instituir outras fontes de custeio da seguridade social, é necessária uma lei complementar, o que também se aplica à ampliação da base de cálculo. Assentado nessa exigência, o STF já declarou a inconstitucionalidade de diversos tributos, notadamente: (a) da contribuição para a seguridade social sobre o valor estimado da produção agrícola devida pelo empregador pessoa jurídica, na forma do § 2º do art. 25 da Lei 8.870/1994[149]; (b) da contribuição previdenciá-

---

145 Sobre a controvérsia, ver: FISCHER, Octavio Campos. *A contribuição ao PIS*. São Paulo: Dialética, 1999. p. 115 e ss.; GRECO, Marco Aurélio. *Contribuições*: uma figura "sui generis". São Paulo: Dialética, 2000. p. 198; GAMA, Tácio Lacerda. *Contribuição de intervenção no domínio econômico*. São Paulo: Quartier Latin, 2003. p. 195; SOUZA, Ricardo Conceição. *Regime jurídico das contribuições*. São Paulo: Dialética, 2002. p. 86; SPAGNOL, Werther Botelho. *As contribuições sociais no direito brasileiro*. Rio de Janeiro: Forense, 2002. p. 115. O tema foi debatido em estudo de autoria coletiva organizado por Hugo de Brito Machado (*As contribuições sociais no sistema tributário brasileiro*. São Paulo-Fortaleza: Dialética-ICET, 2003). Cumpre destacar o entendimento de Aroldo Gomes de Mattos, que se manifestou pela necessidade de edição de lei complementar contendo normas gerais acerca do campo de incidência das contribuições, salvo em relação às contribuições sociais, que já apresentam tal delimitação no próprio texto constitucional (As contribuições no sistema tributário brasileiro. *In*: MACHADO, Hugo de Brito (org.). *As contribuições no sistema tributário brasileiro*. São Paulo-Fortaleza: Dialética-ICET, 2003. p. 109-112) e Hugo de Brito Machado Segundo e Raquel Cavalcanti Ramos Machado (As contribuições no sistema tributário brasileiro. *In*: MACHADO, Hugo de Brito (org.). *As contribuições no sistema tributário brasileiro*. São Paulo-Fortaleza: Dialética-ICET, 2003. p. 283 e ss.), também entendendo necessária a edição de lei complementar prévia.

146 STF, Tribunal Pleno, RE 635.682, Rel. Min. Gilmar Mendes, *DJe* 24.05.2013, Tema 227: "A contribuição destinada ao Serviço Brasileiro de Apoio às Micro e Pequenas Empresas – Sebrae possui natureza de contribuição de intervenção no domínio econômico e não necessita de edição de lei complementar para ser instituída".

147 Transcrito anteriormente.

148 RE 138.284-8, Tribunal Pleno, Rel. Min. Carlos Velloso, *DJU* 28.08.1992. Em seu voto, o Min. Relator destacou: "[...] A norma matriz das contribuições sociais, bem assim das contribuições de intervenção e das contribuições corporativas, é o art. 149 da Constituição Federal. O artigo 149 sujeita tais contribuições, todas elas, à lei complementar de normas gerais (art. 146, III). Isto, entretanto, não quer dizer, também já falamos, que somente a lei complementar pode instituir tais contribuições. Elas se sujeitam, é certo, à lei complementar de normas gerais (art. 146, III). Todavia, porque não são impostos, não há necessidade de que a lei complementar defina os seus fetos geradores, bases de cálculo e contribuintes (art. 146, III, 'a'). Somente para aqueles que entendem que a contribuição é imposto é que a exigência teria cabimento" (p. 457). No mesmo sentido: ADC 1-1, Tribunal Pleno, Rel. Min. Moreira Alves, *DJU* 16.06.1995; RE 146.733-9/SP, Tribunal Pleno, Rel. Min. Moreira Alves, *DJU* 06.11.1992.

149 "O art. 195, I, da Constituição prevê a cobrança de contribuição social dos empregadores, incidentes sobre a folha de salários, o faturamento e o lucro; desta forma, quando o § 2º do art. 25 da Lei nº 8.870/94 cria contribuição social sobre o valor estimado da produção agrícola própria, considerado o seu preço de mercado, é ele inconstitucional porque usa uma base de cálculo não prevista na Lei Maior" (STF, ADI 1.103, Rel. p/ Ac. Min. Maurício Corrêa, *DJ* 25.04.1997).

76 | CURSO DE DIREITO TRIBUTÁRIO – *Solon Sehn*

ria prevista no art. 22, IV, da Lei 8.212/1991, com redação dada pela Lei 9.876/1999, que incide sobre o valor bruto da nota fiscal ou fatura referente a serviços prestados por cooperados por intermédio de cooperativas de trabalho[150]; (c) da contribuição social sobre o subsídio de agente político (Lei 8.212/1991, art. 12, I, "h", na redação da Lei 9.506/1997[151]; (d) da contribuição social sobre o pagamento de autônomos, avulsos e administradores pela Lei 7.787/1989[152].

Por fim, ressalte-se que, nos termos do art. 195, V e § 15, da Constituição Federal[153], também há reserva de lei complementar na instituição da CBS, tributo que foi criado com a Emenda da Reforma Tributária. A alíquota, entretanto, pode ser fixada em lei ordinária.

2.6.2.4 Parafiscalidade obrigatória

Há parafiscalidade quando a capacidade tributária ativa (a aptidão para figurar como credor na relação jurídica tributária) é delegada pelo legislador a uma entidade da administração pública indireta ou para pessoa jurídica de direito privado (ou mesmo pessoa física) no exercício de função pública ou de interesse coletivo. Pode ocorrer em relação a qualquer tributo. Os emolumentos (taxas[154]) relativos aos serviços notariais e de registro, por exemplo, são cobrados pelos titulares

---

[150] "O art. 22, IV, da Lei nº 8.212/91, com a redação da Lei nº 9.876/99, ao instituir contribuição previdenciária incidente sobre o valor bruto da nota fiscal ou fatura, extrapolou a norma do art. 195, inciso I, 'a', da Constituição, descaracterizando a contribuição hipoteticamente incidente sobre os rendimentos do trabalho dos cooperados, tributando o faturamento da cooperativa, com evidente bis in idem. Representa, assim, nova fonte de custeio, a qual somente poderia ser instituída por lei complementar, com base no art. 195, § 4º – com a remissão feita ao art. 154, I, da Constituição" (STF, RE 595.838, Rel. Min. Dias Toffoli, *DJe* 08.10.2014). Nele foi fixada a seguinte tese de repercussão geral: "É inconstitucional a contribuição previdenciária prevista no art. 22, IV, da Lei 8.212/1991, com redação dada pela Lei 9.876/1999, que incide sobre o valor bruto da nota fiscal ou fatura referente a serviços prestados por cooperados por intermédio de cooperativas de trabalho" (Tema 166).

[151] "A Lei 9.506/1997, § 1º, do art. 13, acrescentou a alínea 'h' ao inciso I do art. 12 da Lei 8.212/1991, tornando segurado obrigatório do regime geral de previdência social o exercente de mandato eletivo, desde que não vinculado a regime próprio de previdência social. Todavia, não poderia a lei criar figura nova de segurado obrigatório da previdência social, tendo em vista o disposto no art. 195, II, CF. Ademais, a Lei 9.506/1997, § 1º, do art. 13, ao criar figura nova de segurado obrigatório, instituiu fonte nova de custeio da seguridade social, instituindo contribuição social sobre o subsídio de agente político. A instituição dessa nova contribuição, que não estaria incidindo sobre 'a folha de salários, o faturamento e os lucros' (CF, art. 195, I, sem a EC 20/1998), exigiria a técnica da competência residual da União, art. 154, I, *ex vi* do disposto no art. 195, § 4º, ambos da CF. É dizer, somente por lei complementar poderia ser instituída citada contribuição" (STF, RE 351.717, Rel. Min. Carlos Velloso, *DJ* 21.11.2003). Ressalte-se, no entanto, que, após a Lei 10.887/2004, o STF entendeu que: "Incide contribuição previdenciária sobre os rendimentos pagos aos exercentes de mandato eletivo, decorrentes da prestação de serviços à União, a estados e ao Distrito Federal ou a municípios, após o advento da Lei nº 10.887/2004, desde que não vinculados a regime próprio de previdência" (Tema 691; RE 626.837, Rel. Min. Dias Toffoli, *DJe* 1º.02.2018).

[152] "A norma inscrita no art. 195, I, da Carta Política, por referir-se à contribuição social incidente sobre a folha de salários; expressão esta que apenas alcança a remuneração paga pela empresa em virtude da execução de trabalho subordinado, com vínculo empregatício; não abrange os valores pagos aos autônomos, aos avulsos e aos administradores, que constituem categorias de profissionais não empregados. Precedentes. A União Federal, para instituir validamente nova contribuição social, tendo presente a situação dos profissionais autônomos, avulsos e administradores, deveria valer-se, não de simples lei ordinária, mas, necessariamente, de espécie normativa juridicamente mais qualificada: a lei complementar (CF, art. 195, § 4º, *in fine*)" (STF, 1ª T., RE 186.984, Rel. Min. Celso de Mello, *DJ* 25.08.1995).

[153] "Art. 195. [...]
V – sobre bens e serviços, nos termos de lei complementar.
[...]
§ 15. A contribuição prevista no inciso V será instituída pela mesma lei complementar de que trata o art. 156-A e poderá ter sua alíquota fixada em lei ordinária."

[154] "A jurisprudência do Supremo Tribunal Federal firmou orientação no sentido de que as custas judiciais e os emolumentos concernentes aos serviços notariais e registrais possuem natureza tributária, qualificando-se como taxas remuneratórias de serviços públicos, sujeitando-se, em consequência, quer no que concerne

Parte Geral • Capítulo II • TRIBUTO E ESPÉCIES TRIBUTÁRIAS | **77**

das serventias extrajudiciais não oficializadas, ou seja, por pessoas físicas que atuam por delegação do poder público (CF, art. 236[155]). Apesar disso, historicamente, a parafiscalidade tem sido mais recorrente nas contribuições especiais[156]. Atualmente, a técnica é empregada nas contribuições corporativas (no interesse de categorias profissionais ou econômicas) e nas contribuições devidas aos conselhos de fiscalização profissional, a exemplo do Conselho Federal de Odontologia[157].

Após a Constituição Federal de 1988, alguns autores sustentaram que haveria uma parafiscalidade necessária ou constitucionalmente qualificada em relação às contribuições para a seguridade social. A União, assim, não poderia figurar como sujeito ativo da relação jurídica tributária, devendo delegá-la para a autarquia previdenciária federal (INSS – Instituto Nacional do Seguro Social). Essa matéria foi objeto de questionamento no Poder Judiciário, sobretudo após a promulgação da Lei Complementar 70/1991 (art. 10), que submeteu a arrecadação e a fiscalização da Cofins (Contribuição para o Financiamento da Seguridade Social) à União, por intermédio da Secretaria da Receita Federal[158].

O STF, com razão, não acolheu essa interpretação[159]. Não há, destarte, parafiscalidade obrigatória prevista no texto constitucional, mesmo indiretamente. Apenas a destinação do produto da arrecadação faz parte do regime jurídico constitucional das contribuições. Preservada a afetação, nada impede que a capacidade tributária ativa fique diretamente com a pessoa política competente para instituir o tributo.

à sua instituição e majoração, quer no que se refere à sua exigibilidade, ao regime jurídico-constitucional pertinente a essa especial modalidade de tributo vinculado, notadamente aos princípios fundamentais que proclamam, dentre outras, as garantias essenciais (a) da reserva de competência impositiva, (b) da legalidade, (c) da isonomia e (d) da anterioridade. Precedentes" (STF, Tribunal Pleno, ADI 1378 MC, Rel. Min. Celso de Mello, *DJ* 30.05.1997).

155 "Art. 236. Os serviços notariais e de registro são exercidos em caráter privado, por delegação do Poder Público. [...] § 3º O ingresso na atividade notarial e de registro depende de concurso público de provas e títulos, não se permitindo que qualquer serventia fique vaga, sem abertura de concurso de provimento ou de remoção, por mais de seis meses."

156 BALEEIRO, Aliomar. *Limitações constitucionais ao poder de tributar*. 7. ed. Rio de Janeiro: Forense, 1999. p. 584.

157 "Constitucional. Administrativo. Entidades fiscalizadoras do exercício profissional. Conselho Federal de Odontologia: natureza autárquica. Lei 4.234, de 1964, art. 2º. Fiscalização por parte do TCU. Natureza autárquica do Conselho Federal e dos Conselhos Regionais de Odontologia. Obrigatoriedade de prestar contas ao TCU. [...] As contribuições cobradas pelas autarquias responsáveis pela fiscalização do exercício profissional são contribuições parafiscais, contribuições corporativas, com caráter tributário" (STF, MS 21.797, Rel. Min. Carlos Velloso, *DJ* 18.05.2001; STF, Tribunal Pleno, ADI 4.697 e ADI 4.762, Rel. Min. Edson Fachin, *DJe* 30.03.2017).

158 "Art. 10. O produto da arrecadação da contribuição social sobre o faturamento, instituída por esta lei complementar, observado o disposto na segunda parte do art. 33 da Lei nº 8.212, de 24 de julho de 1991, integrará o Orçamento da Seguridade Social." Por outro lado, de acordo com a redação da época desse dispositivo: "Art. 33. Ao Instituto Nacional do Seguro Social – INSS compete arrecadar, fiscalizar, lançar e normatizar o recolhimento das contribuições sociais previstas nas alíneas 'a', 'b' e 'c' do parágrafo único do art. 11, bem como as contribuições incidentes a título de substituição; e à Secretaria da Receita Federal – SRF compete arrecadar, fiscalizar, lançar e normatizar o recolhimento das contribuições sociais previstas nas alíneas 'd' e 'e' do parágrafo único do art. 11, cabendo a ambos os órgãos, na esfera de sua competência, promover a respectiva cobrança e aplicar as sanções previstas legalmente. (Redação dada pela Lei Federal n.º 10.256, de 09.07.2001)"

159 Foi o que entendeu o STF no julgamento da ADC 1, quando reafirmou entendimento anterior relativo à CSLL: "Sobre o tema, também já se pronunciou o STF, no RE 146.733, onde a constitucionalidade da Lei 7.686/1988 foi reconhecida, no tocante à contribuição incidente sobre o lucro das pessoas jurídicas, havendo sido consignado que o aspecto relevante para caracterização da contribuição social, como tributo, é que o produto de sua arrecadação tenha uma destinação específica, e não o modo pelo qual é arrecadada. [...] Naquela oportunidade, foi afirmado, pelo subscritor deste, ser irrelevante a circunstância de a cobrança e fiscalização da contribuição social serem realizadas pelos agentes encarregados do Imposto de Renda, estando claro que a lei não quis transferir para a 'caixa única' do Tesouro Nacional o produto da arrecadação, ao incumbir a Receita Federal das atribuições de administrar e fiscalizar o tributo, havendo-se, razoavelmente, de entender que cabe aos ditos agentes disciplinar e realizar os lançamentos pertinentes, e fiscalizar as empresas, a fim de evitar sonegações e retardamentos nos recolhimentos". Voto Min. Sepúlveda Pertence, p. 8-9.

2.6.2.5 Afetação e desvio de finalidade (DRU)

As contribuições não devem ser consideradas apenas desde uma perspectiva tributária. A Constituição Federal de 1988 consagrou uma série de direitos fundamentais, inclusive direitos sociais relevantes. Um deles é a seguridade social, que abrange o direito à saúde, previdência e assistência social, assentada na universalidade da cobertura e do atendimento, uniformidade e equivalência dos benefícios e serviços às populações urbanas e rurais, na seletividade e distributividade na prestação dos benefícios e serviços e, entre outros, na irredutibilidade dos benefícios. O constituinte, justamente porque tinha ciência de que a realização desses e outros direitos fundamentais tinha um custo[160], criou um instrumento financeiro para potencializar a sua efetivação: as contribuições especiais. Por meio delas, a Lei Maior permitiu à União eleger uma finalidade de interesse coletivo e, ao mesmo tempo, criar um tributo específico para financiá-la. É isso que justifica a submissão das contribuições a um número menor de limitações, inclusive a própria dispensa de divisão do produto da arrecadação com outros entes políticos.

Nas contribuições especiais, o produto da arrecadação é vinculado às finalidades previstas nos arts. 149, *caput* e § 2º, 177, § 4º, 195, 212 e 239 da Constituição Federal de 1988. Assim, a maior parte da doutrina entende que o inciso II do art. 4º do CTN não foi recepcionado pelo texto constitucional. Esse preceito estabelece a irrelevância da "destinação legal do produto de sua arrecadação" para a determinação da natureza jurídica específica do tributo, o que não se compatibiliza com as características definitórias do regime jurídico das contribuições especiais.

Logo, em caso de ausência de uma afetação do produto da arrecadação ou de desvio de finalidade (ainda que para outro designío de interesse coletivo), o tributo será inconstitucional. Não é sequer possível a conservação da lei inválida, isto é, o aproveitamento ou a afirmação da natureza jurídica do tributo como imposto, porque, se os recursos forem aplicados em outra finalidade específica, haveria uma violação do art. 167, IV, da Constituição Federal.

A alteração desse regime demanda modificação do próprio texto constitucional, como fez Emenda 27/2000, ao instituir a desvinculação das receitas da União (DRU) no art. 76 do ADCT para o período de 2000 a 2003, sucessivamente prorrogado, até 2032 pela Emenda 135/2024: "Art. 76. São desvinculados de órgão, fundo ou despesa, até 31 de dezembro de 2032, 30% (trinta por cento) da arrecadação da União relativa às contribuições sociais, sem prejuízo do pagamento das despesas do Regime Geral de Previdência Social, às contribuições de intervenção no domínio econômico, às taxas e às receitas patrimoniais, já instituídas ou que vierem a ser criadas até a referida data. (Redação dada pela Emenda Constitucional nº 135, de 2024)"[161].

A validade da DRU foi questionada por parte da doutrina. O STF, entretanto, definiu em regime de repercussão geral que: "I – A eventual inconstitucionalidade de desvinculação de receita de contribuições sociais não acarreta a devolução ao contribuinte do montante correspondente ao percentual desvinculado, pois a tributação não seria inconstitucional ou ilegal, única hipótese autorizadora da repetição do indébito tributário; II – Não é inconstitucional a desvinculação, ainda que parcial, do produto da arrecadação das contribuições sociais instituídas pelo art. 76 do ADCT, seja em sua redação original, seja naquela resultante das Emendas Constitucionais 27/2000, 42/2003, 56/2007, 59/2009 e 68/2011" (Tema 277)[162].

---

[160] A capacidade econômica do Estado, como ensina J. J. Gomes Canotilho, é um dos pressupostos dos direitos fundamentais (CANOTILHO, José Joaquim Gomes. *Direito constitucional e teoria da Constituição*. 7. ed. Coimbra: Almedina, 2003. p. 473).

[161] A Emenda 132/2023 incluiu os arts. 76-A e 76-B no ADCT, prevendo a desvinculação da receita de *impostos*, *taxas* e *multas* dos Estados, do Distrito Federal e dos Municípios até 31 de dezembro de 2032, sem alcançar, portanto, a receita de contribuições.

[162] STF, Tribunal Pleno, RE 566.007, Rel. Min. Cármen Lúcia, *DJe* 11.02.2015. Em outros julgados, o STF entendeu que: (a) "não é inconstitucional a desvinculação de parte da arrecadação de contribuição social, levada a efeito por emenda constitucional" (STF, 2ª T., RE 537.610. Rel. Min. Cezar Peluso, *DJe* 18.12.2009); (b) "a des-

Nesse recurso, a Min. Cármen Lúcia manifestou estranhamento com o pedido de devolução da parcela não vinculada, afirmando que o sujeito passivo não teria legitimidade para pleiteá-la:

1. Improcedem os argumentos da Recorrente, desenvolvendo ela método dedutivo que, conquanto inválido, seria capaz de conduzir a erro leitor menos atento.

Parte-se da premissa de que a denominada Desvinculação de Receitas da União – DRU seria inconstitucional para se concluir que, por causa desse alegado vício de inconstitucionalidade, teria ela direito à restituição tributária proporcional ao percentual autorizado para a desvinculação, como se o oposto de "desvincular" fosse "devolver" e não "vincular".

2. Falta à Recorrente legitimidade para a causa, pois a consequência do vício constitucional alegado não a beneficiaria, nem alcançaria ela o resultado almejado com a impetração do mandado de segurança (desoneração tributária proporcional ao percentual desvinculado). Não é possível sequer considerar a existência de direito líquido e certo para a impetração, como demonstrado na sequência.

[...]

5. O núcleo da questão posta neste recurso extraordinário não é se o art. 76 do ADCT alterado por Emenda ofenderia a Constituição da República, mas se, em caso de inconstitucionalidade, teria a Recorrente direito à desoneração proporcional à desvinculação das contribuições sociais recolhidas.

E a resposta é negativa.

Se a inconstitucionalidade fosse da desvinculação, a única consequência cabível seria o retorno à situação anterior, ou seja, a observância da vinculação originariamente estabelecida pela Constituição da República.

Não é possível concluir que da eventual inconstitucionalidade da desvinculação parcial da receita das contribuições sociais decorreria a devolução ao contribuinte do montante correspondente ao percentual desvinculado, pois a tributação não seria inconstitucional ou ilegal, única hipótese em que se autorizaria a repetição do indébito tributário ou o reconhecimento de inexistência de relação jurídico-tributária.

A rigor, o problema da não aplicação dos recursos nas finalidades constitucionais pode ser colocado sobre diferentes perspectivas, nem todas consideradas no RE 566.007:

(i) **Desafetação por emenda constitucional:**

Apesar de relevante, a destinação do produto da arrecadação nas contribuições especiais não é cláusula pétrea da Constituição Federal (art. 60, § 4º[163]). Nada impede a alteração por meio de emenda, o que, entretanto, não é extensivo ao legislador infraconstitucional nem, menos ainda, ao administrador público. Como entendeu o STF na ADI 2.925-8, "é inconstitucional interpre-

---

vinculação parcial da receita da União, constante do art. 76 do ADCT, não transforma as contribuições sociais e de intervenção no domínio econômico em impostos, alterando a essência daquelas, ausente qualquer implicação quanto à apuração do Fundo de Participação dos Municípios" (STF, 1ª T., RE 793.564 AgR, Rel. Min. Marco Aurélio, DJe 1º.10.2014).

[163] "Art. 60. [...] § 4º Não será objeto de deliberação a proposta de emenda tendente a abolir:

I – a forma federativa de Estado;

II – o voto direto, secreto, universal e periódico;

III – a separação dos Poderes;

IV – os direitos e garantias individuais."

tação da Lei Orçamentária 10.640, de 14 de janeiro de 2003, que implique abertura de crédito suplementar em rubrica estranha à destinação do que arrecadado a partir do disposto no § 4º do artigo 177 da Constituição Federal, ante a natureza exaustiva das alíneas 'a', 'b' e 'c' do inciso II do citado parágrafo". Dessa forma, afastando um possível desvio da finalidade, o Tribunal "julgou procedente em parte a ação para dar interpretação conforme a Constituição, no sentido de que a abertura de crédito suplementar deve ser destinada às três finalidades enumeradas no artigo 177, § 4º, inciso II, alíneas 'a', 'b' e 'c', da Carta Federal"[164].

(ii) **Desafetação por lei superveniente:**

A afetação das contribuições é uma regra constitucional. Se a lei nova alterar a destinação violando os desígnios constitucionais, ficará restabelecida a afetação da lei originária com efeitos *ex tunc*, em razão dos efeitos repristinatórios da declaração de inconstitucionalidade. Não cabe a repetição do indébito em situações dessa natureza. Após a extinção do crédito, a aplicação dos recursos submete-se a outras regras e a outras relações jurídicas. Assim, cumpre ao Tribunal de Contas apurar eventual ilegalidade de despesa ou irregularidade de contas, assinar prazo para que o órgão ou entidade adote as providências necessárias ao exato cumprimento da lei, sustar eventuais atos ilegais, representando aos órgãos competentes para fins de responsabilização criminal ou política (CF, art. 71);

(iii) **Desafetação por ato administrativo:**

Se a afetação foi prevista em lei, dentro do que estabelece o texto constitucional, a não aplicação do recurso pelo agente administrativo caracteriza uma ilegalidade, podendo gerar a responsabilização administrativa e política do ordenador de despesas, inclusive com consequências no âmbito criminal (crime de *responsabilidade* tipificado no art. 10, 2 e 4[165], e no art. 11, 1[166], da Lei 1.079/1950; e crime de *emprego irregular de verbas ou rendas públicas*, no art. 315 do Código Penal[167]). O Tribunal de Contas deverá adotar as mesmas providências indicadas no item anterior, sendo incabível a repetição do indébito;

(iv) **Desafetação pela lei instituidora, afetação indevida e ausência de previsão legal de destinação:**

Como o STF não pode agir como legislador positivo, não é possível determinar o retorno de uma afetação que nunca existiu. Por isso, nos casos de desafetação pela lei instituidora,

---

[164]   STF, Tribunal Pleno, ADI 2.925, Rel. Min. Ellen Gracie, Rel. p/ Ac. Min. Marco Aurélio, *DJ* 04.02.2005.

[165]   "Capítulo VI

Dos Crimes contra a Lei Orçamentária

Art. 10. São crimes de responsabilidade contra a lei orçamentária:

[...]

2 – Exceder ou transportar, sem autorização legal, as verbas do orçamento;

[...]

4 – Infringir, patentemente, e de qualquer modo, dispositivo da lei orçamentária."

[166]   "Capítulo VII

Dos Crimes contra a Guarda e Legal Emprego dos Dinheiros Públicos:

Art. 11. São crimes contra a guarda e legal emprego dos dinheiros públicos:

1 – ordenar despesas não autorizadas por lei ou sem observância das prescrições legais relativas às mesmas."

[167]   "Art. 315. Dar às verbas ou rendas públicas aplicação diversa da estabelecida em lei:

Pena – detenção, de um a três meses, ou multa."

Parte Geral • Capítulo II • TRIBUTO E ESPÉCIES TRIBUTÁRIAS | **81**

afetação inidônea ou mesmo ausência de previsão legal de destinação, deve ser reconhecida a inconstitucionalidade do tributo. Nessas hipóteses, não há uma aplicação indevida do recurso após a extinção lícita da obrigação tributária. O desvio não é superveniente, mas originário, de sorte que o pagamento sempre foi indevido[168]. Em situações dessa natureza, o contribuinte tem direito e legitimidade à repetição do indébito. Isso porque, como ressaltado no voto do Ministro Carlos Velloso no RE 183.906: "[...] no sistema tributário brasileiro, em que a destinação do tributo diz com a legitimidade deste e, por isso, não ocorrendo a destinação constitucional do mesmo, surge para o contribuinte o direito de não pagá-lo"[169]. Portanto, cabe em relação a essa hipótese uma distinção (*distinguishing*) da tese fixada no RE 566.007.

2.6.2.6 Contribuições interventivas

As contribuições interventivas ou de intervenção do domínio econômico foram as que mais geraram polêmicas e debates na doutrina. Em certa medida, mesmo passados mais de 35 anos da promulgação da Constituição Federal de 1988, ainda há muitas divergências entre os autores acerca de suas características definitórias e dos delineamentos de seu regime jurídico[170]. Não obstante, é possível identificar algumas convergências, assim como decisões vinculantes do STF que, até eventual superação, encerram parte das discussões no plano pragmático. Antes de analisá-las, cumpre ressaltar que, no texto originário da Constituição Federal de 1988, não havia clareza acerca da hipótese de incidência possível das contribuições interventivas. Parte da doutrina, assim, sustentou que poderiam apresentar características típicas de impostos (hipótese de incidência não vinculada). Outros, de modo diverso, entendiam que deveriam descrever uma atuação estatal indiretamente referida ao contribuinte.

A instituição de contribuições interventivas sem referibilidade foi autorizada pela Emenda 33/2001, nas situações descritas no art. 149, § 2º, II, e III, e no art. 177, § 4º:

> Art. 149. Compete exclusivamente à União instituir contribuições sociais, de intervenção no domínio econômico e de interesse das categorias profissionais ou econômicas, como instrumento de sua atuação nas respectivas áreas, observado o disposto nos arts. 146, III, e 150, I e III, e sem prejuízo do previsto no art. 195, § 6º, relativamente às contribuições a que alude o dispositivo.
>
> [...]
>
> § 2º As contribuições sociais e de intervenção no domínio econômico de que trata o *caput* deste artigo: (Incluído pela Emenda Constitucional 33, de 2001)

---

[168] Como assinala Ávila, "a adequação deve ser verificada no momento da edição da lei, para a maioria dos casos e em nível abstrato, que a constatação, prévia e abstrata, de um desvio de destinação compromete sua função de meio para promover finalidades" (ÁVILA, Humberto. *Sistema constitucional tributário*. São Paulo: Saraiva, 2004. p. 264).

[169] STF, Tribunal Pleno, RE 183.906/SP, Rel. Min. Marco Aurélio, *DJ* 30.04.1998.

[170] Sobre o tema, cf. os artigos publicados nas obras coletivas: MARTINS, Ives Gandra da Silva (coord.). *Contribuições de intervenção no domínio econômico*. São Paulo: RT-CEU, 2002; e GRECO, Marco Aurélio (coord.). *Contribuições de intervenção no domínio econômico e figuras afins*. São Paulo: Dialética, 2001. Destacam-se ainda os estudos, além dos estudos citados nas notas anteriores sobre contribuições em geral, o livro de autoria coletiva coordenado por Marcelo Magalhães Peixoto, Leonardo Ogassawara de Araújo Branco e Michel Przepiorka, já anteriormente citada (PEIXOTO, Marcelo Magalhães; BRANCO, Leonardo Ogassawara de Araújo; PRZEPIORKA, Michell (coord.). *Contribuições*: evolução jurisprudencial no Carf, STJ e STF. São Paulo: MP-Apet, 2022); além desta, também citada anteriormente: PAULSEN, Leandro; VELLOSO, Andrei Pitten. *Contribuições no sistema tributário brasileiro*. 4. ed. São Paulo: Saraiva Educação, 2019; e GRECO, Marco Aurélio. *Contribuições*: uma figura "sui generis". São Paulo: Dialética, 2000; e, sobre contribuições de intervenção no domínio econômico: HORVATH, Estevão. *Contribuições de intervenção no domínio econômico*. São Paulo: Dialética, 2009; GAMA, Tácio Lacerda. *Contribuição de intervenção no domínio econômico*. São Paulo: Quartier Latin, 2003; PACE, Ricardo. *Contribuições de intervenções no domínio econômico*. Porto Alegre: Fabris, 2001.

[...]

II – incidirão também sobre a importação de produtos estrangeiros ou serviços; (Redação dada pela Emenda Constitucional 42, de 19.12.2003)

III – poderão ter alíquotas: (Incluído pela Emenda Constitucional 33, de 2001)

a) *ad valorem*, tendo por base o faturamento, a receita bruta ou o valor da operação e, no caso de importação, o valor aduaneiro; (Incluído pela Emenda Constitucional 33, de 2001)

Art. 177. [...]

§ 4º A lei que instituir contribuição de intervenção no domínio econômico relativa às atividades de importação ou comercialização de petróleo e seus derivados, gás natural e seus derivados e álcool combustível deverá atender aos seguintes requisitos: (Incluído pela Emenda Constitucional 33, de 2001)

Essa alteração levantou uma nova discussão, porque, para alguns autores, as hipóteses de incidência e as bases de cálculo previstas na alínea "a" do § 2º do art. 149 seriam taxativas. Contudo, no RE 630.898, julgado no ano de 2021, o STF entendeu que o rol é apenas exemplificativo. Nele foi fixada a seguinte tese de repercussão geral: "É constitucional a contribuição de intervenção no domínio econômico destinada ao INCRA devida pelas empresas urbanas e rurais, inclusive após o advento da EC 33/2001" (Tema 495)[171]. Com isso, afastando quaisquer dúvidas que poderiam existir acerca do entendimento do Tribunal, foi confirmada a interpretação anterior adotada no RE 603.624: "As contribuições devidas ao SEBRAE, à APEX e à ABDI com fundamento na Lei 8.029/1990 foram recepcionadas pela EC 33/2001" (Tema 325)[172]. Essas decisões devem ser estendidas a todos os recursos fundados em idêntica controvérsia de direito (CPC, arts. 1.036 e 1.039). Ao mesmo tempo, como precedentes vinculantes (CPC, art. 489, § 1º, VI), seus motivos determinantes devem ser obrigatoriamente aplicados aos processos idênticos ou semelhantes, salvo em caso de distinção (*distinguishing*), até superação pelo próprio STF (*overruling*)[173].

No RE 630.898, foi decidido ainda que "não descaracteriza a exação o fato de o sujeito passivo não se beneficiar diretamente da arrecadação, pois a Corte considera que a inexistência de referibilidade direta não desnatura as CIDE, estando, sua instituição 'jungida aos princípios gerais da atividade econômica'"[174].

---

[171] STF, Tribunal Pleno, RE 630.898, Rel. Min. Dias Toffoli, *DJe* 11.05.2021. O Min. Edson Fachin, entretanto, interpretou diferentemente, no que foi acompanhado pela Min. Rosa Weber e pelos Min. Marco Aurélio e Min. Ricardo Lewandowski: **"Embora não seja exigível que lei complementar defina a hipótese de incidência, a base imponível e os contribuintes de uma CIDE, o Poder Constituinte Derivado restringiu a liberdade de conformação do legislador, ao constitucionalizar o rol de possíveis bases de cálculo nas expressões 'faturamento', 'receita bruta' e 'valor da operação'. [...] A despeito do elemento finalístico ser o principal critério de validação constitucional das contribuições, constata-se amiúde que o Poder Constituinte valeu-se da enunciação de bases econômicas e materialidades dessas exações tributárias, de modo a limitar a competência tributária dos entes federativos. Nesse sentido, a dicção da folha de salário das empresas como base de cálculo da CIDE-INCRA extravasa dos limites da ordem constitucional"**. O Min. Marco Aurélio apresentou voto escrito com a mesma fundamentação. A Min. Rosa Weber, por sua vez, embora não tenha apresentado, em julgado anterior (RE 603.624) já tinha votado pela "natureza taxativa do rol do art. 149, § 2º, III, 'a', da Lei Maior". Também o fez no mesmo sentido o Min. Ricardo Lewandowski, de sorte que foi o motivo de ter acompanhado a divergência do Min. Edson Fachin.

[172] STF, Tribunal Pleno, RE 603.624, Rel. Min. Rosa Weber, Rel. p/ Ac. Min. Alexandre de Moraes, *DJe* 13.01.2021.

[173] Sobre o tema cf.: MARINONI, Luiz Guilherme. *Precedentes obrigatórios*. 6. ed. São Paulo: RT, 2019. p. 302; MARINONI, Luiz Guilherme; ARENHART, Sérgio Cruz; MITIDIERO, Daniel. *Novo Código de Processo Civil comentado*. 3. ed. São Paulo: RT, 2007. p. 1137.

[174] Item 3 da ementa do RE 630.898.

Parte Geral · Capítulo II · TRIBUTO E ESPÉCIES TRIBUTÁRIAS | 83

No voto do Min. Dias Toffoli, observa-se a seguinte fundamentação:

> [...] no que se refere às CIDE, a Corte tem admitido que possam ser sujeitos passivos pessoas físicas ou jurídicas que tenham uma **relação indireta** com a atuação estatal custeada pela arrecadação do tributo. Quer dizer, os sujeitos eleitos pelo legislador ordinário devem guardar relação **com os princípios gerais da atividade econômica positivados na Carta Magna, sendo a relação jurídica estabelecida com operadores econômicos que desenvolvam atividades que produzam reflexos no campo delimitado para a intervenção.**
> [...]
> O Plenário da Corte, no RE 396.266-3/SC, discutindo a natureza jurídica da contribuição interventiva devida ao SEBRAE, ressaltou algumas características dessa espécie tributária, assentando-as, fundamentalmente, na finalidade para as quais se presta e na circunstância intermediária que a legitima. As contribuições de intervenção na atividade econômica, conforme já consagrado na Corte, **não exigem que haja vinculação direta do contribuinte ou a possibilidade de que ele venha a auferir benefícios com a aplicação dos recursos arrecadados.**

Como ressaltado anteriormente, essa parte do julgado não foi objeto de ressalva de nenhum dos julgadores. Em seus votos, os Ministros Alexandre de Moraes e Edson Fachin, inclusive, consignaram expressamente que a referibilidade não faz parte do regime constitucional das contribuições de intervenção no domínio econômico. Esse foi um dos motivos determinantes e, como tal, aplica-se em caráter vinculante aos processos idênticos ou semelhantes. Não houve manifestação expressa quanto às demais contribuições especiais, de sorte que parece ter sido apenas um *obiter dictum* no voto do Ministro Dias Toffoli. Tampouco foi ventilado no recurso extraordinário se a União Federal, ao instituir contribuições interventivas, pode fazê-lo sobre as mesmas bases impositivas dos Estados, do Distrito Federal e dos Município, o que é vedado pelo art. 154, I, da Constituição Federal, em relação aos *impostos*.

No ano de 1995, quando o Tribunal tinha outra composição, a aplicabilidade do art. 154, I, às contribuições interventivas foi analisada de forma incidental em precedente não vinculante (RE 177.137). Na oportunidade, ao declarar a constitucionalidade do Adicional de Frete para a Renovação da Marinha Mercante (AFRMM), o STF afastou a alegação de invasão da competência dos Estados e do Distrito Federal pela União. Não houve referência ao art. 154, I, na ementa do acórdão[175]. Não obstante, a partir do voto do Ministro Carlos Velloso, é possível verificar que a questão foi efetivamente examinada:

> Assentado esta que o AFRMM e uma contribuição de intervenção no domínio econômico (C.F., art. 149). Não é, portanto, nem taxa nem imposto, mas um terceiro gênero tributário, ou uma subespécie da espécie tributária contribuição RE 138.284-CE, RTJ 143/313). A contribuição, não obstante um tributo, não está sujeita à limitação inscrita no § 2º do art. 145 da Constituição. Também não se aplicam a ela as limitações a que estão sujeitos os impostos, em decorrência da competência privativa dos entes políticos para instituí-los

---

[175] "Constitucional. Tributário. Adicional ao Frete para Renovação da Marinha Mercante – AFRMM: contribuição parafiscal ou especial de intervenção no domínio econômico. CF, art. 149, art. 155, § 2º, IX. ADCT, art. 36. I – Adicional ao frete para renovação da marinha mercante – AFRMM – é uma contribuição parafiscal ou especial, contribuição de intervenção no domínio econômico, terceiro gênero tributário, distinta do imposto e da taxa (CF, art. 149). II – O AFRMM não é incompatível com a norma do art. 155, § 2º, IX, da Constituição. Irrelevância, sob o aspecto tributário, da alegação no sentido de que o Fundo da Marinha Mercante teria sido extinto, na forma do disposto no art. 36, ADCT. III – Recurso extraordinário não conhecido" (STF, Tribunal Pleno, RE 177.137, Rel. Min. Carlos Velloso, *DJ* 18.04.1997).

(C.F., arts. 153, 155 e 156), a impedir a bitributação. A técnica da competência residual da União para instituir imposto (C. F., art. 154, I), aplicável as contribuições sociais de seguridade, no tocante as 'outras fontes destinadas a garantir a manutenção ou expansão da seguridade social' (C.F., art. 195, § 4º), não é invocável, no caso (C.F., art. 149)[176].

Esse ponto, que divide a doutrina, é uma das questões mais delicadas do regime constitucional das contribuições interventivas. O STF, certamente, deverá apreciar novamente a matéria, até porque o RE 177.137, além de não ter eficácia vinculante, examinou a questão de forma incipiente e incidental. Espera-se que, em um novo julgamento, o Tribunal mostre claramente que a União não pode avançar sobre bases impositivas de outros entes políticos, salvo naqueles casos admitidos pelo texto constitucional[177].

Ainda em relação à jurisprudência do STF, cumpre destacar o RE 928.943, no qual será analisada a "constitucionalidade da Contribuição de Intervenção no Domínio Econômico (CIDE) sobre remessas ao exterior, instituída pela Lei 10.168/2000, posteriormente alterada pela Lei 10.332/2001" (Tema 914). Esse recurso é relevante, porque, como ressaltado pelo Ministro Luiz Fux ao manifestar-se pela existência de repercussão geral, "traz à discussão outros aspectos da contribuição para a intervenção no domínio econômico que ainda não foram examinados por esta Corte com a devida acuidade, qual seja, (i) a (des)necessidade de atividade estatal para legitimação da incidência, à luz dos artigos 149 e 174 da Constituição Federal; (ii) e nesse caso, o tipo de atividade estatal que pode dar azo a uma legítima intervenção no domínio econômico; bem como (iii) o segmento econômico alcançado pela intervenção estatal e sua relação com a finalidade almejada pela exação"[178].

A esse propósito, deve-se ter presente que as contribuições especiais são instrumentos destinados à obtenção de recursos para o financiamento ou custeio de uma determinada atuação estatal, o que, no caso das contribuições interventivas, identifica-se com uma intervenção no domínio econômico. Essa, por sua vez, ocorre quando o poder público interfere no *livre funcionamento do mercado*, isto é, no âmbito das atividades de produção, comercialização de bens e prestação de serviços pela iniciativa privada[179], identificada como *atividade econômica em sentido estrito* por alguns autores. Trata-se de uma atuação subsidiária, que, ademais, deve estar relacionada à realização de um valor constitucional, notadamente os princípios da ordem econômica na Constituição Federal de 1988: soberania nacional, propriedade privada, função social da propriedade, livre concorrência, defesa do consumidor e do meio ambiente, redução das desigualdades regionais e sociais, busca

---

[176] RE 177.137/RS. Voto do Min. Velloso, p. 12. Também foi manifestação expressa do Min. Celso de Melo, sendo que os demais apenas acompanharam o relator: "Se é certo que o legislador comum **não pode**, na abstrata formulação da hipótese de incidência da taxa (**CF**, art. 145, § 2º) ou dos **impostos** instituídos com fundamento na **competência residual** da União Federal (CF, art. 154, I, *in fine*), utilizar critérios que, na realidade, visem a **dissimular**, de modo ofensivo aos postulados básicos de nossa Lei Fundamental, a criação dessas modalidades tributarias, conferindo-lhes base de cálculo própria dos impostos discriminados no texto constitucional (PONTES DE MIRANDA, Francisco Cavalcanti. *Comentários à Constituição de 1967 com a Emenda nº 1 de 1969*. 2. ed. São Paulo: RT, 1970. t. III, p. 372), não é menos exato asseverar que, no caso, o legislador tributário tendo presente a específica qualificação jurídica do AFRMM como contribuição especial de intervenção econômica não desrespeitou as vedações constitucionais acima referidas, mostrando-se plenamente atento a advertência feita tanto pela doutrina [...]" (Voto, p. 5).

[177] Essa questão é analisada no Cap. III, item 1.3.4, da Parte Geral.

[178] STF, Tribunal Pleno, RE 928.943 RG, Rel. Luiz Fux, *DJe* 13.09.2016.

[179] O Estado não pratica intervenção quando presta serviço público ou regula a prestação de serviço público. Domínio econômico significa atividade privada ou atividades desenvolvidas pela livre-iniciativa (HORVATH, Estevão. *Contribuições de intervenção no domínio econômico*. São Paulo: Dialética, 2009. p. 61-63). No mesmo sentido, Marco Aurelio Greco ressalta que "Há, pelo menos, um campo de atividade em que não há espaço para intervenção. Trata-se da prestação de serviços públicos que estejam submetidos a regime de direito público" (GRECO, Marco Aurelio. Contribuição de intervenção no domínio econômico – parâmetros para sua criação. *In*: GRECO, Marco Aurélio (coord.). *Contribuições de intervenção no domínio econômico e figuras afins*. São Paulo: Dialética, 2001. p. 14).

do pleno emprego e tratamento favorecido para as empresas de pequeno porte constituídas sob as leis brasileiras e que tenham sua sede e administração no País (art. 173).

A intervenção no domínio econômico pode ocorrer na condição de *Estado empresário*, mediante exploração direta de atividades econômicas, em regime de monopólio (*por absorção*) ou concorrencial (*por participação*), quando necessário aos imperativos da segurança nacional ou relevante interesse coletivo, conforme definidos em lei (arts. 173 e 177). Nessas hipóteses, a União constitui empresas públicas ou sociedades de economia mista submetidas ao mesmo regime jurídico aplicável às empresas privadas, inclusive quanto aos direitos e às obrigações civis, comerciais, trabalhistas e tributários (art. 173, § 1º, II).

É possível ainda atuação como *Estado regulador*, que é uma forma de intervenção indireta exercida por meio de fiscalização e do incentivo de atividades econômicas privadas (art. 174[180])[181]. Nesse campo, o poder público pode fazer uso de instrumentos normativos, estabelecendo regras de comportamento dos agentes econômicos, de caráter preventivo ou repressivo, visando a fazer frente a distorções prejudiciais à livre concorrência, entre outras práticas contrárias aos princípios constitucionais da ordem econômica. É o caso, *v.g.*, da dominação de mercado relevante de bens ou de serviços, do aumento arbitrário de lucros e o exercício abusivo de posição dominante. Outros exemplos são as regras de especificações técnicas de segurança, as restrições de publicidade e propaganda, a proibição da comercialização em locais, em horários ou faixas etárias, assim como o controle de preços, o tabelamento ou o congelamento, mais utilizados no passado. A atuação regulatória abrange ainda o estímulo e a promoção de atividades por meio de instrumentos contratuais, quando o poder público adquire produtos para formação de estoques públicos estratégicos ou regulatórios da oferta e da procura, ou concede subvenções econômicas ou empréstimos com juros subsidiados. Também são instrumentos regulatórios os tributos extrafiscais, denominados tributos de ordenamento, regulatórios ou econômicos por parte da doutrina. Esses são instituídos e modulados (aumentados ou reduzidos) não para gerar receita, mas para motivar determinados comportamentos e atividades econômicas. Um exemplo é o imposto de importação, que pode ter as suas alíquotas alteradas de forma a proteger a indústria nacional ou, em períodos de excesso de demanda local, de modo a aumentar a oferta de produtos no mercado doméstico, controlando possíveis efeitos inflacionários[182].

A atuação do Estado como agente regulador – além de subsidiária e excepcional[183] – não pode ser excessiva ou desproporcional. Assim, ao intervir do domínio econômico de maneira

---

[180] O art. 174 também faz referência ao planejamento, que é determinante para o setor público e indicativo para o setor privado. Contudo, como ensina Eros Roberto Grau: "O planejamento, assim, não configura uma modalidade de intervenção – note-se que tanto intervenção *no* quanto intervenção *sobre* o domínio econômico podem ser praticadas *ad hoc* ou, alternativamente, de modo planejado – mas, simplesmente, um método a qualificá-la, por torná-la sistematizadamente racional" (GRAU, Eros Roberto. *A ordem econômica na Constituição de 1988*. 3. ed. São Paulo: Malheiros, 1997. p. 159).

[181] O conceito de *atividade econômica em sentido estrito* é encontrado nas obras: GRAU, Eros Roberto. *In*: CANOTILHO, J. J. Gomes; MENDES, Gilmar Ferreira; SARLET, Ingo Wolfgang; STRECJK, Lenio Luiz (coord. cient.); LEONCY, Léo Ferreira (coord. exec.). *Comentários à Constituição do Brasil*. São Paulo: Saraiva-Almedina, 2013. p. 1830; GRAU, Eros Roberto. *A ordem econômica na Constituição de 1988*. 3. ed. São Paulo: Malheiros, 1997. p. 132 e ss. Esse mesmo autor diferencia a *intervenção por absorção* (regime de monopólios) e *por participação* (regime concorrencial), incluindo nesta última a tributação extrafiscal. Sobre os conceitos de *Estado empresário e regulador*, cf.: SANTOS, António Carlos; GONÇALVES, Maria Eduarda; MARQUES, Maria Manuel Leitão. *Direito econômico*. 3. ed. Coimbra: Almedina, 1999. p. 35 e ss.; FIGUEIREDO, Leonardo Vizeu. *Direito econômico*. 10. ed. Rio de Janeiro: Forense, 2019. p. 108 e ss.

[182] Sobre o tema, cf.: SEHN, Solon. *Curso de direito aduaneiro*. 2. ed. Rio de Janeiro: Forense, 2022. p. 41 e ss.

[183] A Lei 13.874/2019 instituiu a declaração de direitos de liberdade econômica, estabelecendo garantias de livre mercado. Nela são previstos os seguintes princípios (art. 2º): "I – a liberdade como uma garantia no exercício de atividades econômicas; II – a boa-fé do particular perante o poder público; III – a intervenção subsidiária e excepcional do Estado sobre o exercício de atividades econômicas; e IV – o reconhecimento da vulnerabilidade do particular perante o Estado".

86 | CURSO DE DIREITO TRIBUTÁRIO – *Solon Sehn*

indireta, a União deve observar as exigências fundamentais do princípio constitucional da proporcionalidade, que são requisitos de validade de toda ação estatal: *adequação, necessidade* e *proporcionalidade em sentido estrito*. A conformidade ou adequação requer a demonstração de que a medida interventiva é apropriada ou apta à realização do interesse público que a justificou. A necessidade ou exigibilidade assenta-se no direito à *menor ingerência possível*, impondo que se adote o meio interventivo menos oneroso para as empresas e cidadãos, considerando, em especial: (a) a *necessidade material*: o meio deve ser o que menos prejudique os direitos fundamentais; (b) a *exigibilidade temporal*: o tempo de intervenção deve ser igualmente limitado; e (c) a *exigibilidade pessoal*: a intervenção fica circunscrita à pessoa ou às pessoas a que se dirigem[184]. Já a proporcionalidade, demanda a ponderação e o sopesamento do custo-benefício, para determinar se a carga coativa da intervenção estatal é justificável em face do resultado almejado[185].

É no campo da atuação da União como agente regulador que as contribuições interventivas podem ser instituídas. Não cabe a instituição de uma contribuição para o financiamento da intervenção direta no domínio econômico, vale dizer, da atuação do *Estado empresário*. Isso porque as empresas estatais não podem gozar de privilégios fiscais não extensivos ao setor privado (art. 173, § 2º). É incompatível com essa regra constitucional destinar o produto da arrecadação de contribuições interventivas para custear empresas públicas, sociedades de economia mista ou suas subsidiárias[186], inclusive porque essas, ao atuarem no mercado, o fazem visando ao lucro e mediante remuneração, ou seja, cobram pelos serviços prestados e pelos produtos comercializados. Da mesma forma, é indevida a instituição de contribuições interventivas para o custeio de medidas de caráter normativo e fiscalizatório. A edição de atos normativos não gera uma necessidade especial de financiamento. Já o exercício do poder de polícia, tem o seu custeio vinculado a outra espécie tributária: as taxas de polícia (art. 145, II)[187].

Discute-se, na doutrina, a possibilidade de instituição de contribuições interventivas com efeitos extrafiscais. Parte dos autores entende ser inapropriado falar-se de *extrafiscalidade* quando se trata de contribuições[188]. Afinal, se estas têm a sua existência jurídico-constitucional atrelada à obtenção de recursos para o financiamento de determinadas ações estatais, o emprego para fins

---

[184] CANOTILHO, José Joaquim Gomes. *Direito constitucional*. 7. ed. Coimbra: Almedina, 2003. p. 269 e ss. O professor português acrescenta ainda a *exigibilidade espacial* (abrangência geográfica da intervenção deve ser delimitada). Contudo, esse requisito não é aplicável à intervenção no domínio econômico, uma vez que, na maioria das vezes, essa demanda uma atuação ampla sob o aspecto espacial. Foi esse motivo, aliás, que a Constituição atribuiu a competência para realizá-la à União, procurando garantir a sua abrangência nacional.

[185] Sobre o tema, cf. ainda: BONAVIDES, Paulo. *Curso de direito constitucional*. 6. ed. São Paulo: Malheiros, 1996. p. 367; BARROSO, Luís Roberto. *Interpretação e aplicação da Constituição*: fundamentos de uma dogmática constitucional transformadora. São Paulo: Saraiva, 1996. p. 204; GUERRA FILHO, Willis Santiago. Sobre princípios constitucionais gerais: isonomia e proporcionalidade. *Revista dos Tribunais*, n. 719, p. 60, set. 1995; BARROS, Suzana de Toledo. *O princípio da proporcionalidade e o controle de constitucionalidade das leis restritivas de direitos fundamentais*. Brasília: Brasília Jurídica, 1996; STUMM, Raquel Denize. *Princípio da proporcionalidade no direito constitucional brasileiro*. Porto Alegre: Livraria do Advogado, 1995.

[186] OLIVEIRA, Ricardo Mariz de. Contribuições de intervenção no domínio econômico – concessionárias, permissionárias e autorizadas de energia elétrica – aplicação obrigatória de recursos (Lei 9.991). *In*: GRECO, Marco Aurélio (coord.) *Contribuição de intervenção no domínio econômico e figuras afins*. São Paulo: Dialética, 2001. p. 399-400; PAULSEN, Leandro; VELLOSO, Andrei Pitten. *Contribuições no sistema tributário brasileiro*. 4. ed. São Paulo: Saraiva Educação, 2019. p. 374.

[187] A esse propósito, Mariz de Oliveira ressalta que: "Outra função prevista no art. 174 é a de fiscalização, que também não comporta cobrança de contribuição, por não se tratar de uma maneira de intervenção, mas simplesmente de verificação do cumprimento de obrigações legais, ainda que na área econômica. Outrossim, o poder de polícia só pode ser remunerado por taxa (art. 145, inciso II, da Constituição)" (OLIVEIRA, Ricardo Mariz de. Contribuições de intervenção no domínio econômico – concessionárias, permissionárias e autorizadas de energia elétrica – aplicação obrigatória de recursos (Lei 9.991). *In*: GRECO, Marco Aurélio (coord.) *Contribuição de intervenção no domínio econômico e figuras afins*. São Paulo: Dialética, 2001. p. 400).

[188] HORVATH, Estevão. *Contribuições de intervenção no domínio econômico*. São Paulo: Dialética, 2009. p. 55.

Parte Geral • Capítulo II • TRIBUTO E ESPÉCIES TRIBUTÁRIAS | 87

distintos colidiria com o perfil constitucional desses tributos. Todavia, cumpre considerar que há casos em que o próprio texto constitucional permite a instituição de contribuições especiais com caráter regulatório ou extrafiscal coadjuvante. É o que ocorre, *v.g.*, no art. 177, § 4º, II, da Constituição Federal, introduzido pela Emenda 33/2001[189]. Esse dispositivo, de um lado, autoriza que a contribuição sobre a importação ou comercialização de petróleo e seus derivados, gás natural e seus derivados e álcool combustível tenha alíquota *diferenciada por produto ou uso*. De outro, obriga a aplicação dos recursos arrecadados em finalidades de intervenção indireta no domínio econômico: o pagamento de subsídios a preços ou transporte de álcool combustível, gás natural e seus derivados e derivados de petróleo; o financiamento de projetos ambientais relacionados com a indústria do petróleo e do gás, e de programas de infraestrutura de transportes. Trata-se de previsão que poderia ser interpretada como uma exceção confirmatória da regra geral. No entanto, há nela um sentido mais sutil indicando um caminho oposto. O art. 177, § 4º, II, destarte, mostra que não há incompatibilidade entre a afetação do produto da arrecadação e a finalidade extrafiscal. As contribuições têm caráter instrumental: a sua finalidade não é obter receita, pura e simplesmente, mas obter receita para financiar uma atuação estatal de interesse coletivo. É evidente que o poder público pode arrecadar e, ao mesmo tempo, modular a carga tributária de modo a potencializar a realização desse mesmo objetivo final. Não há incompatibilidade, mas complementariedade, até porque, se a extrafiscalidade é admitida em relação a outras espécies tributárias, seria um contrassenso vedar efeito regulatório nos tributos que, por previsão constitucional, são vocacionados à intervenção no domínio econômico. As contribuições interventivas podem ter um efeito extrafiscal, desde que o produto da arrecadação continue afetado ao custeio de uma atuação da União como agente regulador e a modulação regulatória da carga tributária não apresente caráter inibitório. Isso porque, de acordo com o art. 174, a intervenção indireta no domínio econômico vincula-se ao incentivo de atividades privadas[190].

De qualquer sorte, não há dúvidas de que existe uma relação de dependência entre a contribuição interventiva e a atividade custeada. Dela resultam consequências jurídicas relevantes. A primeira é que a criação de uma fonte de custeio específica para a intervenção sempre deve ser necessária[191]. A segunda é que a revogação da intervenção custeada implica a da respectiva contribuição interventiva, o que também se aplica à invalidação[192]. A terceira, relacionada à segunda, é

---

[189] Em relação às contribuições para a seguridade social, isso é permitido no § 9º do art. 195: "§ 9º As contribuições sociais previstas no inciso I do *caput* deste artigo poderão ter alíquotas diferenciadas em razão da atividade econômica, da utilização intensiva de mão de obra, do porte da empresa ou da condição estrutural do mercado de trabalho, sendo também autorizada a adoção de bases de cálculo diferenciadas apenas no caso das alíneas 'b' e 'c' do inciso I do *caput*. (Redação dada pela Emenda Constitucional nº 103, de 2019)".

[190] Como assinala Marco Aurelio Greco, "[...] não há espaço na Constituição para uma intervenção que iniba, restrinja, dificulte, o exercício da atividade econômica" (GRECO, Marco Aurelio. Contribuição de intervenção no domínio econômico – parâmetros para sua criação. *In*: GRECO, Marco Aurélio (coord.) *Contribuição de intervenção no domínio econômico e figuras afins*. São Paulo: Dialética, 2001. p. 24).

[191] Concorda-se com os eminentes Leandro Paulsen e Andrei Pitten Velloso, quando apontam que a necessidade é um dos requisitos de validade das contribuições: "[...] é evidente que a competência constitucional para a sua instituição não pode ser exercida senão na medida do estritamente necessário para que tais finalidades sejam alcançadas" (PAULSEN, Leandro; VELLOSO, Andrei Pitten. *Contribuições no sistema tributário brasileiro*. 4. ed. São Paulo: Saraiva Educação, 2019. p. 65). Os autores operam ainda com a diferenciação entre *desnecessidade originária* e *superveniente*.

[192] Efeito semelhante ocorre com a declaração de inconstitucionalidade de uma lei que, por *arrastamento*, também implica a invalidação do respectivo regulamento. A propósito, cf.: "Inconstitucionalidade. Ação Direta. Lei nº 2.749, de 23 de junho de 1997, do Estado do Rio de Janeiro, e Decreto Regulamentar nº 23.591, de 13 de outubro de 1997. Revista íntima em funcionários de estabelecimentos industriais, comerciais e de serviços com sede ou filiais no Estado. Proibição. Matéria concernente a relações de trabalho. Usurpação de competência privativa da União. Ofensa aos arts. 21, XXIV, e 22, I, da CF. Vício formal caracterizado. Ação julgada procedente. Inconstitucionalidade por arrastamento, ou consequência lógico-jurídica, do decreto regulamentar. É inconstitucional norma do Estado ou do Distrito Federal que disponha sobre proibição de revista íntima em empregados de estabelecimentos situados no respectivo território" (STF, Tribunal Pleno, ADI 2947, Rel. Min. Cezar Peluso, *DJe*-168 10.09.2010).

88 | CURSO DE DIREITO TRIBUTÁRIO – *Solon Sehn*

que a constitucionalidade da contribuição depende da validade da intervenção custeada. Assim, deve-se evidenciar que: (i) a medida interventiva é apropriada ou apta à realização do interesse público que a justificou; (ii) representa o meio menos oneroso para as empresas e cidadãos; (iii) é limitada temporalmente (as intervenções materiais *ad eternum* violam o princípio da proibição de excesso); (iv) circunscrita ao grupo a que se dirige; (v) tem carga coativa justificável em face do resultado almejado, o que deve ser estabelecido mediante ponderação do custo-benefício, considerando ainda, no caso de incentivos de atividades privadas, se não há um favorecimento desmedido aos interesses particulares não justificável em face dos benefícios de interesse geral.

Por fim, igualmente controvertida é a sujeição passiva. Como ressaltado anteriormente, o Supremo Tribunal Federal definiu que a referibilidade não é exigível nas contribuições interventivas. Esse requisito, a rigor, apenas é dispensado em alguns dispositivos constitucionais (arts. 149, § 2º, 177, § 4º, I, e 195, I a V, e § 8º, 239), não podendo ser estendido a todas as contribuições. A interpretação do STF, entretanto, foi fixada em precedente vinculante. Portanto, se *Roma locuta, causa finita*.

Note-se, porém, que, no voto do Ministro Dias Toffoli, reproduzido *supra*, foi ressaltado que os sujeitos passivos pessoas físicas ou jurídicas devem ter uma *relação indireta* com a atuação estatal custeada pela arrecadação do tributo, o que significa dizer que "[...] devem guardar relação **com os princípios gerais da atividade econômica positivados na Carta Magna, sendo a relação jurídica estabelecida com operadores econômicos que desenvolvam atividades que produzam reflexos no campo delimitado para a intervenção**"[193]. Logo, o legislador tributário não pode eleger qualquer pessoa para ser sujeito passivo da obrigação, mas apenas quem desenvolva atividades relacionadas ao campo delimitado da intervenção. Não está claro se essa parte da decisão integra a *ratio decidendi* vinculante do precedente. Trata-se, porém, de interpretação coerente e que converge com o entendimento de parte da doutrina.

Cumpre acrescentar, porém, que há outros limites que não foram considerados no julgado. Sabe-se que, a exemplo da técnica adotada pela Constituição em relação aos impostos, algumas contribuições têm suas materialidade e bases de cálculo descritas nas regras de competência. Nas contribuições interventivas, isso ocorre nos arts. 149, § 2º, II (sobre a importação de produtos estrangeiros ou serviços), III, "a" (*ad valorem*, tendo por base o faturamento, a receita bruta ou o valor da operação) e art. 177, § 4º (importação ou comercialização de petróleo e seus derivados, gás natural e seus derivados e álcool combustível). Desses dispositivos resulta o que a doutrina denomina *sujeito passivo possível*[194] ou *destinatário constitucional tributário*[195]. Nessas hipóteses, a sujeição passiva deverá recair respectivamente sobre: (a) o importador do produto ou serviço tributado; (b) a empresa que obtém o faturamento, a receita bruta ou realiza a operação tributada; e (c) o importador ou comerciante de petróleo e seus derivados, gás natural e seus derivados e álcool combustível. Esses, como titulares da capacidade contributiva pressuposta pela regra

---

[193] Voto no RE 630.898.

[194] CARRAZZA, Roque Antonio. *Curso de direito constitucional tributário*. 16. ed. São Paulo: Malheiros, 2001. p. 275; ATALIBA, Geraldo. *Hipótese de incidência tributária*. 5. ed. São Paulo: Malheiros, 1997. p. 81 e ss.

[195] Partindo da noção de *destinatário legal tributário* exposta por Hector Villegas (Destinatário legal tributário: contribuintes e sujeitos passivos na obrigação tributária. *Revista de Direito Público*, São Paulo, v. 30, p. 271 e ss., jul./ago. 1974), Marçal Justen Filho demonstra que: "[...] no Brasil, pode-se falar não apenas em um destinatário legal tributário, mas também no *destinatário constitucional tributário*" (JUSTEN FILHO, Marçal. *Sujeição passiva tributária*. Belém: CEJUP, 1986. p. 262). Como destaca Renato Lopes Becho, "[...] admitir que uma lei infraconstitucional possa fixar o sujeito passivo de um tributo previsto na Constituição é o mesmo de se dizer que uma lei ordinária pode mudar a Constituição, negando-se a supremacia desta sobre todo o sistema jurídico" (BECHO, Renato Lopes. *Responsabilidade tributária de terceiros*: CTN, arts. 134 e 135. São Paulo: Saraiva, 2014. p. 21). O mesmo foi exposto por Marçal Justen Filho, ao ressaltar que, sem esses limites, o legislador pode promover uma indevida "desnaturação subjetiva do tributo" (JUSTEN FILHO, Marçal. *Sujeição passiva tributária*. Belém: CEJUP, 1986. p. 253-254).

Parte Geral • Capítulo II • TRIBUTO E ESPÉCIES TRIBUTÁRIAS | 89

de competência, é que devem ter o seu patrimônio alcançado pelas contribuições, desde que desenvolvam atividades relacionadas ao campo delimitado da intervenção.

2.6.3 Contribuições para o custeio da iluminação pública

As contribuições para o custeio da iluminação pública foram previstas na Emenda 39/2002, que acrescentou o art. 149-A na Constituição, autorizando os Municípios e o Distrito Federal a instituí-las, facultada a cobrança na fatura de consumo de energia elétrica (parágrafo único). Essa previsão foi introduzida após o STF ter declarado – em diversas oportunidades – a inconstitucionalidade da instituição de taxas para essa mesma finalidade (Súmula 670[196] e Súmula Vinculante 41[197]).

Alguns autores sustentam a inconstitucionalidade dessa contribuição, por violação ao que entendem ser uma garantia individual de não tributação por contribuições em face de dispêndio de toda a coletividade. Não há, entretanto, garantia individual com esse conteúdo no texto constitucional. O art. 146 da Constituição Federal pode ser alterado por emendas constitucionais, desde que a reconfiguração da competência não apresente um caráter *tendente* a abolir a forma federativa de Estado (art. 60, § 4º, I). Ademais, esse dispositivo está longe de vedar a instituição de contribuições para o custeio de despesas gerais. Nele o que se tem é a afetação do produto da arrecadação ao custeio da seguridade social (assistência, saúde e previdência), regime próprio de previdência social de servidores públicos, intervenção no domínio econômico, interesse de categorias profissionais ou econômicas e, segundo a jurisprudência do STF, finalidades sociais gerais. Ao destinar o produto da arrecadação a um desses segmentos, o poder público pode empregá-los para o custeio de despesas gerais e especiais, o que afasta a procedência da tese da existência de uma garantia individual de não tributação em face de dispêndio de toda a coletividade. Não há, portanto, inconstitucionalidade na Emenda 39/2002.

De qualquer modo, parece induvidoso que o produto da arrecadação deve ser afetado ao custeio de iluminação pública, não podendo ser destinado a outras finalidades. No RE 666.404, porém, o STF decidiu que: "É constitucional a aplicação dos recursos arrecadados por meio de contribuição para o custeio da iluminação pública na expansão e aprimoramento da rede" (Tema 696)[198]. A emenda do acórdão evidencia que, ao interpretar o art. 149-A, o Tribunal entendeu que "o constituinte não pretendeu limitar o custeio do serviço de iluminação pública apenas às despesas de sua execução e manutenção. Pelo contrário, deixou margem a que o legislador municipal pudesse instituir a referida contribuição de acordo com a necessidade e interesse local, conforme disposto no art. 30, I e III, da Constituição Federal". Essa exegese foi definida em recurso relativo à cobrança de contribuição pelo Município de São José do Rio Preto. No entanto, a sua *ratio decidendi* aplica-se em caráter vinculante aos processos idênticos ou semelhantes (CPC, art. 489, VI). Dessa forma, o Distrito Federal e os demais Municípios estão autorizados a destinar o produto da arrecadação da contribuição não apenas para o custeio do serviço, mas para a expansão e aprimoramento da rede de iluminação pública.

A Emenda 132/2023 alterou a redação do art. 149-A da Constituição, incorporando a interpretação do STF e ampliando as possíveis destinações da contribuição. Com isso, foi permitida não apenas a destinação da contribuição para o custeio, a expansão e a melhoria do serviço de iluminação pública, mas também de sistemas de monitoramento para segurança e preservação de logradouros públicos:

---

[196]   "O serviço de iluminação pública não pode ser remunerado mediante taxa" (Súmula 670).

[197]   "O serviço de iluminação pública não pode ser remunerado mediante taxa" (Súmula Vinculante 41).

[198]   STF, Tribunal Pleno, RE 666.404, Rel. Min. Marco Aurélio, Rel. p/ Ac. Min. Alexandre de Moraes, *DJe* 20.09.2020.

90 | CURSO DE DIREITO TRIBUTÁRIO – *Solon Sehn*

Art. 149-A. Os Municípios e o Distrito Federal poderão instituir contribuição, na forma das respectivas leis, para o custeio, a expansão e a melhoria do serviço de iluminação pública e de sistemas de monitoramento para segurança e preservação de logradouros públicos, observado o disposto no art. 150, I e III.

Em outro precedente (RE 573.675), decorrente de ação direta de inconstitucionalidade julgada pelo Tribunal de Justiça de Santa Catarina, o STF entendeu que: "Lei que restringe os contribuintes da COSIP aos consumidores de energia elétrica do município não ofende o princípio da isonomia, ante a impossibilidade de se identificar e tributar todos os beneficiários do serviço de iluminação pública"[199]. Na ação, proposta pelo Ministério Público do Estado de Santa Catarina em face da legislação do Município de São José, questionava-se a necessidade de inclusão de todos os munícipes no polo passivo da contribuição, o que levaria à inconstitucionalidade da legislação local, que restringia a cobrança aos consumidores de energia elétrica. A alegação foi afastada pelo relator, que acrescentou: "[...] sendo a iluminação pública um serviço público *uti universi*, ou seja, de caráter geral e indivisível, prestado a todos os cidadãos, indistintamente, não se afigura possível, sob o aspecto material, incluir todos os seus beneficiários no polo passivo da obrigação tributária"[200].

Um segundo aspecto analisado nesse recurso foi a possibilidade de instituição de alíquotas progressivas, mediante divisão não uniforme do custeio da iluminação pública e imposição de pagamento maior aos contribuintes que apresentarem um consumo mais elevado de energia em suas residências ou estabelecimentos empresariais, bem como em função do tipo de usuário (consumidor primário, residencial, comercial, industrial e serviço público). Esses fatores são absolutamente estranhos e não apresentam qualquer relação com o custo do serviço de iluminação. Porém, o Tribunal decidiu que: "A progressividade da alíquota, que resulta do rateio do custo da iluminação pública entre os consumidores de energia elétrica, não afronta o princípio da capacidade contributiva"[201].

2.7 Empréstimos compulsórios

Os empréstimos compulsórios, nos termos do art. 148 da Constituição Federal, podem ser estabelecidos pela União Federal para fazer frente a despesas extraordinárias resultantes de calamidade pública, guerra externa ou sua iminência (nesse caso, sem que deva ser observado o princípio da anterioridade) ou para o custeio de investimento público urgente e de relevante interesse nacional. A instituição deve ocorrer mediante lei complementar, que deverá prever a afetação dos recursos arrecadados à finalidade que motivou o tributo, bem como os termos em que ocorrerá a sua devolução.

---

[199] STF, Tribunal Pleno, RE 573.675, Rel. Min. Ricardo Lewandowski, *DJe* 22.05.2009.

[200] Voto do Min. Ricardo Lewandowski no RE 573.675, p. 13.

[201] O recurso foi julgado em regime de repercussão geral em 25.03.2009, com publicação do acórdão em 22.05.2009 (Tema 44). Porém, a tese só foi definida em Sessão Administrativa do dia 09.12.2012, com a seguinte redação: "O serviço de iluminação pública não pode ser remunerado mediante taxa". Houve, por razões que se desconhece, um descasamento com o título do tema da repercussão geral ("Competência legislativa para a instituição de contribuição para o custeio do serviço de iluminação pública").

Capítulo III
COMPETÊNCIA TRIBUTÁRIA

1 ASPECTOS GERAIS

1.1 Competência e Federação

As Federações são uniões de entidades políticas autônomas, dotadas de órgãos governamentais próprios e com competências definidas em uma Constituição[1]. Trata-se de uma forma de Estado baseada na descentralização política do poder, na qual cada ente federado conserva a prerrogativa de auto-organizar, sem ingerências externas, sua administração local, governo e as regras jurídicas válidas no âmbito de seu território[2]. Tal circunstância faz com que os cidadãos,

---

[1] Não há um modelo único de Federação. No entanto, há determinados requisitos de caracterização estudados pela ciência política e pela teoria do estado sem os quais um Estado Federal não pode ser qualificado como tal (MAIHOFER, Werner; VOGEL, Hans-Jochen; HESSE, Konrad. *Manual de derecho costitucional*. Madrid: Marcial Pons, 1996. p. 614). A Federação, segundo reconhece a doutrina, "compreende, sem dúvida, característicos gerais que também são próprios de outras ordens estatal-federais" (HESSE, Konrad. *Elementos de direito constitucional da República Federal da Alemanha*. Porto Alegre: Fabris, 1998. p. 178-179).

[2] Uniões de Estados podem ser encontradas desde as sociedades políticas mais antigas, como é o caso das Ligas (ou *Sinoikias*) Délica, Anfictiônica, Helênica e Aqueia, na Grécia, da Aliança Eterna (*Ewige Bund*) dos Cantões Suíços (séculos XIV e XV) e da União de Utrecht, entre as sete províncias do norte dos Países Baixos. Apesar disso, nenhuma delas pode ser considerada uma Federação na acepção jurídico-conceitual do termo. Essa forma de Estado surgiu pela primeira vez em 1787, na Constituição dos Estados Unidos da América do Norte, fruto da Convenção de Filadélfia e da transformação da antiga Confederação das treze ex-colônias inglesas. O curioso é que, como observado por Celso Bastos, na Constituição Americana não há qualquer referência à palavra *federação*. Desde então, por necessidades reais ou mera imitação (Baracho), o modelo de organização federal irradiou-se para inúmeros países do mundo. Há, assim, Federações formadas pela união de estados independentes, a exemplo dos Estados Unidos da América do Norte, da Alemanha e da Suíça, bem como da descentralização política de um Estado Unitário, como é o caso do Brasil, desde o ano de 1889, com a Proclamação da República. Segundo Karl Loewenstein, ao lado de fatores geográficos e geopolíticos, muitas são as razões que podem levar ao surgimento de um Estado Federal, tais como: "[...] la comunidad de intereses políticos, económicos o estratégico-militares, tradición común y aspiraciones comunes para el futuro, la mayor parte de las veces una relación de consanguinidad o común ascendencia y, aunque no es necesario, también comunidad lingüística. En el pasado, la excesiva extensión de un territorio se oponía a una solución estatal de tipo unitario, así, por ejemplo, Brasil, tras la caída de la monarquía (1889), se transformó de Estado unitario en Estado federal. [...] De todas formas, la razón principal para la preferencia de la organización federal es la convicción de que, a pesar de la reconocida necesidad de unidad nacional, las tradiciones regionales operan contra la fusión de Estados individuales en una organización estatal unitaria, siendo necesario que las diferencias culturales de las diversas entidades se mantengan por medio de un orden federal" (LOEWENSTEIN, Karl. *Teoría de la Constitución*. Barcelona: Ariel, 1986. p. 355). Sobre o tema, cf.: ROVIRA, Enoch Alberti. *Federalismo y cooperación en La República Federal Alemana*. Madrid: Centro de Estudios Constitucionales, 1986; BARACHO, José Alfredo de Oliveira. *Teoria geral do federalismo*. Belo Horizonte: FUMAR/UCMG, 1982. p. 11; ALMEIDA, Fernanda Dias Menezes de. *Competências na Constituição de 1988*. São Paulo: Atlas, 1991. p. 19; BASTOS, Celso Ribeiro. *Curso de direito constitucional*. 19. ed. São Paulo: Saraiva, 1998. p. 288; DALLARI, Dalmo de Abreu. *O Estado Federal*. São Paulo: Ática, 1986; CLÈVE, Clèmerson Merlin. *Temas de direito constitucional* (e de teoria do direito). São Paulo: Acadêmica, 1993. p. 63;

em um mesmo momento histórico, submetam-se a diferentes ordens jurídicas. No Brasil, como se sabe, há leis federais, estaduais, distrital e municipais. Daí a necessidade de um sistema de repartição de competências capaz de delimitar da esfera de autonomia de cada ente federado, o que, além de elemento organizatório, é um instrumento de garantia de segurança jurídica, evitando contradições normativas[3].

Também é essencial a previsão de um sistema de distribuição de rendas em um texto constitucional rígido[4]. Em uma Federação, devem ser asseguradas fontes de receitas suficientes – não submetidas à vontade política ou administrativa de outro ente – para que cada pessoa política desempenhe suas atribuições constitucionais[5]. Sem isso, como ensina Dalmo de Abreu Dallari, "ou a administração não consegue agir com eficiência, e necessidades fundamentais do povo deixam de ser atendidas ou recebem um atendimento insuficiente; ou o órgão encarregado do serviço solicita recursos financeiros de outra fonte, criando-se uma dependência financeira que acarreta, fatalmente, a dependência política"[6].

As competências tributárias fazem parte do sistema de distribuição de rendas da Federação brasileira, constituindo um mecanismo de preservação da autonomia federativa da União, dos Estados, do Distrito Federal e dos Municípios. Isso é relevante porque a Federação constitui uma cláusula pétrea do texto constitucional (art. 60, § 4º, I). Dela decorrem uma série de consequências jurídicas relevantes relacionadas à realização de outros valores e princípios fundamentais.

Com efeito, ao adotar essa forma de Estado, o legislador constituinte procurou garantir uma proximidade maior entre os cidadãos e os centros de decisão política, algo essencial em um país de dimensões continentais como o Brasil. Por meio dela, potencializa-se a participação

---

BARROSO, Luís Roberto. *Direito constitucional brasileiro*: o problema da federação. Rio de Janeiro: Forense, 1982. p. 23; FERRARI, Regina Macedo Nery. O Estado Federal: estruturas e características. *Caderno de Direito Constitucional e Ciência Política*, São Paulo, p. 88-102, jan./mar. 1993; FERREIRA FILHO, Manoel Gonçalves. *Curso de direito constitucional*. 42. ed. Rio de Janeiro: Forense, 2022. p. 46 e ss.

[3] FERRARI, Regina Macedo Nery. O Estado Federal: estruturas e características. *Caderno de Direito Constitucional e Ciência Política*, São Paulo, p. 88, jan./mar. 1993; BASTOS, Celso Ribeiro. *Curso de direito constitucional*. 19. ed. São Paulo: Saraiva, 1998. p. 282; ALMEIDA, Fernanda Dias Menezes de. *Competências na Constituição de 1988*. São Paulo: Atlas, 1991. p. 32; BARACHO, José Alfredo de Oliveira. *Teoria geral do federalismo*. Belo Horizonte: FUMAR/UCMG, 1982. p. 25; FERREIRA FILHO, Manoel Gonçalves. *Curso de direito constitucional*. 42. ed. Rio de Janeiro: Forense, 2022. p. 48 e ss. Para que haja uma descentralização política e uma autonomia federativa efetivas, a repartição de competências deve ser substancialmente significativa, isto é, deve ser de uma aplitude tal "que no se reduzcan sólo a facultades legislativas 'menores', de carácter puramente complementario o integrativo – a 'llenar agujeros', en gráfica expresión de Stern –, sino que comprendan la potestad de dictar leyes con auténtico peso en la vida social y estatal), gubernamentales, administrativos y judiciales, capaces de configurar un espacio constitucional donde los *Länder* puedan adoptar decisiones propias" (ROVIRA, Enoch Alberti. *Federalismo y cooperación en La República Federal Alemana*. Madrid: Centro de Estudios Constitucionales, 1986. p. 58).

[4] Há outras características inerentes ao Estado Federal, como a inexistência do direito de secessão por parte dos entes federados. Há uma perda de soberania compensada pela possibilidade de participação dos entes federativos na formação da vontade geral, que se dá mediante a institucionalização de um bicameralismo federativo: os representantes do povo na Câmara dos Deputados e dos Estados no Senado Federal. Todos os requisitos caracterizadores da Federação devem, necessariamente, estar previstos e garantidos por uma Constituição rígida. Também devem estar presentes elementos de salvaguarda ou *mantença* do vínculo. O primeiro deles é o instituto da intervenção federal, que é exercido pela União e "consiste no afastamento temporário pela União das prerrogativas totais ou parciais próprias da autonomia dos Estados, prevalecendo a vontade do ente interventor" (BASTOS, Celso Ribeiro. *Curso de direito constitucional*. 19. ed. São Paulo: Saraiva, 1998. p. 267). O segundo é a existência de uma Corte Suprema de Justiça que, independentemente da denominação, exerça a jurisdição constitucional e a defesa dos pressupostos caracterizadores da forma federativa de Estado.

[5] FERREIRA FILHO, Manoel Gonçalves. *Curso de direito constitucional*. 42. ed. Rio de Janeiro: Forense, 2022. p. 48.

[6] DALLARI, Dalmo de Abreu. *O Estado Federal*. São Paulo: Ática, 1986. p. 20.

Parte Geral • Capítulo III • COMPETÊNCIA TRIBUTÁRIA | 93

democrática, a cobrança por eficiência administrativa e, por conseguinte, a responsabilidade política dos governantes[7]. Partidos oposicionistas – minoritários no âmbito nacional – podem ter acesso ao poder político naquelas unidades em que constituem maioria. Dessa maneira, a crítica oposicionista pode sair do plano teórico e implementar propostas partidárias, ideias e políticas públicas alternativas, contribuindo para o desenvolvimento do regime democrático[8].

A pluralidade de centros de decisão faz com que os entes federativos se convertam em espécie de laboratórios de experimentação de políticas públicas, proporcionando o surgimento de soluções eficazes aos problemas complexos da sociedade contemporânea. Legislações locais acerca de problemas comuns podem servir de exemplo para os demais entes da Federação. Um modelo de planejamento urbano ou uma política fiscal implantada por determinado Estado, pelo Distrito Federal ou por algum Município, demonstrando-se eficaz, poderá servir de inspiração a outra pessoa política[9]. Tudo isso fica comprometido quando há abalo no equilíbrio entre a distribuição de encargos e de receitas concebido pela Constituição. Daí a importância de interpretar adequadamente as regras de competência impositiva.

1.2 Conceito

As competências tributárias são regras de estrutura[10] que habilitam uma pessoa política de direito público interno a inovar no ordenamento positivo, estabelecendo normas jurídicas relacionadas, direta ou indiretamente, à obrigação de pagar tributos[11]. Embora o texto constitucional refira-se apenas à *instituição* de tributos, também está abrangida a sua desoneração, já que essa nada mais é do que uma revogação, total ou parcial, da lei instituidora da exação. Além disso, estão compreendidas todas as matérias razoavelmente conexas com a competência enumerada[12]. A competência para instituir tributos, assim, abrange a habilitação constitucional para estabelecer

---

[7]   ROVIRA, Enoch Alberti. *Federalismo y cooperación en La República Federal Alemana*. Madrid: Centro de Estudios Constitucionales, 1986. p. 52.

[8]   HESSE, Konrad. *Elementos de direito constitucional da República Federal da Alemanha*. Porto Alegre: Fabris, 1998. p. 185.

[9]   ROVIRA, Enoch Alberti. *Federalismo y cooperación en La República Federal Alemana*. Madrid: Centro de Estudios Constitucionales, 1986. p. 52.

[10] Todo ordenamento jurídico apresenta dois tipos de normas jurídicas: as normas de comportamento (*ou de primeira instância*) e as normas de estrutura (*ou de segunda instância*). As primeiras são voltadas à disciplina do comportamento das pessoas, prescrevendo condutas obrigatórias, proibidas ou permitidas, por meio de um dos três modais normativos ou deônticos existentes. As segundas estabelecem as condições e os procedimentos pelos quais podem ser criadas as normas de condutas válidas. Trata-se, assim, de normas que regulam a produção jurídica (BOBBIO, Norberto. *Teoria do ordenamento jurídico*. 10. ed. Brasília: UNB, 1999. p. 31 e ss.). Exemplificando, Bobbio ensina que "uma norma que prescreve caminhar pela direita é uma norma de conduta; uma norma que prescreve que duas pessoas estão autorizadas a regular seus interesses em certo âmbito mediante normas vinculantes e coativas é uma norma de estrutura, na medida em que não determina uma conduta, mas fixa as condições e os procedimentos para produzir normas válidas de conduta" (*Ibid.*, p. 33-34). Nessa mesma linha, cfr.: CARVALHO, Paulo de Barros. *Curso de direito tributário*. 13. ed. São Paulo: Saraiva, 2000. p. 211-239.

[11] Sobre o tema, cf.: CARRAZZA, Roque Antonio. *Curso de direito constitucional tributário*. 16. ed. São Paulo: Malheiros, 2001. p. 435 e ss.; MENDONÇA, Cristiane. *Competência tributária*. São Paulo: Quartier Latin, 2004. p. 39 e ss.; CHIESA, Clélio. *A competência tributária do Estado brasileiro*: desonerações nacionais e imunidades condicionadas. São Paulo: Max Limonad, 2002. p. 25 e ss.; CARVALHO, Paulo de Barros. *Curso de direito tributário*. 13. ed. São Paulo: Saraiva, 2000. p. 211-239; GAMA, Tácio Lacerda. *Competência tributária*: fundamentos para uma teoria da nulidade. São Paulo: Noeses, 2009. p. 219 e ss.

[12] Essas seriam, para parte da doutrina, competências *implícitas*, denominadas *resultantes, inerentes* ou *anexas*. Sobre o tema no direito constitucional, cf.: MAIHOFER, Werner; VOGEL, Hans-Jochen; HESSE, Konrad. *Manual de derecho constitucional*. Madrid: Marcial Pons, 1996. p. 644; HESSE, Konrad. *Elementos de direito constitucional da República Federal da Alemanha*. Porto Alegre: Fabris, 1998. p. 192; ROVIRA, Enoch Alberti. *Federalismo y cooperación en La República Federal Alemana*. Madrid: Centro de Estudios Constitucionales, 1986. p. 83 e ss.

94 | CURSO DE DIREITO TRIBUTÁRIO – *Solon Sehn*

a data do vencimento e a forma do pagamento, para dispor sobre atos e procedimentos fiscais, o contencioso administrativo tributário e estabelecer deveres formais no interesse da arrecadação ou da fiscalização (*v.g.*, manter escrituração fiscal, declarar a renda e a variação patrimonial, emitir notas fiscais, entre outros).

1.3 Caracteres

1.3.1 Reserva de Constituição

Todos os requisitos caracterizadores da Federação devem, necessariamente, estar previstos em uma Constituição rígida[13]. Isso faz com que o sistema de repartição de competências tributárias – como garantia e pressuposto da autonomia dos entes federados – fique submetido à *reserva de constituição* ou *reserva de lei constitucional*. Daí a impossibilidade de disciplina da matéria por qualquer outra fonte formal[14], ressalvadas as exceções previstas no próprio texto constitucional (*v.g.*, art. 146, I).

1.3.2 Indelegabilidade, irrenunciabilidade e capacidade tributária ativa

A *reserva de lei constitucional* ou *reserva de constituição* implica a irrenunciabilidade e a impossibilidade de delegação da competência tributária. É que, se essa matéria apenas pode ser disciplinada pela Constituição, nenhuma outra fonte formal pode transferir, no todo ou em parte, a competência atribuída a um determinado ente federativo pelo legislador constituinte. Nem mesmo a legislação do titular da competência pode fazê-lo, porque isso implicaria uma derrogação do texto constitucional.

Todavia, é possível a delegação das funções de arrecadar ou de fiscalizar tributos, entre outras atribuições enunciadas no art. 7º do CTN:

> Art. 7º A competência tributária é indelegável, salvo atribuição das funções de arrecadar ou fiscalizar tributos, ou de executar leis, serviços, atos ou decisões administrativas em matéria tributária, conferida por uma pessoa jurídica de direito público a outra, nos termos do § 3º do artigo 18 da Constituição.
>
> § 1º A atribuição compreende as garantias e os privilégios processuais que competem à pessoa jurídica de direito público que a conferir.
>
> § 2º A atribuição pode ser revogada, a qualquer tempo, por ato unilateral da pessoa jurídica de direito público que a tenha conferido.
>
> § 3º Não constitui delegação de competência o cometimento, a pessoas de direito privado, do encargo ou da função de arrecadar tributos.

O art. 153, § 4º, III, da Constituição Federal, na redação da Emenda 42/2003, permite a delegação aos Municípios da fiscalização e cobrança do ITR, o que, nos termos da Lei 11.250/2005, ocorre mediante convênio celebrado com a Secretaria da Receita Federal[15]. Previsão semelhante

---

[13] BASTOS, Celso Ribeiro. *Curso de direito constitucional*. 19. ed. São Paulo: Saraiva, 1998. p. 267.

[14] Sobre o tema, cf.: MIRANDA, Jorge. Sobre a reserva constitucional da função legislativa. *In*: MIRANDA, Jorge (org.). *Perspectivas constitucionais nos 20 anos da Constituição de 1976*. Coimbra: Coimbra Editora, 1997. v. II, p. 887-889; VAZ, Manoel Afonso. *Lei e reserva de lei*: a causa da lei na Constituição Portuguesa de 1976. Porto: Universidade Católica Lusitana, 1992. p. 291 e ss.; CANOTILHO, José Joaquim Gomes. *Direito constitucional e teoria da Constituição*. 7. ed. Coimbra: Almedina, 2003. p. 316 e ss.

[15] "Art. 1º A União, por intermédio da Secretaria da Receita Federal, para fins do disposto no inciso III do § 4º do art. 153 da Constituição Federal, poderá celebrar convênios com o Distrito Federal e os Municípios que assim optarem, visando a delegar as atribuições de fiscalização, inclusive a de lançamento dos créditos

Parte Geral · **Capítulo III** · COMPETÊNCIA TRIBUTÁRIA | **95**

já era encontrada no art. 84 do CTN: "A lei federal pode cometer aos Estados, ao Distrito Federal ou aos Municípios o encargo de arrecadar os impostos de competência da União cujo produto lhes seja distribuído no todo ou em parte"[16].

Por fim, tal como na parafiscalidade, nada impede a transferência da capacidade tributária ativa, isto é, a aptidão para figurar como credor na relação jurídica tributária. Esta pode ser delegada para a uma entidade da administração pública indireta ou para pessoa (física ou jurídica) de direito privado no exercício de função pública ou de interesse coletivo[17].

1.3.3   Incaducabilidade

Outra consequência da *reserva de constituição* é a incaducabilidade, o que equivale a dizer que a competência tributária não se extingue pelo seu não exercício nem é transferida para *pessoa jurídica de direito público diversa daquela a que a Constituição a tenha atribuído* (CTN, art. 8°).

1.3.4   Natureza privativa

1.3.4.1   Eficácia obstativa da competência

O sistema constitucional de distribuição de competências tributárias está assentado no critério horizontal de repartição. Nele há uma separação estanque de matérias em competências privativas de cada ente federativo, isto é, mediante definição de domínios próprios e exclusivos da União, dos Estados, do Distrito Federal e dos Municípios. Dentro dessa técnica, ressalvadas as exceções previstas no texto constitucional (*v.g.*, art. 154, II), a habilitação de um ente tributante acarreta o afastamento de aptidão idêntica aos demais não contemplados, o que é identificado pela doutrina como efeito negativo ou inibitório da atribuição de competência privativa[18]. Assim, *v.g.*, ao atribuir à União a competência para instituir impostos sobre a renda (art. 153, III), o texto constitucional veda a tributação dessa mesma manifestação de capacidade contributiva por parte dos Estados, do Distrito Federal e dos Municípios.

É importante ressaltar que o efeito inibitório da atribuição de competência privativa abrange a definição da hipótese de incidência e da base de cálculo, que é sua a *perspectiva dimensível*[19]. Aplica-se, ademais, no todo ou em parte, o que equivale a dizer que um ente federativo não pode incluir na base de cálculo de tributos próprios grandezas ou valores inerentes a tributos de terceiros. Assim, *v.g.*, ao dispor sobre o IPI, a União não pode determinar a inclusão do *frete* na base de cálculo, porque esse, como remuneração pela prestação do serviço de transporte, constitui uma manifestação de capacidade contributiva própria do ICMS (art. 155, II) ou do ISS (art. 156, III). Da mesma forma, ao tributar a venda financiada de uma mercadoria, os Estados não podem prever a inclusão dos *encargos da operação de crédito* na base de cálculo do ICMS, porque estão inseridos na competência da União (art. 153, V)[20].

---

16   tributários, e de cobrança do Imposto sobre a Propriedade Territorial Rural, de que trata o inciso VI do art. 153 da Constituição Federal, sem prejuízo da competência supletiva da Secretaria da Receita Federal."

16   De acordo com o parágrafo único do art. 84 do CTN: "Parágrafo único. O disposto neste artigo, aplica-se à arrecadação dos impostos de competência dos Estados, cujo produto estes venham a distribuir, no todo ou em parte, aos respectivos Municípios".

17   Ver Capítulo VII, item 3.1, da Parte Geral.

18   FALCÃO, Amílcar de Araújo. *Sistema financeiro tributário*. Rio de Janeiro: Financeiras, 1965. p. 38. Um dos corolários dessa eficácia obstativa é o art. 154, I, que veda a instituição de novos impostos não previstos no art. 153 pela União, quando *tenham fato gerador ou base de cálculo próprios dos discriminados* na Constituição Federal.

19   ATALIBA, Geraldo. *Hipótese de incidência tributária*. 5. ed. São Paulo: Malheiros, 1997. p. 96.

20   A base de cálculo desses tributos é estudada no Capítulo I, item 4, e no item 2.3.2, da Parte Especial.

96 | CURSO DE DIREITO TRIBUTÁRIO – *Solon Sehn*

Portanto, não são compatíveis com a Constituição as disposições do art. 13, § 1º, II, "a", da Lei Complementar 87/1996 e do art. 14, § 1º, da Lei 4.502/1964, que, respectivamente, determinam a inclusão dos juros na base de cálculo do ICMS[21] e do frete na do IPI[22]. Trata-se de uma forma sutil de violação da competência de outro ente federativo que, lamentavelmente, ainda não é adequadamente captada pelos tribunais. No caso dos juros, o STF tem decidido pela "constitucionalidade da inclusão na base de cálculo do ICMS dos acréscimos financeiros devidos em razão de pagamento na modalidade de venda a prazo"[23]. Já em relação ao IPI, "a jurisprudência do Supremo Tribunal Federal é firme no sentido da impossibilidade de inclusão dos valores pagos a título de frete na base de cálculo"[24]. Esses precedentes, entretanto, não se baseiam no efeito inibitório da competência estadual ou municipal para tributar o serviço de transporte, mas na impossibilidade de invasão da lei ordinária ampliar o conceito de *valor da operação* do art. 47, II, "a", do CTN[25], isto é, na violação da reserva de lei complementar (art. 146, III, "a"[26]).

1.3.4.2   Bitributação e *bis in idem*

A natureza privativa da competência tributária implica a proibição de instituição ou cobrança de tributos sobre o mesmo evento imponível por mais de um ente federativo, ou seja, proíbe a *bitributação* ou tributação múltipla[27]. Trata-se de uma consequência lógica, inerente à natureza privativa da competência tributária e ao efeito obstativo dela decorrente. Não é necessária uma

---

21   "Art. 13. [...] § 1º Integra a base de cálculo do imposto, inclusive nas hipóteses dos incisos V, IX e X do *caput* deste artigo: (Redação dada pela Lei Complementar 190, de 2022) [...] II – o valor correspondente a:
a) seguros, juros e demais importâncias pagas, recebidas ou debitadas, bem como descontos concedidos sob condição."

22   "Art. 14. Salvo disposição em contrário, constitui valor tributável: (Redação dada pela Lei 7.798, de 1989) [...] § 1º. O valor da operação compreende o preço do produto, acrescido do valor do frete e das demais despesas acessórias, cobradas ou debitadas pelo contribuinte ao comprador ou destinatário. (Redação dada pela Lei 7.798, de 1989)"

23   STF, 2ª T., RE 881.908 ArG, Rel. Min. Ricardo Lewandowski, *DJe* 17.09.2012. No mesmo sentido: "'venda a prazo' revela modalidade de negócio jurídico único, cognominado compra e venda, no qual o vendedor oferece ao comprador o pagamento parcelado do produto, acrescendo-lhe um plus ao preço final, razão pela qual o valor desta operação integra a base de cálculo do ICMS, na qual se incorpora, assim, o preço 'normal' da mercadoria (preço de venda à vista) e o acréscimo decorrente do parcelamento. 2. A base de incidência do ICMS é o valor da operação de que decorrer a saída da mercadoria do estabelecimento. Havendo preços diferenciados para as modalidades de pagamento à vista e a prazo, sobre esses valores deve ser calculado o tributo, sendo irrelevante, para esse fim, a investigação da natureza das parcelas que compõem a diferença a maior do preço para pagamento parcelado. Precedentes desta Corte: RE 278.071 AgR, Rel. Min. Ayres Britto, *DJe* 26.08.2011; AI 453.995 AgR, Rel. Min. Ricardo Lewandowski, *DJe* 19.12.2007; AI 488.717 AgR, Rel. Min. Gilmar Mendes, *DJ* 12.05.2006; RE 228.242 AgR, Rel. Min. Carlos Velloso, *DJ* 22.10.2004" (STF, 1ª T., AI 853.737 AgR, Rel. Min. Luiz Fux, *DJe* 08.05.2012).

24   STF, 1ª T., ARE 1.152.861 AgR, Rel. Min. Roberto Barroso, *DJe* 07.11.2018.

25   "Art. 47. A base de cálculo do imposto é:
[...]
II – no caso do inciso II do artigo anterior:
a) o valor da operação de que decorrer a saída da mercadoria;
[...]."

26   "Imposto sobre Produtos Industrializados. Frete. Base de cálculo. Inclusão. Lei ordinária. inconstitucionalidade formal. Viola o artigo 146, inciso III, alínea 'a', da Carta Federal norma ordinária segundo a qual hão de ser incluídos, na base de cálculo do Imposto sobre Produtos Industrializados – IPI, valores em descompasso com o disposto na alínea 'a' do inciso II do artigo 47 do Código Tributário Nacional. Precedente. Recurso Extraordinário 567.935/SC, de minha relatoria, Pleno, apreciado sob o ângulo da repercussão geral" (STF, 1ª T., RE 881.908 ArG, Rel. Min. Marco Aurélio, *DJe* 09.10.2015).

27   Sobre o tema, cf.: MOTA, Sergio Ricardo Ferreira. *Bitributação e bis in idem na tributação.* Florianópolis: Insular, 2013. A expressão "múltipla tributação" é encontrada em: PONTES DE MIRANDA, Francisco Cavalcanti. *Comentários à Constituição de 1967 com a Emenda n. 1 de 1969.* 3. ed. Rio de Janeiro: Forense, 1987. t. II, p. 387.

Parte Geral · Capítulo III · COMPETÊNCIA TRIBUTÁRIA | **97**

regra expressa nesse sentido, porque, no Estado Democrático de Direito, é a existência de normas de competência – e não a falta de preceitos proibitivos – que legitima a atuação do legislador[28]. Logo, se há apenas um ente tributante habilitado pela Constituição Federal, todos os demais são necessariamente incompetentes.

Não obstante, há situações em que o texto constitucional permite a bitributação. Nos impostos, isso ocorre parcialmente no art. 155, § 2º, XI, em relação ao IPI e do ICMS[29]. Outra hipótese é a do art. 154, II, que, em caso de guerra externa ou sua iminência, autoriza a União a instituir impostos extraordinários não compreendidos em sua competência, ingressando no domínio próprio dos demais entes federativos. Na Emenda 132/2023 (Emenda da Reforma Tributária), por sua vez, foi prevista bitributação entre a CBS e o IBS, assim como do imposto seletivo, que "poderá ter o mesmo fato gerador e base de cálculo de outros tributos"[30].

A *bitributação* não se confunde com o *bis in idem*. Este ocorre quando um ente tributante institui mais de um tributo sobre o mesmo evento imponível. Não há vedação para que isso ocorra, porque, se o ente opera dentro dos limites de sua própria competência, o que se tem é uma espécie de adicional da primeira exação[31]. Entretanto, o *bis in idem* não pode implicar a violação indireta de regime jurídico-constitucional tributário. Assim, *v.g.*, sabe-se que, nos termos do art. 153, IV, da Constituição Federal, a União tem competência para instituir o IPI e que, em razão do § 3º, I e II, desse mesmo dispositivo, o imposto deve ser seletivo e não cumulativo. Esses dois princípios integram o regime jurídico-constitucional do tributo. Portanto, a União não pode criar um adicional do IPI, com outra denominação, para contornar as exigências constitucionais de seletividade e de não cumulatividade.

Discute-se acerca do cabimento de bitributação entre contribuições especiais e impostos estaduais ou municipais, notadamente contribuições de intervenção no domínio econômico. Essa questão também está relacionada à possibilidade de *bis in idem* ou superposição de contribuições especiais. Isso porque, ao prever a criação de novas fontes de custeio, o § 4º do art. 195 remete ao art. 154, I, que autoriza a União a instituir, mediante lei complementar, *impostos não previstos no artigo anterior, desde que sejam não cumulativos e não tenham fato gerador ou base de cálculo*

---

[28] Como ensina Hans Kelsen, é "supérfluo proibir qualquer coisa a um órgão do Estado, pois basta não autorizá-lo a fazê-la" (Tradução nossa. KELSEN, Hans. *Teoría general del derecho y del Estado*. México: UNAM, 1959. p. 277: "[...] es superfluo prohibir cualquier cosa a un órgano del Estado, pues basta con non autorizarlo a hacerla"). No mesmo sentido, ressalta J. J Gomes Canotilho que: "A afirmação de uma reserva de constituição (cfr. *supra*, Parte I, Cap. 4, A) concretiza-se sobretudo: (a) na *definição do quadro de competências*, pois as funções e competências dos órgãos do poder político devem ser exclusivamente constituídas pela constituição, ou seja, todas as actividades do poder político devem ter fundamento na constituição e reconduzir-se às normas constitucionais de competência, e daí que o princípio fundamental do Estado de direito democrático não seja o de que o que a constituição não proíbe é permitido (transferência livre ou encapuçada do princípio da liberdade individual para o direito constitucional), mas sim o de que os *órgãos do Estado só têm competência para fazer aquilo que a constituição lhes permite* (cfr. art. 114º/2)" (CANOTILHO, José Joaquim Gomes. *Direito constitucional e teoria da Constituição*. 7. ed. Coimbra: Almedina, 2003. p. 361).

[29] Esse preceito não significa que o IPI e o ICMS tenham hipóteses de incidência equivalentes, como bem demonstrado pelo Prof. José Roberto Vieira em estudo sobre o tema (VIEIRA, José Roberto. *A regra-matriz de incidência do IPI*: texto e contexto. Curitiba: Juruá, 1993. p. 74 e ss.). Ver ainda: VALLE, Maurício Dalri Timm do. *Princípios constitucionais e regras-matrizes de incidência do Imposto sobre Produtos Industrializados – IPI*. São Paulo: Noeses, 2016. p. 531 e ss.

[30] CF, art. 153, VIII, § 6º, V.

[31] Como ensina Pontes de Miranda: "Se no caso está a multiplicidade dentro da mesma entidade, apenas se trata de *repetição do tributo*, quase sempre *repetição de imposto*, de *bi-imposição* ou de *tri-imposição*, que somente tem a função de 'demarcar os recolhimentos feitos para fins diversos' (F. W. TAUSSING, *Principles of Economics*, III, 537). [...] Se a mesma entidade estatal cria os dois ou mais impostos, não há *problemas de conflito*, o que só se dá entre entidades estatais do mesmo Estado, ou entre Estados (cf. RUDOLF SCHRANIL, *Besteuerungsrecht und Steueranspruch*, 68)" (PONTES DE MIRANDA, Francisco Cavalcanti. *Comentários à Constituição de 1967 com a Emenda n. 1 de 1969*. 3. ed. Rio de Janeiro: Forense, 1987. t. II, p. 386-387).

próprios dos discriminados nesta Constituição. Dele decorre, segundo parte da doutrina, uma vedação para a superposição com hipóteses de incidência e bases de cálculos de *contribuições* previstas no texto constitucional.

Entretanto, essa não parece a melhor interpretação. Uma contribuição para a seguridade social com hipótese de incidência e base de cálculo de outra contribuição da mesma natureza nada mais é do que um adicional da primeira exação. Trata-se de um *bis in idem*, que é permitido pelo texto constitucional, desde que o ente tributante permaneça dentro dos limites de sua própria competência e não viole indiretamente o regime constitucional do tributo. A rigor, ao instituir uma contribuição com essas características, o legislador não está fazendo uso da competência do § 4º do art. 195, que pressupõe uma nova fonte de custeio, diferente das já previstas nos incisos I a V do art. 195. Logo, nem sequer é possível cogitar da incidência do inciso I do art. 154 da Constituição Federal.

Com efeito, a competência para instituir contribuições sobre a folha de salários e demais rendimentos do trabalho é estabelecida na alínea "a" do inciso I do art. 195, da mesma forma que a competência para a tributação da receita ou do faturamento encontra-se prevista na alínea "b", e assim por diante: o lucro na alínea "c"; a remuneração do trabalhador e demais segurados no inciso II; a receita de concursos de prognósticos no inciso III; e importação no inciso IV; e sobre bens e serviços no inciso V. Dessa forma, *v.g.*, ao instituir a Cofins, a União fez uso da competência prevista na alínea "b" do inciso I do art. 195. Posteriormente, quando instituiu a contribuição previdenciária sobre a receita bruta, o legislador permaneceu no âmbito da mesma habilitação constitucional. A fonte de custeio tributada é idêntica, sendo ambas previstas no texto constitucional. Em outras palavras, a contribuição é nova, mas a fonte de custeio continua sendo a receita bruta da empresa. A União não está exercendo a competência residual do § 4º do art. 195, razão pela qual não está submetida aos seus pressupostos formais e materiais.

A vedação do inciso I do art. 154 apenas é aplicável quando a competência do § 4º do art. 195 é exercida, o que pressupõe uma nova fonte de custeio, ou seja, diferente da folha de salários e demais rendimentos do trabalho (art. 195, I, "a"), da receita ou do faturamento (art. 195, I, "b"), do lucro (art. 195, I "c"), da remuneração do trabalhador e demais segurados (art. 195, II), da receita de concursos de prognósticos (art. 195, III); da importação (art. 195, IV); e sobre bens e serviços (art. 195, V). Esse seria o caso, por exemplo, de uma contribuição para a seguridade social incidente sobre os dividendos ou a locação de bens. É em situações dessa natureza que incide o inciso I do art. 154, que prevê a necessidade de lei complementar, vedando a criação de contribuição com fato gerador ou base de cálculo próprios de *impostos* já discriminados no texto constitucional.

O STF analisou a possibilidade de superposições de contribuições para a seguridade social no RE 611.601. Nele se questionava a constitucionalidade da contribuição da agroindústria incidente sobre a receita bruta da comercialização da produção rural, prevista na Lei 10.256/2001, que alterou a Lei 8.212/1991. O argumento principal foi a impossibilidade de superposição da hipótese de incidência e da base de cálculo com a Cofins, o que, entretanto, não foi acolhido pelo Tribunal: "É constitucional o art. 22-A da Lei 8.212/1991, com a redação da Lei 10.256/2001, no que instituiu contribuição previdenciária incidente sobre a receita bruta proveniente da comercialização da produção, em substituição ao regime anterior da contribuição incidente sobre a folha de salários" (Tema 281[32]).

Quanto à questão da vedação de fatos geradores ou base de cálculo próprios de *impostos* já discriminados no texto constitucional, ainda não há um precedente vinculante no STF. No RE 177.137, julgado no ano de 1995, o Tribunal declarou a constitucionalidade do Adicional de

---

[32] STF, Tribunal Pleno, RE 611.601, Rel. Min. Dias Toffoli, Acórdão ainda não publicado, Ata de Julgamento, *DJe* 09.01.2023.

Parte Geral · Capítulo III · COMPETÊNCIA TRIBUTÁRIA **99**

Frete para a Renovação da Marinha Mercante (AFRMM), afastando a alegação de invasão da competência dos Estados e do Distrito Federal pela União, conforme os fundamentos do voto do Min. Carlos Velloso:

> Assentado esta que o AFRMM e uma contribuição de intervenção no domínio econômico (C.F., art. 149). Não é, portanto, nem taxa nem imposto, mas um terceiro gênero tributário, ou uma subespécie da espécie tributária contribuição RE 138.284-CE, *RTJ* 143/313). A contribuição, não obstante um tributo, não está sujeita à limitação inscrita no § 2º do art. 145 da Constituição. Também não se aplicam a ela as limitações a que estão sujeitos os impostos, em decorrência da competência privativa dos entes políticos para instituí-los (C.F., arts. 153, 155 e 156), a impedir a bitributação. A técnica da competência residual da União para instituir imposto (C.F., art. 154, I), aplicável as contribuições sociais de seguridade, no tocante as 'outras fontes destinadas a garantir a manutenção ou expansão da seguridade social' (C.F., art. 195, § 4º), não é invocável, no caso (C.F., art. 149)[33].

O RE 177.137, além de não ter eficácia vinculante, examinou a questão de forma incipiente e incidental. Tanto é assim que o art. 154, I, nem sequer foi mencionado na ementa. Espera-se que, em um novo julgamento, o Tribunal manifeste-se pela impossibilidade de a União avançar sobre bases impositivas de outros entes políticos, salvo naqueles casos admitidos originariamente pelo texto constitucional.

1.3.4.3   Vedação para concessão de isenções heterônomas

A competência para instituir tributos abrange a sua desoneração. Por isso, um ente federativo não pode isentar nem estabelecer benefícios fiscais relativos a tributos de competência privativa de outras pessoas políticas. A Constituição Federal de 1967 (art. 20, § 2º[34]) e a Emenda 01/1969 (art. 19, § 2º[35]) autorizavam a União a conceder – mediante lei complementar e para atender relevante interesse social ou econômico nacional – isenções de impostos federais, estaduais e municipais, o que é conhecido na doutrina como *isenção heterônoma*. Não há mais essa possibilidade após a Constituição Federal de 1988, que, em seu art. 151, III, proibiu desonerações dessa natureza. O dispositivo faz referência a *isenções* de tributos de outros entes por parte da União. Contudo, como a vedação decorre da natureza privativa da competência, aplica-se a todos os entes federativos reciprocamente, notadamente aos Estados em relação aos tributos municipais. Ademais, não incide apenas na isenção, mas em todas as formas de incentivos, benefícios fiscais e desonerações, inclusive concessão de crédito presumido, anistia ou remissão[36].

De acordo com a jurisprudência do STF, o inciso III do art. 151 não se aplica nas isenções e desonerações previstas em acordos e tratados internacionais:

> Ementa: Direito tributário. Recepção pela Constituição da República de 1988 do Acordo Geral de Tarifas e Comércio. Isenção de tributo estadual prevista em tratado internacional firmado pela República Federativa do Brasil. Artigo 151, inciso III, da Constituição

---

33   RE 177.137/RS, Voto do Min. Velloso, p. 12. Também foi manifestação expressa do Min. Celso de Melo, sendo que os demais apenas acompanharam o relator (Voto, p. 5).

34   "Art. 20. [...] § 2º A União, mediante lei complementar, atendendo a relevante interesse social ou econômico nacional, poderá conceder isenções de impostos federais, estaduais e municipais."

35   "Art. 19, § 2º A União, mediante lei complementar e atendendo a relevante interesse social ou econômico nacional, poderá conceder isenções de impostos estaduais e municipais."

36   Sobre a diferença entre isenção, crédito presumido, anistia e remissão, ver Capítulo IX, item 4, da Parte Geral.

da República. Artigo 98 do Código Tributário Nacional. Não caracterização de isenção heterônoma. Recurso extraordinário conhecido e provido.

1. A isenção de tributos estaduais prevista no Acordo Geral de Tarifas e Comércio para as mercadorias importadas dos países signatários quando o similar nacional tiver o mesmo benefício foi recepcionada pela Constituição da República de 1988.

2. O artigo 98 do Código Tributário Nacional "possui caráter nacional, com eficácia para a União, os Estados e os Municípios" (voto do eminente Ministro Ilmar Galvão).

3. No direito internacional apenas a República Federativa do Brasil tem competência para firmar tratados (art. 52, § 2º, da Constituição da República), dela não dispondo a União, os Estados-membros ou os Municípios. O Presidente da República não subscreve tratados como Chefe de Governo, mas como Chefe de Estado, o que descaracteriza a existência de uma isenção heterônoma, vedada pelo art. 151, inc. III, da Constituição.

4. Recurso extraordinário conhecido e provido[37].

Como se vê, o STF entende que, nas relações bilaterais e multilaterais no âmbito internacional, não há atuação da União, mas da República Federativa do Brasil como Estado-total[38]. Essa concepção de Federação baseia-se na doutrina de Haenel, Gierke, Kelsen e de Nawiasky[39], que, entre nós, é acolhida por José Souto Maior Borges[40], Betina Grupenmacher[41] e Alberto Xavier[42]. Assim, a vedação para isenções heterônomas não se aplica aos tratados internacionais[43].

---

[37] STF, Tribunal Pleno, RE 229.096, Rel. Min. Ilmar Galvão, Rel. p/ Acórdão, Min. Cármen Lúcia, j. 16.08.2007, *DJe*-065 11.04.2008.

[38] "[...] No direito internacional apenas a República Federativa do Brasil tem competência para firmar tratados (art. 52, § 2º, da Constituição da República), dela não dispondo a União, os Estados-membros ou os Municípios" (STF, Tribunal Pleno, RE 229.096, Rel. Min. Ilmar Galvão, Rel. p/ Acórdão Min. Cármen Lúcia, *DJe*-065 11.04.2008).

[39] Teoria das três entidades estatais (Haenel, Gierke, Nawiasky e Kelsen). Sobre o tema, cf.: BARACHO, José Alfredo de Oliveira. *Teoria geral do federalismo*. Belo Horizonte: FUMAR/UCMG, 1982. p. 63. No mesmo sentido: ROVIRA, Enoch Alberti. *Federalismo y cooperación en La República Federal Alemana*. Madrid: Centro de Estudios Constitucionales, 1986. p. 64: "Algunos autores, destacadamente Kelsen y Nawiasky, así como una primera jurisprudencia del BverfG consideran que el Estafo federal se construye en tres escalones diversos, a partir de la unión de tres miembros distintos: los Estados particulares, los órganos del Bund, o Estado central o superior, y como resultante de la unión de ambos, aparece el Estado del conjunto, con órganos asimismo propios". Esta, ainda segundo o mesmo autor, se opõe à concepção adotada pela maioria dos autores daquele mesmo país: "La mayoría de los autores alemanes [Stern, Hesse, Maunz, Zippelius, Stein, Scheuner, Herzog, entre outros [considera sin embargo que el Estado federal responde a una construcción de sólo dos miembros: los Estado particulares y el Bund, y éste no debe ser considerado como un Estado central, que requiera una instancia superior para constituir el 'Estado de la totalidad' (Gesamtstaat), sino que es propiamente la organización superior de la Federación, que al mismo tiempo constituye y representa al Estado federal en su conjunto (Bundesstaat, y concretamente en el caso alemán actual, la Bundesrepublik)" (ROVIRA, Enoch Alberti. *Federalismo y cooperación en La República Federal Alemana*. Madrid: Centro de Estudios Constitucionales, 1986. p. 65-66.).

[40] BORGES, José Souto Maior. Isenções em tratados internacionais de impostos dos Estados-Membros e Municípios. *In*: BANDEIRA DE MELLO, Celso Antônio (org.). *Estudos em homenagem a Geraldo Ataliba*. São Paulo: Malheiros, 1997.

[41] GRUPENMACHER, Betina Treiger. *Tratados internacionais em matéria tributária e a ordem interna*. São Paulo: Dialética, 1999. p. 124.

[42] XAVIER, Alberto. *Direito tributário internacional no Brasil*: tributação das operações internacionais. 5. ed. Rio de Janeiro: Forense, 2002. p. 136: "A voz da União, nas relações internacionais, não é a voz de uma entidade com interesses próprios e específicos, potencialmente conflitantes com os dos Estados e dos Municípios, mas a voz de uma entidade que a todos eles engloba – a República Federativa do Brasil".

[43] Sobre o tema, cf.: SEHN, Solon. *Curso de direito aduaneiro*. 2. ed. Rio de Janeiro: Forense, 2022. p. 172 e ss.

Parte Geral • **Capítulo III** • COMPETÊNCIA TRIBUTÁRIA | **101**

Por fim, ressalte-se que, para parte da doutrina, a Emenda 37/2002 teria previsto uma hipótese de isenção heterônoma no inciso II do § 3º do art. 156, que submete ao legislador complementar a atribuição de excluir as exportações de serviço da incidência do ISS[44]. A rigor, porém, como será analisado, o preceito prevê uma imunidade com aplicabilidade limitada[45].

Com a Reforma Tributária, foi autorizada, por meio da lei complementar instituidora da CBS e do IBS, a previsão de hipóteses de isenção e de alíquota zero de determinados bens e serviços previstos no § 3º do art. 9º da Emenda 132/2023. Entretanto, não se trata propriamente de isenção heterônoma, mas, como será analisado, de verdadeira imunidade tributária.

1.3.5 Alteração de conceitos e institutos de direito privado

O texto constitucional, ao delimitar a competência impositiva das pessoas políticas, muitas vezes o faz mediante referências a conceitos ou a institutos de direito privado. É o que ocorre, entre outros dispositivos, nos arts. 155, II, e 156, I. O primeiro prevê a competência dos Estados e do Distrito Federal para instituir o imposto sobre operações relativas à circulação de *mercadorias*. O segundo, a competência dos Municípios para instituir impostos sobre *propriedade* predial e territorial urbana. Em situações dessa natureza, esses conceitos de direito privado não podem ter o seu conteúdo jurídico alterado pelo legislador tributário infraconstitucional. Não cabe, destarte, o estabelecimento de um conceito especial – de *mercadoria* ou de *propriedade* – apenas para fins de incidência de um tributo. Trata-se de uma consequência da *reserva de constituição* em matéria de competência impositiva. Sem essa vedação, o legislador infraconstitucional poderia modular a amplitude da própria competência, gerando insegurança jurídica e conflitos entre os entes tributantes.

Daí a previsão do art. 110 do CTN, que veda a alteração da definição, do conteúdo e do alcance de institutos, conceitos e formas de direito privado utilizados para definir ou limitar competências tributárias[46]: "Art. 110. A lei tributária não pode alterar a definição, o conteúdo e o alcance de institutos, conceitos e formas de direito privado, utilizados, expressa ou implicitamente, pela Constituição Federal, pelas Constituições dos Estados, ou pelas Leis Orgânicas do Distrito Federal ou dos Municípios, para definir ou limitar competências tributárias".

A jurisprudência do STF, em diversas oportunidades, tem afirmado essa restrição, na linha do RE 71.758, marcado pela feliz observação do Ministro Luiz Gallotti, ao ressaltar que "[...] se a lei pudesse chamar de compra o que não é compra, de importação o que não é importação, de

---

44 "Art. 156. [...]

III – serviços de qualquer natureza, não compreendidos no art. 155, II, definidos em lei complementar. (Redação dada pela Emenda Constitucional 3, de 1993)

[...]

§ 3º Em relação ao imposto previsto no inciso III do *caput* deste artigo, cabe à lei complementar: (Redação dada pela Emenda Constitucional 37, de 2002)

[...]

II – excluir da sua incidência exportações de serviços para o exterior. (Incluído pela Emenda Constitucional 3, de 1993)"

45 Ver Capítulo V, item 5.2, da Parte Geral.

46 Esse dispositivo nem sequer precisaria estar escrito, uma vez que, segundo ressalta Hugo de Brito Machado, "[...] o art. 110 do Código Tributário nacional tem um sentido apenas didático, meramente explicitante. Ainda que não existisse, teria de ser como nele está determinado. Admitir que a lei ordinária redefina conceitos utilizados por qualquer norma da Constituição é admitir que a lei modifique a Constituição. É certo que a lei pode, e deve, reduzir a vaguidade das normas da Constituição, mas, em face da supremacia constitucional, não pode modificar o significado destas" (MACHADO, Hugo de Brito. *Curso de direito tributário*. 7. ed. São Paulo: Malheiros, 1993. p. 8).

102 | CURSO DE DIREITO TRIBUTÁRIO – *Solon Sehn*

exportação o que não é exportação, de renda o que não é renda, ruiria todo o sistema tributário inscrito na Constituição"[47].

A Emenda 132/2023 estabeleceu uma exceção aplicável na definição de serviços para fins de incidência do IBS e do CBS. De acordo com o § 8º do art. 156-A: "Para fins do disposto neste artigo, a lei complementar de que trata o *caput* poderá estabelecer o conceito de operações com serviços, seu conteúdo e alcance, admitida essa definição para qualquer operação que não seja classificada como operação com bens materiais ou imateriais, inclusive direitos"[48]. Assim, diferentemente do que ocorre com os demais tributos, nesse caso específico o legislador infraconstitucional não está vinculado ao conteúdo e ao alcance do conceito de *operações com serviços* no direito privado.

1.3.6 Reconfiguração e redistribuição por emendas constitucionais

Como ressaltado anteriormente, as competências tributárias integram o sistema de distribuição de rendas, constituindo um mecanismo de garantia da autonomia federativa da União, dos Estados, do Distrito Federal e dos Municípios. Em razão disso, parte dos autores sustenta que seriam inalteráveis, constituindo cláusula pétrea da Constituição, assim como a própria Federação (art. 60, § 4º, I).

No entanto, nada impede a reconfiguração ou a redistribuição das competências por meio de emendas constitucionais. As *cláusulas pétreas* visam ao fortalecimento e à garantia da supremacia da Constituição. Nos ordenamentos em que é adotada, o seu sentido fundamental consiste na garantia de intangibilidade de certos princípios que constituem o *cerne*, a *identidade intrínseca*, da Constituição[49]. Buscam, como ensina a doutrina constitucionalista, garantir uma continuidade nas opções políticas fundamentais do constituinte originário[50], sem, contudo, tolher a *capacidade de aprendizagem*[51] das normas constitucionais para captação das mudanças na realidade social. É esse o sentido do § 4º do art. 60, que – ao vedar emendas *tendentes a abolir* cláusulas pétreas – não impede a sua modificação e remodelagem[52].

Essa questão foi apreciada pelo STF na ADI 939. Na oportunidade, embora tenha declarado a inconstitucionalidade do Imposto Provisório sobre Movimentação Financeiras (IPMF) sobre outros fundamentos, o Tribunal rejeitou a alegação de inalterabilidade das competências tributárias, com base nas seguintes razões apresentadas no voto do relator:

> [...] não se pode pretender que a lista dos impostos discriminados no texto original da Constituição, de 5 de outubro de 1988, seja imutável, por supostamente, estar inclusa na

---

[47] Voto Luiz Gallotti no RE 71.758/GB (Rel. Min. Thompson Flores, *DJ* 31.08.1973, p. 357). Destaca-se ainda o RE 166.772/RS (Rel. Min. Marco Aurélio. *DJ* 16.12.1994, p. 34896), no qual o STF entendeu que a Lei 7.787/1989 não poderia ampliar o conceito de salário da CLT (Consolidação das Leis Trabalhistas) para exigir tributos sobre o pagamento de administradores e autônomos.

[48] CF, art. 195: "Aplica-se à contribuição prevista no inciso V o disposto no art. 156-A, § 1º, I a VI, VIII, X a XIII, §§ 3º, 5º, II a VI, VIII e IX, e §§ 6º a 11 e 13".

[49] MIRANDA, Jorge. *Manual de direito constitucional*. 3. ed. Coimbra: Coimbra Editora, 1991. p. 191; CANOTILHO, J. J. Gomes; MOREIRA, Vital. *Fundamentos da Constituição*. Coimbra: Coimbra Editora, 1991. p. 169.

[50] MIRANDA, Jorge. *Manual de direito constitucional*. 3. ed. Coimbra: Coimbra Editora, 1991. p. 191.

[51] CANOTILHO, J. J. Gomes; MOREIRA, Vital. *Fundamentos da Constituição*. Coimbra: Coimbra Editora, 1991. p. 165.

[52] Conforme ensina Manoel Gonçalves Ferreira Filho, "o texto é claro: proíbem-se propostas tendentes a *abolir*... Sublinhe-se *abolir*, que significa eliminar, nulificar, extinguir. Assim, a emenda não poderá *abolir* as instituições enunciadas nos incisos do art. 60, § 4º, da Constituição. [...] Mas evidentemente pode reequacioná-los, modificá-los, alterar suas condições ou efeitos, pois isto não é vedado pelo texto constitucional" (FERREIRA FILHO, Manoel Gonçalves. *Do processo legislativo*. 4. ed. São Paulo: Saraiva, 2001. p. 288). Sobre o tema, cf.: FERRAZ, Anna Candida da Cunha. Mutação, reforma e revisão das normas constitucionais. *Cadernos de Direito Constitucional e Ciência Política*, São Paulo, ano 1, v. 5, p. 5-24, out./dez 1992; HORTA, Raul Machado. Permanência e mudança na Constituição. *Revista de Informação Legislativa*, v. 29, n. 115, p. 5-25, jul./set. 1992.

Parte Geral • Capítulo III • COMPETÊNCIA TRIBUTÁRIA | **103**

cláusula intangível do art. 60, § 4º, inciso IV, impossibilitando que o órgão constituído com poder de emendar a Constituição, com fundamento no seu critério político, tendo em vistas os mutantes interesses e necessidades das Fazendas Públicas e da própria coletividade, possa, revendo tal lista, eliminar alguns impostos e instituir outros. Tal exegese tem a pretensão de tornar eterna a lista dos impostos da União, do Distrito Federal, dos Estados e dos Municípios, uma vez que, mesmo que o Congresso Nacional considere este ou aquele imposto inadequado ou desnecessário, teria muito embaraço de suprimi-lo do texto constitucional, uma vez que, segundo essa interpretação, não poderia discriminar, via emenda constitucional, um novo imposto, para substituí-lo, o que, convenhamos, é inaceitável[53].

A Federação requer a existência de um sistema de distribuição de rendas capaz de assegurar um volume de receitas compatíveis com as atribuições constitucionais a cargo de cada ente federativo. Não há um modelo único de repartição de competências impositivas. Ademais, não há sistema de distribuição de rendas, mesmo os modelos mais elaborados, que não demandem adaptação ou atualização. As atribuições materiais de cada ente federativo podem aumentar ou diminuir com o tempo. Transformações econômicas e sociais podem comprometer a eficiência de um ou mais tributos, diminuindo o nível de arrecadação pressuposto na época da promulgação da Constituição. Nada impede, ademais, um novo pacto federativo entre União, Estados, Distrito Federal e Municípios, levando a uma descentralização maior e efetiva do poder político, hoje bastante concentrada no âmbito federal. É evidente que qualquer decisão nesse sentido deverá ser acompanhada de uma redistribuição de competências tributárias. A consagração de cláusulas pétreas não significa imobilismo nem confinação ao passado.

1.3.7 Facultatividade e renúncia de receitas

O exercício da competência tributária é uma faculdade do ente federativo, podendo ser exercida no tempo e na medida que o seu titular entender oportuno e conveniente, dentro de uma política fiscal. Contudo, algumas regras e princípios constitucionais podem estabelecer deveres de legislar em matéria tributária ou condicionar a concessão de desonerações fiscais. Um caso sempre lembrado pela doutrina é o art. 155, § 2º, XII, "g", que submete ao legislador complementar a função de *regular a forma como, mediante deliberação dos Estados e do Distrito Federal, isenções, incentivos e benefícios fiscais serão concedidos e revogados*[54]. Esse preceito seria uma exceção à regra da facultatividade, tornando obrigatória a instituição do ICMS. Entretanto, esse não é o único dispositivo que prevê limitações dessa natureza.

O inciso III do § 3º do art. 156 estabelece reserva de lei complementar para regular a forma e as condições como isenções, incentivos e benefícios fiscais do ISS serão concedidos e revogados[55]. O § 6º do art. 150 exige lei específica para a concessão subsídio ou isenção, redução de base de cálculo, concessão de crédito presumido, anistia ou remissão, relativos a impostos, taxas ou contribuições. O § 11 do art. 195 proíbe a moratória e o parcelamento em prazo superior a 60 meses e, na forma de lei complementar, a remissão e a anistia das contribuições previstas na alínea

---

53   STF, Tribunal Pleno, ADI 939, Rel. Min. Sydney Sanches, *DJ* 18.03.1994.

54   Essa matéria é disciplinada pela Lei Complementar 24/1975, que dispõe sobre os convênios para a concessão de isenções do imposto sobre operações relativas à circulação de mercadorias, e dá outras providências.

55   De acordo com o § 1º do art. 8º-A da Lei Complementar 116/2003: "§ 1º O imposto não será objeto de concessão de isenções, incentivos ou benefícios tributários ou financeiros, inclusive de redução de base de cálculo ou de crédito presumido ou outorgado, ou sob qualquer outra forma que resulte, direta ou indiretamente, em carga tributária menor que a decorrente da aplicação da alíquota mínima estabelecida no *caput*, exceto para os serviços a que se referem os subitens 7.02, 7.05 e 16.01 da lista anexa a esta Lei Complementar. (Incluído pela Lei Complementar 157, de 2016)"

104 | CURSO DE DIREITO TRIBUTÁRIO – *Solon Sehn*

"a" do inciso I e no inciso II. No ADCT, as regras do Novo Regime Fiscal exigem a apresentação de estimativa de impacto financeiro e orçamentário nas propostas legislativas que impliquem renúncia de receitas (art. 113). Além disso, se ultrapassado o teto de gastos e não acionadas as providências de contenção previstas nos incisos I a X do art. 109, ficam vedadas a concessão ou a ampliação de incentivo ou benefício tributários (§ 2º, II).

O art. 113 do ADCT assemelha-se ao art. 14 da Lei de Responsabilidade Fiscal (Lei Complementar 101/2000[56]), que define *renúncia de receitas* da seguinte forma: "§ 1º A renúncia compreende anistia, remissão, subsídio, crédito presumido, concessão de isenção em caráter não geral, alteração de alíquota ou modificação de base de cálculo que implique redução discriminada de tributos ou contribuições, e outros benefícios que correspondam a tratamento diferenciado".

Ressalte-se que, na ADI 6.303, o STF entendeu que: "A exigência de estudo de impacto orçamentário e financeiro não atenta contra a forma federativa, notadamente a autonomia financeira dos entes. Esse requisito visa a permitir que o legislador, como poder vocacionado para a instituição de benefícios fiscais, compreenda a extensão financeira de sua opção política". Na mesma oportunidade, após assinalar que o art. 113, "ao buscar a gestão fiscal responsável, concretiza princípios constitucionais como a impessoalidade, a moralidade, a publicidade e a eficiência (art. 37 da CF/1988)", o Tribunal fixou a seguinte tese de julgamento, com efeito vinculante: "É inconstitucional lei estadual que concede benefício fiscal sem a prévia estimativa de impacto orçamentário e financeiro exigida pelo art. 113 do ADCT"[57].

Contudo, como demonstrado por Cristine Mendonça, nenhum desses dispositivos impõem sanções para a não instituição do tributo, o que é essencial para infirmar o caráter facultativo da competência[58]. Ademais, a configuração da obrigatoriedade demanda a existência de um dever de legislar, o que, segundo ensina a doutrina, pressupõe uma imposição constitucional concreta e determinada, isto é, uma *ordem de legislar* que pode ser cumprida ou descumprida pelo legislador[59].

Os dispositivos em questão estabelecem hipóteses de reserva de lei complementar (art. 156, § 3º, III) ou de lei específica (art. 150, § 6º) para desonerações fiscais. Também preveem a necessidade de aprovação de outros entes federativos (art. 155, § 2º, XII, "g"), de elaboração de estimativas de impacto financeiro e orçamentário (ADCT, art. 113) ou mesmo vedações diretas à concessão de determinados benefícios (art. 195, § 11; ADCT, art. 109, § 2º, II). Nesses preceitos o que se têm são limitações formais e materiais para a concessão de subsídio ou isenção, redução de base de cálculo, concessão de crédito presumido, anistia ou remissão. Essas que, por sua vez, têm como pressuposto o exercício anterior da competência tributária, sendo aplicáveis apenas se o ente federativo instituir os tributos de sua titularidade. Nenhum deles estabelece uma *ordem de legislar*, razão pela qual, apesar da existência de restrições para a desoneração de tributos, a competência tributária não perde a sua natureza facultativa.

Por fim, cumpre destacar que, com a aprovação da reforma tributária, o ICMS e o ISS serão substituídos progressivamente pela CBS e pelo IBS. Também é prevista a supressão parcial do IPI, que – nos termos estabelecidos em lei complementar – permanecerá incidente apenas sobre os produtos que tenham industrialização incentivada na Zona Franca de Manaus. Os novos tri-

---

[56]   "Art. 14. A concessão ou ampliação de incentivo ou benefício de natureza tributária da qual decorra renúncia de receita deverá estar acompanhada de estimativa do impacto orçamentário-financeiro no exercício em que deva iniciar sua vigência e nos dois seguintes, atender ao disposto na lei de diretrizes orçamentárias e a pelo menos uma das seguintes condições: [...]."

[57]   STF, Tribunal Pleno, ADI 6303, Rel. Min. Roberto Barroso, *DJe* 18.03.2022. No mesmo sentido: STF, Tribunal Pleno, ADI 6074, Rel. Min. Rosa Weber, *DJe* 08.03.2021.

[58]   MENDONÇA, Cristiane. *Competência tributária*. São Paulo: Quartier Latin, 2004. p. 123 e ss.

[59]   CANOTILHO, José Joaquim Gomes. *Constituição dirigente e vinculação do legislador*: contributo para a compreensão das normas constitucionais programáticas. Coimbra: Coimbra Editora, 1994. p. 331 e 1090. MIRANDA, Jorge. *Manual de direito constitucional*. 3. ed. Coimbra: Coimbra Editora, 1991. p. 520.

Parte Geral • Capítulo III • COMPETÊNCIA TRIBUTÁRIA | 105

butos serão informados pelo princípio da neutralidade e, ressalvadas as hipóteses previstas no próprio texto constitucional, não poderão ser objeto de incentivos e benefícios financeiros ou fiscais[60]. Além disso, qualquer alteração na legislação federal que implique a redução ou elevação da arrecadação desses tributos, deverá ser compensada com o aumento ou a redução da alíquota de referência de modo a preservar o patamar arrecadatório, só podendo entrar em vigor após a implementação desse ajuste[61].

2 COMPETÊNCIA DA UNIÃO

2.1 Impostos federais

A União Federal tem competência para instituir os impostos previstos nos arts. 153 da Constituição: imposto de importação – II (art. 153, I); imposto de exportação – IE (art. 153, II); imposto de renda e proventos de qualquer natureza – IR (art. 153, III); imposto sobre produtos industrializados – IPI (art. 153, IV); imposto sobre operações de crédito, câmbio e seguro, ou relativas a títulos ou valores mobiliários – IOF (art. 153, V), que, a partir de 2027, abrangerá apenas as operações de crédito e câmbio, ou relativas a títulos ou valores mobiliários; imposto sobre a propriedade territorial rural – ITR (art. 153, VI); e imposto sobre grandes fortunas (art. 153, VII). Com a Emenda 132/2023 (Emenda da Reforma Tributária), a partir de 2027, a União terá competência para instituir o imposto sobre a produção, extração, comercialização ou importação de bens e serviços prejudiciais à saúde ou ao meio ambiente, nos termos de lei complementar (art. 153, VIII), conhecido como imposto seletivo (IS).

Além disso, compete à União os impostos extraordinários, que podem ser instituídos em casos de guerra externa ou sua iminência. Neles há autorização temporária para *bitributação*, permitindo o ingresso no domínio próprio dos demais entes federativos (art. 154, II). Também compete à União o exercício da *competência residual*, isto é, a instituição de impostos não previstos no art. 153, mediante lei complementar, desde que não cumulativos e não tenham hipótese de incidência ou base de cálculo próprios de outros impostos discriminados na Constituição (art. 154, I). Por fim, nos territórios federais, cabe à União os impostos estaduais e, se não divididos em Municípios, também os municipais (art. 147).

2.2 Taxas

As taxas, como estudado no capítulo anterior, podem ser instituídas em razão do exercício do poder de polícia (*taxa de polícia*) ou da utilização, efetiva ou potencial, de serviços públicos específicos e divisíveis, prestados ao contribuinte ou postos a sua disposição (*taxa de serviço*). Cabem à União as taxas relativas aos serviços públicos e ao poder de polícia inseridos no âmbito de sua competência administrativa ou material, definida no texto constitucional (CTN, arts. 77[62] e 80[63]).

---

[60] Art. 156-A, § 1º, X, e art. 195, § 16.

[61] Art. 156-A, § 9º, I e II, e art. 195, § 16.

[62] "Art. 77. As taxas cobradas pela União, pelos Estados, pelo Distrito Federal ou pelos Municípios, no âmbito de suas respectivas atribuições, têm como fato gerador o exercício regular do poder de polícia, ou a utilização, efetiva ou potencial, de serviço público específico e divisível, prestado ao contribuinte ou posto à sua disposição."

[63] "Art. 80. Para efeito de instituição e cobrança de taxas, consideram-se compreendidas no âmbito das atribuições da União, dos Estados, do Distrito Federal ou dos Municípios, aquelas que, segundo a Constituição Federal, as Constituições dos Estados, as Leis Orgânicas do Distrito Federal e dos Municípios e a legislação com elas compatível, competem a cada uma dessas pessoas de direito público."

106 | CURSO DE DIREITO TRIBUTÁRIO – *Solon Sehn*

2.3 Contribuições

2.3.1 Contribuições de melhoria

As contribuições de melhoria apenas podem ser instituídas pela pessoa jurídica de direito público titular da obra (CTN, art. 81[64]). Assim, a União apenas tem competência para instituir contribuições de melhora em face de obras federais.

2.3.2 Contribuições especiais

As contribuições especiais de competência privativa da União encontram-se previstas nos arts. 149, *caput* e § 2º, 149, §§ 1º e 1º-B, 177, § 4º, 195, I a V, 212, § 5º, 239 e 240[65] da Lei Fundamental, que compreendem: as contribuições sociais gerais[66]; as contribuições sociais para a seguridade social (assistência, saúde e previdência); as contribuições para o custeio de regime próprio de previdência social dos servidores públicos federais ativos, aposentados e dos pensionistas; contribuição extraordinária suplementar para equacionamento de déficit atuarial do regime próprio de previdência social; as contribuições de intervenção no domínio econômico (contribuições interventivas); e no interesse de categorias profissionais ou econômicas (contribuições corporativas).

2.4 Empréstimos compulsórios

Os empréstimos compulsórios são tributos de competência privativa da União, podendo ser instituídos, mediante lei complementar, apenas em duas hipóteses excepcionais: (a) atender a despesas extraordinárias, decorrentes de calamidade pública, de guerra externa ou sua iminência; (b) no caso de investimento público de caráter urgente e de relevante interesse nacional (art. 148).

3 COMPETÊNCIA DOS ESTADOS

3.1 Impostos estaduais

Aos Estados competem os impostos previstos no art. 155 da Constituição: imposto de transmissão causa mortis e doação – ITCMD (inciso I); imposto sobre operações relativas à circulação de mercadorias e sobre prestações de serviços de transporte interestadual e intermunicipal e de comunicação – ICMS (inciso II); e o imposto sobre a propriedade de veículos automotores – IPVA (inciso III).

Ao final do período de transição da Reforma Tributária, em 2033, ocorrerá a revogação da competência para a instituição do ICMS[67]. Este será substituído pelo IBS e pela CBS, assim como o ISS, o PIS/Pasep e a Cofins e de parte da base de incidência do IPI, progressivamente, iniciando no ano de 2026.

O *caput* do art. 156-A estabelece que o IBS constitui um imposto de competência compartilhada dos Estados, do Distrito Federal e dos Municípios. Estes, porém, apenas definirão a alíquota

---

[64] "Art. 81. A contribuição de melhoria cobrada pela União, pelos Estados, pelo Distrito Federal ou pelos Municípios, no âmbito de suas respectivas atribuições, é instituída para fazer face ao custo de obras públicas de que decorra valorização imobiliária, tendo como limite total a despesa realizada e como limite individual o acréscimo de valor que da obra resultar para cada imóvel beneficiado."

[65] As contribuições previstas nos arts. 212, § 5º, 239, § 4º, e 240, foram recepcionadas pela Constituição Federal de 1988, sem implicar qualquer constitucionalização de suas leis instituidoras.

[66] Como analisado no capítulo anterior, apesar da crítica doutrinária, as contribuições socais gerais são admitidas pela jurisprudência do STF (Tribunal Pleno, ADI 2.556 MC, Rel. Min. Moreira Alves, *DJ* 08.08.2003; STF, 1ª T., AI 744.316 AgR, Rel. Min. Dias Toffoli, *DJe* 22.03.2011).

[67] Art. 22, II, "a"; ADCT, art. 129.

do tributo por meio de lei específica, observada a alíquota de referência fixada em resolução do Senado Federal, que será aplicada se outra não houver sido definida pelo próprio ente federativo:

> Art. 156-A. Lei complementar instituirá imposto sobre bens e serviços de competência compartilhada entre Estados, Distrito Federal e Municípios.
>
> § 1º O imposto previsto no *caput* será informado pelo princípio da neutralidade e atenderá ao seguinte:
>
> [...]
>
> V – cada ente federativo fixará sua alíquota própria por lei específica;
>
> [...]
>
> XII – resolução do Senado Federal fixará alíquota de referência do imposto para cada esfera federativa, nos termos de lei complementar, que será aplicada se outra não houver sido estabelecida pelo próprio ente federativo.

A rigor, não há como instituir um tributo sem a definição de todos os seus aspectos de sua regra-matriz de incidência. Isso inclui não apenas a hipótese de incidência, mas também a base de cálculo, a sujeição passiva e a alíquota. Portanto, sem a resolução do Senado Federal e a lei local específica, a instituição do IBS pela lei complementar federal não é completa. É necessária a coalescência da atividade legislativa de todos os entes. Trata-se, portanto, de uma competência impositiva de natureza complexa, caracterizada por resultar da manifestação de órgãos legislativos distintos: da União, dos Estados, do Distrito Federal e dos Municípios.

3.2 Taxas

Os Estados podem instituir as taxas em razão de serviços públicos e do poder de polícia de sua competência administrativa ou material, definida no texto constitucional (CTN, arts. 77 e 80).

3.3 Contribuições

Os Estados podem instituir contribuições de melhoria, desde que a valorização imobiliária decorra de uma obra pública estadual (CTN, art. 81). Também têm competência para estabelecer contribuições para o custeio de regime próprio de previdência social de servidores públicos estaduais ativos, dos aposentados e dos pensionistas (art. 149, § 1º).

Foi prevista na Emenda 132/2023 (Emenda da Reforma Tributária), em alteração ao ADCT, a competência estadual para a instituição de contribuições sobre produtos primários e semielaborados em substituição às contribuições aos fundos estaduais estabelecidas como condição para a fruição de tratamentos tributários diferenciados do ICMS:

> Art. 136. Os Estados que possuíam, em 30 de abril de 2023, fundos destinados a investimentos em obras de infraestrutura e habitação e financiados por contribuições sobre produtos primários e semielaborados estabelecidas como condição à aplicação de diferimento, regime especial ou outro tratamento diferenciado, relativos ao imposto de que trata o art. 155, II, da Constituição Federal, poderão instituir contribuições semelhantes, não vinculadas ao referido imposto, observado que:
>
> I – a alíquota ou o percentual de contribuição não poderão ser superiores e a base de incidência não poderá ser mais ampla que os das respectivas contribuições vigentes em 30 de abril de 2023;
>
> II – a instituição de contribuição nos termos deste artigo implica a extinção da contribuição correspondente, vinculada ao imposto de que trata o art. 155, II, da Constituição Federal, vigente em 30 de abril de 2023;

108 | CURSO DE DIREITO TRIBUTÁRIO – *Solon Sehn*

III – a destinação de sua receita deverá ser a mesma das contribuições vigentes em 30 de abril de 2023;

IV – a contribuição instituída nos termos do *caput* será extinta em 31 de dezembro de 2043.

Parágrafo único. As receitas das contribuições mantidas nos termos deste artigo não serão consideradas como receita do respectivo Estado para fins do disposto no art. 130, II, "b" e 131, § 2º, I, "b", ambos deste Ato das Disposições Constitucionais Transitórias.

Para compreender o sentido dessa previsão, deve-se ter presente que, atualmente, alguns Estados (*v.g.*, Mato Grosso do Sul, Goiás e Santa Catarina) estabelecem como condição para fruição de tratamentos tributários diferenciados do ICMS a necessidade de recolhimento de contribuições para fundos estaduais diversos. Apesar do *nomen iuris*, essa exigência não tem natureza tributária, constituindo um *ônus* para a fruição do regime tributário favorecido. O não recolhimento dos valores devidos aos fundos não acarreta, como em uma obrigação tributária, a lavratura de auto de lançamento, a inscrição em dívida ativa, nem a cobrança do valor devido em execução fiscal. A consequência é apenas a perda do benefício tributário.

Como analisado anteriormente, o *ônus* é um comportamento facultativo estabelecido em lei que necessita ser realizado por um determinando sujeito para fins de tutela de seu próprio interesse. A não realização da conduta esperada acarreta, para o onerado, apenas a perda de um benefício ou o risco de um prejuízo. O ônus, assim, diferencia-se da obrigação e do dever, porque nestes o descumprimento da prestação pelo sujeito passivo caracteriza um ilícito e implica a incidência de uma sanção jurídica. Logo, sendo uma faculdade sem caráter obrigacional, não apresenta natureza jurídica de tributo[68].

O STF, na ADI 2.056, já afastou a natureza tributária da contribuição criada pela Lei Estadual 1.963/1999, do Estado de Mato Grosso do Sul: "[...] A contribuição criada pela lei estadual não possui natureza tributária, pois está despida do elemento essencial da compulsoriedade. Assim, não se submete aos limites constitucionais ao poder de tributar"[69].

Portanto, não se trata de obrigação de natureza tributária, mas de ônus para a fruição de tratamentos tributários diferenciados de ICMS, que deveria ser extinto em 2033, na última fase do período de transição da Reforma Tributária. É que, a partir do momento em for revogado o ICMS, também deixarão de existir os regimes tributários diferenciados do imposto que justificavam a exigência da contribuição aos fundos estaduais. Não há mais fundamento, destarte, para a continuidade da cobrança.

Ocorre que, em relação às contribuições sobre produtos primários e semielaborados destinadas a obras de infraestrutura e habitação, o art. 136 do ADCT modificado pela emenda permitiu a instituição de uma contribuição substitutiva até 31 de dezembro de 2043. Trata-se de uma contribuição compulsória, com natureza jurídica de tributo, porque não existe mais a contrapartida do diferimento, do regime especial ou de outro tratamento diferenciado do ICMS. Isso faz com que, a partir de 2033, a cobrança torne-se incompatível com o princípio da isonomia, que é cláusula pétrea da Constituição Federal.

4 COMPETÊNCIA DOS MUNICÍPIOS

4.1 Impostos municipais

Os Municípios são competentes para instituir os impostos previstos no art. 156: imposto sobre a propriedade predial e territorial urbana – IPTU (inciso I); imposto de transmissão *inter*

---

68 Cap. II, item 1.2.3, da Parte Geral.

69 STF, Tribunal Pleno, ADI 2.056. Rel. Min. Gilmar Mendes, *DJe* 17.08.2007. No mesmo sentido: STF, Tribunal Pleno, RE 993.782, Rel. Min. Dias Toffoli, *DJe* 05.02.2018.

vivos de bens imóveis – ITBI (inciso II); e imposto sobre serviços de qualquer natureza – ISS (inciso III). Essa competência, em decorrência da Reforma Tributária, será revogada em 2033, quando ocorrerá a conclusão do processo de substituição progressiva do ISS, do ICMS, e de parte do IPI pela CBS e pelo IBS[70].

4.2 Taxas

Os Municípios, assim como a União e os Estados, podem instituir taxas, desde que relativas a serviços públicos e ao poder de polícia de sua competência administrativa ou material, conforme definido na Constituição Federal (CTN, arts. 77 e 80).

4.3 Contribuições

As contribuições de melhoria podem ser instituídas sempre que a valorização imobiliária decorra de uma obra pública municipal (CTN, art. 81). As municipalidades têm ainda competência para a estabelecer contribuições para o custeio do serviço de iluminação pública (art. 149-A), bem como contribuições para o custeio de regime próprio de previdência social de servidores públicos municipais ativos, dos aposentados e dos pensionistas (art. 149, § 1º).

5 COMPETÊNCIA DO DISTRITO FEDERAL

O Distrito Federal tem competência para instituir taxas relativas a serviços públicos e ao poder de polícia de sua competência administrativa ou material, bem como contribuições de melhoria, desde que a valorização decorra de obra pública de sua titularidade. Também pode estabelecer contribuições de iluminação pública (art. 149-A) e para custeio de regime próprio de previdência social, cobradas dos servidores ativos, dos aposentados e dos pensionistas (art. 149, § 1º). Por fim, cabem-lhe os impostos dos Estados (art. 155) e dos Municípios (art. 147).

6 COMPETÊNCIA DE TRIBUTOS REGULATÓRIOS

Na Grécia Antiga, Aristóteles já assinalava a importância do uso regulatório dos tributos sobre o comércio exterior[71]. Contudo, foi no período de consolidação do poder político dos Estados soberanos na Europa que se compreendeu de forma mais clara que esses tributos – antes de simples fonte de receita – podem constituir um instrumento para a realização de políticas econômicas. Por meio da modulação da carga tributária, é possível estimular ou desestimular a importação ou a exportação de determinadas mercadorias. Com isso, *v.g.*, pode-se reduzir o custo da aquisição de insumos, de máquinas e de equipamentos; ou então, tornar mais onerosa a importação de produtos acabados ou a exportação de matérias-primas, protegendo a indústria local. Com o tempo, a extrafiscalidade foi ampliada para outras áreas e tributos, a exemplo dos *impostos verdes* ou ambientais, sendo considerada uma expressão da tributação contemporânea[72].

---

[70]   Art. 22, II, "a", da Emenda; e ADCT, art. 129.

[71]   Como assinala Ildefonso Sánchez Gonzáles: "Aristóteles aseguraba que el Estado debe conocer el valor de las exportaciones e importaciones para basar em estos datos la política financiera. Comienza a vislumbrarse aquí el primer giro en la finalidad del impuesto de aduanas: la paulatina sustitución del objetivo fiscal por el económico" (GONZÁLES, Ildefonso Sánchez. *Historia general aduanera de España:* edades antigua y media. Madrid: Ministerio de Hacienda y Administraciones Publicas-Instituto de Estudios Fiscales, 2004. p. 20).

[72]   NOVOA, César García. *El concepto de tributo.* Buenos Aires: Marcial Pons, 2012. p. 293-294. Sobre o tema, cf.: TÔRRES, Heleno Taveira. Relação entre constituição financeira e constituição econômica. *In:* LOBATO, Valter de Souza (coord.). DELIGNE, Maysa de Sá Pittondo; LEITE, Matheus Soares (org.). *Extrafiscalidade:* conceito, interpretação, limites e alcance. Belo Horizonte: Fórum, 2017. p. 123-139; SCHOUERI, Luís Eduardo. *Normas tributárias indutoras e intervenção econômica.* Rio de Janeiro: Forense, 2005.

Não se pode confundir o efeito extrafiscal ou regulatório com o efeito econômico indireto ou reflexo, que é inerente a todo e qualquer tributo. Deve-se ter presente que nenhum tributo é totalmente neutro e que, sob o aspecto funcional, só há uma verdadeira extrafiscalidade diante da intencionalidade do efeito econômico ou regulatório[73]. Esse, por sua vez, deve ser identificado e isolado para fins analíticos, seguido da verificação de sua fundamentação constitucional, tanto sob o aspecto material quanto o formal. Assim, para ser materialmente válida, a medida extrafiscal necessita atender a um valor constitucionalmente reconhecido[74]. Também cabe o inverso, isto é, examinar se não há incompatibilidade com alguma regra ou princípio constitucional, inclusive o princípio da proporcionalidade ou da proibição de excesso[75]. Sob o aspecto formal, por sua vez, cabe analisar se a pessoa política tem competência para regular o segmento socioeconômico abrangido pela medida. Dito de outro modo, o ente federativo deve ser competente para instituir o tributo e, ao mesmo tempo, intervir nesse domínio[76].

Devem ser consideradas, assim, as regras de distribuição de competência legislativa e material, privativas, comuns, concorrentes e reservadas, previstas nos arts. 22, 23, 24, 25, § 1º, e 30 da Constituição Federal[77]. A União e os Estados, *v.g.*, não podem instituir tributos regulatórios relacionados ao adequado ordenamento territorial, controle do uso, do parcelamento e da ocupação do solo urbano, porque essas matérias estão inseridas na competência privativa dos Municípios (art. 30, VIII). Da mesma forma, os Municípios e os Estados não podem instituir um tributo extrafiscal que interfira no regime de portos, da navegação lacustre, fluvial, marítima, aérea e aeroespacial, uma vez que tais questões são de competência privativa da União (art. 22, X). Todos os entes federativos, no entanto, podem estabelecer tributos visando à proteção ambiental, a preservação de florestas, a fauna e a flora, porquanto nesses segmentos a competência é de natureza comum (art. 23, VI e VII).

---

[73] Como ressalta José Souto Maior Borges, "a neutralidade financeira, para alguns autores, não passa de uma utopia" (BORGES, José Souto Maior. *Introdução ao direito financeiro*. São Paulo: Max Limonad, 1998. p. 45). Ver ainda: CORREIA NETO, Celso de Barros. *O avesso do tributo*: incentivos e renúncias. 2. ed. São Paulo: Almedina, 2016. p. 95; NABAIS, José Casalta. *Por um Estado fiscal suportável*: estudos de direito fiscal. Coimbra: Almedina, 2005. p. 337; SCHOUERI, Luís Eduardo; FERREIRA, Diogo Olm; LUZ, Victor Lyra Guimarães. *Legalidade tributária e o Supremo Tribunal Federal*: uma análise sob a ótica do RE n. 1.043.313 e da ADI n. 5.277. São Paulo: IBDT, 2021. p. 83: "todo tributo desempenha, em maior ou menor grau, a função indutora, vez que o comportamento dos agentes econômicos é, invariavelmente, afetado pelos tributos". No direito comparado, Klaus Tipke e Joachim Lang ressalta que, de acordo com a Jurisprudência do Tribunal Constitucional Federal, deve "a finalidade dirigista estar tipicamente tracejada com bastante certeza" (TIPKE, Klaus; LANG, Joachim. *Direito tributário (Steuerrecht)*. Porto Alegre: Fabris, 2008. v. I, p. 176).

[74] BIRK, Dieter. *Diritto tributario tedesco*. Trad. Enrico de Mita. Milano: Giuffrè, 2006. p. 56.

[75] A doutrina ressalta ainda a necessidade da existência de uma justificação constitucional específica, o que demanda o controle da proporcionalidade ou da razoabilidade da medida. Essa questão será objeto de exame no capítulo relativo aos princípios constitucionais tributários. Sobre o tema, cf.: BIRK, Dieter. *Diritto tributario tedesco*. Trad. Enrico de Mita. Milano: Giuffrè, 2006. p. 56 e ss.; MOLINA, Pedro M. Herrera. *Capacidad económica y sistema fiscal*: análisis del ordenamiento español a luz del derecho alemán. Madrid: Marcial Pons, 1998. p. 155; CORREIA NETO, Celso de Barros. *O avesso do tributo*: incentivos e renúncias. 2. ed. São Paulo: Almedina, 2016. p. 118; ÁVILA, Humberto. *Teoria da igualdade tributária*. 3. ed. São Paulo: Malheiros, 2015. p. 168; e NABAIS, José Casalta. *Por um Estado fiscal suportável*: estudos de direito fiscal. Coimbra: Almedina, 2005. p. 338.

[76] Esse aspecto é ressaltado por Birk (*Diritto tributario tedesco*. Trad. Enrico de Mita. Milano: Giuffrè, 2006. p. 55) e, entre nós, por Aliomar Baleeiro (BALEEIRO, Aliomar. *Uma introdução à ciência das finanças*. Atual. Dejalma de Campos. 15. ed. Rio de Janeiro: Forense, 1998. p. 190).

[77] ALMEIDA, Fernanda Dias Menezes de. *Competências na Constituição de 1988*. São Paulo: Atlas, 1991. p. 51.

Capítulo IV

IMUNIDADES TRIBUTÁRIAS

1 CONCEITO E NATUREZA JURÍDICA

Há diferentes teorias acerca da natureza jurídica das imunidades. As concepções mais aceitas entendem que seriam: (i) normas constitucionais de estrutura que estabelecem, de modo expresso, a incompetência para expedir regras instituidoras de tributos[1]; (ii) hipótese de não incidência por determinação constitucional ou constitucionalmente qualificada[2]; (iii) supressão (interna) de parcela do poder de tributar[3]; ou (iv) limitações constitucionais ao poder de tributar[4] ou à competência tributária[5].

No presente estudo, as imunidades são compreendidas como regras de competência negativa que implicam uma proibição de tributar dirigida ao poder público e um direito de não sujeição em benefício de uma pessoa física ou jurídica[6]. Apresentam um caráter instrumental, relacionando-se, em maior ou menor medida, com a concretização de um princípio constitucional ou de um direito fundamental. Esse âmbito de não intervenção pode alcançar todos os

---

[1]   CARVALHO, Paulo de Barros. *Curso de direito tributário*. 13. ed. São Paulo: Saraiva, 2000. p. 179.

[2]   Essa concepção foi desenvolvida por Amílcar de Araújo Falcão na década de 1960 (edição mais recente da obra: FALCÃO, Amílcar de Araújo. *Fato gerador da obrigação tributária*. 6. ed. Rio de Janeiro: Forense, 1999. p. 64). Entendimento semelhante é sustentado por Ruy Barbosa Nogueira, que acolhe a teoria de Falcão, explicando a sua natureza jurídica no capítulo das *categorias técnicas da tributação*, ao lado da *incidência, não incidência, isenção e alíquota zero* (NOGUEIRA, Ruy Barbosa. *Curso de direito tributário*. 14. ed. São Paulo: Saraiva, 1995. p. 165). Em estudo mais recente, José Souto Maior Borges também a considerou uma hipótese de não incidência constitucionalmente qualificada desenvolveu no livro (BORGES, José Souto Maior. *Teoria geral da isenção tributária*. 3. ed. São Paulo: Malheiros, 2001. p. 218).

[3]   ÁVILA, Humberto. *Sistema constitucional tributário brasileiro*. 5. ed. São Paulo: Saraiva, 2019. p. 209-210.

[4]   BALEEIRO, Aliomar. *Limitações constitucionais ao poder de tributar*. 7. ed. Rio de Janeiro: Forense, 1999. p. 225 e ss.

[5]   SCHOUERI, Luís Eduardo. *Direito tributário*. 10. ed. São Paulo: Saraiva, 2021. p. 430 e ss. (posição 7327) e p. 757 e ss. (posição 12829). Edição Kindle.

[6]   ALEXY, Robert. *Teoría de los derechos fundamentales*. Madrid: Centro de Estudios Constitucionales, 1997. p. 240. Ao discorrer sobre as competências negativas, que são cláusulas de exceção às normas de competência positivas, o autor ressalta que delas decorre um direito de não intervenção e que: "[...] A este derecho corresponde una prohibición dirigida al Estado de no intervenir en el ámbito de no-competencia definido por las normas iusfundamentales". O autor alemão não escreve sobre as imunidades tributárias. No entanto, suas lições são inteiramente aplicáveis à espécie. Entre nós, proposta semelhante é desenvolvida por Roque Antonio Carrazza, para quem as regras constitucionais de imunidade, por um lado, delimitam negativamente o âmbito de competência tributária das pessoas políticas e, de outro, conferem aos seus beneficiários – como *efeito reflexo* – o direito público subjetivo de não serem tributados: "Em função disso, a lei, ao descrever a norma jurídica tributária, não pode, sob pena de inconstitucionalidade, colocar estas pessoas na contingência de pagar tributos, isto é, de figurar no polo passivo de obrigações tributárias" (CARRAZZA, Roque Antonio. *Curso de direito constitucional tributário*. 16. ed. São Paulo: Malheiros, 2001. p. 453). Cf. também: CARRAZZA, Roque Antonio. Imunidade, isenção e não-incidência. *In*: BARRETO, Aires F.; BOTTALLO, Eduardo Domingos (coord.). *Curso de iniciação em direito tributário*. São Paulo: Dialética, 2004. p. 95 e ss.

112 | CURSO DE DIREITO TRIBUTÁRIO – *Solon Sehn*

tributos, apenas uma espécie tributária ou mesmo um tributo determinado. O ente tributante, no entanto, conserva a competência para estabelecer deveres formais no interesse da fiscalização ou, dentro da terminologia do CTN, "obrigações acessórias"[7] (*v.g.*, manter escrituração fiscal, declarar a renda e a variação patrimonial, entre outros)[8]. Também não é afastada a prerrogativa de fiscalização das operações e das entidades imunes.

2 MODALIDADES

A doutrina divide as imunidades em *subjetivas*, *objetivas* ou *mistas*, conforme alcancem pessoas, bens ou ambos. As imunidades subjetivas, também denominadas *pessoais*, são concedidas ou outorgadas devido à natureza jurídica ou condição do beneficiário. É o caso, *v.g.*, da imunidade recíproca das pessoas políticas (art. 150, VI, "a"). Nas imunidades *objetivas* ou *reais*, isso ocorre em virtude de determinados fatos, bens ou situações, como na imunidade de livros, jornais e papéis destinados à sua impressão (art. 150, VI, "d"). Já nas *mistas*, em função da natureza jurídica do sujeito e de fatos, bens ou situações. Um exemplo é a imunidade do art. 153, § 4º, II, aplicável às pequenas glebas rurais exploradas por proprietário que não possua outro imóvel.

Apesar de acolhida pela doutrina e em julgados do STF[9], essa classificação não é isenta de críticas. Isso porque as imunidades não são *outorgadas* ou *deferidas*, mas previstas diretamente na Constituição. Em todas, ademais, sempre há um sujeito beneficiado[10]. Juridicamente, não há como uma imunidade beneficiar um objeto ou bem[11]. Todas as regras de imunidade, ademais, incidem em razão de fatos, de bens ou de situações descritas no texto constitucional.

Por isso, parece apropriado compreendê-las desde uma diferente perspectiva, ressaltando apenas que, na *imunidade subjetiva*, há uma predeterminação do beneficiário. Já na *imunidade objetiva*, a Constituição descreve coisas ou bens, não para beneficiá-los, o que seria juridicamente impossível, mas para contemplar todas as pessoas que, em algum momento, venham a ser titulares de direitos reais ou celebrem atos ou negócios jurídicos que os tenham por objeto mediato. Na *imunidade mista*, essas duas técnicas são conjugadas: indicam-se bens ou coisas, promovendo

---

[7]   Sobre as obrigações acessórias ou deveres formais, ver Capítulo VII, item 1, da Parte Geral.

[8]   A esse propósito, inclusive, já decidiu o STF que: "A imunidade tributária recíproca (art. 150, VI, a, da Constituição) impede que os entes públicos criem uns para os outros obrigações relacionadas à cobrança de impostos, mas não veda a imposição de obrigações acessórias" (STF, Tribunal Pleno, ADC 1.098, Rel. Min. Roberto Barroso, *DJe* 1º.06.2020).

[9]   STF, Tribunal Pleno, RE 608.872, Rel. Min. Dias Toffoli, *DJe* 27.09.2017. Tese fixada: "A *imunidade tributária subjetiva* aplica-se a seus beneficiários na posição de contribuinte de direito, mas não na de simples contribuinte de fato, sendo irrelevante para a verificação da existência do beneplácito constitucional a repercussão econômica do tributo envolvido" (Tema 342) g.n. Nessa mesma linha: STF, Tribunal Pleno, RE 628.122, Rel. Min. Gilmar Mendes, *DJe* 30.09.2013. Tese fixada: "A contribuição para o Finsocial, incidente sobre o faturamento das empresas, não está abrangida *pela imunidade objetiva* prevista no art. 150, VI, 'd', da Constituição Federal de 1988, anterior art. 19, III, 'd', da Carta de 1967/1969" (Tema 209) g.n.

[10]   Por isso, como ensina Roque Carrazza, "mesmo a chamada *imunidade objetiva* alcança pessoas" (CARRAZZA, Roque Antonio. *Curso de direito constitucional tributário*. 16. ed. São Paulo: Malheiros, 2001. p. 634).

[11]   No início do desenvolvimento dos estudos do direito tributário, dentro da concepção defendida por Laband na Alemanha e por Meucci na Itália, acreditava-se que a obrigação tributária não recairia sobre um devedor determinado, mas sobre um objeto ou bem. Haveria uma relação jurídica entre o Estado e a coisa, o que, entretanto, foi definitivamente superado com a afirmação da natureza *ex lege* da obrigação e da teoria intersubjetiva da relação jurídica, defendida por Otto Mayer, Cutrera, Giannini, entre outros. Esse debate, como ressalta Giannini, era colocado em relação aos tributos sobre o comércio internacional e aos que gravam a posse de coisas, a exemplo do imposto sobre automóveis. Sobre o tema, cf.: SEHN, Solon. *Curso de direito aduaneiro*. 2. ed. Rio de Janeiro: Forense, 2022. p. 194 e ss.; GIANNINI, Achille Donato. *Istituzioni di diritto tributario*. 8. ed. Milano: Giuffrè, 1960. p. 64; CUTRERA, Achille. *Principii di diritto e politica doganale*. 2. ed. Padova: Cedam, 1941. p. 45 e ss.; NOVOA, César García. Los derechos de aduana y su naturaliza jurídica. *In:* CARRERO, Germán Pardo (dir.); MARSILLA, Santiago Ibáñez; YEBRA, Felipe Moreno (codir.). *Derecho aduanero*. Bogotá: Universidad del Rosario; Tirant lo Blanch, 2020. t. II, p. 95.

Parte Geral • Capítulo IV • IMUNIDADES TRIBUTÁRIAS | 113

uma predeterminação subjetiva. Assim compreendida, a diferenciação serve como critério inicial para a determinação do alcance das regras de imunidade. Isso porque, nas imunidades pessoais, a regra é que todos os atos jurídicos praticados pelo respectivo beneficiário estão compreendidos no espaço de não sujeição. Já nas imunidades objetivas, a abrangência é *erga omnes*, vale dizer, compreende os titulares de direitos reais ou qualquer pessoa que celebre atos ou negócios jurídicos que tenham por objeto os bens previstos no texto constitucional. O mesmo ocorre nas imunidades mistas, porém, o direito é restrito aos sujeitos contemplados pela regra de imunidade[12].

3 REGIME CONSTITUCIONAL

3.1 Tributos aplicáveis

Encontra-se superada a concepção que limitava a abrangência das imunidades aos impostos. Desde que prevista no texto constitucional, nada impede a aplicação da imunidade a outros tributos. Na Constituição Federal de 1988, inclusive, há diversos preceitos nesse sentido, como é o caso, *v.g.*, do art. 5º, XXXIV e LXXVI (imunidade de taxa), do art. 149, § 2º, I (imunidade de contribuições sociais e de intervenção no domínio econômico), e do art. 195, § 7º (imunidade de contribuições para a seguridade social).

3.2 Deveres formais ("obrigações acessórias")

Como ressaltado anteriormente, a imunidade não limita a competência para a instituição de deveres formais no interesse da fiscalização ou, na terminologia do CTN, "obrigações acessórias", também denominadas deveres instrumentais por parte da doutrina[13] (*v.g.*, manter escrituração fiscal, declarar a renda e a variação patrimonial, entre outros). A esse propósito, inclusive, já decidiu o STF que: "A imunidade tributária recíproca (art. 150, VI, 'a', da Constituição) impede que os entes públicos criem uns para os outros obrigações relacionadas à cobrança de impostos, mas não veda a imposição de obrigações acessórias"[14].

3.3 Intangibilidade: cláusulas pétreas

As imunidades tributárias são cláusulas pétreas da Constituição, o que foi reconhecido pelo STF na ADI 939. Nela foi declarada a inconstitucionalidade da Emenda 03/1993, que institui o Imposto Provisório sobre Movimentação Financeira (IPMF) sem respeitar as imunidades previstas no art. 150, VI, "a", "b", "c" e "d", da Constituição Federal[15]. É possível, portanto, criar outras imunidades por meio de emendas constitucional, mas não suprimir as já existentes.

---

12 Esses critérios, contudo, são apenas indiciários. O fator determinante, em qualquer caso, será sempre o texto constitucional.

13 Como ressaltado, a expressão "obrigação acessória" não se mostra adequada. Por isso, a doutrina propõe designações alternativas mais apropriadas: deveres instrumentais ou formais (CARVALHO, Paulo de Barros. *Curso de direito tributário*. 13. ed. São Paulo: Saraiva, 2000. p. 277-349).

14 STF, Tribunal Pleno, ADC 1.098, Rel. Min. Roberto Barroso, *DJe* 1º.06.2020.

15 STF, Tribunal Pleno, ADI 939, Rel. Min. Sydney Sanches, *DJ* 18.03.1994: "2. A Emenda Constitucional 3, de 17.03.1993, que, no art. 2º, autorizou a União a instituir o I.P.M.F., incidiu em vício de inconstitucionalidade, ao dispor, no parágrafo 2. desse dispositivo, que, quanto a tal tributo, não se aplica "o art. 150, III, "b" e VI", da Constituição, porque, desse modo, violou os seguintes princípios e normas imutáveis (somente eles, não outros): 1. O princípio da anterioridade, que é garantia individual do contribuinte (art. 5º, par. 2º, art. 60, par. 4º, inciso IV e art. 150, III, 'b' da Constituição). 2. O princípio da imunidade tributária recíproca (que veda a União, aos Estados, ao Distrito Federal e aos Municípios a instituição de impostos sobre o patrimônio, rendas ou serviços uns dos outros) e que e garantia da Federação (art. 60, par. 4º, inciso I, e art. 150, VI, 'a', da CF); 3. A norma que, estabelecendo outras imunidades impede a criação de impostos (art. 150, III) sobre: 'b'): templos de qualquer culto; 'c'): patrimônio, renda ou serviços dos partidos políticos, inclusive suas

114 | CURSO DE DIREITO TRIBUTÁRIO – *Solon Sehn*

3.4 Eficácia das regras de imunidade

As imunidades tributárias implicam uma proibição de tributar dirigida ao poder público. Por isso, como preceitos proibitivos, apresentam *eficácia plena*, o que equivale a dizer que têm *aplicabilidade direta, imediata e integral*, independentemente de regulamentação[16]. Essa regra, porém, sofre exceções naqueles casos em que o próprio texto constitucional remete ao legislador a definição de *requisitos* para a incidência da imunidade. Em situações dessa natureza, a regulamentação deve ocorrer mediante lei complementar, devido à reserva legal qualificada prevista no art. 146, II, da Constituição Federal[17]. Contudo, mesmo quando não autoaplicável, a imunidade sempre apresenta uma *eficácia mínima derrogatória* ou *eficácia jurídica de vinculação*. Isso significa que o legislador infraconstitucional não pode ser compelido a regulamentar a imunidade, mas está impedido de adotar medidas incompatíveis. Ademais, ficam revogadas todas as disposições em sentido contrário[18].

4 IMUNIDADES GERAIS

4.1 Imunidade recíproca

4.1.1 Administração direta da União, Estados, Distrito Federal e Municípios

A União, os Estados, o Distrito Federal e os Municípios, de acordo com o art. 150, VI, "a", da Constituição Federal de 1988, não podem cobrar tributos uns dos outros:

> Art. 150. Sem prejuízo de outras garantias asseguradas ao contribuinte, é vedado à União, aos Estados, ao Distrito Federal e aos Municípios:
>
> [...]
>
> VI – instituir impostos sobre:
>
> a) patrimônio, renda ou serviços, uns dos outros;

---

fundações, das entidades sindicais dos trabalhadores, das instituições de educação e de assistência social, sem fins lucrativos, atendidos os requisitos da lei; e 'd'): livros, jornais, periódicos e o papel destinado a sua impressão".

[16] Como ressalta José Afonso da Silva, são de eficácia plena as normas constitucionais que: *a)* contenham vedações ou proibições; *b)* confiram isenções, imunidades e prerrogativas [...]" (SILVA, José Afonso da. *Aplicabilidade das normas constitucionais*. 3. ed. São Paulo: Malheiros, 1998. p. 101). No mesmo sentido: ATALIBA, Geraldo. Lei complementar em matéria tributária. *Revista de Direito Tributário*, São Paulo, n. 48, p. 90, abr./jun. 1989; COÊLHO, Sacha Calmon Navarro. *Curso de direito tributário brasileiro*. 4. ed. Rio de Janeiro: Forense, 1999. p. 105.

[17] Ver Capítulo VII, item 1, da Parte Geral.

[18] Como ressalta Clèmerson Merlin Clève: "[...] as normas constitucionais sempre produzem uma 'eficácia jurídica de vinculação' (decorrente da vinculação dos poderes públicos à Constituição), e, por isso, contam com aptidão para deflagrar, pelo menos, os seguintes resultados: (i) revogam (invalidação decorrente de inconstitucionalidade superveniente) os atos normativos em sentido contrário; (ii) vinculam o legislador, que não pode dispor de modo oposto ao seu conteúdo (servem como parâmetro para a declaração de inconstitucionalidade do ato contrastante)" (CLÈVE, Clèmerson Merlin. *Fiscalização abstrata de constitucionalidade no direito brasileiro*. 2. ed. São Paulo: RT, 2000. p. 320-321). Nesse mesmo sentido, lembra Luís Roberto Barroso que, "[...] segundo proclama abalizada doutrina, delas não resulta para o indivíduo o direito subjetivo, em sua versão positiva, de exigir uma determinada prestação. Todavia, fazem nascer um direito subjetivo 'negativo' de exigir do poder público que se abstenha de praticar atos que contravenham os seus ditames" (*O direito constitucional e a efetividade de suas normas*: limites e possibilidades da Constituição brasileira. Rio de Janeiro: Renovar, 1990. p. 110). Cf. ainda: CANOTILHO, José Joaquim Gomes. *Constituição dirigente e vinculação do legislador*: contributo para a compreensão das normas constitucionais programáticas. Coimbra: Coimbra Editora, 1994. p. 1177.

Parte Geral • Capítulo IV • IMUNIDADES TRIBUTÁRIAS | 115

A imunidade recíproca das pessoas políticas de direito público interno nem sequer precisaria estar expressa no texto constitucional. Trata-se de uma decorrência do princípio federativo, que tem entre seus pressupostos a isonomia dos entes federados[19]. Nos Estados Unidos da América do Norte, o seu reconhecimento ocorreu no ano de 1819, fruto de uma construção da Suprema Corte no caso *McCulloch vs. Maryland*[20], quando foi declarada a inconstitucionalidade de um tributo estadual exigido de uma filial de um banco federal (*The Second Bank of the United States*). Entre nós, inspirada no modelo norte-americano, a imunidade recíproca foi prevista pela primeira vez na Constituição da República dos Estados Unidos do Brasil de 1891. Desde então, vem sendo consagrada nos sucessivos textos constitucionais.

A jurisprudência do STF adota uma exegese literal em relação aos tributos abrangidos pela imunidade. Em acórdão da lavra do Ministro Sydney Sanches, o Tribunal já entendeu que a imunidade tributária recíproca, garantia da Federação, tem natureza de cláusula pétrea da Constituição[21]. Entretanto, considerando que o inciso VI faz referência apenas a *impostos*, restringiu a aplicabilidade da imunidade a essa espécie tributária. Isso foi consolidado no julgamento da Ação Cível Originária 471, relatada pelo mesmo Ministro. Ao deferir a liminar, entendeu que a União não pode cobrar a Contribuição ao PIS/Pasep dos demais entes federados: "Nenhuma outra norma jurídica válida no sistema brasileiro então vigente (assim como no atual) poderia obrigar o Estado a contribuir financeiramente para um 'programa' alheio (federal, municipal, de outro Estado, ou privado)"[22]. No julgamento final, contudo, a Corte declarou a constitucionalidade da cobrança[23]. Com isso, nos termos da Lei 9.715/1998, os Estados, o Distrito Federal, os Municípios e suas respectivas autarquias foram compelidos a pagar mensalmente um tributo não vinculado em favor da União Federal, correspondente a 1%[24] das transferências e das receitas correntes, inclusive tributárias[25]. Após esse julgamento, o Tribunal tem entendido que a imunidade recíproca

---

[19] Essa igualdade, segundo ensina Baracho, também é "[...] consagrada na maioria dos Estados federais pela regra de que, em cada Estado-membro, qualquer que seja a sua população ou a extensão de seu território, terá um número igual de representantes na Câmara dos Estados" (BARACHO, José Alfredo de Oliveira. *Teoria geral do federalismo*. Belo Horizonte: FUMAR/UCMG, 1982. p. 48). Sobre o tema, cf.: SILVA, José Afonso da. *Curso de direito constitucional positivo*. 15. ed. São Paulo: Malheiros, 1998. p. 104 e ss.; ALMEIDA, Fernanda Dias Menezes de. *Competências na Constituição de 1988*. São Paulo: Atlas, 1991. p. 28; BASTOS, Celso Ribeiro. *Curso de direito constitucional*. 19. ed. São Paulo: Saraiva, 1998. p. 283 e ss.; HESSE, Konrad. *Elementos de direito constitucional da República Federal da Alemanha*. Porto Alegre: Fabris, 1998. p. 178 e ss.; LA PERGOLA, Antonio. *Los nuevos senderos del Federalismo*. Madrid: Centro de Estudios Constitucionales, 1994. p. 22 e ss.; CLÈVE, Clèmerson Merlin. *Temas de direito constitucional (e de teoria do direito)*. São Paulo: Acadêmica, 1993. p. 5 e ss.; LOEWENSTEIN, Karl. *Teoría de la Constitución*. Barcelona: Ariel, 1986. p. 354 e ss.

[20] BALEEIRO, Aliomar. *Limitações constitucionais ao poder de tributar*. 8. ed. Rio de Janeiro: Forense, 2010. p. 234 e ss.

[21] STF, Tribunal Pleno, ADI 939, Rel. Min. Sydney Sanches, *DJ* 18.03.1994.

[22] STF, Medida Cautelar 928-2, Rel. Min. Celso de Mello. Na oportunidade, a ação do Estado do Paraná foi instruída com parecer do professor Geraldo Ataliba, que se manifestou pela inconstitucionalidade do tributo: "O único argumento que poderia ainda 'salvar' esse descabelado despautério era à adesão voluntária de Estados e Municípios. Se, agora, se negar essa possibilidade, destrói-se radicalmente a Federação, a autonomia municipal, e sistemática do tratamento constitucional das finanças públicas. [...] Não exigíveis, portanto – PIS e PASEP – das pessoas administrativas (categorização magistral de Ruy Cirne Lima): União, Estado, Municípios, autarquias e entidades da administração indireta delegadas de serviço público. Estas entidades só podem contribuir para o fundo PIS-PASEP mediante deliberação livre e autônoma do legislador que sobre elas tem poder normativo" (ATALIBA, Geraldo. Contribuições para o PASEP. *Revista Trimestral de Direito Público*, n. 12, p. 75-85, 1995).

[23] STF, Tribunal Pleno, ACO 471/PR, Rel. Min. Sydnei Sanches, *DJ* 25.04.2003, p. 31.

[24] "Art. 8º A contribuição será calculada mediante a aplicação, conforme o caso, das seguintes alíquotas: [...] III – um por cento sobre o valor das receitas correntes arrecadadas e das transferências correntes e de capital recebidas."

[25] Esse tributo será examinado no Capítulo IV, item 1.6, da Parte Especial.

116 | CURSO DE DIREITO TRIBUTÁRIO – *Solon Sehn*

tem "aplicabilidade restrita a impostos, não se estendendo, em consequência, a outras espécies tributárias, a exemplo das contribuições sociais"[26].

Com a aprovação da Emenda 132/2023 (Emenda da Reforma Tributária), foi previsto que as imunidades do inciso VI do art. 150, quando aplicáveis ao IBS, devem ser estendidas à CBS, o que resolve, ao menos em parte, o problema do desequilíbrio federativo que decorre da interpretação restritiva adotada pela jurisprudência do STF:

> Art. 149-B. Os tributos previstos nos arts. 156-A e 195, V, observarão regras em relação a:
>
> [...]
>
> II – imunidades;
>
> [...]
>
> Parágrafo único. Os tributos de que trata o *caput* observarão as imunidades previstas no art. 150, VI, não se aplicando a ambos os tributos o disposto no art. 195, § 7º.

A imunidade recíproca tem natureza pessoal ou subjetiva, de modo que nela estão abrangidos todos os atos praticados pela administração direta da União, dos Estados, do Distrito Federal e dos Municípios. Em razão disso, na interpretação da alínea "a" do inciso VI do art. 150, o STF tem entendido que a imunidade não se restringe aos impostos sobre patrimônio, renda ou serviços, compreendendo outras operações praticadas pelos entes federativos, inclusive, *v.g.*, as importações. Essa questão foi objeto do RE 203.755. Na oportunidade, a Corte decidiu que "tudo reside no perquirir se o bem adquirido, no comércio interno ou externo, é do patrimônio da entidade coberta pela imunidade. Se isto ocorrer, a imunidade tributária tem aplicação, às inteiras"[27]. Tempo depois, a exegese foi adotada no âmbito administrativo pela Receita Federal, que a estendeu ao IPI incidente na importação[28]. A mesma *ratio decidendi* foi aplicada no julgamento do AI 172.890 AgR, que afastou a incidência de IOF sobre *ganhos de aplicação financeira* de entes federativos, ressaltando-se que "a referência a patrimônio, renda ou serviços, uns dos outros, contida na alínea em comento, tem o alcance de afastar a cobrança de todo e qualquer imposto"[29].

Em relação às importações, a Emenda 132/2023 estabeleceu que a imunidade recíproca será implementada na forma do *caput* e do § 1º do art. 149-C, que permite a incidência do CBS e da IBS, mas destina o produto da arrecadação ao ente federativo que realizar a operação:

---

[26] STF, 1ª T., RE 831.381 AgR-AgR, Rel. Min. Roberto Barroso, *DJe* 21.03.2018. No mesmo sentido: STF, Tribunal Pleno, ADI 2.024, Rel. Min. Sepúlveda Pertence, *DJ* 22.06.2007).

[27] STF, 2ª T., RE 203.755-9, Rel. Min. Carlos Velloso, *DJ* 08.11.1996. O Tribunal ressaltou ainda que: "Como o ICMS, tal qual o IPI e o IOF, são classificados, no CTN, como impostos sobre a produção e a circulação (CTN, Título III, Capítulo IV, arts. 46 e segs.), costuma-se afirmar que não estão eles abrangidos pela imunidade do art. 150, VI, 'c', da Constituição.

A objeção, entretanto, não é procedente". O julgado faz referência ao entendimento de Aliomar Baleeiro, para quem "a imunidade 'deve abranger os impostos que, por seus efeitos econômicos, segundo as circunstâncias, desfalcariam o patrimônio, diminuiriam a eficácia dos serviços ou a integral aplicação das rendas aos objetivos específicos daquelas entidades presumidamente desinteressadas, por sua própria natureza.' Acrescentou o Relator, Ministro Moreira Alves, em seguida, que 'não há, pois, que aplicar critérios de classificação de impostos adotados por leis inferiores à Constituição, para restringir a finalidade a que esta visa com a concessão da imunidade' (RTJ 92/324)".

[28] Ato Declaratório Interpretativo SRF 20, de 5 de novembro de 2002: "Artigo único. A vedação de instituir impostos de que trata a alínea "a" do inciso VI do art. 150 da Constituição Federal (CF) aplica-se às importações realizadas pela União, Estados, Distrito Federal e Municípios, não sendo exigível o imposto de importação e o imposto sobre produtos industrializados nessas operações. [...] Parágrafo único. O disposto neste artigo estende-se às importações realizadas por autarquias e fundações instituídas e mantidas pelo poder público, desde que os bens importados estejam vinculados a suas finalidades essenciais ou sejam delas decorrentes, nos termos do § 2º do art. 150 da CF".

[29] STF, 2ª T., AI 172.890 AgR, Rel. Min. Marco Aurélio, *DJ* 19.04.1996.

Parte Geral · Capítulo IV · IMUNIDADES TRIBUTÁRIAS | 117

Art. 149-C. O produto da arrecadação do imposto previsto no art. 156-A e da contribuição prevista no art. 195, V, incidentes sobre operações contratadas pela administração pública direta, por autarquias e por fundações públicas, inclusive suas importações, será integralmente destinado ao ente federativo contratante, mediante redução a zero das alíquotas do imposto e da contribuição devidos aos demais entes e equivalente elevação da alíquota do tributo devido ao ente contratante.

§ 1º As operações de que trata o *caput* poderão ter alíquotas reduzidas de modo uniforme, nos termos de lei complementar.

§ 2º Lei complementar poderá prever hipóteses em que não se aplicará o disposto no *caput* e no § 1º.

§ 3º Nas importações efetuadas pela administração pública direta, por autarquias e por fundações públicas, o disposto no art. 150, VI, *a*, será implementado na forma do disposto no *caput* e no § 1º, assegurada a igualdade de tratamento em relação às aquisições internas.

Esses dispositivos desoneram as operações contratadas pela administração pública direta, por autarquias e fundações públicas, ou seja, nas quais a administração não é contribuinte da CBS e do IBS, mas acaba sofrendo o seu impacto financeiro em razão de repercussão ou translação no preço do produto ou na remuneração do serviço prestado. Com isso, em relação a esses dois tributos, mitigam-se os efeitos da jurisprudência do STF, que entende que "imunidade recíproca não beneficia o contribuinte de fato", sendo irrelevante a eventual *translação* ou *repercussão* do encargo financeiro de impostos indiretos do sujeito passivo para a União, Estado, Distrito Federal e Municípios[30].

Ressalte-se que a jurisprudência do Tribunal entende ainda que a imunidade recíproca: (i) não veda a instituição de deveres formais ou instrumentais ("obrigações tributárias acessórias" na terminologia do CTN)[31]; (ii) não é aplicável quando o ente federativo é responsável por sucessão (Tema 224[32]); (iii) estende-se a veículos adquiridos em regime de alienação fiduciária (Tema 685)[33]; (iv) bens imóveis mantidos sobre propriedade fiduciária (Tema 884)[34]; (v) não se aplica à imóvel de ente federativo cedido para pessoa jurídica de direito privado (Tema 437)[35]; e (vi) não é aplicável à imóvel ocupado por sociedade de economia mista que explore atividade econômica privada (Tema 385)[36].

---

[30] STF, 1ª T., RE 600.480 AgR, Rel. Min. Marco Aurélio, *DJe* 16.08.2013. No mesmo sentido: "imunidade recíproca não beneficia o contribuinte de fato" (STF, 2ª T., AI 671.412 AgR, Rel. Min. Eros Grau, *DJe* 25.04.2008; e 2ª T., AI 736.607 AgR, Rel. Min. Ayres Britto, *DJe* 19.10.2011).

[31] "A imunidade tributária recíproca (art. 150, VI, 'a', da Constituição) impede que os entes públicos criem uns para os outros obrigações relacionadas à cobrança de impostos, mas não veda a imposição de obrigações acessórias" (STF, Tribunal Pleno, ADC 1.098, Rel. Min. Roberto Barroso, *DJe* 1º.06.2020).

[32] "A imunidade tributária recíproca não exonera o sucessor das obrigações tributárias relativas aos fatos jurídicos tributários ocorridos antes da sucessão" (Tema 224) (STF, Tribunal Pleno, RE 599.176, Rel. Min. Joaquim Barbosa, *DJe* 30.10.2014). O caso envolvia a aplicabilidade da imunidade recíproca a débitos tributários de IPTU da extinta Rede Ferroviária Federal S.A., sucedida pela União Federal.

[33] "Não incide IPVA sobre veículo automotor adquirido, mediante alienação fiduciária, por pessoa jurídica de direito público" (Tema 685). STF, Tribunal Pleno, RE 727.851, Rel. Min. Marco Aurélio, *DJe* 22.06.2020.

[34] "Os bens e direitos que integram o patrimônio do fundo vinculado ao Programa de Arrendamento Residencial – PAR, criado pela Lei 10.188/2001, beneficiam-se da imunidade tributária prevista no art. 150, VI, 'a', da Constituição Federal" (Tema 884) (STF, Tribunal Pleno, RE 928.902, Rel. Min. Alexandre de Moraes, *DJe* 12.09.2019).

[35] "Incide o IPTU, considerado imóvel de pessoa jurídica de direito público cedido a pessoa jurídica de direito privado, devedora do tributo" (Tema 437) (STF, Tribunal Pleno, RE 601.720, Rel. Min. Edson Fachin, Rel. p/ Ac. Min. Marco Aurélio, *DJe* 05.09.2017).

[36] "A imunidade recíproca, prevista no art. 150, VI, a, da Constituição não se estende a empresa privada arrendatária de imóvel público, quando seja ela exploradora de atividade econômica com fins lucrativos. Nessa

118 | CURSO DE DIREITO TRIBUTÁRIO – *Solon Sehn*

4.1.2 Entidades da administração indireta

A imunidade recíproca é extensiva às autarquias e fundações públicas da União, dos Estados, do Distrito Federal e dos Municípios, nos termos dos §§ 2º e 3º do art. 150:

> Art. 150. [...]
>
> § 2º A vedação do inciso VI, "a", é extensiva às autarquias e às fundações instituídas e mantidas pelo poder público e à empresa pública prestadora de serviço postal, no que se refere ao patrimônio, à renda e aos serviços vinculados a suas finalidades essenciais ou às delas decorrentes.[37]
>
> § 3º As vedações do inciso VI, "a", e do parágrafo anterior não se aplicam ao patrimônio, à renda e aos serviços, relacionados com exploração de atividades econômicas regidas pelas normas aplicáveis a empreendimentos privados, ou em que haja contraprestação ou pagamento de preços ou tarifas pelo usuário, nem exonera o promitente comprador da obrigação de pagar imposto relativamente ao bem imóvel[38].

A imunidade das entidades da administração indireta tem natureza pessoal ou subjetiva. Portanto, não se restringe aos tributos incidentes sobre o *patrimônio*, a *renda* e os *serviços*. Isso já é reconhecido administrativamente pela Receita Federal no Ato Declaratório Interpretativo SRF 20, de 5 de novembro de 2002, na linha do entendimento consolidado no RE 203.755, já transcritos anteriormente.

O § 3º do art. 150 limita a imunidade aos casos em que não há cobrança de contraprestação, de preços ou tarifas pelo usuário. Esse requisito tem sido flexibilizado pelo STF quando o serviço ou atividade não caráter intuito lucrativo. O Tribunal, assim, já afastou a tributação de autarquia municipal prestadora de serviço de saneamento (*Serviço Autônomo de Água e Esgoto*), mesmo quando há cobrança de tarifas[39]. Por outro lado, o intuito lucrativo, aliado à cobrança de taxa (emolumentos) do usuário, foi determinante para afastar a imunidade de prestadores de serviços notariais no julgamento do *Tema 688*, quando foi definida a tese de repercussão geral: "É constitucional a incidência do ISS sobre a prestação de serviços de registros públicos, cartorários e notariais, devidamente previstos em legislação tributária municipal"[40].

Adotando critério similar, a jurisprudência do STF tem entendido que a imunidade recíproca se aplica às empresas públicas prestadoras de serviço público, ainda que cobrados preços públicos dos usuários. Esse foi o fundamento adotado no julgamento do *Tema 412*, com definição da seguinte tese jurídica: "A Empresa Brasileira de Infraestrutura Aeroportuária – INFRAERO,

---

hipótese é constitucional a cobrança do IPTU pelo Município" (Tema 385) (STF, Tribunal Pleno, RE 594.015, Rel. Min. Marco Aurélio, *DJe* 25.08.2017).

[37] Com base nesse dispositivo, o STF também já afastou a tributação da *Ordem dos Advogados do Brasil – OAB* (STF, 2ª T., RE 259.976 AgR, Rel. Min. Joaquim Barbosa, *DJe* 30.04.2010) e da *Caixa de Assistência dos Advogados* (STF, Tribunal Pleno, RE 405.267, Rel. Min. Edson Fachin, *DJe* 18.10.2018). Em relação a essas, inclusive, foi reconhecida a repercussão geral no RE 600.010 (Tema 254 – "Equiparação de Caixa de Assistência de grupo profissional a entidades beneficentes de assistência social para fins de imunidade tributária"), que aguarda julgamento do Plenário: "Descrição: Recurso extraordinário em que se discute, à luz do art. 150, VI, *c*, da Constituição Federal, a aplicação, ou não, da imunidade tributária conferida às entidades beneficentes de assistência social, às operações de venda de medicamentos por instituição voltada à concessão de benefícios a classe profissional, no caso, a Caixa de Assistência dos Advogados de Minas Gerais".

[38] *Súmula STF 583*: "Promitente comprador de imóvel residencial transcrito em nome de autarquia é contribuinte do IPTU".

[39] STF, 2ª T., RE 339.307 AgR, Rel. Min. Joaquim Barbosa, *DJe* 30.04.2010.

[40] STF, Tribunal Pleno, RE 756.915, Rel. Min. Gilmar Mendes, *DJe* 18.10.2013. Cf. ainda: STF, Tribunal Pleno, ADI 3.089, Rel. p/ Ac. Min. Joaquim Barbosa, *DJe* 1º.08.2008.

empresa pública prestadora de serviço público, faz jus à imunidade recíproca prevista no art. 150, VI, a, da Constituição Federal"[41].

O mesmo parâmetro foi aplicado em relação à *Empresa Brasileira de Correios e Telégrafos*, antes da Emenda da Reforma Tributária, que alterou o § 2º do art. 150, para prever expressamente a aplicação da imunidade à empresa pública prestadora de serviço postal. Esses precedentes também consideraram as peculiaridades do serviço postal: "O transporte de encomendas está inserido no rol das atividades desempenhadas pela ECT, que deve cumprir o encargo de alcançar todos os lugares do Brasil, não importa os quão pequenos ou subdesenvolvidos. Não há comprometimento do *status* de empresa pública prestadora de serviços essenciais por conta do exercício da atividade de transporte de encomendas, de modo que essa atividade constitui *conditio sine qua non* para a viabilidade de um serviço postal contínuo, universal e de preços módicos"[42].

Essa *ratio decidendi* foi adotada nos seguintes casos:

(a) *Tema 402* ("Imunidade tributária recíproca quanto à incidência de ICMS sobre o transporte de encomendas pela Empresa Brasileira de Correios e Telégrafos – ECT"), tese fixada: "Não incide o ICMS sobre o serviço de transporte de encomendas realizado pela Empresa Brasileira de Correios e Telégrafos – ECT, tendo em vista a imunidade recíproca prevista no art. 150, VI, 'a', da Constituição Federal"[43];

(b) *Tema 235* ("Imunidade tributária das atividades exercidas pela Empresa Brasileira de Correios e Telégrafos – ECT"), tese fixada: "Os serviços prestados pela Empresa Brasileira de Correios e Telégrafos – ECT, inclusive aqueles em que a empresa não age em regime de monopólio, estão abrangidos pela imunidade tributária recíproca (CF, art. 150, VI, 'a' e §§ 2º e 3º)"[44]; e

(c) *Tema 644* ("Imunidade tributária recíproca quanto ao Imposto sobre Propriedade Territorial Urbana – IPTU incidente sobre imóveis de propriedade da Empresa Brasileira de Correios e Telégrafos – ECT"), tese fixada: "A imunidade tributária recíproca reconhecida à Empresa Brasileira de Correios e Telégrafos – ECT alcança o IPTU incidente sobre imóveis de sua propriedade e por ela utilizados, não se podendo estabelecer, a priori, nenhuma distinção entre os imóveis afetados ao serviço postal e aqueles afetados à atividade econômica"[45].

Em relação às sociedades de economia mista, o STF diferencia as empresas estatais que atuam em regime de direito privado e as prestadoras de serviços públicos, adotando como fator para o reconhecimento ou não da imunidade eventual regime de monopólio (o que afasta possíveis impactos concorrenciais com empresas privadas) e a presença de participação acionária relevante do setor privado (distribuição de lucros a acionistas privados):

---

41   STF, Tribunal Pleno, ARE 638.315 RG, Rel. Min. Cezar Peluso, *DJe* 31.08.2011. Considerando esse mesmo fundamento, o Tribunal já afastou a tributação do *Instituto Nacional de Colonização e Reforma Agrária (Incra)*: "A atividade exercida pelo Incra, autarquia federal, não se enquadra entre aquelas sujeitas ao regime tributário próprio das empresas privadas, considerando que a eventual exploração de unidade agroindustrial, desapropriada, em área de conflito social, está no âmbito de sua destinação social em setor relevante para a vida nacional" (STF, 1ª T., RE 242.827, Rel. Menezes Direito, *DJe* 24.10.2008).

42   STF, Tribunal Pleno, RE 627.051, Rel. Min. Dias Toffoli, *DJe* 11.02.2015.

43   STF, Tribunal Pleno, RE 627.051, Rel. Min. Dias Toffoli, *DJe* 11.02.2015.

44   STF, Tribunal Pleno, RE 601.392. Rel. Min. Joaquim Barbosa, *DJe* 1º.03.2013.

45   STF, Tribunal Pleno, RE 773.992, Rel. Min. Dias Toffoli, *DJe* 19.02.2015.

120 | CURSO DE DIREITO TRIBUTÁRIO – *Solon Sehn*

(a) *Tema 508* ("Imunidade tributária recíproca para sociedade de economia mista com participação acionária negociada em bolsa de valores"); Tese de repercussão geral: "Sociedade de economia mista, cuja participação acionária é negociada em Bolsas de Valores, e que, inequivocamente, está voltada à remuneração do capital de seus controladores ou acionistas, não está abrangida pela regra de imunidade tributária prevista no art. 150, VI, 'a', da Constituição, unicamente em razão das atividades desempenhadas"[46].

(b) *Tema 1140* ("Abrangência da imunidade tributária recíproca, prevista no artigo 150, VI, 'a', da Constituição Federal, quando presente a prestação de serviço público essencial por sociedade de economia mista, ainda que mediante cobrança de tarifa dos usuários")[47]. Tese de repercussão geral: "As empresas públicas e as sociedades de economia mista delegatárias de serviços públicos essenciais, que não distribuam lucros a acionistas privados nem ofereçam risco ao equilíbrio concorrencial, são beneficiárias da imunidade tributária recíproca prevista no artigo 150, VI, 'a', da Constituição Federal, independentemente de cobrança de tarifa como contraprestação do serviço"[48].

Esses recursos foram relativos às atividades da Companhia de Saneamento do Estado de São Paulo (Sabesp) e da Companhia do Metropolitano de São Paulo (Metrô), respectivamente. A inaplicabilidade da imunidade não ocorreu em função da natureza do serviço prestado, mas porque – mesmo antes de sua privatização – a Sabesp, diferentemente do Metrô[49], foi considerada uma "autêntica S/A, cuja participação acionária é negociada em Bolsas de Valores (Bovespa e New York Stock Exchange, *e.g.*) e que, em agosto de 2011, estava dispersa entre o Estado de São Paulo (50,3%), investidores privados em mercado nacional (22,6% – Bovespa) e investidores privados em mercado internacional (27,1% – NYSE), ou seja, quase a metade do capital social pertence a investidores. A finalidade de abrir o capital da empresa foi justamente conseguir fontes sólidas de financiamento, advindas do mercado, o qual espera receber lucros como retorno deste investimento"[50].

Em outros julgados, o STF tem reconhecido que a imunidade pode ser aplicada às sociedades de economia mista prestadoras de serviços de saneamento, desde que não exista risco de desequilíbrio concorrencial e a participação acionária privada mostre-se sem expressividade:

> A imunidade tributária recíproca pode ser estendida a empresas públicas ou sociedades de economia mista prestadoras de serviço público de cunho essencial e exclusivo. Precedente: RE 253.472, Rel. Min. Marco Aurélio, Redator para o acórdão Min. Joaquim

---

[46] STF, Tribunal Pleno, RE 600.867, Rel. Min. Joaquim Barbosa, Rel. p/ Ac. Min. Luiz Fux, *DJe* 30.09.2020.

[47] Descrição: "Recurso extraordinário em que se discute, à luz dos artigos 150, VI, *a*, e 173, §§ 1º e 2º, da Constituição Federal, a possibilidade de aplicação da imunidade tributária recíproca à Companhia do Metropolitano de São Paulo – Metrô, sociedade de economia mista prestadora de serviço público de transporte de passageiros, considerando-se a regra de livre concorrência, o intuito lucrativo das empresas e a cobrança de tarifa do usuário".

[48] STF, Tribunal Pleno, RE 1.320.054, Rel. Min. Luiz Fux, *DJe* 14.05.2021. No mesmo sentido, com relação à *Casa da Moeda do Brasil*, a 2ª Turma do STF já decidiu que a "outorga de delegação à CMB, mediante lei, que não descaracteriza a estatalidade do serviço público, notadamente quando constitucionalmente monopolizado pela pessoa política (a União Federal, no caso) que é dele titular. A delegação da execução de serviço público, mediante outorga legal, não implica alteração do regime jurídico de direito público, inclusive o de direito tributário, que incide sobre referida atividade" (STF, 2ª T., RE 610.517 AgR, Rel. Min. Celso de Mello, *DJe* 23.06.2014.

[49] Foi ressaltado no relatório que, de acordo com a parte recorrida: "... mais de 97% do capital social da Recorrida pertence ao Estado de São Paulo, o que reforça a sua atuação como um '*longa manus* do Estado', bem como inexiste 'ambiente concorrencial' na sua realidade de atuação nem 'intuito lucrativo' (Doc. 17)" (fls. 02, da decisão).

[50] Ementa do acórdão. RE 600.867.

Babosa, Pleno, *DJe* 1º.02.2011. 2. Acerca da natureza do serviço público de saneamento básico, trata-se de compreensão iterativa do Supremo Tribunal Federal ser interesse comum dos entes federativos, vocacionado à formação de monopólio natural, com altos custos operacionais. Precedente: ADI 1.842, de relatoria do ministro Luiz Fux e com acórdão redigido pelo Ministro Gilmar Mendes, Tribunal Pleno, *DJe* 16.09.2013. 3. A empresa estatal presta serviço público de abastecimento de água e tratamento de esgoto, de forma exclusiva, por meio de convênios municipais. Constata-se que a participação privada no quadro societário é irrisória e não há intuito lucrativo. Não há risco ao equilíbrio concorrencial ou à livre-iniciativa, pois o tratamento de água e esgoto consiste em regime de monopólio natural e não se comprovou concorrência com outras sociedades empresárias no mercado relevante[51].

Ressalte-se que, no RE 580.264, o STF entendeu que: "As sociedades de economia mista prestadoras de ações e serviços de saúde, cujo capital social seja majoritariamente estatal, gozam da imunidade tributária prevista na alínea *a* do inciso VI do art. 150 da CF"[52]. Foi reconhecida a existência de repercussão geral no recurso (Tema 115 – "Aplicação da imunidade tributária recíproca às sociedades de economia mista que prestam serviços de saúde exclusivamente pelo SUS"). No entanto, de acordo com o item 2 da Ata da 12ª Sessão Administrativa do STF, realizada em 09.12.2015, o Tribunal definiu que a decisão de mérito deveria ficar limitada ao caso concreto, em razão de suas peculiaridades. Por fim, no julgamento do ARE 1.289.782, a Corte deverá decidir o Tema 1.122 ("Imunidade tributária recíproca em favor de sociedade de economia mista prestadora de serviço público relativo à construção de moradias para famílias de baixa renda"), fixando uma tese de repercussão geral.

Por fim, em relação às importações e operações contratadas por autarquias e fundações públicas, devido ao disposto no art. 149-B, §§ 2º, 3º e 5º, reproduzidos *supra*, aplicam-se as mesmas observações apresentadas no item anterior relativo à imunidade recíproca.

4.2 Imunidade das entidades religiosas e dos templos de qualquer culto

A imunidade das entidades religiosas e dos templos de qualquer culto está prevista no art. 150, VI, "b", da Constituição Federal, que teve a sua redação alterada pela Emenda 132/2023:

> Art. 150. Sem prejuízo de outras garantias asseguradas ao contribuinte, é vedado à União, aos Estados, ao Distrito Federal e aos Municípios:
>
> [...]
>
> VI – instituir impostos sobre:
>
> [...]
>
> b) entidades religiosas, templos de qualquer culto, inclusive suas organizações assistenciais e beneficentes;
>
> [...]
>
> § 4º As vedações expressas no inciso VI, alíneas "b" e "c", compreendem somente o patrimônio, a renda e os serviços, relacionados com as finalidades essenciais das entidades nelas mencionadas.

---

[51] STF, Tribunal Pleno, ACD 2.730 AgR, Rel. Min. Edson Fachin, *DJe* 03.04.2017. No mesmo sentido: STF, 1ª T., ARE 763.000 AgR, Rel. Min. Roberto Barroso, *DJe* 30.09.2014; STF, 1ª T., ARE 905.129 AgR, Rel. Min. Alexandre de Moraes, *DJe* 16.04.2018.

[52] STF, Tribunal Pleno, RE 580.264, Rel. Min. Joaquim Barbosa, Rel. p/ Ac. Min. Ayres Britto, *DJe* 06.10.2011.

Trata-se de uma imunidade relacionada à tutelada do princípio constitucional da liberdade de crença e prática religiosa. Por isso, na exegese do art. 150, VI, "b", cumpre considerar que os brasileiros e os estrangeiros residentes no País têm o direito fundamental de inviolabilidade da liberdade de crença religiosa (art. 5º, VI e VIII[53]). Por outro lado, a República Federativa do Brasil – como Estado laico – deve ter uma perspectiva neutra em relação às manifestações da religiosidade humana[54]. Não cabe, portanto, qualquer juízo acerca do mérito, da seriedade, da forma ou do conteúdo da religião[55].

Antes da Emenda 132/2023, a leitura isolada da alínea "b" do inciso VI poderia sugerir que se tratava de uma imunidade objetiva, vale dizer, restrita ao templo do culto religioso. Contudo, em razão do § 4º do art. 150, percebia-se que, na realidade, a natureza era subjetiva, abrangendo não só o templo, mas todos os atos jurídicos praticados por entidades religiosas, desde que relacionados a suas finalidades essenciais. Foi o que entendeu o STF no julgamento do RE 630.790, quando foi fixada a seguinte tese de repercussão geral (Tema 336): "As entidades religiosas podem se caracterizar como instituições de assistência social a fim de se beneficiarem da imunidade tributária prevista no art. 150, VI, 'c', da Constituição, que abrangerá não só os impostos sobre o seu patrimônio, renda e serviços, mas também os impostos sobre a importação de bens a serem utilizados na consecução de seus objetivos estatutários"[56].

Ainda de acordo com a jurisprudência do STF, cabe à administração tributária o ônus da prova da não vinculação do bem às finalidades institucionais da entidade imune[57]. Além disso, há precedentes do Tribunal que afastam a aplicabilidade da imunidade às *lojas maçônicas*[58] e outros

---

[53]   "Art. 5º Todos são iguais perante a lei, sem distinção de qualquer natureza, garantindo-se aos brasileiros e aos estrangeiros residentes no País a inviolabilidade do direito à vida, à liberdade, à igualdade, à segurança e à propriedade, nos termos seguintes:

[...]

VI – é inviolável a liberdade de consciência e de crença, sendo assegurado o livre exercício dos cultos religiosos e garantida, na forma da lei, a proteção aos locais de culto e a suas liturgias;

[...]

VIII – ninguém será privado de direitos por motivo de crença religiosa ou de convicção filosófica ou política, salvo se as invocar para eximir-se de obrigação legal a todos imposta e recusar-se a cumprir prestação alternativa, fixada em lei."

[54]   Como já definiu o STF, "o Brasil é uma república laica, surgindo absolutamente neutro quanto às religiões" (STF, ADPF 54, Rel. Min. Marco Aurélio, *DJe* 30.04.2013).

[55]   Por *culto religioso* deve-se entender *"todas as formas racionalmente possíveis de manifestação organizada de religiosidade, por mais estrambólicas, extravagantes ou exóticas que sejam"* (CARVALHO, Paulo de Barros. *Curso de direito tributário*. 13. ed. São Paulo: Saraiva, 2000. p. 185).

[56]   STF, Tribunal Pleno, RE 630.790, Rel. Min. Roberto Barroso, *DJe* 29.03.2022.

[57]   "O STF consolidou o entendimento de que não cabe à entidade religiosa demonstrar que utiliza o bem de acordo com suas finalidades institucionais. Ao contrário, compete à administração tributária demonstrar a eventual tredestinação do bem gravado pela imunidade" (STF, 1ª T., ARE 800.395 AgR, Rel. Min. Roberto Barroso, *DJe* 14.11.2014).

[58]   "A imunidade tributária conferida pelo art. 150, VI, 'b', é restrita aos templos de qualquer culto religioso, não se aplicando à maçonaria, em cujas lojas não se professa qualquer religião" (STF, 1ª T., RE 562.351, Rel. Min. Ricardo Lewandowski, *DJe* 14.12.2012).

que a estendem aos cemitérios[59], a veículos[60] e aos imóveis de entidades religiosas alugados a terceiros[61].

A imunidade das entidades religiosas impede que essa e suas organizações assistenciais e beneficentes venham a ser definidas como sujeito passivo de uma obrigação tributária, não sendo aplicável quando essa é apenas contribuinte de fato em tributos indiretos[62]. No entanto, a partir da Emenda 116/2022, foi estabelecido no § 1º-A do art. 156 que, em relação ao IPTU, a imunidade é aplicável quando a entidade é locatária do bem imóvel.

Ademais, recorde-se que, com a Emenda 132/2023, as imunidades do inciso VI do art. 150, quando aplicáveis ao IBS, devem ser estendidas à CBS, conforme estabelece o art. 149-B, II, transcrito anteriormente.

4.3 Imunidade dos partidos políticos, entidades sindicais de trabalhadores, instituições de educação e de assistência social

A imunidade dos partidos políticos, das entidades sindicais de trabalhadores, das instituições de educação e de assistência social tem natureza subjetiva e, nos termos do art. 150, VI, "c", da Constituição Federal, apresenta a seguinte configuração:

> Art. 150. Sem prejuízo de outras garantias asseguradas ao contribuinte, é vedado à União, aos Estados, ao Distrito Federal e aos Municípios:
>
> [...]
>
> VI – instituir impostos sobre:
>
> [...]
>
> c) patrimônio, renda ou serviços dos partidos políticos, inclusive suas fundações, das entidades sindicais dos trabalhadores, das instituições de educação e de assistência social, sem fins lucrativos, atendidos os requisitos da lei;
>
> [...]

---

59 "Recurso extraordinário. Constitucional. Imunidade tributária. IPTU. Art. 150, VI, 'b', CF/1988. Cemitério. Extensão de entidade de cunho religioso. Os cemitérios que consubstanciam extensões de entidades de cunho religioso estão abrangidos pela garantia contemplada no art. 150 da Constituição do Brasil. Impossibilidade da incidência de IPTU em relação a eles. A imunidade aos tributos de que gozam os templos de qualquer culto é projetada a partir da interpretação da totalidade que o texto da Constituição é, sobretudo do disposto nos arts. 5º, VI; 19, I; e 150, VI, 'b'. As áreas da incidência e da imunidade tributária são antípodas" (STF, Tribunal Pleno, RE 578.562, Rel. Min. Eros Grau, *DJe* 12.09.2008).

60 "[...] Como o Tribunal de origem entendeu estar comprovado nos autos que os veículos da agravada estão relacionados com suas finalidades essenciais, a imunidade tributária prevista no art. 150, VI, b, da Constituição deve prevalecer até que o Estado demonstre a eventual tredestinação dos bens" (STF, 2ª T., ARE 1096439 AgR, Rel. Min. Ricardo Lewandowski, *DJe* 03.09.2019).

61 "Instituição religiosa. IPTU sobre imóveis de sua propriedade que se encontram alugados. A imunidade prevista no art. 150, VI, 'b', da CF deve abranger não somente os prédios destinados ao culto, mas, também, o patrimônio, a renda e os serviços 'relacionados com as finalidades essenciais das entidades nelas mencionadas'. O § 4º do dispositivo constitucional serve de vetor interpretativo das alíneas 'b' e 'c' do inciso VI do art. 150 da CF. Equiparação entre as hipóteses das alíneas referidas" (STF, Tribunal Pleno, RE 325.822, Rel. p/ Ac. Min. Gilmar Mendes, *DJ* 14.05.2004).

62 "A imunidade de templos não afasta a incidência de tributos sobre operações em que as entidades imunes figurem como contribuintes de fato. Precedentes" (STF, Tribunal Pleno, Rel. Min. Alexandre de Moraes, *DJe* 26.11.2019). No mesmo sentido: "Nos termos da jurisprudência do STF, a imunidade tributária subjetiva não afasta a incidência de tributos sobre operações em que as entidades imunes figurem como contribuintes de fato, sendo irrelevante para a verificação da existência do beneplácito constitucional a repercussão econômica do tributo envolvido. Tema 342 da repercussão geral. ADI 5816" (STF, 2ª T., RE 1.240.154 AgR, Rel. Min. Edson Fachin, *DJe* 19.05.2020).

124 CURSO DE DIREITO TRIBUTÁRIO – *Solon Sehn*

§ 4º – As vedações expressas no inciso VI, alíneas "b" e "c", compreendem somente o patrimônio, a renda e os serviços, relacionados com as finalidades essenciais das entidades nelas mencionadas.

Conforme analisado anteriormente, nos termos do art. 149-B, II, essa e as demais imunidades do art. 150, VI, quando aplicáveis ao IBS, alcançam também a CBS. Deve-se ter presente, ademais, que a imunidade não se aplica apenas aos impostos sobre o patrimônio, renda ou serviços, alcançando outros impostos (*v.g.*, o imposto de importação, conforme definido pelo STF no RE 243.807[63]). No âmbito administrativo, isso foi reconhecido pelo Ato Declaratório PGFN 09, de 16 de novembro de 2006, que, assentando nesse e em outros precedentes da Corte, dispensou a apresentação de contestação, a interposição de recursos, a desistência dos já interpostos, desde que inexista outro fundamento relevante: "nas ações judiciais que visem obter a declaração de que a imunidade prevista no art. 150, VI, 'c' da Constituição da República abrange o imposto de importação e o imposto sobre produtos industrializados, desde que a instituição de assistência social, sem fins lucrativos, utilize os bens na prestação de seus serviços específicos"[64].

O STF decidiu nessa mesma linha em relação ao IOF, quando apreciou o Tema 328, fixando a seguinte tese de repercussão geral: "A imunidade assegurada pelo art. 150, VI, 'c', da Constituição da República aos partidos políticos, inclusive suas fundações, às entidades sindicais dos trabalhadores e às instituições de educação e de assistência social, sem fins lucrativos, que atendam aos requisitos da lei, alcança o IOF, inclusive o incidente sobre aplicações financeiras"[65].

Os beneficiários da imunidade, ademais, devem atender aos "requisitos da lei", o que, consoante ressaltado anteriormente, demanda a edição de uma lei complementar (CF, art. 146, II). Inicialmente, na falta de uma legislação específica, aplicavam-se os requisitos do art. 14 do CTN:

Art. 14. O disposto na alínea c do inciso IV do artigo 9º é subordinado à observância dos seguintes requisitos pelas entidades nele referidas:

I – não distribuírem qualquer parcela de seu patrimônio ou de suas rendas, a qualquer título; (Redação dada pela LC 104, de 2001)

II – aplicarem integralmente, no País, os seus recursos na manutenção dos seus objetivos institucionais;

III – manterem escrituração de suas receitas e despesas em livros revestidos de formalidades capazes de assegurar sua exatidão.

§ 1º Na falta de cumprimento do disposto neste artigo, ou no § 1º do artigo 9º, a autoridade competente pode suspender a aplicação do benefício.

§ 2º Os serviços a que se refere a alínea c do inciso IV do artigo 9º são exclusivamente, os diretamente relacionados com os objetivos institucionais das entidades de que trata este artigo, previstos nos respectivos estatutos ou atos constitutivos.

---

[63] "Imunidade tributária. Imposto sobre Produtos Industrializados e Imposto de Importação. Entidade de assistência social. Importação de 'bolsas para coleta de sangue'.
A imunidade prevista no art. 150, VI, 'c', da Constituição Federal, em favor das instituições de assistência social, abrange o Imposto de Importação e o Imposto sobre Produtos Industrializados, que incidem sobre bens a serem utilizados na prestação de seus serviços específicos. Jurisprudência do Supremo Tribunal Federal. Recurso não conhecido" (STF, 1ª T., RE 243.807, Rel. Min. Ilmar Galvão, *DJ* 28.04.2000).

[64] Também foram considerados os seguintes precedentes: RE 87.913 (*DJ* 29.12.1977), RE 89.173 (*DJ* 28.12.1978), RE 88.671 (*DJ* 03.07.1979), RE 243.807 (*DJ* 28.04.2000), AI-AgR 378.454 (*DJ* 29.11.2002), RE 473.550 (*DJ* 15.05.2006).

[65] STF, Tribunal Pleno, RE 611.510, Rel. Min. Rosa Weber, *DJe* 13.04.2021.

Parte Geral • Capítulo IV • IMUNIDADES TRIBUTÁRIAS | 125

O art. 12 da Lei 9.532/1997 repete parte dessas exigências, acrescentando as seguintes:

Art. 12. [...]

§ 2º Para o gozo da imunidade, as instituições a que se refere este artigo, estão obrigadas a atender aos seguintes requisitos:

a) não remunerar, por qualquer forma, seus dirigentes pelos serviços prestados, exceto no caso de associações, fundações ou organizações da sociedade civil, sem fins lucrativos, cujos dirigentes poderão ser remunerados, desde que atuem efetivamente na gestão executiva e desde que cumpridos os requisitos previstos nos arts. 3º e 16 da Lei 9.790, de 23 de março de 1999, respeitados como limites máximos os valores praticados pelo mercado na região correspondente à sua área de atuação, devendo seu valor ser fixado pelo órgão de deliberação superior da entidade, registrado em ata, com comunicação ao Ministério Público, no caso das fundações; (Redação dada pela Lei 13.204, de 2015)[66]

b) aplicar integralmente seus recursos na manutenção e desenvolvimento dos seus objetivos sociais;

c) manter escrituração completa de suas receitas e despesas em livros revestidos das formalidades que assegurem a respectiva exatidão;

d) conservar em boa ordem, pelo prazo de cinco anos, contado da data da emissão, os documentos que comprovem a origem de suas receitas e a efetivação de suas despesas, bem assim a realização de quaisquer outros atos ou operações que venham a modificar sua situação patrimonial;

e) apresentar, anualmente, Declaração de Rendimentos, em conformidade com o disposto em ato da Secretaria da Receita Federal;

f) recolher os tributos retidos sobre os rendimentos por elas pagos ou creditados e a contribuição para a seguridade social relativa aos empregados, bem assim cumprir as obrigações acessórias daí decorrentes;

g) assegurar a destinação de seu patrimônio a outra instituição que atenda às condições para gozo da imunidade, no caso de incorporação, fusão, cisão ou de encerramento de suas atividades, ou a órgão público;

h) outros requisitos, estabelecidos em lei específica, relacionados com o funcionamento das entidades a que se refere este artigo.

---

66 "§ 4º A exigência a que se refere a alínea 'a' do § 2º não impede: (Incluído pela Lei 12.868, de 2013)

I – a remuneração aos diretores não estatutários que tenham vínculo empregatício; e (Incluído pela Lei 12.868, de 2013)

II – a remuneração aos dirigentes estatutários, desde que recebam remuneração inferior, em seu valor bruto, a 70% (setenta por cento) do limite estabelecido para a remuneração de servidores do Poder Executivo federal. (Incluído pela Lei 12.868, de 2013).

§ 5º A remuneração dos dirigentes estatutários referidos no inciso II do § 4º deverá obedecer às seguintes condições: (Incluído pela Lei 12.868, de 2013)

I – nenhum dirigente remunerado poderá ser cônjuge ou parente até 3º (terceiro) grau, inclusive afim, de instituidores, sócios, diretores, conselheiros, benfeitores ou equivalentes da instituição de que trata o *caput* deste artigo; e (Incluído pela Lei 12.868, de 2013)

II – o total pago a título de remuneração para dirigentes, pelo exercício das atribuições estatutárias, deve ser inferior a 5 (cinco) vezes o valor correspondente ao limite individual estabelecido neste parágrafo. (Incluído pela Lei 12.868, de 2013)

§ 6º O disposto nos §§ 4º e 5º não impede a remuneração da pessoa do dirigente estatutário ou diretor que, cumulativamente, tenha vínculo estatutário e empregatício, exceto se houver incompatibilidade de jornadas de trabalho. (Incluído pela Lei 12.868, de 2013)"

126 | CURSO DE DIREITO TRIBUTÁRIO – *Solon Sehn*

§ 3º Considera-se entidade sem fins lucrativos a que não apresente superávit em suas contas ou, caso o apresente em determinado exercício, destine referido resultado, integralmente, à manutenção e ao desenvolvimento dos seus objetivos sociais. (Redação dada pela Lei 9.718, de 1998)

O STF, no julgamento da ADI 1802, declarou a inconstitucionalidade formal da alínea "f", do § 2º, do art. 12[67]. Não houve manifestação acerca dos demais incisos. Entretanto, ressalvados os casos em que há simples repetição do art. 14 do CTN, esses também são formalmente inconstitucionais, em razão da reserva de lei complementar do art. 146, II, da Constituição Federal.

No RE 767.332, após discutir o alcance da exigência do § 4º do art. 150, a Corte definiu que: "A imunidade tributária prevista no art. 150, VI, *c*, da CF/88 aplica-se aos bens imóveis, temporariamente ociosos, de propriedade das instituições de educação e de assistência social sem fins lucrativos que atendam os requisitos legais" (Tema 693)[68].

No RE 608.872, por sua vez, o Plenário do Tribunal analisou o caso de uma entidade beneficente de assistência social que – mesmo não sendo contribuinte *de iure* – pretendia a extensão da imunidade prevista no art. 150, VI, "c", da Constituição Federal, alegando que seria contribuinte de fato do ICMS. O argumento, entretanto, não foi acolhido, tendo sido fixada a seguinte tese de repercussão geral: "A imunidade tributária subjetiva aplica-se a seus beneficiários na posição de contribuinte de direito, mas não na de simples contribuinte de fato, sendo irrelevante para a verificação da existência do beneplácito constitucional a repercussão econômica do tributo envolvido" (Tema 342)[69].

Por fim, de acordo com a Súmula 612/STJ: "O certificado de entidade beneficente de assistência social (CEBAS), no prazo de sua validade, possui natureza declaratória para fins tributários, retroagindo seus efeitos à data em que demonstrado o cumprimento dos requisitos estabelecidos por lei complementar para a fruição da imunidade".

4.4 Imunidade de livros, jornais e papéis destinados à sua impressão

A imunidade de livros, jornais e papéis destinados à sua impressão encontra-se prevista no art. 150, VI, "d", da Constituição Federal:

Art. 150. Sem prejuízo de outras garantias asseguradas ao contribuinte, é vedado à União, aos Estados, ao Distrito Federal e aos Municípios:

[...]

VI – instituir impostos sobre:

[...]

d) livros, jornais, periódicos e o papel destinado a sua impressão.

Trata-se de imunidade que, nos termos do art. 149-B, II, também alcança a CBS, sempre que for aplicável ao IBS. Nela estão compreendidos os titulares de direitos reais ou qualquer pessoa que celebre atos ou negócios jurídicos que tenham por objeto livros, jornais, periódicos e o papel destinado à sua impressão. De acordo com precedentes vinculantes do STF, a imunidade do art. 150, VI, "d":

---

[67] "Ação direta de inconstitucionalidade. Pertinência temática verificada. Alteração legislativa. Ausência de perda parcial do objeto. Imunidade. Artigo 150, VI, 'c', da CF. Artigos 12, 13 e 14 da Lei 9.532/97. Requisitos da imunidade. Reserva de lei complementar. Artigo 146, II, da CF. Limitações constitucionais ao poder de tributar. Inconstitucionalidades formal e material. Ação direta parcialmente procedente. Confirmação da medida cautelar. [...]" (STF, Tribunal Pleno, ADI 1.802, Rel. Min. Dias Toffoli, *DJe*-085 03.05.2018).

[68] STF, Tribunal Pleno, RE 767.332, Rel. Min. Gilmar Mendes, *DJe* 1º.11.2013.

[69] STF, Tribunal Pleno, RE 608.872, Rel. Min. Dias Toffoli, *DJe* 27.09.2017.

Parte Geral • Capítulo IV • IMUNIDADES TRIBUTÁRIAS | **127**

(i) *não é aplicável às contribuições*: "A contribuição para o Finsocial, incidente sobre o faturamento das empresas, não está abrangida pela imunidade objetiva prevista no art. 150, VI, d, da Constituição Federal de 1988, anterior art. 19, III, 'd', da Carta de 1967/1969" (Tema 209);

(ii) aplica-se aos *e-books*: "A imunidade tributária constante do art. 150, VI, 'd', da CF/88 aplica-se ao livro eletrônico (*e-book*), inclusive aos suportes exclusivamente utilizados para fixá-lo" (Tema 593)[70];

(iii) *aplica-se a componentes eletrônicos que acompanham materiais didáticos*: "A imunidade da alínea d do inciso VI do artigo 150 da Constituição Federal alcança componentes eletrônicos destinados, exclusivamente, a integrar unidade didática com fascículos" (Tema 259)[71].

As pessoas jurídicas que importam papel imune, nos termos do art. 1º, I e II, da Lei 11.945/2009, estão sujeitas ao dever de manter registro especial na Secretaria da Receita Federal, que, nos termos do § 1º, faz prova da regularidade de sua destinação:

> Art. 1º Deve manter o Registro Especial na Secretaria da Receita Federal do Brasil a pessoa jurídica que:
>
> I – exercer as atividades de comercialização e importação de papel destinado à impressão de livros, jornais e periódicos, a que se refere a alínea d do inciso VI do art. 150 da Constituição Federal; e
>
> II – adquirir o papel a que se refere a alínea d do inciso VI do art. 150 da Constituição Federal para a utilização na impressão de livros, jornais e periódicos.
>
> § 1º A comercialização do papel a detentores do Registro Especial de que trata o *caput* deste artigo faz prova da regularidade da sua destinação, sem prejuízo da responsabilidade, pelos tributos devidos, da pessoa jurídica que, tendo adquirido o papel beneficiado com imunidade, desviar sua finalidade constitucional[72].

---

[70] STF, Tribunal Pleno, RE 330.817, Rel. Min. Dias Toffoli, *DJe* 08.03.2017.

[71] STF, RE 595.676, Rel. Min. Marco Aurélio, *DJe* 08.03.2017. Após essa definição, a Procuradoria-Geral da Fazenda Nacional editou a Nota SEI 23/2018, dispensando a contestação e a interposição de recursos nessa matéria:
"Recurso Extraordinário 595.676/RJ, submetido ao regime da repercussão geral. Extensão da imunidade tributária do art. 150, VI, 'd', da CF/88, aos componentes eletrônicos que acompanham material didático de curso de montagem de computadores.
Tese definida em sentido desfavorável à Fazenda Nacional. Autorização para dispensa de contestar e recorrer com fulcro no art. 19, IV, da Lei 10.522, de 2002, e art. 1º, V, da Portaria PGFN 502, de 2016.
Nota Explicativa de que trata o art. 3º da Portaria Conjunta PGFN/RFB 01, de 2014".

[72] "Art. 1º [...] § 3º Fica atribuída à Secretaria da Receita Federal do Brasil competência para:
[...]
II – estabelecer a periodicidade e a forma de comprovação da correta destinação do papel beneficiado com imunidade, inclusive mediante a instituição de obrigação acessória destinada ao controle da sua comercialização e importação.
§ 4º O não cumprimento da obrigação prevista no inciso II do § 3º deste artigo sujeitará a pessoa jurídica às seguintes penalidades:
I – 5% (cinco por cento), não inferior a R$ 100,00 (cem reais) e não superior a R$ 5.000,00 (cinco mil reais), do valor das operações com papel imune omitidas ou apresentadas de forma inexata ou incompleta; e
II – de R$ 2.500,00 (dois mil e quinhentos reais) para micro e pequenas empresas e de R$ 5.000,00 (cinco mil reais) para as demais, independentemente da sanção prevista no inciso I deste artigo, se as informações não forem apresentadas no prazo estabelecido."

128 | CURSO DE DIREITO TRIBUTÁRIO – *Solon Sehn*

Tais dispositivos são compatíveis com a reserva de lei complementar do art. 146, II, da Constituição. Conforme ressaltado anteriormente, a jurisprudência do STF entende que o legislador ordinário pode definir os aspectos procedimentais necessários à verificação do atendimento das finalidades constitucionais. Esse é o caso do dever de manter registro especial, que está ligado ao controle administrativo da imunidade, além de facilitar a prova da regularidade da destinação do papel.

4.5   Imunidade de fonogramas e videogramas musicais

A imunidade de fonogramas e videogramas musicais foi estabelecida pela Emenda 75/2013, que incluiu a alínea "e" no inciso VI do art. 150 da Constituição Federal:

> Art. 150. Sem prejuízo de outras garantias asseguradas ao contribuinte, é vedado à União, aos Estados, ao Distrito Federal e aos Municípios:
>
> [...]
>
> VI – instituir impostos sobre:
>
> [...]
>
> e) fonogramas e videofonogramas musicais produzidos no Brasil contendo obras musicais ou literomusicais de autores brasileiros e/ou obras em geral interpretadas por artistas brasileiros bem como os suportes materiais ou arquivos digitais que os contenham, salvo na etapa de replicação industrial de mídias ópticas de leitura a laser. (Incluída pela Emenda Constitucional 75, de 15.10.2013).

Esse preceito também está sujeito ao disposto no art. 149-B, II. Nele estão abrangidas as gravações de sons (fonogramas[73]) ou de sons e vídeos (videogramas) de obras musicais ou literomusicais, incluídos os respectivos suportes físicos (*CD, vinil, hard drives, flash drives*, entre outros) ou arquivos digitais, produzidos no País, desde que de autoria brasileira ou interpretada por artistas brasileiros. Estão compreendidos na imunidade todos os atos e negócios jurídicos envolvendo obras com essas características, assim como seus suportes físicos, com exceção das replicações industriais de mídias ópticas de leitura a laser (os discos do tipo CD, DVD e *Blu-ray*). Não se incluem nas exceções as outras formas de replicação (inclusive as sem caráter industrial) e aquelas realizadas em mídias não óticas (*v.*g., fita ou banda magnética, vinil, discos magnéticos)[74]. Da mesma forma, as etapas antecedentes (eventuais negócios jurídicos que tenham por objeto a fonte para as replicações ou a matriz da obra ou matriz da gravação) e as subsequentes, isto é, a distribuição, a transmissão ou a emissão, a venda ou a cessão a qualquer título, inclusive o *download* e o *streaming* mediante pagamento único ou assinatura. Trata-se, assim, de imunidade *mista*, porque o texto constitucional indica os bens abrangidos e, ao mesmo tempo, promove uma predeterminação subjetiva.

Ressalte-se que, no julgamento do ARE 1.244.302, o STF fixou a seguinte tese de repercussão geral: "A imunidade tributária prevista no art. 150, inciso VI, alínea 'e', da Constituição Federal não se aplica às importações de suportes materiais produzidos fora do Brasil, ainda que contenham obra musical de artista brasileiro"[75].

---

[73]   Lei 9.610/1998: "Art. 5º [...] IX – fonograma – toda fixação de sons de uma execução ou interpretação ou de outros sons, ou de uma representação de sons que não seja uma fixação incluída em uma obra audiovisual".

[74]   TECHLIB. *O dicionário de informática Lib Tech*. Disponível em: https://techlib.wiki/definition/opticalmedia. html. Acesso em: 4 maio 2022.

[75]   STF, Tribunal Pleno, ARE 1.244.302, Rel. Min. Gilmar Mendes, *DJe* 16.09.2024.

Parte Geral · Capítulo IV · IMUNIDADES TRIBUTÁRIAS | 129

5 IMUNIDADES ESPECÍFICAS

5.1 Imunidades de taxas

O art. 5º da Constituição Federal estabelece as seguintes hipóteses de imunidade de taxas:

Art. 5º [...]

XXXIV – são a todos assegurados, independentemente do pagamento de taxas:

a) o direito de petição aos Poderes Públicos em defesa de direitos ou contra ilegalidade ou abuso de poder;

b) a obtenção de certidões em repartições públicas, para defesa de direitos e esclarecimento de situações de interesse pessoal;

[...]

LXXVI – são gratuitos para os reconhecidamente pobres, na forma da lei: (Vide Lei 7.844, de 1989)

a) o registro civil de nascimento;

b) a certidão de óbito;

A imunidade justifica-se em razão da essencialidade dos serviços públicos descritos nos incisos XXXIV e LXXVI do art. 5º, sendo aplicáveis, inclusive, a estrangeiros em processo de regularização migratória ao País, conforme a tese fixada pelo STF no Tema 988: "É imune ao pagamento de taxas para registro da regularização migratória o estrangeiro que demonstre sua condição de hipossuficiente, nos termos da legislação de regência"[76].

5.2 Imunidades relacionadas à exportação

As exportadoras, assim como as demais empresas, exercem uma atividade econômica produtiva geradora de emprego e de renda. Contudo, diferenciam-se na medida em que também proporcionam a obtenção de divisas internacionais, contribuindo para o equilíbrio da balança de pagamentos e para estabilidade cambial. Por isso, em todos os países há um interesse público na desoneração dessas operações. Não é diferente o que ocorre no Brasil, que, no texto constitucional, estabelece imunidades específicas aplicáveis à exportação:

(i) *Contribuições sociais e interventivas:*

Art. 149. [...]

§ 2º As contribuições sociais e de intervenção no domínio econômico de que trata o *caput* deste artigo: (Incluído pela Emenda Constitucional 33, de 2001)

I – não incidirão sobre as receitas decorrentes de exportação; (Incluído pela Emenda Constitucional 33, de 2001)

Há diferença entre imunizar a exportação e a receita decorrente de exportações. No primeiro caso, a imunidade implica a vedação para a exigência de tributos sobre a saída definitiva de produtos nacionais ou nacionalizados do território aduaneiro brasileiro. No segundo, a proibição abrange os acréscimos patrimoniais auferidos por alguém em decorrência de uma operação de

---

76 STF, Tribunal Pleno, RE 1.018.911, Rel. Min. Luiz Fux, *DJe* 11.11.2021.

exportação, o que é mais amplo e não se limita aos atos de transposição da fronteira geográfica do País[77].

Dessa forma, estão compreendidas na imunidade do art. 149, § 2º, I, as receitas auferidas em operações *back to back*. Nelas uma mercadoria estrangeira é adquirida por uma empresa brasileira e revendida a um terceiro em outro país, sem ingressar no território nacional. O bem é exportado diretamente do vendedor situado no território estrangeiro por conta e ordem da empresa brasileira, gerando divisas internacionais para o Brasil.

Antes da previsão da imunidade do art. 149, § 2º, I, pela Emenda 33/2001, o art. 6º, I, da Lei 10.833/2003[78] estabelecia uma isenção de Cofins para as receitas de exportação. Nessa época, a Receita Federal manifestou-se pela sua inaplicabilidade às operações *back to back*:

> Compra e venda realizada no exterior. Incidência. A receita decorrente de operação *back to back*, isto é, a compra e venda de produtos estrangeiros, realizada no exterior por empresa estabelecida no Brasil, sem que a mercadoria transite fisicamente pelo território brasileiro, não caracteriza operação de exportação e, por conseguinte, não está abrangida pela não incidência da Cofins prevista no art. 6º da Lei 10.833, de 2003.
>
> Base de cálculo. A base de cálculo da Cofins é o faturamento que corresponde o total das receitas auferidas pela pessoa jurídica, independentemente de sua denominação ou classificação contábil. Sendo assim, a base de cálculo da Cofins na operação *back to back* corresponde ao valor da fatura comercial emitida para o adquirente de fato (pessoa jurídica domiciliada no exterior)[79].

Essa mesma exegese foi acolhida pelo Superior Tribunal de Justiça:

> É pacífico, na jurisprudência do STJ, que "na operação denominada *back to back* ocorre uma relação triangular, onde o produto é adquirido no estrangeiro para lá ser vendido, ocorrendo o negócio por conta e ordem de empresa brasileira", de modo que, "ainda que haja efetiva exportação da mercadoria de determinado país para terceiro país, não há na hipótese saída de bens do território brasileiro" (STJ, REsp 1.752.212/SP, Rel. Ministro Mauro Campbell Marques, Segunda Turma, *DJe* de 10.02.2021), não havendo, pois, equiparação da operação *back to back* com a exportação. No mesmo sentido: STJ, REsp 1.642.038/SP, Rel. Ministro Mauro Campbell Marques, Segunda Turma, *DJe* de 10.02.2021; AgInt no REsp 1.599.549/RS, Rel. Ministro Benedito Gonçalves, Primeira Turma, *DJe* de 07.10.2020; REsp 1.651.347/SP, Rel. Ministro Gurgel de Faria, Primeira Turma, *DJe* de 24.09.2019[80].

O STF ainda não conheceu nenhum recurso acerca dessa matéria. Em alguns casos, isso foi baseado na Súmula 279 ("Para simples reexame de prova não cabe recurso extraordinário"). Em outros, porque não foi demonstrada a existência repercussão geral[81]. A discussão, não obstante, tem grande relevância econômica, social e jurídica, ultrapassando os interesses subjetivos dos

---

[77] SEHN, Solon. *Curso de direito aduaneiro*. 2. ed. Rio de Janeiro: Forense, 2022. p. 119 e ss.

[78] "Art. 6º A Cofins não incidirá sobre as receitas decorrentes das operações de: [...] I – exportação de mercadorias para o exterior."

[79] Solução de Consulta 323, de 11 de setembro de 2008.

[80] STJ, 2ª T., AgInt no REsp 1.705.857/RS, Rel. Min. Assusete Magalhães, *DJe* 23.04.2021. No mesmo sentido: TRF 3ª R., 6ª T., AMS 342271/SP, Rel. Juíza Conv. Leila Paiva, *e-DJF3* J.1 03.03.2017; TRF 3ª R., 3ª T., AMS 327822, Rel. Juíza Conv. Eliana Marcelo, *e-DJF3* J.1 21.03.2014.

[81] STF, 1ª T., RE 1.251.760 AgR, Rel. Min. Roberto Barroso, *DJe* 14.05.2020; STF, Tribunal Pleno, RE 1.356.427 AgR, Rel. Min. Luiz Fux, *DJe* 14.03.2022; STF, 1ª T., RE 1.167.300 AgR, Rel. Min. Alexandre de Moraes, *DJe* 04.12.2018.

Parte Geral • Capítulo IV • IMUNIDADES TRIBUTÁRIAS | **131**

recorrentes. Atualmente, após a insistência da Fazenda Nacional em tributar o *back to back*, a maioria das empresas nacionais que operavam essa modalidade negocial a partir de suas matrizes no território nacional já deslocaram suas atividades para outros países. Com isso, o único resultado que se obteve foi a cobrança de PIS-Cofins nos primeiros anos em que a discussão foi estabelecida. A busca da arrecadação a todo custo simplesmente fez com que empresas brasileiras deslocassem as operações para outros países, com perda de divisas internacionais, de oportunidade de equilíbrio da balança de pagamentos e de estabilidade cambial para o Brasil. Assim que for conhecido um recurso extraordinário acerca dessa matéria, espera-se que o STF ofereça uma interpretação mais apropriada que a do STJ. Afinal, o conteúdo da isenção do art. 6º, I, da Lei 10.833/2003 é diferente que o da imunidade do art. 149, § 2º, I, da Constituição. O dispositivo legal prevê a isenção das receitas de "exportação de mercadorias para o exterior". Já o texto constitucional refere-se às "receitas decorrentes de exportação", ou seja, tem alcance mais amplo que o do que a regra de isenção. No *back to back*, a adquirente a recebe diretamente da vendedora originária por conta e ordem da brasileira. A saída física não ocorre a partir do Brasil, mas há uma exportação por conta e ordem da empresa brasileira, que aufere uma receita pecuniária decorrente da operação, gerando ingresso de divisas ao País.

Em um primeiro momento, a jurisprudência do STF adotou uma interpretação restritiva acerca do alcance do art. 149, § 2º, I, afastando a sua aplicabilidade aos tributos sobre o lucro da exportação e sobre movimentações financeiras: (a) "A Contribuição Social sobre o Lucro Líquido – CSLL incide sobre o lucro decorrente das exportações. A imunidade prevista no artigo 149, § 2º, inciso I, da Constituição Federal, com a redação dada pela Emenda Constitucional 33/2001, não o alcança" (*Tema 8*)[82]; e (b) "A imunidade tributária prevista no art. 149, § 2º, I, da Constituição Federal é restrita às contribuições sociais e de intervenção no domínio econômico incidentes sobre as receitas decorrentes de exportação. Não contempla, assim, a CPMF, cuja hipótese de incidência – movimentações financeiras – não se confunde com receitas" (*Tema 52*)[83].

Entretanto, posteriormente, o Tribunal passou a adotar uma exegese mais ampla, fixando as seguintes teses de repercussão geral:

(a) "As imunidades previstas nos artigos 149, § 2º, I, e 153, § 3º, III, da Constituição Federal são aplicáveis às empresas optantes pelo Simples Nacional" (*Tema 207*)[84];

(b) "É inconstitucional a incidência da contribuição ao PIS e da COFINS não cumulativas sobre os valores recebidos por empresa exportadora em razão da transferência a terceiros de créditos de ICMS" (*Tema 283*)[85];

---

[82]   STF, Tribunal Pleno, RE 564.413, Rel. Min. Marco Aurélio, *DJe* 12.08.2010.

[83]   STF, Tribunal Pleno, RE 566.259, Rel. Min. Ricardo Lewandowski, *DJe* 12.08.2010.

[84]   STF, Tribunal Pleno, RE 598.468, Rel. Min. Marco Aurélio, *DJe* 22.05.2020.

[85]   STF, Tribunal Pleno, RE 606.107, Rel. Min. Rosa Weber, *DJe* 25.11.2013: Ementa: "I – Esta Suprema Corte, nas inúmeras oportunidades em que debatida a questão da hermenêutica constitucional aplicada ao tema das imunidades, adotou a interpretação teleológica do instituto, a emprestar-lhe abrangência maior, com escopo de assegurar à norma supralegal máxima efetividade"; "IV – O art. 155, § 2º, X, 'a', da CF – cuja finalidade é o incentivo às exportações, desonerando as mercadorias nacionais do seu ônus econômico, de modo a permitir que as empresas brasileiras exportem produtos, e não tributos –, imuniza as operações de exportação e assegura 'a manutenção e o aproveitamento do montante do imposto cobrado nas operações e prestações anteriores'. Não incidem, pois, a Cofins e a contribuição ao PIS sobre os créditos de ICMS cedidos a terceiros, sob pena de frontal violação do preceito constitucional"; "VII – Adquirida a mercadoria, a empresa exportadora pode creditar-se do ICMS anteriormente pago, mas somente poderá transferir a terceiros o saldo credor acumulado após a saída da mercadoria com destino ao exterior (art. 25, § 1º, da LC 87/1996). Porquanto só se viabiliza a cessão do crédito em função da exportação, além de vocacionada a desonerar as empresas exportadoras do ônus econômico do ICMS, as verbas respectivas qualificam-se como decorrentes da exportação para efeito da imunidade do art. 149, § 2º, I, da Constituição Federal".

(c) "É inconstitucional a incidência da contribuição ao PIS e da COFINS sobre a receita decorrente da variação cambial positiva obtida nas operações de exportação de produtos" (*Tema 329*)[86]; e

(d) "A norma imunizante contida no inciso I do § 2º do art. 149 da Constituição da República alcança as receitas decorrentes de operações indiretas de exportação caracterizadas por haver participação negocial de sociedade exportadora intermediária" (*Tema 674*)[87].

Ressalte-se, como será estudado oportunamente, que o conceito de exportação abrange as operações de venda para a Zona Franca de Manaus, que foi mantida, nos termos do art. 40 do ADCT, com suas características de área de livre-comércio e de incentivos fiscais até o ano de 2073[88].

(ii) *IPI:*

> Art. 153. Compete à União instituir impostos sobre:
> [...]
> IV – produtos industrializados;
> [...]
> § 3º O imposto previsto no inciso IV:
> [...]
> III – não incidirá sobre produtos industrializados destinados ao exterior[89].

(iii) *ICMS:*

> Art. 155. Compete aos Estados e ao Distrito Federal instituir impostos sobre: (Redação dada pela Emenda Constitucional 3, de 1993)
> [...]
> II – operações relativas à circulação de mercadorias e sobre prestações de serviços de transporte interestadual e intermunicipal e de comunicação, ainda que as operações e as prestações se iniciem no exterior; (Redação dada pela Emenda Constitucional 3, de 1993)
> [...]
> § 2º O imposto previsto no inciso II atenderá ao seguinte: (Redação dada pela Emenda Constitucional 3, de 1993)

---

[86] STF, Tribunal Pleno, RE 627.815, Rel. Min. Rosa Weber, *DJe* 1º.10.2013: Acórdão: "III – O legislador constituinte – ao contemplar na redação do art. 149, § 2º, I, da Lei Maior as 'receitas decorrentes de exportação' – conferiu maior amplitude à desoneração constitucional, suprimindo do alcance da competência impositiva federal todas as receitas que resultem da exportação, que nela encontrem a sua causa, representando consequências financeiras do negócio jurídico de compra e venda internacional. A intenção plasmada na Carta Política é a de desonerar as exportações por completo, a fim de que as empresas brasileiras não sejam coagidas a exportarem os tributos que, de outra forma, onerariam as operações de exportação, quer de modo direto, quer indireto. [...] IV – Consideram-se receitas decorrentes de exportação as receitas das variações cambiais ativas, a atrair a aplicação da regra de imunidade e afastar a incidência da contribuição ao PIS e da COFINS".
[87] STF, Tribunal Pleno, RE 759.244, Rel. Min. Edson Fachin, *DJe* 12.02.2020.
[88] Ver Cap. I, item 2.3, da Parte Especial.
[89] O STF também aplicou a tese fixada no Tema 207, reproduzido *supra*, em relação a essa imunidade.

Parte Geral • Capítulo IV • IMUNIDADES TRIBUTÁRIAS | **133**

[...]

X – não incidirá:

a) sobre operações que destinem mercadorias para o exterior, nem sobre serviços prestados a destinatários no exterior, assegurada a manutenção e o aproveitamento do montante do imposto cobrado nas operações e prestações anteriores[90]; (Redação dada pela Emenda Constitucional 42, de 19.12.2003)

[...]

XII – cabe à lei complementar:

[...]

e) excluir da incidência do imposto, nas exportações para o exterior, serviços e outros produtos além dos mencionados no inciso X, "a"[91];

No julgamento do RE 704.815, o STF fixou a seguinte tese de repercussão geral acerca do alcance desse dispositivo: "A imunidade a que se refere o art. 155, § 2º, X, "a", CF/88, não alcança, nas operações de exportação, o aproveitamento de créditos de ICMS decorrentes de aquisições de bens destinados ao ativo fixo e uso e consumo da empresa, que depende de lei complementar para sua efetivação" (Tema 633)[92].

(iv) *ISS*:

Art. 156. [...]

III – serviços de qualquer natureza, não compreendidos no art. 155, II, definidos em lei complementar. (Redação dada pela Emenda Constitucional 3, de 1993)

[...]

§ 3º Em relação ao imposto previsto no inciso III do *caput* deste artigo, cabe à lei complementar: (Redação dada pela Emenda Constitucional 37, de 2002)

[...]

II – excluir da sua incidência exportações de serviços para o exterior. (Incluído pela Emenda Constitucional 3, de 1993)

Como anteriormente ressaltado, para parte da doutrina, o inciso II do § 3º do art. 156 seria uma autorização para a União conceder isenção heterônoma do tributo municipal. Entretanto, a rigor, o dispositivo consagra uma imunidade de aplicabilidade limitada, o que é diferente da autorização para a isentar, porque implica uma eficácia mínima derrogatória. Em razão disso, desde a Emenda 03/1993, opera-se a revogação e a inconstitucionalidade de eventuais leis municipais prevendo o contrário.

---

[90] **Tema 475** ("Extensão da imunidade relativa ao ICMS para a comercialização de embalagens fabricadas para produtos destinados à exportação". Tese: "A imunidade a que se refere o art. 155, § 2º, X, 'a', da CF não alcança operações ou prestações anteriores à operação de exportação" (STF, Tribunal Pleno, RE 754.917, Rel. Min. Dias Toffoli, *DJe* 05.08.2020).

[91] Essa previsão fazia mais sentido diante da previsão originária da alínea "a": "a) sobre operações que destinem ao exterior produtos industrializados, excluídos os semielaborados definidos em lei complementar".

[92] STF, Tribunal Pleno, RE 704.815, Rel. Min. Dias Toffoli, Rel. p/ Ac. Min. Gilmar Mendes, sessão virtual 27.10.2023 a 7.11.2023.

134 | CURSO DE DIREITO TRIBUTÁRIO – *Solon Sehn*

(v) *Imposto seletivo, CBS e IBS:*

Com a aprovação da Reforma Tributária, foi prevista a criação do imposto seletivo de competência da União (IS), da CBS e do IBS. Contudo, nos arts. 153, § 6°, I, 156-A, § 1°, III, e 195, § 15, as operações de exportação serão imunes a esses novos tributos:

> Art. 153. Compete à União instituir impostos sobre:
> [...]
> VIII –produção, extração, comercialização ou importação de bens e serviços prejudiciais à saúde ou ao meio ambiente, nos termos de lei complementar.
> [...]
> § 6° O imposto previsto no inciso VIII do *caput* deste artigo:
> I – não incidirá sobre as exportações nem sobre as operações com energia elétrica e com telecomunicações;
> [...]
> Art. 156-A. Lei complementar instituirá imposto sobre bens e serviços de competência compartilhada entre Estados, Distrito Federal e Municípios.
> § 1° O imposto previsto no *caput* será informado pelo princípio da neutralidade e atenderá ao seguinte:
> [...]
> III – não incidirá sobre as exportações, assegurados ao exportador a manutenção e o aproveitamento dos créditos relativos às operações nas quais seja adquirente de bem, material ou imaterial, inclusive direitos, ou serviço, observado o disposto no § 5°, III;
> Art. 195. A seguridade social será financiada por toda a sociedade, de forma direta e indireta, nos termos da lei, mediante recursos provenientes dos orçamentos da União, dos Estados, do Distrito Federal e dos Municípios, e das seguintes contribuições sociais:
> [...]
> V – sobre bens e serviços, nos termos de lei complementar;
> [...]
> § 16. Aplica-se à contribuição prevista no inciso V o disposto no art. 156-A, § 1°, I a VI, VIII, X a XIII, § 3°, § 5°, II a VI, VIII e IX, e §§ 6° a 11 e 13.

5.3 Outras imunidades

O texto constitucional prevê ainda as seguintes imunidades:

(a) *Operações interestaduais com energia elétrica, petróleo, lubrificantes, combustíveis líquidos e gasosos dele derivados. Imunidade de ICMS:*

> Art. 155. Compete aos Estados e ao Distrito Federal instituir impostos sobre: (Redação dada pela Emenda Constitucional 3, de 1993)
> [...]
> § 2° O imposto previsto no inciso II atenderá ao seguinte: (Redação dada pela Emenda Constitucional 3, de 1993)
> [...]
> X – não incidirá:

Parte Geral • Capítulo IV • IMUNIDADES TRIBUTÁRIAS | 135

[...]

b) sobre operações que destinem a outros Estados petróleo, inclusive lubrificantes, combustíveis líquidos e gasosos dele derivados, e energia elétrica;

[...]

XII – cabe à lei complementar:

[...]

h) definir os combustíveis e lubrificantes sobre os quais o imposto incidirá uma única vez, qualquer que seja a sua finalidade, hipótese em que não se aplicará o disposto no inciso X, *b*; (Incluída pela Emenda Constitucional 33, de 2001) (Vide Emenda Constitucional 33, de 2001)

(b) *Ouro ativo financeiro. Imunidade de ICMS:*

Art. 155. [...]

X – não incidirá:

[...]

c) sobre o ouro, nas hipóteses definidas no art. 153, § 5º[93];

(c) *Prestação de serviço de comunicação. Radiodifusão sonora e de sons e imagens de recepção livre e gratuita. Imunidade de ICMS:*

Art. 155. [...]

X – não incidirá:

[...]

d) nas prestações de serviço de comunicação nas modalidades de radiodifusão sonora e de sons e imagens de recepção livre e gratuita; (Incluído pela Emenda Constitucional 42, de 19.12.2003)

(d) *Energia elétrica, serviços de telecomunicações, derivados de petróleo, combustíveis e minerais. Imunidade de outros tributos, ressalvado o ICMS, II e IE:*

Art. 155. [...]

[...]

§ 3º À exceção dos impostos de que tratam o inciso II do *caput* deste artigo e o art. 153, I e II, nenhum outro imposto poderá incidir sobre operações relativas a energia elétrica, serviços de telecomunicações, derivados de petróleo, combustíveis e minerais do País. (Redação dada pela Emenda Constitucional 33, de 2001)

---

93 "Art. 153. Compete à União instituir impostos sobre:

[...]

V – operações de crédito, câmbio e seguro, ou relativas a títulos ou valores mobiliários;

[...]

§ 5º O ouro, quando definido em lei como ativo financeiro ou instrumento cambial, sujeita-se exclusivamente à incidência do imposto de que trata o inciso V do *caput* deste artigo, devido na operação de origem; a alíquota mínima será de um por cento, assegurada a transferência do montante da arrecadação nos seguintes termos: (Vide Emenda Constitucional 3, de 1993)

I – trinta por cento para o Estado, o Distrito Federal ou o Território, conforme a origem;

II – setenta por cento para o Município de origem."

A Emenda 132/2023 alterou a imunidade do § 3º do art. 155: "§ 3º À exceção dos impostos de que tratam o inciso II do *caput* deste artigo e os arts. 153, I e II, e 156-A, nenhum outro imposto poderá incidir sobre operações relativas a energia elétrica e serviços de telecomunicações e, à exceção destes e do previsto no art. 153, VIII, nenhum outro imposto poderá incidir sobre operações relativas a derivados de petróleo, combustíveis e minerais do País".

(e) *Pequena propriedade rural. Imunidade de ITR:*

> Art. 153. Compete à União instituir impostos sobre:
> [...]
> VI – propriedade territorial rural;
> [...]
> § 4º O imposto previsto no inciso VI do *caput*: (Redação dada pela Emenda Constitucional 42, de 19.12.2003)
> [...]
> II – não incidirá sobre pequenas glebas rurais, definidas em lei, quando as explore o proprietário que não possua outro imóvel; (Incluído pela Emenda Constitucional 42, de 19.12.2003)

(f) *Bens alugados por templos de qualquer culto. Imunidade do IPTU:*

> Art. 156. Compete aos Municípios instituir impostos sobre:
> I – propriedade predial e territorial urbana;
> [...]
> § 1º-A O imposto previsto no inciso I do *caput* deste artigo não incide sobre templos de qualquer culto, ainda que as entidades abrangidas pela imunidade de que trata a alínea "b" do inciso VI do *caput* do art. 150 desta Constituição sejam apenas locatárias do bem imóvel. (Incluído pela Emenda Constitucional 116, de 2022)

(g) *Integralização de capital, fusão, incorporação, cisão ou extinção de pessoas jurídicas. Imunidade do ITBI:*

> Art. 156. [...]
> II – transmissão "inter vivos", a qualquer título, por ato oneroso, de bens imóveis, por natureza ou acessão física, e de direitos reais sobre imóveis, exceto os de garantia, bem como cessão de direitos a sua aquisição;
> [...]
> § 2º O imposto previsto no inciso II:
> I – não incide sobre a transmissão de bens ou direitos incorporados ao patrimônio de pessoa jurídica em realização de capital, nem sobre a transmissão de bens ou direitos decorrente de fusão, incorporação, cisão ou extinção de pessoa jurídica, salvo se, nesses casos, a atividade preponderante do adquirente for a compra e venda desses bens ou direitos, locação de bens imóveis ou arrendamento mercantil;

No RE 796.376, o STF definiu que: "A imunidade em relação ITBI, prevista no inciso I do § 2º do art. 156 da Constituição Federal, não alcança o valor dos bens que exceder o limite do capital social a ser integralizado" (Tema 796)[94]. Nesse julgamento, o Tribunal entendeu que a imunidade tem como objetivo atingir apenas o que for destinado à integralização do capital (e não ao que exceder a essa finalidade). Por outro lado, a exceção (*salvo se*) não se aplica nessa hipótese, ou seja, apenas na transmissão de bens ou direitos decorrente de fusão, incorporação, cisão ou extinção de pessoa jurídica: "as ressalvas previstas na segunda parte do inciso I, do § 2º, do art. 156 da CF/88 aplicam-se unicamente à hipótese de incorporação de bens *decorrente de fusão, incorporação, cisão ou extinção de pessoa jurídica*"[95].

(h) *Doações destinadas a projetos socioambientais, de mitigação de mudanças climáticas e às instituições federais de ensino. Imunidade do ITBI:*

> Art. 155. [...]
> § 1º O imposto previsto no inciso I:
> [...]
> V – não incidirá sobre as doações destinadas, no âmbito do Poder Executivo da União, a projetos socioambientais ou destinados a mitigar os efeitos das mudanças climáticas e às instituições federais de ensino. (Incluído pela Emenda Constitucional 126, de 2022)

(i) *Entidades beneficentes. Contribuições para a seguridade social:*

> Art. 195. [...]
> § 7º São isentas de contribuição para a seguridade social as entidades beneficentes de assistência social que atendam às exigências estabelecidas em lei.

Embora o § 7º faça referência à *isenção*, a doutrina e a jurisprudência, com razão, entendem que, por ser prevista no texto constitucional, a vedação tem natureza de imunidade. Por outro lado, como ressaltado anteriormente, em razão da reserva legal qualificada do art. 146, II, a regulamentação desse dispositivo deve ser realizada por meio de lei complementar[96]. Por fim, de acordo com a tese fixada pelo STF no Tema 432: "A imunidade tributária prevista no art. 195, § 7º, da Constituição Federal abrange a contribuição para o PIS"[97].

(j) *Instituições sem fins lucrativos. ITCMD:*

> Art. 155. [...]
> § 1º O imposto previsto no inciso I: (Redação dada pela Emenda Constitucional 3, de 1993).
> [...]

---

94   STF, Tribunal Pleno, RE 796.376, Rel. Min. Marco Aurelio, Rel. p/ Ac. Min. Alexandre de Moraes, *DJe* 05.08.2020.

95   Voto Rel. p/ Ac. Min. Alexandre de Moraes, do qual se destaca ainda: "Em outras palavras, a segunda oração contida no inciso I – '*nem sobre a transmissão de bens ou direitos decorrente de fusão, incorporação, cisão ou extinção de pessoa jurídica*, salvo se, nesses casos, *a atividade preponderante do adquirente for a compra e venda desses bens ou direitos, locação de bens imóveis ou arrendamento mercantil*' – revela uma imunidade condicionada à não exploração, pela adquirente, de forma preponderante, da atividade de compra e venda de imóveis, de locação de imóveis ou de arrendamento mercantil. Isso fica muito claro quando se observa que a expressão 'nesses casos' não alcança o 'outro caso' referido na primeira oração do inciso I, do § 2º, do art. 156 da CF".

96   Ver Lei Complementar 187/2021, que estabelece as condições aplicação das imunidades das entidades beneficentes, no tocante às contribuições para a seguridade social.

97   STF, Tribunal Pleno, RE 636.941, Rel. Min. Luiz Fux, *DJe* 13.02.2014.

VII – não incidirá sobre as transmissões e as doações para as instituições sem fins lucrativos com finalidade de relevância pública e social, inclusive as organizações assistenciais e beneficentes de entidades religiosas e institutos científicos e tecnológicos, e por elas realizadas na consecução dos seus objetivos sociais, observadas as condições estabelecidas em lei complementar.

(k) *Aeronaves agrícolas, embarcações, plataformas, tratores e máquinas agrícolas. IPVA.*

Como será analisado, a Emenda 132/2023 (Emenda da Reforma Tributária) ampliou a abrangência do IPVA, que poderá incidir sobre *a propriedade de veículos automotores terrestres, aquáticos e aéreos*. Ao mesmo tempo, foram previstas as seguintes imunidades específicas no art. 156, § 6º, III:

Art. 155. [...]
§ 6º O imposto previsto no inciso III: (Incluído pela Emenda Constitucional 42, de 19.12.2003).
[...]
III – incidirá sobre a propriedade de veículos automotores terrestres, aquáticos e aéreos, excetuadas:
a) aeronaves agrícolas e de operador certificado para prestar serviços aéreos a terceiros;
b) embarcações de pessoa jurídica que detenha outorga para prestar serviços de transporte aquaviário ou de pessoa física ou jurídica que pratique pesca industrial, artesanal, científica ou de subsistência;
c) plataformas suscetíveis de se locomoverem na água por meios próprios, inclusive aquelas cuja finalidade principal seja a exploração de atividades econômicas em águas territoriais e na zona econômica exclusiva e embarcações que tenham essa mesma finalidade principal; e
d) tratores e máquinas agrícolas.

(l) *Aquisição de bens de capital. CBS e IBS:*

A Emenda 132/2023 estabeleceu ainda a seguinte hipótese de imunidade na aquisição de bens de capital:

Art. 156-A. [...]
§ 5º Lei complementar disporá sobre:
[...]
V – a forma de desoneração da aquisição de bens de capital pelos contribuintes, que poderá ser implementada por meio de:
a) crédito integral e imediato do imposto;
b) diferimento; ou
c) redução em 100% (cem por cento) das alíquotas do imposto.
Art. 195. [...]
§ 16. Aplica-se à contribuição prevista no inciso V o disposto no art. 156-A, § 1º, I a VI, VIII, X a XIII, § 3º, § 5º, II a VI, VIII e IX, e §§ 6º a 11 e 13.

Esse dispositivo estabelece que o legislador complementar deverá estabelecer a forma de desoneração da aquisição de bens de capital. Entretanto, isso não significa que, antes dessa definição, tais operações possam ser tributadas pelo IBS e pela CBS. É que todo preceito constitucional, mesmo aqueles com eficácia programática ou limitada, apresenta uma *eficácia mínima derrogatória* ou *eficácia jurídica de vinculação, apresentando* a aptidão de revogar as disposições em contrário e vincular o legislador a não dispor de modo oposto a seu conteúdo[98]. Portanto, ao instituir a CBS e o IBS, o legislador complementar não poderá contrariar o art. 156-A, § 5º, V, o que equivale a dizer que não poderá prever a incidência sobre a aquisição de bens de capital. Trata-se, portanto, de uma imunidade que impede a tributação dessas operações, sendo facultado ao legislador apenas disciplinar o modo de desoneração.

Ressalte-se que, mesmo na hipótese do diferimento, previsto na alínea "b" do inciso V do art. 156-A, não haverá cobrança de tributos. É que, devido à não cumulatividade da CBS e do IBS, com a postergação do pagamento, o valor devido pelo vendedor ficará a cargo do comprador, que, por sua vez, tem assegurado o direito ao crédito decorrente da aquisição. Assim, o crédito será lançado ao mesmo tempo em que o débito, gerando a desoneração da aquisição do bem de capital.

(m) *Energia elétrica e telecomunicações. Imunidade de IS:*

Em relação ao imposto seletivo, o art. 153, § 6º, I, estabelece a imunidade das operações com energia elétrica e telecomunicações:

> Art. 153. [...]
> § 6º O imposto previsto no inciso VIII do *caput* deste artigo:
> I – não incidirá sobre as exportações nem sobre as operações com energia elétrica e com telecomunicações;

(n) *Radiodifusão sonora e de sons e imagens de recepção livre e gratuita. Imunidade de CBS e IBS:*

A Constituição estabelece a imunidade de CBS e de IBS nos serviços de comunicação nas modalidades de radiodifusão sonora e de sons e imagens de recepção livre e gratuita:

> Art. 156-A. [...]
> § 1º O imposto previsto no *caput* será informado pelo princípio da neutralidade e atenderá ao seguinte:
> XI – não incidirá nas prestações de serviço de comunicação nas modalidades de radiodifusão sonora e de sons e imagens de recepção livre e gratuita; e

---

[98] Como ressalta Clèmerson Merlin Clève: "[...] as normas constitucionais sempre produzem uma "eficácia jurídica de vinculação" (decorrente da vinculação dos poderes públicos à Constituição), e, por isso, contam com aptidão para deflagrar, pelo menos, os seguintes resultados: (i) revogam (invalidação decorrente de inconstitucionalidade superveniente) os atos normativos em sentido contrário; (ii) vinculam o legislador, que não pode dispor de modo oposto ao seu conteúdo (servem como parâmetro para a declaração de inconstitucionalidade do ato contrastante)" (CLÈVE, Clèmerson Merlin. *Fiscalização abstrata de constitucionalidade no direito brasileiro.* 2. ed. São Paulo: RT, 2000. p. 320-321). Nesse mesmo sentido, lembra Luís Roberto Barroso que, "[...] segundo proclama abalizada doutrina, delas não resulta para o indivíduo o direito subjetivo, em sua versão positiva, de exigir uma determinada prestação. Todavia, fazem nascer um direito subjetivo 'negativo' de exigir do poder público que se abstenha de praticar atos que contravenham os seus ditames" (BARROSO, Luís Roberto. *O direito constitucional e a efetividade de suas normas*: limites e possibilidades da Constituição brasileira. Rio de Janeiro: Renovar, 1990. p. 110).

140 | CURSO DE DIREITO TRIBUTÁRIO – *Solon Sehn*

Art. 195. [...]

§ 16. Aplica-se à contribuição prevista no inciso V do *caput* o disposto no art. 156-A, §
1º, I a VI, VIII, X a XIII, § 3º, § 5º, II a VI e IX, e §§ 6º a 11 e 13.

(o) *Imunidade de bens e serviços do regime diferenciado da CBS e do IBS:*

O art. 9º da Emenda 132/2023 prevê o regime diferenciado da CBS e do IBS, que permite
ao legislador complementar estabelecer uma redução de 60% da alíquota base ou padrão para
determinados segmentos e operações. Em alguns casos, entretanto, o texto constitucional obriga
a previsão de isenção e de redução de 100% da alíquota:

Art. 9º A lei complementar que instituir o imposto de que trata o art. 156-A e a contribuição de que trata o art. 195, V, ambos da Constituição Federal, poderá prever os regimes
diferenciados de tributação de que trata este artigo, desde que sejam uniformes em todo
o território nacional e sejam realizados os respectivos ajustes nas alíquotas de referência
com vistas a reequilibrar a arrecadação da esfera federativa.

§ 1º A lei complementar definirá as operações beneficiadas com redução de 60% (sessenta
por cento) das alíquotas dos tributos de que trata o *caput* entre as relativas aos seguintes
bens e serviços:

[...]

III – dispositivos médicos;

IV – dispositivos de acessibilidade para pessoas com deficiência;

V – medicamentos;

VI – produtos de cuidados básicos à saúde menstrual;

VII – serviços de transporte coletivo de passageiros rodoviário e metroviário de caráter
urbano, semiurbano e metropolitano;

[...]

§ 3º A lei complementar a que se refere o *caput* preverá hipóteses de:

I – isenção, em relação aos serviços de que trata o § 1º, VII;

II – redução em 100% (cem por cento) das alíquotas dos tributos referidos no *caput* para:

a) bens de que trata o § 1º, III a VI;

b) produtos hortícolas, frutas e ovos.

c) serviços prestados por Instituição Científica, Tecnológica e de Inovação (ICT) sem
fins lucrativos;

d) automóveis de passageiros, conforme critérios e requisites estabelecidos em lei complementar, quando adquiridos por pessoas com deficiência e pessoas com transtorno
do espectro autista, diretamente ou por intermédio de seu representante legal ou por
motoristas profissionais, nos termos de lei complementar, que destinem o automóvel à
utilização na categoria de aluguel (táxi).

III – redução em 100% (cem por cento) da alíquota da contribuição de que trata o art.
195, V, da Constituição Federal, para serviços de educação de ensino superior nos termos do Programa Universidade para Todos – Prouni, instituído pela Lei 11.096, de 13
de janeiro de 2005.

IV – isenção ou redução em até 100% (cem por cento) das alíquotas dos tributos referidos
no *caput* para atividades de reabilitação urbana de zonas históricas e de áreas críticas de
recuperação e reconversão urbanística.

Parte Geral • Capítulo IV • IMUNIDADES TRIBUTÁRIAS | **141**

[...]

§ 13. Para fins deste artigo, incluem-se:

I – entre os medicamentos de que trata o inciso V do § 1º, as composições para nutrição enteral ou parenteral e as composições especiais e fórmulas nutricionais destinadas às pessoas com erros inatos do metabolismo; e

II – entre os alimentos de que trata o inciso VIII do § 1º, os sucos naturais sem adição de açúcares e conservantes.

Como ressaltado anteriormente, todo preceito constitucional apresenta uma *eficácia mínima derrogatória* ou *eficácia jurídica de vinculação*[99]. Portanto, mesmo aqueles com eficácia programática ou limitada têm a aptidão de revogar as disposições em contrário e vincular o legislador a não dispor de modo oposto a seu conteúdo. Isso significa que o legislador não pode prever a incidência nas hipóteses em que o texto constitucional estabelece o dever de isentar, inclusive mediante previsão de alíquota zero. A rigor, portanto, o que se tem nesses dispositivos é verdadeira imunidade tributária.

(p) *Imunidade de bens e serviços do regime diferenciado do IS:*

O § 9º do art. 9º da Emenda 132/2023 estabelece a imunidade do IS para os bens e serviços submetidos ao regime diferenciado da CBS e do IBS:

Art. 9º [...]

§ 1º A lei complementar definirá as operações beneficiadas com redução de 60% (sessenta por cento) das alíquotas dos tributos de que trata o *caput* entre as relativas aos seguintes bens e serviços:

I – serviços de educação;

II – serviços de saúde;

III – dispositivos médicos;

IV – dispositivos de acessibilidade para pessoas com deficiência;

V – medicamentos;

VI – produtos de cuidados básicos à saúde menstrual;

VII – serviços de transporte coletivo de passageiros rodoviário e metroviário de caráter urbano, semiurbano e metropolitano;

VIII – alimentos destinados ao consumo humano;

IX – produtos de higiene pessoal e limpeza majoritariamente consumidos por famílias de baixa renda.

X – produtos agropecuários, aquícolas, pesqueiros, florestais e extrativistas vegetais in natura;

XI – insumos agropecuários e aquícolas,

XII – produções artísticas, culturais, de eventos, jornalísticas e audiovisuais nacionais, atividades desportivas e comunicação institucional;

---

[99] CLÈVE, Clèmerson Merlin. *Fiscalização abstrata de constitucionalidade no direito brasileiro.* 2. ed. São Paulo: RT, 2000. p. 320-321; BARROSO, Luís Roberto. *O direito constitucional e a efetividade de suas normas:* limites e possibilidades da Constituição brasileira. Rio de Janeiro: Renovar, 1990. p. 110.

XIIII – bens e serviços relacionados a soberania e segurança nacional, segurança da informação e segurança cibernética;

[...]

§ 9º O imposto previsto no art. 153, VIII, da Constituição Federal não incidirá sobre os bens ou serviços cujas alíquotas sejam reduzidas nos termos do § 1º.

[...]

§ 13. Para fins deste artigo, incluem-se:

I – entre os medicamentos de que trata o inciso V do § 1º, as composições para nutrição enteral ou parenteral e as composições especiais e fórmulas nutricionais destinadas às pessoas com erros inatos do metabolismo; e

II – entre os alimentos de que trata o inciso VIII do § 1º, os sucos naturais sem adição de açúcares e conservantes.

Note-se que, na hipótese do § 9º do art. 9º da Emenda, a imunidade abrange todos os bens e serviços submetidos ao regime diferenciado da CBS e do IBS, e não apenas os relacionados no § 3º.

Capítulo V
PRINCÍPIOS CONSTITUCIONAIS TRIBUTÁRIOS

1 DIMENSÃO JURÍDICO-CONSTITUCIONAL

1.1 Normatividade e vinculação

Durante muitos anos, os princípios foram vistos como uma espécie de *direito à espera de lei*[1] ou simples abstrações resultantes do direito positivo, com aplicabilidade restrita enquanto mecanismo de *autointegração* do sistema[2]. Essa concepção encontra-se superada no constitucionalismo contemporâneo. Os princípios exercem uma *ação imediata*, podendo ser aplicados diretamente enquanto critério de solução de um caso concreto; e uma *ação mediata*, na condição de *fonte normativa subsidiária*[3]. Por outro lado, permitem um *respirar, legitimar, enraizar* e *caminhar* do próprio sistema[4], por meio de sua *textura aberta*, que torna viável processos informais de mudança da Constituição (*mutações constitucionais*) e, como ensina J. J. Gomes Canotilho, proporcionam uma *capacidade de aprendizagem* e a captação das concepções cambiantes de *verdade* e de *justiça*[5].

1.2 Princípios, regras e ponderação

A doutrina constitucionalista, com base na teoria de Robert Alexy, tem ressaltado que os princípios são *exigências*[6], *comandos*[7] ou *mandados de otimização*, o que equivale a dizer que

---

[1] A expressão é de Caio Tácito, que, entretanto, utilizava-a para criticar os teóricos que negavam a normatividade dos princípios (TÁCITO, Caio. O direito à espera da lei. *Revista de Direito Administrativo,* Rio de Janeiro, n. 181-182, p. 38-45, 1990).

[2] BONAVIDES, Paulo. *Curso de direito constitucional.* 6. ed. São Paulo: Malheiros, 1996. p. 235-238. Dentro dessa concepção, já superada, *"os princípios necessitam, para a sua realização, da concretização através de subprincípios e de valores singulares como conteúdo material próprio",* uma vez que "não são normas e, por isso, não são capazes de aplicação imediata, antes devendo primeiro ser normativamente consolidados ou 'normatizados'" (CANARIS, Claus Wilhelm. *Pensamento sistemático e conceito de sistema na ciência do direito.* Lisboa: Fundação Calouste Gulbenkian, 1989. p. 96).

[3] As noções de *ação mediata* e *imediata* dos princípios são desenvolvidas pelo constitucionalista Jorge Miranda (MIRANDA, Jorge. *Manual de direito constitucional:* constituição e inconstitucionalidade. 3. ed. Coimbra: Coimbra Editora, 1996. t. II, p. 226).

[4] CANOTILHO, José Joaquim Gomes. *Direito constitucional.* 6. ed. Coimbra: Almedina, 1996. p. 1163: "A respiração obtém-se através da 'textura aberta' dos princípios; a legitimidade entrevê-se na ideia de os princípios consagrarem *valores* (liberdade, democracia, dignidade) fundamentadores da ordem jurídica e disporem de capacidade deontológica de justificação; o enraizamento prescruta-se na *referência sociológica* dos princípios a valores, programas, funções e pessoas; a capacidade de caminhar obtém-se através de instrumentos *processuais e procedimentais adequados,* possibilitadores da concretização, densificação e realização prática (política, administrativa e judicial) das mensagens normativas da constituição".

[5] CANOTILHO, José Joaquim Gomes. *Direito constitucional.* 6. ed. Coimbra: Almedina, 1996. p. 1159.

[6] CANOTILHO, José Joaquim Gomes. *Direito constitucional.* 6. ed. Coimbra: Almedina, 1996. p. 1161.

[7] TIPKE, Klaus; LANG, Joachim. *Direito tributário (Steuerrecht).* Porto Alegre: Fabris, 2008. v. I, p. 171.

144 | CURSO DE DIREITO TRIBUTÁRIO – *Solon Sehn*

podem ser cumpridos em diferentes graus, dependendo das possibilidades fáticas e jurídicas[8]. Os princípios, assim, podem sofrer harmonizações ou ponderações, sem ter a sua juridicidade prejudicada. Diferenciam-se, nesse sentido, das regras jurídicas, uma vez que essas, sendo válidas, devem ser aplicadas na exata medida de suas prescrições[9]. Além disso, os conflitos entre regras são resolvidos por meio de uma cláusula de exceção ou da declaração de invalidade de uma das disposições contraditórias. Nos princípios, a convivência é conflitual. Diferentes princípios podem entram em *tensão* ou *antagonismo*, incidindo aquele que tiver maior *peso* para a solução do caso concreto[10].

Nesse aspecto, Alexy aproxima-se de Ronald Dworkin, para quem as regras obedecem à lógica do *all-or-nothing*, ou seja, podem ou não ser aplicadas na solução de um caso concreto. Diante de regras contraditórias, somente uma deverá incidir (e em sua integralidade), com afastamento da aplicabilidade das demais de acordo com os critérios hierárquico, cronológico e da especialidade. Os princípios, por sua vez, sujeitam-se a uma lógica de *peso* ou de *importância relativa*. Diante da colisão de princípios, a importância relativa de cada um é que determinará qual ou quais deverão incidir, bem como qual deles sofrerá limitações[11].

Essa concepção oferece um instrumento teórico relevante para a compreensão da colisão de direitos fundamentais[12]. Por isso, é acolhida no presente estudo, mas com algumas ressalvas. A primeira é que, dentro de um conceito semântico[13], as normas não são sinônimo de texto de lei, mas significações que decorrem de um ou mais enunciados prescritivos ordenados dentro da estrutura sintática de um juízo hipotético-condicional. A segunda é que as proposições jurídicas denominadas princípios e regras estão sujeitas a mesma lógica: a lógica deôntica. Nessa as proposições são apenas válidas ou não válidas. Não há espaço para outra valência. Assim, os princípios estão submetidos a um juízo de validade, o que, de resto, também é ressaltado por Robert Alexy, quando explica que a *lei da colisão* tem como pressuposto a validade dos princípios. O autor alemão, inclusive, qualifica-os como conceitos *deontológicos*, que, na linha de von Wright, expressam um *dever ser*[14]. A terceira e última ressalva é que nem sempre os princípios oferecem margem para ponderação. Da mesma forma, há regras que podem ser aplicadas sem o critério do *all-or-nothing*. Isso dependerá do grau de indeterminação do enunciado prescritivo, que pode apresentar uma abertura semântica suficiente a ponto de comportar – ou mesmo exigir – uma harmonização à luz do caso concreto, assim como pode ser suficientemente fechado a ponto de afastar qualquer flexibilização. É o que ocorre com a maioria dos princípios do direito tributário. Neles a ponderação deve ser realizada *cum grano salis* para não implicar uma ilegítima negativa de vigência a uma garantia constitucional, como será analisado ao longo do presente estudo.

---

8 ALEXY, Robert. *Teoría de los derechos fundamentales*. Madrid: Centro de Estudios Constitucionales, 1997. p. 86: "pueden ser cumpridos en diferente grado y que la medida de su cumplimiento no sólo depende de las posibilidades reales sino también de las jurídicas".

9 CANOTILHO, José Joaquim Gomes. *Direito constitucional*. 6. ed. Coimbra: Almedina, 1996. p. 1161-1162.

10 ALEXY, Robert. *Teoría de los derechos fundamentales*. Madrid: Centro de Estudios Constitucionales, 1997. p. 80-114; CANOTILHO, José Joaquim Gomes. *Direito constitucional*. 6. ed. Coimbra: Almedina, 1996. p. 1182 e ss.; BARROSO, Luís Roberto. *Curso de direito constitucional contemporâneo*: os conceitos fundamentais e a construção do novo modelo. São Paulo: Saraiva, 2009. p. 316 e ss.

11 DWORKIN, Ronald. *Taking rights seriously*. 16. ed. Massachusetts: Harvard University Press, 1997. p. 76 e ss.

12 Para uma visão crítica dessa concepção, ver: ÁVILA, Humberto. *Teoria dos princípios*: da definição à aplicação dos princípios jurídicas. 20. ed. São Paulo: JusPodivm-Malheiros, 2021.

13 Sobre a concepção ou conceito semântico de norma, ver Capítulo VII, item 2.2, da Parte Geral.

14 ALEXY, Robert. *Teoría de los derechos fundamentales*. Madrid: Centro de Estudios Constitucionales, 1997. p. 140.

Parte Geral • Capítulo V • PRINCÍPIOS CONSTITUCIONAIS TRIBUTÁRIOS | 145

1.3 Princípios-garantia e tributação

1.3.1 Caracteres

Alguns princípios, dentro da tipologia proposta por J. J. Gomes Canotilho, são historicamente objetivados e progressivamente introduzidos na consciência jurídica, podendo encontrar uma recepção expressa ou implícita no texto constitucional. Outros explicitam as valorações políticas fundamentais do constituinte, formando *o cerne político* da Constituição, a exemplo dos *princípios definidores da forma de Estado*. Também há *princípios diretivos fundamentais* ou normas programáticas, que impõem ao Estado, notadamente ao legislador, a realização de fins e a execução de tarefas[15]. Por fim, há os *princípios-garantia*, que apresentam uma maior densidade normativa e visam instituir uma *garantia* individual direta aos cidadãos[16]. É o caso do princípio da legalidade (CF, art. 5º, II: "ninguém será obrigado a fazer ou deixar de fazer alguma coisa senão em virtude de lei") e dos princípios constitucionais tributários.

Dessa forma, deve-se ter presente que os princípios constitucionais tributários estabelecem garantias individuais aos cidadãos. Isso equivale a dizer que apresentam uma *ação imediata* mais evidente, uma vez que podem ser aplicados diretamente enquanto norma de solução de um caso concreto, implicando a inconstitucionalidade de disposições legais em sentido contrário[17]. Além disso, deles decorrem direitos subjetivos aos cidadãos e correspondentes deveres jurídicos ao Estado, fazendo com que desempenhem uma função de defesa da pessoa humana e sua dignidade perante o poder público[18], que são premissas do Estado Democrático de Direito[19]. Embora alguns princípios apresentem uma *textura aberta*, o grau de indeterminação de seus enunciados é menor, não comportando – ou comportando em grau reduzido – juízos de ponderação ou de relativização. É necessário, porém, que exista um espaço legítimo destacado pelo texto consti-

---

[15] CANOTILHO, José Joaquim Gomes. *Direito constitucional*. 6. ed. Coimbra: Almedina, 1996. p. 1165 e ss. O autor denomina essas três classes de princípios, respectivamente: princípios jurídicos fundamentais; *princípios políticos constitucionalmente conformadores; e princípios constitucionais impositivos*.

[16] CANOTILHO, José Joaquim Gomes. *Direito constitucional*. 6. ed. Coimbra: Almedina, 1996. p. 1167. Canotilho, na 7ª edição de *Direito constitucional e teoria da constituição*, afirma que: "É-lhes atribuída uma densidade de autêntica norma jurídica e uma forma determinante, positiva e negativa. [...] Como se disse, estes princípios traduzem-se no estabelecimento directo de garantias para os cidadãos e daí que os autores lhes chamem 'princípios em forma de norma jurídica' (Larenz) e considerem o legislador estreitamente vinculado na sua aplicação". A esse propósito, cumpre acrescentar que, na teoria de Karl Larenz, esses *princípios* são caracterizados por permitirem obter diretamente resoluções de um caso particular. O autor alemão os diferencia dos *princípios abertos*, ressaltando, contudo, que: "A distinção não deve, porém, ser entendida no sentido de uma separação rígida; as fronteiras entre os princípios 'abertos' e os princípios 'com forma de proposição jurídica' é antes fluida. Não pode indicar-se com exatidão o ponto a partir do qual o princípio está já tão amplamente concretizado que pode ser considerado como princípio com a forma de proposição jurídica" (LARENZ, Karl. *Metodologia da ciência do direito*. 2. ed. Lisboa: Fundação Calouste Gulbenkian, 1989. p. 584).

[17] **"Aplicabilidade direta** significa, desde logo, nesta sede – direitos, liberdades e garantias – a rejeição da 'ideia criacionista' conducente ao desprezo dos direitos fundamentais enquanto não forem positivados a nível legal [...] Significa também que eles *valem diretamente contra a lei*, quando esta estabelece restrições em desconformidade com a constituição" (CANOTILHO, José Joaquim Gomes. *Direito constitucional e teoria da Constituição*. 7. ed. Coimbra: Almedina, 2003. p. 1178-1179).

[18] CANOTILHO, José Joaquim Gomes. *Direito constitucional e teoria da Constituição*. 7. ed. Coimbra: Almedina, 2003. p. 401-407. Ver ainda as lições do autor português (*Ibid.*) nas páginas 100 e ss.

[19] Segundo Peter Häberle, as pessoas e sua dignidade humana são premissas antropológicas e culturais do Estado constitucional democrático: "El Estado no es – como postulara, de buen grado, una tradición monárquica conservadora – algo primario y natural con lo que la Constitución (más o menos conformada) se relaciona. En el Estado constitucional democrático, los ciudadanos y las personas, su dignidad humana, son la 'premisa antropológica y cultural'. Ellos mismos se 'dan' la Constitución [...]" (HÄBERLE, Peter. El estado constitucional europeo. *Cuestiones Constitucionales. Revista Mexicana de Derecho Constitucional*, n. 2, p. 88, jan./jun. 2000).

146 | CURSO DE DIREITO TRIBUTÁRIO – *Solon Sehn*

tucional, porque, do contrário, a flexibilização de um princípio constitucional tributário será inválida, implicando uma negativa de vigência a uma garantia constitucional.

1.3.2 Intangibilidade

Os princípios constitucionais tributários, como garantias individuais, constituem cláusulas pétreas do texto constitucional (art. 60, § 4º, IV). Foi o que entendeu o STF no julgamento da ADI 939, ao declarar a inconstitucionalidade da Emenda 03/1993, que instituiu o Imposto Provisório sobre Movimentação Financeira (IPMF) sem respeitar o princípio da anterioridade previsto no art. 150, III, "b", da Constituição[20].

1.3.3 Não taxatividade

Os princípios tributários previstos no texto constitucional não têm caráter taxativo, o que decorre do *caput* do art. 150 ("sem prejuízo de outras garantias asseguradas ao contribuinte [...]") e do § 2º do art. 5º ("os direitos e garantias expressos nesta Constituição não excluem outros decorrentes do regime e dos princípios por ela adotados, ou dos tratados internacionais em que a República Federativa do Brasil seja parte"). Essa previsão é especialmente relevante nos tributos incidentes sobre o comércio exterior, que apresentam um regime jurídico singular, marcado pela necessidade de observância não apenas do texto constitucional, mas dos princípios e das regras decorrentes dos tratados e acordos internacionais firmados pelo Estado brasileiro. É o caso, *v.g.*, do Gatt 1994 (*General Agreement on Tariffs and Trade*), que estabelece os princípios ou cláusulas da nação mais favorecida e do tratamento nacional[21].

No presente capítulo, serão estudados os princípios da legalidade tributária, da irretroatividade, da anterioridade, da capacidade contributiva, da vedação ao confisco e da isonomia, assim como os princípios específicos do imposto de renda (generalidade, universalidade e progressividade), a progressividade do ITR, das contribuições previdenciárias, do IPTU e do ITCMD, a seletividade do IPI e do ICMS e o princípio da não cumulatividade do IPI, do ICMS, do PIS/Pasep e da Cofins, da CBS e do IBS.

2 PRINCÍPIO DA LEGALIDADE TRIBUTÁRIA

2.1 Reserva de lei e primazia da lei tributária

O princípio constitucional da legalidade tributária está previsto no art. 150, I, da Constituição Federal. Trata-se de uma garantia individual inerente ao Estado Democrático de Direito, cláusula pétrea do texto constitucional (art. 60, § 4º, IV), presente em praticamente todas as ordens jurídicas civilizadas[22], desde antes da Magna Carta imposta pelos barões ingleses ao Rei

---

[20] STF, Tribunal Pleno, ADI 939, Rel. Min. Sydney Sanches, *DJ* 18.03.1994: "2. A Emenda Constitucional 3, de 17.03.1993, que, no art. 2º, autorizou a União a instituir o I.P.M.F., incidiu em vício de inconstitucionalidade, ao dispor, no parágrafo 2º desse dispositivo, que, quanto a tal tributo, não se aplica 'o art. 150, III, 'b' e VI', da Constituição, porque, desse modo, violou os seguintes princípios e normas imutáveis (somente eles, não outros): 1. o princípio da anterioridade, que é garantia individual do contribuinte (art. 5º, par. 2º, art. 60, par. 4º, inciso IV, e art. 150, III, 'b' da Constituição); [...]".

[21] Capítulo I, item 1, da Parte Especial.

[22] De acordo com amplo estudo realizado por Victor Uckmar (UCKMAR, Victor. *Princípios comuns do direito constitucional tributário*. Trad. Marco Aurelio Greco. 2. ed. São Paulo: Malheiros, 1999. p. 34-39), das Constituições consultadas pelo autor, todas continham consagração expressa do princípio da legalidade tributária. Os países foram os seguintes: Albânia (1946), Argentina (1994), Áustria (1929), Bélgica (1831), Bolívia (1967), Brasil (1988), Bulgária (1947), Tchecoslováquia (1948), Chile (1981), China (1982), Colômbia (1991), Costa Rica (1871), Dinamarca (1915), Equador (1998), França (1958), Alemanha (1949), Japão (1946), Jordânia (1952), Grécia (1986), Haiti (1935), Honduras (1936), Irlanda (1937), Islândia (1944), Itália (1947), Iugoslávia (1946),

Parte Geral • Capítulo V • PRINCÍPIOS CONSTITUCIONAIS TRIBUTÁRIOS | **147**

João-Sem-Terra[23]. Dele decorre a *reserva de lei*, também denominada *reserva de parlamento* ou *reserva legal*, que, por sua vez, implica duas consequências jurídicas relevantes: a exclusão ou proibição *ratione materiae* do emprego de fontes formais distintas da lei[24]; e o dever de regular a matéria submetida à reserva legal por inteiro[25]. Assim, ao consagrar o princípio da legalidade tributária, a Constituição, de um lado, veda a instituição de tributos por fontes formais distintas de lei, notadamente os decretos regulamentares e os atos normativos de autoridades de hierarquia inferior na administração pública. Estes são subordinados e dependentes de lei (art. 84, IV; art. 87, parágrafo único, II; ADCT, art. 25, I)[26]. De outro, impõe ao legislador o dever de instituir o tributo de maneira completa, isto é, sem delegar a tarefa a fontes normativas subsidiárias. Portanto, a lei deve descrever os pressupostos fáticos de incidência (*hipótese de incidência* ou, na terminologia do CTN, *fato gerador*), determinar a consequência jurídica, definindo quem são os sujeitos ativo e passivo da obrigação tributária e os elementos necessários à determinação do valor devido (base de cálculo e alíquota).

Destarte, como destaca Riccardo Guastini, a reserva legal constitui não apenas uma limitação à regulação da matéria por meio de outras fontes formais, mas, paradoxalmente, também uma restrição constitucional dirigida ao próprio legislador. Esse, continua o professor italiano, "pode decidir não regular a matéria, mas se decide regulá-la deverá fazê-lo completamente e não pode delegar a regulação a fontes subordinadas (regulamentos do Executivo)"[27]. É por isso que, no âmbito do direito tributário, Alberto Xavier ensina que deve existir uma predeterminação legislativa do critério de decisão concreta do aplicador, o que se manifesta por meio das seguintes exigências: (*i*) *princípio da seleção*: a lei não pode empregar conceitos ou cláusulas

---

Líbia (1951), Liechtenstein (1921), Luxemburgo (1868), México (1917), Mônaco (1911), Nicarágua (1939), Noruega (1814), Holanda (1983), Paraguai (1992), Peru (1993), Portugal (1992), Rússia (1993), Síria (1950), Espanha (1978), Estados Unidos (1777), Suécia (1974), Turquia (1924), Uruguai (1996), Vanuatu (1988) e Venezuela (1961).

[23] Geralmente, atribui-se à *Magna Carta* a primeira afirmação do princípio. Contudo, como ensina Victor Uckmar, a sua origem remonta à época anterior. Sobre o histórico do princípio da legalidade, cf.: UCKMAR, Victor. *Princípios comuns do direito constitucional tributário*. Trad. Marco Aurelio Greco. 2. ed. São Paulo: Malheiros, 1999. p. 21-30).

[24] VAZ, Manoel Afonso. *Lei e reserva de lei*: a causa da lei na Constituição portuguesa de 1976. Porto: Universidade Católica Lusitana, 1992. p. 389-391; MONCADA, Luís Cabral de. *A reserva de lei no atual direito público alemão*. Lisboa: Universidade Lusíada, 1992. p. 9 e ss.

[25] CANOTILHO, José Joaquim Gomes. *Direito constitucional e teoria da Constituição*. 7. ed. Coimbra: Almedina, 2003. p. 724 e ss.; TIPKE, Klaus; LANG, Joachim. *Direito tributário (Steuerrecht)*. Porto Alegre: Fabris, 2008. v. I, p. 236 e ss.

[26] Ver Capítulo I, item 4.7.4, da Parte Especial. Daí resulta, com o assinalava Celso Antônio Bandeira de Mello, uma vedação às delegações legislativas: "Considera-se que há delegação disfarçada e inconstitucional, efetuada fora do procedimento regular, toda vez que a lei remete ao Executivo a criação das regras que configuram o direito ou que geram a obrigação, o dever ou a restrição à liberdade. Isto sucede *quando fica deferido ao regulamento definir por si mesmo as condições ou requisitos necessários ao nascimento do direito material ou ao nascimento da obrigação, dever ou restrição*. Ocorre, mais evidentemente, quando a lei faculta ao regulamento determinar obrigações, deveres, limitações ou restrições que já não estejam previamente definidos e estabelecidos na própria lei"(BANDEIRA DE MELLO, Celso Antônio. *Curso de direito administrativo*. 18. ed. São Paulo: Malheiros, 2005. p. 320).

[27] Traduzimos. GUASTINI, Riccardo. *Estudios de teoría constitucional*. México: UNAM, 2001. p. 48: "Al disponer una reserva de ley, la Constitución evidentemente limita la competencia material de cualquier otra fuente, ya que, donde existe una reserva de ley, solo la ley puede regular la materia en cuestión. Paradójicamente, sin embargo, la reserva de ley – si bien se crea precisamente a favor de la ley – constituye una limitación también para el legislador. Esto sucede porque, cuando una materia está reservada a la ley, el legislador debe regular esa materia de modo completo. O mejor dicho, el legislador puede decidir no regular esa materia, pero si decide regularla deberá hacerlo él mismo completamente y no puede delegar la regulación a fuentes subordinadas (reglamentos del Ejecutivo)".

148 | CURSO DE DIREITO TRIBUTÁRIO – *Solon Sehn*

gerais abrangendo todas as situações tributáveis[28]; (*ii*) *princípio do numerus clausus*: entre as três formas de tipologia existentes (a exemplificativa, a taxativa e a delimitativa), o legislador sempre deve utilizar a *taxativa;*[29] e (*iii*) *princípio da determinação* ou da *tipicidade fechada*: os elementos integrantes do tipo legal devem ser tão precisos e determinados que acabem por impedir a apreciação subjetiva do aplicador[30].

Entretanto, a *reserva legal em matéria tributária* não é absoluta[31]. As medidas provisórias – atos normativos do Poder Executivo com força de lei – podem instituir ou aumentar tributos (art. 62, § 2º)[32], ressalvados os casos em que o texto constitucional exige lei complementar (art. 62, § 1º, III). Além disso, a Constituição prevê situações em que a alíquota de determinados impostos (art. 153, § 1º) e contribuições (art. 177, § 4º) pode ser alterada por decreto.

Ademais, a reserva lei não implica uma proibição total para a delegação ou para o exercício da competência regulamentar por parte do Poder Executivo. Há questões que, devido suas especificidades, não comportam uma disciplina legal exauriente, demandando – ou mesmo exigindo – uma concretização ou densificação normativa pela administração fazendária. Em situações dessa natureza, nada impede a regulamentação ou a delegação, desde que exista uma razão ou motivo sério que a justifique, e os pressupostos de incidência e as consequências jurídicas encontrem-se suficientemente definidos em lei. Em qualquer caso, devem ser observadas as exigências que decorrem dos arts. 84, IV, e 87, parágrafo único, II, da Constituição e do art. 25, I, do ADCT: (i) o *requisito da dependência*: deve existir uma lei regulamentada, que será o parâmetro material para o controle de eventual exorbitância do poder regulamentar; e (ii) o *requisito da subordinação*: o regulamento não pode inovar na ordem jurídica, criando, modificando ou a extinguindo direitos, deveres e obrigações não previstos em lei.

A atuação regulamentar justifica-se, por exemplo, quando a administração fazendária identifica a necessidade de compilação em um diploma único da legislação esparsa de um determinado tributo, tal como faz o Decreto 9.580/2018 (*Regulamento do Imposto de Renda e Proventos de Qualquer Natureza*), que consolida toda a extensa legislação aplicável a esse tributo[33]. A regulamentação também pode ser indispensável para a definição de procedimentos de tramitação administrativa, de prazos de apreciação, distribuição de atribuições, entre outras questões internas. É o caso, *v.g.*, da compensação de tributos prevista no art. 74 da Lei 9.430/1996, na redação da Lei 10.637/2002. Esse dispositivo assegura ao sujeito passivo que apurar crédito, inclusive os judiciais com trânsito em julgado, relativo a tributo administrado pela Secretaria da Receita Federal a compensação de débitos próprios da mesma natureza. No entanto, é a Instrução Normativa RFB 2.055/2021 que estabelece quais são os documentos necessários à comprovação do trânsito em julgado, define

---

[28] "Pelo contrário, os tributos devem constar de uma tipologia, uma seleção, pelo legislador, das realidades que pretende tributar, dentro do quadro mais vasto das que apresentam aptidão para tanto" (XAVIER, Alberto. *Tipicidade da tributação, simulação e norma antielisiva*. São Paulo: Dialética, 2001. p. 18).

[29] XAVIER, Alberto. *Tipicidade da tributação, simulação e norma antielisiva*. São Paulo: Dialética, 2001. p. 18-19.

[30] "Por outras palavras: exige a utilização de conceitos determinados, entendendo-se por estes (e tendo em vista a indeterminação imanente a todo conceito) aqueles que não afetem a segurança jurídica dos cidadãos, isto é, a sua capacidade de previsão objetiva dos seus direitos e deveres tributários" (XAVIER, Alberto. *Tipicidade da tributação, simulação e norma antielisiva*. São Paulo: Dialética, 2001. p. 18-19).

[31] A reserva legal estrita, hoje flexibilizada pelos Tribunais Constitucionais de diversos países, teve origem no constitucionalismo liberal. Como destaca Carlos Palao Taboada: "La tesis de una reserva estricta, es decir, excluyente de una remisión al reglamento, tiene en el Derecho público europeo una antigua tradición, que remonta a los tiempos del primer constitucionalismo, en el que la fórmula 'libertad y propiedad' delimitaba el objeto de la reserva de ley" (TABOADA, Carlos Palao. *Capacidad contributiva, no confiscatoriedad y otros estudios de derecho constitucional tributario*. Pamplona: Civitas-Thomson Reuters, 2018. p. 217).

[32] Ver Capítulo I, item 4.7.2, da Parte Geral.

[33] O Regulamento do Imposto de Renda tem, pelo menos, 3.000 enunciados prescritos, entre incisos, parágrafos e alíneas vinculados aos seus 1.050 artigos.

a competência interna para apreciação e, entre outras questões, disciplina os procedimentos e verificações que devem ser realizadas pelo Auditor-Fiscal ao apreciar o pedido[34].

A jurisprudência do STF tem reafirmado a *reserva legal* e a *reserva legal qualificada*, declarando a inconstitucionalidade da instituição de tributos por ato infralegal[35]. Contudo, tem entendido que não está abrangida pela reserva a previsão da *data do recolhimento* ou do *vencimento de obrigações tributárias*. Exige-se, porém, que a data definida pelo Poder Executivo seja posterior à ocorrência do fato jurídico tributário. Isso foi definido pelo STF no RE 598.677: "A antecipação, sem substituição tributária, do pagamento do ICMS para momento anterior à ocorrência do fato gerador necessita de lei em sentido estrito. A substituição tributária progressiva do ICMS reclama previsão em lei complementar federal" (Tema 456)[36]. Esse julgado confirmou a interpretação adotada em decisões anteriores à introdução da sistemática de precedentes vinculantes no Código de Processo Civil[37].

O Tribunal entende ainda que o Poder Executivo pode atualizar o valor de taxas previsto em lei pelos índices oficiais de inflação. Essa orientação foi firmada no RE 1.258.934: "A inconstitucionalidade de majoração excessiva de taxa tributária fixada em ato infralegal a partir de delegação legislativa defeituosa não conduz à invalidade do tributo nem impede que o Poder Executivo atualize os valores previamente fixados em lei de acordo com percentual não superior aos índices oficiais de correção monetária" (Tema 1.085)[38].

No mesmo sentido, em relação ao IPTU, a Corte entende que: "A majoração do valor venal dos imóveis para efeito da cobrança de IPTU não prescinde da edição de lei em sentido formal, exigência que somente se pode afastar quando a atualização não excede os índices inflacionários anuais de correção monetária" (Tema 211)[39]. Essa interpretação foi incorporada ao texto constitucional pela Emenda 132/2023 (Emenda da Reforma Tributária), no inciso III do § 1º do art. 156: "III – ter sua base de cálculo atualizada pelo Poder Executivo, conforme critérios estabelecidos em lei municipal"[40].

No tocante à delegação legislativa, o entendimento da Corte tem sido na seguinte linha:

(a) *Tema 1.084* – "Constitucionalidade da lei que delega à esfera administrativa, para efeito de cobrança do IPTU, a avaliação individualizada de imóvel não previsto na Planta Genérica de Valores (PGV) à época do lançamento do imposto"; Tese: "É cons-

---

[34] Parte da doutrina, na linha do que Carrazza, sustenta que a reserva legal compreende ainda a criação de deveres instrumentais, a regulamentação da época e forma do pagamento de tributos, a definição da competência administrativa dos órgãos responsáveis pelo lançamento e fiscalização, a descrição de infrações tributárias e a cominação das respectivas penalidades (CARRAZZA, Roque Antonio. *Curso de direito constitucional tributário*. 16. ed. São Paulo: Malheiros, 2001. p. 208 e 213-214). Concorda-se apenas com a parte relativa aos deveres instrumentais e às infrações e penalidades, que também estão sob reserva legal, em decorrência do princípio da legalidade geral previsto no art. 5º, II, da Constituição ("ninguém será obrigado a fazer ou deixar de fazer alguma coisa senão em virtude de lei").

[35] STF, Tribunal Pleno, ADI 1.709, Rel. Min. Maurício Corrêa, *DJ* 31.03.2000; STF, Tribunal Pleno, ARE 748.445 RG, Rel. Min. Ricardo Lewandowski, *DJe* 12.02.2014, Tema 692; STF, Tribunal Pleno, RE 648.245, Rel. Min. Gilmar Mendes, *DJe* 24.02.2014, Tema 211.

[36] STF, Tribunal Pleno, RE 598.677, Rel. Min. Dias Toffoli, *DJe* 05.05.2021.

[37] "Não se compreendendo no campo reservado à lei a definição de vencimento das obrigações tributárias, legítimo o Decreto 34.677/1992, que modificou a data de vencimento do ICMS. Improcedência da alegação no sentido de infringência ao princípio da anterioridade e da vedação de delegação legislativa" (STF, 1ª T., RE 182.971, Rel. Min. Ilmar Galvão, *DJ* 31.10.1997). Cf. ainda: STF, 1ª T., AI 339.528 AgR, Rel. Min. Ilmar Galvão, *DJ* 22.02.2002.

[38] STF, Tribunal Pleno, RE 1.258.934, Rel. Min. Dias Toffoli, *DJe* 28.04.2020.

[39] STF, Tribunal Pleno, RE 648.245, Rel. Min. Gilmar Mendes, *DJe* 24.02.2014. Redação da tese aprovada nos termos do item 2 da Ata da 12ª Sessão Administrativa do STF, realizada em 09.12.2015.

[40] Cap. V, item 2, da Parte Geral. Ver também Cap. III, item 1.1.2, da Parte Especial.

titucional a lei municipal que delega ao Poder Executivo a avaliação individualizada, para fins de cobrança do IPTU, de imóvel novo não previsto na Planta Genérica de Valores, desde que fixados em lei os critérios para a avaliação técnica e assegurado ao contribuinte o direito ao contraditório"[41];

(b) *Tema 554* – "Fixação de alíquota da contribuição ao SAT a partir de parâmetros estabelecidos por regulamentação do Conselho Nacional de Previdência Social"; Tese: "O Fator Acidentário de Prevenção (FAP), previsto no art. 10 da Lei 10.666/2003, nos moldes do regulamento promovido pelo Decreto 3.048/99 (RPS) atende ao princípio da legalidade tributária (art. 150, I, CRFB/88)". O Tribunal entendeu que não viola o texto constitucional a delegação para normatização secundária de aspectos relacionados à discricionariedade técnica, como conceitos de "atividade preponderante" e "grau de risco leve, médio e grave" na Contribuição para o custeio do Seguro de Acidente do Trabalho (SAT), desde que a lei instituidora do tributo descreva os seus elementos essenciais (antecedente e consequente da norma tributária)[42];

(c) *Tema 829* – "Validade da exigência da taxa para expedição da Anotação de Responsabilidade Técnica (ART), baseada na Lei 6.994/1982, que estabeleceu limites máximos para a ART"; tese: "Não viola a legalidade tributária a lei que, prescrevendo o teto, possibilita o ato normativo infralegal fixar o valor de taxa em proporção razoável com os custos da atuação estatal, valor esse que não pode ser atualizado por ato do próprio conselho de fiscalização em percentual superior aos índices de correção monetária legalmente previstos"[43];

(d) *Tema 540* – "Fixação de anuidade por conselhos de fiscalização profissional"); Tese: "É inconstitucional, por ofensa ao princípio da legalidade tributária, lei que delega aos conselhos de fiscalização de profissões regulamentadas a competência de fixar ou majorar, sem parâmetro legal, o valor das contribuições de interesse das categorias profissionais e econômicas, usualmente cobradas sob o título de anuidades, vedada, ademais, a atualização desse valor pelos conselhos em percentual superior aos índices legalmente previstos"[44];

(e) *Tema 891* – "Constitucionalidade da Taxa de Serviços Administrativos – TSA prevista no art. 1º da Lei 9.960/2000"; Tese: "É inconstitucional o art. 1º da Lei 9.960/2000, que instituiu a Taxa de Serviços Administrativos – TSA, por não definir de forma específica o fato gerador da exação"[45].

Por fim, mas não menos importante, cumpre ressaltar que o princípio da legalidade implica a *primazia* ou *prevalência da lei*. Dela decorre a proibição para a prática de atos contrários aos ditames legais e, ao mesmo tempo, a obrigatoriedade da adoção de medidas necessárias e adequadas ao seu cumprimento[46]. Isso compreende não apenas os agentes públicos, mas também os particulares[47]. A diferença é que, enquanto estes são livres fazer tudo o que não for proibido, aqueles apenas podem

---

[41]   STF, Tribunal Pleno, ARE 1.245.097, Rel. Min. Roberto Barroso, *DJe* 27.07.2023.
[42]   STF, Tribunal Pleno, RE 677.725, Rel. Min. Luiz Fux, *DJe* 16.12.2021.
[43]   STF, Tribunal Pleno, RE 838.284, Rel. Min. Dias Toffoli, *DJe* 22.09.2017.
[44]   STF, Tribunal Pleno, RE 704.292, Rel. Min. Dias Toffoli, *DJe* 03.08.2017.
[45]   STF, Tribunal Pleno, ARE 957.650 RG, Rel. Min. Teori Zavascki, *DJe* 16.05.2016.
[46]   CANOTILHO, José Joaquim Gomes. *Direito constitucional e teoria da Constituição*. 7. ed. Coimbra: Almedina, 2003. p. 256 e ss. e 721 e ss.
[47]   TIPKE, Klaus; LANG, Joachim. *Direito tributário (Steuerrecht)*. Porto Alegre: Fabris, 2008. v. I, p. 236.

Parte Geral • Capítulo V • PRINCÍPIOS CONSTITUCIONAIS TRIBUTÁRIOS | **151**

agir quando e na medida em que forem autorizados pela lei[48]. Dessa forma, nenhum tributo pode ser exigido sem a ocorrência dos pressupostos fáticos de incidência previstos em lei. Tampouco é lícito cobrá-lo de quem não é definido como sujeito passivo da obrigação tributária nem em valor diferente do que resulta dos parâmetros legais. Todos esses elementos – entre outros que podem ser previstos em lei (*v.g.*, acréscimos moratórios, atualização, forma de liquidação, local e data de pagamento) – são vinculantes para a administração fazendária. Servem, ademais, como parâmetro para o controle de validade das exigências fiscais no âmbito dos órgãos do contencioso administrativo e pelo Judiciário[49].

2.2 Reserva legal qualificada

A *reserva legal qualificada* é caracterizada quando o texto constitucional exige *lei complementar* para dispor sobre matérias relacionadas à tributação (art. 146), inclusive instituição e aumento de determinados tributos, como empréstimos compulsórios (art. 148), impostos residuais (art. 154, I) e novas fontes de custeio da seguridade social (art. 195, § 4º). Em tais hipóteses, é vedada a delegação e o emprego de outra fonte formal, inclusive medidas provisórias (art. 62, § 1º, III). Em razão disso, a jurisprudência do STF tem declarado a inconstitucionalidade formal da instituição de tributos por lei ordinária nas hipóteses em que o texto constitucional demanda lei complementar[50].

Outra hipótese de reserva legal qualificada é a exigência de *lei específica* para a concessão de subsídio ou isenção, redução de base de cálculo, crédito presumido, anistia ou remissão, prevista no art. 150, § 6º:

> Art. 150. [...]
>
> § 6º Qualquer subsídio ou isenção, redução de base de cálculo, concessão de crédito presumido, anistia ou remissão, relativos a impostos, taxas ou contribuições, só poderá ser concedido mediante lei específica, federal, estadual ou municipal, que regule exclusivamente as matérias acima enumeradas ou o correspondente tributo ou contribuição, sem prejuízo do disposto no art. 155, § 2º, XII, *g*. (Redação dada pela Emenda Constitucional nº 3, de 1993).

A jurisprudência do STF entende que esse dispositivo é aplicável aos convênios do Confaz (Conselho Nacional de Política Fazendária), que, na forma do art. 155, § 2º, XII, "g", e da Lei

---

[48] Como ensina Celso Antônio Bandeira de Mello, citando lição de Michel Stassinopoulos: "[...] além de não poder atuar *contra legem* ou *praeter legem*, a Administração só pode agir *secundum legis*" (BANDEIRA DE MELLO, Celso Antônio. *Curso de direito administrativo*. 18. ed. São Paulo: Malheiros, 2005. p. 92). Por isso, como ensina Kelsen, é "supérfluo proibir qualquer coisa a um órgão do Estado, pois basta não autorizá-lo a fazê-la" (Tradução nossa. KELSEN, Hans. *Teoría general del derecho y del Estado*. México: UNAM, 1959. p. 277: "[...] es superfluo prohibir cualquier cosa a un órgano del Estado, pues basta con non autorizarlo a hacerla"). No mesmo sentido, ressalta J. J Gomes Canotilho que: "*os órgãos do Estado só têm competência para fazer aquilo que a constituição lhes permite* (cfr. art. 114º/2)" (CANOTILHO, José Joaquim Gomes. *Direito constitucional e teoria da Constituição*. 7. ed. Coimbra: Almedina, 2003. p. 361).

[49] Como ensina Alberto Xavier, para a exigência de um tributo, o fato imponível apresentar uma *implicação intensiva* com o tipo legal, o que o saudoso mestre denomina *princípio do exclusivismo*: "O *princípio do exclusivismo* exprime que a conformação das situações jurídicas aos tipos legais tributários é não só absolutamente necessária como também suficiente à tributação. É o fenômeno que em lógica jurídica se denomina de "implicação intensiva" e que o art. 114 do Código Tributário Nacional descreve, com rara felicidade e rigor, ao definir o fato gerador da obrigação principal como a "situação definida em lei como necessária e suficiente à sua ocorrência" (XAVIER, Alberto. *Tipicidade da tributação, simulação e norma antielisiva*. São Paulo: Dialética, 2001. p. 19).

[50] STF, Tribunal Pleno, RE 595.838, Rel. Min. Dias Toffoli, *DJe* 08.10.2014, Tema 166; STF, Tribunal Pleno, RE 585.235 QO-RG, Rel. Min. Cezar Peluso, *DJe* 28.11.2008, Tema 110.

Complementar 24/1975, autorizam os Estados e o Distrito Federal a conceder isenções do ICMS. Dessa forma, a aprovação do Confaz não dispensa a necessidade de lei estadual específica para a concessão do benefício fiscal[51].

A partir de 2033, com a extinção do ICMS, o § 6º do art. 150 passará a apresentar a seguinte redação:

> § 6º Qualquer subsídio ou isenção, redução de base de cálculo, concessão de crédito presumido, anistia ou remissão, relativo a impostos, taxas ou contribuições, só poderá ser concedido mediante lei específica, federal, estadual ou municipal, que regule exclusivamente as matérias acima enumeradas ou o correspondente tributo ou contribuição.

Por fim, deve-se ter presente que o art. 150, § 6º, faz referência à necessidade de "*lei específica, federal, estadual ou municipal*", o que remete aos incentivos e isenções fiscais decorrentes do exercício da competência dos entes federativos no plano interno. Contudo, nas relações bilaterais e multilaterais no âmbito internacional, não há atuação da União, dos Estados-membros ou dos Municípios, mas da República Federativa do Brasil como Estado-total[52]. Daí resulta a inaplicabilidade da exigência de lei específica federal às desonerações fiscais decorrentes de tratados internacionais. Esses, tão logo incorporados à ordem jurídica, são válidos independentemente de lei específica. Do contrário, o art. 150, § 6º, anularia a competência prevista no art. 21, I, da Lei Maior.

2.3 Exceções constitucionais

2.3.1 Impostos regulatórios

Como ressaltado anteriormente, a Constituição estabelece exceções à reserva legal. A primeira delas, prevista no art. 153, § 1º, abrange o IPI, o IOF e os impostos de importação e de exportação:

> Art. 153. Compete à União instituir impostos sobre:
> I – importação de produtos estrangeiros;
> II – exportação, para o exterior, de produtos nacionais ou nacionalizados;
> [...]
> IV – produtos industrializados;
> V – operações de crédito, câmbio e seguro, ou relativas a títulos ou valores mobiliários[53];
> [...]
> § 1º É facultado ao Poder Executivo, atendidas as condições e os limites estabelecidos em lei, alterar as alíquotas dos impostos enumerados nos incisos I, II, IV e V.

---

[51] "Os convênios CONFAZ têm natureza meramente autorizativa ao que imprescindível a submissão do ato normativo que veicule quaisquer benefícios e incentivos fiscais à apreciação da Casa Legislativa. A exigência de submissão do convênio à Câmara Legislativa do Distrito Federal evidencia observância não apenas ao princípio da legalidade tributária, quando é exigida lei específica, mas também à transparência fiscal que, por sua vez, é pressuposto para o exercício de controle fiscal-orçamentário dos incentivos fiscais de ICMS" (STF, Tribunal Pleno, ADI 5.929, Rel. Min. Edson Fachin, *DJe* 06.03.2020). No mesmo sentido: STF, 1ª T., RE 630.705 AgR, Rel. Min. Dias Toffoli, *DJe* 13.02.2012.

[52] "[...] No direito internacional apenas a República Federativa do Brasil tem competência para firmar tratados (art. 52, § 2º, da Constituição da República), dela não dispondo a União, os Estados-membros ou os Municípios" (STF, Tribunal Pleno, RE 229.096, Rel. p/ Acórdão Min. Cármen Lúcia, *DJe*-065 11.04.2008).

[53] De acordo com os arts. 3º e 23, I, da Emenda 132/2023, a partir de 2027, o inciso V do art. 153 da Constituição passará a ter a seguinte redação: "V – operações de crédito e câmbio, ou relativas a títulos ou valores mobiliários; [...]".

Parte Geral • Capítulo V • PRINCÍPIOS CONSTITUCIONAIS TRIBUTÁRIOS | **153**

Assim, o Poder Executivo pode alterar a alíquota desses impostos dentro dos limites máximos e mínimos previstos em lei[54]. Essa previsão resulta da natureza extrafiscal ou regulatória dos impostos sobre o comércio exterior e do IOF, que, em determinadas situações, também pode estar presente no IPI. Dessa forma, mediante modulação das alíquotas, esses tributos podem ser utilizados como instrumento de incentivo ou de desestímulo para comportamentos, permitindo – dependendo das características do imposto – a realização de políticas cambial, monetária, de comércio exterior ou de desenvolvimento econômico definidas pelo Governo Federal. Trata-se de prerrogativa restrita à definição das alíquotas. Não foram recepcionados pela Constituição Federal os arts. 21[55], 26[56] e 65[57] do CTN, que autorizavam o Poder Executivo a alterar as bases de cálculo do II, IE e IOF.

Ressalte-se que, nos impostos sobre a importação e a exportação, a competência para a definição das alíquotas foi delegada para a Câmara de Comércio Exterior (Camex), órgão integrante do Conselho de Governo da Presidência da República, o que foi considerado constitucional pelo STF no RE 570.680: "É compatível com a Constituição Federal a norma infraconstitucional que atribui a órgão integrante do Poder Executivo da União a faculdade de alterar as alíquotas do Imposto de Exportação" (Tema 53). A *ratio decidendi* desse precedente também é aplicável ao imposto de importação[58].

2.3.2 Contribuição interventiva do § 4º do art. 177

Outra exceção à reserva legal foi introduzida pela Emenda 33/2001, sendo aplicável à contribuição de intervenção do domínio econômico prevista no art. 177, § 4º:

> Art. 177. [...]
>
> § 4º A lei que instituir contribuição de intervenção no domínio econômico relativa às atividades de importação ou comercialização de petróleo e seus derivados, gás natural e seus derivados e álcool combustível deverá atender aos seguintes requisitos: (Incluído pela Emenda Constitucional nº 33, de 2001)
>
> I – a alíquota da contribuição poderá ser: (Incluído pela Emenda Constitucional nº 33, de 2001)
>
> [...]
>
> b) reduzida e restabelecida por ato do Poder Executivo, não se lhe aplicando o disposto no art. 150, III, *b*;

Essa disposição poderia ter a sua constitucionalidade questionada, já que o princípio da legalidade tributária tem natureza de cláusula pétrea do texto constitucional (art. 60, § 4º, IV). Entretanto, a previsão da Emenda 33/2001 não parece caracterizar uma iniciativa *tendente a abolir* a garantia individual. O art. 177, § 4º, I, "b", autoriza a redução e o restabelecimento das alíquotas previstas em lei. É do legislador a decisão sobre a alíquota do tributo, de sorte que não há supressão da *primazia da lei*. Ademais, a redução da alíquota acarreta um impacto menor da

---

[54] É por isso que, para parte da doutrina, na linha de Roque Carrazza, *as exceções seriam apenas aparentes*, uma vez que o Poder Executivo não pode criar as alíquotas aplicáveis ao imposto, mas apenas alterá-las dentro dos limites legais (CARRAZZA, Roque Antonio. *Curso de direito constitucional tributário*. 16. ed. São Paulo: Malheiros, 2001. p. 259).

[55] "Art. 21. O Poder Executivo pode, nas condições e nos limites estabelecidos em lei, alterar as alíquotas ou as bases de cálculo do imposto, a fim de ajustá-lo aos objetivos da política cambial e do comércio exterior."

[56] "Art. 26. O Poder Executivo pode, nas condições e nos limites estabelecidos em lei, alterar as alíquotas ou as bases de cálculo do imposto, a fim de ajustá-los aos objetivos da política cambial e do comércio exterior."

[57] "Art. 65. O Poder Executivo pode, nas condições e nos limites estabelecidos em lei, alterar as alíquotas ou as bases de cálculo do imposto, a fim de ajustá-lo aos objetivos da política monetária."

[58] STF, Tribunal Pleno, RE 570.680, Rel. Min. Gilmar Mendes, *DJe* 04.12.2009. Redação da tese aprovada nos termos do item 2 da Ata da 12ª Sessão Administrativa do STF, realizada em 09.12.2015.

154 | CURSO DE DIREITO TRIBUTÁRIO – *Solon Sehn*

carga tributária na esfera patrimonial do sujeito passivo, sendo o aumento nada mais do que um restabelecimento da alíquota instituída por lei dentro dos parâmetros constitucionais. Tanto é assim que a declaração da inconstitucionalidade da Emenda 33/2001 em nada aproveitaria ao contribuinte. A invalidação do art. 177, § 4º, I, "b", apenas submeteria o sujeito passivo à alíquota máxima prevista em lei, inclusive com efeitos *ex tunc*.

2.3.3   Legalidade e tributos extrafiscais

No julgamento do ADI 5.277[59], a Suprema Corte declarou a constitucionalidade dos § 8º do art. 5º da Lei 9.718/1998. Esse preceito autoriza o Poder Executivo a reduzir e a restabelecer as alíquotas das Contribuições ao PIS/Pasep e da Cofins sobre a receita bruta auferida na venda de álcool, inclusive para fins carburantes[60]. O mesmo ocorreu no RE 1.043.313[61], em que se discutia a constitucionalidade de previsão similar, aplicável ao PIS/Pasep e à Cofins incidentes na importação (§ 2º do art. 27 da Lei 10.865/2004)[62]. Nesses julgados, o STF entendeu que o legislador infraconstitucional pode estabelecer disposição análoga à prevista no art. 177, § 4º, I, "b", da Constituição, desde que "[...] o valor máximo dessas exações e as condições a serem observadas sejam prescritos em lei em sentido estrito, bem como exista em tais tributos função extrafiscal a ser desenvolvida pelo regulamento autorizado"[63].

A decisão não parece ter apreciado a questão de forma apropriada. Em primeiro lugar, porque, na Constituição Federal de 1988, a flexibilização da garantia da legalidade foi admitida apenas em relação ao IPI, II, IE, IOF (art. 153, § 1º) e, desde a Emenda 33/2001, à contribuição de intervenção do domínio econômico prevista no § 4º do art. 177. A ampliação dessas exceções demanda a aprovação de uma emenda constitucional. Em segundo lugar, porque a Constituição não dispensa a legalidade quando o poder público disciplina a conduta diretamente (art. 5º, II), ou seja, define o comportamento como proibido, permitido ou obrigatório em uma lei. Logo, não há razões para ser diferente quando isso ocorre indiretamente, por meio de tributos

---

[59]   STF, Tribunal Pleno, ADI 5.277/DF, Rel. Min. Dias Toffoli, *DJe* 25.03.2021.

[60]   "Art. 5º A Contribuição para o PIS/Pasep e a Cofins incidentes sobre a receita bruta auferida na venda de álcool, inclusive para fins carburantes, serão calculadas com base nas alíquotas, respectivamente, de: (Redação dada pela Lei 11.727, de 2008)
I – 1,5% (um inteiro e cinco décimos por cento) e 6,9% (seis inteiros e nove décimos por cento), no caso de produtor ou importador; e (Redação dada pela Lei 11.727, de 2008)
II – 3,75% (três inteiros e setenta e cinco centésimos por cento) e 17,25% (dezessete inteiros e vinte e cinco centésimos por cento), no caso de distribuidor. (Redação dada pela Lei 11.727, de 2008)
[...]
§ 8º Fica o Poder Executivo autorizado a fixar coeficientes para redução das alíquotas previstas no *caput* e no § 4º deste artigo, as quais poderão ser alteradas, para mais ou para menos, em relação a classe de produtores, produtos ou sua utilização. (Incluído pela Lei 11.727, de 2008)"

[61]   STF, Tribunal Pleno, RE 1.043.313, Rel. Min. Dias Toffoli, *DJe* 21.03.2020. Nesse julgamento foi fixada a seguinte tese de repercussão geral: "É constitucional a flexibilização da legalidade tributária constante do § 2º do art. 27 da Lei 10.865/04, no que permitiu ao Poder Executivo, prevendo as condições e fixando os tetos, reduzir e restabelecer as alíquotas da contribuição ao PIS e da COFINS incidentes sobre as receitas financeiras auferidas por pessoas jurídicas sujeitas ao regime não cumulativo, estando presente o desenvolvimento de função extrafiscal" (Tema 939).

[62]   "Art. 27. [...] § 2º O Poder Executivo poderá, também, reduzir e restabelecer, até os percentuais de que tratam os incisos I e II do *caput* do art. 8º desta Lei, as alíquotas da contribuição para o PIS/PASEP e da COFINS incidentes sobre as receitas financeiras auferidas pelas pessoas jurídicas sujeitas ao regime de não-cumulatividade das referidas contribuições, nas hipóteses que fixar."

[63]   Esse fundamento consta no item 2 da ementa de ambos os julgados. Essas decisões foram recebidas com espanto pela doutrina. Os Professores Luís Eduardo Schoueri, Diogo Olm Ferreira e Victor Lyra Guimarães Luz escreveram um livro para demonstrar o seu desacerto (SCHOUERI, Luís Eduardo; FERREIRA, Diogo Olm; LUZ, Victor Lyra Guimarães. *Legalidade tributária e o Supremo Tribunal Federal*: uma análise sob a ótica do RE n. 1.043.313 e da ADI n. 5.277. São Paulo: IBDT, 2021).

Parte Geral · Capítulo V · PRINCÍPIOS CONSTITUCIONAIS TRIBUTÁRIOS | **155**

regulatórios ou extrafiscais. Em terceiro lugar, porque considera a extrafiscalidade um fim em si mesmo, suficiente para afastar uma garantia individual independentemente da vinculação a um valor constitucional específico e, o que se mostra ainda mais preocupante, sem a demonstração da *adequação, necessidade e proporcionalidade em sentido estrito da medida*[64].

No Estado Democrático de Direito, as restrições a garantias constitucionais, mesmo em juízo de ponderação, apenas são justificáveis quando razoáveis e proporcionais e, ainda assim, em casos de colisão com outros princípios fundamentais[65]. A própria tributação extrafiscal tem caráter instrumental. Por isso, requer uma justificação específica, por meio da existência de uma vinculação com a realização de um valor constitucional reconhecido e da observância do princípio da proporcionalidade ou da proibição de excesso. Esses aspectos não foram considerados no exame da constitucionalidade do § 2º do art. 27 da Lei 10.865/2004, resultando em uma flexibilização indevida de uma garantia individual.

É de se lamentar que o STF tenha decidido nesse sentido. Não há nada no texto constitucional que autorize, direta ou indiretamente, a atribuição de um efeito derrogatório ou de relativização de garantias individuais aos tributos extrafiscais. A obtenção de recursos financeiros para o custeio das necessidades públicas (finalidade fiscal) é tão ou mais relevante que a simples motivação de comportamentos de contribuintes de tributos por meio de exações regulatórias ou econômicas (finalidade extrafiscal). Sem a receita de tributos, não é viável a obtenção de recursos para o custeio dos direitos e das prestações positivas impostas ao Estado pela Constituição. Contudo, é perfeitamente possível – e talvez até mais eficaz – atingir as mesmas finalidades regulatórias ou econômicas dos tributos extrafiscais por meio das leis em geral, isto é, de enunciados prescritivos sem caráter tributário. A proteção do meio ambiente, por exemplo, pode ser garantida com a exigência de licenciamento ambiental prévio ou, entre outras hipóteses, com restrições legais ao exercício de atividades com potencial lesivo ou com medidas sancionatórias. Mas apenas os tributos podem proporcionar recursos para o pagamento da remuneração de servidores públicos, para o custeio de um hospital ou de uma escola pública ou para a construção de uma obra de infraestrutura, entre outras atividades semelhantes. Enfim, a finalidade extrafiscal ou regulatória não representa nada extraordinário ou especial capaz de justificar a flexibilização de garantias constitucionais.

3 PRINCÍPIO DA IRRETROATIVIDADE TRIBUTÁRIA

3.1 Irretroatividade e retroatividade benigna

O princípio da irretroatividade é derivação do princípio geral da segurança jurídica[66]. O seu conteúdo jurídico deve ser determinado a partir do inciso XXXVI do art. 5º (*"a lei não prejudicará o direito adquirido, o ato jurídico perfeito e a coisa julgada"*[67]) e do art. 150, III, "a", da Constituição

---

64   Ver item 5.6 e Capítulo III, item 6, da Parte Geral.

65   No STF, o Ministro Celso de Mello, relator da ADIn 1.158-8, sintetizou o entendimento da Corte acerca do princípio da proporcionalidade: "[...] Todos sabemos que a cláusula do devido processo legal – objeto de expressa proclamação pelo art. 5º, LIV, da Constituição – deve ser entendida, na abrangência de sua noção conceitual, não só no aspecto meramente formal, que impõe restrições de caráter ritual à atuação do Poder Público, mas, sobretudo, em sua dimensão material, que atua como decisivo obstáculo à edição de atos legislativos de conteúdo arbitrário ou irrazoável [...] A essência do substantive *due process of law* reside na necessidade de proteger os direitos e as liberdades das pessoas contra qualquer modalidade de legislação que se revele opressiva ou, como no caso, destituída do necessário coeficiente de razoabilidade".

66   CANOTILHO, José Joaquim Gomes. *Direito constitucional e teoria da Constituição*. 7. ed. Coimbra: Almedina, 2003. p. 257. Sobre o tema, cf. ainda: BARROSO, Luís Roberto. *Interpretação e aplicação da Constituição*: fundamentos de uma dogmática constitucional transformadora. São Paulo: Saraiva, 1996. p. 50 e ss.; CARRAZZA, Roque Antonio. *Curso de direito constitucional tributário*. 16. ed. São Paulo: Malheiros, 2001. p. 317 e ss.

67   A Lei de Introdução às Normas do Direito Brasileiro (LINDB), antiga Lei de Introdução ao Código Civil Brasileiro (Decreto-lei 4.652/1942, com nova denominação decorrente da Lei 12.376/2010), define *ato jurídico perfeito, direitos adquiridos* e *coisa julgada* nos seguintes termos:

156 | CURSO DE DIREITO TRIBUTÁRIO – *Solon Sehn*

Federal, que veda a cobrança de tributos "*em relação a fatos geradores ocorridos antes do início da vigência da lei que os houver instituído ou aumentado*". Trata-se de um direito fundamental do cidadão em face do poder público, uma garantia de proteção que, por isso mesmo, não impede a retroatividade em benefício do particular[68]. Não cabe a invocação do princípio por parte do Estado, especialmente o ente que editou a lei, como reconhece a jurisprudência do STF (Súmula 654: "A garantia da irretroatividade da lei, prevista no art. 5º, XXXVI, da CF, não é invocável pela entidade estatal que a tenha editado"). Um agente administrativo inconformado com o teor de novas disposições legais em benefício do contribuinte não pode deixar de aplicá-las, sob o pretexto de estar cumprindo o princípio da irretroatividade.

No direito tributário, o art. 106 do CTN estabelece algumas hipóteses de retroatividade benigna:

> Art. 106. A lei aplica-se a ato ou fato pretérito:
>
> I – em qualquer caso, quando seja expressamente interpretativa, excluída a aplicação de penalidade à infração dos dispositivos interpretados;
>
> II – tratando-se de ato não definitivamente julgado:
>
> a) quando deixe de defini-lo como infração;
>
> b) quando deixe de tratá-lo como contrário a qualquer exigência de ação ou omissão, desde que não tenha sido fraudulento e não tenha implicado em falta de pagamento de tributo;
>
> c) quando lhe comine penalidade menos severa que a prevista na lei vigente ao tempo da sua prática.

Entre as hipóteses previstas no art. 106 do CTN, a mais controversa é a da *lei expressamente interpretativa*, que veicula a chamada *interpretação autêntica* do legislador. Na ADI 605 MC, o STF entendeu que as leis interpretativas não são inconstitucionais, podendo retroagir desde que não afetem o *status libertatis* da pessoa (CF, art. 5º, XL), o *status subjectionis* do contribuinte em matéria tributária (CF, art. 150, III, "*a*") e a segurança jurídica no domínio das relações sociais (CF, art. 5º, XXXVI)[69]. Essa exegese foi ratificada no julgamento do RE 566.621. Nesse recurso,

---

"*Art. 6º A Lei em vigor terá efeito imediato e geral, respeitados o ato jurídico perfeito, o direito adquirido e a coisa julgada. (Redação dada pela Lei 3.238, de 1957)*

§ 1º Reputa-se ato jurídico perfeito o já consumado segundo a lei vigente ao tempo em que se efetuou. (Incluído pela Lei 3.238, de 1957)

§ 2º Consideram-se adquiridos assim os direitos que o seu titular, ou alguém por ele, possa exercer, como aqueles cujo começo do exercício tenha termo pré-fixo, ou condição pré-estabelecida inalterável, a arbítrio de outrem. (Incluído pela Lei 3.238, de 1957)

§ 3º Chama-se coisa julgada ou caso julgado a decisão judicial de que já não caiba recurso. (Incluído pela Lei 3.238, de 1957)".

[68] "O princípio insculpido no inciso XXXVI do art. 5º da Constituição (garantia do direito adquirido) não impede a edição, pelo Estado, de norma retroativa (lei ou decreto) em benefício do particular" (STF, 1ª T., RE 184.099, Rel. Min. Octavio Gallotti, *DJ* 18.04.1997).

[69] "Ação direta de inconstitucionalidade. Medida provisória de caráter interpretativo. Leis interpretativas. A questão da interpretação de leis de conversão por medida provisória. Princípio da irretroatividade. Caráter relativo. Leis interpretativas e aplicação retroativa. Reiteração de medida provisória sobre matéria apreciada e rejeitada pelo congresso nacional. Plausibilidade jurídica. Ausência do *periculum in mora*. Indeferimento da cautelar. É plausível, em face do ordenamento constitucional brasileiro, o reconhecimento da admissibilidade das leis interpretativas, que configuram instrumento juridicamente idôneo de veiculação da denominada interpretação autêntica. As leis interpretativas – desde que reconhecida a sua existência em nosso sistema de direito positivo – não traduzem usurpação das atribuições institucionais do Judiciário e, em consequência, não ofendem o postulado fundamental da divisão funcional do poder. Mesmo as leis interpretativas expõem-se ao exame e à interpretação dos juízes e tribunais. Não se revelam, assim, espécies normativas imunes ao controle jurisdicional. A questão da interpretação de leis de conversão por medida provisória editada pelo Presidente da República. O princípio da irretroatividade somente condiciona a atividade jurí-

Parte Geral • Capítulo V • PRINCÍPIOS CONSTITUCIONAIS TRIBUTÁRIOS | 157

o Tribunal observou que deve ser considerada *lei nova* aquela que afasta uma interpretação consolidada na jurisprudência. Em razão disso, declarou inconstitucional a aplicação retroativa da interpretação autêntica da Lei Complementar 118/2005, que estabelecia um termo inicial do prazo decadencial diferente da orientação jurisprudencial[70].

Ressalte-se que, de acordo com a jurisprudência do STJ, a retroatividade benigna aplica-se à multa pelo descumprimento de deveres formais ou instrumentais, isto é, das prestações positivas ou negativas estabelecidas no interesse da fiscalização ("obrigações acessórias")[71]. Além disso, a expressão "ato não definitivamente julgado" (CTN, art. 106, II) abrange a execução fiscal na qual não foram ultimados os atos de satisfação do débito[72].

3.2 Lei vigente na data do evento imponível

A lei aplicável é sempre a vigente no momento da ocorrência do evento imponível (fato gerador). É em função dela que se determinam os critérios de identificação do fato jurídico tributário, o valor devido e a sujeição passiva[73], independentemente da data do lançamento ou da prestação de declarações do sujeito passivo necessárias a esse ato. O lançamento, como ato de aplicação do direito, deve considerar a legislação vigente quando ocorreu o comportamento juridicamente relevante para o surgimento da obrigação tributária. Isso se reflete na previsão do

---

dica do Estado nas hipóteses expressamente previstas pela Constituição, em ordem a inibir a ação do Poder Público eventualmente configuradora de restrição gravosa (a) ao *status libertatis* da pessoa (CF, art. 5. XL), (b) ao *status subjectionais* do contribuinte em matéria tributária (CF, art. 150, III, 'a') e (c) à segurança jurídica no domínio das relações sociais (CF, art. 5º, XXXVI). Na medida em que a retroprojeção normativa da lei não gere e nem produza os gravames referidos, nada impede que o Estado edite e prescreva atos normativos com efeito retroativo. As leis, em face do caráter prospectivo de que se revestem, devem, ordinariamente, dispor para o futuro. O sistema jurídico-constitucional brasileiro, contudo, não assentou, como postulado absoluto, incondicional e inderrogável, o princípio da irretroatividade. A questão da retroatividade das leis interpretativas" (STF, ADI 605 MC, Rel. Min. Celso de Mello, *DJ* 05.03.1993).

[70] STF, Tribunal Pleno, RE 566.621, Rel. Min. Ellen Gracie, *DJe* 11.10.2011. Tema 4: "Termo *a quo* do prazo prescricional da ação de repetição de indébito relativa a tributos sujeitos a lançamento por homologação e pagos antecipadamente"; tese fixada: "É inconstitucional o art. 4º, segunda parte, da Lei Complementar 118/2005, de modo que, para os tributos sujeitos a homologação, o novo prazo de 5 anos para a repetição ou compensação de indébito aplica-se tão somente às ações ajuizadas após o decurso da *vacatio legis* de 120 dias, ou seja, a partir de 9 de junho de 2005". Registre-se ainda que, de acordo com a jurisprudência do STJ: "[...] em matéria tributária, não se aplicam normas de caráter interpretativo às situações constituídas anteriormente, ou seja, não se confere retroatividade à Lei tributária nessas circunstâncias. Precedente da Primeira Seção: EREsp 327.043/DF, Rel. Min. João Otávio de Noronha, *DJe* 11.05.2009" (STJ, 1ª T., AgInt nos EDcl no AgRg no REsp 1.405.586/RN, Rel. Min. Napoleão Nunes Maia Filho, *DJe* 16.06.2020).

[71] "É pacífico nesta Corte o entendimento segundo o qual a superveniência de lei tributária punitiva mais benéfica retroage para alcançar fatos pretéritos, a teor do disposto no art. 106 do CTN, posicionamento esse aplicável ao inadimplemento de obrigação acessória (DIF-Papel Imune). Precedentes" (STJ, 1ª T., AgInt nos EDcl no REsp 1.371.305/MG, Rel. Min. Regina Helena Costa, *DJe* 25.10.2016). Nesse caso, a lei superveniente substituiu a sanção "por mês-calendário" por penalidade única pelo descumprimento da "obrigação acessória" de apresentar a DIF – Papel Imune.

[72] "O disposto no art. 106 do CTN faculta ao contribuinte a incidência da lei posterior mais benéfica a fatos pretéritos, desde que a demanda não tenha sido definitivamente julgada, entendendo-se, no caso de execução, aquela na qual não foram ultimados os atos executivos destinados à satisfação do débito. Precedentes: AgRg no Ag 1.026.499/SP, Rel. Min. Benedito Gonçalves, *DJe* 31.08.2009; AgRg no AREsp 185.324/SP, Rel. Min. Herman Benjamin, *DJe* 27.08.2012; REsp 1.121.230/SC, Rel. Min. Humberto Martins, *DJe* 02.03.2010" (STJ, 1ª T., AgInt no REsp 1.482.519/PB, Rel. Min. Napoleão Nunes Maia Filho, *DJe* 09.04.2019).

[73] "O Plenário desta Corte, ao julgar o RE 213.396 (*DJ* de 1º.12.2000), assentou a constitucionalidade do sistema de substituição tributária 'para frente', mesmo antes da promulgação da EC 3/1993. Alegação de que a aplicação do sistema de substituição tributária no mês de março de 1989 ofenderia o princípio da irretroatividade. Procedência. Embora a instituição desse sistema não represente a criação de um novo tributo, há substancial alteração no sujeito passivo da obrigação tributária" (STF, Tribunal Pleno, RE 266.602, Rel. Min. Ellen Gracie, *DJ* 02.02.2007).

158 | CURSO DE DIREITO TRIBUTÁRIO – *Solon Sehn*

art. 144 do CTN, segundo o qual "o lançamento reporta-se à data da ocorrência do fato gerador da obrigação e rege-se pela lei então vigente, ainda que posteriormente modificada ou revogada"[74].

A jurisprudência do STF já confundiu a data da ocorrência do evento imponível e o momento de aplicação da lei, o que resultou na aprovação da Súmula 584 em Sessão Plenária de 15.12.1976: "*Ao imposto de renda calculado sobre os rendimentos do ano-base, aplica-se a lei vigente no exercício financeiro em que deve ser apresentada a declaração*". O equívoco só foi corrigido mais de 40 anos depois, no julgamento do RE 159.180, quando foi deliberado o cancelamento da súmula: "É inconstitucional a aplicação, a fatos ocorridos no ano-base de 1988, do adicional do imposto de renda sobre o lucro real instituído pelo Decreto-lei nº 2.462, de 30 de agosto de 1988, considerada a violação dos princípios da irretroatividade e da anterioridade"[75].

3.3 Leis procedimentais e fiscalizatórias

Em matéria procedimental e fiscalizatória, a determinação da legislação incidente não ocorre em função da consumação do evento imponível. O fato juridicamente relevante para esse fim é o próprio ato jurídico processual ou a medida de fiscalização realizada. Aplica-se, assim, a lei vigente na data da prática do ato (*tempus regit actum*), o que explica a previsão do § 1º do art. 144 do CTN:

> Art. 144. [...]
>
> § 1º Aplica-se ao lançamento a legislação que, posteriormente à ocorrência do fato gerador da obrigação, tenha instituído novos critérios de apuração ou processos de fiscalização, ampliado os poderes de investigação das autoridades administrativas, ou outorgado ao crédito maiores garantias ou privilégios, exceto, neste último caso, para o efeito de atribuir responsabilidade tributária a terceiros.

Ressalte-se que, de acordo com a jurisprudência do STJ, esse dispositivo: (a) não se aplica às regras de prescrição tributária[76]; e (b) permite a incidência imediata da legislação nova que autoriza a quebra de sigilo bancário pela fiscalização[77].

3.4 Regras sobre a compensação tributária

Na compensação, dois sujeitos (credor e devedor um de outro) desobrigam-se do pagamento de dívidas recíprocas, líquidas e vencidas. Trata-se de uma modalidade de extinção de obrigações que, de acordo com o art. 170 do CTN, deve ser autorizada por lei. Essa, ao permitir a compensação, não apenas estabelece o procedimento aplicável para o encontro de contas, como também dispõe sobre a natureza dos créditos e dos débitos em que será aplicável[78].

---

[74] Mesmo a lei revogada continua em *vigor* para disciplinar os fatos ocorridos sob a sua vigência, como será analisado no Capítulo VI, item 3, da Parte Geral.

[75] "[...] Verbete 584 da Súmula do Supremo. Superação. Cancelamento. Superado o entendimento enunciado no verbete 584 da Súmula do Supremo, impõe-se o cancelamento" (STF, RE 159.180, Rel. Min. Marco Aurélio, *DJe* 17.08.2020).

[76] "Em se tratando de norma que reduz prazo de prescrição, o termo inicial do novo prazo será o da data da vigência da lei que o estabelece, regendo-se a prescrição, para os recolhimentos anteriores à sua vigência, pela lei antiga" (STJ, 1ª T., AgRg no REsp 1.149.385/CE, Rel. Min. Hamilton Carvalhido, *DJe* 1º.07.2010).

[77] Tese firmada no Tema Repetitivo 275: "As leis tributárias procedimentais ou formais, conducentes à constituição do crédito tributário não alcançado pela decadência, são aplicáveis a fatos pretéritos, razão pela qual a Lei 8.021/90 e a Lei Complementar 105/2001, por envergarem essa natureza, legitimam a atuação fiscalizatória/investigativa da Administração Tributária, ainda que os fatos imponíveis a serem apurados lhes sejam anteriores" (STJ, 1ª S., REsp 1.134.665, Rel. Min. Luiz Fux, *DJe* 25.11.2009).

[78] A compensação tributária é estudada no Capítulo IX, item 3.3, da Parte Geral.

Parte Geral • Capítulo V • PRINCÍPIOS CONSTITUCIONAIS TRIBUTÁRIOS | **159**

Quanto às regras procedimentais, incidem as disposições vigentes da data da prática do ato. Assim, *v.g.*, se a legislação admitia formulário impresso, a exigência superveniente de formulário eletrônico aplica-se apenas aos novos pedidos de compensação. O sujeito passivo que já reunia os requisitos para compensar antes da inovação procedimental não pode alegar direito adquirido para ser dispensado de sua observância, da mesma maneira que a autoridade fiscal não pode indeferir pedidos protocolizados quando ainda se autorizava o uso de formulário impresso.

As regras de direito material sobre os créditos e os débitos compensáveis, por sua vez, estão sujeitas às leis vigentes no momento do encontro de contas, o que ocorre na data da extinção recíproca das obrigações. No âmbito federal, a Lei 10.637/2002, ao alterar o art. 74 da Lei 9.430/1996, extinguiu a compensação condicionada ao deferimento de pedido administrativo. Essa foi substituída pelo regime autocompensação mediante PER/Dcomp (Pedido Eletrônico de Restituição, Ressarcimento ou Reembolso e Declaração de Compensação). Nele o sujeito passivo declara a compensação à Secretaria da Receita Federal, o que, desde logo, extingue o crédito tributário sob condição resolutiva de sua ulterior homologação no prazo de cinco anos. É nesse momento que ocorre o encontro de contas, devendo ser aplicável a lei vigente da data da transmissão da declaração de compensação.

Nessa mesma linha, a jurisprudência do STJ entende que "o processamento da compensação subordina-se à legislação vigente no momento do encontro de contas, sendo vedada a apreciação de eventual 'pedido de compensação' ou 'declaração de compensação' com fundamento em legislação superveniente"[79]. Essa interpretação foi reafirmada no REsp 1.164.452, julgado em regime de recursos repetitivos: "A lei que regula a compensação tributária é a vigente à data do encontro de contas entre os recíprocos débito e crédito da Fazenda e do contribuinte"[80]. Entretanto, o Tribunal ressalvou que, em relação aos créditos objeto de controvérsia judicial, aplicam-se apenas as exigências ou os elementos de qualificação do crédito compensável vigentes na data do ajuizamento da ação[81].

Outra particularidade – não considerada nesses julgados, mas igualmente relevante – é que, até o encontro de contas, a lei pode dispor sobre os requisitos formais ou procedimentais da compensação, mas não pode restringir o conteúdo do direito de crédito já incorporado ao patrimônio do sujeito passivo[82]. Isso equivale a dizer que, se um determinado crédito foi

---

[79]   STJ, 1ª S., EREsp 977.083, Rel. Min. Castro Meira, *DJe* 10.05.2010.

[80]   STJ, 1ª S., REsp 1.164.452, Rel. Min. Teori Albino Zavascki, *DJe* 02.09.2010.

[81]   "Em se tratando de compensação de crédito objeto de controvérsia judicial, é vedada a sua realização 'antes do trânsito em julgado da respectiva decisão judicial', conforme prevê o art. 170-A do CTN, vedação que, todavia, não se aplica a ações judiciais propostas em data anterior à vigência desse dispositivo, introduzido pela LC 104/2001" (Tema Repetitivo 345). Ressalte-se ainda que, no REsp 1.137.738, o Tribunal fixou a seguinte tese jurídica: "Em se tratando de compensação tributária, deve ser considerado o regime jurídico vigente à época do ajuizamento da demanda, não podendo ser a causa julgada à luz do direito superveniente, tendo em vista o inarredável requisito do prequestionamento, viabilizador do conhecimento do apelo extremo, ressalvando-se o direito de o contribuinte proceder à compensação dos créditos pela via administrativa, em conformidade com as normas posteriores, desde que atendidos os requisitos próprios" (Tema Repetitivo 265). STJ, 1ª S., REsp 1.137.738/SP, Rel. Min. Luiz Fux, *DJe* 1º.02.2010.

[82]   A aquisição de um direito opera-se no momento em que um determinado sujeito se torna o seu titular, o que ocorre após o preenchimento dos pressupostos previstos em uma lei ou em um contrato. Se ainda não ocorreram todos os elementos do suporte fático, há apenas uma *expectativa de um direito* em *curso de formação*. O mesmo se dá quando os efeitos do ato estão submetidos a uma *condição suspensiva*, isto é, subordinado à ocorrência de um evento futuro e incerto. Contudo, o direito estará adquirido quando – apesar de futuro – o evento for de ocorrência certa (*termo*), como é o caso de uma data determinada. A lei nova não pode alterar esses pressupostos de aquisição, atingindo um direito já incorporado à esfera jurídica do cidadão. Mas nada impede a disciplina *futura* do exercício ou do uso de um direito adquirido *no passado*. Sobre o tema, cf.: FERRAZ JÚNIOR, Tercio Sampaio. *Introdução ao estudo do direito*: técnica, decisão, dominação. 11. ed. São Paulo: Atlas, 2019. p. 206; GOMES, Orlando. *Introdução ao direito civil*. 22. ed. Rio de Janeiro:

160 | CURSO DE DIREITO TRIBUTÁRIO – *Solon Sehn*

apropriado pelo contribuinte porque a lei anterior autorizava (*v.g.*, creditamento da aquisição de bens usados), a lei nova não pode obrigar o seu estorno ou cancelamento[83] nem vedar o creditamento[84].

3.5 Intangibilidade da coisa julgada

3.5.1 Coisa julgada formal e material

A locução *coisa julgada* deriva do latim *res judicata*. Nela, como ensina Egas Moniz de Aragão, *res* tem o sentido de *relação* (relação jurídica) ou *conflito*, embora também possa significar *coisa*. Por isso, em Portugal, prefere-se o termo *caso julgado*, que melhor reflete a acepção original[85]. No direito moderno, a coisa julgada constitui uma autoridade especial ou propriedade de sentenças judiciais de mérito, que se tornam imutáveis a questionamentos *futuros*, enquanto mantidas as circunstâncias fático-jurídicas, após a preclusão da faculdade de recorrer ou o esgotamento das instâncias recursais[86]. Restringe-se às partes citadas para compor a relação jurídica processual[87], abrangendo o dispositivo da sentença (e não a fundamentação[88]). A coisa julgada independe do eventual acerto ou do desacerto da decisão, de essa representar ou não a *verdade* ou de constituir a melhor interpretação[89]. Implica, ademais, a *eficácia preclusiva* de todas as alegações e defesas que poderiam ter sido opostas em relação ao pedido, que são consideradas deduzidas e rejeitadas mesmo não tendo sido efetivamente ventiladas pelas partes[90].

As sentenças que apenas extinguem a relação processual sem julgamento do mérito não impedem a renovação da ação por qualquer das partes. Há uma imutabilidade apenas processual ou *coisa julgada formal*, diferentemente da *coisa julgada material* que resulta da sentença de mérito[91].

Forense, 2019. p. 278 e ss.; DINIZ, Maria Helena. *Lei de introdução às normas do direito brasileiro interpretada*. 17. ed. São Paulo: Saraiva, 2012. p. 208 e ss.

[83] Em caso semelhante, já decidiu o STF que: "Creditamento de ICMS. Bens destinados ao consumo ou ao ativo fixo. Período posterior à LC 87/1996: possibilidade. Esta Corte, no julgamento da medida cautelar na ADI 2.325 MC/DF, rel. Min. Marco Aurélio, Tribunal Pleno, *DJ* de 06.10.2006, reconheceu o direito adquirido do contribuinte à apropriação dos créditos do ICMS conferidos pela redação anterior da LC 87/1996" (STF, 2ª T., AI 646.962 AgR, Rel. Min. Ellen Gracie, *DJe* 08.10.2010).

[84] Sobre a compensação tributária, ver Capítulo VIII, item 3.3, da Parte Geral.

[85] ARAGÃO, Egas Moniz de. *Sentença e coisa julgada*: exegese do Código de Processo Civil (arts. 444 a 475). Rio de Janeiro: Aide, 1992. p. 193.

[86] ARAGÃO, Egas Moniz de. *Sentença e coisa julgada*: exegese do Código de Processo Civil (arts. 444 a 475). Rio de Janeiro: Aide, 1992. p. 194; DINAMARCO, Cândido Rangel. *Instituições de direito processual civil*. São Paulo: Malheiros, 2001. v. III, p. 295 e ss.; MARINONI, Luiz Guilherme; ARENHART, Sérgio Cruz; MITIDIERO, Daniel. *Curso de processo civil*: tutela dos direitos mediante procedimento comum. São Paulo: RT, 2015. v. II, p. 619 e ss.

[87] CPC: "Art. 506. A sentença faz coisa julgada às partes entre as quais é dada, não prejudicando terceiros."

[88] CPC: "Art. 504. Não fazem coisa julgada:
I – os motivos, ainda que importantes para determinar o alcance da parte dispositiva da sentença;
II – a verdade dos fatos, estabelecida como fundamento da sentença".

[89] Como assinala Egas Moniz de Aragão: "Mesmo a sentença errada, portanto, que não representa a verdade, conduz inevitavelmente à coisa julgada; proporciona solução estável, imutável". Do contrário, continua o Professor Catedrático da UFPR, "[...] se se fixar para o julgamento o objetivo de alcançar *a verdade*, o processo será convertido em teia de Ariádne, desfazendo-se à noite (propícia à meditação, que convida à dúvida) tudo quanto fora feito durante o dia" (ARAGÃO, Egas Moniz de. *Sentença e coisa julgada*: exegese do Código de Processo Civil (arts. 444 a 475). Rio de Janeiro: Aide, 1992. p. 202 e 206).

[90] CPC: "Art. 508. Transitada em julgado a decisão de mérito, considerar-se-ão deduzidas e repelidas todas as alegações e as defesas que a parte poderia opor tanto ao acolhimento quanto à rejeição do pedido".

[91] DINAMARCO, Cândido Rangel. *Instituições de direito processual civil*. São Paulo: Malheiros, 2001. v. III, p. 296.

Parte Geral · Capítulo V · PRINCÍPIOS CONSTITUCIONAIS TRIBUTÁRIOS | 161

3.5.2 "Coisa julgada" administrativa e ajuizamento de ação anulatória pela Fazenda Pública

A coisa julgada é um instituto inerente à atividade jurisdicional[92]. Assim, o contribuinte que não obtém êxito no cancelamento de exigência fiscal no âmbito do contencioso administrativo pode perfeitamente submeter a questão ao Judiciário, o que, aliás, também é um direito fundamental garantido pelo art. 5º, XXXV, da Constituição ("a lei não excluirá da apreciação do Poder Judiciário lesão ou ameaça a direito"). O inverso, entretanto, não é possível, inclusive por ausência de interesse de agir.

O Parecer PGFN 1.087/2004, suspenso pela Nota PGFN/PGA 74/2007, sustentou que as decisões do então Conselho de Contribuintes, atual Conselho Administrativo de Recursos Fiscais (Carf), poderiam ser objeto de questionamento judicial por parte da administração pública, mediante ação de conhecimento, mandado de segurança, ação civil pública ou ação popular[93].

Trata-se, no entanto, de interpretação equivocada e ilegal. Em primeiro lugar, porque, de acordo com o Decreto 70.235/1972: "Art. 45. No caso de decisão definitiva favorável ao sujeito passivo, cumpre à autoridade preparadora exonerá-lo, de ofício, dos gravames decorrentes do litígio". Esse ato normativo foi recepcionado pela Constituição Federal de 1988 com eficácia de lei ordinária[94]. Portanto, o parecer da PGFN não pode estabelecer uma consequência jurídica diferente da prevista no preceito legal. Em segundo lugar, porque os atos e as decisões do contencioso administrativo fiscal não são imputáveis ao servidor ou agente público que os pratica (princípio da impessoalidade). A decisão do Carf, assim, é um ato administrativo da administração pública federal. Logo, o mesmo ente que se já se manifestou pela ilegalidade da exigência fiscal não tem interesse de agir para ingressar com uma ação em face de si mesmo para questionar judicialmente um ato administrativo próprio.

Não há sequer instrumento processual cabível para o questionamento judicial da decisão administrativa. Não é possível o ajuizamento de ação anulatória da União em face de si própria,

---

[92]   MARINONI, Luiz Guilherme; ARENHART, Sérgio Cruz; MITIDIERO, Daniel. *Curso de processo civil*: tutela dos direitos mediante procedimento comum. São Paulo: RT, 2015. v. II, p. 626: "A coisa julgada é fenômeno típico e exclusivo da atividade jurisdicional". Como ressaltado no RE 144.996, "a coisa julgada a que se refere o art. 5º, XXXVI, da Carta Magna é, como conceitua o § 3º do art. 6º da LICC, a decisão judicial de que já não caiba recurso, e não a denominada coisa julgada administrativa" (STF, 1ª T., RE 144.996, Rel. Min. Moreira Alves, *DJe* 12.09.1997).

[93]   *DOU* de 23.08.2004, Seção 1, p. 15: "Despacho: Aprovo o Parecer PGFN/CRJ 1.087/2004, de 19 de julho de 2004, pelo qual ficou esclarecido que: 1) existe, sim, a possibilidade jurídica de as decisões do Conselho de Contribuintes do Ministério da Fazenda, que lesarem o patrimônio público, serem submetidas ao crivo do Poder Judiciário, pela Administração Pública, quanto à sua legalidade, juridicidade, ou diante de erro de fato; 2) podem ser intentadas: ação de conhecimento, mandado de segurança, ação civil pública ou ação popular e 3) a ação de rito ordinário e o mandado de segurança podem ser propostos pela Procuradoria-Geral da Fazenda Nacional, por meio de sua Unidade do foro da ação; a ação civil pública pode ser proposta pelo órgão competente; já a ação popular somente pode ser proposta por cidadão, nos termos da Constituição Federal". A Portaria PGFN 820/2004, por sua vez, manifestou-se no mesmo sentido, condicionando o questionamento aos seguintes casos:
"Art. 2º As decisões dos Conselhos de Contribuintes e da Câmara Superior de Recursos Fiscais podem ser submetidas à apreciação do Poder Judiciário desde que expressa ou implicitamente afastem a aplicabilidade de leis ou decretos e, cumulativa ou alternativamente:
I – versem sobre valores superiores a R$ 50.000.000,00 (cinquenta milhões de reais);
II – cuidem de matéria cuja relevância temática recomende a sua apreciação na esfera judicial; e
III – possam causar grave lesão ao patrimônio público".

[94]   O Decreto 70.235/1972 foi editado com fundamento na delegação do art. 2º do Decreto-lei 822/1969 ("Art. 2º O Poder Executivo regulará o processo administrativo de determinação e exigência de créditos tributários federais, penalidades, empréstimos compulsórios e o de consulta"), na forma autorizada pelos Atos Institucionais 05/1968 e 12/1968, tendo sido recepcionado com eficácia de lei ordinária.

162 CURSO DE DIREITO TRIBUTÁRIO – *Solon Sehn*

tampouco, pela mesma razão, a impetração de mandado de segurança. A parte no *writ* não é a autoridade coatora, mas a pessoa política de direito público interno respectiva. Também não é viável o ajuizamento de ação civil pública, porque essa não é cabível para veicular pretensões que envolvam tributos (Lei 7.347/1985, art. 1º, parágrafo único). Restaria apenas a ação popular, que, todavia, tampouco poderia ser proposta, porquanto a União não ostenta a condição jurídica de cidadão (CF, art. 5º, LXXIII).

A interpretação do Parecer PGFN 1.087/2004 desvirtua a finalidade do contencioso administrativo fiscal, desprezando um órgão técnico sério com mais de 95 anos de atuação, sem um motivo razoável, apenas um inconformismo relacionado ao mérito do julgamento. Diferente seria se o questionamento tivesse por base a imparcialidade, a corrupção ou qualquer outro ato de improbidade imputável aos conselheiros do Carf. Em situações dessa natureza, é possível o ajuizamento de uma ação civil pública na forma da Lei 8.429/1992 em face dos julgadores, pleiteando a anulação da decisão.

A Primeira Seção do STJ, analisando a possibilidade de revisão das decisões do então Conselho de Contribuintes por meio de recurso hierárquico ao Ministro da Fazenda, já entendeu não ser possível o reexame do mérito do acórdão do órgão colegiado:

> Administrativo. Mandado de segurança. Conselho de contribuintes. Decisão irrecorrida. Recurso hierárquico. Controle ministerial. Erro de hermenêutica.
>
> I – A competência ministerial para controlar os atos da administração pressupõe a existência de algo descontrolado, não incide nas hipóteses em que o órgão controlado se conteve no âmbito de sua competência e do devido processo legal.
>
> II – O controle do Ministro da Fazenda (arts. 19 e 20 do DL 200/67) sobre os acórdãos dos conselhos de contribuintes tem como escopo e limite o reparo de nulidades. Não é lícito ao Ministro cassar tais decisões, sob o argumento de que o colegiado errou na interpretação da Lei.
>
> III – As decisões do conselho de contribuintes, quando não recorridas, tornam-se definitivas, cumprindo à Administração, de ofício, "exonerar o sujeito passivo "dos gravames decorrentes do litígio" (Dec. 70.235/72, art. 45).
>
> IV – Ao dar curso a apelo contra decisão definitiva de conselho de contribuintes, o Ministro da Fazenda põe em risco direito líquido e certo do beneficiário da decisão recorrida[95].

Com efeito, a anulação da decisão com base no mérito não pode ser admitida, porque levaria a uma insegurança jurídica sem precedentes. O contribuinte não poderia se considerar exonerado da exigência fiscal mesmo após o cancelamento do auto de lançamento pelo órgão especializado da administração pública federal. Haveria um aumento expressivo no tempo de resolução das lides fiscais, com ônus para todas as partes. A exegese, em síntese, implica uma violação manifesta dos princípios constitucionais da razoabilidade, da impessoalidade, do devido processo legal e da duração razoável do processo.

---

[95] STJ, 1ª S., MS 8.810/DF, Rel. Min. Humberto Gomes de Barros, *DJ* 06.10.2003. Convém destacar ainda a seguinte passagem do voto do relator: "Na verdade, estabeleceu-se esse procedimento, e dizer que tal procedimento poderia ser atacado em virtude de um interesse maior – parece-me que o interesse maior, no caso, é o interesse da Administração, em que haja a segurança tributária –, seria melhor desconstituir ou extinguir completamente os conselhos de contribuintes, que são órgãos parajudiciais, que atuam dentro de um procedimento e custam caro. Se tais decisões não valem nada, se podem ser desconstituídas, melhor seria entregar ao Fisco".

Parte Geral • Capítulo V • PRINCÍPIOS CONSTITUCIONAIS TRIBUTÁRIOS | **163**

3.5.3   Eficácia temporal da coisa julgada tributária (Súmula 239/STF)

A eficácia temporal da coisa julgada da sentença que desonera o contribuinte do pagamento de um tributo não se limita ao período questionado, salvo se o pedido foi formulado nesses termos. Enquanto presentes as mesmas circunstâncias fático-jurídicas, a coisa julgada alcança as operações futuras. Isso se aplica especialmente aos tributos com eventos imponíveis periódicos e abrange as mais variadas situações, desde as sentenças que declaram a inconstitucionalidade da exigência fiscal, até as que reconhecem uma não incidência ou a aplicabilidade de uma desoneração, imunidade ou isenção[96].

Essa interpretação não é infirmada pela Súmula 239 do STF ("*Decisão que declara indevida a cobrança do imposto em determinado exercício não faz coisa julgada em relação aos posteriores*"). O enunciado da súmula aplica-se quando a sentença é relativa a certo período[97] ou, assinala a jurisprudência do STF, em face de "decisão anulatória de lançamento de exercício financeiro específico"[98].

3.5.4   Coisa julgada inconstitucional

A intangibilidade da coisa julgada, assegurada pelo inciso XXXVI do art. 5º da Constituição Federal, é uma opção do constituinte pela preservação de uma decisão jurisdicional de mérito, mesmo não sendo a melhor ou a mais justa, mas que foi proferida dentro de um devido processo legal, com garantia de contraditório e ampla defesa. Com isso, afasta-se o risco da incerteza, impedindo a eternização dos conflitos de interesse em nome da busca de uma verdade inatingível[99].

Ocorre que, em matéria tributária, há casos em que, em sede de controle concretado ou difuso de constitucionalidade, o Supremo Tribunal Federal acaba proferindo uma decisão divergente da sentença de mérito já transitada em julgado. Assim, um tributo declarado constitucional em processo individual ou coletivo, tempo depois, é considerado incompatível com o texto constitucional no julgamento de ADC, ADI, ADPF ou recurso extraordinário com repercussão geral. O mais comum, entretanto, são as situações em que a sentença declara o tributo inconstitucional e o STF decide no sentido contrário. Foi o que ocorreu com a CSLL e, mais recentemente, com o IPI incidente da revenda de produtos importados, gerando um problema concorrencial, uma vez que alguns contribuintes foram desonerados, enquanto todos os demais permaneceram obrigados a pagar os tributos.

No julgamento do RE 949.297 (Tema 881) e do RE 955.227 (Tema 885), o STF entendeu que, nas relações de trato sucessivo ou continuado, a eficácia da sentença deve cessar após a decisão em ação direta ou em sede de repercussão geral, respeitados os princípios da irretroatividade e da anterioridade, não sendo necessário o ajuizamento de ação rescisória por parte da Fazenda Pública:

---

[96]   Os fatos geradores instantâneos, continuados e períodos são estudados no Capítulo VII, item 2.3.2, da Parte Geral; e a diferença entre imunidade, isenção e não incidência, no Capítulo IX, item 4.1, da Parte Geral.

[97]   MARINONI, Luiz Guilherme. *Coisa julgada inconstitucional*. São Paulo: RT, 2008. p. 150: "Porém, nas ações em que se pode a declaração de inexistência de débito tributário ou a expedição de ordem à Fazenda (ação mandamental, baseada no art. 461 do CPC) ou à autoridade fazendária (mandado de segurança) para se abster de cobrar tributo, alegando-se inconstitucionalidade, ilegalidade ou existência de imunidade ou de isenção, a coisa julgada não fica restrita a determinado período ou exercício, projetando-se, com força perene, para o futuro".

[98]   STF, 1ª T., ARE 704846 ED, Rel. Min. Dias Toffoli, *DJe* 08.08.2013.

[99]   Lembrando as lições de Savigny, Egas Moniz de Aragão ressalta que a imutabilidade da coisa julgada é uma escolha entre dois sérios perigos: a sentença errada e a incerteza sobre os direitos (ARAGÃO, Egas Moniz de. *Sentença e coisa julgada*: exegese do Código de Processo Civil (arts. 444 a 475). Rio de Janeiro: Aide, 1992. p. 189).

1. As decisões do STF em controle incidental de constitucionalidade, anteriores à instituição do regime de repercussão geral, não impactam automaticamente a coisa julgada que se tenha formado, mesmo nas relações jurídicas tributárias de trato sucessivo.

2. Já as decisões proferidas em ação direta ou em sede de repercussão geral interrompem automaticamente os efeitos temporais das decisões transitadas em julgado nas referidas relações, respeitadas a irretroatividade, a anterioridade anual e a noventena ou a anterioridade nonagesimal, conforme a natureza do tributo[100].

Com efeito, nas relações de trato sucessivo, a coisa julgada está sujeita à cláusula *rebus sic stantibus*, o que equivale a dizer que a intangibilidade da sentença perdura apenas enquanto presentes as mesmas circunstâncias fático-jurídicas. Afinal, os magistrados decidem considerando os fatos e as regras vigentes na época em que a sentença é proferida. Todas as modificações estão fora de sua abrangência[101], inclusive a decisão vinculante do STF que declara a inconstitucionalidade de uma lei tributária[102].

A limitação temporal dos efeitos está prevista no art. 505 do CPC: "*Art. 505. Nenhum juiz decidirá novamente as questões já decididas relativas à mesma lide, salvo: [...] I – se, tratando-se de relação jurídica de trato continuado, sobreveio modificação no estado de fato ou de direito, caso em que poderá a parte pedir a revisão do que foi estatuído na sentença*". No julgamento do RE 949.297 e do RE 955.227, contudo, o STF autorizou a desconstituição do julgado diretamente pela autoridade fiscal.

Ressalte-se que, no julgamento de embargos de declaração opostos no RE 949.297, o STF afastou a exigência das multas tributárias punitivas e moratórias: "[...] há razões que justificam a modulação dos efeitos da decisão apenas para afastar a aplicação de multas punitivas e moratórias, relativamente ao contribuinte que detinha coisa julgada a seu favor quanto à exigibilidade da CSLL. Tais razões decorrem especialmente da ausência de dolo ou má-fé na conduta daquele que deixou de recolher a contribuição nessas circunstâncias"[103].

Por outro lado, não sendo uma relação jurídica de trato continuado, incide a tese fixada no julgamento do RE 730.462 (Tema 733), que requer o ajuizamento de ação rescisória:

A decisão do Supremo Tribunal Federal declarando a constitucionalidade ou a inconstitucionalidade de preceito normativo não produz a automática reforma ou rescisão das decisões anteriores que tenham adotado entendimento diferente. Para que tal ocorra, será indispensável a interposição de recurso próprio ou, se for o caso, a propositura de

---

[100] STF, Tribunal Pleno, RE 949.297, Rel. Min. Edson Fachin, Rel. p/ Ac. Min. Roberto Barroso, *DJe* 02.05.2023.

[101] ARAGÃO, Egas Moniz de. *Sentença e coisa julgada*: exegese do Código de Processo Civil (arts. 444 a 475). Rio de Janeiro: Aide, 1992. p. 189. Entretanto, "a superveniente de fatos capazes de impactar o estado de coisas sobre o qual formada a coisa julgada obviamente *não retroage*. Apenas a partir do momento em que se verificam esses fatos supervenientes é que se pode pensar na limitação da coisa julgada" (MARINONI, Luiz Guilherme; ARENHART, Sérgio Cruz; MITIDIERO, Daniel. *Curso de processo civil*: tutela dos direitos mediante procedimento comum. São Paulo: RT, 2015. v. II, p. 628).

[102] MARINONI, Luiz Guilherme. *Coisa julgada inconstitucional*. São Paulo: RT, 2008. p. 154. Registre-se ainda que, segundo Cândido Rangel Dinamarco: "Mesmo as sentenças de mérito só ficam imunizadas pela autoridade do julgado quando forem dotadas de uma *imperatividade possível*: não merecem tal imunidade (a) aquelas que em seu decisório enunciem resultados materialmente impossíveis ou (b) as que, por colidirem com valores de elevada relevância ética, humana ou política, também amparados constitucionalmente, sejam portadoras de uma impossibilidade jurídico-constitucional" (DINAMARCO, Cândido Rangel. *Instituições de direito processual civil*. São Paulo: Malheiros, 2001. v. III, p. 306).

[103] STF, Tribunal Pleno, RE 949.297 ED, Rel. Min. Roberto Barroso, *DJe* 20.09.2024.

Parte Geral · Capítulo V · PRINCÍPIOS CONSTITUCIONAIS TRIBUTÁRIOS | **165**

ação rescisória própria, nos termos do art. 485 do CPC, observado o respectivo prazo decadencial (art. 495)[104].

A ação rescisória, de acordo com o art. 525 do Código de Processo Civil, pode ser proposta no prazo de dois anos da decisão final do Supremo Tribunal Federal, se a declaração de inconstitucionalidade for posterior ao trânsito em julgado da sentença. Já se o trânsito em julgado for anterior, é possível alegar a inexequibilidade do título em sede de impugnação ao cumprimento de sentença:

Art. 525. [...]

§ 12. Para efeito do disposto no inciso III do § 1º deste artigo[105], considera-se também inexigível a obrigação reconhecida em título executivo judicial fundado em lei ou ato normativo considerado inconstitucional pelo Supremo Tribunal Federal, ou fundado em aplicação ou interpretação da lei ou do ato normativo tido pelo Supremo Tribunal Federal como incompatível com a Constituição Federal, em controle de constitucionalidade concentrado ou difuso.

[...]

§ 14. A decisão do Supremo Tribunal Federal referida no § 12 deve ser anterior ao trânsito em julgado da decisão exequenda.

§ 15. Se a decisão referida no § 12 for proferida após o trânsito em julgado da decisão exequenda, caberá ação rescisória, cujo prazo será contado do trânsito em julgado da decisão proferida pelo Supremo Tribunal Federal.

A constitucionalidade da desconsideração da coisa julgada em sede de impugnação ao cumprimento de sentença, prevista no art. 525 do CPC, foi questionada no RE 611.503 (Tema 360). Nele o STF fixou as seguintes teses de repercussão geral:

São constitucionais as disposições normativas do parágrafo único do art. 741 do CPC, do § 1º do art. 475-L, ambos do CPC/73, bem como os correspondentes dispositivos do CPC/15, o art. 525, § 1º, III e §§ 12 e 14, o art. 535, § 5º. São dispositivos que, buscando harmonizar a garantia da coisa julgada com o primado da Constituição, vieram agregar ao sistema processual brasileiro um mecanismo com eficácia rescisória de sentenças revestidas de vício de inconstitucionalidade qualificado, assim caracterizado nas hipóteses em que (a) a sentença exequenda esteja fundada em norma reconhecidamente inconstitucional, seja por aplicar norma inconstitucional, seja por aplicar norma em situação ou com um sentido inconstitucionais; ou (b) a sentença exequenda tenha deixado de aplicar norma reconhecidamente constitucional; e (c) desde que, em qualquer dos casos, o reconhecimento dessa constitucionalidade ou a inconstitucionalidade tenha decorrido de julgamento do STF realizado em data anterior ao trânsito em julgado da sentença exequenda[106].

---

[104] STF, Tribunal Pleno, RE 730.462, Rel. Min. Teori Zavascki, *DJe* 09.09.2015. No item 4 do acórdão desse recurso, o Tribunal já sinalizava o entendimento fixado posteriormente no RE 949.297 (Tema 881) e do RE 955.227 (Tema 885): "Ressalva-se desse entendimento, quanto à indispensabilidade da ação rescisória, a questão relacionada à execução de efeitos futuros da sentença proferida em caso concreto sobre relações jurídicas de trato continuado".

[105] "Art. 525. [...] § 1º Na impugnação, o executado poderá alegar: [...] III – inexequibilidade do título ou inexigibilidade da obrigação."

[106] STF, Tribunal Pleno, RE 611.503, Rel. p/ Ac. Min. Edson Fachin, *DJe* 19.03.2019.

166 | CURSO DE DIREITO TRIBUTÁRIO – *Solon Sehn*

Em síntese, portanto, o STF entende que: (i) nas relações de trato continuado, a eficácia da coisa julgada cessa após a prolação de decisão em sentido contrário em sede de ação direta ou de repercussão geral, sem a necessidade de ajuizamento de ação rescisória, respeitados os princípios da irretroatividade e da anterioridade; ou (ii) não sendo uma relação dessa natureza, deve ser ajuizada uma ação rescisória ou arguida a inexequibilidade do título em sede de impugnação ao cumprimento de sentença.

3.6   Irretroatividade e proteção da confiança

O princípio da segurança jurídica é um pressuposto indispensável do Estado Democrático de Direito. Dele decorrem as exigências de previsibilidade e de calculabilidade *objetiva* da ordem jurídica, o que, segundo ressalta a doutrina constitucionalista, depende das garantias mínimas (*i*) de existência de normas jurídicas positivas (*positividade do ordenamento*), (*ii*) coerentes (*não contraditórias*), (*iii*) anteriores à ocorrência das condutas disciplinadas (*irretroatividade*), (*iv*) que proporcionem uma compreensão apropriada de seus pressupostos de fato e consequências jurídicas (*precisão* ou *determinabilidade*), (*v*) divulgadas e conhecidas pelos destinatários (*exigência de publicação formal*) e (*vi*) com pretensão de permanência. A segurança jurídica pressupõe ainda a ideia de estabilização do passado por meio da proteção da confiança, que se manifesta mediante a preservação de expectativas legítimas dos cidadãos perante os atos do poder público, ainda que esses venham a ser declarados inválidos[107].

Foi inspirada no princípio da proteção da confiança que a Lei 13.655/2018 incluiu o art. 24 na Lei de Introdução às Normas do Direito Brasileiro (LINDB):

> Art. 24. A revisão, nas esferas administrativa, controladora ou judicial, quanto à validade de ato, contrato, ajuste, processo ou norma administrativa cuja produção já se houver completado levará em conta as orientações gerais da época, sendo vedado que, com base em mudança posterior de orientação geral, se declarem inválidas situações plenamente constituídas.
>
> Parágrafo único. Consideram-se orientações gerais as interpretações e especificações contidas em atos públicos de caráter geral ou em jurisprudência judicial ou administrativa majoritária, e ainda as adotadas por prática administrativa reiterada e de amplo conhecimento público.

Esse dispositivo comporta duas observações. A primeira é que o art. 24 da LINDB, como qualquer outro preceito legal, deve ser rigorosamente observado pelas autoridades administrativas, o que também se aplica ao contencioso administrativo fiscal. Mostra-se ilegal, portanto, a Portaria ME 12.975/2021 que estabeleceu o caráter vinculante da Súmula 169 do Carf: "O art. 24 do Decreto-lei nº 4.657, de 1942 (LINDB), incluído pela lei nº 13.655, de 2018, não se aplica

---

[107]   Sobre o tema na doutrina, cf.: NOVOA, César García. *El principio de seguridad jurídica en materia tributaria.* Madrid-Barcelona: Marcial Pons, 2000. p. 24 e ss.; CANOTILHO, José Joaquim Gomes. *Direito constitucional e teoria da Constituição.* 7. ed. Coimbra: Almedina, 2003. p. 257 e ss.; ÁVILA, Humberto. *Teoria da segurança jurídica.* 5. ed. São Paulo: Malheiros, 2019. p. 381 e ss.; ÁVILA, Humberto. Benefícios inválidos e a legítima expectativa dos contribuintes. *RIDT,* v. 5, p. 98, 2006; ÁVILA, Humberto. *Segurança jurídica*: entre permanência, mudança e realização no direito tributário. 2. ed. São Paulo: Malheiros, 2012. p. 293 e ss.; TIPKE, Klaus; LANG, Joachim. *Direito tributário (Steuerrecht).* Porto Alegre: Fabris, 2008. v. I, p. 245; BANDEIRA DE MELLO, Celso Antônio. *Curso de direito administrativo.* 18. ed. São Paulo: Malheiros, 2005. p. 109-110; DERZI, Misabel Abreu Machado. *Modificações da jurisprudência no direito tributário.* São Paulo: Noeses, 2009. p. 316 e ss.; TÔRRES, Heleno Taveira. *Direito constitucional tributário e segurança jurídica*: metódica da segurança jurídica do sistema constitucional tributário. 3. ed. São Paulo: RT, 2019; BONETTA, Francesco. *L'addifamento nel diritto amministrativo dei tributi.* Milano: Wloters Kluwer-Cedam, 2021. MERUSI, Fabio. *Buona fede e affidamento nel diritto pubblico*: dagli anni "trenta" all'"alternanza". Milano: Giuffrè, 2001.

Parte Geral • Capítulo V • PRINCÍPIOS CONSTITUCIONAIS TRIBUTÁRIOS | **167**

ao processo administrativo fiscal". A segunda é que o art. 24 não esgota nem limita o conteúdo do princípio da proteção da confiança. Isso porque, como ninguém desconhece, são as leis que devem ser interpretadas a partir da Constituição, e não o contrário. No constitucionalismo contemporâneo, os princípios têm força normativa própria e desempenham uma *ação imediata*, isto é, podem ser aplicados diretamente enquanto critério de solução do caso concreto[108].

O princípio da proteção da confiança protege o cidadão que motivou o seu comportamento acreditando na validade do ato do poder público, por meio da estabilização da orientação pretérita, preservando as consequências jurídicas correspondentes. Logo, se a interpretação anterior autorizava a aplicação de uma alíquota reduzida ou, eventualmente, a desoneração da operação, esses efeitos jurídicos devem ser inteiramente preservados[109]. Ademais, não são apenas as interpretações adotadas em atos de caráter geral, em jurisprudência ou em práticas administrativas reiteradas que devem ser asseguradas. O princípio também se aplica aos atos administrativos individuais e concretos[110].

Outro aspecto relevante, ressaltado por J. J. Gomes Canotilho, é que, na atual *sociedade de risco*, há um uso crescente de *atos provisórios* e *precários* por parte do Estado. Isso proporciona uma capacidade de reação e de reorientação do interesse público diante da alteração das circunstâncias fáticas e de novos conhecimentos técnicos e científicos. No entanto, essa necessidade também deve ser articulada "[...] com a salvaguarda de outros princípios constitucionais, entre os quais se conta a proteção da confiança, a segurança jurídica, a boa-fé dos administrados e os direitos fundamentais"[111].

Ressalte-se que, para parte da doutrina, a proteção da confiança não seria aplicável diante de normas obscuras e contraditórias. Contudo, como ensina Humberto Ávila, essa interpretação não pode ser acolhida, porque implica um resultado paradoxal, fazendo com que o Estado, a despeito

---

[108]   As noções de *ação mediata* e *imediata* dos princípios são desenvolvidas pelo constitucionalista Jorge Mirante (MIRANDA, Jorge. *Manual de direito constitucional*: constituição e inconstitucionalidade. 3. ed. Coimbra: Coimbra Editora, 1996. t. II, p. 226).

[109]   Como destaca César García Novoa, "obviamente, en ocasiones la aplicación de la seguridad jurídica pude tener que garantizarse a través de la afirmación de situaciones aparentemente injustas, y ello está en la esencia de determinadas *instituciones* – como la prescripción o la caducidad –, o la imposibilidad de revisar situaciones consolidadas aun cuando conste que las mismas son ilegales o manifiestamente injustas" (NOVOA, César García. *El principio de seguridad jurídica en materia tributaria*. Madrid-Barcelona: Marcial Pons, 2000. p. 25-26).

[110]   Com efeito, segundo como ensina Humberto Ávila: "A base da confiança traduz-se nas normas que serviram de fundamento para a (in)ação individual. Essa base tanto pode ser geral e abstrata, como uma lei, quanto individual e concreta, como um ato administrativo ou uma decisão judicial. Ela também pode ser *positiva*, por meio de atos voluntários e ativos, a exemplo do que ocorre com uma decisão judicial clara e precisa, com um ato administrativo concludente e portador de uma promessa ou com uma prática reiterada e uniforme da Administração ou, ainda, com um ato normativo legislativo. A base também pode ser *negativa*, passiva e, por vezes, involuntária, como, por exemplo, a tolerância administrativa ou a longa ausência de exercício de uma prerrogativa administrativa, cujo uso não seja submetido a prazo decadencial" (ÁVILA, Humberto. *Teoria da segurança jurídica*. 5. ed. São Paulo: Malheiros, 2019. p. 417). O autor ressalta ainda que: "Quanto maior for o grau de permanência da base, maior deve ser a proteção da confiança nela depositada. Isso porque há: *atos com pretensão de permanência*, como uma lei sem prazo final de vigência; *atos meramente provisórios*, cuja eficácia definitiva depende de outro ato subsequente, como uma medida provisória ou uma decisão administrativa intermediária; e *atos carentes de definitividade*, dada a existência de competência para a sua modificação por questões de política econômica, como alterações de tributos, que podem ter a sua alíquota modificada por decreto do Presidente da República. Ora, esses atos não têm o mesmo grau de permanência – alguns nascem para durar e outros são destinados, desde o início, a uma existência provisória, quando não efêmera" (*Ibid.*, p. 406). Assim, "[...] sendo a aptidão para gerar confiança o critério distintivo da base, também não se pode igualar a eficácia constitutiva de confiança de um ato com pretensão de permanência com a de um ato meramente transitório e circunstancial" (*Ibid.*, p. 406-407).

[111]   CANOTILHO, José Joaquim Gomes. *Direito constitucional e teoria da Constituição*. 7. ed. Coimbra: Almedina, 2003. p. 266.

168 | CURSO DE DIREITO TRIBUTÁRIO – *Solon Sehn*

de não ter cumprido com o seu dever constitucional de proporcionar *segurança de orientação* aos cidadãos, acabe por se beneficiar da própria falha[112]. Ademais, como destaca Ernest Benda, nos dias de hoje, vive-se um autêntico estado de *aluvião de leis*, marcado por uma abundância cada vez maior de atos normativos complexos e confusos[113]. Portanto, afastar a proteção da confiança em situações dessa natureza, implicaria uma progressiva e injustificada redução da garantia constitucional, justamente em um período no qual os cidadãos e as empresas mais necessitam de segurança jurídica.

Entretanto, há limites para a aplicação do princípio da proteção da confiança. Em primeiro lugar, o ato do Poder Público não pode ser manifestamente inválido nem ter resultado da participação do particular na produção do vício, o que compreende o dolo, a coação, o suborno e, entre outras hipóteses, a disponibilização de dados inexatos ou falsos[114]. Em segundo lugar, não há que se falar em proteção de confiança que não foi exercida, ou seja, o particular deve ter praticado atos concretos de execução. No direito público, a doutrina exemplifica a obtenção da licença para construir, que pressupõe, para fins protetivos, o início da construção[115]. Outro exemplo, já no direito tributário, é o efeito fiscal (*v.g.*, alíquota reduzida ou isenção) de uma classificação aduaneira de mercadoria, que demanda, para sua preservação, da efetiva importação ou o seu início.

Atualmente, as maiores indagações relacionadas à proteção da confiança residem no imposto de importação. Nele, conforme estabelece o Decreto-lei 37/1966 (art. 2º), as alíquotas variam em função da classificação aduaneira da mercadoria, que é determinada a partir do enquadramento em uma lista de códigos numéricos da Nomenclatura Comum do Mercosul (NCM)[116]. Assim, *v.g.*, uma *bicicleta* enquadra-se na NCM 8712.00.10, sujeitando-se a uma alíquota de 31,5% de imposto de importação. O problema é que nem sempre é fácil realizar a classificação aduaneira de uma mercadoria, mesmo para profissionais especializados e habituados em trabalhar com a matéria. Há casos – sobretudo quando surgem produtos novos, como as pulseiras esportivas (*smart watch*)[117],

---

[112] ÁVILA, Humberto. *Segurança jurídica*: entre permanência, mudança e realização no direito tributário. 2. ed. São Paulo: Malheiros, 2012. p. 384.

[113] BENDA, Ernest. El Estado social de derecho. *In*: BENDA, Ernest; MAIHOFER, Werner; VOGEL, Hans-Jochen; HESSE, Konrad; HEYDE, Wolfgang. *Manual de derecho constitucional*. Trad. Antonio López Pina. 2. ed. Madrid--Barcelona: Marcial Pons, 2001. p. 516-517. A expressão "aluvião de leis" também é utilizada pelo professor italiano Erik Longo, em monografia acerca da matéria (LONGO, Erik. *La legge precária*: le trasformazioni della funzione legislativa nell'età dell'accelerazione. Torino: G. Giappichelli, 2017. p. 85).

[114] ÁVILA, Humberto. *Segurança jurídica*: entre permanência, mudança e realização no direito tributário. 2. ed. São Paulo: Malheiros, 2012. p. 382-383.

[115] ÁVILA, Humberto. *Segurança jurídica*: entre permanência, mudança e realização no direito tributário. 2. ed. São Paulo: Malheiros, 2012. p. 405.

[116] A Nomenclatura Comum do Mercosul (NCM), por sua vez, tem por base a Nomenclatura do Sistema Harmonizado (SH), instituída pela Convenção Internacional do Sistema Harmonizado de Designação e Codificação de Mercadorias de 1983, incorporada ao direito brasileiro pelo Decreto Legislativo 71/1988, promulgado pelo Decreto 97.409/1988. Sobre o tema, cf.: SEHN, Solon. *Curso de direito aduaneiro*. 2. ed. Rio de Janeiro: Forense, 2022. p. 285 e ss.

[117] Nas pulseiras esportivas ou *smart watch*, a divergência envolvia o enquadramento no Capítulo 91 ("Artigos de relojoaria") ou no Capítulo 85 ("Máquinas, aparelhos e materiais elétricos, e suas partes; aparelhos de gravação ou de reprodução de som, aparelhos de gravação ou de reprodução de imagens e de som em televisão, e suas partes e acessórios"). Ao final, definiu-se pela subposição 8517.62, na linha da Solução de Consulta Coana 75/2017: "Ementa: Código NCM 8517.62.77 Mercadoria: Dispositivo à bateria, na forma de um relógio de pulso, denominado comercialmente 'smart watch', que incorpora uma tela retina OLED ('diodo emissor de luz orgânico'), com *single touch*, vidro de íon X (reforçado), de 272 x 340 *pixels* (38 mm) ou de 312 x 390 *pixels* (42 mm); processador *dual core*; memória RAM de 512 MB; memória *flash* de 8 GB; microfone; alto-falante; motor de vibração; acelerômetro; giroscópio; sensor de batimento cardíaco e transceptor de rádio Wi-Fi, NFC e Bluetooth, com taxa de transmissão de 54 Mbp/s e frequência de operação de 2,4 GHz. O transceptor de rádio permite que o dispositivo se comunique com telefones celulares compatíveis por meio de rede sem fio (Wi-Fi, NFC e Bluetooth). O dispositivo executa as seguintes funções independentemente de qualquer outro dispositivo: monitoramento de treinos e de metas de atividades; medição de frequências

Parte Geral • Capítulo V • PRINCÍPIOS CONSTITUCIONAIS TRIBUTÁRIOS | **169**

entre outros – em que as próprias autoridades demoram alguns anos para formar uma interpretação consolidada acerca da NCM aplicável. Apesar disso, as importações e as fiscalizações não são interrompidas, o que faz com que o declarante, por vezes, acabe surpreendido com a constatação de que empregou uma classificação divergente da que foi posteriormente consolidada pela Receita Federal.

Um exemplo que pode ilustrar essa situação-limite envolve a classificação aduaneira dos *drones*. Em um primeiro momento, alguns Auditores-Fiscais da Receita Federal exigiam o seu enquadramento na NCM 9503.00.97 (*Outros – Outros brinquedos, com motor elétrico*)[118]. Posteriormente, a Coordenação-Geral Aduaneira (Coana) entendeu que a classificação correta seria no Capítulo 88 da NCM (*Aeronaves, aparelhos espaciais, e suas partes*)[119]. Em uma terceira fase, o Comitê do Sistema Harmonizado da OMA consolidou internacionalmente a orientação de que o enquadramento adequado seria na subposição 8525.80 (*Câmeras de televisão, câmeras fotográficas digitais e câmeras de vídeo*)[120].

Os pareceres de classificação aduaneira da OMA são adotados como vinculativos pela SRF[121]. No caso do *drone*, o novo enquadramento foi incorporado à *Quarta Edição da Coletânea de Pareceres de Classificação Fiscal*[122], aprovada pelo art. 1º da IN RFB 1.859/2018. Não obstante, é evidente que essa nova orientação não pode ser aplicada retroativamente em prejuízo do sujeito passivo que confiou na exegese pretérita. O importador que adotou a classificação indicada pela Coordenação-Geral Aduaneira pautou a sua conduta por um entendimento oficial. Seria absolutamente atentatório ao Estado de Direito e ao princípio constitucional da proteção da confiança imaginar o contrário.

---

cardíacas; exibição da hora e demais informações incorporadas no módulo relógio; reprodução de músicas já sincronizadas; exibição de fotos já sincronizadas; realização de compras".

118 RFB – DI 15/ 1025570-4. Cf. TRF-3ª Região, AI 00200950720154030000.

119 "Os VANTS (ou Drones) estão sujeitos a registro na ANAC por requisitos de aeronavegabilidade, e são projetadas para transportar uma carga ou equipamento de filmagem/fotografia para uso diverso de recreativo, equipamento esse, não essencial a voo, logo, enquadrando-se na definição legal de AERONAVE."

120 "Customs Code Committee
Tariff and Statistical Nomenclature Section
Minutes of the 184th meeting of the Customs Code Committee
(Textiles and Mechanical/Miscellaneous Sub-section)
8525 80 91 Video camera recorders and 8525 80 99
the following paragraph is added after the existing text:
'These subheadings include remotely controlled apparatus for capturing and recording video and still images which are specifically designed to be used with multi-rotor helicopters (so-called drones), for example, through dedicated contact elements. These apparatus are used for capturing video and aerial still images of the environment and allow the user to visually control the flight of the drone. Such apparatus are always classified under these subheadings regardless of the length of the video recording as the video recording is the principal function. See also the HS classification opinion 8525.80/3.'"

121 Instrução Normativa RFB 1.747/2017: "Art. 1º Fica aprovada, na forma da Coletânea disponível no sítio da Secretaria da Receita Federal do Brasil (RFB) na Internet, no endereço rfb.gov.br, a tradução para a língua portuguesa dos pareceres de classificação do Comitê do Sistema Harmonizado, da Organização Mundial das Alfândegas (OMA), atualizada até janeiro de 2017.
Parágrafo único. Em decorrência da aprovação de que trata o *caput*, ficam adotadas como vinculativas as classificações das mercadorias contidas nos pareceres traduzidos".

122 "**3. Câmera digital (14 MP) integrada a um helicóptero de quatro rotores teleguiado**, também chamado de 'drone' ou 'quadricóptero' (dimensões: 29 cm de comprimento x 29 cm de largura x 18 cm de altura; peso: 1.160 g) apresentado como um sortido para venda a retalho numa única caixa de cartão com radiotelecomando, repetidor Wi-Fi e um suporte para o telefone celular.
O alcance do repetidor Wi-Fi é de cerca de 300 metros e o voo dura aproximadamente 25 minutos antes de ter que recarregar a bateria. O operador pode usar um programa separado (aplicativo) do fabricante para controlar a câmera através de um telefone celular.
Aplicação das RGI 1, 3 b) e 6."

170 | CURSO DE DIREITO TRIBUTÁRIO – *Solon Sehn*

Ocorre que, em situações dessa natureza, o art. 101, I e II, do Decreto-lei 37/1966[123] e o art. 100, I e II, do CTN[124] estabelecem a exclusão das penalidades e outros acréscimos legais. Contudo, a diferença do crédito tributário continua devida, o que não atende inteiramente as exigências do princípio constitucional da proteção da confiança. Esse deve proteger o cidadão que motivou o seu comportamento acreditando na validade do ato do poder público. Isso requer a estabilização da orientação pretérita, mediante preservação de todas as consequências jurídicas, e não apenas a exclusão da multa.

Também são bastante comuns os casos em que o importador baseia a classificação aduaneira em decisão proferida em procedimento administrativo contencioso em que foi parte. Isso ocorre quando a DRJ ou o Carf, ao julgar a impugnação ou o recurso voluntário, mantém o auto de infração que impôs uma determinada classificação aduaneira; e o sujeito passivo, para evitar novas autuações, passa a adotá-la nas importações subsequentes. O mesmo se aplica na hipótese de provimento da impugnação ou do recurso, quando o importador volta a adotar a classificação inicial. Sabe-se que as decisões do Carf e da DRJ não são vinculantes para a Receita Federal. Todavia, sem dúvida alguma, criam uma base de confiança para o particular. Esse, após ter sido parte de um procedimento de controle de legalidade realizado por um órgão colegiado especializado, tem todos os motivos para confiar na classificação aduaneira aplicada ao produto. Seria incompatível com qualquer ideia de Estado de Direito e de segurança jurídica imaginar o contrário.

Entretanto, não há uma rigidez nem um caráter absoluto nos fatores que podem desencadear uma expectativa legítima do sujeito passivo. A proteção da confiança é um princípio constitucional e, como todo princípio, apresenta uma flexibilidade de aplicação em diferentes graus, dependendo de uma ponderação diante do caso concreto e das possibilidades jurídicas[125]. Por isso, é apenas diante das particularidades de cada caso que será possível determinar quando se têm uma relação de lealdade e, por conseguinte, uma *pretensão de permanência* digna de tutela.

4   PRINCÍPIO DA ANTERIORIDADE

O princípio constitucional da anterioridade estabelece uma *vacatio legis* obrigatória para os dispositivos de lei que instituem ou aumentam tributos, no que se incluem os aumentos diretos e os indiretos, como os decorrentes da revogação de isenções e de desonerações fiscais em geral, inclusive a revogação de hipóteses de creditamento nos tributos não cumulativos ou restrições ao direito de crédito.

---

[123] "Art. 101. Não será aplicada penalidade – enquanto prevalecer o entendimento – a quem proceder ou pagar o imposto:

I – de acordo com interpretação fiscal constante de decisão irrecorrível de última instância administrativa, proferida em processo fiscal inclusive de consulta, seja o interessado parte ou não;

[...]

III – de acordo com interpretação fiscal constante de circular, instrução, portaria, ordem de serviço e outros atos interpretativos baixados pela autoridade fazendária competente."

[124] "Art. 100. São normas complementares das leis, dos tratados e das convenções internacionais e dos decretos:

I – os atos normativos expedidos pelas autoridades administrativas;

II – as decisões dos órgãos singulares ou coletivos de jurisdição administrativa, a que a lei atribua eficácia normativa;

[...]

Parágrafo único. A observância das normas referidas neste artigo exclui a imposição de penalidades, a cobrança de juros de mora e a atualização do valor monetário da base de cálculo do tributo."

[125] ALEXY, Robert. *Teoría de los derechos fundamentales*. Madrid: Centro de Estudios Constitucionales, 1997. p. 86 e ss.

Parte Geral • Capítulo V • PRINCÍPIOS CONSTITUCIONAIS TRIBUTÁRIOS | **171**

É o que tem entendido a jurisprudência do STF, que, ademais, considera como majoração indireta a decorrente de revogação de regras de redução da base de cálculo de tributos[126], assim como a supressão e a redução de benefícios ou de incentivos fiscais, de descontos para pagamento antecipado de tributos[127]. Na ADInMC 2.325, o STF decidiu ainda que a alteração dos critérios de creditamento do ICMS deveria observar a anterioridade[128], o que foi reafirmado em liminar deferida na ADI 7181[129].

O Tribunal, entretanto, interpreta que não é necessária a observância da anterioridade nas prorrogações de regras restritivas do creditamento. Essa foi a *ratio decidendi* do RE 601.967 e do RE 603.917, julgados em regime de repercussão geral, para afastar a anterioridade em relação (i) "às normas que prorrogam a data de início da compensação de crédito tributário" (Tese II, Tema 346[130]) e (ii) "a postergação do direito do contribuinte do ICMS de usufruir de novas hipóteses de creditamento" (Tema 382)[131]. Ademais, entende a Corte que "norma legal que altera o prazo de recolhimento de obrigação tributária não se sujeita ao princípio da anterioridade" (Súmula Vinculante 50).

No ano de 1984, o STF aprovou a Súmula 615: "*O princípio constitucional da anualidade (§ 29 do art. 153 da CF) não se aplica à revogação de isenção do ICM*". De acordo com esse princípio, vigente na Constituição de 1967 (art. 150, § 29), nenhum tributo será "*cobrado em cada exercício sem prévia autorização orçamentária, ressalvados a tarifa aduaneira e o imposto lançado por motivo de guerra*". O seu conteúdo já havia sido alterado pela Emenda Constitucional 01/1969 (art. 153, § 29), que vedava a cobrança "*em cada exercício, sem que a lei o houver instituído ou aumentado esteja em vigor antes do início do exercício financeiro, ressalvados a tarifa alfandegária e a de transporte, o imposto sobre produtos industrializados e o imposto lançado por motivo de*

---

[126] "Segundo a firme jurisprudência do Supremo Tribunal Federal, não só a majoração direta de tributos atrai a necessidade de observância do princípio da anterioridade, mas também a majoração indireta decorrente de revogação de benefícios fiscais e de redução de base de cálculo" (STF, 1ª T., ARE 1318351 AgR, Rel. Min. Dias Toffoli, *DJe* 07.10.2021).

[127] "Precedentes recentes de ambas as Turmas desta Corte estabelecem que se aplica o princípio da anterioridade tributária, geral e nonagesimal, nas hipóteses de redução ou de supressão de benefícios ou de incentivos fiscais, haja vista que tais situações configuram majoração indireta de tributos. 3. Ressalva do ponto de vista pessoal do Relator, em sentido oposto, na linha do decidido na ADI 4016 MC, no sentido de que 'a redução ou a extinção de desconto para pagamento de tributo sob determinadas condições previstas em lei, como o pagamento antecipado em parcela única, não pode ser equiparada à majoração do tributo em questão', no caso, o IPVA. Não-incidência do princípio da anterioridade tributária'" (STF, Tribunal Pleno, RE 564225 AgR-EDv-AgR, Rel. Min. Alexandre de Moraes, *DJe* 04.12.2019). "A redução ou a supressão de benefício fiscal deve observar a anterioridade nonagesimal, prevista na alínea 'c' do inciso III do artigo 150 da CF/1988" (STF, 1ª T., RE 1.237.982 AgR, Rel. Min. Marco Aurélio, Rel. p/ Ac. Min. Alexandre de Moraes, *DJe* 27.05.2020).

[128] "O Tribunal, por unanimidade, apreciando a questão do princípio da anterioridade, deferiu, em parte, a cautelar para, mediante interpretação conforme à Constituição e sem redução de texto, afastar a eficácia do artigo 7º da Lei Complementar 102, de 11 de julho de 2000, no tocante à inserção do § 5º do artigo 20 da Lei Complementar 87/96 e às inovações introduzidas no artigo 33, II, da referida lei, bem como à inserção do inciso IV. Observar-se-á, em relação a esses dispositivos, a vigência consentânea com o dispositivo constitucional da anterioridade, vale dizer, terão eficácia a partir de 1º de janeiro de 2001" (ADInMC 2.325, Rel. Min. Marco Aurélio, *DJ* 06.10.2006).

[129] STF, Tribunal Pleno, ADI 7.181 MC, Rel. Min. Dias Toffoli, *DJe* 09.08.2022.

[130] "O Princípio da anterioridade nonagesimal (ou noventena) é exigível apenas para as leis que instituem ou majoram tributos. A incidência da norma não precisa observar o prazo de 90 (noventa) dias da data da publicação que prorrogou o direito à compensação, nos termos do artigo 150, III, alínea 'c', da Constituição" (STF, Tribunal Pleno, RE 601.967, Rel. Min. Marco Aurélio, Rel. p/ Ac. Min. Alexandre de Moraes, *DJe* 04.09.2020). Tema 346 – Tese II: "II – Conforme o artigo 150, III, 'c', da CF/1988, o princípio da anterioridade nonagesimal aplica-se somente para leis que instituem ou majoram tributos, não incidindo relativamente às normas que prorrogam a data de início da compensação de crédito tributário".

[131] STF, Tribunal Pleno, RE 603917, Rel. Min. Rosa Weber, *DJe* 18.11.2019: Tema 382; tese: "A postergação do direito do contribuinte do ICMS de usufruir de novas hipóteses de creditamento, por não representar aumento do tributo, não se sujeita à anterioridade nonagesimal prevista no art. 150, III, 'c', da Constituição".

guerra e demais casos previstos nesta Constituição". Na Constituição Federal de 1988, por sua vez, o princípio da anualidade foi substituído pelo princípio da anterioridade tributária. Assim, a Súmula 615 não é mais aplicável, inclusive porque a jurisprudência mais recente do STF tem exigido a observância da anterioridade na supressão de benefícios fiscais.

A anterioridade é uma derivação do princípio geral da segurança jurídica. Trata-se de um princípio que visa a proporcionar uma adaptação dos contribuintes e dos agentes econômicos, por meio do deslocamento do termo inicial de vigência[132] das leis que instituírem ou aumentarem tributos para o exercício financeiro seguinte (CF, art. 150, III, "b"), observado o mínimo de noventa dias (alínea "c"):

> Art. 150. Sem prejuízo de outras garantias asseguradas ao contribuinte, é vedado à União, aos Estados, ao Distrito Federal e aos Municípios:
> [...]
> III – cobrar tributos:
> [...]
> b) no mesmo exercício financeiro em que haja sido publicada a lei que os instituiu ou aumentou; (Vide Emenda Constitucional nº 3, de 1993)
> c) antes de decorridos noventa dias da data em que haja sido publicada a lei que os instituiu ou aumentou, observado o disposto na alínea *b*; (Incluído pela Emenda Constitucional nº 42, de 19.12.2003).
> [...]
> § 1º A vedação do inciso III, *b,* não se aplica aos tributos previstos nos arts. 148, I, 153, I, II, IV e V; e 154, II; e a vedação do inciso III, *c,* não se aplica aos tributos previstos nos arts. 148, I, 153, I, II, III e V; e 154, II, nem à fixação da base de cálculo dos impostos previstos nos arts. 155, III, e 156, I.

No direito brasileiro, o exercício financeiro corresponde ao ano civil, iniciando no dia 1º de janeiro e encerrando em 31 de dezembro. A anterioridade não equivale a uma exigência de anualidade da lei. Um tributo instituído no mês de julho de 2022 pode ser cobrado em relação eventos imponíveis ocorridos a partir de janeiro de 2023, ou seja, antes do prazo de um ano. O problema é que, justamente por isso, houve muitos casos em que o Poder Executivo, por meio de medida provisória publicada no último dia do ano, promovia aumentos na carga tributária exigíveis já no dia 1º de janeiro. Dessa forma, o enunciado do princípio constitucional era cumprido em sua literalidade, mas violado finalisticamente, sem oferecer qualquer previsibilidade. Apesar da objeção doutrinária[133], a prática foi admitida pela jurisprudência do STF[134], o que

---

[132] A anterioridade, como ressalta Paulo de Barros Carvalho, implica um deslocamento do termo inicial da vigência, entendida como tal a propriedade da norma jurídica, que reflete a aptidão para propagar seus efeitos previstos, diante da ocorrência concreta do evento descrito em seu antecedente (CARVALHO, Paulo de Barros. *Curso de direito tributário.* 13. ed. São Paulo: Saraiva, 2000. p. 79-127). No mesmo sentido: MOUSSALLEM, Tárek Moysés. *Revogação em matéria tributária.* São Paulo: Noeses, 2005. p. 147-148. Já para Roque Carrazza, a lei fica com a *eficácia paralisada,* de sorte que somente poderá incidir sobre fatos ocorridos a partir de então (CARRAZZA, Roque Antonio. *Curso de direito constitucional tributário.* 16. ed. São Paulo: Malheiros, 2001. p. 138).

[133] Mas não para a melhor doutrina, uma vez que, como ressalta Roque Carrazza, essa exigência já decorria da interpretação sistemática do texto constitucional, considerando, sobretudo, a anterioridade nonagesimal do art. 195, § 6º, que, enquanto garantia mitigada, não poderia proteger mais que a anterioridade geral. Sobre o tema, cf.: CARRAZZA, Roque Antonio. *Curso de direito constitucional tributário.* 16. ed. São Paulo: Malheiros, 2001. p. 175 e ss.

[134] "Imposto de renda e contribuição social sobre o lucro: compensação de prejuízos fiscais: limitação imposta pelos artigos 42 e 58 da Medida Provisória 812/94, convertida na L. 8.981/95: princípio da anterioridade. Publicada a Medida Provisória no Diário Oficial de 31.12.1994, sábado, que circulou na mesma data, não

Parte Geral • Capítulo V • PRINCÍPIOS CONSTITUCIONAIS TRIBUTÁRIOS | 173

motivou a promulgação da Emenda 42/2003, impondo na alínea "c" um prazo de noventa dias entre a publicação do ato normativo e a efetiva cobrança.

Portanto, nas hipóteses de instituição ou de aumento de tributos, o termo inicial da vigência da lei é deslocado para o exercício financeiro seguinte (art. 150, III, "b"), observado o prazo mínimo de noventa dias (alínea "c"). Nesse período, como não há incidência, fica vedada a cobrança do crédito tributário.

Há três grupos de exceções ao princípio da anterioridade. O primeiro é formado pelas contribuições para a seguridade social, previstas no art. 195 da Constituição, que estão sujeitas à anterioridade nonagesimal ou mitigada do § 6°, podendo ser exigidas *após decorridos noventa dias da data da publicação da lei que as houver instituído ou modificado*. Basta o decurso do prazo de noventa dias, independentemente do exercício financeiro. O mesmo aplica-se ao IPI (art. 153, III), ao ICMS sobre combustíveis e lubrificantes (art. 155, § 4°, IV, "c"[135]) e à contribuição interventiva do § 4° do art. 177[136], que não necessitam observar a exigência da alínea "b", mas submetem-se à alínea "c". O segundo grupo é formado pelos tributos previstos no art. 148, I (empréstimo compulsório em caso de calamidade ou guerra externa), no art. 153, I e II (impostos de importação e de exportação), V (IOF) e no art. 154, II (impostos extraordinários). Esses são dispensados da exigência das alíneas "b" e "c", o que significa que podem ser cobrados imediatamente após a publicação da lei que os instituir ou aumentar. O terceiro grupo abrange o imposto de renda (art. 153, III) e a definição da base de cálculo do IPVA (art. 155, III) e do IPTU (art. 156, I), que são exceções da exigência da alínea "c", ou seja, não estão submetidos ao prazo mínimo de noventa dias, mas permanecem submetidos à alínea "b".

Ressalte-se que parte da doutrina prefere explicar o princípio da anterioridade categorizando diferentes espécies ou modalidades em função dos dispositivos constitucionais que a disciplinam. Haveria, assim, uma *anterioridade geral ou de exercício* na alínea "b" do inciso III do art. 150, com as seguintes exceções: o empréstimo compulsório em caso de calamidade ou guerra externa (art. 148, I); os impostos de importação e de exportação (art. 153, I e II); o IPI (art. 153, IV); o IOF (art. 153, V); e os impostos extraordinários (art. 154, II). Outra seria a *anterioridade especial*, prevista na alínea "c" do inciso III do art. 150, aplicável a todos os tributos, ressalvados o empréstimo compulsório do art. 148, I, os impostos de importação e de exportação (art. 153, I e II), o imposto de renda (art. 153, III), do IOF (art. 153, V), os impostos extraordinários (art. 154, II) e, na definição da base de cálculo, o IPVA (art. 155, III) e o IPTU (art. 156, I). Já no § 6° do art. 195, haveria a *anterioridade nonagesimal*, relativa às contribuições para a seguridade social.

Entre as exceções acima, destacam-se as relativas aos impostos de importação e de exportação. Esses têm finalidade extrafiscal, o que equivale a dizer que não se destinam à obtenção de recursos, mas à realização de políticas econômicas do Estado brasileiro. Assim, por meio da modulação das alíquotas, podem-se incentivar determinadas operações de comércio exterior, reduzindo, por exemplo, o custo da importação de insumos ou de máquinas e equipamentos industriais. Também é possível estimular a aquisição de produtos acabados, proporcionando um aumento da oferta para fazer frente a um excesso de demanda e a pressões inflacionárias.

---

ocorre, quanto à alteração relativa ao imposto de renda, violação do princípio da anterioridade; o mesmo não se dá, entretanto, no tocante à contribuição social sobre o lucro, sujeita à anterioridade nonagesimal (CF, art. 195, § 6°): precedentes. RE conhecido, em parte, e nela provido" (STF, 1ª T., RE 232.710, Rel. Min. Octavio Gallotti, Rel. p/ Ac. Min. Sepúlveda Pertence, *DJ* 25.06.2004).

[135] "Art. 155. [...] § 4° Na hipótese do inciso XII, 'h', observar-se-á o seguinte: [...] IV – as alíquotas do imposto serão definidas mediante deliberação dos Estados e Distrito Federal, nos termos do § 2°, XII, 'g', observando-se o seguinte: [...] c) poderão ser reduzidas e restabelecidas, não se lhes aplicando o disposto no art. 150, III, 'b'. (Incluído pela Emenda Constitucional 33, de 2001)"

[136] "Art. 177. [...] § 4° [...] I – a alíquota da contribuição poderá ser: (Incluído pela Emenda Constitucional 33, de 2001) [...] b) reduzida e restabelecida por ato do Poder Executivo, não se lhe aplicando o disposto no art. 150, III, 'b'. (Incluído pela Emenda Constitucional 33, de 2001)"

Nada disso poderia ser atingido de forma eficaz se o aumento da alíquota tivesse que aguardar o exercício financeiro seguinte.

A necessidade de cobrança imediata também é o que justifica a exceção do empréstimo compulsório em caso de calamidade ou guerra externa (art. 148, I) e do imposto extraordinário (art. 154, II). Seria absolutamente desproporcionado, diante de situações excepcionais e urgentes como uma calamidade pública ou uma guerra, vedar a cobrança no mesmo exercício financeiro.

Recorde-se que, nos termos do art. 62, § 2º, da Constituição: "§ 2º Medida provisória que implique instituição ou majoração de impostos, exceto os previstos nos arts. 153, I, II, IV, V, e 154, II, só produzirá efeitos no exercício financeiro seguinte se houver sido convertida em lei até o último dia daquele em que foi editada. (Incluído pela Emenda Constitucional nº 32, de 2001)". Na interpretação desse dispositivo, deve-se ter presente que, de acordo com o RE 568.503 (Tema 278), se o tributo foi instituído ou aumentado na lei de conversão, o termo inicial da anterioridade é a data da publicação desta, e não da medida provisória. Essa orientação foi fixada em relação à anterioridade nonagesimal do art. 195, § 6º, da Constituição. No entanto, a *ratio decidendi* do julgado é aplicável nas hipóteses das alíneas "b" e "c" do inciso III do art. 150[137].

Além disso, durante o período de transição da Reforma Tributária, a Emenda 132/2023 prevê que as alíquotas de referência definidas por Resolução do Senado Federal para *calibração* da CSB e do IBS serão excepcionadas da anterioridade da alínea "c" (ADCT, art. 130, § 1º)[138].

5 PRINCÍPIO DA CAPACIDADE CONTRIBUTIVA

5.1 Conteúdo jurídico

No Estado contemporâneo, o princípio da capacidade contributiva é reconhecido como um direito fundamental dos cidadãos, mesmo quando não previsto expressamente no texto constitucional[139]. É o que ocorre, *v.g.*, na Alemanha, onde é considerada uma derivação do princípio da igualdade[140], apesar de não enunciada pela Lei Fundamental de Bonn[141]. No Brasil, a Constituição de 1967 e a Emenda 01/1969 não repetiram a previsão do art. 202 da Constituição

---

[137] STF, Tribunal Pleno, RE 568.503, Rel. Min. Cármen Lúcia, *DJe* 14.03.2014: Tema 278; tese fixada: "I – A contribuição para o PIS está sujeita ao princípio da anterioridade nonagesimal previsto no art. 195, § 6º, da Constituição Federal; II – Nos casos em que a majoração de alíquota tenha sido estabelecida somente na conversão de medida provisória em lei, a contribuição apenas poderá ser exigida após noventa dias da publicação da lei de conversão". Redação aprovada nos termos do item 2 da Ata da 12ª Sessão Administrativa do STF, realizada em 09.12.2015.

[138] "Art. 130. Resolução do Senado Federal fixará, para todas as esferas federativas, as alíquotas de referência dos tributos previstos nos arts. 156-A e 195, V, da Constituição Federal, observados a forma de cálculo e os limites previstos em lei complementar, de forma a assegurar: [...] § 1º As alíquotas de referência serão fixadas no ano anterior ao de sua vigência, não se aplicando o disposto no art. 150, III, "c", da Constituição Federal, com base em cálculo realizado pelo Tribunal de Contas da União."

[139] Atualmente, o princípio é previsto expressamente nos textos constitucionais da Itália, Espanha, Grécia, Liechtenstein, Croácia, Hungria, Rússia, Turquia, Argélia, Marrocos, de cantões suíços, entre outros (TIPKE, Klaus. *Moral tributaria del Estado y de los contribuyentes*. Madrid: Marcial Pons, 2002. p. 34).

[140] TIPKE, Klaus; LANG, Joachim. *Direito tributário (Steuerrecht)*. Porto Alegre: Fabris, 2008. v. I, p. 200; KIRCHHOF, Paul. *Tributação no Estado constitucional*. Trad. Pedro Adamy. São Paulo: Quartier Latin, 2016. p. 32; MOLINA, Pedro M. Herrera. *Capacidad económica y sistema fiscal*: análisis del ordenamiento español a luz del derecho alemán. Madrid: Marcial Pons, 1998. p. 65; TABOADA, Carlos Palao. *Capacidad contributiva, no confiscatoriedad y otros estudios de derecho constitucional tributario*. Pamplona: Civitas-Thomson Reuters, 2018. p. 192; FALSITTA, Gaspare. *Il principio della capacità contributiva nel suo svolgimento storico prima e dopo la costituzione repubblicana*: schermaglie dialettiche su "scuole" e "maestri" del passato. Milano: Giuffrè, 2014. p. 139; FALSITTA, Gaspare. *Manuale di diritto tributario: parte generale*. 12. ed. Milano: Cedam, 2023. p. 157 e ss.; AMATUCCI, Fabrizio. *Principi e nozioni di diritto tributario*. 5. ed. Torino: G. Giappichelli, 2023. p. 33 e ss.

[141] Ao contrário do que fazia a Constituição Imperial de Weimar de 1919 (art. 134).

Parte Geral • Capítulo V • PRINCÍPIOS CONSTITUCIONAIS TRIBUTÁRIOS | 175

de 1946[142]. Entretanto, a doutrina nunca teve dúvidas de seu assento constitucional[143], que hoje é novamente expresso na Constituição Federal de 1988.

O princípio foi consagrado no art. 13 da Declaração Francesa dos Direitos do Homem e do Cidadão de 1789[144] e nas Constituições Europeias dos Séculos XIX e XX, por influência das concepções jusnaturalistas da filosofia escolástica, em especial da obra de São Tomás de Aquino. Na economia, foram relevantes as reflexões de Adam Smith[145]. No direito, as bases científicas de seu estudo foram iniciadas na Itália, a partir das obras de Ricca Salerno, Santi Romano, Oreste Ranelletti e Benevento Griziotti[146].

A afirmação do princípio da capacidade contributiva teve diversas fases. No início, foi considerado um preceito programático, uma *caixa vazia* ou simples diretiva ao legislador, a quem caberia o juízo de idoneidade econômica do evento imponível. Com o tempo, sobretudo em razão da atuação construtiva da jurisprudência dos tribunais constitucionais de países da Europa, foi

---

[142] "Art. 202. Os tributos terão caráter pessoal, sempre que isso for possível, e serão graduados conforme a capacidade econômica do contribuinte."

[143] BALEEIRO, Aliomar. *Limitações constitucionais ao poder de tributar*. 8. ed. Rio de Janeiro: Forense, 2010. p. 687-688. Para Aliomar Baleeiro, o princípio da capacidade contributiva é decorrência do regime democrático e do princípio da isonomia.

[144] "Artigo 13º Para a manutenção da força pública e para as despesas de administração é indispensável uma contribuição comum, que deve ser repartida entre os cidadãos de acordo com as suas possibilidades."

[145] A doutrina italiana atribui as origens do princípio às ideias de Tomás de Aquino. Para os autores alemães, por sua vez, a origem do princípio também é relacionada ao pensamento de Adam Smith. Entre nós, a contribuição de ambos os pensadores é reconhecida.

[146] Ressalte-se ainda que, para muitos autores, a teorização do princípio no direito tributário deve-se à Griziotti. Contudo, como demonstra Gaspare Falsitta, as construções de Ricca Salerno, Santi Romano, Oreste Ranelletti foram anteriores, o que, evidentemente, não diminui a importância das teorizações do fundador da Escola de Pavia. Sobre o tema, cf.: FALSITTA, Gaspare. *Il principio della capacità contributiva nel suo svolgimento storico prima e dopo la costituzione repubblicana*: schermaglie dialettiche su "scuole" e "maestri" del passato. Milano: Giuffrè, 2014. p. 88-89; MICHELI, Gian Antonio. *Corso di diritto tributario*. Torino: UTET, 1970. p. 78 e ss.; GAFFURI, Gianfranco. *La nozione della capacità contributiva e un essenziale confronto di idee*. Milano: Giuffrè, 2016. p. 16 e ss.; TABOADA, Carlos Palao. *Capacidad contributiva, no confiscatoriedad y otros estudios de derecho constitucional tributario*. Pamplona: Civitas-Thomson Reuters, 2018. p. 40 e ss. e p. 159 e ss.; UCK-MAR, Victor. *Princípios comuns do direito constitucional tributário*. Trad. Marco Aurelio Greco. 2. ed. São Paulo: Malheiros, 1999. p. 78 e ss.; BALEEIRO, Aliomar. *Limitações constitucionais ao poder de tributar*. 8. ed. Rio de Janeiro: Forense, 2010. p. 688 e ss.; TIPKE, Klaus; LANG, Joachim. *Direito tributário* (Steuerrecht). Porto Alegre: Fabris, 2008. v. I, p. 200 e ss.; BIRK, Dieter. *Diritto tributario tedesco*. Trad. Enrico de Mita. Milano: Giuffrè, 2006. p. 12; MITA, Enrico de. *Interesse fiscale e tutela del contribuente: le garanzie costituzionali*. 4. ed. Milano: Giuffrè, 2000. p. 79 e ss.; MITA, Enrico de. *Principi di diritto tributario*. 7. ed. Milano: Giuffrè, 2019. p. 89 e ss.; RUSSO, Pasquale; FRANSONI, Guglielmo; CASTALDI, Laura. *Istituzioni di diritto tributario*. 2. ed. Milano: Giuffrè, 2016. p. 21 e ss.; MEIRELLES, José Ricardo. O princípio da capacidade contributiva. *Revista de Informação Legislativa do Senado Federal*, Brasília, n. 136, p. 333-340, out./dez. 1997; COSTA, Regina Helena. *Princípio da capacidade contributiva*. 2. ed. São Paulo: Malheiros, 1996. p. 15 e ss.; LACOMBE, Américo Lourenço Masset. *Princípios constitucionais tributários*. São Paulo: Malheiros, 1996. p. 9 e ss.; NOBRE JÚNIOR, Edilson Pereira. *Princípio constitucional da capacidade contributiva*. Porto Alegre: Fabris, 2001. p. 17 e ss. Sobre o princípio, cf. ainda: NEUMARK, Fritz. *Principios de la imposición*. Trad. Luis Gutiérrez Andrés. 2. ed. Madrid: Instituto de Estudios Fiscales, 1994. p. 106 e ss.; BECKER, Alfredo Augusto. *Teoria geral do direito tributário*. 3. ed. São Paulo: Lejus, 1998. p. 499 e ss.; HORVATH, Estevão. *O princípio do não confisco no direito tributário*. São Paulo: Dialética, 2002. p. 70 e 137; GOLDSCHMIDT, Fabio Brun. *O princípio do não confisco no direito tributário*. São Paulo: RT, 2003. p. 146; GONÇALVES, José Artur Lima. *Isonomia na norma tributária*. São Paulo: Malheiros, 1993. p. 68; TIPKE, Klaus; YAMASHITA, Douglas. *Justiça fiscal e princípio da capacidade contributiva*. São Paulo: Malheiros, 2002; VIZCAÍNO, Catalina García. *Derecho tributario*: consideraciones económicas y jurídicas. 2. ed. Buenos Aires: Depalma, 1999. t. I, p. 55-57, p. 277 e ss.; RAYA, Francisco José Carrera. *Manual de derecho financiero*. Madrid: Tecnos, 1994. v. I, p. 91 e ss.; LAPATZA, José Juan Ferreiro. *Curso de derecho financiero español*: derecho financiero. 22. ed. Madrid-Barcelona: Marcial Pons, 2000. v. I, p. 53 e ss.; VILLEGAS, Héctor B. *Manual de finanzas públicas*: la economía jurídicamente regulada del sector público en el mundo globalizado. Buenos Aires: Depalma, 2000. p. 202 e ss.; KIRCHHOF, Paul. *Tributação no Estado constitucional*. Trad. Pedro Adamy. São Paulo: Quartier Latin, 2016. p. 27 e ss.

176 | CURSO DE DIREITO TRIBUTÁRIO – *Solon Sehn*

admitido o controle de constitucionalidade de tributos instituídos sem a observância da capacidade econômica do obrigado. Assim, ao longo dos anos, de um princípio abstrato converteu-se em um direito fundamental do contribuinte, vale dizer, um direito público subjetivo de ser tributado de acordo com suas disponibilidades econômicas[147]. Atualmente, como assinalam Klaus Tipke e Joachim Lang, a capacidade contributiva é um *princípio fundamental universalmente reconhecido de uma imposição justa*, que marca o direito tributário da mesma forma que o princípio da autonomia privada marca do direito civil[148].

No direito brasileiro, há tempo já se tem como pacífico que, em decorrência desse princípio, é vedada a tributação de eventos não reveladores de riqueza ou de capacidade econômica, isto é, sem aptidão objetiva para concorrer às despesas públicas. Trata-se de um princípio previsto expressamente no § 1º do art. 145 da Constituição: *"Sempre que possível, os impostos terão caráter pessoal e serão graduados segundo a capacidade econômica do contribuinte, facultado à administração tributária, especialmente para conferir efetividade a esses objetivos, identificar, respeitados os direitos individuais e nos termos da lei, o patrimônio, os rendimentos e as atividades econômicas do contribuinte".*

A rigor, a expressão *sempre que possível* encontrada no § 1º do art. 145 mostra-se redundante. Isso porque, ao disciplinar as condutas intersubjetivas, o direito positivo sempre opera no pressuposto da possibilidade[149]. Por isso, a doutrina e a jurisprudência entendem que o princípio é obrigatório e vinculante[150].

A Emenda 132/2023 incluiu um novo parágrafo no art. 145 da Constituição: "§ 3º O Sistema Tributário Nacional deve observar os princípios da simplicidade, da transparência, da justiça tributária, da cooperação e da defesa do meio ambiente". Esse preceito completa o sentido jurídico do princípio da capacidade contributiva, impondo ao legislador o dever constitucional de estabelecer um sistema tributário justo. Com isso, fica afastada qualquer discussão acerca da facultatividade do princípio constitucional e da possível restrição de sua aplicabilidade apenas aos impostos.

---

[147] Para a compreensão da *crise e da reabilitação* do princípio nos tribunais constitucionais da Alemanha, Espanha e Itália: MOLINA, Pedro M. Herrera. *Capacidad económica y sistema fiscal*: análisis del ordenamiento español a luz del derecho alemán. Madrid: Marcial Pons, 1998. p. 23-101; Ver ainda: Sobre a evolução doutrinária e jurisprudencial na Itália, cf.: MITA, Enrico de. *Interesse fiscale e tutela del contribuente: le garanzie costituzionali*. 4. ed. Milano: Giuffrè, 2000. p. 86; MITA, Enrico de. *Principi di diritto tributario*. 7. ed. Milano: Giuffrè, 2019. p. 90; TABOADA, Carlos Palao. *Capacidad contributiva, no confiscatoriedad y otros estudios de derecho constitucional tributario*. Pamplona: Civitas-Thomson Reuters, 2018. p. 45-46, que faz referência à evolução do pensamento de Berliri nesse sentido, para quem o princípio seria dirigido ao legislador, mas que, em edições mais recentes de sua obra, admitiu o controle de constitucionalidade de leis contrárias ao princípio da capacidade contributiva.

[148] TIPKE, Klaus; LANG, Joachim. *Direito tributário (Steuerrecht)*. Porto Alegre: Fabris, 2008. v. I, p. 201. Para uma visão crítica à concepção centralizadora do princípio, TABOADA, Carlos Palao. *Capacidad contributiva, no confiscatoriedad y otros estudios de derecho constitucional tributario*. Pamplona: Civitas-Thomson Reuters, 2018. p. 160-161.

[149] CARVALHO, Paulo de Barros. *Direito tributário:* fundamentos jurídicos da incidência. 2. ed. São Paulo: Saraiva, 1999. p. 30. Ver ainda: CARVALHO, Aurora Tomazini de. *Curso de teoria geral do direito*: o construtivismo lógico- semântico. 5. ed. São Paulo: Noeses, 2016. p. 315.

[150] COSTA, Regina Helena. *Princípio da capacidade contributiva*. 2. ed. São Paulo: Malheiros, 1996. p. 87. No mesmo sentido: NOBRE JÚNIOR, Edilson Pereira. *Princípio constitucional da capacidade contributiva*. Porto Alegre: Fabris, 2001. p. 28-29; CARRAZZA, Roque Antonio. *Curso de direito constitucional tributário*. 16. ed. São Paulo: Malheiros, 2001. p. 90 e ss. Alguns autores assinalam que essa referência diz respeito à pessoalidade (COÊLHO, Sacha Calmon Navarro. *Curso de direito tributário brasileiro*. 4. ed. Rio de Janeiro: Forense, 1999. p. 76).

Parte Geral • Capítulo V • PRINCÍPIOS CONSTITUCIONAIS TRIBUTÁRIOS | 177

O princípio da capacidade contributiva pode ser resumido na máxima *deve porque pode*, constituindo, antes de tudo, uma norma prudencial ou exigência lógica[151], já que não é razoável pretender se arrecadar onde não há o que ser arrecadado[152]. Representa a afirmação de que, para ser tributada, a situação de fato prevista na legislação deve apresentar uma idoneidade ou consistência econômica, também denominada *força econômica* pela doutrina italiana. Essa serve de pressuposto e limite para o dimensionamento da imposição e, ao mesmo tempo, como medida de repartição isonômica da carga tributária[153]. Da relação de complementariedade entre esses dois princípios decorrem, por um lado, a obrigatoriedade de um *sistema tributário progressivo*, caracterizado pela predominância de tributos com alíquotas majoradas em razão do aumento da capacidade econômica do obrigado; e, de outro, a vedação de tributos *per capita*, que gravam da mesma forma todos os indivíduos, independentemente de sua condição financeira[154].

5.2 Tributos aplicáveis

O STF entende que, embora o § 1º do art. 145 faça referência apenas a *impostos*, "todos os tributos submetem-se ao princípio da capacidade contributiva"[155]. A interpretação da Corte Constitucional esvazia a discussão em torno da inaplicabilidade do princípio às taxas e às contribuições especiais, o que foi reforçado pela Emenda da Reforma Tributária (Emenda 132/2023). Essa incluiu um § 3º no art. 145, prevendo que o Sistema Tributário Nacional – todo o sistema, e não uma espécie tributária em particular – será informado pelo princípio da justiça tributária, que tem na tributação segundo a capacidade contributiva uma de suas dimensões. Não há dúvidas, assim, da aplicabilidade do princípio a todos os tributos.

Em relação às taxas, deve-se ter presente que, segundo a Jurisprudência do STF, o tributo não pode exceder *flagrante e desproporcionalmente os custos da atividade estatal*[156],o que é interpretado como decorrência da dimensão do custo-benefício da capacidade contributiva[157] e, em outros acórdãos, do princípio da vedação ao confisco[158]. Trata-se, contudo, de exigência que não

---

[151] A ideia de *exigência lógica*, como ressalta Molina, é encontrada em decisões do Tribunal Constitucional Espanhol (MOLINA, Pedro M. Herrera. *Capacidad económica y sistema fiscal*: análisis del ordenamiento español a luz del derecho alemán. Madrid: Marcial Pons, 1998. p. 44).

[152] "La capacidad económica es también una norma prudencial, pues nos es sensato querer recaudar donde no hay nada" (TIPKE, Klaus. *Moral tributaria del Estado y de los contribuyentes*. Madrid: Marcial Pons, 2002. p. 36).

[153] MOLINA, Pedro M. Herrera. *Capacidad económica y sistema fiscal*: análisis del ordenamiento español a luz del derecho alemán. Madrid: Marcial Pons, 1998. p. 47; UCKMAR, Victor. *Princípios comuns do direito constitucional tributário*. Trad. Marco Aurelio Greco. 2. ed. São Paulo: Malheiros, 1999. p. 85; MITA, Enrico de. *Interesse fiscale e tutela del contribuente: le garanzie costituzionali*. 4. ed. Milano: Giuffrè, 2000. p. 81 e ss.

[154] TIPKE, Klaus; LANG, Joachim. *Direito tributário* (*Steuerrecht*). Porto Alegre: Fabris, 2008. v. I, p. 204.

[155] STF, 2ª T., RE 406.955 AgR, Rel. Min. Joaquim Barbosa, *DJe* 21.10.2011). Cf. ainda: STF, Tribunal Pleno, ADI 5.374 MC-AgR, Rel. Min. Roberto Barroso, *DJe* 08.07.2020. Cf. ainda: "todos os impostos, independentemente de seu caráter real ou pessoal, devem guardar relação com a capacidade contributiva do sujeito passivo" (STF, 2ª T., RE 720.945 AgR, Rel. Min. Ricardo Lewandowski, *DJe* 18.09.2014).

[156] STF, Tribunal Pleno, ADI 5.498, Rel. Min. Roberto Barroso, *DJe* 12.03.2021; tese fixada: "Viola o princípio da capacidade contributiva, na dimensão do custo/benefício, a instituição de taxa de polícia ambiental que exceda flagrante e desproporcionalmente os custos da atividade estatal de fiscalização".

[157] "[...] os valores de grandeza fixados pela lei estadual em conjunto com o critério do volume hídrico utilizado (1 m³ ou 1000 m³) fazem com que o tributo exceda desproporcionalmente o custo da atividade estatal de fiscalização, violando o princípio da capacidade contributiva, na dimensão do custo/benefício – princípio da equivalência –, que deve ser aplicado às taxas. [...]" (STF, Tribunal Pleno, ADI 5.374, Rel. Min. Roberto Barroso, *DJe* 12.03.2021).

[158] Fundamentando o princípio da equivalência na vedação ao confisco (art. 150, IV), cf.: "Se o valor da taxa, no entanto, ultrapassar o custo do serviço prestado ou posto à disposição do contribuinte, dando causa, assim, a uma situação de onerosidade excessiva, que descaracterize essa relação de equivalência entre os fatores referidos (o custo real do serviço, de um lado, e o valor exigido do contribuinte, de outro), configurar-se-á,

decorre propriamente da capacidade contributiva nem da vedação ao confisco, mas do *princípio da equivalência* ou *equivalência individual*[159], que veda a instituição de taxas superavitárias ou que excedam o custo da atuação estatal. Em outros julgados, o STF ressaltou que há *espaço para a verificação da capacidade econômica* em matéria de taxas. Isso serviu de fundamento para afastar a constitucionalidade de sua incidência *sobre o patrimônio do sujeito passivo comprovadamente hipossuficiente*[160]. Dessa forma, o que se observa é que, de acordo com a jurisprudência do Tribunal, as taxas devem observar o princípio da equivalência e uma dimensão negativa do princípio da capacidade contributiva, que veda a incidência de tributos sobre sujeitos passíveis desprovidos de condições financeiras para o seu pagamento.

Também parece acertada a interpretação que exige sua observância nas contribuições. Seria equivocado aplicar ao direito brasileiro a lição doutrinária que afasta a aplicabilidade do princípio da capacidade contributiva nesses tributos. Trata-se de exegese formulada a partir de pressupostos distintos. Teve como premissa as contribuições especiais *clássicas*, que têm como hipótese de incidência uma atuação estatal indiretamente referida ao contribuinte. Essas são informadas pelo princípio do benefício, sendo exigidas em função de uma vantagem obtida pelo contribuinte decorrente de uma atuação estatal ou de uma despesa especial gerada pelo sujeito passivo ao ente tributante (referibilidade mediata). No direito brasileiro, devido às particularidades do regime constitucional das contribuições, poucas reúnem essas características, talvez apenas as contribuições de melhoria. Por isso, sendo tributos exigidos em razão de fatos do contribuinte desvinculados de uma atuação estatal, não há fundamento para dispensar a observância dos ditames do princípio da capacidade contribuinte.

Na verdade, mesmo as contribuições de melhoria e as contribuições especiais clássicas (com referibilidade) não podem ser instituídas sem a observância da capacidade contributiva. É certo que o princípio do benefício visa ao restabelecimento da isonomia, uma vez que não seria razoável um ganho econômico maior de poucos às custas de uma obra paga por todos. Entretanto, isso não afasta o direito fundamental de ser tributado de acordo com suas disponibilidades econômicas, que também é uma derivação do princípio da igualdade. Assim, por exemplo, é evidente que obras públicas em comunidades carentes, sem a menor condição financeira para arcar com o pagamento de tributos, não podem dar ensejo à instituição de contribuição de melhoria. Seria absolutamente irrazoável, contrário à dignidade da pessoa humana, verdadeira distorção do

---

então, quanto a essa modalidade de tributo, hipótese de ofensa à cláusula vedatória inscrita no art. 150, IV, da CF" (STF, Tribunal Pleno, ADI 2.551 MC-QO, Rel. Min. Celso de Mello, *DJ* 20.04.2006).

[159] TIPKE, Klaus; LANG, Joachim. *Direito tributário (Steuerrecht)*. Porto Alegre: Fabris, 2008. v. I, p. 204.

[160] STF, Tribunal Pleno, RE 1.018.911, Rel. Min. Luiz Fux, *DJe* 02.12.2021 (Tema 988 – "Possibilidade de desoneração do estrangeiro com residência permanente no Brasil em relação às taxas cobradas para o processo de regularização migratória"; Tese fixada: "É imune ao pagamento de taxas para registro da regularização migratória o estrangeiro que demonstre sua condição de hipossuficiente, nos termos da legislação de regência"). O julgado teve como *ratio decidendi*: "[...] 23. Em matéria de taxas, a incidência do princípio da capacidade contributiva, como corolário da justiça fiscal, não pode ser lido da mesma maneira a que se faz quanto aos impostos. 24. A pessoalidade, representada pela capacidade econômica do contribuinte, ou seja, o sentido positivo da capacidade contributiva, não permite o exame da tributação no que se refere às taxas. Ao contrário, os elementos que vão calibrar a proporcionalidade da exação são o custo do serviço ou do exercício do poder de polícia e o valor efetivamente cobrado, independentemente da situação econômica do sujeito passivo. 25. Não se quer dizer, entretanto, que inexista espaço para a verificação da capacidade econômica do sujeito passivo em matéria de taxas. Este exame resta reservado ao sentido negativo do princípio, quando o primado da Justiça Fiscal não permite que se avance sobre o patrimônio do sujeito passivo comprovadamente hipossuficiente. 26. Sob a ótica da capacidade contributiva em seu sentido negativo não se mostra condizente com o Texto Constitucional a exigência da exação em face de sujeito passivo evidentemente hipossuficiente. 27. Recurso Extraordinário provido, para reconhecer o direito à expedição dos documentos de registro de estrangeiro sem o pagamento da 'taxa de pedido de permanência', da 'taxa de registro de estrangeiro' e da 'taxa de carteira de estrangeiro primeira via' pelo recorrente".

Parte Geral • Capítulo V • PRINCÍPIOS CONSTITUCIONAIS TRIBUTÁRIOS | **179**

sentido material de isonomia, defender que os moradores da região deveriam vender as suas propriedades para arcar com o pagamento do tributo.

A doutrina divide-se em torno da aplicabilidade do princípio aos impostos reais, sobretudo no que se refere à progressividade. Como será examinado, a jurisprudência do STF entende que todos os impostos estão sujeitos a esse princípio, independentemente do caráter real ou pessoal[161].

Por fim, a capacidade contributiva aplica-se aos impostos sobre o consumo. No direito comparado, a doutrina ressalta a necessidade de observância do mínimo vital, por meio da desoneração dos bens de primeira necessidade ou pelo pagamento de um crédito compensatório[162]. Entre nós, o texto constitucional previu a seletividade do IPI (art. 153, § 3º, I) e do ICMS (art. 155, II, § 2º, III), que é uma forma de concretização da capacidade contributiva, por meio da previsão de alíquotas reduzidas para artigos de primeira necessidade (*v.g.*, roupas, alimentos, higiene e medicamentos) e uma carga tributária mais gravosa para produtos de luxo ou de consumo prejudicial (*v.g.*, fumo, cigarro, charuto e bebidas alcoólicas, e similares). Isso, porém, não afasta a necessidade de observância do mínimo vital.

5.3 Progressividade

O princípio da capacidade contributiva obriga o legislador a implementar um *sistema tributário progressivo*, caracterizado pela predominância de tributos com alíquotas majoradas em razão do aumento da capacidade econômica do obrigado[163]. Não há, ao contrário do que sustenta parte da doutrina, um dever generalizado de instituir tributos progressivos. A progressividade só é obrigatória quando expressamente exigida pelo texto constitucional, a exemplo do imposto sobre a renda (art. 153, III, § 2º, I), que, em sua disciplina infraconstitucional, apresenta alíquotas de 7%, 15%, 22,5% e 27,5%, com parcelas dedutíveis fixas, aplicáveis conforme o aumento do rendimento auferido pelo contribuinte[164].

A progressividade é uma técnica tradicionalmente associada aos impostos pessoais (art. 145, § 1º). Entretanto, nada impede a sua adoção em relação aos impostos reais[165], até porque, sob o aspecto jurídico, todos os impostos são pessoais. Esses, portanto, podem ser estruturados considerando as circunstâncias e as características do sujeito passivo, dentro do que, para parte da doutrina, seria uma *subjetivação dos impostos reais*[166].

---

161 STF, Tribunal Pleno, RE 562.045, Rel. Min. Ricardo Lewandowski, Rel. p/ Ac. Min. Cármen Lúcia, *DJe* 27.11.2013. Esse julgamento representou a superação da interpretação anterior, que restringia a progressividade aos impostos pessoais, na linha da Súmula 656: "É inconstitucional a lei que estabelece alíquotas progressivas para o imposto de transmissão *inter vivos* de bens imóveis – ITBI com base no valor venal do imóvel".

162 TIPKE, Klaus; LANG, Joachim. *Direito tributário (Steuerrecht)*. Porto Alegre: Fabris, 2008. v. I, p. 203; MOLINA, Pedro M. Herrera. *Capacidad económica y sistema fiscal*: análisis del ordenamiento español a luz del derecho alemán. Madrid: Marcial Pons, 1998. p. 126.

163 Regina Helena Costa ressalta que a progressividade deve ser do sistema tributário, e não de um tributo em particular, o que torna possível a convivência entre tributos progressivos e apenas proporcionais. A progressividade, ademais, tem como limite a vedação ao confisco e o não cerceamento de outros direitos constitucionais (COSTA, Regina Helena. *Princípio da capacidade contributiva*. 2. ed. São Paulo: Malheiros, 1996. p. 75). No mesmo sentido, cf.: RUSSO, Pasquele; FRANSONI, Guglielmo; CASTALDI, Laura. *Istituzioni di diritto tributario*. 2. ed. Milano: Giuffrè, 2016. p. 29; MOLINA, Pedro M. Herrera. *Capacidad económica y sistema fiscal*: análisis del ordenamiento español a luz del derecho alemán. Madrid: Marcial Pons, 1998. p. 108; RAYA, Francisco José Carrera. *Manual de derecho financiero*. Madrid: Tecnos, 1994. v. I, p. 96-98.

164 Lei 11.482/2007, art. 1º e parágrafo único.

165 CARRAZZA, Roque Antonio. *Curso de direito constitucional tributário*. 16. ed. São Paulo: Malheiros, 2001. p. 466; JARACH, Dino. *Finanzas públicas y derecho tributario*. 3. ed. Buenos Aires: Abeledo-Perrot, 1996. p. 293.

166 LAPATZA, José Juan Ferreiro. *Curso de derecho financiero español*: derecho financiero. 22. ed. Madrid-Barcelona: Marcial Pons, 2000. v. I, p. 199.

180 | CURSO DE DIREITO TRIBUTÁRIO – *Solon Sehn*

A jurisprudência do STF, em uma primeira fase, entendeu que a progressividade não é compatível com os impostos reais, o que, antes da Emenda 29/2000, serviu de fundamento para a declaração de inconstitucionalidade da progressividade fiscal do IPTU[167]. Posteriormente, o Tribunal passou a entender que "todos os impostos, repito, estão sujeitos ao princípio da capacidade contributiva, especialmente os diretos, independentemente de sua classificação como de caráter real ou pessoal". Essa foi a *ratio decidendi* do RE 562.045, julgado em regime de repercussão geral, com definição da seguinte tese jurídica: "É constitucional a fixação de alíquota progressiva para o Imposto sobre Transmissão Causa Mortis e Doação – ITCD" (Tema 21)[168].

Essa mesma premissa foi adotada no RE 852.796, quando foi declarada a constitucionalidade do art. 20 da Lei 8.212/1991. Na oportunidade, foi ressaltado na ementa do acórdão que "há compatibilidade entre a progressividade e as contribuições previdenciárias devidas pelo empregado – inclusive o doméstico – e pelo trabalhador avulso vinculados ao regime geral de previdência social (RGPS), sendo certo que não existe, no texto constitucional, qualquer restrição quanto ao uso da mencionada técnica de tributação na disciplina dos tributos em questão"[169]. Em outro precedente (RE 573.675), o STF admitiu alíquotas progressivas em contribuição para o custeio da iluminação pública[170].

Também é possível a progressividade extrafiscal, regulatória ou econômica. Em determinados casos, o próprio texto constitucional disciplina os critérios e finalidades da progressão, como no ITR (art. 153, § 4º, I), no IPVA (art. 155, § 6º, II) e no IPTU (arts. 156, § 1º, II, e 182, § 4º, II). A diferença é que o aumento da alíquota não ocorre em função da capacidade econômica do obrigado, mas independentemente dessa, para estimular ou para desestimular comportamentos visando à realização de outros valores constitucionais. Há o afastamento da dimensão positiva do princípio da capacidade contributiva, vinculado à observância de outros parâmetros de legitimação constitucional.

5.4 Mínimo vital

O princípio da capacidade contributiva pressupõe a desoneração do mínimo vital, também chamado mínimo existencial, abrangendo não apenas o indivíduo, mas a sua família[171]. A questão, porém, é como valorá-lo apropriadamente e, sobretudo, definir a forma de operacionalização de

---

[167] STF, 1ª T., AI 534469 AgR, Rel. Min. Marco Aurélio, *DJe* 18.12.2012. No mesmo sentido: STF, Tribunal Pleno, ADI 2.732, Rel. Min. Dias Toffoli, *DJe* 11.12.2015.

[168] STF, Tribunal Pleno, RE 562.045, Rel. Min. Ricardo Lewandowski, Rel. p/ Ac. Min. Cármen Lúcia, *DJe* 27.11.2013. Redação da tese aprovada nos termos do item 2 da Ata da 12ª Sessão Administrativa do STF, realizada em 09.12.2015.

[169] STF, Tribunal Pleno, RE 852.796, Rel. Min. Dias Toffoli, *DJe* 17.06.2021. Tema 833 ("Constitucionalidade da expressão 'de forma não cumulativa' constante no *caput* do art. 20 da Lei 8.212/1991, o qual prevê a sistemática de cálculo da contribuição previdenciária devida pelo segurado empregado e pelo trabalhador avulso"); tese fixada: "É constitucional a expressão 'de forma não cumulativa' constante do *caput* do art. 20 da Lei 8.212/91".

[170] "A progressividade da alíquota, que resulta do rateio do custo da iluminação pública entre os consumidores de energia elétrica, não afronta o princípio da capacidade contributiva." Voto do Min. Ricardo Lewandowski no RE 573.675, p. 13.

[171] TIPKE, Klaus; LANG, Joachim. *Direito tributário (Steuerrecht)*. Porto Alegre: Fabris, 2008. v. I, p. 203 e ss.; KIRCHHOF, Paul. *Tributação no Estado constitucional*. Trad. Pedro Adamy. São Paulo: Quartier Latin, 2016. p. 71 e ss.; BIRK, Dieter. *Diritto tributario tedesco*. Trad. Enrico de Mita. Milano: Giuffrè, 2006. p. 50-51; MITA, Enrico de. *Interesse fiscale e tutela del contribuente: le garanzie costituzionali*. 4. ed. Milano: Giuffrè, 2000. p. 83; MOLINA, Pedro M. Herrera. *Capacidad económica y sistema fiscal*: análisis del ordenamiento español a luz del derecho alemán. Madrid: Marcial Pons, 1998. p. 120 e ss.; NOBRE JÚNIOR, Edilson Pereira. *Princípio constitucional da capacidade contributiva*. Porto Alegre: Fabris, 2001. p. 41; COSTA, Regina Helena. *Princípio da capacidade contributiva*. 2. ed. São Paulo: Malheiros, 1996. p. 65; RUSSO, Pasquele; FRANSONI, Guglielmo; CASTALDI, Laura. *Istituzioni di diritto tributario*. 2. ed. Milano: Giuffrè, 2016. p. 26.

Parte Geral • Capítulo V • PRINCÍPIOS CONSTITUCIONAIS TRIBUTÁRIOS | **181**

sua desoneração. Em relação ao primeiro ponto, a doutrina tem considerado como parâmetro o art. 7º, IV, da Constituição, que assegura aos trabalhadores um "*salário mínimo, fixado em lei, nacionalmente unificado, capaz de atender a suas necessidades vitais básicas e às de sua família com moradia, alimentação, educação, saúde, lazer, vestuário, higiene, transporte e previdência social, com reajustes periódicos que lhe preservem o poder aquisitivo, sendo vedada sua vinculação para qualquer fim*"[172]. O problema é que, como se sabe, o salário mínimo definido em lei está longe de atender a todas essas necessidades. Isso não decorre de falta de vontade política, mas dos impactos do aumento no custo das prestações da seguridade social. Ainda assim, porém, parece razoável adotá-lo como parâmetro para a determinação do mínimo vital.

A operacionalização insere-se na esfera de liberdade de conformação legislativa, podendo ser concretizada por meio de isenções de tributos sobre o patrimônio e sobre a renda, a previsão de dedução de despesas vinculadas a uma exigência digna do indivíduo e de sua família e, nos impostos incidentes sobre o consumo, por meio da desoneração dos bens de primeira necessidade ou o pagamento de créditos compensatórios da tributação[173]. Não há como obrigar a implementação de um modelo ou técnica preferencial. Contudo, a exigência do mínimo vital tem uma *eficácia jurídica de vinculação* que impede adoção de medidas incompatíveis, tornando inconstitucional a sua tributação[174].

Na Emenda da Reforma Tributária, foi prevista para a CBS e o IBS uma técnica de realização do mínimo vital consistente no pagamento compensatório em dinheiro (*cashback* ou devolução) para pessoas físicas com o objetivo de reduzir as desigualdades de renda[175].

5.5 Dimensão negativa

5.5.1 Idoneidade ou consistência econômica do pressuposto de fato

A exigência de idoneidade ou consistência econômica do pressuposto de fato (fato gerador ou hipótese de incidência da norma jurídica tributária) implica a inconstitucionalidade de eventos imponíveis não indiciários de riqueza. É o caso, por exemplo, do imposto sobre o celibato do período fascista na Itália, que foi uma versão nova do antigo imposto sobre senadores solteiros, criado pelo Imperador Augusto em Roma com o objetivo de salvaguardar a família. Da mesma forma, o tributo sobre as pessoas com barbas estabelecido pelo Czar da Rússia, Pedro o Grande em 1682. Também são inconstitucionais os tributos modulados em função de eventos sem relevância econômica, como o número de janelas da residência que existiu na Irlanda no ano de 1696[176]. Mais recentemente, entre nós, o STF invalidou uma lei estadual prevendo o aumento da

---

[172] No direito comparado, como assinala Paul Kirchhoh, o Tribunal Constitucional Federal da Alemanha entende que "o mínimo existencial do indivíduo que aufere renda é medido segundo o menor valor que é devido aos que recebem o auxílio da previdência social, para que possam cobrir as despesas com a sua existência. Da mesma forma, as despesas e custos dos filhos devem ser considerados" (KIRCHHOF, Paul. *Tributação no Estado constitucional*. Trad. Pedro Adamy. São Paulo: Quartier Latin, 2016. p. 73).

[173] TIPKE, Klaus; LANG, Joachim. *Direito tributário (Steuerrecht)*. Porto Alegre: Fabris, 2008. v. I, p. 203; MOLINA, Pedro M. Herrera. *Capacidad económica y sistema fiscal*: análisis del ordenamiento español a luz del derecho alemán. Madrid: Marcial Pons, 1998. p. 126.

[174] Como ressalta Clèmerson Merlin Clève: "[...] as normas constitucionais sempre produzem uma 'eficácia jurídica de vinculação' (decorrente da vinculação dos poderes públicos à Constituição), e, por isso, contam com aptidão para deflagrar, pelo menos, os seguintes resultados: (i) revogam (invalidação decorrente de inconstitucionalidade superveniente) os atos normativos em sentido contrário; (ii) vinculam o legislador, que não pode dispor de modo oposto ao seu conteúdo (servem como parâmetro para a declaração de inconstitucionalidade do ato contrastante)" (CLÈVE, Clèmerson Merlin. *Fiscalização abstrata de constitucionalidade no direito brasileiro*. 2. ed. São Paulo: RT, 2000. p. 320-321).

[175] Art. 156-A, § 5º, VIII, § 13, e art. 195, § 16, § 18 e § 19.

[176] Disponível em: https://www.jornalcontabil.com.br/muito-imposto-pouca-renda-conheca-os-tributos-mais--doidos-da-historia/; https://super.abril.com.br/historia/por-que-pagamos-impostos/. Acesso em: 17 maio 2022.

182 | CURSO DE DIREITO TRIBUTÁRIO – *Solon Sehn*

alíquota do ITCM em razão do grau de parentesco. Isso ocorreu porque, como ressaltado pelo Ministro Edson Fachin, "o critério de grau de parentesco e respectivas presunções da proximidade afetiva, familiar, sanguínea, de dependência econômica com o de cujus ou com o doador, não guarda pertinência com o princípio da capacidade contributiva"[177].

5.5.2 Capacidade econômica objetiva e subjetiva

Alguns autores interpretam que a capacidade contributiva a ser considerada pelo legislador ao instituir os tributos é apenas a *objetiva* ou *absoluta*. Assim, basta que a hipótese de incidência descreva índices ou fatos signo-presuntivos de riqueza para a satisfação da exigência constitucional. Outros sustentam ser necessária a observância das condições econômicas reais dos contribuintes (*capacidade econômica relativa* ou *subjetiva*)[178]. É certo, por um lado, que o legislador pode basear-se em parâmetros da *normalidade média*, desde que exista uma *necessidade* de simplificação e a medida simplificadora mostre-se *apropriada* e *proporcional*[179]. Contudo, de outro, deve-se ter presente que a capacidade contributiva é um direito fundamental. Dela resulta um direito público subjetivo de ser tributado de acordo com suas disponibilidades econômicas, o que não é atendido se essas são apenas indiciárias, não confirmadas concretamente. Por isso, em situações-limite, considerando, inclusive outros valores constitucionais, notadamente o princípio da dignidade da pessoa humana, deve ser reconhecida uma *remissão de equidade* obrigatória para evitar injustiças no caso concreto[180].

Não é impeditivo para essa conclusão a previsão do § 2º do art. 108 do Código Tributário Nacional, que veda o emprego da equidade para dispensar o pagamento de tributo devido[181]. Afinal, são as leis que devem ser interpretadas conforme a Constituição, e não o contrário. O próprio art. 172 do CTN permite a que a lei autorize a autoridade administrativa a conceder, por despacho fundamentado, remissão total ou parcial do crédito tributário, atendendo à situação econômica do sujeito passivo e a considerações de equidade, em relação com as características pessoais ou materiais do caso. Se a lei pode autorizar a dispensa do pagamento em situações excepcionais dessa natureza, com maior razão também pode fazê-lo a Constituição diretamente, independentemente de qualquer previsão infraconstitucional.

5.5.3 Abuso de presunções legais

As presunções legais justificam-se por razões pragmáticas legítimas de simplificação ou exigências de *praticabilidade*. Trata-se de uma técnica por meio da qual a existência ou a veracidade

---

[177] STF, 1ª T., RE 602.256 AgR, Rel. Min. Edson Fachin, *DJe* 1º.03.2016. No mesmo sentido: STF, 1ª T., RE 854.869 AgR, Rel. Min. Cármen Lúcia, *DJe* 04.09.2015; STF, 1ª T., RE 555.511 AgR-Segundo, Rel. Min. Rosa Weber, *DJe* 13.08.2020.

[178] CARRAZZA, Roque Antonio. *Curso de direito constitucional tributário*. 16. ed. São Paulo: Malheiros, 2001. p. 80; VILLEGAS, Héctor B. *Manual de finanzas públicas*: la economía jurídicamente regulada del sector público en el mundo globalizado. Buenos Aires: Depalma, 2000. p. 207. Em sentido contrário, cf.: COÊLHO, Sacha Calmon Navarro. *Curso de direito tributário brasileiro*. 4. ed. Rio de Janeiro: Forense, 1999. p. 79.

[179] TIPKE, Klaus; YAMASHITA, Douglas. *Justiça fiscal e princípio da capacidade contributiva*. São Paulo: Malheiros, 2002. p. 37-38; TIPKE, Klaus; LANG, Joachim. *Direito tributário (Steuerrecht)*. Porto Alegre: Fabris, 2008. v. I, p. 234.

[180] Na tributação da renda, segundo ressalta Molina, sob o aspecto quantitativo, o princípio da capacidade contributiva exige uma valoração adequada para não alcançar rendimentos fictícios (princípio da tributação da renda efetiva, que a doutrina italiana denomina *requisito di effettività* ou *Prinzip der Ist-Einkommensbesteuerung*), que implica: (a) a vedação para gravar a capacidade produtiva, mas apenas a riqueza efetivamente obtida; (b) vedação de presunções *iuris et de iure* que imputem ao sujeito passivo uma riqueza apenas provável; (c) não gravar rendimentos nominais (MOLINA, Pedro M. Herrera. *Capacidad económica y sistema fiscal*: análisis del ordenamiento español a luz del derecho alemán. Madrid: Marcial Pons, 1998. p. 116-117).

[181] "Art. 108. [...] § 2º O emprego da eqüidade não poderá resultar na dispensa do pagamento de tributo devido."

Parte Geral • Capítulo V • PRINCÍPIOS CONSTITUCIONAIS TRIBUTÁRIOS | **183**

de um fato desconhecido e provável (*fato presumido ou implicado*) é imputada normativamente em função de fato conhecido e provado (*fato presuntivo ou implicante*). Pode ser relativa (*iuris tantum*) ou absoluta (*iuris et de iure*), conforme admita ou não prova em contrário[182].

O princípio da capacidade contributiva implica a inconstitucionalidade de presunções *iuris et de iure* que atribuam ao sujeito passivo uma riqueza apenas provável (*abuso de presunções*)[183]. As presunções, para serem constitucionais, sempre devem ser relativas, inclusive quando tiverem função antifraude[184].

No julgamento do RE 593.849, o STF decidiu que, mesmo quando assentadas na praticabilidade tributária, as presunções de ocorrência do evento imponível não podem ser absolutas, o que serviu de fundamento o julgamento do Tema 201 ("Restituição da diferença de ICMS pago a mais no regime de substituição tributária"). De acordo com a *ratio decidendi* do julgado: "O princípio da praticidade tributária não prepondera na hipótese de violação de direitos e garantias dos contribuintes, notadamente os princípios da igualdade, capacidade contributiva e vedação ao confisco, bem como a arquitetura de neutralidade fiscal do ICMS"[185].

Esse mesmo fundamento foi adotado no RE 596.832 (Tema 228: "Restituição de valores recolhidos a maior a título de PIS e COFINS mediante o regime de substituição tributária"), com a seguinte tese de repercussão geral: "É devida a restituição da diferença das contribuições para o Programa de Integração Social – PIS e para o Financiamento da Seguridade Social – Cofins recolhidas a mais, no regime de substituição tributária, se a base de cálculo efetiva das operações for inferior à presumida"[186].

5.5.4   Mitigação dos efeitos inflacionários

Outra consequência do princípio da capacidade contributiva é a vedação da tributação de riquezas nominais, o que implica a obrigatoriedade da mitigação dos efeitos da inflação, de modo a evitar a tributação de disponibilidades econômicas fictícias[187]. A esse propósito, o STF tem precedentes declarando a inconstitucionalidade da substituição de índices legais que não refletem adequadamente inflação. No entanto, alegando não poder atuar como legislador positivo, o Tribunal tem negado a pretensão de contribuintes visando à correção monetária de valores nominais relevantes para fins tributários.

É o caso, por exemplo, do limite de dedução de despesas e das tabelas de progressão do imposto de renda devido por pessoas físicas. Nessa matéria, como ressaltado no RE 388.312, a jurisprudência do STF entende que "não cabe ao Poder Judiciário autorizar a correção monetária da tabela progressiva do imposto de renda na ausência de previsão legal nesse sentido.

---

[182] Sobre as presunções no direito tributário, cf.: FERRAGUT, Maria Rita. *Presunções no direito tributário*. São Paulo: Dialética, 2001; HARET, Florence. *Teoria e prática das presunções no direito tributário*. São Paulo: Noeses, 2010. p. 177.

[183] MOLINA, Pedro M. Herrera. *Capacidad económica y sistema fiscal*: análisis del ordenamiento español a luz del derecho alemán. Madrid: Marcial Pons, 1998. p. 133.

[184] MITA, Enrico de. *Interesse fiscale e tutela del contribuente: le garanzie costituzionali*. 4. ed. Milano: Giuffrè, 2000. p. 95-96; MITA, Enrico de. *Principi di diritto tributario*. 7. ed. Milano: Giuffrè, 2019. p. 98-102; RUSSO, Pasquele; FRANSONI, Guglielmo; CASTALDI, Laura. *Istituzioni di diritto tributario*. 2. ed. Milano: Giuffrè, 2016. p. 25.

[185] STF, Tribunal Pleno, RE 593.849, Rel. Min. Edson Fachin, *DJe* 19.10.2016.

[186] STF, Tribunal Pleno, RE 596.832, Rel. Min. Marco Aurélio, *DJe* 21.10.2020.

[187] MOLINA, Pedro M. Herrera. *Capacidad económica y sistema fiscal*: análisis del ordenamiento español a luz del derecho alemán. Madrid: Marcial Pons, 1998. p. 134; TIPKE, Klaus; LANG, Joachim. *Direito tributário (Steuerrecht)*. Porto Alegre: Fabris, 2008. v. I, p. 214; COSTA, Regina Helena. *Princípio da capacidade contributiva*. 2. ed. São Paulo: Malheiros, 1996. p. 80; TIPKE, Klaus; YAMASHITA, Douglas. *Justiça fiscal e princípio da capacidade contributiva*. São Paulo: Malheiros, 2002. p. 34; NOBRE JÚNIOR, Edilson Pereira. *Princípio constitucional da capacidade contributiva*. Porto Alegre: Fabris, 2001. p. 45-46; RUSSO, Pasquele; FRANSONI, Guglielmo; CASTALDI, Laura. *Istituzioni di diritto tributario*. 2. ed. Milano: Giuffrè, 2016. p. 25.

184 CURSO DE DIREITO TRIBUTÁRIO – *Solon Sehn*

Entendimento cujo fundamento é o uso regular do poder estatal de organizar a vida econômica e financeira do país no espaço próprio das competências dos Poderes Executivo e Legislativo"[188]. No RE 221.142, entretanto, foi declarada a inconstitucionalidade do art. 30 da Lei 7.799/1989[189], que estabelecia um novo índice para a correção monetária das demonstrações financeiras das pessoas jurídicas. O Tribunal entendeu que esse, por não refletir apropriadamente a inflação do período, não era compatível com o princípio da capacidade contributiva, porque acarretava a incidência do imposto de renda sobre um lucro fictício. Em decorrência do efeito repristinatório da decisão, houve o restabelecimento do índice de correção monetária anterior[190].

5.5.5 Vedação de tributação sancionatória

Como analisando anteriormente, a vinculação finalística ao custeio de despesas públicas implica a vedação do uso sancionatório do tributo[191]. Esse não pode constituir, mesmo indiretamente, uma medida punitiva a um comportamento reprovável contrário à ordem jurídica. Um fato ilícito, portanto, não pode ser definido como hipótese de incidência de um tributo. Tampouco é possível adotar a ilicitude da conduta como critério de aplicabilidade de uma alíquota, de uma base de cálculo mais elevada ou para vedar deduções. Uma exação com essas características, além de não se compatibilizar com o conceito de tributo, viola o princípio da capacidade contributiva.

5.5.6 Coerência interna

O princípio da capacidade contributiva, como pressuposto e limite para o dimensionamento da imposição, exige coerência lógica ou interna do tributo, ou seja, a aplicação de critérios de valoração compatíveis com a manifestação de disponibilidade econômica que se pretende gravar, no que se inclui a conformidade entre a base de cálculo e a hipótese de incidência. No direito comparado, a falta de sintonia entre esses elementos é considerada suficiente para acarretar a inconstitucionalidade do tributo[192]. Entre nós, a doutrina também ressalta que deve existir uma

---

[188] STF, Tribunal Pleno, RE 388.312, Rel. Min. Marco Aurélio, *DJe* 11.10.2011. No mesmo sentido, o ARE 982.682 AgR, foi reiterado que: "A jurisprudência da Corte é assente no sentido de que a não correção da tabela progressiva do imposto de renda não afronta os princípios da proibição do confisco ou da capacidade contributiva, bem como que o Poder Judiciário não pode impor atualização monetária na ausência de previsão legal, uma vez que isso é afeto aos Poderes Executivo e Legislativo" (STF, 2ª T., ARE 982.682 AgR, Rel. Dias Toffoli, *DJe* 15.02.2017).

[189] "Art. 30. Para efeito da conversão em número de BTN, os saldos das contas sujeitas à correção monetária, existentes em 31 de janeiro de 1989, serão atualizados monetariamente tomando-se por base o valor da OTN de NCz$ 6,92."

[190] "Imposto de renda. Balanço patrimonial. Atualização. OTN. Artigos 30 da Lei 7.730/89 e 30 da Lei 7.799/89. Mostra-se inconstitucional a atualização prevista no artigo 30 da Lei 7.799/89 no que, desconsiderada a inflação, resulta na incidência do Imposto de Renda sobre lucro fictício. Aplicação da lei no tempo. Repercussão geral. Na dicção da ilustrada maioria, é possível observar o instituto da repercussão geral quanto a recurso cujo interesse em recorrer haja surgido antes da criação do instituto – vencido o relator". Tema 311 ("Índice para correção monetária das demonstrações financeiras das pessoas jurídicas no ano-base de 1990"); Tese fixada: "São inconstitucionais o § 1º do artigo 30 da Lei 7.730/1989 e o artigo 30 da Lei 7.799/1989". Redação da tese aprovada nos termos do item 2 da Ata da 12ª Sessão Administrativa do STF, realizada em 09.12.2015 (STF, Tribunal Pleno, RE 221.142, Rel. Min. Marco Aurélio, *DJe* 30.10.2014).

[191] Capítulo II, item 1.2.5, da Parte Geral.

[192] A não observância dessa exigência, como já decidiu a Corte Constitucional Italiana em relação ao Imposto Local sobre a Renda, acarreta a inconstitucionalidade do tributo (Sentença 42, de 1980). O ILOR foi um imposto criado para gravar os rendimentos do capital, mas que abrangia os rendimentos de atividades profissionais como compensação para uma evasão fiscal presumida no pagamento do imposto de renda das pessoas físicas (MITA, Enrico de. *Interesse fiscale e tutela del contribuente: le garanzie costituzionali*. 4. ed. Milano: Giuffrè, 2000. p. 91). Também o Tribunal Constitucional Federal da Alemanha já considerou inconstitucional a aplicação de critérios valoração diferentes ao imposto sobre o patrimônio, "incompatíveis entre si e com a

Parte Geral • Capítulo V • PRINCÍPIOS CONSTITUCIONAIS TRIBUTÁRIOS | 185

relação de correspondência entre a hipótese de incidência e a base de cálculo[193]. Isso significa, por exemplo, que uma taxa pelo registro de uma escritura pública não pode ter como base de cálculo o valor da transação imobiliária. De igual modo, o imposto sobre serviços de qualquer natureza (ISS) não pode ter como base de cálculo a renda do sujeito passivo. Essa exigência aplica-se a todas as espécies tributárias e, no caso das taxas, é prevista no § 2º do art. 145 ("*as taxas não poderão ter base de cálculo própria de impostos*").

A diferença é que, nos demais tributos, a doutrina brasileira entende que, em caso de discrepância, a hipótese de incidência deve ser desconsiderada, com a consequente determinação da natureza jurídica por meio da base imponível. O tributo apenas será considerado inválido quando, a partir desse exercício corretivo ou de infirmação, for constatada a violação de uma regra de competência ou de algum preceito constitucional aplicável ao tributo (*v.g.*, exigência de lei complementar). Trata-se de uma interpretação que pode parecer mais razoável do que, pura e simplesmente, declarar a inconstitucionalidade do tributo. O legislador, afinal, nem sempre tem o domínio da linguagem técnico-jurídica e, em meio a inadequações terminológicas, pode acabar definindo uma base imponível ou critérios de valoração não inteiramente compatíveis com a hipótese de incidência. Contudo, a ordem constitucional impõe limites para esse encaminhamento. É certo, por um lado, que o princípio da interpretação conforme a Constituição implica a exigência de conservação das normas. Assim, uma lei ou um enunciado prescritivo não deve ser declarado inconstitucional quando, observados seus fins, puder ser interpretado de acordo com o texto constitucional. Entretanto, de outro, o Judiciário sempre deve operar dentro dos limites do texto, não podendo promover a correção da lei sem que exista um espaço de interpretação.

Essa exigência, como ensina J. J. Gomes Canotilho, decorre do princípio da separação dos poderes e, mais especificamente, do princípio da "justeza" ou da conformidade funcional, segundo o qual "o órgão (ou órgãos) encarregado da interpretação da lei constitucional não pode chegar a um resultado que subverta ou perturbe o esquema organizatório-funcional constitucionalmente estabelecido (EHMKE)"[194]. O mesmo limite é apontado pelo constitucionalista Jorge Miranda, ao ressaltar que a interpretação conforme está "sujeita a um requisito de razoabilidade: ela terá de se deter aí onde o preceito legal, interpretado conforme à Constituição, fique privado de função útil ou onde, segundo o entendimento comum, seja incontestável que o legislador ordinário acolheu critérios e soluções opostos aos critérios e soluções do legislador constituinte"[195].

Dessa maneira, se os enunciados prescritivos que servem de ponto de partida (e de limite hermenêutico) para a construção da norma jurídica tributária foram expressos ao estabelecer uma base de cálculo incoerente com a hipótese de incidência, não cabe a correção do vício por parte do julgador nem, menos ainda, do fiscal de tributos. Nenhum deles é legislador positivo.

---

manifestação da capacidade económica que se pretende tributar" (Acórdão do BVerfG de 22.06.1995, relativo ao Imposto sobre a Riqueza). MOLINA, Pedro M. Herrera. *Capacidad económica y sistema fiscal*: análisis del ordenamiento español a luz del derecho alemán. Madrid: Marcial Pons, 1998. p. 139. Ressalte-se que, para Molina, deve existir: (a) *coerência dentro do imposto*: é inconstitucional que se apliquem ao imposto diversos critérios de valoração, incoerentes entre si e com a manifestação de capacidade econômica que pretende gravar; (b) *coerência do sistema fiscal*: deve existir coerência entre a totalidade dos impostos para que sua acumulação não supere a substância do patrimônio nem supere a metade dos rendimentos; (c) *coerência dentro do sistema financeiro*: o imposto sobre a renda não pode gravar as prestações mínimas de caráter assistencial (*Ibid.*, p. 141). Sobre o tema, cf. ainda: RUSSO, Pasquele; FRANSONI, Guglielmo; CASTALDI, Laura. *Istituzioni di diritto tributario*. 2. ed. Milano: Giuffrè, 2016. p. 26.

[193] No estudo pioneiro de Regina Helena Costa, essa compatibilidade é considerada uma exigência do princípio da capacidade contributiva (COSTA, Regina Helena. *Princípio da capacidade contributiva*. 2. ed. São Paulo: Malheiros, 1996. p. 72-73).

[194] CANOTILHO, José Joaquim Gomes. *Direito constitucional e teoria da Constituição*. 7. ed. Coimbra: Almedina, 2003. p. 228.

[195] MIRANDA, Jorge. *Manual de direito constitucional*: constituição e inconstitucionalidade. 3. ed. Coimbra: Coimbra Editora, 1996. t. II, p. 265.

186 | CURSO DE DIREITO TRIBUTÁRIO – *Solon Sehn*

Logo, sendo evidente a incompatibilidade dos critérios de valoração com a manifestação de disponibilidade econômica que se pretende gravar, não há outro encaminhamento senão declarar a inconstitucionalidade do tributo.

5.5.7   Limitação na definição da sujeição passiva

A obrigatoriedade de coerência lógica ou interna do tributo abrange a definição da sujeição passiva da obrigação. Isso significa que o contribuinte deve ser o titular da manifestação de capacidade contributiva tributada. Essa exigência também é aplicável na responsabilidade tributária, técnica na qual o legislador – por razões pragmáticas ligadas à conveniência arrecadatória – imputa a obrigação de pagar o crédito tributário a um terceiro que não realiza o evento imponível. Como será examinado, a mais utilizada é a *responsabilidade por substituição*, que, na modalidade progressiva, está prevista no art. 150, § 7º, da Constituição, incluído pela Emenda 03/1993[196].

O princípio da capacidade contributiva requer que, ao definir o responsável tributário, o legislador escolha alguém que mantenha uma relação indireta com a materialidade da hipótese de incidência, suficiente para permitir a retenção do valor devido ou o seu acréscimo no preço do bem ou do serviço tributado. O responsável exerce a função de sujeito instrumental ou agente colaborador, recolhendo o crédito tributário em razão de um fato jurídico de terceiro, mas sem suportar a carga tributária[197].

5.5.8   Neutralidade intertemporal

Outra exigência do princípio da capacidade contributiva é a neutralidade temporal dos tributos, notadamente nos tributos progressivos, como o imposto sobre a renda, sempre que ocorrer uma concentração ou percepção acumulada de rendimentos[198]. Esse problema já foi enfrentado pelo STF no RE 614.406, tendo sido fixada a seguinte tese de repercussão geral: "O Imposto de Renda incidente sobre verbas recebidas acumuladamente deve observar o regime de competência, aplicável a alíquota correspondente ao valor recebido mês a mês, e não a relativa ao total satisfeito de uma única vez" (Tema 368)[199]. O caso envolveu recebimentos por pessoas físicas (trabalhadores) que, originariamente, pelo valor reduzido de seus salários, enquadravam-se na faixa de isenção ou estavam sujeitos a alíquotas menores na tabela progressiva do imposto de renda[200]. Contudo, em razão de atrasos do empregador, foram obrigados a ingressar em juízo para cobrar o débito em reclamatórias trabalhistas, recebendo os valores devidos de uma única vez ao final do processo. Em decorrência do recebimento acumulado, acabaram submetidos às

---

[196]   "Art. 150. [...] § 7º A lei poderá atribuir a sujeito passivo de obrigação tributária a condição de responsável pelo pagamento de imposto ou contribuição, cujo fato gerador deva ocorrer posteriormente, assegurada a imediata e preferencial restituição da quantia paga, caso não se realize o fato gerador presumido."

[197]   Ver Capítulo VII, item 5, da Parte Geral.

[198]   TIPKE, Klaus; LANG, Joachim. *Direito tributário (Steuerrecht)*. Porto Alegre: Fabris, 2008. v. I, p. 227. Como ressalta Pedro M. Herrera Molina, sob o aspecto temporal, o princípio da capacidade contributiva veda a delimitação dos diversos períodos impositivos ou de liquidação não pode ter caráter estanque. O legislador, assim, não pode ignorar irregularidades no ritmo de produção da renda e submetê-la a tipos muito elevados quando acumulada em um único período ou desconectar ingressos e perdas no tempo. O autor sustenta ainda que devem ser estabelecidas medidas corretivas para reduzir essas disfunções, embora impossíveis eliminá-las (MOLINA, Pedro M. Herrera. *Capacidad económica y sistema fiscal*: análisis del ordenamiento español a luz del derecho alemán. Madrid: Marcial Pons, 1998. p. 118).

[199]   STF, Tribunal Pleno, RE 614.406, Rel. Min. Rosa Weber, Rel. p/ ac. Min. Marco Aurélio, *DJe* 27.11.2014. Redação da tese aprovada nos termos do item 2 da Ata da 12ª Sessão Administrativa do STF, realizada em 09.12.2015.

[200]   Ver Capítulo VII, item 5, da Parte Geral.

Parte Geral • Capítulo V • PRINCÍPIOS CONSTITUCIONAIS TRIBUTÁRIOS | **187**

alíquotas máximas do imposto, como era previsto no art. 12 da Lei 7.713/1988[201]. O STF entendeu que isso seria contrário ao princípio da isonomia e da capacidade contributiva, conforme se depreende do voto do Ministro Marco Aurélio:

> [...] Haverá, como ressaltado pela doutrina, principalmente a partir de 2003, transgressão ao princípio da isonomia. Aqueles que receberam os valores nas épocas próprias ficaram sujeitos a certa alíquota. O contribuinte que viu resistida a satisfação do direito e teve que ingressar em Juízo será apenado, alfim, mediante a incidência de alíquota maior. Mais do que isso, tem-se o envolvimento da capacidade contributiva, porque não é dado aferi-la, tendo em conta o que apontei como disponibilidade financeira, que diz respeito à posse, mas o estado jurídico notado à época em que o contribuinte teve jus à parcela sujeita ao Imposto de Renda. O desprezo a esses dois princípios conduziria a verdadeiro confisco e, diria, à majoração da alíquota do Imposto de Renda.

A exegese adotada pelo STF mostra-se acertada. A capacidade contributiva de quem auferiu a renda na época própria, sem a necessidade de ingressar em juízo, em nada difere da renda auferida pelo contribuinte que a recebeu acumuladamente por força de decisão judicial ou administrativa. Em ambas as situações, não há qualquer diferença no substrato econômico do fato jurídico tributário. Assim, se o primeiro não foi tributado – ou foi tributado com uma alíquota menor – a mesma solução deve ser aplicada àquele que recebeu a destempo.

5.6 Aplicabilidade atenuada na tributação extrafiscal

No período de consolidação do poder político dos Estados soberanos na Europa, os efeitos regulatórios ou extrafiscais da tributação foram bastante estudados pelos economistas, sobretudo em relação aos tributos incidentes sobre o comércio exterior[202]. Foi compreendido que, antes de simples fonte de receita, esses tributos constituem um instrumento para a realização de políticas públicas. Por meio da modulação da carga tributária, o Estado pode estimular ou desestimular a importação ou a exportação de determinadas mercadorias. Com isso, *v.g.*, é possível reduzir o custo da aquisição de insumos, de máquinas e de equipamentos; ou então, tornar mais onerosa a importação de produtos acabados ou a exportação de matérias-primas, protegendo a indústria local. A redução da carga tributária da importação pode ainda servir como meio de controle inflacionário, proporcionando um aumento da oferta de determinados produtos em períodos de excesso da demanda no mercado doméstico, entre outros objetivos[203].

Atualmente, a extrafiscalidade não se restringe à tributação do comércio exterior. Trata-se de verdadeira expressão da tributação contemporânea, abrangendo outras áreas e tributos, a exemplo dos chamados *impostos verdes* e da tributação ambiental[204]. Nela alguns autores entendem que o

---

[201] Esse dispositivo, hoje revogado, estabelecia que: "Art. 12. No caso de rendimentos recebidos acumuladamente, o imposto incidirá, no mês do recebimento ou crédito, sobre o total dos rendimentos, diminuídos do valor das despesas com ação judicial necessária ao seu recebimento, inclusive de advogados, se tiverem sido pagas pelo contribuinte, sem indenização".

[202] Trata-se, porém, de algo que foi compreendido muitos antes. Na Grécia Antiga, Aristóteles já assinalava a importância do uso regulatório dos tributos sobre a importação. Como assinala Ildefonso Sánchez Gonzáles: "Aristóteles aseguraba que el Estado debe conocer el valor de las exportaciones e importaciones para basar en estos datos la política financiera. Comienza a vislumbrarse aquí el primer giro en la finalidad del impuesto de adunas: la paulatina sustitución del objetivo fiscal por el económico" (GONZÁLES, Ildefonso Sánches. *Historia general aduanera de España*: edades antigua y media. Madrid: Instituto de Estudios Fiscales, 2014. p. 20).

[203] SEHN, Solon. *Curso de direito aduaneiro*. 2. ed. Rio de Janeiro: Forense, 2022. p. 41 e ss.

[204] NOVOA, César García. *El principio de seguridad jurídica en materia tributaria*. Madrid-Barcelona: Marcial Pons, 2000. p. 293-294. Sobre o tema, cf.: TÔRRES, Heleno Taveira. Relação entre constituição financeira e constitui-

188 CURSO DE DIREITO TRIBUTÁRIO – *Solon Sehn*

princípio da capacidade contributiva não seria aplicável. Admite-se a sua flexibilização, porque o objetivo não é obter receita, mas atingir um efeito econômico ou regulatório[205]. No entanto, a rigor, o que se tem é apenas uma aplicação atenuada da garantia constitucional[206].

Nos tributos extrafiscais ou regulatórios, a carga tributária não precisa ser distribuída de acordo com a capacidade contributiva do obrigado. É possível a instituição de tributos progressivos ou regressivos, desde que exista uma justificação constitucional válida. Isso, segundo Dieter Birk, pressupõe dois requisitos: (i) a idoneidade entre a medida e o objetivo pretendido; e (ii) que o objetivo do tributo extrafiscal constitua um valor constitucional reconhecido[207]. Para Pedro Manuel Herrera Molina, por sua vez, são imprescindíveis os controles da idoneidade e da necessidade, bem como a ponderação dos bens envolvidos e a proporcionalidade da medida extrafiscal[208]. O autor ressalta que a capacidade contributiva pode ceder diante de outras exigências constitucionais, tais como a promoção de condições mais favoráveis ao progresso econômico, a proteção à saúde ou ao meio ambiente. Contudo, a simples menção a esses valores não implica – "como arte de magia" – o afastamento desse princípio constitucional. Deve ser demonstrado que a relativização é idônea e necessária para atingir o fim. Essa prevalência, porém, não é absoluta, mas instrumental, devendo ser ponderados os bens envolvidos. Assim, deve ser considerado se os "gastos" decorrentes da medida extrafiscal são proporcionais em relação aos resultados; ou, eventualmente, se não há um favorecimento desmedido aos interesses particulares não justificável diante dos benefícios de interesse geral. Molina, por fim, entende que o mínimo existencial constitui um aspecto da capacidade contributiva que não cede em nenhum caso[209].

Entre nós, Celso de Barros Correia Neto sustenta a necessidade da existência de aptidão extrafiscal específica, aliada a um limite de intensidade, ressaltando que: "um e outros aspectos podem ser examinados, a nosso ver, como dimensões da aplicação da proporcionalidade ao sistema tributário: (1) a adequação entre meio e fim e (2) a proibição do excesso"[210]. Já Humberto Ávila, entende que o *fim externo* da tributação extrafiscal deve ser justificado e confirmado não apenas em função da *adequação* e da *proporcionalidade em sentido estrito*, mas da *necessidade* da medida do distanciamento da igualdade:

> [...] não é suficiente justificar; é preciso confirmar que a medida do distanciamento da igualdade é proporcional; e, para evidenciá-lo, é preciso comprovar que a medida produz

---

ção econômica. *In*: LOBATO, Valter de Souza (coord.). DELIGNE, Maysa de Sá Pittondo; LEITE, Matheus Soares (org.). *Extrafiscalidade*: conceito, interpretação, limites e alcance. Belo Horizonte: Fórum, 2017. p. 123-139; SCHOUERI, Luís Eduardo. *Normas tributárias indutoras e intervenção econômica*. Rio de Janeiro: Forense, 2005. NABAIS, José Casalta. *O dever fundamental de pagar impostos*: contributo para a compreensão constitucional do estado fiscal contemporâneo. Coimbra: Almedina, 2015. p. 629 e ss.

[205] Registre-se, no entanto, o entendimento contrário de Gianfranco Gaffuri (GAFFURI, Gianfranco. *La nozione della capacità contributiva e un essenziale confronto di idee*. Milano: Giuffrè, 2016. p. 29 e ss.). No mesmo sentido: VILLEGAS, Héctor B. *Manual de finanzas públicas*: la economía juridicamente regulada del sector público en el mundo globalizado. Buenos Aires: Depalma, 2000. p. 16.

[206] TABOADA, Carlos Palao. *Capacidad contributiva, no confiscatoriedad y otros estudios de derecho constitucional tributario*. Pamplona: Civitas-Thomson Reuters, 2018. p. 138; COSTA, Regina Helena. *Princípio da capacidade contributiva*. 2. ed. São Paulo: Malheiros, 1996. p. 69; MITA, Enrico de. *Interesse fiscale e tutela del contribuente*: *le garanzie costituzionali*. 4. ed. Milano: Giuffrè, 2000. p. 99; MITA, Enrico de. *Principi di diritto tributario*. 7. ed. Milano: Giuffrè, 2019. p. 103.

[207] BIRK, Dieter. *Diritto tributario tedesco*. Trad. Enrico de Mita. Milano: Giuffrè, 2006. p. 56 e ss.

[208] MOLINA, Pedro M. Herrera. *Capacidad económica y sistema fiscal*: análisis del ordenamiento español a luz del derecho alemán. Madrid: Marcial Pons, 1998. p. 155.

[209] MOLINA, Pedro M. Herrera. *Capacidad económica y sistema fiscal*: análisis del ordenamiento español a luz del derecho alemán. Madrid: Marcial Pons, 1998. p. 156-181.

[210] CORREIA NETO, Celso de Barros. *O avesso do tributo*: incentivos e renúncias. 2. ed. São Paulo: Almedina, 2016. p. 118.

efeitos que contribuem para a realização gradual da finalidade extrafiscal (exame da adequação), que a medida é a menos restritiva aos direitos envolvidos, dentre aquelas que poderiam ter sido utilizadas para atingir a finalidade extrafiscal (exame da necessidade), e que os efeitos positivos, decorrentes da adoção da medida, aferidos pelo grau de importância e de promoção da finalidade extrafiscal, não são desproporcionais aos seus efeitos negativos, estimados pelo grau de importância e de promoção da finalidade igualitária (exame de proporcionalidade em sentido estrito)[211].

Destarte, também conhecido como princípio do devido processo legal no sentido material, da proibição de excesso ou da razoabilidade, o princípio da proporcionalidade implica três exigências, que, no Estado de Direito, são requisitos de validade de toda ação estatal: *adequação, necessidade* e *proporcionalidade em sentido estrito*. A adequação requer a conformidade de meios, isto é, que a medida adotada se mostre apropriada ou apta à realização do interesse público que a justificou. A necessidade ou exigibilidade obriga a demonstração de que constitui o meio menos oneroso para o cidadão, considerando, como ensina Gomes Canotilho: (a) *necessidade material*: o meio deve ser o que menos prejudique os direitos fundamentais; (b) *exigibilidade espacial*: a abrangência geográfica da intervenção deve ser delimitada; (c) *exigibilidade temporal*: o tempo de intervenção deve ser igualmente limitado; e (d) *exigibilidade pessoal*: a intervenção fica circunscrita à pessoa ou às pessoas a que se dirigem e que terão seus interesses prejudicados[212]. A proporcionalidade, por sua vez, demanda a ponderação e o sopesamento do custo-benefício, para determinar se o resultado almejado justifica a carga coativa da intervenção estatal[213].

O controle dos tributos extrafiscais no comércio exterior já foi objeto de medida cautelar deferida pelo Ministro Edson Fachin *ad referendum* do Plenário na ADPF 772[214]. Nessa decisão foi suspensa a eficácia da Resolução Gecex 126/2020, do Comitê Executivo da Câmara de Comércio Exterior, que reduziu de 20% para zero a alíquota do imposto de importação de armamentos classificados na NCM 9302.00.00 ("Revólveres e pistolas, exceto os das posições 93.03 ou 93.04"), assentada na violação ao princípio da proporcionalidade:

> Não se ignora que a redução do imposto de importação, mediante ato normativo próprio do Executivo, é autorizada pelo art. 153, § 1º, da CRFB/88. Tampouco se ignora que, conforme anteriormente reconhecido por este Tribunal (RE 570.680/RS, rel. Min. Ricardo Lewandowski, Pleno, *DJe* de 04.12.2009), confere-se certa discricionariedade, na matéria,

---

[211] ÁVILA, Humberto. *Teoria da igualdade tributária*. 3. ed. São Paulo: Malheiros, 2015. p. 168.

[212] CANOTILHO, José Joaquim Gomes. *Direito constitucional*. 6. ed. Coimbra: Almedina, 1996. p. 383.

[213] Sobre o tema, cf. ainda: BONAVIDES, Paulo. *Curso de direito constitucional*. 6. ed. São Paulo: Malheiros, 1996. p. 367; BARROSO, Luís Roberto. *Interpretação e aplicação da Constituição*: fundamentos de uma dogmática constitucional transformadora. São Paulo: Saraiva, 1996. p. 204; GUERRA FILHO, Willis Santiago. Sobre princípios constitucionais gerais: isonomia e proporcionalidade. *Revista dos Tribunais*, n. 719, p. 60, set. 1995; BARROS, Suzana de Toledo. *O princípio da proporcionalidade e o controle de constitucionalidade das leis restritivas de direitos fundamentais*. Brasília: Brasília Jurídica, 1996; STUMM, Raquel Denize. *Princípio da proporcionalidade no direito constitucional brasileiro*. Porto Alegre: Livraria do Advogado, 1995. No STF, o Ministro Celso de Mello, relator da ADIn 1.158-8, sintetizou o entendimento da Corte acerca do princípio da proporcionalidade: "[...] Todos sabemos que a cláusula do devido processo legal – objeto de expressa proclamação pelo art. 5º, LIV, da Constituição – deve ser entendida, na abrangência de sua noção conceitual, não só no aspecto meramente formal, que impõe restrições de caráter ritual à atuação do Poder Público, mas, sobretudo, em sua dimensão material, que atua como decisivo obstáculo à edição de atos legislativos de conteúdo arbitrário ou irrazoável [...] A essência do *substantive due process of law* reside na necessidade de proteger os direitos e as liberdades das pessoas contra qualquer modalidade de legislação que se revele opressiva ou, como no caso, destituída do necessário coeficiente de razoabilidade".

[214] No Plenário, o Min. Fachin foi acompanhado pelo Min. Roberto Barroso e pelo Min. Alexandre de Moraes. O julgamento foi suspenso após pedido de vista dos autos o Ministro Nunes Marques.

ao Chefe do Poder Executivo, podendo haver, inclusive, delegação à CAMEX/GECEX. A questão juridicamente relevante passa a ser a de se, no exercício desta prerrogativa, os efeitos extrafiscais da redução a zero da alíquota do imposto representam indevida violação de direitos fundamentais, colidindo com princípios que, ante as circunstâncias do caso concreto, reclamam precedência.

[...]

Raciocinando-se em termos de proporcionalidade, pende dúvida razoável, em primeiro lugar, sobre a regra da legitimidade dos fins aplicada à redução a zero da alíquota do imposto de importação sobre pistolas e revólveres (cf., a propósito desta regra, KLATT, M.; MEISTER, M. *The constitutional structure of proportionality*. Oxford: OUP, 2012). Estando pouco evidente a finalidade buscada pela norma, há razões para entender que seus objetivos podem não se coadunar com os mecanismos de legitimação constitucional e a diligência devida.

Em segundo lugar, e como consequência do primeiro ponto, é razoável supor que as regras da necessidade e da adequação da norma vergastada não se encontram preenchidas.

Em terceiro lugar, ainda que se cuide de mera análise do pedido liminar, há suficiente evidência de que a Resolução GECEX nº 126/2020 não resiste a teste de proporcionalidade em sentido estrito. Ante o peso *prima facie* dos princípios do direito à vida e à segurança, e da significativa intensidade de interferência sobre eles exercida pela referida redução de alíquota, naquilo em que estimula a aquisição de armas de fogo e reduz a capacidade estatal de controle, seria necessário que os princípios concorrentes (fossem eles o direito de autodefesa, ou as prerrogativas de regulação estatal da ordem econômica) estivessem acompanhados de circunstâncias excepcionais que os justificassem. Em termos técnicos, estes direitos deveriam ser complementados por extraordinariamente altas premissas fáticas e normativas (cf. ALEXY, R. The Weight Formula. *In*: STELMACH, Jerzy *et al*. (org.). Studies in the Philosophy of Law: Frontiers of the Economic Analysis of Law. Cracóvia: Jagiellonian University Press, 2007). Ademais, estas premissas deveriam estar plasmadas em planos e estudos que garantissem racionalmente, a partir das melhores teorias e práticas científicas a nós disponíveis, que os efeitos da norma não violariam o dever de controle das armas de fogo pelo Estado brasileiro[215].

Essa decisão representa um indicativo de que, no direito brasileiro, o STF deverá admitir o controle da proporcionalidade das medidas extrafiscais. Espera-se, inclusive, a aplicação dessa mesma exegese aos benefícios fiscais, com a superação da interpretação anterior, segundo a qual "a concessão do benefício da isenção fiscal é ato discricionário, fundado em juízo de conveniência e oportunidade do poder público, cujo controle é vedado ao Judiciário"[216].

---

[215] STF, ADPF 772, Decisão monocrática, Rel. Min. Edson Fachin, *DJe* 15.12.2020. A aplicação do princípio da proporcionalidade no controle da tributação extrafiscal foi ressaltada pelo STF no RE 656.089: "2. A imposição de alíquotas diferenciadas em razão da atividade econômica pode estar fundada nas funções fiscais ou nas funções extrafiscais da exação. A priori, estando fundada nas funções fiscais, deve a distinção corresponder à capacidade contributiva; estando embasada nas funções extrafiscais, deve ela respeitar a proporcionalidade, a razoabilidade e o postulado da vedação do excesso" (STF, Tribunal Pleno, RE 656.089, Rel. Min. Dias Toffoli, *DJe* 11.12.2019. Tema 515 – "Reserva de lei para a majoração da alíquota da COFINS de 3% para 4% pela Lei 10.684/2003"; tese fixada: "É constitucional a previsão legal de diferenciação de alíquotas em relação às contribuições sociais incidentes sobre o faturamento ou a receita de instituições financeiras ou de entidades a elas legalmente equiparáveis").

[216] STF, 2ª T., AI 630.997 AgR, Rel. Min. Eros Grau, *DJ* 18.05.2007. No mesmo sentido: "A concessão de isenção é ato discricionário, por meio do qual o Poder Executivo, fundado em juízo de conveniência e oportunidade, implementa suas políticas fiscais e econômicas, e, portanto, a análise de seu mérito escapa ao controle do

Parte Geral • Capítulo V • PRINCÍPIOS CONSTITUCIONAIS TRIBUTÁRIOS | 191

Assim, para que a extrafiscalidade não se converta em simples pretexto para exceções aos direitos e garantias fundamentais em matéria tributária, alguns parâmetros dogmáticos devem ser delineados.

Nesse sentido, em primeiro lugar, deve-se ter presente que apenas alguns aspectos do conteúdo jurídico do princípio da capacidade contributiva são atenuados pela tributação extrafiscal. A carga tributária não precisa ser modulada de acordo com a capacidade econômica do obrigado. Contudo, ainda são perfeitamente aplicáveis as exigências de: (i) de idoneidade ou consistência econômica do pressuposto de fato; (ii) intangibilidade do mínimo vital; (iii) neutralidade intertemporal; (iv) vedação de tributação sancionatória e do uso abusivo de presunções legais; (v) coerência interna, inclusive na definição da sujeição passiva; e (vi) mitigação de efeitos inflacionários.

Em segundo lugar, cumpre considerar que nenhum tributo é totalmente neutro e que, sob o aspecto funcional, só há uma verdadeira extrafiscalidade diante da intencionalidade do efeito econômico ou regulatório[217]. Esse, por sua vez, deve ser identificado e isolado para fins analíticos, seguido da verificação de sua fundamentação constitucional. Não sendo possível essa apartação, não há propriamente uma extrafiscalidade, mas um efeito econômico indireto ou reflexo, que é inerente a todo e qualquer tributo. Por isso, não justifica a quebra da exigência constitucional de distribuição igualitária da carga tributária em função da capacidade contributiva. Um tributo com essas características não é compatível com os arts. 145, § 1º, e 150, II, da Constituição Federal[218].

Por outro lado, sendo identificado e isolado o efeito regulatório, deve-se realizar o seu controle de constitucionalidade específico, tanto sob o aspecto material quanto o formal. Assim, para ser materialmente válida, a medida extrafiscal necessita atender a um valor constitucionalmente reconhecido[219]. Também cabe o inverso, isto é, examinar se não há incompatibilidade com algum princípio ou regra constitucional. Sob o aspecto formal, por sua vez, cumpre analisar se a pessoa política tem competência para regular o segmento socioeconômico abrangido pela medida. O ente, dito de outro modo, deve ser competente para instituir o tributo e, ao mesmo tempo, atuar nesse domínio[220].

Em uma terceira etapa, segue-se para o exame da aptidão e da intensidade da medida, mediante aplicação das três exigências inerentes ao princípio da proibição de excesso: (i) *adequação*: verificar se medida tem aptidão para atingir o efeito regulatório ou econômico colimado; (ii) *necessidade*: analisar se é a medida menos restritiva aos direitos envolvidos, entre outras que

---

Poder Judiciário. Precedentes: RE 149.659 e AI 138.344 AgR" (STF, 1ª T., RE 344.331, Rel. Min. Ellen Gracie, *DJ* 14.03.2003).

[217] Como ressalta José Souto Maior Borges, "a neutralidade financeira, para alguns autores, não passa de uma utopia" (BORGES, José Souto Maior. *Introdução ao direito financeiro*. São Paulo: Max Limonad, 1998. p. 45). Ver ainda: BORGES, José Souto Maior. *Introdução ao direito financeiro*. São Paulo: Max Limonad, 1998. p. 45; CORREIA NETO, Celso de Barros. *O avesso do tributo*: incentivos e renúncias. 2. ed. São Paulo: Almedina, 2016. p. 95; NABAIS, José Casalta. *Estudos de direito fiscal*: por um Estado fiscal suportável. Coimbra: Almedina, 2005. p. 337; NABAIS, José Casalta. *O dever fundamental de pagar impostos*: contributo para a compreensão constitucional do estado fiscal contemporâneo. Coimbra: Almedina, 2015. p. 630; SCHOUERI, Luís Eduardo; FERREIRA, Diogo Olm; LUZ, Victor Lyra Guimarães. *Legalidade tributária e o Supremo Tribunal Federal*: uma análise sob a ótica do RE n. 1.043.313 e da ADI n. 5.277. São Paulo: IBDT, 2021. p. 83: "todo tributo desempenha, em maior ou menor grau, a função indutora, vez que o comportamento dos agentes econômicos é, invariavelmente, afetado pelos tributos".

[218] No direito comparado, o BVerfGE faz exigência semelhante, como ressalta Paulo Kirchhof: "Se a finalidade indutora de um benefício fiscal não estiver determinada de forma clara na legislação, ou se a hipótese silenciar sobre a finalidade indutora, o benefício fiscal não estará sob nenhuma hipótese justificado" (KIRCHHOF, Paul. *Tributação no Estado constitucional*. Trad. Pedro Adamy. São Paulo: Quartier Latin, 2016. p. 96).

[219] BIRK, Dieter. *Diritto tributario tedesco*. Trad. Enrico de Mita. Milano: Giuffrè, 2006. p. 56.

[220] Esse aspecto é ressaltado por Birk (BIRK, Dieter. *Diritto tributario tedesco*. Trad. Enrico de Mita. Milano: Giuffrè, 2006. p. 55) e, entre nós, por Aliomar Baleeiro (BALEEIRO, Aliomar. *Uma introdução à ciência das finanças*. Atual. Dejalma de Campos. 15. ed. Rio de Janeiro: Forense, 1998. p. 190).

192 | CURSO DE DIREITO TRIBUTÁRIO – *Solon Sehn*

poderiam ser adotadas para alcançar o mesmo efeito; e (iii) *proporcionalidade em sentido estrito*: determinar se as vantagens que decorrem do efeito regulatório são maiores que as desvantagens, a ponto de justificar o afastamento da exigência constitucional de distribuição igualitária da carga tributária. Nesse sopesamento, cabem ao menos duas verificações: avaliar se há ganhos potenciais para o interesse público e população em geral; e, no caso de benefícios fiscais, se não há um favorecimento desmedido aos interesses particulares não justificável em face dos benefícios de interesse geral[221].

6   PRINCÍPIO DA VEDAÇÃO AO CONFISCO

A vedação ao confisco representa um limite máximo da tributação que, a rigor, constitui uma das dimensões negativas do princípio da capacidade contributiva. Entre nós, encontra-se prevista no inciso IV do art. 150 da Constituição, que veda à União, aos Estados, ao Distrito Federal e aos Municípios "utilizar tributo com efeito de confisco". O problema é saber a partir de que momento um tributo adquire caráter confiscatório. No direito comparado, por exemplo, o Tribunal Constitucional Federal da Alemanha entendeu que os tributos sobre a renda e a propriedade não podem superar o limite de 50% dos rendimentos, o que foi definido a partir do art. 14.2 da Lei Fundamental de Bonn[222]. Esse dispositivo, ao estabelecer que o uso da propriedade *deve servir, ao mesmo tempo, ao bem comum*, foi o fundamento para a definição do chamado *princípio da divisão pela metade*, que, entretanto, tem sido questionado pela doutrina do país[223]. Na Argentina, a Suprema Corte de Justiça da Nação definiu o limite de 33% para a tributação direta da renda em sentido amplo, descontados os encargos da mora, sem adotá-lo nas sanções tributárias[224].

A jurisprudência do STF tem diversos precedentes aplicando o princípio da vedação ao confisco às multas tributárias, para limitá-las ao valor do crédito tributário devido[225]. Isso faz

---

[221]   MOLINA, Pedro M. Herrera. *Capacidad económica y sistema fiscal*: análisis del ordenamiento español a luz del derecho alemán. Madrid: Marcial Pons, 1998. p. 156-181.

[222]   "(2) [...] Gebrauch soll zugleich dem Wohle der Allgemeinheit dienen."

[223]   KIRCHHOF, Paul. *Tributação no Estado constitucional*. Trad. Pedro Adamy. São Paulo: Quartier Latin, 2016. p. 74-75; TIPKE, Klaus. *Moral tributaria del Estado y de los contribuyentes*. Madrid: Marcial Pons, 2002. p. 66; TIPKE, Klaus; LANG, Joachim. *Direito tributário (Steuerrecht)*. Porto Alegre: Fabris, 2008. v. I, p. 273 e ss.; BIRK, Dieter. *Diritto tributario tedesco*. Trad. Enrico de Mita. Milano: Giuffrè, 2006. p. 52-53; MOLINA, Pedro M. Herrera. *Capacidad económica y sistema fiscal*: análisis del ordenamiento español a luz del derecho alemán. Madrid: Marcial Pons, 1998. p. 65 e ss.; TABOADA, Carlos Palao. *Capacidad contributiva, no confiscatoriedad y otros estudios de derecho constitucional tributario*. Pamplona: Civitas-Thomson Reuters, 2018. p. 192; FALSITTA, Gaspare. *Il principio della capacità contributiva nel suo svolgimento storico prima e dopo la costituzione repubblicana*: schermaglie dialettiche su "scuole" e "maestri" del passato. Milano: Giuffrè, 2014. p. 139; GOLDSCHMIDT, Fabio Brun. *O princípio do não confisco no direito tributário*. São Paulo: RT, 2003. p. 225.

[224]   "[...] el principio de no confiscatoriedad a tomar en cuenta el porcentaje 'cabalístico' del 33% sobre la renta (pese a la alusión al capital), usando la expresión en sentido genérico, que comprende aun los incrementos patrimoniales" (VIZCAÍNO, Catalina García. *Derecho tributario*: consideraciones económicas y jurídicas. 2. ed. Buenos Aires: Depalma, 1999. t. I, p. 282 e ss.). Cf. ainda: COSTA, Regina Helena. *Princípio da capacidade contributiva*. 2. ed. São Paulo: Malheiros, 1996. p. 479 e ss.; NOBRE JÚNIOR, Edilson Pereira. *Princípio constitucional da capacidade contributiva*. Porto Alegre: Fabris, 2001. p. 52-53. Alguns autores observam que, no direito argentino, o princípio não é aplicado aos tributos indiretos. No entanto, Goldschmidt cita um caso em que isso ocorreu (GOLDSCHMIDT, Fabio Brun. *O princípio do não confisco no direito tributário*. São Paulo: RT, 2003. p. 239).

[225]   "Quanto ao valor máximo das multas punitivas, esta Corte tem entendido que são confiscatórias aquelas que ultrapassam o percentual de 100% (cem por cento) do valor do tributo devido" (STF, 1ª T., ARE 1.058.987 AgR, Rel. Min. Roberto Barroso, *DJe* 15.12.2017). No mesmo sentido: "Tributário. Multa. Valor superior ao do tributo. Confisco. Artigo 150, inciso IV, da Carta da República. Surge inconstitucional multa cujo valor é superior ao do tributo devido. Precedentes: Ação Direta de Inconstitucionalidade 551/RJ – Pleno, relator ministro Ilmar Galvão – e Recurso Extraordinário 582.461/SP – Pleno, relator ministro Gilmar Mendes, Repercussão Geral" (STF, 1ª T., RE 833.106 AgR, Rel. Min. Marco Aurélio, *DJe* 12.12.2014). Ressalte-se que, de acordo com a Tese III do julgamento do Tema 214: "[...] não é confiscatória a multa moratória no importe de 20%"

Parte Geral • Capítulo V • PRINCÍPIOS CONSTITUCIONAIS TRIBUTÁRIOS | **193**

com que a garantia constitucional tenha um sentido ampliado, sem se limitar a uma obrigação tributária em particular, para compreender a própria atividade tributária do Estado.

Já em relação ao crédito tributário, o Tribunal definiu alguns parâmetros relevantes para a aplicação da vedação ao confisco no julgamento da ADI 2.010 MC, quando foi declarada a inconstitucionalidade da contribuição previdenciária progressiva da Lei 9.783/1999, revogada pela Lei 9.988/2000[226]:

> **A tributação confiscatória é vedada pela Constituição da República.**
>
> – A **jurisprudência** do Supremo Tribunal Federal entende cabível, em sede de controle normativo abstrato, a **possibilidade** de a Corte examinar se determinado tributo **ofende**, ou não, o princípio constitucional da não confiscatoriedade consagrado no art. 150, IV, da Constituição. **Precedente: ADI 1.075-DF**, Rel. Min. Celso de Mello (o Relator ficou **vencido**, no precedente mencionado, por entender que o exame do efeito confiscatório do tributo **depende** da apreciação individual de **cada** caso concreto).
>
> – A **proibição constitucional do confisco** em matéria tributária nada mais representa senão a **interdição**, pela Carta Política, de **qualquer** pretensão governamental que possa conduzir, no campo **da fiscalidade**, à **injusta** apropriação estatal, no todo ou em parte, do patrimônio ou dos rendimentos dos contribuintes, **comprometendo-lhes**, pela **insuportabilidade** da carga tributária, o exercício do direito a uma existência digna, ou a prática de atividade profissional lícita **ou**, ainda, a regular satisfação de suas necessidades vitais (educação, saúde e habitação, **por exemplo**).
>
> **A identificação do efeito confiscatório** deve ser feita em função da **totalidade** da carga tributária, **mediante** verificação da capacidade de que dispõe o contribuinte – **considerado** o montante de sua riqueza (renda e capital) – para suportar e sofrer a incidência de todos os tributos que ele deverá pagar, dentro de determinado período, à **mesma** pessoa política que os houver instituído (a União Federal, no caso), **condicionando-se**, ainda, a **aferição** do grau de insuportabilidade econômico-financeira, **à observância**, pelo legislador, de **padrões de razoabilidade** destinados a neutralizar **excessos** de ordem fiscal eventualmente praticados pelo Poder Público.
>
> Resulta configurado o caráter confiscatório de determinado tributo, **sempre** que o **efeito cumulativo** – resultante das **múltiplas** incidências tributárias estabelecidas pela **mesma** entidade estatal – **afetar**, substancialmente, **de maneira irrazoável**, o patrimônio e/ou os rendimentos do contribuinte.

(STF, Tribunal Pleno, RE 582.461, Rel. Min. Gilmar Mendes, *DJe* 18.08.2011). Além disso, no julgamento do Tema 872 ("Constitucionalidade da exigência de multa por ausência ou atraso na entrega de Declaração de Débitos e Créditos Tributários Federais – DCTF, prevista no art. 7º, II, da Lei 10.426/2002, apurada mediante percentual a incidir, mês a mês, sobre os valores dos tributos a serem informados"), foi fixado que: "Revela-se constitucional a sanção prevista no artigo 7º, inciso II, da Lei 10.426/2002, ante a ausência de ofensa aos princípios da proporcionalidade e da vedação de tributo com efeito confiscatório" (STF, Tribunal Pleno, RE 606.010, Rel. Min. Marco Aurélio, *DJe* 13.11.2020).

[226] "Art. 2º A contribuição de que trata o artigo anterior fica acrescida dos seguintes adicionais: Vide ADIN 2010, de 1999 (Revogado pela Lei 9.988, de 2000)

I – nove pontos percentuais incidentes sobre a parcela da remuneração, do provento ou da pensão que exceder a R$ 1.200,00 (um mil e duzentos reais), até o limite de R$ 2.500,00 (dois mil e quinhentos reais); (Revogado pela Lei 9.988, de 2000)

II – catorze pontos percentuais incidentes sobre a parcela da remuneração, do provento ou da pensão que exceder a R$ 2.500,00 (dois mil e quinhentos reais). (Revogado pela Lei 9.988, de 2000)

Parágrafo único. Os adicionais de que trata o *caput* têm caráter temporário, vigorando até 31 de dezembro de 2002. (Revogado pela Lei 9.988, de 2000)"

194 | CURSO DE DIREITO TRIBUTÁRIO – *Solon Sehn*

– O Poder Público, **especialmente** em sede de tributação (as contribuições de seguridade social **revestem-se** de caráter tributário), **não** pode agir **imoderadamente**, pois a atividade estatal acha-se essencialmente **condicionada** pelo princípio da razoabilidade[227].

No caso concreto, o STF entendeu que a contribuição progressiva apresentava natureza confiscatória, porque, somada ao imposto de renda, representava cerca de 47% dos rendimentos mensais auferidos pelos servidores públicos, como ressaltado no voto do Ministro Maurício Corrêa:

> Em suma, o que caracteriza o confisco é a redução substancial do patrimônio do contribuinte, impedindo-o de realizar sua manutenção, com interferência negativa no sustento da sua própria pessoa e da **família**, que, segundo artigo 226 da Carta de 1988, é a *base da sociedade e tem especial proteção do Estado*. Vale ressaltar a observação feita pelo Ministro Themístocles Cavalcanti, in *RTJ* 44/322, no sentido de que "*tornar impossível o exercício de uma atividade indispensável que permita ao indivíduo obter os meios de subsistência, é tirar-lhe um pouco de sua vida, porque esta não prescinde dos meios materiais para sua proteção*".
>
> [...]
>
> Estou em que se se somar o imposto de renda com a contribuição de que ora se cuida, o servidor terá de pagar, aproximadamente, 47% (quarenta e sete por cento) do que recebe. É por isso que o caráter. Confiscatório transparece no conjunto formato por essas duas taxações. Se o imposto de renda fosse objeto de julgamento agora, ter-se-ia que levar em conta a contribuição, visto que os dois tipos compõem o total que alcança o confisco, que me parece ser a hipótese em exame[228].

O confisco é a perda da propriedade de um bem sem o recebimento de indenização. Não há dúvidas de que todo tributo que produzir esse efeito, direta ou indiretamente, não é compatível com o art. 150, IV, da Constituição Federal. No entanto, a garantia constitucional não se limita a isso. O princípio visa à preservação da manifestação de capacidade contributiva tributada e o respeito aos direitos fundamentais de seu titular. Assim, ao instituir um tributo, o poder público não pode promover o esgotamento da manifestação de riqueza gravada nem a absorver de maneira desmedida, por meio de uma carga tributária *sufocante*[229]. Isso ocorre sempre que o cidadão tem a sua dignidade aviltada, não apenas porque o peso do tributo implica um sacrifício dos meios necessários ao próprio sustento e de sua família, mas pelo desrespeito ao seu direito de exercer uma profissão ou de empreender, auferindo renda, acumulando um patrimônio, enfim, atingindo seus objetivos de vida.

Esse *breaking point*[230] não pode ser determinado abstratamente nem, menos ainda, por meio de um número percentual comparado ao adotado em outros países com sistemas tributários e prestacionais diferentes. Nos países escandinavos, a tributação da renda pode chegar a 75,5% (Suécia), 73,5% (Dinamarca) e 67,6% (Finlândia)[231]. Entretanto, os critérios de determinação da base de cálculo são inteiramente distintos, assim como não se equiparam – nem de perto – as

---

227 STF, Tribunal Pleno, ADI 2.010 MC, Rel. Min. Celso de Mello, *DJ* 12.04.2002.
228 Voto do Min. Maurício Corrêa na ADI 2.010 MC.
229 Imposto-estrangulamento (*Erdrosselungssteuer*) ou imposto-sufocante (TIPKE, Klaus; LANG, Joachim. *Direito tributário (Steuerrecht)*. Porto Alegre: Fabris, 2008. v. I, p. 272; TABOADA, Carlos Palao. *Capacidad contributiva, no confiscatoriedad y otros estudios de derecho constitucional tributario*. Pamplona: Civitas-Thomson Reuters, 2018. p. 142).
230 TIPKE, Klaus. *Moral tributaria del Estado y de los contribuyentes*. Madrid: Marcial Pons, 2002. p. 65.
231 TIPKE, Klaus. *Moral tributaria del Estado y de los contribuyentes*. Madrid: Marcial Pons, 2002. p. 70.

Parte Geral • Capítulo V • PRINCÍPIOS CONSTITUCIONAIS TRIBUTÁRIOS | **195**

prestações públicas em benefício dos cidadãos. No Brasil, percentuais como esses, assim como o próprio princípio da divisão pela metade adotado no direito alemão, seriam absolutamente irrazoáveis, em razão das limitações de dedutibilidade de despesas e à elevada tributação sobre o consumo. Isso sem mencionar a precariedade dos serviços públicos prestados pelo Estado brasileiro, a despeito da elevada carga tributária vigente entre nós, o que obriga os cidadãos a realizar gastos expressivos para ter acesso a serviços essenciais, como a segurança, a saúde, a previdência e a educação privada. Por isso, o efeito confiscatório deve ser determinado concretamente, considerando o sistema tributário como um todo e os tributos individualmente[232], mas sem jamais desconsiderar a realidade do país e o sistema prestacional vigente.

7 PRINCÍPIO DA ISONOMIA

7.1 Igualdade na criação e na aplicação da lei

A igualdade é consagrada em diversos preceitos constitucionais, iniciando pelo *caput* do art. 5º, que estabelece o núcleo dos direitos e garantias fundamentais da Constituição Federal de 1988[233]. A isonomia apresenta uma dimensão *negativa*, impedindo discriminações ou privilégios para indivíduos em situação equivalente; e outra *positiva*, que obriga a equalização de assimetrias fáticas, a implementação de medidas compensatórias de desigualdades de oportunidades e o respeito das minorias. Trata-se de uma garantia constitucional que não se resume ao aspecto formal, mas que pressupõe a efetiva consideração das diferenças entre os indivíduos e, em função delas, a instituição de uma disciplina jurídica apropriada, ou seja, o estabelecimento de uma igualdade material por meio da lei[234]. Dessa maneira, ao contrário da *identidade*, a *igualdade* pressupõe diferenciações[235], o que pode ser resumido na máxima aristotélica de *tratar igualmente os iguais e desigualmente os desiguais, na medida de suas desigualdades*. A isonomia, nessa perspectiva, constitui não apenas uma vedação contra discriminações e privilégios injustificados, mas também contra tratamentos homogêneos arbitrários ou, dito de outro modo, uma proteção em face da ausência de diferenciações niveladoras de assimetrias entre os cidadãos[236].

Portanto, na concretização do princípio da isonomia, o legislador pode e, em muitos casos, deve promover diferenciações. Entretanto, como ensina Celso Antônio Bandeira de Mello, a distinção não pode violar outros valores constitucionais. Deve existir, ademais, uma justificativa racional ou fundamento lógico para a sua adoção. O critério de diferenciação não pode ser definido aleatoriamente, sendo necessário um vínculo de correlação ou de pertinência com a desigualdade de tratamento decidida em função dela, isto é, a discriminação não pode ser gratuita, fortuita ou injustificada[237]. Dessa forma, como ressalta Humberto Ávila, exige-se uma *relação de pertinência*

---

[232] MOLINA, Pedro M. Herrera. *Capacidad económica y sistema fiscal*: análisis del ordenamiento español a luz del derecho alemán. Madrid: Marcial Pons, 1998. p. 133.

[233] O princípio compreende também a aplicação da lei pelos órgãos da administração pública e pelo Poder Judiciário, mediante observância da paridade processual e da observância dos precedentes. O novo Código de Processo Civil (Lei 13.105/2015), influenciado pela experiência dos países da *common law*, impôs a todos os Tribunais o dever de uniformizar sua jurisprudência, mantendo-a estável, íntegra e coerente (art. 926). Sobre o tema, cf.: MARINONI, Luiz Guilherme. *Precedentes obrigatórios*. 6. ed. São Paulo: RT, 2019.

[234] CANOTILHO, José Joaquim Gomes. *Direito constitucional*. 6. ed. Coimbra: Almedina, 1996. p. 426 e ss.

[235] CANOTILHO, José Joaquim Gomes. *Direito constitucional*. 6. ed. Coimbra: Almedina, 1996. p. 426 e ss.

[236] TIPKE, Klaus; LANG, Joachim. *Direito tributário (Steuerrecht)*. Porto Alegre: Fabris, 2008. v. I, p. 194.

[237] Ainda segundo o autor, o fator de diferenciação ou peculiaridade diferencial deve residir na *pessoa*, na *coisa* ou na *situação* a ser discriminada, não podendo ser *neutro* (tempo ou lugar) nem *específico* a ponto de singularizar no *presente e definitivamente* o sujeito abrangido pelo regime peculiar, mesmo quando o enunciado legal é formulado em termos gerais e abstratos. Os critérios de discriminação, destarte, devem respeitar as características intrínsecas das coisas, pessoas, fatos ou situações, não podendo ser neutros, como o lugar, o tempo ou data (mas o fato ou acontecimento ocorrido em certo tempo pode ser elemento discriminador). Assim, como ressalta o autor, uma lei não pode impedir determinados profissionais, como

196 | CURSO DE DIREITO TRIBUTÁRIO – *Solon Sehn*

ou *vínculo de correlação lógica* entre a propriedade escolhida e a finalidade que justifica a comparação, sendo vedadas as desigualdades sem razão justificadora, sem consideração adequada das diferenças relevantes ou com a consideração de diferenças irrelevantes[238].

Em matéria tributária, o princípio da igualdade é enunciado no inciso II do art. 150, que veda à União, aos Estados, ao Distrito Federal e aos Municípios "*instituir tratamento desigual entre contribuintes que se encontrem em situação equivalente, proibida qualquer distinção em razão de ocupação profissional ou função por eles exercida, independentemente da denominação jurídica dos rendimentos, títulos ou direitos*". A isonomia relaciona-se com o princípio da capacidade contributiva, que a complementa enquanto referencial para a distribuição e o dimensionamento da carga tributária[239]. Também é em função dela que se determina a presença ou não de uma situação de equivalência entre os contribuintes[240].

A isonomia tributária, em sua dimensão negativa, veda *tratamentos tributários diferenciados*, favoráveis ou gravosos, para contribuintes com capacidade econômica equivalente, bem como *tratamentos tributários homogêneos* para contribuintes com capacidades contributivas distintas. Daí a inconstitucionalidade dos tributos que gravam de maneira idêntica (e não isonômica) todos os indivíduos (tributação *per capita*), independentemente de sua condição financeira[241]. Também são vedadas as disposições fiscais singularizadas[242], a exemplo da antiga legislação norte-americana sobre a *taxability to employee of termination payments*. Esta, apesar de formalmente geral, foi formulada de tal maneira que apenas poderia ser aplicável a um único indivíduo: Louis Burt Mayer, cofundador da *Metro-Goldwyn-Mayer* (MGM) de Hollywood, que economizou milhões de dólares com o pagamento de tributos[243]. Em sua dimensão positiva, por sua vez, o princípio obriga a adoção de diferenciações niveladoras de assimetrias fáticas. Nesse aspecto, a isonomia ingressa em um âmbito de convergência com o princípio da capacidade contributiva, porque, assim como esse, obriga a estruturação de um *sistema tributário progressivo*, caracterizado pela

---

advogados e médicos, de exercerem sua profissão em determinado lugar, salvo se a característica desse lugar gere a proibição, por exemplo, se esse lugar estiver infestado por uma doença grave (BANDEIRA DE MELLO, Celso Antônio. *Conteúdo jurídico do princípio da igualdade*. 3. ed. São Paulo: Malheiros, 1995. p. 23 e ss.). A teoria desse professor é aplicada no âmbito tributário na obra: GONÇALVES, José Artur Lima. *Isonomia na norma tributária*. São Paulo: Malheiros, 1993. p. 51.

[238] ÁVILA, Humberto. *Teoria da igualdade tributária*. 3. ed. São Paulo: Malheiros, 2015. p. 26 e ss.

[239] KIRCHHOF, Paul. *Tributação no Estado constitucional*. Trad. Pedro Adamy. São Paulo: Quartier Latin, 2016. p. 43; MOLINA, Pedro M. Herrera. *Capacidad económica y sistema fiscal*: análisis del ordenamiento español a luz del derecho alemán. Madrid: Marcial Pons, 1998. p. 47; UCKMAR, Victor. *Princípios comuns do direito constitucional tributário*. Trad. Marco Aurelio Greco. 2. ed. São Paulo: Malheiros, 1999. p. 85; MITA, Enrico de. *Interesse fiscale e tutela del contribuente: le garanzie costituzionali*. 4. ed. Milano: Giuffrè, 2000. p. 81 e ss.; TABOADA, Carlos Palao. *Capacidad contributiva, no confiscatoriedad y otros estudios de derecho constitucional tributario*. Pamplona: Civitas-Thomson Reuters, 2018. p. 81 e ss.

[240] Por isso, o princípio da capacidade contributiva é considerando uma derivação da isonomia tributária. Na verdade, porém, o que ocorre é que, como ressalta Claus Wilhelm Canaris, os princípios não têm pretensão de exclusividade. Assim, por vezes, podem expressar a mesma consequência jurídica, ostentando o seu sentido próprio apenas em combinação, complementação e restrição recíprocas. É precisamente o que ocorre com os princípios da capacidade contributiva e da igualdade tributária (CANARIS, Claus Wilhelm. *Pensamento sistemático e conceito de sistema na ciência do direito*. Lisboa: Fundação Calouste Gulbenkian, 1989. p. 87 e ss.). É o que ocorre com o princípio da isonomia e da capacidade contributiva.

[241] TIPKE, Klaus; LANG, Joachim. *Direito tributário* (*Steuerrecht*). Porto Alegre: Fabris, 2008. v. I, p. 204.

[242] Como ressalta Celso Antônio Bandeira de Mello, há violação do princípio da isonomia quando o fator de diferenciação ou a peculiaridade diferencial for de tal modo *específico* que acaba por singularizar no *presente e definitivamente* o sujeito abrangido pelo regime peculiar, mesmo quando o enunciado legal é formulado em termos gerais e abstratos (BANDEIRA DE MELLO, Celso Antônio. *Conteúdo jurídico do princípio da igualdade*. 3. ed. São Paulo: Malheiros, 1995. p. 23 e ss.).

[243] NEUMARK, Fritz. *Principios de la imposición*. Trad. Luis Gutiérrez Andrés. 2. ed. Madrid: Instituto de Estudios Fiscales, 1994. p. 117.

Parte Geral • Capítulo V • PRINCÍPIOS CONSTITUCIONAIS TRIBUTÁRIOS | **197**

predominância de tributos com alíquotas majoradas em razão do aumento da disponibilidade econômica dos obrigados.

Todos os *tratamentos tributários diferenciados* estão sujeitos à observância do princípio da isonomia, desde as reduções, as dispensas legais de pagamento, inclusive a isenção, a remissão ou a anistia, as regras sobre o momento de adimplemento (diferimento, parcelamento e moratória), deveres formais e, até mesmo, as formas de suspensão ou extinção do crédito tributário autorizadas. Assim, *v.g.*, o poder público não pode vedar arbitrariamente a compensação ou o parcelamento para os contribuintes de um segmento econômico e autorizar para os demais. É necessário que exista uma justificativa séria para a diferenciação legal e, como definido pelo STF no RE 640.905, uma correlação lógica entre o fator de discrímen e a desequiparação procedida que justifique os interesses protegidos na Constituição:

1. O princípio da isonomia, refletido no sistema constitucional tributário (art. 5º c/c art. 150, II, CRFB/88) não se resume ao tratamento igualitário em toda e qualquer situação jurídica, mas, também, na implementação de medidas com o escopo de minorar os fatores discriminatórios existentes, impondo, por vezes, tratamento desigual em circunstâncias específicas e que militam em prol da igualdade.

2. A isonomia sob o ângulo da desigualação reclama correlação lógica entre o fator de *discrímen* e a desequiparação procedida que justifique os interesses protegidos na Constituição (adequada correlação valorativa).

3. A norma revela-se antijurídica, ante as discriminações injustificadas no seu conteúdo intrínseco, encerrando distinções não balizadas por critérios objetivos e racionais adequados (fundamento lógico) ao fim visado pela diferenciação. [...][244].

Na aplicação do princípio da isonomia, a jurisprudência do Tribunal tem considerado os possíveis impactos concorrenciais decorrentes de tratamentos tributários diferenciados. No RE 599.316, o STF definiu que: "Surge inconstitucional, por ofensa aos princípios da não cumulatividade e da isonomia, o artigo 31, cabeça, da Lei 10.865/2004, no que vedou o creditamento da contribuição para o PIS e da COFINS, relativamente ao ativo imobilizado adquirido até 30 de abril de 2004" (Tema 244)[245]. De acordo com a fundamentação do voto do relator, a vedação temporal ao creditamento, apenas para fins de aumento da arrecadação, viola o princípio da isonomia tributária:

A ausência de fundamento lógico para a distinção é flagrante. Tome-se como exemplo a hipótese de contribuinte adquirente de computadores, os quais, segundo a Instrução Normativa no 1.700/2017, da Receita Federal do Brasil, possuem vida útil de 5 anos, devendo ser depreciados à taxa de 20% ao ano. Se determinado contribuinte houver comprado as máquinas no mês anterior à vigência da Lei no 10.865/2004, poderá creditar-se apenas em relação a 1,7% do valor dos bens – 20% ao ano = 1,7% ao mês. Já concorrente que tenha feito aquisição semelhante no mês seguinte creditar-se-á no tocante a 100% do preço, considerada a depreciação até o fim da vida útil. Inexiste razão aceitável para a diferenciação, a não ser a finalidade arrecadatória[246].

---

244   STF, Tribunal Pleno, RE 640.905, Rel. Min. Luiz Fux, *DJe* 1º.02.2018. Nesse julgamento, o STF definiu a seguinte tese de repercussão geral: "Não viola o princípio da isonomia e o livre acesso à jurisdição a restrição de ingresso no parcelamento de dívida relativa à Contribuição para Financiamento da Seguridade Social – COFINS, instituída pela Portaria 655/93, dos contribuintes que questionaram o tributo em juízo com depósito judicial dos débitos tributários" (Tema 573).

245   STF, Tribunal Pleno, RE 599.316, Rel. Min. Marco Aurélio, *DJe* 06.10.2020.

246   Voto do Min. Marco Aurélio.

Vale ressaltar que o STF tem aplicado o princípio da isonomia como parâmetro para o controle de constitucionalidade de efeitos indiretos da incidência de tributos (e não apenas de tributos extrafiscais) e de vedações legais ao creditamento de tributos não cumulativos. Assim, no RE 576.967 (Tema 72), foi declarada a inconstitucionalidade da incidência da contribuição previdenciária sobre o pagamento de salário-maternidade, por implicar um obstáculo geral à contratação de mulheres:

> Direito constitucional. Direito tributário. Recurso extraordinário com repercussão geral. Contribuição previdenciária do empregador. Incidência sobre o salário-maternidade. Inconstitucionalidade formal e material. [...] Esta Corte já definiu que as disposições constitucionais são legitimadoras de um tratamento diferenciado às mulheres desde que a norma instituidora amplie direitos fundamentais e atenda ao princípio da proporcionalidade na compensação das diferenças. No entanto, no presente caso, as normas impugnadas, ao imporem tributação que incide somente quando a trabalhadora é mulher e mãe cria obstáculo geral à contratação de mulheres, por questões exclusivamente biológicas, uma vez que torna a maternidade um ônus. Tal discriminação não encontra amparo na Constituição, que, ao contrário, estabelece isonomia entre homens e mulheres, bem como a proteção à maternidade, à família e à inclusão da mulher no mercado de trabalho. Inconstitucionalidade material dos referidos dispositivos[247].

No RE 607.109 (Tema 304), o Tribunal declarou a inconstitucionalidade da vedação ao crédito do PIS-Cofins sobre a aquisição de insumos reciclados (desperdícios, resíduos ou aparas de plástico, de papel ou cartão, de vidro, de ferro ou aço, de cobre, de níquel, de alumínio, de chumbo, de zinco e de estanho):

> Recurso extraordinário. Repercussão geral. Direito Tributário Ambiental. 2. Tema 304 da sistemática da Repercussão Geral. 3. Artigos 47 e 48 da Lei federal 11.196/2005. Possibilidade de apuração de créditos de PIS/Cofins na aquisição de insumos recicláveis. 4. Coexistência dos regimes cumulativo e não cumulativo da contribuição ao PIS/Cofins. Dualidade de alíquotas. Prejuízos econômicos ao contribuinte industrial dedicado à reciclagem. 5. Inconstitucionalidade de tratamento tributário prejudicial à indústria de reciclagem. Princípio do protetor recebedor. Possibilidade concreta de os créditos fiscais superarem o valor do PIS/Cofins recolhido na etapa anterior da cadeia de produção. Afronta aos princípios da isonomia tributária, neutralidade fiscal e ao regime tributário favorecido e simplificado devido à microempresa e à empresa de pequeno porte. 6. Ética ambiental. Estado Socioambiental de Direito. Sustentabilidade ecológica e social. Direito ao meio ambiente ecologicamente equilibrado. Artigos 170, inciso VI, e 225, da Constituição Federal. Vinculação do Legislador ordinário. Impossibilidade do esvaziamento do substrato axiológico dos direitos fundamentais ambientais. Inconstitucionalidade de tratamento tributário mais gravoso ao elo mais frágil da cadeia produtiva. População de baixa renda. Afronta às normas fundamentais de defesa do meio ambiente e da valorização do trabalho humano. 7. Fixação da tese: "São inconstitucionais os arts. 47 e 48 da Lei

---

[247] STF, Tribunal Pleno, RE 576.967, Rel. Min. Roberto Barroso, *DJe* 21.10.2020. Tema 72: "Inclusão do salário-maternidade na base de cálculo da Contribuição Previdenciária incidente sobre a remuneração"; tese de repercussão fiscal fixada: "É inconstitucional a incidência da contribuição previdenciária a cargo do empregador sobre o salário maternidade".

Parte Geral • Capítulo V • PRINCÍPIOS CONSTITUCIONAIS TRIBUTÁRIOS | **199**

11.196/2005, que vedam a apuração de créditos de PIS/Cofins na aquisição de insumos recicláveis". Recurso extraordinário provido[248].

O Tribunal entendeu que, além de violar o princípio da isonomia, a vedação ao crédito da contribuição não é compatível com as normas constitucionais relacionadas com a promoção e a proteção do meio ambiente ecologicamente equilibrado, como se depreende do voto do Ministro Gilmar Mendes:

> [...] **quando submetidas a condições de mercado similares**, as empresas que adquirem matéria-prima reciclável não competem em pé de igualdade com as produtoras que utilizam insumos extraídos da natureza, cujo potencial de degradação ambiental é indubitavelmente superior.
>
> E o que mais impressiona é que as vantagens competitivas que alavancam os ganhos da indústria convencional, ainda dependente de métodos extrativistas, não decorrem necessariamente de sua maior eficiência operacional ou da solidez de seu plano empresarial, mas da imposição de tratamento tributário desfavorável as linhas de produção ecologicamente sustentáveis.
>
> As consequências são ainda mais nocivas quando a fornecedora é optante pelo Simples Nacional. Neste particular, a lei não prevê isenção tributária para o microempresário ou empresa de pequeno porte e, mesmo assim, proíbe que o adquirente apure créditos de PIS/Cofins. Como resultado, ocorrerá acentuada elevação da carga tributária total, que corresponderá ao somatório das contribuições sociais devidas pelo microempresário e pelo produtor de celulose, sem nenhuma possibilidade de compensação.
>
> Salta aos olhos que, embora o legislador tenha visado a beneficiar os catadores de papel, a legislação provocou graves distorções que acabam por desestimular a compra de materiais reciclados. Hoje, do ponto de vista tributário, é economicamente mais vantajoso comprar insumos da indústria extrativista do que adquirir matéria-prima de cooperativas de catadores de materiais recicláveis.
>
> [...]
>
> Surpreendentemente, no caso em análise, a supressão de benefícios fiscais recaiu justamente sobre as cadeias econômicas mais alinhadas com as diretrizes perseguidas pela comunidade internacional, que cada vez mais se conscientiza quanto à necessidade de progressiva substituição das atividades industriais nocivas ao meio ambiente. Ao assim agir, o Estado brasileiro prejudica as empresas que, ciosas de suas responsabilidades sociais, optaram por contribuir com o Poder Público e com a coletividade na promoção de uma política de gerenciamento ambientalmente adequado de resíduos sólidos[249].

Por fim, na interpretação do art. 150, inciso II, o Supremo Tribunal Federal tem entendido que a *ocupação profissional* e *a função exercida* não podem ser adotadas como critério de dife-

---

[248] STF, Tribunal Pleno, RE 607.109, Rel. Min. Rosa Weber, Rel. p/ Acórdão Min. Gilmar Mendes, *DJe* 12.08.2021. Tema 304 ("Apropriação de créditos de PIS e COFINS na aquisição de desperdícios, resíduos ou aparas"; tese fixada: "São inconstitucionais os arts. 47 e 48 da Lei 11.196/2005, que vedam a apuração de créditos de PIS/ Cofins na aquisição de insumos recicláveis").

[249] Voto do Min. Gilmar Mendes, p. 57 e 59. Destaca-se ainda a seguinte passagem do voto do Ministro Dias Toffoli: "[...] julgo que o tratamento tributário conferido aos itens recicláveis em alusão, considerado o contexto acima mencionado, é pior do que o outorgado aos produtos concorrentes de empresas extrativistas. Isso, além de contrariar a isonomia, também vai de encontro às normas constitucionais relacionadas com a promoção e a proteção do meio ambiente ecologicamente equilibrado" (p. 81).

200 | CURSO DE DIREITO TRIBUTÁRIO – *Solon Sehn*

renciação. Assim, em julgamentos diversos, já declarou a inconstitucionalidade de: (a) isenção de IPTU para servidor público estadual[250]; (b) isenção de ICMS na aquisição de automóveis por oficiais de justiça estaduais[251]; (c) isenção de pagamento de custas judiciais, notariais, cartorárias e quaisquer taxas ou emolumentos para membros do Ministério Público[252] e servidores do Poder Judiciário[253].

7.2   Isonomia e tributação extrafiscal

Como ressaltado anteriormente, a exigência de distribuição isonômica da carga tributária em função da capacidade contributiva é flexibilizada nos tributos extrafiscais, também denominados regulatórios ou econômicos. O legislador pode instituir alíquotas reduzidas ou desonerar operações que, de outro modo, sem a finalidade extrafiscal, deveriam ser regularmente tributadas. Exige-se, contudo, uma justificação constitucional específica, mediante demonstração da *adequação, necessidade* e *proporcionalidade em sentido estrito* da medida extrafiscal[254].

7.3   Extensão de benefício fiscal fundada em isonomia

A jurisprudência do STF tem entendido que o Judiciário não pode promover a extensão de benefícios tributários com base no princípio da isonomia, o que também decorre da exigência de lei específica prevista no § 6º do art. 150[255] da Constituição Federal:

> A concessão desse benefício isencional traduz ato discricionário que, fundado em juízo de conveniência e oportunidade do poder público, destina-se, a partir de critérios racionais, lógicos e impessoais estabelecidos de modo legítimo em norma legal, a implementar objetivos estatais nitidamente qualificados pela nota da extrafiscalidade. A exigência constitucional de lei formal para a veiculação de isenções em matéria tributária atua como insuperável obstáculo à postulação da parte recorrente, eis que a extensão dos benefícios isencionais, por via jurisdicional, encontra limitação absoluta no dogma da separação de poderes. Os magistrados e tribunais – que não dispõem de função legislativa – não podem conceder, ainda que sob fundamento de isonomia, o benefício da exclusão do crédito tributário em favor daqueles a quem o legislador, com apoio em critérios impessoais, racionais e objetivos, não quis contemplar com a vantagem da isenção. Entendimento

---

[250] "Isenção de IPTU, em razão da qualidade de servidor estadual do Agravante, postulada em desrespeito da proibição contida no art. 150, II, da Constituição Federal de 1988" (STF, 1ªT., AI 157.871 AgR, Rel. Min. Octavio Gallotti, *DJ* 09.02.1996).

[251] "A isonomia tributária (CF, art. 150, II) torna inválidas as distinções entre contribuintes 'em razão de ocupação profissional ou função por eles exercida', máxime nas hipóteses nas quais, sem qualquer base axiológica no postulado da razoabilidade, engendra-se tratamento discriminatório em benefício da categoria dos oficiais de justiça estaduais" (STF, Tribunal Pleno, ADI 4.276, Rel. Min. Luiz Fux, *DJe* 18.09.2014).

[252] "A lei complementar estadual que isenta os membros do Ministério Público do pagamento de custas judiciais, notariais, cartorárias e quaisquer taxas ou emolumentos fere o disposto no art. 150, II, da Constituição do Brasil. O Texto Constitucional consagra o princípio da igualdade de tratamento aos contribuintes" (STF, Tribunal Pleno, ADI 3.260, Rel. Min. Eros Grau, *DJe* 29.06.2007).

[253] "[...] afigura-se inconstitucional dispositivo de lei que concede aos membros e servidores do Poder Judiciário isenção no pagamento de custas e emolumentos pelos serviços judiciais e extrajudiciais" (STF, Tribunal Pleno, ADI 3.334, Rel. Min. Ricardo Lewandowski, *DJe* 05.04.2011).

[254] Item 5.6, *supra*.

[255] "Art. 150. [...] § 6º Qualquer subsídio ou isenção, redução de base de cálculo, concessão de crédito presumido, anistia ou remissão, relativos a impostos, taxas ou contribuições, só poderá ser concedido mediante lei específica, federal, estadual ou municipal, que regule exclusivamente as matérias acima enumeradas ou o correspondente tributo ou contribuição, sem prejuízo do disposto no art. 155, § 2º, XII, *g*. (Redação dada pela Emenda Constitucional 3, de 1993)"

Parte Geral • Capítulo V • PRINCÍPIOS CONSTITUCIONAIS TRIBUTÁRIOS | 201

diverso, que reconhecesse aos magistrados essa anômala função jurídica, equivaleria, em última análise, a converter o Poder Judiciário em inadmissível legislador positivo, condição institucional esta que lhe recusou a própria Lei Fundamental do Estado [...][256].

Destarte, a despeito de toda sua relevância normativa, o princípio da igualdade não impõe uma ordem concreta de legislar nem – muito menos – uma ordem de isentar. Por isso, o Judiciário pode apenas declarar a inconstitucionalidade do benefício fiscal anti-isonômico, mas não o estender ao contribuinte ou ao grupo de contribuintes não contemplados[257]. Essa exegese, entretanto, deve ser flexibilizada quando a violação da isonomia é qualificada pela agressão concomitante, direta ou indireta, de outro valor constitucional relevante. A exigência de lei específica, prevista no § 6º do art. 150 da Constituição, visa a afastar a concessão casuística e sem transparência de benefícios fiscais. Seria um equívoco invocá-la para a perpetuação de inconstitucionalidades por omissão ou para negar a efetividade de direitos fundamentais. Em situações dessa natureza, ponderando o peso dos princípios colidentes, o julgador pode adotar uma construção interpretativa que, excepcionalmente, permita a fruição da isenção pelo grupo não contemplado.

Foi o que, em certa medida, fez o STF no julgamento da ADI 5.583, quando autorizou a qualificação como dependente, para fins de dedutibilidade do imposto de renda, das pessoas portadores de deficiência, independentemente da idade e da capacidade laboral:

Direito constitucional e tributário. Ação direta de inconstitucionalidade. Dedução da base de cálculo do IRPF. Dependente com deficiência.

1. Ação direta proposta pelo Conselho Federal da Ordem dos Advogados do Brasil contra o art. 35, III e V, da Lei nº 9.250/1995, que não qualifica como dependentes, para fins de apuração do imposto sobre a renda, as pessoas que superem o limite etário e que sejam capacitadas física e mentalmente para o trabalho. Pedido de interpretação conforme a Constituição, para que as pessoas com deficiência sejam consideradas como dependentes mesmo quando superem o limite etário e tenham capacidade laboral.

2. O pleito formulado nesta ação põe em discussão os limites da atuação do Poder Judiciário para estender determinado tratamento legal a um grupo que não fora inicialmente contemplado pelo legislador. Esse debate se torna ainda mais sensível em matéria tributária, dados os efeitos sistêmicos que uma decisão judicial pode produzir nesse campo.

3. Todavia, o tema envolve a tutela de direitos fundamentais de um grupo de pessoas vulneráveis que recebem especial proteção constitucional, especialmente após a aprovação da Convenção Internacional sobre os Direitos das Pessoas com Deficiência – CDPD com *status* de emenda à Constituição (art. 5º, § 3º, da CF/1988). Por essa razão, esta Corte está

---

[256] STF, 1ª T., AI 142.348 AgR, Rel. Min. Celso de Mello, *DJ* 24.03.1995. No mesmo sentido: STF, 2ª T., RE 606.171 AgR, Rel. Min. Dias Toffoli, *DJe*-040 03.03.2017: "Não pode o Poder Judiciário, a pretexto de conceder tratamento isonômico, atuar como legislador positivo para estabelecer benefícios tributários não previstos em lei, sob pena de afronta ao princípio fundamental da separação dos poderes. Aplicação da orientação firmada no RE 405.579/PR, Tribunal Pleno, Rel. Min. Joaquim Barbosa, *DJe* de 04.08.2011".

[257] A concessão não isonômica de vantagens fiscais configura uma inconstitucionalidade por ação, submetendo-se aos efeitos jurídicos dela decorrentes. Isso porque, segundo ensina J. J. Gomes Canotilho, a inércia legislativa não é um conceito *formal-naturalístico*, uma simples abstenção: sua configuração depende da existência de um dever de legislar decorrente de uma imposição constitucional concreta e determinada – implícita ou explícita – violada pelo não fazer do legislador ordinário. Do contrário, a omissão parcial sequer ser concebível. Afinal, se omissão fosse o simples não atuar, jamais se poderia afirmar que ao atuar insatisfatória, incompleta ou imperfeitamente o legislador tenha permanecido inerte (CANOTILHO, José Joaquim Gomes. *Constituição dirigente e vinculação do legislador*: contributo para a compreensão das normas constitucionais programáticas. Coimbra: Coimbra Editora, 1994. p. 334-335).

autorizada a adotar uma conduta mais proativa, sem que incorra em ofensa ao princípio da separação de poderes (art. 2º da CF/1988).

4. *Ofensa à igualdade material* (art. 5º, *caput*, da CF/1988; arts. 2, 4, 5, 8 e 19 da CDPD). O art. 35, III e V, da Lei nº 9.250/1995 introduz uma discriminação indireta contra as pessoas com deficiência. A aparente neutralidade do critério da capacidade física ou mental para o trabalho oculta o efeito anti-isonômico produzido pela norma. Para a generalidade dos indivíduos, a aptidão laborativa pode ser o critério definidor da extinção da condição de dependente, tendo em vista que, sob essa circunstância, possuem chances de se alocarem no mercado de trabalho. Tal probabilidade se reduz de forma drástica quando se trata de pessoa com deficiência, cujas condições físicas ou mentais restringem intensamente as oportunidades profissionais. Portanto, não é legítimo que a lei adote o mesmo critério, ainda que objetivo, para disciplinar situações absolutamente distintas.

5. *Afronta ao direito ao trabalho* (art. 6º da CF/1988; art. 27 da CDPD). O dispositivo impugnado traz um *desestímulo* a que as pessoas com deficiência busquem alternativas para se inserir no mercado de trabalho, principalmente quando incorrem em elevadas despesas médicas – que não raro estão atreladas a deficiências mais graves. Nessa hipótese, seu genitor ou responsável deixaria de deduzir tais gastos da base de cálculo do imposto devido. E, dados os baixos salários comumente pagos a elas, tal dedução dificilmente seria possível na sua própria declaração de imposto sobre a renda.

6. *Violação do conceito constitucional de renda e da capacidade contributiva* (arts. 153, III, e 145, § 1º, da CF/1988). Ao adotar como critério para a perda da dependência a capacidade para o trabalho, a norma questionada presume o que normalmente acontece: o então dependente passa a arcar com as suas próprias despesas, sem mais representar um ônus financeiro para os seus genitores ou responsáveis. Todavia, não é o que ocorre, como regra, com aqueles que possuem alguém com deficiência, sobretudo grave, na família. Nesse caso, justifica-se a diminuição da base de cálculo do imposto, para que não incida sobre valores que não representam verdadeiro acréscimo patrimonial. 7. Procedência parcial do pedido, fixando-se interpretação conforme a Constituição do art. 35, III e V, da Lei nº 9.250/1995, para estabelecer que, na apuração do imposto sobre a renda de pessoa física, a pessoa com deficiência que supere o limite etário e seja capacitada para o trabalho pode ser considerada como dependente quando a sua remuneração não exceder as deduções autorizadas por lei.

8. Fixação da seguinte tese de julgamento: "*Na apuração do imposto sobre a renda de pessoa física, a pessoa com deficiência que supere o limite etário e seja capacitada para o trabalho pode ser considerada como dependente quando a sua remuneração não exceder as deduções autorizadas por lei*"[258].

A impossibilidade de concessão de isenções sem lei específica e a vedação de extensão com base em isonomia não impedem o reconhecimento da não incidência tributária. Essa tem como fundamento a não subsunção de determinado evento à norma ou, dito de outro modo, da não realização dos pressupostos de incidência norma jurídica tributária. É o que ocorre, por exemplo, quando alguém recebe uma indenização, que, por ter natureza de reparação patrimonial, não constitui renda[259] e, por conseguinte, não realiza a hipótese de incidência do imposto previsto no

---

[258] STF, Tribunal Pleno, ADI 5.583, Rel. Min. Marco Aurélio, Rel. p/ Ac. Min. Roberto Barroso, *DJe* 28.06.2021.

[259] Renda, destarte, é acréscimo patrimonial, o que serviu de fundamento para o Superior Tribunal de Justiça (STJ) editar as seguintes súmulas sobre a matéria: Súmula STJ 136: "o pagamento de licença-prêmio não gozada por necessidade do serviço não está sujeito ao imposto de renda"; Súmula STJ 215: "A indenização recebida pela adesão ao programa de incentivo à demissão voluntária não está sujeita à incidência do imposto de renda"; Súmula TFR 39: "Não está sujeita ao imposto de renda a indenização recebida por pessoa

Parte Geral • Capítulo V • PRINCÍPIOS CONSTITUCIONAIS TRIBUTÁRIOS | 203

inciso III do art. 153 da Constituição Federal. Assim, em uma situação duvidosa, o sujeito passivo pode perfeitamente pleitear o reconhecimento desse fato em uma ação judicial ou requerimento administrativo. A apreciação do pedido é realizada com base em juízo de subsunção. Eventual reconhecimento da não incidência não se confunde com a ampliação de uma isenção, porque nessa há a desoneração legislativa de um evento que está compreendido no âmbito de incidência da norma instituidora do tributo[260].

7.4 Diferenças tributárias em razão da origem ou destino

Os Estados, o Distrito Federal e os Municípios, de acordo com o art. 152 da Constituição, não podem instituir diferenças tributárias entre bens e serviços em função da procedência ou do destino. Considerando essa vedação, o STF já declarou a inconstitucionalidade: (**a**) da "reserva de mercado a prestadores domiciliados em determinado Estado-membro como requisito para a fruição de regime tributário favorecido e de acesso a investimentos públicos"[261]; (**b**) de benefício fiscal condicionada à origem da industrialização da mercadoria: "O Decreto 35.528/2004, do Estado do Rio de Janeiro, ao estabelecer um regime diferenciado de tributação para as operações das quais resultem a saída interna de café torrado ou moído, em função da procedência ou do destino de tal operação, viola o art. 152 da Constituição"[262]; (**c**) do "estabelecimento de pautas de valores diferenciados para operações intermunicipais e interestaduais, majorando-se estas em mais de 1.000%"[263]; e (**d**) da exigência de cadastramento de tomadores de serviços não estabelecimentos no território do Município: "É incompatível com a Constituição Federal disposição normativa a prever a obrigatoriedade de cadastro, em órgão da Administração municipal, de prestadores de serviços não estabelecidos no território do Município, impondo-se ao tomador o recolhimento do Imposto Sobre Serviços – ISS quando descumprida a obrigação"[264].

A vedação do art. 152 relaciona-se com o disposto no inciso V do art. 150[265] e no inciso I do art. 151. O primeiro é dirigido a todos os entes federados e estabelece a proibição de limitações ao tráfego de pessoas ou bens por meio de tributos interestaduais ou intermunicipais. O segundo é específico para a União, que não pode instituir tributos sem uniformidade nacional ou que impliquem distinção ou preferência em relação a Estado, ao Distrito Federal ou a Município, salvo incentivos fiscais destinados a promover o equilíbrio do desenvolvimento socioeconômico regional[266].

---

jurídica em decorrência de desapropriação amigável ou judicial". Sobre o conceito de renda, ver Capítulo I, item 3.4.1, da Parte Geral.

260 Sobre a diferenciação entre isenção e não incidência, ver Capítulo IX, item 4.1, da Parte Geral.

261 STF, Tribunal Pleno, ADI 5.472, Rel. Min. Edson Fachin, *DJe* 14.08.2018.

262 STF, Tribunal Pleno, ADI 3.389 e ADI 3.673, Rel. Min. Joaquim Barbosa, *DJ* 1º.02.2008.

263 STF, Tribunal Pleno, ADI 349 MC, Rel. Min. Marco Aurélio, *DJ* 26.10.1990.

264 STF, Tribunal Pleno, RE 1.167.509, Rel. Min. Marco Aurélio, *DJe* 16.03.2021; Tema 1.020.

265 Com base nesse dispositivo, a jurisprudência do STF declarou a inconstitucionalidade da disciplina do ICMS incidente na aquisição decorrente de operação interestadual e por meio não presencial (*internet, telemarketing, showroom*) por consumidor final não contribuinte do tributo fixado por Estados-membros não favorecidos pelo Protocolo ICMS 21/2011 (STF, Tribunal Pleno, ADI 4.628, Rel. Min. Luiz Fux, *DJe* 24.11.2014).

266 Assentado nesse dispositivo, no julgamento do Tema 80 ("Recurso extraordinário em que se discute, à luz do art. 153, § 3º, I, da Constituição Federal, a constitucionalidade, ou não, do Decreto 2.917/98, que instituiu nova alíquota do Imposto sobre Produtos Industrializados – IPI para o açúcar"), o STF fixou a seguinte tese de repercussão geral: "Surge constitucional, sob o ângulo do caráter seletivo, em função da essencialidade do produto e do tratamento isonômico, o artigo 2º da Lei 8.393/1991, a revelar alíquota máxima de Imposto sobre Produtos Industrializados – IPI de 18%, assegurada isenção, quanto aos contribuintes situados na área de atuação da Superintendência de Desenvolvimento do Nordeste – SUDENE e da Superintendência de Desenvolvimento da Amazônia – SUDAM, e autorização para redução de até 50% da alíquota, presentes contribuintes situados nos Estados do Espírito Santo e do Rio de Janeiro" (STF, Tribunal Pleno, RE 592.145, Rel. p/ Ac. Min. Marco Aurélio, *DJe* 1º.02.2018).

204 | CURSO DE DIREITO TRIBUTÁRIO – *Solon Sehn*

8 PRINCÍPIOS TRIBUTÁRIOS ESPECÍFICOS

8.1 Generalidade, universalidade e progressividade do imposto de renda

O imposto renda ou imposto sobre a renda e proventos de qualquer natureza[267], de acordo com inciso I do § 2º do art. 153 da Constituição, "será informado pelos critérios da generalidade, da universalidade e da progressividade, na forma da lei", que são decorrências do princípio da isonomia tributária. Além disso, não são propriamente *critérios*, mas verdadeiros princípios jurídicos e, enquanto tais, passíveis de aplicação ou acionabilidade direta, independentemente de lei[268].

O princípio da progressividade obriga a adoção de alíquotas maiores na medida do incremento da base de cálculo do imposto, vedando, por conseguinte, a instituição de alíquotas uniformes. Com essa exigência, o texto constitucional visa à concentração da carga tributária nos contribuintes que ostentam maior capacidade contributiva, imprimindo um caráter redistributivo ao imposto. É por isso que a Lei 11.482/2007 prevê uma variação das alíquotas de 7%, 15%, 22,5% e 27,5%, aplicáveis conforme o aumento do rendimento do contribuinte, com parcelas dedutíveis fixas por faixa, conjugando as técnicas da *progressão por categorias* (ou classes de renda) e *por dedução na base*[269]:

> Art. 1º O imposto de renda incidente sobre os rendimentos de pessoas físicas será calculado de acordo com as seguintes tabelas progressivas mensais, em reais:
> [...]
> X – a partir do mês de maio do ano-calendário de 2024: (Incluído pela Lei nº 14.848, de 2024)

Base de Cálculo (R$)	Alíquota (%)	Parcela a Deduzir do IR (R$)
Até 2.259,20	zero	zero
De 2.259,20 até 2.826,65	7,5	169,44
De 2.826,66 até 3.751,05	15	381,44
De 3.751,06 até 4.664,68	22,5	662,77
Acima de 4.664,68	27,5	896,00

---

[267] Como ensina José Artur Lima Gonçalves: "Antes de qualquer outra cogitação, saliente-se que, para nós, o conceito de renda é gênero que encampa a espécie 'proventos de qualquer natureza', razão pela qual referiremos aqui apenas o gênero, sem preocupação de tratar separadamente da espécie" (GONÇALVES, José Artur Lima. *Imposto sobre a renda*: pressupostos constitucionais. São Paulo: Malheiros, 1997. p. 174). Para Gisele Lemke, o vocábulo "proventos" é sinônimo de "rendimentos" (LEMKE, Gisele. Imposto de renda – os conceitos de renda e de disponibilidade econômica e jurídica. São Paulo: Dialética, 1998, p. 60). A expressão "proventos de qualquer natureza" – segundo Ricardo Mariz de Oliveira – mantida mais por tradição do que por exigência jurídica (OLIVEIRA, Ricardo Mariz de. *Fundamentos do imposto de renda*. São Paulo: Quartier Latin, 2008. p. 286). Por outro lado, segundo Carrazza, proventos "[...] constitui grave erronia afirmar que provento é realidade diversa de *renda*. Provento é, sim, modalidade de renda" (CARRAZZA, Roque Antonio. *Imposto sobre a renda*: perfil constitucional e temas específicos. São Paulo: Malheiros, 2005. p. 53 e nota 68).

[268] Sobre o tema, cf.: OLIVEIRA, Ricardo Mariz de. *Fundamentos do imposto de renda*. São Paulo: Quartier Latin, 2008. p. 250 e ss.; MCNAUGHTON, Charles William. *Curso de IRPF*. São Paulo: Noeses, 2019. p. 401 e ss.; PEIXOTO, Marcelo Magalhães. *Imposto de renda das pessoas jurídicas*: o conceito de despesa dedutível à luz da jurisprudência do Carf – Conselho Administrativo de Recursos Fiscais. São Paulo: MP, 2011. p. 38 e ss.; BIFANO, Elidie Palma. *O mercado financeiro e o imposto sobre a renda*. 2. ed. São Paulo: Quartier Latin, 2011. p. 148 e ss.; QUEIROZ, Mary Elbe. *Imposto sobre a renda e proventos de qualquer natureza*. Barueri: Manole, 2004. p. 35 e ss.

[269] Sobre as diferentes técnicas de progressão, ver JARACH, Dino. *Finanzas públicas y derecho tributario*. 3. ed. Buenos Aires: Abeledo-Perrot, 1996. p. 294-296.

Parte Geral · Capítulo V · PRINCÍPIOS CONSTITUCIONAIS TRIBUTÁRIOS | 205

Parágrafo único. O imposto de renda anual devido incidente sobre os rendimentos de que trata o *caput* deste artigo será calculado de acordo com tabela progressiva anual correspondente à soma das tabelas progressivas mensais vigentes nos meses de cada ano-calendário.

O princípio da *universalidade* relaciona-se à base de cálculo do imposto, que deve considerar a integralidade dos acréscimos patrimoniais auferidos no período de apuração, sem a segregação em parcelas sujeitas a uma tributação exclusiva. Já o princípio da *generalidade*, aplica-se à definição da sujeição passiva, obrigando o legislador a tributar toda e qualquer pessoa física ou jurídica que manifeste a capacidade contributiva inerente ao imposto.

8.2 Progressividade

8.2.1 ITR

O imposto sobre a propriedade territorial rural (ITR), de acordo com inciso I do § 4º do art. 153, da Constituição, "será progressivo e terá suas alíquotas fixadas de forma a desestimular a manutenção de propriedades improdutivas"[270]. Trata-se de uma progressividade de natureza extrafiscal. Nela a gradação das alíquotas não ocorre em função da capacidade contributiva do obrigado, mas como instrumento de dissuasão da especulação imobiliária no campo, o que, em última análise, representa uma forma de tutela do princípio da função social da propriedade rural[271].

8.2.2 Contribuições previdenciárias

A União, os Estados, o Distrito Federal e os Municípios têm competência para instituir contribuições previdenciárias destinadas ao custeio de regime próprio de previdência exigíveis de seus servidores públicos (ativos e aposentados) e de pensionistas. No texto constitucional originário, não havia previsão para a progressividade nesses tributos. Essa foi autorizada pela Emenda 103/2019, que alterou o § 1º do art. 149 da Constituição para permitir "alíquotas progressivas de acordo com o valor da base de contribuição ou dos proventos de aposentadoria e de pensões".

Também há previsão para a progressividade de contribuições no regime geral de previdência, nos termos do art. 195, II, da Constituição Federal, na redação da Emenda 103/2019, o que abrange os trabalhadores e outros segurados da previdência social.

8.2.3 IPTU

A progressividade do IPTU está prevista no § 1º do art. 156 e no inciso II do § 4º do art. 182 da Constituição Federal. Há, assim, duas modalidades de progressividade, que serão examinadas na parte especial[272]. Nesse momento, destaca-se que, antes da Emenda 29/2000, o STF entendeu que a única progressividade possível seria a prevista nesse dispositivo (Súmula 668: "É inconstitucional a lei municipal que tenha estabelecido, antes da EC 29/2000, alíquotas progressivas para o IPTU, salvo se destinada a assegurar o cumprimento da função social da propriedade urbana"). No entanto, no RE 586.693, decidiu que: "É constitucional a Emenda Constitucional nº 29, de 2000, no que estabeleceu a possibilidade de previsão legal de alíquotas progressivas para o IPTU de acordo com o valor do imóvel" (Tema 94)[273].

---

270 Incluído pela Emenda Constitucional 42/2003.
271 Ver Capítulo I, item 7, da Parte Especial.
272 Ver Capítulo III, item 1.1, da Parte Especial.
273 STF, Tribunal Pleno, RE 586.693, Rel. Min. Marco Aurélio, *DJe* 22.06.2011, Tema 94.

206 | CURSO DE DIREITO TRIBUTÁRIO – *Solon Sehn*

8.2.4   ITCMD

A Emenda 132/2023 (Emenda da Reforma Tributária) incluiu, no inciso VI do § 1º do art. 155 da Constituição, a previsão de progressividade do ITCMD em razão do valor do quinhão, do legado ou da doação. Antes disso, porém, a jurisprudência do STF já entendia que: "É constitucional a fixação de alíquota progressiva para o Imposto sobre Transmissão Causa Mortis e Doação – ITCD" (Tema 21)[274].

8.3   Seletividade

8.3.1   IPI

As alíquotas do IPI, em razão do princípio constitucional da seletividade (CF, art. 153, § 3º, I[275]), devem ser fixadas na razão inversa da essencialidade do produto. Essa exigência visa a realizar o princípio constitucional da capacidade contributiva[276], impondo a adoção de alíquotas reduzidas para artigos de primeira necessidade (*v.g.*, roupas, alimentos, higiene e medicamentos)[277] e uma carga tributária mais gravosa para produtos de luxo ou de consumo prejudicial (*v.g.*, fumo, cigarro, charuto e bebidas alcoólicas, e similares)[278].

8.3.2   ICMS

A Constituição Federal estabelece que o ICMS "poderá ser seletivo, em função da essencialidade das mercadorias e dos serviços" (CF, art. 155, § 2º, III[279]). Entretanto, isso não significa que a seletividade seja facultativa. Como ensina Roque Carrazza, "quando a Constituição confere a uma pessoa política um 'poder' ela, '*ipso facto*' lhe impõe um 'dever'". Dessa maneira, continua o eminente professor, "este singelo 'poderá' equivale, na verdade, a um peremptório 'deverá'. Não se está, aí, diante de uma mera faculdade do legislador, mas de uma norma cogente, de observância obrigatória"[280]. A alíquota do ICMS, portanto, deve variar na razão inversa da essencialidade do produto ou serviço[281], isto é, reduzida para artigos de primeira necessidade e mais gravosa para produtos de luxo ou de consumo prejudicial.

---

[274] STF, Tribunal Pleno, RE 562.045, Rel. Min. Ricardo Lewandowski, Rel. p/ Ac. Min. Cármen Lúcia, *DJe* 27.11.2013. Esse julgamento representou a superação da interpretação anterior, que restringia a progressividade aos impostos pessoais, na linha da Súmula 656: "É inconstitucional a lei que estabelece alíquotas progressivas para o imposto de transmissão *inter vivos* de bens imóveis – ITBI com base no valor venal do imóvel".

[275] "Art. 153. [...]
§ 3º O imposto previsto no inciso IV:
I – será seletivo, em função da essencialidade do produto;
[...]".

[276] "Por sem dúvida que produtos como peles especiais, peças de arte, bebidas importadas, joias de alto valor, perfumes caríssimos e tantos outros, revelam, pelo seu grau de sofisticação, a às vezes de extravagância, elevada capacidade contributiva" (VIEIRA, José Roberto. *A regra-matriz de incidência do IPI*: texto e contexto. Curitiba: Juruá, 1993. p. 126).

[277] A essencialidade, por sua vez, pode ser estabelecida a partir do art. 7º, IV, da Constituição Federal, o que compreenderia produtos relacionados às necessidades de moradia, alimentação, educação, saúde, lazer, vestuário, higiene e transporte.

[278] Ver Capítulo I, item 4.1, da Parte Especial.

[279] "§ 2º O imposto previsto no inciso II atenderá ao seguinte: (Redação dada pela Emenda Constitucional 3, de 1993) [...] III – poderá ser seletivo, em função da essencialidade das mercadorias e dos serviços."

[280] CARRAZZA, Roque Antonio. *ICMS*. 6. ed. São Paulo: Malheiros, 2000. p. 255.

[281] Segundo Carrazza, é possível o controle judicial da não observância ao princípio da seletividade, sempre que o legislador conferir tratamento menos gravoso à um produto suntuário do que a um gênero de primeira necessidade: "Com efeito, o Poder Judiciário não está menos autorizado do que o Poder Legislativo a investigar qual o alcance das expressões 'essencialidade das mercadorias e dos serviços'. Não estamos sustentando

Parte Geral • Capítulo V • PRINCÍPIOS CONSTITUCIONAIS TRIBUTÁRIOS | 207

No RE 714.139, o STF entendeu que a seletividade, apesar de não obrigatória, não pode ser disciplinada de forma dissociada dos parâmetros constitucionais, fixando a seguinte tese de repercussão geral: "Adotada, pelo legislador estadual, a técnica da seletividade em relação ao Imposto sobre Circulação de Mercadorias e Serviços – ICMS, discrepam do figurino constitucional alíquotas sobre as operações de energia elétrica e serviços de telecomunicação em patamar superior ao das operações em geral, considerada a essencialidade dos bens e serviços" (Tema 745). Nesse julgamento, o Tribunal estabeleceu importantes parâmetros para a aplicação do princípio da seletividade do ICMS:

Recurso extraordinário. Repercussão geral. Tema nº 745. Direito tributário. ICMS. Seletividade. Ausência de obrigatoriedade. Quando adotada a seletividade, há necessidade de se observar o critério da essencialidade e de se ponderarem as características intrínsecas do bem ou do serviço com outros elementos. Energia elétrica e serviços de telecomunicação. Itens essenciais. Impossibilidade de adoção de alíquota superior àquela que onera as operações em geral. Eficácia negativa da seletividade.

1. O dimensionamento do ICMS, quando presente sua seletividade em função da essencialidade da mercadoria ou do serviço, pode levar em conta outros elementos além da qualidade intrínseca da mercadoria ou do serviço.

2. A Constituição Federal não obriga os entes competentes a adotar a seletividade no ICMS. Não obstante, é evidente a preocupação do constituinte de que, uma vez adotada a seletividade, haja a ponderação criteriosa das características intrínsecas do bem ou serviço em razão de sua essencialidade com outros elementos, tais como a capacidade econômica do consumidor final, a destinação do bem ou serviço e, ao cabo, a justiça fiscal, tendente à menor regressividade desse tributo indireto. O estado que adotar a seletividade no ICMS terá de conferir efetividade a esse preceito em sua eficácia positiva, sem deixar de observar, contudo, sua eficácia negativa.

3. A energia elétrica é item essencial, seja qual for seu consumidor ou mesmo a quantidade consumida, não podendo ela, em razão da eficácia negativa da seletividade, quando adotada, ser submetida a alíquota de ICMS superior àquela incidente sobre as operações em geral. A observância da eficácia positiva da seletividade – como, por exemplo, por meio da instituição de benefícios em prol de classe de consumidores com pequena capacidade econômica ou em relação a pequenas faixas de consumo –, por si só, não afasta eventual constatação de violação da eficácia negativa da seletividade.

4. Os serviços de telecomunicação, que no passado eram contratados por pessoas com grande capacidade econômica, foram se popularizando de tal forma que as pessoas com menor capacidade contributiva também passaram a contratá-los. A lei editada no passado, a qual não se ateve a essa evolução econômico-social para efeito do dimensionamento do ICMS, se tornou, com o passar do tempo, inconstitucional.

5. Foi fixada a seguinte tese para o Tema nº 745: Adotada pelo legislador estadual a técnica da seletividade em relação ao Imposto sobre Circulação de Mercadorias e Serviços (ICMS), discrepam do figurino constitucional alíquotas sobre as operações de energia elétrica e serviços de telecomunicação em patamar superior ao das operações em geral, considerada a essencialidade dos bens e serviços.

---

que o Judiciário vai legislar, no lugar do Legislativo, mas averiguar se os critérios adotados por este Poder foram adequados e racionais. Se concluir que a legislação ultrapassou os critérios de razoabilidade e bom senso ao revogar, por exemplo, uma isenção sobre a venda de remédios, tornando-a mais tributada que a comercialização de ração para gatos, poderá perfeitamente restabelecer o benefício fiscal" (CARRAZZA, Roque Antonio. *ICMS*. 6. ed. São Paulo: Malheiros, 2000. p. 258).

208 | CURSO DE DIREITO TRIBUTÁRIO – *Solon Sehn*

6. Recurso extraordinário parcialmente provido.

7. Modulação dos efeitos da decisão, estipulando-se que ela produza efeitos a partir do exercício financeiro de 2024, ressalvando-se as ações ajuizadas até a data do início do julgamento do mérito (05.02.2021)[282].

Nessa decisão, ao reconhecer que o princípio não é obrigatório, o Supremo Tribunal Federal acabou abrindo espaço para o legislador estadual estabelecer uma alíquota uniforme para todos os produtos e serviços. Essa, inclusive, poderia ser a mesma alíquota majorada da energia elétrica e dos serviços de telecomunicação, declarada inconstitucional no RE 714.139. Nada impede que os Estados e o Distrito Federal utilizem a própria *ratio decidendi* do julgado para veicular uma iniciativa dessa natureza, o que frustraria a realização dos princípios e valores constitucionais que motivaram a decisão, reabrindo um novo contencioso em torno da questão. Por isso, teria sido melhor se o Tribunal tivesse afirmado a natureza obrigatória da seletividade do ICMS, algo que é pacífico na doutrina.

8.4 Não cumulatividade

8.4.1 Origens e antecedentes

A não cumulatividade foi adotada pela primeira vez em 10 de abril de 1954, com a criação da *taxe sur la valeur ajoutée* (TVA) na França[283]. Atualmente, pode ser encontrada em mais de cento e vinte países, que adotam diferentes técnicas para sua operacionalização[284]. No Brasil, foi implementada pela primeira vez com as Leis 297/1956 e 4.502/1964, relativas ao imposto sobre o consumo, precursor do atual IPI. Em 1º de dezembro de 1965, foi alçada ao patamar constitucional, por meio da Emenda 18 (arts. 11 e 12, § 2º), que previu a não cumulatividade do IPI e do ICM. Esse *status* hierárquico foi mantido na Constituição Federal de 1967 (arts. 22, § 4º, e 24, § 5º), na Emenda Constitucional 01/1969, (arts. 21, § 3º, e 23, II) e na Constituição Federal de 1988 (arts. 153, § 3º, II, e 155, § 2º, I)[285].

8.4.2 Diferentes técnicas de operacionalização

A não cumulatividade pode ser operacionaliza por meio de diversas técnicas. Todas visam a garantir que a carga tributária corresponda apenas ao valor agregado ou acrescido em cada etapa de circulação. Em alguns países, adota-se o método de adição ou aditivo. Nele o valor agregado é apurado a partir dos gastos relativos à mão de obra, matérias-primas, insumos, despesas e da margem de lucro da operação. Esses são somados para fins de composição da base de cálculo (*método direto aditivo*) ou considerados individualmente, aplicando-se a alíquota sobre cada um

---

[282] STF, Tribunal Pleno, RE 714.139, Rel. Min. Marco Aurélio, *DJe* 15.03.2022.

[283] A partir de 1967, tributo semelhante foi criado na Alemanha (o *Mehrwertsteuer*, pela Lei 545/1967), na Dinamarca (Lei 102/1967), na Bélgica (pelo Código de Imposto sobre o Valor Acrescido, aprovado em 03 de julho de 1969), na Itália (o *Imposta generale sul valore aggiunto*, de 18 de fevereiro de 1971), entre outros países como Inglaterra (em 01 de abril de 1973), Suécia (em 06 de junho de 1968) e Holanda (29 de junho de 1968). Na América Latina, desde a experiência uruguaia do *Impuesto a la circulación de bienes y servicios*, de 21 de dezembro de 1967, foi implementado por praticamente todas as legislações tributárias locais. Sobre o tema, cf.: MORAES, Bernardo Ribeiro. O imposto sobre circulação de mercadorias no sistema tributário nacional. *In*: MARTINS, Ives Gandra (org.). *O fato gerador do I.C.M.* São Paulo: Resenha Tributária-Centro de Estudos de Extensão Universitária, 1978. p. 41 e ss.; BALEEIRO, Aliomar. *Uma introdução à ciência das finanças*. Atual. Dejalma de Campos. 15. ed. Rio de Janeiro: Forense, 1998. p. 395; BALEEIRO, Aliomar. *Limitações constitucionais ao poder de tributar*. 8. ed. Rio de Janeiro: Forense, 2010. p. 450.

[284] BELTRAME, Pierre. *Introducción a la fiscalidad en Francia*. Barcelona: Atelier, 2004. p. 127.

[285] ATALIBA, Geraldo; GIARDINO, Cléber. ICM – Abatimento constitucional. *Revista de Direito Tributário*, São Paulo, n. 29-30, p. 111, jul./dez. 1984.

Parte Geral • Capítulo V • PRINCÍPIOS CONSTITUCIONAIS TRIBUTÁRIOS | 209

dos gastos em questão (*método indireto aditivo*)[286]. Em outros, vigora o método de subtração ou subtrativo, que pode ser do tipo *base sobre base* e *imposto sobre imposto*[287]. No primeiro, o tributo é calculado apenas sobre o preço líquido, ao passo que, no segundo, a incidência ocorre em relação à venda bruta, abatendo-se o valor do imposto devido na operação anterior por ocasião do pagamento. Esse é o método que, historicamente, tem sido adotado no direito brasileiro, embora não em todos os tributos.

Também há variações em relação à amplitude do direito ao crédito ou do regime de apropriação. Em alguns ordenamentos vigora o *sistema de crédito físico*, que permite apenas a dedução do imposto incidente sobre as operações de aquisição de bens que integram fisicamente o produto objeto da operação seguinte. Outros – *sistema de crédito financeiro* – autorizam também a dedução do imposto incidente sobre a aquisição de bens de produção, que não se incorporam fisicamente ao produto final, tais como os bens destinados ao ativo permanente do contribuinte[288].

Há ainda o modelo do imposto sobre o valor agregado do *tipo produto* ou *produto bruto*, semelhante ao regime do crédito financeiro, que se contrapõe ao do *tipo renda* e o do *tipo consumo*[289]. Nele, ao contrário do primeiro, é permitida a dedução do imposto incidente sobre os bens instrumentais (necessários e imprescindíveis a produção do bem objeto da operação seguinte). A diferença é que, enquanto no tipo consumo a dedução do imposto ocorre de forma imediata e integral por ocasião da aquisição, no tipo renda há uma limitação temporal da dedução, na proporção do desgaste ou utilização[290].

8.4.3 Justificação constitucional

A não cumulatividade dos tributos com incidência plurifásica, com ensina Pierre Beltrame, é adotada em praticamente todos os países industrializados:

> Os **tributos cumulativos**, também chamados «em cascata», gravam o valor global de cada transação. Estes permitem obter ingressos elevados por meio de alíquotas relativamente baixas. Ademais, sua aplicação se reveste de certa simplicidade, já que gravam, sem exceção, todas as transações que afetam a um produto ao lado do processo de produção e comercialização.

---

[286] Como destaca Adolpho Bergamini, o método indireto aditivo "[...] é muito semelhante ao *Método Direto Aditivo*. A única diferença entre eles é que, aqui, aplica-se a alíquota individualmente sobre cada um dos fatores que representam agregação de valor ao produto (mão de obra, matérias-primas, insumos, outras despesas e margem de lucro) e, depois, soma-se o total para se obter o valor do tributo a pagar" (BERGAMINI, Adolpho. PIS/Cofins não cumulativo: análise jurídica do modelo de não cumulatividade adotado; natureza jurídica dos créditos das contribuições; e teste de constitucionalidade da sistemática. *Revista de Direito Tributário da APET*, ano VI, n. 21, p. 19, mar. 2009).

[287] Adota-se o mesmo entendimento de Alcides Jorge Costa e Fabiana Del Padre Tomé, para quem a técnica da subtração se desdobra em duas variantes: o método de subtração "base sobre base" e o de "imposto sobre imposto" (TOMÉ, Fabiana Del Padre. Natureza jurídica da "não cumulatividade" da contribuição ao PIS/PASEP e da Cofins: consequências e aplicabilidade. *In*: PEIXOTO, Marcelo Magalhães; FISCHER, Octavio Campos (coord.). *PIS-Cofins*: questões atuais e polêmicas. São Paulo: Quartier Latin, 2005. p. 543).

[288] BORGES, José Souto Maior. *Lei complementar tributária*. São Paulo: RT, 1975. p. 159; DERZI, Misabel Abreu Machado; COÊLHO, Sacha Calmon Navarro. A compensação de créditos no ICMS e o princípio da não cumulatividade: o caso da energia elétrica. *In*: ROCHA, Valdir de Oliveira (Coord.). *ICMS*: problemas jurídicos atuais. São Paulo: Dialética, 1996. p. 153.

[289] SOUZA, Hamilton Dias de. Princípio da não cumulatividade e crédito de ICMS de bens do ativo fixo. *Repertório IOB de Jurisprudência*, n. 11, p. 268, 1998.

[290] ROLIM, João Dácio; MARTINS, Daniela Couto. A nova disciplina do aproveitamento do crédito – transformação do ICMS tipo consumo na modalidade renda? *In*: ROCHA, Valdir de Oliveira (coord.). *O ICMS e a LC 102*. São Paulo: Dialética, 2000. p. 119-120.

No entanto, se corre o risco de impor um forte gravame sobre os preços nas economias industriais onde a divisão do trabalho está muito desenvolvida. Ademais, tais tributos incidem de modo desigual sobre os distintos ciclos econômicos, e incitam as empresas a adotar processos curtos e técnicas de produção e comercialização integradas. Esta falta de neutralidade dos tributos cumulativos explica o seu praticamente desaparecimento nos sistemas fiscais dos países industrializados[291].

Destarte, tributos com incidência plurifásica gravam diversas etapas de circulação do bem, desde a produção até o consumo final, de forma sobreposta à parcela tributada na operação anterior. O valor devido em cada fase, em outras palavras, é calculado sobre o preço total, no qual está incorporado o tributo cobrado nas fases anteriores. Com isso, há um efeito *cascata* ou de *piramidização*, que torna a carga tributária artificialmente maior em função do aumento da complexidade e do número de etapas de produção ou de circulação de uma mercadoria[292]. Os produtos industrializados, assim, acabam sujeitos a uma carga tributária mais gravosa que os semielaborados ou não industrializados[293]. Por outro lado, como os bens importados são destinados quase que diretamente ao consumidor final (passando, quando muito, por uma etapa prévia de venda do importador ao distribuidor), esses ficam submetidos a uma cadeia de circulação menos complexa que a dos produtos de fabricação nacional. Por conseguinte, sofrem um efeito *cascata* menor que os similares nacionais. Isso faz com que a incidência cumulativa acabe prejudicando as indústrias locais, vitimadas pela concorrência desleal com os produtos estrangeiros. Além disso, a cumulatividade favorece a verticalização de empresas, que são estimuladas a concentrar todas as etapas de produção e circulação na mesma pessoa jurídica, gerando prejuízos ao consumidor[294].

Dessa forma, ao obrigar o legislador a implementar a não cumulatividade, a Constituição não visa a favorecer este ou aquele contribuinte, mas a evitar um efeito *cascata* prejudicial ao consumidor e à indústria nacional, que ficam em desvantagem competitiva em relação aos produtos importados. A não cumulatividade está longe de ser um favor legal ou um benefício fiscal. A ordem constitucional é fundada na *isonomia* (art. 5º, *caput*) e tem, entre seus objetivos fundamentais, a *garantia do desenvolvimento nacional* (art. 3º, II). A falta de neutralização do efeito *cascata* é manifestamente contrária a esses objetivos, assim como a neutralização insuficiente ou inadequada.

---

[291] Tradução nossa. "Los **tributos acumulativos**, también llamados 'en cascata', *gravan el valor global de cada transacción*. Éstos permiten obtener ingresos elevados por medio de tipos relativamente bajos. Además, su aplicación reviste cierta simplicidad, ya que gravan, sin excepción, todas las transacciones que afectan a un producto a lo largo del proceso de producción y comercialización.
En cambio, se corre el riesgo de imponer un fuerte gravamen sobre los precios en las economías industriales donde la división del trabajo está muy desarrollada. Además, tales tributos inciden de modo desigual sobre los distintos circuitos económicos, e incitan a las empresas a adoptar procesos cortos o técnicas de producción y comercialización integradas. Esta falta de neutralidad de los tributos acumulativos explica su práctica desaparición en los sistemas fiscales de los países industrializados" (BELTRAME, Pierre. *Introducción a la fiscalidad en Francia*. Barcelona: Atelier, 2004. p. 125-126).

[292] BALEEIRO, Aliomar. *Limitações constitucionais ao poder de tributar*. 8. ed. Rio de Janeiro: Forense, 2010. p. 392: "Se, por exemplo, a alíquota for de 5%, o gravame, depois de cinco operações, é superior a 25%, porque alcança os acréscimos de despesas gerais, lucros e também as quantias representadas pelo próprio tributo".

[293] Como explica Tercio Sampaio Ferraz Júnior, "[...] a cumulatividade em cascata nem imposto multifásico produz uma falta de uniformidade na carga tributária para todos os consumidores, os quais são os que, de fato, a suportam. Este efeito, que se torna tão mais extenso quanto mais longo é o ciclo de produção e de comercialização, acaba por gerar uma espécie de perversão da justiça tributária, fazendo com que seja menor a carga de produtos supérfluos e mais onerosa a de produtos essenciais. Compare-se, neste sentido, o ciclo de produção e comercialização de joias com o da carne, o primeiro, por sua natureza, mais curto que o segundo" (FERRAZ JÚNIOR, Tercio Sampaio. ICMS: não cumulatividade e suas exceções constitucionais. *Revista de Direito Tributário*, n. 48, p. 19, abr./jul. 1989).

[294] MORAES, Bernardo Ribeiro. O imposto sobre circulação de mercadorias no sistema tributário nacional. *In*: MARTINS, Ives Gandra (org.). *O fato gerador do I.C.M.* São Paulo: Resenha Tributária-Centro de Estudos de Extensão Universitária, 1978. p. 38.

8.4.4 IPI

O imposto sobre produtos industrializados, de acordo com o art. 153, § 3º, II, da Constituição, deve ser não cumulativo, *compensando-se o que for devido em cada operação com o montante cobrado nas anteriores*. As regras da não cumulatividade do IPI serão examinadas em capítulo próprio, por ocasião do estudo dos tributos em espécie[295].

8.4.5 ICMS

A não cumulatividade do ICMS encontra-se prevista no art. 155, § 2º, I, da Constituição, que obriga o legislador a adotar um sistema de dedução ou *compensação obrigatória*[296], no qual o contribuinte se credita do imposto incidente na operação anterior, destacado na nota fiscal de aquisição, descontando-o do crédito tributário devido na operação que realizar. As únicas exceções são as operações isentas e não tributadas, como será objeto de exame mais detalhado adiante[297].

8.4.6 PIS/Pasep e Cofins

A não cumulatividade do PIS/Pasep e da Cofins está prevista no art. 195, § 12, da Constituição, na redação da Emenda 42/2003[298]. Esse preceito, como será analisado no estudo desses tributos[299], limita-se a prever que *a lei definirá os setores de atividade econômica para os quais as contribuições serão não cumulativas, o que, segundo decidiu o* STF no RE 841.979, confere ao legislador ordinário "autonomia para disciplinar a não cumulatividade a que se refere o art. 195, § 12, da Constituição, respeitados os demais preceitos constitucionais, como a matriz constitucional das contribuições ao PIS e COFINS e os princípios da razoabilidade, da isonomia, da livre concorrência e da proteção à confiança" (Tema 756)[300].

8.4.7 CBS e IBS

A Emenda da Reforma Tributária prevê a unificação do IPI, do ICMS, do ISS e das contribuições ao PIS/Pasep e à Cofins em dois novos tributos: a CBS da União; e o IBS dos Estados, do Distrito Federal e dos Municípios. Também foi prevista a competência para a instituição de um imposto federal seletivo (IS), que incidirá sobre a produção, extração, comercialização ou importação de bens e serviços prejudiciais à saúde ou ao meio ambiente, nos termos de lei complementar.

---

[295] Capítulo I, item 4.1, da Parte Especial.

[296] CARRAZZA, Roque Antonio. *ICMS*. 6. ed. São Paulo: Malheiros, 2000. p. 207.

[297] Capítulo IV, item 1.2.2, da Parte Especial.

[298] "Art. 195. [...]
§ 12. A lei definirá os setores de atividade econômica para os quais as contribuições incidentes na forma dos incisos I, *b*; e IV do *caput*, serão não cumulativas."

[299] Ver Capítulo II, item 2.2, da Parte Especial.

[300] Embora o acórdão ainda não tenha sido publicado, de acordo com a Ata de Julgamento: "O Tribunal, por maioria, apreciando o tema 756 da repercussão geral, negou provimento ao recurso extraordinário e fixou as seguintes teses: 'I. O legislador ordinário possui autonomia para disciplinar a não cumulatividade a que se refere o art. 195, § 12, da Constituição, respeitados os demais preceitos constitucionais, como a matriz constitucional das contribuições ao PIS e COFINS e os princípios da razoabilidade, da isonomia, da livre concorrência e da proteção à confiança; II. É infraconstitucional, a ela se aplicando os efeitos da ausência de repercussão geral, a discussão sobre a expressão insumo presente no art. 3º, II, das Leis nºs 10.637/02 e 10.833/03 e sobre a compatibilidade, com essas leis, das IN SRF nºs 247/02 (considerada a atualização pela IN SRF 358/03) e 404/04. III. É constitucional o § 3º do art. 31 da Lei 10.865/04'. Tudo nos termos do voto do Relator, vencidos parcialmente os Ministros Roberto Barroso e Edson Fachin" (Ata 39, de 28.11.2022, *DJe* 243, divulgado em 30.11.2022).

212 | CURSO DE DIREITO TRIBUTÁRIO – *Solon Sehn*

O regime de incidência e a não cumulatividade da CBS e da IBS serão definidos em lei complementar, observadas algumas características previstas nos arts. 149-B, 156-A e 195, V, § 16, da Constituição Federal. A principal é a não cumulatividade ampla, que deverá compreender todas as aquisições de bens ou de serviços, ressalvadas apenas as de uso ou consumo pessoal, nos termos da lei complementar, além das exceções previstas no próprio texto constitucional:

Art. 156-A. [...]

§ 1º O imposto previsto no *caput* será informado pelo princípio da neutralidade e atenderá ao seguinte:

[...]

VIII –será não cumulativo, compensando-se o imposto devido pelo contribuinte com o montante cobrado sobre todas as operações nas quais seja adquirente de bem, material ou imaterial, inclusive direito, ou de serviço, excetuadas exclusivamente as consideradas de uso ou consumo pessoal especificadas na lei complementar, e as hipóteses previstas nesta Constituição;

[...]

§ 7º A isenção e a imunidade:

I – não implicarão crédito para compensação com o montante devido nas operações seguintes; e

II – acarretarão a anulação do crédito relativo às operações anteriores, salvo, na hipótese da imunidade, inclusive em relação ao inciso XI do § 1º, quando determinado em contrário em lei complementar.

Esse é um aspecto bastante positivo da Reforma Tributária. O inciso VIII do art. 156-A reverterá uma distorção histórica do sistema tributário brasileiro, que nunca teve a não cumulatividade tributária efetiva. Desde as Leis 297/1956 e 4.502/1964, relativas ao imposto sobre o consumo, precursor do atual IPI, até as Leis 10.637/2002, 10.833/2003 e 10.865/2004, que disciplinam o PIS/Pasep e a Cofins, a implementação da não cumulatividade sempre foi errática, inadequada e não uniforme.

Capítulo VI

VIGÊNCIA, APLICAÇÃO E INTERPRETAÇÃO DA LEGISLAÇÃO TRIBUTÁRIA

1 LEGISLAÇÃO TRIBUTÁRIA

A expressão "legislação tributária", de acordo com o art. 96 do CTN, "compreende as leis, os tratados e as convenções internacionais, os decretos e as normas complementares que versem, no todo ou em parte, sobre tributos e relações jurídicas a eles pertinentes". O art. 100, por sua vez, define o que se entende por *normas complementares*:

> Art. 100. São normas complementares das leis, dos tratados e das convenções internacionais e dos decretos:
>
> I – os atos normativos expedidos pelas autoridades administrativas;
>
> II – as decisões dos órgãos singulares ou coletivos de jurisdição administrativa, a que a lei atribua eficácia normativa;
>
> III – as práticas reiteradamente observadas pelas autoridades administrativas;
>
> IV – os convênios que entre si celebrem a União, os Estados, o Distrito Federal e os Municípios.
>
> Parágrafo único. A observância das normas referidas neste artigo exclui a imposição de penalidades, a cobrança de juros de mora e a atualização do valor monetário da base de cálculo do tributo.

Esse dispositivo é anterior à Constituição de 1967. Por isso, não faz referência às leis complementares e outras espécies legislativas. Trata-se, a rigor, de um preceito que – apesar de ainda não ter sido suprimido de forma expressa – não foi recepcionado por nenhum dos textos constitucionais posteriores ao CTN, inclusive pela Constituição Federal de 1988. Com a superveniência da Constituição Federal de 1967, ocorreu a *revogação sistêmica* ou *global* do art. 100 do CTN. Também denominada *revogação em bloco* ou *por nova disciplina*, essa forma de revogação é operada quando determinada matéria passa a ser regulada totalmente pela legislação posterior, não exigindo necessariamente uma incompatibilidade com o conteúdo da legislação pretérita[1]. Desde então, a disciplina das fontes formais primárias e secundárias do direito tributário é estabelecida exclusivamente pela Constituição Federal[2].

---

[1] GUASTINI, Riccardo. *Le fonti del diritto:* fondamenti teorici. Milano: Giuffrè, 2010. p. 298; BARROSO, Luís Roberto. *Interpretação e aplicação da Constituição*: fundamentos de uma dogmática constitucional transformadora. São Paulo: Saraiva, 1996. p. 54 e ss.

[2] Não há espaço para o CTN dispor sobre a matéria, que, como analisado anteriormente, ficou submetida a um reserva de constituição ou reserva de lei constitucional. Sobre o tema, ver: Cap. III, item 1.3., da Parte Geral.

214 CURSO DE DIREITO TRIBUTÁRIO – *Solon Sehn*

Os atos normativos de autoridades administrativas têm um regime jurídico específico, previsto nos arts. 5º, II[3], 84, IV[4], 87, parágrafo único, II, da Constituição Federal[5] e art. 25, I, do ADCT[6]. Esses preceitos limitam o exercício do poder regulamentar, estabelecendo que os atos normativos de autoridades administrativas são subordinados e dependentes de lei, ou seja, não criar, modificar ou extinguir direitos e obrigações[7].

As decisões do contencioso administrativo fiscal não têm eficácia normativa. Contudo, o Ministro do Estado, com fundamento no art. 87, parágrafo único, I e II, da Constituição, pode editar portarias atribuindo caráter *erga omnes* e vinculante a determinadas interpretações de órgãos de julgamento[8]. É o que fez, no âmbito federal, a Portaria ME 12.975/2021, que atribuiu efeito vinculante, em relação à administração tributária federal, a súmulas do Carf[9].

A eficácia das práticas reiteradamente observadas pelas autoridades administrativas também deve ser desvinculada da previsão do inciso III e parágrafo único do art. 100 do CTN. No constitucionalismo contemporâneo, essa matéria deve ser analisada desde a perspectiva da proteção da confiança. Esse princípio, que é inerente ao Estado Democrático de Direito, garante aos cidadãos a estabilidade de orientação, mediante preservação de expectativas legítimas resultantes de atos do poder público, ainda que esses venham a ser declarados inválidos. A proteção da confiança não implica apenas o afastamento da multa ou dos acréscimos legais, mas a própria estabilização da orientação pretérita, com a preservação de todas as consequências jurídicas correspondentes. Logo, se a interpretação anterior autorizava a aplicação de uma alíquota reduzida ou, eventualmente, a desoneração da operação, esses efeitos jurídicos devem ser inteiramente preservados. Por outro lado, não são apenas as interpretações adotadas em atos de caráter geral, em jurisprudência ou em práticas administrativas reiteradas que devem ser preservadas. O princípio também pode ser aplicado aos atos administrativos individuais e concretos[10].

---

[3] "Art. 5º [...] II – ninguém será obrigado a fazer ou deixar de fazer alguma coisa senão em virtude de lei." Como ensina Celso Antônio Bandeira de Mello: "Nos termos do art. 5º, II, 'ninguém será obrigado a fazer ou deixar de fazer alguma coisa senão em virtude de lei'. Aí não se diz 'em virtude de' decreto, regulamento, resolução, portaria ou quejandos. Diz-se em "virtude de lei". Logo a Administração Pública não poderá proibir ou impor comportamento algum a terceiro, salvo se estiver previamente embasada em determinada lei que lhe faculte proibir ou impor algo a quem quer seja" (BANDEIRA DE MELLO, Celso Antônio. *Curso de direito administrativo*. 18. ed. São Paulo: Malheiros, 2005. p. 93-94).

[4] "Art. 84. Compete privativamente ao Presidente da República:
[...]
IV – sancionar, promulgar e fazer publicar as leis, bem como expedir decretos e regulamentos para sua fiel execução."

[5] Transcrito a seguir.

[6] "Art. 25. Ficam revogados, a partir de cento e oitenta dias da promulgação da Constituição, sujeito este prazo a prorrogação por lei, todos os dispositivos legais que atribuam ou deleguem a órgão do Poder Executivo competência assinalada pela Constituição ao Congresso Nacional, especialmente no que tange a:
I – ação normativa."

[7] Sobre o tema, cf. Cap. I, item 5.6.4., da Parte Geral.

[8] "Art. 87. Os Ministros de Estado serão escolhidos dentre brasileiros maiores de vinte e um anos e no exercício dos direitos políticos.
Parágrafo único. Compete ao Ministro de Estado, além de outras atribuições estabelecidas nesta Constituição e na lei:
I – exercer a orientação, coordenação e supervisão dos órgãos e entidades da administração federal na área de sua competência e referendar os atos e decretos assinados pelo Presidente da República;
II – expedir instruções para a execução das leis, decretos e regulamentos."

[9] "Art. 1º Fica atribuído efeito vinculante, em relação à administração tributária federal, às súmulas do Conselho Administrativo de Recursos Fiscais – CARF relacionadas no Anexo."

[10] O princípio da proteção da confiança é analisado no Cap. V, item 3.6, Parte Geral.

Parte Geral • **Capítulo VI** • VIGÊNCIA, APLICAÇÃO E INTERPRETAÇÃO DA LEGISLAÇÃO TRIBUTÁRIA | **215**

2 VIGÊNCIA

2.1 Vigência, validade, vigor e eficácia

A *vigência* é um conceito que demarca o *lugar* e o *tempo* de *validade ou de existência jurídica*[11]. No período de vigência, *o enunciado prescritivo ou a norma jurídica* tem *vigor*, ou seja, tem *imperatividade* ou *força vinculante*. O vigor decorre da vigência, mas ambos não se confundem. O ato normativo, mesmo não mais estando vigente, continua a vigorar para disciplinar os fatos ocorridos no período correspondente, o que é denominado *ultratividade*[12].

A vigência difere da *eficácia*, que consiste na capacidade de produção concreta de efeitos jurídicos. Uma norma jurídica vigente pode ser *ineficaz*, em razão da ausência de requisitos fáticos ou normativos necessários para a incidência. Isso ocorre, como ensina Tércio Sampaio Ferraz Junior, quando a lei prescreve uma consequência jurídica, mas não há na realidade fática condições adequadas para sua observância. Um exemplo é a norma que estabelece a obrigatoriedade do escaneamento de veículos e unidades de carga (contêineres), enquanto a administradora do local ou recinto alfandegado pela Receita Federal do Brasil ainda não tiver instalado o equipamento de inspeção não invasiva[13]. Há uma inadequação entre a norma e a realidade normada. A ineficácia pode resultar ainda da ausência de requisitos técnico-normativos, ou seja, da falta de outras normas jurídicas exigidas para sua aplicação (*eficácia técnica*)[14]. Esse é o caso, *v.g.*, da contribuição ao SAT (Seguro Acidente de Trabalho), prevista no inciso II do art. 22 da Lei 8.212/1991, que, para incidir, depende da definição em ato administrativo regulamentar (Decreto 3.048/1999, art. 202) do grau de incidência de acidente de trabalho da atividade preponderante[15].

Na teoria do direito, o termo *eficácia* também pode ser empregado para expressar a *força* de um ato normativo resultante de sua posição hierárquica no ordenamento jurídico[16]. É esse o sentido utilizado quando se fala na *eficácia (força) de lei das medidas provisórias* e nas *lei ordinária com eficácia de lei complementar*[17].

2.2 Validade, presunção de validade e invalidação

A validade expressa a existência jurídica do enunciado prescritivo ou da norma jurídica, vale dizer, a sua integração ao ordenamento jurídico decorrente da introdução ou da criação em conformidade com os pressupostos formais e materiais do processo de formação ou de produção nele estabelecidos[18].

---

[11] CARVALHO, Paulo de Barros. *Curso de direito tributário*. 13. ed. São Paulo: Saraiva, 2000. p. 79-127.

[12] FERRAZ JÚNIOR, Tercio Sampaio. *Introdução ao estudo do direito*: técnica, decisão, dominação. 11. ed. São Paulo: Atlas, 2019. p. 162; DINIZ, Maria Helena. *Lei de introdução às normas do direito brasileiro interpretada*. 17. ed. São Paulo: Saraiva, 2012. p. 70; CARVALHO, Paulo de Barros. *Curso de direito tributário*. 13. ed. São Paulo: Saraiva, 2000. p. 127.

[13] Portaria RFB 143/2022: "Art. 14. A administradora do local ou recinto deve disponibilizar equipamentos de inspeção não invasiva (escâneres), compatíveis com as características e acondicionamento das cargas, das mercadorias e dos bens movimentados, para inspeção de: [...]".

[14] FERRAZ JÚNIOR, Tercio Sampaio. *Introdução ao estudo do direito*: técnica, decisão, dominação. 11. ed. São Paulo: Atlas, 2019. p. 161-162. O autor adota, em relação à eficácia técnica, a classificação de José Afonso de Silva, diferenciando a eficácia *plena* (que não depende de outra norma e não pode ser restringida), *contida* (pode ser restringida) e *limitada* (que exigem outras normas futuras). Cf. ainda: DINIZ, Maria Helena. *Lei de Introdução às normas do direito brasileiro interpretada*. 17. ed. São Paulo: Saraiva, 2012. p. 71.

[15] Essa contribuição é estudada no Cap. IV, item 3.3, da Parte Especial.

[16] GUASTINI, Riccardo. *Le fonti del diritto*: fondamenti teorici. Milano: Giuffrè, 2010. p. 259 e ss.

[17] Ver Cap. I, item 5.3, da Parte Geral.

[18] Ressalte-se que, na teoria do direito, o conceito de validade apresenta, como ressalta Gregório Robles, ressonâncias e significados díspares. No presente estudo, adota-se uma concepção de *validade normativa*, que se opõe ao de *validade axiológica* e *validade empírica*; todos reciprocamente excludentes e que refle-

A partir do momento que são criados por uma autoridade *prima facie* competente, os atos normativos gozam de presunção de validade. Esta prevalece até que algum dos órgãos competentes definidos pelo ordenamento jurídico reconheça a existência de vícios material ou formal no processo de formação. Isso acarreta a declaração de invalidade da norma ou do enunciado prescritivo, que, dependendo da natureza, do momento da ocorrência e da extensão do vício[19], pode ser *material* ou *formal, total* ou *parcial,* e *originária* ou *superveniente.* A invalidade resultante da incompatibilidade com o texto constitucional, por sua vez, recebe a designação especial de *inconstitucionalidade.*

A *invalidade material* resulta da incompatibilidade com o conteúdo de um ato normativo hierarquicamente superior. Um exemplo é o vício que resultaria da definição de uma alíquota de 10% para o imposto seletivo incidente na extração de minerais, o que contraria o limite máximo de 1% definido no art. 153, § 6º, VII, da Constituição Federal[20].

Na *invalidade formal,* o vício resulta da não observância de regra de competência ou relativa ao procedimento de produção. É o caso, *v.g.,* da definição em lei ordinária dos bens ou de serviços prejudiciais à saúde ou ao meio ambiente para fins de incidência do imposto seletivo, contrariando a reserva de lei complementar prevista no inciso VIII do art. 153 da Lei Maior[21]. Outro exemplo é a aprovação de uma lei complementar sem a observância do *quórum* de maioria absoluta exigido pelo art. 69 da Constituição[22].

A invalidade pode ser *parcial* ou *total,* conforme alcance a totalidade ou apenas parte do ato normativo. A regra é parcelaridade, de modo que, se apenas um dispositivo é viciado, devem ser preservados os demais. Entretanto, na maior parte das vezes, o vício formal implica a invalidação total e o vício material, a invalidade parcial do ato normativo. Também há casos em que o vício parcial implica a invalidade de todo ato normativo. Isso ocorre quando ambos apresentam uma relação de *dependência* lógica ou funcional, fazendo com que a invalidação de um deixa os demais carecedores de sentido. Outra hipótese é a *interdependência,* quando é a disposição viciada que confere fundamento e sentido a todo o diploma legal. Assim, por exemplo, se um tributo é declarado inconstitucional, a invalidação também abrangerá os enunciados prescritivos relativos às respectivas obrigações acessórias e a penalidades por não pagamento, que são funcionalmente dependentes. No controle de inconstitucionalidade, isso se traduz na técnica da inconstitucionalidade *por arrastamento*[23].

---

tem visão diferentes do conceito de direito (MORCHON, Gregório Robles. *Teoría del derecho*: fundamentos de teoría comunicacional del derecho. Madrid: Civitas, 1999. v. I, p. 277 e ss.; MORCHON, Gregório Robles. *O direito como texto*: quatro estudos de teoria comunicacional do direito. São Paulo: Manole, 2005. p. 99 e ss.). Sobre o tema, cf. ainda: CARVALHO, Aurora Tomazini. *Curso de teoria geral do direito*: o constructivismo lógico-semântico. 6. ed. São Paulo: Noeses, 2019. p. 707 e ss.; MOUSSALLEM, Tárek Moysés. *Revogação em matéria tributária*. São Paulo: Noeses, 2005. p. 143 e ss.; FERRAZ JÚNIOR, Tercio Sampaio. *Introdução ao estudo do direito*: técnica, decisão, dominação. 11. ed. São Paulo: Atlas, 2019. p. 158; COELHO, Luiz Fernando. *Curso de introdução ao direito*: em 13 aulas. 4. ed. Santana de Parnaíba: Manole, 2022. p. 108 e ss.

[19] O vício, como ensina Guastini, é a causa de invalidade da norma (GUASTINI, Riccardo. *Le fonti del diritto*: fondamenti teorici. Milano: Giuffrè, 2010. p. 263: "un "vizio", però, si presenta altresì come una causa: la causa (o la ragione) della invalidità della norma viziata".

[20] "Art. 153. [...] § 6º [...] VII – na extração, o imposto será cobrado independentemente da destinação, caso em que a alíquota máxima corresponderá a 1% (um por cento) do valor de mercado do produto. (Incluído pela Emenda Constitucional nº 132, de 2023)"

[21] "Art. 153. Compete à União instituir impostos sobre: [...] VIII – produção, extração, comercialização ou importação de bens e serviços prejudiciais à saúde ou ao meio ambiente, nos termos de lei complementar. (Incluído pela Emenda Constitucional nº 132, de 2023)"

[22] "Art. 69. As leis complementares serão aprovadas por maioria absoluta."

[23] CLÈVE, Clèmerson Merlin. *Fiscalização abstrata de constitucionalidade no direito brasileiro*. 2. ed. São Paulo: RT, 2000. p. 37 e ss.

Parte Geral • Capítulo VI • VIGÊNCIA, APLICAÇÃO E INTERPRETAÇÃO DA LEGISLAÇÃO TRIBUTÁRIA | **217**

A invalidade material será *originária*, quando o vício já estiver presente desde o tempo da produção da norma ou do enunciado. Mas também pode ser *superveniente*, se decorrente da introdução de ato normativo posterior. Contudo, não há invalidade formal superveniente, porque, na produção de atos normativos, aplica-se o princípio do *tempus regit actum* (o tempo rege o ato). Logo, se o texto constitucional permitia a instituição de um tributo mediante lei ordinária, a exigência superveniente de lei complementar não implica a inconstitucionalidade formal. Foi o que ocorreu, *v.g.*, com o Código Tributário Nacional. Esse foi aprovado e promulgado como lei ordinária (Lei 5.172/1966). Nessa época, não havia reserva de lei complementar no texto constitucional para dispor sobre normas gerais de direito tributário, o que só ocorreu na Constituição Federal de 1967. Nem por isso, contudo, há que se falar em inconstitucionalidade formal superveniente. Como o tempo rege o ato, aprovado como lei ordinária, o CTN foi recepcionado com eficácia de lei complementar[24].

No direito constitucional, discute-se se uma nova Constituição ou uma alteração no texto constitucional implica a *revogação* ou a *inconstitucionalidade superveniente* da legislação infraconstitucional anterior. Trata-se de uma questão de preferência na aplicação do critério cronológico ou hierárquico. Parte da doutrina, com fundamento no princípio da *lex posteriori derrogat priori*, sustenta que a nova ordem constitucional *revoga* a legislação infraconstitucional incompatível. Outros entendem que o critério cronológico somente seria aplicável diante de normas da mesma hierarquia, o que implica a *inconstitucionalidade superveniente* da legislação anterior. Também há uma corrente intermediária, que entende ocorrer uma revogação decorrente da inconstitucionalidade[25].

Na jurisprudência do STF, prevalece a primeira concepção, como destacado no julgamento da ADI 2: "A Constituição sobrevinda não torna inconstitucionais leis anteriores com ela conflitantes: revoga-as. Pelo fato de ser superior, a Constituição não deixa de produzir efeitos revogatórios. Seria ilógico que a lei fundamental, por ser suprema, não revogasse, ao ser promulgada, leis ordinárias. A lei maior valeria menos que a lei ordinária. [...] Reafirmação da antiga jurisprudência do STF, mais que cinquentenária"[26].

Essa discussão está longe de ser puramente doutrinária. A prevalência da tese da revogação, em vez da inconstitucionalidade superveniente, implica a inadmissibilidade da interposição de recurso extraordinário ao STF, assim como da propositura de ação direta de inconstitucionalidade ou constitucionalidade de leis anteriores à Constituição. Por outro lado, o reconhecimento da revogação não exige manifestação da maioria absoluta dos membros do plenário ou órgão especial do Tribunal. Outra consequência relevante, no contencioso administrativo tributário federal, é a inaplicabilidade da Súmula Carf 2: "O CARF não é competente para se pronunciar sobre a inconstitucionalidade de lei tributária".

2.3 Vigência da legislação tributária no tempo

O início da vigência das leis, de acordo com a Lei de Introdução às Normas do Direito Brasileiro (Decreto-lei 4.657/1942), ocorre 45 dias após a publicação[27]. Nesse período – denominado *vacatio legis* – a norma é válida, mas ainda não vigente. A sua duração pode ser reduzida ou ampliada pela própria lei. Todavia, de acordo com o art. 8º da Lei Complementar 95/1998, deve

---

24 Ver Cap. I, item 5.3.34., da Parte Geral.
25 Sobre o tema cf.: GUASTINI, Riccardo. *Le fonti del diritto:* fondamenti teorici. Milano: Giuffrè, 2010. p. 298; BARROSO, Luís Roberto. *Interpretação e aplicação da Constituição*: fundamentos de uma dogmática constitucional transformadora. São Paulo: Saraiva, 1996. p. 54 e ss.; CLÈVE, Clèmerson Merlin. *Fiscalização abstrata de constitucionalidade no direito brasileiro*. 2. ed. São Paulo: RT, 2000. p. 28 e ss.
26 STF, Tribunal Pleno, ADI 2, Rel. Min. Paulo Brossard, *DOU* 21.11.1997.
27 "Art. 1º Salvo disposição contrária, a lei começa a vigorar em todo o país quarenta e cinco dias depois de oficialmente publicada."

218 | CURSO DE DIREITO TRIBUTÁRIO – *Solon Sehn*

ser um prazo razoável para o amplo conhecimento, reservada a cláusula "entra em vigor na data de sua publicação" para as leis de pequena repercussão[28]. Nada impede que a ampliação decorra de outra lei ou do próprio texto constitucional. É o que faz, *v.g.*, o princípio da anterioridade, que desloca o início da vigência de leis que aumentam ou instituem os tributos, nas situações previstas no texto constitucional[29].

O fim da vigência ocorre com a revogação, tácita ou expressa, ou com o esgotamento do tempo definido nas leis temporárias[30]. Não há, com a revogação, a restauração da vigência da lei que tenha sido essa revogada (*repristinação*), mas o legislador pode prever esse efeito expressamente[31].

O CTN estabelece algumas disposições acerca da vigência temporal da legislação tributária:

> Capítulo II
>
> Vigência da Legislação Tributária
>
> Art. 101. A vigência, no espaço e no tempo, da legislação tributária rege-se pelas disposições legais aplicáveis às normas jurídicas em geral, ressalvado o previsto neste Capítulo.
>
> [...]
>
> Art. 103. Salvo disposição em contrário, entram em vigor:
>
> I – os atos administrativos a que se refere o inciso I do artigo 100, na data da sua publicação;
>
> II – as decisões a que se refere o inciso II do artigo 100, quanto a seus efeitos normativos, 30 (trinta) dias após a data da sua publicação;
>
> III – os convênios a que se refere o inciso IV do artigo 100, na data neles prevista.
>
> Art. 104. Entram em vigor no primeiro dia do exercício seguinte àquele em que ocorra a sua publicação os dispositivos de lei, referentes a impostos sobre o patrimônio ou a renda:
>
> I – que instituem ou majoram tais impostos;
>
> II – que definem novas hipóteses de incidência;
>
> III – que extinguem ou reduzem isenções, salvo se a lei dispuser de maneira mais favorável ao contribuinte, e observado o disposto no artigo 178.

Os incisos I e II do art. 104 não são compatíveis com o conteúdo jurídico atual do princípio da anterioridade. O início da vigência das leis que aumentam ou instituem tributos deve ser determinado de acordo com as disposições constitucionais, que têm um alcance maior que o previsto nesses dispositivos. Já a parte final do inciso III, refere-se às isenções condicionadas e concedidas por prazo certo, que, nos termos do art. 178, não podem ser revogadas antecipadamente[32]. Essa vedação também decorre do princípio da proteção da confiança, sendo aplicável

---

[28] "Art. 8º A vigência da lei será indicada de forma expressa e de modo a contemplar prazo razoável para que dela se tenha amplo conhecimento, reservada a cláusula 'entra em vigor na data de sua publicação' para as leis de pequena repercussão.

§ 1º A contagem do prazo para entrada em vigor das leis que estabeleçam período de vacância far-se-á com a inclusão da data da publicação e do último dia do prazo, entrando em vigor no dia subsequente à sua consumação integral. (Incluído pela Lei Complementar 107, de 26.04.2001)"

[29] Ver Capítulo V, item 4, da Parte Geral.

[30] LINDB: "Art. 2º Não se destinando à vigência temporária, a lei terá vigor até que outra a modifique ou revogue".

[31] LINDB: "Art. 2º [...] § 3º Salvo disposição em contrário, a lei revogada não se restaura por ter a lei revogadora perdido a vigência".

[32] "Art. 178. A isenção, salvo se concedida por prazo certo e em função de determinadas condições, pode ser revogada ou modificada por lei, a qualquer tempo, observado o disposto no inciso III do art. 104. (Redação dada pela Lei Complementar 24, de 1975)"

Parte Geral • Capítulo VI • VIGÊNCIA, APLICAÇÃO E INTERPRETAÇÃO DA LEGISLAÇÃO TRIBUTÁRIA | **219**

a todos os benefícios fiscais concedidos em função de investimentos ou outras contrapartidas do sujeito passivo[33].

Por fim, o art. 103 prevê termos iniciais de vigência específicos, aplicáveis nas seguintes hipóteses, salvo disposição em contrário: (i) os atos normativos de autoridades administrativas (art. 100, I): na data da publicação; (ii) as decisões de órgãos singulares ou coletivos de jurisdição administrativa, a que a lei atribua eficácia normativa (art. 100, II): 30 dias após a publicação; (iii) os convênios públicos entre a União, os Estados, o Distrito Federal e os Municípios (art. 100, IV): na data neles prevista[34].

2.4 Vigor da lei tributária revogada (ultratividade)

As normas revogadas continuam em *vigor* para disciplinar os fatos jurídicos ocorridos quando ainda estavam vigentes. No direito tributário, isso se reflete no art. 144 do CTN, que prevê a *ultratividade* da legislação tributária: "o lançamento reporta-se à data da ocorrência do fato gerador da obrigação e rege-se pela lei então vigente, ainda que posteriormente modificada ou revogada". Assim, se uma lei nova extinguir um determinando tributo, a lei anterior que previa a cobrança, apesar de revogada, continua em vigor para os fatos ocorridos no período em que esteve vigente. Nesses casos, a norma não é mais vigente, mas conserva sua força vinculante ou imperatividade para disciplinar as situações pretéritas.

É o que ocorreu com a aprovação da Reforma Tributária (Emenda 132/2023). Esta criou o IS, a CBS e o IBS (Imposto sobre Bens e Serviços), em substituição ao ICMS, ao ISS, à Cofins e de parte do PIS/Pasep e do IPI. Mesmo após a revogação ao final do período de transição, a legislação dos tributos extintos continuará em vigor, conservando sua força vinculante em relação aos fatos passados.

2.5 Vigência no espaço

O art. 102 do CTN dispõe sobre a vigência espacial da legislação tributária dos Estados, do Distrito Federal e dos Municípios:

> Art. 102. A legislação tributária dos Estados, do Distrito Federal e dos Municípios vigora, no País, fora dos respectivos territórios, nos limites em que lhe reconheçam extraterritorialidade os convênios de que participem, ou do que disponham esta ou outras leis de normas gerais expedidas pela União.

Cumpre acrescentar que, em relação à legislação federal brasileira, a vigência espacial abrange apenas o território nacional[35]. Não obstante, pode produzir efeitos jurídicos em território estrangeiro, desde que autorizado em tratados ou acordos internacionais. É o que ocorre com a

---

[33] Capítulo V, item 3.6, da Parte Geral.

[34] Sobre os convênios públicos, ver Capítulo I, item 4.7.3, da Parte Geral.

[35] O território nacional compreende a superfície (o solo e o subsolo), o espaço aéreo sobrejacente, as águas interiores, as ilhas costeiras e o mar territorial, que constitui uma zona com extensão de 12 milhas contadas da linha de base (linha litorânea de maré baixa), não incluindo as águas interiores. Trata-se de área que alcança as águas, o leito do mar, o respectivo subsolo e o espaço aéreo sobrejacente. Nela é assegurado o direito de passagem inocente por parte de embarcações de outras nacionalidades, desde que contínua e rápida. Adjacente ao mar territorial, em uma segunda faixa – a zona contígua, das 12 até 24 milhas marítimas – o Estado brasileiro também pode tomar medidas de fiscalização alfandegária, imigratória e de saúde pública. De acordo com a Lei 8.617/1993 e com a Convenção das Nações Unidas sobre o Direito do Mar de 1982, assinada em Montego Bay, na Jamaica, a soberania nacional alcança ainda a plataforma continental e a zona econômica exclusiva (Lei 8.617/1993, arts. 6º e 11).

220 | CURSO DE DIREITO TRIBUTÁRIO – *Solon Sehn*

legislação da tributação do comércio exterior nas *Áreas de Controle Integrado do Mercosul*[36]. Essas são situadas em regiões de fronteira no território de outros países-membros. Nelas, conforme autorizado pelo Acordo de Recife, aprovado pelo Decreto Legislativo 66/1981 e promulgado pelo Decreto 1.280/1994, a legislação brasileira pode ser aplicada para fins de exigência dos impostos, às taxas e a outros gravames sobre a operação de comércio exterior[37]. Da mesma forma, quando a área de controle integrado é situada no território nacional, a legislação de outro membro do Mercosul é aplicada no Brasil pelas autoridades administrativas do país vizinho[38].

3 APLICAÇÃO

3.1 Aplicação e incidência

Antes de analisar os dispositivos do CTN relacionados à aplicação da lei tributária, vale lembrar que alguns autores diferenciam *aplicação* e *incidência*, enquanto outros equiparam esses dois conceitos. Não há uma proposta certa ou errada. Trata-se de formas diferentes de compreender o mesmo fenômeno e que variam em função do referencial teórico. No presente estudo, entende-se que a incidência requer a intervenção humana e ocorre com a aplicação da norma. Essa, por sua vez, pressupõe a subsunção, isto é, o ajuste ou a adequação de um fato concreto às propriedades do evento abstrato descritas na proposição antecedente (*hipótese de incidência*) de uma norma jurídica[39].

3.2 Fatos geradores futuros e pendentes

O art. 105 do CTN dispõe sobre a aplicação da legislação tributária aos "fatos geradores futuros e aos pendentes", remetendo, quanto aos últimos, aos critérios previstos no art. 116:

---

[36] "c) 'Área de Controle Integrado': parte do território do País Sede, incluídas as instalações onde se realiza o controle integrado por parte dos funcionários de dois países."

[37] "Artigo 6° Aos órgãos de cada país é facultado receber, na área de Controle Integrado, as importâncias relativas aos impostos, às taxas e a outros grames, e conformidade com a legislação vigente em cada país. As quantias arrecadadas pelo País Limítrofe serão transladadas ou trasladas ou transferidas livremente pelos órgãos competentes para seu país."

[38] "Artigo 3° Os funcionários competentes de cada país exercerão, na Área de Controle Integrado, seus respectivos controles aduaneiros, migratórios, sanitários e de transporte. Para esse fim ter-se-á que:
a) A jurisdição e a competência dos órgãos e dos funcionários do País Limítrofe, considerar-se-ão estendidas até a Área de Controle Integrado."

[39] Entende-se, assim, que a simples ocorrência do evento imponível não é suficiente para o surgimento da obrigação tributária. É necessária a inserção, na ordem jurídica, de uma norma individual e concreta pelo agente competente, por meio da linguagem escrita, segundo os preceitos de direito positivo. Essa, em seu antecedente, contém o fato jurídico tributário e, no consequente, a formalização do vínculo obrigacional, com a individualização de seus sujeitos ativo e passivo e a quantificação do objeto da prestação (CARVALHO, Paulo de Barros. *Direito tributário*: linguagem e método. 6. ed. São Paulo: Noeses, 2015. p. 168 e ss.). Trata-se da concepção proposta pelo Construtivismo Lógico-Semântico, desenvolvido por Lourival Vilanova e por Paulo de Barros Carvalho, situada no marco da filosofia da linguagem e que opera com a combinação entre o método analítico e a hermenêutica, dentro de uma visão culturalista do fenômeno jurídico. Sobre o Construtivismo, cf.: CARVALHO, Paulo de Barros. Algo sobre o construtivismo lógico-semântico. *In*: CARVALHO, Paulo de Barros (coord.); CARVALHO, Aurora Tomazini de (org.). *Construtivismo lógico-semântico*. São Paulo: Noeses, 2014. v. I, p. 6-9; CARVALHO, Paulo de Barros. *Direito tributário*: fundamentos jurídicos da incidência. 2. ed. São Paulo: Saraiva, 1999; CARVALHO, Paulo de Barros. *Derivação e positivação no direito tributário*. São Paulo: Noeses, 2011. v. 1; CARVALHO, Paulo de Barros. *Derivação e positivação no direito tributário*. São Paulo: Noeses, 2013. v. 2; VILANOVA, Lourival. *As estruturas lógicas e o sistema do direito positivo*. São Paulo: Max Limonad, 1997; VILANOVA, Lourival. *Causalidade e relação no direito*. 4. ed. São Paulo: RT, 2000; VILANOVA, Lourival. *Escritos jurídicos e filosóficos*. São Paulo: Axis Mundi-IBET, 2003. v. 1 e 2.

Parte Geral · Capítulo VI · VIGÊNCIA, APLICAÇÃO E INTERPRETAÇÃO DA LEGISLAÇÃO TRIBUTÁRIA | 221

Capítulo III

Aplicação da Legislação Tributária

Art. 105. A legislação tributária aplica-se imediatamente aos fatos geradores futuros e aos pendentes, assim entendidos aqueles cuja ocorrência tenha tido início mas não esteja completa nos termos do artigo 116.

[...]

Art. 116. Salvo disposição de lei em contrário, considera-se ocorrido o fato gerador e existentes os seus efeitos:

I – tratando-se de situação de fato, desde o momento em que o se verifiquem as circunstâncias materiais necessárias a que produza os efeitos que normalmente lhe são próprios;

II – tratando-se de situação jurídica, desde o momento em que esteja definitivamente constituída, nos termos de direito aplicável.

O art. 105 do CTN, quando faz referência aos *fatos geradores pendentes*, pretende alcançar todos os eventos que ainda não estão inteiramente compreendidos nos critérios da hipótese de incidência ou, dito de outro modo, quando ainda não houve subsunção do fato à norma. Neles, se ocorrer uma mudança ou alteração normativa, a incidência deve ser balizada pela nova norma jurídica. O conceito é relevante para a interpretação da norma aplicável aos eventos imponíveis *instantâneos*, *continuados* e *complexivos* (ou *periódicos*). Essa distinção, assim como a diferenciação dos fatos geradores que descrevem situações de fato e situações de direito, será estudada no capítulo seguinte.

3.3 Retroatividade da lei tributária

O art. 106 do CTN estabelece as seguintes hipóteses de retroatividade da lei tributária:

Art. 106. A lei aplica-se a ato ou fato pretérito:

I – em qualquer caso, quando seja expressamente interpretativa, excluída a aplicação de penalidade à infração dos dispositivos interpretados;

II – tratando-se de ato não definitivamente julgado:

a) quando deixe de defini-lo como infração;

b) quando deixe de tratá-lo como contrário a qualquer exigência de ação ou omissão, desde que não tenha sido fraudulento e não tenha implicado em falta de pagamento de tributo;

c) quando lhe comine penalidade menos severa que a prevista na lei vigente ao tempo da sua prática.

Essas já foram analisadas por ocasião do estudo do princípio constitucional da irretroatividade. Remete-se, assim, às observações apresentadas naquela oportunidade[40].

4 INTERPRETAÇÃO E INTEGRAÇÃO

4.1 Interpretação como construção de sentido

Não cabe aqui a recapitulação das teorias sobre a interpretação no direito nem dos métodos exegéticos clássicos (gramatical, histórico ou histórico-evolutivo, lógico, teleológico e sistemático). Para os propósitos deste estudo, é suficiente lembrar que, na doutrina contemporânea, a interpretação já não é mais considerada uma atividade puramente declaratória, de descoberta ou de revelação do

---

[40] Ver Capítulo V, item 3, da Parte Geral.

222 | CURSO DE DIREITO TRIBUTÁRIO – *Solon Sehn*

conteúdo dos textos legais ou de uma suposta vontade do legislador. Não há direito sem linguagem e essa é constitutiva do objeto. Dessa forma, *interpretar* é *construir* significações para a resolução de problemas práticos ou concretos[41], percorrendo – dentro de um processo hermenêutico – os planos sintático (relação de *formação* e de *derivação* dos signos entre si), semântico (relação dos signos com os objetos denotados) e pragmático (uso dos signos) da linguagem jurídica[42].

A interpretação é influenciada pela ideologia e pela pré-compreensão. Entretanto, não é arbitrária nem voluntarista, porque o sentido construído deve ser reconhecido como *válido*. O intérprete deve operar dentro dos limites do texto e das fronteiras do ordenamento jurídico, condicionado pelas relações de coordenação e de subordinação normativas. As limitações do texto continuam presentes, porém, operam de maneira diferente. Não se exige a reprodução estrita da literalidade do enunciado, mas o sentido deve ser de algum modo compatível com o texto, além de reconhecido como válido a partir dos pressupostos formais e materiais da ordem jurídica[43].

4.2 Integração de lacunas

O tema das lacunas no direito é controverso na doutrina, desde a sua aceitação como algo de possível configuração diante da completude do sistema jurídico, até os meios admitidos para a sua colmatação[44]. O art. 108 do CTN parece ter pretendido resolver todas essas questões, não apenas admitindo a sua configuração, como também oferecendo os critérios de integração:

> Art. 108. Na ausência de disposição expressa, a autoridade competente para aplicar a legislação tributária utilizará sucessivamente, na ordem indicada:
>
> I – a analogia;
>
> II – os princípios gerais de direito tributário;
>
> III – os princípios gerais de direito público;
>
> IV – a equidade.
>
> § 1º O emprego da analogia não poderá resultar na exigência de tributo não previsto em lei.
>
> § 2º O emprego da equidade não poderá resultar na dispensa do pagamento de tributo devido.

---

[41] "Toda e qualquer norma somente faz sentido com vistas a um caso a ser (co)solucionado por ela. Esse dado fundamental [*Grundtatbestand*] da concretização jurídica circunscreve o *interesse de conhecimento* peculiar da ciência e da práxis jurídicas, especificamente jurídico, como um *interesse de decisão*. A necessidade de uma decisão jurídica (também em um caso fictício) *abrange* a problemática da compreensão, os momentos e procedimentos cognitivos" (MÜLLER, Friedrich. *Métodos de trabalho do direito constitucional*. 2. ed. São Paulo: Max Limonad, 2000. p. 63).

[42] O primeiro plano, como ensina Paulo de Barros Carvalho, abrange as relações internormativas (entre as normas constitucionais e as infraconstitucionais, e entre as normas que estabelecem deveres e as que estipulam sanções) e as intranormativas (antecedente e consequente), a organização dos termos jurídicos no texto da lei. Já as significações do direito e as acepções dos vocábulos jurídicos pertencem ao campo da semântica jurídica. O plano da pragmática, por outro lado, trata do estudo da maneira como as pessoas motivam suas condutas diante da norma jurídica. CARVALHO, Paulo de Barros. *Curso de direito tributário*. 13. ed. São Paulo: Saraiva, 2000. p. 98; CARVALHO, Paulo de Barros. *Direito tributário*: linguagem e método. 6. ed. São Paulo: Noeses, 2015. p. 155 e ss.

[43] Sobre o tema da interpretação, mas não necessariamente no mesmo sentido aqui exposto, cf.: MÜLLER, Friedrich. *Métodos de trabalho do direito constitucional*. 2. ed. São Paulo: Max Limonad, 2000. p. 75; CARVALHO, Aurora Tomazini de. *Curso de teoria geral do direito*: o construtivismo lógico-semântico. 5. ed. São Paulo: Noeses, 2016. p. 240 e ss.; GRAU, Eros Roberto. *Ensaio e discurso sobre a interpretação/aplicação do direito*. São Paulo: Malheiros, 2002; CANOTILHO, José Joaquim Gomes. *Constituição dirigente e vinculação do legislador*: contributo para a compreensão das normas constitucionais programáticas. Coimbra: Coimbra Editora, 1994. p. 1199 e ss.; FERRAZ JÚNIOR, Tercio Sampaio. *Introdução ao estudo do direito*: técnica, decisão, dominação. 11. ed. São Paulo: Atlas, 2019. p. 213 e ss.

[44] FERRAZ JÚNIOR, Tercio Sampaio. *Introdução ao estudo do direito*: técnica, decisão, dominação. 11. ed. São Paulo: Atlas, 2019. p. 213 e ss.

Parte Geral • **Capítulo VI** • VIGÊNCIA, APLICAÇÃO E INTERPRETAÇÃO DA LEGISLAÇÃO TRIBUTÁRIA | **223**

A aplicação desse dispositivo demanda uma série de cautelas. Como se sabe, encontra-se superada a concepção que considerava os princípios como simples *fontes normativas subsidiárias* ou parâmetros para a *autointegração*. Os princípios são normas jurídicas e podem ser aplicados diretamente enquanto critério de solução de um caso concreto[45]. Dessa forma, se há um princípio potencialmente aplicável, a hipótese não configura uma *lacuna autêntica*. O princípio deve incidir, necessariamente e antes da analogia.

Além disso, no direito público e em matéria tributária, vigora o princípio da legalidade. Esse, por sua vez, implica a *primazia* ou *prevalência da lei*. Daí que, como se sabe, a administração pública apenas pode agir quando e na medida em que for autorizada por uma lei[46]. Já os particulares, são livres para fazer tudo o que não for proibido. Portanto, a falta de lei acarreta uma vedação de atuação do poder público ou, dito de um outro modo, a impossibilidade jurídica de tributação. Isso afasta a caracterização de *lacunas autênticas*, porque há uma norma constitucional que imputa consequências jurídicas ao não exercício da competência. Essa é a razão, aliás, da previsão do § 1º do art. 108, que veda a exigência de tributo com base em analogia.

Por outro lado, deve-se ter presente que a *ausência de disposição* não constitui sinônimo de *ausência de norma*. As normas jurídicas são significações construídas a partir dos textos de lei, sem corresponder de maneira direta à literalidade dos enunciados prescritivos. Mesmo na falta de dispositivo legal expresso, pode existir uma norma jurídica construída a partir de outros enunciados prescritivos. Essa distinção é relevante nos casos de *lacunas aparentes* decorrentes da revogação parcial de disposições legais ou de omissões na atualização de enunciados prescritivos.

Isso pode ocorrer, por exemplo, quando a legislação tributária, ao prever um determinado regime tributário, identifica o produto por meio do código da NCM (Nomenclatura Comum do Mercosul), que é a base da TIPI (Tabela de Incidência do IPI[47]) e constitui a NBM (Nomenclatura Brasileira de Mercadorias)[48]. A NCM/NBM baseia-se na Convenção Internacional do Sistema Harmonizado (SH) de Designação e Codificação de Mercadorias[49], que visa à uniformização internacional da identificação das mercadorias. Sempre que há alterações no SH, a NCM/NBM

---

[45] Ver Capítulo V, item 1, da Parte Geral.

[46] Como ensina Celso Antônio Bandeira de Mello, citando lição de Michel Stassinopoulos: "[...] além de não poder atuar *contra legem* ou *praeter legem*, a Administração só pode agir *secundum legis*" (BANDEIRA DE MELLO, Celso Antônio. *Curso de direito administrativo*. 18. ed. São Paulo: Malheiros, 2005. p. 92). Por isso, como ensina Kelsen, é "supérfluo proibir qualquer coisa a um órgão do Estado, pois basta não autorizá-lo a fazê-la" (Tradução nossa. KELSEN, Hans. *Teoría general del derecho y del Estado*. México: UNAM, 1959. p. 277: "[...] es superfluo prohibir cualquier cosa a un órgano del Estado, pues basta con non autorizarlo a hacerla"). No mesmo sentido, ressalta J. J Gomes Canotilho que: "os órgãos do Estado só têm competência para fazer aquilo que a constituição lhes permite (cfr. art. 114º/2)" (CANOTILHO, José Joaquim Gomes. *Direito constitucional e teoria da Constituição*. 7. ed. Coimbra: Almedina, 2003. p. 361).

[47] Decreto 11.158/2022: "Art. 2º A TIPI tem por base a Nomenclatura Comum do Mercosul – NCM".

[48] Decreto 11.158/2022: "Art. 3º A NCM constitui a Nomenclatura Brasileira de Mercadorias – NBM, baseada no Sistema Harmonizado – SH, para todos os efeitos previstos no art. 2º do Decreto-lei 1.154, de 1º de março de 1971".

[49] Incorporada ao direito brasileiro pelo Decreto Legislativo 71/1988, promulgado pelo Decreto 97.409/1988. Essa nomenclatura foi elaborada por um Comitê previsto na Convenção de Bruxelas de 1950, dentro de um esforço de uniformização concluído no ano de 1983, mas que apenas foi aplicado no plano internacional a partir de 1º de janeiro de 1988. A sua construção teve como referência a Nomenclatura do Conselho de Cooperação Aduaneira (NCCA). Contudo, também considera aspectos da Classificação Tipo para o Comércio Exterior (CTCI), da Tarifa Aduaneira do Japão, do Canadá e dos Estados Unidos, da Nomenclatura de Mercadorias para as Estatísticas do Comércio Internacional da Comunidade Europeia e do Comércio entre seus Estados-Membros (Nimexe), da Nomenclatura Uniforme de Mercadorias da União Internacional de Ferrovias, do "Worldwide Air Cargo Commodity Classification" (WAXC) da União Internacional de Transportes Aéreos, da Tarifa de Fretes da Associação de Linhas de Navegação Transatlântica das Índias Orientais (WIFT) e do "*Standard Transportation Commodity Code*" (STCC). Sobre o tema, cf. SEHN, Solon. *Curso de direito aduaneiro*. 2. ed. Rio de Janeiro: Forense, 2022. p. 285 e ss.

é ajustada por meio de atos normativos do Poder Executivo. A última modificação foi realizada pelos Decretos 11.158/2022 e 11.182/2022, que alteraram mais de 1.000 códigos classificatórios. O problema é que, quase sempre, as reclassificações, os agrupamentos e os desdobramentos da NCM/NBM não são acompanhados de uma compatibilização legislativa ou regulamentar imediata. Foi o que ocorreu, *v.g.*, após a Resolução Camex 125/2016, que extinguiu a NCM 3002.10.29, desdobrando-a nas NCMs 3002.12.29, 3002.14.90 e 3002.15.90. O primeiro código era utilizado pelo Anexo III do Decreto 6.426/2008[50] para identificar, na forma do art. 2º, § 3º, da Lei 10.833/2003[51], produtos da área médica sujeitos à alíquota zero do PIS/Pasep e da Cofins. No entanto, após a extinção da NCM pela Resolução da Camex, não houve uma compatibilização imediata entre o anexo e os novos códigos classificatórios. Como aquele continuou reportando-se ao código revogado, houve uma aparente lacuna que gerou dúvidas sobre a manutenção da aplicabilidade do benefício fiscal.

Em situações dessa natureza, não se deve confundir o enunciado do código classificatório com a norma jurídica que estabelece a desoneração. A construção dessa parte daquele, mas não exclusivamente. Também são considerados outros enunciados prescritivos. O código da NCM, destarte, é uma combinação numérica vinculada aos textos das posições e de subposições, às notas de seção, de capítulo e de subposições do SH, que são denominadas *notas legais*. Essas é que permitem identificar os produtos abrangidos pela NCM, que constitui apenas um código de referência. Se, a partir das *notas legais*, contina sendo possível constatar que os produtos desonerados são os mesmos compreendidos nas novas NCMs, a alteração do código (*disposição*) não implica a ineficácia técnica da desoneração (*norma*).

Ressalte-se que, ao analisar a questão em relação ao Anexo III do Decreto 6.426/2008, a Coordenação-Geral de Tributação da Receita Federal, por meio da Solução de Consulta Cosit 62/2018, manteve a aplicabilidade da alíquota zero aos produtos originariamente compreendidos na NCM revogada:

> Produtos destinados ao uso em laboratórios de análises clínicas. Alíquota zero. Extinção do Código NCM beneficiado. Prevalência do disposto na lei e no decreto regulamentador.
>
> Desde que atendidos os requisitos da legislação de regência, a redução a zero de alíquota prevista no art. 1º, III, do Decreto 6.426, de 2008, permanece aplicável à Contribuição para o PIS/Pasep incidente sobre as receitas decorrentes da comercialização, no mercado interno, de produtos, nacionais ou nacionalizados, que, na ocasião da publicação do referido decreto, eram classificados no código 3002.10.29 da Nomenclatura Comum do Mercosul (NCM), extinto pela Resolução Camex 125, de 2016[52].

---

[50] "Art. 1º Ficam reduzidas a zero as alíquotas da Contribuição para o PIS/PASEP, da Contribuição para o Financiamento da Seguridade Social – COFINS, da Contribuição para o PIS/PASEP-Importação e da COFINS-Importação incidentes sobre a receita decorrente da venda no mercado interno e sobre a operação de importação dos produtos: [...] III – destinados ao uso em hospitais, clínicas e consultórios médicos e odontológicos, campanhas de saúde realizadas pelo poder público, laboratório de anatomia patológica, citológica ou de análises clínicas, classificados nas posições 30.02, 30.06, 39.26, 40.15 e 90.18, da NCM, relacionados no Anexo III deste Decreto."

[51] "Art. 2º [...] § 3º Fica o Poder Executivo autorizado a reduzir a 0 (zero) e a restabelecer a alíquota incidente sobre receita bruta decorrente da venda de produtos químicos e farmacêuticos, classificados nos Capítulos 29 e 30, sobre produtos destinados ao uso em hospitais, clínicas e consultórios médicos e odontológicos, campanhas de saúde realizadas pelo Poder Público, laboratório de anatomia patológica, citológica ou de análises clínicas, classificados nas posições 30.02, 30.06, 39.26, 40.15 e 90.18, e sobre sêmens e embriões da posição 05.11, todos da Tipi. (Redação dada pela Lei 11.196, de 2005)."

[52] DOU 28.05.2018, seção 1, p. 39. Cumpre destacar a seguinte passagem da fundamentação: "22. Nesse sentido, quando da alteração do SH/NCM, o intérprete, através de um processo lógico, poderá fazer a integração das categorias da nova NCM com o restante do ordenamento jurídico. O mesmo intérprete que, frequentemente, interpreta de forma sistemática diversos dispositivos normativos, para deles extrair uma norma, é capaz de

Parte Geral • **Capítulo VI** • VIGÊNCIA, APLICAÇÃO E INTERPRETAÇÃO DA LEGISLAÇÃO TRIBUTÁRIA | **225**

Por fim, entende-se que o § 2º do art. 108 não é compatível com o princípio da capacidade contributiva. Como analisado anteriormente, em situações-limite, esse princípio constitucional obriga o poder público a uma *renúncia* ou *remissão de equidade* para evitar injustiças no caso concreto, considerando, inclusive outros valores constitucionais, notadamente a dignidade da pessoa humana[53].

4.3 Princípios e institutos de direito privado

Os princípios gerais de direito privado, de acordo com os arts. 109 e 110 do CTN, devem ser considerados apenas para fins de pesquisa da definição, do conteúdo e do alcance de seus institutos, conceitos e formas, mas não para determinação dos respectivos efeitos fiscais. Contudo, isso não se aplica quando esses são utilizados pelo texto constitucional na definição de competências impositivas. Nesses casos, a legislação tributária deve preservar o sentido originário do direito privado:

> Art. 109. Os princípios gerais de direito privado utilizam-se para pesquisa da definição, do conteúdo e do alcance de seus institutos, conceitos e formas, mas não para definição dos respectivos efeitos tributários.
>
> Art. 110. A lei tributária não pode alterar a definição, o conteúdo e o alcance de institutos, conceitos e formas de direito privado, utilizados, expressa ou implicitamente, pela Constituição Federal, pelas Constituições dos Estados, ou pelas Leis Orgânicas do Distrito Federal ou dos Municípios, para definir ou limitar competências tributárias.

Como analisado anteriormente, a vedação do art. 110 não precisaria estar prevista no CTN, porque já decorre do texto constitucional[54]. As únicas exceções são o IBS e a CBS, que, nos termos do § 8º do art. 156-A e do art. 195, § 16, da Constituição, não estão submetidos a essa restrição: "Para fins do disposto neste artigo, a lei complementar de que trata o *caput* poderá estabelecer o conceito de operações com serviços, seu conteúdo e alcance, admitida essa definição para qualquer operação que não seja classificada como operação com bens materiais ou imateriais, inclusive direitos"[55]. Assim, diferentemente do que ocorre com os demais tributos, nesses tributos o legislador infraconstitucional não está vinculado ao conteúdo e ao alcance do conceito no direito privado.

4.4 Interpretação mais benéfica e a interpretação literal obrigatória

O CTN dispõe sobre a interpretação mais favorável em matéria sancionatória, o que abrange não apenas o contribuinte, mas todos que, de alguma maneira, venham a ser acusados da prática de infrações à legislação tributária:

> Art. 112. A lei tributária que define infrações, ou lhe comina penalidades, interpreta-se da maneira mais favorável ao acusado, em caso de dúvida quanto:
>
> I – à capitulação legal do fato;
>
> II – à natureza ou às circunstâncias materiais do fato, ou à natureza ou extensão dos seus efeitos;

---

determinar a correspondência existente entre as antigas e as novas classificações fiscais. Pode- se, assim, preservar a intenção original do legislador, sem que seja necessária a alteração de toda a legislação que cite os códigos antigos da NCM".

[53] Capítulo V, item 5, da Parte Geral.

[54] Capítulo III, item 1.3, da Parte Geral.

[55] CF, art. 195: "§ 16. Aplica-se à contribuição prevista no inciso V o disposto no art. 156-A, § 1º, I a VI, VIII, X a XIII, § 3º, § 5º, II a VI, VIII e IX, e §§ 6º a 11 e 13".

III – à autoria, imputabilidade, ou punibilidade;

IV – à natureza da penalidade aplicável, ou à sua graduação.

Também são previstas no CTN algumas hipóteses de interpretação *literal obrigatória* da legislação:

Art. 111. Interpreta-se literalmente a legislação tributária que disponha sobre:

I – suspensão ou exclusão do crédito tributário;

II – outorga de isenção;

III – dispensa do cumprimento de obrigações tributárias acessórias.

Essas categorias serão melhor examinadas oportunamente[56]. Entretanto, desde logo, cumpre destacar que, nos termos do art. 151 do CTN, suspendem a exigibilidade do crédito tributário: (i) a moratória; (ii) o depósito integral; (iii) as reclamações e os recursos administrativos; (iv) as liminares e antecipações de tutela; e (v) o parcelamento. Já a exclusão, de acordo com o art. 175, abrange a anistia e a isenção, essa que também é referida no inciso II do art. 111. As "obrigações tributárias acessórias", por sua vez, são aquelas que têm por objeto *prestações, positivas ou negativas, no interesse da arrecadação ou da fiscalização* (CTN, art. 113, § 2º), o que a doutrina denomina deveres instrumentais ou formais.

A restrição do art. 111 é invocada com mais recorrência na interpretação das regras de isenção. Trata-se de um problema que também é observado em outros ordenamentos jurídicos. O Estatuto dos Benefícios Fiscais de Portugal, por exemplo, estabelece que: "As normas que estabelecem benefícios fiscais não são susceptíveis de integração analógica, embora admitam interpretação extensiva" (Artigo 10.º). Em outros países, como na Itália, a restrição é estabelecida com base no Código Civil, devido ao caráter de *norma derrogatória* ou *excaepcional* dos benefícios fiscais, na visão da doutrina tradicional. Essa concepção, como ensina José Casalta Nabais, foi criticada por muitos, inclusive por Norberto Bobbio, para quem os benefícios fiscais, antes de normas excepcionais, são verdadeira expressão da função promocional do direito[57]. Outro aspecto relevante ressaltado pelo professor português é o caráter vinculante e a constitucionalidade dessas disposições:

> Num plano, questiona-se a natureza juridicamente vinculante de tais normas sobre interpretação jurídica, pois que, para além do valor muito relativo que têm, levantam o pertinente problema da sua inconstitucionalidade, seja porque afrontam "a autonomia crítica do pensamento jurídico", na medida em que esta se encontre assegurada na constituição, seja porque constituem um obstáculo à plena realização concreta do direito por parte do juiz, intrometendo-se assim o legislador na função deste e pondo em causa o princípio da divisão de poderes, seja ainda porque, ao excluírem o *argumentum a simili*, impedem um tratamento igual para situações essencialmente iguais, violando deste modo o princípio constitucional da igualdade ou o imperativo de justificação das normas excepcionais[58].

Essas observações também são aplicáveis ao direito brasileiro, mas com algumas adaptações, notadamente devido à exigência de lei específica prevista no § 6º do art. 150 da Consti-

---

[56] Ver Capítulo IX, itens 2, 3 e 4, da Parte Geral.

[57] NABAIS, José Casalta. *O dever fundamental de pagar impostos*: contributo para a compreensão constitucional do estado fiscal contemporâneo. Coimbra: Almedina, 2015. p. 641-643.

[58] NABAIS, José Casalta. *O dever fundamental de pagar impostos*: contributo para a compreensão constitucional do estado fiscal contemporâneo. Coimbra: Almedina, 2015. p. 644.

Parte Geral • Capítulo VI • VIGÊNCIA, APLICAÇÃO E INTERPRETAÇÃO DA LEGISLAÇÃO TRIBUTÁRIA | **227**

tuição[59]. O art. 111 do CTN, destarte, deve ser compatibilizado com o texto constitucional. Os magistrados e outras autoridades com competência para a aplicação da lei não estão obrigados a efetuar uma interpretação artificialmente restritiva, diferente da realizada em relação a outras disposições legais. A interpretação deve ocorrer dentro dos limites do texto, em maior ou menor grau, na mesma proporção da abertura linguística do enunciado prescritivo. O que se veda é a *integração ou aplicação analógica* das hipóteses de suspensão, de exclusão e de dispensa previstas em lei para casos ou situações *similares*, sem uma justificação constitucional. Assim, *v.g.*, diante da isenção do imposto de importação sobre objetos de arte recebidos em doação por museus públicos e outras entidades culturais de utilidade pública (Lei 8.961/1994, art. 1º)[60], o intérprete tem liberdade para determinar o sentido dos termos utilizados pelo legislador, analisando o que se entende por "objeto de arte", "doação", "museu" ou "entidade cultural". Mas não pode, pura e simplesmente, estender essa isenção para importações de entidades culturais não qualificadas como de utilidade pública.

Como analisado anteriormente, a jurisprudência do STF tem entendido que o Judiciário não pode promover a extensão de benefícios tributários com base no princípio da isonomia[61]. Trata-se de exegese acertada porque o princípio da igualdade não impõe uma ordem concreta de legislar nem – muito menos – uma ordem de isentar. O Judiciário pode apenas declarar a inconstitucionalidade do benefício fiscal anti-isonômico, mas não o estender ao contribuinte ou ao grupo de contribuintes não contemplados. No entanto, essa interpretação deve ser flexibilizada quando a violação da isonomia é qualificada pela agressão concomitante, direta ou indireta, de outro valor constitucional relevante. A exigência de lei específica, prevista no § 6º do art. 150 da Constituição, visa a afastar a concessão casuística e sem transparência de benefícios fiscais. Seria um equívoco invocá-la para a perpetuação de inconstitucionalidades por omissão ou para negar a efetividade de direitos fundamentais. Em situações dessa natureza, ponderando o peso dos princípios colidentes, o julgador pode adotar uma construção interpretativa que, excepcionalmente, permita a fruição da isenção pelo grupo não contemplado[62]. Foi o que, em certa medida, já admitiu o próprio STF no julgamento da ADI 5.583, quando autorizou a qualificação como dependente, para fins de dedutibilidade do imposto de renda, das pessoas portadores de deficiência, independentemente da idade e da capacidade laboral[63].

---

[59] "Art. 150. [...] § 6º Qualquer subsídio ou isenção, redução de base de cálculo, concessão de crédito presumido, anistia ou remissão, relativos a impostos, taxas ou contribuições, só poderá ser concedido mediante lei específica, federal, estadual ou municipal, que regule exclusivamente as matérias acima enumeradas ou o correspondente tributo ou contribuição, sem prejuízo do disposto no art. 155, § 2º, XII, *g*. (Redação dada pela Emenda Constitucional 3, de 1993)"

[60] "Art. 1º É concedida isenção do imposto de importação incidente sobre objetos de arte, constantes das posições 9701, 9702, 9703 e 9706 do Capítulo 97 da Nomenclatura Brasileira de Mercadorias (NBM/SH), e recebidos, em doação, por museus instituídos e mantidos pelo poder público e outras entidades culturais, reconhecidas como de utilidade pública."

[61] STF, 1ª T., AI 142.348 AgR, Rel. Min. Celso de Mello, *DJ* 24.03.1995; STF, 2ª T., RE 606.171 AgR, Rel. Min. Dias Toffoli, *DJe*-040 03.03.2017.

[62] Ver Capítulo V, item 7.3, da Parte Geral.

[63] STF, Tribunal Pleno, ADI 5.583, Rel. Min. Marco Aurélio, Rel. p/ Ac. Min. Roberto Barroso, *DJe* 28.06.2021.

Capítulo VII
OBRIGAÇÃO TRIBUTÁRIA

1 MODALIDADES

As obrigações tributárias, dentro da classificação adotada pelo art. 113 do CTN, podem ser principais e acessórias. As principais têm por objeto o pagamento do crédito tributário e surgem com a ocorrência do *fato gerador*. As acessórias compreendem as prestações positivas ou negativas estabelecidas no interesse da arrecadação ou da fiscalização:

> Art. 113. A obrigação tributária é principal ou acessória.
>
> § 1º A obrigação principal surge com a ocorrência do fato gerador, tem por objeto o pagamento de tributo ou penalidade pecuniária e extingue-se juntamente com o crédito dela decorrente.
>
> § 2º A obrigação acessória decorre da legislação tributária e tem por objeto as prestações, positivas ou negativas, nela previstas no interesse da arrecadação ou da fiscalização dos tributos.
>
> § 3º A obrigação acessória, pelo simples fato da sua inobservância, converte-se em obrigação principal relativamente à penalidade pecuniária.

Note-se que, de acordo com o § 1º do art. 113 do CTN, a obrigação principal pode ter por objeto o pagamento de tributo ou de penalidade pecuniária. Ademais, nos termos do § 2º do art. 113, as multas pelo descumprimento de obrigações acessórias, pelo simples fato de sua inobservância, são convertidas em obrigação principal. Essas previsões são bastante criticadas pela doutrina, uma vez que, em sua configuração constitucional e legal, os tributos não constituem sanção de ato ilícito. Trata-se, na verdade, de uma forma peculiar adotada pelo legislador para submeter as chamadas **multas isoladas** (decorrentes do descumprimento de obrigações acessórias) ao mesmo regime de cobrança, garantias e preferências das obrigações principais. Nenhum desses dispositivos autoriza a equiparar **multa** e **tributo**, nem afirmar, como fazem alguns, que as multas isoladas têm natureza tributária. Esses dois conceitos continuam distintos para todos os fins de direito, até porque, do contrário, haveria uma contradição entre o art. 113 e o art. 3º do CTN, que define tributo da seguinte maneira: "Art. 3º Tributo é toda prestação pecuniária compulsória, em moeda ou cujo valor nela se possa exprimir, que não constitua sanção de ato ilícito, instituída em lei e cobrada mediante atividade administrativa plenamente vinculada".

A equiparação também seria inconstitucional. A Constituição Federal de 1988 faz uma vinculação finalística entre tributo e o custeio de despesas públicas, o que implica a vedação para o seu uso sancionatório. O mesmo impedimento decorre do princípio da capacidade contributiva (art. 145, § 1º) e do próprio perfil constitucional dos fatos geradores previstos nas regras de competência. Estas descrevem atos, fatos e negócios jurídicos de caráter lícito, inclusive atos administrativos, sem sugerir ou mesmo indicar que, por meio da instituição ou do aumento de

230 | CURSO DE DIREITO TRIBUTÁRIO – *Solon Sehn*

tributos, o poder público pode promover reações (retribuição ou prevenção) a condutas reprováveis contrárias à ordem jurídica[1].

Convém ressaltar ainda que, na linguagem ordinária, o termo "obrigação" é utilizado para fazer referência às mais variadas espécies de deveres e encargos, inclusive de natureza extrajurídica (*v.g.*, morais, religiosos, entre outros). Juridicamente, porém, a *obrigação* caracteriza-se em razão da *patrimonialidade* e da correspondência a um *interesse do credor*. Trata-se de uma relação jurídica assimétrica estabelecida entre dois sujeitos, na qual uma das partes (sujeito passivo ou devedor) está vinculada à satisfação de uma prestação susceptível de valoração pecuniária (*dar, fazer* ou *não fazer* alguma coisa) no interesse da outra (sujeito ativo ou credor). As obrigações diferenciam-se dos *deveres jurídicos* em sentido estrito, porque esses, além de não apresentarem um caráter patrimonial, são estabelecidos no *interesse público* ou de uma categoria de pessoas[2].

Dessa forma, para parte da doutrina, com razão, a denominação "obrigação acessória" não se mostra apropriada. Isso porque as prestações no interesse da arrecadação ou da fiscalização não são susceptíveis de valoração pecuniária. Veja-se, por exemplo, a emissão de nota fiscal, a declaração de ajuste anual do imposto de renda ou o registro de operações de entrada e de saída na escritura fiscal digital (EFD), entre outros. Trata-se de ações relevantes, porém, sem expressão econômica. Por isso, não constituem propriamente *obrigações*, mas *deveres jurídicos*. Por outro lado, tampouco são acessórias, já que não seguem a sorte do principal. Mesmo depois de extinta a obrigação de pagar o tributo, o contribuinte continua vinculado ao cumprimento dos deveres no interesse da fiscalização, inclusive para que a administração fiscal possa verificar a regularidade do pagamento. Os contribuintes isentos, imunes ou que não realizam o evento imponível também devem cumpri-los. Portanto, os deveres são exigíveis mesmo quando a obrigação tributária sequer chega a existir. Em razão disso, muitos preferem não fazer uso da denominação legal, designando-os como *deveres instrumentais* ou *formais*[3].

2 FATO GERADOR

2.1 Ambiguidade e designações alternativas

A expressão "fato gerador" ainda é recorrente na legislação tributária e na prática forense. Entretanto, vem sendo abandonada na doutrina[4]. Isso porque, quando utilizada sem especificação, pode significar o fato abstratamente previsto na hipótese de incidência da norma jurídica e, ao mesmo tempo, um fato concreto que se subsome à descrição normativa. Por isso, para evitar ambiguidades, os autores têm adotado denominações substitutivas, tais como *fato gerador abstrato* e *fato gerador concreto*, *hipótese tributária* e *fato jurídico tributário*, *hipótese de incidência* e *fato imponível*, *tipo legal* (tipo tributário) e *situação de fato*, entre outras[5]. No presente estudo, utiliza-se

---

[1] Ver Capítulo II, item 1.2.5, da Parte Geral.

[2] GOMES, Orlando. *Obrigações*. 17. ed. Rio de Janeiro: Forense, 2009. p. 15 e ss.; VARELA, Antunes. *Das obrigações em geral*. 10. ed. Coimbra: Almedina, 2003. v. I, p. 51 e ss.; COSTA, Mário Júlio de Almeida. *Direito das obrigações*. 7. ed. Coimbra: Almedina, 1998. p. 53 e ss.; TEPEDINO, Gustavo; SCHREIBER, Anderson. *Fundamentos do direito civil*: obrigações. Rio de Janeiro: Forense, 2020. p. 12 e ss.

[3] CARVALHO, Paulo de Barros. *Curso de direito tributário*. 13. ed. São Paulo: Saraiva, 2000. p. 277-349; TIPKE, Klaus. *Moral tributaria del Estado e de los contribuyentes*. Madrid: Marcial Pons, 2002. p. 111.

[4] A expressão tem origem em estudo de Gaston Jezè publicado originariamente na *Revue du Droit Public et de la Science Politique*, Paris, ano 44, t. 54, p. 618-634, 1937, traduzido por Paulo da Mata Machado, sob o título O fato gerador do imposto (contribuição à teoria do crédito de imposto), publicado na *Revista Forense*, n. 104, p. 36 e ss., e na *Revista de Direito Administrativo*, n. 2, p. 50 e ss.

[5] Essa impropriedade é amplamente reconhecida pela doutrina nacional. Rubens Gomes de Sousa foi o primeiro a criticá-la, porque daria a ideia de que o fato seria necessário e suficiente para gerar a obrigação, quando, a rigor, é apenas necessário (SOUSA, Rubens Gomes de. *Estudos de direito tributário*. São Paulo: Saraiva, 1950. p. 167, nota 12-B). Amílcar de Araújo Falcão ressaltou que "[...] não é o fato gerador quem cria, quem digamos

hipótese de incidência para a descrição abstrata e *evento imponível* ou *fato jurídico tributário* para o fato concreto.

2.2 Tributo e norma

2.2.1 Regra-matriz de incidência tributária

Todo tributo é instituído por uma norma jurídica, denominada *norma jurídica tributária em sentido estrito* ou *regra-matriz de incidência tributária*. Estudar um tributo nada mais é do que conhecer – e construir, dentro de um processo hermenêutico – o conteúdo dessa norma jurídica. É em função dela que se determina o surgimento da obrigação tributária, o momento e o local em que isso ocorre, o devedor e o credor, assim como o valor do crédito tributário.

Por outro lado, sabe-se, como destaca Gregório Robles, que a teoria do direito é marcada por uma notável – e nada desejável – ausência de acordo no tocante aos seus institutos centrais. Não é diferente com o conceito de norma jurídica. Para a visão tradicional – denominada concepção expressiva –, norma é sinônimo de texto de lei ou de enunciado de direito positivo. Já as teorias influenciadas pela semiótica, adotam um conceito semântico ou hilético, que a identifica com o sentido ou conteúdo de significação atribuído aos enunciados prescritivos pelo intérprete[6]. Dessa forma, para evitar ambiguidades discursivas incompatíveis com a linguagem científica, deve-se precisar o conceito de norma jurídica adotado.

No presente estudo, adota-se uma concepção semântica de norma jurídica, na linha da *teoria da regra-matriz de incidência tributária* de Paulo de Barros Carvalho[7]. Dentro dessa proposta, as normas jurídicas são significações construídas a partir dos textos de direito positivo e estruturadas na forma lógica de um juízo hipotético-condicional. Não constituem sinônimo de textos de lei nem de enunciado prescritivo, mas resultado de um processo de construção de sentido realizado pelo intérprete-aplicador[8].

---

assim, gera a obrigação tributária. A fonte de tal obrigação, a energia ou força que a cria ou gera é a própria lei" (FALCÃO, Amílcar de Araújo. *Fato gerador da obrigação tributária*. 6. ed. Rio de Janeiro: Forense, 1999. p. 4). Apesar disso, acompanhados por Aliomar Baleeiro, os autores mantiveram a sua utilização, porquanto já teria penetrado na terminologia jurídica nacional (BALEEIRO, Aliomar. *Limitações constitucionais ao poder de tributar*. 7. ed. Rio de Janeiro: Forense, 1999. p. 116, nota 39). Para Alfredo Augusto Becker, por sua vez, "fato gerador" seria incapaz de gerar "coisa alguma além de confusão intelectual". Dessa forma, propôs a sua substituição por "hipótese de incidência" – para designar a descrição abstrata do evento de possível ocorrência – e por "hipótese de incidência realizada", para o fato jurídico concreto (BECKER, Alfredo Augusto. *Teoria geral do direito tributário*. 3. ed. São Paulo: Lejus, 1998. p. 318). A proposta foi acolhida por Geraldo Ataliba, que manteve a denominação "hipótese de incidência", adotando, contudo, "fato imponível" para o fato concreto. Isso porque, com razão, uma "hipótese realizada" não poderia mais ser considerada hipótese (ATALIBA, Geraldo. *Hipótese de incidência tributária*. 5. ed. São Paulo: Malheiros, 1997. p. 49 e ss.). Paulo de Barros Carvalho, por sua vez, faz utiliza os termos "hipótese tributária" e "fato jurídico tributário" (CARVALHO, Paulo de Barros. *Curso de direito tributário*. 13. ed. São Paulo: Saraiva, 2000. p. 239 e ss.).

[6] MORCHON, Gregorio Robles. *As regras do direito e as regras dos jogos*: ensaio sobre a teoria analítica do direito. Trad. Pollyana Mayer. São Paulo: Noeses, 2011. p. 88. Sobre o tema, cf.: CARVALHO, Paulo de Barros. *Direito tributário: linguagem e método*. 2. ed. São Paulo: Noeses, 2008. p. 127 e ss.; ALEXY, Robert. *Teoría de los derechos fundamentales*. Madrid: Centro de Estudios Constitucionales, 1997. p. 58; CANOTILHO, José Joaquim Gomes. *Direito constitucional e teoria da Constituição*. 7. ed. Coimbra: Almedina, 2003. p. 205; MÜLLER, Friedrich. *Métodos de trabalho do direito constitucional*. 2. ed. São Paulo: Max Limonad, 2000. p. 53 e ss.; MÜLLER, Friedrich. *Direito, linguagem e violência*: elementos de uma teoria constitucional, I. Porto Alegre: Fabris, 1995, p. 41 e ss.; KELSEN, Hans. *Teoria pura do direito*. 6. ed. São Paulo: Martins Fontes, 1998. p. 80 e ss.; KELSEN, Hans. *Teoria geral do direito e do estado*. 3. ed. São Paulo: Martins Fontes, 1998. p. 63 e ss.; BOBBIO, Norberto. *Teoría general del derecho*. Trad. Eduardo Rozo Acuña. Madrid: Debate, 1999. p. 53 e ss.

[7] CARVALHO, Paulo de Barros. *Teoria da norma tributária*. 4. ed. São Paulo: Max Limonad, 2002; CARVALHO, Paulo de Barros. *Direito tributário: linguagem e método*. 2. ed. São Paulo: Noeses, 2008. p. 135.

[8] Cf. ainda: CARVALHO, Paulo de Barros. *Curso de direito tributário*. 13. ed. São Paulo: Saraiva, 2000. p. 126 e ss.; CARVALHO, Paulo de Barros. *Direito tributário: linguagem e método*. 2. ed. São Paulo: Noeses, 2008. p. 59 e ss.

232 | CURSO DE DIREITO TRIBUTÁRIO – *Solon Sehn*

As normas jurídicas – em qualquer ordenamento legal e independentemente do ramo do direito – apresentam a estrutura lógica de um juízo hipotético-condicional[9]. Nele uma proposição--consequente (ou mandamento) está ligada por um nexo de imputação (*dever ser*) à realização condicional de uma proposição-antecedente. Essa – também denominada *hipótese, descritor, suporte fático, tipo tributário* ou, em outros idiomas, *fattispecie, pressuposto* e *tatbestand* – descreve um evento de possível ocorrência no campo da experiência social[10]. O consequente ou mandamento, por sua vez, prescreve uma relação jurídica ligando dois ou mais sujeitos em torno de uma conduta regulada como proibida (*V*), permitida (*P*) ou obrigatória (*O*)[11].

2.2.2 Hipótese de incidência

No direito tributário brasileiro, o antecedente da norma jurídica é mais conhecido como *hipótese de incidência* ou *hipótese tributária*. Trata-se da proposição normativa que descreve abstratamente um evento de possível ocorrência no plano social, mediante três notas ou critérios de identificação: material, espacial e temporal[12]. O § 1º do art. 113 do CTN, quando prevê que a obrigação tributária surge com a ocorrência do *fato gerador*, significa que, para a instauração válida da relação jurídica tributária, um evento do plano da experiência deve se subsumir aos critérios da hipótese de incidência da norma jurídica do tributo.

---

[9] Como ensina Alfredo Augusto Becker: "A regra jurídica tributária tem estrutura lógica e atuação dinâmica *idêntica* a qualquer outra regra jurídica". Em outra passagem: "A fenomenologia do 'fato gerador' (hipótese de incidência, suporte fáctico etc.) não é especificamente do Direito Tributário e nem do Direito Penal, pois *toda e qualquer regra jurídica* (independente de sua natureza tributária, civil, comercial, processual, constitucional etc.) tem a mesma estrutura lógica: a *hipótese de incidência* ('fato gerador', suporte fáctico etc.) e a *regra* (norma, preceito, regra de conduta) cuja incidência sobre a hipótese de incidência fica condicionada à *realização* desta hipótese de incidência" (BECKER, Alfredo Augusto. *Teoria geral do direito tributário*. 3. ed. São Paulo: Lejus, 1998. p. 262 e 319).

[10] Exerce, portanto, uma função qualificadora normativa do fático, sem constituir – como ensina Lourival Vilanova – uma proposição cognoscente do real (VILANOVA, Lourival. *As estruturas lógicas e o sistema do direito positivo*. São Paulo: Max Limonad, 1997. p. 88-89).

[11] A proposta teórica adotada neste estudo insere-se ainda no âmbito da teoria estrutural dual da norma jurídica. Entende-se, assim, que a norma jurídica completa apresenta uma bimembridade constitutiva, compreendendo duas normas jurídicas distintas e simultaneamente válidas: a norma primária, que prescreve os direitos e os deveres, ou seja, as relações deônticas; e a norma secundária, que prescreve as providências sancionatórias. Ambas apresentam uma relação de ordem não simétrica, porquanto a norma sancionatória pressupõe a definidora da conduta exigida. A aplicação da norma primária, por sua vez, afasta a aplicação da secundária no mesmo caso concreto, sendo a recíproca igualmente verdadeira. Sobre o tema, cf.: VILANOVA, Lourival. *As estruturas lógicas e o sistema do direito positivo*. São Paulo: Max Limonad, 1997. p. 112.

[12] Essas notas ou critérios da regra-matriz também são denominados "elementos" ou "aspectos" pela doutrina, sendo esta a designação mais encontrada na doutrina estrangeira e, entre nós, a utilizada por Fábio Fanucchi (FANUCCHI, Fábio. *Curso de direito tributário brasileiro*. 4. ed. São Paulo: Resenha Tributária, 1983. v. I, p. 232 e ss.). Geraldo Ataliba, porém, criticava-a por sugerir "[...] a ideia de que se está diante de algo que entra na composição doutra coisa e serve para formá-la". Por isso, entendendo que seriam "[...] simples qualidades, atributos ou relações de uma coisa una e indivisível", o autor prefere "falar em aspectos da hipótese de incidência, porque, na verdade, esta unidade conceitual pode ser encarada, examinada e estudada sob diferentes prismas, sem destituir-se de seu caráter unitário e sem que a compreensão, exame e estudo de uma possa permitir negligenciar ou ignorar os demais, partícipes da unidade e nela integrados" (ATALIBA, *Hipótese de incidência tributária*. 5. ed. São Paulo: Malheiros, 1997. p. 70). Opta-se, no presente estudo, pela proposta de Paulo de Barros Carvalho, que utiliza a palavra "critérios", por entender que as notas resultantes do seccionamento analítico da norma geral e abstrata seriam critérios de identificação do fato de possível ocorrência descrito na hipótese e das relações jurídicas que se instauram a partir destes (CARVALHO, Paulo de Barros. *Curso de direito tributário*. 13. ed. São Paulo: Saraiva, 2000. p. 251).

Parte Geral • Capítulo VII • OBRIGAÇÃO TRIBUTÁRIA | 233

2.2.2.1 Critério material

O critério material da hipótese de incidência – também denominado *materialidade do tributo* – descreve o comportamento humano juridicamente relevante para o surgimento da obrigação tributária, com abstração das referências espaciais e temporais. Em seu núcleo compositivo, apresenta um verbo – pessoal e de predicação incompleta – e um ou mais complementos, que devem ser identificados e construídos pelo intérprete a partir dos textos de direito positivo[13]. Por exemplo, no imposto de renda, o critério material é formado pelo verbo e por um único complemento: *auferir renda*. Na maioria dos tributos, entretanto, há mais de um complemento, como no IPTU (*ser proprietário de imóvel*), no IPI (*realizar operações com produtos industrializados*) e no IPVA (*ser proprietário de veículo automotor*).

2.2.2.2 Critério espacial

O critério espacial é um limitador da materialidade do tributo. Nele é identificado o local em que o comportamento humano descrito no antecedente deve ocorrer para que se instaurem os efeitos jurídicos correspondentes. Em alguns tributos, equivale ao domínio de vigência espacial da lei, mas não necessariamente. No imposto de renda, por exemplo, o critério espacial é todo território nacional. Já no IPTU, o critério espacial é a *zona territorial urbana*, ou seja, não coincide com o âmbito de vigência da lei, que abrange todo o território municipal.

2.2.2.3 Critério temporal

O critério temporal indica o preciso instante em que se considera ocorrido o evento imponível. No IPTU, corresponde ao dia 1º de janeiro de cada ano ou, dependendo do Município, o dia 31 de dezembro do ano anterior. No imposto de importação, ao momento do registro da declaração de mercadorias (DI ou Duimp), que deve ser realizada pelo próprio sujeito passivo em até 90 dias da descarga da mercadoria importada no recinto alfandegado[14].

Em alguns casos, o legislador define o fato gerador mediante a enunciação do critério temporal. Isso faz com que, desavisadamente, alguns operadores interpretem de forma equivocada o alcance da hipótese de incidência do tributo[15]. No passado, esse problema já foi mais frequente. No entanto, aos poucos, a técnica vem sendo aprimorada. O exemplo mais lembrado é a legislação do ICM, precursor do atual ICMS, que definia como *fato gerador* "a saída de mercadorias de estabelecimento comercial, industrial ou produtor" (Decreto-lei 406/1968, art. 1º, I). Essa disposição fez com que, durante anos, o imposto fosse exigido diante de qualquer saída física, independentemente da causa. Contudo, como ressalta Aliomar Baleeiro, "essa arrojada tese, grata ao Fisco estadual, porque até a saída pelo furto ou roubo seria fato gerador, não alcançou o sufrágio dos tribunais e tribunais brasileiros"[16]. A doutrina e jurisprudência logo perceberam que a saída constitui somente o condicionante temporal de uma conduta principal pressuposta pelo legislador: realizar operações relativas à circulação de mercadorias, que representa o critério material do imposto. Hoje, a Lei Complementar 87/1996 separa esses dois aspectos, definindo que o ICMS incide sobre "operações relativas à circulação de mercadorias" e que o fato gerador deve ser considerado *ocorrido* no momento "da saída de mercadoria de estabelecimento de contribuinte" (arts. 2º, I, e 12, I)[17].

---

13 CARVALHO, Paulo de Barros. *Teoria da norma tributária*. 4. ed. São Paulo: Max Limonad, 2002. p. 125.
14 Decreto-lei 37/1966, art. 44; Decreto 6.759/2009, art. 546, I; e art. 3º, I.
15 CARVALHO, Paulo de Barros. *Direito tributário: linguagem e método*. 2. ed. São Paulo: Noeses, 2008. p. 258-259.
16 BALEEIRO, Aliomar. *Direito tributário brasileiro*. Atual. Misabel Abreu Machado Derzi. 13. ed. Rio de Janeiro: Forense, 2015. p. 223.
17 Ver Capítulo II, item 2, da Parte Especial.

234 | CURSO DE DIREITO TRIBUTÁRIO – *Solon Sehn*

O problema é que nem todas as leis foram adaptadas. O art. 46 do CTN, por exemplo, continua definindo que "o imposto, de competência da União, sobre produtos industrializados tem como fato gerador: [...] II – a sua saída dos estabelecimentos a que se refere o parágrafo único do artigo 51". Nesses e em outros casos em que essa atecnia ainda estiver presente, o intérprete deve identificar, a partir dos enunciados prescritivos da legislação do imposto, qual é a conduta humana pressuposta para o surgimento da obrigação tributária e, a partir dela, construir o critério material.

2.2.3   Consequência jurídica

Na estrutura da norma jurídica tributária, a hipótese de incidência liga-se a uma proposição consequente, também denominada *mandamento*, *consequência jurídica tributária* ou apenas *consequência tributária*. Nessa proposição normativa encontra-se a prescrição da relação jurídica tributária (obrigação tributária), vinculando devedor e credor em torno do comportamento obrigatório de pagar o crédito tributário. Nela há dois critérios: o quantitativo, formado pela base de cálculo e pela alíquota; e pessoal, que estabelece o credor (sujeito ativo) e devedor (sujeito passivo) da obrigação tributária[18].

2.2.3.1   Base de cálculo

A base de cálculo ou base imponível constitui – na feliz expressão de Geraldo Ataliba – a *perspectiva dimensível* da hipótese de incidência[19]. Apresenta, segundo ensina Paulo de Barros Carvalho, uma tríplice função: (i) mede as proporções reais do fato tributado (*função mensuradora*); (ii) compõe a determinação da dívida, conjugada com a alíquota do tributo (*função objetiva*); (iii) serve como parâmetro para confirmar, afirmar ou infirmar o critério material da hipótese de incidência (*função comparativa*)[20].

Dentro da função comparativa, a confirmação se dá sempre que a base imponível é compatível ou coerente com o critério material da hipótese de incidência. Isso ocorre, por exemplo, quando se observa que, ao instituir o imposto de importação, o legislador define como base de cálculo o preço efetivamente pago ou a pagar pela mercadoria importada; ou quando, no IPVA, a base corresponde ao valor do veículo.

A afirmação opera-se quando a hipótese de incidência não está enunciada de forma suficientemente nítida na legislação. É o caso, *v.g.*, dos arts. 46 e 47 do CTN. O primeiro define como

---

[18]   A teoria da regra-matriz de incidência diferente da essa estruturação da norma jurídica encontrada em estudos no direito comparado. A doutrina em geral, na linha de Albert Hensel, Dino Jarach, A. D. Giannini e de Fernando Sainz de Bujanda, inclui a base de cálculo, o devedor e o titular do crédito tributário entre os elementos fundamentais da hipótese de incidência, dentro do que ficou conhecido como "Escola da Glorificação do Fato Gerador". É o que fazem, por exemplo, Juan Martín Queralt, Carmelo Lozano Serrano, Gabriel Casado Ollero e José M. Tejerizo López, Ferreiro Lapatza e, no direito aduaneiro, Ricardo Xavier Basaldúa e Jorge Witker. Sobre o tema, cf.: HENSEL, Albert. *Derecho tributario*. Trad. Andrés Báez Moreno, María Luisa Gonzáles-Cuéllar Serrano y Enrique Ortiz Calle. Madrid-Barcelona: Marcial Pons, 2005. p. 155 (tradução da 3ª edição da obra original, publicada no ano 1933); JARACH, Dino. Estrutura e elementos da relação jurídica tributária. *Revista de Direito Público*, v. 4, n. 16, p. 337-345, 1967. Cf. ainda: JARACH, Dino. *Finanzas públicas y derecho tributario*. 3. ed. Buenos Aires: Abeledo-Perrot, 1996. p. 381-392; QUERALT, Juan Martín; SERRANO, Carmelo Lozano; OLLERO, Gabriel Casado; LÓPEZ, José M. Tejerizo. *Curso de derecho financiero y tributario*. 9. ed. Madrid: Tecnos, 1998. p. 331 e 333; SAINZ DE BUJANDA, Fernando. *Análisis jurídico el hecho imponible. Hacienda y Derecho*, v. IV, 1966; LAPATZA, José Juan Ferreiro. *Curso de derecho financiero español*: derecho tributario. 22. ed. Madrid-Barcelona: Marcial Pons, 2000. v. II, p. 36; BASALDÚA, Ricardo Xavier. *Tributos al comercio exterior*. Buenos Aires: Abeledo-Perrot, 2011. p. 91-92; WITKER, Jorge. *Derecho tributario aduanero*. México: UNAM, 1999. p. 78-91.

[19]   ATALIBA, Geraldo. *Hipótese de incidência tributária*. 5. ed. São Paulo: Malheiros, 1997. p. 96.

[20]   CARVALHO, Paulo de Barros. *Curso de direito tributário*. 13. ed. São Paulo: Saraiva, 2000. p. 324 e ss.

Parte Geral • Capítulo VII • OBRIGAÇÃO TRIBUTÁRIA | **235**

fato gerador do IPI a saída do produto do estabelecimento industrial. Já o segundo, dispõe que a base de cálculo do imposto equivale ao "valor da operação de que decorrer a saída da mercadoria". Esse dispositivo evidencia que, na realidade, a saída do produto é apenas o critério temporal da hipótese de incidência e que essa, a rigor, tem uma materialidade que corresponde ao negócio jurídico medido no cálculo do valor do tributo.

A infirmação ocorre quando a base de cálculo não é compatível com a materialidade do tributo. Em situações dessa natureza, a doutrina entende que o critério material enunciado pelo legislador deve ser desconsiderado pelo intérprete. Em seu lugar, deve-se construir uma nova materialidade a partir da base imponível, inclusive com a redesignação da natureza jurídica da exação. Esse exercício corretivo ou de infirmação pode evidenciar a inconstitucionalidade do tributo. Isso ocorre quando é caracterizada uma violação de uma regra de competência ou de algum preceito constitucional (*v.g.*, exigência de lei complementar).

Assim, por exemplo, a legislação de um determinado Município não pode definir como critério material da hipótese de incidência do imposto sobre serviços de qualquer natureza (ISS) a conduta de *prestar serviços* e, de forma incoerente com a proposição antecedente, estabelecer que a base de cálculo será o valor da *renda anual* do prestador. Em um tributo com essas características, a materialidade efetiva não é prestar serviços, mas auferir renda. A exação, por conseguinte, não tem natureza de imposto sobre serviços, mas de imposto sobre a renda, que apenas poderia ter sido validamente instituído pela União Federal (CF, art. 153, III)[21]. A infirmação, assim, implica o reconhecimento da inconstitucionalidade, uma vez que o Município não é competente para tributar a renda.

Como analisado anteriormente, apesar de amplamente admitido, esse encaminhamento nem sempre se mostra apropriado. O intérprete-aplicador não pode, pura e simplesmente, *corrigir* a legislação. O princípio da interpretação conforme a Constituição, como se sabe, implica a exigência de conservação das normas, de sorte que uma lei ou um enunciado prescritivo não deve ser declarado inconstitucional quando, observados seus fins, puder ser interpretado de acordo com o texto constitucional. Entretanto, deve existir um espaço de decisão. Se os enunciados prescritivos que servem de ponto de partida (e de limite hermenêutico) para a construção da norma jurídica tributária foram expressos ao estabelecer uma hipótese de incidência incoerente com a base de cálculo, não cabe a correção do vício por parte do julgador nem, menos ainda, do fiscal de tributos. Nenhum deles é legislador positivo, de sorte que, sendo evidente a definição de critérios de valoração incompatíveis com a manifestação de disponibilidade econômica que se pretende gravar, não há outro encaminhamento senão declarar a inconstitucionalidade do tributo, por violação ao princípio constitucional da capacidade contributiva.

2.2.3.2 Alíquota

As alíquotas podem ser *específicas* (*ad rem*) ou *ad valorem*. Estas são as mais recorrentes e equivalem a um número percentual aplicável à base de cálculo. Aquelas constituem um valor fixo por unidade de medida ou quantidade do produto tributado. Um exemplo de alíquota *ad valorem*, entre os inúmeros casos previstos na legislação tributária, é a da Cofins no regime não cumulativo, que corresponde a 7,6% da receita bruta mensal auferida pelo contribuinte (Lei 10.833/2003, art. 2º[22]). O art. 2º, parágrafo único, da Lei 11.727/2008, por sua vez, prevê uma

---

[21] No caso das taxas, essa exigência é prevista expressamente no § 2º do art. 145 ("as taxas não poderão ter base de cálculo própria dos impostos").

[22] "Art. 2º Para determinação do valor da COFINS aplicar-se-á, sobre a base de cálculo apurada conforme o disposto no art. 1º, a alíquota de 7,6% (sete inteiros e seis décimos por cento)."

alíquota *ad rem* de R$ 15,00 por quilograma líquido ou unidade de medida estatística de certas mercadorias importadas[23].

2.3 Disposições do CTN sobre o fato gerador

2.3.1 Conceito

O art. 114 estabelece que "fato gerador da obrigação principal é a situação definida em lei como necessária e suficiente à sua ocorrência". Nesse dispositivo, o CTN refere-se ao fato gerador no sentido de hipótese de incidência da norma jurídica tributária ou, simplesmente, da *hipótese de incidência do tributo*. A situação *necessária e suficiente* ao surgimento da obrigação tributária nada mais é do que a conduta humana juridicamente relevante condicionada no espaço e no tempo previstos na norma, ou seja, pelos *critérios material, espacial* e *temporal* da hipótese de incidência. Todo fato concreto que se ajustar a esses três critérios normativos será um *fato jurídico tributário*, tendo como consequência o surgimento da *obrigação tributária*.

Assim, por exemplo, o imposto sobre a propriedade territorial urbana (IPTU), que tem como *hipótese de incidência* a conduta de ser proprietário ou titular do domínio útil de imóvel (*critério material*) na zona territorial urbana (*critério espacial*) no início de cada ano (*critério temporal*). O fato de uma pessoa, no dia 1º de janeiro de um determinado ano, constar na matrícula imobiliária como proprietária de um apartamento situado na região central do município é *fato jurídico tributário* do IPTU. Se o imóvel for localizado na zona rural ou se a pessoa for apenas o locatário do imóvel urbano, não há um fato jurídico tributário para efeitos da incidência do imposto municipal. Por outro lado, se a pessoa é proprietária e o imóvel situa-se na área urbana, há dois requisitos *necessários*, mas que, antes do dia 1º de janeiro, não são *suficientes* para a caracterização do evento imponível. Todos os critérios devem estar presentes, não bastando um ou dois[24].

Também os deveres formais (*obrigações acessórias*) são previstos em normas jurídicas. Logo, da mesma forma que a obrigação tributária, apresentam uma hipótese de incidência. O art. 115 dispõe sobre essa questão, definindo o "fato gerador da obrigação acessória" como "qualquer situação que, na forma da legislação aplicável, impõe a prática ou a abstenção de ato que não configure obrigação principal". O preceito não repete a expressão "necessária e suficiente" do art. 114. No entanto, esses também são requisitos para o surgimento do dever instrumental ou formal. Dito de outro modo, não é *qualquer situação* que implica o surgimento do dever, mas apenas a necessária e suficiente nos termos da lei, isto é, aquela que realiza os critérios material, espacial e temporal da norma que estabelece o dever jurídico.

2.3.2 Fatos instantâneos, continuados e complexivos (ou periódicos)

A hipótese de incidência dos tributos pode descrever eventos *instantâneos, continuados* e *complexivos* (ou *periódicos*). Os primeiros correspondem a uma ocorrência única, que se esgota sem repetição, *v.g.*, a venda de uma mercadoria ou a transferência de um bem. O ICMS, o IPI, o ITBI, o ITCM, o IOF e o Imposto de Importação são tributos que têm hipótese de incidência com essa característica. Os segundos descrevem situações duradouras, como a propriedade de um bem móvel (IPVA) ou imóvel (ITR e IPTU). Nos terceiros, o evento imponível é resultado de uma sucessão de ocorrências antecedentes dentro de um lapso temporal. Um exemplo é o imposto sobre a renda. Esse tem uma materialidade *complexiva* ou *periódica*, que não constitui

---

[23] Apesar dessa autorização legal, não há cobrança de imposto de importação nesses termos no direito brasileiro. Sobre o tema, cf.: SEHN, Solon. *Curso de direito aduaneiro*. 2. ed. Rio de Janeiro: Forense, 2022. p. 91.

[24] O critério temporal geralmente é o dia 1º de janeiro. Contudo, alguns Municípios definem o dia 31 de dezembro. A regra-matriz de incidência do IPTU é analisada com maior detalhamento no Capítulo III, item 1, da Parte Especial.

Parte Geral • **Capítulo VII** • OBRIGAÇÃO TRIBUTÁRIA | **237**

um evento isolado, como é a transferência da titularidade de um bem. Renda é um acréscimo patrimonial líquido (*riqueza nova*) que decorre da comparação entre os estados patrimoniais inicial e final, após um período de aferição. Dentro desse intervalo, o evento imponível está em formação, ocorrendo a sua consumação no último dia do mês de dezembro ou, como sustenta parte da doutrina, no primeiro dia de janeiro do ano seguinte[25].

Contudo, mesmo nos tributos com fatos geradores *instantâneos* isso pode ocorrer. A hipótese de incidência do ICMS, *v.g.*, ocorre com a transferência da titularidade de uma mercadoria objeto de um contrato de compra e venda. Antes da mudança do domínio, há uma série de atos preparatórios que resultam na definição do preço, da quantidade, qualidade, data da entrega, entre outros aspectos do negócio jurídico. Esses podem até ter relevância, como efetivamente têm, para normas jurídicas de natureza comercial ou civil, ou para normas jurídicas instituidoras de deveres formais. Mas, para o surgimento da obrigação tributária, o que interessa é o ato final. O critério *material* é condicionado por um critério *temporal*, que estabelece o preciso instante em que aquele deve ocorrer para que se opere a incidência da norma. A ocorrência de um ou mais critérios isoladamente, apesar de *necessária*, não é *suficiente*, até que ocorra o condicionante temporal. O evento imponível, dentro da terminologia do art. 105 do CTN, estará *pendente*, ou seja, em processo de formação, mas sem configurar um *fato jurídico tributário*.

2.3.3   Situação de fato e situação de direito

Na época da elaboração do anteprojeto do CTN, havia na Europa um debate em torno do momento da ocorrência do evento imponível quando a hipótese de incidência descrevia relações jurídicas disciplinadas por outros ramos do direito, especialmente pelo direito civil. Uma corrente defendia que, para a norma tributária, essas relações seriam apenas *situações de fato*, devendo ser avaliadas em sua substância econômica. Outros, de modo diverso, entendiam que, se a norma tributária define uma *situação jurídica* como pressuposto do tributo, a configuração jurídica que decorre das normas de direito privado ou de outros ramos do direito deve ser levada em consideração[26].

No art. 116, o CTN reproduz a distinção entre *situação de fato* e *situação de direito*, mas evita a repetição da controvérsia observada no direito comparado, definindo que:

> Art. 116. Salvo disposição de lei em contrário, considera-se ocorrido o fato gerador e existentes os seus efeitos:
>
> I – tratando-se de situação de fato, desde o momento em que o se verifiquem as circunstâncias materiais necessárias a que produza os efeitos que normalmente lhe são próprios;
>
> II – tratando-se de situação jurídica, desde o momento em que esteja definitivamente constituída, nos termos de direito aplicável.

Assim, para fins de incidência da norma jurídica tributária, nem sempre é irrelevante a circunstância de um evento já ter sido juridicizado por uma norma jurídica de direito privado (*v.g.*, civil, comercial ou consumidor). Sendo uma *situação de fato*, o evento imponível será considerado realizado a partir da presença das condições materiais indispensáveis à produção dos efeitos lhe correspondem (inciso I). Já nos casos em que o legislador descreve uma *situação jurídica*, o evento imponível apenas poderá ser reputado ocorrido após o respectivo aperfeiçoamento jurídico à luz do direito aplicável (inciso II). Esse é o caso do ITMD, por exemplo, que apenas incide quando

---

[25]   Ver Capítulo I, item 3, da Parte Especial.

[26]   Sobre essa discussão na doutrina e na jurisprudência da Itália na época, cf.: GIANNINI, Achille Donato. *I concetti fondamentale del diritto tributario.* Torino: UTET, 1956. p. 161 e ss.; BERLIRI, Antonio. *Principi di diritto tributario.* Milano: Giuffrè, 1952. v. I, p. 64 e ss.

caracterizada uma transmissão *causa mortis* ou uma doação de bens móveis ou de direitos, na forma disciplinada pelo direito civil.

2.3.4 Atos e negócios jurídicos condicionais

Os eventos imponíveis que constituem uma situação de direito, quando sujeitos a condições, serão considerados perfeitos e acabados na forma prevista no art. 117 do CTN:

> Art. 117. Para os efeitos do inciso II do artigo anterior e salvo disposição de lei em contrário, os atos ou negócios jurídicos condicionais reputam-se perfeitos e acabados:
>
> I – sendo suspensiva a condição, desde o momento de seu implemento;
>
> II – sendo resolutória a condição, desde o momento da prática do ato ou da celebração do negócio.

Como se sabe, a condição constitui a cláusula ou elemento acidental que submete os efeitos de um negócio jurídico a um evento futuro e incerto[27]. Essa subordinação pode ser alusiva ao início (condição suspensiva[28]) ou ao término da produção de efeitos (condição resolutiva[29]). A condição não está sujeita ao cumprimento das partes. Trata-se de um evento falível, que não se cumpre nem se descumpre, mas se implementa ou não, objetivamente, tão logo verificada ou não a ocorrência do evento[30].

Não se pode confundir a *condição* com a *conditio juris*, também denominada *condição imprópria*. Essa refere-se aos requisitos ou pressupostos legais para o reconhecimento de um direito ou para a realização de um ato jurídico[31]. A *conditio iuris* não constitui um evento futuro e incerto que subordina o início ou final da produção de efeitos de um negócio jurídico, mas uma exigência legal que deve ser cumprida por aquele que pretende ter reconhecido um direito ou praticar um determinando ato.

Também é necessário discernir a condição do *termo*, que é um elemento acidental, porém, de natureza futura e certa. É o caso, por exemplo, da data definida pelas partes para o início ou para o final da produção de efeitos de um negócio jurídico. O decurso do tempo estipulado é o único fator determinante. Por isso, quando as partes definem um termo inicial em um contrato, desde logo, o direito é adquirido, ficando apenas suspenso o seu exercício[32].

2.3.5 Abstração da validade e dos efeitos do ato

O CTN estabelece que a *definição legal do fato gerador* deve ser interpretada com abstração dos seguintes aspectos:

> Art. 118. A definição legal do fato gerador é interpretada abstraindo-se:
>
> I – da validade jurídica dos atos efetivamente praticados pelos contribuintes, responsáveis, ou terceiros, bem como da natureza do seu objeto ou dos seus efeitos;
>
> II – dos efeitos dos fatos efetivamente ocorridos.

---

[27] CC: "Art. 121. Considera-se condição a cláusula que, derivando exclusivamente da vontade das partes, subordina o efeito do negócio jurídico a evento futuro e incerto".

[28] CC: "Art. 125. Subordinando-se a eficácia do negócio jurídico à condição suspensiva, enquanto esta se não verificar, não se terá adquirido o direito, a que ele visa".

[29] CC: "Art. 127. Se for resolutiva a condição, enquanto esta se não realizar, vigorará o negócio jurídico, podendo exercer-se desde a conclusão deste o direito por ele estabelecido".

[30] VENOSA, Sílvio de Salvo. *Direito civil*. 5. ed. São Paulo: Atlas, 2005. v. 1, p. 501.

[31] VENOSA, Sílvio de Salvo. *Direito civil*. 5. ed. São Paulo: Atlas, 2005. v. 1, p. 501-502.

[32] "Art. 131. O termo inicial suspende o exercício, mas não a aquisição do direito."

Parte Geral · Capítulo VII · OBRIGAÇÃO TRIBUTÁRIA | **239**

Os incisos I e II preveem que a validade e a eficácia dos atos e dos fatos ocorridos devem ser desconsideradas. Assim, mesmo atos jurídicos inválidos ou ineficazes podem se subsumir à hipótese de incidência. É irrelevante o fato de terem sido praticados por agente incapaz, a ilicitude do objeto ou a não observância da forma legal[33]. Isso produz reflexos na temática da tributação atos ilícitos, matéria que já foi analisada anteriormente[34].

2.3.6   Desconsideração de atos ou negócios jurídicos

O parágrafo único do art. 116 do CTN, incluído pela Lei Complementar 104/2001, autorizou a desconsideração de atos ou de negócios jurídicos voltados à dissimulação do fato jurídico tributário:

> Art. 116. [...]
>
> Parágrafo único. A autoridade administrativa poderá desconsiderar atos ou negócios jurídicos praticados com a finalidade de dissimular a ocorrência do fato gerador do tributo ou a natureza dos elementos constitutivos da obrigação tributária, observados os procedimentos a serem estabelecidos em lei ordinária. (Incluído pela Lcp 104, de 2001)

Esse dispositivo gerou uma série de debates na doutrina, que serão analisadas no capítulo seguinte, em razão de suas especificidades.

3   SUJEITO ATIVO

3.1   Capacidade tributária ativa

O sujeito ativo ou credor encontra-se previsto no critério pessoal da norma jurídica tributária, compondo a proposição-consequente ou consequência tributária. Esse polo da relação obrigacional, de acordo com o art. 119 do CTN[35], é ocupado pela pessoa jurídica de direito público competente para instituir o tributo. Portanto, o titular da competência impositiva é o ente que detém a *capacidade tributária ativa*, ou seja, a aptidão para figurar como credor na relação jurídica tributária.

3.2   Parafiscalidade

Nada impede a delegação da capacidade tributária ativa para uma entidade da administração pública indireta ou para uma pessoa (física ou jurídica) de direito privado no exercício de função pública ou de interesse coletivo. Nesses casos, há o que se denomina *parafiscalidade*, como ocorre, por exemplo, nos emolumentos dos serviços notariais e de registro, que são tributos (taxas) cobrados pelas pessoas físicas delegatárias das serventias extrajudiciais não oficializadas (CF, art. 236). Também há parafiscalidade nas contribuições devidas aos conselhos de fiscalização profissional, tais como o Conselho Federal de Odontologia[36].

---

[33]   CC: "Art. 104. A validade do negócio jurídico requer:

I – agente capaz;

II – objeto lícito, possível, determinado ou determinável;

III – forma prescrita ou não defesa em lei."

[34]   Ver Capítulo II, item 1.2.5, da Parte Geral.

[35]   "Art. 119. Sujeito ativo da obrigação é a pessoa jurídica de direito público, titular da competência para exigir o seu cumprimento."

[36]   Ver Capítulo II, item 1.2.5, da Parte Geral.

240 | CURSO DE DIREITO TRIBUTÁRIO – *Solon Sehn*

3.3 Desmembramento territorial

O art. 120 do CTN estabelece que "salvo disposição de lei em contrário, a pessoa jurídica de direito público, que se constituir pelo desmembramento territorial de outra, sub-roga-se nos direitos desta, cuja legislação tributária aplicará até que entre em vigor a sua própria". Esse dispositivo também se aplica em eventuais incorporações ou fusões, eventos raros, assim como o próprio desmembramento, mas que podem ocorrer na forma prevista no texto constitucional[37].

4 SUJEIÇÃO PASSIVA DIRETA

4.1 Sujeição passiva direta e indireta

O sujeito passivo ou devedor da obrigação tributária, de acordo com o art. 121 do CTN, pode assumir a condição de contribuinte ou de responsável:

> Art. 121. Sujeito passivo da obrigação principal é a pessoa obrigada ao pagamento de tributo ou penalidade pecuniária.
>
> Parágrafo único. O sujeito passivo da obrigação principal diz-se:
>
> I – contribuinte, quando tenha relação pessoal e direta com a situação que constitua o respectivo fato gerador;
>
> II – responsável, quando, sem revestir a condição de contribuinte, sua obrigação decorra de disposição expressa de lei[38].

O contribuinte, de acordo com o inciso I do parágrafo único do art. 121 CTN, é quem tem relação pessoal e direta com o evento imponível. Essa previsão reflete uma concepção adotada por muitos autores na época da elaboração do anteprojeto, assentada na doutrina de A. D. Giannini, ainda hoje acolhida por parte da doutrina no direito comparado. Nela a *situação* que constitui o pressuposto do tributo seria formada por dois elementos: (a) o material: o objeto do tributo (um fato considerado em si mesmo, *v.g.*, a renda ou a propriedade); e (b) o pessoal: a relação de fato ou jurídica ligando o sujeito passivo e o elemento material[39]. Nessa linha, aquele que tem *relação*

---

[37] CF, art. 18, §§ 3º e 4º.

[38] Ao contrário do que pode sugerir a leitura apressada do art. 121 do CTN também o contribuinte – e não só o responsável – deve ser colocado na condição de sujeito passivo *por disposição expressa de lei*. O princípio constitucional da estrita legalidade impede interpretação em sentido contrário, de modo que, segundo destaca Paulo de Barros Carvalho, "[...] enfraquece-se a sugestão prescrita, ao pensarmos que a figura do sujeito que deve satisfazer à pretensão fiscal vem sempre determinada, de modo expresso, no texto de lei, não consistindo, então, um predicado do responsável ter sua menção explicitamente estipulada, porquanto o *contribuinte* também a tem" (CARVALHO, Paulo de Barros. *Curso de direito tributário*. 13. ed. São Paulo: Saraiva, 2000. p. 297) No mesmo sentido, ensina Roque Carrazza que a lei deve "conter todos os elementos e supostos da norma jurídica tributária (hipótese de incidência do tributo, seus sujeitos ativo e passivo e suas bases de cálculo e alíquota)..." (CARRAZZA, Roque Antonio. *Curso de direito constitucional tributário*. 16. ed. São Paulo: Malheiros, 2001. p. 223).

[39] Essa era a teoria de A. D. Giannini (*I concetti fondamentali del diritto tributario*. Torino: UTET, 1956. p. 152 e ss.), que, no direito espanhol contemporâneo, é adotada por José Juan Ferrero Lapatza: "El elemento objetivo o material del hecho imponible está constituido por un hecho considerado en sí mismo, objetivamente, aislado de cualquier vinculación personal. Por ejemplo, la mera existencia de una finca rústica o urbana susceptibles de producir rentas; la producción de rentas derivadas de una finca, de un capital, de un trabajo, de una industria; la afluencia de rentas a un patrimonio, la transmisión de un bien, la producción de un bien, la introducción de un bien en territorio nacional, la realización de una actividad administrativa etc. [...] El elemento personal o subjetivo es el vínculo que une a una persona con el elemento objetivo, y que según lo dispuesto por el legislador en cada caso determina en esa persona la condición de sujeto pasivo de la obligación tributaria. La unión de una persona con el elemento objetivo puede venir determinada por diferentes circunstancias. Así, por ejemplo, ser propietario de una finca, ser titular de una explotación o industria, realizar un trabajo, ser el titular de un patrimonio, intervenir en la transmisión de un bien, solici-

Parte Geral · Capítulo VII · OBRIGAÇÃO TRIBUTÁRIA | **241**

pessoal e direta com a situação constitutiva do evento imponível nada mais é do que a pessoa que realiza a hipótese de incidência do tributo. Já o responsável, como será analisado oportunamente, é alguém obrigado ao pagamento do crédito tributário em razão de outro fato previsto em lei, diverso do evento imponível. Trata-se, segundo parte da doutrina, de uma *sujeição passiva indireta*, diferente da *sujeição passiva direta* do contribuinte.

4.2   Destinatário constitucional tributário

Ao definir o devedor da obrigação tributária, o legislador deve observar os preceitos constitucionais de distribuição de competência. Desses sempre resulta – direta ou indiretamente – um *sujeito passivo possível*[40], também denominado *destinatário constitucional tributário*[41]. Assim, *v.g.*, no imposto de importação (CF, art. 153, I), o destinatário da carga tributária não pode ser outra pessoa senão aquela que promove o ingresso do produto estrangeiro no território nacional. É essa que – na condição de titular da capacidade econômica pressuposta pela regra de competência – deverá ter o seu patrimônio alcançado pelo imposto de importação[42]. Isso ocorre em todos os tributos que têm a competência impositiva delimitada por meio da enunciação da materialidade, tal como no imposto de importação (art. 153, I), no imposto de renda (art. 153, III), no imposto sobre a transmissão *causa mortis* e doação de bens ou direitos (art. 155, I), entre outros mais.

4.3   Ineficácia das convenções particulares

Os contratos entre particulares não interferem na sujeição passiva tributária prevista em lei. Trata-se de uma decorrência do princípio da relatividade dos contratos (*res inter alios acta tertio neque nocet neque prodest*), que apenas produzem efeitos entre os contratantes, não prejudicando nem beneficiando terceiros, no que se inclui a Fazenda Pública. É por isso que, de acordo com o art. 123 do CTN, "salvo disposições de lei em contrário, as convenções particulares, relativas à responsabilidade pelo pagamento de tributos, não podem ser opostas à Fazenda Pública, para modificar a definição legal do sujeito passivo das obrigações tributárias correspondentes".

No entanto, como se sabe, no plano pragmático, são recorrentes os contratos contendo disposições que transferem o encargo pelo pagamento dos tributos. Dificilmente se encontrará um contrato de aluguel em que o locador não transfira ao locatário a obrigação de pagar o IPTU do imóvel. O art. 123 do CTN não estabelece a invalidade de cláusulas dessa natureza, mas apenas a sua ineficácia perante a Fazenda Pública. Entre as partes, a obrigação é válida e exigível. Logo, se o crédito tributário não foi adimplido no prazo legal, o contribuinte não pode se eximir de pagá-lo com base no contrato. Entretanto, tem o direito de pleitear uma indenização do locatário por descumprimento contratual.

---

tar una actuación administrativa o beneficiarse de ella etc." (LAPATZA, José Juan Ferreiro. *Curso de derecho financiero español*: derecho tributario. 22. ed. Madrid-Barcelona: Marcial Pons, 2000. v. II, p. 36).

[40]   CARRAZZA, Roque Antonio. *Curso de direito constitucional tributário*. 16. ed. São Paulo: Malheiros, 2001. p. 275; ATALIBA, Geraldo. *Hipótese de incidência tributária*. 5. ed. São Paulo: Malheiros, 1997. p. 81 e ss.

[41]   Partindo da noção de *destinatário legal tributário* exposta por Hector Villegas (Destinatário legal tributário: contribuintes e sujeitos passivos na obrigação tributária. *Revista de Direito Público*, São Paulo, v. 30, p. 271 e ss., jul./ago. 1974), Marçal Justen Filho demonstra que: "[...] no Brasil, pode-se falar não apenas em um destinatário legal tributário, mas também no *destinatário constitucional tributário*" (JUSTEN FILHO, Marçal. *Sujeição passiva tributária*. Belém: CEJUP, 1986. p. 262).

[42]   Como destaca Renato Lopes Becho, "[...] admitir que uma lei infraconstitucional possa fixar o sujeito passivo de um tributo previsto na Constituição é o mesmo de se dizer que uma lei ordinária pode mudar a Constituição, negando-se a supremacia desta sobre todo o sistema jurídico" (BECHO, Renato Lopes. *Responsabilidade tributária de terceiros*: CTN, arts. 134 e 135. São Paulo: Saraiva, 2014. p. 21). O mesmo foi exposto por Marçal Justen Filho, ao ressaltar que, sem esses limites, o legislador pode promover uma indevida "desnaturação subjetiva do tributo" (JUSTEN FILHO, Marçal. *Sujeição passiva tributária*. Belém: CEJUP, 1986. p. 253-254).

4.4 Solidariedade

O art. 124 do CTN estabelece que as obrigações tributárias têm natureza solidária quando a lei assim determinar ou quando duas ou mais pessoa têm *interesse comum* no evento imponível:

> Art. 124. São solidariamente obrigadas:
>
> I – as pessoas que tenham interesse comum na situação que constitua o fato gerador da obrigação principal;
>
> II – as pessoas expressamente designadas por lei.
>
> Parágrafo único. A solidariedade referida neste artigo não comporta benefício de ordem.

Na solidariedade passiva, como se sabe, os devedores concorrem pela totalidade da dívida. O credor, portanto, pode exigi-la de qualquer um dos coobrigados, no todo ou em parte, ao mesmo tempo ou não. Não há benefício de ordem entre os devedores solidários.

Os efeitos da solidariedade tributária encontram-se previstos no art. 125:

> Art. 125. Salvo disposição de lei em contrário, são os seguintes os efeitos da solidariedade:
>
> I – o pagamento efetuado por um dos obrigados aproveita aos demais;
>
> II – a isenção ou remissão de crédito exonera todos os obrigados, salvo se outorgada pessoalmente a um deles, subsistindo, nesse caso, a solidariedade quanto aos demais pelo saldo;
>
> III – a interrupção da prescrição, em favor ou contra um dos obrigados, favorece ou prejudica aos demais.

Nessa matéria, a questão mais controvertida é o conceito de *interesse comum*. Muitos ainda o confundem com o *interesse convergente* das partes em um negócio jurídico bilateral. É dessa natureza, por exemplo, o interesse que leva o comprador e o vendedor a celebrarem a compra e venda. O *interesse comum*, ao contrário, é aquele compartilhado por pessoas que ocupam o mesmo polo de uma relação jurídica; é o interesse que, ao mesmo tempo, o identifica e o diferencia do polo ou centro de interesses contraposto. Isso ocorre quando duas pessoas são proprietárias de um mesmo bem ou, em uma compra e venda, quando há mais de um vendedor (ou mais de um comprador)[43].

Além disso, é importante considerar que, ao definir a hipótese de incidência e a sujeição passiva, o legislador sempre faz uma referência seletora ao polo da relação jurídica que deve suportar a carga fiscal. Essa escolha ocorre em função da manifestação de capacidade contributiva que se pretende tributar. A definição de quem têm interesse comum pelo intérprete não pode destoar desse referencial. Por isso, quando o tributo incide na venda de uma mercadoria, se o legislador definiu como contribuinte o vendedor, não é possível deslocar a carga tributária para a comprador[44].

---

[43] Dessarte, como ensinam Gustavo Tepedino e Milena Donato Oliva, "não se confunde pessoa com parte, uma vez que o mesmo centro de interesses na relação negocial pode ser ocupado por vários indivíduos e, ainda assim, representar uma única parte. Contam-se, assim, não propriamente os sujeitos que integram o negócio, mas o número de centros de interesses". O *interesse comum*, portanto, é aquele presente no mesmo polo do negócio jurídico bilateral (TEPEDINO, Gustavo; OLIVA, Milena Donato. *Fundamentos do direito civil*: teoria geral do direito civil. 3. ed. Rio de Janeiro: Forense, 2022. v. 1, p. 273).

[44] Como assinalada Paulo de Barros Carvalho: "Tratando-se, porém, de ocorrências em que o fato se consubstancie pela presença de pessoas, em posições contrapostas, com objetivos antagônicos, a solidariedade vai instalar-se entre os sujeitos que estiveram no mesmo polo da relação, se e somente se for esse o lado escolhido pela lei para receber o impacto jurídico da exação" (CARVALHO, Paulo de Barros. *Curso de direito tributário*. 13. ed. São Paulo: Saraiva, 2000. p. 311).

Parte Geral · Capítulo VII · OBRIGAÇÃO TRIBUTÁRIA | **243**

A esse propósito, no julgamento do AREsp 1.198.146, a 1ª Turma do STJ já entendeu que não há *interesse comum* se as pessoas não ocuparem o mesmo polo da situação tributada, aplicando a *ratio decidendi* de um precedente vinculante da 1ª Seção relacionado ao creditamento de ICMS por comerciante que adquire mercadoria de boa-fé:

> Tributário. ICMS. Empresa vendedora. Não recolhimento adquirente de boa-fé. Responsabilidade solidária. Inaplicabilidade.
>
> [...]
>
> 5. O "interesse comum" de que trata o preceito em destaque refere-se às pessoas que se encontram no mesmo polo do contribuinte em relação à situação jurídica ensejadora da exação, no caso, a venda da mercadoria, sendo certo que esse interesse não se confunde com a vontade oposta manifestada pelo adquirente, que não é a de vender, mas sim de comprar a coisa.
>
> 6. A Primeira Seção, quando do julgamento do REsp 1.148.444/MG, submetido à sistemática dos recursos repetitivos, decidiu que "o comerciante de boa-fé que adquire mercadoria, cuja nota fiscal (emitida pela empresa vendedora) posteriormente seja declarada inidônea, pode engendrar o aproveitamento do crédito do ICMS pelo princípio da não cumulatividade, uma vez demonstrada a veracidade da compra e venda efetuada, porquanto o ato declaratório da inidoneidade somente produz efeitos a partir de sua publicação".
>
> 7. *In casu*, essa razão de decidir, *mutatis mutandis*, pode ser aplicada ao presente caso, pois, se o adquirente de boa-fé tem o direito de creditar o imposto oriundo de nota fiscal posteriormente declarada inidônea, com maior razão não pode ser responsabilizado pelo tributo que deixou de ser oportunamente recolhido pelo vendedor infrator.
>
> 8. Agravo conhecido para dar provimento ao recurso especial[45].

Em um segundo precedente, a 1ª Turma do STJ entendeu que "o interesse qualificado pela lei não há de ser o interesse econômico no resultado ou no proveito da situação que constitui o fato gerador da obrigação principal, mas o interesse jurídico, vinculado à atuação comum ou conjunta da situação que constitui o fato imponível". No caso, foi ressaltado que "a situação que evidencia a solidariedade, quanto ao ISS, é a existência de duas ou mais pessoas na condição de prestadoras de apenas um único serviço para o mesmo tomador, integrando, desse modo, o polo passivo da relação"[46].

Outro aspecto controvertido diz respeito à responsabilidade solidária de empresas do mesmo grupo econômico. De acordo com a jurisprudência do STJ: (i) "o fato de haver pessoas jurídicas que pertençam ao mesmo grupo econômico, por si só, não enseja a responsabilidade solidária, na forma prevista no art. 124 do CTN"[47]; (ii) "existe responsabilidade tributária solidária entre empresas de um mesmo grupo econômico, apenas quando ambas realizem conjuntamente a situação configuradora do fato gerador, não bastando o mero interesse econômico na consecução de referida situação"[48].

Por fim, deve-se ter presente que a indivisibilidade da obrigação solidária opera apenas perante o credor. Entre os coobrigados, a obrigação é cindível na proporção do número de devedores. Dito de um outro modo, há uma unidade nas *relações externas* e uma divisibilidade nas *relações internas*. Assim, o devedor que pagar tem o direito de regresso perante os demais,

---

45 STJ, 1ª T., AREsp 1.198.146, Rel. Min. Gurgel de Faria, *DJe* 18.12.2018.

46 STJ, 1ª T., REsp 859.616, Rel. Min. Luiz Fux, *DJ* 15.10.2007.

47 STJ, 1ª S., EREsp 834.044, Rel. Min. Mauro Campbell Marques, *DJe* 29.09.2010.

48 STJ, 2ª T., AgRg no AREsp 21.073, Rel. Min. Humberto Martins, *DJe* 26.10.2011.

244 | CURSO DE DIREITO TRIBUTÁRIO – *Solon Sehn*

sendo que, na falta de estipulação em contrário, a regra é a igualdade de quotas. Por exemplo, se o devedor solidário *A* pagar a totalidade do débito, poderá exigir do coobrigado *B* a metade do crédito tributário adimplido.

4.5 Capacidade tributária passiva

A capacidade tributária passiva encontra-se disciplinada pelo art. 126 do CTN:

> Art. 126. A capacidade tributária passiva independe:
>
> I – da capacidade civil das pessoas naturais;
>
> II – de achar-se a pessoa natural sujeita a medidas que importem privação ou limitação do exercício de atividades civis, comerciais ou profissionais, ou da administração direta de seus bens ou negócios;
>
> III – de estar a pessoa jurídica regularmente constituída, bastando que configure uma unidade econômica ou profissional.

Dessa forma, a aptidão para ser sujeito passivo da obrigação tributária independe da capacidade civil daquele que realiza a hipótese de incidência do tributo. Também não interfere na capacidade tributária a existência de impedimento legal para o exercício da atividade econômica, a circunstância da pessoa natural não estar na administração direta dos bens ou negócios, assim como o fato de uma pessoa jurídica não estar regularmente constituída. Nesses casos, a sociedade ou a associação despersonalizada será representada pelo sócio a quem couber a administração de seus bens[49].

4.6 Domicílio tributário

O domínio tributário tem caráter voluntário. No entanto, se não ocorrer a eleição por parte do sujeito passivo, o art. 127 do CTN prevê a sua definição a partir dos seguintes critérios:

> Art. 127. Na falta de eleição, pelo contribuinte ou responsável, de domicílio tributário, na forma da legislação aplicável, considera-se como tal:
>
> I – quanto às pessoas naturais, a sua residência habitual, ou, sendo esta incerta ou desconhecida, o centro habitual de sua atividade;
>
> II – quanto às pessoas jurídicas de direito privado ou às firmas individuais, o lugar da sua sede, ou, em relação aos atos ou fatos que derem origem à obrigação, o de cada estabelecimento;
>
> III – quanto às pessoas jurídicas de direito público, qualquer de suas repartições no território da entidade tributante.
>
> § 1º Quando não couber a aplicação das regras fixadas em qualquer dos incisos deste artigo, considerar-se-á como domicílio tributário do contribuinte ou responsável o lugar da situação dos bens ou da ocorrência dos atos ou fatos que deram origem à obrigação.

A autoridade fiscal, de acordo com o § 2º do art. 127 do CTN, *pode recusar o domicílio eleito, quando impossibilite ou dificulte a arrecadação ou a fiscalização do tributo*. Nessas hipóteses, será considerado como domicílio o local da situação dos bens ou da ocorrência do evento imponível[50].

---

[49] CPC, art. 75, IX.

[50] De acordo com a Súmula 38 do STJ: "Proposta a execução fiscal, a posterior mudança de domicílio do executado não desloca a competência já fixada".

Parte Geral • Capítulo VII • OBRIGAÇÃO TRIBUTÁRIA | 245

5 RESPONSABILIDADE TRIBUTÁRIA

5.1 Espécies de responsabilidade tributária

A sujeição passiva da obrigação tributária deve recair sobre a pessoa que, manifestando a capacidade contributiva pressuposta pelo legislador, realiza a hipótese de incidência. Portanto, dentro da terminologia do inciso I do parágrafo único do art. 121 do CTN, o devedor do crédito tributário deve ser o *contribuinte*. Ocorre que, muitas vezes, por razões pragmáticas ligadas à efetividade arrecadatória, o legislador acaba definindo como devedor alguém que pratica um outro fato jurídico, diverso do evento imponível[51]. Esse é posto na condição de *sujeito instrumental*[52], *no lugar* ou *ao lado*[53] do contribuinte, em razão de um *dever de colaboração* estabelecido pelo legislador considerando a sua posição jurídica perante aquele que realiza o evento imponível[54]. No direito comparado, sobretudo na Itália e na Espanha, essa forma de sujeição passiva é dividida em duas categorias: a *substituição* e a *responsabilidade*. Entre nós, a maior parte dos autores as insere no gênero *responsabilidade tributária*, diferenciando a *responsabilidade por transferência* (ou responsabilidade em sentido estrito) e a *responsabilidade por substituição*[55].

5.2 Responsabilidade por substituição

O termo *substituição* é considerado inapropriado por parte da doutrina. Isso porque, na medida em que a condição de devedor é imputada diretamente pelo legislador ao substituto, a substituição – conforme ressaltado originariamente por Enrico Allorio – ocorreria apenas em um plano ou momento pré-jurídico. A crítica não se mostra procedente. Como demonstrado por A. D. Giannini, a *substituição* tem como referencial a posição jurídica do contribuinte definido na legislação do tributo. Esse realmente é *substituído* por alguém que não realiza o evento imponível, mas assume uma posição que, sem a previsão legal da substituição, seria ocupada pelo contribuinte na relação jurídica tributária. O substituído, ademais, não é juridicamente irrelevante nem, menos ainda, está situado em uma etapa mental do legislador, porque é em

---

51 Como ensina Maria Rita Ferragut, "a causa mais difundida para a criação das normas de responsabilidade é a arrecadatória" (FERRAGUT, Maria Rita. *Responsabilidade tributária*. 4. ed. São Paulo: Noeses, 2020. p. 32). Nessa mesma linha, Luciano Amaro ressalta que "a eleição desse terceiro, para figurar no polo passivo da obrigação tributária, decorre de razões que vão da *comodidade* até a *necessidade*. [...] Imagine-se, por exemplo, o imposto de renda sobre rendimentos de não residentes no País: a lei tem que escolher um terceiro (a fonte pagadora) como sujeito passivo (na condição de responsável) para viabilizar a incidência do tributo. Noutros casos, são razões de conveniência (para simplificar a arrecadação, ou para garantir sua eficácia) que determinam a eleição do terceiro como responsável" (AMARO, Luciano. *Direito tributário brasileiro*. 11. ed. São Paulo: Saraiva, 2005. p. 304).

52 MICHELI, Gian Antonio. *Corso di diritto tributario*. Torino: UTET, 1970. p. 121; BERLIRI, Antonio. *Principi di diritto tributario*. Milano: Giuffrè, 1957. v. II, t. I, p. 116 e ss. Nesse sentido, mais recentemente, a doutrina italiana tem a fundamentado no princípio da colaboração e da boa-fé (RUSSO, Pasquale; FRANSONI, Guglielmo; CASTALDI, Laura. *Istituzioni di diritto tributario*. 2. ed. Milano: Giuffrè, 2016. p. 114). Entre nós, isso também foi ressaltado por Marçal Justen Filho, quando destaca que a responsabilidade tributária está assentada na "[...] regra implícita de que a nenhum convivente em sociedade é dado furtar-se a colaborar com o Estado" (JUSTEN FILHO, Marçal. *Sujeição passiva tributária*. Belém: CEJUP, 1986. p. 295); ou, como destacado mais recentemente por Leandro Paulsen, no *dever fundamental de colaborar em caráter geral com a tributação* (PAULSEN, Leandro. *Responsabilidade e substituição tributárias*. 2. ed. Porto Alegre: Livraria do Advogado, 2014. p. 168 e ss.).

53 GIANNINI, Achille Donato. *I concetti fondamentali del diritto tributario*. Torino: UTET, 1956. p. 251.

54 MICHELI, Gian Antonio. *Corso di diritto tributario*. Torino: UTET, 1970. p. 119 e ss.

55 Sobre o tema, cf. ainda: JUSTEN FILHO, Marçal. *Sujeição passiva tributária*. Belém: CEJUP, 1986; BECHO, Renato Lopes. *Responsabilidade tributária de terceiros*: CTN, arts. 134 e 135. São Paulo: Saraiva, 2014; QUEIROZ, Luís Cesar Souza de. *Sujeição passiva tributária*. Rio de Janeiro: Forense, 1998.

246 | CURSO DE DIREITO TRIBUTÁRIO – *Solon Sehn*

função dele que se determinam diversos aspectos do tratamento fiscal aplicável, inclusive eventuais isenções ou gradações pessoais do tributo[56].

A *substituição* é um instituto típico do direito tributário. Nela não há uma responsabilidade por débito de terceiro. O *substituto* assume o *lugar* do contribuinte na condição de devedor de uma obrigação própria. O *substituído*, apesar de realizar o evento imponível, fica desvinculado da obrigação. Entretanto, na condição de titular da capacidade contributiva, acaba tendo o seu patrimônio alcançado. Isso ocorre porque o substituto é alguém que, por manter uma *relação jurídica especial* com o contribuinte, pode desenvolver ou desempenhar uma certa ação para que o patrimônio daquele satisfaça o débito[57], descontando o valor devido de algum pagamento realizado em favor desse ou repercutindo o encargo mediante acréscimo no preço de um bem ou na remuneração de um serviço[58]. Trata-se, assim, de um *sujeito instrumental* posto pela lei *no lugar* do contribuinte, que não deve suportar a carga tributária, porque a sua vinculação não é assentada na capacidade contributiva, mas em um *dever de colaboração*[59].

Na substituição tributária, é o patrimônio do substituído que deve ser alcançado pelo tributo. Por isso, o controle da existência da situação-base que justifica a imposição ocorre em face do *substituído*[60]. Assim, se esse é beneficiário de uma isenção ou de uma imunidade, a substituição tributária não pode ser validamente exigida. O mesmo aplica-se aos aspectos pessoais relevantes para a eventual gradação de tributos progressivos ou direito de dedução, que devem considerar as características do substituído[61].

O CTN não menciona a *substituição tributária* em seus dispositivos. Entretanto, a jurisprudência do STF[62] entende que essa pode ser instituída com base na previsão genérica no art. 128:

> Art. 128. Sem prejuízo do disposto neste capítulo, a lei pode atribuir de modo expresso a responsabilidade pelo crédito tributário a terceira pessoa, vinculada ao fato gerador da respectiva obrigação, excluindo a responsabilidade do contribuinte ou atribuindo-a a este em caráter supletivo do cumprimento total ou parcial da referida obrigação.

Além disso, desde a Emenda 03/1993, a substituição tributária encontra-se prevista no § 7º do art. 150 da Constituição Federal:

---

[56]   GIANNINI, Achille Donato. *I concetti fondamentale del diritto tributario*. Torino: UTET, 1956. p. 260, nota 4. Sobre essa controvérsia, analisando a posição de Giannini e Allorio, ver: BERLIRI, Antonio. *Principi di diritto tributario*. Milano: Giuffrè, 1957. v. II, t. I, p. 127 e ss.

[57]   GIANNINI, Achille Donato. *I concetti fondamentale del diritto tributario*. Torino: UTET, 1956. p. 254.

[58]   LAPATZA, José Juan Ferreiro. *Curso de derecho financiero español*: derecho tributario. 22. ed. Madrid-Barcelona: Marcial Pons, 2000. v. II, p. 56 e ss. É o que também ensina Geraldo Ataliba, ao ponderar que, na sujeição passiva indireta, "[...] a carga do tributo não pode – e não deve – ser suportada pelo terceiro responsável. Por isso é rigorosamente imperioso que lhe seja objetivamente assegurado o direito de haver (percepção) ou descontar (retenção), do contribuinte, o quantum do tributo que deverá pagar por conta daquele" (ATALIBA, Geraldo. *Hipótese de incidência tributária*. 5. ed. São Paulo: Malheiros, 1997. p. 80).

[59]   MICHELI, Gian Antonio. *Corso di diritto tributario*. Torino: UTET, 1970. p. 119 e ss.

[60]   MICHELI, Gian Antonio. *Corso di diritto tributario*. Torino: UTET, 1970. p. 121.

[61]   Como ensina Geraldo Ataliba, "[...] os elementos subjetivos que eventualmente concorram na realização do fato, ou não formação da obrigação, são estabelecidos em consideração à pessoa do contribuinte (e não à pessoa do responsável ou substituto). Assim, v.g., os casos de isenções ou imunidades subjetivas, gradações pessoas do imposto de renda na fonte etc." (ATALIBA, Geraldo. *Hipótese de incidência tributária*. 5. ed. São Paulo: Malheiros, 1997. p. 82).

[62]   STF, Tribunal Pleno, RE 213.396, Rel. Min. Ilmar Galvão, *DJ 1º*.12.2000: "O Código Tributário Nacional previu a substituição tributária, de forma genérica, no art. 128, *verbis*: [...]" (voto do relator).

Art. 150. [...]

§ 7º A lei poderá atribuir a sujeito passivo de obrigação tributária a condição de responsável pelo pagamento de imposto ou contribuição, cujo fato gerador deva ocorrer posteriormente, assegurada a imediata e preferencial restituição da quantia paga, caso não se realize o fato gerador presumido.

O art. 150, § 7º, da Constituição autorizou o legislador a instituir uma modalidade de *substituição* tributária controversa na doutrina, denominada *progressiva* ou "para frente", porque é assentada em um evento imponível futuro e presumido[63]. Entretanto, caso esse não ocorra, o substituído tem direito de restituição – imediata e preferencial – da quantia paga pelo substituto, o que abrange ainda os casos em que a base de cálculo real for menor que a presumida. Essa questão foi pacificada no julgamento do RE 593.849 e do RE 596.832, quando foram fixadas as seguintes teses de repercussão geral pelo STF: "É devida a restituição da diferença do Imposto sobre Circulação de Mercadorias e Serviços (ICMS) pago a mais no regime de substituição tributária para a frente se a base de cálculo efetiva da operação for inferior à presumida" (Tema 201)[64]; "É devida a restituição da diferença das contribuições para o Programa de Integração Social – PIS e para o Financiamento da Seguridade Social – Cofins recolhidas a mais, no regime de substituição tributária, se a base de cálculo efetiva das operações for inferior à presumida" (Tema 228)[65].

A substituição pode ser *regressiva* ("para trás"), também denominada substituição tributária na operação antecedente ou diferimento, quando evento imponível realizado pelo *substituído* é anterior ao surgimento da obrigação do *substituto*. É o caso, por exemplo, do ICMS incidente na venda de gado bovino ou bufalino para comercialização ou para industrialização, que, na legislação de alguns Estados, deve ser recolhido na saída subsequente pelo destinatário da mercadoria na condição de substituto tributário[66]. Outra modalidade – menos frequente – é a substituição *concomitante*, como ocorre em relação ao ICMS incidente na prestação de serviço de transporte de carga por transportador autônomo (substituído), recolhido no início da prestação pelo tomador do serviço (substituto)[67].

Dessa forma, percebe-se que a substituição permite a concentração da fiscalização em um número menor de agentes econômicos; normalmente, no início da cadeia de circulação do

---

[63] Parte da doutrina sustentou que a substituição progressiva não seria compatível com a garantia individual da segurança jurídica, cláusula pétrea nos termos do art. 60, § 4º, IV, da Constituição Federal. Nesse sentido, cf.: CARRAZZA, Roque Antonio. *Curso de direito constitucional tributário*. 16. ed. São Paulo: Malheiros, 2001. p. 308 e ss.; MELO, José Eduardo Soares de. *Curso de direito tributário*. São Paulo: Dialética, 1997. p. 181. O STF, entretanto, entendeu que o instituto não viola essas garantias (STF, Tribunal Pleno, RE 213.396, Rel. Min. Ilmar Galvão, *DJ* 1º.12.2000. Mais recentemente, cf.: 2ª T., RE 428.364 AgR, Rel. Min. Ayres Britto, *DJe* 22.02.2012; 2ª T., RE 743.607 AgR, Rel. Min. Teori Zavascki, *DJe* 24.02.2014).

[64] STF, Tribunal Pleno, RE 593.849, Rel. Min. Edson Fachin, *DJe* 05.04.2017.

[65] STF, Tribunal Pleno, RE 596.832, Rel. Min. Marco Aurélio, *DJe* 21.10.2020.

[66] Regulamento do Estado de Santa Catarina, Anexo 3 (RICMS/SC, aprovado pelo Decreto Estadual 2.870/2001): "Art. 4º O imposto fica diferido para a etapa seguinte de circulação na saída, de estabelecimento agropecuário, das seguintes mercadorias, quando destinadas à comercialização, industrialização ou atividade agropecuária: [...] III – gado bovino ou bufalino".

[67] Regulamento do Estado de São Paulo (RICMS/SP, aprovado pelo Decreto Estadual 45.490/2000): "Artigo 316. Na prestação de serviço de transporte de carga, com início em território paulista, realizada por transportador autônomo, qualquer que seja o seu domicílio, ou por empresa transportadora estabelecida fora do território paulista, inclusive a optante pelo Regime Especial Unificado de Arrecadação de Tributos e Contribuições devidos pelas Microempresas e Empresas de Pequeno Porte – 'Simples Nacional' e não inscrita no Cadastro de Contribuintes deste Estado, fica atribuída a responsabilidade pelo pagamento do imposto ao tomador do serviço, quando contribuinte do imposto neste Estado, ressalvado o disposto no § 6º (Lei 6.374/89, art. 8º, XXI, Convênio ICMS-25/90, cláusula segunda, com alteração do Convênio ICMS-132/10, e Lei Complementar federal 123/06, art. 13, § 1º, XIII, 'a'). (Redação dada ao *caput* do artigo pelo Decreto 56.457, de 30.11.2010; *DOE* 1º.12.2010)"

248 | CURSO DE DIREITO TRIBUTÁRIO – *Solon Sehn*

produto – no fabricante, no atacadista ou no importador –, em vez de difusa entre diversos estabelecimentos varejistas. É muito mais eficiente, destarte, fiscalizar uma indústria que adquire o gado bovino como insumo para a fabricação de um produto alimentício do que os inúmeros pecuaristas que o fornecerem para o fabricante. Por isso, a técnica tem sido adotada com bastante frequência nos últimos anos.

No entanto, há limites para a definição do substituto pelo legislador. Como anteriormente ressaltado, o substituto deve necessariamente ser alguém que mantém uma *relação jurídica especial* com o contribuinte, podendo desenvolver ou desempenhar uma certa ação para que o patrimônio daquele satisfaça o débito, descontando o valor devido ou repercutindo o encargo econômico. Esse limite foi reconhecido pela jurisprudência do STF no julgamento do RE 603.191. Nele a Corte ressaltou que o dever de colaboração do substituto não afasta o dever fundamental de pagar tributos do contribuinte. Assim, "não sendo o substituto obrigado a contribuir, senão a colaborar com a Administração Tributária, é essencial para a validade de tal instituto jurídico que ao substituto seja assegurada a possibilidade de retenção ou ressarcimento quanto aos valores que está obrigado a recolher aos cofres públicos". No mesmo julgado, o Tribunal entendeu que a validade da substituição está condicionada à constitucionalidade da "própria instituição do dever de colaboração que asseguram o terceiro substituto contra o arbítrio do legislador. A colaboração dele exigida deve guardar respeito aos princípios da razoabilidade e da proporcionalidade, não se lhe podendo impor deveres inviáveis, excessivamente onerosos, desnecessários ou ineficazes".

5.3   Responsabilidade por transferência

Na *responsabilidade por transferência*, após a ocorrência do evento imponível, o crédito tributário que deveria ser pago pelo contribuinte passa a ser devido por um terceiro, em caráter subsidiário ou solidário. O responsável não é um devedor originário, mas alguém que responde pelo débito em razão da violação de um *dever de vigilância* ou de *verificação da conformidade fiscal* do contribuinte. Trata-se, assim como na *substituição tributária*, de um *dever de colaboração*. No entanto, com fundamento diferente, porque é estabelecido considerando que o responsável, em razão de sua posição jurídica, apesar de não ter meios para reter ou repercutir o valor, pode se assegurar do pagamento do crédito tributário pelo devedor, inclusive subordinando a prática de um ato jurídico do interesse do contribuinte à comprovação de sua conformidade fiscal. O legislador parte de um potencial de colaboração e o converte em dever jurídico. A partir de então, o sujeito é compelido a fazer uso das faculdades que decorrem de sua posição nessa relação jurídica, colocando-as em benefício do interesse público. Dessa maneira, sendo possível fazê-lo em face das circunstâncias, o responsável deve exigir a comprovação do adimplemento da obrigação tributária, sob pena de responder – como garantidor – pela inadimplência do contribuinte[68].

Para se compreender a *ratio* desse instituto, tome-se o exemplo do art. 134, VI, do CTN, aplicável aos "tabeliães, escrivães e demais serventuários de ofício, pelos tributos devidos sobre os atos praticados por eles, ou perante eles, em razão do seu ofício". O serventuário, dentro da relação jurídica que mantém com as partes do negócio jurídico tributado pelo ITBI, não tem meios para reter o crédito tributário devido ou incluí-lo no valor dos emolumentos cobrados pela lavratura da escritura de compra e venda. Mas pode perfeitamente recusar-se a lavrá-la enquanto não apresentado o comprovante de recolhimento do imposto sobre a transmissão de bens imóveis *inter vivos*.

A responsabilidade por transferência encontra-se disciplinada nos arts. 129 a 133 (*responsabilidade dos sucessores*) e nos arts. 134 e 135 (*responsabilidade de terceiros*) do CTN. Contudo,

---

[68]   JUSTEN FILHO, Marçal. *Sujeição passiva tributária*. Belém: CEJUP, 1986. p. 296.

Parte Geral • Capítulo VII • OBRIGAÇÃO TRIBUTÁRIA | 249

o legislador ordinário pode criar novas hipóteses de responsabilização com fundamento no art. 128, desde que não contrarie essas disposições, que têm eficácia de lei complementar (CF, art. 146, III, "b")[69].

Destarte, como já decidiu o STF no RE 562.276, o art. 146, III, "b", da Constituição não impede o legislador ordinário de *criar novos casos de responsabilidade tributária*, desde que observe os requisitos do art. 128 do CTN e não desconsidere "as regras matrizes de responsabilidade de terceiros estabelecidas em caráter geral pelos arts. 134 e 135 do mesmo diploma". Além disso, entendeu que "o 'terceiro' só pode ser chamado responsabilizado [sic.] na hipótese de descumprimento de deveres próprios de colaboração para com a Administração Tributária, estabelecidos, ainda que *a contrario sensu*, na regra matriz de responsabilidade tributária, e desde que tenha contribuído para a situação de inadimplemento pelo contribuinte"[70]. Assentado nessas premissas, a Corte definiu a seguinte tese de repercussão geral: "É inconstitucional o art. 13 da Lei 8.620/1993, na parte em que estabelece que os sócios de empresas por cotas de responsabilidade limitada respondem solidariamente, com seus bens pessoais, por débitos junto à Seguridade Social" (Tema 13).

Nessa mesma linha, na ADI 4.845, o STF declarou a inconstitucionalidade do parágrafo único do art. 18-C da Lei 7.098/1998, acrescentado pelo art. 13 da Lei 9.226/2009, do Estado de Mato Grosso, que atribui responsabilidade tributária solidária por infrações a toda pessoa que concorra ou intervenha, ativa ou passivamente, no cumprimento da obrigação tributária, especialmente a advogado, economista e correspondente fiscal. De acordo com o Plenário do Tribunal, "ao ampliar as hipóteses de responsabilidade de terceiros por infrações, prevista pelos arts. 134 e 135 do Código Tributário Nacional – CTN, a lei estadual invade competência do legislador complementar federal para estabelecer as normas gerais na matéria (art. 146, III, *b*, da CF). A norma estadual avançou em dois pontos de forma indevida, transbordando de sua competência: (i) ampliou o rol das pessoas que podem ser pessoalmente responsáveis pelo crédito tributário; (ii) dispôs diversamente do CTN sobre as circunstâncias autorizadoras da responsabilidade pessoal do terceiro"[71].

Não houve, nesses julgados, manifestação acerca da necessidade de reembolso ou de ressarcimento do valor pago pelo responsável. Para parte da doutrina, contudo, isso seria dispensável, porque essa modalidade de responsabilização teria natureza *sancionatória*. Entretanto, essa não parece a melhor interpretação. A obrigação de pagar tributo não pode constituir, mesmo indiretamente, uma medida punitiva[72]. No Estado Democrático de Direito, o critério impositivo deve ser a capacidade contributiva do obrigado. As exigências desse princípio fundamental não podem ser flexibilizadas por conveniência da arrecadação. Por isso, não se pode dispensar a exigência de que o patrimônio do contribuinte satisfaça o débito. Isso se traduz em duas exigências. A primeira é que, ao estabelecer as hipóteses de responsabilidade, o legislador ordinário deve eleger alguém que possa se proteger contra o risco de responder pelo débito ou de sofrer o impacto econômico da carga tributária[73]. A segunda é que, em qualquer caso, se pagar o crédito tributário, o responsável tem direito de regresso contra o contribuinte. Com isso, fica assegurado que a carga fiscal será suportada pelo titular da capacidade econômica pressuposta pela norma, compatibilizando o instituto com o princípio da capacidade contributiva.

---

[69] Capítulo I, item 5.4.3.3.3, da Parte Geral.

[70] STF, Tribunal Pleno, RE 562.276, Rel. Min. Ellen Gracie, *DJe* 10.03.2011.

[71] STF, Tribunal Pleno, ADI 4.845, Rel. Min. Roberto Barroso, *DJe* 04.03.2020.

[72] Capítulo II, item 1.2.5, da Parte Geral.

[73] RUSSO, Pasquale; FRANSONI, Guglielmo; CASTALDI, Laura. *Istituzioni di diritto tributario*. 2. ed. Milano: Giuffrè, 2016. p. 114.

5.4 Responsabilidade dos sucessores

5.4.1 Aspectos gerais

Os sucessores, de acordo com o art. 129 do CTN, respondem pelos créditos tributários, constituídos ou não, relativos a eventos imponíveis ocorridos até a data dos eventos previstos nos arts. 130 a 133:

> Art. 129. O disposto nesta Seção aplica-se por igual aos créditos tributários definitivamente constituídos ou em curso de constituição à data dos atos nela referidos, e aos constituídos posteriormente aos mesmos atos, desde que relativos a obrigações tributárias surgidas até a referida data.

A responsabilização dos sucessores por créditos ainda não constituídos deve ser aplicada *cum grano salis*. A responsabilidade tributária, afinal, assenta-se na violação de um *dever de vigilância* ou de *verificação da conformidade fiscal* do contribuinte. A responsabilização é consequência da omissão de um dever jurídico. Dessa maneira, precisa ser avaliada diante do princípio geral que impede que se ordene o impossível[74]. Isso é relevante porque, se o crédito tributário ainda não está constituído ou se sequer há uma fiscalização em curso, dificilmente o responsável tem meios de se certificar da conformidade fiscal do contribuinte. Um particular não dispõe de conhecimentos técnicos nem de competência fiscalizatória para realizar uma auditoria aprofundada acerca da situação fiscal de terceiros. Tampouco é possível ter acesso a documentos e a escrituração do contribuinte. É evidente que, em situações dessa natureza, não cabe a responsabilização do sucessor, porque ninguém pode omitir uma conduta materialmente impossível. Por isso, sempre deve ser demonstrado que era razoavelmente possível a verificação da conformidade fiscal do contribuinte diante das circunstâncias.

Ainda dentro dos aspectos gerais da responsabilidade dos sucessores, vale ressaltar que, durante muitos anos, quando era competente para processar e julgar recursos relativos a essa matéria, o STF entendia que o sucessor responderia apenas pelo crédito tributário, ou seja, a responsabilidade não alcançava as multas fiscais. Essa interpretação baseava-se nos enunciados dos arts. 129 a 133, que não fazem referência a *penalidades pecuniárias*, aludindo apenas a *créditos tributários* (arts. 130 e 133, § 3°), *obrigações tributárias* (art. 129) e *tributos* (arts. 131, 132 e 133). Destaca-se, a esse propósito, a seguinte passagem do voto do Ministro Djaci Falcão no RE 90.834:

> Multa. Tributo e multa não se confundem, eis que esta rem o caráter de sanção, inexistente naquele. Na responsabilidade tributária do sucessor não se inclui a multa punitiva

---

[74] Com efeito, sob o aspecto lógico-jurídico, segundo ensina Aurora Tomazini de Carvalho, "caracteriza-se como um sem-sentido deôntico prescrever um comportamento como obrigatório, proibido ou permitido quando, por força das circunstâncias, o destinatário estiver impedido de realizar conduta diversa" (CARVALHO, Aurora Tomazini de. *Curso de teoria geral do direito*: o construtivismo lógico-semântico. 5. ed. São Paulo: Noeses, 2016. p. 315). Na mesma linha, Paulo de Barros Carvalho exemplifica que: "Careceria de sentido deôntico obrigar alguém a ficar na sala de aula, proibido de sair, se a sala estivesse trancada, de modo que a saída fosse impossível. Também cairia em solo estéril permitir, nessas condições que a pessoa lá permanecesse. Ao disciplinar as condutas intersubjetivas, o legislador opera no pressuposto da possibilidade. Ali onde houver duas ou mais condutas possíveis, existirá sentido em proibir, permitir ou obrigar certo comportamento perante outrem" (CARVALHO, Paulo de Barros. *Direito tributário*: fundamentos jurídicos da incidência. 10. ed. São Paulo: Saraiva, 2015. p. 30). Dessa premissa lógica, segundo ensina Regina Helena Costa, decorre o princípio da praticabilidade ou praticidade, que "[...] pode ser apresentado com a seguinte formulação: as leis tributárias devem ser exequíveis, propiciando o atingimento dos fins de interesse público por elas objetivado, quais sejam, o adequado cumprimento de seus comandos pelos administrados, de maneira simples e eficiente, bem como a devida arrecadação dos tributos" (COSTA, Regina Helena. *Curso de direito tributário*. 6. ed. São Paulo: SaraivaJur, 2016. p. 70).

Parte Geral · Capítulo VII · OBRIGAÇÃO TRIBUTÁRIA | **251**

aplicada à empresa objeto de incorporação. Inteligência dos arts. 3º e 138 do CTN. Recurso extraordinário conhecido e provido para restabelecer a decisão de primeiro grau[75].

Entretanto, após a Constituição Federal de 1988, a matéria ficou submetida à competência do STJ. Esse, por sua vez, passou a entender que a responsabilidade do sucessor também compreende as multas. Assim, no julgamento do REsp 923.012, foi definida a seguinte tese jurídica: "A responsabilidade tributária do sucessor abrange, além dos tributos devidos pelo sucedido, as multas moratórias ou punitivas, que, por representarem dívida de valor, acompanham o passivo do patrimônio adquirido pelo sucessor, desde que seu fato gerador tenha ocorrido até a data da sucessão" (Tema Repetitivo 382)[76]. Nessa mesma linha, destaca-se a Súmula 554: "Na hipótese de sucessão empresarial, a responsabilidade da sucessora abrange não apenas os tributos devidos pela sucedida, mas também as multas moratórias ou punitivas referentes a fatos geradores ocorridos até a data da sucessão"[77].

A jurisprudência do Conselho de Contribuintes, por sua vez, adotava uma exegese intermediária entre as interpretações do STF e do STJ, afastando o cabimento da multa apenas quando diante da ausência de vínculos de dependência ou de ingerência entre sucessora e sucedida[78]. Já no âmbito do Carf, essa interpretação foi consolidada na Súmula 47: "Cabível a imputação da multa de ofício à sucessora, por infração cometida pela sucedida, quando provado que as sociedades estavam sob controle comum ou pertenciam ao mesmo grupo econômico". Entretanto, devido ao entendimento mais amplo do STJ, a Súmula Carf 47 acabou sendo revogada pela Portaria Carf 72/2017, com aprovação, no ano seguinte, da Súmula Carf 113: "A responsabilidade tributária do sucessor abrange, além dos tributos devidos pelo sucedido, as multas moratórias ou punitivas, desde que seu fato gerador tenha ocorrido até a data da sucessão, independentemente de esse

---

[75] STF, 2ª T., RE 90.834, Rel. Min. Djaci Falcão, *DOU* 08.06.1979. Voto do Relator: "O dispositivo, como se vê, só se refere à responsabilidade tributária do sucessor, no caso de incorporação, relativamente a tributos devidos até a data do ato, não sendo possível dar à palavra 'tributos', como empregada no texto legal, interpretação extensiva a ponto de abranger multa punitiva aplicada à empresa objeto de incorporação". No mesmo sentido: RE 77.471/SP, Rel. Min. Aliomar Baleeiro, 03.08.1974: Voto Min. Rodrigues Alckmin: "Tenho, assim, como razoável, se não a melhor, a interpretação do art. 133 do CTN, excluindo a pena punitiva, que não integrara o passivo do vendedor, quando da alienação de seu estabelecimento. E tal interpretação, a meu ver, não nega vigência aos invocados arts. 113, § 1º, e 141, do CTN"; STF, 2ª T., RE 95.213, Rel. Min. Décio Miranda, *DOU* 17.08.1984: "Multa. Tributo. Responsabilidade do espólio. Na responsabilidade tributária do espólio não se compreende a multa imposta ao 'de cujus'. Tributo não se confunde com multa, vez que estranha àquele a natureza de sanção presente nesta". STF, 1ª T., RE 89.334, Rel. Min. Cunha Peixoto. *DOU* 25.08.1978: "I.C.M. – Multa fiscal – Sucessor. O adquirente do fundo de comércio, nos termos do art. 133 do Código Tributário Nacional, responde pelos tributos devidos pelo antecessor, mas não pelas multas, mormente se estas não foram impostas antes da transferência do estabelecimento. Recurso extraordinário provido em parte".

[76] STJ, 1ª S., REsp 923.012/MG, Rel. Min. Luiz Fux, *DJe* 24.06.2010. O caso tratava de sucessão empresarial (fusão, cisão, incorporação), assim como nos casos de aquisição de fundo de comércio ou estabelecimento comercial e, principalmente, nas configurações de sucessão por transformação do tipo societário (sociedade anônima transformando-se em sociedade por cotas de responsabilidade limitada, *v.g.*). Contudo, a sua *ratio decidendi* tem sido aplicada a todas as hipóteses de responsabilidade dos sucessores.

[77] De acordo com a Súmula Carf 113: "A responsabilidade tributária do sucessor abrange, além dos tributos devidos pelo sucedido, as multas moratórias ou punitivas, desde que seu fato gerador tenha ocorrido até a data da sucessão, independentemente de esse crédito ser formalizado, por meio de lançamento de ofício, antes ou depois do evento sucessório. (Vinculante, conforme Portaria ME 129 de 1º.04.2019, *DOU* de 02.04.2019)".

[78] Destaca-se, nesse sentido, o Acórdão 106-17.143: "Tratando-se de sucessão entre empresas ligadas, coligadas ou controladas, deve-se manter a multa de ofício lançada na empresa incorporada, já que é manifesta a interveniência da incorporadora nos procedimentos da incorporada, notadamente quando é patente a presença de empresas do grupo econômico na operação financeira que culminou com o procedimento fiscal" (1º CC., 6ª C., Ac. 106-17.143. S. 05.11.2008. No mesmo sentido: Ac. 103-23509; Ac. 302-38.897; Ac. 101-96.270; Ac. 103-23.033).

crédito ser formalizado, por meio de lançamento de ofício, antes ou depois do evento sucessório (Vinculante, conforme Portaria ME nº 129 de 1º.04.2019, *DOU* de 02.04.2019)".

A exegese ampliativa da jurisprudência do STJ não parece apropriada. A responsabilidade dos sucessores, como preceitua o *caput* do art. 129 do CTN, abrange apenas os *créditos tributários*, sem alcançar as multas. Esse dispositivo é informado pelo princípio da pessoalidade das penas, também conhecido como princípio da intranscendência, que é consagrado na Constituição Federal de 1988 (art. 5º, XLV). Portanto, não sendo coautor ou partícipe, ninguém pode responder pelas consequências sancionatórias da ilicitude de terceiros. Admitir o contrário seria colocar a percepção da receita da penalidade pecuniária à frente da realização das garantias individuais, convertendo-a em valor supremo, acima do próprio texto constitucional. Por isso, na linha do que entendiam os julgados do STF, o sucessor responderia apenas pelo crédito tributário, ou seja, a responsabilidade não alcançava as multas fiscais.

5.4.2   Transmissão de bens

A responsabilidade dos sucessores na transmissão de bens encontra-se disciplinada nos arts. 130 e 131 do CTN:

> Art. 130. Os créditos tributários relativos a impostos cujo fato gerador seja a propriedade, o domínio útil ou a posse de bens imóveis, e bem assim os relativos a taxas pela prestação de serviços referentes a tais bens, ou a contribuições de melhoria, sub-rogam-se na pessoa dos respectivos adquirentes, salvo quando conste do título a prova de sua quitação.
>
> Parágrafo único. No caso de arrematação em hasta pública, a sub-rogação ocorre sobre o respectivo preço.
>
> Art. 131. São pessoalmente responsáveis:
>
> I – o adquirente ou remitente, pelos tributos relativos aos bens adquiridos ou remidos; (Redação dada pelo Decreto-lei 28, de 1966)
>
> II – o sucessor a qualquer título e o cônjuge meeiro, pelos tributos devidos pelo de cujus até a data da partilha ou adjudicação, limitada esta responsabilidade ao montante do quinhão do legado ou da meação;
>
> III – o espólio, pelos tributos devidos pelo de cujus até a data da abertura da sucessão.

Portanto, a transmissão *inter vivos* de bem imóvel, em razão da sub-rogação legal prevista no *caput* do art. 130, implica a transferência do débito ao adquirente. Esse, entretanto, pode afastar a sua responsabilidade, protegendo-se do risco de ser compelido a pagar o crédito tributário, desde que condicione a formalização da transferência à apresentação da prova da quitação, fazendo constar a informação no título aquisitivo.

Também não há responsabilidade tributária na aquisição mediante arrematação em hasta pública. Nesses casos, nos termos do parágrafo único do art. 130, os créditos tributários eventualmente devidos sub-rogam-se no preço depositado e o arrematante adquire o imóvel livre de qualquer dívida. Essa previsão justifica-se em razão da natureza originária da aquisição da propriedade, que não resulta de uma relação jurídica ou vinculação entre o novo e o antigo titular. Por isso, alguns julgados do STJ têm afastado a responsabilidade pessoal na arrematação de bens móveis prevista no inciso I do art. 131, notadamente em relação ao débito de IPVA de veículos automotores[79]. No julgamento do REsp 1.914.902, por sua vez, a Corte decidiu que: "Diante do disposto no art. 130, parágrafo único, do Código Tributário Nacional, é inválida a previsão em

---

[79]   "Tributário. Arrematação judicial de veículo. Débito de IPVA. Responsabilidade tributária. CTN, ART. 130, parágrafo único.

Parte Geral • Capítulo VII • OBRIGAÇÃO TRIBUTÁRIA | **253**

edital de leilão atribuindo responsabilidade ao arrematante pelos débitos tributários que já incidiam sobre o imóvel na data de sua alienação" (Tema Repetitivo 1.134)[80]. Esse mesmo critério, entretanto, não é observado na adjudicação (CPC, art. 876)[81] de bens penhorados ao exequente[82]. No entanto, a rigor, deveria ser estendido a todas as formas de aquisição originária.

Ainda de acordo com o Superior Tribunal de Justiça, "não obstante o Código Tributário Nacional afaste a responsabilidade do adquirente, não há falar em extinção do crédito tributário, subsistindo a responsabilidade do antigo proprietário"[83]. Assim, se o imóvel for adquirido em hasta pública e o lanço não for suficiente para liquidar o crédito tributário, a diferença pode ser cobrada do proprietário anterior. O mesmo se aplica quando a certidão negativa transcrita no título aquisitivo faz ressalva em relação à possível existência de créditos tributários ainda não constituídos.

Além disso, de acordo com a tese jurídica fixada pelo STJ no REsp 1.073.846, "o promitente vendedor é parte legítima para figurar no polo passivo da execução fiscal que busca a cobrança de ITR nas hipóteses em que não há registro imobiliário do ato translativo de propriedade" (Tema Repetitivo 209). Dessa forma, o tributo pode ser cobrando indistintamente do promitente vendedor e do promitente comprador, o que também se aplica ao IPTU[84].

---

1. A arrematação de bem em hasta pública é considerada como aquisição originária, inexistindo relação jurídica entre o arrematante e o anterior proprietário do bem.

2. Os débitos anteriores à arrematação sub-rogam-se no preço da hasta. Aplicação do artigo 130, § único do CTN, em interpretação que se estende aos bens móveis e semoventes" (STJ, 2ª T., REsp 807.455/RS, Rel. Min. Eliana Calmon, *DJe* 21.11.2008). No mesmo sentido: "A arrematação de bem móvel ou imóvel em hasta pública é considerada como aquisição originária, inexistindo relação jurídica entre o arrematante e o anterior proprietário do bem, de maneira que os débitos tributários anteriores à arrematação sub-rogam-se no preço da hasta" (STJ, 2ª T., AgRg no Ag 1.225.813/SP, Rel. Min. Eliana Calmon, *DJe* 08.04.2010). No mesmo sentido: STJ, 2ª T., REsp 954.176, Rel. Min. Eliana Calmon, *DJe* 23.06.2009.

80   STJ, 1ª S., REsp 1.914.902, Rel. Min. Teodoro Silva Santos, *DJe* 24.10.2024.

81   "Art. 876. É lícito ao exequente, oferecendo preço não inferior ao da avaliação, requerer que lhe sejam adjudicados os bens penhorados."

82   "[...] havendo a adjudicação do imóvel, cabe ao adquirente (credor) o pagamento dos tributos incidentes sobre o Bem adjudicado, eis que, ao contrário da arrematação em hasta pública, não possui o efeito de expurgar os ônus obrigacionais que recaem sobre o bem" (STJ, 2ª T., REsp 1.179.056/MG, Rel. Min. Humberto Martins, *DJe* 21.10.2010). No mesmo sentido: STJ, 1ª T., AgRg no AREsp 95.614/SP, Rel. Min. Napoleão Nunes Maia Filho, *DJe* 22.04.2019. De acordo a Súmula do STJ 585: "A responsabilidade solidária do ex-proprietário, prevista no art. 134 do Código de Trânsito Brasileiro – CTB, não abrange o IPVA incidente sobre o veículo automotor, no que se refere ao período posterior à sua alienação".

83   STJ, 1ª T., REsp 1.087.275, Rel. Min. Denise Arruda, *DJe*, 10.12.2009.

84   STJ, 1ª S., REsp 1.073.846, Rel. Min. Luiz Fux, *DJe* 18.12.2009. O precedente foi assentado na premissa de que o ITR incide sobre a propriedade, o domínio útil ou a posse de imóvel localizado fora da zona urbana do Município: "4. Os impostos incidentes sobre o patrimônio (Imposto sobre a Propriedade Territorial Rural – ITR e Imposto sobre a Propriedade Predial e Territorial Urbana – IPTU) decorrem de relação jurídica tributária instaurada com a ocorrência de fato imponível encartado, exclusivamente, na titularidade de direito real, razão pela qual consubstanciam obrigações *propter rem*, impondo-se sua assunção a todos aqueles que sucederem ao titular do imóvel. [...] É que, nas hipóteses em que verificada a 'contemporaneidade' do exercício da posse direta e da propriedade (e não a efetiva sucessão do direito real de propriedade, tendo em vista a inexistência de registro do compromisso de compra e venda no cartório competente), o imposto sobre o patrimônio poderá ser exigido de qualquer um dos sujeitos passivos 'coexistentes', exegese aplicável à espécie, por força do princípio de hermenêutica *ubi eadem ratio ibi eadem legis dispositio*". No mesmo sentido: "A cobrança do tributo pode ser feita tanto do proprietário/possuidor do imóvel à época do fato gerador do imposto quanto daquele que vier a lhe suceder, em face da responsabilidade tributária por sucessão" (STJ, 1ª T., AgInt no AREsp 1.723.817, Rel. Min. Gurgel de Faria, *DJe* 14.09.2021).

254 | CURSO DE DIREITO TRIBUTÁRIO – *Solon Sehn*

5.4.3 Fusão, transformação, cisão ou incorporação

A responsabilidade das pessoas jurídicas de direito privado resultantes de fusão, de transformação ou de incorporação encontra-se disciplinada no art. 132 do CTN:

> Art. 132. A pessoa jurídica de direito privado que resultar de fusão, transformação ou incorporação de outra ou em outra é responsável pelos tributos devidos até à data do ato pelas pessoas jurídicas de direito privado fusionadas, transformadas ou incorporadas.
>
> Parágrafo único. O disposto neste artigo aplica-se aos casos de extinção de pessoas jurídicas de direito privado, quando a exploração da respectiva atividade seja continuada por qualquer sócio remanescente, ou seu espólio, sob a mesma ou outra razão social, ou sob firma individual.

Na transformação, há uma alteração do tipo societário, independentemente de dissolução ou de liquidação[85]. É o que ocorre, *v.g.*, quando uma sociedade por quotas de responsabilidade limitada, por deliberação dos sócios, converte-se em uma sociedade por ações. Trata-se de uma operação que não altera nem prejudica as garantias dos credores. As dívidas, até a sua liquidação, permanecem submetidas às regras do tipo societário anterior[86]. A rigor, como não implica a constituição de uma nova sociedade[87], não haveria necessidade de previsão de responsabilidade por sucessão no art. 132.

Na fusão, por sua vez, duas ou mais sociedades, de tipos iguais ou diferentes, unem-se para formar uma nova sociedade que as sucede nos direitos e nas obrigações[88]. Já na incorporação, uma ou mais sociedades são extintas e absorvidas por outra, que as sucede para todos os efeitos legais[89]. Em qualquer dessas modalidades, o CTN estabelece que a pessoa jurídica que resultar da fusão ou da incorporação é responsável pelos tributos devidos até à data do ato.

Também é possível a cisão societária, quando o patrimônio da pessoa jurídica é transferido para uma ou mais sociedades, já existentes ou constituídas para esse fim. Pode ser total ou parcial, conforme ocorra ou não a extinção da pessoa jurídica cindida[90]. O art. 132 não faz referência

---

[85] CC:"Art. 1.113. O ato de transformação independe de dissolução ou liquidação da sociedade, e obedecerá aos preceitos reguladores da constituição e inscrição próprios do tipo em que vai converter-se". Lei 6.404/1976: "Art. 220. A transformação é a operação pela qual a sociedade passa, independentemente de dissolução e liquidação, de um tipo para outro".

[86] CC:"Art. 1.115. A transformação não modificará nem prejudicará, em qualquer caso, os direitos dos credores". Lei 6.404/1976: "Art. 222. A transformação não prejudicará, em caso algum, os direitos dos credores, que continuarão, até o pagamento integral dos seus créditos, com as mesmas garantias que o tipo anterior de sociedade lhes oferecia".

[87] REQUIÃO, Rubens. *Curso de direito comercial*. 23. ed. São Paulo: Saraiva, 2003. v. 2, p. 254.

[88] CC: "Art. 1.116. Na incorporação, uma ou várias sociedades são absorvidas por outra, que lhes sucede em todos os direitos e obrigações, devendo todas aprová-la, na forma estabelecida para os respectivos tipos"; Lei 6.404/1976: "Art. 228. A fusão é a operação pela qual se unem duas ou mais sociedades para formar sociedade nova, que lhes sucederá em todos os direitos e obrigações".

[89] CC: "Art. 1.116. Na incorporação, uma ou várias sociedades são absorvidas por outra, que lhes sucede em todos os direitos e obrigações, devendo todas aprová-la, na forma estabelecida para os respectivos tipos"; Lei 6.404/1976: "Art. 227. A incorporação é a operação pela qual uma ou mais sociedades são absorvidas por outra, que lhes sucede em todos os direitos e obrigações".

[90] Lei 6.404/1976: "Art. 229. A cisão é a operação pela qual a companhia transfere parcelas do seu patrimônio para uma ou mais sociedades, constituídas para esse fim ou já existentes, extinguindo-se a companhia cindida, se houver versão de todo o seu patrimônio, ou dividindo-se o seu capital, se parcial a versão. [...] § 1º Sem prejuízo do disposto no artigo 233, a sociedade que absorver parcela do patrimônio da companhia cindida sucede a esta nos direitos e obrigações relacionados no ato da cisão; no caso de cisão com extinção, as sociedades que absorverem parcelas do patrimônio da companhia cindida sucederão a esta, na proporção dos patrimônios líquidos transferidos, nos direitos e obrigações não relacionados. [...] § 3º A cisão com versão

Parte Geral · **Capítulo VII** · OBRIGAÇÃO TRIBUTÁRIA | **255**

à cisão, que ainda não era prevista no direito brasileiro na época da promulgação do CTN. Entretanto, de acordo a jurisprudência do STJ, "a cisão da sociedade é modalidade de mutação empresarial sujeita, para efeito de responsabilidade tributária, ao mesmo tratamento jurídico conferido às demais espécies de sucessão"[91].

Na interpretação desse dispositivo, o STJ definiu as seguintes teses jurídicas: (a) "a responsabilidade tributária do sucessor abrange, além dos tributos devidos pelo sucedido, as multas moratórias ou punitivas, que, por representarem dívida de valor, acompanham o passivo do patrimônio adquirido pelo sucessor, desde que seu fato gerador tenha ocorrido até a data da sucessão" (Tema Repetitivo 382)[92]; (b) "a execução fiscal pode ser redirecionada em desfavor da empresa sucessora para cobrança de crédito tributário relativo a fato gerador ocorrido posteriormente à incorporação empresarial e ainda lançado em nome da sucedida, sem a necessidade de modificação da Certidão de Dívida Ativa, quando verificado que esse negócio jurídico não foi informado oportunamente ao fisco" (Tema Repetitivo 1.049)[93].

5.4.4   Aquisição de estabelecimento empresarial

O estabelecimento empresarial ou fundo de comércio não se confunde com o local de funcionamento da sociedade[94]. Trata-se de uma *universalidade de fato*[95] – instrumento da atividade do empresário – formada pelos bens corpóreos (*v.g.*, mercadorias em estoque e bens do ativo imobilizado) e incorpóreos (contratos, ponto comercial, título de estabelecimento, entre outros) reunidos para o exercício da atividade econômica[96]. O estabelecimento pode ser objeto de alienação, usufruto ou arrendamento[97], ficando submetido, para efeitos fiscais, às seguintes disposições:

---

de parcela de patrimônio em sociedade já existente obedecerá às disposições sobre incorporação (artigo 227)"; "Art. 233. Na cisão com extinção da companhia cindida, as sociedades que absorverem parcelas do seu patrimônio responderão solidariamente pelas obrigações da companhia extinta. A companhia cindida que subsistir e as que absorverem parcelas do seu patrimônio responderão solidariamente pelas obrigações da primeira anteriores à cisão".

91   STJ, 1ª T., AgInt no REsp 1.834.255, Rel. Min. Gurgel de Faria, *DJe* 05.05.2021.

92   STJ, 1ª S., REsp 923.012, Rel. Min. Luiz Fux, *DJe* 24.06.2010.

93   STJ, 1ª S., REsp 1.848.993, Rel. Min. Gurgel de Faria, *DJe* 09.09.2020. A *ratio decidendi* do julgado foi a seguinte: "[...] o negócio jurídico que culmina na extinção na pessoa jurídica por incorporação empresarial somente surte seus efeitos na esfera tributária depois de essa operação ser pessoalmente comunicada ao fisco, pois somente a partir de então é que Administração Tributária saberá da modificação do sujeito passivo e poderá realizar os novos lançamentos em nome da empresa incorporadora (art. 121 do CTN) e cobrar dela, na condição de sucessora, os créditos já constituídos (art. 132 do CTN)".

94   CC: "Art. 1.142. [...] § 1º O estabelecimento não se confunde com o local onde se exerce a atividade empresarial, que poderá ser físico ou virtual. (Incluído pela Lei 14.382, de 2022)".

95   CC: "Art. 90. Constitui universalidade de fato a pluralidade de bens singulares que, pertinentes à mesma pessoa, tenham destinação unitária". Alguns autores, como assinala Rubens Requião, procuram "explicar o fundo de comércio como uma *universitas juris*. É claro que essa conceituação não é válida no direito brasileiro, tendo-se em vista que a universalidade de direito só se constitui por força de lei. Assim a herança, patrimônio que foi do falecido, antes de efetuada a partilha respectiva aos herdeiros, compõe a universalidade, sendo sujeito de direito. O mesmo ocorre com a massa falida, que forma uma universalidade de direito, destacada do patrimônio do falido, que perde a disposição de seus bens, sendo colocada sob a administração do síndico, submetido à autoridade judicial. Falta ao fundo de comércio, pelo menos no direito brasileiro, idêntica estrutura legal, para enquadra-se na categoria de *universitas juris*. [...] o fundo de comércio a muitos parece ser uma simples universalidade de fato. A universalidade de fato constitui um conjunto de bens que se mantêm unidos, destinados a um fim, por vontade e determinação de seu proprietário. Cita-se como exemplo a biblioteca e o rebanho... Assim é o estabelecimento comercial" (REQUIÃO, Rubens. *Curso de direito comercial*. 23. ed. São Paulo: Saraiva, 2003. v. 1, p. 271).

96   CC: "Art. 1.142. Considera-se estabelecimento todo complexo de bens organizado, para exercício da empresa, por empresário, ou por sociedade empresária. (Vide Lei 14.195, de 2021)".

97   "Art. 1.144. O contrato que tenha por objeto a alienação, o usufruto ou arrendamento do estabelecimento, só produzirá efeitos quanto a terceiros depois de averbado à margem da inscrição do empresário, ou da sociedade empresária, no Registro Público de Empresas Mercantis, e de publicado na imprensa oficial."

Art. 133. A pessoa natural ou jurídica de direito privado que adquirir de outra, por qualquer título, fundo de comércio ou estabelecimento comercial, industrial ou profissional, e continuar a respectiva exploração, sob a mesma ou outra razão social ou sob firma ou nome individual, responde pelos tributos, relativos ao fundo ou estabelecimento adquirido, devidos até à data do ato:

I – integralmente, se o alienante cessar a exploração do comércio, indústria ou atividade;

II – subsidiariamente com o alienante, se este prosseguir na exploração ou iniciar dentro de seis meses a contar da data da alienação, nova atividade no mesmo ou em outro ramo de comércio, indústria ou profissão.

§ 1º O disposto no *caput* deste artigo não se aplica na hipótese de alienação judicial: (Incluído pela Lcp 118, de 2005)

I – em processo de falência; (Incluído pela Lcp 118, de 2005)

II – de filial ou unidade produtiva isolada, em processo de recuperação judicial. (Incluído pela Lcp 118, de 2005)

§ 2º Não se aplica o disposto no § 1º deste artigo quando o adquirente for: (Incluído pela Lcp 118, de 2005)

I – sócio da sociedade falida ou em recuperação judicial, ou sociedade controlada pelo devedor falido ou em recuperação judicial; (Incluído pela Lcp 118, de 2005)

II – parente, em linha reta ou colateral até o 4º (quarto) grau, consanguíneo ou afim, do devedor falido ou em recuperação judicial ou de qualquer de seus sócios; ou (Incluído pela Lcp 118, de 2005)

III – identificado como agente do falido ou do devedor em recuperação judicial com o objetivo de fraudar a sucessão tributária. (Incluído pela Lcp 118, de 2005)

§ 3º Em processo da falência, o produto da alienação judicial de empresa, filial ou unidade produtiva isolada permanecerá em conta de depósito à disposição do juízo de falência pelo prazo de 1 (um) ano, contado da data de alienação, somente podendo ser utilizado para o pagamento de créditos extraconcursais ou de créditos que preferem ao tributário. (Incluído pela Lcp 118, de 2005)

Assim, ressalvada a alienação judicial em processo de falência e de filial ou unidade produtiva isolada em recuperação judicial, o adquirente do estabelecimento empresarial responde pelos tributos devidos pelo alienante até a data da operação. Isso pode ocorrer de forma integral ou subsidiária, o que, nos termos dos incisos I e II do art. 133 do CTN, dependerá da continuidade ou da cessação das atividades pelo alienante. Além disso, é necessário que ocorra a alienação do estabelecimento enquanto universalidade *de fato*, e não a venda ou cessão isolada de bens corpóreos ou incorpóreos que o integrem[98]. Ademais, não há responsabilidade em operações que não configuram a transferência do domínio (*v.g.*, de locação[99]).

---

[98] Vale destacar, a esse propósito, a seguinte passagem da decisão monocrática da Min. Assusete Magalhães no REsp 1.933.943: "O estabelecimento comercial, por sua vez, deve ser entendido como o conjunto de bens corpóreos e incorpóreos, cada qual com sua individualidade própria, organizados para o exercício da atividade empresarial (art. 1.142 do CC). No ponto, faz-se mister ressaltar que este não corresponde ao mero local físico do exercício da atividade, mas a uma universalidade de fato. Daí por que a sucessão empresarial pressupõe uma análise cautelosa de extenso e diversificado rol probatório apto a demonstrar a transferência dos referidos bens como uma unidade, não bastando simples indícios de confusão patrimonial" (*DJe* 07.12.2021).

[99] "Tributário. Embargos à execução. Responsabilidade por sucessão. Art. 133 do CTN. Contrato de locação. Subsunção à hipótese legal. Não ocorrência.

Parte Geral • **Capítulo VII** • OBRIGAÇÃO TRIBUTÁRIA | **257**

5.5 Responsabilidade de terceiros

5.5.1 Responsabilidade subsidiária e responsabilidade direta

A responsabilidade de terceiros encontra-se prevista nos arts. 134 e 135 do CTN:

Seção III

Responsabilidade de Terceiros

Art. 134. Nos casos de impossibilidade de exigência do cumprimento da obrigação principal pelo contribuinte, respondem solidariamente com este nos atos em que intervierem ou pelas omissões de que forem responsáveis:

I – os pais, pelos tributos devidos por seus filhos menores;

II – os tutores e curadores, pelos tributos devidos por seus tutelados ou curatelados;

III – os administradores de bens de terceiros, pelos tributos devidos por estes;

IV – o inventariante, pelos tributos devidos pelo espólio;

V – o síndico e o comissário, pelos tributos devidos pela massa falida ou pelo concordatário;

VI – os tabeliães, escrivães e demais serventuários de ofício, pelos tributos devidos sobre os atos praticados por eles, ou perante eles, em razão do seu ofício;

VII – os sócios, no caso de liquidação de sociedade de pessoas.

Parágrafo único. O disposto neste artigo só se aplica, em matéria de penalidades, às de caráter moratório.

Art. 135. São pessoalmente responsáveis pelos créditos correspondentes a obrigações tributárias resultantes de atos praticados com excesso de poderes ou infração de lei, contrato social ou estatutos:

I – as pessoas referidas no artigo anterior;

II – os mandatários, prepostos e empregados;

III – os diretores, gerentes ou representantes de pessoas jurídicas de direito privado.

O art. 134 estabelece hipóteses de responsabilidade solidária pelo pagamento do crédito tributário. Entretanto, como o credor apenas pode demandar o terceiro diante da impossibilidade de exigência do cumprimento da obrigação do contribuinte, a doutrina entende que haveria uma atecnia nessa previsão. O próprio STJ, considerando que a solidariedade não comporta benefício de ordem, tem precedente reconhecendo que, a rigor, o preceito estabelece responsabilidade subsidiária:

Flagrante ausência de tecnicidade legislativa se verifica no artigo 134, do CTN, em que se indica hipótese de responsabilidade solidária "nos casos de impossibilidade de exigência do cumprimento da obrigação principal pelo contribuinte", uma vez cediço que o instituto

---

1. 'A responsabilidade do art. 133 do CTN ocorre pela aquisição do fundo de comércio ou estabelecimento, ou seja, pressupõe a aquisição da propriedade com todos os poderes inerentes ao domínio, o que não se caracteriza pela celebração de contrato de locação, ainda que mantida a mesma atividade exercida pelo locador' (REsp 1.140.655/PR, 2ª T., Rel. Min. Eliana Calmon, j. 17.12.2009, *DJe* 19.02.2010).

2. Recurso especial provido" (STJ, 2ª T., REsp 1.293.144, Rel. Min. Castro Meira, *DJe* 26.04.2013. No mesmo sentido: STJ, 2ª T., AgRg no Ag 1.321.679, Rel. Min. Mauro Campbell Marques, *DJe* 05.11.2010; STJ, 2ª T., REsp 108.873, Rel. Min. Ari Pargendler, *DJ* 12.04.1999).

da solidariedade não se coaduna com o benefício de ordem ou de excussão. Em verdade, o aludido preceito normativo cuida de responsabilidade subsidiária[100].

A responsabilidade restringe-se às omissões ou aos atos em que as pessoas previstas nos incisos I a VII do art. 134 tenham de alguma maneira intervindo. Isso ocorre porque, como ressaltado anteriormente, a responsabilidade pressupõe a violação de um *dever de vigilância* ou de *verificação da conformidade fiscal* do contribuinte ou, como já reconheceu a jurisprudência do STF, de um *dever de colaboração*[101]. Outra particularidade é que, nas hipóteses previstas no art. 134, a responsabilidade pelo pagamento de penalidades abrange apenas as multas moratórias. Assim, não há responsabilidade em relação às multas isoladas, às multas de ofício, entre outras relacionadas ao descumprimento de deveres formais.

No art. 135, por sua vez, o CTN estabelece a responsabilidade pessoal dos mesmos agentes previstos no art. 134, assim como dos mandatários, prepostos e empregados, de diretores, gerentes ou representantes de pessoas jurídicas de direito privado. Trata-se de uma responsabilização direta, vale dizer, sem caráter solidário nem subsidiário. O contribuinte é desonerado, porque a obrigação tributária resulta de atos praticados com excesso de poderes ou infração à lei, ao contrato social ou aos estatutos.

Entre as hipóteses anteriores, convém examinar de forma mais detida a responsabilidade dos sócios na liquidação de sociedades (art. 134, VII) e dos administradores de pessoas jurídicas de direito privado (art. 135, III), que são as mais controvertidas na doutrina e na jurisprudência.

5.5.2 Responsabilidade dos sócios

O sócio de uma pessoa jurídica, de acordo com o art. 134, VII, do CTN é responsável subsidiário na liquidação das *sociedades de pessoas*, que são aquelas constituídas em função das qualidades ou dos atributos dos sócios. O preceito, portanto, não abrange as *sociedades de capital* – sociedades anônimas e sociedades em comandita por ações[102] – nem as de natureza *mista*, como é o caso da sociedade limitada.

É certo que, para parte da doutrina, as sociedades limitadas têm natureza de sociedades de pessoas. No entanto, parece mais acertada a interpretação que as considera de *natureza mista*. É que, dependendo das características do contrato social, essas entidades podem assumir contornos de sociedade de pessoas ou de capital. O ato constitutivo, *v.g.*, pode vedar a livre cessão das quotas a terceiros ou prever a dissolução em caso de morte de qualquer dos sócios, evidenciando que as qualidades ou os atributos dos sócios não são determinantes para a constituição ou a manutenção do vínculo. Também é possível o contrário, quando o ato constitutivo não impede a transferência da participação societária a terceiros, denotando a maior relevância do investimento no capital.

A natureza mista das sociedades limitadas já foi reconhecida pelo STF no RE 70.870, relatado pelo Ministro Aliomar Baleeiro: "A sociedade por cotas de responsabilidade é mista e não

---

[100] STJ, 1ª S., EREsp 446.955, Rel. Min. Luiz Fux, *DJe* 19.05.2008.

[101] STF, Tribunal Pleno, RE 596.832, Rel. Min. Marco Aurélio, *DJe* 21.10.2020.

[102] A doutrina diverge acerca da natureza da sociedade limitada. Prevalece a interpretação que as considera de natureza pessoal. Porém, alguns autores entendem que teria natureza mista, podendo adquirir contornos de sociedade pessoal ou de capital, dependendo das características do contrato social. Assim, se esse contém cláusulas com características de sociedade de capital (*v.g.*, livre cessão das quotas a terceiros independentemente de anuência dos demais sócios ou não dissolução em caso de morte de qualquer dos sócios), a sociedade limitada terá essa natureza. Do contrário, será pessoal. Essa doutrina, como assinala Rubens Requião, já foi adotada pelo STF em dois julgados antigos da lavra do Min. Aliomar Baleeiro. É o caso, por exemplo, do RE 70.870: "A sociedade por cotas de responsabilidade é mista e não de pessoas" (*RTJ*/377). Cf., a esse respeito: REQUIÃO, Rubens. *Curso de direito comercial*. 23. ed. São Paulo: Saraiva, 2003. v. 1, p. 467.

Parte Geral • Capítulo VII • OBRIGAÇÃO TRIBUTÁRIA | **259**

de pessoas"[103]. Mais recentemente, no RE 562.276, o Supremo Tribunal Federal decidiu que: "É inconstitucional o art. 13 da Lei 8.620/1993, na parte em que estabelece que os sócios de empresas por cotas de responsabilidade limitada respondem solidariamente, com seus bens pessoais, por débitos junto à Seguridade Social" (Tema 13). No julgamento, a Corte entendeu que nesse tipo societário a responsabilização do sócio deve ocorrer com fundamento no art. 135, III, do CTN, de sorte que "apenas o sócio com poderes de gestão ou representação da sociedade é que pode ser responsabilizado, o que resguarda a pessoalidade entre o ilícito – má gestão ou representação por prática de atos com excesso de poder ou infração à lei, contrato social ou estatutos – e a consequência de ter de responder pelo tributo devido pela sociedade"[104].

5.5.3 Responsabilidade de administradores da sociedade

Os diretores, gerentes ou representantes de pessoas jurídicas de direito privado, nos termos do art. 135, III, do CTN, são pessoalmente responsáveis pelos tributos devidos pela sociedade, desde que tenham atuado com excesso de poder ou infração de lei, contrato social ou estatutos. Por isso, o STJ tem entendido que "a simples falta de pagamento do tributo não configura, por si só, nem em tese, circunstância que acarreta a responsabilidade subsidiária do sócio, prevista no art. 135 do CTN. É indispensável, para tanto, que tenha agido com excesso de poderes ou infração à lei, ao contrato social ou ao estatuto da empresa" (Tema Repetitivo 97)[105].

Na aplicação do inciso III do art. 135, cumpre considerar que, na realidade empresarial, as sociedades podem assumir configurações distintas. Algumas têm o caráter familiar, apresentando, na composição societária, parentes que figuram como sócios-gerentes, mas que não desempenham a administração efetiva (*v.g.*, filhos ou esposa). Também há sociedades em que um dos sócios, apesar de constar como gerente no contrato social, têm uma participação societária reduzida – atuando, *v.g.*, apenas no segmento de vendas –, sem ingerência efetiva sobre a administração da empresa. Outra realidade são as sociedades complexas, com inúmeros funcionários, com atuação nacional e, muitas vezes, internacional. Nelas há uma natural estratificação técnica e operacional entre diversos níveis, ficando a cargo da diretoria apenas as decisões gerais de caráter estratégico da gestão empresarial. Em razão disso, em qualquer caso, sempre deve ser demonstrado que o diretor, o gerente ou representante foi o autor, coautor ou partícipe[106] da conduta caracterizadora do excesso de poder ou infração à lei, contrato social ou estatutos.

Entre as diversas situações que podem autorizar a responsabilização do administrador, a *dissolução irregular* é a que tem despertado maior preocupação da jurisprudência. Nela o gestor da sociedade, em vez de observar os requisitos formais e materiais de liquidação previstos na legislação societária, simplesmente encerra as operações da empresa sem o pagamento de cre-

---

[103] O inteiro teor do acórdão não consta na base de dados do STF. No entanto, a sua transcrição pode ser obtida em Rubens Requião (*Curso de direito comercial*. 23. ed. São Paulo: Saraiva, 2003. v. 1, p. 467), que explica a decisão citando o voto do relator: "A enunciação clara dessa doutrina ocorreu no julgamento do Rec. Extr. 70.870/SP, em voto do Ministro Relator Aliomar Baleeiro. Decidia-se espécie relativa à realização de penhora em bens dos sócios da sociedade por quotas, na falta de patrimônio desta, em executivo fiscal. A certa altura de seu pronunciamento, sustentou o relator que: 'Embora já figurasse no Decreto-lei 852/38 (modificação do Código de Águas de 1934) a divisão das sociedades comerciais em a) de capitais; b) mistas (inclusive as de responsabilidade limitada); c) e de pessoas, certo é que esse critério não tem sido aprovado pela melhor doutrina, como a de Vivante e a de nosso J. X. Carvalho de Mendonça. De qualquer forma prevalece, analógica e sistematicamente, a divisão do legislador que, naquele Decreto-lei 852/38, art. 7º, a adotou, excluindo das sociedades de pessoas a por contas de responsabilidade limitada'".

[104] Voto da Min. Ellen Gracie. STF, Tribunal Pleno, RE 562.276, Rel. Min. Ellen Gracie, *DJe* 10.02.2011.

[105] STJ, 1ª S., REsp 1.101.728/SP, Rel. Min. Teori Albino Zavascki, *DJe* 23.03.2009. No mesmo sentido, a Súmula 430 do STJ: "o inadimplemento da obrigação tributária pela sociedade não gera, por si só, a responsabilidade solidária do sócio-gerente".

[106] Para a diferenciação entre autoria, coautoria e participação, ver item 5.6, *infra*.

dores. Nesses casos, o STJ entende que o administrador pratica um *ato ilícito*, o que autoriza o redirecionamento da cobrança do crédito tributário[107]. A responsabilidade tributária, entretanto, recai sobre o administrador que der causa ao ilícito[108], independentemente de quem figurava como gestor da data do evento imponível:

(a) **Tema Repetitivo 962**: "O redirecionamento da execução fiscal, quando fundado na dissolução irregular da pessoa jurídica executada ou na presunção de sua ocorrência, não pode ser autorizado contra o sócio ou o terceiro não sócio que, embora exercesse poderes de gerência ao tempo do fato gerador, sem incorrer em prática de atos com excesso de poderes ou infração à lei, ao contrato social ou aos estatutos, dela regularmente se retirou e não deu causa à sua posterior dissolução irregular, conforme art. 135, III, do CTN"[109];

(b) **Tema Repetitivo 981**: "O redirecionamento da execução fiscal, quando fundado na dissolução irregular da pessoa jurídica executada ou na presunção de sua ocorrência, pode ser autorizado contra o sócio ou o terceiro não sócio, com poderes de administração na data em que configurada ou presumida a dissolução irregular, ainda que não tenha exercido poderes de gerência quando ocorrido o fato gerador do tributo não adimplido, conforme art. 135, III, do CTN"[110].

Por outro lado, de acordo com a Súmula 435 do Superior Tribunal de Justiça, "presume-se dissolvida irregularmente a empresa que deixar de funcionar no seu domicílio fiscal, sem comunicação aos órgãos competentes, legitimando o redirecionamento da execução fiscal para o sócio-gerente". Trata-se de uma presunção relativa (*juris tantum*) – sujeita à prova em contrário

---

[107] Tema Repetitivo 630. Tese jurídica: "Em execução fiscal de dívida ativa tributária ou não tributária, dissolvida irregularmente a empresa, está legitimado o redirecionamento ao sócio-gerente" (STJ, 1ª S., REsp 1.371.128, Rel. Min. Mauro Campbell Marques, *DJe* 17.09.2014).

[108] O prazo para o redirecionamento, por sua vez, foi objeto das seguintes teses jurídicas fixadas no julgamento do Tema Repetitivo 444:

"(i) o prazo de redirecionamento da Execução Fiscal, fixado em cinco anos, contado da diligência de citação da pessoa jurídica, é aplicável quando o referido ato ilícito, previsto no art. 135, III, do CTN, for precedente a esse ato processual;

(ii) a citação positiva do sujeito passivo devedor original da obrigação tributária, por si só, não provoca o início do prazo prescricional quando o ato de dissolução irregular for a ela subsequente, uma vez que, em tal circunstância, inexistirá, na aludida data (da citação), pretensão contra os sócios-gerentes (conforme decidido no REsp 1.101.728/SP, no rito do art. 543-C do CPC/1973, o mero inadimplemento da exação não configura ilícito atribuível aos sujeitos de direito descritos no art. 135 do CTN). O termo inicial do prazo prescricional para a cobrança do crédito dos sócios-gerentes infratores, nesse contexto, é a data da prática de ato inequívoco indicador do intuito de inviabilizar a satisfação do crédito tributário já em curso de cobrança executiva promovida contra a empresa contribuinte, a ser demonstrado pelo Fisco, nos termos do art. 593 do CPC/1973 (art. 792 do novo CPC – fraude à execução), combinado com o art. 185 do CTN (presunção de fraude contra a Fazenda Pública); e,

(iii) em qualquer hipótese, a decretação da prescrição para o redirecionamento impõe seja demonstrada a inércia da Fazenda Pública, no lustro que se seguiu à citação da empresa originariamente devedora (REsp 1.222.444/RS) ou ao ato inequívoco mencionado no item anterior (respectivamente, nos casos de dissolução irregular precedente ou superveniente à citação da empresa), cabendo às instâncias ordinárias o exame dos fatos e provas atinentes à demonstração da prática de atos concretos na direção da cobrança do crédito tributário no decurso do prazo prescricional" (STJ, 1ª S., REsp 1.201.993, Rel. Min. Herman Benjamin, *DJe* 12.12.2019).

[109] STJ, 1ª S., REsp 1.787.156, Rel. Min. Assusete Magalhães, *DJe* 1º.12.2021.

[110] STJ, 1ª S., REsp 1.643.944, Rel. Min. Assusete Magalhães, *DJe* 28.06.2022.

– assentada na premissa de que todo gestor tem o dever legal manter atualizados os cadastros da empresa perante os órgãos públicos[111].

5.5.4 Desconsideração da personalidade jurídica

Os arts. 134, VII, e 135, III, do CTN não impedem a responsabilização de sócios, de administradores da sociedade ou mesmo de outras empresas do grupo econômico em casos de abuso da personalidade jurídica, caracterizado pelo desvio de finalidade ou pela confusão patrimonial, nos termos do art. 50 do Código Civil, na redação da Lei 13.874/2019:

> Art. 50. Em caso de abuso da personalidade jurídica, caracterizado pelo desvio de finalidade ou pela confusão patrimonial, pode o juiz, a requerimento da parte, ou do Ministério Público quando lhe couber intervir no processo, desconsiderá-la para que os efeitos de certas e determinadas relações de obrigações sejam estendidos aos bens particulares de administradores ou de sócios da pessoa jurídica beneficiados direta ou indiretamente pelo abuso. (Redação dada pela Lei 13.874, de 2019)
>
> § 1º Para os fins do disposto neste artigo, desvio de finalidade é a utilização da pessoa jurídica com o propósito de lesar credores e para a prática de atos ilícitos de qualquer natureza. (Incluído pela Lei 13.874, de 2019)
>
> § 2º Entende-se por confusão patrimonial a ausência de separação de fato entre os patrimônios, caracterizada por: (Incluído pela Lei 13.874, de 2019)
>
> I – cumprimento repetitivo pela sociedade de obrigações do sócio ou do administrador ou vice-versa; (Incluído pela Lei 13.874, de 2019)
>
> II – transferência de ativos ou de passivos sem efetivas contraprestações, exceto os de valor proporcionalmente insignificante; e (Incluído pela Lei 13.874, de 2019)
>
> III – outros atos de descumprimento da autonomia patrimonial. (Incluído pela Lei 13.874, de 2019)
>
> § 3º O disposto no *caput* e nos §§ 1º e 2º deste artigo também se aplica à extensão das obrigações de sócios ou de administradores à pessoa jurídica. (Incluído pela Lei 13.874, de 2019)
>
> § 4º A mera existência de grupo econômico sem a presença dos requisitos de que trata o *caput* deste artigo não autoriza a desconsideração da personalidade da pessoa jurídica. (Incluído pela Lei 13.874, de 2019)
>
> § 5º Não constitui desvio de finalidade a mera expansão ou a alteração da finalidade original da atividade econômica específica da pessoa jurídica. (Incluído pela Lei 13.874, de 2019)

A desconsideração da personalidade jurídica em execuções fiscais tem sido amplamente admitida pela jurisprudência. Discute-se, entretanto, a necessidade de instauração do incidente

---

[111] "Em execução fiscal, certificada pelo oficial de justiça a não localização da empresa executada no endereço fornecido ao Fisco como domicílio fiscal para a citação, presume-se (*juris tantum*) a ocorrência de dissolução irregular a ensejar o redirecionamento da execução aos sócios, na forma do art. 135, do CTN. Precedentes: EREsp 852.437/RS, 1ª Seção, Rel. Min. Castro Meira, julgado em 22.10.2008; REsp 1343058/BA, 2ª Turma, Rel. Min. Eliana Calmon, julgado em 09.10.2012. [...] É obrigação dos gestores das empresas manter atualizados os respectivos cadastros junto aos órgãos de registros públicos e ao Fisco, incluindo os atos relativos à mudança de endereço dos estabelecimentos e, especialmente, os referentes à dissolução da sociedade. Precedente: EREsp 716412/PR, 1ª Seção, Rel. Min. Herman Benjamin, julgado em 12.09.2007" (STJ, 1ª S., REsp 1.374.744, Rel. Min. Napoleão Nunes Maia Filho, *DJe* 17.12.2013).

processual específico previsto na legislação processual (CPC, arts. 134, *caput* e §§ 2º e 3º[112]). A 1ª Turma do STJ tem norteado a questão a partir do seguinte entendimento:

> O redirecionamento de execução fiscal à pessoa jurídica que integra o mesmo grupo econômico da sociedade empresária originalmente executada, mas que não foi identificada no ato de lançamento (nome na CDA) ou que não se enquadra nas hipóteses dos arts. 134 e 135 do CTN, depende da comprovação do abuso de personalidade, caracterizado pelo desvio de finalidade ou confusão patrimonial, tal como consta do art. 50 do Código Civil, daí por que, nesse caso, é necessária a instauração do incidente de desconsideração da personalidade da pessoa jurídica devedora[113].

Essa questão ainda deverá ser objeto de exame por parte da 1ª Seção do STJ. Prevalecendo essa interpretação, a Fazenda Pública deverá promover a instauração do incidente de desconsideração sempre que pretender a responsabilização de outra empresa do grupo econômico não identificada no lançamento, bem como de sócios ou de administradores fora das hipóteses previstas nos arts. 134, VII, e art. 135, III, do CTN.

5.5.5   Grupo econômico

Os grupos econômicos ou grupos de sociedades são uma realidade da economia moderna. A legislação brasileira, inspirada na disciplina do *Konzern* do direito alemão, permite a sua formação mediante convenção entre as sociedades interessadas arquivada no Registro de Empresas Mercantis[114]. Esse ato formaliza os termos da combinação de recursos ou de esforços para a realização dos objetivos de cada sociedade ou para fins para a participação em atividades ou empreendimentos em comum[115]. O grupo não adquire personalidade jurídica própria e, apesar do seu inter-relacionamento e da direção unificada, cada sociedade filiada preserva a personalidade e patrimônio individualizados. Não é vedada, entretanto, a formação de *grupos econômicos de fato*, sem a formalização de uma *convenção*, mediante sociedades coligadas, controladoras e controladas[116].

Não há previsão expressa de responsabilização tributária de sociedades do mesmo grupo econômico, o que, entretanto, não significa que isso não possa ocorrer com fundamento em outros dispositivos legais. Destarte, duas são as hipóteses em que uma sociedade filiada pode responder pelo débito tributário de outra integrante do mesmo grupo, independentemente de sua formalização ou não. A primeira é quando o grupo foi constituído para a combinação de recursos ou de esforços para a participação em atividades ou empreendimentos em comum. Nesse caso, desde que configurado um interesse comum na situação que constitua o evento

---

[112]   "Art. 134. O incidente de desconsideração é cabível em todas as fases do processo de conhecimento, no cumprimento de sentença e na execução fundada em título executivo extrajudicial.
[...]
§ 2º Dispensa-se a instauração do incidente se a desconsideração da personalidade jurídica for requerida na petição inicial, hipótese em que será citado o sócio ou a pessoa jurídica.
§ 3º A instauração do incidente suspenderá o processo, salvo na hipótese do § 2º."

[113]   STJ, 1ª T., AgInt no REsp 1.941.136, Rel. Min. Gurgel de Faria, *DJe* 1º.07.2022. No mesmo sentido: STJ, 1ª T., AgInt no REsp 1.889.340, Rel. Min. Sérgio Kukina, *DJe* 23.06.2022; STJ, 1ª T., AgInt no REsp 1.963.597, Rel. Min. Benedito Gonçalves, *DJe* 19.04.2022; STJ, 1ª T., AgInt no REsp 1.963.566, Rel. Min. Regina Helena Costa, *DJe* 17.02.2022.

[114]   Lei 8.934/1994, art. 32, III, "b".

[115]   Lei 6.404/1976, arts. 265 e ss.

[116]   REQUIÃO, Rubens. *Curso de direito comercial*. 23. ed. São Paulo: Saraiva, 2003. v. 2, p. 267 e ss.

Parte Geral • Capítulo VII • OBRIGAÇÃO TRIBUTÁRIA | **263**

imponível, a responsabilização será solidária, com fundamento no art. 124, I, do CTN[117]. A segunda hipótese, em sede de desconsideração da personalidade jurídica, é quando caracterizado o inter-relacionamento disfuncional das empresas, vale dizer, em situações nas quais as sociedades filiadas não preservam a sua individualidade patrimonial, que é um dos pressupostos para a própria caracterização do grupo econômico.

5.6 Responsabilidade por infrações

5.6.1 Subjetivização da responsabilidade

A responsabilidade por infrações encontra-se disciplinada nos arts. 136 e 137 do CTN:

Seção IV

Responsabilidade por Infrações

Art. 136. Salvo disposição de lei em contrário, a responsabilidade por infrações da legislação tributária independe da intenção do agente ou do responsável e da efetividade, natureza e extensão dos efeitos do ato.

Art. 137. A responsabilidade é pessoal ao agente:

I – quanto às infrações conceituadas por lei como crimes ou contravenções, salvo quando praticadas no exercício regular de administração, mandato, função, cargo ou emprego, ou no cumprimento de ordem expressa emitida por quem de direito;

II – quanto às infrações em cuja definição o dolo específico do agente seja elementar;

III – quanto às infrações que decorram direta e exclusivamente de dolo específico:

a) das pessoas referidas no artigo 134, contra aquelas por quem respondem;

b) dos mandatários, prepostos ou empregados, contra seus mandantes, preponentes ou empregadores;

c) dos diretores, gerentes ou representantes de pessoas jurídicas de direito privado, contra estas.

O Código Tributário Nacional deve ser compatibilizado com a Constituição Federal de 1988. Assim, em primeiro lugar, cumpre destacar que a responsabilidade for infrações sempre deve ter caráter pessoal, e não apenas nas situações descritas nos incisos I a III do art. 137 do CTN. A Lei Fundamental estabelece a garantia individual da pessoalidade (art. 5º, XLV), também chamado princípio da intranscendência[118]. Portanto, apenas o autor, o coautor ou o partícipe podem ser responsabilizados por infrações, o que equivale a dizer que ninguém pode ser sancionado por fato de terceiros. Em segundo lugar, a responsabilização deve necessariamente observar o princípio da culpabilidade, que decorre dos arts. 1º, III, 4º, II, 5º, *caput* e XLVI, da Constituição[119]. Daí que ninguém pode ser penalizado sem a demonstração de culpa ou de dolo. Esses princípios são

---

[117] A esse respeito, como ressaltado anteriormente, vale salientar que, de acordo com a jurisprudência do STJ: (i) "o fato de haver pessoas jurídicas que pertençam ao mesmo grupo econômico, por si só, não enseja a responsabilidade solidária, na forma prevista no art. 124 do CTN" (STJ, 1ª S., EREsp 834.044/RS, Rel. Min. Mauro Campbell Marques, *DJe* 29.09.2010); (ii) "existe responsabilidade tributária solidária entre empresas de um mesmo grupo econômico, apenas quando ambas realizem conjuntamente a situação configuradora do fato gerador, não bastando o mero interesse econômico na consecução de referida situação" (STJ, 2ª T., AgRg no AREsp 21.073, Rel. Min. Humberto Martins, *DJe* 26.10.2011).

[118] "Art. 5º [...] XLV – nenhuma pena passará da pessoa do condenado, podendo a obrigação de reparar o dano e a decretação do perdimento de bens ser, nos termos da lei, estendidas aos sucessores e contra eles executadas, até o limite do valor do patrimônio transferido."

[119] PRADO, Luiz Regis. *Bem jurídico-penal e Constituição*. 8. ed. Rio de Janeiro: Forense, 2019. p. 104.

264 CURSO DE DIREITO TRIBUTÁRIO – *Solon Sehn*

aplicáveis às infrações administrativo-tributárias, porque essas, sob o aspecto ontológico, em nada se diferenciam das sanções penais. Ambas são manifestações do mesmo *ius puniendi* do Estado. Ademais, não raro a gravidade destas supera à daquelas. As diferenças são apenas relativas ao órgão de aplicação e ao aspecto processual[120].

Cumpre destacar, a esse propósito, as seguintes observações do Ministro Luís Roberto Barroso no Agravo Regimental no Agravo de Instrumento 727.872:

> [...] não se está aqui a tratar de direito penal, mas de todo modo estamos no âmbito do direito sancionador. Genericamente, sempre que o antecedente de uma norma for um comportamento reprovável e o consequente uma punição, é absolutamente indispensável fazer uma análise do elemento subjetivo da conduta. [...] É evidente que o intento malicioso e preordenadamente voltado a promover locupletamento indevido não pode receber o mesmo tratamento de um equívoco praticado por um cidadão que cometeu um erro ao operar a complexa legislação tributária. O ardil sempre será merecedor de maior reprimenda[121].

Também há precedentes no STJ indicando a necessidade de subjetivação da responsabilidade:

> Tributário. Execução fiscal. ICMS. Infração tributária. Quebra do diferimento. Comprador irregular. Vendedor de boa-fé. Responsabilidade objetiva. Não ocorrência.
>
> 1. A responsabilidade pela prática de infração tributária, malgrado o disposto no art. 136 do CTN, deve ser analisada com temperamentos, sobretudo quando não resta comprovado que a conduta do vendedor encontrava-se inquinada de má-fé. Em hipótese como tais, tem emprego o disposto no art. 137 do CTN, que consagra a responsabilidade subjetiva. Precedentes.
>
> 2. Recurso especial não provido[122].

> Tributário. Recurso especial. Infração à lei tributária. Responsabilidade art. 136 do CTN.
>
> 1. O artigo 136 do Código Tributário Nacional, no que toca à infração da lei tributária, deve ser examinado em harmonia com o art. 137, também do CTN, que consagra a responsabilidade subjetiva.
>
> 2. Recurso especial improvido[123].

Dessa maneira, por exigência constitucional, a responsabilidade por infrações apenas deve recair sobre o autor, coautor ou partícipe, sendo dependente, ademais, da demonstração da culpa ou do dolo.

---

[120] ENTERRÍA, Eduardo Garcia de; FERNÁNDEZ, Tomás-Ramón. *Curso de direito administrativo*, 2. Revisor técnico Carlos Ari Sundfeld. Trad. José Alberto Froes Cal. São Paulo: RT, 2014. p. 190. Ainda segundo destacam Eduardo Garcia de Enterría e Tomás-Ramón Fernandes, "todos os esforços por dotar as sanções administrativas de alguma justificativa teórica e de uma consistência própria fracassaram". Entre nós, cumpre destacar o estudo de Fabio Brun Goldschmidt, evidenciando a identidade ontológica do ilícito penal e do ilícito administrativo (GOLDSCHMIDT, Fabio Brun. *Teoria da proibição de bis in idem no direito tributário e sancionador tributário*. São Paulo: Noeses, 2014. p. 351 e ss.), bem como de Hugo de Brito Machado, para quem "a rigor não existe nenhuma diferença ontológica entre a pena criminal e a pena administrativa, embora as sanções que atingem a liberdade de ir e vir somente possam ser aplicadas pela autoridade judiciária" (MACHADO, Hugo de Brito. Teoria das sanções tributárias. *In*: MACHADO, Hugo de Brito [coord.]. *Sanções administrativas tributárias*. São Paulo: Dialética, 2004. p. 164).

[121] STF, Agravo Regimental no Agravo de Instrumento 727.872, *DJe* 18.05.2015.

[122] STJ, 2ª T., REsp 423.083, Rel. Min. João Otávio de Noronha, *DJ* 02.08.2006.

[123] STJ, 2ª T., REsp 68.087/SP, Rel. Min. Castro Meira, *DJ* 16.08.2004.

5.6.2 Autoria, coautoria e participação

A infração pode resultar da conduta de um único sujeito que realiza o tipo infracional, praticando a ação proibida ou omitindo a conduta obrigatória prescrita pela norma jurídica. Mas também pode ocorrer um concurso de pessoas (*concursus delinquentium*), quando dois ou mais indivíduos concorrem para a prática da infração, o que abrange a coautoria e a participação.

Partícipe é todo aquele que auxilia ou contribui dolosamente em delito praticado por terceiro. Diferencia-se do *coautor,* porque não tem o *domínio do fato (domínio funcional do fato)*, isto é, não contribui na divisão de trabalhos que realiza a conduta típica. Tem uma atuação acessória, mediante colaboração material (cumplicidade) ou moral, pela criação (induzimento) ou pelo reforço (instigação) do propósito delitivo daquele que executa a conduta típica[124].

Na teoria do delito, a doutrina diverge acerca do concurso de agentes nas infrações omissivas. Isso porque, nos delitos omissivos, não há *domínio do fato*, que é o critério definidor da autoria[125]. Além disso, os comportamentos negativos não comportam a divisão de trabalho. Por isso, modernamente, parte dos autores sustenta não ser possível a coautoria nem a participação em crimes omissivos, na linha defendida por Hans Welzel e Armin Kaufmann. Essa concepção, entre nós, é adotada por Luiz Regis Prado[126], Nilo Batista[127] e Juarez Tavares[128]. Para esses autores, o delito omissivo somente pode ser praticado pelo sujeito vinculado ao dever jurídico: "não é concebível que alguém omita uma parte, enquanto outros omitam o restante, pois o dever de atuar a que está adstrito o autor é pessoal, individual, e, portanto, indecomponível (não tem sentido falar em divisão do trabalho por falta de resolução comum para o fato)"[129]. Assim, todo aquele que – sendo vinculado ao dever de agir – deixa de atuar da forma preconizada pela ordem jurídica praticará um delito autônomo, no que seria uma forma especial de autoria colateral. Juarez Tavares cita o exemplo de Armin Kaufmann: "*Se 50 nadadores assistem impassíveis ao afogamento de uma criança, todos terão se omitido de prestar-lhe salvamento, mas não comunitariamente. Cada um será autor do fato omissivo, ou melhor, autor colateral de omissão*"[130]. No caso da participação, por sua vez, ressalta Tavares:

> [...] deve-se seguir nesse contexto a ponderação de Roxin, ao estipular como pressuposto de qualquer concurso de agentes que todos os participantes estejam subordinados aos mesmos critérios de imputação, o que não se dá quando se trata de delitos comissivos e

---

124 PRADO, Luiz Regis. *Bem jurídico-penal e Constituição.* 8. ed. Rio de Janeiro: Forense, 2019. p. 399; COSTA JUNIOR, Paulo José da. *Comentários ao Código Penal.* 7. ed. São Paulo: Saraiva, 2002. p. 129 e ss.; JESUS, Damásio E. de. *Direito penal.* 25. ed. São Paulo: Saraiva, 2002. v. 1, p. 425 e ss.; ZAFFARONI, Eugênio Raul; PIERANGELI, José Henrique. *Manual de direito penal brasileiro*: parte geral. São Paulo: RT, 1997. p. 685 e ss.; CAGLIARI, José Francisco. Do concurso de pessoas. *Justitia*, São Paulo, v. 61, n. 185/188, p. 50-77, jan./dez. 1999.

125 Como ressalta Nilo Batista, "Os crimes omissivos são crimes de dever; a base da responsabilidade não alcança qualquer omitente, e sim aquele que está comprometido por um concreto dever de atuação. O critério do domínio do fato deverá, então, ser abandonado aqui em favor da preponderância da violação do dever. De resto, como o próprio Roxin lembra, é impossível falar-se em domínio do fato frente à estrutura dos delitos omissivos" (BATISTA, Nilo. *Concurso de agentes*: uma investigação sobre os problemas da autoria e da participação no direito penal brasileiro. 3. ed. Rio de Janeiro: Lumen Juris, 2005. p. 84-85).

126 PRADO, Luiz Regis. *Bem jurídico-penal e Constituição.* 8. ed. Rio de Janeiro: Forense, 2019. p. 398.

127 BATISTA, Nilo. *Concurso de agentes*: uma investigação sobre os problemas da autoria e da participação no direito penal brasileiro. 3. ed. Rio de Janeiro: Lumen Juris, 2005. p. 85 e ss.

128 TAVARES, Juarez. *Teoria dos crimes omissivos.* São Paulo: Marcial Pons, 2012.

129 PRADO, Luiz Regis. *Bem jurídico-penal e Constituição.* 8. ed. Rio de Janeiro: Forense, 2019. p. 398.

130 TAVARES, Juarez. *Teoria dos crimes omissivos.* São Paulo: Marcial Pons, 2012. p. 406. O mesmo pode ser encontrado em Juarez Tavares (Alguns aspectos da estrutura dos crimes omissivos. *Revista do Ministério Público do Estado do Rio de Janeiro*, Rio de Janeiro, v. 1, n. 1, p. 1470, jan./jun. 2005).

omissivos, em face da própria estrutura da norma. Cada qual – agente e omitente – serão igualmente autores do fato, o primeiro, de crime comissivo e o outro, de crime omissivo[131].

Na doutrina brasileira, ainda é bastante encontrada a concepção que, mesmo no exemplo de Kaufmann, entende configurada a coautoria, desde que todos os omitentes se mostrem vinculados ao dever jurídico[132]. A maioria dos autores, ademais, admite a participação em delitos omissivos por meio de atos comissivos (por *ação*). Essa ocorreria sempre que um terceiro, não vinculado ao dever jurídico, instiga dolosamente – ou melhor, dissuade – o omitente a não cumprir o seu dever jurídico[133].

Há, por fim, uma teoria intermediária – que afasta a coautoria, mas admite a participação – defendida, entre outros, por Claus Roxin[134] e por Damásio de Jesus[135]. Essa parece ser a proposta mais apropriada para explicar o concurso de pessoas nos delitos dessa natureza. Isso porque o dever jurídico que vincula o sujeito ativo tem caráter pessoal. Não é possível a divisão de condutas negativas, de sorte que cada omitente será autor colateral. A participação, contudo, deve ser admitida porque um terceiro, mesmo não sendo subordinado ao dever jurídico, pode perfeitamente dissuadir o sujeito vinculado a omitir a conduta obrigatória.

O debate doutrinário em torno do concurso de agentes nos delitos omissivos, em seus aspectos convergentes, permite a delimitação de importantes parâmetros para adequada aplicação da responsabilidade tributária por infrações, a saber: (i) ninguém que não seja vinculado ao dever jurídico violado, pressuposto de caracterização da infração, pode ser coautor, tampouco autor colateral; (ii) como o dever jurídico vincula o agente em caráter pessoal, a autoria será apenas do omitente, inclusive porque não é possível a divisão de tarefas em condutas negativas; (iii) o partícipe pode ser responsabilizado apenas quando demonstrado que dissuadiu o omitente a não cumprir o dever jurídico, o que pressupõe a coalescência dos seguintes requisitos: (a) a prova da prática de atos comissivos de dissuasão (não há participação por omissão em delitos omissivos), isto é, uma ação que neutraliza a conduta devida pelo omitente; (b) a demonstração do dolo (toda participação é dolosa)[136]; e (c) a existência de uma acessoriedade com a infração praticada pelo autor.

---

[131] TAVARES, Juarez. *Teoria dos crimes omissivos*. São Paulo: Marcial Pons, 2012. p. 407. O autor ressalta ainda que: "Se, por qualquer motivo, for impossível a incriminação do instigador por delito comissivo, por não preencher alguma condição do tipo legal, como se dá, por exemplo, com o particular que instiga um funcionário a não realizar um ato de ofício que lhe incumbia (prevaricação – art. 319), tal fato só pode ser solucionado por via legislativa através de uma previsão típica expressa acerca dessa forma de atividade. Esta solução, algumas vezes, pode parecer injusta, mas é a única admissível dentro de um direito penal de garantia".

[132] GRECO, Rogério. *Curso de direito penal:* parte geral. 4. ed. Rio de Janeiro: Impetus, 2004. p. 524; BITENCOURT, Cezar Roberto. *Tratado de direito penal:* parte geral. 8. ed. São Paulo: Saraiva, 2003. v. 1, p. 398.

[133] Como destaca Damásio de Jesus, "não há participação por *omissão* nos delitos omissivos próprios. [...] É admissível participação por *ação* no crime omissivo próprio com autor omitente qualificado (ex.: induzimento). Na hipótese do crime do art. 269 do CP, suponha-se que um leigo (*extraneus*) induza o médico a omitir-se: há participação. Não por omissão, que não é admissível, mas por ação" (JESUS, Damásio E. de. *Direito penal*. 25. ed. São Paulo: Saraiva, 2002. v. 1, p. 435).

[134] ROXIN, Claus. *Strafrecht*, AT, II, 2003, p. 667 e 681 *apud* TAVARES, Juarez. *Teoria dos crimes omissivos*. São Paulo: Marcial Pons, 2012. p. 405.

[135] JESUS, Damásio E. de. *Direito penal*. 25. ed. São Paulo: Saraiva, 2002. v. 1, p. 435.

[136] JESUS, Damásio E. de. *Direito penal*. 25. ed. São Paulo: Saraiva, 2002. v. 1, p. 425.

Parte Geral • **Capítulo VII** • OBRIGAÇÃO TRIBUTÁRIA | **267**

5.6.3 Culpa e dolo

No dolo, o sujeito ativo tem o conhecimento e a vontade de realizar o tipo objetivo[137]. Pode ser direto, quando o resultado é deliberadamente pretendido como fim ou como consequência necessária do meio escolhido; ou eventual – a forma "mais fraca" de dolo[138] –, caracterizada sempre que o sujeito, diante da representação mental do resultado, aceita com indiferença a sua possível ou provável ocorrência[139].

Por sua vez, na culpa há um resultado delitivo previsível que – embora não pretendido pelo agente – resulta de uma conduta violadora do dever de cautela imposto pelas circunstâncias[140]. Pode ser decorrente de *imprudência* (agir perigosamente ou sem a cautela), de *negligência* (inércia por indiferença ou por desatenção) ou de *imperícia* (falta de conhecimentos técnicos). Compreende a culpa inconsciente – o autor não prevê o possível resultado – e a culpa consciente, quando prevê o resultado, mas não o toma como aceitável, porque confia em um bom desfecho[141].

5.6.4 Espécies de infrações

As infrações podem resultar de uma conduta comissiva ou omissiva. Nesse último caso, desde que exista uma segunda regra jurídica estabelecendo o caráter obrigatório do comportamento não realizado pelo infrator. Isso ocorre porque, no direito, a omissão sempre pressupõe uma norma jurídica definidora do dever de agir[142].

Além disso, considerando a participação subjetiva do agente, as infrações podem ser classificadas em objetivas ou subjetivas[143]. As primeiras caracterizam-se pela não prestação da

---

[137] SCHÜNEMANN, Bernd. Do conceito filosófico ao conceito tipológico de dolo. Trad. Luís Greco e Ana Cláudia Grossi. *In*: GRECO, Luís. *Estudos de direito penal, direito processual penal e filosofia do direito*. São Paulo: Marcia Pons, 2013. p. 129. No mesmo sentido: PRADO, Luiz Regis. *Bem jurídico-penal e Constituição*. 8. ed. Rio de Janeiro: Forense, 2019. p. 295; e ZAFFARONI, Eugênio Raul; PIERANGELI, José Henrique. *Manual de direito penal brasileiro*: parte geral. São Paulo: RT, 1997. p. 483. Estes destacam que o dolo compreende dois aspectos: "o aspecto de conhecimento *ou aspecto cognoscitivo do dolo*" e "o aspecto do querer ou *aspecto volitivo do dolo*". Cf. ainda: JESUS, Damásio E. de. *Direito penal*. 25. ed. São Paulo: Saraiva, 2002. v. 1, p. 289 (*momento intelectual* e *momento volitivo* o dolo).

[138] SCHÜNEMANN, Bernd. Do conceito filosófico ao conceito tipológico de dolo. Trad. Luís Greco e Ana Cláudia Grossi. *In*: GRECO, Luís. *Estudos de direito penal, direito processual penal e filosofia do direito*. São Paulo: Marcia Pons, 2013. p. 128.

[139] ZAFFARONI, Eugênio Raul; PIERANGELI, José Henrique. *Manual de direito penal brasileiro*: parte geral. São Paulo: RT, 1997. p. 502.

[140] Segundo ressalta Prado, "os elementos do tipo de injusto culposo são: a) inobservância do cuidado objetivamente devido; b) produção de um resultado e nexo causal; c) previsibilidade objetiva do resultado; d) conexão interna entre desvalor da ação e desvalor do resultado" (PRADO, Luiz Regis. *Bem jurídico-penal e Constituição*. 8. ed. Rio de Janeiro: Forense, 2019. p. 304).

[141] PRADO, Luiz Regis. *Bem jurídico-penal e Constituição*. 8. ed. Rio de Janeiro: Forense, 2019. p. 305-306; SCHÜNEMANN, Bernd. Do conceito filosófico ao conceito tipológico de dolo. Trad. Luís Greco e Ana Cláudia Grossi. *In*: GRECO, Luís. *Estudos de direito penal, direito processual penal e filosofia do direito*. São Paulo: Marcia Pons, 2013. p. 138.

[142] Dessarte, conforme ensinado pela teoria geral do delito, sob o aspecto jurídico, "[...] 'omitir' não é um puro 'não fazer': omitir' é apenas 'não fazer' o que se deve fazer" (ZAFFARONI, Eugênio Raul; PIERANGELI, José Henrique. *Manual de direito penal brasileiro*: parte geral. São Paulo: RT, 1997. p. 539); "a omissão transgride um imperativo, uma ordem ou comando de atuar" (PRADO, Luiz Regis. *Curso de direito penal brasileiro*: parte geral. 3. ed. São Paulo: RT, 2002. v. 1, p. 261); "a relevância da omissão, como violação do dever de agir, é que assinala, assim, a sua própria existência. Pertence ela àquela categoria dos *objetos dependentes*, de que fala Husserl. Não possui existência real, por si mesma, senão quando associada a outro elemento, representado por um dever" (TAVARES, Juarez. Alguns aspectos da estrutura dos crimes omissivos. *Revista do Ministério Público do Estado do Rio de Janeiro*, Rio de Janeiro, v. 1, n. 1, p. 1450, jan./jun. 2005).

[143] CARVALHO, Paulo de Barros. *Direito tributário*: fundamentos jurídicos da incidência. 10. ed. São Paulo: Saraiva, 2015. p. 760 e ss.

268 | CURSO DE DIREITO TRIBUTÁRIO – *Solon Sehn*

obrigação ou do dever, independentemente da intenção do agente. As segundas pressupõem o dolo ou a culpa do infrator.

Por fim, as infrações podem ser divididas em formais e materiais[144]. Nas *infrações formais* a conduta do agente substancia a não prestação de um dever instrumental, ao passo que, nas *infrações materiais*, de uma obrigação tributária.

5.6.5   Denúncia espontânea

Tal como a desistência voluntária e o arrependimento eficaz (CP, art. 15)[145], a denúncia espontânea constitui uma "ponte de ouro" (Von Listz) que permite o regresso ao campo da licitude. Deve ser realizada antes de qualquer procedimento fiscal, acompanhada do pagamento do tributo devido e dos juros de mora[146], ou do depósito do valor arbitrado pela autoridade administrativa, na forma do art. 138 do CTN:

> Art. 138. A responsabilidade é excluída pela denúncia espontânea da infração, acompanhada, se for o caso, do pagamento do tributo devido e dos juros de mora, ou do depósito da importância arbitrada pela autoridade administrativa, quando o montante do tributo dependa de apuração.
>
> Parágrafo único. Não se considera espontânea a denúncia apresentada após o início de qualquer procedimento administrativo ou medida de fiscalização, relacionados com a infração.

O início do procedimento administrativo fiscal, nos termos do art. 7º do Decreto 70.235/1972, ocorre a partir: (a) do primeiro ato de ofício, escrito, praticado por servidor competente, cientificado o sujeito passivo da obrigação tributária ou seu preposto[147]; (b) da apreensão de mercadorias, documentos ou livros; e (c) do começo de despacho aduaneiro de mercadoria importada. Esse mesmo dispositivo, em seu § 2º, estabelece o que, na prática forense, tem se denominado *recuperação da espontaneidade*:

> Art. 7º O procedimento fiscal tem início com:
>
> I – o primeiro ato de ofício, escrito, praticado por servidor competente, cientificado o sujeito passivo da obrigação tributária ou seu preposto;
>
> II – a apreensão de mercadorias, documentos ou livros;

---

[144]   COSTA JUNIOR, Paulo José da; DENARI, Zelmo. *Infrações tributárias e delitos fiscais*. 3. ed. São Paulo: Saraiva, 1998. p. 12.

[145]   BALEEIRO, Aliomar. *Direito tributário brasileiro*. Atual. Misabel Abreu Machado Derzi. 13. ed. Rio de Janeiro: Forense, 2015. p. 764; COSTA JUNIOR, Paulo José da; DENARI, Zelmo. *Infrações tributárias e delitos fiscais*. 3. ed. São Paulo: Saraiva, 1998. p. 100.

[146]   Ressalte-se ainda que, de acordo com o art. 47 da Lei 9.430/1996, em até 20 dias do início da ação fiscal, o sujeito passivo pode recolher os tributos declarados com os acréscimos legais da denúncia espontânea: "Art. 47. A pessoa física ou jurídica submetida a ação fiscal por parte da Secretaria da Receita Federal poderá pagar, até o vigésimo dia subsequente à data de recebimento do termo de início de fiscalização, os tributos e contribuições já declarados, de que for sujeito passivo como contribuinte ou responsável, com os acréscimos legais aplicáveis nos casos de procedimento espontâneo. (Redação da Lei 9.532/1997)".

[147]   De acordo com a Solução de Consulta Interna Cosit 18/2003: "[...] o contribuinte tem excluída a sua espontaneidade somente em relação ao tributo, ao período e à matéria que constarem expressamente do ato que caracterizar o início do procedimento fiscal". Além disso: "A ciência do Mandado de Procedimento Fiscal, por si só, não configura o início de procedimento fiscal e, consequentemente, não afasta a espontaneidade do sujeito passivo em relação aos tributos nele expressamente previstos. [...] deve decorrer de um ato de ofício praticado por servidor competente, qual seja, o AFRF designado no MPF para executar aquela ação fiscal".

Parte Geral • Capítulo VII • OBRIGAÇÃO TRIBUTÁRIA **269**

III – o começo de despacho aduaneiro de mercadoria importada.

§ 1º O início do procedimento exclui a espontaneidade do sujeito passivo em relação aos atos anteriores e, independentemente de intimação a dos demais envolvidos nas infrações verificadas.

§ 2º Para os efeitos do disposto no § 1º, os atos referidos nos incisos I e II valerão pelo prazo de sessenta dias, prorrogável, sucessivamente, por igual período, com qualquer outro ato escrito que indique o prosseguimento dos trabalhos.

O restabelecimento da espontaneidade ocorre quando a autoridade competente permanecer inerte durante 60 dias ou, em caso de prorrogação por igual período, após o decurso do prazo de 120 dias contados do início do procedimento fiscal ou da apreensão da mercadoria. Esse efeito, segundo a jurisprudência do Carf, opera-se retroativamente: "A recuperação da espontaneidade do sujeito passivo em razão da inoperância da autoridade fiscal por prazo superior a sessenta dias aplica-se retroativamente, alcançando os atos por ele praticados no decurso desse prazo" (Súmula Carf 75).

É importante ressaltar que, em relação aos tributos incidentes sobre o comércio exterior, o art. 102 do Decreto-lei 37/1966 estabelece as seguintes disposições especiais:

Art. 102. A denúncia espontânea da infração, acompanhada, se for o caso, do pagamento do imposto e dos acréscimos, excluirá a imposição da correspondente penalidade. (Redação dada pelo Decreto-lei 2.472, de 1º.09.1988)

§ 1º Não se considera espontânea a denúncia apresentada: (Incluído pelo Decreto-lei 2.472, de 1º.09.1988)

a) no curso do despacho aduaneiro, até o desembaraço da mercadoria; (Incluído pelo Decreto-lei 2.472, de 1º.09.1988)

b) após o início de qualquer outro procedimento fiscal, mediante ato de ofício, escrito, praticado por servidor competente, tendente a apurar a infração. (Incluído pelo Decreto-lei 2.472, de 1º.09.1988)

§ 2º A denúncia espontânea exclui a aplicação de penalidades de natureza tributária ou administrativa, com exceção das penalidades aplicáveis na hipótese de mercadoria sujeita a pena de perdimento. (Redação dada pela Lei 12.350, de 2010)

Além disso, de acordo com a jurisprudência do Superior Tribunal de Justiça, a denúncia espontânea: (**i**) é aplicável aos tributos sujeitos ao lançamento por homologação, desde que o pagamento ocorra antes da apresentação ou retificação da DCTF, da GIA/ICMS ou de outro documento equivalente que tenha o efeito constitutivo do crédito tributário[148]; (**ii**) afasta a inci-

---

[148] Tema Repetitivo 61. Tese jurídica: "Não resta caracterizada a denúncia espontânea, com a consequente exclusão da multa moratória, nos casos de tributos declarados, porém pagos a destempo pelo contribuinte, ainda que o pagamento seja integral" (STJ, 1ª S., REsp 886.462/RS, Rel. Min. Teori Albino Zavascki, *DJe* 28.10.2008); Tema Repetitivo 385. Tese jurídica: "A denúncia espontânea resta configurada na hipótese em que o contribuinte, após efetuar a declaração parcial do débito tributário (sujeito a lançamento por homologação) acompanhado do respectivo pagamento integral, retifica-a (antes de qualquer procedimento da Administração Tributária), noticiando a existência de diferença a maior, cuja quitação se dá concomitantemente" (STJ, 1ª S., REsp 1.149.022, Rel. Min. Luiz Fux, *DJe* 24.06.2010). No âmbito administrativo, essa interpretação foi acolhida no Parecer PGFN/CRJ 2.124/2011, aprovado pelo Ato Declaratório 08/2011 e por Despacho do Ministro da Fazenda publicado no *DOU* 15.12.2011: "A denúncia espontânea resta configurada na hipótese em que o contribuinte, após efetuar a declaração parcial do débito tributário (sujeito a lançamento por homologação) acompanhado do respectivo pagamento integral, retifica-a (antes de qualquer procedimento da Administração Tributária), notificando a existência de diferença a maior, cuja quitação se dá concomitantemente".

dência de qualquer modalidade de multa, inclusive as de natureza moratória[149]; (iii) pressupõe o pagamento integral, sendo inaplicável aos casos de parcelamento[150] e de depósito judicial do crédito tributário[151].

Discute-se acerca da aplicabilidade da denúncia espontânea à outras modalidades de extinção do crédito tributário. No Carf, essa questão já dividiu a CSRF. De um lado, a 1ª Turma reconheceu que "a regular compensação realizada pelo contribuinte é meio hábil para a caracterização de denúncia espontânea, nos termos do art. 138 do CTN, cuja eficácia normativa não se restringe ao adimplemento em dinheiro do débito tributário"[152]. De outro, a 3ª Turma entendeu ser indispensável o "pagamento, *stricto sensu*"[153]. No ano de 2024, entretanto, foi aprovada pelo Pleno a Súmula Carf 203: "A compensação não equivale a pagamento para fins de aplicação do art. 138 do Código Tributário Nacional, que trata de denúncia espontânea".

No Judiciário, há julgados do TRF da 4ª Região[154] e do STJ[155] que já admitiram a denúncia espontânea mediante compensação realizada nos termos da Lei 9.430/1996 (pela transmissão de PER/Dcomp). Contudo, atualmente, como ressaltado pelo Ministro Gurgel de Faria:

> A jurisprudência do Superior Tribunal de Justiça consolidou-se no sentido de que é incabível a aplicação do benefício da denúncia espontânea, previsto no art. 138 do CTN, aos casos de compensação tributária, justamente porque, nessa hipótese, a extinção do débito estará submetida à ulterior condição resolutória da sua homologação pelo fisco, a qual, caso não ocorra, implicará o não pagamento do crédito tributário, havendo, por consequência, a incidência dos encargos moratórios. Precedentes[156].

Contudo, parece mais acertada a interpretação que aplica o art. 138 a todas as modalidades extintivas, ressalvado o parcelamento. Isso porque nesse há previsão legal expressa afastando a caracterização da denúncia espontânea (Lei Complementar 104/2001, art. 1º, que acrescentou

---

[149]   STJ, 1ª S., REsp 886.462, transcrito na nota acima. Esse entendimento jurisprudencial também foi adotado no âmbito administrativo pelo Parecer PGFN/CRJ 2.113/2011, aprovado pelo Ato Declaratório 04/2011 e por Despacho do Ministro da Fazenda publicado no *DOU* 15.12.2011: "Denúncia espontânea. Exclusão da multa moratória. Inexistência de distinção entre multa moratória e multa punitiva, visto que ambas são excluídas em caso de configuração da denúncia espontânea. Inteligência do art. 138 do Código Tributário Nacional".

[150]   Tema Repetitivo 101. Tese jurídica: "O instituto da denúncia espontânea (art. 138 do CTN) não se aplica nos casos de parcelamento de débito tributário" (STJ, 1ª S., REsp 1.102.577, Rel. Min. Herman Benjamin, *DJe* 18.05.2009).

[151]   "O depósito judicial integral do tributo devido e respectivos juros de mora, a despeito de suspender a exigibilidade do crédito, na forma do art. 151, II, do CTN, não implicou relação de troca entre custo de conformidade e custo administrativo a atrair caracterização da denúncia espontânea prevista no art. 138 do CTN, sobretudo porque, constituído o crédito pelo depósito, nos termos da jurisprudência desta Corte (EREsp 464.343/DF, Rel. Min. José Delgado, *DJ* 29.10.2007; EREsp 898.992/PR, Rel. Min. Castro Meira, *DJ* 27.08.2007; EREsp 671.773/RJ, 1ª Seção, Rel. Min. Teori Zavascki, j. 23.06.2010), pressupõe-se a inexistência de custo administrativo para o Fisco já eliminado de antemão, a exemplo da entrega da declaração constitutiva de crédito tributário" (STJ, 1ª S., EREsp 1.131.090, Rel. Min. Mauro Campbell Marques, *DJe* 10.02.2016).

[152]   Carf, CSRF, 1ª T., Ac. 9101-003.687, Rel. Cons. Luiz Flavio Neto, S. 07.08.2018.

[153]   Carf, CSRF, 3ª T., Ac. 9103-006.011, Rel. Cons. Rodrigo Possas, S. 29.11.2017: "A compensação é forma distinta da extinção do crédito tributário pelo pagamento, cuja não homologação somente pode atingir a parcela que deixou de ser paga (art. 150, § 6º, do CTN), enquanto, na primeira, a extinção se dá sob condição resolutória de homologação do valor compensado. Como o instituto da denúncia espontânea do art. 138 do CTN e a jurisprudência vinculante do STJ demandam o pagamento, stricto sensu – ainda anterior ou concomitantemente à confissão da dívida (condição imposta somente por força de decisão judicial) –, cabe a cobrança da multa de mora sobre o valor compensado em atraso".

[154]   TRF-4ª R., 1ª T., AC 200970000000996, Rel. Des. Federal Joel Ilan Paciornik, *DE* 1º.06.2010.

[155]   STJ, 1ª T., AgRg no REsp 1136372, Rel. Min. Hamilton Carvalhido, *DJe* 18.05.2010.

[156]   STJ, 1ª S., AgInt nos EDcl nos EREsp 1.657.437, Rel. Min. Gurgel de Faria, *DJe* 17.10.2018.

o art. 155-A, § 1º, no CTN)[157]. Assim, na falta de vedação equivalente aplicável à compensação, deve ser admitida a caracterização da denúncia com a transmissão do PER/Dcomp. O fato de a extinção do crédito tributário estar sujeita à posterior homologação em nada prejudica essa conclusão, porque o mesmo também ocorre com o pagamento *stricto sensu*.

Outra divergência diz respeito à denúncia espontânea de infrações formais. Parte da doutrina, com base na expressão "se for o caso" encontrada no *caput* do art. 138 do CTN, entende que a denúncia espontânea abrange as infrações decorrentes do descumprimento de "obrigações acessórias"[158]. Essa exegese, entretanto, não foi acolhida pelo Carf (Súmula 49[159]) e pela jurisprudência do STJ:

> Tributário. Denúncia espontânea. Entrega com atraso de declaração de rendimentos do Imposto de Renda. Multa. Precedentes.
>
> 1. A entidade "denúncia espontânea" não alberga a prática de ato puramente formal do contribuinte de entregar, com atraso, a Declaração do Imposto de Renda.
>
> 2. As responsabilidades acessórias autônomas, sem qualquer vínculo direto com a existência do fato gerador do tributo, não estão alcançadas pelo art. 138, do CTN. Precedentes.
>
> 3. Embargos de divergência acolhidos[160].

É necessário realizar um *distinguishing* na aplicação desses precedentes, considerando o conteúdo do dever formal violado. Por um lado, deve-se ter presente que nem todas as infrações são compatíveis com a denúncia espontânea. É o que ocorre com as infrações formais caracterizadas por um não fazer ou fazer extemporâneo do sujeito passivo. Um exemplo é a entrega da declaração do imposto de renda, objeto dos precedentes do STJ. Outro é o dever instrumental de prestar informações relativas às cargas transportadas, na forma e no prazo definidos pela Receita Federal, previsto no art. 37 do Decreto-lei 37/1966, na redação da Lei 10.833/2003[161]. A consumação da infração ocorre com a conduta omissiva do agente vinculado ao dever de agir. Logo, quando descumprido o prazo definido pela legislação, o ilícito já está configurado, sendo impossível a reversão do curso causal[162]. Entretanto, isso apenas ocorre nas infrações formais

---

[157] "Art. 155-A. [...] § 1º Salvo disposição de lei em contrário, o parcelamento do crédito tributário não exclui a incidência de juros e multas."

[158] MACHADO, Hugo de Brito. *Curso de direito tributário*. 27. ed. São Paulo: Malheiros, 2006. p. 182 e ss.; AMARO, Luciano. *Direito tributário brasileiro*. 10. ed. São Paulo: Saraiva, 2004. p. 437; COÊLHO, Sacha Calmon Navarro. *Teoria e prática das multas tributárias*. 2. ed. Rio de Janeiro: Forense, 1995. p. 105-106.

[159] Súmula CARF 49: "A denúncia espontânea (art. 138 do Código Tributário Nacional) não alcança a penalidade decorrente do atraso na entrega de declaração".

[160] STJ, 1ª S., EREsp 246.295, Rel. Min. José Delgado, *DJ* 20.08.2001; STJ, 2ªT., AgRg nos EDcl no AREsp 209.663, Rel. Min. Herman Benjamin, *DJe* 10.05.2013; STJ, 1ª T., AgRg no REsp 884.939, Rel. Min. Luiz Fux, *DJe* 19.02.2009.

[161] "Art. 37. O transportador deve prestar à Secretaria da Receita Federal, na forma e no prazo por ela estabelecidos, as informações sobre as cargas transportadas, bem como sobre a chegada de veículo procedente do exterior ou a ele destinado."

[162] Essa matéria foi amplamente debatida no Carf. Houve julgados em sentido contrário (Carf, 3ª S., 1ª C., 2ª T.O., Acórdão 3102-001.988, S. 22.08.2013; Carf, 3ª S., 4ª C., 3ª T.O., Acórdão 3403-003.250, S. 16.09.2014) e outros que admitiram a caracterização (Carf, 3ª S., 1ª C., 1ª T.O., Ac. 3101-001.194, S. 13.12.2012; Carf, 3ª S., 2ª C., 1ª T.O., Ac. 3201-001.214, S. 23.02.2013; Carf, 3ª S., 3ª T.E., Ac. 3802-006.066, S. 23.04.2014). A primeira interpretação foi a que prevaleceu na CSRF: "Penalidade administrativa. Atraso na entrega de declaração ou prestação de informações. Denúncia espontânea. Inaplicabilidade.
A denúncia espontânea não alcança as penalidades infligidas pelo descumprimento de deveres instrumentais, como os decorrentes da inobservância dos prazos fixados pela Secretaria da Receita Federal do Brasil para prestação de informações à administração aduaneira, mesmo após o advento da nova redação do art. 102 do Decreto-lei 37/1966, dada pelo art. 40 da Lei 12.350, de 2010. Recurso especial do procurador provido em parte" (3ª T., CSRF, Ac. 9303-003.551, S. 26.04.2016). Após essa decisão, foi editada a Súmula Carf 126, com

272 | CURSO DE DIREITO TRIBUTÁRIO – *Solon Sehn*

decorrentes da não observância de prazos. A denúncia espontânea é possível se o dever instrumental tiver outro conteúdo, *v.g.*, promover a adequada classificação aduaneira da mercadoria na NCM (Nomenclatura Comum do Mercosul)[163]. Esse dever formal é exigido de todas as empresas importadoras nas declarações de importação e nem sempre tem repercussão no valor do crédito tributário[164]. Nesses casos, se o sujeito passivo retificar a declaração para corrigir a NCM antes de qualquer providência fiscalizatória, ficará afastada a penalidade pela classificação indevida.

---

o seguinte teor: "A denúncia espontânea não alcança as penalidades infligidas pelo descumprimento dos deveres instrumentais decorrentes da inobservância dos prazos fixados pela Secretaria da Receita Federal do Brasil para prestação de informações à administração aduaneira, mesmo após o advento da nova redação do art. 102 do Decreto-lei 37, de 1966, dada pelo art. 40 da Lei 12.350, de 2010".

[163] O descumprimento desse dever formal está sujeito à multa por erro no preenchimento da DI, prevista no art. 84 da Medida Provisória 2.158-35/2001: "Art. 84. Aplica-se a multa de um por cento sobre o valor aduaneiro da mercadoria: [...] I – classificada incorretamente na Nomenclatura Comum do Mercosul, nas nomenclaturas complementares ou em outros detalhamentos instituídos para a identificação da mercadoria; [...]".

[164] Isso ocorre quando as mercadorias classificadas nas NCMs têm a mesma alíquota.

Capítulo VIII

EVASÃO E ELISÃO

1 DIFERENCIAÇÃO

No direito público e em matéria tributária, vigora o princípio da legalidade, que implica a *primazia* ou *prevalência da lei*. Assim, para exigir validamente um tributo, a administração pública deve demonstrar que ocorreu o *evento imponível* (ou *fato jurídico tributário*), ou seja, um fato que se subsome à hipótese de incidência da norma jurídica tributária. A falta de lei ou a ausência de subsunção implica a impossibilidade jurídica da tributação. Isso permite que o particular, ao realizar atos e negócios jurídicos, conhecendo os elementos da hipótese de incidência e operando por meios *lícitos*, oriente sua conduta de modo a evitar ou a postergar o surgimento da obrigação tributária, ou então para atrair a aplicação de um regime tributário menos oneroso (*v.g.*, a opção por negócios jurídicos que impliquem uma alíquota menor, uma dedução na base de cálculo ou o direito de crédito para compensação em tributos não cumulativos).

No direito brasileiro, a economia *lícita* de tributos é designada pela doutrina como *elisão fiscal*[1]. Na Espanha, essa categoria corresponde à *economia de opção*. Em outros ordenamentos,

---

[1] Sobre o tema, cf., entre outros autores que serão citados no longo deste item, cf.: TORRES, Ricardo Lobo. *Planejamento tributário*: elisão abusiva e evasão fiscal. 2. ed. Rio de Janeiro: Elsevier Brasil, 2013; ROCHA, Valdir de Oliveira. *Planejamento fiscal*: teoria e prática. São Paulo: Dialética, 1995; XAVIER, Alberto. *Tipicidade da tributação, simulação e norma antielisiva*. São Paulo: Dialética, 2001; HENSEL, Albert. *Derecho tributario*. Trad. Andrés Báez Moreno, María Luisa Gonzáles-Cuéllar Serrano y Enrique Ortiz Calle. Madrid-Barcelona: Marcial Pons, 2005. p. 225 e ss.; ABRAHAM, Marcus. *Curso de direito tributário brasileiro*. 3. ed. Rio de Janeiro: Forense, 2022. p. 192 e ss.; BECKER, Alfredo Augusto. *Teoria geral do direito tributário*. 3. ed. São Paulo: Lejus, 1998. p. 136 e ss.; GRECO, Marco Aurélio. *Planejamento fiscal*. 2. ed. São Paulo: Dialética, 2008; HUCK, Hermes Marcelo. *Evasão e elisão*. São Paulo: Saraiva, 1997; MARINS, James. *Elisão tributária e sua regulação*. São Paulo: Dialética, 2002; BARRETO, Paulo Ayres. *Planejamento tributário*: limites normativos. São Paulo: Noeses, 2016; PEIXOTO, Marcelo Magalhães (coord.). *Planejamento tributário*. São Paulo: Quartier Latin, 2004; PEIXOTO, Marcelo Magalhães; ANDRADE, José Maria Arruda de (coord.). *Planejamento tributário*. São Paulo: MP, 2007; PEREIRA, Cesar A. Guimarães. *Elisão tributária e função administrativa*. São Paulo: Dialética, 2001; ROCHA, Valdir de Oliveira. *O planejamento tributário e a Lei Complementar 104*. São Paulo: Dialética, 2001; TÔRRES, Heleno Taveira. *Direito tributário e direito privado*: autonomia privada, simulação e elusão tributária. São Paulo: RT, 2003; AMARO, Luciano. *Direito tributário brasileiro*. 10. ed. São Paulo: Saraiva, 2004. p. 229 e ss.; TIPKE, Klaus. *Moral tributaria del Estado e de los contribuyentes*. Madrid: Marcial Pons, 2002. p. 332 e ss.; BIRK, Dieter. *Diritto tributario Tedesco*. Trad. Enrico de Mita. Milano: Giuffrè, 2006. p. 97 e ss.; RUSSO, Pasquale; FRANSONI, Guglielmo; CASTALDI, Laura. *Istituzioni di diritto tributario*. 2. ed. Milano: Giuffrè, 2016. p. 61 e ss.; GODOI, Marciano Seabra de. Estudo comparativo sobre o combate ao planejamento tributário abusivo na Espanha e no Brasil: sugestões de alterações legislativas no ordenamento brasileiro. *Revista de Informação Legislativa do Senado Federal*, Brasília, ano 49, n. 194, p. 117-146, abr./jun. 2012; PROSPERI, Francesco. L'abuso del diritto nella fiscalità vista a un civilista. *Diritto e Pratica Tributaria*, Milano, v. LXXXIII, n. 4, p. 717-753, jul./ago. 2012; TORORELLI, Mauro. *L'abuso del diritto nella disciplina tributaria*. Milano: Giuffrè, 2019; TABELLINI, Paolo M. *L'elusione della norma tributaria*. Milano: Giuffrè, 2007; GESTRI, Marco. *Abuso di diritto e frode alla legge nell'ordinamento comunitario*. Milano: Giuffrè, 2003; VASSALLO, Luigi. *Il nuovo abuso di diritto*. Milano: Giuffrè, 2015; TESAURO, Francesco. Elusione e abuso nel diritto tributario italiano. *Diritto e Pratica Tributaria*, Milano, v. LXXXIII, n. 4, p. 684-706, jul./ago. 2012; MARINHO NETO, José Antonino (org.); LOBATO, Valter de

274 | CURSO DE DIREITO TRIBUTÁRIO – *Solon Sehn*

seus equivalentes são o *tax saving* do direito anglo-saxão, a *habilite fiscale* (habilidade ou destreza fiscal) do direito francês, o *Steuerersparung* do direito alemão e o *risparmio d'imposta* do direito italiano, ambos traduzidos como economia de impostos[2].

Na elisão fiscal, o agente opera por meios lícitos dentro dos espaços de não sujeição ou de tributação menos gravosa que decorrem da conformação mais ou menos abrangente da norma jurídica tributária. Essa economia lícita de tributos também pode resultar de opções oferecidas pela legislação tributária, quando há uma abertura para a realização de negócios jurídicos submetidos a efeitos tributários distintos ou uma faculdade de adesão a regimes jurídico-tributários alternativos[3]. É o caso, *v.g.*, da escolha pelo regime do lucro real ou presumido na tributação do IRPJ e da CSLL[4]. Outro exemplo é o profissional liberal que, reunindo esforços com outro colega, resolve constituir uma sociedade para prestar os serviços por meio de pessoa jurídica, sujeitando-se a um regime tributário menos gravoso (*v.g.*, Simples ou lucro presumido, com distribuição de dividendos isentos do imposto de renda).

A economia lícita de tributos também pode ser realizada no desenvolvimento de produtos. Por exemplo, os veículos classificados no código 8702.20.00 da NCM (Nomenclatura Comum do Mercosul), que abrange os "*veículos automóveis para transporte de dez pessoas ou mais, incluindo o motorista*", "*equipados para propulsão, simultaneamente, com motor de pistão de ignição por compressão (diesel ou semidiesel) e motor elétrico*". Ao analisar a legislação, um possível fabricante percebe que, na Tabela de Incidência do Imposto sobre Produtos Industrializados (TIPI), anexa ao Decreto 11.158/2022, os veículos estão sujeitos a uma alíquota de 6,5% quando o "volume interno de habitáculo, destinado a passageiros e motorista" for superior a 6 m³, mas inferior a 9 m³" (Ex 01) e alíquota zero, quando "igual ou superior a 9 m³" (Ex 02). Assim, ao desenvolver o produto, a empresa pode configurá-lo de modo que o habitáculo apresente as características atrativas da alíquota zero[5].

A elisão fiscal pode envolver ainda a decisão de *quando*, *onde* e *quem* contratar. Assim, considerando que os insumos adquiridos de pessoas físicas não permitem o creditamento do PIS-Pasep e da Cofins[6], o contribuinte pode decidir adquirir apenas insumos fornecidos por pessoas jurídicas. Por outro lado, como as aquisições de pessoas jurídicas no regime cumulativo, apesar de sujeitas a uma alíquota de 3% de Cofins e de 0,65% de PIS-Pasep[7], implicam créditos de 7,6% (Cofins) e 1,65% (PIS-Pasep), o sujeito passivo pode comprar insumos apenas de contribuintes submetidos a esse regime.

Souza (coord.). *Planejamento tributário*: pressupostos teóricos e aplicação prática. Belo Horizonte: Fórum, 2021. Edição Kindle; TABOADA, Carlos Palao. *La aplicación de las normas tributarias y la elusión fiscal*. 2. ed. Madrid: Civitas, 2021.

[2] TORRES, Ricardo. *Planejamento tributário*: elisão abusiva e evasão fiscal. 2. ed. Rio de Janeiro: Elsevier Brasil, 2013. p. 8; NOVOA, César García. *La cláusula antielusiva en la nueva ley general tributaria*. Madrid: Marcial Pons, 2004. p. 103; TABOADA, Carlos Palao. *La aplicación de las normas tributarias y la elusión fiscal*. 2. ed. Madrid: Civitas, 2021. p. 295 e ss.; TESAURO, Francesco. Elusione e abuso nel diritto tributario italiano. *Diritto e Pratica Tributaria*, Milano, v. LXXXIII, n. 4, p. 687, jul./ago. 2012.

[3] NOVOA, César García. *La cláusula antielusiva en la nueva ley general tributaria*. Madrid: Marcial Pons, 2004. p. 108-109. Nesse ponto, não se acolhe o entendimento defendido por Marco Aurélio Greco, para quem estariam fora do campo do planejamento ou elisão as condutas positivamente autorizadas pelo ordenamento, incluindo as *opções fiscais* (GRECO, Marco Aurélio. *Planejamento fiscal*. 2. ed. São Paulo: Dialética, 2008. p. 83-84).

[4] Ver Capítulo I, item 3, da Parte Especial.

[5] Essa hipótese assemelha-se a um caso célebre ocorrido na Espanha, citado por Garcia Novoa, onde alguns hotéis mudaram deliberadamente de categoria, "perdendo" uma estrela para se submeterem a uma alíquota menor do IVA (Imposto sobre o Valor Agregado). Cf. NOVOA, César García. *La cláusula antielusiva en la nueva ley general tributaria*. Madrid: Marcial Pons, 2004. p. 115.

[6] Lei 10.637/2002, art. 3º, § 3º, I; Lei 10.833/2003, art. 3º, § 3º, I.

[7] Lei 9.715/1998, art. 8º; Lei 9.718/1998, art. 8º; Lei 10.833/2003, arts. 2º e 3º, § 1º; Lei 10.637/2002, arts. 2º e 3º, § 1º.

Parte Geral · Capítulo VIII · EVASÃO E ELISÃO | 275

O limite da elisão é a licitude da conduta do contribuinte. Se esse operar por meios *ilícitos*, tem-se o que a doutrina nacional denomina *evasão fiscal*. Nos primeiros estudos do tema, essas duas categorias eram diferenciadas considerando o critério da licitude dos meios e o momento da ocorrência. Entendia-se que, na elisão, a desoneração, a redução ou o diferimento resultariam de formas jurídicas alternativas empregadas para a evitação da incidência, isto é, atos ou negócios jurídicos *lícitos* não tributados ou tributados de maneira menos gravosa praticados *antes* do fato jurídico tributário e em sua substituição. Já na evasão, esses seriam *posteriores* e *ilícitos*, compreendendo os *atos simulados*. Nela, dito de um outro modo, consuma-se o evento imponível, mas o sujeito passivo pratica atos *ilícitos* para escapar das consequências jurídicas correspondentes, ocultando a sua ocorrência. Essa distinção ainda é válida. Contudo, o critério cronológico já não é mais considerando determinante, porque a evasão também pode ocorrer antes ou concomitantemente ao evento imponível.

Um exemplo de ilicitude antecedente é a *fraude de valor* (subfaturamento) na importação. Esse ilícito é caracterizado por meio da emissão de uma fatura comercial ideológica ou materialmente falsa, indicando um valor menor que o efetivamente pago pela mercadoria visando a uma redução indevida na base de cálculo dos tributos aduaneiros. Essa falsificação ocorre antes do critério temporal da hipótese de incidência desses tributos (o registro da declaração de mercadorias)[8], porque a fatura, como documento de instrução obrigatória, deve ser apresentada pelo importador no despacho aduaneiro de importação[9].

Também é antecedente a ilicitude praticada pela empresa que contrata um terceiro para realizar a importação em nome próprio, *ocultando* da fiscalização tributária a sua condição de real adquirente. Isso pode ocorrer porque a contratante, sendo parte relacionada do exportador (*v.g.*, o controle societário comum), tem a intenção de afastar a aplicabilidade das regras de limitação de dedutibilidade dos custos de aquisição do produto importado da legislação de preços de transferência, reduzindo o IRPJ e a CSLL[10]. No entanto, também pode ser uma forma de promover a *quebra* da cadeia do IPI. Nesse caso, a ocultação do real importador e a presença de um terceiro agindo como importador ostensivo permitem o deslocamento da margem de lucro para a venda subsequente no mercado interno, quando não há incidência do imposto[11]. Nos dois casos, a *evasão* é materializada por meio de *simulação subjetiva* anterior ao evento imponível[12].

Mais recentemente, alguns autores têm operado com uma terceira categoria – a *elusão fiscal* – para compreender a conduta de quem obtém uma economia de tributos por meio de atos ilegítimos ou abusivos[13]. O termo é utilizado em outros países, a exemplo da Itália e da Espanha. Todavia, entre nós, não há uma diferenciação entre os regimes jurídicos que justifique a separação

---

[8] A declaração de mercadorias, dentro da nova denominação que decorre da Convenção de Quioto Revisada (Decreto Legislativo 56/2019; Decreto 10.276/2020, abrange a Declaração de Importação (DI) ou Declaração Única de Importação (Duimp).

[9] Sobre o tema, cf.: SEHN, Solon. *Curso de direito aduaneiro*. 2. ed. Rio de Janeiro: Forense, 2022. p. 528 e ss.; SEHN, Solon. *Comentários ao regulamento aduaneiro*: infrações e penalidades. 2. ed. São Paulo: Aduaneiras, 2021. p. 149 e ss.

[10] Sobre os preços de transferência, ver Cap. I, item 3.6.1.2.4, da Parte Especial.

[11] Regulamento do IPI, Decreto 7.212/2010, art. 9º, I, II e IX; art. 4º, I e II, da Lei 4.502/1964, art. 79 da Medida Provisória 2.158-35/2001; e do art. 13 da Lei 11.281/2006.

[12] Sobre o tema, cf.: SEHN, Solon. *Curso de direito aduaneiro*. 2. ed. Rio de Janeiro: Forense, 2022. p. 509 e ss.

[13] GODOI, Marciano Seabra de. Estudo comparativo sobre o combate ao planejamento tributário abusivo na Espanha e no Brasil: sugestões de alterações legislativas no ordenamento brasileiro. *Revista de Informação Legislativa do Senado Federal*, Brasília, ano 49, n. 194, p. 120, abr./jun. 2012; CALIENDO, Paulo. *Curso de direito tributário*. São Paulo: Saraiva, 2017. p. 510; TÔRRES, Heleno Taveira. *Direito tributário e direito privado*: autonomia privada, simulação e elusão tributária. São Paulo: RT, 2003. p. 187: "A elusão, nesses ordenamentos, corresponde ao que fica a meio caminho entre a legítima economia de tributos e a simulação: não seria simulação, porque seus atos não são encobertos, ocultos (dissimulação) ou inexistentes (simulação absoluta); nem economia legítima de tributos (elisão, para a doutrina nacional), porque a economia se verificaria contornando o alcance de tipo normativo da regra de tributação, por uma 'violação indireta' da lei tributária".

entre elisão, elusão e evasão. Ademais, para o direito, uma conduta pode ser *válida* ou *inválida*. Não há um meio-termo entre o lícito e o ilícito (*tertium non datur*), de sorte que, no presente estudo, mantém-se a diferenciação binária entre *evasão* e *elisão*.

2   PARÁGRAFO ÚNICO DO ART. 116 DO CTN

O parágrafo único do art. 116 do CTN, incluído pela Lei Complementar 104/2001, autorizou a desconsideração de atos ou de negócios jurídicos voltados à dissimulação do fato jurídico tributário:

> Art. 116. [...]
>
> Parágrafo único. A autoridade administrativa poderá desconsiderar atos ou negócios jurídicos praticados com a finalidade de dissimular a ocorrência do fato gerador do tributo ou a natureza dos elementos constitutivos da obrigação tributária, observados os procedimentos a serem estabelecidos em lei ordinária. (Incluído pela Lcp 104, de 2001)

Esse dispositivo gerou uma série de debates na doutrina, porque, de acordo com a exposição de motivos, seu objetivo seria a criação de uma *norma geral antielisiva*:

> A inclusão do parágrafo único ao art. 116 faz-se necessária para estabelecer, no âmbito da legislação brasileira, norma que permita à autoridade tributária desconsiderar atos ou negócios jurídicos praticados com finalidade de elisão, constituindo-se, dessa forma, em instrumento eficaz para o combate aos procedimentos de planejamento tributário praticados com abuso de forma ou de direito.

A exposição de motivos não foi feliz no uso do termo "norma antielisiva", porque, a rigor, o que se tem, no direito comparado, são *normas* ou *cláusulas gerais* que permitem a desconsideração de planejamentos abusivos ou, como nos países da *common law*, realizados sem *propósito negocial*. Esses são categorizados entre nós como evasão fiscal, e não elisão. No parágrafo único do art. 116 do CTN foi prevista apenas uma autorização para a desconsideração de negócios jurídicos simulados[14]. Houve um descasamento entre a intenção e o resultado. O enunciado prescritivo, com sua precariedade redacional, não apresentou densidade suficiente para permitir a construção da norma geral antielisiva pretendida pelo seu idealizador.

A constitucionalidade do parágrafo único do art. 116 foi apreciada pelo STF na ADI 2.446[15]. Nesse julgamento, o Tribunal entendeu que "a despeito dos alegados motivos que resultaram na inclusão do parágrafo único ao art. 116 do CTN, a denominação 'norma antielisão' é de ser tida como inapropriada, cuidando o dispositivo de questão de norma de combate à evasão fiscal"[16].

Destaca-se, nesse sentido, o voto da Ministra Cármen Lúcia:

> Assim, a desconsideração autorizada pelo dispositivo está limitada aos atos ou negócios jurídicos praticados com intenção de dissimulação ou ocultação desse fato gerador.

---

[14]   Como ressalta Alberto Xavier, com absoluta razão, uma norma geral antielisiva não seria compatível com a Constituição, em especial a garantia da tipicidade da tributação (XAVIER, Alberto. *Tipicidade da tributação, simulação e norma antielisiva*. São Paulo: Dialética, 2001. p. 111 e ss.).

[15]   "Ação direta de inconstitucionalidade. Lei Complementar n. 104/2001. Inclusão do parágrafo único ao art. 116 do Código Tributário Nacional: norma geral antielisiva. Alegações de ofensa aos princípios da legalidade, da legalidade estrita em direito tributário e da separação dos poderes não configuradas. Ação direta julgada improcedente" (STF, Tribunal Pleno, ADI 2.446, Rel. Min. Cármen Lúcia, *DJe* 27.04.2022).

[16]   Voto da Min. Cármen Lúcia. No mesmo sentido, cf. o voto do Ministro Toffoli: "Isso significa que a administração tributária, ao invocar o parágrafo único em questão, tem de demonstrar a efetiva ocorrência do fato gerador previsto em lei ou a presença dos elementos constitutivos da obrigação tributária. Além disso, tem de demonstrar a ocorrência de atos ou negócios jurídicos praticados com a finalidade de dissimular a ocorrência desse fato gerador ou a natureza dos citados elementos".

O parágrafo único do art. 116 do Código não autoriza, ao contrário do que argumenta a autora, "a tributação com base na intenção do que poderia estar sendo supostamente encoberto por uma forma jurídica, totalmente legal, mas que estaria ensejando pagamento de imposto menor, *tributando mesmo que não haja lei para caracterizar tal fato gerador*" (fl. 3, e-doc. 2, grifos nossos).

Autoridade fiscal estará autorizada apenas a aplicar base de cálculo e alíquota a uma hipótese de incidência estabelecida em lei e que tenha se realizado.

Tem-se, pois, que a norma impugnada visa conferir máxima efetividade não apenas ao princípio da legalidade tributária mas também ao princípio da lealdade tributária.

Não se comprova também, como pretende a autora, retirar incentivo ou estabelecer proibição ao planejamento tributário das pessoas físicas ou jurídicas. A norma não proíbe o contribuinte de buscar, pelas vias legítimas e comportamentos coerentes com a ordem jurídica, economia fiscal, realizando suas atividades de forma menos onerosa, e, assim, deixando de pagar tributos quando não configurado fato gerador cuja ocorrência tenha sido licitamente evitada.

[...]

O art. 108 do Código Tributário Nacional não foi alterado pela Lei Complementar 104/2001, não estando autorizado o agente fiscal a valer-se de analogia para definir fato gerador e, tornando-se legislador, aplicar tributo sem previsão legal.

[...]

9. De se anotar que elisão fiscal difere da evasão fiscal. Enquanto na primeira há diminuição lícita dos valores tributários devidos pois o contribuinte evita relação jurídica que faria nascer obrigação tributária, na segunda, o contribuinte atua de forma a ocultar fato gerador materializado para omitir-se ao pagamento da obrigação tributária devida.

A despeito dos alegados motivos que resultaram na inclusão do parágrafo único ao art. 116 do CTN, a denominação "norma antielisão" é de ser tida como inapropriada, cuidando o dispositivo de questão de norma de combate à evasão fiscal.

Nenhum dos julgadores entendeu que o dispositivo seria uma *norma geral antielisiva*. A divergência foi apenas em relação à necessidade de decisão judicial para a desconsideração dos atos simulados, na linha defendida pelos Ministros Ricardo Lewandowski, que foi acompanhado por Alexandre de Moraes:

Nesse ponto, portanto, não teria qualquer reparo a fazer a respeito do voto da Ministra relatora, haja vista que, de fato, a Lei Complementar 104 /2001, na parte em que acrescenta o parágrafo único ao art. 116 do Código Tributário Nacional, não cria para o agente fiscal poder de tributar fato gerador inexistente, mas tão somente possibilita constituir obrigação tributária nos casos de dissimulação acobertada por atos e negócios jurídicos.

[...]

Desta feita, pedindo as mais respeitosas vênias à Eminente Relatora, assim como àqueles que já a acompanharam, compreendo que a providência não caberia a qualquer autoridade administrativa, já que apenas ao Judiciário competiria declarar a nulidade de ato ou negócio jurídico alegadamente simulados[17].

---

[17] De acordo com o voto do Ministro Ricardo Lewandowski, acompanhado por Alexandre de Moraes: "Desta feita, pedindo as mais respeitosas vênias à Eminente Relatora, assim como àqueles que já a acompanharam, compreendo que a providência não caberia a qualquer autoridade administrativa, já que apenas ao Judiciário competiria declarar a nulidade de ato ou negócio jurídico alegadamente simulados".

278 | CURSO DE DIREITO TRIBUTÁRIO – *Solon Sehn*

A maior deficiência do parágrafo único do art. 116 está na parte em que submete a desconsideração de atos e negócios jurídicos aos *procedimentos a serem estabelecidos em lei ordinária*. Já houve duas iniciativas de regulamentação da matéria no âmbito federal: as Medidas Provisórias 66/2002 e 685/2015. Entretanto, como essas não se limitaram aos aspectos procedimentais, os dispositivos relacionados a essa matéria não foram aprovados pelo Congresso Nacional[18].

A ausência de regulamentação suscita o problema da ineficácia técnica ou da autoaplicabilidade do dispositivo. A esse propósito, entende-se que a Lei Complementar 104/2001 autoriza a criação de um procedimento especial para a desconsideração de atos e negócios jurídicos, a critério da legislação de cada ente tributante (União, Estados, Distrito Federal e Municípios). Entretanto, isso não significa que, antes da criação do procedimento especial, a administração fazendária está impedida de fiscalizar a *evasão* fiscal. O parágrafo único foi introduzido para fazer frente à conduta de quem age ilicitamente, e não para perpetuar ou legitimar ilicitudes diante da inércia do legislador ordinário. A evasão não é compatível com os princípios da legalidade, da isonomia e da capacidade contributiva. Além disso, gera distorções concorrenciais em prejuízo de contribuintes pautados por regras de *compliance* e por valores éticos. A autoridade fiscal tem o dever de constituir o crédito tributário diante de atos evasivos, com fundamento nos arts. 142 e 149 do CTN, que não foram revogados. Esses estabelecem o caráter obrigatório e vinculado do lançamento, determinando a sua realização nos casos de falsidade, dolo, fraude ou simulação. Na falta de um procedimento especial, portanto, incide o procedimento fiscalizatório ordinário.

3   SIMULAÇÃO

Na *simulação*, as partes agem em conluio para emitir uma declaração de vontade enganosa no intuito de produzir efeitos jurídicos diversos dos ostensivamente indicados. Pode ser *absoluta*, sempre que as partes não têm intenção de celebrar um negócio jurídico real subjacente. Por exemplo, a emissão de uma nota fiscal "fria" para permitir a dedução de uma despesa inexistente por terceiro. A simulação é *relativa* quando há um negócio aparente, não pretendido pelas partes, ocultando um negócio jurídico real (dissimulado). A simulação relativa pode ser *objetiva* ou *subjetiva*. A primeira diz respeito à natureza, ao objeto ou a um dos elementos do negócio jurídico. É o caso, *v.g.*, de uma compra e venda que dissimula uma doação. A segunda é caracterizada pela interposição de pessoas, vale dizer, pela presença de um *testa de ferro* – denominado *presta-nome, homem de palha* ou, em linguagem mais atual, *laranja* – que adquire, extingue ou modifica direitos para um terceiro oculto. Também é chamada de *simulação por interposição de pessoas, interposição fictícias de pessoas* ou *interposição fraudulenta de terceiros*[19].

Um exemplo de *simulação subjetiva* é o da empresa que contrata um terceiro para realizar a importação em nome próprio, permanecendo *oculta* da fiscalização tributária, visando a afastar a aplicabilidade das regras de limitação de dedutibilidade dos custos da legislação de preços de transferência ou promover a quebra da cadeia do IPI.

---

[18]   Convertidas na Lei 10.637/2002 e na Lei 13.202/2015, respectivamente.

[19]   "Como o erro, a simulação traduz uma inverdade. Ela caracteriza-se pelo intencional desacordo entre a vontade interna e a declarada, no sentido de criar, aparentemente, um ato jurídico que, de fato, não existe, ou então oculta, sob determinada aparência, o ato realmente querido. Como diz Clovis, em forma lapidar, é a declaração enganosa da vontade, visando a produzir efeito diverso do ostensivamente indicado" (BARROS MONTEIRO, Washington de. *Curso de direito civil*: parte geral. 31. ed. São Paulo: Saraiva, 1993. v. 1, p. 207). Na mesma linha, cf.: VENOSA, Sílvio de Salvo. *Direito civil*: parte geral. 5. ed. São Paulo: Atlas, 2005. v. 1, p. 547 e ss.; RODRIGUES, Silvio. *Direito civil*: parte geral. 27. ed. São Paulo: Saraiva, 1997. v. 1, p. 220; DINIZ, Maria Helena. *Curso de direito civil brasileiro*: teoria geral do direito civil. 14. ed. São Paulo: Saraiva, 1998. v. 1, p. 288; TELLES, Inocêncio Galvão. *Manual dos contratos em geral*. 4. ed. Coimbra: Coimbra Editora, 2002. p. 165 e ss.; XAVIER, Alberto. *Tipicidade da tributação, simulação e norma antielisiva*. São Paulo: Dialética, 2001. p. 55; LIMA, Marcelo Chiavassa de Mello Paula. *Negócios jurídicos com efeitos ocultos*: fiduciários, indiretos e interposição fictícia de pessoas. Rio de Janeiro: Lumen Juris, 2018. p. 227 e ss.

Parte Geral · **Capítulo VIII** · EVASÃO E ELISÃO | **279**

O mesmo artifício pode ser empregado como veículo para práticas ilícitas menos sofisticadas, como a simulação de importação por entidade isenta. Por exemplo, as importações de instituições científicas e tecnológicas, cientistas e pesquisadores são isentas do imposto de importação (Lei 8.010/1990, art. 1º; Lei 8.032/1990, art. 2º, I, "e" e "f"). Esses devem permanecer com as mercadorias importadas pelo prazo de cinco anos, nos termos do art. 11 do Decreto-lei 37/1966, após o qual podem transferi-las a terceiros[20]. Assim, haverá uma *simulação subjetiva* se um pesquisador ou um cientista agir como *testa de ferro* para beneficiar indevidamente um terceiro que não reúne os requisitos da isenção, mantendo a mercadoria formalmente em seu nome, mas materialmente na posse do efetivo importador.

No Código Civil de 2002, a simulação constitui um vício ou defeito social que implica a nulidade do negócio jurídico[21]. Nele foi adotado o sistema alemão de caracterização da simulação. Assim, ao contrário do Código Civil de 1916, não há mais diferença entre simulação maliciosa e inocente[22]. Exige-se, para a sua caracterização, apenas o propósito de enganar (*animus decipiendi*), não sendo necessário o intuito de prejudicar terceiros (*animus nocendi*)[23].

A simulação pressupõe o conluio ou o acordo simulatório entre as partes. O grau de protagonismo dos agentes pode variar. Contudo, todos devem ter uma atuação mínima, ainda que limitada à conivência[24] ou à omissão consciente diante dos fatos levados a efeito pela parte

---

[20] "Art. 11. Quando a isenção ou redução for vinculada à qualidade do importador, a transferência de propriedade ou uso, a qualquer título, dos bens obriga, na forma do regulamento, ao prévio recolhimento dos tributos e gravames cambiais, inclusive quando tenham sido dispensados apenas estes gravames.
Parágrafo único. O disposto neste artigo não se aplica aos bens transferidos a qualquer título:
I – a pessoa ou entidades que gozem de igual tratamento fiscal, mediante prévia decisão da autoridade aduaneira;
II – após o decurso do prazo de 5 (cinco) anos da data da outorga da isenção ou redução."
Nos casos de transferência ou de cessão de uso da mercadoria antes do prazo legal ou fora da hipótese do art. 11, I, o crédito deve ser recolhido dentro dos percentuais previstos no art. 1º do Decreto-lei 1.559/1977.

[21] "Art. 167. É nulo o negócio jurídico simulado, mas subsistirá o que se dissimulou, se válido for na substância e na forma."

[22] THEODORO JÚNIOR, Humberto. *Comentários ao novo Código Civil*. 4. ed. Rio de Janeiro: Forense, 2008. livro III, p. 471 e ss. O autor ressalta ainda que: "Não é necessariamente pelo prejuízo de outrem que se dá a simulação, mas pela versão enganosa com que terceiros são iludidos diante de uma convenção que só tem aparência". No mesmo sentido, o Enunciado 152 da III Jornada de Direito Civil do CJF (Conselho da Justiça Federal): "Toda simulação, inclusive a inocente, é invalidante". Destaca-se ainda: STJ, 3ª T., REsp 441.903/SP, Rel. Min. Nancy Andrighi, *DJ* 15.03.2004; 4ª T., REsp 776.304/MG, Rel. Min. Honildo Amaral de Mello Castro, Desembargador Convocado do TJAP, *DJe* 16.11.2009. Segundo o Relator, na página 8 do voto: "Sucede que não subsiste atualmente no direito brasileiro, após o advento do novo Código Civil, a distinção entre simulação inocente e a maliciosa (fraudulenta). O novel Código Civil imputa como nulo o negócio jurídico sumulado, mas subsistirá o que se dissimulou, se válido for na substância e na forma (art. 167, CC/02). A lei moderna, como se observa, visa preservar os efeitos do negócio jurídico tido como viciado".

[23] TELLES, Inocêncio Galvão. *Manual dos contratos em geral*. 4. ed. Coimbra: Coimbra Editora, 2002. p. 166: "As simulações são bastante frequentes, e se, por vezes, se fazem só com o *intuito de enganar* (*animus decipiendi*), em regra domina-as o *propósito de prejudicar* (*animus nocendi*). O intuito de enganar é o mínimo imprescindível; mas na grande maioria dos casos a intenção dos simuladores apresenta coloração ou intensidade bem mais forte, porque os anima o objectivo de causar a alguém um dano ilícito, sendo para produzir esse dano que forjam a *ficção de um contrato*, por eles na realidade não desejado. A simulação que visa apenas *enganar* diz-se *inocente*; a que visa *prejudicar* diz-se *fraudulenta*".

[24] A conivência é o *minimum* exigido para a caracterização da simulação nos negócios jurídicos unilaterais receptícios, que produzem efeitos após o conhecimento da declaração de vontade pelo destinatário (*v.g.*, promessa de recompensa). Deve-se ter presente, a esse respeito, a seguinte lição de Orlando Gomes: "A necessidade do acordo simulatório não confina a simulação no campo do contrato. Pode ocorrer também nos negócios jurídicos unilaterais receptícios, havendo colusão com o seu destinatário" (GOMES, Orlando. *Introdução ao direito civil*. 22. ed. Rio de Janeiro: Forense, 2019. p. 306). No mesmo sentido: TELLES, Inocêncio Galvão. *Manual dos contratos em geral*. 4. ed. Coimbra: Coimbra Editora, 2002. p. 170-171, que exemplifica: "É o que acontece quando nalgum destes negócios o declarante diz coisa diversa do que quer, por *conluio*

280 | CURSO DE DIREITO TRIBUTÁRIO – *Solon Sehn*

atuante. O acordo simulatório pode ser demonstrado por qualquer meio de prova e, ainda que inexistente um contrato escrito, evidencia-se pela identificação da cadeia de artifícios astuciosos empregados na construção do negócio jurídico aparente e da *causa simulandi, que corresponde ao* ganho econômico decorrente da desoneração total ou parcial da operação.

Dessa maneira, a caracterização da simulação pressupõe a coalescência de quatro elementos: (i) o conluio entre as partes; (ii) o negócio aparente ou simulado (*v.g.*, a operação registrada na escrituração fiscal ou declarada ao fisco ou no documento fiscal); (iii) o negócio oculto ou dissimulado (*v.g.*, a operação não escriturada, não declarada ou desamparada de documento fiscal), salvo na *simulação absoluta*, porque as partes não visam à celebração de um negócio jurídico real subjacente; e (iv) o propósito específico de enganar (*animus decipiendi*), que constitui a razão determinante ou *motivo simulatório*[25]. Negócios jurídicos dessa natureza configuram *evasão fiscal*, autorizando a desconsideração do negócio aparente e, na simulação relativa, a aplicação do regime jurídico tributário correspondente ao negócio jurídico oculto ou dissimulado.

4 FRAUDE

4.1 Fraude à lei

A fraude à lei constitui uma hipótese de nulidade do negócio jurídico[26]. Nesse vício, ao contrário da simulação, não há uma ocultação: o negócio jurídico é real e querido pelas partes. Essas efetivamente pretendem o que declararam, cumprindo a lei em sua literalidade, porém, violando-a finalisticamente[27]. Isso ocorre quando o agente faz uso de uma *norma de cobertura*, que permite o comportamento realizado, mas para um propósito distinto, obtendo um resultado prático equivalente ao vedado pela *norma defraudada*[28].

Não é qualquer preceito legal que pode ser objeto da fraude à lei. O *bypass* de uma norma jurídica somente faz sentido quando se busca contornar um resultado contrário a uma *lei imperativa*[29]. Ao vedar o resultado, a lei proíbe todos os meios para a sua obtenção, o que não deve ser

---

com o declaratário. Exemplo: *A*, de acordo com *B*, *finge* resolver um contrato existente entre os dois, do qual resulta para o segundo valiosa posição jurídica patrimonial, a fim de subtraírem essa posição à execução por parte dos credores de *B*. Este negócio unilateral mentiroso, a imaginária resolução do contrato, ficará sujeito às regras da *simulação*, com as adaptações que se mostrem necessárias".

[25] PINTO, Carlos Alberto da Mota. *Teoria geral do direito civil*. 3. ed. Coimbra: Coimbra Editora, 1994. p. 472; TELLES, Inocêncio Galvão. *Manual dos contratos em geral*. 4. ed. Coimbra: Coimbra Editora, 2002. p. 168; GOMES, Orlando. *Introdução ao direito civil*. 22. ed. Rio de Janeiro: Forense, 2019. p. 429; VENOSA, Sílvio de Salvo. *Direito civil*: parte geral. 5. ed. São Paulo: Atlas, 2005. v. 1, p. 551.

[26] "Art. 166. É nulo o negócio jurídico quando: [...] VI – tiver por objetivo fraudar lei imperativa."

[27] RODRIGUES, Silvio. *Direito civil*: parte geral. 27. ed. São Paulo: Saraiva, 1997. v. 1, p. 226; VENOSA, Sílvio de Salvo. *Direito civil*: parte geral. 5. ed. São Paulo: Atlas, 2005. v. 1, p. 559.

[28] Como ensina Alberto Xavier: "São quatro, na sua essência, os pressupostos da fraude à lei no Direito Civil: a existência de um resultado proibido; a prática de ato jurídico ou conjunto de atos jurídicos não previstos na letra da lei proibitiva; a obtenção, através destes atos, de um resultado equivalente ao proibido; o fim de subtrair o ato ou conjunto de atos ao âmbito de aplicação da norma proibitiva" (XAVIER, Alberto. *Tipicidade da tributação, simulação e norma antielisiva*. São Paulo: Dialética, 2001. p. 65).

[29] As leis imperativas, como se sabe, opõe-se às leis ou aos preceitos dispositivos, ou seja, destituídos de caráter cogente, como é o caso das normas supletivas ou das que estabelecem uma permissão ao particular. Não há que se falar em fraude, ademais, diante de condutas permitidas ou facultadas (permissão bilateral), até porque, em tais hipóteses, é duvidoso imaginar algum interesse das partes em engendrar esforços para contornar a disposição legal. Tampouco há infração quando o preceito legal estabelece um ônus para o sujeito passivo. Nesse a lei prevê um comportamento facultativo que necessita ser realizado por um determinando sujeito para fins de tutela de seu próprio interesse. A não realização da conduta esperada acarreta, para o onerado, apenas a perda de um benefício ou o risco de um prejuízo (GOMES, Orlando. *Obrigações*. 12. ed. Rio de Janeiro: Forense, 1998. p. 6-7). Como destaca NOVOA, César García. *La cláusula antielusiva en la nueva ley general tributaria*. Madrid: Marcial Pons, 2004. p. 43-44: "En cualquier caso, estas normas de conducta que

Parte Geral · Capítulo VIII · EVASÃO E ELISÃO | **281**

confundido com as hipóteses em que o preceito proibitivo visa a um negócio jurídico específico. A diferença é sútil, mas relevante, porque, nesse último caso, a vedação não se aplica a outros negócios jurídicos, afastando a caracterização da fraude à lei[30].

Como ressalta a doutrina, não há fraude à lei quando alguém pratica atos para escapar da incidência da norma jurídica tributária. Em primeiro lugar, porque desapareceria a distinção entre evasão e elisão, já que essa também pode configurar uma forma de evitação da incidência. Em segundo lugar e principalmente, porque a realização de um fato diferente daquele definido como hipótese de incidência de um tributo não é um resultado proibido por lei imperativa. Destarte, como ensina Albert Hensel, a norma jurídica tributária não estabelece um resultado proibido nem apresenta caráter de lei imperativa:

> A elisão tributária não consiste na violação de uma norma de proibição, que é aquela na qual, nos demais âmbitos da vida jurídica, conduz às fraudes à lei. Nenhuma lei tributária proíbe alcançar resultados econômicos desejáveis mediante caminhos distintos dos previstos pelo legislador; a eleição dos meios jurídicos para tornar efetivas determinadas intenções econômicas é livre para qualquer um. Também não há nas hipóteses de elisão tributária em geral qualquer violação de uma lei obrigatória. A imposição – "deve pagar impostos" – está condicionada pela sentença "se realizar o pressuposto de fato previsto na lei" (e não: "quando alcançar determinado resultado econômico"!)[31].

---

imponen mandatos u obligaciones son normas que establecen la obligación de obrar de cierta manera para conseguir un determinado fin u objetivo, prohibiendo al mismo tiempo, expresa o implícitamente, toda conducta diferente a la impuesta. En estas normas es posible localizar un 'resultado prohibido', que será el resultado típico o 'institucional' que se deriva de las conductas excluidas y las ventajas que de la misma pueden desprender-se a favor del particular". É por isso que, para Alberto Xavier, a distinção entre estes dois tipos de normas afigura-se essencialmente redacional ("[...] tanto faz proibir um resultado por qualquer meio, como proibir meios diversos dos exigidos na lei para atingir o resultado") (XAVIER, Alberto. *Tipicidade da tributação, simulação e norma antielisiva*. São Paulo: Dialética, 2001. p. 63 e nota 65).

[30] Esse aspecto é destacado por Galvão Telles, ao observar que: "Primeiramente cumpre, portanto, fazer a rigorosa determinação ou conteúdo ou alcance da proibição legal, a fim de saber o que é vedado – se o resultado, qualquer que seja o modo de o atingir, se apenas aquele determinado pacto ou negócio jurídico, na fisionomia peculiar com que o descreve o legislador. No primeiro caso pode haver fraude à lei, mas não no segundo. Esta limitação é muito importante, e nunca deve perdê-la de vista o intérprete, que tem sempre de pôr, como questão prévia, a interpretação da norma proibitiva – sua extensão ou seus contornos" (TELLES, Inocêncio Galvão. *Manual dos contratos em geral*. 4. ed. Coimbra: Coimbra Editora, 2002. p. 303). A mesma advertência é realizada por Humberto Theodoro Júnior: "É preciso que a própria norma restritiva traga em si o sentido de impedir, de qualquer maneira, determinado efeito, seja direta ou indiretamente. Quando apenas se proíbe um tipo de contrato, nem sempre se quer impedir outros que, eventualmente, cheguem a resultado análogo. A fraude à lei, portanto, reclama interpretação primeira da norma que se supõe fraudada, para se concluir sobre se contém restrição apenas a um tipo de contrato ou a toda e qualquer negociação acerca de determinado bem" (THEODORO JÚNIOR, Humberto. *Comentários ao novo Código Civil*. 4. ed. Rio de Janeiro: Forense, 2008. livro III, p. 444).

[31] Tradução nossa, com substituição, na oração final, da conjugação na segunda pela terceira pessoa do singular, que é mais utilizada na língua portuguesa, assim como da palavra "elusão" por "elisão". HENSEL, Albert. *Derecho tributario*. Trad. Andrés Báez Moreno, María Luisa Gonzáles-Cuéllar Serrano y Enrique Ortiz Calle. Madrid-Barcelona: Marcial Pons, 2005. p. 230: "La elusión tributaria no consiste en la vulneración de una norma de prohibición, que es la que, en el resto de ámbitos de la vida jurídica, conduce a los fraudes de ley. Ninguna ley tributaria prohíbe alcanzar resultados económicos deseables mediante caminos distintos a los previstos por el legislador; la elección de los medios jurídicos para hacer efectivas determinadas intenciones económicas es libre para cualquiera. Tampoco existe en los supuestos de elusión tributaria en general vulneración alguna de una ley imperativa. La imposición – 'debes pagar impuestos' – está condicionada por la sentencia 'si realizas el presupuesto de hecho legal' (¡y no: 'cuando alcances un determinado resultado económico'!)".

Dessa forma, a conduta de quem evita ou age para escapar da incidência da norma jurídica tributária em sentido estrito (aquela que estabelece a hipótese de incidência de um tributo e a obrigação tributária, também denominada regra-matriz de incidência) não configura uma fraude à lei. Entretanto, isso não significa que o vício não possa ser configurado diante de outros preceitos da legislação tributária.

Há enunciados prescritivos tributários que podem ser objeto de fraude à lei, notadamente as chamadas *cláusulas* ou *normas especiais antielisivas*. Um exemplo é a vedação do art. 33 do Decreto-lei 2.341/1987: "Art. 33. A pessoa jurídica sucessora por incorporação, fusão ou cisão não poderá compensar prejuízos fiscais da sucedida". Algumas empresas, para contornar essa vedação, promovem o que, na prática forense, ficou conhecido como *incorporação reversa* ou *incorporação às avessas*. Assim, a sociedade deficitária incorpora a superavitária, o que afasta a incidência da vedação legal.

Esse desvio da vedação legal foi inicialmente admitido pela CSRF do antigo Conselho de Contribuinte, por entender que não seria proibida pela legislação[32]. Em decisões mais recentes da 1ª Turma da CSRF, o Carf tem afastado o seu cabimento nos casos em que há um *mascaramento da realidade*:

> Incorporação às avessas. Desconsideração dos efeitos tributários. Deve ser mantida a glosa de prejuízos fiscais e bases negativas da CSLL nas hipóteses de incorporação às avessas, quando uma empresa extremamente deficitária, com patrimônio líquido reduzido, com o intuito de redução de pagamento de tributos, incorpora uma empresa lucrativa, com patrimônio líquido seis vezes maior que sua incorporadora, e na sequência assume a denominação social da incorporada e passa a ser administrada pela incorporada[33].

O mesmo critério foi adotado pelo TRF da 4ª Região, que entendeu configurada uma simulação:

> Tanto em razão social, como em estabelecimento, em funcionários e em conselho de administração, a situação final – após a incorporação – manteve as condições e a organização anterior da incorporada, restando demonstrado claramente que, de fato, esta 'absorveu' a deficitária, e não o contrário, tendo-se formalizado o inverso apenas a fim de serem aproveitados os prejuízos fiscais da empresa deficitária, que não poderiam ter sido considerados caso tivesse sido ela a incorporada, e não a incorporadora, restando evidenciada, portanto, a simulação[34].

---

[32] "IRPJ. Incorporação às avessas. Glosa de prejuízos. Improcedência. A denominada 'incorporação às avessas', não proibida pelo ordenamento jurídico, realizada entre empresas operativas e que sempre estiveram sob controle comum, não pode ser tipificada como operação simulada ou abusiva, mormente quando, a par da inegável intenção de não perda de prejuízos fiscais acumulados, teve por escopo a busca de melhor eficiência das operações entres ambas praticadas. Recurso especial negado" (CC, 1ª T., CSRF, Ac. 01-05.413, Rel. Cons. Dorival Padovan, S. 20.03.2006).

[33] CARF, CSRF, 1ª T., Ac. 9101-003.008, Rel. Cons. Adriana Gomes Rego, S. 08.08.2017. No mesmo sentido: CARF, CSRF, 1ª T., Ac. 9101-004.437, Rel. Cons. Demetrius Nichele Macei, S. 08.10.2019; CARF, CSRF, 1ª T., Ac. 9101-004.437, Rel. Cons. Demetrius Nichele Macei, S. 08.10.2019.

[34] TRF4, 2ª T., AC 2004.71.10.003965-9, Rel. Des. Fed. Dirceu de Almeida Soares, j. 22.08.2006. Foi afastada a configuração de uma fraude fiscal: "não há fraude no caso: a incorporação não se deu mediante fraude ao fisco, já que na operação não se pretendeu enganar, ocultar, iludir, dificultando – ou mesmo tornando impossível – a atuação fiscal, já que houve ampla publicidade dos atos, inclusive com registro nos órgãos competentes". Esse acórdão, que foi mantido pelo STJ sem o exame do mérito (STJ, 2ª T., REsp 946.707/RS, Rel. Min. Herman Benjamin, *DJe* 31.08.2009), reproduz a definição de fraude fiscal do art. 72 da Lei 4.502/1964, mas sem analisar a matéria desde a perspectiva da fraude à lei, que, como se viu, é um conceito inteiramente distinto.

Esse caso ilustra como nem sempre é clara a distinção entre a fraude e a simulação. Ambas apresentam uma proximidade conceitual de tal ordem que, para importantes autores, não haveria fraude sem simulação[35]. Essa dificuldade é ainda maior nos casos de interposição de pessoas, notadamente quando a legislação veda a prática de determinado ato em função das características subjetivas de uma das partes. Para não incorrer na proibição, o infrator recorre a uma pessoa interposta e – por meio de uma conjugação de negócios jurídicos – elide a aplicabilidade de preceito legal proibitivo. É o caso da aquisição de bem penhorado por servidor público ou qualquer outra pessoa que incorra nas vedações do art. 890 do Código de Processo Civil[36]. Não podendo fazê-lo diretamente, o servidor, por exemplo, articula-se com um terceiro para que esse ofereça o lance. Em seguida, o bem é vendido para o primeiro, contornando a vedação legal. Em tais casos, segundo Moreira Alves[37], Pontes de Miranda[38] e Humberto Theodoro Júnior[39], haveria fraude à lei, ao passo que, para Carlos Alberto da Mota Pinto[40] e Inocêncio Galvão Telles[41], a

---

[35] PERERA, Ángel Carrasco. *Tratado del abuso de derecho y del fraude de ley*. Navarra: Aranzadi-Civitas-Thomson Reuters, 2016. p. 362-363: "[...] sólo existe fraude de ley (abuso institucional de derecho) cuando la conducta que es realizada por el sujeto *simula* la realización del supuesto de hecho de la cobertura y persigue con ello eludir la norma naturalmente aplicable. Si el sujeto no simula el supuesto, pero lo realiza *para* escapar de la norma en otro caso aplicable, no habrá fraude de ley".

[36] "Art. 890. Pode oferecer lance quem estiver na livre administração de seus bens, com exceção:
I – dos tutores, dos curadores, dos testamenteiros, dos administradores ou dos liquidantes, quanto aos bens confiados à sua guarda e à sua responsabilidade;
II – dos mandatários, quanto aos bens de cuja administração ou alienação estejam encarregados;
III – do juiz, do membro do Ministério Público e da Defensoria Pública, do escrivão, do chefe de secretaria e dos demais servidores e auxiliares da justiça, em relação aos bens e direitos objeto de alienação na localidade onde servirem ou a que se estender a sua autoridade;
IV – dos servidores públicos em geral, quanto aos bens ou aos direitos da pessoa jurídica a que servirem ou que estejam sob sua administração direta ou indireta;
V – dos leiloeiros e seus prepostos, quanto aos bens de cuja venda estejam encarregados;
VI – dos advogados de qualquer das partes."

[37] "Por vezes, há necessidade de uma conjugação de atos. Temos, por exemplo, o caso e pessoas interpostas para o fim de fraudar à lei. Funcionário público não pode comprar em leilão bem público, então um amigo dele compra em leilão não para ficar com ele, mas com a finalidade posterior de revender esse bem para aquele funcionário público. Consequentemente, as palavras da lei foram observadas: ele não comprou em leilão, e sim, de terceiro, mas o espírito da lei foi violado. Assim, temos aqui um complexo de negócios jurídicos que em si mesmos não válidos, mas pela sua reunião passa a ser em fraude à lei. Observam os *verba legis*, mas ferem a *mens legis* ou a *sententia legis*" (ALVES, José Carlos Moreira. *As figuras correlatas da elisão fiscal*. Belo Horizontes: Fórum, 2003. p. 17 e ss.).

[38] "Se o ascendente vendeu ao descendente, usando, para evitar a incidência do art. 1.132, de interposta pessoa, e o adquirente transferiu ao descendente, o negócio jurídico, *in fraudem legis*, é nulo" (PONTES DE MIRANDA, Francisco Cavalcanti. *Tratado de direito privado*, v. IV, § 473, n. 1, 1955 *apud* STF, RE 30.184/PB, Rel. Min. Orozimbo Nonato, *DJ* 06.07.1956).

[39] THEODORO JÚNIOR, Humberto. *Comentários ao novo Código Civil*. 4. ed. Rio de Janeiro: Forense, 2008. livro III, p. 443: "É o que comumente se faz por meio de interposta pessoa: o tutor, que não pode comprar o bem do pupilo, promove a venda a um terceiro que, em seguida, lhe repassa referido bem; o cônjuge adúltero que não pode doar à concubina, simula uma compra e venda etc.".

[40] PINTO, Carlos Alberto da Mota. *Teoria geral do direito civil*. 3. ed. Coimbra: Coimbra Editora, 1994. p. 475: "*A*, pretendendo dar um prédio a *B*, finge doar a *C* para este posteriormente doar a *B*, intervindo um conluio entre os três. Pode recorrer-se a tal interposição fictícia com o intuito de contornar uma norma legal que proíba a doação de *A* a *B*, como sucede, p. ex., com os artigos 953º e 2196º".

[41] TELLES, Inocêncio Galvão. *Manual dos contratos em geral*. 4. ed. Coimbra: Coimbra Editora, 2002. p. 169-170: "Por exemplo, a lei proíbe a venda, e duma maneira geral a cessão, de *direitos litigiosos* a juízes, magistrados do Ministério Público, funcionários de justiça ou mandatários que exerçam habitualmente a sua atividade ou profissão na área em que o processo decorrer, bem como a peritos ou outros auxiliares de justiça que neste intervenham (Cód. Civil, art. 579º); no intuito de iludir essa proibição, o titular de um direito litigioso vende-o a indivíduo diverso de qualquer das pessoas indicadas, a fim de ele o transmitir depois a uma destas pessoas, como destinatário final".

284 | CURSO DE DIREITO TRIBUTÁRIO – *Solon Sehn*

hipótese seria de simulação relativa por interposição de pessoas. A divergência ocorre porque, em situações dessa natureza, a simulação é empregada como instrumento de fraude à lei[42]. Isso cria uma espécie de "amálgama" entre essas duas categorias e a simulação, na linha do que já era defendido por Serpa Lopes ao tempo do Código Civil de 1916, é absorvida pela fraude à lei[43].

4.2 Fraude fiscal

A *fraude fiscal*, de acordo com o art. 72 da Lei 4.502/1964, compreende toda "ação ou omissão dolosa tendente a impedir ou retardar, total ou parcialmente, a ocorrência do fato gerador da obrigação tributária principal, ou a excluir ou modificar suas características essenciais, de modo a reduzir o montante do imposto devido, ou a evitar ou diferir o seu pagamento". Essa definição legal serve como critério para a qualificação da multa de ofício em lançamentos fiscais (Lei 9.430/1996, art. 44, I e § 1º[44]). Em grande medida, equivale ao próprio ao conceito de evasão fiscal, o que pode ser explicado pelo fato de que, na época de sua promulgação, muitos autores usavam a expressão "fraude fiscal" para se referir ao que hoje se conhece como evasão. Trata-se, de qualquer modo, de um vício que não se confunde com a fraude à lei. O preceito abrange a *simulação* de negócios jurídicos[45], assim como as ações e as omissões dolosas sem a participação

---

[42] NOVOA, César García. *La cláusula antielusiva en la nueva ley general tributaria*. Madrid: Marcial Pons, 2004. p. 66: "[...] en ciertas ocasiones los resultados puedan coincidir porque el negocio simulado pudiera ser utilizado como instrumento de fraude. Nota 186. Según Ferrara, F., 'es hoy doctrina dominante y casi unánime la que, aun distinguiendo las dos formas de simulación y fraude, admite, sin embargo, que la primera pueda servir de medio al segundo y que el negocio simulado puede ser fraudulento', *La simulación de los negocios jurídicos, op. cit.*, p. 78)". No mesmo sentido: XAVIER, Alberto. *Tipicidade da tributação, simulação e norma antielisiva*. São Paulo: Dialética, 2001. p. 68.

[43] "[...] toda vez que a simulação atue como um meio fraudatório à lei, visando à vulneração de uma norma cogente, deve desaparecer para dar lugar à preponderância da fraude à lei, pela violação da norma de ordem pública" (LOPES, Miguel Maria de Serpa. *Curso de direito civil*. 6. ed. Rio de Janeiro: Freitas Bastos, 1988. v. I, p. 405 *apud* NOBRE JÚNIOR, Edilson Pereira. Fraude à lei. *Revista da Ajuris*, v. 41, n. 136, p. 129, dez. 2014).

[44] "Art. 44. Nos casos de lançamento de ofício, serão aplicadas as seguintes multas:
I – de 75% (setenta e cinco por cento) sobre a totalidade ou diferença de imposto ou contribuição nos casos de falta de pagamento ou recolhimento, de falta de declaração e nos de declaração inexata; (Redação dada pela Lei nº 11.488, de 2007)
[...]
§ 1º O percentual de multa de que trata o inciso I do *caput* deste artigo será majorado nos casos previstos nos arts. 71, 72 e 73 da Lei nº 4.502, de 30 de novembro de 1964, independentemente de outras penalidades administrativas ou criminais cabíveis, e passará a ser de: (Redação dada pela Lei nº 14.689, de 2023)
[...]
VI – 100% (cem por cento) sobre a totalidade ou a diferença de imposto ou de contribuição objeto do lançamento de ofício; (Incluído pela Lei nº 14.689, de 2023)
VII – 150% (cento e cinquenta por cento) sobre a totalidade ou a diferença de imposto ou de contribuição objeto do lançamento de ofício, nos casos em que verificada a reincidência do sujeito passivo. (Incluído pela Lei nº 14.689, de 2023)
§ 1º-A. Verifica-se a reincidência prevista no inciso VII do § 1º deste artigo quando, no prazo de 2 (dois) anos, contado do ato de lançamento em que tiver sido imputada a ação ou omissão tipificada nos arts. 71, 72 e 73 da Lei nº 4.502, de 30 de novembro de 1964, ficar comprovado que o sujeito passivo incorreu novamente em qualquer uma dessas ações ou omissões. (Incluído pela Lei nº 14.689, de 2023)"

[45] Como ensina Alberto Xavier, equivale ao conceito jurídico de *simulação*. Isso porque "o impedimento ou retardamento a que o art. 72 da Lei nº 4.502/64 se refere não pode, pois, ser imputável a fato real e verdadeiro, referindo-se antes às situações em que, por simulação, a ocorrência ou o momento da ocorrência do fato gerador é ocultado sob o manto de ato enganoso". Ainda segundo o eminente professor: "O fato gerador, consistente no negócio jurídico correspondente à vontade real, ocorreu efetivamente em certo momento, mas o autor ou autores dissimulam-no sob a aparência enganosa de um outro ato que o ocultou definitiva ('impedir') ou temporariamente ('retardar')". Daí que "a fraude a que se refere o citado preceito só pode, pois, ser a simulação que, como vimos, se designa tradicionalmente na doutrina como *simulação fraudulenta* ou

de terceiros, que visam a excluir ou a modificar as características do evento imponível, ou então a impedir ou a retardar a sua ocorrência.

A simulação, destarte, pressupõe o conluio ou o acordo simulatório entre duas partes. Por isso, a definição legal de *fraude fiscal* foi mais ampla, de modo a também alcançar a conduta de quem age isoladamente. Um exemplo é a *fraude de valor* (*subfaturamento*) em operações de importação. Nessa infração o exportador estrangeiro, em conluio com o importador brasileiro (e, não raro, por iniciativa desse), emite uma fatura comercial (*invoice*) ideologicamente falsa, indicando um valor menor que o efetivamente pago pela mercadoria. Com isso, promove-se uma redução indevida na base de cálculo dos tributos incidentes na importação, o que configura uma *evasão fiscal*. Essa mesma infração, entretanto, pode resultar de uma iniciativa unilateral do importador brasileiro, sem o conhecimento do exportador estrangeiro. O infrator pode se desfazer da fatura verdadeira e produzir outra *invoice* materialmente falsa (uma réplica da original contendo um valor menor) que é apresentada para ludibriar as autoridades aduaneiras[46]. Nos dois casos há *fraude fiscal*, mas apenas o primeiro caracteriza uma *simulação*. Em ambas as hipóteses, a redução do crédito tributário configura uma *evasão fiscal*.

5 ABUSO DE DIREITO

5.1 *Economic substance doctrine*

Nos Estados Unidos e alguns países da *common law*, a admissibilidade dos planejamentos fiscais é avaliada de acordo com a *economic substance doctrine*, construção da Suprema Corte norte-americana no *leading case Gregory v. Helvering*, julgado em 1935[47], que foi aperfeiçoada em julgados posteriores, em especial, mais recentemente, no *ACM Partnership v. Commissioner*[48].

A *economic substance doctrine* permite a desconsideração de planejamentos fiscais realizados por meio de uma ou mais operações destituídas de propósito econômico, unicamente para a obtenção de uma vantagem tributária não pretendida pelo legislador. Não há uma uniformidade na aplicação do princípio. Contudo, de maneira geral, a operação é avaliada dentro de um *duplo teste*: (i) no primeiro (*objective economic substance test*) é medido o efeito econômico potencial da operação, indagando se essa representa uma oportunidade de lucro plausível, além do ganho fiscal, suficiente para justificar o investimento de um empresário razoável padrão (*reasonable businessman standard*) na realidade do setor; e (ii) no segundo é efetuado o teste do propósito negocial (*business purpose test* ou *subjective economic substance test*), no qual são analisados os motivos e as expectativas do contribuinte ao realizar a operação, avaliando a presença de uma intenção negocial (não fiscal) útil ou legítima[49].

---

maliciosa, quando tem por escopo – como é o caso – causar prejuízo a outrem" (XAVIER, Alberto. *Tipicidade da tributação, simulação e norma antielisiva*. São Paulo: Dialética, 2001. p. 79).

[46] Sobre o tema, cf.: SEHN, Solon. *Curso de direito aduaneiro*. 2. ed. Rio de Janeiro: Forense, 2022. p. 528 e ss.; SEHN, Solon. *Comentários ao regulamento aduaneiro*. 2. ed. São Paulo: Aduaneiras, 2021. p. 149 e ss.

[47] 293 U.S. 465 (1935).

[48] 157 F.3d 231 (1998).

[49] PIETRUSZKIEWICZ, Christopher M. Economic substance and the standard of review. *Alabama Law Review*, v. 60, p. 339-376, 2008; DESLOGE, Summer. Clarity or confusion?: The common law economic substance doctrine and its statutory counterpart. *Journal of Legislation*, v. 46, p. 329 e ss.; ARMSTRONG, Monica D. OMG! ESD Codified!: the overreaction to codification of the economic substance doctrine. 9 Fla. *A&M University Law Review*, p. 113-143, 2013; TABOADA, Carlos Palao. *La aplicación de las normas tributarias y la elusión fiscal*. 2. ed. Madrid: Civitas, 2021. p. 301 e ss. Na avaliação do *business purpose test*, vários fatores têm sido ponderados pela jurisprudência, tais como a ocorrência de um efetivo comprometimento ou investimento de capital por parte do contribuinte na operação; a existência de uma relação de dependência entre o contribuinte e terceiros eventualmente envolvidos, inclusive o exercício prévio e posterior de negócios legítimos; se o ganho fiscal excedeu significativamente o investimento do contribuinte; e evidências de que um investimento prudente teria ou poderia ter atingido objetivos semelhantes por meio de métodos muito mais simples

286 | CURSO DE DIREITO TRIBUTÁRIO – *Solon Sehn*

Alguns julgados exigiam a satisfação dos dois requisitos, enquanto outros entendiam que apenas um já se mostra suficiente para a aceitação da operação[50]. Essa divergência foi resolvida no ano de 2010, com a aprovação da *Codifications of Economic Substance Doctrine and Penalties* pelo Congresso dos Estados Unidos[51], que definiu o caráter cumulativo dos requisitos. Nele também foi previsto, entre outras disposições, que a lucratividade potencial aferida no *objective economic substance test* deve ser *substancial* em relação aos ganhos fiscais e que o termo "transação" abrange as operações isoladas e em série (*step transactions*).

No Reino Unido, inicialmente, houve resistência ao acolhimento da *economic substance doctrine*. No ano de 1935, a aplicação do princípio foi rejeitada pela Câmara dos Lordes no caso *Inland Revenue Commissioners v. Duke of Westminter*. Na oportunidade, foi reafirmado pelo Lord Tomlin que *a forma é preferencial à substância de acordo com a legislação inglesa*. A teoria da substância econômica apenas foi aplicada no ano de 1982 em *W.T. Rausay Ltd. v. Inland Revenue Commissioners* e em *Furniss v. Dawson*, julgado em 1984. Todavia, desde o caso *Craven v. White* (1988) e mesmo em decisões mais recentes, como em *Barclays Mercantile Business Finance Ltd* (2004), os tribunais britânicos têm evitado a ideia de uma regra judicial dos planejamentos abusivos, indicando que a solução deve ser legislativa[52].

5.2 Princípio da vedação ao abuso do direito

Na Europa Continental, os países de tradição romano-germânica oferecem uma resposta similar à *economic substance doctrine*, porém, assentada no conceito de abuso de direito, que não é conhecido nos sistemas da *common law*[53].

O abuso de direito constitui uma categoria construída pela jurisprudência francesa no Século XIX, posteriormente teorizada e codificada[54]. Entre os julgados mais representativos,

---

ou diretos (PIETRUSZKIEWICZ, Christopher M. Economic substance and the standard of review. *Alabama Law Review*, v. 60, p. 347-349, 2008). Já foram considerados propósitos negociais legítimos, a separação de negócios para permitir uma maior eficiência operacional; diferenças entre acionistas (desentendimentos fundamentais, que podem afetar o negócio de maneira séria); pressões de consumidores (empresas que atuam em mais de um segmento – importação e serviços logísticos – que não são contratadas por outros importadores que não atuam em serviços logísticos, porque são concorrentes no ramo da importação); reorganizações societárias exigidas por lei ou determinada por autoridades regulatórias (RIGSBY, Stephen. The business purpose doctrine in corporate divisions. *Akron Law Review*, v. 11, n. 2, p. 275 e ss., 1977).

[50] PIETRUSZKIEWICZ, Christopher M. Economic substance and the standard of review. *Alabama Law Review*, v. 60, p. 344-349, 2008.

[51] Essa positivação da *economic substance doctrine* foi recebida com espanto pela doutrina (BROWN, Karen B. Comparative regulation of corporate tax avoidance: an overview. *In:* BROWN, Karen (ed.). *Comparative look at regulation of corporate tax* avoidance. Netherlands: Springer, 2012. loc. 515. Kindle Edition).

[52] Essa tendência da jurisprudência britânica também é observada, em alguma medida, no Canadá (BROWN, Karen B. Applying circular reasoning to linear transactions: substance over form theory in U.S. and U.K. *Tax Law, 15 Hastings Int'l & Comp. L. Rev.*, v. 169, p. 169-226, 1992; e BROWN, Karen B. Comparative regulation of corporate tax avoidance: an overview. *In:* BROWN, Karen (ed.). *Comparative look at regulation of corporate tax* avoidance. Netherlands: Springer, 2012. loc. 302. Kindle Edition). No mesmo sentido: TABOADA, Carlos Palao. *La aplicación de las normas tributarias y la elusión fiscal*. 2. ed. Madrid: Civitas, 2021. p. 93.

[53] Como ensinam Manuel Atienza e Juan Ruiz Manero, "nos sistemas jurídicos de *common law* a figura do abuso de direito como instituição jurídica não foi desenvolvida, muito embora seja comum o uso da expressão *abuse of right* ou *abuse of freedom* para referência, no âmbito da liberdade de expressão, por exemplo, a condutas que, ainda que juridicamente não sancionáveis, resultem criticáveis por razões diversas" (ATIENZA, Manuel; MANERO, Juan Ruiz. *Ilícitos atípicos*: sobre o abuso de direito, fraude à lei e desvio de poder. Trad. Janaina Roland Matida. São Paulo: Marcial Pons, 2014. p. 33).

[54] Alguns autores sustentam que "a figura do abuso de direito surge como tal, por razões que em seguida veremos, apenas depois do Código de Napoleão. No Direito romano, uma figura deste gênero era funcionalmente desnecessária, pois os fins aos quais ela serve se encontram objetivados por outras vias" (ATIENZA, Manuel; MANERO, Juan Ruiz. *Ilícitos atípicos*: sobre o abuso de direito, fraude à lei e desvio de poder. Trad.

Parte Geral · Capítulo VIII · EVASÃO E ELISÃO | **287**

há o caso da chaminé sem funcionalidade, construída com o fim único de retirar a luz do prédio vizinho. Na sentença, proferida em 1855, o Tribunal de Colmar entendeu que o direito de propriedade "como qualquer outro, deve ter como limite a satisfação de um interesse sério e legítimo; e os princípios da moral e da equidade se opõem a que a justiça possa sancionar uma ação inspirada na malevolência, executada sob o império de uma má paixão, não justificada por nenhuma utilidade pessoal"[55]. Outro foi o caso *Clement Bayard*, do ano de 1913. Nele o Tribunal de Compiègne considerou abusiva a conduta do proprietário de um imóvel que promoveu a instalação de enormes torres de ferro dentro de sua propriedade, sem necessidade ou benefício próprio, apenas com a intenção de embaraçar o pouso e a decolagem de dirigíveis no campo vizinho[56]. Em outro processo emblemático, relativo ao direito de família, um pai que detinha a guarda do filho – ciente de que o direito de visita da mãe cessava com a maioridade – promoveu a emancipação do menor apenas para inviabilizar o exercício do direito da ex-esposa. A Corte de Apelação de Paris reconheceu o abuso do direito. No entanto, não declarou a nulidade do ato, mas apenas a sua inoponibilidade à genitora, solução inovadora que foi duramente criticada pela doutrina da época[57].

O conceito de abuso de direito também foi adotado na jurisprudência alemã, que acabou por caracterizá-lo como um *exercício inadmissível de posições jurídicas* contrário à boa-fé objetiva. Essa construção teve como base o § 242 do Código Civil – BGB de 1896 (*Bürgerliches Gesetzbuch*): "O devedor é obrigado a executar a prestação como exige a boa-fé e os bons costumes". A categoria, assim, recebeu contornos objetivos, diferenciando-se das concepções subjetivistas e finalistas presentes inicialmente na França[58].

Esses foram os dois modelos ou sistemas que serviram de base para a consolidação do conceito no direito privado. Mesmo hoje, porém, não há um conceito unitário de abuso de direito. De maneira geral, a doutrina civilista considera abusivos os *atos emulativos, chicaneiros*[59] ou

---

Janaina Roland Matida. São Paulo: Marcial Pons, 2014. p. 31). O princípio, entretanto, parece guardar uma proximidade com a *exceptio doli* do direito romano, fórmula que, como destaca Ángel Carrasco Perera, proibia o exercício prejudicial de direitos sem utilidade do própria, mas acabou por constituir uma técnica pretoriana para a neutralização de consequências injustas do excesso de formalismo (PERERA, Ángel Carrasco. *Tratado del abuso de derecho y del fraude de ley*. Navarra: Aranzadi-Civitas-Thomson Reuters, 2016. p. 59). Parece mais acertada, assim, a interpretação de José Luiz Levy, que, após extensa pesquisa, aponta as origens de traços gerais do abuso de direito no direito romano clássico, na mesma linha de Cornil, Josserand, Kase, Schulz, Windscheid, Alvino Lima, Silvio Rodrigues, entre outros autores (LEVY, José Luiz. *A vedação ao abuso do direito como princípio jurídico*. São Paulo: Quartier Latin, 2015. p. 269). Sobre o tema, cf. ainda: FERREIRA, Keila Pacheco. *Abuso do direito nas relações obrigacionais*. Belo Horizonte: Del Rey, 2006. p. 15 e ss.; THEODORO JÚNIOR, Humberto. *Comentários ao novo Código Civil*. 4. ed. Rio de Janeiro: Forense, 2008. v. 3, t. 2, p. 111 e ss.

[55] A tradução é de José Luiz Levy, que tem por base transcrição da obra de Louis Josserand (LEVY, José Luiz. *A vedação ao abuso do direito como princípio jurídico*. São Paulo: Quartier Latin, 2015. p. 272).

[56] Há ligeira divergência entre as versões doutrinárias na descrição do caso. Prefere-se a versão de Levy, que tem por base a obra de Louis Josserand: "Um proprietário rural, vizinho de um hangar onde um fabricante de dirigíveis guardava os seus aparelhos, construiu imensas armaduras de madeira, altas como casas, e com hastes de ferro, para criar dificuldades para dirigíveis. Tendo sido um dos aparelhos vitimados pelas hastes de ferro, o construtor pediu perdas e danos e a demolição de tais construções" (LEVY, José Luiz. *A vedação ao abuso do direito como princípio jurídico*. São Paulo: Quartier Latin, 2015. p. 273). Ainda sobre o caso em referência, cf.: GOMES, Orlando. *Introdução ao direito civil*. 22. ed. Rio de Janeiro: Forense, 2019. p. 96; ATIENZA, Manuel; MANERO, Juan Ruiz. *Ilícitos atípicos*: sobre o abuso de direito, fraude à lei e desvio de poder. Trad. Janaina Roland Matida. São Paulo: Marcial Pons, 2014. p. 32.

[57] RESCIGNO, Pietro. *L'abuso del diritto*. Bologna: Il Mulino, 1998. p. 18 e 104.

[58] PINHEIRO, Rosalice Fidalgo. *O abuso do direito e as relações contratuais*. Rio de Janeiro: Renovar, 2002. p. 347 e ss.; FERREIRA, Keila Pacheco. *Abuso do direito nas relações obrigacionais*. Belo Horizonte: Del Rey, 2006. p. 40 e ss.

[59] Discorrendo acerca do art. 187 do Código Civil, José de Oliveira Ascensão ressalta que: "Há três institutos independentes, reunidos sob um preceito legal e uma etiqueta doutrinária apenas por representarem modos irregulares de exercício de direitos, mas cada um está subordinado a princípios e regime próprios".

288 | CURSO DE DIREITO TRIBUTÁRIO – *Solon Sehn*

decorrentes da *vontade perversa*[60]. A hipótese abrange a conduta que tem como *único* objetivo a produção de um dano a um interesse de outrem não tutelado por uma regra específica, sem a obtenção de uma vantagem própria legítima (ou que geram uma pequena utilidade ao titular do direito e um dano máximo ou grave a terceiro). Isso normalmente decorre de motivações egoísticas, como preciosismo, maldade ou a satisfação de sentimentos de inimizade, vendeta e assemelhados. Entretanto, a caracterização do abuso é objetiva, independentemente do exame do aspecto subjetivo da conduta. A doutrina também considera abusiva a anormalidade ou a conduta *excessiva*, caracteriza pela ação desproporcional ou que desconsidera as necessidades da parte contrária; e a *instrumentalização do direito a fins não protegidos*, quando o exercício de um direito ocorre com a deturpação da finalidade, isto é, para a realização de fins indiretos incompatíveis com a *ratio legis*. A patologia, nessa perspectiva, aproxima-se da fraude à lei, porque o sujeito age dentro da forma prevista, mas determinado por uma finalidade oposta ao objetivo da lei. Dito de um outro modo, há uma ação contrária ao fim prático perseguido pela norma ou pelo direito em questão, caracterizado objetivamente, independentemente da intenção do agente[61].

Nas relações contratuais, o princípio materializa-se na vedação à conduta incongruente ou contrariedade desleal ao exercício de posições jurídico-subjetivas, configurado em situações diversas analisadas pela doutrina civilista (*venire contra factum proprium, tu quoque, nemo auditur propriam turpitudinem allegans, suppressio* e *surrectio; exceptio doli* e, segundo outros autores, *petere quod redditurus est,* o efeito útil, de *minimis,* a discriminação como abuso, o *duty to mitigate the loss* e a extensão de prazo ou *nachfrist* do direito alemão)[62].

Atualmente, apesar da origem privatista, a doutrina considera a vedação ao abuso do direito um princípio geral autônomo de *humanização* das relações jurídicas, com características multifacetadas, aplicável a todos os ramos do direito, independentemente de previsão legal[63]. No

---

Ainda segundo o autor, "a expansão da figura, além do núcleo clássico dos atos emulativos (e chicaneiros), não se justifica; cria uma categoria meramente semântica, a que não corresponde um instituto jurídico caracterizado" (ASCENSÃO, José de Oliveira. A desconstrução do abuso do direito. *In*: AGUIAR JUNIOR, Ruy Rosado de (org.). *Jornada de Direito Civil.* Brasília: CJF, 2005. p. 45).

[60]   PERERA, Ángel Carrasco. *Tratado del abuso de derecho y del fraude de ley.* Navarra: Aranzadi-Civitas-Thomson Reuters, 2016. p. 215-228.

[61]   PERERA, Ángel Carrasco. *Tratado del abuso de derecho y del fraude de ley.* Navarra: Aranzadi-Civitas-Thomson Reuters, 2016. p. 228-232. Sobre a origem da formulação do abuso e as diversas teorias, cf.: LEVY, José Luiz. *A vedação ao abuso do direito como princípio jurídico.* São Paulo: Quartier Latin, 2015. p. 249-314; PINHEIRO, Rosalice Fidalgo. *O abuso do direito e as relações contratuais.* Rio de Janeiro: Renovar, 2002. p. 93 e ss.; FERREIRA, Keila Pacheco. *Abuso do direito nas relações obrigacionais.* Belo Horizonte: Del Rey, 2006. p. 15 e ss.

[62]   PINHEIRO, Rosalice Fidalgo. *O abuso do direito e as relações contratuais.* Rio de Janeiro: Renovar, 2002. p. 350 e ss.; FERREIRA, Keila Pacheco. *Abuso do direito nas relações obrigacionais.* Belo Horizonte: Del Rey, 2006. p. 179 e ss.; MARTINS-COSTA, Judith. *A boa-fé no direito privado:* critérios para sua aplicação. 2. ed. São Paulo: Saraiva, 2018. p. 669 e ss.; TARTUCE, Flávio. *Manual de direito civil.* 16. ed. São Paulo: Forense, 2021. p. 452 e ss.; TARTUCE, Flávio. *Direito civil:* teoria geral dos contratos e contratos em espécie. 16. ed. Rio de Janeiro: Forense, 2021. v. 3, p. 152 e ss.; TEPEDINO, Gustavo; KONDER, Carlos Nelson; BANDEIRA, Paula Greco. *Fundamentos do direito civil:* contratos. 2. ed. Rio de Janeiro: Forense, 2021. v. 3, p. 46 e ss.; PERERA, Ángel Carrasco. *Tratado del abuso de derecho y del fraude de ley.* Navarra: Aranzadi-Civitas-Thomson Reuters, 2016. p. 107 e ss.

[63]   RESCIGNO, Pietro. *L'abuso del diritto.* Bologna: Il Mulino, 1998. p. 13. Como ensina Orlando Gomes, "a concepção do *abuso de direito* é construção doutrinária tendente a tornar mais flexível a aplicação das normas jurídicas inspiradas numa filosofia que deixou de corresponder às aspirações sociais da atualidade. Trata-se de um *conceito amortecedor.* Sua função precípua é aliviar os choques frequentes entre a lei e a realidade" (GOMES, Orlando. *Introdução ao direito civil.* 22. ed. Rio de Janeiro: Forense, 2019. p. 94). Atualmente, como ressalta José Luiz Levy, a vedação ao abuso de direito é considerada um princípio geral do direito, entre outros juristas, por Ruy Rosa de Aguiar Júnior, Cunha de Sá, Carlos Alberto da Mota Pinto e Castanheira Neves. O autor lembra ainda que, de acordo com o Enunciado 414, da V Jornada de Direito Civil do Conselho da Justiça Federal: "A cláusula geral do art. 187 do Código Civil tem fundamento constitucional nos princípios da solidariedade, devido processo legal e proteção da confiança, e aplica-se a todos os ramos do direito" (LEVY, José Luiz. *A vedação ao abuso do direito como princípio jurídico.* São Paulo: Quartier Latin, 2015. p. 317 e ss.).

direito público, relaciona-se ao desenvolvimento da teoria do desvio de poder (*détournement de pouvoir*), considerada uma aplicação da noção de abuso do direito privado[64]. Nessa construção da jurisprudência do Conselho de Estado da França[65], que foi contemporânea ao período de consolidação do conceito de abuso no direito privado, identificam-se elementos da noção de uso disfuncional do direito. A caracterização do vício, destarte, ocorre quando o agente pratica um ato administrativo visando a um fim diverso daquele previsto na regra de competência. Há um desvirtuamento da finalidade da lei pelo servidor público, que, sob uma aparência de legalidade, faz uso de sua competência para prejudicar um inimigo político, beneficiar um amigo, conseguir vantagens pessoais ou para terceiros[66].

No direito tributário, o princípio da vedação ao abuso incorpora elementos do conceito no direito privado, até com maior intensidade que a teoria administrativista do *détournement de pouvoir*, mas sem se identificar totalmente com nenhuma das duas. O abuso tem uma configuração própria assentada nos princípios da isonomia e da capacidade contributiva, reunindo aspectos do *abuso de possibilidades de configuração jurídica* do direito alemão e da *economic substance doctrine* do direito norte-americano.

O *abuso das possibilidades de configuração jurídica* está previsto no § 42 do Código Fiscal alemão de 1977[67] (*Abgabenordnung* – AO), alterado no ano de 2008. O vício caracteriza-se quando: (i) é escolhida *uma forma jurídica inadequada que, em comparação com a forma adequada, conduza a vantagens fiscais não previstas em lei para o contribuinte ou terceiro*; e (ii) o contribuinte não apresenta *provas de razões não fiscais para a opção selecionada que sejam relevantes quando vistas de uma perspectiva global*[68].

---

[64]   GOMES, Orlando. *Introdução ao direito civil*. 22. ed. Rio de Janeiro: Forense, 2019. p. 96.

[65]   Como ressalta Caio Tácito, um dos primeiros julgados foi o caso Lesbats, de 25 de fevereiro de 1864. Nele foi anulado o ato do Prefeito de Fontainebleau que, no uso do poder de polícia, negara autorização ao recorrente para o ingresso de suas viaturas no pátio da estação de estrada de ferro a fim de servir aos passageiros que desembarcavam. A decisão entendeu que ter ocorrido um desvio de poder, porque o objetivo do ato administrativo não foi o atendimento satisfatório dos usuários, mas garantir a outro transportador, já autorizado, o monopólio do serviço (TÁCITO, Caio. Teoria e prática do desvio de poder. *Revista de Direito Administrativo*, Rio de Janeiro, v. 117, p. 4, jul./set. 1974).

[66]   Sobre o tema, cf. ainda: BANDEIRA DE MELLO, Celso Antônio. *Curso de direito administrativo*. 10. ed. São Paulo: Malheiros, 1998. p. 64; DI PIETRO, Maria Sylvia Zanella. *Direito administrativo*. 4. ed. São Paulo: Atlas, 1994. p. 63.

[67]   Esse dispositivo apresentava a seguinte redação, na tradução de Ricardo Lobo Torres: "Art. 42. A lei tributária não pode ser contornada através do abuso de formas jurídicas. Sempre que ocorrer abuso, a pretensão do imposto surgirá, como se para os fenômenos econômicos tivesse sido adotada a forma jurídica adequada" (TORRES, Ricardo Lobo. O princípio da proporcionalidade e as normas antielisivas no Código Tributário da Alemanha. *Revista Direito Tributário Atual*, n. 25, p. 122, 2011). O preceito é derivado do art. 6 do Código Tributário de 1919 (*Reichsabgabenordung* – RAO): "através do abuso de formas ou da aparência do direito civil não pode a obrigação tributária ser fraudada" (TORRES, Ricardo Lobo. Normas gerais antielisivas. *Revista Eletrônica de Direito Administrativo Econômico*. Salvador: IDPB, n. 4, p. 16, set./dez. 2005-jan. 2006). Sobre o tema, cf. ainda: ALMENDRAL, Violeta Ruiz; SEITZ, Georg. El fraude a la ley tributaria: análisis de la norma española con ayuda de la experiencia alemana. *Estudios Financieros. Revista de Contabilidad y Tributación: Comentarios, Casos Prácticos*, Centro de Estudios Financieros, n. 257-258, p. 15, 2004.

[68]   O § 42 AO recebeu tem a seguinte redação, na tradução não oficial para o inglês do Ministério da Fazenda Federal alemão:
"Section 42
Abuse of tax planning schemes
(1) It shall not be possible to circumvent tax legislation by abusing legal options for tax planning schemes. Where the element of an individual tax law's provision to prevent circumventions of tax has been fulfilled, the legal consequences shall be determined pursuant to that provision. Where this is not the case, the tax claim shall in the event of an abuse within the meaning of subsection (2) below arise in the same manner as it arises through the use of legal options appropriate to the economic transactions concerned.

O Tribunal Federal das Finanças da Alemanha (*Bundesfinanzhof* – BFH) entende que "há abuso das possibilidades de configuração jurídica quando se utiliza uma *forma inadequada* ao fim econômico perseguido pelas partes, que visa a obter uma vantagem tributária e que não se pode justificar por outras razões econômicas ou extratributárias"[69]. A expressão "forma inadequada" é empregada indistintamente pela jurisprudência no sentido de negócio jurídico *inapropriado* ou *inusual*, o que costuma ser aferido de acordo com o critério do *terceiro racional*, isto é, avaliando se a configuração jurídica adotada no caso concreto também seria empregada por uma pessoa razoável para a obtenção do mesmo resultado[70].

Uma vez configurado o abuso, o § 42 do AO estabelece que o crédito tributário deve surgir *do mesmo modo como teria surgido por meio da utilização da forma jurídica adequada às transações econômicas em causa*. Essa previsão é considerada por parte da doutrina alemã uma autoriza-

---

(2) An abuse shall be deemed to exist where an inappropriate legal option is selected which, in comparison with an appropriate option, leads to tax advantages unintended by law for the taxpayer or a third party. This shall not apply where the taxpayer provides evidence of non-tax reasons for the selected option which are relevant when viewed from an overall perspective" (Disponível em: https://www.gesetze-im-internet.de/englisch_ao/englisch_ao.html. Acesso em: 14 jul. 2022). No original:
"§ 42
Missbrauch von rechtlichen Gestaltungsmöglichkeiten
(1) Durch Missbrauch von Gestaltungsmöglichkeiten des Rechts kann das Steuergesetz nicht umgangen werden. Ist der Tatbestand einer Regelung in einem Einzelsteuergesetz erfüllt, die der Verhinderung von Steuerumgehungen dient, so bestimmen sich die Rechtsfolgen nach jener Vorschrift. Anderenfalls entsteht der Steueranspruch beim Vorliegen eines Missbrauchs im Sinne des Absatzes 2 so, wie er bei einer den wirtschaftlichen Vorgängen angemessenen rechtlichen Gestaltung entsteht.
(2) Ein Missbrauch liegt vor, wenn eine unangemessene rechtliche Gestaltung gewählt wird, die beim Steuerpflichtigen oder einem Dritten im Vergleich zu einer angemessenen Gestaltung zu einem gesetzlich nicht vorgesehenen Steuervorteil führt. Dies gilt nicht, wenn der Steuerpflichtige für die gewählte Gestaltung außersteuerliche Gründe nachweist, die nach dem Gesamtbild der Verhältnisse beachtlich sind."
Na tradução do Professor Ricardo Lobo Torres (TORRES, Ricardo Lobo. O princípio da proporcionalidade e as normas antielisivas no Código Tributário da Alemanha. *Revista Direito Tributário Atual*, n. 25, p. 124, 2011; e TORRES, Ricardo Lobo. *Planejamento tributário*: elisão abusiva e evasão fiscal. 2. ed. Rio de Janeiro: Elsevier Brasil, 2013. p. 30-31):
"1. (1) A lei tributária não pode ser contornada através do abuso da forma jurídica. (2). Se o fato gerador de uma regra de uma lei tributária específica servir para evitar a elisão, então deverá determinar as consequências jurídicas daquela prescrição. (3) Se não, surgirá a pretensão tributária pelo abuso no sentido do parágrafo 2º, como se para os fenômenos econômicos tivesse sido adotada a forma jurídica adequada.
2. (1) Há abuso quando for escolhida uma forma jurídica inadequada que resulte, para o contribuinte ou um terceiro, numa vantagem não prevista em lei, em comparação com a forma adequada. (2) Isto não se aplica se o contribuinte comprovar o fundamento não tributário da escolha de forma, significativo de acordo com o quadro geral das circunstâncias".

[69] Traduzimos: "se produce un abuso en las posibilidades de configuración jurídica cuando se utiliza una forma inadecuada al fin económico perseguido por las partes, que pretende obtener una ventaja tributaria y que no se puede justificar por otras razones económicas o extratributarias" (BFH 27.07.1999, BStBl 1999, 769, 770). ALMENDRAL, Violeta Ruiz. ¿Tiene futuro el test de los "motivos económicos válidos" en las normas anti-abuso? (Sobre la planificación fiscal y las normas anti-abuso en el derecho de la Unión Europea). *Estudios Financieros: Revista de Contabilidad y Tributación*, Centro de Estudios Financieros, n. 329-330, p. 44, 2010.

[70] ALMENDRAL, Violeta Ruiz; SEITZ, Georg. El fraude a la ley tributaria: análisis de la norma española com ayuda de la experiencia alemana. *Estudios Financieros. Revista de Contabilidad y Tributación: Comentarios, Casos Prácticos*, Centro de Estudios Financieros, n. 257-258, p. 38, 2004. Ainda segundo esses autores, no caso de operações complexas, a jurisprudência alemã tem adotado os seguintes critérios para determinar a unidade das ações do sujeito passivo: (a) finalidade ou objetivo claro, de caráter prévio, que informa todo o processo, podendo corresponder um resultado econômico qualquer; (b) conjunto de atos intermediários vinculados entre si materialmente (a partir dos primeiros atos já é possível antever o negócio complexo), temporalmente (podendo o intervalo de tempo ser maior ou menor em função da complexidade da operação) e juridicamente (são atos controláveis por quem os realiza). *Ibid.*, p. 46.

ção especial para analogia, que permite a construção de um *fato imponível fictício* adequado ao substrato econômico da operação[71].

A conjugação do *abuso de possibilidades de configuração jurídica* com a *economic substance doctrine* – que reflete a expressão contemporânea do princípio – está presente no art. 15 da Lei Geral Tributária (LGT) da Espanha, que dispõe sobre o *conflito de aplicação da norma tributária*[72]. Apesar da denominação *sui generis*, considerada neutra por alguns autores[73] e tecnicamente tosca por outros[74], o conflito de aplicação corresponde ao abuso de direito[75]. Nesse dispositivo, a legislação permite a desconsideração dos efeitos fiscais decorrentes: (a) de atos ou negócios jurídicos não simulados[76]; (b) notoriamente artificiais ou impróprios para a consecução do resultado obtido; (c) empregados pelas partes sem que deles tenham resultado outros efeitos jurídicos ou econômicos relevantes, diferentes dos decorrentes dos atos ou negócios usuais ou próprios. Uma vez caracterizado o conflito, o crédito tributário é exigido considerando a regra que teria correspondido aos atos ou negócios usuais ou próprios[77].

---

[71] TIPKE, Klaus; LANG, Joachim. *Direito tributário* (*Steuerrecht*). Porto Alegre: Fabris, 2008. v. I, p. 335 e ss.; BIRK, Dieter. *Diritto tributario Tedesco*. Trad. Enrico de Mita. Milano: Giuffrè, 2006. p. 97 e ss.; TORRES, Ricardo Lobo. *Planejamento tributário*: elisão abusiva e evasão fiscal. 2. ed. Rio de Janeiro: Elsevier Brasil, 2013. p. 16; ALMENDRAL, Violeta Ruiz; SEITZ, Georg. El fraude a la ley tributaria: análisis de la norma española con ayuda de la experiencia alemana. *Estudios Financieros. Revista de Contabilidad y Tributación: Comentarios, Casos Prácticos*, Centro de Estudios Financieros, n. 257-258, p. 21, 2004. Sobre o tema, cf. ainda: TABOADA, Carlos Palao. *La aplicación de las normas tributarias y la elusión fiscal*. 2. ed. Madrid: Civitas, 2021. p. 121 e ss.; NOVOA, César García. *La cláusula antielusiva en la nueva ley general tributaria*. Madrid: Marcial Pons, 2004. p. 70 e ss.

[72] TABOADA, Carlos Palao. *La aplicación de las normas tributarias y la elusión fiscal*. 2. ed. Madrid: Civitas, 2021. p. 160; ALMENDRAL, Violeta Ruiz. ¿Tiene futuro el test de los "motivos económicos válidos" en las normas anti-abuso? (Sobre la planificación fiscal y las normas anti-abuso en el Derecho de la Unión Europea). *Estudios Financieros: Revista de Contabilidad y Tributación*, Centro de Estudios Financieros, n. 329-330, p. 37, 2010.

[73] PERERA, Ángel Carrasco. *Tratado del abuso de derecho y del fraude de ley*. Navarra: Aranzadi-Civitas-Thomson Reuters, 2016. p. 310.

[74] TABOADA, Carlos Palao. *La aplicación de las normas tributarias y la elusión fiscal*. 2. ed. Madrid: Civitas, 2021. p. 159.

[75] É de ressaltar que a Lei Geral Tributária (LGT) de 1963, já revogada, utilizava-se a fraude à lei como fundamento para a desconsideração de economias fiscais indevidas. Porém, não constituía um uso rigoroso do conceito, como apontado por Ángel Carrasco Perera em seu *Tratado del Abuso de Derecho y del Fraude de Ley* (PERERA, Ángel Carrasco. *Tratado del abuso de derecho y del fraude de ley*. Navarra: Aranzadi-Civitas-Thomson Reuters, 2016. p. 303-304). A mesma crítica é realizada por Alberto Xavier, que atribui o equívoco à influência de José Larraz (XAVIER, Alberto. *Tipicidade da tributação, simulação e norma antielisiva*. São Paulo: Dialética, 2001. p. 100-101). Segundo Novoa, a previsão do art. 24 da LGT/1963 era, na verdade, uma regra que permitia a tributação por analogia, diferente da fraude à lei do direito civil; ou um instrumento distinto com finalidade de atacar a "elusão fiscal". Não havia uma identidade entre os institutos (NOVOA, César García. *La cláusula antielusiva en la nueva ley general tributaria*. Madrid: Marcial Pons, 2004. p. 94).

[76] A simulação fiscal também é vedada, porém, em dispositivo distinto (art. 16 da LGT/2003). Nela, por sua vez, há imposição de penalidades, algo que foi vedado pelo Tribunal Constitucional Espanhol nos casos de "fraude à lei tributária" (STC 120/2005).

[77] "**Artículo 15.** *Conflicto en la aplicación de la norma tributaria.*

1. Se entenderá que existe conflicto en la aplicación de la norma tributaria cuando se evite total o parcialmente la realización del hecho imponible o se minore la base o la deuda tributaria mediante actos o negocios en los que concurran las siguientes circunstancias:

a) Que, individualmente considerados o en su conjunto, sean notoriamente artificiosos o impropios para la consecución del resultado obtenido.

b) Que de su utilización no resulten efectos jurídicos o económicos relevantes, distintos del ahorro fiscal y de los efectos que se hubieran obtenido con los actos o negocios usuales o propios.

2. Para que la Administración tributaria pueda declarar el conflicto en la aplicación de la norma tributaria será necesario el previo informe favorable de la Comisión consultiva a que se refiere el artículo 159 de esta ley.

3. En las liquidaciones que se realicen como resultado de lo dispuesto en este artículo se exigirá el tributo aplicando la norma que hubiera correspondido a los actos o negocios usuales o propios o eliminando las ventajas fiscales obtenidas, y se liquidarán intereses de demora."

292 | CURSO DE DIREITO TRIBUTÁRIO – *Solon Sehn*

Na jurisprudência do Tribunal de Justiça da União Europeia, o princípio da vedação ao abuso de direito teve os seus parâmetros delineados no Acórdão C-110/99, de 14.12.2000, do caso *Emsland-Stärke*:

> *52* A conclusão de que se trata de uma prática abusiva necessita, por um lado, de um conjunto de circunstâncias objectivas das quais resulte que, apesar do respeito formal das condições previstas na legislação comunitária, o objectivo pretendido por essa legislação não foi alcançado.
>
> *53* Por outro lado, requer um elemento subjectivo que consiste na vontade de obter um benefício que resulta da legislação comunitária, criando artificialmente as condições exigidas para a sua obtenção. A existência deste elemento subjectivo pode ser demonstrada, designadamente, pela prova de colusão entre o exportador comunitário, beneficiário das restituições, e o importador da mercadoria no país terceiro.
>
> *54* Compete ao órgão jurisdicional nacional averiguar a existência destes dois elementos, cuja prova deve ser produzida nos termos das regras do direito nacional, na medida em que não seja afectada a eficácia do direito comunitário (v., nesse sentido, designadamente, acórdãos de 21 de Setembro de 1983, os Deutsche Milchkontor e o., 205/82 a 215/82, Recueil, p. 2633, n. 17 a 25 e 35 aos 17 a 21; de 49 a 51, e de 15 de Junho de 2000, ARCO Chemie Nederland e o., C-418/97 e C-419/97, 39; de 15 de Maio de 1986, Johnston, 222/84, Colect., p. 1651, n. 8 de Fevereiro de 1996, FMC e o., C-212/94, Colect., p. I-389, n. Colect., Rec. p. I-4475, 41)[78].

Apesar da referência ao aspecto subjetivo da operação, em julgados posteriores (*Halifax*[79] e, especialmente, em *Cadburry Schweppes*), o Tribunal de Justiça da União Europeia esclareceu que o *elemento subjetivo* "[...] consiste na intenção de obter uma vantagem fiscal, que resulte de elementos objectivos que, pese embora o respeito formal dos requisitos previstos pelo direito comunitário, o objectivo prosseguido pela liberdade de estabelecimento, tal como exposto nos n.os 54 e 55 do presente acórdão, não foi atingido (v., neste sentido, acórdãos de 14 de Dezembro de 2000, Emsland-Stärke, C-110/99, Colect., p. I-1569, n.os 52 e 53, e de 21 de Fevereiro de 2006, Halifax e o., C-255/02, ainda não publicado na Colectânea, n.os 74 e 75)"[80]. Portanto, a intenção subjetiva das partes deve ser deduzida do caráter artificial da situação, apreciada à luz de suas circunstâncias objetivas[81].

Outra característica da expressão contemporânea da vedação ao abuso no direito tributário é sua justificação dogmática a partir dos princípios da isonomia e da capacidade contributiva. A

---

[78] Acórdão do Tribunal de Justiça da União Europeia, de 14.12.2000. Processo C-110/99. *Emsland-Stärke GmbH*. Tradução oficial para o português. Disponível em: https://eur-lex.europa.eu. Acesso em: 14 jul. 2022.

[79] Acórdão do Tribunal de Justiça da União Europeia, de 21.02.2006. Processo C-255/02, *Halifax*: "Com efeito, a aplicação da regulamentação comunitária não pode ser alargada até abranger as práticas abusivas de operadores econômicos, isto é, as operações que não são realizadas no âmbito de transações comerciais normais, mas antes com o único objetivo de beneficiar abusivamente das vantagens previstas pelo direito comunitário (v., neste sentido, designadamente, acórdãos de 11 de outubro de 1977, Cremer, 125/76, Recueil, p. 1593, nº 21, Colect., p. 561; de 3 de março de 1993, General Milk Products, C-8/92, Colect., p. I-779, nº 21; e Emsland-Stärke, já referido, nº 51)" (Tradução oficial para o português. Disponível em: https://eur-lex. europa.eu. Acesso em: 14 jul. 2022).

[80] Acórdão do Tribunal de Justiça da União Europeia, de 14.09.2006. Processo C196/04. *Cadbury Schweppes plc e Cadbury Schweppes Overseas Ltd.* Tradução oficial para o português. Disponível em: https://eur-lex.europa. eu/legal-content/PT/TXT/HTML/?uri=CELEX:62004CJ0196&from=PT. Acesso em: 14 jul. 2022.

[81] TABOADA, Carlos Palao. *La aplicación de las normas tributarias y la elusión fiscal*. 2. ed. Madrid: Civitas, 2021. p. 400.

Parte Geral · Capítulo VIII · EVASÃO E ELISÃO | **293**

doutrina e muitos tribunais de países europeus fazem essa vinculação[82], porém é na Itália onde ocorre mais nitidamente. A Suprema Corte de Cassação admitiu o controle de planejamentos fiscais abusivos apenas recentemente, muito por influência da jurisprudência do Tribunal de Justiça da União Europeia[83]. Contudo, fundamentou a proibição no art. 53 da Constituição, que consagra o princípio da capacidade contributiva. Em 2015, a vedação ao abuso foi positivada no art. 10-bis do Estatuto dos Direitos dos Contribuintes. Esse preceito considera abusivas as operações *desprovidas de substância econômica*, assim consideradas aquelas em que, apesar do respeito formal das normas fiscais, têm como objetivo essencial a obtenção de vantagens fiscais indevidas[84]. O estatuto qualifica ainda como: (i) *sem substância econômica*: "os fatos, os atos e os contratos, mesmo os coligados, inidôneos para produzirem efeitos significativos diversos das vantagens fiscais"; e (ii) *vantagens fiscais indevidas*: "os benefícios, ainda que não imediatos, obtidos em contraste com as normas fiscais ou com os princípios do ordenamento tributário". Uma vez caracterizadas, essas *operações não são oponíveis à administração financeira*, que deve desconsiderar as vantagens e determinar os *tributos com base nas regras e princípios eludidos*, descontando o montante eventualmente pago pelo contribuinte[85].

---

[82] É o caso, por exemplo, da Espanha, como ressaltam Almendral e Seitz: "el Tribunal Constitucional (en adelante, TC) en la Sentencia 76/1990, de 26 de abril, afirmando que 'esta recepción constitucional del deber de contribuir al sostenimiento de los gastos públicos según la capacidad económica de cada contribuyente configura un mandato que vincula tanto a los poderes públicos como a los ciudadanos e incide en la naturaleza misma de la relación tributaria: [...] lo que unos no paguen debiendo pagar, lo tendrán que pagar otros con más espíritu cívico o con menos posibilidades de defraudar' (FJ 3.°)" (ALMENDRAL, Violeta Ruiz; SEITZ, Georg. El fraude a la ley tributaria: análisis de la norma española com ayuda de la experiencia alemana. *Estudios Financieros. Revista de Contabilidad y Tributación: Comentarios, Casos Prácticos*, Centro de Estudios Financieros, n. 257-258, p. 8, 2004). A doutrina que fundamenta a vedação nesses princípios será analisada a seguir.

[83] Isso ocorreu a partir de 2008. Antes da consolidação desse entendimento, a Suprema Corte de Cassação decidiu que o princípio do abuso de direito da seria aplicável apenas aos tributos harmonizados, como o IVA e tributos aduaneiros. Posteriormente, porém, entendeu que seria aplicável a todos os tributos, inclusive tributos internos. TESAURO, Francesco. Elusione e abuso nel diritto tributario italiano. *Diritto e Pratica Tributaria*, Milano, v. LXXXIII, n. 4, p. 696 e ss., jul./ago. 2012; BORIA, Pietro. La clausola anti-abuso prevista dalla direttiva ATAD: l'esperienza Italiana. *Studi Tributari Europei*, Bologna, v. 9, p. 45 e ss. O autor faz referência à Sentença 25374, de 17.10.2008; e às Sentenças 30055, 30056 e 30057, de 23.12.2008. Nesse período, o tribunal passou a entender que, diante de "operações realizadas essencialmente para obtenção de vantagem fiscal", o sujeito passivo deve "apresentar a prova da existência de razões econômicas alternativas ou concorrentes de natureza não meramente marginal ou teórico".

[84] A Corte de Cassação italiana entende que o art. 10-bis do Estatuto é apenas uma referência interpretativa, aplicável aos fatos ocorridos anteriormente, porque o princípio da vedação ao abuso decorre diretamente da Constituição. Além disso, tem o ônus da prova da existência de uma razão econômica é do contribuinte (BORIA, Pietro. La clausola anti-abuso prevista dalla direttiva ATAD: l'esperienza Italiana. *Studi Tributari Europei*, Bologna, v. 9, p. 55 e ss., 2019). S. 16675 e 16677, de 09.08.2016; S. 26060, de 30.12.2015; S. 16677, de 09.08.2016; S. 1520, de 20.01.2017; S. 2054, de 27.01.2017.

[85] "1. Configurano abuso del diritto una o più operazioni prive di sostanza economica che, pur nel rispetto formale delle norme fiscali, realizzano essenzialmente vantaggi fiscali indebiti. Tali operazioni non sono opponibili all'amministrazione finanziaria, che ne disconosce i vantaggi determinando i tributi sulla base delle norme e dei principi elusi e tenuto conto di quanto versato dal contribuente per effetto di dette operazioni. 2. Ai fini del comma 1 si considerano:
a) operazioni prive di sostanza economica i fatti, gli atti e i contratti, anche tra loro collegati, inidonei a produrre effetti significativi diversi dai vantaggi fiscali. Sono indici di mancanza di sostanza economica, in particolare, la non coerenza della qualificazione delle singole operazioni con il fondamento giuridico del loro insieme e la non conformità dell'utilizzo degli strumenti giuridici a normali logiche di mercato;
b) vantaggi fiscali indebiti i benefici, anche non immediati, realizzati in contrasto con le finalità delle norme fiscali o con i principi dell'ordinamento tributario."

Em 2016, o Conselho da União Europeia aprovou a Diretiva (UE) 2016/1164, estabelecendo *regras contra as práticas de elisão fiscal que tenham incidência direta no funcionamento do mercado interno*:

> Artigo 6º
>
> Regra geral antiabuso
>
> 1. Para efeitos do cálculo da matéria coletável das sociedades, os Estados-Membros devem ignorar uma montagem ou série de montagens que, tendo sido posta em prática com a finalidade principal ou uma das finalidades principais de obter uma vantagem fiscal que frustre o objeto ou a finalidade do direito fiscal aplicável, não seja genuína tendo em conta todos os factos e circunstâncias relevantes. Uma montagem pode ser constituída por mais do que uma etapa ou parte.
>
> 2. Para efeitos do nº 1, considera-se que uma montagem ou série de montagens não é genuína na medida em que não seja posta em prática por razões comerciais válidas que reflitam a realidade económica.
>
> 3. Caso as montagens ou série de montagens não sejam tomadas em consideração nos termos do nº 1, a coleta é calculada nos termos do direito nacional[86].

A Diretiva (UE) 2016/1164 procurou reforçar o nível médio de proteção contra o *planeamento fiscal agressivo* (*aggressive tax planning*) no funcionamento do mercado interno, implementando os compromissos assumidos pela União Europeia no âmbito do Projeto BEPS (*Base Erosion and Profit Shifting*) da OCDE (Organização para a Cooperação e Desenvolvimento Econômico). Assim, os países que ainda não apresentavam regras nesse sentido, foram obrigados a implementar normas antiabuso locais[87].

5.3 Admissibilidade do controle no direito brasileiro e a ADI 2.446

Atualmente, o controle dos planejamentos tributários abusivos é uma realidade no direito comparado, constituindo, em razão de previsão legal ou de construção jurisprudencial, uma reação jurídica para as vantagens fiscais decorrentes de *montagens puramente artificiais* realizadas apenas para esse fim, destituídas de uma justificativa econômica ou propósito negocial[88]. Não deixa de ser, ao menos no plano pragmático, uma realidade também entre nós. Nos últimos anos, tem sido comum a lavratura de autos de lançamento pela Receita Federal diante de pla-

---

[86] Tradução oficial para o português. Disponível em: https://eur-lex.europa.eu. Acesso em: 14 jul. 2022. A parte inicial ("Para efeitos do cálculo da matéria coletável...") e a parte final ("...a coleta é calculada nos termos do direito nacional") no texto em questão pode ser mais bem compreendida da seguinte forma: "Para efeitos do cálculo do imposto devido..." e "[...] o imposto devido será calculado nos termos do direito nacional" ("Ai fini del calcolo dell'imposta dovuta..." e "l'imposta dovuta è calcolata in conformità del diritto nazionale".

[87] Entre os países que já apresentavam uma regulamentação, no Título II do *Libre des procedures fiscais* (Artigos L64-L64B), o direito francês dispõe sobre o procedimento de repressão ao abuso de direito (*procédure de répression des abus de droit*), considerando como tal: (a) os atos simulados ou de natureza fictícia; e (b) os atos reais que visam unicamente a eludir ou a atenuar os encargos fiscais que, sem a sua prática, seriam regularmente devidos (TABOADA, Carlos Palao. *La aplicación de las normas tributarias y la elusión fiscal*. 2. ed. Madrid: Civitas, 2021. p. 125 e ss.).

[88] É o que ocorre, *v.g.*, nos Estados Unidos da América do Norte, Reino Unido, Canadá, Austrália, Nova Zelândia, Alemanha, Espanha, Argentina, Portugal, Itália, África do Sul, China, Áustria, Hungria, Eslovênia, Holanda, Suécia. Cf.: XAVIER, Alberto. *Tipicidade da tributação, simulação e norma antielisiva*. São Paulo: Dialética, 2001. p. 87; TESAURO, Francesco. Elusione e abuso nel diritto tributario italiano. *Diritto e Pratica Tributaria*, Milano, v. LXXXIII, n. 4, p. 696, jul./ago. 2012; BROWN, Karen B. Comparative regulation of corporate tax avoidance: an overview. *In:* BROWN, Karen (ed.). *Comparative look at regulation of corporate tax avoidance*. Netherlands: Springer, 2012. Kindle Edition.

nejamentos tributários considerados *abusivos*, mediante aplicação casuística – e, quase sempre, pouco rigorosa – dos conceitos de *abuso de forma*, *fraude à lei*, *negócio jurídico indireto*, *negócio jurídico fiduciário* e de *business purpose*. O Carf, por sua vez, não tem manifestado oposição a essa prática, admitindo a discussão da abusividade assentada nesses conceitos[89].

No Judiciário brasileiro, as poucas decisões existentes indicam uma tendência de não reconhecimento de base legal para a desconsideração de atos e negócios jurídicos assentada na falta de *propósito negocial*[90]. Um dos casos de maior repercussão no País, envolvendo o planejamento tributário do *ágio interno*, foi julgado pela 2ª Turma do TRF da 4ª Região. Na oportunidade, por maioria, o Tribunal entendeu que "a interpretação fundada na substância econômica das operações de reorganização societária não autoriza que a autoridade administrativa transforme atos jurídicos perfeitos em imperfeitos na ótica exclusivamente tributária com o escopo de encaixá-los em uma tributação mais favorável aos interesses fazendários, violando a autonomia da vontade, a liberdade econômica, a proteção da confiança, a segurança jurídica e o princípio da legalidade"[91]. No STJ, após decisão monocrática do Ministro Herman Benjamin não conhecendo do recurso especial, a União interpôs agravo interno que aguarda julgamento[92].

Outro processo originário do TRF da 4ª Região, também envolvendo *ágio interno*, foi julgado recentemente pela 1ª Turma do STJ. Nele, os Ministros entenderam que a Receita Federal pode se opor a *operações exclusivamente artificiais*, desde que presentes elementos probatórios da artificialidade das operações, mas jamais presumir que o ágio entre partes dependentes ou com o emprego de "empresa-veículo" já seria, por si só, abusivo:

> Processual civil e tributário. Negativa de prestação jurisdicional. Inexistência. Embargos de declaração. Fim de prequestionamento. Multa. Descabimento. Imposto de renda e contribuição social sobre o lucro líquido. Ágio. Despesa. Dedução da base de cálculo. Operação entre partes dependentes. Possibilidade. Negócio jurídico anterior à alteração legal. Empresa-veículo. Presunção de indedutibilidade. Ilegalidade.
>
> [...]
>
> 4. A controvérsia principal dos autos consiste em saber se agiu bem o Fisco ao promover a glosa de despesa de ágio amortizado pela recorrida com fundamento nos arts. 7º e 8º da Lei 9.532/1997, sob o argumento de não ser possível a dedução do ágio decorrente de operações internas (entre sociedades empresárias dependentes) e mediante o emprego de "empresa-veículo".
>
> 5. Ágio, segundo a legislação aplicável na época dos fatos narrados na inicial, consistiria na escrituração da diferença (para mais) entre o custo de aquisição do investimento (compra

---

[89] Há diversos acórdãos admitindo o controle de planejamentos abusivos no Carf, entre os quais, por exemplo: Ac. 107-07596; Ac. 1401-00155; Ac. 9202-01.194; 3403-002.519; Ac. 1202-001.060; Ac. 1202-001.076; Ac. 2202-002.732.

[90] Nesse sentido, destaca-se o acórdão paradigmático do TRF da 4ª Região, que afastou a aplicabilidade do conceito de *propósito negocial*: "2. Assim, a desconsideração de '*planejamentos tributários*' pela administração pública somente se legitima quando as operações empregadas forem ilícitas (dolosas, fraudulentas ou simuladas), cabendo ao legislador a edição de normas específicas que impeçam ou neutralizem eventual economia tributária quando o planejamento envolver atos lícitos. [...] 6. Assim, a reorganização patrimonial realizada pelo contribuinte, quando levada a efeito por meio de negócios jurídicos e operações verdadeiros, ainda que tenha por resultado a economia de tributos, não autoriza o Fisco a desconsiderá-los, pois não existe – e nem poderia existir, porque ofenderia o artigo 170 da Constituição Federal – uma norma geral que obrigue o administrado a, frente a possibilidade de submeter-se a dois regimes fiscais, optar pelo mais gravoso" (TRF4, 2ª T., AC 5009900-93.2017.4.04.7107/RS, Rel. Des. Fed. Rômulo Pizzolatti, j. 10.12.2019).

[91] TRF4, 2ª T., AC 5058075-42.2017.4.04.7100, Rel. Des. Fed. Rômulo Pizzolatti, Rel. p/ Ac. Juiz Federal Convocado Alexandre Rossato da Silva Ávila, j. 08.04.2021.

[92] STJ, 2ª T., REsp 1.988.316, Rel. Min. Herman Benjamin, *DJe* 23.08.2024.

de participação societária) e o valor do patrimônio líquido na época da aquisição (art. 20 do Decreto-Lei 1.598/1977).

6. Em regra, apenas quando há a alienação, liquidação, extinção ou baixa do investimento é que o ágio a elas vinculado pode ser deduzido fiscalmente como custo, para fins de apuração de ganho ou perda de capital.

7. A exceção à regra da indedutibilidade do ágio está inserida nos arts. 7º e 8º da Lei 9.532/1997, os quais passaram a admitir a dedução quando a participação societária é extinta em razão de incorporação, fusão ou cisão de sociedades empresárias.

8. A exposição de motivos da Medida Provisória 1.602/1997 (convertida na Lei 9.532/1997) visou limitar a dedução do ágio às hipóteses em que fossem acarretados efeitos econômico--tributários que a justificassem.

9. O Código Tributário Nacional autoriza que a autoridade administrativa promova o lançamento de ofício quando "se comprove que o sujeito passivo, ou terceiro em benefício daquele, agiu com dolo, fraude ou simulação" (art. 149, VII) e também contém norma geral antielisiva (art. 116, parágrafo único), a qual poderia, em última análise, até mesmo justificar a requalificação de negócios jurídicos ilícitos/dissimulados, embora prevaleça a orientação de que a "plena eficácia da norma depende de lei ordinária para estabelecer os procedimentos a serem seguidos" (STF, ADI 2446, rel. Min. Carmen Lúcia).

10. Embora seja justificável a preocupação quanto às organizações societárias exclusivamente artificiais, não é dado à Fazenda, alegando buscar extrair o "propósito negocial" das operações, impedir a dedutibilidade, por si só, do ágio nas hipóteses em que o instituto é decorrente da relação entre "partes dependentes" (ágio interno), ou quando o negócio jurídico é materializado via "empresa-veículo"; ou seja, não é cabível presumir, de maneira absoluta, que esses tipos de organizações são desprovidos de fundamento material/econômico.

11. Do ponto de vista lógico-jurídico, as premissas em que se baseia o Fisco não resultam automaticamente na conclusão de que o "ágio interno" ou o ágio resultado de operação com o emprego de "empresa-veículo" impediria a dedução do instituto em exame da base de cálculo do lucro real, especialmente porque, até 2014, a legislação era silente a esse respeito.

12. Quando desejou excluir, de plano, o ágio interno, o legislador o fez expressamente (com a inclusão do art. 22 da Lei 12.973/2014), a evidenciar que, anteriormente, não havia vedação a ele.

13. Se a preocupação da autoridade administrativa é quanto à existência de relações exclusivamente artificiais (como as absolutamente simuladas), compete ao Fisco, caso a caso, demonstrar a artificialidade das operações, mas jamais pressupor que o ágio entre partes dependentes ou com o emprego de "empresa-veículo" já seria, por si só, abusivo.

14. No caso concreto, adotando o cenário fático narrado na sentença e no acórdão, em razão dos limites impostos pela Súmula 7 do STJ, não há demonstração de que as operações entabuladas pela parte recorrida foram atípicas, artificiais ou desprovidas de função social, a ponto de justificar a glosa na dedução do ágio.

15. Recurso especial parcialmente provido, apenas para afastar a multa imposta em face da interposição dos embargos de declaração[93].

---

[93] STJ, 1ª T., REsp 2.026.473, Rel. Min. Gurgel de Faria, *DJe* 19.09.2023.

Na 2ª Turma, por sua vez, os Ministros decidiram que a administração tributária pode questionar o abuso de direito perpetrado com a criação de estruturas artificiais para aproveitamento do ágio e pagamento a menor de tributos:

> Tributário. IRPJ. CSLL. ÁGIO. Lei n. 9.532/1997. Dedução. Abuso de direito. Impossibilidade.
>
> [...]
>
> VII – No caso específico do ágio interno, ou ágio próprio, ou ágio de si mesmo, uma característica necessária é a inexistência de qualquer relação jurídica com membros que não fazem parte do mesmo grupo societário. É dizer, todas as operações acontecem entre partes vinculadas. Outro ponto indispensável para se caracterizar o ágio de si mesmo é a completa ausência de operação societária envolvendo a efetiva transferência de recursos financeiros. As transações precisam relacionar participações societárias cujo valor é atribuído em consenso entre as partes envolvidas que, em verdade, são exatamente a mesma pessoa nos dois polos da relação jurídica. Finalmente, e este é um evento havido no caso concreto, o ágio interno pode ser gerado por meio de uma chamada "empresa veículo", cuja existência no mundo jurídico somente se justifica para criar a mais valia para o grupo societário. Cuida-se de sociedade completamente desprovida de propósito negocial em absoluto descompasso com o regime do direito societário. Não há "empresa" nos termos definidos pelo Código Civil, porque não há exercício de atividade econômica organizada para a circulação de bens ou serviços. E exatamente neste ponto pode-se identificar o abuso de direito caracterizado pelo abuso da personalidade jurídica. O próprio *codex* de 2002 fez questão de definir o abuso de direito como um ato ilícito em seu art. 187 (Também comete ato ilícito o titular de um direito que, ao exercê-lo, excede manifestamente os limites impostos pelo seu fim econômico ou social, pela boa-fé ou pelos bons costumes).
>
> VIII – Com efeito, não é demais asseverar que a função social da propriedade preconizada no Texto Constitucional irradia efeitos em diversos campos do direito privado, inclusive no Direito Empresarial. Tanto assim que é recorrente a utilização da "função social da empresa" como elemento indissociável da exploração da atividade econômica por uma sociedade. À evidência, uma empresa que não exerce nenhum objeto social não possui função social.
>
> IX – Sobre o ágio interno e sua relação com o abuso de direito, é importante mencionar que este abuso, para que seja considerado antijurídico, demanda, para além da utilização de um instituto para fins aos quais o ordenamento não o destina, que esta utilização afete direito de terceiros, ainda que não haja a intenção de prejudicar por parte daquele que o exerce. A inexistência de direitos absolutos e a limitação destes direitos a partir do momento em que outros direitos ou prerrogativas são atingidos é lugar-comum em assertivas gerais e abstratas, mas que encerram dificuldades quando é necessária a aplicação destas premissas nos casos concretos.
>
> X – Sob essas lentes, data vênia, não são admissíveis as conclusões tomadas pelo Tribunal de origem e mesmo em precedente citado pela recorrida, nos quais se admite que a liberdade de auto-organização comporta a construção de estruturas artificiais para a economia de tributos. É evidente que não se está a defender o argumento pueril de que a economia de tributos só pode acontecer de maneira "casual".
>
> O contribuinte pode sim organizar seus negócios de maneira a escolher o caminho menos oneroso tributariamente, desde que as estruturas jurídicas utilizadas se compatibilizem com o ordenamento jurídico, exatamente porque a liberdade contratual se limita aos

termos em que o constituinte concebeu esta e outras prerrogativas. O que se impõe é pura e simplesmente o *rule of law*, consagrado no Texto Constitucional como o chamado "devido processo legal substantivo".

XI – O abuso de direito perpetrado com a criação de estruturas artificiais para aproveitamento do ágio e pagamento a menor de tributos agride a juridicidade do ordenamento. Para além do reconhecimento legal como ato ilícito previsto no art. 187 do Código Civil, o abuso de direito no caso encerra violação dos primados da capacidade contributiva, em sua condição de corolário da própria isonomia. Por esse motivo, o abuso de direito materializado na amortização de ágio gerado em operações internas, sem nenhum propósito negocial, desrespeitou o ordenamento jurídico vigente, ensejando a neutralização dos efeitos do ato abusivo pela autoridade fiscal. No caso, portanto, deve ser mantida a glosa dos créditos amortizados.

XII – Recurso especial provido[94].

Portanto, a possibilidade de controle do abuso no direito tributário ainda deverá ser apreciada pela Primeira Seção do STJ e pelo STF. Trata-se de uma definição é necessária, porque, para parte da doutrina, a ADI 2.446 teria limitado a possibilidade de desconsideração de atos e negócios jurídicos aos casos de simulação[95]. Contudo, não parece que a decisão tenha esse alcance. O Supremo Tribunal Federal, ao julgar improcedente a ação, entendeu que o parágrafo único ao art. 116 do CTN aplica-se apenas à evasão fiscal, não autorizando a desconsideração de atos lícitos. Não ocorreu, entretanto, qualquer afirmação ou manifestação, mesmo *obter dictum*, acerca de validade da economia de tributos por meio de atos abusivos.

A esse respeito, deve-se ter presente, em primeiro lugar, que o princípio da livre-iniciativa, consagrado pelo texto constitucional (art. 170, parágrafo único), tem entre seus corolários a autonomia privada[96]. Essa, por sua vez, garante a todos a *liberdade de contratar*[97]. Os cidadãos,

---

[94]   STJ, 2ª T., REsp 2.152.642, Rel. Min. Francisco Falcão, *DJe* 11.11.2024.

[95]   LOBATO, Valter de Souza; FRADE, Bianca Mauri; MARINHO NETO, José Antonino. Planejamento tributário: a ADI nº 2.446 e as tentativas de regulamentação do parágrafo único do art. 116 do CTN. *In*: MARINHO NETO, José Antonino (org.); LOBATO, Valter de Souza (coord.). *Planejamento tributário*: pressupostos teóricos e aplicação prática. Belo Horizonte: Fórum, 2021. p. 19 e ss., Edição Kindle.

[96]   Essa autonomia, como ensina Carlos Alberto da Mota Pinto, manifesta-se e atua por meio dos negócios jurídicos (meio principal de atuação), mas também no *poder de livre exercício dos seus direitos ou de livre gozo dos seus bens pelos particulares* (a "soberania do querer"). Ainda segundo o professor português: "A tutela constitucional da *liberdade contratual* decorre hoje do *reconhecimento da iniciativa privada...*" (PINTO, Carlos Alberto da Mota. *Teoria geral do direito civil*. 3. ed. Coimbra: Coimbra Editora, 1994. p. 110). É interessante notar que os civilistas divergem acerca do uso das expressões "autonomia da vontade" ou "autonomia privada". Ambas são sinônimas de *liberdade negocial* (PRATA, Ana. *A tutela constitucional da autonomia privada*. Coimbra: Almedina, 1982. p. 11). Porém, autores como Flávio Tartuce, assentado na doutrina de Luiz Díez-Picazo e de Antonio Gullón: "não é correto utilizar a expressão *autonomia da vontade*, mas sim *autonomia privada*, eis que a autonomia não é da vontade, mas da pessoa" (TARTUCE, Flávio. *Direito civil*: teoria geral dos contratos e contratos em espécie. 16. ed. Rio de Janeiro: Forense, 2021. v. 3, p. 27). A objeção é questionada pelo autor português Inocêncio Galvão Telles, para quem a "expressão – 'autonomia privada' – é mais comprometedora porque leva, só por si, a excluir do número dos *negócios jurídicos* todos os actos praticados pelo Estado no exercício do *ius imperii*, nomeadamente o *acto administrativo* e o *contrato administrativo*" (TELLES, Inocêncio Galvão. *Manual dos contratos em geral*. 4. ed. Coimbra: Coimbra Editora, 2002. p. 17).

[97]   Usa-se, aqui, liberdade de contratar como abrange da liberdade contratual. Sabe-se, no entanto, que parte da doutrina diferencia essas duas categorias: a *liberdade de contratar* (escolha da pessoa ou das pessoas com quem o negócio será celebrado); e a *liberdade contratual* (disposição sobre o conteúdo do negócio jurídico). Nesse sentido, cf.: TARTUCE, Flávio. *Direito civil*: teoria geral dos contratos e contratos em espécie. 16. ed. Rio de Janeiro: Forense, 2021. v. 3, p. 79 e ss.; TEPEDINO, Gustavo; KONDER, Carlos Nelson; BANDEIRA, Paula Greco. *Fundamentos do direito civil*: contratos. 2. ed. Rio de Janeiro: Forense, 2021. v. 3, p. 39. Ressalte-se que outros autores, de modo diverso, referem-se a essas duas categorias como liberdade de conclusão (ou

portanto, têm o poder de decisão sobre celebrar ou não um negócio jurídico, com quem estabelecer o vínculo, de definir o início e o fim da produção de efeitos, o conteúdo das disposições aplicáveis, escolhendo um modelo negocial típico (contratos nominados) ou configurando um acordo de vontades atípico[98] (contratos inominados). No entanto, como qualquer outro direito, a liberdade contratual é limitada. Não há uma *soberania do querer*. No direito privado, há tempo foi superada a concepção individualista de uma liberdade de contratar, exercida sem qualquer consideração de ordem social[99]. A *função social da livre-iniciativa* é consagrada pela Constituição Federal de 1988 como um dos fundamentos da República (art. 1º, IV), obrigando a sua compatibilização com a boa-fé objetiva e a função social dos contratos, que implicam, entre outras consequências, a proteção de interesses externos aos contratantes e a vedação ao abuso da liberdade de contratar[100].

---

celebração) dos contratos e a liberdade de modelação do conteúdo contratual (ou liberdade de fixação ou de estipulação do conteúdo contratual). Sobre o tema, cf.: PINTO, Carlos Alberto da Mota. *Teoria geral do direito civil*. 3. ed. Coimbra: Coimbra Editora, 1994. p. 95. Também se opera, em uma terceira forma de explicar o mesmo fenômeno, com a distinção entre liberdade contratual no sentido *positivo* e *negativo*. Como assinala Fernando Araújo, no primeiro (liberdade de contratar) tem "[...] os seus corolários manifestados na escolha de parceiros contratuais, na estipulação e na moldagem do clausulado, na decisão quanto ao início da vinculação efectiva, na decisão de submeter a relação contratual a um tipo específico de disciplina e invocar em apoio a essa disciplina os meios socialmente predispostos". No segundo (liberdade de não contratar), a prerrogativa de poder recusar quase todo tipo de obrigações e vínculos se eles não emergirem do contrato e também de rejeitar potenciais parceiros contratuais, de recursar quaisquer cláusulas e qualquer solução coordenadora ou disciplinadora (ARAÚJO, Fernando. *Teoria económica do contrato*. Coimbra: Almedina, 2007. p. 499). Por fim, segundo Orlando Gomes, a liberdade de contratar abrange os poderes de autorregência de interesses, de livre discussão das condições contratuais e, por fim, de escolha do tipo de contrato conveniente à atuação da vontade. Manifesta-se, portanto, sob tríplice aspecto: a) liberdade de contratar propriamente dita; b) liberdade de estipular o contrato; c) liberdade de determinar o conteúdo do contrato (GOMES, Orlando. *Contratos*. 27. ed. Rio de Janeiro: Forense, 2019. p. 20). Sobre o tema, cf. ainda: RIZZARDO, Arnaldo. *Contratos*. 20. ed. Rio de Janeiro: Forense, 2022. p. 19 e ss.; TELLES, Inocêncio Galvão. *Manual dos contratos em geral*. 4. ed. Coimbra: Coimbra Editora, 2002. p. 19 e ss.

[98] Código Civil: "Art. 425. É lícito às partes estipular contratos atípicos, observadas as normas gerais fixadas neste Código".

[99] PINTO, Carlos Alberto da Mota. *Teoria geral do direito civil*. 3. ed. Coimbra: Coimbra Editora, 1994. p. 95 e 110 e ss. Em decorrência da constitucionalização do direito civil, como Pietro Perlingieri, "a autonomia privada não é um valor em si e, sobretudo, não representa um princípio subtraído ao controle de sua correspondência e funcionalização ao sistema de normas constitucionais" (PERLINGIERI, Pietro. *Perfis do direito civil*: introdução ao direito civil constitucional. Rio de Janeiro: Renovar, 1997. p. 277). A quebra do individualismo e a função social do contrato foram ressaltadas entre nós por Orlando Gomes: "A evolução do Direito desenrola-se flagrantemente na direção oposta às teses do individualismo jurídico." O contrato "deixou de ser mero instrumento do poder de autodeterminação privada, para se tornar um instrumento que deve realizar também interesses da coletividade. Numa palavra: o contrato passa a ter função social" (GOMES, Orlando. *Contratos*. 27. ed. Rio de Janeiro: Forense, 2019. p. 29 e 39). Nessa mesma linha, mais recentemente, Gustavo Tepedino, Carlos Nelson Konder, Paula Greco Bandeira ensinam que "o contrato não pode ser concebido como uma ilha, indiferente às demais relações jurídicas que o cercam, devendo, ao revés, atuar como instrumento de desenvolvimento da pessoa humana e de efetivação do princípio constitucional de solidariedade social" (TEPEDINO, Gustavo; KONDER, Carlos Nelson; BANDEIRA, Paula Greco. *Fundamentos do direito civil*: contratos. 2. ed. Rio de Janeiro: Forense, 2021. v. 3, p. 41). Sobre a evolução do conteúdo jurídico da liberdade contratual no direito brasileiro e comparado, cf.: PINHEIRO, Rosalice Fidalgo. *O abuso do direito e as relações contratuais*. Rio de Janeiro: Renovar, 2002. p. 135 e ss.

[100] GOMES, Orlando. *Contratos*. 27. ed. Rio de Janeiro: Forense, 2019. p. 40; TARTUCE, Flávio. *Direito civil*: teoria geral dos contratos e contratos em espécie. 16. ed. Rio de Janeiro: Forense, 2021. v. 3, p. 26 e 100-134; TEPEDINO, Gustavo; KONDER, Carlos Nelson; BANDEIRA, Paula Greco. *Fundamentos do direito civil*: contratos. 2. ed. Rio de Janeiro: Forense, 2021. v. 3, p. 46; RIZZARDO, Arnaldo. *Contratos*. 20. ed. Rio de Janeiro: Forense, 2022. p. 20 e ss. Esse último autor, com base em lição de Humberto Theodoro Júnior, ressalta que: "[...] de longa data, e não apenas nos tempos atuais, que os contratantes, embora livres para ajustar os termos da convenção, deverão agir sempre dentro dos limites necessários para evitar que sua atuação negocial e torne fonte de prejuízos injustos e indesejáveis para terceiros".

No âmbito infraconstitucional, a *Lei da Liberdade Econômica* (Lei 13.874/2019) estabelece que "[...] os negócios jurídicos empresariais paritários serão objeto de livre estipulação das partes pactuantes, de forma a aplicar todas as regras de direito empresarial apenas de maneira subsidiária ao avençado, exceto normas de ordem pública" (art. 3º, VIII). A função social do contrato é um preceito de ordem pública (CC, art. 421[101] e parágrafo único do art. 2.035[102]). Ao consagrá-la, de acordo com Exposição de Motivos do Anteprojeto do Código Civil, de autoria do Professor Miguel Reale, buscou-se tornar explícito "que a liberdade de contratar só pode ser exercida em consonância com os fins sociais do contrato, implicando os valores primordiais da boa-fé e da probidade"[103]. Esses são os parâmetros que devem nortear a interpretação da liberdade contratual, e não o individualismo exacerbado, assentado em um dogma da autonomia da vontade absoluta já superado, sem sustentação legal ou constitucional.

É certo que os princípios sociais do contrato não foram concebidos como instrumentos para o controle de planejamentos tributários abusivos. O abuso de direito e a boa-fé objetiva são construções desenvolvidas visando ao equilíbrio e à transparência das relações contratuais. Entretanto, todo princípio tem uma textura abertura, justamente para permitir, como ensina J. J. Gomes Canotilho, uma *capacidade de aprendizagem* e a captação das concepções cambiantes da *verdade* e da *justiça*[104]. Ademais, como ressaltado pelo Ministro Luiz Edson Fachin, "novos tempos traduzem outro modo de apreender tradicionais institutos jurídicos", de sorte que, diante do princípio da função social do contrato, "o desafio é decodificá-lo para construir o futuro que não deve se resumir a um requentar do passado"[105].

Dessa maneira, parece fora de lugar a interpretação que aceita com tranquilidade a licitude de planejamentos fiscais abusivos, decorrentes de um uso disfuncional de formas jurídicas, empregadas sem outro motivo ou utilidade justificável, apenas como veículo para a obtenção de uma vantagem fiscal indevida. No Estado Democrático de Direito, a tributação deve ser orientada pelo princípio da capacidade contributiva, e não pela capacidade de manipulação de formas jurídicas[106], admissível apenas dentro de uma concepção equivocada de liberdade contratual absoluta,

---

[101] No texto originário, o dispositivo apresentava a seguinte redação: "Art. 421. A liberdade de contratar será exercida em razão e nos limites da função social do contrato". A Lei 13.874/2019, conhecida como *Lei da Liberdade Econômica*, alterou o seu texto, mas sem afetar o seu conteúdo de significação: "Art. 421. A liberdade contratual será exercida nos limites da função social do contrato. (Redação dada pela Lei nº 13.874, de 2019)".

[102] "Art. 2.035. [...] Parágrafo único. Nenhuma convenção prevalecerá se contrariar preceitos de ordem pública, tais como os estabelecidos por este Código para assegurar a função social da propriedade e dos contratos."

[103] *Apud* TARTUCE, Flávio. *Direito civil*: teoria geral dos contratos e contratos em espécie. 16. ed. Rio de Janeiro: Forense, 2021. v. 3, p. 85.

[104] CANOTILHO, José Joaquim Gomes. *Direito constitucional e teoria da Constituição*. 7. ed. Coimbra: Almedina, 2003. p. 1159.

[105] Justificativa ao seguinte enunciado aprovado pela III Jornada de Direito Civil: "A função social dos contratos, prevista no art. 421 do novo Código Civil e definida como preceito de ordem pública pelo parágrafo único do art. 2.035 do novo Código Civil brasileiro, é condição de validade dos atos e negócios jurídicos em geral cujo cumprimento pode se averiguar *ex officio* pelo juiz". Disponível em: https://www.cjf.jus.br/cjf/corregedoria--da-justica-federal/centro-de-estudos-judiciarios-1/publicacoes-1/jornadas-cej/iii-jornada-de-direito-civil-1.pdf. Acesso em: 20 jul. 2022.

[106] TIPKE, Klaus. *Moral tributaria del Estado y de los contribuyentes*. Madrid: Marcial Pons, 2002. p. 122; ALMENDRAL, Violeta Ruiz; SEITZ, Georg. El fraude a la ley tributaria: análisis de la norma española con ayuda de la experiencia alemana. *Estudios Financieros. Revista de Contabilidad y Tributación: Comentarios, Casos Prácticos*, Centro de Estudios Financieros, n. 257-258, p. 10, 2004. O combate à elisão fiscal é legitimado, segundo parte da doutrina, pela necessária solidariedade de todos em contribuir com os gastos públicos (NOVOA, César García. *La cláusula antielusiva en la nueva ley general tributaria*. Madrid: Marcial Pons, 2004. p. 98). Para o autor sua justificação constitucional é o princípio da capacidade econômica enquanto pressuposto do dever de contribuir e com a exigência de um sistema tributário justo, inspirado na igualdade e generalidade, assim como a necessidade de tutela do interesse do Estado na percepção de receita, como interesse público, o

Parte Geral · Capítulo VIII · EVASÃO E ELISÃO | **301**

despida de qualquer sentido social e, por isso mesmo, contrária ao princípio constitucional da *função social da livre-iniciativa*.

O planejamento tributário abusivo contraria uma das bases mais relevantes do sistema constitucional tributário: a distribuição da carga tributária em função da capacidade econômica dos contribuintes, que, como assinalam Klaus Tipke e Joachim Lang, é um *princípio fundamental universalmente reconhecido de uma imposição justa*[107]. A desoneração indevida por meio de atos abusivos tampouco é compatível com o princípio da isonomia tributária[108], gerando concorrência desleal entre empresas, além de sobrecarregar os demais contribuintes, como ressalta José Casalta Nabais:

> Com efeito, é de todo insustentável a situação a que uma parte significativa e crescente de contribuintes se conseguiu alcandorar, fugindo descaradamente e com assinalável êxito aos impostos. E insustentável pela receita perdida que origina e, consequentemente, pelo *apartheid* fiscal que a mesma provoca, desonerando os 'fugitivos' fiscais e sobrecarregando os demais contribuintes que, não podendo fugir aos impostos, se tornam verdadeiros reféns ou cativos do Fisco por impostos alheios[109].

No direito brasileiro, as autoridades fiscais não apenas podem, como devem realizar o controle de planejamentos tributários abusivos. Trata-se de uma exigência dos princípios constitucionais da função social da livre-iniciativa, da capacidade contributiva e da isonomia tributária. É ilegal[110] – configurando *evasão fiscal* – a conduta do contribuinte que faz uso de atos e negócios jurídicos insólitos, sem sentido em outras circunstâncias, apenas para a obtenção de uma vantagem fiscal não prevista em lei, dissociada de um interesse legítimo concorrente de outra natureza apto para justificá-los.

5.4 Pressupostos de caracterização do planejamento fiscal abusivo

A caracterização de um planejamento fiscal abusivo demanda a comprovação dos seguintes requisitos: (i) a identificação de uma operação ou uma situação de fato que, se tivesse ocorrido em outras circunstâncias, teria sido tributada ou submetida a um regime fiscal mais gravoso; (ii) a existência de atos ou de negócios jurídicos: (a) isolados ou múltiplos; (b) reais e efetivamente pretendidos pelas partes; (c) *manifestamente*[111] insólitos, entendido como tal aqueles que não

---

que é reforçado pelas exigências de gastos públicos inerente ao Estado do Bem-estar, algo que a Constituição ampara. Entre nós, entendem possível o controle dos planejamentos abusivos assentado no princípio da capacidade contributiva: TORRES, Ricardo Lobo. *Planejamento tributário*: elisão abusiva e evasão fiscal. 2. ed. Rio de Janeiro: Elsevier Brasil, 2013. p. 25 e ss.; GRECO, Marco Aurélio. *Planejamento fiscal*. 2. ed. São Paulo: Dialética, 2008. p. 82 e ss.; HUCK, Hermes Marcelo. *Evasão e elisão*. São Paulo: Saraiva, 1997. p. 151 e ss.; ABRAHAM, Marcus. *Curso de direito tributário brasileiro*. 3. ed. Rio de Janeiro: Forense, 2022. p. 192 e ss.

107   TIPKE, Klaus; LANG, Joachim. *Direito tributário (Steuerrecht)*. Porto Alegre: Fabris, 2008. v. I, p. 201.

108   KIRCHHOF, Paul. *Tributação no Estado constitucional*. Trad. Pedro Adamy. São Paulo: Quartier Latin, 2016. p. 122.

109   NABAIS, José Casalta. *Estudos de direito fiscal*: por um Estado fiscal suportável. Coimbra: Almedina, 2005. p. 71.

110   A abusividade implica a nulidade do negócio jurídico, nos termos do art. 166, VII, do Código Civil ("Art. 166. É nulo o negócio jurídico quando: [...] VII – a lei taxativamente o declarar nulo, ou proibir-lhe a prática, sem cominar sanção"). Sobre o tema, cf.: FERREIRA, Keila Pacheco. *Abuso do direito nas relações obrigacionais*. Belo Horizonte: Del Rey, 2006. p. 149; MARTINS-COSTA, Judith. *A boa-fé no direito privado*: critérios para sua aplicação. 2. ed. São Paulo: Saraiva, 2018. p. 634.

111   Esse requisito visa a evitar a evitar a banalização do instituto, exigindo uma disfunção evidente para a caracterização do abuso de direito, sendo decorrente do art. 187 do Código Civil: "Art. 187. Também comete ato ilícito o titular de um direito que, ao exercê-lo, excede manifestamente os limites impostos pelo seu fim econômico ou social, pela boa-fé ou pelos bons costumes". A esse respeito, José de Oliveira Ascensão ressalta que: "É bom que assim aconteça. Seria muito inconveniente, e mesmo socialmente insuportável, que todo o exercício jurídico pudesse ser objeto de um controle social exaustivo, para verificar se haveria nele abuso

fariam sentido ou não teriam sido empregados em operações não tributadas; (d) praticados com o *objetivo único* de obter uma vantagem fiscal não prevista em lei; (iii) a ausência de interesse concorrente legítimo de outra natureza apto a explicar ou a justificar a conduta do contribuinte; (iv) o nexo causal entre a conduta do contribuinte e a inaplicabilidade do tratamento tributário.

Portanto, em primeiro lugar, deve-se promover o isolamento da *causa evasiva*, mediante demonstração de que, sem os atos ou os negócios jurídicos praticados pelo contribuinte, haveria uma operação ou uma situação de fato que teria sido tributada ou submetida a um regime fiscal mais gravoso. A autoridade fiscal deve não apenas identificá-la, mas evidenciar a subsunção aos pressupostos de incidência da norma jurídica tributária.

Em segundo lugar, é necessário identificar a natureza dos atos ou dos negócios jurídicos praticados no caso concreto. Esses devem ter sido reais e efetivamente pretendidos pelas partes. De outra forma, não há que se falar em abuso de direito, mas em simulação, vício de outra natureza que está sujeito a pressupostos de caracterização distintos. Devem, ademais, apresentar um caráter manifestamente insólito ou inusual, ou seja, constituírem atos ou negócios jurídicos que não fariam sentido em outras circunstâncias. Nesse ponto, cumpre realizar um exercício hipotético de abstração dos efeitos fiscais ou *teste da operação não tributada*, indagando se esses teriam sido praticados em um cenário sem tributação.

O objetivo dessa verificação é identificar formas jurídicas que, de maneira alguma, seriam sequer cogitadas por um empresário diligente em um cenário sem tributação. A exclusão deve ser inconteste, abrangendo situações-limite de anormalidade ou inusualidade evidentes, porque, de acordo com o art. 187 do Código Civil, o abuso só ocorre quando os limites de um direito são *manifestamente* excedidos: "Art. 187. Também comete ato ilícito o titular de um direito que, ao exercê-lo, excede manifestamente os limites impostos pelo seu fim econômico ou social, pela boa-fé ou pelos bons costumes"[112].

Além disso, os atos ou os negócios jurídicos devem ter sido praticados com o *objetivo único* de obter uma vantagem fiscal não prevista em lei, ou seja, que a escolha da forma jurídica foi motivada pela *causa evasiva* identificada inicialmente. Avalia-se, assim, se há um interesse concorrente legítimo de outra natureza, diverso do ganho fiscal, apto a explicar ou a justificar a conduta do contribuinte. Esse não precisa ser necessariamente financeiro ou econômico. Qualquer outro bem jurídico tutelado pelo ordenamento jurídico pode servir de fundamento para justificar a conduta do sujeito passivo.

Outra característica do planejamento tributário abusivo é que, na maioria das vezes, não há um único ato ou negócio jurídico, mas uma multiplicidade de ações correlacionadas, preordenadas à obtenção da vantagem fiscal. Um caso que ilustra essa particularidade foi julgado pelo Carf no ano de 2017. Nele a sociedade *Gama*, em vez de alienar diretamente as quotas da empresa *Alfa* para o adquirente *Beta*, promoveu uma série de atos que reduziram a carga tributária de 34% (25% de IRPJ e 9% da CSLL) para 15% (correspondente à alíquota de imposto de renda no ganho de capital por sociedade estrangeira). Alguns meses antes de formalizar a transferência das quotas, *Gama* constituiu uma sociedade de propósito específico (*SPE*), integralizando 99,9% do capital com as quotas de *Alfa*. O outro sócio da *SPE*, com apenas 0,1% do capital social, era

---

ou não. Criaria uma litigiosidade sem fim, ainda que o recurso a juízo fosse deixado na disponibilidade dos interessados. Só os casos de exercício manifestamente excessivo, por abusivo, poderão ser atingidos" (AS-CENSÃO, José de Oliveira. A desconstrução do abuso do direito. *In:* AGUIAR JUNIOR, Ruy Rosado de (org.). *Jornada de direito civil.* Brasília: CJF, 2005. p. 36).

[112] Como ensina José de Oliveira Ascensão: "É bom que assim aconteça. Seria muito inconveniente, e mesmo socialmente insuportável, que todo o exercício jurídico pudesse ser objeto de um controle social exaustivo, para verificar se haveria nele abuso ou não. Criaria uma litigiosidade sem fim, ainda que o recurso a juízo fosse deixado na disponibilidade dos interessados. Só os casos de exercício manifestamente excessivo, por abusivo, poderão ser atingidos" (ASCENSÃO, José de Oliveira. A desconstrução do abuso do direito. *In:* AGUIAR JUNIOR, Ruy Rosado de (org.). *Jornada de direito civil.* Brasília: CJF, 2005. p. 36).

Parte Geral · Capítulo VIII · EVASÃO E ELISÃO | 303

a pessoa jurídica estrangeira *Delta*, que, por sua vez, era acionista de *Gama*. Assim, nessa etapa intermediária: a *SPE* passou a ser titular das quotas de *Alfa*; e os sócios da *SPE* eram *Gama* (99,9%) e *Delta* (0,1%). Ato contínuo, foi realizada uma redução do capital de *Gama*, tendo *Delta* recebido como devolução do investimento a integralidade das quotas de *Gama* na *SPE*. Completando os quadros societários, um sócio pessoa física foi admitido na sociedade de propósito específico com 0,1% das quotas. Em decorrência dessas operações: *Gama* deixou de ser sócia da *SPE*; os sócios da *SPE* passaram a ser *Delta* (99,9%) e a pessoa física admitida (0,1%). Depois disso, *Delta* e o sócio pessoa física promoveram a cessão onerosa das quotas da sociedade *Alfa* para a empresa *Beta*, com tributação do ganho de capital com alíquota de 15% de imposto de renda.

Nessa decisão, o Carf considerou "inaceitável quanto aos efeitos fiscais a cessão de quotas à empresa alienígena para posterior alienação com tributação favorecida, sem demonstração de razão negocial que não a mera redução tributária"[113]. Os julgadores entenderam que a justificativa para a criação da *SPE* (necessidade de isolar a participação societária do risco de outros negócios) não se mostrava procedente:

> Entretanto, a pergunta que não foi devidamente respondida é: Por que a [...] SPE não efetuou a alienação das cotas e arcou com os efeitos tributários daí decorrentes se foi essa a motivação empresarial para sua criação?
>
> A resposta é clara: Se assim o fizesse, seria tributada à alíquota de IRPJ e CSLL no total de 34% (trinta e quatro por cento) e não 15% a título de IRF com a utilização da empresa [...Delta...], como efetivamente ocorreu. [...] A cessão de cotas pela qual a [...Delta...] assumiu o controle da [...] SPE não teve outra motivação comprovada que não a negociação das cotas da SP Vias. Ainda que as operações sob exame tenham cumprido os requisitos formais e não possam ser tidas como fraudulentas – daí por que foi afastada a multa qualificada – não há como acatá-las em relação aos efeitos perante o Fisco, pela ausência de propósito negocial distinto da economia tributária.

Em situações dessa natureza, cumpre avaliar se a sucessão de atos ou de negócios jurídicos configura uma unidade funcional preordenada ao fim evasivo. Não há uma fórmula para determinar em que casos isso se mostra presente. Em geral, são atos ou negócios jurídicos praticados em curto espaço de tempo, em relação aos quais o beneficiário da vantagem fiscal, direta ou indiretamente, tem o poder de decisão. Alguns indícios de que esse tem o controle do curso dos acontecimentos são a existência de vinculação entre as partes; o envolvimento de pessoas jurídicas sem estrutura física, capacidade econômica e operacional efetivas; quem negociou com a parte contrária é diferente de quem figura como parte no contrato; ausência de investimento efetivo ou comprometimento de recursos na operação; e prática de atos ou negócios posteriores de desfazimento das estruturações que proporcionaram o ganho fiscal.

Por fim, deve existir um *nexo causal* entre a conduta do contribuinte e a obtenção da vantagem fiscal indevida, ou seja, deve ser demonstrado que o ganho decorrente da não incidência da norma jurídica tributária ou da atração de um regime fiscal menos gravoso não teria ocorrido sem os atos ou negócios jurídicos praticados pelo sujeito passivo.

Presentes esses requisitos, a autoridade fiscal deve desconsiderar os atos ou os negócios jurídicos praticados e, como ocorre na simulação relativa, aplicar o tratamento tributário correspondente à operação ou situação de fato efetivamente ocorrida, que foi encoberta pelo planejamento fiscal abusivo. Nota-se, assim, que há uma certa proximidade essas categorias. A diferença é que, na simulação, há dois negócios jurídicos: um aparente, que não é verdadeiro nem pretendido pelas partes; e um oculto ou dissimulado, real e efetivamente objetivado pelos

---

113   Carf, 3ª S., 4ª C., 2ª T.O., Ac. 1402-002.772, Rel. desig. Cons. Leonardo de Andrade Couto, S. 17.10.2017.

contratantes. Também há um encobrimento no planejamento fiscal abusivo, mas esse advém de um ou mais atos ou negócios jurídicos reais, que as partes querem realizar. O abuso, ademais, pode resultar de uma sucessão de atos e negócios jurídicos preordenados, caracterizando uma malha contratual, tecida para melhor encobrir uma operação ou situação de fato que, de outra forma, seria tributada ou submetida um tratamento tributário mais gravoso. Outra diferença é que, na simulação, exige-se prova de conluio ou acordo simulatório entre sujeitos que agem com o propósito de enganar (*animus decipiendi*). Já o abuso, caracteriza-se de forma objetiva, independentemente da intenção do agente, podendo, inclusive, resultar de atos unilaterais praticamos em caráter preparatório, sem o conhecimento da outra parte.

6   NEGÓCIO JURÍDICO INDIRETO

No negócio jurídico indireto, as partes celebram um contrato real e efetivamente pretendido que corresponde aos elementos de caracterização do tipo contratual, mas *também* serve como instrumento para atingir uma finalidade própria de outra espécie contratual. O contrato típico, assim, funciona como meio para atingir um escopo distinto, mas não a ponto de configurar uma disfunção pelo rompimento da causa objetiva ou causa-função[114]. É o caso, *v.g.*, do aluguel por preço simbólico com objetivo de comodato, da transferência de propriedade com o fim de garantia, do *negotium mixtum cum donatione*, quando se pratica um preço reduzido (sem ser irrisório) visando a uma liberalidade, efeito que também pode ser obtido inversamente, com a compra por preço deliberadamente exagerado[115]. Desde que não utilizados para fraudar a lei, não há ilegalidade nos negócios jurídicos indiretos[116], que ficam sujeitos ao regime jurídico

---

[114] Como ensina Galvão Telles, "no sentido em que estamos a tomá-la, a causa pode definir-se a função social típica, ou seja, a função própria de cada tipo ou categoria de negócio jurídico. Imprime carácter ao contrato, como contrato de certa espécie; dá-lhe fisionomia; modela a sua estrutura" (TELLES, Inocêncio Galvão. *Manual dos contratos em geral*. 4. ed. Coimbra: Coimbra Editora, 2002. p. 290). É a síntese ou expressão simplificada dos elementos específicos de um contrato, de modo que todos os atos da mesma natureza sempre têm a mesma causa objetiva: "O contrato de sociedade tem uma causa objetiva, a doação outra, o mútuo outra; essa causa é sempre a mesma em todos os contratos de sociedade, ou em todas as doações, ou em todos os mútuos" (*Id. Ibid.*). Ainda segundo eminente professor português, discorrendo sobre os contratos inominados: "*Um acordo só valerá como contrato se a sua função prática for de molde a justificar a tutela do Direito*. Este não dá a sua proteção a caprichos, ou fins de reduzida projeção social, mas só a funções que, pela sua importância, requeiram uma organização forte e estável. [...] Nisto se evidencia o papel da *função do ato* ou *causa objetiva*, como fundamento político-legislativo da proteção do Direito e critério que orienta o legislador na determinação dos efeitos jurídicos" (*Ibid.*, p. 305).

[115] Isso nem sempre resulta de um contrato, podendo, como assinala Galvão Telles, decorrer o ato jurídico diverso, inclusive pagamento (*v.g.*, o pagamento de dívida alheia com *animus donandi* (TELLES, Inocêncio Galvão. *Manual dos contratos em geral*. 4. ed. Coimbra: Coimbra Editora, 2002. p. 474). Sobre o tema o negócio jurídico indireto, cf. ainda: LIMA, Marcelo Chiavassa de Mello Paula. *Negócios jurídicos com efeitos ocultos*: fiduciários, indiretos e interposição fictícia de pessoas. Rio de Janeiro: Lumen Juris, 2018. p. 89 e ss.; PERERA, Ángel Carrasco. *Tratado del abuso de derecho y del fraude de ley*. Navarra: Aranzadi-Civitas-Thomson Reuters, 2016. p. 308 e ss.; NOVOA, César García. *La cláusula antielusiva en la nueva ley general tributaria*. Madrid: Marcial Pons, 2004. p. 131 e ss.; RIZZARDO, Arnaldo. *Contratos*. 20. ed. Rio de Janeiro: Forense, 2022. p. 90 e ss.; XAVIER, Alberto. *Tipicidade da tributação, simulação e norma antielisiva*. São Paulo: Dialética, 2001. p. 59 e ss.; ASCENSÃO, José de Oliveira. A desconstrução do abuso do direito. *In*: AGUIAR JUNIOR, Ruy Rosado de (org.). *Jornada de direito civil*. Brasília: CJF, 2005. p. 37.

[116] Como destaca Marcelo Chiavassa de Mello Paula Lima: "O *negócio indireto* não se confunde com o *negócio simulado*. A opinião corrente é que a diferença reside no fato de que os efeitos produzidos pelo *negócio indireto* são realmente aqueles desejados pelas partes, ao contrário do *negócio simulado*, no qual as partes desejam *enganar* terceiros através da celebração de um negócio jurídico que não é desejado em todo ou em parte" (LIMA, Marcelo Chiavassa de Mello Paula. *Negócios jurídicos com efeitos ocultos*: fiduciários, indiretos e interposição fictícia de pessoas. Rio de Janeiro: Lumen Juris, 2018. p. 122).

aplicável ao negócio-meio[117]. A economia fiscal decorrente de negócios jurídicos indiretos não configura uma evasão fiscal, desde que não caracterizada a sua instrumentalização indevida para planejamentos tributários abusivos.

7 NEGÓCIO JURÍDICO FIDUCIÁRIO

O negócio jurídico fiduciário é considerado por parte da doutrina uma espécie de negócio jurídico indireto[118]. Por meio dele, alguém (fiduciante) transfere a propriedade de um bem a outrem (fiduciário), atrelando-a a uma finalidade de garantia[119] (*fiducia cum creditore*) ou de mandato (*fidutia cum amico*). Há um efeito translativo da propriedade e outro obrigacional, decorrente da *cláusula fiduciária* ou *pactum fiduciae*, que limita o primeiro, direcionando-o ao fim visado pelo transmitente[120]. O negócio pressupõe uma relação de confiança, porque o fiduciário torna-se efetivamente o proprietário da coisa. Dessa forma, pode não cumprir a obrigação decorrente do *pactum fiduciae*, com consequências apenas no plano indenizatório, sem que o fiduciante tenha direito a pleitear o desfazimento da transferência (*poder de abuso*)[121]. Não caracterizando um veículo para fraudar a lei ou para planejamentos fiscais abusivos, eventuais economias tributárias decorrentes de negócios fiduciários caracterizam elisão fiscal.

---

[117] LIMA, Marcelo Chiavassa de Mello Paula. *Negócios jurídicos com efeitos ocultos*: fiduciários, indiretos e interposição fictícia de pessoas. Rio de Janeiro: Lumen Juris, 2018. p. 89; TELLES, Inocêncio Galvão. *Manual dos contratos em geral*. 4. ed. Coimbra: Coimbra Editora, 2002. p. 474.

[118] Sobre a controvérsia doutrinária acerca dessa questão, cf.: LIMA, Marcelo Chiavassa de Mello Paula. *Negócios jurídicos com efeitos ocultos*: fiduciários, indiretos e interposição fictícia de pessoas. Rio de Janeiro: Lumen Juris, 2018. p. 142 e ss.; RIZZARDO, Arnaldo. *Contratos*. 20. ed. Rio de Janeiro: Forense, 2022. p. 90 e ss.

[119] No direito brasileiro, como ensina Marcelo Chiavassa de Mello Paula Lima, a alienação fiduciária em garantia "não pode ser considerada um negócio fiduciário em sentido técnico", constituindo um *negócio fiduciário legal*. O autor faz essa distinção, porque nela não há a *fides peculiar do negócio fiduciário*, porque o fiduciante pode exigir a cláusula de fidúcia, ou seja, não há *poder de abuso* pelo fiduciário (LIMA, Marcelo Chiavassa de Mello Paula. *Negócios jurídicos com efeitos ocultos*: fiduciários, indiretos e interposição fictícia de pessoas. Rio de Janeiro: Lumen Juris, 2018. p. 165-166).

[120] LIMA, Marcelo Chiavassa de Mello Paula. *Negócios jurídicos com efeitos ocultos*: fiduciários, indiretos e interposição fictícia de pessoas. Rio de Janeiro: Lumen Juris, 2018. p. 149 e ss.; TELLES, Inocêncio Galvão. *Manual dos contratos em geral*. 4. ed. Coimbra: Coimbra Editora, 2002. p. 188 e ss.; XAVIER, Alberto. *Tipicidade da tributação, simulação e norma antielisiva*. São Paulo: Dialética, 2001. p. 61; TEPEDINO, Gustavo; OLIVA, Milena Donato. *Fundamentos do direito civil*: teoria geral do direito civil. 3. ed. Rio de Janeiro: Forense, 2022. v. 1, p. 368 e ss.

[121] LIMA, Marcelo Chiavassa de Mello Paula. *Negócios jurídicos com efeitos ocultos*: fiduciários, indiretos e interposição fictícia de pessoas. Rio de Janeiro: Lumen Juris, 2018. p. 160.

Capítulo IX
CRÉDITO TRIBUTÁRIO E LANÇAMENTO

1 LANÇAMENTO TRIBUTÁRIO

1.1 Conceito e natureza jurídica

A *norma jurídica tributária* tem *caráter geral e abstrato*, ou seja, por meio dela, não é imputada a obrigação de pagar o tributo a um indivíduo em particular. Dessa maneira, para a exigência do crédito tributário, é necessário um ato jurídico de aplicação ou de concretização normativa. Atualmente, e não apenas no Brasil, na maior parte dos tributos, esse ato fica a cargo do próprio sujeito passivo. É o devedor que, diante da ocorrência do evento imponível, apura o valor devido e formaliza o crédito tributário em declarações fiscais com eficácia constitutiva, promovendo, desde logo, o pagamento correspondente. Inexiste intervenção estatal direta no nascimento e na extinção da obrigação tributária. A administração pública, nesse regime de autoimposição, atua de forma eventual e subsidiária, constituindo o crédito tributário em casos de omissão total ou parcial do devedor[1]. Apenas alguns poucos tributos ainda permanecem submetidos ao lançamento direto ou de ofício pela administração fiscal.

Na versão original do anteprojeto, havia disposição expressa sobre os *tributos que não dependem de lançamento* (Capítulo III). Na época, apesar de pouco frequente, já se conhecia a técnica da autoimposição no direito comparado, notadamente entre os doutrinadores italianos que categorizaram os chamados *tributos sem imposição* (*tributi senza imposizione*) e os tributos sujeitos ao *autolançamento* (*autoaccertamento*)[2]. Prevalecia, entretanto, o entendimento de que, nessas hipóteses excepcionais, haveria uma mera operação intelectual ou cumprimento espontâneo da obrigação tributária pelo sujeito passivo. O lançamento ou imposição em sentido estrito era reservado aos casos em que a aplicação da norma tributária era efetuada por um ato da administração pública[3].

---

[1] Como ensina Gaspare Falsitta, atualmente, o poder de imposição é um *fenômeno jurídico não necessário e eventual*, exercido apenas em caso de omissão do contribuinte na "autoimposição" por meio de declarações constitutivas do débito (FALSITTA, Gaspare. *Corso istituzionale di diritto tributario*. 8. ed. Milano: Cedam, 2022. p. 201-202). Sem essa participação dos sujeitos passivos, o sistema entraria em crise e ficaria paralisado: "senza l'operosa partecipazione dei soggetti passivi all'attuazione del prelievo mediante la redazione e presentazione, annualmente, di svarianti milioni di dichiarazioni, il sistema entrerebbe in crisi e resterebbe paralizzato [...]" (FALSITTA, Gaspare. *Corso istituzionale di diritto tributario*. 8. ed. Milano: Cedam, 2022. p. 216).

[2] Nos *tributi senza imposizione*, o legislador impõe ao sujeito passivo a obrigação de pagar o crédito pela simples ocorrência do evento imponível, sem a necessidade da prática de qualquer outro ato. Já na *autoimposizione*, além de adimplir o crédito, o devedor precisa declarar o evento imponível e o débito do imposto por meio de uma *dichiarazione tributaria* (TESAURO, Francesco. *Istituzioni di diritto tributario*: parte generale. Aggiornata da Maria Cecilia Fregni, Nicola Sartori e Alessandro Turchi. 14. ed. Milano: UTET, 2021. v. I, p. 214).

[3] Sobre o tema, cf.: GIANNINI, Achille Donato. *Istituzioni di diritto tributario*. 8. ed. Milano: Giuffrè, 1960. p. 152-153; GIANNINI, Achille Donato. *I concetti fondamentale del diritto tributario*. Torino: UTET, 1956. p. 270-272; JARACH, Dino. *Finanzas públicas y derecho tributario*. 3. ed. Buenos Aires: Abeledo-Perrot, 1996. p. 430. Os

Essa concepção influenciou a elaboração do CTN[4], que, na versão final promulgada, apesar de prever uma forma de autoimposição no art. 150, estabeleceu que *compete privativamente à autoridade administrativa constituir o crédito tributário por meio* do *lançamento*:

> Art. 142. Compete privativamente à autoridade administrativa constituir o crédito tributário pelo lançamento, assim entendido o procedimento administrativo tendente a verificar a ocorrência do fato gerador da obrigação correspondente, determinar a matéria tributável, calcular o montante do tributo devido, identificar o sujeito passivo e, sendo caso, propor a aplicação da penalidade cabível.
>
> Parágrafo único. A atividade administrativa de lançamento é vinculada e obrigatória, sob pena de responsabilidade funcional.

Esse dispositivo incorre em equívocos técnicos[5]. Ao contrário do que nele é enunciado, o lançamento tributário não constitui um *procedimento administrativo*. Pode decorrer de um procedimento fiscal, mas com esse não se confunde. Mesmo quando advém de uma sucessão de atos fiscalizatórios prévios, a constituição do crédito tributário só resulta do ato final. Ademais, nem sempre há necessidade de um procedimento antecedente. Basta que a administração pública já disponha de todas as informações necessárias para a constituição do crédito tributário. É o que ocorre, *v.g.*, no IPTU, lançado diretamente pela administração pública, sem um procedimento fiscalizatório prévio, considerando os dados do cadastro imobiliário, como reconhece a jurisprudência do STJ: "não existe previsão legal a exigir o prévio processo administrativo para, somente então, se lançar o IPTU"[6]. O mesmo é admitido pela Súmula 46 do Carf: "O lançamento de ofício pode ser realizado sem prévia intimação ao sujeito passivo, nos casos em que o Fisco dispuser de elementos suficientes à constituição do crédito tributário".

A natureza procedimental é infirmada pelo art. 150, que prevê o lançamento por homologação. Esse preceito não apenas define o lançamento enquanto ato administrativo, como também altera o seu conteúdo e finalidade. Nessa modalidade, ao contrário do que estabelece o *caput* do art. 142, o lançamento não constitui o crédito tributário. Trata-se de um ato administrativo que, em vez disso, apenas ratifica a validade da constituição do crédito tributário efetuada pelo próprio devedor:

> Art. 150. O lançamento por homologação, que ocorre quanto aos tributos cuja legislação atribua ao sujeito passivo o dever de antecipar o pagamento sem prévio exame da autoridade administrativa, opera-se pelo ato em que a referida autoridade, tomando conhecimento da atividade assim exercida pelo obrigado, expressamente a homologa.

Como será analisado, a doutrina divide-se acerca da natureza do lançamento por homologação. Muitos autores, assentados na literalidade do art. 142, influenciados pela concepção clássica de imposição fiscal, sustentam que, nessa modalidade, há apenas um cumprimento

---

autores italianos mais recentes, contudo, tem entendido que, ao contrário do que teorizavam os clássicos, há constituição do crédito tributários na *autoimposição*, termo adotado em substituição a *autoaccertamento*, que não foi bem acolhido pela doutrina (FALSITTA, Gaspare. *Corso istituzionale di diritto tributario*. 8. ed. Milano: Cedam, 2022. p. 204; TESAURO, Francesco. *Istituzioni di diritto tributario*: parte generale. Aggiornata da Maria Cecilia Fregni, Nicola Sartori e Alessandro Turchi. 14. ed. Milano: UTET, 2021. v. I, p. 215).

[4] Mesmo hoje, como será examinado, essa concepção marca parte da doutrina brasileira, que ainda relutante em admitir a constituição do crédito tributário pelo sujeito passivo.

[5] XAVIER, Alberto. *Do lançamento no direito tributário brasileiro*. 3. ed. Rio de Janeiro: Forense, 2005. p. 24 e ss.

[6] STJ, 2ª T., REsp 779.411/MG, Rel. Min. Castro Meira, *DJ* 14.11.2005. No mesmo sentido, cf.: STJ, 1ª T., AgRg no REsp 1.080.522/RJ, Rel. Min. Francisco Falcão, *DJe* 29.10.2008; STJ, 2ª T., AgInt no AREsp 1.686.549/MS, Rel. Min. Herman Benjamin, *DJe* 18.12.2020.

Parte Geral • Capítulo IX • CRÉDITO TRIBUTÁRIO E LANÇAMENTO | **309**

espontâneo da obrigação, sem um lançamento tributário propriamente dito. Parece mais acertado, entretanto, reconhecer que há realmente um ato jurídico de aplicação ou de concretização normativa por parte do sujeito passivo, ficando a cargo da administração pública uma atuação fiscalizatória subsidiária.

O lançamento tributário, com o conteúdo e as características delineadas pelo art. 142, é uma realidade que se observa apenas nas modalidades previstas no art. 147 (lançamento por declaração) e no art. 149 (lançamento de ofício). Nelas é o lançamento que promove a constituição do crédito tributário, inserindo na ordem jurídica uma norma individual e concreta que, diante da ocorrência do evento imponível, formaliza a obrigação e o crédito tributário. Já na modalidade prevista no art. 150, o lançamento é um ato administrativo de ratificação da validade da autoimposição efetuada pelo sujeito passivo.

1.2 Eficácia

A eficácia do lançamento é um dos temas que mais gera desacordos entre os doutrinadores. Isso ocorre porque muitos distinguem a *aplicação* da *incidência* da norma jurídica, enquanto outros – desde uma premissa diversa – equiparam esses dois conceitos. Parte da doutrina, ademais, entende que a *obrigação* pode existir sem o *crédito tributário*, ao contrário de quem afirma a impossibilidade lógica dessa separação. A partir dessas diferentes concepções, para alguns o lançamento promove a constituição do crédito tributário. Outros, de modo diverso, sustentam que a obrigação e o crédito surgem no momento da ocorrência do fato jurídico tributário, o que é apenas declarado por meio do lançamento. Também há propostas intermediárias. Uma entende que o lançamento seria declaratório e constitutivo ao mesmo tempo. Outra defende que declara o surgimento da obrigação e constitui o crédito tributário. Além disso, mais recentemente, dentro de uma perspectiva construtivista do fenômeno jurídico, parte da doutrina tem sustentado que o lançamento constitui o fato jurídico tributário, mediante relato em linguagem do evento do plano social que se amolda à hipótese de incidência da regra-matriz de incidência, formalizando a obrigação e, com ela, também o crédito tributário[7].

---

[7]   Essas diferentes concepções evidenciam o acerto de Agustín Gordillo, ao ressaltar que um dos maiores problemas no estudo do direito é que, na visão de muitos, só há uma concepção possível para cada instituto, sendo todas as demais necessariamente inválidas e equivocadas. Isso fez com que, em diversas áreas, se construíssem verdadeiros *monumentos à esterilidade*, desfocando o essencial na dogmática jurídica, que é a identificação dos objetos e a análise do regime jurídico aplicável (GORDILLO, Agustín. *Tratado de derecho administrativo*: parte general. 8. ed. Buenos Aires: FDA, 2003. t. 1, p. I-20). A expressão "monumentos à esterilidade" é de Genaro Carrió (CARRIÓ, Genaro. *Notas sobre derecho y lenguaje*. Buenos Aires: Abeledo-Perrot, 1972. p. 69). Foi o que ocorreu em relação ao estudo do lançamento tributário, que, como assinala Gian Antonio Micheli, é uma questão mal posta que nem sempre alinhada com os dados positivos (MICHELI, Gian Antonio. *Corso di diritto tributario*. Torino: UTET, 1970. p. 172-173). Sobre o tema, cf.: SOUSA, Rubens Gomes de. *Compêndio de legislação tributária*. São Paulo: IBET-Resenha Tributária, 1975. p. 79 e ss.; CARVALHO, Paulo de Barros. *Direito tributário: linguagem e método*. 2. ed. São Paulo: Noeses, 2008. p. 431 e ss.; XAVIER, Alberto. *Do lançamento no direito tributário brasileiro*. 3. ed. Rio de Janeiro: Forense, 2005; BORGES, José Souto Maior. *Lançamento tributário*. 3. ed. São Paulo: Malheiros, 2001; DE SANTI, Eurico Diniz. *Lançamento tributário*. São Paulo: Max Limonad, 1996; HORVATH, Estevão. *Lançamento tributário e autolançamento*. São Paulo: Dialética, 1997; BARBIERI, Luís Eduardo Garrossino. *Nulidades no lançamento tributário*: vícios formais e materiais. São Paulo: Dialética, 2021; FIGUEIREDO, Marina Vieira de. *Lançamento tributário*: revisão e seus efeitos. São Paulo: Dialética, 2002; COÊLHO, Sacha Calmon Navarro. *Curso de direito tributário brasileiro*. 14. ed. Rio de Janeiro: Forense, 2015. p. 498 e ss.; TIPKE, Klaus; LANG, Joachim. *Direito tributário (Steuerrecht)*. Porto Alegre: Fabris, 2008. v. III, p. 364 e ss.; JARACH, Dino. *Finanzas públicas y derecho tributario*. 3. ed. Buenos Aires: Abeledo-Perrot, 1996. p. 429 e ss.; GIANNINI, Achille Donato. *Istituzioni di diritto tributario*. 8. ed. Milano: Giuffrè, 1960. p. 143 e ss.; GIANNINI, Achille Donato. *I concetti fondamentali del diritto tributario*. Torino: UTET, 1956. p. 270 e ss.; HENSEL, Albert. *Derecho tributario*. Trad. Andrés Báez Moreno, María Luisa Gonzáles-Cuéllar Serrano y Enrique Ortiz Calle. Madrid-Barcelona: Marcial Pons, 2005. p. 347 e ss.; MICHELI, Gian Antonio. *Corso di*

310 | CURSO DE DIREITO TRIBUTÁRIO – *Solon Sehn*

Em alguns países, a eficácia do lançamento foi objeto de uma solução legislativa, a exemplo da Alemanha, que estabeleceu a natureza declaratória na *Steueranpassungsgesetz* (*StAnpG*) de 1934[8]. Também entre nós o CTN pretendeu pacificar o debate, prevendo que a obrigação nasce *com a ocorrência do fato gerador* (art. 113, § 1º), enquanto o *crédito tributário* surge por meio do lançamento pela autoridade administrativa (art. 142). Esse encaminhamento legislativo ignora a realidade do lançamento por homologação, não oferecendo resposta satisfatória para os efeitos da atividade exercida pelo sujeito passivo nem para a própria homologação por parte da administração pública. Além disso, promove a separação entre crédito e obrigação, solução questionável sob o aspecto lógico-jurídico[9].

Em meio a essa controvérsia, entende-se que o lançamento não apresenta uma eficácia puramente declaratória ou constitutiva. Nele há uma carga eficacial declaratória, já que o ato sempre se reporta ao evento imponível, verificando e declarando a sua ocorrência, mas também há uma carga constitutiva, que, inclusive, é predominante. Em primeiro lugar, porque a norma geral e abstrata que será aplicada nunca está *pronta e acabada* na legislação. É necessária a sua construção a partir dos enunciados prescritivos do direito positivo. Da mesma forma, o próprio evento imponível deve ser determinado e formalizado. Em segundo lugar, porque, sem a norma individual e concreta de aplicação, não há um crédito tributário nem uma obrigação tributária. O *status* jurídico de devedor surge apenas depois do lançamento (de ofício e por declaração) e, nos tributos sujeitos ao lançamento por homologação, após a autoimposição realizada pelo sujeito passivo[10].

---

    diritto tributario. Torino: UTET, 1970. p. 169 e ss.; RUSSO, Pasquale; FRANSONI, Guglielmo; CASTALDI, Laura. *Istituzioni di diritto tributario*. 2. ed. Milano: Giuffrè, 2016. p. 129 e ss.; FALSITTA, Gaspare. *Corso istituzionale di diritto tributario*. 8. ed. Milano: Cedam, 2022, p. 201 e ss.; AMATUCCI, Fabrizio. *Principi e nozioni di diritto tributario*. 4. ed. Torino: G. Giappichelli, 2018. p. 263 e ss.; TESAURO, Francesco. *Istituzioni di diritto tributario*: parte generale. Aggiornata da Maria Cecilia Fregni, Nicola Sartori e Alessandro Turchi. 14. ed. Milano: UTET, 2021. v. I, p. 203 e ss.; LAPATZA, José Juan Ferrero. *Curso de derecho financiero español*: derecho tributario (parte especial. Sistema tributario. Los tributos en particular). 22. ed. Madrid-Barcelona, 2000. v. III, p. 145 e ss.; QUERALT, Juan Martín; SERRANO, Carmelo Lozano; OLLERO, Gabriel Casado; LÓPEZ, José M. Tejerizo. *Curso de derecho financiero y tributario*. 9. ed. Madrid: Tecnos, 1998. p. 408 e ss.

[8]   HENSEL, Albert. *Derecho tributario*. Trad. Andrés Báez Moreno, María Luisa Gonzáles-Cuéllar Serrano y Enrique Ortiz Calle. Madrid-Barcelona: Marcial Pons, 2005. p. 347; JARACH, Dino. *Finanzas públicas y derecho tributario*. 3. ed. Buenos Aires: Abeledo-Perrot, 1996. p. 430-431; GIANNINI, Achille Donato. *Istituzioni di diritto tributario*. 8. ed. Milano: Giuffrè, 1960. p. 145, nota 3.

[9]   Sobre essa controvérsia, cf.: CARVALHO, Paulo de Barros. *Curso de direito tributário*. 13. ed. São Paulo: Saraiva, 2000. p. 350 e ss.; BORGES, José Souto Maior. *Lançamento tributário*. 2. ed. São Paulo: Malheiros, 1999. p. 428 e ss.

[10]   Essa é a concepção assenta-se no Construtivismo Lógico-Semântico, desenvolvido por Lourival Vilanova e, no âmbito do direito tributário, por Paulo de Barros Carvalho, situada no marco da filosofia da linguagem e que opera com a combinação entre o método analítico e a hermenêutica, dentro de uma visão culturalista do fenômeno jurídico. Sobre o Construtivismo, cf.: CARVALHO, Paulo de Barros. Algo sobre o construtivismo lógico-semântico. *In*: CARVALHO, Paulo de Barros (coord.); CARVALHO, Aurora Tomazini de (org.). *Construtivismo lógico-semântico*. São Paulo: Noeses, 2014. v. I, p. 6-9; CARVALHO, Paulo de Barros. *Direito tributário*: fundamentos jurídicos da incidência. 2. ed. São Paulo: Saraiva, 1999; CARVALHO, Paulo de Barros. *Derivação e positivação no direito tributário*. São Paulo: Noeses, 2011. v. 1; CARVALHO, Paulo de Barros. *Derivação e positivação no direito tributário*. São Paulo: Noeses, 2013. v. 2; VILANOVA, Lourival. *As estruturas lógicas e o sistema do direito positivo*. São Paulo: Max Limonad, 1997; VILANOVA, Lourival. *Causalidade e relação no direito*. 4. ed. São Paulo: RT, 2000; VILANOVA, Lourival. *Escritos jurídicos e filosóficos*. São Paulo: Axis Mundi-IBET, 2003. v. 1 e 2. A concepção de lançamento aqui desenvolvida assenta-se ainda nas seguintes lições de Hans Kelsen: "Para individualizar la norma general que aplica, el tribunal tiene, por pronto, que establecer si en el caso que se le pretenda aparecen las condiciones que una norma general determina en abstracto para la aplicación de la consecuencia sancionatoria, se dan en concreto. Esta verificación del hecho condicionante de la consecuencia de lo ilícito incluye el establecer la norma jurídica general aplicable, es decir, establecer que hay una norma general válida que enlace al hecho dado una sanción. El tribunal no tiene sólo que responder a una *quaestio facti*, a una cuestión de hecho, sino también la *quaestio juris*, a la pregunta por el derecho. Luego de haberse cumplido estas dos comprobaciones, tiene el tribunal que ordenar *in concreto* la sanción estatuida in abstracto en la

Parte Geral • **Capítulo IX** • CRÉDITO TRIBUTÁRIO E LANÇAMENTO | **311**

1.3 Legislação aplicável

O lançamento tributário sempre deve se reportar ao evento imponível, verificando e declarando a sua realização no plano social, ou seja, constituindo-o como fato jurídico tributário a partir dos critérios estabelecidos pela regra-matriz de incidência. Por essa razão, a legislação aplicável ao lançamento deve ser a vigente no momento de sua ocorrência. Além disso, na determinação da base de cálculo, sendo necessária a conversão de valores expressos em moeda estrangeira, o CTN estabelece que deverá ser adotada a cotação do dia da ocorrência do evento imponível:

> Art. 143. Salvo disposição de lei em contrário, quando o valor tributário esteja expresso em moeda estrangeira, no lançamento far-se-á sua conversão em moeda nacional ao câmbio do dia da ocorrência do fato gerador da obrigação.
>
> Art. 144. O lançamento reporta-se à data da ocorrência do fato gerador da obrigação e rege-se pela lei então vigente, ainda que posteriormente modificada ou revogada.
>
> § 1º Aplica-se ao lançamento a legislação que, posteriormente à ocorrência do fato gerador da obrigação, tenha instituído novos critérios de apuração ou processos de fiscalização, ampliado os poderes de investigação das autoridades administrativas, ou outorgado ao crédito maiores garantias ou privilégios, exceto, neste último caso, para o efeito de atribuir responsabilidade tributária a terceiros.
>
> § 2º O disposto neste artigo não se aplica aos impostos lançados por períodos certos de tempo, desde que a respectiva lei fixe expressamente a data em que o fato gerador se considera ocorrido.

Como examinado anteriormente, o *caput* art. 144 prevê a *ultratividade* da legislação tributária. Assim, se uma lei nova extinguir um determinando tributo, a lei anterior que previa a cobrança, apesar de revogada, continua em vigor para os eventos imponíveis ocorridos no período em que esteve vigente. A norma jurídica conserva sua força vinculante ou imperatividade para disciplinar as situações pretéritas[11]. Já o § 1º do art. 144 explicita o princípio do *tempus regit actum*, estabelecendo que, em matéria procedimental e fiscalizatória, aplica-se a lei vigente na data da prática do ato. Esse dispositivo, de acordo com a jurisprudência do STJ: (a) não abrange as regras de prescrição tributária[12]; e (b) permite a incidência imediata da legislação nova que autoriza a quebra de sigilo bancário pela fiscalização[13].

---

norma general. [...] La sentencia judicial no tiene, como se suele suponer, un carácter meramente declaratorio. El tribunal no tiene sólo que descubrir y reformular un derecho ya concluido como creación y fijo, cerrado ya el proceso de su producción. La función del tribunal no es mero descubrimiento y formulación del derecho, y en este sentido, declaratoria. El descubrir el derecho se da solamente en la determinación de la norma general aplicable al caso concreto. Y también esta determinación tiene un carácter, no puramente declaratorio, sino constitutivo". Ainda segundo Kelsen: "El hecho no adquiere validez en el momento en que se ha determinado, sino en el instante que determine el órgano aplicador, es decir, en el instante en que se considere producido el hecho natural, según la comprobación efectuada por el órgano de aplicación de derecho. La determinación del hecho condicionante, por parte del tribunal, es, por lo tanto, constitutiva en todo sentido" (KELSEN, Hans. *Teoria pura do direito*. 6. ed. São Paulo: Martins Fontes, 1998. p. 246-247 e 249).

11 Ver Capítulo VI, item 3, da Parte Geral.

12 "Em se tratando de norma que reduz prazo de prescrição, o termo inicial do novo prazo será o da data da vigência da lei que o estabelece, regendo-se a prescrição, para os recolhimentos anteriores à sua vigência, pela lei antiga" (STJ, 1ª T., AgRg no REsp 1.149.385/CE, Rel. Min. Hamilton Carvalhido, *DJe* 1º.07.2010).

13 Tese firmada no Tema Repetitivo 275: "As leis tributárias procedimentais ou formais, conducentes à constituição do crédito tributário não alcançado pela decadência, são aplicáveis a fatos pretéritos, razão pela qual a Lei 8.021/90 e a Lei Complementar 105/2001, por envergarem essa natureza, legitimam a atuação fiscalizatória/investigativa da Administração Tributária, ainda que os fatos imponíveis a serem apurados lhes sejam anteriores" (STJ, 1ª S., REsp 1.134.665, Rel. Min. Luiz Fux, *DJe* 25.11.2009).

312 | CURSO DE DIREITO TRIBUTÁRIO – *Solon Sehn*

1.4 Competência

O art. 142 do CTN estabelece que *compete privativamente à autoridade administrativa constituir o crédito tributário pelo lançamento*. Entretanto, isso é válido apenas para o lançamento por declaração e de ofício. Na modalidade mais recorrente de lançamento tributário, o crédito tributário é constituído pelo próprio devedor, ficando a cargo da autoridade administrativa apenas a homologação da atividade exercida pelo sujeito passivo[14], ato que apenas ratifica a validade do ato praticado pelo obrigado[15].

No direito brasileiro, não é juridicamente possível a constituição de um crédito tributário por meio de uma sentença judicial. No âmbito penal, isso se reflete na inviabilidade da propositura de denúncia por crime contra a ordem tributária antes do lançamento pela autoridade administrativa, mesmo considerando a independência entre as instâncias. Essa questão, inclusive, foi bastante debatida pelo STF. No ano de 2009, foi aprovada a Súmula Vinculante 24, reafirmando precedentes anteriores no sentido de que: "Não se tipifica crime material contra a ordem tributária, previsto no art. 1º, incisos I a IV, da Lei 8.137/90, antes do lançamento definitivo do tributo".

Uma exceção foi introduzida pela Emenda 45/2004, que incluiu o inciso VIII no art. 114 da Constituição Federal, prevendo a competência da Justiça do Trabalho para promover "a execução, de ofício, das contribuições sociais previstas no art. 195, I, *a*, e II, e seus acréscimos legais, decorrentes das sentenças que proferir"[16]. Nesses casos, a constituição do crédito tributário decorre da própria sentença condenatória ou homologatória de transação, sendo objeto de cobrança sem um lançamento tributário[17].

---

[14] "Art. 150. O lançamento por homologação, que ocorre quanto aos tributos cuja legislação atribua ao sujeito passivo o dever de antecipar o pagamento sem prévio exame da autoridade administrativa, *opera-se pelo ato* em que a referida autoridade, tomando conhecimento da atividade assim exercida pelo obrigado, expressamente a homologa" (g.n.).

[15] Ressalte que, como será examinado, no âmbito federal, a declaração de compensação tributária (Per/Dcomp), também denominada *autocompensação* pela doutrina, tem efeito constitutivo do crédito tributário que será extinto. Ademais, de acordo com a jurisprudência do STJ: "O depósito judicial do tributo questionado torna dispensável o ato formal de lançamento por parte do Fisco (REsp 901052/SP, 1ª S., Min. Castro Meira, *DJ* de 03.03.2008; EREsp 464343/DF, 1ª S., Min. José Delgado, *DJ* 29.10.2007; AGREsp 969579/SP, 2ª T., Min. Castro Meira, *DJ* 31.10.2007; REsp 757311/SC, 1ª T., Min. Luiz Fux, *DJ* 18.06.2008)" (STJ, 1ª S., EREsp 671.773/ RJ, Rel. Min. Teori Albino Zavascki, *DJe* 03.11.2010).

[16] No RE 569.056, julgado em regime de repercussão geral, o STF entendeu que: "A competência da Justiça do Trabalho prevista no art. 114, VIII, da Constituição Federal alcança somente a execução das contribuições previdenciárias relativas ao objeto da condenação constante das sentenças que proferir, não abrangida a execução de contribuições previdenciárias atinentes ao vínculo de trabalho reconhecido na decisão, mas sem condenação ou acordo quanto ao pagamento das verbas salariais que lhe possam servir como base de cálculo" (Tema 36). Ademais, de acordo com a Súmula 368 do TST: "I – A Justiça do Trabalho é competente para determinar o recolhimento das contribuições fiscais. A competência da Justiça do Trabalho, quanto à execução das contribuições previdenciárias, limita-se às sentenças condenatórias em pecúnia que proferir e aos valores, objeto de acordo homologado, que integrem o salário-de-contribuição".

[17] Na execução das contribuições, a Consolidação das Leis do Trabalho (CLT) estabelece que:
"Art. 878-A. Faculta-se ao devedor o pagamento imediato da parte que entender devida à Previdência Social, sem prejuízo da cobrança de eventuais diferenças encontradas na execução *ex officio*. (Incluído pela Lei 10.035, de 2000)"
"Art. 879. Sendo ilíquida a sentença exequenda, ordenar-se-á, previamente, a sua liquidação, que poderá ser feita por cálculo, por arbitramento ou por artigos. (Redação dada pela Lei 2.244, de 23.6.1954) [...] § 1º-A. A liquidação abrangerá, também, o cálculo das contribuições previdenciárias devidas. (Incluído pela Lei 10.035, de 2000).
[...]
§ 1º-B. As partes deverão ser previamente intimadas para a apresentação do cálculo de liquidação, inclusive da contribuição previdenciária incidente. (Incluído pela Lei 10.035, de 2000)
[...]

Parte Geral • Capítulo IX • CRÉDITO TRIBUTÁRIO E LANÇAMENTO | 313

1.5   Lançamento e auto de infração

O art. 142 do CTN estabelece que, ao efetuar o lançamento tributário, se os mesmos fatos fiscalizados caracterizarem uma infração, a autoridade administrativa pode *propor a aplicação da penalidade cabível*. Entretanto, na maioria dos casos, o legislador ordinário não faz uso dessa faculdade, optando por concentrar na mesma autoridade administrativa as competências para lançar o tributo e para cominar a penalidade. No lançamento de ofício de tributos federais, por exemplo, ao constatar a falta de pagamento, o auditor fiscal constitui o crédito tributário e, no mesmo instrumento, aplica uma multa de 75% sobre a totalidade ou diferença do valor devido[18]. Um só documento, assim, acaba materializando dois atos administrativos distintos, servindo como auto de infração e de lançamento.

1.6   Discricionariedade e vinculação

O lançamento, de acordo com o parágrafo único do art. 142, é vinculado e obrigatório. Apesar disso, diante da impossibilidade material de analisar todas as possíveis operações tributáveis, a administração fazendária tem discricionariedade para direcionar os seus esforços buscando resultados mais eficientes, inclusive com o uso de tecnologia e de inteligência artificial.

Em alguns tributos, isso ocorre de forma bastante avançada, com etapas predefinidas em atos normativos. É o caso, por exemplo, da fiscalização das operações de importação. Após o registro da declaração de mercadorias e do pagamento do crédito tributário, inicia-se uma etapa intermediária do despacho aduaneiro de importação, denominada *conferência aduaneira*. Nela ocorre uma análise fiscal da declaração pela autoridade administrativa, que pode ser processada em diferentes graus de profundidade e de detalhamento, nos termos do art. 21 da IN SRF 680/2006:

> Art. 21. Após o registro, a DI será submetida à análise fiscal e selecionada para um dos seguintes canais de conferência aduaneira:
>
> I – verde, pelo qual o sistema registrará o desembaraço automático da mercadoria, dispensados o exame documental e a verificação da mercadoria;
>
> II – amarelo, pelo qual será realizado o exame documental, e, não sendo constatada irregularidade, efetuado o desembaraço aduaneiro, dispensada a verificação da mercadoria;
>
> III – vermelho, pelo qual a mercadoria somente será desembaraçada após a realização do exame documental e da verificação da mercadoria; e
>
> IV – cinza, pelo qual será realizado o exame documental, a verificação da mercadoria e a apuração de elementos indiciários de fraude.

A maioria das operações submete-se ao canal verde, quando a liberação (desembaraço aduaneiro) é automática, sem exame documental ou verificação física da mercadoria. No canal amarelo há um exame documental, inclusive no tocante à classificação aduaneira adotada e, no vermelho, também uma análise física do produto importado. O canal cinza, por sua vez, envolve casos de suspeitas de fraude, com instauração de um procedimento especial voltado a uma fiscalização mais aprofundada.

---

§ 3º Elaborada a conta pela parte ou pelos órgãos auxiliares da Justiça do Trabalho, o juiz procederá à intimação da União para manifestação, no prazo de 10 (dez) dias, sob pena de preclusão. (Redação dada pela Lei 11.457, de 2007)".

[18]   Lei 9.430/1996: "Art. 44. Nos casos de lançamento de ofício, serão aplicadas as seguintes multas: [...] I – de 75% (setenta e cinco por cento) sobre a totalidade ou diferença de imposto ou contribuição nos casos de falta de pagamento ou recolhimento, de falta de declaração e nos de declaração inexata; (Redação dada pela Lei 11.488, de 2007)".

314 | CURSO DE DIREITO TRIBUTÁRIO – *Solon Sehn*

A parametrização em um desses canais de conferência não é aleatória. A seleção ocorre em função de um gerenciamento de riscos que considera a regularidade fiscal do importador; a habitualidade; a natureza, volume ou valor da importação; os impostos incidentes ou que incidiriam na operação; a origem, procedência, destinação e características da mercadoria; o tratamento tributário; a capacidade organizacional, operacional e econômico-financeira do importador; e as ocorrências anteriores[19]. Também há uso de inteligência artificial: o Sistema de Seleção Aduaneira por Aprendizagem de Máquina (Sisam), o Analisador Inteligente e Integrado de Transações Aduaneiras (Aniita) e o Programa de Acompanhamento em Tempo Real das Operações Aduaneiras (Patroa). Com isso, há ganho de eficiência fiscalizatória, proporcionando também uma diminuição no prazo para a liberação da mercadoria, reduzindo os custos do importador com despesas portuárias e de armazenagem.

1.7 Modalidades

1.7.1 *Critério classificatório adotado pelo CTN*

Na época da elaboração do anteprojeto do CTN, era bastante difundida entre os autores italianos e alemães uma classificação doutrinária que distinguia três tipos de lançamento: (i) o lançamento realizado pelo próprio devedor sem intervenção da autoridade administrativa; (ii) o lançamento realizado pela autoridade administrativa sem a cooperação do devedor; e (iii) o lançamento realizado pela autoridade administrativa com a cooperação do devedor. Essa categorização – que, como ensina A. D. Giannini[20], não têm caráter rígido e reflete o grau de participação do devedor na constituição do crédito tributário – foi a fonte inspiradora para as três modalidades de lançamento previstas no CTN: o lançamento por declaração (art. 147); o lançamento de ofício (art. 149); e o lançamento por homologação (art. 150).

O CTN apenas prevê as modalidades de lançamento. Cabe à lei instituidora determinar qual será aplicável para cada tributo. Trata-se de uma definição que reflete as exigências práticas de cada época. No passado, o lançamento por declaração já foi preponderante, inclusive no direito comparado. Entretanto, atualmente praticamente todos os tributos estão sujeitos ao lançamento por homologação[21]. O lançamento de ofício – salvo no IPTU e, em alguns Estados, o IPVA – tem um caráter revisional ou suplementar de atos jurídicos constitutivos do crédito tributário a cargo do próprio devedor. No futuro, com o desenvolvimento tecnológico e o aprimoramento da fiscalização por meio de inteligência artificial, é possível que ocorra uma ampliação das hipóteses de lançamento de ofício ou mesmo o retorno do uso do lançamento por declaração. Por isso, foi acertada a solução de manter aberta ao legislador ordinário a possibilidade de escolha da modalidade mais conveniente para a constituição do crédito tributário.

1.7.2 *Lançamento por declaração*

No lançamento por declaração, a autoridade administrativa efetua a constituição do crédito tributário a partir das informações de ordem fática prestadas pelo sujeito passivo ou por um terceiro:

---

[19] Sobre o tema, cf.: SEHN, Solon. *Curso de direito aduaneiro*. 2. ed. Rio de Janeiro: Forense, 2022. p. 192 e ss.

[20] GIANNINI, Achille Donato. *Istituzioni di diritto tributario*. 8. ed. Milano: Giuffrè, 1960. p. 151.

[21] LAPATZA, José Juan Ferrero. *Curso de derecho financiero español*: derecho tributario (parte especial. Sistema tributario. Los tributos en particular). 22. ed. Madrid-Barcelona, 2000. v. III. p. 151; QUERALT, Juan Martín; SERRANO, Carmelo Lozano; OLLERO, Gabriel Casado; LÓPEZ, José M. Tejerizo. *Curso de derecho financiero y tributario*. 9. ed. Madrid: Tecnos, 1998. p. 409.

Art. 147. O lançamento é efetuado com base na declaração do sujeito passivo ou de terceiro, quando um ou outro, na forma da legislação tributária, presta à autoridade administrativa informações sobre matéria de fato, indispensáveis à sua efetivação.

§ 1º A retificação da declaração por iniciativa do próprio declarante, quando vise a reduzir ou a excluir tributo, só é admissível mediante comprovação do erro em que se funde, e antes de notificado o lançamento.

§ 2º Os erros contidos na declaração e apuráveis pelo seu exame serão retificados de ofício pela autoridade administrativa a que competir a revisão daquela.

Nessa modalidade, a legislação tributária imputa ao contribuinte ou a um terceiro o dever formal de prestar as informações necessárias ao lançamento, sem a necessidade de pagamento antecipado. O crédito tributário apenas será devido quando o sujeito passivo receber a notificação de sua constituição por parte da autoridade fiscal. O lançamento, portanto, tem uma função e um conteúdo que corresponde ao que é enunciado pelo art. 142, uma vez que a constituição do crédito tributário resulta de uma atuação da autoridade administrativa.

Apesar de já ter sido preponderante, o lançamento por declaração acabou sendo progressivamente substituído pelo lançamento por homologação, modalidade mais conveniente para a administração fazendária, justamente porque o pagamento ocorre antecipadamente, sem a necessidade de uma fiscalização prévia ou uma interveniência direta. No âmbito federal, o último tributo relevante submetido ao lançamento por declaração foi o imposto de importação, hoje sujeito ao lançamento por homologação. Nesse caso, a inovação também foi vantajosa para o próprio sujeito passivo. Isso porque, antes dela, era necessário aguardar a constituição do crédito tributário pela administração pública, o que acarretava uma demora na liberação da mercadoria, gerando gastos elevados com tarifas de armazenagem da mercadoria no recinto alfandegado para o importador, inclusive, em alguns casos, despesas de sobrestadia (*demurrage*) pelo atraso na devolução das unidades de carga (contêineres)[22].

O lançamento por declaração ainda é adotado em alguns municípios na constituição do crédito tributário do ITBI. Mas já se observa uma migração para o lançamento por homologação. Atualmente, há prefeituras que adotam sistemas informatizados nos quais o próprio contribuinte informa eletronicamente os dados sobre a transação imobiliária, emite uma guia e paga o crédito tributário, independentemente de conferência prévia da autoridade administrativa.

1.7.3 Lançamento por homologação

No lançamento por homologação, é o sujeito passivo que – ao verificar a ocorrência do evento imponível – aplica a norma jurídica tributária, calculando o valor devido e, desde logo, promove o pagamento correspondente. Por isso, alguns doutrinadores entendem que, nessa modalidade, haveria uma espécie de *autolançamento* do crédito tributário, instituto semelhante ao encontrado no direito comparado. Não há, contudo, consenso em relação a esse ponto. Muitos autores sustentam que haveria apenas um cumprimento espontâneo da obrigação tributária, sem um lançamento propriamente dito, uma vez que não há um ato administrativo de imposição[23].

---

[22] Sobre o tema, cf.: SEHN, Solon. *Curso de direito aduaneiro*. 2. ed. Rio de Janeiro: Forense, 2022. p. 316.

[23] Nesse sentido, para Alberto Xavier, "[...] nunca há lugar a um verdadeiro lançamento na figura do 'lançamento por homologação': não há lançamento no 'autolançamento' pretensamente efetuado pelo contribuinte, como pressuposto do pagamento, pois não existe um ato administrativo; não há lançamento na 'homologação expressa', pois esta nada exige, apenas confirma a legalidade de um pagamento efetuado, a título de quitação; e não há lançamento na 'homologação tácita', que também não é um ato administrativo, mas um simples silêncio ou inércia produtor de efeitos preclusivos" (XAVIER, Alberto. *Do lançamento no direito tributário brasileiro*. 3. ed. Rio de Janeiro: Forense, 2005. p. 91). Nessa mesma linha, José Souto Maior Borges sustenta que "[...] a atividade do sujeito passivo antecedente à homologação não corresponde a um ato de

316 | CURSO DE DIREITO TRIBUTÁRIO – *Solon Sehn*

Essa construção baseia-se na literalidade do art. 142 do CTN, dispositivo que – sem um motivo razoável, a não ser a influência da concepção doutrinária clássica de lançamento – é interpretado como hierarquicamente superior ao art. 150 por muitos doutrinadores. Parece mais acertado, entretanto, reconhecer que há realmente um ato jurídico de aplicação ou de concretização normativa por parte do sujeito passivo.

O art. 150 procurou conciliar o lançamento por homologação com o art. 142, preservando a natureza do lançamento como ato jurídico de competência privativa da autoridade administrativa. Dessa forma, em vez de simplesmente enunciar que é o sujeito passivo que promove a constituição do crédito tributário, estabeleceu que o lançamento ocorre por meio do administrativo que homologa a atividade exercida pelo obrigado. O lançamento, assim, perdeu a característica e a finalidade de ato constitutivo do crédito tributário, assumindo a condição de ato de ratificação da atividade exercida pelo sujeito passivo:

> Art. 150. O lançamento por homologação, que ocorre quanto aos tributos cuja legislação atribua ao sujeito passivo o dever de antecipar o pagamento sem prévio exame da autoridade administrativa, opera-se pelo ato em que a referida autoridade, tomando conhecimento da atividade assim exercida pelo obrigado, expressamente a homologa.
>
> § 1º O pagamento antecipado pelo obrigado nos termos deste artigo extingue o crédito, sob condição resolutória da ulterior homologação ao lançamento.
>
> § 2º Não influem sobre a obrigação tributária quaisquer atos anteriores à homologação, praticados pelo sujeito passivo ou por terceiro, visando à extinção total ou parcial do crédito.
>
> § 3º Os atos a que se refere o parágrafo anterior serão, porém, considerados na apuração do saldo porventura devido e, sendo o caso, na imposição de penalidade, ou sua graduação.
>
> § 4º Se a lei não fixar prazo a homologação, será ele de cinco anos, a contar da ocorrência do fato gerador; expirado esse prazo sem que a Fazenda Pública se tenha pronunciado, considera-se homologado o lançamento e definitivamente extinto o crédito, salvo se comprovada a ocorrência de dolo, fraude ou simulação.

A harmonização pretendida pelo *caput* do art. 150 não ocorreu de forma satisfatória. O § 1º do mesmo dispositivo acabou reconhecendo que a atividade exercida pelo sujeito passivo implica a constituição de um *crédito*, que, por sua vez, é extinto por meio do *pagamento* antecipado realizado antes do ato homologatório. Esse crédito, evidentemente, é o próprio *crédito tributário*, já que, para ser validamente constituído e cobrado, a sua formalização deve observar todos os parâmetros normativos da *regra-matriz de incidência* tributária. O pagamento, ademais, não tem caráter provisório. Trata-se de um pagamento submetido a uma condição resolutiva, de sorte que, até o implemento do evento futuro e incerto que a subordina, produz todos os efeitos jurídicos próprios, ou seja, extingue a obrigação tributária. Por isso, não há dúvidas de que, nessa modalidade, há uma constituição de crédito tributário pelo sujeito passivo, por meio de um ato jurídico de aplicação ou de concretização normativa formalizado em declaração de débito e crédito, ou outro documento equivalente previsto na legislação tributária. Tanto é assim que, em caso de não pagamento do crédito tributário, o documento no qual o obrigado promoveu a sua formalização pode ser inscrito em dívida ativa para cobrança, sem a necessidade da lavratura de um auto de lançamento de ofício pela autoridade administrativa. Também é a partir da formalização pelo sujeito passivo na declaração correspondente que tem início o prazo prescricional para sua cobrança judicial.

---

criação do Direito, mas a simples observância da norma tributária" (BORGES, José Souto Maior. *Lançamento tributário*. 2. ed. São Paulo: Malheiros, 1999. p. 373).

Parte Geral • Capítulo IX • CRÉDITO TRIBUTÁRIO E LANÇAMENTO | **317**

Essa questão já foi objeto de amplo debate da jurisprudência do STJ, considerando, no âmbito da tributação federal, a previsão do § 1º do art. 5º do Decreto-lei 2.124/1984: "§ 1º O documento que formalizar o cumprimento de obrigação acessória, comunicando a existência de crédito tributário, constituirá confissão de dívida e instrumento hábil e suficiente para a exigência do referido crédito". Esse dispositivo permite a inscrição direta em dívida ativa – sem a necessidade de lançamento de ofício – dos créditos tributários informados na Declaração de Débitos e Créditos Tributários Federais (DCTF), não são pagos no todo ou em parte pelo sujeito passivo. Alguns autores sustentaram a incompatibilidade desse enunciado com os arts. 142 e 150, porque não haveria constituição de crédito tributário pelo devedor no lançamento por homologação. A Primeira Seção da Corte, no entanto, admitiu o efeito constitutivo da declaração do sujeito passivo, inclusive quanto aos créditos declarados na Guia de Recolhimento ao Fundo de Garantia do Tempo de Serviço e Informações à Previdência Social (GFIP), na Guia de Informação e Apuração do ICMS (GIA) e declaração equivalente. Essa exegese foi consolidada no julgamento do REsp 1.101.728 (Tema Repetitivo 96), que resultou na Súmula 436: "A entrega de declaração pelo contribuinte reconhecendo débito fiscal constitui o crédito tributário, dispensada qualquer outra providência por parte do fisco"[24].

A esse propósito, destaca-se a tese fixada no REsp 1.143.094: "Revela-se legítima a recusa da autoridade impetrada em expedir certidão negativa de débito (CND) ou de certidão positiva com efeitos de negativa (CPEN) quando a autoridade tributária verifica a ocorrência de pagamento a menor, em virtude da existência de divergências entre os valores declarados na Guia de Recolhimento do FGTS e Informações à Previdência Social (GFIP) e os valores efetivamente recolhidos mediante guia de pagamento (GP)".

A *ratio decidendi* do julgado foi o efeito constitutivo da declaração da existência do débito por parte do sujeito passivo:

> Processo civil. Recurso especial representativo de controvérsia. Artigo 543-C do CPC. Tributário. Processo administrativo fiscal. Verificação de divergências entre valores declarados na GFIP e valores recolhidos (pagamento a menor). Tributo sujeito a lançamento por homologação (contribuição previdenciária). Desnecessidade de lançamento de ofício supletivo. Crédito tributário constituído por ato de formalização praticado pelo contribuinte (declaração). Recusa ao fornecimento de certidão negativa de débito (CND) ou de certidão positiva com efeitos de negativa (CPEN). Possibilidade.
>
> 1. A entrega de Declaração de Débitos e Créditos Tributários Federais – DCTF, de Guia de Informação e Apuração do ICMS – GIA, ou de outra declaração dessa natureza, prevista em lei, é modo de constituição do crédito tributário, dispensando a Fazenda Pública de qualquer outra providência conducente à formalização do valor declarado (Precedente da Primeira Seção submetido ao rito do artigo 543-C do CPC: REsp 962.379/RS, Rel. Min. Teori Albino Zavascki, j. 22.10.2008, *DJe* 28.10.2008).
>
> 2. A Guia de Recolhimento do Fundo de Garantia por Tempo de Serviço e Informações à Previdência Social (GFIP) foi definida pelo Decreto 2.803/98 (revogado pelo Decreto 3.048/99), consistindo em declaração que compreende os dados da empresa e dos trabalhadores, os fatos geradores de contribuições previdenciárias e valores devidos ao INSS, bem como as remunerações dos trabalhadores e valor a ser recolhido a título de FGTS. As informações prestadas na GFIP servem como base de cálculo das contribuições arrecadadas pelo INSS.

---

[24]   STJ, 1ª S., REsp 1.101.728, Rel. Min. Teori Albino Zavascki, *DJe* 23.03.2009. A tese firmada nesse julgamento tem a mesma redação da Súmula 436, transcrita anteriormente.

318 | CURSO DE DIREITO TRIBUTÁRIO – *Solon Sehn*

3. Portanto, a GFIP é um dos modos de constituição dos créditos devidos à Seguridade Social, consoante se dessume da leitura do artigo 33, § 7º, da Lei 8.212/91 (com a redação dada pela Lei 9.528/97), segundo o qual "o crédito da seguridade social é constituído por meio de notificação de débito, auto de infração, confissão ou documento declaratório de valores devidos e não recolhidos apresentado pelo contribuinte".

4. Deveras, a relação jurídica tributária inaugura-se com a ocorrência do fato jurídico tributário, sendo certo que, nos tributos sujeitos a lançamento por homologação, a exigibilidade do crédito tributário se perfectibiliza com a mera declaração efetuada pelo contribuinte, não se condicionando a ato prévio de lançamento administrativo, razão pela qual, em caso de não pagamento ou pagamento parcial do tributo declarado, afigura-se legítima a recusa de expedição da Certidão Negativa ou Positiva com Efeitos de Negativa (Precedente da Primeira Seção submetido ao rito do artigo 543-C, do CPC: REsp 1.123.557/RS, Rel. Min. Luiz Fux, j. 25.11.2009).

[...]

7. Consequentemente, revela-se legítima a recusa da autoridade impetrada em expedir certidão negativa de débito (CND) ou de certidão positiva com efeitos de negativa (CPEN) quando a autoridade tributária verifica a ocorrência de pagamento a menor, em virtude da existência de divergências entre os valores declarados na Guia de Recolhimento do FGTS e Informações à Previdência Social (GFIP) e os valores efetivamente recolhidos mediante guia de pagamento (GP) (Precedentes do STJ: AgRg no Ag 1.179.233/SP, Rel. Min. Castro Meira, 2ª Turma, j. 03.11.2009, *DJe* 13.11.2009; AgRg no REsp 1.070.969/SP, Rel. Min. Benedito Gonçalves, 1ª Turma, j. 12.05.2009, *DJe* 25.05.2009; REsp 842.444/PR, Rel. Min. Eliana Calmon, 2ª Turma, j. 09.09.2008, *DJe* 07.10.2008; AgRg no Ag 937.706/MG, Rel. Min. Herman Benjamin, 2ª Turma, j. 06.03.2008, *DJe* 04.03.2009; e AgRg nos EAg 670.326/PR, Rel. Min. Teori Albino Zavascki, 1ª Seção, j. 14.06.2006, *DJ 1º*.08.2006).

[...] Recurso especial desprovido. Acórdão submetido ao regime do artigo 543-C do CPC e da Resolução STJ 08/2008[25].

Deve-se ter presente que, assim como no lançamento por declaração, a legislação também prevê a prestação de uma declaração por parte do sujeito passivo no lançamento por homologação. Isso faz com que pessoas sem a devida formação jurídica, diante da previsão legal de entrega de uma declaração pelo sujeito passivo, acabem confundindo essas duas modalidades. Esse equívoco é comum, por exemplo, no imposto de renda da pessoa física, que está sujeito à declaração de ajuste anual, conhecida como declaração de imposto de renda. O mesmo se observa nos tributos

---

[25] STJ, 1ª S., REsp 1.143.094, Rel. Min. Luiz Fux, *DJe* 1º.02.2010. No mesmo sentido, a tese jurídica fixada no REsp 1.123.557, também em regime repetitivo: "Declarado e não pago o débito tributário pelo contribuinte, é legítima a recusa de expedição de certidão negativa ou positiva com efeito de negativa". Nota-se, a partir da ementa do acórdão, que a natureza constitutiva da atividade exercida pelo sujeito passivo é amplamente reconhecida pelo STJ: "[...] nos tributos sujeitos a lançamento por homologação, o crédito tributário nasce, por força de lei, com o fato gerador, e sua exigibilidade não se condiciona a ato prévio levado a efeito pela autoridade fazendária, perfazendo-se com a mera declaração efetuada pelo contribuinte, razão pela qual, em caso do não pagamento do tributo declarado, afigura-se legítima a recusa de expedição da Certidão Negativa ou Positiva com Efeitos de Negativa. (Precedentes: AgRg no REsp 1070969/SP, Rel. Min. Benedito Gonçalves, Primeira Turma, julgado em 12.05.2009, *DJe* 25.05.2009; REsp 1131051/SP, Rel. Min. Eliana Calmon, Segunda Turma, julgado em 06.10.2009, *DJe* 19.10.2009; AgRg no Ag 937.706/MG, Rel. Min. Herman Benjamin, Segunda Turma, julgado em 06.03.2008, *DJe* 04.03.2009; REsp 1050947/MG, Rel. Min. Castro Meira, Segunda Turma, julgado em 13.05.2008, *DJe* 21.05.2008; REsp 603.448/PE, Rel. Min. João Otávio de Noronha, Segunda Turma, julgado em 07.11.2006, *DJ* 04.12.2006; REsp 651.985/RS, Rel. Min. Luiz Fux, Primeira Turma, julgado em 19.04.2005, *DJ* 16.05.2005). [...] Recurso especial desprovido. Acórdão submetido ao regime do art. 543-C do CPC e da Resolução STJ 08/2008" (STJ, 1ª S., REsp 1.123.557, Rel. Min. Luiz Fux, *DJe* 18.12.2009).

incidentes sobre a importação, que são sujeitos ao registro de uma declaração de mercadorias[26]. Apesar da previsão de entrega dessas declarações, o tributo está sujeito ao lançamento por homologação. O critério para determinar quando se está diante de uma ou outra modalidade não é apenas a exigência da prestação de uma declaração pela legislação tributária. Cumpre examinar o conteúdo e a eficácia jurídica da declaração. No lançamento por declaração, o conteúdo refere-se à matéria fática e, antes do lançamento pela autoridade administrativa, não é devido pagamento algum, já que não há um crédito tributário formalizado. Por outro lado, no lançamento por homologação, a declaração é do próprio valor apurado pelo sujeito passivo mediante aplicação da norma jurídica tributária, que, por isso mesmo, deve ser pago desde logo, independentemente de qualquer intervenção administrativa. Dito de outro modo, no lançamento por homologação, a declaração exigida do sujeito passivo tem efeito constitutivo do crédito tributário.

Nos tributos sujeitos ao lançamento por homologação, a autoridade administrativa promove o controle *a posteriori* do ato de aplicação da norma jurídica tributária por parte do devedor, do qual podem resultar os seguintes encaminhamentos por parte da fiscalização:

a) se for constatado que ocorreu o evento imponível, mas o sujeito passivo foi omisso, total ou parcialmente, na constituição do crédito tributário, a autoridade fiscal deve efetuar o lançamento de ofício correspondente;

b) se não houve omissão da declaração constitutiva, mas o sujeito passivo não promoveu o pagamento antecipado do crédito tributário constituído (tributo declarado e não pago), não é necessário um lançamento de ofício, bastando a inscrição em dívida ativa e ajuizamento de execução fiscal, dentro do prazo prescricional; e

c) se a autoridade fiscal entender que o ato de aplicação da norma tributária pelo sujeito passivo foi válido e que, portanto, houve regularidade na extinção do crédito tributário, deve promover a homologação expressa da atividade exercida pelo obrigado.

A homologação pode ser *expressa*, quando a administração fiscal emite um ato formal declarando a validade do ato jurídico de aplicação e do pagamento realizado pelo obrigado. Mas também pode ser *tácita* ou *ficta*, após o decurso de cinco anos sem uma manifestação da autoridade fiscal[27]. Isso pode ser motivado pela ausência de fiscalização ou porque o procedimento fiscal, apesar de instaurado, foi encerrado sem uma homologação expressa, expediente adotado com frequência no plano pragmático para manter aberta a possibilidade de novo exame dentro do prazo legal.

---

[26] A declaração de mercadorias (DI) deve ser registrada no Siscomex e a Duimp no Portal Único de Comércio Exterior. No momento, essas duas declarações coexistem. No entanto, a Duimp deve substituir a DI nos próximos anos. Essas duas declarações inserem-se no gênero *declaração de mercadoria* dentro da terminologia da Convenção de Quioto Revisada (Decreto Legislativo 56/2019, promulgado pelo Decreto 10.276/2020): "o ato executado na forma prescrita pelas Administrações Aduaneiras, mediante o qual os interessados indicam o regime aduaneiro a aplicar às mercadorias e comunicam os elementos cuja menção é exigida pelas Administrações Aduaneiras para aplicação deste regime" (Capítulo 2, Apêndice 2). Por fim, deve-se ter cautela ao analisar a doutrina que escreveu sobre esses tributos no passado. Atualmente, os tributos aduaneiros estão sujeito ao lançamento por homologação. Contudo, no passado, já foram submetidos ao lançamento por declaração. Sobre o tema, cf.: SEHN, Solon. *Curso de direito aduaneiro*. 2. ed. Rio de Janeiro: Forense, 2022. p. 191 e ss.

[27] Alguns autores entendem que a omissão não configura um ato administrativo, de sorte que, nessas hipóteses, não haveria lançamento algum. Entretanto, como ensina Marçal Justen Filho, deve-se diferenciar a omissão pura e do *silêncio qualificado*, isto é, quando há uma norma jurídica prevendo um efeito jurídico à ausência de manifestação. Nesses casos, ressalta o eminente professor, "o silêncio configurará um ato administrativo porque assim está determinado pelo direito" (JUSTEN FILHO, Marçal. *Curso de direito administrativo*. 13. ed. São Paulo: RT, 2018. p. 320). No mesmo sentido, reconhecendo que a lei pode atribuir efeitos jurídicos ao silêncio, caracterizando um *ato administrativo ficto*, cf. a doutrina do administrativista alemão: MAURER, Hartmut. *Derecho administrativo*: parte general. Madrid-Barcelona-Buenos Aires: Marcial Pons, 2011. p. 272-273.

Como será examinado oportunamente, o prazo do § 4º do art. 150 tem natureza decadencial. Portanto, a administração tem cinco anos para efetuar o lançamento de ofício suplementar, a partir da *ocorrência do fato gerador*. Trata-se de um termo inicial especial e diferenciado aplicável aos tributos sujeitos ao lançamento por homologação, que é afastado nos casos em que não há pagamento parcial ou diante de dolo, fraude ou simulação, quando volta a incidir a regra geral do inciso I do art. 173.

1.7.4 Lançamento de ofício

No lançamento de ofício, também denominado *lançamento direto*, o crédito tributário é constituído unilateralmente pela autoridade administrativa, nas hipóteses previstas no art. 149 do CTN:

> Art. 149. O lançamento é efetuado e revisto de ofício pela autoridade administrativa nos seguintes casos:
>
> I – quando a lei assim o determine;
>
> II – quando a declaração não seja prestada, por quem de direito, no prazo e na forma da legislação tributária;
>
> III – quando a pessoa legalmente obrigada, embora tenha prestado declaração nos termos do inciso anterior, deixe de atender, no prazo e na forma da legislação tributária, a pedido de esclarecimento formulado pela autoridade administrativa, recuse-se a prestá-lo ou não o preste satisfatoriamente, a juízo daquela autoridade;
>
> IV – quando se comprove falsidade, erro ou omissão quanto a qualquer elemento definido na legislação tributária como sendo de declaração obrigatória;
>
> V – quando se comprove omissão ou inexatidão, por parte da pessoa legalmente obrigada, no exercício da atividade a que se refere o artigo seguinte;
>
> VI – quando se comprove ação ou omissão do sujeito passivo, ou de terceiro legalmente obrigado, que dê lugar à aplicação de penalidade pecuniária;
>
> VII – quando se comprove que o sujeito passivo, ou terceiro em benefício daquele, agiu com dolo, fraude ou simulação;
>
> VIII – quando deva ser apreciado fato não conhecido ou não provado por ocasião do lançamento anterior;
>
> IX – quando se comprove que, no lançamento anterior, ocorreu fraude ou falta funcional da autoridade que o efetuou, ou omissão, pela mesma autoridade, de ato ou formalidade especial.
>
> Parágrafo único. A revisão do lançamento só pode ser iniciada enquanto não extinto o direito da Fazenda Pública.

Nessa modalidade, o lançamento tem o conteúdo e as características delineadas pelo art. 142, inserindo na ordem jurídica uma norma individual e concreta que, diante da ocorrência do evento imponível, formaliza a obrigação e o crédito tributário em caráter originário ou suplementar. Nos incisos I, II, III, V e VI, o CTN prevê a constituição do crédito tributário pela autoridade administrativa:

a) nos tributos originariamente submetidos ao lançamento de ofício, sem previsão de interveniência prévia do devedor (*v.g.*, o IPTU);

b) nos tributos submetidos ao lançamento por declaração, quando há omissão do dever jurídico de prestar informações sobre a matéria fática pelo declarante ou na hipótese de não prestação de esclarecimentos adicionais, inclusive quando esses são considerados insatisfatórios; e

Parte Geral • Capítulo IX • CRÉDITO TRIBUTÁRIO E LANÇAMENTO | 321

c) nos tributos sujeitos ao lançamento por homologação, se o devedor não promover, no todo ou em parte, a constituição do crédito tributário exigida pela legislação.

Já os incisos IV, VII a IX abrangem as três hipóteses em que pode ocorrer a revisão do lançamento – *fraude, vício de forma* e *erro*[28] –, que serão analisadas posteriormente.

1.8 Técnica de arbitramento ("lançamento por arbitramento")

O art. 148 do CTN autoriza o arbitramento da base de cálculo, quando não for materialmente possível a sua determinação, em razão de omissões ou da falta de credibilidade das declarações, esclarecimentos ou documentos do sujeito passivo ou de terceiro:

> Art. 148. Quando o cálculo do tributo tenha por base, ou tome em consideração, o valor ou o preço de bens, direitos, serviços ou atos jurídicos, a autoridade lançadora, mediante processo regular, arbitrará aquele valor ou preço, sempre que sejam omissos ou não mereçam fé as declarações ou os esclarecimentos prestados, ou os documentos expedidos pelo sujeito passivo ou pelo terceiro legalmente obrigado, ressalvada, em caso de contestação, avaliação contraditória, administrativa ou judicial.

Apesar de previsto entre as modalidades de lançamento, o arbitramento não constitui uma quarta espécie de constituição do crédito tributário. Trata-se de uma técnica de determinação alternativa ou de aferição indireta da base de cálculo, sem caráter punitivo, que deve ter os seus critérios de aplicabilidade disciplinados pela legislação de cada tributo, observados os parâmetros do art. 148 do CTN. Assim, sempre deve apresentar caráter excepcional, aplicável apenas diante de situações que configurem omissão ou falta de credibilidade das declarações, esclarecimentos ou documentos do sujeito passivo ou de terceiro.

Um exemplo é o art. 88 da Medida Provisória 2.158-35/2001, que prevê o arbitramento da base de cálculo dos tributos incidentes na importação:

> Art. 88. No caso de fraude, sonegação ou conluio, em que não seja possível a apuração do preço efetivamente praticado na importação, a base de cálculo dos tributos e demais direitos incidentes será determinada mediante arbitramento do preço da mercadoria, em conformidade com um dos seguintes critérios, observada a ordem sequencial:
> I – preço de exportação para o País, de mercadoria idêntica ou similar;
> II – preço no mercado internacional, apurado:
> a) em cotação de bolsa de mercadoria ou em publicação especializada;
> b) de acordo com o método previsto no Artigo 7 do Acordo para Implementação do Artigo VII do GATT/1994, aprovado pelo Decreto Legislativo 30, de 15 de dezembro de 1994, e promulgado pelo Decreto 1.355, de 30 de dezembro de 1994, observados os dados disponíveis e o princípio da razoabilidade; ou
> c) mediante laudo expedido por entidade ou técnico especializado.

Assim, diante da impossibilidade de apurar o preço efetivo da importação em decorrência de fraude, sonegação ou conluio, a base de cálculo dos tributos aduaneiros deve ser arbitrada de acordo com os critérios de aplicação sequencial e obrigatória previstos nos incisos I e II. A previsão é compatível com o art. 146 do CTN, uma vez que a fraude, a sonegação ou o conluio são fatores que desacreditam os documentos de instrução da importação expedidos pelo sujeito passivo.

---

28 XAVIER, Alberto. *Do lançamento no direito tributário brasileiro*. 3. ed. Rio de Janeiro: Forense, 2005. p. 264.

1.9 Lançamento provisório e definitivo

O lançamento é classificado por muitos doutrinadores em *provisório* e *definitivo*. Há provisoriedade enquanto não esgotado o prazo para impugnação ou para interposição de recurso, assim como na pendência de decisão administrativa do órgão julgador. Após o julgamento final, não sendo cabível novo recurso ou decorrido o prazo para a sua interposição, o lançamento torna-se *definitivo*. Essa categorização aplica-se ao lançamento de ofício e serve para marcar o início do prazo do prescricional (CTN, art. 174)[29]. Também é relevante no âmbito criminal, na medida em que, nos termos da Súmula Vinculante 24, o STF entende que: "Não se tipifica crime material contra a ordem tributária, previsto no art. 1º, incisos I a IV, da Lei 8.137/90, antes do lançamento definitivo do tributo".

1.10 Constituição do crédito tributário no depósito judicial

A jurisprudência do STJ tem entendido que, nas ações ordinárias e nos mandados de segurança em que se discute a validade da cobrança do crédito tributário, "o depósito judicial do tributo questionado torna dispensável o ato formal de lançamento por parte do Fisco"[30]. Esse é considerado desnecessário, diante da validade do crédito tributário declarada pelo Poder Judiciário e da previsão de conversão em renda no art. 156, VI, do CTN. Portanto, durante a tramitação da lide, a administração fiscal não precisa efetuar o lançamento de ofício para prevenir a decadência. Isso seria exigível apenas quando a suspensão da exigibilidade do crédito tributário é deferida por meio de liminar (art. 151, IV e V), e não no depósito integral (art. 151, II)[31].

Entretanto, apesar de consolidada, não se pode deixar de ressaltar que a exegese do STJ não é compatível com os arts. 142 e 150 do CTN. O lançamento tributário apenas poderia ser dispensado se o valor depositado for relativo a um crédito tributário já objeto de lançamento de ofício ou por declaração, ou de declaração constitutiva do sujeito passivo em tributo sujeito ao lançamento por homologação.

1.11 Revisão do lançamento

1.11.1 Meios de alteração previstos no CTN

O lançamento, após a notificação do devedor, apenas pode ser alterado em decorrência das iniciativas previstas no art. 145 do CTN:

> Art. 145. O lançamento regularmente notificado ao sujeito passivo só pode ser alterado em virtude de:
>
> I – impugnação do sujeito passivo;
>
> II – recurso de ofício;
>
> III – iniciativa de ofício da autoridade administrativa, nos casos previstos no artigo 149.

Os incisos I e II abrangem hipóteses de alteração na fase contenciosa, quando o lançamento tributário ainda não é definitivo. No primeiro caso, o sujeito passivo não concorda com a exigência

---

[29] "Art. 174. A ação para a cobrança do crédito tributário prescreve em cinco anos, contados da data da sua constituição definitiva."

[30] STJ, 1ª S., EREsp 671.773, Rel. Min. Teori Albino Zavascki, *DJe* 03.11.2010. No mesmo sentido: 1ª S., REsp 901.052, Min. Castro Meira, *DJ* 03.03.2008; 1ª S., EREsp 464.343, Min. José Delgado, *DJ* 29.10.2007.

[31] Ressalte-se que, de acordo com a Súmula 165 do Carf: "Não é nulo o lançamento de ofício referente a crédito tributário depositado judicialmente, realizado para fins de prevenção da decadência, com reconhecimento da suspensão de sua exigibilidade e sem a aplicação de penalidade ao sujeito passivo".

Parte Geral • Capítulo IX • CRÉDITO TRIBUTÁRIO E LANÇAMENTO | **323**

e impugna o auto de lançamento. O Decreto 70.235/1972, aplicável no âmbito federal, repete o *nomen iuris* adotado pelo CTN, prevendo que: "Art. 14. A impugnação da exigência instaura a fase litigiosa do procedimento". Nada impede, entretanto, que se adote outra designação, como efetivamente se observa na legislação de algumas unidades federadas (*v.g.*, reclamação ou recurso). Em qualquer caso, deve-se ter presente que, ao apreciar o pedido do sujeito passivo, a autoridade julgadora não pode efetuar um novo lançamento. A decisão, em caso de procedência, limita-se ao acolhimento ou ao provimento do pedido. A alteração, portanto, refere-se à invalidação total ou parcial do lançamento em decorrência da decisão. Por outro lado, nos casos em que é possível um novo lançamento (anulação por vício formal *ex vi* do art. 150, IX, e art. 173, II), esse deve ser efetuado pela autoridade fiscal, e não pelo julgador do recurso.

O mesmo se aplica ao inciso II, desde que prevista a modalidade do recurso de ofício na legislação do procedimento administrativo fiscal do ente tributante. No contencioso administrativo federal, o Decreto 70.235/1972 estabelece que a autoridade de primeira instância deve recorrer de ofício quando sua decisão "exonerar o sujeito passivo do pagamento de tributo e encargos de multa de valor total (lançamento principal e decorrentes) a ser fixado em ato do Ministro de Estado da Fazenda" (art. 34, I)[32].

Por fim, o inciso III permite a revisão de ofício do lançamento nas hipóteses do art. 149, que, como ensina Alberto Xavier, podem ser sintetizadas em três grupos:

> São três os fundamentos da revisão do lançamento: (*i*) fraude ou falta funcional da autoridade que o praticou; (*ii*) a omissão de ato ou formalidade essencial; (*iii*) a existência de fato não conhecido ou não provado por ocasião do lançamento anterior. Pode, assim, dizer que os vícios que suscitam a anulação ou reforma do ato administrativo do lançamento são a *fraude*, o *vício de forma* e o *erro*[33].

Entre essas, as hipóteses mais controversas são a do *vício formal* e a do *erro*. A primeira porque, como será examinado, há uma interrupção do prazo decadencial, que volta a ser computado após a decisão anulatória (CTN, art. 173, II). A segunda em razão da polêmica doutrinária em torno do erro de direito e da mudança de critério jurídico, decorrente da previsão do art. 146 do CTN.

1.11.2 *Vício formal*

O lançamento tributário insere na ordem jurídica uma norma individual e concreta, que para ser válida, deve observar os pressupostos formais e materiais previstos em outras normas jurídicas. Os requisitos materiais de validade dizem respeito ao conteúdo da norma introduzida, enquanto os formais, ao procedimento e à competência da autoridade que promoveu a introdução da norma. No lançamento, a parametricidade do controle da validade material é toda a ordem jurídica, notadamente a regra-matriz de incidência do tributo e eventuais regras de isenção ou imunidade. Há vício material, assim, quando o conteúdo da norma introduzida pelo lançamento contrasta com o dessas disposições, o que abrange, em especial, a hipótese de incidência, a base de cálculo, a alíquota e a sujeição passiva.

O vício formal é configurado quando não há observância das regras procedimentais do lançamento, o que não é disciplinado pelo CTN e, portanto, depende da legislação do ente tributante. Também é de natureza formal o vício decorrente da incompetência da autoridade lançadora. É o

---

[32] Atualmente, de acordo com a Portaria MF 02/2023: "Art. 1º O Presidente de Turma de Julgamento da Delegacia da Receita Federal do Brasil de Julgamento (DRJ) recorrerá de ofício sempre que a decisão exonerar sujeito passivo do pagamento de tributo e encargos de multa, em valor total superior a R$ 15.000.000,00 (quinze milhões de reais)".

[33] XAVIER, Alberto. *Do lançamento no direito tributário brasileiro*. 3. ed. Rio de Janeiro: Forense, 2005. p. 264.

324 | CURSO DE DIREITO TRIBUTÁRIO – *Solon Sehn*

caso, por exemplo, de um auto de lançamento de tributo federal lavrado por Analista-Tributário, em vez de Auditor-Fiscal da Receita Federal do Brasil. Ademais, de acordo com a Súmula 21 do Carf, a simples falta de identificação do responsável pela prática do ato já é suficiente para a caracterização do vício: "É nula, por vício formal, a notificação de lançamento que não contenha a identificação da autoridade que a expediu".

A distinção entre vício formal e material é relevante, porque, de acordo com o inciso IX do art. 149, no primeiro é possível a revisão do lançamento "quando se comprove que, no lançamento anterior, ocorreu [...] omissão, pela mesma autoridade, de ato ou formalidade especial". Por outro lado, como será examinado, de acordo com o inciso II do art. 173, também é possível a lavratura de um novo auto de lançamento após a anulação do anterior, com interrupção do prazo decadencial após a decisão definitiva[34].

1.11.3   Erro de fato e erro de direito

A revisão do lançamento, de acordo com o inciso VIII do art. 149, pode ocorrer *quando deva ser apreciado fato não conhecido ou não provado por ocasião do lançamento anterior*, o que, segundo parte dos tributaristas, abrange os casos de *erro de fato*. Desde a perspectiva civilista, esse vício é caracterizado diante de situações que não se amoldam inteiramente a esse dispositivo legal. O *error facti* abrange a falsa representação da realidade sobre a pessoa ou a coisa, não provocada por ardil de terceiro[35], que leva a uma manifestação de vontade diversa daquela resultaria da compreensão exata ou completa[36]. Assim, para afastar uma exegese ampliativa do dispositivo legal, é conveniente não generalizar, evitando afirmar que a revisão do lançamento é possível no *erro de fato*. Não é isso que estabelece o dispositivo, de sorte que, a rigor, parece mais apropriado enunciar que a revisão pode ser efetivada diante de *fatos não conhecidos* ou *não provados*[37].

Alguns autores, na linha de José Souto Maior Borges, entendem que "[...] o Código Tributário Nacional em nenhum dos seus dispositivos acolhe a suposta distinção entre erro de direito e erro de fato"[38]. No julgamento do REsp 1.130.545 (Tema Repetitivo 387), porém, a Primeira Seção do STJ acompanhou a concepção doutrinária que fundamenta a revisão por *erro de fato* no inciso VIII do art. 149:

> Processo civil. Recurso especial representativo de controvérsia. Artigo 543-C do CPC. Tributário e processo administrativo fiscal. Lançamento tributário. IPTU. Retificação dos dados cadastrais do imóvel. Fato não conhecido por ocasião do lançamento anterior (diferença da metragem do imóvel constante do cadastro). Recadastramento. Não caracterização. Revisão do lançamento. Possibilidade. Erro de fato. Caracterização.

---

[34] "Art. 173. O direito de a Fazenda Pública constituir o crédito tributário extingue-se após 5 (cinco) anos, contados:
[...]
II – da data em que se tornar definitiva a decisão que houver anulado, por vício formal, o lançamento anteriormente efetuado."

[35] Se provocado por ardil de terceiros, não se trata de erro, mas dolo.

[36] "Erro de direito, o que consiste no falso conhecimento ou na ignorância da norma jurídica que determinou a declaração, ou no equívoco sobre certa situação jurídica. O *error juris* somente vicia a vontade se é o motivo determinante da declaração. Conforme a ordenação sintética de Cariota Ferrara, o erro de direito compreende: a) erro sobre a natureza jurídica do negócio realizado; b) erro nos requisitos legais do negócio; c) erro na situação jurídica concreta; d) erro nos motivos" (GOMES, Orlando. *Introdução ao direito civil*. 22. ed. Rio de Janeiro: Forense, 2019. p. 300 e ss.).

[37] Com isso, torna-se desnecessário o esforço de diferenciação entre *erro de fato* e o *erro de direito*, que, não sem razão, é considerado um falso problema, já que, como ensina José Souto Maior Borges, "não há critério idôneo para a distinção entre erro de fato e erro de direito" (BORGES, José Souto Maior. *Lançamento tributário*. 2. ed. São Paulo: Malheiros, 1999. p. 282).

[38] BORGES, José Souto Maior. *Lançamento tributário*. 2. ed. São Paulo: Malheiros, 1999. p. 281.

Parte Geral • Capítulo IX • CRÉDITO TRIBUTÁRIO E LANÇAMENTO | 325

[...]

4. Destarte, a revisão do lançamento tributário, como consectário do poder-dever de autotutela da Administração Tributária, somente pode ser exercido nas hipóteses do artigo 149 do CTN, observado o prazo decadencial para a constituição do crédito tributário.

5. Assim é que a revisão do lançamento tributário por erro de fato (artigo 149, inciso VIII, do CTN) reclama o desconhecimento de sua existência ou a impossibilidade de sua comprovação à época da constituição do crédito tributário.

6. Ao revés, nas hipóteses de erro de direito (equívoco na valoração jurídica dos fatos), o ato administrativo de lançamento tributário revela-se imodificável, máxime em virtude do princípio da proteção à confiança, encartado no artigo 146 do CTN, segundo o qual "a modificação introduzida, de ofício ou em consequência de decisão administrativa ou judicial, nos critérios jurídicos adotados pela autoridade administrativa no exercício do lançamento somente pode ser efetivada, em relação a um mesmo sujeito passivo, quanto a fato gerador ocorrido posteriormente à sua introdução".

7. Nesse segmento, é que a Súmula 227/TFR consolidou o entendimento de que "a mudança de critério jurídico adotado pelo Fisco não autoriza a revisão de lançamento".
[...]

10. Consectariamente, verifica-se que o lançamento original reportou-se à área menor do imóvel objeto da tributação, por desconhecimento de sua real metragem, o que ensejou a posterior retificação dos dados cadastrais (e não o recadastramento do imóvel), hipótese que se enquadra no disposto no inciso VIII, do artigo 149, do Codex Tributário, razão pela qual se impõe a reforma do acórdão regional, ante a higidez da revisão do lançamento tributário.

11. Recurso especial provido. Acórdão submetido ao regime do artigo 543-C do CPC e da Resolução STJ 08/2008[39].

Da *ratio decidendi* do julgado do STJ destaca-se a identificação do *erro de direito* – em que não é possível a revisão do lançamento – com a *mudança de critério jurídico*, prevista no art. 146 do CTN. Com isso, fica afastada a interpretação que, diferenciando essas duas categorias, defende que a vedação prevista nesse dispositivo abrangeria apenas a mudança de interpretação, sem compreender o erro de direito, isto é, o lançamento ilegal resultante de interpretação equivocada ou de ignorância da lei. Sob o aspecto pragmático, o precedente do STJ é salutar, porque, como assinala Alberto Xavier, a discussão sobre a possibilidade de revisão do lançamento no *erro de direito* "tem feito, entre nós, correr rios de tinta", sem que se tenha obtido algum consenso doutrinário[40]. Mostra-se, ademais, absolutamente adequado, considerando a taxatividade do art. 149, que não permite a revisão por erro de direito[41].

Dessa forma, em síntese, tem-se que, nos termos do inciso VIII do art. 149 do CTN, cabe a alteração do lançamento tributário apenas diante de *fatos não conhecidos ou não provados por ocasião do lançamento anterior*.

---

39   STJ, 1ª S., REsp 1.130.545, Rel. Min. Luiz Fux, *DJe* 22.02.2011. Na oportunidade, foi fixada a seguinte tese jurídica: "A retificação de dados cadastrais do imóvel, após a constituição do crédito tributário, autoriza a revisão do lançamento pela autoridade administrativa (desde que não extinto o direito potestativo da Fazenda Pública pelo decurso do prazo decadencial), quando decorrer da apreciação de fato não conhecido por ocasião do lançamento anterior, *ex vi* do disposto no artigo 149, inciso VIII, do CTN".

40   XAVIER, Alberto. *Do lançamento no direito tributário brasileiro*. 3. ed. Rio de Janeiro: Forense, 2005. p. 264.

41   XAVIER, Alberto. *Do lançamento no direito tributário brasileiro*. 3. ed. Rio de Janeiro: Forense, 2005. p. 270.

326 | CURSO DE DIREITO TRIBUTÁRIO – *Solon Sehn*

1.11.4 Mudança de critério jurídico

O art. 146 do CTN prevê que a mudança de critério jurídico no exercício do lançamento não pode ser aplicada retroativamente em relação ao mesmo sujeito passivo:

> Art. 146. A modificação introduzida, de ofício ou em consequência de decisão administrativa ou judicial, nos critérios jurídicos adotados pela autoridade administrativa no exercício do lançamento somente pode ser efetivada, em relação a um mesmo sujeito passivo, quanto a fato gerador ocorrido posteriormente à sua introdução.

Esse preceito estabelece uma proibição para a revisão do lançamento assentada em mudança do referencial normativo de validade adotado no ato administrativo anterior ou em exercício de opção legal, isto é, quando a autoridade fiscal – ao realizar o segundo lançamento – pretende adotar uma providência diferente entre os encaminhamentos alternativos previstos em lei. Dessa forma, *v.g.*, no regime do lucro arbitrado, se a autoridade fiscal apurar o crédito tributário do IRPJ com base no inciso I do art. 51 da Lei 8.981/1995, não poderá efetuar um lançamento revisional, no mesmo período de apuração, assentado em outro entre os critérios alternativos previstos no mesmo dispositivo legal:

> Art. 51. O lucro arbitrado das pessoas jurídicas, quando não conhecida a receita bruta, será determinado através de procedimento de ofício, mediante a utilização de uma das seguintes alternativas de cálculo:
>
> I – 1,5 (um inteiro e cinco décimos) do lucro real referente ao último período em que pessoa jurídica manteve escrituração de acordo com as leis comerciais e fiscais, atualizado monetariamente;
>
> II – 0,04 (quatro centésimos) da soma dos valores do ativo circulante, realizável a longo prazo e permanente, existentes no último balanço patrimonial conhecido, atualizado monetariamente;
>
> III – 0,07 (sete centésimos) do valor do capital, inclusive a sua correção monetária contabilizada como reserva de capital, constante do último balanço patrimonial conhecido ou registrado nos atos de constituição ou alteração da sociedade, atualizado monetariamente;
>
> IV – 0,05 (cinco centésimos) do valor do patrimônio líquido constante do último balanço patrimonial conhecido, atualizado monetariamente;
>
> V – 0,4 (quatro décimos) do valor das compras de mercadorias efetuadas no mês;
>
> VI – 0,4 (quatro décimos) da soma, em cada mês, dos valores da folha de pagamento dos empregados e das compras de matérias-primas, produtos intermediários e materiais de embalagem;
>
> VII – 0,8 (oito décimos) da soma dos valores devidos no mês a empregados;
>
> VIII – 0,9 (nove décimos) do valor mensal do aluguel devido.

O art. 146 abrange ainda nos casos em que se pretende, no segundo lançamento tributário, aplicar enunciados prescritivos anteriormente ignorados, bem como diante de mudanças de interpretação dos dispositivos legais considerados no primeiro lançamento, com ou sem alteração da qualificação jurídica do evento imponível. Assim, *v.g.*, no regime não cumulativo do PIS/Pasep e da Cofins, ao analisar a natureza jurídica dos recebidos de uma empresa de fomento mercantil (*factoring*), a autoridade fiscal pode qualificar os juros de mora recebidos nos pagamentos em atraso como como *receita financeira*. Nessa hipótese, nos termos do Decreto 8.426/2015, o lançamento será efetuado considerando as alíquotas de 4% (Cofins) e 0,65% (PIS/Pasep). Entretanto, em avaliação posterior, se o mesmo ou outro auditor entender que constituem *receita operacional*,

Parte Geral • Capítulo IX • CRÉDITO TRIBUTÁRIO E LANÇAMENTO | **327**

não será possível a revisão mediante aplicação retroativa das alíquotas gerais de 7,6% (Cofins) e 1,65% (PIS/Pasep), previstas nas Leis 10.637/2002 e 10.833/2003[42].

1.11.5 Proteção da confiança na revisão do lançamento

O art. 146 do CTN procurou garantir uma segurança jurídica ao sujeito passivo, mediante preservação de expectativas legítimas resultantes do primeiro lançamento. Trata-se de um dispositivo avançado para a época, mas que hoje já não reflete inteiramente as exigências do princípio constitucional da proteção da confiança. Em primeiro lugar, porque a vedação aplica-se apenas quando há um lançamento anterior efetuado pela autoridade administrativa. Isso abrange os lançamentos de ofício e por declaração, assim como os casos raríssimos – e, possivelmente, apenas cogitáveis na teoria – em que, nos tributos sujeitos ao lançamento por homologação, a autoridade fiscal promove a homologação expressa[43]. Em segundo lugar, porque é necessário que o novo lançamento se refira a um fato coberto pelo anterior. Não estão abrangidas as situações em que, diante de um primeiro lançamento de ofício, o sujeito passivo concorda com a interpretação da autoridade fiscal e passa a adotá-la regularmente quando promove a autoimposição nos tributos sujeitos ao lançamento por homologação. Por exemplo, no despacho de importação, se a autoridade fiscal aplicar uma determinada classificação aduaneira para a mercadoria importada, apenas a revisão desse específico lançamento de ofício está abrangida pela vedação do art. 146. Não há proteção se o sujeito passivo pauta sua conduta em função dessa exigência e passa a adotar a classificação em declarações de importações futuras. Todas podem ser objeto de nova qualificação fiscal em lançamentos de ofício posteriores. Tampouco há tutela apropriada quando, em fiscalizações anteriores, uma determinada operação foi considerada não tributada, mas passa a ser considerada abrangida pela hipótese de incidência do tributo em razão de mudança de critério jurídico.

Não obstante, ainda que não abrangidos pelo art. 146 do CTN, dependendo das particularidades do caso concreto, também nesses casos o contribuinte pode ter uma expectativa legítima digna de tutela, em razão da *ação imediata* do princípio constitucional da proteção da confiança.

Conforme examinado anteriormente, não há um Estado Democrático de Direito sem a garantia de segurança jurídica, o que pressupõe a estabilização do passado. É necessário, portanto, não apenas assegurar os direitos adquiridos, os atos jurídicos perfeitos e a coisa julgada, mas também a proteção da confiança. Esta manifesta-se por meio da preservação de expectativas legítimas dos cidadãos perante os atos do poder público, mesmo quando venham a ser declarados inválidos[44].

Foi inspirada no princípio da proteção da confiança que a Lei 13.655/2018 incluiu o art. 24 na Lei de Introdução às Normas do Direito Brasileiro (LINDB):

> Art. 24. A revisão, nas esferas administrativa, controladora ou judicial, quanto à validade de ato, contrato, ajuste, processo ou norma administrativa cuja produção já se houver completado levará em conta as orientações gerais da época, sendo vedado que, com base em mudança posterior de orientação geral, se declarem inválidas situações plenamente constituídas.
>
> Parágrafo único. Consideram-se orientações gerais as interpretações e especificações contidas em atos públicos de caráter geral ou em jurisprudência judicial ou adminis-

---

42 Sobre o tema, ver: SEHN, Solon. *PIS-Cofins*: não cumulatividade e regimes de incidência. 3. ed. São Paulo: Noeses, 2022.

43 Não faz sentido, dessarte, aplicar a vedação do art. 146 quando há homologação tácita, porque essa ocorre após o esgotamento do prazo decadencial, quando já não é mais possível a revisão *ex vi* do art. 149, parágrafo único: "Parágrafo único. A revisão do lançamento só pode ser iniciada enquanto não extinto o direito da Fazenda Pública".

44 Ver Capítulo VI, item 3.6, da Parte Geral.

trativa majoritária, e ainda as adotadas por prática administrativa reiterada e de amplo conhecimento público.

Esse dispositivo, assim como o próprio art. 146 do CTN, não esgota nem limita o conteúdo do princípio da proteção da confiança[45]. Afinal, como ninguém desconhece, são as leis que devem ser interpretadas a partir da Constituição, e não o contrário. No constitucionalismo contemporâneo, os princípios têm força normativa própria e desempenham uma *ação imediata*, isto é, podem ser aplicados diretamente enquanto critério de solução para um caso concreto[46].

O princípio da proteção da confiança protege o cidadão que motivou o seu comportamento acreditando na validade do ato do Poder Público, por meio da estabilização da orientação pretérita, com a preservação das consequências jurídicas correspondentes. Logo, se a interpretação anterior autorizava a aplicação de uma alíquota reduzida ou, eventualmente, a desoneração da operação, esses efeitos jurídicos devem ser inteiramente preservados[47]. Ademais, não são apenas as interpretações adotadas em atos de caráter geral, em jurisprudência ou em práticas administrativas reiteradas que devem ser asseguradas. O princípio também se aplica aos atos administrativos individuais e concretos, desde que o ato do Poder Público não se mostre manifestamente inválido nem tenha resultado da participação do particular na produção do vício, o que compreende o dolo, a coação, o suborno e, entre outras hipóteses, a disponibilização de dados inexatos ou falsos[48].

2 SUSPENSÃO DA EXIGIBILIDADE

2.1 Hipóteses de suspensão previstas no CTN

A suspensão da exigibilidade impede a cobrança do crédito tributário, período em que tampouco corre a prescrição. O sujeito passivo, ademais, tem o direito de obter uma certidão positiva com efeitos de negativa (CTN, arts. 205 e 206[49]), que serve para a comprovação de sua regularidade fiscal[50].

As hipóteses de suspensão da exigibilidade encontram-se previstas no art. 151 do CTN:

---

[45] É ilegal, como demonstrado no estudo dos princípios constitucionais tributários, a Portaria ME 12.975/2021 que estabeleceu o caráter vinculante da Súmula 169 do Carf: "O art. 24 do Decreto-lei 4.657, de 1942 (LINDB), incluído pela Lei 13.655, de 2018, não se aplica ao processo administrativo fiscal".

[46] As noções de *ação mediata* e *imediata* dos princípios são desenvolvidas pelo constitucionalista Jorge Mirante (MIRANDA, Jorge. *Manual de direito constitucional*: constituição e inconstitucionalidade. 3. ed. Coimbra: Coimbra Editora, 1996. t. II, p. 226).

[47] Como destaca César García Novoa, "obviamente, en ocasiones la aplicación de la seguridad jurídica pude tener que garantizarse a través de la afirmación de situaciones aparentemente injustas, y ello está en la esencia de determinadas *instituciones* – como la prescripción o la caducidad –, o la imposibilidad de revisar situaciones consolidadas aun cuando conste que las mismas son ilegales o manifiestamente injustas" (NOVOA, César García. *El principio de seguridad jurídica en materia tributaria*. Madrid-Barcelona: Marcial Pons, 2000. p. 25-26).

[48] ÁVILA, Humberto. *Segurança jurídica*: entre permanência, mudança e realização no direito tributário. 2. ed. São Paulo: Malheiros, 2012. p. 382-383. No estudo dos princípios constitucionais tributários, foi ressaltado que a maior parte dos questionamentos relacionadas a essa matéria ocorrem no imposto de importação, notadamente em razão das dificuldades inerentes à classificação aduaneira das mercadorias. Na oportunidade, foi citado o exemplo dos *drones*, que, até recentemente, gerou uma série de dúvidas classificatórias. Agora, após o estudo do regime jurídico do lançamento, sugere-se uma nova leitura daquela parte do curso. Remete-se, portanto, ao Capítulo VI, item 3.6, da Parte Geral.

[49] "Art. 205. A lei poderá exigir que a prova da quitação de determinado tributo, quando exigível, seja feita por certidão negativa, expedida à vista de requerimento do interessado, que contenha todas as informações necessárias à identificação de sua pessoa, domicílio fiscal e ramo de negócio ou atividade e indique o período a que se refere o pedido"; e "Art. 206. Tem os mesmos efeitos previstos no artigo anterior a certidão de que conste a existência de créditos não vencidos, em curso de cobrança executiva em que tenha sido efetivada a penhora, ou cuja exigibilidade esteja suspensa".

[50] Ressalte-se que, de acordo com o STJ, *a suspensão da exigibilidade do crédito tributário não implica o cancelamento do arrolamento de bens previsto nos §§ 8º e 9º do art. 64 da Lei 9.532/97*. Nesse sentido: STJ, 2ª T., AgRg no REsp 1.313.364, Rel. Min. Humberto Martins, *DJe* 11.05.2015; 2ª T., REsp 1467587, Rel. Min. Mauro Campbell Marques, *DJe* 06.02.2015; 1ª T., REsp 1.236.077, Rel. Min. Benedito Gonçalves, *DJe* 28.05.2012.

Parte Geral • Capítulo IX • CRÉDITO TRIBUTÁRIO E LANÇAMENTO | **329**

Art. 151. Suspendem a exigibilidade do crédito tributário:

I – moratória;

II – o depósito do seu montante integral;

III – as reclamações e os recursos, nos termos das leis reguladoras do processo tributário administrativo;

IV – a concessão de medida liminar em mandado de segurança.

V – a concessão de medida liminar ou de tutela antecipada, em outras espécies de ação judicial; (Incluído pela Lcp nº 104, de 2001)[51]

VI – o parcelamento. (Incluído pela Lcp nº 104, de 2001)

Parágrafo único. O disposto neste artigo não dispensa o cumprimento das obrigações assessórios dependentes da obrigação principal cujo crédito seja suspenso, ou dela consequentes.

O CTN estabelece o caráter taxativo das hipóteses de suspensão (art. 141[52]). Entretanto, na ADI 2.405, o STF entendeu que "a Constituição Federal não reservou à lei complementar o tratamento das modalidades de extinção e suspensão dos créditos tributários, a exceção da prescrição e decadência[53], previstos no art. 146, III, b, da CF"[54]. Assim, nada impede a previsão de novas hipóteses de suspensão do crédito tributário na legislação ordinária, desde que compatíveis com o CTN.

O legislador não pode condicionar o efeito suspensivo das hipóteses já previstas no art. 151 a requisitos diversos dos estabelecidos no CTN. Foi o que entendeu o STF, ao decidir que "o parágrafo único do art. 73 da Lei 9.430/96 (incluído pela Lei 12.844/13), ao permitir que o Fisco realize compensação de ofício de débito parcelado sem garantia, condiciona a eficácia plena da hipótese de suspensão do crédito tributário – no caso, o 'parcelamento' (CTN – art. 151, VI) – a condição não prevista em lei complementar". Assim, considerando que "o art. 151, VI, do CTN,

---

51   A Lei Complementar 104/2001 incluiu a *concessão de medida liminar e a tutela antecipada* entre as hipóteses de suspensão. Contudo, com o Novo Código de Processo Civil (Lei 13.105/2015), a tutela antecipada teve a sua denominação alterada para *tutela provisória*, que ser fundada em *evidência* ou *urgência* (art. 294). Trata-se, ainda assim, de uma medida liminar, de sorte, nas duas hipóteses, pode suspender a exigibilidade do crédito tributário.

52   "Art. 141. O crédito tributário regularmente constituído somente se modifica ou extingue, ou tem sua exigibilidade suspensa ou excluída, nos casos previstos nesta Lei, fora dos quais não podem ser dispensadas, sob pena de responsabilidade funcional na forma da lei, a sua efetivação ou as respectivas garantias."

53   Ressalte-se que, na ADI 124, o STF decidiu no seguinte sentido: "Norma do Estado de Santa Catarina que estabelece hipótese de extinção do crédito tributário por transcurso de prazo para apreciação de recurso administrativo fiscal. [...] A determinação do arquivamento de processo administrativo tributário por decurso de prazo, sem a possibilidade de revisão do lançamento equivale à extinção do crédito tributário cuja validade está em discussão no campo administrativo. Em matéria tributária, a extinção do crédito tributário ou do direito de constituir o crédito tributário por decurso de prazo, combinado a qualquer outro critério, corresponde à decadência. Nos termos do CTN (Lei 5.172/1996), a decadência do direito do Fisco ao crédito tributário, contudo, está vinculada ao lançamento extemporâneo (constituição), e não, propriamente, ao decurso de prazo e à inércia da autoridade fiscal na revisão do lançamento originário. Extingue-se um crédito que resultou de lançamento indevido, por ter sido realizado fora do prazo, e que goza de presunção de validade até a aplicação dessa regra específica de decadência. O lançamento tributário não pode durar indefinidamente, sob risco de violação da segurança jurídica, mas a Constituição de 1988 reserva à lei complementar federal aptidão para dispor sobre decadência em matéria tributária. Viola o art. 146, III, 'b', da CF norma que estabelece hipótese de decadência do crédito tributário não prevista em lei complementar federal" (STF, Tribunal Pleno, ADI 124, Rel. Min. Joaquim Barbosa, *DJe* 17.04.2009).

54   "Crédito tributário. Extinção. As formas de extinção do crédito tributário estão previstas no Código Tributário Nacional, recepcionado pela Carta de 1988 como lei complementar. Surge a relevância de pedido formulado em ação direta de inconstitucionalidade considerada lei local prevendo nova forma de extinção do crédito tributário na modalidade civilista da dação em pagamento. Suspensão de eficácia da Lei Ordinária do Distrito Federal de 1.624/97" (STF, Tribunal Pleno, ADI 1917 MC, Rel. Min. Marco Aurélio, *DJe* 19.09.2003).

ao prever que o parcelamento suspende a exigibilidade do crédito tributário, não condiciona a existência ou não de garantia", foi definido que: "É inconstitucional, por afronta ao art. 146, III, b, da CF, a expressão 'ou parcelados sem garantia' constante do parágrafo único do art. 73, da Lei 9.430/96, incluído pela Lei 12.844/13, na medida em que retira os efeitos da suspensão da exigibilidade do crédito tributário prevista no CTN" (Tema 874)[55].

Ainda de acordo com a jurisprudência do STF, a interposição do recurso suspende a exigibilidade diretamente, sem a necessidade de prestação de garantia ou de qualquer outra exigência. Foi isso, aliás, que serviu de fundamento para os julgados que levaram o STF a aprovar a Súmula Vinculante 21: "É inconstitucional a exigência de depósito ou arrolamento prévios de dinheiro ou bens para admissibilidade de recurso administrativo".

Por fim, deve-se ter cautela na interpretação das denominações empregadas pelo art. 151 do CTN. Há atos e institutos que, apesar de apresentarem outro *nomen iuris*, têm a mesma natureza jurídica dos previstos nesse dispositivo legal, de sorte que também suspendem a exigibilidade do crédito tributário. É o caso da *impugnação ao lançamento* (art. 145, I), ato equivalente à *reclamação* e que tem natureza de recurso administrativo. Da mesma forma, a manifestação de inconformidade apresentada em face de despacho decisório de não homologação de compensação, prevista no art. 74 da Lei 9.430/1996:

> Art. 74. [...]
>
> § 9º É facultado ao sujeito passivo, no prazo referido no § 7º, apresentar manifestação de inconformidade contra a não homologação da compensação. (Redação dada pela Lei nº 10.833, de 2003)
>
> § 10. Da decisão que julgar improcedente a manifestação de inconformidade caberá recurso ao Conselho de Contribuintes. (Redação dada pela Lei nº 10.833, de 2003)
>
> § 11. A manifestação de inconformidade e o recurso de que tratam os §§ 9º e 10 obedecerão ao rito processual do Decreto nº 70.235, de 6 de março de 1972, e enquadram-se no disposto no inciso III do art. 151 da Lei nº 5.172, de 25 de outubro de 1966 – Código Tributário Nacional, relativamente ao débito objeto da compensação. (Redação dada pela Lei nº 10.833, de 2003)

O § 11 do art. 74 da Lei 9.430/1996 não estabeleceu uma nova hipótese de suspensão de exigibilidade. O que houve foi a criação de um recurso administrativo denominado *manifestação de inconformidade* e a especificação de que, nos termos do inciso III do art. 151 do CTN, a sua interposição suspende a exigibilidade do crédito constituído pelo contribuinte na declaração de compensação[56].

2.2 Lançamento para a prevenção de decadência

Nas ações judiciais de caráter preventivo, é possível o deferimento liminar determinando a suspensão da exigibilidade do crédito tributário antes mesmo de sua constituição. Nesses casos, o art. 63 da Lei 9.430/1996 prevê a lavratura de lançamento para a prevenção de decadência:

---

[55]   STF, Tribunal Pleno, RE 917.285, Rel. Min. Dias Toffoli, *DJe* 06.10.2020.

[56]   "Art. 74. [...] § 6º A declaração de compensação constitui confissão de dívida e instrumento hábil e suficiente para a exigência dos débitos indevidamente compensados. (Redação dada pela Lei 10.833, de 2003)"; e "§ 7º Não homologada a compensação, a autoridade administrativa deverá cientificar o sujeito passivo e intimá-lo a efetuar, no prazo de 30 (trinta) dias, contado da ciência do ato que não a homologou, o pagamento dos débitos indevidamente compensados. (Redação dada pela Lei 10.833, de 2003)".

Parte Geral • Capítulo IX • CRÉDITO TRIBUTÁRIO E LANÇAMENTO | **331**

Art. 63. Na constituição de crédito tributário destinada a prevenir a decadência, relativo a tributo de competência da União, cuja exigibilidade houver sido suspensa na forma dos incisos IV e V do art. 151 da Lei nº 5.172, de 25 de outubro de 1966, não caberá lançamento de multa de ofício. (Redação dada pela Medida Provisória nº 2.158-35, de 2001)

§ 1º O disposto neste artigo aplica-se, exclusivamente, aos casos em que a suspensão da exigibilidade do débito tenha ocorrido antes do início de qualquer procedimento de ofício a ele relativo.[57]

Essa previsão refere-se aos tributos federais. Todavia, a mesma providência deve ser adotada em relação aos tributos municipais e estaduais. Do contrário, sem um lançamento de ofício, se a tramitação for superior a cincos anos, ao final do processo já terá ocorrido a decadência, de sorte que a administração fiscal não poderá mais constituir o crédito tributário. O lançamento apenas será dispensado quando o crédito tributário já foi objeto de um lançamento de ofício, por declaração ou foi constituído pelo sujeito passivo. Além disso, como ressaltado anteriormente, a jurisprudência do STJ entende que "o depósito judicial do tributo questionado torna dispensável o ato formal de lançamento por parte do Fisco"[58].

2.3 Moratória

A moratória é uma postergação da data do vencimento do crédito tributário, que pode ser concedida em caráter geral ou individual pelo titular da competência tributária ou pela União, abrangendo inclusive tributos das demais pessoas jurídicas de direito público interno:

Art. 152. A moratória somente pode ser concedida:

I – em caráter geral:

a) pela pessoa jurídica de direito público competente para instituir o tributo a que se refira;

b) pela União, quanto a tributos de competência dos Estados, do Distrito Federal ou dos Municípios, quando simultaneamente concedida quanto aos tributos de competência federal e às obrigações de direito privado;

II – em caráter individual, por despacho da autoridade administrativa, desde que autorizada por lei nas condições do inciso anterior.

Parágrafo único. A lei concessiva de moratória pode circunscrever expressamente a sua aplicabilidade à determinada região do território da pessoa jurídica de direito público que a expedir, ou a determinada classe ou categoria de sujeitos passivos.

Ao estabelecer a moratória, o legislador deve observar os requisitos do art. 153 do CTN, podendo, contudo, estabelecer outros em função de particularidades que entender relevantes:

Art. 153. A lei que conceda moratória em caráter geral ou autorize sua concessão em caráter individual especificará, sem prejuízo de outros requisitos:

I – o prazo de duração do favor;

II – as condições da concessão do favor em caráter individual;

---

[57] A despeito da linguagem manifestamente equivocada, já que as ações não *interpostas*, mas *propostas* ou *ajuizadas* (o que se interpõe são os recursos), o art. 63 da Lei 9.430/1996 estabelece que "§ 2º A interposição da ação judicial favorecida com a medida liminar interrompe a incidência da multa de mora, desde a concessão da medida judicial, até 30 dias após a data da publicação da decisão judicial que considerar devido o tributo ou contribuição".

[58] STJ, 1ª S., EREsp 671.773, Rel. Min. Teori Albino Zavascki, *DJe* 03.11.2010. No mesmo sentido: 1ª S., REsp 901.052, Min. Castro Meira, *DJ* 03.03.2008; 1ª S., EREsp 464.343, Min. José Delgado, *DJ* 29.10.2007.

332   CURSO DE DIREITO TRIBUTÁRIO – *Solon Sehn*

III – sendo caso:

a) os tributos a que se aplica;

b) o número de prestações e seus vencimentos, dentro do prazo a que se refere o inciso I, podendo atribuir a fixação de uns e de outros à autoridade administrativa, para cada caso de concessão em caráter individual;

c) as garantias que devem ser fornecidas pelo beneficiado no caso de concessão em caráter individual.

A moratória abrange os créditos já constituídos ou com procedimento fiscal em curso, ressalvados os casos de dolo, de fraude ou de simulação:

> Art. 154. Salvo disposição de lei em contrário, a moratória somente abrange os créditos definitivamente constituídos à data da lei ou do despacho que a conceder, ou cujo lançamento já tenha sido iniciado àquela data por ato regularmente notificado ao sujeito passivo.
> Parágrafo único. A moratória não aproveita aos casos de dolo, fraude ou simulação do sujeito passivo ou do terceiro em benefício daquele.

Não há direito adquirido na concessão de moratória individual, que pode ser revogada de ofício em caso de não atendimento dos pressupostos legais pelo beneficiário:

> Art. 155. A concessão da moratória em caráter individual não gera direito adquirido e será revogado de ofício, sempre que se apure que o beneficiado não satisfazia ou deixou de satisfazer as condições ou não cumprira ou deixou de cumprir os requisitos para a concessão do favor, cobrando-se o crédito acrescido de juros de mora:
> I – com imposição da penalidade cabível, nos casos de dolo ou simulação do beneficiado, ou de terceiro em benefício daquele;
> II – sem imposição de penalidade, nos demais casos.
> Parágrafo único. No caso do inciso I deste artigo, o tempo decorrido entre a concessão da moratória e sua revogação não se computa para efeito da prescrição do direito à cobrança do crédito; no caso do inciso II deste artigo, a revogação só pode ocorrer antes de prescrito o referido direito.

Entre as disposições acima, destaca-se a previsão do art. 152, I, "b", que permite à União estabelecer moratórias de tributos de outros entes tributantes. Essa faculdade é incompatível com a Constituição Federal. A atribuição de competência privativa tem um efeito obstativo que impede a atuação de outros entes. Assim, na medida em que a competência para instituir tributos abrange a habilitação para dispor sobre prazo de vencimento, a União não pode estabelecer moratória de tributos dos Estados, do Distrito Federal e dos Municípios.

2.4 Parcelamento

Os parcelamentos, de acordo com o art. 155-A do CTN, podem ser concedidos nas condições previstas em lei específica, observadas subsidiariamente as regras relativas à moratória:

> Art. 155-A. O parcelamento será concedido na forma e condição estabelecidas em lei específica[59]. (Incluído pela Lcp nº 104, de 2001)

---

[59] Os §§ 11 e 21 do art. 100 da Constituição, na redação da Emenda 113/2021, facultam ao credor a liquidação de débitos parcelados mediante utilização de precatórios.

Parte Geral • Capítulo IX • CRÉDITO TRIBUTÁRIO E LANÇAMENTO | **333**

§ 1º Salvo disposição de lei em contrário, o parcelamento do crédito tributário não exclui a incidência de juros e multas. (Incluído pela Lcp nº 104, de 2001)

§ 2º Aplicam-se, subsidiariamente, ao parcelamento as disposições desta Lei, relativas à moratória. (Incluído pela Lcp nº 104, de 2001)

§ 3º Lei específica disporá sobre as condições de parcelamento dos créditos tributários do devedor em recuperação judicial[60]. (Incluído pela Lcp nº 118, de 2005)

§ 4º A inexistência da lei específica a que se refere o § 3º deste artigo importa na aplicação das leis gerais de parcelamento do ente da Federação ao devedor em recuperação judicial, não podendo, neste caso, ser o prazo de parcelamento inferior ao concedido pela lei federal específica. (Incluído pela Lcp nº 118, de 2005).

Como o parcelamento suspende a exigibilidade do crédito tributário, foi bastante discutida a necessidade de manutenção da penhora em execução fiscal, assim como o eventual levantamento de valores bloqueados judicialmente. A esse propósito, no REsp 1.696.270 (Tema Repetitivo 1.012), o STJ fixou as seguintes teses jurídicas:

> O bloqueio de ativos financeiros do executado via sistema BACENJUD, em caso de concessão de parcelamento fiscal, seguirá a seguinte orientação: (i) será levantado o bloqueio se a concessão é anterior à constrição; e (ii) fica mantido o bloqueio se a concessão ocorre em momento posterior à constrição, ressalvada, nessa hipótese, a possibilidade excepcional de substituição da penhora *online* por fiança bancária ou seguro garantia, diante das peculiaridades do caso concreto, mediante comprovação irrefutável, a cargo do executado, da necessidade de aplicação do princípio da menor onerosidade[61].

Outra questão debatida diz respeito à validade das cláusulas de confissão. Um exemplo é o § 16 do art. 65 da Lei 12.249/2010, que estabelece o efeito de confissão irretratável dos débitos do sujeito passivo em decorrência da adesão ao parcelamento: "Art. 65. [...] § 16. A opção pelos parcelamentos de que trata esta Lei importa confissão irrevogável e irretratável dos débitos em nome do sujeito passivo, na condição de contribuinte ou de responsável, e por ele indicados para compor os referidos parcelamentos, configura confissão extrajudicial nos termos dos arts. 348, 353 e 354 da Lei nº 5.869, de 11 de janeiro de 1973 – Código de Processo Civil, e condiciona o sujeito passivo à aceitação plena e irretratável de todas as condições estabelecidas nesta Lei".

Previsões dessa natureza podem fazer com que o sujeito passivo, diante de fatores como dificuldades financeiras ou urgência em afastar as restrições da falta de regularidade fiscal, acabe compelido a confessar valores indevidos. Sempre que isso ocorrer, tem o direito de requerer a revisão. No Estado de Direito, a obrigação tributária resulta da lei, e não da manifestação de vontade do devedor. Por isso, todos os atos constitutivos de créditos tributários sempre devem se ajustar aos parâmetros da norma jurídica tributária. Logo, a confissão do devedor jamais pode implicar a cobrança de um valor ilegal ou inconstitucional.

Essa questão foi objeto do REsp 1.133.027 (Tema Repetitivo 375), que admitiu a invalidação da confissão do débito diante de vícios da vontade do devedor: "A confissão da dívida não inibe o questionamento judicial da obrigação tributária, no que se refere aos seus aspectos jurídicos. Quanto aos aspectos fáticos sobre os quais incide a norma tributária, a regra é que não se pode rever judicialmente a confissão de dívida efetuada com o escopo de obter parcelamento de débitos tributários. No entanto, como na situação presente, a matéria de fato constante de confissão

---

60   O parcelamento na recuperação judicial é disciplinado pelo art. 10-A da Lei 10.522/2002.

61   STJ, 1ª S., REsp 1.696.270, Rel. Min. Mauro Campbell Marques, *DJe* 14.06.2022.

334 | CURSO DE DIREITO TRIBUTÁRIO – *Solon Sehn*

de dívida pode ser invalidada quando ocorre defeito causador de nulidade do ato jurídico (*v.g.* erro, dolo, simulação e fraude)"[62].

A jurisprudência do STJ tem entendido ainda que a confissão da dívida e seu parcelamento não têm o condão de restabelecer a exigibilidade do crédito tributário extinto pela decadência ou prescrição. Essa interpretação tem sido aplicada não apenas o parcelamento, mas a todas as declarações constitutivas de crédito tributário do sujeito passivo, conforme tese jurídica fixada no REsp 1.355.947: "A decadência, consoante a letra do art. 156, V, do CTN, é forma de extinção do crédito tributário. Sendo assim, uma vez extinto o direito, não pode ser reavivado por qualquer sistemática de lançamento ou autolançamento, seja ela via documento de confissão de dívida, declaração de débitos, parcelamento ou de outra espécie qualquer (DCTF, GIA, DCOMP, GFIP etc.)" (Tema Repetitivo 604)[63].

Por fim, de acordo com o § 11 do art. 195 da Constituição Federal, é vedada a concessão de parcelamento em prazo superior a 60 meses das contribuições para a seguridade social previstas na alínea "a" do inciso I e no inciso II do mesmo dispositivo[64].

2.5 Depósito integral

Nas ações em que discute a validade do crédito tributário, a parte costuma requerer uma medida liminar autorizando o depósito judicial. Essa prática, entretanto, mostra-se desnecessária, porque o deferimento do depósito não depende da comprovação da evidência da tutela pleiteada nem do *fumus boni iuris* e do *periculum in mora*. A parte deve apenas requerer o seu deferimento e, em função de sua realização, a suspensão da exigibilidade do crédito tributário.

O depósito deve ser efetuado dentro do prazo de vencimento. Quando isso não for possível, cumpre ao sujeito passivo depositar o principal e os acréscimos legais, informando essa particularidade nos autos. A sua efetivação impede a lavratura do auto de infração e a adoção de atos de cobrança por parte da Fazenda Pública no âmbito administrativo e judicial. Assim, se já tiver sido ajuizada uma execução fiscal após a ciência do depósito, o processo deve ser extinto sem julgamento do mérito, porque a exigibilidade do título é pressuposto da execução. Não cabe a simples suspensão do feito, conforme definido pelo STJ na tese jurídica fixada no REsp 1.140.956: "Os efeitos da suspensão da exigibilidade pela realização do depósito integral do crédito exequendo, quer no bojo de ação anulatória, quer no de ação declaratória de inexistência de relação jurídico-tributária, ou mesmo no de mandado de segurança, desde que ajuizados anteriormente à execução fiscal, têm o condão de impedir a lavratura do auto de infração, assim como de coibir o ato de inscrição em dívida ativa e o ajuizamento da execução fiscal, a qual, acaso proposta, deverá ser extinta" (Tema Repetitivo 271)[65].

---

[62] STJ, 1ª S., REsp 1.133.027, Rel. Min. Luiz Fux, *DJe* 16.03.2011.

[63] STJ, 1ª S., REsp 1.355.947, Rel. Min. Mauro Campbell Marques, *DJe* 21.06.2013. No mesmo sentido: "Na esteira da jurisprudência desta Corte, 'o parcelamento postulado depois de transcorrido o prazo prescricional não restabelece a exigibilidade do crédito tributário. Isso porque: a) não é possível interromper a prescrição de crédito tributário já prescrito; e b) a prescrição tributária não está sujeita à renúncia, uma vez que ela não é causa de extinção, apenas, do direito de ação, mas, sim, do próprio direito ao crédito tributário (art. 156, V, do CTN)' (STJ, AgRg no AREsp 51.538/MG, Rel. Min. Benedito Gonçalves, Primeira Turma, *DJe* de 21.08.2012). No mesmo sentido: STJ, AgRg no REsp 1.548.096/RS, Rel. Min. Humberto Martins, Segunda Turma, *DJe* de 26.10.2015; AgRg no REsp 1.336.187/DF, Rel. Min. Eliana Calmon, Segunda Turma, *DJe* de 1º.07.2013; REsp 1.335.609/SE, Rel. Min. Mauro Campbell Marques, Segunda Turma, *DJe* de 22.08.2012" (STJ, 2ª T., AgRg no AREsp 743.252, Rel. Min. Assusete Magalhães, *DJe* 17.03.2016).

[64] "Art. 195. [...] § 11. São vedadas a moratória e o parcelamento em prazo superior a 60 (sessenta) meses e, na forma de lei complementar, a remissão e a anistia das contribuições sociais de que tratam a alínea 'a' do inciso I e o inciso II do *caput*. (Redação dada pela Emenda Constitucional 103, de 2019)"

[65] STJ, 1ª S., REsp 1.140.956, Rel. Min. Luiz Fux, *DJe* 03.12.2010.

Parte Geral • Capítulo IX • CRÉDITO TRIBUTÁRIO E LANÇAMENTO | 335

3 EXTINÇÃO

3.1 Hipóteses de extinção previstas no CTN

O CTN, assim como ocorre com a suspensão, estabeleceu o caráter taxativo das hipóteses de extinção do crédito tributário (art. 141[66]). Entretanto, na ADI 2.405, o STF entendeu que "a Constituição Federal não reservou à lei complementar o tratamento das modalidades de extinção e suspensão dos créditos tributários, a exceção da prescrição e decadência[67], previstos no art. 146, III, 'b', da CF. [...] A partir dessa ideia, e considerando também que as modalidades de extinção de crédito tributário, estabelecidas pelo CTN (art. 156), não formam um rol exaustivo, tem-se a possibilidade de previsão em lei estadual de extinção do crédito por dação em pagamento de bens móveis"[68]. Essa decisão implicou a superação do entendimento anterior da Corte, que não admitia a criação de novas hipóteses extintivas[69].

As hipóteses de extinção do crédito tributário encontram-se previstas no art. 156 do CTN:

Art. 156. Extinguem o crédito tributário:

I – o pagamento;

II – a compensação;

III – a transação;

IV – remissão;

V – a prescrição e a decadência;

VI – a conversão de depósito em renda;

VII – o pagamento antecipado e a homologação do lançamento nos termos do disposto no artigo 150 e seus §§ 1º e 4º;

VIII – a consignação em pagamento, nos termos do disposto no § 2º do artigo 164;

---

[66] "Art. 141. O crédito tributário regularmente constituído somente se modifica ou extingue, ou tem sua exigibilidade suspensa ou excluída, nos casos previstos nesta Lei, fora dos quais não podem ser dispensadas, sob pena de responsabilidade funcional na forma da lei, a sua efetivação ou as respectivas garantias."

[67] Ressalte-se que, na ADI 124, o STF decidiu no seguinte sentido: "Norma do Estado de Santa Catarina que estabelece hipótese de extinção do crédito tributário por transcurso de prazo para apreciação de recurso administrativo fiscal. [...] A determinação do arquivamento de processo administrativo tributário por decurso de prazo, sem a possibilidade de revisão do lançamento equivale à extinção do crédito tributário cuja validade está em discussão no campo administrativo. Em matéria tributária, a extinção do crédito tributário ou do direito de constituir o crédito tributário por decurso de prazo, combinado a qualquer outro critério, corresponde à decadência. Nos termos do CTN (Lei 5.172/1996), a decadência do direito do Fisco ao crédito tributário, contudo, está vinculada ao lançamento extemporâneo (constituição), e não, propriamente, ao decurso de prazo e à inércia da autoridade fiscal na revisão do lançamento originário. Extingue-se um crédito que resultou de lançamento indevido, por ter sido realizado fora do prazo, e que goza de presunção de validade até a aplicação dessa regra específica de decadência. O lançamento tributário não pode durar indefinidamente, sob risco de violação da segurança jurídica, mas a Constituição de 1988 reserva à lei complementar federal aptidão para dispor sobre decadência em matéria tributária. Viola o art. 146, III, 'b', da CF norma que estabelece hipótese de decadência do crédito tributário não prevista em lei complementar federal" (STF, Tribunal Pleno, ADI 124, Rel. Min. Joaquim Barbosa, *DJe* 17.04.2009).

[68] Voto do relator na ADI 2.405, Min. Alexandre de Moraes. O acórdão, por sua vez, foi assim ementado: "[...] 2. Não há reserva de Lei Complementar Federal para tratar de novas hipóteses de suspensão e extinção de créditos tributários. Possibilidade de o Estado-Membro estabelecer regras específicas de quitação de seus próprios créditos tributários" (*DJe* 03.10.2019).

[69] "Crédito tributário. Extinção. As formas de extinção do crédito tributário estão previstas no Código Tributário Nacional, recepcionado pela Carta de 1988 como lei complementar. Surge a relevância de pedido formulado em ação direta de inconstitucionalidade considerada lei local prevendo nova forma de extinção do crédito tributário na modalidade civilista da dação em pagamento. Suspensão de eficácia da Lei Ordinária do Distrito Federal de 1.624/97" (STF, Tribunal Pleno, ADI 1917 MC, Rel. Min. Marco Aurélio, *DJe* 19.09.2003).

336 CURSO DE DIREITO TRIBUTÁRIO – *Solon Sehn*

IX – a decisão administrativa irreformável, assim entendida a definitiva na órbita administrativa, que não mais possa ser objeto de ação anulatória;

X – a decisão judicial passada em julgado.

XI – a dação em pagamento em bens imóveis, na forma e condições estabelecidas em lei. (Incluído pela Lcp nº 104, de 2001) (Vide Lei nº 13.259, de 2016)

Parágrafo único. A lei disporá quanto aos efeitos da extinção total ou parcial do crédito sobre a ulterior verificação da irregularidade da sua constituição, observado o disposto nos artigos 144 e 149.

O legislador, portanto, pode estabelecer novas modalidades de extinção do crédito tributário, sendo-lhe vedado, contudo, condicionar o efeito extintivo das hipóteses do art. 156 a outros requisitos não previstos no CTN[70].

3.2 Pagamento

3.2.1 Regras do pagamento

As obrigações e os deveres jurídicos sempre surgem para serem cumpridos. A grande maioria, aliás, acaba tendo esse destino – por assim dizer – normal e esperado de extinção do vínculo jurídico. O inadimplemento é um evento excepcional e indesejado, que pode ser dividido em duas categorias: o inadimplemento absoluto ou total, quando a prestação não é realizada pelo devedor; e a mora, também denominada inadimplemento relativo, parcial ou temporário, quando a prestação não é realizada no tempo previsto ou, nos termos do art. 394 do Código Civil, no tempo, no lugar e na forma estabelecidos pela lei ou convencionados pelas partes[71].

Não é diferente o que ocorre com o pagamento do crédito tributário, que está sujeito às seguintes disposições especiais do CTN:

Art. 158. O pagamento de um crédito não importa em presunção de pagamento:

I – quando parcial, das prestações em que se decomponha;

II – quando total, de outros créditos referentes ao mesmo ou a outros tributos.

Art. 159. Quando a legislação tributária não dispuser a respeito, o pagamento é efetuado na repartição competente do domicílio do sujeito passivo.

Art. 160. Quando a legislação tributária não fixar o tempo do pagamento, o vencimento do crédito ocorre trinta dias depois da data em que se considera o sujeito passivo notificado do lançamento.

Parágrafo único. A legislação tributária pode conceder desconto pela antecipação do pagamento, nas condições que estabeleça.

Art. 162. O pagamento é efetuado:

I – em moeda corrente, cheque ou vale postal;

II – nos casos previstos em lei, em estampilha, em papel selado, ou por processo mecânico.

§ 1º A legislação tributária pode determinar as garantias exigidas para o pagamento por cheque ou vale postal, desde que não o torne impossível ou mais oneroso que o pagamento em moeda corrente.

---

[70] STF, Tribunal Pleno, RE 917.285, Rel. Min. Dias Toffoli, *DJe* 06.10.2020. Transcrito anteriormente.

[71] "Art. 394. Considera-se em mora o devedor que não efetuar o pagamento e o credor que não quiser recebê-lo no tempo, lugar e forma que a lei ou a convenção estabelecer."

§ 2º O crédito pago por cheque somente se considera extinto com o resgate deste pelo sacado.

§ 3º O crédito pagável em estampilha considera-se extinto com a inutilização regular daquela, ressalvado o disposto no artigo 150.

§ 4º A perda ou destruição da estampilha, ou o erro no pagamento por esta modalidade, não dão direito a restituição, salvo nos casos expressamente previstos na legislação tributária, ou naquelas em que o erro seja imputável à autoridade administrativa.

§ 5º O pagamento em papel selado ou por processo mecânico equipara-se ao pagamento em estampilha.

O art. 158 do CTN estabelece uma regra distinta da prevista no art. 322[72] do Código Civil quanto aos pagamentos em quotas periódicas. Dessa forma, no âmbito da tributação, a quitação da última parcela não implica a presunção de pagamento das demais. Também é relevante o art. 160, que prevê, na falta de disposição em contrário na legislação especial, o prazo para pagamento será de 30 dias após a notificação do devedor. O dispositivo autoriza ainda a concessão de descontos para o pagamento antecipado.

As demais disposições sobre o pagamento do CTN (arts. 159 e 162) referem-se a situações que já não se observam no plano pragmático. Nos dias de hoje, as repartições fiscais do domicílio do sujeito passivo sequer apresentam estrutura para receber o pagamento do crédito tributário. A maioria é paga em instituições financeiras, presencialmente ou pela internet. Há tributos, como o II, o IPI e o PIS--Cofins incidentes na importação, inclusive, que são pagos por meio de Documento de Arrecadação de Receitas Federais (Darf) eletrônico, mediante débito direto em conta-corrente bancária, realizado automaticamente no mesmo momento em que o sujeito passivo promove a constituição do crédito tributário. Talvez apenas as taxas de serviço (emolumentos) devidos aos cartórios ainda comportem o pagamento em espécie. Mesmo nesses tributos, contudo, é comum o uso de cartões de crédito e débito e, mais recentemente, da ferramenta de pagamento instantâneo do Banco Central (PIX).

Tampouco há uso de estampilhas para esse fim. A legislação do IPI prevê exigência de selo de controle para determinados produtos especificados em ato regulamentar, tais como bebidas alcoólicas, cigarro, entre outros[73]. No entanto, não se trata de um meio de pagamento, mas instrumento de fiscalização de estoques de produtos tributados. Na importação, o IPI é pago por meio de Darf eletrônico, mediante débito em conta, de forma automática, com o registro da declaração de mercadorias. Nas operações no mercado interno, por sua vez, o pagamento do IPI devido pelos estabelecimentos industriais e equiparados ocorre por meio de Darf, com vencimento no vigésimo quinto dia do mês subsequente ao de ocorrência dos fatos geradores, após serem deduzidos os créditos admitidos dos débitos, no período de apuração do imposto.

---

[72] "Art. 322. Quando o pagamento for em quotas periódicas, a quitação da última estabelece, até prova em contrário, a presunção de estarem solvidas as anteriores."

[73] A legislação do IPI prevê exigência de selo de controle para determinados produtos especificados em ato regulamentar, tais como bebidas alcoólicas, cigarro, entre outros (Lei 4.502/1964: "Art. 46. O regulamento poderá determinar, ou autorizar que o Ministério da Fazenda, pelo seu órgão competente, determine a rotulagem, marcação ou numeração, pelos importadores, arrematantes, comerciantes ou repartições fazendárias, de produtos estrangeiros cujo controle entenda necessário, bem como prescrever, para estabelecimentos produtores e comerciantes de determinados produtos nacionais, sistema diferente de rotulagem, etiquetagem obrigatoriedade de numeração ou aplicação de selo especial que possibilite o seu controle quantitativo"). Não se trata, porém, de uma forma de pagamento, mas de um instrumento de fiscalização. No IPI-Importação, o pagamento ocorre por meio de Documento de Arrecadação de Receitas Federais (Darf) eletrônico, mediante débito em conta, de forma automática, com o registro da declaração de mercadorias. Nas operações no mercado interno, o IPI devido pelos estabelecimentos industriais e equiparados ocorre por meio de Darf, com vencimento no vigésimo quinto dia do mês subsequente ao de ocorrência dos fatos geradores, após serem deduzidos os créditos admitidos dos débitos, no período de apuração do imposto.

3.2.2 Pagamento e imposição de penalidade

A imposição de penalidade, de acordo com o art. 157 do CTN, não afasta a obrigação de pagar o crédito tributário: "Art. 157. A imposição de penalidade não ilide o pagamento integral do crédito tributário". Essa regra não se aplica aos tributos incidentes sobre a importação, quando a administração aduaneira aplica a pena de perdimento da mercadoria importada[74]. Isso porque, nessas hipóteses, não ocorre o evento imponível dos tributos[75], como reconhece a jurisprudência do STJ: "de acordo com a legislação tributária de regência, os tributos (II, PIS/Importação e COFINS/Importação) não incidem sobre mercadorias e bens estrangeiros que tenham sido objeto de pena de perdimento [...] A devolução do valor recolhido a título de IPI também deve ocorrer, pois o seu fato gerador, que é o desembaraço aduaneiro, nem chegou a ocorrer, conforme premissa fática firmada pela Corte de origem"[76].

3.2.3 Mora

A mora pode ser do credor ou do devedor[77]. A mora do credor ocorre quando esse recursa o recebimento no tempo, lugar e forma estabelecidos em lei, o que, como será analisado, permite a consignação judicial do crédito tributário. Na mora do devedor, o objeto da obrigação não é prestado no tempo, lugar ou forma previstos, por fato a ele imputável[78], conforme prevê o art. 161 do CTN:

> Art. 161. O crédito não integralmente pago no vencimento é acrescido de juros de mora, seja qual for o motivo determinante da falta, sem prejuízo da imposição das penalidades cabíveis e da aplicação de quaisquer medidas de garantia previstas nesta Lei ou em lei tributária.
>
> § 1º Se a lei não dispuser de modo diverso, os juros de mora são calculados à taxa de um por cento ao mês.
>
> § 2º O disposto neste artigo não se aplica na pendência de consulta formulada pelo devedor dentro do prazo legal para pagamento do crédito.

Atualmente, nos termos do art. 13 da Lei 9.065/1995[79], os tributos federais estão sujeitos à Selic, que é taxa de juros básica da economia definida pelo Comitê de Política Monetária do

---

[74] A pena de perdimento de mercadorias é cominada diante da prática das infrações tipificadas no art. 105 do Decreto-lei 37/1966 e no art. 23 do Decreto-lei 1.455/1976.

[75] Sobre o tema, cf.: SEHN, Solon. *Curso de direito aduaneiro*. 2. ed. Rio de Janeiro: Forense, 2022. p. 60 e ss.

[76] STJ, 1ª T., REsp 1.499.408, Rel. Min. Gurgel de Faria, *DJe* 30.08.2018. Esse entendimento já está sendo acolhido no âmbito administrativo, como reconhece a Solução de Consulta Interna Cosit 20/2021: "A aplicação da pena de perdimento a uma mercadoria faz surgir direito a restituição, pelo contribuinte, dos tributos recolhidos por ocasião do registro da DI no SISCOMEX".

[77] CC: "Art. 394. Considera-se em mora o devedor que não efetuar o pagamento e o credor que não quiser recebê-lo no tempo, lugar e forma que a lei ou a convenção estabelecer".

[78] Discute-se na doutrina se a culpa seria um pressuposto da mora. Acompanha-se, nesse particular, o entendimento de Araken de Assis (ASSIS, Araken de. *Resolução do contrato por inadimplemento*. 6. ed. São Paulo: RT, 2020. p. 97) e de Pontes de Miranda, que entendem suficiente a imputabilidade ou nexo de imputação (atribuição), isto é, "o não prestar, por impossibilitação que foi causada pelo devedor [...]" (PONTES DE MIRANDA, Francisco Cavalcanti. *Tratado de direito privado*. Atual. Ruy Rosado de Aguiar Júnior e Nelson Nery Jr. São Paulo: RT, 2012. t. XXVI, p. 59). A culpa, portanto, só é exigida quando prevista em lei. Cf. ainda: PONTES DE MIRANDA, Francisco Cavalcanti. *Tratado de direito privado*. Campinas: Bookseller, 2003. t. XXIII, p. 158.

[79] "Art. 13. A partir de 1º de abril de 1995, os juros de que tratam a alínea 'c' do parágrafo único do art. 14 da Lei 8.847, de 28 de janeiro de 1994, com a redação dada pelo art. 6º da Lei 8.850, de 28 de janeiro de 1994, e pelo art. 90 da Lei 8.981, de 1995, o art. 84, inciso I, e o art. 91, parágrafo único, alínea a.2, da Lei 8.981, de 1995, serão equivalentes à taxa referencial do Sistema Especial de Liquidação e de Custódia – SELIC para títulos federais, acumulada mensalmente."

Banco Central do Brasil. Com base no princípio da legalidade, a sua aplicação para fins tributários já foi considerada inconstitucional pela doutrina e por algumas decisões judiciais. O STF, contudo, entendeu que: "É legítima a utilização, por lei, da taxa SELIC como índice de atualização de débitos tributários" (Tema 214)[80]. Por outro lado, ainda segundo entendimento da Corte: "Os estados-membros e o Distrito Federal podem legislar sobre índices de correção monetária e taxas de juros de mora incidentes sobre seus créditos fiscais, limitando-se, porém, aos percentuais estabelecidos pela União para os mesmos fins" (Tema 1.062)[81].

No RE 1.346.152 (Tema 1.217), por sua vez, foi reconhecida a existência de repercussão geral acerca da "possibilidade de os municípios fixarem índices de correção monetária e taxas de juros de mora para seus créditos tributários em percentual superior ao estabelecido pela União para os mesmos fins". Entretanto, a *ratio decidendi* do Tema 1.062 já foi adotada como fundamento para aplicar a mesma restrição aos tributos municipais em diversos julgados, inclusive do próprio STF.

Por fim, nos termos do art. 25-A do Decreto 70.235/1972, acrescentado pela Lei 14.689/2023, na hipótese de julgamento de processo administrativo fiscal resolvido definitivamente a favor da Fazenda Pública pelo voto de qualidade[82], caso o contribuinte manifeste intenção de liquidar o crédito tributário no prazo de 90 dias, os juros de mora são excluídos até a data do acordo para pagamento[83].

3.2.4 Imputação do pagamento

A imputação do pagamento tem lugar quando o sujeito passivo promove um adimplemento parcial insuficiente para solver a totalidade de suas dívidas perante o credor. Os débitos devem ser líquidos e vencidos, podendo ser relativos a crédito tributário, penalidade pecuniária ou de juros de mora do mesmo ente tributante. De acordo com o art. 163 do CTN, a imputação deve ocorrer nos seguintes moldes:

> Art. 163. Existindo simultaneamente dois ou mais débitos vencidos do mesmo sujeito passivo para com a mesma pessoa jurídica de direito público, relativos ao mesmo ou a diferentes tributos ou provenientes de penalidade pecuniária ou juros de mora, a autoridade administrativa competente para receber o pagamento determinará a respectiva imputação, obedecidas as seguintes regras, na ordem em que enumeradas:
>
> I – em primeiro lugar, aos débitos por obrigação própria, e em segundo lugar aos decorrentes de responsabilidade tributária;
>
> II – primeiramente, às contribuições de melhoria, depois às taxas e por fim aos impostos;
>
> III – na ordem crescente dos prazos de prescrição;
>
> IV – na ordem decrescente dos montantes.

O dispositivo, como se vê, não estabelece uma ordem de prioridade para as contribuições especiais e para os empréstimos compulsórios, que, na época do CTN, não tinham a mesma

---

[80] STF, Tribunal Pleno, RE 582.461, Rel. Min. Gilmar Mendes, *DJe* 18.08.2011.

[81] STF, Tribunal Pleno, ARE 1.216.078 RG, Rel. Min. Dias Toffoli, *DJe* 26.09.2019.

[82] Decreto 70.235/1972: "Art. 25. [...] § 9º Os cargos de Presidente das Turmas da Câmara Superior de Recursos Fiscais, das câmaras, das suas turmas e das turmas especiais serão ocupados por conselheiros representantes da Fazenda Nacional, que, em caso de empate, terão o voto de qualidade, e os cargos de Vice-Presidente, por representantes dos contribuintes. (Incluído pela Lei 11.941, de 2009)".

[83] "Art. 25-A. Na hipótese de julgamento de processo administrativo fiscal resolvido definitivamente a favor da Fazenda Pública pelo voto de qualidade previsto no § 9º do art. 25 deste Decreto, e desde que haja a efetiva manifestação do contribuinte para pagamento no prazo de 90 (noventa) dias, serão excluídos, até a data do acordo para pagamento, os juros de mora de que trata o art. 13 da Lei 9.065, de 20 de junho de 1995."

natureza jurídica que apresentam perante a Constituição Federal de 1988. A imputação, destarte, deve ocorrer no mesmo nível de preferência previsto para os impostos.

Por fim, cumpre destacar que, de acordo com a tese jurídica fixada pelo STJ no REsp 960.239, que resultou na Súmula 464: "A regra de imputação de pagamentos estabelecida no art. 354[84] do Código Civil não se aplica às hipóteses de compensação tributária" (Tema Repetitivo 381)[85].

3.2.5   Consignação em pagamento

O crédito tributário pode ser consignado judicialmente, com efeito de pagamento, nos casos previstos no art. 164 do CTN:

> Art. 164. A importância de crédito tributário pode ser consignada judicialmente pelo sujeito passivo, nos casos:
>
> I – de recusa de recebimento, ou subordinação deste ao pagamento de outro tributo ou de penalidade, ou ao cumprimento de obrigação acessória;
>
> II – de subordinação do recebimento ao cumprimento de exigências administrativas sem fundamento legal;
>
> III – de exigência, por mais de uma pessoa jurídica de direito público, de tributo idêntico sobre um mesmo fato gerador.
>
> § 1º A consignação só pode versar sobre o crédito que o consignante se propõe pagar.
>
> § 2º Julgada procedente a consignação, o pagamento se reputa efetuado e a importância consignada é convertida em renda; julgada improcedente a consignação no todo ou em parte, cobra-se o crédito acrescido de juros de mora, sem prejuízo das penalidades cabíveis.

Na consignação em pagamento, o devedor deve observar as disposições do Código de Processo Civil aplicáveis a esse tipo de ação[86], requerendo o depósito da quantia devida e a citação do ente credor para levantar o depósito ou oferecer contestação. Na hipótese do inciso III, devem ser citadas todas as pessoas jurídicas de direito público interno interessadas, o que pode suscitar dúvidas quanto ao juízo competente.

Cumpre destacar, a esse propósito, que não é aplicável a regra do art. 102, I, "f", da Constituição Federal, que prevê a competência originária do Supremo Tribunal Federal para o julgamento das *causas e dos conflitos entre a União e os Estados, a União e o Distrito Federal, ou entre uns e outros*[87]. A jurisprudência do STF entende que o dispositivo incide apenas diante da "existência de situação de conflito capaz de abalar o pacto federativo"[88], o que não ocorre em matéria tributária (Súmula 503/STF: "A dúvida, suscitada por particular, sobre o direito de tributar, manifestado por dois estados, não configura litígio da competência originária do Supremo Tribunal Federal").

---

[84]   "Art. 354. Havendo capital e juros, o pagamento imputar-se-á primeiro nos juros vencidos, e depois no capital, salvo estipulação em contrário, ou se o credor passar a quitação por conta do capital."

[85]   STJ, 1ª S., REsp 960.239, Rel. Min. Luiz Fux, *DJe* 24.06.2010.

[86]   CPC, arts. 539 a 549.

[87]   "Art. 102. Compete ao Supremo Tribunal Federal, precipuamente, a guarda da Constituição, cabendo-lhe:

I – processar e julgar, originariamente:

[...]

f) as causas e os conflitos entre a União e os Estados, a União e o Distrito Federal, ou entre uns e outros, inclusive as respectivas entidades da administração indireta."

[88]   STF, 1ª T., ACO 570 AGR-Segundo, Rel. Min. Luiz Fux, *DJe* 02.02.2016. Nessa decisão são citados os seguintes precedentes no mesmo sentido: STF, Tribunal Pleno, ACO 1.364, Rel. Min. Celso de Mello, *DJe* 06.08.2010; ACO 1.140, Rel. Min. Gilmar Mendes, *DJe* 26.05.2010; ACO 1.295-AgR, Rel. Min. Dias Toffoli, *DJe* 02.12.2010; ACO 1.480 QO, Rel. Min. Cármen Lúcia, *DJe* 20.08.2010; Rcl 3.152, Rel. Min. Cármen Lúcia, *DJe* 13.03.2009; RE 512.468 AgR, Rel. Min. Eros Grau, *DJe* 06.06.2008.

Parte Geral • Capítulo IX • CRÉDITO TRIBUTÁRIO E LANÇAMENTO | **341**

Dessa maneira, o devedor pode escolher o foro em que a ação será proposta[89], sendo certo que, se a demanda envolver tributo de competência da União, a competência será da Justiça Federal[90].

3.2.6 Pagamento indevido

3.2.6.1 Direito de repetição do indébito

O pagamento indevido, caracterizado nas situações descritas no art. 165 do CTN, autoriza a repetição do indébito mediante ajuizamento de uma ação ou de pedido administrativo, compreendendo, inclusive, os juros de mora e as penalidades pecuniárias que eventualmente tenham sido exigidos do sujeito passivo (art. 167):

> Art. 165. O sujeito passivo tem direito, independentemente de prévio protesto, à restituição total ou parcial do tributo, seja qual for a modalidade do seu pagamento, ressalvado o disposto no § 4º do artigo 162[91], nos seguintes casos:
>
> I – cobrança ou pagamento espontâneo de tributo indevido ou maior que o devido em face da legislação tributária aplicável, ou da natureza ou circunstâncias materiais do fato gerador efetivamente ocorrido;
>
> II – erro na edificação[92] [identificação] do sujeito passivo, na determinação da alíquota aplicável, no cálculo do montante do débito ou na elaboração ou conferência de qualquer documento relativo ao pagamento;
>
> III – reforma, anulação, revogação ou rescisão de decisão condenatória.
>
> [...]
>
> Art. 167. A restituição total ou parcial do tributo dá lugar à restituição, na mesma proporção, dos juros de mora e das penalidades pecuniárias, salvo as referentes a infrações de caráter formal não prejudicadas pela causa da restituição.
>
> Parágrafo único. A restituição vence juros não capitalizáveis, a partir do trânsito em julgado da decisão definitiva que a determinar.

A repetição do indébito no âmbito judicial pode ocorrer por meio de um pedido de reconhecimento do direito de compensação do valor pago indevidamente ou de condenação para pagamento em dinheiro. Nesse último caso, o sujeito passivo deve propor uma ação ordinária com pedido de condenação da Fazenda Pública e, após o trânsito em julgado, promover o cumprimento de sentença (CPC, arts. 534 e 535) para recebimento mediante RPV (Requisição de Pequeno Valor) ou, dependendo do valor, precatório, na forma do art. 100 da Constituição Federal[93].

---

[89] É competente o foro da Justiça Estadual de qualquer um dos Estados demandados (ACO 122/RS, Rel. Min. Amaral Santos, *DJ* 03.11.1970), que manteve a competência da Vara da Fazenda Pública de Porto Alegre em ação consignatória, ajuizada em face dos Estados do Rio Grande do Sul e São Paulo; no mesmo sentido: ACO 157/BR, Rel. Min. Eloy da Rocha, *DJ* 21.08.1970).

[90] CF, art. 109, I: Aos juízes federais compete processar e julgar: "I – as causas em que a União, entidade autárquica ou empresa pública federal forem interessadas na condição de autoras, rés, assistentes ou oponentes, exceto as de falência, as de acidentes de trabalho e as sujeitas à Justiça Eleitoral e à Justiça do Trabalho; [...]".

[91] "Art. 162. [...] § 4º A perda ou destruição da estampilha, ou o erro no pagamento por esta modalidade, não dão direito a restituição, salvo nos casos expressamente previstos na legislação tributária, ou naquelas em que o erro seja imputável à autoridade administrativa."

[92] Há um erro de redação no inciso II. A hipótese se refere a erro na identificação, e não edificação.

[93] "Art. 100. Os pagamentos devidos pelas Fazendas Públicas Federal, Estaduais, Distrital e Municipais, em virtude de sentença judiciária, far-se-ão exclusivamente na ordem cronológica de apresentação dos precatórios e à conta dos créditos respectivos, proibida a designação de casos ou de pessoas nas dotações orçamentárias e nos créditos adicionais abertos para este fim. (Redação dada pela Emenda Constitucional 62, de 2009)"

Ressalte-se que, de acordo com o STJ, mesmo não havendo um pedido de condenação: "O contribuinte pode optar por receber, por meio de precatório ou por compensação, o indébito tributário certificado por sentença declaratória transitada em julgado" (Tema Repetitivo 228; Súmula 461). Essa tese jurídica foi fixada no julgamento do REsp 1.114.404, em acórdão assim ementado:

> Processual civil e tributário. Sentença declaratória do direito à compensação de indébito tributário. Possibilidade de repetição por via de precatório ou requisição de pequeno valor. Faculdade do credor. Recurso especial representativo de controvérsia. Art. 543-C do CPC.
>
> 1. "A sentença declaratória que, para fins de compensação tributária, certifica o direito de crédito do contribuinte que recolheu indevidamente o tributo, contém juízo de certeza e de definição exaustiva a respeito de todos os elementos da relação jurídica questionada e, como tal, é título executivo para a ação visando à satisfação, em dinheiro, do valor devido" (REsp 614.577/SC, Ministro Teori Albino Zavascki).
>
> 2. A opção entre a compensação e o recebimento do crédito por precatório ou requisição de pequeno valor cabe ao contribuinte credor pelo indébito tributário, haja vista que constituem, todas as modalidades, formas de execução do julgado colocadas à disposição da parte quando procedente a ação que teve a eficácia de declarar o indébito. Precedentes da Primeira Seção: REsp.796.064/RJ, Primeira Seção, Rel. Min. Luiz Fux, julgado em 22.10.2008; EREsp 502.618/RS, Primeira Seção, Rel. Min. João Otávio de Noronha, julgado em 08.06.2005; EREsp 609.266/RS, Primeira Seção, Rel. Min. Teori Albino Zavascki, julgado em 23.08.2006.
>
> 3. Recurso especial provido. Acórdão submetido ao regime do art. 543-C do CPC e da Resolução STJ 08/2008.[94]

A jurisprudência do STJ reconhece ainda que "o mandado de segurança constitui ação adequada para a declaração do direito à compensação tributária" (Súmula 213). Por outro lado, em recente decisão, a 1ª Seção esclareceu que "[...] nos autos do Mandado de Segurança, a opção pela compensação ou restituição do indébito – na forma da Súmula 461 do STJ c/c os arts. 66, § 2º, da Lei 8.383/1991 e 74, *caput*, da Lei 9.4390/1996 – refere-se à restituição administrativa do indébito, e não à restituição via precatório ou RPV, uma vez que a pretensão manifestada na via mandamental de condenação da Fazenda Nacional à restituição de tributo indevidamente pago no passado, viabilizando o posterior recebimento desse valor pela via do precatório, implica utilização do Mandado de Segurança como substitutivo da ação de cobrança, o que não se admite, conforme entendimento cristalizado na Súmula 269 do STF[95] (REsp 1.864.092/PR, Rel. Min. Mauro Campbell Marques, 2ª Turma, *DJe* 09.04.2021)"[96].

Essa exegese contrasta em parte com a interpretação consagrada nas Súmulas STF 269 ("O mandado de segurança não é substitutivo de ação de cobrança") e 271 ("Concessão de mandado de segurança não produz efeitos patrimoniais em relação a período pretérito, os quais devem ser reclamados administrativamente ou pela via judicial própria"). Isso foi confirmado pela Corte no julgamento do RE 1.420.691, quando foi fixada a seguinte tese de repercussão geral: "Não se mostra admissível a restituição administrativa do indébito reconhecido na via judicial, sendo indispensável a observância do regime constitucional de precatórios, nos termos do art.

---

94   STJ, 1ª S., REsp 1.114.404, Rel. Min. Mauro Campbell Marques, *DJe* 1º.03.2010.
95   De acordo com as Súmulas STF 269 ("O mandado de segurança não é substitutivo de ação de cobrança") e 271 ("Concessão de mandado de segurança não produz efeitos patrimoniais em relação a período pretérito, os quais devem ser reclamados administrativamente ou pela via judicial própria").
96   STJ, 1ª S., AgInt nos EREsp 1.895.331, Rel. Min. Herman Benjamin, *DJe* 15.03.2022.

Parte Geral · **Capítulo IX** · CRÉDITO TRIBUTÁRIO E LANÇAMENTO | **343**

100 da Constituição Federal" (Tema 1.262)[97]. Portanto, deve ser revisto o entendimento do STJ que permite o uso do mandado de segurança para o reconhecimento do direito à restituição administrativa do indébito.

3.2.6.2 Repetição do indébito nos tributos indiretos

A repetição de indébito, nos termos do art. 166 do CTN, demanda a comprovação de que o sujeito passivo não transferiu o impacto financeiro para terceiro ou, caso o tenha feito, a autorização desse para o recebimento:

> Art. 166. A restituição de tributos que comportem, por sua natureza, transferência do respectivo encargo financeiro somente será feita a quem prove haver assumido o referido encargo, ou, no caso de tê-lo transferido a terceiro, estar por este expressamente autorizado a recebê-la.

Esse dispositivo baseia-se na polêmica diferenciação entre tributos em diretos e indiretos, que, conforme analisado anteriormente, tem com fundamento a possibilidade de *translação* ou *repercussão*, isto é, a transferência econômica do encargo financeiro do tributo para um terceiro[98].

O art. 166 do CTN pressupõe que, em algumas operações de venda ou de prestação de serviços, não em todas, o vendedor ou o prestador pode promover a translação, desde que o tributo, em razão de sua natureza, tenha uma aptidão ou potencial para ter o seu encargo financeiro transferido a terceiro. Essa pode estar presente quando, na configuração do evento imponível, existirem dois sujeitos em polos opostos de uma relação jurídica: de um lado, alguém definido por lei como sujeito passivo da obrigação tributária; e, de outro, o terceiro a quem poderá ser transferido o encargo financeiro. Desde logo, portanto, ficam excluídos os tributos que, em seu antecedente normativo, descrevem: (a) o fato de alguém ser possuidor ou proprietário de um bem (*v.g.*, IPTU, IPVA e ITR); (b) os acréscimos patrimoniais, relativos e periódicos (*v.g.*, o imposto de renda e a CSLL) ou isolados por evento (*v.g.*, PIS/Pasep e Cofins); (c) as transferências gratuitas de bens e direitos (*v.g.*, ITCMD e ITBI); e (d) transposições de fronteira (*v.g.*, II, IE, ICMS-Importação e IPI-Importação).

Em outras situações, a impossibilidade de repercussão decorre da legislação instituidora do tributo. Um exemplo é o IOF, que pode ter como contribuinte qualquer das partes na operação tributada (CTN, art. 66[99]). Entretanto, como a legislação define como sujeito passivo o tomador de crédito (Lei 8.894/1994, art. 3º, I[100]), não há potencialidade translativa, porque o contribuinte não tem como acrescer ou reter o valor do tributo da outra parte.

Todos os demais tributos têm um potencial translativo. Mas esse é apenas teórico, dependente, na prática, de uma série de fatores de difícil demonstração. Não parece que o art. 166 do CTN tenha se referido a essa realidade. Vale lembrar que esse dispositivo foi inserido na ordem jurídica para assegurar o direito à repetição do indébito, antes vedada pela jurisprudência do STF (Súmula 71), e não para inviabilizá-lo por meio da exigência de prova de um fato negativo só concebível em tese. Na verdade, como ensina a professora Misabel Derzi, nas notas de atualização da obra de Aliomar Baleeiro, o art. 166 do CTN trata da repercussão jurídica, ou seja, aqueles casos em que o próprio legislador pressupõe ou presume a translação na disciplina do imposto. No direito

---

[97] STF, T. Pleno, RE 1.420.691 RG, Rel. Min. Rosa Weber, *DJe* 28.08.2023.
[98] Ver Capítulo II, item 2.4.2, da Parte Geral.
[99] "Art. 66. Contribuinte do imposto é qualquer das partes na operação tributada, como dispuser a lei."
[100] "Art. 3º São contribuintes do imposto:
I – os tomadores de crédito, na hipótese prevista no art. 2º, inciso I;
[...]."

brasileiro, apenas o IPI e o ICMS ostentam essa condição. Estes incidem sobre as diferentes etapas da circulação de uma mercadoria, desde o fornecedor do insumo, do fabricante e, no caso do ICMS, até a venda para o consumidor final por parte do comerciante. Para evitar a sobreposição das parcelas (efeito "cascada"), justamente porque pressupõe a translação do valor do tributo para o adquirente, o texto constitucional estabelece o princípio da não cumulatividade, prevendo a compensação do valor devido em cada operação com o montante cobrado nas anteriores[101]. O mesmo se aplica, com a aprovação da Reforma Tributária, ao IBS e ao CBS.

Apesar disso, o Judiciário ainda continua vinculado à noção econômica de translação. Talvez por isso, como ressaltado pelo Min. Ari Pargendler no REsp 68.401, "a aplicação do art. 166 do CTN na repetição de tributos constitui questão ainda não resolvida satisfatoriamente pela jurisprudência"[102]. No STJ, há decisões interpretando que: (i) são **tributos diretos**: o imposto de renda[103], as contribuições previdenciárias[104], o imposto de importação[105], o IOF[106] e o IPTU[107]; e (ii) **tributos indiretos**: o IPI[108] e o ICMS[109]. Ademais, em relação ao IPI e ao ICMS, entende que o

---

[101] BALEEIRO, Aliomar. *Direito tributário brasileiro*. Atual. Misabel Abreu Machado Derzi. 13. ed. Rio de Janeiro: Forense, 2015. p. 886-887. A professora relaciona a translação com as características de neutralidade desses impostos e com os princípios de seletividade e de não cumulatividade. Entende-se, porém, na linha exposta por Schoueri, que essa característica decorre da não cumulatividade do IPI e do ICMS (SCHOUERI, Luís Eduardo. *Direito tributário*. 10. ed. São Paulo: Saraiva, 2021. Edição Kindle). Note-se que, como ressalta o eminente professor, não é qualquer regime não cumulativo que implica essa consequência: "Diferente é o caso das contribuições PIS e Cofins: embora o artigo 3º da Lei 10.637/2002 e também o artigo 3º da Lei 10.833/2003 se refiram a créditos a serem descontados, constata-se que tais créditos não têm relação com o montante recolhido nas etapas anteriores; são, antes, recurso do legislador para adotar a sistemática base a base. Noutras palavras: o valor recolhido pelo fornecedor não tem relação com o 'crédito' do adquirente; este se calcula independentemente. Não é, enfim, crédito transferido e não há que cogitar transferência jurídica" (*Ibid.*, p. 1195).

[102] STJ, 1ª T., REsp 68.401, Rel. Min. Ari Pargendler, *DJ* 28.04.1997.

[103] "[...] o imposto de renda não se inclui dentre aqueles que se enquadram como 'tributos indiretos' a exigir qualquer análise quanto ao art. 166 do CTN" (STJ, 1ª S., EREsp 1.318.163, Rel. Min. Og Fernandes, *DJe* 15.12.2017).

[104] "[...] é desnecessária a comprovação da não repercussão financeira das Contribuições Previdenciárias, que constituem tributo de natureza direta" (STJ, 2ª T., AgRg no REsp 290.859, Rel. Min. Herman Benjamin, *DJe* 24.09.2009). No mesmo sentido: STJ, 1ª T., REsp 1.072.600, Rel. Min. Benedito Gonçalves, *DJe* 04.03.2009; STJ, 2ª T., REsp 661.121, Rel. Min. Castro Meira, *DJ* 16.11.2004.

[105] "[...] especificamente acerca do Imposto de Importação, considerando sua natureza, observa-se que, ainda que se admita a transferência do encargo ao consumidor final, tal repercussão é meramente econômica, decorrente das circunstâncias de mercado, e não jurídica, razão pela qual sua restituição não se condiciona às regras previstas no art. 166 do CTN" (STJ, 2ª T., REsp 1.672.431, Rel. Min. Herman Benjamin, *DJe* 12.09.2017; STJ, 1ª T., REsp 755.490, Rel. Min. Denise Arruda, *DJe* 03.12.2008). Sobre a legitimidade ativa para a repetição do indébito do imposto de importação em face dos regimes de importação por conta e ordem, direta e por encomenda, cf.: SEHN, Solon. *Curso de direito aduaneiro*. 2. ed. Rio de Janeiro: Forense, 2022. p. 203 e ss.

[106] "[...] o pagamento indevido do IOF deve ser devolvido, sem restrição, ao contribuinte de direito" (STJ, 2ª T., REsp 169.654, Rel. Min. Eliana Calmon, *DJ* 05.02.2001).

[107] "[...] o IPTU, por se tratar de tributo direto, não comporta repercussão tributária" (STJ, 2ª T., REsp 778.162, Rel. Min. João Otávio de Noronha, *DJ* 19.04.2006).

[108] "A compensação ou restituição de tributos indiretos (ICMS ou IPI) exige que o contribuinte de direito comprove que suportou o encargo financeiro ou, no caso de tê-lo transferido a terceiro, estar por este expressamente autorizado a pleitear a repetição do indébito, nos termos do art. 166, do CTN (AgRg no REsp 1.058.309/SC, Rel. Min. Luiz Fux, Primeira Turma, *DJe* 14.12.2010)" (STJ, 1ª T., AgInt no REsp 1.689.343, Rel. Min. Gurgel de Faria, *DJe* 17.09.2020).

[109] "A jurisprudência desta Corte pacificou entendimento no sentido de que, na restituição do ICMS em razão do recolhimento indevido, não há como fugir da regra prevista no art. 166 do CTN, que exige peremptoriamente a comprovação de que o contribuinte de direito (comerciante) não repassou ao contribuinte de fato (consumidor) o encargo financeiro do tributo, ou, no caso de tê-lo transferido a terceiro, de que está por este autorizado a pleitear a repetição do indébito. Precedentes: REsp 493.902/SP, Rel. Min. Eliana Calmon, *DJ* de 06.06.2005; AgRg no Ag 634.587/SP, Rel. Min. Denise Arruda, *DJ* de 09.05.2005; e AgRg no Ag 636.095/SP, Rel. Min. José Delgado, *DJ* de 02.05.2005" (STJ, 1ª T., AgRg no REsp 745.671, Rel. Min. Francisco Falcão, *DJ* 05.12.2005).

art. 166 não é aplicável nas seguintes hipóteses: (a) preços tabelados[110]; (b) repetição da diferença entre o valor efetivo da transação e a base de cálculo estimada por parte do contribuinte substituído na substituição tributária progressiva (ICMS-ST)[111]; (c) repetição de indébito de ICMS exigido em vendas bonificadas[112]; (d) repetição de indébito de ICMS em operações de transferência de mercadorias entre estabelecimentos do mesmo titular[113]; (e) recolhimento unificado do ICMS no Simples Nacional[114]; e (f) questões relativas ao creditamento do ICMS[115] e do IPI[116] decorrentes do princípio da não cumulatividade.

Já o ISS, ainda de acordo com o STJ, pode assumir a natureza de tributo direto ou indireto[117]: "quando a lei admite que o imposto seja destacado da nota para ser suportado pelo consumidor tem-se a imposição indireta já que não se confundem o patrimônio desfalcado pelo tributo e a pessoa responsável pelo seu recolhimento ao Estado. Quando o patrimônio da pessoa jurídica obrigada ao recolhimento do tributo for o titular do patrimônio desfalcado pelo tributo temos a imposição direta"[118]. Assim, de um lado, tem sido afastada a natureza indireta do "ISSQN sobre o preço do serviço de sociedade uniprofissional, sujeita à tributação por alíquota fixa"[119]. De outro, mantém-se a aplicabilidade do art. 166 na "pretensão repetitória de valores indevidamente recolhidos a título de ISS incidente sobre a locação de bens móveis"[120].

O STJ entende ainda que a natureza indireta do imposto "impõe que a restituição do indébito somente se faça ao contribuinte que comprovar haver arcado com o referido encargo ou, caso

---

[110] "Tributário. Repetição do indébito. Contribuição para a IAA. Preço tabelado. Art. 166 do CTN. A aplicação do art. 166 do CTN na repetição de tributos constitui questão ainda não resolvida satisfatoriamente pela jurisprudência. Hipótese, todavia, em que tabelado o preço do produto, a presunção e a de que o contribuinte não pode repassar a carga econômica do tributo para o consumidor. Recurso especial não conhecido" (STJ, 1ª T., REsp 68.401, Rel. Min. Ari Pargendler, DJ 28.04.1997).

[111] "Na sistemática da substituição tributária para frente, em que o contribuinte substituído revende a mercadoria por preço menor do que a base de cálculo presumida para o recolhimento do tributo, é inaplicável a condição prevista no art. 166 do CTN" (Tema Repetitivo 1.191). STJ, 1ª S., REsp 2.034.975, REsp 2.035.550 e REsp 2.034.977, Rel. Min. Maria Thereza de Assis Moura, DJe 23.08.2024.

[112] "[...] devolução do ICMS recolhido pela circulação de mercadorias dadas em bonificação, tendo em vista que nessa espécie de operação não há contraprestação financeira que possa fazer constar o repasse da exação" (STJ, 1ª T., AgInt no REsp 1.352.948, Rel. Min. Gurgel de Faria, DJe 09.02.2018).

[113] "[...] porque, nesses casos, a operação indevidamente tributada não envolve venda de mercadoria que possa ensejar o repasse do encargo financeiro do ICMS para terceiro, visto que, nesse estágio da cadeia comercial, a Contribuinte continua ostentando a titularidade física e jurídica da mercadoria, não havendo, ainda, a figura de terceira pessoa a quem possa ser transferido o encargo financeiro" (STJ, 1ª T., AgInt no AREsp 1.134.366, Rel. Min. Napoleão Nunes Maia Filho, DJe 18.12.2020). No mesmo sentido: STJ, 1ª T., AREsp 581.679, Rel. Min. Gurgel de Faria, DJe 04.02.2019.

[114] "Hipótese em que o indébito reclamado, porquanto recolhido por contribuinte optante do SIMPLES (ICMS exigido antecipadamente por [inexistente] diferença entre a alíquota interna e estadual – art. 13, § 1º, XIII, 'g', 2, da Lei Complementar 123/2006), assumiu a feição de tributo direto, o que afasta a aplicação do art. 166 do CTN [...]" (STJ, 1ª T., AgInt no REsp 1.774.837, Rel. Min. Gurgel de Faria, DJe 27.11.2020).

[115] "[...] questão jurídica de aproveitamento de créditos de ICMS decorrentes do princípio da não cumulatividade" (STJ, 2ª T., AgRg no Ag 1.022.174, Rel. Min. Herman Benjamin, DJe 19.03.2009). No mesmo sentido: STJ, 1ª T., AgInt nos EDcl nos EDcl no AREsp 471.109, Rel. Min. Napoleão Nunes Maia Filho, DJe 15.12.2020; STJ, 1ª T., AgInt no REsp 1.863.615, Rel. Min. Regina Helena Costa, DJe 11.02.2021.

[116] "[...] direito ao creditamento do IPI, por não se tratar de repetição de indébito ou compensação" (STJ, 2ª T., REsp 833.264, Rel. Min. Castro Meira, DJ 25.08.2006).

[117] STJ, 1ª S., REsp 1.131.476, Rel. Min. Luiz Fux, DJe 1º.02.2010, submetido ao rito do art. 543-C do CPC/1973. No mesmo sentido: STJ, 1ª T., AgInt no REsp 1.922.342, Rel. Min. Gurgel de Faria, DJe 18.02.2022.

[118] STJ, 2ª T., REsp 1.121.634, Rel. Min. Eliana Calmon, DJe 18.12.2009. No mesmo sentido: STJ, 2ª T., REsp 897.813, Rel. Min. Eliana Calmon, DJe 24.11.2008.

[119] STJ, 2ª T., REsp 1.121.634, Rel. Min. Eliana Calmon, DJe 18.12.2009.

[120] STJ, 1ª T., AgRg nos EDcl no REsp 1.094.268, Rel. Min. Napoleão Nunes Maia Filho, DJe 09.12.2013. No mesmo sentido: 1ª S., REsp 1.131.476, Rel. Min. Luiz Fux, DJe 1º.02.2010, julgado sob a sistemática do art. 543-C do CPC.

contrário, que tenha sido autorizado expressamente pelo terceiro a quem o ônus foi transferido". Por conseguinte, "[...] o direito subjetivo à repetição do indébito pertence exclusivamente ao denominado contribuinte de direito. Contudo, uma vez recuperado o indébito por este junto ao Fisco, pode o contribuinte de fato, com base em norma de direito privado, pleitear junto ao contribuinte tributário a restituição daqueles valores". Essa interpretação foi reafirmada no REsp 903.394, no qual também restou firmada a seguinte tese jurídica: "O contribuinte de fato (*in casu*, distribuidora de bebida) não detém legitimidade ativa *ad causam* para pleitear a restituição do indébito relativo ao IPI incidente sobre os descontos incondicionais, recolhido pelo contribuinte de direito (fabricante de bebida), por não integrar a relação jurídica tributária pertinente" (Tema Repetitivo 173)[121].

Não obstante, em outro recurso repetitivo, o STJ decidiu que, em razão de particularidades do caso concreto, pode-se admitir a legitimidade ativa do contribuinte *de facto* para propor a ação de repetição de indébito, definindo que: "Diante do que dispõe a legislação que disciplina as concessões de serviço público e da peculiar relação envolvendo o Estado-concedente, a concessionária e o consumidor, esse último tem legitimidade para propor ação declaratória c/c repetição de indébito na qual se busca afastar, no tocante ao fornecimento de energia elétrica, a incidência do ICMS sobre a demanda contratada e não utilizada" (Tema Repetitivo 537)[122].

3.2.6.3   Prazo prescricional

O devedor tem um prazo prescricional de cinco anos para pleitear a repetição do indébito, contados na forma do art. 168 do CTN:

> Art. 168. O direito de pleitear a restituição extingue-se com o decurso do prazo de 5 (cinco) anos, contados:
>
> I – nas hipótese dos incisos I e II do artigo 165, da data da extinção do crédito tributário;
>
> II – na hipótese do inciso III do artigo 165, da data em que se tornar definitiva a decisão administrativa ou passar em julgado a decisão judicial que tenha reformado, anulado, revogado ou rescindido a decisão condenatória.

O STJ entende que a prescrição nas ações em que se pleiteia o reconhecimento de um crédito no regime não cumulativo de tributos (ICMS, IPI e PIS-Cofins) não está sujeita ao art. 168 do CTN: "É assente na jurisprudência do Superior Tribunal de Justiça que o prazo para o

---

[121]   STJ, 1ª S., REsp 903.394, Rel. Min. Luiz Fux, *DJe* 26.04.2010. Ressalte-se ainda que, de acordo com a tese fixada no Tema Repetitivo 114: "O art. 166 do CTN tem como cenário natural de aplicação as hipóteses em que o contribuinte de direito demanda a repetição do indébito ou a compensação de tributo cujo valor foi suportado pelo contribuinte de fato" (STJ, 1ª S., REsp 1.110.550, Rel. Min. Teori Albino Zavascki, *DJe* 04.05.2009).

[122]   STJ, 1ª S., REsp 1.299.303, Rel. Min. Cesar Asfor Rocha, *DJe* 14.08.2012. Foi determinante nesse julgamento a seguinte observação do Voto do Relator que, após citar a previsão do art. 9º, § 3º, da Lei 8.987/1995 ("§ 3º Ressalvados os impostos sobre a renda, a criação, alteração ou extinção de quaisquer tributos ou encargos legais, após a apresentação da proposta, quando comprovado seu impacto, implicará a revisão da tarifa, para mais ou para menos, conforme o caso"), ressaltou: "Veja-se que, quando se trata de 'criação ou alteração' de tributos, devendo-se incluir aí as modificações na forma de calcular e na base de cálculo, a concessionária encontra-se sempre protegida, impondo a lei nesses casos, para preservar o 'equilíbrio econômico-financeiro', a majoração da tarifa. Sob esse enfoque é que o Estado-concedente e a concessionária do serviço público encontram-se lado a lado, no mesmo polo, em situação absolutamente cômoda e sem desavenças, inviabilizando qualquer litígio em casos como o presente. O consumidor da energia elétrica, por sua vez, observada a mencionada relação paradisíaca concedente/concessionária, fica relegado e totalmente prejudicado e desprotegido. Esse quadro revela que a concessionária assume o papel de contribuinte de direito apenas 'formalmente', assim como o consumidor também assume a posição de contribuinte de fato em caráter meramente 'formal'".

Parte Geral · Capítulo IX · CRÉDITO TRIBUTÁRIO E LANÇAMENTO | **347**

exercício da pretensão de creditamento de imposto, no regime não cumulativo, é de cinco anos, nos termos do Decreto 20.910/32"[123]. Essa mesma exegese deverá ser estendida ao IBS e à CBS. Trata-se de interpretação acertada, uma vez que o crédito tem natureza financeira, devendo, por conseguinte, incidir o disposto no art. 1º do Decreto 20.910/1932:

> Art. 1º As dívidas passivas da União, dos Estados e dos Municípios, bem assim todo e qualquer direito ou ação contra a Fazenda federal, estadual ou municipal, seja qual for a sua natureza, prescrevem em cinco anos contados da data do ato ou fato do qual se originarem.

A Corte entende ainda que o prazo prescricional das ações declaratórias de nulidade de lançamentos tributários de ofício é quinquenal, nos moldes do art. 1º do Decreto 20.910/1932. No entanto, se houver cumulação com pedido de repetição de indébito, sendo esse o principal, o termo inicial será a data da extinção do crédito tributário. Essa interpretação foi objeto do Tema Repetitivo 229, no qual foi fixada a seguinte tese jurídica: "A ação de repetição de indébito [...] visa à restituição de crédito tributário pago indevidamente ou a maior, por isso que o termo *a quo* é a data da extinção do crédito tributário, momento em que exsurge o direito de ação contra a Fazenda Pública, sendo certo que, por tratar-se de tributo sujeito ao lançamento de ofício, o prazo prescricional é quinquenal, nos termos do art. 168, I, do CTN".

Para a compreensão da *ratio decidendi* do julgado, porém, é necessário o exame da ementa do acórdão:

> **Processo civil e tributário. Recurso especial representativo de controvérsia. Art. 543-C do CPC. IPTU, TCLLP e TIP. Inconstitucionalidade da cobrança do IPTU progressivo, da TCLLP e da TIP. Ação anulatória de lançamento fiscal. Cumulada com repetição de indébito. Prescrição. Termo a quo. Ilegitimidade do novo adquirente que não suportou o ônus financeiro. Violação ao artigo 535 do CPC. Inocorrência. Redução dos honorários advocatícios. Súmula 7 do STJ.**
>
> 1. O prazo prescricional adotado em sede de **ação declaratória de nulidade de lançamentos tributários** é quinquenal, nos moldes do art. 1º do Decreto 20.910/32.
>
> (Precedentes: AgRg no REsp 814.220/RJ, Rel. Ministra Eliana Calmon, Segunda Turma, julgado em 19.11.2009, *DJe* 02.12.2009; AgRg nos EDcl no REsp 975.651/RJ, Rel. Ministro Mauro Campbell Marques, Segunda Turma, julgado em 28.04.2009, *DJe* 15.05.2009; REsp 925.677/RJ, Rel. Ministro Luiz Fux, Primeira Turma, julgado em 21.08.2008, *DJe* 22.09.2008; AgRg no Ag 711.383/RJ, Rel. Min. Denise Arruda, *DJ* 24.04.2006; REsp 755.882/RJ, Rel. Ministro Francisco Falcão, *DJ* 18.12.2006.)
>
> 2. Isto porque o escopo da demanda é a anulação total ou parcial de um crédito tributário constituído pela autoridade fiscal, mediante lançamento de ofício, em que o direito de ação contra a Fazenda Pública decorre da notificação desse lançamento.
>
> 3. A **ação de repetição de indébito**, ao revés, visa à restituição de crédito tributário pago indevidamente ou a maior, por isso que **o termo *a quo* é a data da extinção do crédito tributário**, momento em que exsurge o direito de ação contra a Fazenda Pública, sendo certo que, por tratar-se de tributo sujeito ao lançamento de ofício, o prazo prescricional é quinquenal, nos termos do art. 168, I, do CTN.

---

[123] STJ, 2ª T., AgRg no REsp 1.079.241, Rel. Min. Eliana Calmon, *DJe* 26.02.2009. No mesmo sentido: STJ, 1ª S., AgRg nos EREsp 875.056, Rel. Min. Eliana Calmon, *DJe* 02.06.2008; e 1ª S., AgRg nos EREsp 885.050, Rel. Min. Castro Meira, *DJ* 08.08.2007.

(Precedentes: REsp 1086382/RS, Rel. Ministro Luiz Fux, Primeira Seção, julgado em 14.04.2010, *DJe* 26.04.2010; AgRg nos EDcl no REsp 990.098/SP, Rel. Ministro Benedito Gonçalves, Primeira Turma, julgado em 09.02.2010, *DJe* 18.02.2010; AgRg no REsp 759.776/RJ, Rel. Ministro Herman Benjamin, Segunda Turma, julgado em 17.03.2009, *DJe* 20.04.2009; AgRg no REsp 1072339/SP, Rel. Ministro Castro Meira, Segunda Turma, julgado em 03.02.2009, *DJe* 17.02.2009)

4. *In casu,* os ora Recorridos ajuizaram ação anulatória dos lançamentos fiscais que constituíram créditos tributários relativos ao IPTU, TCLLP e TIP, **cumuladamente com ação de repetição de indébito** relativo aos mesmos tributos, referente aos exercícios de 1995 a 1999, **sendo certo que o pedido principal é a restituição dos valores pagos indevidamente, razão pela qual resta afastada a regra do Decreto 20.910/32**. É que a demanda foi ajuizada em **31.05.2000**, objetivando a repetição do indébito referente ao IPTU, TCLLP, TIP e TCLD, dos exercícios de **1995 a 1999**, ressoando inequívoca a inocorrência da prescrição quanto aos **pagamentos efetuados** posteriormente a 31.05.1995, consoante decidido na sentença e confirmado no acórdão recorrido.

[...]

Acórdão submetido ao regime do art. 543-C do CPC e da Resolução STJ 08/2008.

Embargos de declaração dos recorridos prejudicados[124].

Durante algum tempo, parte da doutrina e da jurisprudência entenderam que o art. 1º do Decreto 20.910/1932 seria aplicável aos casos de repetição de tributos declarados inconstitucionais em controle concentrado. Dessa forma, o termo inicial do prazo quinquenal seria a data da publicação da decisão, e não a extinção do crédito tributário. Essa exegese, entretanto, foi afastada pela tese fixada no REsp 1.110.578/SP: "O prazo de prescrição quinquenal para pleitear a repetição tributária, nos tributos sujeitos ao lançamento de ofício, é contado da data em que se considera extinto o crédito tributário, qual seja, a data do efetivo pagamento do tributo. A declaração de inconstitucionalidade da lei instituidora do tributo em controle concentrado, pelo STF, ou a Resolução do Senado (declaração de inconstitucionalidade em controle difuso) é despicienda para fins de contagem do prazo prescricional tanto em relação aos tributos sujeitos ao lançamento por homologação, quanto em relação aos tributos sujeitos ao lançamento de ofício" (Tema Repetitivo 142)[125].

Outra discussão igualmente superada diz respeito ao termo inicial nos tributos sujeitos ao lançamento por homologação. Alguns autores e o próprio STJ interpretavam que, nessa modalidade de lançamento, a extinção do crédito tributário só ocorre com a homologação do pagamento antecipado realizado pelo sujeito passivo. Daí que, no caso de homologação tácita, o contribuinte teria um prazo dez anos para a propositura da ação: cinco anos para a homologação e cinco para a prescrição. Essa exegese foi afastada pelo art. 3º da Lei Complementar 118/2005, que, no art. 4º, fez referência ao disposto no inciso I do art. 106[126] do CTN, visando a alcançar fatos pretéritos:

Art. 3º Para efeito de interpretação do inciso I do art. 168 da Lei nº 5.172, de 25 de outubro de 1966 – Código Tributário Nacional, a extinção do crédito tributário ocorre, no caso de

---

[124] STJ, 1ª S., REsp 947.206, Rel. Min. Luiz Fux, *DJe* 26.10.2010. Os grifos são originais.
[125] STJ, 1ª S., REsp 1.110.578, Rel. Min. Luiz Fux, *DJe* 21.05.2010.
[126] "Art. 106. A lei aplica-se a ato ou fato pretérito:
I – em qualquer caso, quando seja expressamente interpretativa, excluída a aplicação de penalidade à infração dos dispositivos interpretados;
[...]."

Parte Geral • Capítulo IX • CRÉDITO TRIBUTÁRIO E LANÇAMENTO | **349**

tributo sujeito a lançamento por homologação, no momento do pagamento antecipado de que trata o § 1º do art. 150 da referida Lei.

Art. 4º Esta Lei entra em vigor 120 (cento e vinte) dias após sua publicação, observado, quanto ao art. 3º, o disposto no art. 106, inciso I, da Lei nº 5.172, de 25 de outubro de 1966 – Código Tributário Nacional.

No julgamento do RE 566.621, o STF entendeu que deve ser considerada *lei nova* aquela que afasta uma interpretação consolidada na jurisprudência. Em razão disso, declarou inconstitucional a aplicação retroativa da "interpretação autêntica" da Lei Complementar 118/2005, fixando a seguinte tese de repercussão geral: "É inconstitucional o art. 4º, segunda parte, da Lei Complementar 118/2005, de modo que, para os tributos sujeitos a homologação, o novo prazo de 5 anos para a repetição ou compensação de indébito aplica-se tão somente às ações ajuizadas após o decurso da *vacatio legis* de 120 dias, ou seja, a partir de 9 de junho de 2005"[127]. Em razão disso, a partir do REsp 1.269.570, foram revisadas as teses firmadas nos Temas Repetitivos 137 e 138, de modo que, atualmente, o STJ entende que: "Para as ações ajuizadas a partir de 09.06.2005, aplica-se o art. 3º, da Lei Complementar 118/2005, contando-se o prazo prescricional dos tributos sujeitos a lançamento por homologação em cinco anos a partir do pagamento antecipado de que trata o art. 150, § 1º, do CTN"[128].

Por outro lado, se o sujeito passivo optar por apresentar um pedido administrativo prévio, de acordo com o art. 169, prescreve em dois anos a ação anulatória da decisão que denegar a restituição:

> Art. 169. Prescreve em dois anos a ação anulatória da decisão administrativa que denegar a restituição.
>
> Parágrafo único. O prazo de prescrição é interrompido pelo início da ação judicial, recomeçando o seu curso, por metade, a partir da data da intimação validamente feita ao representante judicial da Fazenda Pública interessada.

O dispositivo faz referência à *ação anulatória da decisão administrativa que denegar a restituição*, o que apenas faz sentido se a repetição do indébito operacionalizada por meio de pedido de compensação com tributo administrado pela Secretaria da Receita Federal. Nesses casos, conforme estabelece o § 2º do art. 74 da Lei 9.430/1994, a compensação declarada por meio do PER/Dcomp extingue o crédito tributário, sob condição resolutória de sua ulterior homologação[129]. Assim, a sentença que anula o despacho decisório que não homologou a compensação implica o reconhecimento da extinção do crédito tributário. Contudo, se houve apenas a negativa de restituição, a parte não obtém qualquer proveito com a simples anulação da decisão administrativa. O contribuinte, na verdade, deve pleitear a anulação da decisão e a condenação da Fazenda Pública a restituir o valor pago indevidamente ou a declaração do direito à compensação, sob pena de extinção do processo sem resolução do mérito, por falta de interesse de agir (CPC, art.

---

[127]   STF, Tribunal Pleno, RE 566.621, Rel. Min. Ellen Gracie, *DJe* 11.10.2011.

[128]   Tese firmada pela 1ª Seção do STJ no REsp 1.269.570, Rel. Min. Mauro Campbell Marques, *DJe* 04.06.2012.

[129]   "Art. 74. O sujeito passivo que apurar crédito, inclusive os judiciais com trânsito em julgado, relativo a tributo ou contribuição administrado pela Secretaria da Receita Federal, passível de restituição ou de ressarcimento, poderá utilizá-lo na compensação de débitos próprios relativos a quaisquer tributos e contribuições administrados por aquele Órgão. (Redação dada pela Lei 10.637, de 2002) [...] § 2º A compensação declarada à Secretaria da Receita Federal extingue o crédito tributário, sob condição resolutória de sua ulterior homologação. (Incluído pela Lei 10.637, de 2002)"

485, VI[130]). Para julgar procedente o pedido, por sua vez, o Magistrado deve analisar se houve um pagamento indevido e, em função disso, condenar a Fazenda Pública a restituir o valor recebido.

Por fim, ressalte-se que, de acordo com a Súmula 625 do STJ: "O pedido administrativo de compensação ou de restituição não interrompe o prazo prescricional para a ação de repetição de indébito tributário de que trata o art. 168 do CTN nem o da execução de título judicial contra a Fazenda Pública"[131]. Assim, após o indeferimento administrativo, o sujeito passivo que pretender questionar a decisão deve observar o prazo do art. 169 do CTN[132].

3.3 Compensação

A compensação é uma modalidade de extinção do vínculo obrigacional na qual dois sujeitos de direito desobrigam-se mutuamente do pagamento de dívidas recíprocas, líquidas e vencidas. No direito tributário, a compensação depende de autorização legal e, quando o crédito for decorrente de sentença judicial, exige-se o trânsito em julgado da decisão:

> Art. 170. A lei pode, nas condições e sob as garantias que estipular, ou cuja estipulação em cada caso atribuir à autoridade administrativa, autorizar a compensação de créditos tributários com créditos líquidos e certos, vencidos ou vincendos, do sujeito passivo contra a Fazenda pública.
>
> Parágrafo único. Sendo vincendo o crédito do sujeito passivo, a lei determinará, para os efeitos deste artigo, a apuração do seu montante, não podendo, porém, cominar redução maior que a correspondente ao juro de 1% (um por cento) ao mês pelo tempo a decorrer entre a data da compensação e a do vencimento.
>
> Art. 170-A. É vedada a compensação mediante o aproveitamento de tributo, objeto de contestação judicial pelo sujeito passivo, antes do trânsito em julgado da respectiva decisão judicial. (Artigo incluído pela Lcp nº 104, de 2001)

A jurisprudência do STJ tem uma série de precedentes vinculantes que delimitam o direito de compensação em matéria tributária:

a) "É incabível o mandado de segurança para convalidar a compensação tributária realizada pelo contribuinte" (Súmula 460);

b) "É necessária a efetiva comprovação do recolhimento feito a maior ou indevidamente para fins de declaração do direito à compensação tributária em sede de mandado de

---

[130] "Art. 485. O juiz não resolverá o mérito quando: [...] VI – verificar ausência de legitimidade ou de interesse processual."

[131] A Súmula 625 não é aplicável quando o contribuinte pleiteia o reconhecimento de um crédito no regime não cumulativo de tributos (ICMS, IPI e PIS-Cofins), uma vez que, nesses casos, o STJ entende que, em razão da natureza financeira do crédito, o prazo prescricional está sujeito ao Decreto 20.910/1932. Esse decreto, por sua vez, estabelece que "não corre a prescrição durante a demora que, no estudo, ao reconhecimento ou no pagamento da dívida, considerada líquida, tiverem as repartições ou funcionários encarregados de estudar e apurá-la" (art. 4º) e que "A suspensão da prescrição, neste caso, verificar-se-á pela entrada do requerimento do titular do direito ou do credor nos livros ou protocolos das repartições públicas, com designação do dia, mês e ano" (parágrafo único).

[132] O STJ entende que incide o prazo de dois anos "em ação que pleiteia, também, a anulação da decisão administrativa denegatória da restituição (art. 169 do CTN)". Por outro lado, já decidiu que: "Merece reforma o acórdão recorrido, que aplicou diretamente o prazo prescricional para repetição do indébito (art. 168 do CTN) em ação que pleiteia, também, a anulação da decisão administrativa denegatória da restituição (art. 169 do CTN). Precedentes" (STJ, 2ª T., AgInt no REsp 1.683.673, Rel. Min. Francisco Falcão, Rel. p/ Ac. Min. Mauro Campbell Marques, *DJe* 10.11.2022).

segurança" (Tema Repetitivo 118)[133], o que foi explicitado nos REsps 1.365.095[134] e 1.715.256[135]:

(i) "tratando-se de Mandado de Segurança impetrado com vistas a declarar o direito à compensação tributária, em virtude do reconhecimento da ilegalidade ou inconstitucionalidade da anterior exigência da exação, independentemente da apuração dos respectivos valores, é suficiente, para esse efeito, a comprovação cabal de que o impetrante ocupa a posição de credor tributário, visto que os comprovantes de recolhimento indevido serão exigidos posteriormente, na esfera administrativa, quando o procedimento de compensação for submetido à verificação pelo Fisco"; e

(ii) "tratando-se de Mandado de Segurança com vistas a obter juízo específico sobre as parcelas a serem compensadas, com efetiva alegação da liquidez e certeza dos créditos, ou, ainda, na hipótese em que os efeitos da sentença supõem a efetiva homologação da compensação a ser realizada, o crédito do Contribuinte depende de quantificação, de modo que a inexistência de comprovação suficiente dos valores indevidamente recolhidos representa a ausência de prova pré-constituída indispensável à propositura da ação mandamental".

c) "Em se tratando de compensação tributária, deve ser considerado o regime jurídico vigente à época do ajuizamento da demanda, não podendo ser a causa julgada à luz do direito superveniente, tendo em vista o inarredável requisito do prequestionamento, viabilizador do conhecimento do apelo extremo, ressalvando-se o direito de o contribuinte proceder à compensação dos créditos pela via administrativa, em conformidade com as normas posteriores, desde que atendidos os requisitos próprios" (Tema Repetitivo 265)[136];

d) "A compensação efetuada pelo contribuinte, antes do ajuizamento do feito executivo, pode figurar como fundamento de defesa dos embargos à execução fiscal, a fim de ilidir a presunção de liquidez e certeza da CDA, máxime quando, à época da compensação, restaram atendidos os requisitos da existência de crédito tributário compensável, da configuração do indébito tributário, e da existência de lei específica autorizativa da citada modalidade extintiva do crédito tributário" (Tema Repetitivo 294[137]).

A Súmula 212 ("A compensação de créditos tributários não pode ser deferida em ação cautelar ou por medida liminar cautelar ou antecipatória") foi cancelada pelo STJ após o julgamento da ADI 4.296, no qual o STF declarou a pela inconstitucionalidade do art. 7º, § 2º, da Lei 12.016/2009, que vedava a concessão de liminar em mandado de segurança para fins de compensação de crédito tributário:

---

133 STJ, 1ª S., REsp 1.111.164, Rel. Min. Teori Albino Zavascki, *DJe* 22.05.2009.

134 STJ, 1ª S., REsp 1.365.095, Rel. Min. Napoleão Nunes Maia Filho, *DJe* 11.03.2019.

135 STJ, 1ª S., REsp 1.715.256, Rel. Min. Napoleão Nunes Maia Filho, *DJe* 11.03.2019.

136 STJ, 1ª S., REsp 1.137.738, Rel. Min. Luiz Fux, *DJe* 1º.02.2010.

137 STJ, 1ª S., REsp 1.008.343/SP, Rel. Min. Luiz Fux, j. 09.12.2009, *DJe* 1º.02.2010. Na ementa do acórdão, foi destacado que: "A compensação tributária adquire a natureza de direito subjetivo do contribuinte (oponível em sede de embargos à execução fiscal), em havendo a concomitância de três elementos essenciais: (i) a existência de crédito tributário, como produto do ato administrativo do lançamento ou do ato-norma do contribuinte que constitui o crédito tributário; (ii) a existência de débito do fisco, como resultado: (a) de ato administrativo de invalidação do lançamento tributário, (b) de decisão administrativa, (c) de decisão judicial, ou (d) de ato do próprio administrado, quando autorizado em lei, cabendo à Administração Tributária a fiscalização e ulterior homologação do débito do fisco apurado pelo contribuinte; e (iii) a existência de lei específica, editada pelo ente competente, que autorize a compensação, *ex vi* do artigo 170, do CTN".

Art. 7º [...]

§ 2º Não será concedida medida liminar que tenha por objeto a compensação de créditos tributários, a entrega de mercadorias e bens provenientes do exterior, a reclassificação ou equiparação de servidores públicos e a concessão de aumento ou a extensão de vantagens ou pagamento de qualquer natureza.

É importante ressaltar que, nesse acórdão, o STF julgou parcialmente procedente o pedido para declarar a inconstitucionalidade do art. 7º, § 2º, nos termos do voto do Ministro Alexandre de Moraes, que, por sua vez, fez a seguinte ressaltava em relação a essa matéria:

Desse modo, presentes os requisitos ensejadores da medida liminar em sede de mandado de segurança, a concessão da medida liminar será ínsita à finalidade constitucional de proteção ao direito líquido e certo, sendo qualquer proibição por ato normativo eivada de absoluta inconstitucionalidade, uma vez que se restringe a eficácia do remédio constitucional. Em outras palavras, um obstáculo que se coloque aqui como intransponível simplesmente pode afastar qualquer possibilidade posterior de garantir o direito líquido e certo do impetrante, o que pode simplesmente aniquilar o próprio mandado de segurança.

E não se diga – com a devida vênia às posições em contrário – que a eventual concessão de medida liminar, por parte do magistrado de primeira instância, pode tornar sem retorno o *status quo*. Ora, sabemos todos, na prática, que a Fazenda Pública só vai cumprir depois de ingressar com agravo de instrumento, com suspensão de segurança, ou inúmeros outros instrumentos que permitam uma reconsideração dessa medida liminar. O mandado de segurança contra a Fazenda Pública, mesmo o coletivo, não deixa de ser uma luta de Davi contra Golias. O Estado, fortíssimo, antes de cumprir a decisão cautelar, entra automaticamente com todas as medidas possíveis e necessárias de recorribilidade. Se perder todas, mostra que, realmente, a liminar deveria ter sido concedida. Agora, se negarmos, desde logo, essa possibilidade, nessa luta de Davi contra Golias, Davi não terá nenhuma outra possibilidade de proteção ao seu direito líquido e certo em várias oportunidades em que aquele lapso temporal poderá colocar em risco totalmente a concretização de seu direito. Se entendermos que a cautelaridade pode ser vedada pela legislação, não há nenhum instrumento que garanta o poder geral de cautela do magistrado, e acabaremos, realmente, parece-me aqui, sujeitando o Judiciário à Fazenda Pública.

Assim como o Tribunal já decidiu que o juiz poderia e pode reconhecer difusamente a inconstitucionalidade da vedação ao provimento cautelar, entendo que esta Corte, em sede concentrada, deve garantir a efetividade, isto é, a concretização da proteção constitucional aos direitos líquidos e certos protegidos por mandado de segurança; e, nessa proteção, engloba-se a cautelaridade. Obstáculos que se coloquem à concessão da medida liminar em mandado de segurança, a meu ver, serão sempre inconstitucionais por restringirem uma ação constitucional de natureza civil estampada no art. 5º da Constituição, na previsão dos nossos direitos e garantias fundamentais.

Isso se aplica em relação ao § 2º do art. 7º da Lei 12.016/2009, que estabelece a proibição absoluta de concessão de medida cautelar quando se tenha por objeto "a compensação de créditos tributários, a entrega de mercadorias e bens provenientes do exterior, a reclassificação ou equiparação de servidores públicos e a concessão de aumento ou a extensão de vantagens ou pagamento de qualquer natureza".

[...]

Diante dessas considerações, entendo que as cláusulas restritivas à possibilidade de o juiz conceder medidas liminares no âmbito do mandado de segurança comprometem o

Parte Geral • Capítulo IX • CRÉDITO TRIBUTÁRIO E LANÇAMENTO | 353

poder geral de cautela do magistrado, a garantia de pleno acesso à jurisdição e a própria defesa do direito líquido e certo protegida pela Constituição Federal.

Portanto, também devem ser canceladas as teses firmadas pelo STJ nos Temas Repetitivos 345 e 346:

a) "Nos termos do art. 170-A do CTN, 'é vedada a compensação mediante o aproveitamento de tributo, objeto de contestação judicial pelo sujeito passivo, antes do trânsito em julgado da respectiva decisão judicial', vedação que se aplica inclusive às hipóteses de reconhecida inconstitucionalidade do tributo indevidamente recolhido" (Tema Repetitivo 346)[138];

b) "Em se tratando de compensação de crédito objeto de controvérsia judicial, é vedada a sua realização 'antes do trânsito em julgado da respectiva decisão judicial', conforme prevê o art. 170-A do CTN, vedação que, todavia, não se aplica a ações judiciais propostas em data anterior à vigência desse dispositivo, introduzido pela LC 104/2001" (Tema Repetitivo 345)[139].

O STJ entende ainda que: "Fora dos casos previstos no art. 151, do CTN, a compensação de ofício é ato vinculado da Fazenda Pública Federal a que deve se submeter o sujeito passivo, inclusive sendo lícitos os procedimentos de concordância tácita e retenção previstos nos §§ 1º e 3º, do art. 6º, do Decreto 2.138/97" (Tema Repetitivo 484)[140]. A compensação de ofício de tributos com exigibilidade suspensa por parcelamento, por sua vez, foi declarada inconstitucional pelo STF no RE 917.285:

> Recurso extraordinário. Repercussão geral. Normas gerais de Direito Tributário. Artigo 146, III, "b", da CF. Artigo 170 do CTN. Norma geral em matéria de compensação. Compensação de ofício. Artigo 73, parágrafo único (incluído pela Lei nº 12.844/13), da Lei nº 9.430/96. Débitos parcelados sem garantia. Suspensão da exigibilidade do crédito (art. 151, VI, do CTN). Impossibilidade de compensação unilateral. Inconstitucionalidade da expressão "ou parcelados sem garantia".
>
> [...]
>
> 4. O art. 151, VI, do CTN, ao prever que o parcelamento suspende a exigibilidade do crédito tributário, não condiciona a existência ou não de garantia. O parágrafo único do art. 73 da Lei nº 9.430/96 (incluído pela Lei nº 12.844/13), ao permitir que o Fisco realize compensação de ofício de débito parcelado sem garantia, condiciona a eficácia plena da

---

138 STJ, 1ª S., REsp 1.167.039, Rel. Min. Teori Albino Zavascki, DJe 02.09.2010.
139 STJ, 1ª S., REsp 1.164.452, Rel. Min. Teori Albino Zavascki, DJe 02.09.2010.
140 Na ementa do acórdão do REsp 1.213.082, foi esclarecido que: "2. O art. 6º e parágrafos, do Decreto 2.138/97, bem como as instruções normativas da Secretaria da Receita Federal que regulamentam a compensação de ofício no âmbito da Administração Tributária Federal (arts. 6º, 8º e 12, da IN SRF 21/1997; art. 24, da IN SRF 210/2002; art. 34, da IN SRF 460/2004; art. 34, da IN SRF 600/2005; e art. 49, da IN SRF 900/2008), extrapolaram o art. 7º, do Decreto-lei 2.287/86, tanto em sua redação original quanto na redação atual dada pelo art. 114, da Lei 11.196, de 2005, somente no que diz respeito à imposição da compensação de ofício aos débitos do sujeito passivo que se encontram com exigibilidade suspensa, na forma do art. 151, do CTN (v.g., débitos inclusos no REFIS, PAES, PAEX etc.). Fora dos casos previstos no art. 151, do CTN, a compensação de ofício é ato vinculado da Fazenda Pública Federal a que deve se submeter o sujeito passivo, inclusive sendo lícitos os procedimentos de concordância tácita e retenção previstos nos §§ 1º e 3º, do art. 6º, do Decreto 2.138/97. [...]" (STJ, 1ª S., REsp 1.213.082, Rel. Min. Mauro Campbell Marques, DJe 18.08.2011).

354 | CURSO DE DIREITO TRIBUTÁRIO – *Solon Sehn*

hipótese de suspensão do crédito tributário – no caso, o "parcelamento" (CTN – art. 151, VI) – a condição não prevista em lei complementar.

5. Recurso extraordinário a que se nega provimento, mantendo-se o acórdão em que se declarou a inconstitucionalidade da expressão "ou parcelados sem garantia", constante do parágrafo único do art. 73 da Lei nº 9.430/96, incluído pela Lei nº 12.844/13, por afronta ao art. 146, III, "b", da Constituição Federal.

6. Tese do Tema nº 874 de repercussão geral: "É inconstitucional, por afronta ao art. 146, III, b, da CF, a expressão 'ou parcelados sem garantia' constante do parágrafo único do art. 73, da Lei nº 9.430/96, incluído pela Lei nº 12.844/13, na medida em que retira os efeitos da suspensão da exigibilidade do crédito tributário prevista no CTN[141].

Outra questão controversa diz respeito à compensação de tributos com precatórios. Analisando a matéria em face do disposto no art. 78, § 3º, do ADCT[142], o STJ entendeu que, em razão do art. 170 do CTN, a compensação depende de lei autorizadora[143], que também pode restringir a compensação aos créditos tributários inscritos em dívida ativa[144]. A eficácia do art. 78 do ADCT foi suspensa cautelarmente pelo STF na ADI 2.356 MC e ADI 2.362 MC[145]. Após julgar o mérito dessas ações, a Suprema Corte deverá examinar ainda "a aplicabilidade imediata, ou não, do art. 78, § 2º, do Ato das Disposições Constitucionais Transitórias, e a possibilidade, ou não, à luz desse dispositivo, de compensação de débitos tributários com precatórios de natureza alimentar" no RE 970.343 (Tema 111).

Também há previsão de compensação com precatório no § 10 do art. 97 do ADCT, na redação da Emenda 62/2009, bem como no § 11 do art. 100 da Constituição, na redação da Emenda 113/2021:

> Art. 97. [...]
> § 10. No caso de não liberação tempestiva dos recursos de que tratam o inciso II do § 1º e os §§ 2º e 6º deste artigo: (Incluído pela Emenda Constitucional nº 62, de 2009) [...]
> II – constituir-se-á, alternativamente, por ordem do Presidente do Tribunal requerido, em favor dos credores de precatórios, contra Estados, Distrito Federal e Municípios de-

---

[141] STF, Tribunal Pleno, RE 917.285/SC, Rel. Min. Dias Toffoli, *DJe*-243 05.10.2020, p. 06.10.2020.

[142] "Art. 78. Ressalvados os créditos definidos em lei como de pequeno valor, os de natureza alimentícia, os de que trata o art. 33 deste Ato das Disposições Constitucionais Transitórias e suas complementações e os que já tiverem os seus respectivos recursos liberados ou depositados em juízo, os precatórios pendentes na data de promulgação desta Emenda e os que decorram de ações iniciais ajuizadas até 31 de dezembro de 1999 serão liquidados pelo seu valor real, em moeda corrente, acrescido de juros legais, em prestações anuais, iguais e sucessivas, no prazo máximo de dez anos, permitida a cessão dos créditos. (Incluído pela Emenda Constitucional 30, de 2000)
[...] § 2º As prestações anuais a que se refere o *caput* deste artigo terão, se não liquidadas até o final do exercício a que se referem, poder liberatório do pagamento de tributos da entidade devedora. (Incluído pela Emenda Constitucional 30, de 2000)"

[143] "2. A compensação de débitos tributários com precatórios alimentares vencidos, não pagos e adquiridos de terceiro, só é possível, à luz do art. 170 do CTN, quando houver lei específica autorizadora" (STJ, AgRg nos EDcl no RMS 35.581, Rel. Min. Gurgel de Faria, *DJe* 19.08.2016).

[144] "Para os fins do art. 78, § 2º, do ADCT, a condição prevista no Decreto 5.154/2001, do Estado do Paraná, referente à prévia inscrição do débito tributário em dívida ativa, tem respaldo tanto na Constituição Federal quanto no art. 35 da Lei Paranaense 11.580/96. Com efeito, é plenamente legítimo o ato normativo infraconstitucional que, nos termos do art. 170 do CTN, autoriza a compensação de parcelas vencidas e não pagas de precatórios próprios ou objeto de cessão, com créditos tributários ou não tributários, desde que estejam tais créditos inscritos em dívida ativa. Nesse sentido: AgRg no Ag 1.207.543/PR, 1ª Turma, Rel. Min. Benedito Gonçalves, *DJe* de 17.06.2010; AgRg no RMS 29.153/MG, 2ª Turma, Rel. Min. Mauro Campbell Marques, *DJe* de 28.09.2009" (STJ, 2ª T., RMS 29.064, Rel. Min. Mauro Campbell Marques, *DJe* 25.11.2010).

[145] STF, Tribunal Pleno, ADI 2.356 MC e ADI 2.362 MC, Rel. p/ o Ac. Min. Ayres Britto, *DJe* 19.05.2011.

vedores, direito líquido e certo, autoaplicável e independentemente de regulamentação, à compensação automática com débitos líquidos lançados por esta contra aqueles, e, havendo saldo em favor do credor, o valor terá automaticamente poder liberatório do pagamento de tributos de Estados, Distrito Federal e Municípios devedores, até onde se compensarem; (Incluído pela Emenda Constitucional nº 62, de 2009)

[...]

Art. 100. [...]

§ 11. É facultada ao credor, conforme estabelecido em lei do ente federativo devedor, com auto aplicabilidade para a União, a oferta de créditos líquidos e certos que originalmente lhe são próprios ou adquiridos de terceiros reconhecidos pelo ente federativo ou por decisão judicial transitada em julgado para: (Redação dada pela Emenda Constitucional nº 113, de 2021)

I – quitação de débitos parcelados ou débitos inscritos em dívida ativa do ente federativo devedor, inclusive em transação resolutiva de litígio, e, subsidiariamente, débitos com a administração autárquica e fundacional do mesmo ente; (Incluído pela Emenda Constitucional nº 113, de 2021)

Note-se que, na hipótese prevista no § 10 do art. 97 do ADCT, a Emenda 62/2009 estabeleceu expressamente que o direito de compensação é *autoaplicável e independentemente de regulamentação*. Já na compensação prevista no § 11 do art. 100, o direito depende de *lei do ente federativo devedor*, com autoaplicabilidade para a União. Ademais, restringe-se a *débitos parcelados* ou *inscritos em dívida ativa*. No julgamento das ADI 7.047 e 7.066, entretanto, o STF deu "[...] interpretação conforme a Constituição ao art. 100, § 11, da Constituição, com redação da EC 113/21, para excluir a expressão 'com auto aplicabilidade para a União' de seu texto"[146].

Por fim, no julgamento do RE 796.939, o STF definiu que: "É inconstitucional a multa isolada prevista em lei para incidir diante da mera negativa de homologação de compensação tributária por não consistir em ato ilícito com aptidão para propiciar automática penalidade pecuniária" (Tema 736)[147].

3.4 Transação

Na transação, as partes realizam concessões mútuas visando à prevenção ou ao encerramento de um litígio. Trata-se de uma modalidade de extinção do crédito tributário prevista no art. 171 do CTN:

Art. 171. A lei pode facultar, nas condições que estabeleça, aos sujeitos ativo e passivo da obrigação tributária celebrar transação que, mediante concessões mútuas, importe em determinação de litígio e consequente extinção de crédito tributário.

Parágrafo único. A lei indicará a autoridade competente para autorizar a transação em cada caso.

No direito tributário, portanto, cabe apenas a transação terminativa, devendo ser autorizada por lei. No âmbito federal, após a Lei 13.988/2020, a transação tornou-se bastante recorrente, tendo se mostrado, ademais, um instrumento eficiente para o recebimento dos créditos tributários e para a diminuição do estoque de dívida ativa da União.

---

[146] STF, Tribunal Pleno, ADI 7.047, Rel. Min. Luiz Fux, *DJe* 19.12.2023; STF, Tribunal Pleno, ADI 7.064, Rel. Min. Luiz Fux, *DJe* 19.12.2023.

[147] STF, Tribunal Pleno, RE 796.939, Rel. Min. Edson Fachin, *DJe* 23.05.2023.

356 | CURSO DE DIREITO TRIBUTÁRIO – *Solon Sehn*

3.5 Remissão

A remissão é o perdão da dívida pelo credor e, nos termos do § 6º do art. 150 da Constituição Federal, apenas pode ser concedida mediante *lei específica*[148]. O § 11 do art. 195, por sua vez, proíbe, na forma prevista em lei complementar, a remissão das contribuições da alínea "a" do inciso I e do inciso II. Ademais, as regras do Novo Regime Fiscal do ADCT exigem a apresentação de estimativa de impacto financeiro e orçamentário nas propostas legislativas que impliquem renúncia de receitas (art. 113), o que, de acordo com o art. 14, § 1º, da Lei de Responsabilidade Fiscal (Lei Complementar 101/2000), abrange a concessão de *remissão*.

Também devem ser observadas as exigências do art. 172 do CTN:

> Art. 172. A lei pode autorizar a autoridade administrativa a conceder, por despacho fundamentado, remissão total ou parcial do crédito tributário, atendendo:
>
> I – à situação econômica do sujeito passivo;
>
> II – ao erro ou ignorância excusáveis[149] [sic] do sujeito passivo, quanto a matéria de fato;
>
> III – à diminuta importância do crédito tributário;
>
> IV – a considerações de equidade, em relação com as características pessoais ou materiais do caso;
>
> V – a condições peculiares a determinada região do território da entidade tributante.
>
> Parágrafo único. O despacho referido neste artigo não gera direito adquirido, aplicando-se, quando cabível, o disposto no artigo 155[150].

A remissão, ao contrário da anistia, refere-se apenas ao *crédito tributário*. Ademais, recorde-se que, de acordo com o inciso II do art. 125 do CTN, a remissão exonera todos os devedores solidários, salvo se outorgada pessoalmente a um deles. Nesse caso, a solidariedade subsiste quanto aos demais pelo saldo, o que significa que a parcela do débito remitido deve ser abatida do total.

3.6 Decadência

A decadência ou caducidade extingue o próprio direito material, atingindo tipicamente direitos potestativos ou formativos, que são desprovidos de pretensão. Esses direitos não se contrapõem à prestação de um devedor ou obrigado. Sua implementação ocorre mediante simples manifestação da vontade do titular, o que, em certos casos, pode demandar a propositura de uma

---

[148] "Art. 150. [...] § 6º Qualquer subsídio ou isenção, redução de base de cálculo, concessão de crédito presumido, anistia ou remissão, relativos a impostos, taxas ou contribuições, só poderá ser concedido mediante lei específica, federal, estadual ou municipal, que regule exclusivamente as matérias acima enumeradas ou o correspondente tributo ou contribuição, sem prejuízo do disposto no art. 155, § 2º, XII, 'g'. (Redação dada pela Emenda Constitucional 3, de 1993)"

[149] Também há um erro de grafia nesse dispositivo: o correto é "escusáveis".

[150] "Art. 155. A concessão da moratória em caráter individual não gera direito adquirido e será revogado de ofício, sempre que se apure que o beneficiado não satisfazia ou deixou de satisfazer as condições ou não cumprira ou deixou de cumprir os requisitos para a concessão do favor, cobrando-se o crédito acrescido de juros de mora:

I – com imposição da penalidade cabível, nos casos de dolo ou simulação do beneficiado, ou de terceiro em benefício daquele;

II – sem imposição de penalidade, nos demais casos.

Parágrafo único. No caso do inciso I deste artigo, o tempo decorrido entre a concessão da moratória e sua revogação não se computa para efeito da prescrição do direito à cobrança do crédito; no caso do inciso II deste artigo, a revogação só pode ocorrer antes de prescrito o referido direito."

Parte Geral • Capítulo IX • CRÉDITO TRIBUTÁRIO E LANÇAMENTO | 357

ação de natureza constitutiva. A extinção, assim, resulta do não exercício tempestivo ou, quando é necessária uma ação, do não ajuizamento no prazo legal[151].

O Código Tributário Nacional não foi preciso ao estabelecer que a decadência extingue o crédito tributário. Este, como todo direito de crédito, não tem natureza potestativa, porque há uma prestação contraposta do devedor. A caducidade, a rigor, não atinge o crédito, mas o direito (ou poder-dever) que a administração pública tem de efetuar o lançamento tributário, isto é, de constituir o crédito tributário por meio desse ato administrativo[152].

Portanto, a decadência é a perda do direito de efetuar o lançamento tributário em razão de seu não exercício no prazo de cinco anos contados, nos termos do art. 173 do CTN:

> Art. 173. O direito de a Fazenda Pública constituir o crédito tributário extingue-se após 5 (cinco) anos, contados:
>
> I – do primeiro dia do exercício seguinte àquele em que o lançamento poderia ter sido efetuado;
>
> II – da data em que se tornar definitiva a decisão que houver anulado, por vício formal, o lançamento anteriormente efetuado.
>
> Parágrafo único. O direito a que se refere este artigo extingue-se definitivamente com o decurso do prazo nele previsto, contado da data em que tenha sido iniciada a constituição do crédito tributário pela notificação, ao sujeito passivo, de qualquer medida preparatória indispensável ao lançamento.

A decadência tributária já foi objeto de intenso debate doutrinário, o que se refletiu em diferentes interpretações no âmbito judicial, notadamente nos tributos sujeitos ao lançamento por homologação. Inicialmente, alguns julgados no STJ entenderam que neles o termo inicial do prazo decadencial seria a data da homologação[153], o que levaria a um prazo total de 10 anos

---

151 Essa sutil, mas relevante distinção é assim explicada por Agnelo Amorim Filho, ao ressaltar que: "[...] há uma terceira categoria de direitos potestativos que só podem ser exercidos por meio de ação. A ação, aqui, já não tem caráter simplesmente subsidiário, ou facultativo, mas obrigatório, como forma de exercício do direito. Consequentemente, nessa terceira categoria não se dispensa a propositura da ação nem mesmo quando todos os interessados, inclusive aqueles que sofrem *sujeição*, estão de acordo em que o direito seja exercitado por outra forma" (AMORIM FILHO, Agnelo. Critério científico para distinguir a prescrição da decadência e para identificar as ações imprescritíveis. *Revista dos Tribunais*, v. 49, n. 300, 1960. p. 14). É o caso, por exemplo, de alguns direitos potestativos relativos ao estado civil das pessoas. A ação, ademais, será sempre de natureza constitutiva, ao contrário da prescrição, que envolve ação condenatória.

152 Como ensina Marçal Justen Filho que: "A perda de direitos em virtude da ausência tempestiva do seu exercício no relacionamento direto entre Administração e particular *não* configura hipótese de prescrição. Assim se passa porque não se trata de ausência de exercício do direito de ação, mas do não exercício de direitos e poderes de direito material. Portanto, trata-se de hipótese de decadência, não de prescrição" (JUSTEN FILHO, Marçal. *Curso de direito administrativo*. 13. ed. São Paulo: RT, 2018. p. 1347). No mesmo sentido: BANDEIRA DE MELLO, Celso Antônio. *Curso de direito administrativo*. 18. ed. São Paulo: Malheiros, 2005. p. 969.

153 "Tributário. Contribuição previdenciária. Constituição do crédito tributário. Decadência. Prazo (CTN, art. 173).
I – O art. 173, I do CTN deve ser interpretado em conjunto com seu art. 150, par. 4.
II – O Termo inicial da decadência prevista no art. 173, I, do CTN não é a data em que ocorreu o fato gerador.
III – A decadência relativa ao direito de constituir crédito tributário somente ocorre depois de cinco anos, contados do exercício seguinte aquele em que se extinguiu o direito potestativo de o estado rever e homologar o lançamento (CTN, art. 150, par. 4.).
IV – Se o fato gerador ocorreu em outubro de 1974, a decadência opera-se em 1º de janeiro de 1985" (STJ, 1ª T., REsp 58.918/RJ, Rel. Min. Humberto Gomes de Barros, *DJ* 19.06.1995).

358 | CURSO DE DIREITO TRIBUTÁRIO – *Solon Sehn*

para a lavratura do lançamento de ofício[154]. Entretanto, a Primeira Seção acabou definindo que "o prazo decadencial quinquenal para o Fisco constituir o crédito tributário (lançamento de ofício) conta-se do primeiro dia do exercício seguinte àquele em que o lançamento poderia ter sido efetuado, nos casos em que a lei não prevê o pagamento antecipado da exação ou quando, a despeito da previsão legal, o mesmo inocorre, sem a constatação de dolo, fraude ou simulação do contribuinte, inexistindo declaração prévia do débito" (Tema Repetitivo 163)[155]. Em decorrência desse julgamento, foi aprovada a Súmula 555: "Quando não houver declaração do débito, o prazo decadencial quinquenal para o Fisco constituir o crédito tributário conta-se exclusivamente na forma do art. 173, I, do CTN, nos casos em que a legislação atribui ao sujeito passivo o dever de antecipar o pagamento sem prévio exame da autoridade administrativa".

Outra controvérsia, já analisada anteriormente[156], envolveu o prazo decadencial dos créditos devidos para a seguridade social, ampliados para dez anos pelo art. 45 da Lei 8.212/1991[157]. A questão foi pacificada no julgamento dos Temas 2 e 3 de Repercussão Geral, assim como pela Súmula Vinculante 8: "São inconstitucionais o parágrafo único do art. 5º do DL 1.569/1977 e os arts. 45 e 46 da Lei 8.212/1991, que tratam de prescrição e decadência de crédito tributário"[158].

---

[154] Essa exegese foi questionada na doutrina. Como demonstrado por Eurico Marcos Diniz de Santi, a interpretação da 1ª Turma desvirtuava a finalidade do instituto, que é extinguir o débito, e não o eternizar. O termo "poderia", encontrado no art. 150, § 4º, é simples modalizador deôntico da conduta. Não pode ser interpretado como a própria conduta de lançar, razão pela qual não é idôneo para demarcar o prazo decadencial. Do contrário, acabaria por gerar uma recursividade do discurso, permitindo a dilação ainda maior desse prazo, para quinze anos, vinte, vinte e cinco e assim sucessivamente. Afinal, mesmo ao cabo do prazo decadencial de 10 anos, preconizado pelos defensores dessa exegese, o lançamento poderia ter sido efetivado. Sobre o tema, cf.: DE SANTI, Eurico Diniz. *Lançamento tributário*. São Paulo: Max Limonad, 1996. p. 163 e ss.; XAVIER, Alberto. *Do lançamento no direito tributário brasileiro*. 3. ed. Rio de Janeiro: Forense, 2005. p. 91 e ss.; CARVALHO, Paulo de Barros. *Curso de direito tributário*. 13. ed. São Paulo: Saraiva, 2000. p. 443-472; CARVALHO, Aurora Tomazini de (org.). *Decadência e prescrição em direito tributário*. 2. ed. São Paulo: MP, 2010.

[155] STJ, 1ª S., REsp 973.733/SC, Rel. Min. Luiz Fux, *DJe* 18.09.2009. Registre-se ainda que, de acordo com o Tema Repetitivo 604: "A decadência, consoante a letra do art. 156, V, do CTN, é forma de extinção do crédito tributário. Sendo assim, uma vez extinto o direito, não pode ser reavivado por qualquer sistemática de lançamento ou autolançamento, seja ela via documento de confissão de dívida, declaração de débitos, parcelamento ou de outra espécie qualquer (DCTF, GIA, DCOMP, GFIP etc.)" (STJ, 1ª S., REsp 1355947/SP, Rel. Min. Mauro Campbell Marques, *DJe* 21.06.2013); STJ, 1ª T., AgInt no AREsp 1071400/RS, Rel. Min. Napoleão Nunes Maia Filho, *DJe* 08.10.2020: "[...] a obrigação tributária não declarada pelo contribuinte em tempo e modo determinados pela legislação de regência está sujeita ao procedimento de constituição do crédito pelo fisco por meio do lançamento substitutivo, o qual deve se dar no prazo decadencial previsto no art. 173, I, do CTN, quando não houver pagamento antecipado, ou no art. 150, § 4º, do CTN, quando ocorrer o recolhimento de boa-fé, ainda que em valor menor do que aquele que a Administração entende devido, pois, nesse caso, a atividade exercida pelo contribuinte, de apurar, pagar e informar o crédito tributário, está sujeita à verificação pelo ente público, sem a qual ela é tacitamente homologada. Essa orientação também tem aplicação quando o pagamento parcial do tributo decorre de creditamento tido pelo fisco como indevido".

[156] Capítulo I, item 4.4.3.3.3, da Parte Geral.

[157] O dispositivo, hoje revogado, estabelecia que: "Art. 45. O direito da Seguridade Social apurar e constituir seus créditos extingue-se após 10 (dez) anos contados:

I – do primeiro dia do exercício seguinte àquele em que o crédito poderia ter sido constituído;

II – da data em que se tornar definitiva a decisão que houver anulado, por vício formal, a constituição de crédito anteriormente efetuada".

[158] STF, Tribunal Pleno, RE 559.943, Rel. Min. Cármen Lúcia, *DJe* 26.09.2008. Nesse julgado, o STF decidiu que, "recepcionados pela Constituição da República de 1988 como disposições de lei complementar, subsistem os prazos prescricional e decadencial previstos nos arts. 173 e 174 do CTN", definindo em sede de repercussão geral que: "São inconstitucionais o parágrafo único do artigo 5º do Decreto-lei 1.569/1977 e os artigos 45 e 46 da Lei 8.212/1991, que tratam de prescrição e decadência de crédito tributário" (Tema 03). No RE 560.626, por sua vez, a Suprema Corte definiu que "normas relativas à prescrição e decadência em matéria tributária são reservadas à lei complementar" (Tema 02, primeira parte). STF, Tribunal Pleno, RE 560.626, Rel. Min. Gilmar Mendes, *DJe* 05.12.2008. Nesse julgamento, a *ratio decidendi* foi a seguinte: "As normas relativas

Parte Geral • Capítulo IX • CRÉDITO TRIBUTÁRIO E LANÇAMENTO | **359**

Por fim, é interessante observar que, em relação ao imposto de importação, o Decreto-lei 37/1966 não prevê a diferenciação entre o pagamento de boa-fé e os casos de dolo, fraude ou simulação, estabelecendo que, em qualquer caso, o termo inicial é a data do pagamento parcial:

> Art. 138. O direito de exigir o tributo extingue-se em 5 (cinco) anos, a contar do primeiro dia do exercício seguinte àquele em que poderia ter sido lançado. (Redação dada pelo Decreto-lei nº 2.472, de 1º.09.1988)
>
> Parágrafo único. Tratando-se de exigência de diferença de tributo, contar-se-á o prazo a partir do pagamento efetuado. (Redação dada pelo Decreto-lei nº 2.472, de 1º.09.1988)

Poderia ser questionada a constitucionalidade dessa regra especial. Afinal, na época da edição do Decreto-lei 2.472/1988, o texto constitucional já previa a reserva de lei complementar sobre normas gerais de direito tributário[159]. No entanto, eventual inconstitucionalidade formal implicaria o efeito repristinatório da redação originária do parágrafo único do art. 138 do Decreto-lei 37/1966, que também estabelece a data do pagamento parcial como termo inicial[160]. Logo, como até 15 de março de 1967, data do início da vigência da Constituição de 1967, o Decreto-lei 37/1966 poderia revogar ou estabelecer disposições especiais em relação às normas gerais do CTN, não há o que objetar em relação a essa previsão.

3.7 Prescrição

A prescrição é explicada pela doutrina de diferentes maneiras. Alguns autores entendem que seria a *perda do direito de ação* em razão do não exercício no prazo legal. Outros, de forma mais precisa e considerando as disposições do Código Civil de 2002[161], observam que, diante da autonomia do direito de ação em relação ao direito material, a prescrição opera a *extinção da pretensão* que nasce com a violação do direito, ou seja, da faculdade de poder exigir a sua satisfação em juízo[162]. Assim como na decadência, não houve precisão na disciplina da prescrição pelo Código Tributário Nacional, que a definiu como modalidade de extinção do próprio direito de crédito (art. 156), e não da ação ou da pretensão.

à prescrição e à decadência tributárias têm natureza de normas gerais de direito tributário, cuja disciplina é reservada a lei complementar, tanto sob a Constituição pretérita (art. 18, § 1º, da CF de 1967/69) quanto sob a Constituição atual (art. 146, III, 'b', da CF de 1988). Interpretação que preserva a força normativa da Constituição, que prevê disciplina homogênea, em âmbito nacional, da prescrição, decadência, obrigação e crédito tributários. Permitir regulação distinta sobre esses temas, pelos diversos entes da federação, implicaria prejuízo à vedação de tratamento desigual entre contribuintes em situação equivalente e à segurança jurídica".

[159] Sobre o conteúdo da reserva de lei complementar em matéria de prescrição e decadência, cf.: CARRAZZA, Roque Antonio. *Curso de direito constitucional tributário*. 16. ed. São Paulo: Malheiros, 2001. p. 816-817; BALERA, Wagner. Decadência e prescrição das contribuições de seguridade social. *In*: ROCHA, Valdir de Oliveira (coord.). *Contribuições sociais*: questões polêmicas. São Paulo: Dialética, 1995. p. 96; ESTEVES, Maria do Rosário. *Normas gerais de direito tributário*. São Paulo: Max Limonad, 1997. p. 111; CANAZARO, Fábio. *Lei complementar tributária na Constituição de 1988*: normas gerais em matéria de legislação tributária e autonomia federativa. Porto Alegre: Livraria do Advogado, 2005.

[160] "Art. 138. [...] Parágrafo único. Em se tratando de cobrança de diferença de tributos, conta-se, o prazo a partir do pagamento efetuado."

[161] "Art. 189. Violado o direito, nasce para o titular a pretensão, a qual se extingue, pela prescrição, nos prazos a que aludem os arts. 205 e 206."

[162] Em relação ao tema da prescrição, destacam-se: AMORIM FILHO, Agnelo. Critério científico para distinguir a prescrição da decadência e para identificar as ações imprescritíveis. *Revista dos Tribunais*, v. 49, n. 300. p. 7-37, 1960; THEODORO JÚNIOR, Humberto. *Prescrição e decadência*. 2. ed. Rio de Janeiro: Forense, 2020. Sobre a diferenciação entre *ação* e *pretensão*, cf.: SILVA, Ovídio Baptista da. *Curso de processo civil*: processo de conhecimento. 3. ed. Porto Alegre, Fabris, 1996. p. 59 e ss.

Portanto, na prescrição, o que se tem, a rigor, é a extinção da pretensão ou da faculdade de poder exigir a satisfação do crédito tributário inadimplido em juízo, o que resulta, nos termos do art. 174, no não ajuizamento da execução fiscal no prazo de cinco anos contados de sua constituição definitiva:

> Art. 174. A ação para a cobrança do crédito tributário prescreve em cinco anos, contados da data da sua constituição definitiva.
>
> Parágrafo único. A prescrição se interrompe:
>
> I – pelo despacho do juiz que ordenar a citação em execução fiscal; (Redação dada pela LC 118, de 2005)
>
> II – pelo protesto judicial ou extrajudicial (Redação dada pela LC 208, de 2024);
>
> III – por qualquer ato judicial que constitua em mora o devedor;
>
> IV – por qualquer ato inequívoco ainda que extrajudicial, que importe em reconhecimento do débito pelo devedor.

A jurisprudência do STJ tem os seguintes entendimentos consolidados acerca desse dispositivo:

a) "O pedido de parcelamento fiscal, ainda que indeferido, interrompe o prazo prescricional, pois caracteriza confissão extrajudicial do débito" (Súmula 653);

b) "Em execução fiscal, a prescrição ocorrida antes da propositura da ação pode ser decretada de ofício (art. 219, § 5º, do CPC)" (Súmula 409);

c) "A notificação do auto de infração faz cessar a contagem da decadência para a constituição do crédito tributário; exaurida a instância administrativa com o decurso do prazo para a impugnação ou com a notificação de seu julgamento definitivo e esgotado o prazo concedido pela Administração para o pagamento voluntário, inicia-se o prazo prescricional para a cobrança judicial" (Súmula 622);

d) "O prazo prescricional quinquenal para o Fisco exercer a pretensão de cobrança judicial do crédito tributário conta-se da data estipulada como vencimento para o pagamento da obrigação tributária declarada (mediante DCTF, GIA, entre outros), nos casos de tributos sujeitos a lançamento por homologação, em que, não obstante cumprido o dever instrumental de declaração da exação devida, não restou adimplida a obrigação principal (pagamento antecipado), nem sobreveio quaisquer das causas suspensivas da exigibilidade do crédito ou interruptivas do prazo prescricional" (Tema Repetitivo 383)[163].

Ressalte-se que, para fins de redirecionamento da execução fiscal, ao julgar o Tema Repetitivo 444, o STJ fixou as seguintes teses jurídicas:

> (i) o prazo de redirecionamento da Execução Fiscal, fixado em cinco anos, contado da diligência de citação da pessoa jurídica, é aplicável quando o referido ato ilícito, previsto no art. 135, III, do CTN, for precedente a esse ato processual;
>
> (ii) a citação positiva do sujeito passivo devedor original da obrigação tributária, por si só, não provoca o início do prazo prescricional quando o ato de dissolução irregular for a ela

---

[163] STJ, 1ª S., REsp 1.120.295, Rel. Min. Luiz Fux, *DJe* 21.05.2010.

Parte Geral • Capítulo IX • CRÉDITO TRIBUTÁRIO E LANÇAMENTO | **361**

subsequente, uma vez que, em tal circunstância, inexistirá, na aludida data (da citação), pretensão contra os sócios-gerentes (conforme decidido no REsp 1.101.728/SP, no rito do art. 543-C do CPC/1973, o mero inadimplemento da exação não configura ilícito atribuível aos sujeitos de direito descritos no art. 135 do CTN). O termo inicial do prazo prescricional para a cobrança do crédito dos sócios-gerentes infratores, nesse contexto, é a data da prática de ato inequívoco indicador do intuito de inviabilizar a satisfação do crédito tributário já em curso de cobrança executiva promovida contra a empresa contribuinte, a ser demonstrado pelo Fisco, nos termos do art. 593 do CPC/1973 (art. 792 do novo CPC – fraude à execução), combinado com o art. 185 do CTN (presunção de fraude contra a Fazenda Pública); e,

(iii) em qualquer hipótese, a decretação da prescrição para o redirecionamento impõe seja demonstrada a inércia da Fazenda Pública, no lustro que se seguiu à citação da empresa originalmente devedora (REsp 1.222.444/RS) ou ao ato inequívoco mencionado no item anterior (respectivamente, nos casos de dissolução irregular precedente ou superveniente à citação da empresa), cabendo às instâncias ordinárias o exame dos fatos e provas atinentes à demonstração da prática de atos concretos na direção da cobrança do crédito tributário no decurso do prazo prescricional[164].

O art. 40 da Lei de Execuções Fiscais (Lei 6.830/1980) prevê a *prescrição quinquenal intercorrente*, que tem início após um ano da suspensão do feito pela não localização de bens penhoráveis:

Art. 40. O Juiz suspenderá o curso da execução, enquanto não for localizado o devedor ou encontrados bens sobre os quais possa recair a penhora, e, nesses casos, não correrá o prazo de prescrição.

§ 1º Suspenso o curso da execução, será aberta vista dos autos ao representante judicial da Fazenda Pública.

§ 2º Decorrido o prazo máximo de 1 (um) ano, sem que seja localizado o devedor ou encontrados bens penhoráveis, o Juiz ordenará o arquivamento dos autos.

§ 3º Encontrados que sejam, a qualquer tempo, o devedor ou os bens, serão desarquivados os autos para prosseguimento da execução.

§ 4º Se da decisão que ordenar o arquivamento tiver decorrido o prazo prescricional, o juiz, depois de ouvida a Fazenda Pública, poderá, de ofício, reconhecer a prescrição intercorrente e decretá-la de imediato. (Incluído pela Lei nº 11.051, de 2004)

§ 5º A manifestação prévia da Fazenda Pública prevista no § 4º deste artigo será dispensada no caso de cobranças judiciais cujo valor seja inferior ao mínimo fixado por ato do Ministro de Estado da Fazenda. (Incluído pela Lei nº 11.960, de 2009)

A prescrição intercorrente é uma figura *sui generis* criada pela doutrina e hoje prevista em algumas disposições legais. A sua natureza jurídica tem sido fonte de controvérsia, já que, por ocorrer no curso do processo, não seria propriamente uma prescrição[165]. Trata-se de figura anômala assemelhada à preclusão, para alguns autores, ou peremção, para outros. Essa última interpretação parece mais acertada porque, tal como a peremção, a prescrição intercorrente

---

[164] STJ, 1ª S., REsp 1.201.993, Rel. Min. Herman Benjamin, *DJe* 12.12.2019.
[165] MARINONI, Luiz Guilherme; ARENHART, Sérgio Cruz; MITIDIERO, Daniel. *Novo curso processo civil:* tutela dos direitos mediante procedimento comum. São Paulo: Revista dos Tribunais, 2015. v. 2, p. 809.

362 CURSO DE DIREITO TRIBUTÁRIO – *Solon Sehn*

constitui uma sanção cominada ao demandante desidioso que abandona o feito, desde que em razão de inércia processual a ele imputável[166].

No REsp 1.340.553, o STJ definiu critérios relevantes para a aplicação desse dispositivo:

> **Recurso especial repetitivo. Arts. 1.036 e seguintes do CPC/2015 (art. 543-C do CPC/1973). Processual civil. Tributário. Sistemática para a contagem da prescrição intercorrente (prescrição após a propositura da ação) prevista no art. 40 e parágrafos da lei de execução fiscal (Lei 6.830/80).**
>
> **1.** O espírito do art. 40 da Lei 6.830/80 é o de que nenhuma execução fiscal já ajuizada poderá permanecer eternamente nos escaninhos do Poder Judiciário ou da Procuradoria Fazendária encarregada da execução das respectivas dívidas fiscais.
>
> **2.** Não havendo a citação de qualquer devedor por qualquer meio válido e/ou não sendo encontrados bens sobre os quais possa recair a penhora (o que permitiria o fim da inércia processual), inicia-se **automaticamente** o procedimento previsto no art. 40 da Lei 6.830/80, e respectivo prazo, ao fim do qual restará prescrito o crédito fiscal. Esse o teor da Súmula 314/STJ: "Em execução fiscal, não localizados bens penhoráveis, suspende-se o processo por um ano, findo o qual se inicia o prazo da prescrição quinquenal intercorrente".
>
> **3.** Nem o Juiz nem a Procuradoria da Fazenda Pública são os senhores do termo inicial do prazo de 1 (um) ano de suspensão previsto no *caput*, do art. 40, da LEF, somente a lei o é (ordena o art. 40: "[...] o **juiz** *suspenderá* [...]"). Não cabe ao Juiz ou à Procuradoria a escolha do melhor momento para o seu início. **No primeiro momento em que constatada a não localização do devedor e/ou ausência de bens pelo oficial de justiça e intimada a Fazenda Pública, inicia-se automaticamente o prazo de suspensão, na forma do art. 40,** *caput,* **da LEF.** Indiferente aqui, portanto, o fato de existir petição da Fazenda Pública requerendo a suspensão do feito por 30, 60, 90 ou 120 dias a fim de realizar diligências, sem pedir a suspensão do feito pelo art. 40 da LEF. Esses pedidos não encontram amparo fora do art. 40 da LEF que limita a suspensão a 1 (um) ano. Também indiferente o fato de que o Juiz, ao intimar a Fazenda Pública, não tenha expressamente feito menção à suspensão do art. 40 da LEF. O que importa para a aplicação da lei é que a Fazenda Pública tenha tomado ciência da inexistência de bens penhoráveis no endereço fornecido e/ou da não localização do devedor. Isso é o suficiente para inaugurar o prazo, *ex lege.*
>
> **4.** Teses julgadas para efeito dos arts. 1.036 e seguintes do CPC/2015 (art. 543-C do CPC/1973):
>
> > **4.1.)** O prazo de 1 (um) ano de suspensão do processo e do respectivo prazo prescricional previsto no art. 40, §§ 1º e 2º, da Lei 6.830/80 – LEF tem início **automaticamente na data da ciência da Fazenda Pública** a respeito da não localização do devedor ou da inexistência de bens penhoráveis no endereço fornecido, havendo, **sem prejuízo dessa contagem automática**, o dever de o magistrado declarar ter ocorrido a suspensão da execução[167];

---

[166] Humberto Theodoro Júnior, embora entenda que se trate de modalidade excepcional de prescrição, assinala que, para o seu acolhimento: "[...] é indispensável que a inércia processual seja de exclusiva responsabilidade do credor. Se o processo se imobilizou por deficiência do serviço forense, por manobra do devedor ou por qualquer outro motivo alheio ao autor, não se poderá cogitar da prescrição intercorrente, por longo que seja o retardamento da marcha do feito" (THEODORO JÚNIOR, Humberto. *Prescrição e decadência*. 2. ed. Rio de Janeiro: Forense, 2020. p. 179).

[167] "O prazo de 1 (um) ano de suspensão do processo e do respectivo prazo prescricional previsto no art. 40, §§ 1º e 2º, da Lei 6.830/80 – LEF tem início automaticamente na data da ciência da Fazenda Pública a respeito da não localização do devedor ou da inexistência de bens penhoráveis no endereço fornecido, havendo,

4.1.1.) Sem prejuízo do disposto no item 4.1., nos casos de execução fiscal para cobrança de dívida ativa de natureza tributária (cujo despacho ordenador da citação tenha sido proferido antes da vigência da Lei Complementar 118/2005), depois da citação válida, ainda que editalícia, **logo após a primeira tentativa infrutífera de localização de bens penhoráveis, o Juiz declarará suspensa a execução.**

4.1.2.) Sem prejuízo do disposto no item 4.1., em se tratando de execução fiscal para cobrança de dívida ativa de natureza tributária (cujo despacho ordenador da citação tenha sido proferido na vigência da Lei Complementar 118/2005) e de qualquer dívida ativa de natureza não tributária, **logo após a primeira tentativa frustrada de citação do devedor ou de localização de bens penhoráveis, o Juiz declarará suspensa a execução.**

4.2.) Havendo ou não petição da Fazenda Pública e havendo ou não pronunciamento judicial nesse sentido, **findo o prazo de 1 (um) ano de suspensão inicia-se automaticamente o prazo prescricional aplicável**[168] (de acordo com a natureza do crédito exequendo) durante o qual o processo deveria estar arquivado sem baixa na distribuição, na forma do art. 40, §§ 2º, 3º e 4º, da Lei 6.830/80 – LEF, findo o qual o Juiz, **depois de ouvida a Fazenda Pública**, poderá, de ofício, reconhecer a prescrição intercorrente e decretá-la de imediato;

4.3.) A efetiva **constrição patrimonial** e a efetiva **citação** (ainda que por edital) são aptas a interromper o curso da prescrição intercorrente, **não bastando para tal o mero peticionamento em juízo**, requerendo, *v.g.*, a feitura da penhora sobre ativos financeiros ou sobre outros bens[169]. *Os requerimentos feitos pelo exequente, dentro da soma do prazo máximo de 1 (um) ano de suspensão mais o prazo de prescrição aplicável (de acordo com a natureza do crédito exequendo) deverão ser processados, ainda que para além da soma desses dois prazos, pois, citados (ainda que por edital) os devedores e penhorados os bens, a qualquer tempo – mesmo depois de escoados os referidos prazos –, considera-se interrompida a prescrição intercorrente, retroativamente, na data do protocolo da petição que requereu a providência frutífera.*

4.4.) A Fazenda Pública, em sua primeira oportunidade de falar nos autos (art. 245 do CPC/73, correspondente ao art. 278 do CPC/2015), ao alegar nulidade pela falta de qualquer intimação dentro do procedimento do art. 40 da LEF, **deverá demonstrar o prejuízo que sofreu (exceto a falta da intimação que constitui o termo inicial – 4.1., onde o prejuízo é presumido)**, por exemplo, deverá demonstrar a ocorrência de qualquer causa interruptiva ou suspensiva da prescrição[170].

---

sem prejuízo dessa contagem automática, o dever de o magistrado declarar ter ocorrido a suspensão da execução" (Tema Repetitivo 566).

[168] "Havendo ou não petição da Fazenda Pública e havendo ou não pronunciamento judicial nesse sentido, findo o prazo de 1 (um) ano de suspensão inicia-se automaticamente o prazo prescricional aplicável" (Temas Repetitivos 567 e 569).

[169] "A efetiva constrição patrimonial e a efetiva citação (ainda que por edital) são aptas a interromper o curso da prescrição intercorrente, não bastando para tal o mero peticionamento em juízo, requerendo, *v.g.*, a feitura da penhora sobre ativos financeiros ou sobre outros bens" (Tema Repetitivo 568).

[170] "A Fazenda Pública, em sua primeira oportunidade de falar nos autos (art. 245 do CPC/73, correspondente ao art. 278 do CPC/2015), ao alegar nulidade pela falta de qualquer intimação dentro do procedimento do art. 40 da LEF, deverá demonstrar o prejuízo que sofreu (exceto a falta da intimação que constitui o termo inicial – 4.1., onde o prejuízo é presumido), por exemplo, deverá demonstrar a ocorrência de qualquer causa interruptiva ou suspensiva da prescrição" (Temas Repetitivos 570 e 571).

4.5.) O magistrado, ao reconhecer a prescrição intercorrente, deverá fundamentar o ato judicial por meio da **delimitação dos marcos legais que foram aplicados na contagem do respectivo prazo**, inclusive quanto ao período em que a execução ficou suspensa.

5. Recurso especial não provido. Acórdão submetido ao regime dos arts. 1.036 e seguintes do CPC/2015 (art. 543-C do CPC/1973)[171].

Por fim, no RE 636.562, o STF definiu que "É constitucional o art. 40 da Lei 6.830/1980 (Lei de Execuções Fiscais – LEF), tendo natureza processual o prazo de 1 (um) ano de suspensão da execução fiscal. Após o decurso desse prazo, inicia-se automaticamente a contagem do prazo prescricional tributário de 5 (cinco) anos" (Tema 390)[172].

3.8 Dação em pagamento

No direito privado, a dação em pagamento constitui exceção à regra segundo a qual o credor de coisa certa não pode ser compelido a receber outra, mesmo de maior valor – *aliud pro alio invito creditore solvi non potest* –, prevista no art. 313 do Código Civil[173]. Trata-se de modalidade extintiva na qual o devedor oferece prestação diversa da originariamente pactuada como pagamento da obrigação e o credor, consentindo, dá por quitada a dívida. Após a determinação do preço, as relações entre as partes são regidas pelas regras do contrato de compra e venda, no caso de bem móvel (art. 357[174]), ou da cessão de direito, na hipótese de títulos de crédito (art. 358[175]). Em matéria tributária, a dação em pagamento não foi prevista originariamente no CTN, tendo sido introduzida pela Lei Complementar 104/2001, que a restringiu aos bens imóveis, observada a forma e as condições previstas em lei[176].

4 EXCLUSÃO

4.1 Isenção

4.1.1 Natureza jurídica

A isenção é um instituto presente em todos os ordenamentos jurídicos. Desde os sistemas tributários mais antigos, tem acompanhado a tributação, sendo compreendida por parte da doutrina como fenômeno oposto ao tributo: um *não tributo*, a antítese, o seu inverso ou negação ("a outra cara da moeda")[177]. O CTN considera a isenção uma exclusão do crédito tributário (art. 175,

---

[171] STJ, 1ª S., REsp 1.340.553, Rel. Min. Mauro Campbell Marques, *DJe* 16.10.2018. Os grifos são originais.

[172] STF, Tribunal Pleno, RE 636.562, Rel. Min. Roberto Barroso, *DJe* 06.03.2023.

[173] "Art. 313. O credor não é obrigado a receber prestação diversa da que lhe é devida, ainda que mais valiosa."

[174] "Art. 357. Determinado o preço da coisa dada em pagamento, as relações entre as partes regular-se-ão pelas normas do contrato de compra e venda."

[175] "Art. 358. Se for título de crédito a coisa dada em pagamento, a transferência importará em cessão."

[176] No âmbito federal, a matéria é disciplinada pelos arts. 4º e 4º-A da Lei 13.259/2016.

[177] Como ensina Amílcar de Araújo Falcão, a noção de isenção como antítese da tributação é encontrada na obra de A. Berliri (FALCÃO, Amílcar de Araújo. *Fato gerador da obrigação tributária*. 6. ed. Rio de Janeiro: Forense, 1999. p. 67). A concepção de isenção como "a outra cara da moeda", por sua vez, deve-se a Sainz de Bujanda. Sobre o tema, cf.: SERRANO, Carmelo Lozano. *Exenciones tributarias y derechos adquiridos*. Madrid: Tecnos, 1988. p. 15 e ss.; QUERALT, Juan Martín; SERRANO, Carmelo Lozano; OLLERO, Gabriel Casado; LÓPEZ, José M. Tejerizo. *Curso de derecho financiero y tributario*. 9. ed. Madrid: Tecnos, 1998. p. 355 e ss. Os autores, contudo, não veem a isenção como um instituto puramente de negação do tributo, propondo uma concepção positiva de isenção, como mecanismo de realização de princípios de justiça tributária, que se projeta na própria configuração do fato imponível, como elemento codefinidor. A isenção, assim, não é algo estranho ao tributo, que opera desde fora (SERRANO, Carmelo Lozano. *Exenciones tributarias y derechos*

Parte Geral • **Capítulo IX** • CRÉDITO TRIBUTÁRIO E LANÇAMENTO | **365**

I). Os tributaristas, entretanto, não aceitam essa qualificação. Durante muito tempo, a isenção foi compreendida como um favor fiscal concedido por lei, que consiste em dispensar o pagamento de um tributo devido[178] (*dispensa legal do pagamento de tributo devido*[179]). Essa concepção, que já foi dominante, não encontra mais acolhida entre os doutrinadores. Atualmente, os autores têm se dividido entre duas teorias. A primeira, proposta por José Souto Maior Borges, compreende a isenção como *hipótese de não incidência legalmente qualificada*[180]. Na segunda, construída por Paulo de Barros Carvalho, é considerada como *uma regra de estrutura que inibe a funcionalidade da regra-matriz de incidência do tributo*: a isenção investe contra o âmbito da regra-matriz, mutilando parcialmente um dos critérios da hipótese de incidência ou do consequente[181].

A isenção, destarte, opera no âmbito de incidência da norma jurídica tributária, alcançando eventos do plano social que, de outra forma, seriam passíveis de tributação, isto é, que apresentam

---

adquiridos. Madrid: Tecnos, 1988. p. 38 e ss.; QUERALT, Juan Martín; SERRANO, Carmelo Lozano; OLLERO, Gabriel Casado; LÓPEZ, José M. Tejerizo. *Curso de derecho financiero y tributario.* 9. ed. Madrid: Tecnos, 1998. p. 336 e ss.

[178] SOUSA, Rubens Gomes de. *Compêndio de legislação tributária.* São Paulo: IBET-Resenha Tributária, 1975. p. 97. Alternativamente, consultar também: SOUSA, Rubens Gomes de. *Compêndio de legislação tributária*: parte geral. 3. ed. Rio de Janeiro: Financeiras, 1960. p. 75 e ss. Doravante, as referências serão apenas da edição de 1975.

[179] NOGUEIRA, Ruy Barbosa. *Curso de direito tributário.* 14. ed. São Paulo: Saraiva, 1995. p. 134. Nessa mesma linha, Amílcar de Araújo Falcão, com base na doutrina de A. Berliri, entendia que, na isenção, ocorre o fato gerador, mas a sua eficácia é neutralizada pela isenção, tornando inexigível do débito. Para Falcão, entretanto, a natureza da isenção seria uma regra que *determina a inexigibilidade do débito tributário*, o que, segundo o autor, seria o mesmo que *dispensa do pagamento de tributo devido*: "Nela, há incidência, ocorre o fato gerador. O legislador, todavia, seja por motivos relacionados com a apreciação da capacidade econômica do contribuinte, seja por considerações extrafiscais, determina a inexigibilidade do débito tributário ou, como diz Rubens Gomes de Sousa, delibera 'dispensar o pagamento de um tributo devido'" (FALCÃO, Amílcar de Araújo. *Fato gerador da obrigação tributária.* 6. ed. Rio de Janeiro: Forense, 1999. p. 65).

[180] BORGES, José Souto Maior. *Teoria geral da isenção tributária.* 3. ed. São Paulo: Malheiros, 2001. p. 154 e ss. Nessa obra, o eminente professor analisa criticamente outras concepções encontradas na doutrina nacional (*isenção como autolimitação do poder de tributar* e *isenção como renúncia ao poder de tributar*). Sobre o tema, cf.: COÊLHO, Sacha Calmon Navarro. *Teoria geral do tributo, da interpretação e da exoneração tributária.* 3. ed. São Paulo: Dialética, 2003. p. 159 e ss.

[181] Isso pode ocorrer de oito formas: (a) pela hipótese: (i) atingindo-se o critério material, pela desqualificação do verbo ou (ii) pela subtração do complemento; (iii) alcançando o critério espacial; (iv) ou critério temporal; (b) pelo consequente: (v) atingindo-se o critério pessoal, pelo sujeito ativo ou (vi) pelo sujeito passivo; (vii) alcançando o critério quantitativo, pela base de cálculo ou (viii) pela alíquota. Essa mutilação de um dos critérios da regra-matriz deverá necessariamente ser parcial. Do contrário, a inibição total de um dos critérios seria equivalente à revogação da norma instituidora do gravame. Ao mesmo tempo, não se deve confundir a subtração do campo de abrangência com a simples redução da base de cálculo ou da alíquota. Caso estas não sejam anuladas, haverá simples redução do quantum do tributo a ser pago, o que alguns denominam *isenção parcial.* De acordo com o Professor Titular da USP e da PUC/SP, teoria da isenção como dispensa do pagamento de tributo devido é totalmente insustentável. "Traz o pressuposto de que se dá a incidência da regra-matriz, surge a obrigação tributária e, logo a seguir, acontece a desoneração do obrigado, por força da percussão da norma isentiva. O preceito da isenção permaneceria latente, aguardando que o fato ocorresse, que fosse juridicizado pela norma tributária, para, então, irradiar seus efeitos peculiares, desjuridicizando-o como evento ensejador de tributo, e transformando-o em fato isento"(CARVALHO, Paulo de Barros. *Curso de direito tributário.* 13. ed. São Paulo: Saraiva, 2000. p. 478). Isso, por sua vez, ocorreria por meio da exclusão do crédito tributário, o que também é logicamente impossível. Na verdade, em termos lógicos, inexiste a cronologia de atuação dinâmica das normas em que é baseada tal construção: seria como se a regra-matriz de incidência tributária fosse mais rápida que o preceito de isenção, chegando primeiro ao fato. Tudo ocorre a um só tempo. O autor tampouco acolhe a teoria da isenção como hipótese de não incidência legalmente qualificada. Isso porque, em primeiro lugar, a proposta parte do vício da definição pela negativa. Além disso, não explica em que termos ocorre a harmonização entre o preceito de isenção e a regra-matriz de incidência, embora, como um de seus pressupostos não explícitos, tenha a ideia de maior celeridade da regra de isenção (CARVALHO, Paulo de Barros. *Curso de direito tributário.* 13. ed. São Paulo: Saraiva, 2000. p. 473-496).

a aptidão ou o potencial para serem fatos jurídicos tributários. Veja-se, *v.g.*, a isenção do IPTU prevista na legislação tributária do Município de Florianópolis, que é aplicável aos imóveis com valor histórico, artístico ou cultural[182]. Esses bens estão compreendidos na hipótese de incidência do IPTU, construída a partir do art. 156, I, da Constituição[183], do art. 32 do CTN[184] e do art. 224 da Lei Municipal[185]: *ser proprietário, titular do domínio útil ou possuidor*[186] *de bem imóvel* (critério material) *na zona territorial urbana* do município (critério espacial) no primeiro *dia 31 de dezembro do ano anterior* (critério temporal). Os imóveis seriam passíveis de tributação, mas ficam afastados do âmbito de incidência do IPTU em decorrência da isenção.

Em outras circunstâncias, o legislador pode suprimir parte do alcance do critério espacial do tributo, configurando o que a doutrina uma *isenção geográfica*[187]. No imposto de importação, *v.g.*, o critério espacial é o território aduaneiro brasileiro, o que, por sua vez, compreende o território nacional – inclusive áreas de livre-comércio – e as áreas de controle integrado do Mercosul situadas no território dos países-membros[188]. Entretanto, em razão da isenção prevista no art. 4º da Lei 8.032/1990[189] e no art. 3º do Decreto-lei 288/1967[190], se a importação ocorrer na Zona Franca de Manaus e na Amazônia Ocidental, o evento não será abrangido pela hipótese de incidência do tributo.

---

[182] Lei Complementar 07/1997 (Consolidação das Leis Tributárias), do Município de Florianópolis (SC): "Art. 225 São isentos do Imposto sobre a Propriedade Predial e Territorial Urbana: (Redação dada pela Lei Complementar 480/2013) [...] VI – o imóvel que possua valor histórico, artístico e/ou cultural, tombado por ato da autoridade competente, observado o disposto no § 1º deste artigo; (Redação dada pela Lei Complementar 480/2013) (Regulamentado pelo Decreto 12.608/2014)".

[183] "Art. 156. Compete aos Municípios instituir impostos sobre: [...] I – propriedade predial e territorial urbana; [...]."

[184] "Art. 32. O imposto, de competência dos Municípios, sobre a propriedade predial e territorial urbana tem como fato gerador a propriedade, o domínio útil ou a posse de bem imóvel por natureza ou por acessão física, como definido na lei civil, localizado na zona urbana do Município."

[185] "Art. 224 O Imposto sobre a Propriedade Predial e Territorial Urbana (IPTU) tem como fato gerador a propriedade, o domínio útil ou a posse de bem imóvel, por natureza ou por acessão física, como definido na Lei Civil, localizado na zona urbana do Município. [...] § 3º Considera-se ocorrido o fato gerador no dia 31 de dezembro do ano anterior ao do exercício objeto do lançamento e, na hipótese de prédio particular alugado por entidade religiosa, na data de início e de término do prazo da locação. (Redação dada pela Lei Complementar 728/2022)"

[186] Ressalte-se que apenas a posse *ad usucapionem* do imóvel é alcançada pela incidência do IPTU. A esse propósito, já decidiu o STJ que: "[...] 'contribuinte do imposto', preceitua o art. 34 do CTN, 'é o proprietário do imóvel, o titular do seu domínio útil, ou o seu possuidor a qualquer título', sendo certo que esse último (possuidor a qualquer título) volta-se apenas para as situações em que há posse *ad usucapionem*, e não para o caso de posse indireta exercida pelo locatário" (STJ, 1ª T., REsp 757.897, Rel. Min. Teori Albino Zavascki, *DJ* 06.03.2006).

[187] NOGUEIRA, Ruy Barbosa. *Curso de direito tributário*. 14. ed. São Paulo: Saraiva, 1995. p. 136, que a define *isenção geográfica* nos seguintes termos: "a isenção restrita a determinada região do território da entidade tributante, em função de condições a ela peculiares".

[188] Sobre o tema, cf.: SEHN, Solon. *Curso de direito aduaneiro*. 2. ed. Rio de Janeiro: Forense, 2022. p. 74 e ss.

[189] "Art. 4º Fica igualmente assegurado às importações efetuadas para a Zona Franca de Manaus e Amazônia Ocidental o tratamento tributário previsto nos arts. 3º e 7º do Decreto-lei 288, de 28 de fevereiro de 1967, e no art. 2º do Decreto-lei 356, de 15 de agosto de 1968, com a redação dada pelo art. 3º do Decreto-lei 1.435, de 16 de dezembro de 1975."

[190] "Art. 3º A entrada de mercadorias estrangeiras na Zona Franca, destinadas a seu consumo interno, industrialização em qualquer grau, inclusive beneficiamento, agropecuária, pesca, instalação e operação de indústrias e serviços de qualquer natureza e a estocagem para reexportação, será isenta dos impostos de importação, e sobre produtos industrializados."

Parte Geral · **Capítulo IX** · CRÉDITO TRIBUTÁRIO E LANÇAMENTO | **367**

A isenção pode restringir o critério temporal da hipótese de incidência. No IPI, nos termos do art. 2º, II, da Lei 4.502/1964[191], e do art. 46, II, do CTN[192], o critério temporal ocorre com a *saída do estabelecimento industrial*. A abrangência dessa disposição, entretanto, sofre uma supressão por parte do art. 15, § 3º, do Decreto-lei 1.455/1976, que inibe a incidência nas saídas para *lojas francas*[193].

Na proposição-consequente da regra-matriz de incidência, a isenção pode inibir o critério pessoal ou o critério quantitativo. Um exemplo são as missões diplomáticas e as repartições consulares, que, em razão da isenção do art. 2º, I, "c", da Lei 8.032/1990[194], não podem ser sujeitos passivos da obrigação tributária. No critério quantitativo, por sua vez, a forma mais recorrente é a alíquota zero, mas também pode ocorrer mediante exclusão da base de cálculo. É o caso, *v.g.*, do vale-pedágio que, nos termos do art. 2º da Lei 10.209/2001, não constituirá base de incidência de contribuições sociais ou previdenciárias[195].

Dessas diferentes maneiras, as regras de isenção obstam a incidência da norma jurídica tributária, implicando uma proibição de tributar dirigida ao poder público e um direito de não sujeição em benefício de uma pessoa física ou jurídica. Isso pode ocorrer por diversas razões, desde motivos técnicos e extrafiscais, e não necessariamente para benefício fiscal[196]. A legislação municipal do IPTU, quando isenta os imóveis com valor histórico, artístico ou cultural, visa a estimular a preservação do patrimônio cultural brasileiro, atendendo a valores constitucionais relevantes (CF, art. 23, III e IV; art. 30; art. 216).

4.1.2   Regime constitucional

Conforme já estudado, a competência para instituir de tributos abrange a sua desoneração. Por isso, um ente federativo não pode isentar nem estabelecer benefícios fiscais relativos a tributos

---

191   "Art. 2º Constitui fato gerador do imposto: [...] II – quanto aos de produção nacional, a saída do respectivo estabelecimento produtor."

192   "Art. 46. O imposto, de competência da União, sobre produtos industrializados tem como fato gerador: [...] II – a sua saída dos estabelecimentos a que se refere o parágrafo único do artigo 51."

193   "Art. 15. Na zona primária de porto ou aeroporto poderá ser autorizado, nos termos e condições fixados pelo Ministro de Estado da Fazenda, o funcionamento de lojas francas para venda de mercadoria nacional ou estrangeira a passageiros de viagens internacionais, na chegada ou saída do País, ou em trânsito, contra pagamento em moeda nacional ou estrangeira. (Redação dada pela Lei 11.371, de 2006) [...] § 3º Quando se tratar de aquisição de produtos nacionais, estes sairão do estabelecimento industrial ou equiparado com isenção de tributos". A isenção é regulamentada pelo Decreto 7.212/2010: "Art. 54. São isentos do imposto: [...] XIV – os produtos nacionais saídos do estabelecimento industrial ou equiparado a industrial, diretamente para lojas francas, nos termos e nas condições estabelecidos pelos art. 15 ou art. 15-A do Decreto-lei 1.455, de 1976 (Decreto-lei 1.455, de 1976, art. 15, § 3º, e art. 15-A, § 2º, e Lei 8.402, de 1992, art. 1º, *caput*, inciso VI); (Redação dada pelo Decreto 10.668, de 2021)."

194   "Art. 2º As isenções e reduções do Imposto de Importação ficam limitadas, exclusivamente: [...] I – às importações realizadas: [...] c) pelas Missões Diplomáticas e Repartições Consulares de caráter permanente e pelos respectivos integrantes."

195   "Art. 2º O valor do Vale-Pedágio não integra o valor do frete, não será considerado receita operacional ou rendimento tributável, nem constituirá base de incidência de contribuições sociais ou previdenciárias."

196   Como ensina Nogueira, "as isenções, muitas vezes, são colocadas na lei não com o caráter de favor, mas às vezes apenas como elemento de adequação para alcançar só o que deva ser tributado. [...] Assim, por exemplo, as chamadas deduções do imposto de renda na verdade não são isenções, mas formas de apurar o rendimento líquido que deva ser tributado" (NOGUEIRA, Ruy Barbosa. *Curso de direito tributário*. 14. ed. São Paulo: Saraiva, 1995. p. 141). O uso técnico e extrafiscal é ressaltado por parte da doutrina italiana (TESAURO, Francesco. *Istituzioni di diritto tributario*: parte generale. Aggiornata da Maria Cecilia Fregni, Nicola Sartori e Alessandro Turchi. 14. ed. Milano: UTET, 2021. v. I, p. 115). Já o uso como mecanismo de realização de princípios de justiça tributária em: SERRANO, Carmelo Lozano. *Exenciones tributarias y derechos adquiridos*. Madrid: Tecnos, 1988. p. 38 e ss.; QUERALT, Juan Martín; SERRANO, Carmelo Lozano; OLLERO, Gabriel Casado; LÓPEZ, José M. Tejerizo. *Curso de derecho financiero y tributario*. 9. ed. Madrid: Tecnos, 1998. p. 336 e ss.

368 | CURSO DE DIREITO TRIBUTÁRIO – *Solon Sehn*

de competência privativa de outras pessoas políticas. A Constituição Federal de 1967 (art. 20, § 2º[197]) e a Emenda 01/1969 (art. 19, § 2º[198]) autorizavam a União a conceder – mediante lei complementar e para atender relevante interesse social ou econômico nacional – isenções de impostos federais, estaduais e municipais, o que é conhecido na doutrina como *isenção heterônoma*. Não há mais essa possibilidade após a Constituição Federal de 1988, que, em seu art. 151, III, proibiu desonerações dessa natureza. O dispositivo faz referência a *isenções* de tributos de outros entes por parte da União. Contudo, como a vedação decorre do caráter privativo da competência, aplica-se a todos os entes federativos reciprocamente, mesmo aos Estados em relação aos tributos municipais. A única exceção diz respeito às isenções previstas em acordos e tratados, porque, nas relações bilaterais e multilaterais no âmbito internacional, não há atuação da União, mas da República Federativa do Brasil como Estado-total[199].

A isenção, de acordo com o § 6º do art. 150 da Constituição Federal, demanda a aprovação de uma *lei específica*. Além disso, em matéria de ICMS, nos termos do art. 155, § 2º, XII, "g", exige-se deliberação dos demais Estados e do Distrito Federal, o que é disciplinado pela Lei Complementar 24/1975. O inciso III do § 3º do art. 156, por sua vez, estabelece reserva de lei complementar para regular a forma e as condições como isenções, incentivos e benefícios fiscais do ISS serão concedidos e revogados. Com base nesse disposto, o § 1º do art. 8º-A da Lei Complementar 116/2003 prevê que:

> Art. 8º-A. A alíquota mínima do Imposto sobre Serviços de Qualquer Natureza é de 2% (dois por cento). (Incluído pela Lei Complementar 157, de 2016)
>
> § 1º O imposto não será objeto de concessão de isenções, incentivos ou benefícios tributários ou financeiros, inclusive de redução de base de cálculo ou de crédito presumido ou outorgado, ou sob qualquer outra forma que resulte, direta ou indiretamente, em carga tributária menor que a decorrente da aplicação da alíquota mínima estabelecida no *caput*, exceto para os serviços a que se referem os subitens 7.02[200], 7.05[201] e 16.01[202] da lista anexa a esta Lei Complementar. (Incluído pela Lei Complementar 157, de 2016)

As regras do Novo Regime Fiscal do art. 113 do ADCT exigem a apresentação de estimativa de impacto financeiro e orçamentário nas propostas legislativas que impliquem renúncia de receitas, no que se incluem as isenções (Lei Complementar 101/2000, art. 14, § 1º[203]). Além

---

[197] "Art. 20. [...] § 2º A União, mediante lei complementar, atendendo, a relevante interesse social ou econômico nacional, poderá conceder isenções de impostos federais, estaduais e municipais."

[198] "Art. 19, § 2º A União, mediante lei complementar e atendendo a relevante interesse social ou econômico nacional, poderá conceder isenções de impostos estaduais e municipais."

[199] Ver Capítulo III, item 1.3, da Parte Geral.

[200] "7.02 – Execução, por administração, empreitada ou subempreitada, de obras de construção civil, hidráulica ou elétrica e de outras obras semelhantes, inclusive sondagem, perfuração de poços, escavação, drenagem e irrigação, terraplanagem, pavimentação, concretagem e a instalação e montagem de produtos, peças e equipamentos (exceto o fornecimento de mercadorias produzidas pelo prestador de serviços fora do local da prestação dos serviços, que fica sujeito ao ICMS)."

[201] "7.05 – Reparação, conservação e reforma de edifícios, estradas, pontes, portos e congêneres (exceto o fornecimento de mercadorias produzidas pelo prestador dos serviços, fora do local da prestação dos serviços, que fica sujeito ao ICMS)."

[202] "6.01 – Serviços de transporte coletivo municipal rodoviário, metroviário, ferroviário e aquaviário de passageiros. (Redação dada pela Lei Complementar 157, de 2016)"

[203] De acordo com o art. 14 da Lei de Responsabilidade Fiscal (Lei Complementar 101/2000): "§ 1º A renúncia compreende anistia, remissão, subsídio, crédito presumido, concessão de isenção em caráter não geral, alteração de alíquota ou modificação de base de cálculo que implique redução discriminada de tributos ou contribuições, e outros benefícios que correspondam a tratamento diferenciado".

Parte Geral · **Capítulo IX** · CRÉDITO TRIBUTÁRIO E LANÇAMENTO | **369**

disso, se ultrapassado o teto de gastos, não acionadas as providências de contenção previstas nos incisos I a X do art. 109, ficam vedadas a concessão ou a ampliação de incentivo ou benefício tributários (§ 2º, I).

Ademais, deve-se ter presente que a isenção sempre demanda uma justificação constitucional, considerando, em especial, a exigência de distribuição isonômica da carga tributária em função da capacidade contributiva. Assim, tal como nos tributos regulatórios ou extrafiscais, deve ser realizado o controle da idoneidade, da necessidade e da proporcionalidade da medida, inclusive se os custos da isenção são proporcionais aos resultados; ou, eventualmente, se não há um favorecimento desmedido aos interesses particulares não justificável em face dos benefícios de interesse geral, conforme já analisado em capítulo anterior[204].

4.1.3   Isenção e não incidência

A isenção impede a incidência da norma jurídica tributária, alcançando eventos que, sem ela, seriam tributados normalmente. Na não incidência, diferentemente, os eventos são destituídos de aptidão ou de potencial para serem tributados, porque não se ajustam aos critérios da hipótese de incidência. O não pagamento do tributo decorre da não subsunção ou, dito de outro modo, da não realização do pressuposto de incidência da norma jurídica tributária.

A não incidência pode ser *pura e simples*, quando resulta da determinação da natureza do evento e do conteúdo de significação dos critérios da norma jurídica tributária, independentemente da existência de uma previsão legal específica. Veja-se, por exemplo, o recebimento de uma indenização por dano emergente. Na medida em que esse tem natureza jurídica de *reparação patrimonial*, não há subsunção ao conceito de renda – núcleo da hipótese de incidência do imposto previsto no art. 153, III, da Constituição – que, nos termos do art. 43 do CTN, abrange apenas os acréscimos patrimoniais[205].

Também há situações em que, para delimitar ou melhor definir o campo da tributação, o legislador resolve enunciar expressamente algumas hipóteses de não incidência, com faz, *v.g.*, o art. 2º da Lei 10.865/2004. Esse dispositivo prevê situações em que não há incidência do PIS/Pasep-Importação e da Cofins-Importação, entre as quais, *v.g.*, *os bens estrangeiros devolvidos para o exterior antes do registro da declaração de importação* (inciso IV). Na interpretação de enunciados como esse, deve-se ter presente, em primeiro lugar, que a relação nunca é taxativa. Nenhuma lei pode esgotar a descrição das hipóteses de não sujeição, porque essa abrange toda a área que transcende ao campo de incidência do tributo[206]. Em segundo lugar, a revogação do enunciado legal que a prevê não implica a incidência do tributo. Se algum dia for revogado o inciso IV do art. 2º, ainda assim, o PIS/Pasep e a Cofins não serão devidos. É que, na importação, sempre que os bens são devolvidos antes do registro da declaração, não se realizam os critérios material e temporal da hipótese de incidência. Logo, não haverá incidência da norma. Em terceiro lugar, o intérprete não é limitado pela previsão da hipótese de não incidência na lei. Outras situações de não sujeição devem ser reconhecidas mediante interpretação da natureza da operação e do conteúdo de significação dos critérios da norma jurídica tributária. Não são aplicáveis as restrições do art. 111, II, do CTN (interpretação literal obrigatória) e do § 6º do art. 150 da Constituição Federal (exigência de lei específica), assim como a vedação de *extensão de benefícios tributários*

---

204   Capítulo III, item 6; e Capítulo V, item 5.6, da Parte Geral.

205   Ver Capítulo I, item 3, da Parte Especial.

206   Como ensina José Souto Maior Borges, "a não incidência decorre da noção de fato gerador: enquanto esta fornece o âmbito material de incidência da regra jurídica tributária, aquela está configurada por toda a área que transcende ao campo de incidência do tributo" (BORGES, José Souto Maior. *Teoria geral da isenção tributária*. 3. ed. São Paulo: Malheiros, 2001. p. 184).

com base no princípio constitucional da isonomia. Pela mesma razão, não incidem as limitações formais e materiais previstas pela ordem jurídica para a concessão de isenções.

A jurisprudência do STJ, analisando a natureza jurídica dos recebimentos, reconheceu que, por não subsunção ao conceito de renda, "o pagamento de licença-prêmio não gozada por necessidade do serviço não está sujeito ao imposto de renda" (Súmula STJ 136) e que "a indenização recebida pela adesão ao programa de incentivo à demissão voluntária não está sujeita à incidência do imposto de renda" (Súmula 215). É evidente que, ao reconhecer a não sujeição, a Corte não violou o art. 111, II, do CTN nem o § 6º do art. 150 da Constituição Federal.

O problema é que, muitas vezes, não há rigor técnico por parte do legislador. Há casos em que se faz uso do *nomen iuris* "não incidência" de forma indevida, mas que, na realidade, têm natureza de isenção. Isso causa dificuldades, por exemplo, no regime de creditamento do PIS/Pasep e da Cofins. De acordo com o art. 3º, § 2º, II, da Lei 10.833/2003 e da Lei 10.865/2002, que têm a mesma redação, não há direito ao crédito na "aquisição de bens ou serviços não sujeitos ao pagamento da contribuição, inclusive no caso de isenção, esse último quando revendidos ou utilizados como insumo em produtos ou serviços sujeitos à alíquota 0 (zero), isentos ou não alcançados pela contribuição". Esse dispositivo veda o creditamento quando o bem ou o serviço não está sujeito ao pagamento da contribuição, mas estabelece uma exceção para as operações *isentas*. Nelas o direito ao crédito é afastado apenas quando o bem adquirido for objeto de revenda ou utilizado como insumo em produtos ou serviços igualmente isentos, sujeitos à alíquota zero ou não tributados. Logo, se a aquisição é isenta, mas a saída for tributada, há direito ao crédito[207]. Dessa maneira, se o legislador faz um uso impróprio do *nomen iuris* – denomina "não incidência" algo que tem natureza de isenção – ficará comprometida a aplicação da regra, o que, em última análise, prejudica a realização do não cumulatividade dos tributos, acarretando uma série de consequências negativas[208]. Daí a relevância de se compreender com exatidão a diferença entre a não incidência e a isenção.

4.1.4   Isenções pessoais, reais ou mistas

Tal como na imunidade, a doutrina também divide as isenções em *subjetivas*, *objetivas* ou *mistas*, conforme beneficiem pessoas, bens ou ambos. Não se trata, porém, de uma categorização precisa, já que as isenções sempre têm um sujeito beneficiado. Um bem, ademais, não pode ser beneficiário de uma isenção, mas apenas o seu proprietário, possuidor ou a pessoa que realiza uma operação jurídica que o tenha por objeto mediato. Ademais, todas as regras, inclusive as isenções, incidem em razão de fatos, de bens ou de situações[209].

Entretanto, ainda assim, convém considerar a classificação doutrinária, desde que realizadas algumas adaptações em sua formulação, tal como proposto no estudo das imunidades.

Nesse sentido, deve-se ter presente que as isenções subjetivas, também denominadas *pessoais* ou *ratione personae*, são estabelecidas em razão da natureza jurídica ou da condição do beneficiário. Há uma predeterminação nesse sentido, como no caso das isenções das missões diplomáticas e as repartições consulares, que, nos termos do art. 2º, I, "c", da Lei 8.032/1990[210], não podem ser sujeitos passivos do imposto de importação. Nas *objetivas*, *reais* ou *ratione materiae*, a

---

[207]   Sobre o tema, cf.: SEHN, Solon. *PIS-Cofins*: não cumulatividade e regimes de incidência. 3. ed. São Paulo: Noeses, 2022. p. 229 e ss.

[208]   Capítulo IV, item 1.4.4, da Parte Especial.

[209]   Aplica-se aqui, portanto, a mesma crítica realizada pelo Roque Carrazza em relação às imunidades: "mesmo a chamada *imunidade objetiva* alcança pessoas" (CARRAZZA, Roque Antonio. *Curso de direito constitucional tributário*. 16. ed. São Paulo: Malheiros, 2001. p. 634).

[210]   "Art. 2º As isenções e reduções do Imposto de Importação ficam limitadas, exclusivamente: [...] I – às importações realizadas: [...] c) pelas Missões Diplomáticas e Repartições Consulares de caráter permanente e pelos respectivos integrantes."

Parte Geral · Capítulo IX · CRÉDITO TRIBUTÁRIO E LANÇAMENTO | **371**

lei descreve coisas ou bens, não para beneficiá-los, o que seria juridicamente impossível, mas para contemplar todas as pessoas que, em algum momento, venham a ser titulares de direitos reais ou celebrem atos ou negócios jurídicos que os tenham por objeto mediato. Um exemplo é a isenção prevista na legislação municipal do IPTU, aplicável aos imóveis com valor histórico, artístico ou cultural, independentemente de quem for o proprietário. Nas isenções *mistas*, as duas técnicas são conjugadas: indicam-se bens ou coisas, promovendo uma predeterminação subjetiva. É o caso, *v.g.*, da isenção do imposto de importação prevista no art. 1º da Lei 8.961/1994[211], relativa aos objetos de arte recebidos em doação, desde que o beneficiário seja um museu instituído e mantido pelo poder público e outra entidade cultural reconhecida como de utilidade pública. O fator relevante, como se vê, é a natureza da operação e, ao mesmo tempo, do beneficiário.

Assim compreendida, a diferenciação serve como critério inicial para a determinação do alcance da medida. Isso porque, nas isenções pessoais, a regra é que todos os atos jurídicos praticados pelo beneficiário estão compreendidos no espaço de não sujeição. Nas imunidades objetivas, a abrangência é *erga omnes*, vale dizer, compreende o titular de direito real ou qualquer pessoa que celebre atos ou negócios jurídicos que tenham por objeto as coisas ou os bens descritos na lei. O mesmo ocorre nas isenções mistas, porém o direito é restrito aos sujeitos previstos na legislação.

4.1.5 Disposições do CTN aplicáveis às isenções

A isenção, de acordo com o parágrafo único do art. 175 do CTN, não dispensa o cumprimento de deveres formais ou instrumentais por parte do beneficiário:

> Art. 175. Excluem o crédito tributário:
>
> I – a isenção;
>
> [...]
>
> Parágrafo único. A exclusão do crédito tributário não dispensa o cumprimento das obrigações acessórias dependentes da obrigação principal cujo crédito seja excluído, ou dela consequente.

Ao instituir uma isenção, o legislador deve especificar os tributos às quais se aplica, prevendo eventual caráter temporário da medida ou restrição geográfica. A isenção pode ser concedida em caráter geral ou ser vinculada ao deferimento por despacho administrativo, a pedido do interessado:

> Art. 176. A isenção, ainda quando prevista em contrato, é sempre decorrente de lei que especifique as condições e requisitos exigidos para a sua concessão, os tributos a que se aplica e, sendo caso, o prazo de sua duração.
>
> Parágrafo único. A isenção pode ser restrita a determinada região do território da entidade tributante, em função de condições a ela peculiares.
>
> Art. 177. Salvo disposição de lei em contrário, a isenção não é extensiva:
>
> I – às taxas e às contribuições de melhoria;
>
> II – aos tributos instituídos posteriormente à sua concessão.
>
> [...]

---

[211] "Art. 1º É concedida isenção do imposto de importação incidente sobre objetos de arte, constantes das posições 9701, 9702, 9703 e 9706 do Capítulo 97 da Nomenclatura Brasileira de Mercadorias (NBM/SH), e recebidos, em doação, por museus instituídos e mantidos pelo poder público e outras entidades culturais, reconhecidas como de utilidade pública."

372 | CURSO DE DIREITO TRIBUTÁRIO – *Solon Sehn*

Art. 179. A isenção, quando não concedida em caráter geral, é efetivada, em cada caso, por despacho da autoridade administrativa, em requerimento com o qual o interessado faça prova do preenchimento das condições e do cumprimento dos requisitos previstos em lei ou contrato para sua concessão.

§ 1º Tratando-se de tributo lançado por período certo de tempo, o despacho referido neste artigo será renovado antes da expiração de cada período, cessando automaticamente os seus efeitos a partir do primeiro dia do período para o qual o interessado deixar de promover a continuidade do reconhecimento da isenção.

§ 2º O despacho referido neste artigo não gera direito adquirido, aplicando-se, quando cabível, o disposto no artigo 155.

O *caput* do art. 176, na parte em que prevê a *isenção decorrente de contrato*, não é compatível com o § 6º do art. 150 da Constituição Federal, que, como se viu, estabelece que as isenções dependem de *lei específica* para serem concedidas.

4.1.6 Isenções "condicionadas" e direito adquirido

O art. 178 do CTN prevê as chamadas *isenções condicionadas* ou *condicionais*, estabelecendo que, ao contrário das demais modalidades, o beneficiário tem direito adquirido:

Art. 178. A isenção, salvo se concedida por prazo certo e em função de determinadas condições, pode ser revogada ou modificada por lei, a qualquer tempo, observado o disposto no inciso III do art. 104[212]. (Redação dada pela Lei Complementar 24, de 1975)

Assim, como também reconhece a Súmula 544 do STF ("Isenções tributárias concedidas, sob condição onerosa, não podem ser livremente suprimidas"), as isenções não podem ser revogadas a qualquer tempo, o que atende ao princípio da segurança jurídica. Esse dispositivo, no entanto, aplica-se apenas se o beneficiário cumpriu ou, nas exigências de caráter continuado, está adimplindo os requisitos legais.

4.2 Anistia

A anistia diferencia-se da remissão, porque diz respeito às penalidades pecuniárias. Para concedê-la, o legislador deve observar o disposto nos arts. 180 a 182 do CTN:

Art. 180. A anistia abrange exclusivamente as infrações cometidas anteriormente à vigência da lei que a concede, não se aplicando:

I – aos atos qualificados em lei como crimes ou contravenções e aos que, mesmo sem essa qualificação, sejam praticados com dolo, fraude ou simulação pelo sujeito passivo ou por terceiro em benefício daquele;

II – salvo disposição em contrário, às infrações resultantes de conluio entre duas ou mais pessoas naturais ou jurídicas.

Art. 181. A anistia pode ser concedida:

I – em caráter geral;

II – limitadamente:

---

[212] "Art. 104. Entram em vigor no primeiro dia do exercício seguinte àquele em que ocorra a sua publicação os dispositivos de lei, referentes a impostos sobre o patrimônio ou a renda: [...] II Capítulo que definem novas hipóteses de incidência."

Parte Geral · **Capítulo IX** · CRÉDITO TRIBUTÁRIO E LANÇAMENTO | **373**

a) às infrações da legislação relativa a determinado tributo;

b) às infrações punidas com penalidades pecuniárias até determinado montante, conjugadas ou não com penalidades de outra natureza;

c) a determinada região do território da entidade tributante, em função de condições a ela peculiares;

d) sob condição do pagamento de tributo no prazo fixado pela lei que a conceder, ou cuja fixação seja atribuída pela mesma lei à autoridade administrativa.

Art. 182. A anistia, quando não concedida em caráter geral, é efetivada, em cada caso, por despacho da autoridade administrativa, em requerimento com a qual o interessado faça prova do preenchimento das condições e do cumprimento dos requisitos previstos em lei para sua concessão.

Parágrafo único. O despacho referido neste artigo não gera direito adquirido, aplicando-se, quando cabível, o disposto no artigo 155.

Por fim, recorde-se que, de acordo com o § 6º do art. 150 da Constituição Federal, a concessão de anistia depende de *lei específica*. O § 11 do art. 195, por sua vez, proíbe, na forma prevista em lei complementar, a anistia de infrações relativas às contribuições da alínea "a" do inciso I e no inciso II. Ademais, as regras do Novo Regime Fiscal exigem a apresentação de estimativa de impacto financeiro e orçamentário nas propostas legislativas que impliquem renúncia de receitas (ADCT, art. 113), o que abrange a *anistia* (Lei de Responsabilidade Fiscal – Lei Complementar 101/2000, art. 14, § 1º).

5 GARANTIAS, PRIVILÉGIOS E PREFERÊNCIAS

O crédito tributário, sem prejuízo de outras disposições da legislação ordinária (CTN, art. 183[213]), submete-se ao seguinte regime jurídico de garantias, privilégios e preferências:

(a) Salvo os bens definidos em lei como impenhoráveis, a totalidade dos bens e das rendas do sujeito passivo (seu espólio ou sua massa falida) responde pelo pagamento do crédito tributário, independentemente da origem, natureza, da existência de ônus reais ou cláusula de inalienabilidade ou impenhorabilidade (CTN, art. 184);

(b) O juiz determinará a indisponibilidade dos bens e direitos, limitado ao valor total exigível, do devedor tributário que, devidamente citado, que não pagar nem garantir o juízo no prazo legal, inclusive por falta de bens penhoráveis[214] (CTN, art. 185-A);

(c) Ressalvados os créditos trabalhistas e de acidente de trabalho, o crédito tributário prefere a todos os demais, sendo irrelevante a natureza ou o tempo de sua constituição (CTN, art. 186);

(d) A cobrança judicial do crédito tributário não está sujeita a concurso de credores ou habilitação em falência, recuperação judicial, concordata, inventário ou arrolamento (CTN, art. 187);

---

213 "Art. 183. A enumeração das garantias atribuídas neste Capítulo ao crédito tributário não exclui outras que sejam expressamente previstas em lei, em função da natureza ou das características do tributo a que se refiram. Parágrafo único. A natureza das garantias atribuídas ao crédito tributário não altera a natureza deste nem a da obrigação tributária a que corresponda."

214 "§ 1º A indisponibilidade de que trata o *caput* deste artigo limitar-se-á ao valor total exigível, devendo o juiz determinar o imediato levantamento da indisponibilidade dos bens ou valores que excederem esse limite. (Incluído pela Lcp 118, de 2005)."

(e) Os créditos tributários decorrentes de eventos imponíveis ocorridos no curso do processo de falência têm natureza extraconcursal[215] (CTN, art. 188[216]);

(f) Os créditos tributários vencidos ou vincendos a cargo do *de cujus* ou de seu espólio, exigíveis no decurso do processo de inventário ou arrolamento, devem ser pagos preferencialmente a quaisquer créditos habilitados em inventário ou arrolamento (CTN, art. 189);

(g) Os créditos tributários vencidos ou vincendos, a cargo de pessoas jurídicas de direito privado em liquidação judicial ou voluntária, exigíveis no decurso da liquidação, devem ser pagos preferencialmente a quaisquer outros (CTN, art. 190);

(h) A extinção das obrigações do falido requer prova de quitação de todos os tributos (CTN, art. 191);

(i) Nenhuma sentença de partilha ou adjudicação será proferida sem prova da quitação de todos os tributos relativos aos bens do espólio, ou às suas rendas (CTN, art. 192);

(j) Salvo quando expressamente autorizado por lei, nenhum órgão da administração pública da União, dos Estados, do Distrito Federal, ou dos Municípios, ou sua autarquia, pode contratar ou aceitar proposta em concorrência pública sem a prova de regularidade fiscal (CTN, art. 193).

Ressalte-se ainda que, de acordo com o art. 185 do CTN, presume-se fraudulenta a alienação ou a oneração de bens ou rendas, ou seu início, por sujeito passivo em débito para com a Fazenda Pública, por crédito tributário regularmente inscrito como dívida ativa:

> Art. 185. Presume-se fraudulenta a alienação ou oneração de bens ou rendas, ou seu começo, por sujeito passivo em débito para com a Fazenda Pública, por crédito tributário regularmente inscrito como dívida ativa. (Redação dada pela Lcp 118, de 2005)
> Parágrafo único. O disposto neste artigo não se aplica na hipótese de terem sido reservados, pelo devedor, bens ou rendas suficientes ao total pagamento da dívida inscrita. (Redação dada pela Lcp 118, de 2005)

A redação anterior do dispositivo estabelecida o ajuizamento da execução fiscal como marco temporal para a caracterização da fraude:

> Art. 185. Presume-se fraudulenta a alienação ou oneração de bens ou rendas, ou seu começo, por sujeito passivo em débito para com a Fazenda Pública por crédito tributário regularmente inscrito como dívida ativa em fase de execução.

---

[215] Tema Repetitivo 969 – Tese Firmada: "O encargo do DL 1.025/1969 tem as mesmas preferências do crédito tributário devendo, por isso, ser classificado, na falência, na ordem estabelecida pelo art. 83, III, da Lei 11.101/2005" (REsp 1.521.999, Rel. Min. Sério Kukina, *DJe* 15.04.2019).

[216] "Art. 186. [...] Parágrafo único. Na falência: (Incluído pela Lcp 118, de 2005)
I – o crédito tributário não prefere aos créditos extraconcursais ou às importâncias passíveis de restituição, nos termos da lei falimentar, nem aos créditos com garantia real, no limite do valor do bem gravado; (Incluído pela Lcp 118, de 2005)
II – a lei poderá estabelecer limites e condições para a preferência dos créditos decorrentes da legislação do trabalho; e (Incluído pela Lcp 118, de 2005)
III – a multa tributária prefere apenas aos créditos subordinados. (Incluído pela Lcp 118, de 2005)."

Parte Geral • Capítulo IX • CRÉDITO TRIBUTÁRIO E LANÇAMENTO | 375

Parágrafo único. O disposto neste artigo não se aplica na hipótese de terem sido reservados pelo devedor bens ou rendas suficientes ao total pagamento da dívida em fase de execução.

Houve um debate jurisprudencial em torno da aplicação intertemporal desse dispositivo, o que foi resolvido pelo STJ no REsp 1.141.990: "Se o ato translativo foi praticado a partir de 09.06.2005, data de início da vigência da Lei Complementar 118/2005, basta a efetivação da inscrição em dívida ativa para a configuração da figura da fraude" (Tema Repetitivo 290). Assim, de acordo com a ementa do acórdão: "[...] a alienação engendrada até 08.06.2005 exige que tenha havido prévia citação no processo judicial para caracterizar a fraude de execução; se o ato translativo foi praticado a partir de 09.06.2005, data de início da vigência da Lei Complementar 118/2005, basta a efetivação da inscrição em dívida ativa para a configuração da figura da fraude"[217].

Outra disposição controversa é o parágrafo único do art. 187 do CTN:

Art. 187. A cobrança judicial do crédito tributário não é sujeita a concurso de credores ou habilitação em falência, recuperação judicial, concordata, inventário ou arrolamento. (Redação dada pela Lcp 118, de 2005)

Parágrafo único. O concurso de preferência somente se verifica entre pessoas jurídicas de direito público, na seguinte ordem:

I – União;

II – Estados, Distrito Federal e Territórios, conjuntamente e *pro rata*;

III – Municípios, conjuntamente e *pro rata*.

No ano de 1976, o STF aprovou a Súmula 563, consolidando o entendimento de que "o concurso de preferência a que se refere o parágrafo único do art. 187 do Código Tributário Nacional é compatível com o disposto no art. 9º, I, da Constituição Federal". Essa interpretação, no entanto, foi revista no julgamento da ADPF 357, quando se decidiu que o dispositivo não foi recepcionado pela Constituição de 1988:

Arguição de descumprimento de preceito fundamental. Constitucional. Tributário. Parágrafo único do art. 187 do Código Tributário Nacional. Parágrafo único do art. 29 da Lei 6.830/1980. Concurso de preferência entre os entes federados na cobrança judicial dos créditos tributários e não tributários. Incompatibilidade das normas impugnadas com a constituição da república de 1988. Afronta ao inc. III do art. 19 da Constituição. Arguição julgada procedente.

1. A arguição de descumprimento de preceito fundamental viabiliza a análise de constitucionalidade de normas legais pré-constitucionais insuscetíveis de conhecimento em ação direta de inconstitucionalidade. Precedentes.

2. A autonomia dos entes federados e a isonomia que deve prevalecer entre eles, respeitadas as competências estabelecidas pela Constituição, é fundamento da Federação. O federalismo de cooperação e de equilíbrio posto na Constituição da República de 1988 não legitima distinções entre os entes federados por norma infraconstitucional.

3. A definição de hierarquia na cobrança judicial dos créditos da dívida pública da União aos Estados e Distrito Federal e esses aos Municípios descumpre o princípio federativo e contraria o inc. III do art. 19 da Constituição da República de 1988.

4. Cancelamento da Súmula 563 deste Supremo Tribunal editada com base na Emenda Constitucional 1/69 à Carta de 1967.

---

217 STJ, 1ª S., REsp 1.141.990/PR, Rel. Min. Luiz Fux, *DJe* 19.11.2010.

376 | CURSO DE DIREITO TRIBUTÁRIO – *Solon Sehn*

5. Arguição de descumprimento de preceito fundamental julgada procedente para declarar não recepcionadas pela Constituição da República de 1988 as normas previstas no parágrafo único do art. 187 da Lei 5.172/1966 (Código Tributário Nacional) e no parágrafo único do art. 29 da Lei 6.830/1980 (Lei de Execuções Fiscais)[218].

O STF entendeu que o art. 187 do CTN e a disposição análoga do art. 29 da Lei de Execuções Fiscais[219] contrariam o princípio federativo e a isonomia entre as pessoas políticas, cláusula pétrea da Constituição Federal (art. 60, § 4º, I). Com isso, também ficam superadas a Súmula 497 ("Os créditos das autarquias federais preferem aos créditos da Fazenda estadual desde que coexistam penhoras sobre o mesmo bem"[220]) e a tese firmada pelo STJ no Tema Repetitivo 393: "O crédito tributário de autarquia federal goza do direito de preferência em relação àquele de que seja titular a Fazenda Estadual, desde que a penhora recaia sobre o mesmo bem".

Por fim, cumpre ressaltar que, de acordo com os arts. 191 e 191-A do CTN:

Art. 191. A extinção das obrigações do falido requer prova de quitação de todos os tributos. (Redação dada pela LC 118, de 2005)

Art. 191-A. A concessão de recuperação judicial depende da apresentação da prova de quitação de todos os tributos, observado o disposto nos arts. 151, 205 e 206 desta Lei. (Incluído pela LC 118, de 2005)

A exigência do art. 191-A do CTN se traduz na previsão do art. 57 da Lei 11.101/2005: "Art. 57. Após a juntada aos autos do plano aprovado pela assembleia geral de credores ou decorrido o prazo previsto no art. 55 desta Lei sem objeção de credores, o devedor apresentará certidões negativas de débitos tributários nos termos dos arts. 151, 205, 206 da Lei nº 5.172, de 25 de outubro de 1966 – Código Tributário Nacional".

Em um primeiro momento, quando ainda não havia legislação prevendo o parcelamento de débitos tributários federais para empresas em recuperação judicial, a Corte Especial do STJ afastou a aplicabilidade do art. 191-A do CTN e do art. 57 da Lei 11.101/2005:

Direito empresarial e tributário. Recurso especial. Recuperação judicial. Exigência de que a empresa recuperanda comprove sua regularidade tributária. Art. 57 da Lei n. 11.101/2005 (LRF) e art. 191-A do Código Tributário Nacional (CTN). Inoperância dos mencionados dispositivos. Inexistência de lei específica a disciplinar o parcelamento da dívida fiscal e previdenciária de empresas em recuperação judicial.

1. O art. 47 serve como um norte a guiar a operacionalidade da recuperação judicial, sempre com vistas ao desígnio do instituto, que é "viabilizar a superação da situação de crise econômico-financeira do devedor, a fim de permitir a manutenção da fonte produtora, do emprego dos trabalhadores e dos interesses dos credores, promovendo, assim, a preservação da empresa, sua função social e o estímulo à atividade econômica".

---

[218] STF, Tribunal Pleno, ADPF 357, Rel. Min. Cármen Lúcia, *DJe* 07.10.2021.

[219] "Art. 29 [...] Parágrafo único. O concurso de preferência somente se verifica entre pessoas jurídicas de direito público, na seguinte ordem:
I – União e suas autarquias;
II – Estados, Distrito Federal e Territórios e suas autarquias, conjuntamente e *pro rata*;
III – Municípios e suas autarquias, conjuntamente e *pro rata*."

[220] Essa, inclusive, já foi cancelada pela 1ª Seção do STJ em 16.09.2022.

Parte Geral · Capítulo IX · CRÉDITO TRIBUTÁRIO E LANÇAMENTO | 377

2. O art. 57 da Lei n. 11.101/2005 e o art. 191-A do CTN devem ser interpretados à luz das novas diretrizes traçadas pelo legislador para as dívidas tributárias, com vistas, notadamente, à previsão legal de parcelamento do crédito tributário em benefício da empresa em recuperação, que é causa de suspensão da exigibilidade do tributo, nos termos do art. 151, inciso VI, do CTN.

3. O parcelamento tributário é direito da empresa em recuperação judicial que conduz a situação de regularidade fiscal, de modo que eventual descumprimento do que dispõe o art. 57 da LRF só pode ser atribuído, ao menos imediatamente e por ora, à ausência de legislação específica que discipline o parcelamento em sede de recuperação judicial, não constituindo ônus do contribuinte, enquanto se fizer inerte o legislador, a apresentação de certidões de regularidade fiscal para que lhe seja concedida a recuperação.

4. Recurso especial não provido[221].

Posteriormente, com a promulgação da Lei 14.112/2020, a 3ª Turma do STJ restabeleceu a exigência, por entender que houve compatibilização com o instituto da recuperação judicial:

Recurso especial. Empresarial. Recuperação judicial. Certidões negativas de débito fiscal. Apresentação. Necessidade. Preclusão. Coisa julgada. Afastamento. Intimação. Fazendas Públicas. Ausência. Julgamento *extra petita*. Decisão surpresa. Não ocorrência.

1. A questão controvertida resume-se a definir (i) se houve violação à coisa julgada, decisão extra petita e desrespeito ao contraditório e à ampla defesa com a prolação de decisão surpresa e (ii) se pode ser concedida a recuperação judicial sem a apresentação de certidão negativa de débitos tributários.

2. Após a entrada em vigor da Lei nº 14.112/2020 e a implementação de um programa legal de parcelamento factível, é indispensável que as sociedades em recuperação judicial apresentem as certidões negativas de débito tributário (ou positivas com efeitos de negativas) sob pena de ser indeferida a recuperação judicial, diante da violação do artigo 57 da LREF. Precedente.

3. A não apresentação das certidões não enseja o decreto de falência, pois não há previsão legal específica nesse sentido, implicando somente a suspensão da recuperação judicial.

4. Na hipótese, as Fazendas Públicas não foram intimadas da decisão que concedeu a recuperação judicial, de forma que não haveria como dela recorrerem.

5. Nos termos da jurisprudência desta Corte a nulidade decorrente de decisão que viola norma cogente pode ser declarada de ofício, sem que isso implique julgamento extra petita.

6. A exigência de regularidade fiscal está inserta no âmbito de desdobramento causal, possível e natural da controvérsia, obtido a partir de um juízo de ponderação do magistrado à luz do ordenamento jurídico vigente, o que não caracteriza decisão surpresa.

7. Recurso especial não provido[222].

Essa interpretação também foi acolhida pela 4ª Turma no julgamento do REsp 1.955.325, que, entretanto, restringiu a aplicação do novo entendimento às recuperações judiciais com planos homologados após a Lei 14.112/2020. Nesse mesmo julgado, o STJ entendeu que: "Em relação às dívidas fiscais estaduais e municipais, a exigência da apresentação das certidões de regularidade

---

[221] STJ, C. Especial, REsp 1.187.404. Rel. Min. Luis Felipe Salomão, *DJe* 21.08.2013.
[222] STJ, 3ª T., REsp 2.082.781, Rel. Min. Ricardo Villas Bôas Cueva, *DJe* 28.11.2023.

fiscal como condição para a homologação do plano de recuperação judicial depende da edição de lei específica acerca do parcelamento dos tributos de sua respectiva competência".[223]

---

[223] STJ, 4ª T., REsp 1.955.325, Rel. Min. Antonio Carlos Ferreira, *DJe* 22.04.2024.

PARTE ESPECIAL

Capítulo I

IMPOSTOS FEDERAIS

1 IMPOSTO DE IMPORTAÇÃO

1.1 Origens e características

A tributação da importação remonta a um período bastante antigo. Escritos cuneiformes da Suméria – atual Iraque – evidenciam a existência, já no século XXV a.C., de um sistema impositivo sobre as transações comerciais entre cidades-estados. No período Védico, na Índia Antiga, entre 1500 a.C. e 500 a.C., foi identificado um regime de tributação do comércio exterior[1]. Na Síria, registros em tábuas de argila com mais de 3000 anos fazem referência à função estratégica e ao prestígio – só equiparável ao do Rei local – daquele que hoje seria uma espécie de inspetor de aduana, responsável pela cobrança de tributos sobre o comércio de prata, ouro, cobre, grãos e lã. Não foi diferente na Fenícia, no Egito, na Grécia, no Império Romano e na Idade Média, que também contavam com regras e estruturações especificamente voltadas à fiscalização de tributos sobre o comércio de produtos com povos estrangeiros[2].

A partir do período de consolidação do poder político dos Estados soberanos na Europa, os economistas começaram a teorizar a importância extrafiscal dos tributos aduaneiros. Nessa época, foi compreendido que, antes de simples fonte de receita, esses tributos podem constituir um relevante instrumento para a realização de políticas públicas[3]. Essa característica é predominante nos dias de hoje. Salvo em países pouco desenvolvidos ou protecionistas, a obtenção de receita não é mais o papel precípuo da tributação aduaneira[4]. Prepondera a finalidade econômica

---

[1] DATEY, V.S. *Customs law*: practice & procedures – as amended by Finance (nº 2) Act 2019. New Delhi: Taxmann, 2019. p. 1.3.

[2] GONZÁLES, Ildefonso Sánchez. *Historia general aduanera de España:* edades antigua y media. Madrid: Ministerio de Hacienda y Administraciones Publicas-Instituto de Estudios Fiscales, 2004; PEREIRA, Tânia Carvalhais. *Direito aduaneiro europeu*: vertente tributária. Lisboa: Universidade Católica Editora, 2020. p. 13-15; CARRERO, Germán Pardo. El derecho aduanero, razón de ser y relación con el derecho tributario. La aduana y sus funciones. *In*: CARRERO, Germán Pardo (dir.); MARSILLA, Santiago Ibáñez; YEBRA, Felipe Moreno (codir.). *Derecho aduanero*. Bogotá: Universidad del Rosario; Tirant lo Blanch, 2019. t. I, p. 237 e ss.; FERNANDES, Rodrigo Mineiro. *Introdução ao direito aduaneiro*. São Paulo: Intelecto, 2018. p. 3 e ss.; SOUZA, Hamilton Dias de. *Estrutura do imposto de importação no Código Tributário Nacional*. São Paulo: Resenha Tributária, 1980. p. 13 e ss.

[3] Registre-se que, antes disso, a importância extrafiscal dos tributos aduaneiros, segundo Gonzáles, já era ressaltada na Grécia Antiga: "Aristóteles aseguraba que el Estado debe conocer el valor de las exportaciones e importaciones para basar em estos datos la política financiera. Comienza a vislumbrarse aquí el primer giro en la finalidade del impuesto de adunas: la paulatina sustitución del objetivo fiscal por el económico" (GONZÁLES, Ildefonso Sánchez. *Historia general aduanera de España:* edades antigua y media. Madrid: Ministerio de Hacienda y Administraciones Publicas-Instituto de Estudios Fiscales, 2004. p. 20).

[4] PEREIRA, Tânia Carvalhais. *Direito aduaneiro europeu*: vertente tributária. Lisboa: Universidade Católica Editora, 2020. p. 17; RIJO, José. *Direito aduaneiro da União Europeia*: notas de enquadramento normativo, doutrinário

382 | CURSO DE DIREITO TRIBUTÁRIO – *Solon Sehn*

(regulatória ou interventiva), que, por sua vez, deve ser exercida dentro de limites constitucionais e convencionais, ou seja, considerando não apenas os parâmetros constitucionais da tributação, mas também os compromissos assumidos pelo Estado brasileiro perante outras nações em tratados e acordos internacionais.

1.2 Princípios

Como analisado anteriormente, nos termos do art. 153, § 1º, da Constituição, o Poder Executivo pode alterar as alíquotas do imposto de importação dentro dos limites máximos e mínimos previstos em lei[5], sem necessidade de observância do princípio da anterioridade (art. 150, § 1º[6]). Essa previsão justifica-se em razão da natureza extrafiscal do tributo. Isso porque, se não for possível a alteração rápida e com aplicabilidade imediata da alíquota, seria pouco eficaz o uso do imposto de importação como instrumento de políticas públicas e de desenvolvimento econômico[7].

O imposto submete-se ainda ao princípio da nação mais favorecida, previsto no Artigo I do Acordo Geral de Tarifas e Comércio de 1994 (Gatt 1994 – *General Agreement on Tariffs and Trade*), incorporado ao direito interno pelo Decreto Legislativo 30/1994, promulgado pelo Decreto 1.355/1994:

> Artigo I
>
> Tratamento Geral de Nação mais Favorecida
>
> 1.1 Qualquer vantagem, favor, imunidade ou privilégio concedido por uma parte contratante em relação a um produto originário de ou destinado a qualquer outro país, será imediata e incondicionalmente estendido ao produto similar[8], originário do território de cada uma das outras partes contratantes ou ao mesmo destinado, Este dispositivo se refere aos direitos aduaneiros e encargos de toda a natureza que gravem a importação ou a exportação, ou a elas se relacionem, aos que recaiam sobre as transferências internacionais de fundos para pagamento de importações e exportações, digam respeito ao método de arrecadação desses direitos e encargos ou ao conjunto de regulamentos ou

---

    e jurisprudencial. Coimbra: Almedina, 2020. p. 19-20; CARRERO, Germán Pardo. El derecho aduanero, razón de ser y relación con el derecho tributario. La aduana y sus funciones. *In*: CARRERO, Germán Pardo (dir.); MARSILLA, Santiago Ibáñez; YEBRA, Felipe Moreno (codir.). *Derecho aduanero*. Bogotá: Universidad del Rosario; Tirant lo Blanch, 2019. t. I, p. 236; SOUZA, Hamilton Dias de. *Estrutura do imposto de importação no Código Tributário Nacional*. São Paulo: Resenha Tributária, 1980. p. 13.

[5]   Trata-se de prerrogativa restrita à definição das alíquotas. Não foi recepcionada pela Constituição de 1988 a previsão do art. 21 do CTN, que autorizava o Poder Executivo a alterar "as bases de cálculo do imposto, a fim de ajustá-lo aos objetivos da política cambial e do comércio exterior".

[6]   "Art. 150. [...] § 1º A vedação do inciso III, *b*, não se aplica aos tributos previstos nos arts. 148, I, 153, I, II, IV e V; e 154, II; e a vedação do inciso III, *c*, não se aplica aos tributos previstos nos arts. 148, I, 153, I, II, III e V; e 154, II, nem à fixação da base de cálculo dos impostos previstos nos arts. 155, III, e 156, I. (Redação dada pela Emenda Constitucional 42, de 19.12.2003)."

[7]   A extrafiscalidade do imposto também está sujeita aos controles de adequação, necessidade e proporcionalidade em sentido estrito, já estudados anteriormente. Ver Capítulo V, item 5.6, da Parte Geral.

[8]   Na versão em língua inglesa, o Artigo I do Gatt refere-se a *like product* (produto similar). O mesmo também se observa na versão em língua espanhola (*producto similar*). No entanto, na tradução em português, consta equivocadamente "produtor similar". Assim, considerando que, de acordo com as Notas Explicativas, "(c) (i) o texto do GATT 1994 será autêntico em inglês, francês e espanhol", opta-se pela substituição, no presente estudo, de "produtor" por "produto", o que reflete o efetivo conteúdo do dispositivo examinado.

Parte Especial • Capítulo I • IMPOSTOS FEDERAIS | 383

formalidades estabelecidos em conexão com a importação e exportação bem como aos assuntos incluídos nos §§ 1 e 2 do art. III[9].

O princípio ou cláusula na nação mais favorecida estabelece que, ao conceder uma vantagem, favor, imunidade ou privilégio, inclusive tributário, a produtos originários de um país[10], os Estados-Membros da OMC são obrigados a estendê-lo – imediata e incondicionalmente – a similares importados dos demais países. A não generalização imediata do benefício – ou sua extensão em caráter condicional – implica a adoção da origem como critério discriminatório, incompatível o art. 1.1 do Gatt[11].

A jurisprudência do STF entende que a cláusula da nação mais favorecida autoriza a extensão pelo Judiciário do benefício fiscal para os importadores locais de produtos originários de países não contemplados. Essa interpretação foi consolidada ao longo dos anos, sobretudo das décadas de 1970 e 1980. Na época, havia por parte dos Ministros da Corte uma preocupação em garantir a observância do Gatt internamente para evitar consequências gravosas aos interesses comerciais do País no âmbito internacional[12]. Essa exegese não contrasta com a interpretação mais recente que não admite ao "[...] Poder Judiciário, a pretexto de conceder tratamento isonômico, atuar como legislador positivo para estabelecer benefícios tributários não previstos em lei, sob pena de

---

9 "1.2 As disposições do parágrafo primeiro do presente artigo não importarão na eliminação de quaisquer preferências com respeito a direitos aduaneiros ou encargos que não ultrapassem os limites fixados no § 3 deste artigo e que se enquadrem nas seguintes descrições:

(a) preferências em vigor exclusivamente entre dois ou mais dos territórios enumerados no Anexo A, subordinadas às condições nele estipuladas;

(b) preferências em vigor exclusivamente entre dois ou mais territórios que, em 1 de julho de 1939, estavam sujeitos a uma soberania comum ou unidos por laços de proteção ou suzerania [sic.], os quais são enumerados nos Anexos B, C e D, dentro das condições nos mesmos estipulados;

(c) preferências em vigor exclusivamente entre os Estados Unidos da América e a República de Cuba;

(d) preferências em vigor exclusivamente entre países vizinhos mencionados nos Anexos E e F.

1.3 Quando não for fixada especificamente a margem máxima de preferência na correspondente lista anexada a este Acordo, a margem de preferência sobre qualquer produto em relação ao qual seja permitida uma, preferência, de conformidade com o § 2º do presente artigo, não poderá exceder:

(a) relativamente aos direitos ou encargos sobre qualquer produto descrito nessa lista, a diferença entre a taxa de nação mais favorecida e a taxa preferencial, que figuram na mesma lista; se não houver estipulação da taxa preferencial, esta, para os fins de aplicação do presente parágrafo, passará a ser a que estava em vigor em 10 de abril de 1947; se nenhuma taxa de nação mais favorecida for fixada, a margem não ultrapassará a diferença, existente em 10 de abril de 1947, entre a taxa aplicável à nação mais favorecida e a taxa preferencial;

(b) no tocante aos direitos ou encargos sobre qualquer produto não descrito na lista correspondente à diferença, existente em 10 de abril de 1947, entre a taxa aplicável à nação mais favorecida e a taxa preferencial."

10 Inclusive quando o país contemplado não é membro da OMC.

11 Sobre o tema, para a compreensão de todos os desdobramentos desse princípio, a jurisprudência do STF e do Órgão de Apelação da OMC, ver: SEHN, Solon. *Curso de direito aduaneiro*. 2. ed. Rio de Janeiro: Forense, 2022. p. 46 e ss.

12 STF, 1ª T., RE 69.530, Rel. Min. Aliomar Baleeiro, *DJ* 07.10.1970; STF, Tribunal Pleno, RMS 8.927, Rel. Min. Victor Nunes Leal, *DJ* 11.04.2962; STF, RE 94.047-2. 1ª T, Rel. Min. Rafael Mayer, *DJ* 18.09.1981; STF, Tribunal Pleno, RMS 14.405 (Agravo de Petição), Rel. Min. Luiz Gallotti, *DJ* 24.11.1965; STF, 2ª T., RE 93.213, Rel. Min. Moreira Alves, *DJ* 13.02.1981; STF, 1ª T., RE 56.825, Rel. Cândido Motta Filho, *DJ* 21.09.1966; STF, 1ª T., RE 69.492, Rel. Min. Djaci Falcão, *DJ* 14.10.1970; STF, 1ª T., RE 72.043-0, Rel. Min. Antonio Neder, *DJ* 1º.09.1978; STF, 2ª T., RE 113.156-0, Rel. Min. Carlos Madeira. *DJ* 21.08.1987. Como ressaltado pelo Min. Carlos Madeira: "[...] não há dúvida que, em se cuidando de um acordo de comércio, o GATT é um tratado contratual, na medida em que realiza uma operação jurídica, na qual a parte fundamental é a cláusula de igualdade entre as partes, também chamada cláusula de nação não menos favorecida, inclusive quanto à tributação. Tratando-se a acordo convencional dificilmente se justificaria a revogação da clausula, até porque dela decorreriam pesados ônus para os próprios interesses comerciais do país no exterior" (Voto do Ministro Carlos Madeira. STF, 2ª T., RE 113.156-0, Rel. Min. Carlos Madeira, *DJ* 21.08.1987, p. 3).

afronta ao princípio fundamental da separação dos poderes"[13]. Isso porque a incondicionalidade da cláusula da nação mais favorecida implica a eficácia extensiva automática de quaisquer vantagens, favores, imunidades ou privilégios, inclusive tributários. O Poder Judiciário, ao determinar essa providência, não está inovando na ordem jurídica, mas apenas declarando um direito subjetivo do importador que decorre diretamente do art. 1.1 do Gatt.

Para se compreender esse efeito, deve-se ter presente que a cláusula da nação mais favorecida não surgiu pela primeira vez no ano de 1947, quando foi celebrado o *Acordo Geral sobre Tarifas e Comércio*. Trata-se de uma modalidade negocial que, na história das relações bilaterais, já era bastante adotada pelos países em acordos e tratados internacionais. Havia dois modelos de pactuação: o condicionado e o incondicionado. No primeiro, salvo no caso de vantagens gratuitas ou unilaterais, a extensão depende de uma compensação por parte do Estado não contemplado equivalente à negociada com o terceiro beneficiado. No segundo, como ensina Achille Cutrera, no clássico *Principii di Diritto e Politica Doganale*, a cláusula "[...] opera *ipso iure* e o Estado que a estipulou em seu favor beneficia-se imediatamente das maiores concessões comerciais ou tarifárias que o outro Contratante estipulou com outros Estados"[14]. No ano de 1947, a experiência europeia já considerava o modelo condicional um "remédio pior que a doença"[15], em razão das inúmeras controvérsias que suscitava. Por isso, foi adotado no Gatt o modelo incondicionado com extensão automática da vantagem[16].

O imposto de importação também está submetido ao princípio da valoração aduaneira pelo valor real, previsto no Artigo VII do Gatt e no Acordo sobre a Implementação do Artigo VII do Gatt 1994 (Acordo de Valoração Aduaneira)[17], que, como será analisado com maior detalhamento, estabelece métodos equitativos, uniformes e neutros de determinação da base de cálculo do imposto, vedando o emprego de qualquer outra técnica que implique a adoção de preços mínimos, fictícios e arbitrários.

---

13   STF, 2ª T., RE 606.171 AgR, Rel. Min. Dias Toffoli, *DJe* 03.03.2017.

14   Tradução nossa do original: "La clausola, in tal caso opera *ipso iuri* e lo Stato che l'ha stipulata in suo favore viene a beneficiare immediatamente delle maggiori concessioni commerciali o tariffarie che l'altro Contraente avesse stipulato con alti Stati" (CUTRERA, Achille. *Principii di diritto e politica doganale*. 2. ed. Padova: Cedam, 1941. p. 239).

15   Tradução nossa do original: "un rimedio peggiore del male" (CUTRERA, Achille. *Principii di diritto e politica doganale*. 2. ed. Padova: Cedam, 1941. p. 244). É importante ressaltar que Cutrera não escrevia especificamente sobre o GATT.

16   A nação mais favorecida está sujeita às exceções previstas no próprio Gatt. A cláusula, destarte, não se aplica aos benefícios tarifários concedidos para países em desenvolvimento ou menos desenvolvidos (cláusula de habilitação). Dessa maneira, os países economicamente desenvolvidos, no Sistema Geral de Preferências (SGP), podem conceder tratamentos preferenciais e mais favoráveis para produtos originários de países em desenvolvimento, e esses entre si (Sistema Global de Preferências Comerciais – SGPC), sem a necessidade de extensão aos demais países-membros (Artigo XXXVI). O Brasil, até que se conclua o seu processo de adesão à OCDE, é beneficiário desse regime, recebendo um tratamento tarifário preferencial para alguns produtos por parte da União Europeia e outros países como Estados Unidos da América do Norte, Rússia, Canadá e Suíça. Também não estão sujeitos à cláusula do tratamento nacional: as vantagens concedidas a países limítrofes para facilitar o tráfico fronteiriço; os regimes tarifários diferenciados vigentes em uniões aduaneiras e em zonas de livre-comércio (Artigo XXIV); as medidas de defesa comercial (direitos *antidumping,* as medidas compensatórias e de salvaguarda), a proteção tarifária necessária à criação de um ramo de produção determinado ou ao equilíbrio da balança comercial (Artigo XVIII); as exceções gerais (Artigo XX) e relativas à segurança (Artigo XXI).

17   O Acordo de Valoração Aduaneira (AVA) foi incorporado ao direito brasileiro pelo Decreto Legislativo 30/1994, promulgado pelo Decreto 1.355/1994.

Parte Especial • Capítulo I • IMPOSTOS FEDERAIS | 385

1.3 Legislação aplicável

O imposto de importação encontra-se disciplinado nos arts. 19, 20, I e III, e 22 do CTN[18], no Decreto-lei 37/1966, no Gatt 1994 e no Acordo de Valoração Aduaneira (AVA)[19], na Convenção Internacional do Sistema Harmonizado de Designação e Codificação de Mercadorias de 1983[20], no Acordo sobre a Facilitação do Comércio (AFC)[21] e na Convenção de Quioto Revisada[22], entre outros atos normativos consolidados no Decreto 6.759/2009 (Regulamento Aduaneiro).

1.4 Hipótese de incidência

1.4.1 Critério material

A materialidade ou critério material da hipótese de incidência do imposto de importação deve ser construído com base no art. 19 do CTN, no art. 1º do Decreto-lei 37/1966 e no Anexo Específico B da Convenção de Quioto Revisada:

> Art. 19. O imposto, de competência da União, sobre a importação de produtos estrangeiros tem como fato gerador a entrada destes no território nacional.

---

[18] Os demais dispositivos do CTN não estão mais em vigor. O art. 20, II, do CTN foi revogado pelo art. 2º do Decreto-lei 37/1966 e este, por sua vez, pelo Acordo de Valoração Aduaneira (AVA), que, atualmente, disciplina a base de cálculo do imposto de importação. Nada impedia essa revogação, porque a vigência do Decreto-lei 37/1966 teve início em 1º de janeiro de 1967: "Art. 178. Este Decreto-lei entrará em vigor em 1º de janeiro de 1967, salvo quanto às disposições que dependam de regulamentação, cuja vigência será fixada no regulamento". Foi nessa mesma data que teve início a vigência do CTN: "Art. 218. Esta Lei entrará em vigor, em todo o território nacional, no dia 1º de janeiro de 1967, revogadas as disposições em contrário, especialmente a Lei 854, de 10 de outubro de 1949. (Renumerado do art. 217 pelo Decreto-lei 27, de 1966)". Nessa época, aprovado como lei ordinária (Lei 5.172/1966), o Código Tributário ainda não apresentava eficácia de lei complementar, o que só ocorreu a partir de 15 de março de 1967, com o advento da Constituição de 1967 (art. 19, § 1º, renumerado para art. 18, § 1º, pela Emenda 01/1969: "Art. 19. [...] § 1º Lei complementar estabelecerá normas gerais de direito tributário, disporá sobre conflitos de competência nessa matéria entre União, os Estados, o Distrito Federal e os Municípios e regulará as limitações constitucionais ao poder de tributa". Sobre o tema, cf.: SEHN, Solon. *Curso de direito aduaneiro*. 2. ed. Rio de Janeiro: Forense, 2022. p. 19 e ss. O art. 21 do CTN, por sua vez, não foi recepcionado pelo texto constitucional. Esse artigo autoriza o Poder Executivo a promover o aumento das alíquotas e das bases de cálculo, para fins de ajuste aos objetivos de política cambial e de comércio exterior, o que, como ressaltado anteriormente, não é compatível com o art. 153, § 1º, da Constituição de 1988. Portanto, os únicos dispositivos vigentes são o art. 19 e o art. 22 do CTN. Já em relação ao inciso II do art. 22 do CTN, cumpre destacar que, atualmente, os bens abandonados ou apreendidos – quando não destruídos ou inutilizados – são destinados à incorporação ao patrimônio público, doados a entidades sem fins lucrativos ou alienados em procedimento licitatório, sem incidência do imposto. Por outro lado, de acordo com o Decreto-lei 1.455/1976: "Art. 29. [...] § 12. Não haverá incidência de tributos federais sobre o valor da alienação, mediante licitação, das mercadorias de que trata este artigo. (Incluído pela Lei 12.350, de 2010)". Nada impede, entretanto, que o legislador volte a prever a incidência do imposto nessa modalidade.

[19] O AVA ou Acordo sobre a Implementação do Artigo VII do Gatt 1994 foi incorporado ao direito brasileiro pelo Decreto Legislativo 30/1994, promulgado pelo Decreto 1.355/1994.

[20] Incorporada ao direito brasileiro pelo Decreto Legislativo 71/1988, promulgado pelo Decreto 97.409/1988.

[21] Incorporado ao direito brasileiro pelo Decreto Legislativo 01/2016, promulgado pelo Decreto 9.326/2018. Entre os objetivos destacados no preâmbulo do AFC: "*Desejando* esclarecer e aperfeiçoar os aspectos relevantes dos Artigos V, VIII e X do GATT 1994 com vistas a tornar mais ágil a circulação, a liberação e o despacho aduaneiro de bens, inclusive bens em trânsito".

[22] Também denominada Protocolo de Revisão da Convenção Internacional para a Simplificação e a Harmonização dos Regimes Aduaneiros, que foi incorporado ao direito interno pelo Decreto Legislativo 56/2019, promulgado pelo Decreto 10.276/2020.

Art. 1º O Imposto sobre a Importação incide sobre mercadoria estrangeira e tem como fato gerador sua entrada no Território Nacional. (Redação dada pelo Decreto-lei 2.472, de 1º.09.1988)

CAPÍTULO 1
IMPORTAÇÃO DEFINITIVA
Definições
Para efeitos de aplicação do presente Capítulo, entende-se por:
Mercadorias em livre circulação: as mercadorias de que se pode dispor sem restrições aduaneiras.

Importação definitiva: o regime aduaneiro que permite a colocação em livre circulação no território aduaneiro de mercadorias importadas, mediante o pagamento dos direitos e demais imposições de importação e o cumprimento de todas as formalidades aduaneiras necessárias.

Além disso, tão logo concluída a sua incorporação ao direito interno de todos os Estados-partes fundadores[23], devem ser consideradas as disposições do Código Aduaneiro do Mercosul (CAM)[24]:

TÍTULO XI – TRIBUTOS ADUANEIROS
CAPÍTULO I – DISPOSIÇÕES GERAIS
Artigo 157 – Tributos Aduaneiros
1. O presente Código regula os seguintes tributos aduaneiros:
a) o imposto ou direito de importação, cujo fato gerador é a importação definitiva de mercadoria para o território aduaneiro; e

Do exame desses enunciados prescritivos nota-se que o critério material do imposto compreende o verbo "importar" e o complemento "produtos"[25].

1.4.1.1 Conceito jurídico de importação

As teorias sobre o conceito de importação variam em função da legislação que serve de base para cada autor. As diferentes concepções podem ser agrupadas em duas grandes correntes: a teoria da transposição física e a teoria do ingresso finalístico. A teoria da transposição, que já

---

[23] Para entrar em vigor, o CAM deve ser incorporado ao direito interno do Brasil, da Argentina, do Uruguai e do Paraguai, o que ainda não ocorreu desses dois últimos países. O primeiro país a fazê-lo foi a Argentina, por meio da Lei 26.795/2012.

[24] O Código Aduaneiro do Mercosul foi aprovado pelo Decreto Legislativo 149/2018. Porém, ainda não foi publicado o decreto de promulgação.

[25] O art. 1º do Decreto-lei 37/1966 tem redação semelhante à do art. 19 do CTN. A única diferença está na palavra "mercadoria". Isso não significa, entretanto, que a incidência do imposto tenha sido limitada pelo decreto-lei aos bens importados para fins de revenda lucrativa. Embora já se tenha sustentado em sentido contrário, esse entendimento foi revisado na obra SEHN, Solon. *Imposto de importação*. São Paulo: Noeses, 2016. p. 99 e ss. Isso porque, do exame *a contrario sensu* das hipóteses de isenção, nota-se que também são tributados os bens de capital, os insumos e os produtos destinados ao consumo em geral. Dessa maneira, a rigor, tem-se que o complemento do critério material do imposto compreende os *produtos*, isto é, *coisas móveis e corpóreas*. Aí se incluem as mercadorias, mas não os serviços e outros intangíveis. Os bens incorpóreos (como os direitos autorais, de crédito e as invenções), aliás, não têm existência tangível e não estão sujeitos à tradição. Por conseguinte, sendo insuscetíveis de ingresso físico no território aduaneiro, mostram-se incompatíveis com a estrutura do imposto de importação.

foi bastante prestigiada entre os doutrinadores brasileiros, identifica o conceito de importação com o ingresso físico ou o cruzamento da linha de fronteira[26]. Para a teoria do ingresso finalístico, a importação pressupõe a transposição física, mas também a intenção de incorporação do produto ao mercado nacional, o que é designado pelos autores de diferentes maneiras (objetivo de *permanência*, intenção de *nacionalização* ou de *uso e consumo*)[27].

A identificação do conceito de importação com o ingresso físico do produto não é compatível com o art. 5º, XV, da Constituição, que consagra o princípio da liberdade de locomoção e de trânsito no território nacional, inclusive aos estrangeiros e aos respectivos bens[28]. Esse princípio tem origem no Artigo V do Gatt, sendo também previsto no Artigo 11 do Acordo sobre a Facilitação do Comércio (AFC)[29]. Em razão dele, como destaca Ricardo Xavier Basaldúa, o evento imponível do imposto de importação nas legislações modernas compreende apenas a importação para consumo, entendida como tal aquela que autoriza o ingresso *sine die* da mercadoria, isto é, a permanência definitiva no território aduaneiro, possibilitando a sua utilização econômica irrestrita[30]. Também há incompatibilidade com a Convenção de Quioto Revisada (CQR), que vincula o conceito de importação ao objetivo de incorporação definitiva do produto à livre circulação econômica no país de destino (Capítulo 1 do Anexo Específico B). Da mesma forma, o Código Aduaneiro do Mercosul, que, em seu art. 157, define a *importação definitiva como fato gerador do imposto de importação, fazendo uso de uma expressão pleonástica para não deixar dúvidas acerca da impossibilidade de tributação do* simples ingresso físico do produto no território aduaneiro.

Portanto, a entrada física é uma condição necessária, mas não suficiente para a caracterização de uma operação de importação. Essa compreende a transposição física qualificada pela *intenção integradora*, isto é, a introdução de um produto no território aduaneiro com a intenção de incorporá-lo ao mercado nacional ou, de acordo com a terminologia da Convenção de Quioto Revisada, a incorporação definitiva do produto à livre circulação econômica no país de destino.

A intenção integradora normalmente é manifestada por meio do registro da declaração de mercadorias, que desencadeia os atos necessários à liberação do produto importado (desembaraço aduaneiro) e a respectiva nacionalização. Todavia, a declaração formal nem sempre se mostra determinante. O agente pode declarar intenção diversa da efetivamente pretendida, promovendo o despacho para trânsito ou para admissão temporária, quando, na verdade, a finalidade originária é a venda no mercado nacional sem o recolhimento dos tributos. É possível, ademais,

---

[26] Apesar de oferecer um critério objetivo para a caracterização da importação, a teoria da transposição é criticada porque permite que se considere como importação o simples trânsito de bens pelo território nacional ou até ingressos físicos involuntários de mercadorias. É o caso de automóveis de passageiros em viagem turística ou de navio que, destinado a outro país, tem parte de sua carga levada pela corrente marítima até a costa nacional em decorrência de acidente náutico.

[27] Essa divisão binária foi proposta em nossa tese de doutorado e considera apenas a hipótese de incidência do imposto (SEHN, Solon. *Imposto de importação*. São Paulo: Noeses, 2016. p. 26 e ss.). Outros autores, dentro de uma concepção mais ampla, dividem as teorias cinco: teoria da transposição; teoria da entrada; teoria da declaração para consumo; teoria da nacionalização; e teoria da importação para consumo. Não cabe, no presente estudo, um exame aprofundado das diferentes variações de cada uma dessas teorias. Sobre o tema, cf.: SEHN, Solon. *Curso de direito aduaneiro*. 2. ed. Rio de Janeiro: Forense, 2022. p. 56 e ss.

[28] "Art. 5º [...] XV – é livre a locomoção no território nacional em tempo de paz, podendo qualquer pessoa, nos termos da lei, nele entrar, permanecer ou dele sair com seus bens."

[29] Incorporado ao direito brasileiro pelo Decreto Legislativo 01/2016, promulgado pelo Decreto 9.326/2018. Entre os objetivos destacados no preâmbulo do AFC: "*Desejando* esclarecer e aperfeiçoar os aspectos relevantes dos Artigos V, VIII e X do GATT 1994 com vistas a tornar mais ágil a circulação, a liberação e o despacho aduaneiro de bens, inclusive bens em trânsito".

[30] BASALDÚA, Ricardo Xavier. La territorialidad en los impuestos aduaneros. *In*: UCKMAR, Victor; ALTAMIRANO, Alejandro C.; TÔRRES, Heleno Taveira (coord.). *Impuestos sobre el comercio internacional*. 2. ed. Madrid-Barcelona-Buenos Aires: Marcial Pons, 2008. p. 139; BASALDÚA, Ricardo Xavier. *Tributos al comercio exterior*. Buenos Aires: Abeledo-Perrot, 2011. p. 495.

388 | CURSO DE DIREITO TRIBUTÁRIO – *Solon Sehn*

que nem sequer exista uma declaração, quando a transposição da fronteira se dá à margem do controle aduaneiro[31].

Destaca-se, para fins ilustrativos, um caso examinado pelo Carf no ano de 2012. Nele a mercadoria foi submetida ao regime especial de admissão temporária, ou seja, houve uma declaração oficial de intenção de não integração. No entanto, a Receita Federal encontrou os produtos expostos à venda, evidenciando uma finalidade divergente da declarada:

> O interessado através do [...] solicitou o Regime Especial de Admissão Temporária para os bens descritos na [...] pelo prazo de três meses, prorrogado por mais três meses até 30.05.2006 com a finalidade prevista no artigo 4º, parágrafo 1º, inciso II da IN SRF 285/03, que prevê a possibilidade do Regime para 'bens a serem submetidos a ensaios, testes de funcionamento ou de resistência, conserto, reparo ou restauração'. Ocorre que ficou comprovado o desvio de finalidade em 24.04.2006 com a apreensão pela Polícia Federal dos bens (veículos) que se encontravam naquele momento expostos à venda. O desvio de finalidade gerou a lavratura do Auto de Infração [...] com a aplicação da multa prevista no artigo 72, inciso I, da Lei 10.833/03[32].

A concepção finalista da importação é criticada por alguns autores, porque implicaria um subjetivismo na interpretação dos fatos que podem ser alcançados pela hipótese de incidência do imposto. A objeção, entretanto, não é procedente, sendo resultado da confusão entre os conceitos de intenção e de desejo. Na verdade, a intenção – que é o conteúdo da vontade – pressupõe um querer ativo do sujeito; e, ao contrário do desejo, não se resume a uma simples expectativa passiva em relação a um determinado resultado[33]. Por isso, para determinar a intenção, não cabe qualquer investigação ou perquirição acerca do desejo da parte, que é inacessível. Isso deve ocorrer objetivamente por meio dos atos de exteriorização da vontade, como no exemplo citado acima, em que a declaração oficial de intenção de não integração foi infirmada pelo fato de os produtos terem sido encontrados expostos à venda.

Os atos de exteriorização da vontade devem ser interpretados em face das circunstâncias do caso concreto, em especial a destinação da mercadoria, suas características, quantidade, o perfil do possuidor e a frequência das viagens ao exterior. Esses elementos mitigam qualquer risco de subjetividade, porque permitem determinar se o sujeito passivo pretende realizar um ingresso provisório ou tem a intenção de integrar o produto ao mercado nacional.

Para a caracterização da importação, o título jurídico, a transferência da propriedade ou a existência de um contrato de compra e venda não são determinantes. Esses elementos servem apenas para provar ou excluir a existência de uma intenção integradora em circunstâncias duvidosas. Dito de outro modo, o seu exame pode evidenciar o caráter definitivo da transposição da fronteira ou ainda, a natureza puramente transitória da operação. Assim, um comodato – vinculado, por exemplo, à exposição do produto em uma feira ou outra finalidade transitória qualquer – denota a natureza provisória do ingresso do produto. Já uma compra e venda, de

---

[31] Esse é o motivo pelo qual, para fins de controle da ocorrência do fato jurídico tributário, o Decreto-lei 37/1966 (art. 44) estabelece que todos os produtos, ao ingressarem no território aduaneiro nacional, devem ser submetidos ao despacho aduaneiro de importação, mesmo quando não sujeitos ao pagamento de tributos: "Art. 44. Toda mercadoria procedente do exterior por qualquer via, destinada a consumo ou a outro regime, sujeita ou não ao pagamento do imposto, deverá ser submetida a despacho aduaneiro, que será processado com base em declaração apresentada à repartição aduaneira no prazo e na forma prescritos em regulamento. (Redação dada pelo Decreto-lei 2.472, de 1º.09.1988)"

[32] Parte transcrita do auto de infração com a supressão dos números dos processos. Carf, 3ª S., 2ª T.E., Ac. 802-001.440, S. 28.11.2012.

[33] ZAFFARONI, Eugênio Raul; PIERANGELI, José Henrique. *Manual de direito penal brasileiro*: parte geral. São Paulo: RT, 1997. p. 415.

Parte Especial • Capítulo I • IMPOSTOS FEDERAIS | 389

modo diverso, sempre implica a intenção de incorporação definitiva da mercadoria à economia nacional, uma vez que pressupõe a transferência da propriedade[34].

1.4.1.2   Importação presumida: tributação do extravio

O Decreto-lei 37/1966 (art. 1º, § 2º) estabelece que, nas hipóteses de extravio ou de falta da mercadoria, essa será considerada "entrada" no território nacional, para efeitos de ocorrência do evento imponível do imposto, sempre que tiver constado como importada na documentação pertinente:

> Art. 1º O Imposto sobre a Importação incide sobre mercadoria estrangeira e tem como fato gerador sua entrada no Território Nacional. (Redação dada pelo Decreto-lei 2.472, de 1º.09.1988)
>
> [...]
>
> § 2º Para efeito de ocorrência do fato gerador, considerar-se-á entrada no Território Nacional a mercadoria que constar como tendo sido importada e cuja falta venha a ser apurada pela autoridade aduaneira. (Parágrafo único renumerado para § 2º pelo Decreto-lei 2.472, de 1º.09.1988)
>
> § 3º Para fins de aplicação do disposto no § 2º deste artigo, o regulamento poderá estabelecer percentuais de tolerância para a falta apurada na importação de granéis que, por sua natureza ou condições de manuseio na descarga, estejam sujeitos à quebra ou decréscimo de quantidade ou peso. (Incluído pelo Decreto-lei 2.472, de 1º.09.1988)

A administração aduaneira, com base nessa presunção, tem constituído o crédito tributário em "toda e qualquer falta de mercadoria"[35], inclusive por roubo, furto ou perda no percurso da viagem[36]. O crédito tributário é exigido do contribuinte (importador) e do transportador ou do depositário, que são responsáveis tributários *ex vi* do art. 32, I e II, do Decreto-lei 37/1966. A única ressalva, introduzida pela Lei 10.833/2003, que incluiu o § 4º, II, no art. 1º do Decreto-lei 37/1966, diz respeito à mercadoria estrangeira "em trânsito aduaneiro de passagem, acidentalmente destruída"[37].

Um caso que ilustra o modo como a presunção do § 2º do art. 1º do Decreto-lei 37/1966 tem sido aplicada foi objeto de exame pelo Carf:

> Vistoria aduaneira. Mercadoria extraviada. Responsabilidade de quem lhe deu causa.
>
> A responsabilidade pelo ressarcimento à União pelo não recolhimento do imposto de importação incidente sobre mercadoria extraviada será de quem lhe deu causa. Constatado, em procedimento de vistoria aduaneira, que o extravio da mercadoria sujeita ao regime de trânsito aduaneiro se deu quando esta se encontrava sob a responsabilidade

---

34   Ademais, como será analisado, o título jurídico é um dos fatores determinantes para a definição da base de cálculo do imposto de importação.

35   Com a inclusão do § 4º, II, no art. 1º do Decreto-lei 37/1966 pela Lei 10.833/2003, esse problema foi parcialmente atuando: "Art. 1º [...] § 4º O imposto não incide sobre mercadoria estrangeira: [...] II – em trânsito aduaneiro de passagem, acidentalmente destruída".

36   Acórdão 3403-001.722, 3ª TO, 4ª C., 3ª S., S. 21.08.2012. Há inúmeros julgados nesse sentido. Exemplificativamente, cumpre destacar ainda: 2ª TO, 2ª C., 3ª S., Acórdão 3202-000.434, S. 28.02.2012; 2ª TO, 2ª C., 3ª S., Acórdão 3202-000.376, S. 06.10.2011. Todavia, com a alteração do art. 60, II, do Decreto-lei 37/1966, pela Lei 12.350/2010, deixou de abranger os casos de falta motivada por "erro inequívoco ou comprovado de expedição".

37   Cf. ainda: Lei 10.865, de 2004, art. 2º.

do transportador, cabível o lançamento, contra este, do imposto incidente sobre os bens extraviados, bem como da multa capitulada no artigo 106, inciso II, alínea "d"[38], do Decreto-lei 37/66[39].

O processo envolveu mercadoria originária dos Estados Unidos da América do Norte, descarregada no Porto de Santos, mas com destino final no Paraguai. No momento da descarga, foi constatada a falta de parte dos bens que, segundo o manifesto de carga, deveriam estar no contêiner. O crédito tributário, mesmo tratando-se de mercadoria não destinada ao mercado nacional, foi constituído em face do transportador, que é definido como responsável pelo pagamento do imposto.

Não é preciso maiores esforços para perceber que o art. 1º, § 2º, do Decreto-lei 37/1966 não se mostra compatível com o conceito jurídico de importação, que, por exigência constitucional (CF, art. 5º, XV) e convencional (Artigo V do Gatt; Artigo 11 do AFC; Anexo Específico B da CQR), pressupõe a transposição da fronteira qualificada pela intenção integradora. No caso de mercadorias extraviadas durante o transporte até o território nacional, nem sequer há ingresso físico do produto no País, de sorte que, evidentemente, não há que se falar em incidência do tributo[40].

Tampouco é válida a exigência do imposto quando o extravio se dá no trânsito aduaneiro clássico ou de "passagem", ainda que não observados os requisitos do § 4º, II, no art. 1º do Decreto-lei 37/1966, na redação da Lei 10.833/2003 (destruição acidental). Nesse regime aduaneiro especial, o ingresso do produto estrangeiro é admitido temporariamente, apenas para fins de deslocamento até o território de outro país[41]. Não há intenção integradora por parte de quem promove o ingresso da mercadoria no território nacional, o que é essencial para a caracterização da hipótese de incidência do imposto[42].

---

[38] "Art. 106. Aplicam-se as seguintes multas, proporcionais ao valor do imposto incidente sobre a importação da mercadoria ou o que incidiria se não houvesse isenção ou redução:
[...]
II – de 50% (cinquenta por cento):
[...]
d) pelo extravio ou falta de mercadoria, inclusive apurado em ato de vistoria aduaneira."

[39] Carf, 3ª S., 2ª TE., Ac. 3802-00.191, S. 15.03.2010. No mesmo sentido, cf.: Acórdão 3102-00.751, 1ª TO, 1ª C., 3ª S., S. 27.08.2010.

[40] Alguns autores sustentam que o art. 1º, § 2º, do Decreto-lei 37/1966 seria compatível com o texto constitucional, porque estabeleceria apenas uma hipótese de entrada ou de importação presumida, sujeita à prova em contrário do interessado. Porém, como demonstraram André Folloni e José Eduardo Soares de Melo, no extravio, há uma impossibilidade física de ingresso da mercadoria no território, o que descaracteriza a importação (FOLLONI, André Parmo. *Tributação sobre o comércio exterior*. São Paulo: Dialética, 2005. p. 147--148; MELO, José Eduardo Soares de. *A importação no direito tributário*: impostos, taxas, contribuições. São Paulo: RT, 2003. p. 70). Por isso, como já sustentado em outro estudo, entende-se que o dispositivo não é compatível com o conceito de importação. Em situações dessa natureza, não há como se cogitar de prova em sentido contrário, porquanto o fato presuntivo eleito pelo legislador já é a prova bastante da inocorrência do ingresso físico do produto extraviado (SEHN, Solon. *Curso de direito aduaneiro*. 2. ed. Rio de Janeiro: Forense, 2022. p. 64).

[41] Sobre esse e outros regimes aduaneiros especiais, cf.: SEHN, Solon. *Curso de direito aduaneiro*. 2. ed. Rio de Janeiro: Forense, 2022. p. 327 e ss.

[42] Ressalte-se que, no STJ: "[...] É pacífico o entendimento nesta Corte de que, no caso de importação de mercadoria despachada para consumo, o fato gerador para o imposto de importação consuma-se na data do registro da Declaração de Importação. 2. Verificada a falta de mercadoria importada com destino ao Paraguai em trânsito no território nacional, é indevida a cobrança do imposto de importação. Precedentes" (STJ, 2ª T., REsp 1.139.922, Rel. Min. Eliana Calmon, *DJe* 04.02.2011). No mesmo sentido, cf.: 2ª T., REsp 1.759.174, Rel. Min. Herman Benjamin, *DJe* 28.11.2018; 1ª T., REsp 1.101.814, Rel. Min. Arnaldo Esteves Lima, *DJe* 29.05.2012; do mesmo relator: AgRg no REsp 1.090.518, *DJe* 24.08.2011; 2ª T., REsp 942.010, Rel. Min. Mauro Campbell Marques, *DJe* 24.02.2011. A incidência, entretanto, é afastada com base na não ocorrência do critério temporal, como será analisado adiante.

Parte Especial • Capítulo I • IMPOSTOS FEDERAIS | 391

1.4.1.3 Bens nacionais exportados: incidência na reimportação

A locução "produtos estrangeiros", encontrada no art. 153, I, da Constituição Federal de 1988, repete o texto da Constituição de 1967, na redação originária (art. 22, I[43]) e na versão decorrente da Emenda Constitucional 01/1969 (art. 21, I[44]). Tem o sentido de "procedência estrangeira", expressão já empregada nas Constituições de 1946 (art. 15, I[45]), de 1937 (art. 20, I, "a"[46]) e de 1934 (art. 6º, I, "a"[47]). Ambas, contudo, implicam um pleonasmo vicioso, porquanto toda a importação pressupõe a introdução de produtos de procedência estrangeira no território nacional. Esse vício de linguagem deve-se unicamente à preocupação histórica de afastar a caracterização de operações de importação e de exportação no âmbito interestadual, isto é, entre contribuintes situados em unidades federadas distintas. Tal prática ocorreu ao tempo da Constituição de 1891, quando, a partir da regra que permitia a instituição de impostos "sobre a exportação de mercadorias de sua própria produção" (art. 9º, 1º), alguns Estados pretenderam cobrar tributos sobre a "exportação" de mercadorias para outras unidades federadas[48]. A referência a "produtos estrangeiros" foi mantida pelos textos constitucionais apenas por tradição ou talvez para evitar que, com a sua supressão, voltasse à tona essa exegese do passado.

Não obstante, o STF tem precedentes reconhecendo que, diante da previsão do art. 153, I, da Constituição, o imposto de importação não pode incidir sobre produtos nacionais exportados. Isso foi decidido no RE 104.306 e, mais recentemente, no RE 606.102 AgR e no RE 483.110 AgR:

> Imposto de Importação.
>
> Ao considerar estrangeira, para efeito de incidência do tributo, a mercadoria nacional reimportada, o art. 93 do Decreto-lei 37-66 criou ficção incompatível com a Constituição de 1946 (Emenda 18, art. 7º, I), no dispositivo correspondente ao art. 21, i, da Carta em vigor.
>
> Recurso extraordinário provido, para concessão da segurança e para a declaração de inconstitucionalidade do citado art. 93 do Decreto-lei 37-66[49].
>
> Agravo regimental no recurso extraordinário. Constitucional. Imposto sobre importação – II. Lingotes de zinco. Mercadoria nacional. Inconstitucionalidade do Decreto 37/1966. Precedente. Agravo regimental ao qual se nega provimento[50].

---

43 "Art. 22. Compete à União decretar impostos sobre:
I – importação de produtos estrangeiros;
[...]."

44 "Art. 22. Compete à União decretar impostos sobre:
I – importação de produtos estrangeiros.;
[...]."

45 "Art. 15. Compete à União decretar impostos sobre:
I – importação de mercadorias de procedência estrangeira;
[...]."

46 "Art. 20. É da competência privativa da União:
I – decretar impostos:
a) sobre a importação de mercadorias de procedência estrangeira;
[...]."

47 "Art. 6º Compete, também, privativamente à União:
I – decretar impostos:
a) sobre a importação de mercadorias de procedência estrangeira;
[...]."

48 HILÚ NETO, Miguel. *Imposto sobre importações e imposto sobre exportações*. São Paulo: Quartier Latin, 2003. p. 87.

49 STF, Tribunal Pleno, RE 104.306, Rel. Min. Octavio Gallotti, *DJ* 18.04.1986.

50 STF, 2ª T., RE 606.102 AgR, Rel. Min. Cármen Lúcia, *DJe*-248 19.12.2012.

392 | CURSO DE DIREITO TRIBUTÁRIO – *Solon Sehn*

Agravos regimentais no recurso extraordinário. Imposto sobre importação – II. Mercadoria nacional. Inconstitucionalidade do Decreto-lei 37/1966. Precedentes. Devolução dos autos ao Tribunal de origem para continuidade do julgamento. Violação à Súmula 279 do STF. Inocorrência. Julgamento *extra petita*. Inexistência. Súmula 456/STF.

1. Esta Corte declarou a inconstitucionalidade da equiparação, promovida pelo Decreto-lei 37/1996, do produto nacional proveniente do exterior a produto estrangeiro.

2. "Ao direito da parte recorrida de ver apreciada, se for o caso, toda a matéria posta na demanda, corresponde um dever do Tribunal de examiná-la integralmente, mesmo sem provocação em contrarrazões, já que é essa a matéria que compõe o objeto do julgamento da causa a que faz referência a Súmula 456/STF" (RE 346736 AgR-ED, *DJe* de 18.06.2013: Min. Teori Zavascki).

3. Agravos Internos a que se nega provimento[51].

Essa solução, entretanto, não parece a mais apropriada. O RE 104.306 refere-se a uma exportação temporária, quando a saída da mercadoria do território aduaneiro ocorre sem a perda do caráter nacional (Decreto-lei 37/1966, art. 93)[52]. A situação é totalmente diferente da exportação definitiva, objeto do RE 606.102 AgR e do RE 483.110 AgR. Nela a mercadoria preserva a origem brasileira, mas é nacionalizada no país de destino, o que ocorre após a conclusão dos trâmites aduaneiros e da liberação. Tanto é assim que a sua comercialização subsequente, no país-importador, passa a ser considerada uma operação de venda interna. Pela mesma razão, sua alienação no comércio exterior será uma exportação para o país que vende e uma importação, sob a ótica daquele que compra. Não é por outro motivo, aliás, que a Constituição Federal de 1988, ao dispor sobre o imposto de exportação, prevê a incidência sobre "produtos nacionais ou nacionalizados" (art. 153, II).

A rigor, o inciso I do art. 153 tem o sentido de procedência (e não de origem), inclusive para evitar um resultado hermenêutico incompatível com o princípio da isonomia tributária. Do contrário, haveria um tratamento fiscal desfavorável aos contribuintes locais. Afinal, na maioria das vezes, a exportação não é tributada. Além disso, é contemplada com manutenção de créditos de ICMS, de PIS/Pasep e de Cofins ou com o crédito presumido de IPI[53]. Não é razoável interpretar o texto constitucional de forma contraditória para desonerar de uma operação de triangulação absolutamente atípica, como é o caso da importação, para o mesmo país, de produto anteriormente exportado[54].

---

[51] STF, 1ª T., RE 483.110 AgR, Rel. Min. Alexandre de Moraes, *DJe* 202 25.09.2018.

[52] "Art. 93. Considerar-se-á estrangeira, para efeito de incidência do imposto, a mercadoria nacional ou nacionalizada reimportada, quando houver sido exportada sem observância das condições deste artigo. (Execução suspensa pela RSF 436, de 1987)"

[53] A legislação federal prevê a manutenção dos créditos de PIS/Pasep e de Cofins no regime não cumulativo (Lei 10.833/2003) e, para as empresas exportadoras no regime cumulativo, o ressarcimento desses tributos por meio de crédito presumido de IPI equivalente a 5,37% das aquisições de matérias-primas, produto intermediário e material de embalagem utilizados no processo produtivo (Lei 9.363/1996) ou, alternativamente, sobre a aquisição de insumos e serviços de industrialização por encomenda, de acordo com o coeficiente da Lei 10.276/2001.

[54] No ano de 2013, a Procuradoria-Geral da República (PGR) solicitou pronunciamento da Procuradoria-Geral da Fazenda Nacional (PGFN) acerca da inconstitucionalidade do § 1º do art. 1º do Decreto-lei 37/1966, suscitando ofensa aos arts. 146, III, "a", e 153, I, da Constituição Federal de 1988. Após examinar todos os aspectos da questão, a Procuradoria da Fazenda manifestou-se pela validade da incidência do imposto sobre a importação de mercadoria nacional ou nacionalizada exportada em caráter definitivo, que reingressa no País, consoante Parecer PGFN/CAT 2195/2013: "Imposto sobre a Importação de Produtos Estrangeiros. Materialidade da hipótese de incidência do imposto sobre a importação. Decreto-lei 37, de 18 de novembro de 1966, art. 1º, § 1º, com a redação dada pelo Decreto-lei 2.472, de 1º de setembro de 1988. Incidência do imposto sobre a importação de mercadoria nacional ou nacionalizada exportada em caráter definitivo, que reingressa no País, com exceção das situações previstas nas alíneas do citado § 1º. Compatibilidade material da norma incursa no § 1º do art. 1º do DL 37, de 1966, com o Texto Constitucional vigente".

Parte Especial • Capítulo I • IMPOSTOS FEDERAIS | **393**

1.4.2   Critério espacial

O critério espacial do imposto de importação é o território aduaneiro[55]. Esse compreende o âmbito de vigência espacial da legislação aduaneira no território nacional – inclusive áreas de livre-comércio[56] – e as áreas de controle integrado do Mercosul situadas em regiões de fronteira no território dos países-membros. Nelas as administrações aduaneiras exercem um controle aduaneiro conjunto, previsto no Acordo de Recife, aprovado pelo Decreto Legislativo 66/1981 e promulgado pelo Decreto 1.280/1994.

1.4.3   Critério temporal

O critério temporal, nos termos do art. 23 do Decreto-lei 37/1966, é a data do registro da declaração de mercadorias. (DI, Duimp ou DSI):

> Art. 23. Quando se tratar de mercadoria despachada para consumo, considera-se ocorrido o fato gerador na data do registro, na repartição aduaneira, da declaração a que se refere o artigo 44.
>
> [...]
>
> Art. 44. Toda mercadoria procedente do exterior por qualquer via, destinada a consumo ou a outro regime, sujeita ou não ao pagamento do imposto, deverá ser submetida a despacho aduaneiro, que será processado com base em declaração apresentada à repartição aduaneira no prazo e na forma prescritos em regulamento. (Redação dada pelo Decreto-lei 2.472, de 1º.09.1988)

Alguns autores sustentam a inconstitucionalidade dessa previsão, porque o momento da ocorrência do fato jurídico tributário deveria coincidir com a data da entrada física do produto no território nacional. O registro da declaração seria relevante apenas para efeito de liquidação do critério tributário. Prevalece, contudo, a exegese contrária, inclusive na jurisprudência do STJ:

> Processual civil. Recurso especial. Tributário. Imposto de Importação. Momento do fato gerador. Variação de alíquota. Ausência de registro. Súmula 7 do STJ.

---

[55]   Parte da doutrina entende que o critério espacial do imposto seria a repartição aduaneira que recebe o bem importado. Essa construção apresenta uma variação, que sustenta a existência de um critério genérico (o território nacional) e outro específico (a repartição aduaneira), na linha de LACOMBE, Américo Lourenço Masset. *Princípios constitucionais tributários*. São Paulo: Malheiros, 1996. p. 16-17. Nada impede que se proceda dessa forma. Todavia, dentro da proposta teórica de estruturação da norma jurídica adotada no presente estudo, não se opera com um critério genérico e outro específico. O critério espacial sempre deve ser específico, correspondendo ao local em que o comportamento humano descrito no critério material deve ocorrer para que se instaurem os efeitos jurídicos previstos no consequente. Assim, se o simples ingresso no território nacional ainda não realiza a hipótese de incidência, apenas o chamado "critério específico" – a repartição aduaneira – constitui o critério espacial. Por outro lado, com a edição da Medida Provisória 135/2003, convertida na Lei 10.833/2003, no ingresso clandestino há incidência de todos os tributos aplicáveis a uma operação de comércio exterior regular sempre que a mercadoria estrangeira não for localizada, tenha sido consumida ou revendida. Portanto, após essa alteração legislativa, a identificação do critério espacial com a repartição aduaneira não descreve adequadamente o condicionante espacial da materialidade do imposto, porque deixa fora as importações clandestinas, isto é, ocorridas à margem dos entrepostos de fiscalização de fronteira.

[56]   A definição referencial do Glossário da OMA exclui as zonas francas e áreas de livre-comércio do território aduaneiro. Não é essa, contudo, a realidade normativa do direito brasileiro. Entre nós, o território aduaneiro compreende essas áreas, inclusive a Zona Franca de Manaus, porque a legislação nacional aplica-se plenamente, sendo devidos os tributos na importação de armas e munições, fumo, bebidas alcoólicas, automóveis de passageiros, entre outros produtos previstos no Decreto-lei 288/1967.

1. O fato gerador, para o imposto de importação, consuma-se na data do registro da declaração de importação.

2. É cediço na jurisprudência da Corte que "No caso de importação de mercadoria despachada para consumo, o fato gerador, para o imposto de importação, consuma-se na data do registro da declaração de importação" (REsp 313.117/PE, Rel. Min. Humberto Gomes de Barros, *DJU* 17.11.2003). Precedentes: REsp 670.658/RN, desta relatoria, *DJU* 14.09.2006; REsp 250.379/PE, Rel. Min. Francisco Peçanha Martins, *DJU* 09.09.2002; EDcl no AgRg no REsp 170163/SP, Rel. Min. Eliana Calmon, *DJU* 05.08.2002; REsp 205.013/ SP, Rel. Min. Francisco Peçanha Martins, *DJU* 25.06.2001; REsp 139658/PR, Rel. Min. Milton Luiz Pereira, *DJU* 28.05.2001; REsp 213909/PR, Rel. Min. José Delgado, *DJU* 11.10.1999. [...][57].

Destarte, não há qualquer inconstitucionalidade no art. 23 do Decreto-lei 37/1966, inclusive porque, salvo nos casos de registro antecipado (facultativo), o despacho aduaneiro somente tem início após o ingresso do produto em recintos alfandegados pela Secretaria da Receita Federal, já no território nacional. Ademais, como a importação corresponde ao ingresso físico qualificado pela intenção integradora, nada mais coerente do que estabelecer como critério temporal do imposto o momento em que o importador declara essa intenção perante a autoridade aduaneira[58].

1.5 Consequência tributária

1.5.1 Base de cálculo

1.5.1.1 AVA/OMC

No regime de alíquotas *ad valorem*, a base de cálculo do imposto de importação corresponde ao *valor aduaneiro* do produto determinado em consonância com métodos previstos no Acordo de Valoração Aduaneira da Organização Mundial do Comércio (AVA/OMC) ou *WTO Customs Valuation Agreement*. Esse ato normativo internacional, denominado formalmente como *Acordo sobre a Implementação do Artigo VI do Acordo Geral sobre Tarifas e Comércio* 1994[59], foi incorporado ao direito interno por meio do Decreto Legislativo 30/1994, promulgado pelo Decreto 1.355/1994.

O AVA/OMC proporcionou um grande avanço no comércio internacional. A técnica do *single undertaking* – uma espécie de adesão do tipo "tudo ou nada" – adotada na Rodada Uruguai levou os Estados-membros a assinarem todos os acordos multilaterais dela resultantes. Isso afastou o risco de repetição da baixa adesão e da ineficácia dos Códigos da Rodada Tóquio. Evitando uma espécie de *"Gatt à la carte"*[60], os países finalmente convergiram em torno de marco regulatório apropriado, capaz de fazer diante de todas as dificuldades históricas identificadas desde a década de 1950, com a primeira iniciativa de regulamentação do Artigo VII do Gatt 1947 proposta pela

---

[57] STJ, 1ª T., REsp 1.016.132, Rel. Min. Luiz Fux, *DJe* 1º.07.2009.

[58] Essa é a regra geral aplicável na importação para consumo. Ressalte-se, entretanto, que há disposições especiais sobre o momento da ocorrência no evento imponível relativa a *bagagem, remessa postal e encomenda aérea internacional, extravio de mercadorias* e no ingresso clandestino (Decreto-lei 37/1966, art. 23, parágrafo único). Essas diferentes situações são analisadas em estudo específico sobre o tema: SEHN, Solon. *Curso de direito aduaneiro.* 2. ed. Rio de Janeiro: Forense, 2022. p. 75 e ss.

[59] ROSENOW, Sheri; O'SHEA, Brian J. *A handbook on the WTO Customs Valuation Agreement.* Cambridge: Cambridge University Press, 2010. p. 304 e ss. Kindle Edition.

[60] ROSENOW, Sheri; O'SHEA, Brian J. *A handbook on the WTO Customs Valuation Agreement.* Cambridge: Cambridge University Press, 2010. p. 682. A expressão "GATT à la carte" é utilizada em: WTO – Legal Affairs Division and the Rules Division of the WTO Secretariat, and the Appellate Body Secretariat. *A handbook on the WTO dispute settlement system.* Cambridge: Cambridge University Press, 2011. p. 17.

Parte Especial • Capítulo I • IMPOSTOS FEDERAIS | **395**

Câmara de Comércio Internacional. Após muitos anos de estudos e de negociações, foi afastada a legitimidade da adoção de preços mínimos, entre outros critérios de valoração fictícios e arbitrários. Houve, ademais, uma separação entre a valoração e a defesa comercial, com a submissão do *dumping*[61] a regras e procedimentos distintos previstos em outro acordo resultante da Rodada Uruguai: o Acordo sobre a Implementação do Artigo VI do Gatt 1994 (*Acordo Antidumping*). Também foi celebrado um Acordo sobre Subsídios e Medidas Compensatórias (ASMC).

Contudo, o principal efeito do *WTO Customs Valuation Agreement* foi a inversão no balanço de poder entre o importador e as administrações aduaneiras. A partir de sua implementação, não é mais o importador que deve provar a compatibilidade entre o preço pago e um valor teórico ou conceitual. O preço da transação informado na declaração de mercadorias é considerado verdadeiro, devendo ser aceito pelas autoridades aduaneiras, a menos que possa ser afastado a partir dos parâmetros objetivos, equitativos e neutros estabelecidos no acordo de valoração[62].

A adequada valoração aduaneira das mercadorias é importante porque potencializa a redução de distorções no comércio internacional. De um lado, evita que as autoridades aduaneiras – premidas por metas arrecadatórias ou por finalidades protecionistas – promovam o aumento artificial e indevido da base de cálculo do imposto de importação, frustrando a eficácia de acordos internacionais de reduções ou de limitações tarifárias. De outro, permite o controle de práticas abusivas de modulação de preços, notadamente em operações entre partes relacionadas[63].

1.5.1.2   Métodos de valoração aduaneira

A valoração aduaneira ocorre a partir de um critério-base e preferencial – o método do valor da transação – e cinco critérios substitutivos e subsidiários, que são aplicados sucessivamente e em caráter excludente: (i) o método do valor de transação de mercadorias idênticas; (ii) o método do

---

61   O AVA – em sua *Introdução Geral* – estabelece que "os procedimentos de valoração não devem ser utilizados para combater o *dumping*".

62   A observação é do Relatório Especial 23/2010, do Tribunal de Contas Europeu. Sobre o tema, cf.: LYONS, Timothy. *EC Customs law*. 2. ed. New York: Oxford University Press, 2010. p. 286-287. Como destaca Tânia Carvalhais Pereira: "A declaração do preço pelo importador passou, assim, a beneficiar de uma presunção (ilidível) de veracidade, cabendo às autoridades aduaneiras o ónus da prova em sentido contrário" (PEREIRA, Tânia Carvalhais. *Direito aduaneiro europeu*: vertente tributária. Lisboa: Universidade Católica Editora, 2020. p. 155).

63   Segundo levantamentos mais recentes, estima-se que, em termos de valor, entre 60% e 70% das operações globais de importação e de exportação envolvam partes relacionada (*Jornal Valor Econômico*, São Paulo, 9 mar. 2015. Disponível em: http://www.valor.com.br. Acesso em: 9 mar. 2015; GALVAÑ, Gemma Sala. *Los precios de transferencia internacionales:* su tratamiento tributario. Valencia: Tirant lo Blanch, 2003. p. 41). Segundo Tânia Carvalhais Pereira, "[...] as transações entre entidades relacionadas representam mais de 60% do comércio internacional, em termos de valor [...]" (PEREIRA, Tânia Carvalhais. *Direito aduaneiro europeu*: vertente tributária. Lisboa: Universidade Católica Editora, 2020. p. 165). Essa particularidade dificulta a precificação das mercadorias, já que nem sempre há bases objetivas para alocação adequada das margens de geração ou de agregação de valor entre diferentes unidades da mesma empresa. Além disso, abre espaço para práticas abusivas de manipulação do preço da importação e da exportação. O controle comum, afinal, permite a redução artificial da base de cálculo do imposto ou, por meio do superfaturamento, o aumento do custo aquisição do produto, com o consequente deslocamento de lucros do grupo econômico para países com tributação favorecida. Os métodos de valoração aduaneira, aliados às regras aplicáveis ao subfaturamento ou fraude de valor, permitem reduzir os efeitos dessas distorções nos tributos sobre o comércio exterior. Já no caso da tributação da renda, ainda se estuda, no âmbito de organismos internacionais (OMC, OMA, Câmara de Comércio Internacional de Paris e OCDE), a convergência das regras de valoração aduaneira e de controle dos preços de transferência. Alguns países, como Austrália, Estados Unidos, Canadá e China, já apresentam disciplina interna nesse sentido. Sobre o tema, cf.: SEHN, Solon. *Curso de direito aduaneiro*. 2. ed. Rio de Janeiro: Forense, 2022. p. 248 e ss. Os preços de transferência, por sua vez, serão estudos na parte relativa ao imposto de renda das pessoas jurídicas.

396 | CURSO DE DIREITO TRIBUTÁRIO – *Solon Sehn*

valor de transação de mercadorias similares; (iii) o método do valor dedutivo; (iv) o método do valor computado; e (v) o método da razoabilidade ou do último recurso (*the fall-back method*).

1.5.1.3   Método primário

O método do valor da transação *é aplicado em mais de 90% das operações de comércio exterior no âmbito mundial*[64]. Nele a base de cálculo do imposto deve corresponder ao preço efetivamente pago ou a pagar pelas mercadorias, em uma venda para exportação para o país de importação, acrescidos, quando aplicáveis, dos ajustes previstos nos §§ 1º e 2º do art. 8 do AVA e em suas Notas Interpretativas[65]:

> Artigo 1
>
> 1. O valor aduaneiro de mercadorias importadas será o valor de transação, isto é, o preço efetivamente pago ou a pagar pelas mercadorias, em uma venda para exportação para o país de importação[66], ajustado de acordo com as disposições do Artigo 8, desde que:
>
> (a) não haja restrições à cessão ou à utilização das mercadorias pelo comprador, ressalvadas as que:
>
> (i) sejam impostas ou exigidas por lei ou pela administração pública do país de importação;
>
> (ii) limitem a área geográfica na qual as mercadorias podem ser revendidas; ou
>
> (iii) não afetem substancialmente o valor das mercadorias;
>
> (b) a venda ou o preço não estejam sujeitos a alguma condição ou contraprestação para a qual não se possa determinar um valor em relação às mercadorias objeto de valoração;
>
> (c) nenhuma parcela do resultado de qualquer revenda, cessão ou utilização subsequente das mercadorias pelo comprador beneficie direta ou indiretamente o vendedor, a menos que um ajuste adequado possa ser feito, de conformidade com as disposições do Artigo 8; e

---

[64]   "Currently more than 90% of world trade is valued on the basis of the transaction value method which provides more predictability, uniformity and transparency for the business community." Disponível em: http://www.wcoomd.org/en/topics/valuation/overview/what-is-customs-valuation.aspx. Acesso em: 5 set. 2021.

[65]   As Notas Interpretativas do AVA não se confundem com as manifestações técnicas dos Comitês Técnicos da OMC e da OMA. Estas, conforme já examinado, não têm natureza normativa nem vinculante, substanciando simples orientações. Aquelas, por sua vez, integram o Acordo de Valoração Aduaneira, constituindo, portanto, enunciados prescritivos aplicáveis à valoração aduaneira.

[66]   A versão oficial do AVA, em língua inglesa, prevalece sobre a traduzida para o português. Assim, chama a atenção na redação do art. 1 a presença da palavra "when": "1. The customs value of imported goods shall be the transaction value, that is the price actually paid or payable for the goods when sold for export to the country of importation [...]" (g.n.). Esse termo – que tem o sentido de "quando" ou "no tempo em que" – não consta no texto traduzido do dispositivo. Apesar disso, não há qualquer prejuízo porque, segundo ressaltam Saul L. Sherman e Hinrich Glashoff, o "when" deve ser interpretado como "if", sem o sentido temporal, apenas evidenciando que o preço deve ser relativo à operação de venda para exportação ao país de importação (SHERMAN, Saul L.; GLASHOFF, Hinrich. *Customs valuation*: commentary on the GATT Customs Valuation Code. Paris-New York: ICC Publications, 1980. p. 99). O Comitê Técnico de Valoração Aduaneira da OMA também entende dessa maneira, ressaltando, na Nota Explicativa 1.1, que o termo serve apenas para indicar o tipo da transação: "3. Segundo o método de valoração estabelecido no Artigo 1 do Acordo, a base para determinar o valor aduaneiro é o preço efetivo da venda que deu origem à importação, sendo irrelevante o momento em que tenha ocorrido a transação. A esse respeito, a expressão 'em uma venda' no Artigo 1.1, não deve ser entendida como indicação do momento a ser levado em consideração para determinar a validade de um preço, para os efeitos do Artigo 1; esse termo somente serve para indicar o tipo da transação de que se trata, a saber uma transação segundo a qual as mercadorias foram vendidas para sua exportação ao país de importação".

Parte Especial • Capítulo I • IMPOSTOS FEDERAIS | 397

(d) não haja vinculação entre comprador e o vendedor ou, se houve, que o valor da transação seja aceitável para fins aduaneiros, conforme as disposições do parágrafo 2 deste Artigo.

(i) Ajustes autorizados pelo AVA:

Os **ajustes do art. 8.1** decorrem diretamente da incorporação do acordo ao direito interno:

Artigo 8

1. Na determinação do valor aduaneiro, segundo as disposições do Artigo 1, deverão ser acrescentados ao preço efetivamente pago ou a pagar pelas mercadorias importadas:

(a) os seguintes elementos na medida em que sejam suportados pelo comprador mas não estejam incluídos no preço efetivamente pago ou a pagar pelas mercadorias:

(i) comissões e corretagens, excetuadas as comissões de compra[67];

(ii) o custo de embalagens e recipientes considerados, para fins aduaneiros, como formando um todo com as mercadorias em questão;

(iii) o custo de embalar, compreendendo os gastos com mão de obra e com materiais.

(b) o valor devidamente atribuído dos seguintes bens e serviços, desde que fornecidos direta ou indiretamente pelo comprador, gratuitamente ou a preços reduzidos, para serem utilizados na produção e na venda para exportação das mercadorias importadas e na medida em que tal valor não tiver sido incluído no preço efetivamente pago ou a pagar:

(i) materiais, componentes, partes e elementos semelhantes incorporados às mercadorias importadas;

(ii) ferramentas, matrizes, moldes e elementos semelhantes empregados na produção das mercadorias importadas;

(iii) materiais consumidos na produção das mercadorias importadas;

(iv) projetos da engenharia, pesquisa e desenvolvimento, trabalhos de arte e de design e planos e esboços necessários à produção das mercadorias importadas e realizados fora do país de importação.

(c) *royalties* e direitos de licença relacionados com as mercadorias objeto de valoração que o comprador deve pagar, direta ou indiretamente, como condição de venda dessas mercadorias, na medida em que tais royalties e direitos de licença não estejam incluídos no preço efetivamente pago ou a pagar;

(d) o valor de qualquer parcela do resultado de qualquer revenda, cessão ou utilização subsequente das mercadorias importadas que reverta direta ou indiretamente ao vendedor.

Os **ajustes do art. 8.2**, por sua vez, dependem de previsão na legislação de cada país, isto é, podem ser incluídos ou excluídos da base de cálculo, conforme decisão política interna:

Artigo 8

[...]

2. Ao elaborar sua legislação, cada Membro deverá prever a inclusão ou a exclusão, no valor aduaneiro, no todo ou em parte, dos seguintes elementos:

(a) o custo de transporte das mercadorias importadas até o porto ou local de importação;

---

67   *Notas ao Artigo 8, Parágrafo 1(a)(i):* "Entende-se por 'comissões de compra' os pagamentos por um importador ao seu agente pelos serviços de representá-lo no exterior na compra das mercadorias objeto de valoração".

(b) os gastos relativos ao carregamento descarregamento e manuseio associados ao transporte das mercadorias importadas até o porto ou local de importação[68]; e

(c) o custo do seguro.

Cada Estado-membro, assim, pode optar entre os modelos de valoração "livre a bordo" (*FOB – Free on Board*) ou "custo, frete e seguro" (*CIF – Cost, Insurance and Freight*), o que representa uma exceção ao objetivo de uniformidade do AVA. Atualmente, Austrália, Canadá e os Estados Unidos da América do Norte excluem os custos de frete e de seguro da base de cálculo do imposto de importação[69], o que favorece o produtor local que importa matérias-primas e produtos intermediários, uma vez que esses têm parcela significativa do seu custo de aquisição dependente do valor do frete internacional. No Brasil, vigora o método *CIF*. Entretanto, a inclusão dos elementos de valoração do art. 8.2 do AVA foi determinada pelo art. 4º da IN SRF 327/2003, hoje revogada, e pelo art. 77 do Regulamento Aduaneiro (Decreto 6.759/2009). Não foi editada uma lei formal autorizando a inclusão, o que não é compatível com a ordem constitucional. A Receita Federal – como órgão de execução das decisões legislativas – está subordinada ao princípio da estrita legalidade (CF, art. 150, I), não podendo suprir a falta lei, disciplinando a base de cálculo do imposto por meio de regulamento autônomo.

De qualquer sorte, independentemente dessa discussão, deve-se ter presente que, de acordo com o AVA/OMC, apenas os ajustes previstos nos §§ 1º e 2º do art. 8 do AVA e em suas Notas Interpretativas podem ser realizados (art. 8.4[70]). Há, destarte, uma *primazia do valor do negócio jurídico internacional*.

(ii) Primazia do negócio jurídico internacional:

O método do valor da transação baseia-se, de um lado, na presunção de que – na constância das relações comerciais – importador e exportador definem o preço livremente, visando à realização de seus próprios interesses econômicos, dentro da lei da oferta e da procura. De outro, assenta-se na constatação histórica de que, no passado, quando tinham a prerrogativa de avaliar se o preço era definido em condições de livre concorrência, as autoridades aduaneiras nunca chegaram a resultados satisfatórios. A realidade do mercado simplesmente não era captada, isso quando não era propositalmente distorcida para fins arrecadatórios ou protecionistas. Todos os efeitos negativos decorrentes dessa experiência histórica criaram a percepção de que, com a

---

[68] Uma das maiores discussões relativas aos ajustes do art. 8.2 foi relacionada à inclusão da capatazia (despesa de movimentação de mercadorias nas instalações dentro do porto) paga no território nacional, o que contraria o art. 8.2, "c". A mesma discussão abrange o *Terminal Handling Charge* (*THC*) no porto de destino ou *Destination Terminal Handling Charge* (*DTHC*). Essa cobrança foi expressamente prevista no art. 4º, § 3º, da IN SRF 327/2003, hoje felizmente revogado: "Art. 4º [...] § 3º Para os efeitos do inciso II, os gastos relativos à descarga da mercadoria do veículo de transporte internacional no território nacional serão incluídos no valor aduaneiro, independentemente da responsabilidade pelo ônus financeiro e da denominação adotada". Antes disso, porém, no julgamento dos REsps 1.799.306, 1.799.308 e 1.799.309, o STJ tenha definido que: "Os serviços de capatazia estão incluídos na composição do valor aduaneiro e integram a base de cálculo do imposto de importação" (Tema Repetitivo 1014). STJ, 1ª S., REsp 1799306/RS, Rel. Min. Gurgel de Faria, Rel. p/ Acórdão Min. Francisco Falcão, *DJe* 19.05.2020. Essa interpretação, com a devida vênia, mostra-se equivocada, tanto que nenhum país que adota o método *CIF* inclui a capatazia, o *THC* ou *DTHC* na base de cálculo. Sobre essa questão, cf.: SEHN, Solon. *Curso de direito aduaneiro*. 2. ed. Rio de Janeiro: Forense, 2022. p. 261 e ss.

[69] PIKE, Damon V.; FRIEDMAN, Lawrence M. *Customs law*. Durham: Carolina Academic Press, 2012. p. 4665, nota 3. Kindle Edition.

[70] "4. Na determinação do valor aduaneiro, nenhum outro acréscimo será feito ao preço efetivamente pago ou a pagar, se não estiver previsto neste Artigo."

Parte Especial • Capítulo I • IMPOSTOS FEDERAIS | **399**

manutenção de regras permitindo a busca inatingível de preços ideais pela aduana, muito se tem a perder e pouco, a ganhar[71].

Dessa forma, o valor do negócio internacional deve ser aceito pelas autoridades aduaneiras, ainda que a venda tenha ocorrido com descontos comerciais, ou diante de divergências com os preços de mercado, com o valor de bens comparáveis em outras operações ou com o custo de produção[72]. Nem mesmo a suspeita de *dumping* ou o recebimento de subsídios estatais pelo exportador autoriza o afastamento do valor da transação[73].

O reconhecimento da primazia do negócio jurídico internacional manifesta-se nas seguintes interpretações do Comitê Técnico de Valoração Aduaneira da OMA[74]:

a) **Descontos comerciais:** "o valor de transação é o preço efetivamente pago ou a pagar pelas mercadorias importadas, o desconto por pagamento à vista deve ser aceito para determinar o valor de transação" (Opinião Consulta 5.1 do CTVA-OMA)[75];

b) **Venda inferior ao preço de mercado, de outras operações ou ao custo de produção:** "o simples fato de um preço ser inferior aos preços correntes de mercado para mercadorias idênticas não poderia ser motivo para sua rejeição para os fins do Artigo

---

71   Como ressaltam Sherman e Glashoff, em lições realizadas ao tempo do CVA, mas que se aplicam igualmente ao AVA/OMC, "the theory of the code is that there is much to be lost and little to be gained by inviting customs authorities, in effect, to tell businessmen what their prices should have been or would have been" (SHERMAN, Saul L.; GLASHOFF, Hinrich. *Customs valuation*: commentary on the GATT Customs Valuation Code. Paris-New York: ICC Publications, 1980. p. 106).

72   ROSENOW, Sheri; O'SHEA, Brian J. *A handbook on the WTO Customs Valuation Agreement*. Cambridge: Cambridge University Press, 2010. p. 1007.

73   SHERMAN, Saul L.; GLASHOFF, Hinrich. *Customs valuation*: commentary on the GATT Customs Valuation Code. Paris-New York: ICC Publications, 1980. p. 107-108.

74   Nesse ponto, é relevante destacar que as regras do AVA e suas Notas Interpretativas são aplicadas em consonância com os demais enunciados prescritivos vigentes no ordenamento jurídico de cada país. Também devem ser consideradas as decisões do Comitê de Valoração Aduaneira da OMC, bem como as notas explicativas, comentários, opiniões consultivas, estudos e estudos de caso do Comitê Técnico de Valoração Aduaneira da OMA. Essas, porém, não têm efeito vinculante, constituindo uma espécie de *soft law* (ARMELLA, Sara. *Diritto doganale dell'Unione europea*. Milano: Egea, 2017. p. 229) ou, de acordo com as disposições do Anexo II do AVA, informações e orientações para os países-membros "com a finalidade de conseguir, no nível técnico, uniformidade na interpretação e aplicação deste Acordo". Representam um importante parâmetro técnico de uniformização dos critérios de valoração. No Brasil, a Secretaria da Receita Federal estabeleceu que essas interpretações, relacionadas no anexo único da IN SRF 318/2003, devem ser observadas na valoração aduaneira: "Art. 1 º Na apuração do valor aduaneiro serão observadas as Decisões 3.1, 4.1 e 6.1 do Comitê de Valoração Aduaneira, da Organização Mundial de Comércio (OMC); o parágrafo 8.3 das Questões e Interesses Relacionados à Implementação do Artigo VII do GATT de 1994, emanado da IV Conferência Ministerial da OMC; e as Notas Explicativas, Comentários, Opiniões Consultivas, Estudos e Estudos de Caso, emanados do Comitê Técnico de Valoração Aduaneira, da Organização Mundial de Aduanas (OMA), constantes do Anexo a esta Instrução Normativa".

75   Há ainda outras manifestações acerca das implicações dos descontos na valoração. A Opinião Consulta 5.2. assevera que: "O fato de o comprador, no momento da valoração, não ter ainda se beneficiado do desconto por pagamento à vista, porque este ainda não foi efetuado, não implica que sejam aplicáveis as disposições do Artigo 1.1 b). Por conseguinte, não há nada que impeça a utilização do preço de venda para o estabelecimento do valor de transação com base no Acordo". Por outro lado, de acordo com a Opinião Consulta 5.3.: "Quando o comprador puder se beneficiar de um desconto por pagamento à vista, porém no momento da valoração o pagamento ainda não tiver sido efetuado, aceitar-se-á como base para o valor de transação, conforme o Artigo 1, o montante que o importador tenha que pagar pelas mercadorias. Podem ser diferentes as maneiras de determinar o montante a ser pago; poder-se-ia aceitar como prova suficiente, por exemplo, uma menção na própria fatura, ou poderia servir de base para a decisão uma declaração do importador sobre o montante que tem que pagar, sem prejuízo da comprovação e eventual aplicação dos Artigos 13 e 17 do Acordo".

400 | CURSO DE DIREITO TRIBUTÁRIO – *Solon Sehn*

1, sem prejuízo, no entanto, do estabelecido no Artigo 17[76] do Acordo" (Opinião Consulta 2.1 do CTVA-OMA; Estudo de Caso 12.1[77]);

c) **Operações com indícios de *dumping*:** "quando for presumida ou demonstrada a existência de dumping, o procedimento adequado para combatê-lo será a aplicação das normas *antidumping* vigentes no país de importação"[78]; não é autorizado: "a) rejeitar o valor de transação como base para a valoração aduaneira das mercadorias objeto de dumping, a menos que não seja preenchida uma das condições enunciadas no Artigo 1.1"; "b) acrescer ao valor de transação uma quantia que leve em conta a margem de dumping" (Comentário 3.1 do CTVA-OMA)[79];

d) **Vendas com subsídios ou incentivos estatais:** "um subsídio recebido pelo vendedor de seu governo não é um pagamento efetuado pelo comprador e, portanto, não faz parte do preço efetivamente pago ou a pagar"; e "o Artigo 8.4 do Acordo estabelece que, na determinação do valor aduaneiro, nenhum elemento pode ser adicionado ao preço efetivamente pago ou a pagar, a exceção daqueles previstos no referido artigo; ora, dado que um subsídio não pode ser considerado como equivalente a qualquer

---

[76] "Artigo 17
Nenhuma disposição deste Acordo poderá ser interpretada como restrição ou questionamento dos direitos que têm as administrações aduaneiras de se assegurarem da veracidade ou exatidão de qualquer afirmação, documento ou declaração apresentados para fins de valoração aduaneira."

[77] A orientação da Opinião Consulta 2.1 do CTVA-OMA também é aplicada às vendas por preço inferior ao custo de produção, conforme consignado pelo Comitê Técnico no Estudo de Caso 12.1. Nele foram analisados os efeitos jurídicos de uma venda entre partes não relacionadas, em condições de livre concorrência, por preço 40% abaixo do custo de produção. A operação foi motivada pelas circunstâncias econômicas globais e pela perspectiva de ingresso em um novo mercado. Como estavam presentes os demais pressupostos de aplicabilidade do método do valor da transação: "7. Conclui-se, portanto, que não existem motivos, segundo as disposições fornecidas pelo Artigo 1 do Acordo de Valoração, para rejeitar o valor de transação e aplicar outro artigo para a determinação do valor aduaneiro [...] 8. A Opinião Consultiva 2.1 conclui que o simples fato de um preço ser inferior aos preços correntes de mercado para mercadorias idênticas não é motivo suficiente para sua rejeição para os fins do Artigo 1. Similarmente, o simples fato do preço, neste caso, estar abaixo do custo de produção e não gerar um lucro ao vendedor, não é motivo suficiente para a rejeição do valor de transação".

[78] O AVA/OMC realizou uma separação entre valoração aduaneira e defesa comercial. Na *Introdução Geral* do Acordo, foi previsto que "os procedimentos de valoração não devem ser utilizados para combater o *dumping*". As medidas *antidumping* foram disciplinadas em outro acordo multilateral específico resultante da Rodada Uruguai: o Acordo sobre a Implementação do Artigo VI do Gatt 1994 (*Acordo Antidumping*). Dessa forma, ainda que encontre indícios de que o exportador estrangeiro está comercializando as mercadorias por preço inferior ao praticado em operações normais com produto similar em seu próprio país (*dumping*), a autoridade aduaneira não tem outro caminho senão aceitar o valor declarado. Como ressaltam Rosenow e O'Shea, por mais estranho que isso possa parecer, foi esse o propósito do AVA/OMC (ROSENOW, Sheri; O'SHEA, Brian J. *A handbook on the WTO Customs Valuation Agreement*. Cambridge: Cambridge University Press, 2010. p. 786).

[79] De acordo com o Comentário 3.1 do CTVA-OMA:
"2. Em conformidade com a Introdução Geral do Acordo de Valoração, as Partes reconhecem "que os procedimentos de valoração não devem ser utilizados para combater o *dumping*". Portanto, quando for presumida ou demonstrada a existência de *dumping*, o procedimento adequado para combatê-lo será a aplicação das normas anti-*dumping* vigentes no país de importação. Portanto, não há possibilidade de:
a) rejeitar o valor de transação para a valoração aduaneira das mercadorias objeto de *dumping*, a menos que não seja preenchida uma das condições enunciadas no Artigo 1.1;
b) acrescer ao valor de transação uma quantia que leve em conta a margem de *dumping*.
3. Do exposto, resulta que o tratamento aplicável na valoração objeto de *dumping* é o mesmo reservado às mercadorias importadas a um preço inferior aos preços correntes de mercado para mercadorias idênticas."

dos elementos mencionados no Artigo 8, não é possível fazer um ajuste a esse título" (Comentário 2.1 do CTVA-OMA[80]).

(iii) Requisitos de aceitação do preço transacionado:

A incidência do método do valor da transação – e, por conseguinte, a aceitação do preço transacionado – demanda a coalescência de cinco requisitos: (**1**) segurança sobre a veracidade e a exatidão das afirmações, documentos ou declarações apresentados pelo interessado; (**2**) a operação deve constituir uma compra e venda internacional; (**3**) ausência de qualquer das cláusulas de limitação do preço, da posse ou do domínio previstas no art. 1.1 ("a", "b" e "c") do AVA; (**4**) existência de dados objetivos e quantificáveis relativos aos ajustes do art. 8º (Nota Interpretativa ao Art. 8.3); e (**5**) não vinculação entre importador e exportador ou, caso constituam partes relacionadas, a aceitabilidade do preço pago ou a pagar na operação, determinada: (***a***) a partir do exame das circunstâncias da venda (art. 1.2.a); ou (***b***) da proximidade do preço adotado com um dos valores "critério" ou de "teste" do AVA (art. 1.2.b).

Entre esses requisitos, têm gerado mais controvérsia o primeiro e o último, que, por isso mesmo, serão analisados de forma mais detida:

A. *Segurança sobre a veracidade e a exatidão*

O primeiro pressuposto do método do valor da transação, de acordo com a interpretação do art. 17[81] e do § 6º do Anexo III[82] adotada pelo CTVA da OMA na Opinião Consultiva 10.1, consiste na veracidade e na exatidão das afirmações, das declarações e dos documentos apresentados pelo interessado para fins de valoração do produto:

Opinião Consultiva 10.1

Tratamento aplicável aos documentos fraudulentos

1. O Acordo obriga que as administrações aduaneiras levem em conta documentos fraudulentos?

2. O Comitê Técnico de Valoração Aduaneira emitiu a seguinte opinião:

Segundo o Acordo, as mercadorias importadas devem ser valoradas com base nos elementos de fato reais. Portanto, qualquer documentação que proporcione informações inexatas sobre esses elementos estaria em contradição com as intenções do Acordo. Cabe observar, a este respeito, que o Artigo 17 do Acordo e o parágrafo 6 do Anexo III enfatizam o direito das administrações aduaneiras de comprovar a veracidade ou exatidão de qualquer informação, documento ou declaração apresentados para fins de valoração aduaneira. Consequentemente, não se pode exigir que uma administração leve em conta

---

[80] Para o exame de outras situações específicas dos *softwares, de* mercadorias deterioradas, avariadas ou em desacordo com o contrato, juros comerciais e preços mínimos, cf.: SEHN, Solon. *Curso de direito aduaneiro.* 2. ed. Rio de Janeiro: Forense, 2022. p. 222 e ss.

[81] Transcrito anteriormente.

[82] "[...] 6. O Artigo 17 reconhece que, ao aplicar o Acordo, as administrações aduaneiras podem ter necessidades de averiguar a veracidade ou a exatidão de qualquer afirmação, documento ou declaração que lhes for apresentada para fins de valoração aduaneira. As Partes concordam ainda que o Artigo admite igualmente que se proceda a investigações para, por exemplo, verificar se os elementos para a determinação do valor apresentados ou declarados às autoridades aduaneiras alfandegárias são completos e corretos. Os Membros, nos termos de suas leis e procedimentos nacionais, têm o direito de contar com a cooperação plena dos importadores para tais investigações."

uma documentação fraudulenta. Ademais, quando uma documentação for comprovada fraudulenta, após a determinação do valor aduaneiro, a invalidação desse valor dependerá da legislação nacional.

Assim, quando uma documentação for comprovadamente fraudulenta, após a determinação do valor aduaneiro, a invalidação dependerá da legislação de cada país[83]. Isso faz com que, ao fiscalizar a base de cálculo do imposto, as autoridades aduaneiras tenham duas possibilidades:

(i) em caso de **dúvida**[84] acerca da veracidade e da exatidão das afirmações, das declarações e dos documentos apresentados pelo interessado para fins de valoração, após cientificar o importador de seus motivos[85], deve afastar o método do valor transação, apurando o crédito tributário mediante aplicação de um dos critérios sucessivos previstos no AVA (método do valor de transação de mercadorias idênticas, método do valor de transação de mercadorias similares, método do valor dedutivo, o método do valor computado ou método da razoabilidade ou do último recurso[86]); e

(ii) nas hipóteses de **falsidade comprovada**, denominada *subfaturamento* ou *fraude de*

---

[83] No direito brasileiro, essa matéria encontra-se disciplinada no art. 88 da Medida Provisória 2.158-35/2001, que será examinada abaixo.

[84] A dúvida da veracidade ou da exatidão não pode ser assentada em critérios fictícios, arbitrários ou subjetivos da autoridade fiscal, devendo ser demonstrada por meio de provas e de dados objetivos. O parágrafo único do art. 28 da IN RFB 2090/2022 oferece alguns parâmetros exemplificativos para esse fim:

"Art. 28. [...] Parágrafo único. As dúvidas da fiscalização aduaneira poderão ser fundamentadas, entre outros elementos, na incompatibilidade do preço declarado com:

I – os usualmente declarados em importações de mercadorias idênticas ou similares;

II – os relativos a mercadorias idênticas ou similares apurados pela fiscalização aduaneira;

III – os preços, para mercadorias idênticas ou similares, indicados em cotações de preços internacionais, publicações especializadas, faturas comerciais proforma e ofertas de venda;

IV – os custos de produção de mercadorias idênticas ou similares;

V – o preço de revenda da mercadoria importada ou de idêntica ou similar; ou

VI – o preço parâmetro da mercadoria objeto de valoração, determinado conforme dispõe a legislação nacional sobre preços de transferência".

[85] Em 21 de abril de 1995, o Comitê de Valoração da OMC proferiu a Decisão 6.1, na qual foi reafirmou que, antes de tomar uma decisão definitiva, a aduana deve comunicar as razões da dúvida, dando oportunidade razoável para o importador responder: "Quando tiver sido apresentada uma declaração e a Administração Aduaneira tiver motivo para duvidar da veracidade ou exatidão das informações ou dos documentos apresentados para justificar essa declaração, a Administração Aduaneira poderá solicitar ao importador o fornecimento de uma explicação adicional, bem assim documentos ou outras provas, de que o valor declarado representa o montante efetivamente pago ou a pagar pelas mercadorias importadas, ajustado em conformidade com as disposições do Artigo 8. Se, após o recebimento de informação adicional, ou na falta de resposta, a Administração Aduaneira ainda tiver dúvidas razoáveis sobre a veracidade ou exatidão do valor declarado, poderá decidir, tendo em conta as disposições do Artigo 11, que o valor aduaneiro das mercadorias importadas não pode ser determinado com base nas disposições do Artigo 1. Antes de tomar uma decisão definitiva, a Administração Aduaneira comunicará ao importador, por escrito, quando solicitado, suas razões para duvidar da veracidade ou exatidão das informações ou dos documentos apresentados e lhe dará oportunidade razoável para responder. Quando for tomada uma decisão definitiva, a Administração Aduaneira comunicará ao importador, por escrito, os motivos que a embasaram".

[86] "Caso haja motivos para duvidar da veracidade ou exatidão dos dados ou documentos apresentados como prova de uma declaração de valor (e o fato de as matérias constitutivas terem valor inferior ao produto final nos soa como suficiente para demonstrar a dúvida, se devidamente fundamentada a verificação), a autoridade aduaneira poderá decidir, com base em parecer fundamentado, pela impossibilidade de aplicação do primeiro método (valor de transação, obtido a partir da fatura comercial, com os ajustes previstos no AVA-GATT). [...]" (Carf, 3ª S., 4ª C., 1ª TO, Ac. 3401-003.259, Rel. Cons. Rosaldo Trevisan, S. 28.09.2016).

valor[87], a legislação aduaneira local estabelece que o crédito tributário deve ser apurado considerando: (a) o preço efetivamente praticado na operação de importação; ou (b) não sendo possível conhecer o valor da transação, uma base de cálculo arbitrada dentro dos parâmetros do art. 88 da Medida Provisória 2.158-35/2001[88].

B. Ausência de vinculação ou demonstração da aceitabilidade

A prevalência do valor da transação pressupõe ainda a ausência de vinculação entre o importador e o exportador; ou, se forem partes relacionadas[89], a demonstração da aceitabilidade do

---

[87] Os casos de falsidade da fatura comercial são designados pela doutrina por meio de um *nomen iuris* específico: **subfaturamento**, também chamado *fraude de valor*. Neles a fiscalização constata a falsidade material ou ideológica desse documento, que é realizada visando à redução indevida da base de cálculo do imposto, mediante encobrimento do preço efetivamente pago ou a pagar pelo produto importado. A parte, dito de um outro modo, apresenta um documento que não reflete a realidade negocial, realizando dois pagamentos para o exportador: um oficial e outro em paralelo. A diferença é que, na falsidade material, o agente forja o documento ou adultera fisicamente a fatura original. Na falsidade ideológica, o exportador – em conluio com o importador – emite uma fatura genuína, mas com conteúdo falso, ou seja, especificando um preço que não é aquele efetivamente pago ou a pagar. Em qualquer caso, não há dúvidas nem suspeitas da veracidade. O que se tem é uma fraude de valor devidamente comprovada. A hipótese não se confunde com as situações em que o valor declarado é rejeitado diante de dúvidas sobre a veracidade ou a exatidão das afirmações, das declarações e dos documentos apresentados pelo interessado. Nesses casos, denominados **subvaloração** por alguns autores, há o afastamento do método do valor da transação, com aplicação de um dos critérios de valoração sucessivos (método do valor de transação de mercadorias idênticas, método do valor de transação de mercadorias similares, método do valor dedutivo, o método do valor computado ou método da razoabilidade ou do último recurso). Já no subfaturamento ou fraude de valor, nos termos da Opinião Consultiva 10.1 do CTVA/OMA, incide a legislação local, que, por sua vez, prevê a desconsideração do ilícito, com a tributação do valor efetivo da transação identificado pela autoridade aduaneira (Medida Provisória 2.158-35/2001, art. 88). Sobre o tema, cf.: SEHN, Solon. *Curso de direito aduaneiro*. 2. ed. Rio de Janeiro: Forense, 2022. 239 e ss.).

[88] "Art. 88. No caso de fraude, sonegação ou conluio, em que não seja possível a apuração do preço efetivamente praticado na importação, a base de cálculo dos tributos e demais direitos incidentes será determinada mediante arbitramento do preço da mercadoria, em conformidade com um dos seguintes critérios, observada a ordem sequencial:

I – preço de exportação para o País, de mercadoria idêntica ou similar;

II – preço no mercado internacional, apurado:

a) em cotação de bolsa de mercadoria ou em publicação especializada;

b) de acordo com o método previsto no Artigo 7 do Acordo para Implementação do Artigo VII do GATT/1994, aprovado pelo Decreto Legislativo 30, de 15 de dezembro de 1994, e promulgado pelo Decreto 1.355, de 30 de dezembro de 1994, observados os dados disponíveis e o princípio da razoabilidade; ou

c) mediante laudo expedido por entidade ou técnico especializado."

[89] A vinculação representa um fator objetivo de alerta, mas que, por si só, não implica a inaceitabilidade do preço (art. 1.2.a): seu efeito é apenas o de desencadear a necessidade de uma verificação adicional. A caracterização das partes relacionadas deve ocorrer na forma dos §§ 4º e 5º do art. 15 do AVA:

"4. Para os fins deste Acordo, as pessoas serão consideradas vinculadas somente se:

(a) uma delas ocupar cargo de responsabilidade ou direção em empresa da outra;

(b) forem legalmente reconhecidas como associadas em negócios;

(c) forem empregador e empregado;

(d) qualquer pessoa, direta ou indiretamente, possuir, controlar ou deter 5% ou mais das ações ou títulos emitidos com direito a voto de ambas;

(e) uma delas, direta ou indiretamente, controlar a outra;

(f) forem ambas, direta ou indiretamente, controladas por uma terceira pessoa; ou

(g) juntos, controlarem direta ou indiretamente uma terceira pessoa;

(h) forem membros da mesma família.

404 | CURSO DE DIREITO TRIBUTÁRIO – *Solon Sehn*

preço pago ou pagar na operação de comércio exterior, o que, por sua vez, pode ocorrer de duas maneiras: (**a**) pelo exame das circunstâncias da venda (art. 1.2.a); ou (**b**) mediante demonstração da proximidade com um dos valores "critério" ou de "teste" estabelecidos no AVA (art. 1.2.b).

Ao avaliar as circunstâncias da venda (*circumstances surrounding the sale*), a autoridade aduaneira deve verificar se o preço foi determinado de forma livre e independente, isto é, sem que a relação existente entre as partes tenha influenciado a sua definição[90]. Não há um critério fechado, podendo, inclusive, ocorrer o exame de estudos de preços de transferência elaborados pelo importador[91]. Essa etapa apenas pode ser dispensada caso o importador opte por demonstrar a aceitabilidade do preço diretamente a partir dos valores-critério (art. 1.2.c) ou se a administração aduaneira já estiver convencida de que o preço não foi influenciado pela vinculação, em decorrência de procedimentos anteriores ou de exame prévio.

Por outro lado, se a autoridade aduaneira concluir que a vinculação influenciou o preço, os motivos deverão ser comunicados ao importador, abrindo-se prazo razoável para contestação (art. 1.2.a). Nesse momento, o importador deve se valer dos parâmetros de teste ou *valores-critério* do art. 1.2.b do AVA. A aceitabilidade, assim, pode ser justificada por meio da comparação com o valor da transação de mercadorias idênticas ou similares em operações entre partes não vinculadas, determinados por meio da aplicação de parte dos métodos substitutivos do valor da transação. Nesse exame, devem ser considerados fatores como a natureza das mercadorias importadas e o setor industrial, a época do ano em que foram importadas, partindo-se preferencialmente de uma operação no mesmo nível comercial e quantitativo. Se for demonstrada a proximidade ("que tal valor se aproxima em muito") com um desses *valores-critério*, o preço transacionado com a parte relacionada deve ser aceito[92].

---

5. As pessoas que forem associadas em negócios, pelo fato de uma ser o agente, o distribuidor ou o concessionário exclusivo da outra, qualquer que seja a denominação utilizada, serão consideradas vinculadas para os fins deste Acordo, desde que se enquadrem em algum dos critérios do parágrafo 4 deste Artigo."

[90] Ao contrário da hipótese do art. 1.2.(b), o AVA não estabelece um parâmetro de aceitabilidade, limitando-se a prever, na nota interpretativa do art. 1.2, que "a administração aduaneira deverá estar preparada para examinar os aspectos relevantes da transação, inclusive a maneira pela qual o comprador e o vendedor organizam suas relações comerciais e a maneira pela qual o preço em questão foi definido, com a finalidade de determinar se a vinculação influenciou o preço. Quando ficar demonstrado que o comprador e o vendedor, embora vinculados conforme as disposições do Artigo 15, compram e vendem um do outro como se não fossem vinculados, isto comprovará que o preço não foi influenciado pela vinculação. Como exemplo, se o preço tivesse sido determinado de maneira compatível com as práticas normais de fixação de preços do setor industrial em questão ou com a maneira pela qual o vendedor fixa seus preços para compradores não vinculados a ele, isto demonstrará que o preço não foi influenciado pela vinculação. Como outro exemplo, quando ficar demonstrado que o preço é suficiente para cobrir todos os custos e assegurar um lucro representativo do lucro global obtido pela firma durante um período de tempo também representativo (por exemplo anual), em vendas de mercadorias da mesma classe ou espécie, estará comprovado que o preço não foi influenciado pela vinculação".

[91] Comentário 23.1 do CTVA-OMA: "8. Por um lado, um estudo sobre preços de transferência apresentado por um importador pode constituir uma boa fonte de informação, se contiver informação relevante sobre as circunstâncias da venda. Por outro lado, um estudo sobre preços de transferência pode não ser relevante ou adequado para o exame das circunstâncias da venda devido às substanciais e significativas diferenças que existem entre os métodos do Acordo para determinar o valor das mercadorias importadas e aqueles das Diretrizes da OCDE sobre Preços de Transferência".

[92] "Artigo 1

2. [...] (b) no caso de venda entre pessoas vinculadas, o valor de transação será aceito e as mercadorias serão valoradas segundo as disposições do parágrafo 1, sempre que o importador demonstrar que tal valor se aproxima muito de um dos seguintes, vigentes ao mesmo tempo ou aproximadamente ao mesmo tempo:

(i) o valor de transação em vendas a compradores não vinculados, de mercadorias idênticas ou similares destinadas a exportação para o mesmo país de importação;

(ii) o valor aduaneiro de mercadorias idênticas ou similares, tal como determinado com base nas disposições do Artigo 5;

Parte Especial • Capítulo I • IMPOSTOS FEDERAIS | **405**

1.5.1.4   Métodos secundários

Não sendo aplicável o método do valor da transação, incidem os métodos secundários, também chamados substitutivos ou alternativos. Geralmente, isso ocorre na valoração de operações distintas da compra e venda (doação, permuta, *leasing*[93]), nos casos de inaceitabilidade do preço adotado entre partes relacionadas, bem como nas hipóteses em que não se tem segurança acerca da veracidade e da exatidão das afirmações, das declarações e dos documentos apresentados pelo interessado[94].

Os métodos devem ser aplicados de forma sucessiva e excludente: a incidência do método subsequente pressupõe o esgotamento das possibilidades de aplicação do critério de valoração antecedente. Eventual inversão da ordem implica o vício material do lançamento[95]. A única exceção é o método do valor computado, que pode ser aplicado preferencialmente ao método do valor dedutivo, a pedido do importador, mediante concordância da autoridade aduaneira.

(a) **Método do valor da transação de mercadorias idênticas:**

O método do valor da transação de mercadorias idênticas apresenta oito requisitos. Os dois primeiros, obviamente, são a natureza idêntica das mercadorias e a inaplicabilidade do primeiro método, o que decorre da vedação de inversão dos critérios de valoração (art. 4). Além disso, de acordo com o art. 2.1.(a) e (b), 2.2 e 2.3 do AVA, o valor comparável: (**i**) deve resultar de uma venda para exportação; (**ii**) com destino ao mesmo país importador; (**iii**) contemporânea à importação valorada; (**iv**) ajustada aos níveis comercial e quantitativo; (**v**) descontadas as diferenças decorrentes das distâncias e dos meios de transporte, caso o valor da transação tenha incluído o frete, o seguro e as despesas de carga e descarga (art. 8.2.); e (**vi**) havendo mais de um valor comparável, adota-se o menor:

Artigo 2

1. (a) Se o valor aduaneiro das mercadorias importadas não puder ser determinado segundo as disposições do Artigo 1, será ele o valor da transação de mercadorias idênticas

---

(iii) o valor aduaneiro de mercadorias idênticas ou similares, tal como determinado com base nas disposições do Artigo 6;

Na aplicação dos critérios anteriores, deverão ser levadas na devida conta as diferenças comprovadas nos níveis comerciais e nas quantidades, os elementos enumerados no Artigo 8 e os custos suportados pelo vendedor, em vendas nas quais ele e o comprador não sejam vinculados, e que não são suportados pelo vendedor em vendas nas quais ele e o comprador não sejam vinculados, e que não são suportados pelo vendedor em vendas nas quais ele o comprador sejam vinculados.

(c) Os critérios estabelecidos no parágrafo 2(b) devem utilizados por iniciativa do importador e exclusivamente fins de comparação. Valores substitutivos não poderão estabelecidos com base nas disposições do parágrafo 2 (b)."

93   Ver o Estudo 2.1, do Comitê Técnico de Valoração Aduaneira da OMA, sobre o "Tratamento aplicável a mercadorias arrendadas ou objeto de arrendamento mercantil (*leasing*)".

94   ROSENOW, Sheri; O'SHEA, Brian J. *A handbook on the WTO Customs Valuation Agreement*. Cambridge: Cambridge University Press, 2010. p. 2713.

95   "Valoração aduaneira. Desclassificação do valor de transação. Utilização de métodos sequenciais do AVA – Acordo de Valoração Aduaneira.

O valor aduaneiro deverá ser determinado com base nos métodos subsequentes previstos, observada a ordem sequencial estabelecida no Acordo de Valoração Aduaneira, sob pena de acarretar a nulidade material do lançamento administrativo. [...]" (Carf, 3ª S., Ac. 3302-003.197, Rel. Cons. Walker Araujo, S. 17.05.2016). No mesmo sentido: Carf, 1ª TO, 1ª C., 3ª S., Acórdão 3101-00.468, S. 29.07.2010; Acórdão 3102-00.903, 2ª TO, 1ª C., 3ª S., S. 04.02.2011.

vendidas para exportação para o mesmo país de importação e exportadas ao mesmo tempo que as mercadorias objeto de valoração, ou em tempo aproximado;

(b) Na aplicação deste Artigo será utilizado, para estabelecer o valor aduaneiro, o valor de transação de mercadorias idênticas, numa venda do mesmo nível comercial e substancialmente na mesma quantidade das mercadorias objeto de valoração. Inexistindo tal venda, será utilizado o valor de transação de mercadorias idênticas vendidas em um nível comercial diferente e/ou em quantidade diferente, ajustado para se levar em conta diferenças atribuíveis aos níveis comerciais e/ou às quantidades diferentes, desde que tais ajustes possam ser efetuados com base em evidência comprovada que claramente demonstre que os ajustes são razoáveis e exatos, quer conduzam a um aumento quer a uma diminuição no valor.

2. Quando os custos e encargos referidos no parágrafo 2 do Artigo 8 estiverem incluídos no valor da transação, este valor deverá ser ajustado para se levar em conta diferenças significativas de tais custos e encargos entre as mercadorias importadas e as idênticas às importadas, resultantes de diferenças nas distâncias e nos meios de transporte.

3. Se, na aplicação deste Artigo, for encontrado mais de um valor de transação de mercadorias idênticas, o mais baixo deles será o utilizado na determinação do valor aduaneiro das mercadorias importadas.

Artigo 15

2. a) – Neste Acordo, entende-se por "mercadorias idênticas" as mercadorias que são iguais em tudo, inclusive nas características físicas, qualidade e reputação comercial. Pequenas diferenças na aparência não impedirão que sejam consideradas idênticas mercadorias que em tudo o mais se enquadram na definição;

[...]

(c) – as expressões "mercadorias idênticas" e "mercadoria similares" não abrangem aquelas mercadorias que incorporem ou comportem, conforme o caso, elementos de engenharia, desenvolvimento, trabalhos de arte e de design, e planos e esboços, para os quais não tenham sido feitos ajustes segundo as disposições do parágrafo 1 (b) (iv) do Artigo 8, pelo fato de terem sido tais elementos executados no país de importação.

(d) – somente poderão ser consideradas "idênticas" ou "similares", as mercadorias produzidas no mesmo país que as mercadorias objeto de valoração;

(e) – somente serão levadas em conta mercadorias produzidas por uma pessoa diferente, quando não houve mercadorias idênticas ou similares, conforme o caso, produzidas pela mesma pessoa que produziu as mercadorias objeto de valoração.

(b) Método do valor da transação de mercadorias similares:

O método do valor de transação de mercadorias similares apresenta praticamente os mesmos requisitos de aplicabilidade do método do valor da transação das mercadorias idênticas. A diferença está na natureza das mercadorias. Assim, o valor comparável, nos termos do art. 3.1. (a) e (b), 3.2. e 3.3 do AVA: (**i**) deve resultar de uma venda para exportação; (**ii**) com destino ao mesmo país importador; (**iii**) contemporânea à importação valorada; (**iv**) ajustada aos níveis comercial e quantitativo; (**v**) descontadas as diferenças decorrentes das distâncias e dos meios de transporte, caso o valor da transação tenha incluído o frete, o seguro e as despesas de carga e descarga (art. 8.2.); e (**vi**) adota-se o menor entre os valores comparáveis existentes:

Parte Especial • Capítulo I • IMPOSTOS FEDERAIS | **407**

Artigo 3

1. (a) Se o valor aduaneiro das mercadorias importadas não puder ser determinado segundo as disposições dos Artigos 1 e 2, será ele o valor de transação de mercadorias similares vendidas para exportação para o mesmo país de importação e exportados ao mesmo tempo que as mercadorias objeto de valoração ou em tempo aproximado.

(b) Na aplicação deste Artigo será utilizado para estabelecer o valor o valor de transação de mercadorias similares numa venda no mesmo nível comercial e substancialmente na mesma quantidade das mercadorias objeto de valoração. Inexistindo tal venda, será utilizado o valor de transação de mercadorias similares vendidas em um nível comercial diferente e/ou em quantidade diferente, ajustado para se levar em conta diferenças atribuíveis aos níveis comerciais e/ou às quantidades, desde que tais ajustes possam ser efetuados com base em evidência comprovada que claramente demonstre que os ajustes são razoáveis e exatos, quer estes conduzam a um aumento quer a uma diminuição no valor.

2. Quando os custos e encargos referidos no parágrafo 2 do Artigo 8 estiverem incluídos no valor da transação, este valor deverá ser ajustado para se levar em conta diferenças significativas de tais custos e encargos entre as mercadorias importadas e as idênticas às importadas, resultantes de diferenças nas distâncias e nos meios de transporte.

3. Se na aplicação deste Artigo for encontrado mais de um valor de transação de mercadorias similares, o mais baixo deles será utilizado na determinação do valor aduaneiro das mercadorias importadas.

De acordo com o art. 15.2 (b), (c), (d) e (e), transcrito anteriormente, são consideradas similares as mercadorias produzidas no mesmo país e pelo mesmo fabricante – ou, subsidiariamente, por outra empresa – que, "embora não se assemelhem em todos os aspectos, têm características e composição material semelhantes, o que lhes permite cumprir as mesmas funções e serem permutáveis comercialmente". Entre os aspectos que devem ser considerados para avaliação da similaridade, incluem-se a qualidade, a reputação comercial e a existência de uma marca comercial. Essa, porém, não é determinante, já que o fato de os produtos apresentarem marcas distintas não implica necessariamente a ausência de similaridade[96].

(c) **Método do valor dedutivo:**

No método do valor dedutivo, a base de cálculo do imposto deve corresponder ao preço unitário de revenda da mercadoria importada no mercado interno na maior quantidade total, deduzidos o lucro, os custos e as despesas de venda previstos no art. 5.1 (a), (i), (ii), (iii) e (iv) do AVA, inclusive os tributos devidos em decorrência da importação:

Artigo 5

1. (a) Se as mercadorias importadas ou mercadorias idênticas ou similares importadas forem vendidas no país de importação no estado em que são importadas, o seu valor aduaneiro, segundo as disposições deste Artigo, basear-se-á no preço unitário pelo qual as mercadorias importadas ou as mercadorias idênticas ou similares importadas são vendidas desta forma na maior quantidade total ao tempo da importação ou aproximadamente ao tempo da importação das mercadorias objeto de valoração a pessoas não vinculadas àquelas de quem compram tais mercadorias, sujeito tal preço às seguintes deduções:

---

[96] Comentário 1.1 do CTVA da OMA.

(i) as comissões usualmente pagas ou acordadas em serem pagas ou os acréscimos usualmente efetuados a título de lucros e despesas gerais, relativos a vendas em tal país de mercadorias importadas da mesma classe ou espécie;

(ii) os custos usuais de transporte e seguro bem como os custos associados incorridos no país de importação;

(iii) quando adequado, os custos e encargos referidos no parágrafo 2 do Artigo 8; e

(iv) os direitos aduaneiros e outros tributos nacionais pagáveis no país de importação em razão da importação venda das mercadorias.

(d) **Método do valor computado:**

No método do valor computado, a determinação do valor aduaneiro tem por base o somatório do custo de produção das mercadorias importadas, acrescido, na forma prevista no art. 6.1.(a), (b) e (c) do AVA, da margem de lucro e das despesas gerais usualmente praticadas em operações com produtos da mesma classe ou espécie, entendidas como tal, de acordo com o art. 15.3, aquelas integrantes de um mesmo grupo ou categoria de uma indústria ou de setor industrial, abrangendo produtos idênticos ou similares[97]:

> Artigo 6
>
> 1. O valor aduaneiro das mercadorias importadas, determinado segundo as disposições deste artigo, basear-se-á num valor computado. O valor computado será igual à soma de:
>
> (a) o custo ou o valor dos materiais e da fabricação, ou processamento, empregados na produção das mercadorias importadas;
>
> (b) um montante para lucros e despesas gerais, igual àquele usualmente encontrado em vendas de mercadorias da mesma classe ou espécie que as mercadorias objeto de valoração, vendas estas para exportação, efetuadas por produtores no país de exportação, para o país de importação;
>
> (c) o custo ou o valor de todas as demais despesas necessárias para aplicar a opção de valoração escolhida pela Parte, de acordo com o parágrafo 2 do Artigo 8.

(e) **Método do último recurso:**

Diante da inaplicabilidade dos demais métodos, o art. 7.1 prevê que a apuração do valor aduaneiro deve ocorrer em consonância com critérios razoáveis, desde que se mostrem compatíveis com os princípios e disposições gerais do AVA. Trata-se de critério de valoração conhecido como método flexível, da razoabilidade ou do último recurso (*the fall-back method*). Nele é permitido que se retroceda aos métodos anteriores, construindo-se variações dos demais critérios, tal como exemplificado na Nota ao art. 7:

> 3. Seguem-se alguns exemplos de flexibilidade razoável:
>
> (a) mercadorias idênticas – a exigência de que as mercadorias idênticas devem ser exportadas no mesmo tempo ou aproximadamente no mesmo tempo que as mercadorias objeto de valoração poderá ser interpretada de maneira flexível; mercadorias importadas idênticas, produzidas num país diferente do país de exportação das mercadorias sendo

---

[97] "3. Neste acordo, entenda-se por 'mercadoria da mesma classe ou espécie', as que se enquadram num grupo ou categorias de mercadorias produzidas por uma indústria ou setor industrial determinado, e abrange mercadorias idênticas ou similares."

Parte Especial · Capítulo I · IMPOSTOS FEDERAIS | **409**

valoradas poderão servir de base para a valoração aduaneira; os valores aduaneiros de mercadorias importadas idênticas, já determinados conforme as disposições dos Artigos 5 e 6, poderão ser utilizados;

(b) mercadorias similares – a exigência de que as mercadorias similares devem ser exportadas no mesmo tempo ou aproximadamente no mesmo tempo que as mercadorias objeto de valoração poderá ser interpretada de maneira flexível; mercadorias importadas similares, produzidas num país diferente do país de exportação das mercadorias sendo valoradas poderão servir de base para a valoração aduaneira; os valores aduaneiros de mercadorias importadas similares, já determinados conforme as disposições dos Artigos 5 e 6, poderão ser utilizados;

(c) método dedutivo – a exigência de que as mercadorias devem ter sido vendidas no "estado em que são importadas", conforme o parágrafo 1(a) do Artigo 5, poderá ser interpretada de maneira flexível; a exigência de "noventa dias" poderá ser aplicada de maneira flexível.

O art. 7.2 do AVA estabelece limites ao método da razoabilidade, vedando a apuração do valor aduaneiro a partir: (**a**) do preço de venda de mercadorias nacionais produzidas no país importador; (**b**) do critério de seleção pelo maior valor entre bases de cálculos alternativas; (**c**) do preço de venda de mercadorias no mercado interno do país exportador; (**d**) do custo de produção diferente dos valores computados, apurados em consonância com o quinto método substitutivo; (**e**) do preço de venda de exportação para outros territórios aduaneiros adotado no país de procedência da mercadoria; (**f**) de valores aduaneiros mínimos; e (**g**) de valores arbitrários ou fictícios.

1.5.2 Alíquotas

O CTN, o Decreto-lei 37/1966 e o art. 2º da Lei 11.727/2008 preveem a instituição de alíquotas específicas (*ad rem*) para o imposto de importação. Contudo, não houve exercício dessa competência[98]. Atualmente, o imposto sujeita-se apenas a alíquotas *ad valorem*, que correspondem a um número percentual aplicável à base de cálculo, de acordo com a origem e a classificação aduaneira da mercadoria[99].

A origem é relevante para a aplicação de tratamentos tarifários preferenciais ou não preferenciais para determinados produtos. A sua prova deve ocorrer nos termos do tratado ou do acordo internacional que prevê a isenção ou a redução da alíquota do imposto de importação[100].

---

[98] Como ressalta José Rijo: "As vantagens da tributação *ad valorem* comparativamente à tributação específica parecem também irrefutáveis. Em primeiro lugar, importa destacar que a primeira daquelas modalidades confere progressividade à tributação, pois, os produtos de valor mais elevado proporcionarão arrecadar volumes de imposto mais significativo [sic.] em relação aos produtos de menor valor. Ao contrário, a aplicação de direitos específicos introduz regressividade na tributação, levando a que produtos com preços inferiores sejam mais penalizados do que os produtos similares de preço mais elevado, com as consequências negativas daí decorrentes em particular para consumidores com rendimentos mais baixos. Por outro lado, a tributação *ad valorem* acompanha os surtos inflacionistas verificados nos preços de bens [...]" (RIJO, José. *Direito aduaneiro da União Europeia*: notas de enquadramento normativo, doutrinário e jurisprudencial. Coimbra: Almedina, 2020. p. 364).

[99] A definição das alíquotas do imposto de importação, de acordo com o art. 153, § 1º, da Constituição, pode ser realizada por ato do Chefe do Poder Executivo, dentro dos limites estabelecidos em lei. Essa competência, por sua vez, foi delegada à Câmara de Comércio Exterior (Camex) pelas Leis 3.244/1957 e 8.085/1990, órgão integrante do Conselho de Governo da Presidência da República. A constitucionalidade dessa medida foi questionada no STF, que, no julgamento do RE 570.680, manifestou-se por sua compatibilidade com o texto constitucional (STF, Tribunal Pleno, RE 570.680, Rel. Min. Ricardo Lewandowski, *DJe* 04.12.2009).

[100] Para fins de defesa comercial, aplicam-se as regras do art. 31 da Lei 12.546/2011.

410 | CURSO DE DIREITO TRIBUTÁRIO – *Solon Sehn*

Em geral, exige-se uma certificação emitida pelo país exportador, como é o caso do Certificado de Origem Mercosul.

A classificação aduaneira é determinada a partir do enquadramento da mercadoria na Nomenclatura Comum do Mercosul (NCM), que tem por base a Nomenclatura do Sistema Harmonizado (SH), instituída pela Convenção Internacional do Sistema Harmonizado de Designação e Codificação de Mercadorias de 1983[101]. Trata-se de um sistema classificatório composto por códigos numéricos artificialmente convencionados pelos Estados signatários da convenção. Seu objetivo foi uniformizar a designação das mercadorias no âmbito internacional, constituindo uma linguagem comum na negociação de acordos comerciais e, sobretudo, para a comunicação entre os agentes econômicos e as aduanas[102].

1.5.3   Sujeição passiva

O art. 31 do Decreto-lei 37/1966 define como contribuinte o importador (inciso I), o destinatário de remessa postal internacional indicado pelo respectivo remetente (inciso II) e o adquirente de mercadoria entrepostada[103] (inciso III). Esses, porém, também são importadores, porque, mesmo no entreposto, embora a mercadoria fique armazenada em recinto aduaneiro no território nacional, a aquisição é realizada diretamente do proprietário dos bens no exterior.

Os responsáveis encontram-se previstos no art. 32 do Decreto-lei 37/1966, com as alterações do Decreto-lei 2.472/1988, da Medida Provisória 2.158-35/2001 e da Lei 11.281/2006, no art. 28 da Lei 9.611/1998 e no art. 59 da Lei 10.833/2003: (a) o transportador de mercadoria procedente do exterior ou sob controle aduaneiro, inclusive em percurso interno[104]; (b) o depositário, considerado como tal qualquer pessoa incumbida da custódia de mercadoria sob controle aduaneiro[105]; (c) em regime de solidariedade: (i) o adquirente ou o cessionário de mercadoria com redução do imposto[106]; (ii) o representante domiciliado no Brasil de transportador estrangeiro[107]; (iii) o adquirente de mercadoria importada por sua conta e ordem[108]; (iv) o encomendante predeterminado na importação por encomenda[109]; (v) o expedidor, o operador de transporte multimodal ou qualquer subcontratado para a realização do transporte multimodal[110]; e (vi) o beneficiário de regime aduaneiro suspensivo destinado à industrialização para exportação, nas hipóteses de admissão de mercadoria no regime por outro beneficiário, com vistas à execução de etapa da cadeia industrial do produto[111].

---

[101]   Incorporada ao direito brasileiro pelo Decreto Legislativo 71/1988, promulgado pelo Decreto 97.409/1988.

[102]   Sobre o tema, cf.: SEHN, Solon. *Curso de direito aduaneiro.* 2. ed. Rio de Janeiro: Forense, 2022. p. 285 e ss.

[103]   RA/2009: "Art. 404. O regime especial de entreposto aduaneiro na importação é o que permite a armazenagem de mercadoria estrangeira em recinto alfandegado de uso público, com suspensão do pagamento dos impostos federais, da contribuição para o PIS/PASEP-Importação e da COFINS-Importação incidentes na importação (Decreto-lei 1.455, de 1976, art. 9º, com a redação dada pela Medida Provisória 2.158-35, de 2001, art. 69; e Lei 10.865, de 2004, art. 14)".

[104]   Decreto-lei 37/1966, art. 32, I, na redação do Decreto-lei 2.472/1988.

[105]   Decreto-lei 37/1966, art. 32, II, na redação do Decreto-lei 2.472/1988.

[106]   Decreto-lei 37/1966, art. 32, parágrafo único, I, na redação da Medida Provisória 2.158-35/2001.

[107]   Decreto-lei 37/1966, art. 32, parágrafo único, II, na redação da Medida Provisória 2.158-35/2001. No julgamento da ADI nº 5.431/DF, proposta pela Confederação Nacional do Transporte, o STF julgou constitucional o art. 77 da Medida Provisória nº 2.158-35/2001, reconhecendo a validade da responsabilidade solidária, em relação ao imposto de importação, do representante do transportador estrangeiro (STF, Tribunal Pleno, ADI 5.431, Rel. Min. Gilmar Mendes, acórdão ainda não publicado, ata de julgamento, *DJe* 04.12.2024).

[108]   Decreto-lei 37/1966, art. 32, parágrafo único, "c", na redação da Lei 11.281/2006.

[109]   Decreto-lei 37/1966, art. 32, parágrafo único, "d", na redação da Lei 11.281/2006. Sobre a diferença entre importação direta, por encomenda e conta e ordem, cf.: Cap. II, item 2.4.2.4, da Parte Especial.

[110]   Lei 9.611/1998, art. 28.

[111]   Lei 10.833/2003, art. 59.

Parte Especial • Capítulo I • IMPOSTOS FEDERAIS | **411**

2 IMPOSTO DE EXPORTAÇÃO

2.1 Princípios

Tal como o imposto de importação, o art. 153, § 1º, da Constituição permite ao Poder Executivo a alteração das alíquotas dentro dos limites máximos e mínimos previstos em lei. Trata-se de dispositivo que visa a permitir o uso do imposto para fins extrafiscais. Não foi recepcionada pelo texto constitucional, por incompatibilidade material com essa previsão, a faculdade do art. 26 do CTN, que autoriza a alteração das bases de cálculo para fins de política cambial e de comércio exterior[112].

O imposto de exportação deve observar a cláusula da nação mais favorecida prevista no Artigo I do Gatt. Assim, como analisando anteriormente, ressalvadas as exceções previstas no acordo, quaisquer vantagens, favores, imunidades ou privilégios, inclusive tributários, concedidos a produtos destinados a um país devem ser estendidos – imediata e incondicionalmente – para os demais.

2.2 Legislação aplicável

O imposto de exportação encontra-se disciplinado pelo Decreto-lei 1.578/1977, com as alterações decorrentes das Leis 9.019/1995, 9.716/1998, 10.833/2003 e da Medida Provisória 2.158-35/2001. Além disso, aplicam-se subsidiariamente as disposições relativas do imposto de importação[113].

Das disposições originárias do CTN relativas a esse tributo, o art. 26 não é compatível com o art. 153, § 1º, da Constituição Federal de 1988[114]. O Poder Executivo, observados os limites da lei, pode aumentar apenas a alíquota – e não a base de cálculo – desvinculada de qualquer objetivo extrafiscal. Já o art. 28[115] não foi recepcionado por incompatibilidade com o princípio da não afetação (CF/1988, art. 167, IV)[116].

2.3 Hipótese de incidência

O critério material ou materialidade da hipótese de incidência do imposto de exportação abrange a conduta de *exportar produtos*, o que decorre do art. 23 do CTN e do art. 1º do Decreto-lei 1.578/1977:

> Art. 23. O imposto, de competência da União, sobre a exportação, para o estrangeiro, de produtos nacionais ou nacionalizados tem como fato gerador a saída destes do território nacional.
>
> Art. 1º O Imposto sobre a Exportação, para o estrangeiro, de produto nacional ou nacionalizado tem como fato gerador a saída deste do território nacional.

---

112 "Art. 26. O Poder Executivo pode, nas condições e nos limites estabelecidos em lei, alterar as alíquotas ou as bases de cálculo do imposto, a fim de ajustá-los aos objetivos da política cambial e do comércio exterior."

113 Decreto-lei 1.578, de 1977: "Art. 8º No que couber, aplicar-se-á, subsidiariamente, ao imposto de exportação a legislação relativa ao imposto de importação".

114 "Art. 26. O Poder Executivo pode, nas condições e nos limites estabelecidos em lei, alterar as alíquotas ou as bases de cálculo do imposto, a fim de ajustá-los aos objetivos da política cambial e do comércio exterior."

115 "Art. 28. A receita líquida do imposto destina-se à formação de reservas monetárias, na forma da lei."

116 "Art. 167. São vedados: [...] IV – a vinculação de receita de impostos a órgão, fundo ou despesa, ressalvadas a repartição do produto da arrecadação dos impostos a que se referem os arts. 158 e 159, a destinação de recursos para as ações e serviços públicos de saúde, para manutenção e desenvolvimento do ensino e para realização de atividades da administração tributária, como determinado, respectivamente, pelos arts. 198, § 2º, 212 e 37, XXII, e a prestação de garantias às operações de crédito por antecipação de receita, previstas no art. 165, § 8º, bem como o disposto no § 4º deste artigo; (Redação dada pela Emenda Constitucional 42, de 19.12.2003) [...]."

412 | CURSO DE DIREITO TRIBUTÁRIO – *Solon Sehn*

Na interpretação desses dispositivos, deve-se ter presente que a exportação nada mais é do que uma importação sob a perspectiva do país de destino. Implica, assim, a integração do bem em caráter definitivo ao mercado local. Logo, a saída a título transitório ou temporário, sem que o bem reste integrado à economia do país de destino, não é considerada uma exportação[117].

No conceito de exportação, incluem-se as operações de venda para a Zona Franca de Manaus (ZFM). Isso porque, nos termos do art. 40 do ADCT[118], a ZFM foi mantida pela Constituição com suas características de área de livre-comércio e de incentivos fiscais até o ano de 2073 (Emendas Constitucionais 42/2003 e 83/2014), conforme previsto no Decreto-lei 288/1967: "Art. 4º A exportação de mercadorias de origem nacional para consumo ou industrialização na Zona Franca de Manaus, ou reexportação para o estrangeiro, será para todos os efeitos fiscais, constantes da legislação em vigor, equivalente a uma exportação brasileira para o estrangeiro".

Recentemente, o art. 4º do Decreto-lei 288/1967 foi alterado pela Lei 14.183/2021:

> Art. 4º A exportação de mercadorias de origem nacional para consumo ou industrialização na Zona Franca de Manaus, ou reexportação para o estrangeiro, será, para todos os efeitos fiscais constantes da legislação em vigor, equivalente a uma exportação brasileira para o estrangeiro, exceto a exportação ou reexportação de petróleo, lubrificantes e combustíveis líquidos e gasosos derivados de petróleo para a Zona Franca de Manaus.

Ocorre que, segundo a interpretação consolidada pelo STF no julgamento da ADI 2.348, a redação originária do art. 4º do Decreto-lei 288/1967 foi constitucionalizado pelo art. 40 do ADCT:

> O artigo 40 do Ato das Disposições Transitórias constitucionalizou, de forma projetada no tempo, considerados os vinte e cinco anos a partir da promulgação da Constituição Federal, a legislação ordinária reveladora da outorga de benefícios a quem viesse a estabelecer-se na Amazônia. Por isso mesmo, ganhou envergadura e respeitabilidade maior o artigo 4º do Decreto-lei 288/67:
>
> [...]
>
> A jurisprudência tem se mostrado harmônica com essa óptica. No julgamento da Ação Direta de Inconstitucionalidade 310.1, o Relator, Ministro Sepúlveda Pertence, entendeu pelo conflito, com a Carta da República, de toda e qualquer norma que, no prazo de vinte e cinco anos, restrinja, reduza ou elimine favores fiscais existentes, como veio a ocorrer com a edição da Medida Provisória 2.037/24[119].
>
> [...]

---

[117] De acordo com o Artigo 157 do CAM: "4. O presente Código Aduaneiro não trata sobre imposto de exportação e, por essa razão, a legislação dos Estados-Partes será aplicável no seu território aduaneiro preexistente à sanção deste Código, respeitando os direitos dos Estados-Partes". Não obstante, estabelece que "1. A exportação definitiva é o regime pelo qual se permite a saída do território aduaneiro, com caráter definitivo, da mercadoria de livre circulação, sujeita ao pagamento dos tributos aduaneiros sobre a exportação quando aplicáveis e ao cumprimento de todas as formalidades aduaneiras exigíveis" (Artigo 81 – Definição).

[118] "Art. 40. É mantida a Zona Franca de Manaus, com suas características de área livre de comércio, de exportação e importação, e de incentivos fiscais, pelo prazo de vinte e cinco anos, a partir da promulgação da Constituição". Esse prazo foi prorrogado até o ano de 2073 pelas Emendas Constitucionais 42/2003 e 83/2014: "Art. 92. São acrescidos dez anos ao prazo fixado no art. 40 deste Ato das Disposições Constitucionais Transitórias. (Incluído pela Emenda Constitucional 42, de 19.12.2003)"; "Art. 92-A. São acrescidos 50 (cinquenta) anos ao prazo fixado pelo art. 92 deste Ato das Disposições Constitucionais Transitórias. (Incluído pela Emenda Constitucional 83, de 2014)"

[119] STF, Tribunal Pleno, Voto Min. Marco Aurélio, *DJ* 07.11.2003.

Parte Especial · Capítulo I · IMPOSTOS FEDERAIS | **413**

A Zona Franca de Manaus, por força do referido Decreto, é tratada como área estrangeira. Isso significa que vendas ou remessas de mercadorias, seja para consumo, seja para reexportação ou industrialização, enviadas para a Zona Franca de Manaus, são tratadas, repito, por força do Decreto-lei 288, como exportação para o exterior.

Diz, expressamente: 'será para todos os efeitos fiscais, constantes da legislação em vigor, equivalente a uma exportação brasileira para o estrangeiro'. Ou seja, toda a venda de mercadorias do território nacional, por exemplo, mercadorias originárias de São Paulo destinadas à Zona Franca de Manaus, para consumo ou industrialização na Zona Franca, ou reexportação, são tratadas, pelo Decreto, para efeitos fiscais, como uma exportação brasileira para o estrangeiro[120].

Assim, na medida em que a Zona Franca de Manaus tem um regime fiscal que a equipara a uma área estrangeira, as operações de venda de mercadorias para adquirentes situadas em seu território devem ser consideradas exportação para todos os efeitos legais[121].

O art. 6º da Lei 9.826/1999 e o art. 61 da Lei 10.833/2003, por sua vez, qualificam como exportação, para fins de fiscais e cambiais, as seguintes hipóteses de venda de mercadorias:

Art. 6º A exportação de produtos nacionais sem que tenha ocorrido sua saída do território brasileiro somente será admitida, produzindo todos os efeitos fiscais e cambiais, quando o pagamento for efetivado em moeda nacional ou estrangeira de livre conversibilidade e a venda for realizada para: (Redação dada pela Lei 12.024, de 2009)

I – empresa sediada no exterior, para ser utilizada exclusivamente nas atividades de pesquisa ou lavra de jazidas de petróleo e de gás natural, conforme definidas na Lei 9.478, de 6 de agosto de 1997, ainda que a utilização se faça por terceiro sediado no País;

II – empresa sediada no exterior, para ser totalmente incorporado a produto final exportado para o Brasil;

III – órgão ou entidade de governo estrangeiro ou organismo internacional de que o Brasil seja membro, para ser entregue, no País, à ordem do comprador.

Art. 61. Nas operações de exportação sem saída do produto do território nacional, com pagamento a prazo, os efeito fiscais e cambiais, quando reconhecidos pela legislação vigente, serão produzidos no momento da contratação, sob condição resolutória, aperfeiçoando-se pelo recebimento integral em moeda nacional ou estrangeira de livre conversibilidade. (Redação dada pela Lei 12.024, de 2009).

§ 1º O disposto neste artigo aplica-se também ao produto exportado sem saída do território nacional, na forma disciplinada pela Secretaria Especial da Receita Federal do Brasil do Ministério da Economia, para ser: (Renumerado do parágrafo único, com nova redação pela Lei 14.368, de 2022)

I – totalmente incorporado a bem que se encontre no País, de propriedade do comprador estrangeiro, inclusive em regime de admissão temporária sob a responsabilidade de terceiro;

---

[120] Voto Min. Nelson Jobim,. p. 347.

[121] Sobre o tema, cf.: MENDONÇA, Jean Cleuter Simões. Isenções tributárias no pacto federalista – Zona Franca de Manaus. In: PEIXOTO, Marcelo Magalhães; SARTORI, Angela; DOMINGO, Luiz Roberto (coord.). *Tributação aduaneira à luz da jurisprudência do CARF – Conselho Administrativo de Recursos Fiscais*. São Paulo: MP-APET, 2013. p. 127-133; KERAMIDAS, Fabiola Cassiano. A Zona Franca de Manaus e a isenção de PIS e Cofins. In: SARTORI, Angela (coord.). *Questões atuais de direito aduaneiro e tributário à luz da jurisprudência dos Tribunais*. São Paulo: IOB-Sage, 2017. p. 227-258.

II – entregue a órgão da administração direta, autárquica ou fundacional da União, dos Estados, do Distrito Federal ou dos Municípios, em cumprimento de contrato decorrente de licitação internacional;

III – entregue, em consignação, a empresa nacional autorizada a operar o regime de loja franca;

IV – entregue, no País, a subsidiária ou coligada, para distribuição sob a forma de brinde a fornecedores e clientes;

V – entregue a terceiro, no País, em substituição de produto anteriormente exportado e que tenha se mostrado, após o despacho aduaneiro de importação, defeituoso ou imprestável para o fim a que se destinava;

VI – entregue, no País, a missão diplomática, repartição consular de caráter permanente ou organismo internacional de que o Brasil seja membro, ou a seu integrante, estrangeiro; ou

VII – entregue, no País, para ser incorporado a plataforma destinada à pesquisa e lavra de jazidas de petróleo e gás natural em construção ou conversão contratada por empresa sediada no exterior, ou a seus módulos.

VIII – entregue no País: (Incluído pela Lei 12.767, de 2012)

a) para ser incorporado a produto do setor aeronáutico industrializado no território nacional, na hipótese de industrialização por encomenda de empresa estrangeira do bem a ser incorporado; ou (Incluído pela Lei 12.767, de 2012)

b) em regime de admissão temporária, por conta do comprador estrangeiro, sob a responsabilidade de terceiro, no caso de aeronaves; (Incluído pela Lei 12.767, de 2012)

IX – entregue no País a órgão do Ministério da Defesa, para ser incorporado a produto de interesse da defesa nacional em construção ou fabricação no território nacional, em decorrência de acordo internacional. (Incluído pela Lei 12.767, de 2012)

§ 2º O disposto no *caput* deste artigo também se aplica às aeronaves industrializadas no País e entregues a prestador de serviços de transporte aéreo regular sediado no território nacional, de propriedade do comprador estrangeiro, na forma disciplinada pela Secretaria Especial da Receita Federal do Brasil. (Incluído pela Lei 14.368, de 2022).

Além disso, de acordo com o art. 6º do Decreto-lei 2.472/1988, as mercadorias admitidas no regime aduaneiro especial do depósito alfandegado certificado são consideradas exportadas para todos os efeitos fiscais, cambiais e creditícios[122]. Essa previsão justifica-se porque, no depósito alfandegado, a mercadoria nacional é entregue no território nacional à ordem do adquirente sediado no exterior[123].

O imposto de exportação, tal como o imposto de importação, tem como critério espacial o território aduaneiro. O critério temporal, por sua vez, é ocorre com o registro da Declaração Única de Exportação (DU-E) no Siscomex[124].

---

[122] "Art. 6º Considerar-se-á exportada para o exterior, para todos os efeitos fiscais creditícios e cambiais, a mercadoria em regime de depósitos alfandegado certificado, como previsto em regulamento."

[123] Sobre esse regime aduaneiro especial, cf.: SEHN, Solon. *Curso de direito aduaneiro*. 2. ed. Rio de Janeiro: Forense, 2022. p. 399 e ss.

[124] IN RFB 1.702/2017: "Art. 7º A DU-E é um documento eletrônico que:
I – contém informações de natureza aduaneira, administrativa, comercial, financeira, tributária, fiscal e logística, que caracterizam a operação de exportação dos bens por ela amparados e definem o enquadramento dessa operação; e
II – servirá de base para o despacho aduaneiro de exportação.

Parte Especial • Capítulo I • IMPOSTOS FEDERAIS | **415**

2.4   Consequência tributária

No imposto de exportação, o sujeito passivo é o exportador, assim considerado qualquer pessoa que promova a saída do produto do território nacional, ou quem a esse a lei equiparar (Decreto-lei 1.578/1977, art. 5º[125]; CTN, art. 27[126]).

A base de cálculo, de acordo com o art. 2º do Decreto-lei 1.578/1977, consiste no preço normal do bem exportado, isto é, aquele que a mercadoria ou sua similar alcançaria, ao tempo da exportação, em uma venda em condições de livre concorrência no mercado internacional. Essa regra remete à antiga Definição de Valor de Bruxelas, que gerou uma série de distorções no comércio internacional. Por isso, ao lado de outros métodos igualmente arbitrários adotados internacionalmente, foi eliminada pelo AVA. Esse estabeleceu critérios uniformes, neutros e equitativos para a definição da base de cálculo de importação[127]. Todavia, suas disposições não são obrigatórias para o imposto de exportação[128]. Apesar disso, o § 1º do art. 2º acaba aproximando-se dos critérios do AVA, ao estabelecer que o preço à vista do produto, *FOB* ou posto na fronteira, é indicativo do preço normal:

> Art. 2º A base de cálculo do imposto é o preço normal que o produto, ou seu similar[129], alcançaria, ao tempo da exportação, em uma venda em condições de livre concorrência no mercado internacional, observadas as normas expedidas pelo Poder Executivo, mediante ato da CAMEX – Câmara de Comércio Exterior. (Redação dada pela Medida Provisória 2.158-35, de 2001)
>
> § 1º O preço à vista do produto, FOB ou posto na fronteira, é indicativo do preço normal.
>
> § 2º Quando o preço do produto for de difícil apuração ou for susceptível de oscilações bruscas no mercado internacional, o Poder Executivo, mediante ato da CAMEX, fixará critérios específicos ou estabelecerá pauta de valor mínimo, para apuração de base de cálculo. (Redação dada pela Medida Provisória 2.158-35, de 2001).
>
> § 3º Para efeito de determinação da base de cálculo do imposto, o preço de venda das mercadorias exportadas não poderá ser inferior ao seu custo de aquisição ou produção, acrescido dos impostos e das contribuições incidentes e de margem de lucro de quinze por cento sobre a soma dos custos, mais impostos e contribuições. (Incluído pela Lei 9.716, de 1998).

Por fim, nos termos do art. 3º do Decreto-lei 1.578/1977, a alíquota-base do imposto de exportação equivale a 30%, podendo ser reduzida ou aumentada pela Camex para atender objetivos de política cambial e de comércio exterior[130].

Parágrafo único. As informações constantes da DU-E servirão de base para o controle aduaneiro e administrativo das operações de exportação."

[125]   "Art. 5º O contribuinte do imposto é o exportador, assim considerado qualquer pessoa que promova a saída do produto do território nacional."

[126]   "Art. 27. Contribuinte do imposto é o exportador ou quem a lei a ele equiparar."

[127]   Ver Capítulo IV, item 1.1.

[128]   ROSENOW, Sheri; O'SHEA, Brian J. *A handbook on the WTO Customs Valuation Agreement.* Cambridge: Cambridge University Press, 2010. p. 773.

[129]   O conceito de mercadoria similar, em razão da aplicação subsidiária das regras do imposto de importação, deve ser estabelecido de acordo com o art. 15.2 (b), (c), (d) e (e) do AVA.

[130]   "Art. 3º A alíquota do imposto é de trinta por cento, facultado ao Poder Executivo reduzi-la ou aumentá-la, para atender aos objetivos da política cambial e do comércio exterior. (Redação dada pela Lei 9.716, de 1998)
Parágrafo único. Em caso de elevação, a alíquota do imposto não poderá ser superior a cinco vezes o percentual fixado neste artigo. (Redação dada pela Lei 9.716, de 1998)"

416 | CURSO DE DIREITO TRIBUTÁRIO – *Solon Sehn*

3 IMPOSTO DE RENDA

3.1 Origens históricas

A primeira iniciativa de tributação da renda ocorreu na Inglaterra no ano de 1799. Nessa época, o imposto foi idealizado como um instrumento provisório para o financiamento das Guerras Napoleônicas pelo Ministro William Pitt, restabelecido em 1803 por Henry Addington, seu sucessor no Ministério das Finanças. No ano do 1842, no Governo do Primeiro-Ministro Robert Peel, foi reintroduzido em caráter definitivo pelo Parlamento no *Income Tax Act*. Desde então, o modelo irradiou para os demais países, não mais como fonte emergencial de recursos, mas como uma forma de arrecadação consistente com os valores de justiça distributiva da cultura política do século XIX[131]. No Brasil, após diversas tentativas, inclusive com a tributação parcial de rendimentos por meio de exações criadas com outra designação[132], o imposto de renda foi introduzido pela Lei 4.625/1922.

3.2 Princípios

Como analisado anteriormente, nos termos do inciso I do § 2º do art. 153, da Constituição Federal, o imposto de renda é informado por três critérios fundamentais, que, na realidade, são princípios jurídicos que decorrem da isonomia tributária. O primeiro – *princípio da progressividade* – imprime ao tributo um caráter redistributivo, obrigando, de um lado, o aumento das alíquotas na mesma medida do incremento da base de cálculo e, de outro, vedando a adoção de alíquotas uniformes. O *princípio da universalidade*, por sua vez, relaciona-se à base de cálculo do imposto, que deve considerar a integralidade dos acréscimos patrimoniais auferidos no período de apuração, sem a segregação do patrimônio em parcelas sujeitas a uma tributação exclusiva. Já o princípio da *generalidade*, aplica-se na definição da sujeição passiva, obrigando o legislador a tributar toda e qualquer pessoa física ou jurídica que obtenha renda[133].

3.3 Legislação aplicável

O *imposto sobre a renda e proventos de qualquer natureza* ou, simplesmente, *imposto de renda* é um tributo de competência federal, previsto no inciso III do art. 153 da Constituição e nos arts. 43 a 45 do CTN. Não há uma lei única do imposto de renda no direito brasileiro. A disciplina do tributo é encontrada em inúmeras leis e atos normativos esparsos[134], consolidados em um regulamento (Decreto 9.580/2018).

---

[131] RUSSO, Pasquale; FRANSONI, Guglielmo; CASTALDI, Laura. *Istituzioni di diritto tributario*. 2. ed. Milano: Giuffrè, 2016. p. 303; BIRK, Dieter. *Diritto tributario tedesco*. Trad. Enrico de Mita. Milano: Giuffrè, 2006. p. 163. Para estudo da evolução histórica da tributação da renda, ver: BANK, Steven A. *From sword to shield*: the transformation of the corporate income tax, 1861 to present. New York: Oxford University Press, 2010. Outra referência obrigatória, é o clássico SELIGMAN, Edwin Robert Anderson. *The income tax*: a study of the history, theory, and practice of income taxation at home and abroad. 2. ed. New York: Macmillan, 1914. Lawbook Exchange edition 2011.

[132] A Lei 317/1843, por exemplo, estabeleceu temporariamente uma *contribuição extraordinária* progressiva incidente sobre os vencimentos, que foi uma forma de tributação da renda parcial.

[133] Capítulo V, item 8.1, da Parte Geral.

[134] As principais são as Leis 4.506/1964, 6.321/1976, 7.713/1988, 8.021/1990, 8.023/1990, 8.383/1991, 8.981/1995, 9.249/1995, 9.250/1995, 9.430/1996, 9.532/1997, 9.718/1998, 9.779/1999, 9.959/2000, 10.451/2002, 10.833/2003, 11.033/2004, 11.196/2005, 11.482/2007, 12.024/2009, 12.249/2010, 12.431/2011, 12.838/2013, 12.973/2014, 13.043/2014, os Decretos-leis 5.844/1943, 1.381/1974, 1.598/1977 e 1.730/1979 e as Medidas Provisórias 2.189-49/2001 e 2.158-35/2001.

Parte Especial • Capítulo I • IMPOSTOS FEDERAIS | 417

3.4   Tributação das pessoas físicas

3.4.1   Hipótese de incidência

3.4.1.1   Disponibilidade econômica

O imposto de renda das pessoas físicas (IRPF) foi estruturado em mais de um regime pela legislação ordinária. A regra é a apuração pelo próprio contribuinte na *declaração de ajuste anual*, que, por sua vez, deve ser apresentada no ano subsequente ao da obtenção dos rendimentos tributáveis. Nela os valores mensais retidos pelas fontes pagadoras são confrontados com a totalidade da renda obtida, podendo resultar em saldo a pagar ou em restituição. A retenção na fonte não se aplica a todos os contribuintes. Alguns devem apurar o crédito no *regime do recolhimento mensal obrigatório*, conhecido como *carnê-leão*, sendo o montante pago deduzido do que for apurado na declaração de ajuste[135]. Há regras especiais para a tributação da renda obtida com a prestação de serviços com veículos, dos garimpeiros e da atividade rural. Os ganhos de capital na alienação de bens ou direitos de qualquer natureza, por sua vez, são apurados no mês em que forem auferidos e tributados em separado, isto é, não integrando a base de cálculo na declaração de ajuste anual. Também há um regime de tributação segregado aplicável aos rendimentos decorrentes de aplicação ou de operação financeira[136].

A legislação tributária contém disposições que procuram detalhar a incidência nos *rendimentos do trabalho assalariado e assemelhados, do trabalho não assalariado e assemelhados*, dos *rendimentos de aluguel e dos royalties, rendimentos recebidos acumuladamente* e da *atividade rural*. É prevista ainda a tributação dos *rendimentos de alimentos e da pensão*, que, entretanto, foi declarada inconstitucional pelo STF no julgamento da ADI 5.422:

> [...] Ação direta da qual se conhece em parte, relativamente à qual ela é julgada procedente, de modo a dar ao art. 3º, § 1º, da Lei 7.713/88, ao arts. 4º e 46 do Anexo do Decreto 9.580/18 e aos arts. 3º, *caput* e § 1º; e 4º do Decreto-lei 1.301/73 interpretação conforme à Constituição Federal para se afastar a incidência do imposto de renda sobre valores decorrentes do direito de família percebidos pelos alimentados a título de alimentos ou de pensões alimentícias[137].

Em todas essas modalidades de rendimentos, ressalvada a tributação do ganho de capital e dos rendimentos de aplicações ou operações financeiras, a materialidade da hipótese de incidência do IRPF abrange a conduta de *obter* (verbo) *renda* (complemento), o que decorre do art. 43 do CTN e do art. 2º da Lei 8.134/1990:

---

[135]   Esse regime, de acordo com o art. 118 do Decreto 9.580/2018, aplica-se à pessoa física que receber de outra pessoa física, ou de fontes situadas no exterior, rendimentos que não tenham sido tributados na fonte, no País, tais como: (i) os emolumentos e as custas dos serventuários da Justiça, como tabeliães, notários, oficiais públicos, entre outros, quando não forem remunerados exclusivamente pelo erário; (ii) os rendimentos recebidos em dinheiro, a título de alimentos ou de pensões inclusive alimentos provisionais; (iii) os rendimentos recebidos por residentes no País que prestem serviços a embaixadas, repartições consulares, missões diplomáticas ou técnicas, ou a organismos internacionais de que o País faça parte; (iv) os rendimentos de aluguéis recebidos de pessoas físicas; (v) os juros determinados de acordo com o disposto no art. 22 da Lei 9.430/1996; (vi) os rendimentos de prestação a pessoas físicas de serviços de transporte de carga ou de passageiros; (vii) os rendimentos de prestação a pessoas físicas de serviços com trator, máquina de terraplenagem, colheitadeira e assemelhados.

[136]   Como será analisado, essa tributação em separado ou exclusão não é compatível com o princípio da universalidade, previsto no inciso I do § 2º do art. 153 da Constituição Federal.

[137]   STF, Tribunal Pleno, ADI 5.422, Rel. Min. Dias Toffoli, *DJe* 23.08.2022.

418 | CURSO DE DIREITO TRIBUTÁRIO – *Solon Sehn*

Art. 43. O imposto, de competência da União, sobre a renda e proventos de qualquer natureza tem como fato gerador a aquisição da disponibilidade econômica ou jurídica:

I – de renda, assim entendido o produto do capital, do trabalho ou da combinação de ambos;

II – de proventos de qualquer natureza, assim entendidos os acréscimos patrimoniais não compreendidos no inciso anterior.

§ 1º A incidência do imposto independe da denominação da receita ou do rendimento, da localização, condição jurídica ou nacionalidade da fonte, da origem e da forma de percepção. (Incluído pela Lcp 104, de 2001)

Art. 2º O Imposto de Renda das pessoas físicas será devido à medida em que os rendimentos e ganhos de capital forem percebidos, sem prejuízo do ajuste estabelecido no art. 11.

Note-se que o *caput* do art. 43 do CTN refere-se à *aquisição da disponibilidade econômica ou jurídica* da renda. Sem disponibilidade da renda, não é válida a exigência do imposto, como já decidiu o STF, ao declarar a inconstitucionalidade do art. 35 da Lei 7.713/1988[138], que submetia o sócio quotista, o acionista ou titular de empresa individual ao imposto de renda retido na fonte sobre o lucro líquido apurado pela sociedade na data do encerramento do período-base, mesmo sem a distribuição:

Recurso extraordinário. Ato normativo declarado inconstitucional. Limites. Alicerçado o extraordinário na alínea b do inciso III do artigo 102 da Constituição Federal, a atuação do Supremo Tribunal Federal faz-se na extensão do provimento judicial atacado. Os limites da lide não a balizam, no que verificada declaração de inconstitucionalidade que os excederam. Alcance da atividade precípua do Supremo Tribunal Federal – de guarda maior da Carta Política da República.

Tributo. Relação jurídica estado/contribuinte. Pedra de toque. No embate diário Estado/contribuinte, a Carta Política da República exsurge com insuplantável valia, no que, em prol do segundo, impõe parâmetros a serem respeitados pelo primeiro. Dentre as garantias constitucionais explícitas, e a constatação não exclui o reconhecimento de outras decorrentes do próprio sistema adotado, exsurge a de que somente a lei complementar cabe "a definição de tributos e de suas espécies, bem como, em relação aos impostos discriminados nesta Constituição, a dos respectivos fatos geradores, bases de cálculo e contribuintes" – alínea "a" do inciso III do artigo 146 do Diploma Maior de 1988

Imposto de renda. Retenção na fonte. Sócio cotista. A norma insculpida no artigo 35 da Lei 7.713/88 mostra-se harmônica com a Constituição Federal quando o contrato social prevê a disponibilidade econômica ou jurídica imediata, pelos sócios, do lucro líquido apurado, na data do encerramento do período-base. Nesse caso, o citado artigo exsurge como explicitação do fato gerador estabelecido no artigo 43 do Código Tributário Nacional, não cabendo dizer da disciplina, de tal elemento do tributo, via legislação ordinária. Interpretação da norma conforme o Texto Maior.

Imposto de renda. Retenção na fonte. Acionista. O artigo 35 da Lei 7.713/88 é inconstitucional, ao revelar como fato gerador do imposto de renda na modalidade "desconto na fonte", relativamente aos acionistas, a simples apuração, pela sociedade e na data do

---

[138] "Art. 35. O sócio quotista, o acionista ou titular da empresa individual ficará sujeito ao imposto de renda na fonte, à alíquota de oito por cento, calculado com base no lucro líquido apurado pelas pessoas jurídicas na data do encerramento do período-base."

Parte Especial • Capítulo I • IMPOSTOS FEDERAIS | **419**

encerramento do período-base, do lucro líquido, já que o fenômeno não implica qualquer das espécies de disponibilidade versadas no artigo 43 do Código Tributário Nacional, isto diante da Lei 6.404/76.

Imposto de renda. Retenção na fonte. Titular de empresa individual. O artigo 35 da Lei 7.713/88 encerra explicitação do fato gerador, alusivo ao imposto de renda, fixado no artigo 43 do Código Tributário Nacional, mostrando-se harmônico, no particular, com a Constituição Federal. Apurado o lucro líquido da empresa, a destinação fica ao sabor de manifestação de vontade única, ou seja, do titular, fato a demonstrar a disponibilidade jurídica. Situação fática a conduzir a pertinência do princípio da despersonalização[139].

No critério da disponibilidade jurídica, a renda é tributada quando *auferida* ou *ganha*, isto é, à medida que surge o direito ao seu recebimento[140]. Na disponibilidade econômica, tributa-se o *recebimento* da renda, vale dizer, a efetiva percepção da prestação pecuniária correspondente. A disponibilidade jurídica identifica-se com o *regime de competência* e a disponibilidade econômica, com o *regime* ou *princípio de caixa*, categorias que serão analisadas no estudo do imposto de renda da pessoa jurídica[141].

A diferença entre esses critérios é significativa. Na venda de uma mercadoria, o direito ao recebimento surge no momento da entrega do bem; e, na prestação de serviços, por ocasião do cumprimento da obrigação pelo contratado. Assim, ao tributar da disponibilidade jurídica da renda, se o pagamento for parcelado ou em caso de mora do devedor, o contribuinte precisa fazer uso de suas economias para recolher o crédito tributário. Já se a hipótese de incidência do

---

[139] STF, Tribunal Pleno, RE 172.058, Rel. Min. Marco Aurélio, *DJ* 13.10.1995.

[140] PEDREIRA, José Luiz Bulhões. *Imposto sobre a renda*: pessoas jurídicas. Rio de Janeiro: Adcoas-Justec, 1979. v. I, p. 298-299; POLIZELLI, Victor Borges. *O princípio da realização da renda*: reconhecimento de receitas e despesas para fins do IRPJ. São Paulo: IBDT-Quartier Latin, 2012. p. 202 e ss.

[141] Esse é o entendimento mais aceito na doutrina e na jurisprudência. Não se trata, porém, de interpretação pacificada. Muito já se discutiu acerca do alcance dos conceitos de *disponibilidade econômica* e *jurídica*. Analisando todas as propostas interpretativas, Gisele Lemke divide as diversas concepções em correntes unificadora, dicotômica atenuada e dicotômica radical, essa última subdividida em quatro vertentes. Não há espaço para estudá-las com detalhamento no presente momento. Para quem procura uma especialização, recomenda-se a leitura de: LEMKE, Gisele. *Imposto de renda*: os conceitos de renda e de disponibilidade econômica e jurídica. São Paulo: Dialética, 1998. p. 96 e ss.; CANTO, Gilberto de Ulhôa. A aquisição de disponibilidade e o acréscimo patrimonial no imposto sobre a renda. *In*: MARTINS, Ives Gandra da Silva (coord.). *Estudos sobre o imposto de renda* (em memória de Henry Tilbery). São Paulo: Resenha Tributária, 1994. p. 33-40; SCHOUERI, Luís Eduardo. Considerações acerca da disponibilidade da renda: renda disponível é renda líquida. *In*: ZILVETI, Fernando Aurelio; FAJERSZTAJN, Bruno; SILVEIRA, Rodrigo Maito da. *Direito tributário*: princípio da realização do imposto sobre a renda – estudos em homenagem a Ricardo Mariz de Oliveira. São Paulo: IBDT, 2019. Em meio a essa divergência, acompanha-se a interpretação exposta por Victor Borges Polizelli: "A despeito das respeitáveis opiniões que formulam os conceitos de *posse/propriedade* e *lícito/ilícito*, parece mais razoável concluir que a referência a duas formas de *disponibilidades* no CTN tem relação com os métodos contábeis (*regimes de competência* ou *caixa*) admissíveis para fins de verificação das receitas e despesas componentes da renda tributável. Sem estender muito este ponto, registra-se que as teorias de *posse/propriedade* e *lícito/ilícito* aparentam conter inconsistências insanáveis. Aceitar a primeira delas seria assumir uma contradição no artigo 45 do CTN (que trata da posse como algo adicional às disponibilidades do art. 43 do CTN), ao passo que aceitar a segunda implica negar que o fato gerador do imposto de renda seja o acréscimo de *direitos* (não sendo o fruto de roubo um *direito*, não haveria incidência do imposto)" (POLIZELLI, Victor Borges. *O princípio da realização da renda*: reconhecimento de receitas e despesas para fins do IRPJ. São Paulo: IBDT-Quartier Latin, 2012. p. 177-178). No mesmo sentido: MARTINS, Natanael. Restrições à dedução de provisões e despesas (a propósito do art. 13 da Lei 9.249/95. *In*: ROCHA, Valdir de Oliveira (coord.). *Imposto de Renda*: alterações fundamentais. São Paulo: Dialética, 1996. p. 156 e ss.

420 | CURSO DE DIREITO TRIBUTÁRIO – *Solon Sehn*

imposto for vinculada à disponibilidade econômica da renda, não ocorre o evento imponível em caso de inadimplência[142].

Na tributação da pessoa física, o art. 2º da Lei 8.134/1990 elegeu o critério da disponibilidade econômica: foi prevista a incidência por ocasião da obtenção ou recebimento. Portanto, o critério material do IRPF é *receber* ou *obter*[143] (verbo) *renda* (complemento). Apesar de prevista no inciso III do art. 153 da Constituição e no art. 43 do CTN, é dispensável a referência a *proventos de qualquer natureza*, porque esses já são abrangidos pelo conceito de renda[144].

3.4.1.2 Distorções e situações-limite

Em determinadas situações-limite, a tributação pela disponibilidade econômica pode gerar restrições incompatíveis com princípios constitucionais tributários. Sempre que isso ocorrer, se a administração fiscal for omissa, o Poder Judiciário deve restabelecer a compatibilidade com a ordem constitucional.

Um dos casos emblemáticos em que essa intervenção foi necessária envolveu os *recebimentos acumulados*. Nas parcelas de débitos em atraso pagas de uma única vez e, sobretudo, nas condenações judiciais, a aplicação do regime de caixa gerava resultados incompatíveis com os princípios da isonomia e da capacidade contributiva. Por exemplo, alguém que recebe um pagamento mensal de R$ 1.500,00 (R$ 18.000,00 por ano), situa-se dentro do limite de isenção do IRPF. Entretanto, se o devedor não paga e o credor é obrigado a ingressar com uma ação de cobrança, supondo que o trânsito em julgado da sentença condenatória demore quatro anos, o valor recebido será cerca de R$ 72.000,00, sem incluir os acréscimos moratórios. Com isso, o contribuinte que era isento, acaba tributado na última linha da tabela progressiva, com uma alíquota de 27,5% de IRPF. O mesmo ocorria quando a renda originária estava sujeita à alíquota menor (7,5%, 15% ou 22,5%), mas passava para a faixa de 27,5% em razão do recebimento acumulado. Em situações dessa natureza, era manifesta a incompatibilidade com a ordem constitucional. Afinal, a capacidade contributiva daquele que, sem a necessidade de ingressar em juízo, recebeu um pagamento no mesmo valor na época própria em nada difere daquele que percebe o rendimento acumulado no cumprimento da sentença. Ao contrário, a capacidade econômica é menor, porque o ajuizamento

---

[142] Na inadimplência absoluta, por sua vez, para não configurar uma violação ao princípio da capacidade contributiva, o legislador deve estabelecer algum mecanismo de neutralização, a exemplo do registro de perda no recebimento de créditos na tributação das pessoas jurídicas (Lei 9.430/1996, art. 9º; Decreto 9.580/2018, art. 347).

[143] E não por meio do verbo *auferir*. Recorde-se a esse propósito a lição de Alberto Xavier: "A expressão receita *recebida* não pode confundir-se com a de receita *ganha* ou *auferida*. De harmonia com o princípio da competência receita é ganha ou auferida no momento em que se constituiu o direito ao seu recebimento, enquanto a receita é recebida no momento em que se [sic.] prestação pecuniária em que se traduz é realizada através de seu pagamento" (XAVIER, Alberto. *Estudos sobre o imposto de renda*. Belém: Cejup, 1988. p. 98).

[144] Como ensina José Artur Lima Gonçalves, "o conceito de renda é gênero que encampa a espécie 'proventos de qualquer natureza', razão pela qual referiremos aqui apenas o gênero, sem preocupação de tratar separadamente da espécie" (GONÇALVES, José Artur Lima. *Imposto sobre a renda*: pressupostos constitucionais. São Paulo: Malheiros, 1997. p. 174). Por isso, segundo Carrazza, "constitui grave erronia afirmar que *provento* é realidade diversa de *renda*. Provento é, sim, modalidade de renda" (CARRAZZA, Roque Antonio. *Imposto sobre a renda*: perfil constitucional e temas específicos. São Paulo: Malheiros, 2005. p. 53 e nota 68). A expressão "proventos de qualquer natureza", segundo Ricardo Mariz de Oliveira, foi mantida no texto constitucional e no CTN mais por tradição do que por exigência jurídica (OLIVEIRA, Ricardo Mariz de. *Fundamentos do imposto de renda*. São Paulo: Quartier Latin, 2008. p. 286). Ademais, como ensina McNaughton: "Por que o texto não determina a tributação apenas do signo 'renda', tomando o cuidado de empregar a designação 'proventos'? Porque se 'renda' guardava a significação clássica, embutida na herança do direito brasileiro, o constituinte teve o cuidado de respeitar tal acepção acrescentando o signo 'proventos', para alargar a materialidade do gravame para que se tornasse apto a incidir sobre outros ganhos que não decorrentes do trabalho e capital" (MCNAUGHTON, Charles William. *Curso de IRPF*. São Paulo: Noeses, 2019. p. 43).

Parte Especial · Capítulo I · IMPOSTOS FEDERAIS | **421**

da ação implica uma série de custos que nem sempre são inteiramente cobertos pela condenação. Logo, se o primeiro não foi tributado ou foi submetido a uma alíquota reduzida, o mesmo deve ser aplicado a quem recebeu a destempo.

Foi o que decidiu o STF no RE 614.406, ao afastar o regime de caixa nessa situação excepcional: "O Imposto de Renda incidente sobre verbas recebidas acumuladamente deve observar o regime de competência, aplicável a alíquota correspondente ao valor recebido mês a mês, e não a relativa ao total satisfeito de uma única vez" (Tema 368)[145].

Em decorrência dessa decisão, a Lei 7.713/1998 foi alterada pela Lei 13.149/2015, passando a prever um regime de tributação em separado dos demais rendimentos, facultativo ao regime normal[146]:

> Art. 12-A. Os rendimentos recebidos acumuladamente e submetidos à incidência do imposto sobre a renda com base na tabela progressiva, quando correspondentes a anos-calendário anteriores ao do recebimento, serão tributados exclusivamente na fonte, no mês do recebimento ou crédito, em separado dos demais rendimentos recebidos no mês. (Redação dada pela Lei 13.149, de 2015)
>
> § 1º O imposto será retido pela pessoa física ou jurídica obrigada ao pagamento ou pela instituição financeira depositária do crédito e calculado sobre o montante dos rendimentos pagos, mediante a utilização de tabela progressiva resultante da multiplicação da quantidade de meses a que se refiram os rendimentos pelos valores constantes da tabela progressiva mensal correspondente ao mês do recebimento ou crédito. (Incluído pela Lei 12.350, de 2010)
>
> § 2º Poderão ser excluídas as despesas, relativas ao montante dos rendimentos tributáveis, com ação judicial necessárias ao seu recebimento, inclusive de advogados, se tiverem sido pagas pelo contribuinte, sem indenização. (Incluído pela Lei 12.350, de 2010)

De qualquer sorte, ressalvadas essas situações especiais, a regra para a tributação da pessoa física continua sendo a incidência na disponibilidade econômica da renda.

3.4.1.3   Conceito jurídico de renda

Não há uma concepção uniforme de renda nas teorias econômica e jurídica. O conceito de renda é tão variável quanto o número de autores voltados ao estudo do tema[147]. No art. 43 do CTN, foi adotado o conceito de renda *acréscimo patrimonial*. A doutrina e a jurisprudência

---

[145] STF, Tribunal Pleno, RE 614.406, Rel. Min. Rosa Weber, *DJe* 27.11.2014: "Imposto de renda. Percepção cumulativa de valores. Alíquota. A percepção cumulativa de valores há de de [sic.] ser considerada, para efeito de fixação de alíquotas, presentes, individualmente, os exercícios envolvidos". Após esse julgamento, foi revista a tese do Tema 133, até então sem repercussão geral. Nessa mesma linha, no julgamento do REsp 1.118.429, o STJ entendeu que "O Imposto de Renda incidente sobre os benefícios previdenciários atrasados pagos acumuladamente deve ser calculado de acordo com as tabelas e alíquotas vigentes à época em que os valores deveriam ter sido adimplidos, observando a renda auferida mês a mês pelo segurado, não sendo legítima a cobrança de IR com parâmetro no montante global pago extemporaneamente" (Tema Repetitivo 351; STJ, 1ª S., REsp 1.118.429, Rel. Min. Herman Benjamin, *DJe* 14.05.2010).

[146] "Art. 12-A. [...] § 5º O total dos rendimentos de que trata o caput, observado o disposto no § 2º, poderá integrar a base de cálculo do Imposto sobre a Renda na Declaração de Ajuste Anual do ano-calendário do recebimento, à opção irretratável do contribuinte. (Incluído pela Lei 12.350, de 2010)"

[147] Em um dos estudos que é referência obrigatória nessa matéria, Henry Tilbery ensina que "Não existe nenhuma definição absoluta e única de renda tributável, nem na doutrina, nem nas legislações dos mais diversos países" (TILBERY, Henry. *A tributação dos ganhos de capital*. São Paulo: Resenha Tributária, 1977. p. 7).

convergem a esse respeito[148]. A única discordância reside no fato de que, para parte dos autores, isso já decorre do texto constitucional, enquanto outros sustentam que não há um conceito constitucional pressuposto de renda.

Ao longo dos anos, o STF tem considerado de natureza constitucional a discussão acerca da violação do conceito jurídico de renda, que, na jurisprudência da Corte, tal como na doutrina, é identificado como *acréscimo patrimonial*. No RE 1.063.187, o Tribunal decidiu que "é inconstitucional a incidência do IRPJ e da CSLL sobre os valores atinentes à taxa Selic recebidos em razão de repetição de indébito tributário" (Tema 962). Nesse precedente, os Ministros entenderam que não há renda sem acréscimo patrimonial, o que, por conseguinte, afasta a incidência do imposto sobre recebimentos de caráter indenizatório:

> **Recurso extraordinário. Repercussão geral. Direito Tributário. IRPJ e CSLL. Incidência sobre os valores atinentes à taxa Selic recebidos em razão de repetição de indébito tributário. Inconstitucionalidade.**
>
> 1. A materialidade do imposto de renda e a da CSLL estão relacionadas com a existência de acréscimo patrimonial. Precedentes.
>
> 2. A palavra indenização abrange os valores relativos a danos emergentes e os concernentes a lucros cessantes. Os primeiros, que correspondem ao que efetivamente se perdeu, não incrementam o patrimônio de quem os recebe e, assim, não se amoldam ao conteúdo mínimo da materialidade do imposto de renda prevista no art. 153, III, da Constituição Federal. Os segundos, desde que caracterizado o acréscimo patrimonial, podem, em tese, ser tributados pelo imposto de renda.
>
> 3. Os valores atinentes à taxa Selic recebidos em razão de repetição de indébito tributário visam, precipuamente, a recompor efetivas perdas (danos emergentes). A demora na restituição do indébito tributário faz com que o credor busque meios alternativos ou mesmo heterodoxos para atender a suas necessidades, os quais atraem juros, multas, outros passivos, outras despesas ou mesmo preços mais elevados.
>
> 4. Foi fixada a seguinte tese para o Tema 962 de repercussão geral: "É inconstitucional a incidência do IRPJ e da CSLL sobre os valores atinentes à taxa Selic recebidos em razão de repetição de indébito tributário".
>
> 5. Recurso extraordinário não provido[149].

O conceito de *acréscimo patrimonial* é o que melhor reflete o *leitmotiv* da tributação da renda: a neutralidade em relação à situação patrimonial do contribuinte ou, dito de um outro modo, a ideia de que o imposto deve ser pago com uma parcela da riqueza cuja obtenção é o próprio pressuposto para a sua cobrança[150]. *Renda*, assim, não só é uma *riqueza nova*, como também é

---

[148] Não há divergências a esse respeito. Como ressalta Ricardo Mariz de Oliveira, "[...] salvo algumas reticências, ninguém mais dúvida de que o fato gerador do imposto de renda seja a existência de acréscimo patrimonial" (OLIVEIRA, Ricardo Mariz de. *Fundamentos do imposto de renda*. São Paulo: Quartier Latin, 2008. p. 38).

[149] STF, Tribunal Pleno, RE 1.063.187, Rel. Min. Dias Toffoli, *DJe* 16.12.2021.

[150] Essa característica, como ensinam os autores italianos Pasquale Russo, Guglielmo Fransoni e Laura Castaldi, foi responsável pelo sucesso do imposto: "L'assunzione a presupposto del tributo degli incrementi dello stock di ricchezza misurabili in moneta fornisce immediatamente l'idea di un tributo che si applica a prescindere dallo *status* del contribuente, la cui entità dipende dall'incremento della capacità di ciascuno di soddisfare bisogni e interessi sul mercato, che si paga con le stesse risorse che ne costituiscono il presupposto e che tiene in considerazione il risultato dell'attività indivi-duale" (RUSSO, Pasquale; FRANSONI, Guglielmo; CASTALDI, Laura. *Istituzioni di diritto tributario*. 2. ed. Milano: Giuffrè, 2016. p. 303).

Parte Especial • **Capítulo I** • IMPOSTOS FEDERAIS | **423**

uma *riqueza líquida*[151], que deve refletir o aumento patrimonial do contribuinte dentro de um período de tempo, considerando todos os bens e os direitos susceptíveis de apreciação pecuniária incorporados em caráter definitivo, assim como os gastos necessários para a sua obtenção e para a subsistência da fonte produtora.

Destarte, como a esfera patrimonial é constituída pelo conjunto de bens e de direitos passíveis de valoração pecuniária, a determinação da existência do acréscimo não deve ficar limitada aos recursos financeiros nem, menos ainda, desconsiderar as dívidas. Assim, *v.g.*, em um contrato de mútuo, a quantia em dinheiro transferida ao mutuário não implica um acréscimo patrimonial, porque o sujeito passivo torna-se devedor do recurso emprestado pelo mutuante. O mesmo negócio jurídico gera uma contrapartida no patrimônio passivo, de sorte que não se tem um acréscimo patrimonial líquido. Tampouco há acréscimo quando os recursos constituem simples reembolsos ou indenizações. O valor recebido apenas substitui um bem ou direito já existente, recompondo o *status quo ante*.

Assentado nessa premissa, o STJ tem aplicado em diversos julgados a Súmula 39 do extinto TFR: "Não está sujeita ao imposto de renda a indenização recebida por pessoa jurídica em decorrência de desapropriação amigável ou judicial". Além disso, foram aprovadas as seguintes súmulas acerca dessa matéria:

a) *Súmula 125:* "O pagamento de férias não gozadas por necessidade do serviço não está sujeito a incidência do imposto de renda";

b) *Súmula 136:* "O pagamento de licença-prêmio não gozada por necessidade do serviço não está sujeito ao imposto de renda";

c) *Súmula 215:* "A indenização recebida pela adesão ao programa de incentivo à demissão voluntária não está sujeita à incidência do imposto de renda";

d) *Súmula 498:* "Não incide imposto de renda sobre a indenização por danos morais"; e

e) *Súmula 590:* "Constitui acréscimo patrimonial a atrair a incidência do imposto de renda, em caso de liquidação de entidade de previdência privada, a quantia que couber a cada participante, por rateio do patrimônio, superior ao valor das respectivas contribuições à entidade em liquidação, devidamente atualizadas e corrigidas".

Ademais, foram fixadas as seguintes teses jurídicas em recursos repetitivos:

a) *Tema Repetitivo 139:* "As verbas concedidas ao empregado por mera liberalidade do empregador, isto é, verba paga na ocasião da rescisão unilateral do contrato de trabalho sem obrigatoriedade expressa em lei, convenção ou acordo coletivo, implicam acréscimo patrimonial por não possuírem caráter indenizatório, sujeitando-se, assim, à incidência do imposto de renda";

b) *Tema Repetitivo 150:* "As verbas concedidas ao empregado, por mera liberalidade do empregador, quando da rescisão unilateral de seu contrato de trabalho sujeitam-se à incidência do Imposto de Renda";

c) *Tema Repetitivo 169:* "O auxílio condução consubstancia compensação pelo desgaste do patrimônio dos servidores, que utilizam-se de veículos próprios para o exercício

---

151 É por isso que, como ensina Raffaello Lupi, a expressão "rendimento bruto" é uma contradição de termos (LUPI, Raffaello. *Diritto tributario*: parte speciale: i sistemi dei singoli tributi. 8. ed. Milano: Giuffrè, 2005. p. 38, nota 5).

424 | CURSO DE DIREITO TRIBUTÁRIO – *Solon Sehn*

da sua atividade profissional, inexistindo acréscimo patrimonial, mas uma mera recomposição ao estado anterior sem o incremento líquido necessário à qualificação de renda";

d) *Tema Repetitivo 397*: "A indenização decorrente de desapropriação não encerra ganho de capital, porquanto a propriedade é transferida ao poder público por valor justo e determinado pela justiça a título de indenização, não ensejando lucro, mas mera reposição do valor do bem expropriado. [...] Não incidência da exação sobre as verbas auferidas a título de indenização advinda de desapropriação, seja por necessidade ou utilidade pública ou por interesse social, porquanto não representam acréscimo patrimonial"; e

e) *Tema Repetitivo 470*: "Não incide Imposto de Renda sobre os juros moratórios legais vinculados a verbas trabalhistas reconhecidas em decisão judicial".

Os acréscimos devem ser considerados independentemente de terem sido poupados ou consumidos pelo sujeito passivo[152]. No entanto, na apuração da renda, o saldo resultante da comparação entre o patrimônio inicial e final deve ser confrontado com os gastos necessários à sua obtenção e à manutenção da fonte produtora[153], inclusive a depreciação dos bens empregados na produção da renda[154]. Também devem ser deduzidos, na alienação de bens, os custos de aquisição ou de produção, porque só há riqueza nova a partir do momento em que o preço da venda supera ao valor gasto na aquisição do ativo ou em sua produção[155].

Ademais, não se consideram renda as transferências patrimoniais ou de capital. O capital nada mais é do que a renda realizada e acumulada no passado, já tributada. As transferências de capital, por sua vez, são negócios jurídicos não sinalagmáticos de transmissão de direitos patrimoniais de uma pessoa física ou jurídica para outra, independentemente de qualquer contraprestação. Esse é o caso das heranças, das doações, da integralização do capital social subscrito por sócios de uma pessoa jurídica e de algumas subvenções governamentais[156].

---

[152] GONÇALVES, José Artur Lima. *Imposto sobre a renda*: pressupostos constitucionais. São Paulo: Malheiros, 1997. p. 179; ROLIM, João Dácio. O conceito jurídico de renda e proventos de qualquer natureza: alguns casos concretos – adições e exclusões do lucro real. *In*: ROCHA, Valdir de Oliveira (coord.). *Imposto de renda*: questões atuais e emergentes. São Paulo: Dialética, 1995. p. 87 e ss.; DERZI, Misabel Abreu Machado. Tributação da renda *versus* tributação do patrimônio. *In*: ROCHA, Valdir de Oliveira (coord.). *Imposto de renda*: questões atuais e emergentes. São Paulo: Dialética, 1995. p. 69 e ss.; OLIVEIRA, Ricardo Mariz de. *Fundamentos do imposto de renda*. São Paulo: Quartier Latin, 2008. p. 39; QUEIROZ, Luís Cesar Souza de. *Imposto sobre a renda*: requisitos para uma tributação constitucional. Rio de Janeiro: Forense, 2003. p. 239; LEONETTI, Carlos Araújo. *O imposto sobre a renda como instrumento de justiça social no Brasil*. Baureri: Manole, 2003. p. 66.

[153] LEMKE, Gisele. *Imposto de renda*: os conceitos de renda e de disponibilidade econômica e jurídica. São Paulo: Dialética, 1998. p. 63 e ss.; PEDREIRA, José Luiz Bulhões. *Imposto de renda*. Rio de Janeiro: Justec, 1971. p. 2-19; ÁVILA, Humberto. *Segurança jurídica*: entre permanência, mudança e realização no direito tributário. 2. ed. São Paulo: Malheiros, 2012. p. 216; CARRAZZA, Roque Antonio. *Imposto sobre a renda*: perfil constitucional e temas específicos. São Paulo: Malheiros, 2005. p. 59.

[154] O desgaste de bens utilizados na produção de renda, ensina Bulhões Pedreira, "[...] é uma descapitalização, ou seja, transformação do capital em consumo. Se para efeito de determinar o ganho da empresa a depreciação não for deduzida da renda derivada desses bens, o conceito de renda não abrangerá apenas esse ganho, mas incluirá o próprio capital" (PEDREIRA, José Luiz Bulhões. *Imposto de renda*. Rio de Janeiro: Justec, 1971. p. 2-18).

[155] Assim, destaca Bulhões Pedreira, "a parte do preço recebido que corresponde ao capital aplicado na aquisição do bem não pode, sem ofensa constitucional, ser definida como renda, pois ela repõe, no patrimônio do alienante, o capital aplicado no bem alienado. Somente o que excede desse capital pode ser tratado pela lei como renda, ou seja, como ganho. O imposto incidente sobre o produto da venda do bem, sem dedução do custo, será tributo sobre a circulação de riqueza, sobre transferência de propriedade, sobre receita, mas não sobre renda" (PEDREIRA, José Luiz Bulhões. *Imposto de renda*. Rio de Janeiro: Justec, 1971. p. 2-17).

[156] Bulhões Pedreira ressalta que "[...] o artigo 42 do CTN admitiria incidências do imposto de renda sobre aumentos de patrimônio resultantes de valorização de bens, ou de pagamentos ou transferências de capital, o

Parte Especial • Capítulo I • IMPOSTOS FEDERAIS | 425

Por fim, o conceito de *renda* pressupõe um período de tempo no qual são consideradas as entradas e as saídas, o que, na tributação da renda da pessoa física, ocorre no período de um ano. Mesmo quando há recolhimento mensal obrigatório, o montante pago é deduzido do apurado na declaração de ajuste anual. Isso é necessário porque, como destaca José Artur Lima Gonçalves, "sem a noção de período – e tempo –, todos os ingressos e saídas perdem qualquer significado comparativo"[157].

Em síntese, portanto, na tributação da pessoa física, a materialidade ou critério material da hipótese de incidência do imposto é *receber* ou *obter* (verbo) *renda* (complemento), entendido como tal o *acréscimo patrimonial* (riqueza nova e líquida) resultante da comparação entre os estados patrimoniais inicial e final, após o período de um ano.

3.4.1.4   Cessão gratuita de imóveis

O art. 23, VI, da Lei 4.506/1964 prevê a incidência do IRPF sobre a cessão gratuita de imóveis, sem, entretanto, estabelecer uma base de cálculo:

> Art. 23. Serão classificados como aluguéis ou "royalties" todas as espécies de rendimentos percebidos pela ocupação, uso, fruição ou exploração dos bens e direitos referidos nos artigos 21 e 22, tais como:
> [...]
> VI – o valor locativo do prédio urbano construído, quando cedido seu uso gratuitamente.

Na falta de lei, tal como o regulamento anterior, o § 1º do art. 41 do Decreto 9.580/2018 resolveu definir como rendimento tributável o equivalente a 10% do valor venal ou do valor constante da guia IPTU[158], o que, evidentemente, não é compatível com a ordem constitucional. A inconstitucionalidade resulta não apenas da violação do princípio da legalidade, mas da própria incompatibilidade com o conceito jurídico de renda. A tributação da *renda imputada*, não é admitida na ordem jurídica brasileira[159]. Entre nós, o imposto deve incidir sobre acréscimos patrimoniais, e não sobre uma renda hipotética, algo que, na hipótese do art. 23, VI, corresponde a um valor que o proprietário do imóvel potencialmente receberia em um negócio jurídico que nunca ocorreu. Em situações dessa natureza, não há verdadeiro acréscimo patrimonial (riqueza

---

que conflita com a discriminação constitucional de competências tributárias" (PEDREIRA, José Luiz Bulhões. *Imposto de renda*. Rio de Janeiro: Justec, 1971. p. 2-2). A não caracterização da renda nas transferências patrimoniais também é demonstrada por Misabel Derzi, na atualização da obra de BALEEIRO, Aliomar. *Direito tributário brasileiro*. 11. ed. Rio de Janeiro: Forense, 2001. p. 287. No mesmo sentido, OLIVEIRA, Ricardo Mariz de. *Fundamentos do imposto de renda*. São Paulo: Quartier Latin, 2008. p. 149.

[157] GONÇALVES, José Artur Lima. *Imposto sobre a renda*: pressupostos constitucionais. São Paulo: Malheiros, 1997. p. 183-184.

[158] "Art. 41. São tributáveis os rendimentos decorrentes da ocupação, do uso ou da exploração de bens corpóreos, tais como (Lei 4.506, de 1964, art. 21; Lei 5.172, de 1966 – Código Tributário Nacional, art. 43, § 1º; e Lei 7.713, de 1988, art. 3º, § 4º): [...] § 1º Na hipótese de imóvel cedido gratuitamente, constitui rendimento tributável na declaração de ajuste anual o equivalente a dez por cento do seu valor venal, ou do valor constante da guia do Imposto Predial e Territorial Urbano – IPTU correspondente ao ano-calendário da declaração, ressalvado o disposto na alínea 'b' do inciso VII do *caput* do art. 35 (Lei 4.506, de 1964, art. 23, *caput*, inciso VI)". O art. 35, por sua vez, estabelece que: "Art. 35. São isentos ou não tributáveis: [...] VII – os seguintes rendimentos diversos: [...] b) o valor locativo do prédio construído, quando ocupado por seu proprietário ou cedido gratuitamente para uso do cônjuge ou de parentes de primeiro grau (Lei 7.713, de 1988, art. 6º, *caput*, inciso III)".

[159] Essa modalidade é prevista em outros ordenamentos que não contam com um conceito constitucional de renda nem com uma definição limitadora em lei complementar. É o caso, por exemplo, da Espanha, onde é bastante questionada pela doutrina. Veja-se, a esse propósito: LAPATZA, José Juan Ferrero. *Curso de derecho financiero español*: derecho tributario (parte especial. Sistema tributario. Los tributos en particular). 22. ed. Madrid-Barcelona, 2000. v. III, p. 48 e ss.

426 | CURSO DE DIREITO TRIBUTÁRIO – *Solon Sehn*

nova), mas apenas o exercício do direito de propriedade, que garante ao seu titular a faculdade de usar, gozar e dispor da coisa, inclusive cedê-la gratuitamente a terceiro (CC, art. 1.228)[160].

3.4.1.5   Critérios espacial e temporal

O critério espacial do IRPF é o território nacional, alcançando todos os residentes no País[161]. O critério temporal, por sua vez, divide a opinião doutrinária. Alguns sustentam que seria o dia 31 de dezembro do ano-base, enquanto outros entendem que seria o dia 1º de janeiro do ano seguinte[162].

Esse debate parece resultar de uma confusão entre a data de aferição da renda e o período impositivo, isto é, o intervalo de tempo dentro do qual são considerados os ingressos e as saídas relevantes para a formação da renda (ano-base). Na tributação das pessoas físicas, o período impositivo corresponde ao ano civil: 1º de janeiro a 31 de dezembro. Entretanto, no último dia do ano, não é possível medir a totalidade do acréscimo patrimonial. A base de cálculo não está inteiramente formada, porque, até o último instante do dia 31, o contribuinte pode sofrer variações patrimoniais. É bastante comum nos dias de hoje, sobretudo no comércio eletrônico ou na prestação de serviços por aplicativos (*v.g.*, Uber, Ifood, entre outros), o fechamento de operações com relevância tributária em qualquer hora, inclusive no segundo final do dia. Daí que, a rigor, a renda apenas pode ser aferida com inteireza no ano seguinte, no dia 1º de janeiro ou em qualquer outro ao longo do novo exercício. Contudo, o condicionante temporal da materialidade do imposto não é a data em que ocorre a medição da renda, mas o encerramento do período impositivo. Antes disso, não ocorre o evento imponível, evidenciando que a data determinante é o dia 31[163].

Depois desse dia, mas nunca antes, a partir do dia 1º de janeiro, já seria possível a constituição do crédito tributário do IRPF. Isso só não ocorre porque, ao estabelecer o dever jurídico de autoimposição e de transmissão da declaração de ajuste anual do imposto, o legislador tributário prevê um prazo para o seu cumprimento, antes do qual não é possível o lançamento de ofício.

---

[160]   Como assinala Miguel Delgado Gutierrez, "a tributação da renda imputada só é possível se a renda for conceituada como um fluxo de satisfações, o que não ocorre no sistema jurídico brasileiro" (GUTERREZ, Miguel Delgado. Da renda imputada. *Direto Tributário Atual*, São Paulo, n. 32, p. 362, 2009). Ademais, alisando especificamente essa questão, o autor observa, com total razão, que "o art. 23, VI, da Lei 4.506/64 não especifica qual o valor locativo do prédio urbano construído, para fins de apuração e cobrança do imposto de renda correspondente" (*Ibid.* p. 363).

[161]   De acordo com a Lei 3.470/1958: "Art. 17. Os residentes eu domiciliados no Brasil que se retirarem em caráter definitivo do território nacional no correr de um exercício financeiro, além do imposto calculado na declaração correspondente aos rendimentos do ano civil imediatamente anterior, ficam sujeitos à apresentação imediata da nova declaração dos rendimentos do período de 1 de janeiro até a data em que for requerida às repartições do imposto de renda a certidão para visto no passaporte, ficando, ainda, obrigados ao pagamento, no ato da entrega dessa declaração, do imposto que nela for apurado". A Lei 9.250/1995 estabelece que: "Art. 5º As pessoas físicas residentes ou domiciliadas no Brasil que recebam rendimentos de trabalho assalariado, em moeda estrangeira, de autarquias ou repartições do Governo brasileiro, situadas no exterior, estão sujeitas ao imposto de renda na fonte incidente sobre a base de cálculo de que trata o art. 4º, mediante utilização da tabela progressiva de que trata o art. 3º".

[162]   VELLOSO, Carlos Mário da Silva. *Temas de direito público*. Belo Horizonte: Del Rey, 1997. p. 323-324. Como explica o autor: "É interessante observar que a realização da hipótese de incidência do imposto de renda cobrado pelo referido sistema de 'ano-base', somente atingirá a integralização no momento em que se extinguir o último momento do dia 31 de dezembro do ano-base. Em consequência, a incidência de todas as regras jurídicas tributárias, que disciplinam aquele imposto, ocorrerá apenas no primeiro momento do dia 1º de janeiro do novo ano e, logicamente, somente incidirão as regras jurídicas ainda vigentes naquele primeiro momento do dia 1º de janeiro. [...]". No mesmo sentido: Sobre a controvérsia, cf.: PEDREIRA, José Luiz Bulhões. *Imposto sobre a renda*: pessoas jurídicas. Rio de Janeiro: Adcoas-Justec, 1979. v. I, p. 110.

[163]   Em estudo anterior, relativo ao PIS/Pasep e à Cofins, já se acompanhou a primeira corrente (SEHN, Solon. *PIS-Cofins*: não cumulatividade e regimes de incidência. 3. ed. São Paulo: Noeses, 2022. p. 71 e ss.). Contudo, pelas razões aqui expostas, cumpre revisar essa interpretação, uma vez que não se pode confundir a data de aferição com o período impositivo.

Parte Especial • Capítulo I • IMPOSTOS FEDERAIS | **427**

3.4.2   Consequência tributária

3.4.2.1   Sujeição passiva

Os contribuintes do imposto são as pessoas físicas, domiciliadas ou residentes no País[164], titulares da disponibilidade econômica da renda tributada[165], independentemente da nacionalidade[166]. As hipóteses de responsabilidade são as mesmas definidas no CTN. Além disso, o Decreto-lei 5.844/1943 estabelece que a responsabilidade será do sucessor a qualquer título e o cônjuge meeiro, pelo crédito devido pelo espólio até a data da partilha ou da adjudicação, limitado ao montante do quinhão, do legado, da herança ou da meação[167]; e do espólio, pelo crédito tributário devido pelo *de cujus* até a data da abertura da sucessão. Esse mesmo ato normativo prevê que as sociedades nacionais e as filiais de empresas estrangeiras são responsáveis pelos débitos relativos aos rendimentos pagos a seus diretores, gerentes e empregados, quando esses se ausentarem do País sem os terem solvido.

3.4.2.2   Alíquotas

O imposto de renda é informado pelo princípio da progressividade. Portanto, as alíquotas não podem ser idênticas, devendo ser majoradas gradativamente, na medida do aumento da base de cálculo, fazendo com que a carga tributária se concentre em quem ostenta uma maior capacidade contributiva. É por isso que o art. 1º da Lei 11.482/2007 prevê uma variação das alíquotas de 7%, 15%, 22,5% e 27,5%, aplicáveis conforme o aumento do rendimento auferido pelo contribuinte, com parcelas dedutíveis fixas por faixa de renda:

Art. 1º O imposto de renda incidente sobre os rendimentos de pessoas físicas será calculado de acordo com as seguintes tabelas progressivas mensais, em reais:

[...]

X – a partir do mês de maio do ano-calendário de 2023 até o mês de janeiro do ano-calendário de 2024: (Incluído pela Lei nº 14.848, de 2024)

Base de Cálculo (R$)	Alíquota (%)	Parcela a Deduzir do IR (R$)
Até 2.112,00	0	0
De 2.112,01 até 2.826,65	7,5	158,40
De 2.826,66 até 3.751,05	15	370,40

---

[164] As pessoas físicas residentes no exterior podem ser tributados no País em relação ao rendimento de operações financeiras nos mercados de renda fixa ou variável (Lei 8.981/1995, art. 65). Além disso, os rendimentos, os ganhos de capital e os demais proventos pagos, creditados, entregues, empregados ou remetidos, por fonte situada no País, a pessoa física ou jurídica residente no exterior, estão sujeitos à incidência na fonte com alíquota de 15% (Decreto-lei 5.844/1943).

[165] CTN, art. 45: "Art. 45. Contribuinte do imposto é o titular da disponibilidade a que se refere o artigo 43, sem prejuízo de atribuir a lei essa condição ao possuidor, a qualquer título, dos bens produtores de renda ou dos proventos tributáveis".

[166] A Lei 4.506/1964 estabelece que: "Art. 1º As pessoas físicas, domiciliadas ou residentes no Brasil que tiverem renda líquida anual superior a vinte e quatro vezes o salário-mínimo fiscal, apurada de acôrdo com a lei, são contribuintes do impôsto de renda, sem distinção de nacionalidade, sexo, idade, estado ou profissão".

[167] "Art. 50. Na falta de pagamento pelo inventariante, o cônjuge meeiro e os herdeiros e legatários responderão solidàriamente pela totalidade do débito, dentro das fôrças da meação, herança ou legado."

Base de Cálculo (R$)	Alíquota (%)	Parcela a Deduzir do IR (R$)
De 3.751,06 até 4.664,68	22,5	651,73
Acima de 4.664,68	27,5	884,96

XI – a partir do mês de fevereiro do ano-calendário de 2024: (Incluído pela Lei nº 14.848, de 2024)

Base de Cálculo (R$)	Alíquota (%)	Parcela a Deduzir do IR (R$)
Até 2.259,20	0	0
De 2.259,20 até 2.826,65	7,5	169,44
De 2.826,66 até 3.751,05	15	381,44
De 3.751,06 até 4.664,68	22,5	662,77
Acima de 4.664,68	27,5	896,00

Parágrafo único. O imposto de renda anual devido incidente sobre os rendimentos de que trata o *caput* deste artigo será calculado de acordo com tabela progressiva anual correspondente à soma das tabelas progressivas mensais vigentes nos meses de cada ano-calendário.

Na tabela do IRPF, o legislador faz uma conjugação das técnicas da *progressão por categorias* (ou classes de renda) e *por dedução na base*[168], prevendo não apenas o aumento da alíquota em função de renda, mas também a dedução de um valor fixo para cada categoria de contribuintes.

3.4.2.3   Base de cálculo

No IRPF apurado na declaração de ajuste anual, a base de cálculo do imposto é formada pela soma dos rendimentos percebidos durante período de apuração (ano-calendário), excluídos os isentos, os não tributados[169], os tributados exclusivamente na fonte e os sujeitos à tributação definitiva[170]. Também é permitida a dedução de despesas médicas[171], de despesas com instrução

---

[168]   Sobre as diferentes técnicas de progressão, ver JARACH, Dino. *Finanzas públicas y derecho tributario*. 3. ed. Buenos Aires: Abeledo-Perrot, 1996. p. 294-296.

[169]   Ver Decreto 9.580/2018, art. 35.

[170]   A tributação definitiva, de acordo com os arts. 128 a 157 do Decreto 9.580/2018, aplica-se aos ganhos de capital na alienação de bens ou direitos, aos ganhos de capital na alienação de bens, direitos e resgates de aplicações financeiras em moeda estrangeira, na devolução de patrimônio de entidade isenta, na incidência sobre o valor dos bens repatriados e nas operações financeiras nos mercados de renda variável.

[171]   De acordo com o art. 8º, II, "a", da Lei 9.250/1995, as despesas médicas abrangem as deduções relativas "a) aos pagamentos efetuados, no ano-calendário, a médicos, dentistas, psicólogos, fisioterapeutas, fonoaudiólogos, terapeutas ocupacionais e hospitais, bem como as despesas com exames laboratoriais, serviços radiológicos, aparelhos ortopédicos e próteses ortopédicas e dentárias". Por outro lado, de acordo com a Solução de Consulta Cosit 32/2024: "São dedutíveis da base de cálculo do IRPF as despesas comprovadas com serviços prestados por fisioterapeutas, incluindo as sessões do método Pilates administradas pelo

Parte Especial • Capítulo I • IMPOSTOS FEDERAIS | **429**

do contribuinte e de seus dependentes até o limite individual de R$ 3.561,50[172], as contribuições previdenciárias e aos Fundos de Aposentadoria Programada Individual[173], o pagamento de pensão alimentícia[174] e um valor fixo de R$ 2.275,08 por dependente[175]. O sujeito passivo pode optar por um *desconto simplificado* substitutivo, correspondente a 20% dos rendimentos tributáveis na declaração de ajuste anual, limitado a R$ 16.754,34, dispensadas a comprovação da despesa e a indicação de sua espécie[176].

Na dedução por dependentes, o art. 35 da Lei 9.250/1995 estabelece que:

> Art. 35. Para efeito do disposto nos arts. 4º, inciso III, e 8º, inciso II, alínea c, poderão ser considerados como dependentes:
>
> I – o cônjuge;
>
> II – o companheiro ou a companheira, desde que haja vida em comum por mais de cinco anos, ou por período menor se da união resultou filho;
>
> III – a filha, o filho, a enteada ou o enteado, até 21 anos, ou de qualquer idade quando incapacitado física ou mentalmente para o trabalho;
>
> IV – o menor pobre, até 21 anos, que o contribuinte crie e eduque e do qual detenha a guarda judicial;
>
> V – o irmão, o neto ou o bisneto, sem arrimo dos pais, até 21 anos, desde que o contribuinte detenha a guarda judicial, ou de qualquer idade quando incapacitado física ou mentalmente para o trabalho;
>
> VI – os pais, os avós ou os bisavós, desde que não aufiram rendimentos, tributáveis ou não, superiores ao limite de isenção mensal;
>
> VII – o absolutamente incapaz, do qual o contribuinte seja tutor ou curador.
>
> § 1º Os dependentes a que se referem os incisos III e V deste artigo poderão ser assim considerados quando maiores até 24 anos de idade, se ainda estiverem cursando estabelecimento de ensino superior ou escola técnica de segundo grau.

As despesas dedutíveis devem refletir os gastos necessários para a obtenção da renda e para a subsistência do contribuinte. Por isso, não deveriam ser limitadas quantitativamente, a exemplo do que ocorre com as despesas médicas. Não é compatível com o conceito de renda, portanto, a limitação de valores para as despesas com instrução e com dependentes.

---

profissional, atendidos os demais requisitos normativos de dedutibilidade, em especial os previstos no art. 73, *caput* e § 1º, incisos II e III, do Regulamento do Imposto sobre a Renda (RIR/2018)" (*DOU* 27.03.2024).

[172] Lei 9.250/1995, art. 8º, II: "b) a pagamentos de despesas com instrução do contribuinte e de seus dependentes, efetuados a estabelecimentos de ensino, relativamente à educação infantil, compreendendo as creches e as pré-escolas; ao ensino fundamental; ao ensino médio; à educação superior, compreendendo os cursos de graduação e de pós-graduação (mestrado, doutorado e especialização); e à educação profissional, compreendendo o ensino técnico e o tecnológico, até o limite anual individual de: (Redação dada pela Lei 11.482, de 2007) [...] 10. R$ 3.561,50 (três mil, quinhentos e sessenta e um reais e cinquenta centavos), a partir do ano-calendário de 2015; (Redação dada pela Lei 13.149, de 2015)".

[173] Lei 9.250/1995, art. 8º, II, "d", "e" e "i"; Lei 9.532/1997, art. 11; Medida Provisória 2.158-35/2001, art. 61.

[174] Essa dedução, de acordo com o art. 8º, II, "f", da Lei 9.250/1995, abrange as "importâncias pagas a título de pensão alimentícia em face das normas do Direito de Família, quando em cumprimento de decisão judicial, inclusive a prestação de alimentos provisionais, de acordo homologado judicialmente, ou de escritura pública a que se refere o art. 1.124-A da Lei 5.869, de 11 de janeiro de 1973 – Código de Processo Civil; (Redação dada pela Lei 11.727, de 2008)".

[175] Lei 9.250/1995, art. 8º, II, "c", 9.

[176] Lei 9.250/1995, art. 10.

430 | CURSO DE DIREITO TRIBUTÁRIO – *Solon Sehn*

Cumpre destacar que as restrições de idade e de capacidade laboral para os dependentes com deficiência, previstas nos incisos III e V e no § 1º, foram declaradas inconstitucionais pelo STF no julgamento da ADI 5.583:

> Direito constitucional e tributário. Ação direta de inconstitucionalidade. Dedução da base de cálculo do IRPF. Dependente com deficiência.
>
> 1. Ação direta proposta pelo Conselho Federal da Ordem dos Advogados do Brasil contra o art. 35, III e V, da Lei 9.250/1995, que não qualifica como dependentes, para fins de apuração do imposto sobre a renda, as pessoas que superem o limite etário e que sejam capacitadas física e mentalmente para o trabalho. Pedido de interpretação conforme a Constituição, para que as pessoas com deficiência sejam consideradas como dependentes mesmo quando superem o limite etário e tenham capacidade laboral.
>
> 2. O pleito formulado nesta ação põe em discussão os limites da atuação do Poder Judiciário para estender determinado tratamento legal a um grupo que não fora inicialmente contemplado pelo legislador. Esse debate se torna ainda mais sensível em matéria tributária, dados os efeitos sistêmicos que uma decisão judicial pode produzir nesse campo.
>
> 3. Todavia, o tema envolve a tutela de direitos fundamentais de um grupo de pessoas vulneráveis que recebem especial proteção constitucional, especialmente após a aprovação da Convenção Internacional sobre os Direitos das Pessoas com Deficiência – CDPD com *status* de emenda à Constituição (art. 5º, § 3º, da CF/1988). Por essa razão, esta Corte está autorizada a adotar uma conduta mais proativa, sem que incorra em ofensa ao princípio da separação de poderes (art. 2º da CF/1988).
>
> 4. *Ofensa à igualdade material* (art. 5º, *caput*, da CF/1988; arts. 2, 4, 5, 8 e 19 da CDPD). O art. 35, III e V, da Lei 9.250/1995 introduz uma discriminação indireta contra as pessoas com deficiência. A aparente neutralidade do critério da capacidade física ou mental para o trabalho oculta o efeito anti-isonômico produzido pela norma. Para a generalidade dos indivíduos, a aptidão laborativa pode ser o critério definidor da extinção da condição de dependente, tendo em vista que, sob essa circunstância, possuem chances de se alocarem no mercado de trabalho. Tal probabilidade se reduz de forma drástica quando se trata de pessoa com deficiência, cujas condições físicas ou mentais restringem intensamente as oportunidades profissionais. Portanto, não é legítimo que a lei adote o mesmo critério, ainda que objetivo, para disciplinar situações absolutamente distintas.
>
> 5. *Afronta ao direito ao trabalho* (art. 6º da CF/1988; art. 27 da CDPD). O dispositivo impugnado traz um *desestímulo* a que as pessoas com deficiência busquem alternativas para se inserir no mercado de trabalho, principalmente quando incorrem em elevadas despesas médicas – que não raro estão atreladas a deficiências mais graves. Nessa hipótese, seu genitor ou responsável deixaria de deduzir tais gastos da base de cálculo do imposto devido. E, dados os baixos salários comumente pagos a elas, tal dedução dificilmente seria possível na sua própria declaração de imposto sobre a renda.
>
> 6. *Violação do conceito constitucional de renda e da capacidade contributiva* (arts. 153, III, e 145, § 1º, da CF/1988). Ao adotar como critério para a perda da dependência a capacidade para o trabalho, a norma questionada presume o que normalmente acontece: o então dependente passa a arcar com as suas próprias despesas, sem mais representar um ônus financeiro para os seus genitores ou responsáveis. Todavia, não é o que ocorre, como regra, com aqueles que possuem alguém com deficiência, sobretudo grave, na família. Nesse caso, justifica-se a diminuição da base de cálculo do imposto, para que não incida sobre valores que não representam verdadeiro acréscimo patrimonial.

Parte Especial • Capítulo I • IMPOSTOS FEDERAIS | **431**

7. Procedência parcial do pedido, fixando-se interpretação conforme a Constituição do art. 35, III e V, da Lei 9.250/1995, para estabelecer que, na apuração do imposto sobre a renda de pessoa física, a pessoa com deficiência que supere o limite etário e seja capacitada para o trabalho pode ser considerada como dependente quando a sua remuneração não exceder as deduções autorizadas por lei.

8. Fixação da seguinte tese de julgamento: "Na apuração do imposto sobre a renda de pessoa física, a pessoa com deficiência que supere o limite etário e seja capacitada para o trabalho pode ser considerada como dependente quando a sua remuneração não exceder as deduções autorizadas por lei"[177].

Entre os rendimentos tributáveis, também devem ser incluídos na base de cálculo o resultado positivo da atividade rural, apurado na forma da Lei 8.023/1990, e os rendimentos sujeitos ao recolhimento mensal obrigatório (*carnê-leão*)[178]. Nesse último caso, os valores pagos mensalmente ao longo do exercício são abatidos do crédito tributário apurado na declaração de ajuste anual[179]. Por outro lado, no regime do *carnê-leão*, aqueles que recebem rendimentos do trabalho não assalariado e os leiloeiros podem deduzir da receita do exercício as despesas escrituradas no Livro-Caixa[180]. Essas, por sua vez, compreendem: (a) a remuneração paga a terceiros com vínculo empregatício, e os encargos trabalhistas e previdenciários correspondentes; (b) os emolumentos pagos a terceiros; e (c) as despesas de custeio pagas, necessárias à percepção da receita e à manutenção da fonte produtora. Não podem ser deduzidas as quotas de depreciação de instalações, máquinas e equipamentos, as despesas de arrendamento, de locomoção e transporte, exceto no caso de representante comercial autônomo[181].

3.4.3 *Restituição e saldo a pagar*

O valor do crédito tributário do IRPF resulta da aplicação da alíquota sobre a base de cálculo. Do valor apurado na declaração de ajuste, o contribuinte pode descontar, observados eventuais limites gerais e individuais previstos na legislação especial: (i) as contribuições efetivamente realizadas em favor de projetos culturais, aprovados na forma da regulamentação do Programa Nacional de Apoio à Cultura (Pronac); (ii) os investimentos a título de incentivo às atividades audiovisuais; (iii) as contribuições aos Fundos dos Direitos da Criança e do Adolescente nacional, distrital, estaduais e municipais; (iv) as contribuições aos Fundos do Idoso nacional, distrital, estaduais e municipais; (v) os valores despendidos a título de patrocínio ou de doação, no apoio direto a projetos desportivos e paradesportivos previamente aprovados pelo Ministério do Esporte; (vi) a contribuição patronal paga à previdência social pelo empregador doméstico; (vii) as doações e os patrocínios diretamente efetuados em prol de ações e serviços desenvolvidos no

---

[177] STF, Tribunal Pleno, ADI 5.583, Rel. Min. Marco Aurélio, Rel. p/ Ac. Min. Roberto Barroso, *DJe* 28.06.2021.

[178] Lei 9.250/1995, arts. 9º e 12, V.

[179] Na determinação da base de cálculo do imposto de renda mensal, as deduções encontram-se previstas no art. 4º da Lei 9.250/1995, compreendendo: (i) contribuições previdenciárias; (ii) as despesas escrituradas no livro-caixa, limitado ao total do rendimento mensal, para quem estiver submetido ao regime do recolhimento mensal obrigatório (carnê-leão); (iii) um valor fixo por dependentes, atualmente R$ 189,59; e (iv) pensão alimentícia.

[180] Lei 12.024/2009: "Art. 3º Até o exercício de 2014, ano-calendário de 2013, para fins de implementação dos serviços de registros públicos, previstos na Lei no 6.015, de 31 de dezembro de 1973, em meio eletrônico, os investimentos e demais gastos efetuados com informatização, que compreende a aquisição de *hardware*, aquisição e desenvolvimento de *software* e a instalação de redes pelos titulares dos referidos serviços, poderão ser deduzidos da base de cálculo mensal e da anual do Imposto sobre a Renda da Pessoa Física".

[181] Lei 9.250/1995, art. 4º, I; Lei 8.134/1990, art. 6º.

432 | CURSO DE DIREITO TRIBUTÁRIO – *Solon Sehn*

âmbito do Programa Nacional de Apoio à Atenção Oncológica – Pronon e do Programa Nacional de Apoio à Atenção da Saúde da Pessoa com Deficiência – Pronas/PCD.

Devem ser deduzidos ainda o imposto sobre a renda pago no exterior[182], bem como o imposto sobre a renda retido na fonte ou o pago, inclusive no regime do carnê-leão e a título de recolhimento complementar, correspondente aos rendimentos incluídos na base de cálculo. O sujeito passivo deverá recolher o saldo apurado dentro do prazo legal, após a transmissão da declaração de ajuste anual. Por outro, sendo negativo, o contribuinte terá direito ao recebimento de uma restituição.

3.4.4 Atualização monetária da tabela progressiva e dos limites de isenção

O princípio da capacidade contributiva veda a tributação de riquezas nominais, obrigando o Poder Público a mitigar os efeitos da inflação, evitando a tributação de disponibilidades econômicas fictícias[183]. Por isso, dentro de um período de tempo razoável, a União deveria atualizar monetariamente a tabela progressiva e os limites de isenção, reduzindo os impactos do efeito inflacionário. Infelizmente, como essa exigência constitucional não é cumprida, os contribuintes têm ingressado em juízo para suprimir a omissão. A jurisprudência do STF, entretanto, tem entendido que "não cabe ao Poder Judiciário autorizar a correção monetária da tabela progressiva do imposto de renda na ausência de previsão legal nesse sentido"[184]. Espera-se que, em uma nova reflexão sobre a matéria, a Corte promova a superação desses precedentes, compreendendo que a atualização monetária não é um favor fiscal, mas exigência constitucional que decorre do princípio da capacidade contributiva.

3.5 Ganho de capital

3.5.1 Natureza jurídica e constitucionalidade

A tributação do ganho de capital, apesar de tradicional, é uma modalidade que demanda uma avaliação crítica à luz dos princípios constitucionais informadores do imposto de renda. Isso porque o ganho de capital é tributado no ato de alienação e separadamente, isto é, sem considerar os demais bens e direitos integrantes do patrimônio auferidos no ano de apuração[185]. Essa sistemática não se coaduna com o princípio da *universalidade*, que exige que, na base de cálculo do imposto, o legislador considere todos os acréscimos patrimoniais do contribuinte[186]. Pela mesma razão, tampouco afigura-se compatível com o conceito jurídico de

---

[182] Lei 9.250/1995, art. 12, VI; Lei 4.862/1965, art. 5º.

[183] Capítulo V, item 5.5.4, da Parte Geral.

[184] STF, Tribunal Pleno, RE 388.312, Rel. Min. Marco Aurélio, *DJe* 11.10.2011. No mesmo sentido, o ARE 982.682 AgR, foi reiterado que: "A jurisprudência da Corte é assente no sentido de que a não correção da tabela progressiva do imposto de renda não afronta os princípios da proibição do confisco ou da capacidade contributiva, bem como que o Poder Judiciário não pode impor atualização monetária na ausência de previsão legal, uma vez que isso é afeto aos Poderes Executivo e Legislativo" (STF, 2ª T., ARE 982.682 AgR, Rel. Dias Toffoli, *DJe* 15.02.2017).

[185] Sobre o imposto de renda nos ganhos de capital, cf.: MCNAUGHTON, Charles William. *Curso de IRPF*. São Paulo: Noeses, 2019. p. 401 e ss.; TILBERY, Henry. *A tributação dos ganhos de capital*. São Paulo: Resenha Tributária, 1977. p. 7 e ss.; MARTINS, Ricardo Lacaz. *Tributação da renda imobiliária*. São Paulo: Quartier Latin, 2011. p. 225 e ss.; SANTOS, Raquel do Amaral de Oliveira. Os ganhos de capital das pessoas físicas. *In*: MARTINS, Ives Gandra da Silva; PEIXOTO, Marcelo Magalhães (coord.). *Imposto sobre a renda e proventos de qualquer natureza*: questões pontuais do curso da APET. São Paulo: MP, 2006. p. 331 e ss.

[186] Ricardo Mariz de Oliveira ressalta que o princípio da universalidade "requer a tributação única (universal) desse incremento patrimonial, não admitindo a separação de parcelas de um mesmo patrimônio, como se fossem coisas ou patrimônios diferentes, o que até poderia acarretar a exigência de imposto em situações nas quais o resultado global auferido no período fosse de decréscimo patrimonial" (OLIVEIRA, Ricardo Mariz

Parte Especial • Capítulo I • IMPOSTOS FEDERAIS | **433**

renda, já que a tributação em separado desconsidera os demais bens e direitos integrantes do patrimônio. Isso pode gerar distorções, uma vez que o contribuinte, por exemplo, ao vender um imóvel para fazer frente a um gasto emergencial, mesmo não tendo acréscimo patrimonial algum, terá a diferença entre o valor do negócio e o custo de aquisição tributada como ganho de capital[187].

Por fim, na apuração do custo de aquisição, a legislação não permite a atualização monetária[188]. O cálculo, destarte, considera o valor histórico, tributando um ganho irreal. Isso não se compatibiliza com o princípio constitucional da capacidade contributiva, que implica uma vedação para a tributação de riquezas nominais (disponibilidades econômicas fictícias) e, por conseguinte, a obrigatoriedade da mitigação dos efeitos da inflação.

3.5.2   Hipótese de incidência

O critério material do imposto de renda da pessoa física sobre o ganho de capital, construído a partir dos arts. 2º e 3º, § 2º, da Lei 7.713/1988[189], e do art. 21, *caput* e § 1º, da Lei 8.981/1995[190], consiste em *receber ou obter* (verbo) *ganho de capital na alienação de bens*[191] *ou de direitos a qualquer título, ou cessão ou promessa de cessão de direitos à sua aquisição* (complemento)[192].

---

de. *Fundamentos do imposto de renda*. São Paulo: Quartier Latin, 2008. p. 254). O autor exemplifica com a hipótese do art. 29 da Lei 8.541/1992, que, com razão, qualifica como verdadeira teratologia (*Ibid., idem*, nota 36). Para Gisele Lemke, "se renda é riqueza nova, somente com a consideração conjunta de todos os ingressos e dispêndios do período é que se poderá falar em renda". Não é possível, destarte, considerar o valor de bens e de direitos de forma isolada, o que torna incompatível com o CTN e com a Constituição os regimes de tributação "definitiva" previstos na legislação tributária ordinária (LEMKE, Gisele. *Imposto de renda*: os conceitos de renda e de disponibilidade econômica e jurídica. São Paulo: Dialética, 1998. p. 94).

[187] Também há tributação exclusiva do rendimento auferido em aplicações financeiras de renda fixa prevista nos arts. 29 e 36 da Lei 8.541/1992. Essa cobrança separada do restante do patrimônio foi questionada no REsp 939.527, em precedente relativo à tributação de pessoas jurídicas (STJ,. 1ª S., Rel. Min. Luiz Fux, *DJe* 21.08.2009). Na oportunidade, o STJ firmou a seguinte tese jurídica: "A tributação isolada e autônoma do imposto de renda sobre os rendimentos auferidos pelas pessoas jurídicas em aplicações financeiras de renda fixa, bem como sobre os ganhos líquidos em operações realizadas nas bolsas de valores, de mercadorias, de futuros e assemelhadas, à luz dos artigos 29 e 36, da Lei 8.541/92, é legítima e complementar ao conceito de renda delineado no artigo 43, do CTN, uma vez que as aludidas entradas financeiras não fazem parte da atividade-fim das empresas" (Tema Repetitivo 162).

[188] O § 2º do art. 3º da Lei 7.766/1989 prevê a correção monetária do custo de aquisição. Contudo, o inciso I do art. 17 da Lei 9.249/1995 vedou atualização monetária do custo dos bens e dos direitos adquiridos após 31 de dezembro de 1995: "Art. 17. Para os fins de apuração do ganho de capital, as pessoas físicas e as pessoas jurídicas não tributadas com base no lucro real observarão os seguintes procedimentos: [...] I – tratando-se de bens e direitos cuja aquisição tenha ocorrido até o final de 1995, o custo de aquisição poderá ser corrigido monetariamente até 31 de dezembro desse ano, tomando-se por base o valor da UFIR vigente em 1º de janeiro de 1996, não se lhe aplicando qualquer correção monetária a partir dessa data".

[189] "Art. 2º O imposto de renda das pessoas físicas será devido, mensalmente, à medida em que os rendimentos e ganhos de capital forem percebidos.
Art. 3º [...] § 2º Integrará o rendimento bruto, como ganho de capital, o resultado da soma dos ganhos auferidos no mês, decorrentes de alienação de bens ou direitos de qualquer natureza, considerando-se como ganho a diferença positiva entre o valor de transmissão do bem ou direito e o respectivo custo de aquisição corrigido monetariamente, observado o disposto nos arts. 15 a 22 desta Lei."

[190] "Art. 21. O ganho de capital percebido por pessoa física em decorrência da alienação de bens e direitos de qualquer natureza sujeita-se à incidência do imposto sobre a renda, com as seguintes alíquotas: (Redação dada pela Lei 13.259, de 2016) [...] § 1º O imposto de que trata este artigo deverá ser pago até o último dia útil do mês subsequente ao da percepção dos ganhos."

[191] Lei 7.766/1989: "Art. 13. [...] Parágrafo único. O ganho de capital em operações com ouro não considerado ativo financeiro será determinado segundo o disposto no art. 3º, § 2º, da Lei 7.713, de 22 de dezembro de 1988".

[192] Observar as hipóteses de isenção e não incidência consolidadas no art. 191 e ss. do Regulamento do IR (Decreto 9.580/2018), que não serão transcritas no presente estudo, mas devem ser consultadas diretamente para uma compreensão adequada das hipóteses em que o tributo é devido.

434 | CURSO DE DIREITO TRIBUTÁRIO – *Solon Sehn*

Aplica-se o regime de caixa na tributação do ganho de capital. Assim, o tributo incide apenas quando o valor da alienação é efetivamente recebido, não sendo devido o tributo em casos de inadimplência. Contudo, se a alienação for a prazo, a apuração ocorre na data da celebração do negócio jurídico, como em uma venda à vista, sendo diferido o pagamento do crédito tributário na proporção do recebimento das parcelas[193]. Assim, nesses casos específicos, a regra geral é excepcionada. Por conseguinte, o evento imponível não ocorre no recebimento, mas na data da própria alienação.

Essa particularidade repercute na contagem do prazo decadencial, como ressaltado em acórdão do Carf:

> Ganho de capital. Pessoa física. Tributo sujeito a lançamento por homologação. Alienações a prazo. Momento da ocorrência do fato gerador.
>
> Nas alienações de bens a prazo, o fato gerador ocorre no momento da alienação e o ganho de capital deverá ser apurado como venda à vista e tributado na proporção das parcelas recebidas em cada mês.
>
> Nos casos de venda em várias parcelas tem-se o fato gerador no momento da alienação, com vencimento do imposto, de forma proporcional, na medida em que os pagamentos forem sendo realizados. (Inteligência do artigo 140 do Decreto 3.000 de 1999 e artigo 21 da Lei 7.713, de 1988.) O recebimento de valores de forma parcelada não altera nem fraciona a data da ocorrência do fato gerador referente ao ganho de capital.
>
> Recurso especial negado[194].

O § 3º do art. 3º da Lei 7.713/1988, por sua vez, estabelece um rol exemplificativo de operações abrangidas pela hipótese de incidência do imposto, que compreende a compra e venda, a permuta, a adjudicação, a desapropriação, a dação em pagamento, a doação, a procuração em causa própria, a promessa de compra e venda, a cessão de direitos ou promessa de cessão de direitos e contratos afins[195].

Ressalte-se que parte da doutrina, com razão, entende que o imposto não poderia incidir sobre atos gratuitos. Como observa McNaughton, na doação, a "gratuidade revela ausência de riqueza obtida pelo doador no ato de doação. Não há que se falar, assim, em incidência do IRPF, ainda que o donatário informe, em sua Declaração de Ajuste Anual, um valor superior ao bem

---

[193] Lei 7.713, de 1988, art. 21. Com base nesse dispositivo, o Decreto 9.580/2018 estabelece que: "Art. 151. Nas alienações a prazo, o ganho de capital deverá ser apurado como venda à vista e tributado na proporção das parcelas recebidas em cada mês, considerada a atualização monetária, se houver (Lei 7.713, de 1988, art. 21)".

[194] Carf, CSRF, 2ª T., Acórdão 9202-00809, Rel. Conselheiro Moises Giacomelli Nunes da Silva, S. 10.05.2010. Assim, como destacado pelo relator: "[...] nas vendas a prazo, com ganho de capital, o fato gerador ocorre no momento da alienação do bem ou do direito e o pagamento do imposto é diferido para a data do recebimento. A circunstância do artigo 21 da Lei 7.713, de 1988, prever pagamento do imposto em data posterior, como ocorre, por exemplo, na declaração de ajuste anual das pessoas físicas, em que o fato gerador, decorrente dos rendimentos do trabalho, se dá em 31 de dezembro, com declaração entregue e imposto apurado no mês de abril do ano seguinte, não altera a data do fato gerador nem muda o marco inicial do prazo decadencial". No mesmo sentido: 2ª S., 2ª C., 1ª TO, Ac. 2201-002.130, Pub.: 14.06.2013; 2ª S., 2ª C., 1ª TO, Ac. 2201-002.131, public. 14.06.2013.

[195] A Lei 7.713/1988 (art. 22, III e IV) estabelece que *na determinação do ganho de capital serão excluídos*: "III – as transferências *causa mortis* e as doações em adiantamento da legítima". De acordo com o inciso II do art. 132 do Decreto 9.580/2018, não há incidência na "permuta exclusivamente de unidades imobiliárias, objeto de escritura pública, sem recebimento de parcela complementar em dinheiro, denominada torna, exceto na hipótese de imóvel rural com benfeitorias", sendo equiparadas as "operações quitadas de compra e venda de terreno, acompanhadas de confissão de dívida e de escritura pública de dação em pagamento de unidades imobiliárias construídas ou a construir" (§ 1º).

recebido". Ademais, continua o autor, "a transferência a herdeiros e legatários na sucessão causa mortis não importa riqueza alguma ao de cujus ou ao espólio. A tributação, aqui, portanto, está dissociada da hipótese de incidência do IRPF, delineada pela Constituição da República e pelo Código Tributário Nacional"[196].

No julgamento do ARE 1.387.761 AgR, a 1ª Turma do STF entendeu que o imposto de renda não poderia incidir em situações dessa natureza:

> Direito tributário. Agravo interno em recurso extraordinário com agravo. Imposto sobre a renda. Ganho de capital. Antecipação de legítima. Ausência de acréscimo patrimonial. Vedação à bitributação.
>
> 1. Agravo interno contra decisão monocrática que negou seguimento a recurso extraordinário com agravo interposto em face de acórdão que afastara a incidência do imposto de renda sobre o ganho de capital apurado por ocasião da antecipação de legítima (Lei 7.713/1988, art. 3º, § 3º; e Lei 9.532/1997, art. 23, § 1º e § 2º, II).
>
> 2. Esta Corte possui entendimento de que o imposto sobre a renda incide sobre o acréscimo patrimonial disponível econômica ou juridicamente (RE 172.058, Rel. Min. Marco Aurélio). Na antecipação de legítima, não há, pelo doador, acréscimo patrimonial disponível. Acórdão alinhado à jurisprudência desta Corte.
>
> 3. O constituinte repartiu o poder de tributar entre os entes federados, introduzindo regras constitucionais, que, sobretudo no que toca aos impostos, predeterminam as materialidades tributárias. Esse modelo visa a impedir que uma mesma materialidade venha a concentrar mais de uma incidência de impostos de um mesmo ente (vedação ao *bis in idem*) ou de entes diversos (vedação à bitributação). Princípio da capacidade contributiva.
>
> 4. Admitir a incidência do imposto sobre a renda acabaria por acarretar indevida bitributação em relação ao imposto sobre transmissão causa mortis e doação (ITCMD).
>
> 5. Agravo interno a que se nega provimento[197].

Por fim, o critério espacial da hipótese de incidência é o território nacional, abrangendo, inclusive, o ganho de capital auferido no País por residente ou domiciliado no exterior[198]. Já o critério temporal, será a data da percepção do ganho ou na data da alienação, quando há pagamento parcelado.

3.5.3 Alíquotas e base de cálculo

As alíquotas do imposto são progressivas, variando em função do valor do ganho de capital, nos percentuais previstos no art. 21 da Lei 8.981/1995:

> Art. 21. O ganho de capital percebido por pessoa física em decorrência da alienação de bens e direitos de qualquer natureza sujeita-se à incidência do imposto sobre a renda, com as seguintes alíquotas: (Redação dada pela Lei 13.259, de 2016)

---

[196] MCNAUGHTON, Charles William. *Curso de IRPF*. São Paulo: Noeses, 2019. p. 402.

[197] STF, 1ª T., ARE 1.387.761 AgR, Rel. Roberto Barroso, *DJe* 1º.03.2023.

[198] Lei 9.249, de 1995: "Art. 18. O ganho de capital auferido por residente ou domiciliado no exterior será apurado e tributado de acordo com as regras aplicáveis aos residentes no País". Por outro lado, de acordo com a Lei 10.833/2003: "Art. 26. O adquirente, pessoa física ou jurídica residente ou domiciliada no Brasil, ou o procurador, quando o adquirente for residente ou domiciliado no exterior, fica responsável pela retenção e recolhimento do imposto de renda incidente sobre o ganho de capital a que se refere o art. 18 da Lei 9.249, de 26 de dezembro de 1995, auferido por pessoa física ou jurídica residente ou domiciliada no exterior que alienar bens localizados no Brasil".

I – 15% (quinze por cento) sobre a parcela dos ganhos que não ultrapassar R$ 5.000.000,00 (cinco milhões de reais); (Redação dada pela Lei 13.259, de 2016)

II – 17,5% (dezessete inteiros e cinco décimos por cento) sobre a parcela dos ganhos que exceder R$ 5.000.000,00 (cinco milhões de reais) e não ultrapassar R$ 10.000.000,00 (dez milhões de reais); (Redação dada pela Lei 13.259, de 2016)

III – 20% (vinte por cento) sobre a parcela dos ganhos que exceder R$ 10.000.000,00 (dez milhões de reais) e não ultrapassar R$ 30.000.000,00 (trinta milhões de reais); e (Redação dada pela Lei 13.259, de 2016)

IV – 22,5% (vinte e dois inteiros e cinco décimos por cento) sobre a parcela dos ganhos que ultrapassar R$ 30.000.000,00 (trinta milhões de reais). (Redação dada pela Lei 13.259, de 2016).

§ 1º O imposto de que trata este artigo deverá ser pago até o último dia útil do mês subsequente ao da percepção dos ganhos.

§ 2º Os ganhos a que se refere este artigo serão apurados e tributados em separado e não integrarão a base de cálculo do Imposto de Renda na declaração de ajuste anual, e o imposto pago não poderá ser deduzido do devido na declaração.

§ 3º Na hipótese de alienação em partes do mesmo bem ou direito, a partir da segunda operação, desde que realizada até o final do ano-calendário seguinte ao da primeira operação, o ganho de capital deve ser somado aos ganhos auferidos nas operações anteriores, para fins da apuração do imposto na forma do *caput*, deduzindo-se o montante do imposto pago nas operações anteriores. (Redação dada pela Lei 13.259, de 2016)

§ 4º Para fins do disposto neste artigo, considera-se integrante do mesmo bem ou direito o conjunto de ações ou quotas de uma mesma pessoa jurídica. (Redação dada pela Lei 13.259, de 2016)

A base de cálculo corresponde ao ganho de capital, entendido como tal a diferença positiva entre o custo de aquisição e o valor da transmissão (o preço de venda ou do valor da cessão de direitos)[199]. Na alienação de bens imóveis, por sua vez, devem ser aplicados os redutores previstos no art. 40 da Lei 11.196/2005 e no art. 18 da Lei 7.713/1988:

Art. 40. Para a apuração da base de cálculo do imposto sobre a renda incidente sobre o ganho de capital por ocasião da alienação, a qualquer título, de bens imóveis realizada por pessoa física residente no País, serão aplicados fatores de redução (FR1 e FR2) do ganho de capital apurado.

§ 1º A base de cálculo do imposto corresponderá à multiplicação do ganho de capital pelos fatores de redução, que serão determinados pelas seguintes fórmulas:

I – FR1 = 1/1,0060 m1, onde "m1" corresponde ao número de meses-calendário ou fração decorridos entre a data de aquisição do imóvel e o mês da publicação desta Lei, inclusive na hipótese de a alienação ocorrer no referido mês;

II – FR2 = 1/1,0035 m2, onde "m2" corresponde ao número de meses-calendário ou fração decorridos entre o mês seguinte ao da publicação desta Lei ou o mês da aquisição do imóvel, se posterior, e o de sua alienação.

§ 2º Na hipótese de imóveis adquiridos até 31 de dezembro de 1995, o fator de redução de que trata o inciso I do § 1º deste artigo será aplicado a partir de 1º de janeiro de 1996, sem prejuízo do disposto no art. 18 da Lei 7.713, de 22 de dezembro de 1988.

---

[199] Lei 7.713/1988, art. 19. Essa mesma lei prevê ainda que: "Art. 20. A autoridade lançadora, mediante processo regular, arbitrará o valor ou preço, sempre que não mereça fé, por notoriamente diferente do de mercado, o valor ou preço informado pelo contribuinte, ressalvada, em caso de contestação, avaliação contraditória, administrativa ou judicial".

Parte Especial · Capítulo I · IMPOSTOS FEDERAIS | **437**

Art. 18. Para apuração do valor a ser tributado, no caso de alienação de bens imóveis, poderá ser aplicado um percentual de redução sobre o ganho de capital apurado, segundo o ano de aquisição ou incorporação do bem, de acordo com a seguinte tabela:

Ano de Aquisição ou Incorporação	Percentual de Redução	Ano de Aquisição ou Incorporação	Percentual de Redução
Até 1969	100	1979	50
1970	95%	1980	45%
1971	90%	1981	40%
1972	85%	1982	35%
1973	80%	1983	30%
1974	75%	1984	25%
1975	70%	1985	20%
1976	65%	1986	15%
1977	60%	1987	10%
1978	55%	1988	5%

Parágrafo único. Não haverá redução, relativamente aos imóveis cuja aquisição venha ocorrer a partir de 1º de janeiro de 1989.

O custo de aquisição corresponderá: (a) ao somatório dos valores dos bens ou direitos adquiridos em partes; (b) o valor efetivamente pago, na aquisição parcelada, inclusive financiamentos; (c) o valor de mercado na data da aquisição ou, dependendo da opção realizada na época dos fatos na forma do art. 23 da Lei 9.532/1997[200], o valor apresentado na declaração de bens do *de cujus* ou do doador, nas hipóteses de bens recebidos por doação, herança ou legado ou meação; ainda nessas hipóteses, não havendo valor pago, aplicam-se os critérios do art. 16, § 4º, da Lei 7.713/1988[201]; (d) o valor do bem dado em permuta acrescido da torna, diminuído do valor utilizado como custo na apuração do ganho de capital relativo à torna recebida ou a receber; (e) o valor da terra nua no imóvel rural.

Além da corretagem paga pelo contribuinte na compra do bem vendido, integram o custo de aquisição os gastos na construção, ampliação e reforma do imóvel; demolição de prédio exis-

---

[200] "Art. 23. Na transferência de direito de propriedade por sucessão, nos casos de herança, legado ou por doação em adiantamento da legítima, os bens e direitos poderão ser avaliados a valor de mercado ou pelo valor constante da declaração de bens do *de cujus* ou do doador.

§ 1º Se a transferência for efetuada a valor de mercado, a diferença a maior entre esse e o valor pelo qual constavam da declaração de bens do de cujus ou do doador sujeitar-se-á à incidência de imposto de renda à alíquota de quinze por cento."

[201] "Art. 16. O custo de aquisição dos bens e direitos será o preço ou valor pago, e, na ausência deste, conforme o caso:

I – o valor atribuído para efeito de pagamento do imposto de transmissão;

II – o valor que tenha servido de base para o cálculo do Imposto de Importação acrescido do valor dos tributos e das despesas de desembaraço aduaneiro;

III – o valor da avaliação do inventário ou arrolamento;

IV – o valor de transmissão, utilizado na aquisição, para cálculo do ganho de capital do alienante;

V – seu valor corrente, na data da aquisição."

438 | CURSO DE DIREITO TRIBUTÁRIO – *Solon Sehn*

tente no terreno, desde que represente uma condição para se efetivar a alienação; e realização de obras públicas que tenham beneficiado o imóvel (tais como a colocação de meio-fio e sarjetas, pavimentação de vias e instalação de rede de esgoto e de eletricidade); o imposto de transmissão pago pelo alienante; e eventual contribuição de melhoria.

O § 2º do art. 3º da Lei 7.766/1989 prevê a correção monetária do custo de aquisição, porém o inciso I do art. 17 da Lei 9.249/1995 vedou atualização após 31 de dezembro de 1995:

> Art. 17. Para os fins de apuração do ganho de capital, as pessoas físicas e as pessoas jurídicas não tributadas com base no lucro real observarão os seguintes procedimentos:
>
> I – tratando-se de bens e direitos cuja aquisição tenha ocorrido até o final de 1995, o custo de aquisição poderá ser corrigido monetariamente até 31 de dezembro desse ano, tomando-se por base o valor da UFIR vigente em 1º de janeiro de 1996, não se lhe aplicando qualquer correção monetária a partir dessa data.

O valor da alienação corresponderá preço efetivo da operação ou o valor de mercado, nas operações não expressas em dinheiro[202]. Havendo condomínio, a parcela de cada proprietário deve ser considerada separadamente. Nos imóveis rurais, a determinação do valor será apenas relativa à terra nua e, na permuta com torna, será considerado valor de alienação apenas a parcela em pecúnia. Também pode ser deduzida a corretagem na venda, desde que suportada pelo alienante.

3.5.4 *Sujeição passiva*

A sujeição passiva do imposto de renda sobre o ganho de capital abrange: (a) o alienante ou, na hipótese de não residente, o procurador do alienante no território nacional[203]; (b) o inventariante em nome do espólio, na transmissão *causa morte*; (c) na doação, inclusive em adiantamento da legítima, o doador; (d) ex-cônjuge ou ex-convivente a quem for atribuído o bem ou direito objeto da tributação na dissolução da sociedade conjugal ou da união estável; e (e) o cedente, na cessão de direitos hereditários.

3.6 Tributação das pessoas jurídicas

3.6.1 *Lucro real*

3.6.1.1 Aplicabilidade

O lucro real pode ser adotado por qualquer contribuinte do imposto. Alguns, porém, devem fazê-lo obrigatoriamente. É o caso das pessoas jurídicas que tenham auferido receita bruta superior a R$ 78.000.000,00 no ano-calendário anterior ou, quando inferior a 12 meses, proporcional ao número de meses do período.

---

[202] Registre-se, entretanto, que, de acordo com o art. 134 do Regulamento do Imposto de Renda (Decreto 9.580/2018), o valor da transação deve ser apurado na forma do art. 238, na hipótese de alienações efetuadas a pessoa física ou jurídica residente ou domiciliada em país ou dependência com tributação favorecida, observado o disposto no art. 254; e operações realizadas em regime fiscal privilegiado, observado o disposto no art. 255. Essas operações, por suas especificidades, não serão analisadas nesse momento.

[203] SANTOS, Raquel do Amaral de Oliveira. Os ganhos de capital das pessoas físicas. *In*: MARTINS, Ives Gandra da Silva; PEIXOTO, Marcelo Magalhães (coord.). *Imposto sobre a renda e proventos de qualquer natureza*: questões pontuais do curso da APET. São Paulo: MP, 2006. p. 332: "Os ganhos de capital são a legítima expressão do acréscimo patrimonial, da percepção de novas riquezas, e são tributados ainda que auferidos por não residentes, desde que o bem esteja localizado no Brasil. Aplica-se, portanto, o critério de conexão da localização do bem para tais hipóteses".

Parte Especial • Capítulo I • IMPOSTOS FEDERAIS | **439**

Por outro lado, independentemente da receita bruta, devem se submeter ao regime do lucro real: (i) bancos comerciais, bancos de investimentos, bancos de desenvolvimento, caixas econômicas, sociedades de crédito, financiamento e investimento, sociedades de crédito imobiliário, sociedades corretoras de títulos, valores mobiliários e câmbio, distribuidoras de títulos e valores mobiliários, empresas de arrendamento mercantil, cooperativas de crédito, empresas de seguros privados e de capitalização e entidades de previdência privada aberta; (ii) que tiverem lucros, rendimentos ou ganhos de capital oriundos do exterior[204]; (iii) que, autorizadas pela legislação tributária, usufruam de benefícios fiscais relativos à isenção ou redução do imposto; (iv) que, no decorrer do ano-calendário, tenham efetuado pagamento mensal pelo regime de estimativa[205]; (v) que explorem as atividades de prestação cumulativa e contínua de serviços de assessoria creditícia, mercadológica, gestão de crédito, seleção e riscos, administração de contas a pagar e a receber, compras de direitos creditórios resultante de vendas mercantis a prazo ou de prestação de serviços (*factoring*); (vi) que explorem as atividades de securitização de crédito[206]; (vii) tenham sido constituídas como sociedades de propósito específico, formadas por microempresas e empresas de pequeno porte[207]; e (viii) os emitentes de ações admitidas à negociação em segmento especial, instituído por bolsa de valores, que assegure práticas diferenciadas de governança corporativa previstas na legislação especial[208].

3.6.1.2   Hipótese de incidência

3.6.1.2.1   *Lucro líquido ajustado*

O Decreto 1.598/1977 estabelece um modelo de dependência parcial entre o lucro fiscal e o contábil[209]. A base de cálculo do IRPJ, denominada *lucro real*, é formada pelo lucro líquido apurado de acordo com as regras da legislação societária, ajustado pelas *adições*, *exclusões* ou *compensações* previstas na legislação tributária ou, simplesmente, *lucro líquido ajustado*:

---

[204] Ressalte-se que, de acordo com a Solução de Consulta Cosit 61, de 19 de dezembro de 2022: "Para fins de apuração do IRPJ, não há vedação legal que impeça a opção pelo lucro presumido à pessoa jurídica que possua participação societária no exterior, desde que não incorra em situação de obrigatoriedade de apuração pelo lucro real e observados os demais requisitos legais".

[205] O regime de estimativas é previsto no art. 2º da Lei 9.430/1996: "Art. 2º A pessoa jurídica sujeita a tributação com base no lucro real poderá optar pelo pagamento do imposto, em cada mês, determinado sobre base de cálculo estimada, mediante a aplicação dos percentuais de que trata o art. 15 da Lei 9.249, de 26 de dezembro de 1995, sobre a receita bruta definida pela art. 12 do Decreto-lei 1.598, de 26 de dezembro de 1977, auferida mensalmente, deduzida das devoluções, vendas canceladas e dos descontos incondicionais concedidos, observado o disposto nos §§ 1º e 2º do art. 29 e nos arts. 30, 32, 34 e 35 da Lei 8.981, de 20 de janeiro de 1995. (Redação dada pela Lei 12.973, de 2014)"

[206] Lei 9.718/1998, art. 14, I a VII. Ressalte-se ainda que, de acordo com o Parecer Normativo Cosit 05/2014: "Estão obrigadas ao regime de tributação do lucro real as pessoas jurídicas que explorem a atividade de compras de direitos creditórios, ainda que se destinem à formação de lastro de valores mobiliários (securitização)".

[207] Lei Complementar 123/2006, art. 56, *caput* e § 2º, IV.

[208] Lei 13.043/2014, art. 16, I a IV, e § 2º.

[209] Há países que adotam o modelo de dependência total, o modelo de autonomia e de dependência parcial entre o lucro fiscal e o contábil. Para uma visão mais detalhada: SCHOUERI, Luís Eduardo. O mito do lucro real na passagem da disponibilidade jurídica para a disponibilidade econômica. *In*: LOPES, Alexsandro Broedel; MOSQUEIRA, Roberto Quiroga (org.). *Controvérsias jurídico-contábeis*: aproximações e distanciamentos. São Paulo: Dialética, 2010. p. 241-264. Sobre o tema, discorrendo acerca dos *sistemas de balanço único* e os *sistemas de balanço duplo*, e as diferentes propostas de classificação: POLIZELLI, Victor Borges. Balanço comercial e balanço fiscal: relações entre o direito contábil e o direito tributário e o modelo adotado pelo Brasil. *Revista Direito Tributário Atual*, São Paulo, n. 24, p. 584-608, 2010. Esses modelos refletem a *teoria do balanço*, que acabou prevalecendo em relação à *teoria da conta operacional* ("de la cuenta de explotación"). Sobre essas duas teorias, cf.: BELTRAME, Pierre. *Introducción a la fiscalidad en Francia*. Barcelona: Atelier, 2004. p. 103 e ss.

440 | CURSO DE DIREITO TRIBUTÁRIO – *Solon Sehn*

Art. 6º Lucro real é o lucro líquido do exercício ajustado pelas adições, exclusões ou compensações prescritas ou autorizadas pela legislação tributária.

§ 1º O lucro líquido do exercício é a soma algébrica de lucro operacional (art. 11), dos resultados não operacionais, do saldo da conta de correção monetária (art. 51) e das participações, e deverá ser determinado com observância dos preceitos da lei comercial.

§ 2º Na determinação do lucro real serão adicionados ao lucro líquido do exercício:

a) os custos, despesas, encargos, perdas, provisões, participações e quaisquer outros valores deduzidos na apuração do lucro líquido que, de acordo com a legislação tributária, não sejam dedutíveis na determinação do lucro real;

b) os resultados, rendimentos, receitas e quaisquer outros valores não incluídos na apuração do lucro líquido que, de acordo com a legislação tributária, devam ser computados na determinação do lucro real.

§ 3º Na determinação do lucro real poderão ser excluídos do lucro líquido do exercício:

a) os valores cuja dedução seja autorizada pela legislação tributária e que não tenham sido computados na apuração do lucro líquido do exercício;

b) os resultados, rendimentos, receitas e quaisquer outros valores incluídos na apuração do lucro líquido que, de acordo com a legislação tributária, não sejam computados no lucro real;

c) os prejuízos de exercícios anteriores, observado o disposto no artigo 64.

A legislação tributária parte do lucro líquido da sociedade, isto é, do lucro que serve como referencial para a distribuição de dividendos aos sócios que investiram e assumiram os riscos do negócio[210]. Entretanto, de forma artificial, promove adições, exclusões ou compensações na composição da base de cálculo, que é denominada *lucro real*. Deles pode resultar um aumento ou uma diminuição do lucro tributável, o que, evidentemente, não pode ocorrer de forma arbitrária. Nenhum ajuste pode contrariar o conceito jurídico de renda que decorre do texto constitucional e do CTN. Para aumentar a arrecadação, a União Federal deve fazê-lo de forma transparente, elevando a alíquota do tributo, e não por meio de uma legislação incoerente com a manifestação de capacidade contributiva da sociedade empresária. Por outro lado, se o ajuste tiver caráter extrafiscal ou regulatório[211], é necessária uma justificação constitucional, notadamente em face do princípio da isonomia. Isso equivale a dizer que, tal como ocorre em todo tributo dessa natureza, um ajuste com esse viés deve ser controlado sob os aspectos da idoneidade, da necessidade e da proporcionalidade em sentido estrito, o que pressupõe, inclusive, o exame do custo do benefício em relação aos resultados ou se não há um favorecimento desmedido dos particulares em detrimento do interesse geral[212].

A tributação da renda das pessoas jurídicas, assim como ocorre na tributação das pessoas físicas, tem como *leitmotiv* a neutralidade em relação à situação patrimonial do contribuinte: o imposto deve ser pago com uma parcela da riqueza *nova* e *líquida* cuja obtenção é o próprio pressuposto

---

[210] Lei 6.404/1976: "Art. 191. Lucro líquido do exercício é o resultado do exercício que remanescer depois de deduzidas as participações de que trata o artigo 190". Este, por sua vez, estabelece que: "Art. 190. As participações estatutárias de empregados, administradores e partes beneficiárias serão determinadas, sucessivamente e nessa ordem, com base nos lucros que remanescerem depois de deduzida a participação anteriormente calculada"; "Art. 201. A companhia somente pode pagar dividendos à conta de lucro líquido do exercício, de lucros acumulados e de reserva de lucros; e à conta de reserva de capital, no caso das ações preferenciais de que trata o § 5º do artigo 17".

[211] Um exemplo é a previsão de exclusão do crédito presumido de IPI do Programa Inovar-Auto (Lei 12.715/2012, art. 41, § 7º, II), outro é a depreciação acelerada incentivada (Lei 4.506/1964, art. 57, § 5º).

[212] Capítulo V, item 5.6, da Parte Geral.

Parte Especial • Capítulo I • IMPOSTOS FEDERAIS | **441**

para a sua cobrança[213]. O critério material da hipótese de incidência decorre do art. 6º do Decreto 1.598/1977 e do art. 43 do CTN: *auferir* (verbo) *renda* (complemento), que corresponde ao lucro líquido determinado pelo confronto entre a *receita bruta*, os *custos* e as *despesas*, ajustado pelas *adições*, *exclusões* ou *compensações* previstas na legislação tributária (*lucro real ou lucro líquido ajustado*)[214].

3.6.1.2.2   Receita bruta

O art. 12 do Decreto 1.598/1977, na redação da Lei 12.973/2014, estabelece uma definição parcial de receita bruta:

> Art. 12. A receita bruta compreende: (Redação dada pela Lei 12.973, de 2014)
>
> I – o produto da venda de bens nas operações de conta própria; (Incluído pela Lei 12.973, de 2014)
>
> II – o preço da prestação de serviços em geral; (Incluído pela Lei 12.973, de 2014)
>
> III – o resultado auferido nas operações de conta alheia; e (Incluído pela Lei 12.973, de 2014)
>
> IV – as receitas da atividade ou objeto principal da pessoa jurídica não compreendidas nos incisos I a III – (Incluído pela Lei 12.973, de 2014)
>
> [...]
>
> § 4º Na receita bruta não se incluem os tributos não cumulativos cobrados, destacadamente, do comprador ou contratante pelo vendedor dos bens ou pelo prestador dos serviços na condição de mero depositário. (Incluído pela Lei 12.973, de 2014).
>
> § 5º Na receita bruta incluem-se os tributos sobre ela incidentes e os valores decorrentes do ajuste a valor presente[215], de que trata o inciso VIII do *caput* do art. 183 da Lei 6.404, de 15 de dezembro de 1976, das operações previstas no *caput*, observado o disposto no § 4º. (Incluído pela Lei 12.973, de 2014).

---

[213]   Sobre essa característica do imposto, como ressaltado anteriormente, ver: RUSSO, Pasquale; FRANSONI, Guglielmo; CASTALDI, Laura. *Istituzioni di diritto tributario*. 2. ed. Milano: Giuffrè, 2016. p. 303.

[214]   A esse propósito, ensina Marcelo Magalhães Peixoto que o "lucro contábil é o resultado positivo do confronto entre as receitas, deduzidas de despesas e de custos (receitas menos despesas e custos) [...] Ao final do período apura-se o lucro ou prejuízo. Esse resultado (receitas – despesas – custos) é obtido pela transferência do saldo de cada conta de receita e de cada conta despesa/custo para uma conta denominada 'resultado do exercício' ou simplesmente 'lucro ou prejuízo acumulado'. Essa conta também é uma conta de resultado, e é transitória, serve apenas para apurar o resultado do exercício social pelo cotejo das receitas com as despesas/custos" (PEIXOTO, Marcelo Magalhães. *Imposto de renda das pessoas jurídicas*: o conceito de despesa dedutível à luz da jurisprudência do Carf – Conselho Administrativo de Recursos Fiscais. São Paulo: MP, 2011. p. 74-75).

[215]   Sobre o "ajuste a valor presente" (AVP), ver os arts. 4º e 5º da Lei 12.973/2014. Essa categoria prevista no direito brasileiro pela Lei 11.638/2007, que, como se sabe, alterou a Lei das Sociedades por Ações (Lei 6.404/1976) visando a estabelecer uma disciplina das demonstrações financeiras convergente com as normas internacionais de contabilidade (*International Financial Reporting Standards* – IFRS). Trata-se de uma técnica de "estimativa do valor corrente de um fluxo de caixa futuro", aplicável às operações caracterizadas como financiamento. Nela as receitas sujeitas a uma liquidação financeira diferida no tempo (receitas auferidas, mas com pagamento parcelado) devem ser registradas na data da transação pelo valor resultante do desconto da taxa de juros contratuais, que será apropriada como receita financeira ao longo da execução do contrato. De acordo com o Pronunciamento Técnico CPC 12: "5. Nesse sentido, no presente Pronunciamento determina-se que a mensuração contábil a valor presente seja aplicada no reconhecimento inicial de ativos e passivos. Apenas em certas situações excepcionais, como a que é adotada numa renegociação de dívida em que novos termos são estabelecidos, o ajuste a valor presente deve ser aplicado como se fosse nova medição de ativos e passivos. É de se ressaltar que essas situações de nova medição de ativos e passivos são raras e são matéria para julgamento daqueles que preparam e auditam demonstrações contábeis, vis-à-vis Pronunciamentos específicos". Sobre o tema, cf.: MARTINS, Natanael. *A Lei n. 12.973/2014 e o pronunciamento técnico CPC 30 – receitas*. In: RODRIGUES, Daniele Souto; MARTINS, Natanael. *Tributação atual da renda*: estudo da Lei n. 12.973/14: da harmonização jurídico contábil à tributação de lucros do exterior. São Paulo: Noeses, 2015. p. 283 e ss.

442 | CURSO DE DIREITO TRIBUTÁRIO – *Solon Sehn*

Essa definição compreende a *receita bruta operacional*, que abrange o *faturamento* – a receita bruta da venda de mercadorias e da prestação de serviços (incisos I e III)[216] – e todas as outras receitas auferidas em decorrência do exercício das atividades principais e acessórias previstas no objeto social (inciso IV). A empresa, entretanto, pode auferir receitas em razão de atividades não incluídas em seu objeto, como a venda de um bem do ativo imobilizado (*v.g.*, máquina ou equipamento em desuso) por uma indústria. Essas *outras receitas* são denominadas *receitas não operacionais* por parte da doutrina, devendo ser igualmente consideradas na apuração do resultado.

Os valores recebidos e a repassados a terceiros não integram a receita bruta do sujeito passivo. Nesses casos, de acordo com o inciso III do art. 12 do Decreto 1.598/1977, a receita do contribuinte será apenas *o resultado auferido nas operações de conta alheia*. Assim, no contrato de comissão (CC, art. 693[217]), que tem por objeto a aquisição ou a venda de bens pelo comissário, em seu próprio nome, à conta do comitente, a receita será apenas a comissão, e não o valor da venda repassado ao terceiro. O mesmo ocorre nos contratos de agência e distribuição (CC, art. 710 e ss.) e em todos os negócios jurídicos nos quais a pessoa jurídica que recebe o pagamento não é titular da receita auferida[218].

É irrelevante, para a caracterização da receita bruta operacional e das demais receitas, o custo de aquisição ou de produção, assim como eventuais despesas de venda. Receita é um acréscimo patrimonial líquido – o elemento ou o fator positivo[219] – que participa da composição do resultado do exercício social, porém, de forma *isoladamente considerada*. Trata-se, como ensina José Antonio Minatel, de um acréscimo de *mensuração instantânea*, "isolada em cada evento,

---

[216] O conceito de *faturamento* deriva da expressão *fatura* – que, no direito privado, identifica a chamada "conta de venda" – e designa não apenas o ato de *faturar* (a emissão do documento) como também o total das vendas e dos serviços prestados num determinado período. Seu conteúdo jurídico, como demonstrado no estudo pioneiro de João Vieira de Araújo, resultava dos arts. 172, 200, III, 219, 445 e 788 do Código Comercial e do art. 2º, "a", do Decreto 917 (Lei de Falências). Atualmente, entretanto, com a revogação da primeira parte do Código Comercial e com a Nova Lei de Falências e de Recuperação Judicial (Lei 11.101/2005), decorre dos arts. 1º e 20 da Lei 5.474/1968, que disciplinam a emissão de faturas de venda de mercadorias e de serviços (REQUIÃO, Rubens. *Curso de direito comercial*. 23. ed. São Paulo: Saraiva, 2003. v. 2, p. 546; ATALIBA, Geraldo; GIARDINO, Cléber. PIS – Exclusão do ICM de sua base de cálculo. *Revista de Direito Tributário*, São Paulo, n. 35, p. 153, jan./mar. 1986. Cf. ainda: DERZI, Misabel Abreu Machado. Cofins, PIS e a Lei 9.718, de 27 de novembro de 1998. *In*: ROCHA, Valdir de Oliveira (coord.). *Grandes questões atuais de direito tributário*. São Paulo: Dialética, 1999. v. 3, p. 230-234; BALERA, Wagner. As contribuições sociais sobre o faturamento. *In*: CUTAIT NETO, Michel (org.). *Contribuições sociais em debate*. São Paulo: Mizuno, 2003. p. 177; GRECO, Marco Aurélio. Cofins na Lei 9.718/98 – Variações cambiais e regime de alíquota acrescida. *Revista Dialética de Direito Tributário*, São Paulo, n. 50, p. 130, nov. 1999; PETRY, Rodrigo Caramori. *Contribuições PIS/Pasep e Cofins*: limites constitucionais da tributação sobre o "faturamento", a "receita" e a "receita operacional das empresas" e outras entidades no Brasil. São Paulo: Quartier Latin, 2009. p. 144 e ss.).

[217] "Art. 693. O contrato de comissão tem por objeto a aquisição ou a venda de bens pelo comissário, em seu próprio nome, à conta do comitente."

[218] Destaque-se, nesse sentido, a seguinte lição de Bulhões Pedreira, ao ressaltar que "[...] nas vendas por conta de terceiros o preço de venda pertence ao comitente ou mandante: a receita da pessoa jurídica é a comissão (ou outra modalidade de remuneração) recebida pela prestação do serviço de intermediação" (PEDREIRA, José Luiz Bulhões. *Imposto sobre a renda*: pessoas jurídicas. Rio de Janeiro: Adcoas-Justec, 1979. v. I, p. 350).

[219] Há uma proximidade natural entre os conceitos de *receita* e *renda*, o que é natural, já que, da equação que forma a renda, a receita bruta é o fator positivo. A esse propósito, ensina Gisele Lemke que a distinção entre *renda* e *receita* reside no fato de que esta constitui o elemento positivo do acréscimo patrimonial: "Quadra observar que essa definição, ao contrário do que possa parecer à primeira vista, não torna confusa a distinção entre renda e receita. Renda, no conceito do CTN e na interpretação da doutrina jurídica, corresponde a acréscimos patrimoniais. É o resultado das receitas menos as despesas. Receita é elemento positivo de acréscimo patrimonial. Para seu cálculo não se levam em conta as despesas" (LEMKE, Gisele. Regime tributário das indenizações. *In*: MACHADO, Hugo de Brito (coord.). *Regime tributário das indenizações*. São Paulo-Fortaleza: Dialética-ICET, 2000. p. 89).

Parte Especial · Capítulo I · IMPOSTOS FEDERAIS | 443

abstraindo-se dos custos e de periodicidade para a sua apuração"[220]. Assim, *v.g.*, mesmo na venda com prejuízo, o valor auferido tem natureza de receita bruta.

Deve-se ter presente, ademais, que *receita* não constitui sinônimo de ingresso ou entrada de caixa. O ingresso de caixa é uma noção que expressa o recebimento de um fluxo neutro de recursos financeiros, que não repercute necessariamente no patrimônio. Em um contrato de mútuo, por exemplo, a quantia emprestada pelo mutuante, depositada em conta bancária de titularidade do mutuário, constitui simples entrada de caixa. Isso porque, ao mesmo tempo em que recebe o valor emprestado, o mutuário assume uma dívida perante o mutuante. Por isso, como não há repercussão no patrimônio líquido, não tem natureza de receita.

A caracterização da receita bruta demanda a incorporação ao patrimônio em caráter definitivo e uma repercussão positiva[221]. Isso afasta do seu âmbito conceitual os reembolsos, as

---

[220] MINATEL, José Antonio. *Conteúdo do conceito de receita e regime jurídico para sua tributação*. São Paulo: MP, 2005. p. 124. Como ensina Ricardo Mariz de Oliveira: "este isolamento do fator positivo, para a identificação do que seja receita, é que distingue receita de lucro, renda ou ganho, já que lucro, renda ou ganho, sim, se constituem no resultado da reunião de todos os elementos positivos e negativos que afetam o patrimônio e identificam uma mutação geral líquida nele havida, ou uma mutação líquida particular. Assim, renda ou lucro (ou prejuízo, que é a versão ou resultado negativo da renda ou lucro) é a somatória algébrica da totalidade dos fatores positivos e negativos que afetam um patrimônio em determinado período de tempo, ao passo que ganho (ou sua versão negativa, perda) é a soma algébrica dos fatores positivo e negativo que afetam um determinado ato, como o ganho ou perda de uma venda". OLIVEIRA, Ricardo Mariz de. Conceito de receita como hipótese de incidência das Contribuições para a Seguridade Social (para Efeitos da Cofins e da Contribuição ao PIS). *Repertório IOB de Jurisprudência*, n. 1, caderno n. 1, p. 31, jan. 2001. No mesmo sentido: PEDREIRA, José Luiz Bulhões. *Imposto sobre a renda*: pessoas jurídicas. Rio de Janeiro: Adcoas-Justec, 1979. v. I, p. 351-352.

[221] A doutrina não diverge a esse respeito. A necessidade de repercussão patrimonial também é ressaltada por Geraldo Ataliba e Cléber Giardino, quando ensinam que receita constitui "acréscimo patrimonial que adere definitivamente ao patrimônio do alienante. A ele, portanto, não se podem considerar integradas importâncias que apenas 'transitam' em mãos do alienante, sem que, em verdade, lhes pertençam em caráter definitivo" (ATALIBA, Geraldo; GIARDINO, Cléber. PIS – Exclusão do ICM de sua base de cálculo. *Revista de Direito Tributário*, São Paulo, n. 35, p. 160, jan./mar. 1986). Nesse mesmo raciocínio, aliás, tem-se colocado praticamente toda a doutrina dedicada ao estudo do tema, considerando receita apenas "[...] a entrada que, sem quaisquer reservas, condições ou correspondência no passivo, se integra ao patrimônio da empresa, acrescendo-o, incrementando-o" (BARRETO, Aires Fernandino. *ISS na Constituição e na lei*. São Paulo: Dialética, 2002. p. 329); "um 'plus jurídico' (acréscimo de direito), de qualquer natureza e de qualquer origem, que se agrega ao patrimônio como um elemento positivo, e que não acarreta para o seu adquirente qualquer nova obrigação" (OLIVEIRA, Ricardo Mariz de. Conceito de receita como hipótese de incidência das Contribuições para a Seguridade Social (para Efeitos da Cofins e da Contribuição ao PIS). *Repertório IOB de Jurisprudência*, n. 1, caderno n. 1, p. 30, jan. 2001); o "incremento do patrimônio" (BALEEIRO, Aliomar. *Uma introdução à ciência das finanças*. Atual. Dejalma de Campos. 15. ed. Rio de Janeiro: Forense, 1998. p. 126); o "elemento positivo do acréscimo patrimonial" (LEMKE, Gisele. Regime tributário das indenizações. *In*: MACHADO, Hugo de Brito (coord.). *Regime tributário das indenizações*. São Paulo-Fortaleza: Dialética-ICET, 2000. p. 89); "a entrada de riqueza nova no patrimônio da pessoa jurídica" (MACHADO, Hugo de Brito; MACHADO SEGUNDO, Hugo de Brito. Parecer – Contribuições incidentes sobre faturamento. PIS e Cofins. Descontos obtidos de fornecedores. Fato gerador. Inocorrência. *Revista Dialética de Direito Tributário*, n. 113, p. 136-137, 2011); as "quantias que a empresa recebe não para si" (SOUZA, Hamilton Dias de. Contribuição ao PIS: natureza jurídica e base de cálculo. *In*: MARTINS, Ives Gandra da Silva (coord.) *Contribuições especiais*: fundo PIS/PASEP. São Paulo: Resenha Tributária-CEEU, 1991. p. 244-245 [Caderno de pesquisas tributárias, v. 2.]); que "possam alterar o patrimônio líquido" (MELO, José Eduardo Soares de. PIS e Cofins sobre o ato cooperativo. *In*: BECHO, Renato Lopes (coord.). *Problemas atuais do direito cooperativo*. São Paulo: Dialética, 2002. p. 165); a entrada "de cunho patrimonial" (GRECO, Marco Aurélio. Cofins na Lei 9.718/98 – Variações cambiais e regime de alíquota acrescida. *Revista Dialética de Direito Tributário*, São Paulo, n. 50, p. 130, nov. 1999); que "tem o condão de incrementar o patrimônio" (CASTRO, Alexandre Barros. *Sujeição passiva no imposto sobre a renda*. São Paulo: Saraiva, 2004. p. 256). No mesmo sentido, cumpre citar, ainda: BOITEUX, Fernando Netto. Receita e faturamento: PIS e Cofins na Lei 9.718/98. *Revista Dialética de Direito Tributário*, n. 61, p. 64, 2000; KEPPLER, Roberto Carlos; DIAS, Roberto Moreira. Da inconstitucionalidade da inclusão do ICMS na base de cálculo da Cofins. *Revista Dialética de Direito Tributário*, n. 75, p. 169-178, 2009; ANDRADE

444 | CURSO DE DIREITO TRIBUTÁRIO – *Solon Sehn*

cauções e os depósitos, as indenizações por dano emergente[222], bem como todas as demais somas escrituradas sob reserva de serem restituídas ou pagas a terceiro por qualquer razão de direito.

Por fim, cumpre considerar que o patrimônio compreende todas as relações jurídicas de conteúdo econômico titularizadas pelo sujeito de direito[223]. Logo, também podem ter natureza jurídica de receita os atos extintivos de dívidas que não impliquem a assunção de outra obrigação ou a perda de um direito de crédito, dinheiro ou outro bem susceptível de apreciação pecuniária de igual ou superior valor[224]. É o caso da remissão[225], que extingue uma dívida sem qualquer contrapartida, gerando um acréscimo ao patrimônio líquido[226].

3.6.1.2.3   Custos e despesas

O *custo* é um valor despendido na aquisição de bens ou na remuneração de serviços para a produção de outros bens ou para a prestação de serviços por parte do contribuinte. A compra de matéria-prima, de produto intermediário e de material de embalagem integra o custo de produção do industrial. O preço de uma mercadoria adquirida para revenda é custo do comerciante. Como implicam a formação de um estoque de bens para a produção ou para a comercialização,

---

FILHO, Edmar Oliveira. PIS e Cofins: o conceito de receita à luz do princípio da capacidade contributiva. *In*: PEIXOTO, Marcelo Magalhães; FISCHER, Octavio Campos (coord.) *PIS-Cofins*: questões atuais e polêmicas. São Paulo: Quartier Latin, 2005. p. 219-220.

[222] BALEEIRO, Aliomar. *Uma introdução à ciência das finanças*. Atual. Dejalma de Campos. 15. ed. Rio de Janeiro: Forense, 1998. p. 126; MACHADO, Hugo de Brito; MACHADO SEGUNDO, Hugo de Brito. Parecer – Contribuições incidentes sobre faturamento. PIS e Cofins. Descontos obtidos de fornecedores. Fato gerador. Inocorrência. *Revista Dialética de Direito Tributário*, n. 113, p. 137, 2011; LEMKE, Gisele. Regime tributário das indenizações. *In*: MACHADO, Hugo de Brito (coord.). *Regime tributário das indenizações*. São Paulo-Fortaleza: Dialética-ICET, 2000. p. 88.

[223] Destarte, como ensina Orlando Gomes, o patrimônio compreende "todas as relações jurídicas de conteúdo econômico das quais participe a pessoa ativa ou passivamente" (GOMES, Orlando. *Introdução ao estudo do direito civil*. 13. ed. Rio de Janeiro, Forense, 1996. p. 210). No mesmo sentido, coloca-se o entendimento de Carlos Alberto da Mota Pinto, ao defini-lo como "o conjunto de relações jurídicas ativas e passivas (direitos e obrigações) avaliáveis em dinheiro de que uma pessoa é titular" (PINTO, Carlos Alberto da Mota. *Teoria geral do direito civil*. 3. ed. Coimbra: Coimbra Editora, 1994. p. 352); e Silvio Rodrigues, que remete à definição de Clóvis Beviláqua, de patrimônio como "complexo das relações jurídicas de uma pessoa que tiverem valor econômico" (RODRIGUES, Silvio. *Direito civil*: parte geral. 27 ed. São Paulo: Saraiva, 1997. v. I, p. 114).

[224] Como ressalta Ricardo Mariz de Oliveira, é inviável o esforço de "[...] sustentar que as reduções de obrigações sem pagamento não sejam receitas, porque na verdade elas reúnem todas as características pelas quais se pode identificar uma receita" (OLIVEIRA, Ricardo Mariz de. Conceito de receita como hipótese de incidência das Contribuições para a Seguridade Social (para Efeitos da Cofins e da Contribuição ao PIS). *Repertório IOB de Jurisprudência*, n. 1, caderno n. 1, p. 22, jan. 2001).

[225] "Art. 385. A remissão da dívida, aceita pelo devedor, extingue a obrigação, mas sem prejuízo de terceiro". De acordo com o art. 44 da Lei 4.506/1964, integram a receita bruta operacional "as recuperações ou devoluções de custos, deduções ou provisões" (inciso III). Entretanto, ressalte-se que, de acordo com a Solução de Consulta Cosit 65/2019: "A natureza da receita decorrente do perdão de dívidas dependerá da natureza da dívida que a gerou. Na hipótese de empréstimos ou financiamentos, *e.g.*, ter-se-á uma receita financeira – como esclarece o Ato Declaratório SRF 85, de 27 de outubro de 1999, ao dispor sobre 'a renegociação de dívidas do crédito rural nos termos da Lei 9.138, de 29 de novembro de 1995' (incidência prevista no art. 397 do Decreto 9.580, de 22 de novembro de 2018 – Regulamento de Imposto de Renda – RIR/2018). Tratando-se de dívidas perante fornecedores de mercadorias, estar-se-á diante de uma recuperação de custos, receita especificada no art. 441, inciso II, do RIR/2018. No caso de redução de multa e juros relativos a tributos, enquadra-se a receita nesse mesmo dispositivo do RIR/2018, como recuperação ou devolução de custo ou despesa".

[226] O art. 44 da Lei 4.506/1964 estabelece que integram a receita "as subvenções correntes, para custeio ou operação, recebidas de pessoas jurídicas de direito público ou privado, ou de pessoas naturais" (inciso IV). Essa categoria de receita abrange as transferências de capital serão analisadas a seguir.

os custos representam uma inversão de capital, sendo dedutíveis apenas por ocasião da venda, da prestação do serviço ou da baixa (*v.g.*, por perda ou deterioração).

As *despesas*, por sua vez, são gastos não relacionados à produção, incorridos na obtenção da receita e na manutenção da fonte produtora. Na medida em que representam uma mutação patrimonial negativa, implicam um efeito imediato da formação do lucro, sendo dedutíveis quando pagas ou incorridas[227]. É o caso, por exemplo, dos gastos realizados para a venda de um produto (*v.g.*, comissões, publicidade e propaganda, frete de produtos acabados), na compra de material de escritório ou na remuneração do pessoal das áreas administrativa, entre outros[228].

O art. 13 do Decreto 1.598/1977 estabelece as seguintes disposições acerca do custo:

Custo dos Bens ou Serviços

Art. 13. O custo de aquisição de mercadorias destinadas à revenda compreenderá os de transporte e seguro até o estabelecimento do contribuinte e os tributos devidos na aquisição ou importação[229].

§ 1º O custo de produção dos bens ou serviços vendidos compreenderá, obrigatoriamente[230]:

a) o custo de aquisição de matérias-primas e quaisquer outros bens ou serviços aplicados ou consumidos na produção, observado o disposto neste artigo;

b) o custo do pessoal aplicado na produção, inclusive de supervisão direta, manutenção e guarda das instalações de produção;

c) os custos de locação, manutenção e reparo e os encargos de depreciação dos bens aplicados na produção;

d) os encargos de amortização diretamente relacionados com a produção;

e) os encargos de exaustão dos recursos naturais utilizados na produção.

---

[227] ANDRADE FILHO, Edmar Oliveira de. *Imposto de renda das empresas*. 11. ed. São Paulo: Atlas, 2014. p. 263; OLIVEIRA, Ricardo Mariz de. *Fundamentos do imposto de renda*. São Paulo: Quartier Latin, 2008. p. 674. Portanto, como ensina Marcelo Magalhães Peixoto: "Uma diferença básica entre custo e despesa é que as despesas possuem efeito imediato na composição do lucro, já os custos possuem efeito mediato, pois, como já dissemos, antes de passar pelo resultado, deverá ser registrado no ativo, e apenas quando ocorrer a realização do custo, que vem junto com a 'baixa' ou venda dos estoques (realização da receita)" (PEIXOTO, Marcelo Magalhães. *Imposto de renda das pessoas jurídicas*: o conceito de despesa dedutível à luz da jurisprudência do Carf – Conselho Administrativo de Recursos Fiscais. São Paulo: MP, 2011. p. 96).

[228] A Solução de Consulta Cosit 08/2012 dispõe sobre o rateio de custos e de despesas entre empresas do mesmo grupo econômico: "São dedutíveis as despesas administrativas rateadas se: a) comprovadamente corresponderem a bens e serviços efetivamente pagos e recebidos; b) forem necessárias, usuais e normais nas atividades das empresas; c) o rateio se der mediante critérios razoáveis e objetivos, previamente ajustados, devidamente formalizados por instrumento firmado entre os intervenientes; d) o critério de rateio for consistente com o efetivo gasto de cada empresa e com o preço global pago pelos bens e serviços, em observância aos princípios gerais de Contabilidade; e) a empresa centralizadora da operação de aquisição de bens e serviços apropriar como despesa tão somente a parcela que lhe couber segundo o critério de rateio".

[229] De acordo com a Tese Repetitiva 1.231: "Os tributos recolhidos em substituição tributária não integram o conceito de custo de aquisição previsto no art. 13, do Decreto-Lei n. 1.598/77" (STJ, 1ª S., EREsp 1.959.571, Rel. Min. Mauro Campbell Marques, *DJe* 26.06.2024). Cf. ainda: STJ, 1ª S., REsp 2.075.758, Rel. Min. Mauro Campbell Marques, *DJe* 26.06.2024; STJ, 1ª S., REsp 2.072.621, Rel. Min. Mauro Campbell Marques, *DJe* 26.06.2024.

[230] ANDRADE FILHO, Edmar Oliveira de. *Imposto de renda das empresas*. 11. ed. São Paulo: Atlas, 2014. p. 267: O § 1º do art. 13 do Decreto-lei 1.598/1977, "[...] ao fazer menção à lista de elementos componentes do custo de aquisição emprega a expressão *obrigatoriamente*, que tem sido interpretada como indicativa dos elementos mínimos que devem integrar os custos, podendo o contribuinte vir a ampliar essa lista de acordo com as suas necessidades e especificidades. O item 3.2 do Parecer Normativo CST 06/79, antes transcrito, segue pela mesma vereda ao enunciar que lista constante do preceito legal citado é 'não exaustiva'".

446 | CURSO DE DIREITO TRIBUTÁRIO – *Solon Sehn*

§ 2º A aquisição de bens de consumo eventual, cujo valor não exceda de 5% do custo total dos produtos vendidos no exercício social anterior, poderá ser registrada diretamente como custo.

§ 3º O disposto nas alíneas "c", "d" e "e" do § 1º não alcança os encargos de depreciação, amortização e exaustão gerados por bem objeto de arrendamento mercantil, na pessoa jurídica arrendatária. (Incluído pela Lei 12.973, de 2014)

§ 4º No caso de que trata o § 3º, a pessoa jurídica deverá proceder ao ajuste no lucro líquido para fins de apuração do lucro real, no período de apuração em que o encargo de depreciação, amortização ou exaustão for apropriado como custo de produção. (Incluído pela Lei 12.973, de 2014)[231].

As despesas, por sua vez, são disciplinadas pelo art. 47 da Lei 4.506/1964 e pelo art. 15 do Decreto 1.598/1977:

Art. 47. São operacionais as despesas não computadas nos custos, necessárias à atividade da empresa e a manutenção da respectiva fonte produtora.

§ 1º São necessárias as despesas pagas ou incorridas para a realização das transações ou operações exigidas pela atividade da empresa.

§ 2º As despesas operacionais admitidas são as usuais ou normais no tipo de transações, operações ou atividades da empresa[232].

Art. 15. O custo de aquisição de bens do ativo não circulante imobilizado e intangível não poderá ser deduzido como despesa operacional, salvo se o bem adquirido tiver valor unitário não superior a R$ 1.200,00 (mil e duzentos reais) ou prazo de vida útil não superior a 1 (um) ano. (Redação dada pela Lei 12.973, de 2014).

Como se vê, nas despesas a dedutibilidade está condiciona a alguns pressupostos ou requisitos gerais: um *negativo* e outro *positivo*. Assim, salvo disposição em contrário, para ser dedutível, a despesa não pode: (i) constituir um custo; nem (ii) uma inversão de capital na aquisição ou na melhoria de bens do ativo não circulante (bens com vida útil superior a um ano utilizados na exploração das atividades do contribuinte) *imobilizado* (de natureza corpórea, *v.g.*, máquinas e equipamentos[233]) ou *intangível* (de natureza incorpórea, *v.g.*, marcas, patentes, *softwares*[234]). A despesa, por outro lado, deve ser: (a) *necessária* à obtenção da receita e à manutenção da fonte produtora; e (b) *normal* ou *usual* ao tipo de transação, operação ou atividade da empresa.

A primeira restrição faz todo o sentido, já que, sendo um *gasto ativável*, não há como qualificá-lo como despesa, porque não há uma mutação patrimonial negativa[235]. No entanto, o segundo

---

[231] Sobre o custo, ver também as disposições legais consolidadas nos arts. 301 (custo de aquisição), 302 (custo de produção) e 303 (quebras e perdas) do Decreto 9.580/2018.

[232] O art. 13 da Lei 9.249/1995 estabelece as vedações de dedutibilidade, que incidem independentemente do disposto no art. 47 da Lei 4.506/1964.

[233] Lei 6.404/1976: "Art. 179. [...] IV – no ativo imobilizado: os direitos que tenham por objeto bens corpóreos destinados à manutenção das atividades da companhia ou da empresa ou exercidos com essa finalidade, inclusive os decorrentes de operações que transfiram à companhia os benefícios, riscos e controle desses bens; (Redação dada pela Lei 11.638, de 2007)".

[234] Lei 6.404/1976: "Art. 179. [...] VI – no intangível: os direitos que tenham por objeto bens incorpóreos destinados à manutenção da companhia ou exercidos com essa finalidade, inclusive o fundo de comércio adquirido. (Incluído pela Lei 11.638, de 2007)".

[235] Nesses casos, a diminuição do valor resultante do desgaste pelo uso, ação da natureza e obsolescência normal, quando os bens do ativo forem intrinsecamente relacionados à produção ou à comercialização de

Parte Especial • Capítulo I • IMPOSTOS FEDERAIS | **447**

limitador causa uma perplexidade inicial. Afinal, como ninguém desconhece, as empresas têm como objetivo gerar lucros aos sócios. Por isso, todo empresário sempre busca reduzir as despesas não apenas ao necessário, como exige a lei, mas ao *estritamente necessário*, como requer a boa administração. Por outro lado, há casos legítimos em que, por inovação (ou mesmo tentativa de inovação, o que também é perfeitamente justificável), um administrador razoável pode assumir certas despesas consideradas anormais ou inusuais, mas que são necessárias para a introdução de novos processos, serviços ou produtos dentro das organizações. Todavia, é evidente que o legislador tributário, sendo conhecedor dessa realidade mais do que evidente, não pretendeu tolher a capacidade de inovação empresarial nem, menos ainda, determinar a realização de algo que todo administrador já faz e persegue, que é manter as despesas dentro do necessário.

A noção de despesa normal e necessária, como ensina Edmar Oliveira de Andrade Filho, foi uma construção da jurisprudência norte-americana, notadamente no caso *Welch v. Helverig*[236], julgado pela da Suprema Corte no ano de 1933[237], hoje incorporada à legislação do imposto de renda (*26 U.S. Code § 162 – Trade or business expenses*). Essa restrição, em linhas gerais, busca limitar a dedutibilidade às despesas comuns e aceitas no comércio ou negócio do contribuinte (*ordinary*) e às apropriadas para o negócio (*necessary*). Trata-se de um conceito aberto que, apesar de reiteradamente aplicado pela administração fiscal e pelos Tribunais, segundo Marvin A. Chirelstein, Professor da *Columbia Law School*, nunca teve o seu alcance totalmente esclarecido[238].

Restrição similar[239] pode ser encontrada na Itália, onde a dedutibilidade da despesa é vinculada a sua *inerência* às atividades da empresa. Esse requisito foi previsto inicialmente em uma lei do ano de 1877, que fazia referência expressa às *spese inerenti*[240]. O atual *Testo Unico delle Imposte sui Redditi*, no art. 109, 5, não usa a palavra inerente: "*As despesas e outros componentes negativos diversos de juros [...] são dedutíveis se e na medida em que se refiram a atividades ou bens dos quais derivam receitas ou outros proventos que contribuam para a formação da renda [...]*"[241]. Contudo, mesmo sem previsão legal específica, a doutrina e a jurisprudência entendem que a dedutibilidade está subordinada ao *principio di inerenza*[242].

No direito italiano, a *inerência* teve várias significações ao longo dos anos, sendo considerada um conceito jurídico em evolução. Por meio dele, admite-se o controle de situações nas quais o contribuinte busca uma economia do imposto mediante dedução de despesas não relacionadas ou estranhas ao negócio, de caráter pessoal ou familiar[243]. Ao longo de seu desenvolvimento, o princípio já representou uma exigência de *nexo causal*, de *utilidade* e *normalidade* da despesa.

---

bens e serviços, poderá ser computada como custo ou encargo, na forma do art. 57 da Lei 4.506/1964 e art. 13, III, da Lei 9.249/1995, observadas as taxas de depreciação definidas pela Receita Federal em função do prazo de vida útil do bem.

[236]   290 U.S. 111 (1933).

[237]   ANDRADE FILHO, Edmar Oliveira de. *Imposto de renda das empresas*. 11. ed. São Paulo: Atlas, 2014. p. 292 e ss.

[238]   CHIRELSTEIN, Marvin A. *Federal income taxation*. 11. ed. New York: Foundation Press, 2009. p. 138 e ss.

[239]   Essa restrição, segundo Andrade Filho, também inspirou o legislador brasileiro (ANDRADE FILHO, Edmar Oliveira de. *Imposto de renda das empresas*. 11. ed. São Paulo: Atlas, 2014. p. 264).

[240]   Art. 32 T.U. 24 agosto 1877 n. 4021.

[241]   Traduzimos. "5. Le spese e gli altri componenti negativi diversi dagli interessi passivi, tranne gli oneri fiscali [...] sono deducibili se e nella misura in cui si riferiscono ad attività o beni da cui derivano ricavi o altri proventi che concorrono a formare il reddito [...]". D.P.R. 22 dicembre 1986, n. 917.

[242]   Sobre o tema, cf.: LUPI, Raffaello. *Diritto tributario*: parte speciale: i sistemi dei singoli tributi. 8. ed. Milano: Giuffrè, 2005. p. 108 e ss.; FALSITTA, Gaspare. *Corso istituzionale di diritto tributario*. 8. ed. Milano: Cedam, 2022. p. 496 e ss.

[243]   Comentando a recente jurisprudência: GUCCIARDO, Livio. I fondamento giuridico del principio di inerenza nel reddito d'impresa: secondo un recente orientamento della Corte di Cassazione si tratta di un principio generale insito nella nozione di reddito d'impresa. *Novità fiscali: L'attualità del diritto tributario svizzero e Internazionale*. Manno: SUPSI, 2021. p. 23-29. Disponível em: https://novitafiscali.supsi.ch/1098/. Acesso em: 29 dez. 2022.

448 | CURSO DE DIREITO TRIBUTÁRIO – *Solon Sehn*

Contudo, no ano de 2018, a Corte de Cassação acolheu a concepção doutrinária que o relaciona com a manifestação de capacidade contributiva tributada, considerando-o um *princípio geral ínsito à noção de renda empresarial*. Dentro dessa interpretação, a inerência é tida como um vínculo objetivo e qualitativo, livre de referências aos conceitos de utilidade ou vantagem, que exprime a adequação ou a capacidade da despesa para contribuir na formação da renda, potencial ou em projeção futura, total ou parcial, direta ou indiretamente, sem, portanto, o caráter determinístico que fundamenta as relações causais[244].

No direito brasileiro, a dedutibilidade é expressamente subordinada ao requisito da inerência no art. 47 da Lei 12.973/2014 (dedução das contraprestações de arrendamento mercantil[245]) e no art. 13 da Lei 9.249/1995, quando disciplina a dedução das despesas de aluguel (inciso II[246]), de depreciação e de amortização de bens do ativo imobilizado, de reparos e conservação de bens móveis e imóveis (inciso III[247])[248]. A Lei 9.249/1995 estabelece que o critério deve ser aplicado "independentemente do disposto no art. 47 da Lei 4.506, de 30 de novembro de 1964". Entretanto, a doutrina interpreta que a *necessidade* requer a demonstração do vínculo de *inerência*

---

[244] Corte di Cassazione – Ordinanza 11 gennaio 2018, n. 450: "[...] l'inerenza esprime la riferibilità del costo sostenuto all'attività d'impresa, anche se in via indiretta, potenziale od in – proiezione futura, escludendo i costi che si collocano in una sfera estranea all'esercizio dell'impresa (giudizio qualitativo oggettivo). [...] Viceversa, l'inerenza deve essere apprezzata attraverso un giudizio qualitativo, scevro da riferimenti ai concetti di utilità o vantaggio, afferenti ad un giudizio quantitativo, e deve essere distinta anche dalla nozione di congruità del costo". Corte di Cassazione – Ordinanza 09 febbraio 2018, n. 3170: "[...] il principio dell'inerenza, quale vincolo alla deducibilità dei costi, discenda dall'art. 109, comma 5, TUIR, che si riferisce al diverso principio dell'indeducibilità dei costi relativi a ricavi esenti (ferma, ovviamente, l'inerenza), cioè alla cosiddetta 'correlazione tra costi deducibili e ricavi tassabili', mentre, come si afferma anche in dottrina, il principio di inerenza è principio generale inespresso, immanente alla nozione di reddito d'impresa, e la valutazione dell'inerenza di un costo all'attività d'impresa impone un giudizio di tipo qualitativo, che non necessariamente implica anche un giudizio quantitativo, e cioè di apprezzamento del costo in termini di congruità o antieconomicità, che non sono espressione dell'inerenza ma costituiscono meri indici sintomatici dell'inesistenza di tale requisito, ossia dell'esclusione del costo dall'ambito dell'attività d'impresa".

[245] "Art. 47. Poderão ser computadas na determinação do lucro real da pessoa jurídica arrendatária as contraprestações pagas ou creditadas por força de contrato de arrendamento mercantil, referentes a bens móveis ou imóveis intrinsecamente relacionados com a produção ou comercialização dos bens e serviços, inclusive as despesas financeiras nelas consideradas."

[246] "Art. 13. Para efeito de apuração do lucro real e da base de cálculo da contribuição social sobre o lucro líquido, são vedadas as seguintes deduções, independentemente do disposto no art. 47 da Lei 4.506, de 30 de novembro de 1964: [...] II – das contraprestações de arrendamento mercantil e do aluguel de bens móveis ou imóveis, exceto quando relacionados intrinsecamente com a produção ou comercialização dos bens e serviços."

[247] "Art. 13. [...] III – de despesas de depreciação, amortização, manutenção, reparo, conservação, impostos, taxas, seguros e quaisquer outros gastos com bens móveis ou imóveis, exceto se intrinsecamente relacionados com a produção ou comercialização dos bens e serviços."

[248] O parágrafo único art. 25 da IN SRF 11/1996 considera "intrinsecamente relacionados com a produção ou comercialização": (a) "Os bens móveis e imóveis utilizados no desempenho das atividades de contabilidade; (b) Os bens imóveis utilizados como estabelecimento da administração"; (c) "os bens móveis utilizados nas atividades operacionais, instalados em estabelecimento da empresa"; (d) "os veículos do tipo caminhão, caminhoneta de cabine simples ou utilitário, utilizados no transporte de mercadorias e produtos adquiridos para revenda, de matéria-prima, produtos intermediários e de embalagem aplicados na produção"; (e) "os veículos do tipo caminhão, caminhoneta de cabine simples ou utilitário, as bicicletas e motocicletas utilizados pelos cobradores, compradores e vendedores nas atividades de cobrança, compra e venda"; (f) "os veículos do tipo caminhão, caminhoneta de cabine simples ou utilitário, as bicicletas e motocicletas utilizados nas entregas de mercadorias e produtos vendidos"; (g) "os veículos de transporte coletivo de empregados"; (h) "os bens móveis e imóveis utilizados em pesquisa e desenvolvimento de produtos ou processos"; (i) "os bens móveis e imóveis próprios, locados pela pessoa jurídica que tenha a locação como objeto de sua atividade"; (j) "os bens móveis e imóveis objeto de arrendamento mercantil nos termos da Lei 6.099, de 1974, pela pessoa jurídica arrendadora"; (k) "os veículos utilizados na prestação de serviços de vigilância móvel, pela pessoa jurídica que tenha por objeto essa espécie de atividade".

entre a despesa e a atividade explorada pela pessoa jurídica, que constitui a fonte produtora dos rendimentos[249]. Não são consideradas necessárias, ademais, as liberalidades ou atos de favor do contribuinte. Por outro lado, entende-se por *normal* – sinônimo de *usual* – a despesa costumeira ou ordinária para o tipo de transação, operação ou atividades da empresa[250]. Essa interpretação não gera um resultado colidente com o que se considera *necessary expenses* – despesas apropriadas – nem *despesa inerente* – despesas adequadas – no direito comparado.

Como ressaltado anteriormente, um administrador razoável sempre procura reduzir as despesas não apenas ao necessário, mas ao *estritamente necessário*. As empresas visam ao lucro, de sorte que, se não observar essa regra prudencial, o negócio ficará comprometido. A rigor, o empresário só incorre em despesas não necessárias, se delas resultar algum ganho compensatório da redução da lucratividade. É precisamente esse o sentido da restrição legal. O legislador não pretendeu determinar algo que o administrador já faz e persegue ordinariamente na gestão dos negócios, que é a manutenção das despesas dentro do mínimo necessário. A limitação visa a impedir reduções indevidas da base imponível decorrentes de despesas estranhas ao negócio ou à manutenção da fonte produtora da renda, isto é, aquelas que reduzem o lucro societário, mas são efetivadas porque geram um benefício compensatório (uma liberalidade ou um ganho desproporcional) pessoal ao sócio ou pessoa jurídica relacionada, inclusive familiares ou empresas do grupo.

No ano de 2018, o Carf examinou um caso no qual uma determinada pessoa jurídica contraiu diversos empréstimos, contabilizando despesas financeiras em montantes significativos, ao mesmo tempo em que concedeu empréstimos a seu sócio e empresas relacionadas, sem a cobrança de encargos. A Turma Julgadora, com razão, entendeu que a despesa não se mostrava necessária, em razão do caráter de liberalidade do mútuo:

> Assunto: Imposto sobre a Renda de Pessoa Jurídica – IRPJ
>
> Ano-calendário: 2010, 2011
>
> Glosa de despesas financeiras. Mútuo sem ônus. Desnecessidade das despesas.
>
> Se a empresa obteve empréstimos junto a instituições financeiras, com previsão de pagamento de juros, e repassou recursos a terceiros por meio de contratos de mútuos sem previsão de recebimento de juros, as despesas de juros contabilizadas tornam-se não dedutíveis em razão do caráter de liberalidade atribuído ao mútuo sem ônus que foi concedido por ela.[251]

---

[249] Confira-se, nesse sentido, o entendimento de Andrade Filho: "Ao eleger o critério da necessidade, a lei requer a demonstração, em cada caso, de um vínculo de inerência entre os bens e serviços adquiridos e a atividade explorada pela pessoa jurídica e que constitui a fonte produtora dos rendimentos" (ANDRADE FILHO, Edmar Oliveira de. *Imposto de renda das empresas*. 11. ed. São Paulo: Atlas, 2014. p. 294). Este que, por sua vez, não diverge da interpretação de Mariz de Oliveira "[...] pode-se dizer, sem medo de errar, que uma despesa é necessária quando ela for inerente à atividade da empresa ou à sua fonte produtora, ou for dela decorrente, ou com ela for relacionada, ou surgir em virtude da simples existência da empresa e do papel social que ela desempenha" (OLIVEIRA, Ricardo Mariz de. *Fundamentos do imposto de renda*. São Paulo: Quartier Latin, 2008. p. 696).

[250] Sobre o tema, cf.: ANDRADE FILHO, Edmar Oliveira de. *Imposto de renda das empresas*. 11. ed. São Paulo: Atlas, 2014. p. 293 e ss.; PEIXOTO, Marcelo Magalhães. *Imposto de renda das pessoas jurídicas: o conceito de despesa dedutível à luz da jurisprudência do Carf – Conselho Administrativo de Recursos Fiscais*. São Paulo: MP, 2011. p. 93 e ss.; OLIVEIRA, Ricardo Mariz de. *Fundamentos do imposto de renda*. São Paulo: Quartier Latin, 2008. p. 687. De acordo com o Parecer Normativo CST 32/1981: um gasto é necessário "quando essencial a qualquer transação ou operação exigida pela exploração das atividades principais ou acessórias, que estejam vinculadas com as fontes produtoras dos rendimentos"; despesa normal é "aquela que se verifica comumente no tipo de operação ou transação efetuada e que, na realização do negócio, se apresenta de forma usual, costumeira ou ordinária".

[251] Carf, 1ª S., 4ª C., 1ª TO, Ac. 1401-002.736, Rel. Cons. Luiz Rodrigo de Oliveira Barbosa, public. 24.09.2018.

450 CURSO DE DIREITO TRIBUTÁRIO – *Solon Sehn*

Portanto, a despesa necessária é aquela que apresenta um vínculo objetivo e qualitativo de *inerência*, o que exprime a sua adequação para a manutenção da fonte produtora ou para a geração da receita. Isso abrange não apenas os gastos diretos, como também os indiretamente relacionados a esses fins. Ao mesmo tempo, afasta do seu âmbito conceitual as despesas estranhas aos objetivos societários, que reduzem o lucro em razão de um benefício compensatório pessoal ao sócio ou para partes relacionadas, podendo ser uma liberalidade ou um ganho manifestamente desproporcional em uma operação *prima facie* legítima[252]. O mesmo se aplica às liberalidades em favor de terceiros, desde que estranhas ao negócio.

Não se pode afastar a dedutibilidade de toda e qualquer liberalidade. Como diz a frase popularizada no título do livro do economista Milton Friedman, *não existe essa coisa de almoço grátis*. Uma empresa, ao comprar, por exemplo, ingressos de uma final de campeonato de futebol para presentear aos seus principais clientes, não tem a menor intenção de perder ou de reduzir a sua lucratividade. Ao contrário, isso é realizado porque o cliente foi importante para o resultado da companhia ou por razões de fidelização, enfim, objetivos indiretamente relacionados ao negócio. As liberalidades também devem ser interpretadas em consonância com o critério de inerência, devendo ser negada a dedução apenas daquelas que são estranhas ao negócio, que geram um ganho pessoal ao sócio ou partes relacionadas[253].

Um caso interessante, a esse propósito, foi julgado pela 2ª Turma do STJ, que manteve a glosa de despesas com a compra de ingressos de Fórmula 1 e Fórmula Indy adquiridos por uma determinada empresa para distribuição gratuita como estratégia de propaganda:

> Tributário. Dedução de imposto de renda de pessoa jurídica. Ausência de omissão, art. 535, II, do CPC. Distribuição de ingressos para as Fórmulas 1 e Indy. Mera liberalidade. Empresa tabagista. Philip Morris. Interpretação restritiva do dispositivo legal.
>
> 1. Não se configurou a ofensa ao art. 535, I e II, do Código de Processo Civil, uma vez que o Tribunal de origem julgou integralmente a lide e solucionou a controvérsia, tal como lhe foi apresentada.
>
> 2. O TRF concluiu que as despesas relativas à compra e distribuição de ingressos para as Fórmulas 1 e Indy não podem ser definidas como despesas de propaganda, pois foram realizadas por mera liberalidade.
>
> 3. O ponto central da discussão reside em saber se a compra e a distribuição de ingressos para as Fórmulas 1 e Indy, por empresa tabagista, se constituem em mera liberalidade, porquanto não representam atividade essencial da empresa, ou podem ser consideradas como despesa de propaganda. O art. 54 da Lei 4.506/1964, que dispõe sobre as despesas que poderão ser computadas como de propaganda, a fim de obter a dedução do imposto de renda de pessoa jurídica, não albergou em seus incisos a hipótese sub judice, portanto

---

[252] O requisito da inerência, como destaca Raffaello Lupi, também se aplica em relação às "[...] despesas que teoricamente também poderiam ter uma utilidade para a empresa, como despesas de alimentação e hospedagem (que o contribuinte afiram a necessidade em relação a viagens de negócios), de transportes e para automóveis, representação etc." (LUPI, Raffaello. *Diritto tributario*: parte speciale: i sistemi dei singoli tributi. 8. ed. Milano: Giuffrè, 2005. p. 108): "[...] quelle spese che astrattamente potrebbero anche avere una utilità per l'impresa, come spese di vitto e alloggio (di cui il contribuente afferma la necessità in relazione a viaggi d'affari), di trasporto e per autoveicoli, di rappresentanza etc.)".

[253] De acordo com o Parecer Normativo CST 322/1971: "Despesas com relações públicas em geral, tais como, almoço, recepções, festas de congraçamento etc., efetuadas por empresas, como necessárias à intermediação de negócios próprios de seu objeto social, para serem dedutíveis da receita bruta operacional, deverão guardar estrita correlação com a realização das transações ou operações exigidas pela atividade da empresa, além de rigorosamente escudadas em todos os elementos comprobatórios que permitem sua aceitabilidade pela Fiscalização, limitando-se tais despesas a razoável montante, sob pena de sua inaceitação e tributando-se as quantias glosadas de acordo com os artigos 243, letra *l*; 251, letra *e* e 252, letra *d*, do RIR".

Parte Especial • Capítulo I • IMPOSTOS FEDERAIS | **451**

não pode o Poder Judiciário alargar a compreensão de norma tributária que concede dedução ao imposto de renda, pois a sua interpretação deve ser restritiva.

4. Recurso especial não provido[254].

Nesse caso específico, a compra dos ingressos foi justificada como estratégia de propaganda, o que, entretanto, é objeto de disciplina específica no art. 54 da Lei 4.506/1964. Esse dispositivo restringe os efeitos do princípio da inerência, vinculando a dedutibilidade à presença de uma vinculação direta com o objeto da empresa: "Somente serão admitidas como despesas de propaganda, desde que *diretamente* relacionadas com a atividade explorada pela empresa: [...]"[255]. O STJ entendeu ainda que houve uma *mera liberalidade*, não visualizando, portanto, uma relação de adequação entre a despesas e a manutenção da fonte ou para a geração da receita. O precedente não impede que, diante de particularidades de outro caso concreto, a questão receba um encaminhamento distinto.

Também são inerentes ao negócio as despesas impostas por lei. Nesse grupo, enquadram-se, por exemplo, as embalagens especiais para o transporte de laticínios previstas na regulamentação técnica da Agência Nacional de Vigilância Sanitária (Anvisa), que exigem o acondicionamento dos produtos acabados em estrados e a colocação de plásticos e filmes do tipo *strecht*, de forma a impedir a contaminação e a ocorrência de alteração ou de danos ao recipiente durante a estocagem e o transporte[256].

A esse propósito, ao reverter a glosa de gastos com obras de contenção de resíduos industriais, entendeu o Carf que: "As despesas com obras e benfeitorias visando o cumprimento da legislação ambiental não tem caráter de liberalidade. Ao contrário, devem ser entendidas como necessárias e vinculadas ao objeto da pessoa jurídica, principalmente em relação àquelas que exercem atividade potencialmente impactante ao meio ambiente"[257].

Outra controvérsia diz respeito às multas por infrações administrativas e tributárias. O § 5º do art. 41 da Lei 8.981/1995 estabelece que: "Art. 41. [...] § 5º Não são dedutíveis como custo ou despesas operacionais as multas por infrações fiscais, salvo as de natureza compensatória e as impostas por infrações de que não resultem falta ou insuficiência de pagamento de tributo". Considerando previsão idêntica, já revogada (Decreto-lei 1.598/1977, art. 16, § 4º[258]), o Parecer Normativo CST 61/1979 entendeu que a regra é a indedutibilidade das multas por infrações fiscais, excepcionada apenas em duas categorias: multas compensatórias e multas por infrações de que não resultem falta ou insuficiência de pagamento de tributos. Portanto, são dedutíveis as multas de mora e as multas isoladas (por infrações formais) e indedutíveis, as multas por lançamento de ofício. Quanto às multas de natureza não tributária, como as multas de trânsito, o estudo conclui pela impossibilidade de dedução:

> 6.1 – O parágrafo 4º do artigo 16 do Decreto-lei 1.598/77 diz respeito especificamente às multas impostas pela legislação tributária. A ele são estranhas as multas decorrentes de infração a normas de natureza não tributária, tais como as leis administrativas (Trânsito, Sunab etc.), penais, trabalhistas etc.

---

254   STJ, 2ª T., REsp 1.536.854, Rel. Min. Herman Benjamin, *DJe* 17.11.2015.

255   Ressalte-se que, de acordo com o art. 54 da Lei 7.450/1985: "Art. 54. As despesas de propaganda são dedutíveis nas condições estabelecidas pela Lei 4.506, de 30 de novembro de 1964, segundo o regime de competência".

256   Portaria SVS/MS 326, de 30 de julho de 1997, itens 5.3.10 e 8.8.1.

257   Carf, 1ª S., 3ª C., 1ª TO, Ac. 1301-00.243, Rel. Cons. Leonardo de Andrade Souto, S. 10.10.2009.

258   "Art. 16. [...] § 4º Não são dedutíveis como custos ou despesas operacionais as multas por infrações fiscais, salvo as de natureza compensatória e as impostas por infrações de que não resultem falta ou insuficiência de pagamento de tributo. (Revogado pela Lei 8.541, de 1992)"

6.2 – Por Refugirem ao alcance da norma específica, essas multas caem nas malhas do preceito legal inscrito artigo 162 do RIR/75, o qual condiciona a dedutibilidade das despesas a que elas sejam necessárias à atividade da empresa e à manutenção da respectiva fonte produtora. Ora, é inadmissível entender que se revistam desses atributos despesas relativas a atos e omissões, proibidos e punidos por norma de ordem pública. Assim, as multas impositivas por transgressões de leis de natureza não tributária serão indedutíveis.

O art. 162 do Regulamento do IR de 1975 repete o disposto no art. 47 da Lei 4.506/1964, transcrito anteriormente, de modo que, mesmo hoje, o parecer continua sendo aplicado pelas autoridades fiscais. Entretanto, a vedação para a dedução de multas por infrações de natureza não tributária deve ser revisada. Em primeiro lugar, porque, embora nenhuma empresa tenha por objeto a prática de infrações, essas infelizmente ocorrem na prática e, uma vez cominada a penalidade, o pagamento é uma obrigação legal, podendo acarretar restrições negociais aos implicados. Em segundo lugar, porque os tributos não podem constituir, mesmo indiretamente, uma medida punitiva a um comportamento reprovável contrário à ordem jurídica, o que também implica a vedação para adotar a ilicitude da conduta como limitador de deduções. Uma medida dessa natureza, além de violar o princípio da capacidade contributiva, representaria uma dupla penalização, porquanto o ilícito praticado pelo contribuinte já foi sancionado com a multa pecuniária[259]. Portanto, em determinadas situações, dependendo das particularidades do caso concreto, pode ser admitida a dedução. É necessária, porém, a vinculação com as atividades da empresa[260].

Registre-se que, em julgado de julho de 2023, a CSRF do Carf adotou interpretação inovadora acerca dessa matéria, admitindo a dedutibilidade de multas de natureza tributária com base no princípio da *pecunia non olet*:

Assunto: imposto sobre a renda de pessoa jurídica (IRPJ)

Ano-calendário: 2009

Multas pelo descumprimento de deveres não tributários

É da natureza da prática empresarial submeter-se ao imponderável, inclusive no âmbito dos deveres jurídicos. Para o exercício de atividades econômicas, é absolutamente necessário atirar-se num vasto campo do imprevisível e suportar as suas consequências, inclusive aquelas de índole punitiva. Na verdade, podemos dizer com a mais absoluta segurança que é praticamente impossível, em muitos setores econômicos, conseguir guiar um empreendimento sem arcar com multas impostas pela administração pública. O risco faz parte do negócio, e suas consequências também, inclusive aquelas de cunho pecuniário punitivo. Desse modo, das multas impostas pela Administração Pública correlatas ao exercício da atividade do empresário, apenas aquelas decorrentes do descumprimento de obrigações tributárias principais não são dedutíveis em razão de expressa previsão legal (§ 5º, art. 41, Lei 8.981/95).

Ademais, o princípio da *pecunia non olet*, esteio axiológico da tributação do fruto de atividades ilícitas, possui caráter neutro e, desse modo, aplica-se aos elementos positivos, mas também aos negativos que integram o conceito de renda, de modo a não distorcer as características do evento indicativas da dimensão econômica alcançável pela tributação[261].

---

[259] No direito italiano, a legislação veda a dedução de custas e despesas imputáveis a fatos constitutivos de crime, o que, por outro lado, é considerado uma sanção política (LUPI, Raffaello. *Diritto tributario*: parte speciale: i sistemi dei singoli tributi. 8. ed. Milano: Giuffrè, 2005. p. 110).

[260] Ver art. 94, § 2º, do Decreto-lei 37/1966.

[261] Carf, CSRF, 1ª T., Rel. desig. Cons. Guilherme Adolfo dos Santos Mendes, j. 12.07.2023.

Parte Especial • Capítulo I • IMPOSTOS FEDERAIS | **453**

Por fim, de acordo com o art. 1º da Lei 9.316/1996, "o valor da contribuição social sobre o lucro líquido não poderá ser deduzido para efeito de determinação do lucro real, nem de sua própria base de cálculo". Esse preceito foi questionado no Judiciário. O STF, por sua vez, definiu que: "É constitucional a proibição de deduzir-se o valor da Contribuição Social sobre o Lucro Líquido – CSLL do montante apurado como lucro real, que constitui a base de cálculo do Imposto de Renda de Pessoa Jurídica – IRPJ" (Tema 75[262]).

3.6.1.2.4 Preços de transferência

Os preços de transferência são aqueles praticados por determinadas empresas que, em razão de um vínculo de interdependência, podem não refletir os preços correntes em operações de comércio exterior de produtos ou de intangíveis economicamente comparáveis, inclusive na prestação de serviços. Atualmente, transações dessa natureza representam entre 60% e 70% do valor das operações globais de importação e de exportação[263]. Nelas os preços são definidos a partir de critérios diferentes da lógica de mercado[264]. É esperado que, dentro de um objetivo de maximização de resultados, ocorram alocações dirigidas das margens de lucro entre as unidades globais de uma mesma empresa multinacional. As principais causas que podem levar a isso são estratégias de expansão para novos mercados, medidas de defesa contra práticas equivalentes adotadas pela concorrência, políticas governamentais locais, ganhos comerciais ou financeiros, além, evidentemente, da economia fiscal[265]. Essas operações também abrem espaço para práticas abusivas de manipulação do preço da importação e da exportação. O controle comum, afinal, permite o superfaturamento e o aumento artificial do custo aquisição do produto, com o consequente deslocamento de lucros do grupo econômico para países com tributação favorecida[266]. Por isso, há uma preocupação comum por parte dos legisladores em fazer frente a essas operações.

---

[262] STF, RE 582.525, Rel. Min. Joaquim Barbosa, *DJe* 07.02.2014.

[263] *Jornal Valor Econômico*, São Paulo, 9 mar. 2015. Disponível em: http://www.valor.com.br. Acesso em: 9 mar. 2015. GALVAÑ, Gemma Sala. *Los precios de transferencia internacionales:* su tratamiento tributario. Valencia: Tirant lo Blanch, 2003. p. 41. Segundo Tânia Carvalhais Pereira, "[...] as transações entre entidades relacionadas representam mais de 60% do comércio internacional, em termos de valor [...]" (PEREIRA, Tânia Carvalhais. *Direito aduaneiro europeu*: vertente tributária. Lisboa: Universidade Católica Editora, 2020. p. 165). Sobre o tema dos preços de transferência, cf.: SCHOUERI, Luís Eduardo; ROCHA, Valdir de Oliveira (coord.). *Tributos e preços de transferência*. São Paulo: Dialética, 1999. v. 2; SCHOUERI, Luís Eduardo. *Preços de transferência no direito tributário brasileiro*. 3. ed. São Paulo: Dialética, 2013; BARRETO, Paulo Ayres. *Imposto sobre a renda e preços de transferência*. São Paulo: Dialética, 2001.

[264] Tome-se o seguinte exemplo: uma empresa tem uma central de aquisição de matérias-primas em um determinado país, que compra e distribui os insumos para diversas fábricas do mesmo grupo em países diferentes. Essa é uma realidade em muitos setores e, em geral, ocorre por razões comerciais (a concentração das compras aumenta o volume e permite uma negociação melhor com o fornecedor) ou financeiras (as instituições do país onde está situado a central de compras podem oferecer condições mais favoráveis de acesso ao crédito, o que permite o financiamento da compra de insumos a custos financeiros reduzidos). Nesses casos, a pessoa jurídica que atua como central de compras deve ter uma margem de lucro compatível com sua atuação, o que, inclusive, pode repercutir na parte variável da remuneração de seus executivos. Contudo, as filiais industriais também necessitam lucrar em suas operações, o que, por outro lado, depende da redução do custo de aquisição dos insumos. Daí que, não raras vezes, surge uma tensão interna entre os executivos, porque os responsáveis pela gestão das indústrias desejam aumentar a sua margem (não só em razão de sua remuneração variável, mas para a demonstração de eficiência e de resultados operacionais aos acionistas). Tais fatores fazem com que, mesmo tratando-se de empresas do mesmo grupo, surja uma dificuldade na precificação das operações, criando a necessidade de definição interna de bases objetivas de alocação de margens de geração ou de agregação de valor, com repercussão na temática dos preços de transferência e na valoração aduaneira.

[265] GALVAÑ, Gemma Sala. *Los precios de transferencia internacionales:* su tratamiento tributario. Valencia: Tirant lo Blanch, 2003. p. 44 e ss.

[266] Sobre o tema, cf.: SEHN, Solon. *Imposto de importação*. São Paulo: Noeses, 2016. p. 141 e ss.

454 | CURSO DE DIREITO TRIBUTÁRIO – *Solon Sehn*

Embora com métodos diferentes e ainda sem uma uniformidade, a maioria dos países estabelece critérios para aferir se o preço transacionado foi estabelecido nos mesmos patamares (preço sem interferência) que teria sido em uma operação em condições de livre concorrência entre partes independentes (princípio *arm's lenght*)[267].

No direito brasileiro, até o ano de 2024, o art. 18 da Lei 9.430/1996 estabeleceu que, na apuração do lucro real, a dedutibilidade de custos de aquisição de produtos importados de empresa vinculada[268] será limitada ao preço determinado em função de três métodos, que, por sua vez, incidem de acordo com a opção do sujeito passivo formalizada no início do ano-calendário[269]: o Método dos Preços Independentes Comparados (PIC)[270]; Método do Preço de Revenda menos Lucro (PRL)[271]; e o Método do Custo de Produção mais

---

[267] BARRETO, Paulo Ayres. *Imposto sobre a renda e preços de transferência*. São Paulo: Dialética, 2001. p. 102-103.

[268] São considerados partes vinculadas à pessoa jurídica domiciliada no Brasil, nos termos do art. 23 da Lei 9.430/1996: (a) a matriz domiciliada no exterior; (b) a filial ou sucursal domiciliada no exterior; (c) a pessoa física ou jurídica, residente ou domiciliada no exterior, cuja participação societária no seu capital social a caracterize como sua controladora ou coligada (§§ 1º e 2º do art. 243 da Lei 6.404/1976); (d) a pessoa jurídica domiciliada no exterior que seja caracterizada como sua controlada ou coligada (§§ 1º e 2º do art. 243 da Lei 6.404/1976); (e) a pessoa jurídica domiciliada no exterior, quando esta e a empresa domiciliada no Brasil estiverem sob controle societário ou administrativo comum ou quando pela menos dez por cento do capital social de cada uma pertencer a uma mesma pessoa física ou jurídica; (f) a pessoa física ou jurídica, residente ou domiciliada no exterior, que, em conjunto com a pessoa jurídica domiciliada no Brasil, tiver participação societária no capital social de uma terceira pessoa jurídica, cuja soma as caracterizem como controladoras ou coligadas desta (§§ 1º e 2º do art. 243 da Lei 6.404/1976); (g) a pessoa física ou jurídica, residente ou domiciliada no exterior, que seja sua associada, na forma de consórcio ou condomínio, conforme definido na legislação brasileira, em qualquer empreendimento; (h) a pessoa física residente no exterior que for parente ou afim até o terceiro grau, cônjuge ou companheiro de qualquer de seus diretores ou de seu sócio ou acionista controlador em participação direta ou indireta; (i) a pessoa física ou jurídica, residente ou domiciliada no exterior, que goze de exclusividade, como seu agente, distribuidor ou concessionário, para a compra e venda de bens, serviços ou direitos; (j) a pessoa física ou jurídica, residente ou domiciliada no exterior, em relação à qual a pessoa jurídica domiciliada no Brasil goze de exclusividade, como agente, distribuidora ou concessionária, para a compra e venda de bens, serviços ou direitos.

[269] De acordo com a IN RFB 1.312/2012: "Art. 40. A partir do ano-calendário de 2012, a opção por um dos métodos previstos nos Capítulos II e III será efetuada para o ano-calendário e não poderá ser alterada pelo contribuinte uma vez iniciado o procedimento fiscal, salvo quando, em seu curso, o método ou algum de seus critérios de cálculo venha a ser desqualificado pela fiscalização, situação esta em que deverá ser intimado o sujeito passivo para, no prazo de 30 (trinta) dias, apresentar novo cálculo de acordo com qualquer outro método previsto na legislação".

[270] "I – Método dos Preços Independentes Comparados – PIC: definido como a média aritmética ponderada dos preços de bens, serviços ou direitos, idênticos ou similares, apurados no mercado brasileiro ou de outros países, em operações de compra e venda empreendidas pela própria interessada ou por terceiros, em condições de pagamento semelhantes; (Redação dada pela Lei 12.715, de 2012) [...]."

[271] "II – Método do Preço de Revenda menos Lucro – PRL: definido como a média aritmética ponderada dos preços de venda, no País, dos bens, direitos ou serviços importados, em condições de pagamento semelhantes e calculados conforme a metodologia a seguir: (Redação dada pela Lei 12.715, de 2012)
a) preço líquido de venda: a média aritmética ponderada dos preços de venda do bem, direito ou serviço produzido, diminuídos dos descontos incondicionais concedidos, dos impostos e contribuições sobre as vendas e das comissões e corretagens pagas; (Redação dada pela Lei 12.715, de 2012) (Vigência)
b) percentual de participação dos bens, direitos ou serviços importados no custo total do bem, direito ou serviço vendido: a relação percentual entre o custo médio ponderado do bem, direito ou serviço importado e o custo total médio ponderado do bem, direito ou serviço vendido, calculado em conformidade com a planilha de custos da empresa; (Redação dada pela Lei 12.715, de 2012)
c) participação dos bens, direitos ou serviços importados no preço de venda do bem, direito ou serviço vendido: aplicação do percentual de participação do bem, direito ou serviço importado no custo total, apurada conforme a alínea b, sobre o preço líquido de venda calculado de acordo com a alínea a; (Redação dada pela Lei 12.715, de 2012)
d) margem de lucro: a aplicação dos percentuais previstos no § 12, conforme setor econômico da pessoa jurídica sujeita ao controle de preços de transferência, sobre a participação do bem, direito ou serviço

Lucro (CPL)[272]. Na exportação, por sua vez, os métodos eram os seguintes, previstos no § 3º do art. 19: Método do Preço de Venda nas Exportações (PVEx[273]); Método do Preço de Venda por Atacado no País de Destino, Diminuído do Lucro (PVA[274]); Método do Preço de Venda a Varejo no País de Destino, Diminuído do Lucro (PVV[275]); Método do Custo de Aquisição ou de Produção mais Tributos e Lucro (CAP[276]). Se o produto exportado for uma *commodity* com cotação em bolsas de mercadorias e futuros reconhecidas internacionalmente, incide o Método do Preço sob Cotação na Exportação (PECEX[277]).

Também há restrições para a dedutibilidade de juros[278] pagos ou creditados a pessoa vinculada[279], assim como margens de lucro presumidas para determinadas operações e segmentos econômicos. Essas podem ser alteradas mediante requerimento instruído com relatórios ou notas explicativas de preços de transferência, o que, entretanto, é uma medida excepcional e de difícil

---

importado no preço de venda do bem, direito ou serviço vendido, calculado de acordo com a alínea *c*; e (Redação dada pela Lei 12.715, de 2012)

1. (revogado); (Redação dada pela Lei 12.715, de 2012)

2. (revogado); (Redação dada pela Lei 12.715, de 2012)

e) preço parâmetro: a diferença entre o valor da participação do bem, direito ou serviço importado no preço de venda do bem, direito ou serviço vendido, calculado conforme a alínea *c*; e a 'margem de lucro', calculada de acordo com a alínea *d*; e (Redação dada pela Lei 12.715, de 2012)

[...]."

[272] "III – Método do Custo de Produção mais Lucro – CPL: definido como o custo médio ponderado de produção de bens, serviços ou direitos, idênticos ou similares, acrescido dos impostos e taxas cobrados na exportação no país onde tiverem sido originariamente produzidos, e de margem de lucro de 20% (vinte por cento), calculada sobre o custo apurado. (Redação dada pela Lei 12.715, de 2012)"

[273] "I – Método do Preço de Venda nas Exportações – PVEx: definido como a média aritmética dos preços de venda nas exportações efetuadas pela própria empresa, para outros clientes, ou por outra exportadora nacional de bens, serviços ou direitos, idênticos ou similares, durante o mesmo período de apuração da base de cálculo do imposto de renda e em condições de pagamento semelhantes."

[274] "II – Método do Preço de Venda por Atacado no País de Destino, Diminuído do Lucro – PVA: definido como a média aritmética dos preços de venda de bens, idênticos ou similares, praticados no mercado atacadista do país de destino, em condições de pagamento semelhantes, diminuídos dos tributos incluídos no preço, cobrados no referido país, e de margem de lucro de quinze por cento sobre o preço de venda no atacado."

[275] "III – Método do Preço de Venda a Varejo no País de Destino, Diminuído do Lucro – PVV: definido como a média aritmética dos preços de venda de bens, idênticos ou similares, praticados no mercado varejista do país de destino, em condições de pagamento semelhantes, diminuídos dos tributos incluídos no preço, cobrados no referido país, e de margem de lucro de trinta por cento sobre o preço de venda no varejo."

[276] "IV – Método do Custo de Aquisição ou de Produção mais Tributos e Lucro – CAP: definido como a média aritmética dos custos de aquisição ou de produção dos bens, serviços ou direitos, exportados, acrescidos dos impostos e contribuições cobrados no Brasil e de margem de lucro de quinze por cento sobre a soma dos custos mais impostos e contribuições."

[277] "Art. 19-A. O Método do Preço sob Cotação na Exportação – PECEX é definido como os valores médios diários da cotação de bens ou direitos sujeitos a preços públicos em bolsas de mercadorias e futuros internacionalmente reconhecidas. (Incluído pela Lei 12.715, de 2012)"

[278] Como destaca Ramon Tomazela, "o tema do endividamento excessivo assume ainda maior relevância nas operações transfronteiriças realizadas com partes vinculadas ou com partes em jurisdições com tributação favorecida ou em regimes fiscais privilegiados, pois o pagamento de juros, em tais circunstâncias, permite a erosão de bases tributárias e a transferência de renda de países de alta tributação para países de baixa tributação" (TOMAZELA, Ramon. *O imposto de renda e as regras de subcapitalização*. São Paulo: Thomson Reuters, 2023. p. 12).

[279] "Art. 22. Os juros pagos ou creditados a pessoa vinculada somente serão dedutíveis para fins de determinação do lucro real até o montante que não exceda ao valor calculado com base em taxa determinada conforme este artigo acrescida de margem percentual a título de spread, a ser definida por ato do Ministro de Estado da Fazenda com base na média de mercado, proporcionalizados em função do período a que se referirem os juros. (Redação dada pela Lei 12.766, de 2012)"

456 | CURSO DE DIREITO TRIBUTÁRIO – *Solon Sehn*

obtenção[280]. Essas limitações de dedutibilidade, apesar de criticáveis em alguns aspectos, são métodos legítimos para evitar que, por meio do superfaturamento de preços, ocorra a redução do lucro tributável da unidade local da empresa de um grupo econômico, evitando a alocação artificial do rendimento no exterior.

Essas regras foram alteradas pela Lei 14.596/2023, resultante da conversão da Medida Provisória 1.152/2002, que visa a adequar a legislação brasileira aos parâmetros da OCDE. Não há mais margens de lucros fixas. A legislação prevê a realização de *ajustes* (*espontâneos*[281], *compensatórios*[282] e *primários*)[283] na base de cálculo do IRPJ e da CSLL, resultantes da seleção do método mais apropriado entre o PIC[284], PRL[285], MCL[286], MLT[287] e MDL[288]. Admite-se ainda o emprego de metodologia alternativa que produza resultado consistente com aquele que seria alcançado em transações comparáveis entre partes não relacionadas[289].

---

[280] Portaria MF 222/2008: "Art. 3º As solicitações de alteração de percentuais, nas importações, deverão ser instruídas por relatórios ou notas explicativas embasados por estudo ou pesquisa que demonstre, observados os requisitos que assegurem a comparabilidade das transações pesquisadas com as da pessoa jurídica interessada, que a margem de lucro pleiteada é praticada por outras pessoas jurídicas independentes, em transações com não vinculadas; e é incompatível com a margem estabelecida pela legislação". Por outro lado, de acordo com a IN RFB 1.312/2012: "Art. 45. Os percentuais de que tratam os Capítulos II e III poderão ser alterados por determinação do Ministro de Estado da Fazenda"; "§ 1º As alterações de percentuais a que se refere este artigo serão efetuadas em caráter geral, setorial ou específico, de ofício ou em atendimento a solicitação de entidade de classe representativa de setor da economia, em relação aos bens, serviços ou direitos objeto de operações por parte das pessoas jurídicas representadas, ou, ainda, em atendimento a solicitação da própria pessoa jurídica interessada"; "§ 2º Aos pedidos de alteração de percentuais, efetuados por setor econômico ou por pessoa jurídica, aplicam-se as normas relativas aos processos de consulta de que trata o Decreto 70.235, de 6 de março de 1972 – Processo Administrativo Fiscal (PAF)"; "Art. 46. A Cosit fica incumbida da análise dos pleitos de alteração de percentual a que se refere o § 2º do art. 45, devendo, para cada caso, propor, ao Secretário da Receita Federal do Brasil, a solução a ser submetida à aprovação do Ministro de Estado da Fazenda".

[281] "Art. 17. Para fins do disposto nesta Lei, considera-se: [...] I – ajuste espontâneo: aquele efetuado pela pessoa jurídica domiciliada no Brasil diretamente na apuração da base de cálculo dos tributos a que se refere o parágrafo único do art. 1º, com vistas a adicionar o resultado que seria obtido caso os termos e as condições da transação controlada tivessem sido estabelecidos de acordo com o princípio previsto no art. 2º desta Lei; [...].

[282] "Art. 17. Para fins do disposto nesta Lei, considera-se: [...] ajuste compensatório: aquele efetuado pelas partes da transação controlada até o encerramento do ano-calendário em que for realizada a transação, com vistas a ajustar o seu valor de tal forma que o resultado obtido seja equivalente ao que seria obtido caso os termos e as condições da transação controlada tivessem sido estabelecidos de acordo com o princípio previsto no art. 2º desta Lei; [...].

[283] "Art. 17. Para fins do disposto nesta Lei, considera-se: [...] ajuste primário: aquele efetuado pela autoridade fiscal, com vistas a adicionar à base de cálculo dos tributos a que se refere o parágrafo único do art. 1º os resultados que seriam obtidos pela pessoa jurídica domiciliada no Brasil caso os termos e as condições da transação controlada tivessem sido estabelecidos de acordo com o princípio previsto no art. 2º desta Lei."

[284] "Art. 11. [...] Preço Independente Comparável (PIC), que consiste em comparar o preço ou o valor da contraprestação da transação controlada com os preços ou os valores das contraprestações de transações comparáveis realizadas entre partes não relacionadas; [...].

[285] "Art. 11. [...] II – Preço de Revenda menos Lucro (PRL), que consiste em comparar a margem bruta que um adquirente de uma transação controlada obtém na revenda subsequente realizada para partes não relacionadas com as margens brutas obtidas em transações comparáveis realizadas entre partes não relacionadas;"

[286] "Art. 11. [...] III – Custo mais Lucro (MCL), que consiste em comparar a margem de lucro bruto obtida sobre os custos do fornecedor em uma transação controlada com as margens de lucro bruto obtidas sobre os custos em transações comparáveis realizadas entre partes não relacionadas; [...].

[287] "Art. 11. [...] Margem Líquida da Transação (MLT), que consiste em comparar a margem líquida da transação controlada com as margens líquidas de transações comparáveis realizadas entre partes não relacionadas, ambas calculadas com base em indicador de rentabilidade apropriado; [...].

[288] "Art. 11. [...] Divisão do Lucro (MDL), que consiste na divisão dos lucros ou das perdas, ou de parte deles, em uma transação controlada de acordo com o que seria estabelecido entre partes não relacionadas em uma transação comparável, consideradas as contribuições relevantes fornecidas na forma de funções desempenhadas, de ativos utilizados e de riscos assumidos pelas partes envolvidas na transação; [...]."

[289] "Art. 11. [...] VI – outros métodos, desde que a metodologia alternativa adotada produza resultado consistente com aquele que seria alcançado em transações comparáveis realizadas entre partes não relacionadas."

Parte Especial • Capítulo I • IMPOSTOS FEDERAIS | **457**

O método será *mais apropriado*, de acordo com do § 1º do art. 11, quando fornecer *a determinação mais confiável dos termos e das condições que seriam estabelecidos entre partes não relacionadas em uma transação comparável*, considerados inclusive os seguintes aspectos: (a) os fatos e as circunstâncias da transação controlada e a adequação do método em relação à natureza da transação, determinada especialmente a partir da análise das funções desempenhadas, dos riscos assumidos e dos ativos utilizados pelas partes envolvidas na transação controlada; (b) a disponibilidade de informações confiáveis de transações comparáveis realizadas entre partes não relacionadas necessárias à aplicação consistente do método; e (c) o grau de comparabilidade entre a transação controlada e as transações realizadas entre partes não relacionadas, incluídas a necessidade e a confiabilidade de se efetuarem ajustes para eliminar os efeitos de eventuais diferenças entre as transações comparadas[290].

As novas regras de preços de transferência entraram em vigor no dia 1º de janeiro de 2024, sendo assegurado ao contribuinte, entretanto, optar por aplicá-las já no ano de 2023[291].

3.6.1.2.5 Vedações de dedutibilidade

A legislação do IRPJ estabelece as seguintes vedações de dedutibilidade, que, portanto, devem ser adicionadas ao lucro líquido para apuração do lucro real: (a) os pagamentos efetuados à sociedade simples controlada, direta ou indiretamente, pela pessoa física de diretores, gerentes, controladores da pessoa jurídica, por cônjuge ou parente de primeiro grau[292]; (b) as perdas incorridas em operações de *day-trade* no mercado de renda fixa ou variável[293]; (c) as despesas com alimentação de sócios, acionistas e administradores[294]; (d) contribuições não compulsórias[295]; (e) as doações[296]; (f) despesas com brindes[297]; (g) o valor da CSLL[298]; (h) as perdas apuradas nas operações realizadas nos mercados de renda variável e de *swap* que excederem os ganhos[299]; (i) o valor da realização das receitas originárias de planos de benefícios administrado por entidades fechadas de previdência complementar[300]; (j) os resultados negativos de cooperativas nas operações com associados[301]; (k) o valor da depreciação ou da amortização quando atingir o custo de

---

290 "Art. 11. [...] § 2º O método PIC, previsto no inciso I do *caput* deste artigo, será considerado o mais apropriado quando houver informações confiáveis de preços ou valores de contraprestações decorrentes de transações comparáveis realizadas entre partes não relacionadas, a menos que se possa estabelecer que outro método previsto no caput deste artigo seja aplicável de forma mais apropriada, com vistas a se observar o princípio previsto no art. 2º desta Lei."

291 Apesar de aprovada, ainda não havia numeração para a lei de conversão na data do fechamento da edição.

292 Decreto-lei 2.397/1987, art. 4º.

293 Lei 8.981/1995, art. 76, § 3º.

294 Lei 9.249/1995, art. 13, IV. Ver a ressalva prevista no art. 260, parágrafo único, IV, e art. 679, II, "a", do Decreto 9.580/2018.

295 Exceto as destinadas a custear seguros e planos de saúde, e benefícios complementares assemelhados aos da previdência social, instituídos em favor dos empregados e dos dirigentes (Lei 9.249/1995, art. 13, V).

296 Lei 9.249/1995, art. 13, VI, ressalvadas as doações previstas no § 2º.

297 Lei 9.249/1995, art. 13, VII. O art. 54, V, da Lei 4.506/1964, entretanto, autoriza a dedução de amostras grátis como despesas de propaganda por laboratórios químicos ou farmacêuticos e outras empresas que utilizem esse sistema de promoção de venda de seus produtos, observados os limites formais e materiais previstos no mesmo dispositivo legal.

298 Lei 9.316/1996, art. 1º, parágrafo único. Observar que, nos termos da Lei 8.981/1995, os tributos sem exigibilidade suspensa são dedutíveis: "Art. 41. Os tributos e contribuições são dedutíveis, na determinação do lucro real, segundo o regime de competência. [...] § 1º O disposto neste artigo não se aplica aos tributos e contribuições cuja exigibilidade esteja suspensa, nos termos dos incisos II a IV do art. 151 da Lei 5.172, de 25 de outubro de 1966, haja ou não depósito judicial".

299 Lei 8.981/1995, art. 76, § 4º.

300 Lei 11.948/2009, art. 5º.

301 Salvo as que tenham por objeto a compra e o fornecimento de bens aos consumidores. Lei 5.764/1971, arts. 3º e 4º; Lei 9.532/1997, art. 69.

458 | CURSO DE DIREITO TRIBUTÁRIO – *Solon Sehn*

aquisição do bem, incluídas a contábil e a acelerada incentivada[302]; e (l) saldo da depreciação e da amortização acelerada incentivada, na hipótese de alienação ou de baixa[303].

3.6.1.2.6 Regime de competência

O § 1º do art. 6º do Decreto 1.598/1977 estabelece que a determinação do *lucro líquido* deve ocorrer em conformidade com a legislação societária. Esta, por sua vez, prevê o registro das mutações patrimoniais de acordo com o *regime de competência* (Lei 6.404/1976, arts. 177 e 187, § 1º), que constitui uma técnica de mensuração e de imputação temporal surgida na prática contábil do século XVI na Europa, adotada amplamente em todos os países[304]:

> Art. 177. A escrituração da companhia será mantida em registros permanentes, com obediência aos preceitos da legislação comercial e desta Lei e aos princípios de contabilidade geralmente aceitos, devendo observar métodos ou critérios contábeis uniformes no tempo e registrar as mutações patrimoniais segundo o regime de competência.
> [...]
> Art. 187. [...]
> § 1º Na determinação do resultado do exercício serão computados:
> a) as receitas e os rendimentos ganhos no período, independentemente da sua realização em moeda; e
> b) os custos, despesas, encargos e perdas, pagos ou incorridos, correspondentes a essas receitas e rendimentos.

Portanto, as receitas devem ser reconhecidas quando *ganhas* ou *auferidas*, isto é, quando surge o *direito ao recebimento*; e as despesas, tão logo *incorridas*, independentemente do efetivo pagamento, simultaneamente com a receita correlata.

A não observância do regime de competência, de acordo com o § 5º do art. 6º do Decreto 1.598/1977, tem as seguintes implicações para o contribuinte do imposto:

> Art. 6º [...]
> [...]
> § 4º Os valores que, por competirem a outro período-base, forem, para efeito de determinação do lucro real, adicionados ao lucro líquido do exercício, ou dele excluídos, serão, na determinação do lucro real do período competente, excluídos do lucro líquido ou a ele adicionados, respectivamente.
> § 5º A inexatidão quanto ao período-base de escrituração de receita, rendimento, custo ou dedução, ou do reconhecimento de lucro, somente constitui fundamento para lançamento de imposto, diferença de imposto, correção monetária ou multa, se dela resultar:
> a) a postergação do pagamento do imposto para exercício posterior ao em que seria devido; ou
> b) a redução indevida do lucro real em qualquer período-base[305].

---

[302] Decreto-lei 1.598/1977, art. 6º, § 2º, "a".

[303] Decreto-lei 1.598/1977, art. 6º, § 2º, "a".

[304] PODDIGHE, Andrea. *Il principio di competenza tra diritto contabilize e diritto tributário nella prospectiva interna e sovranazionale*. Milano: Giuffrè, 2021. p. 63. Ainda segundo o mesmo autor, o primeiro estudo sobre o princípio da competência foi elaborado por Angelo Pietra (1586), seguido por Lodovico Flori (1636).

[305] Assim, como estabelece o Parecer Normativo Cosit 02/1996: "5.2 O § 4º, transcrito, é um comando endereçado tanto ao contribuinte quanto ao fisco. Portanto, qualquer desses agentes, quando deparar com uma

Parte Especial • **Capítulo I** • IMPOSTOS FEDERAIS | **459**

As despesas devem ser consideradas a partir do momento em que são *incorridas* pela sociedade, independentemente do efetivo pagamento. Para determinar quando isso ocorre, é necessário verificar a natureza da obrigação e do contrato. Em uma compra e venda, *v.g.*, o preço é devido pelo comprador após o recebimento da mercadoria, mas, se a venda for sob documentos, a tradição da coisa será substituída pela entrega do seu título representativo[306]. Não obstante, de uma forma geral, o dispêndio deve ser considerado incorrido quando o pagamento futuro resultar de uma obrigação *líquida* e *certa*, vencida ou não, com credor identificável e não subordinada a uma condição suspensiva[307].

No regime de competência, independentemente do pagamento ou da realização em moeda, a receita é considerada *ganha* ou *auferida* quando surge o direito à prestação, desde que incondicional (CC, arts. 121[308] e 125[309]), mensurável e – dentro de uma avaliação prudencial de risco – exista segurança razoável quanto ao efetivo recebimento[310].

Portanto, o reconhecimento da receita, de um lado, depende do surgimento do direito incondicional ao recebimento, o que demanda o conhecimento da natureza jurídica da operação e da disciplina prevista pela legislação. De outro, dentro de uma avaliação prudencial do risco, sempre é necessária uma segurança razoável quanto à perspectiva de efetivo pagamento, considerando as particularidades do caso concreto. Em função desses fatores, em situações excepcionais, mesmo no regime de competência, a receita pode ser considerada auferida ou ganha apenas no momento do seu recebimento[311]. Há julgados do Carf que admitem essa flexibilização

---

inexatidão quanto ao período-base de reconhecimento de receita ou de apropriação de custo ou despesa deverá excluir a receita do lucro líquido correspondente ao período-base indevido e adicioná-la ao lucro líquido do Período-base competente; em sentido contrário, deverá adicionar o custo ou a despesa ao lucro líquido do período-base indevido e excluí-lo do lucro líquido do período-base de competência. [...] 5.3 Chama-se a atenção para a letra da lei: o comando é para se ajustar o lucro líquido, que será o ponto de partida para a determinação do lucro real; não se trata, portanto, de simplesmente ajustar o lucro real, mas que este resulte ajustado quando considerados os efeitos das exclusões e adições procedidas no lucro líquido do exercício, na forma do subitem 5.2".

[306] "Art. 529. Na venda sobre documentos, a tradição da coisa é substituída pela entrega do seu título representativo e dos outros documentos exigidos pelo contrato ou, no silêncio deste, pelos usos.
Parágrafo único. Achando-se a documentação em ordem, não pode o comprador recusar o pagamento, a pretexto de defeito de qualidade ou do estado da coisa vendida, salvo se o defeito já houver sido comprovado."

[307] O Parecer Normativo CST 07/1976 estabelece que: "Despesas cuja realização pende de evento futuro não podem ser consideradas incorridas, nem exigíveis os correspondentes rendimentos enquanto juridicamente indisponíveis para o beneficiário". Isso porque, de acordo com a fundamentação do estudo: "3. Como despesas incorridas, entendem-se as relacionadas a uma contraprestação de serviços ou obrigação contratual e que, embora caracterizadas e quantificadas no período-base, nele não tenha sido pagas, por isso figurando o valor respectivo no passivo exigível da empresa". Sobre o tema, cf.: ELALI, André. Considerações sobre a dedução de débitos tributários incorridos através de parcelamento na apuração do Imposto de Renda das empresas (lucro real). *Revista Direito Tributário Atual*, n. 25, p. 64 e ss., 2011. Disponível em: https://revista. ibdt.org.br/index.php/RDTA/article/view/1576. Acesso em: 25 dez. 2022.

[308] "Art. 121. Considera-se condição a cláusula que, derivando exclusivamente da vontade das partes, subordina o efeito do negócio jurídico a evento futuro e incerto."

[309] "Art. 125. Subordinando-se a eficácia do negócio jurídico à condição suspensiva, enquanto esta se não verificar, não se terá adquirido o direito, a que ele visa."

[310] PEDREIRA, José Luiz Bulhões. *Imposto sobre a renda*: pessoas jurídicas. Rio de Janeiro: Adcoas-Justec, 1979. v. I, p. 298-299; POLIZELLI, Victor Borges. *O princípio da realização da renda*: reconhecimento de receitas e despesas para fins do IRPJ. São Paulo: IBDT-Quartier Latin, 2012. p. 202 e ss. Sobre o tema, cf.: ANDRADE FILHO, Edmar Oliveira de. *Imposto de renda das empresas*. 11. ed. São Paulo: Atlas, 2014. p. 108 e ss.; PEIXOTO, Marcelo Magalhães. *Imposto de renda das pessoas jurídicas*: o conceito de despesa dedutível à luz da jurisprudência do Carf – Conselho Administrativo de Recursos Fiscais. São Paulo: MP, 2011. p. 78 e ss.

[311] Como destaca Polizelli, "Dependendo do critério que se adotar (produção, valorização, fechamento de contrato, troca no mercado, recebimento do direito, recebimento do dinheiro), o *regime de competência*

no reconhecimento da receita de precatórios, dentro de uma construção denominada *regime de competência adaptado* ou *ajustado*, que será analisada adiante.

Na maioria dos casos, o exame da legislação civil ou comercial é suficiente para determinar – na feliz expressão de Victor Borges Polizelli[312] – o *evento-crítico de realização*. Entretanto, há situações em que a legislação processual ou mesmo a legislação tributária pode ter relevância. Assim, quando a receita decorre de uma sentença, é necessário determinar a natureza do provimento jurisdicional (declaratório, constitutivo, mandamental ou executiva *latu sensu*), o momento do trânsito em julgado, o regime de cumprimento e os possíveis meios de impugnação por parte do devedor. Mesmo a existência de um pedido de modulação pendente de julgamento pelo STF pode influenciar a avaliação da certeza do recebimento. Por exemplo, dependendo do caso, pode ser irrelevante o contribuinte ter uma decisão transitada em julgado, porque, em sede de cumprimento de sentença, a Fazenda Pública pode impugnar a execução, com fundamento no art. 535, I, § 5º do CPC, alegando que o título é fundado em aplicação ou interpretação da lei ou do ato normativo tido pelo STF como incompatível com a Constituição Federal[313]. Em situações dessa natureza, é evidente que não pode ser reconhecida a receita correspondente. Da mesma maneira, quando se obtém uma sentença declaratória do direito à compensação, o trânsito em julgado não autoriza, desde logo, o reconhecimento da receita, porquanto a legislação tributária demanda a prévia habilitação perante a Receita Federal do Brasil.

A própria legislação tributária estabelece uma série de exceções que atenuam os efeitos do regime de competência, como nos contratos de longo prazo (Decreto-lei 1.598/1977, art. 10[314]),

---

[312] pode até se identificar com o *regime de caixa"* (POLIZELLI, Victor Borges. *O princípio da realização da renda*: reconhecimento de receitas e despesas para fins do IRPJ. São Paulo: IBDT-Quartier Latin, 2012. p. 179).

[312] POLIZELLI, Victor Borges. *O princípio da realização da renda*: reconhecimento de receitas e despesas para fins do IRPJ. São Paulo: IBDT-Quartier Latin, 2012. p. 66.

[313] "Art. 535. A Fazenda Pública será intimada na pessoa de seu representante judicial, por carga, remessa ou meio eletrônico, para, querendo, no prazo de 30 (trinta) dias e nos próprios autos, impugnar a execução, podendo arguir:
[...]
III – inexequibilidade do título ou inexigibilidade da obrigação;
[...]
§ 5º Para efeito do disposto no inciso III do *caput* deste artigo, considera-se também inexigível a obrigação reconhecida em título executivo judicial fundado em lei ou ato normativo considerado inconstitucional pelo Supremo Tribunal Federal, ou fundado em aplicação ou interpretação da lei ou do ato normativo tido pelo Supremo Tribunal Federal como incompatível com a Constituição Federal, em controle de constitucionalidade concentrado ou difuso."

[314] Nos contratos com prazo de execução superior a um ano de construção por empreitada ou de fornecimento, de acordo com o art. 10 do Decreto-lei 1.598/1977, o reconhecimento da receita ocorre a partir do recebimento proporcional do preço em cada período de apuração:
"Art. 10. Na apuração do resultado de contratos, com prazo de execução superior a um ano, de construção por empreitada ou de fornecimento, a preço predeterminado, de bens ou serviços a serem produzidos, serão computados em cada período:
I – o custo de construção ou de produção dos bens ou serviços incorrido durante o período;
II – parte do preço total da empreitada, ou dos bens ou serviços a serem fornecidos, determinada mediante aplicação, sobre esse preço total, da porcentagem do contrato ou da produção executada no período.
§ 1º A porcentagem do contrato ou da produção executada durante o período poderá ser determinada:
a) com base na relação entre os custos incorridos no período e o custo total estimado da execução da empreitada ou da produção; ou
b) com base em laudo técnico de profissional habilitado, segundo a natureza da empreitada ou dos bens ou serviços, que certifique a porcentagem executada em função do progresso físico da empreitada ou produção.

Parte Especial · Capítulo I · IMPOSTOS FEDERAIS | 461

nos contratos com entidades governamentais (Decreto-lei 1.598/1977, art. 10, § 3º[315]), variações cambiais (Medida Provisória 2.158-35/2001, art. 30[316]), contratos de concessão (Lei 12.973/2014, arts. 35[317] e 36[318]), venda a prazo de imóveis por empresas do segmento imobiliário (Decreto-lei 1.598/1977, art. 29[319]) e no arrendamento mercantil (Lei 12.973/2014, art. 46[320]).

---

§ 2º O disposto neste artigo não se aplica às construções ou fornecimentos contratados com base em preço unitário de quantidades de bens ou serviços produzidos em prazo inferior a um ano, cujo resultado deverá ser reconhecido à medida da execução".

A Lei 12.973/2014, por sua vez, prevê que: "Art. 29. Na hipótese de a pessoa jurídica utilizar critério, para determinação da porcentagem do contrato ou da produção executada, distinto dos previstos no § 1º do art. 10 do Decreto-lei 1.598, de 26 de dezembro de 1977, que implique resultado do período diferente daquele que seria apurado com base nesses critérios, a diferença verificada deverá ser adicionada ou excluída, conforme o caso, por ocasião da apuração do lucro real".

[315] "Art. 10. [...] § 3º No caso de empreitada ou fornecimento contratado, nas condições deste artigo, ou do § 2º, com pessoa jurídica de direito público, ou empresa sob seu controle, empresa pública, sociedade de economia mista ou sua subsidiária, o contribuinte poderá diferir a tributação do lucro até sua realização, observadas as seguintes normas:

a) poderá ser excluída do lucro líquido do exercício, para efeito de determinar o lucro real, parcela do lucro da empreitada ou fornecimento computado no resultado do exercício, proporcional à receita dessas operações consideradas nesse resultado e não recebida até a data do balanço de encerramento do mesmo exercício social; (Redação dada pelo Decreto-lei 1.648, de 1978).

b) a parcela excluída nos termos da letra a deverá ser computada na determinação do lucro real do exercício social em que a receita for recebida."

[316] "Art. 30. A partir de 1º de janeiro de 2000, as variações monetárias dos direitos de crédito e das obrigações do contribuinte, em função da taxa de câmbio, serão consideradas, para efeito de determinação da base de cálculo do imposto de renda, da contribuição social sobre o lucro líquido, da contribuição para o PIS/PASEP e Cofins, bem assim da determinação do lucro da exploração, quando da liquidação da correspondente operação.

§ 1º À opção da pessoa jurídica, as variações monetárias poderão ser consideradas na determinação da base de cálculo de todos os tributos e contribuições referidos no *caput* deste artigo, segundo o regime de competência.

§ 2º A opção prevista no § 1º aplicar-se-á a todo o ano-calendário.

§ 3º No caso de alteração do critério de reconhecimento das variações monetárias, em anos-calendário subsequentes, para efeito de determinação da base de cálculo dos tributos e das contribuições, serão observadas as normas expedidas pela Secretaria da Receita Federal."

[317] "Art. 35. No caso de contrato de concessão de serviços públicos em que a concessionária reconhece como receita o direito de exploração recebido do poder concedente, o resultado decorrente desse reconhecimento deverá ser computado no lucro real à medida que ocorrer a realização do respectivo ativo intangível, inclusive mediante amortização, alienação ou baixa.

Parágrafo único. Para fins dos pagamentos mensais referidos no art. 2º da Lei 9.430, de 27 de dezembro de 1996, a receita mencionada no *caput* não integrará a base de cálculo, exceto na hipótese prevista no art. 35 da Lei 8.981, de 20 de janeiro de 1995."

[318] "Art. 36. No caso de contrato de concessão de serviços públicos, o lucro decorrente da receita reconhecida pela construção, recuperação, reforma, ampliação ou melhoramento da infraestrutura, cuja contrapartida seja ativo financeiro representativo de direito contratual incondicional de receber caixa ou outro ativo financeiro, poderá ser tributado à medida do efetivo recebimento.

Parágrafo único. Para fins dos pagamentos mensais determinados sobre a base de cálculo estimada de que trata o art. 2º da Lei 9.430, de 27 de dezembro de 1996, a concessionária poderá considerar como receita o montante efetivamente recebido."

[319] "Art. 29. Na venda a prazo, ou em prestações, com pagamento após o término do período de apuração da venda, o lucro bruto de que trata o § 1º do art. 27 poderá, para efeito de determinação do lucro real, ser reconhecido proporcionalmente à receita de venda recebida, observadas as seguintes normas: (Redação dada pela Lei 12.973, de 2014) [...]."

[320] "Art. 46. Na hipótese de operações de arrendamento mercantil que não estejam sujeitas ao tratamento tributário previsto pela Lei 6.099, de 12 de setembro de 1974, as pessoas jurídicas arrendadoras deverão reconhecer, para fins de apuração do lucro real, o resultado relativo à operação de arrendamento mercantil proporcionalmente ao valor de cada contraprestação durante o período de vigência do contrato."

462 | CURSO DE DIREITO TRIBUTÁRIO – *Solon Sehn*

No presente estudo, serão analisadas as particularidades do contrato de compra e venda e na prestação de serviços, o reconhecimento da receita de precatórios e nas sentenças relativas à repetição de indébito.

3.6.1.2.7   Reconhecimento da receita no contrato de compra e venda

Na compra e venda, o direito ao recebimento surge com a entrega da mercadoria. Embora o contrato se torne perfeito e obrigatório após as partes acordarem acerca do objeto e do preço (CC, art. 482[321]), a simples assinatura não representa um incremento ao patrimônio líquido. Isso porque, ao mesmo tempo em que surge um crédito para o vendedor – direito ao recebimento do preço – emerge a obrigação correlata de promover a transferência do domínio da mercadoria (CC, art. 491[322]). Daí que, nas chamadas vendas a descoberto, em que o alienante vende uma mercadoria que não dispõe em estoque, a receita não deve ser reconhecida antes da transferência do domínio do bem comercializado[323].

Também há particularidades na compra e venda com cláusulas especiais. Na compra e venda com reserva de domínio, o vendedor reserva para si a propriedade da coisa móvel até o integral pagamento do preço, adquirindo o comprador apenas a posse direta do bem. Portanto, a receita somente pode ser considerada auferida após a transferência do domínio, com o pagamento da última parcela[324].

A receita é auferida na aceitação da mercadoria ou após o esgotamento do prazo contratual na venda a contento e na venda sujeita à prova. A tradição não implica a transferência do domínio. As obrigações do comprador são de mero comodatário. Sem a aceitação, por outro lado, o negócio jurídico não se aperfeiçoa[325].

No contrato estimatório ou venda em consignação, a simples tradição não acarreta o nascimento do direito ao recebimento do preço. O consignante remete ou entrega bens móveis ao consignatário com autorização de venda, que pode restituí-los ao final do prazo ajustado ou vendê-los, pagando ao primeiro o preço previsto no contrato. Portanto, a receita surge apenas quando o consignatário promove a venda ou não restitui o bem no prazo ajustado, já que, antes disso, o domínio do bem pertence ao consignante[326].

3.6.1.2.8   Reconhecimento na prestação de serviços

Na prestação de serviços, a receita considera-se auferida ou ganha após o cumprimento da obrigação do contratado, independentemente do pagamento da remuneração correspondente.

---

[321]   "Art. 482. A compra e venda, quando pura, considerar-se-á obrigatória e perfeita, desde que as partes acordarem no objeto e no preço."

[322]   "Art. 491. Não sendo a venda a crédito, o vendedor não é obrigado a entregar a coisa antes de receber o preço."

[323]   Sobre o tema, cf.: SEHN, Solon. *PIS-Cofins*: não cumulatividade e regimes de incidência. 3. ed. São Paulo: Noeses, 2022. p. 125 e ss. Isso se aplica a todos os casos de recebimento antecipado, como ressalta Ricardo Mariz de Oliveira: "[...] o recebimento antecipado do preço, antes da entrega da mercadoria, não é receita para o vendedor, porque não há direito novo para ele, mas, pelo contrário, pende a sua obrigação de entrega da mercadoria respectiva, derivada do contrato, a qual fica acrescida de uma nova obrigação derivada do recebimento do adiantamento do preço, que é a obrigação de devolução do valor recebido se não entregar a mercadoria. Outrossim, nesse momento já há para o comprador direito ao recebimento da coisa, e direito à devolução do preço se a coisa não lhe for entregue, e não a mera obrigação de pagar" (OLIVEIRA, Ricardo Mariz de. Conceito de receita como hipótese de incidência das Contribuições para a Seguridade Social (para Efeitos da Cofins e da Contribuição ao PIS). *Repertório IOB de Jurisprudência*, n. 1, caderno n. 1, p. 28, jan. 2001).

[324]   CC, arts. 521-524.

[325]   CC, arts. 509-511.

[326]   CC, arts. 534-537.

O adimplemento antecipado não constitui receita, porque subsiste no patrimônio passivo do devedor a obrigação de prestar o serviço ajustado[327].

A determinação do momento do cumprimento da obrigação sofre variação quando a execução se prolonga no tempo, conforme se trate de contrato de execução diferida ou de trato sucessivo (ou execução continuada). Nesses, como as prestações renovam-se com o pagamento, a receita será considerada ganha ao final de cada período de execução, ao passo que, nos contratos de execução diferida, isso somente poderá ocorrer ao final da *solutio*, uma vez que não se tem pluralidade de obrigações autônomas, mas uma única prestação cujo cumprimento se prolonga no tempo[328].

3.6.1.2.9   Sentenças judiciais e precatórios

O cumprimento de sentenças condenatórias contra a Fazenda Pública, como se sabe, submete-se ao disposto no art. 100 da Constituição Federal. Trata-se de um modelo sem similar no direito comparado, criado pela Constituição de 1934 para objetivar os critérios de ordem nos recebimentos do Poder Público. A sua implantação representou uma medida de moralização, que – segundo ressalta Milton Flaks – permitiu a superação da prática das "caudas orçamentárias"[329]. Contudo, com o tempo, acabou se convertendo em instrumento de protelação do pagamento de credores. A ausência de mecanismos de coerção e a falta de vontade política fizeram com que o estoque de débitos adquirisse uma dimensão jamais imaginada pelo legislador constituinte de 1934. Há entes federativos, inclusive, com atrasos superiores a 30 anos, de sorte que, em meio a constantes paralisações de pagamentos, alterações de regras, o credor não tem segurança do recebimento[330].

Em razão disso, o Carf tem ajustado o regime de competência à capacidade econômica do contribuinte, dentro de uma construção jurisprudencial conhecida como *regime de competência ajustado ou adaptado*, para diferir o reconhecimento da receita para o momento em que o precatório é empenhado e efetivamente pago pela Fazenda Pública. Destaca-se, nesse sentido, o seguinte julgado da 1ª Seção:

> Precatório. Regime de reconhecimento das receitas. Fato gerador.
>
> Não resta caracterizada receita de uma parte se ainda não haja custo, despesa ou encargo da outra. Em termos de contabilidade pública, a despesa somente se caracteriza com seu

---

[327]   CC, art. 597.

[328]   A distinção entre obrigações de execução continuada e de trato sucessivo, exposta por Marçal Justen Filho nos seguintes termos: "Costuma-se aludir, nesse caso, a obrigações de execução continuada e de trato sucessivo. As primeiras são aquelas onde as partes convencionam incumbir a um delas a realização de prestações definidas, sendo desde logo definida a extensão e seus deveres e a época do adimplemento, como também a contraprestação devida. As segundas caracterizam-se por um acordo inicial de vontades para regular a conduta futura das partes, mas ficando para ulterior definição, durante a vigência do contrato, a exata extensão das prestações que incumbirão às partes" (JUSTEN FILHO, Marçal. *O imposto sobre serviços na Constituição*. São Paulo: RT, 1985. p. 135).

[329]   FLAKS, Milton. Precatório judiciário na Constituição de 1988. *Revista de Processo*, São Paulo, v. 15, n. 58, p. 90 e ss., 1990.

[330]   Como destacam Rodrigo Correa Martone e Stella Oger Santos: "[...] em 2016, foi promulgada a EC 94, que, dentre outras alterações, determinou que os Estados, o Distrito Federal e os Municípios que, em 23.05.2015, estivessem em mora com o pagamento de seus precatórios, teriam até 31.12.2020 para quitá-los. Por fim, recentemente, em 14 de dezembro de 2017, foi promulgada a EC 99, que trouxe nova prorrogação do prazo para quitação dos precatórios em atraso de 2020 para 31.12.2024" (A recorrente ineficiência no pagamento de precatórios: alteração nas regras não foram suficientes para resolver a mora dos entes devedores. *Jota*. Disponível em: https://www.jota.info/opiniao-e-analise/artigos/a-recorrente-ineficiencia-no-pagamento--de-precatorios-20042018. Acesso em: 29 jun. 2018.

464 | CURSO DE DIREITO TRIBUTÁRIO – *Solon Sehn*

empenho, conforme determina o art. 35, II, da Lei 4.320, de 1964. Desse modo, somente resta caracterizada a receita do beneficiário do precatório na medida em que as despesas foram efetivamente empenhadas e pagas pela União. Trata-se, na realidade de adaptação da aplicação do regime de competência ao caso concreto: as receitas devem ser reconhecidas à medida em que se tornam despesas incorridas para o Poder Público[331].

A partir da leitura do voto do relator, nota-se que o fator determinante é a ausência de segurança razoável quanto ao efetivo recebimento, que, como ressaltado anteriormente, é um dos pressupostos do regime de competência:

> No caso concreto temos que a Recorrente efetivamente fazia jus ao precatório expedido. Contudo, a forma de quitação desse débito deu-se nos termos da Emenda Constitucional 30/2000, ou seja, expedição de precatórios a serem pagos em 10 anos.
>
> A questão posta é simples: considerando-se que o devedor original (União) havia adimplido somente 40% de sua dívida (4 das 10 parcelas) seria razoável exigir tributos do credor original na ordem de 43,25% do total a ser pago em uma década? Pode o Estado, via tributo, ser credor da própria dívida, enquanto não extinta esta?
>
> Entendo que não. Se o poder de tributar conferido ao Estado o autoriza a alcançar a riqueza privada, não há razão para exercer esse poder enquanto a riqueza ainda não se tornou privada.
>
> Não há dúvida que enquanto não pagos os valores a que se referem o precatório, a riqueza permanece nas mãos do Poder Público, no caso, do próprio Estado tributante.
>
> Em vista disso, a capacidade para adimplir a obrigação tributária ainda não se revelou ao contribuinte. Exigir-lhe o pagamento do tributo, a uma só vez, em montante superior ao valor até então percebido equivale a impor-lhe tributação com efeito confiscatório.
>
> [...]
>
> Convém ressaltar que não é incomum que precatórios emitidos por diversos entes federativos não vêm sendo honrados. Embora não seja esse o cenário no âmbito federal, a conclusão não se altera: a exigência, nos moldes realizados, fere de morte o princípio da vedação ao confisco e da capacidade contributiva[332].

No Judiciário, a matéria foi apreciada em acórdão do TRF da 4ª Região, que também afastou o reconhecimento da receita:

> Mandado de segurança. Tributário. IRPJ e CSLL. Compensação. Necessidade de débitos para encontro de contas. Disponibilidade jurídica.
>
> 1. As bases econômicas tributadas devem ser analisadas sob a perspectiva da capacidade contributiva que dá sustentação ao poder impositivo do Estado, de forma que impende interpretar e aplicar a legislação, quando da tributação da receita, da renda ou do lucro, tendo em conta tal princípio constitucional.
>
> 2. Sendo notória as dificuldades do ente federado em proceder ao cumprimento de seu cronograma de pagamento dos precatórios resultantes de sentenças condenatórias da Justiça Estadual, faz-se mister reconhecer a ausência de capacidade contributiva do

---

[331] Carf, 1ª S., 4ª C., 2ª TO, Ac. 1402-001.705, Rel. Conselheiro Fernando Brasil de Oliveira Pinto, S. 03.06.2014.

[332] Nessa mesma linha, cf.: Carf, 1ª S., 2ª C., 2ª TO, Ac. 1202-001.088, Rel. Conselheiro Orlando Gonçalves Bueno, S. 11.02.2014; Carf, 1ª S., 3ª C., 1ª TO, Ac. 1301-002.122, Rel. Conselheiro Roberto Silva Junior, S. 11.09.2016.

vencedor de demanda judicial, cujo requisitório encontra-se pendente de pagamento a mais de 10 (dez) anos, a qual constitui pressuposto para a incidência do IRPJ e da CSLL[333].

No caso de compensação de tributos federais, no regime do art. 74 da Lei 9.430/1996, a Solução de Consulta Cosit 183/2021 entendeu que:

Assunto: Imposto sobre a Renda de Pessoa Jurídica – IRPJ

Lucro real. Créditos decorrentes de decisão judicial. Indébito tributário. Utilização na compensação de débitos. Reconhecimento da receita.

O indébito tributário de Contribuição para o PIS/Pasep e de Cofins e os juros de mora sobre ele incidentes até a data do trânsito em julgado devem ser oferecidos à tributação do IRPJ no trânsito em julgado da sentença judicial que já define o valor a ser restituído.

Na hipótese de compensação de indébito decorrente de decisões judiciais transitadas em julgado nas quais em nenhuma fase do processo foram definidos pelo juízo os valores a serem restituídos, é na entrega da primeira Declaração de Compensação, na qual se declara sob condição resolutória o valor integral a ser compensado, que o indébito e os juros de mora sobre ele incidentes até essa data devem ser oferecidos à tributação pelo IRPJ[334]. [...]

Portanto, diante de sentenças ilíquidas, o trânsito em julgado e a habilitação do crédito perante a Receita Federal não autorizam o reconhecimento da receita. Isso deve ocorrer após a transmissão da primeira PER/Dcomp (Pedido Eletrônico de Restituição, Ressarcimento ou Reembolso e Declaração de Compensação), que extingue o crédito tributário até posterior homologação[335].

---

[333] TRF4, 2ª T., AC 2006.71.00.032049-9, Rel. Des. Vânia Hack de Almeida, *DJe* 11.02.2009. No fundamento do julgado, é citado um segundo precedente: "Muito embora esteja submetida ao regime de competência (no regime de caixa não se estabelece essa dúvida, incidindo a norma tributária no momento do pagamento do precatório), no qual, por força do Decreto-lei 1.598/77 se faz obrigatória a observância da Lei Comercial, no caso a Lei 6.404/76, cujo § 1º do art. 187 preconiza que na determinação do resultado do exercício sejam computadas as receitas e os rendimentos ganhos no período independentemente da sua realização em moeda, 'as bases econômicas tributadas tem de ser analisadas, [...], sob a perspectiva da capacidade contributiva que dá sustentação à tributação. Seja quando da tributação da receita, como quando da tributação da renda ou do lucro, [...], impende interpretar e aplicar a legislação tendo em conta tal princípio constitucional tributário'" (AMS 2005.72.05.000018-8/SC, 2ª T., Rel. juiz Federal Convocado Leandro Paulsen, j. 26.09.2006, v.u.).

[334] Solução de Consulta Cosit 183, de 7 de dezembro de 2021. *DOU* 15.12.2021, seção 1, p. 88.

[335] Escapa dos objetivos deste estudo um aprofundamento nessa matéria. Contudo, seria apropriado considerar situações-limite que têm surgido nos últimos anos, especialmente quando a Fazenda Nacional ajuíza uma ação rescisória em face da decisão transitado em julgado ou quando a eficácia da sentença que reconheceu o crédito pode ser afetada por decisão em embargos de declaração com pedido de efeitos infringentes ou por um pedido de modulação de decisão declaratória de inconstitucionalidade, ainda pendente de julgamento. Nessas hipóteses, tendo em vista razões de segurança jurídica ou de excepcional interesse social, o STF pode restringir os efeitos da decisão ou decidir que ela só tenha eficácia a partir de seu trânsito em julgado ou de outro momento que venha a ser fixado. Em alguns casos, é fixado a data da publicação da ata do julgamento, mas já houve julgados que definiram outro momento, inclusive o início do primeiro julgamento. Se a decisão no processo individual transitou em julgado em qualquer um desses momentos, a receita não pode ser reconhecida na habilitação tampouco na transmissão da declaração de compensação, porque o direito creditório e sua mensurabilidade podem ser efetivamente afetados pela decisão futura e incerta do STF. Assim, para que não ocorra uma extrapolação da capacidade econômica do contribuinte, pode ser justificável considerar como evento terminativo de realização da receita a homologação da compensação ou o trânsito em julgado do acórdão do STF, o que ocorrer primeiro.

466 | CURSO DE DIREITO TRIBUTÁRIO – *Solon Sehn*

3.6.1.3 Base de cálculo e compensação de prejuízos fiscais

A base de cálculo do IRPJ, denominada *lucro real*, é formada pelo lucro líquido apurado de acordo com as regras da legislação societária, ajustado pelas *adições, exclusões* ou *compensações* previstas na legislação tributária ou, simplesmente, *lucro líquido ajustado*. Entre os ajustes aplicáveis na determinação da base imponível, o mais controverso é o art. 15 da Lei 9.065/1995, que estabelece um limitador temporal para a compensação de prejuízos fiscais:

> Art. 15. O prejuízo fiscal apurado a partir do encerramento do ano-calendário de 1995, poderá ser compensado, cumulativamente com os prejuízos fiscais apurados até 31 de dezembro de 1994, com o lucro líquido ajustado pelas adições e exclusões previstas na legislação do imposto de renda, observado o limite máximo, para a compensação, de trinta por cento do referido lucro líquido ajustado[336].

Esse limitador, que é conhecido como "trava" de 30% na prática forense, representa uma restrição temporal à compensação do prejuízo fiscal, que implica a postergação do direito ao aproveitamento, sem eliminá-lo por completo. O sujeito passivo conserva o direito de abatimento nos exercícios subsequentes, de sorte que, a rigor, não se trata de uma vedação absoluta, mas de um regime de aproveitamento diferido ou escalonado, que pressupõe a continuidade operacional da empresa. Nos casos de extinção da empresa, essa restrição é inaplicável devido à impossibilidade material de compensação nos exercícios seguintes. Isso porque, sem a garantia do aproveitamento integral, aquilo que, à luz da legislação vigente, foi instituído com vistas à limitação temporal do direito de compensação (ou seja, apenas uma limitação relativa) acabaria se convertendo em uma restrição absoluta[337].

O art. 15 da Lei 9.065/1995 foi considerado válido pela jurisprudência do STJ[338] justamente porque não se trata de uma restrição absoluta, conforme destacado no Voto da Ministra Eliana Calmon:

> Apesar de limitada a dedução de prejuízos ao exercício de 1995, não existia empecilho de que os 70% restantes fossem abatidos nos anos seguintes, até o seu limite total, sendo integral a dedução.
>
> A prática do abatimento total dos prejuízos afasta o sustentado antagonismo da lei limitadora com o CTN, porque permaneceu incólume o conceito de renda, com o reconhecimento do prejuízo, cuja dedução apenas restou diferida.
>
> [...]

---

[336] De acordo com a Lei 9.065/1995: "Art. 16. A base de cálculo da contribuição social sobre o lucro, quando negativa, apurada a partir do encerramento do ano-calendário de 1995, poderá ser compensada, cumulativamente com a base de cálculo negativa apurada até 31 de dezembro de 1994, com o resultado do período de apuração ajustado pelas adições e exclusões previstas na legislação da referida contribuição social, determinado em anos-calendário subsequentes, observado o limite máximo de redução de trinta por cento, previsto no art. 58 da Lei 8.981, de 1995".

[337] "Realmente, se a lei não impede a compensação integral, pois apenas a posterga, mas se ela não permite que a compensação venha a ser feita futuramente pela sucessora, o impasse se resolve através da permissão de compensação integral pela sucedida, em situação que não está abrangida pela hipótese de incidência da norma de limitação" (OLIVEIRA, Ricardo Mariz de. *Fundamentos do imposto de renda*. São Paulo: Quartier Latin, 2008. p. 865). Nesse mesmo sentido: BEZERRA, Maurício Dantas. Da inaplicabilidade da limitação à compensação de prejuízos fiscais nos casos de incorporação, fusão e cisão de sociedades. *Revista Dialética de Direito Tributário*, n. 96, p. 57, 2003.

[338] STJ, 2ª T., REsp 993.975, Rel. Min. Eliana Calmon, *DJe* 21.08.2009.

Parte Especial • Capítulo I • IMPOSTOS FEDERAIS | **467**

Como visto no início deste voto, não houve subversão alguma, porque não olvidou o prejuízo, mas apenas foi ele disciplinado de tal forma que tornou-se escalonado[339].

A validade da restrição foi igualmente confirmada pelo STF. O Tribunal, no entanto, entendeu que a compensação de prejuízos fiscais seria um benefício tributário concedido pelo legislador ao contribuinte, que, por conseguinte, poderia ser revisto sem qualquer restrição[340]. Essa exegese foi confirmada no RE 591.340, quando foi fixada a seguinte tese de repercussão geral: "É constitucional a limitação do direito de compensação de prejuízos fiscais do IRPJ e da base de cálculo negativa da CSLL" (Tema 117)[341].

A limitação de compensação de prejuízos ainda é controvertida nos casos de extinção de pessoas jurídicas. Durante anos, a jurisprudência do antigo Conselho de Contribuinte e da Câmara Superior de Recursos Fiscais do Carf admitia a compensação da totalidade do prejuízo fiscal[342]. Contudo, a partir do ano de 2009, por voto de qualidade de seu Presidente, esse entendimento foi revisto:

> Compensação de prejuízos. IRPJ. Declaração final. Limitação de 30% na compensação de prejuízos. O prejuízo fiscal apurado poderá ser compensado com o lucro real, observado o limite máximo, para a compensação, de trinta por cento do referido lucro real. Não há previsão legal que permita a compensação de prejuízos fiscais acima deste limite, ainda que seja no encerramento das atividades da empresa[343].

Em decisões mais recentes, a compensação foi novamente admitida pela CSRF:

> Compensação de base negativa. Evento de incorporação. Limitação de 30%.
> O *caput* dos artigos 15 e 16 da Lei 9.065/1995 estabelece que, na apuração do lucro tributável, o contribuinte poderá aproveitar prejuízos fiscais e base negativa de CSLL mediante compensação, limitado a trinta por cento do lucro líquido.

---

[339] Voto da Ministra Eliana Calmon no REsp 993.975/SP.

[340] "Conforme entendimento do Supremo Tribunal Federal firmado no julgamento do Recurso Extraordinário 344.944, Relator o Ministro Eros Grau, no qual se declarou a constitucionalidade do artigo 42 da Lei 8.981/1995, 'o direito ao abatimento dos prejuízos fiscais acumulados em exercícios anteriores é expressivo de benefício fiscal em favor do contribuinte. Instrumento de política tributária que pode ser revista pelo Estado. Ausência de direito adquirido'. [...] Do mesmo modo, é constitucional o artigo 58 da Lei 8.981/1995, que limita as deduções de prejuízos fiscais na formação da base de cálculo da contribuição social sobre o lucro" (STF, Tribunal Pleno, RE 545.308, Rel. Min. Marco Aurélio, *DJe* 26.03.2010).

[341] "Conforme entendimento do Supremo Tribunal Federal firmado no julgamento do Recurso Extraordinário 344.944, Relator o Ministro Eros Grau, no qual se declarou a constitucionalidade do artigo 42 da Lei 8.981/1995, 'o direito ao abatimento dos prejuízos fiscais acumulados em exercícios anteriores é expressivo de benefício fiscal em favor do contribuinte. Instrumento de política tributária que pode ser revista pelo Estado. Ausência de direito adquirido'. [...] Do mesmo modo, é constitucional o artigo 58 da Lei 8.981/1995, que limita as deduções de prejuízos fiscais na formação da base de cálculo da contribuição social sobre o lucro" (STF, Tribunal Pleno, RE 545.308, Rel. Min. Marco Aurélio, *DJe* 26.03.2010).

[342] 1ª CC, 1ª C., Processo 11831.001889/99-07, Rel. Cons. João Carlos de Lima Júnior, S. 09.11.2006; 1ª CC, 7ª C., Processo 13884.004851/2003-26, Rel. Cons. Luiz Martins Valero, S. 05.12.2007; 1ª C., 8ª C., Processo 13502.000497/00-11, Rel. Cons. Mário Junqueira Franco Júnior, S. 20.09.2001. No mesmo sentido, já no âmbito do Carf: "IRPJ. Compensação de prejuízo. Limite de 30%. Empresa incorporada. À empresa extinta por incorporação não se aplica o limite de 30% do lucro líquido na compensação do prejuízo fiscal. Recurso provido" (Carf, CSRF, 1ª T., Ac. 01-05.100, Rel. Cons. José Henrique Longo, S. 19.10.2004).

[343] Carf, CSRF, 1ª T., Ac. 9101-00.401, Rel. Cons. Ivete Malaquias Pessoa Monteiro, S. 02.10.2009.

468 | CURSO DE DIREITO TRIBUTÁRIO – *Solon Sehn*

A regra é o direito à compensação de prejuízos e de bases negativas, sendo a trava de 30% apenas uma das exceções a essa regra. A regra não é a trava, portanto, mas o direito à compensação, limitado pelas exceções previstas na legislação, entre as quais a trava de 30%.

Vai de encontro ao ordenamento a interpretação de que a aplicação de uma exceção, em um dado caso concreto, possa ter como efeito a integral negativa do próprio direito. Assim, em caso de extinção da pessoa jurídica por incorporação, a exceção – a trava de 30% – não pode ser aplicada: porque, neste caso específico, aplicar a exceção significaria impedir o próprio exercício do direito à compensação de prejuízos e bases negativas, negando efeito à regra que garante a compensação de prejuízos fiscais e bases negativas próprios acumulados. Precedentes da 1ª Turma da CSRF[344].

Antes desse retorno ao entendimento inicial, não obtendo êxito no âmbito administrativa, alguns contribuintes judicializaram a controvérsia. Portanto, em algum momento haverá manifestação do STJ ou do STF acerca da controvérsia.

De qualquer sorte, parece induvidoso que qualquer tipo de restrição para a compensação de prejuízos não é compatível com o conceito de renda. O limitador nada mais é do que um "corte" que faz com que o imposto incida sobre uma situação patrimonial negativa, ou seja, sobre uma renda que não é efetiva. Tem-se, em última análise, a tributação do patrimônio do contribuinte, o que viola os arts. 154, I, 153, III[345], da Constituição Federal. Afinal, se uma empresa teve um prejuízo de R$ 10 milhões, esse estado negativo não desparece de um ano para o outro. No exercício seguinte, ainda que o resultado tenha sido de R$ 2 milhões, a sociedade continua com prejuízo acumulado de R$ 8 milhões. Dessa forma, a *trava* cria artificialmente uma situação inicial neutra[346], o que também contraria o princípio da capacidade contributiva que, sob o aspecto temporal, veda a delimitação de períodos impositivos em caráter estanque, desconectando ingressos e perdas no tempo[347].

Destarte, como ensina José Casalta Nabais: "[...] a dedução ou compensação das perdas constitui um ato de correta medição da capacidade contributiva, e não um qualquer benefício fiscal. E isto quer se trate de compensação (de perdas) intraperiódica, efetivada no próprio apuramento do saldo (anual) revelado pela contabilidade, quer se trate da compensação inter ou transperiódica, concretizada no reporte de prejuízos para diante (*carryover, carry-forward, Verlustabzug*) ou para trás (*Carryback, Verlustrücktrag*), reporte que, por via de regra, é limitado a um determinado número de anos ou, embora mais raramente, a um certo montante"[348].

Portanto, no encerramento do período de apuração, sempre que o sujeito passivo tiver um passivo superior ao ativo, essas dívidas devem ser consideradas no período subsequente, por exigência do princípio da capacidade contributiva que, sob o aspecto temporal, veda a delimitação de períodos de liquidação (ou impositivos) de caráter estanque. O legislador não pode ignorar irregularidades no ritmo de produção da renda e submetê-la a tipos muito elevados quando acu-

---

[344] Carf, CSRF, 1ª T., Ac. 9101-006.340, Rel. Cons. Livia de Carli Germano, S. 05.10.2022.

[345] Como ensina Misabel Derzi, "é possível instituir entre nós, o imposto sobre o patrimônio como já existe em outros países (Alemanha, Franca etc.). Mas isso só pode ser feito dentro das regras constitucionais brasileiras, no exercício da competência residual da União, sem a utilização promíscua ou o disfarce do imposto de renda" (DERZI, Misabel Abreu Machado. Tributação da renda *versus* tributação do patrimônio. *In*: ROCHA, Valdir de Oliveira (coord.). *Imposto de renda*: questões atuais e emergentes. São Paulo: Dialética, 1995. p. 115).

[346] GONÇALVES, José Artur Lima. *Imposto sobre a renda*: pressupostos constitucionais. São Paulo: Malheiros, 1997. p. 181.

[347] MOLINA, Pedro M. Herrera. *Capacidad económica y sistema fiscal*: análisis del ordenamiento español a luz del derecho alemán. Madrid: Marcial Pons, 1998. p. 118.

[348] NABAIS, José Casalta. *O dever fundamental de pagar impostos*: contributo para a compreensão constitucional do estado fiscal contemporâneo. Coimbra: Almedina, 2015. p. 522.

Parte Especial • Capítulo I • IMPOSTOS FEDERAIS | 469

mulada em um único período ou desconectar ingressos e perdas no tempo. Do contrário, além do conceito de renda, haveria violação ao princípio constitucional da capacidade contributiva[349].

3.6.1.4   Subvenções para investimento: requisitos para exclusão do lucro real

Até 31 de dezembro de 2023, as subvenções para investimentos podiam ser excluídas do lucro real, observados os requisitos do art. 30 da Lei 12.973/2014:

> Art. 30. As subvenções para investimento, inclusive mediante isenção ou redução de impostos, concedidas como estímulo à implantação ou expansão de empreendimentos econômicos e as doações feitas pelo poder público não serão computadas na determinação do lucro real, desde que seja registrada em reserva de lucros a que se refere o art. 195-A da Lei 6.404, de 15 de dezembro de 1976, que somente poderá ser utilizada para:
>
> I – absorção de prejuízos, desde que anteriormente já tenham sido totalmente absorvidas as demais Reservas de Lucros, com exceção da Reserva Legal; ou
>
> II – aumento do capital social.
>
> § 1º Na hipótese do inciso I do *caput*, a pessoa jurídica deverá recompor a reserva à medida que forem apurados lucros nos períodos subsequentes.
>
> § 2º As doações e subvenções de que trata o *caput* serão tributadas caso não seja observado o disposto no § 1º ou seja dada destinação diversa da que está prevista no *caput*, inclusive nas hipóteses de:
>
> I – capitalização do valor e posterior restituição de capital aos sócios ou ao titular, mediante redução do capital social, hipótese em que a base para a incidência será o valor restituído, limitado ao valor total das exclusões decorrentes de doações ou subvenções governamentais para investimentos;
>
> II – restituição de capital aos sócios ou ao titular, mediante redução do capital social, nos 5 (cinco) anos anteriores à data da doação ou da subvenção, com posterior capitalização do valor da doação ou da subvenção, hipótese em que a base para a incidência será o valor restituído, limitada ao valor total das exclusões decorrentes de doações ou de subvenções governamentais para investimentos; ou
>
> III – integração à base de cálculo dos dividendos obrigatórios.
>
> § 3º Se, no período de apuração, a pessoa jurídica apurar prejuízo contábil ou lucro líquido contábil inferior à parcela decorrente de doações e de subvenções governamentais e, nesse caso, não puder ser constituída como parcela de lucros nos termos do *caput*, esta deverá ocorrer à medida que forem apurados lucros nos períodos subsequentes.
>
> § 4º Os incentivos e os benefícios fiscais ou financeiro-fiscais relativos ao imposto previsto no inciso II do *caput* do art. 155 da Constituição Federal, concedidos pelos Estados e pelo Distrito Federal, são considerados subvenções para investimento, vedada a exigência de outros requisitos ou condições não previstos neste artigo. (Incluído pela Lei Complementar 160, de 2017)
>
> § 5º O disposto no § 4º deste artigo aplica-se inclusive aos processos administrativos e judiciais ainda não definitivamente julgados. (Incluído pela Lei Complementar 160, de 2017)

---

[349] MOLINA, Pedro M. Herrera. *Capacidad económica y sistema fiscal*: análisis del ordenamiento español a luz del derecho alemán. Madrid: Marcial Pons, 1998. p. 118.

470 | CURSO DE DIREITO TRIBUTÁRIO – *Solon Sehn*

Na interpretação desse dispositivo, cumpre considerar, em primeiro lugar, que *as subvenções de investimentos não se confundem com as subvenções de custeio*. Essas visam a fazer frente – total ou parcialmente – às despesas operacionais do beneficiado. A sua concessão busca viabilizar economicamente uma atividade de interesse público exercida pelo particular, que, sem a subvenção, não a exerceria ou o faria mediante cobrança de um preço ou tarifa inacessível para a maior parte da população. Isso ocorre em função da composição de custos e de despesas da atividade, que podem torná-la deficitária ou excessivamente onerosa para o particular. Encontram-se previstas no art. 12, § 3º, da Lei 4.320/1964, que as subdivide em subvenções sociais – destinadas a instituições públicas ou privadas de caráter assistencial ou cultural, sem finalidade lucrativa – e subvenções econômicas, quando concedidas a empresas públicas ou privadas de natureza industrial, comercial, agrícola ou pastoril[350].

As subvenções governamentais para investimentos resultam de negócios jurídicos unilaterais (não sinalagmáticos), por meio do qual o Poder Público, independente de contraprestação, promove a transmissão de direitos patrimoniais em favor de um determinado sujeito de direitos. Esse, por sua vez, deve aplicar o valor da liberalidade recebida no aumento de capital de giro ou em qualquer elemento do ativo[351]. A subvenção tem natureza de transferência de capital, assemelhando-se a uma *doação modal*, uma vez que o beneficiário recebe um valor decorrente de liberalidade, sem assumir qualquer dívida ou obrigação como contrapartida[352]. Isso se dá porque, tal qual a doação modal, a subvenção para investimento, sem perder o caráter de liberalidade, pode ser vinculada à assunção de encargos pelo beneficiário, como a geração de um determinado volume de empregos, a manutenção de um faturamento ou de um patamar mínimo de arrecadação. Também há subvenções concedidas mediante garantia de manutenção de regularidade de obrigações tributárias ou até mesmo a construção de uma unidade industrial. Tais encargos,

---

[350] "Art. 12. [...] § 3º Consideram-se subvenções, para os efeitos desta lei, as transferências destinadas a cobrir despesas de custeio das entidades beneficiadas, distinguindo-se como:

I – subvenções sociais, as que se destinem a instituições públicas ou privadas de caráter assistencial ou cultural, sem finalidade lucrativa;

II – subvenções econômicas, as que se destinem a empresas públicas ou privadas de caráter industrial, comercial, agrícola ou pastoril."

[351] De acordo com o art. 12, § 6º, da Lei 4.320/1964, "§ 6º São Transferências de Capital as dotações para investimentos ou inversões financeiras que outras pessoas de direito público ou privado devam realizar, independentemente de contraprestação direta em bens ou serviços, constituindo essas transferências auxílios ou contribuições, segundo derivem diretamente da Lei de Orçamento ou de lei especialmente anterior, bem como as dotações para amortização da dívida pública".

[352] Sobre o tema, cf.: SEHN, Solon. *PIS-Cofins*: não cumulatividade e regimes de incidência. 3. ed. São Paulo: Noeses, 2022. p. 183; PEDREIRA, José Luiz Bulhões. *Imposto sobre a renda*: pessoas jurídicas. Rio de Janeiro: Adcoas-Justec, 1979. v. I, p. 680; MINATEL, José Antonio. Subvenções públicas: registros contábeis e reflexos tributários a partir da Lei 11.638/07. *Revista Dialética de Direito Tributário*, n. 159, p. 43 e ss., 2008; MOREIRA JUNIOR, Gilberto de Castro. Subvenções concedidas pelo Poder Público às Leis 11.638/07 e 11.941/09. *In*: FERNANDES, Edison Carlos; PEIXOTO, Marcelo Magalhães (coord.). *Aspectos tributários da nova lei contábil*. São Paulo: MP-Apet, 2010. p. 291 e ss.; COÊLHO, Sacha Calmon Navarro; COELHO, Eduardo Junqueira; LOBATO, Valter de Souza. Subvenções para investimentos à luz das Leis 11.638/2007 e 11.941/2009. *In*: ROCHA, Sergio Andre (coord.). *Direito tributário, societário e a reforma das Leis da S.A.* São Paulo: Quartier Latin, 2010. v. II, p. 530 e ss.; GALHARDO, Luciana Rosanova; ROCHA, Felipe Barboza. As alterações introduzidas na Lei das Sociedades por Ações e suas implicações no âmbito tributário: análise detida do novo tratamento conferido às subvenções para investimento. *In*: ROCHA, Sergio Andre (coord.). *Direito tributário, societário e a reforma das Leis da S.A.* São Paulo: Quartier Latin, 2010. v. I, p. 234 e ss.; UTUMI, Ana Cláudia Akie. Lei 11.638/2007 e implicações tributárias das subvenções para investimento. *In*: ROCHA, Sergio Andre (coord.). *Direito tributário, societário e a reforma das Leis da S.A.* São Paulo: Quartier Latin, 2010. v. I, p. 18 e ss.; BARRETO, Gileno G. Controvérsias jurídico-contábeis acerca da incidência da contribuição ao PIS e da Cofins sobre as subvenções econômicas. *In*: PEIXOTO, Marcelo Magalhães; MOREIRA JUNIOR, Gilberto de Castro (coord.). *PIS e Cofins à luz da jurisprudência do Carf*. São Paulo: MP, 2011. p. 263; JUSTEN FILHO, Marçal. *Teoria geral das concessões de serviço público*. São Paulo: Dialética, 2003. p. 334 e ss.

Parte Especial • Capítulo I • IMPOSTOS FEDERAIS | **471**

entretanto, não configuram contraprestação exigível, apresentando relevância jurídica apenas à medida que, não sendo cumpridos, podem dar ensejo à revogação do incentivo.

É o caso, *v.g.*, do crédito presumido do IPI previsto na Lei 9.826/1999, vinculado à instalação de novos empreendimentos industriais nas áreas de atuação da Superintendência do Desenvolvimento da Amazônia (Sudam) da Superintendência do Desenvolvimento do Nordeste (Sudene) e na região Centro-Oeste, exceto no Distrito Federal:

> Art. 1º Os empreendimentos industriais instalados nas áreas de atuação da Superintendência do Desenvolvimento da Amazônia – SUDAM e Superintendência do Desenvolvimento do Nordeste – SUDENE farão jus a crédito presumido do Imposto sobre Produtos Industrializados – IPI, a ser deduzido na apuração deste imposto, incidente nas saídas de produtos classificados nas posições 8702 a 8704 da Tabela de Incidência do Imposto sobre Produtos Industrializados – TIPI, aprovada pelo Decreto 2.092, de 10 de dezembro de 1996. (Regulamentado pelo Decreto 7.422, de 31 de dezembro de 2010.)

Essa característica afasta do conceito de subvenções as indenizações, que não decorrem de liberalidade, mas das regras de responsabilidade civil extracontratual ou contratual do Estado. Da mesma forma, os pagamentos realizados a título de contraprestação por serviços ou bens prestados ao Poder Público, assim como os repasses de recursos, que configuram mera movimentação financeira, isto é, valores recebidos pelo particular – notadamente nos contratos de concessão de serviços públicos – por meio do Estado, mas originários de uma fonte alheia à estrutura estatal[353].

Ressalte-se que, de acordo a Receita Federal, a caracterização da subvenção depende do sincronismo entre a concessão e a realização do investimento na implantação ou expansão do empreendimento, na linha do Parecer Normativo CST 112/1978, da Coordenação do Sistema da Tributação:

> 2.12 – Observa-se que a SUBVENÇÃO PARA INVESTIMENTO apresenta características bem marcantes, exigindo até mesmo perfeita sincronia da intenção do subvencionador com a ação do subvencionado. Não basta apenas o 'animus' de subvencionar para investimento. Impõe-se, também, a efetiva e específica aplicação da subvenção, por parte do beneficiário, nos investimentos previstos na implantação ou expansão do empreendimento econômico projetado[354]. [...]

Contudo, a legislação não autoriza conclusão dessa natureza. Isto porque, como ensina José Bulhões Pedreira, o art. 38, § 2º, do Decreto-lei 1.598/1977 – de forma similar ao que hoje é previsto no art. 30 da Lei 12.973/2004 – somente se refere à "implantação ou expansão de empreendimentos econômicos" para identificar a subvenção sob a forma de isenção ou redução de

---

353 A diferença é exposta por Marçal Justen Filho, que exemplifica citando o repasse da cobrança das tarifas de colega de lixo residencial (JUSTEN FILHO, Marçal. *Teoria geral das concessões de serviço público*. São Paulo: Dialética, 2003. p. 336-337).

354 Em diversas soluções de consulta, esse entendimento tem sido reiterado: "Subvenção para investimento. Benefício fiscal. Desconto no pagamento do ICMS. Inexistência de vinculação e sincronismo. Descaracterização. A receita decorrente de desconto no pagamento do ICMS devido obtido em função do Programa de Desenvolvimento Industrial e de Integração Econômica do Estado da Bahia – DESENVOLVE, de que trata a Lei Estadual 7.980, de 2001, não possui vinculação com a aplicação específica dos recursos em bens ou direitos referentes à implantação ou expansão de empreendimento econômico, não se caracterizando como subvenção para investimento, devendo ser computada na determinação do lucro real" (SC DISIT/5ª RF 41/2012. No mesmo sentido: SC DISIT/1ª RF 130/2009; SC DISIT/5ª RF 47/2002; DISIT/ 6ª RF 78/2007; SC DISIT/10 135/2012).

impostos. Não é pressuposto da subvenção, ademais, a aplicação em bens do ativo permanente da pessoa jurídica contemplada:

> A afirmação do PN-CST 112/78 de que só existe subvenção para investimento quando há "a efetiva e específica aplicação da subvenção, por parte do beneficiário, nos investimentos previstos na implantação ou expansão do empreendimento econômico projetado", não tem fundamento legal. O § 2º do artigo 38 do DL 1.598/77 somente se refere à "implantação ou expansão de empreendimentos econômicos" para identificar a subvenção sob a forma de isenção ou redução de impostos; e não como requisitos de toda e qualquer subvenção para investimento. Pode haver transferência de capital sem vinculação à implantação ou expansão de determinados empreendimentos econômicos: basta que a intenção do doador seja transferir capital e que a pessoa jurídica registre os recursos recebidos como reserva de capital.
>
> O PN-CST 112/78 interpreta restritivamente a expressão "subvenção para investimento", ao considerar como requisito essencial que os recursos doados sejam aplicados em bens do ativo permanente. Essa interpretação não tem fundamento na lei. A legislação tributária classifica todas as subvenções em apenas duas categorias – correntes e para investimento. A que não se classifica em uma delas pertence, necessariamente, à outra, e toda transferência de capital é subvenção para investimento. A palavra investimento, no caso, deve ser entendida nos seus dois sentidos – de criação de bens de produção e de aplicação financeira[355].

A CSRF do Carf tem entendido nesse mesmo sentido:

> IRPJ. Subvenção para Investimento. Na hipótese de implantação de empreendimento, há um descasamento entre o momento da aplicação do recurso e do gozo do benefício a título de subvenção para investimento, razão pela qual, natural que o beneficiário da subvenção para investimento, em um primeiro momento, aplique recursos próprios na implantação do empreendimento, para depois, quando a empresa iniciar suas operações e, consequentemente, começar a pagar o ICMS, comece também a recompor seu caixa do capital próprio anteriormente imobilizado em ativo fixo e outros gastos de implantação[356].

Destarte, a natureza da transferência – capital ou renda – decorre da intenção do subvencionador, e não da destinação dos recursos. Não cabe a exigência de sincronismo, notadamente porque, na maioria dos casos, antes de receber a subvenção, o beneficiário faz uso de recursos próprios para a realização dos empreendimentos. Logo, nada impede a aplicação da subvenção de investimentos em capital de giro[357].

---

[355] PEDREIRA, José Luiz Bulhões. *Imposto sobre a renda*: pessoas jurídicas. Rio de Janeiro: Adcoas-Justec, 1979. v. I, p. 402-403. No mesmo sentido, Gilberto de Castro Moreira Junior, em destacado estudo sobre o tema, assinala que "[...] o Parecer Normativo CST 112/79, ao ampliar o disposto no § 2º, do artigo 38, do Decreto-lei 1.598/77, criando uma condição inexistente na lei, torna-se inconstitucional por violação ao princípio da estrita legalidade tributária" (MOREIRA JUNIOR, Gilberto de Castro. Subvenções concedidas pelo Poder Público às Leis 11.638/07 e 11.941/09. *In*: FERNANDES, Edison Carlos; PEIXOTO, Marcelo Magalhães (coord.). *Aspectos tributários da nova lei contábil*. São Paulo: MP-Apet, 2010. p. 304).

[356] Carf, CSRF, 1ª T., Ac. 9101001.094, Rel. Cons. Alberto Pinto Junior, S. 29.07.2011. Na mesma linha: Carf, 1ª S., 1ª C., 1ª TO, Ac. 1101-000.661, Rel. Cons. Edeli Pereira Bessa, Redator Designado Cons. Benedicto Celso Benicio Junior, S. 31.01.2012; Carf, 1ª S., 1ª C., 3ª TO, Ac. 1103-00.555, Rel. Cons. Marcos Shigueo Takata, S. 20.10.2011.

[357] Consoante destacam Luciana Rosanova Galhardo e Felipe Barboza Rocha, "[...] no caso das subvenções, o investimento em capital de giro é muito mais comum do que o investimento em ativo permanente, já

Parte Especial • Capítulo I • IMPOSTOS FEDERAIS | **473**

Por fim, cumpre destacar que, no EREsp 1.517.492, a Primeira Seção do STJ entendeu que a União não pode incluir créditos presumidos de ICMS concedidos pelos Estados-Membros e pelo Distrito Federal a título de incentivo fiscal nas bases de cálculo do IRPJ e da CSLL:

[...]

VIII – A concessão de incentivo por ente federado, observados os requisitos legais, configura instrumento legítimo de política fiscal para materialização da autonomia consagrada pelo modelo federativo.

Embora represente renúncia a parcela da arrecadação, pretende-se, dessa forma, facilitar o atendimento a um plexo de interesses estratégicos para a unidade federativa, associados às prioridades e às necessidades locais coletivas.

IX – A tributação pela União de valores correspondentes a incentivo fiscal estimula competição indireta com o Estado-membro, em desapreço à cooperação e à igualdade, pedras de toque da Federação.

X – O juízo de validade quanto ao exercício da competência tributária há de ser implementado em comunhão com os objetivos da Federação, insculpidos no art. 3º da Constituição da República, entre os quais se destaca a redução das desigualdades sociais e regionais (inciso III), finalidade da desoneração em tela, ao permitir o barateamento de itens alimentícios de primeira necessidade e dos seus ingredientes, reverenciando o princípio da dignidade da pessoa humana, fundamento maior da República Federativa brasileira (art. 1º, III, C.R.).

XI – Não está em xeque a competência da União para tributar a renda ou o lucro, mas, sim, a irradiação de efeitos indesejados do seu exercício sobre a autonomia da atividade tributante de pessoa política diversa, em desarmonia com valores éticos-constitucionais inerentes à organicidade do princípio federativo, e em atrito com o princípio da subsidiariedade, que reveste e protege a autonomia dos entes federados.

XII – O abalo na credibilidade e na crença no programa estatal proposto pelo Estado--membro acarreta desdobramentos deletérios no campo da segurança jurídica, os quais não podem ser desprezados, porquanto, se o propósito da norma consiste em descomprimir um segmento empresarial de determinada imposição fiscal, é inegável que o ressurgimento do encargo, ainda que sob outro figurino, resultará no repasse dos custos adicionais às mercadorias, tornando inócua, ou quase, a finalidade colimada pelos

---

que o custo do capital para financiamento do giro é muito mais caro do que para financiamento do ativo permanente" (GALHARDO, Luciana Rosanova; ROCHA, Felipe Barboza. As alterações introduzidas na Lei das Sociedades por Ações e suas implicações no âmbito tributário: análise detida do novo tratamento conferido às subvenções para investimento. *In*: ROCHA, Sergio Andre (coord.). *Direito tributário, societário e a reforma das Leis da S.A.* São Paulo: Quartier Latin, 2010. v. I, p. 248). A possibilidade de aplicação em capital de giro, igualmente admitida por Ana Claudia Akie Utumi (UTUMI, Ana Cláudia Akie. Lei 11.638/2007 e implicações tributárias das subvenções para investimento. *In*: ROCHA, Sergio Andre (coord.). *Direito tributário, societário e a reforma das Leis da S.A.* São Paulo: Quartier Latin, 2010. v. I, p. 26) e Gilberto de Castro Moreira Junior (MOREIRA JUNIOR, Gilberto de Castro. Subvenções concedidas pelo Poder Público às Leis 11.638/07 e 11.941/09. *In*: FERNANDES, Edison Carlos; PEIXOTO, Marcelo Magalhães (coord.). *Aspectos tributários da nova lei contábil*. São Paulo: MP-Apet, 2010. p. 303-304), assim como pela Nota Explicativa da Instrução CVM 59/1986: "As reservas de capital representam acréscimos efetivos aos ativos da companhia que não foram originados dos lucros auferidos em suas operações, por não representarem efeitos de seus próprios esforços, mas assim de contribuições de acionistas ou de terceiros para o patrimônio líquido da companhia com o fim de propiciar recursos para o capital (em sentido amplo), inclusive contribuições governamentais sob a forma de subvenções por incentivos fiscais".

preceitos legais, aumentando o preço final dos produtos que especifica, integrantes da cesta básica nacional[358].

Nesse julgamento, prevaleceu o voto da Ministra Regina Helena Costa, para quem, "[...] ao considerar tal crédito como lucro, o entendimento manifestado pelo acórdão paradigma, da 2ª Turma, sufraga, em última análise, **a possibilidade de a União retirar, por via oblíqua, o incentivo fiscal que o Estado-membro, no exercício de sua competência tributária, outorgou**"[359]. A decisão analisou o tema sob a perspectiva dos princípios federativo e da subsidiariedade como *cláusula de correção* da tendência centralizadora da União. Como destacado pelo Ministro Napoleão Nunes Maia Filho, a exegese adotada evidencia "[...] um sentimento de enternecimento federativo em um momento em que o poder absorvente da União, centralizador, esmaga, praticamente, as autonomias estaduais e municipais"[360].

Por outro lado, no AgInt nos EREsp 1.462.237, o STJ entendeu que "[...] a qualificação do incentivo fiscal estadual como subvenção de investimentos não tem o condão de alterar a conclusão de que a tributação federal do crédito presumido de ICMS representa violação do princípio federativo"[361]. Portanto, quanto a esses benefícios fiscais, a exclusão não depende da observância dos requisitos do art. 30 da Lei 12.973/2014.

Essa tese, entretanto, aplica-se apenas aos créditos presumidos do ICMS, uma vez que a 1ª Seção do STJ definiu que "Impossível excluir os benefícios fiscais relacionados ao ICMS, tais como redução de base de cálculo, redução de alíquotas, isenção, diferimento, entre outros, da base de cálculo do imposto de renda da pessoa jurídica e da contribuição social sobre o lucro, salvo quando atendidos os requisitos previstos no artigo 10 da LC 160 e artigo 30 da Lei 12973, não se lhes aplicando o entendimento fixado no EREsp 1517492, que exclui o crédito presumido de ICMS da base de cálculo da tributação federal já mencionada" (Tema Repetitivo 1.182)[362].

A Lei 14.789/2023, resultante da conversão da Medida Provisória 1.185/2023, alterou significativamente o regime de tributação das subvenções. Não é mais possível a exclusão da base de cálculo do IRPJ, da CSLL, do PIS/Pasep e da Cofins. Essa previsão foi substituída pela concessão de um crédito fiscal no valor resultante da aplicação da alíquota do IRPJ sobre o montante da subvenção para investimentos recebida, limitado ao total investido na implantação ou expansão do empreendimento econômico. O beneficiário, ademais, deve ser previamente habilitado perante a Receita Federal do Brasil, podendo utilizar o crédito fiscal para compensação com tributos administrados pela Receita Federal do Brasil ou ressarcido em dinheiro.

De acordo com a nova legislação, que entrou em vigor a partir de 1º de janeiro de 2024, o direito ao crédito fiscal é restrito às pessoas jurídicas tributadas pelo **lucro real** que receberem sub-

---

[358] STJ, 1ª S., EREsp 1.517.492, Rel. Min. Og Fernandes, Rel. p/ Ac. Min. Regina Helena Costa, *DJe* 1º.02.2018.

[359] STJ, EREsp 1.517.492, Voto-vista da Min. Regina Helena Costa, p. 16.

[360] STJ, EREsp 1.517.492, 1ª Seção, Voto do Min. Napoleão Nunes Maia Filho, p. 26.

[361] STJ, 1ª S., AgInt nos EREsp 1.462.237, Rel. Min. Gurgel de Faria, *DJe* 21.03.2019.

[362] No mesmo julgamento, foram definidas as seguintes teses:

"[...]

2. Para exclusão dos benefícios fiscais relacionados ao ICMS, tais como redução de base de cálculo, redução de alíquotas, isenção, diferimento, entre outros, da base de cálculo da tributação federal já mencionada, não deve ser exigida a demonstração de concessão como estímulo à implantação ou expansão de empreendimento econômico.

3. Considerando que a LC 160 incluiu os parágrafos 4º e 5º ao art. 30 da Lei 12.973, sem, entretanto, revogar o disposto no seu parágrafo 2º, a dispensa de comprovação prévia pela empresa de que a subvenção fiscal foi concedida como medida de estímulo à implantação ou expansão do empreendimento econômico não obsta a receita federal de proceder ao lançamento do IRPJ e da CSLL se, em procedimento fiscalizatório, for verificado que os valores oriundos do benefício fiscal foram utilizados para finalidade estranha à garantia da viabilidade do empreendimento econômico".

Parte Especial • Capítulo I • IMPOSTOS FEDERAIS **475**

venção da União, dos Estados, do Distrito Federal ou dos Municípios para *implantar* ou *expandir* empreendimento econômico, conforme definição dos incisos I e II do art. 2º da Lei 14.789/2023:

> Art. 2º Para os fins do disposto no art. 1º desta Lei, considera-se:
>
> I – implantação – o estabelecimento de empreendimento econômico para o desenvolvimento da atividade a ser explorada por pessoa jurídica não domiciliada na localização geográfica do ente federativo que concede a subvenção;
>
> II – expansão – a ampliação da capacidade, a modernização ou a diversificação do comércio ou da produção de bens ou serviços do empreendimento econômico, inclusive mediante o estabelecimento de outra unidade, pela pessoa jurídica domiciliada na localização geográfica do ente federativo que concede a subvenção;
>
> [...].

O art. 21, IV, da Lei 14.789/2023 revogou o art. 30 da Lei 12.973/2014: "§ 4º Os incentivos e os benefícios fiscais ou financeiro-fiscais relativos ao imposto previsto no inciso II do *caput* do art. 155 da Constituição Federal, concedidos pelos Estados e pelo Distrito Federal, são considerados subvenções para investimento, vedada a exigência de outros requisitos ou condições não previstos neste artigo". Assim, ficam sujeitos às regras da nova lei todos os benefícios fiscais de ICMS, com exceção dos créditos presumidos. É que, em relação a esses, a Primeira Seção do STJ reconheceu que a não incidência do IRPJ e da CSLL decorre do princípio federativo, ou seja, do dispositivo legal revogado[363].

3.6.2 *Lucro presumido*

O lucro presumido é uma modalidade simplificada de tributação da renda da pessoa jurídica. Nela o valor do crédito tributário é calculado com base em um percentual da receita bruta, sem dedução de custos ou despesas. Trata-se de uma opção do contribuinte, que pode ser adotada pelas pessoas jurídicas não obrigadas à tributação pelo lucro real[364], desde que, no ano-calendário anterior, tenham auferido receita bruta total igual ou inferior a R$ 78.000.000,00 ou a R$ 6.500.000,00 multiplicado pelo número de meses em atividade no ano-calendário anterior[365]. A opção pelo regime é exercida mediante pagamento da primeira ou da única quota do imposto devido, que é de periodicidade trimestral, com encerramento nos dias 31 de março, 30 de junho, 30 de setembro e 31 de dezembro de cada ano-calendário[366].

A base de cálculo deve corresponder a 8% da receita bruta auferida no período de apuração, deduzida as devoluções, as vendas canceladas e os descontos incondicionais concedidos[367]. As atividades seguintes estão sujeitas a percentuais especiais[368]:

a) revenda, para consumo, de combustível derivado de petróleo, álcool etílico carburante e gás natural: 1,6%;

b) prestação de serviço de transporte, exceto o de carga: 16%;

---

[363] Como ressaltado no AgInt nos EREsp 1.462.237: "[...] a qualificação do incentivo fiscal estadual como subvenção de investimentos não tem o condão de alterar a conclusão de que a tributação federal do crédito presumido de ICMS representa violação do princípio federativo" (STJ, 1ª S., AgInt nos EREsp 1.462.237, Rel. Min. Gurgel de Faria, *DJe* 21.03.2019).

[364] "Para fins de apuração do IRPJ, não há vedação legal que impeça a opção pelo lucro presumido à pessoa jurídica que possua participação societária no exterior, desde que não incorra em situação de obrigatoriedade de apuração pelo lucro real e observados os demais requisitos legais" (Solução de Consulta Cosit 61/2022).

[365] Lei 9.718/1998, art. 13.

[366] Lei 9.430/1996, art. 26, § 1º, e arts. 1º e 25.

[367] Ver ainda: art. 591 do Decreto 9.580/2018.

[368] Lei 9.249/1995, art. 15, § 1º.

476 | CURSO DE DIREITO TRIBUTÁRIO – *Solon Sehn*

c) prestação de serviços em geral, exceto a de serviços hospitalares e de auxílio diagnóstico e terapia, patologia clínica, imagenologia, anatomia patológica e citopatologia, medicina nuclear e análises e patologias clínicas, desde que a prestadora desses serviços seja organizada sob a forma de sociedade empresária e atenda às normas estabelecidas pela Anvisa: 32%;

d) intermediação de negócios; administração, locação ou cessão de bens, imóveis, móveis e direitos de qualquer natureza; prestação de serviços de construção, recuperação, reforma, ampliação ou melhoramento de infraestrutura vinculados a contrato de concessão de serviço público: 32%.

Em relação aos serviços hospitalares, no REsp 1.116.399, o STJ fixou a seguinte tese repetitiva: "Para fins do pagamento dos tributos com as alíquotas reduzidas, a expressão 'serviços hospitalares', constante do artigo 15, § 1º, inciso III, da Lei 9.249/95, deve ser interpretada de forma objetiva (ou seja, sob a perspectiva da atividade realizada pelo contribuinte), devendo ser considerados serviços hospitalares 'aqueles que se vinculam às atividades desenvolvidas pelos hospitais, voltados diretamente à promoção da saúde', de sorte que, 'em regra, mas não necessariamente, são prestados no interior do estabelecimento hospitalar, excluindo-se as simples consultas médicas, atividade que não se identifica com as prestadas no âmbito hospitalar, mas nos consultórios médicos'" (Tema Repetitivo 217)[369].

No ano de 2024, a Solução de Consulta Cosit 231 reconheceu que: "[...] para fins de determinação da base de cálculo presumida do IRPJ, aplica-se o percentual de 8% (oito por cento) sobre a receita bruta decorrente da prestação de serviços de assistência e internação domiciliar (*home care*), desde que realizados por pessoa jurídica que, de fato e de direito, seja organizada sob a forma de sociedade empresária, e obedeça às normas pertinentes da Anvisa, requisitos estes que são cumulativos"[370].

Por outro lado, de acordo com a Solução de Consulta Cosit 36/2023: "Para as atividades de licenciamento ou cessão de direito de uso de programas de computador padronizados ou customizados em pequena extensão, o percentual para determinação da base de cálculo do IRPJ, de que trata o *caput* do art. 15 da Lei 9.249, de 1995, é de 32% (trinta e dois por cento), previsto para prestação de serviços, na alínea "a" do inciso III desse mesmo artigo"[371]. Houve, com essa manifestação da Receita Federal, uma mudança de interpretação assentada nas decisões do STF na ADI 1.945 e 5.659, que admitiram a incidência do ISS sobre operações com *softwares*. Por conseguinte, de acordo com a autoridade fazendária, nelas também seria aplicável o percentual de presunção dos serviços em geral.

Trata-se, no entanto, de exegese equivocada. Desde os primeiros julgados acerca da matéria, o STF sempre tem vinculado o conceito de serviço às *obrigações de dar*[372]. Não ocorreu um *overruling* do entendimento jurisprudencial nas ADIs 1.945 e 5.659. A Corte, na realidade, apenas reconheceu que, diante do art. 156, III, da Constituição Federal, para afastar conflitos de competência entre ISS e ICMS, a lei complementar pode definir o tributo incidente nos *contratos mistos ou complexos*, sempre que não for possível distinguir as obrigações de *dar* e de *fazer*. Não houve, em momento algum, afirmação de que o licenciamento de *softwares* seria prestação de serviços[373]. Portanto, sendo uma atividade de natureza *mista*, o licenciamento ou cessão de

---

[369] STJ, 1ª S., REsp 1.116.399, Rel. Min. Benedito Gonçalves, *DJe* 24.02.2010.

[370] *DOU* de 26.07.2024.

[371] *DOU* de 15.02.2023.

[372] Ver Cap. I, item 3.6.2; Cap. II, item 2.3.1.1.3; e Cap. III, item 3.2.1.3, ambos da Parte Especial.

[373] Isso foi ressaltado de forma muito clara nas ADIs 1.945 e 5.659: "5. O Plenário deste Supremo Tribunal Federal, ao apreciar as ADIs 1.945 e 5.659 (j. em 24.02.2021), entendeu que as operações relativas ao licenciamento

Parte Especial • Capítulo I • IMPOSTOS FEDERAIS | **477**

direito de uso de *software* não pode ser considerado um *serviço em geral*. Dessa maneira, deve ser aplicado o percentual de presunção de 8% da receita bruta.

Essa questão já foi pacificada em relação aos serviços de construção por empreitada, quando há emprego de materiais. Nesses casos, deve ser aplicado o percentual de 8% em razão da natureza mista da atividade, o que afasta o seu enquadramento como serviço em geral. Destaca-se, nesse sentido, a seguinte passagem do voto do Desembargador Federal Ogê Muniz do TRF da 4ª Região no julgamento da Apelação Cível 5044150-47.2015.4.04.7100:

> Quanto ao IRPJ, portanto:
>
> a) a **regra geral** é no sentido de que, em cada mês, sua base de cálculo deve corresponder a 8% da receita bruta nele auferida;
>
> b) a **regra especial**, para as empresas **prestadoras de serviços em geral**, é no sentido de que, em cada mês, sua base de cálculo deve corresponder a 32% da receita bruta nele auferida.
>
> O caso em exame (prestação de serviços de instalação, em rodovias, de sinalizadores fornecidos pelo prestador de serviços), versa sobre a **prestação de serviços com o fornecimento de materiais**.
>
> Essa **atividade mista** não se insere na categoria da **prestação de serviços em geral**, nem na categoria das **atividades diversificadas**.
>
> Trata-se de uma única atividade, que engloba a prestação de serviços e o fornecimento dos materiais nele empregados.
>
> Logo, não se lhe aplica:
>
> a) a **regra especial** de apuração da base de cálculo do IRPJ mensal mediante a aplicação da alíquota de 32% sobre a receita bruta; nem,
>
> b) a **regra especial** que determina a identificação da base de cálculo do IRPJ mensal em relação a cada atividade exercida.
>
> **Quanto ao IRPJ mensal**, aplica-se-lhe a regra geral, à luz da qual a base de cálculo deve corresponder a 8% (oito por cento) da receita bruta.
>
> Reflexamente, **quanto à CSLL mensal**, aplica-se a regra geral contida na parte inicial do artigo 20 da Lei[374].

---

ou cessão do direito de uso de *software*, seja ele padronizado ou elaborado por encomenda, devem sofrer a incidência do ISS, e não do ICMS. Tais operações são mistas ou complexas, já que envolvem um *dar* e um *fazer* humano na concepção, desenvolvimento e manutenção dos programas, além "[d]o *help desk*, disponibilização de manuais, atualizações tecnológicas e outras funcionalidades previstas no contrato". Nesse contexto, o legislador complementar buscou dirimir o conflito de competência tributária (art. 146, I, da CF), no subitem 1.05 da lista de serviços tributáveis pelo ISS anexa à Lei Complementar 116/2003, prevendo o "licenciamento ou cessão de direito de uso de programas de computação". Também houve reforço dessa exegese na ADI 3.142: "Nas relações mistas ou complexas em que não seja possível claramente segmentar as obrigações de dar e de fazer – 'seja no que diz com o seu objeto, seja no que concerne ao valor específico da contrapartida financeira' (Rcl 14.290/DF-AgR, Tribunal Pleno, Rel. Min. Rosa Weber) –, estando a atividade definida em lei complementar como serviço de qualquer natureza, nos termos do art. 156, III, da Constituição Federal, será cabível, a priori, a cobrança do imposto municipal" (STF, Tribunal Pleno, ADI 3.142, Rel. Min. Dias Toffoli, *DJe* 09.10.2020).

[374] "Ação anulatória. Lucro presumido. Instalação de sinalização em rodovias com fornecimento de mão de obra e materiais. Caracterização como empreitada total de construção civil. Percentual de presunção de 8% para apuração da base de cálculo do IRPJ e de 12% para apuração da base de cálculo da CSLL.
Até o início da vigência da Lei 12.973, de 2014, que incluiu a alínea 'e' ao inciso III do § 1º do artigo 15 da Lei 9.249, de 1995, as receitas decorrentes de 'empreitada de construção civil na modalidade total, com fornecimento, pelo empreiteiro, de todos os materiais indispensáveis à consecução da atividade contratada,

478 | CURSO DE DIREITO TRIBUTÁRIO – *Solon Sehn*

A própria Receita Federal, aliás, já interpreta no mesmo sentido: "Às receitas decorrentes da prestação de serviços de construção civil somente se aplica o percentual de presunção de 8% (oito por cento) para o IRPJ na hipótese de contratação por empreitada na modalidade total, com fornecimento, pelo empreiteiro, de todos os materiais indispensáveis à execução da obra, sendo tais materiais incorporados a esta"[375].

Por outro lado, em caso de atuação em segmentos distintos, deve ser aplicado o percentual correspondente a cada atividade. Assim, se uma determinada pessoa jurídica prestar serviços em geral e vender mercadorias, deverá aplicar o percentual de 32% para a primeira e 8% para a segunda.

Devem ser acrescidos à base de cálculo pelo seu valor integral – sem a aplicação dos percentuais de presunção – os ganhos de capital, os rendimentos e ganhos líquidos auferidos em aplicações financeiras, as demais receitas e os resultados positivos decorrentes de receitas não abrangidas pela atividade operacional, auferidos no mesmo período de apuração.

O reconhecimento da receita deve ocorrer dentro do regime de competência, mas o art. 20 da Medida Provisória 2.158-35 faculta a opção pelo regime de caixa: "Art. 20. As pessoas jurídicas submetidas ao regime de tributação com base no lucro presumido somente poderão adotar o regime de caixa, para fins da incidência da contribuição para o PIS/PASEP e COFINS, na hipótese de adotar o mesmo critério em relação ao imposto de renda das pessoas jurídicas e da CSLL".

Por fim, de acordo com as teses firmadas pelo STJ: "O ISS compõe a base de cálculo do IRPJ e da CSLL quando apurados na sistemática do lucro presumido" (Tema Repetitivo 1.240)[376]; e "O ICMS compõe a base de cálculo do Imposto de Renda da Pessoa Jurídica (IRPJ) e da Contribuição Social sobre o Lucro Líquido (CSLL), quando apurados na sistemática do lucro presumido" (Tema Repetitivo 1.008)[377].

3.6.3   *Lucro arbitrado*

O lucro arbitrado é um regime alternativo de determinação da base imponível, aplicável quando[378]:

a) o contribuinte, obrigado à tributação com base no lucro real, não mantiver escrituração na forma das leis comerciais e fiscais, ou deixar de elaborar as demonstrações financeiras exigidas pela legislação fiscal;

b) a escrituração a que estiver obrigado o contribuinte revelar evidentes indícios de fraudes ou contiver vícios, erros ou deficiências que a tornem imprestável para identificar a efetiva movimentação financeira e determinar o lucro real;

c) contribuinte deixar de apresentar à autoridade tributária os livros e documentos da escrituração comercial e fiscal, ou o Livro-Caixa;

d) optar indevidamente pela tributação com base no lucro presumido;

---

sendo tais materiais incorporados à obra' estão sujeitas ao percentual de presunção de 8% para apuração da base de cálculo do IRPJ e de 12% para apuração da base de cálculo da CSLL" (TRF4, 2ª T., Apelação Cível 5044150-47.2015.4.04.7100, Rel. Des. Fed. Rômulo Pizzolatti, j. 14.05.2018).

[375] Solução de Consulta Cosit 8, de 7 de janeiro de 2014. No mesmo sentido: Solução de Consulta Cosit 76, de 24 de maio de 2016, relativo à empreitada de construção de redes de instalações elétricas, instalações hidráulicas e de sistemas de prevenção contra incêndio.

[376] STJ, 1ª S., REsp 2.089.298, Rel. Min. Gurgel de Faria, *DJe* 24.09.2024; STJ, 1ª S., REsp 2.089.356, Rel. Min. Gurgel de Faria, *DJe* 24.09.2024.

[377] STJ, 1ª S., REsp 1.767.631, Rel. Min. Gurgel de Faria, *DJe* 31.05.2023.

[378] Lei 8.981/1995, art. 47.

Parte Especial • Capítulo I • IMPOSTOS FEDERAIS | **479**

e) o comissário ou ao representante da pessoa jurídica estrangeira deixar de escriturar e apurar o lucro da sua atividade separadamente do lucro do comitente residente ou domiciliado no exterior;

f) o contribuinte não mantiver, em boa ordem e segundo as normas contábeis recomendadas, Livro Razão ou fichas utilizados para resumir e totalizar, por conta ou subconta, os lançamentos efetuados no Diário.

Sendo possível determinar a receita bruta do sujeito passivo, o lucro arbitrado deve resultar da aplicação dos mesmos percentuais previstos para fins de apuração do lucro presumido, acrescidos de 20%. Devem ser deduzidas as devoluções, as vendas canceladas e dos descontos incondicionais[379]. No caso das instituições financeiras, caracterizadas na forma do inciso III do art. 36 da Lei 8.981/1995, o percentual para determinação do lucro arbitrado será de 45%[380].

Não sendo conhecida a receita, por sua vez, incide um dos seguintes percentuais:

a) 1,5% do lucro real referente ao último período em que a pessoa jurídica manteve escrituração de acordo com as leis comerciais e fiscais;

b) 0,04% da soma dos valores do ativo circulante, realizável a longo prazo e permanente, existentes no último balanço patrimonial conhecido;

c) 0,07% do valor do capital, inclusive a sua correção monetária contabilizada como reserva de capital, constante do último balanço patrimonial conhecido ou registrado nos atos de constituição ou alteração da sociedade;

d) 0,05% do valor do patrimônio líquido constante do último balanço patrimonial conhecido;

e) 0,04% do valor das compras de mercadorias efetuadas no mês;

f) 0,04% da soma, em cada mês, dos valores da folha de pagamento dos empregados e das compras de matérias-primas, produtos intermediários e materiais de embalagem;

g) 0,08% da soma dos valores devidos no mês a empregados;

h) 0,09% do valor mensal do aluguel devido.

As maiores controvérsias relacionadas ao arbitramento envolvem os casos em que a escrituração do contribuinte apresenta evidentes indícios de fraudes ou vícios, erros ou deficiências que a tornem imprestável para determinar o lucro real ou identificar a efetiva movimentação financeira. Nessas hipóteses, deve-se ter presente que o arbitramento do lucro é uma técnica objetiva de determinação da base de cálculo, não apresentando caráter punitivo. Ademais, como já se reconhece desde a época do antigo Conselho de Contribuintes: "O arbitramento de lucros é medida extrema, cuja admissibilidade está vinculada à abertura de prazo razoável para regularização ou apresentação da escrita"[381].

3.6.4 Sujeição passiva

Os contribuintes do IRPJ são as pessoas jurídicas e equiparadas. As hipóteses de responsabilidade tributária, por sua vez, são as mesmas previstas no CTN.

---

[379] Lei 9.249/1995, art. 16; Lei 9.430/1996, art. 27, I.

[380] Lei 9.249/1995, art. 16, parágrafo único.

[381] 1ª CC, 3ª C., Ac. 103-18452, Rel. Cons. Murilo Rodrigues da Cunha Soares, S. 18.03.1997.

480 | CURSO DE DIREITO TRIBUTÁRIO – *Solon Sehn*

3.6.5   Alíquota e adicional

A alíquota do imposto corresponde a 15%, sendo devido um adicional de 10% sobre a parcela do lucro real, presumido ou arbitrado que exceder o valor resultante da multiplicação de R$ 20.000,00 pelo número de meses do respectivo período de apuração. No lucro real, também é devido o adicional no pagamento por estimativa, calculado sobre a parcela mensal que exceder R$ 20.000,00[382].

O período de apuração do IRPJ ocorre em períodos trimestrais, encerrados nos dias 31 de março, 30 de junho, 30 de setembro e 31 de dezembro de cada ano-calendário. Entretanto, no lucro real, o contribuinte pode optar pelo pagamento por estimativa mensal. Nesse caso, o valor devido deverá ser calculado sobre uma *base estimada*, resultante da aplicação dos mesmos percentuais previstos para o regime do lucro presumido sobre a receita bruta mensal. Ao final do exercício, no dia 31 de dezembro, deve ser apurado o lucro real, determinando-se eventual saldo a pagar ou se houve pagamento a maior que o devido[383].

A constitucionalidade da apuração trimestral foi questionada nos tribunais. Isso ocorreu porque parte dos autores, na linha de José Artur Lima Gonçalves, sustentaram que a periodicidade mínima deveria ser de doze meses, uma vez que toda a organização do funcionamento do Estado brasileiro, na Constituição, baseia-se na noção de período anual. As referências ao período "mensal", ainda segundo o ilustre professor, não vêm no sentido de cômputo de alguma grandeza, apenas como termos de pagamento ou prazos[384]. O STF, no entanto, entendeu que o texto constitucional não estabelece um prazo mínimo. No RE 140.671, o Tribunal decidiu que "não ofendia a Carta decaída, tampouco configurava instituição irregular de empréstimo compulsório, a sistemática de recolhimento do imposto de renda, na fonte, mês a mês ou o seu pagamento trimestral, para posterior reajuste anual"[385].

4   IMPOSTO SOBRE PRODUTOS INDUSTRIALIZADOS

4.1   Princípios

4.1.1   Estrita legalidade e anterioridade mínima

O § 1º do art. 153 da Constituição[386] faculta ao Poder Executivo a alteração das alíquotas do IPI dentro dos limites máximos e mínimos previstos em lei. Trata-se de previsão que visa a permitir o uso do imposto para fins extrafiscais ou regulatórios.

---

[382]   Lei 9.430/1996, art. 2º, § 1º.

[383]   O contribuinte pode utilizar o valor dos recolhimentos de estimativas para a dedução do IRPJ devido no ano-calendário, sendo que eventual saldo negativo ser objeto de pedido de restituição ou de compensação tributária. De acordo com o § 4º do art. 2º da Lei 9.430/1996: "§ 4º Para efeito de determinação do saldo de imposto a pagar ou a ser compensado, a pessoa jurídica poderá deduzir do imposto devido o valor:
I – dos incentivos fiscais de dedução do imposto, observados os limites e prazos fixados na legislação vigente, bem como o disposto no § 4º do art. 3º da Lei 9.249, de 26 de dezembro de 1995;
II – dos incentivos fiscais de redução e isenção do imposto, calculados com base no lucro da exploração;
III – do imposto de renda pago ou retido na fonte, incidente sobre receitas computadas na determinação do lucro real;
IV – do imposto de renda pago na forma deste artigo".

[384]   GONÇALVES, José Artur Lima. *Imposto sobre a renda*: pressupostos constitucionais. São Paulo: Malheiros, 1997. p. 185 e ss. Nessa mesma linha: PEIXOTO, Marcelo Magalhães. *Imposto de renda das pessoas jurídicas*: o conceito de despesa dedutível à luz da jurisprudência do Carf – Conselho Administrativo de Recursos Fiscais. São Paulo: MP, 2011. p. 74. Um exame acerca dessa discussão na doutrina pode ser encontrado em QUEIROZ, Luís Cesar Souza de. *Imposto sobre a renda*: requisitos para uma tributação constitucional. Rio de Janeiro: Forense, 2003. p. 247 e ss.; LEMKE, Gisele. *Imposto de renda*: os conceitos de renda e de disponibilidade econômica e jurídica. São Paulo: Dialética, 1998. p. 85 e ss.

[385]   STF, 2ª T., RE 140.671, Rel. Min. Ellen Gracie, *DJ* 13.08.2004.

[386]   "§ 1º É facultado ao Poder Executivo, atendidas as condições e os limites estabelecidos em lei, alterar as alíquotas dos impostos enumerados nos incisos I, II, IV, V e VIII."

Parte Especial • Capítulo I • IMPOSTOS FEDERAIS | **481**

O IPI não está sujeito ao princípio constitucional da anterioridade tributária. A Constituição, no entanto, exige a observância de um prazo mínimo de 90 dias para a aplicação do enunciado prescritivo instituidor do tributo ou do aumento da alíquota, contados da publicação do ato normativo respectivo (CF, art. 150, § 1º[387]). Nesse período, há um deslocamento do termo inicial da vigência, assegurando aos contribuintes a calculabilidade e a previsibilidade dos efeitos do aumento do tributo.

4.1.2   Isonomia e cláusula do tratamento nacional

O IPI não incide apenas sobre as operações internas, mas também sobre a importação de produtos industrializados. Nesse caso, deve observar o princípio ou cláusula do tratamento nacional (Artigo III do Gatt 1994), que veda o uso do tributo como instrumento de proteção da produção local[388]. O imposto, assim, deve ter a sua alíquota fixada apenas de modo a tornar equivalente a tributação do produto importado com a similar nacional:

Artigo III

Tratamento Nacional no tocante à Tributação e Regulamentação Internas

3.1 As Partes Contratantes reconhecem que os impostos e outros tributos internos, assim como leis, regulamentos e exigências relacionadas com a venda, oferta para venda, compra, transporte, distribuição ou utilização de produtos no mercado interno e as regulamentações sobre medidas quantitativas internas que exijam a mistura, a transformação ou utilização de produtos, em quantidade e proporções especificadas, não devem ser aplicados a produtos importados ou nacionais, de modo a proteger a produção nacional.

3.2 Os produtos do território de qualquer Parte Contratante, importados por outra Parte Contratante, não estão sujeitos, direta ou indiretamente, a impostos ou outros tributos internos de qualquer espécie superiores aos que incidem, direta ou indiretamente, sobre produtos nacionais. Além disso nenhuma Parte Contratante aplicará de outro modo, impostos ou outros encargos internos a produtos nacionais ou importados, contrariamente aos princípios estabelecidos no parágrafo 1.

3.3 Relativamente a qualquer imposto interno existente, incompatível com o que dispõe o parágrafo 2, mas expressamente autorizado por um acordo comercial, em vigor a 10 de abril de 1947, no qual se estabelece o congelamento do direito de importação que recai sobre um produto à Parte Contratante que aplica o imposto será lícito protelar a aplicação dos dispositivos do parágrafo 2 a tal imposto, até que possa obter dispensadas obrigações desse acordo comercial, de modo a lhe ser permitido aumentar tal direito na medida necessária compensar a supressão da proteção assegurada pelo imposto.

[...]

3.8 (a) As disposições desse Artigo não se aplicarão às leis, regulamentos ou exigências que se refiram a aquisições, por órgãos governamentais de produtos comprados para atender às necessidades dos poderes públicos e não se destinam à revenda, no comércio, ou à produção de bens para venda no comércio.

[...]

---

[387] "Art. 150. [...] § 1º A vedação do inciso III, *b*, não se aplica aos tributos previstos nos arts. 148, I, 153, I, II, IV, V e VIII; e 154, II; e a vedação do inciso III, *c*, não se aplica aos tributos previstos nos arts. 148, I, 153, I, II, III e V; e 154, II, nem à fixação da base de cálculo dos impostos previstos nos arts. 155, III, e 156, I."

[388] Como ressalta Basaldúa, "la tributación interna aludida es fundamentalmente la indirecta, aunque también puede afectar en ciertos supuestos a la directa" (BASALDÚA, Ricardo Xavier. *Tributos al comercio exterior*. Buenos Aires: Abeledo-Perrot, 2011. p. 486).

Notas e Disposições Adicionais Ao artigo III

Qualquer imposto ou outros tributos internos, bem como qualquer lei, regulamento ou prescrição mencionados no Parágrafo 1 que se apliquem não só ao produto importado como também ao produto nacional similar e que sejam cobrados ou exigidos no caso do produto importado no momento e no local da importação, serão não obstante considerados como taxa interna ou um outro tributo interno ou como uma lei, regulamentação ou exigências regidas no Parágrafo 1 e estão consequentemente sujeitas às disposições do Artigo III.

Parágrafo primeiro

A aplicação do parágrafo primeiro às taxas internas cobradas pelas autoridades governamentais ou administrativas locais do território de uma Parte Contratante é regida pelas disposições constantes do último parágrafo do Artigo XXIV. A expressão "medidas razoáveis que estejam a seu alcance" que figura nesse parágrafo não deve ser interpretada como obrigando, por exemplo uma Parte Contratante a revogar uma legislação nacional que dá às autoridades mencionadas acima, o poder de aplicar taxas internas que sejam contrárias na forma, à letra do Artigo III, sem contratarem, de fato, o espírito deste Artigo se essa extinção trouxer graves dificuldades financeiras para as autoridades locais interessadas. No que concerne às taxas cobradas por essas autoridades locais e que sejam contrárias à letra e ao espírito do Artigo III, a expressão "medidas razoáveis que estejam a seu alcance" permite a uma Parte Contratante elimina progressivamente essas taxas no curso de um período de transição, se a sua supressão imediata ameace provocar graves dificuldades administrativas e financeiras.

Parágrafo 2

Uma taxa que satisfaça às prescrições da primeira frase do parágrafo 2 somente deve ser considerada como incompatível com as prescrições da Segunda frase nos casos em que haja concorrência entre de um lado, o produto taxado e de outro, um produto diretamente competidor ou que possa ser substituto direto e que não seja taxado igualmente.

A isonomia na tributação do comércio exterior é um compromisso internacional. O Estado brasileiro é signatário do Acordo Geral de Tarifas e Comércio de 1994 (Gatt 1994 – *General Agreement on Tariffs and Trade*), incorporado ao direito interno pelo Decreto Legislativo 30/1994, promulgado pelo Decreto 1.355/1994. Assim, como membro da OMC, comprometeu-se internacionalmente a eliminar tratamentos anti-isonômicos nas relações comerciais com outros países. Dentro da reciprocidade e da lógica de vantagens mútuas do Gatt, constitui um dever do Estado brasileiro zelar pela sua observância. Isso inclui os Poderes Executivo e Legislativo, na elaboração de leis, na formulação e execução das políticas de comércio exterior, mas também ao Poder Judiciário, na contenção de práticas abusivas e incompatíveis com o princípio do tratamento nacional.

Alinhada a esses valores, há anos a jurisprudência do STF tem admitido a extensão de isenções com base no princípio do tratamento nacional[389]. Trata-se de matéria que foi objeto da Súmula

---

[389] É importante ressaltar que essa interpretação não contrasta com o entendimento segundo o qual "[...] não pode o Poder Judiciário, a pretexto de conceder tratamento isonômico, atuar como legislador positivo para estabelecer benefícios tributários não previstos em lei, sob pena de afronta ao princípio fundamental da separação dos poderes" (STF, 2ª T., RE 606.171 AgR, Rel. Min. Dias Toffoli, *DJe*-040 03.03.2017). O princípio do tratamento nacional é previsto em um acordo internacional incorporado ao direito brasileiro com força de lei. Dele já resulta o direito de extensão do benefício fiscal ao importador brasileiro de produto similar ou intersubstituível. O Judiciário, ao determinar essa providência, não está inovando na ordem jurídica, mas apenas declarando um direito que decorre do Artigo III do Gatt.

Parte Especial · Capítulo I · IMPOSTOS FEDERAIS **483**

575, aprovada na Sessão Plenária de 15.12.1976: "À mercadoria importada de país signatário do GATT, ou membro da ALALC, estende-se a isenção do imposto de circulação de mercadorias concedida a similar nacional". Precedentes mais recentes têm reafirmado essa interpretação, uma vez que "os produtos oriundos de países-membros da OMC e, portanto, signatários do GATT, devem receber tratamento tributário igualitário em face do similar nacional"[390]. O STJ também entende nesse sentido, consoante as Súmulas 20 ("A Mercadoria importada de país signatário do GATT é isenta do ICM, quando contemplado com esse favor o similar nacional") e 71 ("O bacalhau importado de país signatário do GATT é isento do ICM").

4.1.3   Seletividade

Conforme analisado anteriormente, o IPI está sujeito ao princípio constitucional da seletividade das alíquotas, que, nos termos do art. 153, § 3º, I, devem ser fixadas na razão inversa da essencialidade do produto. Essa exigência visa a realizar o princípio constitucional da capacidade contributiva, impondo a adoção de alíquotas reduzidas para artigos de primeira necessidade (*v.g.*, roupas, alimentos, higiene e medicamentos)[391] e uma carga tributária mais gravosa para produtos de luxo ou de consumo prejudicial (*v.g.* fumo, cigarro, charuto e bebidas alcoólicas, e similares)[392].

4.1.4   Não cumulatividade

As origens e os antecedentes da não cumulatividade já foram estudadas anteriormente, assim como as diferentes técnicas de operacionalização e sua justificação constitucional[393]. Nesse momento, cumpre destacar que o IPI constitui um tributo plurifásico que incide não apenas sobre a venda do produto industrializado, mas também nas fases anteriores, ou seja, no fornecimento de insumos incorporados ou consumidos no processo de industrialização (produtos interme-diários, materiais de embalagem e matérias-primas). Em alguns casos, por equiparação legal, o IPI pode alcançar a etapa subsequente de comercialização do produto. O valor devido em cada uma dessas fases, por sua vez, é calculado sobre o preço total de venda, no qual está incorporado o crédito tributário devido nas etapas anteriores, gerando um efeito *cascata* ou de *piramidização*. É para evitar esse resultado que, de acordo com o art. 153, § 3º, II, da Constituição, o imposto deve ser não cumulativo, *compensando-se o que for devido em cada operação com o montante cobrado nas anteriores:*

---

[390]   STF, 1ª T., ARE 804638 AgR, Rel. Min. Luiz Fux, *DJe*-075 23.04.2015; 1ª T., REsp 533.124/SP, Rel. Min. Luiz Fux, *DJ* 20.10.2003. No mesmo sentido, STF, 1ª T., AI 764.951 AgR, Rel. Min. Rosa Weber, *DJe*-048 13.03.2013: "A jurisprudência desta Suprema Corte assentou-se no sentido da constitucionalidade das desonerações tributárias estabelecidas, por meio de tratado, pela República Federativa do Brasil, máxime no que diz com a extensão, às mercadorias importadas de países signatários do GATT, das isenções de ICMS concedidas às similares nacionais (Súmula STF 575)".

[391]   A essencialidade, por sua vez, pode ser estabelecida a partir do art. 7º, IV, da Constituição Federal, o que compreenderia produtos relacionados às necessidades de moradia, alimentação, educação, saúde, lazer, vestuário, higiene e transporte.

[392]   "Por sem dúvida que produtos como peles especiais, peças de arte, bebidas importadas, joias de alto valor, perfumes caríssimos e tantos outros, revelam, pelo seu grau de sofisticação, a às vezes de extravagância, elevada capacidade contributiva" (VIEIRA, José Roberto. *A regra-matriz de incidência do IPI*: texto e contexto. Curitiba: Juruá, 1993. p. 126). Para Aliomar Baleeiro, as alíquotas devem ser estabelecidas "em razão inversa da imprescindibilidade das mercadorias de consumo generalizado. Quanto mais sejam elas necessárias à alimentação, vestuário, à moradia, ao tratamento médico e higiênico das classes mais numerosas, tanto menores devem ser" (BALEEIRO, Aliomar. *Direito tributário brasileiro*. Atual. Misabel Abreu Machado Derzi. 11. ed. Rio de Janeiro: Forense, 2001. p. 347).

[393]   Ver Capítulo V, item 8.4, da Parte Geral.

484 | CURSO DE DIREITO TRIBUTÁRIO – *Solon Sehn*

Art. 153. Compete à União instituir impostos sobre:

[...]

IV – produtos industrializados;

[...]

§ 3º O imposto previsto no inciso IV:

[...]

II – será não cumulativo, compensando-se o que for devido em cada operação com o montante cobrado nas anteriores;

O art. 153, IV, § 3º, II, da Constituição assegura aos contribuintes do IPI o abatimento, mediante compensação, do crédito tributário devido na operação antecedente. Dessa maneira, dentro de um sistema de créditos e débitos, ao adquirir as matérias-primas e demais insumos, inclusive os importados, o fabricante registra como crédito o valor do IPI incidente na operação anterior. Após a industrialização, por ocasião da venda do produto final, registra como débito o valor do IPI incidente sobre a venda do produto industrializado. No final de cada mês, verifica-se o saldo: caso exista crédito, esse é transferido para o período seguinte; havendo débito, a diferença deve ser recolhida à União. Isso faz com que, embora juridicamente a base de cálculo continue a ser o valor total da operação, o tributo – sob o aspecto econômico – onere apenas o valor agregado, neutralizando os efeitos prejudiciais da incidência plurifásica cumulativa.

A não cumulatividade coloca o devedor do IPI e a União em uma relação jurídica autônoma (*ex lege*) de natureza financeira. Nela o contribuinte, toda vez que adquirir produtos sujeitos a esse imposto federal, torna-se titular de um direito de crédito perante o ente tributante. Esse crédito financeiro pode ser exigido no adimplemento, mediante compensação, da obrigação tributária do IPI. Por outro lado, não sendo possível o abatimento, inclusive em caso de acumulação de créditos pela insuficiência de débitos, o contribuinte tem direito ao recebimento em dinheiro ou de compensação com outros tributos. Do contrário, o crédito acumulado converte-se em custo, impedindo a neutralização da incidência plurifásica.

A acumulação de créditos é comum entre os exportadores de produtos industrializados. Isso ocorre porque, como a venda de produtos para o exterior não é tributada, essas empresas não apresentam débito de IPI suficiente para abatimento dos créditos decorrentes das aquisições de insumos industriais. Para evitar essa distorção, a legislação do imposto estabelece que o saldo credor acumulado no trimestre, quando não puder ser compensado com o próprio IPI, pode ser objeto de pedido de ressarcimento em dinheiro ou compensado com outros tributos administrados pela Secretaria da Receita Federal[394].

Como ressalta a doutrina, a expressão "montante cobrado", do art. 153, § 3º, II, da Constituição, deve ser interpretada como imposto *devido*[395] ou *cabível em tese*[396]. Isso ocorre em razão da autonomia da relação jurídica financeira da não cumulatividade. O direito ao crédito do contribuinte, assim, não depende da extinção da obrigação tributária do fornecedor. O direito surge com a aquisição do insumo sujeito ao IPI. Esse é o fato jurídico relevante, não sendo necessário nem exigível que o sujeito passivo comprove o efetivo pagamento do imposto pelo vendedor. Nem sequer seria praticável esse condicionamento, inclusive porque o vencimento do IPI só

---

[394] Lei 9.779/1999, art. 11, reproduzido a seguir.

[395] BORGES, José Souto Maior. Isenções e reduções do ICM. *Revista de Direito Tributário*, n. 25-26, p. 208, 1983.

[396] ATALIBA, Geraldo; GIARDINO, Cléber. ICM – Abatimento constitucional. *Revista de Direito Tributário*, São Paulo, n. 29-30, p. 119, jul./dez. 1984.

Parte Especial · Capítulo I · IMPOSTOS FEDERAIS | **485**

ocorre no mês subsequente. Também pode ocorrer o pagamento em atraso, a compensação ou mesmo o inadimplemento, sem que o adquirente tenha meios para realizar essa verificação[397].

Destarte, não se pode confundir a regra de competência impositiva (art. 153, IV) com a previsão constitucional da não cumulatividade (art. 153, § 3º, II). Em virtude desses dois preceitos, como ensina Paulo de Barros Carvalho, é necessário diferenciar a *regra-matriz de direito ao crédito* e a *regra-matriz de incidência do imposto*. A primeira decorre diretamente da Constituição e independe de atividade legislativa superveniente. A última é fruto do exercício da competência tributária atribuída à União pela Lei Fundamental. Entre ambas há apenas uma identidade de suportes fáticos, do qual decorrem dois fatos jurídicos e duas relações jurídicas distintas e independentes: a relação jurídica tributária e a relação jurídica de direito de crédito de natureza financeira. A eficácia de uma independe da incidência da outra. Por isso, o exercício do direito ao crédito não depende da extinção da obrigação tributária anterior[398].

Por fim, ao contrário do que ocorre com a não cumulatividade do ICMS, não há para o IPI restrição equivale à prevista no inciso II do § 2º do art. 155, que veda o crédito e obriga o estorno nas operações isentas e não tributadas. Essa particularidade, aliada à autonomia do direito ao crédito, fez com que a jurisprudência, durante muito tempo, admitisse o direito ao crédito nessas operações. Entretanto, no julgamento do RE 370.682[399] e do RE 353.657[400], houve revisão desse entendimento por parte do STF, o que, por sua vez, levou o Congresso Nacional a aprovar a Lei 9.779/1999, reconhecendo o crédito nas aquisições isentas e sujeitas à alíquota zero:

> Art. 11. O saldo credor do Imposto sobre Produtos Industrializados – IPI, acumulado em cada trimestre-calendário, decorrente de aquisição de matéria-prima, produto intermediário e material de embalagem, aplicados na industrialização, inclusive de produto isento ou tributado à alíquota zero, que o contribuinte não puder compensar com o IPI devido na saída de outros produtos, poderá ser utilizado de conformidade com o disposto nos arts. 73 e 74 da Lei 9.430, de 27 de dezembro de 1996, observadas normas expedidas pela Secretaria da Receita Federal do Ministério da Fazenda.

No RE 562.980, o Ministro Ricardo Lewandowski entendeu que o direito assegurado por essa lei já decorre do texto constitucional. Por isso, deveria ser reconhecido o seu efeito retro-

---

[397] Nesse sentido, discorrendo acerca da não cumulatividade do ICM (atual ICMS), mas em lições que se aplicam a espécie, ensina José Souto Maior Borges que: "[...] imposto cobrado e então, no sentido mais congruente com os textos constitucionais, expressão equivalente a imposto devido, até mesmo porque da cobrança do tributo não se segue, necessariamente, venha a ser ele efetivamente pago. A tese da autonomia das operações jurídicas tributáveis, ao longo do processo econômico circulatório, não leva a outro resultado. Se fosse exigida a comprovação, pelo adquirente da mercadoria, na ocasião da entrada dela em seu estabelecimento, do efetivo pagamento do tributo, tais operações não seriam, nesse sentido, autônomas, mas, ao contrário, umbilicalmente interligadas" (BORGES, José Souto Maior. Isenções e reduções do ICM. *Revista de Direito Tributário*, n. 25-26, p. 208, 1983).

[398] CARVALHO, Paulo de Barros. Isenções tributárias do IPI, em face do princípio da não-cumulatividade. *RDDT*, n. 33, p. 152, 1998: "Posso resumir, dizendo que duas são as normas jurídicas – a regra-matriz de incidência do IPI [ICMS] e a regra-matriz do direito ao crédito – e, portanto, haverá duas hipóteses – a da venda realizada pelo comerciante 'A' e a da compra efetuada pelo comerciante 'B' – com duas consequências – a relação jurídica tributária entre 'A' e 'F' (ArjtF) e a relação de direito ao crédito entre 'B' e 'F' (BrdtF)". Assim, continua o eminente professor, "como esse direito não decorre da incidência da norma tributária, fica sendo de todo irrelevante saber se a operação é ou não é isenta, se o fato jurídico tributário adquiriu ou não a concrescência que dele se esperava, se irrompeu ou não o vínculo obrigacional do imposto, se foi cobrado o valor da eventual prestação".

[399] STF, Tribunal Pleno, RE 370.682, Rel. Min. Ilmar Galvão, Rel. p/ Ac. Min. Gilmar Mendes, *DJ* 19.12.2007.

[400] STF, Tribunal Pleno, RE 353.657, Rel. Min. Marco Aurélio, *DJ* 07.03.2008.

ativo[401]. Prevaleceu, contudo, o voto divergente do Ministro Marco Aurélio, com aprovação da seguinte tese de repercussão geral: "O direito do contribuinte de utilizar-se de crédito relativo a valores pagos a título de Imposto sobre Produtos Industrializados – IPI, oriundo da aquisição de matéria-prima a ser empregada em produto final beneficiado pela isenção ou tributado à alíquota zero, somente surgiu com a Lei 9.779/1999, não se mostrando possível a aplicação retroativa da norma" (Tema 49)[402].

Posteriormente, no RE 398.365, o STF definiu que: "O princípio da não cumulatividade não assegura direito de crédito presumido de IPI para o contribuinte adquirente de insumos não tributados, isentos ou sujeitos à alíquota zero" (Tema 844)[403]. Essa interpretação aplica-se aos fatos ocorridos antes da Lei 9.779/1999. Não há no acórdão qualquer referência à eventual superação da tese definida no julgamento do Tema 49[404].

Destaque-se ainda que, em julgado da 2ª Turma do STF, foi reconhecido que, apesar do art. 11 da Lei 9.779/1999 referir-se apenas à *isenção* e a *alíquota zero*, o dispositivo também se aplica às aquisições *não tributadas*. Isso porque, como destacado na ementa do acórdão: "apesar de possuírem naturezas jurídicas díspares, não há diferenciação nas situações em que os produtos estão sujeitos a saídas isentas, não tributadas ou reduzidas à alíquota zero, pois a consequência jurídica é a mesma dentro da cadeia produtiva, em razão da desoneração tributária do produto final"[405].

Essa também foi a interpretação firmada pela 1ª Seção do STJ no EREsp 1.213.143, que, após ressaltar que "a Lei 9.779/1999 instituiu o aproveitamento de créditos de IPI como benefício fiscal autônomo", entendeu que "as três situações – isento, sujeito à alíquota zero e não tributado –, são equivalentes quanto ao resultado prático delineado pela Lei do benefício"[406].

Cumpre ressaltar que, na legislação do IPI[407], os créditos para a realização da não cumulatividade são denominados **créditos básicos**. Estes, por sua vez, são equivalentes ao valor do imposto:

a) relativo a matéria-prima, produto intermediário e material de embalagem: (i) adquiridos para emprego na industrialização de produtos tributados, incluindo-se, entre as matérias-primas e os produtos intermediários, aqueles que, embora não se integrando ao novo produto, forem consumidos no processo de industrialização, salvo se compreendidos entre os bens do ativo permanente; (ii) quando remetidos a terceiros para industrialização sob encomenda, sem transitar pelo estabelecimento adquirente; (iii) recebidos de terceiros para industrialização de produtos por encomenda, quando estiver destacado ou indicado na nota fiscal;

---

[401] O Min. Ricardo Lewandowski entendeu que o direito ao crédito já decorre da Constituição, de sorte que: "Embora a Lei 9.779/99 não estabeleça, expressamente, a retroação de seus efeitos, tal efeito encontra-se implícito na norma, visto que o diploma em comento configura verdadeira 'lei interpretativa', que não cria direito novo, mas apenas explicita as consequências que decorrem do princípio constitucional da não cumulatividade, revestindo-se, pois, de um caráter eminentemente declaratório. Esse foi, aliás, o entendimento do Superior Tribunal de Justiça no julgamento do REsp 883.264/MG, Rel. Min. Castro Meira, 2ª Turma, em 15.08.2006 (j. 25.08.2006, p. 332)".

[402] STF, Tribunal Pleno, RE 562.980, Min. Ricardo Lewandowski, Rel. p/ Ac. Min. Marco Aurélio, *DJe* 04.09.2009.

[403] STF, Tribunal Pleno, RE 398.365, Rel. Min. Gilmar Mendes, *DJe* 22.09.2015.

[404] Foi realizada uma distinção ao entendimento do RE 562.980 no julgamento do RE 592.891 (Tema 322), com tese fixada: "Há direito ao creditamento de IPI na entrada de insumos, matéria-prima e material de embalagem adquiridos junto à Zona Franca de Manaus sob o regime da isenção, considerada a previsão de incentivos regionais constante do art. 43, § 2º, III, da Constituição Federal, combinada com o comando do art. 40 do ADCT" (Rel. Min. Rosa Weber, *DJe* 20.09.2019).

[405] STF, 2ª T., RE 379843 AgR-segundo, Rel. Min. Edson Fachin, *DJe* 27.03.2017.

[406] STJ, 1ª S., EREsp 1.213.143, Rel. Min. Assusete Magalhães, Rel. p/ Ac. Min. Regina Helena Costa, *DJe* 1º.02.2022.

[407] Lei 4.502/1964, art. 25; Decreto 7.212/2010, art. 226.

b) destacado em nota fiscal relativa a produtos industrializados por encomenda, recebidos do estabelecimento que os industrializou, em operação que dê direito ao crédito;

c) pago no desembaraço aduaneiro;

d) mencionado na nota fiscal que acompanhar produtos de procedência estrangeira, diretamente da repartição que os liberou, para estabelecimento, mesmo exclusivamente varejista, do próprio importador;

e) relativo a bens de produção recebidos por comerciantes equiparados a industrial;

f) relativo aos produtos recebidos pelos estabelecimentos equiparados a industrial que, na saída destes, estejam sujeitos ao IPI;

g) pago sobre produtos adquiridos com imunidade, isenção ou suspensão quando descumprida a condição, em operação que dê direito ao crédito; e

h) destacado nas notas fiscais relativas a entregas ou transferências simbólicas do produto.

A legislação também faz uso da técnica da concessão de créditos do imposto para outras finalidades, inclusive ligadas ao incentivo de atividades ou segmentos econômicos. Assim, ao lado dos créditos básicos, que garantem o abatimento do imposto devido na aquisição de insumos por parte de estabelecimentos industriais e equiparados, são previstos: (a) **créditos por devolução ou retorno de produtos**, que decorrem do desfazimento da operação; e (b) **créditos presumidos** para fins de incentivo (*créditos como incentivo*) e de ressarcimento do PIS/Pasep e da Cofins incidente sobre os insumos de produtos exportados (*crédito presumido como ressarcimento de contribuições*)[408].

O direito ao crédito é dependente da idoneidade da documentação emitida pelo vendedor. Portanto, o art. 153, § 3º, II, da Constituição, que permite o creditamento do IPI *devido* ou *cabível em tese* (e não o *cobrado*), não impede a fiscalização da veracidade das operações e, sobretudo, da boa-fé do comprador. Há casos em que, agindo em conluio, alguns contribuintes criam esquemas fraudulentos de notas fiscais falsas ("notas frias"), que não correspondem a operações efetivamente ocorridas, emitidas unicamente para gerar créditos indevidos ao comprador. O texto constitucional não oferece abrigo para operações dessa natureza. O direito ao crédito não deve ser reconhecido porque, como há uma simulação absoluta (inexiste um negócio jurídico real subjacente), não há que se falar em IPI *cobrado* nem, menos ainda, um imposto *devido* ou *cabível em tese*.

Em situações dessa natureza, nos termos do art. 82 da Lei 9.430/1996, para não ser alcançado pelos efeitos jurídicos da inidoneidade da documentação fiscal ou de declaração de inaptidão da inscrição do emitente, o contribuinte deve conservar a prova dos pagamentos e dos recebimentos dos produtos:

> Art. 82. Além das demais hipóteses de inidoneidade de documentos previstos na legislação, não produzirá efeitos tributários em favor de terceiros interessados, o documento emitido por pessoa jurídica cuja inscrição no Cadastro Geral de Contribuintes tenha sido considerada ou declarada inapta.
>
> Parágrafo único. O disposto neste artigo não se aplica aos casos em que o adquirente de bens, direitos e mercadorias ou o tomador de serviços comprovarem a efetivação do pagamento do preço respectivo e o recebimento dos bens, direitos e mercadorias ou utilização dos serviços.

---

[408] Ver os dispositivos legais consolidados nos arts. 229 e ss. do Regulamento do IPI.

488 CURSO DE DIREITO TRIBUTÁRIO – *Solon Sehn*

Por fim, o creditamento está sujeito ao prazo prescricional de cinco anos, contados da emissão da nota fiscal. O crédito da não cumulatividade não está sujeito à correção monetária, salvo em caso de resistência injustificada que obrigue o contribuinte a ingressar em juízo para o seu reconhecimento (Súmula STJ 411: "É devida a correção monetária ao creditamento do IPI quando há oposição ao seu aproveitamento decorrente de resistência ilegítima do Fisco").

4.2 Legislação aplicável

O IPI é disciplinado pelos arts. 46 a 51 do CTN e pela Lei 4.502/1964, relativa ao Imposto sobre o Consumo, que, após a Reforma Tributária de 1965 (Emenda 18/1965), foi renomeado *Imposto sobre Produtos Industrializados* pelo Decreto-lei 34/1966, "Art. 1º O Imposto de Consumo, de que trata a Lei 4.502, de 30 de novembro de 1964, passa a denominar-se Imposto sobre Produtos Industrializados".

Antes de continuar no estudo do tributo, convém destacar que, apesar de previsto no inciso III do art. 46 do CTN, o IPI sobre a arrematação não foi instituído pela legislação do tributo. Há apenas dois regimes de incidência – no desembaraço aduaneiro e na saída do estabelecimento industrial – aglutinados em torno de um objeto comum: os *produtos industrializados*[409].

4.3 IPI-Importação

4.3.1 Hipótese de incidência

Nas operações de comércio exterior, o IPI constitui uma espécie de adicional do imposto de importação, mas que abrange apenas os produtos industrializados[410]. O critério material da hipótese de incidência do IPI-Importação decorre do art. 46, I, do CTN e do art. 2º, I, da Lei 4.502/1964, que fazem referência ao *desembaraço aduaneiro*, termo que foi substituído por *liberação* após a Convenção de Quioto Revisada (Decreto Legislativo 56/2019; Decreto 10.276/2020):

> Art. 46. O imposto, de competência da União, sobre produtos industrializados tem como fato gerador:
> I – o seu desembaraço aduaneiro, quando de procedência estrangeira;
> [...].
> Art. 2º Constitui fato gerador do imposto:
> I – quanto aos produtos de procedência estrangeira o respectivo desembaraço aduaneiro;
> [...].

---

[409] Sobre o tema, cf.: CARVALHO, Paulo de Barros. *Direito tributário*: linguagem e método. 6. ed. São Paulo: Noeses, 2015. p. 682 e ss.; VIEIRA, José Roberto. *A regra-matriz de incidência do IPI*: texto e contexto. Curitiba: Juruá, 1993; VALLE, Maurício Dalri Timm do. *Princípios constitucionais e regras-matrizes de incidência do imposto sobre produtos industrializados – IPI*. São Paulo: Noeses, 2016; BOTTALLO, Eduardo Domingos. *Fundamentos do IPI*: imposto sobre produtos industrializados. São Paulo: RT, 2002; BOTTALLO, Eduardo. *IPI*: princípios e estrutura. São Paulo: Dialética, 2009; PEIXOTO, Marcelo Magalhães; MELO, Fábio Soares de (coord.). *IPI*: questões fundamentais. São Paulo: MP, 2008; TOLEDO, José Eduardo Tellini. *IPI*: incidência tributária e princípios constitucionais. São Paulo: Quartier Latin, 2006.

[410] Trata-se, portanto, de hipótese de *bis in idem*. Como ensina José Roberto Vieira: "Para fora de dúvida que a importação de produtos industrializados estrangeiros (materialidade do pseudo IPI) está, por todos os lindes, perfeitamente contida na importação de produtos estrangeiros (materialidade do Imposto de Importação); inexistindo aqui duas hipóteses de incidência, mas tão somente uma, de índole inegavelmente aduaneira, porque a mais ampla das duas materialidades" (VIEIRA, José Roberto. *A regra-matriz de incidência do IPI*: texto e contexto. Curitiba: Juruá, 1993. p. 120).

Parte Especial • Capítulo I • IMPOSTOS FEDERAIS | **489**

O conceito de produtos industrializados será examinado por ocasião do estudo do IPI devido na saída do estabelecimento industrial. Por outro lado, como analisado anteriormente, o conceito jurídico de importação – por exigência constitucional (CF, art. 5º, XV) e convencional (Artigo V do Gatt; Artigo 11 do AFC; Anexo Específico B da CQR) – pressupõe a transposição da fronteira qualificada pela intenção integradora. A entrada do produto no território aduaneiro é uma condição necessária, mas não suficiente para a caracterização de uma operação de importação. Além disso, é indispensável a intenção de integrar o produto ao mercado nacional ou, de acordo com a terminologia da Convenção de Quioto Revisada, de promover a incorporação definitiva à livre circulação econômica no país de destino.

O critério espacial da hipótese de incidência corresponde ao território aduaneiro, conceito que, como se viu, abrange o território nacional e as áreas de controle integrado situadas no território dos países-membros do Mercosul; e o critério temporal, ao desembaraço aduaneiro (liberação), ato final da conferência aduaneira.

Ressalte-se que, nos termos do inciso I do art. 26 da Lei 4.502/1964, o recolhimento do IPI deve ser realizado "antes da saída do produto da repartição que processar o despacho [...]", o que, de acordo com o art. 242 do Regulamento Aduaneiro (Decreto 6.759/2009), ocorre por ocasião do registro da declaração de mercadoria[411]. Essa regra visa a manter uma uniformidade com o momento do pagamento dos demais tributos incidentes sobre a importação. Todavia, apesar da antecipação, o evento imponível somente acontece com a liberação. Logo, se ocorrer o perecimento da mercadoria após o pagamento e antes desse ato, o sujeito passivo tem direito à repetição do indébito.

4.3.2   Base de cálculo

A base de cálculo do IPI é a mesma do imposto de importação (valor aduaneiro), com os acréscimos previstos no art. 14, I, "b", da Lei 4.502/1964:

> Art. 14. Salvo disposição em contrário, constitui valor tributável: (Redação dada pela Lei 7.798, de 1989)
>
> I – quanto aos produtos de procedência estrangeira, para o cálculo efetuado na ocasião do despacho;
>
> [...]
>
> b) o valor que servir de base, ou que serviria se o produto tributado fosse para o cálculo dos tributos aduaneiros, acrescido de valor deste e dos ágios e sobretaxas cambiais pagos pelo importador;
>
> [...].

O Regulamento do IPI (Decreto 7.212/2010), por sua vez, estabelece que:

> Art. 190. Salvo disposição em contrário deste Regulamento, constitui valor tributável:
>
> I – dos produtos de procedência estrangeira:
>
> a) o valor que servir ou que serviria de base para o cálculo dos tributos aduaneiros, por ocasião do despacho de importação, acrescido do montante desses tributos e dos encargos

---

[411]   RA/1999:"Art. 242. O imposto será recolhido por ocasião do registro da declaração de importação (Lei 4.502, de 1964, art. 26, inciso I)".

cambiais efetivamente pagos pelo importador ou dele exigíveis (Lei 4.502, de 1964, art. 14, inciso I, alínea "b")[412];

[...].

Esses dispositivos determinam a adição de todos os tributos aduaneiros na base de cálculo, o que não é compatível com o princípio da capacidade contributiva (art. 145, § 1º). A Constituição estabelece apenas duas exceções. A primeira é relativa ao IPI, que pode ser inserido na base de cálculo do ICMS nas operações com consumidor final não contribuinte do imposto estadual ou quando a mercadoria for adquirida para integração ao ativo permanente, uso ou consumo do estabelecimento (CF, art. 155, § 2º, XI)[413]. A segunda é o cálculo "por dentro" do ICMS. Esse – e somente esse – pode compor a própria base imponível, em razão de previsão do art. 155, § 2º, XII, "i", da Constituição, incluída pela Emenda 33/2001[414].

4.3.3 Alíquotas

A alíquota do IPI-Importação, de acordo com o art. 13 da Lei 4.502/1964, é determinada considerando o enquadramento do produto na Tabela de Incidência do IPI (TIPI), aprovada pelo Decreto 11.158/2022, observados os limites do art. 4º do Decreto-lei 1.199/1971[415].

4.3.4 Sujeição passiva

O sujeito passivo é o importador e os responsáveis: (a) o transportador, em relação aos produtos tributados que transportar desacompanhados da documentação comprobatória de sua procedência; (b) qualquer possuidor, quanto aos produtos tributados cuja posse mantiver para fins de venda ou industrialização, nas mesmas condições da hipótese anterior[416]; e (c) o beneficiário de regime aduaneiro suspensivo destinado à industrialização para exportação, pelas obrigações tributárias decorrentes da admissão de mercadoria no regime por outro beneficiário[417].

Já foi objeto de controvérsia a incidência do IPI na importação por pessoas físicas. O STJ, nos primeiros julgados acerca dessa matéria, entendeu que "não incide IPI sobre veículo importado

---

[412] Esse dispositivo foi posterior ao Regulamento Aduaneiro (Decreto 6.759/2009), que dispõe acerca dessa matéria nos seguintes termos: "Art. 239. A base de cálculo do imposto, na importação, é o valor que servir ou que serviria de base para cálculo do imposto de importação, por ocasião do despacho aduaneiro, acrescido do montante desse imposto e dos encargos cambiais efetivamente pagos pelo importador ou dele exigíveis (Lei 4.502, de 1964, art. 14, inciso I, alínea 'b')".

[413] "XI – não compreenderá, em sua base de cálculo, o montante do imposto sobre produtos industrializados, quando a operação, realizada entre contribuintes e relativa a produto destinado à industrialização ou à comercialização, configure fato gerador dos dois impostos."

[414] "Art. 155. [...]
§ 2º O imposto previsto no inciso II atenderá ao seguinte:
[...]
XII – cabe à lei complementar:
[...]
i) fixar a base de cálculo, de modo que o montante do imposto a integre, também na importação do exterior de bem, mercadoria ou serviço."

[415] "Art. 4º O Poder Executivo, em relação ao Impôsto sôbre Produtos Industrializados, quando se torne necessário atingir os objetivos da política econômica governamental, mantida a seletividade em função da essencialidade do produto, ou, ainda, para corrigir distorções, fica autorizado:
I – a reduzir alíquotas até 0 (zero);
II – a majorar alíquotas, acrescentando até 30 (trinta) unidades ao percentual de incidência fixado na lei."

[416] Lei 4.502/1964, art. 35, I, "b", e II, "a" e "b".

[417] Lei 10.833, de 2003, art. 59.

Parte Especial • Capítulo I • IMPOSTOS FEDERAIS | **491**

para uso próprio, tendo em vista que o fato gerador do referido tributo é a operação de natureza mercantil ou assemelhada e, ainda, por aplicação do princípio da não cumulatividade"[418]. Contudo, posteriormente, passou a decidir em sentido contrário, aplicando a interpretação definida pelo STF em sede de repercussão geral no RE 723.651: "Incide o imposto de produtos industrializados na importação de veículo automotor por pessoa natural, ainda que não desempenhe atividade empresarial e o faça para uso próprio" (Tema 643)[419].

O Decreto 7.212/2010 (Regulamento do IPI) prevê a responsabilidade tributária: (a) do adquirente de mercadoria de procedência estrangeira, no caso de importação realizada por sua conta e ordem, por intermédio de pessoa jurídica importadora, pelo pagamento do imposto e acréscimos legais; (b) o encomendante predeterminado que adquire mercadoria de procedência estrangeira de pessoa jurídica importadora, na importação por encomenda. Essas duas hipóteses de responsabilidade foram introduzidas pelo art. 77 da Medida Provisória 2.158-35/2001 e pelo art. 12 da Lei 11.281/2006, que alteraram o art. 32 do Decreto-lei 37/1966. Esse último, entretanto, disciplina apenas o imposto de importação, de sorte que, nesse ponto, houve uma extensão ilegal de suas disposições para outro tributo.

4.4   IPI-Industrialização

4.4.1   Hipótese de incidência

4.4.1.1   Critério material

Como ressaltado anteriormente[420], as legislações mais antigas costumavam definir o "fato gerador" mediante a enunciação do critério temporal. Esse equívoco gerou uma série de dificuldades históricas na compreensão da hipótese de incidência dos tributos[421]. Aos poucos, porém, a técnica legislativa vem sendo aprimorada. O problema é que nem todas as leis foram adaptadas, sendo uma delas justamente a do IPI. O *fato gerador* desse tributo, nos termos do art. 46, II e III, do CTN e no art. 2º, II da art. 2º da Lei 4.502/1964, continua sendo definido pela enunciação do critério temporal:

> Art. 46. O imposto, de competência da União, sobre produtos industrializados tem como fato gerador:
> [...]
> II – a sua saída dos estabelecimentos a que se refere o parágrafo único do artigo 51;
> III – a sua arrematação, quando apreendido ou abandonado e levado a leilão.

> Art. 2º Constitui fato gerador do imposto:
> [...]
> II – quanto aos de produção nacional, a saída do respectivo estabelecimento produtor.

Desde logo, entretanto, deve ser afastada toda e qualquer interpretação que identifique a hipótese de incidência com a simples saída do estabelecimento industrial. Essa é apenas o condicionante temporal do critério material, que, por sua vez, corresponde ao negócio jurídico que tem por objeto mediato o produto industriado, vale dizer, o negócio jurídico do qual a saída é a consequência.

---

[418]   STJ, 1ª S., REsp 1.396.488, Rel. Min. Humberto Martins, *DJe* 17.03.2015.
[419]   STF, Tribunal Pleno, RE 723.651, Rel. Min. Marco Aurélio, *DJe* 05.08.2016.
[420]   Ver Capítulo VII, item 2.2.2.3, da Parte Geral.
[421]   CARVALHO, Paulo de Barros. *Direito tributário*: linguagem e método. 6. ed. São Paulo: Noeses, 2015. p. 258-259.

492 | CURSO DE DIREITO TRIBUTÁRIO – *Solon Sehn*

A não incidência do IPI na simples saída física é matéria pacífica na doutrina há bastante tempo. Por isso, surpreende que, em uma data não tão distante, a Primeira Seção do STJ tenha sido instada a se manifestar, em sede de embargos de divergência, sobre a incidência do IPI nos casos de furto ou roubo de mercadoria. Como não poderia deixar de ser diferente, foi afastada a incidência do tributo, mesmo quando o evento criminoso ocorre após a saída, uma vez que, sem a tradição (entrega do produto), o negócio jurídico subjacente – a materialidade da hipótese de incidência do IPI – não se concretiza:

Tributário. Embargos de divergência em recurso especial. IPI. Fato gerador. Roubo da mercadoria após a saída do estabelecimento do fabricante. Embargos de divergência da contribuinte providos.

1. Discute-se nos presentes autos se a saída física do produto do estabelecimento industrial ou equiparado é suficiente para a configuração do fato gerador do IPI, sendo irrelevante a ausência de concretização do negócio jurídico subjacente em razão do furto e/ou roubo das mercadorias.

2. A controvérsia já se encontra superada em ambas as Turmas de Direito Público do Superior Tribunal de Justiça, restando consolidado o entendimento de que a operação passível de incidência da exação é aquela decorrente da saída do produto industrializado do estabelecimento do fabricante e que se aperfeiçoa com a transferência da propriedade do bem, porquanto somente quando há a efetiva entrega do produto ao adquirente a operação é dotada de relevância econômica capaz de ser oferecida à tributação.

3. Na hipótese em que ocorre o roubo/furto da mercadoria após a sua saída do estabelecimento do fabricante, a operação mercantil não se concretiza, inexistindo proveito econômico para o fabricante sobre o qual deve incidir o tributo. Ou seja, não se configura o evento ensejador de incidência do IPI, não gerando, por conseguinte, a obrigação tributária respectiva. Precedentes: AgInt no REsp 1.552.257/RS, Rel. Min. Assusete Magalhães, *DJe* 22.11.2016; AgInt no REsp 1.190.231/RJ, Rel. Min. Sérgio Kukina, *DJe* 17.08.2016; REsp 1.203.236/RJ, Rel. Min. Herman Benjamin, *DJe* 30.08.2012.

4. Embargos de divergência da contribuinte providos, para julgar procedentes os embargos à execução, e, por conseguinte, desconstituir o crédito tributário[422].

Essa jurisprudência resolveu uma segunda divergência relacionada ao IPI. Para parte da doutrina, o critério material da hipótese de incidência consiste em *industrializar produtos*. Outros, de modo diverso, entendem que seria *realizar operações com produtos industrializados*. Essa última concepção, que foi a acolhida pelo STJ, é a mais acertada. Como ensina José Roberto Vieira, ao prever que o IPI *não será cumulativo, compensando-se o que for devido em cada **operação** com o montante cobrado nas anteriores*, o art. 153, § 3º, da Constituição evidencia que, a rigor, a incidência do imposto se vincula a uma *operação*. Assim, continua o eminente professor, "**a exação atinge os produtos industrializados apenas enquanto objetos daqueles atos aos quais a Constituição se reporta como operações**"[423].

---

[422] STJ, 1ª S., EREsp 734.403, Rel. Min. Napoleão Nunes Maia Filho, *DJe* 21.11.2018. No mesmo sentido, destaca-se ainda: "O fato gerador do IPI não é a saída do produto do estabelecimento industrial ou a ele equiparado. Esse é apenas o momento temporal da hipótese de incidência, cujo aspecto material consiste na realização de operações que transfiram a propriedade ou posse de produtos industrializados. [...] Não se pode confundir o momento temporal do fato gerador com o próprio fato gerador, que consiste na realização de operações que transfiram a propriedade ou posse de produtos industrializados. [...]" (STJ, 2ª T., REsp 1.203.236, Rel. Min. Herman Benjamin, *DJe* 30.08.2012).

[423] VIEIRA, José Roberto. *A regra-matriz de incidência do IPI*: texto e contexto. Curitiba: Juruá, 1993. p. 73.

Em outro julgado, o acolhimento dessa concepção pela jurisprudência do STJ fica ainda mais nítido:

> Tributário e processual civil. Recurso especial. Art. 535 do CPC/1973. Violação. Alegação genérica. Deficiência de fundamentação. IPI. Saída do estabelecimento do contribuinte. Ausência. Mero deslocamento do produto para prestação de serviços. Não incidência. [...]
>
> 3. O aspecto material do IPI alberga dois momentos distintos e necessários: a) industrialização, que consiste na operação que modifique a natureza, o funcionamento, o acabamento, a apresentação ou a finalidade do produto, ou o aperfeiçoe para o consumo, nos termos do art. 4º do Decreto 7.212/2010 (Regulamento do IPI); b) transferência de propriedade ou posse do produto industrializado, que deve ser onerosa.
>
> 4. A saída do estabelecimento a que refere o art. 46, II, do CTN, que caracteriza o aspecto temporal da hipótese de incidência, pressupõe, logicamente, a mudança de titularidade do produto industrializado.
>
> 5. Havendo mero deslocamento para outro estabelecimento ou para outra localidade, permanecendo o produto sob o domínio do contribuinte, não haverá incidência do IPI, compreensão esta que se alinha ao pacífico entendimento jurisprudencial do Superior Tribunal de Justiça, consolidado em relação ao ICMS, que se aplica, guardada as devidas peculiaridades, ao tributo sob exame, nos termos da Súmula do STJ, *in verbis*: "Não constitui fato gerador do ICMS o simples deslocamento de mercadoria de um para outro estabelecimento do mesmo contribuinte".
>
> 6. Hipótese em que a sociedade empresária promove a detonação ou desmonte de rochas e, para tanto, industrializa seus próprios explosivos, utilizando-os na prestação dos seus serviços, não promovendo a venda desses artefatos separadamente, quer dizer, não transfere a propriedade ou posse do produto que industrializa.
>
> 7. *In casu*, a "saída" do estabelecimento dá-se a título de mero deslocamento até o local onde será empregado na sua atividade fim, não havendo que se falar em incidência de IPI, porquanto não houve a transferência de propriedade ou posse de forma onerosa, um dos pressupostos necessários para a caracterização da hipótese de incidência do tributo.
>
> 8. Recurso especial conhecido em parte e desprovido[424].

Dessa forma, entende-se que a materialidade do IPI abrange os atos ou negócios jurídicos que tenham como objeto mediato *produtos industrializados*. A questão em aberto, no entanto, é saber se todas as operações com produtos dessa natureza são alcançadas pela materialidade do tributo ou apenas as operações realizadas por industriais. Trata-se de discussão relacionada aos limites do legislador ordinário para definir os estabelecimentos equiparados a industriais, isto é, se a legislação do IPI pode equiparar a industrial um simples comerciante e, dessa maneira, tributar vendas de mercadorias em outras etapas da circulação econômica, e não apenas na indústria.

A Constituição Federal, no art. 155, § 2º, XI, estabelece que o ICMS "*não compreenderá, em sua base de cálculo, o montante do imposto sobre produtos industrializados, quando a operação, realizada entre contribuintes e relativa a produto destinado à industrialização ou à comercialização, configure fato gerador dos dois impostos*". Esse inciso permite a incidência do ICMS nessas operações, prevendo que o imposto federal não deve compor a base de cálculo. Entretanto, o dispositivo não permite converter o IPI em *superimposto*, um adicional do ICMS na venda de mercadorias industrializadas por empresas que atuam exclusivamente no comércio.

---

[424] STJ, 1ª T., REsp 1.402.138, Rel. Min. Gurgel de Faria, *DJe* 22.05.2020.

494 | CURSO DE DIREITO TRIBUTÁRIO – *Solon Sehn*

Como se sabe, a regra no sistema constitucional tributário brasileiro é a natureza privativa das competências impositivas. O art. 155, § 2º, XI, portanto, é uma exceção; e, enquanto tal, só abrange as situações que especifica. *Exceptiones sunt strictissimoe interpretationis*. Logo, não se pode converter a exceção em regra. Com maior razão, não se deve interpretar uma exceção específica relativa a um imposto estadual como regra geral para um imposto federal. Não parece razoável, dentro de uma interpretação sistemática, defender que o constituinte, após ter promovido a repartição estanque dos impostos próprios de cada ente federativo, tenha desconstruído o resultado do próprio labor, valendo-se de um dispositivo isolado. Isso equivale a converter o art. 155, § 2º, XI, em uma espécie de *cavalo de troia*, inserido em meio às regras de competência privativa dos Estados e do Distrito Federal para permitir, desde o seu interior, a invasão do domínio impositivo desses entes pela União.

O inciso XI do § 2º do art. 155 não disciplina a competência do IPI nem estabelece, mesmo indiretamente, quem pode ser sujeito passivo do imposto federal. O *destinatário constitucional*[425] ou o *sujeito passivo possível*[426] do *imposto sobre produtos industrializados* é o titular da capacidade contributiva pressuposta pela regra de competência do art. 153, IV, da Lei Maior: quem industrializa o produto objeto mediato do negócio jurídico que exprime a materialidade do imposto.

Portanto, em relação a esse ponto, acompanha-se aqueles autores que, na linha de Leandro Paulsen e de José Eduardo Soares de Melo, entendem que "o IPI incide nas operações de que participa o industrial que industrializou o produto, mas não, *e.g.*, na venda por comerciante ao consumidor porque, embora possa se tratar de produto industrializado (como qualidade do produto), não se trata de operação com produto que tenha sido industrializado pelo comerciante"[427].

A materialidade do IPI abrange *operações* (*atos ou negócios jurídicos*) que tenham como objeto mediato um *produto industrializado* pelo próprio industrial. Daí que, retornado a questão inicial, ao definir os estabelecimentos equiparados a industriais, o legislador não pode promover uma *desnaturação subjetiva do tributo*[428], ou seja, não pode definir como sujeito passivo do IPI quem atua exclusivamente no comércio e não promoveu a industrialização do produto.

Ocorre que, com essa interpretação, surge um novo problema: o risco de ineficácia do IPI. É que, se o imposto apenas pode incidir sobre negócios jurídicos realizados pelo industrial, esse pode deixar de vender os produtos industrializados diretamente ao atacadista ou ao varejista. Para escapar da tributação ou torná-la insignificante, bastaria ao industrial transferir o produto para uma empresa comercial intermediária do mesmo grupo econômico, ou vendê-lo com uma margem de lucro irrisória. Haveria uma *quebra da cadeia* do IPI e o tributo perderia qualquer efeito arrecadatório. Por isso, em situações dessa natureza, a União pode estabelecer equiparações de caráter antielisivo, qualificando fictamente como industrial quem atua no comércio. É o caso, por exemplo, da previsão originária do inciso II do art. 4º da Lei 4.502/1964, que equiparava a industrial *as filiais e demais estabelecimentos que negociem com produtos industrializados por*

---

[425] Partindo da noção de *destinatário legal tributário* exposta por Héctor B. Villegas (VILLEGAS, Héctor B. Destinatário legal tributário: contribuintes e sujeitos passivos na obrigação tributária. *Revista de Direito Público*, São Paulo, v. 30, p. 271 e ss., jul./ago. 1974), Marçal Justen Filho demonstra que: "[...] no Brasil, pode-se falar não apenas em um destinatário legal tributário, mas também no *destinatário constitucional tributário*" (JUSTEN FILHO, Marçal. *Sujeição passiva tributária*. Belém: Cejup, 1986. p. 262).

[426] CARRAZZA, Roque Antonio. *Curso de direito constitucional tributário*. 30. ed. São Paulo: Malheiros, 2015. p. 275; ATALIBA, Geraldo. *Hipótese de incidência tributária*. 6. ed. São Paulo: Malheiros, 2004. p. 81 e ss.

[427] PAULSEN, Leandro; MELO, José Eduardo Soares. *Impostos federais, estaduais e municipais*. 2. ed. Porto Alegre: LAEL, 2006. p. 75 e ss.

[428] JUSTEN FILHO, Marçal. *Sujeição passiva tributária*. Belém: Cejup, 1986. p. 253-254. Como destaca Renato Lopes Becho, "[...] admitir que uma lei infraconstitucional possa fixar o sujeito passivo de um tributo previsto na Constituição é o mesmo de se dizer que uma lei ordinária pode mudar a Constituição, negando-se a supremacia desta sobre todo o sistema jurídico" (BECHO, Renato Lopes. *Responsabilidade tributária de terceiros*: CTN, arts. 134 e 135. São Paulo: Saraiva, 2014. p. 21).

Parte Especial • Capítulo I • IMPOSTOS FEDERAIS | **495**

outros do mesmo contribuinte[429]. A equiparação a industrial pode apresentar essa característica, porque, do contrário, haveria uma anulação da competência impositiva da União.

Em síntese, portanto, o critério material da hipótese de incidência do IPI é realizar *operações* (*atos ou negócios jurídicos*) constitutivas de obrigações de *dar*, que têm um *produto industrializado* pelo próprio industrial ou equiparado como objeto mediato[430].

4.4.1.2 Conceito de produtos industrializados

O art. 46 do CTN e o art. 4º do Decreto 7.212/2010 (Regulamento do IPI) definem produto industrializado da seguinte maneira:

> Art. 46. O imposto, de competência da União, sobre produtos industrializados tem como fato gerador:
>
> [...]
>
> Parágrafo único. Para os efeitos deste imposto, considera-se industrializado o produto que tenha sido submetido a qualquer operação que lhe modifique a natureza ou a finalidade, ou o aperfeiçoe para o consumo.

> Art. 4º Caracteriza industrialização qualquer operação que modifique a natureza, o funcionamento, o acabamento, a apresentação ou a finalidade do produto, ou o aperfeiçoe para consumo, tal como (Lei 4.502, de 1964, art. 3º, parágrafo único, e Lei 5.172, de 25 de outubro de 1966, art. 46, parágrafo único):
>
> I – a que, exercida sobre matéria-prima ou produto intermediário, importe na obtenção de espécie nova (transformação);
>
> II – a que importe em modificar, aperfeiçoar ou, de qualquer forma, alterar o funcionamento, a utilização, o acabamento ou a aparência do produto (beneficiamento);
>
> III – a que consista na reunião de produtos, peças ou partes e de que resulte um novo produto ou unidade autônoma, ainda que sob a mesma classificação fiscal (montagem);
>
> IV – a que importe em alterar a apresentação do produto, pela colocação da embalagem, ainda que em substituição da original, salvo quando a embalagem colocada se destine apenas ao transporte da mercadoria (acondicionamento ou reacondicionamento);
>
> V – a que, exercida sobre produto usado ou parte remanescente de produto deteriorado ou inutilizado, renove ou restaure o produto para utilização (renovação ou recondicionamento).
>
> Parágrafo único. São irrelevantes, para caracterizar a operação como industrialização, o processo utilizado para obtenção do produto e a localização e condições das instalações ou equipamentos empregados.

---

[429] Esse dispositivo teve o seu alcance ampliado de forma indevida pela Lei 9.532/1997, apresentando atualmente a seguinte redação: "II – as filiais e demais estabelecimentos que exercerem o comércio de produtos importados, industrializados ou mandados industrializar por outro estabelecimento do mesmo contribuinte".

[430] Na primeira edição, o critério material foi definitivo da seguinte maneira: "Em síntese, portanto, o critério material da hipótese de incidência do IPI é realizar *operações* (*atos ou negócios jurídicos*) que tenham uma *obrigação de dar* como objeto imediato e, como objeto mediato, um *produto industrializado* pelo próprio industrial ou equiparado". Entretanto, como o objeto imediato da obrigação é a prestação, na revisão do texto para a nova edição, pareceu mais apropriado afirmar apenas que as operações são constitutivas de *obrigações de dar*, o que torna mais precisa a linguagem, mas não altera o sentido original.

496 | CURSO DE DIREITO TRIBUTÁRIO – *Solon Sehn*

Todas as operações previstas no dispositivo podem caracterizar uma industrialização, desde que presentes determinados requisitos[431]. O primeiro é previsto no parágrafo único do art. 46 do CTN: para ser considerada uma industrialização, a operação deve implicar a modificação da natureza ou da finalidade do produto, ou o seu aperfeiçoamento para o consumo. Isso significa que, para identificar um processo fabril, devem ser considerados os *produtos iniciais* utilizados na atividade (*input*) e os produtos finais resultantes (*output*). Esses devem constituir *espécies novas*, como na transformação, a forma clássica e mais evidente de fabricação (*v.g.*, quando a matéria-prima *borracha* é transformada no produto final *pneu*). Mas também podem ser produtos da mesma espécie, desde que contenham certas qualidades, funcionalidades ou mesmo apresentação que os tornem infungíveis com os produtos iniciais. Dito de outro modo, o *output* não pode mais ser substituído por bens da mesma espécie, qualidade e quantidade do *input*, não apresentando a mesma permutabilidade comercial. Entretanto, só isso não é suficiente para a caracterização de uma industrialização. Os alimentos em estado natural em um restaurante não apresentam a mesma permutabilidade comercial do prato preparado pelo chefe de cozinha. Apesar da infungibilidade, evidentemente, não se trata de uma industrialização.

Deve-se ter presente, como ensina Marçal Justen Filho, que a industrialização é uma atividade realizada em massa, em série, estandardizada, resultando em produtos homogêneos dentro de uma classe ou série:

> Por industrialização compreendem-se as atividades materiais de produção ou beneficiamento de bens, realizadas em massa, em série, estandardizadamente. Os bens industrializados surgem como espécies idênticos dentro de uma classe ou de uma série intensivamente produzida (ou produtível). Diríamos que industrialização denota homogeneidade não personificada nem personificável de produtos.
>
> Industrializar, em suma, é conceito que reúne dois requisitos (aspectos) básicos e necessários, quais sejam:
>
> a) alteração da configuração de um bem material; e
>
> b) padronização e massificação[432].

Essa característica diferencia a industrialização das atividades artísticas, artesanais e extrativas[433]. Assim, por exemplo, utilizando a argila como matéria-prima, um artista pode produzir uma estátua, que é uma espécie nova. Nem por isso será industrial, porque não há uma atividade

---

[431] Alguns autores sustentam que o art. 4º do Decreto 7.212/2010 (Regulamento do IPI) não teria sido preciso ao definir como industrialização as operações de acondicionamento ou reacondicionamento, de renovação e recondicionamento. Essas teriam natureza de prestação de serviços, escapando, portanto, do âmbito de incidência do IPI. Registre-se, nesse sentido, que a doutrina do eminente Professor José Roberto Vieira, para quem apenas a *transformação* seria industrialização. O acondicionamento, o reacondicionamento, a renovação e o recondicionamento seriam prestação de serviço, não podendo ser alcançadas pela incidência do IPI. O beneficiamento e montagem, por sua vez, estariam situados em uma "zona nebulosa", que dependeria do exame das particularidades do caso concreto (VIEIRA, José Roberto. *A regra-matriz de incidência do IPI*: texto e contexto. Curitiba: Juruá, 1993. p. 95-96). Essa interpretação é acolhida por Maurício Timm do Valle, que acrescenta: "[...] o item 14.05 da Lista de Serviços anexa à Lei Complementar 116/2003 estabelece que, aquilo que o Regulamento do IPI diz ser industrialização, é, em verdade, prestação de serviços" (VALLE, Maurício Dalri Timm do. *Princípios constitucionais e regras-matrizes de incidência do imposto sobre produtos industrializados – IPI*. São Paulo: Noeses, 2016. p. 544). Nessa linha, apenas a *transformação* seria industrialização, enquanto o acondicionamento, o reacondicionamento, a renovação e o recondicionamento seriam prestação de serviço.

[432] JUSTEN FILHO, Marçal. *O imposto sobre serviços na Constituição*. São Paulo: RT, 1985. p. 115.

[433] "[...] não é produto industrializado a produção artística, artesanal, extrativa. Exclui-se, desse conceito, o produto pecuário, agrícola, pesqueiro, os demais produtos extrativos e as obras de arte, à luz de uma conceituação comum" (MELO, José Eduardo Soares de. *IPI*: teoria e prática. São Paulo: Malheiros, 2009. p. 74).

em série, mecanizada e padronizada. O produto resultante é destituído de homogeneidade. Uma segunda estátua produzida pelo mesmo artista jamais será equivalente à primeira, ao contrário dos bens resultantes de uma linha de produção.

A industrialização muitas vezes é confundida com a prestação de serviços. Isso ocorre porque, nessa modalidade contratual, o contratado (prestador) obriga-se a praticar de um ato ou a realizar de uma tarefa em benefício do contratante (tomador), que pode substanciar uma utilidade imaterial ou material[434]. Nesse último caso, o cumprimento da prestação pressupõe a entrega de um bem ao tomador, o que, dependendo do grau de elaboração do produto, pode ser confundido com uma industrialização. Nos serviços, entretanto, há uma *obrigação de fazer*, da qual a entrega da coisa é simples consequência. É o que ocorre, *v.g.*, com a obrigação de pintar um quadro ou de elaborar um lado pericial. Nesses e em outros serviços que pressupõem a entrega final de um bem móvel e corpóreo, *o dar é sempre consequência do fazer*, como ressaltado em lição clássica de Washington de Barros Monteiro:

> O *substractum* da diferenciação está em verificar se o *dar* ou o *entregar* é ou não consequência do *fazer*. Assim, se o devedor tem de dar ou de entregar alguma coisa, não tendo, porém, de fazê-la, previamente, a obrigação é de dar; todavia, se primeiramente, tem ele de confeccionar a coisa, para depois entregá-la, se tem ele de realizar algum ato, do qual será mero corolário o de dar, tecnicamente a obrigação é de fazer[435].

Alguns serviços, assim como atividades de natureza artística, artesanal e extrativa, são excluídos do conceito de industrialização pelo art. 5º do Regulamento do IPI, que não tem caráter taxativo:

> Art. 5º Não se considera industrialização:
>
> I – o preparo de produtos alimentares, não acondicionados em embalagem de apresentação:
>
> a) na residência do preparador ou em restaurantes, bares, sorveterias, confeitarias, padarias, quitandas e semelhantes, desde que os produtos se destinem a venda direta a consumidor; ou
>
> b) em cozinhas industriais, quando destinados a venda direta a pessoas jurídicas e a outras entidades, para consumo de seus funcionários, empregados ou dirigentes;
>
> II – o preparo de refrigerantes, à base de extrato concentrado, por meio de máquinas, automáticas ou não, em restaurantes, bares e estabelecimentos similares, para venda direta a consumidor (Decreto-lei 1.686, de 26 de junho de 1979, art. 5º, § 2º);
>
> III – a confecção ou preparo de produto de artesanato, definido no art. 7º;
>
> IV – a confecção de vestuário, por encomenda direta do consumidor ou usuário, em oficina ou na residência do confeccionador;
>
> V – o preparo de produto, por encomenda direta do consumidor ou usuário, na residência do preparador ou em oficina, desde que, em qualquer caso, seja preponderante o trabalho profissional;
>
> VI – a manipulação em farmácia, para venda direta a consumidor, de medicamentos oficinais e magistrais, mediante receita médica (Lei 4.502, de 1964, art. 3º, parágrafo único, inciso III, e Decreto-lei 1.199, de 27 de dezembro de 1971, art. 5º, alteração 2ª);

---

434 RODRIGUES, Silvio. *Direito civil*: parte geral das obrigações. 25. ed. São Paulo: Saraiva, 1997. v. 2, p. 33 e ss.

435 BARROS MONTEIRO, Washington de. *Curso de direito civil*: direito das obrigações. 27. ed. São Paulo: Saraiva, 1994. v. 4, 1ª parte, p. 87.

VII – a moagem de café torrado, realizada por estabelecimento comercial varejista como atividade acessória (Decreto-lei 400, de 30 de dezembro de 1968, art. 8º);

VIII – a operação efetuada fora do estabelecimento industrial, consistente na reunião de produtos, peças ou partes e de que resulte:

a) edificação (casas, edifícios, pontes, hangares, galpões e semelhantes, e suas coberturas);

b) instalação de oleodutos, usinas hidrelétricas, torres de refrigeração, estações e centrais telefônicas ou outros sistemas de telecomunicação e telefonia, estações, usinas e redes de distribuição de energia elétrica e semelhantes; ou

c) fixação de unidades ou complexos industriais ao solo;

IX – a montagem de óculos, mediante receita médica (Lei 4.502, de 1964, art. 3º, parágrafo único, inciso III, e Decreto-lei 1.199, de 1971, art. 5º, alteração 2 a);

X – o acondicionamento de produtos classificados nos Capítulos 16 a 22 da TIPI, adquiridos de terceiros, em embalagens confeccionadas sob a forma de cestas de natal e semelhantes (Decreto-lei 400, de 1968, art. 9º);

XI – o conserto, a restauração e o recondicionamento de produtos usados, nos casos em que se destinem ao uso da própria empresa executora ou quando essas operações sejam executadas por encomenda de terceiros não estabelecidos com o comércio de tais produtos, bem como o preparo, pelo consertador, restaurador ou recondicionador, de partes ou peças empregadas exclusiva e especificamente naquelas operações (Lei 4.502, de 1964, art. 3º, parágrafo único, inciso I);

XII – o reparo de produtos com defeito de fabricação, inclusive mediante substituição de partes e peças, quando a operação for executada gratuitamente, ainda que por concessionários ou representantes, em virtude de garantia dada pelo fabricante (Lei 4.502, de 1964, art. 3º, parágrafo único, inciso I);

XIII – a restauração de sacos usados, executada por processo rudimentar, ainda que com emprego de máquinas de costura;

XIV – a mistura de tintas entre si, ou com concentrados de pigmentos, sob encomenda do consumidor ou usuário, realizada em estabelecimento comercial varejista, efetuada por máquina automática ou manual, desde que fabricante e varejista não sejam empresas interdependentes, controladora, controlada ou coligadas (Lei 4.502, de 1964, art. 3º, parágrafo único, inciso IV, e Lei 9.493, de 10 de setembro de 1997, art. 18); e

XV – a operação de que resultem os produtos relacionados na Subposição 2401.20 da TIPI, quando exercida por produtor rural pessoa física (Lei 11.051, de 29 de dezembro de 2004, art. 12, e Lei 11.452, de 27 de fevereiro de 2007, art. 10).

Parágrafo único. O disposto no inciso VIII não exclui a incidência do imposto sobre os produtos, partes ou peças utilizados nas operações nele referidas.

Dessa maneira, a *industrialização* deve ser caracterizada a partir dos seguintes elementos: (a) há um bem móvel e corpóreo final; (b) que constitui uma espécie nova; ou com qualidades, funcionalidades ou apresentação que a tornem infungível com os produtos do início do processo (o *output* não pode mais ser substituído por bens da mesma espécie, qualidade e quantidade do *input*, perdendo a permutabilidade comercial); (c) com características homogêneas resultantes (i) de uma atividade padronizada e em série, (ii) de *transformação* (obtenção de espécie nova), *beneficiamento* (alteração do funcionamento, da utilização, do acabamento ou da aparência), *montagem* (reunião de produtos, peças ou partes, resultando em um novo produto ou unidade autônoma), *acondicionamento ou reacondicionamento* (alteração da apresentação pela colocação da embalagem, ainda que em substituição da original), *renovação ou recondicionamento*

Parte Especial • Capítulo I • IMPOSTOS FEDERAIS | **499**

(renovação ou restauração de produto usado ou parte remanescente de produto deteriorado ou inutilizado), (iii) sem caráter artístico, artesanal ou extrativa; e (iv) não caracterizada como prestação de serviço (obrigação de fazer).

4.4.1.3 Critérios espacial e temporal

O critério espacial da hipótese de incidência do IPI é o território nacional, enquanto o critério temporal, como se viu, é a saída do estabelecimento industrial ou equiparado.

4.4.2 Base de cálculo

A base de cálculo do IPI encontra-se prevista no art. 47, II, do CTN e no art. 14, II, da Lei 4.502/1964:

> Art. 47. A base de cálculo do imposto é:
> [...]
> II – no caso do inciso II do artigo anterior:
> a) o valor da operação de que decorrer a saída da mercadoria;
> b) na falta do valor a que se refere a alínea anterior, o preço corrente da mercadoria, ou sua similar, no mercado atacadista da praça do remetente;

> Art. 14. Salvo disposição em contrário, constitui valor tributável: (Redação dada pela Lei 7.798, de 1989)
> [...]
> II – quanto aos produtos nacionais, o valor total da operação de que decorrer a saída do estabelecimento industrial ou equiparado a industrial. (Redação dada pela Lei 7.798, de 1989)
> § 1º O valor da operação compreende o preço do produto, acrescido do valor do frete e das demais despesas acessórias, cobradas ou debitadas pelo contribuinte ao comprador ou destinatário. (Redação dada pela Lei 7.798, de 1989)

Ressalte-se que, de acordo com § 2º do art. 14 da Lei 4.502/1964, na redação da Lei 7.798/1989: "*§ 2º Não podem ser deduzidos do valor da operação os descontos, diferenças ou abatimentos, concedidos a qualquer título, ainda que incondicionalmente*". Esse dispositivo, entretanto, teve a sua execução suspensa em parte pela Resolução do Senado Federal 01/2017[436] (*apenas quanto à previsão de inclusão dos descontos incondicionais na base de cálculo do Imposto sobre Produtos Industrializados*), em razão da decisão do STF no RE 567.935, quando foi definida a seguinte tese de repercussão geral:

> É formalmente inconstitucional, por ofensa ao artigo 146, inciso III, alínea "a", da Constituição Federal, o § 2º do artigo 14 da Lei 4.502/1964, com a redação dada pelo artigo 15 da Lei 7.798/1989, no ponto em que prevê a inclusão de descontos incondicionais na base de cálculo do Imposto sobre Produtos Industrializados – IPI, em descompasso com

---

[436] "Art. 1º É suspensa, nos termos do art. 52, inciso X, da Constituição Federal, a execução do § 2º do art. 14 da Lei 4.502, de 30 de novembro de 1964, com a redação conferida pelo art. 15 da Lei 7.798, de 10 de julho de 1989, declarado inconstitucional por decisão definitiva proferida pelo Supremo Tribunal Federal nos autos do Recurso Extraordinário 567.935, apenas quanto à previsão de inclusão dos descontos incondicionais na base de cálculo do Imposto sobre Produtos Industrializados (IPI)."

a disciplina da matéria no artigo 47, inciso II, alínea "a", do Código Tributário Nacional (Tema 84)[437].

Nesse processo, o STF entendeu que a base de cálculo do IPI, nos termos do art. 47, II, do CTN, deve corresponder ao *valor da operação de que decorrer a saída da mercadoria*, tornando indevida a inclusão dos *descontos incondicionais*, já que esses não compõem o preço final cobrado pelo industrial. Esse mesmo fundamento é adotado para afastar a constitucionalidade da inclusão do *frete* na base imponível. Assim, como destacado pelo Ministro Roberto Barroso: "A jurisprudência do Supremo Tribunal Federal é firme no sentido da impossibilidade de inclusão dos valores pagos a título de frete na base de cálculo do IPI. Esta Corte entende que o legislador ordinário, ao incluir o frete na base de cálculo do referido imposto, usurpou competência normativa reservada à lei complementar"[438].

Em outro acórdão, o Ministro Gilmar Mendes excluiu não só o frete, mas as demais despesas acessórias que, de acordo com o Parecer Normativo CST 341/1971, abrangem os "outros gastos necessários à realização da operação, como sejam frete, seguro, juros, despesas com carga, descarga, despacho, encargos portuários e outras que tais". Apesar do caso não envolver a discussão de todos esses itens, a ementa faz referência às despesas acessórias: "Imposto sobre Produtos Industrializados (IPI). Frete e demais despesas acessórias. Inclusão na base de cálculo por lei ordinária. Impossibilidade. Art. 146, III, 'a', da Constituição Federal. Aplicação do entendimento firmado no Tema 84 (RE-RG 567.935, Rel. Min. Marco Aurélio)"[439].

No STJ, por sua vez, entende-se que "[...] 'na venda a prazo, porém, em que o vendedor recebe o preço em parcelas, o IPI incide sobre a soma de todas essas, ainda que o valor seja maior do que o cobrado em operações de venda à vista, pois esse total corresponde ao valor da operação' (REsp 1.586.158/SP, Rel. Min. Herman Benjamin, Segunda Turma, *DJe* 05.05.2016)"[440]. No REsp 1.149.424, foi definido que: "A dedução dos descontos incondicionais é vedada, no entanto, quando a incidência do tributo se dá sobre valor previamente fixado, nos moldes da Lei 7.798/89 (regime de preços fixos), salvo se o resultado dessa operação for idêntico ao que se chegaria com a incidência do imposto sobre o valor efetivo da operação, depois de realizadas as deduções pertinentes" (Tema Repetitivo 374)[441]. Ressalvada essa hipótese, o Tribunal tem aplicado a Súmula 457: "Os descontos incondicionais nas operações mercantis não se incluem na base de cálculo do ICMS", o que, no precedente em que foi aprovado o enunciado, também foi aplicado ao "valor das mercadorias dadas a título de bonificação"[442]. Já em relação aos tributos, "a jurisprudência desta Corte é pacífica em proclamar a inclusão do ICMS na base de cálculo do IPI"[443].

A esse propósito, entende-se, em primeiro lugar, que a base de cálculo do imposto, de acordo com o art. 47, II, "a", do CTN, deve corresponder ao *valor total da operação de que decorrer a saída do estabelecimento industrial ou equiparado a industrial*, isto é, o preço pago em razão da transferência do domínio do produto industrializado (CC, art. 481). O frete, seguro e outras despesas acessórias definidas no Parecer Normativo CST 341/1971 não compõem o preço nem o valor da operação. Correspondem à remuneração por serviços autônomos, relacionados ao financiamento ou à venda, mas que com essa não se confundem, inclusive porque, não raro, são prestados por terceiros.

---

437 STF, Tribunal Pleno, RE 567.935, Rel. Min. Marco Aurélio, *DJe* 04.11.2014.
438 STF, 1ª T., ARE 1.152.861 AgR, Rel. Min. Roberto Barroso, *DJe* 07.11.2018.
439 STF, 2ª T., RE 513.409 ED-AgR, Rel. Min. Gilmar Mendes, *DJe* 1º.03.2019.
440 STJ, 2ª T., AgInt no REsp 1.240.067, Rel. Min. Og Fernandes, *DJe* 20.05.2020.
441 STJ, 1ª S., REsp 1.149.424, Min. Eliana Calmon, *DJe* 07.05.2010.
442 STJ, 1ª S., REsp 1.111.156, Rel. Min. Humberto Martins, *DJe* 22.10.2009.
443 STJ, 2ª T., REsp 675.663, Rel. Min. Mauro Campbell Marques, *DJe* 30.09.2010. No mesmo sentido: TJ, 1ª T., AgInt no REsp 1.744.139, Rel. Min. Gurgel de Faria, *DJe* 21.11.2022.

Parte Especial • Capítulo I • IMPOSTOS FEDERAIS | **501**

Além disso, o perfil constitucional do IPI pressupõe a incidência do imposto sobre uma categoria específica de bens: os *produtos* (CF, art. 153, I), que compreendem em seu âmbito conceitual apenas as coisas móveis e corpóreas. A União, portanto, não tem competência para instituir um IPI sobre serviços, o que abrange a definição da hipótese de incidência e da base de cálculo (perspectiva dimensível da materialidade do tributo).

Também não é constitucional a inclusão do ICMS na base de cálculo do IPI. A inclusão de um tributo na base de cálculo de outro não é compatível com o princípio da capacidade contributiva (art. 145, § 1º). No direito brasileiro, só há duas exceções. A primeira é o IPI, que pode ser inserido na base de cálculo do ICMS nas operações com consumidor final não contribuinte do imposto estadual ou quando a mercadoria for adquirida para integração ao ativo permanente, uso ou consumo do estabelecimento contribuinte (CF, art. 155, § 2º, XI)[444]. A segunda exceção é o cálculo "por dentro" do ICMS. Esse – e somente esse – pode compor a própria base imponível, em razão de previsão específica do art. 155, § 2º, XII, "i", da Constituição, incluída pela Emenda 33/2001[445]. Fora essas duas hipóteses, a inclusão é inconstitucional.

Por fim, ressalte-se que o art. 3º da Lei 7.798/1989 autorizou o Poder Executivo a cobrar um *valor fixo* de IPI na venda de determinados produtos (bebidas previstas no Capítulo 21 e 22 da Tipi):

> Art. 3º O Poder Executivo poderá, em relação a outros produtos dos capítulos 21 e 22 da TIPI, aprovada pelo Decreto 97.410, de 23 de dezembro de 1988, estabelecer classes de valores correspondentes ao IPI a ser pago.
>
> § 1º Os valores de cada classe deverão corresponder ao que resultaria da aplicação da alíquota a que o produto estiver sujeito na TIPI, sobre o valor tributável numa operação normal de venda.
>
> § 2º As classes serão estabelecidas tendo em vista a espécie do produto, capacidade e natureza do recipiente.
>
> § 3º Para efeitos de classificação dos produtos nos termos de que trata este artigo, não haverá distinção entre os da mesma espécie, com a mesma capacidade e natureza do recipiente.
>
> § 4º Os valores estabelecidos para cada classe serão reajustados automaticamente nos mesmos índices do BTN ou, tratando-se de produtos de preço de venda controlado por órgão do Poder Executivo, nos mesmos índices e na mesma data de vigência do reajuste.

A cobrança de tributos *fixos* é considerada inconstitucional por parte da doutrina, porque frustra a função comparativa da base de cálculo[446], impedindo o controle de sua adequação com a manifestação de capacidade contributiva pressuposta pela regra de competência. Entretanto, no RE 602.917, o STF decidiu que: "É constitucional o artigo 3º da Lei 7.798/1989, que estabelece valores prefixados para o IPI". O Tribunal entendeu que: "As chamadas 'pautas fiscais' estabelecem valores de referência para a base de cálculo do imposto e têm como escopo facilitar a tributa-

---

[444] "XI – não compreenderá, em sua base de cálculo, o montante do imposto sobre produtos industrializados, quando a operação, realizada entre contribuintes e relativa a produto destinado à industrialização ou à comercialização, configure fato gerador dos dois impostos."

[445] "Art. 155. [...]
§ 2º O imposto previsto no inciso II atenderá ao seguinte:
[...]
XII – cabe à lei complementar:
[...]
i) fixar a base de cálculo, de modo que o montante do imposto a integre, também na importação do exterior de bem, mercadoria ou serviço."

[446] VIEIRA, José Roberto. *A regra-matriz de incidência do IPI*: texto e contexto. Curitiba: Juruá, 1993. p. 115.

502 | CURSO DE DIREITO TRIBUTÁRIO – *Solon Sehn*

ção e evitar a evasão fiscal. O Fisco utiliza valores prefixados para enquadramento do produto, buscando eliminar a possibilidade de manipulação dos preços da operação. [...] Tal mecanismo, enfim, facilita a fiscalização tributária e evita a sonegação fiscal"[447].

4.4.3 Alíquotas

Como ressaltado anteriormente, de acordo com o art. 13 da Lei 4.502/1964, a alíquota do IPI é determinada em função do enquadramento do produto na TIPI (Tabela de Incidência do IPI), aprovada pelo Decreto 11.158/2022, observados os limites do art. 4º do Decreto-lei 1.199/1971.

4.4.4 Sujeição passiva: limites da equiparação a estabelecimento industrial

O contribuinte do IPI é o industrial ou equiparado a industrial, considerado cada estabelecimento separadamente (princípio da autonomia dos estabelecimentos)[448]. A legislação prevê diversas hipóteses de responsabilidade, sendo as principais: (a) a responsabilidade do transportador com relação aos produtos tributados que transportar desacompanhados da documentação comprobatória de sua procedência; (b) do possuidor em relação aos produtos tributados cuja posse mantiver para fins de venda ou industrialização, nas mesmas condições da hipótese anterior[449]; e (c) a do beneficiário de regime aduaneiro suspensivo destinado à industrialização para exportação, pelas obrigações tributárias decorrentes da admissão de mercadoria no regime por outro beneficiário[450].

Discute-se, como ressaltado anteriormente, a existência de limites constitucionais para a definição de estabelecimentos equiparados a industriais. A hipótese mais controversa diz respeito aos adquirentes de produtos importados após a nacionalização, que, equiparados a industriais, mesmo sendo apenas comerciantes, são obrigados a pagar o IPI no mercado interno[451]. Muitos entenderam, com razão, que a equiparação não seria constitucional, porque a incidência do IPI limita-se às operações com *produtos industrializados* pelo próprio industrial ou equiparado[452].

A Primeira Seção do STJ, inicialmente, decidiu que "[...] tratando-se de empresa importadora o fato gerador ocorre no desembaraço aduaneiro, não sendo viável nova cobrança do IPI na saída do produto quando de sua comercialização, ante a vedação ao fenômeno da bitributação"[453]. Todavia, no EREsp 1.403.532, passou a admitir a incidência: "Os produtos importados estão sujeitos a uma nova incidência do IPI quando de sua saída do estabelecimento importador na operação de revenda, mesmo que não tenham sofrido industrialização no Brasil" (Tema 912)[454].

---

[447] STF, Tribunal Pleno, RE 602.917, Rel. Min. Alexandre de Moraes, *DJe* 21.10 2020.

[448] Lei 4.502/1964, art. 35, I, "a".

[449] Lei 4.502/1964, art. 35, I, "b", e II, "a" e "b"; CTN, art. 51. Observar que, nos termos do art. 40 da Lei 9.532/1997: "Art. 40. Considera-se ocorrido o fato gerador e devido o IPI, no início do consumo ou da utilização do papel destinado a impressão de livros, jornais e periódicos a que se refere a alínea 'd' do inciso VI do art. 150 da Constituição, em finalidade diferente destas ou na sua saída do fabricante, do importador ou de seus estabelecimentos distribuidores, para pessoas que não sejam empresas jornalísticas ou editoras. [...] Parágrafo único. Responde solidariamente pelo imposto e acréscimos legais a pessoa física ou jurídica que não seja empresa jornalística ou editora, em cuja posse for encontrado o papel a que se refere este artigo".

[450] Lei 10.833, de 2003, art. 59.

[451] Regulamento do IPI, Decreto 7.212/2010, art. 9º, I, II e IX; art. 4º, I e II, da Lei 4.502/1964, art. 79 da Medida Provisória 2.158-35/2001; e do art. 13 da Lei 11.281/2006.

[452] Sobre o tema, na doutrina, cf.: BOTTALLO, Eduardo. *IPI*: princípios e estrutura. São Paulo: Dialética, 2009. p. 24-26; PAULSEN, Leandro; MELO, José Eduardo Soares. *Impostos federais, estaduais e municipais*. 2. ed. Porto Alegre: LAEL, 2006. p. 75.

[453] STJ, 1ª S., EREsp 1.411.749, Rel. Min. Sérgio Kukina, Rel. p/ Ac. Min. Ari Pargendler, *DJe* 18.12.2014.

[454] STJ, EREsp 1.403.532, Rel. Min. Napoleão Nunes Maia Filho, Rel. p/ Ac. Min. Mauro Campbell Marques, *DJe* 18.12.2015.

Parte Especial • Capítulo I • IMPOSTOS FEDERAIS | **503**

Posteriormente, no julgamento do RE 946.648, em sede de repercussão geral, o STF decidiu que "é constitucional a incidência do Imposto sobre Produtos Industrializados – IPI no desembaraço aduaneiro de bem industrializado e na saída do estabelecimento importador para comercialização no mercado interno" (Tema 906)[455].

4.5 IPI após a Reforma Tributária

Como será analisado[456], no ano de 2033, após o período de transição da Reforma Tributária, o IBS (Imposto sobre Bens e Serviços) e a CBS (Contribuição sobre Bens e Serviços) substituirão progressivamente a Cofins, o ICMS e o ISS, assim como a maior parte do âmbito de incidência do PIS/Pasep[457] e do IPI[458], que foi mantido parcialmente em relação aos produtos com industrialização incentivada na Zona Franca de Manaus fabricados em outras regiões do País[459].

5   IOF

5.1   Princípios

Já foi estudado nos capítulos iniciais que, em razão de seu caráter extrafiscal, o Poder Executivo pode alterar a alíquota do IOF dentro dos limites máximos e mínimos previstos em lei (CF, art. 153, § 1º). Também não é necessário observar o princípio da anterioridade (art. 150, III, "a" e "b"), de modo que podem cobrados imediatamente após a publicação da lei que os instituir ou aumentar[460].

5.2   Legislação aplicável

O imposto sobre operações de crédito, câmbio e seguro, ou relativas a títulos e valores mobiliários (IOF) encontra-se disciplinado nos arts. 63 a 67 do CTN, na Lei 5.143/1966 e em outros atos normativos consolidados no Decreto 6.304/2007 (Regulamento do IOF).

5.3   Hipótese de incidência

5.3.1   Critério material

O critério material da hipótese de incidência do IOF, construído a partir do art. 63 do CTN, consiste em *realizar operações de crédito, câmbio, seguro e relativas a títulos e valores mobiliários*[461]:

---

455   STF, Tribunal Pleno, RE 946.648, Rel. Min. Marco Aurélio, *DJe* 16.11.2020.

456   Ver Cap. IV, item 1, da Parte Especial.

457   A Emenda 132/2023 manteve, até que lei disponha sobre a matéria, o PIS/Pasep devido pelas pessoas jurídicas de direito público interno com base no valor mensal das receitas correntes arrecadadas e das transferências correntes e de capital recebidas: "Art. 20. Até que lei disponha sobre a matéria, a contribuição para o Programa de Formação do Patrimônio do Servidor Público, criado pela Lei Complementar nº 8, de 3 de dezembro de 1970, de que trata o art. 239 da Constituição Federal, permanecerá sendo cobrada na forma do art. 2º, III, da Lei nº 9.715, de 25 de novembro de 1998, e dos demais dispositivos legais a ele referentes em vigor na data de publicação desta Emenda Constitucional". Sobre esse tributo, ver: Cap. V da Parte Especial; e SEHN, Solon. *PIS-Cofins*: não cumulatividade e regimes de incidência. 3. ed. São Paulo: Noeses, 2022.

458   ADCT: "Art. 126. A partir de 2027: [...]
III – o imposto previsto no art. 153, IV, da Constituição Federal:
a) terá suas alíquotas reduzidas a zero, exceto em relação aos produtos que tenham industrialização incentivada na Zona Franca de Manaus, conforme critérios estabelecidos em lei complementar; e (Incluído pela Emenda Constitucional nº 132, de 2023)".

459   CF, art. 153, VIII, § 6º, 156-A, § 1º; art. 195, V, § 16.

460   Capítulo V, itens 2.3.1 e 4, da Parte Geral.

461   BARRETO, Aires Fernandino. *ISS na Constituição e na lei*. São Paulo: Dialética, 2002. p. 10 e ss.

Art. 63. O imposto, de competência da União, sobre operações de crédito, câmbio e seguro, e sobre operações relativas a títulos e valores mobiliários tem como fato gerador:

I – quanto às operações de crédito, a sua efetivação pela entrega total ou parcial do montante ou do valor que constitua o objeto da obrigação, ou sua colocação à disposição do interessado;

II – quanto às operações de câmbio, a sua efetivação pela entrega de moeda nacional ou estrangeira, ou de documento que a represente, ou sua colocação à disposição do interessado em montante equivalente à moeda estrangeira ou nacional entregue ou posta à disposição por este;

III – quanto às operações de seguro, a sua efetivação pela emissão da apólice ou do documento equivalente, ou recebimento do prêmio, na forma da lei aplicável;

IV – quanto às operações relativas a títulos e valores mobiliários, a emissão, transmissão, pagamento ou resgate destes, na forma da lei aplicável.

Parágrafo único. A incidência definida no inciso I exclui a definida no inciso IV, e reciprocamente, quanto à emissão, ao pagamento ou resgate do título representativo de uma mesma operação de crédito.

O art. 63 do CTN não define o que se entende por operações de "crédito", "câmbio", "seguro" ou "relativas a títulos e valores mobiliários". Portanto, ao dispor sobre a matéria, o legislador tributário deve se circunscrever ao conteúdo e ao alcance desses conceitos no direito privado (CTN, art. 110). Essa matéria, inclusive, tem suscitado debates na jurisprudência. As principais dizem respeito à incidência do IOF no mútuo entre pessoas não integrantes do Sistema Financeiro Nacional, sobre o *factoring*, o Adiantamento para Futuro Aumento de Capital (Afac) e contratos de conta-corrente entre empresas.

O primeiro tema foi objeto do RE 590.186, no qual foi definido que: "É constitucional a incidência do IOF sobre operações de crédito correspondentes a mútuo de recursos financeiros entre pessoas jurídicas ou entre pessoa jurídica e pessoa física, não se restringindo às operações realizadas por instituições financeiras " (Tema 104[462]).

Relacionado ao primeiro, a incidência do IOF sobre o *factoring* foi prevista no art. 58 da Lei 9.532/1997[463]. Esse dispositivo, segundo Paulo de Barros Carvalho, não seria válido, porque "a atividade de 'factoring' não está constitucionalmente sujeita ao IOF que, nos termos do artigo 153, inciso V, do Texto Maior, só poderá incidir sobre operações vinculadas ao Sistema Financeiro Nacional [...]"[464]. Thaís Cíntia Cárnio, de modo diverso, sustenta que o IOF não tem a sua incidência restrita à esfera bancária, compreendendo a conduta de "[...] celebrar operações de mútuo, descontos ou adiantamentos com pessoa física ou jurídica"[465]. Por conseguinte, pode incidir sobre a alienação de direitos creditórios na faturização. Nessa mesma linha, Rafael Correia Fuso, para quem, entretanto, a incidência sobre o *factoring* não pode ser estendida às operações de securitização de recebíveis[466].

---

[462] STF, Tribunal Pleno, RE 590.186, Rel. Min. Cristiano Zanin, j. 06.11.2023.

[463] "Art. 58. A pessoa física ou jurídica que alienar, à empresa que exercer as atividades relacionadas na alínea 'd' do inciso III do § 1º do art. 15 da Lei 9.249, de 1995 (*factoring*), direitos creditórios resultantes de vendas a prazo, sujeita-se à incidência do imposto sobre operações de crédito, câmbio e seguro ou relativas a títulos e valores mobiliários – IOF às mesmas alíquotas aplicáveis às operações de financiamento e empréstimo praticadas pelas instituições financeiras."

[464] CARVALHO, Paulo de Barros. *Derivação e positivação no direito tributário*. 2. ed. São Paulo: Noeses, 2017. v. II, p. 29.

[465] CÁRNIO, Thaís Cíntia. *IOF*: teoria, prática e intervenção estatal. São Paulo: Atlas, 2015. p. 161.

[466] FUSO, Rafael Correia. *Tributação das securitizações de títulos e valores mobiliários*. São Paulo: Noeses, 2017. p. 150 e ss.

Parte Especial · Capítulo I · IMPOSTOS FEDERAIS | **505**

Não obstante, a constitucionalidade do art. 58 foi reconhecida pelo STF na ADI 1763:

> Ação direta de inconstitucionalidade. Direito Tributário. Imposto sobre operações de crédito, câmbio e seguro, ou relativas a títulos ou valores mobiliários (IOF). Alienações de direitos creditórios resultantes de vendas a prazo às empresas de factoring. Artigo 58 da Lei 9.532/97. Constitucionalidade.
>
> 1. As empresas de *factoring* são distintas das instituições financeiras, não integrando o Sistema Financeiro Nacional. Não há atividade bancária no *factoring* nem vinculação entre o contrato de *factoring* e as atividades desenvolvidas pelas instituições financeiras.
>
> 2. O fato de as empresas de *factoring* não necessitarem ser instituições financeiras não é razão suficiente para inquinar de inconstitucional a norma questionada. E isso porque nada há na Constituição Federal, ou no próprio Código Tributário Nacional, que restrinja a incidência do IOF sobre as operações de crédito realizadas por instituições financeiras.
>
> 3. A noção de operação de crédito descreve um tipo. Portanto, quando se fala que as operações de crédito devem envolver vários elementos (tempo, confiança, interesse e risco), a exclusão de um deles pode não descaracterizar por inteiro a qualidade creditícia de tais operações quando a presença dos demais elementos for suficiente para que se reconheça a elas essa qualidade.
>
> 4. No caso do *conventional factoring*, há, inegavelmente, uma antecipação de recursos financeiros, pois, ordinariamente, o empresário aguarda o vencimento dos créditos decorrentes da venda de mercadorias a seus clientes. Cedendo tais créditos ao *factor*, o empresário recebe no presente aquilo que ele somente perceberia no futuro, descontado, evidentemente, o fator de compra, que é a própria remuneração do *factor*.
>
> 5. Também é constitucional a incidência do IOF sobre o *maturity factoring*. Nessa modalidade de faturização (como na modalidade *conventional factoring*), as alienações de direito creditório podem ser enquadradas no art. 153, inciso V, da Constituição Federal, na parte referente a "operações relativas a títulos ou valores mobiliários".
>
> 6. A alienação de direitos creditórios a empresa de *factoring* envolve, sempre, uma operação de crédito ou uma operação relativa a títulos ou valores mobiliários. É, aliás, própria do IOF a possibilidade de ocorrência de superposição da tributação das operações de crédito e daquelas relativas a títulos e valores mobiliários, motivo pelo qual o Código Tributário Nacional, no parágrafo único do seu art. 63, traz uma regra de tributação alternativa, de sorte a evitar o *bis in idem*.
>
> 7. Ação direta de inconstitucionalidade julgada improcedente, declarando-se a constitucionalidade do art. 58 da Lei 9.532, de 10 de dezembro de 1997[467].

Em relação ao Adiantamento para Futuro Aumento de Capital (Afac), a Receita Federal tem vinculado a não incidência aos requisitos previstos no Parecer Normativo CST 17/1984, que, apesar de não tratar do IOF, interpreta uma regra do IRPJ relativa às operações de mútuo[468]:

> Imposto sobre a renda e proventos
> M.N.T.P.J.: 2.28.05.00 – Adições ao Lucro Líquido
> 2.99.01.00 – Da Aplicação das Normas de Legislação do Imposto de Renda.

---

[467] STF, Tribunal Pleno, ADI 1763, Min. Dias Toffoli, *DJe* 30.07.2020.

[468] Decreto 2.064/1983: "Art. 21. Nos negócios de mútuo contratados entre pessoas jurídicas coligadas, interligadas, controladoras e controladas, a mutuante deverá reconhecer, para efeito de determinar o lucro real, pelo menos o valor correspondente à correção monetária calculada segundo a variação do valor da ORTN".

Não é exigível a observância ao disposto no artigo 21 do Decreto-lei 2.065/83 à pessoa jurídica que fizer adiantamento de recursos financeiros, sem remuneração, para sociedade coligada, interligada ou controlada, desde que: (1) o adiantamento se destine, específica e irrevogavelmente, ao aumento do capital social da beneficiária e (2) a capitalização se processe, obrigatoriamente, por ocasião da primeira AGE ou alteração contratual posterior ao adiantamento ou, no máximo, até 120 dias contados do encerramento do período-base da sociedade tomadora dos recursos.

A CSRF da Carf, entretanto, afastou a caracterização do mútuo no Afac, invalidando a exigência do IOF nessas operações:

> Assunto: Imposto sobre Operações de Crédito, Câmbio e Seguros ou Relativas a Títulos ou Valores Mobiliários (IOF)
>
> Ano-calendário: 2003
>
> Adiantamento para futuro aumento de capital. Falta de norma específica para descaracterizar a operação de AFAC com enquadramento como operação de mútuo. IOF.
>
> Não cabe desenquadrar uma operação como AFAC, caracterizando-a como mútuo para fins de exigência do IOF, sustentando, entre outros, como motivação o fato de o contribuinte não ter observado os requisitos dispostos pelo Parecer Normativo CST 17/84 e IN SRF 127/88, que impuseram, entre outros, a observância de prazo limite para a capitalização dos AFACs. Tais atos, inclusive, foram formalmente revogados, vez que se referiam a dispositivo do Decreto-lei 2.065/83, que tratava de correção monetária de balanços[469].

Por fim, quanto aos contratos de conta-corrente contábil entre empresas do mesmo grupo, alguns julgados do Carf têm afastado a incidência do IOF, a partir da seguinte diferenciação encontrada no voto do Conselheiro Luiz Roberto Domingo:

> Apesar de o Fisco apresentar coerente com as práticas de fiscalização que vem desenvolvendo nos últimos anos, há muito que a jurisprudência administrativa tem feito a correta distinção entre contratos de mútuo e contratos de contacorrente. No contrato de mútuo o credor dá em empréstimo coisa fungível ao devedor que se obriga a restituir "coisa do mesmo gênero, qualidade e quantidade". O tomador tem a prerrogativa de realizar as operações que melhor lhe prover com os valores emprestados. Já o contrato de contacorrente não há um empréstimo, propriamente dito, as partes estabelecem uma relação na qual cada uma das partes pode estar simultaneamente na posição de credor e devedor o que lhe dá a característica de contrato bilateral, com direitos e obrigações recíprocas. Ocorre que aquele que tem a posse do numerário não está livre para fazer dele o que quiser, pois se o depositante requerer o numerário, aquele deverá restituí-lo imediatamente. Somente por estas diferenças essenciais entre o contrato de mútuo e o contrato de conta-corrente é que não poderia o Fisco, definir, a partir de um saldo contábil definir o tipo de contratação que se opera[470].

Nessa mesma linha, o Acórdão 3402-003.018, da 2ª Turma Ordinária da 4ª Câmara:

> A diferenciação entre contrato de mútuo e contrato de conta-corrente de fato existe e é imprescindível para a aferição da legalidade das autuações fiscais para cobrança de IOF

---

[469] Carf, CSRF, 3ª T., Ac. 9303-012.913, Rel. des. p/ Ac. Cons. Tatiana Midori Migiyama, S. 18.02.2022.

[470] Carf, 3ª S., 1ª C., 1ª TO, Ac. 3101-001.094, S. 25.04.2012.

Parte Especial · Capítulo I · IMPOSTOS FEDERAIS | **507**

como a presente, tendo em vista os mandamentos dos artigos 109 e 110 do Código Tributário Nacional. [...] Com efeito, enquanto nos *contratos de conta-corrente* (artigo 4º, § 2º, *b*, da Lei 7.357/1985 – "Lei do Cheque"), as partes acordam efetuar remessas recíprocas de valores oriundos de quaisquer espécies de negócios jurídicos, com o que se objetiva a compensação entre créditos e débitos das partes, para, ao final do prazo contratual, verificar-se a existência de saldo exigível, nas operações de *mútuo*, "o empréstimo de coisas fungíveis", "o mutuário é obrigado a restituir ao mutuante o que dele recebeu em coisa do mesmo gênero, qualidade e quantidade" (artigo 586 do Código Civil). São situações jurídicas que, portanto, não se confundem[471].

Destarte, não há que se falar em incidência do IOF nessas operações. Isso só poderia ocorrer validamente se a conta-corrente configurasse um mútuo, o que permitiria a incidência com fundamento no art. 13 da Lei 9.779/1999: "*Art. 13. As operações de crédito correspondentes a mútuo de recursos financeiros entre pessoas jurídicas ou entre pessoa jurídica e pessoa física sujeitam-se à incidência do IOF segundo as mesmas normas aplicáveis às operações de financiamento e empréstimos praticadas pelas instituições financeiras*". O mútuo, entretanto, não se confunde com a conta-corrente, o que afasta o cabimento do IOF.

Com efeito, no mútuo há uma predeterminação dos polos ativo e passivo da relação jurídica. Desde o aperfeiçoamento do negócio jurídico, o credor (mutuante) e o devedor (mutuário) são conhecidos, assim como o valor a restituir ao final do prazo contratual, acrescido de juros no mútuo oneroso ou feneratício. O mesmo ocorre no crédito rotativo, com a diferença de que o valor a restituir dependerá do montante efetivamente utilizado pelo mutuário, dentro do limite de pré-aprovado pelo mutuante. Após o término do prazo, não sendo pago o valor devido, a quantia torna-se exigível, iniciando a correr o prazo prescricional. Na conta-corrente, diferentemente, as partes realizam diversas operações de transferências de fluxos financeiros recíprocas e continuadas, que são lançadas ou registradas reciprocamente na escrituração. As posições ativa e passiva – quem é o credor e devedor – apenas serão conhecidas ao final. Antes do encerramento ou fechamento da conta, não há valor devido nem dívida, razão pela qual a prescrição é contada a partir desse momento, e não do lançamento das operações individuais.

Em decisão antiga, mas precisa, da relatoria do Ministro Barros Barreto, o STF já decidiu que: "nos contratos de conta-corrente não há que esmiuçar a natureza das operações originárias para verificar a prescrição de cada lançamento porque as remessas lançadas na conta perdem a sua existência autônoma e distinta"[472]. Ao contrário do mútuo, mesmo com a disponibilização do recurso financeiro, na conta-corrente a posição de devedor ou credor não é conhecida, diferenciando essas duas categorias contratuais. Não é aplicável, portanto, o art. 13 da Lei 9.779/1999, porque nelas o registro do crédito e do débito não caracteriza concessão de crédito, mas apenas lançamentos parciais destituídos de autonomia negocial.

5.3.2   Critério temporal e espacial

O critério espacial da hipótese de incidência do IOF é o território nacional. O condicionante de tempo do critério material, por sua vez, é definido no art. 63 do CTN: (i) no IOF-Crédito: a disponibilização ou da entrega – total ou parcial – do montante que constitua o objeto da obrigação; (ii) no IOF-Câmbio: a disponibilização ou entrega da moeda ou de documento que a represente; (iii) no IOF-Seguro: a emissão da apólice ou do documento equivalente, ou rece-

---

[471]   Carf, 3ª S., 4ª C., 2ª TO, Ac. 3402-003.018, Rel. Cons. Thais de Laurentiis Galkowicz, Voto da Relatora, p. 10-11.

[472]   STF, 1ª T., RE 12.941, Rel. Min. Barros Barreto, j. 05.07.1948.

508 | CURSO DE DIREITO TRIBUTÁRIO – *Solon Sehn*

bimento do prêmio; e (iv) no IOF-Títulos: a emissão, transmissão, pagamento ou resgate dos títulos e valores mobiliários.

5.4 Base de cálculo e alíquotas

A base de cálculo do IOF é definida pela legislação ordinária em função do tipo de operação, observados os limites previstos no art. 64 do CTN:

> Art. 64. A base de cálculo do imposto é:
>
> I – quanto às operações de crédito, o montante da obrigação, compreendendo o principal e os juros;
>
> II – quanto às operações de câmbio, o respectivo montante em moeda nacional, recebido, entregue ou posto à disposição;
>
> III – quanto às operações de seguro, o montante do prêmio;
>
> IV – quanto às operações relativas a títulos e valores mobiliários:
>
> a) na emissão, o valor nominal mais o ágio, se houver;
>
> b) na transmissão, o preço ou o valor nominal, ou o valor da cotação em Bolsa, como determinar a lei;
>
> c) no pagamento ou resgate, o preço.

O CTN estabelece as seguintes disposições acerca da alíquota do IOF:

> Art. 65. O Poder Executivo pode, nas condições e nos limites estabelecidos em lei, alterar as alíquotas ou as bases de cálculo do imposto, a fim de ajustá-lo aos objetivos da política monetária.
>
> Art. 67. A receita líquida do imposto destina-se a formação de reservas monetárias, na forma da lei.

Esses dispositivos não foram recepcionados pelo texto constitucional. O art. 65, porque autoriza o Poder Executivo alterar as alíquotas e das bases de cálculo, vinculando a medida aos objetivos da política monetária. Trata-se de previsão que não se coaduna com o disposto no art. 153, § 1º, da Constituição Federal de 1988. Esse autoriza apenas a modificação da alíquota, sem limitar a finalidade extrafiscal. Já o art. 67, ao vincular o produto da arrecadação do IOF à formação de reservas monetárias, viola o art. 167, IV, da Constituição, que estabelece o princípio da não afetação da receita de impostos.

Assim, dentro dos limites da lei, a alíquota do IOF pode ser alterada visando a qualquer escopo extrafiscal, e não apenas objetivos da política monetária. Atualmente, essas alíquotas são previstas no Regulamento do IOF, em disposições diversas que, nesse momento, não interessa destacar, em razão de sua frequentemente variabilidade em função de finalidades extrafiscais ou regulatórias cambiantes.

5.5 Sujeição passiva

O contribuinte do IOF, nos termos do art. 66 do CTN, pode ser "qualquer das partes na operação tributada, como dispuser a lei". A legislação, por sua vez, define como contribuinte: (i) as pessoas físicas ou jurídicas tomadoras de crédito e o alienante nas operações de *factoring* (**IOF--Crédito**[473]); (ii) os compradores ou vendedores de moeda estrangeira nas operações referentes

---

[473] Lei 8.894/1994, art. 3º, I; Lei 9.532/1997, art. 58.

Parte Especial • Capítulo I • IMPOSTOS FEDERAIS | **509**

às transferências financeiras para o ou do exterior, respectivamente (**IOF-Câmbio**[474]); (iii) as pessoas físicas ou jurídicas seguradas (**IOF-Seguro**[475]); (iv) os adquirentes, no caso de aquisição de títulos ou valores mobiliários, e os titulares de aplicações financeiras, nos casos de resgate, cessão ou repactuação; as instituições financeiras e demais instituições autorizadas a funcionar pelo Banco Central do Brasil, na hipótese do pagamento para a liquidação das operações financiamento realizada em bolsas de valores, de mercadorias, de futuros e assemelhadas, quando inferior a noventa e cinco por cento do valor inicial da operação (**IOF-Títulos**[476]).

5.6 IOF após a Reforma Tributária

A Emenda 132/2023 (Emenda da Reforma Tributária) estabelece que, a partir de 2027, o âmbito da competência do IOF compreenderá apenas as operações de crédito e câmbio, ou relativas a títulos ou valores mobiliários. Portanto, para os eventos imponíveis ocorridos após esse ano, não haverá mais incidência do imposto sobre operações com seguros.

6 ITR

6.1 Progressividade

O imposto sobre a propriedade territorial rural (ITR), de acordo com inciso I do § 4º do art. 153, da Constituição, "será progressivo e terá suas alíquotas fixadas de forma a desestimular a manutenção de propriedades improdutivas"[477]. Trata-se de uma progressividade de natureza extrafiscal. Nela a gradação das alíquotas não ocorre em função do aumento da capacidade contributiva do obrigado, mas como instrumento de dissuasão da especulação imobiliária no campo, o que, em última análise, representa uma forma de tutela do princípio da função social da propriedade rural.

6.2 Hipótese de incidência

O critério material da hipótese de incidência do imposto territorial rural (ITR) pode ser construído a partir do art. 29 do CTN e do art. 1º da Lei 9.393/1996:

> Art. 29. O imposto, de competência da União, sobre a propriedade territorial rural tem como fato gerador a propriedade, o domínio útil ou a posse de imóvel por natureza, como definido na lei civil, localização fora da zona urbana do Município.

> Art. 1º O Imposto sobre a Propriedade Territorial Rural – ITR, de apuração anual, tem como fato gerador a propriedade, o domínio útil ou a posse de imóvel por natureza, localizado fora da zona urbana do município, em 1º de janeiro de cada ano.
> § 1º O ITR incide inclusive sobre o imóvel declarado de interesse social para fins de reforma agrária, enquanto não transferida a propriedade, exceto se houver imissão prévia na posse.
> § 2º Para os efeitos desta Lei, considera-se imóvel rural a área contínua, formada de uma ou mais parcelas de terras, localizada na zona rural do município.

O art. 29 do CTN e o *caput* do art. 1º da Lei 9.393/1996 devem ser interpretados de forma restritiva, para evitar um resultado hermenêutico contrário ao inciso VI do art. 153 da Constituição

---

[474] Lei 8.894/1994, art. 6º.
[475] Decreto-lei 1.783/1980, art. 2º.
[476] Lei 8.894/1994, art. 3º, III.
[477] Incluído pela Emenda Constitucional 42/2003.

510 | CURSO DE DIREITO TRIBUTÁRIO – *Solon Sehn*

Federal. Nesse dispositivo, o texto constitucional limita a competência da União para tributar a propriedade territorial rural, o que abrange os titulares do domínio útil (foreiros ou enfiteutas no regime de enfiteuse[478]), mas não o possuidor a qualquer título. A posse não se confunde com a propriedade e o legislador tributário, como se sabe, não pode equiparar esses dois institutos, violando a amplitude conceitual que decorre do direito privado (CTN, art. 110). Portanto, a incidência do ITR deve ficar restrita aos casos de posse *ad usucapionem* do imóvel, isto é, quando o possuidor, devido ao decurso do tempo previsto na legislação civil, já tem o direito à aquisição do domínio[479]. Dessa forma, o critério material da hipótese de incidência do ITR consiste em *ser proprietário, titular do domínio útil ou possuidor* ad usucapionem *de imóvel*.

O critério espacial da hipótese de incidência do ITR é a *zona rural* do Município, conceito que será examinado por ocasião do estudo do IPTU. O critério temporal, nos termos do *caput* do art. 1º da Lei 9.393/1996, é o dia 1º de janeiro de cada ano.

6.3 Base de cálculo e alíquotas

O art. 30 do CTN prevê que a base de cálculo do ITR deve corresponder ao valor fundiário, sem, no entanto, estabelecer o que está compreendido nesse conceito. A Lei 9.393/1996, por sua vez, define como base de cálculo o valor da terra nua tributável (VTNt), obtido pela multiplicação do valor da terra nua (VTN) pelo quociente entre a área tributável e a área total do imóvel[480], categorias delineadas no § 1º do art. 10:

a) **VTN:** o valor do imóvel, excluídos os valores de construções, instalações e benfeitorias; culturas permanentes e temporárias; pastagens cultivadas e melhoradas; e florestas plantadas;

b) **Área tributável:** a área total do imóvel, menos as áreas de preservação permanente (APP) e de reserva legal; de interesse ecológico para a proteção dos ecossistemas, assim declaradas mediante ato do órgão competente, federal ou estadual, e que ampliem as restrições de uso da APP e da reserva legal; comprovadamente imprestáveis para qualquer exploração agrícola, pecuária, granjeira, aquícola ou florestal, declaradas de interesse ecológico mediante ato do órgão competente, federal ou estadual; sob regime de servidão ambiental; cobertas por florestas nativas, primárias ou secundárias em estágio médio ou avançado de regeneração; e alagadas para fins de constituição de reservatório de usinas hidrelétricas autorizada pelo poder público.

---

[478] A enfiteuse é um direito real perpétuo sobre coisa alheia. Foi extinta pelo Código Civil de 2002. Contudo, em decorrência do art. 49 do ADCT, a seguir transcrito, continua aplicada aos terrenos de marinha. O Código Civil de 1916 disciplinava-a nos seguintes termos: "Art. 678. Dá-se a enfiteuse, aforamento, ou emprazamento, quando por ato entre vivos, ou de última vontade, o proprietário atribui à outro o domínio útil do imóvel, pagando a pessoa, que o adquire, e assim se constitui enfiteuta, ao senhorio direto uma pensão, ou foro, anual, certo e invariável".

[479] Registre-se, a esse propósito, o entendimento de Paulo de Barros Carvalho: "Salta aos olhos, de pronto, a dúvida que a leitura dos textos sugere: se a Constituição alude apenas à 'propriedade' do imóvel rural, como pode a norma de inferior hierarquia (CTN), bem como a lei ordinária fazerem menção 'à propriedade, ao domínio útil ou a posse'? Esses Diplomas não estariam extrapassando os limites instituídos constitucionalmente? Estou convicto de que não. O domínio útil e a posse são atributos intrínsecos a um direito maior, que é o direito de propriedade. Dessa maneira, as normas infraconstitucionais não estariam ampliando a previsão da Lei Fundamental, mas tão só desdobrando a relação jurídica 'propriedade' em outras duas que, em princípio, nela estão integradas" (CARVALHO, Paulo de Barros. *Derivação e positivação no direito tributário.* 2. ed. São Paulo: Noeses, 2017. v. II, p. 295).

[480] "Art. 11. O valor do imposto será apurado aplicando-se sobre o Valor da Terra Nua Tributável – VTNt a alíquota correspondente, prevista no Anexo desta Lei, considerados a área total do imóvel e o Grau de Utilização – GU."

Parte Especial • Capítulo I • IMPOSTOS FEDERAIS | **511**

Para determinar a alíquota aplicável, deve ser apurado o grau de utilização (GU) do imóvel, que, nos termos do § 1º do art. 10 da Lei 9.393/1996, corresponde à relação percentual entre a área efetivamente utilizada e a área aproveitável[481], assim consideradas:

a) **Área aproveitável:** a área passível de exploração agrícola, pecuária, granjeira, aquícola ou florestal, excluídas as áreas ocupadas por benfeitorias úteis e necessárias, e as áreas excluídas para fins de apuração da área tributável (art. 10, II);

b) **Área efetivamente utilizada:** a porção do imóvel que no ano anterior tenha sido plantada com produtos vegetais; servido de pastagem, nativa ou plantada, observados índices de lotação por zona de pecuária; objeto de exploração extrativa, observados os índices de rendimento por produto e a legislação ambiental; servido para exploração de atividades granjeira e aquícola; e objeto de implantação de projeto técnico (Lei 8.629/1993, art. 7º).

As alíquotas do ITR encontram-se previstas na Tabela do Anexo da Lei 9.393/1996[482]:

Área total do imóvel (em hectares)	GRAU DE UTILIZAÇÃO – GU (EM %)				
	Maior que 80	Maior que 65 até 80	Maior que 50 até 65	Maior que 30 até 50	Até 30
Até 50	0,03	0,20	0,40	0,70	1,00
Maior que 50 até 200	0,07	0,40	0,80	1,40	2,00
Maior que 200 até 500	0,10	0,60	1,30	2,30	3,30
Maior que 500 até 1.000	0,15	0,85	1,90	3,30	4,70
Maior que 1.000 até 5.000	0,30	1,60	3,40	6,00	8,60
Acima de 5.000	0,45	3,00	6,40	12,00	20,00

O ITR, portanto, tem alíquotas progressivas variáveis entre 0,03% e 20%, em razão do grau de utilização e da área do imóvel em hectares, o que, nos termos do inciso I do § 4º do art. 153 da Constituição Federal, visa desestimular a manutenção de propriedades improdutivas.

6.4 Sujeição passiva

O contribuinte do ITR, nos termos do art. 31 do CTN e do art. 4º da Lei 9.393/1996, é o proprietário, o titular do domínio útil ou o possuidor a qualquer título. Como ressaltado anteriormente, não é compatível com o texto constitucional a tributação de todo e qualquer possuidor, de sorte que a sujeição passiva do imposto compreende apenas o proprietário, o titular do domínio útil ou o possuidor *ad usucapionem*.

---

[481] "Art. 10. [...] § 1º Para os efeitos de apuração do ITR, considerar-se-á: [...] VI – Grau de Utilização – GU, a relação percentual entre a área efetivamente utilizada e a área aproveitável."

[482] "Art. 11. O valor do imposto será apurado aplicando-se sobre o Valor da Terra Nua Tributável – VTNt a alíquota correspondente, prevista no Anexo desta Lei, considerados a área total do imóvel e o Grau de Utilização – GU."

512 | CURSO DE DIREITO TRIBUTÁRIO – *Solon Sehn*

Não há previsão específica de responsáveis tributários na legislação ordinária. O art. 5º da Lei 9.393/1996 limita-se a remeter às hipóteses de responsabilidade previstas nos arts. 128 a 133 do CTN. Ressalte-se, de acordo com a tese firmada pelo STJ no REsp 1.073.846/SP: "O promitente vendedor é parte legítima para figurar no polo passivo da execução fiscal que busca a cobrança de ITR nas hipóteses em que não há registro imobiliário do ato translativo de propriedade" (Tema Repetitivo 209)[483].

7   IMPOSTO SELETIVO

7.1   Início da vigência

O início da cobrança do imposto seletivo (IS), de acordo com o art. 126, I, "a", do ADCT, será em 1º de janeiro de 2027[484], quando o IPI terá as suas alíquotas reduzidas a zero, ressalvados os produtos com industrialização incentivada na Zona Franca de Manaus fabricados em outras regiões do País[485].

7.2   Caracteres constitucionais

O IS foi criado pela Reforma Tributária do Consumo (Emenda 132/2023) para incidir sobre a produção, a extração, a comercialização ou a importação de bens e de serviços *prejudiciais à saúde ou ao meio ambiente*, nos termos de lei complementar. Trata-se de um imposto de competência da União similar aos *impostos especiais sobre o consumo* do direito comparado, *v.g.*, o *accise* da Itália e o *excise tax* dos Estados Unidos da América do Norte.[486] O imposto seletivo apresenta as seguintes características conformadoras, estabelecidas no § 6º do art. 153 da Constituição Federal: (*i*) *imunidades específicas* (inciso I): operações de exportações, com energia elétrica e de telecomunicações; (*ii*) *incidência monofásica* (inciso II): exigido em uma única vez, cabendo ao legislador complementar definir em que fase da circulação econômica do bem ou do serviço ocorrerá a incidência; (*iii*) *base de cálculo*: (*a*) calculado "por fora", isto é, não pode integrar a própria base imponível (inciso III); e (*b*) pode ser incluído na base de cálculo do IBS e da CBS e, durante o período de transição, do ICMS e do ISS (inciso IV); (*iv*) *bitributação e bis-in-idem* (inciso V): pode apresentar o mesmo "fato gerador" e base de cálculo de outros tributos; (*v*) *alíquotas* (inciso VI): podem ser específicas ou *ad valorem* fixadas em lei ordinária; e (*vi*) *minerais*

---

[483]   STJ, 1ª S., REsp 1.073.846, Rel. Min. Luiz Fux, *DJe* 18.12.2009.

[484]   ADCT: "Art. 126. A partir de 2027: [...]

I – serão cobrados:

[...]

b) o imposto previsto no art. 153, VIII, da Constituição Federal; (Incluído pela Emenda Constitucional nº 132, de 2023)"

[485]   ADCT, art. 126, III, "a".

[486]   Sobre o tema, cf.: ANDRADE, José Maria Arruda de. *Imposto seletivo e pecado*: juízos críticos sobre tributação saudável. São Paulo: IBDT, 2024; ANDRADE, José Maria Arruda de; PEIXOTO, Marcelo Magalhães; BRANCO, Leonardo Ogassawara de Araújo. *Imposto seletivo na reforma tributária*. São Paulo: MP Editora, 2024; FIORILLO, Celso Antonio Pacheco; FIORILLO, João Antonio Ferreira Pacheco. *Os impostos do pecado*: a reforma tributária no Brasil e os impostos sobre produção, extração, comercialização ou importação de bens e serviços prejudiciais à saúde ou ao meio ambiente em face do direito ambiental constitucional. Rio de Janeiro: Lumen Juris, 2024. No direito comparado: GAFFURI, Gianfranco. *Diritto tributario*: parte generale e parte speciale. 9. ed. Milano: Cedam, 2019. p. 540 e ss.; FALSITTA, Gaspare. *Corso istituzionale di diritto tributario*. 8. ed. Milano: Cedam, 2022. p. 589 e ss.; GROSCLAUDE, Jacques; MARCHESSOU, Philippe. *Diritto tributario francese*: le imposte – le procedure. Trad. Enrico de Mita. Milano: Giuffrè, 2006. p. 304 e ss.

Parte Especial · Capítulo I · IMPOSTOS FEDERAIS | **513**

(inciso VII): (**a**) incidência na extração (lavra da jazida[487]), independentemente da destinação do produto; (**b**) alíquota máxima de 1%; e (**c**) base de cálculo o valor de mercado.

7.3 Princípios

O IS está sujeito aos princípios constitucionais tributários estudados no Capítulo V da Parte Geral. Nas operações de importação, deve observar ainda o princípio específico previsto no Artigo III do *Gatt* 1994, também conhecido como *cláusula do tratamento nacional*. O imposto, assim, não pode ser empregado para fins de proteção da produção local. Deve apresentar caráter eminentemente nivelador, equiparando a carga tributária entre os bens importados e similares nacionais[488].

7.4 IS sobre operações

7.4.1 Inconstitucionalidades da lei complementar

No Estado Democrático de Direito, o princípio da capacidade contributiva (CF, art. 145, § 1º) exige a coerência interna ou lógica dos tributos. O legislador, portanto, não pode estabelecer critérios de valoração incompatíveis com a manifestação de disponibilidade econômica que pretende tributar. Isso se traduz em uma exigência de conformidade entre a hipótese de incidência e a base de cálculo, o que torna inconstitucional, por exemplo, um imposto sobre serviços calculado sobre a renda auferida pelo sujeito passivo. Em situações dessa natureza, o intérprete pode promover a adequação da letra da lei. Pelo princípio da conservação das normas, um enunciado prescritivo não deve ser declarado inconstitucional quando, observados os fins, puder ser interpretado de acordo com a Constituição. Entretanto, é necessário operar dentro dos limites do texto. Este deve apresentar uma abertura semântica suficiente para permitir a adequação interpretativa, sem constituir uma forma anômala de correção ou de desconsideração deliberada do conteúdo do enunciado prescritivo. Não existindo esse espaço, a lei deve ser declarada inconstitucional[489].

É árdua a tarefa de construção da norma jurídica de incidência do imposto seletivo dentro desses limites. De um lado, no art. 409 da Lei Complementar 214/2025, foi previsto que o IS incide sobre a *produção, extração, comercialização* ou *importação de bens* e *serviços prejudiciais à saúde ou ao meio ambiente*, definidos no § 1º e no Anexo XVII[490]. De outro, o art. 414 estabelece que a base de cálculo corresponde: *(i)* ao valor de venda na comercialização (inciso I); *(ii)* ao valor de arremate na arrematação (inciso II); *(iii)* ao valor de referência[491] na transação não onerosa ou no consumo do bem (inciso III, "a"), na extração de bem mineral (inciso III, "b") e na comercialização de produtos fumígenos[492] (inciso III, "c"); *(iv)* ao valor contábil de

---

[487] Decreto-lei 227/1967 (Código de Minas): "Art. 4º Considera-se jazida toda massa individualizada de substância mineral ou fóssil, aflorando à superfície ou existente no interior da terra, e que tenha valor econômico; e mina, a jazida em lavra, ainda que suspensa".

[488] Sobre o princípio do tratamento nacional, ver Cap. I, item 4.1.2, da Parte Especial.

[489] Cap. V, item 5.5.6, da Parte Geral.

[490] "Art. 408. Fica instituído o Imposto Seletivo, de que trata o inciso VIII do art. 153 da Constituição Federal, incidente sobre a produção, extração, comercialização ou importação de bens e serviços prejudiciais à saúde ou ao meio ambiente."

[491] "Art. 413. [...] § 2º Ato do chefe do Poder Executivo da União definirá a metodologia para o cálculo do valor de referência mencionado no inciso III do *caput* deste artigo com base, entre outros, em cotações, índices ou preços vigentes na data do fato gerador, em bolsas de mercadorias e futuros, em agências de pesquisa ou em agências governamentais."

[492] "Art. 413. [...] § 3º Na comercialização de produtos fumígenos, o valor de referência levará em consideração o preço de venda no varejo."

incorporação do bem ao ativo imobilizado (inciso IV); e (*v*) a receita própria auferida pela entidade que promove concursos de prognósticos e *fantasy sport* (inciso V). A rigor, portanto, o imposto não incide sobre a produção, a extração, a comercialização ou a importação, como estabelece o *caput* do art. 409. As bases de cálculo mostram que, na realidade, a materialidade do IS sãoa comercialização, a arrematação, a realização de transações não onerosas ou o consumo, a incorporação de bens ao ativo imobilizado, a extração de minerais e a prestação de serviços de concursos de prognósticos e *fantasy sport*.

Ressalvadas a comercialização de bens e a extração de minerais, há uma dissonância entre as hipóteses de incidência e as bases de cálculo, que contraria a exigência de coerência interna ou lógica dos tributos que decorre do princípio constitucional da capacidade contributiva. Não é possível a adequação interpretativa do texto. Primeiro, porque a incongruência entre os arts. 409 e 414 é inequívoca. A infirmação das hipóteses de incidências a partir da bases de cálculo representaria uma correção anômala mediante desconsideração deliberada do conteúdo do enunciado prescritivo. Segundo, porque, de acordo com o inciso VIII do art. 153 da Constituição, a competência da União para instituir o IS abrange a *produção, extração, comercialização ou importação de bens e serviços prejudiciais à saúde ou ao meio ambiente, nos termos de lei complementar*. A União não tem competência para instituir um imposto seletivo sobre a arrematação, transações não onerosas, o consumo, a incorporação de bens ao ativo imobilizado e sobre as receitas dos serviços de concursos de prognósticos e *fantasy sport*.

Em síntese, portanto, apenas a incidência do imposto seletivo na *extração de minerais* e na *comercialização* de bens prejudiciais à saúde ou ao meio ambiente são compatíveis com a regra de competência impositiva prevista no art. 153, VIII, da Constituição Federal.

7.4.2 Hipótese de incidência

7.4.2.1 Critério material: comercialização de bens e extração de minerais

Na comercialização de bens, o critério material da hipótese de incidência do IS resulta do art. 409 da Lei Complementar 214/2025:

> Art. 409. Fica instituído o Imposto Seletivo, de que trata o inciso VIII do art. 153 da Constituição Federal, incidente sobre a produção, extração, comercialização ou importação de bens e serviços prejudiciais à saúde ou ao meio ambiente.
>
> § 1º Para fins de incidência do Imposto Seletivo, consideram-se prejudiciais à saúde ou ao meio ambiente os bens classificados nos códigos da NCM/SH e o carvão mineral, e os serviços listados no Anexo XVII, referentes a:
>
> I – veículos;
>
> II – embarcações e aeronaves;
>
> III – produtos fumígenos;
>
> IV – bebidas alcoólicas;
>
> V – bebidas açucaradas;
>
> VI – bens minerais;
>
> VII – concursos de prognósticos e *fantasy sport*.
>
> § 2º Os bens a que se referem os incisos III e IV do § 1º estão sujeitos ao Imposto Seletivo quando acondicionados em embalagem primária, assim entendida aquela em contato direto com o produto e destinada ao consumidor final.

O § 1º do art. 409 considera prejudiciais à saúde ou ao meio ambiente o *carvão mineral* e os bens e serviços descritos nos incisos I a VII, com classificação na NCM especificada no Anexo

Parte Especial • Capítulo I • IMPOSTOS FEDERAIS | **515**

XVII, que compreendem veículos[493], embarcações e aeronaves[494], produtos fumígenos[495], bebidas alcoólicas[496] e açucaradas[497], bens minerais[498], serviços de concurso de prognósticos e *fantasy sport*.

Em relação à extração de bens minerais, o inciso VI do § 6º do art. 153 da Constituição estabelece que "o imposto será cobrado independentemente da destinação, caso em que a alíquota máxima corresponderá a 1% (um por cento) do valor de mercado do produto". O âmbito de incidência possível do imposto seletivo, assim, abrange apenas a extração (lavra da jazida[499]), sem alcançar os negócios jurídicos posteriores realizados com o mineral extraído. O mesmo se aplica ao carvão mineral, que constitui uma espécie de minério não metálico. Dessa forma, ao descrever o critério material da hipótese de incidência do IS na comercialização, os minerais não devem ser incluídos entre os bens tributáveis. Neles a incidência ocorre por ocasião da extração[500].

Por fim, não são todas as vendas que podem ser alcançadas pelo imposto seletivo. Devido à incidência monofásica obrigatória prevista no texto constitucional (CF, art. 153, § 6º, II), apenas uma etapa do ciclo de produção ou de circulação do bem pode ser tributada. No mercado interno, como decorre do inciso VIII do art. 153 da Constituição, essa incidência concentrada pode ocorrer na primeira venda realizada pelo produtor (fabricante) ou nas subsequentes realizadas pelo comerciante atacadista ou pelo varejista, desde que não tenha ocorrido incidência na etapa anterior. A única exceção são os minerais, que, nos termos do art. 153, § 6º, VII, devem incidir apenas na extração, sem alcançar eventuais negócios jurídicos posteriores realizados com o mineral extraído. Em meio a essas alterativas, de acordo com o inciso I do art. 409, o legislador complementar optou por concentrar a incidência na primeira venda pelo fabricante.

Dessa forma, excluídas as materialidades incompatíveis com o texto constitucional (arrematação, transações não onerosas, consumo, incorporação do bens ao ativo imobilizado e serviços de concursos de prognósticos e *fantasy sport*), a hipótese de incidência do imposto seletivo tem como critério material: (**i**) *vender bens prejudiciais à saúde ou ao meio ambiente*, com classificação na NCM especificada no Anexo XVII, *no primeiro negócio jurídico após a respectiva fabricação*; e (**ii**) *extrair carvão mineral e outros bens minerais* com classificação na NCM especificada no Anexo XVII.

---

[493] "87.03; 8704.21 (exceto os caminhões); 8704.31 (exceto os caminhões); 8704.41.00 (exceto os caminhões); 8704.51.00 (exceto os caminhões); 8704.60.00 (exceto os caminhões); 8704.90.00 (exceto os caminhões); ressalvados os veículos com características técnicas específicas para uso operacional das Forças Armadas ou dos órgãos de Segurança Pública."

[494] "8802, exceto o código 8802.60.00; e embarcações com motor classificadas na posição 8903; ressalvadas as aeronaves e embarcações com características técnicas específicas para uso operacional das Forças Armadas ou dos órgãos de Segurança Pública."

[495] "2401; 2402; 2403; 2404."

[496] "2203; 2204; 2205; 2206; 2208."

[497] "2202.10.00."

[498] "2601; 2709.00.10; 2711.11.00; 2711.21.00."

[499] Decreto-lei 227/1967 (Código de Minas):"Art. 4º Considera-se jazida toda massa individualizada de substância mineral ou fóssil, aflorando à superfície ou existente no interior da terra, e que tenha valor econômico; e mina, a jazida em lavra, ainda que suspensa".

[500] As atividades previstas no inciso VII do § 1º do art. 408 têm natureza de prestação de serviços e, como intangíveis, não são passíveis de compra e venda. Nelas, de acordo com o § 1º do art. 411, o imposto incide sobre a receita própria auferida com as atividades de concursos de prognósticos e *fantasy sport*, ou seja, uma conduta distinta da comercialização. Se a União tivesse competência para tributá-las (o que não é o caso, *ex vi* do art. 153, VIII, da Constituição), essas atividades apresentariam uma regra-matriz própria, diferente do IS sobre a comercialização de bens. A materialidade da hipótese de incidência seria *auferir receita própria* com as atividades de concursos de prognósticos e *fantasy sport* e a base de cálculo, o total da receita auferida.

516 | CURSO DE DIREITO TRIBUTÁRIO – *Solon Sehn*

7.4.2.2   Critérios temporal e espacial

Na comercialização de bens, o critério temporal da hipótese de incidência do imposto seletivo decorre do inciso I do art. 412, que define o "primeiro fornecimento a qualquer título do bem" como o momento da ocorrência do evento imponível. Nos minerais, por sua vez, ocorre com a extração do bem (art. 412, V).

Os incisos II, III, IV, VI e VII do art. 412, por sua vez, disciplinam o momento da ocorrência do "fato gerador" na arrematação, na transferência não onerosa, na incorporação ao ativo imobilizado, no consumo de bem pelo fabricante e nos serviços de concursos de concursos de prognósticos e *fantasy sport*. Portanto, são inconstitucionais por derivação, como efeito reflexo da inconstitucionalidade antecedente da incidência do imposto seletivo sobre essas operações[501].

Por fim, o critério espacial da hipótese de incidência do IS na comercialização de bens e na extração coincide com o domínio de vigência da lei complementar, abrangendo o território nacional.

7.4.3   *Consequência tributária*

7.4.3.1   Sujeição ativa e passiva

O sujeito ativo da obrigação tributária é a União Federal. O contribuinte, por sua vez, é o fabricante do produto, na primeira comercialização (art. 424, I) e o produtor-extrativista, na extração de minerais (arts. 424, IV).

A Lei Complementar 214/2025, no art. 425, define como responsáveis: (**i**) o transportador, em relação aos produtos tributados que transportar desacompanhados da documentação fiscal comprobatória de sua procedência; (**ii**) o possuidor ou o detentor, em relação aos produtos tributados que possuir ou mantiver para fins de venda ou industrialização, desacompanhados da documentação fiscal comprobatória de sua procedência; (**iii**) o proprietário, o possuidor, o transportador ou qualquer outro detentor de produtos nacionais saídos do fabricante com imunidade para exportação, encontrados no País em situação diversa[502]; e (**iv**) o fabricante que tenha concorrido para o desvio de finalidade dos produtos exportados.

7.4.3.2   Base de cálculo

Quando o bem estiver sujeito a alíquotas específicas (*ad rem*), de acordo com o § 1º do art. 414, a base de cálculo será a unidade de medida adotada. Por outro lado, se a alíquota for *ad valorem*, o inciso I do art. 414 estabelece que a base de cálculo deve corresponder ao "valor de venda na comercialização", assim definido pelo legislador complementar:

---

[501]   A inconstitucionalidade, como ensina Clèmerson Merlin Clève, pode der antecedente (ou imediata) e consequente (ou derivada): "A inconstitucionalidade antecedente ou imediata decorre da violação, direta e imediata, de uma norma constitucional por uma lei ou ato normativo. A inconstitucionalidade consequente ou derivada decorre de um efeito reflexo da inconstitucionalidade antecedente ou imediata" (CLÈVE, Clèmerson Merlin. *Fiscalização abstrata de constitucionalidade no direito brasileiro*. 2. ed. São Paulo: RT, 2000. p. 45). Dessa forma, será consequentemente inconstitucional a norma dependente de outra declarada inconstitucional ou o diploma legal dependente de outro inconstitucional (*Ibid.*, p. 44-45).

[502]   Exceto quando os produtos estiverem em trânsito: (a) destinados ao uso ou ao consumo de bordo, em embarcações ou aeronaves de tráfego internacional, com pagamento em moeda conversível; (b) destinados a lojas francas, em operação de venda direta, nos termos e condições estabelecidos pelo art. 15 do Decreto-lei 1.455/1976; (c) adquiridos pela empresa comercial exportadora de que trata o art. 86, com o fim específico de exportação, e remetidos diretamente do estabelecimento industrial para embarque de exportação ou para recintos alfandegados, por conta e ordem da adquirente; ou (d) remetidos a recintos alfandegados ou a outros locais onde se processe o despacho aduaneiro de exportação.

Parte Especial · Capítulo I · IMPOSTOS FEDERAIS | **517**

Art. 415. Na comercialização de bem sujeito à alíquota **ad valorem**, a base de cálculo é o valor integral cobrado na operação a qualquer título, incluindo o valor correspondente a:

I – acréscimos decorrentes de ajuste do valor da operação;

II – juros, multas, acréscimos e encargos;

III – descontos concedidos sob condição;

IV – valor do transporte cobrado como parte do valor da operação, seja o transporte efetuado pelo próprio fornecedor ou por sua conta e ordem;

V – tributos e preços públicos, inclusive tarifas, incidentes sobre a operação ou suportados pelo fornecedor, exceto aqueles previstos no § 2º do art. 12 desta Lei Complementar; e

VI – demais importâncias cobradas ou recebidas como parte do valor da operação, inclusive seguros e taxas.

Parágrafo único. Caso o valor da operação esteja expresso em moeda estrangeira, será feita sua conversão em moeda nacional por taxa de câmbio apurada pelo Banco Central do Brasil, nos termos do regulamento.

A incidência monofásica cria um risco de ineficácia do imposto seletivo. Como a tributação é concentrada na primeira venda, o contribuinte pode fazer uso de uma empresa comercial intermediária do mesmo grupo econômico para diluir a base de cálculo do imposto. Assim, o fabricante pode vender os bens para essa pessoa jurídica com uma margem de lucro reduzida ou nula. Essa, por sua vez, os vende para o atacadista ou para o consumidor final com alta lucratividade, em uma segunda operação não sujeita ao imposto seletivo. Para evitar artificialismos dessa natureza, o art. 416 estabeleceu que, em operações entre partes relacionadas e na ausência de valor de referência, a base de cálculo não será inferior ao valor de mercado dos bens, entendido como tal o valor praticado em operações comparáveis entre partes não relacionadas:

Art. 416. Na comercialização entre partes relacionadas, na hipótese de incidência sujeita à alíquota *ad valorem* e na ausência do valor de referência de que trata o § 2º do art. 414, a base de cálculo não deverá ser inferior ao valor de mercado dos bens, entendido como o valor praticado em operações comparáveis entre partes não relacionadas.

Parágrafo único. Para fins do disposto no *caput*, consideram-se partes relacionadas aquelas definidas no §§ 2º a 5º do art. 5º desta Lei Complementar.

Por outro lado, de acordo com o art. 417 da Lei Complementar 214/2025, não integram a base de cálculo do imposto seletivo:

Art. 417. Não integram a base de cálculo do Imposto Seletivo:

I – o montante da CBS, do IBS e do próprio Imposto Seletivo incidentes na operação; e

II – os descontos incondicionais.

§ 1º Para efeitos do disposto no inciso II do *caput*, considera-se desconto incondicional a parcela redutora do preço da operação que conste do respectivo documento fiscal e não dependa de evento posterior.

§ 2º Não integra a base de cálculo do Imposto Seletivo a bonificação que atenda as mesmas condições especificadas no § 1º para a caracterização dos descontos incondicionais.

§ 3º O disposto no § 2º não se aplica à tributação por meio de alíquota específica, em que a base de cálculo, expressa em unidade de medida, deve considerar os bens fornecidos em bonificação.

§ 4º Até 31 de dezembro de 2032, não integra a base de cálculo do Imposto Seletivo o montante do:

I – Imposto sobre operações relativas à Circulação de Mercadorias e sobre prestações de Serviços de Transporte Interestadual e Intermunicipal e de Comunicação (ICMS), previsto no inciso II do art. 155 da Constituição Federal;

II – Imposto sobre Serviços de Qualquer Natureza (ISS), previsto no inciso III do art. 156 da Constituição Federal.

A exclusão do inciso II do art. 417, de acordo com o § 2º, também abrange as bonificações, que constituem uma modalidade de desconto que consiste na entrega para o comprador de uma maior quantidade de produto vendido.[503] Um exemplo de bonificação é a prática comercial conhecida como "dúzia de treze". Nela a empresa vende 12 unidades de determinado produto e entrega um item adicional ao cliente gratuitamente, sem alteração do valor do negócio jurídico. Note-se que há uma vinculação entre a entrega da unidade gratuita e a operação de venda. É isso o que a torna uma espécie de desconto comercial. No entanto, também há bonificações que não são vinculadas com uma venda, que têm natureza de *doação*, porque a entrega da mercadoria ocorre por liberalidade do fornecedor.

Como será analisado, no âmbito do PIS/Pasep e da Cofins, a exigência de indicação do desconto na nota fiscal tem sido afastado por decisões do Carf[504] e do STJ[505]. Trata-se apenas de um dever formal ("obrigação acessória") no interesse da fiscalização, destinado a facilitar a prova da natureza jurídica do desconto. Nada impede, entretanto, a comprovação da *incondicionalidade e da vinculação com a venda por outros meios idôneos. Do contrário*, o simples descumprimento de um dever formal será convertido em hipótese de incidência de tributos. A exigência do IS, por outro lado, seria transformada em verdadeira sanção pelo descumprimento de "obrigação acessória".

As bonificações e os descontos em operações mercantis, condicionais ou não, são redutores do preço de venda dos produtos. Ao incluí-los na base de cálculo, o legislador complementar faz com que o imposto incida sobre uma parcela que não integra a contraprestação pecuniária recebida pelo vendedor na comercialização do produto. Trata-se de previsão que contraria a regra de competência impositiva prevista no inciso VIII do art. 153 da Constituição, que, ao limitar o âmbito de possível incidência do IS à *comercialização de bens*, impede a inclusão na base de cálculo de elementos estranhos ao preço de venda. Esse dispositivo constitucional também é violado em caso de incidência nas bonificações concedidas a título de liberalidade, em documento fiscal distinto da nota fiscal de venda. Trata-se, afinal, de uma doação do fornecedor, operação que não configura produção, extração, comercialização ou importação de bens e serviços.

---

[503] Como definido pelo STJ no julgamento do REsp 1.111.156 (Tema Repetitivo 144), "a bonificação é uma modalidade de desconto que consiste na entrega de uma maior quantidade de produto vendido em vez de conceder uma redução do valor da venda" (STJ, 1ª S., REsp 1.111.156, Rel. Min. Humberto Martins, *DJe* 22.10.2009). Nesse precedente vinculante, foi definida a tese jurídica ("Os descontos incondicionais nas operações mercantis não se incluem na base de cálculo do ICMS") que gerou a Súmula 457/STJ: "Os descontos incondicionais nas operações mercantis não se incluem na base de cálculo do ICMS".

[504] A exigência de unicidade da nota fiscal foi afastada pela Câmara Superior de Recursos Fiscais do Carf em acórdão do ano de 2022, segundo o qual: "O desconto incondicional é aquele concedido independente de qualquer condição futura, não sendo necessário que o adquirente pratique ato subsequente ao de compra para a fruição do benefício. No caso vertente, as bonificações e descontos comerciais ao se enquadrarem como descontos incondicionais, independentemente da ausência de descrição na nota fiscal, devem ser considerados como parcela redutora do custo de aquisição para o adquirente [...]" (Carf, CSRF, 3ª T., Acórdão 9303-013.338, Rel. Valcir Gassen, Redatora designada Tatiana Midori Migiyama, S. 20.09.2022).

[505] No STJ, em acórdão do ano de 2023, a 1ª Turma entendeu que todos os descontos devem ser excluídos da base de cálculo do PIS/Pasep e da Cofins, o que torna irrelevante a discussão da unicidade da nota fiscal: "Os descontos concedidos pelo fornecedor ao varejista, mesmo quando condicionados a contraprestações vinculadas à operação de compra e venda, não constituem parcelas aptas a possibilitar a incidência da contribuição ao PIS e da COFINS a cargo do adquirente" (STJ, 1ª T., REsp 1.836.082, Rel. Min. Regina Helena Costa, *DJe* 12.05.2023).

Parte Especial • **Capítulo I** • IMPOSTOS FEDERAIS | **519**

7.4.3.3   Alíquotas

As alíquotas do imposto seletivo, de acordo com o § 6º do art. 153 da Constituição Federal, devem ser fixadas em lei ordinária, podendo ser específicas ou *ad valorem* (inciso VI), observada a alíquota máxima de 1% na extração (inciso VII).

O § 2º art. 422 da Lei Complementar 214/2025 estabelece que: "§ 2º As alíquotas do Imposto Seletivo estabelecidas nas operações com bens minerais extraídos respeitarão o percentual máximo de 0,25% (vinte e cinco centésimos por cento)". Trata-se, no entanto, de disposição sem eficácia de lei complementar, vale dizer, que dispõe sobre matéria não reservada ao texto constitucional por essa espécie legislativa. Por isso, pode ser revogada pela lei ordinária que estabelecer as alíquotas do imposto seletivo.

Em relação aos veículos, o art. 419 da Lei Complementar 214/2025 estabelece os seguintes parâmetros para a sua definição:

> Art. 419. As alíquotas do Imposto Seletivo aplicáveis aos veículos classificados nos códigos da NCM/SH relacionados no Anexo XVII serão estabelecidas em lei ordinária.
>
> Parágrafo único. As alíquotas referidas no *caput* serão graduadas em relação a cada veículo conforme enquadramento nos seguintes critérios, nos termos da lei ordinária:
>
> I – potência do veículo;
>
> II – eficiência energética;
>
> III – desempenho estrutural e tecnologias assistivas à direção;
>
> IV – reciclabilidade de materiais;
>
> V – pegada de carbono;
>
> VI – densidade tecnológica;
>
> VII – emissão de dióxido de carbono (eficiência energético–ambiental), considerado o ciclo do poço à roda;
>
> VIII – reciclabilidade veicular;
>
> IX – realização de etapas fabris no País; e
>
> X – categoria do veículo.

Nas aeronaves e nas embarcações, o art. 421 estabelece que as alíquotas estabelecidas em lei ordinária poderão ser graduadas conforme critérios de sustentabilidade ambiental. O art. 422, § 1º, da Lei Complementar 214/2025 autoriza a previsão de alíquotas *ad valorem* cumuladas com específicas para produtos fumígenos classificados na posição 24.02 da NCM e para bebidas alcoólicas, que, nessa última hipótese, podem ser diferenciadas por categoria de produto e progressivas em virtude do teor alcoólico.

7.5   IS no comércio exterior

7.5.1   Hipótese de incidência

O art. 409 da Lei Complementar 214/2025 estabelece que o imposto seletivo incide sobre a *importação de bens e serviços prejudiciais à saúde ou ao meio ambiente* definidos taxativamente no § 1º e no Anexo XVII. Os únicos serviços sujeitos ao IS, contudo, são o *fantasy sport* e os concursos de prognósticos, esses que, entretanto, são de importação proibida. A incidência, assim, fica restrita à importação de bens materiais definidos na lei complementar e dos serviços de *fantasy sport*.

Na importação de bens materiais, o critério temporal, de acordo com o inciso III do art. 434, é o mesmo do IBS e da CBS (art. 67): (i) a liberação dos bens sujeitos a despacho para consumo

520 | CURSO DE DIREITO TRIBUTÁRIO – *Solon Sehn*

e submetidos ao regime aduaneiro especial de admissão temporária para utilização econômica; e (**ii**) o lançamento do crédito correspondente, nas hipóteses de bens compreendidos no conceito de bagagem, no extravio e no ingresso clandestino. No *fantasy sport*, é o fornecimento ou o pagamento do serviço, o que ocorrer primeiro (art. 412, VII).

Já o critério espacial da hipótese de incidência, coincide com o domínio de vigência espacial da lei, ou seja, abrange o território nacional.

7.5.2   Consequência tributária

7.5.2.1   Sujeição ativa e passiva

O sujeito ativo da obrigação tributária é a União Federal. Os contribuintes, nos termos dos incisos I e V do art. 424, são os importadores e o fornecedor do serviço, ainda que residente ou domiciliado no exterior. Por outro lado, são definidos como responsáveis tributários: (**a**) o transportador, em relação aos produtos tributados que transportar desacompanhados da documentação fiscal comprobatória de sua procedência; (**b**) o possuidor ou o detentor, em relação aos produtos tributados que possuir ou mantiver para fins de venda ou industrialização, desacompanhados da documentação fiscal comprobatória de sua procedência[506].

7.5.2.2   Base de cálculo

O § 2º do art. 434 estabelece que, na importação de bens sujeitos à alíquota *ad valorem*, a base de cálculo do imposto seletivo será o *valor aduaneiro* acrescido do imposto de importação. Nos serviços de *fantasy sport*, de acordo com o inciso V do art. 414, será a receita própria da entidade que promove a entidade com dedução: (a) das premiações pagas; e (b) as destinações obrigatórias por lei para órgãos, fundos públicos e demais beneficiários.

7.5.2.3   Alíquotas

As alíquotas do imposto seletivo serão fixadas em lei ordinária, devendo ser as mesmas aplicáveis aos bens e serviços no mercado interno.

7.5.3   Incidência do IS na exportação

Em razão da imunidade prevista no inciso I do § 6º do art. 153 da Constituição, a União não tem competência para prever a incidência do imposto seletivo sobre exportações, o que abrange as operações realizadas por meio de empresas comerciais exportadoras. Nas exportações indiretas, entretanto, o art. 426 da Lei Complementar 214/2025 submeteu a aplicabilidade da imunidade às mesmas restrições previstas nos §§ 1º e 2º do art. 82, que são inconstitucionais. Essas, entretanto, não são compatíveis com o texto constitucional, como será analisado no capítulo voltado ao estudo desses tributos[507].

---

[506]   O inciso III do art. 425 prevê ainda a responsabilidade do proprietário, do possuidor, do transportador ou qualquer outro detentor de produtos nacionais saídos do fabricante com imunidade para exportação, encontrados no País em situação diversa, mas que não é aplicável à hipótese em exame.

[507]   Ver Cap. IV, da Parte Especial.

Capítulo II
IMPOSTOS ESTADUAIS

1 ITCMD

1.1 Legislação aplicável

O imposto estadual sobre a transmissão de bens imóveis e de direitos a eles relativos, previsto no CTN (arts. 35 a 42), foi desmembrado em dois pela Constituição Federal de 1988: o ITCMD de competência estadual; e o ITBI de competência municipal. As regras do antigo imposto permanecem aplicáveis *mutatis mutandis* aos impostos desmembrados, desde que compatíveis com a disciplina que decorre da Constituição Federal de 1988. Recentemente, inclusive, no julgamento do RE 796.376 (Tema 796), relativo à imunidade do ITBI (CF, art. 156, § 2º, I), prevaleceu o Voto do Ministro Alexandre de Moraes, que, por sua vez, ressaltou que *"o inciso I do art. 36 do Código Tributário Nacional [...] foi recepcionado pela CF/88, por se harmonizar com o teor do inciso I do § 2º, do art. 156 da Lei Maior"*[1].

Assim, ao instituir o ITCMD, o legislador dos Estados e do Distrito Federal deve observar o CTN, mas apenas naquilo que ainda for compatível com as regras constitucionais. Também devem ser respeitadas as alíquotas máximas definidas pelo Senado Federal na Resolução 09/1992 (CF, art. 155, § 1º, IV) e, em relação às matérias previstas no inciso III do § 1º do art. 155 da Constituição[2], o que for previsto em lei complementar. Isso porque, como decidiu o STF no julgamento do RE 851.108: "É vedado aos estados e ao Distrito Federal instituir o ITCMD nas hipóteses referidas no art. 155, § 1º, III, da Constituição Federal sem a edição da lei complementar exigida pelo referido dispositivo constitucional" (Tema 825)[3].

Como será analisado, a Emenda 132/2023 estabeleceu uma disposição permitindo a imediata cobrança do ITCMD nas situações previstas no art. 155, § 1º, III, do texto constitucional. Assim, enquanto não for promulgada da lei complementar, a cobrança poderá ser realizada dentro desses novos critérios provisórios.

1.2 Hipótese de incidência

Os incisos I a III do art. 35 do CTN estabelecem algumas disposições acerca do imposto estadual sobre a transmissão de bens imóveis e de direitos a eles relativos, mas que não são compatíveis com o inciso I do art. 155 da Constituição Federal de 1988. Pode ser aproveitado, entretanto, o disposto no parágrafo único ("nas transmissões *causa mortis*, ocorrem tantos fatos geradores distintos quantos sejam os herdeiros ou legatários"), o que, apesar de relevante, não é

---

[1] STF, Tribunal Pleno, RE 796.376, Rel. Min. Marco Aurélio, Rel. p/ Ac. Min. Alexandre de Moraes, *DJe* 05.08.2020.

[2] "Art. 155. [...] § 1º [...] III – terá competência para sua instituição regulada por lei complementar:
a) se o doador tiver domicílio ou residência no exterior;
b) se o de cujus possuía bens, era residente ou domiciliado ou teve o seu inventário processado no exterior."

[3] STF, Tribunal Pleno, RE 851.108, Rel. Min. Dias Toffoli, *DJe*-074 20.04.2021.

522 | CURSO DE DIREITO TRIBUTÁRIO – *Solon Sehn*

suficiente para permitir a construção do critério material da hipótese de incidência. Tal tarefa, portanto, depende do que for previsto na legislação dos Estados e do Distrito Federal, observadas as disposições do Código Civil relativas à "transmissão *causa mortis*", "doação" e os "bens". Esses são termos utilizados pelo texto constitucional ao definir a competência impositiva do ente federativo (CF, art. 155, I). Portanto, o conteúdo e o alcance desses conceitos no direito privado não podem ser alterados para fins tributários (CTN, art. 110).

A hipótese de incidência do ITCMD geralmente é definida pelas legislações locais de modo a abranger a transmissão *causa mortis* ou a doação a qualquer título[4]: (a) da propriedade ou do domínio útil de bem imóvel; (b) de direitos reais sobre bens móveis e imóveis; (c) bens móveis, inclusive semoventes, direitos, títulos e créditos. Também costuma ser prevista a incidência na sucessão provisória[5], na partilha antecipada (CC, art. 2.018) e a atribuição, na divisão do patrimônio comum, na partilha ou adjudicação, de bens acima da meação para cônjuges, companheiros ou a qualquer herdeiro[6].

Como ressaltado anteriormente, no julgamento do RE 851.108, o STF declarou a inconstitucionalidade da incidência de ITCMD na hipótese de doador com domicílio ou residência no exterior, em razão da ausência de lei complementar exigida pelo art. 155, § 1º, III, da Constituição[7]. No entanto, a Emenda 132/2023 estabeleceu uma disposição permitindo a imediata cobrança do ITCMD:

> Art. 16. Até que lei complementar regule o disposto no art. 155, § 1º, III, da Constituição Federal, o imposto incidente nas hipóteses de que trata o referido dispositivo competirá:
>
> I – relativamente a bens imóveis e respectivos direitos, ao Estado da situação do bem, ou ao Distrito Federal;
>
> II – se o doador tiver domicílio ou residência no exterior:
>
> *a*) ao Estado onde tiver domicílio o donatário ou ao Distrito Federal;
>
> *b*) se o donatário tiver domicílio ou residir no exterior, ao Estado em que se encontrar o bem ou ao Distrito Federal;

---

[4] Esse tributo é pouco estudado na doutrina. Destaca-se, no entanto, a seguinte obra: FERNANDES, Regina Celi Pedrotti Vespero. *Imposto sobre transmissão causa mortis e doação – ITCMD*. São Paulo: RT, 2002.

[5] Ressalte-se que, de acordo com a jurisprudência do STF, "é legítima a incidência do Imposto de Transmissão *Causa Mortis* no inventário por morte presumida" (Súmula 331).

[6] "No arrolamento sumário, a homologação da partilha ou da adjudicação, bem como a expedição do formal de partilha e da carta de adjudicação, não se condicionam ao prévio recolhimento do imposto de transmissão *causa mortis*, devendo ser comprovado, todavia, o pagamento dos tributos relativos aos bens do espólio e às suas rendas, a teor dos arts. 659, § 2º, do CPC/2015 e 192 do CTN" (Tema Repetitivo 1.074). STJ, 1ª S., REsp 1.896.526, Rel. Min. Regina Helena Costa, *DJe* 28.10.2022.

[7] "Recurso extraordinário. Repercussão geral. Tributário. Competência suplementar dos estados e do Distrito Federal. Artigo 146, III, *a*, CF. Normas gerais em matéria de legislação tributária. Artigo 155, I, CF. ITCMD. Transmissão causa mortis. Doação. Artigo 155, § 1º, III, CF. Definição de competência. Elemento relevante de conexão com o exterior. Necessidade de edição de lei complementar. Impossibilidade de os estados e o Distrito Federal legislarem supletivamente na ausência da lei complementar definidora da competência tributária das unidades federativas. [...] 5. Prescinde de lei complementar a instituição do imposto sobre transmissão *causa mortis* e doação de bens imóveis – e respectivos direitos –, móveis, títulos e créditos no contexto nacional. Já nas hipóteses em que há um elemento relevante de conexão com o exterior, a Constituição exige lei complementar para se estabelecerem os elementos de conexão e fixar a qual unidade federada caberá o imposto. [...] Tese de repercussão geral: "É vedado aos estados e ao Distrito Federal instituir o ITCMD nas hipóteses referidas no art. 155, § 1º, III, da Constituição Federal sem a edição da lei complementar exigida pelo referido dispositivo constitucional" [...]" (STF, Tribunal Pleno, RE 851.108, Rel. Min. Dias Toffoli, *DJe*-074 20.04.2021).

III – relativamente aos bens do *de cujus*, ainda que situados no exterior, ao Estado onde era domiciliado, ou, se domiciliado ou residente no exterior, onde tiver domicílio o sucessor ou legatário, ou ao Distrito Federal.

Nada impede a previsão de uma disposição transitória dessa natureza. A emenda, entretanto, não poderia prever a incidência imediata do imposto, sem observar o princípio constitucional da anterioridade. Esse, como garantia individual, constitui uma cláusula pétrea que não pode ser afastada nem mesmo por uma emenda constitucional (art. 60, § 4º, IV). No julgamento da ADI 939, o STF declarou a inconstitucionalidade de previsão similar da Emenda 3/1993, que permitia a cobrança imediata do Imposto Provisório sobre Movimentação Financeira (IPMF), sem observar o princípio da anterioridade (art. 150, III, "*b*")[8]. Portanto, da mesma forma como ocorreu com esse imposto, a incidência imediata do ITCMD não é compatível com o texto constitucional.

Outra discussão relacionada ao ITCMD diz respeito à incidência sobre planos VGBL e PGBL, que foi objeto da tese fixada pelo STF no julgamento do RE 1.363.013: "É inconstitucional a incidência do imposto sobre transmissão causa mortis e doação (ITCMD) sobre o repasse aos beneficiários de valores e direitos relativos ao plano vida gerador de benefício livre (VGBL) ou ao plano gerador de benefício livre (PGBL) na hipótese de morte do titular do plano" (Tema 1.214)[9].

1.3 Base de cálculo

A base de cálculo, nos termos do com o art. 38 do CTN, deve corresponder ao "valor venal dos bens ou direitos transmitidos". Foi nesse ponto que se concentraram algumas das principais controvérsias relacionadas ao regime de incidência do imposto, mas que, atualmente, já contam com entendimentos jurisprudenciais consolidados.

Em relação a essa matéria, o STJ definiu que:

a) a base de cálculo do ITBI é o valor do imóvel transmitido em condições normais de mercado, não estando vinculada à base de cálculo do IPTU, que nem sequer pode ser utilizada como piso de tributação;

b) o valor da transação declarado pelo contribuinte goza da presunção de que é condizente com o valor de mercado, que somente pode ser afastada pelo fisco mediante a regular instauração de processo administrativo próprio (art. 148 do CTN);

c) o Município não pode arbitrar previamente a base de cálculo do ITBI com respaldo em valor de referência por ele estabelecido unilateralmente (Tema Repetitivo 1113[10]).

O STF, por sua vez, entendeu que: "É infraconstitucional, a ela se aplicando os efeitos da ausência de repercussão geral, a controvérsia relativa à base de cálculo aplicada ao Imposto sobre Transmissão *Causa Mortis* e Doação de quaisquer Bens ou Direitos (ITCMD) fundada na interpretação da legislação local, no Código Tributário Nacional e no princípio da legalidade" (Tema 1.014[11]).

8　STF, Tribunal Pleno, ADI 939, Rel. Min. Sydney Sanches, *DJ* 18.03.1994: "2. A Emenda Constitucional 3, de 17.03.1993, que, no art. 2., autorizou a União a instituir o I.P.M.F., incidiu em vício de inconstitucionalidade, ao dispor, no parágrafo 2. desse dispositivo, que, quanto a tal tributo, não se aplica 'o art. 150, III, *b* e VI', da Constituição, porque, desse modo, violou os seguintes princípios e normas imutáveis (somente eles, não outros): 1. o princípio da anterioridade, que e garantia individual do contribuinte (art. 5., par. 2., art. 60, par. 4., inciso IV e art. 150, III, *b* da Constituição); [...]".

9　STF, Tribunal Pleno, RE 1.363.013, Rel. Min. Dias Toffoli, Acórdão pendente de julgamento, Sessão Virtual de 06.12.2024 a 13.12.2024.

10　STJ, 1ª S., REsp 1.937.821, Rel. Min. Gurgel de Faria, *DJe* 03.03.2022.

11　STF, Tribunal Pleno, ARE 1.162.883 RG. Min. Presidente, *DJe* 09.11.2018.

524 │ CURSO DE DIREITO TRIBUTÁRIO – *Solon Sehn*

Por fim, cumpre ressaltar que, como será analisado[12], o IBS e a CBS incidem sobre negócios jurídicos onerosos e gratuitos, incluindo operações relativas a bens móveis. Nessas casos, deve-se ter presente que, de acordo com o art. 4º da Lei Complementar 214/2025: "§ 5º A incidência do IBS e da CBS sobre as operações de que trata o *caput* deste artigo não altera a base de cálculo do: I – Imposto sobre a Transmissão Causa Mortis e Doação de Quaisquer Bens ou Direitos (ITCD), de que trata o inciso I do *caput* do art. 155 da Constituição Federal; II – Imposto sobre a Transmissão Inter Vivos de Bens Imóveis e Direitos a eles relativos (ITBI), de que trata o inciso II do *caput* do art. 156 da Constituição Federal".

1.4 Alíquotas

O inciso IV do § 1º do art. 155 da Constituição Federal de 1988 prevê a competência do Senado Federal para estabelecer as alíquotas máximas do imposto. Atualmente, a Resolução SF 09/1992 estabelece que:

> Art. 1º A alíquota máxima do imposto de que trata a alínea a, inciso I, do art. 155 da Constituição Federal será de oito por cento, a partir de 1º de janeiro de 1992.
>
> Art. 2º As alíquotas dos impostos, fixadas em lei estadual, poderão ser progressivas em função do quinhão que cada herdeiro efetivamente receber, nos termos da Constituição Federal.

A progressividade do ITCMD foi questionada por muitos contribuintes no Judiciário. Entretanto, o STF definiu que "É constitucional a fixação de alíquota progressiva para o Imposto sobre Transmissão *Causa Mortis* e Doação – ITCD" (Tema 21)[13]. Essa interpretação foi incorporada ao texto constitucional pela Emenda 132/2023, que, no inciso VI do § 1º do art. 155 da Constituição, prevê a progressividade do ITCMD em razão do valor da transmissão ou da doação.

1.5 Sujeição ativa

A Constituição Federal estabelece as seguintes regras acerca da sujeição ativa do ITCMD:

> Art. 155. Compete aos Estados e ao Distrito Federal instituir impostos sobre: (Redação dada pela Emenda Constitucional 3, de 1993)
>
> I – transmissão *causa mortis* e doação, de quaisquer bens ou direitos; (Redação dada pela Emenda Constitucional 3, de 1993)
>
> § 1º O imposto previsto no inciso I: (Redação dada pela Emenda Constitucional 3, de 1993)
>
> I – relativamente a bens imóveis e respectivos direitos, compete ao Estado da situação do bem, ou ao Distrito Federal
>
> II – relativamente a bens móveis, títulos e créditos, compete ao Estado onde era domiciliado o *de cujus*, ou tiver domicílio o doador, ou ao Distrito Federal;

O inciso II do § 1º foi alterado pela Emenda 132/2023. A redação anterior previa que o ITCMD "II – relativamente a bens móveis, títulos e créditos, compete ao Estado onde se processar o inventário ou arrolamento, ou tiver domicílio o doador, ou ao Distrito Federal". Portanto, o Dis-

---

[12] Cap. IV, item 5.5.2.5., da Parte Especial.

[13] STF, Tribunal Pleno, RE 562.045, Rel. Min. Ricardo Lewandowski, Rel. p/ o Ac. Min. Cármen Lúcia, *DJe* 27.11.2013. Esse julgamento representou a superação da interpretação anterior, que restringia a progressividade aos impostos pessoais, na linha da Súmula 656: "É inconstitucional a lei que estabelece alíquotas progressivas para o imposto de transmissão *inter vivos* de bens imóveis – ITBI com base no valor venal do imóvel".

Parte Especial • Capítulo II • IMPOSTOS ESTADUAIS | **525**

trito Federal ou o Estado da situação do bem será o sujeito ativo do ITCMD devido transmissão de imóveis e seus respectivos direitos. Nos casos de bens móveis, títulos e créditos, o ente credor será: (a) antes da emenda, o Estado ou o Distrito Federal quando o doador for domiciliado em seu território ou quando nele ocorrer o processamento do inventário ou do arrolamento; e (b) para as sucessões abertas a partir do início da vigência da emenda, à unidade federativa onde era domiciliado o *de cujus*, ou tiver domicílio o doador[14].

Ademais, até a edição da lei complementar prevista no art. 155, § 1º, III, da Constituição, incidem as disposições transitórias do art. 16 da Emenda 132/2023, que prevê os seguintes critérios: (i) relativamente a bens imóveis e respectivos direitos, o imposto caberá ao Estado da situação do bem, ou ao Distrito Federal; (ii) se o doador tiver domicílio ou residência no exterior, ao Estado onde tiver domicílio o donatário ou ao Distrito Federal; (iii) se o donatário tiver domicílio ou residir no exterior, ao Estado em que se encontrar o bem ou ao Distrito Federal; e (iv) relativamente aos bens do *de cujus*, ainda que situados no exterior, ao Estado onde era domiciliado, ou, se domiciliado ou residente no exterior, onde tiver domicílio o herdeiro ou legatário, ou ao Distrito Federal.

1.6 Sujeição passiva

A sujeição passiva do imposto, de acordo com o art. 42 do CTN, pode ser "qualquer das partes na operação tributada, como dispuser a lei". Na legislação estadual, é comum encontrar disposições definindo como contribuinte: (a) o herdeiro, o legatário, o fiduciário ou o fideicomissário, no caso de transmissão *causa mortis*; (b) o donatário ou cessionário, no caso de doação ou de cessão; (c) o beneficiário de direito real, quando de sua instituição; e (d) o nu-proprietário, na extinção do direito real.

2 ICMS

2.1 Legislação aplicável

O imposto sobre operações relativas à circulação de mercadorias e sobre prestações de serviços de transporte interestadual e intermunicipal e de comunicação (ICMS) é disciplinado pela legislação dos Estados e do Distrito Federal. Esses devem observar as disposições da lei complementar acerca dos seguintes aspectos de seu regime jurídico (CF, art. 155, § 2º, XII): (i) contribuintes; (ii) substituição tributária; (iii) compensação do imposto; (iv) o local das operações relativas à circulação de mercadorias e das prestações de serviços, para efeito de sua cobrança e definição do estabelecimento responsável; (v) casos de manutenção de crédito, relativamente à remessa para outro Estado e exportação para o exterior, de serviços e de mercadorias; (vi) a forma como, mediante deliberação dos Estados e do Distrito Federal, isenções, incentivos e benefícios fiscais serão concedidos e revogados; e (vii) base de cálculo. Atualmente, essas matérias são disciplinas pelas Leis Complementares 87/1996 e 24/1975, essa última relativa aos convênios para a concessão de isenções do imposto. Também são relevantes as Resoluções do Senado Federal que fixam as alíquotas interestaduais, mínimas e máximas do imposto, nas situações previstas no texto constitucional (CF, art. 155, § 2º, IV e V).

As disposições sobre o antigo ICM (Imposto Estadual sobre Operações Relativas à Circulação de Mercadorias), previstas na Seção II (arts. 52 a 58) e na Seção III (arts. 59 a 62) do CTN, foram revogadas pelo Decreto-lei 406/1968 e pelo Ato Complementar 31/1966, respectivamente.

---

14   "Art. 17. A alteração do art. 155, § 1º, II, da Constituição Federal, promovida pelo art. 1º desta Emenda Constitucional, aplica-se às sucessões abertas a partir da data de publicação desta Emenda Constitucional."

526 | CURSO DE DIREITO TRIBUTÁRIO – *Solon Sehn*

2.2 Princípios

2.2.1 Anterioridade e anterioridade mínima

O ICMS deve observar o princípio da anterioridade previsto no art. 150, III, alínea "b", da Constituição, inclusive a anterioridade mínima da alínea "c". O art. 155, § 4º, IV, "c"[15], estabelece uma única exceção e, ainda assim, apenas parcial: o restabelecimento de alíquotas do ICMS sobre combustíveis e lubrificantes. Nessa hipótese, não é necessário observar a alínea "b" do inciso III do art. 150, mas a exigência da alínea "c" permanece aplicável. Logo, podem incidir no mesmo exercício financeiro, porém não antes de 90 dias.

2.2.2 Isonomia e tratamento nacional

O ICMS está sujeito ao princípio do tratamento nacional (Notas e Disposições Adicionais Ao Artigo III do Gatt 1994). Portanto, no ICMS incidente sobre produtos importados, as pessoas políticas de direito interno que integram o Estado Federal brasileiro não podem impor um tratamento tributário mais gravoso que o aplicável aos produtos nacionais. Essa interpretação foi consolidada no STF por meio da Súmula 575, aprovada na Sessão Plenária de 15.12.1976: "À mercadoria importada de país signatário do GATT, ou membro da ALALC, estende-se a isenção do imposto de circulação de mercadorias concedida a similar nacional". Não foi diferente no STJ: Súmula 20 ("A Mercadoria importada de país signatário do GATT e isenta do ICM, quando contemplado com esse favor o similar nacional"); e Súmula 71 ("O bacalhau importado de país signatário do GATT e isento do ICM").

Ocorre que, após a Constituição Federal de 1988, a União foi proibida de conceder isenções de tributos estaduais, o que levou a um questionamento dessa interpretação. O Plenário do STF, porém, reafirmou o entendimento anterior:

> Ementa: Direito tributário. Recepção pela Constituição da República de 1988 do Acordo Geral de Tarifas e Comércio. Isenção de tributo estadual prevista em tratado internacional firmado pela República Federativa do Brasil. Artigo 151, inciso III, da Constituição da República. Artigo 98 do Código Tributário Nacional. Não caracterização de isenção heterônoma. Recurso extraordinário conhecido e provido.
>
> 1. A isenção de tributos estaduais prevista no Acordo Geral de Tarifas e Comércio para as mercadorias importadas dos países signatários quando o similar nacional tiver o mesmo benefício foi recepcionada pela Constituição da República de 1988.
>
> 2. O artigo 98 do Código Tributário Nacional "possui caráter nacional, com eficácia para a União, os Estados e os Municípios" (voto do eminente Ministro Ilmar Galvão).
>
> 3. No direito internacional apenas a República Federativa do Brasil tem competência para firmar tratados (art. 52, § 2º, da Constituição da República), dela não dispondo a União, os Estados-membros ou os Municípios. O Presidente da República não subscreve tratados como Chefe de Governo, mas como Chefe de Estado, o que descaracteriza a existência de uma isenção heterônoma, vedada pelo art. 151, inc. III, da Constituição.
>
> 4. Recurso extraordinário conhecido e provido[16].

---

[15] "Art. 155. [...] § 4º Na hipótese do inciso XII, *h*, observar-se-á o seguinte: [...] IV – as alíquotas do imposto serão definidas mediante deliberação dos Estados e Distrito Federal, nos termos do § 2º, XII, *g*, observando-se o seguinte: [...] c) poderão ser reduzidas e restabelecidas, não se lhes aplicando o disposto no art. 150, III, *b*. (Incluído pela Emenda Constitucional 33, de 2001)"

[16] STF, Tribunal Pleno, RE 229.096, Rel. Min. Ilmar Galvão, Rel. p/ Ac., Min. Cármen Lúcia, j. 16.08.2007, *DJe*-065 11.04.2008.

Parte Especial · Capítulo II · IMPOSTOS ESTADUAIS | **527**

Como se vê, o STF entendeu que, nas relações bilaterais e multilaterais no âmbito internacional, não há atuação da União, dos Estados-membros ou dos Municípios, mas da República Federativa do Brasil como Estado-total[17]. Assim, a vedação para isenções heterônomas não se aplicaria aos tratados internacionais. Entretanto, não há propriamente uma isenção na cláusula do tratamento nacional do Gatt. O que se tem é uma obrigação de tratamento isonômico entre produtos nacionais aos estrangeiros, que, entre outros efeitos, implica a extensão automática da isenção concedida pelo Estado aos produtos importados. Logo, não é a União nem o tratado internacional que isenta a operação, mas a própria legislação estadual. Tanto é assim que, diferentemente do que ocorre na isenção heterônoma, o Estado pode revogá-la, desde que também o faça em relação ao similar nacional.

2.2.3 Seletividade

Como analisado anteriormente[18], a Constituição estabelece que o ICMS "poderá ser seletivo, em função da essencialidade das mercadorias e dos serviços" (art. 155, § 2º, III, da Constituição[19]). No julgamento do RE 714.139, o STF entendeu que "a Constituição Federal não obriga os entes competentes a adotar a seletividade no ICMS. Não obstante, é evidente a preocupação do constituinte de que, uma vez adotada a seletividade, haja a ponderação criteriosa das características intrínsecas do bem ou serviço em razão de sua essencialidade com outros elementos, tais como a capacidade econômica do consumidor final, a destinação do bem ou serviço e, ao cabo, a justiça fiscal, tendente à menor regressividade desse tributo indireto". Dessa forma, as alíquotas sobre bens e serviços essenciais não podem ser superiores às das operações em geral: "Adotada, pelo legislador estadual, a técnica da seletividade em relação ao Imposto sobre Circulação de Mercadorias e Serviços – ICMS, discrepam do figurino constitucional alíquotas sobre as operações de

---

[17] Essa concepção baseia-se na doutrina de Haenel, Gierke, Kelsen e de Nawiasky, que diferenciam três entidades estatais na Federação. Como destaca Enoch Rovira: "Algunos autores, destacadamente Kelsen y Nawiasky, así como una primera jurisprudencia del BverfG consideran que el Estafo federal se construye en tres escalones diversos, a partir de la unión de tres miembros distintos: los Estados particulares, los órganos del Bund, o Estado central o superior, y como resultante de la unión de ambos, aparece el Estado del conjunto, con órganos asimismo propios" (ROVIRA, Enoch Alberti. *Federalismo y cooperación en La República Federal Alemana*. Madrid: Centro de Estudios Constitucionales, 1986. p. 64). Essa teoria, ainda segundo o mesmo autor, opõe-se à concepção adotada pela maioria dos autores daquele mesmo país: "La mayoría de los autores alemanes [Stern, Hesse, Maunz, Zippelius, Stein, Scheuner, Herzog, entre otros] considera sin embargo que el Estado federal responde a una construcción de sólo dos miembros: los Estado particulares y el Bund, y éste no debe ser considerado como un Estado central, que requiera una instancia superior para constituir el 'Estado de la totalidad' (*Gesamtstaat*), sino que es propiamente la organización superior de la Federación, que al mismo tiempo constituye y representa al Estado federal en su conjunto (Bundesstaat, y concretamente en el caso alemán actual, la Bundesrepublik)" (ROVIRA, Enoch Alberti. *Federalismo y cooperación en La República Federal Alemana*. Madrid: Centro de Estudios Constitucionales, 1986. p. 65-66). Sobre o tema, cf.: BARACHO, José Alfredo de Oliveira. *Teoria geral do federalismo*. Belo Horizonte: FUMAR/UCMG, 1982. p. 63. Apesar disso, a teoria das três entidades tem bastante acolhida entre nós, sendo invocada pela doutrina para justificar a legitimidade das isenções de tributos estaduais por meio de tratados internacionais. Destaca-se, nesse sentido, a doutrina de José Souto Maior Borges (BORGES, José Souto Maior. Isenções em tratados internacionais de impostos dos Estados-Membros e Municípios. *In*: BANDEIRA DE MELLO, Celso Antônio (org.). *Estudos em homenagem a Geraldo Ataliba*. São Paulo: Malheiros, 1997), Betina Grupenmacher (GRUPENMACHER, Betina Treiger. *Tratados internacionais em matéria tributária e a ordem interna*. São Paulo: Dialética, 1999. p. 124) e Alberto Xavier: "A voz da União, nas relações internacionais, não é a voz de uma entidade com interesses próprios e específicos, potencialmente conflitantes com os dos Estados e dos Municípios, mas a voz de uma entidade que a todos eles engloba – a República Federativa do Brasil" (XAVIER, Alberto. *Direito tributário internacional no Brasil*: tributação das operações internacionais. 5. ed. Rio de Janeiro: Forense, 2002. p. 136).

[18] Capítulo V, item 8.3.2, da Parte Geral.

[19] "§ 2º O imposto previsto no inciso II atenderá ao seguinte: (Redação dada pela Emenda Constitucional 3, de 1993) [...] III – poderá ser seletivo, em função da essencialidade das mercadorias e dos serviços."

528 | CURSO DE DIREITO TRIBUTÁRIO – *Solon Sehn*

energia elétrica e serviços de telecomunicação em patamar superior ao das operações em geral, considerada a essencialidade dos bens e serviços" (Tema 745)[20].

Essa interpretação é acertada, porém, o Tribunal poderia ter simplesmente reconhecido a doutrina que defende o caráter obrigatório do princípio. Isso porque, como se sabe, *quem pode o mais, pode o menos* (*a maiori, ad minus*). A decisão, assim, cria a impressão de que, em relação à seletividade do ICMS, o legislador *pode o mais* (não adotar a seletividade), mas *não pode o menos* (mitigá-la em relação a determinados bens). Dessa forma, fica aberto um perigoso espaço para que o legislador revogue totalmente a seletividade do imposto, estabelecendo uma alíquota uniforme para todas as mercadorias e serviços, algo que frustraria a realização dos princípios e valores constitucionais que motivaram a decisão.

2.2.4   Não cumulatividade

O ICMS constitui um tributo plurifásico que incide sobre o preço total de venda ou do serviço, que, por sua vez, tem incorporado o valor do crédito tributário devido nas etapas anteriores. Assim, para evitar as distorções decorrentes de um efeito *cascata* ou de *piramidização*, a Constituição Federal prevê a não cumulatividade do ICMS (CF, art. 155, § 2º, I), por meio de um sistema de *compensação obrigatória*[21], no qual o contribuinte se credita do imposto incidente na operação anterior, destacado na nota fiscal de aquisição, utilizando-o para abater do valor do crédito tributário na operação que realizar[22].

As únicas exceções são as operações isentas e não tributadas, previstas no inciso II do § 2º do art. 155 da Constituição Federal:

> Art. 155. [...]
>
> § 2º O imposto previsto no inciso II atenderá ao seguinte: (Redação dada pela Emenda Constitucional 3, de 1993)
>
> I – será não cumulativo, compensando-se o que for devido em cada operação relativa à circulação de mercadorias ou prestação de serviços com o montante cobrado nas anteriores pelo mesmo ou outro Estado ou pelo Distrito Federal;
>
> II – a isenção ou não incidência, salvo determinação em contrário da legislação:
>
> a) não implicará crédito para compensação com o montante devido nas operações ou prestações seguintes;
>
> b) acarretará a anulação do crédito relativo às operações anteriores.

Na interpretação desses dispositivos, cumpre considerar, em primeiro lugar, que o termo "cobrado" no inciso I do § 2º do art. 155, assim como ocorre na não cumulatividade do IPI, deve ser interpretado como *devido*[23] ou *cabível em tese*[24]. Isso ocorre porque o direito ao crédito decorre

---

[20]   STF, Tribunal Pleno, RE 714.139, Rel. Min. Marco Aurélio, *DJe* 15.03.2022.

[21]   CARRAZZA, Roque Antonio. *ICMS*. 18. ed. São Paulo: JusPodivm-Malheiros, 2020. p. 207.

[22]   Ver Capítulo V, item 8.4, da Parte Geral.

[23]   BORGES, José Souto Maior. Isenções em tratados internacionais de impostos dos Estados-Membros e Municípios. *In*: BANDEIRA DE MELLO, Celso Antônio (org.). *Estudos em homenagem a Geraldo Ataliba*. São Paulo: Malheiros, 1997. p. 208.

[24]   ATALIBA, Geraldo; GIARDINO, Cléber. PIS – Exclusão do ICM de sua base de cálculo. *Revista de Direito Tributário*, São Paulo, n. 35, p. 119, jan./mar. 1986. Registre-se ainda o entendimento de Hugo de Brito Machado, para quem a expressão "cobrado" deveria ser entendida como "relativo" às operações anteriores (MACHADO, Hugo de Brito. *Aspectos fundamentais do ICMS*. 2. ed. São Paulo: Dialética, 1999. p. 140). Sobre o tema, cf. ainda: GRECO, Marco Aurélio; LORENZO, Anna Paola Zonari de. ICMS – Materialidade e características constitucionais. *In*: MARTINS, Ives Gandra (org.). *Curso de direito tributário*. 2. ed. Belém: CEJUP, 1995. v. 2, p. 551; CHIESA, Clélio. *ICMS*: sistema constitucional: algumas inconstitucionalidades da LC 87/96, São Paulo:

Parte Especial • Capítulo II • IMPOSTOS ESTADUAIS | **529**

de uma relação jurídica autônoma, de natureza financeira, que não se confunde com a relação jurídica tributária. Dessa forma, o crédito não depende da extinção da obrigação tributária na etapa anterior de circulação. O fato jurídico relevante para o surgimento desse direito é a efetiva aquisição da mercadoria, e não o pagamento do imposto por terceiros, circunstância que o sujeito passivo não tem meios de verificação.

A segunda observação refere-se às exceções do inciso II do § 2º do art. 155. Parte da doutrina, na linha de Tercio Sampaio Ferraz Júnior, sustenta que essas devem ser aplicadas apenas "no início de um ciclo ou no fim e, caso ocorra uma isenção ou não incidência no meio de um ciclo, o disposto nas citadas alíneas 'a' e 'b' só vale para aquela operação do ciclo, portanto para créditos imediatamente anteriores e posteriores, não, porém, para subsequentes, sob pena de produzirem-se insuportáveis cumulatividades em cascata"[25]. Do contrário, as isenções ou não incidências sem direito a crédito no meio do ciclo econômico acabariam anulando os benefícios da não cumulatividade, gerando um conflito antinômico total-parcial incompatível com a unidade de sentido que deve prevalecer na interpretação da Constituição. Essa distinção, entretanto, não é acolhida pela jurisprudência.

Ressalte-se que as hipóteses vedação do crédito e de estorno podem ser afastadas pelo legislador. Ademais, não são aplicáveis nas operações de exportação. Nessas o art. 155, § 2º, X, "a", da Constituição assegura *a manutenção e o aproveitamento do montante do imposto cobrado nas operações e prestações anteriores*.

Ainda de acordo com a Constituição, cabe ao legislador complementar (art. 155, § 2º, XII) disciplinar o regime de compensação do imposto (alínea "c") e prever casos de manutenção de crédito, relativamente à remessa para outro Estado e exportação para o exterior, de serviços e de mercadorias (alínea "f").

Dessa forma, além de definir as hipóteses de manutenção do crédito, o legislador complementar deve estabelecer a disciplina da compensação, ou seja, o modo como deve ocorrer o encontro de contas entre o contribuinte e a Fazenda Estadual. Isso abrange os procedimentos de registro e de formalização do crédito, a eventual exigência de livros ou de demonstrativos especiais, entre outras questões de ordem procedimental[26], mas não o estabelecimento de restrições materiais ou temporais ao direito de crédito do contribuinte, que decorre diretamente da Constituição. Tampouco é possível criar vedações ao creditamento, anulações ou estornos de créditos em hipóteses já não previstas no texto constitucional.

Discute-se ainda se, no exercício dessa competência, o legislador complementar poderia dispor sobre o sistema de creditamento, vale dizer, optar entre os *sistemas de crédito físico, de crédito financeiro* ou estabelecer uma variação de ambos, que é o regime previsto na Lei Complementar 87/1996. Essa assegurou ao sujeito passivo o creditamento nas aquisições de mercadorias, inclusive a destinada ao seu uso ou consumo ou ao ativo permanente, e no recebimento de serviços de transporte interestadual e intermunicipal ou de comunicação[27]. Contudo, estabeleceu uma

---

LTr, 1997. p. 119; MATTOS, Aroldo Gomes de. *ICMS*: comentários à legislação nacional. São Paulo: Dialética, 2006. p. 287.

[25] FERRAZ JÚNIOR, Tercio Sampaio. ICMS: não cumulatividade e suas exceções constitucionais. *Revista de Direito Tributário*, n. 48, p. 22, abr./jul. 1989.

[26] CARRAZZA, Roque Antonio. *ICMS*. 18. ed. São Paulo: JusPodivm-Malheiros, 2020. p. 220: "a lei complementar, na melhor das hipóteses, disciplinará o procedimento de constituição, registro e utilização do crédito do ICMS", ou seja, "deve, apenas, operacionalizar documentalmente um *sistema de escrituração* em que, considerado certo lapso de tempo, é registrado, de um lado, o imposto devido e, de outro, a expressão financeira do abatimento correspondente".

[27] "Art. 20. Para a compensação a que se refere o artigo anterior, é assegurado ao sujeito passivo o direito de creditar-se do imposto anteriormente cobrado em operações de que tenha resultado a entrada de mercadoria, real ou simbólica, no estabelecimento, inclusive a destinada ao seu uso ou consumo ou ao ativo permanente, ou o recebimento de serviços de transporte interestadual e intermunicipal ou de comunicação."

530 | CURSO DE DIREITO TRIBUTÁRIO – *Solon Sehn*

série de restrições, de sorte que, mesmo hoje, não se tem propriamente um regime de crédito financeiro pleno.

Entre as restrições da legislação complementar, destaca-se:

(a) **Bens do ativo permanente:** os bens do ativo permanente estão sujeitos ao um creditamento diferido na proporção de um quarenta e oito avos por mês[28];

(b) **Bens destinados ao uso ou consumo do estabelecimento:** o reconhecimento do direito ao crédito de bens de uso e consumo[29] deveria ter iniciado no início do ano de 1998, porém, foi sucessivamente prorrogado pelas Leis Complementares 92/1997, 99/1999, 114/2002, 122/2006, 138/2010 e 171/2019, devendo entrar em vigor apenas em 01 janeiro de 2033[30], quando, entretanto, o ICMS será revogado em razão da Reforma Tributária; e

(c) **Serviço de comunicação e energia elétrica:** o creditamento é restrito aos casos em que: (i) a energia elétrica: (a) for objeto de operação de saída de energia elétrica; (b) consumida no processo de industrialização[31]; ou (c) quando resultar em operação de

---

[28] "Art. 20. [...] § 5º Para efeito do disposto no *caput* deste artigo, relativamente aos créditos decorrentes de entrada de mercadorias no estabelecimento destinadas ao ativo permanente, deverá ser observado: (Redação dada pela LCP 102, de 11.07.2000)

I – a apropriação será feita à razão de um quarenta e oito avos por mês, devendo a primeira fração ser apropriada no mês em que ocorrer a entrada no estabelecimento; (Inciso Incluído pela LCP 102, de 11.07.2000)

II – em cada período de apuração do imposto, não será admitido o creditamento de que trata o inciso I, em relação à proporção das operações de saídas ou prestações isentas ou não tributadas sobre o total das operações de saídas ou prestações efetuadas no mesmo período; (Inciso Incluído pela LCP 102, de 11.07.2000)

III – para aplicação do disposto nos incisos I e II deste parágrafo, o montante do crédito a ser apropriado será obtido multiplicando-se o valor total do respectivo crédito pelo fator igual a 1/48 (um quarenta e oito avos) da relação entre o valor das operações de saídas e prestações tributadas e o total das operações de saídas e prestações do período, equiparando-se às tributadas, para fins deste inciso, as saídas e prestações com destino ao exterior ou as saídas de papel destinado à impressão de livros, jornais e periódicos; (Redação dada pela Lei Complementar 120, de 2005)

IV – o quociente de um quarenta e oito avos será proporcionalmente aumentado ou diminuído, *pro rata die*, caso o período de apuração seja superior ou inferior a um mês; (Inciso Incluído pela LCP 102, de 11.07.2000)

V – na hipótese de alienação dos bens do ativo permanente, antes de decorrido o prazo de quatro anos contado da data de sua aquisição, não será admitido, a partir da data da alienação, o creditamento de que trata este parágrafo em relação à fração que corresponderia ao restante do quadriênio; (Inciso Incluído pela LCP 102, de 11.07.2000)

VI – serão objeto de outro lançamento, além do lançamento em conjunto com os demais créditos, para efeito da compensação prevista neste artigo e no art. 19, em livro próprio ou de outra forma que a legislação determinar, para aplicação do disposto nos incisos I a V deste parágrafo; e (Inciso Incluído pela LCP 102, de 11.07.2000)

VII – ao final do quadragésimo oitavo mês contado da data da entrada do bem no estabelecimento, o saldo remanescente do crédito será cancelado. (Inciso Incluído pela LCP 102, de 11.07.2000)"

[29] Como ensina Aroldo Gomes de Mattos, as mercadorias destinadas ao uso e consumo são aquelas "[...], embora não consumidas ou utilizadas diretamente no processo comercial/industrial (*v.g.*, material de expediente, de manutenção, conservação, limpeza, etc.), apenas se integram indiretamente no custo final das mercadorias comercializadas/industrializadas e dos serviços prestados" (MATTOS, Aroldo Gomes de. *ICMS*: comentários à legislação nacional. São Paulo: Dialética, 2006. p. 293).

[30] "Art. 33. Na aplicação do art. 20 observar-se-á o seguinte: [...] I – somente darão direito de crédito as mercadorias destinadas ao uso ou consumo do estabelecimento nele entradas a partir de 1º de janeiro de 2033. (Redação dada pela Lei Complementar 171, de 2019)"

[31] Ressalte-se que, de acordo com a Jurisprudência do STJ: "O ICMS incidente sobre a energia elétrica consumida pelas empresas de telefonia, que promovem processo industrial por equiparação, pode ser creditado para abatimento do imposto devido quando da prestação de serviços" (Tema Repetitivo 541) (STJ, 1ª S., REsp 1.201.635, Rel. Min. Sérgio Kukina, *DJe* 21.10.2013).

Parte Especial · Capítulo II · IMPOSTOS ESTADUAIS | **531**

saída ou prestação para o exterior[32]; e (ii) o serviço de comunicação: (a) tenha sido prestado na execução de serviços da mesma natureza; (b) resultar em operação de saída ou prestação para o exterior. O direito ao crédito deveria ser aplicável a todos os contribuintes do imposto após 1º de janeiro de 2033[33]. Contudo, com a Reforma Tributária, nessa época já não existirá mais o ICMS.

Esses dispositivos, como se vê, não se limitam a dispor sobre o regime de compensação do imposto, isto é, não se referem ao modo como deve ocorrer a liquidação mediante encontro de contas nem regulam aspectos procedimentais. Neles são previstas restrições ao próprio crédito do contribuinte, que constitui um direito subjetivo decorrente do art. 155, § 2º, I, da Constituição Federal. Esse assegura ao contribuinte um direito de crédito irrestrito, independentemente da origem, do destino, do consumo, da classificação contábil e da incorporação da mercadoria ou serviço ao produto final. As únicas exceções possíveis são as previstas no do inciso II do § 2º do art. 155.

As restrições da Lei Complementar 87/1996, contudo, foram consideradas constitucionais pelo STF. Como ressaltado pelo Ministro Joaquim Barbosa no RE 447.470 AgR, a "Corte tem sistematicamente entendido que a Constituição de 1988 não assegurou direito à adoção do modelo de crédito financeiro para fazer valer a não cumulatividade do ICMS, em toda e qualquer hipótese"[34].

A decisão mais recente nesse sentido foi no julgamento do RE 704.815, quando o STF fixou a seguinte tese de repercussão geral: "A imunidade a que se refere o art. 155, § 2º, X, "a", CF/88, não alcança, nas operações de exportação, o aproveitamento de créditos de ICMS decorrentes de aquisições de bens destinados ao ativo fixo e uso e consumo da empresa, que depende de lei complementar para sua efetivação" (Tema 633)[35].

---

[32] "Art. 33. [...] II – somente dará direito a crédito a entrada de energia elétrica no estabelecimento: (Redação dada pela LCP 102, de 11.07.2000)

a) quando for objeto de operação de saída de energia elétrica; (Incluída pela LCP 102, de 11.07.2000)

b) quando consumida no processo de industrialização; (Incluída pela LCP 102, de 11.07.2000)

c) quando seu consumo resultar em operação de saída ou prestação para o exterior, na proporção destas sobre as saídas ou prestações totais; e (Incluída pela LCP 102, de 11.07.2000)

d) a partir de 1º de janeiro de 2033, nas demais hipóteses. (Redação dada pela Lei Complementar 171, de 2019)"

[33] "Art. 33. [...] IV – somente dará direito a crédito o recebimento de serviços de comunicação utilizados pelo estabelecimento: (Incluído pela LCP 102, de 11.07.2000)

a) ao qual tenham sido prestados na execução de serviços da mesma natureza; (Incluída pela LCP 102, de 11.07.2000)

b) quando sua utilização resultar em operação de saída ou prestação para o exterior, na proporção desta sobre as saídas ou prestações totais; e (Incluída pela LCP 102, de 11.07.2000)

c) a partir de 1º de janeiro de 2033, nas demais hipóteses. (Redação dada pela Lei Complementar 171, de 2019)"

[34] STF, 2ª T., RE 447.470 AgR, Rel. Min. Joaquim Barbosa, *DJe* 08.10.2010. No mesmo sentido: "A jurisprudência do STF é firme no sentido de que, em operações anteriores à LC 87/1996, não há direito a creditamento de bens destinados ao consumo ou à integração do ativo fixo para compensação de ICMS. Inexistência de afronta ao princípio constitucional da não cumulatividade" (STF, 2ª T., RE 313.019 AgR, Rel. Min. Ayres Britto, *DJe* 17.09.2010). No mesmo sentido: STF, 2ª T., AI 579.298 AgR, Rel. Min. Joaquim Barbosa, *DJe* 1º.07.2009; STF, 2ª T., AI 646.962 AgR, Rel. Min. Ellen Gracie, *DJe* 08.10.2010; STF, 2ª T., RE 598.460 AgR, Rel. Min. Eros Grau, *DJe* 07.08.2009: "LC 87/1996. Superveniência da LC 102/2000. Crédito de ICMS. Limitação temporal à sua efetivação. Vulneração do princípio da não cumulatividade. Inocorrência. Precedentes. O Plenário desta Corte, no julgamento da ADI 2.325 MC, *DJ* de 04.10.2004, fixou entendimento no sentido de não ser possível a compensação de créditos de ICMS em razão de operações de consumo de energia elétrica ou utilização de serviços de comunicação ou, ainda, de aquisição de bens destinados ao uso e/ou à integração no ativo fixo do próprio estabelecimento. As modificações nos arts. 20, § 5º, e 33 da LC 87/1996 não violam o princípio da não cumulatividade".

[35] STF, Tribunal Pleno, RE 704.815, Rel. Min. Dias Toffoli, Rel. p/ Ac. Min. Gilmar Mendes, Sessão Virtual 27.10.2023 a 07.11.2023.

532 | CURSO DE DIREITO TRIBUTÁRIO – *Solon Sehn*

Outra discussão relacionada ao crédito do ICMS diz respeito aos insumos que são consumidos de forma gradativa no processo produtivo. Alguns Estados entendiam que, se não incorporarem ao produto final ou não forem consumidos de forma integral e imediata, esses não seriam propriamente insumos, e sim bens de uso e consumo do estabelecimento, sujeitos à limitação temporal do art. 33, I, da Lei Complementar 87/1996[36].

No ano de 2023, dirimindo a dissensão entre julgados da 1ª e da 2ª Turmas, a 1ª Seção do STJ decidiu no julgamento dos Embargos de Divergência em Agravo em Recurso Especial (EAResp) 1.775.781 que o consumo integral e imediato não é pressuposto para a caracterização do conceito de insumo:

> Processual civil e tributário. Embargos de divergência em agravo em recurso especial. Embargável o acórdão que não tenha conhecido do recurso, embora tenha apreciado a controvérsia (art. 1.043, III, do CPC/2015). ICMS. Lei Complementar n. 87/1996. Creditamento. Aquisição de materiais (produtos intermediários). Itens essenciais ao processo produtivo e desgastados ou consumidos gradativamente. Cabimento.
>
> I – Consoante o decidido pelo Plenário desta Corte, na sessão realizada em 9.3.2016, o regime recursal será determinado pela data da publicação do provimento jurisdicional impugnado. Aplica-se, *in casu*, o Código de Processo Civil de 2015.
>
> II – Conquanto se trate de Recurso Especial não conhecido pela 2ª Turma, a apreciação da controvérsia tributária (premissa jurídica) atrai a disciplina radicada no art. 1.043, III, do CPC/2015, a qual autoriza a interposição de embargos de divergência contra o acórdão de órgão fracionário que "divergir do julgamento de qualquer outro órgão do mesmo tribunal, sendo um acórdão de mérito e outro que não tenha conhecido do recurso, embora tenha apreciado a controvérsia".
>
> III – À luz das normas plasmadas nos arts. 20, 21 e 33 da Lei Complementar n. 87/1996, revela-se cabível o creditamento referente à aquisição de materiais (produtos intermediários) empregados no processo produtivo, inclusive os consumidos ou desgastados gradativamente, desde que comprovada a necessidade de sua utilização para a realização do objeto social da empresa – essencialidade em relação à atividade-fim.
>
> IV – Tais materiais não se sujeitam à limitação temporal prevista no art. 33, I, do apontado diploma normativo, porquanto a postergação em tela restringe-se aos itens de uso e consumo.
>
> V – Embargos de divergência providos[37].

Cumpre destacar ainda que, nos termos do parágrafo único do art. 23 da Lei Complementar 87/1996, o direito ao creditamento deve ser exercido no prazo prescricional de cinco anos, contados da data de emissão da nota fiscal[38]. A correção monetária dos créditos depende de previsão legal e, de acordo com a jurisprudência do STF, "o contribuinte não pode corrigir monetariamente os créditos fiscais extemporâneos do Imposto sobre Circulação de Mercadorias e Serviços, se a legislação estadual for omissa"[39]. O STJ, por sua vez, tem entendido que a correção é devida quando há resistência injustificada das autoridades fiscais no reconhecimento do direito,

---

[36] "Art. 33. Na aplicação do art. 20 observar-se-á o seguinte: [...] I – somente darão direito de crédito as mercadorias destinadas ao uso ou consumo do estabelecimento nele entradas a partir de 1º de janeiro de 2033. (Redação dada pela Lei Complementar 171, de 2019)"

[37] STJ, 1ª S., EAResp 1.775.781, Rel. Min. Regina Helena Costa, *DJe* 1º.12.2023.

[38] "Art. 23. [...] Parágrafo único. O direito de utilizar o crédito extingue-se depois de decorridos cinco anos contados da data de emissão do documento."

[39] STF, 1ª T., RE 449106 AgR, Rel. Min. Marco Aurélio, *DJe* 06.05.2011.

Parte Especial · Capítulo II · IMPOSTOS ESTADUAIS | **533**

aplicando ao ICMS a mesma orientação da Súmula 411, relativa ao IPI ("É devida a correção monetária ao creditamento do IPI quando há oposição ao seu aproveitamento decorrente de resistência ilegítima do Fisco")[40].

Por fim, como ressaltado inicialmente, a doutrina interpreta que o termo *cobrado* no art. 155, § 2º, I, da Constituição deve ser interpretado como *devido* ou *cabível em tese*. Entretanto, isso não impede a fiscalização da veracidade das operações. Há casos em que, agindo em conluio, alguns contribuintes criam esquemas fraudulentos de notas fiscais falsas ("notas frias"), que não correspondem a operações efetivamente ocorridas, emitidas unicamente para gerar créditos indevidos ao comprador. O inciso I do § 2º do art. 155 da Lei Maior não oferece abrigo para operações dessa natureza. O direito ao crédito não deve ser reconhecido porque, como há uma simulação absoluta (inexiste um negócio jurídico real subjacente), não há que se falar em ICMS *cobrado* nem, menos ainda, um imposto *devido* ou *cabível em tese*.

A esse propósito, cumpre destacar que, no REsp 1.148.444, o STJ definiu que: "O comerciante de boa-fé que adquire mercadoria, cuja nota fiscal (emitida pela empresa vendedora) posteriormente seja declarada inidônea, pode engendrar o aproveitamento do crédito do ICMS pelo princípio da não cumulatividade, uma vez demonstrada a veracidade da compra e venda efetuada, porquanto o ato declaratório da inidoneidade somente produz efeitos a partir de sua publicação" (Tema Repetitivo 272):

> Processo civil. Recurso especial representativo de controvérsia. Artigo 543-C do CPC. Tributário. Créditos de ICMS. Aproveitamento (princípio da não cumulatividade). Notas fiscais posteriormente declaradas inidôneas. Adquirente de boa-fé.
>
> 1. O comerciante de boa-fé que adquire mercadoria, cuja nota fiscal (emitida pela empresa vendedora) posteriormente seja declarada inidônea, pode engendrar o aproveitamento do crédito do ICMS pelo princípio da não cumulatividade, uma vez demonstrada a veracidade da compra e venda efetuada, porquanto o ato declaratório da inidoneidade somente produz efeitos a partir de sua publicação (Precedentes das Turmas de Direito Público: EDcl nos EDcl no REsp 623.335/PR, Rel. Ministra Denise Arruda, Primeira Turma, julgado em 11.03.2008, *DJe* 10.04.2008; REsp 737.135/MG, Rel. Ministra Eliana Calmon, Segunda Turma, julgado em 14.08.2007, *DJ* 23.08.2007; REsp 623.335/PR, Rel. Ministra Denise Arruda, Primeira Turma, julgado em 07.08.2007, *DJ* 10.09.2007; REsp 246.134/MG, Rel. Ministro João Otávio de Noronha, Segunda Turma, julgado em 06.12.2005, *DJ* 13.03.2006; REsp 556.850/MG, Rel. Ministra Eliana Calmon, Segunda Turma, julgado em 19.04.2005, *DJ* 23.05.2005; REsp 176.270/MG, Rel. Ministra Eliana Calmon, Segunda Turma, julgado em 27.03.2001, *DJ* 04.06.2001; REsp 112.313/SP, Rel. Ministro Francisco Peçanha Martins, Segunda Turma, julgado em 16.11.1999, *DJ* 17.12.1999; REsp 196.581/MG, Rel. Ministro Garcia Vieira, Primeira Turma, julgado em 04.03.1999, *DJ* 03.05.1999; e REsp 89.706/SP, Rel. Ministro Ari Pargendler, Segunda Turma, julgado em 24.03.1998, *DJ* 06.04.1998).
>
> 2. A responsabilidade do adquirente de boa-fé reside na exigência, no momento da celebração do negócio jurídico, da documentação pertinente à assunção da regularidade do alienante, cuja verificação de idoneidade incumbe ao Fisco, razão pela qual não incide,

---

[40] "Tributário. Agravo interno nos embargos de divergência em recurso especial. ICMS. Base de cálculo reduzida. Direito ao aproveitamento de crédito do ICMS, com correção monetária. Matéria pacificada no âmbito do STJ. Agravo interno da Fazenda Pública do Estado De Minas Gerais não provido [...]" (STJ. 1ª S., AgInt nos EREsp 440.370, Rel. Min. Manoel Erhardt, Desembargador Convocado do TRF5, *DJe* 22.10.2021). No mesmo sentido: STJ. 2ª T., AgInt no REsp 1.407.187, Rel. Min. Assusete Magalhães, *DJe* 27.08.2018; 2ª T., AgRg no AgRg no REsp 1.386.032, Rel. Min. Herman Benjamin, *DJe* 18.06.2014; 1ª T., AgRg no Ag 1.157.925, Rel. Min. Benedito Gonçalves, *DJe* 25.11.2009.

534 | CURSO DE DIREITO TRIBUTÁRIO – *Solon Sehn*

à espécie, o artigo 136, do CTN, segundo o qual "salvo disposição de lei em contrário, a responsabilidade por infrações da legislação tributária independe da intenção do agente ou do responsável e da efetividade, natureza e extensão dos efeitos do ato" (norma aplicável, *in casu*, ao alienante).

3. *In casu*, o Tribunal de origem consignou que: "[...] os demais atos de declaração de inidoneidade foram publicados após a realização das operações (f. 272/282), sendo que as notas fiscais declaradas inidôneas têm aparência de regularidade, havendo o destaque do ICMS devido, tendo sido escrituradas no livro de registro de entradas (f. 35/162). No que toca à prova do pagamento, há, nos autos, comprovantes de pagamento às empresas cujas notas fiscais foram declaradas inidôneas (f. 163, 182, 183, 191, 204), sendo a matéria incontroversa, como admite o fisco e entende o Conselho de Contribuintes".

4. A boa-fé do adquirente em relação às notas fiscais declaradas inidôneas após a celebração do negócio jurídico (o qual fora efetivamente realizado), uma vez caracterizada, legitima o aproveitamento dos créditos de ICMS.

5. O óbice da Súmula 7/STJ não incide à espécie, uma vez que a insurgência especial fazendária reside na tese de que o reconhecimento, na seara administrativa, da inidoneidade das notas fiscais opera efeitos *ex tunc*, o que afastaria a boa-fé do terceiro adquirente, máxime tendo em vista o teor do artigo 136, do CTN.

6. Recurso especial desprovido. Acórdão submetido ao regime do artigo 543-C, do CPC, e da Resolução STJ 08/2008[41].

Esse julgamento originou a Súmula 509: "é lícito ao comerciante de boa-fé aproveitar os créditos de ICMS decorrentes de nota fiscal posteriormente declarada inidônea, quando demonstrada a veracidade da compra e venda". Assim, para ter reconhecido o direito ao crédito em situações dessa natureza, o comerciante deve demonstrar que pagou o preço especificado na nota fiscal e recebeu a mercadoria, que são os elementos mínimos necessários para evidenciar que houve um negócio jurídico real.

2.3 ICMS sobre operações mercantis

2.3.1 *Hipótese de incidência*

2.3.1.1 Critério material

O critério material da hipótese de incidência do ICMS decorre do art. 155, II, § 2º, IX, "b", da Constituição Federal, e do art. 2º, I, IV e V, da Lei Complementar 87/1996:

> Art. 155. Compete aos Estados e ao Distrito Federal instituir impostos sobre: (Redação dada pela Emenda Constitucional 3, de 1993)
> [...]
> II – *operações relativas à circulação de mercadorias* e sobre prestações de serviços de transporte interestadual e intermunicipal e de comunicação, ainda que as operações e as prestações se iniciem no exterior; (Redação dada pela Emenda Constitucional 3, de 1993)[42].
> [...]

---

41 STJ, 1ª S., REsp 1.148.444, Rel. Min. Luiz Fux, *DJe* 27.04.2010.
42 G.n.

Parte Especial · Capítulo II · IMPOSTOS ESTADUAIS | **535**

§ 2º O imposto previsto no inciso II atenderá ao seguinte: (Redação dada pela Emenda Constitucional 3, de 1993)

[...]

IX – incidirá também:

[...]

b) sobre o valor total da operação, quando mercadorias forem fornecidas com serviços não compreendidos na competência tributária dos Municípios;

Art. 2º O imposto incide sobre:

I – *operações relativas à circulação de mercadorias*, inclusive o fornecimento de alimentação e bebidas em bares, restaurantes e estabelecimentos similares;[43]

[...]

IV – fornecimento de mercadorias com prestação de serviços não compreendidos na competência tributária dos Municípios;

V – fornecimento de mercadorias com prestação de serviços sujeitos ao imposto sobre serviços, de competência dos Municípios, quando a lei complementar aplicável expressamente o sujeitar à incidência do imposto estadual.

A Lei Complementar 87/1996 representa um avanço em relação ao Decreto-lei 406/1968, que definia a hipótese de incidência do imposto mediante enunciação do critério temporal[44]: "*Art. 1º O imposto sobre operações relativas à circulação de mercadorias tem como fato gerador: [...] I – a saída de mercadorias de estabelecimento comercial, industrial ou produtor*". Esse dispositivo gerou uma série de dificuldades na compreensão do âmbito de incidência do imposto. Durante anos, as autoridades fiscais entenderam que o fato gerador ocorria com qualquer saída física, independentemente da causa. Entretanto, como ressalta Aliomar Baleeiro, "essa arrojada tese, grata ao Fisco estadual, porque até a saída pelo furto ou roubo seria fato gerador, não alcançou o sufrágio dos tributarias e tribunais brasileiros"[45]. A doutrina e a jurisprudência logo perceberam que a saída é apenas o condicionante temporal de uma conduta principal pressuposta pelo legislador, levando a um aprimoramento da técnica legislativa. Na legislação atual, há uma separação entre esses dois elementos. No inciso I do art. 2º da lei complementar, foi previsto que o ICMS *incide sobre operações relativas à circulação de mercadorias*, constituindo a *saída*, nos termos do inciso I do art. 12, apenas o *momento* em que se considera ocorrido *o fato gerador*.

Dessa forma, como já era amplamente reconhecido antes mesmo da Lei Complementar 87/1996, o ICMS não incide sobre a *saída* nem sobre a simples *circulação* da mercadoria, mas sobre atos ou negócios jurídicos que geram uma mudança da propriedade do bem. Portanto, no ICMS sobre operações mercantis, o critério material da hipótese de incidência é *realizar operações que impliquem a transferência do domínio de mercadorias*, ou seja, atos ou negócios jurídicos

---

43 G.n.
44 Capítulo VII, item 2.2.2.3, da Parte Geral.
45 BALEEIRO, Aliomar. *Direito tributário brasileiro*. Atual. Misabel Abreu Machado Derzi. 13. ed. Rio de Janeiro: Forense, 2015. p. 223.

536 | CURSO DE DIREITO TRIBUTÁRIO – *Solon Sehn*

constitutivos de *obrigações de dar*[46] que têm um bem móvel adquirido para fins de revenda lucrativa por um empresário comerciante como objeto mediato[47].

2.3.1.1.1   Mudança da titularidade

A incidência do ICMS sobre operações mercantis demanda a ocorrência de uma circulação jurídica do bem, ou seja, a transferência do domínio da mercadoria. Isso é amplamente reconhecido pela doutrina e pela jurisprudência[48]. Os precedentes do STF, como destacado na ADI 4.565, têm reafirmado ao longo dos anos que: "a competência atribuída, com base no art. 155, II, da Constituição, para a instituição do ICMS compreende somente a circulação **jurídica** de **mercadorias**, entendida como a transferência de propriedade destas. Não por outra razão a orientação jurisprudencial do Supremo Tribunal Federal é de que a transferência física de mercadorias entre estabelecimentos do mesmo contribuinte não configura a sua circulação jurídica, descaracterizando a materialidade do ICMS"[49]. Não é por outra razão que a Súmula 573 do STF considera indevida a incidência do ICMS nas saídas em comodato, justamente porque não implicam a transferência do domínio para o comodatário: "Não constitui fato gerador do imposto de circulação de mercadorias a saída física de máquinas, utensílios e implementos a título de comodato".

---

[46]   Na primeira edição, o critério material foi definitivo da seguinte maneira: "o critério material da hipótese de incidência é *realizar operações* que impliquem a *transferência do domínio* de *mercadorias*, ou seja, a materialidade do imposto abrange atos ou negócios jurídicos que têm por objeto imediato uma *obrigação de dar* e, como objeto mediato, um bem móvel adquirido para fins de revenda lucrativa por um empresário comerciante". Entretanto, como o objeto imediato da obrigação é a prestação, na revisão do texto para a nova edição, pareceu mais apropriado afirmar apenas que os atos ou negócios jurídicos são constitutivos de *obrigações de dar*, o que torna mais precisa a linguagem, mas não altera o sentido original.

[47]   Como ensina Geraldo Ataliba, "é a operação – e apenas esta – o fato tributado pelo ICMS. A circulação e a mercadoria são consequências e meros aspectos adjetivos da operação tributada. Prestam-se, tão só a qualificar – dentro do universo possível das operações mercantis realizáveis – aquelas que ficam sujeitas ao tributo, *ex vi* de uma eficaz qualificação legislativa" (ATALIBA, Geraldo. ICMS. Incorporação ao ativo – empresa que loca, oferece em "leasing" seus produtos – descabimento do ICMS. *Revista de Direito Tributário*, São Paulo, v. 52, p. 74, abr./jun. 1990).

[48]   Nesse sentido, ensina Roque Carrazza que "[...] tal circulação só pode ser jurídica (e, não, meramente física). A circulação jurídica pressupõe (e uma pessoa para outra) da posse ou da propriedade da mercadoria. Sem mudança da titularidade da mercadoria, não há falar em tributação por meio de ICMS. Esta ideia, abonada pela melhor doutrina (Souto Maior Borges, Geraldo Ataliba, Paulo de Barros Carvalho, Clèber Giardino etc.), encontrou ressonância no próprio Supremo Tribunal Federal" (CARRAZZA, Roque Antonio. *ICMS*. 18. ed. São Paulo: JusPodivm-Malheiros, 2020. p. 34). Na mesma linha, Geraldo Ataliba ressalta que "é a operação – e apenas esta – o fato tributado pelo ICMS. A circulação e a mercadoria são consequências e meros aspectos adjetivos da operação tributada. Prestam-se, tão só a qualificar – dentro do universo possível das operações mercantis realizáveis – aquelas que ficam sujeitas ao tributo, *ex vi* de uma eficaz qualificação legislativa" (ATALIBA, Geraldo. ICMS. Incorporação ao ativo – empresa que loca, oferece em "leasing" seus produtos – descabimento do ICMS. *Revista de Direito Tributário*, São Paulo, v. 52, p. 74, abr./jun. 1990). Cf. ainda: ATALIBA, Geraldo; GIARDINO, Cléber. Núcleo da definição constitucional do ICM. *Revista de Direito Tributário*, São Paulo, ano 7, v. 25/26, p. 14 e ss., 1983 ("*circular* significa, para o Direito *mudar de titular*"); MELO, José Eduardo Soares de. *ICMS*: teoria e prática. 4. ed. São Paulo: Dialética, 2000. p. 16; COSTA, Alcides Jorge. *ICM na Constituição e na lei complementar*. São Paulo: Resenha Tributária, 1978. p. 96; COÊLHO, Sacha Calmon Navarro; DERZI, Misabel Abreu Machado. *Direito tributário aplicado*. Belo Horizonte: Del Rey, 1997. p. 166-167: "circulação de mercadoria será sempre movimentação como forma de transferir o domínio como mudança de patrimônio, como execução de um contrato translativo da titularidade da mercadoria".

[49]   STF, Tribunal Pleno, ADI 4.565, Rel. Min. Roberto Barroso, *DJe* 1º.03.2021. No mesmo sentido: "O STF fixou entendimento no sentido de que o simples deslocamento da mercadoria de um estabelecimento para outro da mesma empresa, sem a transferência de propriedade, não caracteriza a hipótese de incidência do ICMS. Precedentes" (STF, 2ª T., RE 596.983 AgR, Rel. Min. Eros Grau, *DJe* 29.05.2009). Cf. ainda: STF, 2ª T., AI 618.947 AgR, Rel. Min. Celso de Mello, *DJe* 26.03.2010.

Parte Especial · **Capítulo II** · IMPOSTOS ESTADUAIS | **537**

Na ADC 49, por sua vez, foi afastada a incidência do ICMS sobre as transferências interestaduais de mercadorias entre estabelecimentos do mesmo contribuinte:

> Direito constitucional e tributário. Ação declaratória de constitucionalidade. ICMS. Deslocamento físico de bens de um estabelecimento para outro de mesma titularidade. Inexistência de fato gerador. Precedentes da Corte. Necessidade de operação jurídica com tramitação de posse e propriedade de bens. Ação julgada improcedente.
>
> 1. Enquanto o diploma em análise dispõe que incide o ICMS na saída de mercadoria para estabelecimento localizado em outro Estado, pertencente ao mesmo titular, o Judiciário possui entendimento no sentido de não incidência, situação esta que exemplifica, de pronto, evidente insegurança jurídica na seara tributária. Estão cumpridas, portanto, as exigências previstas pela Lei 9.868/1999 para processamento e julgamento da presente ADC.
>
> 2. O deslocamento de mercadorias entre estabelecimentos do mesmo titular não configura fato gerador da incidência de ICMS, ainda que se trate de circulação interestadual. Precedentes.
>
> 3. A hipótese de incidência do tributo é a operação jurídica praticada por comerciante que acarrete circulação de mercadoria e transmissão de sua titularidade ao consumidor final.
>
> 4. Ação declaratória julgada improcedente, declarando a inconstitucionalidade dos artigos 11, § 3º, II[50], 12, I[51], no trecho "ainda que para outro estabelecimento do mesmo titular", e 13, § 4º[52], da Lei Complementar Federal 87, de 13 de setembro de 1996[53].

A falta de mudança da titularidade da mercadoria também foi o fundamento adotado no REsp 1.125.133 (Tema Repetitivo 259[54]), que resultou na Súmula 166 do STJ: "Não constitui fato gerador do ICMS o simples deslocamento de mercadoria de um para outro estabelecimento do mesmo contribuinte". A *ratio decidendi* desse precedente foi aplicada no REsp 1.116.792, quando foi reconhecido que: "'o deslocamento de bens ou mercadorias entre estabelecimentos de uma mesma empresa, por si, não se subsume à hipótese de incidência do ICMS', máxime em se tratando

---

50 "Art. 11. O local da operação ou da prestação, para os efeitos da cobrança do imposto e definição do estabelecimento responsável, é:

[...]

§ 3º Para efeito desta Lei Complementar, estabelecimento é o local, privado ou público, edificado ou não, próprio ou de terceiro, onde pessoas físicas ou jurídicas exerçam suas atividades em caráter temporário ou permanente, bem como onde se encontrem armazenadas mercadorias, observado, ainda, o seguinte:

[...]

II – é autônomo cada estabelecimento do mesmo titular."

51 "Art. 12. Considera-se ocorrido o fato gerador do imposto no momento:

I – da saída de mercadoria de estabelecimento de contribuinte, ainda que para outro estabelecimento do mesmo titular."

52 "Art. 13. A base de cálculo do imposto é:

[...]

§ 4º Na saída de mercadoria para estabelecimento localizado em outro Estado, pertencente ao mesmo titular, a base de cálculo do imposto é:

I – o valor correspondente à entrada mais recente da mercadoria;

II – o custo da mercadoria produzida, assim entendida a soma do custo da matéria-prima, material secundário, mão-de-obra e acondicionamento;

III – tratando-se de mercadorias não industrializadas, o seu preço corrente no mercado atacadista do estabelecimento remetente."

53 STF, Tribunal Pleno, ADC 49, Rel. Min. Edson Fachin, *DJe* 04.05.2021.

54 STJ, 1ª S., REsp 1.125.133, Rel. Min. Luiz Fux, *DJe* 10.09.2010. Tese fixada: "Não constitui fato gerador do ICMS o simples deslocamento de mercadoria de um para outro estabelecimento do mesmo contribuinte".

538 | CURSO DE DIREITO TRIBUTÁRIO – *Solon Sehn*

de remessa de bens de ativo imobilizado, 'porquanto, para a ocorrência do fato imponível é imprescindível a circulação jurídica da mercadoria com a transferência da propriedade' (Precedente da Primeira Seção submetido ao rito do artigo 543-C, do CPC: REsp 1.125.133/SP, Rel. Ministro Luiz Fux, julgado em 25.08.2010, *DJe* 10.09.2010), *ratio* igualmente aplicável ao deslocamento de bens de uso e consumo"[55]. Nesse recurso especial, foi fixada a seguinte tese jurídica: "Ainda que, em tese, o deslocamento de bens do ativo imobilizado e de material de uso e consumo entre estabelecimentos de uma mesma instituição financeira não configure hipótese de incidência do ICMS, compete ao Fisco Estadual averiguar a veracidade da aludida operação, sobressaindo a razoabilidade e proporcionalidade da norma jurídica que tão somente exige que os bens da pessoa jurídica sejam acompanhados das respectivas notas fiscais" (Tema Repetitivo 367)[56].

Após essa decisão, a Lei Complementar 87/1996 foi alterada pela Lei Complementar 204/2023, para prever a não incidência do ICMS e a transferência dos créditos entre os estabelecimentos do contribuinte:

> Art. 1º O art. 12 da Lei Complementar nº 87, de 13 de setembro de 1996 (Lei Kandir), passa a vigorar com as seguintes alterações:
> "Art. 12. [...]
> I – da saída de mercadoria de estabelecimento de contribuinte;
> [...].
> § 4º Não se considera ocorrido o fato gerador do imposto na saída de mercadoria de estabelecimento para outro de mesma titularidade, mantendo-se o crédito relativo às operações e prestações anteriores em favor do contribuinte, inclusive nas hipóteses de transferências interestaduais em que os créditos serão assegurados:
> I – pela unidade federada de destino, por meio de transferência de crédito, limitados aos percentuais estabelecidos nos termos do inciso IV do § 2º do art. 155 da Constituição Federal, aplicados sobre o valor atribuído à operação de transferência realizada;
> II – pela unidade federada de origem, em caso de diferença positiva entre os créditos pertinentes às operações e prestações anteriores e o transferido na forma do inciso I deste parágrafo.
> § 5º (Vetado)." (NR)
> Art. 2º Fica revogado o § 4º do art. 13 da Lei Complementar nº 87, de 13 de setembro de 1996 (Lei Kandir).

Foi prevista, assim, a manutenção do crédito do ICMS relativo às operações e prestações anteriores. Esse será transferido em parte para o estabelecimento do contribuinte na unidade de destino, no montante equivalente à aplicação das alíquotas interestaduais do imposto sobre o valor da operação. Eventual saldo de crédito, por sua vez, permanecerá vinculado ao estabelecimento da unidade de origem.

2.3.1.1.2 Conceito de mercadoria

O ICMS sobre operações mercantis só incide quando o objeto mediato do negócio jurídico for uma *mercadoria*, ou seja, uma categoria de produtos que abrange apenas os bens móveis adquiridos para fins de revenda lucrativa por um empresário comerciante[57].

---

[55] Item 8 da ementa do acórdão.

[56] STJ, 1ª S., REsp 1.116.792, Rel. Min. Luiz Fux, *DJe* 14.12.2010.

[57] Na ADI 4.565 MC, o STF refirmou que: "O perfil constitucional do ICMS exige a ocorrência de operação de circulação de mercadorias (ou serviços) para que ocorra a incidência e, portanto, o tributo não pode ser

Parte Especial · Capítulo II · IMPOSTOS ESTADUAIS | **539**

A caracterização de uma mercadoria decorre de dois fatores. O primeiro é a finalidade aquisitiva, que se vincula à obtenção de lucro com a comercialização do produto. Não são mercadorias, assim, os bens comprados para fins de uso ou de consumo pessoal. A *intenção objetiva* do adquirente deve ser avaliada no momento da compra, independentemente de a operação posterior ter ou não se mostrado efetivamente lucrativa. Por isso, a natureza mercantil não desaparece caso o comerciante, por razões de mercado ou pela obsolescência do produto, decide revendê-lo com prejuízo, apenas para fins de recuperação de parte do capital e renovação dos estoques[58]. O segundo fator de caracterização é a qualificação do adquirente. Esse deve ser um empresário comerciante, vale dizer, alguém que tem a mercancia como profissão habitual[59]. O mesmo se aplica às sociedades empresárias que tenham por objeto a compra e venda de mercadorias. Isso afasta de seu âmbito conceitual as compras com finalidade de revenda eventual, mesmo lucrativa, por quem o faz sem regularidade[60].

O STF já afastou a incidência do ICMS sobre o fornecimento de água encanada, por entender que essa não tem natureza de mercadoria: "O fornecimento de água potável por empresas concessionárias desse serviço público não é tributável por meio do ICMS. As águas em estado natural são bens públicos e só podem ser exploradas por particulares mediante concessão, permissão ou autorização. O fornecimento de água tratada à população por empresas concessionárias, permissionárias ou autorizadas não caracteriza uma operação de circulação de mercadoria" (Tema 326)[61].

---

cobrado sobre operações apenas porque elas têm por objeto 'bens', ou nas quais fique descaracterizada atividade mercantil-comercial" (STF, Tribunal Pleno, ADI 4.565 MC, Rel. Min. Joaquim Barbosa, *DJe* 27.06.2011).

[58] Nessa linha, J. X. Carvalho de Mendonça ensina que: "A *intenção* de revender inspira-se no pensamento da especulação, e relaciona-se com a qualidade de comerciante. Daí se dizer que essa intenção deve ser necessariamente *lucrativa*, isto é, que o ato de aquisição deve ser determinado não pela simples intenção de revender, mas propriamente pela intenção de revender com *lucro*, possa ou não obter esse lucro. [...] A intenção de revender deve existir por ocasião da compra. Em nada influem quaisquer eventualidades. As coisas podem não ser revendidas; o ato de comércio subsiste. Exemplo: o negociante compra do produtor, não comerciante, vinho para vender no seu estabelecimento; depois, muda de resolução, e o reserva para consumo próprio, ou um incêndio destrói os seus armazéns; a compra continua a ser ato de comércio" (CARVALHO DE MENDONÇA, José Xavier. *Tratado de direito comercial brasileiro*. Atual. Ricardo Negrão. Campinas: Bookseller, 2000. v. I, p. 543).

[59] *Mercadoria*, na definição de Fran Martins, são "as coisas móveis que os comerciantes adquirem com a finalidade específica de revender" (MARTINS, Fran. *Curso de direito comercial*. 22. ed. Rio de Janeiro: Forense, 1996. p. 129). A aquisição com finalidade de revenda eventual, por pessoa que não tenha nessa atividade a sua profissão habitual, não é considerada uma operação mercantil, porque a natureza empresarial pressupõe, nos termos do art. 966 do CC, o exercício não eventual de uma atividade econômica organizada (REQUIÃO, Rubens. *Curso de direito comercial*. 25. ed. São Paulo: Saraiva, 2003, v. 1, p. 83 e ss.). Da mesma forma, a compra feita para uso pessoal, sem finalidade de revenda, que é a própria antítese do contrato de compra e venda mercantil: "a compra mercantil é para especular; a lei não diz, mas é evidente" (CARVALHO DE MENDONÇA, José Xavier. *Tratado de direito comercial brasileiro*. Atual. Ricardo Negrão. Campinas: Bookseller, 2000. v. I, p. 542). É por isso que, segundo ensina Geraldo Ataliba, "não é qualquer bem que pode ser juridicamente qualificado como mercadoria. Essa qualificação depende de dois fatores, a saber: (1) a natureza do promotor da operação que a tem por objeto e (2) a destinação comercial que a ele dá o seu titular" (ATALIBA, Geraldo. ICMS. Incorporação ao ativo – empresa que loca, oferece em "leasing" seus produtos – descabimento do ICMS. *Revista de Direito Tributário*, São Paulo, v. 52, p. 78, abr./jun. 1990).

[60] Como será analisado, o requisito da habitualidade é previsto no art. 4º da Lei Complementar 87/1996, que delimita a sujeição passiva do ICMS a quem *realize, com habitualidade ou em volume que caracterize intuito comercial, operações de circulação de mercadoria*. Isso é dispensado apenas nas hipóteses do § 1º, que têm por base as exceções (que confirmam a regra) previstas no texto constitucional (CF, art. 155, § 2º, IV, "a", e § 4º, III) após a Emenda 33/2001.

[61] STF, Tribunal Pleno, RE 607.056, Rel. Min. Dias Toffoli, *DJe* 16.05.2013. Esse precedente foi baseado em julgados anteriores que já reconheciam a não incidência do imposto: "o STF fixou entendimento no sentido da ilegitimidade da cobrança de ICMS sobre água encanada, uma vez que se trata de serviço público essencial e não de mercadoria. Precedentes" (STF, 2ª T., AI 682.565 AgR, Rel. Min. Eros Grau, *DJe* 07.08.2009).

540 | CURSO DE DIREITO TRIBUTÁRIO – *Solon Sehn*

Na fundamentação do acórdão, foram ressaltados pelo Min. Dias Toffoli aspectos relevantes para a compreensão do âmbito de incidência do imposto:

> Evidencia-se, assim, que os conceitos de "operação", "circulação" e "mercadoria" permanecem umbilicalmente ligados, devendo o intérprete das leis e os aplicadores do ICMS tomá-los em suas concepções jurídicas para efeitos da caracterização de sua incidência. No caso, estão ausentes os elementos que adjetivam o aspecto material da hipótese de incidência do ICMS, quais sejam: "circulação" e "mercadoria", na medida em que as concessionárias – promotoras da operação de fornecimento de água – não detêm poderes jurídicos de disposição sobre ela, tampouco podem dar destinação comercial à água, dada a sua natureza de bem público.
>
> [...]
>
> Observa-se, assim, que, ao se tributar o fornecimento de água potável, está-se conferindo interpretação inadequada ao conceito de mercadoria, o que conduz, erroneamente, à classificação de água canalizada como bem passível de comercialização. E mais. Está-se pretendendo tributar, via ICMS, serviço de saneamento básico não taxativamente previsto no art. 155, II, da Magna Carta. A água natural canalizada, ao contrário do que acontece com a água envasada, não é objeto de comercialização, e sim de prestação de serviço público. Inexiste, portanto, uma operação relativa à circulação de água, como se essa fosse mercadoria.

Em outro julgado, o STF entendeu que "a alienação de salvados configura atividade integrante das operações de seguros e não tem natureza de circulação de mercadoria para fins de incidência do ICMS"[62], o que resultou na aprovação da Súmula Vinculante 32 ("O ICMS não incide sobre alienação de salvados de sinistro pelas seguradoras")[63].

2.3.1.1.3   Softwares

Na legislação brasileira, o programa de computador, como objeto de propriedade intelectual, encontra-se disciplinado como um direito autoral, nos mesmos moldes das obras literárias (Lei 9.609/1998, art. 2º[64]). O usuário, portanto, não compra o *software*, mas apenas contrata a licença de uso do programa[65]. Dessa forma, não há que se falar em incidência do ICMS, até porque o

---

[62]   STF, Tribunal Pleno, ADI 1.648, Rel. Min. Gilmar Mendes, *DJe* 09.12.2011. "Inconstitucionalidade da expressão 'e as seguradoras' do inciso IV do art. 15 da Lei 6.763, com redação dada pelo art. 1º da Lei 9.758/1989 do Estado de Minas Gerais. Violação dos arts. 22, VII, e 153, V, da CF."

[63]   Essa súmula vinculante gerou o cancelamento da Súmula 152 do STJ: "Na venda pelo segurador, de bens salvados de sinistros, incide o ICMS" (cancelada pela 1ª Seção, na sessão de 13.06.2007).

[64]   "Art. 2º O regime de proteção à propriedade intelectual de programa de computador é o conferido às obras literárias pela legislação de direitos autorais e conexos vigentes no País, observado o disposto nesta Lei."

[65]   Lei 9.609/1998: "Art. 9º O uso de programa de computador no País será objeto de contrato de licença". A exceção é o desenvolvimento de *software* sob encomenda amparado por um contrato civil de prestação de serviços (art. 4º, *caput* e § 1º). Nesse caso, desde que não se trata de vínculo estatutário ou empregatício, a remuneração paga pelo contratante tem a natureza jurídica de contraprestação pelo serviço prestado. Atualmente, como se sabe, os programas não são mais utilizados apenas em computadores, mas também em celulares, *tablets*, automóveis, aparelhos de televisão, *videogames*, eletrodomésticos, máquinas e equipamentos, enfim, em todos os dispositivos utilizados na vida cotidiana que apresentam dispositivos eletrônicos com capacidade de processamento de dados. Contudo, em todos eles, o *software* tem a mesma natureza e função, de sorte que, mesmo utilizados em outros aparelhos, continua sendo uma propriedade intelectual do seu autor. Sobre o tema, cf.: GONÇALVEZ, Renato Lacerda de Lima. *A tributação do* software *no Brasil*. São Paulo: Quartier Latin, 2005. p. 52 e ss.; PEREIRA, Cláudio Augusto Gonçalves. O imposto sobre serviços – ISS – cobrado na expedição do "habite-se": a inconstitucionalidade da pauta fiscal. *In*: MACEDO,

software, além de ser um bem incorpóreo, não é objeto de uma compra e venda, mas de cessão onerosa de uso.

No RE 176.626, julgado no ano de 1998, o STF reconheceu essa particularidade, porém, entendeu que os "*softwares* de prateleira" poderiam ser tributados pelo ICMS, algo que deixou de existir no pragmático:

> Não tendo por objeto uma **mercadoria**, mas um bem incorpóreo, sobre as operações de **"licenciamento ou cessão do direito de uso de programas de computador"** – matéria exclusiva da lide –, efetivamente não podem os Estados instituir ICMS: dessa impossibilidade, entretanto, não resulta que, de logo, se esteja também a subtrair do campo constitucional de incidência do ICMS a circulação de cópias ou exemplares dos programas de computador produzidos em série e comercializados no varejo — como a do chamado "*software de prateleira*" *(off the shelf)* — os quais, materializando o *corpus mechanicum* da criação intelectual do programa, constituem mercadorias postas no comércio[66].

Essa interpretação foi revista no julgamento da ADI 5.576, considerando a *ratio decidendi* das ADIs 1.945 e 5.659:

> Direito constitucional e tributário. Ação direta de inconstitucionalidade. Incidência de ISS ou ICMS sobre o licenciamento ou cessão do direito de uso de programa de computador.
> 1. Ação direta em que se discute a validade da incidência do ICMS sobre o licenciamento ou cessão do direito de uso de programas de computador.
> 2. A Primeira Turma deste Supremo Tribunal Federal, no julgamento do RE 176.626, de relatoria do Min. Sepúlveda Pertence (j. em 10.11.1998), declarou a impossibilidade de incidência do ICMS sobre o licenciamento ou cessão do direito de uso de programas de computador. Isso porque essa operação tem como objeto o direito de uso de bem incorpóreo insuscetível de ser incluído no conceito de mercadoria. Na mesma ocasião, porém, a Turma reconheceu a constitucionalidade da incidência do ICMS sobre a circulação de cópias ou exemplares de programas de computador produzidos em série e comercializados no varejo, os chamados *softwares* "de prateleira" (*off the shelf*).
> 3. Posteriormente, analisando de forma específica a legislação do Estado de São Paulo, a Primeira Turma reafirmou essa tese e concluiu que a comercialização e revenda de exemplares do *corpus mechanicum* da obra intelectual produzida em massa não caracterizam o licenciamento ou cessão do direito de uso da obra. Trata-se de genuínas operações de circulação de mercadorias sujeitas ao ICMS (RE 199.464, Rel. Min. Ilmar Galvão, j. em 02.03.1999). Este entendimento também foi seguido pela Segunda Turma no RE 285.870-AgR, Rel. Min. Eros Grau, j. em 17.06.2008.
> 4. A jurisprudência desta Corte, no entanto, recentemente foi modificada, afastando a distinção em função do caráter customizado ou não do programa de computador.
> 5. O Plenário deste Supremo Tribunal Federal, ao apreciar as ADIs 1.945 e 5.659 (j. em 24.02.2021), entendeu que as operações relativas ao licenciamento ou cessão do direito de uso de *software*, seja ele padronizado ou elaborado por encomenda, devem sofrer a incidência do ISS, e não do ICMS. Tais operações são mistas ou complexas, já que en-

---

Alberto; DACOMO, Natalia de Nardi (coord.). *ISS*: pelos conselheiros julgadores. São Paulo: Quartier Latin, 2012. p. 127-134; e os artigos publicados em MARTINS, Ives Gandra da Silva (coord.). *Tributação na internet*. São Paulo: RT-CEU, 2001.

[66] STF, 1ª T., RE 176.626, Rel. Min. Sepúlveda Pertence, *DJ* 11.12.1998.

volvem um *dar* e um *fazer* humano na concepção, desenvolvimento e manutenção dos programas, além "[d]o *help desk*, disponibilização de manuais, atualizações tecnológicas e outras funcionalidades previstas no contrato". Nesse contexto, o legislador complementar buscou dirimir o conflito de competência tributária (art. 146, I, da CF), no subitem 1.05 da lista de serviços tributáveis pelo ISS anexa à Lei Complementar 116/2003, prevendo o "licenciamento ou cessão de direito de uso de programas de computação". Com isso, nos termos do entendimento atual desta Corte, essas operações não são passíveis de tributação pelo ICMS, independentemente do meio de disponibilização do programa.

6. Pedido conhecido em parte e, nessa parte, julgado procedente, para dar interpretação conforme a Constituição ao art. 2º da Lei Complementar 87/1996 e ao art. 1º da Lei do Estado de São Paulo6.374/1989, de modo a impedir a incidência do ICMS sobre o licenciamento ou cessão do direito de uso de programas de computador.

7. Modulação dos efeitos desta decisão, para atribuir eficácia *ex nunc*, a contar de 03.03.2021, data em que publicada a ata de julgamento das ADIs 1.945 e 5.659, ressalvadas as seguintes situações: a) as ações judiciais já ajuizadas e ainda em curso em 02.03.2021; b) as hipóteses de bitributação relativas a fatos geradores ocorridos até 02.03.2021, nas quais será devida a restituição do ICMS recolhido, respeitado o prazo prescricional, independentemente da propositura de ação judicial até aquela data; c) as hipóteses relativas a fatos geradores ocorridos até 02.03.2021 em que não houve o recolhimento do ISS ou do ICMS, nas quais será devido o pagamento do imposto municipal, respeitados os prazos decadencial e prescricional.

8. Fixação da seguinte tese de julgamento: "*É inconstitucional a incidência do ICMS sobre o licenciamento ou cessão do direito de uso de programas de computador*"[67].

Portanto, as operações relativas ao licenciamento ou cessão do direito de uso de *software* padronizado ou por encomenda devem sofrer a incidência do ISS. Não é constitucional a incidência do ICMS sobre o licenciamento ou cessão do direito de uso de programas de computadores, observados os critérios de modulação definidos pelo STF no julgamento citado.

2.3.1.1.4 Fornecimento de alimentação e bebidas em bares, restaurantes e similares

A parte final do inciso I do art. 2º da Lei Complementar 87/1996 permite a incidência do ICMS sobre o *fornecimento de alimentação e bebidas em bares, restaurantes e estabelecimentos similares*. Trata-se de uma previsão inconstitucional, porque essas atividades têm natureza de prestação de serviços (*obrigação de fazer*), não podendo ser qualificadas como venda de mercadoria (*obrigação de dar*).

Essa questão, entretanto, não encontrou um encaminhamento jurisprudencial apropriado. Antes da Constituição Federal de 1988, o STF entendia que o antigo ICM poderia incidir, porém, sem incluir os serviços na base de cálculo ("O imposto estadual incide apenas sobre o valor das mercadorias fornecidas ou empregadas, e não sobre a soma deste com o preço do próprio serviço"[68]). Ademais, era considerada indevida a cobrança diante da "inexistência de lei estadual fixando a base de cálculo do ICM, distinguindo entre o fornecimento de mercadorias e a prestação de serviços"[69]. Essa interpretação foi objeto da Súmula 574: "Sem lei estadual que a

---

[67] STF, Tribunal Pleno, ADI 5.576/SP, Rel. Min. Roberto Barroso, *DJe* 10.09.2021.

[68] STF, 1ª T., RE 86.993, Rel. Min. Xavier de Albuquerque, *DJ* 24.11.1978.

[69] STF, 1ª T., RE 100.563, Rel. Min. Soares Munoz, *DJ* 13.04.1984: "ICM. Fornecimento de alimentação, bebidas e outras mercadorias similares em restaurantes e bares, consorciado com a prestação de serviços, tais como a utilização de mesas, copos, toucas, talheres, trabalho de garçons, cozinheiro etc. Inexistência de lei estadual fixando a base de cálculo do ICM, distinguindo entre o fornecimento de mercadorias e a prestação

Parte Especial · Capítulo II · IMPOSTOS ESTADUAIS | **543**

estabeleça, é ilegítima a cobrança do imposto de circulação de mercadorias sobre o fornecimento de alimentação e bebidas em restaurante ou estabelecimento similar". Atualmente, porém, o STJ interpreta que "o fornecimento de mercadorias com a simultânea prestação de serviços em bares, restaurantes e estabelecimentos similares constitui fato gerador do ICMS a incidir sobre o valor total da operação" (Súmula 163; Tema Repetitivo 278[70]).

Espera-se que, a exemplo do que ocorreu com outras matérias consolidadas, ainda se reconheça o equívoco dessa exegese antes de 2033, quando deverá ocorrer a extinção do ICMS e do ISS. Afinal, como é de conhecimento corrente, ao frequentar um bar, restaurante ou estabelecimento assemelhado, o consumidor não pretende adquirir produtos, mas usufruir dos serviços de preparação, de atendimento e de ambientação. Esses, inclusive, são os fatores que motivam a escolha do local, imprimindo singularidade ao estabelecimento e justificando o pagamento de preços diferenciados. Na relação jurídica constituída entre as partes, o fornecimento das refeições e bebidas (o dar) é consequência de uma obrigação fazer preponderante[71]. Por conseguinte, há uma evidente invasão da competência municipal para tributar a prestação de serviços.

2.3.1.1.5 Fornecimento de mercadorias com a prestação de serviço em contratos mistos

Igualmente problemáticos, para dizer o mínimo, são os incisos IV e V do art. 2º da Lei Complementar 87/1996, reproduzidos anteriormente. Esses dispositivos devem ser adequadamente interpretados para evitar a incompatibilização com a regra de competência do inciso II do art. 155 da Constituição. Assim, em primeiro lugar, deve-se ter presente que os únicos serviços que podem ser tributados pelo ICMS são os de *comunicação* e o de *transporte interestadual e intermunicipal*. Nenhuma lei complementar pode ampliar essas hipóteses. Em segundo lugar, se há o fornecimento de uma mercadoria em uma prestação de serviço, a lei complementar não pode determinar a incidência do ICMS em todos os casos. Esse preceito aplica-se apenas aos *contratos mistos*, isto é, quando há um contrato unitário atípico resultante da combinação de elementos de contratos de prestação de serviços e de fornecimento de mercadoria. É considerando esses negócios jurídicos que a legislação complementar poderá prever a incidência do ICMS[72], desde que não seja possível a decomposição das prestações e o fornecimento tenha caráter preponderante[73].

---

de serviços. Mandado de segurança deferido à sociedade comercial proprietária do restaurante. Recurso extraordinário não conhecido".

[70] "O ICMS incide sobre o fornecimento de alimentação e bebidas em bares, restaurantes e estabelecimentos congêneres, cuja base de cálculo compreende o valor total das operações realizadas, inclusive aquelas correspondentes à prestação de serviço" (STJ, 1ª S., REsp 1.135.534, Rel. Min. Luiz Fux, *DJe* 1º.02.2010).

[71] "O *substractum* da diferenciação está em verificar se o *dar* ou o *entregar* é ou não consequência do *fazer*. Assim, se o devedor tem de dar ou de entregar alguma coisa, não tendo, porém, de fazê-la, previamente, a obrigação é de dar; todavia, se primeiramente, tem ele de confeccionar a coisa, para depois entregá-la, se tem ele de realizar algum ato, do qual será mero corolário o de dar, tecnicamente a obrigação é de fazer" (BARROS MONTEIRO, Washington de. *Curso de direito civil*: direito das obrigações. 27. ed. São Paulo: Saraiva, 1994. v. 4, 1ª parte, p. 87).

[72] Para Ives Gandra da Silva Martins e Fátima Fernandes Rodrigues de Souza, o art. 155, II, § 2º, IX, "b", da Constituição, tem o seguinte sentido: "O seu sentido é que, em operações ontologicamente complexas, em que predomine o fornecimento de mercadorias mas exista, também, um componente de serviços, não sendo nítida a distinção entre ambas as atividades, incidirá o ICMS sobre todo o valor da operação" (MARTINS, Ives Gandra da Silva; SOUZA, Fátima Fernandes Rodrigues de. ICMS. Exegese do art. 155, II, § 2º, IX, "b" da CF (fornecimento de mercadorias com prestação de serviços não compreendidos na competência tributária dos Municípios). *Revista Dialética de Direito Tributário*, São Paulo, n. 100, p. 28, jan. 2004). Também se interpreta de maneira semelhante, com a diferença de que, ao contrário do sustentado pelos eminentes professores, entende-se que o preceito não se aplica às operações ontologicamente complexas, mas apenas aos contratos mistos. Ademais, não é sempre que o ICMS deve incidir, como será examinado por ocasião do estudo do ISS.

[73] Capítulo III, item 3.2.1.4, da Parte Especial.

544 | CURSO DE DIREITO TRIBUTÁRIO – *Solon Sehn*

Como será mais bem examinado no estudo do ISS, a jurisprudência do STF tem entendido que, diante de um conflito impositivo potencial decorrente da natureza mista ou híbrida do contrato, incide o ISS quando assim for previsto na legislação complementar. Foi essa a *ratio decidendi* do RE 603.136, que admitiu a incidência do ISS sobre contratos de franquia: "É constitucional a incidência de Imposto sobre Serviços de Qualquer Natureza (ISS) sobre contratos de franquia (*franchising*) (itens 10.04 e 17.08 da lista de serviços prevista no Anexo da Lei Complementar 116/2003)" (Tema 300)[74].

2.3.1.2 Critérios espacial e temporal

Ressalvadas as situações especiais previstas na Lei Complementar 87/1996, que não serão examinadas diretamente neste momento, o critério espacial do ICMS sobre operações mercantis corresponde ao território da unidade federada onde estiver situado o estabelecimento em que ocorrer o negócio jurídico tributado[75]. Já o critério temporal, é a saída da mercadoria do estabelecimento[76].

2.3.2 Consequência tributária

2.3.2.1 Base de cálculo

Como analisado anteriormente, sempre deve existir uma relação de correspondência necessária entre a hipótese de incidência e a base imponível[77]. Por isso, no ICMS sobre operações mercantis, a base de cálculo deve ser o preço da mercadoria, que representa a contraprestação devida pelo comprador ao comerciante em razão da transferência do domínio do bem[78]. Ocorre que, desde a época do antigo ICM, a legislação do imposto tem sido marcada por reiteradas tentativas – a maioria bem-sucedida – de agregação à base imponível de elementos dissonantes da manifestação de capacidade contributiva pressuposta pela regra constitucional de competência. Infelizmente, isso converteu o ICMS um tributo sem sintonia entre o pressuposto de incidência e os elementos de valoração.

Atualmente, a base de cálculo do ICMS sobre operações mercantis é prevista no art. 13, I e II, § 1º, I e II, e § 2º, da Lei Complementar 87/1996:

---

[74] STF, Tribunal Pleno, RE 603.136, Rel. Min. Gilmar Mendes, *DJe* 16.06.2020: "Recurso extraordinário com repercussão geral. Tema 300. 2. Tributário. Imposto Sobre Serviços de Qualquer Natureza. 3. Incidência sobre contrato de franquia. Possibilidade. Natureza híbrida do contrato de franquia. Reafirmação de jurisprudência. 4. Recurso extraordinário improvido". No mesmo sentido, cf.: STF, Tribunal Pleno, ADI 1.945, Rel. Min. Cármen Lúcia, Rel. p/ Ac. Min. Dias Toffoli, *DJe* 20.05.2021; e STF, Tribunal Pleno, ADI 5.659, Rel. Min. Dias Toffoli, *DJe* 20.05.2021.

[75] Observar as disposições especiais do art. 11 da Lei Complementar 87/1996, que define o local da operação ou da prestação, para os efeitos da cobrança do imposto e definição do estabelecimento responsável. Por outro lado, de acordo com o art. 9º, "a adoção do regime de substituição tributária em operações interestaduais dependerá de acordo específico celebrado pelos Estados interessados".

[76] Lei Complementar 87/1996: "Art. 12. Considera-se ocorrido o fato gerador do imposto no momento: [...] I – da saída de mercadoria de estabelecimento de contribuinte, ainda que para outro estabelecimento do mesmo titular". A parte final do dispositivo, como ressaltado anteriormente, foi declarada inconstitucional pelo STF na ADC 49. Também são previstas as seguintes disposições especiais no art. 12, que consideram ocorrido o critério material no momento: (a) do fornecimento de alimentação e bebidas por bares, restaurantes e assemelhados; (b) da transmissão a terceiro de mercadoria depositada em armazém geral ou em depósito fechado, no Estado do transmitente; (c) da transmissão de propriedade de mercadoria, ou de título que a represente, quando a mercadoria não tiver transitado pelo estabelecimento transmitente; e (d) do fornecimento de mercadoria com prestação de serviços não compreendidos na competência tributária dos Municípios ou, quando compreendidos, for prevista a incidência apenas do ICMS.

[77] Sobre o tema, ver Capítulo V, item 5.5.1, da Parte Geral.

[78] CC: "Art. 481. Pelo contrato de compra e venda, um dos contratantes se obriga a transferir o domínio de certa coisa, e o outro, a pagar-lhe certo preço em dinheiro".

Art. 13. A base de cálculo do imposto é:

I – na saída de mercadoria prevista nos incisos I, III e IV do art. 12, o valor da operação[79];

II – na hipótese do inciso II do art. 12, o valor da operação, compreendendo mercadoria e serviço;

[...]

§ 1º Integra a base de cálculo do imposto, inclusive nas hipóteses dos incisos V, IX e X do *caput* deste artigo: (Redação dada pela Lei Complementar 190, de 2022)

I – o montante do próprio imposto, constituindo o respectivo destaque mera indicação para fins de controle;

II – o valor correspondente a:

a) seguros, juros e demais importâncias pagas, recebidas ou debitadas, bem como descontos concedidos sob condição;

b) frete, caso o transporte seja efetuado pelo próprio remetente ou por sua conta e ordem e seja cobrado em separado[80].

2º Não integra a base de cálculo do imposto o montante do Imposto sobre Produtos Industrializados, quando a operação, realizada entre contribuintes e relativa a produto destinado à industrialização ou à comercialização, configurar fato gerador de ambos os impostos.

Por outro lado, quando o frete for cobrado por estabelecimento pertencente ao vendedor ou de empresa interdependente, o art. 17 da Lei Complementar 87/1996 estabelece que:

Art. 17. Quando o valor do frete, cobrado por estabelecimento pertencente ao mesmo titular da mercadoria ou por outro estabelecimento de empresa que com aquele mantenha relação de interdependência, exceder os níveis normais de preços em vigor, no mercado local, para serviço semelhante, constantes de tabelas elaboradas pelos órgãos competentes, o valor excedente será havido como parte do preço da mercadoria.

---

[79] "Art. 15. Na falta do valor a que se referem os incisos I e VIII do art. 13, a base de cálculo do imposto é:
I – o preço corrente da mercadoria, ou de seu similar, no mercado atacadista do local da operação ou, na sua falta, no mercado atacadista regional, caso o remetente seja produtor, extrator ou gerador, inclusive de energia;
II – o preço FOB estabelecimento industrial à vista, caso o remetente seja industrial;
III – o preço FOB estabelecimento comercial à vista, na venda a outros comerciantes ou industriais, caso o remetente seja comerciante.
§ 1º Para aplicação dos incisos II e III do *caput*, adotar-se-á sucessivamente:
I – o preço efetivamente cobrado pelo estabelecimento remetente na operação mais recente;
II – caso o remetente não tenha efetuado venda de mercadoria, o preço corrente da mercadoria ou de seu similar no mercado atacadista do local da operação ou, na falta deste, no mercado atacadista regional.
§ 2º Na hipótese do inciso III do *caput*, se o estabelecimento remetente não efetue vendas a outros comerciantes ou industriais ou, em qualquer caso, se não houver mercadoria similar, a base de cálculo será equivalente a setenta e cinco por cento do preço de venda corrente no varejo."

[80] "Art. 17. Quando o valor do frete, cobrado por estabelecimento pertencente ao mesmo titular da mercadoria ou por outro estabelecimento de empresa que com aquele mantenha relação de interdependência, exceder os níveis normais de preços em vigor, no mercado local, para serviço semelhante, constantes de tabelas elaboradas pelos órgãos competentes, o valor excedente será havido como parte do preço da mercadoria.
Parágrafo único. Considerar-se-ão interdependentes duas empresas quando:
I – uma delas, por si, seus sócios ou acionistas, e respectivos cônjuges ou filhos menores, for titular de mais de cinquenta por cento do capital da outra;
II – uma mesma pessoa fizer parte de ambas, na qualidade de diretor, ou sócio com funções de gerência, ainda que exercidas sob outra denominação;
III – uma delas locar ou transferir a outra, a qualquer título, veículo destinado ao transporte de mercadorias."

Parágrafo único. Considerar-se-ão interdependentes duas empresas quando:

I – uma delas, por si, seus sócios ou acionistas, e respectivos cônjuges ou filhos menores, for titular de mais de cinquenta por cento do capital da outra;

II – uma mesma pessoa fizer parte de ambas, na qualidade de diretor, ou sócio com funções de gerência, ainda que exercidas sob outra denominação;

III – uma delas locar ou transferir a outra, a qualquer título, veículo destinado ao transporte de mercadorias.

A constitucionalidade do inciso II do § 1º do art. 13 da Lei Complementar 87/1996 é questionada pela doutrina. Muitos sustentam que o seguro, os juros e outras despesas acessórias previstas nesse dispositivo não podem ser incluídos na base de cálculo[81]. A observação é procedente. O princípio da capacidade contributiva, como pressuposto e limite para o dimensionamento da imposição, demanda uma coerência lógica ou interna do tributo, ou seja, que os critérios de valoração se mostrem compatíveis com a manifestação de disponibilidade econômica gravada. Por isso, tudo que for estranho ao preço de venda não deve compor a base de cálculo.

A jurisprudência do STJ tem admitido a exclusão de algumas das despesas previstas nesse dispositivo, desde que pagas a terceiros desvinculados do vendedor. Assim, de acordo com a Súmula 237, entende-se que: "Nas operações com cartão de crédito, os encargos relativos ao financiamento não são considerados no cálculo do ICMS". A tese jurídica fixada no REsp 1.106.462, por sua vez, faz a ressalva em relação aos *acréscimos da venda a prazo cobrados diretamente pelo vendedor*: "O ICMS incide sobre o preço total da venda quando o acréscimo é cobrado pelo próprio vendedor (venda a prazo)" (Tema Repetitivo 183)[82]. A mesma exegese se observa na Súmula 395: "O ICMS incide sobre o valor da venda a prazo constante da nota fiscal".

Interpretação similar foi adotada pela 1ª Turma do STJ em relação ao **seguro de garantia estendida**: "O valor pago pelo consumidor final a título de 'seguro de garantia estendida', regulamentado pelo Conselho Nacional de Seguros Privados (Resoluções 122/05 e 296/13), não integra a base de cálculo do ICMS incidente sobre a operação de compra e venda da mercadoria"[83]. Da leitura do voto do Ministro Benedito Gonçalves, relator do recurso especial, nota-se que o critério adotado pelos julgadores foi o fato de o valor não ter sido exigido do comprador como condição da venda:

> A base de cálculo do ICMS, segundo a Lei Kandir, é o valor da operação pelo qual se deu a circulação da mercadoria. **O imposto, portanto, não está limitado ao preço da mercadoria, abrangendo também o valor relativo às condições estabelecidas e assim exigidas do comprador como pressuposto para a própria realização do negócio.** Ao meu sentir, essa é a inteligência do inciso II do parágrafo primeiro do art. 13 da LC 87/96, o qual dispõe que devem integrar a base de cálculo: (a) os seguros, juros e demais importâncias pagas, recebidas ou debitadas, bem como descontos concedidos sob condição; e (b) o frete, caso o transporte seja efetuado pelo próprio remetente ou por sua conta e ordem e seja cobrado em separado.

---

[81] Destarte, como ensina José Eduardo Soares de Melo que "somente devem integrar a base de cálculo os valores inerentes às mercadorias e/ou serviços de transporte e comunicação, bem como os reajustes e acréscimos intrinsecamente vinculados a tais valores. [...] Nesse cálculo, não devem ser incluídos elementos estranhos ao preço, como seguros, juros e quaisquer outras importâncias recebidas ou debitadas (como multas e indenizações), pois tais verbas têm natureza jurídica diversa dos respectivos valores, e porque, também, o ICMS não incide sobre meras entradas ou créditos" (MELO, José Eduardo Soares de. *ICMS*: teoria e prática. 4. ed. São Paulo: Dialética, 2000. p. 160-161).

[82] STJ, 1ª S., REsp 1.106.462, Rel. Min. Luiz Fux, *DJe* 13.10.2009.

[83] STJ, 1ª T., REsp 1.346.749, Rel. Min. Benedito Gonçalves, *DJe* 04.03.2015.

Parte Especial • Capítulo II • IMPOSTOS ESTADUAIS | **547**

O STJ tem entendido ainda que: **(i)** "É ilegal a cobrança de ICMS com base no valor da mercadoria submetido ao regime de pauta fiscal" (Súmula 431); **(ii)** "É indevida a incidência de ICMS sobre a parcela correspondente à demanda de potência elétrica contratada mas não utilizada" (Tema 63[84]); **(iii)** "A taxa de melhoramento dos portos não se inclui na base de cálculo do ICMS" (Súmula 80); e **(iv)** "Os descontos incondicionais nas operações mercantis não se incluem na base de cálculo do ICMS" (Súmula 457).

Cumpre destacar que a Súmula 457 foi originada no julgamento do REsp 1.111.156 (Tema 144), que também admite a exclusão das bonificações:

> Tributário. ICMS. Mercadorias dadas em bonificação. Espécie de desconto incondicional. Inexistência de operação mercantil. Art. 13 da LC 87/96. Não inclusão na base de cálculo do tributo.
>
> 1. A matéria controvertida, examinada sob o rito do art. 543-C do Código de Processo Civil, restringe-se tão somente à incidência do ICMS nas operações que envolvem mercadorias dadas em bonificação ou com descontos incondicionais; não envolve incidência de IPI ou operação realizada pela sistemática da substituição tributária.
>
> 2. A bonificação é uma modalidade de desconto que consiste na entrega de uma maior quantidade de produto vendido em vez de conceder uma redução do valor da venda. Dessa forma, o provador das mercadorias é beneficiado com a redução do preço médio de cada produto, mas sem que isso implique redução do preço do negócio.
>
> 3. A literalidade do art. 13 da Lei Complementar 87/96 é suficiente para concluir que a base de cálculo do ICMS nas operações mercantis é aquela efetivamente realizada, não se incluindo os "descontos concedidos incondicionais".
>
> 4. A jurisprudência desta Corte Superior é pacífica no sentido de que o valor das mercadorias dadas a título de bonificação não integra a base de cálculo do ICMS.
>
> 5. Precedentes: AgRg no REsp 1.073.076/RS, Rel. Min. Humberto Martins, Segunda Turma, julgado em 25.11.2008, *DJe* 17.12.2008; AgRg no AgRg nos EDcl no REsp 935.462/MG, Primeira Turma, Rel. Min. Francisco Falcão, *DJe* 8.5.2008; REsp 975.373/MG, Rel. Min. Luiz Fux, Primeira Turma, julgado em 15.05.2008, *DJe* 16.06.2008; EDcl no REsp 1.085.542/SP, Rel. Min. Denise Arruda, Primeira Turma, julgado em 24.3.2009, *DJe* 29.04.2009.
>
> Recurso especial provido para reconhecer a não incidência do ICMS sobre as vendas realizadas em bonificação. Acórdão sujeito ao regime do art. 543-C do Código de Processo Civil e da Resolução 8/2008 do Superior Tribunal de Justiça[85].

---

84 STJ, 1ª S., REsp 960.476, Rel. Min. Teori Albino Zavascki, *DJe* 13.05.2009.

85 "Os descontos incondicionais nas operações mercantis não se incluem na base de cálculo do ICMS", tese fixada pela 1ª Seção do STJ no REsp 1.111.156, Rel. Min. Humberto Martins, *DJe* 22.10.2009. Ressalte-se, contudo, que o STJ não aplica essa interpretação em relação à substituição tributária: "Na linha desse entendimento, para a Primeira Seção do Superior Tribunal de Justiça, sob o regime de substituição tributária, integra a base de cálculo do ICMS os valores correspondentes às mercadorias dadas em bonificação, assim como ocorre no tocante aos descontos incondicionais (EREsp 715.255/MG, Rel. Min. Eliana Calmon, Primeira Seção, *DJe* 23.02.2011)". Essa exegese teve por base o seguinte: "O Supremo Tribunal Federal, na interpretação do preceito contido no art. 150, § 7º, da Constituição Federal, decidiu que, na sistemática de substituição tributária, se assegura a restituição tão somente se o fato gerador presumido não se realizar (ADI 1.851/AL, Rel. Min. Ilmar Galvão, Tribunal Pleno, *DJ* 15.05.2002)" (STJ, 1ª S., AgRg nos EREsp 953.219, Rel. Min. Arnaldo Esteves Lima, *DJe* 20.06.2014). Ocorre que, como se sabe, esse entendimento já foi superado pela jurisprudência do STF no julgamento do RE 593.849: "É devida a restituição da diferença do Imposto sobre Circulação de Mercadorias e Serviços (ICMS) pago a mais no regime de substituição tributária para a frente se a base de cálculo efetiva da operação for inferior à presumida" (Tema 201).

548 | CURSO DE DIREITO TRIBUTÁRIO – *Solon Sehn*

Outro preceito polêmico é o inciso I do § 1º do art. 13: "*§ 1º Integra a base de cálculo do imposto* [...] *I – o montante do próprio imposto, constituindo o respectivo destaque mera indicação para fins de controle*". A inclusão do ICMS na própria base de cálculo é conhecida como cálculo "por dentro". Dela resulta uma inequívoca dissociação entre os elementos de valoração e a manifestação de capacidade contributiva. O imposto perde coerência interna e transparência. Para determinar o valor devido, o comerciante deve recorrer a um artificialismo, aplicando sobre o preço da mercadoria um percentual diferente da alíquota do tributo. Assim, por exemplo, em uma venda sujeita a uma alíquota de 17%, o valor do crédito tributário não resulta da aplicação desse percentual sobre o preço de venda, mas do quociente da divisão de 1.700 por 83, ou seja, de uma alíquota efetiva de 20,49%. Já para uma alíquota de 25%, a alíquota real será uma dízima periódica de 33,3333% (2.500 dividido por 75)[86].

O inciso I do § 1º do art. 13 tem amparo no art. 155, § 2º, XII, "i", da Constituição, incluído pela Emenda 33/2001, que submete ao legislador complementar a atribuição de "fixar a base de cálculo, de modo que o montante do imposto a integre, também na importação do exterior de bem, mercadoria ou serviço". Entretanto, mesmo antes desse dispositivo, o cálculo "por dentro" teve a sua constitucionalidade reconhecida pelo STF no RE 212.209: "Constitucional. Tributário. Base de cálculo do ICMS: inclusão no valor da operação ou da prestação de serviço somado ao próprio tributo. Constitucionalidade. Recurso desprovido"[87]. Mais recentemente, essa exegese foi confirmada no julgamento do RE 582.461: "I – É constitucional a inclusão do valor do Imposto sobre Circulação de Mercadorias e Serviços – ICMS na sua própria base de cálculo" (Tema 214[88])[89].

O § 2º do art. 13 repete o art. 155, § 2º, XI, da Constituição[90], que estabelece a exclusão do IPI da base de cálculo do ICMS quando a operação, realizada entre contribuintes e relativa a

---

[86] Para determinar os percentuais dessa alíquota virtual ou artificial que decorre do cálculo "por dentro", pode-se recorrer à fórmula seguinte: *alíquota virtual = (alíquota real prevista em lei x 100) ÷ (100 – alíquota real prevista em lei)*.

[87] STF, Tribunal Pleno, RE 212.209, Rel. Min. Marco Aurélio, Rel. p/ ac. Min. Nelson Jobim, *DJ* 14.02.2003.

[88] STF, Tribunal Pleno, RE 582.461, Rel. Min. Gilmar Mendes, *DJe* 18.08.2011.

[89] Espera-se que, algum dia, o STF revise esse entendimento, o que é perfeitamente possível, já que o poder de emenda é limitado pelos princípios constitucionais tributários, que são cláusulas pétreas da Constituição Federal (art. 60, § 4º, IV), como reconhecido pelo STF na ADI 939 (STF, Tribunal Pleno, ADI 939, Rel. Min. Sydney Sanches, *DJ* 18.03.1994). Um tributo sobre um negócio jurídico mercantil deve corresponder a um percentual do valor da contraprestação recebida pelo comerciante em razão da transferência do domínio do bem, ou seja, o preço da mercadoria. O valor do ICMS destacado na nota fiscal é cobrado do comprador, porém, não pertence nem incorpora ao patrimônio do vendedor. Trata-se de um simples ingresso de caixa que, no prazo legal, deve ser recolhido ao Estado ou ao Distrito Federal. Tanto é assim que, no julgamento do RHC 163.334, o STF entendeu que o não repasse do ICMS, pode caracterizar o crime de apropriação indébita tributária, fixando a seguinte tese jurídica: "O contribuinte que, de forma contumaz e com dolo de apropriação, deixa de recolher o ICMS cobrado do adquirente da mercadoria ou serviço incide no tipo penal do art. 2º, II, da Lei 8.317/1990" (STF, Tribunal Pleno, RHC 163.334, Rel. Min. Roberto Barroso, *DJe* 13.02.2019). A inclusão do ICMS na própria base de cálculo, ademais, implica a dissociação entre os elementos de valoração e a manifestação de capacidade contributiva. O imposto fica sem coerência interna e destituído de transparência, de tal forma que, para determinar o valor do imposto incidente sobre o negócio jurídico, o comerciante deve recorrer a um artificialismo, aplicando sobre o preço da mercadoria um percentual diferente da alíquota do tributo. Como ressaltado pelo Ministro Marco Aurélio, o cálculo "por dentro" não é compatível com o princípio da essencialidade (art. 155, § 2º, I): "Considero inobservado o preceito do art. 145, § 1º, no que revela como razão de ser do tributo a capacidade econômica do contribuinte. Ora, uma coisa é satisfazê-lo à luz da vantagem alcançada; outra totalmente diversa é estar-se compelido a recolhê-lo em virtude de algo que já representa uma desvantagem, um ônus tributário, como é o resultante da alíquota incidente sobre o valor da operação a título de ICMS".

[90] "Art. 155. [...] § 2º O imposto previsto no inciso II atenderá ao seguinte: [...] XI – não compreenderá, em sua base de cálculo, o montante do imposto sobre produtos industrializados, quando a operação, realizada entre contribuintes e relativa a produto destinado à industrialização ou à comercialização, configure fato gerador dos dois impostos."

Parte Especial • Capítulo II • IMPOSTOS ESTADUAIS | **549**

produto destinado à industrialização ou à comercialização, configurar fato gerador de ambos os impostos. Por conseguinte, o IPI deve ser incluído na base imponível: (**i**) nas operações de venda do industrial para consumidor final não contribuinte do ICMS; e (**ii**) quando a mercadoria for adquirida por contribuinte do ICMS para integração ao ativo permanente, uso ou consumo de estabelecimento.

Em relação ao ICMS incidente sobre o fornecimento de energia elétrica, no RE 1.041.816, o STF entendeu que: "É infraconstitucional, a ela se aplicando os efeitos da ausência de repercussão geral, a controvérsia relativa a inclusão dos valores pagos a título de Tarifa de Uso do Sistema de Transmissão (TUST) e Tarifa de Uso do Sistema de Distribuição (TUSD) na base de cálculo do ICMS incidente sobre a circulação de energia elétrica" (Tema 956)[91]. Em 2024, por sua vez, no julgamento dos Recursos Especiais 1.692.023, 1.669.851 e 1.163.020, o STJ decidiu pela legalidade da inclusão desses valores na base de cálculo do imposto, fixando a seguinte tese jurídica: "A Tarifa de Uso do Sistema de Transmissão (TUST) e/ou a Tarifa de Uso de Distribuição (TUSD), quando lançada na fatura de energia elétrica, como encargo a ser suportado diretamente pelo consumidor final (seja ele livre ou cativo), integra, para os fins do art. 13, § 1º, II, 'a', da LC 87/1996, a base de cálculo do ICMS" (Tema Repetitivo 986).

Esses precedentes dizem respeito a eventos imponíveis ocorridos antes do início da vigência da Lei Complementar 194/2022, que promoveu alterações na Lei Complementar 87/1996, excluindo os encargos setoriais vinculados às operações com energia elétrica do âmbito de incidência do imposto:

> Art. 2º A Lei Complementar nº 87, de 13 de setembro de 1996 (Lei Kandir), passa a vigorar com as seguintes alterações:
>
> "Art. 3º [...]
>
> IX – operações de qualquer natureza de que decorra a transferência de bens móveis salvados de sinistro para companhias seguradoras; e
>
> X – serviços de transmissão e distribuição e encargos setoriais vinculados às operações com energia elétrica".

Contudo, na ADI 7195 MC, o STF deferiu pedido de liminar para "suspender os efeitos do art. 3º, X, da Lei Complementar nº 87/96, com redação dada pela Lei Complementar nº 194/2022, até o julgamento de mérito da ação direta". No entendimento do relator, referendado pelo Tribunal Pleno: "Em exame do *fumus boni juris*, exsurge do contexto posto a possibilidade de que a União tenha exorbitado seu poder constitucional, imiscuindo-se na maneira pela qual os Estados-membros exercem sua competência tributária relativamente ao ICMS, ao definir, de *lege lata*, os elementos que compõem a base de cálculo do tributo"[92].

Dessa forma, em razão da tese jurídica definida pelo STJ no Tema Repetitivo 986, até o julgamento definitivo da ADI 7195 MC pelo STF, os encargos setoriais conhecidos como TUSD e TUST devem ser incluídos na base de cálculo do imposto estadual.

No Tema Repetitivo 1.223, por sua vez, o STJ entendeu que: "A inclusão do PIS e da Cofins na base de cálculo do ICMS atende à legalidade nas hipóteses em que a base de cálculo é o valor da operação por configurar repasse econômico"[93].

Por fim, durante o período de transição da reforma tributária, se a operação sujeita ao ICMS também for tributada pelo IS, esse deverá ser incluído na base de cálculo por previsão expressa no

---

91   STF, Tribunal Pleno, RE 1.041.816, Rel. Min. Edson Fachin, *DJe* 17.08.2017.

92   STF, Tribunal Pleno, ADI 7.195 MC-Ref, Rel. Min. Luiz Fux, *DJe* 22.03.2023.

93   STJ, 1ª S., REsp 2.091.202, REsp 2.091.203, 2.091.204, 2.091.205, Rel. Min. Paulo Sérgio Domingues, julgado em 11.12.2024 (acórdão ainda não publicado).

550 | CURSO DE DIREITO TRIBUTÁRIO – *Solon Sehn*

texto constitucional: "Art. 153. [...] § 6º O imposto previsto no inciso VIII do *caput* deste artigo: [...] IV – integrará a base de cálculo dos tributos previstos nos arts. 155, II, 156, III, 156-A e 195, V; (Incluído pela Emenda Constitucional nº 132, de 2023)".

2.3.2.2 Alíquotas

A Lei Complementar 87/1996, dentro das funções definidas no art. 155, § 2º, XII, da Constituição, disciplina apenas os aspectos nucleares do imposto, sem se ocupar das alíquotas do ICMS. Essas são fixadas pela legislação de cada ente competente, observados os parâmetros definidos pelo Senado Federal, que, nos termos do art. 155, § 2º, IV e V, estabelece as alíquotas interestaduais, mínimas e máximas:

> Art. 155. [...]
>
> § 2º O imposto previsto no inciso II atenderá ao seguinte:
>
> [...]
>
> IV – resolução do Senado Federal, de iniciativa do Presidente da República ou de um terço dos Senadores, aprovada pela maioria absoluta de seus membros, estabelecerá as alíquotas aplicáveis às operações e prestações, interestaduais e de exportação;
>
> V – é facultado ao Senado Federal:
>
> a) estabelecer alíquotas mínimas nas operações internas, mediante resolução de iniciativa de um terço e aprovada pela maioria absoluta de seus membros;
>
> b) fixar alíquotas máximas nas mesmas operações para resolver conflito específico que envolva interesse de Estados, mediante resolução de iniciativa da maioria absoluta e aprovada por dois terços de seus membros.

A Resolução 13/2012 foi editada no exercício da competência prevista no art. 155, § 2º, V, "a"[94], visando à redução da "guerra fiscal" na atração de empresas importadoras. Nela foi estabelecida uma alíquota interestadual de 4% para produtos acabados importados e nacionalizados:

> Art. 1º A alíquota do Imposto sobre Operações Relativas à Circulação de Mercadorias e sobre Prestação de Serviços de Transporte Interestadual e Intermunicipal e de Comunicação (ICMS), nas operações interestaduais com bens e mercadorias importados do exterior, será de 4% (quatro por cento).
>
> § 1º O disposto neste artigo aplica-se aos bens e mercadorias importados do exterior que, após seu desembaraço aduaneiro:
>
> I – não tenham sido submetidos a processo de industrialização;
>
> II – ainda que submetidos a qualquer processo de transformação, beneficiamento, montagem, acondicionamento, reacondicionamento, renovação ou recondicionamento, resultem em mercadorias ou bens com Conteúdo de Importação superior a 40% (quarenta por cento).

---

[94] "Art. 155. [...] V – é facultado ao Senado Federal:
a) estabelecer alíquotas mínimas nas operações internas, mediante resolução de iniciativa de um terço e aprovada pela maioria absoluta de seus membros;
b) fixar alíquotas máximas nas mesmas operações para resolver conflito específico que envolva interesse de Estados, mediante resolução de iniciativa da maioria absoluta e aprovada por dois terços de seus membros."

§ 2º O Conteúdo de Importação a que se refere o inciso II do § 1º é o percentual correspondente ao quociente entre o valor da parcela importada do exterior e o valor total da operação de saída interestadual da mercadoria ou bem.

[...]

§ 4º O disposto nos §§ 1º e 2º não se aplica:

I – aos bens e mercadorias importados do exterior que não tenham similar nacional, a serem definidos em lista a ser editada pelo Conselho de Ministros da Câmara de Comércio Exterior (Camex) para os fins desta Resolução;

II – aos bens produzidos em conformidade com os processos produtivos básicos de que tratam o Decreto-lei 288, de 28 de fevereiro de 1967, e as Leis nº 8.248, de 23 de outubro de 1991, 8.387, de 30 de dezembro de 1991, 10.176, de 11 de janeiro de 2001, e 11.484, de 31 de maio de 2007.

Art. 2º O disposto nesta Resolução não se aplica às operações que destinem gás natural importado do exterior a outros Estados.

De acordo com a Resolução 22/1989, que é aplicável aos produtos nacionais e aos nacionalizados não abrangidos pela Resolução 13/2012, as alíquotas interestaduais serão de 12% para operações e prestações interestaduais em geral (art. 1º[95]) e 7% nas realizadas nas Regiões Sul e Sudeste, destinadas às Regiões Norte, Nordeste e Centro-Oeste e ao Estado do Espírito Santo (art. 1º, parágrafo único, II[96]).

Ressalte-se que, conforme o art. 155, § 2º, VI, da Constituição, salvo deliberação em contrário dos Estados e do Distrito Federal, nos termos do disposto no inciso XII, "g", as alíquotas internas (Lei Complementar 24/1975)[97], nas operações relativas à circulação de mercadorias e nas prestações de serviços, não poderão ser inferiores às previstas para as operações interestaduais.

Ademais, os incisos VII e VIII do § 2º do art. 155 da Constituição preveem a cobrança de um diferencial de alíquotas de ICMS (Difal) nas operações e nas prestações que destinem bens e serviços a consumidor final, contribuinte ou não do imposto, localizado em outro Estado ou no Distrito Federal:

Art. 155. [...]

§ 2º O imposto previsto no inciso II atenderá ao seguinte:

[...]

VII – nas operações e prestações que destinem bens e serviços a consumidor final, contribuinte ou não do imposto, localizado em outro Estado, adotar-se-á a alíquota interestadual e caberá ao Estado de localização do destinatário o imposto correspondente à diferença entre a alíquota interna do Estado destinatário e a alíquota interestadual; (Redação dada pela Emenda Constitucional 87, de 2015)

---

[95] "Art. 1º A alíquota do Imposto sobre Operações Relativas à Circulação de Mercadorias e sobre Prestação de Serviços de Transporte Interestadual e Intermunicipal e de Comunicação, nas operações e prestações interestaduais, será de doze por cento."

[96] "Parágrafo único. Nas operações e prestações realizadas nas Regiões Sul e Sudeste, destinadas às Regiões Norte, Nordeste e Centro-Oeste e ao Estado do Espírito Santo, as alíquotas serão:
I – em 1989, oito por cento;
II – a partir de 1990, sete por cento."

[97] "Art. 155. [...] § 2º [...] XII – cabe à lei complementar: [...] g) regular a forma como, mediante deliberação dos Estados e do Distrito Federal, isenções, incentivos e benefícios fiscais serão concedidos e revogados."

VIII – a responsabilidade pelo recolhimento do imposto correspondente à diferença entre a alíquota interna e a interestadual de que trata o inciso VII será atribuída: (Redação dada pela Emenda Constitucional 87, de 2015)

a) ao destinatário, quando este for contribuinte do imposto; (Incluído pela Emenda Constitucional 87, de 2015)

b) ao remetente, quando o destinatário não for contribuinte do imposto; (Incluído pela Emenda Constitucional 87, de 2015)

Portanto, a unidade de origem fica com o crédito tributário decorrente da aplicação da alíquota interestadual e a unidade de destino, com o correspondente à diferença entre a alíquota interestadual e a alíquota interna vigente no seu território. A responsabilidade pelo recolhimento cabe: (a) ao destinatário, quando esse for contribuinte do ICMS; ou (b) ao remetente, quando o destinatário não for contribuinte.

O diferencial de alíquotas foi previsto originariamente pelo texto constitucional para as operações em que o destinatário era contribuinte do ICMS[98]. A conformação atual do Difal decorre da Emenda Constitucional 87/2015. No entanto, as normas gerais definindo o contribuinte (art. 4º, § 2º, I e II), o local (art. 11, V, §§ 7º e 8º) e o momento da ocorrência da hipótese de incidência (art. 12, XIV, XV e XVI), a base de cálculo (art. 13, IX e X, §§ 1º, 3º, 6º e 7º) e o creditamento (art. 20-A) apenas foram introduzidas pela Lei Complementar 190/2022[99]. Isso ocorreu após o julgamento do RE 1.287.019, quando o STF decidiu que a cobrança não poderia ocorrer sem a definição prévia desses aspectos em lei complementar: "A cobrança do diferencial de alíquota alusivo ao ICMS, conforme introduzido pela Emenda Constitucional 87/2015, pressupõe edição de lei complementar veiculando normas gerais" (Tema 1.093)[100].

2.3.2.3 Sujeição passiva

O art. 155, II, da Constituição, ao definir a competência para a instituição do ICMS, pressupõe um *destinatário constitucional* do tributo: o comerciante, ou seja, a pessoa física ou jurídica

---

[98] "Art. 155. [...] § 2º [...]
VII – em relação às operações e prestações que destinem bens e serviços a consumidor final localizado em outro Estado, adotar-se-á:
a) a alíquota interestadual, quando o destinatário for contribuinte do imposto;
b) a alíquota interna, quando o destinatário não for contribuinte dele;
VIII – na hipótese da alínea *a* do inciso anterior, caberá ao Estado da localização do destinatário o imposto correspondente à diferença entre a alíquota interna e a interestadual."

[99] Ressalte-se que, no julgamento da ADI 7.066, o STF entendeu que essa lei complementar não precisaria observar o princípio da anterioridade, porque o diferencial de alíquota limitou-se a "a fracionar o produto da arrecadação antes devido integralmente ao Estado produtor (alíquota interna) em duas parcelas devidas a entes diversos. Portanto, não corresponde à instituição nem majoração de tributo e, por isso mesmo, não atrai a incidência das regras relativas à anterioridade (CF, art. 150, III, *b* e *c*)" (STF, Tribunal Pleno, ADI 7.066, Rel. Min. Alexandre de Moraes, *DJe* 06.05.2024).

[100] "Recurso extraordinário. Repercussão geral. Direito tributário. Emenda Constitucional 87/2015. ICMS. Operações e prestações em que haja a destinação de bens e serviços a consumidor final não contribuinte do ICMS localizado em estado distinto daquele do remetente. Inovação constitucional. Matéria reservada a lei complementar (art. 146, I e III, *a* e *b*; e art. 155, § 2º, XII, *a, b, c, d* e *i*, da CF/88). [...] Convênio interestadual não pode suprir a ausência de lei complementar dispondo sobre obrigação tributária, contribuintes, bases de cálculo/alíquotas e créditos de ICMS nas operações ou prestações interestaduais com consumidor final não contribuinte do imposto, como fizeram as cláusulas primeira, segunda, terceira e sexta do Convênio ICMS93/15. [...] Tese fixada para o Tema1.093: 'A cobrança do diferencial de alíquota alusivo ao ICMS, conforme introduzido pela Emenda Constitucional 87/2015, pressupõe edição de lei complementar veiculando normas gerais'. [...]" (STF, Tribunal Pleno, RE 1.287.019, Rel. Min. Marco Aurélio, Rel. p/ Ac. Min. Dias Toffoli, *DJe* 25.05.2021).

Parte Especial · Capítulo II · IMPOSTOS ESTADUAIS | **553**

que tem na mercancia (compra e venda de mercadorias) a sua profissão habitual. O requisito da habitualidade é previsto no art. 4º da Lei Complementar 87/1996, que delimita a sujeição passiva do ICMS a quem *realize, com habitualidade ou em volume que caracterize intuito comercial, operações de circulação de mercadoria*. A sua dispensa ocorre apenas nas hipóteses do § 1º[101], que têm por base as exceções previstas no texto constitucional (CF, art. 155, § 2º, IV, "a"[102], e § 4º, III[103]) após a Emenda 33/2001.

A lei complementar estabelece ainda que o legislador pode atribuir a contribuinte do imposto ou a depositário da mercadoria a responsabilidade pelo pagamento:

> Art. 6º Lei estadual poderá atribuir a contribuinte do imposto ou a depositário a qualquer título a responsabilidade pelo seu pagamento, hipótese em que assumirá a condição de substituto tributário. (Redação dada pela Lcp 114, de 16.12.2002)
>
> § 1º A responsabilidade poderá ser atribuída em relação ao imposto incidente sobre uma ou mais operações ou prestações, sejam antecedentes, concomitantes ou subsequentes, inclusive ao valor decorrente da diferença entre alíquotas interna e interestadual nas operações e prestações que destinem bens e serviços a consumidor final localizado em outro Estado, que seja contribuinte do imposto.
>
> § 2º A atribuição de responsabilidade dar-se-á em relação a mercadorias, bens ou serviços previstos em lei de cada Estado. (Redação dada pela Lcp 114, de 16.12.2002).

A legislação de cada Estado e do Distrito Federal deve partir desses parâmetros gerais e definir os contribuintes e responsáveis do ICMS nas operações mercantis.

---

[101] "Art. 4º [...] § 1º É também contribuinte a pessoa física ou jurídica que, mesmo sem habitualidade ou intuito comercial: (Transformado do parágrafo único pela Lei Complementar 190, de 2022)

I – importe mercadorias ou bens do exterior, qualquer que seja a sua finalidade; (Redação dada pela Lcp 114, de 16.12.2002)

II – seja destinatária de serviço prestado no exterior ou cuja prestação se tenha iniciado no exterior;

[...]

IV – adquira lubrificantes e combustíveis líquidos e gasosos derivados de petróleo e energia elétrica oriundos de outro Estado, quando não destinados à comercialização ou à industrialização. (Redação dada pela LCP 102, de 11.07.2000)" Ressalte-se, porém, que o inciso III dispensa a habitualidade de quem "adquira em licitação mercadorias ou bens apreendidos ou abandonados". Esse dispositivo, entretanto, não é compatível com a hipótese de incidência do imposto, porque o Poder Público, ao alienar produtos em situações dessa natureza, não realiza operações mercantis.

[102] "Art. 155. [...] § 2º O imposto previsto no inciso II atenderá ao seguinte: (Redação dada pela Emenda Constitucional 3, de 1993) [...] IX – incidirá também: [...] a) sobre a entrada de bem ou mercadoria importados do exterior por pessoa física ou jurídica, ainda que não seja contribuinte habitual do imposto, qualquer que seja a sua finalidade, assim como sobre o serviço prestado no exterior, cabendo o imposto ao Estado onde estiver situado o domicílio ou o estabelecimento do destinatário da mercadoria, bem ou serviço. (Redação dada pela Emenda Constitucional 33, de 2001)"

[103] "Art. 155. [...] § 4º Na hipótese do inciso XII, h, observar-se-á o seguinte: (Incluído pela Emenda Constitucional 33, de 2001) [...] III – nas operações interestaduais com gás natural e seus derivados, e lubrificantes e combustíveis não incluídos no inciso I deste parágrafo, destinadas a não contribuinte, o imposto caberá ao Estado de origem; (Incluído pela Emenda Constitucional 33, de 2001)"; e "Art. 155. [...] § 2º O imposto previsto no inciso II atenderá ao seguinte: (Redação dada pela Emenda Constitucional 3, de 1993) [...] XII – cabe à lei complementar: [...] h) definir os combustíveis e lubrificantes sobre os quais o imposto incidirá uma única vez, qualquer que seja a sua finalidade, hipótese em que não se aplicará o disposto no inciso X, b; (Incluída pela Emenda Constitucional 33, de 2001) [...]."

554 | CURSO DE DIREITO TRIBUTÁRIO – *Solon Sehn*

2.4 ICMS sobre importações

2.4.1 Hipótese de incidência

2.4.1.1 Critério material

O ICMS, de acordo com o art. 155, § 2º, IX, "a", da Constituição, na redação da Emenda 33/2001, também incide "*sobre a entrada de bem ou mercadoria importados do exterior por pessoa física ou jurídica, ainda que não seja contribuinte habitual do imposto, qualquer que seja a sua finalidade, assim como sobre o serviço prestado no exterior, cabendo o imposto ao Estado onde estiver situado o domicílio ou o estabelecimento do destinatário da mercadoria, bem ou serviço*".

O objetivo da Emenda 33/2001 foi ampliar o âmbito do imposto, permitindo a tributação de todas as operações de importação de *mercadorias* e *bens*, independentemente da finalidade e da habitualidade do sujeito passivo, ou seja, sem se restringir às operações mercantis em sentido estrito. Entretanto, ao analisar a constitucionalidade da incidência de imposto sobre o arrendamento mercantil internacional, o STF entendeu que, mesmo após a nova redação do texto constitucional, o imposto só pode ser exigido quando há um negócio jurídico internacional que implique a transferência do domínio. O Tribunal afastou a interpretação mais ampla – sustentada por alguns julgadores na oportunidade – que votaram para "garantir a incidência do ICMS na importação de bem e mercadoria do exterior, independentemente do contrato internacional celebrado"[104]. Foi fixada, assim, a seguinte tese: "Não incide o ICMS na operação de arrendamento mercantil internacional, salvo na hipótese de antecipação da opção de compra, quando configurada a transferência da titularidade do bem" (Tema 297).

Convém destacar, para uma melhor compreensão da controvérsia, a ementa do julgado:

> Recurso extraordinário. Constitucional e tributário. ICMS. Entrada de mercadoria importada do exterior. Art. 155, II, CF/88. Operação de arrendamento mercantil internacional. Não incidência. Recurso extraordinário a que se nega provimento.
>
> 1. O ICMS tem fundamento no artigo 155, II, da CF/1988, e incide sobre operações relativas à circulação de mercadorias e sobre prestações de serviços de transporte interestadual e intermunicipal e de comunicação, ainda que as operações e as prestações se iniciem no exterior.
>
> 2. A alínea "a" do inciso IX do § 2º do art. 155 da Constituição Federal, na redação da EC 33/2001, faz incidir o ICMS na entrada de bem ou mercadoria importados do exterior, somente se de fato houver circulação de mercadoria, caracterizada pela transferência do domínio (compra e venda).
>
> 3. Precedente: RE 461968, Rel. Min. Eros Grau, Tribunal Pleno, julgado em 30.05.2007, *DJe* 23.08.2007, onde restou assentado que o imposto não é sobre a entrada de bem ou mercadoria importada, senão sobre essas entradas desde que elas sejam atinentes a operações relativas à circulação desses mesmos bens ou mercadorias.
>
> 4. Deveras, não incide o ICMS na operação de arrendamento mercantil internacional, salvo na hipótese de antecipação da opção de compra, quando configurada a transferência da titularidade do bem. Consectariamente, se não houver aquisição de mercadoria, mas mera posse decorrente do arrendamento, não se pode cogitar de circulação econômica.
>
> 5. *In casu*, nos termos do acórdão recorrido, o contrato de arrendamento mercantil internacional trata de bem suscetível de devolução, sem opção de compra.

---

[104] Voto do Ministro Gilmar Mendes no RE 540.829.

Parte Especial • **Capítulo II** • IMPOSTOS ESTADUAIS | **555**

6. Os conceitos de direito privado não podem ser desnaturados pelo direito tributário, na forma do art. 110 do CTN, à luz da interpretação conjunta do art. 146, III, combinado com o art. 155, inciso II e § 2º, IX, "a", da CF/1988.

7. Recurso extraordinário a que se nega provimento[105].

No RE 439.796, por sua vez, o STF decidiu que: "Após a Emenda Constitucional 33/2001, é constitucional a incidência de ICMS sobre operações de importação efetuadas por pessoa, física ou jurídica, que não se dedica habitualmente ao comércio ou à prestação de serviços" (Tema 171)[106]. Nesse julgamento, o Ministro Dias Toffoli ressaltou que esse entendimento não implica a desvinculação do ICMS da mudança de titularidade: "o novo texto constitucional não pode ser interpretado desvinculado do elemento 'circulação', ou seja, não é todo e qualquer bem importado que pode ser objeto de tributação pelo ICMS. [...] Assim, a materialidade do ICMS deve envolver operações de circulação de bens e mercadorias, ou seja, a prática de um negócio jurídico que configure transferência de domínio".

Assim, de acordo com a jurisprudência do STF, a incidência do ICMS importação está vinculada a transferência do domínio decorrente de um negócio jurídico internacional, realizado por pessoa física ou jurídica, com ou sem habitualidade.

No plano infraconstitucional, após a Emenda 33/2001, o art. 2º, § 1º, I, da Lei Complementar 87/1996, foi alterado pela Lei Complementar 114/2002, passando a prever a incidência do imposto sobre *a entrada de mercadoria ou bem importados do exterior*:

Art. 2º [...]

§ 1º O imposto incide também:

I – sobre a entrada de mercadoria ou bem importados do exterior, por pessoa física ou jurídica, ainda que não seja contribuinte habitual do imposto, qualquer que seja a sua finalidade; (Redação dada pela Lcp 114, de 16.12.2002)

No entanto, como ressaltado anteriormente, cumpre considerar que, de acordo com a CQR, a importação constitui um *"regime aduaneiro que permite a colocação em livre circulação no território aduaneiro de mercadorias importadas, mediante o pagamento dos direitos e demais imposições de importação e o cumprimento de todas as formalidades aduaneiras necessárias"*[107]. Assim, a *entrada* do produto no território aduaneiro representa apenas a exteriorização de um possível evento imponível. Nem toda transposição de fronteira configura uma importação. Uma mercadoria pode ingressar no País apenas em caráter temporário, para participar de uma exposição ou feira de negócios. Pode transpor a fronteira com destino ou em trânsito para o território de outro país. Em nenhum desses casos há uma importação, porque não há intenção de integração no mercado doméstico.

A entrada física é uma condição necessária, mas não suficiente para a caracterização de uma operação de importação. Essa compreende a transposição física qualificada pela *finalidade integradora*, isto é, a introdução de um produto no território aduaneiro com a intenção de incorporá-lo ao mercado nacional ou de colocá-lo em livre circulação econômica no país de destino[108].

---

105 STF, Tribunal Pleno, RE 540.829, Rel. Gilmar Mendes, Rel. p/ Ac. Min. Luiz Fux, *DJU* 18.11.2014.

106 STF, Tribunal Pleno, RE 439.796, Rel. Min. Joaquim Barbosa, *DJe* 17.03.2014.

107 A Convenção de Quioto Revisada (CQR) foi incorporada ao direito interno por meio do Decreto Legislativo 56/2019, promulgado pelo Decreto 10.276/2020. De acordo com o Anexo Específico B, Capítulo 1, da CQR, entende-se por: *"Importação definitiva: o regime aduaneiro que permite a colocação em livre circulação no território aduaneiro de mercadorias importadas, mediante o pagamento dos direitos e demais imposições de importação e o cumprimento de todas as formalidades aduaneiras necessárias"* (g.n.).

108 Para uma visão mais aprofundada do conceito de importação, ver Capítulo I, item 1, da Parte Especial.

556 | CURSO DE DIREITO TRIBUTÁRIO – *Solon Sehn*

Outro aspecto relevante é que, no inciso I do § 1º do art. 2º, a Lei Complementar 87/1996 faz referência à importação de *mercadoria ou bens*, repetindo o art. 155, § 2º, IX, "a", da Constituição. Todavia, isso não significa que o imposto incida sobre a importação de *bens corpóreos* e os *incorpóreos* (intangíveis). Isso porque a base de cálculo do tributo é o *valor da mercadoria ou bem constante dos documentos de importação* (art. 13, V, "a"). O critério temporal, por sua vez, ocorre com o *desembaraço aduaneiro ou liberação* (CQR), ou seja, o ato final da etapa de conferência aduaneira no despacho de importação (art. 12, IX). Com isso, o legislador acabou limitando a incidência do ICMS aos bens tangíveis, porque a importação e o despacho aduaneiro de importação apenas têm por objeto bens sujeitos à tradição e susceptíveis de ingresso físico no território aduaneiro nacional[109].

Dessa forma, o critério material do ICMS é *importar produtos*, abrangendo as mercadorias e outros bens de existência corpórea, quando vinculado a um negócio jurídico do qual decorra a transferência do domínio, realizada por pessoa física ou jurídica, com ou sem habitualidade.

2.4.1.2   Critérios temporal e espacial

O critério temporal do ICMS-Importação encontra-se definido nos incisos VI, IX e X do art. 12 da Lei Complementar 87/1996:

> Art. 12. Considera-se ocorrido o fato gerador do imposto no momento:
> [...]
> VI – do ato final do transporte iniciado no exterior;
> [...]
> IX – do desembaraço aduaneiro de mercadorias ou bens importados do exterior; (Redação dada pela Lcp 114, de 16.12.2002)
> X – do recebimento, pelo destinatário, de serviço prestado no exterior;

Tal como ocorre no IPI, a lei complementar define o *desembaraço aduaneiro* como critério temporal do ICMS na importação, que é o ato administrativo final da conferência aduaneira, após o qual a mercadoria se considera nacionalizada para todos os efeitos legais. Entretanto, com o início da vigência da Convenção de Quioto Revisada (CQR), a denominação *desembaraço* foi substituída por *liberação*, dentro da terminologia adotada internacionalmente[110].

Por fim, o critério espacial da hipótese de incidência do ICMS sobre a importação é o território aduaneiro nacional, ainda que o recinto alfandegado esteja situado no território de outro Estado, como será mais bem examinado no estudo do sujeito ativo do tributo.

---

[109]   Os bens incorpóreos – como os direitos autorais, de crédito e as invenções – não têm existência tangível e não estão sujeitos à tradição. Por conseguinte, sendo insusceptíveis de ingresso físico no território aduaneiro, mostram-se incompatíveis com a estrutura do imposto de importação. Sobre o tema, cf.: SEHN, Solon. *Curso de direito aduaneiro.* 2. ed. Rio de Janeiro: Forense, 2022. p. 67 e ss.

[110]   Ver Capítulo 3 (*Liberação e outras formalidades aduaneiras*) da CQR, que foi incorporada ao direito interno por meio do Decreto Legislativo 56/2019, promulgado pelo Decreto 10.276/2020. A legislação aduaneira nacional ainda não foi devidamente adaptada para a CQR. Contudo, os atos normativos mais recentes já fazem uso do termo *liberação*, como é o caso da Instrução Normativa RFB 2090, de 22 de junho de 2022: "Art. 25. A verificação da adequação do valor aduaneiro declarado às regras e disposições estabelecidas na legislação será realizada **após a liberação da mercadoria – desembaraço aduaneiro,** no período destinado a apuração de regularidade e conclusão do despacho, previsto no art. 54 do Decreto-lei 37, de 18 de novembro de 1966" (g.n.). Em breve, deverá ocorrer uma adequação geral da legislação a essa terminologia internacional.

2.4.2 Consequência tributária

2.4.2.1 Base de cálculo

A base de cálculo na importação de bens foi assim disciplinada pelo inciso V e pelo § 1º do art. 13 da Lei Complementar 87/1996:

> Art. 13. A base de cálculo do imposto é:
>
> [...]
>
> V – na hipótese do inciso IX do art. 12, a soma das seguintes parcelas:
>
> a) o valor da mercadoria ou bem constante dos documentos de importação, observado o disposto no art. 14[111];
>
> b) imposto de importação;
>
> c) imposto sobre produtos industrializados;
>
> d) imposto sobre operações de câmbio;
>
> e) quaisquer outros impostos, taxas, contribuições e despesas aduaneiras; (Redação dada pela Lcp 114, de 16.12.2002)
>
> [...]
>
> § 1º Integra a base de cálculo do imposto, inclusive nas hipóteses dos incisos V, IX e X do *caput* deste artigo: (Redação dada pela Lei Complementar 190, de 2022)
>
> I – o montante do próprio imposto, constituindo o respectivo destaque mera indicação para fins de controle;
>
> II – o valor correspondente a:
>
> a) seguros, juros e demais importâncias pagas, recebidas ou debitadas, bem como descontos concedidos sob condição;
>
> b) frete, caso o transporte seja efetuado pelo próprio remetente ou por sua conta e ordem e seja cobrado em separado.
>
> § 2º Não integra a base de cálculo do imposto o montante do Imposto sobre Produtos Industrializados, quando a operação, realizada entre contribuintes e relativa a produto destinado à industrialização ou à comercialização, configurar fato gerador de ambos os impostos.

Portanto, a base de cálculo do ICMS parte do valor do bem ou mercadoria informado na declaração de mercadorias. A esse somam-se o montante de outros tributos e as despesas aduaneiras, além do próprio ICMS (calculado "por dentro"), do seguro, dos juros e demais importâncias pagas, recebidas ou debitadas, dos descontos condicionais e do frete, quando cobrado em separado e na hipótese de transporte prestado pelo remetente ou por sua conta e ordem.

Os §§ 1º e o 2º do art. 13 já foram analisados no estudo do ICMS sobre operações mercantis. Neste tópico, portanto, será examinado o inciso V do art. 13. Esse dispositivo prevê a inclusão do imposto de importação, do IPI, do IOF e de outros tributos na base de cálculo do ICMS. Entretanto, apenas o cálculo "por dentro" do imposto é autorizado pelo texto constitucional (art. 155, § 2º, XI), sendo inconstitucional a previsão de inclusão do imposto de importação, do IOF e demais tributos na base de cálculo do ICMS.

---

[111] "Art. 14. O preço de importação expresso em moeda estrangeira será convertido em moeda nacional pela mesma taxa de câmbio utilizada no cálculo do imposto de importação, sem qualquer acréscimo ou devolução posterior se houver variação da taxa de câmbio até o pagamento efetivo do preço."

558 | CURSO DE DIREITO TRIBUTÁRIO – *Solon Sehn*

2.4.2.2   Alíquotas

Como analisado anteriormente, a Lei Complementar 87/1996 disciplina apenas os aspectos nucleares do imposto, sem se ocupar das alíquotas do ICMS, que são fixadas pela legislação da unidade federada competente, observados o princípio da seletividade e as resoluções do Senado Federal.

2.4.2.3   Sujeição passiva

Recorde-se que, no ICMS sobre a importação, a exigência de habitualidade foi suprimida pela Emenda 33/2001, que alterou a redação ao art. 155, § 2º, IX, "a", da Constituição. Em razão disso, o inciso I do § 1º do art. 4º da Lei Complementar 87/1996 estabelece que pode ser contribuinte do imposto qualquer pessoa física ou jurídica que, mesmo sem habitualidade ou intuito comercial, importe mercadorias ou bens do exterior:

> Art. 4º Contribuinte é qualquer pessoa, física ou jurídica, que realize, com habitualidade ou em volume que caracterize intuito comercial, operações de circulação de mercadoria ou prestações de serviços de transporte interestadual e intermunicipal e de comunicação, ainda que as operações e as prestações se iniciem no exterior.
>
> § 1º É também contribuinte a pessoa física ou jurídica que, mesmo sem habitualidade ou intuito comercial: (Transformado do parágrafo único pela Lei Complementar 190, de 2022)
>
> I – importe mercadorias ou bens do exterior, qualquer que seja a sua finalidade; (Redação dada pela Lcp 114, de 16.12.2002)
>
> [...].

A lei complementar também estabelece critérios para atribuição legal da responsabilidade tributária do ICMS, já analisados anteriormente.

2.4.2.4   Sujeito ativo: titularidade do crédito tributário

A titularidade do crédito tributário de ICMS, de acordo com o art. 155, § 2º, IX, "a", da Constituição, cabe à unidade da Federação onde estiver situado o domicílio ou o estabelecimento do destinatário da mercadoria importada:

> Art. 155. [...]
>
> § 2º O imposto previsto no inciso II atenderá ao seguinte: (Redação dada pela Emenda Constitucional 3, de 1993)
>
> [...]
>
> IX – incidirá também:
>
> [...]
>
> a) sobre a entrada de bem ou mercadoria importados do exterior por pessoa física ou jurídica, ainda que não seja contribuinte habitual do imposto, qualquer que seja a sua finalidade, assim como sobre o serviço prestado no exterior, *cabendo o imposto ao Estado onde estiver situado o domicílio ou o estabelecimento do destinatário da mercadoria, bem ou serviço*; (Redação dada pela Emenda Constitucional 33, de 2001)
>
> [...]. (g.n.)

Por outro lado, no exercício da competência prevista no art. 155, § 2º, XII, "d", da Constituição, a Lei Complementar 87/1996 estabeleceu que o local da operação, para efeitos de cobrança

Parte Especial • Capítulo II • IMPOSTOS ESTADUAIS | **559**

do imposto, corresponde ao *estabelecimento onde ocorrer a entrada física* ou, na falta deste, o *domicílio do adquirente*:

> Art. 11. O local da operação ou da prestação, para os efeitos da cobrança do imposto e definição do estabelecimento responsável, é:
>
> I – tratando-se de mercadoria ou bem:
>
> [...]
>
> d) importado do exterior, o do estabelecimento onde ocorrer a entrada física;
>
> e) importado do exterior, o do domicílio do adquirente, quando não estabelecido;
>
> [...].

No julgamento do ARE 665.134, o STF decidiu em regime de repercussão geral que:

> Recurso extraordinário com agravo. Repercussão geral reconhecida. Direito tributário. Imposto sobre Circulação de Mercadorias e Serviços – ICMS. Importação. Art. 155, § 2º, IX, "a", da Constituição da República. Art. 11, I, "d" e "e", da Lei Complementar 87/96. Aspecto pessoal da hipótese de incidência. Destinatário legal da mercadoria. Domicílio. Estabelecimento. Transferência de domínio. Importação por conta própria. Importação por conta e ordem de terceiro. Importação por conta própria, sob encomenda.
>
> 1. Fixação da seguinte tese jurídica ao Tema 520 da sistemática da repercussão geral: "**O sujeito ativo da obrigação tributária de ICMS incidente sobre mercadoria importada é o Estado-membro no qual está domiciliado ou estabelecido o destinatário legal da operação que deu causa à circulação da mercadoria, com a transferência de domínio**".
>
> 2. A jurisprudência desta Corte entende ser o sujeito ativo do ICMS-importação o Estado--membro no qual estiver localizado o destinatário final da operação, logo é irrelevante o desembaraço aduaneiro ocorrer na espacialidade de outro ente federativo. Precedentes.
>
> 3. Em relação ao significante "destinatário final", para efeitos tributários, a disponibilidade jurídica precede a econômica, isto é, o sujeito passivo do fato gerador é o destinatário legal da operação da qual resulta a transferência de propriedade da mercadoria. Nesse sentido, a forma não prevalece sobre o conteúdo, sendo o sujeito tributário quem dá causa à ocorrência da circulação de mercadoria, caracterizada pela transferência do domínio. Ademais, não ocorre a prevalência de eventuais pactos particulares entre as partes envolvidas na importação, quando da definição dos polos da relação tributária.
>
> 4. Pela tese fixada, são os destinatários legais das operações, em cada hipótese de importação, as seguintes pessoas jurídicas: a) na importação por conta própria, a destinatária econômica coincide com a jurídica, uma vez que a importadora utiliza a mercadoria em sua cadeia produtiva; b) na importação por conta e ordem de terceiro, a destinatária jurídica é quem dá causa efetiva à operação de importação, ou seja, a parte contratante de prestação de serviço consistente na realização de despacho aduaneiro de mercadoria, em nome próprio, por parte da importadora contratada; c) na importação por conta própria, sob encomenda, a destinatária jurídica é a sociedade empresária importadora (*trading company*), pois é quem incorre no fato gerador do ICMS com o fito de posterior revenda, ainda que mediante acerto prévio, após o processo de internalização.
>
> 5. Na aplicação da tese ao caso concreto, colhem-se equívocos na qualificação jurídica do conjunto fático-probatório, tal como estabelecido pelas instâncias ordinárias e sob as luzes da jurisprudência do Supremo Tribunal Federal, pelas seguintes razões: a) não se considerou a circulação simbólica da mercadoria como aspecto material do fato gerador; b) a destinação da mercadoria importada como matéria-prima para a produção de

defensivos agrícolas em nada interfere a fixação do sujeito ativo do tributo, porque não cabe confundir o destinatário econômico com o jurídico; e c) não se verifica qualquer indício de "importação indireta", uma vez que, no caso, trata-se de filiais de uma mesma sociedade empresária.

6. Faz-se necessária a utilização de técnica de declaração de inconstitucionalidade parcial, sem redução de texto, ao art. 11, I, "d", da Lei Complementar federal 87/96, com o fito de afastar o entendimento de que o local da operação ou da prestação, para os efeitos da cobrança do imposto e definição do estabelecimento responsável pelo tributo, é apenas e necessariamente o da entrada física de importado.

7. Recurso extraordinário a que se nega provimento[112].

Houve oposição de dois embargos de declaração em face do acórdão, que, por sua vez, foram decididos na mesma assentada, nos seguintes termos:

Embargos de declaração no recurso extraordinário com agravo. Direito tributário. Imposto sobre Circulação de Mercadorias e Serviços – ICMS. Importação. Art. 155, § 2º, IX, "a", da Constituição da República. Art. 11, i, "d" e "e", da Lei Complementar 87/96. Aspecto pessoal da hipótese de incidência. Destinatário legal da mercadoria. Domicílio. Estabelecimento. Transferência de domínio. Importação envolvendo mais de um estabelecimento da mesma empresa. Situação abrangida pelas hipóteses definidas no acórdão embargado. Importação por conta própria. Importação por conta e ordem de terceiro. Importação por conta própria, sob encomenda. Inexistência de omissão, contradição ou obscuridade. Rejeição dos embargos. Homologação de renúncia à pretensão formulada na ação (art. 487, III, "c", do CPC/2015). Impossibilidade de julgamento do caso concreto. Contradição verificada. Embargos acolhidos em parte.

1. Tese jurídica fixada para o Tema 520 da sistemática da repercussão geral: "**O sujeito ativo da obrigação tributária de ICMS incidente sobre mercadoria importada é o Estado-membro no qual está domiciliado ou estabelecido o destinatário legal da operação que deu causa à circulação da mercadoria, com a transferência de domínio**".

2. Em relação ao significante "destinatário final", para efeitos tributários, a disponibilidade jurídica precede a econômica, isto é, o sujeito passivo do fato gerador é o destinatário legal da operação da qual resulta a transferência de propriedade da mercadoria. Nesse sentido, a forma não prevalece sobre o conteúdo, sendo o sujeito tributário quem dá causa à ocorrência da circulação de mercadoria, caracterizada pela transferência do domínio. Ademais, não ocorre a prevalência de eventuais pactos particulares entre as partes envolvidas na importação, quando da definição dos polos da relação tributária.

3. Pela tese fixada, são os destinatários legais das operações, em cada hipótese de importação, as seguintes pessoas jurídicas: a) na importação por conta própria, a destinatária econômica coincide com a jurídica, uma vez que a importadora utiliza a mercadoria em sua cadeia produtiva; b) na importação por conta e ordem de terceiro, a destinatária jurídica é quem dá causa efetiva à operação de importação, ou seja, a parte contratante de prestação de serviço consistente na realização de despacho aduaneiro de mercadoria, em nome próprio, por parte da importadora contratada; c) na importação por conta própria, sob encomenda, a destinatária jurídica é a sociedade empresária importadora (*trading company*), pois é quem incorre no fato gerador do ICMS com o fito de posterior revenda, ainda que mediante acerto prévio, após o processo de internalização.

---

[112] STF, ARE 665134 RG, Rel. Min. Edson Fachin, *DJe* 19.05.2020.

Parte Especial · Capítulo II · IMPOSTOS ESTADUAIS | **561**

4. Hipóteses de importação definidas no acórdão embargado que abrangem as importações envolvendo mais de um estabelecimento de uma mesma sociedade empresarial. Inexistência de omissão.

5. Independência nos provimentos jurisdicionais prestados por esta Corte no julgamento do feito em questão, no que diz respeito a resolução do mérito do caso concreto, com a homologação do pedido de renúncia à pretensão formulada na ação, de um lado, e o julgamento de mérito em abstrato da questão jurídica da questão jurídica com repercussão geral reconhecida, de outro.

6. Impossibilidade jurídica da aplicação da tese fixada em repercussão geral para o caso concreto. Contradição verificada.

7. Embargos de declaração da empresa acolhido. Embargos de declaração do ente estatal acolhido em parte[113].

Dessa forma, foi definido pelo STF que, independentemente do local do desembaraço aduaneiro, no regime de importação por conta e ordem, o ICMS deve ser recolhido em favor da unidade onde estiver situado o estabelecimento do real adquirente, isto é, da empresa contratante (mandante) dos serviços da importadora (mandatária). Já na importação direta (denominada *importação por conta própria* no ARE 665.134), o imposto cabe à Fazenda Pública de onde estiver situado o estabelecimento da importadora. O mesmo se aplica à importação por encomenda (ou *importação por conta própria, sob encomenda*), ainda que o encomendante localize-se em outra unidade da Federação.

Esses pontos foram pacificados no julgamento do ARE 665.134, ficando sem efeito disposições do Convênio Confaz 135/2002 que afastavam a aplicação dos diferentes regimes de importação ao ICMS:

> Cláusula primeira. Para efeito de cumprimento das obrigações tributárias relativas ao ICMS, na saída promovida, a qualquer título, por estabelecimento importador de mercadoria ou bem por ele importado do exterior, ainda que tida como efetuada por conta e ordem de terceiros, não tem aplicação o disposto nas Instruções Normativas SRF247, de 21 de novembro de 2002, nos artigos 12 e 86 a 88, e SRF225, de 18 de outubro de 2002, e no Ato Declaratório Interpretativo SRF7 de 13 de junho de 2002, ou outros instrumentos normativos que venham a substituí-los[114].

Assim, cumpre considerar que, na importação direta, o importador promove a introdução de um produto no território aduaneiro sem a intenção de comercializá-lo a terceiros, isto é, para fins de utilização como insumo, de uso e de consumo do estabelecimento ou como ativo

---

[113] STF, Tribunal Pleno, ARE 665134 ED, Rel. Min. Edson Fachin, *DJe* 03.12.2020; STF, Tribunal Pleno, ARE 665134 ED-segundos, Rel. Min. Edson Fachin, *DJe* 03.12.2020. Ambos apresentam a mesma ementa.

[114] Durante muito tempo, apenas os Estados de São Paulo e do Espírito Santo reconheciam a validade dos regimes de importação definidos na legislação aduaneira federal (Protocolo ICMS 23/2009). Os demais, inclusive o Distrito Federal, entendiam que a diferenciação entre os regimes de importação não era aplicável ao ICMS, conforme enunciado na cláusula primeira do Convênio Confaz 135/2002. Nesse sentido, *v. g.*, a Solução de Consulta 066/2008, da Secretaria do Estado de Santa Catarina: "[...] o regramento previsto na Instrução Normativa emitida pela Secretaria da Receita Federal além de afrontar o disposto na Lei Complementar 87, de 1996, diploma que cuida de estabelecer normas gerais para o ICMS, confunde o contribuinte e gera dúvidas em relação aos valores que devem ser incluídos na base de cálculo do ICMS, mesmo não possuindo competência para tal. [...] Sendo assim, para elucidar a questão é de bom alvitre destacar que em consonância com o Convênio ICMS 135, de 2000, para fins de cobrança do ICMS – importador é quem realiza a operação de importação, seja ela por conta própria ou por conta e ordem de terceiro" (Consulta 066/2008, SEF/SC, *DOE* 16.12.2008).

562 | CURSO DE DIREITO TRIBUTÁRIO – *Solon Sehn*

imobilizado. Nada impede a venda no mercado interno, desde que inexista um adquirente previamente determinado. O fechamento do câmbio ocorre em nome do importador e os recursos empregados na operação devem ser de sua titularidade[115]. Esse regime tem os mesmos efeitos fiscais da importação por encomenda. A diferença é que nessa a introdução do produto no território aduaneiro ocorre para fins de revenda a um encomendante previamente determinado, que, por sua vez, deve ser vinculado ao importador em requerimento específico apresentado perante a Secretaria da Receita Federal, além de identificado na declaração de mercadorias[116]. Ambos devem estar regularmente habilitados para operar no Sistema Integrado de Comércio Exterior e vinculados no Portal Único do Comércio Exterior (Pucomex). Os recursos empregados devem ser do importador, que deverá apresentar capacidade econômico-financeira compatível com as operações[117]. Não obstante, pode-se convencionar o pagamento – total ou parcial – antecipado[118] ou a prestação de garantia, sem que isso descaracterize a operação[119].

Na importação por conta e ordem, a empresa que promove a introdução do produto estrangeiro no território aduaneiro não o faz em nome próprio, mas enquanto mandatária do real adquirente. O importador constitui um simples prestador de serviço, limitando-se a promover em seu nome o despacho aduaneiro de importação de mercadoria adquirida por outra, em razão de contrato previamente firmado, registrado no Siscomex e vinculado na Secretaria da Receita Federal. Mandatário e mandante devem estar regulamente habilitados para operar no Siscomex e vinculados no Portal Pucomex. Todos os recursos empregados na operação necessariamente devem advir do adquirente. O faturamento da importadora restringe-se ao valor da remuneração pelos serviços prestados. A entrega do produto é documentada por meio de nota fiscal de simples remessa, já que o importador não é proprietário da mercadoria.

Portanto, de acordo com a interpretação fixada pelo STF, o ICMS cabe à unidade da Federação em que estiver situado o estabelecimento do importador nos regimes de encomenda e de importação própria ou direta. Na conta e ordem, por sua vez, onde estiver situado o estabelecimento do real destinatário.

---

[115] Do contrário, o art. 27 da Lei 10.637/2002 descaracteriza a operação, presumindo-a por conta e ordem de quem a financiou: "Art. 27. A operação de comércio exterior realizada mediante utilização de recursos de terceiro presume-se por conta e ordem deste, para fins de aplicação do disposto nos arts. 77 a 81 da Medida Provisória2.158-35, de 24 de agosto de 2001". Esses diferentes regimes têm os seus requisitos formais e materiais disciplinados em instruções normativas da Secretaria da Receita Federal, editadas com fundamento na Medida Provisória 2.158-35/2001, nas Leis 10.865/2004, 10.637/2002 e 11.281/2006. Sobre o tema, cf.: SEHN, Solon. *Curso de direito aduaneiro*. 2. ed. Rio de Janeiro: Forense, 2022. p. 80 e ss.

[116] IN RFB 1.861/2018, arts. 4º e 5º.

[117] De acordo com o art. 11, § 2º, da Lei 11.281/2006: "§ 2º A operação de comércio exterior realizada em desacordo com os requisitos e condições estabelecidos na forma do § 1º deste artigo presume-se por conta e ordem de terceiros, para fins de aplicação do disposto nos arts. 77 a 81 da Medida Provisória2.158-35, de 24 de agosto de 2001". Ressalte-se ainda que, de acordo com a Solução de Consulta Cosit 158/2021, a presença do que seria uma espécie de "encomendante do encomendante" não descaracteriza a operação nem obriga a vinculação desse terceiro na declaração aduaneira: "A importação por encomenda envolve, usualmente, apenas dois agentes econômicos, ou seja, o importador por encomenda e o encomendante predeterminado, que são, respectivamente, o contribuinte e o responsável solidário pelos tributos incidentes. A presença de um terceiro envolvido – o encomendante do encomendante predeterminado – não é vedada pela legislação, não descaracteriza a operação de importação por encomenda, e, portanto, não é obrigatória sua informação na Declaração de Importação, desde que as relações estabelecidas entre os envolvidos na importação indireta representem transações efetivas de compra e venda de mercadorias".

[118] Art. 3º, § 3º, da IN RFB 1.861/2018, na redação da IN RFB 2.101/2022: "§ 3º Consideram-se recursos próprios do importador por encomenda os valores recebidos do encomendante predeterminado a título de pagamento, total ou parcial, da obrigação relativa à revenda da mercadoria nacionalizada, ainda que ocorrido antes da realização da operação de importação ou da efetivação da transação comercial de compra e venda da mercadoria de procedência estrangeira pelo importador por encomenda".

[119] Art. 3º, § 4º, da IN RFB 1.861/2018: "§ 4º O importador por encomenda poderá solicitar prestação de garantia, inclusive mediante arras, sem descaracterizar a operação referida no *caput*".

Parte Especial · Capítulo II · IMPOSTOS ESTADUAIS | 563

2.5 ICMS sobre serviços de transporte

2.5.1 *Hipótese de incidência*

2.5.1.1 Critério material

O critério material da hipótese de incidência do ICMS sobre serviços de transporte decorre do art. 155, II, da Constituição Federal, e do art. 2º, II e § 1º, da Lei Complementar 87/1996:

> Art. 155. Compete aos Estados e ao Distrito Federal instituir impostos sobre: (Redação dada pela Emenda Constitucional 3, de 1993)
>
> [...]
>
> II – operações relativas à circulação de mercadorias e sobre *prestações de serviços de transporte interestadual e intermunicipal* e de comunicação, *ainda que* as operações e *as prestações se iniciem no exterior*; (Redação dada pela Emenda Constitucional3, de 1993) [...]. (g.n.)
>
> Art. 2º O imposto incide sobre:
>
> [...]
>
> II – prestações de serviços de transporte interestadual e intermunicipal, por qualquer via, de pessoas, bens, mercadorias ou valores;
>
> [...]
>
> § 1º O imposto incide também:
>
> [...]
>
> II – sobre o serviço prestado no exterior ou cuja prestação se tenha iniciado no exterior;
>
> [...].

Dessa forma, no ICMS sobre serviços de transporte, o critério material da hipótese de incidência corresponde a *prestar serviços de transporte interestadual e intermunicipal*.

Os *serviços de transporte* podem ter por objeto o deslocamento de pessoas ou coisas de um lugar para outro, por meio aéreo, aquaviário (marítimo, fluvial ou lacustre), terrestre (rodoviária ou ferroviária) ou multimodal.

No transporte de pessoas, o *condutor* ou *transportador* (contratado) obriga-se a levar o *passageiro* (contratante) e suas bagagens de um lugar para outro, com segurança, sem vínculo empregatício e mediante recebimento de uma remuneração (*passagem*). Essa é especificada no *bilhete* emitido pelo transportador, que também contém a indicação da origem, do destino, do itinerário, data da emissão, dia e horário de partida, entre outras cláusulas (*v.g.*, a classe e o assento do passageiro).

No transporte de produtos ou de coisas, o *transportador*, mediante remuneração (*frete*) e sem vínculo empregatício, obriga-se a transportar um bem móvel e corpóreo de um lugar para outro, com segurança e dentro do prazo convencionado, que é remetido por um expedidor (*embarcador* ou *remetente*) em benefício de um outrem (*consignatário* ou *destinatário*)[120]. Trata-se de uma estipulação em favor de terceiros. Dele fazem parte apenas o transportador e o embarcador

---

[120] Sobre o tema, cf.: ANTONINI, Alfredo. *Corso di diritto dei trasporti*. 3. ed. Milano: Giuffrè, 2015; SEHN, Solon. *Curso de direito aduaneiro*. Rio de Janeiro: Forense, 2021. p. 81; GOMES, Orlando. *Contratos*. 27. ed. Rio de Janeiro: Forense, 2019. p. 309 e ss. e-Book; TARTUCE, Flávio. *Direito civil*: teoria geral dos contratos e contratos em espécie. 16. ed. Rio de Janeiro: Forense, 2021. v. 3, p. 723 e ss. e-Book; TEPEDINO, Gustavo; KONDER, Carlos Nelson; BANDEIRA, Paula Greco. *Fundamentos do direito civil*: contratos. 2. ed. Rio de Janeiro: Forense, 2021. v. 3. p. 409 e ss. e-Book.

564 | CURSO DE DIREITO TRIBUTÁRIO – *Solon Sehn*

(*expedidor* ou *remetente*). O destinatário da mercadoria, denominado consignatário, não integra a relação contratual, salvo quando também for o remetente. A sua formalização opera-se mediante emissão de um título de crédito pelo transportador: o *conhecimento de transporte* (conhecimento de carga, de frete ou, no transporte marítimo, conhecimento marítimo, *B/L* ou *Bill of Lading*). É inerente ao contrato a chamada *cláusula de incolumidade*[121], de sorte que, desde o momento em que recebe a carga até a sua entrega, o transportador responde pelos prejuízos resultantes do atraso, da perda, danos ou avaria[122]. A legislação, inclusive, obriga a contratação de seguro contra perdas ou danos causados à carga (Lei 11.442/2007, art. 13, I e II[123]; e Decreto-lei 73/1966, art. 20, "m")[124]. O término do contrato ocorre com a entrega ou depósito da coisa, em perfeitas condições, dentro do prazo ajustado ou esperado em face das circunstâncias, ao destinatário ou ao endossatário do conhecimento (CC, arts. 750[125], 754[126] e 755[127]).

Desde logo, portanto, nota-se que não há incidência do ICMS sobre o chamado autotransporte e sobre o transporte prestado com vínculo empregatício, porque sequer há uma prestação de serviços. Ademais, como o contrato de transporte é sempre oneroso, não há um serviço no transporte gratuito.

A jurisprudência do STJ entende que "não incide ICMS sobre o serviço de transporte interestadual de mercadorias destinadas ao exterior" (Súmula 649). Nos serviços de transporte iniciados no exterior, por sua vez, não há incidência se o destino final for um Município de fronteira. O itinerário no território nacional deve apresentar um caráter interestadual ou intermunicipal[128]. Cada país apresenta-se enquanto uma unidade perante a comunidade internacional. Assim, como a legislação brasileira não produz efeitos no exterior, as divisões político-territoriais decorrentes da forma de federativa de Estado adotada no Brasil não são aplicáveis à realidade de outras nações. A recíproca é igualmente verdadeira, razão pela qual, para efeitos de incidência

---

[121] Súmula STF 161: "Em contrato de transporte, é inoperante a cláusula de não indenizar".

[122] Lei 11.442/2007, art. 7º, I e II; Lei 9.611/1998, art. 11, I e II.

[123] "Art. 13. São de contratação exclusiva dos transportadores, pessoas físicas ou jurídicas, prestadores do serviço de transporte rodoviário de cargas: (Redação dada pela Medida Provisória1.153, de 2022)
I – seguro obrigatório de responsabilidade civil do transportador rodoviário de cargas, para cobertura de perdas ou danos causados à carga transportada em decorrência de acidentes rodoviários; (Redação dada pela Medida Provisória1.153, de 2022)
[...]."

[124] "Art. 20. Sem prejuízo do disposto em leis especiais, são obrigatórios os seguros de: [...] m) responsabilidade civil dos transportadores terrestres, marítimos, fluviais e lacustres, por danos à carga transportada. (Incluída pela Lei 8.374, de 1991)"

[125] "Art. 750. A responsabilidade do transportador, limitada ao valor constante do conhecimento, começa no momento em que ele, ou seus prepostos, recebem a coisa; termina quando é entregue ao destinatário, ou depositada em juízo, se aquele não for encontrado."

[126] "Art. 754. As mercadorias devem ser entregues ao destinatário, ou a quem apresentar o conhecimento endossado, devendo aquele que as receber conferi-las e apresentar as reclamações que tiver, sob pena de decadência dos direitos."

[127] "Art. 755. Havendo dúvida acerca de quem seja o destinatário, o transportador deve depositar a mercadoria em juízo, se não lhe for possível obter instruções do remetente; se a demora puder ocasionar a deterioração da coisa, o transportador deverá vendê-la, depositando o saldo em juízo."

[128] CARRAZZA, Roque Antonio. *ICMS*. 18. ed. São Paulo: JusPodivm-Malheiros, 2020. p. 127. Em edição mais recente de sua obra, o eminente professor entende que: "Embora tenhamos sustentado o contrário em edições anteriores deste livro, hoje estamos convencidos – até por uma questão de necessidade de tratamento isonômico – seja das Unidades Federadas, seja dos próprios contribuintes (que, afinal, suportam a carga econômica do ICMS-Transporte) – de que, ainda que o transporte internacional de passageiro ou de carga venha a se concluir num Município de fronteira (*v.g.*, no Município de Foz do Iguaçu), cabe ICMS ao Estado de destino, porque mesmo neste caso houve transporte transmunicipal (embora iniciado no exterior). Para que o tributo seja devido não há necessidade, pois, de o passageiro ou a carga virem a atravessar no Brasil o território de pelo menos dois Municípios" (CARRAZZA, Roque Antonio. *ICMS*. 18. ed. São Paulo: JusPodivm-Malheiros, 2020. p. 232).

do ICMS, não cabe perquirir se o local de origem do transporte é qualificado como município, distrito, província, departamento ou estado perante o direito constitucional estrangeiro. O que interessa, nos termos do art. 155, II, da Constituição Federal de 1988, e do art. 2º, II e § 1º, da Lei Complementar 87/1996, são dois requisitos: (i) determinar se transporte tem natureza internacional (se iniciou no território estrangeiro); e (ii) saber se, no trajeto dentro do território nacional, apresenta caráter intermunicipal ou interestadual. Do contrário, incidirá o ISS[129], e não o ICMS.

Por fim, cumpre destacar que muitos serviços de transporte são definidos pela Constituição como serviço público municipal (art. 30, V[130]), federal (CF, art. 21, XII, "d" e "e"[131]) ou mesmo monopólio da União (art. 177, IV, § 1º[132]), podendo ser prestados diretamente pelo ente público competente, em regime de autorização, concessão ou permissão, ou então mediante contratação de empresas estatais ou privadas. Isso gera indagações acerca da compatibilidade de cobrança do ICMS com a regra de imunidade recíproca do art. 150, VI, "a", da Constituição Federal de 1988.

Como ressaltado anteriormente, de acordo com o § 3º do art. 150, a imunidade recíproca não se aplica quando há cobrança de contraprestação, de preços ou de tarifas do usuário. Entretanto, esse requisito tem sido flexibilizado pela jurisprudência do STF quando o serviço ou atividade é destituído de intuito lucrativo. O Tribunal, assim, já afastou a tributação de autarquia municipal[133] e empresas públicas[134] prestadoras de serviços públicos, mesmo quando há cobrança de tarifas ou preços públicos dos usuários. Em relação às sociedades de economia mista, a Corte diferencia aquelas que atuam em regime de direito privado e as prestadoras de serviços públicos, adotando como fator para o reconhecimento ou não da imunidade o eventual regime de monopólio (o que afasta possíveis impactos concorrenciais com empresas privadas) e a presença de

---

129 Lei Complementar 116/2003: "Art. 1º O Imposto Sobre Serviços de Qualquer Natureza, de competência dos Municípios e do Distrito Federal, tem como fato gerador a prestação de serviços constantes da lista anexa, ainda que esses não se constituam como atividade preponderante do prestador. [...] § 1º O imposto incide também sobre o serviço proveniente do exterior do País ou cuja prestação se tenha iniciado no exterior do País".

130 "Art. 30. Compete aos Municípios:
[...]
V – organizar e prestar, diretamente ou sob regime de concessão ou permissão, os serviços públicos de interesse local, incluído o de transporte coletivo, que tem caráter essencial."

131 "Art. 21. Compete à União:
[...]
XII – explorar, diretamente ou mediante autorização, concessão ou permissão:
[...]
d) os serviços de transporte ferroviário e aquaviário entre portos brasileiros e fronteiras nacionais, ou que transponham os limites de Estado ou Território;
e) os serviços de transporte rodoviário interestadual e internacional de passageiros."

132 "Art. 177. Constituem monopólio da União:
[...]
IV – o transporte marítimo do petróleo bruto de origem nacional ou de derivados básicos de petróleo produzidos no País, bem assim o transporte, por meio de conduto, de petróleo bruto, seus derivados e gás natural de qualquer origem;
[...]
§ 1º A União poderá contratar com empresas estatais ou privadas a realização das atividades previstas nos incisos I a IV deste artigo observadas as condições estabelecidas em lei. (Redação dada pela Emenda Constitucional 9, de 1995)"

133 STF, 2ª T., RE 339.307 AgR, Rel. Min. Joaquim Barbosa, DJe 30.04.2010.

134 STF, Tribunal Pleno, ARE 638.315 RG, Rel. Min. Cezar Peluso, DJe 31.08.2011. Ver ainda: STF, 1ª T., RE 242.827, Rel. Menezes Direito, DJe 24.10.2008; STF, Tribunal Pleno, RE 627.051, Rel. Min. Dias Toffoli, DJe 11.02.2015; STF, Tribunal Pleno, RE 627.051, Rel. Min. Dias Toffoli, DJe 11.02.2015; STF, Tribunal Pleno, RE 601.392, Rel. Min. Joaquim Barbosa, DJe 01.03.2013; STF, Tribunal Pleno, RE 773.992, Rel. Min. Dias Toffoli, DJe 19.02.2015; STF, Tribunal Pleno, RE 600.867, Rel. Min. Joaquim Barbosa, Rel. p/ Ac. Min. Luiz Fux, DJe 30.09.2020.

566 | CURSO DE DIREITO TRIBUTÁRIO – *Solon Sehn*

participação acionária relevante do setor privado (distribuição de lucros a acionistas privados)[135]. Esses mesmos critérios devem ser adotados em relação aos serviços de transporte, de sorte que não há incidência do ICMS quando os serviços são prestados diretamente pelo ente competente ou sem caráter lucrativo, por meio de autarquias ou empresas estatais, ressalvado, em relação às sociedades de economia mista, aquelas que apresentam participação societária privada relevante.

2.5.1.2 Critérios espacial e temporal

O critério espacial da hipótese de incidência do ICMS sobre serviços de transporte, de acordo com o art. 11, II, "a" e "b", IV, da Lei Complementar 87/1996, corresponde ao território do Estado ou do Distrito Federal onde ocorrer o início da prestação do serviço ou onde se encontre o transportador, quando em situação irregular pela falta de documentação fiscal ou de documentação idônea. Se o transporte for iniciado no exterior, será o território onde estiver estabelecido ou domiciliado o destinatário.

O art. 12, V e VI, da Lei Complementar 87/1996, define como critério temporal o início da prestação de serviços e, no caso de transporte iniciado no exterior, o ato final ocorrido no território nacional[136].

2.5.2 Consequência tributária

2.5.2.1 Base de cálculo

A base de cálculo do ICMS, nos termos do inciso III do art. 13 da Lei Complementar 87/1996, corresponde ao preço do serviço, ou seja, ao valor da passagem no transporte de passageiros e ao frete, no transporte de coisas. O § 1º do art. 13, por outro lado, prevê o cálculo "por dentro" do imposto, assim como a inclusão de outras despesas acessórias, já estudados acima.

2.5.2.2 Alíquotas

Apenas os aspectos gerais do imposto são disciplinados pela Lei Complementar 87/1996. As alíquotas do ICMS são fixadas pela legislação da unidade federada competente, observados o princípio da seletividade e as resoluções do Senado Federal, analisados anteriormente.

2.5.2.3 Sujeito passivo

O contribuinte do ICMS, nos termos do *caput* do art. 4º da Lei Complementar 87/1996, é qualquer pessoa, física ou jurídica, que realize, com habitualidade ou em volume que caracterize intuito comercial, prestações de serviços de transporte interestadual e intermunicipal. No caso de serviço iniciado no exterior, o inciso II do § 1º define como contribuinte o destinatário do serviço, o que abrange, no transporte de mercadorias, o consignatário estabelecido no território nacional.

---

[135] "As empresas públicas e as sociedades de economia mista delegatárias de serviços públicos essenciais, que não distribuam lucros a acionistas privados nem ofereçam risco ao equilíbrio concorrencial, são beneficiárias da imunidade tributária recíproca prevista no artigo 150, VI, *a*, da Constituição Federal, independentemente de cobrança de tarifa como contraprestação do serviço" (Tema 1140) (STF, Tribunal Pleno, RE 1.320.054, Rel. Min. Luiz Fux, *DJe* 14.05.2021); "Sociedade de economia mista, cuja participação acionária é negociada em Bolsas de Valores, e que, inequivocamente, está voltada à remuneração do capital de seus controladores ou acionistas, não está abrangida pela regra de imunidade tributária prevista no art. 150, VI, 'a', da Constituição, unicamente em razão das atividades desempenhadas" (Tema 508) (STF, Tribunal Pleno, RE 600.867, Rel. Min. Joaquim Barbosa, Rel. p/ Ac. Min. Luiz Fux, *DJe* 30.09.2020).

[136] Lei Complementar 87/1996, art. 12, V e VI.

Parte Especial • **Capítulo II** • IMPOSTOS ESTADUAIS | **567**

2.5.2.4 Sujeito ativo

A titularidade do crédito tributário cabe à unidade da Federação onde ocorrer o início da prestação do serviço ou onde se encontre o transportador, quando em situação irregular pela falta de documentação fiscal ou de documentação idônea. Se o serviço de transporte for iniciado no exterior, o imposto cabe à unidade onde estiver domiciliado ou estabelecido o destinatário.

2.6 ICMS sobre serviços de comunicação

2.6.1 Hipótese de incidência

2.6.1.1 Critério material

2.6.1.1.1 Conceito de comunicação

O critério material da hipótese de incidência do ICMS sobre serviços de comunicação decorre do art. 155, II, da Constituição Federal, e do art. 2º, III, § 1º, da Lei Complementar 87/1996:

> Art. 155. Compete aos Estados e ao Distrito Federal instituir impostos sobre: (Redação dada pela Emenda Constitucional 3, de 1993)
>
> [...]
>
> II – operações relativas à circulação de mercadorias e sobre *prestações de serviços* de transporte interestadual e intermunicipal e *de comunicação, ainda que* as operações e *as prestações se iniciem no exterior*; (Redação dada pela Emenda Constitucional 3, de 1993)
>
> [...]. (g.n.)
>
> Art. 2º O imposto incide sobre:
>
> [...]
>
> III – prestações onerosas de serviços de comunicação, por qualquer meio, inclusive a geração, a emissão, a recepção, a transmissão, a retransmissão, a repetição e a ampliação de comunicação de qualquer natureza;
>
> [...]
>
> § 1º O imposto incide também:
>
> [...]
>
> II – sobre o serviço prestado no exterior ou cuja prestação se tenha iniciado no exterior;

O termo "comunicação", como ensina Paulo de Barros Carvalho, designa na teoria da linguagem *qualquer processo de intercâmbio de uma mensagem entre um emissor e um receptor*, pressupondo: (a) um *emissor*; (b) um *canal* (ou meio de transmissão); (c) a *mensagem* (informação transmitida); (d) um *código* ou *repertório* (signos e regras de combinações próprias de um sistema de sinais); e (e) um *receptor* ou destinatário. Todavia, sob o aspecto jurídico, apenas há "prestação de serviço de comunicação quando o emissor da mensagem aparece como tomador do serviço, que, mediante pagamento de remuneração, contrata o prestador para que este exerça a função de canal, proporcionando os meios que tornem possível a transmissão de mensagens ao destinatário"[137].

---

[137] CARVALHO, Paulo de Barros. Não-incidência do ICMS na atividade de provedores de acesso à internet. *Revista Dialética de Direito Tributário*, São Paulo, n. 73, p. 101, out. 2001. Nessa mesma linha, Helena Xavier ensina que comunicação constitui um "[...] *conceito funcional-causal* de realização por atividade de terceiro, *mediante prestação onerosa,* do *efeito de comunicação* enquanto objeto *determinado e indivisível* de uma prestação

568 | CURSO DE DIREITO TRIBUTÁRIO – *Solon Sehn*

Por se tratar de um imposto sobre serviços, somente a comunicação com intermediação (transmissão da mensagem por terceiros) poderá dar ensejo à incidência do ICMS. Exclui-se a comunicação pessoal, com transmissão de mensagem própria, uma vez que ninguém presta serviços a si mesmo[138]. Além disso, como ressalta Roque Antonio Carrazza, é necessário que a *comunicação se complete*, porque o tributo não incide sobre o ato de celebração do contrato, mas sobre atos de efetiva execução (prestação) do serviço[139].

Em relação aos serviços de comunicação prestados mediante autorização, concessão ou permissão, aplicam-se as mesmas observações realizadas na ocasião do estudo dos serviços de transporte.

Portanto, no ICMS sobre serviços de comunicação, o critério material da hipótese de incidência abrange a conduta de *prestar serviços de comunicação*, mediante remuneração e por qualquer meio.

2.6.1.1.2 Serviços de telecomunicação

Os serviços das telecomunicações, nos termos da Lei Geral de Telecomunicações (Lei 9.472/1997), não se confundem com os serviços de valor adicionado:

> Art. 60. Serviço de telecomunicações é o conjunto de atividades que possibilita a oferta de telecomunicação.
>
> § 1º Telecomunicação é a transmissão, emissão ou recepção, por fio, radioeletricidade, meios ópticos ou qualquer outro processo eletromagnético, de símbolos, caracteres, sinais, escritos, imagens, sons ou informações de qualquer natureza.
>
> Art. 61. Serviço de valor adicionado é a atividade que acrescenta, a um serviço de telecomunicações que lhe dá suporte e com o qual não se confunde, novas utilidades relacionadas ao acesso, armazenamento, apresentação, movimentação ou recuperação de informações.
>
> § 1º Serviço de valor adicionado não constitui serviço de telecomunicações, classificando-se seu provedor como usuário do serviço de telecomunicações que lhe dá suporte, com os direitos e deveres inerentes a essa condição.

---

onerosa de serviços, a qual, por conseguinte, só se aperfeiçoa juridicamente com a emissão, transmissão *e* recepção por qualquer meio, de conteúdos de qualquer natureza de um ponto a outro, no âmbito de uma relação de comunicação pessoal, individual e concreta" (XAVIER, Helena de Araújo Lopes. O conceito de comunicação e telecomunicação na hipótese de incidência do ICMS. *Revista Dialética de Direito Tributário*, n. 72, p. 77, 2001).

[138] "Logo, a hipótese de incidência do ICMS consistiria, para esse caso, no ato de intermediar a emissão e recepção de mensagem entre duas ou mais pessoas, podendo dar-se a percussão do imposto apenas na contingência de verificar-se uma atividade em que, por força de remuneração, um indivíduo (A) forneça condições materiais a outro indivíduo (B) a fim de que este se comunique com uma terceira pessoa (C), funcionando como transmissor da mensagem na relação comunicativa. Só será possível haver incidência do ICMS se houver um prestador de serviço intermediando a comunicação entre emissor e receptor" (CARVALHO, Paulo de Barros. Não-incidência do ICMS na atividade de provedores de acesso à internet. *Revista Dialética de Direito Tributário*, São Paulo, n. 73, p. 102, out. 2001). Sobre a impossibilidade de tributação do autosserviço, José Eduardo Soares de Melo ressalta que: "*o significado jurídico* de 'comunicação' – para fins e efeitos tributários – mantém prévia implicação com a realização do *serviço*, que só tem condição de ser configurado mediante a existência de duas (ou mais) pessoas (físicas ou jurídicas) nas qualidades de prestador e tomador (usuário) do serviço. Constitui heresia pensar-se em serviço consigo mesmo [...]" (MELO, José Eduardo Soares de. *Imposto sobre serviços de comunicação*. São Paulo: Malheiros, 2000. p. 64). No mesmo sentido, cf.: CARRAZZA, Roque Antonio. *ICMS*. 18. ed. São Paulo: JusPodivm-Malheiros, 2020. p. 132.

[139] CARRAZZA, Roque Antonio. *ICMS*. 18. ed. São Paulo: JusPodivm-Malheiros, 2020. p. 133.

Parte Especial • Capítulo II • IMPOSTOS ESTADUAIS | **569**

A materialidade da hipótese de incidência do ICMS restringe-se aos serviços de telecomunicação propriamente ditos, previstos no art. 60, *caput* e § 1º, da Lei 9.472/1997, sem alcançar os serviços de valor adicionado, a exemplo dos serviços de provimento de acesso à internet[140], como reconhece a jurisprudência do STJ: "O ICMS não incide no serviço dos provedores de acesso à Internet" (Súmula 334). Também têm essa natureza, não constituindo serviço de telecomunicação, a telefonia baseada na tecnologia VoIP (*Voice Over Internet Protocol*[141]), os "disque-0900" ou, como era comum no passado, os serviços de horóscopo, de chamada teleprogramada, despertador, auxílio à lista, hora-certa, teleamizade e assemelhados[142].

Tampouco há incidência do ICMS nos serviços suplementares e facilidades adicionais, tais como os serviços de bloqueio de chamada, conexão tripartite ou de conversação simultânea, conferência, chamada em espera, discagem direta a ramal, redirecionamento de chamada ("siga--me"), identificador e transferência automática. Esses, que são contratados e pagos em separado, apenas facilitam ou otimizam um serviço de telecomunicação conexo, sem resultar em uma relação comunicativa[143]. O mesmo se aplica à habilitação ou ativação de celulares, que constitui apenas uma atividade preparatória, sem transmissão de uma mensagem[144], como reconhece a

---

[140] Essa questão, antes de ser pacificada nos Tribunais, foi objeto de amplo debate doutrinário. Manifestaram-se pela não incidência, entre outros autores: PRADE, André Porto. *Tributação do provimento de acesso à Internet*. Florianópolis: Obra Jurídica, 2004. p. 19 e ss.; CORAZZA, Edison Aurélio. *ICMS sobre prestações de serviços de comunicação*. São Paulo: Quartier Latin, 2006. p. 88 e ss.; MOREIRA, André Mendes. *A tributação dos serviços de comunicação*. São Paulo: Dialética, 2006. p. 140 e ss.; CARVALHO, Paulo de Barros. Não-incidência do ICMS na atividade de provedores de acesso à internet. *Revista Dialética de Direito Tributário*, São Paulo, n. 73, p. 102, out. 2001; CARRAZZA, Roque Antonio. *ICMS*. 18. ed. São Paulo: JusPodivm-Malheiros, 2020. p. 194; COÊLHO, Sacha Calmon Navarro. Tributação na internet. *In*: MARTINS, Ives Gandra da Silva (coord.). *Tributação na internet*. São Paulo: RT-Centro de Extensão Universitária, 2001. p. 104. Em sentido contrário: GRECO, Marco Aurélio. *Internet e o direito*. São Paulo: Dialética, 2000. p. 17.

[141] Parte da doutrina entende que o VoIP seria serviço de telecomunicação tributado pelo ICMS (JUVENIZ JR., Ubaldo. ICMS Comunicação – As dificuldades impostas pelas novas tecnologias. *In*: CARRAZZA, Elizabeth Nazar (coord.). *ICMS*: questões atuais. São Paulo: Quartier Latin, 2007. p. 146 e ss.), ao passo que outros sustentam que se trataria de serviço de valor adicionado (CARRAZZA, Roque Antonio. *ICMS*. 18. ed. São Paulo: JusPodivm-Malheiros, 2020. p. 169 e ss.). Cf. ainda: BOTELHO, Fernando Neto. VOIP *versus* ICMS. *In*: MOREIRA, André Mendes; RABELO FILHO, Antônio Reinaldo; CORREIA, Armênio Lopes (org.). *Direito das telecomunicações e tributação*. São Paulo: Quartier Latin, 2006. p. 152 e ss.

[142] Nesse tema, a obra de referência é de André Mendes Moreira, que oferece uma análise detalhada dos serviços de valor adicionado mais utilizados, entre outros aspectos relacionados ao ICMS sobre serviços de telecomunicações (MOREIRA, André Mendes. *A tributação dos serviços de comunicação*. São Paulo: Dialética, 2006. p. 133 e ss.).

[143] Como ensina Moreira:
"a) os serviços suplementares e facilidades adicionais somente fazer sentido quando prestados juntamente com o serviço de comunicação (ao contrário do que ocorre com os serviços de valor adicionado, que possuem existência autônoma);
b) não há, na prestação desses serviços, qualquer relação comunicativa. Os mesmos apenas facilitam ou otimizam a prestação do serviço-fim – telecomunicação – mas não se confundem com este último" (MOREIRA, André Mendes. *A tributação dos serviços de comunicação*. São Paulo: Dialética, 2006. p. 173).

[144] Como ressalta André Mendes Moreira, em estudo específico sobre o tema (MOREIRA, André Mendes. *A tributação dos serviços de comunicação*. São Paulo: Dialética, 2006. p. 158): "[...] Não há qualquer transmissão de mensagem quando o usuário tem seu aparelho de telefone habilitado pela prestadora, inexistindo, via de consequência, as fontes transmissora e receptora. A habilitação consiste apenas em tornar utilizável o aparelho de telefonia celular de um novo usuário. Sem a habilitação o telefone simplesmente não funciona, razão pela qual nos Estados Unidos convencionou-se chamá-la de '*activation*', pois é a após a 'ativação' do aparelho que o cliente se torna apto a comunicar-se com terceiros (o próprio Glossário de Termos Técnicos da Anatel define 'ativação' como a 'colocação em operação de estação móvel do assinante, habilitando-a ao imediato e pleno uso do serviço móvel celular')". Nessa mesma linha: CARRAZZA, Roque Antonio. *ICMS*. 18. ed. São Paulo: JusPodivm-Malheiros, 2020. p. 132 e ss.; MELO, José Eduardo Soares de. *A importação no direito tributário*: impostos, taxas, contribuições. São Paulo: RT, 2003. p. 64.

jurisprudência do STJ: "O ICMS não incide sobre o serviço de habilitação de telefone celular" (Súmula 350).

No RE 572.020, o STF também entendeu pela não incidência do ICMS sobre "os serviços preparatórios aos serviços de comunicação, tais como: habilitação, instalação, disponibilidade, assinatura, cadastro de usuário e equipamento, entre outros serviços, configuram atividades-meio ou serviços suplementares"[145]. Na mesma linha desse precedente, na ADI 1491 MC, o Tribunal decidiu que "o Serviço de Valor Adicionado – SVA, previsto no art. 10 da Lei 9.295/1996, não se identifica, em termos ontológicos, com o serviço de telecomunicações. O SVA é, na verdade, mera adição de valor a serviço de telecomunicações já existente, uma vez que a disposição legislativa ora sob exame propicia a possibilidade de competitividade e, assim, a prestação de melhores serviços à coletividade"[146]. Esse entendimento foi reafirmado no ano de 2021, no julgamento do ADI 1945: "Consoante a jurisprudência da Corte, o ICMS-comunicação 'apenas pode incidir sobre a atividade-fim, que é o serviço de comunicação, e não sobre a atividade-meio ou intermediária como são aquelas constantes na Cláusula Primeira do Convênio ICMS69/98' (RE 570.020[147]/DF, Tribunal Pleno, Rel. Min. Luiz Fux)"[148].

No STJ, por sua vez, foram fixadas duas teses jurídicas em precedentes vinculantes acerca da matéria. No REsp 912.888, foi definido que: "O ICMS incide sobre a tarifa de assinatura básica mensal cobrada pelas prestadoras de serviço de telefonia, independentemente da franquia de minutos conferida ou não ao usuário" (Tema Repetitivo 827)[149]. No julgamento do REsp 1.176.753, por sua vez, o STJ decidiu que:

> A incidência do ICMS, no que se refere à prestação dos serviços de comunicação, deve ser extraída da Constituição Federal e da LC 87/96, incidindo o tributo sobre os serviços de comunicação prestados de forma onerosa, através de qualquer meio, inclusive a geração, a emissão, a recepção, a transmissão, a retransmissão, a repetição e a ampliação de comunicação de qualquer natureza (art. 2º, III, da LC 87/96). A prestação de serviços conexos ao de comunicação por meio da telefonia móvel (que são preparatórios, acessórios ou intermediários da comunicação) não se confunde com a prestação da atividade fim processo de transmissão (emissão ou recepção) de informações de qualquer natureza, esta sim, passível de incidência pelo ICMS. Desse modo, a despeito de alguns deles serem essenciais à efetiva prestação do serviço de comunicação e admitirem a cobrança de tarifa pela prestadora do serviço (concessionária de serviço público), por assumirem o caráter de atividade meio, não constituem, efetivamente, serviços de comunicação, razão pela qual não é possível a incidência do ICMS (Tema Repetitivo 427)[150].

Ocorre que, após a definição da não incidência do ICMS sobre serviços de valor adicionado, serviços conexos, suplementares e facilidades adicionais, as empresas passaram a realizar um desmembramento artificial e generalizado da remuneração cobrada dos consumidores pelos serviços de telecomunicações. Hoje, em quase todas as operadoras, esses são oferecidos em "pacotes" ou *combos*, sem que o usuário tenha a opção de não contratação, dentro de um modelo de contratação do tipo "tudo ou nada". No entanto, diante do caso concreto, as autoridades fiscais podem e devem se opor a mascaramentos deliberados da contraprestação. É o que ocorre quan-

---

145 STF, Tribunal Pleno, RE 572.020, Rel. Min. Marco Aurélio, Rel. p/ Ac. Min. Luiz Fux, *DJe* 13.10.2014.

146 STF, Tribunal Pleno, ADI 1491 MC, Rel. Min. Carlos Velloso, Rel. p/ Ac. Min. Ricardo Lewandowski, *DJe* 30.10.2014.

147 Há um erro material na referência: o recurso correto é o RE 572.020.

148 STF, Tribunal Pleno, ADI 1.945, Rel. Min. Cármen Lúcia, Rel. p/ Ac. Min. Dias Toffoli, *DJe* 20.05.2021.

149 STJ, 1ª S., REsp 912.888, Rel. Min. Teori Zavascki, *DJe* 10.05.2017.

150 STJ, 1ª S., REsp 1.176.753, Rel. Min. Napoleão Nunes Maia Filho, Rel. p/ Ac. Min. Mauro Campbell Marques, *DJe* 19.12.2012.

Parte Especial • Capítulo II • IMPOSTOS ESTADUAIS | **571**

do o serviço corresponde a algo sem qualquer utilidade ao usuário ou quando há uma evidente desproporcionalidade entre a utilidade e o valor cobrado no *combo*.

2.6.1.2   Critério temporal

O art. 12, VII e X, da Lei Complementar 87/1996 estabelece que o fato gerador deve ser considerado ocorrido no *momento das prestações onerosas de serviços de comunicação* e, nos serviços iniciados no exterior, do *recebimento pelo destinatário*. Esse último caso abrange a conclusão da prestação no território nacional, porque a legislação brasileira não pode produzir efeitos para alcançar o início da prestação no território estrangeiro, não sem um tratado internacional prevendo a extraterritorialidade. Na hipótese do inciso VII do art. 12, o legislador dos Estados ou do Distrito Federal pode escolher entre o início ou o final da prestação, desde que a comunicação já tenha se completado[151].

2.6.1.3   Critério espacial

O critério espacial da hipótese de incidência do ICMS sobre serviços de comunicações será o território do Estado ou do Distrito Federal onde estiver situado o estabelecimento do prestador ou do destinatário, nesse último caso, quando a prestação for iniciada no exterior (ou em outra unidade da Federação, mas desvinculados da prestação subsequente) ou quando prestados por meio de satélite[152].

2.6.2   Consequência tributária

2.6.2.1   Base de cálculo

A base de cálculo do ICMS, nos termos do inciso VI do art. 13 da Lei Complementar 87/1996, corresponde ao valor da prestação do serviço, acrescido, se for o caso, de todos os encargos relacionados com a sua utilização. O § 1º do art. 13, por outro lado, prevê o cálculo "por dentro" do imposto, assim como a inclusão de outras despesas acessórias, já analisadas acima.

2.6.2.2   Alíquotas

Como estudado anteriormente, apenas os aspectos gerais do imposto são disciplinados pela Lei Complementar 87/1996. As alíquotas do ICMS são fixadas pela legislação da unidade federada competente, observados o princípio da seletividade e as resoluções do Senado Federal.

2.6.2.3   Sujeição passiva

O contribuinte do ICMS, nos termos do *caput* do art. 4º da Lei Complementar 87/1996, é qualquer pessoa, física ou jurídica, que realize, com habitualidade ou em volume que caracterize intuito comercial, prestações de serviços de comunicação. No caso de serviço iniciado no exterior, o inciso II do § 1º define como contribuinte o destinatário do serviço.

---

[151]   Recorde-se que, como ressalta Roque Antonio Carrazza, é necessário que a *comunicação se complete*, porque o tributo não incide sobre o ato de celebração do contrato, mas sobre atos de efetiva execução (prestação) do serviço (CARRAZZA, Roque Antonio. *ICMS*. 18. ed. São Paulo: JusPodivm-Malheiros, 2020. p. 133).

[152]   Lei Complementar 87/1996, art. 11, III, "a" a "d".

2.6.2.4   Sujeito ativo

A titularidade do crédito tributário do ICMS sobre os serviços de comunicação cabe à unidade da Federação onde estiver situado o estabelecimento do prestador ou do destinatário, nesse último caso, quando a prestação for iniciada no exterior (ou em outra unidade da Federação, mas desvinculados da prestação subsequente) ou quando prestados por meio de satélite[153].

2.7   ICMS após a Reforma Tributária

Como será analisado[154], a Emenda 132/2023 (Emenda da Reforma Tributária) prevê a criação da CBS e do IBS, que substituirão progressivamente o ICMS, o ISS, as Contribuições ao PIS/Pasep e a Cofins e parte da incidência do IPI. Também foi estabelecida a competência da União para a instituição de um *imposto seletivo* (IS), que incidirá sobre a produção, extração, comercialização e a importação de bens e serviços prejudiciais à saúde ou ao meio ambiente[155]. Entre 2029 e 2032, as alíquotas do ICMS e do ISS serão reduzidas um décimo por ano, acompanhadas do aumento do IBS na mesma proporção. A extinção ocorrerá em 2033, com a revogação da regra de competência do imposto[156].

3   IPVA

3.1   Anterioridade mínima

O IPVA está submetido ao princípio constitucional da anterioridade (CF, art. 150, III). O imposto não pode ser cobrado no mesmo exercício financeiro que for instituído ou aumentado (alínea "b"), observado o prazo mínimo de 90 dias da data da publicação da lei (alínea "c"). Essa última exigência, entretanto, não é aplicável quando o aumento resulta da fixação da base de cálculo do imposto[157].

3.2   Hipótese de incidência

A hipótese de incidência do IPVA deve ser construída a partir da legislação de cada Estado e do Distrito Federal. Em relação ao critério material ou materialidade do tributo, devem ser observados os parâmetros que decorrem do inciso III do art. 155 da Constituição Federal, que, ao definir a competência impositiva, acaba circunscrevendo a incidência à *propriedade de veículos automotores*. Com base nesse dispositivo, a jurisprudência do STF entendeu que "a materialidade constitucional do IPVA não abarca a propriedade de embarcações ou aeronaves"[158]. Outro limite que decorre desse preceito é a impossibilidade de tributação da simples posse ou uso do veículo. Dessa forma, o critério material do imposto deve consistir em ser proprietário de veículo automotor.

A Emenda 132/2023 (Emenda da Reforma Tributária) alterou essa realidade, permitindo a incidência do IPVA sobre *a propriedade de veículos automotores terrestres, aquáticos e aéreos*. Assim, estes também serão tributados, ressalvadas os casos de imunidade, que compreenderão: (a) as aeronaves agrícolas e de operador certificado para prestar serviços aéreos a terceiros;

---

153   Lei Complementar 87/1996, art. 11, III, "a" a "d".

154   Cap. IV, item 1, da Parte Especial.

155   CF, art. 153, VIII, § 6º, 156-A, § 1º; art. 195, V, § 16.

156   ADCT, art. 129.

157   "Art. 150. [...] § 1º A vedação do inciso III, *b*, não se aplica aos tributos previstos nos arts. 148, I, 153, I, II, IV, V e VIII; e 154, II; e a vedação do inciso III, *c*, não se aplica aos tributos previstos nos arts. 148, I, 153, I, II, III e V; e 154, II, nem à fixação da base de cálculo dos impostos previstos nos arts. 155, III, e 156, I."

158   STF, 2ª T., ARE 1.172.327 AgR, Rel. Min. Edson Fachin, *DJe* 23.10.2019.

Parte Especial · Capítulo II · IMPOSTOS ESTADUAIS | **573**

(b) as embarcações de pessoa jurídica que detenha outorga para prestar serviços de transporte aquaviário ou de pessoa física ou jurídica que pratique pesca industrial, artesanal, científica ou de subsistência; (c) as plataformas suscetíveis de se locomoverem na água por meios próprios, inclusive aquelas cuja finalidade principal seja a exploração de atividades econômicas em águas territoriais e na zona econômica exclusiva e embarcações que tenham essa mesma finalidade principal; e (d) os tratores e máquinas agrícolas[159].

O critério espacial da hipótese de incidência deve corresponder ao território do Estado ou do Distrito Federal no qual estiver licenciado o veículo. Entretanto, como será analisado, há controvérsia nos casos em que o proprietário é domiciliado em unidade da Federação distinta do licenciamento, notadamente nos casos envolvendo empresas de locação.

O critério temporal, definido pela legislação de cada ente federativo, geralmente corresponde ao dia 1º de janeiro de cada ano e, para veículos novos, a data da aquisição.

3.3 Base de cálculo e alíquota

O legislador dos Estados e do Distrito Federal costuma definir como base de cálculo do imposto o valor de mercado do veículo determinado anualmente por meio de publicações especializadas ou órgãos oficiais. A atualização das bases de cálculo, como ressaltado anteriormente, não está sujeita ao disposto na alínea "c" do inciso III do art. 150 da Constituição Federal, podendo ser aplicada no exercício financeiro seguinte, sem a necessidade de observância do prazo mínimo de 90 dias.

As alíquotas do IPVA, nos termos dos incisos I e II do § 6º do art. 155 da Constituição, podem variar em função do tipo e utilização do veículo, observados os limites mínimos definidos pelo Senado Federal[160]. Atualmente, a Resolução SF 15/2022 estabelece que a alíquota mínima para os veículos de duas rodas de até 170 cilindradas é de zero por cento[161].

A Emenda 132/2023 alterou o inciso II do § 6º do art. 155, permitindo alíquotas diferenciadas do IPVA não apenas em função do tipo e da utilização, mas também do valor e do impacto ambiental do veículo.

3.4 Sujeição passiva e ativa

O inciso III do art. 155 da Constituição, ao fixar a competência para a instituição do IPVA, pressupõe um *destinatário constitucional* do tributo: o proprietário do veículo automotor. Os Estados e o Distrito Federal devem observar esse limite ao definir o contribuinte. Muitos, ademais, definem como responsável tributário: (a) o adquirente ou remitente do veículo automotor, quanto aos débitos do proprietário ou proprietários anteriores; (b) o fiduciante ou possuidor direto, em relação ao veículo automotor objeto de alienação fiduciária em garantia; (c) a empresa detentora da propriedade, no caso de veículo cedido pelo regime de arrendamento mercantil.

---

[159] CF, art. 155, § 6º, III.

[160] "Art. 155. [...] § 6º O imposto previsto no inciso III: (Incluído pela Emenda Constitucional 42, de 19.12.2003)
[...]
I – terá alíquotas mínimas fixadas pelo Senado Federal; (Incluído pela Emenda Constitucional 42, de 19.12.2003)
II – poderá ter alíquotas diferenciadas em função do tipo e utilização. (Incluído pela Emenda Constitucional 42, de 19.12.2003)"

[161] "Art. 1º A alíquota mínima do Imposto sobre a Propriedade de Veículos Automotores (IPVA), previsto no art. 155, inciso III, da Constituição Federal, definida nos termos do § 6º, incisos I e II, do mesmo artigo, será de 0% (zero por cento) para veículos de 2 (duas) rodas de até 170 (cento e setenta) cilindradas."

574 | CURSO DE DIREITO TRIBUTÁRIO – *Solon Sehn*

Há controvérsia acerca da constitucionalidade das regras que definem como responsável o credor fiduciário de veículos objeto de alienação fiduciária. Essa questão deverá ser decidida pelo STF no julgamento do RE 1.355.870 (Tema 1.153)[162].

Quanto ao sujeito ativo do tributo, no julgamento do RE 1.016.605, o STF definiu que: "A Constituição autoriza a cobrança do Imposto sobre a Propriedade de Veículos Automotores (IPVA) somente pelo Estado em que o contribuinte mantém sua sede ou domicílio tributário" (Tema 708)[163]. Essa decisão foi proferida considerando o parágrafo único do art. 1º da Lei 14.937/2003, do Estado de Minas Gerais, que prevê a incidência do IPVA "também sobre a propriedade de veículo automotor dispensado de registro, matrícula ou licenciamento no órgão próprio, desde que seu proprietário seja domiciliado no Estado". No ARE 1.357.421, por sua vez, o STF deverá avaliar a necessidade de um possível *distinguishing* no Tema 708, quando será analisada "constitucionalidade da cobrança do Imposto sobre a Propriedade de Veículos Automotores (IPVA) por Estado diverso da sede de empresa locadora de veículos, quando esta possuir filial em outro estado, onde igualmente exerce atividades comerciais" (Tema 1.198[164]).

Na definição do Tema 708, houve uma preocupação do STF em relação ao problema da *guerra fiscal* do IPVA, quando uma empresa ou mesmo uma pessoa física, atraída por incentivos ou por reduções de alíquotas do imposto, licencia o veículo em unidade da Federação diversa de seu domicílio. Essa questão apenas será resolvida definitivamente na forma do inciso I do art. 146 da Constituição, isto é, quando for editada uma lei complementar para afastar conflitos impositivos. Não parece que a solução seja atribuir a titularidade do crédito tributário ao Estado ou ao Distrito Federal, quando o proprietário do veículo for residente ou domiciliado em seu território. Isso não seria compatível com o inciso III do art. 158 da Constituição Federal. De acordo com esse dispositivo, os Municípios têm participação no produto da arrecadação do imposto relativo aos *veículos automotores licenciados em seus territórios*. Portanto, o titular do crédito tributário do IPVA deve ser a unidade da Federação onde estiver situado o Município de licenciamento do veículo, e não o domicílio ou a residência dos proprietários. Deve ser assegurado, porém, o poder-dever de fiscalização, em cada caso concreto, de eventual falsidade do licenciamento, quando o proprietário declara um domicílio inexistente no local, apenas para reduzir a carga tributária.

A jurisprudência do STJ, por sua vez, tem os seguintes entendimentos acerca da sujeição passiva do imposto: (**i**) "Somente mediante lei estadual/distrital específica poderá ser atribuída ao alienante responsabilidade solidária pelo pagamento do Imposto sobre a Propriedade de Veículos Automotores – IPVA do veículo alienado, na hipótese de ausência de comunicação da venda do bem ao órgão de trânsito competente" (Tema Repetitivo 1118[165]); (**ii**) "A responsabilidade solidária do ex-proprietário, prevista no art. 134 do Código de Trânsito Brasileiro – CTB, não abrange o IPVA incidente sobre o veículo automotor, no que se refere ao período posterior à sua alienação" (Súmula 585).

---

[162] STF, Tribunal Pleno, RE 1.355.870 RG, Rel. Min. Luiz Fux, *DJe* 05.08.2022: "Recurso extraordinário. Representativo da controvérsia. Tributário. Execução fiscal. Imposto sobre a Propriedade de Veículos Automotores (IPVA). Alienação fiduciária. Legitimidade passiva do credor fiduciário. Lei 14.937/2003 do estado de Minas Gerais. Ausência de lei complementar nacional com normas gerais sobre o IPVA. Multiplicidade de recursos extraordinários. Relevância da questão constitucional. Manifestação pela existência de repercussão geral".

[163] STF, Tribunal Pleno, RE 1.016.605, Rel. Min. Marco Aurélio, Rel. p/ Ac. Alexandre de Moraes, *DJe* 16.12.2020.

[164] STF, Tribunal Pleno, ARE 1.357.421 RG, Rel. Min. Luiz Fux, *DJe* 08.03.2022.

[165] STJ, 1ª S., REsp 1.881.788, Rel. Min. Regina Helena Costa, *DJe* 1º.12.2022.

Capítulo III

IMPOSTOS MUNICIPAIS

1 IPTU

1.1 Princípios

1.1.1 Anterioridade e anterioridade mínima

O IPTU deve observar o princípio da anterioridade previsto no art. 150, III, alínea "b", da Constituição, inclusive a anterioridade mínima de 90 dias estabelecida na alínea "c", ressaltado, quanto a esta, a fixação da base de cálculo do imposto[1].

1.1.2 Estrita legalidade

Como analisado anteriormente[2], o STF entende que a atualização do valor venal dos imóveis por ato do Poder Executivo, desde que limitado aos índices oficiais de inflação, não viola o princípio da legalidade tributária (CF, art. 150, I). Essa interpretação foi firmada no julgamento do RE 648.245: "A majoração do valor venal dos imóveis para efeito da cobrança de IPTU não prescinde da edição de lei em sentido formal, exigência que somente se pode afastar quando a atualização não excede os índices inflacionários anuais de correção monetária" (Tema 211)[3]. A orientação é repetida na Súmula 160 do STJ: "É defeso, ao município, atualizar o IPTU, mediante decreto, em percentual superior ao índice oficial de correção monetária".

Ressalte-se que, na Emenda 132/2023, foi prevista a inclusão de um inciso III no § 1º do art. 156, com a seguinte redação: "III – ter sua base de cálculo atualizada pelo Poder Executivo, conforme critérios estabelecidos em lei municipal". Foi positivado, assim, o entendimento da jurisprudência do STF.

1.1.3 Progressividade

O princípio da capacidade contributiva obriga o legislador a implementar um *sistema tributário progressivo*, caracterizado pela predominância de tributos com alíquotas majoradas em razão do aumento da capacidade econômica do obrigado[4]. Não há, ao contrário do que sustenta

---

[1]   "Art. 150. [...] § 1º A vedação do inciso III, *b*, não se aplica aos tributos previstos nos arts. 148, I, 153, I, II, IV e V; e 154, II; e a vedação do inciso III, *c*, não se aplica aos tributos previstos nos arts. 148, I, 153, I, II, III e V; e 154, II, nem à fixação da base de cálculo dos impostos previstos nos arts. 155, III, e 156, I. (Redação dada pela Emenda Constitucional 42, de 19.12.2003)"

[2]   Capítulo V, item 2, da Parte Geral.

[3]   STF, Tribunal Pleno, RE 648.245, Rel. Min. Gilmar Mendes, *DJe* 24.02.2014. Redação da tese aprovada nos termos do item 2 da Ata da 12ª Sessão Administrativa do STF, realizada em 09.12.2015.

[4]   Regina Helena Costa ressalta que a progressividade deve ser do sistema tributário, e não de um tributo em particular, o que torna possível a convivência entre tributos progressivos e apenas proporcionais. A

576 | CURSO DE DIREITO TRIBUTÁRIO – *Solon Sehn*

parte da doutrina, um dever generalizado de instituir tributos progressivos. A progressividade somente é obrigatória nas hipóteses expressamente exigidas pelo texto constitucional.

No caso do IPTU, a progressividade encontra-se prevista no § 1º do art. 156 e no inciso II do § 4º do art. 182 da Constituição Federal:

Art. 156. [...]

§ 1º Sem prejuízo da progressividade no tempo a que se refere o art. 182, § 4º, inciso II, o imposto previsto no inciso I poderá: (Redação dada pela Emenda Constitucional nº 29, de 2000)

I – ser progressivo em razão do valor do imóvel; e (Incluído pela Emenda Constitucional nº 29, de 2000)

II – ter alíquotas diferentes de acordo com a localização e o uso do imóvel. (Incluído pela Emenda Constitucional nº 29, de 2000)

[...]

Art. 182. [...]

§ 4º É facultado ao Poder Público municipal, mediante lei específica para área incluída no plano diretor, exigir, nos termos da lei federal, do proprietário do solo urbano não edificado, subutilizado ou não utilizado, que promova seu adequado aproveitamento, sob pena, sucessivamente, de:

[...]

II – imposto sobre a propriedade predial e territorial urbana progressivo no tempo;

[...].

A progressividade em função do valor do imóvel, prevista no inciso I do § 1º do art. 156, tem finalidade fiscal. Por meio dela, os Municípios podem deslocar o peso da carga tributária para os proprietários de imóveis de maior valor, atendendo os princípios da isonomia e da capacidade contributiva. Assim, a legislação de alguns municípios brasileiros tem instituído IPTU *social* para contribuintes de baixa renda ou desempregados, compensando a redução da arrecadação com a alíquotas maiores incidentes sobre propriedades mais valorizadas.

Nas hipóteses do inciso II do § 1º, o texto constitucional autoriza a modulação das alíquotas para fins extrafiscais, com alíquotas maiores ou menores em função da localização e do uso, e não considerando o valor do imóvel. É possível, assim, estabelecer alíquotas reduzidas para imóveis de uso industrial ou escolas, entre outras finalidades definidas pelo poder público.

Também é extrafiscal a progressividade do art. 182, § 4º, II, da Constituição. Esse dispositivo autoriza a progressividade no tempo para compelir o proprietário do solo urbano não edificado, subutilizado ou não utilizado, a promover o seu adequado aproveitamento. Antes da Emenda 29/2000, o STF entendeu que a única progressividade possível seria a prevista nesse preceito constitucional (Súmula 668: "É inconstitucional a lei municipal que tenha estabelecido, antes da EC 29/2000, alíquotas progressivas para o IPTU, salvo se destinada a assegurar o cumprimento da função social da propriedade urbana").

---

progressividade, ademais, tem como limite a vedação ao confisco e o não cerceamento de outros direitos constitucionais (COSTA, Regina Helena. *Princípio da capacidade contributiva*. 2. ed. São Paulo: Malheiros, 1996. p. 75). No mesmo sentido, cf.: RUSSO, Pasquale; FRANSONI, Guglielmo; CASTALDI, Laura. *Istituzioni di diritto tributario*. 2. ed. Milano: Giuffrè, 2016. p. 29; MOLINA, Pedro M. Herrera. *Capacidad económica y sistema fiscal*: análisis del ordenamiento español a luz del derecho alemán. Madrid: Marcial Pons, 1998. p. 108; RAYA, Francisco José Carrera. *Manual de derecho financiero*. Madrid: Tecnos, 1994. v. I, p. 96-98.

Parte Especial · Capítulo III · IMPOSTOS MUNICIPAIS | 577

Essa controvérsia se estendeu mesmo após a Emenda 29/2000, porque, para parte da doutrina, os impostos reais não seriam compatíveis com a progressividade[5]. No julgamento do RE 586.693 (Tema 94), entretanto, o STF decidiu que a cobrança é compatível com o texto constitucional, fixando a seguinte tese de repercussão geral: "É constitucional a Emenda Constitucional nº 29, de 2000, no que estabeleceu a possibilidade de previsão legal de alíquotas progressivas para o IPTU de acordo com o valor do imóvel"[6].

1.2 Hipótese de incidência

1.2.1 Critério material

O critério material da hipótese de incidência do IPTU deve ser disciplinado pela legislação municipal. No entanto, há pouco espaço para a conformação legislativa local, porque a materialidade do tributo já decorre quase que inteiramente do inciso I do art. 156 da Constituição e do *caput* do art. 32 do CTN:

> Art. 156. Compete aos Municípios instituir impostos sobre:
> I – propriedade predial e territorial urbana;
> [...].
> Art. 32. O imposto, de competência dos Municípios, sobre a propriedade predial e territorial urbana tem como fato gerador a propriedade, o domínio útil ou a posse de bem imóvel por natureza ou por acessão física, como definido na lei civil, localizado na zona urbana do Município.

O art. 32 do CTN deve ser compatibilizado com o art. 156 da Constituição, que limita a competência dos Municípios para tributar a propriedade predial e territorial urbana, o que abrange

---

5   Sobre essa controvérsia em questão, antes de depois da Emenda 29/2000, adotando a interpretação acolhida na Súmula 668, cf.: GRECO, Marco Aurélio. Os tributos municipais. *In*: MARTINS, Ives Gandra (coord.). *A Constituição brasileira de 1988*: interpretações. Rio de Janeiro: Forense Universitária, 1988. p. 332 e ss.; MORAES, Bernardo Ribeiro de. O IPTU e as limitações do legislador municipal. *Repertório IOB de Jurisprudência*, n. 4, p. 56 e ss., 1990; MARTINS, Ives Gandra da Silva. *Comentários à Constituição do Brasil*. São Paulo: Saraiva, 1990. v. 6, t. 1, p. 551; BARRETO, Aires Fernandino. Imposto predial e territorial urbano – IPTU. *In*: MARTINS, Ives Gandra (coord.). *Curso de direito tributário*. 7. ed. São Paulo: Saraiva, 2000. p. 705 e ss. Em sentido contrário: FURLAN, Valéria C. P. *Imposto predial e territorial urbano*. 1. ed. 2. tir. São Paulo: Malheiros, 2000. p. 147; COÊLHO, Sacha Calmon Navarro. *Comentários à Constituição de 1988*: sistema tributário. Rio de Janeiro: Forense, 1990. p. 256-257; MACHADO, Hugo de Brito. Progressividade do IPTU. *Repertório IOB de Jurisprudência*, n. 16, p. 258-260, 1990; BORGES, José Souto Maior. IPTU – Progressividade. *RDT*, n. 59, p. 73, 1994; CLÈVE, Clèmerson Merlin; SEHN, Solon. IPTU e Emenda Constitucional nº 29/2000 – Legitimidade da progressão das alíquotas em razão do valor venal do imóvel. *RDDT*, n. 94, p. 133-139, jul. 2003. Registre-se ainda a interpretação de Elizabeth Nazar Carrazza (CARRAZZA, Elizabeth Nazar. *Progressividade e IPTU*. Curitiba: Juruá, 1998. p. 81-103). Para a prestigiosa professora, antes da Emenda 29/2000, havia três espécies de progressividade. Duas previstas expressamente na Constituição Federal e uma decorrente do princípio da capacidade contributiva e da isonomia tributária. A primeira busca realizar a função social da propriedade e autoriza a instituição de alíquotas progressivas em função de conveniências locais previstas no plano diretor (§ 1.º do art. 156 da CF). A segunda, de caráter sancionatório, autoriza uma progressividade no tempo, caso o proprietário do imóvel não observe as diretivas contidas no plano diretor (§ 4º do art. 182 da CF). A última consiste na progressividade fiscal, autorizando a instituição de alíquotas maiores conforme o aumento do valor venal do imóvel (art. 145, § 1º, e 150, II, da CF). Entendiam que a Emenda 29/2000 seria inconstitucional: Nesse sentido: BARRETO, Aires Fernandino. IPTU: progressividade e diferenciação. *RDDT*, n. 76, p. 7 e ss., 2002; REALE, Miguel. O IPTU progressivo e a inconstitucionalidade da EC 29/2000. *RDDT*, n. 81, p. 123 e ss., 2002; BARRETO, Aires Fernandino; MARTINS, Ives Gandra da Silva. IPTU: por ofensa a cláusulas pétreas a progressividade prevista na Emenda nº 29/2000 é inconstitucional. *RDDT*, n. 80, p. 105 e ss., 2002.

6   STF, Tribunal Pleno, RE 586.693, Rel. Min. Marco Aurélio, *DJe* 22.06.2011, Tema 94.

os titulares do domínio útil (foreiros ou enfiteutas no regime de enfiteuse[7]), mas não o possuidor a qualquer título[8]. A posse não se confunde com a propriedade e o legislador tributário, como se sabe, não pode equiparar esses dois institutos, violando a amplitude conceitual que decorre do direito privado (CTN, art. 110). Portanto, a incidência do imposto deve abranger apenas a posse *ad usucapionem* do imóvel, isto é, quando o possuidor, devido ao decurso do tempo previsto na legislação civil, já tem o direito à aquisição do domínio. Essa importante distinção, destacada pela melhor doutrina[9], também já foi ressaltada em acórdão da 1ª Turma do STJ da lavra do saudoso Ministro Teori Zavascki: "[...] 'contribuinte do imposto', preceitua o art. 34 do CTN, 'é o proprietário do imóvel, o titular do seu domínio útil, ou o seu possuidor a qualquer título', sendo certo que esse último (possuidor a qualquer título) volta-se apenas para as situações em que há posse *ad usucapionem*, e não para o caso de posse indireta exercida pelo locatário"[10].

Portanto, o critério material da hipótese de incidência do IPTU consiste em *ser proprietário, titular do domínio útil ou possuidor* ad usucapionem *de imóvel*.

1.2.2 Critério espacial: conceito de zona urbana

O critério espacial da hipótese de incidência do IPTU compreende uma área específica: a *zona urbana*. Essa teve a sua abrangência definida inicialmente pela Lei 4.505/1964, que adotava o critério da destinação do imóvel. O CTN, por sua vez, atribuiu ao legislador municipal a competência para qualificar como *urbana* toda zona que apresente pelos menos dois dos requisitos enumerados no § 1º do art. 32. Ao mesmo tempo, permitiu que a lei municipal considerasse como tais as áreas urbanizáveis de loteamentos aprovados pelos órgãos competentes, voltados à habitação, indústria ou comércio (§ 2º):

> Art. 32. [...]
> § 1º Para os efeitos deste imposto, entende-se como zona urbana a definida em lei municipal; observado o requisito mínimo da existência de melhoramentos indicados em pelo menos 2 (dois) dos incisos seguintes, construídos ou mantidos pelo Poder Público:
> I – meio-fio ou calçamento, com canalização de águas pluviais;
> II – abastecimento de água;
> III – sistema de esgotos sanitários;
> IV – rede de iluminação pública, com ou sem posteamento para distribuição domiciliar;
> V – escola primária ou posto de saúde a uma distância máxima de 3 (três) quilômetros do imóvel considerado.
> § 2º A lei municipal pode considerar urbanas as áreas urbanizáveis, ou de expansão urbana, constantes de loteamentos aprovados pelos órgãos competentes, destinados à habitação, à indústria ou ao comércio, mesmo que localizados fora das zonas definidas nos termos do parágrafo anterior.

---

[7] A enfiteuse é um direito real perpétuo sobre coisa alheia. Foi extinta pelo Código Civil de 2002. Porém, em decorrência do art. 49 do ADCT, continua aplicada aos terrenos de marinha. O Código Civil de 1916 a disciplinava nos seguintes termos: *"Art. 678. Dá-se a enfiteuse, aforamento, ou emprazamento, quando por ato entre vivos, ou de última vontade, o proprietário atribui à outro o domínio útil do imóvel, pagando a pessoa, que o adquire, e assim se constitui enfiteuta, ao senhorio direto uma pensão, ou foro, anual, certo e invariável".*

[8] Ressalte-se que, de acordo com a Súmula 614 do STJ: "O locatário não possui legitimidade ativa para discutir a relação jurídico-tributária de IPTU e de taxas referentes ao imóvel alugado nem para repetir indébito desses tributos".

[9] Como ensina Valéria Furlan, o tributo não incide sobre o "direito de propriedade", mas sobre a "propriedade". Por isso, nada impede que também seja cobrado do titular do domínio útil ou da posse, desde que, nesse último caso, trate-se da posse *ad usucapionem* do imóvel (FURLAN, Valéria C. P. *Imposto predial e territorial urbano*. 1. ed. 2. tir. São Paulo: Malheiros, 2000. p. 62-63).

[10] STJ, 1ª T., REsp 757.897, Rel. Min. Teori Albino Zavascki, *DJ* 06.03.2006.

Parte Especial · **Capítulo III** · IMPOSTOS MUNICIPAIS | **579**

Esses parâmetros foram parcialmente alterados pelo Decreto-lei 57/1966, quando o CTN ainda não apresentava eficácia de lei complementar[11]. Com isso, foi restabelecido o critério da destinação, excluindo do conceito de zona urbana os imóveis utilizados em exploração extrativa vegetal, agrícola, pecuária ou agroindustrial:

> Art. 15. O disposto no art. 32 da Lei 5.171, de 25 de outubro de 1966, não abrange o imóvel de que, comprovadamente, seja utilizado em exploração extrativa vegetal, agrícola, pecuária ou agroindustrial, incidindo assim, sobre o mesmo, o ITR e demais tributos com o mesmo cobrados.

A Lei 5.868/1972 (arts. 6º e 12) revogou esse dispositivo, prevendo novamente o critério da situação. No entanto, foi declarada inconstitucional pelo STF no RE 140.773, tendo a sua eficácia suspensa pela Resolução 09/2005, do Senado Federal[12]. Desse modo, aplicam-se os condicionamentos do art. 15 do Decreto-lei 57/1966 na interpretação do art. 32 do CTN.

É como vem interpretando a jurisprudência do STJ, destacando-se, nesse sentido, o REsp 472.628:

> Tributário. IPTU E ITR. Incidência. Imóvel urbano. Imóvel rural. Critérios a serem observados. Localização e destinação. Decreto-lei 57/66. Vigência.
>
> 1. Não se conhece do recurso especial quanto a questão federal não prequestionada no acórdão recorrido (Súmulas282 e 356/STF).
>
> 2. Ao disciplinar o fato gerador do imposto sobre a propriedade imóvel e definir competências, optou o legislador federal, num primeiro momento, pelo estabelecimento de critério topográfico, de sorte que, localizado o imóvel na área urbana do município, incidiria o IPTU, imposto de competência municipal; estando fora dela, seria o caso do ITR, de competência da União.
>
> 3. O Decreto-lei 57/66, recebido pela Constituição de 1967 como lei complementar, por versar normas gerais de direito tributário, particularmente sobre o ITR, abrandou o princípio da localização do imóvel, consolidando a prevalência do critério da destinação econômica. O referido diploma legal permanece em vigor, sobretudo porque, alçado à condição de lei complementar, não poderia ser atingido pela revogação prescrita na forma do art. 12 da Lei 5.868/72.
>
> 4. O ITR não incide somente sobre os imóveis localizados na zona rural do município, mas também sobre aqueles que, situados na área urbana, são comprovadamente utilizados em exploração extrativa, vegetal, pecuária ou agroindustrial.
>
> 5. Recurso especial a que se nega provimento[13].

---

11   Ver Cap. I, item 5.3.3.4, da Parte Especial.

12   "Art. 1º É suspensa a execução da Lei Municipal2.200, de 3 de junho de 1983, do Município de Sorocaba, no Estado de São Paulo, que acrescentou o § 4º ao art. 27 da Lei Municipal1.444, de 13 de dezembro de 1966, também do referido Município, e, em parte, a execução do art. 12 da Lei Federal5.868, de 12 de dezembro de 1972, no ponto em que revogou o art. 15 do Decreto-lei Federal 57, de 18 de novembro de 1966, declaradas inconstitucionais por decisão definitiva do Supremo Tribunal Federal, nos autos do Recurso Extraordinário140.773-5/210/SP."

13   STJ, 2ª T., REsp 472.628, Rel. Min. João Otávio de Noronha, *DJ* 27.09.2004. No mesmo sentido, cf. STJ, 1ª T., ARAI 993.224, Rel. Min. José Delgado, *DJe* 04.06.2008: "[...] O critério da localização do imóvel não é suficiente para que se decida sobre a incidência do IPTU ou ITR, sendo necessário observar-se, também, a destinação econômica, conforme já decidiu a Egrégia 2ª Turma, com base em posicionamento do STF sobre a vigência do Decreto-lei 57/66".

580 | CURSO DE DIREITO TRIBUTÁRIO – *Solon Sehn*

Em decorrência do critério da destinação, foi definido no REsp 1.112.646 que: "Não incide IPTU, mas ITR, sobre imóvel localizado na área urbana do Município, desde que comprovadamente utilizado em exploração extrativa, vegetal, agrícola, pecuária ou agroindustrial (art. 15 do DL 57/1966)" (Tema Repetitivo 174[14]). Além disso, nos termos da Súmula 626 do STJ: "A incidência do IPTU sobre imóvel situado em área considerada pela lei local como urbanizável ou de expansão urbana não está condicionada à existência dos melhoramentos elencados no art. 32, § 1º, do CTN"[15].

1.2.3   Critério temporal

O critério temporal da hipótese de incidência espacial do IPTU é definido pela legislação municipal. Alguns estabelecem o dia 1º de janeiro do ano de apuração[16], enquanto outros, o dia 31 de dezembro do ano anterior[17].

1.3   Consequência tributária

1.3.1   Base de cálculo

A base do cálculo do imposto, nos termos do art. 33 do CTN, deve corresponder ao *valor venal do imóvel*, o que, entretanto, não é definido pelo Código. Esse limita-se a prever que, "na determinação da base de cálculo, não se considera o valor dos bens móveis mantidos, em caráter permanente ou temporário, no imóvel, para efeito de sua utilização, exploração, aformoseamento ou comodidade" (parágrafo único do art. 33). A doutrina, por sua vez, identifica o conceito de valor venal com preço de venda à vista em condições usuais de mercado[18].

---

[14]   STJ, 1ª S., REsp 1.112.646, Rel. Min. Herman Benjamin, *DJe* 28.08.2009.

[15]   Parte da doutrina sustenta que, nos termos do art. 182 da Constituição Federal, a competência para definir as zonas urbanas e rurais seria privativa dos Municípios: "Ora, mera interpretação literal do disposto no art. 182 do texto constitucional apresenta-se, a nosso ver, mais que suficiente para revelar ter sido conferida com exclusividade ao legislador municipal a incumbência de delinear todos os aspectos da hipótese de incidência do IPTU *não apenas para fins tributários, mas sim, e preponderantemente, para salvaguardar o efetivo cumprimento da função social da propriedade*" (FURLAN, Valéria C. P. *Imposto predial e territorial urbano*. 1. ed. 2. tir. São Paulo: Malheiros, 2000. p. 55). Entretanto, essa não parece a melhor interpretação. A Constituição Federal atribuiu à União a competência para, por meio de lei complementar, estabelecer normais gerais de direito tributário voltadas a evitar conflitos entre os entes tributantes (CF, art. 146, I). É essa a função precípua desempenhada pelo CTN, já que, sem um critério geral definindo a zona urbana, seriam inevitáveis os conflitos de competência entre o ITR e o IPTU. Portanto, devem ser observados os critérios da legislação complementar.

[16]   Assim, por exemplo, no Município do Rio de Janeiro: "Art. 70. O Imposto sobre a Propriedade Predial e Territorial Urbana será pago de uma só vez ou em até 12 (doze) cotas mensais, na forma e nos prazos fixados por ato do Poder Executivo. (Redação dada ao *caput* pela Lei 1.364, de 19.12.1988, DOM Rio de Janeiro de 20.12.1988, com efeitos a partir de 01.01.1989) [...] § 1º O total do lançamento será quantificado em UNIF com base no valor estabelecido para essa unidade no dia 1º de janeiro do ano do lançamento e, na hipótese de pagamento parcelado, dividido em cotas iguais. (Redação dada ao parágrafo pela Lei 2.277, de 28.12.1994, DOM Rio de Janeiro de 29.12.1994, rep. DOM Rio de Janeiro de 27.06.1995, com efeitos a partir de 01.01.1995)" (Lei Municipal 691/1984).

[17]   É o caso, *v.g.*, da Lei Complementar 07/1997 (Consolidação das Leis Tributárias), do Município de Florianópolis (SC): "Art. 224 O Imposto sobre a Propriedade Predial e Territorial Urbana (IPTU) tem como fato gerador a propriedade, o domínio útil ou a posse de bem imóvel, por natureza ou por acessão física, como definido na Lei Civil, localizado na zona urbana do Município. [...] § 3º Considera-se ocorrido o fato gerador no dia 31 de dezembro do ano anterior ao do exercício objeto do lançamento e, na hipótese de prédio particular alugado por entidade religiosa, na data de início e de término do prazo da locação. (Redação dada pela Lei Complementar 728/2022)".

[18]   FURLAN, Valéria C. P. *Imposto predial e territorial urbano*. 1. ed. 2. tir. São Paulo: Malheiros, 2000. p. 96.

Parte Especial • Capítulo III • IMPOSTOS MUNICIPAIS | **581**

Entretanto, a maioria dos Municípios não faz uso dessa faculdade. Mesmo podendo calcular o tributo a partir do valor de mercado, o legislador adota uma base de cálculo inferior, uma estimativa que também é denominada *valor venal*, mas que não corresponde ao montante que resultaria de uma avaliação exata do preço corrente. Isso ocorre porque o IPTU, como se sabe, é lançado de ofício, abrangendo, ao mesmo tempo, todos os contribuintes no Município. Em razão disso, não se mostra viável a determinação individualizada do valor de mercado de cada imóvel. O tempo e os recursos demandados para uma tarefa dessa natureza seriam de tal ordem que, mesmo em localidades com menor extensão territorial, representariam uma onerosidade excessiva e uma dificuldade injustificável para a cobrança do imposto no plano pragmático. As legislações municipais, assim, têm adotado como base imponível uma *planta genérica de valores*, atualizada monetariamente todos os anos, que considera, entre outros critérios, a localização, a área, as característica e a destinação da construção e também os preços correntes das alienações de imóveis no mercado imobiliário[19]. A base de cálculo acaba sendo apenas uma estimativa, mas que é aceita por razões de praticabilidade e, sobretudo, porque é inferior ao valor de mercado real. Ademais, as legislações asseguram ao contribuinte o direito de impugnação, de sorte que, diante de divergências, o valor de mercado efetivo acaba prevalecendo[20].

É por isso que, no ARE 1.245.097, o STF declarou a constitucionalidade da previsão legal de avaliação individualizada de imóvel novo não previsto na planta genérica de valores: "É constitucional a lei municipal que delega ao Poder Executivo a avaliação individualizada, para fins de cobrança do IPTU, de imóvel novo não previsto na Planta Genérica de Valores, desde que fixados em lei os critérios para a avaliação técnica e assegurado ao contribuinte o direito ao contraditório" (Tema 1.084)[21].

Por fim, recorde-se que, como analisado inicialmente, o aumento do IPTU decorrente da definição da base de cálculo, nos termos do § 1º do art. 150 da Constituição, vigora já a partir do primeiro dia do exercício financeiro seguinte. Não há necessidade de aguardar o prazo mínimo de noventa dias previsto na alínea "c" do inciso III. Ademais, o STF e o STJ entendem que a atualização do valor venal dos imóveis pode ser efetivada por ato do Poder Executivo, desde que não ultrapasse os índices oficiais de correção monetária.

1.3.2 Alíquotas

As alíquotas do IPTU são definidas pela legislação municipal, podendo, como se viu, ser progressiva nos termos do § 1º do art. 156 e no inciso II do § 4º do art. 182 da Constituição, reproduzidos anteriormente.

---

[19] Veja-se, nesse sentido, a Lei 691/1984, do Município do Rio de Janeiro:
"Art. 63. A base de cálculo do Imposto sobre a Propriedade Predial é o valor venal da unidade imobiliária, assim entendido o valor que esta alcançaria para compra e venda à vista, segundo as condições do mercado.
[...]
§ 2º O valor venal da unidade imobiliária será apurado de acordo com os seguintes indicadores:
1 – localização, área, característica e destinação da construção;
2 – preços correntes das alienações de imóveis no mercado imobiliário;
3 – situação do imóvel em relação aos equipamentos urbanos existentes no logradouro;
4 – declaração do contribuinte, desde que ratificada pelo Fisco, ressalvada a possibilidade de revisão, se comprovada a existência de erro;
5 – outros dados tecnicamente reconhecidos".

[20] O contribuinte tem esse direito mesmo quando não previsto expressamente na legislação municipal, caso em que poderá requerer a revisão da base de cálculo fundamentado no direito de petição ou diretamente por meio de uma ação judicial.

[21] STF, Tribunal Pleno, ARE 1.245.097, Rel. Min. Roberto Barroso, *DJe* 27.07.2023.

582 | CURSO DE DIREITO TRIBUTÁRIO – *Solon Sehn*

1.3.3   Sujeição passiva

O sujeito passivo do IPTU, nos termos do art. 34 do CTN, é o proprietário do imóvel ou o titular do domínio útil. O Código também define como contribuinte o possuidor a qualquer título, o que deve ser interpretado no sentido de possuidor *ad usucapionem*, para afastar a incompatibilidade com o inciso I do art. 156 da Constituição Federal de 1988.

Ressalte-se que, de acordo com a jurisprudência do STJ, "cabe à legislação municipal estabelecer o sujeito passivo do IPTU" (Súmula 399). Essa interpretação foi originada no julgamento do REsp 1.111.202, quando foram definidas as seguintes teses jurídicas: "1. Tanto o promitente comprador (possuidor a qualquer título) do imóvel quanto seu proprietário/promitente vendedor (aquele que tem a propriedade registrada no Registro de Imóveis) são contribuintes responsáveis pelo pagamento do IPTU"; "2. Cabe à legislação municipal estabelecer o sujeito passivo do IPTU" (Tema Repetitivo 122)[22].

2   ITBI

2.1   Legislação aplicável

Como ressaltado anteriormente, o imposto estadual sobre a transmissão de bens imóveis e de direitos a eles relativos, previsto nos arts. 35 a 42 do CTN, foi desmembrado em dois pela Constituição Federal de 1988: o ITCMD de competência estadual; e o ITBI de competência municipal. As disposições relativas ao antigo imposto estadual até poderiam *mutatis mutandis* continuar disciplinando os impostos desmembrados. No julgamento do RE 796.376 (Tema 796), relativo à imunidade do ITBI (CF, art. 156, § 2º, I), prevaleceu o Voto do Ministro Alexandre de Moraes, que, por sua vez, ressaltou: "*o inciso I do art. 36 do Código Tributário Nacional* [...] *foi recepcionado pela CF/88, por se harmonizar com o teor do inciso I do § 2º, do art. 156 da Lei Maior*"[23]. Poucos, entretanto, são os dispositivos relativos ao antigo imposto que são compatíveis com a disciplina constitucional do ITBI.

2.2   Hipótese de incidência

O critério material da hipótese de incidência do ITBI deve ser construído a partir da legislação municipal, considerando os limites que decorrem no inciso II do art. 156 da Constituição. Esse dispositivo, ao definir a competência impositiva, limita a materialidade do tributo aos atos e negócios jurídicos de *transmissão "inter vivos", a qualquer título, por ato oneroso, de bens imóveis, por natureza ou acessão física, e de direitos reais sobre imóveis, exceto os de garantia, bem como cessão de direitos a sua aquisição*.

Em geral, as legislações municipais definem como hipótese de incidência a transmissão *inter vivos*, a qualquer título, por ato oneroso: (a) da propriedade ou do domínio útil de bens imóveis por natureza ou acessão física, como definidos na legislação civil; e (b) de direitos reais sobre imóveis, exceto os de garantia. Também são compreendidas no âmbito de incidência a cessão de direitos relativos a essas transmissões[24].

Entre os atos e negócios jurídicos alcançados pela materialidade do imposto, portanto, estão a venda e a compra; a dação em pagamento; a permuta; a arrematação, a adjudicação e a remissão; o excesso de meação na dissolução da sociedade conjugal; a transmissão do domínio

---

[22]   STJ, 1ª S., REsp 1.111.202, Rel. Min. Mauro Campbell Marques, *DJe* 18.06.2009.

[23]   STF, Tribunal Pleno, RE 796.376, Rel. Min. Marco Aurélio, Rel. p/ Ac. Min. Alexandre de Moraes, *DJe* 05.08.2020.

[24]   Ressalte-se que, no ARE 1.294.969, o STF deverá definir se o imposto pode incidir sobre a cessão de direitos de compra e venda, quando não há transferência da propriedade: "Incidência do Imposto de Transmissão de Bens Imóveis (ITBI) na cessão de direitos de compra e venda, ausente a transferência de propriedade pelo registro imobiliário" (Tema 1124).

útil; a cessão ou transmissão de direitos do arrematante ou adjudicatário, após a assinatura do ato da arrematação ou adjudicação; a cessão de benfeitorias e construções em imóvel.

No ARE 1.294.969 RG, reconhecendo a existência de repercussão geral, o Plenário Virtual do STF reafirmou a jurisprudência da Corte para reconhecer que: "O fato gerador do imposto sobre transmissão *inter vivos* de bens imóveis (ITBI) somente ocorre com a efetiva transferência da propriedade imobiliária, que se dá mediante o registro" (Tema 1.124)[25]. Contudo, após a oposição de dois embargos de declaração, no último deles o Município de São Paulo obteve êxito para manter o reconhecimento da repercussão geral, mas afastando a tese fixada no julgamento virtual. Isso ocorreu porque os precedentes indicados como formadores da jurisprudência reafirmada referem-se ao ITBI sobre compromisso de compra e venda de imóvel ou promessa de cessão de direitos[26]. Nessas duas hipóteses, os julgados do STF entendem ser determinante o efetivo registro. Entretanto, a hipótese de *cessão de direitos a sua aquisição*, prevista na parte final do inciso II do art. 156 da Constituição, ainda não foi examinada pelo Tribunal. Foi determinada, assim, a distribuição do feito, que deverá ter o seu mérito julgado após a inclusão em pauta pelo Ministro André Mendonça, sorteado o relator do recurso extraordinário.

O critério espacial da hipótese de incidência do ITBI, por sua vez, decorre do art. 156, § 2º, II, da Constituição, ou seja, corresponde ao território do Município da situação do bem. Já o critério temporal, dependerá de previsão da lei local.

2.3   Base de cálculo

A base de cálculo, nos termos do art. 38 do CTN, deve corresponder ao valor venal dos bens ou direitos transmitidos ou cedidos, o que equivale ao preço de venda à vista em condições usuais de mercado. Apesar disso, não há coincidência com a base de cálculo do IPTU. Esse imposto é lançado de ofício, considerando o universo de contribuintes do Município ao mesmo tempo. Isso torna difícil, senão inviável, a determinação individualizada do valor de mercado de todos os imóveis. Por isso, as leis municipais adotam um preço estimado (a planta genérica de valores), também denominado *valor venal*, mas que, a rigor, tem natureza distinta, porque não é inteiramente identificável com o valor de mercado. Ao contrário, na maioria das vezes, é até inferior ao preço corrente, justamente para evitar impugnações dos sujeitos passivos. Já no ITBI, diferentemente, como o lançamento é realizado em função de cada ato ou negócio jurídico, mostra-se perfeitamente possível avaliar concretamente o valor de mercado na data da operação. Daí resulta, em primeiro lugar, que o sujeito passivo não pode pretender replicar para o ITBI a base de cálculo do IPTU. Em segundo lugar, se o Município também estimar uma base de cálculo para o ITBI, essa será apenas referencial, porque o preço de venda à vista em condições usuais de mercado deve prevalecer.

Analisando essa questão no REsp 1.937.821, o STJ definiu que:

> a) a base de cálculo do ITBI é o valor do imóvel transmitido em condições normais de mercado, não estando vinculada à base de cálculo do IPTU, que nem sequer pode ser utilizada como piso de tributação;

---

[25]   STF, Tribunal Pleno, ARE 1.294.969 RG, Rel. Min. Luiz Fux, *DJe* 19.02.2021.

[26]   Nesse sentido, destaca-se: "Agravo regimental em recurso extraordinário com agravo. Imposto sobre transmissão de bens imóveis. Fato gerador. Promessa de compra e venda. Impossibilidade. 1. A cobrança de ITBI é devida no momento do registro da compra e venda na matrícula do imóvel. 2. A jurisprudência do STF considera ilegítima a exigência do ITBI em momento anterior ao registro do título de transferência da propriedade do bem, de modo que exação baseada em promessa de compra e venda revela-se indevida. 3. Agravo regimental provido" (STF, 1ª T., ARE 759.964 AgR, Rel. Min. Edson Fachin, *DJe* 29.09.2015); e "Agravo regimental no recurso extraordinário. Tributário. Impossibilidade de incidência do imposto sobre transmissão de bens imóveis (ITBI) sobre contratos de promessa. Precedentes. Agravo regimental ao qual se nega provimento" (STF, 2ª T., RE 666.096 AgR, Rel. Min. Cármen Lúcia, *DJe* 21.11.2012).

584 | CURSO DE DIREITO TRIBUTÁRIO – *Solon Sehn*

b) o valor da transação declarado pelo contribuinte goza da presunção de que é condizente com o valor de mercado, que somente pode ser afastada pelo fisco mediante a regular instauração de processo administrativo próprio (art. 148 do CTN);

c) o Município não pode arbitrar previamente a base de cálculo do ITBI com respaldo em valor de referência por ele estabelecido unilateralmente (Tema Repetitivo 1113)[27].

Após a conclusão do julgamento, houve interposição de recurso extraordinário que foi admitido pelo Presidente do STJ como representativo de controvérsia. Os autos, assim, foram remetidos ao STF para exame de admissibilidade e, sendo o caso, julgamento do mérito.

Por fim, cumpre ressaltar que, como será analisado[28], o IBS e a CBS incidem sobre negócios jurídicos onerosos e gratuitos, inclusive algumas modalidades de doações. Nessas casos, deve-se ter presente que, de acordo com o art. 4º da Lei Complementar 112/2025: "§ 4º A incidência do IBS e da CBS sobre as operações de que trata o *caput* não altera a base de cálculo dos impostos de que tratam o art. 155, inciso I, e o art. 156, inciso II, da Constituição Federal".

2.4 Alíquota

A alíquota do ITBI deve ser definida pela legislação de cada Município e do Distrito Federal, sem a necessidade de observância do disposto no art. 39 do CTN[29], que não foi recepcionado pela Constituição Federal de 1988. Entretanto, cumpre considerar que, de acordo com a jurisprudência do STF: "É inconstitucional a lei que estabelece alíquotas progressivas para o imposto de transmissão *inter vivos* de bens imóveis – ITBI com base no valor venal do imóvel" (Súmula 656).

2.5 Sujeição ativa e passiva

O sujeito ativo do imposto é o Município da situação do bem (CF, art. 156, § 2º, II). Já o sujeito passivo, nos termos do art. 42 do CTN, pode ser qualquer das partes na operação tributada, como dispuser a lei. Geralmente, a legislações municipais definem: (a) como contribuinte: o adquirente ou cessionário do bem ou direito transmitido ou cedido; e (b) como responsável solidário: transmitente e o cedente.

3 ISS

3.1 Legislação aplicável

O imposto sobre serviços de qualquer natureza (ISSQN ou ISS) é regulado pela legislação de cada Município e do Distrito Federal, observadas as alíquotas máxima e mínima previstas em lei complementar (art. 156, § 3º, I), atualmente em 5% e 2%, respectivamente[30]. Também cabe ao

---

[27] STJ, 1ª S., REsp 1.937.821, Rel. Min. Gurgel de Faria, *DJe* 03.03.2022.

[28] Cap. IV, item 5.5.2.5., da Parte Especial.

[29] "Art. 39. A alíquota do imposto não excederá os limites fixados em resolução do Senado Federal, que distinguirá, para efeito de aplicação de alíquota mais baixa, as transmissões que atendam à política nacional de habitação. (Vide Ato Complementar 27, de 1966)"

[30] Lei Complementar 116/2003:
"Art. 8º As alíquotas máximas do Imposto Sobre Serviços de Qualquer Natureza são as seguintes:
I – (VETADO)
II – demais serviços, 5% (cinco por cento).
Art. 8º-A. A alíquota mínima do Imposto sobre Serviços de Qualquer Natureza é de 2% (dois por cento). (Incluído pela Lei Complementar 157, de 2016)
§ 1º O imposto não será objeto de concessão de isenções, incentivos ou benefícios tributários ou financeiros, inclusive de redução de base de cálculo ou de crédito presumido ou outorgado, ou sob qualquer outra forma

legislador complementar, nos termos do inciso III do art. 156 da Constituição, definir os *serviços* que podem ser alcançados pela hipótese de incidência do imposto municipal.

3.2 Hipótese de incidência

3.2.1 Critério material

3.2.1.1 Taxatividade da lista de serviços

O critério material da hipótese de incidência do ISS deve ser definido na legislação municipal, observados os limites da Lei Complementar 116/2003:

> Art. 1º O Imposto Sobre Serviços de Qualquer Natureza, de competência dos Municípios e do Distrito Federal, tem como fato gerador a prestação de serviços constantes da lista anexa, ainda que esses não se constituam como atividade preponderante do prestador.
>
> § 1º O imposto incide também sobre o serviço proveniente do exterior do País ou cuja prestação se tenha iniciado no exterior do País.
>
> § 2º Ressalvadas as exceções expressas na lista anexa, os serviços nela mencionados não ficam sujeitos ao Imposto Sobre Operações Relativas à Circulação de Mercadorias e Prestações de Serviços de Transporte Interestadual e Intermunicipal e de Comunicação – ICMS, ainda que sua prestação envolva fornecimento de mercadorias.
>
> § 3º O imposto de que trata esta Lei Complementar incide ainda sobre os serviços prestados mediante a utilização de bens e serviços públicos explorados economicamente mediante autorização, permissão ou concessão, com o pagamento de tarifa, preço ou pedágio pelo usuário final do serviço.
>
> § 4º A incidência do imposto não depende da denominação dada ao serviço prestado.

Dessa previsão emergem quatro principais indagações. A primeira diz respeito ao caráter taxativo da lista de serviços da lei complementar. Alguns autores entendem que a incidência do ISS depende de previsão em lei complementar e que essa, por sua vez, não comportaria interpretação analógica nem extensiva. Outros, de modo diverso, defendem que a competência impositiva dos Municípios não deve ser dependente da vontade de outro ente político, sobretudo porque, após a Constituição Federal de 1988, a União não pode mais conceder isenções heterônomas. A previsão em lei complementar seria indispensável apenas nas áreas suscetíveis à configuração de conflitos de competência. Outros doutrinadores, de modo diverso, sustentam que a lista de serviços seria taxativa, mas comportaria interpretação analógica[31].

---

que resulte, direta ou indiretamente, em carga tributária menor que a decorrente da aplicação da alíquota mínima estabelecida no *caput*, exceto para os serviços a que se referem os subitens 7.02, 7.05 e 16.01 da lista anexa a esta Lei Complementar. (Incluído pela Lei Complementar 157, de 2016)

§ 2º É nula a lei ou o ato do Município ou do Distrito Federal que não respeite as disposições relativas à alíquota mínima previstas neste artigo no caso de serviço prestado a tomador ou intermediário localizado em Município diverso daquele onde está localizado o prestador do serviço. (Incluído pela Lei Complementar 157, de 2016)

§ 3º A nulidade a que se refere o § 2º deste artigo gera, para o prestador do serviço, perante o Município ou o Distrito Federal que não respeitar as disposições deste artigo, o direito à restituição do valor efetivamente pago do Imposto sobre Serviços de Qualquer Natureza calculado sob a égide da lei nula. (Incluído pela Lei Complementar 157, de 2016)"

31 Sobre a controvérsia, cf.: BARRETO, Aires Fernandino. *ISS na Constituição e na lei*. São Paulo: Dialética, 2003. p. 40 e ss.; MELO, José Eduardo Soares de. *Aspectos teóricos e práticos do ISS*. São Paulo: Dialética, 2000. p. 42 e ss.; MELO, José Eduardo Soares de. *ISS*: aspectos teóricos e práticos. 3. ed. São Paulo: Dialética, 2003. p. 47 e ss.; JUSTEN FILHO, Marçal. *O imposto sobre serviços na Constituição*. São Paulo: RT, 1985. p. 99 e ss.; JUSTEN FILHO, Marçal. O ISS, a Constituição de 1988 e o Decreto-lei nº 406. *Revista Dialética de Direito Tributário*, São Paulo, v. 3, p. 69, 1995.

No julgamento do RE 784.439, o STF entendeu que: "*É taxativa a lista de serviços sujeitos ao ISS a que se refere o art. 156, III, da Constituição Federal, admitindo-se, contudo, a incidência do tributo sobre as atividades inerentes aos serviços elencados em lei em razão da interpretação extensiva*"[32]. Essa exegese chama atenção, porque, como ressaltado pelo Ministro. Gilmar Mendes, "[...] **se o rol de serviços a serem tributados pelo ISS é taxativo, não é possível admitir interpretação extensiva em todas as situações, senão deixa ele de ser taxativo e passa a ser exemplificativo, mormente nos casos de operações mistas (prestação de serviço e de fornecimento de mercadorias)**". Foi proposta, assim, a restrição do alcance da tese, de modo a apenas admitir a "**interpretação extensiva naquelas hipóteses em que a própria descrição permita tal abertura, utilizando as expressões: "congêneres", "qualquer", "quaisquer", "outros" etc.**"[33].

Entretanto, prevaleceu a exegese mais ampla, que permite a tributação de serviços similares ou correlatos aos expressamente previstos na lei complementar, inclusive para evitar o afastamento da incidência do imposto pelo sujeito passivo, mediante simples alteração da denominação contratual:

> [...] embora haja vedação expressa quanto ao emprego da analogia, enquanto método de integração da norma, em casos nas quais sua utilização possa resultar em exigência de tributo não existente em lei, nada impede a interpretação extensiva com o escopo de determinar o alcance de cada item da lista anexa de serviços, dada a impossibilidade de o legislador discriminar nominalmente todos os serviços diretamente vinculados aqueles.
>
> Caso se entenda de modo diverso, bastaria a instituição financeira alterar o nome do serviço para se evadir da cobrança do ISS[34].

O objetivo da tese fixada no RE 784.439 foi alcançar situações nas quais, como ressaltado pelo Ministro Dias Toffoli, "a norma está presente. Contudo, falta uma boa expressão da norma em um texto". Portanto, a rigor, o STF não se distanciou de que já decorre do § 4º do art. 1º da Lei Complementar 116/2003: "§ 4º A incidência do imposto não depende da denominação dada ao serviço prestado".

Outro aspecto relevante é que essa interpretação foi construída para permitir a incidência sobre serviços congêneres previstos na legislação local. Logo, é a lei municipal ou distrital que pode realizar a extensão, e não a autoridade fiscal diretamente[35].

3.2.1.2   Conceito de serviços no direito privado

A segunda indagação que emerge do art. 1º da Lei Complementar 116/2003 diz respeito aos limites do conceito de serviços no direito privado. Isso porque, como se sabe, os institutos, os conceitos e as formas de direito privado utilizados pelo texto constitucional para delimitar a competência impositiva não podem ter a sua definição, alcance e conteúdo alterados pelo

---

[32]   STF, RE 784.439, Rel. Min. Rosa Weber, *DJe* 15.09.2020.

[33]   Os grifos são originais.

[34]   Voto do Min. Alexandre de Moraes.

[35]   O STJ, assim, tem reconhecido que: "É legítima a incidência de ISS sobre os serviços bancários congêneres da lista anexa ao DL406/1968 e à LC56/1987" (Tema 132, firmado no REsp 1.111.234, Rel. Min. Eliana Calmon, *DJe* 08.10.2009; e Súmula 424/STJ); "A Primeira Seção/STJ, ao apreciar os EREsp 887.360/BA e os EREsp 965.583/SP (Rel. Min. Mauro Campbell Marques, Sessão Ordinária de 23 de fevereiro de 2011), pacificou entendimento no sentido de que não há como fazer incidir o ISS sobre os serviços de rebocagem na vigência do Decreto-lei 406/68, sob pena de estar criando exação contra o disposto no art. 108, § 1º, do CTN, tanto em face da ausência de expressa previsão legal, como por não ser idêntico ao serviço de atracação, o que, por conseguinte, inviabiliza a interpretação extensiva ou analógica da lista em comento" (STJ, 2ª T., AgRg no AREsp 720.449, Rel. Min. Herman Benjamin, *DJe* 11.11.2015).

Parte Especial • Capítulo III • IMPOSTOS MUNICIPAIS | **587**

legislador tributário infraconstitucional. Não cabe, destarte, o estabelecimento de um conceito especial de *serviços* apenas para fins de incidência do ISS. Trata-se de uma consequência da *reserva de constituição* em matéria de competência impositiva, enunciada no art. 110 do CTN, mas que sequer precisaria estar escrita: "*Art. 110. A lei tributária não pode alterar a definição, o conteúdo e o alcance de institutos, conceitos e formas de direito privado, utilizados, expressa ou implicitamente, pela Constituição Federal, pelas Constituições dos Estados, ou pelas Leis Orgânicas do Distrito Federal ou dos Municípios, para definir ou limitar competências tributárias*". Sem isso, o legislador complementar poderia modular a competência tributária municipal, violando a *reserva de lei constitucional*[36]. A jurisprudência do STF, em diversas oportunidades, tem afirmado essa restrição, na linha do RE 71.758, marcado pela feliz observação do Ministro Luiz Gallotti, quando ressaltou que "[...] se a lei pudesse chamar de compra o que não é compra, de importação o que não é importação, de exportação o que não é exportação, de renda o que não é renda, ruiria todo o sistema tributário inscrito na Constituição"[37].

Dessa forma, a maior parte da doutrina entende que, ao definir a lista de serviços tributáveis pelo ISS, a lei complementar está subordinada ao conceito de serviços no direito privado. Portanto, os serviços tributáveis devem abranger apenas os negócios jurídicos nos quais uma determinada pessoa – sem vínculo empregatício e mediante remuneração – é contratada para prestar de uma utilidade material ou imaterial em benefício de outrem (contratante ou tomador), caracterizada como execução de *obrigação de fazer*[38].

Com efeito, desde a época do direito romano, o conceito de serviço liga-se à noção de *esforço humano* (*locatio conductio operarum*), o que, no Código Civil de 2002 e no Código de Defesa do Consumidor[39], tem o sentido de prestação de uma *atividade* remunerada, abrangendo, portanto, a atuação de pessoas físicas ou jurídicas. Trata-se uma *obrigação de fazer* decorrente de um contrato bilateral e oneroso, prestada pelo contratado em benefício de outrem, com independência técnica e sem subordinação hierárquica[40]. Esses elementos excluem do seu âmbito conceitual os

---

[36] Como analisado no estudo da competência tributária, todos os requisitos caracterizadores da Federação devem, necessariamente, estar previstos em uma Constituição rígida. Isso faz com que o sistema de repartição de competências tributárias – como garantia e pressuposto da autonomia dos entes federados – fique submetido à *reserva de constituição* ou *reserva de lei constitucional*. Daí a impossibilidade de disciplina da matéria por qualquer outra fonte formal, ressalvadas as exceções previstas no próprio texto constitucional (*v.g.*, art. 146, I).

[37] Voto Luiz Gallotti no RE 71.758/GB (Rel. Min. Thompson Flores, *DJ* 31.08.1973, p. 357).

[38] JUSTEN FILHO, Marçal. *O imposto sobre serviços na Constituição*. São Paulo: RT, 1985. p. 177 e ss.; BARRETO, Aires Fernandino. *ISS na Constituição e na lei*. São Paulo: Dialética, 2003. p. 62 e ss.; MELO, José Eduardo Soares de. *Aspectos teóricos e práticos do ISS*. São Paulo: Dialética, 2000. p. 29 e ss.; MELO, José Eduardo Soares de. *ISS*: aspectos teóricos e práticos. 3. ed. São Paulo: Dialética, 2003. p. 33 e ss.; PEREIRA, Cláudio Augusto Gonçalves. Conflito de normas entre o ISS e o ICMS na indústria gráfica. *In*: PINTO, Sergio Luiz de Moares; MACEDO, Alberto; ARAÚJO, Wilson José de. *Gestão tributária municipal e tributos municipais*. São Paulo: Quartier Latin, 2013. v. 3, p. 118-124. Desse mesmo autor, destaca-se ainda: PEREIRA, Cláudio Augusto Gonçalves. O imposto sobre serviços de qualquer natureza e o licenciamento do uso de *software*. *Revista de Estudos Tributários*, Porto Alegre, v. 16, n. 99, p. 22-26, set./out. 2014; e PEREIRA, Cláudio Augusto Gonçalves. O imposto sobre serviços – ISS – cobrado na expedição do "habite-se": a inconstitucionalidade da pauta fiscal. *In*: MACEDO, Alberto; DACOMO, Natalia de Nardi (coord.). *ISS*: pelos conselheiros julgadores. São Paulo: Quartier Latin, 2012.

[39] O Código de Defesa do Consumidor (Lei 8.078/1990) define serviço como "qualquer atividade fornecida no mercado de consumo, mediante remuneração, inclusive as de natureza bancária, financeira, de crédito e securitária, salvo as decorrentes das relações de caráter trabalhista" (art. 3º, § 2º).

[40] GOMES, Orlando. *Contratos*. 27. ed. Rio de Janeiro: Forense, 2019. p. 293; RODRIGUES, Silvio. *Direito civil*: parte geral das obrigações. 25. ed. São Paulo: Saraiva, 1997. v. 2, p. 33 e ss. Sobre o tema, cf. ainda: TEPEDINO, Gustavo; KONDER, Carlos Nelson; BANDEIRA, Paula Greco. *Fundamentos do direito civil*: contratos. 2. ed. Rio de Janeiro: Forense, 2021. v. 3, p. 295 e ss.; TARTUCE, Flávio. *Direito civil*: teoria geral dos contratos e contratos em espécie. 16. ed. Rio de Janeiro: Forense, 2021. v. 3, p. 588 e ss.

serviços prestados com vínculo empregatício, o impropriamente denominado "autosserviço", os serviços gratuitos[41] e as obrigações de dar, tais como a locação e a cessão de direitos.

É por isso que a jurisprudência do STF tem entendido que, apesar de prevista na Lei Complementar 116/2003: "É inconstitucional a incidência do Imposto sobre Serviços de Qualquer Natureza – ISS sobre operações de locação de bens móveis" (Súmula Vinculante 31). No mesmo sentido, a tese fixada no RE 626.706, que afastou a incidência do ISS sobre a locação de filmes cinematográficos, videoteipes, cartuchos para videogames e assemelhados: "É inconstitucional a incidência do Imposto sobre Serviços de Qualquer Natureza – ISS sobre operações de locação de bens móveis, dissociada da prestação de serviços"[42].

Contudo, alguns serviços podem implicar a entrega de uma utilidade material ao contratante, dificultando a demarcação das fronteiras entre *dar* e *fazer*. É o que ocorre com a obrigação de pintar um quadro ou de elaboração de um *software* personalizado, entre outros que pressupõem a entrega final de uma coisa. Contudo, mesmo nessas hipóteses, as duas categorias não se confundem, porque, na prestação de serviço, o *dar* é consequência do *fazer*, ou seja, o prestador confecciona a coisa, antes de entregá-la ao contratante.

Em situações dessa natureza, como ensina Washington de Barros Monteiro: "O *substractum* da diferenciação está em verificar se o *dar* ou o *entregar* é ou não consequência do *fazer*. Assim, se o devedor tem de dar ou de entregar alguma coisa, não tendo, porém, de fazê-la, previamente, a obrigação é de dar; todavia, se primeiramente, tem ele de confeccionar a coisa, para depois entregá-la, se tem ele de realizar algum ato, do qual será mero corolário o de dar, tecnicamente a obrigação é de fazer"[43].

Portanto, em síntese, o critério material da hipótese de incidência do ICMS equivale a *prestar serviços* definidos em lei complementar, entendido como tal a execução de uma *obrigação de fazer* decorrente de um contrato bilateral e oneroso, prestada pelo contratado em benefício de outrem, com independência técnica e sem subordinação hierárquica.

3.2.1.3   Ampliação do conceito de serviço na doutrina e na jurisprudência

A jurisprudência do STF tem vinculado o conceito de serviço às obrigações de dar, o que, como ressaltado, foi a razão determinante da Súmula Vinculante 31. Contudo, no julgamento do RE 651.703, houve um indicativo de uma possível superação desse entendimento:

> **Recurso extraordinário. Constitucional. Tributário. ISSQN. Art. 156, III, CRFB/1988. Conceito constitucional de serviços de qualquer natureza. Arts. 109 e 110 do CTN. As operadoras de planos privados de assistência à saúde (plano de saúde e seguro--saúde) realizam prestação de serviço sujeita ao imposto sobre serviços de qualquer natureza – ISSQN, previsto no art. 156, III, da CRFB/1988.**
> [...]
> 20. A classificação (obrigação de dar e obrigação de fazer) escapa à *ratio* que o legislador constitucional pretendeu alcançar, ao elencar os serviços no texto constitucional tributáveis pelos impostos (*v.g.*, serviços de comunicação – tributáveis pelo ICMS, art. 155, II, CRFB/1988; serviços financeiros e securitários – tributáveis pelo IOF, art. 153, V, CRFB/1988; e, residualmente, os demais serviços de qualquer natureza – tributáveis pelo

---

[41]   O serviço gratuito tem natureza de doação ou de contrato atípico (GOMES, Orlando. *Contratos*. 27. ed. Rio de Janeiro: Forense, 2019. p. 294).

[42]   STF, Tribunal Pleno, RE 626.706, Rel. Min. Gilmar Mendes, *DJe* 24.09.2010.

[43]   BARROS MONTEIRO, Washington de. *Curso de direito civil*: direito das obrigações. 27. ed. São Paulo: Saraiva, 1994. v. 4, 1ª parte, p. 87.

Parte Especial • Capítulo III • IMPOSTOS MUNICIPAIS | **589**

ISSQN, art. 156. III, CRFB/1988), qual seja, **a de captar todas as atividades empresariais cujos produtos fossem serviços sujeitos a remuneração no mercado**.

21. Sob este ângulo, o conceito de prestação de serviços não tem por premissa a configuração dada pelo Direito Civil, mas relacionado ao oferecimento de uma utilidade para outrem, a partir de um conjunto de atividades materiais ou imateriais, prestadas com habitualidade e intuito de lucro, podendo estar conjugada ou não com a entrega de bens ao tomador.

[...]

27. *Ex positis*, em sede de Repercussão Geral a tese jurídica assentada é: *"As operadoras de planos de saúde e de seguro-saúde realizam prestação de serviço sujeita ao Imposto Sobre Serviços de Qualquer Natureza – ISSQN, previsto no art. 156, III, da CRFB/1988"*.

28. Recurso extraordinário desprovido[44].

Nesse recurso extraordinário, foi proposto um conceito mais amplo de serviço, que o identifica com o *fornecimento de bens imateriais*, na linha defendida por Bernardo Ribeiro de Moraes e, mais recentemente, por Sérgio Pinto Martins[45] e Alberto Macedo[46]. Apesar disso, ressalvados os votos da Ministra Rosa Weber e do próprio relator, não parece que o Tribunal tenha se comprometido com essa tese. Os Ministros Fachin e Roberto Barroso, inclusive, entenderam que a atividade das operadoras de plano de saúde tinha natureza de obrigação de fazer, manifestando-se pela incidência do ISS sem a necessidade de ampliação do conceito de serviços.

Após esse julgamento, o sentido da jurisprudência do STF foi objeto de considerações no voto do Ministro Gilmar Mendes no RE 603.136, quando se admitiu a incidência do ISS sobre contratos de franquia: "É constitucional a incidência de Imposto sobre Serviços de Qualquer Natureza (ISS) sobre contratos de franquia (franchising) (itens 10.04 e 17.08 da lista de serviços prevista no Anexo da Lei Complementar 116/2003)" (Tema 300)[47]. Na oportunidade, o relator destacou que[48]:

---

44 STF, Tribunal Pleno, RE 651.703, Rel. Min. Luiz Fux, *DJe* 26.04.2017, j. 29.09.2016. A redação da tese do Tema 581 ("As operadoras de planos de saúde realizam prestação de serviço sujeita ao Imposto Sobre Serviços de Qualquer Natureza – ISSQN, previsto no art. 156, III, da CRFB/88") foi fixada após o julgamento do RE 651703 ED-segundos e do RE 651703 ED-terceiros. Nesse recurso, é feito referência ao RE 547.245, que admitiu a incidência do ISS sobre o *leasing* financeiro: "No arrendamento mercantil (*leasing* financeiro), contrato autônomo que não é misto, o núcleo é o financiamento, não uma prestação de dar. E financiamento é serviço, sobre o qual o ISS pode incidir [...]" (Rel. Min. Eros Grau, *DJe* 05.03.2010). Isso foi confirmado no RE 592.905 (Rel. Min. Eros Grau, *DJe* 05.03.2010), quando foi fixada a seguinte tese: "É constitucional a incidência do Imposto sobre Serviços de Qualquer Natureza – ISS sobre as operações de arrendamento mercantil (*leasing* financeiro)" (Tema 125).

45 MARTINS, Sérgio Pinto. *Manual do imposto sobre serviços*. 8. ed. São Paulo: Atlas, 2013. p. 20 e ss.

46 A diferença é que, como ressalta Alberto Macedo: "A contribuição original que demos, em obra citada no RE-RG 651.703 PR, de 2016, a essa tese foi a de que comprovar que esse conceito de serviço como bem imaterial já havia sido incorporado, não só pela Constituição, mas também pelo próprio Direito Privado, em seu ramo Direito Empresarial" (MACEDO, Alberto. O conceito de serviço como bem imaterial incorporado pelo direito privado e a jurisprudência do STF, com o julgado RE-RG 603.136 RJ (franquia), de 2020. *In*: DA MATA, Juselder Cordeiro (coord.). *Tributação na sociedade moderna*. 2. ed. Belo Horizonte: Arraes, 2020. v. 2, p. 309. Cf. ainda: MACEDO, Alberto. O conceito econômico de serviços já foi juridicizado há tempos também pelo direito privado. *In*: CARVALHO, Paulo de Barros (coord.); SOUZA, Priscila de (org.). *Direito tributário e os novos horizontes do processo*. São Paulo: Noeses, 2015.

47 "Recurso extraordinário com repercussão geral. Tema 300. 2. Tributário. Imposto Sobre Serviços de Qualquer Natureza. 3. Incidência sobre contrato de franquia. Possibilidade. Natureza híbrida do contrato de franquia. Reafirmação de jurisprudência. 4. Recurso extraordinário improvido" (STF, Tribunal Pleno, RE 603.136, Rel. Min. Gilmar Mendes, *DJe* 16.06.2020).

48 Outro aspecto relevante desse julgado foi o resgate da relevância do art. 110 do CTN pelo Ministro Gilmar Mendes: "[...] pudesse o legislador complementar ou municipal 'ressignificar' esse conceito, estaria a manipular

590 | CURSO DE DIREITO TRIBUTÁRIO – *Solon Sehn*

[...] quando do julgamento do RE 651.703, que discutiu a incidência de ISS sobre atividades realizadas pelas operadoras de plano de saúde, esta Suprema Corte voltou a discutir se o ISS só poderia incidir sobre obrigações de fazer, e não de dar. Naquela oportunidade, defendeu-se uma interpretação mais ampla do conceito constitucional de serviços, desvinculada da teoria civilista, que classifica as obrigações entre "de dar" e "de fazer", a fim de tornar a tributação mais consentânea com a realidade econômica atual. [...]

Entretanto, como as atividades realizadas pelas operadoras de planos de saúde foram consideradas de natureza mista (isto é, englobam tanto um "dar" quanto um "fazer"), não se pode afirmar que tenha havido – ainda – uma superação total do entendimento de que o ISS incide apenas sobre obrigações de fazer, e não sobre obrigações de dar.

Pode-se assentar, contudo, que, de acordo com o entendimento do Supremo Tribunal Federal, o ISS incide sobre atividades que representem tanto obrigações de fazer quanto obrigações mistas, que também incluem uma obrigação de dar.

Portanto, não ocorreu um *overruling* do entendimento jurisprudencial, mas apenas o reconhecimento da constitucionalidade da incidência do ISS sobre os contratos mistos previstos em lei complementar, conforme ressaltado de forma mais nítida na ADI 3.142: "Nas relações mistas ou complexas em que não seja possível claramente segmentar as obrigações de dar e de fazer – 'seja no que diz com o seu objeto, seja no que concerne ao valor específico da contrapartida financeira' (Rcl14.290/DF-AgR, Tribunal Pleno, Rel. Min. Rosa Weber) –, estando a atividade definida em lei complementar como serviço de qualquer natureza, nos termos do art. 156, III, da Constituição Federal, será cabível, a priori, a cobrança do imposto municipal"[49]. Essa interpretação mostra-se apropriada. Todavia, alguns critérios devem ser delineados para evitar a sua generalização indevida.

3.2.1.4 Contratos mistos

Os *contratos mistos* não se confundem com os *contratos coligados* (ou *união de contratos)*. Nesses as partes querem a pluralidade contratual como um *todo*. Há uma unidade econômica ou funcional entre contratos com relação de dependência unilateral ou recíproca. Todos integram uma única e mesma operação econômica, porém, cada um conserva a sua individualidade[50]. É o

---

os lindes de sua própria competência. Assim, qualquer atividade poderia ser alcançada pela competência impositiva municipal, desde que estivesse incluída na lei complementar. E, dessa maneira, restaria desestruturada a própria repartição constitucional de competências tributárias. [...] Não custa lembrar, aliás, a disposição do art. 110 do Código Tributário Nacional, que proíbe a lei tributária – leia-se o 'legislador' – de alterar a definição, o conteúdo e o alcance de institutos, conceitos e formas de direito privado empregados no texto constitucional para delimitar a competência impositiva: [...] Cito esse dispositivo apenas a título de ilustração. Obviamente não pretendo interpretar a Constituição à luz do Código Tributário Nacional. Não é disso que se trata. Essa é uma daquelas disposições que, em verdade, não chegam propriamente a inovar – apenas *explicam* e reiteram aquilo que já se encontrava nas dobras do texto constitucional. Sim, porque admitir que ao legislador fosse dado alterar as materialidades utilizadas para repartir as competências tributárias, como já disse, seria o mesmo que reconhecer-lhe o direito de alargar ou estreitar os limites de sua própria competência ao seu bel-prazer. E isso evidentemente viola a Carta Constitucional".

49 STF, Tribunal Pleno, ADI 3.142, Rel. Min. Dias Toffoli, *DJe* 09.10.2020.

50 TELLES, Inocêncio Galvão. *Manual dos contratos em geral.* Coimbra: Almedina, 2002. p. 475 e ss.; GOMES, Orlando. *Contratos.* 27. ed. Rio de Janeiro: Forense, 2019. p. 97 e ss.; MARINO, Francisco Paulo de Crescenzo. *Contratos coligados no direito brasileiro.* São Paulo: Saraiva, 2009. p. 99 e ss.; LEONARDO, Rodrigo Xavier. Os contratos coligados, os contratos conexos e as redes contratuais. *In*: CARVALHOSA, Modesto. *Tratado de direito empresarial.* São Paulo: RT, 2016. t. IV, p. 491: "Por 'coligação contratual' compreendemos uma pluralidade de contratos e de relações jurídicas contratuais estruturalmente distintos, porém vinculados, ligados, que compõem uma única e mesma operação econômica, com potenciais consequências no plano

Parte Especial · Capítulo III · IMPOSTOS MUNICIPAIS | **591**

caso, *v.g.*, de uma fiança em relação à locação do imóvel ou do mútuo e da venda de mercadoria financiada. Outro exemplo é contrato de sublocação firmado entre distribuidora de combustíveis e posto de revenda[51]. Já nos contratos mistos, não há uma simples *cumulação* de contratos autônomos, mas verdadeira *fusão* de prestações ou de elementos de outros contratos, formando uma unidade contratual[52]. São exemplos o contrato de franquia e de *leasing* ou arrendamento mercantil[53].

Na coligação, como a individualidade das avenças é preservada, cada contrato ficará sujeito a sua disciplina jurídica própria. Nos contratos mistos, por sua vez, os autores dividem-se em torno de três correntes: (i) a teoria da absorção: aplica-se o regime jurídico da parte preponderante; (ii) a teoria da combinação: as prestações devem ser decompostas, sujeitando-se cada uma à disciplina legal pertinente; e (iii) a teoria da aplicação analógica: incide a disciplina do contrato típico mais próximo ou similar[54]. Parece mais apropriada, contudo, a concepção menos extremista, que aplica os critérios da combinação e da absorção em função das características de cada contrato misto no caso concreto[55].

---

da validade (mediante a eventual contagiação de invalidades) e no plano da eficácia (em temas como o inadimplemento, o poder de resolução, a oposição da exceção do contrato não cumprido, a abrangência da cláusula compromissória, entre outros)".

[51] "[...] Nos contratos coligados ou conexos há uma justaposição de modalidades diversas de contratos, de maneira que cada um destes mantém sua autonomia, preservando suas características próprias, haja vista que o objetivo da junção de tais contratos é possibilitar uma atividade econômica específica. [...] O fato de o contrato de sublocação possuir outros pactos adjacentes não retira sua autonomia nem o desnatura, notadamente quando as outras espécies contratuais a ele se coligam com o único objetivo de concretizar e viabilizar sua finalidade econômica, de modo que as relações jurídicas dele decorrentes serão regidas pela Lei 8.245/1991. Interesse de agir reconhecido, no caso vertente" (STJ, 3ª T., REsp 1.475.477, Rel. Min. Marco Aurélio Bellizze, *DJe* 24.05.2021).

[52] Como ensina Orlando Gomes, para quem o contrato misto resulta da combinação de prestações ou elementos simples de outros contratos, mas não da simples justaposição de dois contratos completos (GOMES, Orlando. *Contratos*. 27. ed. Rio de Janeiro: Forense, 2019. p. 100). Parte da doutrina, entretanto, entende que os contratos mistos podem resultar da *fusão* de dois ou mais contratos ou de partes de contratos distintos, assim como da participação num contrato de aspectos próprios de outro ou outros (TELLES, Inocêncio Galvão. *Manual dos contratos em geral*. 4. ed. Coimbra: Coimbra Editora, 2002. p. 469). Como assinala Marino: "Muito embora tais elementos normalmente se traduzam em distintas *prestações*, isso poderá não se verificar, dado que nem sempre o tipo contratual é configurado com base na natureza da prestação. O importante, no contrato misto, é que o conteúdo contratual seja formado por elementos típicos de vários contratos" (MARINO, Francisco Paulo de Crescenzo. *Contratos coligados no direito brasileiro*. São Paulo: Saraiva, 2009. p. 110-111).

[53] Recorde-se que, em relação a esses contratos, o STF definiu que: "É constitucional a incidência do Imposto sobre Serviços de Qualquer Natureza – ISS sobre as operações de arrendamento mercantil (*leasing* financeiro)" (Tema 125, firmando no RE 592.905, Tribunal Pleno, Rel. Min. Eros Grau, *DJe* 05.03.2010); "É constitucional a incidência de Imposto sobre Serviços de Qualquer Natureza (ISS) sobre contratos de franquia (*franchising*) (itens 10.04 e 17.08 da lista de serviços prevista no Anexo da Lei Complementar 116/2003)" (Tema 300, firmado no RE 603.136, Tribunal Pleno, Rel. Min. Gilmar Mendes, *DJe* 16.06.2020).

[54] GOMES, Orlando. *Contratos*. 27. ed. Rio de Janeiro: Forense, 2019. p. 101. No direito comparado, Telles considera apenas as teorias da absorção e da combinação, não cogitando, portanto, da teoria analógica (TELLES, Inocêncio Galvão. *Manual dos contratos em geral*. 4. ed. Coimbra: Coimbra Editora, 2002. p. 474).

[55] Nesse sentido, Inocêncio Galvão Telles sustenta que a teoria da *combinação* é mais apropriada para os contratos múltiplos (como o contrato de hospedagem) e para os *geminados* (concessão da exploração de um estabelecimento em contrapartida da realização benfeitorias), quando há uma igualdade entre as espécies contratuais que concorrem para a formação do contrato misto. Por outro lado, a teoria da *absorção* seria mais apropriada para os negócios indiretos (TELLES, Inocêncio Galvão. *Manual dos contratos em geral*. 4. ed. Coimbra: Coimbra Editora, 2002. p. 474-475). Entre nós, Victor Borges Polizelli e Luiz Carlos de Andrade Júnior entendem que: "[...] os mecanismos da combinação, absorção e analogia (analogia legis e criação) não são incompatíveis entre si. Não cabe falar de teorias exclusivistas, das quais uma única se deva reputar 'verdadeira', capaz de revelar a solução adequada para todos os casos envolvendo a atipicidade. Assim, cabe ao intérprete verificar no caso concreto (envolvendo contratos atípicos de tipo misto, negócios indiretos ou

592 | CURSO DE DIREITO TRIBUTÁRIO – *Solon Sehn*

O mesmo deve ocorrer no tocante ao regime tributário. Portanto, na coligação contratual, cada contrato deverá ser considerado individualmente. Nos contratos mistos, desde logo, afasta-se o cabimento do critério da analogia, por incompatibilidade com o princípio da legalidade tributária e com o § 1º do art. 108 do CTN. O critério da combinação será aplicável quando não existir uma preponderância entre as prestações e desde que se mostre possível a decomposição e, sobretudo, a quantificação em separado das obrigações de dar e de fazer. Do contrário, incide tributo relativo à obrigação preponderante.

3.2.1.5 Autorização, permissão e concessão de serviços públicos

A terceira indagação que decorre do art. 1º da Lei Complementar 116/2003 diz respeito à previsão do § 3º: *O imposto de que trata esta Lei Complementar incide ainda sobre os serviços prestados mediante a utilização de bens e serviços públicos explorados economicamente mediante autorização, permissão ou concessão, com o pagamento de tarifa, preço ou pedágio pelo usuário final do serviço*. Esse dispositivo não viola a imunidade recíproca das pessoas políticas, porque essa, nos termos do art. 150, § 3º, da Constituição, não é aplicável quando há cobrança de contraprestação, preços ou tarifas do usuário.

Recorde-se que o STF tem afastado a tributação de autarquias[56] e de empresas públicas[57] prestadoras de serviços públicos, mesmo quando há cobrança de tarifas ou preços públicos dos usuários, diante da ausência de intuito lucrativo. Em relação às sociedades de economia mista, a Corte diferencia aquelas que atuam em regime de direito privado e as prestadoras de serviços públicos, adotando como fator para o reconhecimento ou não da imunidade o eventual regime de monopólio (o que afasta possíveis impactos concorrenciais com empresas privadas) e a presença de participação acionária relevante do setor privado (distribuição de lucros a acionistas privados)[58]. Esses mesmos critérios podem ser adotados em relação aos serviços de qualquer natureza, de sorte que não há incidência do ISS quando são prestados diretamente pelo ente competente ou sem caráter lucrativo, por meio de autarquias ou de empresas estatais, ressalvado, em relação às sociedades de economia mista, aquelas que apresentam participação societária privada relevante.

---

negócios fiduciários) qual mecanismo se mostra mais adequado, e adotá-lo, ainda que em conjunto com outro mecanismo, se as circunstâncias do problema assim sugerirem. A absorção, por exemplo, mostra-se mais adaptada para resolver problemas derivados de contratos mistos de tipo modificado, ao passo que a combinação parece funcionar melhor relativamente a contratos mistos de tipo múltiplo. Em todo caso, especialmente nos de negócios indiretos (em que há transcendência do fim sobre o meio) e negócios fiduciários (em que há transcendência do meio sobre o fim), a analogia poderá ser útil para complementar o processo interpretativo, e se nada disso bastar, será inevitável criar uma solução com base em princípios e cláusulas gerais" (POLIZELLI, Victor Borges; ANDRADE JÚNIOR, Luiz Carlos de. O problema do tratamento tributário dos contratos atípicos da economia digital: tipicidade econômica e fracionamento de contratos. *Revista Direito Tributário Atual*, São Paulo, n. 39, p. 474-506, 2018).

56   STF, 2ª T., RE 339.307 AgR, Rel. Min. Joaquim Barbosa, *DJe* 30.04.2010.

57   STF, Tribunal Pleno, ARE 638.315 RG, Rel. Min. Cezar Peluso, *DJe* 31.08.2011. Ver ainda: STF, 1ª T., RE 242.827, Rel. Menezes Direito, *DJe* 24.10.2008; STF, Tribunal Pleno, RE 627.051, Rel. Min. Dias Toffoli, *DJe* 11.02.2015; STF, Tribunal Pleno, RE 627.051, Rel. Min. Dias Toffoli, *DJe* 11.02.2015; STF, Tribunal Pleno, RE 601.392, Rel. Min. Joaquim Barbosa, *DJe* 1º.03.2013; STF, Tribunal Pleno, RE 773.992, Rel. Min. Dias Toffoli, *DJe* 19.02.2015; STF, Tribunal Pleno, RE 600.867, Rel. Min. Joaquim Barbosa, Rel. p/ Ac. Min. Luiz Fux, *DJe* 30.09.2020.

58   "As empresas públicas e as sociedades de economia mista delegatárias de serviços públicos essenciais, que não distribuam lucros a acionistas privados nem ofereçam risco ao equilíbrio concorrencial, são beneficiárias da imunidade tributária recíproca prevista no artigo 150, VI, *a*, da Constituição Federal, independentemente de cobrança de tarifa como contraprestação do serviço" (Tema 1140) (STF, Tribunal Pleno, RE 1.320.054, Rel. Min. Luiz Fux, *DJe* 14.05.2021); "Sociedade de economia mista, cuja participação acionária é negociada em Bolsas de Valores, e que, inequivocamente, está voltada à remuneração do capital de seus controladores ou acionistas, não está abrangida pela regra de imunidade tributária prevista no art. 150, VI, 'a', da Constituição, unicamente em razão das atividades desempenhadas" (Tema 508) (STF, Tribunal Pleno, RE 600.867, Rel. Min. Joaquim Barbosa, Rel. p/ Ac. Min. Luiz Fux, *DJe* 30.09.2020).

Parte Especial · Capítulo III · IMPOSTOS MUNICIPAIS | 593

Foi o que entendeu o Tribunal no RE 756.915, que admitiu a incidência do ISS sobre a prestação de serviços de registros públicos, cartorários e notariais, com fundamento no § 3º do art. 150 da Constituição e em razão do seu caráter lucrativo: "É constitucional a incidência do ISS sobre a prestação de serviços de registros públicos, cartorários e notariais, devidamente previstos em legislação tributária municipal" (Tema 688).

3.2.1.6 Importação de serviços

A quarta indagação que emerge do art. 1º da Lei Complementar 116/2003 diz respeito à incidência do imposto sobre a importações de serviços. Trata-se de questão relevante e atual, uma vez que, nos últimos anos, a eficácia dos sistemas tributários tradicionais vem sendo testada com o surgimento de novas tecnologias. Parcela expressiva da receita de grandes companhias internacionais ainda tem ficado de fora do campo da tributação, em meios às dificuldades enfrentadas pelas autoridades fiscais para fazer frente às operações de computação em nuvem, o SaaS (*software as service*) e, mais recentemente, os *over-the-air softwares updates* que, mediante pagamento de uma remuneração, acrescentam funcionalidades em produtos convencionais (*v.g.*, veículos). Essas operações invisíveis e sem fronteiras, estimadas em mais de USD 4 trilhões, têm gerado desequilíbrios na distribuição isonômica da carga tributária entre os agentes econômicos. Também há preocupação em torno da própria repartição da arrecadação entre os países de origem e de consumo desses intangíveis. O Acordo Geral sobre o Comércio de Serviços (Gats), de 1994, por sua vez, não oferece parâmetros para a tributação dessas novas tecnologias, que, aliás, sequer existiam na época de sua celebração[59]. Diante dessas e de outras questões, o tema da importação de serviços vem ganhando cada vez mais protagonismo na pauta de preocupações dos organismos internacionais[60].

Não obstante, é problemático operar com a noção de importação no âmbito dos serviços. Isso porque, no sentido técnico-jurídico, a importação pressupõe o ingresso físico de bens provenientes do exterior no mercado nacional. Nos serviços, como se sabe, isso nem sempre ocorre, porque, na maioria das vezes, o objeto do contrato configura uma utilidade imaterial prestada em favor do contratante. Além disso, quando há entrega de uma utilidade material (por exemplo, de um projeto de engenharia), não é sempre que se tem o ingresso no território nacional. Quando ocorre a transposição da fronteira, isso se dá por meio de um suporte físico destituído de autonomia negocial (uma mídia eletrônica no qual o arquivo está gravado ou o papel em que se encontra impresso), ou seja, que representa apenas uma consequência da obrigação de fazer executada no exterior. Em tais situações, a cobrança seria ineficaz perante cidadãos estrangeiros em seus territórios soberanos, porque dependeria de um tratado internacional – atualmente inexistente – prevendo a extraterritorialidade da legislação brasileira.

O § 1º do art. 1º da Lei Complementar 116/2003 estabelece que o ISS deve incidir sobre *o serviço proveniente do exterior do País ou cuja prestação se tenha iniciado no exterior*, o que, para parte da doutrina, não é constitucional[61]. Entretanto, o ISS não é incompatível com a tributação do fluxo internacional de serviços. Tanto é assim que a Constituição Federal, no inciso II do § 3º

---

[59] Sobre as diferentes modalidades de comércio de serviços do GATS, ver: AMARAL, Antonio Carlos Rodrigues do. A Organização Mundial do Comércio – OMC e o Acordo Geral sobre o Comércio de Serviços. *In*: TÔRRES, Heleno Taveira (coord.). *Comércio internacional e tributação*. São Paulo: Quartier Latin, 2005. p. 130-131; SEHN, Solon. *PIS-Cofins*: não cumulatividade e regimes de incidência. 2. ed. São Paulo: Noeses, 2019; BARROSO, Regina Maria Fernandes; VALADÃO, Marcos Aurélio Pereira. O PIS/Cofins na importação de serviços: parametrização da incidência e sua constitucionalidade. *Revista de Direito Internacional, Econômico e Tributário*, Brasília, v. 8, n. 1, p. 1-31, jan./jun. 2013.

[60] Sobre o tema, cf.: MASUKO, Ana Clarissa. *Princípio do destino no comércio exterior de serviços*. Rio de Janeiro: Lumen Juris, 2021; SEHN, Solon. *Curso de direito aduaneiro*. 2. ed. Rio de Janeiro: Forense, 2022. p. 67.

[61] MELO, José Eduardo Soares de. *ISS*: aspectos teóricos e práticos. 3. ed. São Paulo: Dialética, 2003. p. 158-159.

do art. 156, prevê a exclusão da incidência do imposto sobre a *exportação de serviços*, que nada mais é do que uma importação sob a perspectiva do país de destino, ou seja, o mesmo evento de comércio exterior visto desde outro panorama[62]. Essa previsão reflete um alinhamento do País com o princípio da tributação no destino (no país de consumo), o que, naturalmente, também se aplica aos serviços importados por empresas e por cidadãos brasileiros. Ademais, tributar os prestadores locais sem alcançar os importados não parece compatível com o princípio da isonomia[63].

Entretanto, a lei complementar não oferece todos os elementos necessários à incidência do ISS em operações dessa natureza. A insuficiência fica evidente quando comparada com a Lei 10.865/2004, relativa ao PIS/Pasep e à Cofins incidente na importação de serviços. Essa define que o tributo incide sobre os serviços provenientes do exterior prestados por pessoa física ou pessoa jurídica residente ou domiciliada no exterior, quando: (i) executados no País; ou (ii) executados no exterior, mas com resultado verificado no Brasil (art. 1º, § 1º, I e II). Além disso, estabelece que o evento imponível será considerado ocorrido na data do pagamento, do crédito, da entrega, do emprego ou da remessa de valores a residentes ou domiciliados no exterior como contraprestação por serviço prestado (art. 4º, IV).

Nada disso é disciplinado pela Lei Complementar 116/2003, que demanda uma concretização normativa por parte do legislador local. A lei municipal ou distrital não pode apenas repetir as disposições da legislação complementar, porque essa não define o momento da ocorrência da hipótese de incidência. Além disso, ao prever o critério material do tributo, devem ser observados os limites objetivos do § 1º do art. 1º e do parágrafo único do art. 2º[64], esse que, ao deliminar a não incidência sobre a exportação, *a contrario sensu* acaba oferecendo parâmetros para a delimitação da incidência na importação[65].

Destarte, não há que falar em importação quando o serviço é executado no exterior, com produção de resultado fora do País, independentemente de ter sido pago por residente no Brasil. Esse é o caso, por exemplo, de um brasileiro que, em viagem internacional, contrata um motorista particular ou consulta um médico local. O imposto municipal deve incidir sobre o serviço *proveniente do exterior* ou *cuja prestação se tenha iniciado no exterior*, ou seja, o adimplemento da prestação de *fazer* por parte do contratado deve ter sido ultimada ou consumada no território nacional.

---

[62] SEHN, Solon. *Curso de direito aduaneiro*. 2. ed. Rio de Janeiro: Forense, 2022. p. 70 e ss.; MASUKO, Ana Clarissa. *Princípio do destino no comércio exterior de serviços*. Rio de Janeiro: Lumen Juris, 2021. p. 305; SCHOUERI, Luís Eduardo. ISS sobre a importação de serviços do exterior. *Revista de Dialética de Direito Tributário*, São Paulo, n. 100, p. 39 e ss., jan. 2004.

[63] Destarte, como ressalta Ana Clarissa Masuko: "Com efeito, sob o prisma internacional, prevalecendo o princípio do destino nas operações com serviços, os prestadores internacionais fornecem seus serviços no Brasil, sem terem se submetido à tributação na origem, sendo necessária a sua tributação, para que não haja desigualdade em relação ao fornecedor de serviço nacional" (MASUKO, Ana Clarissa. *Princípio do destino no comércio exterior de serviços*. Rio de Janeiro: Lumen Juris, 2021. p. 303). Ressalte-se ainda que o Artigo XVII do Acordo Geral sobre o Comércio de Serviços (GATS) prevê a cláusula do tratamento nacional: "1. Nos setores inscritos em sua lista, e salvo condições e qualificações ali indicadas, cada Membro outorgara aos serviços e prestadores de serviços de qualquer outro Membro, com respeito a todas as medidas que afetem a prestações de serviços, um tratamento não menos favorável do que aquele que dispensa seus próprios serviços similares e prestadores de serviços similares".

[64] "Art. 2º O imposto não incide sobre:
I – as exportações de serviços para o exterior do País;
[...]
Parágrafo único. Não se enquadram no disposto no inciso I os serviços desenvolvidos no Brasil, cujo resultado aqui se verifique, ainda que o pagamento seja feito por residente no exterior."

[65] Essa relevante constatação deve-se ao estudo de Luís Eduardo Schoueri, do qual se destaca a seguinte passagem: "Ora, para a importação de serviços, pode-se aplicar o dispositivo acima [o parágrafo único do art. 2º] para concluir que ali não se incluem os *serviços desenvolvidos no exterior, cujo resultado ali se verifique, ainda que o pagamento seja feito por residente no Brasil*" (SCHOUERI, Luís Eduardo. ISS sobre a importação de serviços do exterior. *Revista de Dialética de Direito Tributário*, São Paulo, n. 100, p. 45, jan. 2004).

Parte Especial · Capítulo III · IMPOSTOS MUNICIPAIS | **595**

O adimplemento da prestação é o resultado jurídico do serviço, ou seja, a utilidade ou o proveito material ou imaterial que normalmente decorre da prestação. É preciso diferenciar, assim, o resultado ou proveito econômico – ganho mediato ou potencial que pode decorrer do serviço – e o resultado ou proveito jurídico, que corresponde à execução da prestação contratada. Apenas esse último, quando ocorrido no Brasil, está sujeito à incidência do ISS, inclusive porque o resultado econômico, no momento em que ocorre a prestação, é apenas potencial e depende de um período de tempo para ser verificado.

Tome-se o exemplo de um serviço de publicidade de produtos brasileiros no exterior. A utilidade ou o proveito específico que decorre da prestação é a divulgação das mercadorias no território alienígena. Esse ocorre integralmente no exterior e o seu pagamento não está sujeito à incidência do ISS. A empresa, entretanto, pode ter auferido um resultado econômico no Brasil, em decorrência do aumento de vendas para o exterior ou da consolidação da marca no mercado internacional. Entretanto, no momento da prestação do serviço esse proveito é apenas potencial e, conforme o caso, embora assim não se espere, sequer pode vir a se concretizar. Algumas ações de *marketing*, inclusive, podem gerar efeito negativo redutor de vendas. É por isso que o resultado deve ser interpretado no sentido de utilidade ou proveito jurídico específico.

3.2.2   Critério espacial

O critério espacial do ISS já foi objeto de intensa controvérsia. Muitos doutrinadores, com razão, entendiam que o tributo apenas poderia ser exigido no espaço geográfico da geração da riqueza tributada[66] ou no local da execução do contrato[67]. O Decreto-lei 406/1968, contudo, definiu como local da prestação do serviço o *estabelecimento do prestador*: "*Art. 12. Considera-se local da prestação do serviço: [...] a) o do estabelecimento prestador ou, na falta de estabelecimento, o do domicílio do prestador*"[68]. Ocorre que o estabelecimento ou o domicílio do estabelecimento prestador nem sempre coincide com o local da efetiva execução do serviço, razão pela qual o dispositivo foi considerado inconstitucional[69]. Houve vários precedentes do STJ reconhecendo que "o Município competente para a cobrança do ISS é aquele em cujo território se realizou o fato gerador, em atendimento ao princípio constitucional implícito que atribui àquele Município, o poder de tributar os serviços ocorridos em seu território"[70].

A Lei Complementar 116/2003 manteve a regra do estabelecimento prestador (art. 3º, *caput*). Contudo, esse foi definido como o local onde é desenvolvida a atividade de prestar serviços (art.

---

66   MELO, José Eduardo Soares de. *Aspectos teóricos e práticos do ISS*. São Paulo: Dialética, 2000. p. 109.

67   JUSTEN FILHO, Marçal. O ISS, a Constituição de 1988 e o Decreto-lei nº 406. *Revista Dialética de Direito Tributário*, São Paulo, n. 3, p. 139, 1995.

68   O dispositivo também considerava como local da prestação do serviço: (i) no caso de construção civil, o local onde se efetuar a prestação (alínea "b"; e (ii) no caso do serviço a que se refere o item 101 da Lista Anexa, o Município em cujo território haja parcela da estrada explorada (alínea "c").

69   Os fundamentos da inconstitucionalidade são assim expostos por Marçal Justen Filho: "Primeiramente, porque conduziria a uma ampliação, em última análise, do aspecto material do tributo, desnaturando-se irremediavelmente. Estar-se-ia a tributar não mais a prestação do serviço, mas o fato de se deter domicílio em um Município. A prestação do serviço deixaria de ser o núcleo da hipótese de incidência, para tornar-se o fundamental a existência de domicílio em um certo e determinado Município" (JUSTEN FILHO, Marçal. O ISS, a Constituição de 1988 e o Decreto-lei nº 406. *Revista Dialética de Direito Tributário*, São Paulo, n. 3, p. 149, 1995.). Do mesmo autor, cf. ainda: JUSTEN FILHO, Marçal. O ISS no tempo e no espaço. *Revista Dialética de Direito Tributário*, São Paulo, n. 2, p. 53-69, nov. 1995.

70   STJ, 2ª T., REsp 115.279, Rel. Min. Francisco Peçanha Martins, *DJ* 1º.07.1999). No mesmo sentido: STJ, 2ª T., AGA 196.490, Rel. Min. Eliana Calmon, *DJ* 29.11.1999; e STJ, 1ª S., EREsp 130.792, Rel. Min. Ari Pargendler, Rel. p/ Ac. Min. Nancy Andrighi, *DJ* 12.06.2000.

4º[71]), o que afasta as objeções da época da vigência do art. 12 do Decreto-lei 406/1968. Foram estabelecidas, ademais, uma série de exceções que, para evitar conflitos de competência, especificam o local da prestação em situações duvidosas ou quando esse não é diretamente identificável[72].

Entre as regras especiais, convém ressaltar que o § 1º do art. 3º[73] foi objeto da ADI 3.142, julgada pelo STF em 05.08.2020. Na oportunidade, o Tribunal entendeu que:

> 2. O art. 3º, § 1º, da LC116/03 não viola os princípios da proporcionalidade e da razoabilidade. Ele estabelece que se considera ocorrido o fato gerador e devido o imposto em cada município em cujo território haja extensão de ferrovia, rodovia, postes, cabos, dutos e condutos de qualquer natureza, objetos de locação, sublocação, arrendamento, direito de passagem ou permissão de uso, compartilhado ou não. Existência de unidade econômica, para fins de tributação, em cada uma dessas urbes, ainda que o sujeito passivo não tenha nelas instalado unidade de gerenciamento de atividades, filial ou mesmo infraestrutura operacional para calcular ou pagar o imposto[74].

No STJ, por sua vez, há duas teses firmadas acerca do local da ocorrência da hipótese de incidência do ISS: (i) "em se tratando de construção civil, antes ou depois da lei complementar, o imposto é devido no local da construção (art. 12, letra "b" do DL 406/68 e art. 3º, da LC 116/2003)" (Tema Repetitivo 198[75]); e (ii)"O sujeito ativo da relação tributária, na vigência do DL 406/68, é o Município da sede do estabelecimento prestador (art. 12); a partir da LC 116/03, é aquele onde o serviço é efetivamente prestado, onde a relação é perfectibilizada, assim entendido o local onde se comprove haver unidade econômica ou profissional da instituição financeira com poderes decisórios suficientes à concessão e aprovação do financiamento – núcleo da operação de *leasing* financeiro e fato gerador do tributo" (Tema Repetitivo 355[76]).

3.2.3   Critério temporal

A Lei Complementar 116/2003 não define o critério temporal da hipótese de incidência do ISS. Tal tarefa cabe aos legisladores dos Municípios e do Distrito Federal, tendo como limite a data ou o momento do adimplemento do serviço. A manifestação de capacidade contributiva tributada pelo ISS é a prestação do serviço, ou seja, a execução da obrigação de fazer, e não a contratação[77]. A lei local, portanto, pode definir como critério temporal o encerramento da

---

[71] "Art. 4º Considera-se estabelecimento prestador o local onde o contribuinte desenvolva a atividade de prestar serviços, de modo permanente ou temporário, e que configure unidade econômica ou profissional, sendo irrelevantes para caracterizá-lo as denominações de sede, filial, agência, posto de atendimento, sucursal, escritório de representação ou contato ou quaisquer outras que venham a ser utilizadas."

[72] Não cabe, no presente estudo, a reprodução integral da lista de exceções, que pode ser consultada diretamente no art. 3º, I a XXV, §§ 1º a 7º, da Lei Complementar 116/2003.

[73] "§ 1º No caso dos serviços a que se refere o subitem 3.04 da lista anexa, considera-se ocorrido o fato gerador e devido o imposto em cada Município em cujo território haja extensão de ferrovia, rodovia, postes, cabos, dutos e condutos de qualquer natureza, objetos de locação, sublocação, arrendamento, direito de passagem ou permissão de uso, compartilhado ou não."

[74] STF, Tribunal Pleno, ADI 3.142, Rel. Min. Dias Toffoli, *DJe* 09.10.2020.

[75] STJ, 1ª S., REsp 1.117.121, Rel. Min. Eliana Calmon, *DJe* 29.10.2009.

[76] STJ, 1ª S., REsp 1.060.210, Rel. Min. Napoleão Nunes Maia Filho, *DJe* 05.02.2013.

[77] JUSTEN FILHO, Marçal. O ISS, a Constituição de 1988 e o Decreto-lei nº 406. *Revista Dialética de Direito Tributário*, São Paulo, n. 3, p. 83 e ss., 1995. Nesse mesmo sentido, destaca Aires Fernandino Barreto que "[...] aos Municípios não foi conferida competência para tributar contratos de prestação de serviços, mas, sim, para instituir imposto sobre o fato de 'prestar serviços'. O ISS não é um tributo sobre atos jurídicos mas sobre fatos, sobre o *facere* que alguém (o prestador) tenha desenvolvido em favor de terceiro (o tomador)" (BARRETO,

Parte Especial • Capítulo III • IMPOSTOS MUNICIPAIS | **597**

prestação ou um evento posterior, por exemplo, a data do pagamento. No entanto, não é possível definir o início da execução nem, menos ainda, a simples contratação.

3.3 Consequência tributária

3.3.1 Base de cálculo

A base de cálculo do ISS, de acordo com o art. 7º da Lei Complementar 116/2003[78], corresponde ao *preço do serviço*[79], sendo admitida a exclusão do valor dos materiais fornecidos pelo prestador nas hipóteses previstas nos itens 7.02[80] e 7.05[81] da lista de serviços.

Na interpretação desse dispositivo, a jurisprudência do STJ tem entendido que: **(a)** "a base de cálculo do ISS incidente na prestação do serviço público de transporte coletivo, cuja tarifa é paga por meio de vale-transporte ou passagem escolar, é o valor pago pelo usuário no momento da sua aquisição, e não o valor da tarifa vigente na data da sua utilização"[82]; **(b)** "As empresas de mão de obra temporária podem encartar-se em duas situações, em razão da natureza dos serviços prestados: (i) como intermediária entre o contratante da mão de obra e o terceiro que é colocado no mercado de trabalho; (ii) como prestadora do próprio serviço, utilizando de empregados a ela vinculados mediante contrato de trabalho. A intermediação implica o preço do serviço que é a comissão, base de cálculo do fato gerador consistente nessas 'intermediações'. O ISS incide, nessa hipótese, apenas sobre a taxa de agenciamento, que é o preço do serviço pago ao agenciador, sua comissão e sua receita, excluídas as importâncias voltadas para o pagamento dos salários e encargos sociais dos trabalhadores. Distinção de valores pertencentes a terceiros (os empregados) e despesas com a prestação. Distinção necessária entre receita e entrada para

---

Aires Fernandino. ICMS e ISS – Estremação da incidência. *Revista Dialética de Direito Tributário*, São Paulo, n. 71, p. 13, ago. 2001).

[78] "Art. 7º A base de cálculo do imposto é o preço do serviço.

§ 1º Quando os serviços descritos pelo subitem 3.04 da lista anexa forem prestados no território de mais de um Município, a base de cálculo será proporcional, conforme o caso, à extensão da ferrovia, rodovia, dutos e condutos de qualquer natureza, cabos de qualquer natureza, ou ao número de postes, existentes em cada Município."

[79] Como assinala Cláudio Augusto Gonçalves Pereira: "Sob o prisma positivo, tem-se que nele deverá ser incluído tudo o que for pago pelo tomador (destinatário utente, usuário) ao prestador, desde que provenha da prestação de serviços. Sob o ângulo negativo, tem-se que não poderão ser incluídos valores que decorrem da prestação de serviços, inconfundíveis com a prestação de serviços e que, embora relacionados com a prestação de serviços, não expressam, eles mesmos, receitas do prestador (Barreto: 2009). Especificamente, no caso de serviços de construção civil, a base de cálculo continua sendo o preço do serviço, entendido como o valor da prestação, no qual não são incluídas as quantias correspondentes à importância dos materiais fornecidos pelo prestador dos serviços e o das subempreitadas" (PEREIRA, Cláudio Augusto Gonçalves. O imposto sobre serviços – ISS – cobrado na expedição do "habite-se": a inconstitucionalidade da pauta fiscal. *In*: MACEDO, Alberto; DACOMO, Natalia de Nardi (coord.). *ISS*: pelos conselheiros julgadores. São Paulo: Quartier Latin, 2012. p. 129).

[80] "7.02 – Execução, por administração, empreitada ou subempreitada, de obras de construção civil, hidráulica ou elétrica e de outras obras semelhantes, inclusive sondagem, perfuração de poços, escavação, drenagem e irrigação, terraplanagem, pavimentação, concretagem e a instalação e montagem de produtos, peças e equipamentos (exceto o fornecimento de mercadorias produzidas pelo prestador de serviços fora do local da prestação dos serviços, que fica sujeito ao ICMS)."

[81] "7.05 – Reparação, conservação e reforma de edifícios, estradas, pontes, portos e congêneres (exceto o fornecimento de mercadorias produzidas pelo prestador dos serviços, fora do local da prestação dos serviços, que fica sujeito ao ICMS)."

[82] STJ, 1ª T., AgRg no AREsp 483.264, Rel. Min. Sérgio Kukina, *DJe* 19.05.2014. No mesmo sentido: STJ, 2ª T., AgRg no AREsp 112.288, Rel. Min. Benedito Gonçalves, *DJe* 25.09.2012; STJ, 2ª T., AgRg no AREsp 089.695, Rel. Min. Mauro Campbell Marques, *DJe* 08.03.2012; STJ, 1ª T., AgRg no REsp 1.172.322, Rel. Min. Luiz Fux, *DJe* 05.10.2010; STJ, 1ª T., REsp 922.239, Rel. Min. José Delgado, *DJe* 03.03.2008.

CURSO DE DIREITO TRIBUTÁRIO – *Solon Sehn*

fins financeiro-tributários" (Tema 403[83]); (c) "É pacífico o entendimento no Superior Tribunal de Justiça quanto à legalidade da dedução do custo dos materiais empregados na construção civil da base de cálculo do ISSQN"[84]; e (d) "a base de cálculo do ISSQN incidente nas operações de arrendamento mercantil é o valor integral da operação realizada, pois o núcleo de tais operações é a própria operação de leasing e não a diferença entre o capital investido e a remuneração paga ao arrendador (spread)"[85].

Ainda de acordo com o STJ, a Lei Complementar 116/2003 não revogou os §§ 1º e 3º do art. 9º do Decreto-lei 406/1968[86]:

> Art. 9º A base de cálculo do imposto é o preço do serviço.
>
> § 1º Quando se tratar de prestação de serviços sob a forma de trabalho pessoal do próprio contribuinte, o imposto será calculado, por meio de alíquotas fixas ou variáveis, em função da natureza do serviço ou de outros fatores pertinentes, nestes não compreendida a importância paga a título de remuneração do próprio trabalho.
>
> [...]
>
> § 3º Quando os serviços a que se referem os itens 1, 4, 8, 25, 52, 88, 89, 90, 91 e 92 da lista anexa forem prestados por sociedades, estas ficarão sujeitas ao imposto na forma do § 1º, calculado em relação a cada profissional habilitado, sócio, empregado ou não, que preste serviços em nome da sociedade, embora assumindo responsabilidade pessoal, nos termos da lei aplicável. (Redação dada pela Lei Complementar 56, de 1987)

Em relação aos efeitos da Súmula Vinculante 31 na base de cálculo do imposto, o STF tem entendido que: "Se houver ao mesmo tempo locação de bem móvel e prestação de serviços, o ISS

---

83 STJ, 1ª S., REsp 1.138.205, Rel. Min. Luiz Fux, *DJe* 1º.02.2010.

84 STJ, 1ª T., AgInt no AREsp 686.607, Rel. Min. Regina Helena Costa, *DJe* 31.03.2017. O STF, por sua vez, definiu que: "O art. 9º, § 2º, do DL406/1968 foi recepcionado pela ordem jurídica inaugurada pela Constituição de 1988" (Tema 247). Na oportunidade, foi ressaltado que: "a jurisprudência deste Supremo Tribunal Federal, reafirmada na decisão agravada, circunscreve-se a asseverar recepcionado, pela Carta de 1988, o art. 9º, § 2º, 'a', do DL 406/1968, sem, contudo, estabelecer interpretação sobre o seu alcance nem analisar sua subsistência frente à legislação que lhe sucedeu – em especial, a LC 116/2003 –, tarefas de competência do Superior Tribunal de Justiça" (STF, Tribunal Pleno, RE 603497 AgR-segundo, Rel. Min. Rosa Weber, *DJe* 13.08.2020).

85 STJ, 2ª T., REsp 1.834.799, Rel. Min. Herman Benjamin, *DJe* 18.11.2019.

86 "[...] o art. 9º, §§ 1º e 3º, do Decreto-lei 406/68, o qual trata da incidência do ISSQN sobre sociedades uniprofissionais por alíquota fixa, não foi revogado pela Lei Complementar 116/03, quer de forma expressa, quer tácita, não existindo nenhuma incompatibilidade. Precedentes" (STJ, 1ª T., AgRg no REsp 1.242.490, Rel. Min. Sérgio Kukina, *DJe* 17.09.2013). Ressalte-se que: "A orientação da Primeira Seção/STJ pacificou-se no sentido de que o tratamento privilegiado previsto no art. 9º, §§ 1º e 3º, do Decreto-lei 406/68 somente é aplicável às sociedades uniprofissionais que tenham por objeto a prestação de serviço especializado, com responsabilidade pessoal dos sócios e sem caráter empresarial" (STJ, 2ª T., AgInt no AREsp 860.593, Rel. Min. Mauro Campbell Marques, *DJe* 08.06.2016). Muitos julgados do Tribunal, entendem que: "Na forma da jurisprudência do STJ, 'as sociedades constituídas sob a forma de responsabilidade limitada, justamente por excluir a responsabilidade pessoal dos sócios, não atendem ao disposto no art. 9º, § 3º do DL 406/68, razão por que não fazem jus à postulada tributação privilegiada do ISS' (STJ, AgRg nos EREsp 1.182.817/RJ, Rel. Min. Mauro Campbell Marques, Primeira Seção, *DJe* 29.08.2012). [...]" (STJ, 2ª T., AgInt no REsp 1.348.119, Rel. Min. Assusete Magalhães, *DJe* 14.02.2020). Mais recentemente, há decisões interpretando que: "A fruição do direito à tributação privilegiada do ISSQN depende, basicamente, da análise da atividade efetivamente exercida pela sociedade para saber se ela se enquadra entre aquelas elencadas no § 3º do art. 9º do Decreto--lei 406/1968 (itens 1, 4, 8, 25, 52, 88, 89, 90, 92 da lista anexa à LC 56/1987) e se se restringe à prestação pessoal de serviços profissionais aos seus clientes, sem configurar um elemento de empresa com objeto social mais abrangente, sendo irrelevante para essa finalidade o fato de a pessoa jurídica ter se constituído sob a forma de responsabilidade limitada. Precedentes" (STJ, 1ª T., AgInt no AREsp 1.176.672, Rel. Min. Gurgel de Faria, *DJe* 22.09.2020).

Parte Especial · Capítulo III · IMPOSTOS MUNICIPAIS | **599**

incide sobre o segundo fato, sem atingir o primeiro"[87]. Por outro lado, nas relações contratuais complexas, a locação de bens móveis deve estar "claramente segmentada da prestação de serviços, seja no que diz com o seu objeto, seja no que concerne ao valor específico da contrapartida financeira"[88].

Por fim, ressalte-se que, durante o período de transição da reforma tributária, se a operação sujeita ao ISS também for tributada pelo IS, esse deverá ser incluído na base de cálculo por previsão expressa no texto constitucional: "Art. 153. [...] § 6º O imposto previsto no inciso VIII do *caput* deste artigo: [...] IV – integrará a base de cálculo dos tributos previstos nos arts. 155, II, 156, III, 156-A e 195, V; (Incluído pela Emenda Constitucional nº 132, de 2023)".

3.3.2   Alíquotas

Conforme ressaltado anteriormente, a alíquota do ISS deve ser prevista na legislação de cada Município e do Distrito Federal, observadas as alíquotas máxima e mínima previstas em lei complementar (art. 156, § 3º, I), atualmente em 5% e 2%, respectivamente[89].

3.3.3   Sujeição passiva

A Lei Complementar 116/2003 estabelece que o contribuinte do imposto é o prestador de serviços (art. 5º[90]), permitindo ainda a atribuição de modo expresso a responsabilidade tributária a terceira pessoa vinculada ao evento imponível (art. 6º[91]). Também é prevista, entre outras

---

[87]   STF, 2ª T., ARE 656.709 AgR, Rel. Min. Joaquim Barbosa, *DJe* 08.03.2012.

[88]   "Hipótese em que contratada a locação de maquinário e equipamentos conjuntamente com a disponibilização de mão de obra especializada para operá-los, sem haver, contudo, previsão de remuneração específica da mão de obra disponibilizada à contratante. Baralhadas as atividades de locação de bens e de prestação de serviços, não há como acolher a presente reclamação constitucional" (STF, Tribunal Pleno, Rcl 14.290 AgR, Rel. Min. Rosa Weber, *DJe* 20.06.2014).

[89]   Lei Complementar 116/2003:
"Art. 8º As alíquotas máximas do Imposto Sobre Serviços de Qualquer Natureza são as seguintes:
I – (VETADO)
II – demais serviços, 5% (cinco por cento).
Art. 8º-A. A alíquota mínima do Imposto sobre Serviços de Qualquer Natureza é de 2% (dois por cento). (Incluído pela Lei Complementar 157, de 2016)
§ 1º O imposto não será objeto de concessão de isenções, incentivos ou benefícios tributários ou financeiros, inclusive de redução de base de cálculo ou de crédito presumido ou outorgado, ou sob qualquer outra forma que resulte, direta ou indiretamente, em carga tributária menor que a decorrente da aplicação da alíquota mínima estabelecida no *caput*, exceto para os serviços a que se referem os subitens 7.02, 7.05 e 16.01 da lista anexa a esta Lei Complementar. (Incluído pela Lei Complementar 157, de 2016)
§ 2º É nula a lei ou o ato do Município ou do Distrito Federal que não respeite as disposições relativas à alíquota mínima previstas neste artigo no caso de serviço prestado a tomador ou intermediário localizado em Município diverso daquele onde está localizado o prestador do serviço. (Incluído pela Lei Complementar 157, de 2016)
§ 3º A nulidade a que se refere o § 2º deste artigo gera, para o prestador do serviço, perante o Município ou o Distrito Federal que não respeitar as disposições deste artigo, o direito à restituição do valor efetivamente pago do Imposto sobre Serviços de Qualquer Natureza calculado sob a égide da lei nula. (Incluído pela Lei Complementar 157, de 2016)"

[90]   "Art. 5º Contribuinte é o prestador do serviço."

[91]   "Art. 6º Os Municípios e o Distrito Federal, mediante lei, poderão atribuir de modo expresso a responsabilidade pelo crédito tributário a terceira pessoa, vinculada ao fato gerador da respectiva obrigação, excluindo a responsabilidade do contribuinte ou atribuindo-a a este em caráter supletivo do cumprimento total ou parcial da referida obrigação, inclusive no que se refere à multa e aos acréscimos legais."

600 | CURSO DE DIREITO TRIBUTÁRIO – *Solon Sehn*

hipóteses específicas que não serão analisadas nesse momento, a responsabilidade do tomador e do intermediário no ISS devido na importação de serviços (art. 6º, § 2º, I[92]).

3.3.4 Sujeito ativo

O sujeito ativo da obrigação tributária é a pessoa jurídica de direito público interno (o Distrito Federal ou o Município) onde estiver situado o estabelecimento prestador (art. 3º, *caput*), entendido como tal o local onde é desenvolvida a atividade de prestar serviços (art. 4º[93]), observadas as disposições especiais do art. 3º, I a XXV, § 1º a § 7º, da Lei Complementar 116/2003.

3.4 ISS após a Reforma Tributária

Como será analisado[94], no ano de 2033, após o período de transição da Reforma Tributária, o IBS (Imposto sobre Bens e Serviços) e a CBS (Contribuição sobre Bens e Serviços) substituirão progressivamente a Cofins, o ICMS e o ISS, assim como a maior parte do âmbito de incidência do PIS/Pasep[95] e do IPI[96].

---

[92] "Art. 6º [...] § 2º Sem prejuízo do disposto no *caput* e no § 1º deste artigo, são responsáveis:
I – o tomador ou intermediário de serviço proveniente do exterior do País ou cuja prestação se tenha iniciado no exterior do País;
[...]".

[93] "Art. 4º Considera-se estabelecimento prestador o local onde o contribuinte desenvolva a atividade de prestar serviços, de modo permanente ou temporário, e que configure unidade econômica ou profissional, sendo irrelevantes para caracterizá-lo as denominações de sede, filial, agência, posto de atendimento, sucursal, escritório de representação ou contato ou quaisquer outras que venham a ser utilizadas."

[94] Ver Cap. IV, item 1, da Parte Especial.

[95] A Emenda 132/2023 manteve, até que lei disponha sobre a matéria, o PIS/Pasep devido pelas pessoas jurídicas de direito público interno com base no valor mensal das receitas correntes arrecadadas e das transferências correntes e de capital recebidas: "Art. 20. Até que lei disponha sobre a matéria, a contribuição para o Programa de Formação do Patrimônio do Servidor Público, criado pela Lei Complementar nº 8, de 3 de dezembro de 1970, de que trata o art. 239 da Constituição Federal, permanecerá sendo cobrada na forma do art. 2º, III, da Lei nº 9.715, de 25 de novembro de 1998, e dos demais dispositivos legais a ele referentes em vigor na data de publicação desta Emenda Constitucional". Sobre esse tributo, ver: Cap. V da Parte Especial; e SEHN, Solon. *PIS-Cofins*: não cumulatividade e regimes de incidência. 3. ed. São Paulo: Noeses, 2022.

[96] ADCT: "Art. 126. A partir de 2027: [...]
III – o imposto previsto no art. 153, IV, da Constituição Federal:
a) terá suas alíquotas reduzidas a zero, exceto em relação aos produtos que tenham industrialização incentivada na Zona Franca de Manaus, conforme critérios estabelecidos em lei complementar; e (Incluído pela Emenda Constitucional nº 132, de 2023)
[...]".

Capítulo IV
TRIBUTOS SOBRE O CONSUMO

1 PERÍODO DE TRANSIÇÃO

Após o período de transição da Reforma Tributária, a tributação do consumo no Brasil será constituída pelo IBS (Imposto sobre Bens e Serviços), de competência compartilhada entre os Estados, o Distrito Federal e os Municípios, e pela CBS (Contribuição sobre Bens e Serviços), de competência da União[1]. Esses tributos substituirão progressivamente a Cofins, o ICMS e o ISS, compreendendo ainda a maior parte do âmbito de incidência do PIS/Pasep[2] e do IPI[3]. A transição compreenderá as seguintes etapas:

(i) Ano de 2026:

(a) início da cobrança dos novos tributos sobre o consumo com alíquotas de *teste* ou de *calibração* de 0,9% de CBS e 0,1% de IBS, compensando-se o valor pago com o PIS/Pasep e a Cofins devidos no período[4]; e

(b) definição da alíquota de referência da CBS pelo Senado Federal para os anos de 2027 em diante, que será aplicada se outra não for fixada na legislação do ente federativo[5].

(ii) Ano de 2027:

(a) cobrança da CBS pela alíquota de referência, se outra não for estabelecida em lei ordinária federal[6], reduzida em 0,1%[7];

---

[1] CF, art. 149-B.

[2] A Emenda 132/2023 manteve, até que lei disponha sobre a matéria, o PIS/Pasep devido pelas pessoas jurídicas de direito público interno com base no valor mensal das receitas correntes arrecadadas e das transferências correntes e de capital recebidas: "Art. 20. Até que lei disponha sobre a matéria, a contribuição para o Programa de Formação do Patrimônio do Servidor Público, criado pela Lei Complementar nº 8, de 3 de dezembro de 1970, de que trata o art. 239 da Constituição Federal, permanecerá sendo cobrada na forma do art. 2º, III, da Lei nº 9.715, de 25 de novembro de 1998, e dos demais dispositivos legais a ele referentes em vigor na data de publicação desta Emenda Constitucional". Sobre esse tributo, ver: Cap. V da Parte Especial; e SEHN, Solon. *PIS-Cofins*: não cumulatividade e regimes de incidência. 3. ed. São Paulo: Noeses, 2022.

[3] ADCT: "Art. 126. A partir de 2027: [...]
III – o imposto previsto no art. 153, IV, da Constituição Federal:
a) terá suas alíquotas reduzidas a zero, exceto em relação aos produtos que tenham industrialização incentivada na Zona Franca de Manaus, conforme critérios estabelecidos em lei complementar; e (Incluído pela Emenda Constitucional nº 132, de 2023)
[...]".

[4] ADCT, art. 125, *caput*. De acordo com o § 2º do art. 125, "§ 2º Caso o contribuinte não possua débitos suficientes para efetuar a compensação de que trata o § 1º, o valor recolhido poderá ser compensado com qualquer outro tributo federal ou ser ressarcido em até 60 (sessenta) dias, mediante requerimento".

[5] Art. 156-A, § 1º, XII; Art. 195, §§ 15 e 16; ADCT, art. 130, § 1º.

[6] Art. 195, § 15.

[7] ADCT, art. 127, parágrafo único.

602 | CURSO DE DIREITO TRIBUTÁRIO – *Solon Sehn*

(b) cobrança de IBS com alíquota estadual de 0,05% e alíquota municipal de 0,05%[8];

(c) extinção do PIS/Pasep[9], ressalvada a contribuição devida pelas pessoas jurídicas de direito público interno[10];

(d) extinção da Cofins[11];

(e) redução a zero das alíquotas do IPI, com exceção dos produtos com industrialização incentivada na Zona Franca de Manaus fabricados em outras regiões do País[12]; e

(f) definição das alíquotas de referência do IBS para o ano de 2029 pelo Senado Federal[13].

(iii) Ano de 2029:

(a) extinção da redução em 0,1% da alíquota da CBS[14];

(b) redução de 10% das alíquotas estaduais do ICMS e municipais do ISS vigentes em 2028[15];

(c) fim das alíquotas estadual de 0,05% e municipal de 0,05% de IBS[16];

(d) cobrança do IBS com base nas alíquotas de referência fixadas no ano anterior pelo Senado Federal ou, se existentes, pelas alíquotas previstas nas legislações dos Estados, do Distrito Federal e dos Municípios[17]; e

(e) definição das alíquotas de referência do IBS para o ano de 2030 pelo Senado Federal[18].

(iv) Ano de 2030:

(a) redução de 20% das alíquotas do ICMS e do ISS vigentes em 2028[19];

(b) cobrança do IBS com base nas alíquotas de referência estabelecidas no ano anterior pelo Senado Federal ou, se existentes, pelas alíquotas previstas nas legislações de cada ente federativo[20]; e

(c) definição das alíquotas de referência do IBS para o ano de 2031 pelo Senado Federal[21].

---

8   ADCT, art. 127, *caput*.
9   ADCT, art. 126, II.
10   Ver art. 20 da Emenda 132/2023.
11   ADCT, art. 126, II.
12   ADCT, art. 126, III, "a".
13   Art. 156-A, § 1º, XII; ADCT, art. 130, § 1º. As alíquotas de referência devem ser fixadas no percentual necessário à compensação da redução do ICMS, de contribuições aos fundos estaduais e do ISS (ADCT, art. 130, II).
14   ADCT, art. 127, parágrafo único.
15   ADCT, art. 128, I.
16   ADCT, art. 127, *caput*.
17   Art. 156-A, § 1º, XII.
18   Art. 156-A, § 1º, XII; ADCT, art. 130, § 1º. As alíquotas de referência devem ser fixadas no percentual necessário à compensação da redução do ICMS, de contribuições aos fundos estaduais e do ISS (ADCT, art. 130, II).
19   ADCT, art. 128, II.
20   Art. 156-A, § 1º, XII.
21   Art. 156-A, § 1º, XII; ADCT, art. 130, § 1º. As alíquotas de referência devem ser fixadas no percentual necessário à compensação da redução do ICMS, de contribuições aos fundos estaduais e do ISS (ADCT, art. 130, II).

Parte Especial • Capítulo IV • TRIBUTOS SOBRE O CONSUMO | **603**

(v) Ano de 2031:

(a) redução de 30% das alíquotas do ICMS e do ISS vigentes em 2028[22];

(b) cobrança do IBS com base nas alíquotas de referência fixadas no ano anterior pelo Senado Federal ou, se existentes, pelas alíquotas previstas nas legislações de cada ente federativo[23]; e

(c) definição das alíquotas de referência do IBS para o ano de 2032 pelo Senado Federal[24].

(vi) Ano de 2032:

(a) redução de 40% das alíquotas do ICMS e do ISS vigentes em 2028[25];

(b) cobrança do IBS com base nas alíquotas de referência definidas no ano anterior pelo Senado Federal ou, se existentes, pelas alíquotas previstas nas legislações de cada ente federativo[26]; e

(c) definição das alíquotas de referência do IBS pelo Senado Federal para os anos de 2033 em diante[27], que devem ser fixadas no percentual necessário à compensação da extinção do ICMS, de contribuições aos fundos estaduais e do ISS[28].

(vii) Ano de 2033:

(a) extinção do ICMS e do ISS[29]; e

(b) cobrança do IBS com base nas alíquotas de referência definidas no ano anterior pelo Senado Federal ou, se existentes, pelas alíquotas previstas nas legislações de cada ente federativo[30].

Por outro lado, cumpre considerar que a legislação tributária, mesmo não estando mais *vigente*, continua a *vigorar* para disciplinar os eventos imponíveis ocorridos anteriormente. Há uma *ultratividade* da lei revogada, o que se reflete na previsão do art. 144 do CTN: "Art. 144. O lançamento reporta-se à data da ocorrência do fato gerador da obrigação e rege-se pela lei então vigente, ainda que posteriormente modificada ou revogada"[31]. Portanto, considerando a data do vencimento do crédito tributário (Medida Provisória 2.158-35/2001, art. 18, I e II[32]), a natureza do lançamento (lançamento por homologação) e o prazo decadencial de cinco anos (CTN, arts.

---

22 ADCT, art. 128, III.
23 Art. 156-A, § 1º, XII.
24 Art. 156-A, § 1º, XII; ADCT, art. 130, § 1º. As alíquotas de referência devem ser fixadas no percentual necessário à compensação da redução do ICMS, de contribuições aos fundos estaduais e do ISS (ADCT, art. 130, II).
25 ADCT, art. 128, IV.
26 Art. 156-A, § 1º, XII.
27 Art. 156-A, § 1º, XII; ADCT, art. 130, II, § 1º.
28 ADCT, art. 130, II.
29 ADCT, art. 129.
30 Art. 156-A, § 1º, XII.
31 Ver Cap. VI, item 2.1, da Parte Geral.
32 "Art. 18. O pagamento da Contribuição para o PIS/Pasep e da Contribuição para o Financiamento da Seguridade Social – COFINS deverá ser efetuado: (Redação dada pela Lei nº 11.933, de 2009) (Produção de efeito)

150, § 6º³³, e 173, I e II³⁴), a legislação do PIS/Pasep e da Cofins continuará em vigor pelo menos até 25 de janeiro de 2032, apesar de revogada em 1º de janeiro de 2027³⁵. Para o ISS e para o ICMS, essa data dependerá do momento da ocorrência do evento imponível definido na legislação de cada ente federativo. Entretanto, como geralmente o vencimento ocorre no 10º ou 15º dia do mês subsequente ao da ocorrência do fato jurídico tributário, estima-se uma ultratividade até 15 de janeiro de 2038.

2 DIREITO COMPARADO

Após a Primeira Guerra Mundial, a maior parte dos países da Europa apresentava em seus sistemas tributários *impostos plurifásicos cumulativos*, que incidiam de forma sobreposta em todas as etapas de circulação econômica dos bens, desde a produção, até o consumo final³⁶. Tributos com essas características reduziam sensivelmente a evasão fiscal, além de proporcionarem uma atualização rápida dos níveis de receita. Todavia, com o tempo, foi notado que apresentavam uma série de desvantagens. Nesse modelo impositivo, o valor do crédito tributário devido em cada fase do ciclo econômico é calculado sobre o preço total da operação, no qual está incorporado o tributo cobrado nas fases anteriores. Isso gera um efeito *cascata* ou de *piramidização*, tornando a carga tributária artificialmente maior em função do aumento da complexidade e do número de etapas de produção ou de circulação de uma mercadoria³⁷. Com isso, os produtos industrializados acabam sujeitos a uma tributação mais gravosa que os semielaborados e os não industrializados³⁸. Também há um favorecimento dos bens importados, gerando uma concorrência desleal para as

---

I – até o 20º (vigésimo) dia do mês subsequente ao mês de ocorrência dos fatos geradores, pelas pessoas jurídicas referidas no § 1º do art. 22 da Lei no 8.212, de 24 de julho de 1991; e (Incluído pela Lei nº 11.933, de 2009)

II – até o 25º (vigésimo quinto) dia do mês subsequente ao mês de ocorrência dos fatos geradores, pelas demais pessoas jurídicas. (Incluído pela Lei nº 11.933, de 2009)."

33 "Art. 156. [...] § 4º Se a lei não fixar prazo a homologação, será ele de cinco anos, a contar da ocorrência do fato gerador; expirado esse prazo sem que a Fazenda Pública se tenha pronunciado, considera-se homologado o lançamento e definitivamente extinto o crédito, salvo se comprovada a ocorrência de dolo, fraude ou simulação."

34 "Art. 173. O direito de a Fazenda Pública constituir o crédito tributário extingue-se após 5 (cinco) anos, contados:

I – do primeiro dia do exercício seguinte àquele em que o lançamento poderia ter sido efetuado;

II – da data em que se tornar definitiva a decisão que houver anulado, por vício formal, o lançamento anteriormente efetuado."

35 Essa data, na realidade, pode ser muito maior, porque, nos casos de lançamentos de ofício decorrentes da anulação de lançamento anterior por vício formal, ocorre a reabertura do prazo decadencial (CTN, art. 173, I).

36 Um imposto com essas características já existia na Roma Antiga (BALEEIRO, Aliomar. *Uma introdução à ciência das finanças.* 15. ed. Rio de Janeiro: Forense, 1998. p. 392). Como ensina Bernardo Ribeiro de Moraes, "em Roma, o Imperador Augusto introduziu um imposto geral sobre as vendas, a 'centesima rerum venalium', o qual, como o nome indica, era um imposto de 1% sobre todas as coisas vendidas" (MORAES, Bernardo Ribeiro. O imposto sobre circulação de mercadorias no sistema tributário nacional. *In:* MARTINS, Ives Gandra (org.). *O fato gerador do I.C.M.* São Paulo: Resenha Tributária-Centro de Estudos de Extensão Universitária, 1978. p. 27).

37 BALEEIRO, Aliomar. *Limitações constitucionais ao poder de tributar.* 8. ed. Rio de Janeiro: Forense, 2010. p. 392: "Se, por exemplo, a alíquota for de 5%, o gravame, depois de cinco operações, é superior a 25%, porque alcança os acréscimos de despesas gerais, lucros e também as quantias representadas pelo próprio tributo".

38 Como explica Tercio Sampaio Ferraz Júnior, "[...] a cumulatividade em cascata nem imposto multifásico produz uma falta de uniformidade na carga tributária para todos os consumidores, os quais são os que, de fato, a suportam. Este efeito, que se torna tão mais extenso quanto mais longo é o ciclo de produção e de comercialização, acaba por gerar uma espécie de perversão da justiça tributária, fazendo com que seja menor a carga de produtos supérfluos e mais onerosa a de produtos essenciais. Compare-se, neste sentido, o ciclo de produção e comercialização de joias com o da carne, o primeiro, por sua natureza, mais curto que o segundo" (FERRAZ JÚNIOR, Tercio Sampaio. ICMS: não cumulatividade e suas exceções constitucionais. *Revista de Direito Tributário,* n. 48, abr./jul. 1989. p. 19).

Parte Especial • Capítulo IV • TRIBUTOS SOBRE O CONSUMO | **605**

indústrias locais. A cumulatividade, assim, acaba fazendo com que as empresas – para mitigar o efeito *cascata* – adotem estruturas organizacionais verticalizadas, concentrando as etapas de produção e de circulação na mesma pessoa jurídica, com prejuízos ao consumidor[39].

No ano de 1954, foi criada na França a *Taxe sur la Valeur Ajoutée* (TVA), de natureza plurifásica e não cumulativa, que constituiu a base da tributação do consumo no período histórico conhecido como *Les Trente Glorieuses*, marcado pelo forte crescimento econômico do país[40]. Transparente e neutro para os agentes econômicos, o novo tributo suprimiu a maior parte dos prejuízos decorrentes do efeito cascata, apresentando ainda um baixo custo de gestão para a administração tributária. Além disso, era menos impopular que os tributos sobre o patrimônio e a renda, já que, incorporada ao preço dos bens, acaba sendo "indolor" para o consumidor final[41]. Em razão disso, o modelo acabou tornando-se um sucesso imediato e quase universal[42], sendo considerada por muitos a "maior inovação fiscal do século XX"[43].

Atualmente, incluindo a União Europeia e a maior parte da América Latina, o modelo IVA é adotado em 165 diferentes países[44], alguns dos quais, mais recentemente, têm empregado

---

[39] HERBAIN, Charlène Adline. *VAT neutrality*. Bruxelles: Éditions Larcier, 2015. loc. 531 e ss. Kindle Edition; BELTRAME, Pierre. *Introducción a la fiscalidad en Francia*. Barcelona: Atelier, 2004. p. 125 e ss.; LAPATZA, José Juan Ferrero. *Curso de derecho financiero español*: derecho tributario (parte especial. Sistema tributario. Los tributos en particular). 22. ed. Madrid-Barcelona: Marcial Pons, 2000. v. III, p. 97 e ss.; GROSCLAUDE, Jacques; MARCHESSOU, Philippe. *Diritto tributario francese*: le imposte – le procedure. Trad. Enrico de Mita. Milano: Giuffrè, 2006. p. 255 e ss.; LAPATZA, José Juan Ferrero; HERNÁNDEZ, Francisco Clavijo; QUERALT, Juan Martín; ROYO, Fernando Pérez; LÓPES, José Manuel Tejerizo. *Curso de derecho financiero español*: derecho tributario (parte especial. Sistema tributario. Los tributos en particular). 22. ed. Madrid-Barcelona: Marcial Pons, 2000. v. III, p. 616 e ss.; RUSSO, Pasquale; FRANSONI, Guglielmo; CASTALDI, Laura. *Istituzioni di diritto tributario*. 2. ed. Milano: Giuffrè, 2016. p. 454 e ss.; MOREIRA, André Mendes. *Neutralidade, valor acrescido e tributação*. 3. ed. Belo Horizonte: Fórum, 2023. p. 22 e ss.; MORAES, Bernardo Ribeiro. O imposto sobre circulação de mercadorias no sistema tributário nacional. *In*: MARTINS, Ives Gandra (org.). *O fato gerador do I.C.M.* São Paulo: Resenha Tributária-Centro de Estudos de Extensão Universitária, 1978. p. 32.

[40] HERBAIN, Charlène Adline. *VAT neutrality*. Bruxelles: Éditions Larcier, 2015. loc. 1431-1432. Kindle Edition.

[41] GROSCLAUDE, Jacques; MARCHESSOU, Philippe. *Diritto tributario francese*: le imposte – le procedure. Trad. Enrico de Mita. Milano: Giuffrè, 2006. p. 252 e ss.

[42] MORAES, Bernardo Ribeiro. O imposto sobre circulação de mercadorias no sistema tributário nacional. *In*: MARTINS, Ives Gandra (org.). *O fato gerador do I.C.M.* São Paulo: Resenha Tributária-Centro de Estudos de Extensão Universitária, 1978. p. 49-56; BALEEIRO, Aliomar. *Limitações constitucionais ao poder de tributar*. 8. ed. Rio de Janeiro: Forense, 2010. p. 450; MOREIRA, André Mendes. *Neutralidade, valor acrescido e tributação*. 3. ed. Belo Horizonte: Fórum, 2023. p. 21 e ss.

[43] "O IVA, instituído pela primeira vez em 1954 em França, é obra dos técnicos do Ministério das Finanças e, nomeadamente, de Maurice Lauré, que, em 1953, formulou as suas regras essenciais. Este imposto original, "a maior inovação fiscal do século XX" (G. Egret), espalhou-se rapidamente. Hoje é aplicado, de diversas formas, em aproximadamente cento e vinte países ao redor do mundo" (Traduzimos, do original: "El IVA, establecido por vez primera en 1954 en Francia, es la obra de los técnicos del ministerio de hacienda y, señaladamente, de Maurice Lauré, quien, en 1953, formuló sus reglas esenciales. Este impuesto original, «la más grande innovación fiscal del siglo veinte» (G. Egret), se extendió con rapidez. Hoy en día se aplica, bajo formas diversas, aproximadamente en ciento veinte países del mundo"). BELTRAME, Pierre. *Introducción a la fiscalidad en Francia*. Barcelona: Atelier, 2004. p. 127.

[44] Não obstante, ressalte-se que, em outros países, como nos Estados Unidos da América do Norte, foi implementada uma solução diferente para a supressão dos efeitos prejudiciais da incidência plurifática cumulativa. Em vez do imposto sobre o valor agregado, adotou-se o *sales tax*, que constitui um tributo monofásico devido na venda à varejo ao consumidor final. Esse é complementado pelo *use tax*, incidente sobre o uso ou o consumo de mercadorias ou de serviços que não foram tributados pelo *sales tax* no momento da compra. É o caso, por exemplo, do comerciante que adquire um produto para revenda, mas que acaba o consumindo nas atividades da empresa. O modelo tem a vantagem de ser mais neutro que o IVA e menos complexo para os operadores econômicos. No comércio exterior, permite a desoneração total das operações de exportação, algo que nem sempre é possível no IVA. Nele não há discussões sobre quais aquisições de bens ou serviços geram direito ao crédito nem sobre o ressarcimento de créditos acumulados. As indústrias e o comércio atacadista não são tributados, já que a incidência ocorre apenas na venda ao consumidor final.

a denominação *Imposto sobre Bens e Serviços* (*IBS*)[45], reputada mais moderna e condizente com o evento imponível. Isso porque a tributação do valor agregado é apenas um efeito econômico que decorre da não cumulatividade[46]. A incidência tributária propriamente dita abrange o valor total da transação, e não o valor acrescido em cada etapa de produção ou de circulação dos bens ou dos serviços sujeitos ao imposto[47].

No Brasil, a Emenda 132/2023 procurou estruturar o IBS e a CBS com as características do IVA, porém, mais próximo da experiência do IBS da Nova Zelândia (*Goods and Services Tax – GST*), a exemplo das reformas da tributação do consumo do Canadá e da África do Sul. Esse modelo é assentado em uma base de incidência tributária ampla e um número reduzido de desonerações, sendo considerado menos complexo que o IVA tradicional europeu[48].

3   CARACTERES CONSTITUCIONAIS DO IBS E DA CBS

A Constituição Federal estabelece os caracteres essenciais do IBS e da CBS, que podem ser assim sintetizados: (**i**) identidade de fatos geradores, bases de cálculo, hipóteses de não incidência, sujeitos passivos, imunidades, regimes específicos, diferenciados ou favorecidos de tributação, regras de não cumulatividade e de creditamento, sem distinção entre IBS e CBS (art. 149-B, I a IV); (**ii**) legislação única e uniforme em todo território nacional (art. 156-B, § 1º, IV; art. 195, § 16); (**iii**) vedação para a concessão de benefícios fiscais e de tratamentos tributários diferenciados (art. 156-B, § 1º, V; art. 195, § 16)[49]; (**iv**) base de incidência ampla (art. 156-B, § 1º, I e II, § 8º; art. 195, § 16); (**v**) cobrança "por fora", ou seja, sem a inclusão do tributo em sua própria base

---

Entretanto, devido à base difusa de contribuintes, o *sales tax* apresenta um maior potencial de sonegação, oferecendo um trabalho maior para a fiscalização. Sobre o tema, cf.: GROSCLAUDE, Jacques; MARCHESSOU, Philippe. *Diritto tributario francese*: le imposte – le procedure. Trad. Enrico de Mita. Milano: Giuffrè, 2006. p. 253; BELTRAME, Pierre. Introducción a la fiscalidad en Francia. Barcelona: Atelier, 2004. p. 152.

[45]   OECD (2017), *International VAT/GST Guidelines, OECD Publishing*, Paris. http://dx.doi.org/10.1787/9789264271401--en. Acesso em: 06.08.2024.

[46]   BIRK, Dieter. *Diritto tributario tedesco*. Trad. Enrico de Mita. Milano: Giuffrè, 2006. p. 372; GAFFURI, Gianfranco. *Diritto tributario: parte generale e parte speciale*. 9. ed. Milano: Cedam, 2019. p. 515.

[47]   MOREIRA, André Mendes. *Neutralidade, valor acrescido e tributação*. 3. ed. Belo Horizonte: Fórum, 2023. p. 25.

[48]   Sobre o tema, cf.: PEIXOTO, Marcelo Magalhães; TAKANO, Caio Augusto Takano; ESCÓRCIO FILHO, Abel (coord.). *Tributação do valor agregado*: experiência internacional e a EC n. 132/2023. São Paulo: MP, 2024. Sobre esse ponto em especial, cf. os seguintes estudos: BERGAMINI, Adolpho. Análise comparada entre os regimes não cumulativos do Brasil e da África do Sul. *In*: PEIXOTO, Marcelo Magalhães; TAKANO, Caio Augusto Takano; ESCÓRCIO FILHO, Abel (coord.). *Tributação do valor agregado*: experiência internacional e a EC n. 132/2023. São Paulo: MP, 2024. p. 109-131; BOTEON, Mariana Veiga. África do Sul: imposto sobre valor agregado – características gerais e norma de incidência. *In*: PEIXOTO, Marcelo Magalhães; TAKANO, Caio Augusto Takano; ESCÓRCIO FILHO, Abel (coord.). *Tributação do valor agregado*: experiência internacional e a EC n. 132/2023. São Paulo: MP, 2024. p. 133-151; PEIXOTO, Marcelo Magalhães; ESCÓRCIO FILHO, Abel; PINTO, Alexandre Evaristo. A tributação do consumo no Canadá. Um breve comparativo com a Reforma Tributária Brasileira – EC n. 132/2023. *In*: PEIXOTO, Marcelo Magalhães; TAKANO, Caio Augusto Takano; ESCÓRCIO FILHO, Abel (coord.). *Tributação do valor agregado*: experiência internacional e a EC n. 132/2023. São Paulo: MP, 2024. p. 193-215; HORTA, Nereida. A tributação do valor agregado na Índia: desafios e controvérsias. *In*: PEIXOTO, Marcelo Magalhães; TAKANO, Caio Augusto Takano; ESCÓRCIO FILHO, Abel (coord.). *Tributação do valor agregado*: experiência internacional e a EC n. 132/2023. São Paulo: MP, 2024. p. 217-247; BARROS, Maurício; RODRIGUES, Raphael Alessandro Penteado. *Goods and services tax* na Nova Zelândia – fato gerador, base de cálculo e contribuintes. *In*: PEIXOTO, Marcelo Magalhães; TAKANO, Caio Augusto Takano; ESCÓRCIO FILHO, Abel (coord.). *Tributação do valor agregado*: experiência internacional e a EC n. 132/2023. São Paulo: MP, 2024. p. 273-291.

[49]   Como ressalta Pierre Beltrame: "O IVA tem uma vocação hegemónica uma vez que, para funcionar satisfatoriamente, deve ser aplicado a todas as atividades económicas e reconhecer apenas muito poucas isenções" (Traduzimos, do original: "El IVA tiene una vocación hegemónica ya que, para operar de forma satisfactoria, debe aplicarse a todas las actividades económicas y no reconocer sino muy pocas exenciones") (BELTRAME, Pierre. *Introducción a la fiscalidad en Francia*. Barcelona: Atelier, 2004. p. 128).

imponível (art. 156-B, § 1º, IX; art. 195, § 16); **(vi)** cobrança no destino (art. 156-B, § 1º, VII; art. 195, § 16); **(vii)** pagamento compensatório em dinheiro, conhecido como *cashback*, que constitui uma técnica relevante de proteção do mínimo vital e de concretização do princípio constitucional da capacidade contributiva (art. 156-B, § 5º, VIII; art. 195, § 16); **(viii)** a neutralidade (art. 156-B, § 1º; art. 195, § 18); e **(ix)** não cumulatividade ampla (art. 156-B, § 1º, VIII; art. 195, § 16).

A alíquota definida por cada ente federativo deverá ser a mesma para todas as operações tributadas[50], com redução em 60%[51] ou em 30%[52] nos regimes diferenciados de tributação[53]. Entretanto, deve ser observada a alíquota de referência fixada pelo Senado Federal, que será aplicável sempre que outra não for estabelecida pelo ente competente.

A base de incidência ampla do IBS e da CBS decorre da abertura semântica dos incisos I e II do art. 156-A da Constituição Federal[54]:

> Art. 156-A. Lei complementar instituirá imposto sobre bens e serviços de competência compartilhada entre Estados, Distrito Federal e Municípios.
>
> § 1º O imposto previsto no *caput* será informado pelo princípio da neutralidade e atenderá ao seguinte:
>
> I – incidirá sobre operações com bens materiais ou imateriais, inclusive direitos, ou com serviços;
>
> II – incidirá também sobre a importação de bens materiais ou imateriais, inclusive direitos, ou de serviços realizada por pessoa física ou jurídica, ainda que não seja sujeito passivo habitual do imposto, qualquer que seja a sua finalidade;
>
> [...]
>
> § 8º Para fins do disposto neste artigo, a lei complementar de que trata o *caput* poderá estabelecer o conceito de operações com serviços, seu conteúdo e alcance, admitida essa definição para qualquer operação que não seja classificada como operação com bens materiais ou imateriais, inclusive direitos.

O § 8º do art. 156-A constitui uma exceção à regra que decorre da *reserva de constituição* em matéria de competência impositiva, enunciada no art. 110 do CTN: "Art. 110. A lei tributária não pode alterar a definição, o conteúdo e o alcance de institutos, conceitos e formas de direito privado, utilizados, expressa ou implicitamente, pela Constituição Federal, pelas Constituições dos Estados, ou pelas Leis Orgânicas do Distrito Federal ou dos Municípios, para definir ou limitar competências tributárias". Dessa forma, diferentemente do que ocorre nos demais tributos,

---

50   CF, art. 156-A, § 1º, IV, V, VI e XII; art. 195, V, § 16.

51   Serviços de educação; serviços de saúde; dispositivos médicos; dispositivos de acessibilidade para pessoas com deficiência; medicamentos; produtos de cuidados básicos à saúde menstrual; serviços de transporte coletivo de passageiros rodoviário, metroviário de caráter urbano, semiurbano e metropolitano; alimentos destinados ao consumo humano; produtos de higiene pessoal e limpeza majoritariamente consumidos por famílias de baixa renda; produtos agropecuários, aquícolas, pesqueiros, florestais e extrativistas vegetais *in natura*; insumos agropecuários e aquícolas; produções artísticas, culturais, jornalísticas e audiovisuais nacionais, atividades desportivas e comunicação institucional; bens e serviços relacionados à soberania e segurança nacional, segurança da informação e segurança cibernética.

52   Prestação de serviços de profissão intelectual, de natureza científica, literária ou artística, desde que sejam submetidas a fiscalização por conselho profissional.

53   Emenda 132/2023, art. 9º.

54   CF, art. 195: "§ 15. Aplica-se à contribuição prevista no inciso V o disposto no art. 156-A, § 1º, I a VI, VIII, X a XII, § 3º, § 5º, II, III, V, VI e IX, e §§ 6º a 10". Ademais, de acordo com o art. 149-B, os fatos geradores, bases de cálculo, hipóteses de não incidência e sujeitos passivos, imunidades, regimes específicos, diferenciados ou favorecidos de tributação, regras de não cumulatividade e de creditamento devem ser os mesmos para o IBS e para a CBS.

608 | CURSO DE DIREITO TRIBUTÁRIO – *Solon Sehn*

ao estabelecer o conceito de operações com serviços, o legislador infraconstitucional não está limitado pelas regras de direito privado. Qualquer operação poderá ser considerada como tal para fins do IBS e da CBS, desde que, dentro de uma limitação residual prevista no § 8º do art. 156-A, não constitua uma "operação com bens"[55].

No comércio exterior, o IBS e a CBS incidirão na importação de bens e de serviços por pessoa física ou jurídica. Ademais, no § 5º do art. 156-A, foi previsto que a lei complementar deverá dispor sobre: "IX – as hipóteses de diferimento e desoneração do imposto aplicáveis aos regimes aduaneiros especiais e às zonas de processamento de exportação".

Observe-se que, apesar da base de incidência ampla, o IBS e a CBS não podem apresentar as mesmas hipóteses de incidência ou bases de cálculo de outros tributos. Na Reforma da Tributação do Consumo, decorrente da Emenda 132/2023, nos termos do inciso V do § 6º do art. 153 da Constituição, apenas o imposto seletivo foi concebido com essa característica[56].

O IBS e a CBS, ademais, são tributos neutros e sujeitos a uma não cumulatividade ampla. Para evitar o efeito *cascata*, a Constituição Federal estabelece que o direito ao creditamento deve compreender *todas as aquisições de bens* ou *de serviços* tributáveis. Foram ressalvados apenas os bens e os serviços de uso ou de consumo pessoal, definidos em lei complementar, além das exceções previstas no texto constitucional[57]. Esse é um aspecto bastante positivo da Reforma Tributária. O inciso VIII do § 1º do art. 156-A reverte uma distorção histórica do sistema tributário brasileiro, que nunca teve uma não cumulatividade efetiva, capaz de garantir a neutralidade. Desde as Leis 297/1956 e 4.502/1964, relativas ao antigo imposto sobre o consumo, precursor do IPI, até as Leis 10.637/2002, 10.833/2003 e 10.865/2004, que disciplinam o PIS/Pasep e a Cofins, a concretização normativa desse princípio sempre foi errática, inadequada e não uniforme.

Por fim, de acordo com o § 6º do art. 156-A, a lei complementar pode prever regimes específicos de tributação para os seguintes segmentos: combustíveis e lubrificantes; serviços financeiros; sociedades cooperativas; serviços de hotelaria, parques de diversão e parques temáticos, agências de viagem e turismo, bares e restaurantes, atividade esportiva desenvolvida por Sociedade Anônima de Futebol e aviação regional; operações alcançadas por tratado ou convenção internacional; serviços de transporte coletivo de passageiros rodoviários intermunicipal e interestadual, ferroviário e hidroviário.

4 PRINCÍPIOS JURÍDICOS

4.1 Neutralidade

O IBS e a CBS estão submetidos ao princípio constitucional da *neutralidade* (art. 156-A, § 1º[58], art. 195, § 16[59]), que compreende a *neutralidade intermediária*, a *equidade horizontal* e a

---

[55] Ver Cap. III, item 1.3.5, da Parte Geral.

[56] Como ressalta Humberto Ávila: "Ao vedar tanto o *alargamento* quanto a *sobreposição* ordinária de competências a Constituição proíbe que os Estados, o Distrito Federal e os Municípios possam exercer sua competência compartilhada sobre fatos já abrangidos pela competência privativa de outros entes federados. Seria, por conseguinte, inconstitucional a lei complementar que, a pretexto de instituir o IBS, dispusesse, por exemplo, que o imposto incidiria sobre as doações, objeto de competência privativa ordinária dos Estados e do Distrito Federal, ou sobre os empréstimos, objeto de competência privativa ordinária da União. Se assim procedesse, tal lei complementar terminaria por fazer exatamente aquilo que a Constituição proibiu os entes federados de fazer: alargar e sobrepor competências." ÁVILA, Humberto. Limites Constitucionais à Instituição do IBS e da CBS. *Revista Direito Tributário Atual*, São Paulo, v. 56. ano 42, p. 270, 1º quadrimestre 2024.

[57] CF, art. 156-A, § 1º, VIII, reproduzido a seguir.

[58] "Art. 156-A. [...] § 1º O imposto previsto no *caput* será informado pelo princípio da neutralidade e atenderá ao seguinte: (Incluído pela Emenda Constitucional nº 132, de 2023)"

[59] "Art. 195. [...] § 16. Aplica-se à contribuição prevista no inciso V do *caput* o disposto no art. 156-A, § 1º, I a VI, VIII, X a XIII, § 3º, § 5º, II a VI e IX, e §§ 6º a 11 e 13. (Incluído pela Emenda Constitucional nº 132, de 2023)"

neutralidade no comércio exterior. Esses três aspectos do princípio estão compreendidos no art. 2º da Lei Complementar 214/2025:

> Art. 2º O IBS e a CBS são informados pelo princípio da neutralidade, segundo o qual esses tributos devem evitar distorcer as decisões de consumo e de organização da atividade econômica, ressalvadas as exceções previstas na Constituição Federal e nesta Lei Complementar.

A neutralidade de tributos do modelo IVA, como é o caso do IBS e da CBS, tem diversas dimensões. A primeira e mais relevante é a neutralidade em relação aos operadores econômicos intermediários[60] ou neutralidade intermediária[61]. Também conhecida como *no charge on business*[62], esse aspecto do princípio é enunciado na Diretriz 2.1 da OCDE para o IVA/IBS: "O ônus dos impostos sobre o valor agregado em si não deve recair sobre empresas tributáveis, exceto quando explicitamente previsto na legislação"[63].

O IBS e a CBS são *tributos gerais sobre o consumo com pagamento fracionado*[64]. Neles o ônus financeiro deve ser repassado pelos contribuintes legalmente obrigados ao seu pagamento ao longo do ciclo de produção ou de circulação, até ser suportado definitivamente pelo consumidor final. Esse processo de passagem da carga fiscal (*"passing through" process*)[65] resulta de dois mecanismos de atuação dos tributos: a não cumulatividade e a repercussão obrigatória, que são princípios fundamentais do IBS e da CBS. Pela repercussão ou translação, o fornecedor deve repassar o encargo financeiro dos tributos devidos em suas operações ao adquirente dos bens ou dos serviços. A não cumulatividade, por outro lado, faz com que o montante transladado pelo fornecedor não represente um custo para o contribuinte-adquirente, já que esse pode deduzi-lo dos créditos tributários devidos em suas operações[66]. Assim, deduzindo os tributos repercutidos por seus fornecedores e transladando o que for devido em suas operações para a etapa subsequente, os contribuintes no meio da cadeia não sofrem o impacto financeiro[67]. O IBS

---

[60] RUSSO, Pasquale; FRANSONI, Guglielmo; CASTALDI, Laura. *Istituzioni di diritto tributario*. 2. ed. Milano: Giuffrè, 2016. p. 489.

[61] FALSITTA, Gaspare. *Manuale di diritto tributario – parte speciale*: il sistema delle imposte in Italia. 30. ed. Milano: Wolters Kluwer Italia, 2021. p. 852.

[62] HERBAIN, Charlène Adline. *VAT neutrality*. Bruxelles: Éditions Larcier, 2015. loc. 1504. Kindle Edition. Sobre o tema no direito brasileiro, cf. o estudo de MOREIRA, André Mendes. *Neutralidade, valor acrescido e tributação*. 3. ed. Belo Horizonte: Fórum, 2023. p. 28 e ss., que opera com as noções de neutralidade horizontal e vertical. A primeira tem aproxima-se da *neutralidade intermediária* e a segundo, ao conceito de *equidade horizontal*, que será analisado a seguir.

[63] Traduzimos. "The burden of value added taxes themselves should not lie on taxable businesses except where explicitly provided for in legislation" (Guideline 2.1). OECD (2017), International VAT/GST Guidelines, OECD Publishing, Paris. Disponível em: http://dx.doi.org/10.1787/9789264271401-en. Acesso em: 7 ago. 2024.

[64] BELTRAME, Pierre. Introducción a la fiscalidad en Francia. Barcelona: Atelier, 2004. p. 125; GROSCLAUDE, Jacques; MARCHESSOU, Philippe. *Diritto tributario francese*: le imposte – le procedure. Trad. Enrico de Mita. Milano: Giuffrè, 2006. p. 254.

[65] HERBAIN, Charlène Adline. *VAT neutrality*. Bruxelles: Éditions Larcier, 2015. loc. 1451. Kindle Edition.

[66] Em casos de acumulação de créditos, não sendo possível a compensação com o saldo devedor do tributo, para manter a neutralidade, a legislação deve prever o ressarcimento em dinheiro, o que, no IBS e na CBS, é disciplinado pelo art. 39 da Lei Complementar 214/2025.

[67] Portanto, como ressalta Charlène Adline Herbain, o valor do IVA não é custo nem receita ("[...] counted neither as revenue nor as a cost"). A receita do fornecedor deve ser calculada livre do imposto ("The revenue should be calculated free of VAT [...]"). HERBAIN, Charlène Adline. *VAT neutrality*. Bruxelles: Éditions Larcier, 2015. loc. 1466. Kindle Edition.

610 | CURSO DE DIREITO TRIBUTÁRIO – *Solon Sehn*

e a CBS acabam suportados financeiramente por quem está na última etapa do ciclo, isto é, pelo consumidor final dos bens e dos serviços[68].

A neutralidade depende da efetiva repercussão ou translação do tributo, o que pode se revelar de difícil realização no plano pragmático. É que, sob o aspecto econômico, o repasse o ônus financeiro depende de vários fatores, como o valor do crédito tributário, o regime de mercado, a estrutura de custos, a elasticidade da demanda e da oferta, a conjuntura econômica e a rigidez da oferta monetária no sistema bancário. Além disso, o mesmo imposto pode ser transladável em determinadas circunstâncias, mas não em outras[69]. Assim, para evitar o comprometimento da neutralidade, a doutrina entende que a repercussão constitui um *direito-dever* do sujeito passivo[70] ou, segundo outros autores, um direito indisponível que decorre da justificação constitucional do tributo[71]. A esse direito corresponde a uma obrigação de não fazer do adquirente do bem ou do serviço, que deve suportar a repercussão. Disposições em contratos privados prevendo limitações ou a renúncia ao direito de translação são nulas de pleno direito[72].

No direito comparado, o Tribunal Supremo da Espanha já decidiu que os contribuintes não podem renunciar ao direito de repercutir o imposto sobre o valor agregado[73]. Na Itália, ao disciplinar o instituto da *rivalsa* do IVA, a legislação estabelece que "quem efetuar a transmissão de bens ou a prestação de serviços tributáveis deverá cobrar o respectivo imposto, a título de

---

[68] GAFFURI, Gianfranco. *Diritto tributario*: parte generale e parte speciale. 9. ed. Milano: Cedam, 2019. p. 516 e ss.; LAPATZA, José Juan Ferrero; HERNÁNDEZ, Francisco Clavijo; QUERALT, Juan Martín; ROYO, Fernando Pérez; LÓPES, José Manuel Tejerizo. *Curso de derecho financiero español*: derecho tributario (parte especial. Sistema tributario. Los tributos en particular). 22. ed. Madrid-Barcelona: Marcial Pons, 2000. v. III, p. 672; LAPATZA, José Juan Ferrero. Curso de derecho financiero español: derecho tributario (parte especial. Sistema tributario. Los tributos en particular). 22. ed. Madrid-Barcelona: Marcial Pons, 2000. v. III. p. 104; QUERALT, Juan Martín; SERRANO, Carmelo Lozano; OLLERO, Gabriel Casado; LÓPEZ, José M. Tejerizo. *Curso de derecho financiero y tributario*. 9. ed. Madrid: Tecnos, 1998. p. 707; GROSCLAUDE, Jacques; MARCHESSOU, Philippe. *Diritto tributario francese*: le imposte – le procedure. Trad. Enrico de Mita. Milano: Giuffrè, 2006. p. 255 e ss.; HERBAIN, Charlène Adline. *VAT neutrality*. Bruxelles: Éditions Larcier, 2015. loc. 1451. Kindle Edition; BIRK, Dieter. *Diritto tributario tedesco*. Trad. Enrico de Mita. Milano: Giuffrè, 2006. p. 385; MENCARELLI, Silvia; SCALESSE, Rosa Rita; TINELLI, Giuseppe. *Introduzione allo studio giuridico dell'imposta sul valore aggiunto*. 2. ed. Torino: G. Giappichelli Editore, 2018. p. 13-14; RUSSO, Pasquale; FRANSONI, Guglielmo; CASTALDI, Laura. *Istituzioni di diritto tributario*. 2. ed. Milano: Giuffrè, 2016. p. 490; FALSITTA, Gaspare. *Manuale di diritto tributario – parte speciale*: il sistema delle imposte in Italia. 30 ed. Milano: Wolters Kluwer Italia, 2021. p. 843 e ss.; GIULIANI, Giuseppe. *Diritto tributario*. 3. ed. Milano: Giuffrè, 2002. p. 250; LUPI, Raffaello. *Diritto tributario*: parte speciali: i sistemi dei singoli tributi. 8. ed. Milano: Giuffrè, 2005. p. 291.

[69] Ver Cap. II, item 2.4.2, e Cap. IX, item 3.2.6.3, da Parte Geral.

[70] LAPATZA, José Juan Ferrero; HERNÁNDEZ, Francisco Clavijo; QUERALT, Juan Martín; ROYO, Fernando Pérez; LÓPES, José Manuel Tejerizo. *Curso de derecho financiero español*: derecho tributario (parte especial. Sistema tributario. Los tributos en particular). 22. ed. Madrid-Barcelona, 2000. v. III, p. 672.

[71] LUPI, Raffaello. *Diritto tributario*: parte speciali: i sistemi dei singoli tributi. 8. ed. Milano: Giuffrè, 2005. p. 291.

[72] FALSITTA, Gaspare. *Manuale di diritto tributario – parte speciale*: il sistema delle imposte in Italia. 30 ed. Milano: Wolters Kluwer Italia, 2021. p. 851.

[73] "A repercussão se configura como um direito-dever do sujeito passivo. Como um direito, impondo a repercussão ao adquirente, e como dever, pela impossibilidade de renunciar à repercussão (esse caráter imperativo é destacado na Sentença do Tribunal Supremo de 30 de novembro de 1990. Aranzadi, 1991, 3442, já citado, e na Sentença do TSJ de La Rioja de 7 de maio de 1999 -JT 876-). Traduzimos, do original: "La repercusión se configura como un derecho-deber del sujeto pasivo. Como un derecho, imponiendo la repercusión al adquirente, y como un deber, por la imposibilidad de renunciar a la repercusión (este talante imperativo se resalta en la Sentencia del Tribunal Supremo de 30 de noviembre de 1990. Aranzadi, 1991, 3442, ya citada, y en la Sentencia del TSJ de La Rioja de 7 de mayo de 1999 -JT 876." LAPATZA, José Juan Ferrero; HERNÁNDEZ, Francisco Clavijo; QUERALT, Juan Martín; ROYO, Fernando Pérez; LÓPES, José Manuel Tejerizo. *Curso de derecho financiero español*: derecho tributario (parte especial. Sistema tributario. Los tributos en particular). 22. ed. Madrid-Barcelona, 2000. v. III, p. 672.

compensação, ao cessionário ou para o cliente", sendo "nulo qualquer pacto contrário"[74]. O mesmo se aplica ao IBS e à CBS no direito brasileiro. O princípio da neutralidade torna obrigatória a repercussão, configurando um direito indisponível. Qualquer disposição contratual prevendo a sua renúncia ou limitação viola os arts. 156-A, § 1º, 195, § 16, da Constituição Federal, e o art. 2º da Lei Complementar 214/2025.

A neutralidade depende ainda de um regime de não cumulatividade amplo. Se o direito ao creditamento do imposto devido na etapa anterior for limitado, o valor do crédito tributário não deduzido ou não ressarcido converte-se em custo para o contribuinte adquirente dos bens ou dos serviços. Dessa forma, será incluído no valor dos bens ou dos serviços, mas sem que o adquirente tenha direito ao crédito na etapa seguinte, o que gera um efeito cascata e um aumento artificial dos preços. É por isso que, ao promover a Reforma da Tributação do Consumo, a Emenda 132/2023 estabeleceu que o direito à apropriação dos créditos do IBS e da CBS compreendem *todas as aquisições de bens* ou *de serviços* tributados. As únicas exceções são as previstas no art. 156-A, § 1º, VIII, e § 7º, I e II, da Constituição Federal.

O binômio *dedução-repercussão* faz com que muitos autores operem com a diferenciação entre contribuinte de direito (*o sujeito passivo da obrigação tributária propriamente dito*) e *contribuinte de fato (o consumidor final que suporta o ônus financeiro da repercussão do tributo)*[75]. *Contudo, a distinção é carecedora de sentido para o direito tributário. Juridicamente, para fins impositivos, só há um* contribuinte, que é a pessoa obrigada *ex lege*, ou seja, aquela de quem o sujeito ativo (credor) tem o direito de exigir a prestação pecuniária (crédito tributário)[76]. Apesar de suportar o ônus financeiro da translação do tributo, o consumidor final não é o devedor do crédito tributário.

A rigor, a dicotomia entre contribuinte *de iure* (*tax collector*) e *de facto* (*tax payer*) resulta de uma confusão entre a sujeição passiva da relação jurídica tributária e a da relação jurídica de direito privado que decorre do princípio da neutralidade: a relação jurídica de repercussão. A primeira surge com a incidência da norma jurídica tributária e vincula o contribuinte ao ente tributante. A segunda resulta da *norma de repercussão obrigatória* e liga o contribuinte ao adquirente do bem ou do serviço tributado. Nesta, ao contrário daquela, a prestação não é o pagamento do crédito tributário (obrigação de dar), mas a conduta de suportar (obrigação de não fazer) o repasse o ônus financeiro do tributo por parte do contribuinte.

A neutralidade intermediária do IBS e da CBS também tem relação direta com a definição do princípio enunciada no art. 2º da Lei Complementar 214/2025, objeto da Diretriz 2.3 da OCDE para o IVA/IBS[77]: "As regras do IVA devem ser estruturadas de tal modo que não sejam

---

[74]   D.P.R, de 26.10.1972, nº 633:

"Art. 18

Rivalsa

Il soggetto che effettua la cessione di beni o prestazione di servizi imponibile deve addebitare la relativa imposta, a titolo di rivalsa, al cessionario o al committente. [...] È nullo ogni patto contrario alle disposizioni dei commi precedenti".

[75]   FALSITTA, Gaspare. *Manuale di diritto tributario – parte speciale*: il sistema delle imposte in Italia. 30 ed. Milano: Wolters Kluwer Italia, 2021. p. 847. Cf. ainda: GAFFURI, Gianfranco. *Diritto tributario*: parte generale e parte speciale. 9. ed. Milano: Cedam, 2019. p. 519 e ss.

[76]   RUSSO, Pasquale; FRANSONI, Guglielmo; CASTALDI, Laura. *Istituzioni di diritto tributario*. 2. ed. Milano: Giuffrè, 2016. p. 500. A advertência já era conhecida desde a obra Rubens Gomes de Sousa: "[...] em direito tributário, existe, em cada caso, *um só contribuinte*, o que acima definimos como 'contribuinte de direito' ou 'contribuinte legal'" (SOUSA, Rubens Gomes de. *Compêndio de legislação tributária*. São Paulo: Resenha Tributária, 1975. p. 91). Entre nós, em relação ao ICMS, cf.: CARRAZZA, Roque Antonio. *Curso de direito constitucional tributário*. 16. ed. São Paulo: Malheiros, 2001. p. 465-466.

[77]   OECD. International VAT/GST Guidelines. Paris: OECD Publishing, 2017. Disponível em: http://dx.doi.org/10.1787/9789264271401-en. Acesso em: 7 ago. 2024.

a principal influência nas decisões empresariais"[78]. Isso porque, no mecanismo operativo desses tributos, a repercussão e a dedução fazem com que a carga tributária não sofra variações artificiais em função do número de etapas do ciclo de produção ou de circulação. Diferentemente do que ocorre nos impostos plurifásicos cumulativos, não há estímulos ou vantagens para a concentração ou verticalização de empresas, de modo que as decisões sobre a organização da atividade econômica não são impactadas pelo imposto.

Destarte, como explicitado na Exposição de Motivos do Projeto de Lei Complementar 68/2024, aprovado como Lei Complementar 214/2025:

> 24. O efeito da aplicação das regras de incidência e do creditamento faz com que o fornecedor no meio da cadeia não sofra oneração pelos tributos. De um lado, o IBS e a CBS incidentes sobre suas operações próprias foram cobrados e coletados de seus adquirentes. De outro lado, o IBS e a CBS pagos nas aquisições de bens e serviços pelo fornecedor são integralmente devolvidos por meio do creditamento. Ao desonerar os contribuintes no meio da cadeia, o creditamento evita distorções na organização dos agentes econômicos, pois a carga tributária ao consumidor final será a mesma, independentemente da forma pela qual a cadeia produtiva esteja organizada[79].

A segunda dimensão do princípio da neutralidade é *equidade horizontal*, que obriga o legislador tributário a estabelecer um tratamento isonômico para o fornecimento de bens ou de serviços idênticos ou semelhantes[80]. Isso se reflete na previsão dos arts. 156-A, § 1º, VI e X, e 195, V, § 16, da Constituição Federal, que obrigam a adoção de alíquotas uniformes do IBS e da CBS para todos os bens e serviços tributáveis, vedada a concessão de benefícios fiscais e de tratamentos tributários diferenciados, ressalvados os previstos na Constituição Federal[81].

No direito comparado, precedentes do Tribunal de Justiça da União Europeia[82] têm entendido que a vedação ao tratamento tributário diferenciado aplica-se aos bens e aos serviços *idênticos ou semelhantes*, considerando, do ponto de vista do consumidor, o critério do potencial satisfativo das mesmas necessidades. Demonstrado esse requisito, não se exige, como condição autônoma ou suplementar, a comprovação da existência de uma concorrência efetiva ou que a diferença de tratamento fiscal tenha gerado uma distorção da concorrência:

---

[78] Traduzimos, do original: "VAT rules should be framed in such a way that they are not the primary influence on business decisions" (Guideline 2.3).

[79] EM 00038/2024 MF. Brasília, 24.04.2024, p. 4.

[80] De acordo com a Exposição de Motivos do Projeto de Lei Complementar 68/2024: "25. A experiência internacional e as diretrizes da Organização para a Cooperação e Desenvolvimento Econômico – OCDE apontam outros desdobramentos do princípio da neutralidade. Contribuintes em situações semelhantes que realizam operações semelhantes devem estar sujeitos a tributação semelhante pelo IVA. Isso significa que o IVA deve ser isonômico em circunstâncias semelhantes, o que é conhecido na literatura como equidade horizontal" (EM 00038/2024 MF, Brasília, 24.04.2024, p. 4.). Sobre esse aspecto da neutralidade, cf.: HERBAIN, Charlène Adline. *VAT neutrality*. Bruxelles: Éditions Larcier, 2015. loc. 2216. Kindle Edition. Ressalte-se ainda que equidade horizontal é prevista na Diretriz 2.2 da OCDE para o IVA/IBS: "*As empresas em situações semelhantes que realizam transações semelhantes devem estar sujeitas a níveis de tributação semelhantes*". Traduzimos, do original: "Businesses in similar situations carrying out similar transactions should be subject to similar levels of taxation" (Guideline 2.2). OECD. International VAT/GST Guidelines. Paris: OECD Publishing, 2017. Disponível em: http://dx.doi.org/10.1787/9789264271401-en. Acesso em: 7 ago. 2024.

[81] Emenda 132/2023, art. 9º.

[82] A equidade horizontal foi prevista no preâmbulo da Primeira Diretiva do IVA do Conselho da Comunidade Europeia, sendo mantida desde então, inclusive na Sexta Diretiva do Conselho da União Europeia: "(7) O sistema comum do IVA deverá, ainda que as taxas e isenções não sejam completamente harmonizadas, conduzir a uma neutralidade concorrencial, no sentido de que, no território de cada Estado-Membro, os bens e os serviços do mesmo tipo estejam sujeitos à mesma carga fiscal, independentemente da extensão do circuito de produção e de distribuição".

Parte Especial · **Capítulo IV** · TRIBUTOS SOBRE O CONSUMO | **613**

[...] o princípio da neutralidade fiscal deve ser interpretado no sentido de que uma diferença de tratamento em termos de IVA de duas prestações de serviços idênticas ou semelhantes do ponto de vista do consumidor e que satisfazem as mesmas necessidades deste basta para demonstrar uma violação deste princípio. Assim, essa violação não exige que também seja demonstrada a existência efectiva de concorrência entre os serviços em causa ou uma distorção da concorrência causada pela referida diferença de tratamento[83].

De fato, a equidade horizontal também abrange os bens e os serviços idênticos. Não faria o menor sentido – nem seria condizente com a finalidade do princípio da neutralidade – obrigar o tratamento tributário isonômico para os semelhantes, mas dispensá-lo em relação aos idênticos.

Quanto ao conceito de *semelhança*, deve-se ter presente que o princípio constitucional da neutralidade visa a evitar distorções nas decisões de consumo. Portanto, o tratamento tributário não deve impactar a escolha entre bens ou serviços comercialmente permutáveis desde a perspectiva do consumidor. Nessa avaliação devem considerados, entre outros elementos, a destinação e o uso, as propriedades, a natureza, a qualidade e a reputação comercial ou profissional. Também é relevante, quando aplicável, a classificação na NCM/SH, notadamente no fornecimento de bens. Esses aspectos servem como fatores de exclusão ou como indícios de comparabilidade, devendo a semelhança ser determinada à luz das particularidades do caso concreto.

O terceiro e último aspecto do princípio consagrado no § 1º do art. 156-A da Constituição é a *neutralidade no comércio exterior*. Essa dimensão visa a afastar distorções concorrenciais decorrentes do uso do IBS e da CBS como fator de estímulo ou de desestímulo para a aquisição de produtos locais ou importados, afetando as possibilidades de escolha do consumidor. O principal mecanismo para esse fim é o *princípio do destino*, pelo qual a exportação deve ser desonerada na origem, com incidência do imposto apenas no país de consumo, observadas as mesmas bases e alíquotas das operações internas[84].

Destarte, como estabelece a Diretriz 2.4 da OCDE para o IVA/IBS: "No que diz respeito ao nível de tributação, as empresas estrangeiras não devem ser prejudicadas ou beneficiadas em comparação com as empresas nacionais na jurisdição onde o imposto é devido ou pago"[85]. Portanto, os bens e os serviços nacionais e importados devem receber o mesmo tratamento fiscal no país de consumo, circunstância que, em certa medida, aproxima-se do conteúdo da cláusula do tratamento nacional do Artigo III do Acordo Geral sobre Tarifas e Comércio (*General Agreement on Tariffs and Trade – Gatt 1994*), já analisada anteriormente[86].

4.2   Não cumulatividade

O IBS e a CBS são tributos plurifásicos que incidem sobre todas as etapas de produção e de circulação do bem e do serviço. Assim, para evitar distorções decorrentes de efeito *cascata*, o inciso VIII do § 1º do art. 156-A da Constituição Federal[87] estabelece uma não cumulatividade ampla para esses tributos, por meio de um sistema de *dedução* ou de *compensação obrigatória* que

---

[83] C-259/10 e C-260/10. ECLI:EU:C:2011:719.

[84] GROSCLAUDE, Jacques; MARCHESSOU, Philippe. *Diritto tributario francese*: le imposte – le procedure. Trad. Enrico de Mita. Milano: Giuffrè, 2006. p. 256.

[85] Traduzimos, do original: "With respect to the level of taxation, foreign businesses should not be disadvantaged or advantaged compared to domestic businesses in the jurisdiction where the tax may be due or paid" (Guideline 2.4). OECD. International VAT/GST Guidelines. Paris: OECD Publishing, 2017. Disponível em: http://dx.doi.org/10.1787/9789264271401-en. Acesso em: 7 ago. 2024.

[86] Ver Cap. I, item 1.2., da Parte Especial.

[87] As regras da não cumulatividade do IBS, previstas no art. 156-A., são aplicáveis à CBS: "Art. 195. [...] § 16. Aplica-se à contribuição prevista no inciso V do *caput* o disposto no art. 156-A, § 1º, I a VI, VIII, X a XIII, § 3º, § 5º, II a VI e IX, e §§ 6º a 11 e 13. (Incluído pela Emenda Constitucional nº 132, de 2023)".

614 | CURSO DE DIREITO TRIBUTÁRIO – *Solon Sehn*

abrange *todas as aquisições de bens* ou *de serviços tributados*, ressalvadas apenas os de uso ou de consumo pessoal, definidos em lei complementar, e as exceções previstas do texto constitucional:

> Art. 156-A. Lei complementar instituirá imposto sobre bens e serviços de competência compartilhada entre Estados, Distrito Federal e Municípios. (Incluído pela Emenda Constitucional nº 132, de 2023)
>
> § 1º O imposto previsto no *caput* será informado pelo princípio da neutralidade e atenderá ao seguinte: (Incluído pela Emenda Constitucional nº 132, de 2023)
>
> [...]
>
> VIII – será não cumulativo, compensando-se o imposto devido pelo contribuinte com o montante cobrado sobre todas as operações nas quais seja adquirente de bem, material ou imaterial, inclusive direito, ou de serviço, excetuadas exclusivamente as consideradas de uso ou consumo pessoal especificadas na lei complementar, e as hipóteses previstas nesta Constituição;

As exceções constitucionais abrangem as operações isentas e imunes, em relação às quais não é assegurado o direito ao crédito, ressalvadas as operações de exportação[88] e outras previstas em lei complementar:

> Art. 156-A. [...]
>
> § 7º A isenção e a imunidade: (Incluído pela Emenda Constitucional nº 132, de 2023)
>
> I – não implicarão crédito para compensação com o montante devido nas operações seguintes; (Incluído pela Emenda Constitucional nº 132, de 2023)
>
> II – acarretarão a anulação do crédito relativo às operações anteriores, salvo, na hipótese da imunidade, inclusive em relação ao inciso XI do § 1º, quando determinado em contrário em lei complementar. (Incluído pela Emenda Constitucional nº 132, de 2023)

Por fim, cabe à lei complementar dispor sobre o regime de compensação da CBS e do IBS, a forma e o prazo para ressarcimento de créditos acumulados. Também foi permitido estabelecer hipóteses em que o creditamento será condicionado à verificação do efetivo recolhimento do imposto na operação anterior:

> Art. 156-A. [...]
>
> § 5º Lei complementar disporá sobre: (Incluído pela Emenda Constitucional nº 132, de 2023)
>
> [...]
>
> II – o regime de compensação, podendo estabelecer hipóteses em que o aproveitamento do crédito ficará condicionado à verificação do efetivo recolhimento do imposto incidente sobre a operação com bens materiais ou imateriais, inclusive direitos, ou com serviços, desde que: (Incluído pela Emenda Constitucional nº 132, de 2023)
>
> a) o adquirente possa efetuar o recolhimento do imposto incidente nas suas aquisições de bens ou serviços; ou (Incluído pela Emenda Constitucional nº 132, de 2023)

---

[88] "Art. 156-A. [...] § 1º O imposto previsto no *caput* será informado pelo princípio da neutralidade e atenderá ao seguinte: (Incluído pela Emenda Constitucional nº 132, de 2023) [...] III – não incidirá sobre as exportações, assegurados ao exportador a manutenção e o aproveitamento dos créditos relativos às operações nas quais seja adquirente de bem material ou imaterial, inclusive direitos, ou serviço, observado o disposto no § 5º, III; (Incluído pela Emenda Constitucional nº 132, de 2023) [...]."

b) o recolhimento do imposto ocorra na liquidação financeira da operação; (Incluído pela Emenda Constitucional nº 132, de 2023)

III – a forma e o prazo para ressarcimento de créditos acumulados pelo contribuinte; (Incluído pela Emenda Constitucional nº 132, de 2023)

O regime da não cumulatividade do IBS e da CBS previsto na legislação complementar será analisado adiante, após o estudo da norma jurídica de incidência desses tributos.

4.3   Anterioridade e anterioridade nonagesimal

Na instituição ou no aumento do IBS, o termo inicial da vigência da lei é deslocado para o exercício financeiro seguinte (art. 150, III, "b"), observado o prazo mínimo de noventa dias (alínea "c"). Nesse período, como não há incidência, fica vedada a cobrança do crédito tributário. Já no caso da CBS, que tem natureza de contribuição para a seguridade social, aplica-se a anterioridade nonagesimal ou mitigada. Logo, de acordo com § 6º do art. 195, o tributo pode ser exigido *após noventa dias da data da publicação da lei que as houver instituído ou aumentado*, independentemente do exercício financeiro.

O § 1º do art. 130 do ADCT, incluído pela Emenda 132/2003, estabelece que, durante o período de transição da Reforma Tributária, as alíquotas de referência da CSB e do IBS serão fixadas por Resolução do Senado Federal "no ano anterior ao de sua vigência, não se aplicando o disposto no art. 150, III, "c", da Constituição Federal". Foi prevista, assim, uma exceção à anterioridade da alínea "c" do inciso III do art. 150, dispensando a observância do prazo mínimo de noventa dias para o início da cobrança dos novos tributos.

Ocorre que, como já reconheceu o STF no julgamento da ADI 939, o princípio da anterioridade é uma cláusula pétrea do texto constitucional (CF, art. 60, § 4º, II[89]):

> [...] A Emenda Constitucional n. 3, de 17.03.1993, que, no art. 2º, autorizou a União a instituir o I.P.M.F., incidiu em vício de inconstitucionalidade, ao dispor, no parágrafo 2º desse dispositivo, que, quanto a tal tributo, não se aplica 'o art. 150, III, 'b' e VI', da Constituição, porque, desse modo, violou os seguintes princípios e normas imutáveis (somente eles, não outros): 1. o princípio da anterioridade, que é garantia individual do contribuinte (art. 5º, par. 2º, art. 60, par. 4º, inciso IV, e art. 150, III, 'b' da Constituição)[90].

No julgamento da ADI 939, foi declarada a inconstitucionalidade de dispositivo da Emenda 03/1993 que permitia a cobrança imediata do Imposto Provisório sobre Movimentação Financeira (IPMF), ou seja, sem observar o princípio da anterioridade (art. 150, III, "b"). Tal como ocorreu com esse imposto, a exceção à anterioridade nonagesimal do § 1º do art. 130 do ADCT, incluído pela Emenda 132/2003, não é compatível com a Constituição. Portanto, para que a cobrança das alíquotas de *teste* ou de *calibração* de 0,9% de CBS e 0,1% de IBS possa ocorrer a partir de 1º de janeiro de 2027, a Resolução do Senado Federal com a alíquota de referência deve ser publicada até 02 de outubro de 2026. O mesmo aplica-se às alíquotas de referência dos anos seguintes, até o fim da transição, que devem ser fixadas nessa mesma data do ano anterior.

---

[89]   "Art. 60. A Constituição poderá ser emendada mediante proposta: [...] § 4º Não será objeto de deliberação a proposta de emenda tendente a abolir: [...] IV – os direitos e garantias individuais."

[90]   STF, Tribunal Pleno, ADI 939, Rel. Min. Sydney Sanches, *DJ* 18.03.1994.

616 | CURSO DE DIREITO TRIBUTÁRIO – *Solon Sehn*

4.4　Isonomia e tratamento nacional

Nas operações de importação, o IBS e a CBS estão sujeitos ao princípio do tratamento nacional (Gatt 1994, Artigo III), que, como ressaltado anteriormente, veda a proteção da produção local por meio de tributos internos cobrados como adicional do imposto de importação (Notas e Disposições Adicionais ao Artigo III). Por isso, no comércio exterior de bens, a incidência do IBS e da CBS deve ter finalidade eminentemente niveladora, isto é, visar à equiparação da carga tributária dos produtos importados com os similares nacionais.

5　IBS E CBS SOBRE OPERAÇÕES

5.1　Hipótese de incidência

5.1.1　*Núcleos de incidência previstos na lei complementar*

O IBS e a CSB sobre operações foram estruturados em dois diferentes núcleos de incidência, que são delimitados positiva e negativamente pelos §§ 1º e 2º do art. 4º e pelos incisos I a XI do art. 6º da Lei Complementar 214/2025. O primeiro abrange as operações onerosas, compreendendo os negócios jurídicos sinalagmáticos com bens ou serviços relacionados exemplificativamente nos incisos I a VIII do § 2º do art. 4º. O segundo, de caráter taxativo, engloba as operações não onerosas expressamente previstas na lei complementar.

5.1.2　*Critério material*

5.1.2.1　Operações onerosas

5.1.2.1.1　*Negócios jurídicos*

A materialidade da hipótese de incidência do IBS e da CBS foi parametrizada pelo art. 4º da Lei Complementar 214/2025 em torno dos conceitos de *operação onerosa* e de *fornecimento com contraprestação*:

> Art. 4º O IBS e a CBS incidem sobre operações onerosas com bens ou com serviços.
>
> § 1º As operações não onerosas com bens ou com serviços serão tributadas nas hipóteses expressamente previstas nesta Lei Complementar.
>
> § 2º Para fins do disposto neste artigo, considera-se operação onerosa com bens ou com serviços qualquer fornecimento com contraprestação, incluindo o decorrente de:
>
> I – compra e venda, troca ou permuta, dação em pagamento e demais espécies de alienação;
> II – locação;
> III – licenciamento, concessão, cessão;
> IV – mútuo oneroso;
> V – doação com contraprestação em benefício do doador;
> VI – instituição onerosa de direitos reais;
> VII – arrendamento, inclusive mercantil; e
> VIII – prestação de serviços.

O § 2º do art. 4º qualifica como operação onerosa os fornecimentos com contraprestação, inclusive os decorrentes dos negócios jurídicos previstos exemplificativamente nos incisos I a VIII (compra e venda, troca ou permuta, dação em pagamento, demais espécies de alienação, locação, licenciamento, concessão, cessão, mútuo oneroso, doação com contraprestação em

Parte Especial • Capítulo IV • TRIBUTOS SOBRE O CONSUMO | **617**

benefício do doador, instituição onerosa de direitos reais, arrendamento, inclusive mercantil; e prestação de serviços). Ocorre que, para o direito, operação onerosa é o mesmo que negócio jurídico oneroso, o que confere uma certa circularidade ao dispositivo legal. Isso foi resultado de uma inversão na ordem direta dos elementos do enunciado, já presente na versão original do PLC 68/2024, mas acentuada na versão aprovada pelo Congresso Nacional. Na verdade, como evidencia a parte final do dispositivo, o IBS e a CBS incidem sobre negócios jurídicos onerosos que implicam o fornecimento de bens ou de serviços mediante contraprestação do adquirente.

5.1.2.1.2   *Fornecimento com contraprestação*

O conteúdo do conceito de fornecimento com contraprestação deve ser determinado a partir do inciso II do art. 3º da Lei Complementar 214/2025, que oferece a seguinte definição legal de fornecimento:

> Art. 3º Para fins desta Lei Complementar, consideram-se:
> [...]
> III – fornecimento:
> a) entrega ou disponibilização de bem material;
> b) instituição, transferência, cessão, concessão, licenciamento ou disponibilização de bem imaterial, inclusive direito;
> c) prestação ou disponibilização de serviço;

O inciso II do art. 3º faz referência às ações do fornecedor (entrega, disponibilização, instituição, transferência, cessão, concessão, licenciamento e prestação) que, em um fornecimento de bens ou de serviços, satisfazem o interesse do adquirente. Em termos jurídicos, portanto, *fornecimento* é um vocábulo utilizado pelo legislador complementar para fazer referência a *prestações positivas* devidas pelo fornecedor ao adquirente, ou seja, ao *objeto imediato* de relações jurídicas obrigacionais que têm bens ou serviços como *objeto mediato*. Essas podem constituir *prestações de fazer* (*prestações de fato*) ou *prestações de dar* (*prestações de coisa*). Nas primeiras, o fornecimento consiste no desenvolvimento de uma atividade material ou jurídica no interesse do adquirente. Nas segundas, corresponde à entrega de um bem, o que, por sua vez, pode ocorrer para restituição ao proprietário, para transferência de um direito real definitivo, para transmissão da posse ou da detenção visando ao uso, guarda ou fruição[91]. Não há descrição de condutas negativas nas alíneas do inciso II do art. 3º, razão pela qual as *prestações de não fazer* não estão incluídas no conceito de fornecimento.

Também não são fornecimento as condutas ou ações do fornecedor que não constituam *prestações exigíveis* pelo adquirente. Esse é o caso dos *ônus jurídicos*, que são comportamentos facultativos estabelecidos em lei que necessitam ser realizados para fins de tutela de um interesse próprio. Neles a não realização da conduta esperada acarreta, para o onerado, apenas a perda

---

[91]   Sobre o tema, cf.: GOMES, Orlando. *Obrigações*. 19. ed. Rio de Janeiro: Forense, 2019. p. 33 e ss.; VARELA, Antunes. *Das obrigações em geral*. 10. ed. Coimbra: Almedina 2003. v. I, p. 79 e ss.; BOZZI, Giuseppe. Comportamento del debitore a attuazione del raporto obblicatorio. *In*: ZOPPINI, Andrea (coord.). *Diritto civile*: il rapporto obbligatorio. Milano: Giuffrè, 2009. p. 66-68.

618 | CURSO DE DIREITO TRIBUTÁRIO – *Solon Sehn*

de um benefício ou o risco de um prejuízo próprio[92]. Têm essa natureza jurídica, por exemplo, a prestação de caução para a prática de atos e os encargos em doações modais[93].

O fornecimento deve resultar ainda de um *negócio jurídico* bilateral em sua formação, ou seja, ser resultado da manifestação de vontade convergente de dois sujeitos de direito no exercício da autonomia privada: do fornecedor, de um lado; e do adquirente, de outro. Logo, não são fornecimento as aquisições originárias de direitos (*v.g.*, a ocupação, a usucapião, a invenção, a aquisição de direitos de autor de criação literária, artística ou científica[94]), bem como as obrigações decorrentes de lei (*ex lege*), de atos unilaterais (*v.g.*, promessa de recompensa, gestão de negócios, pagamento indevido e enriquecimento sem causa[95]) e de responsabilidade civil contratual ou extracontratual (obrigação de indenizar)[96].

Por outro lado, como analisado anteriormente, deve-se ter presente que o IBS e a CBS são tributos *plurifásicos* informados pelos princípios da *neutralidade* e da *não cumulatividade*, que visam a evitar distorções nas decisões de consumo e de organização da atividade econômica. A incidência é ampla e compreende todas as *operações com bens ou serviço* nas diferentes etapas do ciclo de produção e de circulação. Em cada fase, os contribuintes têm o direito de deduzir o valor dos tributos devidos na etapa imediatamente anterior, repercutidos por seus fornecedores. Ao mesmo tempo, devem transladar para a etapa seguinte os tributos relativos às operações que realizarem. Dessa forma, a carga tributária não é suportada pelos contribuintes, mas apenas pelos consumidores finais. Trata-se de um mecanismo de atuação que só é possível se o fornecimento ocorrer dentro de um ciclo econômico de produção ou de circulação. Os atos isolados ou fora do mercado – sem profissionalismo ou habitualidade – apresentam uma incompatibilidade finalística com a incidência do IBS e da CBS, porque são destituídos de potencial para gerar distorções no

---

[92] Como ensina Eros Roberto Grau: "O *ônus*, destarte, é um vínculo imposto à vontade do sujeito em razão do seu próprio interesse. Nisto se distingue do *dever* – e da *obrigação* – que consubstancia vínculo imposto àquela mesma vontade, porém no interesse de outrem. Por isso que o não-cumprimento do ônus não acarreta, para o sujeito, sanção jurídica, mas tão-somente uma certa desvantagem econômica: a não obtenção da vantagem, a não satisfação do interesse ou a não realização do direito pretendido. Já o não-cumprimento do dever – ou da *obrigação* – acarreta sanção jurídica para o sujeito. Neste último caso, o interesse a cuja tutela aproveita o cumprimento do dever é alheio à pessoa do sujeito a ele vinculado; no primeiro caso, o interesse a que respeita a vinculação pelo *ônus* é do próprio sujeito vinculado" (GRAU, Eros Roberto. Nota sobre a distinção entre obrigação, dever e ônus. *Revista da Faculdade de Direito da Universidade de São Paulo*, v. 77, p. 181, 1982.). Cf. ainda: GOMES, Orlando. *Obrigações*. 12. ed. Rio de Janeiro: Forense, 1998. p. 6-7.

[93] TEPEDINO, Gustavo; KONDER, Carlos Nelson; BANDEIRA, Paula Greco. *Fundamentos do direito civil*: contratos. 2. ed. Rio de Janeiro: Forense, 2021. v. 3, p. 205; GOMES, Orlando. *Introdução ao direito civil*. 22. ed. Rio de Janeiro: Forense, 2019. p. 249.

[94] A diferença entre aquisição originária e derivada é exposta na seguinte lição de Mota Pinto: "Na primeira o direito adquirido não depende da existência ou da extensão de um direito anterior, que poderá até não existir; quando o direito anterior exista, o direito não foi adquirido por causa desse direito, mas apesar dele. Na segunda o direito adquirido funda-se ou filia-se na existência de um direito na titularidade de outra pessoa; a existência anterior desse direito e a sua extinção ou limitação é que geram a aquisição do direito pelo novo titular, é que são a causa dessa aquisição" (MOTA PINTO, Carlos Alberto da. *Teoria geral do direito civil*. 3. ed. 9. reimp. Coimbra: Limitada, 1994. p. 360).

[95] Sobre os atos unilaterais, ver os arts. 854-886 do CC.

[96] No direito comparado, em relação ao IVA, a doutrina entende que a não incidência sobre indenizações, ressarcimentos, depósitos, cauções e aquisições originárias de direitos decorre da ausência de caráter contraprestacional, o que também é uma explicação válida. Sobre o tema, cf.: RUSSO, Pasquale; FRANSONI, Guglielmo; CASTALDI, Laura. *Istituzioni di diritto tributario*. 2. ed. Milano: Giuffrè, 2016. p. 458. No mesmo sentido, sobre a não incidência sobre as indenizações, cf. ainda: LAPATZA, José Juan Ferrero; HERNÁNDEZ, Francisco Clavijo; QUERALT, Juan Martín; ROYO, Fernando Pérez; LÓPES, José Manuel Tejerizo. *Curso de derecho financiero español*: derecho tributario (parte especial. Sistema tributario. Los tributos en particular). 22. ed. Madrid-Barcelona: Marcial Pons, 2000. v. III, p. 678; FALSITTA, Gaspare. *Manuale di diritto tributario* – parte speciale: il sistema delle imposte in Italia. 30 ed. Milano: Wolters Kluwer Italia, 2021. p. 858-859; FALSITTA, Gaspare. *Corso istituzionale di diritto tributario*. 8. ed. Milano: Cedam, 2022. p. 537.

Parte Especial • **Capítulo IV** • TRIBUTOS SOBRE O CONSUMO | **619**

mercado[97]. Por isso, apenas configuram *fornecimento* as condutas positivas no desenvolvimento de *atividade econômica*, assim considerado: **(i)** *o exercício da empresa*: atividade organizada para a produção ou a circulação de bens ou de serviços, visando ao lucro e em caráter profissional (ou habitual)[98]; e, por previsão constitucional (Emenda 132/2024, art. 9º, § 12[99]), **(ii)** as atividades econômicas civis, inclusive por prestadores de serviços no exercício de profissão intelectual, de natureza científica, literária ou artística.

Além disso, devem ser excluídos do conceito de fornecimento as manifestações de capacidade contributiva próprias de outros tributos federais, estaduais ou municipais. Isso ocorre porque o IBS e a CBS não podem apresentar as mesmas hipóteses de incidência ou bases de cálculo de outros tributos federais, estaduais ou municipais. Na Reforma da Tributação do Consumo, de acordo com o inciso V do § 6º do art. 153 da Constituição Federal, apenas o imposto seletivo foi concebido com essa característica[100].

Por fim, nos termos do § 2º do art. 4º, a incidência do IBS e da CBS pressupõe um fornecimento com contraprestação, que é a característica típica de negócios jurídicos *sinalagmáticos* (ou *bilaterais* quanto aos seus efeitos). Esses geram atribuições patrimoniais e obrigações para ambas as partes, ligadas por um nexo de correspectividade ou de dependência recíproca. Dito de um outro modo, a obrigação de um (fornecedor) deve ser a razão de ser da obrigação contraída pelo outro (adquirente)[101]. Relações jurídicas dessa natureza podem ser identificadas quando as partes têm o direito de oposição da exceção pelo contrato não cumprido[102] (*exceptio non*

---

[97] Como ressalta Gaspare Falsitta, o IVA foi criado para evitar distorções de mercado decorrentes da tributação do consumo de bens e de serviços, o que faz com tenha uma aplicação referida e limitada às operações "econômicas", ou seja, os atos que, inseridos em um "mercado", são realizados em regime de concorrência, passível de distorção. As atividades não econômicas são irrelevantes para efeitos do imposto, tais como as atividades "fora do mercado", que incluem os ilícitos em sentido absoluto, que não podem ser exercidas de outra forma de forma lícita ("[...] l'Iva è stata introdotta al fine di evitare distorsioni di mercato derivanti della tassazione al consumo dei beni e dei servizi. Dalla finalità dell'imposta, si intendi che la sua applicazione è riferita e limitata alle operazioni <<economiche>>, per tali intendendo gli atti che, in quanto inseriti in un <<mercato>>, sono svolti in concorrenza e, suscettibili, dunque, di distorsione; restano, invece, irrilevanti ai fini del tributo le attività che non siano economiche, come le attività <<fuori mercato>>, tra cui vanno comprese le attività illecite in senso assoluto, cioè, che non possano essere altrimenti esercitate in modo lecito." (FALSITTA, Gaspare. *Manuale di diritto tributario – parte speciale:* il sistema delle imposte in Italia. 30 ed. Milano: Wolters Kluwer Italia, 2021. p. 855-856).

[98] CC: "Art. 966. Considera-se empresário quem exerce profissionalmente atividade econômica organizada para a produção ou a circulação de bens ou de serviços.
Parágrafo único. Não se considera empresário quem exerce profissão intelectual, de natureza científica, literária ou artística, ainda com o concurso de auxiliares ou colaboradores, salvo se o exercício da profissão constituir elemento de empresa."

[99] "Art. 9º [...] § 12. A lei complementar estabelecerá as operações beneficiadas com redução de 30% (trinta por cento) das alíquotas dos tributos de que trata o *caput* relativas à prestação de serviços de profissão intelectual, de natureza científica, literária ou artística, desde que sejam submetidas a fiscalização por conselho profissional." Em relação às cooperativas, o art. 156-A, § 6º, III, da Constituição, a incidência do IBS e da CBS ocorre em caráter facultativo de acordo com o regime de específico de tributação: "Art. 156-A. [...] § 6º Lei complementar disporá sobre regimes específicos de tributação para: [...] III - sociedades cooperativas, que será optativo, com vistas a assegurar sua competitividade, observados os princípios da livre concorrência e da isonomia tributária, definindo, inclusive: [...]".

[100] ÁVILA, Humberto. Limites Constitucionais à Instituição do IBS e da CBS. *Revista Direito Tributário Atual*, São Paulo, ano 42, v. 56, p. 720, 1º quadrimestre 2024.

[101] VARELA, Antunes. *Das obrigações em geral*. 10. ed. Coimbra: Almedina 2003. v. I, p. 397 e ss.

[102] CC: "Art. 476. Nos contratos bilaterais, nenhum dos contratantes, antes de cumprida a sua obrigação, pode exigir o implemento da do outro".

620 | CURSO DE DIREITO TRIBUTÁRIO – *Solon Sehn*

adimpleti contractus), podendo recusar a prestar o objeto de sua obrigação enquanto a outra não implementar a que lhe compete[103].

O conceito de contraprestação, de acordo com o inciso III do art. 3o[104], abrange qualquer prestação de *dar*, *fazer* ou *não fazer* do adquirente, desde a constituição ou a transferência de um bem, até o desenvolvimento de uma determinada atividade ou a abstenção de um fato no interesse do fornecedor. Essa pode ter como objeto mediato outro bem ou serviço, inclusive uma quantia certa em dinheiro, desde que constitua uma contrapartida ao fornecimento passível de valoração[105]. Tem essa natureza, por exemplo, o pagamento do preço (prestação do adquirente) no contrato de compra e venda, que representa a retribuição patrimonial pela transmissão da titularidade do bem (prestação do fornecedor). Mas também a transferência do domínio de um direito ou uma coisa por outra, na troca ou permuta.

5.1.2.2   Operações não onerosas

5.1.2.2.1   *Negócios jurídicos gratuitos e por valor inferior ao de mercado*

O segundo núcleo de incidência do IBS e da CBS tem caráter taxativo e abrange, nos termos do § 1o do art. 4o e do art. 5o, as operações não onerosas com bens e serviços expressamente previstas na

---

[103]   VARELA, Antunes. *Das obrigações em geral*. 10. ed. Coimbra: Almedina 2003. v. I, p. 397 e ss. Sobre os negócios jurídicos e obrigações, cf.: GOMES, Orlando. *Introdução ao direito civil*. 22. ed. Rio de Janeiro: Forense, 2019. p. 197 e ss.; GOMES, Orlando. *Contratos*. 28. ed. Rio de Janeiro: Forense, 2022. p. 107 e ss.; MOTA PINTO, Carlos Alberto da. *Teoria geral do direito civil*. 3. ed. 9. reimp. Coimbra: Limitada, 1994. p. 392 e ss.; VARELA, Antunes. *Das obrigações em geral*. 10. ed. Coimbra: Almedina, 2003. v. I, p. 78 e ss.; VENOSA, Sílvio de Salvo. *Direito civil*: parte geral. 23. ed. Barueri: Atlas, 2023. p. 307 e ss. BOZZI, Giuseppe. Comportamento del debitore a attuazione del raporto obbligatorio. *In*: ZOPPINI, Andrea (coord.). *Diritto civile*: il rapporto obbligatorio. Milano: Giùffre, 2009. p. 64 e ss.; TEPEDINO, Gustavo; KONDER, Carlos Nelson; BANDEIRA, Paula Greco. *Fundamentos do direito civil*: contratos. 2. ed. Rio de Janeiro: Forense, 2021. v. 3, p. 68 e ss.; TEPEDINO, Gustavo; OLIVA, Milena Donato. *Fundamentos do direito civil*: teoria geral do direito civil. 3. ed. Rio de Janeiro: Forense, 2022. v. 1, p. 255 e ss.

[104]   "Art. 3o Para fins desta Lei Complementar, consideram-se: [...] IV – adquirente: [...] a) aquele obrigado ao pagamento ou a qualquer outra forma de contraprestação pelo fornecimento de bem ou serviço."

[105]   Como assinala Gaspare Falsitta, é necessário um vínculo *sinalagmático* entre as prestações. Por isso, ainda segundo o professor italiano, a jurisprudência do Tribunal de Justiça da União Europeia (TJUE), em diversas oportunidades, tem reafirmado que "[...] as operações imponíveis pressupõem a existência de um negócio jurídico entre as partes, implicando a estipulação de um preço ou de um contravalor. Consequentemente, caso a atividade de um prestador consista em ceder exclusivamente bens sem contrapartida direta, não há base tributável e tais prestações não estão, portanto, sujeitas ao IVA (ver, nomeadamente, em matéria de prestações de serviços, acórdãos de 3 de março de 1994, Tolsma, C-16/93, Colet. p. I-743, ponto 12, e de 27 de outubro de 2011, GFKL Financial Services, C-93/10, Colet. p. I-10791, ponto 17)". Traduzimos, do original: "[...] le operazioni imponibili presuppongono l'esistenza di un negozio giuridico tra le parti implicante la stipulazione di un prezzo o di un controvalore. Consequentemente, qualora l'attività di un prestatore consista nel cedere esclusivamente beni senza corrispettivo diretto, non vi è base imponibile e tali prestazioni non sono, quindi, soggette all'Iva (v., segnatamente, in materia di prestazioni di servizi, sentenze del 3 marzo 1994, Tolsma, C-16/93, Racc. pag. 1-743, punto 12, e del 27 ottobre 2011, GFKL Financial Services, C-93/10, Racc. pag. 1-10791, punto 17)". FALSITTA, Gaspare. *Manuale di diritto tributario – parte speciale*: il sistema delle imposte in Italia. 30 ed. Milano: Wolters Kluwer Italia, 2021. p. 965. Convém destacar ainda a seguinte passagem do acórdão do caso *GFKL Financial Services*: "Neste contexto, uma prestação de serviços só é efectuada «a título oneroso», na acepção do artigo 2o, ponto 1, da Sexta Directiva, e só é assim tributável, se existir entre o prestador e o beneficiário uma relação jurídica durante a qual são realizadas prestações recíprocas, constituindo a retribuição recebida pelo prestador o contravalor efectivo do serviço fornecido ao beneficiário (acórdão MKG-Kraftfahrzeuge-Factoring, já referido, no 47)". Acórdão do TJUE, de 27 de outubro de 2011, *GFKL Financial Services*, C-93/10). No mesmo sentido: GROSCLAUDE, Jacques; MARCHESSOU, Philippe. *Diritto tributario francese*: le imposte – le procedure. Trad. Enrico de Mita. Milano: Giuffrè, 2006. p. 261 e ss.; RUSSO, Pasquale; FRANSONI, Guglielmo; CASTALDI, Laura. *Istituzioni di diritto tributario*. 2. ed. Milano: Giuffrè, 2016. p. 458 e ss.

Parte Especial • Capítulo IV • TRIBUTOS SOBRE O CONSUMO | **621**

lei complementar[106], incluídos os fornecimentos por valor inferior ao de mercado e a transferência de bens adquiridos com apropriação de crédito para sócio não contribuinte no regime regular:

> Art. 5º O IBS e a CBS também incidem sobre as seguintes operações:
>
> I – fornecimento não oneroso ou a valor inferior ao de mercado de bens e serviços, nas hipóteses previstas nesta Lei Complementar.
>
> II – fornecimento de brindes e bonificações;
>
> III – transmissão, pelo contribuinte, para sócio ou acionista que não seja contribuinte no regime regular, por devolução de capital, dividendos **in natura** ou de outra forma, de bens cuja aquisição tenham permitido a apropriação de créditos pelo contribuinte, inclusive na produção; e
>
> IV – demais fornecimentos não onerosos ou a valor inferior ao de mercado de bens e serviços por contribuinte a parte relacionada.

Embora o legislador complementar tenha utilizado a expressão "operações não onerosas", esse núcleo de incidência do IBS e da CBS não abrange apenas negócios jurídicos gratuitos, mas também negócios jurídicos onerosos com recebimento de contraprestação inferior ao valor de mercado para partes relacionadas[107]. Além disso, entre outras hipóteses expressamente, compreende as transmissões de bens que geram apropriação de crédito, gratuitas ou onerosas, para sócio ou acionista não contribuinte no regime regular, inclusive por devolução de capital e dividendos in natura.

A versão do PLC 68/2024 aprovada na primeira votação pela Câmara dos Deputados previa a incidência do IBS e da CBS no fornecimento não oneroso ou a valor inferior ao de mercado de bens e serviços para uso e consumo pessoal[108]. No Senado Federal, essa previsão foi substituída pela obrigatoriedade do estorno do crédito. Trata-se de alteração é salutar, porque a incidência desses tributos sobre operações gratuitas com natureza jurídica de doação de bens implicaria uma superposição com o âmbito de competência do ITCMD. Com isso, a versão final do PLC, que resultou na Lei Complementar 214/2025, compatibilizou o evento imponível do IBS e da CBS com o sistema constitucional de repartição de competências tributárias.

5.1.2.2.2 Bonificações

Também estão compreendidas no âmbito de incidência do IBS e da CBS sobre operações não onerosas, nos termos do inciso II do art. 5º, os fornecimentos de brindes e de bonificações:

> Art. 5º O IBS e a CBS também incidem sobre as seguintes operações:
>
> [...]
>
> II – fornecimento de brindes e bonificações;
>
> [...]

---

[106] "Art. 4º [...] § 1º As operações não onerosas com bens ou com serviços serão tributadas nas hipóteses expressamente previstas nesta Lei Complementar."

[107] Os §§ 2º a 7º do art. 5º estabelecem os parâmetros para caracterização de uma operação entre partes relacionadas para os fins do IBS e da CBS.

[108] No direito comparado, a incidência nessas hipóteses ocorre apenas em relação aos bens e serviços que tenham gerado direito ao crédito, para evitar uma desoneração indireta do consumo. Como ressalta Dieter Birk, "o empresário que retira objetos de sua empresa para uso pessoal ou que os doa gratuitamente para fins privados, age como um consumidor e, portanto, deve ser tratado como tal". Traduzimos, do original: "L'imprenditore che preleva privatamente oggetti dalla sua impresa o che li dona gratuitamente per scopi privati, si comporta come un consumatore ed è quindi da equiparare a questo [...]" (BIRK, Dieter. *Diritto tributario tedesco*. Trad. Enrico de Mita. Milano: Giuffrè, 2006. p. 381).

§ 1º O disposto no inciso II do caput deste artigo:

I – não se aplica às bonificações que constem do respectivo documento fiscal e que não dependam de evento posterior; e

II – aplica-se ao bem dado em bonificação sujeito a alíquota específica por unidade de medida, inclusive na hipótese do inciso I deste parágrafo.

A incidência no fornecimento de brindes é justificada para evitar que o consumo desonerado de um bem. Exige-se, contudo, que tenha ocorrido a *apropriação de créditos* do IBS e da CBS *relativos à operação anterior. Do contrário, a operação* seria onerada duas vezes: no momento da aquisição, em razão da ausência de direito ao crédito; e na alienação ou do autoconsumo[109]. Apesar de constituir uma operação gratuita, não há invasão do âmbito do ITCMD, porque, no exercício da atividade empresarial, a oferta do brinde não tem o caráter de liberalidade ou a doação, mas de despesas de propaganda[110].

As bonificações, por sua vez, constituem uma modalidade de desconto que consiste na entrega para o comprador de uma maior quantidade de produto vendido[111]. Um exemplo é a prática comercial conhecida como "dúzia de treze". Nela a empresa vende 12 unidades de um determinado produto e entrega um item adicional ao cliente gratuitamente, sem alteração do valor do negócio jurídico. Note-se que há uma vinculação entre a entrega da unidade gratuita e a operação de venda. Essa característica a torna uma espécie de desconto comercial, justificando a não incidência do IBS e da CBS. Mas também há bonificações que não são vinculadas a uma venda, constituindo uma liberalidade do fornecedor. Essas têm natureza de *doação*, de modo

---

[109] "Sobre o tema, ver Tribunal de Justiça, acórdão de 8 de novembro de 2012, C-299/11 *Gemeente Vlaardingen*, sobre a tributação do autoconsumo que, no entanto, não se aplica quando o bem de autoconsumido não foi adquirido com dedução [a aquisição não implicou o direito à dedução] porque, de outra forma, se manifestaria uma dupla cobrança, contrária à essência do sistema que regula o imposto sobre o valor agregado (ver ponto 38 da frase C-299/11). Ver também o acórdão de 8 de maio de 2013, C-142/12 *Hristomir Marinoo*, relativa ao autoconsumo determinado pela cessação da atividade económica" (traduzimos, do original: "Sul tema si v Corte di giustizia, sentenza 8 novembre 2012, C-299/11 *Gemeente Vlaardingen*, sulla tassazione dell'autoconsumo che, però, non si applica laddove il bene autoconsumato non sia stato acquisito con detrazione ché, altrimenti, si manifesterebbe un duplice prelievo, contrario all'essenza del sistema che regola l'imposta sul valore aggiunto (cfr, punto 38 della sentenza C-299/11). Si v., altresì, la sentenza 8 maggio 2013, C-142/12 *Hristomir Marinoo*, a proposito dell'autoconsumo determinato dalla cessazione dell'attività economica"). FALSITTA, Gaspare. *Manuale di diritto tributario – parte speciale*: il sistema delle imposte in Italia. 30. ed. Milano: Wolters Kluwer Italia, 2021. p. 855, nota 28. No mesmo sentido: LUPI, Raffaello. *Diritto tributario*: parte speciali: i sistemi dei singoli tributi. 8. ed. Milano: Giuffrè, 2005. p. 269; BELTRAME, Pierre. *Introducción a la fiscalidad en Francia*. Barcelona: Atelier, 2004. p. 130; LAPATZA, José Juan Ferrero; HERNÁNDEZ, Francisco Clavijo; QUERALT, Juan Martín; ROYO, Fernando Pérez; LÓPES, José Manuel Tejerizo. *Curso de derecho financiero español*: derecho tributario (parte especial). Sistema tributario. Los tributos en particular). 22. ed. Madrid-Barcelona: Marcial Pons, 2000. v. III, p. 615-746. Ressalte-se, entre nós, o entendimento contrário de Ávila, para quem "[...] seria inconstitucional a lei complementar que dispusesse que as hipóteses de incidência dos mencionados tributos abrangeriam operações sem conteúdo econômico ou não onerosas (ÁVILA, Humberto. Limites Constitucionais à Instituição do IBS e da CBS. *Revista Direito Tributário Atual*, São Paulo, v. 56, ano 42, p. 716,1º quadrimestre 2024).

[110] No IRPJ, como analisado no Cap. I da Parte Especial, o art. 54, V, da Lei 4.506/1964 autoriza a dedução de amostras grátis como despesas de propaganda por laboratórios químicos ou farmacêuticos e outras empresas que utilizem esse sistema de promoção de venda de seus produtos, observados os limites formais e materiais previstos no mesmo dispositivo legal.

[111] Como definido pelo STJ no julgamento do REsp 1.111.156 (Tema Repetitivo 144), "a bonificação é uma modalidade de desconto que consiste na entrega de uma maior quantidade de produto vendido em vez de conceder uma redução do valor da venda" (STJ, 1ª S., REsp 1.111.156, Rel. Min. Humberto Martins, *DJe* 22.10.2009). Nesse precedente vinculante, foi definida a tese jurídica ("Os descontos incondicionais nas operações mercantis não se incluem na base de cálculo do ICMS") que gerou a Súmula 457/STJ: "Os descontos incondicionais nas operações mercantis não se incluem na base de cálculo do ICMS".

que, *de acordo com o § 2º do art. 6º*, a incidência do IBS e a CBS ocorrerá apenas se o contribuinte *apropriou créditos relativos às operações anteriores, podendo optar, nos termos do inciso II do § 2º, pela não incidência com anulação dos créditos.*

Há muitos anos, para efeitos do PIS/Pasep e da Cofins, a Receita Federal do Brasil tem entendido que a bonificação, para ser incondicional, deve constar na nota fiscal de venda[112]. Apesar dessa exegese não ter encontrado acolhimento em decisões do Carf[113] e do STJ[114], parece ter influenciado a redação do § 1º do art. 5º. Trata-se de previsão que não pode ser interpretada de forma absoluta. Na verdade, a indicação na nota fiscal é apenas um dever formal ("obrigação acessória") no interesse da fiscalização, destinado a facilitar a prova da natureza jurídica da bonificação. Nada impede a comprovação da incondicionalidade e da vinculação com a venda por outros meios idôneos, por exemplo, a sequencialidade das notas fiscais e da vinculação no campo dos "Dados Adicionais – Informações Complementares". Do contrário, se isso não for admitido, o mero descumprimento de um dever formal será convertido em hipótese de incidência de tributos. A exigência do IBS e da CBS seria transformada em sanção pelo descumprimento de "obrigação acessória".

5.1.2.3   Operações simultâneas

Nas operações simultâneas de bens ou de serviços, as partes devem promover a especificação de cada fornecimento no documento fiscal. Se isso não ocorrer, incidirá a maior alíquota ou o regime mais oneroso sobre o valor total da operação, salvo se identificada a existência de relação de acessoriedade[115]. Nessa hipótese, de acordo com o art. 7º da Lei Complementar 214/2025, serão aplicadas as regras de tributação do fornecimento principal.

5.1.2.4   Atos ilícitos

O § 3º do art. 4º da Lei Complementar 214/2025 estabelece a irrelevância dos seguintes fatores para fins de caracterização das operações sujeitas ao IBS e à CBS:

---

[112] O requisito da nota fiscal única decorre da Instrução Normativa (IN) SRF 51/1978, editada para fins de determinação da base de cálculo do imposto de renda das pessoas jurídicas, considerando as disposições do Decreto-lei 1.598/1977: "4.2. Descontos incondicionais são parcelas redutoras do preço de venda, quando constarem da nota fiscal de venda dos bens ou da fatura de serviços e não dependerem de evento posterior à emissão desses documentos". Nessa mesma linha, mais recentemente, destacam-se as Soluções de Consulta Cosit 291/2017 e 531/2017, vinculadas à Solução de Consulta Cosit 202/2021, relativas ao PIS/Pasep e à Cofins.

[113] A exigência de unicidade da nota fiscal foi afastada pela Câmara Superior de Recursos Fiscais do Carf em acórdão do ano de 2022, segundo o qual: "O desconto incondicional é aquele concedido independente de qualquer condição futura, não sendo necessário que o adquirente pratique ato subsequente ao de compra para a fruição do benefício. No caso vertente, as bonificações e descontos comerciais ao se enquadrarem como descontos incondicionais, independentemente da ausência de descrição na nota fiscal, devem ser considerados como parcela redutora do custo de aquisição para o adquirente [...]" (Carf, CSRF, 3ª T., Acórdão 9303-013.338, Rel. Valcir Gassen, Redatora designada Tatiana Midori Migiyama, S. 20.09.2022).

[114] No STJ, em acórdão do ano de 2023, a 1ª Turma entendeu que todos os descontos devem ser excluídos da base de cálculo do PIS/Pasep e da Cofins, o que torna irrelevante a discussão da unicidade da nota fiscal: "Os descontos concedidos pelo fornecedor ao varejista, mesmo quando condicionados a contraprestações vinculadas à operação de compra e venda, não constituem parcelas aptas a possibilitar a incidência da contribuição ao PIS e da COFINS a cargo do adquirente" (STJ, 1ª T., REsp 1.836.082, Rel. Min. Regina Helena Costa, DJe 12.05.2023).

[115] "Art. 7º [...] § 2º Para fins do disposto no inciso II do *caput* deste artigo, consideram-se fornecimentos acessórios aqueles que sejam condição ou meio para o fornecimento principal."

624 | CURSO DE DIREITO TRIBUTÁRIO – *Solon Sehn*

Art. 4º [...]

§ 3º São irrelevantes para a caracterização das operações de que trata este artigo:

I – o título jurídico pelo qual o bem encontra-se na posse do fornecedor;

II – a espécie, tipo ou forma jurídica, a validade jurídica e os efeitos dos atos ou negócios jurídicos;

III – a obtenção de lucro com a operação; e

IV – o cumprimento de exigências legais, regulamentares ou administrativas.

Os incisos I, II e IV são desdobramentos do art. 118 do CTN[116], com reflexos na temática da tributação atos ilícitos[117]. Nesses dispositivos, o legislador complementar busca evidenciar que a eventual ilicitude dos negócios jurídicos não afasta a incidência do IBS e da CBS. Assim, mesmo quem promove uma obra civil sem um alvará de construção válido, por exemplo, também deve pagar os tributos incidentes na prestação do serviço. Da mesma forma, a ilicitude da atuação do falso médico que presta serviços sem a habilitação profissional tampouco serve de justificativa para afastar a obrigação de pagar o crédito tributário.

No IVA europeu, a doutrina opera com a diferenciação entre *ilícitos relativos* e *ilícitos absolutos*. Os primeiros constituem atividades econômicas que seriam lícitas, caso observados os requisitos legais preteridos em um caso particular. Um exemplo é o estabelecimento que comercializa alimentos sem alvará sanitário. Não fosse o descumprimento dessa exigência, a atividade econômica poderia ser licitamente exercida, o que justifica a exigência do IVA. Os segundos são operações vedadas em qualquer circunstância, *v.g.*, o tráfico de drogas. Esses não são tributados, uma vez que, devido à existência de proibição legal, não podem ser caracterizados como atividade econômica ou operação de mercado[118].

Essa distinção é adotada em diversos precedentes do TJUE, que já afastou a exigência do IVA na venda de *cannabis* (*Coffeeshop Siberië*[119]) e de bens roubados (*Fischer*[120]), assentado no princípio da neutralidade fiscal e na possibilidade de concorrência com setores lícitos, como ressaltado no caso *Happy Family*:

> A este respeito tem que se admitir que o princípio da neutralidade fiscal em matéria de cobrança do IVA se opõe efectivamente a uma diferenciação generalizada entre as transacções lícitas e as transacções ilícitas. Contudo, tal não é exacto no que se refere à transacção de produtos como os estupefacientes que apresentam características particulares pelo facto de, por sua própria natureza, serem objecto de uma proibição total de circulação em todos os Estados-membros, com excepção de um circuito económico estritamente fiscalizado com vista a utilização para fins médicos e científicos. Em tal situação específica, em que está excluída qualquer concorrência entre um sector económico lícito e um sector ilícito, a não sujeição ao IVA não tem a virtualidade de afectar o princípio da neutralidade fiscal[121].

---

[116] "Art. 118. A definição legal do fato gerador é interpretada abstraindo-se:
I – da validade jurídica dos atos efetivamente praticados pelos contribuintes, responsáveis, ou terceiros, bem como da natureza do seu objeto ou dos seus efeitos;
II – dos efeitos dos fatos efetivamente ocorridos."

[117] Essas duas matérias já foram analisadas anteriormente. Ver Capítulo VII, item 2.3.5, da Parte Geral; e Capítulo II, item 1.2.5, da Parte Geral.

[118] FALSITTA, Gaspare. *Manuale di diritto tributario* – parte speciale: il sistema delle imposte in Italia. 30 ed. Milano: Wolters Kluwer Italia, 2021. p. 856.

[119] Acórdão do TJUE, 29.06.1999, *Coffeeshop Siberië*, C-158/98.

[120] Acórdão do TJUE, 11.06.1998, *Fischer*, C-283/95.

[121] Acórdão do TJUE, 05.07.1988, "Happy Family", C-289/86. Como assinala a doutrina: "El Tribunal de Justicia de las Comunidades Europeas se ha pronunciado sobre la cuestión en bastantes ocasiones. Su doctrina puede

Parte Especial · Capítulo IV · TRIBUTOS SOBRE O CONSUMO | **625**

Essa interpretação aplica-se inteiramente ao direito brasileiro. Nada impede a exigência de tributos quando o evento imponível ocorrer em circunstâncias ilícitas[122]. Assim, o IBS e a CBS serão devidos sempre que as operações ilícitas apresentarem uma aptidão para gerar distorções no mercado, gerando concorrência desleal para as operações lícitas. Uma atividade vedada pela ordem jurídica, como a venda de órgãos humanos (ilícito absoluto), não tem essa potencialidade. Já nos ilícitos relativos, caracterizados pela preterição de requisito legal ou de formalidade de atividade permitida, a não incidência seria incompatível com o princípio da neutralidade, na dimensão da *equidade horizontal*, que obriga o tratamento isonômico para o fornecimento de bens ou de serviços idênticos ou semelhantes.

O inciso III, por sua vez, estabelece a irrelevância da obtenção do lucro para fins de caracterização de uma operação tributável. A previsão é coerente com a materialidade do IBS e da CBS, que pressupõe o fornecimento no desenvolvimento de atividade econômica. Essa é caracterizada pela finalidade lucrativa como um todo, e não pela obtenção de lucro em negócios jurídicos individualmente considerados. Muitos fornecimentos, aliás, podem ocorrer sem margem de lucro para fins de renovação de estoques, por exemplo, como nas promoções do comércio de vestuário nas mudanças de estações. Eventos dessa natureza não descaracterizam a natureza lucrativa da atividade empresarial.

5.1.2.5 Operações não tributadas

A hipótese de incidência do IBS e da CBS, de acordo com os incisos I a XI do art. 6º da Lei Complementar 214/2025, não abrange: (**i**) o fornecimento de serviço por pessoa física com vínculo empregatício ou em decorrência de atuação como administrador, como conselheiro de administração ou fiscal, ou membro de comitês de assessoramento de conselho de administração; (**ii**) a transferência de bens entre estabelecimento do mesmo contribuinte; (**iii**) baixa, liquidação, transmissão ou alienação de participação societária[123]; (**iv**) transmissão de bens decorrente de fusão, cisão e incorporação e de integralização e devolução de capital[124]; (**v**) rendimentos financeiros[125]; (**vi**) recebimento de dividendos e de juros sobre capital próprio, de juros ou remuneração ao capital pagos pelas cooperativas e os resultados de avaliação de participações societárias[126]; (**vii**) demais operações com títulos ou valores mobiliários[127]; (**viii**) doações sem contraprestação em benefício do doador; (**ix**) transferências de recursos públicos e demais bens públicos para organizações da sociedade civil sem fins lucrativos no País; (**x**) destinação de recursos por sociedade cooperativa para os fundos de reserva e de assistência técnica, educacional e social, assim como a reversão dos recursos; e (**xi**) repasse de cooperativa para seus associados de valores decorrentes do fornecimento de bens ou serviços (art. 271) e distribuição de sobras por sociedade cooperativa.

---

resumirse del modo siguiente: las operaciones que se realizan con mercancías que, por sus especiales características, no pueden ser objeto de comercio ni integrarse en el circuito económico, son completamente ajenas al IVA y sólo pueden dar lugar a medidas represivas; tal ocurre, por ejemplo, en las importaciones o entregas de sustancias estupefacientes o de moneda falsa. [...] Por el contrario, cuando nos encontramos ante operaciones que tienen por objeto entregas o prestaciones que no están prohibidas por su propia naturaleza o por sus características específicas, el principio de neutralidad fiscal se opone, en materia de percepción del IVA, a una diferenciación entre transacciones lícitas e ilícitas". LAPATZA, José Juan Ferrero; HERNÁNDEZ, Francisco Clavijo; QUERALT, Juan Martín; ROYO, Fernando Pérez; LÓPES, José Manuel Tejerizo. *Curso de derecho financiero español*: derecho tributario (parte especial. Sistema tributario. Los tributos en particular). 22. ed. Madrid-Barcelona: Marcial Pons, 2000. v. III, p. 621.

[122] Ver Capítulo II, item 1.2.5, da Parte Geral.

[123] Ressaltadas as hipóteses do inciso III do *caput* do art. 5º.

[124] Exceto os bens transferidos para sócio não contribuinte no regime regular, quando a aquisição gerou direito ao crédito, que são tributados na forma do inciso III do *caput* do art. 5º.

[125] Ressalvadas as operações sujeitas ao regime específico (Capítulo II do Título V) e as regras de inclusão de juros, multas, acréscimos e encargos na base de cálculo (art. 12, § 1º, II).

[126] Ressalvadas o disposto no inciso III do *caput* do art. 5º, analisado anteriormente.

[127] Salvo quando sujeito ao regime específico de serviços financeiros (Seção III do Capítulo II do Título V).

626 | CURSO DE DIREITO TRIBUTÁRIO – *Solon Sehn*

5.1.2.6   Síntese da materialidade

Em síntese, no **IBS e da CBS sobre operações onerosas**, o critério material da hipótese de incidência compreende a conduta de realizar negócio jurídico sinalagmático[128] no exercício de atividade econômica que implica o fornecimento de bem ou serviço (obrigação de dar ou de fazer), mediante contraprestação (dar, fazer ou não fazer) do adquirente.

O conceito de operação onerosa abrange os negócios jurídicos a título oneroso, bilaterais em sua formação e efeitos (sinalagmáticos), dos quais decorrem uma obrigação do fornecedor e outra do adquirente, ambas em relação de dependência recíproca. A primeira tem por objeto imediato uma prestação de *dar* ou *de fazer* devida pelo fornecedor a um adquirente e, como objeto mediato, um *bem* ou *serviço* fornecido ao próprio contratante ou a um terceiro (destinatário) no desenvolvimento de atividade econômica (exercício de empresa ou atividade econômica civil). A segunda constitui uma retribuição ou contrapartida patrimonial da primeira, podendo apresentar como objeto imediato uma *prestação* de *dar, fazer* ou *de não fazer* devida pelo adquirente ao fornecedor e, como o objeto mediato, outro bem ou serviço.

Não estão abrangidas pelo conceito – nem, por conseguinte, pela materialidade do IBS e da CBS – as operações e os fornecimentos: (**a**) incluídos na hipótese de incidência ou bases de cálculo de outros tributos federais, estaduais ou municipais[129]; (**b**) não realizadas no desenvolvimento de atividade econômica de produção ou de circulação de bens ou de serviços (exercício da empresa ou de atividades econômicas civis); (**c**) as *prestações de não fazer* do fornecedor, que não são definidas como fornecimento nas alíneas do inciso III do art. 3º; (**d**) as condutas do fornecedor que não constituam *prestações exigíveis* pelo adquirente, como é o caso dos *ônus jurídicos*; (**e**) os valores transferidos a título de caução, de indenização ou de ressarcimento, pela ausência de nexo de correspectividade com um fornecimento; (**f**) as aquisições originárias de direitos (*v.g.*, a ocupação, a usucapião, a invenção, a aquisição de direitos de autor); (**g**) as obrigações decorrentes de lei (*ex lege*), de atos unilaterais (*v.g.*, promessa de recompensa, gestão de negócios, pagamento indevido e enriquecimento sem causa) e de responsabilidade civil contratual ou extracontratual (obrigação de indenizar).

No **IBS e na CBS sobre operações não onerosas**, o critério material da hipótese de incidência consiste em: (**i**) realizar negócios jurídicos gratuitos ou onerosos que impliquem a transmissão (obrigação de dar) de bens que geram apropriação de crédito para sócio ou acionista não contribuinte no regime regular; e (**ii**) realizar negócios jurídicos gratuitos de transferência (obrigação de dar) de um bem (brinde ou bonificação) no exercício da atividade econômica; e (**iii**) realizar negócios jurídicos gratuitos ou onerosos mediante recebimento de contraprestação abaixo do valor de mercado, fonte de obrigações de dar ou de fazer que têm por objeto mediato um bem ou serviço fornecido para parte relacionada.

---

[128]   Não é necessário repetir o termo "oneroso", porque, como ensina Orlando Gomes, todo contrato bilateral é sempre oneroso: "Os *contratos onerosos* são *bilaterais*, e os *gratuitos, unilaterais*, mas a coincidência não é necessária. Todo contrato bilateral é, entretanto, oneroso, por isso que, suscitando prestações correlatas, a relação entre vantagem e sacrifício decorre da própria estrutura do negócio jurídico. Há, porém, contratos unilaterais que não são onerosos. O mútuo feneratício é, por exemplo, contrato unilateral oneroso." (GOMES, Orlando. *Contratos*. 28. ed. Rio de Janeiro: Forense, 2022. p. 107). Sobre o tema, cf. ainda: GOMES, Orlando. *Introdução ao direito civil*. 22. ed. Rio de Janeiro: Forense, 2019. p. 197 e ss.; TEPEDINO, Gustavo; OLIVA, Milena Donato. *Fundamentos do direito civil*: teoria geral do direito civil. 3. ed. Rio de Janeiro: Forense, 2022. v. 1, p. 255 e ss.; TEPEDINO, Gustavo; KONDER, Carlos Nelson; BANDEIRA, Paula Greco. *Fundamentos do direito civil*: contratos. 2. ed. Rio de Janeiro: Forense, 2021. v. 3, p. 68 e ss. MOTA PINTO, Carlos Alberto da. *Teoria geral do direito civil*. 3 ed. 9. reimp. Coimbra: Limitada, 1994. p. 391.

[129]   Apesar disso, de acordo com o art. 153, § 6º, IV, da Constituição Federal, o imposto seletivo pode ser incluído na base de cálculo do IBS e da CBS.

Parte Especial • **Capítulo IV** • TRIBUTOS SOBRE O CONSUMO | **627**

5.1.3   Critério temporal

O critério temporal da hipótese de incidência do IBS e da CBS ocorre por ocasião do fornecimento, ou seja, quando o fornecedor presta o objeto da obrigação de dar ou de fazer em favor do destinatário[130], observado o disposto no art. 10 da Lei Complementar 214/2025:

> Art. 10. Considera-se ocorrido o fato gerador do IBS e da CBS no momento do fornecimento nas operações com bens ou com serviços, ainda que de execução continuada ou fracionada:
>
> § 1º Para fins do disposto no caput deste artigo, considera-se ocorrido o fornecimento no momento:
>
> I – do início do transporte, na prestação de serviço de transporte iniciado no País;
>
> II – do término do transporte, na prestação de serviço de transporte de carga quando iniciado no exterior;
>
> III – do término do fornecimento, no caso dos demais serviços;
>
> IV – em que o bem for encontrado desacobertado de documentação fiscal idônea; e
>
> V – da aquisição do bem nas hipóteses de:
>
> a) licitação promovida pelo poder público de bem apreendido ou abandonado; ou
>
> b) leilão judicial.
>
> § 2º Nas aquisições de bens e serviços pela administração pública direta, por autarquias e por fundações públicas, que estejam sujeitas ao disposto no caput do art. 473 desta Lei Complementar, considera-se ocorrido o fato gerador no momento em que se realiza o pagamento.
>
> § 3º Nas operações de execução continuada ou fracionada em que não seja possível identificar o momento de entrega ou disponibilização do bem ou do término do fornecimento do serviço, como as relativas a abastecimento de água, saneamento básico, gás canalizado, serviços de telecomunicação, serviços de internet e energia elétrica, considera-se ocorrido o fato gerador no momento em que se torna devido o pagamento.
>
> § 4º Para fins do disposto no caput deste artigo, caso ocorra pagamento, integral ou parcial, antes do fornecimento:
>
> I – na data de pagamento de cada parcela:
>
> a) serão exigidas antecipações dos tributos, calculadas da seguinte forma:
>
> 1. a base de cálculo corresponderá ao valor de cada parcela paga;
>
> 2. as alíquotas serão aquelas vigentes na data do pagamento de cada parcela;
>
> b) as antecipações de que trata a alínea "a" deste inciso constarão como débitos na apuração;
>
> II – na data do fornecimento:
>
> a) os valores definitivos dos tributos serão calculados da seguinte forma:
>
> 1. a base de cálculo será o valor total da operação, incluindo as parcelas pagas antecipadamente;
>
> 2. as alíquotas serão aquelas vigentes na data do fornecimento;
>
> b) caso os valores das antecipações sejam inferiores aos definitivos, as diferenças constarão como débitos na apuração; e

---

[130] Nas estipulações em favor de terceiros, como é o caso do contrato de transporte, o contratante nem sempre é o adquirente do bem ou tomador do serviço (adquirente). Por isso, a Lei Complementar 214/2025 faz referência ao *destinatário* do fornecimento, assim definido pelo inciso V do art. 3º: "Art. 3º Para fins desta Lei Complementar, consideram-se: [...] V – destinatário: aquele a quem for fornecido o bem ou serviço, podendo ser o próprio adquirente ou não".

628 | CURSO DE DIREITO TRIBUTÁRIO – *Solon Sehn*

c) caso os valores das antecipações sejam superiores aos definitivos, as diferenças serão apropriadas como créditos na apuração.

§ 5º Na hipótese do § 4º deste artigo, caso não ocorra o fornecimento a que se refere o pagamento, inclusive em decorrência de distrato, o fornecedor poderá apropriar créditos com base no valor das parcelas das antecipações devolvidas.

No direito europeu, de acordo com o Artigo 63º da Diretiva 2006/112/CE, o evento imponível ocorre quando é efetuada a entrega de bens ou a prestação dos serviços, o que, em regra, corresponde ao momento em que é ultimada a operação (regime de competência): "O facto gerador do imposto ocorre e o imposto torna-se exigível no momento em que é efectuada a entrega de bens ou a prestação de serviços". Não obstante, a doutrina reconhece que o IVA recolhido na conclusão do negócio torna-se indevido quando o adquirente não paga a fatura, uma vez que o fornecedor não poderá repercutir o imposto[131]. Por isso, com fundamento no Artigo 90º ("1. Em caso de anulação, rescisão, resolução, não pagamento total ou parcial ou redução do preço depois de efectuada a operação, o valor tributável é reduzido em conformidade, nas condições fixadas pelos Estados-Membros"), a legislação dos Estados-Membros assegura o direito à recuperação do IVA nas hipóteses de insolvência do comprador. É o que estabelecem, por exemplo, o Artigo 78º-A do Código do IVA de Portugal[132], o § 17 da Umsatzsteuergesetz (UStG) da Alemanha[133], o art. 80 da Lei 37/1992[134], o art. 272 do Code Général des Impôts da França[135] e o art. 26 do Testo Unico IVA da Itália (D.P.R., 26 ottobre 1972, n. 633)[136]. Além disso, para atender às necessidades

---

[131]   BELTRAME, Pierre. *Introducción a la fiscalidad en Francia*. Barcelona: Atelier, 2004. p. 140.

[132]   "Artigo 78º-A
Créditos de cobrança duvidosa ou incobráveis
Regularização a favor do sujeito passivo
(Epígrafe alterada pela Lei n.º 82-B/2014, de 31 de dezembro)
1 – Os sujeitos passivos podem deduzir o imposto respeitante a créditos considerados de cobrança duvidosa, evidenciados como tal na contabilidade, sem prejuízo do disposto no artigo 78.º-D, bem como o respeitante a créditos considerados incobráveis."

[133]   "(1) Hat sich die Bemessungsgrundlage für einen steuerpflichtigen Umsatz im Sinne des § 1 Abs. 1 Nr. 1 geändert, hat der Unternehmer, der diesen Umsatz ausgeführt hat, den dafür geschuldeten Steuerbetrag zu berichtigen. [...] 2) Absatz 1 gilt sinngemäß, wenn: [...] 1. das vereinbarte Entgelt für eine steuerpflichtige Lieferung, sonstige Leistung oder einen steuerpflichtigen innergemeinschaftlichen Erwerb uneinbringlich geworden ist."

[134]   "Artículo 80. Modificación de la base imponible. [...] La base imponible podrá reducirse cuando el destinatario de las operaciones sujetas al Impuesto no haya hecho efectivo el pago de las cuotas repercutidas y siempre que, con posterioridad al devengo de la operación, se dicte auto de declaración de concurso. [...]."

[135]   "Article 272.
1. La taxe sur la valeur ajoutée qui a été perçue à l'occasion de ventes ou de services est imputée ou remboursée dans les conditions prévues à l'article 271 lorsque ces ventes ou services sont par la suite résiliés ou annulés ou lorsque les créances correspondantes sont devenues définitivement irrecouvrables. [...]"

[136]   "Art. 26
Variazioni dell'imponibile o dell'imposta
[...]
2. Se un'operazione per la quale sia stata emessa fattura, successivamente alla registrazione di cui agli articoli 23 e 24, viene meno in tutto o in parte, o se ne riduce l'ammontare imponibile, in conseguenza di dichiarazione di nullità, annullamento, revoca, risoluzione, rescissione e simili o in conseguenza dell'applicazione di abbuoni o sconti previsti contrattualmente, il cedente del bene o prestatore del servizio ha diritto di portare in detrazione ai sensi dell'articolo 19 l'imposta corrispondente alla variazione, registrandola a norma dell'articolo 25. [...]
3-bis. La disposizione di cui al comma 2 si applica anche in caso di mancato pagamento del corrispettivo, in tutto o in parte, da parte del cessionario o committente: [...]."

Parte Especial · **Capítulo IV** · TRIBUTOS SOBRE O CONSUMO | **629**

das pequenas e das médias empresas, a Diretiva 2010/45/EU[137] permite a adoção do regime de caixa facultativo aos contribuintes pela legislação dos Estados-Membros[138].

No Brasil, diferentemente, o caput do art. 10 da Lei Complementar 214/2025 estabelece que o evento imponível do IBS e da CBS ocorre no momento do fornecimento (regime de competência), com obrigação de antecipação do recolhimento, nos termos do § 4°, se pagamento ocorrer primeiro (regime de caixa). O legislador complementar, como se vê, escolheu o melhor dos dois mundos, eliminando qualquer de risco perda de receita para a Fazenda Pública. Afinal, o fornecedor deve pagar os tributos mesmo em caso de mora ou de inadimplência do adquirente, bastando que tenha concluído a prestação. Ressalvada a hipótese de falência[139], não é reconhecido direito de recuperação do tributo em caso de inadimplência, o que viola os princípios da capacidade contributiva e da neutralidade. Isso porque a tributação de valores não recebidos pelo fornecedor faz com que o IBS e a CBS acabem incidindo sobre eventos não reveladores de capacidade econômica (fatos não signo presuntivos de riqueza)[140]. A inadimplência do adquirente, ademais, não permite a repercussão para a etapa seguinte, onerando os contribuintes nas etapas intermediárias do ciclo econômico, em vez do consumidor final. Há uma quebra da neutralidade, agravada pelo não reconhecimento do direito à recuperação do tributo. Assim, diante desse problema, a exemplo do que foi previsto no § 5° em relação ao distrato[141], o caput do art. 10 deve ser interpretado conforme a Constituição, para que se reconheça o direito à recuperação do IBS e da CBS recolhidos de acordo com o regime de competência, diante de inadimplência comprovada do adquirente.

5.1.4 *Critério espacial*

O IBS e a CBS são devidos no local do destino da operação, que é definido pelo art. 11 da Lei Complementar 214/2025. Isso gera reflexos na sujeição ativa da obrigação tributária do IBS, porque o ente credor será o Distrito Federal, o Estado e o Município de destino. O critério espacial da hipótese de incidência, entretanto, é todo o território nacional.

---

[137] FALSITTA, Gaspare. *Manuale di diritto tributario – parte speciale*: il sistema delle imposte in Italia. 30 ed. Milano: Wolters Kluwer Italia, 2021. p. 925-926; RUSSO, Pasquale; FRANSONI, Guglielmo; CASTALDI, Laura. *Istituzioni di diritto tributario*. 2. ed. Milano: Giuffrè, 2016. p. 482-483.

[138] Diretiva 2010/45/UE de 13 de julho de 2010: "(4) A fim de ajudar as pequenas e médias empresas com dificuldades em pagar o IVA à autoridade competente antes de receberem o pagamento dos seus adquirentes ou destinatários, os Estados-Membros deverão ter a possibilidade de permitir a contabilização do IVA segundo um regime de contabilidade de caixa que autorize o fornecedor ou prestador a pagar o IVA à autoridade competente quando receber o pagamento de uma entrega ou prestação e que estabeleça o seu direito à dedução quando efectuar o pagamento relativo à entrega ou prestação. [...] Assim, os Estados-Membros poderão introduzir um regime facultativo de contabilidade de caixa que não produza efeitos negativos nos fluxos de tesouraria referentes às suas receitas do IVA".

[139] "Art. 47. [...] § 11. O contribuinte do IBS e da CBS no regime regular poderá creditar-se dos valores dos débitos extintos relativos a fornecimentos de bens e serviços não pagos por adquirente que tenha a falência decretada, nos termos da Lei n° 11.101, de 9 de fevereiro de 2005, desde que:
I – a aquisição do bem ou serviço não tenha permitido a apropriação de créditos pelo adquirente;
II – a operação tenha sido registrada na contabilidade do contribuinte desde o período de apuração em que ocorreu o fato gerador do IBS e da CBS; e
III – o pagamento dos credores do adquirente falido tenha sido encerrado de forma definitiva."

[140] Ver Capítulo V, item 5, da Parte Geral.

[141] "Art. 10. [...] § 5° Na hipótese do § 4° deste artigo, caso não ocorra o fornecimento a que se refere o pagamento, inclusive em decorrência de distrato, o fornecedor poderá apropriar créditos com base no valor das parcelas das antecipações devolvidas."

5.2 Consequência tributária

5.2.1 *Base de cálculo*

5.2.1.1 Valor da operação

A base de cálculo do IBS e da CBS incidentes sobre operações onerosas, de acordo com o art. 12 da Lei Complementar 214/2025, é o **valor da operação**, que compreende, nos termos do § 1º, o valor integral cobrado pelo fornecedor a qualquer título[142], acrescido: (**i**) de eventuais ajustes no valor da operação (inciso I); (**ii**) juros, multas, acréscimos e encargos (inciso II); (**iii**) descontos condicionais (inciso III); (**iv**) o frete cobrado como parte do valor da operação, no transporte efetuado pelo próprio fornecedor ou no transporte por sua conta e ordem (inciso IV); (**v**) tributos, preços públicos e tarifas incidentes sobre a operação ou suportados pelo fornecedor[143] (inciso V); e (**vi**) demais importâncias cobradas ou recebidas como parte do valor da operação, inclusive seguros e taxas (inciso VI).

Para serem incluídos na base de cálculo, o frete, o seguro e as demais importâncias cobradas ou recebidas do adquirente devem constituir "parte do valor da operação" (art. 12, § 1º, IV e VI), ou seja, integrar a contraprestação devida pelo adquirente ao fornecedor. Valores pagos ou devidos a terceiros não devem compor a base de cálculo, porque são relativos a outra operação de fornecimento, igualmente sujeita ao IBS e à CBS.

Ademais, cumpre recordar que o conceito de operação onerosa – núcleo da materialidade do IBS e da CBS – não abrange os valores transferidos a título de indenização, pela ausência de nexo de correspectividade com o fornecimento. Isso torna incompatível com a hipótese de incidência do tributo a inclusão das multas, acréscimos (juros moratórios) e dos encargos na base de cálculo, uma vez que tais recebimentos não integram a contraprestação devida pelo fornecimento[144]. Essa dissonância cria uma incoerência interna no tributo, violando o princípio da capacidade contribuinte (CF, art. 145, § 1º).

O princípio da capacidade contributiva, como pressuposto e limite para o dimensionamento da imposição, demanda uma coerência lógica ou interna do tributo, ou seja, que os critérios de valoração se mostrem compatíveis com a manifestação de disponibilidade econômica gravada. Por isso, tudo o que for estranho ao valor da operação não deve compor a base de cálculo[145].

Também não é compatível com o princípio da capacidade contributiva a inclusão de outros tributos na base de cálculo, prevista no inciso V do art. 12. Esse dispositivo, entretanto, tem um alcance limitado, já que os incisos I, II e V do § 2º, repetindo o inciso IV § 1º do art. 156-A[146] da

---

[142] "Art. 12. [...] § 5º Caso o valor da operação esteja expresso em moeda estrangeira, será feita sua conversão em moeda nacional por taxa de câmbio apurada pelo Banco Central do Brasil, de acordo com o disposto no regulamento; [...] § 6º Caso o contribuinte contrate instrumentos financeiros derivativos fora de condições de mercado e que ocultem, parcial ou integralmente, o valor da operação, o ganho no derivativo comporá a base de cálculo do IBS e da CBS."

[143] Exceto os previstos no § 2º do art. 12.

[144] Ressalte-se que, no modelo do IVA europeu, as quantias devidas a título de juros de mora ou de penalidades por atrasos ou outras irregularidades no cumprimento das obrigações são excluídas da base de cálculo. É o que estabelece, *v.g.*, o art. 15 do *Testo Texto Unico IVA* da Itália (D.P.R., 26 ottobre 1972, n. 633): "1) le somme dovute a titolo di interessi moratori o di penalità per ritardi o altre irregolarità nell'adempimento degli obblighi del cessionario o del committente; [...]". No mesmo sentido, o Artigo 16 do Código do IVA de Portugal: "6 - Do valor tributável referido no número anterior são excluídos: [...] Os juros pelo pagamento diferido da contraprestação e as quantias recebidas a título de indemnização declarada judicialmente, por incumprimento total ou parcial de obrigações; [...]".

[145] Cap. V, item 5.5.6, da Parte Geral.

[146] "Art. 156-A. [...] § 1º [...] IX – não integrará sua própria base de cálculo nem a dos tributos previstos nos arts. 153, VIII, e 195, I, "b", IV e V, e da contribuição para o Programa de Integração Social de que trata o art. 239; (Incluído pela Emenda Constitucional nº 132, de 2023)." Esse dispositivo é aplicável à CBS, nos termos do § 16

Constituição Federal e o art. 133 do ADCT[147], estabelecem que não devem ser incluídos o IBS e a CBS, o IPI e, durante o período de transição, do ICMS, do ISS, do PIS/Pasep e da Cofins. Além disso, de acordo com o inciso VI do art. 12, a Cosip (CF, art. 149-A) também deve ser excluída na base imponível. A inclusão de maior relevo, portanto, ocorrerá quando a operação estiver sujeita ao IS, que será adicionado à base de cálculo por previsão expressa no texto constitucional: "Art. 153. [...] § 6º O imposto previsto no inciso VIII do caput deste artigo: [...] IV– integrará a base de cálculo dos tributos previstos nos arts. 155, II, 156, III, 156-A e 195, V"[148].

5.2.1.2   Descontos incondicionais e reembolsos

A legislação complementar estabelece a exclusão dos descontos incondicionais da base de cálculo do IBS e da CBS, desde que constem no documento fiscal e não dependam de evento posterior:

> Art. 12. [...]
> § 2º Não integram a base de cálculo do IBS e da CBS:
> [...]
> III – os descontos incondicionais;
> [...]
> § 3º Para efeitos do disposto no inciso III do § 2º deste artigo, considera-se desconto incondicional a parcela redutora do preço da operação que conste do respectivo documento fiscal e não dependa de evento posterior, inclusive se realizado por meio de programa de fidelidade concedido de forma não onerosa pelo próprio fornecedor.

Como analisado anteriormente, no âmbito do PIS/Pasep e da Cofins, a exigência de indicação do desconto na nota fiscal tem sido afastado por decisões do Carf[149] e do STJ[150]. Trata-se apenas de um dever formal ("obrigação acessória") no interesse da fiscalização, destinado a facilitar a prova da natureza jurídica do desconto. Nada impede, entretanto, a comprovação da incondicionalidade e da vinculação com a venda por outros meios idôneos. Do contrário,

---

do art. 195 ("§ 16. Aplica-se à contribuição prevista no inciso V do *caput* o disposto no art. 156-A, § 1º, I a VI, VIII, X a XIII, § 3º, § 5º, II a VI e IX, e §§ 6º a 11 e 13. (Incluído pela Emenda Constitucional nº 132, de 2023)"

[147]   "Art. 133. Os tributos de que tratam os arts. 153, IV, 155, II, 156, III, e 195, I, 'b', e IV, e a contribuição para o Programa de Integração Social a que se refere o art. 239 não integrarão a base de cálculo do imposto de que trata o art. 156-A e da contribuição de que trata o art. 195, V, todos da Constituição Federal. (Incluído pela Emenda Constitucional nº 132, de 2023)"

[148]   Essa previsão, portanto, não é constitucional. As emendas constitucionais não podem violar os direitos e garantias dos contribuintes, incluindo o princípio da capacidade contributiva (CF, art. 145, § 1º), que é uma das cláusulas pétreas do texto constitucional: "Art. 60. A Constituição poderá ser emendada mediante proposta: [...] § 4º Não será objeto de deliberação a proposta de emenda tendente a abolir: [...] IV – os direitos e garantias individuais".

[149]   A exigência de unicidade da nota fiscal foi afastada pela Câmara Superior de Recursos Fiscais do Carf em acórdão do ano de 2022, segundo o qual: "O desconto incondicional é aquele concedido independente de qualquer condição futura, não sendo necessário que o adquirente pratique ato subsequente ao de compra para a fruição do benefício. No caso vertente, as bonificações e descontos comerciais ao se enquadrarem como descontos incondicionais, independentemente da ausência de descrição na nota fiscal, devem ser considerados como parcela redutora do custo de aquisição para o adquirente [...]" (Carf, CSRF, 3ª T., Acórdão 9303-013.338, Rel. Valcir Gassen, Redatora designada Tatiana Midori Migiyama, S. 20.09.2022).

[150]   No STJ, em acórdão do ano de 2023, a 1ª Turma entendeu que todos os descontos devem ser excluídos da base de cálculo do PIS/Pasep e da Cofins, o que torna irrelevante a discussão da unicidade da nota fiscal: "Os descontos concedidos pelo fornecedor ao varejista, mesmo quando condicionados a contraprestações vinculadas à operação de compra e venda, não constituem parcelas aptas a possibilitar a incidência da contribuição ao PIS e da Cofins a cargo do adquirente" (STJ, 1ª T., REsp 1.836.082, Rel. Min. Regina Helena Costa, *DJe* 12.05.2023).

632 | CURSO DE DIREITO TRIBUTÁRIO – *Solon Sehn*

o simples descumprimento de um dever formal será convertido em hipótese de incidência de tributos. A exigência do IBS e da CBS, por outro lado, seria transformada em verdadeira sanção pelo descumprimento de "obrigação acessória".

Por fim, também não integram a base de cálculo, de acordo com inciso IV do § 2º, os reembolsos ou ressarcimentos recebidos em operações por conta e ordem ou em nome de terceiros, desde que a documentação fiscal seja emitida em nome do terceiro.

5.2.1.3   Valor de mercado

A base de cálculo do IBS e da CBS, de acordo com o § 4º do art. 12, será o **valor de mercado**, assim considerado o "valor praticado em operações comparáveis entre partes não relacionadas", sempre que faltar um valor para a operação (inciso I), essa não apresentar um valor determinado (inciso II) ou representado em dinheiro (inciso III), assim como nas operações entre partes relacionadas (inciso IV).

5.2.1.4   Arbitramento

O arbitramento da base de cálculo do IBS e da CBS, de acordo com o art. 13 da Lei Complementar 214/2025, constitui uma medida extrema cabível sempre que: (**i**) o contribuinte não apresentar os elementos necessários à comprovação do valor da operação (inciso I), em fiscalizações de fornecimentos sem emissão de documento fiscal ou acobertada com documentação inidônea (alínea "a"), ou com valor declarado notoriamente inferior ao do mercado (alínea "b"); ou (**ii**) forem omissos, conflitantes ou não merecerem fé as declarações, informações ou documentos apresentados pelo sujeito passivo ou por terceiro legalmente obrigado (inciso II). Nessas hipóteses, nos termos do parágrafo único, a base de cálculo será determinada observados os critérios do § 4º do art. 12 (valor de mercado dos bens ou serviços, assim considerado o valor praticado em operações comparáveis entre partes não relacionadas). Por outro lado, se esse não estiver disponível, corresponderá ao custo acrescido de despesas de manutenção, ao lucro bruto, ao valor fixado por órgão competente, ao preço final a consumidor, preço divulgado ou o fornecido por entidades setoriais.

5.2.2   Alíquotas

Ainda não foram estabelecidas as alíquotas do IBS e da CBS. Ao longo do período de transição, o Senado Federal definirá as alíquotas de referência, que serão aplicadas se outras não forem previstas nas legislações de cada ente federativo. Ressalte-se, ademais, que a alíquota deverá ser a mesma para todas as operações tributadas[151], com redução em 60%[152] ou em 30%[153] nos regimes diferenciados de tributação[154].

No ano de 2026, de acordo com as regras de transição, serão adotadas alíquotas de *teste* ou de *calibração* de 0,9% de CBS e 0,1% de IBS. Em 2027, será fixada a alíquota de referência da

---

[151]   CF, art. 156-A, § 1º, IV, V, VI e XII; art. 195, V, § 16.

[152]   Serviços de educação; serviços de saúde; dispositivos médicos; dispositivos de acessibilidade para pessoas com deficiência; medicamentos; produtos de cuidados básicos à saúde menstrual; serviços de transporte coletivo de passageiros rodoviário, metroviário de caráter urbano, semiurbano e metropolitano; alimentos destinados ao consumo humano; produtos de higiene pessoal e limpeza majoritariamente consumidos por famílias de baixa renda; produtos agropecuários, aquícolas, pesqueiros, florestais e extrativistas vegetais *in natura*; insumos agropecuários e aquícolas; produções artísticas, culturais, jornalísticas e audiovisuais nacionais, atividades desportivas e comunicação institucional; bens e serviços relacionados à soberania e segurança nacional, segurança da informação e segurança cibernética.

[153]   Prestação de serviços de profissão intelectual, de natureza científica, literária ou artística, desde que sejam submetidas a fiscalização por conselho profissional.

[154]   Emenda 132/2023, art. 9º.

Parte Especial • Capítulo IV • TRIBUTOS SOBRE O CONSUMO | **633**

CBS, que deverá ser aplicada se outra não for estabelecida em lei ordinária federal[155], reduzida em 0,1%[156]. Também haverá cobrança do IBS com alíquota estadual de 0,05% e alíquota municipal de 0,05%[157], até o ano 2029, quando, então, terá início a cobrança do IBS com base nas alíquotas de referência definidas no ano anterior pelo Senado Federal ou, se existentes, pelas alíquotas das legislações dos entes federados[158].

5.2.3 Sujeito ativo

O sujeito ativo da CBS é a União Federal e do IBS, os entes federativos (Estado, Distrito Federal e Município) do *local da operação*, definido de acordo com os critérios do art. 11:

Art. 11. Considera-se local da operação com:

I – bem móvel material, o local da entrega ou disponibilização do bem ao destinatário;

II – bem imóvel, bem móvel imaterial, inclusive direito, relacionado a bem imóvel, serviço prestado fisicamente sobre bem imóvel e serviço de administração e intermediação de bem imóvel, o local onde o imóvel estiver situado;

III – serviço prestado fisicamente sobre a pessoa física ou fruído presencialmente por pessoa física, o local da prestação do serviço;

IV – serviço de planejamento, organização e administração de feiras, exposições, congressos, espetáculos, exibições e congêneres, o local do evento a que se refere o serviço;

V – serviço prestado fisicamente sobre bem móvel material e serviços portuários, o local da prestação do serviço;

VI – serviço de transporte de passageiros, o local de início do transporte;

VII – serviço de transporte de carga, o local da entrega ou disponibilização do bem ao destinatário constante no documento fiscal;

VIII – serviço de exploração de via, mediante cobrança de valor a qualquer título, incluindo tarifas, pedágios e quaisquer outras formas de cobrança, o território de cada Município e Estado, ou do Distrito Federal, proporcionalmente à correspondente extensão da via explorada;

IX – serviço de telefonia fixa e demais serviços de comunicação prestados por meio de cabos, fios, fibras e meios similares, o local de instalação do terminal; e

X – demais serviços e demais bens móveis imateriais, inclusive direitos, o local do domicílio principal do:

a) adquirente, nas operações onerosas;

b) destinatário, nas operações não onerosas.

Nas operações não presenciais com bem móvel material, o inciso I do § 1º do art. 11 considera como local da entrega ou da disponibilização o destino final indicado ao fornecedor ou ao terceiro responsável pelo transporte. Na hipótese de aquisição de veículo automotor terrestre, aquático ou aéreo, o local da operação corresponde ao domicílio principal do destinatário[159]. Já nas aquisições em leilão judicial ou em licitação de bem apreendido ou abandonado, nos

---

[155] Art. 195, § 15.
[156] ADCT, art. 127, parágrafo único.
[157] ADCT, art. 127, *caput*.
[158] Art. 156-A, § 1º, XII.
[159] "Art. 11. [...] § 3º Para fins desta Lei Complementar, considera-se local do domicílio principal do adquirente ou, conforme o caso, do destinatário:

634 CURSO DE DIREITO TRIBUTÁRIO – *Solon Sehn*

termos do inciso III do § 1º, será o local onde o bem se encontra. O mesmo aplica-se quando há constatação de irregularidade pela falta de documentação fiscal ou pelo acobertamento por documentação inidônea.

Por fim, de acordo com o § 7º do art. 11, nas operações com abastecimento de água, gás canalizado e energia elétrica, o local da operação será o da entrega ou da disponibilização, nas operações destinadas a consumo (inciso I); ou o local do estabelecimento principal do adquirente nos serviços de transmissão de energia elétrica e nas demais operações, inclusive geração, distribuição ou comercialização (inciso II).

5.2.4   Contribuintes e responsáveis

Os contribuintes do IBS e da CBS, de acordo com o inciso I do art. 21, são os fornecedores que realizarem operações no desenvolvimento de atividade econômica, de forma profissional, de modo habitual ou em volume que caracterize atividade econômica. Também é contribuinte qualquer outra pessoa que, mesmo não sendo fornecedor, recebe essa qualificação expressa na Lei Complementar 214/2025.

Por outro lado, de acordo com o art. 26, não são contribuintes do IBS e da CBS, salvo se optarem pelo regime regular (§ 1º): (**i**) o condomínio edilício; (**ii**) o consórcio (Lei 6.404/1976, art. 278); (**iii**) a sociedade em conta de participação; e (**iv**) o nanoempreendedor[160]; (**v**) o produtor rural (art. 164); (**vi**) o transportador autônomo (art. 169); (**vii**) entidade ou unidade de natureza econômico-contábil, sem fins lucrativos, que preste serviços de planos de assistência à saúde sob a modalidade de autogestão; e (**viii**) as entidades de previdência complementar fechada (Lei 13.800/2019).

Em relação à sujeição passiva indireta, o art. 22 atribui às *plataformas digitais* sediadas no Brasil ou no exterior: (**a**) a *responsabilidade por substituição*, quando o fornecedor é residente ou domiciliado no exterior; e (**b**) a *responsabilidade solidária* com o contribuinte, quando esse for residente ou domiciliado no País[161].

I – o local constante do cadastro com identificação única de que trata o art. 59 desta Lei Complementar, que deverá considerar:

a) para as pessoas físicas, o local da sua habitação permanente ou, na hipótese de inexistência ou de mais de uma habitação permanente, o local onde as suas relações econômicas forem mais relevantes; e

b) para as pessoas jurídicas e entidades sem personalidade jurídica, conforme aplicável, o local de cada estabelecimento para o qual seja fornecido o bem ou serviço;

II – na hipótese de adquirente ou destinatário não regularmente cadastrado, o que resultar da combinação de ao menos 2 (dois) critérios não conflitantes entre si, à escolha do fornecedor, entre os seguintes:

a) endereço declarado ao fornecedor;

b) endereço obtido mediante coleta de outras informações comercialmente relevantes no curso da execução da operação;

c) endereço do adquirente constante do cadastro do arranjo de pagamento utilizado para o pagamento da operação; e

d) endereço de Protocolo de Internet (IP) do dispositivo utilizado para contratação da operação ou obtido por emprego de método de geolocalização;

III – caso não seja possível cumprir o disposto no inciso II deste parágrafo, será considerado o endereço declarado ao fornecedor."

[160] O inciso IV do art. 26 considera como *nanoempreendedor* a pessoa física que tenha auferido receita bruta inferior a 50% (cinquenta por cento) do limite estabelecido para adesão ao regime do MEI previsto no § 1º do art. 18-A da Lei Complementar 123/2006, e não tenha aderido a esse regime.

[161] "Art. 22. [...]

§ 1º Considera-se plataforma digital aquela que:

I – atua como intermediária entre fornecedores e adquirentes nas operações e importações realizadas de forma não presencial ou por meio eletrônico; e

Parte Especial • Capítulo IV • TRIBUTOS SOBRE O CONSUMO | **635**

Também são responsáveis solidários, nos termos do art. 24 e sem prejuízo das demais hipóteses previstas no CTN[162]: (**i**) na hipótese de operação não acobertada por documento fiscal idôneo, qualquer pessoa que adquire, importa, recebe, dá entrada ou saída ou mantém em depósito bem, ou toma serviço (inciso I); (**ii**) o transportador, inclusive empresa de serviço postal[163] ou entrega expressa (inciso II): (**a**) em caso de transporte de bem desacobertado por documento fiscal idôneo (alínea "a"); e (**b**) na entrega de bem em local distinto daquele indicado no documento fiscal (alínea "b"); (**iii**) o leiloeiro (inciso III); (**iv**) os desenvolvedores ou fornecedores de programas ou aplicativos utilizados para registro de operações que permitam a utilização em desacordo com a legislação tributária (inciso IV); (**v**) qualquer pessoa física, pessoa jurídica ou entidade sem personalidade jurídica que concorra por seus atos e omissões para o descumprimento de obrigações tributárias[164], por meio de (inciso V): (**a**) ocultação da ocorrência ou do valor da operação (alínea "a")[165]; ou (**b**) abuso da personalidade jurídica, caracterizado pelo desvio de finalidade ou pela confusão patrimonial (alínea "b"); e (**vi**) o entreposto aduaneiro, o recinto alfandegado ou estabelecimento equiparado, o depositário ou o despachante, em relação ao bem (inciso VI): (**a**) destinado para o exterior sem documentação fiscal (alínea "a"); (**b**) recebido para exportação e não exportado (alínea "b"); (**c**) destinado a pessoa diversa daquela que tiver importado ou arrematado (alínea "c"); ou (**d**) importado e entregue sem a devida autorização das administrações tributárias competentes (alínea "d").

5.3 Não cumulatividade

5.3.1 Hipóteses de creditamento

O inciso VIII do art. 156-A da Constituição Federal[166] estabeleceu uma não cumulatividade ampla para o IBS e a CBS, por meio de um sistema de *dedução* ou de *compensação obrigatória*, que abrange *todas as aquisições de bens* ou *de serviços tributados*, ressalvadas apenas os de uso

---

II – controla um ou mais dos seguintes elementos essenciais à operação:

a) cobrança;

b) pagamento;

c) definição dos termos e condições; ou

d) entrega.

§ 2º Não é considerada plataforma digital aquela que executa somente uma das seguintes atividades:

I – fornecimento de acesso à internet;

II – serviços de pagamentos prestados por instituições autorizadas a funcionar pelo Banco Central do Brasil;

III – publicidade; ou

IV – busca ou comparação de fornecedores, desde que não cobre pelo serviço com base nas vendas realizadas."

[162] "Art. 25. As responsabilidades de que trata esta Lei Complementar compreendem a obrigação pelo pagamento do IBS e da CBS, acrescidos de correção e atualização monetária, multa de mora, multas punitivas e demais encargos."

[163] "Art. 24. [...] § 1º A imunidade de que trata o § 1º do art. 9º desta Lei Complementar não exime a empresa pública prestadora de serviço postal da responsabilidade solidária nas hipóteses previstas no inciso II do *caput* deste artigo."

[164] "Art. 24. [...] § 3º Não enseja responsabilidade solidária a mera existência de grupo econômico quando inexistente qualquer ação ou omissão que se enquadre no disposto no inciso V do *caput* deste artigo."

[165] "Art. 24. [...] § 2º A responsabilidade a que se refere a alínea 'a' do inciso V do *caput* deste artigo restringe-se ao valor ocultado da operação."

[166] As regras da não cumulatividade do IBS, previstas no art. 156-A., são aplicáveis à CSB: "Art. 195. [...] § 16. Aplica-se à contribuição prevista no inciso V do *caput* o disposto no art. 156-A, § 1º, I a VI, VIII, X a XIII, § 3º, § 5º, II a VI e IX, e §§ 6º a 11 e 13. (Incluído pela Emenda Constitucional nº 132, de 2023)."

636 | CURSO DE DIREITO TRIBUTÁRIO – *Solon Sehn*

ou de consumo pessoal, definidos em lei complementar, e as exceções previstas no próprio texto constitucional, já analisadas anteriormente.

O direito ao crédito decorre de duas normas jurídicas distintas: uma para a CBS e outra para o IBS. Ambas têm a mesma hipótese de incidência (ou hipótese de creditamento): a aquisição de bens ou de serviços tributados, inclusive de optante do Simples Nacional[167]. Foram ressalvadas exclusivamente as operações de aquisição de bens ou de serviços de uso ou de consumo pessoal[168], assim definidas pelo art. 57 da Lei Complementar 214/2025:

Art. 57. Consideram-se de uso ou consumo pessoal:

I – os seguintes bens e serviços:

a) joias, pedras e metais preciosos;

b) obras de arte e antiguidades de valor histórico ou arqueológico;

c) bebidas alcoólicas;

d) derivados do tabaco;

e) armas e munições;

f) bens e serviços recreativos, esportivos e estéticos;

II – os bens e serviços adquiridos ou produzidos pelo contribuinte e fornecidos de forma não onerosa ou a valor inferior ao de mercado para:

a) o próprio contribuinte, quando este for pessoa física;

b) as pessoas físicas que sejam sócios, acionistas, administradores e membros de conselhos de administração e fiscal e comitês de assessoramento do conselho de administração do contribuinte previstos em lei;

c) os empregados dos contribuintes de que tratam as alíneas "a" e "b" deste inciso; e

d) os cônjuges, companheiros ou parentes, consanguíneos ou afins, até o terceiro grau, das pessoas físicas referidas nas alíneas "a", "b" e "c" deste inciso.

§ 1º Para fins do inciso II do *caput* deste artigo, consideram-se bens e serviços de uso ou consumo pessoal, entre outros:

I – bem imóvel residencial e os demais bens e serviços relacionados à sua aquisição e manutenção; e

II – veículo e os demais bens e serviços relacionados à sua aquisição e manutenção, inclusive seguro e combustível.

§ 2º No caso de sociedade que tenha como atividade principal a gestão de bens das pessoas físicas referidas no inciso II do *caput* deste artigo e dos ativos financeiros dessas pessoas físicas (*family office*), os bens e serviços relacionados à

gestão serão considerados de uso e consumo pessoal.

§ 3º Não se consideram bens e serviços de uso ou consumo pessoal aqueles utilizados preponderantemente na atividade econômica do contribuinte, de acordo com os seguintes critérios:

I – os bens previstos nas alíneas "a" a "d" do inciso I do *caput* deste artigo que sejam comercializados ou utilizados para a fabricação de bens a serem comercializados;

II – os bens previstos na alínea "e" do inciso I do *caput* deste artigo que cumpram o disposto no inciso I deste parágrafo ou sejam utilizados por empresas de segurança;

---

[167] "Art. 47. [...] § 3º O disposto neste artigo aplica-se, inclusive, nas aquisições de bem ou serviço fornecido por optante pelo Simples Nacional."

[168] "Art. 47. O contribuinte sujeito ao regime regular poderá apropriar créditos do IBS e da CBS quando ocorrer a extinção por qualquer das modalidades previstas no art. 27 dos débitos relativos às operações em que seja adquirente, excetuadas exclusivamente aquelas consideradas de uso ou consumo pessoal, nos termos do art. 57 desta Lei Complementar, e as demais hipóteses previstas nesta Lei Complementar."

Parte Especial · **Capítulo IV** · TRIBUTOS SOBRE O CONSUMO **637**

III – os bens previstos na alínea "f" do inciso I do *caput* deste artigo que cumpram o disposto no inciso I deste parágrafo ou sejam utilizados exclusivamente em estabelecimento físico pelos seus clientes;

IV – os bens e serviços previstos no inciso II do *caput* deste artigo que consistam em:

a) uniformes e fardamentos;

b) equipamentos de proteção individual;

c) alimentação e bebida não alcoólica disponibilizada no estabelecimento do contribuinte para seus empregados e administradores durante a jornada de trabalho;

d) serviços de saúde disponibilizados no estabelecimento do contribuinte para seus empregados e administradores durante a jornada de trabalho;

e) serviços de creche disponibilizados no estabelecimento do contribuinte para seus empregados e administradores durante a jornada de trabalho;

f) serviços de planos de assistência à saúde e de fornecimento de vale-transporte, de vale-refeição e vale-alimentação destinados a empregados e seus dependentes em decorrência de acordo ou convenção coletiva de trabalho, sendo os créditos na aquisição desses serviços equivalentes aos respectivos débitos do fornecedor apurados e extintos de acordo com o disposto nos regimes específicos de planos de assistência à saúde e de serviços financeiros;

g) benefícios educacionais a seus empregados e dependentes em decorrência de acordo ou convenção coletiva de trabalho, inclusive mediante concessão de bolsas de estudo ou de descontos na contraprestação, desde que esses benefícios sejam oferecidos a todos os empregados, autorizada a diferenciação em favor dos empregados de menor renda ou com maior núcleo familiar; e

V – outros bens e serviços que obedeçam a critérios estabelecidos no regulamento.

§ 4º Os bens e serviços que não estejam relacionados ao desenvolvimento de atividade econômica por pessoa física caracterizada como contribuinte do regime regular serão consideradas de uso ou consumo pessoal.

§ 5º Em relação aos bens e serviços de uso ou consumo pessoal de que trata este artigo, fica vedada a apropriação de créditos.

§ 6º Caso tenha havido a apropriação de créditos na aquisição de bens ou serviços de uso ou consumo pessoal, serão exigidos débitos em valores equivalentes aos dos créditos, com os acréscimos legais de que trata o § 2º do art. 29, calculados desde a data da apropriação.

§ 7º Na hipótese de fornecimento de bem do contribuinte para utilização temporária pelas pessoas físicas de que trata o inciso II do *caput* deste artigo, serão exigidos débitos em valores equivalentes aos dos créditos, calculados proporcionalmente ao tempo de vida útil do bem em relação ao tempo utilizado pelo contribuinte, com os acréscimos legais de que trata o § 2º do art. 29, na forma do regulamento.

Não há direito ao crédito nas aquisições de bens e de serviços imunes (salvo na exportação[169] e nas operações previstas nos incisos IV e VI do art. 9º[170]) e isentos, devendo ser anulados

---

[169] "Art. 51. A imunidade e a isenção acarretarão a anulação dos créditos relativos às operações anteriores.
§ 1º A anulação dos créditos de que trata o *caput* deste artigo será proporcional ao valor das operações imunes e isentas sobre o valor de todas as operações do fornecedor.
§ 2º O disposto no *caput* e no § 1º deste artigo não se aplica às:
I – exportações; e
II – operações de que tratam os incisos IV e VI do *caput* do art. 9º desta Lei Complementar."

[170] "Art. 9º São imunes também ao IBS e à CBS os fornecimentos:
[...]

638 | CURSO DE DIREITO TRIBUTÁRIO – *Solon Sehn*

os créditos relativos às operações anteriores. Também não é admitido o creditamento nos casos sujeitos ao diferimento, suspensão ou à alíquota zero[171], com a diferença de que, nessa hipótese, são mantidos os créditos das operações anteriores[172]. Na suspensão, por sua vez, a apropriação dos créditos é admitida somente no momento da extinção dos débitos[173].

5.3.2   Apuração, valor do crédito e prova de pagamento na etapa anterior

A apuração do crédito deve ocorrer de forma segregada para o IBS e para a CBS, sendo vedada a *compensação cruzada*, isto é, de créditos de IBS com débitos de CBS, e vice-versa[174]. Os créditos acumulados são intransferíveis, salvo fusão, cisão ou incorporação[175]. Além disso, ao final do período de apuração, se o contribuinte não optar pela compensação com créditos tributários futuros, podem ser objeto de pedido de ressarcimento em dinheiro[176].

O direito ao creditamento deve ser exercido no prazo prescricional de cinco anos, contados do último dia do período de apuração em que ocorreu a apropriação[177]. A lei complementar veda a atualização monetária[178]. No entanto, também deve ser aplicado à hipótese o entendimento firmado pelo STJ em relação ao ICMS, IPI, PIS/Pasep e Cofins, que admite a

---

IV – de livros, jornais, periódicos e o papel destinado a sua impressão;

V – de fonogramas e videofonogramas musicais produzidos no Brasil contendo obras musicais ou literomusicais de autores brasileiros e/ou obras em geral interpretadas por artistas brasileiros, bem como os suportes materiais ou arquivos digitais que os contenham, salvo na etapa de replicação industrial de mídias ópticas de leitura a *laser*;

VI – de serviço de comunicação nas modalidades de radiodifusão sonora e de sons e imagens de recepção livre e gratuita; [...]."

[171] "Art. 49. As operações imunes, isentas ou sujeitas a alíquota zero, a diferimento ou a suspensão não permitirão a apropriação de créditos pelos adquirentes dos bens e serviços."

[172] "Art. 52. No caso de operações sujeitas a alíquota zero, serão mantidos os créditos relativos às operações anteriores."

[173] "Art. 50. Nas hipóteses de suspensão, caso haja a exigência do crédito suspenso, a apropriação dos créditos será admitida somente no momento da extinção dos débitos por qualquer das modalidades previstas no art. 27 desta Lei Complementar, vedada a apropriação de créditos em relação aos acréscimos legais."

[174] "Art. 47. [...] § 1º A apropriação dos créditos de que trata o *caput* deste artigo:

I – será realizada de forma segregada para o IBS e para a CBS, vedadas, em qualquer hipótese, a compensação de créditos de IBS com valores devidos de CBS e a compensação de créditos de CBS com valores devidos de IBS; e."

[175] "Art. 55. É vedada a transferência, a qualquer título, para outra pessoa ou entidade sem personalidade jurídica, de créditos do IBS e da CBS.

Parágrafo único. Na hipótese de fusão, cisão ou incorporação, os créditos apropriados e ainda não utilizados poderão ser transferidos para a pessoa jurídica sucessora, ficando preservada a data original da apropriação dos créditos para efeitos da contagem do prazo de que trata o art. 54 desta Lei Complementar."

[176] "Art. 53. Os créditos do IBS e da CBS apropriados em cada período de apuração poderão ser utilizados, na seguinte ordem, mediante:

[...]

III – compensação, respectivamente, com os débitos do IBS e da CBS decorrentes de fatos geradores de períodos de apuração subsequentes, observada a ordem cronológica de que trata o inciso I do parágrafo único do art. 27 desta Lei Complementar.

§ 1º Alternativamente ao disposto no inciso III, o contribuinte poderá solicitar ressarcimento, nos termos da Seção X deste Capítulo."

[177] "Art. 54. O direito de utilização dos créditos extinguir-se-á após o prazo de 5 (cinco) anos, contado do primeiro dia do período subsequente ao de apuração em que tiver ocorrido a apropriação do crédito."

[178] "Art. 53. [...] § 2º Os créditos do IBS e da CBS serão apropriados e compensados ou ressarcidos pelo seu valor nominal, vedadas correção ou atualização monetária, sem prejuízo das hipóteses de acréscimos de juros relativos a ressarcimento expressamente previstas nesta Lei Complementar."

Parte Especial · Capítulo IV · TRIBUTOS SOBRE O CONSUMO | **639**

correção de perdas inflacionárias quando há resistência injustificada das autoridades fiscais no reconhecimento do direito[179].

Os créditos da não cumulatividade, de acordo com os incisos I e II do § 2º do art. 47, devem corresponder aos valores dos débitos do IBS e da CBS destacados no documento fiscal de aquisição e extintos por qualquer das modalidades previstas no art. 27 (compensação, pagamento, *split playment* ou recolhimento pelo adquirente):

> Art. 27. Os débitos do IBS e da CBS decorrentes da incidência sobre operações com bens ou com serviços serão extintos mediante as seguintes modalidades:
>
> I – compensação com créditos, respectivamente, de IBS e de CBS apropriados pelo contribuinte, nos termos dos arts. 47 a 56 e das demais disposições desta Lei Complementar;
>
> II – pagamento pelo contribuinte;
>
> III – recolhimento na liquidação financeira da operação (**split payment**), nos termos dos arts. 31 a 35 desta Lei Complementar;
>
> IV – recolhimento pelo adquirente, nos termos do art. 36 desta Lei Complementar; ou
>
> V – pagamento por aquele a quem esta Lei Complementar atribuir responsabilidade.

O inciso I do § 2º do art. 47 reabre uma discussão do passado há muito superada na doutrina e na jurisprudência. Não é juridicamente possível condicionar o creditamento ao efetivo pagamento do tributo na etapa anterior. Em primeiro lugar, porque o adquirente não tem poder fiscalizatório para auditar as operações do fornecedor, em especial quando o pagamento ocorre mediante compensação com créditos de IBS e de CBS. Para cumprir essa exigência, o contribuinte teria que analisar a escrita fiscal do seu fornecedor para garantir que, entre todos os créditos e os débitos da apuração não cumulativa, o crédito tributário específico devido na sua operação foi efetivamente pago ou compensado. O vendedor ou o prestador de serviços contratado, por outro lado, teria que franquear a terceiros documentos fiscais que podem relevar informações sensíveis de sua atividade econômica, desde a identificação de seus fornecedores, até margens de lucro. Nenhuma legislação pode obrigá-lo a isso, sob pena de violação do princípio da proibição de excesso ou da razoabilidade. Dele decorre, entre outras exigências indispensáveis para a validade de qualquer lei, o requisito da *necessidade* ou da *exigibilidade* que, sob o aspecto da necessidade material, exige que as medidas estabelecidas pelo legislador para atingir um determinado fim de interesse público constituam a menor ingerência possível, causando o mínimo prejuízo possível aos direitos fundamentais. É evidente, portanto, que o Estado não pode impor um dever legal com esse conteúdo ao contribuinte, compelindo-o a verificar a apuração e o recolhimento de tributos de terceiros, sem que tenha meios legais ou prerrogativas fiscalizatórias para tanto[180].

---

[179] Súmula 411/IPI: "É devida a correção monetária ao creditamento do IPI quando há oposição ao seu aproveitamento decorrente de resistência ilegítima do Fisco". STJ, 1ª S., AgInt nos EREsp 440.370, Rel. Min. Manoel Erhardt, Desembargador Convocado do TRF5, *DJe* 22.10.2021; STJ, 2ª T., AgInt no REsp 1.407.187, Rel. Min. Assusete Magalhães, *DJe* 27.08.2018; 2ª T., AgRg no AgRg no REsp 1.386.032, Rel. Min. Herman Benjamin, *DJe* 18.06.2014; 1ª T., AgRg no Ag 1.157.925, Rel. Min. Benedito Gonçalves, *DJe* 25.11.2009.

[180] Como ressalta Humberto Ávila, para quem a exigência com esse conteúdo não é compatível com o princípio da proporcionalidade: "[...] os contribuintes não possuem poder de polícia para forçar os fornecedores de bens ou serviços a apresentar documentação fiscal comprobatória do recolhimento de impostos. Tampouco possuem instrumentos hábeis para verificar o efetivo recolhimento do tributo, tanto porque não têm acesso aos dados da receita que efetivamente ingressa nos cofres públicos, quanto porque o recolhimento depende de uma série de ajustes que podem impossibilitar a sua verificação. Sendo assim, embora tal possibilidade conste do texto constitucional, ela só poderá ser prevista pela lei complementar naqueles casos em que não houver outro meio menos restritivo aos direitos de liberdade dos contribuintes para os entes federados procederem à mencionada verificação e tal obrigação de verificação, pelos recursos humanos, financeiros

640 | CURSO DE DIREITO TRIBUTÁRIO – *Solon Sehn*

Em segundo lugar, a não cumulatividade está prevista em uma norma jurídica que decorre diretamente do inciso VIII do art. 156-A da Constituição Federal. Essa não se confunde com a norma jurídica tributária (regra matriz de incidência do tributo), que é construída a partir dos enunciados prescritivos da legislação complementar. A incidência da primeira implica uma relação jurídica autônoma, de natureza financeira, que confere ao contribuinte um direito de crédito passível de dedução na liquidação, mediante compensação, de débitos próprios do IBS e da CSB ou de ressarcimento ao final do período de apuração. O fato jurídico relevante para o surgimento desse direito, de acordo com o texto constitucional, é a efetiva aquisição do bem ou do serviço, e não o pagamento do tributo devido por terceiros na etapa anterior de circulação, algo que o sujeito passivo nem sequer tem meios de verificação. É por isso que, para vedar o crédito nas operações isentas e imunes, foi necessária uma disposição expressa no § 7º do art. 156-A. Sem ela, nada impediria o surgimento do direito ao crédito. Por isso, o direito ao crédito deve ser reconhecido sempre que o IBS e a CBS forem *devidos*[181] ou *cabíveis em tese*[182].

Em terceiro lugar, deve-se ter presente que, nos termos do inciso II do § 5º do art. 156-A da Constituição Federal, o legislador complementar pode condicionar o creditamento ao efetivo pagamento, mas desde que: (**i**) o adquirente possa efetuar o pagamento da CBS e do IBS nas suas aquisições de bens ou serviços; ou (**ii**) quando o recolhimento ocorrer na liquidação financeira da operação. Logo, só há autorização constitucional para esse condicionamento nas hipóteses previstas nos incisos III e IV do art. 27, ou seja, no *split payment* e quando o pagamento é efetuado pelo adquirente.

Ressalte-se que, no direito comparado, a doutrina reconhece que o direito ao creditamento surge quando o IVA é devido na operação de fornecimento, desde que destacado na fatura ou na declaração aduaneira[183]. O Tribunal de Justiça da União Europeia, inclusive, tem diversos precedentes reafirmando que "[...] o artigo 17.º, n.º 2, alínea a), da Sexta Diretiva, que, como resulta do n.º 19 do presente acórdão, também usa os termos «devido ou pago», deve ser entendido no sentido de que a questão de saber se o IVA devido sobre as vendas anteriores ou posteriores dos bens em causa foi ou não pago à Administração Fiscal é irrelevante para efeitos do direito a dedução do sujeito passivo (v., neste sentido, acórdão de 12 de janeiro de 2006, *Optigen e o.*, C-354/03, C-355/03 e C-484/03, Colet.. p. I-483, n.º 54)"[184].

---

e temporais, quando procedida pelos contribuintes, não provocar mais efeitos negativos do que positivos na promoção dos princípios constitucionais" (ÁVILA, Humberto. Limites constitucionais à instituição do IBS e da CBS. *Revista Direito Tributário Atual*, São Paulo, ano 42, v. 56, p. 726-727, 1º quadrimestre 2024).

[181] BORGES, José Souto Maior. Isenções em tratados internacionais de impostos dos Estados-Membros e Municípios. *In*: BANDEIRA DE MELLO, Celso Antônio (org.). *Estudos em homenagem a Geraldo Ataliba*. São Paulo: Malheiros, 1997. p. 208.

[182] ATALIBA, Geraldo; GIARDINO, Cléber. PIS – Exclusão do ICM de sua base de cálculo. *Revista de Direito Tributário*, São Paulo, n. 35, p. 119, jan./mar. 1986. Registre-se ainda o entendimento de Hugo de Brito Machado, para quem a expressão "cobrado" deveria ser entendida como "relativo" às operações anteriores (MACHADO, Hugo de Brito. *Aspectos fundamentais do ICMS*. 2. ed. São Paulo: Dialética, 1999. p. 140). Sobre o tema, cf. ainda: GRECO, Marco Aurélio; LORENZO, Anna Paola Zonari de. ICMS – Materialidade e características constitucionais. *In*: MARTINS, Ives Gandra (org.). *Curso de direito tributário*. 2. ed. Belém: CEJUP, 1995. v. 2. p. 551; CHIESA, Clélio. *ICMS*: sistema constitucional: algumas inconstitucionalidades da LC 87/96. São Paulo: LTr, 1997. p. 119; MATTOS, Aroldo Gomes de. *ICMS*: comentários à legislação nacional. São Paulo: Dialética, 2006. p. 287.

[183] FALSITTA, Gaspare. *Manuale di diritto tributario – parte speciale*: il sistema delle imposte in Italia. 30 ed. Milano: Wolters Kluwer Italia, 2021. p. 981.

[184] C-414/10. ECLI:EU:C:2012:183.

Parte Especial · Capítulo IV · TRIBUTOS SOBRE O CONSUMO | **641**

Por fim, a autonomia do direito ao crédito não impede a fiscalização da veracidade das operações. Há casos em que, agindo em conluio, alguns contribuintes criam esquemas fraudulentos de notas fiscais falsas ("notas frias"), que não correspondem a operações efetivamente ocorridas, emitidas unicamente para gerar créditos indevidos ao comprador. O inciso VIII do § 1º do art. 156-A da Constituição não oferece abrigo para operações dessa natureza. Isso se reflete na previsão do art. 47, § 1º, II, que condiciona o crédito à comprovação da operação por meio de documento fiscal eletrônico hábil e idôneo. Em situações dessa natureza, o direito ao crédito não deve ser reconhecido porque, como há uma simulação absoluta (inexiste um negócio jurídico real subjacente), não há que se falar em IBS e CBS *cobrados* nem, menos ainda, *devidos* ou *cabíveis em tese*.

A esse propósito, recorde-se que, em relação ao ICMS, o STJ definiu que: "O comerciante de boa-fé que adquire mercadoria, cuja nota fiscal (emitida pela empresa vendedora) posteriormente seja declarada inidônea, pode engendrar o aproveitamento do crédito do ICMS pelo princípio da não cumulatividade, uma vez demonstrada a veracidade da compra e venda efetuada, porquanto o ato declaratório da inidoneidade somente produz efeitos a partir de sua publicação" (Tema Repetitivo 272)[185]. Esse julgamento originou a Súmula 509: "é lícito ao comerciante de boa-fé aproveitar os créditos de ICMS decorrentes de nota fiscal posteriormente declarada inidônea, quando demonstrada a veracidade da compra e venda". Essa mesma *ratio decidendi* deve ser aplicada ao IBS e à CBS. Portanto, em casos de declaração de inidoneidade do fornecedor, para ter o direito ao crédito reconhecido, o adquirente deve demonstrar que pagou o preço ou a remuneração. Além disso, deve provar que recebeu o bem ou que houve efetiva prestação de serviço, que são os elementos mínimos necessários para evidenciar que houve um negócio jurídico real.

6   IBS E CBS NO COMÉRCIO EXTERIOR

6.1   Importação de bens imateriais e serviços

6.1.1   *Hipótese de incidência*

6.1.1.1   Critério material

Como estudado anteriormente, é problemático operar com a noção de importação nas operações com bens imateriais e de serviços. Isso porque, no sentido técnico-jurídico, a importação pressupõe o ingresso físico de produtos provenientes do exterior no mercado nacional, o que não ocorre no fornecimento de intangíveis[186]. Esse problema foi resolvido pelo art. 64 da Lei Complementar 214/2025, que define importação de bens imateriais e de serviços da seguinte maneira:

> Art. 64. Para fins do disposto no art. 63[187] desta Lei Complementar, considera-se importação de serviço ou de bem imaterial, inclusive direitos, o fornecimento realizado por residente ou domiciliado no exterior cujo consumo ocorra no País, ainda que o fornecimento seja realizado no exterior.

---

[185]   STJ, 1ª S., REsp 1.148.444, Rel. Min. Luiz Fux, *DJe* 27.04.2010.

[186]   Ver Cap. III, item 3.2.1.6, da Parte Especial.

[187]   "Art. 63. O IBS e a CBS incidem sobre a importação de bens ou de serviços do exterior realizada por pessoa física ou jurídica ou entidade sem personalidade jurídica, ainda que não inscrita ou obrigada a se inscrever no regime regular do IBS e da CBS, qualquer que seja a sua finalidade.
Parágrafo único. Salvo disposição específica prevista neste Capítulo, aplicam-se à importação de que trata o *caput* deste artigo as regras relativas às operações onerosas de que trata o Capítulo II deste Título."

642 | CURSO DE DIREITO TRIBUTÁRIO – *Solon Sehn*

§ 1º Consideram-se consumo de bens imateriais e serviços a utilização, a exploração, o aproveitamento, a fruição ou o acesso.

§ 2º Considera-se ainda importação de serviço a prestação por residente ou domiciliado no exterior:

I – executada no País;

II – relacionada a bem imóvel ou bem móvel localizado no País; ou

III – relacionada a bem móvel que seja remetido para o exterior para execução do serviço e retorne ao País após a sua conclusão.

[...]

§ 7º Não será considerado como importação de serviço ou de bem imaterial, inclusive direitos, o consumo eventual por pessoa física não residente que permaneça temporariamente no País, nos termos do regulamento.

Como se vê, o critério material da hipótese de incidência do IBS e da CBS é *importar serviços* ou *bens imateriais*, o que, de acordo com o art. 64, *caput*, §§ 1º e 2º, equivale à seguinte conduta do fornecedor residente ou domiciliado no exterior: *realizar negócio jurídico sinalagmático no exercício de atividade econômica que implica o fornecimento* (prestação de *dar* ou de *fazer*), mediante contraprestação, de bens intangíveis (não incluídos no valor aduaneiro de bens materiais) para adquirente ou destinatário no Brasil, para consumo no País (utilização, exploração, aproveitamento, fruição ou acesso), no território nacional ou no exterior.

6.1.1.2   Critérios temporal e espacial

Os critérios temporal e espacial do IBS e da CBS sobre a importação de bens imateriais e serviços, de acordo com as alíneas "a" e "b" do inciso I do § 5º do art. 64, são os mesmos aplicáveis às operações no mercado interno, já analisadas acima.

6.1.2   Consequência tributária

6.1.2.1   Base de cálculo e alíquotas

A base de cálculo e as alíquotas do IBS e da CBS sobre a importação de bens imateriais e serviços, nos termos dos incisos II e III do § 5º do art. 64, são as mesmas das operações no mercado interno, estudadas anteriormente.

6.1.2.2   Sujeição ativa e passiva

Não há diferença nas regras de sujeição ativa do IBS e da CBS, que, de acordo com o inciso IV do § 5º do art. 64, são as mesmas do fornecimento por empresas locais. Já os contribuintes, nos termos dos incisos V a IX do § 5º, são os adquirentes ou, se esse for residente ou domiciliado no exterior, os destinatários, sendo responsáveis: (*i*) as plataformas digitais pelas importações realizadas por seu intermédio[188]; e (*ii*) solidariamente, os fornecedores residentes ou domiciliados no exterior.

---

[188]   Essa responsabilidade encontra-se prevista nos arts. 22 e 23, que serão analisados adiante, por ocasião do estudo do IBS e da CBS na importação de bens materiais.

Parte Especial · Capítulo IV · TRIBUTOS SOBRE O CONSUMO | **643**

6.2 Importação de bens materiais

6.2.1 Hipótese de incidência

6.2.1.1 Critério material

O critério material da hipótese de incidência do IBS e da CBS pode ser construído a partir do art. 65 da Lei Complementar 214/2025:

> Art. 65. Para fins do disposto no art. 63 desta Lei Complementar, o fato gerador da importação de bens materiais é a entrada de bens de procedência estrangeira no território nacional.
>
> Parágrafo único. Para efeitos do disposto no *caput* deste artigo, presumem-se entrados no território nacional os bens que constem como tendo sido importados e cujo extravio venha a ser apurado pela autoridade aduaneira, exceto quanto às malas e às remessas postais internacionais[189].

Na interpretação desse dispositivo, deve-se ter presente, como analisado anteriormente, que a identificação da importação com a simples transposição de fronteira contraria o texto constitucional. Tampouco há compatibilidade com a Convenção de Quioto Revisada (Decreto Legislativo 56/2019; Decreto 10.276/2020), que vincula a caracterização da importação ao objetivo de incorporação definitiva do produto à livre circulação econômica no país de destino (Capítulo 1 do Anexo Específico B). A entrada física é apenas uma condição necessária, mas não suficiente para a configuração da importação. Essa pressupõe uma transposição física qualificada pela *intenção integradora*, ou seja, a introdução de um produto no território aduaneiro com o *animus* de incorporá-lo ao mercado nacional. Portanto, não pode ser qualificado como importação o simples ingresso de bens estrangeiros em trânsito ou em caráter transitório no País (*v.g.*, viagem turística)[190].

A *intenção integradora* não se confunde com a *finalidade aquisitiva*. Essa expressa um desdobramento ou especificação da intenção integradora, ou seja, a destinação que o importador pretende dar ao produto após a incorporação ao mercado doméstico. Pode ser a revenda, o uso e o consumo do estabelecimento, a utilização como insumo ou a integração ao ativo imobilizado. Nenhum desses fatores têm influência na caracterização da importação, como estabelecem o inciso II do art. 156-A da Constituição Federal ("incidirá também sobre a importação [...] qualquer que seja a sua finalidade"). Para a caracterização da importação, destarte, basta o objetivo de incorporação definitiva do bem à livre circulação econômica no país de destino.

Ademais, cumpre considerar que o inciso II do art. 156-A da Constituição Federal faz referência apenas à "importação de bens". Não foi repetição o complemento pleonástico "estrangeiros", como no inciso I do art. 153, que gerou (e ainda gera) uma série de equívocos na interpretação do âmbito de incidência do imposto de importação[191]. A palavra "estrangeira" é encontrada apenas no *caput* do art. 65 da Lei Complementar 214/2025, mas em alusão à *procedência*, e não à *origem*. Logo, o âmbito de incidência do IBS e da CBS também abrange a reimportação de bens de origem nacional anteriormente exportados.

---

[189] O parágrafo único prevê a incidência do IBS e da CBS sobre o extravio de bens, repetindo as regras aplicáveis ao importo de importação, já analisadas anteriormente. Portanto, em relação a essa matéria, nada há a acrescentar em relação aos comentários e observações apresentados anteriormente (Ver Cap. I, item 1.4.1.2., da Parte Especial).

[190] Ver Cap. I, item 1.4.1.1., da Parte Especial.

[191] Sobre a natureza pleonástica da palavra "estrangeiros", ver Cap. I, item 1.4.1., da Parte Especial.

644 | CURSO DE DIREITO TRIBUTÁRIO – *Solon Sehn*

Bens materiais, por outro lado, nada mais são que *bens móveis corpóreos*, isto é, *coisa móvel e corpórea*, o que corresponde ao conceito de *produto*[192]. Portanto, a *materialidade* ou *critério material* da hipótese de incidência do IBS e da CBS corresponde a conduta de *importar produtos*.

6.2.1.2   Critério temporal

O critério temporal da hipótese de incidência do IBS e da CBS encontra-se previsto no art. 67 da Lei Complementar 214/2025:

> Art. 67. Para efeitos de cálculo do IBS e da CBS, considera-se ocorrido o fato gerador do IBS e da CBS na importação de bens materiais:
>
> I – na liberação dos bens submetidos a despacho para consumo;
>
> II – na liberação dos bens submetidos ao regime aduaneiro especial de admissão temporária para utilização econômica;
>
> III – no lançamento do correspondente crédito tributário, quando se tratar de:
>
> a) bens compreendidos no conceito de bagagem, acompanhada ou desacompanhada;
>
> b) bens constantes de manifesto ou de outras declarações de efeito equivalente, cujo extravio tenha sido verificado pela autoridade aduaneira; ou
>
> c) bens importados que não tenham sido objeto de declaração de importação.
>
> § 1º Para efeitos do inciso I do *caput* deste artigo, entende-se por despacho para consumo na importação o despacho aduaneiro a que são submetidos os bens importados a título definitivo.
>
> § 2º O disposto no inciso I do *caput* deste artigo aplica-se, inclusive, no caso de despacho para consumo de bens sob regime suspensivo de tributação e de bens contidos em remessa internacional ou conduzidos por viajante, sujeitos ao regime de tributação comum.

Ao contrário do que sugere o título da Subseção II, o art. 67 não dispõe sobre o "momento da apuração", mas sobre o momento em que "considera-se ocorrido o fato gerador", isto é, estabelece o critério temporal da hipótese de incidência da norma jurídica tributária.

Outra observação relevante é que, em vez de *desembaraço aduaneiro*, os incisos I e II do art. 67 já utilizam o termo *liberação*, que substituiu o primeiro após a incorporação ao direito interno da Convenção de Quioto Revisada. Assim, no despacho para consumo e no despacho para admissão em regime aduaneiro especial, o momento da ocorrência do evento imponível será a liberação (desembaraço aduaneiro), que é o ato final da fase de conferência aduaneira. Essa sistemática, entretanto, complica desnecessariamente o regime de incidência dos tributos. O legislador complementar poderia ter definido como critério temporal o registro da declaração de mercadorias, mantendo uma simetria com o imposto de importação. Em vez disso, apenas facultou a antecipação do pagamento na data do registro da declaração, prevendo a cobrança de eventuais diferenças ao final:

> Art. 76. O IBS e a CBS devidos na importação de bens materiais deverão ser pagos até a entrega dos bens submetidos a despacho para consumo, ainda que esta ocorra antes da liberação dos bens pela autoridade aduaneira.

---

[192] RODRIGUES, Silvio. *Direito civil*: parte geral. 34. ed. São Paulo: Saraiva, 2003. v. 1, p. 141; DE PLÁCIDO E SILVA. *Vocabulário jurídico*. Atual. Nagib Slaibi Filho e Gláucia Carvalho. 26. ed. Rio de Janeiro: Forense, 2005. p. 1106; VENOSA, Sílvio de Salvo. *Direito civil:* parte geral. 5. ed. São Paulo: Atlas, 2005. v. 1, p. 328-329.

Parte Especial · Capítulo IV · TRIBUTOS SOBRE O CONSUMO | **645**

§ 1º O sujeito passivo poderá optar por antecipar o pagamento do IBS e da CBS para o momento do registro da declaração de importação.

§ 2º Eventual diferença de tributos gerada pela antecipação do pagamento será cobrada do sujeito passivo na data de ocorrência do fato gerador para efeitos de cálculo do IBS e da CBS, sem a incidência de acréscimos moratórios.

Assim, *v.g.*, se ocorrer o aumento das alíquotas ou algum evento que impacte a base de cálculo da IBS e da CBS após o registro da declaração de mercadorias e antes da liberação, as diferenças do crédito tributário devem ser recolhidas pelo sujeito passivo. Note-se que, no § 2º do art. 76, não é prevista a restituição quando ocorrer o inverso, ou seja, a redução do valor devido. Não obstante, aqui o legislador complementar "escreveu menos do que queria dizer" (*minus scripsit quam voluit*). Tributo é uma obrigação *ex lege*, e não *ex voluntate*. O que legitima a sua cobrança é a ocorrência da hipótese de incidência definida em lei. É irrelevante a manifestação de vontade do obrigado. Mesmo tendo esse optado pela antecipação do pagamento, se o valor do crédito tributário recolhido for maior que o devido, é evidente que o sujeito passivo terá direito à repetição do indébito.

O § 3º do art. 76 autoriza o regulamento a *diferir* o pagamento do IBS e da CBS para as empresas certificadas no Programa OEA: "Art. 76. [...] § 3º O regulamento poderá estabelecer hipóteses em que o pagamento do IBS e da CBS possa ocorrer em momento posterior ao definido no *caput* deste artigo, para os sujeitos passivos certificados no Programa Brasileiro de Operador Econômico Autorizado (Programa OEA) estabelecido na forma da legislação específica". Esse preceito aplica ao IBS e à CBS o disposto no Artigo 7.3 do Acordo sobre a Facilitação do Comércio (Decreto Legislativo 01/2016; Decreto 9.326/2018), que autoriza, entre as medidas de facilitação para operadores autorizados, o "(d) pagamento diferido de direitos, tributos e encargos" (Artigo 7.3). Trata-se, no entanto, de simples postergação da data do vencimento, sem implicar a modificação do critério temporal. Logo, havendo alterações no regime tributário após a ocorrência da liberação, essas não terão repercussão do tributo diferido. Assim, por exemplo, se ocorrer um aumento ou uma redução superveniente da alíquota ou da base de cálculo, o valor devido pelo contribuinte permanecerá o mesmo.

As alíneas "a", "b" e "c" do inciso III do art. 67, por sua vez, aplicam-se ao regime de tributação especial de bagagens, ao extravio e ao ingresso clandestino de bens no território nacional. O conteúdo desses enunciados é o mesmo das regras aplicáveis ao imposto de importação. Assim, quanto a esse ponto, remete-se ao que foi estudado anteriormente[193].

6.2.1.3 Critério espacial

O art. 68 da Lei Complementar 214/2025 (Subseção III) – que dispõe sobre o "local da importação de bens materiais" – não tem relação com o critério espacial da hipótese de incidência. Trata-se de dispositivo que, a rigor, disciplina a sujeição ativa da obrigação tributária do IBS e da CBS. O critério espacial, tal como no imposto de importação e nos demais tributos incidentes na importação, corresponde ao território aduaneiro, que compreende o âmbito de vigência espacial da legislação aduaneira no território nacional – inclusive áreas de livre-comércio – e as áreas de controle integrado do Mercosul situadas no território dos países-membros[194].

---

[193] Ver Cap. I da Parte Especial.
[194] Ver Cap. I, item 1.4.2., da Parte Especial.

646 | CURSO DE DIREITO TRIBUTÁRIO – *Solon Sehn*

6.2.2   Consequência tributária

6.2.2.1   Base de cálculo

A base de cálculo do IBS e da CBS, de acordo com o art. 69 da Lei Complementar 214/2025, corresponde ao valor aduaneiro do produto importado, acrescido dos seguintes tributos e direitos devidos até a liberação (desembaraço aduaneiro):

Art. 69. A base de cálculo do IBS e da CBS na importação de bens materiais é o valor aduaneiro acrescido de:

I – Imposto de Importação;

II – Imposto Seletivo (IS);

III – taxa de utilização do Sistema Integrado do Comércio Exterior (Siscomex);

IV – Adicional ao Frete para Renovação da Marinha Mercante (AFRMM);

V – Contribuição de Intervenção no Domínio Econômico incidente sobre a importação e a comercialização de petróleo e seus derivados, gás natural e seus derivados, e álcool etílico combustível (Cide-Combustíveis);

VI – direitos *antidumping*;

VII – direitos compensatórios;

VIII – medidas de salvaguarda; e

IX – quaisquer outros impostos, taxas, contribuições ou direitos incidentes sobre os bens importados até a sua liberação.

§ 1º A base de cálculo do IBS e da CBS na hipótese de que trata o § 2º do art. 71[195] desta Lei Complementar será o valor que servir ou que serviria de base para o cálculo do Imposto de Importação acrescido dos valores de que tratam o *caput*, ressalvado o disposto no § 2º deste artigo.

§ 2º Não compõem a base de cálculo do IBS e da CBS:

I – O Imposto sobre Produtos Industrializados (IPI), previsto no inciso IV do *caput* do art. 153 da Constituição Federal;

II – o Imposto sobre operações relativas à Circulação de Mercadorias e sobre prestações de Serviços de Transporte Interestadual e Intermunicipal e de Comunicação (ICMS), previsto no inciso II do *caput* do art. 155 da Constituição Federal; e

III – o Imposto sobre Serviços de Qualquer Natureza (ISS), previsto no inciso III do *caput* do art. 156 da Constituição Federal.

Art. 70. Para efeitos de apuração da base de cálculo, os valores expressos em moeda estrangeira deverão ser convertidos em moeda nacional pela taxa de câmbio utilizada para cálculo do Imposto de Importação, sem qualquer ajuste posterior decorrente de eventual variação cambial.

Parágrafo único. Na hipótese de não ser devido o Imposto de Importação, deverá ser utilizada a taxa de câmbio que seria empregada caso houvesse tributação.

---

[195]   O § 2º do art. 71 diz respeito à tributação do extravio: "§ 2º Na impossibilidade de identificação do bem material importado, em razão de seu extravio ou consumo, e de descrição genérica nos documentos comerciais e de transporte disponíveis, serão aplicadas, para fins de determinação do IBS e da CBS incidentes na importação, as alíquotas-padrão do destino da operação". Entretanto, assim como no imposto de importação, é inconstitucional a incidência do IBS e da CBS nessas hipóteses. Sobre o tema, ver Cap. I, item 1.4.1.2, da Parte Especial.

Parte Especial • **Capítulo IV** • TRIBUTOS SOBRE O CONSUMO | **647**

Como analisado anteriormente[196], o *valor aduaneiro* constitui a base de cálculo do imposto de importação, que, por sua vez, é determinada a partir de métodos previstos no Acordo de Valoração Aduaneira da Organização Mundial do Comércio (AVA/OMC) ou *WTO Customs Valuation Agreement*, formalmente denominado *Acordo sobre a Implementação do Artigo VI do Acordo Geral sobre Tarifas e Comércio* 1994[197]. Esse acordo prevê um critério-base e preferencial – o método do valor da transação – e cinco critérios substitutivos e subsidiários, que são aplicados sucessivamente e em caráter excludente: (**i**) o método do valor de transação de mercadorias idênticas; (**ii**) o método do valor de transação de mercadorias similares; (**iii**) o método do valor dedutivo; (**iv**) o método do valor computado; e (**v**) o método da razoabilidade ou do último recurso (*the fall-back method*).

A maior parte das operações no comércio internacional sujeitam-se ao primeiro método de valoração. Nele a base de cálculo do imposto de importação corresponde ao *preço efetivamente pago ou a pagar pelas mercadorias* em uma venda para exportação para o país de importação, acrescidos dos ajustes previstos nos §§ 1º e 2º do art. 8 do AVA, o que, na maior parte das operações, resume-se ao preço da mercadoria acrescido de frete e de seguro (preço *CIF – Cost, Insurance and Freight*).

Em síntese, portanto, a base de cálculo do IBS e da CBS é composta pelo *valor aduaneiro* (preço *CIF* do produto importado, entre outras adições previstas nos §§ 1º e 2º do art. 8º do AVA), acrescido dos tributos e prestações pecuniárias relacionadas à defesa comercial eventualmente incidentes até a liberação: (***a***) incluindo, por previsão expressa no art. 69, o imposto de importação, o IS, a taxa do Siscomex, o AFRMM, a Cide-Combustíveis, os direitos *antidumping*, compensatórios e medidas de salvaguarda; e (***b***) excluindo, em face do disposto no art. 156-A, IX[198], e no art. 133 do ADCT[199], o próprio IBS e a CBS (vedação do cálculo "por dentro"), o IPI e, durante o período de transição, o PIS/Pasep e a Cofins[200], o ICMS e o ISS[201].

Em relação ao IS, há previsão constitucional para a inclusão na base de cálculo de outros tributos: "Art. 153. [...] § 6º O imposto previsto no inciso VIII do *caput* deste artigo: [...] IV – integrará a base de cálculo dos tributos previstos nos arts. 155, II, 156, III, 156-A e 195, V". Ressaltada essa hipótese, a inclusão de um tributo na base de cálculo de outro não é compatível com o princípio da capacidade contributiva[202]. O imposto de importação, a taxa do Siscomex, o AFRMM, a Cide-Combustíveis, os direitos *antidumping*, compensatórios e as medidas de salvaguarda são *custos dos importadores*, que não representam a manifestação de capacidade contributiva que o texto constitucional pretende gravar com o IBS e a CBS, ou seja, o valor da contraprestação pecuniária recebida pelo fornecedor do bem ou do serviço. Para manter a coerência lógica ou

---

[196] Ver Cap. I, item 1.5.1., da Parte Especial.

[197] O AVA/OMC foi incorporado ao direito interno ocorreu por meio do Decreto Legislativo 30/1994, promulgado pelo Decreto 1.355/1994.

[198] "Art. 156-A. [...] IX – não integrará sua própria base de cálculo nem a dos tributos previstos nos arts. 153, VIII, e 195, I, 'b', IV e V, e da contribuição para o Programa de Integração Social de que trata o art. 239; (Incluído pela Emenda Constitucional nº 132, de 2023) [...]."

[199] "Art. 133. Os tributos de que tratam os arts. 153, IV, 155, II, 156, III, e 195, I, 'b', e IV, e a contribuição para o Programa de Integração Social a que se refere o art. 239 não integrarão a base de cálculo do imposto de que trata o art. 156-A e da contribuição de que trata o art. 195, V, todos da Constituição Federal. (Incluído pela Emenda Constitucional nº 132, de 2023)"

[200] "Art. 126. A partir de 2027: [...] II – serão extintas as contribuições previstas no art. 195, I, 'b', e IV, e a contribuição para o Programa de Integração Social de que trata o art. 239, todos da Constituição Federal, desde que instituída a contribuição referida na alínea 'a' do inciso I; (Incluído pela Emenda Constitucional nº 132, de 2023) [...]."

[201] "Art. 129. Ficam extintos, a partir de 2033, os impostos previstos nos arts. 155, II, e 156, III, da Constituição Federal. (Incluído pela Emenda Constitucional nº 132, de 2023)"

[202] A rigor, mesmo a inclusão do IS, prevista na Emenda 132/2023, poderia ser questionada, já que o princípio da capacidade contributiva é uma cláusula pétrea do texto constitucional (CF, art. 60, § 4º, IV).

648 | CURSO DE DIREITO TRIBUTÁRIO – *Solon Sehn*

interna do tributo, se a hipótese de incidência é *importar de bens materiais*, a base de cálculo deveria corresponder ao valor aduaneiro do produto importado, sem o acréscimo de tributos e de prestações pecuniárias relacionadas à defesa comercial[203].

6.2.2.2   Alíquotas

Como estudado acima, ainda não foram estabelecidas as alíquotas do IBS e da CBS. Ao longo do período de transição, o Senado Federal definirá as alíquotas de referência, que serão aplicadas se outras não forem revistas nas legislações de cada ente federativo. Contudo, quando fixadas, as alíquotas na importação serão as mesmas aplicáveis nas operações internas (art. 71), inclusive por exigência dos princípios da neutralidade e do tratamento nacional[204].

6.2.2.3   Sujeito ativo

O sujeito ativo da CBS é a União Federal e do IBS, os entes federativos (Estado, Distrito Federal e Município) do *local da importação*, definido de acordo com as regras do art. 68:

> Art. 68. Para efeitos do IBS e da CBS incidentes sobre as importações de bens materiais, o local da importação de bens materiais corresponde ao:
>
> I – local da entrega dos bens ao destinatário final, nos termos do art. 11 desta Lei Complementar, inclusive na remessa internacional;
>
> II – domicílio principal do adquirente de mercadoria entrepostada; ou
>
> III – local onde ficou caracterizado o extravio.

Na interpretação do inciso I do art. 68, cumpre considerar que, em toda importação, independentemente do regime, a mercadoria proveniente do exterior é *entregue* pelo transportador ao realizar a descarga no local ou no recinto alfandegado. A partir desse momento, a carga fica sob custódia do depositário até o registro da declaração pelo *consignatário* indicado no conhecimento de transporte. Na importação própria ou direta, essa é a primeira e única *entrega de bens* que pode ocorrer. Na *importação por encomenda* e na *conta e ordem*, por sua vez, ocorre uma segunda: a entrega da mercadoria nacionalizada ao encomendante; e a entrega ao real adquirente na importação realizada por sua conta e ordem. A diferença é que, na importação por encomenda, a entrega decorre de uma compra e venda no mercado interno após a nacionalização, sendo caracterizada pela onerosidade e pela transferência do domínio do bem. Na conta e ordem, por sua vez, a mercadoria já pertence ao real adquirente, sendo objeto de simples remessa, com a cobrança de remuneração pela prestação de serviços por parte do importador. Para efeitos de definição do *local da importação de bens materiais*, a entrega a que se refere o inciso I do art. 68 só pode ser a primeira, porque é a única que ocorre nesses três regimes. O critério não pode ser um para a importação direta (local da entrega do transportador ao importador) e outro para a encomenda e a conta e ordem (local da entrega do importador ao encomendante). Para isso, seria necessária uma previsão expressa excepcionando a uniformidade do regime de incidência do IBS e da CBS previsto na lei complementar.

---

[203]   Sobre o princípio da capacidade contributiva e suas implicações jurídicas, ver: Cap. V, item 5, da Parte Geral.

[204]   Ressalte-se que, de acordo com o art. 71: "§ 2º Na impossibilidade de identificação do bem material importado, em razão de seu extravio ou consumo, e de descrição genérica nos documentos comerciais e de transporte disponíveis, serão aplicadas, para fins de determinação do IBS e da CBS incidentes na importação, as alíquotas-padrão do destino da operação".

Parte Especial · Capítulo IV · TRIBUTOS SOBRE O CONSUMO | **649**

Por fim, em relação aos incisos II (mercadoria entrepostada) e III (extravio), remete-se ao que foi estudado anteriormente em relação ao imposto de importação[205].

6.2.2.4   Contribuintes e responsáveis

Os contribuintes do IBS e da CBS, de acordo com o art. 72 da Lei Complementar 214/2025, são o importador na importação direta e por encomenda (inciso I e parágrafo único), o real adquirente na importação realizada por sua conta e ordem (parágrafo único) e o adquirente de mercadoria entrepostada (inciso II)[206].

Os *responsáveis por substituição*, nos termos do art. 73, compreendem: (**i**) o transportador, quando constatado o extravio antes da descarga (inciso I); (**ii**) o depositário, em relação aos bens sob sua custódia, na hipótese de extravio após a descarga (inciso II); (**iii**) o beneficiário de regime aduaneiro especial que (incisos III e IV): (**a**) não tenha promovido a entrada dos bens estrangeiros em território nacional; e (**b**) der causa ao descumprimento de regime aduaneiro destinado à industrialização para exportação, no caso de admissão de mercadoria por fabricante-intermediário (*v.g.*, *Drawback* e Repetro).

Além disso, de acordo com o art. 74, são *responsáveis solidários* com os contribuintes do IBS e da CBS: (**i**) a pessoa que registra, em seu nome, a declaração de importação de bens de procedência estrangeira adquiridos no exterior por outra pessoa, ou seja, o *importador por conta e ordem* (inciso I); (**ii**) o encomendante na importação por encomenda (inciso II); (**iii**) o representante do transportador estrangeiro (inciso III); (**iv**) o expedidor, o operador de transporte multimodal ou qualquer subcontratado para a realização do transporte multimodal (inciso IV); e (**v**) o tomador de serviço ou o contratante de afretamento de embarcação ou aeronave, em contrato internacional, em relação aos bens admitidos em regime aduaneiro especial por terceiro (inciso V)[207].

Na remessa internacional, por sua vez, os arts. 95 a 97 da Lei Complementar 214/2025 estabelecem as seguintes regras especiais sobre a sujeição passiva: (**i**) no regime de tributação simplificada, o fornecedor dos bens materiais de procedência estrangeira, mesmo residente ou domiciliado no exterior, é *responsável solidário* pelo IBS e pela CBS, devendo inscrever-se no regime regular desses tributos; e (**ii**) na hipótese de intermediação de *plataforma digital*, essa é *responsável por substituição*, quando o fornecedor é residente ou domiciliado no exterior. O destinatário da remessa, por sua vez, será responsável solidário na hipótese de fornecedor estrangeiro não inscrito ou com cadastro regular que não pagar o IBS e a CBS.

6.2.3   Não cumulatividade

As regras da não cumulatividade na importação de bens são as mesmas previstas para as operações no mercado interno, já analisadas anteriormente.

6.3   Exportação de bens materiais

A Lei Complementar 214/2025 estabelece disposições acerca da incidência do IBS e da CBS nas *exportações fictas* e *indiretas*. Essas regras devem ser analisadas com cautela, já que, nos termos

---

[205]   Ver Cap. I, itens 1.4.1.2 e 1.5.3., da Parte Especial.

[206]   Esse, como analisado anteriormente, também é um importador (Cap. I, item 1.5.3., da Parte Especial). Sobre o regime de entreposto, cf.: SEHN, Solon. *Curso de direito aduaneiro*. 2. ed. Rio de Janeiro: Forense, 2022. p. 399 e ss.

[207]   "Art. 75. Os sujeitos passivos a que se referem os arts. 72 a 74 desta Lei Complementar devem se inscrever para cumprimento das obrigações relativas ao IBS e à CBS sobre importações, nos termos do regulamento."

650 | CURSO DE DIREITO TRIBUTÁRIO – *Solon Sehn*

da Constituição Federal (art. 156-A, § 1º, II, e art. 195, § 15[208]), as operações de exportação são imunes ao IBS e à CBS, o que abrange, nos termos do art. 40 do ADCT[209], as vendas para a Zona Franca de Manaus até o ano de 2073.

No art. 81, a Lei Complementar 214/2025 dispõe sobre a *exportação ficta*, sem a saída do território nacional, que, a rigor, têm natureza jurídica de isenção:

> Art. 81. A imunidade do IBS e da CBS sobre a exportação de bens materiais a que se refere o art. 79 desta Lei Complementar aplica-se às exportações sem saída do território nacional, na forma disciplinada no regulamento, quando os bens exportados forem:
>
> I – totalmente incorporados a bem que se encontre temporariamente no País, de propriedade do comprador estrangeiro, inclusive em regime de admissão temporária sob a responsabilidade de terceiro;
>
> II – entregues a órgão da administração direta, autárquica ou fundacional da União, dos Estados, do Distrito Federal ou dos Municípios, em cumprimento de contrato decorrente de licitação internacional;
>
> III – entregues no País a órgão do Ministério da Defesa, para ser incorporados a produto de interesse da defesa nacional em construção ou fabricação no território nacional, em decorrência de acordo internacional;
>
> IV – entregues a empresa nacional autorizada a operar o regime de loja franca;
>
> V – vendidos para empresa sediada no exterior, quando se tratar de aeronave industrializada no País e entregue a fornecedor de serviços de transporte aéreo regular sediado no território nacional;
>
> VI – entregues no País para ser incorporados a embarcação ou plataforma em construção ou conversão contratada por empresa sediada no exterior ou a seus módulos, com posterior destinação às atividades de exploração, de desenvolvimento e de produção de petróleo, de gás natural e de outros hidrocarbonetos fluidos previstas na legislação específica; e
>
> VII – destinados exclusivamente às atividades de exploração, de desenvolvimento e de produção de petróleo, de gás natural e de outros hidrocarbonetos fluidos previstas na legislação específica, quando vendidos a empresa sediada no exterior e conforme definido em legislação específica, ainda que se faça por terceiro sediado no País.

Nas exportações indiretas, o art. 82 prevê a *suspensão* do IBS e da CBS na venda para comerciais exportadoras, que se converte em *alíquota zero* após a efetiva exportação dos bens, se atendidos os seguintes requisitos:

> Art. 82. Poderá ser suspenso o pagamento do IBS e da CBS no fornecimento de bens materiais com o fim específico de exportação a empresa comercial exportadora que atenda cumulativamente aos seguintes requisitos:
>
> I – seja certificada no Programa OEA;

---

[208] "Art. 195. [...] § 16. Aplica-se à contribuição prevista no inciso V do *caput* o disposto no art. 156-A, § 1º, I a VI, VIII, X a XIII, § 3º, § 5º, II a VI e IX, e §§ 6º a 11 e 13. (Incluído pela Emenda Constitucional nº 132, de 2023)"

[209] "Art. 40. É mantida a Zona Franca de Manaus, com suas características de área livre de comércio, de exportação e importação, e de incentivos fiscais, pelo prazo de vinte e cinco anos, a partir da promulgação da Constituição". Esse prazo foi prorrogado até o ano de 2073 pelas Emendas Constitucionais 42/2003 e 83/2014: "Art. 92. São acrescidos dez anos ao prazo fixado no art. 40 deste Ato das Disposições Constitucionais Transitórias. (Incluído pela Emenda Constitucional 42, de 19.12.2003)"; "Art. 92-A. São acrescidos 50 (cinquenta) anos ao prazo fixado pelo art. 92 deste Ato das Disposições Constitucionais Transitórias. (Incluído pela Emenda Constitucional 83, de 2014)".

Parte Especial • Capítulo IV • TRIBUTOS SOBRE O CONSUMO | **651**

II – possua patrimônio líquido igual ou superior ao maior entre os seguintes valores:

a) R$ 1.000.000,00 (um milhão de reais); e

b) uma vez o valor total dos tributos suspensos;

III – faça a opção pelo DTE, na forma da legislação específica;

IV – mantenha escrituração contábil e a apresente em meio digital; e

V – esteja em situação de regularidade fiscal perante as administrações tributárias federal, estadual ou municipal de seu domicílio.

§ 1º Para fins do disposto no *caput* deste artigo, a empresa comercial exportadora deverá ser habilitada[210] em ato conjunto do Comitê Gestor do IBS e da RFB[211].

§ 2º Para fins da suspensão do pagamento do IBS, a certificação a que se refere o inciso I do *caput* deste artigo será condicionada à anuência das administrações tributárias estadual e municipal de domicílio da empresa.

§ 3º Consideram-se adquiridos com o fim específico de exportação os bens remetidos para embarque de exportação ou para recintos alfandegados, por conta e ordem da empresa comercial exportadora, sem que haja qualquer outra operação comercial ou industrial nesse interstício.

§ 4º A suspensão do pagamento do IBS e da CBS prevista no *caput* converte-se em alíquota zero após a efetiva exportação dos bens, desde que observado o prazo previsto no inciso I do § 5º deste artigo[212].

Ao analisar esse dispositivo, deve-se ter presente que, nos termos do inciso II do art. 146 da Constituição Federal, cabe ao legislador complementar "regular as limitações constitucionais ao poder de tributar". O exercício dessa competência, entretanto, só pode ocorrer validamente quando o próprio texto constitucional estabelece a necessidade de regulamentação[213]. É o caso, por exemplo, do art. 150, VI, "c", que submete a aplicabilidade da imunidade dos partidos políticos, das entidades sindicais dos trabalhadores, das instituições de educação e de assistência social

---

[210] O art. 83 estabelece que a habilitação poderá ser cancelada nas hipóteses de: (a) descumprimento dos requisitos estabelecidos nos incisos do *caput* do art. 82; ou (b) pendência no pagamento a que se refere o § 5º do art. 82. No mesmo dispositivo são previstos requisitos para a intimação do ato de cancelamento, bem como procedimento para o seu questionamento administrativo.

[211] O § 9º do art. 82 delega ao regulamento a definição: (a) dos requisitos específicos para o procedimento de habilitação; (b) da periodicidade para apresentação da escrituração contábil a que se refere o inciso IV do *caput*; (c) hipóteses em que os bens possam ser remetidos para locais diferentes daqueles previstos no § 3º, sem que reste descaracterizado o fim específico de exportação; (d) requisitos e condições para a realização de operações de transbordo, baldeação, descarregamento ou armazenamento no curso da remessa a que se refere o § 3º. O § 10, por sua vez, delega ao regulamento o estabelecimento de prazo estendido para aplicação do disposto no inciso I do § 5º, em razão do tipo de bem.

[212] A comercial exportadora, de acordo com o § 5º do art. 82, fica responsável pelo pagamento do IBS e da CBS que foram suspensos no fornecimento de bens para a empresa comercial exportadora, nas seguintes hipóteses: (i) decurso de 180 dias da data da emissão da nota fiscal pelo fornecedor, não houver sido efetivada a exportação; e (ii) redestinação dos bens para o mercado interno; (iii) os bens forem submetidos a processo de industrialização; ou (iv) ocorrer a destruição, o extravio, o furto ou roubo antes da efetiva exportação dos bens.

[213] Pontes de Miranda, discorrendo à luz do texto constitucional pretérito, porém, em lições que se aplicam em face da Constituição Federal de 1988, ensina que: "[...] regular limitações constitucionais – limitações que constam da Constituição – não é legislar com a criação ou mantença de limites. [...] Lei complementar pode regular limitações constitucionais; não *criar* limitações. Lei que cria limitações não está a regular limitações constitucionais, está a limitar. As limitações seriam suas, e a Constituição de 1967 não as permitiu" (PONTES DE MIRANDA, Francisco Cavalcanti. *Comentários à Constituição de 1967 com a Emenda n. 1 de 1969*. 3. ed. Rio de Janeiro: Forense, 1987. t. II, p. 384-385).

aos "requisitos da lei"[214]. Fora dessa hipótese, não cabe qualquer regulação, porque as limitações ao poder de tributar – como ocorre com todo e qualquer preceito proibitivo – sempre são autoaplicáveis[215]. Por outro lado, de acordo com a jurisprudência do STF, é possível a previsão em lei ordinária de aspectos formais ou subjetivos de imunidades tributárias, tais como normas de constituição e de funcionamento das entidades imunes[216], certificação, fiscalização e controle administrativo, assim como procedimentos de verificação do atendimento de suas finalidades constitucionais[217].

Recorde-se ainda que, nas operações com comerciais exportadoras, o STF já decidiu que são aplicáveis as regras de imunidade de exportação. Essa foi a *ratio decidendi* do RE 759.244, quando foi fixada a seguinte tese de repercussão geral: "A norma imunizante contida no inciso I do § 2º do art. 149 da Constituição da República alcança as receitas decorrentes de operações indiretas de exportação caracterizadas por haver participação negocial de sociedade exportadora intermediária" (Tema 674)[218]. Essa mesma exegese aplica-se ao IBS e à CBS, não havendo qualquer razão para estabelecer distinções.

À luz dessas observações, nota-se que, no IBS e na CBS, a Constituição Federal estabelece a imunidade das exportações de forma direta, sem qualquer espaço para regulamentação (art. 156-A, § 1º, II[219], e art. 195, § 15[220]). Logo, não há espaço para o legislador complementar restringir a imunidade às comerciais exportadoras com patrimônio líquido acima de R$ 1.000.000,00 ou em valor igual ao total dos tributos "suspensos". As imunidades são regras de competência negativa que implicam uma proibição de tributar dirigida ao poder público e um direito de não sujeição

---

[214] CARRAZZA, Roque Antonio. *Curso de direito constitucional tributário*. 16. ed. São Paulo: Malheiros, 2001. p. 621-622. A esse propósito, já decidiu o STF que: "Mesmo com a referência expressa ao termo 'lei', não há mais como sustentar que inexiste reserva de lei complementar" (STF, Tribunal Pleno, ADI 1.802, Rel. Min. Dias Toffoli, *DJe* 03.05.2018).

[215] Esse importante aspecto é ressaltado por Geraldo Ataliba, que chega a qualificar como abusiva uma lei complementar voltada a regulamentar um preceito proibitivo: "[...] onde a Constituição diz NÃO é NÃO. O legislador complementar não pode aumentar o NÃO. Também não pode diminuir o NÃO; ele só pode repetir, reproduzir o NÃO, o que é ridículo. É ridículo uma norma inferior repetir a norma superior, porque não acrescenta nada à norma superior no que diz respeito a sua eficácia. Se a Constituição disse NÃO, o que é que adianta outro órgão, qualquer órgão ou instrumento dizer NÃO? Vai aumentar o NÃO? A força, a eficácia do NÃO? Vai reduzir? Não pode" (ATALIBA, Geraldo. Lei complementar em matéria tributária. *Revista de Direito Tributário*, São Paulo, n. 48. p. 90, abr./jun. 1989). No mesmo sentido, COELHO, Luiz Fernando. *Curso de introdução ao direito*: em 13 aulas. 4. ed. Santana de Parnaíba: Manole, 2022. p. 105). Ressalte-se que, também segundo José Afonso da Silva, são de eficácia plena as normas constitucionais que: a) contenham vedações ou proibições; b) confiram isenções, imunidades e prerrogativas [...]" (SILVA, José Afonso da. *Aplicabilidade das normas constitucionais*. 3. ed. São Paulo: Malheiros, 1998. p. 101).

[216] "A Suprema Corte, guardiã da CF, indicia que somente se exige lei complementar para a definição dos seus limites objetivos (materiais), e não para a fixação das normas de constituição e de funcionamento das entidades imunes (aspectos formais ou subjetivos), os quais podem ser veiculados por lei ordinária, como sói ocorrer com o art. 55 da Lei 8.212/1991, que pode estabelecer requisitos formais para o gozo da imunidade sem caracterizar ofensa ao art. 146, II, da CF, *ex vi* dos incisos I e II" (STF, Tribunal Pleno, RE 636.941, Rel. Min. Luiz Fux, *DJe* 04.04.2014, Tema 432). No mesmo sentido: STF, Tribunal Pleno. RE 566.622, Rel. Min. Marco Aurélio, *DJe* 1º.03.2017 (Tema 32).

[217] "[...] Os aspectos procedimentais necessários à verificação do atendimento das finalidades constitucionais da regra de imunidade, tais como as referentes à certificação, à fiscalização e ao controle administrativo, continuam passíveis de definição por lei ordinária" (STF, Tribunal Pleno, ADI 1.802, Rel. Min. Dias Toffoli, *DJe* 03.05.2018).

[218] STF, Tribunal Pleno, RE 759.244, Rel. Min. Edson Fachin, *DJe* 12.02.2020.

[219] "Art. 156. [...] § 1º [...] III – não incidirá sobre as exportações, assegurados ao exportador a manutenção e o aproveitamento dos créditos relativos às operações nas quais seja adquirente de bem material ou imaterial, inclusive direitos, ou serviço, observado o disposto no § 5º, III; (Incluído pela Emenda Constitucional nº 132, de 2023)."

[220] "Art. 195. [...] § 16. Aplica-se à contribuição prevista no inciso V do *caput* o disposto no art. 156-A, § 1º, I a VI, VIII, X a XIII, § 3º, § 5º, II a VI e IX, e §§ 6º a 11 e 13. (Incluído pela Emenda Constitucional nº 132, de 2023)"

Parte Especial · **Capítulo IV** · TRIBUTOS SOBRE O CONSUMO | **653**

em benefício de uma pessoa física ou jurídica[221]. O inciso II do art. 82 desnatura juridicamente o instituto, qualificando-o como suspensão do crédito tributário condicionada a uma garantia de patrimônio mínimo. Trata-se, ademais, de medida que contraria os princípios da isonomia tributária, da razoabilidade e o art. 146, III, "d", da Constituição Federal. A exigência de patrimônio mínimo, afinal, priva os pequenos exportadores do benefício da imunidade, submetendo-os a uma tributação não exigível de grandes e médias empresas. Não há qualquer justificativa para uma medida dessa natureza.

De acordo com o art. 146, III, "d", da Constituição, cabe ao legislador complementar a "definição de tratamento diferenciado e favorecido para as microempresas e para as empresas de pequeno porte, inclusive regimes especiais ou simplificados no caso dos impostos previstos nos arts. 155, II, e 156-A, das contribuições sociais previstas no art. 195, I e V, e § 12, e da contribuição a que se refere o art. 239"[222]. À luz desse dispositivo, no julgamento da ADI 4.033, o STF ressaltou que "o fomento da micro e da pequena empresa foi elevado à condição de princípio constitucional, de modo a orientar todos os entes federados a conferir tratamento favorecido aos empreendedores que contam com menos recursos para fazer frente à concorrência"[223]. O preceito, ademais, tem uma *eficácia mínima derrogatória* ou *eficácia jurídica de vinculação*. Assim, apesar de não obrigar o legislador a definir o tratamento diferenciado e favorecido para as micro e pequenas empresas, impede-o de tomar medidas incompatíveis com essa exigência constitucional[224]. Não é compatível com esse preceito, portanto, exigir um patrimônio mínimo das micro e das pequenas empresas, colocando-as em situação de desvantagem competitiva com os grandes contribuintes.

Também é inconstitucional o inciso I do art. 82, que limita a aplicabilidade da imunidade às empresas com certificação OEA. Esse constitui um programa de conformidade aduaneira previsto no Acordo sobre a Facilitação do Comércio (AFC), incorporado ao direito brasileiro pelo Decreto Legislativo 01/1996, promulgado pelo Decreto 9.326/2018. Trata-se de uma medida *facultativa* de facilitação do comércio, que pode contemplar, nos termos do parágrafo 7.3, pelo menos três dos seguintes benefícios à empresa certificada: (**a**) menor exigência de documentação e informação; (**b**) menor índice de inspeções e exames físicos; (**c**) tempo de liberação agilizado; (**d**) pagamento diferido de direitos, tributos e encargos; (**e**) utilização de garantias globais ou garantias reduzidas; (**f**) uma declaração aduaneira única para todas as importações ou exportações realizadas em um determinado período; e (**g**) despacho aduaneiro dos bens nas instalações do

---

[221] Ver Cap. IV, item 1, da Parte Geral.

[222] A partir de 2032, de acordo com o art. 3º da Emenda 132/2023, o art. 146, III, "d", terá a seguinte redação: "d) definição de tratamento diferenciado e favorecido para as microempresas e para as empresas de pequeno porte, inclusive regimes especiais ou simplificados no caso dos impostos previstos nos arts. 155, II e 156-A e das contribuições previstas no art. 195, I e V". Em 2033, por sua vez, a redação será (art. 4º): "d) definição de tratamento diferenciado e favorecido para as microempresas e para as empresas de pequeno porte, inclusive regimes especiais ou simplificados no caso do imposto previsto no art. 156-A e das contribuições sociais previstas no art. 195, I e V".

[223] STF, Tribunal Pleno, ADI 4.033, Rel. Min. Joaquim Barbosa, *DJe* 07.02.2011. Em outro julgado, por sua vez, a Suprema Corte entendeu que "o regime foi criado para diferenciar, em iguais condições, os empreendedores com menor capacidade contributiva e menor poder econômico, sendo desarrazoado que, nesse universo de contribuintes, se favoreçam aqueles em débito com os fiscos pertinentes, os quais participariam do mercado com uma vantagem competitiva em relação àqueles que cumprem pontualmente com suas obrigações". Com base nisso, foi definido em sede de repercussão geral que: "É constitucional o art. 17, V, da Lei Complementar 123/2006, que veda a adesão ao Simples Nacional à microempresa ou à empresa de pequeno porte que possua débito com o Instituto Nacional do Seguro Social – INSS ou com as Fazendas Públicas Federal, Estadual ou Municipal, cuja exigibilidade não esteja suspensa" (Tema 363) – STF, RE 627.543, Rel. Min. Dias Toffoli, *DJe* 29.10.2014.

[224] CLÈVE, Clèmerson Merlin. *Fiscalização abstrata de constitucionalidade no direito brasileiro*. 2. ed. São Paulo: RT, 2000. p. 320-321; BARROSO, Luís Roberto. *O direito constitucional e a efetividade de suas normas*: limites e possibilidades da Constituição brasileira. Rio de Janeiro: Renovar, 1990. p. 110).

operador autorizado ou em outro lugar autorizado pela aduana. O OEA, portanto, não é uma certificação para constituição e funcionamento de entidade imune, que é admitida pelo STF quando estabelecida para verificação do atendimento das finalidades constitucionais[225] ou para evitar que '"**falsas instituições de assistência e educação sejam favorecidas pela imunidade'**, em fraude à Constituição"[226]. Uma exportação não certificada no OEA não perde a sua natureza jurídica, ou seja, continua sendo uma exportadora. O Programa OEA permite que o legislador de cada país-membro da OMC conceda às empresas certificadas os benefícios de facilitação comercial previstos no AFC. Esse relevante instrumento do direito aduaneiro não pode ser empregado para suprimir ou para condicionar o exercício de direitos do exportador, ainda mais se tratando de um direito público subjetivo que decorre diretamente do texto constitucional.

Outra inconstitucionalidade é a subordinação da aplicação da imunidade à regularidade fiscal da empresa (art. 82, V). As imunidades não são benefícios fiscais discricionários, mas regras constitucionais de competência negativa que implicam uma proibição de tributar dirigida ao poder público. Logo, diante do art. 156-A, § 1º, II, e art. 195, § 15, da Constituição, a União, os Estados, o Distrito Federal e os Municípios não têm competência para tributar a exportação. Eventual inadimplência do sujeito passivo não altera essa realidade jurídica. Os entes tributantes têm prerrogativas, privilégios e meios processuais apropriados para a cobrança de seus créditos tributários. Converter a regularidade fiscal em requisito de aplicabilidade de uma imunidade tributária equivale à institucionalização de um meio coercitivo para cobrança de tributos (sanção política), violando os princípios do devido processo legal (CF, art. 5º, LIV)[227].

No passado, já houve tentativa similar declarada inconstitucional pelo STF na ADI 1.802[228]: o art. 12, § 2º, "f", da Lei 9.532/1997, que condicionou a aplicabilidade da imunidade do art. 150, VI, "c", ao recolhimento dos "tributos retidos sobre os rendimentos por elas pagos ou creditados e a contribuição para a seguridade social relativa aos empregados, bem assim cumprir as obrigações acessórias daí decorrentes". Entretanto, como destacado pelo Ministro Sepúlveda Pertence, a suspensão da imunidade não pode ser utilizada com esse objetivo:

> Cuida-se de norma sancionatória de responsabilidade e obrigações tributárias, principais e acessórias, das entidades imunes de imposto e que, nada tendo a ver com os limites objetivos da imunidade – de regulamentação, aliás, só permitida à lei complementar –, nem com a sua identificação como instituições de educação ou assistência social sem fins lucrativos, a que se reduz o âmbito material dos requisitos subjetivos do gozo da imunidade cuja fixação se remeteu à lei ordinária.

---

[225] "[...] Os aspectos procedimentais necessários à verificação do atendimento das finalidades constitucionais da regra de imunidade, tais como as referentes à certificação, à fiscalização e ao controle administrativo, continuam passíveis de definição por lei ordinária" (STF, Tribunal Pleno, ADI 1.802, Rel. Min. Dias Toffoli, *DJe* 03.05.2018).

[226] STF, Tribunal Pleno, ADI 1.802, Rel. Min. Dias Toffoli, *DJe* 03.05.2018.

[227] Há inúmeros precedentes do STF que vedam a cobrança indireta de tributos: "É inadmissível a interdição de estabelecimento como meio coercitivo para cobrança de tributo" (Súmula 70/STF); "É inadmissível a apreensão de mercadorias como meio coercitivo para pagamento de tributos" (Súmula 323/STF); "Não é lícito à autoridade proibir que o contribuinte em débito adquira estampilhas, despache mercadorias nas alfândegas e exerça suas atividades profissionais" (Súmula 547/STF); "II – É inconstitucional a restrição ilegítima ao livre exercício de atividade econômica ou profissional, quando imposta como meio de cobrança indireta de tributos", tese fixada no Tema 856 (STF, Tribunal Pleno, ARE 914.045 RG, Rel. Min. Edson Fachin, *DJe* 19.11.2015); "É inconstitucional o uso de meio indireto coercitivo para pagamento de tributo – "sanção política"–, tal qual ocorre com a exigência, pela Administração Tributária, de fiança, garantia real ou fidejussória como condição para impressão de notas fiscais de contribuintes com débitos tributários", tese fixada no Tema 31 (STF, Tribunal Pleno, RE 565.048, Rel. Min. Marco Aurélio, *DJe* 09.10.2014).

[228] STF, Tribunal Pleno, ADI 1.802, Rel. Min. Dias Toffoli, *DJe* 03.05.2018.

Creio mesmo que, tratando-se de imunidade constitucional, não há falar propriamente em suspensão. Ou estão reunidos, em determinado momento, os seus pressupostos objetivos e subjetivos, ou não se aplica a regra de imunidade. Mas, até onde a regra de imunidade alcançar, a sua suspensão não pode ser usada como sanção de coisa alguma.

Por fim, é inconstitucional a exigência de habilitação em ato conjunto da RFB e do Comitê Gestor do IBS, assim como de anuência das Administrações Tributárias Estadual e Municipal de domicílio da empresa, previstas nos §§ 1º e 2º do art. 82. As imunidades são regras de competência negativa que implicam uma proibição de tributar dirigida ao poder público. O legislador complementar não pode convertê-la em suspensão do crédito tributário nem, menos ainda, condicionar a sua aplicabilidade à prévia manifestação do ente tributante.

Os únicos requisitos compatíveis com a Constituição são os previstos nos incisos III e IV. Esses preceitos estabelecem deveres formais para a verificação do atendimento das finalidades das imunidades, o que, a rigor, nem sequer precisaria de lei complementar[229].

7 REGIMES ESPECÍFICOS DE TRIBUTAÇÃO

A Lei Complementar 214/2025, com fundamento no § 6º do art. 156-A da Constituição Federal, estabelece **regimes específicos de tributação** para os seguintes segmentos, que, devido às suas especificidades, não serão analisadas no presente estudo: (**i**) combustíveis (**ii**) serviços financeiros; (**iii**) planos de assistência à saúde; (**iv**) concursos de prognósticos; (**v**) bens imóveis; (**vi**) sociedades cooperativas; (**vii**) bares, restaurantes, hotelaria, parques de diversão e temáticos, transporte coletivo de passageiros e agências de viagem e de turismo; (**viii**) Sociedade Anônima do Futebol; (**ix**) missões diplomáticas, repartições consulares e operações alcançadas por tratado internacional.

---

[229] "[...] Os aspectos procedimentais necessários à verificação do atendimento das finalidades constitucionais da regra de imunidade, tais como as referentes à certificação, à fiscalização e ao controle administrativo, continuam passíveis de definição por lei ordinária" (STF, Tribunal Pleno, ADI 1.802, Rel. Min. Dias Toffoli, *DJe* 03.05.2018).

Capítulo V
CONTRIBUIÇÕES ESPECIAIS

1 PIS/PASEP E COFINS
1.1 Princípios
1.1.1 Anterioridade nonagesimal

O PIS/Pasep e a Cofins não estão sujeitos ao art. 150, III, "b", da Constituição. Entretanto, devem observar a anterioridade nonagesimal do art. 195, § 6º, que, nas hipóteses de instituição e no aumento da contribuição, desloca o termo inicial da vigência para 90 dias da data da publicação da lei respectiva.

1.1.2 Não cumulatividade

A não cumulatividade do PIS/Pasep e da Cofins está prevista no art. 195, § 12, da Constituição, na redação da Emenda 42/2003[1]. Esse preceito limita-se a estabelecer que *a lei definirá os setores de atividade econômica para os quais as contribuições serão não cumulativas*. Dessa maneira, ao contrário do que ocorre com o IPI e com o ICMS, o legislador infraconstitucional pode escolher os segmentos em que será aplicável. É possível afastar a não cumulatividade para um ou mais setores da economia, o que, por conseguinte, implica a competência para definir o método de operacionalização[2] e, principalmente, a amplitude do direito ao crédito. Isso porque, em matéria de competência, "quem pode o mais, pode o menos" (*cui licet quod est plus, licet utique quod est minus*). Logo, se o legislador pode o mais – que é excluir por completo a aplicabilidade do regime para um determinado segmento –, também pode o menos, isto é, restringir o alcance da não cumulatividade[3].

---

[1] "Art. 195. [...]
§ 12. A lei definirá os setores de atividade econômica para os quais as contribuições incidentes na forma dos incisos I, *b*; e IV do *caput*, serão não cumulativas."

[2] Registre o entendimento divergente de Ricardo Lodi Ribeiro, para quem "[...] a única possibilidade constitucionalmente viável de se conjugar não cumulatividade e tributação sobre o faturamento é a adoção do sistema 'base sobre base', a partir da tributação das receitas após a dedução das despesas indispensáveis à sua produção, pois outra coisa não tributa a Cofins e o PIS – e isto é uma decisão constitucional que não restou modificada pela EC 42/03 – do que o faturamento ou a receita" (RIBEIRO, Ricardo Lodi. A não cumulatividade das contribuições incidentes sobre o faturamento na Constituição e nas leis. *Revista Dialética de Direito Tributário*, n. 111, p. 102, dez. 2004).

[3] Nessa linha, cf.: OLIVEIRA, Ricardo Mariz de. Aspectos relacionados à "não cumulatividade" da COFINS e da contribuição ao PIS. *In*: PEIXOTO, Marcelo Magalhães; FISCHER, Octavio Campos (coord.). *PIS-Cofins*: questões atuais e polêmicas. São Paulo: Quartier Latin, 2005. p. 33; FISCHER, Octavio Campos. PIS-COFINS, não cumulatividade a Emenda Constitucional nº 42/03. *In*: PEIXOTO, Marcelo Magalhães; FISCHER, Octavio Campos (coord.). *PIS-Cofins*: questões atuais e polêmicas. São Paulo: Quartier Latin, 2005. p. 190 (para quem o § 12 não estabeleceu um direito subjetivo à não cumulatividade. Em sentido contrário, cf. LUNARDELLI, Pedro Guilherme Accorsi. Não cumulatividade do PIS e da Cofins. Apropriação de créditos. Definição de critérios

658 | CURSO DE DIREITO TRIBUTÁRIO – *Solon Sehn*

Esse dispositivo, contudo, deve ser adequadamente compreendido. Há uma razão para essa flexibilização. O PIS/Pasep e a Cofins são tributos que não incidem sobre operações de circulação de bens ou de serviços, mas sobre a receita bruta auferida pelo sujeito passivo. Essa abrange todos os acréscimos ao patrimônio líquido do contribuinte, que podem resultar da prestação de serviços e da venda de mercadorias, mas também de outros atos jurídicos, como o perdão de uma dívida, o recebimento de juros, a cessão de direitos, entre outros atos e negócios jurídicos que não acarretam os efeitos negativos da incidência plurifásica (ou geram em menor medida). Além disso, há setores – como a prestação de serviços – que têm um volume bastante reduzido de insumos, insuficiente para justificar a aplicação da não cumulatividade. Os benefícios são menores que as desvantagens decorrentes da complexidade do regime. É considerando diferenciações materiais dessa natureza que o legislador deve exercer a competência prevista no art. 195, § 12, da Lei Maior. Não cabe uma restrição arbitrária ao direito ao crédito em segmentos nos quais há um inequívoco efeito *cascata* da incidência plurifásico-cumulativa. Da mesma forma, o legislador não pode promover a exclusão de setores econômicos do regime não cumulativo sem uma justificação assentada na igualdade material e na praticabilidade da tributação.

Essa questão foi objeto do RE 841.979, quando foram definidas pelo STF as seguintes teses de repercussão geral (Tema 756):

> I. O legislador ordinário possui autonomia para disciplinar a não cumulatividade a que se refere o art. 195, § 12, da Constituição, respeitados os demais preceitos constitucionais, como a matriz constitucional das contribuições ao PIS e COFINS e os princípios da razoabilidade, da isonomia, da livre concorrência e da proteção à confiança; II. É infraconstitucional, a ela se aplicando os efeitos da ausência de repercussão geral, a discussão sobre a expressão insumo presente no art. 3º, II, das Leis 10.637/02 e 10.833/03 e sobre a compatibilidade, com essas leis, das IN SRF 247/02 (considerada a atualização pela IN SRF nº 358/03) e 404/04. III. É constitucional o § 3º do art. 31 da Lei nº 10.865/04[4].

Os aspectos operacionais da não cumulatividade e as hipóteses de creditamento, por sua vez, sujeitam-se a regras distintas no PIS/Pasep e na Cofins no regime não cumulativo e na importação de produtos e de serviços. Por isso, serão examinadas separadamente, por ocasião do estudo desses regimes de incidência das contribuições.

1.1.3   Isonomia e tratamento nacional

O princípio do tratamento nacional (Artigo III) estabelece que, ressalvado o imposto de importação e demais exceções previstas no Gatt 1994, a tributação de produtos nacionais ou de origem estrangeira não pode visar à proteção da produção local. Essa restrição aplica-se aos tributos internos cobrados como adicional do imposto de importação[5], inclusive o PIS/Pasep e a Cofins.

---

jurídicos. *Revista Dialética de Direito Tributário*, n. 180, p. 132-133, set. 2010; BERGAMINI, Adolpho. Créditos de PIS/Cofins sobre gastos com vale-alimentação, vale-refeição, fardamento e uniformes fornecidos a empregados: apontamentos relevantes sobre a irretroatividade da Lei nº 11.898/09, a ofensa ao princípio da isonomia, ao conceito de insumos aplicável às contribuições e à não plena do PIS/Cofins. *Revista de Direito Tributário da APET*, ano VI, n. 23, p. 28, set. 2009.

4   STF, Tribunal Pleno, RE 841.979, Rel. Min. Dias Toffoli, *DJe* 09.02.2023.

5   Notas e Disposições Adicionais ao Artigo III: "Qualquer imposto ou outros tributos internos, bem como qualquer lei, regulamento ou prescrição mencionados no Parágrafo 1 que se apliquem não só ao produto importado como também ao produto nacional similar e que sejam cobrados ou exigidos no caso do produto importado no momento e no local da importação, serão não obstante considerados como taxa interna ou um outro tributo interno ou como uma lei, regulamentação ou exigências regidas no Parágrafo 1 e estão consequentemente sujeitas às disposições do Artigo III".

Parte Especial • Capítulo V • CONTRIBUIÇÕES ESPECIAIS | 659

Entretanto, a 2ª Turma do STJ tem diversos julgados que afastam a aplicabilidade do princípio do tratamento nacional ao PIS/Pasep e à Cofins. Essas são assentadas no seguinte precedente:

Processual civil e tributário. Mandado de segurança. Dilação probatória. Incompatibilidade. PIS-Importação e Cofins-Importação. Aplicação do benefício da suspensão da incidência, prevista no art. 9º da Lei 10.925/2004 em relação ao PIS e à Cofins convencionais. 'Obrigação de tratamento nacional'. Art. 7º do Decreto 350/1991 (Tratado do Mercosul). Impossibilidade.

1. Trata-se de Mandado de Segurança impetrado por empresa que importou soja de estabelecimento sediado no Paraguai. A adquirente do produto alega que, no mercado interno, a empresa vendedora não recolhe PIS e Cofins sobre a respectiva alienação (art. 9º da Lei 10.925/2004), razão pela qual, diante do art. 7º do Decreto 350/1991 (Tratado do Mercosul), deve ser afastada a incidência do PIS-Importação e da Cofins-Importação.

2. O e. Ministro Relator entende que: a) a denominada cláusula de "Obrigação de Tratamento Nacional", prevista no art. 7º do Decreto 350/1991, é aplicável "justamente nas situações em que o importador intenta equivaler a tributação na importação à tributação que o mesmo produto se submeteria acaso por si adquirido no mercado interno"; e b) a impetrante, no mercado interno, é contribuinte de fato do PIS e da Cofins, e é essa situação que deve ser comparada para que se aplique o art. 7º do Decreto 350/1991, uma vez que, na importação, figura como contribuinte de fato e de direito, devendo ser reconhecida a não incidência da exação, por se tratar de tributação indireta sobre o consumo.

3. Diante dos condicionamentos prescritos no art. 9º da Lei 10.925/2004, referentes a circunstâncias fáticas, o Relator dá provimento ao Recurso Especial para anular o acórdão recorrido, com a consequente devolução dos autos para que a Corte local examine, à luz das premissas acima estabelecidas, a comprovação do preenchimento de todos os requisitos para a concessão do benefício, a saber: a) que a importação tem por objeto produtos de cerealista exportadora que esteja nas mesmas condições de empresa vendedora no mercado interno, ou seja, que exerça cumulativamente as atividades de limpar, padronizar, armazenar e comercializar os produtos in natura de origem vegetal classificados nos códigos 09.01, 10.01 a 10.08, exceto os dos códigos 1006.20, 1006.30 e 18.01, todos da Nomenclatura Comum do Mercosul (NCM); b) ser a importadora pessoa jurídica tributada com base no lucro real; c) não estar a pessoa jurídica cerealista estrangeira enquadrada nas hipóteses dos §§ 6º e 7º do art. 8º da Lei 10.925/2004 (art. 9º, § 1º, II, da Lei 10.925/2004), considerando a data de revogação dos dispositivos pela Lei 12.599/2012; d) haver disciplinamento dado pela Secretaria da Receita Federal para a suspensão na tributação interna, a qual será objeto de equiparação; e) submissão da cláusula de "Obrigação de Tratamento Nacional" ao denominado "Teste de Duas Fases".

4. Com a devida vênia, diverge-se pelos seguintes fundamentos: a) PIS-Importação e Cofins-Importação não se enquadram nos termos definidos no art. 7º do Decreto 350/1991, isto é, constituem modalidades de contribuição previdenciária, inconfundível com a definição de imposto, taxa ou gravame interno; b) ainda que se admita que o termo impostos, mencionado no art. 7º do Decreto 350/1991 possua amplitude genérica, de modo a abranger outras espécies tributárias (o que tornaria desnecessária a referência, na norma, às taxas), é essencial destacar que o PIS-Importação e a Cofins-Importação são tributos distintos do PIS e da Cofins denominados convencionais, pois, enquanto estes têm por fato gerador o faturamento, aqueles são originados de substrato inteiramente diverso, isto é, a importação de bens ou o "pagamento, crédito, a entrega, o emprego ou a remessa de valores a residentes ou domiciliados no exterior como contraprestação por

serviço prestado" (art. 3º, I e II, da Lei 10.865/2004); c) a suspensão da incidência do PIS e da Cofins convencionais, prevista no art. 9º da Lei 10.925/2004, representa medida de política fiscal específica, destinada a beneficiar exclusivamente um segmento restrito de empresas que procedam à venda de determinados produtos, sob as condições nele previstas; d) em razão da proibição da interpretação extensiva para as hipóteses de suspensão ou exclusão do crédito tributário (art. 111 do CTN) e do princípio da legalidade tributária (art. 97 do CTN), não há como ampliar a concessão do benefício relativo ao PIS e à Cofins convencionais, disciplinados pelas Leis 10.637/2002 e 10.833/2003, para abranger, à margem do texto da lei, a contribuição ao PIS-Importação e à Cofins-Importação, tributos inteiramente diversos, disciplinados na Lei 10.865/2004; e) dessa forma, a tese de incidência da 'Obrigação de Tratamento Nacional' somente poderia ser pleiteada se houvesse demonstração de que idênticos tributos estivessem recebendo tratamento desigual; f) por último, no Mandado de Segurança deve haver prova pré-constituída do direito líquido e certo, cuja ausência inviabiliza a anulação do acórdão para a dilação probatória sugerida pelo e. Ministro Relator.

5. Recurso especial não provido[6].

Esse acórdão teve por base o Artigo 7 do Tratado de Assunção[7] (Decreto Legislativo 197/1991, promulgado pelo Decreto 350/1991), que tem um conteúdo de regulação diferente do Artigo III do Gatt 1994. Não obstante, tem sido perigosamente invocado de forma generalizada em outros julgados, criando o risco da consolidação de uma jurisprudência incompatível com o compromisso de não discriminação assumido pelo Estado brasileiro perante os países-membros da OMC. Espera-se que o STJ não tarde a promover uma indispensável correção de rumos, para evitar consequências gravosas para os interesses econômicos do País no comércio internacional.

A isonomia na tributação do comércio exterior é um compromisso internacional. O Estado brasileiro é signatário do Acordo Geral de Tarifas e Comércio de 1994 (Gatt 1994 – *General Agreement on Tariffs and Trade*), incorporado ao direito interno pelo Decreto Legislativo 30/1994, promulgado pelo Decreto 1.355/1994. Dessa forma, como membro da OMC, comprometeu-se internacionalmente a eliminar tratamentos anti-isonômicos nas relações comerciais com outros países. Dentro da reciprocidade e da lógica de vantagens mútuas do Gatt, constitui um dever do Estado brasileiro zelar pela sua observância. Isso incluiu os Poderes Executivo e Legislativo, na elaboração de leis, na formulação e execução das políticas de comércio exterior. Mas também ao Poder Judiciário, na contenção de práticas abusivas e incompatíveis com o princípio do tratamento nacional.

A possibilidade de extensão de isenções com base no princípio do tratamento nacional é questão já superada no STF. Trata-se de matéria que foi objeto da Súmula 575, aprovada na Sessão Plenária de 15.12.1976: "À mercadoria importada de país signatário do Gatt, ou membro da ALALC, estende-se a isenção do imposto de circulação de mercadorias concedida a similar nacional". Precedentes mais recentes têm reafirmado que "os produtos oriundos de países membros da OMC e, portanto, signatários do GATT, devem receber tratamento tributário igualitário em face do similar nacional"[8]. O próprio STJ já acolheu essa exegese na Súmula 20 ("A Mercadoria

---

6   STJ, 2ªT., REsp 1.437.172, Rel. Min. Mauro Campbell Marques, Rel. p/ Ac. Min. Herman Benjamin, *DJe* 15.02.2016.

7   "Artigo 7

Em matéria de impostos, taxas e outros gravames internos, os produtos originários do território de um Estado Parte gozarão, nos outros Estados Partes, do mesmo tratamento que se aplique ao produto nacional."

8   STF, 1ª T., ARE 804638 AgR, Rel. Min. Luiz Fux, *DJe*-075 23.04.2015; 1ª T., REsp 533.124/SP, Rel. Min. Luiz Fux, *DJ* 20.10.2003. No mesmo sentido, STF, 1ª T., AI 764.951 AgR, Rel. Min. Rosa Weber, *DJe*-048 13.03.2013: "A jurisprudência desta Suprema Corte assentou-se no sentido da constitucionalidade das desonerações tributárias estabelecidas, por meio de tratado, pela República Federativa do Brasil, máxime no que diz com

Parte Especial • **Capítulo V** • CONTRIBUIÇÕES ESPECIAIS | **661**

importada de país signatário do GATT e isenta do ICM, quando contemplado com esse favor o similar nacional") e na Súmula 71 ("O bacalhau importado de país signatário do GATT e isento do ICM").

Essa interpretação não contrasta com o entendimento segundo o qual "[...] não pode o Poder Judiciário, a pretexto de conceder tratamento isonômico, atuar como legislador positivo para estabelecer benefícios tributários não previstos em lei, sob pena de afronta ao princípio fundamental da separação dos poderes"[9]. O princípio do tratamento nacional é previsto em um acordo internacional incorporado ao direito brasileiro com força de lei. Dele já resulta o direito de extensão do benefício fiscal ao importador brasileiro de produto similar ou intersubstituível. O Judiciário, ao determinar essa providência, não está inovando na ordem jurídica, mas apenas declarando um direito subjetivo do importador que decorre do Artigo III do Gatt.

Ademais, deve-se ter presente que o princípio do tratamento nacional não autoriza que se adotem medidas de política fiscal destinadas a beneficiar um segmento restrito de empresas nacionais. Essa vedação, de acordo com as Notas e Disposições Adicionais ao Artigo III do Gatt, aplica-se *a qualquer imposto ou outros tributos internos* incidentes sobre o *produto importado* e sobre *o produto nacional similar, cobrados ou exigidos no momento e no local da importação*. Não há como excepcionar dessa regra o PIS/Pasep e a Cofins.

1.2 Legislação aplicável e diversidade de regimes

A Contribuição ao Programa de Integração Social (PIS) e ao Programa de Formação do Patrimônio de Servidor Público (PASEP), unificados pela Lei Complementar 19/1974[10], é conhecida como PIS/Pasep. Trata-se de um tributo que tem como adicional a Contribuição para o Financiamento da Seguridade Social (Cofins), formando o PIS-Cofins, sigla que abrange os regimes cumulativo (Lei Complementar 70/1991; Leis 9.715/1998 e 9.718/1998) e não cumulativo (Leis 10.637/2002 e 10.833/2003) do PIS/Pasep e da Cofins; os regimes monofásicos ou de alíquotas concretadas (Leis 9.718/1998, 10.147/2000, 10.485/2002, 10.560/2002, 10.833/2003 e 10.865/2004); e a Cofins e o PIS/Pasep incidentes sobre a importação de bens e serviços, ambos disciplinados pela Lei 10.865/2004. O PIS/Pasep, entretanto, tem um âmbito mais amplo, incidindo também sobre a folha de salários de entidades não empresariais[11] (Medida Provisória 2.158-35/2001) e sobre a receita e transferências de pessoas jurídicas de direito público interno (Lei 9.715/1998; Decreto 4.524/2002).

---

a extensão, às mercadorias importadas de países signatários do GATT, das isenções de ICMS concedidas às similares nacionais (Súmula STF 575)".

9   STF, 2ª T., RE 606.171 AgR, Rel. Min. Dias Toffoli, *DJe*-040 03.03.2017. Essa exegese, como será examinado por ocasião do estudo das isenções do imposto de importação, mostra-se acertada. A instituição de isenções constitui matéria inserida na liberdade de conformação do legislador ordinário. Por outro lado, a concessão não isonômica de vantagens fiscais configura uma inconstitucionalidade por ação, submetendo-se aos efeitos jurídicos dela decorrentes.

10 "Art. 1º A partir de 1º de julho de 1974, os recursos gerados pelo Programa de Integração Social (PIS) e pelo Programa de Formação do Patrimônio de Servidor Público (PASEP), de que tratam as Leis Complementares 7, de 7 de setembro de 1970, e 8, de 3 de dezembro de 1970, respectivamente, passarão a ser aplicados de forma unificada, destinando-se, preferencialmente, a programas especiais de investimentos elaborados e revistos periodicamente segundo as diretrizes e prazos de vigências dos Planos Nacionais de Desenvolvimento (PND). Parágrafo único. Compete ao Banco Nacional do Desenvolvimento Econômico (BNDE) elaborar os programas especiais e processar a aplicação dos recursos de que trata este artigo em investimentos e financiamentos consoante as diretrizes de aplicação aprovadas pelo Presidente da República."

11 Templos de qualquer culto, partidos políticos; instituições de educação e de assistência social; instituições de caráter filantrópico, recreativo, cultural, científico e as associações; sindicatos, federações e confederações; serviços sociais autônomos, criados ou autorizados por lei; conselhos de fiscalização de profissões regulamentadas; fundações de direito privado; condomínios de proprietários de imóveis residenciais ou comerciais; e Organização das Cooperativas Brasileiras (OCB).

662 | CURSO DE DIREITO TRIBUTÁRIO – *Solon Sehn*

Nunca houve, em meio a inúmeras alterações legislativas, uma tentativa de racionalização dessa diversidade de regimes de incidência. Isso imprimiu características únicas no PIS/Pasep e na Cofins, convertendo-os em uma reunião de tudo o que pode existir de pior em matéria impositiva (falta de isonomia, neutralidade e transparência, ineficiência, complexidade e cumulatividade). Parte dessas imperfeições sistêmicas foi reconhecida pelo STF no RE 607.642, que aplicou a técnica do *apelo ao legislador* para definir que: "Não obstante as Leis 10.637/02 e 10.833/03 estejam em processo de inconstitucionalização, é ainda constitucional o modelo legal de coexistência dos regimes cumulativo e não cumulativo, na apuração do PIS/Cofins das empresas prestadoras de serviços" (Tema 337)[12].

Felizmente, com a aprovação da Reforma Tributária (Emenda 132/2023), esse problema será definitivamente solucionado a partir do ano de 2027, quando ocorrerá a extinção do PIS/Pasep e da Cofins[13].

1.3 Regime cumulativo

1.3.1 Aplicabilidade

O regime cumulativo do PIS/Pasep e da Cofins é aplicável aos contribuintes submetidos ao imposto de renda da pessoa jurídica pelo lucro presumido ou arbitrado, entre outros definidos no art. 10 da Lei 10.833/1993, que abrangem: (**i**) os bancos comerciais, de investimentos, de desenvolvimento, caixas econômicas, sociedades de crédito, de financiamento e de investimento, sociedades de crédito imobiliário, sociedades corretoras, distribuidoras de títulos e valores mobiliários, empresas de arrendamento mercantil, cooperativas de crédito, empresas de seguros privados e de capitalização, agentes autônomos de seguros privados e de crédito; (**ii**) entidades de previdência privada abertas e fechadas; (**iii**) pessoas jurídicas que tenham por objeto a securitização de créditos imobiliários, financeiros ou agrícolas; (**iv**) operadoras de planos de assistência à saúde; (**v**) empresas particulares que exploram serviços de vigilância e de transporte de valores; e (**vi**) sociedades cooperativas, exceto as de produção agropecuária e as de consumo.

Também estão sujeitas a esse regime as receitas das seguintes atividades:

a) receitas sujeitas à substituição tributária;

b) venda de veículos usados, adquiridos para revenda, bem como os recebidos como parte do preço da venda (de veículos novos ou usados), desde que comercializados por pessoas jurídicas que tenham tais atividades expressamente previstas na descrição de seu objeto social nos respectivos atos constitutivos;

c) prestação de serviços de telecomunicações;

d) venda de jornais e periódicos e de prestação de serviços das empresas jornalísticas e de radiodifusão sonora e de sons e imagens;

e) relativas a contratos com prazo superior a um ano, firmados antes de 31 de outubro de 2003, de administradoras de planos de consórcios de bens móveis e imóveis, regularmente autorizadas a funcionar pelo Banco Central, de construção por empreitada ou de fornecimento, a preço predeterminado, de bens ou serviços, inclusive os contratados com pessoa jurídica de direito público, empresa pública, sociedade de economia mista ou suas subsidiárias, bem como os contratos posteriormente firmados decorrentes de propostas apresentadas, em processo licitatório, até a referida data;

---

[12] STF, Tribunal Pleno, RE 607.642, Rel. Min. Dias Toffoli, *DJe* 09.11.2020.

[13] Ver item 1.8, *infra*.

Parte Especial • Capítulo V • CONTRIBUIÇÕES ESPECIAIS | **663**

f) serviços de transporte coletivo rodoviário, metroviário, ferroviário e aquaviário de passageiros;

g) serviços prestados por hospital, pronto-socorro, clínica médica, odontológica, de fisioterapia e de fonoaudiologia, e laboratório de anatomia patológica, citológica ou de análises clínicas, de diálise, raios X, radiodiagnóstico e radioterapia, quimioterapia e de banco de sangue;

h) serviços de educação infantil, ensinos fundamental e médio e educação superior; (ix) vendas de mercadorias realizadas pelas pessoas jurídicas autorizadas pelo Ministro da Fazenda, nos termos da art. 15 do Decreto-lei 1.455/76, a funcionar na zona primária de porto ou aeroporto como lojas francas para venda de mercadoria nacional ou estrangeira a passageiros de viagens internacionais;

i) prestação de serviço de transporte coletivo de passageiros, efetuado por empresas regulares de linhas aéreas domésticas, e as decorrentes da prestação de serviço de transporte de pessoas por empresas de táxi aéreo;

j) decorrentes da edição de periódicos e de informações neles contidas, que sejam relativas aos assinantes dos serviços públicos de telefonia;

k) prestação de serviços com aeronaves de uso agrícola, inscritas no Registro Aeronáutico Brasileiro (RAB);

l) prestação de serviços das empresas de *call center*, telemarketing, telecobrança e de teleatendimento em geral;

m) decorrentes da execução por administração, empreitada ou subempreitada de obras de construção civil;

n) auferidas por parques temáticos e as decorrentes de serviços de hotelaria e de organização de feiras e eventos, conforme definido em ato conjunto dos Ministérios da Fazenda e do Turismo;

o) prestação de serviços postais e telegráficos prestados pela Empresa Brasileira de Correios e Telégrafos;

p) prestação de serviços públicos de concessionárias operadoras de rodovias;

q) prestação de serviços das agências de viagem e de viagens e turismo;

r) auferidas por empresas de serviços de informática, decorrentes das atividades de desenvolvimento de *software* e o seu licenciamento ou cessão de direito de uso, bem como de análise, programação, instalação, configuração, assessoria, consultoria, suporte técnico e manutenção ou atualização de *software*, incluídas as páginas eletrônicas, salvo a comercialização, licenciamento ou cessão de direito de uso de *software* importado;

s) as receitas relativas às atividades de revenda de imóveis, desmembramento ou loteamento de terrenos, incorporação imobiliária e construção de prédio destinado à venda, quando decorrentes de contratos de longo prazo, firmados antes de 31 de outubro de 2003;

t) as receitas decorrentes de operações de comercialização de pedra britada, de areia para construção civil e de areia de brita; e

u) as receitas decorrentes da alienação de participações societárias.

664 | CURSO DE DIREITO TRIBUTÁRIO – *Solon Sehn*

Dessa forma, o mesmo contribuinte pode estar submetido ao regime não cumulativo e parte de suas receitas ao regime cumulativo. Também é possível a incidência simultânea do regime de alíquotas concentradas (regime monofásico), o que gera uma série de problemas na apuração do tributo, parte dos quais será analisada no presente estudo[14].

1.3.2 Hipótese de incidência

1.3.2.1 Critério material

No regime cumulativo, até janeiro de 2015[15], as Contribuições ao PIS/Pasep e a Cofins incidiam sobre o faturamento mensal do contribuinte, apresentando como critério material a conduta de *obter* ou *auferir receita bruta da venda de mercadorias e da prestação de serviços* (faturamento)[16]. A Lei 12.973/2014, alterando o *caput* do art. 3º da Lei 9.718/1998, ampliou essa materialidade[17]. Com isso, o tributo passou a incidir sobre a receita bruta operacional, conforme definida pela legislação do IRPJ e da CSLL[18]:

---

[14] Para uma visão mais aprofundada da controvérsia, cf.: SEHN, Solon. PIS-Cofins: não cumulatividade e regimes de incidência. 3. ed. São Paulo: Noeses, 2022; PEIXOTO, Marcelo Magalhães; BERGAMINI, Adolpho (coord.). *PIS e Cofins na teoria e na prática*: uma abordagem completa dos regimes cumulativo e não cumulativo. 5. ed. São Paulo: MP-Apet, 2022.

[15] Salvo para os contribuintes que, na forma do art. 75 da Lei 12.973/2014, optaram pela aplicação antecipada da legislação: "Art. 75. A pessoa jurídica poderá optar pela aplicação das disposições contidas nos arts. 1º e 2º e 4º a 70 desta Lei para o ano-calendário de 2014".

[16] SEHN, Solon. *PIS-Cofins*: não cumulatividade e regimes de incidência. 3. ed. São Paulo: Noeses, 2022. p. 56 e ss.

[17] Antes dessa ampliação, como o conceito de faturamento compreende apenas a receita de venda de mercadorias e da prestação de serviços, foi discutida a validade da incidência do PIS/Pasep e da Cofins sobre a locação, que tem natureza de obrigação de dar. Ao julgar a matéria, o STF entendeu que: "É constitucional a incidência da contribuição para o PIS e da COFINS sobre as receitas auferidas com a locação de bens móveis ou imóveis, quando constituir atividade empresarial do contribuinte, considerando que o resultado econômico dessa operação coincide com o conceito de faturamento ou receita bruta, tomados como a soma das receitas oriundas do exercício das atividades empresariais, pressuposto desde a redação original do art. 195, I, da Constituição Federal" (Tema 630, STF, Tribunal Pleno, RE 599.658, Rel. Min. Luiz Fux, Rel. p/ Ac. Min. Alexandre de Moraes, *DJ* 14.06.2024); "É constitucional a incidência da contribuição para o PIS e da COFINS sobre as receitas auferidas com a locação de bens móveis ou imóveis, quando constituir atividade empresarial do contribuinte, considerando que o resultado econômico dessa operação coincide com o conceito de faturamento ou receita bruta, tomados como a soma das receitas oriundas do exercício das atividades empresariais, pressuposto desde a redação original do art. 195, I, da Constituição Federal" (Tema 684, STF, Tribunal Pleno, RE 659.412, Rel. Min. Marco Aurélio, Rel. p/ Ac. Min. Alexandre de Moraes, *DJ* 14.06.2024). Ressalte-se que, no julgamento do RE 609.096, foi fixada a seguinte tese: "As receitas brutas operacionais decorrentes da atividade empresarial típica das instituições financeiras integram a base de cálculo PIS/COFINS cobrado em face daquelas ante a Lei nº 9.718/98, mesmo em sua redação original, ressalvadas as exclusões e deduções legalmente prescritas" (STF, Tribunal Pleno, RE 609.096, Rel. Min. Dias Toffoli, *DJ* 06.07.2023).

[18] Antes de ser revogado pelo art. 79, XII, da Lei 11.941/2009, o § 1º do art. 3º da Lei 9.718/1998 ampliou a hipótese de incidência e a base de cálculo do PIS-Cofins antes da Emenda 20/1998, quando apenas o faturamento era previsto como fonte de custeio da seguridade social pelo art. 195 da Lei Maior. Assim, nos termos do § 4º desse mesmo dispositivo constitucional, para incidir sobre a receita bruta, era necessária a previsão em lei complementar. Em razão disso, a medida foi declarada inconstitucional pelo STF no RE 346.084: "É inconstitucional o § 1º do artigo 3º da Lei 9.718/98, no que ampliou o conceito de receita bruta para envolver a totalidade das receitas auferidas por pessoas jurídicas, independentemente da atividade por elas desenvolvida e da classificação contábil adotada" (STF, Tribunal Pleno, RE 346.084, Rel. Min. Ilmar Galvão, Rel. p/ Ac. Min. Marco Aurélio, *DJ* 1º.09.2006). A Lei 12.973/2014, por sua vez, ampliou a incidência do PIS-Cofins após a Emenda 20/1998, que previu *a receita* ou o *faturamento* como fonte de custeio (art. 195, I, "b"). Daí que, ao contrário do art. 3º, § 1º, da Lei 9.718/1998, não ofende o texto constitucional. Sobre o tema, cf.: SEHN, Solon. *PIS-Cofins*: não cumulatividade e regimes de incidência. 3. ed. São Paulo: Noeses, 2022. p. 68.

Parte Especial • **Capítulo V** • CONTRIBUIÇÕES ESPECIAIS | **665**

Art. 3º O faturamento a que se refere o art. 2º compreende a receita bruta de que trata o art. 12 do Decreto-lei nº 1.598, de 26 de dezembro de 1977. (Redação dada pela Lei nº 12.973, de 2014)

O art. 12 do Decreto-lei 1.598/1977, por sua vez, estabelece que:

Art. 12. A receita bruta compreende: (Redação dada pela Lei nº 12.973, de 2014)

I – o produto da venda de bens nas operações de conta própria; (Incluído pela Lei nº 12.973, de 2014)

II – o preço da prestação de serviços em geral; (Incluído pela Lei nº 12.973, de 2014)

III – o resultado auferido nas operações de conta alheia; e (Incluído pela Lei nº 12.973, de 2014)

IV – as receitas da atividade ou objeto principal da pessoa jurídica não compreendidas nos incisos I a III – (Incluído pela Lei nº 12.973, de 2014.)

[...]

§ 4º Na receita bruta não se incluem os tributos não cumulativos cobrados, destacadamente, do comprador ou contratante pelo vendedor dos bens ou pelo prestador dos serviços na condição de mero depositário. (Incluído pela Lei nº 12.973, de 2014).

§ 5º Na receita bruta incluem-se os tributos sobre ela incidentes[19] e os valores decorrentes do ajuste a valor presente, de que trata o inciso VIII do *caput* do art. 183 da Lei nº 6.404, de 15 de dezembro de 1976, das operações previstas no *caput*, observado o disposto no § 4º. (Incluído pela Lei nº 12.973, de 2014)

Portanto, no regime cumulativo, o critério material da hipótese de incidência do PIS/Pasep e da Cofins é *obter* ou *auferir receita bruta operacional*.

O conceito de receita bruta operacional já foi analisado por ocasião do estudo do imposto de renda. Recorde-se que, como examinado na oportunidade, a *receita bruta operacional* abrange o *faturamento* – a receita bruta da venda de mercadorias e da prestação de serviços – e todas os demais acréscimos patrimoniais líquidos, isoladamente considerados (com abstração de custos e de despesas), auferidos em decorrência do exercício das atividades principais e acessórias previstas no objeto social da pessoa jurídica.

Lembre-se, ademais, que as regras de reconhecimento oferecem o parâmetro normativo a partir do qual a receita é considerada auferida ou obtida (recebida), o que varia em função do regime de caixa ou de competência. A regra é o regime ou princípio da competência. Os contribuintes optantes do regime de tributação do imposto de renda com base no lucro presumido, entretanto, podem optar pelo regime de caixa (Medida Provisória 2.158-35, art. 20).

---

19   Na interpretação desse dispositivo, chama a atenção a primeira parte do § 5º do art. 12: "Na receita bruta incluem-se os tributos sobre ela incidentes [...]". Não se sabe exatamente qual foi a intenção do legislador com essa previsão, porque não explicitada na exposição de motivos da medida provisória convertida na Lei 12.973/2014. De qualquer modo, certamente não foi a introdução de um mecanismo de cálculo "por dentro" da contribuição, já que, ao alterar a Lei 10.833/2003, o legislador não previu a dupla inclusão do valor da contribuição em sua base de cálculo. Além disso, seria de discutível constitucionalidade uma previsão dessa natureza. O único tributo que pode ser incluído na base de cálculo de outro é o ICMS. Esse – e somente este – pode ser calculado "por dentro", em razão da previsão específica do art. 155, § 2º, XII, "i", inserido pela Emenda Constitucional 33/2001. Ainda assim, é necessário autorização expressa em lei complementar. O cálculo "por dentro" tampouco mostra-se compatível com o princípio da capacidade contributiva (art. 145, § 1º). Tanto é assim que, em relação ao PIS/Pasep e à Cofins incidente na importação (Lei 10.865/2004, art. 7º, I), já foi declarado inconstitucional pelo STF no RE 559.937 (STF, Tribunal Pleno, RE 559.937/SC, Rel. Min. Ellen Gracie, Rel. p/ Ac. Min. Dias Toffoli, j. 20.03.2013, *DJe*-206, 17.10.2013).

666 | CURSO DE DIREITO TRIBUTÁRIO – *Solon Sehn*

No regime de competência, a receita é considerada *auferida* ou *ganha* quando surge o direito ao seu recebimento, desde que incondicional, mensurável e – dentro de uma avaliação prudencial de risco – exista segurança razoável quanto ao efetivo recebimento[20]. No regime de caixa, a receita é considerada obtida no momento do *recebimento*, vale dizer, da efetiva percepção da prestação pecuniária correspondente[21].

1.3.2.2 Critério espacial

O critério espacial da hipótese de incidência do PIS/Pasep e da Cofins é genérico, coincidindo com o âmbito de validade territorial da lei, ou seja, todo o território nacional.

1.3.2.3 Critério temporal

Em estudo anterior, foi sustentado que o critério temporal da hipótese de incidência do PIS/Pasep e da Cofins seria o primeiro dia do mês seguinte ao do período-base[22]. Reflexão posterior, contudo, indica a necessidade de revisão desse entendimento. É que não se pode confundir a data de aferição da receita e o período impositivo, isto é, o intervalo de tempo dentro do qual são considerados os ingressos relevantes para a formação da receita bruta mensal. No último dia do mês, não é possível medir a totalidade da receita auferida. A base de cálculo não está inteiramente formada, porque, até o último instante, o contribuinte pode auferir receitas. É bastante comum nos dias de hoje, sobretudo no comércio eletrônico ou na prestação de serviços por aplicativos (*v.g.*, Uber, Ifood, entre outros), o fechamento de operações com relevância tributária em qualquer hora, inclusive no segundo final do dia. A rigor, a receita bruta apenas pode ser aferida com inteireza no mês seguinte, no primeiro dia ou em qualquer outro. No entanto, o condicionante temporal da materialidade do tributo não é a data da medição (totalização da receita), mas o encerramento do período impositivo. Antes disso, não ocorre o evento imponível, evidenciando que, na realidade, o determinante é o último dia do mês[23].

1.3.3 Consequência tributária

1.3.3.1 Base de cálculo

A partir de 1º de janeiro de 2015, com o início da vigência das alterações da Lei 12.973/2014, o PIS/Pasep e a Cofins passaram a incidir sobre o total da *receita bruta operacional* auferida no mês, admitidas as exclusões do § 2º do art. 3º da Lei 9.718/1998, do art. 12 do Decreto-lei 1.598/1977, do art. 2º, parágrafo único, da Lei Complementar 70/1991:

a) IPI destacado na nota fiscal;

b) vendas canceladas, devolvidas e descontos incondicionais;

c) reversões de provisões, que não representem ingresso de novas receitas;

---

[20] PEDREIRA, José Luiz Bulhões. *Imposto sobre a renda*: pessoas jurídicas. Rio de Janeiro: Adcoas-Justec, 1979. v. I, p. 298-299; POLIZELLI, Victor Borges. *O princípio da realização da renda*: reconhecimento de receitas e despesas para fins do IRPJ. São Paulo: IBDT-Quartier Latin, 2012. p. 202 e ss.

[21] Sobre os regimes de caixa e de competência, ver Capítulo I, item 3.6.1.2.6, da Parte Especial.

[22] SEHN, Solon. *PIS-Cofins*: não cumulatividade e regimes de incidência. 3. ed. São Paulo: Noeses, 2022. p. 70.

[23] Tem razão, portanto, a doutrina de NEVES, Luís Fernando de Souza. *Cofins*: contribuição social sobre o faturamento – L.C. 70/91. São Paulo: Max Limonad, 1997. p. 110; FISCHER, Octavio Campos. *A contribuição ao PIS*. São Paulo: Dialética, 1999. p. 142-143; FERREIRA, Dâmares. *A Cofins incide sobre as instituições particulares de ensino sem fins lucrativos? Revista da Associação Brasileira de Direito Tributário*, Belo Horizonte, v. 19, p. 19, nov./dez. 2002; e KONKEL JUNIOR, Nicolau. *Contribuições sociais*: doutrina e jurisprudência. São Paulo: Quartier Latin, 2005. p. 430.

Parte Especial • Capítulo V • CONTRIBUIÇÕES ESPECIAIS | **667**

d) recuperações de créditos baixados como perda, que não representem ingresso de novas receitas;

e) outras receitas decorrentes da venda de bens do ativo não circulante, classificado como investimento, imobilizado ou intangível;

f) receita auferida pela pessoa jurídica revendedora, na revenda de mercadorias em relação às quais a contribuição seja exigida da empresa vendedora, na condição de substituta tributária;

g) receita reconhecida pela construção, recuperação, ampliação ou melhoramento da infraestrutura, cuja contrapartida seja ativo intangível representativo de direito de exploração, no caso de contratos de concessão de serviços públicos;

h) resultado positivo da avaliação de investimentos pelo valor do patrimônio líquido e os lucros e dividendos derivados de participações societárias, que tenham sido computados como receita;

i) financeiras decorrentes do ajuste a valor presente, referentes a receitas excluídas da base de cálculo.

As hipóteses acima coincidem em parte com as previstas no regime não cumulativo do PIS/Pasep e da Cofins, razão pela qual serão analisadas adiante. Desde já, entretanto, cabe ressaltar que a lista não é exaustiva. As exclusões da legislação do PIS/Pasep e da Cofins somam-se às do art. 12 do Decreto-lei 1.598/1977. Assim, embora a nova redação tenha deixado de prever a exclusão dos tributos cobrados na substituição tributária, esses continuam fora da base de cálculo da contribuição. Isso porque, de acordo com o § 4º do art. 12 do Decreto-lei 1.598/1977, na receita bruta não se incluem os tributos não cumulativos cobrados, destacadamente, do comprador ou contratante pelo vendedor dos bens ou pelo prestador dos serviços na condição depositário.

Também não se incluem as receitas não alcançadas pela incidência da contribuição e as isentas, inclusive alíquota zero, as receitas de terceiros e as decorrentes de transferência onerosa de ICMS originados de operações de exportação. Essas duas últimas hipóteses de exclusão estavam previstas nos incisos III e V do § 2º do art. 3º da Lei 9.718/1998, que, entretanto, foram revogados pela Medida Provisória 2.158-35/2001 e pela Lei 12.973/2014:

> Art. 3º [...] § 2º Para fins de determinação da base de cálculo das contribuições a que se refere o art. 2º, excluem-se da receita bruta:
>
> [...]
>
> III – os valores que, computados como receita, tenham sido transferidos para outra pessoa jurídica, observadas normas regulamentadoras expedidas pelo Poder Executivo; (Revogado pela Medida Provisória nº 2.158-35, de 2001)
>
> [...]
>
> V – a receita decorrente da transferência onerosa a outros contribuintes do ICMS de créditos de ICMS originados de operações de exportação, conforme o disposto no inciso II do § 1º do art. 25 da Lei Complementar nº 87, de 13 de setembro de 1996. (Redação dada pela Lei nº 11.945, de 2009). (Revogado pela Lei nº 12.973, de 2014)

Apesar da revogação, devem ser excluídas da base de cálculo do PIS/Pasep e da Cofins. Os valores repassados a terceiros, porque o inciso III do art. 12 do Decreto-lei 1.598/1977, na redação da Lei 12.973/2014, estabelece que a receita bruta compreende apenas o resultado auferido nas operações de conta alheia. Já no caso dos créditos acumulados de ICMS, a exclusão deve-se à decisão vinculante do STF no RE 606.107: "É inconstitucional a incidência da contribuição ao

668 CURSO DE DIREITO TRIBUTÁRIO – *Solon Sehn*

PIS e da COFINS não cumulativas sobre os valores recebidos por empresa exportadora em razão da transferência a terceiros de créditos de ICMS" (Tema 283)[24].

Outra exclusão decorrente de decisão do STF é o ICMS destacado na nota fiscal, conforme a tese fixada no RE 574.706: "O ICMS não compõe a base de cálculo para a incidência do PIS e da Cofins" (Tema 69)[25].

No STJ, por sua vez, foi fixada a seguinte tese jurídica: "O ICMS-ST não compõe a base de cálculo da Contribuição ao PIS e da COFINS devidas pelo contribuinte substituído no regime de substituição tributária progressiva" (Tema 1.125)[26].

Além disso, no julgamento do RE 593.544, o STF decidiu o Tema 504, fixando a seguinte tese de repercussão geral: "Os créditos presumidos de IPI, instituídos pela Lei nº 9.363/1996, não integram a base de cálculo da contribuição para o PIS e da COFINS, sob a sistemática de apuração cumulativa (Lei nº 9.718/1998), pois não se amoldam ao conceito constitucional de faturamento"[27].

Por fim, as instituições financeiras, cooperativas de crédito e as pessoas jurídicas que tenham por objeto a securitização de créditos imobiliários, financeiros e agrícolas estão sujeitas a regras específicas de apuração da base de cálculo, previstas nos §§ 5º a 9º do art. 3º da Lei 9.718/1998, que não serão analisadas nesse momento.

1.3.3.2 Alíquotas

A alíquota geral do PIS/Pasep e da Cofins corresponde a 0,65% e a 3%, respectivamente. A alienação de participações societárias, as operadoras de planos de assistência à saúde, as instituições financeiras, as cooperativas de crédito e as pessoas jurídicas voltadas à securitização de créditos imobiliários, financeiros e agrícolas estão sujeitas a uma alíquota de 4% de Cofins[28].

---

24 STF, Tribunal Pleno, RE 606.107, Rel. Min. Rosa Weber, *DJe* 25.11.2013: Ementa: "I – Esta Suprema Corte, nas inúmeras oportunidades em que debatida a questão da hermenêutica constitucional aplicada ao tema das imunidades, adotou a interpretação teleológica do instituto, a emprestar-lhe abrangência maior, com escopo de assegurar à norma supralegal máxima efetividade"; "IV – O art. 155, § 2º, X, 'a', da CF – cuja finalidade é o incentivo às exportações, desonerando as mercadorias nacionais do seu ônus econômico, de modo a permitir que as empresas brasileiras exportem produtos, e não tributos –, imuniza as operações de exportação e assegura 'a manutenção e o aproveitamento do montante do imposto cobrado nas operações e prestações anteriores'. Não incidem, pois, a COFINS e a contribuição ao PIS sobre os créditos de ICMS cedidos a terceiros, sob pena de frontal violação do preceito constitucional"; "VII – Adquirida a mercadoria, a empresa exportadora pode creditar-se do ICMS anteriormente pago, mas somente poderá transferir a terceiros o saldo credor acumulado após a saída da mercadoria com destino ao exterior (art. 25, § 1º, da LC 87/1996). Porquanto só se viabiliza a cessão do crédito em função da exportação, além de vocacionada a desonerar as empresas exportadoras do ônus econômico do ICMS, as verbas respectivas qualificam-se como decorrentes da exportação para efeito da imunidade do art. 149, § 2º, I, da Constituição Federal".

25 STF, RE 574.706, Rel. Min. Cármen Lúcia, *DJe* 02.10.2017. Por outro lado, como esclarecido no julgamento dos embargos de declaração opostos pela União, "[...] **no ponto referente ao ICMS excluído da base de cálculo das contribuições PIS-Cofins, prevaleceu o entendimento de que se trata do ICMS destacado**, vencidos os Ministros Nunes Marques, Roberto Barroso e Gilmar Mendes" (STF, RE 574.706 ED, Rel. Min. Cármen Lúcia, *DJe* 12.08.2021). Ressalte-se que, de acordo com o entendimento da Receita Federal: "O valor referente ao adicional de alíquota do ICMS destinado aos Fundos Estaduais de Combate à Pobreza não deve ser excluído da base de cálculo da incidência da Cofins, visto ostentar natureza jurídica que não se confunde com a do ICMS propriamente dito, na medida em que tem efeito 'cascata', por ser cumulativo, além de possuir vinculação específica e não se sujeitar à repartição de que cuida o art. 158, inciso IV, da Constituição Federal" (Solução de Consulta Cosit 61/2024).

26 STJ, REsp 1.896.678, Rel. Min. Gurgel de Faria, j. 13.12.2023.

27 STF, Tribunal Pleno, RE 593.544, Rel. Min. Luís Roberto Barroso. *DJe* 08.03.2024.

28 Lei 9.718/1998, art. 8º-A e art. 8º-B; Lei 10.684/2003, art. 18; e Lei 12.715/2012, art. 70. Ressalte-se que, no RE 656.089, o STF definiu que: "É constitucional a previsão legal de diferenciação de alíquotas em relação às contribuições sociais incidentes sobre o faturamento ou a receita de instituições financeiras ou de enti-

Parte Especial • Capítulo V • CONTRIBUIÇÕES ESPECIAIS | 669

1.3.3.3   Sujeição passiva e ativa

O sujeito ativo coincide com a pessoa política competente para instituir o tributo: a União Federal, que a arrecada e fiscaliza por intermédio da Secretaria da Receita Federal do Brasil[29].

Os contribuintes do PIS/Pasep e da Cofins são as pessoas jurídicas e os entes equiparados nos termos da legislação do imposto de renda[30]. Também são previstas hipóteses de responsabilidade tributária que, devido a suas especificidades, não serão analisadas no presente estudo.

1.4   Regime não cumulativo

1.4.1   Aplicabilidade

O regime não cumulativo do PIS/Pasep e da Cofins é aplicável aos contribuintes submetidos ao imposto de renda da pessoa jurídica pelo lucro real (IRPJ), ressalvadas as exceções previstas no art. 10 da Lei 10.833/2003 anteriormente analisadas.

1.4.2   Hipótese de incidência

1.4.2.1   Critério material

A hipótese de incidência do PIS/Pasep e da Cofins no regime não cumulativo abrange o *total da receita bruta mensal* da pessoa jurídica, independentemente de sua denominação ou classificação contábil. A Lei 12.973/2014 alterou o § 1º do art. 1º das Leis 10.637/2002 e 10.833/2003, unificando[31] os conceitos de receita bruta da legislação do PIS/Pasep e da Cofins e do IRPJ e da CSLL:

> Art. 1º [...]
> § 1º Para efeito do disposto neste artigo, o total das receitas compreende a receita bruta de que trata o art. 12 do Decreto-lei nº 1.598, de 26 de dezembro de 1977, e todas as demais receitas auferidas pela pessoa jurídica com os respectivos valores decorrentes do ajuste a valor presente de que trata o inciso VIII do *caput* do art. 183 da Lei nº 6.404, de 15 de dezembro de 1976. (Redação dada pela Lei nº 12.973, de 2014)[32]

Dessa forma, o critério material da hipótese de incidência do PIS/Pasep e da Cofins no regime não cumulativo abrange a conduta de *auferir receita bruta*.

Como analisado no estudo do imposto de renda, o art. 12 do Decreto 1.598/1977, reproduzido anteriormente, estabelece que a receita bruta da venda e serviços compreende o produto da venda de bens nas operações de conta própria, o preço da prestação de serviços em geral, o resultado auferido nas operações de conta alheia e as receitas decorrentes da atividade ou objeto principal da pessoa jurídica. Essa definição é equivalente à noção de *receita bruta operacional*, que abrange o *faturamento* – a receita bruta da venda de mercadorias e da prestação de serviços – e todas as outras receitas auferidas em decorrência do exercício de suas atividades principais

---

dades a elas legalmente equiparáveis" (Tema 515) (STF, Tribunal Pleno, RE 656.089, Rel. Min. Dias Toffoli, *DJe* 11.12.2019).

29   Lei 11.457/2007, art. 2º.

30   Lei Complementar 70/1991, art. 1º.

31   Essa unificação produz importantes efeitos na interpretação do regime jurídico do tributo, excluindo exegeses restritivas que – antes da Lei 12.973/2014 – defendiam a existência de um conceito de receita bruta diferenciado para fins de incidência do PIS/Pasep e da Cofins, mais restrito que o da legislação do imposto sobre a renda.

32   O § 1º do art. 1º das Leis 10.637/2002 e 10.833/2003 tem a mesma redação.

670 | CURSO DE DIREITO TRIBUTÁRIO – *Solon Sehn*

e acessórias previstas em seu objeto social (inciso IV). A empresa, entretanto, pode auferir receitas em razão de atividades não incluídas em seu objeto, como a venda de um bem do ativo imobilizado (*v.g.*, máquina ou equipamento em desuso) por uma indústria. Essas *outras receitas* também são denominadas *receitas não operacionais* por parte da doutrina.

Ressalte-se que os valores recebidos e a repassados a terceiros não integram a receita bruta do sujeito passivo. Nesses casos, de acordo com o inciso III do art. 12 do Decreto 1.598/1977, a receita do contribuinte será apenas *o resultado auferido nas operações de conta alheia*. Assim, no contrato de comissão (CC, art. 693[33]), que tem por objeto a aquisição ou a venda de bens pelo comissário, em seu próprio nome, à conta do comitente, a receita será apenas a comissão, e não o valor da venda repassado ao terceiro. O mesmo ocorre nos contratos de agência e distribuição (CC, art. 710 e ss.) e em todos os negócios jurídicos nos quais a pessoa jurídica que recebe o pagamento não é titular da receita auferida[34].

É irrelevante, para a caracterização da receita bruta operacional e das demais receitas, o custo de aquisição ou de produção, assim como eventuais despesas de venda. Receita é um acréscimo patrimonial líquido – o elemento ou o fator positivo[35] – que participa da composição do resultado do exercício social de forma *isoladamente considerada*. Trata-se, como ensina José Antonio Minatel, de um acréscimo de *mensuração instantânea*, "isolada em cada evento, abstraindo-se dos custos e de periodicidade para a sua apuração"[36]. Assim, *v.g.*, mesmo na venda com prejuízo, o valor auferido tem natureza de receita bruta.

Deve-se ter presente, ademais, que *receita* não constitui sinônimo de ingresso ou entrada de caixa. O ingresso de caixa é uma noção que expressa o recebimento de um fluxo neutro de recursos financeiros, que não repercute necessariamente no patrimônio. Em um contrato de mútuo, por exemplo, a quantia emprestada pelo mutuante, depositada em conta bancária de titularidade do mutuário, constitui simples entrada de caixa. Ao mesmo tempo em que recebe o valor emprestado, o mutuário assume uma dívida perante o mutuante. Por isso, como não há repercussão no patrimônio líquido, não tem natureza de receita.

---

[33] "Art. 693. O contrato de comissão tem por objeto a aquisição ou a venda de bens pelo comissário, em seu próprio nome, à conta do comitente."

[34] Destaque-se, nesse sentido, a seguinte lição de Bulhões Pedreira, ao ressaltar que "[...] nas vendas por conta de terceiros o preço de venda pertence ao comitente ou mandante: a receita da pessoa jurídica é a comissão (ou outra modalidade de remuneração) recebida pela prestação do serviço de intermediação" (PEDREIRA, José Luiz Bulhões. *Imposto sobre a renda*: pessoas jurídicas. Rio de Janeiro: Adcoas-Justec, 1979. v. I, p. 350).

[35] Há uma proximidade natural entre os conceitos de *receita* e *renda*, o que é natural, já que, da equação que forma a renda, a receita bruta é o fator positivo. A esse propósito, ensina Gisele Lemke que a distinção entre *renda* e *receita* reside no fato de que esta constitui o elemento positivo do acréscimo patrimonial: "Quadra observar que essa definição, ao contrário do que possa parecer à primeira vista, não torna confusa a distinção entre renda e receita. Renda, no conceito do CTN e na interpretação da doutrina jurídica, corresponde a acréscimos patrimoniais. É o resultado das receitas menos as despesas. Receita é elemento positivo de acréscimo patrimonial. Para seu cálculo não se levam em conta as despesas" (LEMKE, Gisele. Regime tributário das indenizações. *In*: MACHADO, Hugo de Brito (coord.). *Regime tributário das indenizações*. São Paulo-Fortaleza: Dialética-ICET, 2000. p. 89).

[36] MINATEL, José Antonio. *Conteúdo do conceito de receita e regime jurídico para sua tributação*. São Paulo: MP, 2005. p. 124. Como ensina Ricardo Mariz de Oliveira: "este isolamento do fator positivo, para a identificação do que seja receita, é que distingue receita de lucro, renda ou ganho, já que lucro, renda ou ganho, sim, se constituem no resultado da reunião de todos os elementos positivos e negativos que afetam o patrimônio e identificam uma mutação geral líquida nele havida, ou uma mutação líquida particular. Assim, renda ou lucro (ou prejuízo, que é a versão ou resultado negativo da renda ou lucro) é a somatória algébrica da totalidade dos fatores positivos e negativos que afetam um patrimônio em determinado período de tempo, ao passo que ganho (ou sua versão negativa, perda) é a soma algébrica dos fatores positivo e negativo que afetam um determinado ato, como o ganho ou perda de uma venda" (OLIVEIRA, Ricardo Mariz de. Conceito de receita como hipótese de incidência das Contribuições para a Seguridade Social (para Efeitos da Cofins e da Contribuição ao PIS). *Repertório IOB de jurisprudência*, n. 1, p. 31, jan. 2001). No mesmo sentido: PEDREIRA, José Luiz Bulhões. *Imposto sobre a renda*: pessoas jurídicas. Rio de Janeiro: Adcoas-Justec, 1979. v. I, p. 351-352.

Parte Especial • Capítulo V • CONTRIBUIÇÕES ESPECIAIS | **671**

A caracterização da receita bruta demanda a incorporação ao patrimônio em caráter definitivo e uma repercussão positiva[37]. Isso afasta do seu âmbito conceitual os reembolsos, as cauções e os depósitos, as indenizações por dano emergente[38], bem como todas as demais somas escrituradas sob reserva de serem restituídas ou pagas a terceiro por qualquer razão de direito.

No RE 574.706, o Plenário do STF decidiu pela inconstitucionalidade da inclusão do ICMS nas bases de cálculo do PIS/Pasep e da Cofins, firmando a seguinte tese de repercussão geral: "o ICMS não compõe a base de cálculo para a incidência do PIS e da Cofins" (Tema 69)[39]. Esse julgado é relevante porque teve como *ratio decidendi* a distinção entre *ingresso* e *receita*, destacada no Voto da Ministra Cármen Lúcia e reiterada pelo Ministro Celso de Melo:

> **Irrecusável**, Senhora Presidente, *tal como assinalado por Vossa Excelência*, **que o valor pertinente** ao ICMS **é repassado** ao Estado-membro (**ou** ao Distrito Federal), **dele não sendo titular** a empresa, **pelo fato**, *juridicamente relevante*, **de tal ingresso** *não se qualificar* como receita que pertença, *por direito próprio*, à empresa contribuinte.

---

[37] A doutrina não diverge a esse respeito. A necessidade de repercussão patrimonial também é ressaltada por Geraldo Ataliba e Cléber Giardino, quando ensinam que receita constitui "acréscimo patrimonial que adere definitivamente ao patrimônio do alienante. A ele, portanto, não se podem considerar integradas importâncias que apenas 'transitam' em mãos do alienante, sem que, em verdade, lhes pertençam em caráter definitivo" (ATALIBA, Geraldo; GIARDINO, Cléber. PIS – Exclusão do ICM de sua base de cálculo. *Revista de Direito Tributário*, São Paulo, n. 35, p. 160, jan./mar. 1986). Nesse mesmo raciocínio, aliás, tem-se colocado praticamente toda a doutrina dedicada ao estudo do tema, considerando receita apenas "[...] a entrada que, sem quaisquer reservas, condições ou correspondência no passivo, se integra ao patrimônio da empresa, acrescendo-o, incrementando-o" (BARRETO, Aires Fernandino. *ISS na Constituição e na lei*. São Paulo: Dialética, 2002. p. 329; "um 'plus jurídico' (acréscimo de direito), de qualquer natureza e de qualquer origem, que se agrega ao patrimônio como um elemento positivo, e que não acarreta para o seu adquirente qualquer nova obrigação" (OLIVEIRA, Ricardo Mariz de. Conceito de receita como hipótese de incidência das Contribuições para a Seguridade Social (para Efeitos da Cofins e da Contribuição ao PIS). *Repertório IOB de Jurisprudência*, n. 1, p. 30, jan. 2001); o "incremento do patrimônio" (BALEEIRO, Aliomar. *Uma introdução à ciência das finanças*. Atual. Dejalma de Campos. 15. ed. Rio de Janeiro: Forense, 1998. p. 126); o "elemento positivo do acréscimo patrimonial" (LEMKE, Gisele. Regime tributário das indenizações. *In*: MACHADO, Hugo de Brito (coord.). *Regime tributário das indenizações*. São Paulo-Fortaleza: Dialética-ICET, 2000. p. 89); "a entrada de riqueza nova no patrimônio da pessoa jurídica" (MACHADO, Hugo de Brito; MACHADO SEGUNDO, Hugo de Brito. Parecer – Contribuições incidentes sobre faturamento. PIS e Cofins. Descontos obtidos de fornecedores. Fato gerador. Inocorrência. *Revista Dialética de Direito Tributário*, n. 113, p. 136-137, 2011); as "quantias que a empresa recebe não para si" (SOUZA, Hamilton Dias de. Contribuição ao P.I.S.: natureza jurídica e base de cálculo. *In*: MARTINS, Ives Gandra da Silva (coord.). *Contribuições especiais*: fundo PIS/ PASEP. São Paulo: Resenha Tributária-CEEU, 1991. p. 244-245. [Caderno de pesquisas tributárias, v. 2.]); que "possam alterar o patrimônio líquido" (MELO, José Eduardo Soares de. PIS e Cofins sobre o ato cooperativo. *In*: BECHO, Renato Lopes (coord.). *Problemas atuais do direito cooperativo*. São Paulo: Dialética, 2002. p. 165); a entrada "de cunho patrimonial" (GRECO, Marco Aurélio. Cofins na Lei 9.718/98 – Variações cambiais e regime de alíquota acrescida. *Revista Dialética de Direito Tributário*. São Paulo, n. 50, p. 130, nov. 1999); que "tem o condão de incrementar o patrimônio" (CASTRO, Alexandre Barros. *Sujeição passiva no imposto sobre a renda*. São Paulo: Saraiva, 2004. p. 256). No mesmo sentido, cumpre citar, ainda: BOITEUX, Fernando Netto. Receita e faturamento: PIS e Cofins na Lei nº 9.718/98. *Revista Dialética de Direito Tributário*, n. 61, p. 64, 2000; KEPPLER, Roberto Carlos; DIAS, Roberto Moreira. Da inconstitucionalidade da inclusão do ICMS na base de cálculo da Cofins. *Revista Dialética de Direito Tributário*, n. 75, p. 169-178, 2009; ANDRADE FILHO, Edmar Oliveira. PIS e Cofins: o conceito de receita à luz do princípio da capacidade contributiva. *In*: PEIXOTO, Marcelo Magalhães; FISCHER, Octavio Campos (coord.). *PIS-Cofins*: questões atuais e polêmicas. São Paulo: Quartier Latin, 2005. p. 219-220.

[38] BALEEIRO, Aliomar. *Uma introdução à ciência das finanças*. Atual. Dejalma de Campos. 15. ed. Rio de Janeiro: Forense, 1998. p. 126; MACHADO, Hugo de Brito; MACHADO SEGUNDO, Hugo de Brito. Parecer – Contribuições incidentes sobre faturamento. PIS e Cofins. Descontos obtidos de fornecedores. Fato gerador. Inocorrência. *Revista Dialética de Direito Tributário*, n. 113, p. 137, 2011; LEMKE, Gisele. Regime tributário das indenizações. *In*: MACHADO, Hugo de Brito (coord.). *Regime tributário das indenizações*. São Paulo-Fortaleza: Dialética-ICET, 2000. p. 88.

[39] STF, Tribunal Pleno, RE 574.706, Rel. Min. Cármen Lúcia, *DJe* 02.10.2017.

672 | CURSO DE DIREITO TRIBUTÁRIO – *Solon Sehn*

Inaceitável, *por isso mesmo*, **que se qualifique** *qualquer ingresso* como receita, **pois** a noção conceitual de receita **compõe-se** da integração, *ao menos para efeito de sua configuração*, **de 02 (dois) elementos essenciais:**

a) **que a incorporação** dos valores *faça-se positivamente*, **importando** em acréscimo patrimonial; **e**

b) **que essa incorporação** *revista-se de caráter definitivo.*

Daí a advertência de autores e tributaristas eminentes, **cuja lição**, *no tema*, **mostra-se extremamente precisa** (e correta) **no exame** *da noção de receita.*

[...]

É por isso que o saudoso Ministro Aliomar Baleeiro, *em clássica obra* ("**Uma Introdução à Ciência das Finanças**", p. 152, item 14.3, 18ª ed., 2012, Forense), **assinala** *que são inconfundíveis as noções conceituais* de entrada ou ingresso, *de conteúdo genérico e abrangente,* e de receita, *de perfil restrito,* **que compreende**, *como espécie que é do gênero "**entrada**",* o **ingresso definitivo** de recursos **geradores** de "*incremento*" patrimonial, **o que permite concluir** que o mero ingresso de valores **destinados** *a ulterior repasse* a terceiros (*no caso*, ao Estado-membro ou ao Distrito Federal) **não se qualificará**, *técnica e juridicamente*, **como receita**, para fins e efeitos de caráter tributário[40].

Cumpre considerar que o patrimônio compreende todas as relações jurídicas de conteúdo econômico titularizadas pelo sujeito de direito[41]. Logo, também tem natureza de receita os atos extintivos de dívidas que não impliquem a assunção de outra obrigação ou a perda de um direito de crédito, dinheiro ou outro bem susceptível de apreciação pecuniária de igual ou superior valor[42]. É o caso da remissão[43], que extingue uma dívida sem qualquer contrapartida, gerando um acréscimo ao patrimônio líquido.

Em síntese, portanto, receita bruta abrange o *faturamento* – a receita bruta da venda de mercadorias e da prestação de serviços – e todas os demais acréscimos patrimoniais líquidos, isoladamente considerados (com abstração de custos e de despesas), auferidos pela pessoa jurídica[44].

---

[40]   Grifado no original.

[41]   Destarte, como ensina Orlando Gomes, o patrimônio compreende "todas as relações jurídicas de conteúdo econômico das quais participe a pessoa ativa ou passivamente" (GOMES, Orlando. *Introdução ao estudo do direito civil*. 13. ed. Rio de Janeiro, Forense, 1996. p. 210). No mesmo sentido coloca-se o entendimento de Carlos Alberto da Mota Pinto, ao defini-lo como "o conjunto de relações jurídicas ativas e passivas (direitos e obrigações) avaliáveis em dinheiro de que uma pessoa é titular" (PINTO, Carlos Alberto da Mota. *Teoria geral do direito civil*. 3 ed. Coimbra: Limitada, 1994. p. 352); e Silvio Rodrigues, que remete à definição de Clóvis Beviláqua, de patrimônio como "complexo das relações jurídicas de uma pessoa que tiverem valor econômico" (RODRIGUES, Silvio. *Direito civil*: parte geral. 27 ed. São Paulo: Saraiva, 1997. v. I, p. 114).

[42]   Como ressalta Ricardo Mariz de Oliveira, é inviável o esforço de "[...] sustentar que as reduções de obrigações sem pagamento não sejam receitas, porque na verdade elas reúnem todas as características pelas quais se pode identificar uma receita" (OLIVEIRA, Ricardo Mariz de. Conceito de receita como hipótese de incidência das Contribuições para a Seguridade Social (para Efeitos da Cofins e da Contribuição ao PIS). *Repertório IOB de Jurisprudência*, n. 1, p. 22, jan. 2001).

[43]   "Art. 385. A remissão da dívida, aceita pelo devedor, extingue a obrigação, mas sem prejuízo de terceiro".

[44]   Há consequências jurídicas relevante que decorrem do receito de receita e da ligação com o conceito de renda. Não é objetivo do presente estudo ingressar nessas especificidades. Remete-se, para aqueles que buscam especialização da matéria, ao estudo: SEHN, Solon. *PIS-Cofins*: não cumulatividade e regimes de incidência. 3. ed. São Paulo: Noeses, 2022. p. 92 e ss. Nele são analisados os reflexos no regime de incidência nos ingressos recebidos a título de reembolso, de indenizações, multas e juros, indenizações de seguros e devolução de prêmios, contratos de empréstimo, receitas não pecuniárias, incorporação de prejuízos à conta de sócio, dação em pagamento, novação, confusão e compensação, permutas em geral e permuta de participação societária, entre outras questões relacionadas, bem como o entendimento da RFB, do Carf e dos Tribunais Superiores.

Parte Especial · Capítulo V · CONTRIBUIÇÕES ESPECIAIS | **673**

Recorde-se, ademais, que o regime não cumulativo do PIS/Pasep e da Cofins é aplicável aos contribuintes do IRPJ no lucro real, o que torna obrigatório o reconhecimento da receita em consonância com o princípio da competência[45]. Portanto, as receitas devem ser reconhecidas quando *ganhas* ou *auferidas*, isto é, quando surge o *direito ao recebimento*, independentemente do pagamento ou da realização em moeda, desde que incondicional (CC, arts. 121[46] e 125[47]), mensurável e – dentro de uma avaliação prudencial de risco – exista segurança razoável quanto ao efetivo recebimento[48].

A legislação tributária estabelece exceções ao regime de competência aplicáveis aos contratos de longo prazo (Decreto-lei 1.598/1977, art. 10), nos contratos com entidades governamentais (Decreto-lei 1.598/1977, art. 10, § 3º), variações cambiais (Medida Provisória 2.158-35/2001, art. 30), contratos de concessão (Lei 12.973/2014, arts. 35 e 36), venda a prazo de imóveis por empresas do segmento imobiliário (Decreto-lei 1.598/1977, art. 29) e no arrendamento mercantil (Lei 12.973/2014, art. 46)[49].

Apesar disso, na maioria das vezes, a aplicação do regime de competência ao PIS/Pasep e à Cofins pode gerar distorções incompatíveis com o princípio da capacidade contributiva. Em caso de mora ou de inadimplência do obrigado, a empresa pode acabar sendo onerada com a tributação de valores não recebidos e que, muitas vezes, são de recuperação impossível. Trata-se de um desvio que no IRPJ é neutralizado mediante registro de perda no recebimento de créditos (Lei 9.430/1996, art. 9º). Mas que não tem instrumento análogo aplicável ao PIS/Pasep e à Cofins, gerando prejuízos significativos para os mais variados segmentos econômicos. Um dos casos mais emblemáticos é das operadoras de serviços de telecomunicação[50]. Tais empresas, ao lado da inadimplência normal das faturas, própria de qualquer atividade econômica, costumam ter perdas patrimoniais frequentes decorrentes de atos de subscrição fraudulenta (abertura de uma conta com a utilização de documento falso ou furtado de terceiros) e de fraudes técnicas (como a clonagem de aparelhos, por exemplo). Tais valores são tributados pelo PIS/Pasep e pela Cofins, embora não possam ser efetivamente recuperados.

Essa questão foi objeto de exame no RE 586.482. O STF, entretanto, entendeu que "as vendas inadimplidas não podem ser excluídas da base de cálculo da contribuição ao PIS e da Cofins, visto que integram a receita da pessoa jurídica" (Tema 87). Do exame do julgado, nota-se que, a

---

[45] Como analisado anteriormente, no estudo do IRPJ, o § 1º do art. 6º do Decreto 1.598/1977 estabelece que a determinação do *lucro líquido* deve ocorrer em conformidade com a legislação societária, que, nos arts. 177 e 187, § 1º, da Lei 6.404/1976, prevê o registro das mutações patrimoniais de acordo com o *regime de competência*.

[46] "Art. 121. Considera-se condição a cláusula que, derivando exclusivamente da vontade das partes, subordina o efeito do negócio jurídico a evento futuro e incerto."

[47] "Art. 125. Subordinando-se a eficácia do negócio jurídico à condição suspensiva, enquanto esta se não verificar, não se terá adquirido o direito, a que ele visa."

[48] PEDREIRA, José Luiz Bulhões. *Imposto sobre a renda*: pessoas jurídicas. Rio de Janeiro: Adcoas-Justec, 1979. v. I, p. 298-299; POLIZELLI, Victor Borges. *O princípio da realização da renda*: reconhecimento de receitas e despesas para fins do IRPJ. São Paulo: IBDT-Quartier Latin, 2012. p. 202 e ss. Sobre o tema, cf.: ANDRADE FILHO, Edmar Oliveira de. *Imposto de renda das empresas*. 11. ed. São Paulo: Atlas, 2014. p. 108 e ss.; PEIXOTO, Marcelo Magalhães. *Imposto de renda das pessoas jurídicas*: o conceito de despesa dedutível à luz da jurisprudência do Carf – Conselho Administrativo de Recursos Fiscais. São Paulo: MP, 2011. p. 78 e ss.

[49] Transcritos anteriormente, no estudo do imposto de renda. Ver Capítulo VIII, item 3.6.1.2, da Parte Especial.

[50] O tema foi objeto de estudos doutrinários específicos, entre os quais se destacam: COELHO, Eduardo Junqueira. Da indevida exigência de PIS/Cofins sobre receitas não recebidas em virtude de inadimplência do devedor. *In*: MOREIRA, André Mendes; RABELO FILHO, Antônio Reinaldo; CORREIA, Armênio Lopes (org.). *Direito das telecomunicações e tributação*. São Paulo: Quartier Latin, 2006. p. 92 e ss.; MOYSÉS, Eliana Alonso; DONIAK JR., Jimir. Tributação pelo Pis/Cofins em casos de inadimplência. *In*: MOREIRA JUNIOR, Gilberto Castro; PEIXOTO, Marcelo Magalhães (coord.). *PIS e Cofins à luz da jurisprudência do Conselho Administrativo de Recursos Fiscais*. São Paulo: MP, 2014. v. 3, p. 135 e ss. Ver ainda: SEHN, Solon. *PIS-Cofins*: não cumulatividade e regimes de incidência. 3. ed. São Paulo: Noeses, 2022. p. 138 e ss.

674 | CURSO DE DIREITO TRIBUTÁRIO – *Solon Sehn*

rigor, o Tribunal teve presente um caso de *mora* no recebimento do crédito, e não uma situação de inadimplência comprovada:

> Tributário. Constitucional. COFINS/PIS. Vendas inadimplidas. Aspecto temporal da hipótese de incidência. Regime de competência. Exclusão do crédito tributário. Impossibilidade de equiparação com as hipóteses de cancelamento da venda.
>
> 1. O Sistema Tributário Nacional fixou o regime de competência como regra geral para a apuração dos resultados da empresa, e não o regime de caixa. (art. 177 da Lei 6.404/76).
>
> 2. Quanto ao aspecto temporal da hipótese de incidência da COFINS e da contribuição para o PIS, portanto, temos que o fato gerador da obrigação ocorre com o aperfeiçoamento do contrato de compra e venda (entrega do produto), e não com o recebimento do preço acordado. O resultado da venda, na esteira da jurisprudência da Corte, apurado segundo o regime legal de competência, constitui o faturamento da pessoa jurídica, compondo o aspecto material da hipótese de incidência da contribuição ao PIS e da COFINS, consistindo situação hábil ao nascimento da obrigação tributária. O inadimplemento é evento posterior que não compõe o critério material da hipótese de incidência das referidas contribuições.
>
> 3. No âmbito legislativo, não há disposição permitindo a exclusão das chamadas vendas inadimplidas da base de cálculo das contribuições em questão. As situações posteriores ao nascimento da obrigação tributária, que se constituem como excludentes do crédito tributário, contempladas na legislação do PIS e da COFINS, ocorrem apenas quando fato superveniente venha a anular o fato gerador do tributo, nunca quando o fato gerador subsista perfeito e acabado, como ocorre com as vendas inadimplidas.
>
> 4. Nas hipóteses de cancelamento da venda, a própria lei exclui da tributação valores que, por não constituírem efetivos ingressos de novas receitas para a pessoa jurídica, não são dotados de capacidade contributiva.
>
> 5. As vendas canceladas não podem ser equiparadas às vendas inadimplidas porque, diferentemente dos casos de cancelamento de vendas, em que o negócio jurídico é desfeito, extinguindo-se, assim, as obrigações do credor e do devedor, as vendas inadimplidas – a despeito de poderem resultar no cancelamento das vendas e na consequente devolução da mercadoria –, enquanto não sejam efetivamente canceladas, importam em crédito para o vendedor oponível ao comprador.
>
> 6. Recurso extraordinário a que se nega provimento[51].

A rigor, deve ser realizado um *distinguishing* na aplicação do precedente, para excepcionar os casos de inadimplência comprovada[52]. No Estado de Direito contemporâneo, a capacidade contributiva é um princípio fundamental, ampla e universalmente aceito nos ordenamentos constitucionais, ainda quando não prevista expressamente na Constituição. Pode ser resumido na máxima "deve porque pode" e representa uma norma prudencial, já que não é razoável

---

[51]   STF, Tribunal Pleno, RE 586.482, Rel. Min. Dias Toffoli, *DJe* 19.06.2012.

[52]   O mais sensato seria alterar a legislação tributária, prevendo algum mecanismo de mitigação dessa grave anomalia. Sensatez, entretanto, é o que menos se vê nos últimos anos nas alterações legislativas em matéria tributária no Brasil, de sorte que a solução certamente deverá ficar a cargo do intérprete-aplicador. Isso porque – não há dúvidas – a tributação da inadimplência não é compatível com os princípios da razoabilidade e da capacidade contributiva. Portanto, deve ser contornada por meio da técnica da interpretação conforme a Constituição.

Parte Especial · Capítulo V · CONTRIBUIÇÕES ESPECIAIS | **675**

pretender se arrecadar onde não há o que ser arrecadado[53]. No direito brasileiro, há tempo já se tem como pacífico que, em decorrência desse princípio, é vedada a tributação de eventos não reveladores de riqueza ou de capacidade econômica, isto é, sem aptidão objetiva para concorrer às despesas públicas (fatos não signo presuntivos de riqueza). Por outro lado, parece induvidoso que obrigações inadimplidas se enquadram nessa categoria[54].

Assim, sustenta-se que, presentes os requisitos do art. 9º da Lei 9.430/1996[55], caracterizada a perda no recebimento de créditos decorrentes das atividades da pessoa jurídica, deve ser reconhecido o direito à repetição do indébito do valor pago, mediante aplicação dos procedimentos previstos para o pedido de restituição ou declaração de compensação. Naturalmente que, sendo recebido o crédito, esse deverá ser tributado como uma *receita nova*, que deve compor a base de cálculo do PIS/Pasep e da Cofins, conforme estabelecido no art. 1º, § 3º, V, "b", das Leis 10.637/2002 e 10.833/2003[56].

1.4.2.2 Critério espacial

O critério espacial da hipótese de incidência do PIS/Pasep e da Cofins é genérico, coincidindo com o âmbito de validade territorial da lei, ou seja, todo o território nacional.

---

[53] "La capacidad económica es también una norma prudencial, pues nos es sensato querer recaudar donde no hay nada" (TIPKE, Klaus. *Moral tributaria del Estado y de los contribuyentes*. Madrid: Marcial Pons, 2002. p. 36).

[54] Como estudado anteriormente, não se pode cometer o equívoco de estender à Cofins a lição doutrinária tradicional que nega a aplicabilidade do princípio da capacidade contributiva às contribuições. Essa interpretação foi formulada a partir de pressupostos distintos. Teve como premissa às contribuições especiais "clássicas", que têm como hipótese de incidência uma atuação estatal indiretamente referida ao contribuinte. Estas são informadas pelo princípio do benefício, porque são exigidas em função de uma vantagem obtida pelo contribuinte decorrente de uma atuação estatal ou de uma despesa especial gerada pelo sujeito passivo ao ente tributante (referibilidade mediata). No direito brasileiro, apenas a contribuição de melhoria reúne essas características. Por isso, todas as demais – sempre que apresentarem hipótese de incidência descrevendo um fato não vinculado a uma atuação estatal – devem observar o princípio da capacidade contributiva. Ver Capítulo V, item 5, da Parte Geral.

[55] "Art. 9º As perdas no recebimento de créditos decorrentes das atividades da pessoa jurídica poderão ser deduzidas como despesas, para determinação do lucro real, observado o disposto neste artigo.

§ 1º Poderão ser registrados como perda os créditos:

I – em relação aos quais tenha havido a declaração de insolvência do devedor, em sentença emanada do Poder Judiciário;

II – sem garantia, de valor:

a) até R$ 5.000,00 (cinco mil reais), por operação, vencidos há mais de seis meses, independentemente de iniciados os procedimentos judiciais para o seu recebimento;

b) acima de R$ 5.000,00 (cinco mil reais) até R$ 30.000,00 (trinta mil reais), por operação, vencidos há mais de um ano, independentemente de iniciados os procedimentos judiciais para o seu recebimento, porém, mantida a cobrança administrativa;

c) superior a R$ 30.000,00 (trinta mil reais), vencidos há mais de um ano, desde que iniciados e mantidos os procedimentos judiciais para o seu recebimento;

III – com garantia, vencidos há mais de dois anos, desde que iniciados e mantidos os procedimentos judiciais para o seu recebimento ou o arresto das garantias;

IV – contra devedor declarado falido ou pessoa jurídica em concordata ou recuperação judicial, relativamente à parcela que exceder o valor que esta tenha se comprometido a pagar, observado o disposto no § 5º. (Redação dada pela Lei 13.097, de 2015)"

[56] "Art. 1º [...] § 3º Não integram a base de cálculo a que se refere este artigo, as receitas: [...] V – referentes a: [...] b) reversões de provisões e recuperações de créditos baixados como perda, que não representem ingresso de novas receitas, o resultado positivo da avaliação de investimentos pelo valor do patrimônio líquido e os lucros e dividendos derivados de participações societárias, que tenham sido computados como receita. (Redação dada pela Lei 12.973, de 2014)"

676 | CURSO DE DIREITO TRIBUTÁRIO – *Solon Sehn*

1.4.2.3   Critério temporal

O critério temporal da hipótese de incidência do PIS/Pasep e da Cofins é o último dia do mês[57].

1.4.3   Consequência tributária

1.4.3.1   Base de cálculo

A base de cálculo do PIS/Pasep e da Cofins é o total da *receita bruta operacional* auferida no mês, admitidas as exclusões que decorrem do art. 12 do Decreto-lei 1.598/1977 e as previstas no § 3° do art. 1° da Lei 10.637/2002 e no § 3° do art. 1° da Lei 10.833/2003, ambos com a mesma redação:

a) receitas decorrentes de saídas isentas da contribuição ou sujeitas à alíquota zero;

b) auferidas pela pessoa jurídica revendedora, na revenda de mercadorias em relação às quais a contribuição seja exigida da empresa vendedora, na condição de substituta tributária;

c) vendas canceladas e aos descontos incondicionais concedidos;

d) reversões de provisões e recuperações de créditos baixados como perda, que não representem ingresso de novas receitas, o resultado positivo da avaliação de investimentos pelo valor do patrimônio líquido e os lucros e dividendos derivados de participações societárias, que tenham sido computados como receita;

e) outras receitas decorrentes da venda de bens do ativo não circulante, classificado como investimento, imobilizado ou intangível;

f) decorrentes de transferência onerosa a outros contribuintes de créditos de ICMS originados de operações de exportação;

g) financeiras decorrentes do ajuste a valor presente[58], referentes a receitas excluídas da base de cálculo;

---

[57]   Como ressaltado acima, no item relativo ao regime cumulativo, houve alteração do entendimento acerca dessa questão.

[58]   O "ajuste a valor presente" (AVP) foi previsto no direito brasileiro pela Lei 11.638/2007. Essa, como se sabe, alterou a Lei das Sociedades por Ações (Lei 6.404/1976) visando estabelecer uma disciplina das demonstrações financeiras convergente com as normas internacionais de contabilidade (*International Financial Reporting Standards* – IFRS). Trata-se, segundo o Pronunciamento Técnico CPC n. 12, de uma técnica de "estimativa do valor corrente de um fluxo de caixa futuro", aplicável às operações caracterizadas como financiamento. Nela, as receitas sujeitas a uma liquidação financeira diferida no tempo (receitas auferidas, mas com pagamento parcelado) – devem ser registradas na data da transação pelo valor resultante do desconto da taxa de juros contratuais. Essa, por sua vez, será apropriada como receita financeira ao longo da execução do contrato. Com efeito, de acordo com o Pronunciamento Técnico CPC 12: "5. Nesse sentido, no presente Pronunciamento determina-se que a mensuração contábil a valor presente seja aplicada no reconhecimento inicial de ativos e passivos. Apenas em certas situações excepcionais, como a que é adotada numa renegociação de dívida em que novos termos são estabelecidos, o ajuste a valor presente deve ser aplicado como se fosse nova medição de ativos e passivos. É de se ressaltar que essas situações de nova medição de ativos e passivos são raras e são matéria para julgamento daqueles que preparam e auditam demonstrações contábeis, *vis-à-vis* Pronunciamentos específicos". Sobre o tema, cf.: MARTINS, Natanael. A Lei 12.973/2014 e o pronunciamento técnico CPC 30 – receitas. *In*: RODRIGUES, Daniele Souto; MARTINS, Natanael. *Tributação atual da renda*: estudo da Lei n. 12.973/14: da harmonização jurídico contábil à tributação de lucros do exterior. São Paulo: Noeses, 2015. p. 283 e ss.

h) relativas aos ganhos decorrentes de avaliação de ativo e passivo com base no valor justo[59];

i) reconhecidas pela construção, recuperação, reforma, ampliação ou melhoramento da infraestrutura, cuja contrapartida seja ativo intangível representativo de direito de exploração, no caso de contratos de concessão de serviços públicos;

j) relativas ao valor do imposto que deixar de ser pago em virtude das isenções e reduções do imposto de renda previstas nas alíneas "a"[60], "b"[61], "c"[62] e "e"[63] do § 1º do art. 19 do Decreto-lei nº 1.598/1977;

k) relativas ao prêmio na emissão de debêntures; e

l) referentes ao valor do ICMS que tenha incidido sobre a operação[64].

Inicialmente, cumpre esclarecer que as exclusões da base de cálculo previstas no § 3º do art. 1º da Lei 10.637/2002 e no § 3º do art. 1º da Lei 10.833/2003 não têm natureza taxativas. O inciso I, quando prevê a exclusão das receitas "não alcançadas pela incidência da contribuição". Com isso, ficam excluídos os ingressos que não se incluem no conceito de receita bruta, notadamente os previstos art. 12 do Decreto-lei 1.598/1977.

Entre as exclusões que decorrem do art. 12 do Decreto-lei 1.598/1977, como ressaltado anteriormente, estão as receitas de terceiros, uma vez que o inciso III, na redação da Lei 12.793/2014, estabelece que a receita bruta compreende apenas o resultado auferido nas operações de conta alheia.

Recentemente, a Medida Provisória 1.159/2023 incluiu o inciso XIII do § 3º do art. 1º das Leis 10.637/2002 e 10.833/2003, para prever a exclusão do "valor do ICMS que tenha incidido sobre a operação". Esta teve a sua vigência encerrada no dia 1º de junho de 2023[65]. Contudo, suas

---

59   Essa categoria também foi introduzida no direito brasileiro com o novo modelo contábil da Lei 11.638/2007, que, entre outras disposições, estabeleceu a necessidade de avaliação de elementos do passivo e do ativo pelo seu valor justo, que, por sua vez, corresponde ao valor de mercado determinado em condições de livre concorrência ou, como define o Pronunciamento Técnico CPC 46, "[...] o preço que seria recebido pela venda de um ativo ou que seria pago pela transferência de um passivo em uma transação não forçada entre participantes do mercado na data de mensuração".

60   "Art. 19. [...] § 1º Aplicam-se ao lucro da exploração: [...] a) as isenções de que tratam os artigos 13 da Lei 4.239, de 27 de junho de 1963; 34 da Lei 5.508, de 11 de outubro de 1968; 23 do Decreto-lei 756, de 11 de agosto de 1969; 1º do Decreto-lei 1.328, de 20 de maio de 1974; e 1º e 2º do Decreto-lei 1.564, de 29 de julho de 1977; (Redação dada pelo Decreto-lei 1.730, 1979) [...]".

61   "Art. 19. [...] § 1º Aplicam-se ao lucro da exploração: [...] b) a redução da alíquota do imposto de que tratam os artigos 14 da Lei 4.239, de 27 de junho de 1963; 35 da Lei 5.508, de 11 de outubro de 1968; e 22 do Decreto-lei 756, de 11 de agosto de 1969; (Redação dada pelo Decreto-lei 1.730, 1979) [...]".

62   "Art. 19. [...] § 1º Aplicam-se ao lucro da exploração: [...] c) a isenção de que trata o artigo 80 do Decreto-lei 221, de 28 de fevereiro de 1967; (Redação dada pelo Decreto-lei 1.730, 1979) [...]".

63   "Art. 19. [...] § 1º Aplicam-se ao lucro da exploração: [...] e) a redução da alíquota do imposto de que tratam os artigos 4º a 6º do Decreto-lei 1.439, de 30 de dezembro de 1975. (Incluído pelo Decreto-lei 1.730, 1979)"

64   Há outras exclusões previstas em leis especiais, como é o caso do art. 13 da Lei 10.925/2004, aplicável às empresas de publicidade e propaganda: "Art. 13. O disposto no parágrafo único do art. 53 da Lei 7.450, de 23 de dezembro de 1985, aplica-se na determinação da base de cálculo da contribuição para o PIS/PASEP e da COFINS das agências de publicidade e propaganda, sendo vedado o aproveitamento do crédito em relação às parcelas excluídas." Por outro lado, de acordo com o art. 53, parágrafo único, da Lei 7.450/1985: "No caso do inciso II deste artigo [serviços de propaganda e publicidade], excluem-se da base de cálculo as importâncias pagas diretamente ou repassadas a empresas de rádio, televisão, jornais e revistas, atribuída à pessoa jurídica pagadora e à beneficiária responsabilidade solidária pela comprovação da efetiva realização dos serviços". Essas, contudo, não serão analisadas nesse momento, devido às limitações propedêuticas propostas ao objeto do presente estudo.

65   Ato Declaratório do Presidente da Mesa do Congresso Nacional 40, de 2023: "O Presidente da Mesa do Congresso Nacional, nos termos do parágrafo único do art. 14 da Resolução 1, de 2002-CN, faz saber que a **Medida Provisória 1.159, de 12 de janeiro de 2023**, que 'Altera a Lei 10.637, de 30 de dezembro de 2002,

disposições foram incorporadas à Lei 14.592/2023, que é a lei de conversão da Medida Provisória 1.147/2022. Trata-se de previsão que decorre da decisão do STF no RE 574.706: "O ICMS não compõe a base de cálculo para a incidência do PIS e da Cofins" (Tema 69)[66]. Essa teve por base o conceito de receita, que abrange apenas os valores incorporados ao patrimônio do sujeito passivo. Por isso, a sua *ratio decidendi* também é aplicável ao ISS. A exclusão desse imposto municipal da base de cálculo do PIS/Pasep e da Cofins será definida no RE 592.616 (Tema 118), que aguarda inclusão na pauta de julgamento do STF.

Outra hipótese que tem gerado controvérsia são as subvenções para investimento, que, antes da Lei 14.789/2023, deveriam ser excluídas da base de cálculo nos termos do inciso X do § 3º do art. 1º da Lei 10.637/2002 e do § 3º do art. 1º da Lei 10.833/2003, ambos com a mesma redação:

> Art. 1º [...]
>
> § 3º Não integram a base de cálculo a que se refere este artigo as receitas: [...]
>
> X – de subvenções para investimento, inclusive mediante isenção ou redução de impostos, concedidas como estímulo à implantação ou expansão de empreendimentos econômicos e de doações feitas pelo poder público; (Incluído pela Lei nº 12.973, de 2014) (Revogado pela Lei nº 14.789, de 2023).
>
> [...].

Essa matéria já foi examinada no estudo do imposto de renda. Na oportunidade, foi destacado que *as subvenções de investimentos não se confundem com as subvenções de custeio*. Essas visam a fazer frente – total ou parcialmente – às despesas operacionais do beneficiado. A sua concessão busca viabilizar economicamente uma atividade de interesse público exercida pelo particular, que, sem a subvenção, não a exerceria ou o faria mediante cobrança de um preço ou tarifa inacessível para a maior parte da população. Isso ocorre em função da composição de custos e de despesas da atividade, que podem torná-la deficitária ou excessivamente onerosa para o particular. Já as subvenções governamentais para investimentos resultam de negócios jurídicos unilaterais (não sinalagmáticos), por meio do qual o Poder Público, independentemente de contraprestação, promove a transmissão de direitos patrimoniais em favor de um determinado sujeito de direitos. Esse, por sua vez, deve aplicar o valor da liberalidade recebida no aumento de capital de giro ou em qualquer elemento do ativo[67]. Têm natureza de transferência de capital, assemelhando-se a uma *doação modal*, uma vez que o beneficiário recebe um valor decorrente de liberalidade, sem assumir qualquer dívida ou obrigação como contrapartida.

Recorde-se que, para a Receita Federal, a caracterização da subvenção depende do sincronismo entre a concessão e a realização do investimento na implantação ou expansão do em-

---

e a Lei 10.833, de 29 de dezembro de 2003, para excluir o Imposto sobre Operações relativas à Circulação de Mercadorias e sobre Prestações de Serviços de Transporte Interestadual e Intermunicipal e de Comunicação – ICMS da incidência e da base de cálculo dos créditos da Contribuição para o Programa de Integração Social e o Programa de Formação do Patrimônio do Servidor Público – PIS/Pasep e da Contribuição para o Financiamento da Seguridade Social – Cofins', teve seu prazo de vigência encerrado no dia 1º de junho de 2023".

[66] STF, RE 574.706, Rel. Min. Cármen Lúcia, *DJe* 02.10.2017. Por outro lado, como esclarecido no julgamento dos embargos de declaração opostos pela União, "[...] **no ponto referente ao ICMS excluído da base de cálculo das contribuições PIS-Cofins, prevaleceu o entendimento de que se trata do ICMS destacado**, vencidos os Ministros Nunes Marques, Roberto Barroso e Gilmar Mendes" (STF, RE 574.706 ED, Rel. Min. Cármen Lúcia, *DJe* 12.08.2021).

[67] De acordo com o art. 12, § 6º, da Lei 4.320/1964, "§ 6º São Transferências de Capital as dotações para investimentos ou inversões financeiras que outras pessoas de direito público ou privado devam realizar, independentemente de contraprestação direta em bens ou serviços, constituindo essas transferências auxílios ou contribuições, segundo derivem diretamente da Lei de Orçamento ou de lei especialmente anterior, bem como as dotações para amortização da dívida pública".

preendimento (Parecer Normativo CST 112/1978)[68]. Entretanto, a doutrina e a jurisprudência do Carf, com razão, têm entendido que a natureza da transferência – capital ou renda – decorre da intenção do subvencionador, e não da destinação dos recursos. Não cabe a exigência de sincronismo, notadamente porque, na maioria dos casos, antes de receber a subvenção, o beneficiário aplica recursos próprios para a realização dos empreendimentos. Logo, nada impede a aplicação da subvenção de investimentos em capital de giro[69].

Mesmo com a revogação do art. 1º, § 3º, X, da Lei 10.637/2002 e do art. 1º, § 3º, I, da Lei 10.833/2003 pela Lei 14.789/2023, ainda há debate acerca da constitucionalidade da inclusão de determinadas subvenções governamentais na base de cálculo do PIS/Pasep e da Cofins, notadamente os créditos presumidos de ICMS e de IPI. No RE 835.818, o STF decidirá o Tema 843, que trata da "Possibilidade de exclusão da base de cálculo do PIS e da COFINS dos valores correspondentes a créditos presumidos de ICMS decorrentes de incentivos fiscais concedidos pelos Estados e pelo Distrito Federal"[70]. No RE 593.544, por sua vez, o STF decidiu o Tema 504, fixando a seguinte tese de repercussão geral: "Os créditos presumidos de IPI, instituídos pela Lei nº 9.363/1996, não integram a base de cálculo da contribuição para o PIS e da COFINS, sob a sistemática de apuração cumulativa (Lei nº 9.718/1998), pois não se amoldam ao conceito constitucional de faturamento"[71].

---

[68] "2.12 – Observa-se que a SUBVENÇÃO PARA INVESTIMENTO apresenta características bem marcantes, exigindo até mesmo perfeita sincronia da intenção do subvencionador com a ação do subvencionado. Não basta apenas o 'animus' de subvencionar para investimento. Impõe-se, também, a efetiva e específica aplicação da subvenção, por parte do beneficiário, nos investimentos previstos na implantação ou expansão do empreendimento econômico projetado. [...]". No mesmo sentido: SC DISIT/5ª RF 41/2012; SC DISIT/1ª RF 130/2009; SC DISIT/5ª RF 47/2002; DISIT/ 6ª RF 78/2007; SC DISIT/10 135/2012.

[69] Consoante destacam Luciana Rosanova Galhardo e Felipe Barboza Rocha, "[...] no caso das subvenções, o investimento em capital de giro é muito mais comum do que o investimento em ativo permanente, já que o custo do capital para financiamento do giro é muito mais caro do que para financiamento do ativo permanente" (GALHARDO, Luciana Rosanova; ROCHA, Felipe Barboza. As alterações introduzidas na Lei das Sociedades por Ações e suas implicações no âmbito tributário: análise detida do novo tratamento conferido às subvenções para investimento. *In*: ROCHA, Sergio Andre (coord.). *Direito tributário, societário e a reforma das Leis da S.A.* São Paulo: Quartier Latin, 2010. v. I, p. 248). A possibilidade de aplicação em capital de giro, igualmente admitida por Ana Claudia Akie Utumi (UTUMI, Ana Cláudia Akie. Lei nº 11.638/2007 e implicações tributárias das subvenções para investimento. *In*: ROCHA, Sergio Andre (coord.). *Direito tributário, societário e a reforma das Leis da S.A.* São Paulo: Quartier Latin, 2010. v. I, p. 26) e Gilberto de Castro Moreira Junior (MOREIRA JUNIOR, Gilberto de Castro. Subvenções concedidas pelo Poder Público às Leis 11.638/07 e 11.941/09. *In*: FERNANDES, Edison Carlos; PEIXOTO, Marcelo Magalhães (coord.). *Aspectos tributários da nova lei contábil*. São Paulo: MP-Apet, 2010. p. 303-304), assim como pela Nota Explicativa da Instrução CVM 59/1986: "As reservas de capital representam acréscimos efetivos aos ativos da companhia que não foram originados dos lucros auferidos em suas operações, por não representarem efeitos de seus próprios esforços, mas assim de contribuições de acionistas ou de terceiros para o patrimônio líquido da companhia com o fim de propiciar recursos para o capital (em sentido amplo), inclusive contribuições governamentais sob a forma de subvenções por incentivos fiscais".

[70] STF, Tribunal Pleno, RE 835.818 RG, Rel. Min. Marco Aurélio, DJe 22.09.2015.

[71] STF, Tribunal Pleno, RE 593.544, Rel. Min. Luís Roberto Barroso, DJe 08.03.2024. No julgamento, o Ministro Relator entendeu que o crédito presumido do IPI tem natureza de subvenção corrente, que, por sua vez, não se enquadra no conceito de *faturamento* para fins de incidência do PIS/Pasep e da Cofins no regime cumulativo: "[...] os créditos presumidos de IPI constituem receita, como ingressos novos, definitivos e positivos no patrimônio da pessoa jurídica. Isso não significa, porém, que tais créditos se enquadrem no conceito de faturamento. Como visto, eles consistem em uma subvenção corrente, isto é, num incentivo fiscal concedido pelo Fisco com vistas à desoneração das exportações". Portanto, a tese fixada no Tema 504 não se aplica ao regime não cumulativo, que deverá ser objeto de nova apreciação da Corte.

680 | CURSO DE DIREITO TRIBUTÁRIO – *Solon Sehn*

1.4.3.2 Alíquotas

A alíquota geral do PIS/Pasep e da Cofins corresponde a 1,65% e a 7,6%, respectivamente[72]. O Decreto 8.426/2015, na redação do Decreto 8.451/2015, repristinado pelo Decreto 11.374/2023, restabeleceu as alíquotas das receitas financeiras para 4% (Cofins) e 0,65% (PIS/Pasep). Além disso, há alíquotas específicas previstas § 1º do art. 2º da Lei 10.833/2003, aplicáveis aos produtos submetidos à incidência monofásica da Cofins (regime de alíquotas concentradas).

1.4.3.3 Sujeição ativa e passiva

O sujeito ativo coincide com a pessoa política competente para instituir o tributo: a União Federal, que a arrecada e fiscaliza por intermédio da Secretaria da Receita Federal do Brasil[73].

Os contribuintes do PIS/Pasep e da Cofins, por sua vez, são as pessoas jurídicas[74]. Note--se que, ao contrário do regime cumulativo, os entes equiparados nos termos da legislação do imposto de renda não são definidos contribuintes do tributo. Também são previstas hipóteses de responsabilidade tributária e de retenção na fonte que, devido a suas especificidades, não serão analisadas nesse momento.

1.4.4 Não cumulatividade

1.4.4.1 Técnica de operacionalização

Os fundamentos constitucionais e os regimes de operacionalização da não cumulatividade já foram examinados anteriormente, inclusive o conteúdo jurídico do § 12 do art. 195 da Constituição, que prevê a não cumulatividade do PIS/Pasep e da Cofins[75]. Nesse momento, interessa destacar que a técnica de não cumulatividade adotada pelas Leis 10.637/2002 e 10.833/2003, de acordo com a Exposição de Motivos da Medida Provisória 135/2003, corresponde ao *método indireto subtrativo*[76]. Esse, segundo a doutrina majoritária, seria equivalente ao modelo da *base sobre a base*, em função da ausência de vínculo entre as entradas e saídas, ou seja, da independência entre o valor do crédito, o regime de incidência e a alíquota aplicável na operação anterior[77]. Mais acertada, no entanto, é a interpretação que identifica no regime jurídico adotado um modelo atípico, próximo ao do tipo *imposto sobre imposto* ou *tributo sobre tributo*[78], uma vez que o crédito

---

[72] Lei 10.637/2002, art. 2º; Lei 10.833/2003, art. 2º.

[73] Lei 11.457/2007, art. 2º.

[74] Lei 10.637/2002, art. 4º; Lei 10.833/2003, art. 5º.

[75] Ver Capítulo V, item 8.4, da Parte Geral.

[76] "7. Por se ter adotado, em relação à não cumulatividade, o método indireto subtrativo, o texto estabelece as situações em que o contribuinte poderá descontar, do valor da contribuição devida, créditos apurados em relação aos bens e serviços adquiridos, custos, despesas e encargos que menciona."

[77] RIBEIRO, Ricardo Lodi. A não cumulatividade das contribuições incidentes sobre o faturamento na Constituição e nas leis. *Revista Dialética de Direito Tributário*, n. 111, p. 102 e ss., dez. 2004; TORRES, Ricardo Lobo. A não cumulatividade no PIS/COFINS. *In*: PEIXOTO, Marcelo Magalhães; FISCHER, Octavio Campos (coord.). *PIS-Cofins*: questões atuais e polêmicas. São Paulo: Quartier Latin, 2005. p. 62; FERNANDES, Edison Carlos; MARTINS, Ives Gandra da Silva. Não cumulatividade do PIS e da COFINS. São Paulo: Quartier Latin, 2007, p. 35 e ss.; OLIVEIRA, Ricardo Mariz de. Aspectos relacionados à "não cumulatividade" da COFINS e da contribuição ao PIS. *In*: PEIXOTO, Marcelo Magalhães; FISCHER, Octavio Campos (coord.) *PIS-Cofins*: questões atuais e polêmicas. São Paulo: Quartier Latin, 2005. p. 22. Para esse último autor, da forma como se encontra disciplinada na legislação, "não se trata de não cumulatividade propriamente dita, mas, sim, da adoção de uma base de cálculo que toma como ponto de partida a totalidade das receitas para admitir apenas algumas deduções".

[78] TOMÉ, Fabiana Del Padre. Natureza jurídica da "não cumulatividade" da contribuição ao PIS/PASEP e da CO-FINS: consequências e aplicabilidade. *In*: PEIXOTO, Marcelo Magalhães; FISCHER, Octavio Campos (coord.).

Parte Especial • Capítulo V • CONTRIBUIÇÕES ESPECIAIS | 681

não representa um redutor da base de cálculo, como ocorre no sistema de *base sobre a base*, mas do valor do crédito tributário (art. 1º, § 2º, e do *caput* do art. 3º)[79].

O direito ao crédito decorre de uma norma jurídica autônoma construída a partir dos arts. 3º e ss. das Leis 10.637/2002 e 10.833/2003. Em seu antecedente, a norma descreve abstratamente os eventos que geram direito ao crédito, ou seja, as hipóteses de creditamento. No consequente, por sua vez, é prevista uma relação jurídica na qual o contribuinte do PIS/Pasep e da Cofins (sujeito passivo da obrigação tributária) assume a condição de sujeito ativo do direito subjetivo de abater um determinado valor (o crédito apurado no mês ou acumulado de meses anteriores) da importância devida a título de tributo[80].

O valor do crédito não equivale necessariamente ao montante do tributo devido na operação anterior. Sua apuração é realizada por presunção legal, independentemente do destaque em nota fiscal, mediante aplicação da mesma alíquota do tributo sobre a base de creditamento prevista no § 1º do art. 3º das Leis 10.637/2002 e 10.833/2003. Assim, mesmo que o contribuinte tenha adquirido o insumo de um fornecedor submetido ao regime cumulativo, apesar de esse ter sido tributado com alíquotas de 0,65% (PIS/Pasep) e 3% (Cofins), o crédito será de 1,65% (PIS/Pasep) e 7,6% (Cofins).

Ademais, nas aquisições isentas, o direito ao crédito submete-se ao disposto no inciso II do § 2º do art. 3º das Leis 10.637/2002 e 10.833/2003, ambos com a mesma redação:

> Art. 3º [...]
> § 2º Não dará direito a crédito o valor:
> [...]
> II – da aquisição de bens ou serviços não sujeitos ao pagamento da contribuição, inclusive no caso de isenção, esse último quando revendidos ou utilizados como insumo em produtos ou serviços sujeitos à alíquota 0 (zero), isentos ou não alcançados pela contribuição.

Em que pese a redação sofrível, nota-se que o dispositivo procurou vedar o creditamento na aquisição de bens ou de serviços não sujeitos ao pagamento da contribuição, mesmo quando a operação subsequente for tributada. Entretanto, no caso de isenção, estabeleceu uma exceção, prevendo que o direito ao crédito é afastado apenas quando o bem adquirido for objeto de revenda ou utilizado como insumo em produtos ou serviços igualmente isentos, sujeitos à alíquota zero

---

PIS-Cofins: questões atuais e polêmicas. São Paulo: Quartier Latin, 2005. p. 544; COÊLHO, Sacha Calmon Navarro; DERZI, Misabel Abreu Machado. PIS/Cofins – regime de crédito – contratos de longo prazo – Instrução Normativa nº 468/04 da SRF – Ilegalidade. *Revista Dialética de Direito Tributário*, São Paulo, n. 114, p. 130-131, mar. 2005.

[79] Nesse sentido, TOMÉ, Fabiana Del Padre. Natureza jurídica da "não cumulatividade" da contribuição ao PIS/ PASEP e da COFINS: consequências e aplicabilidade. *In*: PEIXOTO, Marcelo Magalhães; FISCHER, Octavio Campos (coord.). *PIS-Cofins*: questões atuais e polêmicas. São Paulo: Quartier Latin, 2005. p. 548: "Prescreve o art. 3º, *caput*, das Leis 10.637/02 e 10.833/03, que tais créditos serão deduzidos 'do valor apurado na forma do art. 2º' dos respectivos veículos normativos, determinando, com tal prescrição, que somente depois de apurados os valores das contribuições devidas serão descontados os créditos, correspondentes a percentuais das despesas incorridas pelo contribuinte. Eis por que entendemos não terem as comentadas legislações instituído 'redução de base de cálculo', como afirmado por Pedro Guilherme Acoorsi Lunardelli, e sim regra que atinge o objeto do vínculo obrigacional tributário, mediante a geração de créditos a ser compensados com o débito do tributo".

[80] Os incisos do art. 3º, §§ 1º e 3º, das Leis 10.637/2002 e 10.833/2003 permitem a identificação do critério material do antecedente da regra-matriz do direito ao crédito, que será analisado no tópico relativo às "hipóteses de creditamento", ao lado dos critérios espacial (todo território nacional) e temporal (o último dia do mês subsequente). O § 4º do art. 3º, *caput*, e o art. 2º, por sua vez, indicam os critérios quantitativo, objeto do item "apuração do valor do crédito", e pessoal (a União na condição de sujeito passivo e o contribuinte da Cofins, como sujeito ativo da relação jurídica).

682 | CURSO DE DIREITO TRIBUTÁRIO – *Solon Sehn*

ou não tributados. Logo, se a saída for tributada pelo PIS/Pasep e pela Cofins, o contribuinte conserva o direito ao crédito. Essa regra também abrange a alíquota zero[81] e a redução de base de cálculo[82], que têm natureza jurídica de isenção[83].

A base do creditamento ou base de cálculo do direito ao crédito equivale ao somatório mensal de aquisições, devoluções e encargos de depreciação e de amortização definidos no art. 3º das Leis 10.637/2002 e 10.833/2003 como hipótese de creditamento do tributo, ressalvados os pagamentos de mão de obra à pessoa física (§ 2º, I) e os realizados a pessoas jurídicas não domiciliadas no país (§ 3º)[84]. Além disso, a partir de 1º de maio de 2023, de acordo com o inciso

---

[81] A expressão "não sujeitos ao pagamento da contribuição", de acordo com interpretação da Receita Federal na Solução de Consulta 19/2008, abrange a aquisição de insumos sujeitos à alíquota zero. Nessa perspectiva, portanto, o contribuinte não teria direito ao crédito mesmo quando a operação subsequente for tributada: "Aquisição de insumo com alíquota reduzida a zero. Direito a crédito. Não dará direito a crédito, para fins de determinação da Cofins, o valor da aquisição de bens ou serviços não sujeitos ao pagamento dessa contribuição, utilizados como insumo, à exceção dos adquiridos com isenção, quando da saída tributada dos produtos" (Solução de Consulta Disit/3ª RF 19, de 10 de outubro de 2008. Nesse sentido, cf.: Solução de Divergência Cosit 5, de 17 de marco de 2008: "Com o advento da Lei 10.865, de 2004, que deu nova redação ao art. 3º da Lei 10.833, de 2003, não mais se poderá descontar créditos relativos à Cofins, decorrentes de aquisições de insumos com alíquota zero, utilizados na produção ou fabricação de produtos destinados à venda"). Essa solução não parece a mais adequada, porque, a rigor, a alíquota zero constitui uma modalidade de isenção. Não é por outra razão que a jurisprudência do STF, embora já tenha adotado a corrente doutrinária que diferencia os institutos da isenção e da alíquota zero (RE 81.074), tem entendido que "[...] em relação à não cumulatividade, assim a isenção, como a alíquota zero produzem o mesmíssimo efeito jurídico e prático, não se justificando, pois, a ideia de tratamentos diferenciados" (Voto Min. Cezar Peluso, fls. 16. STF, Tribunal Pleno, RE 475.551, Rel. Min. Cezar Peluso, Rel. p/ Ac. Min. Cármen Lúcia, DJe-213, de 13.11.2009: "Embora a isenção e a alíquota zero tenham naturezas jurídicas diferentes, a consequência é a mesma, em razão da desoneração do tributo". Assim, nas aquisições de bens ou insumos sujeitos à alíquota zero o contribuinte tem direito ao creditamento sempre que a saída for tributada. Nesse sentido, também entendem Sacha Calmon Navarro Coêlho e Misabel Derzi: "[...] a Lei citada, na redação dada pela Lei 10.865/04, concede crédito presumido expresso, no que tange às hipóteses de isenção. Do mesmo direito ao crédito presumido silencia em relação às alíquotas zero, embora inutilmente, pois grande parte da doutrina (cf. Paulo de Barros Carvalho, Roque Carrazza e Misabel Derzi, entre outros) equipara-as às isenções. Assim, conforme literalmente impõe o art. 3º da Lei 10.865/04, supra, se, no caso as aquisições isentas, haverá direito ao crédito, bastando para que a operação subsequente seja tributada, também as hipóteses de aquisição com alíquota zero, que são para tal doutrina o mesmo que isenção, comportarão idêntico direito de crédito" (COÊLHO, Sacha Calmon Navarro; DERZI, Misabel. PIS/Cofins: direito de crédito nas entradas e saídas isentas ou com alíquota zero. *Revista Dialética de Direito Tributário*, n. 115, p. 148, abr. 2005).

[82] A redução de base de cálculo também tem natureza de isenção, consoante ensina Paulo de Barros Carvalho: "Ao relacionar as espécies de receitas que são excluídas da base de cálculo tributária, referidas leis acabaram por instituir verdadeira isenção, mediante mutilação parcial do critério quantitativo da regra-matriz de incidência" (CARVALHO, Paulo de Barros. *Direito tributário*: linguagem e método. 6. ed. São Paulo: Noeses, 2015. p. 522). A natureza de isenção da redução da base de cálculo foi acolhida pela jurisprudência do Supremo Tribunal Federal no julgamento do RE 174.478, que, apesar de não ser relativo ao PIS/Pasep e à Cofins, aplica-se à espécie: "[...] No julgamento do RE 174.478/SP, Rel. para o acórdão o Min. Cezar Peluso, o Tribunal passou a entender pela impossibilidade da compensação dos créditos relativos à entrada de insumos realizada com redução da base de cálculo, uma vez que consubstancia isenção fiscal parcial. Precedentes" (STF, 1ª T., AI 558.290 AgR, Rel. Min. Ricardo Lewandowski, DJe 20.08.2009. No mesmo sentido, cf.: 2ª T., AI 669.557AgR/, Rel. Min. Joaquim Barbosa, DJe 06.05.2010).

[83] Nas hipóteses de saídas abrangidas por suspensão, isenção, alíquota zero ou não incidência, por sua vez, o direito ao crédito é mantido para o vendedor. Não há, portanto, qualquer obrigação de estorno ou exclusão do crédito quando a operação de saída é abrangida por suspensão, isenção, alíquota zero ou não incidência.

[84] Há situações, no entanto, em que a alíquota adotada para a apuração do crédito é distinta do padrão de 1,65% e de 7,6%, como ocorre nos casos de aquisição para revenda de papel imune a impostos destinado à impressão de periódicos (Lei 10.833/2003, art. 3º, § 15), de mercadoria produzida por pessoa jurídica, estabelecida na Zona Franca de Manaus (§ 17), entre outras previstas nos §§ 23 e 24 e na legislação específica. Ademais, de acordo com os §§ 7º e 8º, do art. 3º, da Lei 10.833/2003, se o contribuinte tiver apenas parte de suas receitas sujeitas ao regime não cumulativo, o crédito deverá ser apurado apenas em relação aos

III do § 2º do art. 3º das Leis 10.637/2002 e 10.833/2003, incluído pela Lei 14.592/2023, o cálculo do crédito não deve considerar o "ICMS que tenha incidido sobre a operação de aquisição"[85].

O crédito apurado será utilizado para dedução do valor da obrigação tributária, extinguindo, total ou parcialmente, a obrigação tributária mediante compensação. Havendo saldo, o mesmo poderá ser utilizado nos meses subsequentes. Não há, nos termos do art. 13 da Lei 10.833/2003[86], direito à atualização monetária do valor do crédito ou de juros pela demora no respectivo aproveitamento[87]. Não obstante, aplicando ao PIS/Pasep e à Cofins a Súmula 411 ("É devida a correção monetária ao creditamento do IPI quando há oposição ao seu aproveitamento decorrente de resistência ilegítima do Fisco"), a jurisprudência do STJ interpreta que o art. 13 da Lei 10.833/2003 não incide quando há impedimento ou resistência indevida da administração fazendária[88]. Por outro lado, nos pedidos de ressarcimento de créditos acumulado, o Tribunal definiu que: "O termo inicial da correção monetária de ressarcimento de crédito escritural excedente de tributo sujeito ao regime não cumulativo ocorre somente após escoado o prazo de 360 dias para a análise do pedido administrativo pelo Fisco (art. 24 da Lei 11.457/2007)" (Tema Repetitivo 1.003)[89].

1.4.4.2   Hipóteses de creditamento

As hipóteses de creditamento do PIS/Pasep e da Cofins encontram-se previstas no art. 3º da Lei 10.637/2002 e da Lei 10.833/2003, ambos com a mesma redação:

a) **Bens adquiridos para revenda**: exceto na revenda de mercadorias submetidas ao regime de substituição tributária, na venda de álcool para fins carburantes (art. 3º, I, *a*) e nas hipóteses dos §§ 1º e 1º-A do art. 2º da Lei 10.833/2003, que se submetem ao regime de tributação concentrada da Cofins (regime monofásico).

Cumpre ressaltar que a vedação ao creditamento nas aquisições de produtos submetidos ao regime monofásico foi objeto de controvérsia diante da previsão do art. 17 da Lei 11.033/2004:

---

custos, despesas e encargos vinculados a essas operações, mediante opção pelo método da apropriação direta ou do rateio proporcional.

[85]   A nova redação do inciso III entrou em vigor no dia 1º de maio de 2023 e foi originariamente prevista na Medida Provisória 1.159/2023, que teve a sua vigência encerrada no dia 1º de junho de 2023 (Ato Declaratório do Presidente da Mesa do Congresso Nacional 40, de 2023). Ocorre que, no dia 30 de maio de 2023, suas disposições foram incorporadas ao texto da Lei 14.592/2023, que, por sua vez, é a lei de conversão da Medida Provisória 1.147/2022. Ao repetir as disposições da primeira medida provisória quando essa ainda estava vigente, a nova lei promoveu a sua revogação. Essa curiosa sucessão de eventos não torna necessária que, novamente, a observância da anterioridade nonagesimal, porque, como a restrição ao creditamento já existia, não houve um aumento da carga fiscal.

[86]   "Art. 13. O aproveitamento de crédito na forma do § 4º do art. 3º, do art. 4º e dos §§ 1º e 2º do art. 6º, bem como do § 2º e inciso II do § 4º e § 5º do art. 12, não ensejará atualização monetária ou incidência de juros sobre os respectivos valores."

[87]   "Art. 15. Aplica-se à contribuição para o PIS/PASEP não-cumulativa de que trata a Lei 10.637, de 30 de dezembro de 2002, o disposto: (Redação dada pela Lei 10.865, de 2004) [...] VI – no art. 13 desta Lei. (Incluído pela Lei 10.865, de 2004)"

[88]   "É possível a incidência dos preceitos da Súmula 411/STJ a questões atinentes ao creditamento de PIS e COFINS, porquanto a exegese do pronunciamento da súmula em comento é reiterar que a resistência ilegítima, por parte da Administração Fiscal, em viabilizar seja o creditamento de imposto na escrita contábil, seja a compensação tributária entre tributos legalmente compensáveis ou o ressarcimento a que faz jus o contribuinte impõe-lhe o dever de promover a correção monetária" (STJ, 2ª T., AgInt no REsp 1.583.039, Rel. Min. Humberto Martins, *DJe* 29.04.2016. No mesmo sentido: STJ, 2ª T., REsp 1.307.515, Rel. Min. Mauro Campbell Marques, *DJe* 08.10.2012).

[89]   STJ, 1ª T., REsp 1.767.945, Rel. Min. Sérgio Kukina, *DJe* 06.05.2020.

684 | CURSO DE DIREITO TRIBUTÁRIO – *Solon Sehn*

"Art. 17. As vendas efetuadas com suspensão, isenção, alíquota 0 (zero) ou não incidência da Contribuição para o PIS/PASEP e da COFINS não impedem a manutenção, pelo vendedor, dos créditos vinculados a essas operações".

Após analisar a matéria, o STJ firmou as seguintes teses (Tema Repetitivo 1.093):

1. É vedada a constituição de créditos da Contribuição para o PIS/PASEP e da COFINS sobre os componentes do custo de aquisição (art. 13, do Decreto-lei 1.598/77) de bens sujeitos à tributação monofásica (arts. 3º, I, "b", da Lei 10.637/2002 e da Lei 10.833/2003).

2. O benefício instituído no art. 17, da Lei 11.033/2004, não se restringe somente às empresas que se encontram inseridas no regime específico de tributação denominado REPORTO.

3. O art. 17, da Lei 11.033/2004, diz respeito apenas à manutenção de créditos cuja constituição não foi vedada pela legislação em vigor, portanto não permite a constituição de créditos da Contribuição para o PIS/PASEP e da COFINS sobre o custo de aquisição (art. 13 do Decreto-lei 1.598/77) de bens sujeitos à tributação monofásica, já que vedada pelos arts. 3º, I, "b", da Lei 10.637/2002 e da Lei 10.833/2003.

4. Apesar de não constituir créditos, a incidência monofásica da Contribuição para o PIS/PASEP e da COFINS não é incompatível com a técnica do creditamento, visto que se prende aos bens e não à pessoa jurídica que os comercializa que pode adquirir e revender conjuntamente bens sujeitos à não cumulatividade em incidência plurifásica, os quais podem lhe gerar créditos.

5. O art. 17, da Lei 11.033/2004, apenas autoriza que os créditos gerados na aquisição de bens sujeitos à não cumulatividade (incidência plurifásica) não sejam estornados (sejam mantidos) quando as respectivas vendas forem efetuadas com suspensão, isenção, alíquota 0 (zero) ou não incidência da Contribuição para o PIS/PASEP e da COFINS, não autorizando a constituição de créditos sobre o custo de aquisição (art. 13 do Decreto-lei 1.598/77) de bens sujeitos à tributação monofásica[90].

Ainda de acordo com o STJ: "Os valores pagos pelo contribuinte substituto a título de ICMS-ST não geram, no regime não cumulativo, créditos para fins de incidência das contribuições ao PIS/PASEP e COFINS devidas pelo contribuinte substituído" (Tema Repetitivo 1.231)[91].

b) **Insumos**: bens e serviços, utilizados como insumo na prestação de serviços e na produção ou fabricação de bens ou produtos destinados à venda, inclusive combustíveis e lubrificantes, exceto em relação ao pagamento de que trata o art. 2º da Lei 10.485, de 3 de julho de 2002, devido pelo fabricante ou importador, ao concessionário, pela intermediação ou entrega dos veículos classificados nas posições 87.03 e 87.04 da Tipi.

O crédito da aquisição de insumos é o que mais polêmico. Em primeiro lugar, porque, diante da ausência de uma definição expressa nas Leis 10.637/2002 e 10.833/2003, as Instruções Normativas SRF 247/2002 e 404/2004, hoje revogadas, aplicaram ao PIS/Pasep e à Cofins um conceito de insumo análogo ao previsto na legislação do IPI. Isso gerou uma série de distorções,

---

[90] STJ, 1ª S., REsp 1.894.741, Rel. Min. Mauro Campbell Marques, *DJe* 05.05.2022; STJ, 1ª S., REsp 1.895.255, Rel. Min. Mauro Campbell Marques, *DJe* 05.05.2022.

[91] STJ, 1ª S., EREsp 1.959.571, Rel. Min. Mauro Campbell Marques, *DJe* 26.06.2024. Cf. ainda: STJ, 1ª S., REsp 2.075.758, Rel. Min. Mauro Campbell Marques, *DJe* 26.06.2024; STJ, 1ª S., REsp 2.072.621, Rel. Min. Mauro Campbell Marques, *DJe* 26.06.2024.

Parte Especial • **Capítulo V** • CONTRIBUIÇÕES ESPECIAIS | **685**

na medida em que as contribuições não incidem apenas sobre operações que tenham por objeto produtos industrializados. Tais negócios jurídicos abrangem apenas parte da materialidade da exação, que é muito mais ampla e alcança todos os atos de acréscimos ao patrimônio líquido do contribuinte (receita bruta). Desse modo, a aplicação do conceito de insumo da legislação do IPI acabou limitando a não cumulatividade a uma parcela dos fatos tributados, mantendo o efeito cascata em relação às demais receitas auferidas pelo contribuinte. Ao mesmo tempo, comprometeu de forma irremediável a maior virtude da legislação: a previsão de um conceito amplo de insumo, capaz de garantir uma salutar e indispensável maleabilidade da lei em face do dinamismo da atividade empresarial. Uma restrição dessa natureza somente poderia ser prevista em lei formal.

No âmbito jurisprudencial, a matéria foi apreciada pelo STJ no REsp 1.221.170. Na decisão, o Tribunal declarou a ilegalidade das instruções normativas, definido que o conceito de insumo deve ser determinado a partir dos critérios de essencialidade ou da relevância do bem ou do serviço no desenvolvimento da atividade econômica desempenhada pelo sujeito passivo:

> (a) é ilegal a disciplina de creditamento prevista nas Instruções Normativas da SRF 247/2002 e 404/2004, porquanto compromete a eficácia do sistema de não cumulatividade da contribuição ao PIS e da COFINS, tal como definido nas Leis 10.637/2002 e 10.833/2003; e
>
> (b) o conceito de insumo deve ser aferido à luz dos critérios de essencialidade ou relevância, ou seja, considerando-se a imprescindibilidade ou a importância de determinado item – bem ou serviço – para o desenvolvimento da atividade econômica desempenhada pelo Contribuinte (Temas Repetitivos 779 e 780)[92].

Os conceitos de essencialidade e de relevância, por sua vez, foram assim delineados pela Ministra Regina Helena Costa:

> Demarcadas tais premissas, tem-se que o critério da **essencialidade** diz com o item do qual dependa, intrínseca e fundamentalmente, o produto ou o serviço, constituindo elemento estrutural e inseparável do processo produtivo ou da execução do serviço, ou, quando menos, a sua falta lhes prive de qualidade, quantidade e/ou suficiência.
>
> Por sua vez, a **relevância**, considerada como critério definidor de insumo, é identificável no item cuja finalidade, embora não indispensável à elaboração do próprio produto ou à prestação do serviço, integre o processo de produção, seja pelas singularidades de cada cadeia produtiva (v.g., o papel da água na fabricação de fogos de artifício difere daquele desempenhado na agroindústria), seja por imposição legal (*v.g.*, equipamento de proteção individual – EPI), distanciando-se, nessa medida, da acepção de pertinência, caracterizada, nos termos propostos, pelo emprego da aquisição **na** produção ou **na** execução do serviço. Desse modo, sob essa perspectiva, **o critério da relevância revela-se mais abrangente do que o da pertinência**.

Essa parte da decisão contou com a complementação do Voto do Ministro Mauro Campbell Marques, para quem o critério da relevância abrange os bens e serviços que – uma vez subtraídos do processo – implicam a perda substancial da qualidade do produto ou serviço, ao passo que, no critério da essencialidade, aqueles que, dentro do "teste de subtração", impossibilitam o exercício da atividade da empresa. Daí a seguinte proposta de definição de insumo para efeitos de PIS/Pasep e de Cofins:

---

92   STJ, 1ª S., REsp 1.221.170, Rel. Min. Napoleão Nunes Maia Filho, *DJe* 24.04.2018.

Em resumo, é de se definir como **insumos, para efeitos do art. 3º, II, da Lei 10.637/2002, e art. 3º, II, da Lei 10.833/2003, todos aqueles bens e serviços pertinentes ao, ou que viabilizam o processo produtivo e a prestação de serviços, que neles possam ser direta ou indiretamente empregados e cuja subtração importa na impossibilidade mesma da prestação do serviço ou da produção, isto é, cuja subtração obsta a atividade da empresa, ou implica em *(sic)* substancial perda de qualidade do produto ou serviço daí resultantes**.

Portanto, nessa linha, devem ser considerados insumos os bens e os serviços essenciais ou relevantes para o desenvolvimento da atividade econômica do sujeito passivo, vale dizer, aqueles que não podem ser suprimidos sem impossibilitar a atividade da empresa (critério da essencialidade) ou implicar a perda substancial da qualidade do produto ou do serviço (critério da relevância).

No exame da essencialidade, é oportuno ressaltar que a noção de viabilização deve abranger não apenas o aspecto material, mas também jurídico da atividade. Assim, para uma indústria de pneus, a borracha será considerada um insumo porque, sem essa matéria-prima básica, há inviabilidade material da fabricação do produto. O conceito, porém, abrange ainda a impossibilidade jurídica, tal qual a que resulta, por exemplo, do não tratamento de efluentes na produção ou dos gastos relacionados ao cumprimento de condicionantes da licença ambiental de operação da unidade industrial. A indústria, sob o aspecto material, pode funcionar perfeitamente sem o tratamento de efluentes. Mas, sob o aspecto jurídico, há uma vedação ao exercício da atividade produtiva, inclusive, sob pena de caracterização de crime ambiental. Portanto, esses gastos devem ser considerados insumos da atividade do sujeito passivo.

A essencialidade deve compreender aqueles bens ou serviços que, sendo suprimidos, implicam uma onerosidade excessiva ou desproporcional ao sujeito passivo, porque isso também pode levar à inviabilização da atividade. É o caso do coque de petróleo utilizado como combustível nos fornos de produção de cimento, de cerâmica e na siderurgia. O produto até pode ser fabricado com o uso de outros combustíveis, como gás natural, por exemplo. Todavia, a alteração da matriz energética implicaria um aumento de custo de tal ordem que inviabilizaria a produção nacional. O produto perderia competitividade no mercado internacional e local, tornando-se muito mais oneroso que o similar importado.

Um importante aspecto que não foi suficientemente esclarecido na decisão do STJ diz respeito às despesas de venda do produto industrializado, em especial aquelas que – embora não ligadas à fabricação – são essenciais e necessárias à comercialização do produto. Foram considerados no acórdão os gastos realizados por imposição legal, porém apenas os relacionados especificamente à produção. Foi admitido, assim, o crédito da aquisição de equipamento de proteção individual (EPI), conforme acolhido pelo Ministro Campbell Marques e pelos demais que acompanharam a Ministra Regina Helena Costa:

> [...] após ouvir atentamente ao voto da Min. Regina Helena, sensibilizei-me com a tese de que a essencialidade e a pertinência ao processo produtivo não abarcariam as situações em que há imposição legal para a aquisição dos insumos (*v.g.*, aquisição de equipamentos de proteção individual – EPI). Nesse sentido, considero que deve aqui ser adicionado o critério da relevância para abarcar tais situações, isto porque se a empresa não adquirir determinados insumos, incidirá em infração à lei. Desse modo, incorporo ao meu as observações feitas no voto da Min. Regina Helena especificamente quanto ao ponto, realinhando o meu voto ao por ela proposto.
>
> Observo que isso em nada infirma o meu raciocínio de aplicação do "teste de subtração", até porque o descumprimento de uma obrigação legal obsta a própria atividade da empresa

Parte Especial • **Capítulo V** • CONTRIBUIÇÕES ESPECIAIS | **687**

como ela deveria ser regularmente exercida. Registro que o "teste de subtração" é a própria objetivação segura da tese aplicável a revelar a imprescindibilidade e a importância de determinado item – bem ou serviço – para o desenvolvimento da atividade econômica desempenhada pelo contribuinte[93].

Entretanto, há despesas ligadas exclusivamente à comercialização do produto, mas que também são essenciais e relevantes em função da natureza da atividade empresarial ou de exigências regulatórias. Nesse grupo, enquadram-se, por exemplo, as embalagens especiais para o transporte de laticínios impostas pela regulamentação técnica da Anvisa (Agência Nacional de Vigilância Sanitária). As empresas desse segmento são obrigadas a arcar com gastos de paletização, de aquisição de plásticos de coberto e colocação do filme "stretch". Estas são realizadas para fins de transporte e para a estocagem, por imposição de normas de controle sanitário (Portaria SVS/MS nº 326, de 30 de julho de 1997) que exigem o acondicionamento dos produtos acabados em estrados (item 5.3.10), de forma a impedir a contaminação e a ocorrência de alteração ou danos ao recipiente (item 8.8.1). Não há dúvidas de que, dentro do "teste da subtração", essas despesas são essenciais e relevantes para o exercício da atividade econômica do sujeito passivo.

c) **Energia elétrica e térmica**, inclusive sob a forma de vapor, consumidas nos estabelecimentos da pessoa jurídica.

d) **Aluguéis** de prédios, máquinas e equipamentos, pagos a pessoa jurídica, utilizados nas atividades da empresa.

e) *Leasing*: contraprestações de operações de arrendamento mercantil de pessoa jurídica, exceto de optante pelo Simples.

f) **Máquinas, equipamentos e outros bens incorporados ao ativo imobilizado**, adquiridos ou fabricados para locação a terceiros, ou para utilização na produção de bens destinados à venda ou na prestação de serviços[94].

g) **Edificações e benfeitorias** em imóveis próprios ou de terceiros, utilizados nas atividades da empresa.

h) **Devoluções**: bens recebidos em devolução cuja receita de venda tenha integrado faturamento do mês ou de mês anterior, e tributada conforme o disposto nas Leis 10.637/2002 e 10.833/2003.

i) **Armazenagem e frete de mercadoria** na operação de venda, quando o ônus for do vendedor[95].

---

[93] REsp 1.221.170/PR, p. 141.

[94] O crédito relativo a bens incorporados ao ativo imobilizado, edificações e benfeitorias encontra-se disciplinado nos incisos VI e VII, §§ 1º, 14, 16 e 21 do art. 3º da Lei 10.833/2003. Dessa maneira, sem prejuízo do disposto no § 16, art. 3º, da Lei 10.833/2003, os créditos são calculados mensalmente tendo por base os encargos de depreciação, definidos pela Receita Federal em função do prazo de vida útil do bem, sendo facultada, na forma do § 14, a apuração alternativa por quatro anos na proporção de 1/48 do valor de aquisição. Nos casos de aquisição no mercado interno ou de importação de máquinas e equipamentos destinados à produção de bens e prestação de serviços, máquinas, aparelhos, instrumentos equipamentos novos empregados no processo industrial, definidos no Decreto 5.222/2004, adquiridos entre 1º de outubro de 2004 e 31 de dezembro de 2010, a Lei 11.051/2004 facultou a apuração mensal, de acordo com o art. 1º da Lei 11.774/2008, o crédito poderá ser realizado imediatamente nas operações ocorridas a partir de julho de 2012.

[95] Essa regra também é aplicável às despesas com entrega de mercadorias pelo correio, consoante Solução de Consulta 9ª RF 40, de 13 de fevereiro de 2009: "O valor pago aos Correios e suportado pelo vendedor pela entrega de mercadorias por ele revendidas, produzidas ou fabricadas pode ser descontado como crédito na sistemática não cumulativa".

688 | CURSO DE DIREITO TRIBUTÁRIO – *Solon Sehn*

É preciso ter cautela na interpretação do art. 3º, IX, das Leis 10.637/2002 e 10.833/2003. Embora esses dispositivos se refiram ao "frete nas operações de venda", o sujeito passivo que adquire insumos ou bens para revenda também tem direito ao crédito do frete pago no transporte de tais produtos. Esse, porém, não decorre do inciso IX, mas dos incisos I e II do art. 3º, porque a base de cálculo do crédito considera o custo de aquisição do bem, que, por sua vez, é composto pelo frete pago na entrega[96]. O creditamento ocorre de forma indireta, vinculada ao crédito do insumo ou bem adquirido para revenda[97].

A Receita Federal, de acordo com a interpretação consolidada na Solução de Divergência Cosit 11/2007, entende que o crédito se restringe às operações de venda, sem alcançar o frete nas transferências de mercadorias acabadas entre estabelecimento do mesmo contribuinte[98]. Essa interpretação já foi adotada em alguns julgados do Carf[99]. Contudo, a CSRF decidiu que: "O custo referente ao frete pago pelo transporte de produtos entre estabelecimentos da mesma empresa integra a base de cálculo para o crédito previsto para a COFINS não cumulativos, sendo possível o seu creditamento"[100].

Por outro lado, de acordo com a Súmula Carf 188: "É permitido o aproveitamento de créditos sobre as despesas com serviços de fretes na aquisição de insumos não onerados pela Contribuição para o PIS/Pasep e pela Cofins não cumulativas, desde que tais serviços, registrados de forma autônoma em relação aos insumos adquiridos, tenham sido efetivamente tributados pelas referidas contribuições".

j) **Vale-transporte, vale-refeição ou vale-alimentação, fardamento ou uniforme** fornecidos aos empregados por pessoa jurídica que explore as atividades de prestação de serviços de limpeza, conservação e manutenção.

Aos prestadores de serviços de limpeza, conservação e manutenção, a legislação prevê o direito ao crédito independentemente de constituírem ou não insumos da atividade. Nada impede, entretanto, que o direito venha a ser reconhecido para outros setores com fundamento

---

[96]   Decreto-lei 1.598/1977: "Art. 13. O custo de aquisição de mercadorias destinadas à revenda compreenderá os de transporte e seguro até o estabelecimento do contribuinte e os tributos devidos na aquisição ou importação".

[97]   Na aquisição de insumos e mercadorias para revenda, portanto, o contribuinte tem direito ao crédito do frete à medida que este integre o custo de aquisição, consoante também reconhece a Receita Federal em soluções de consulta: "[...] Frete na aquisição. Custo de produção. O frete pago na aquisição dos insumos é considerado como parte do custo daqueles, integrando o cálculo do crédito da Cofins não cumulativa" (SC Disit 08 169/2006; SC 104/2004; SC Disit 06 63/2010; SC 449/2006; SC 234/ 2007).

[98]   "Cofins – Apuração não cumulativa. Créditos de despesas com fretes. Por não integrar o conceito de insumo utilizado na produção e nem ser considerada operação de venda, os valores das despesas efetuadas com fretes contratados, ainda, que pagos ou creditados a pessoas jurídicas domiciliadas no país para realização de transferências de mercadorias (produtos acabados) dos estabelecimentos industriais para os estabelecimentos distribuidores da mesma pessoa jurídica, não geram direito a créditos a serem descontados da Cofins devida. Somente os valores das despesas realizadas com fretes contratados para a entrega de mercadorias diretamente aos clientes adquirentes, desde que o ônus tenha sido suportado pela pessoa jurídica vendedora, é que geram direito a créditos a serem descontados da Cofins devida." Também aplicável ao PIS/Pasep, consoante parte final da solução de consulta publicada no *DOU* de 05.10.2007.

[99]   Carf, 3ª S., 1ª TO, 4ª C., Ac. 3401-002.373, Rel. Cons. Jean Cleuter Simões Mendonça, Rel. Desig. Cons. Robson José Bayerl, S. 23.10.2013; Carf, 3ª S., 2ª TO, 2ª C., Ac. 3202-000.597, Rel. Cons. Thiago Moura de Albuquerque Alves, S. 25.07.2013.

[100] Carf, CSRF, 3ª T., Ac. 9303-013.299, Rel. Valcir Gassen, S. 16.08.2022.

no inciso II do art. 3º das Leis 10.637/2002 e 10.833/2003, desde que atendidos os critérios de essencialidade ou relevância[101].

k) Bens incorporados ao ativo intangível, adquiridos para utilização na produção de bens destinados a venda ou na prestação de serviços.

1.5 Importação de produtos e serviços

1.5.1 Produtos

1.5.1.1 Hipótese de incidência

As contribuições ao PIS/Pasep e a Cofins na importação foram instituídas pela Lei 10.865/2004, com fundamento no art. 149, § 2º, II[102], e no art. 195, IV[103], da Constituição, na redação da Emenda 42/2003. São tributos que visam à equalização da carga tributária dos bens e dos serviços importados com os nacionais. Por isso, apresentam um âmbito mais amplo que o do imposto de importação, incidindo também sobre os serviços.

Na importação de produtos, a hipótese de incidência do PIS/Pasep e da Cofins é a mesma do imposto de importação[104]. Portanto, aplicam-se aqui as mesmas observações apresentadas por ocasião do estudo daquele imposto, inclusive no tocante aos critérios espacial e temporal[105].

1.5.1.2 Consequência tributária

1.5.1.2.1 Base de cálculo

O art. 7º, I, da Lei 10.865/2004, em sua redação originária, criou um conceito especial de "valor aduaneiro", formado pelo valor aduaneiro propriamente dito (base de cálculo do imposto de importação), acrescido do ICMS e do valor da própria contribuição:

---

[101] Foi o que entendeu a Solução de Consulta DISIT/SRRF06 6026, de 12 de agosto de 2021: "[...] desde que atendidos os requisitos da legislação de regência, é permitida a apropriação dos dispêndios da pessoa jurídica com vales-transporte fornecidos a seus funcionários que trabalham no processo de produção de bens, por serem despesas decorrentes de imposição legal"; "[...] é permitida a apropriação dos dispêndios da pessoa jurídica com aquisição de uniformes fornecidos a seus funcionários que trabalham no processo de produção de alimentos, quando referidos dispêndios decorrerem de imposição legal".

[102] "Art. 149. Compete exclusivamente à União instituir contribuições sociais, de intervenção no domínio econômico e de interesse das categorias profissionais ou econômicas, como instrumento de sua atuação nas respectivas áreas, observado o disposto nos arts. 146, III, e 150, I e III, e sem prejuízo do previsto no art. 195, § 6º, relativamente às contribuições a que alude o dispositivo.   [...]

§ 2º As contribuições sociais e de intervenção no domínio econômico de que trata o *caput* deste artigo:

[...]

II – incidirão também sobre a importação de produtos estrangeiros ou serviços."

[103] "Art. 195. A seguridade social será financiada por toda a sociedade, de forma direta e indireta, nos termos da lei, mediante recursos provenientes dos orçamentos da União, dos Estados, do Distrito Federal e dos Municípios, e das seguintes contribuições sociais:

[...]

IV – do importador de bens ou serviços do exterior, ou de quem a lei a ele equiparar."

[104] Lei 10.865/2004: "Art. 3º O fato gerador será:

I – a entrada de bens estrangeiros no território nacional;

[...]."

[105] Ver Capítulo I, itens 1.4.1 e 1.4.2, da Parte Especial.

690 | CURSO DE DIREITO TRIBUTÁRIO – *Solon Sehn*

Art. 7º A base de cálculo será:

I – o valor aduaneiro, assim entendido, para os efeitos desta Lei, o valor que servir ou que serviria de base para o cálculo do imposto de importação, acrescido do valor do Imposto sobre Operações Relativas à Circulação de Mercadorias e sobre Prestação de Serviços de Transporte Interestadual e Intermunicipal e de Comunicação – ICMS incidente no desembaraço aduaneiro e do valor das próprias contribuições, na hipótese do inciso I do *caput* do art. 3º desta Lei; ou

[...].

Como não poderia deixar de ser diferente, o inciso I do art. 7º foi declarado inconstitucional pelo STF no RE 559.937: "**É inconstitucional a parte do art. 7º, I, da Lei 10.865/2004 que acresce à base de cálculo da denominada PIS/COFINS-Importação o valor do ICMS incidente no desembaraço aduaneiro e o valor das próprias contribuições**" (Tema 1).

Depois disso, o art. 7º, I, foi alterado pela Lei 12.865/2013, de sorte que, atualmente, a base de cálculo é a mesma do imposto de importação, ou seja, o valor aduaneiro da mercadoria determinado em consonância com as regras do Acordo de Valoração Aduaneira (AVA), incorporado ao direito brasileiro pelo Decreto Legislativo 30/1994, promulgado pelo Decreto 1.355/1994[106].

1.5.1.2.2   Alíquotas

A alíquotas são de 2,1% (PIS/Pasep) e de 9,65% (Cofins) do valor aduaneiro[107]. Também são previstas isenções mediante alíquota zero (art. 8º, §§ 11 e 12) e disposições especiais aplicáveis aos produtos farmacêuticos (art. 8º, § 1º), de perfumaria, toucador e higiene pessoal (§ 2º), máquinas e veículos (§§ 3º e 4º), pneus novos de borracha e câmaras de ar de borracha (§ 5º), de autopeças (§ 9º), entre outros, que se submetem a alíquotas concentradas na importação, variáveis de 3,2% a 10,8%, com desoneração das demais etapas de circulação (regime monofásico).

Na importação de produtos, as alíquotas originárias eram de 1,65% (PIS/Pasep) e 7,6% (Cofins). Essas foram aumentadas para 2,1% (PIS/Pasep) e 9,65% (Cofins) pela Medida Provisória 668/2015, convertida na Lei 13.137/2015. Isso se deu em função da declaração de inconstitucionalidade da parte final do art. 7º, I, da Lei 10.865/2004 pelo STF, que excluiu o ICMS na base de cálculo nas importações. Contudo, essa decisão não alcançou as operações internas, o que levou o Ministério da Fazenda a propor ao Chefe do Poder Executivo a equalização da carga tributária com a das empresas nacionais:

[...]

2. Em face da recente decisão do Supremo Tribunal Federal – STF que entendeu inconstitucional parcela da base de cálculo da Contribuição para o PIS/PASEP-Importação e da COFINS-Importação incidente na importação de mercadorias, faz-se necessário adequar o marco legal de regência dessas contribuições. Ressalte-se, preliminarmente, que a decisão do STF já se encontra plasmada na legislação tributária federal. A Lei nº 12.865, de 9 de outubro de 2013, alterou a base de cálculo da Contribuição para o PIS/PASEP-Importação e da COFINS-Importação, adequando-a aos ditames do acordão exarado.

3. Com o intuito de evitar-se que a importação de mercadorias passe a gozar de tributação mais favorecida do que aquela incidente sobre os produtos nacionais, desprotegendo as empresas instaladas no País, torna-se necessário elevar as alíquotas da Contribuição para o PIS/PASEP-Importação e da COFINS-Importação. O aumento proposto apenas repõe

---

106   Ver Capítulo I, item 1.5.1, da Parte Especial.
107   Lei 10.865/2004, art. 8º.

a arrecadação dessas contribuições ao patamar existente previamente à decisão do STF e à consequente alteração legislativa.

4. A urgência e a relevância dos dispositivos decorrem da necessidade de garantir o equilíbrio entre a tributação de produtos importados e nacionais, mediante alteração das alíquotas da Contribuição para o PIS/PASEP-Importação e da COFINS-Importação. A assimetria nesta tributação pode causar sérios prejuízos à indústria nacional, devendo ser corrigida o quanto antes tal situação[108].

Ocorre que, tempo depois, a inclusão do ICMS nas operações internas também foi declarada inconstitucional pelo STF no RE 574.706[109] (**"o ICMS não compõe a base de cálculo para a incidência do PIS e da Cofins"** (Tema 69). Dessa maneira, o desequilíbrio – que antes atingia as operações internas – agora atinge os importadores, inclusive os produtores nacionais que dependem de insumos importados para o exercício de suas atividades. Trata-se de disparidade incompatível com os princípios da isonomia (CF, art. 150, II) e do tratamento nacional. Portanto, após a decisão do STF no RE 574.706, deve ser reconhecida a inconstitucionalidade superveniente da Lei 13.137/2015, com o consequente restabelecimento da alíquota originária da Lei 10.865/2004.

Outra questão controversa diz respeito ao § 21 do art. 8º da Lei 10.865/2004, que foi alterado pelo art. 53 da Lei 12.715/2012. Nele foi prevista uma alíquota adicional de 1% aplicável aos produtos de origem estrangeira relacionados no Anexo I da Lei 12.546/2011, restabelecida até 31 de dezembro de 2023 pela Lei 14.288/2021[110].

A cobrança do adicional de Cofins foi prorrogada até 31 de dezembro de 2024 pela Lei 14.973/2024, que também prevê a sua redução proporcional a partir de 2025:

> Art. 2º O art. 8º da Lei nº 10.865, de 30 de abril de 2004, passa a vigorar com a seguinte redação:
> "Art. 8º [...]
> § 21. Até 31 de dezembro de 2024, as alíquotas da Cofins-Importação de que trata este artigo ficam acrescidas de 1 (um) ponto percentual na hipótese de importação dos bens classificados na Tipi, aprovada pelo Decreto nº 11.158, de 29 de julho de 2022, nos códigos:
> [...]
> § 21-A. O acréscimo percentual nas alíquotas da Cofins-Importação de que trata o § 21 deste artigo será de:
> I – 0,8% (oito décimos por cento) de 1º de janeiro até 31 de dezembro de 2025;
> II – 0,6% (seis décimos por cento) de 1º de janeiro até 31 de dezembro de 2026; e
> III – 0,4% (quatro décimos por cento) de 1º de janeiro até 31 de dezembro de 2027.

Essa alíquota adicional não é compatível com os princípios da isonomia e do tratamento nacional. O Estado brasileiro, como qualquer outro país integrante da OMC, não pode impor aos produtos importados um tratamento tributário mais gravoso que o aplicável aos produtos nacionais[111]. No entanto, sem examinar a compatibilidade com o *Gatt*, no julgamento do RE

---

[108] Exposição de Motivos 021/2015 MF.

[109] STF, Tribunal Pleno, RE 574.706/PR, Rel. Min. Cármen Lúcia, j. 15.03.2017, *DJe*-223, divulg. 29.09.2017, public. 02.10.2017.

[110] "Art. 5º Esta Lei entra em vigor: [...] II – no primeiro dia do quarto mês subsequente ao de sua publicação, quanto ao art. 3º."

[111] STJ, 2ª T., REsp 1021267/SP, Rel. Min. Eliana Calmon, *DJe* 26.02.2009; 1ª T., REsp 965.627/SP, Rel. Min. Teori Albino Zavascki, *DJe* 04.02.2009: "[...] 2. O acordo do GATT tem prevalência sobre a legislação tributária superveniente".

692 | CURSO DE DIREITO TRIBUTÁRIO – *Solon Sehn*

1.178.310, o STF definiu que: "I – É constitucional o adicional de alíquota da Cofins-Importação previsto no § 21 do artigo 8º da Lei nº 10.865/2004; II – A vedação ao aproveitamento do crédito oriundo do adicional de alíquota, prevista no artigo 15, § 1º-A, da Lei nº 10.865/2004, com a redação dada pela Lei 13.137/2015, respeita o princípio constitucional da não cumulatividade" (Tema 1.047[112]).

1.5.1.2.3 Sujeitos ativo e passivo

O sujeito ativo do PIS/Pasep e da Cofins é União Federal. Na importação de produtos, os contribuintes e responsáveis encontram-se previstos nos arts. 5º e 6º da Lei 10.865/2004, que definem a mesma sujeição passiva do imposto de importação[113].

1.5.2 Serviços

1.5.2.1 Hipótese de incidência

Como ressaltado anteriormente, nos últimos anos, o tema da importação de serviços vem ganhando cada vez mais protagonismo na pauta de preocupações dos organismos internacionais, em razão do surgimento de novas tecnologias (SaaS, *over-the-air softwares updates*) que colocam em questão a eficiência dos sistemas tributários tradicionais. É problemático, contudo, operar com a noção de importação de serviços, porque não há um ingresso físico de bens provenientes do exterior no mercado nacional[114].

Assim, em meio às dificuldades para a tributação da importação de serviços, a Lei 10.865/2004 optou por tributar o ato de adimplemento pelo contratante brasileiro:

> Art. 3º O fato gerador será:
>
> [...]
>
> II – o pagamento, o crédito, a entrega, o emprego ou a remessa de valores a residentes ou domiciliados no exterior como contraprestação por serviço prestado.

Em função da redação adotada, fica sumariamente afastada qualquer pretensão de exigência do tributo diante da simples assinatura do contrato ou da prestação do serviço sem o recebimento do pagamento correspondente ou antes dele. Bastaria, entretanto, a referência a *pagamento*, que já abrange as demais formas previstas no inciso II do art. 3º. O pagamento ou adimplemento constitui a modalidade normal de extinção da obrigação. Ocorre por meio da transferência, do tomador em favor do prestador, da remuneração ou retribuição prevista no contrato[115]. Essa, embora normalmente em dinheiro, também pode ser pactuada em outros bens ou direitos de crédito. Nesse sentido, *entrega*, *crédito*, *emprego* – que tem o sentido de aplicação ou de utilização

---

[112] STJ, Tribunal Pleno, RE 1.178.310, Rel. Min. Marco Aurélio, Rel. p/ Ac. Min. Alexandre de Moraes, *DJe* 05.10.2020.

[113] Ver Capítulo III, item 3.2.1.6, *supra*.

[114] Sobre as diferentes modalidades de comércio de serviços do Gats, ver: AMARAL, Antonio Carlos Rodrigues do. A Organização Mundial do Comércio – OMC e o Acordo Geral sobre o Comércio de Serviços. *In*: TÔRRES, Heleno Taveira (coord.). *Comércio internacional e tributação*. São Paulo: Quartier Latin, 2005. p. 130-131; SEHN, Solon. *PIS-Cofins*: não cumulatividade e regimes de incidência. 2. ed. São Paulo: Noeses, 2019; BARROSO, Regina Maria Fernandes; VALADÃO, Marcos Aurélio Pereira. O PIS/Cofins na importação de serviços: parametrização da incidência e sua constitucionalidade. *Revista de Direito Internacional, Econômico e Tributário*, Brasília, v. 8, n. 1, p. 1-31, jan./jun. 2013.

[115] CC, art. 594.

Parte Especial • Capítulo V • CONTRIBUIÇÕES ESPECIAIS | **693**

– e *remessa* nada mais são do que algumas das formas pelas quais a transferência da remuneração pode ocorrer no plano pragmático[116].

A referência a *valores* restringe a materialidade da contribuição à satisfação pecuniária da obrigação, afastando as demais modalidades extintivas, como a compensação, a confusão, a novação, a consignação, a remissão, a sub-rogação, a dação em pagamento e a prescrição. Embora tenham efeito de adimplemento, essas formas de extinção da obrigação não implicam a transferência de valores.

É necessário que o pagamento se dê título de contraprestação por serviço prestado. Assim, deve-se ter presente que, no direito privado[117], a noção de *serviço* liga-se à ideia de *esforço humano* (*locatio conductio operarum*), o que, no Código Civil de 2002 e no Código de Defesa do Consumidor[118], tem o sentido de prestação de uma *atividade* remunerada, abrangendo, portanto, a atuação de pessoas físicas ou jurídicas. Trata-se uma *obrigação de fazer* decorrente de um contrato bilateral e oneroso, que implica a prestação de uma utilidade material[119] ou imaterial pelo contratado em benefício do contratante, com independência técnica e sem subordinação hierárquica[120]. Esses elementos excluem do seu âmbito conceitual os serviços prestados com

---

[116] Sobre o tema, cf.: SEHN, Solon. *PIS-Cofins*: não cumulatividade e regimes de incidência. 2. ed. São Paulo: Noeses, 2019. p. 311 e ss.

[117] Recorde-se que, como já analisado, os institutos, os conceitos e as formas de direito privado utilizados pelo texto constitucional para deliminar a competência impositiva não podem ter a sua definição, alcance e conteúdo alterados pelo legislador tributário infraconstitucional. Portanto, para fins tributários, deve ser respeitado o conceito de *serviços* do direito privado (CTN, art. 110). Trata-se de uma consequência da *reserva de constituição* em matéria de competência impositiva, enunciada no art. 110 do CTN, mas que sequer precisaria estar escrita: "*Art. 110. A lei tributária não pode alterar a definição, o conteúdo e o alcance de institutos, conceitos e formas de direito privado, utilizados, expressa ou implicitamente, pela Constituição Federal, pelas Constituições dos Estados, ou pelas Leis Orgânicas do Distrito Federal ou dos Municípios, para definir ou limitar competências tributárias*". Sem isso, o legislador complementar poderia modular a competência tributária municipal, violando a *reserva de lei constitucional*. A jurisprudência do STF, em diversas oportunidades, tem afirmado essa restrição, na linha do RE 71.758, marcado pela feliz observação do Ministro Luiz Gallotti, ao ressaltar que "[...] se a lei pudesse chamar de compra o que não é compra, de importação o que não é importação, de exportação o que não é exportação, de renda o que não é renda, ruiria todo o sistema tributário inscrito na Constituição" – Voto Luiz Gallotti no RE 71.758/GB (Rel. Min. Thompson Flores, *DJ* 31.08.1973, p. 357).

[118] O Código de Defesa do Consumidor (Lei 8.078/1990) define serviço como "qualquer atividade fornecida no mercado de consumo, mediante remuneração, inclusive as de natureza bancária, financeira, de crédito e securitária, salvo as decorrentes das relações de caráter trabalhista" (art. 3º, § 2º).

[119] Recorde-se que alguns serviços podem implicar a entrega de uma utilidade material ao contratante, dificultando a demarcação das fronteiras entre *dar* e *fazer*. É o que ocorre com a obrigação de pintar um quadro ou de elaboração de um *software* personalizado, entre outros, que pressupõem a entrega final de uma coisa. Contudo, mesmo nessas hipóteses, as duas categorias não se confundem, porque, na prestação de serviço, o *dar* é consequência do *fazer*, ou seja, o prestador confecciona a coisa, antes de entregá-la ao contratante. Em situações dessa natureza, como ensina Washington de Barros Monteiro: "O *substractum* da diferenciação está em verificar se o *dar* ou o *entregar* é ou não consequência do *fazer*. Assim, se o devedor tem de dar ou de entregar alguma coisa, não tendo, porém, de fazê-la, previamente, a obrigação é de dar; todavia, se primeiramente, tem ele de confeccionar a coisa, para depois entregá-la, se tem ele de realizar algum ato, do qual será mero corolário o de dar, tecnicamente a obrigação é de fazer" (BARROS MONTEIRO, Washington de. *Curso de direito civil*: direito das obrigações. 27. ed. São Paulo: Saraiva, 1994. v. 4, 1ª parte, p. 87).

[120] GOMES, Orlando. *Contratos*. 27. ed. Rio de Janeiro: Forense, 2019. p. 293; RODRIGUES, Silvio. *Direito civil*: parte geral das obrigações. 25. ed. São Paulo: Saraiva, 1997. v. 2, p. 33 e ss. Sobre o tema, cf. ainda: TEPEDINO, Gustavo; KONDER, Carlos Nelson; BANDEIRA, Paula Greco. *Fundamentos do direito civil*: contratos. 2. ed. Rio de Janeiro: Forense, 2021. v. 3, p. 295 e ss.; TARTUCE, Flávio. *Direito civil*: teoria geral dos contratos e contratos em espécie. 16. ed. Rio de Janeiro: Forense, 2021. v. 3, p. 588 e ss.

694 | CURSO DE DIREITO TRIBUTÁRIO – *Solon Sehn*

vínculo empregatício, o impropriamente denominado "autosserviço", os serviços gratuitos[121] e as prestações de obrigações de dar, tais como a locação e a cessão de direitos[122].

Ademais, para definir a materialidade da exação, é dispensável a menção dupla ao domicílio e à residência, prevista no inciso II do art. 3º da Lei 10.865/2004. Domicílio constitui o espaço geográfico que serve como centro das atividades e dos negócios jurídicos de determinado sujeito de direitos. No direito brasileiro, consiste no local onde a pessoa física estabelece sua residência com ânimo definitivo[123]. Para efeitos profissionais, por sua vez, identifica-se com o lugar em que a profissão é exercida[124]. A noção de residência ou moradia, por outro lado, não se aplica às pessoas jurídicas. Essas têm apenas domicílio, que é definido pelos seus atos constitutivos ou, sendo esse omisso, coincide com o local de funcionamento das respectivas administrações ou diretorias[125]. Portanto, a referência a domicílio já é suficiente para a descrição completa do critério material da contribuição.

Além disso, cumpre considerar o disposto no art. 1º, *caput*, § 1º, I e II, da Lei 10.865/2004:

> Art. 1º [...]
>
> § 1º Os serviços a que se refere o *caput* deste artigo são os provenientes do exterior prestados por pessoa física ou pessoa jurídica residente ou domiciliada no exterior, nas seguintes hipóteses:
>
> I – executados no País; ou
>
> II – executados no exterior, cujo resultado se verifique no País.

Esse preceito restringe a incidência da exação aos serviços executados no país por prestador domiciliado no exterior, bem como aos executados no exterior, mas com resultado verificado no território nacional. Nesse último caso, deve-se entender por resultado o adimplemento da prestação (resultado jurídico), isto é, a utilidade ou o proveito material ou imaterial que normalmente decorre da prestação do serviço. É preciso diferenciar, assim, o resultado ou proveito econômico – ganho mediato ou potencial que pode decorrer do serviço – e o resultado ou proveito jurídico, que corresponde à prestação contratada. Apenas esse último, quando ocorrido no Brasil, está sujeito à incidência da contribuição, inclusive porque o proveito econômico, no momento do pagamento, é apenas potencial e depende de um período de tempo para ser verificado.

Recorde-se o exemplo de um serviço de publicidade de produtos brasileiros no exterior. A utilidade ou proveito específico (resultado jurídico) que decorre da prestação é a divulgação das

---

[121] O serviço gratuito tem natureza de doação ou de contrato atípico (GOMES, Orlando. *Contratos*. 27. ed. Rio de Janeiro: Forense, 2019. p. 294).

[122] JUSTEN FILHO, Marçal. *O imposto sobre serviços na Constituição*. São Paulo: RT, 1985. p. 177 e ss.; BARRETO, Aires Fernandino. *ISS na Constituição e na lei*. São Paulo: Dialética, 2003. p. 62 e ss.; MELO, José Eduardo Soares de. *Aspectos teóricos e práticos do ISS*. São Paulo: Dialética, 2000. p. 29 e ss.; MELO, José Eduardo Soares de. *ISS*: aspectos teóricos e práticos. 3. ed. São Paulo: Dialética, 2003. p. 33 e ss.; PEREIRA, Cláudio Augusto Gonçalves. Conflito de normas entre o ISS e o ICMS na indústria gráfica. *In*: PINTO, Sergio Luiz de Moares; MACEDO, Alberto; ARAÚJO, Wilson José de. *Gestão tributária municipal e tributos municipais*. São Paulo: Quartier Latin, 2013. v. 3, p. 118-124. Desse mesmo autor, destaca-se ainda: PEREIRA, Cláudio Augusto Gonçalves. O imposto sobre serviços de qualquer natureza e o licenciamento do uso de *software*. *Revista de Estudos Tributários*, Porto Alegre, v. 16, n. 99, p. 22-26, set./out. 2014; e PEREIRA, Cláudio Augusto Gonçalves. O imposto sobre serviços – ISS – cobrado na expedição do "habite-se": a inconstitucionalidade da pauta fiscal. *In*: MACEDO, Alberto; DACOMO, Natalia de Nardi (coord.). *ISS*: pelos conselheiros julgadores. São Paulo: Quartier Latin, 2012.

[123] CC, art. 70.

[124] CC, art. 72.

[125] CC, art. 75, IV. GOMES, Orlando. *Introdução ao estudo do direito civil*. 13 ed. Rio de Janeiro, Forense, 1996. p. 177 e ss.

Parte Especial • Capítulo V • CONTRIBUIÇÕES ESPECIAIS | 695

mercadorias no território alienígena. Esse ocorre integralmente no exterior e o seu pagamento não está sujeito à incidência do PIS/Pasep e da Cofins. A empresa, entretanto, pode ter auferido um resultado econômico no Brasil, em decorrência do aumento de vendas para o exterior ou da consolidação da marca no mercado internacional. No momento da prestação do serviço, entretanto, esse proveito é apenas potencial e, conforme o caso, embora assim não se espere, nem sequer pode vir a se concretizar. Algumas ações de *marketing*, inclusive, podem gerar efeito negativo redutor de vendas. Daí que, a rigor, o resultado deve ser interpretado no sentido de utilidade ou proveito jurídico específico.

Essa matéria foi objeto de importante decisão do Carf, que afastou o critério econômico--financeiro para a determinação do local em que se considera ocorrido o resultado do serviço:

Assunto: Contribuição para o Financiamento da Seguridade Social – COFINS

Período de apuração: 1º.01.2007 a 31.12.2008

Importação de serviços. Inciso II, § 1º, da Lei 10.865/2004. Resultado do serviço

Para a incidência de PIS e COFINS Importação é preciso se verificar a presença dos requisitos legais, ou seja, (i) os serviços devem provenientes do exterior; (ii) devem ser prestados por pessoa física ou pessoa jurídica residente ou domiciliada no exterior; (iii) devem ser executados no País ou (iv) executados no exterior, com resultado que se verifique no País. A inexistência destes requisitos descaracterizam a importação de serviços.

Importação de serviços. Transporte internacional de mercadorias. Não incidência

O resultado do serviço de transporte internacional é a entrega da mercadoria no exterior, não o pagamento do transporte e menos ainda a retirada do produto no Brasil. Não incidência do PIS e COFINS Importação.

Importação de serviços. Serviços jurídicos. Incidência

As empresas brasileiras que operam internacionalmente e precisam consultar advogados locais para a prestação de seus serviços, incorrem na importação dos serviços jurídicos para obter os necessários conselhos legais. O resultado do serviço jurídico importado é usufruído no Brasil pela empresa que o solicitou. O ato de os escritórios estrangeiros não atuarem nas leis brasileiras não influencia o serviço contratado, vez que a empresa pretende, justamente, atuar em outros países.

Importação de serviços. Representantes comerciais. Não incidência

A atividade de representação comercial de vendas internacionais, quando realizadas por pessoas físicas/jurídicas estrangeiras e representam a exportação de mercadorias, ocorrem exclusivamente fora do Brasil. Apenas o efeito econômico da venda do produto ocorre no Brasil, todavia, este efeito financeiro não é o suficiente para a tributação pretendida, posto que não representa o conceito de "resultado" previsto no § 1º do inciso II da Lei 10.865/2004.

Importação de serviços. Logística internacional. Não incidência

A atividade de logística internacional ocorre exclusivamente fora do Brasil e tem como objetivo organizar e finalizar a exportação do produto. O efeito financeiro do pagamento do serviço pela empresa brasileira não é o suficiente para a tributação pretendida, posto que não representa o conceito de "resultado" previsto no § 1º do inciso II da Lei 10.865/2004.

Recurso voluntário provido em parte.

Recurso de ofício negado[126].

---

[126]   Carf, 3ª S., 3ª C., 2ª TO, Ac. 3302-02.778, Rel. Cons. Fabiola Cassiano Keramidas, S. 10.12.2014.

Dessa forma, na importação de serviços, o critério material da hipótese de incidência do PIS/Pasep e da Cofins consiste em *pagar remuneração pecuniária a domiciliado no exterior a título de contraprestação por serviço prestado no Brasil ou com resultado verificado no território nacional*, entendido como tal a execução de uma *obrigação de fazer* decorrente de um contrato bilateral e oneroso, prestada pelo contratado em benefício de outrem, com independência técnica e sem subordinação hierárquica.

Convém ressaltar que, no ano de 2023, a Receita Federal publicou a Solução de Consulta Cosit 107/2023, passando a exigir o pagamento de PIS/Pasep e de Cofins no licenciamento de *softwares*:

> [...]
>
> Importação. *Softwares* de prateleira. *Download*. Licença de uso. Serviços conexos. Contrato. Previsão concomitante de licença de uso e serviços conexos. Incidência.
>
> No contrato de licenciamento de uso de *softwares* a obrigação de fazer está presente no esforço intelectual, seja a aquisição por meio físico ou eletrônico, o que configura contraprestação por serviço prestado os valores pagos, creditados, entregues, empregados ou remetidos a beneficiário residente ou domiciliado no exterior como remuneração decorrente dessa adesão, incidindo a Cofins-Importação sobre tais valores, nos termos do inciso II do art. 7º c/c o inciso II do art. 3º da Lei nº 10.865, de 2004.
>
> A Cofins-Importação incide sobre os valores pagos, creditados, entregues, empregados ou remetidos a residentes ou domiciliados no exterior, como contraprestação à prestação de serviços decorrentes de contratos de licenciamento de uso de softwares, como a manutenção e o suporte a esses relacionados.
>
> Reforma parcialmente a solução de consulta COSIT 303, de 2017; a Solução de Consulta COSIT 374, de 2017; a Solução de Consulta COSIT 262, de 2017; a Solução de Consulta COSIT 448, de 2017 e a Solução de Divergência 2, de 2019.
>
> Dispositivos Legais: arts. 21, 22 e 23 da Lei 4.506, de 30 de novembro de 1964; arts. 1º, 2º, 6º, e 9º a 12 da Lei 9.609, de 19 de fevereiro de 1998; arts. 1º, 3º, 4º e inciso II do art. 7º da Lei 10.865, de 30 de abril de 2004[127].

A mudança de interpretação da Cosit foi assentada nas decisões do STF na ADI 1.945 e 5.659, que admitiram a incidência do ISS sobre operações com *softwares*:

> 64. Com a publicação do referido acórdão, o Supremo Tribunal Federal (STF) reconheceu a incidência do ISS nas operações com *software*, tal como previsto no subitem 1.05 da lista de serviços anexa à Lei Complementar (LC) nº 116, de 31 de julho de 2003, excluindo das hipóteses de incidência do Imposto sobre Circulação de Mercadorias e Prestação de Serviços (ICMS) o licenciamento ou a cessão de direito de uso de programas de computador, entendendo que "[...] *software* é produto do engenho humano, é criação intelectual. Ou seja, é imprescindível a existência de esforço humano direcionado para a construção de um programa de computador (obrigação de fazer), não podendo isso ser desconsiderado quando se trata de qualquer tipo de *software*". Dessa forma, então, em relação aos *softwares*, reconhece-se que há a existência da prestação de serviços.

Essa exegese não se mostra apropriada. Como analisado anteriormente, desde os primeiros julgados acerca da matéria, o STF sempre tem vinculado o conceito de serviço às obrigações de

---

[127] Solução de Consulta Cosit 107, de 06.07.2023.

Parte Especial • Capítulo V • CONTRIBUIÇÕES ESPECIAIS | **697**

dar[128]. Não ocorreu um *overruling* do entendimento jurisprudencial nas ADIs 1.945 e 5.659. A Corte, na realidade, apenas reconheceu que, diante do art. 156, III, da Constituição Federal, para afastar conflitos de competência entre ISS e ICMS, a lei complementar pode definir o tributo incidente nos contratos mistos ou complexos, sempre que não for possível distinguir as obrigações de dar e de fazer[129]. Não houve, em momento algum, afirmação de que o licenciamento de *softwares* seria prestação de serviços.

Por fim, o critério espacial do PIS/Pasep e da Cofins corresponde ao território nacional e o critério temporal, a data do adimplemento, ou seja, do pagamento, do crédito, da entrega, do emprego ou da remessa de valores na hipótese de que trata o inciso II do *caput* do art. 3º da Lei 10.865/2004[130].

1.5.2.2   Alíquotas e base de cálculo

Na importação de serviços, as alíquotas do PIS/Pasep e da Cofins, de acordo com o art. 8º da Lei 10.865/2004, são de 1,65% e 7,6%, respectivamente[131]. A base de cálculo, por sua vez, corresponde ao valor pago pelo tomador ao prestador, acrescido do ISS e do valor das próprias contribuições:

> Art. 7º A base de cálculo será:
> [...]
> II – o valor pago, creditado, entregue, empregado ou remetido para o exterior, antes da retenção do imposto de renda, acrescido do Imposto sobre Serviços de qualquer Natureza – ISS e do valor das próprias contribuições, na hipótese do inciso II do *caput* do art. 3º desta Lei.

Trata-se de dispositivo manifestamente inconstitucional. Como analisado anteriormente, a inclusão de um tributo na base de cálculo de outro não é compatível com o princípio da capacidade contributiva. No STF, por sua vez, há precedentes duas turmas julgadoras aplicando o entendimento do RE 559.937 ao ISS: "A orientação firmada no julgamento do RE 559.937/RS, no qual se decidiu pela impossibilidade da inclusão do ICMS-importação na base de cálculo da

---

[128]   Ver Cap. I, item 3.6.2; Cap. II, item 2.3.1.1.3; e Cap. III, item 3.2.1.3, ambos da Parte Especial.

[129]   Isso foi ressaltado de forma muito clara nas ADI 1.945 e 5.659: "5. O Plenário deste Supremo Tribunal Federal, ao apreciar as ADIs 1.945 e 5.659 (j. em 24.02.2021), entendeu que as operações relativas ao licenciamento ou cessão do direito de uso de *software*, seja ele padronizado ou elaborado por encomenda, devem sofrer a incidência do ISS, e não do ICMS. Tais operações são mistas ou complexas, já que envolvem um *dar* e um *fazer* humano na concepção, desenvolvimento e manutenção dos programas, além "[d]o *help desk*, disponibilização de manuais, atualizações tecnológicas e outras funcionalidades previstas no contrato". Nesse contexto, o legislador complementar buscou dirimir o conflito de competência tributária (art. 146, I, da CF), no subitem 1.05 da lista de serviços tributáveis pelo ISS anexa à Lei Complementar 116/2003, prevendo o "licenciamento ou cessão de direito de uso de programas de computação". Também houve reforço dessa exegese na ADI 3.142: "Nas relações mistas ou complexas em que não seja possível claramente segmentar as obrigações de dar e de fazer – 'seja no que diz com o seu objeto, seja no que concerne ao valor específico da contrapartida financeira' (Rcl 14.290/DF-AgR, Tribunal Pleno, Rel. Min. Rosa Weber) –, estando a atividade definida em lei complementar como serviço de qualquer natureza, nos termos do art. 156, III, da Constituição Federal, será cabível, *a priori*, a cobrança do imposto municipal" (STF, Tribunal Pleno, ADI 3.142, Rel. Min. Dias Toffoli, *DJe* 09.10.2020).

[130]   "Art. 4º Para efeito de cálculo das contribuições, considera-se ocorrido o fato gerador:
[...]
IV – na data do pagamento, do crédito, da entrega, do emprego ou da remessa de valores na hipótese de que trata o inciso II do *caput* do art. 3º desta Lei."

[131]   Lei 10.865/2004, art. 8º.

698 | CURSO DE DIREITO TRIBUTÁRIO – *Solon Sehn*

contribuição ao PIS/Pasep e da Cofins incidentes na importação de produtos e bens estrangeiros, aplica-se ao deslinde da presente controvérsia, referente à impossibilidade da inclusão do ISS na base de cálculo das supracitadas contribuições cobradas em razão da importação de serviços"[132].

Outro problema relacionado é que, ao prever a contribuição, o art. 149, § 2º, III, "a", da Constituição faz referência apenas ao "valor aduaneiro", que é a base de cálculo da importação de produtos:

> Art. 149. [...]
>
> § 2º As contribuições sociais e de intervenção no domínio econômico de que trata o *caput* deste artigo: (Incluído pela Emenda Constitucional nº 33, de 2001)
>
> [...]
>
> III – poderão ter alíquotas: (Incluído pela Emenda Constitucional nº 33, de 2001)
>
> a) *ad valorem*, tendo por base o faturamento, a receita bruta ou o valor da operação e, no caso de importação, o valor aduaneiro; (Incluído pela Emenda Constitucional nº 33, de 2001)
>
> [...].

Não parece, contudo, que isso represente um obstáculo à instituição da contribuição sobre a importação de serviços pelo legislador ordinário. Em primeiro lugar, porque o inciso IV do art. 195 da Constituição autoriza a instituição de uma contribuição social "do importador de bens ou serviços do exterior, ou de quem a lei a ele equiparar". Em segundo lugar, porque a falta de definição da base de cálculo não impede o exercício da competência impositiva. A Constituição pode até dispor sobre a matéria, como fez em relação à importação de produtos. Mas, se não o fizer, o legislador não está impedido de instituir o tributo, até porque, do contrário, nenhum dos tributos mais relevantes do direito brasileiro poderia ter sido instituído, inclusive o imposto de renda, o IPI e o ICMS. Apesar de não existir enunciado constitucional definido a base de cálculo, parece induvidoso que essa, diante da manifestação de capacidade contributiva pressuposta pela regra de competência, deverá corresponder ao valor da remuneração paga ao prestador de serviço.

1.5.2.3   Sujeição ativa e passiva

O sujeito ativo do PIS/Pasep e da Cofins é a União, sendo definido como contribuinte, nos termos do art. 5º, II e III, da Lei 10.865/2004: (a) a pessoa física ou jurídica contratante de serviços de residente ou domiciliado no exterior; e (b) o beneficiário do serviço, na hipótese em que o contratante também seja residente ou domiciliado no exterior.

1.5.3   Não cumulatividade

Nas importações de bens e serviços, as empresas sujeitas à não cumulatividade do PIS/Pasep e da Cofins têm direito ao crédito nas hipóteses previstas no art. 15 da Lei 10.865/2004, que compreendem:

a) bens adquiridos para revenda;

b) bens e serviços utilizados como insumo na prestação de serviços e na produção ou fabricação de bens ou produtos destinados à venda, inclusive de combustíveis e lubrificantes;

---

[132]   STF, 2ª T., RE 1105428 AgR, Rel. Min. Dias Toffoli, *DJe* 17.10.2018. No mesmo sentido: STF, 2ª T., RE 980.249 AgR-segundo, Rel. Min. Ricardo Lewandowski, *DJe* 13.05.2019; STF, 1ª T., RE 1.227.448 AgR, Rel. Min. Roberto Barroso, *DJe* 13.05.2020.

Parte Especial · Capítulo V · CONTRIBUIÇÕES ESPECIAIS | **699**

c) energia elétrica consumida nos estabelecimentos da pessoa jurídica;

d) aluguéis e contraprestações de arrendamento mercantil de prédios, máquinas e equipamentos, embarcações e aeronaves, utilizados na atividade da empresa;

e) máquinas, equipamentos e outros bens incorporados ao ativo imobilizado, adquiridos para locação a terceiros ou para utilização na produção de bens destinados à venda ou na prestação de serviços.

As regras sobre o crédito do PIS/Pasep e da Cofins previstas na Lei 10.865/2004 são aplicáveis aos gastos incorridos até a liberação (desembaraço aduaneiro), momento em que, para todos os efeitos legais, a mercadoria é considerada nacionalizada. A partir daí, a análise do direito ao crédito deve considerar as Leis 10.637/2002 e 10.833/2003.

Vale ressaltar que, na importação por conta e ordem de terceiros, o crédito cabe ao destinatário da mercadoria[133]. Outra particularidade é que também há direito ao crédito nas importações isentas, salvo se a operação subsequente estiver sujeita à alíquota zero, for isenta ou não alcançada pela incidência da contribuição[134].

Para fins de apuração do crédito, o art. 15, § 3º, da Lei 10.865/2004, estabelece que:

Art. 15. [...]

§ 3º O crédito de que trata o *caput* será apurado mediante a aplicação das alíquotas previstas no art. 8º sobre o valor que serviu de base de cálculo das contribuições, na forma do art. 7º, acrescido do valor do IPI vinculado à importação, quando integrante do custo de aquisição. (Redação dada pela Lei nº 13.137, de 2015)

Esse dispositivo parece indicar que o crédito, diferentemente das operações do mercado interno, não teria por base o custo de aquisição, mas apenas o valor aduaneiro da mercadoria importada ("o valor que serviu de base de cálculo das contribuições"). Todavia, a parte final do art. 15, § 3º, mostra que, a rigor, o cálculo deve considerar o custo de aquisição. Afinal, se não fosse assim, não haveria motivo para prever a inclusão do IPI apenas "quando integrante do custo".

Não é esse, contudo, o entendimento da Receita Federal. Após diferentes soluções de consulta, a Cosit definiu que apenas os gastos que integraram a base imponível do PIS/Pasep e da Cofins podem ser considerados no cálculo do crédito. Assim, foi negado o direito ao crédito das despesas com o desembaraço aduaneiro da mercadoria importada, conforme a Solução de Divergência 07/2012:

Assunto: Contribuição para o PIS/Pasep

Regime de apuração não cumulativa. Créditos. Importação. Gastos com desembaraço aduaneiro.

A pessoa jurídica sujeita ao regime de apuração não cumulativa da Contribuição para o PIS/Pasep não pode descontar créditos calculados em relação aos gastos com desembaraço aduaneiro, relativos a serviços prestados por pessoa jurídica domiciliada no País, decorrentes de importação de mercadorias, por falta de amparo legal.

Dispositivos Legais: Lei nº 10.865, de 2004, art. 7º, I e art. 15.

Assunto: Contribuição para o Financiamento da Seguridade Social – Cofins

Regime de apuração não cumulativa. Créditos. Importação. Gastos com desembaraço aduaneiro.

---

133 Lei 10.865/2004, art. 18.
134 Lei 10.865/2004, art. 16, § 1º.

CURSO DE DIREITO TRIBUTÁRIO – *Solon Sehn*

A pessoa jurídica sujeita ao regime de apuração não cumulativa da Cofins não pode descontar créditos calculados em relação aos gastos com desembaraço aduaneiro, relativos a serviços prestados por pessoa jurídica domiciliada no País, decorrentes de importação de mercadorias, por falta de amparo legal.

Dispositivos Legais: Lei nº 10.865, de 2004, art. 7º, I e art. 15

Portanto, a Receita Federal entende que, na importação, o crédito deve considerar o valor aduaneiro da mercadoria. Esse, por sua vez, compreende apenas o frete devido até o porto, aeroporto ou no ponto de fronteira alfandegado onde devam ser cumpridas as formalidades de entrada no território aduaneiro[135]. Em razão disso, não se reconhece o crédito do frete interno pago ao prestador de serviço brasileiro para o transporte do produto nacionalizado até o estabelecimento do importador, consoante assentado na Solução de Consulta Cosit 121/2017:

> Não cumulatividade. Direito de creditamento. Serviços aduaneiros. Frete interno na importação de mercadorias. Armazenagem de mercadoria importada.
>
> No regime de apuração não cumulativa, não é admitido o desconto de créditos em relação ao pagamento de serviços aduaneiros e de frete interno referente ao transporte de mercadoria importada do ponto de fronteira, porto ou aeroporto alfandegado até o estabelecimento da pessoa jurídica no território nacional. É possível o desconto de crédito em relação a despesas com armazenagem do produto importado.
>
> **Dispositivos Legais:** Lei nº 10.637, de 2002, art. 3º; Lei nº 10.833, de 2003, art. 3º, IX, e art. 15, II; Lei nº 10.865, de 2004, art. 7º e art. 15; IN SRF nº 327, de 2003, arts. 4º e 5º.

Entretanto, não se pode confundir o crédito decorrente da importação, disciplinado pela Lei 10.865/2004, com o crédito decorrente de gastos relacionados ao *produto já nacionalizado*, sujeito às regras das Leis 10.637/2002 e 10.833/2003. Após a liberação (desembaraço aduaneiro), a mercadoria perde o *status* de importada, tornando-se nacional para todos os efeitos legais. A partir desse momento, como o produto já está nacionalizado, não incide mais a Lei 10.865/2004[136].

Essa interpretação foi acolhida em diversos julgados do Carf[137]. Não obstante, por voto de qualidade, a Câmara Superior de Recursos Fiscais já decidiu no sentido contrário:

> Assunto: Normas gerais de direito tributário
> Período de apuração: 1º.07.2006 a 30.09.2006

---

[135] Decreto 6.759/2009 (Regulamento Aduaneiro): "Art. 77. Integram o valor aduaneiro, independentemente do método de valoração utilizado (Acordo de Valoração Aduaneira, Artigo 8, parágrafos 1 e 2, aprovado pelo Decreto Legislativo 30, de 1994, e promulgado pelo Decreto 1.355, de 1994; e Norma de Aplicação sobre a Valoração Aduaneira de Mercadorias, Artigo 7º, aprovado pela Decisão CMC 13, de 2007, internalizada pelo Decreto 6.870, de 4 de junho de 2009):
I – o custo de transporte da mercadoria importada até o porto ou o aeroporto alfandegado de descarga ou o ponto de fronteira alfandegado onde devam ser cumpridas as formalidades de entrada no território aduaneiro; [...]."

[136] Sobre o tema na doutrina, também admitindo o direito ao crédito, cf.: BARBIERI, Luís Eduardo. Direito ao crédito do PIS e da Cofins sobre o valor do frete pago no transporte no território nacional de bens importados. *In*: MOREIRA JUNIOR, Gilberto Castro; PEIXOTO, Marcelo Magalhães (coord.). *PIS e Cofins à luz da jurisprudência do Conselho Administrativo de Recursos Fiscais*. São Paulo: MP, 2014. v. 3, p. 349.

[137] Carf, 3ª S., 2ª T., E. Ac. 3002-001.832, Rel. Con. Mariel Orsi Gameiro, S. 18.03.2021. No mesmo sentido: 3ª S., 2ª C., 2ª TO, Acórdão 3202-001.003, Rel. Cons. Luís Eduardo Garrossino Barbieri, S. 26.11.2013; 3ª S., 3ª C., 1ª TO, Ac. 3301-008.948, Rel. Ari Vendramini, S. 20.10.2020. No mesmo sentido: 3ª S., 2ª C., 1ª TO, Ac. 3201-007.474, Rel. designado Cons. Laércio Cruz Uliana Junior, S. 18.11.2020; 3ª S., 2ª C., 1ª TO, Ac. 3201-007.484, Rel. Cons. Paulo Roberto Duarte Moreira, S. 18.11.2020.

Parte Especial • Capítulo V • CONTRIBUIÇÕES ESPECIAIS | **701**

Regime não cumulativo. Gastos com armazenamento e frete interno no transporte de produto importado. Direito de apropriação de crédito. Impossibilidade.

Os gastos com armazenamento e frete relativos ao transporte de bens importados, realizados após o desembaraço aduaneiro, não geram direito a crédito da COFINS, pelo crédito do tributo importado estar limitado ao valor das contribuições efetivamente pagas na importação[138].

No Judiciário, por sua vez, o entendimento da Cosit foi mantido em recente acórdão da 6ª Turma do TRF da 3ª Região:

Apelação em mandado de segurança. Tributário. Frete. Importação e operação interna. PIS/COFINS importação e PIS/COFINS interno. Regime não cumulativo. Exigência de múltipla incidência tributária. Conceito de insumo. Frete e custo operacional. Legalidade do art. 551 da IN RFB 1.911/19. Recurso desprovido.

1. A presente causa tem por objeto a possibilidade de a impetrante se creditar do PIS/COFINS quanto ao custo: do frete de serviços de transporte em importações, independentemente de o produto importado possuir algum benefício fiscal, afastando-se a normativa do art. 551 da IN 1.911/19; do frete de importação incidente a partir do desembaraço aduaneiro até o parque fabril, mesmo lançado autonomamente; e do frete interno de serviços de transporte de insumos, independentemente do produto gozar de benefício fiscal.

2. O art. 7º da Lei 10.865/04 institui o valor aduaneiro como base de cálculo do PIS/COFINS incidente na importação de bens estrangeiros no território nacional, na forma do art. 195, IV, da CF. O art. 77 do Decreto 6.759/09 define que o custo de transporte da mercadoria importada até a alfândega está incluído no conceito de valor aduaneiro e, consequentemente, é parte da base de cálculo do PIS/COFINS importação.

3. O art. 15, *caput* e incisos, da Lei 10.865/04 garante às "pessoas jurídicas sujeitas à apuração da contribuição para o PIS/PASEP, nos termos dos arts. 2º e 3º das Leis 10.637/02 e 10.833/03, o direito de descontar créditos de PIS/COFINS quanto à importação de bens voltada para a revenda no mercado interno, ou de insumos para a produção de mercadorias. Ou seja, incidente o PIS/COFINS na operação interna, pode o importador se creditar do PIS/COFINS já recolhido quando da importação, de forma a neutralizar a nova incidência com o dispêndio já realizado.

4. Por decorrência lógica do regime não cumulativo pode o contribuinte do PIS/COFINS, agora na venda do bem importado, tomar créditos das contribuições tendo por base o frete internacional das mercadorias até a alfândega nacional, já que é componente da base de cálculo do PIS/COFINS devido na importação – o valor aduaneiro. Como dito, o creditamento somente será possível se a receita oriunda daquela venda for tributável pelo PIS/COFINS.

5. A sistemática difere daquela prevista nas Leis 10.637/02 e 10.833/03, voltadas para a cadeia operacional interna, com múltipla incidência das contribuições sobre as diferentes pontas daquela cadeia – a partir da receita obtida – permitindo o creditamento de determinadas despesas. Aqui, o custo do frete somente é admitido como fato gerador de créditos no caso do frete destinado à venda da mercadoria sujeita ao PIS/COFINS (art. 3º, IX), e, por força de interpretação administrativa, na qualidade de componente

---

[138] CRSF, 3ª T., Ac. 9303-010.727, Rel. des. Cons. Luiz Eduardo de Oliveira Santos, S. 17.09.2020.

do custo de aquisição de insumos de mercadorias destinadas a venda também sujeita às contribuições (Solução de Divergência COSIT 07/16).

6. No ponto, tem-se uma correlação necessária entre o insumo e o frete utilizado para seu transporte. Ausente previsão legal específica – reservada somente ao frete destinado à venda –, o custo do frete fica atrelado ao custo da aquisição de insumos, na forma do art. 3º, II, e, consequentemente, ao regime tributário imposto àqueles insumos.

7. Nada obstante ter o STJ solidificado o conceito de insumo enquanto bem ou serviço essencial ou relevante para o processo produtivo (REsp 1.221.170), afastando-se a conceituação restritiva contidas nas INs SRF 247/02 e 404/04 (atinentes ao IPI), fez-se expressa menção à impossibilidade de tal conceito acabar por travestir o conceito de receita e de faturamento em renda, afastando-se a equiparação do que seja insumo ao que seja custo e despesa.

8. Consequentemente, o frete, por si só, não se coaduna ao conceito de insumo, enquanto custo operacional de transporte dos bens utilizados na produção ou na venda das mercadorias produzida. Por força do art. 3º, II, somente quando integrante ao custo de aquisição de um insumo, poderá ser base de cálculo dos créditos de PIS/COFINS, ressalvada a hipótese do inciso IX. Nesse sentido: ApCiv 5011674-68.2018.4.03.6100 / TRF3 – Sexta Turma/Des. Fed. Johonsom Di Salvo/13.12.2019.

9. Em ambas as situações citadas, exige-se que a pessoa contratada para o frete seja pessoa jurídica domiciliada no Brasil (art. 3º, § 3º, I), porquanto a não cumulatividade e a assunção de créditos toma por pressuposto que a receita obtida com o frete seja submetida também ao PIS/COFINS, evitando-se, assim, a incidência em cascata das contribuições. A exigência não tem razão de ser para a aquisição de créditos derivados da incidência do PIS/COFINS importação e do PIS/COFINS na revenda interna, já que o contribuinte é a mesma pessoa, como importadora e revendedora da mercadoria.

10. Mais precisamente, o crédito com o frete não é justificado pela incidência do PIS/COFINS sobre as receitas obtidas pela transportadora – até porque inexistente, caso seja pessoa estrangeira –, mas sim pelo fato de aquele valor ter sido incluído na base de cálculo do PIS/COFINS importação de mercadorias cuja receita de venda sujeitar-se-á ao PIS/COFINS cobrado na operação interna (Solução de Consulta COSIT 350/17).

11. Nestes termos, observada a necessidade de múltipla incidência tributária para o reconhecimento do direito ao creditamento previsto no regime não cumulativo do PIS/COFINS, e explicitando entendimento administrativo já exarado e aplicado anteriormente, editou-se o art. 551 da IN 1.911/19.

12. A norma apenas explicita a lógica do sistema não cumulativo. Se o custo da aquisição de um insumo, incluindo aqui o valor de seu frete, não se sujeitou à tributação do PIS/COFINS, veda-se ao adquirente a possibilidade de se creditar daquelas contribuições a partir daquele custo. Não se vulnera qualquer direito titularizado pelo contribuinte, mas apenas se obedece ao que se propõe a não cumulatividade – evitar a carga tributária em cascata. Muito menos se vulnera a anterioridade tributário, pois, como dito, apenas explicita interpretação já adotada pela Fazenda Nacional e decorrente do regime legal não cumulativo do PIS/COFINS[139].

Não houve interposição de recurso especial ou extraordinário em face dessa decisão, de sorte que a discussão foi encerrada sem a manifestação do STJ ou do STF. Espera-se que, em

---

[139] TRF 3ª R., 6ª T., ApCiv 5005997-36.2019.4.03.6128, Rel. Des. Fed. Luis Antonio Johonsom Di Salvo, j. 10.08.2020.

Parte Especial • Capítulo V • CONTRIBUIÇÕES ESPECIAIS | **703**

decisões posteriores, seja reconhecido o direito ao crédito. As regras relativas ao creditamento do PIS-Cofins na importação, previstas na Lei 10.865/2004, aplicam-se apenas aos gastos incorridos até o desembaraço aduaneira (liberação). Após esse ato administrativo, a mercadoria é nacionalizada para todos os efeitos legais. Por isso, eventuais aquisições posteriores de bens ou contratação de serviços de pessoa jurídica domiciliada no País já não se referem à operação de comércio exterior, uma vez que essa foi encerrada com o desembaraço aduaneiro. Incidem as disposições das Leis 10.637/2002 e 10.833/2003, que preveem o direito ao crédito nas aquisições de serviços utilizados como insumos (art. 3º, II), aferidos *considerando-se a imprescindibilidade ou a importância de determinado item – bem ou serviço – para o desenvolvimento da atividade econômica desempenhada pelo Contribuinte*[140]. Por conseguinte, na medida em que a receita auferida pela transportadora brasileira é onerada pela contribuição, não há dúvida que deve ser reconhecido o crédito em relação aos gastos com o transporte do recinto alfandegado para o estabelecimento empresarial.

Por fim, cumpre destacar que, nos termos do § 2º-A do art. 15 da Lei 10.865/2004, incluído pela Lei 14.440/2022, a partir de 1º de janeiro de 2023, o crédito acumulado em decorrência da diferença da alíquota aplicada na importação e da alíquota incidente na revenda no mercado interno poderá ser objeto de restituição, de ressarcimento ou compensação com débitos próprios, vencidos ou vincendos, relativos a tributos administrados pela Secretaria Especial da Receita Federal do Brasil.

1.6 PIS/Pasep sobre a folha de salários

1.6.1 Aplicabilidade

A Contribuição ao PIS/Pasep incidente sobre a folha de salários aplica-se aos seguintes contribuintes, definidos no art. 13, da Medida Provisória 2.158-35/2001: (i) templos de qualquer culto; (ii) partidos políticos; (iii) instituições de educação e de assistência social (Lei 9.532/1997, art. 12); (iv) instituições de caráter filantrópico, recreativo, cultural, científico e as associações (Lei 9.532/1997, art. 15); (v) sindicatos, federações e confederações; (vi) serviços sociais autônomos, criados ou autorizados por lei; (vii) conselhos de fiscalização de profissões regulamentadas; (viii) fundações de direito privado e fundações públicas instituídas ou mantidas pelo Poder Público; (ix) condomínios de proprietários de imóveis residenciais ou comerciais; e (x) a Organização das Cooperativas Brasileiras (OCB) e as Organizações Estaduais de Cooperativas (Lei 5.764/1971, art. 105 e § 1º).

1.6.2 Hipótese de incidência

O critério material da hipótese de incidência do PIS/Pasep é *pagar salário*, o que deve ser interpretado de acordo com o art. 457 da CLT. Essa questão será mais bem analisada por ocasião do estudo das contribuições do empregador sobre a folha de salários e a remuneração de empregados e avulsos. Desde logo, entretanto, cumpre destacar que, em razão do conceito de remuneração da legislação trabalhista, a materialidade do tributo abrange apenas as percepções econômicas que retribuam o trabalho efetivo, sem incluir as parcelas indenizatórias, os ressarcimentos, os recolhimentos sociais e os direitos intelectuais, que não têm natureza remuneratória[141].

---

[140] STJ, 1ª S., REsp 1.221.170, Rel. Min. Napoleão Nunes Maia Filho, *DJe* 24.04.2018.

[141] NASCIMENTO, Amauri Mascaro. *Curso de direito do trabalho*. 17. ed. São Paulo: Saraiva, 2001. p. 629. No mesmo sentido, cf.: MAGANO, Octávio Bueno. Verbas trabalhistas e contribuições previdenciárias. *Revista Síntese Trabalhista: Administrativa e Previdenciária*, Porto Alegre, v. 8, n. 101, p. 126 e ss., nov. 1997.

704 | CURSO DE DIREITO TRIBUTÁRIO – *Solon Sehn*

O critério temporal é o quinto dia útil do mês subsequente ao da prestação de serviço, momento em que o salário deve ser pago nos termos do art. 459, § 1º, da CLT[142]. O critério espacial, por sua vez, abrange o território nacional.

1.6.3   Alíquota e base de cálculo

A alíquota do PIS/Pasep sobre folha de salário é de 1%. A base de cálculo do tributo, por sua vez, abrange a folha de salário mensal, com exclusão das verbas de natureza indenizatória, previstas ou não na legislação, como será oportunamente examinado por ocasião do estudo das contribuições previdenciárias.

1.6.4   Sujeição passiva e ativa

O sujeito ativo do tributo é a União Federal[143] e os sujeitos passivos são as pessoas jurídicas e entidades definidas no art. 13 da Medida Provisória 2.158-35/2001, relacionadas anteriormente.

1.7   PIS/Pasep sobre receitas e transferências de pessoas jurídicas de direito público interno

1.7.1   Hipótese de incidência

O critério material da hipótese de incidência do PIS/Pasep, previsto no art. 2º, III, da Lei 9.715/1998, abrange as condutas de *arrecadar receitas correntes* e *receber transferências voluntárias correntes ou de capital*:

> Art. 2º A contribuição para o PIS/PASEP será apurada mensalmente:
> [...]
> III – pelas pessoas jurídicas de direito público interno, com base no valor mensal das receitas correntes arrecadadas e das transferências correntes e de capital recebidas.

Os conceitos de receita corrente e transferências voluntárias (correntes e de capital) são previstos no § 1º do art. 11 e nos §§ 2º e 6º do art. 12 da Lei 4.320/1964:

> Art. 11. [...]
> § 1º São Receitas Correntes as receitas tributária, de contribuições, patrimonial, agropecuária, industrial, de serviços e outras e, ainda, as provenientes de recursos financeiros recebidos de outras pessoas de direito público ou privado, quando destinadas a atender despesas classificáveis em Despesas Correntes. (Redação dada pelo Decreto Lei nº 1.939, de 1982)
> [...]
> Art. 12. [...]
> § 2º Classificam-se como Transferências Correntes as dotações para despesas as quais não corresponda contraprestação direta em bens ou serviços, inclusive para contribuições e subvenções destinadas a atender à manutenção de outras entidades de direito público ou privado.
> [...]
> § 6º São Transferências de Capital as dotações para investimentos ou inversões financeiras que outras pessoas de direito público ou privado devam realizar, independentemente de

---

[142]   "Art. 459 [...] § 1º Quando o pagamento houver sido estipulado por mês, deverá ser efetuado, o mais tardar, até o quinto dia útil do mês subsequente ao vencido."

[143]   Lei 9.715/1998, art. 10.

Parte Especial · Capítulo V · CONTRIBUIÇÕES ESPECIAIS | **705**

contraprestação direta em bens ou serviços, constituindo essas transferências auxílios ou contribuições, segundo derivem diretamente da Lei de Orçamento ou de lei especialmente anterior, bem como as dotações para amortização da dívida pública.

Na interpretação da materialidade do tributo, cumpre considerar que, consoante ensina Aliomar Baleeiro, em seu clássico sobre finanças públicas:

> As quantias recebidas pelos cofres públicos são genericamente designadas como "entradas" ou "ingressos". Nem todos esses ingressos, porém, constituem receitas públicas, pois alguns deles não passam de "movimentos de fundo", sem qualquer incremento do patrimônio governamental, desde que estão condicionados a restituição posterior ou representam mera recuperação de valores emprestados ou cedidos pelo governo[144].

O critério temporal da contribuição é o último dia do mês do recebimento da transferência ou da obtenção da receita. Já o critério espacial, corresponde ao território nacional.

1.7.2   Alíquota e base de cálculo

A alíquota do PIS/Pasep é de 1% (art. 8º, III) e a base de cálculo (art. 7º da Lei 9.715/98), o total de receitas correntes e transferências, incluídas quaisquer receitas tributárias, deduzidas as transferências efetuadas a outras entidades públicas. No caso de autarquias, nos termos do art. 2º, § 3º, excluem-se da base de cálculo os recursos classificados como receitas do Tesouro Nacional nos Orçamentos Fiscal e da Seguridade Social da União.

1.7.3   Sujeição passiva e ativa

O sujeito ativo do tributo é a União Federal[145] e os sujeitos passivos são a União, os Estados, o Distrito Federal e os Municípios, bem como as respectivas autarquias. A Secretaria do Tesouro Nacional é responsável pela retenção do PIS/Pasep incidente sobre o valor das transferências correntes e de capital, excetuadas as realizadas para fundações públicas[146].

1.8   PIS/Pasep e Cofins após a Reforma Tributária

Conforme ressaltado anteriormente[147], no ano de 2033, após o período de transição da Reforma Tributária, o Imposto sobre Bens e Serviços (IBS) e a Contribuição sobre Bens e Serviços (CBS) substituirão progressivamente a Cofins, o ICMS e o ISS, assim como a maior parte do âmbito de incidência do PIS/Pasep[148] e do IPI[149].

---

[144]   BALEEIRO, Aliomar. *Uma introdução à ciência das finanças*. Atual. Dejalma de Campos. 15. ed. Rio de Janeiro: Forense, 1998. p. 126.

[145]   Lei 9.715/1998, art. 10.

[146]   Lei 9.715/1998, art. 2º, § 6º.

[147]   Ver Cap. IV, item 1, da Parte Especial.

[148]   A Emenda 132/2023 manteve, até que lei disponha sobre a matéria, o PIS/Pasep devido pelas pessoas jurídicas de direito público interno com base no valor mensal das receitas correntes arrecadadas e das transferências correntes e de capital recebidas: "Art. 20. Até que lei disponha sobre a matéria, a contribuição para o Programa de Formação do Patrimônio do Servidor Público, criado pela Lei Complementar nº 8, de 3 de dezembro de 1970, de que trata o art. 239 da Constituição Federal, permanecerá sendo cobrada na forma do art. 2º, III, da Lei nº 9.715, de 25 de novembro de 1998, e dos demais dispositivos legais a ele referentes em vigor na data de publicação desta Emenda Constitucional". Sobre esse tributo, ver: Cap. V da Parte Especial; e SEHN, Solon. *PIS-Cofins*: não cumulatividade e regimes de incidência. 3. ed. São Paulo: Noeses, 2022.

[149]   ADCT: "Art. 126. A partir de 2027: [...]
III – o imposto previsto no art. 153, IV, da Constituição Federal:

706 | CURSO DE DIREITO TRIBUTÁRIO – *Solon Sehn*

A extinção do PIS/Pasep e da Cofins ocorrerá em 2027, após o período de teste ou de calibração iniciado em 2026. A legislação anterior, no entanto, continuará em vigor em relação aos fatos ocorridos antes da revogação[150]. Além disso, a revogação não abrangerá o PIS/Pasep devido pelas pessoas jurídicas de direito público interno, com base no valor mensal das receitas correntes arrecadadas e das transferências correntes e de capital recebidas[151].

2 CSLL

2.1 Legislação aplicável

A contribuição social sobre o lucro líquido (CSLL) é prevista no art. 195, I, "c", da Constituição Federal, e disciplinada pelas Leis 7.689/1988, 8.981/1995[152], 9.249/1995 e pelas regras do IRPJ[153], consolidadas na Instrução Normativa RFB 1.700/2017. Trata-se de uma espécie de adicional do imposto de renda que, tendo sido instituído pela União com a roupagem de contribuição especial, foi dispensado da partilha da arrecadação com os Estados, o Distrito Federal e os Municípios (CF, art. 159, I). Em contrapartida, o produto da arrecadação é afetado ao custeio da seguridade social[154].

2.2 Hipótese de incidência

O critério material da hipótese de incidência da CSLL, nos termos do art. 2º da Lei 7.689/1988, é *auferir* (verbo) *renda* (complemento), denominada *resultado do exercício ajustado*. Os critérios espacial e temporal, por sua vez, são os mesmos do IRPJ[155].

2.3 Consequência tributária

A CSLL tem três regimes de apuração: *resultado ajustado, resultado presumido* ou *resultado arbitrado*. Esses são equivalentes ao lucro real, presumido e arbitrado do IRPJ, com as mesmas regras de aplicabilidade, já analisadas no estudo do imposto de renda.

---

a) terá suas alíquotas reduzidas a zero, exceto em relação aos produtos que tenham industrialização incentivada na Zona Franca de Manaus, conforme critérios estabelecidos em lei complementar; e (Incluído pela Emenda Constitucional nº 132, de 2023)".

[150] Ver Cap. VI, item 2.3, da Parte Especial.

[151] "Art. 20. Até que lei disponha sobre a matéria, a contribuição para o Programa de Formação do Patrimônio do Servidor Público, criado pela Lei Complementar 8, de 3 de dezembro de 1970, de que trata o art. 239 da Constituição Federal permanecerá sendo cobrada na forma do art. 2º, III, da Lei 9.715, de 25 de novembro de 1998, e dos demais dispositivos legais a ele referentes em vigor na data de publicação desta Emenda Constitucional".

[152] "Art. 57. Aplicam-se à Contribuição Social sobre o Lucro (Lei 7.689, de 1988) as mesmas normas de apuração e de pagamento estabelecidas para o imposto de renda das pessoas jurídicas, inclusive no que se refere ao disposto no art. 38, mantidas a base de cálculo e as alíquotas previstas na legislação em vigor, com as alterações introduzidas por esta Lei. (Redação dada pela Lei 9.065, de 1995)"

[153] Lei 8.383/1991: "Art. 44. Aplicam-se à contribuição social sobre o lucro (Lei 7.689, de 1988) e ao imposto incidente na fonte sobre o lucro líquido (Lei 7.713, de 1988, art. 35) as mesmas normas de pagamento estabelecidas para o imposto de renda das pessoas jurídicas."

[154] A constitucionalidade da CSLL foi questionada pelos contribuintes, tendo sido declarada compatível com a Constituição pelo STF (Tribunal Pleno, ADI 15, Rel. Sepúlveda Pertence, *DJ* 31.08.2007).

[155] "Art. 2º [...] § 1º Para efeito do disposto neste artigo: a) será considerado o resultado do período-base encerrado em 31 de dezembro de cada ano; [...]."

Parte Especial · Capítulo V · CONTRIBUIÇÕES ESPECIAIS | **707**

O *resultado ajustado* corresponde ao *resultado do exercício* apurado no balanço por meio do confronto entre a *receita bruta*, dos *custos* e das *despesas*[156], ajustado pelas adições e exclusões previstas no art. 2º, § 1º, "c", da Lei 7.689/1988:

> Art. 2º A base de cálculo da contribuição é o valor do resultado do exercício, antes da provisão para o imposto de renda.
>
> § 1º Para efeito do disposto neste artigo:
>
> [...]
>
> c) o resultado do período-base, apurado com observância da legislação comercial, será ajustado pela: (Redação dada pela Lei nº 8.034, de 1990)
>
> 1 – adição do resultado negativo da avaliação de investimentos pelo valor de patrimônio líquido; (Redação dada pela Lei nº 8.034, de 1990)
>
> 2 – adição do valor de reserva de reavaliação, baixada durante o período-base, cuja contrapartida não tenha sido computada no resultado do período-base; (Redação dada pela Lei nº 8.034, de 1990)
>
> 3 – adição do valor das provisões não dedutíveis da determinação do lucro real, exceto a provisão para o Imposto de Renda; (Redação dada pela Lei nº 8.034, de 1990)
>
> 4 – exclusão do resultado positivo da avaliação de investimentos pelo valor de patrimônio líquido; (Redação dada pela Lei nº 8.034, de 1990)
>
> 5 – exclusão dos lucros e dividendos derivados de participações societárias em pessoas jurídicas domiciliadas no Brasil que tenham sido computados como receita; (Redação dada pela Lei nº 12.973, de 2014)
>
> 6 – exclusão do valor, corrigido monetariamente, das provisões adicionadas na forma do item 3, que tenham sido baixadas no curso de período-base. (Incluído pela Lei nº 8.034, de 1990)

No regime do *resultado presumido*, a base de cálculo corresponde a 12% da receita bruta auferida no período de apuração, deduzidos os descontos incondicionais, as devoluções e as vendas canceladas, apurada de acordo com o regime de competência ou de caixa, conforme a opção do sujeito passivo (Medida Provisória 2.158-35, art. 20[157]).

As seguintes atividades estão sujeitas a percentuais diferenciados de presunção:

(i) 32% sobre a receita da prestação dos seguintes serviços:

(a) prestação de serviços em geral[158];

(b) intermediação de negócios;

(c) administração, locação ou cessão de bens imóveis, móveis e direitos de qualquer natureza;

---

[156] Aplicam-se aqui as mesmas observações realizadas no estudo do IRPJ em relação aos conceitos de *renda, receita, despesa e custo*. Ver Capítulo I, item 2, da Parte Especial.

[157] "Art. 20. As pessoas jurídicas submetidas ao regime de tributação com base no lucro presumido somente poderão adotar o regime de caixa, para fins da incidência da contribuição para o PIS/PASEP e COFINS, na hipótese de adotar o mesmo critério em relação ao imposto de renda das pessoas jurídicas e da CSLL."

[158] IN RFB 1.700/2017:"Art. 34. [...] § 3º A receita bruta auferida pela pessoa jurídica decorrente da prestação de serviços em geral, como limpeza e locação de mão de obra, ainda que sejam fornecidos os materiais, está sujeita à aplicação do percentual de 32% (trinta e dois por cento)".

708 | CURSO DE DIREITO TRIBUTÁRIO – *Solon Sehn*

(d) prestação cumulativa e contínua de serviços de assessoria creditícia, mercadológica, gestão de crédito, seleção de riscos, administração de contas a pagar e a receber, compra de direitos creditórios resultantes de vendas mercantis a prazo ou de prestação de serviços (*factoring*);

(e) prestação de serviços de construção, recuperação, reforma, ampliação ou melhoramento de infraestrutura vinculados a contrato de concessão de serviço público, independentemente do emprego parcial ou total de materiais;

(f) exploração de rodovia mediante cobrança de preço dos usuários, inclusive execução de serviços de conservação, manutenção, melhoramentos para adequação de capacidade e segurança de trânsito, operação, monitoração, assistência aos usuários e outros definidos em contratos, em atos de concessão ou de permissão ou em normas oficiais, pelas concessionárias ou subconcessionárias de serviços públicos;

(g) coleta de resíduos e o transporte destes até aterros sanitários ou local de descarte;

(h) prestação de serviços de suprimento de água tratada e os serviços de coleta e tratamento de esgotos deles decorrentes, cobrados diretamente dos usuários dos serviços pelas concessionárias ou subconcessionárias de serviços públicos; e

(i) construção por administração ou por empreitada unicamente de mão de obra ou com emprego parcial de materiais.

(ii) 12% sobre a receita da prestação dos serviços de transportes e serviços hospitalares e de auxílio diagnóstico e terapia, fisioterapia e terapia ocupacional, fonoaudiologia, patologia clínica, imaginologia, radiologia, anatomia patológica e citopatologia, medicina nuclear e análises e patologias clínicas, exames por métodos gráficos, procedimentos endoscópicos, radioterapia, quimioterapia, diálise e oxigenoterapia hiperbárica, desde que a prestadora desses serviços seja organizada sob a forma de sociedade empresária e atenda às normas da Agência Nacional de Vigilância Sanitária (Anvisa).

Além disso, integram a base de cálculo os ganhos de capital, os rendimentos e ganhos líquidos auferidos em aplicações financeiras, as demais receitas e os resultados positivos decorrentes de receitas não abrangidas pela atividade operacional, auferidos no mesmo período de apuração.

Quanto ao *resultado arbitrado*, as hipóteses em que autorizam o arbitramento são as mesmas do IRPJ. Quando conhecida a receita bruta, a regra é a aplicação dos percentuais do resultado presumido, deduzidos os descontos incondicionais, as devoluções e as vendas canceladas, acrescidos dos ganhos de capital e outras receitas previstas na legislação. Não sendo conhecida a receita, os critérios são os mesmos do IRPJ no lucro arbitrado.

A alíquota base da CSLL é 9% para as empresas em geral, 20% para os bancos de qualquer espécie e 15% para as pessoas jurídicas de seguros privados, de capitalização e as instituições financeiras referidas nos incisos II, III, IV, V, VI, VII, IX e X do § 1º do art. 1º da Lei Complementar 105/2001 (distribuidoras de valores mobiliários, corretoras de câmbio e de valores mobiliários, sociedades de crédito, financiamento e investimentos, sociedades de crédito imobiliário, administradoras de cartões de crédito, sociedades de arrendamento mercantil, cooperativas de crédito e associações de poupança e empréstimo)[159].

Por fim, o sujeito ativo é a União, que arrecada e administra o tributo por meio da Receita Federal do Brasil. Os contribuintes, por sua vez, são as pessoas jurídicas e equiparadas estabelecidas no País.

---

[159] Lei 7.689/1988, art. 3º.

Parte Especial • Capítulo V • CONTRIBUIÇÕES ESPECIAIS | **709**

3   CONTRIBUIÇÃO SOCIAL SOBRE A FOLHA DE SALÁRIOS E DEMAIS RENDIMENTOS DO TRABALHO

3.1   Contribuição social da empresa incidente sobre a remuneração de segurados empregados e trabalhadores avulsos

3.1.1   Hipótese de incidência

A contribuição social da empresa incidente sobre a remuneração de segurados empregados e trabalhadores avulsos é um tributo federal previsto no art. 195, I, "a", da Constituição[160]. Trata-se de contribuição que, de acordo com o inciso I do art. 22 da Lei 8.212/1991, incide sobre o total das remunerações pagas, devidas ou creditadas durante o mês aos segurados empregados e trabalhadores avulsos, destinadas a retribuir o trabalho:

> Art. 22. A contribuição a cargo da empresa, destinada à Seguridade Social, além do disposto no art. 23, é de:
>
> I – vinte por cento sobre o total das remunerações pagas, devidas ou creditadas a qualquer título, durante o mês, aos segurados empregados e trabalhadores avulsos que lhe prestem serviços, destinadas a retribuir o trabalho, qualquer que seja a sua forma, inclusive as gorjetas, os ganhos habituais sob a forma de utilidades e os adiantamentos decorrentes de reajuste salarial, quer pelos serviços efetivamente prestados, quer pelo tempo à disposição do empregador ou tomador de serviços, nos termos da lei ou do contrato ou, ainda, de convenção ou acordo coletivo de trabalho ou sentença normativa. (Redação dada pela Lei nº 9.876, de 1999)

Nota-se, em primeiro lugar, uma discrepância com a alínea "a" do inciso I do art. 195 da Constituição Federal. Esse dispositivo, ao delimitar a competência para a instituição do tributo, prevê que a incidência será sobre a folha de salários e demais rendimentos do trabalho *pagos* ou *creditados*[161]. Já o inciso I do art. 22 da Lei 8.212/1991, refere-se às remunerações *pagas, devidas* ou *creditadas*. A diferença é significativa, porque a remuneração é devida no momento da prestação do serviço, ou seja, quando surge o direito ao recebimento para o trabalhador (regime de competência). O pagamento e o creditamento, diferentemente, expressam a efetiva percepção da prestação pecuniária (regime de caixa). Entre essas duas formas ou momentos de manifestação de capacidade contributiva, a Lei Maior fez uma opção pela segunda. O legislador ordinário não pode alterar o critério constitucional de tributação.

---

[160] Sobre o tema, cf.: VELLOSO, Andrei Pitten; ROCHA, Daniel Machado; BALTAZAR JUNIOR, José Paulo. *Comentários à lei do custeio da seguridade social*. Porto Alegre: Livraria do Advogado, 2005; VIANNA, Claudia Salles Vilela. *Previdência social*: custeio e benefícios. São Paulo: LTr, 2008; IBRAHIM, Fábio Zambitte. *Curso de direito previdenciário*. 24. ed. Niterói: Impetus, 2019; SIMÕES, Thiago Taborda. *Contribuições sociais*: aspectos tributários e previdenciários. São Paulo: Noeses, 2013.

[161] "Art. 195. A seguridade social será financiada por toda a sociedade, de forma direta e indireta, nos termos da lei, mediante recursos provenientes dos orçamentos da União, dos Estados, do Distrito Federal e dos Municípios, e das seguintes contribuições sociais: (Vide Emenda Constitucional 20, de 1998)

I – do empregador, da empresa e da entidade a ela equiparada na forma da lei, incidentes sobre: (Redação dada pela Emenda Constitucional 20, de 1998)

a) a folha de salários e demais rendimentos do trabalho pagos ou creditados, a qualquer título, à pessoa física que lhe preste serviço, mesmo sem vínculo empregatício; (Incluído pela Emenda Constitucional 20, de 1998)

[...]."

Portanto, em relação a esse aspecto, o inciso I do art. 22 da Lei 8.212/1991 não é compatível com o texto constitucional, o que se estende aos §§ 2º e 3º do art. 43[162]:

> Art. 43. Nas ações trabalhistas de que resultar o pagamento de direitos sujeitos à incidência de contribuição previdenciária, o juiz, sob pena de responsabilidade, determinará o imediato recolhimento das importâncias devidas à Seguridade Social. (Redação dada pela Lei nº 8.620, de 5.1.93)
>
> [...]
>
> § 2º Considera-se ocorrido o fato gerador das contribuições sociais na data da prestação do serviço. (Incluído pela Lei nº 11.941, de 2009).
>
> § 3º As contribuições sociais serão apuradas mês a mês, com referência ao período da prestação de serviços, mediante a aplicação de alíquotas, limites máximos do salário-de-contribuição e acréscimos legais moratórios vigentes relativamente a cada uma das competências abrangidas, devendo o recolhimento ser efetuado no mesmo prazo em que devam ser pagos os créditos encontrados em liquidação de sentença ou em acordo homologado, sendo que nesse último caso o recolhimento será feito em tantas parcelas quantas as previstas no acordo, nas mesmas datas em que sejam exigíveis e proporcionalmente a cada uma delas. (Incluído pela Lei nº 11.941, de 2009)

Como se vê, o dispositivo considera ocorrido o evento imponível da contribuição da data da prestação do serviço, vale dizer, quando a remuneração é *devida* ao trabalhador. Assim, quando a condenação trabalhista é relativa ao pagamento de uma verba remuneratória não adimplida pelo empregador no momento próprio, as multas e os juros de mora são calculados a partir do mês em que o serviço foi prestado. Isso gera um aumento expressivo no valor do crédito tributário, considerando que o prazo prescricional de uma reclamatória trabalhista é de cinco anos para os trabalhadores urbanos e rurais, até o limite de dois anos após a extinção do contrato (CF, art. 7º, XXIV), além do tempo médio de tramitação de cerca de três anos[163].

Essa questão foi analisada pela 2ª Turma do STF no RE 419.612 AgR:

> Processual civil. Prequestionamento. Ausência. Tributário. Contribuição social destinada ao custeio da previdência social. Remuneração. Definição do critério temporal: regime de competência ou regime de caixa.
>
> 1. Falta ao acórdão recorrido o debate acerca das questões específicas invocadas nas razões de recurso extraordinário.
>
> 2. Aplica-se à tributação da pessoa jurídica, para as contribuições destinadas ao custeio da seguridade social, calculadas com base na remuneração, o regime de competência. Assim, o tributo incide no momento em que surge a obrigação legal de pagamento, independentemente se este irá ocorrer em oportunidade posterior.
>
> Agravo regimental ao qual se nega provimento[164].

Por outro lado, ao apreciar a matéria no ARE 1.070.334 RG, o Plenário do Tribunal entendeu que: "É infraconstitucional, a ela se aplicando os efeitos da ausência de repercussão geral, a

---

[162] Nesse sentido, a doutrina de: COSTA, Rafael Santiago. Inconstitucionalidade dos parágrafos 2º e 3º do art. 43 da Lei 8.212/91 (reclamatória trabalhista e o fato gerador das contribuições incidentes sobre a remuneração pelo trabalho). *Revista Dialética de Direito Tributário*, São Paulo, n. 188, p. 85-97, maio 2011.

[163] CONSELHO NACIONAL DE JUSTIÇA. *Justiça em Números 2012*. Brasília: CNJ, 2021. Disponível em: https://bityli.com/7SxwmD. Acesso em: 26 jan. 2023.

[164] STF, 2ª T., RE 419.612 AgR, Rel. Min. Joaquim Barbosa, *DJe* 06.04.2011.

Parte Especial • Capítulo V • CONTRIBUIÇÕES ESPECIAIS | **711**

controvérsia relativa à aplicação de juros de mora e de multa moratória sobre créditos de contribuição previdenciária atrelados a sentença trabalhista ou a acordo homologado judicialmente, considerado o momento da ocorrência do fato gerador da obrigação tributária" (Tema 1.006[165]).

Com isso, prevalece o entendimento do TST, que interpreta a questão da seguinte forma:

> **Recurso de embargos. Interposição na vigência da Lei nº 11.496/2007. Matéria afeta ao Tribunal Pleno. Contribuição previdenciária. Fato gerador. Incidência de multa e juros da mora.**
>
> [...]
>
> **6. No tocante ao período anterior à alteração legislativa**, considera-se como fato gerador das contribuições previdenciárias decorrentes de créditos trabalhistas reconhecidos em juízo o efetivo pagamento das verbas trabalhistas, configurando-se a mora a partir do dia dois do mês seguinte ao da liquidação. Pelo que para cálculo dos acréscimos legais (juros de mora e multa) aplica-se o disposto no artigo 276 do Decreto nº 3.048/99, ou seja, para aquelas hipóteses em que a prestação do serviço se deu até o dia 04.03.2009, observar-se-á o regime de caixa (no qual o lançamento é feito na data do recebimento do crédito ou do pagamento que gera o crédito decorrente).
>
> **7.** Quanto ao **período posterior à alteração do artigo 43 da Lei nº 8.212/91**, feita pela Medida Provisória nº 449/2008, convertida na Lei nº 11.941/2009, têm-se duas importantes alterações: a primeira, é que o fato gerador da contribuição previdenciária passou a ser a prestação do serviço, conforme o artigo 43, § 2º, da Lei nº 8.212/91; e a segunda, é que no § 3º da referida lei instituiu-se o regime de competência para aplicação dos acréscimos legais moratórios, pois se passou a considerar o mês de competência em que o crédito é merecido, e não o momento em que o pagamento é feito, como no regime de caixa.
>
> **8.** Contudo, a Constituição Federal estabelece o princípio da anterioridade nonagesimal, pelo qual as contribuições sociais, por serem uma espécie de tributo, só poderão ser exigidas após decorridos noventa dias da data da publicação da lei que as houver instituído ou modificado (art. 150, III, "a", c/c o art. 195, § 6º, ambos da CF). Como a Medida Provisória nº 448/2008 foi publicada em 4.12.2008, suas alterações só podem ser exigidas após transcorridos noventa dias de sua publicação, pelo que o marco inicial da exigibilidade do regime de competência ocorreu na data de 05.03.2009.
>
> **9.** Desta forma, em relação ao período em que passou a vigorar com a nova redação do artigo 43 da Lei 8.212/91, aplicável às hipóteses em que a prestação do serviço ocorreu a partir do dia 05.03.2009, observar-se-á o regime de competência (em que o lançamento é feito quando o crédito é merecido e não quando é recebido), ou seja, considera-se como fato gerador das contribuições previdenciárias decorrentes de créditos trabalhistas reconhecidos em juízo, a data da efetiva prestação de serviço.
>
> [...]
>
> **Recurso de embargos conhecido, por divergência jurisprudencial, e parcialmente provido**[166].

---

[165] "Recurso extraordinário com agravo. Tributário. Contribuição previdenciária. Créditos tributários atrelados a sentença trabalhista ou a acordo homologado judicialmente. Artigo 43 da Lei 8.212/1991 (MP 449/2009). Artigo 276, Decreto 3.048/1999. Encargos da mora. Regime de apuração. Retroação à data da prestação do serviço. Momento da ocorrência do fato gerador. Natureza infraconstitucional da controvérsia. Afronta reflexa ou indireta. Ausência de repercussão geral" (STF, Tribunal Pleno, ARE 1070334 RG, Rel. Min. Dias Toffoli, *DJe* 17.09.2018).

[166] TST-E-RR-1125-36.2010.5.06.0171, Rel. Min. Alexandre Agra Belmonte. Publicado acórdão em 15.12.2015.

712 | CURSO DE DIREITO TRIBUTÁRIO – *Solon Sehn*

A segunda observação necessária para a compreensão da hipótese de incidência da contribuição é que, nos termos § 11 do art. 201 da Constituição: "*§ 11. Os ganhos habituais do empregado, a qualquer título, serão incorporados ao salário para efeito de contribuição previdenciária e consequente repercussão em benefícios, nos casos e na forma da lei*". Esse dispositivo já estava previsto no § 4º do art. 201 do texto constitucional originário, tendo sido renumerado pela Emenda 20/1998. Por isso, no RE 565.160, o STF decidiu que: "A contribuição social a cargo do empregador incide sobre ganhos habituais do empregado, quer anteriores ou posteriores à Emenda Constitucional nº 20/1998"[167].

A terceira observação é que o legislador tributário não pode alterar o conceito de remuneração previsto no art. 457 da CLT:

> Art. 457. Compreendem-se na remuneração do empregado, para todos os efeitos legais, além do salário devido e pago diretamente pelo empregador, como contraprestação do serviço, as gorjetas que receber. (Redação dada pela Lei nº 1.999, de 1º.10.1953)
>
> § 1º Integram o salário a importância fixa estipulada, as gratificações legais e as comissões pagas pelo empregador. (Redação dada pela Lei nº 13.467, de 2017).
>
> § 2º As importâncias, ainda que habituais, pagas a título de ajuda de custo, auxílio-alimentação, vedado seu pagamento em dinheiro, diárias para viagem, prêmios e abonos não integram a remuneração do empregado, não se incorporam ao contrato de trabalho e não constituem base de incidência de qualquer encargo trabalhista e previdenciário. (Redação dada pela Lei nº 13.467, de 2017)
>
> § 3º Considera-se gorjeta não só a importância espontaneamente dada pelo cliente ao empregado, como também o valor cobrado pela empresa, como serviço ou adicional, a qualquer título, e destinado à distribuição aos empregados. (Redação dada pela Lei nº 13.419, de 2017).
>
> § 4º Consideram-se prêmios as liberalidades concedidas pelo empregador em forma de bens, serviços ou valor em dinheiro a empregado ou a grupo de empregados, em razão de desempenho superior ao ordinariamente esperado no exercício de suas atividades. (Redação dada pela Lei nº 13.467, de 2017)

A intangibilidade do conceito de remuneração da CLT para fins tributários decorre do art. 110 CTN: "*Art. 110. A lei tributária não pode alterar a definição, o conteúdo e o alcance de institutos, conceitos e formas de direito privado, utilizados, expressa ou implicitamente, pela Constituição Federal, pelas Constituições dos Estados, ou pelas Leis Orgânicas do Distrito Federal ou dos Municípios, para definir ou limitar competências tributárias*". Entretanto, nem sequer precisaria estar escrita, porque é uma consequência da *reserva de lei constitucional* em matéria de competência tributária. A jurisprudência do STF, em diversas oportunidades, tem afirmado essa restrição, na linha do RE 71.758, marcado pela feliz observação do Ministro Luiz Gallotti, ao ressaltar que "[...] se a lei pudesse chamar de compra o que não é compra, de importação o que não é importação, de exportação o que não é exportação, de renda o que não é renda, ruiria todo o sistema tributário inscrito na Constituição"[168].

Nessa ordem de ideias, a materialidade do tributo abrange a conduta do empregador ou do contratante que paga ou credita remuneração destinada a retribuir o trabalho prestado ou posto a sua disposição por segurado empregado ou por trabalhador avulso, incluídos os ganhos

---

[167] STF, Tribunal Pleno, RE 565.160, Rel. Marco Aurélio, *DJe* 23.08.2017.
[168] Voto Luiz Gallotti no RE 71.758/GB (Rel. Min. Thompson Flores, *DJ* 31.08.1973, p. 357).

Parte Especial • Capítulo V • CONTRIBUIÇÕES ESPECIAIS | **713**

habituais e excluídas as parcelas indenizatórias, os ressarcimentos, os direitos intelectuais e os recolhimentos sociais (*v.g.*, contribuição sindical, FGTS e benefícios previdenciários)[169].

Não se exige vínculo empregatício. O crédito ou o pagamento pode ser destinado a segurado empregado ou trabalhador avulso. No entanto, deve ser realizado a título de retribuição por um trabalho prestado ou posto à disposição daquele que paga ou credita, isto é, constituir o adimplemento da contraprestação do contratante na relação jurídica com o contratado. Sem essa vinculação finalística, é indevida a exigência da contribuição, a exemplo do que tem sido reconhecido pelo STJ em relação aos valores repassados aos médicos pelas operadoras de planos de saúde[170].

Destarte, como ressaltado pela Ministra Eliana Calmon, "as empresas que operacionalizam planos de saúde repassam a remuneração do profissional médico que foi contratado pelo plano e age como substituta dos planos de saúde negociados por ela, sem qualquer outra intermediação entre cliente e serviços médico-hospitalares"[171]. Por isso, os julgados do STJ têm entendido que não é devido o pagamento da contribuição: "É entendimento desta Corte que não incide contribuição previdenciária sobre os valores repassados aos médicos pelas operadoras de plano de saúde"[172].

Essa mesma interpretação foi adotada na Súmula Carf 208: "Não incide contribuição previdenciária sobre os valores repassados pelas operadoras de planos de saúde intermediárias na remuneração aos profissionais de saúde credenciados que prestam serviços aos pacientes beneficiários do plano".

Ademais, não é demais lembrar que, como ensina Agustín Gordillo, "as palavras não são mais que rótulos nas coisas. [...] A garrafa conterá exatamente a mesma substância, ainda que coloquemos nela um rótulo distinto, assim como a coisa seria a mesma ainda que usássemos uma palavra diferente para designá-la"[173]. Assim, a natureza remuneratória independe da denominação adotada pelas partes. O que interessa é a substância jurídica. O pressuposto material de incidência ocorrerá sempre que o crédito ou o pagamento configurar uma contraprestação por trabalho prestado ou posto a sua disposição por segurado empregado ou por trabalhador

---

[169] *Salário*, de acordo com Amauri Mascado Nascimento, é "[...] a totalidade das percepções econômicas dos trabalhadores, qualquer que seja a forma ou meio de pagamento, quer retribuam o trabalho efetivo, os períodos de interrupção do contrato e os descansos computáveis na jornada de trabalho". Ainda segundo o eminente professor: "Não integram o salário as indenizações, inclusive as diárias e ajustas de custo, os benefícios e complementações previdenciárias, os recolhimentos sociais e parafiscais, os pagamentos de direitos intelectuais e outros pagamentos não considerados salário por lei. [...] Indenizações diferem dos salários pela sua finalidade, que é a reparação de danos ou o ressarcimento de gastos do empregado, como as diárias e ajudas de custo, as indenizações adicionais de dispensa etc. [...] Os recolhimentos sociais, como contribuição sindical, contribuição do FGTS, contribuições para a previdência social, também não se confundem com salários. [...] Os direitos intelectuais, tanto os direitos de autor como os direitos de propriedade intelectual, são pagamentos igualmente distintos dos salários" (NASCIMENTO, Amauri Mascaro. *Curso de direito do trabalho*. 17. ed. São Paulo: Saraiva, 2001. p. 629).

[170] Destarte, como ressaltado pela Ministra Eliana Calmon, "as empresas que operacionalizam planos de saúde repassam a remuneração do profissional médico que foi contratado pelo plano e age como substituta dos planos de saúde negociados por ela, sem qualquer outra intermediação entre cliente e serviços médico-hospitalares" (STJ, 2ª T., REsp 633.134, Rel. Min. Eliana Calmon, *DJe* 16.09.2008). Por isso, os julgados do STJ têm entendido que não é devido o pagamento da contribuição: "É entendimento desta Corte que não incide contribuição previdenciária sobre os valores repassados aos médicos pelas operadoras de plano de saúde" (STJ, 1ª T., AgRg no REsp 1.350.563, Rel. Min. Benedito Gonçalves, *DJe* 19.05.2021. No mesmo sentido: STJ, 2ª T., AgInt no AgInt no REsp 1.218.526, Rel. Min. Og Fernandes, *DJe* 22.06.2021).

[171] STJ, 2ª T., REsp 633.134, Rel. Min. Eliana Calmon, *DJe* 16.09.2008.

[172] STJ, 1ª T., AgRg no REsp 1.350.563, Rel. Min. Benedito Gonçalves, *DJe* 19.05.2021. No mesmo sentido: STJ, 2ª T., AgInt no AgInt no REsp 1.218.526, Rel. Min. Og Fernandes, *DJe* 22.06.2021.

[173] GORDILLO, Agustín. *Tratado de derecho administrativo*: parte general. 8. ed. Buenos Aires: FDA, 2003. t. 1, p. I-14. O autor argentino, na passagem transcrita, faz referência ao filósofo John Hospers.

avulso, inclusive os ganhos habituais. A rubrica na folha salarial, no recibo ou no contracheque é apenas indiciária da natureza jurídica.

Em síntese, portanto, o critério material da hipótese de incidência da contribuição social prevista no inciso I do art. 22 da Lei 8.212/1991 abrange a conduta de *pagar ou creditar remuneração* destinada a retribuir o trabalho prestado ou posto à disposição do empregador ou do contratante por segurado empregado ou por trabalhador avulso, incluídos os ganhos habituais e excluídas as parcelas indenizatórias, os ressarcimentos, os direitos intelectuais e os recolhimentos sociais.

O critério espacial da hipótese de incidência, por sua vez, abrange o território nacional. Já o critério temporal, corresponde ao último dia do mês da prestação do serviço, quando encerra o período de apuração (em que foi prestado o serviço, que a lei denomina "mês da competência"[174]); e, nos casos do art. 43, §§ 2º e 3º, da Lei 8.212/1991, a data da prestação do serviço.

3.1.2 Base de cálculo: parcelas remuneratórias e não remuneratórias

A base de cálculo da contribuição deve refletir a materialidade da hipótese de incidência, razão pela qual deve ser composta pela totalidade das remunerações pagas ou creditadas no mês pelo empregador ou contratante, excluídas[175] as parcelas previstas no § 9º do art. 28 da Lei 8.212/1991:

a) **Benefícios da previdência social**:

> *Art. 28. [...]*
> *§ 9º Não integram o salário-de-contribuição para os fins desta Lei, exclusivamente: (Redação dada pela Lei nº 9.528, de 10.12.1997)*
> *a) os benefícios da previdência social, nos termos e limites legais, salvo o salário-maternidade; (Redação dada pela Lei nº 9.528, de 10.12.1997)*
> *[...].*

A parte final da alínea "a" ("*salvo o salário-maternidade*") foi declarada inconstitucional pelo STF no RE 576.967: "É inconstitucional a incidência de contribuição previdenciária a cargo do empregador sobre o salário maternidade" (Tema 72[176]). A partir da ementa do acórdão, nota-se que a *ratio decidendi* do julgado foi o fato de o salário-maternidade constituir um recolhimento social:

> [...]
> 2. O salário-maternidade é prestação previdenciária paga pela Previdência Social à segurada durante os cento e vinte dias em que permanece afastada do trabalho em decorrência da licença-maternidade. Configura, portanto, verdadeiro benefício previdenciário. [...] Por não se tratar de contraprestação pelo trabalho ou de retribuição em razão do contrato de trabalho, o salário-maternidade não se amolda ao conceito de folha de salários e demais rendimentos do trabalho pagos ou creditados, a qualquer título à pessoa física que lhe preste serviço, mesmo sem vínculo empregatício. Como consequência, não pode

---

[174] Lei 8.212/1991: "Art. 30. A arrecadação e o recolhimento das contribuições ou de outras importâncias devidas à Seguridade Social obedecem às seguintes normas: (Redação dada pela Lei 8.620, de 5.1.93) [...] I – a empresa é obrigada a: [...] b) recolher os valores arrecadados na forma da alínea a deste inciso, a contribuição a que se refere o inciso IV do art. 22 desta Lei, assim como as contribuições a seu cargo incidentes sobre as remunerações pagas, devidas ou creditadas, a qualquer título, aos segurados empregados, trabalhadores avulsos e contribuintes individuais a seu serviço até o dia 20 (vinte) do mês subsequente ao da competência; (Redação dada pela Lei 11.933, de 2009)".

[175] "Art. 22. [...] § 2º Não integram a remuneração as parcelas de que trata o § 9º do art. 28."

[176] STF, Tribunal Pleno, RE 576.967, Rel. Min. Roberto Barroso, *DJe* 21.10.2020.

Parte Especial · **Capítulo V** · CONTRIBUIÇÕES ESPECIAIS | **715**

compor a base de cálculo da contribuição previdenciária a cargo do empregador, não encontrando fundamento no art. 195, I, a, da Constituição.

Nessa mesma linha, no Tema Repetitivo 738, o STJ considerou a natureza de recolhimento social para excluir da base de cálculo o valor pago nos primeiros 15 dias do afastamento do trabalho por motivo de doença: "Sobre a importância paga pelo empregador ao empregado durante os primeiros quinze dias de afastamento por motivo de doença não incide a contribuição previdenciária, por não se enquadrar na hipótese de incidência da exação, que exige verba de natureza remuneratória"[177]. O entendimento adotado nesse julgamento reporta-se a precedentes anteriores, nos quais foi ressaltado que "o empregado afastado por motivo de doença não presta serviço e, por isso, não recebe salário, mas apenas uma verba de caráter previdenciário de seu empregador, durante os primeiros quinze dias"[178].

b) **Ajuda de custo e adicional mensal de aeronautas:**

b) as ajudas de custo e o adicional mensal recebidos pelo aeronauta nos termos da Lei nº 5.929, de 30 de outubro de 1973;

c) **Parcela *in natura* do PAT:**

c) a parcela "in natura" recebida de acordo com os programas de alimentação aprovados pelo Ministério do Trabalho e da Previdência Social, nos termos da Lei nº 6.321, de 14 de abril de 1976;

Ressalte-se que o vale-alimentação é equiparado às parcelas *in natura* em razão de interpretação vinculante da Advocacia-Geral da União (Parecer 01/2022/CONSUNIAO/CGU/AGU), o que permite a exclusão com fundamento no art. 28, § 9º, "c", da Lei 8.212/1991:

Ementa: Exame acerca da incidência da contribuição previdenciária sobre os valores recebidos pelo empregado na forma de tíquetes ou congêneres. Dissonância interna apontada pela Procuradoria-Geral da Fazenda Nacional. Exame sob a disciplina do art. 28 da Lei 8.212/1991, até 10 de novembro de 2017. Natureza jurídica de parcela não salarial, para os fins da exação em testilha. Consequências concretas da decisão e princípio da eficiência. O auxílio-alimentação na forma de tíquetes ou congênere, mesmo antes do advento do § 2º do art. 457, já não integrava a base de cálculo da contribuição previdenciária, nos termos do *caput* do art. 28 da Lei 8.212/1991.

---

[177] STJ, 1ª S., REsp 1.230.957, Rel. Min. Mauro Campbell Marques, *DJe* 18.03.2014. No processo vinculado aos Temas Repetitivos 478, 479, 737, 738, 739, 740 houve interposição de recurso extraordinário pela União, que, por sua vez, encontra-se sobrestado até o trânsito em julgado da decisão de mérito proferida pelo STF sobre o Tema 985 (Despacho de 1º de setembro de 2021), já decidido pelo STF: "É legítima a incidência de contribuição social sobre o valor satisfeito a título de terço constitucional de férias" (STF, Tribunal Pleno, RE 1.072.485, Rel. Marco Aurélio, *DJe* 02.10.2020). Após a oposição de embargos de declaração com efeitos infringentes e pedido de modulação, houve pedido de destaque para julgamento presencial. Entre os argumentos apresentados nos embargos, destaca-se a aparente contrariedade com o precedente fixado no RE 593.068: "Não incide contribuição previdenciária sobre verba não incorporável aos proventos de aposentadoria do servidor público, tais como terço de férias, serviços extraordinários, adicional noturno e adicional de insalubridade" (Tema 163). Entretanto, há um aspecto que permite a distinção entre esses precedentes: o caráter não incorporável das verbas em questão aos proventos de aposentadoria do servidor público.

[178] STJ, 2ª T., REsp 1.049.417, Rel. Min. Castro Meira, *DJe* 16.06.2008.

716 | CURSO DE DIREITO TRIBUTÁRIO – *Solon Sehn*

Por outro lado, de acordo com a jurisprudência do Carf: "Os valores pagos a título de auxílio-alimentação em pecúnia compõem a base de cálculo das contribuições previdenciárias e das devidas a outras entidades e fundos" (Súmula Carf 205); "O auxílio-alimentação pago *in natura* ou na forma de tíquete ou congêneres não integra a base de cálculo das contribuições previdenciárias, independentemente de o sujeito passivo estar inscrito no PAT" (Súmula Carf 213).

d) Férias indenizadas e adicional:

> *d) as importâncias recebidas a título de férias indenizadas e respectivo adicional constitucional, inclusive o valor correspondente à dobra da remuneração de férias de que trata o art. 137 da Consolidação das Leis do Trabalho – CLT; (Redação dada pela Lei nº 9.528, de 10.12.1997).*

e) Indenização por demissão sem justa causa:

> *e) as importâncias: (Redação dada pela Lei nº 9.528, de 1997)*
> *1. previstas no inciso I do art. 10 do Ato das Disposições Constitucionais Transitórias; (Incluído pela Lei nº 9.528, de 1997)*

f) Indenização por tempo de serviço de empregado não optante do FGTS:

> *2. relativas à indenização por tempo de serviço, anterior a 5 de outubro de 1988, do empregado não optante pelo Fundo de Garantia do Tempo de Serviço – FGTS; (Incluído pela Lei nº 9.528, de 1997)*

g) Indenização por quebra de contrato com prazo determinado:

> *3. recebidas a título da indenização de que trata o art. 479 da CLT; (Incluído pela Lei nº 9.528, de 1997)*

h) Indenização no término do contrato de safrista:

> *4. recebidas a título da indenização de que trata o art. 14 da Lei nº 5.889, de 8 de junho de 1973; (Incluído pela Lei nº 9.528, de 1997)*

i) Indenização por demissão voluntária:

> *5. recebidas a título de incentivo à demissão; (Incluído pela Lei nº 9.528, de 1997)*

j) Abono pecuniário ("venda" das férias):

> *6. recebidas a título de abono de férias na forma dos arts. 143 e 144 da CLT; (Incluído pela Lei nº 9.711, de 1998).*

k) Ganhos eventuais e abonos desvinculados do salário:

> *7. recebidas a título de ganhos eventuais e os abonos expressamente desvinculados do salário; (Incluído pela Lei nº 9.711, de 1998).*

l) Licença-prêmio indenizada:

> *8. recebidas a título de licença-prêmio indenizada; (Incluído pela Lei nº 9.711, de 1998).*

m) Indenização adicional na despedida antes da data-base:

> *9. recebidas a título da indenização de que trata o art. 9º da Lei nº 7.238, de 29 de outubro de 1984; (Incluído pela Lei nº 9.711, de 1998).*

Parte Especial • Capítulo V • CONTRIBUIÇÕES ESPECIAIS | **717**

n) **Vale-transporte:**

   f) a parcela recebida a título de vale-transporte, na forma da legislação própria;

o) **Ajuda de custo por mudança de local de trabalho:**

   g) a ajuda de custo, em parcela única, recebida exclusivamente em decorrência de mudança de local de trabalho do empregado, na forma do art. 470 da CLT; (Redação dada pela Lei nº 9.528, de 10.12.97).

p) **Diárias:**

   h) as diárias para viagens; (Redação dada pela Lei nº 13.467, de 2017)

q) **Bolsa de estágio:**

   i) a importância recebida a título de bolsa de complementação educacional de estagiário, quando paga nos termos da Lei nº 6.494, de 7 de dezembro de 1977;

r) **Participação nos lucros e nos resultados:**

   j) a participação nos lucros ou resultados da empresa, quando paga ou creditada de acordo com lei específica[179];

s) **Abono do PIS/Pasep:**

   l) o abono do Programa de Integração Social-PIS e do Programa de Assistência ao Servidor Público-PASEP; (Incluída pela Lei nº 9.528, de 10.12.1997)

t) **Transporte, alimentação e habitação fornecidos fora do local de trabalho:**

   m) os valores correspondentes a transporte, alimentação e habitação fornecidos pela empresa ao empregado contratado para trabalhar em localidade distante da de sua residência, em canteiro de obras ou local que, por força da atividade, exija deslocamento e estada, observadas as normas de proteção estabelecidas pelo Ministério do Trabalho; (Incluída pela Lei nº 9.528, de 10.12.1997)

u) **Complementação de auxílio-doença:**

   n) a importância paga ao empregado a título de complementação ao valor do auxílio-doença, desde que este direito seja extensivo à totalidade dos empregados da empresa; (Incluída pela Lei nº 9.528, de 10.12.1997)

v) **Assistência ao trabalhador da agroindústria canavieira:**

   o) as parcelas destinadas à assistência ao trabalhador da agroindústria canavieira, de que trata o art. 36 da Lei nº 4.870, de 1º de dezembro de 1965; (Incluída pela Lei nº 9.528, de 10.12.1997)[180].

---

[179] STF, Tribunal Pleno, RE 569.441 RG, Rel. Min. Dias Toffoli, *DJe* 28.03.2011: "Incidência de contribuição previdenciária sobre a participação nos lucros da empresa" (Tema 344). Ressalte-se que, de acordo com a Súmula Carf 195: "Os valores pagos aos diretores não empregados a título de participação nos lucros ou nos resultados estão sujeitos à incidência de contribuições previdenciárias".

[180] O art. 36 foi revogado pela Lei 12.865/2013.

718 CURSO DE DIREITO TRIBUTÁRIO – *Solon Sehn*

w) Previdência complementar:

p) o valor das contribuições efetivamente pago pela pessoa jurídica relativo a programa de previdência complementar, aberto ou fechado, desde que disponível à totalidade de seus empregados e dirigentes, observados, no que couber, os arts. 9º e 468 da CLT; (Incluída pela Lei nº 9.528, de 10.12.1997)

x) Assistência médica ou odontológica:

q) o valor relativo à assistência prestada por serviço médico ou odontológico, próprio da empresa ou por ela conveniado, inclusive o reembolso de despesas com medicamentos, óculos, aparelhos ortopédicos, próteses, órteses, despesas médico-hospitalares e outras similares; (Redação dada pela Lei nº 13.467, de 2017)

y) Vestuários, equipamentos e outros acessórios:

r) o valor correspondente a vestuários, equipamentos e outros acessórios fornecidos ao empregado e utilizados no local do trabalho para prestação dos respectivos serviços; (Incluída pela Lei nº 9.528, de 10.12.1997)

z) Ressarcimento de despesas pelo uso de veículo próprio e reembolso creche:

s) o ressarcimento de despesas pelo uso de veículo do empregado e o reembolso creche pago em conformidade com a legislação trabalhista, observado o limite máximo de seis anos de idade, quando devidamente comprovadas as despesas realizadas; (Incluída pela Lei nº 9.528, de 10.12.1997)

aa) Plano educacional ou bolsa de estudos:

t) o valor relativo a plano educacional, ou bolsa de estudo, que vise à educação básica de empregados e seus dependentes e, desde que vinculada às atividades desenvolvidas pela empresa, à educação profissional e tecnológica de empregados, nos termos da Lei nº 9.394, de 20 de dezembro de 1996, e: (Redação dada pela Lei nº 12.513, de 2011)

1. não seja utilizado em substituição de parcela salarial; e (Incluído pela Lei nº 12.513, de 2011)

2. o valor mensal do plano educacional ou bolsa de estudo, considerado individualmente, não ultrapasse 5% (cinco por cento) da remuneração do segurado a que se destina ou o valor correspondente a uma vez e meia o valor do limite mínimo mensal do salário-de--contribuição, o que for maior; (Incluído pela Lei nº 12.513, de 2011)

bb) Bolsa aprendizagem:

u) a importância recebida a título de bolsa de aprendizagem garantida ao adolescente até quatorze anos de idade, de acordo com o disposto no art. 64 da Lei nº 8.069, de 13 de julho de 1990; (Incluída pela Lei nº 9.528, de 10.12.1997)

cc) Cessão de direito autorais:

v) os valores recebidos em decorrência da cessão de direitos autorais; (Incluída pela Lei nº 9.528, de 10.12.1997)

dd) Multa por atraso nas verbas rescisórias:

x) o valor da multa prevista no § 8º do art. 477 da CLT. (Incluída pela Lei nº 9.528, de 10.12.1997)

Parte Especial • Capítulo V • CONTRIBUIÇÕES ESPECIAIS | **719**

ee) Vale-cultura:

y) o valor correspondente ao vale-cultura. (Incluído pela Lei nº 12.761, de 2012)

ff) Prêmios e abonos:

z) os prêmios e os abonos. (Incluído pela Lei nº 13.467, de 2017)

gg) Bolsa atleta:

aa) os valores recebidos a título de bolsa-atleta, em conformidade com a Lei nº 10.891, de 9 de julho de 2004. (Incluído pela Lei nº 13.756, de 2018)

O § 9º do art. 28 da Lei 8.212/1991 prevê a exclusão de parcelas não remuneratórias (indenizatórias, ressarcimentos, direitos intelectuais e recolhimentos sociais), o que confere coerência interna ao tributo. Ocorre que nem todas as verbas dessa natureza estão contempladas no dispositivo legal e, nos termos do § 9º, a relação nele prevista tem caráter taxativo (*"Não integram o salário-de-contribuição para os fins desta Lei, exclusivamente"*). Apesar disso, na medida em que a base de cálculo da contribuição deve refletir a materialidade da hipótese de incidência, tem se admitido outras exclusões.

Destarte, a jurisprudência do STF entende que a contribuição apenas pode incidir sobre parcelas remuneratórias. Contudo, apenas excepcionalmente tem se manifestado sobre a natureza jurídica de uma verba em particular. No RE 892.238 RG, após ter sido instado a se pronunciar sobre a incidência da contribuição no adicional de férias, aviso prévio indenizado, décimo terceiro, auxílio-doença e horas extras, o Tribunal definiu que: "A questão da definição da natureza jurídica das parcelas pagas ao empregado, para fins de enquadramento ou não na base de cálculo da contribuição previdenciária, quota do trabalhador, tem natureza infraconstitucional, e a ela se atribuem os efeitos da ausência de repercussão geral, nos termos do precedente fixado no RE 584.608, Rel. Min. Ellen Gracie, *DJe* 13.03.2009" (Tema 908[181]).

Contudo, além do salário-maternidade, objeto do Tema 72, o Tribunal já se manifestou sobre a incidência da contribuição sobre o décimo terceiro salário (Súmula 688: "É legítima a incidência da contribuição previdenciária sobre o 13º salário") e sobre o terço constitucional de férias: "É legítima a incidência de contribuição social sobre o valor satisfeito a título de terço constitucional de férias"[182].

No décimo terceiro salário (gratificação natalina), o cálculo da contribuição ocorre separadamente, conforme previsto no § 2º do art. 7º da Lei 8.620/1993:

> Art. 7º O recolhimento da contribuição correspondente ao décimo-terceiro salário deve ser efetuado até o dia 20 de dezembro ou no dia imediatamente anterior em que haja expediente bancário.
>
> [...]
>
> § 2º A contribuição de que trata este artigo incide sobre o valor bruto do décimo-terceiro salário, mediante aplicação, em separado, das alíquotas estabelecidas nos arts. 20 e 22 da Lei nº 8.212, de 24 de julho de 1991.

O STJ entende que, apesar de previsto o cálculo separado já no Decreto 612/1992, antes da Lei 8.620/1993, a cobrança dessa forma é ilegal: (i) "Sob a égide da Lei n.º 8.212/91, é ilegal

---

[181] STF, Tribunal Pleno, RE 892.238 RG, Rel. Min. Luiz Fux, *DJe* 13.09.2016.
[182] STF, Tribunal Pleno, RE 1.072.485, Rel. Marco Aurélio, *DJe* 02.10.2020.

o cálculo, em separado, da contribuição previdenciária sobre a gratificação natalina em relação ao salário do mês de dezembro." (Tema Repetitivo 215[183]); e (ii) "A Lei 8.620/93, em seu art. 7º, § 2º autorizou expressamente a incidência da contribuição previdenciária sobre o valor bruto do 13º salário, cuja base de cálculo deve ser calculada em separado do salário-de-remuneração do respectivo mês de dezembro" (Tema Repetitivo 216[184]).

Retornando à questão das verbas indenizatória e remuneratória, cumpre destacar que a jurisprudência do STJ tem se manifestado sobre a natureza das seguintes parcelas:

(i) Natureza indenizatória:

(a) **Auxílio-creche:** "O auxílio-creche funciona como indenização, não integrando o salário-de-contribuição para a Previdência. Inteligência da Súmula 310/STJ" (Tema Repetitivo 338[185] e Súmula 310/STJ: "O auxílio-creche não integra o salário-de-contribuição";

(b) **Aviso prévio indenizado:** "Não incide contribuição previdenciária sobre os valores pagos a título de aviso prévio indenizado, por não se tratar de verba salarial" (Tema Repetitivo 478);

(c) **Terço de férias:** "A importância paga a título de terço constitucional de férias possui natureza indenizatória/compensatória, e não constitui ganho habitual do empregado, razão pela qual sobre ela não é possível a incidência de contribuição previdenciária (a cargo da empresa)" (Tema Repetitivo 749);

(d) **Férias indenizadas:** "No que se refere ao adicional de férias relativo às férias indenizadas, a não incidência de contribuição previdenciária decorre de expressa previsão legal" (Tema Repetitivo 737);

(e) **Auxílio-educação e abono assiduidade:** "É pacífico o entendimento no Superior Tribunal de Justiça segundo o qual as verbas recebidas pelo trabalhador a título de auxílio-educação e de ausência permitida ao trabalho (abono assiduidade) não integram o salário-de-contribuição para fins de incidência de contribuição previdenciária, visto ostentarem caráter indenizatório"[186].

(ii) Natureza remuneratória:

(a) **Horas extras:** "As horas extras e seu respectivo adicional constituem verbas de natureza remuneratória, razão pela qual se sujeitam à incidência de contribuição previdenciária" (Tema Repetitivo 687);

(b) **Adicional noturno:** "O adicional noturno constitui verba de natureza remuneratória, razão pela qual se sujeita à incidência de contribuição previdenciária" (Tema Repetitivo 688);

---

[183] STJ, 1ª S., REsp 1.066.682, Rel. Min. Luiz Fux, *DJe* 1º.02.2010.
[184] STJ, 1ª S., REsp 1.066.682, Rel. Min. Luiz Fux, *DJe* 1º.02.2010.
[185] STJ, 1ª S., REsp 1.146.772, Rel. Min. Benedito Gonçalves, *DJe* 04.03.2010.
[186] STJ, 1ª T., AgInt no REsp 2.000.569, Rel. Min. Regina Helena Costa, *DJe* 23.09.2022.

Parte Especial • Capítulo V • CONTRIBUIÇÕES ESPECIAIS | **721**

(c) **Adicional de periculosidade**: "O adicional de periculosidade constitui verba de natureza remuneratória, razão pela qual se sujeita à incidência de contribuição previdenciária" (Tema Repetitivo 689[187]);

(d) **Adicional de insalubridade e de transferência**: "Consolidou-se na Primeira Seção desta Corte Superior o entendimento de que, em razão da natureza remuneratória, incide a contribuição previdenciária sobre os adicionais [...] de insalubridade e de transferência"[188]; e "Incide a Contribuição Previdenciária patronal sobre o Adicional de Insalubridade, em razão da sua natureza remuneratória" (Tema Repetitivo 1.252)[189];

(e) **Quebra de caixa**: "Embargos de divergência providos para declarar a possibilidade de incidência da contribuição previdenciária por ocasião do pagamento da verba denominada 'quebra de caixa'"[190];

(f) **Repouso remunerado**: "Esta Corte sedimentou entendimento segundo o qual incide contribuição previdenciária sobre [...] repouso remunerado [...]"[191];

(g) **Ajuda de custo**: "O entendimento exarado pela instância a quo está em conformidade com a jurisprudência desta Corte Superior, tendo em vista que os valores despendidos a título de "quebra de caixa", hora repouso alimentação, ajuda de custo e adicional de transferência sujeitam-se à incidência de contribuição previdenciária, na medida em que ostentam natureza salarial"[192];

(h) **Auxílio alimentação em pecúnia**: "Incide a contribuição previdenciária a cargo do empregador sobre o auxílio-alimentação pago em pecúnia" (Tema Repetitivo 1.164)[193];

(i) **Salário-maternidade**: "O salário-maternidade possui natureza salarial e integra, consequentemente, a base de cálculo da contribuição previdenciária" (Tema Repetitivo 739); e

(j) **Salário-paternidade**: "O salário-paternidade deve ser tributado, por se tratar de licença remunerada prevista constitucionalmente, não se incluindo no rol dos benefícios previdenciários" (Tema Repetitivo 740[194])[195].

---

187 As teses jurídicas dos Temas Repetitivos 687, 688 e 689 foram fixadas no REsp 1.358.281 (STJ, 1ª S., Rel. Min. Herman Benjamin, *DJe* 05.12.2014).

188 STJ, AgInt no AREsp 1.795.147, Rel. Min. Gurgel de Faria, *DJe* 1º.07.2022.

189 STJ, 1ª S., REsp 2.050.498, Rel. Min. Herman Benjamin, *DJe* 02.07.2024; REsp 2.050.837, Rel. Min. Maria Thereza de Assis Moura, *DJe* 02.07.2024; e REsp 2.052.982, Rel. Min. Herman Benjamin, *DJe* 02.07.2022.

190 STJ, 1ª S., EREsp 1.467.095, Rel. Min. Mauro Campbell Marques, Rel. p/ Ac. Min. Og Fernandes, *DJe* 06.09.2017). Foi considerado, entre outros argumentos, a Súmula 247 do TST: "A parcela paga aos bancários sob a denominação 'quebra de caixa' possui natureza salarial, integrando o salário do prestador de serviços, para todos os efeitos legais".

191 STJ, 1ª T., AgInt no REsp 1.987.576, Rel. Min. Regina Helena Costa, *DJe* 12.08.2022.

192 STJ, 2ª T., AgInt no REsp 1.969.957, Rel. Min. Mauro Campbell Marques, *DJe* 19.05.2022.

193 STJ, 1ª S., REsp 1.995.437, Rel. Min. Gurgel de Faria, *DJe* 12.05.2023.

194 As teses jurídicas dos Temas Repetitivos 478, 479, 737, 738, 739, 740 foram fixados no REsp 1.230.957 (STJ, 1ª S., Rel. Min. Mauro Campbell Marques, *DJe* 18.03.2014).

195 Destacam-se ainda: "A jurisprudência desta Corte é pacífica quanto à incidência de contribuição previdenciária patronal sobre as faltas justificadas e adicionais de horas-extras, noturno, periculosidade, insalubridade e sobreaviso; bem como sobre os valores pagos a título de gratificação natalina e décimo terceiro

722 | CURSO DE DIREITO TRIBUTÁRIO – *Solon Sehn*

Foi interposto pela Fazenda Nacional recurso extraordinário no REsp 1.230.957, no qual os Ministros da Primeira Seção do STJ definiram as teses jurídicas dos Temas Repetitivos 478 (aviso prévio indenizado), 479 (terço constitucional de férias), 737 (férias indenizadas), 738 (primeiros 15 dias do afastamento por doença), 739 (salário-maternidade), 740 (salário-paternidade). Desde 2019, por determinação da Ministra Vice-Presidente do STJ, o recurso foi sobrestado até a decisão do Tema 985 pelo STF (RE 1.072.485). Entretanto, não parece apropriada a determinação. Em primeiro lugar, porque o Tema 985 foi indexado de forma ampla, criando a impressão de que nele seria apreciada a "natureza jurídica do terço constitucional de férias, indenizadas ou gozadas". O Plenário Virtual, porém, reconheceu a existência de repercussão geral apenas em relação ao terço de férias, como se depreende da ementa da decisão: "Possui repercussão geral a controvérsia alusiva à natureza jurídica do terço de férias para fins de incidência de contribuição social"[196]. Em segundo lugar, porque a tese fixada no Tema Repetitivo 739 do STJ foi infirmada pelo Tema 72 do STF. Dessa forma, o sobrestamento deveria ter ficado restrito ao terço constitucional de férias (Tema Repetitivo 749). De qualquer sorte, nada impede a aplicação das teses já pacificadas pelas instâncias ordinárias.

3.1.3   Alíquota geral e adicional de instituições financeiras

As alíquotas da contribuição, nos termos do § 9º do art. 195 da Constituição Federal[197], podem ser diferenciadas em razão da atividade econômica, da utilização intensiva de mão de obra, do porte da empresa ou da condição estrutural do mercado de trabalho. Atualmente, o inciso I do art. 22 da Lei 8.212/1991 prevê uma alíquota geral de 20% e uma alíquota adicional de 2,5% para as instituições financeiras definidas no § 1º:

> Art. 22. [...]
>
> § 1º No caso de bancos comerciais, bancos de investimentos, bancos de desenvolvimento, caixas econômicas, sociedades de crédito, financiamento e investimento, sociedades de crédito imobiliário, sociedades corretoras, distribuidoras de títulos e valores mobiliários,

---

proporcional ao aviso prévio indenizado. Precedentes"(STJ, 1ªT., AgInt no AREsp 2.009.788, Rel. Min. Manoel Erhardt, Desembargador Convocado do TRF5, *DJe* 25.05.2022); "Este Superior Tribunal tem posicionamento consolidado segundo o qual incide a contribuição previdenciária, cota patronal, sobre os valores pagos a título de férias gozadas" (STJ, 1ªT., AgInt no REsp 1.997.982, Rel. Min. Regina Helena Costa, *DJe* 13.10.2022); "Conforme entendimento majoritário e pacífico do STJ, quaisquer vantagens, valores ou adicionais que possuam natureza remuneratória pertencem à base de cálculo referente à contribuição previdenciária, tais como salário-maternidade, férias gozadas, horas extras e seu respectivo adicional, terço constitucional de férias, aviso prévio indenizado, adicionais noturno, de insalubridade, de periculosidade, de transferência e outros. Precedentes [...] A jurisprudência do STJ é firme no sentido de que incide contribuição previdenciária sobre o 13º salário proporcional pago em decorrência da dispensa do cumprimento do aviso prévio (indenizado), porquanto tal verba integra o salário de contribuição. Precedentes"(STJ, 2ªT., AgInt no AREsp 2.060.232, Rel. Min. Herman Benjamin, *DJe* 05.09.2022); "[...] impossibilidade de exclusão, da base de cálculo da contribuição previdenciária patronal, da contribuição ao SAT/RAT e da contribuições devidas a terceiros, do valor retido a título de contribuição previdenciária do empregado, raciocínio que também se aplica ao Imposto de Renda. Precedentes"(STJ, 1ªT., AgInt no REsp 2.002.883, Rel. Min. Benedito Gonçalves, *DJe* 14.12.2022).

[196] STF, Tribunal Pleno, RE 1.072.485 RG, Rel. Min. Edson Fachin, *DJe* 10.12.2018. Prevaleceu o voto do Ministro Marco Aurélio, no seguinte sentido: "Conforme ressaltado pelo Relator, sobeja a questão alusiva à natureza do terço de férias, de índole constitucional. É saber se ocorre ou não a incidência da contribuição social no que a parcela é satisfeita com habitualidade, ou seja, com periodicidade relativa às férias. Tenho como configurada a repercussão geral".

[197] "Art. 195. [...] § 9º As contribuições sociais previstas no inciso I do *caput* deste artigo poderão ter alíquotas diferenciadas em razão da atividade econômica, da utilização intensiva de mão de obra, do porte da empresa ou da condição estrutural do mercado de trabalho, sendo também autorizada a adoção de bases de cálculo diferenciadas apenas no caso das alíneas 'b' e 'c' do inciso I do *caput*. (Redação dada pela Emenda Constitucional 103, de 2019)"

empresas de arrendamento mercantil, cooperativas de crédito, empresas de seguros privados e de capitalização, agentes autônomos de seguros privados e de crédito e entidades de previdência privada abertas e fechadas, além das contribuições referidas neste artigo e no art. 23, é devida a contribuição adicional de dois vírgula cinco por cento sobre a base de cálculo definida nos incisos I e III deste artigo. (Redação dada pela Lei nº 9.876, de 1999).

A previsão de alíquotas diferenciadas do § 9º no art. 195 da Constituição foi introduzida pela Emenda 20/1998[198]. Esse dispositivo foi alterado pela Emenda 47/2005[199] e pela Emenda 103/2019, que previu a sua redação atual: "§ 9º As contribuições sociais previstas no inciso I do *caput* deste artigo poderão ter alíquotas diferenciadas em razão da atividade econômica, da utilização intensiva de mão de obra, do porte da empresa ou da condição estrutural do mercado de trabalho, sendo também autorizada a adoção de bases de cálculo diferenciadas apenas no caso das alíneas 'b' e 'c' do inciso I do *caput*".

Em 2027, em decorrência das alterações promovidas pela Emenda 132/2023, o disposto terá a seguinte redação:

Art. 195. [...]
§ 9º As contribuições sociais previstas no inciso I do *caput* deste artigo poderão ter alíquotas diferenciadas em razão da atividade econômica, da utilização intensiva de mão de obra, do porte da empresa ou da condição estrutural do mercado de trabalho, sendo também autorizada a adoção de bases de cálculo diferenciadas apenas no caso da alínea c do inciso I do *caput*.

No caso das instituições financeiras, a redação do § 1º do art. 22 decorre da Lei 9.876/1999, mas o adicional foi previsto já no texto originário da Lei 8.212/1991, ou seja, antes da Emenda 20/1998. Por isso, teve a sua constitucionalidade questionada pelas empresas do segmento. O STF, entretanto, entendeu que: "É constitucional a contribuição adicional de 2,5% (dois e meio por cento) sobre a folha de salários instituída para as instituições financeiras e assemelhadas pelo art. 3º, § 2º, da Lei 7.787/1989, mesmo considerado o período anterior à Emenda Constitucional 20/1998" (Tema 470[200]).

O inciso III do § 1º do art. 18-C da Lei Complementar 123/2006, na redação Lei Complementar 155/2016, prevê uma alíquota diferenciada de 3% para a contribuição patronal do microempreendedor individual (MEI), tendo como base de cálculo o salário de contribuição. Essa disposição é aplicável ao MEI empresário individual ou empreendedor que, além de exercer as atividades de industrialização, comercialização e prestação de serviços no âmbito rural, tenha um único empregado que receba exclusivamente um salário mínimo ou o piso salarial da categoria profissional:

Art. 18-C. Observado o disposto no *caput* e nos §§ 1º a 25 do art. 18-A desta Lei Complementar, poderá enquadrar-se como MEI o empresário individual ou o empreendedor que exerça as atividades de industrialização, comercialização e prestação de serviços no

---

[198] "§ 9º As contribuições sociais previstas no inciso I deste artigo poderão ter alíquotas ou bases de cálculo diferenciadas, em razão da atividade econômica ou da utilização intensiva de mão-de-obra. (Incluído pela Emenda Constitucional 20, de 1998)"

[199] "§ 9º As contribuições sociais previstas no inciso I do *caput* deste artigo poderão ter alíquotas ou bases de cálculo diferenciadas, em razão da atividade econômica, da utilização intensiva de mão-de-obra, do porte da empresa ou da condição estrutural do mercado de trabalho. (Redação dada pela Emenda Constitucional 47, de 2005)"

[200] STF, Tribunal Pleno, RE 599.309, Rel. Min. Ricardo Lewandowski, *DJe* 12.12.2019.

724 | CURSO DE DIREITO TRIBUTÁRIO – *Solon Sehn*

âmbito rural que possua um único empregado que receba exclusivamente um salário mínimo ou o piso salarial da categoria profissional. (Redação dada pela Lei Complementar nº 155, de 2016)

§ 1º Na hipótese referida no *caput*, o MEI:

[...]

. III – está sujeito ao recolhimento da contribuição de que trata o inciso VI do *caput* do art. 13, calculada à alíquota de 3% (três por cento) sobre o salário de contribuição previsto no *caput*, na forma e prazos estabelecidos pelo CGSN.

Nota-se, portanto, que há não apenas uma alíquota reduzida, mas uma base de cálculo distinta, que corresponde ao salário de contribuição do contratado, e não a totalidade da remuneração[201]. Isso faz com que, a rigor, a contribuição prevista no inciso III do art. 18-C da Lei Complementar 123/2006 constitua um tributo com regra-matriz de incidência distinta da contribuição social da empresa incidente sobre a remuneração de segurados empregados e trabalhadores avulsos.

3.1.4   Sujeição passiva, retenção na fonte e solidariedade

O sujeito ativo da contribuição é a União, sendo o contribuinte, nos termos do *caput* do art. 22 da Lei 8.212/1991, a *empresa* empregadora ou contratante do segurado empregado ou do trabalhador avulso. O inciso I do art. 15, por sua vez, considera empresa:

> Art. 15. Considera-se:
>
> I – empresa – a firma individual ou sociedade que assume o risco de atividade econômica urbana ou rural, com fins lucrativos ou não, bem como os órgãos e entidades da administração pública direta, indireta e fundacional;
>
> [...]
>
> Parágrafo único. Equiparam-se a empresa, para os efeitos desta Lei, o contribuinte individual e a pessoa física na condição de proprietário ou dono de obra de construção civil, em relação a segurado que lhe presta serviço, bem como a cooperativa, a associação ou a entidade de qualquer natureza ou finalidade, a missão diplomática e a repartição consular de carreira estrangeiras. (Redação dada pela Lei nº 13.202, de 2015)

Entre os segurados empregados dos órgãos e das entidades da administração direta e indireta da União, dos Estados, do Distrito Federal e dos Municípios, o inciso I do art. 12 da Lei 8.212/1991 prevê: (i) "o servidor público ocupante de cargo em comissão, sem vínculo efetivo com a União, Autarquias, inclusive em regime especial, e Fundações Públicas Federais"; (alínea "g", incluída pela Lei nº 8.647/1993); e (ii) "o exercente de mandato eletivo federal, estadual ou municipal, desde que não vinculado a regime próprio de previdência social" (alínea "j", incluída pela Lei 10.887/2004).

No RE 351.717, o STF declarou a inconstitucionalidade da cobrança de contribuição pelo pagamento de subsídio aos exercentes de mandato eletivo, que foram considerados segurados obrigatórios pela Lei 9.506/1997: "[...] a Lei 9.506/97, § 1º do art. 13, ao criar figura nova de segurado obrigatório, instituiu fonte nova de custeio da seguridade social, instituindo contribuição social sobre o subsídio de agente político. A instituição dessa nova contribuição, que não estaria incidindo sobre 'a folha de salários, o faturamento e os lucros' (C.F., art. 195, I, sem a EC 20/98), exigiria a técnica da competência residual da União, art. 154, I, *ex vi* do disposto no art. 195, § 4º,

---

[201]   IBRAHIM, Fábio Zambitte. *Curso de direito previdenciário*. 24. ed. Niterói: Impetus, 2019. p. 241-242.

Parte Especial · Capítulo V · CONTRIBUIÇÕES ESPECIAIS | **725**

ambos da C.F."[202]. Porém, como essa exigência deixou de ser aplicável após a nova redação do art. 195 decorrente da Emenda 20/1998, o Tribunal entendeu que: "Incide contribuição previdenciária sobre os rendimentos pagos aos exercentes de mandato eletivo, decorrentes da prestação de serviços à União, a estados e ao Distrito Federal ou a municípios, após o advento da Lei 10.887/2004, desde que não vinculados a regime próprio de previdência" (Tema 691[203]).

Ressalte-se que o art. 31 da Lei 8.212/1991 estabelece o dever instrumental de retenção na fonte da empresa contratante de serviços executados mediante cessão de mão de obra:

> Art. 31. A empresa contratante de serviços executados mediante cessão de mão de obra, inclusive em regime de trabalho temporário, deverá reter 11% (onze por cento) do valor bruto da nota fiscal ou fatura de prestação de serviços e recolher, em nome da empresa cedente da mão de obra, a importância retida até o dia 20 (vinte) do mês subsequente ao da emissão da respectiva nota fiscal ou fatura, ou até o dia útil imediatamente anterior se não houver expediente bancário naquele dia, observado o disposto no § 5º do art. 33 desta Lei. (Redação dada pela Lei nº 11.933, de 2009).
>
> [...]
>
> § 3º Para os fins desta Lei, entende-se como cessão de mão de obra a colocação à disposição do contratante, em suas dependências ou nas de terceiros, de segurados que realizem serviços contínuos, relacionados ou não com a atividade-fim da empresa, quaisquer que sejam a natureza e a forma de contratação. (Redação dada pela Lei nº 9.711, de 1998).
>
> § 4º Enquadram-se na situação prevista no parágrafo anterior, além de outros estabelecidos em regulamento, os seguintes serviços: (Redação dada pela Lei nº 9.711, de 1998).
>
> I – limpeza, conservação e zeladoria; (Incluído pela Lei nº 9.711, de 1998).
>
> II – vigilância e segurança; (Incluído pela Lei nº 9.711, de 1998).
>
> III – empreitada de mão-de-obra; (Incluído pela Lei nº 9.711, de 1998).
>
> IV – contratação de trabalho temporário na forma da Lei nº 6.019, de 3 de janeiro de 1974. (Incluído pela Lei nº 9.711, de 1998)

O valor retido deve ser destacado na nota fiscal de prestação de serviço, podendo ser compensado pelo prestador por ocasião da apuração e do recolhimento da contribuição social da empresa incidente sobre a remuneração de segurados empregados e trabalhadores avulsos. Na hipótese de sobra de créditos, a legislação assegura o direito à restituição[204].

O art. 31 da Lei 8.212/1991 foi objeto de questionamentos no Judiciário. Em primeiro momento, o STJ entendeu que: "A retenção de 11% (onze por cento) a título de contribuição previdenciária, na forma do art. 31 da Lei 8.212/91, não configura nova modalidade de tributo, mas tão somente alteração na sua forma de recolhimento, não havendo nenhuma ilegalidade nessa nova sistemática de arrecadação" (Tema Repetitivo 80[205]). No RE 603.191, por sua vez, o STF decidiu que: "É constitucional a substituição tributária prevista no art. 31 da Lei 8.212/1991, com redação dada pela Lei 9.711/98, que determinou a retenção de 11% do valor bruto da nota fiscal ou fatura de prestação de serviço" (Tema Repetitivo 302[206]).

Ainda de acordo com a jurisprudência do STJ, "a retenção da contribuição para a seguridade social pelo tomador do serviço não se aplica às empresas optantes pelo Simples" (Tema Repetitivo

---

[202]   STF, Tribunal Pleno, RE 351.717, Rel. Min. Carlos Velloso, *DJe* 21.11.2003.
[203]   STF, Tribunal Pleno, RE 626.837, Rel. Min. Dias Toffoli, *DJe* 1º.02.2018.
[204]   Lei 8.212/1992, art. 31, §§ 1º e 2º.
[205]   STJ, 1ª S., REsp 1.036.375, Rel. Min. Luiz Fux, *DJe* 30.03.2009.
[206]   STF, Tribunal Pleno, RE 603.191, Rel. Min. Ellen Gracie, *DJe* 23.11.2010.

726 | CURSO DE DIREITO TRIBUTÁRIO – *Solon Sehn*

171[207]; e Súmula 425). Além disso, entende-se que: "a partir da vigência do art. 31 da Lei 8.212/91, com a redação dada pela Lei 9.711/98, a empresa contratante é responsável, com exclusividade, pelo recolhimento da contribuição previdenciária por ela retida do valor bruto da nota fiscal ou fatura de prestação de serviços, afastada, em relação ao montante retido, a responsabilidade supletiva da empresa prestadora, cedente de mão-de-obra" (Tema 335[208]). Daí que, se a fonte pagadora reteve o tributo destacado na nota fiscal, mas não promoveu o recolhimento, a União não pode exigir o crédito tributário do prestador[209].

A Lei 8.212/1991 estabelece as seguintes hipóteses de responsabilidade solidária:

> Art. 30. [...]
>
> VI – o proprietário, o incorporador definido na Lei nº 4.591, de 16 de dezembro de 1964, o dono da obra ou condômino da unidade imobiliária, qualquer que seja a forma de contratação da construção, reforma ou acréscimo, são solidários com o construtor, e estes com a subempreiteira, pelo cumprimento das obrigações para com a Seguridade Social, ressalvado o seu direito regressivo contra o executor ou contratante da obra e admitida a retenção de importância a este devida para garantia do cumprimento dessas obrigações, não se aplicando, em qualquer hipótese, o benefício de ordem; (Redação dada pela Lei 9.528, de 10.12.1997)
>
> VII – exclui-se da responsabilidade solidária perante a Seguridade Social o adquirente de prédio ou unidade imobiliária que realizar a operação com empresa de comercialização ou incorporador de imóveis, ficando estes solidariamente responsáveis com o construtor;
> [...]
>
> IX – as empresas que integram grupo econômico de qualquer natureza respondem entre si, solidariamente, pelas obrigações decorrentes desta Lei;
> [...].

Em relação à responsabilidade do proprietário, do incorporador, do dono da obra ou condômino da unidade imobiliária, cumpre destacar que não é mais aplicável a Súmula 126 do antigo TRF: "Na cobrança de crédito previdenciário, proveniente de contrato de construção de obra, o proprietário, dono da obra ou condômino de unidade imobiliária, somente será acionado quando não for possível lograr do construtor, através da execução contra ele intentada, a respectiva liquidação". A atual redação do inciso VI do art. 30 da Lei 8.212/1991, na redação da Lei 9.528/1997, afasta o *benefício de ordem*, de sorte que a Fazenda Nacional pode acionar qualquer dos devedores solidários.

Por fim, no tocante às empresas do mesmo grupo econômico, como analisado anteriormente, de acordo com a jurisprudência do STJ: (i) "o fato de haver pessoas jurídicas que pertençam ao mesmo grupo econômico, por si só, não enseja a responsabilidade solidária, na forma prevista no art. 124 do CTN"[210]; (ii) "existe responsabilidade tributária solidária entre empresas de um mesmo grupo econômico, apenas quando ambas realizem conjuntamente a situação configuradora do fato gerador, não bastando o mero interesse econômico na consecução de referida situação"[211].

---

[207] STJ, 1ª S., REsp 1.112.467, Rel. Min. Teori Albino Zavascki, *DJe* 21.08.2009.

[208] STJ, 1ª S., REsp 1.131.047, Rel. Min. Teori Albino Zavascki, *DJe* 02.12.2010.

[209] Essa exegese assenta-se no § 5º do art. 33 da Lei 8.212/1991: "§ 5º O desconto de contribuição e de consignação legalmente autorizadas sempre se presume feito oportuna e regularmente pela empresa a isso obrigada, não lhe sendo lícito alegar omissão para se eximir do recolhimento, ficando diretamente responsável pela importância que deixou de receber ou arrecadou em desacordo com o disposto nesta Lei".

[210] STJ, 1ª S., EREsp 834.044, Rel. Min. Mauro Campbell Marques, *DJe* 29.09.2010.

[211] STJ, 2ª T., AgRg no AREsp 21.073, Rel. Min. Humberto Martins, *DJe* 26.10.2011.

Parte Especial • Capítulo V • CONTRIBUIÇÕES ESPECIAIS | **727**

Essa interpretação deve ser aplicada na interpretação do inciso IX do art. 30 da Lei 8.212/1991, que não pode contrariar o CTN.

3.2 Contribuição social da empresa incidente sobre a remuneração de contribuintes individuais

A contribuição social sobre a remuneração de contribuintes individuais foi instituída inicialmente pela Lei 7.787/1989. Nessa época, entretanto, entre as fontes de custeio da seguridade social, o inciso I do art. 195 da Constituição previa apenas a contribuição "dos empregadores, incidente sobre a folha de salários, o faturamento e o lucro". Por isso, no RE 166.772, o STF declarou a inconstitucionalidade da expressão "autônomos e administradores", contida no inciso I do art. 3. da Lei 7.787/1989:

> Seguridade social. Disciplina. Espécies. Constituições federais. Distinção. Sob a égide das Constituições Federais de 1934, 1946 e 1967, bem como da Emenda Constitucional nº 1/69, teve-se a previsão geral do tríplice custeio, ficando aberto campo propício a que, por norma ordinária, ocorresse a regência das contribuições. A Carta da República de 1988 inovou. Em preceitos exaustivos – incisos I, II e III do artigo 195 – impôs contribuições, dispondo que a lei poderia criar novas fontes destinadas a garantir a manutenção ou expansão da seguridade social, obedecida a regra do artigo 154, inciso I, nela inserta (§ 4º do artigo 195 em comento).
>
> Contribuição social. Tomador de serviços. Pagamentos a administradores e autônomos. Regência. A relação jurídica mantida com administradores e autônomos não resulta de contrato de trabalho e, portanto, de ajuste formalizado à luz da Consolidação das Leis do Trabalho. Daí a impossibilidade de se dizer que o tomador dos serviços qualifica-se como empregador e que a satisfação do que devido ocorra via folha de salários. Afastado o enquadramento no inciso I do artigo 195 da Constituição Federal, exsurge a desvalia constitucional da norma ordinária disciplinadora da matéria. A referência contida no § 4º do artigo 195 da Constituição Federal ao inciso I do artigo 154 nela insculpido, impõe a observância de veículo próprio – a lei complementar. Inconstitucionalidade do inciso I do artigo 3º da Lei nº 7.787/89, no que abrangido o que pago a administradores e autônomos. Declaração de inconstitucionalidade limitada pela controvérsia dos autos, no que não envolvidos pagamentos a avulsos[212].

Logo, nos termos do § 4º do art. 195 da Constituição, sendo uma nova fonte de custeio da seguridade social, a contribuição social apenas poderia ser instituída por lei complementar. Foi o que fez o inciso I do art. 1º da Lei Complementar 84/1996, que previu uma alíquota de 15% para o tributo:

> Art. 1º Para a manutenção da Seguridade Social, ficam instituídas as seguintes contribuições sociais:
>
> I – a cargo das empresas e pessoas jurídicas, inclusive cooperativas, no valor de quinze por cento do total das remunerações ou retribuições por elas pagas ou creditadas no decorrer do mês, pelos serviços que lhes prestem, sem vínculo empregatício, os segurados empresários, trabalhadores autônomos, avulsos e demais pessoas físicas; e
>
> [...].

---

212 STF, Tribunal Pleno, RE 166.772, Rel. Min. Marco Aurélio, *DJe* 16.12.1994.

728 | CURSO DE DIREITO TRIBUTÁRIO – *Solon Sehn*

Essa lei complementar foi revogada pela Lei 9.876/1999, que inclui o inciso III no art. 22 da Lei 8.212/1991, uniformizando a cobrança no mesmo percentual de 20% da contribuição social da empresa incidente sobre a remuneração de segurados empregados e trabalhadores avulsos:

> Art. 22. A contribuição a cargo da empresa, destinada à Seguridade Social, além do disposto no art. 23, é de:
> [...]
> III – vinte por cento sobre o total das remunerações pagas ou creditadas a qualquer título, no decorrer do mês, aos segurados contribuintes individuais que lhe prestem serviços; (Incluído pela Lei nº 9.876, de 1999)
> [...].

A revogação da lei complementar pela lei ordinária foi possível porque, nessa época, vigorava a nova redação do art. 195 da Constituição, decorrente da Emenda 20/1998. Essa permitiu a instituição de uma contribuição "a folha de salários e demais rendimentos do trabalho pagos ou creditados, a qualquer título, à pessoa física que lhe preste serviço, mesmo sem vínculo empregatício". Dessa forma, tendo se tornado uma fonte de custeio prevista no texto constitucional, a exigência de lei complementar do § 4º do art. 195 deixou de ser aplicável. Por conseguinte, a Lei Complementar 84/1996 tornou-se uma lei complementar aparente, com eficácia de lei ordinária, passível de revogação por lei ordinária posterior[213].

A contribuição social da empresa incidente sobre a remuneração de contribuintes individuais tem a mesma base de cálculo, alíquota e sujeição ativa e passiva da contribuição social da empresa incidente sobre a remuneração de segurados empregados e trabalhadores avulsos. A diferença está no complemento da hipótese de incidência, que abrange o pagamento ou o crédito realizado em favor de prestador de serviço segurado contribuinte individual.

Outra distinção diz respeito aos autônomos prestadores de serviços de transporte rodoviário e de serviços prestados com a utilização de trator, máquina de terraplenagem, colheitadeira e assemelhados, que, nos termos do § 15 do art. 22 da Lei 8.212/1991, estão sujeitos a uma base de cálculo diferenciada:

> Art. 22. [...]
> § 15. Na contratação de serviços de transporte rodoviário de carga ou de passageiro, de serviços prestados com a utilização de trator, máquina de terraplenagem, colheitadeira e assemelhados, a base de cálculo da contribuição da empresa corresponde a 20% (vinte por cento) do valor da nota fiscal, fatura ou recibo, quando esses serviços forem prestados por condutor autônomo de veículo rodoviário, auxiliar de condutor autônomo de veículo rodoviário, bem como por operador de máquinas. (Incluído pela Lei nº 13.202, de 2015)

O percentual de 20% é o mesmo da Portaria MPAS 1.135/2001[214], declarada inconstitucional pelo STF no RE 1.381.261, por violação ao princípio da estrita legalidade: "São inconstitucionais o Decreto 3.048/99 e a Portaria MPAS 1.135/01 no que alteraram a base de cálculo da contribuição previdenciária incidente sobre a remuneração paga ou creditada a transportadores autônomos, devendo o reconhecimento da inconstitucionalidade observar os princípios da congruência e da

---

[213] Sobre a lei complementar no sistema de fontes do direito tributário, ver Capítulo I, item 4.4., da Parte Geral.

[214] "Art. 1º Considera-se remuneração paga ou creditada ao condutor autônomo de veículo rodoviário, ou ao auxiliar de condutor autônomo de veículo rodoviário, em automóvel cedido em regime de colaboração, nos termos da Lei 6.094, de 30 de agosto de 1974, de que tratam, respectivamente, os incisos I e II do § 15 do art. 9º do Regulamento da Previdência Social, aprovado pelo Decreto 3.048, de 06 de maio de 1999, pelo frete, carreto ou transporte de passageiros, vinte por cento do rendimento bruto."

devolutividade" (Tema 1.223[215]). No voto do relator, Ministro Dias Toffoli, foi ressaltado que a "discussão não abarca qualquer debate acerca dos casos sujeitos ao § 15 do art. 22 da Lei 8.212/91, incluído pela Lei 13.202/15". Não houve, portanto, manifestação acerca da constitucionalidade desse dispositivo legal.

A definição de um percentual do valor da nota fiscal, fatura ou recibo é necessária porque o valor pago a esses profissionais não abrange apenas a remuneração, mas outros custos relevantes, como o combustível, alimentação, depreciação do veículo e pneus, pedágio, entre outros. Em outros segmentos, a maior parte dos trabalhadores não tem custos equivalentes. Por isso, não seria justo nem isonômico incluir na base de cálculo da totalidade do pagamento recebido pelo autônomo. Não há inconstitucionalidade na Lei 13.202/2015. Ao definir como base de cálculo o percentual de 20%, a lei apenas converte o tributo em contribuição sobre a receita, que é uma fonte de custeio autorizada pela Lei Maior (art. 195, I, "b").

3.3 Contribuição ao SAT

A contribuição ao SAT (Seguro Acidente de Trabalho) é uma espécie de adicional da contribuição social da empresa incidente sobre a remuneração de segurados empregados e trabalhadores avulsos prevista no inciso II do art. 22 da Lei 8.212/1991, destinado ao financiamento da aposentadoria especial e dos benefícios acidentários da seguridade social:

> Art. 22. A contribuição a cargo da empresa, destinada à Seguridade Social, além do disposto no art. 23, é de:
>
> [...]
>
> II – para o financiamento do benefício previsto nos arts. 57 e 58 da Lei nº 8.213, de 24 de julho de 1991, e daqueles concedidos em razão do grau de incidência de incapacidade laborativa decorrente dos riscos ambientais do trabalho, sobre o total das remunerações pagas ou creditadas, no decorrer do mês, aos segurados empregados e trabalhadores avulsos: (Redação dada pela Lei nº 9.732, de 1998).
>
> a) 1% (um por cento) para as empresas em cuja atividade preponderante o risco de acidentes do trabalho seja considerado leve;
>
> b) 2% (dois por cento) para as empresas em cuja atividade preponderante esse risco seja considerado médio;
>
> c) 3% (três por cento) para as empresas em cuja atividade preponderante esse risco seja considerado grave.

A única diferença da contribuição ao SAT em relação à contribuição social da empresa incidente sobre a remuneração de segurados empregados e trabalhadores avulsos é a alíquota. Não há incidência do SAT quando o crédito ou o pagamento da remuneração é realizado em favor de prestador de serviço segurado contribuinte individual[216].

A alíquota base da contribuição varia de 1% a 3% em função do grau de risco de acidente de trabalho da atividade preponderante, o que é determinado nos termos do art. 202 do Regulamento da Previdência Social (Decreto 3.048/1999):

---

215 STF, Tribunal Pleno, RE 1.381.261, Rel. Min. Dias Toffoli, *DJe* 11.10.2022.

216 Como ensina Fábio Zambitte Ibrahim: "A diferença existente entre estas categorias, atualmente, é a cobrança do SAT, que é devido sobre as remunerações de empregados avulsos, mas indevida em relação aos contribuintes individuais (os segurados contribuintes individuais não possuem direito a benefícios acidentários)" (IBRAHIM, Fábio Zambitte. *Curso de direito previdenciário*. 24. ed. Niterói: Impetus, 2019. p. 242).

730 | CURSO DE DIREITO TRIBUTÁRIO – *Solon Sehn*

Art. 202. [...]

§ 3º-A Considera-se estabelecimento da empresa a dependência, matriz ou filial, que tenha número de Cadastro Nacional da Pessoa Jurídica – CNPJ próprio e a obra de construção civil executada sob sua responsabilidade. (Incluído pelo Decreto nº 10.410, de 2020)

§ 4º A atividade econômica preponderante da empresa e os respectivos riscos de acidentes do trabalho compõem a Relação de Atividades Preponderantes e correspondentes Graus de Risco, prevista no Anexo V[217].

A validade desse tributo foi questionada em dois aspectos. A primeira objeção foi relacionada ao princípio da estrita legalidade tributária, já que o grau de risco é definido pelo Anexo V do Decreto 3.048/1999, e não por lei formal. Entretanto, no RE 343.446, o STF definiu que: "As Leis 7.787/89, art. 3º, II, e 8.212/91, art. 22, II, definem, satisfatoriamente, todos os elementos capazes de fazer nascer a obrigação tributária válida. O fato de a lei deixar para o regulamento a complementação dos conceitos de 'atividade preponderante' e 'grau de risco leve, médio e grave', não implica ofensa ao princípio da legalidade genérica, C.F., art. 5º, II, e da legalidade tributária, C.F., art. 150, I"[218]. O segundo aspecto questionado foi o referencial para a determinação do grau de risco, vale dizer, se esse deveria considerar a empresa como um todo ou cada estabelecimento individualmente. No STJ, prevaleceu o entendimento enunciado na Súmula 351: "A alíquota de contribuição para o Seguro de Acidente do Trabalho (SAT) é aferida pelo grau de risco desenvolvido em cada empresa, individualizada pelo seu CNPJ, ou pelo grau de risco da atividade preponderante quando houver apenas um registro".

A redação atual do § 3º-A do art. 202 do Decreto 3.048/1999 já incorpora essa interpretação. Portanto, o grau de risco deve considerar cada estabelecimento individualmente, desde que esse tenha inscrição separada no CNPJ.

As alíquotas base do SAT, de acordo com art. 10 da Lei 10.666/2003, podem ser reduzidas em até 50% ou aumentadas em até 100% em razão do desempenho da empresa aferido de acordo com metodologia aprovada pelo Conselho Nacional de Previdência Social:

Art. 10. A alíquota de contribuição de um, dois ou três por cento, destinada ao financiamento do benefício de aposentadoria especial ou daqueles concedidos em razão do grau de incidência de incapacidade laborativa decorrente dos riscos ambientais do trabalho, poderá ser reduzida, em até cinquenta por cento, ou aumentada, em até cem por cento, conforme dispuser o regulamento, em razão do desempenho da empresa em relação à respectiva atividade econômica, apurado em conformidade com os resultados obtidos a partir dos índices de frequência, gravidade e custo, calculados segundo metodologia aprovada pelo Conselho Nacional de Previdência Social.

Com base nesse dispositivo, foi criado o Fator Acidentário de Prevenção (FAP), que consiste em índice apurado na forma do art. 202-A do Decreto 3.048/1999[219]:

---

[217] Esse dispositivo estabelece ainda que: "§ 5º É de responsabilidade da empresa realizar o enquadramento na atividade preponderante, cabendo à Secretaria da Receita Previdenciária do Ministério da Previdência Social revê-lo a qualquer tempo. (Redação dada pelo Decreto 6.042, de 2007)". Ademais: "§ 6º Verificado erro no autoenquadramento, a Secretaria da Receita Previdenciária adotará as medidas necessárias à sua correção, orientará o responsável pela empresa em caso de recolhimento indevido e procederá à notificação dos valores devidos. (Redação dada pelo Decreto 6.042, de 2007)".

[218] STF, Tribunal Pleno, RE 343.446, Rel. Min. Carlos Velloso, *DJe* 04.04.2003.

[219] Sobre o FAT, cf.: IBRAHIM, Fábio Zambitte. *Curso de direito previdenciário*. 24. ed. Niterói: Impetus, 2019. p. 262 e ss.; SIMÕES, Thiago Taborda. *Contribuições sociais*: aspectos tributários e previdenciários. São Paulo: Noeses, 2013. p. 127 e ss.

Art. 202-A. [...]

§ 1º O FAP consiste em multiplicador variável em um intervalo contínuo de cinco décimos a dois inteiros aplicado à respectiva alíquota, considerado o critério de truncamento na quarta casa decimal. (Redação dada pelo Decreto nº 10.410, de 2020)

§ 2º Para fins da redução ou da majoração a que se refere o *caput*, o desempenho da empresa, individualizada pelo seu CNPJ será discriminado em relação à sua atividade econômica, a partir da criação de índice composto pelos índices de gravidade, de frequência e de custo que pondera os respectivos percentis. (Redação dada pelo Decreto nº 10.410, de 2020)

[...] (Revogado)

§ 4º Os índices de frequência, gravidade e custo serão calculados segundo metodologia aprovada pelo Conselho Nacional de Previdência Social, levando-se em conta: (Incluído pelo Decreto nº 6.042, de 2007).

I – para o índice de frequência, os registros de acidentes ou benefícios de natureza acidentária; (Redação dada pelo Decreto nº 10.410, de 2020)

II – para o índice de gravidade, as hipóteses de auxílio por incapacidade temporária, auxílio-acidente, aposentadoria por incapacidade permanente, pensão por morte e morte de natureza acidentária, aos quais são atribuídos pesos diferentes em razão da gravidade da ocorrência, da seguinte forma: (Redação dada pelo Decreto nº 10.410, de 2020)

a) pensão por morte e morte de natureza acidentária – peso de cinquenta por cento; (Redação dada pelo Decreto nº 10.410, de 2020)

b) aposentadoria por incapacidade permanente – peso de trinta por cento; e (Redação dada pelo Decreto nº 10.410, de 2020)

c) auxílio por incapacidade temporária e auxílio-acidente – peso de dez por cento para cada; e (Redação dada pelo Decreto nº 10.410, de 2020)

III – para o índice de custo, os valores dos benefícios de natureza acidentária pagos ou devidos pela previdência social. (Redação dada pelo Decreto nº 10.410, de 2020)

A constitucionalidade do FAT foi questionada no Judiciário. Contudo, o STF entendeu que: "O Fator Acidentário de Prevenção (FAP), previsto no art. 10 da Lei 10.666/2003, nos moldes do regulamento promovido pelo Decreto 3.048/99 (RPS) atende ao princípio da legalidade tributária (art. 150, I, CRFB/88)" (Tema 554[220]).

Ressalte-se que o § 6º do art. 57 da Lei 8.213/1991, na redação da Lei 9.732/1998, prevê alíquotas adicionais sobre a alíquota base do SAT, equivalentes a 6%, 9% ou 12%, conforme a natureza do serviço prestado permita a concessão de aposentadoria especial em 25, 20 ou 15 anos:

Art. 57. [...]

§ 6º O benefício previsto neste artigo será financiado com os recursos provenientes da contribuição de que trata o inciso II do art. 22 da Lei nº 8.212, de 24 de julho de 1991, cujas alíquotas serão acrescidas de doze, nove ou seis pontos percentuais, conforme a atividade exercida pelo segurado a serviço da empresa permita a concessão de aposentadoria especial após quinze, vinte ou vinte e cinco anos de contribuição, respectivamente. (Redação dada pela Lei nº 9.732, de 11.12.1998)

---

[220] STF, Tribunal Pleno, RE 677.725, Rel. Min. Luiz Fux, *DJe* 14.12.2022.

732 | CURSO DE DIREITO TRIBUTÁRIO – *Solon Sehn*

Esse adicional é tido por parte da doutrina como um tributo autônomo. Isso porque a hipótese de incidência abrange apenas o crédito ou o pagamento a segurado que exerça atividade sujeita a aposentadoria especial[221]. Não há objeções em examinar a contribuição desde essa perspectiva. Todavia, na medida em que as diferenças não são significativas, parece mais apropriado considerar o adicional para o custeio de aposentadorias especiais como uma simples variação da hipótese de incidência.

3.4 Contribuições de terceiros

3.4.1 Contribuições ao Sistema "S"

As contribuições ao Sistema "S" são adicionais à contribuição social da empresa prevista no inciso I do art. 22 da Lei 8.212/1991. Apresentam a mesma hipótese de incidência e base de cálculo, com as seguintes diferenças relacionadas à disciplina legal, alíquotas, sujeição (ativa e passiva[222]):

(i) Contribuição ao Incra (Instituto Nacional de Colonização e Reforma Agrária):

(a) **Legislação aplicável**: Lei 2.613/1955 e Decreto-lei 1.146/1970;

(b) **Alíquota**: 0,2%;

(c) **Sujeição passiva**: empresas urbanas e rurais[223].

Para parte da doutrina, a contribuição poderia ser cobrada apenas das empresas rurais. Entretanto, no RE 630.898, o STF entendeu que: "É constitucional a contribuição de intervenção no domínio econômico destinada ao INCRA devida pelas empresas urbanas e rurais, inclusive após o advento da EC nº 33/2001" (Tema 495[224]). Destaca-se ainda a Súmula 516 do STJ: "A contribuição de intervenção no domínio econômico para o Incra (Decreto-lei 1.110/1970), devida por empregadores rurais e urbanos, não foi extinta pelas Leis 7.787/1989, 8.212/1991 e 8.213/1991, não podendo ser compensada com a contribuição ao INSS".

(ii) Contribuição ao Sesi-Senai (Serviço Social da Indústria e Serviço Nacional de Aprendizagem Industrial):

(a) **Legislação aplicável**: Decretos-lei 4.048/1942, 4.936/1942, 6.246/1944, 9.403/1946;

(b) **Alíquota**: 2,5%, sendo 1,5% ao Sesi e 1% ao Senai (acrescido de 0,2% para empresas com mais de 500 funcionários);

---

[221] SIMÕES, Thiago Taborda. *Contribuições sociais*: aspectos tributários e previdenciários. São Paulo: Noeses, 2013. p. 123.

[222] "A orientação das Turmas que compõem a Primeira Seção deste Tribunal Superior firmou-se no sentido de que as atividades referentes à tributação, à fiscalização, à arrecadação, à cobrança e ao recolhimento das contribuições sociais vinculadas ao INSS (art. 2º da Lei 11.457/2007), bem como as contribuições destinadas a terceiros e fundos, tais como SESI, SENAI, SESC, SENAC, SEBRAE, INCRA, APEX, ABDI, consoante a expressa previsão contida no art. 3º da referida norma, foram transferidas à Secretaria da Receita Federal do Brasil, órgão da União, cuja representação, após os prazos estipulados no seu art. 16, ficou a cargo exclusivo da Procuradoria-Geral da Fazenda Nacional para eventual questionamento quanto à exigibilidade das contribuições, ainda que em demandas que têm por objetivo a restituição de indébito tributário. Precedentes" (STJ, 2ª T., AgInt no AREsp 2.070.652, Rel. Min. Herman Benjamin, *DJe* 05.12.2022).

[223] De acordo com o § 1º do art. 2º do Decreto-lei 1.146/1970: "§ 1º Os contribuintes de trata este artigo estão dispensados das contribuições para os Serviços Sociais da Indústria (SESI) ou do Comércio (SESC) e Serviços Nacionais de Aprendizagem Industrial (SENAI) ou do Comércio (SENAC), estabelecidas na respectiva legislação".

[224] STF, Tribunal Pleno, RE 630.898, Rel. Min. Dias Toffoli, *DJe* 11.05.2021.

Parte Especial · Capítulo V · CONTRIBUIÇÕES ESPECIAIS | **733**

(c) **Sujeição passiva**: empresas do setor industrial[225], de comunicações e de pesca[226].

(iii) **Contribuição ao Sesc-Senac** (Serviço Social do Comércio e Serviço Nacional de Aprendizagem do Comércio):

(a) **Legislação aplicável**: Decretos-leis 9.853/1946 e 8.621/1946;

(b) **Alíquota**: 2,5%, sendo 1,5% ao Sesc e 1% ao Senac;

(c) **Sujeição passiva**: empresas do setor comercial; de acordo com a tese definida no REsp 1.255.433: "As empresas prestadoras de serviços estão sujeitas às contribuições ao Sesc e Senac, salvo se integradas noutro serviço social" (Tema 496[227]).

(iv) **Contribuição ao Sebrae** (Serviço Brasileiro de Apoio às Pequenas e Médias Empresas):

(a) **Legislação aplicável**: Lei 5.461/1968;

(b) **Alíquota**: 0,3%;

(c) **Sujeição passiva**: contribuintes das contribuições ao Sesi-Senai e ao Sesc-Senac.

(v) **Contribuição à Apex-Brasil e à ABDI** (Serviço Social Autônomo Agência de Promoção de Exportações do Brasil e Serviço Social Autônomo Agência Brasileira de Desenvolvimento Industrial):

(a) **Legislação aplicável**: Lei 8.029/1990[228];

(b) **Alíquota**: 0,3%;

(c) **Sujeição passiva**: contribuintes das contribuições ao Sesi-Senai e ao Sesc-Senac.

(vi) **Contribuição ao DPC** (Diretoria de Portos e Costas):

(a) **Legislação aplicável**: Lei 5.461/1968;

(b) **Alíquota**: 2,5%;

(c) **Sujeição passiva**: empresas do setor de navegação marítima, fluvial ou lacustre, de serviços portuários, de dragagem e de administração e exploração de portos[229].

---

[225] "O Superior Tribunal de Justiça possui entendimento de que '[...] as empresas prestadoras de serviços no ramo da construção civil estão sujeitas às contribuições para o SESI/SENAI, por se enquadrarem no conceito de empresa industrial' (AgRg no REsp 1.089.935/CE, Rel. Min. Mauro Campbell Marques, Segunda Turma, *DJe* 27.05.2010). Precedentes" (STJ, 2ª T., AgInt no AREsp 1.197.781, Rel. Min. Og Fernandes, *DJe* 07.10.2019).

[226] Decreto-lei 4.936/1942: "Art. 3º A obrigação decorrente do disposto nos arts. 4º e 6º do Decreto-lei 4.048, de 22 de janeiro de 1942, se estende às empresas de transportes, de comunicações e de pesca, e é exigível a partir de 1 de janeiro de 1943"; Decreto-lei 6.246/1944: "Art. 2º São estabelecimentos contribuintes do Serviço Nacional de Aprendizagem Industrial: [...] a) as empresas industriais, as de transportes, as de comunicações e as de pesca". Contudo, a partir de 1994, as empresas do segmento do transporte passaram a ser contribuintes do Sest-Senat.

[227] STJ, 1ª S., REsp 1.255.433, Rel. Min. Mauro Campbell Marques, *DJe* 29.05.2012.

[228] STF, Tribunal Pleno, RE 603.624, Rel. Min. Min. Rosa Weber, Rel. p/ ac. Min. Alexandre de Moraes, *DJe* 13.01.2021: "As contribuições devidas ao SEBRAE, à APEX e à ABDI com fundamento na Lei 8.029/1990 foram recepcionadas pela EC 33/2001" (Tema 325).

[229] "Art. 1º As contribuições de que tratam o art. 1º do Decreto-lei número 6.246, de 5 de fevereiro de 1944, e o art. 23 da Lei 5.107, de 13 de setembro de 1966, arrecadadas das empresas particulares, estatais, de economia mista e autárquicas, quer federais, estaduais ou municipais, de navegação marítima, fluvial ou lacustre; de serviços portuários; de dragagem e de administração e exploração de portos, serão destinadas

734 | CURSO DE DIREITO TRIBUTÁRIO – *Solon Sehn*

(vii) Contribuição ao Fundo Aeroviário:

(a) **Legislação aplicável**: Decreto-lei 1.305/1974;

(b) **Alíquota**: 2,5%;

(c) **Sujeição passiva**: empresas do segmento de transporte aéreo regular, não regular, de táxi aéreo e de serviços aéreos especializados; de telecomunicações aeronáuticas; de implantação, administração, operação e exploração da infraestrutura aeroportuária, e de serviços auxiliares; de fabricação, reparos e manutenção, ou de representação, de aeronaves, suas peças e acessórios, e de equipamentos aeronáuticos[230].

(viii) Contribuição ao Senar (Serviço Nacional de Aprendizagem Rural[231]):

(a) **Legislação aplicável**: Lei 8.315/1991;

(b) **Alíquota**: 2,5%;

(c) **Sujeição passiva**: empresas do segmento agroindustrial, agropecuário, sindicatos, federações e confederações patronais rurais, empresa associativa sem produção rural, agenciadora de mão de obra rural.

(ix) Contribuição ao Sest-Senat (Serviço Social do Transporte e Serviço Nacional de Aprendizado do Transporte):

(a) **Legislação aplicável**: Lei 8.706/1993;

(b) **Alíquota**: 2,5%, sendo 1,5% ao Sest e 1% ao Senat;

(c) **Sujeição passiva**: empresas de transporte rodoviário e pelos transportadores rodoviários autônomos.

(x) Contribuição ao Sescoop (Serviço Nacional de Aprendizagem do Cooperativismo):

(a) **Legislação aplicável**: Medida Provisória 2.168-40/2001;

(b) **Alíquota**: 2,5%;

(c) **Sujeição passiva**: cooperativas.

à aplicação nas atividades ligadas ao ensino profissional marítimo, a cargo da Diretoria de Portos e Costas do Ministério da Marinha, de acordo com a Lei 1.658, de 4 de agosto de 1952."

230 "Art. 1º As contribuições de que tratam o artigo 1º, do Decreto-lei 6.246, de 5 de fevereiro de 1944, e o artigo 24, da Lei 5.107, de 13 de setembro de 1966, na remuneração decorrente do Decreto-lei 20, de 14 de setembro de 1966, arrecadadas das empresas privadas, públicas, de economia mista e autárquicas, quer federais, estaduais ou municipais, de transporte aéreo regular, não regular, de táxi aéreo e de serviços aéreos especializados; de telecomunicações aeronáuticas; de implantação, administração, operação e exploração da infraestrutura aeroportuária, e de serviços auxiliares; de fabricação, reparos e manutenção, ou de representação, de aeronaves, suas peças e acessórios, e de equipamentos aeronáuticos, serão destinadas à aplicação nas atividades ligadas ao ensino profissional aeronáutico de tripulantes, técnicos e especialistas civis, para os serviços de apoio a proteção à navegação aérea a infraestrutura aeronáutica e a Aviação Civil em geral, a cargo do Ministério da Aeronáutica, de acordo com os incisos III e IV do parágrafo único, do artigo 63, do Decreto-lei 200, de 25 de fevereiro de 1967, alterado pelos Decretos-leis nºs 900 de 29 de setembro de 1969, e 991, de 21 de outubro de 1969."

231 ADCT-CF/88:"Art. 62. A lei criará o Serviço Nacional de Aprendizagem Rural (SENAR) nos moldes da legislação relativa ao Serviço Nacional de Aprendizagem Industrial (SENAI) e ao Serviço Nacional de Aprendizagem do Comércio (SENAC), sem prejuízo das atribuições dos órgãos públicos que atuam na área".

Parte Especial · Capítulo V · CONTRIBUIÇÕES ESPECIAIS | **735**

A cada segmento econômico corresponde uma contribuição. Assim, as empresas que contribuem ao Incra, ao DPC, ao Fundo Aeroviário, Sest-Senat ou ao Sescoop não são sujeitos passivos das contribuições ao Sest-Senai, Sesc-Senac e assim por diante.

O art. 4º da Lei 6.950/1981 estabeleceu que, para fins de cobrança das contribuições previdenciárias e de terceiros, deveria ser observado um limite máximo do salário de contribuição equivalente a vinte vezes o maior salário mínimo, aplicável, nos termos do parágrafo único, a todas as contribuições de terceiros:

> Art. 4º O limite máximo do salário-de-contribuição, previsto no art. 5º da Lei nº 6.332, de 18 de maio de 1976, é fixado em valor correspondente a 20 (vinte) vezes o maior salário-mínimo vigente no País.
>
> Parágrafo único. O limite a que se refere o presente artigo aplica-se às contribuições parafiscais arrecadadas por conta de terceiros.

Nessa época, já havia previsão desse limite no art. 1º do Decreto-lei 1.861/1981, em sua redação original e na decorrente do Decreto-lei 1.867/1981, aplicável especificamente às contribuições ao Sesi-Senai e Sesc-Senac:

> Art. 1º As contribuições compulsórias dos empregadores calculadas sobre a folha de pagamento e recolhidas pelo Instituto de Administração Financeira da Previdência e Assistência Social – IAPAS em favor do Serviço Social da Indústria – SESI, Serviço Nacional de Aprendizagem Industrial – SENAI, Serviço Social do Comércio – SESC e Serviço Nacional de Aprendizagem Comercial – SENAC passarão a incidir até o limite máximo de exigência das contribuições previdenciárias, mantidas as mesmas alíquotas e contribuintes. (Redação dada pelo Decreto-lei nº 1.867, de 1981)[232].

O Decreto-lei 2.318/1986 revogou o limite para a cobrança da contribuição previdenciária: "Art. 3º Para efeito do cálculo da contribuição da empresa para a previdência social, o salário de contribuição não está sujeito ao limite de vinte vezes o salário mínimo, imposto pelo art. 4º da Lei nº 6.950, de 4 de novembro de 1981". Também foi revogado o teto do art. 1º do Decreto-lei 1.861/1981[233]. No entanto, permaneceu em vigor o parágrafo único do art. 1º da Lei 6.950/1981.

No REsp 1.898.532 e do REsp 1.905.870, a Primeira Seção do STJ fixou a seguinte tese jurídica no Tema Repetitivo 1.079: "i) o art. 1º do Decreto-Lei 1.861/1981 (com a redação dada pelo DL 1.867/1981) definiu que as contribuições devidas ao Sesi, ao Senai, ao Sesc e ao Senac incidem até o limite máximo das contribuições previdenciárias; ii) especificando o limite máximo das contribuições previdenciárias, o art. 4º, parágrafo único, da superveniente Lei 6.950/1981, também especificou o teto das contribuições parafiscais em geral, devidas em favor de terceiros, estabelecendo-o em 20 vezes o maior salário mínimo vigente; e iii) o art. 1º, inciso I, do Decreto-

---

[232] Redação originária: "Art. 1º As contribuições compulsórias dos empregadores calculadas sobre a folha de pagamento e recolhidas pelo Instituto de Administração Financeira da Previdência e Assistência Social – IAPAS, em favor das entidades, Serviço Social da Indústria – SESI, Serviço Nacional de Aprendizagem Industrial – SENAI, Serviço Social do Comércio – SESC e Serviço Nacional de Aprendizagem Comercial – SENAC, passarão a constituir receitas do Fundo de Previdência e Assistência Social, incidindo sobre o limite máximo de exigência das contribuições previdenciárias, mantidas as mesmas alíquotas e contribuintes".

[233] "Art. 1º Mantida a cobrança, fiscalização, arrecadação e repasse às entidades beneficiárias das contribuições para o Serviço Nacional de Aprendizagem Industrial (SENAI), para o Serviço Nacional de Aprendizagem Comercial (SENAC), para o Serviço Social da Indústria (SESI) e para o Serviço Social do Comércio (SESC), ficam revogados:
I – o teto limite a que se referem os artigos 1º e 2º do Decreto-lei 1.861, de 25 de fevereiro de 1981, com a redação dada pelo artigo 1º do Decreto-lei 1.867, de 25 de março de 1981."

736 | CURSO DE DIREITO TRIBUTÁRIO – *Solon Sehn*

-Lei 2.318/1986, expressamente revogou a norma específica que estabelecia teto limite para as contribuições parafiscais devidas ao Sesi, ao Senai, ao Sesc e ao Senac, assim como o seu art. 3º expressamente revogou o teto limite para as contribuições previdenciárias; iv) portanto, a partir da entrada em vigor do art. 1º, I, do Decreto-Lei 2.318/1986, as contribuições destinadas ao Sesi, ao Senai, ao Sesc e ao Senac não estão submetidas ao teto de vinte salários"[234].

3.4.2 Salário-educação

O salário-educação também pode ser considerado uma das contribuições de terceiros[235]. Trata-se, destarte, de um tributo adicional à contribuição social da empresa incidente folha de salários e demais rendimentos do trabalho, previsto no § 5º do art. 212 da Constituição Federal, como fonte de custeio da educação básica pública: "§ 5º A educação básica pública terá como fonte adicional de financiamento a contribuição social do salário-educação, recolhida pelas empresas na forma da lei"[236].

A contribuição, nos termos do art. 15 da Lei 9.424/1996, tem a alíquota de 2,5% e, quando aos demais aspectos de incidência, em nada difere da contribuição prevista no inciso I do art. 22 da Lei 8.212/1991 (hipótese de incidência, base de cálculo e sujeição passiva):

> Art. 15. O Salário-Educação, previsto no art. 212, § 5º, da Constituição Federal e devido pelas empresas, na forma em que vier a ser disposto em regulamento, é calculado com base na alíquota de 2,5% (dois e meio por cento) sobre o total de remunerações pagas ou creditadas, a qualquer título, aos segurados empregados, assim definidos no art. 12, inciso I, da Lei nº 8.212, de 24 de julho de 1991.

A constitucionalidade do salário-educação foi objeto de questionamentos. Isso porque, antes da Lei 9.424/1996, a alíquota do tributo era definida por atos normativos infralegais (Decretos 76.923/1975 e 87.043/1982), com base na delegação prevista no art. 1º, § 2º, do Decreto-lei 1.422/1975. Essa previsão, para muitos, não seria compatível com o art. 25 do ADCT. Por conseguinte, não haveria fundamento para a cobrança do tributo até a edição da Medida Provisória 1.518/1996, não convertida em lei e revogada pela Medida Provisória 1.565/1997 após três reedições. Também foi questionada a validade da exigência da contribuição nesse período, inclusive após a promulgação da Lei 9.424/1996, que disciplina o tributo atualmente. Entretanto, nenhuma dessas alegações foi acolhida pela jurisprudência do STF, conforme a interpretação adotada na ADC 03, quando foi declarada a "constitucionalidade, com força vinculante, com eficácia *erga omnes* e com efeito *ex tunc*, do art. 15, § 1º, incisos I e II, e § 3º da Lei nº 9.424, de 24.12.1996"[237], refirmada no RE 660.933: "Nos termos da Súmula 732 do STF[238], é constitucional a cobrança da contribuição do salário-educação" (Tema 518)[239].

---

[234] STJ, 1ª S., REsp 1.898.532, Rel. Min. Regina Helena Costa. j. 13.03.2024; e STJ, 1ª S., REsp 1.905.870, Rel. Min. Regina Helena Costa. j. 13.03.2024. Ressalte-se que, antes dessa decisão, a 1ª Turma do STJ já entendeu que "[...] no que diz respeito às demais contribuições com função parafiscal, fica mantido o limite estabelecido pelo artigo 4º, da Lei nº 6.950/1981, e seu parágrafo, já que o Decreto-lei 2.318/1986 dispunha apenas sobre fontes de custeio da Previdência Social, não havendo como estender a supressão daquele limite também para a base a ser utilizada para o cálculo da contribuição ao INCRA e ao salário-educação" (STJ, 1ª T., AgInt no REsp 1.570.980, Rel. Min. Napoleão Nunes Maia Filho, *DJe* 03.03.2020).

[235] IBRAHIM, Fábio Zambitte. *Curso de direito previdenciário*. 24. ed. Niterói: Impetus, 2019. p. 300.

[236] Na redação da Emenda Constitucional 53/2006.

[237] STF, Tribunal Pleno, ADC 03, Rel. Nelson Jobim, *DJ* 09.05.2003.

[238] "É constitucional a cobrança da contribuição do salário-educação, seja sob a carta de 1969, seja sob a Constituição Federal de 1988, e no regime da Lei 9.424/1996" (Súmula 732).

[239] STF, Tribunal Pleno, RE 660.933 RG, Rel. Min. Joaquim Barbosa, *DJe* 23.02.2012.

Parte Especial · Capítulo V · CONTRIBUIÇÕES ESPECIAIS | **737**

Como ressaltado anteriormente, o parágrafo único do art. 15 da Lei 8.212/1991[240] estabelece um conceito de empresa por equiparação para fins de incidência das contribuições para a seguridade social. Essa definição diverge do § 3º do art. 1º da Lei 9.766/1998[241], que prevê uma definição de *empresa* específica para o salário-educação. Como ninguém desconhece, *lex specialis derogat legi generali*. Entretanto, houve uma disputa em torno do dispositivo que deveria prevalecer. Foi necessária intervenção do STJ para definir que: "não se aplica à contribuição ao salário-educação o disposto no parágrafo único, do art. 15, da Lei 8.212/91, que estabelece a equiparação de contribuintes individuais e pessoas físicas a empresas no que diz respeito às contribuições previdenciárias"[242]. Dessa forma, "a jurisprudência deste Superior Tribunal de Justiça tem entendido que o produtor rural pessoa física inscrito no CNPJ é devedor da contribuição ao salário-educação, já o produtor rural pessoa física não inscrito no CNPJ não é contribuinte, salvo se as provas constantes dos autos demonstrarem se tratar de produtor que desenvolve atividade empresarial. Precedentes"[243].

Esse debate também foi levado ao STF, que, por sua vez, definiu que: "É infraconstitucional, a ela se aplicando os efeitos da ausência de repercussão geral, a controvérsia relativa à equiparação do produtor rural empregador pessoa física ao conceito de empresa para efeito de sujeição à contribuição para o salário-educação" (Tema 910[244]).

3.5 Contribuição social da empresa contratante das cooperativas de trabalho

O inciso IV do art. 22 da Lei 8.212/1991, na redação da Lei 9.876/1999, previa uma contribuição social das empresas contratantes de cooperativas de trabalho, equivalente a 15% do valor bruto da nota fiscal ou fatura de prestação de serviços[245]. Essa, entretanto, foi suspensa pela Resolução 10/2016[246] do Senado Federal, após ter sido declarada inconstitucional pelo STF no RE 595.838: "É inconstitucional a contribuição previdenciária prevista no art. 22, IV, da Lei 8.212/1991, com redação dada pela Lei 9.876/1999, que incide sobre o valor bruto da nota fiscal ou fatura referente a serviços prestados por cooperados por intermédio de cooperativas de trabalho" (Tema 166[247]).

---

[240] "Art. 15. [...] Parágrafo único. Equiparam-se a empresa, para os efeitos desta Lei, o contribuinte individual e a pessoa física na condição de proprietário ou dono de obra de construção civil, em relação a segurado que lhe presta serviço, bem como a cooperativa, a associação ou a entidade de qualquer natureza ou finalidade, a missão diplomática e a repartição consular de carreira estrangeiras. (Redação dada pela Lei 13.202, de 2015)"

[241] "Art. 1º [...] § 3º Entende-se por empresa, para fins de incidência da contribuição social do Salário-Educação, qualquer firma individual ou sociedade que assume o risco de atividade econômica, urbana ou rural, com fins lucrativos ou não, bem como as empresas e demais entidades públicas ou privadas, vinculadas à Seguridade Social."

[242] STJ, 2ª T., REsp 1.812.828, Rel. Min. Mauro Campbell Marques, *DJe* 31.08.2022.

[243] STJ, 2ª T., REsp 1.812.828, Rel. Min. Mauro Campbell Marques, *DJe* 31.08.2022.

[244] STF, Tribunal Pleno, ARE 979.764 RG, Rel. Min. Dias Toffoli, *DJe* 13.09.2016.

[245] "Art. 22. [...] IV – quinze por cento sobre o valor bruto da nota fiscal ou fatura de prestação de serviços, relativamente a serviços que lhe são prestados por cooperados por intermédio de cooperativas de trabalho."

[246] "Art. 1º É suspensa, nos termos do art. 52, inciso X, da Constituição Federal, a execução do inciso IV do art. 22 da Lei 8.212, de 24 de julho de 1991, declarado inconstitucional por decisão definitiva proferida pelo Supremo Tribunal Federal nos autos do Recurso Extraordinário 595.838."

[247] STF, Tribunal Pleno, RE 595.838, Rel. Min. Dias Toffoli, *DJe* 08.10.2014.

738 | CURSO DE DIREITO TRIBUTÁRIO – *Solon Sehn*

3.6 Contribuição social do empregador doméstico

A contribuição social do empregador doméstico[248], nos termos do art. 24 da Lei 8.212/1991, tem uma alíquota de 8%, acrescida de 0,8% para o financiamento do SAT, incidente sobre o salário de contribuição do empregado[249]. Ressalvados esses aspectos, os demais critérios de incidência são os mesmos da contribuição social da empresa devida sobre a remuneração de segurados empregados e trabalhadores avulsos, prevista no inciso II do art. 22 da Lei 8.212/1991.

3.7 Contribuição social dos segurados

3.7.1 *Empregado, trabalhador avulso e empregado doméstico*

A materialidade da hipótese de incidência da contribuição dos segurados é receber a contraprestação pecuniária por serviço prestado. A contribuição, destarte, deve guardar uma relação de simetria com a contribuição da empresa. Logo, a alínea "a" do inciso I do art. 195 da Constituição, que limita a incidência da contribuição patronal aos salários e demais rendimentos do trabalho *pagos ou creditados*, impede que a contribuição do segurado incida sobre valores *pagos, devidos ou creditados*. Não é compatível com o texto constitucional, portanto, a previsão do inciso I do art. 28 da Lei 8.212/1991, que define como salário de contribuição a remuneração auferida, assim entendida *a totalidade dos rendimentos pagos, devidos ou creditados a qualquer título, durante o mês, destinados a retribuir o trabalho*.

Por outro lado, não é toda contraprestação pecuniária recebida que está sujeita à contribuição. Aplicam-se aqui as mesmas considerações acerca da materialidade da contribuição social do empregador. Portanto, apenas estão compreendidas na hipótese de incidência a remuneração destinada a retribuir o trabalho prestado ou posto à disposição do empregador, incluídos os ganhos habituais e excluídas as parcelas indenizatórias, os ressarcimentos, os direitos intelectuais e os recolhimentos sociais (*v.g.*, contribuição sindical, FGTS e benefícios previdenciários).

A base de cálculo da contribuição do segurado é o salário de contribuição, que abrange a totalidade das remunerações recebidas no mês, excluídas as parcelas previstas no § 9º do art. 28 da Lei 8.212/1991 e as admitidas pela jurisprudência do STF e do STJ, conforme analisado anteriormente. Devem ser observados ainda: (i) o limite mínimo: piso salarial da categoria ou, na sua falta, ao salário mínimo; e (ii) o limite máximo: o teto de benefícios do Regime Geral de Previdência Social (RGPS)[250].

As alíquotas, por sua vez, são progressivas em função do valor da remuneração, conforme a tabela de incidência prevista no art. 20 da Lei 8.212/1991 e no art. 198 do Decreto 3.048/1999, atualizada pela Portaria Interministerial MPS/MF 2/2024, com vigência a partir de 1º de janeiro de 2024:

Salário de contribuição	Alíquota
até 1.412,00	7,5%
de 1.412,01 até 2.666,68	9%
de 2.666,69 até 4.000,03	12%
de 4.000,04 até 7.786,02	14%

---

[248] "Art. 15. Considera-se: [...] II – empregador doméstico – a pessoa ou família que admite a seu serviço, sem finalidade lucrativa, empregado doméstico."

[249] Ressalte-se que, nos termos da Lei Complementar 150/2015, também é possível o recolhimento unificado mensal, em documento único, no âmbito do *Simples Doméstico*, que compreende a contribuição do segurado empregado doméstico, a contribuição patronal, o SAT, FGTS e um percentual destinada ao pagamento da indenização compensatória da perda do emprego, sem justa causa ou por culpa do empregador.

[250] Lei 8.212/1991, art. 28, §§ 3º, 4º e 5º.

Parte Especial • **Capítulo V** • CONTRIBUIÇÕES ESPECIAIS | **739**

O *caput* do art. 20 da Lei 8.212/1991 estabelece que a alíquota deve ser aplicada "de forma não cumulativa", o que equivale a dizer que não há um cálculo separado para cada parcela da base de cálculo. Assim, por exemplo, se o salário de contribuição for R$ 2.000,00, o crédito tributário será calculado mediante aplicação da alíquota de 9% sobre o total, e não apenas sobre a parcela que exceder R$ 1.322,00. Essa sistemática foi questionada no STF, que fixou a seguinte tese jurídica: "É constitucional a expressão 'de forma não cumulativa' constante do *caput* do art. 20 da Lei nº 8.212/91" (Tema 833[251]).

O contribuinte do tributo é o segurado. Entretanto, o empregado tem o dever formal de retenção na fonte previsto nas alíneas "a" e "b" do inciso I e no inciso V do art. 30 da Lei 8.212/1991:

> Art. 30. A arrecadação e o recolhimento das contribuições ou de outras importâncias devidas à Seguridade Social obedecem às seguintes normas: (Redação dada pela Lei nº 8.620, de 5.1.93)
>
> I – a empresa é obrigada a:
>
> a) arrecadar as contribuições dos segurados empregados e trabalhadores avulsos a seu serviço, descontando-as da respectiva remuneração;
>
> b) recolher os valores arrecadados na forma da alínea a deste inciso, a contribuição a que se refere o inciso IV do art. 22 desta Lei, assim como as contribuições a seu cargo incidentes sobre as remunerações pagas, devidas ou creditadas, a qualquer título, aos segurados empregados, trabalhadores avulsos e contribuintes individuais a seu serviço até o dia 20 (vinte) do mês subsequente ao da competência; (Redação dada pela Lei nº 11.933, de 2009). (Produção de efeitos).
>
> [...]
>
> V – o empregador doméstico fica obrigado a arrecadar e a recolher a contribuição do segurado empregado a seu serviço e a parcela a seu cargo, até o vigésimo dia do mês seguinte ao da competência; (Redação dada pela Lei nº 14.438, de 2022)
>
> [...].

O desconto da contribuição pela fonte pagamento, nos termos do § 5º do art. 35 da Lei 8.212/1991, implica a presunção de recolhimento: "§ 5º O desconto de contribuição e de consignação legalmente autorizadas sempre se presume feito oportuna e regularmente pela empresa a isso obrigada, não lhe sendo lícito alegar omissão para se eximir do recolhimento, ficando diretamente responsável pela importância que deixou de receber ou arrecadou em desacordo com o disposto nesta Lei".

3.7.2 *Contribuinte individual e segurado facultativo*

A contribuição social do contribuinte individual e do segurado facultativo, nos termos do art. 21 da Lei 8.212/1991, tem alíquota de 20% incidente sobre o salário de contribuição. Aplicam-se aqui as mesmas observações realizadas em relação a contribuição precedente[252].

---

[251] STF, Tribunal Pleno, RE 852.796, Rel. Min. Dias Toffoli, *DJe* 17.06.2021.

[252] Em relação às regras de retenção na fonte, observe-se que, nos termos do art. 30 da Lei 8.212/1991: "§ 4º Na hipótese de o contribuinte individual prestar serviço a uma ou mais empresas, poderá deduzir, da sua contribuição mensal, quarenta e cinco por cento da contribuição da empresa, efetivamente recolhida ou declarada, incidente sobre a remuneração que esta lhe tenha pago ou creditado, limitada a dedução a nove por cento do respectivo salário-de-contribuição. (Incluído pela Lei 9.876, de 1999)"

740 | CURSO DE DIREITO TRIBUTÁRIO – *Solon Sehn*

3.7.3   Segurado especial

O segurado especial, nos termos do inciso VII do art. 12 da Lei 8.212/1991, é a pessoa física que, entre outros requisitos, explora atividade agropecuária em área de até quatro módulos fiscais, trabalha como seringueiro, extrativista vegetal ou pescador artesanal. Esses, nos termos do art. 25 da Lei 8.212/1991, estão sujeitos ao recolhimento de uma contribuição social equivalente a 1,2% da receita bruta da venda da comercialização de sua produção, acrescido de 0,1% para o SAT[253]. A regra-matriz de incidência da contribuição, assim, aproxima-se o tributo da estrutura típica das contribuições ao PIS/Pasep e a Cofins, a exemplo das contribuições substitutivas da folha, que serão analisadas a seguir.

A legislação permite ainda que os segurados especiais contribuam facultativamente como segurado individual, ou seja, mediante pagamento de um crédito tributário mensal equivalente a 20% do salário de contribuição[254]. Nesse caso, a regra-matriz será a mesma da contribuição dos segurados individuais, já estudada anteriormente.

4   CONTRIBUIÇÕES SUBSTITUTIVAS DA FOLHA INCIDENTES SOBRE A RECEITA BRUTA

4.1   Contribuição social de associação desportiva futebolística

4.1.1   Hipótese de incidência

A contribuição especial prevista no § 6º do art. 22 da Lei 8.212/1991 aplica-se às associações desportivas mantenedoras de equipe de futebol profissional[255]. Outras entidades desportivas permanecem submetidas às contribuições dos incisos I e II do art. 22 e do art. 23[256]. Trata-se de um tributo substitutivo das contribuições previstas no inciso I (contribuição social da empresa sobre a remuneração de segurados empregados e trabalhadores avulsos) e no inciso II (contribuição ao SAT) do art. 22. As demais contribuições continuam exigíveis de acordo com o regime comum[257]. Assim, *v.g.*, se realizar o pagamento de remuneração a um contribuinte individual, a entidade desportiva futebolística deverá recolher a contribuição do inciso III do art. 22. Também

---

[253] "É constitucional, formal e materialmente, a contribuição social do segurado especial prevista no art. 25 da Lei 8.212/1991" (Tema 723) (STF, Tribunal Pleno, RE 761.263, Rel. Min. Dias Toffoli, *DJe* 26.06.2020).

[254] "Art. 25. [...] § 1º O segurado especial de que trata este artigo, além da contribuição obrigatória referida no *caput*, poderá contribuir, facultativamente, na forma do art. 21 desta Lei. (Redação dada pela Lei 8.540, de 22.12.1992)"

[255] "§ 11. O disposto nos §§ 6º ao 9º deste artigo aplica-se à associação desportiva que mantenha equipe de futebol profissional e atividade econômica organizada para a produção e circulação de bens e serviços e que se organize regularmente, segundo um dos tipos regulados nos arts. 1.039 a 1.092 da Lei 10.406, de 10 de janeiro de 2002 – Código Civil. (Redação dada pela Lei 11.345, de 2006)" Esses dispositivos do Código Civil abrange as sociedades empresárias: "Art. 983. A sociedade empresária deve constituir-se segundo um dos tipos regulados nos arts. 1.039 a 1.092; a sociedade simples pode constituir-se de conformidade com um desses tipos, e, não o fazendo, subordina-se às normas que lhe são próprias". Nesse conceito estão compreendidos os seguintes tipos societários: sociedade em nome coletivo, sociedade em comandita simples, da sociedade limitada, da sociedade em comandita por ações, da sociedade em comandita por ações.

[256] "§ 10. Não se aplica o disposto nos §§ 6º ao 9º às demais associações desportivas, que devem contribuir na forma dos incisos I e II deste artigo e do art. 23 desta Lei. (Incluído pela Lei 9.528, de 10.12.1997)" O art. 23 faz referência à Cofins (inciso I) e à CSLL (inciso II). As alíquotas previstas nesses incisos foram tacitamente revogadas, estando em vigor as alíquotas da Cofins e da CSLL analisadas no item 1 e 2 do presente capítulo.

[257] A Lei 8.540/1992 estabelece que: "Art. 2º A contribuição da pessoa física de que trata a alínea *a* do inciso V do art. 12 da Lei 8.212, de 24 de julho de 1991, para o Serviço Nacional de Aprendizagem Rural (Senar), criado pela Lei 8.315, de 23 de dezembro de 1991, é de um décimo por cento incidente sobre a receita bruta proveniente da comercialização da sua produção". Esse dispositivo foi questionado no Judiciário, tendo sido definido pelo STF que: "É constitucional a contribuição destinada ao SENAR incidente sobre a receita bruta da comercialização da produção rural, na forma do art. 2º da Lei 8.540/92, com as alterações do art. 6º da

Parte Especial • Capítulo V • CONTRIBUIÇÕES ESPECIAIS | **741**

permanecem exigíveis os deveres de retenção na fonte da contribuição devida pelo contribuinte individual, dos empregados segurados e dos trabalhadores avulsos.

A hipótese de incidência do tributo, de acordo com o § 6º do art. 22 da Lei 8.212/1991, consiste na conduta de *obter receita bruta* decorrente (regime de caixa): (i) da realização de espetáculos desportivos de qualquer modalidade, inclusive jogos internacionais; e (ii) do patrocínio, de licenciamento, de publicidade, de propaganda e de transmissão de espetáculos desportivos pagos por empresa ou entidade:

> Art. 22. [...]
> § 6º A contribuição empresarial da associação desportiva que mantém equipe de futebol profissional destinada à Seguridade Social, em substituição à prevista nos incisos I e II deste artigo, corresponde a cinco por cento da receita bruta, decorrente dos espetáculos desportivos de que participem em todo território nacional em qualquer modalidade desportiva, inclusive jogos internacionais, e de qualquer forma de patrocínio, licenciamento de uso de marcas e símbolos, publicidade, propaganda e de transmissão de espetáculos desportivos. (Incluído pela Lei nº 9.528, de 10.12.97).

O critério espacial da hipótese de incidência abrange o território nacional. Há, por outro lado, dois critérios temporais: (i) a data do encerramento do evento, na tributação da receita obtida com a realização de espetáculo desportivo de qualquer modalidade[258]; e (ii) o último dia do mês, nas hipóteses de receitas decorrentes do recebimento de patrocínios, de licenciamento de uso de marcas e símbolos, de publicidade, de propaganda e transmissão de espetáculos desportivos[259].

4.1.2   Base de cálculo e alíquota

A alíquota da contribuição, de acordo com o § 6º do art. 22 da Lei 8.212/1991, é de 5%. A base de cálculo, por sua vez, abrange o total da receita obtida com a realização do espetáculo desportivo e com patrocínios, licenciamento, publicidade, propaganda e transmissão[260]. Excluem-se os valores ainda não recebidos e aqueles que não se enquadram no conceito jurídico de receita, isto é, que não representem um acréscimo patrimonial líquido[261], definitivo e incondicional, como os reembolsos, as cauções e os depósitos, as indenizações por dano emergente e todas as demais somas escrituradas sob reserva de serem restituídas ou pagas a terceiro por qualquer razão de direito.

Lei 9.528/97 e do art. 3º da Lei 10.256/01" (Tema 801) (STF, Tribunal Pleno, RE 816.830, Rel. Min. Dias Toffoli, Acórdão ainda não publicado, ata de julgamento, *DJe* 09.01.2023).

[258] "Art. 22. [...] § 7º Caberá à entidade promotora do espetáculo a responsabilidade de efetuar o desconto de cinco por cento da receita bruta decorrente dos espetáculos desportivos e o respectivo recolhimento ao Instituto Nacional do Seguro Social, no prazo de até dois dias úteis após a realização do evento. (Incluído pela Lei 9.528, de 10.12.1997)"

[259] "Art. 22. [...] § 9º No caso de a associação desportiva que mantém equipe de futebol profissional receber recursos de empresa ou entidade, a título de patrocínio, licenciamento de uso de marcas e símbolos, publicidade, propaganda e transmissão de espetáculos, esta última ficará com a responsabilidade de reter e recolher o percentual de cinco por cento da receita bruta decorrente do evento, inadmitida qualquer dedução, no prazo estabelecido na alínea 'b', inciso I, do art. 30 desta Lei. (Incluído pela Lei 9.528, de 10.12.1997)"

[260] Lei 8.212/1991, art. 22, §§ 6º a 9º.

[261] Também devem ser excluídos da base de cálculo, como será mais bem analisado abaixo, a receita de tributos que tenham incidido sobre a receita, porque esses não incorporam ao patrimônio da entidade.

742 | CURSO DE DIREITO TRIBUTÁRIO – *Solon Sehn*

4.1.3 Sujeição passiva e ativa

O sujeito ativo da contribuição é a União e os contribuintes, nos termos do § 6º e do § 11 do art. 22 da Lei 8.212/1991, são as associações desportivas e às sociedades empresárias que mantêm equipe de futebol profissional. A lei prevê ainda duas hipóteses de retenção na fonte:

> Art. 22. [...]
>
> § 7º Caberá à entidade promotora do espetáculo a responsabilidade de efetuar o desconto de cinco por cento da receita bruta decorrente dos espetáculos desportivos e o respectivo recolhimento ao Instituto Nacional do Seguro Social, no prazo de até dois dias úteis após a realização do evento. (Incluído pela Lei nº 9.528, de 10.12.97)[262].
>
> [...]
>
> § 9º No caso de a associação desportiva que mantém equipe de futebol profissional receber recursos de empresa ou entidade, a título de patrocínio, licenciamento de uso de marcas e símbolos, publicidade, propaganda e transmissão de espetáculos, esta última ficará com a responsabilidade de reter e recolher o percentual de cinco por cento da receita bruta decorrente do evento, inadmitida qualquer dedução, no prazo estabelecido na alínea "b", inciso I, do art. 30 desta Lei[263]. (Incluído pela Lei nº 9.528, de 10.12.97).

Essas diferentes hipóteses de retenção correspondem a prazos de recolhimento igualmente distintos: (i) o dever de retenção da entidade promotora do espetáculo desportivo, que pagar o crédito tributário retido no prazo de dois dias úteis após a realização do evento; e (ii) o dever de retenção da empresa ou entidade que pagar patrocínio, licenciamento, publicidade, propaganda e transmissão de espetáculos desportivos, que deve pagar o crédito tributário retido até o dia 20 do mês subsequente.

4.2 Contribuição social da agroindústria

4.2.1 Hipótese de incidência

A contribuição social da agroindústria foi instituída inicialmente pelo § 2º do art. 25 da Lei 8.870/1994, que previu a incidência sobre o valor estimado da produção agrícola própria: "§ 2º O disposto neste artigo se estende às pessoas jurídicas que se dediquem à produção agroindustrial, quanto à folha de salários de sua parte agrícola, mediante o pagamento da contribuição prevista neste artigo, a ser calculada sobre o valor estimado da produção agrícola própria, considerado seu preço de mercado". Essa contribuição foi declarada inconstitucional pelo STF: "O art. 195, I, da Constituição prevê a cobrança de contribuição social dos empregadores, incidentes sobre a folha de salários, o faturamento e o lucro; desta forma, quando o § 2º do art. 25 da Lei nº 8.870/94 cria contribuição social sobre o valor estimado da produção agrícola própria, considerado o seu preço de mercado, é ele inconstitucional porque usa uma base de cálculo não prevista na Lei

---

[262] "§ 8º Caberá à associação desportiva que mantém equipe de futebol profissional informar à entidade promotora do espetáculo desportivo todas as receitas auferidas no evento, discriminando-as detalhadamente. (Incluído pela Lei 9.528, de 10.12.1997)"

[263] "Art. 30. [...] I – a empresa é obrigada a: [...] b) recolher os valores arrecadados na forma da alínea a deste inciso, a contribuição a que se refere o inciso IV do art. 22 desta Lei, assim como as contribuições a seu cargo incidentes sobre as remunerações pagas, devidas ou creditadas, a qualquer título, aos segurados empregados, trabalhadores avulsos e contribuintes individuais a seu serviço até o dia 20 (vinte) do mês subsequente ao da competência. (Redação dada pela Lei 11.933, de 2009)"

Maior"[264]. O § 2º do art. 25 da Lei 8.870/1994 foi revogado pela Lei 10.256/2001, que instituiu novamente a contribuição, incluindo o art. 22A da Lei 8.212/1991.

A contribuição reinstituída também teve a sua constitucionalidade questionada no Judiciário, em razão da superposição com a Cofins. Entretanto, dessa vez, o Pretório Excelso decidiu que: "É constitucional o art. 22-A da Lei nº 8.212/1991, com a redação da Lei nº 10.256/2001, no que instituiu contribuição previdenciária incidente sobre a receita bruta proveniente da comercialização da produção, em substituição ao regime anterior da contribuição incidente sobre a folha de salários" (Tema 281[265]).

A contribuição social da agroindústria é substitutiva das contribuições previstas no inciso I e II do art. 22[266] e da contribuição ao Senar do inciso I do art. 1º da Lei 8.315/1991[267]. Nela o critério material da hipótese de incidência é *auferir* ou *obter* receita bruta da comercialização da produção:

> Art. 22A. A contribuição devida pela agroindústria, definida, para os efeitos desta Lei, como sendo o produtor rural pessoa jurídica cuja atividade econômica seja a industrialização de produção própria ou de produção própria e adquirida de terceiros, incidente sobre o valor da receita bruta proveniente da comercialização da produção, em substituição às previstas nos incisos I e II do art. 22 desta Lei, é de: (Incluído pela Lei nº 10.256, de 2001). [...]

O reconhecimento da receita deve observar o princípio de caixa ou de competência, conforme o regime de apuração do IRPJ do contribuinte. Portanto, se a agroindústria for submetida ao lucro real, o princípio da competência será obrigatório. No lucro presumido, a empresa pode optar pelo regime de caixa. A diferença é que, na comercialização da produção rural, sendo aplicável o regime de competência, a receita será considerada auferida ou ganha no momento da entrega dos produtos, independentemente do efetivo recebimento da prestação pecuniária correspondente. Isso também se aplica quando há uma venda antecipada de produção, ou seja, a receita deve ser reconhecida por ocasião da entrega futura ao comprador, e não no momento do pagamento. Já no regime de caixa, a receita é considerada obtida no momento do *recebimento*, vale dizer, da efetiva percepção da prestação pecuniária correspondente[268].

Não estão abrangidos pela incidência as receitas que não decorrem da comercialização da produção, assim como os valores que não têm natureza jurídica de receita, já analisados anteriormente[269].

---

[264] STF, Tribunal Pleno, ADIn 1.103, Rel. Min. Maurício Corrêa, *DJ* 18.12.1996. Essa decisão gerou um efeito repristinatório prejudicial às empresas do segmento, porque as contribuições sobre a folha apresentavam um impacto financeiro maior. Em razão disso, para não prejudicar as empresas, a Lei 10.736/2003 previu a remissão do crédito tributário devido no período de abril de 1994 a abril de 1997.

[265] STF, Tribunal Pleno, RE 611.601, Rel. Min. Dias Toffoli. Acórdão ainda não publicado. Ata de Julgamento, *DJe* 09.01.2023.

[266] Assim, como ressaltado acima, as demais continuam exigíveis de acordo com o regime comum. Se for realizado o pagamento de remuneração a um contribuinte individual, a agroindústria deverá recolher a contribuição patronal do inciso III do art. 22. Também permanecem exigíveis os deveres formais de retenção na fonte do crédito tributário relativo à contribuição devida pelo contribuinte individual, dos empregados segurados e dos trabalhadores avulsos.

[267] Lei 8.212/1991, art. 22A, § 5º, reproduzido a seguir.

[268] Sobre os regimes de caixa e de competência, ver Capítulo I, item 3.6.1.2.6, da Parte Especial.

[269] Sobre o conceito de receita, ver Capítulo I, item 3.6.1.2.2, da Parte Especial.

744 | CURSO DE DIREITO TRIBUTÁRIO – *Solon Sehn*

Por fim, o critério espacial da hipótese de incidência da contribuição é o território nacional e o critério temporal, o último dia do mês da venda[270].

4.2.2 Base de cálculo e alíquota

A alíquota da contribuição, de acordo com o § 5º e os incisos I e II do art. 22A da Lei 8.212/1991, é de 2,5% para a seguridade social, de 0,1% para o SAT e de 0,25% ao Senar:

> Art. 22A. [...]
>
> I – dois vírgula cinco por cento destinados à Seguridade Social; (Incluído pela Lei nº 10.256, de 2001).
>
> II – zero vírgula um por cento para o financiamento do benefício previsto nos arts. 57 e 58 da Lei nº 8.213, de 24 de julho de 1991, e daqueles concedidos em razão do grau de incidência de incapacidade para o trabalho decorrente dos riscos ambientais da atividade. (Incluído pela Lei nº 10.256, de 2001).
>
> [...]
>
> § 5º O disposto no inciso I do art. 3º da Lei nº 8.315, de 23 de dezembro de 1991, não se aplica ao empregador de que trata este artigo, que contribuirá com o adicional de zero vírgula vinte e cinco por cento da receita bruta proveniente da comercialização da produção, destinado ao Serviço Nacional de Aprendizagem Rural (SENAR). (Incluído pela Lei nº 10.256, de 2001)

A base de cálculo abrange o total da receita auferida com a comercialização da produção, excluídas as receitas de prestação de serviços[271] e os ingressos que não representem um acréscimo patrimonial líquido, definitivo e incondicional, como os reembolsos, as cauções e os depósitos, as indenizações por dano emergente e as demais somas escrituradas sob reserva de serem restituídas ou pagas a terceiro.

Também não devem ser incluídas na base de cálculo as receitas isentas e imunes, notadamente, nos termos do inciso I do § 2º do art. 149 da Constituição, as receitas de exportação, mesmo exportações indiretas realizadas por meio de comerciais exportadoras (*trading companies*). Isso porque, como decidiu o STF no julgamento do RE 759.244: "A norma imunizante contida no inciso I do § 2º do art. 149 da Constituição da República alcança as receitas decorrentes de operações indiretas de exportação caracterizadas por haver participação negocial de sociedade exportadora intermediária"[272]. Nesses casos, incidirá apenas o Senar (art. 22-A, § 5º), que tem natureza de contribuição no interesse de categoria profissional e econômica, não abrangida pela imunidade da receita de exportação.

Recorde-se que, na tributação das pessoas jurídicas, o conceito de receita é previsto no art. 12 do Decreto-lei 1.598/1977. Assim, devem ser excluídos da base de cálculo os valores que esse dispositivo não considera receita, como os tributos não cumulativos cobrados, destacadamente,

---

[270] Decreto 3.048/1999, art. 216: "VII – o produtor rural pessoa jurídica é obrigado a recolher a contribuição de que trata o inciso IV do *caput* do art. 201 e o § 8º do art. 202 no prazo referido na alínea 'b' do inciso I, no mês subsequente ao da operação de venda. (Redação dada pelo Decreto 3.452, de 2000)"

[271] "Art. 22A. [...]
§ 2º O disposto neste artigo não se aplica às operações relativas à prestação de serviços a terceiros, cujas contribuições previdenciárias continuam sendo devidas na forma do art. 22 desta Lei. (Incluído pela Lei 10.256, de 2001)
§ 3º Na hipótese do § 2º, a receita bruta correspondente aos serviços prestados a terceiros será excluída da base de cálculo da contribuição de que trata o *caput*. (Incluído pela Lei 10.256, de 2001)"

[272] STF, Tribunal Pleno, RE 759.244, Rel. Min. Edson Fachin, *DJe* 12.02.2020.

Parte Especial · **Capítulo V** · CONTRIBUIÇÕES ESPECIAIS | **745**

do comprador ou contratante pelo vendedor dos bens ou pelo prestador dos serviços na condição depositário.

Cumpre considerar ainda que, nos termos do inciso III do art. 12 do Decreto-lei 1.598/1977, na redação da Lei 12.973/2014, a receita bruta compreende apenas o resultado auferido nas operações de conta alheia. Por isso, se a agroindústria aufere receitas dessa natureza, a base de cálculo deverá excluir os valores repassados a terceiros.

Em relação aos tributos, aplica-se à contribuição da agroindústria o RE 574.706, quando foi definido pelo STF que: "O ICMS não compõe a base de cálculo para a incidência do PIS e da Cofins" (Tema 69)[273]. Essa decisão teve por base o conceito de receita, que abrange apenas os valores incorporados ao patrimônio do sujeito passivo. Por isso, a sua *ratio decidendi* também abrange os agroindustriais.

4.2.3   Sujeição ativa e passiva

O sujeito ativo da contribuição é a União e o contribuinte, nos termos dos §§ 6º e 7º do art. 22A da Lei 8.212/1991, a agroindústria, assim considerado o produtor rural pessoa jurídica que tem como atividade econômica a industrialização de produção própria (ou de produção própria e adquirida de terceiros)[274]. Não estão sujeitas a esse tributo as sociedades cooperativas e às agroindústrias de piscicultura, carcinicultura, suinocultura e avicultura, bem como a pessoa jurídica que, relativamente à atividade rural, se dedique apenas ao florestamento e reflorestamento como fonte de matéria-prima para industrialização própria mediante a utilização de processo industrial que modifique a natureza química da madeira ou a transforme em pasta celulósica. Essas permanecem sujeitas às contribuições previstas no inciso I e II do art. 22 da Lei 8.212/1991 e do inciso I do art. 1º da Lei 8.315/1991.

4.3   Contribuição social do empregador produtor rural pessoa jurídica

4.3.1   Hipótese de incidência

A contribuição social do empregador produtor rural pessoa jurídica encontra-se prevista no art. 25 da Lei 8.870/1994. O tributo teve a sua constitucionalidade questionada em razão da superposição com a Cofins. Todavia, a cobrança foi considerada válida pelo STF no julgamento do RE 700.922 (Tema 651):

> I – É inconstitucional a contribuição à seguridade social a cargo do empregador rural pessoa jurídica incidente sobre a receita bruta proveniente da comercialização da sua produção, prevista no artigo 25, incisos I e II, da Lei 8.870/1994, na redação anterior à Emenda Constitucional 20/1998.
>
> II – É constitucional a contribuição à seguridade social a cargo do empregador rural pessoa jurídica incidente sobre a receita bruta proveniente da comercialização da sua produção, prevista no artigo 25, incisos I e II, da Lei 8.870/1994, na redação dada pela Lei 10.256/2001.

---

[273] STF. RE 574.706, Rel. Min. Cármen Lúcia, *DJe* 02.10.2017. Por outro lado, como esclarecido no julgamento dos embargos de declaração opostos pela União, "[...] **no ponto referente ao ICMS excluído da base de cálculo das contribuições PIS-Cofins, prevaleceu o entendimento de que se trata do ICMS destacado**, vencidos os Ministros Nunes Marques, Roberto Barroso e Gilmar Mendes" (STF, RE 574.706 ED, Rel. Min. Cármen Lúcia, *DJe* 12.08.2021).

[274] "§ 7º Aplica-se o disposto no § 6º ainda que a pessoa jurídica comercialize resíduos vegetais ou sobras ou partes da produção, desde que a receita bruta decorrente dessa comercialização represente menos de um por cento de sua receita bruta proveniente da comercialização da produção. (Incluído pela Lei 10.684, de 2003)"

746 | CURSO DE DIREITO TRIBUTÁRIO – *Solon Sehn*

III – É constitucional a contribuição social destinada ao Serviço Nacional de Aprendizagem Rural (Senar) de que trata o artigo 25, parágrafo 1º, da Lei 8.870/1994, inclusive na redação conferida pela Lei 10.256/2001[275].

O tributo é substitutivo apenas das contribuições especiais do inciso I (contribuição social da empresa incidente sobre a remuneração de segurados empregados e trabalhadores avulsos) e do inciso II (contribuição ao Sat) do art. 22 da Lei 8.212/1991 e do inciso I do art. 3º da Lei 8.315/1991 (contribuição ao Senar). As demais continuam incidentes, inclusive os deveres formais de retenção da fonte dos pagamentos realizados em favor de segurados e contribuintes individuais (Lei 8.870/1994):

> Art. 25. A contribuição devida à seguridade social pelo empregador, pessoa jurídica, que se dedique à produção rural, em substituição à prevista nos incisos I e II do art. 22 da Lei nº 8.212, de 24 de julho de 1991, passa a ser a seguinte: (Redação dada pela Lei nº 10.256, de 09.07.2001)
>
> I – 1,7% (um inteiro e sete décimos por cento) da receita bruta proveniente da comercialização da sua produção; (Redação dada pela Lei nº 13.606, de 2018)
>
> II – um décimo por cento da receita bruta proveniente da comercialização de sua produção, para o financiamento da complementação das prestações por acidente de trabalho.
>
> § 1º O disposto no inciso I do art. 3º da Lei nº 8.315, de 23 de dezembro de 1991, não se aplica ao empregador de que trata este artigo, que contribuirá com o adicional de zero vírgula vinte e cinco por cento da receita bruta proveniente da venda de mercadorias de produção própria, destinado ao Serviço Nacional de Aprendizagem Rural (SENAR). (Redação dada pela Lei nº 10.256, de 09.07.2001)

A substituição tem caráter facultativo, podendo o empregador rural optar por continuar no regime regular, tributando a folha de salários:

> Art. 25. [...]
>
> § 7º O empregador pessoa jurídica poderá optar por contribuir na forma prevista no *caput* deste artigo ou na forma dos incisos I e II do *caput* do art. 22 da Lei nº 8.212, de 24 de julho de 1991, manifestando sua opção mediante o pagamento da contribuição incidente sobre a folha de salários relativa a janeiro de cada ano, ou à primeira competência subsequente ao início da atividade rural, e será irretratável para todo o ano-calendário. (Incluído pela Lei nº 13.606, de 2018)

O critério material da hipótese de incidência da contribuição do empregador produtor rural pessoa jurídica, de acordo com o art. 25 da Lei 8.870/1994, abrange a conduta de *auferir* ou *obter receita bruta decorrente da comercialização da produção*. Ressalte-se que, nos termos do § 3º do art. 25[276], integram a produção rural os bens descritos no art. 25, § 3º, da Lei 8.212/1991:

> Art. 25. [...]
>
> § 3º Integram a produção, para os efeitos deste artigo, os produtos de origem animal ou vegetal, em estado natural ou submetidos a processos de beneficiamento ou industriali-

---

[275] STF, Tribunal Pleno, RE 700.922, Rel. Min. Marco Aurélio, Rel. p/ Ac. Min. Alexandre de Moraes, *DJe* 16.05.2023.

[276] "§ 3º Para os efeitos deste artigo, será observado o disposto no § 3º do art. 25 da Lei 8.212, de 24 de julho de 1991, com a redação dada pela Lei 8.540, de 22 de dezembro de 1992. (Redação dada pela Lei 9.528, de 1997)"

Parte Especial · Capítulo V · CONTRIBUIÇÕES ESPECIAIS | 747

zação rudimentar, assim compreendidos, entre outros, os processos de lavagem, limpeza, descaroçamento, pilagem, descascamento, lenhamento, pasteurização, resfriamento, secagem, fermentação, embalagem, cristalização, fundição, carvoejamento, cozimento, destilação, moagem e torrefação, bem como os subprodutos e os resíduos obtidos por meio desses processos, exceto, no caso de sociedades cooperativas, a parcela de produção que não seja objeto de repasse ao cooperado por meio de fixação de preço. (Redação dada pela Lei nº 13.986, de 2020)

O reconhecimento da receita deve observar o princípio de caixa ou de competência em função do regime de tributação do IRPJ, com as consequências jurídicas correspondentes, estudadas no exame da contribuição social da agroindústria. Também foi analisado o conceito de receita bruta, inclusive no estudo do IRPJ e do PIS/Pasep e da Cofins. Reporta-se, assim, as observações e comentários anteriores[277].

O critério espacial da hipótese de incidência é o território nacional e o critério temporal, a realização da operação de venda, devendo o crédito tributário ser recolhido até o dia 20 do mês subsequente[278].

4.3.2 Base de cálculo e alíquotas

De acordo com o § 1º e os incisos I e II do art. 25 da Lei 8.870/1994, reproduzidos no item anterior, a alíquota da contribuição corresponde a 1,7% para a seguridade social, 0,1% para o SAT e 0,25% ao Senar. A base de cálculo abrange o total da receita auferida com a comercialização da produção, excluídas as receitas de prestação de serviços[279] e as previstas no § 6º do art. 25 da Lei 8.870/1994:

> Art. 25. [...]
> § 6º Não integra a base de cálculo da contribuição de que trata o *caput* deste artigo a produção rural destinada ao plantio ou reflorestamento, nem o produto animal destinado à reprodução ou criação pecuária ou granjeira e à utilização como cobaia para fins de pesquisas científicas, quando vendido pelo próprio produtor e por quem a utilize diretamente com essas finalidades e, no caso de produto vegetal, por pessoa ou entidade registrada no Ministério da Agricultura, Pecuária e Abastecimento que se dedique ao comércio de sementes e mudas no País. (Incluído pela Lei nº 13.606, de 2018)

Por outro lado, conforme examinado no estudo da contribuição social da agroindústria, não se incluem na base de cálculo os ingressos que não constituem receita, ou seja, que não se ajustam ao disposto no art. 12 do Decreto-lei 1.598/1977 e não acarretam um acréscimo patrimonial líquido, definitivo e incondicional, para o sujeito passivo. Excluem-se, assim, os reembolsos, as cauções e os depósitos, as indenizações por dano emergente e as demais somas escrituradas sob reserva de serem restituídas ou pagas a terceiro por qualquer razão de direito[280],

---

[277] Capítulo I, itens 3.6.1.2.2 e 3.6.1.2.6, da Parte Especial.

[278] Decreto 3.048/1999, art. 216, I.

[279] "§ 5º O disposto neste artigo não se aplica às operações relativas à prestação de serviços a terceiros, cujas contribuições previdenciárias continuam sendo devidas na forma do art. 22 da Lei 8.212, de 24 de julho de 1991. (Incluído pela Lei 10.256, de 09.07.2001)"

[280] Como já destacado, nos termos do inciso III do art. 12 do Decreto-lei 1.598/1977, na redação da Lei 12.973/2014, a receita bruta compreende apenas o resultado auferido nas operações de conta alheia. Por isso, se o produtor rural aufere receitas dessa natureza, a base de cálculo deverá excluir os valores repassados a terceiros.

748 | CURSO DE DIREITO TRIBUTÁRIO – *Solon Sehn*

bem como os tributos não cumulativos cobrados, destacadamente, do comprador ou contratante pelo vendedor dos bens ou pelo prestador dos serviços na condição depositário. Em relação aos tributos, a aplica-se à contribuição da agroindústria o RE 574.706, quando foi definido pelo STF que: "O ICMS não compõe a base de cálculo para a incidência do PIS e da Cofins" (Tema 69)[281]. Essa decisão teve por base o conceito de receita, razão pela qual a sua *ratio decidendi* é aplicável ao produtor rural pessoa jurídica.

Por fim, não devem ser incluídas na base de cálculo as receitas isentas e imunes, no que se incluem, nos termos do inciso I do § 2º do art. 149 da Constituição, as receitas de exportação, mesmo exportações indiretas realizadas por meio de comerciais exportadoras (*trading companies*[282]), ressalvado o Senar.

4.3.3   Sujeição passiva e ativa

O sujeito ativo da contribuição é a União e os contribuintes, nos termos do *caput* do art. 25 da Lei 8.870/1994, o empregador rural pessoa jurídica, inclusive cooperados[283].

4.4   Contribuição social do empregador rural pessoa física

4.4.1   Hipótese de incidência

A contribuição social do empregador rural pessoa física, na redação da Lei 8.540/1992, foi declarada inconstitucional pelo STF no RE 596.177: "É inconstitucional a contribuição, a ser recolhida pelo empregador rural pessoa física, incidente sobre a receita bruta proveniente da comercialização de sua produção, prevista no art. 25 da Lei 8.212/1991, com a redação dada pelo art. 1º da Lei 8.540/1992" (Tema 202)[284]. Houve, inclusive, suspensão de sua execução pela Resolução 15/2017 do Senado Federal[285].

Após a Emenda 20/1998, a contribuição foi novamente instituída pela Lei 10.256/2001, sendo considerada constitucional nessa segunda oportunidade pelo STF: "É constitucional formal e materialmente a contribuição social do empregador rural pessoa física, instituída pela

---

[281]   STF, RE 574.706, Rel. Min. Cármen Lúcia, *DJe* 02.10.2017. Por outro lado, como esclarecido no julgamento dos embargos de declaração opostos pela União, "[...] **no ponto referente ao ICMS excluído da base de cálculo das contribuições PIS-Cofins, prevaleceu o entendimento de que se trata do ICMS destacado**, vencidos os Ministros Nunes Marques, Roberto Barroso e Gilmar Mendes" (STF, RE 574.706 ED, Rel. Min. Cármen Lúcia, *DJe* 12.08.2021).

[282]   STF, Tribunal Pleno, RE 759.244, Rel. Min. Edson Fachin, *DJe* 12.02.2020.

[283]   Lei 8.870/1994:"Art. 25-A. As contribuições de que tratam os incisos I e II do art. 22 da Lei 8.212, de 24 de julho de 1991, serão devidas pelos cooperados, na forma do art. 25 desta Lei, se pessoa jurídica, e do art. 25 da Lei 8.212, de 24 de julho de 1991, se pessoa física, quando a cooperativa de produção rural contratar pessoal, exclusivamente, para colheita de produção de seus cooperados. (Incluído pela Lei 10.256, de 09.07.2001)".

[284]   STF, Tribunal Pleno, RE 596.177, Rel. Min. Ricardo Lewandowski, *DJe* 29.08.2011: "Constitucional. Tributário. Contribuição social previdenciária. Empregador rural pessoa física. Incidência sobre a comercialização da produção. Art. 25 da Lei 8.212/1991, na redação dada pelo art. 1º da Lei 8.540/1992. Inconstitucionalidade. I – Ofensa ao art. 150, II, da CF em virtude da exigência de dupla contribuição caso o produtor rural seja empregador. II – Necessidade de lei complementar para a instituição de nova fonte de custeio para a seguridade social. III – RE conhecido e provido para reconhecer a inconstitucionalidade do art. 1º da Lei 8.540/1992, aplicando-se aos casos semelhantes o disposto no art. 543-B do CPC".

[285]   "Art. 1º É suspensa, nos termos do art. 52, inciso X, da Constituição Federal, a execução do inciso VII do art. 12 da Lei 8.212, de 24 de julho de 1991, e a execução do art. 1º da Lei 8.540, de 22 de dezembro de 1992, que deu nova redação ao art. 12, inciso V, ao art. 25, incisos I e II, e ao art. 30, inciso IV, da Lei 8.212, de 24 de julho de 1991, todos com a redação atualizada até a Lei 9.528, de 10 de dezembro de 1997, declarados inconstitucionais por decisão definitiva proferida pelo Supremo Tribunal Federal nos autos do Recurso Extraordinário 363.852."

Lei 10.256/2001, incidente sobre a receita bruta obtida com a comercialização de sua produção" (Tema 669[286]).

Trata-se de uma contribuição substitutiva das contribuições do empregador previstas nos incisos I e II do art. 22. Porém, de natureza facultativa, nos termos do § 13 do art. 25 da Lei 8.212/1991, incluído pela Lei 13.606/2018:

> Art. 25. [...]
> § 13. O produtor rural pessoa física poderá optar por contribuir na forma prevista no *caput* deste artigo ou na forma dos incisos I e II do *caput* do art. 22 desta Lei, manifestando sua opção mediante o pagamento da contribuição incidente sobre a folha de salários relativa a janeiro de cada ano, ou à primeira competência subsequente ao início da atividade rural, e será irretratável para todo o ano-calendário. (Incluído pela Lei nº 13.606, de 2018) (Produção de efeito)

O critério material da hipótese de incidência da contribuição é a mesma da contribuição do segurado especial, ou seja, equivale a *obter receita bruta* da venda da produção rural:

> Art. 25. A contribuição do empregador rural pessoa física, em substituição à contribuição de que tratam os incisos I e II do art. 22, e a do segurado especial, referidos, respectivamente, na alínea a do inciso V e no inciso VII do art. 12 desta Lei, destinada à Seguridade Social, é de: (Redação dada pela Lei nº 10.256, de 2001)
> I – 1,2% (um inteiro e dois décimos por cento) da receita bruta proveniente da comercialização da sua produção; (Redação dada pela Lei nº 13.606, de 2018) (Produção de efeito)
> II – 0,1% da receita bruta proveniente da comercialização da sua produção para financiamento das prestações por acidente do trabalho. (Redação dada pela Lei nº 9.528, de 10.12.1997).
> [...]
> § 13. O produtor rural pessoa física poderá optar por contribuir na forma prevista no *caput* deste artigo ou na forma dos incisos I e II do *caput* do art. 22 desta Lei, manifestando sua opção mediante o pagamento da contribuição incidente sobre a folha de salários relativa a janeiro de cada ano, ou à primeira competência subsequente ao início da atividade rural, e será irretratável para todo o ano-calendário. (Incluído pela Lei nº 13.606, de 2018) (Produção de efeito)

Como a contribuição é devida por pessoa física, o reconhecimento da receita deve observar o princípio ou regime de caixa. Portanto, a realização da materialidade do tributo demanda a percepção do valor decorrente da venda da produção. Deve, ademais, constituir uma receita, o que pressupõe o acréscimo ao patrimônio líquido, incondicional e definitivo[287].

O critério espacial da hipótese de incidência corresponde ao território nacional e o critério temporal, a data da realização da operação de venda[288].

4.4.2   Base de cálculo e alíquotas

A base de cálculo abrange a receita bruta da comercialização da produção, incluídas as atividades previstas nos §§ 3º, 10 e 14 e excluídas as definidas nos §§ 12 15 do art. 25:

---

[286]   STF, Tribunal Pleno, RE 718.874, Rel. Min. Edson Fachin, *DJe* 03.10.2017.

[287]   Aplicam-se aqui as mesmas observações realizadas acerca do conceito de receita bruta.

[288]   Lei 8.212/1991, art. 30, III.

750 | CURSO DE DIREITO TRIBUTÁRIO – *Solon Sehn*

Art. 25. [...]

§ 3º Integram a produção, para os efeitos deste artigo, os produtos de origem animal ou vegetal, em estado natural ou submetidos a processos de beneficiamento[289] ou industrialização rudimentar, assim compreendidos, entre outros, os processos de lavagem, limpeza, descaroçamento, pilagem, descascamento, lenhamento, pasteurização, resfriamento, secagem, fermentação, embalagem, cristalização, fundição, carvoejamento, cozimento, destilação, moagem e torrefação, bem como os subprodutos e os resíduos obtidos por meio desses processos, exceto, no caso de sociedades cooperativas, a parcela de produção que não seja objeto de repasse ao cooperado por meio de fixação de preço. (Redação dada pela Lei nº 13.986, de 2020)

[...]

§ 10. Integra a receita bruta de que trata este artigo, além dos valores decorrentes da comercialização da produção relativa aos produtos a que se refere o § 3º deste artigo, a receita proveniente: (Incluído pela Lei nº 11.718, de 2008).

I – da comercialização da produção obtida em razão de contrato de parceria ou meação de parte do imóvel rural; (Incluído pela Lei nº 11.718, de 2008).

II – da comercialização de artigos de artesanato de que trata o inciso VII do § 10 do art. 12 desta Lei; (Incluído pela Lei nº 11.718, de 2008).

III – de serviços prestados, de equipamentos utilizados e de produtos comercializados no imóvel rural, desde que em atividades turística e de entretenimento desenvolvidas no próprio imóvel, inclusive hospedagem, alimentação, recepção, recreação e atividades pedagógicas, bem como taxa de visitação e serviços especiais; (Incluído pela Lei nº 11.718, de 2008).

IV – do valor de mercado da produção rural dada em pagamento ou que tiver sido trocada por outra, qualquer que seja o motivo ou finalidade; e (Incluído pela Lei nº 11.718, de 2008).

V – de atividade artística de que trata o inciso VIII do § 10 do art. 12 desta Lei. (Incluído pela Lei nº 11.718, de 2008).

[...]

§ 12. Não integra a base de cálculo da contribuição de que trata o *caput* deste artigo a produção rural destinada ao plantio ou reflorestamento, nem o produto animal destinado à reprodução ou criação pecuária ou granjeira e à utilização como cobaia para fins de pesquisas científicas, quando vendido pelo próprio produtor e por quem a utilize diretamente com essas finalidades e, no caso de produto vegetal, por pessoa ou entidade registrada no Ministério da Agricultura, Pecuária e Abastecimento que se dedique ao comércio de sementes e mudas no País. (Incluído pela Lei nº 13.606, de 2018)

[...]

§ 14. Considera-se receita bruta proveniente da comercialização da produção o valor da fixação de preço repassado ao cooperado pela cooperativa ao qual esteja associado, por ocasião da realização do ato cooperativo de que trata o art. 79 da Lei nº 5.764, de 16 de dezembro de 1971, não compreendidos valores pagos, creditados ou capitalizados a título de sobras, os quais não representam preço ou complemento de preço. (Incluído pela Lei nº 13.986, de 2020)

---

[289] "Art. 15. [...] § 11. Considera-se processo de beneficiamento ou industrialização artesanal aquele realizado diretamente pelo próprio produtor rural pessoa física, desde que não esteja sujeito à incidência do Imposto Sobre Produtos Industrializados – IPI. (Incluído pela Lei 11.718, de 2008)"

Parte Especial • Capítulo V • CONTRIBUIÇÕES ESPECIAIS | 751

§ 15. Não se considera receita bruta, para fins de base de cálculo das contribuições sociais devidas pelo produtor rural cooperado, a entrega ou o retorno de produção para a cooperativa nas operações em que não ocorra repasse pela cooperativa a título de fixação de preço, não podendo o mero retorno caracterizar permuta, compensação, dação em pagamento ou ressarcimento que represente valor, preço ou complemento de preço. (Incluído pela Lei nº 13.986, de 2020)

A alíquota da contribuição, de acordo com os incisos I e II do art. 25, reproduzido acima, equivale a 1,2%, acrescida de 0,1% para financiamento do SAT.

4.4.3   Sujeição passiva e ativa

O sujeito ativo é a União e o sujeito passivo, o produtor rural pessoa física, o consórcio simplificado de produtores rurais[290] e, nas hipóteses do art. 25-A da Lei 8.870/1994, os cooperados pessoa física[291].

4.5   Contribuição previdenciária sobre a receita bruta

4.5.1   Hipótese de incidência

A contribuição previdenciária sobre a receita bruta é um tributo substitutivo das contribuições previstas no inciso I (contribuição social da empresa sobre a remuneração de segurados empregados e trabalhadores avulsos) e no inciso III (contribuição social da empresa sobre a remuneração de contribuintes individuais) do art. 22 da Lei 8.212/1991. Trata-se de uma iniciativa salutar de desoneração da folha de pagamentos que deveria vigorar apenas até 31 de dezembro de 2014. No entanto, após sucessivas prorrogações, esse prazo foi estendido para 31 de dezembro de 2023 (Lei 14.288/2021) e, mais recentemente, até 31 de dezembro de 2024 pela Lei 14.973/2024.

A partir de 2025, foi prevista a seguinte reoneração gradual:

Art. 9º-A Nos exercícios de 2025 a 2027, as empresas referidas nos arts. 7º e 8º desta Lei poderão contribuir sobre o valor da receita bruta, excluídos as vendas canceladas e os descontos incondicionais concedidos, em substituição parcial às contribuições previstas nos incisos I e III do *caput* do art. 22 da Lei nº 8.212, de 24 de julho de 1991, sendo tributadas de acordo com as seguintes proporções:

I – de 1º de janeiro até 31 de dezembro de 2025:

a) 80% (oitenta por cento) das alíquotas estabelecidas nos arts. 7º-A e 8º-A desta Lei; e

b) 25% (vinte e cinco por cento) das alíquotas previstas nos incisos I e III do *caput* do art. 22 da Lei nº 8.212, de 24 de julho de 1991;

II – de 1º de janeiro até 31 de dezembro de 2026:

a) 60% (sessenta por cento) das alíquotas previstas nos arts. 7º-A e 8º-A desta Lei; e

---

[290]   Lei 8.212/1991:"Art. 25-A. Equipara-se ao empregador rural pessoa física o consórcio simplificado de produtores rurais, formado pela união de produtores rurais pessoas físicas, que outorgar a um deles poderes para contratar, gerir e demitir trabalhadores para prestação de serviços, exclusivamente, aos seus integrantes, mediante documento registrado em cartório de títulos e documentos. (Incluído pela Lei 10.256, de 2001)".

[291]   Lei 8.870/1994:"Art. 25-A. As contribuições de que tratam os incisos I e II do art. 22 da Lei 8.212, de 24 de julho de 1991, serão devidas pelos cooperados, na forma do art. 25 desta Lei, se pessoa jurídica, e do art. 25 da Lei 8.212, de 24 de julho de 1991, se pessoa física, quando a cooperativa de produção rural contratar pessoal, exclusivamente, para colheita de produção de seus cooperados. (Incluído pela Lei 10.256, de 09.07.2001)".

752 | CURSO DE DIREITO TRIBUTÁRIO – *Solon Sehn*

b) 50% (cinquenta por cento) das alíquotas previstas nos incisos I e III do *caput* do art. 22 da Lei nº 8.212, de 24 de julho de 1991; e

III – de 1º de janeiro até 31 de dezembro de 2027:

a) na proporção de 40% (quarenta por cento) das alíquotas previstas nos arts. 7º-A e 8º-A desta Lei; e

b) 75% (setenta e cinco por cento) das alíquotas previstas nos incisos I e III do *caput* do art. 22 da Lei nº 8.212, de 24 de julho de 1991.

§ 1º A partir de 1º de janeiro de 2025 até 31 de dezembro de 2027, para fins de cálculo do valor devido sob o regime da substituição parcial de que trata o *caput* deste artigo, as contribuições previstas nos incisos I e III do *caput* do art. 22 da Lei nº 8.212, de 24 de julho de 1991, não incidirão sobre as remunerações pagas, devidas ou creditadas a título de décimo terceiro salário.

§ 2º A partir de 1º de janeiro de 2025 até 31 de dezembro de 2027, o valor da contribuição calculada nos termos do inciso II do § 1º do art. 9º será acrescido do montante resultante da aplicação das proporções a que se referem a alínea "b" do inciso I, a alínea "b" do inciso II e a alínea "b" do inciso III do *caput* deste artigo.

A desoneração da folha é facultativa[292] e aplica-se aos segmentos econômicos previstos nos arts. 7º e 8º da Lei 12.546/2011[293], no qual se incluem os prestadores de serviços de tecnologia da informação (TI) e de tecnologia da informação e comunicação (TIC), empresas jornalísticas e de radiodifusão, de transporte, de construção civil e fabricantes de determinados produtos[294].

O critério material da hipótese de incidência do tributo é *auferir* ou *obter receita bruta* decorrente da exploração das atividades previstas nos arts. 7º e 8º. O reconhecimento da receita deve observar o princípio de caixa ou de competência em função do regime de tributação do IRPJ, com as consequências jurídicas correspondentes, já analisadas anteriormente[295]. Aplicam-se ainda as observações e os comentários acerca do conceito de receita bruta realizados no estudo do IRPJ e do PIS/Pasep e da Cofins.

O critério espacial da hipótese de incidência corresponde ao território nacional e o critério temporal, o último dia do mês[296], devendo o crédito tributário ser recolhido até o dia 20 do mês subsequente[297].

---

[292] "Art. 9º [...] § 13. A opção pela tributação substitutiva prevista nos arts. 7º e 8º será manifestada mediante o pagamento da contribuição incidente sobre a receita bruta relativa a janeiro de cada ano, ou à primeira competência subsequente para a qual haja receita bruta apurada, e será irretratável para todo o ano calendário. (Incluído pela Lei 13.161, de 2015)"

[293] "Art. 9º [...] § 1º No caso de empresas que se dedicam a outras atividades além das previstas nos arts. 7º e 8º, o cálculo da contribuição obedecerá: (Redação dada pela Lei 13.043, de 2014): [...] I – ao disposto no *caput* desses artigos quanto à parcela da receita bruta correspondente às atividades neles referidas; e (Incluído pela Lei 12.715, de 2012); [...] II – ao disposto no art. 22 da Lei 8.212, de 24 de julho de 1991, reduzindo-se o valor da contribuição dos incisos I e III do *caput* do referido artigo ao percentual resultante da razão entre a receita bruta de atividades não relacionadas aos serviços de que tratam o *caput* do art. 7º desta Lei ou à fabricação dos produtos de que tratam os incisos VII e VIII do *caput* do art. 8º desta Lei e a receita bruta total. (Redação dada pela Lei 13.670, de 2018)"

[294] Trata-se uma relação extensa que pode ser consultada diretamente na Lei 12.546/2011, não sendo necessária a reprodução no presente estudo.

[295] O § 12 do art. 9º estabelece que "as contribuições referidas no *caput* do art. 7º e no *caput* do art. 8º podem ser apuradas utilizando-se os mesmos critérios adotados na legislação da Contribuição para o PIS/Pasep e da Cofins para o reconhecimento no tempo de receitas e para o diferimento do pagamento dessas contribuições. (Incluído pela Lei 12.995, de 2014)". Esses critérios, no entanto, são os mesmos do IRPJ.

[296] "Art. 9º [...] III – a data de recolhimento das contribuições obedecerá ao disposto na alínea 'b' do inciso I do art. 30 da Lei 8.212, de 1991."

[297] Lei 8.212/1991: "Art. 30. [...] I – a empresa é obrigada a: [...] b) recolher os valores arrecadados na forma da alínea *a* deste inciso, a contribuição a que se refere o inciso IV do art. 22 desta Lei, assim como as contribuições a seu cargo incidentes sobre as remunerações pagas, devidas ou creditadas, a qualquer título, aos

Parte Especial · Capítulo V · CONTRIBUIÇÕES ESPECIAIS | 753

4.5.2   Base de cálculo e alíquotas

A base de cálculo abrange a receita bruta das atividades previstas nos arts. 7º e 8º da Lei 12.546/2011[298]. Quando o enquadramento for realizado pelo CNAE da atividade principal[299], a base será totalidade da receita[300]. Devem ser excluídas as vendas canceladas e os descontos incondicionais, o IPI, o ICMS-ST, o ajuste ao valor presente (Lei 6.404/1976, art. 183, VIII), a receita de operações de exportações e de serviços transporte internacional de carga[301].

Nos contratos de concessão de serviços públicos, a Lei 12.546/2011 (art. 9º, II, "c", e X) prevê o diferimento da tributação, que, a rigor, é uma exceção ao regime de competência também prevista para fins de IRPJ[302]. Assim, devem ser excluídas da base de cálculo as receitas reconhecidas pela construção, recuperação, reforma, ampliação ou melhoramento da infraestrutura que tenham como contrapartida o ativo intangível representativo de direito de exploração. Posteriormente, na medida do efetivo recebimento, as receitas devem ser adicionadas à base de cálculo[303].

Também devem ser excluídos os ingressos que não constituem receita, ou seja, que não se ajustam ao disposto no art. 12 do Decreto-lei 1.598/1977 e não acarretam um acréscimo patrimonial líquido, definitivo e incondicional, para o sujeito passivo. Excluem-se, assim, os reembolsos, as cauções e os depósitos, as indenizações por dano emergente e as demais somas escrituradas sob reserva de serem restituídas ou pagas a terceiro por qualquer razão de direito[304].

Ressalte-se que, de acordo com a jurisprudência do STF: (a) "É constitucional a inclusão do Imposto Sobre Serviços de Qualquer Natureza – ISS na base de cálculo da Contribuição Previdenciária sobre a Receita Bruta – CPRB" (Tema 1.135[305]); e (b) "É constitucional a inclusão do Imposto Sobre Circulação de Mercadorias e Serviços – ICMS na base de cálculo da Contribuição Previdenciária sobre a Receita Bruta – CPRB" (Tema 1.048[306]). Esses precedentes, entretanto, não implicaram a superação (*overruling*) do RE 574.706: "O ICMS não compõe a base de cálculo para a incidência do PIS e da Cofins" (Tema 69)[307].

A Corte, na realidade, fez uma distinção (*distinguishing*) considerado que, ao contrário do PIS/Pasep e da Cofins, a contribuição previdenciária sobre a receita bruta tem caráter opcional:

---

segurados empregados, trabalhadores avulsos e contribuintes individuais a seu serviço até o dia 20 (vinte) do mês subsequente ao da competência; (Redação dada pela Lei 11.933, de 2009)".

[298]   "Art. 9º [...] § 10. Para fins do disposto no § 9º, a base de cálculo da contribuição a que se referem o *caput* do art. 7º e o *caput* do art. 8º será a receita bruta da empresa relativa a todas as suas atividades. (Incluído pela Lei 12.844, de 2013)"

[299]   "Art. 9º [...] § 9º As empresas para as quais a substituição da contribuição previdenciária sobre a folha de pagamento pela contribuição sobre a receita estiver vinculada ao seu enquadramento no CNAE deverão considerar apenas o CNAE relativo a sua atividade principal, assim considerada aquela de maior receita auferida ou esperada, não lhes sendo aplicado o disposto no § 1º. (Redação dada pela Lei 12.844, de 2013)"

[300]   "Art. 9º [...] § 10. Para fins do disposto no § 9º, a base de cálculo da contribuição a que se referem o *caput* do art. 7º e o *caput* do art. 8º será a receita bruta da empresa relativa a todas as suas atividades. (Incluído pela Lei 12.844, de 2013)"

[301]   Lei 12.546/2011, arts. 7º, 8º e 9º e § 7º.

[302]   Lei 12.973/2014, art. 36.

[303]   Lei 12.546/2011, art. 9º, II, "c", e X.

[304]   Como já destacado, nos termos do inciso III do art. 12 do Decreto-lei 1.598/1977, na redação da Lei 12.973/2014, a receita bruta compreende apenas o resultado auferido nas operações de conta alheia. Por isso, se o produtor rural aufere receitas dessa natureza, a base de cálculo deverá excluir os valores repassados a terceiros.

[305]   STF, Tribunal Pleno, RE 1.285.845, Rel. Min. Marco Aurélio, Rel. p/ Ac. Min. Alexandre de Moraes, *DJe* 08.07.2021.

[306]   STF, Tribunal Pleno, RE 1.187.264, Rel. Min. Marco Aurélio, Rel. p/ Ac. Min. Alexandre de Moraes, *DJe* 20.05.2021.

[307]   STF, RE 574.706, Rel. Min. Cármen Lúcia, *DJe* 02.10.2017.

754 | CURSO DE DIREITO TRIBUTÁRIO – *Solon Sehn*

Constitucional e tributário. ICMS. Inclusão na base de cálculo da contribuição previdenciária sobre a receita bruta. Possibilidade. Desprovimento do recurso extraordinário.

1. A Emenda Constitucional 42/2003 inaugurando nova ordem previdenciária, ao inserir o parágrafo 13 ao artigo 195 da Constituição da República, permitiu a instituição de contribuição previdenciária substitutiva daquela incidente sobre a folha de salários e pagamentos.

3. [sic.] Diante da autorização constitucional, foi editada a Lei 12.546/2011 (objeto de conversão da Medida Provisória 540/2011), instituindo contribuição substitutiva (CPRB), com o escopo de desonerar a folha de salários/pagamentos e reduzir a carga tributária. Quando de sua instituição, era obrigatória às empresas listadas nos artigos 7º e 8º da Lei 12.546/2011; todavia, após alterações promovidas pela Lei 13.161/2015, o novo regime passou a ser facultativo.

4. As empresas listadas nos artigos 7º e 8º da Lei 12.546/2011 têm a faculdade de aderir ao novo sistema, caso concluam que a sistemática da CPRB é, no seu contexto, mais benéfica do que a contribuição sobre a folha de pagamentos.

5. Impossibilidade da empresa optar pelo novo regime de contribuição por livre vontade e, ao mesmo tempo, se beneficiar de regras que não lhe sejam aplicáveis.

5. [sic.] Impossibilidade de a empresa aderir ao novo regime, abatendo do cálculo da CPRB o ICMS sobre ela incidente, pois ampliaria demasiadamente o benefício fiscal, pautado em amplo debate de políticas públicas tributárias, em grave violação ao artigo 155, § 6º, da CF/1988, que determina a edição de lei específica para tratar sobre redução de base de cálculo de tributo.

6. [sic.] Recurso Extraordinário a que se nega provimento. Tema 1.048, fixada a seguinte tese de repercussão geral: "*É constitucional a inclusão do Imposto Sobre Circulação de Mercadorias e Serviços – ICMS na base de cálculo da Contribuição Previdenciária sobre a Receita Bruta – CPRB*".

Por outro lado, as alíquotas da contribuição equivalem a 4,5% para as atividades previstas no art. 7º e 3% para as empresas de *call center*[308]. Nas hipóteses do art. 8º, a alíquota será de 2,5%, ressalvadas as empresas jornalísticas e de radiodifusão (sonora e de sons e imagens) e os fabricantes de produtos têxteis e de automóveis, produtos alimentícios previstos no art. 8º-A, que estão sujeitos a uma alíquota de 1,5%[309]. Se a empresa atuar em segmentos distintos, cada qual será submetido à alíquota correspondente[310].

---

[308] Lei 12.546/2011, arts. 7º e 7º-A.

[309] "Art. 8º-A. A alíquota da contribuição sobre a receita bruta prevista no art. 8º desta Lei será de 2,5% (dois inteiros e cinco décimos por cento), exceto para as empresas referidas nos incisos VI, IX, X e XI do *caput* do referido artigo e para as empresas que fabricam os produtos classificados na Tipi nos códigos 6309.00, 64.01 a 64.06 e 87.02, exceto 8702.90.10, que contribuirão à alíquota de 1,5% (um inteiro e cinco décimos por cento), e para as empresas que fabricam os produtos classificados na Tipi nos códigos 02.03, 0206.30.00, 0206.4, 02.07, 02.09, 0210.1, 0210.99.00, 1601.00.00, 1602.3, 1602.4, 03.03 e 03.04, que contribuirão à alíquota de 1% (um por cento). (Redação dada pela Lei 13.670, de 2018)"

[310] "Art. 9º [...] § 17. No caso de empresas que se dediquem a atividades ou fabriquem produtos sujeitos a alíquotas sobre a receita bruta diferentes, o valor da contribuição será calculado mediante aplicação da respectiva alíquota sobre a receita bruta correspondente a cada atividade ou produto. (Incluído pela Lei 13.161, de 2015)"

Parte Especial • Capítulo V • CONTRIBUIÇÕES ESPECIAIS | **755**

4.5.3   Sujeição ativa e passiva

O sujeito ativo é a União e o sujeito passivo, as empresas que exercem as atividades previstas nos arts. 7º e 8º e tenham optado pelo regime tributário da Lei 12.546/2011[311].

---

[311]   "Art. 9º [...] VII – para os fins da contribuição prevista no *caput* dos arts. 7º e 8º, considera-se empresa a socie-dade empresária, a sociedade simples, a cooperativa, a empresa individual de responsabilidade limitada e o empresário a que se refere o art. 966 da Lei 10.406, de 10 de janeiro de 2002 – Código Civil, devidamente registrados no Registro de Empresas Mercantis ou no Registro Civil de Pessoas Jurídicas, conforme o caso. (Redação dada pela Lei 12.844, de 2013)"

Capítulo VI
SIMPLES NACIONAL

1 LEGISLAÇÃO APLICÁVEL

As microempresas e empresas de pequeno porte, conforme estabelece o art. 146, III, "d", da Constituição Federal de 1988[1], estão sujeitas a um tratamento fiscal diferenciado e favorecido, conhecido como Regime Especial Unificado de Arrecadação de Tributos e Contribuições devidos pelas Microempresas e Empresas de Pequeno Porte (Simples Nacional), disciplinado pela Lei Complementar 123/2006. Nele, como será analisado, os principais tributos federais, estaduais e municipais são substituídos por um tributo único incidente sobre a receita bruta e que não pode ser derrogado pela legislação ordinária.

2 APLICABILIDADE E VEDAÇÕES

A Lei Complementar 123/2006 define microempresas e empresas de pequeno porte, para fins de aplicabilidade do Simples Nacional, da seguinte maneira:

Art. 3º Para os efeitos desta Lei Complementar, consideram-se microempresas ou empresas de pequeno porte, a sociedade empresária, a sociedade simples, a empresa individual de responsabilidade limitada e o empresário a que se refere o art. 966 da Lei nº 10.406, de 10 de janeiro de 2002 (Código Civil), devidamente registrados no Registro de Empresas Mercantis ou no Registro Civil de Pessoas Jurídicas, conforme o caso, desde que:

I – no caso da microempresa, aufira, em cada ano-calendário, receita bruta igual ou inferior a R$ 360.000,00 (trezentos e sessenta mil reais); e

II – no caso de empresa de pequeno porte, aufira, em cada ano-calendário, receita bruta superior a R$ 360.000,00 (trezentos e sessenta mil reais) e igual ou inferior a R$ 4.800.000,00 (quatro milhões e oitocentos mil reais). (Redação dada pela Lei Complementar 155, de 2016)

§ 1º Considera-se receita bruta, para fins do disposto no *caput*, o produto da venda de bens e serviços nas operações de conta própria, o preço dos serviços prestados, o resultado

---

[1] CF, art. 146, III: "d) definição de tratamento diferenciado e favorecido para as microempresas e para as empresas de pequeno porte, inclusive regimes especiais ou simplificados no caso dos impostos previstos nos arts. 155, II, e 156-A, das contribuições sociais previstas no art. 195, I e V, e § 12, e da contribuição a que se refere o art. 239". A partir de 2032, de acordo com o art. 3º da Emenda 132/2023, o art. 146, III, "d", terá a seguinte redação: "d) definição de tratamento diferenciado e favorecido para as microempresas e para as empresas de pequeno porte, inclusive regimes especiais ou simplificados no caso dos impostos previstos nos arts. 155, II, e 156-A e das contribuições previstas no art. 195, I e V". Em 2033, por sua vez, a redação será (art. 4º): "d) definição de tratamento diferenciado e favorecido para as microempresas e para as empresas de pequeno porte, inclusive regimes especiais ou simplificados no caso do imposto previsto no art. 156-A e das contribuições sociais previstas no art. 195, I e V".

nas operações em conta alheia e as demais receitas da atividade ou objeto principal das microempresas ou das empresas de pequeno porte, não incluídas as vendas canceladas e os descontos incondicionais concedidos. (Redação dada pela Lei Complementar 214/2025)[2].

§ 1º-A. A receita bruta de que trata o § 1º também compreende as receitas com operações com bens materiais ou imateriais, inclusive direitos, ou com serviços (Redação dada pela Lei Complementar 214/2025)[3].

A definição legal de receita bruta do § 1º do art. 3º da Lei Complementar 123/2006 tem por finalidade apenas a delimitação da aplicabilidade do Simples Nacional. A incidência do tributo não é disciplinada nesse dispositivo. O preceito oferece apenas uma definição parcial de receita bruta, que abrange a receita bruta operacional da venda de bens e da prestação de serviços, sem compreender *outras receitas*, como as *receitas financeiras*, por exemplo.

Essa particularidade fez a Câmara Superior de Recursos Fiscais do Carf, em julgado do ano de 2020, determinar a reinclusão de um contribuinte no Simples Nacional, porque a sua exclusão considerou a receita financeira para fins do limite de enquadramento no regime:

> Assunto: Sistema Integrado de Pagamento de Impostos e Contribuições das Microempresas e das Empresas de Pequeno Porte (Simples)
>
> Ano-calendário: 2001
>
> Exclusão do simples. Sócio com participação societária superior a 10% em outra empresa. Receitas financeiras. Rubrica não abrangida pelo conceito de receita bruta específico veiculado pelo § 2º do art. 2º da Lei 9.317/96. Receita bruta global inferior ao limite para a adesão e permanência no regime. Improcedência do ADE.
>
> O § 2º do art. 2º da Lei 9.317/96 expressamente delimita o conceito de receita bruta para fins específicos de opção e permanência dos contribuintes no Simples, sendo indevida a adoção de outros regramentos legais para estabelecer seu alcance e abrangência.
>
> Mesmo se tratando de companhia *holding*, os ganhos e receitas financeiras percebidos não se revestem de produto da venda de bens e serviços, nem de operações de conta própria, tampouco de preço dos serviços prestados e muito menos de resultado nas operações em conta alheia.
>
> Se, por meio de mera operação aritmética, a subtração do valor das receitas financeiras da monta da receita bruta global percebida por ambas empresas mostra-se inferior ao limite legal para a permanência no Simples, vigente à época dos fatos colhidos, revela-se improcedente o Ato de exclusão[4].

As vedações para adesão ao Simples Nacional são previstas no § 4º do art. 3º e no art. 17 da Lei Complementar 123/2006. Parte delas é estabelecida em razão da atividade exercida pelos contribuintes, abrangendo segmentos que, dentro de um juízo de oportunidade e de conveniência, o legislador complementar decidiu não permitir a adesão[5]:

---

2   "§ 2º No caso de início de atividade no próprio ano-calendário, o limite a que se refere o *caput* deste artigo será proporcional ao número de meses em que a microempresa ou a empresa de pequeno porte houver exercido atividade, inclusive as frações de meses."

3   A vigência do § 1º-A iniciará em 1º de janeiro de 2027 (Lei Complementar 214/2025, art. 513, II).

4   Carf, 1ª T., CSRF, Ac. 9101-005.186, Rel. Cons. Andrea Duek Simantob, S. 08.10.2020.

5   De acordo com o art. 17: "§ 1º As vedações relativas a exercício de atividades previstas no *caput* deste artigo não se aplicam às pessoas jurídicas que se dediquem exclusivamente às atividades referidas nos §§ 5º-B a 5º-E do art. 18 desta Lei Complementar, ou as exerçam em conjunto com outras atividades que não tenham sido objeto de vedação no *caput* deste artigo".

(a) Bancos comerciais, de investimentos e de desenvolvimento, de caixa econômica, de sociedade de crédito, financiamento e investimento ou de crédito imobiliário, de corretora ou de distribuidora de títulos, valores mobiliários e câmbio;

(b) Empresas de arrendamento mercantil, de seguros privados e de capitalização ou de previdência complementar;

(c) Assessoria creditícia, gestão de crédito, seleção e riscos, administração de contas a pagar e a receber, gerenciamento de ativos (*asset management*);

(d) Compra de direitos creditórios resultantes de vendas mercantis a prazo ou de prestação de serviços (*factoring*) ou que execute operações de empréstimo, de financiamento e de desconto de títulos de crédito, exclusivamente com recursos próprios, tendo como contrapartes microempreendedores individuais, microempresas e empresas de pequeno porte, inclusive sob a forma de empresa simples de crédito;

(e) Serviço de transporte intermunicipal e interestadual de passageiros, exceto quando na modalidade fluvial ou quando possuir características de transporte urbano ou metropolitano ou realizar-se sob fretamento contínuo em área metropolitana para o transporte de estudantes ou trabalhadores;

(f) Geração, transmissão, distribuição ou comercialização de energia elétrica;

(g) Importação ou fabricação de automóveis e motocicletas;

(h) Importação de combustíveis;

(i) Produção ou venda no atacado de cigarros, cigarrilhas, charutos, filtros para cigarros, armas de fogo, munições e pólvoras, explosivos e detonantes; bebidas não alcoólicas do tipo refrigerantes, inclusive águas saborizadas gaseificadas; preparações compostas, não alcoólicas (extratos concentrados ou sabores concentrados), para elaboração de bebida refrigerante, com capacidade de diluição de até dez partes da bebida para cada parte do concentrado; cervejas sem álcool;

(j) Produção ou venda no atacado de bebidas alcoólicas, exceto aquelas produzidas ou vendidas no atacado por: micro e pequenas cervejarias; micro e pequenas vinícolas; produtores de licores; micro e pequenas destilarias);

(k) Cessão ou locação de mão de obra;

(l) Loteamento e à incorporação de imóveis;

(m)Locação de imóveis próprios.

É importante ressaltar que a simples descrição dessas atividades no contrato social da pessoa jurídica não é suficiente para a exclusão do Simples Nacional. A exclusão só pode ocorrer quando for demonstrado o exercício efetivo de uma das atividades vedadas pela Lei Complementar 123/2006[6]. Isso é reconhecido pela Súmula Carf 134, que tem eficácia vinculante para a administração fazendária[7]: "A simples existência, no contrato social, de atividade vedada ao Simples

---

[6] Sobre a exclusão do Simples Nacional, são relevantes ainda a Súmula Carf 76, vinculante conforme a Portaria MF 277/2018: "Na determinação dos valores a serem lançados de ofício para cada tributo, após a exclusão do Simples, devem ser deduzidos eventuais recolhimentos da mesma natureza efetuados nessa sistemática, observando-se os percentuais previstos em lei sobre o montante pago de forma unificada"; e a Súmula Carf 77, vinculante conforme a Portaria MF 277/2018: "A possibilidade de discussão administrativa do Ato Declaratório Executivo (ADE) de exclusão do Simples não impede o lançamento de ofício dos créditos tributários devidos em face da exclusão".

[7] Portaria ME 410/2020.

760 | CURSO DE DIREITO TRIBUTÁRIO – *Solon Sehn*

Federal não resulta na exclusão do contribuinte, sendo necessário que a fiscalização comprove a efetiva execução de tal atividade".

Há ainda um segundo grupo de proibições aplicáveis em razão do tipo societário, da qualidade dos sócios e da composição do capital social. A maior parte delas visa evitar o ingresso ou a manutenção no Simples Nacional por meio de desmembramentos societários, apresentando, assim, um caráter antielisivo. Essas vedações abrangem as **pessoas jurídicas: (i)** que tenham outra pessoa jurídica participando do capital social ou que participem do capital de outra pessoa jurídica[8]; **(ii)** filiais, sucursais, agência ou representação de pessoa jurídica com sede no exterior; **(iii)** com titular ou sócio domiciliado no exterior; **(iv)** sociedade por ações ou cooperativas, exceto as de consumo; **(v)** resultante de cisão ou qualquer outra forma de desmembramento efetuada em um dos cinco anos-calendário anteriores; **(vi)** com titular ou sócio que, cumulativamente, tenha relação de pessoalidade, subordinação e habitualidade com o contratante de seus serviços; **(vii)** entidade da administração pública, direta ou indireta, como participante no capital; e **(viii) que tenha filial, sucursal, agência ou representação no exterior**[9].

Por outro lado, quando a receita bruta global ultrapassar o limite de R$ 4.800.000,00, previsto no inciso II do art. 3º, a legislação proíbe a adesão de pessoa jurídica que: **(a)** tenha a participação em seu capital social de pessoa física inscrita como empresário ou que figure como sócia de outra empresa no Simples Nacional; **(b)** seja titular ou sócio que participe com mais de 10% do capital de outra empresa não beneficiada pelo Simples Nacional[10], ou **(c)** titular ou sócio administrador (ou equiparado) de fato ou de direito de outra pessoa jurídica com fins lucrativos.

Ressalte-se que, de acordo com a Solução de Consulta Cosit 222/2024: "A análise da vedação prevista no art. 15, inciso IV, da Resolução CGSN nº 140, de 2018, e art. 3º, § 4º, inciso III, da LC nº 123, de 2006[11], deve observar a receita bruta global anual de todas as empresas que recebam tratamento jurídico diferenciado prevista na LC nº 123, de 2006, com um titular ou sócio em comum. A apuração dessa receita bruta global deve ser feita sócio a sócio"[12].

Também não podem aderir ao Simples Nacional as empresas sem inscrição ou com irregularidade em cadastro fiscal federal, municipal ou estadual, quando exigível. Essa vedação, de acordo com a jurisprudência no STJ, não abrange o descumprimento de deveres formais ou instrumentais: "A existência de descumprimento de obrigação acessória não é irregularidade enquadrável no conceito de irregularidade em cadastro fiscal para efeito da aplicação do art. 17, XVI da Lei Complementar 123/2006"[13]. Além disso, "o Superior Tribunal de Justiça firmou posicionamento do sentido de que a ausência de alvará de funcionamento não configura 'irregularidade em cadastro fiscal' para efeito de impedir a inclusão de empresa no Simples Nacional, consoante dispõe o art. 17, XVI, da Lei Complementar 123/2006, porquanto o 'cadastro fiscal' refere-se ao recolhimento de ICMS e ISS, no âmbito estadual e municipal, respectivamente"[14].

Por fim, o ingresso no Simples Nacional não é autorizado para empresas que possuam débito com o Instituto Nacional do Seguro Social (INSS) ou com as Fazendas Públicas Federal,

---

[8]   Ver § 5º do art. 3º da Lei Complementar 123/2006.

[9]   Essa última hipótese foi alterada pela Lei Complementar 214/2025, que incluiu "de fato ou de direito" nos requisitos originários do inciso V.

[10]   Ver § 5º do art. 3º da Lei Complementar 123/2006.

[11]   "Art. 3º [...] § 4º Não poderá se beneficiar do tratamento jurídico diferenciado previsto nesta Lei Complementar, incluído o regime de que trata o art. 12 desta Lei Complementar, para nenhum efeito legal, a pessoa jurídica: [...] III – de cujo capital participe pessoa física que seja inscrita como empresário ou seja sócia de outra empresa que receba tratamento jurídico diferenciado nos termos desta Lei Complementar, desde que a receita bruta global ultrapasse o limite de que trata o inciso II do *caput* deste artigo; [...]."

[12]   *DOU* de 26.07.2024.

[13]   STJ, 1ª T., AgInt no REsp 1.594.136, Rel. Min. Napoleão Nunes Maia Filho, *DJe* 21.03.2019.

[14]   STJ, 2ª T., AgInt no REsp 1.651.624, Rel. Min. Francisco Falcão, *DJe* 19.04.2018. No mesmo sentido: 1ª T., AgInt no REsp 1.463.330, Rel. Min. Napoleão Nunes Maia Filho, *DJe* 20.03.2019.

Estadual ou Municipal, salvo quando a exigibilidade estiver suspensa. A constitucionalidade dessa vedação foi questionada no Judiciário. No RE 627.543, entretanto, o STF firmou a seguinte tese: "É constitucional o art. 17, V, da Lei Complementar 123/2006, que veda a adesão ao Simples Nacional à microempresa ou à empresa de pequeno porte que possua débito com o Instituto Nacional do Seguro Social – INSS ou com as Fazendas Públicas Federal, Estadual ou Municipal, cuja exigibilidade não esteja suspensa" (Tema 363)[15].

Assim, nos termos do art. 151 do CTN, para ingressar e para não ser excluído do Simples Nacional, o interessado deve demonstrar que o crédito tributário não pode ser exigido em razão de moratória, depósito integral, interposição de recurso administrativo, liminar, tutela antecipada ou de parcelamento. É insuficiente a penhora em execução fiscal, como reconhece o STJ: "A jurisprudência desta Corte já se manifestou no sentido de que o oferecimento de penhora em execução fiscal não configura hipótese de suspensão da exigibilidade do crédito tributário, nos termos do artigo 151 do CTN, mas tão somente da execução fiscal, de sorte que não impede a exclusão do contribuinte do regime do SIMPLES"[16].

Ademais, de acordo com a interpretação fixada em caráter vinculante na Súmula Carf 22[17], a exclusão requer a indicação dos débitos no ato declaratório: "É nulo o ato declaratório de exclusão do Simples Federal, instituído pela Lei 9.317, de 1996, que se limite a consignar a existência de pendências perante a Dívida Ativa da União ou do INSS, sem a indicação dos débitos inscritos cuja exigibilidade não esteja suspensa".

3   TRIBUTOS UNIFICADOS

O Simples Nacional, de acordo com o art. 13 da Lei Complementar 123/2006, unifica o IRPJ e a CSLL, as contribuições sociais do empregador (Lei 8.212/1991, art. 22)[18], o IPI, o PIS/Pasep e a Cofins, o ICMS, o ISS e, a partir de 1º de janeiro de 2027, em caráter facultativo para o contribuinte, o IBS e a CBS[19].

A inclusão do ICMS, por sua vez, não abrange as hipóteses previstas no inciso XIII do § 1º do art. 13:

> Art. 13. [...]
> § 1º O recolhimento na forma deste artigo não exclui a incidência dos seguintes impostos ou contribuições, devidos na qualidade de contribuinte ou responsável, em relação aos quais será observada a legislação aplicável às demais pessoas jurídicas:
> XIII – ICMS devido:
> a) nas operações sujeitas ao regime de substituição tributária, tributação concentrada em uma única etapa (monofásica) e sujeitas ao regime de antecipação do recolhimento do imposto com encerramento de tributação, envolvendo combustíveis e lubrificantes; energia elétrica; cigarros e outros produtos derivados do fumo; bebidas; óleos e azeites vegetais comestíveis; farinha de trigo e misturas de farinha de trigo; massas alimentícias; açúcares; produtos lácteos; carnes e suas preparações; preparações à base de cereais;

---

15   STF, Tribunal Pleno, RE 627.543, Rel. Min. Dias Toffoli, *DJe* 29.10.2014.

16   STJ, 1ª T., AgRg no REsp 1.217.666, Rel. Min. Benedito Gonçalves, *DJe*16.05.2014.

17   Portaria ME 129/2019.

18   Exceto no caso da microempresa e da empresa de pequeno porte que se dedique às atividades de prestação de serviços referidas no § 5º-C do art. 18 da Lei Complementar 123/2006.

19   "Art. 13. [...] § 10. É facultado ao optante pelo Simples Nacional apurar e recolher o IBS e a CBS de acordo com o regime regular aplicável a esses tributos, hipótese em que as parcelas a eles relativas não serão cobradas pelo regime único" (Incluído pela Lei Complementar 214/2025, com vigência a partir de 1º de janeiro de 2027).

chocolates; produtos de padaria e da indústria de bolachas e biscoitos; sorvetes e preparados para fabricação de sorvetes em máquinas; cafés e mates, seus extratos, essências e concentrados; preparações para molhos e molhos preparados; preparações de produtos vegetais; rações para animais domésticos; veículos automotivos e automotores, suas peças, componentes e acessórios; pneumáticos; câmaras de ar e protetores de borracha; medicamentos e outros produtos farmacêuticos para uso humano ou veterinário; cosméticos; produtos de perfumaria e de higiene pessoal; papéis; plásticos; canetas e malas; cimentos; cal e argamassas; produtos cerâmicos; vidros; obras de metal e plástico para construção; telhas e caixas d'água; tintas e vernizes; produtos eletrônicos, eletroeletrônicos e eletrodomésticos; fios; cabos e outros condutores; transformadores elétricos e reatores; disjuntores; interruptores e tomadas; isoladores; para-raios e lâmpadas; máquinas e aparelhos de ar-condicionado; centrifugadores de uso doméstico; aparelhos e instrumentos de pesagem de uso doméstico; extintores; aparelhos ou máquinas de barbear; máquinas de cortar o cabelo ou de tosquiar; aparelhos de depilar, com motor elétrico incorporado; aquecedores elétricos de água para uso doméstico e termômetros; ferramentas; álcool etílico; sabões em pó e líquidos para roupas; detergentes; alvejantes; esponjas; palhas de aço e amaciantes de roupas; venda de mercadorias pelo sistema porta a porta; nas operações sujeitas ao regime de substituição tributária pelas operações anteriores; e nas prestações de serviços sujeitas aos regimes de substituição tributária e de antecipação de recolhimento do imposto com encerramento de tributação; (Redação dada pele Lei Complementar 147, de 2014)

b) por terceiro, a que o contribuinte se ache obrigado, por força da legislação estadual ou distrital vigente;

c) na entrada, no território do Estado ou do Distrito Federal, de petróleo, inclusive lubrificantes e combustíveis líquidos e gasosos dele derivados, bem como energia elétrica, quando não destinados à comercialização ou industrialização;

d) por ocasião do desembaraço aduaneiro;

e) na aquisição ou manutenção em estoque de mercadoria desacobertada de documento fiscal;

f) na operação ou prestação desacobertada de documento fiscal;

g) nas operações com bens ou mercadorias sujeitas ao regime de antecipação do recolhimento do imposto, nas aquisições em outros Estados e Distrito Federal[20]:

1. com encerramento da tributação, observado o disposto no inciso IV do § 4º do art. 18 desta Lei Complementar;

2. sem encerramento da tributação, hipótese em que será cobrada a diferença entre a alíquota interna e a interestadual, sendo vedada a agregação de qualquer valor;

h) nas aquisições em outros Estados e no Distrito Federal de bens ou mercadorias, não sujeitas ao regime de antecipação do recolhimento do imposto, relativo à diferença entre a alíquota interna e a interestadual;

[...].

---

[20] "É constitucional a imposição tributária de diferencial de alíquota do ICMS pelo Estado de destino na entrada de mercadoria em seu território devido por sociedade empresária aderente ao Simples Nacional, independentemente da posição desta na cadeia produtiva ou da possibilidade de compensação dos créditos" (Tema 517). STF, Ttibunal Pleno, RE 970.821, Rel. Min. Edson Fachin, *DJe* 19.08.2021.

Parte Especial • **Capítulo VI** • SIMPLES NACIONAL | **763**

Também não estão incluídos no Simples Nacional, nos termos do inciso XIV do § 1º do art. 13, o ISS na importação, no regime de substituição tributária ou retenção na fonte.

Quanto aos tributos federais, o regime unificado não abrange a contribuição para seguridade social do segurado empregado, do trabalhador avulso e do contribuinte individual, o PIS/Pasep, a Cofins e o IPI na importação de bens e serviços, o IOF, os impostos de importação e de exportação, o ITR e o imposto de renda incidente sobre: (**i**) rendimentos ou ganhos líquidos auferidos em aplicações de renda fixa ou variável; e (**ii**) ganhos de capital na alienação de bens do ativo permanente; (**iii**) relativo a pagamentos ou créditos efetuados pela pessoa jurídica a pessoas físicas.

A partir de 1º de janeiro de 2027, quando iniciar a cobrança dos novos tributos criados com a Reforma Tributária do Consumo (Emenda 132/2023), deverão ser excluídos do regime unificado o IBS e a CBS incidentes na importação de bens materiais, imateriais e de serviços, assim como o imposto seletivo.

A lei complementar estabelece ainda a isenção do pagamento das demais contribuições instituídas pela União, inclusive as contribuições para as entidades privadas de serviço social e de formação profissional vinculadas ao sistema sindical (CF, art. 240[21]), e demais entidades de serviço social autônomo.

4 HIPÓTESE DE INCIDÊNCIA

O critério material da hipótese de incidência do Simples Nacional, de acordo com o *caput* e o § 3º do art. 18 da Lei Complementar 123/2006, é *auferir* ou *obter receita bruta*:

> Art. 18. O valor devido mensalmente pela microempresa ou empresa de pequeno porte optante pelo Simples Nacional será determinado mediante aplicação das alíquotas efetivas, calculadas a partir das alíquotas nominais constantes das tabelas dos Anexos I a V desta Lei Complementar, sobre a base de cálculo de que trata o § 3º deste artigo, observado o disposto no § 15 do art. 3º. (Redação dada pela Lei Complementar 155, de 2016)
>
> [...]
>
> § 3º Sobre a receita bruta auferida no mês incidirá a alíquota efetiva determinada na forma do *caput* e dos §§ 1º, 1º-A e 2º deste artigo, podendo tal incidência se dar, à opção do contribuinte, na forma regulamentada pelo Comitê Gestor, sobre a receita recebida no mês, sendo essa opção irretratável para todo o ano-calendário. (Redação dada pela Lei Complementar 155, de 2016)

Como se vê, nos termos do § 3º do art. 18, a definição do regime de reconhecimento das receitas depende de regulamentação do Comitê Gestor, que, por meio da Resolução CGSN 140/2018, facultou a opção pelo regime de caixa:

> Art. 16. A base de cálculo para a determinação do valor devido mensalmente pela ME ou pela EPP optante pelo Simples Nacional será a receita bruta total mensal auferida (Regime de Competência) ou recebida (Regime de Caixa), conforme opção feita pelo contribuinte. (Lei Complementar 123, de 2006, art. 18, *caput* e § 3º).

---

[21] "Art. 240. Ficam ressalvadas do disposto no art. 195 as atuais contribuições compulsórias dos empregadores sobre a folha de salários, destinadas às entidades privadas de serviço social e de formação profissional vinculadas ao sistema sindical."

764 | CURSO DE DIREITO TRIBUTÁRIO – *Solon Sehn*

Como analisado anteriormente, no regime de competência, a receita é considerada *auferida* ou *ganha* quando surge o direito ao seu recebimento, desde que incondicional, mensurável e – dentro de uma avaliação prudencial de risco – exista segurança razoável quanto ao efetivo recebimento. No regime de caixa, a receita é considerada obtida no momento do *recebimento*, vale dizer, da efetiva percepção da prestação pecuniária correspondente[22].

Ademais, recorde-se que a *receita bruta* abrange o *faturamento* – a receita bruta da venda de mercadorias e da prestação de serviços – e todas os demais acréscimos patrimoniais líquidos, isoladamente considerados (com abstração de custos e de despesas), auferidos pela pessoa jurídica. Excluem-se os valores ou ingressos que não representem um acréscimo patrimonial líquido, definitivo e incondicional, como os reembolsos, as cauções e os depósitos, as indenizações por dano emergente e todas as demais somas escrituradas sob reserva de serem restituídas ou pagas a terceiro por qualquer razão de direito[23].

Por fim, o critério espacial da hipótese de incidência dos tributos unificados no Simples Nacional é o território nacional e o critério temporal, o último dia do mês.

5   BASE DE CÁLCULO E ALÍQUOTAS

O valor do tributo devido mensalmente pela empresa optante do Simples Nacional é calculado em função da natureza da atividade exercida e da receita bruta auferida nos últimos 12 meses anteriores ao período de apuração, de acordo com as tabelas previstas nos Anexos I a V da Lei Complementar 123/2006, que estabelecem alíquotas variáveis de 4% a 19% para o comércio, de 4,5% a 30% para a indústria e de 6% a 33% para serviços e locação de bens móveis.

Não integram a base de cálculo os ingressos não incluídos no conceito de receita. Aplicam-se aqui, *mutatis mutandis*, as observações e os comentários anteriores, inclusive quanto ao conceito de receita bruta, realizados no estudo do PIS/Pasep, da Cofins e do IRPJ[24].

Também devem ser excluídas da base de cálculo as receitas de exportação, de acordo com a tese fixada pelo STF no RE 598.468: "As imunidades previstas nos artigos 149, § 2º, I, e 153, § 3º, III, da Constituição Federal são aplicáveis às empresas optantes pelo Simples Nacional" (Tema 207[25]). Recorde-se, ademais, que o conceito de exportação abrange as operações de venda para a Zona Franca de Manaus, que foi mantida, nos termos do art. 40 do ADCT, com suas características de área de livre-comércio e de incentivos fiscais até o ano de 2073[26]. Por isso, no RE 1.393.804 AgR, a 1ª Turma da Corte aplicou a tese do Tema 207 para autorizar a exclusão da receita da prestação de serviços para a Zona Franca de Manaus[27].

6   SUJEIÇÃO PASSIVA

Os sujeitos passivos são as microempresas e empresas de pequeno porte que optaram em aderir ao Simples Nacional.

---

[22]   Sobre os regimes de caixa e de competência, ver Capítulo I, item 3, da Parte Especial.
[23]   Ver Capítulo I, item 3.6.1.2.2, da Parte Especial.
[24]   Capítulo I, item 3.6.1, e Capítulo IV, item 1, da Parte Especial.
[25]   STF, Tribunal Pleno, RE 598.468, Rel. Min. Marco Aurélio, *DJe* 09.12.2020.
[26]   Cap. I, item 2.3, da Parte Especial.
[27]   STF, 1ª T., RE 1.393.804 AgR, Rel. Roberto Barroso, *DJe* 07.12.2022.

REFERÊNCIAS

ABRAHAM, Marcus. *Curso de direito tributário brasileiro*. 3. ed. Rio de Janeiro: Forense, 2022.

ABRAHAM, Marcus. *Curso de direito tributário brasileiro*. 4. ed. Rio de Janeiro: Forense, 2023.

ACCIOLY, Hildebrando. *Manual de direito internacional público*. São Paulo: Saraiva, 1985.

ALCHOURRÓN, Carlos; BULYGIN, Eugenio. *Introducción a la metodología de las ciencias jurídicas y sociales*. Buenos Aires: Astrea, 1987.

ALEXY, Robert. *Teoría de los derechos fundamentales*. Madrid: Centro de Estudios Constitucionales, 1997.

ALMEIDA, Fernanda Dias Menezes de. *Competências na Constituição de 1988*. São Paulo: Atlas, 1991.

ALMEIDA, Roberto Caparroz. Do imposto sobre produtos industrializados vinculado às importações. *In:* TÔRRES, Heleno Taveira (coord.). *Comércio internacional e tributação*. São Paulo: Quartier Latin, 2005.

ALMENDRAL, Violeta Ruiz. ¿Tiene futuro el test de los "motivos económicos válidos" en las normas anti-abuso? (Sobre la planificación fiscal y las normas anti-abuso en el Derecho de la Unión Europea). *Estudios Financieros: Revista de Contabilidad y Tributación*, Centro de Estudios Financieros, n. 329-330, p. 5-60, 2010.

ALMENDRAL, Violeta Ruiz; SEITZ, Georg. El fraude a la ley tributaria: análisis de la norma española con ayuda de la experiencia alemana. *Estudios Financieros. Revista de Contabilidad y Tributación: Comentarios, Casos Prácticos*, Centro de Estudios Financieros, n. 257-258, p. 3-64, 2004.

ALVES, Alaôr Caffé. *Lógica*: pensamento formal e argumentação. 3. ed. São Paulo: Quartier Latin, 2003.

ALVES, José Carlos Moreira. *As figuras correlatas da elisão fiscal*. Belo Horizontes: Fórum, 2003.

ALVIM, Arruda. Processo tributário referente às áreas de direito tributário e direito processual civil. *Revista do Ministério Público*. Rio de Janeiro: Ministério Público do Estado do Rio de Janeiro, n. comemorativo, p. 417-435, 2015.

ALVIM, Teresa Arruda; MARINS, James. Processo tributário. *In:* ALVIM, Teresa Arruda (coord.) *Repertório de jurisprudência e doutrina sobre processo tributário*. São Paulo: RT, 1994.

AMARAL, Antonio Carlos Rodrigues do. A Organização Mundial do Comércio – OMC e o Acordo Geral sobre o Comércio de Serviços. *In:* TÔRRES, Heleno Taveira (coord.). *Comércio internacional e tributação*. São Paulo: Quartier Latin, 2005.

AMARAL JÚNIOR, José Levi Mello do. *Medida provisória e a sua conversão em lei*: a Emenda Constitucional nº 32 e o papel do Congresso Nacional. São Paulo: RT, 2004.

AMARO, Luciano. Conceito e classificação dos tributos. *Revista de Direito Tributário*, n. 55, p. 284-285, 1991.

AMARO, Luciano. *Direito tributário brasileiro*. 10. ed. São Paulo: Saraiva, 2004.

AMARO, Luciano. *Direito tributário brasileiro*. 11. ed. São Paulo: Saraiva, 2005.

AMARO, Luciano. *Direito tributário brasileiro*. 20. ed. São Paulo: Saraiva, 2014.

AMATUCCI, Andrea. La *ratio* economica del concetto giuridico di tributo. *Rivista di Diritto Tributario Internazionale*, Roma, p. 45-53, magg./ago. 2007.

AMATUCCI, Fabrizio. *Principi e nozioni di diritto tributario*. 4. ed. Torino: G. Giappichelli, 2018.

AMATUCCI, Fabrizio. *Principi e nozioni di diritto tributario*. 5. ed. Torino: G. Giappichelli, 2023.

AMORIM FILHO, Agnelo. Critério científico para distinguir a prescrição da decadência e para identificar as ações imprescritíveis. *Revista dos Tribunais*, v. 49, n. 300, p. 7-37, 1960.

ANDRADE, José Maria Arruda de. *Imposto seletivo e pecado*: juízos críticos sobre tributação saudável. São Paulo: IBDT, 2024.

ANDRADE, José Maria Arruda de; PEIXOTO, Marcelo Magalhães; BRANCO, Leonardo Ogassawara de Araújo (coord.). *Imposto seletivo na reforma tributária*. São Paulo: MP Editora, 2024.

ANDRADE, Manuel A. Domingues de. *Teoria geral da relação jurídica*: facto jurídico, em especial negócio jurídico. Coimbra: Almedina, 1992. v. II.

ANDRADE FILHO, Edmar Oliveira de. *Imposto de renda das empresas*. 11. ed. São Paulo: Atlas, 2014.

ANDRADE FILHO, Edmar Oliveira de. *Infrações e sanções tributárias*. São Paulo: Dialética, 2003.

ANDRADE FILHO, Edmar Oliveira. PIS e Cofins: o conceito de receita à luz do princípio da capacidade contributiva. *In*: PEIXOTO, Marcelo Magalhães; FISCHER, Octavio Campos (coord.). *PIS-Cofins*: questões atuais e polêmicas. São Paulo: Quartier Latin, 2005.

ANTONINI, Alfredo. *Corso di diritto dei trasporti*. 3. ed. Milano: Giuffrè, 2015.

ARAGÃO, Egas Moniz de. *Sentença e coisa julgada*: exegese do Código de Processo Civil (arts. 444 a 475). Rio de Janeiro: Aide, 1992.

ARAÚJO, Fernando. *Teoria económica do contrato*. Coimbra: Almedina, 2007.

ARAUJO, Luiz Alberto David; NUNES JUNIOR, Vidal Serrano. *Curso de direito constitucional*. 6. ed. São Paulo: Saraiva, 2002.

ARMELLA, Sara. *Diritto doganale dell'Unione europea*. Milano: Egea, 2017.

ARMSTRONG, Monica D. OMG! ESD Codified!: the overreaction to codification of the economic substance doctrine. 9 Fla. *A&M University Law Review*, p. 113-143, 2013.

ASCENSÃO, José de Oliveira. A desconstrução do abuso do direito. *In*: AGUIAR JUNIOR, Ruy Rosado de (org.). *Jornada de direito civil*. Brasília: CJF, 2005.

ASSIS, Araken de. *Resolução do contrato por inadimplemento*. 6. ed. São Paulo: RT, 2020.

ATALIBA, Geraldo. *VI Curso de especialização em direito tributário* (aulas e debates). São Paulo: Resenha Tributária, 1978. v. II.

ATALIBA, Geraldo. Contribuições para o PASEP. *Revista Trimestral de Direito Público*, n. 12, p. 75-85, 1995.

REFERÊNCIAS | 767

ATALIBA, Geraldo (coord.). *Elementos de direito tributário*: notas taquigráficas do III Curso de Especialização em Direito Tributário, realizado na Pontifícia Universidade Católica de São Paulo. São Paulo: RT, 1978.

ATALIBA, Geraldo. *Hipótese de incidência tributária*. 5. ed. São Paulo: Malheiros, 1997.

ATALIBA, Geraldo. *Hipótese de incidência tributária*. 6. ed. São Paulo: Malheiros, 2004.

ATALIBA, Geraldo. ICMS. Incorporação ao ativo – empresa que loca, oferece em "leasing" seus produtos – descabimento do ICMS. *Revista de Direito Tributário*, São Paulo, v. 52, abr./jun. 1990.

ATALIBA, Geraldo. Lei complementar em matéria tributária. *Revista de Direito Tributário*, São Paulo, n. 48, p. 84-106, abr./jun. 1989.

ATALIBA, Geraldo. *Lei complementar na Constituição*. São Paulo: RT, 1971.

ATALIBA, Geraldo. Lei complementar tributária e alcance das disposições do Código Tributário Nacional. *In: ATALIBA, Geraldo. VI Curso de Especialização em Direito Tributário*. São Paulo: Resenha Tributária, 1978. p. 775-792.

ATALIBA, Geraldo. Normas gerais de direito financeiro e tributário e autonomia dos Estados e Municípios: limites à norma geral – Código Tributário Nacional. *Revista de Direito Público*, São Paulo, n. 10, p. 45-80, out./dez. 1969.

ATALIBA, Geraldo. *O decreto-lei na Constituição de 1967*. São Paulo: RT, 1967.

ATALIBA, Geraldo. Regime constitucional e leis nacionais e federais. *Revista de Direito Público*, n. 53/53, p. 60-61, 1980.

ATALIBA, Geraldo. *Sistema constitucional tributário*. São Paulo: RT, 1968.

ATALIBA, Geraldo; GIARDINO, Cléber. ICM – Abatimento constitucional. *Revista de Direito Tributário*, São Paulo, n. 29-30, p. 110-126, jul./dez. 1984.

ATALIBA, Geraldo; GIARDINO, Cléber. Núcleo da definição constitucional do ICM. *Revista de Direito Tributário*, São Paulo, ano 7, v. 25/26, 1983.

ATALIBA, Geraldo; GIARDINO, Cléber. PIS – Exclusão do ICM de sua base de cálculo. *Revista de Direito Tributário*, São Paulo, n. 35, p. 151-162, jan./mar. 1986.

ATALIBA, Geraldo; GONÇALVES, José Artur Lima. Carga tributária e prazo de recolhimento de tributos. *Revista de Direito Tributário*, São Paulo, n. 45, p. 24-31, jul./set. 1988.

ATIENZA, Manuel; MANERO, Juan Ruiz. *Ilícitos atípicos*: sobre o abuso de direito, fraude à lei e desvio de poder. Trad. Janaina Roland Matida. São Paulo: Marcial Pons, 2014.

ÁVILA, Humberto. Benefícios inválidos e a legítima expectativa dos contribuintes. *RIDT,* v. 5, p. 93-109, 2006.

ÁVILA, Humberto. Limites Constitucionais à Instituição do IBS e da CBS. *Revista Direito Tributário Atual*, São Paulo, ano 42, v. 56, p. 701-730, 1º quadrimestre 2024.

ÁVILA, Humberto. *Medida provisória na Constituição de 1988*. Porto Alegre: Fabris, 1997.

ÁVILA, Humberto. *Segurança jurídica*: entre permanência, mudança e realização no direito tributário. 2. ed. São Paulo: Malheiros, 2012.

ÁVILA, Humberto. *Sistema constitucional tributário brasileiro*. 5. ed. São Paulo: Saraiva, 2019.

ÁVILA, Humberto. *Teoria da igualdade tributária*. 3. ed. São Paulo: Malheiros, 2015.

ÁVILA, Humberto. *Teoria da indeterminação no direito*: entre a indeterminação aparente e a determinação latente. São Paulo: JusPodivm-Malheiros, 2022.

ÁVILA, Humberto. *Teoria da segurança jurídica*. 5. ed. São Paulo: Malheiros, 2019.

ÁVILA, Humberto. *Teoria dos princípios*: da definição à aplicação dos princípios jurídicas. 20. ed. São Paulo: JusPodivm-Malheiros, 2021.

BALEEIRO, Aliomar. *Direito tributário brasileiro*. Atual. Misabel Abreu Machado Derzi. 11. ed. Rio de Janeiro: Forense, 2001.

BALEEIRO, Aliomar. *Direito tributário brasileiro*. Atual. Misabel Abreu Machado Derzi. 13. ed. Rio de Janeiro: Forense, 2015.

BALEEIRO, Aliomar. *Limitações constitucionais ao poder de tributar*. 8. ed. Rio de Janeiro: Forense, 2010.

BALEEIRO, Aliomar. *Uma introdução à ciência das finanças*. Atual. Dejalma de Campos. 15. ed. Rio de Janeiro: Forense, 1998.

BALERA, Wagner. As contribuições sociais sobre o faturamento. *In*: CUTAIT NETO, Michel (org.). *Contribuições sociais em debate*. São Paulo: Mizuno, 2003.

BALERA, Wagner. Decadência e prescrição das contribuições de seguridade social. *In*: ROCHA, Valdir de Oliveira (coord.). *Contribuições sociais*: questões polêmicas. São Paulo: Dialética, 1995.

BANDEIRA MELLO, Celso Antônio. *Conteúdo jurídico do princípio da igualdade*. 3. ed. São Paulo: Malheiros, 1995.

BANDEIRA DE MELLO, Celso Antônio. *Curso de direito administrativo*. 10. ed. São Paulo: Malheiros, 1998.

BANDEIRA DE MELLO, Celso Antônio. *Curso de direito administrativo*. 18. ed. São Paulo: Malheiros, 2005.

BANDEIRA DE MELLO, Celso Antônio. Perfil constitucional das medidas provisórias. *Revista de Direito Público*, n. 95, 1990.

BANK, Steven A. *From sword to shield*: the transformation of the corporate income tax, 1861 to present. New York: Oxford University Press, 2010.

BARACHO, José Alfredo de Oliveira. *Teoria geral do federalismo*. Belo Horizonte: FUMAR/UCMG, 1982.

BARBIERI, Luís Eduardo. Direito ao crédito do PIS e da Cofins sobre o valor do frete pago no transporte no território nacional de bens importados. *In*: MOREIRA JUNIOR, Gilberto Castro; PEIXOTO, Marcelo Magalhães (coord.). *PIS e Cofins à luz da jurisprudência do Conselho Administrativo de Recursos Fiscais*. São Paulo: MP, 2014. v. 3.

BARBIERI, Luís Eduardo Garrossino. *Nulidades no lançamento tributário*: vícios formais e materiais. São Paulo: Dialética, 2021.

BARRETO, Aires Fernandino. *Base de cálculo, alíquota e princípios constitucionais*. 2. ed. São Paulo: Max Limonad, 1998.

BARRETO, Aires Fernandino. ICMS e ISS – Estremação da incidência. *Revista Dialética de Direito Tributário*, São Paulo, n. 71, p. 7-18, ago. 2001.

BARRETO, Aires Fernandino. Imposto predial e territorial urbano – IPTU. *In*: MARTINS, Ives Gandra (coord.). *Curso de direito tributário*. 7. ed. São Paulo: Saraiva, 2000.

BARRETO, Aires Fernandino. IPTU: progressividade e diferenciação. *RDDT*, n. 76, p. 7-11, 2002.

BARRETO, Aires Fernandino. *ISS, IOF e instituições financeiras*. São Paulo: Noeses, 2016.

BARRETO, Aires Fernandino. *ISS na Constituição e na lei*. São Paulo: Dialética, 2002.

REFERÊNCIAS | **769**

BARRETO, Aires Fernandino. *ISS na Constituição e na lei*. São Paulo: Dialética, 2003.

BARRETO, Aires Fernandino; MARTINS, Ives Gandra da Silva. IPTU: por ofensa a cláusulas pétreas a progressividade prevista na Emenda nº 29/2000 é inconstitucional. *RDDT*, n. 80, p. 105-126, 2002.

BARRETO, Gileno G. Controvérsias jurídico-contábeis acerca da incidência da contribuição ao PIS e da Cofins sobre as subvenções econômicas. *In*: PEIXOTO, Marcelo Magalhães; MOREIRA JUNIOR, Gilberto de Castro (coord.). *PIS e Cofins à luz da jurisprudência do Carf*. São Paulo: MP, 2011.

BARRETO, Paulo Ayres. *Contribuições*: regime jurídico, destinação e controle. São Paulo: Noeses, 2006.

BARRETO, Paulo Ayres. *Imposto sobre a renda e preços de transferência*. São Paulo: Dialética, 2001.

BARRETO, Paulo Ayres. *Planejamento tributário*: limites normativos. São Paulo: Noeses, 2016.

BARROS, Maurício; RODRIGUES, Raphael Alessandro Penteado. *Goods and services tax* na Nova Zelândia – fato gerador, base de cálculo e contribuintes. *In*: PEIXOTO, Marcelo Magalhães; TAKANO, Caio Augusto Takano; ESCÓRCIO FILHO, Abel (coord.). *Tributação do valor agregado*: experiência internacional e a EC n. 132/2023. São Paulo: MP, 2024. p. 273-291.

BARROS, Suzana de Toledo. *O princípio da proporcionalidade e o controle de constitucionalidade das leis restritivas de direitos fundamentais*. Brasília: Brasília Jurídica, 1996.

BARROS MONTEIRO, Washington de. *Curso de direito civil*: direito das obrigações. 27. ed. São Paulo: Saraiva, 1994. v. 4.

BARROS MONTEIRO, Washington de. *Curso de direito civil*: parte geral. 31. ed. São Paulo: Saraiva, 1993. v. 1.

BARROSO, Luís Roberto. *Curso de direito constitucional contemporâneo*: os conceitos fundamentais e a construção do novo modelo. São Paulo: Saraiva, 2009.

BARROSO, Luís Roberto. Dez anos da Constituição de 1988 (foi bom pra você também?). *In*: BARROSO, Luís Roberto. *A Constituição democrática brasileira e o Poder Judiciário*. São Paulo: Fundação Konrad-Adenauer-Stiftung, 1999. (Coleção Debates, n. 20.)

BARROSO, Luís Roberto. *Direito constitucional brasileiro*: o problema da federação. Rio de Janeiro: Forense, 1982.

BARROSO, Luís Roberto. *Interpretação e aplicação da Constituição*: fundamentos de uma dogmática constitucional transformadora. São Paulo: Saraiva, 1996.

BARROSO, Luís Roberto. *O direito constitucional e a efetividade de suas normas*: limites e possibilidades da Constituição brasileira. Rio de Janeiro: Renovar, 1990.BARROSO, Regina Maria Fernandes; VALADÃO, Marcos Aurélio Pereira. O PIS/Cofins na importação de serviços: parametrização da incidência e sua constitucionalidade. *Revista de Direito Internacional, Econômico e Tributário*, Brasília, v. 8, n. 1, p. 1-31, jan./jun. 2013.

BASALDÚA, Ricardo Xavier. La territorialidad en los impuestos aduaneros. *In*: UCKMAR, Victor; ALTAMIRANO, Alejandro C.; TÔRRES, Heleno Taveira (coord.). *Impuestos sobre el comercio internacional*. 2. ed. Madrid-Barcelona-Buenos Aires: Marcial Pons, 2008.

BASALDÚA, Ricardo Xavier. Principios generales del derecho aduanero. *In*: CARRERO, Germán Pardo (dir.); MARSILLA, Santiago Ibáñez; YEBRA, Felipe Moreno (codir.). *Derecho aduanero*. Bogotá: Tirant lo Blanch; Universidad del Rosario, 2019. t. I, p. 235-279.

BASALDÚA, Ricardo Xavier. *Tributos al comercio exterior*. Buenos Aires: Abeledo-Perrot, 2011.

BASTOS, Celso Ribeiro. *Curso de direito constitucional*. 19. ed. São Paulo: Saraiva, 1998.

BASTOS, Celso Ribeiro. *Curso de direito constitucional*. 22. ed. São Paulo: Malheiros, 2010.

BASTOS, Celso Ribeiro. *Curso de direito financeiro e de direito tributário*. 6. ed. São Paulo: Saraiva, 1998.

BASTOS, Celso Ribeiro. *Hermenêutica e interpretação constitucional*. São Paulo: Celso Bastos Editor, 1997.

BASTOS, Celso Ribeiro. *Hermenêutica e interpretação constitucional*. 4. ed. São Paulo: Malheiros, 2014.

BASTOS, Celso. *Lei complementar*: teoria e comentários. 2. ed. São Paulo: Celso Bastos Editor, 1999.

BATISTA JUNIOR, Onofre Alves. *Manual de direito tributário*. Belo Horizonte: Casa do Direito, 2023.

BATISTA, Nilo. *Concurso de agentes*: uma investigação sobre os problemas da autoria e da participação no direito penal brasileiro. 3. ed. Rio de Janeiro: Lumen Juris, 2005.

BECHO, Renato Lopes. A discussão sobre a tributabilidade de atos ilícitos. *Revista Dialética de Direito Tributário*, n. 172, p. 86-111, 2010.

BECHO, Renato Lopes. *Responsabilidade tributária de terceiros*: CTN, arts. 134 e 135. São Paulo: Saraiva, 2014.

BECHO, Renato Lopes. *Sujeição passiva e responsabilidade tributária*. São Paulo: Dialética, 2000.

BECHO, Renato Lopes. *Tributação das cooperativas*. 2. ed. São Paulo: Dialética, 1999.

BECKER, Alfredo Augusto. *Teoria geral do direito tributário*. 3. ed. São Paulo: Lejus, 1998.

BELTRAME, Pierre. *Introducción a la fiscalidad en Francia*. Barcelona: Atelier, 2004.

BENDA, Ernest. El Estado social de derecho. *In*: BENDA, Ernest; MAIHOFER, Werner; VOGEL, Hans-Jochen; HESSE, Konrad; HEYDE, Wolfgang. *Manual de derecho constitucional*. Trad. Antonio López Pina. 2. ed. Madrid-Barcelona: Marcial Pons, 2001.

BENDA, Ernest; MAIHOFER, Werner; VOGEL, Hans-Jochen; HESSE, Konrad; HEYDE, Wolfgang. *Manual de derecho constitucional*. Trad. Antonio López Pina. 2. ed. Madrid-Barcelona: Marcial Pons, 2001.

BERGAMINI, Adolpho. Análise comparada entre os regimes não cumulativos do Brasil e da África do Sul. *In*: PEIXOTO, Marcelo Magalhães; TAKANO, Caio Augusto Takano; ESCÓRCIO FILHO, Abel (coord.). *Tributação do valor agregado*: experiência internacional e a EC n. 132/2023. São Paulo: MP, 2024. p. 109-131.

BERGAMINI, Adolpho. Créditos de PIS/Cofins sobre gastos com vale-alimentação, vale-refeição, fardamento e uniformes fornecidos a empregados: apontamentos relevantes sobre a irretroatividade da Lei nº 11.898/09, a ofensa ao princípio da isonomia, ao conceito de insumos aplicável às contribuições e à não plena do PIS/Cofins. *Revista de Direito Tributário da APET*, ano VI, n. 23, set. 2009.

BERGAMINI, Adolpho. PIS/Cofins não cumulativo: análise jurídica do modelo de não cumulatividade adotado; natureza jurídica dos créditos das contribuições; e teste de constitucionalidade da sistemática. *Revista de Direito Tributário da APET*, ano VI, n. 21, mar. 2009.

REFERÊNCIAS | 771

BERLIRI, Antonio. *Principi di diritto tributario*. Milano: Giuffrè, 1952. v. I.

BERLIRI, Antonio. *Principi di diritto tributario*. Milano: Giuffrè, 1957. v. II, t. I.

BEZERRA, Maurício Dantas. Da inaplicabilidade da limitação à compensação de prejuízos fiscais nos casos de incorporação, fusão e cisão de sociedades. *Revista Dialética de Direito Tributário*, n. 96, p. 49-57, 2003.

BIFANO, Elidie Palma. *O mercado financeiro e o imposto de renda*. 2. ed. São Paulo: Quartier Latin, 2011.

BIRK, Dieter. *Diritto tributario tedesco*. Trad. Enrico de Mita. Milano: Giuffrè, 2006.

BITENCOURT, Cezar Roberto. *Tratado de direito penal*: parte geral. 8. ed. São Paulo: Saraiva, 2003. v. 1.

BOBBIO, Norberto. *Teoria do ordenamento jurídico*. Brasília: Polis, 1991.

BOBBIO, Norberto. *Teoría general del derecho*. Trad. Eduardo Rozo Acuña. Madrid: Debate, 1999.

BOITEUX, Fernando Netto. Receita e faturamento: PIS e Cofins na Lei n° 9.718/98. *Revista Dialética de Direito Tributário*, n. 61, p. 58-65, 2000.

BONAVIDES, Paulo. *Curso de direito constitucional*. 6. ed. São Paulo: Malheiros, 1996.

BONAVIDES, Paulo. *Curso de direito constitucional*. 30. ed. São Paulo: Malheiros, 2015.

BONETTA, Francesco. *L'addifamento nel diritto amministrativo dei tributi*. Milano: Wloters Kluwer-Cedam, 2021.

BORGES, Jorge Luís. *El idioma analítico de John Wilkins*. Publicado originalmente em *Otras inquisiciones*. Buenos Aires: Sur, 1952.

BORGES, José Souto Maior. *Introdução ao direito financeiro*. São Paulo: Max Limonad, 1998.

BORGES, José Souto Maior. IPTU – Progressividade. *RDT,* n. 59, p. 73.

BORGES, José Souto Maior. Isenções em tratados internacionais de impostos dos Estados--Membros e Municípios. *In*: BANDEIRA DE MELLO, Celso Antônio (org.). *Estudos em homenagem a Geraldo Ataliba*. São Paulo: Malheiros, 1997.

BORGES, José Souto Maior. Isenções e reduções do ICM. *Revista de Direito Tributário*, n. 25-26, 1983.

BORGES, José Souto Maior. *Lançamento tributário*. 2. ed. São Paulo: Malheiros, 1999.

BORGES, José Souto Maior. *Lei complementar tributária*. São Paulo: RT, 1975.

BORGES, José Souto Maior. Limitações temporais da medida provisória: a anterioridade tributária. *Revista de Direito Tributário,* n. 64, 1994.

BORGES, José Souto Maior. *Teoria geral da isenção tributária*. 3. ed. São Paulo: Malheiros, 2001.

BORIA, Pietro. *Il potere tributario*: politica e tributi nel corso dei secoli. Bologna: il Mulino, 2021.

BORIA, Pietro. La clausola anti-abuso prevista dalla direttiva ATAD: l'esperienza Italiana. *Studi Tributari Europei*, Bologna, v. 9, p. 37-62, 2019.

BOTELHO, Fernando Neto. VOIP *versus* ICMS. *In*: MOREIRA, André Mendes; RABELO FILHO, Antônio Reinaldo; CORREIA, Armênio Lopes (org.). *Direito das telecomunicações e tributação*. São Paulo: Quartier Latin, 2006.

BOTEON, Mariana Veiga. África do Sul: imposto sobre valor agregado – características gerais e norma de incidência. *In*: PEIXOTO, Marcelo Magalhães; TAKANO, Caio Augusto Takano; ESCÓRCIO FILHO, Abel (coord.). *Tributação do valor agregado*: experiência internacional e a EC n. 132/2023. São Paulo: MP, 2024. p. 133-151.

BOTTALLO, Eduardo Domingos. *Fundamentos do IPI*: imposto sobre produtos industrializados. São Paulo: RT, 2002.

BOTTALLO, Eduardo Domingos. *IPI*: princípios e estrutura. São Paulo: Dialética, 2009.

BOZZI, Giuseppe. Comportamento del debitore a attuazione del raporto obblicatorio. *In*: ZOPPINI, Andrea (coord.). *Diritto civile*: il rapporto obbligatorio. Milano: Giùffre, 2009. p. 35-240.

BRITO, Edvaldo. A substituição tributária no ICMS. *Revista Dialética de Direito Tributário*, São Paulo, n. 2, nov. 1995.

BRITTO, Demes. A problemática de conflito entre o direito interno e o direito internacional em matéria tributária. *In*: BRITTO, Lucas Galvão de; CASEIRO, Marcos Paulo (coord.). *Direito tributário internacional*: teoria e prática. São Paulo: RT, 2014.

BRITTO, Lucas Galvão de. *Tributar na era da técnica*: como as definições feitas pelas agências reguladoras vêm interpretando as normas tributárias. São Paulo: Noeses, 2018.

BRITTO, Lucas Galvão de; CASEIRO, Marcos Paulo (coord.). *Direito tributário internacional*: teoria e prática. São Paulo: RT, 2014.

BROWN, Karen B. Applying circular reasoning to linear transactions: substance over form theory in U.S. and U.K. *Tax Law, 15 Hastings Int'l & Comp. L. Rev.*, v. 169, p. 169-226, 1992.

BROWN, Karen B. Comparative regulation of corporate tax avoidance: an overview. *In*: BROWN, Karen (ed.). *Comparative look at regulation of corporate tax avoidance*. Netherlands: Springer, 2012. Kindle Edition.

CÁCERES NIETO, Enrique. *Lenguaje y derecho: las normas jurídicas como sistema de enunciados*. México: UNAM, 2000.

CAGLIARI, José Francisco. Do concurso de pessoas. *Justitia*, São Paulo, v. 61, n. 185/188, p. 50-77, jan./dez. 1999.

CALIENDO, Paulo. *Curso de direito tributário*. São Paulo: Saraiva, 2017. Edição Kindle.

CANARIS, Claus Wilhelm. *Pensamento sistemático e conceito de sistema na ciência do direito*. Lisboa: Fundação Calouste Gulbenkian, 1989.

CANAZARO, Fábio. *Lei complementar tributária na Constituição de 1988*: normas gerais em matéria de legislação tributária e autonomia federativa. Porto Alegre: Livraria do Advogado, 2005.

CANOTILHO, José Joaquim Gomes. *Constituição dirigente e vinculação do legislador*: contributo para a compreensão das normas constitucionais programáticas. Coimbra: Coimbra Editora, 1994.

CANOTILHO, José Joaquim Gomes. *Direito constitucional*. 6. ed. Coimbra: Almedina, 1996.

CANOTILHO, José Joaquim Gomes. *Direito constitucional e teoria da Constituição*. 7. ed. Coimbra: Almedina, 2003.

CANOTILHO, José Joaquim Gomes; MENDES, Gilmar Ferreira; SARLET, Ingo Wolfgang; STRECJK, Lenio Luiz (coord. cient.); LEONCY, Léo Ferreira (coord. exec.). *Comentários à Constituição do Brasil*. São Paulo: Saraiva-Almedina, 2013.

CANOTILHO, José Joaquim Gomes; VITAL MOREIRA. *Fundamentos da Constituição*. Coimbra: Coimbra Editora, 1991.

CANTO, Gilberto de Ulhôa. A aquisição de disponibilidade e o acréscimo patrimonial no imposto sobre a renda. *In*: MARTINS, Ives Gandra da Silva (coord.). *Estudos sobre o imposto de renda* (em memória de Henry Tilbery). São Paulo: Resenha Tributária, 1994. p. 33-40.

REFERÊNCIAS | **773**

CANTO, Gilberto de Ulhôa. Contribuições especiais no direito brasileiro. *Revista de Direito Tributário*, ano 9, n. 31, p. 127-141, 1985.

CANTO, Gilberto de Ulhôa. *Direito tributário aplicado*. Rio de Janeiro: Forense Universitária, 1992.

CÁRNIO, Thaís Cíntia. *IOF*: teoria, prática e intervenção estatal. São Paulo: Atlas, 2015.

CARRAZZA, Elizabeth Nazar (coord.). *ICMS*: questões atuais. São Paulo: Quartier Latin, 2007.

CARRAZZA, Elizabeth Nazar. *Progressividade e IPTU*. Curitiba: Juruá, 1998.

CARRAZZA, Elizabeth Nazar; JESUS, Isabela Bonfá de (org.). *Atualidades do Sistema Tributário Nacional*. São Paulo: Quartier Latin, 2015. v. 1.

CARRAZZA, Roque Antonio. *Curso de direito constitucional tributário*. 16. ed. São Paulo: Malheiros, 2001.

CARRAZZA, Roque Antonio. *Curso de direito constitucional tributário*. 19. ed. São Paulo: Malheiros, 2004.

CARRAZZA, Roque Antonio. *Curso de direito constitucional tributário*. 30. ed. São Paulo: Malheiros, 2015.

CARRAZZA, Roque Antonio. *ICMS*. 6. ed. São Paulo: Malheiros, 2000.

CARRAZZA, Roque Antonio. *ICMS*. 10. ed. São Paulo: Malheiros, 2005.

CARRAZZA, Roque Antonio. *ICMS*. 17. ed. São Paulo: Malheiros, 2015.

CARRAZZA, Roque Antonio. *ICMS*. 18. ed. São Paulo: JusPodivm-Malheiros, 2020.

CARRAZZA, Roque Antonio. *Imposto sobre a renda*: perfil constitucional e temas específicos. São Paulo: Malheiros, 2005.

CARRAZZA, Roque Antonio. Imunidade, isenção e não-incidência. *In*: BARRETO, Aires F.; BOTTALLO, Eduardo Domingos (coord.). *Curso de iniciação em direito tributário*. São Paulo: Dialética, 2004. p. 93-109.

CARRAZZA, Roque Antonio. *O regulamento no direito brasileiro*. São Paulo: RT, 1981.

CARRIÓ, Genaro. *Notas sobre derecho y lenguaje*. Buenos Aires: Abeledo-Perrot, 1972.

CARVALHO, Aurora Tomazini de. *Curso de teoria geral do direito*: o construtivismo lógico-semântico. 5. ed. São Paulo: Noeses, 2016.

CARVALHO, Aurora Tomazini de. *Curso de teoria geral do direito*: o construtivismo lógico-semântico. 6. ed. São Paulo: Noeses, 2019.

CARVALHO, Aurora Tomazini de (org.). *Decadência e prescrição em direito tributário*. 2. ed. São Paulo: MP, 2010.

CARVALHO, Aurora Tomazini de. O construtivismo lógico-semântico como método de trabalho na elaboração jurídica. *In*: CARVALHO, Paulo de Barros (coord.); CARVALHO, Aurora Tomazini de (org.). *Construtivismo lógico-semântico*. São Paulo: Noeses, 2014. v. I.

CARVALHO, Aurora Tomazini de. *Teoria geral do direito*: o construtivismo lógico-semântico. 4. ed. São Paulo: Noeses, 2014.

CARVALHO, Fábio Junqueira de; MURGEL, Maria Inês. *IRPJ*: teoria e prática jurídica. 2. ed. São Paulo: Dialética, 2000.

CARVALHO, Jeferson Moreira de. *Leis complementares*. São Paulo: Themis, 2000.

CARVALHO, Marcelo Pimentel de. *Valor aduaneiro*: princípios, métodos e fraude. São Paulo: Aduaneiras, 2007.

CARVALHO, Paulo de Barros. Algo sobre o construtivismo lógico-semântico. *In*: CARVA-LHO, Paulo de Barros (coord.); CARVALHO, Aurora Tomazini de (org.). *Construtivismo lógico-semântico*. São Paulo: Noeses, 2014. v. I.

CARVALHO, Paulo de Barros. *A regra-matriz do ICM*. 1981. Tese (Livre-Docência em Direito Tributário) – Pontifícia Universidade Católica de São Paulo, São Paulo, 1981.

CARVALHO, Paulo de Barros. *Curso de direito tributário*. 13. ed. São Paulo: Saraiva, 2000.

CARVALHO, Paulo de Barros. *Curso de direito tributário*. 26. ed. São Paulo: Saraiva, 2014.

CARVALHO, Paulo de Barros. *Derivação e positivação no direito tributário*. São Paulo: Noeses, 2011. v. 1.

CARVALHO, Paulo de Barros. *Derivação e positivação no direito tributário*. São Paulo: Noeses, 2013. v. 2.

CARVALHO, Paulo de Barros. *Derivação e positivação no direito tributário*. 2. ed. São Paulo: Noeses, 2017. v. II.

CARVALHO, Paulo de Barros. *Direito tributário*: fundamentos jurídicos da incidência. 2. ed. São Paulo: Saraiva, 1999.

CARVALHO, Paulo de Barros. *Direito tributário*: fundamentos jurídicos da incidência. 10. ed. São Paulo: Saraiva, 2015.

CARVALHO, Paulo de Barros. *Direito tributário: linguagem e método*. 2. ed. São Paulo: Noeses, 2008.

CARVALHO, Paulo de Barros. *Direito tributário*: linguagem e método. 6. ed. São Paulo: Noeses, 2015.

CARVALHO, Paulo de Barros. *Hipótese de incidência e base de cálculo do ICM*. 1981. Tese (Livre-Docência em Direito Tributário) – Pontifícia Universidade Católica de São Paulo, São Paulo, 1981.

CARVALHO, Paulo de Barros. IPI – Comentários sobre as regras gerais de interpretação da tabela NBM/SH (TIPI/TAB). *Revista Dialética de Direito Tributário*, São Paulo, n. 12, p. 42-60, nov. 1996.

CARVALHO, Paulo de Barros. Isenções tributárias do IPI, em face do princípio da não-cumu-latividade. *RDDT*, n. 33, p. 142-166, 1998.

CARVALHO, Paulo de Barros. Não-incidência do ICMS na atividade de provedores de acesso à internet. *Revista Dialética de Direito Tributário*, São Paulo, n. 73, p. 97-104, out. 2001.

CARVALHO, Paulo de Barros. O campo restrito das normas gerais de direito tributário. *Revista dos Tribunais*, São Paulo, v. 60, n. 433, 1971.

CARVALHO, Paulo de Barros. Preços de transferência no direito tributário brasileiro. *In*: UCKMAR, Victor; ALTAMIRANO, Alejandro C.; TÔRRES, Heleno Taveira (coord.). *Impuestos sobre el comercio internacional*. 2. ed. Madrid-Barcelona-Buenos Aires: Marcial Pons, 2008. p. 679-692.

CARVALHO, Paulo de Barros. Regra-matriz de incidência do imposto sobre importação de produtos estrangeiros. *Revista da Receita Federal*: Estudos Tributários e Aduaneiros, Brasília, v. 1, n. 1, p. 61-77, ago./dez. 2014.

CARVALHO, Paulo de Barros. *Teoria da norma tributária*. 4. ed. São Paulo: Max Limonad, 2002.

CARVALHO, Paulo de Barros. *Teoria da norma tributária*. 5. ed. São Paulo: Quartier Latin, 2009.

REFERÊNCIAS | 775

CARVALHO DE MENDONÇA, José Xavier. *Tratado de direito comercial brasileiro*. Atual. Ricardo Negrão. Campinas: Bookseller, 2000. v. I.

CASTRO, Alexandre Barros. *Sujeição passiva no imposto sobre a renda*. São Paulo: Saraiva, 2004.

CECILIA, Mora-Donatto. *El valor de la Constitución normativa*. México: UNAM, 2002.

CHIESA, Clélio. *A competência tributária do Estado brasileiro*: desonerações nacionais e imunidades condicionadas. São Paulo: Max Limonad, 2002.

CHIESA, Clélio. *ICMS*: sistema constitucional: algumas inconstitucionalidades da LC 87/96. São Paulo: LTr, 1997.

CHIRELSTEIN, Marvin A. *Federal income taxation*. 11. ed. New York: Foundation Press, 2009.

CINTRA, Antônio Carlos de Araújo; GRINOVER, Ada Pellegrini; DINAMARCO, Cândido Rangel. *Teoria geral do processo*. 13. ed. São Paulo: Malheiros, 1997.

CLÈVE, Clèmerson Merlin. *Fiscalização abstrata de constitucionalidade no direito brasileiro*. 2. ed. São Paulo: RT, 2000.

CLÈVE, Clèmerson Merlin. *Medidas provisórias*. 2. ed. São Paulo: Max Limonad, 1999.

CLÈVE, Clèmerson Merlin. *Temas de direito constitucional (e de teoria do direito)*. São Paulo: Acadêmica, 1993.

CLÈVE, Clèmerson Merlin; SEHN, Solon. IPTU e Emenda Constitucional nº 29/2000 – Legitimidade da progressão das alíquotas em razão do valor venal do imóvel. *RDDT,* n. 94, p. 133-139, jul. 2003.

COELHO, Eduardo Junqueira. Da indevida exigência de PIS/Cofins sobre receitas não recebidas em virtude de inadimplência do devedor. *In*: MOREIRA, André Mendes; RABELO FILHO, Antônio Reinaldo; CORREIA, Armênio Lopes (org.). *Direito das telecomunicações e tributação*. São Paulo: Quartier Latin, 2006.

COELHO, Luiz Fernando. *Curso de introdução ao direito*: em 13 aulas. 4. ed. Santana de Parnaíba: Manole, 2022.

COELHO, Luiz Fernando. *Teoria crítica do direito*: uma aproximação macrofilosófica. 5. ed. Curitiba: Bonijuris, 2019.

COÊLHO, Sacha Calmon Navarro. *Comentários à Constituição de 1988*: sistema tributário. Rio de Janeiro: Forense, 1990.

COÊLHO, Sacha Calmon Navarro. *Contribuições no direito brasileiro*: seus problemas e soluções. São Paulo: Quartier Latin, 2007.

COÊLHO, Sacha Calmon Navarro. *Curso de direito tributário brasileiro*. 4. ed. Rio de Janeiro: Forense, 1999.

COÊLHO, Sacha Calmon Navarro. *Curso de direito tributário brasileiro*. 14. ed. Rio de Janeiro: Forense, 2015.

COÊLHO, Sacha Calmon Navarro. *Teoria e prática das multas tributárias*. 2. ed. Rio de Janeiro: Forense, 1995.

COÊLHO, Sacha Calmon Navarro. *Teoria geral do tributo, da interpretação e da exoneração tributária*. 3. ed. São Paulo: Dialética, 2003.

COÊLHO, Sacha Calmon Navarro. *Teoria geral do tributo da interpretação e da exoneração tributária*. 4. ed. Belo Horizonte: Fórum, 2018.

COÊLHO, Sacha Calmon Navarro. Tributação na internet. *In*: MARTINS, Ives Gandra da Silva (coord.). *Tributação na internet*. São Paulo: RT-Centro de Extensão Universitária, 2001.

COÊLHO, Sacha Calmon Navarro; COELHO, Eduardo Junqueira; LOBATO, Valter de Souza. Subvenções para investimentos à luz das Leis 11.638/2007 e 11.941/2009. *In*: ROCHA, Sergio Andre (coord.). *Direito tributário, societário e a reforma das Leis da S.A*. São Paulo: Quartier Latin, 2010. v. II.

COÊLHO, Sacha Calmon Navarro; DERZI, Misabel de Abreu Machado. *Do imposto sobre a propriedade predial e territorial urbana*. São Paulo: Saraiva, 1982.

COÊLHO, Sacha Calmon Navarro; DERZI, Misabel Abreu Machado. *Direito tributário aplicado*. Belo Horizonte: Del Rey, 1997.

COÊLHO, Sacha Calmon Navarro; DERZI, Misabel Abreu Machado. PIS/Cofins: direito de crédito nas entradas e saídas isentas ou com alíquota zero. *Revista Dialética de Direito Tributário*, São Paulo, n. 115, p. 143-154, abr. 2005.

COÊLHO, Sacha Calmon Navarro; DERZI, Misabel Abreu Machado. PIS/Cofins – regime de crédito – contratos de longo prazo – Instrução Normativa nº 468/04 da SRF – Ilegalidade. *Revista Dialética de Direito Tributário*, São Paulo, n. 114, p. 121-137, mar. 2005.

COLLURA, Giorgio. *Importanza dell'inadempimento e teoria del contrato*. Milano: Giuffrè, 1992.

COMELA, Víctor Ferreres. *Justicia constitucional y democracia*. Madrid: Centro de Estudios Políticos y Constitucionales, 1997.

CONSELHO NACIONAL DE JUSTIÇA. *Justiça em Números 2012*. Brasília: CNJ, 2021. Disponível em: https://bityli.com/7SxwmD. Acesso em: 26 jan. 2023.

CONTI, José Mauricio. *Sistema constitucional tributário interpretado pelos tribunais*. São Paulo: Oliveira Neves, 1998.

COPI, Irving M. *Introdução à lógica*. 2. ed. São Paulo: Mestre Jou, 1978.

CORAZZA, Edison Aurélio. *ICMS sobre prestações de serviços de comunicação*. São Paulo: Quartier Latin, 2006.

CORREIA NETO, Celso de Barros. *O avesso do tributo*: incentivos e renúncias. 2. ed. São Paulo: Almedina, 2016.

COSSIO, Carlos. *La teoría egológica del derecho*: su problema y sus problemas. Buenos Aires: Abeledo-Perrot, 1963.

COSTA, Alcides Jorge. *Estudos sobre IPI, ICMS e ISS*. São Paulo: Dialética, 2009.

COSTA, Alcides Jorge. *ICM na Constituição e na lei complementar*. São Paulo: Resenha Tributária, 1978.

COSTA, Mário Júlio de Almeida. *Direito das obrigações*. 7. ed. Coimbra: Almedina, 1998.

COSTA, Rafael Santiago. Inconstitucionalidade dos parágrafos 2º e 3º do art. 43 da Lei nº 8.212/91 (reclamatória trabalhista e o fato gerador das contribuições incidentes sobre a remuneração pelo trabalho). *Revista Dialética de Direito Tributário*, São Paulo, n. 188, p. 85-97, maio 2011.

COSTA, Ramón Valdés. *Instituciones de derecho tributario*. 2. ed. Buenos Aires: Depalma, 2004.

COSTA, Regina Helena. *Curso de direito tributário*: Constituição e Código Tributário Nacional. São Paulo: Saraiva, 2009.

COSTA, Regina Helena. *Curso de direito tributário*. 6. ed. São Paulo: SaraivaJur, 2016. Edição Kindle.

COSTA, Regina Helena. Notas sobre a existência de um direito aduaneiro. *In*: FREITAS, Vladmir Passas de. *Importação e exportação no direito brasileiro*. São Paulo: RT, 2004. p. 15-37.

COSTA, Regina Helena. *Princípio da capacidade contributiva*. 2. ed. São Paulo: Malheiros, 1996.

COSTA JUNIOR, Paulo José. *Comentários ao Código Penal*. 7. ed. São Paulo: Saraiva, 2002.

COSTA JUNIOR, Paulo José; DENARI, Zelmo. *Infrações tributárias e delitos fiscais*. 3. ed. São Paulo: Saraiva, 1998.

CRETELLA JÚNIOR, José. *Comentários à Constituição de 1988*. São Paulo: Forense Universitária, 1990. v. III.

CUTRERA, Achille. *Principii di diritto e politica doganale*. 2. ed. Padova: Cedam, 1941.

DALLARI, Dalmo de Abreu. *O Estado Federal*. São Paulo: Ática, 1986.

DATEY, V.S. *Customs law*: practice & procedures – as amended by Finance (nº 2) Act 2019. New Delhi: Taxmann, 2019.

DE MITA, Enrico. *Interesse fiscale e tutela del contribuente*: le garanzie costituzionali. 4. ed. Milano: Giuffrè, 2000.

DERZI, Misabel Abreu Machado. A causa final e a regra matriz das Contribuições. *In*: COÊLHO, Sacha Calmon Navarro (coord.). *Contribuições para seguridade social*. São Paulo: Quartier Latin, 2007.

DERZI, Misabel Abreu Machado. Cofins, PIS e a Lei 9.718, de 27 de novembro de 1998. *In*: ROCHA, Valdir de Oliveira (coord.). *Grandes questões atuais de direito tributário*. São Paulo: Dialética, 1999. v. 3.

DERZI, Misabel Abreu Machado. Medidas provisórias: sua absoluta inadequação à instituição e majoração de tributo. *Revista de Direito Tributário*, n. 45, 1988.

DERZI, Misabel Abreu Machado. *Modificações da jurisprudência no direito tributário*. São Paulo: Noeses, 2009.

DERZI, Misabel Abreu Machado. Tributação da renda *versus* tributação do patrimônio. *In*: ROCHA, Valdir de Oliveira (coord.). *Imposto de renda*: questões atuais e emergentes. São Paulo: Dialética, 1995.

DERZI, Misabel Abreu Machado; COÊLHO, Sacha Calmon Navarro. A compensação de créditos no ICMS e o princípio da não cumulatividade: o caso da energia elétrica. *In*: ROCHA, Valdir de Oliveira (coord.). *ICMS*: problemas jurídicos atuais. São Paulo: Dialética, 1996.

DE SANTI, Eurico Marcos Diniz. *Decadência e prescrição no direito tributário*. São Paulo: Max Limonad, 2000.

DE SANTI, Eurico Marcos Diniz. *Lançamento tributário*. São Paulo: Max Limonad, 1996.

DE SANTI, Eurico Marcos Diniz; MACHADO, Nelson. (coord.). *Imposto sobre bens e serviços* – Centro de Cidadania Fiscal: estatuto, PEC45, PEC Brasil solidário, PEC110, notas técnicas e visão 2023. 2. ed. São Paulo: Max Limonad, 2023.

DESLOGE, Summer. Clarity or confusion?: The Common Law Economic Substance Doctrine and its statutory counterpart. *Journal of Legislation*, v. 46, p. 326-345, 2019.

DINAMARCO, Cândido Rangel. *Instituições de direito processual civil*. São Paulo: Malheiros, 2001. v. III.

DINIZ, Maria Helena. *Curso de direito civil brasileiro*: teoria geral do direito civil. 14. ed. São Paulo: Saraiva, 1998. v. 1.

DINIZ, Maria Helena. *Lei de introdução às normas do direito brasileiro interpretada*. 17. ed. São Paulo: Saraiva, 2012.

DI PIETRO, Maria Sylvia Zanella. *Curso de direito administrativo*. 33. ed. Rio de Janeiro: Forense, 2020. Edição Kindle.

DI PIETRO, Maria Sylvia Zanella. *Direito administrativo*. 4. ed. São Paulo: Atlas, 1994.

DÓRIA, Antônio Roberto Sampaio. *Evasão e elisão*. São Paulo: Lael, 1971.

DOTTI, René Ariel. O sistema geral das penas. *In:* DOTTI, René Arial; REALE JÚNIOR, Miguel; TOLEDO, Francisco de Assis *et al. Penas restritivas de direitos*. São Paulo: RT, 1999.

DWORKIN, Ronald. *Los derechos en serio*. Barcelona: Ariel, 1995.

DWORKIN, Ronald. *Taking rights seriously*. 16. ed. Massachusetts: Harvard University Press, 1997.

DWORKIN, Ronald. *Uma questão de princípio*. São Paulo: Martins Fontes, 2000.

ELALI, André. Considerações sobre a dedução de débitos tributários incorridos através de parcelamento na apuração do Imposto de Renda das empresas (lucro real). *Revista Direito Tributário Atual*, n. 25, p. 60-69, 2011. Disponível em: https://revista.ibdt.org.br/index.php/RDTA/article/view/1576. Acesso em: 25 dez. 2022.

ENCHAVE, Delia Teresa; URQUIJO, María Eugenia; GUIBOURG, Ricardo A. *Lógica, proposición y norma*. Buenos Aires: Astrea, 1995.

ENTERRÍA, Eduardo García de. *La Constitución como norma y el Tribunal Constitucional*. 3. ed. Madrid: Civitas, 1994.

ENTERRÍA, Eduardo García de. *Reflexiones sobre la ley y los principios generales del derecho*. Madrid: Civitas, 1986.

ENTERRÍA, Eduardo García de; FERNÁNDEZ, Tomás-Ramón. *Curso de direito administrativo*. Revisor técnico Carlos Ari Sundfeld. Trad. José Alberto Froes Cal. 2. ed. São Paulo: RT, 2014.

ESTEBBING, Susan L. *Introducción moderna a la lógica*. México: UNAM, 1965.

ESTEVES, Maria do Rosário. *Normas gerais de direito tributário*. São Paulo: Max Limonad, 1997.

FALCÃO, Amílcar de Araújo. *Fato gerador da obrigação tributária*. 6. ed. Rio de Janeiro: Forense, 1999.

FALCÃO, Amílcar de Araújo. *Sistema financeiro tributário*. Rio de Janeiro: Financeiras, 1965.

FALSITTA, Gaspare. *Corso istituzionale di diritto tributario*. 8. ed. Milano: Cedam, 2022.

FALSITTA, Gaspare. *Il principio della capacità contributiva nel suo svolgimento storico prima e dopo la costituzione repubblicana*: schermaglie dialettiche su "scuole" e "maestri" del passato. Milano: Giuffrè, 2014.

FALSITTA, Gaspare. *Manuale di diritto tributário*: parte generale. 12. ed. Milano: Cedam, 2023.

FALSITTA, Gaspare. *Manuale di diritto tributario – parte speciale*: il sistema delle imposte in Italia. 30 ed. Milano: Cedam, 2021.

FANUCCHI, Fábio. *Curso de direito tributário brasileiro*. 4. ed. São Paulo: Resenha Tributária, 1983. v. I.

FERNANDES, Edison Carlos; MARTINS, Ives Gandra da Silva. *Não cumulatividade do PIS e da COFINS*. São Paulo: Quartier Latin, 2007.

FERNANDES, Regina Celi Pedrotti Vespero. *Imposto sobre transmissão causa mortis e doação – ITCMD*. São Paulo: RT, 2002.

FERNANDES, Rodrigo Mineiro. *Introdução ao direito aduaneiro*. São Paulo: Intelecto, 2018.

FERRAGUT, Maria Rita. *Presunções no direito tributário*. São Paulo: Dialética, 2001.

FERRAGUT, Maria Rita. *Responsabilidade tributária*. 4. ed. São Paulo: Noeses, 2020.

FERRARI, Regina Macedo Nery. O Estado Federal: estruturas e características. *Caderno de Direito Constitucional e Ciência Política*, São Paulo, v. 2, p. 88-102, jan./mar. 1993.

FERRAZ, Anna Candida da Cunha. Mutação, reforma e revisão das normas constitucionais. *Cadernos de Direito Constitucional e Ciência Política*, São Paulo, ano 1, v. 5, p. 5-24, out./ dez 1992.

FERRAZ JÚNIOR, Tercio Sampaio. ICMS: não cumulatividade e suas exceções constitucionais. *Revista de Direito Tributário*, n. 48, p. 14-24, abr./jul. 1989.

FERRAZ JÚNIOR, Tercio Sampaio. *Introdução ao estudo do direito*: técnica, decisão, dominação. 11. ed. São Paulo: Atlas, 2019.

FERREIRA, Dâmares. A Cofins incide sobre as instituições particulares de ensino sem fins lucrativos? *Revista da Associação Brasileira de Direito Tributário*, Belo Horizonte, v. 19, p. 17-24, nov./dez. 2002.

FERREIRA, Keila Pacheco. *Abuso do direito nas relações obrigacionais*. Belo Horizonte: Del Rey, 2006.

FERREIRA, Pinto. Lei complementar na Constituição. *RMPP*, n. 1, 1972.

FERREIRA FILHO, Manoel Gonçalves. *Comentários à Constituição brasileira de 1988*: arts. 44 a 103. São Paulo: Saraiva, 1992. v. 2.

FERREIRA FILHO, Manoel Gonçalves. *Curso de direito constitucional*. 42. ed. Rio de Janeiro: Forense, 2022.

FERREIRA FILHO, Manoel Gonçalves. *Do processo legislativo*. 3. ed. São Paulo: Saraiva, 1995.

FERREIRA FILHO, Manoel Gonçalves. *Do processo legislativo*. 4. ed. São Paulo: Saraiva, 2001.

FIGUEIREDO, Leonardo Vizeu. *Direito econômico*. 10. ed. Rio de Janeiro: Forense, 2019.

FIGUEIREDO, Lúcia Valle. Competência administrativa dos Estados e Municípios. *Revista de Direito Administrativo*, v. 207, p. 1-19, 1997.

FIGUEIREDO, Marina Vieira de. *Lançamento tributário*: revisão e seus efeitos. São Paulo: Noeses, 2014.

FIORILLO, Celso Antonio Pacheco; FIORILLO, João Antonio Ferreira Pacheco. *Os impostos do pecado*: a reforma tributária no Brasil e os impostos sobre produção, extração, comercialização ou importação de bens e serviços prejudiciais à saúde ou ao meio ambiente em face do direito ambiental constitucional. Rio de Janeiro: Lumen Juris, 2024.

FISCHER, Octavio Campos. *A contribuição ao PIS*. São Paulo: Dialética, 1999.

FISCHER, Octavio Campos. PIS-COFINS, não cumulatividade a Emenda Constitucional nº 42/03. *In*: PEIXOTO, Marcelo Magalhães; FISCHER, Octavio Campos (coord.) *PIS-Cofins*: questões atuais e polêmicas. São Paulo: Quartier Latin, 2005.

FISCHER, Octavio Campos; PEIXOTO, Marcelo Magalhães (coord.). *PIS-COFINS*: questões atuais e polêmicas. São Paulo: Quartier Latin, 2005.

FLAKS, Milton. Precatório judiciário na Constituição de 1988. *Revista de Processo*, São Paulo, v. 15, n. 58, p. 85-98, 1990.

FOLLONI, André Parmo. *Tributação sobre o comércio exterior*. São Paulo: Dialética, 2005.

FONROUGE, Carlos M. Giuliani. *Derecho financiero*. 2. ed. Buenos Aires: Depalma, 1970. v. 2.

FURLAN, Valéria C. P. *Imposto predial e territorial urbano*. 1. ed. 2. tir. São Paulo: Malheiros, 2000.

FUSO, Rafael Correia. *Tributação das securitizações de títulos e valores mobiliários*. São Paulo: Noeses, 2017.

FUX, Luiz. *Mandado de segurança*. 3. ed. Rio de Janeiro: Forense, 2024.

GAFFURI, Gianfranco. *Diritto tributario: parte generale e parte speciale*. 9. ed. Milano: Cedam, 2019.GAFFURI, Gianfranco. *La nozione della capacità contributiva e un essenziale confronto di idee*. Milano: Giuffrè, 2016.

GALHARDO, Luciana Rosanova; ROCHA, Felipe Barboza. As alterações introduzidas na Lei das Sociedades por Ações e suas implicações no âmbito tributário: análise detida do novo tratamento conferido às subvenções para investimento. *In*: ROCHA, Sergio Andre (coord.). *Direito tributário, societário e a reforma das Leis da S.A.* São Paulo: Quartier Latin, 2010. v. I.

GALVAÑ, Gemma Sala. *Los precios de transferencia internacionales:* su tratamiento tributario. Valencia: Tirant lo Blanch, 2003.

GAMA, Tácio Lacerda. *Competência tributária*: fundamentos para uma teoria da nulidade. São Paulo: Noeses, 2009.

GAMA, Tácio Lacerda. *Contribuição de intervenção no domínio econômico*. São Paulo: Quartier Latin, 2003.

GELBCKE, Ernesto Rubens; SANTOS, Ariovaldo dos; IUDÍCIBUS, Sérgio de; MARTINS, Eliseu. *Manual de contabilidade societária*: aplicável a todas as sociedades: de acordo com as normas internacionais e do CPC. 3. ed. São Paulo: Atlas, 2018.

GESTRI, Marco. *Abuso di diritto e frode alla legge nell'ordinamento comunitario*. Milano: Giuffrè, 2003.

GIANNINI, Achille Donato. *I concetti fondamentale del diritto tributario*. Torino: UTET, 1956.

GIANNINI, Achille Donato. *Istituzioni di diritto tributario*. 8. ed. Milano: Giuffrè, 1960.

GIOVANNINI, Alessandro. *Provento illecito e pressuposto della'imposta personale*. Milano: Giuffrè, 2010.

GIULIANI, Giuseppe. *Diritto tributario*. 3. ed. Milano: Giuffrè, 2002.

GODOI, Marciano Seabra de. Estudo comparativo sobre o combate ao planejamento tributário abusivo na Espanha e no Brasil: sugestões de alterações legislativas no ordenamento brasileiro. *Revista de Informação Legislativa do Senado Federal*, Brasília, ano 49, n. 194, p. 117-146, abr./jun. 2012.

GOLDSCHMIDT, Fabio Brun. *O princípio do não confisco no direito tributário*. São Paulo: RT, 2003.

GOLDSCHMIDT, Fabio Brun. *Teoria da proibição de bis in idem no direito tributário e sancionador tributário*. São Paulo: Noeses, 2014.

GOMES, Luiz Flávio. A questão da obrigatoriedade dos tratados e convenções no Brasil: particular enfoque da Convenção Americana sobre Direitos Humanos. *Revista dos Tribunais*, São Paulo, v. 83, n. 710, p. 21-31, dez. 1994.

GOMES, Orlando. *Contratos*. 27. ed. Rio de Janeiro: Forense, 2019.

GOMES, Orlando. *Introdução ao estudo do direito civil*. 13. ed. Rio de Janeiro: Forense, 1996.

GOMES, Orlando. *Introdução ao direito civil*. 22. ed. Rio de Janeiro: Forense, 2019.

GOMES, Orlando. *Obrigações*. 12. ed. Rio de Janeiro: Forense, 1998.

REFERÊNCIAS | 781

GOMES, Orlando. *Obrigações*. 17. ed. Rio de Janeiro: Forense, 2009.

GOMES, Orlando. *Obrigações*. 19. ed. Rio de Janeiro: Forense, 2019.

GONÇALVES NETO, Alfredo de Assis. *Lições de direito societário*. São Paulo: Juarez de Oliveira, 2002.

GONÇALVES, José Artur Lima. *Imposto sobre a renda*: pressupostos constitucionais. São Paulo: Malheiros, 1997.

GONÇALVES, José Artur Lima. *Isonomia na norma tributária*. São Paulo: Malheiros, 1993.

GONÇALVEZ, Renato Lacerda de Lima. *A tributação do* software *no Brasil*. São Paulo: Quartier Latin, 2005.

GONZÁLES, Ildefonso Sánches. *Historia general aduaneira de España*: edades antigua y media. Madrid: Instituto de Estudios Fiscales, 2014.

GORDILLO, Agustín. *Princípios gerais de direito público*. São Paulo: RT, 1977.

GORDILLO, Agustín. *Tratado de derecho administrativo*: parte general. 8. ed. Buenos Aires: FDA, 2003. t. 1.

GRAU, Eros Roberto. *A ordem econômica na Constituição de 1988*. 3. ed. São Paulo: Malheiros, 1997.

GRAU, Eros Roberto. *Direito, conceitos e normas jurídicas*. São Paulo: RT, 1988.

GRAU, Eros Roberto. *Ensaio e discurso sobre a interpretação/aplicação do direito*. São Paulo: Malheiros, 2002.

GRAU, Eros Roberto. Nota sobre a distinção entre obrigação, dever e ônus. *Revista da Faculdade de Direito da Universidade de São Paulo*, v. 77, p. 182 e ss., 1982.

GRECO, Marco Aurélio. Cofins na Lei 9.718/98 – Variações cambiais e regime de alíquota acrescida. *Revista Dialética de Direito Tributário*, São Paulo, n. 50, p. 110-151, nov. 1999.

GRECO, Marco Aurélio. Contribuição de intervenção no domínio econômico – parâmetros para sua criação. *In*: GRECO, Marco Aurélio (coord.). *Contribuições de intervenção no domínio econômico e figuras afins*. São Paulo: Dialética, 2001.

GRECO, Marco Aurélio (coord.). *Contribuições de intervenção no domínio econômico e figuras afins*. São Paulo: Dialética, 2001.

GRECO, Marco Aurélio. *Contribuições*: uma figura "sui generis". São Paulo: Dialética, 2000.

GRECO, Marco Aurélio. *Internet e o direito*. São Paulo: Dialética, 2000.

GRECO, Marco Aurélio. *Medidas provisórias*. São Paulo: RT, 1991.

GRECO, Marco Aurélio. Os tributos municipais. *In*: MARTINS, Ives Gandra (coord.). *A Constituição brasileira de 1988*: interpretações. Rio de Janeiro: Forense Universitária, 1988.

GRECO, Marco Aurélio. *Planejamento fiscal*. 2. ed. São Paulo: Dialética, 2008.

GRECO, Marco Aurélio. *Planejamento fiscal e interpretação da lei tributária*. São Paulo: Dialética, 1998.

GRECO, Marco Aurélio; LORENZO, Anna Paola Zonari de. ICMS – Materialidade e características constitucionais. *In*: MARTINS, Ives Gandra (org.). *Curso de direito tributário*. 2. ed. Belém: CEJUP, 1995. v. 2.

GRECO, Rogério. *Curso de direito penal*: parte geral. 4. ed. Rio de Janeiro: Impetus, 2004.

GRÖPL, Christoph. La relación entre ingresos estatales y egresos estatales en un Estado constitucional democrático. *Rivista di Diritto Tributario Internazionale*, Roma, p. 3-40, gen./ago. 2008.

782 | CURSO DE DIREITO TRIBUTÁRIO – *Solon Sehn*

GROSCLAUDE, Jacques; MARCHESSOU, Philippe. *Diritto tributario francese*: le imposte – le procedure. Trad. Enrico de Mita. Milano: Giuffrè, 2006.

GRUPENMACHER, Betina Treiger. *Tratados internacionais em matéria tributária e a ordem interna*. São Paulo: Dialética, 1999.

GUASTINI, Riccardo. *Estudios de teoría constitucional*. México: UNAM, 2001.

GUASTINI, Riccardo. *Interpretare e argomentare*. Milano: Giuffrè, 2011.

GUASTINI, Riccardo. *La sintassi del diritto*. 2. ed. Torino: Giappichelli, 2014.

GUASTINI, Riccardo. *Le fonti del diritto:* fondamenti teorici. Milano: Giuffrè, 2010.

GUASTINI, Riccardo. Sobre el concepto de constitución. Cuestiones Constitucionales. *Revista Mexicana de Derecho Constitucional,* n. 1, jul./dic. 1999.

GUCCIARDO, Livio. Il fondamento giuridico del principio di inerenza nel reddito d'impresa: secondo un recente orientamento della Corte di Cassazione si tratta di un principio generale insito nella nozione di reddito d'impresa. *Novità fiscali: L'attualità del diritto tributario svizzero e Internazionale*, Manno, n. 12, p. 23-29, dic. 2021. Disponível em: https://novitafiscali.supsi.ch/1098/. Acesso em: 29 dez. 2022.

GUERRA FILHO, Willis Santiago. Sobre princípios constitucionais gerais: isonomia e proporcionalidade. *Revista dos Tribunais*, n. 719, p. 60, set. 1995.

GUTERREZ, Miguel Delgado. Da renda imputada. *Direto Tributário Atual*, São Paulo, n. 32, p. 356-365, 2009.

HÄBERLE, Peter. El estado constitucional europeo. *Cuestiones Constitucionales. Revista Mexicana de Derecho Constitucional*, n. 2, p. 87-104, jan./jun. 2000.

HARET, Florence. *Teoria e prática das presunções no direito tributário*. São Paulo: Noeses, 2010.

HENSEL, Albert. *Derecho tributario*. Trad. Andrés Báez Moreno, María Luisa Gonzáles-Cuéllar Serrano y Enrique Ortiz Calle. Madrid-Barcelona: Marcial Pons, 2005.

HERBAIN, Charlène Adline. *VAT neutrality*. Bruxelles: Éditions Larcier, 2015. Kindle Edition.

HESSE, Konrad. *Elementos de direito constitucional da República Federal da Alemanha*. Porto Alegre: Fabris, 1998.

HILÚ NETO, Miguel. *Imposto sobre importações e imposto sobre exportações*. São Paulo: Quartier Latin, 2003.

HORTA, Nereida. A tributação do valor agregado na Índia: desafios e controvérsias. *In*: PEIXOTO, Marcelo Magalhães; TAKANO, Caio Augusto Takano; ESCÓRCIO FILHO, Abel (coord.). *Tributação do valor agregado*: experiência internacional e a EC n. 132/2023. São Paulo: MP, 2024. p. 217-247.

HORTA, Raul Machado. *Estudos de direito constitucional*. Belo Horizonte: Del Rey, 1995.

HORTA, Raul Machado. Permanência e mudança na Constituição. *Revista de Informação Legislativa*, v. 29, n. 115, p. 5-25, jul./set. 1992.

HORTA, Raul Machado. Repartição de competências na Constituição Federal de 1988. *Revista Trimestral de Direito Público*, n. 2, p. 5-20, 1993.

HORVATH, Estevão. *Contribuições de intervenção no domínio econômico*. São Paulo: Dialética, 2009.

HORVATH, Estevão. *Lançamento tributário e autolançamento*. São Paulo: Dialética, 1997.

HORVATH, Estevão. *O princípio do não confisco no direito tributário*. São Paulo: Dialética, 2002.

REFERÊNCIAS | **783**

HUCK, Hermes Marcelo. *Evasão e elisão*. São Paulo: Saraiva, 1997.

IBRAHIM, Fábio Zambitte. *Curso de direito previdenciário*. 24. ed. Niterói: Impetus, 2019.

JARACH, Dino. Estrutura e elementos da relação jurídica tributária. *Revista de Direito Público*, v. 4, n. 16, p. 337-345, 1967.

JARACH, Dino. *Finanzas públicas y derecho tributario*. 3. ed. Buenos Aires: Abeledo-Perrot, 1996.

JARACH, Dino. *O fato imponível:* teoria geral do direito tributário substantivo. 2. ed. São Paulo: RT, 2004.

JARDIM, Eduardo Marcial Ferreira. *Manual de direito financeiro e tributário*. 3. ed. São Paulo: Saraiva, 1996.

JEZÈ, Gaston. O fato gerador do imposto (contribuição à teoria do crédito de imposto). *Revista de Direito Administrativo*, Rio de Janeiro, n. 2, p. 50-63, jul. 1945.

JUSTEN FILHO, Marçal. Contribuições sociais. *Caderno de Pesquisas Tributárias*, São Paulo, v. 17, 1992.

JUSTEN FILHO, Marçal. *Curso de direito administrativo*. São Paulo: Saraiva, 2005.

JUSTEN FILHO, Marçal. *Curso de direito administrativo*. 13. ed. São Paulo: RT, 2018.

JUSTEN FILHO, Marçal. *O imposto sobre serviços na Constituição*. São Paulo: RT, 1985.

JUSTEN FILHO, Marçal. O ISS, a Constituição de 1988 e o Decreto-lei nº 406. *Revista Dialética de Direito Tributário*, São Paulo, n. 3, 1995.

JUSTEN FILHO, Marçal. O ISS no tempo e no espaço. *Revista Dialética de Direito Tributário*, São Paulo, n. 2, p. 53-69, nov. 1995.

JUSTEN FILHO, Marçal. *Sujeição passiva tributária*. Belém: CEJUP, 1986.

JUSTEN FILHO, Marçal. *Teoria geral das concessões de serviço público*. São Paulo: Dialética, 2003.

JUVENIZ JR., Ubaldo. ICMS Comunicação – As dificuldades impostas pelas novas tecnologias. *In*: CARRAZZA, Elizabeth Nazar (coord.). *ICMS*: questões atuais. São Paulo: Quartier Latin, 2007.

KELSEN, Hans. *La garantía jurisdiccional de la Constitución*: la justicia constitucional. Trad. Rolando Tamayo y Salmorán. México: UNAM, 2001.

KELSEN, Hans. *Teoría general del derecho y del Estado*. México: UNAM, 1959.

KELSEN, Hans. *Teoria geral das normas*. Porto Alegre: Fabris, 1986.

KELSEN, Hans. *Teoria geral do direito e do estado*. 3. ed. São Paulo: Martins Fontes, 1998.

KELSEN, Hans. *Teoria pura do direito*. 6. ed. São Paulo: Martins Fontes, 1998.

KEPPLER, Roberto Carlos; DIAS, Roberto Moreira. Da inconstitucionalidade da inclusão do ICMS na base de cálculo da Cofins. *Revista Dialética de Direito Tributário*, n. 75, p. 169-178, 2009.

KERAMIDAS, Fabiola Cassiano. A Zona Franca de Manaus e a isenção de PIS e Cofins. *In*: SARTORI, Angela (coord.). *Questões atuais de direito aduaneiro e tributário à luz da jurisprudência dos Tribunais*. São Paulo: IOB-Sage, 2017.

KIRCHHOF, Paul. *Tributação no Estado constitucional*. Trad. Pedro Adamy. São Paulo: Quartier Latin, 2016.

KONKEL JUNIOR, Nicolau. *Contribuições sociais*: doutrina e jurisprudência. São Paulo: Quartier Latin, 2005.

784 | CURSO DE DIREITO TRIBUTÁRIO – *Solon Sehn*

LACOMBE, Américo Lourenço Masset. Medidas provisórias. *In*: BANDEIRA DE MELLO, Celso Antônio (org.). *Direito administrativo e constitucional*: estudos em homenagem a Geraldo Ataliba. São Paulo: Malheiros, 1997. v. 2.

LACOMBE, Américo Lourenço Masset. *Princípios constitucionais tributários*. São Paulo: Malheiros, 1996.

LAFFER, Arthur B.; MOORE, Stephen; TANOUS, Peter. *The end of prosperity*: how higher taxes will doom the economy if we let it happen. New York: Threshold Editions, 2008.

LANG, Joachim. The autonomy of public finance law and tax law. *Rivista di Diritto Tributario Internazionale*, Roma, p. 27, gen./dic. 2011.

LAPATZA, José Juan Ferreiro. *Curso de derecho financiero español*: derecho financiero. 22. ed. Madrid-Barcelona: Marcial Pons, 2000. v. I.

LAPATZA, José Juan Ferreiro. *Curso de derecho financiero español*: derecho tributário. 22. ed. Madrid-Barcelona: Marcial Pons, 2000. v. II.

LAPATZA, José Juan Ferrero. *Curso de derecho financiero español*: derecho tributario (parte especial. Sistema tributario. Los tributos en particular). 22. ed. Madrid-Barcelona: Marcial Pons, 2000. v. III.

LAPATZA, José Juan Ferrero. *Curso de derecho tributario: parte especial*. Sistema tributário: Los tributos en particular. 19. ed. Madrid-Barcelona: Marcial Pons, 2003.

LAPATZA, José Juan Ferrero; HERNÁNDEZ, Francisco Clavijo; QUERALT, Juan Martín; ROYO, Fernando Pérez; LÓPES, José Manuel Tejerizo. *Curso de derecho financiero español*: derecho tributario (parte especial. Sistema tributario. Los tributos en particular). 22. ed. Madrid-Barcelona: Marcial Pons, 2000. v. III.

LA PERGOLA, Antonio. *Los nuevos senderos del Federalismo*. Madrid: Centro de Estudios Constitucionales, 1994.

LARENZ, Karl. *Metodologia da ciência do direito*. 2. ed. Lisboa: Fundação Calouste Gulbenkian, 1989.

LEAL, Victor Nunes. Leis complementares da Constituição. *Revista de Direito Administrativo*, São Paulo, n. 7, p. 379-394, jan./mar. 1947.

LEMKE, Gisele. *Imposto de renda*: os conceitos de renda e de disponibilidade econômica e jurídica. São Paulo: Dialética, 1998.

LEMKE, Gisele. Regime tributário das indenizações. *In*: MACHADO, Hugo de Brito (coord.). *Regime tributário das indenizações*. São Paulo-Fortaleza: Dialética-ICET, 2000.

LEONARDO, Rodrigo Xavier. Os contratos coligados, os contratos conexos e as redes contratuais. *In*: CARVALHOSA, Modesto. *Tratado de direito empresarial*. São Paulo: RT, 2016. t. IV.

LEONETTI, Carlos Araújo. *O imposto sobre a renda como instrumento de justiça social no Brasil*. Baureri: Manole, 2003.

LEVY, José Luiz. *A vedação ao abuso do direito como princípio jurídico*. São Paulo: Quartier Latin, 2015.

LIMA, Marcelo Chiavassa de Mello Paula. *Negócios jurídicos com efeitos ocultos*: fiduciários, indiretos e interposição fictícia de pessoas. Rio de Janeiro: Lumen Juris, 2018.

LIMA, Reginaldo Ferreira. *Direito cooperativo tributário*. São Paulo: Max Limonad, 1997.

LOEWENSTEIN, Karl. *Teoría de la Constitución*. Barcelona: Ariel, 1986.

LONGO, Erik. *La legge precária*: le trasformazioni della funzione legislativa nell'età dell'accelerazione. Torino: G. Giappichelli, 2017.

REFERÊNCIAS | **785**

LOPES FILHO, Osiris de Azevedo. *Regimes aduaneiros especiais*. São Paulo: RT, 1984.

LUNARDELLI, Pedro Guilherme Accorsi. Não cumulatividade do PIS e da Cofins. Apropriação de créditos. Definição de critérios jurídicos. *Revista Dialética de Direito Tributário*, n. 180, p. 114-136, set. 2010.

LUPI, Raffaello. *Diritto tributario*: parte speciali: i sistemi dei singoli tributi. 8. ed. Milano: Giuffrè, 2005.

LUQUI, Juan Carlo. O projeto de Código Tributário Nacional do Brasil. *Revista de Direito Administrativo*, v. 44, p. 540-547, 1956.

LYONS, Timothy. *EC Customs law*. 2. ed. New York: Oxford University Press, 2010.

MACEDO, Alberto. O conceito de serviço como bem imaterial incorporado pelo direito privado e a jurisprudência do STF, com o julgado RE-RG 603.136 RJ (franquia), de 2020. *In*: DA MATA, Juselder Cordeiro (coord.). *Tributação na sociedade moderna*. 2. ed. Belo Horizonte: Arraes, 2020. v. 2, p. 291-323.

MACEDO, Alberto. O conceito econômico de serviços já foi juridicizado há tempos também pelo direito privado. *In*: CARVALHO, Paulo de Barros (coord.); SOUZA, Priscila de (org.). *Direito tributário e os novos horizontes do processo*. São Paulo: Noeses, 2015.

MACEDO, Alberto; DACOMO, Natalia de Nardi (coord). *ISS*: pelos conselheiros julgadores. São Paulo: Quartier Latin, 2012.

MACHADO, Hugo de Brito. *Aspectos fundamentais do ICMS*. 2. ed. São Paulo: Dialética, 1999.

MACHADO, Hugo de Brito. *Crimes contra a ordem tributária*. 2. ed. São Paulo: Atlas, 2009.

MACHADO, Hugo de Brito. *Curso de direito tributário*. 7. ed. São Paulo: Malheiros, 1993.

MACHADO, Hugo de Brito. *Curso de direito tributário*. 10. ed. São Paulo: Malheiros.

MACHADO, Hugo de Brito. *Curso de direito tributário*. 27. ed. São Paulo: Malheiros, 2006.

MACHADO, Hugo de Brito. *Curso de direito tributário*. 36. ed. São Paulo: Malheiros, 2015.

MACHADO, Hugo de Brito. *ICMS*: problemas jurídicos. São Paulo: Dialética, 1996.

MACHADO, Hugo de Brito. *Lançamento tributário e decadência*. São Paulo: Dialética, 2002.

MACHADO, Hugo de Brito. *Normas gerais de direito tributário*. São Paulo: Malheiros, 2018.

MACHADO, Hugo de Brito. Posição hierárquica da Lei Complementar. *Revista Dialética de Direito Tributário*, São Paulo, n. 14, 1996.

MACHADO, Hugo de Brito. Progressividade do IPTU. *Repertório IOB de Jurisprudência*, n. 16, 1990.

MACHADO, Hugo de Brito. Teoria das sanções tributárias. *In*: MACHADO, Hugo de Brito (coord.). *Sanções administrativas tributárias*. São Paulo: Dialética, 2004.

MACHADO, Hugo de Brito; MACHADO SEGUNDO, Hugo de Brito. Parecer – Contribuições incidentes sobre faturamento. PIS e Cofins. Descontos obtidos de fornecedores. Fato gerador. Inocorrência. *Revista Dialética de Direito Tributário*, n. 113, 2011.

MACHADO SEGUNDO, Hugo de Brito. STF e contribuições: reconheceu-se, paulatinamente, que tudo é possível? *In*: PEIXOTO, Marcelo Magalhães; BRANCO, Leonardo Ogassawara de Araújo; PRZEPIORKA, Michell (coord.). *Contribuições*: evolução jurisprudencial no Carf, STJ e STF. São Paulo: MP-Apet, 2022. p. 115-124.

MACHADO SEGUNDO, Hugo de Brito; MACHADO, Raquel Cavalcanti Ramos. As contribuições no sistema tributário brasileiro. *In*: MACHADO, Hugo de Brito (org.). *As contribuições no sistema tributário brasileiro*. São Paulo-Fortaleza: Dialética-ICET, 2003.

MAGANO, Octávio Bueno. Verbas trabalhistas e contribuições previdenciárias. *Revista Síntese Trabalhista: Administrativa e Previdenciária*, Porto Alegre, v. 8, n. 101, p. 127-128, nov. 1997.

MAIHOFER, Werner; VOGEL, Hans-Jochen; HESSE, Konrad. *Manual de derecho costitucional*. Madrid: Marcial Pons, 1996.

MARINHO NETO, José Antonino (org.); LOBATO, Valter de Souza (coord.). *Planejamento tributário*: pressupostos teóricos e aplicação prática. Belo Horizonte: Fórum, 2021. Edição Kindle.

MARINO, Francisco Paulo de Crescenzo. *Contratos coligados no direito brasileiro*. São Paulo: Saraiva, 2009.

MARINONI, Luiz Guilherme. *Coisa julgada inconstitucional*. São Paulo: RT, 2008.

MARINONI, Luiz Guilherme. *Precedentes obrigatórios*. 6. ed. São Paulo: RT, 2019.

MARINONI, Luiz Guilherme; ARENHART, Sérgio Cruz; MITIDIERO, Daniel. *Curso de processo civil*: tutela dos direitos mediante procedimento comum. São Paulo: RT, 2015. v. II.

MARINONI, Luiz Guilherme; ARENHART, Sérgio Cruz; MITIDIERO, Daniel. *Novo Código de Processo Civil comentado*. 3. ed. São Paulo: RT, 2007.

MARINONI, Luiz Guilherme; ARENHART, Sérgio Cruz; MITIDIERO, Daniel. *Novo curso processo civil*: tutela dos direitos mediante procedimento comum. São Paulo: RT, 2015. v. 2.

MARINS, James. *Elisão tributária e sua regulação*. São Paulo: Dialética, 2002.

MARQUES, Márcio Severo. *Classificação constitucional dos tributos*. São Paulo: Max Limonad, 2000.

MARTINEZ, Pedro Romano. *Cumprimento defeituoso*: em especial na compra e venda e na empreitada. Coimbra: Almedina, 1994.

MARTINS, Fran. *Curso de direito comercial*. 22. ed. Rio de Janeiro: Forense, 1996.

MARTINS, Ives Gandra da Silva. *Comentários à Constituição do Brasil*. São Paulo: Saraiva, 1990. v. 6, t. 1.

MARTINS, Ives Gandra da Silva *et al. Comentários à Constituição do Brasil*: arts. 44 a 69. São Paulo: Saraiva, 1995. v. 4, t. I.

MARTINS, Ives Gandra da Silva. *Contribuições de intervenção no domínio econômico*. São Paulo: CEU-RT, 2002.

MARTINS, Ives Gandra da Silva. O perfil da "receita" e do "faturamento" na Emenda Constitucional n. 20/98. *In*: ROCHA, Valdir de Oliveira (coord.). *Contribuições sociais*: problemas jurídicos (Cofins, PIS, CSLL e CPMF). São Paulo: Dialética, 1999.

MARTINS, Ives Gandra da Silva (coord.). *Tributação na internet*. São Paulo: CEU-RT, 2001.

MARTINS, Ives Gandra da Silva; PEIXOTO, Marcelo Magalhães (coord.). *Imposto sobre a renda e proventos de qualquer natureza*: questões pontuais do curso da APET. São Paulo: MP, 2006.

MARTINS, Ives Gandra da Silva; SOUZA, Fátima Fernandes Rodrigues de. ICMS. Exegese do art. 155, II, § 2º, IX, "b" da CF (fornecimento de mercadorias com prestação de serviços não compreendidos na competência tributária dos Municípios). *Revista Dialética de Direito Tributário*, São Paulo, n. 100, p. 18-38, jan. 2004.

MARTINS, Marcelo Guerra. Tratados internacionais em matéria tributária em um ambiente de economia globalizada. *In*: BRITTO, Lucas Galvão de; CASEIRO, Marcos Paulo (coord.). *Direito tributário internacional*: teoria e prática. São Paulo: RT, 2014.

MARTINS, Natanael. A Lei n. 12.973/2014 e o pronunciamento técnico CPC 30 – receitas. *In*: RODRIGUES, Daniele Souto; MARTINS, Natanael. *Tributação atual da renda*: estudo da Lei n. 12.973/14: da harmonização jurídico contábil à tributação de lucros do exterior. São Paulo: Noeses, 2015.

MARTINS, Natanael. Restrições à dedução de provisões e despesas (a propósito do art. 13 da Lei 9.249/95. *In*: ROCHA, Valdir de Oliveira (coord.). *Imposto de Renda*: alterações fundamentais. São Paulo: Dialética, 1996.

MARTINS, Ricardo Lacaz. *Tributação da renda imobiliária*. São Paulo: Quartier Latin, 2011.

MARTINS, Sérgio Pinto. *Direito da seguridade social*. 19 ed. São Paulo: Atlas, 2003.

MARTINS, Sérgio Pinto. *Manual do imposto sobre serviços*. 8. ed. São Paulo: Atlas, 2013.

MARTINS-COSTA, Judith. *A boa-fé no direito privado*: critérios para sua aplicação. 2. ed. São Paulo: Saraiva, 2018.

MARTONE, Rodrigo Correa; SANTOS, Stella Oger. A recorrente ineficiência no pagamento de precatórios: alteração nas regras não foram suficientes para resolver a mora dos entes devedores. *Jota*. Disponível em: https://www.jota.info/opiniao-e-analise/artigos/a-recorrente-ineficiencia-no-pagamento-de-precatorios-20042018. Acesso em: 29 jun. 2018.

MASUKO, Ana Clarissa. *Princípio do destino no comércio exterior de serviços*. Rio de Janeiro: Lumen Juris, 2021.

MATTOS, Aroldo Gomes de. As contribuições no sistema tributário brasileiro. *In*: MACHADO, Hugo de Brito (org.). *As contribuições no sistema tributário brasileiro*. São Paulo-Fortaleza: Dialética-ICET, 2003.

MATTOS, Aroldo Gomes de. *ICMS*: comentários à legislação nacional. São Paulo: Dialética, 2006.

MAURER, Hartmut. *Derecho administrativo*: parte general. Madrid-Barcelona-Buenos Aires: Marcial Pons, 2011.

MAXIMILIANO, Carlos. *Hermenêutica e aplicação do direito*. 18. ed. Rio de Janeiro: Forense, 2000.

MAYER, Otto. *Derecho administrativo Alemán*. Trad. Horacio Heredia e Ernesto Krotoschin. Buenos Aires: Depalma, 1982. t. II.

MCNAUGHTON, Charles William. *Curso de IRPF*. São Paulo: Noeses, 2019.

MEIRELLES, Hely Lopes. *Direito municipal brasileiro*. 7. ed. São Paulo: Malheiros, 1994.

MEIRELLES, José Ricardo. O princípio da capacidade contributiva. *Revista de Informação Legislativa do Senado Federal*, Brasília, n. 136, p. 333-340, out./dez. 1997.

MELLO, Celso Antônio Bandeira de. *Curso de direito administrativo*. 18. ed. São Paulo: Malheiros, 2005.

MELLO, Rafael Munhoz de. *Princípios constitucionais de direito administrativo sancionador*: as sanções administrativas à luz da Constituição Federal de 1988. São Paulo: Malheiros, 2007.

MELO, José Eduardo Soares de. *A importação no direito tributário*: impostos, taxas, contribuições. São Paulo: RT, 2003.

MELO, José Eduardo Soares de. *Aspectos teóricos e práticos do ISS*. São Paulo: Dialética, 2000.

MELO, José Eduardo Soares de. *Contribuições sociais no sistema tributário*. 3. ed. São Paulo: Malheiros, 2000.

MELO, José Eduardo Soares de. *Curso de direito tributário*. São Paulo: Dialética, 1997.

MELO, José Eduardo Soares de. *ICMS*: teoria e prática. 4. ed. São Paulo: Dialética, 2000.

MELO, José Eduardo Soares de. *Imposto sobre serviços de comunicação*. São Paulo: Malheiros, 2000.

MELO, José Eduardo Soares de. *IPI*: teoria e prática. São Paulo: Malheiros, 2009.

MELO, José Eduardo Soares de. *ISS*: aspectos teóricos e práticos. 3. ed. São Paulo: Dialética, 2003.

MELO, José Eduardo Soares de. PIS e Cofins sobre o ato cooperativo. *In*: BECHO, Renato Lopes (coord.). *Problemas atuais do direito cooperativo*. São Paulo: Dialética, 2002.

MENCARELLI, Silvia; SCALESSE, Rosa Rita; TINELLI, Giuseppe. *Introduzione allo studio giuridico dell'imposta sul valore aggiunto*. 2. ed. Torino: G. Giappichelli, 2018.

MENDES, Gilmar Ferreira. *Jurisdição constitucional*. 3. ed. São Paulo: Saraiva, 1999.

MENDONÇA, Cristiane. *Competência tributária*. São Paulo: Quartier Latin, 2004.

MENDONÇA, Jean Cleuter Simões. Isenções tributárias no pacto federalista – Zona Franca de Manaus. *In*: PEIXOTO, Marcelo Magalhães; SARTORI, Angela; DOMINGO, Luiz Roberto (coord.). *Tributação aduaneira à luz da jurisprudência do CARF – Conselho Administrativo de Recursos Fiscais*. São Paulo: MP-APET, 2013.

MENDONÇA, J. X. Carvalho de. *Tratado de direito comercial brasileiro*. Atual. Ricardo Negrão. Campinas: Bookseller, 2000. v. I, livro I.

MENÉNDEZ, Ignácio Villaverde. *La inconstitucionalidad por omisión*. Madrid: McGraw-Hill, 1997.

MERUSI, Fabio. *Buona fede e affidamento nel diritto pubblico*: dagli anni "trenta" all'"alternanza". Milano: Giuffrè, 2001.

MICHELI, Gian Antonio. *Corso di diritto tributario*. Torino: UTET, 1970.

MINATEL, José Antonio. *Conteúdo do conceito de receita e regime jurídico para sua tributação*. São. Paulo: MP, 2005.

MINATEL, José Antonio. Subvenções públicas: registros contábeis e reflexos tributários a partir da Lei nº 11.638/07. *Revista Dialética de Direito Tributário*, n. 159, p. 41-61, 2008.

MIRANDA, Jorge. *Curso de direito internacional público*: uma visão sistemática do direito internacional dos nossos dias. 4. ed. Rio de Janeiro: Forense, 2009.

MIRANDA, Jorge. *Manual de direito constitucional*: constituição e inconstitucionalidade. 3. ed. Coimbra: Coimbra Editora, 1996. t. II.

MIRANDA, Jorge. Sobre a reserva constitucional da função legislativa. *In*: MIRANDA, Jorge (org.). *Perspectivas constitucionais nos 20 anos da Constituição de 1976*. Coimbra: Coimbra, 1997. v. II.

MIRANDA, Jorge. *Teoria do Estado e da Constituição*. Rio de Janeiro: Forense, 2002.

MITA, Enrico de. *Interesse fiscale e tutela del contribuente*: le garantie costituzionali. 4. ed. Milano: Giuffrè, 2000.

MITA, Enrico de. *Maestri del diritto tributario*. Milano: Giuffrè, 2013.

MITA, Enrico de. *Principi di diritto tributario*. 7. ed. Milano: Giuffrè, 2019.

MOLINA, Pedro M. Herrera. *Capacidad económica y sistema fiscal*: análisis del ordenamiento español a luz del derecho alemán. Madrid: Marcial Pons, 1998.

MONCADA, Luís Cabral de. *A reserva de lei no actual direito público alemão*. Lisboa: Universidade Lusíada, 1992.

REFERÊNCIAS | **789**

MORAES, Bernardo Ribeiro de. O imposto sobre circulação de mercadorias no sistema tributário nacional. *In:* MARTINS, Ives Gandra (org.). *O fato gerador do I.C.M.* São Paulo: Resenha Tributária-Centro de Estudos de Extensão Universitária, 1978.

MORAES, Bernardo Ribeiro de. O IPTU e as limitações do legislador municipal. *Repertório IOB de Jurisprudência*, n. 4, 1990.

MORCHON, Gregório Robles. *As regras do direito e as regras dos jogos*: ensaio sobre a teoria analítica do direito. Trad. Pollyana Mayer. São Paulo: Noeses, 2011.

MORCHON, Gregório Robles. *O direito como texto*: quatro estudos de teoria comunicacional do direito. São Paulo: Manole, 2005.

MORCHON, Gregório Robles. *Teoría del derecho*: fundamentos de teoría comunicacional del derecho. Madrid: Civitas, 1998. v. I.

MOREIRA, André Mendes. *A tributação dos serviços de comunicação*. São Paulo: Dialética, 2006.

MOREIRA, André Mendes. *Neutralidade, valor acrescido e tributação*. 3. ed. Belo Horizonte: Fórum, 2023.

MOREIRA, André Mendes; RABELO FILHO, Antônio Reinaldo; CORREIA, Armênio Lopes (org.). *Direito das telecomunicações e tributação*. São Paulo: Quartier Latin, 2006.

MOREIRA JUNIOR, Gilberto de Castro. Subvenções concedidas pelo Poder Público às Leis 11.638/07 e 11.941/09. *In:* FERNANDES, Edison Carlos; PEIXOTO, Marcelo Magalhães (coord.). *Aspectos tributários da nova lei contábil*. São Paulo: MP-Apet, 2010.

MOREIRA NETO, Diogo Figueiredo. Competência concorrente limitada. *Revista de Informação Legislativa do Senado Federal*, Brasília, n. 100, out./dez. 1988.

MOREIRA NETO, Diogo Figueiredo. *Curso de direito administrativo*. 13. ed. Rio de Janeiro: Forense, 2003.

MOSQUEIRA, Roberto Quiroga. *Renda e proventos de qualquer natureza*: o imposto e o conceito constitucional. São Paulo: Dialética, 1996.

MOTA, Sergio Ricardo Ferreira. *Bitributação e bis in idem na tributação*. Florianópolis: Insular, 2013.

MOUSSALLEM, Tárek Moysés. Classificação dos tributos: uma visão analítica. *In:* DE SANTI, Eurico Diniz (org.). *IV Congresso de Estudos Tributários*: tributação e processo. São Paulo: Noeses, 2007. p. 629-635.

MOUSSALLEM, Tárek Moysés. *Revogação em matéria tributária*. São Paulo: Noeses, 2005.

MOUSSALLEM, Tárek Moysés. Sobre as definições. *In:* CARVALHO, Paulo de Barros (coord.); BRITTO, Lucas Galvão de (org.). *Lógica e direito*. São Paulo: Noeses, 2016.

MOYSÉS, Eliana Alonso; DONIAK JR., Jimir. Tributação pelo Pis/Cofins em casos de inadimplência. *In:* MOREIRA JUNIOR, Gilberto Castro; PEIXOTO, Marcelo Magalhães (coord.). *PIS e Cofins à luz da jurisprudência do Conselho Administrativo de Recursos Fiscais*. São Paulo: MP, 2014. v. 3.

MÜLLER, Friedrich. *Direito, linguagem e violência*: elementos de uma teoria constitucional, I. Porto Alegre: Fabris, 1995.

MÜLLER, Friedrich. *Métodos de trabalho do direito constitucional*. 2. ed. São Paulo: Max Limonad, 2000.

NABAIS, José Casalta. *Estudos de direito fiscal*: por um Estado fiscal suportável. Coimbra: Almedina, 2005.

NABAIS, José Casalta. *O dever fundamental de pagar impostos*: contributo para a compreensão constitucional do estado fiscal contemporâneo. Coimbra: Almedina, 2015.

NASCIMENTO, Amauri Mascaro. *Curso de direito do trabalho*. 17. ed. São Paulo: Saraiva, 2001.

NETTO, Domingos Franciulli. Cofins – A exclusão das receitas financeiras de sua base de cálculo. *In*: PEIXOTO, Marcelo Magalhães; FISCHER, Octávio Campos (coord.). *PIS--Cofins*: questões atuais e polêmicas. São Paulo: Quartier Latin, 2005. p. 79.

NEUMARK, Fritz. *Principios de la imposición*. Trad. Luis Gutiérrez Andrés. 2. ed. Madrid: Instituto de Estudios Fiscales, 1994.

NEVES, José Roberto de Castro. *Direito das obrigações*. 7. ed. Rio de Janeiro: LMJ Mundo Jurídico, 2017.

NEVES, Luís Fernando de Souza. *Cofins: Contribuição Social sobre o Faturamento – L.C. 70/91*. São Paulo: Max Limonad, 1997.

NINO, Carlos Santiago. *Fundamentos de derecho constitucional*. Buenos Aires: Atrea, 1992.

NISHIOKA, Alexandre Naoki; LOMBA, Juliana Ferretti. Contribuição como espécie de tributos: a jurisprudência do Supremo Tribunal Federal. *In*: PEIXOTO, Marcelo Magalhães; BRANCO, Leonardo Ogassawara de Araújo; PRZEPIORKA, Michell (coord.). *Contribuições*: evolução jurisprudencial no Carf, STJ e STF. São Paulo: MP-Apet, 2022. p. 27-36.

NOBRE JÚNIOR, Edilson Pereira. Fraude à lei. *Revista da Ajuris*, v. 41, n. 136, dez. 2014.

NOBRE JÚNIOR, Edilson Pereira. *Princípio constitucional da capacidade contributiva*. Porto Alegre: Fabris, 2001.

NOGUEIRA, Ruy Barbosa. *Curso de direito tributário*. 14. ed. São Paulo: Saraiva, 1995.

NOGUEIRA, Ruy Barbosa. *Direito financeiro*: curso de direito tributário. 3. ed. São Paulo: José Bushatsky, 1971.

NOVOA, César García. *El concepto de tributo*. Buenos Aires: Marcial Pons, 2012.

NOVOA, César García. *El principio de seguridad jurídica en materia tributaria*. Madrid-Barcelona: Marcial Pons, 2000.

NOVOA, César García. *La cláusula antielusiva en la nueva ley general tributaria*. Madrid: Marcial Pons, 2004.

NOVOA, César García. Los derechos de aduana y su naturaliza jurídica. *In*: CARRERO, Germán Pardo (dir.); MARSILLA, Santiago Ibáñez; YEBRA, Felipe Moreno (codir.). *Derecho aduanero*. Bogotá: Universidad del Rosario; Tirant lo Blanch, 2020. t. II, p. 85-116.

OLIVEIRA, Ricardo Mariz de. Aspectos relacionados à "não cumulatividade" da COFINS e da contribuição ao PIS. *In*: PEIXOTO, Marcelo Magalhães; FISCHER, Octavio Campos (coord.). *PIS-Cofins*: questões atuais e polêmicas. São Paulo: Quartier Latin, 2005.

OLIVEIRA, Ricardo Mariz de. Cofins-importação e Pis-importação. *In*: ROCHA, Valdir de Oliveira (coord.). *Grandes questões atuais do direito tributário*. São Paulo: Dialética, 2004.

OLIVEIRA, Ricardo Mariz de. Conceito de receita como hipótese de incidência das Contribuições para a Seguridade Social (para Efeitos da Cofins e da Contribuição ao PIS). *Repertório IOB de Jurisprudência*, n. 1, p. 20-43, jan. 2001.

OLIVEIRA, Ricardo Mariz de. Contribuições de intervenção no domínio econômico – concessionárias, permissionárias e autorizadas de energia elétrica – aplicação obrigatória de recursos (Lei n. 9.991). *In*: GRECO, Marco Aurélio (coord.) *Contribuição de intervenção no domínio econômico e figuras afins*. São Paulo: Dialética, 2001.

REFERÊNCIAS | 791

OLIVEIRA, Ricardo Mariz de. *Fundamentos do imposto de renda*. São Paulo: Quartier Latin, 2008.

OLIVEIRA, Ricardo Mariz de. *Fundamentos do imposto de renda*. São Paulo: IBDT, 2020. v. 1.

OLIVEIRA, Ricardo Mariz de. *Fundamentos do imposto de renda*. São Paulo: IBDT, 2020. v. 2.

OSTERLOH, Lerke. The concept of tax, the ability-to-pay principle and the economic interpretation – the fundamentals of tax law in the case law of the Federal Constitutional Court in Gernany. *Rivista di Diritto Tributario Internazional*, Roma, p. 11-15, magg./ago. 2007.

OTTO, Ignacio de. *Derecho constitucional*: sistema de fuentes. Barcelona: Ariel, 1998.

PACE, Ricardo. *Contribuições de intervenções no domínio econômico*. Porto Alegre: Fabris, 2001.

PAULSEN, Leandro. *Curso de direito tributário completo*. 13. ed. São Paulo: SaraivaJur, 2022.

PAULSEN, Leandro. *Responsabilidade e substituição tributárias*. 2. ed. Porto Alegre: Livraria do Advogado, 2014.

PAULSEN, Leandro; MELO, José Eduardo Soares de. *Impostos federais, estaduais e municipais*. 2. ed. Porto Alegre: Lael, 2006.

PAULSEN, Leandro; VELLOSO, Andrei Pitten. *Contribuições no sistema tributário brasileiro*. 4. ed. São Paulo: Saraiva Educação, 2019. Edição Kindle.

PEDREIRA, José Luiz Bulhões. *Imposto de renda*. Rio de Janeiro: Justec, 1971.

PEDREIRA, José Luiz Bulhões. *Imposto sobre a renda*: pessoas jurídicas. Rio de Janeiro: Adcoas-Justec, 1979. v. I.

PEIXOTO, Marcelo Magalhães. *Imposto de renda das pessoas jurídicas*: o conceito de despesa dedutível à luz da jurisprudência do Carf – Conselho Administrativo de Recursos Fiscais. São Paulo: MP, 2011.

PEIXOTO, Marcelo Magalhães (coord.). *Planejamento tributário*. São Paulo: Quartier Latin, 2004.

PEIXOTO, Marcelo Magalhães; ANDRADE, José Maria Arruda de (coord.). *Planejamento tributário*. São Paulo: MP, 2007.

PEIXOTO, Marcelo Magalhães; BERGAMINI, Adolpho (coord.). *PIS e Cofins na teoria e na prática*: uma abordagem completa dos regimes cumulativo e não cumulativo. 5. ed. São Paulo: MP-Apet, 2022.

PEIXOTO, Marcelo Magalhães; BRANCO, Leonardo Ogassawara de Araújo; PRZEPIORKA, Michell (coord.). *Contribuições*: evolução jurisprudencial no Carf, STJ e STF. São Paulo: MP-Apet, 2022.

PEIXOTO, Marcelo Magalhães; ESCÓRCIO FILHO, Abel; PINTO, Alexandre Evaristo. A tributação do consumo no Canadá. Um breve comparativo com a Reforma Tributária Brasileira – EC n. 132/2023. *In*: PEIXOTO, Marcelo Magalhães; TAKANO, Caio Augusto Takano; ESCÓRCIO FILHO, Abel (coord.). *Tributação do valor agregado*: experiência internacional e a EC n. 132/2023. São Paulo: MP, 2024. p. 193-215.

PEIXOTO, Marcelo Magalhães; MELO, Fábio Soares de (coord.). *IPI*: questões fundamentais. São Paulo: MP, 2008.

PEIXOTO, Marcelo Magalhães; SEHN, Solon (coord.). *Direito aduaneiro e tributação do comércio exterior*. São Paulo: MP-Apet, 2023.

PEIXOTO, Marcelo Magalhães; TAKANO, Caio Augusto Takano; ESCÓRCIO FILHO, Abel (coord.). *Tributação do valor agregado*: experiência internacional e a EC n. 132/2023. São Paulo: MP, 2024.

PEREIRA, Cesar A. Guimarães. *Elisão tributária e função administrativa*. São Paulo: Dialética, 2001.

PEREIRA, Cláudio Augusto Gonçalves. Conflito de normas entre o ISS e o ICMS na indústria gráfica. *In*: PINTO, Sergio Luiz de Moares; MACEDO, Alberto; ARAÚJO, Wilson José de. *Gestão tributária municipal e tributos municipais*. São Paulo: Quartier Latin, 2013. v. 3, p. 118-124.

PEREIRA, Cláudio Augusto Gonçalves. O imposto sobre serviços de qualquer natureza e o licenciamento do uso de software. *Revista de Estudos Tributários*, Porto Alegre, v. 16, n. 99, p. 22-26, set./out. 2014.

PEREIRA, Cláudio Augusto Gonçalves. O imposto sobre serviços – ISS – cobrado na expedição do "habite-se": a inconstitucionalidade da pauta fiscal. *In*: MACEDO, Alberto; DACOMO, Natalia de Nardi (coord.). *ISS*: pelos conselheiros julgadores. São Paulo: Quartier Latin, 2012. p. 127-134.

PEREIRA, Cláudio Augusto Gonçalves; REIS, Raquel Segala (org.). *Ensaios de direito aduaneiro*. São Paulo: Intelecto, 2015.

PEREIRA, Tânia Carvalhais. *Direito aduaneiro europeu*: vertente tributária. Lisboa: Universidade Católica Editora, 2020.

PERERA, Ángel Carrasco. *Tratado del abuso de derecho y del fraude de ley*. Navarra: Aranzadi-Civitas-Thomson Reuters, 2016.

PERLINGIERI, Pietro. *Perfis do direito civil*: introdução ao direito civil constitucional. Rio de Janeiro: Renovar, 1997.

PETRY, Rodrigo Caramori. *Contribuições PIS/Pasep e Cofins*: limites constitucionais da tributação sobre o "faturamento", a "receita" e a "receita operacional das empresas" e outras entidades no Brasil. São Paulo: Quartier Latin, 2009.

PFERSMANN, Otto. Carré de Malberg y la "jerarquía normativa". Cuestiones constitucionales. *Revista Mexicana de Derecho Constitucional*, n. 4, p. 184-185, ene./jun. 2001.

PIETRUSZKIEWICZ, Christopher M. Economic Substance and the Standard of Review. *Alabama Law Review*, v. 60, p. 339-376, 2008.

PIKE, Damon V.; FRIEDMAN, Lawrence M. *Customs law*. Durham: Carolina Academic Press, 2012. Edição Kindle.

PINHEIRO, Rosalice Fidaldo. *O abuso do direito e as relações contratuais*. Rio de Janeiro: Renovar, 2002.

PINTO, Carlos Alberto da Mota. *Teoria geral do direito civil*. 3. ed. Coimbra: Coimbra Editora, 1994.

PIOVESAN, Flávia. *Direitos humanos e o direito constitucional internacional*. 2. ed. São Paulo: Max Limonad, 1997.

PODDIGHE, Andrea. *Il principio di competenza tra diritto contabilize e diritto tributário nella prospectiva interna e sovranazionale*. Milano: Giuffrè, 2021.

POLIZELLI, Victor Borges. Balanço comercial e balanço fiscal: relações entre o direito contábil e o direito tributário e o modelo adotado pelo Brasil. *Revista Direito Tributário Atual*, São Paulo, n. 24, p. 584-608, 2010.

POLIZELLI, Victor Borges. *O princípio da realização da renda*: reconhecimento de receitas e despesas para fins do IRPJ. São Paulo: IBDT-Quartier Latin, 2012.

POLIZELLI, Victor Borges; ANDRADE JÚNIOR, Luiz Carlos de. O problema do tratamento tributário dos contratos atípicos da economia digital: tipicidade econômica e fracionamento de contratos. *Revista Direito Tributário Atual*, São Paulo, n. 39, p. 474-506, 2018.

REFERÊNCIAS | 793

PONTES DE MIRANDA, Francisco Cavalcanti. *Comentários à Constituição de 1946*. Rio de Janeiro: Borsoi, 1962. t. VIII.

PONTES DE MIRANDA, Francisco Cavalcanti. *Comentários à Constituição de 1967*. São Paulo: RT, 1967. t. II.

PONTES DE MIRANDA, Francisco Cavalcanti. *Comentários à Constituição de 1967 com a Emenda n. 1 de 1969*. 3. ed. Rio de Janeiro: Forense, 1987. t. II.

PONTES DE MIRANDA, Francisco Cavalcanti. *Comentários à Constituição de 1967 com a Emenda n. 1 de 1969*. 2. ed. São Paulo: RT, 1970. t. III.

PONTES DE MIRANDA, Francisco Cavalcanti. *Tratado de direito privado*. Campinas: Bookseller, 2003. t. XXIII.

PONTES DE MIRANDA, Francisco Cavalcanti. *Tratado de direito privado*. Atual. Ruy Rosado de Aguiar Júnior e Nelson Nery Jr. São Paulo: RT, 2012. t. XXVI.

PONTES DE MIRANDA, Francisco Cavalcanti. *Tratado de direito privado*: parte geral. 2. ed. Campinas: Bookseller, 2000.

PRADE, André Porto. *Tributação do provimento de acesso à internet*. Florianópolis: Obra Jurídica, 2004.

PRADO, Luiz Regis. *Bem jurídico-penal e Constituição*. 8. ed. Rio de Janeiro: Forense, 2019.

PRADO, Luiz Regis. *Curso de direito penal brasileiro*: parte geral. 3. ed. São Paulo: RT, 2002.

PRADO, Luiz Regis. *Tratado de direito penal brasileiro*: parte geral. 3. ed. Rio de Janeiro: Forense, 2019. v. 1.

PRATA, Ana. *A tutela constitucional da autonomia privada*. Coimbra: Almedina, 1982.

PROSPERI, Francesco. L'abuso del diritto nella fiscalità vista da un civilista. *Diritto e Pratica Tributaria*, Milano, v. LXXXIII, n. 4, p. 717-753, jul./ago. 2012.

QUERALT, Juan Martín; SERRANO, Carmelo Lozano; OLLERO, Gabriel Casado; LÓPEZ, José M. Tejerizo. *Curso de derecho financiero y tributario*. 9. ed. Madrid: Tecnos, 1998.

QUEIROZ, Luís Cesar Souza de. *Imposto sobre a renda*: requisitos para uma tributação constitucional. Rio de Janeiro: Forense, 2003.

QUEIROZ, Luís Cesar Souza de. *Sujeição passiva tributária*. Rio de Janeiro: Forense, 1998.

QUEIROZ, Mary Elbe. *Imposto sobre a renda e proventos de qualquer natureza*. Barueri: Manole, 2004.

RAYA, Francisco José Carrera. *Manual de derecho financiero*. Madrid: Tecnos, 1994. v. I.

REALE, Miguel. *Lições preliminares de direito*. 27. ed. São Paulo: Saraiva, 2010.

REALE, Miguel. O IPTU progressivo e a inconstitucionalidade da EC 29/2000. *RDDT*, n. 81, p. 123-126, 2002.

REALE, Miguel. *Parlamentarismo brasileiro*. São Paulo: Saraiva, 1962.

REQUIÃO, Rubens. *Curso de direito comercial*. 23. ed. São Paulo: Saraiva, 2003. v. 1.

REQUIÃO, Rubens. *Curso de direito comercial*. 23. ed. São Paulo: Saraiva, 2003. v. 2.

RESCIGNO, Pietro. *L'abuso del diritto*. Bologna: Il Mulino, 1998.

REZEK, José Francisco. *Direito internacional público*: curso elementar. 17. ed. São Paulo: Saraiva, 2018.

RIBEIRO, Ricardo Lodi. A constitucionalidade das alterações introduzidas na Cofins pela Lei nº 9.718/98. *Revista Dialética de Direito Tributário*, São Paulo, n. 53, p. 67-76, fev. 2000.

RIBEIRO, Ricardo Lodi. A não cumulatividade das contribuições incidentes sobre o faturamento na Constituição e nas leis. *Revista Dialética de Direito Tributário*, n. 111, p. 100-110, dez. 2004.

RIGSBY, Stephen. The business purpose doctrine in corporate divisions. *Akron Law Review*, v. 11, n. 2, p. 275-312, 1977.

RIJO, José. *Direito aduaneiro da União Europeia*: notas de enquadramento normativo, doutrinário e jurisprudencial. Coimbra: Almedina, 2020.

RIZZARDO, Arnaldo. *Contratos*. 2. ed. Rio de Janeiro: Forense, 2001.

RIZZARDO, Arnaldo. *Contratos*. 20. ed. Rio de Janeiro: Forense, 2022.

RIZZARDO, Arnaldo. Contratos. 21. ed. Rio de Janeiro: Forense, 2023.

ROCHA, Valdir de Oliveira. *O planejamento tributário e a Lei Complementar 104*. São Paulo: Dialética, 2001.

ROCHA, Valdir de Oliveira. *Planejamento fiscal*: teoria e prática. São Paulo: Dialética, 1995.

RODRIGUES, Marcelo Abelha. *Manual de direito ambiental e legislação aplicável*. São Paulo: Max Limonad, 1999.

RODRIGUES, Silvio. *Direito civil*: parte geral das obrigações. 25. ed. São Paulo: Saraiva, 1997. v. 2.

RODRIGUES, Silvio. *Direito civil*: parte geral. 27. ed. São Paulo: Saraiva, 1997. v. 1.

RODRIGUES, Silvio. *Direito civil*: parte geral das obrigações. 25. ed. São Paulo: Saraiva, 1997. v. 2.

RODRIGUES, Silvio. *Direito civil*: responsabilidade civil. 16. ed. São Paulo: Saraiva, 1998. v. 4.

ROLIM, João Dácio. O conceito jurídico de renda e proventos de qualquer natureza: alguns casos concretos – adições e exclusões do lucro real. *In*: ROCHA, Valdir de Oliveira (coord.). *Imposto de renda*: questões atuais e emergentes. São Paulo: Dialética, 1995.

ROLIM, João Dácio; MARTINS, Daniela Couto. A nova disciplina do aproveitamento do crédito – transformação do ICMS tipo consumo na modalidade renda? *In*: ROCHA, Valdir de Oliveira (coord.). *O ICMS e a LC 102*. São Paulo: Dialética, 2000.

ROSENOW, Sheri; O'SHEA, Brian J. *A handbook on the WTO Customs Valuation Agreement*. Cambridge: Cambridge University Press, 2010. Edição Kindle.

ROVIRA, Enoch Alberti. *Federalismo y cooperación en La República Federal Alemana*. Madrid: Centro de Estudios Constitucionales, 1986.

RUSSO, Pasquale; FRANSONI, Guglielmo; CASTALDI, Laura. *Istituzioni di diritto tributario*. 2. ed. Milano: Giuffrè, 2016.

SAINZ DE BUJANDA, Fernando. Análisis jurídico el hecho imponible. *Hacienda y Derecho*, v. IV, 1966.

SANNA, Silvia. Il GATT 1994 e gli accordi in materia doganale. *In*: VENTURINI, Gabriella (a cura di). *L'Organizzazione Mondiale del Commercio*. 3. ed. Milano: Giuffrè, 2015.

SANTOS, António Carlos; GONÇALVES, Maria Eduarda; MARQUES, Maria Manuel Leitão. *Direito econômico*. 3. ed. Coimbra: Almedina, 1999.

SANTOS, Raquel do Amaral de Oliveira. Os ganhos de capital das pessoas físicas. *In*: MARTINS, Ives Gandra da Silva; PEIXOTO, Marcelo Magalhães (coord.). *Imposto sobre a renda e proventos de qualquer natureza*: questões pontuais do curso da APET. São Paulo: MP, 2006.

SCHIER, Paulo Ricardo. *Filtragem constitucional*: construindo uma nova dogmática jurídica. Porto Alegre: Safe, 1999.

SCHOUERI, Luís Eduardo. Considerações acerca da disponibilidade da renda: renda disponível é renda líquida. *In*: ZILVETI, Fernando Aurelio; FAJERSZTAJN, Bruno; SILVEIRA, Rodrigo Maito da. *Direito tributário*: princípio da realização do imposto sobre a renda – estudos em homenagem a Ricardo Mariz de Oliveira. São Paulo: IBDT, 2019. p. 19-32.

SCHOUERI, Luís Eduardo. *Direito tributário*. 10. ed. São Paulo: Saraiva, 2021. Edição Kindle.

SCHOUERI, Luís Eduardo. ISS sobre a importação de serviços do exterior. *Revista de Dialética de Direito Tributário*, São Paulo, n. 100, p. 39-51, jan. 2004.

SCHOUERI, Luís Eduardo. *Normas tributárias indutoras e intervenção econômica*. Rio de Janeiro: Forense, 2005.

SCHOUERI, Luís Eduardo. O mito do lucro real na passagem da disponibilidade jurídica para a disponibilidade econômica. *In*: LOPES, Alexsandro Broedel; MOSQUEIRA, Roberto Quiroga (org.). *Controvérsias jurídico-contábeis*: aproximações e distanciamentos. São Paulo: Dialética, 2010. p. 241-264.

SCHOUERI, Luís Eduardo. *Preços de transferência no direito tributário brasileiro*. 3. ed. São Paulo: Dialética, 2013.

SCHOUERI, Luís Eduardo; FERREIRA, Diogo Olm; LUZ, Victor Lyra Guimarães. *Legalidade tributária e o Supremo Tribunal Federal*: uma análise sob a ótica do RE n. 1.043.313 e da ADI n. 5.277. São Paulo: IBDT, 2021.

SCHOUERI, Luís Eduardo; ROCHA, Valdir de Oliveira (coord.). *Tributos e preços de transferência*. São Paulo: Dialética, 1999. v. 2.

SCHÜNEMANN, Bernd. Do conceito filosófico ao conceito tipológico de dolo. Trad. Luís Greco e Ana Cláudia Grossi. *In*: GRECO, Luís. *Estudos de direito penal, direito processual penal e filosofia do direito*. São Paulo: Marcial Pons, 2013.

SEHN, Solon. *Comentários ao regulamento aduaneiro*: infrações e penalidades. 2. ed. São Paulo: Aduaneiras, 2021.

SEHN, Solon. *Curso de direito aduaneiro*. 2. ed. Rio de Janeiro: Forense, 2022.

SEHN, Solon. *Imposto de importação*. São Paulo: Noeses, 2016.

SEHN, Solon. Lei complementar e normas gerais de direito tributário. *In*: VALLE, Mauricio Dalri Timm do; VALADÃO, Alexsander Roberto Alves; DALLAZEM, Dalton Luiz (coord.). *Ensaios em homenagem ao Professor José Roberto Vieira*. São Paulo: Noeses, 2017.

SEHN, Solon. Materialidade da hipótese de incidência das contribuições ao PIS/Pasep e Cofins incidentes na importação. *Revista de Direito Internacional, Econômico e Tributário*. Brasília: Universidade Católica de Brasília, v. 6, p. 213-232, 2011.

SEHN, Solon. O controle da administração pública no direito brasileiro. *In*: HARGER, Marcelo (org.). *Curso de direito administrativo*. Rio de Janeiro: Forense, 2007.

SEHN, Solon. *PIS-Cofins*: não cumulatividade e regimes de incidência. 2. ed. São Paulo: Noeses, 2019.

SEHN, Solon. *PIS-Cofins*: não cumulatividade e regimes de incidência. 3. ed. São Paulo: Noeses, 2022.

SEHN, Solon. Prazos especiais de prescrição e decadência das contribuições da seguridade social. *In*: CARVALHO, Aurora Tomazini de (org.). *Decadência e prescrição em direito tributário*. 2. ed. São Paulo: MP, 2010.

SEHN, Solon. Subvenções para investimentos: pressupostos de exclusão do lucro real para fins de apuração do IRPJ e da CSLL. *Revista Dialética de Direito Tributário*, v. 233, p. 131-142, 2015.

SELIGMAN, Edwin Robert Anderson. *The income tax*: a study of the history, theory, and practice of income taxation at home and abroad. 2. ed. New York: Macmillan, 1914. (Lawbook Exchange edition 2011.)

SERRANO, Carmelo Lozano. *Exenciones tributarias y derechos adquiridos*. Madrid: Tecnos, 1988.

SHERMAN, Saul L.; GLASHOFF, Hinrich. *Customs valuation*: commentary on the GATT Customs Valuation Code. Paris-New York: ICC Publications, 1980.

SICHES, Recaséns. *Introducción al estudio del Derecho*. México: Porrua, 1970.

SILVA, José Afonso da. *Aplicabilidade das normas constitucionais*. 3. ed. São Paulo: Malheiros, 1998.

SILVA, José Afonso da. *Curso de direito ambiental constitucional*. São Paulo: Malheiros, 1994.

SILVA, José Afonso da. *Curso de direito constitucional positivo*. 15. ed. São Paulo: Malheiros, 1998.

SILVA, Ovídio Baptista da. *Curso de processo civil*: processo de conhecimento. 3. ed. Porto Alegre: Fabris, 1996.

SIMÕES, Thiago Taborda. *Contribuições sociais*: aspectos tributários e previdenciários. São Paulo: Noeses, 2013.

SOUSA, Rubens Gomes de. *Compêndio de legislação tributária*: parte geral. 3. ed. Rio de Janeiro: Financeiras, 1960.

SOUSA, Rubens Gomes de. *Compêndio de legislação tributária*. São Paulo: IBET-Resenha Tributária, 1975.

SOUSA, Rubens Gomes de. *Estudos de direito tributário*. São Paulo: Saraiva, 1950.

SOUSA, Rubens Gomes de. Parecer sobre o imposto de indústrias e profissões. *In: SOUSA, Rubens Gomes de. Imposto de indústrias e profissões*: razões e pareceres. Porto Alegre: Globo, 1957.

SOUSA, Rubens Gomes de; ATALIBA, Geraldo; CARVALHO, Paulo de Barros. *Comentários ao Código Tributário Nacional*. São Paulo: RT, 1975.

SOUZA, Hamilton Dias de. Contribuição ao P.I.S.: natureza jurídica e base de cálculo. *In*: MARTINS, Ives Gandra da Silva (coord.). *Contribuições especiais*: fundo PIS/PASEP. São Paulo: Resenha Tributária-CEEU, 1991. (Caderno de pesquisas tributárias, v. 2.)

SOUZA, Hamilton Dias de. *Estrutura do imposto de importação no Código Tributário Nacional*. São Paulo: Resenha Tributária, 1980.

SOUZA, Hamilton Dias de. ICMS – substituição tributária. *Revista Dialética de Direito Tributário*. São Paulo, n. 12, set. 1996.

SOUZA, Hamilton Dias de. Normas gerais de direito tributário. *In*: SOUZA, Hamilton Dias de. *Direito tributário*. São Paulo: José Bushatsky Editor, 1973. v. 2, p. 19-46.

SOUZA, Hamilton Dias de. Princípio da não cumulatividade e crédito de ICMS de bens do ativo fixo. *Repertório IOB de Jurisprudência*, n. 11, 1998.

SOUZA, Hamilton Dias de; FERRAZ JÚNIOR, Tercio Sampaio. Contribuições de intervenção no domínio econômico e a Federação. *In*: MARTINS, Ives Gandra da Silva. *Contribuições de intervenção no domínio econômico*. São Paulo: CEU-RT, 2002.

REFERÊNCIAS | **797**

SOUZA, Leandro Marins de. *Imunidade tributária*: entidades de educação e assistência social. Curitiba: Juruá, 2001.

SOUZA, Ricardo Conceição. *Regime jurídico das contribuições*. São Paulo: Dialética, 2002.

SPAGNOL, Werther Botelho. *As contribuições sociais no direito brasileiro*. Rio de Janeiro: Forense, 2002.

STEINER, Renata C. *Descumprimento contratual*: boa-fé e violação positiva do contrato. São Paulo: Quartier Latin, 2014.

STOLL, Heinrich; FAVALE, Rocco; FEOLA, Maria; DI LAURO, Antonino Procida Mirabelli. *L'obbligazione come rapporto complesso*. Torino: G. Giappichelli Editore, 2016.

STUMM, Raquel Denize. *Princípio da proporcionalidade no direito constitucional brasileiro*. Porto Alegre: Livraria do Advogado, 1995.

TABELLINI, Paolo M. *L'elusione della norma tributaria*. Milano: Giuffrè, 2007.

TABOADA, Carlos Palao. *Capacidad contributiva, no confiscatoriedad y otros estudios de derecho constitucional tributario*. Pamplona: Civitas-Thomson Reuters, 2018.

TABOADA, Carlos Palao. *La aplicación de las normas tributarias y la elusión fiscal*. 2. ed. Madrid: Civitas, 2021.

TÁCITO, Caio. O direito à espera da lei. *In*: TÁCITO, Caio. *Temas de direito público*: estudos e pareceres. Rio de Janeiro: Renovar, 1997. v. 1.

TÁCITO, Caio. O direito à espera da lei. *Revista de Direito Administrativo*, Rio de Janeiro, n. 181-182, p. 38-45, 1990.

TÁCITO, Caio. *Temas de direito público*: estudos e pareceres. Rio de Janeiro: Renovar, 1997. v. 1.

TÁCITO, Caio. Teoria e prática do desvio de poder. *Revista de Direito Administrativo*, Rio de Janeiro, v. 117, p. 1-18, jul./set. 1974.

TARTUCE, Flávio. *Direito civil*: teoria geral dos contratos e contratos em espécie. 16. ed. Rio de Janeiro: Forense, 2021. v. 3.

TARTUCE, Flávio. *Manual de direito civil*. 16. ed. São Paulo: Forense, 2021.

TAVARES, Juarez. Alguns aspectos da estrutura dos crimes omissivos. *Revista do Ministério Público do Estado do Rio de Janeiro*, Rio de Janeiro, v. 1, n. 1, p. 1450, jan./jun. 2005.

TAVARES, Juarez. *Teoria dos crimes omissivos*. São Paulo: Marcial Pons, 2012.

TAVARES, Marcelo Leonardo. *Direito previdenciário*. 6. ed. Rio de Janeiro: Lumen Juris, 2004.

TELLES, Inocêncio Galvão. *Manual dos contratos em geral*. 4. ed. Coimbra: Coimbra Editora, 2002.

TELLES JUNIOR, Goffredo. *Tratado da consequência*: curso de lógica formal. 6. ed. São Paulo: Juarez de Oliveira, 2003.

TEPEDINO, Gustavo; KONDER, Carlos Nelson; BANDEIRA, Paula Greco. *Fundamentos do direito civil*: contratos. 2. ed. Rio de Janeiro: Forense, 2021. v. 3.

TEPEDINO, Gustavo; OLIVA, Milena Donato. *Fundamentos do direito civil*: teoria geral do direito civil. 3. ed. Rio de Janeiro: Forense, 2022. v. 1.

TEPEDINO, Gustavo; SCHREIBER, Anderson. *Fundamentos do direito civil*: obrigações. Rio de Janeiro: Forense, 2020. v. 2.

TEMER, Michel. *Elementos de direito constitucional*. 15. ed. São Paulo: Malheiros, 1999.

TESAURO, Francesco. Elusione e abuso nel diritto tributario italiano. *Diritto e Pratica Tributaria*, Milano, v. LXXXIII, n. 4, p. 684-706, jul./ago. 2012.

TESAURO, Francesco. *Istituzioni di diritto tributario*: parte generale. Aggiornata da Maria Cecilia Fregni, Nicola Sartori e Alessandro Turchi. 14. ed. Milano: UTET, 2021. v. I.

THEODORO JÚNIOR, Humberto. *Comentários ao novo Código Civil*. 4. ed. Rio de Janeiro: Forense, 2008. livro III.

THEODORO JÚNIOR, Humberto. *Comentários ao novo Código Civil*. 4. ed. Rio de Janeiro: Forense, 2008. v. 3, t. 2.

THEODORO JÚNIOR, Humberto. *Prescrição e decadência*. 2. ed. Rio de Janeiro: Forense, 2020.

TILBERY, Henry. *A tributação dos ganhos de capital*. São Paulo: Resenha Tributária, 1977.

TIPKE, Klaus. *Moral tributaria del Estado y de los contribuyentes*. Madrid: Marcial Pons, 2002.

TIPKE, Klaus; LANG, Joachim. *Direito tributário (Steuerrecht)*. Porto Alegre: Fabris, 2008. v. I.

TIPKE, Klaus; LANG, Joachim. *Direito tributário*. Trad. Elisete Antoniuk. Porto Alegre: Fabris, 2013.

TIPKE, Klaus; YAMASHITA, Douglas. *Justiça fiscal e princípio da capacidade contributiva*. São Paulo: Malheiros, 2002.

TOLEDO, José Eduardo Tellini. *IPI*: incidência tributária e princípios constitucionais. São Paulo: Quartier Latin, 2006.

TOMAZELA, Ramon. *O imposto de renda e as regras de subcapitalização*. São Paulo: Thomson Reuters, 2023.

TOMÉ, Fabiana Del Padre. Natureza jurídica da "não cumulatividade" da contribuição ao PIS/PASEP e da COFINS: consequências e aplicabilidade. *In*: PEIXOTO, Marcelo Magalhães; FISCHER, Octavio Campos (coord.). *PIS-Cofins*: questões atuais e polêmicas. São Paulo: Quartier Latin, 2005.

TOMÉ, Fabiana Del Padre. Teoria do fato jurídico e a importância das provas. *In*: CARVALHO, Paulo de Barros (coord.); CARVALHO, Aurora Tomazini de (org.). *Construtivismo lógico-semântico*. São Paulo: Noeses, 2014. v. I.

TÔRRES, Heleno Taveira. Autonomia privada nas importações e sanções tributárias. *In*: TREVISAN, Rosaldo (org.). *Temas atuais de direito aduaneiro*. São Paulo: Lex, 2008. p. 197-244.

TÔRRES, Heleno Taveira. Base de cálculo do imposto de importação e o acordo de valoração aduaneira. *In*: TÔRRES, Heleno Taveira (coord.). *Comércio internacional e tributação*. São Paulo: Quartier Latin, 2005, p. 224-257.

TÔRRES, Heleno Taveira. *Direito constitucional tributário e segurança jurídica*: metódica da segurança jurídica do sistema constitucional tributário. 3. ed. São Paulo: RT, 2019.

TÔRRES, Heleno Taveira. *Direito tributário e direito privado*: autonomia privada, simulação e elusão tributária. São Paulo: RT, 2003.

TÔRRES, Heleno Taveira (coord.). *Direito tributário internacional aplicado*. São Paulo: Quartier Latin, 2003.

TÔRRES, Heleno Taveira (coord.). *Comércio internacional e tributação*. São Paulo: Quartier Latin, 2005.

TÔRRES, Heleno Taveira. Relação entre constituição financeira e constituição econômica. *In*: LOBATO, Valter de Souza (coord.). DELIGNE, Maysa de Sá Pittondo; LEITE, Matheus Soares (org.). *Extrafiscalidade*: conceito, interpretação, limites e alcance. Belo Horizonte: Fórum, 2017. p. 123-139.

REFERÊNCIAS **799**

TORRES, Ricardo Lobo. A não cumulatividade no PIS/Cofins. *In*: PEIXOTO, Marcelo Magalhães; FISCHER, Octavio Campos (coord.) *PIS-Cofins*: questões atuais e polêmicas. São Paulo: Quartier Latin, 2005.

TORRES, Ricardo Lobo. *Curso de direito financeiro e tributário*. 7. ed. Rio de Janeiro-São Paulo: Renovar, 2000.

TORRES, Ricardo Lobo. Normas gerais antielisivas. *Revista Eletrônica de Direito Administrativo Econômico,* Salvador, n. 4, p. 1-41, set./dez. 2005-jan. 2006.

TORRES, Ricardo Lobo. O princípio da proporcionalidade e as normas antielisivas no Código Tributário da Alemanha. *Revista Direito Tributário Atual*, n. 25, p. 121-131, 2011.

TORRES, Ricardo Lobo. *Planejamento tributário*: elisão abusiva e evasão fiscal. 2. ed. Rio de Janeiro: Elsevier Brasil, 2013.

TORORELLI, Mauro. *L'abuso del diritto nella disciplina tributaria*. Milano: Giuffrè, 2019.

TREVISAN, Rosaldo. Tratados internacionais e o direito brasileiro. *In*: BRITTO, Demes; CASEIRO, Marcos Paulo (coord.) *Direito tributário internacional*: teoria e prática. São Paulo: RT, 2014.

TROIANELLI, Gabriel Lacerda. A inconstitucionalidade da criação da Cofins não cumulativa por medida provisória decorrente da falta de urgência. *In*: PEIXOTO, Marcelo Magalhães; FISCHER, Octávio Campos (coord.). *PIS*-Cofins: questões atuais e polêmicas. São Paulo: Quartier Latin, 2005,

UCKMAR, Victor. *Princípios comuns do direito constitucional tributário*. Trad. Marco Aurelio Greco. 2. ed. São Paulo: Malheiros, 1999.

UTUMI, Ana Cláudia Akie. Lei nº 11.638/2007 e implicações tributárias das subvenções para investimento. *In*: ROCHA, Sergio Andre (coord.). *Direito tributário, societário e a reforma das Leis da S.A*. São Paulo: Quartier Latin, 2010. v. I.

VALLE, Maurício Dalri Timm do. *Princípios constitucionais e regras-matrizes de incidência do Imposto sobre Produtos Industrializados – IPI*. São Paulo: Noeses, 2016.

VARELA, Antunes. *Das obrigações em geral*. 10. ed. Coimbra: Almedina 2003. v. I.

VASSALLO, Luigi. *Il nuovo abuso di diritto*. Milano: Giuffrè, 2015.

VAZ, Manuel Afonso. *Lei e reserva de lei*: a causa da lei na Constituição portuguesa de 1976. Porto: Universidade Católica Lusitana, 1992.

VELLOSO, Andrei Pitten; ROCHA, Daniel Machado; BALTAZAR JUNIOR, José Paulo. *Comentários à lei do custeio da seguridade social*. Porto Alegre: Livraria do Advogado, 2005.

VELLOSO, Carlos Mário da Silva. *Temas de direito público*. Belo Horizonte: Del Rey, 1997.

VENOSA, Sílvio de Salvo. *Direito civil*: parte geral. 5. ed. São Paulo: Atlas, 2005. v. 1.

VENOSA, Sílvio de Salvo. *Direito civil*: teoria geral das obrigações e teoria geral dos contratos. 5. ed. São Paulo: Atlas, 2005. v. 2.

VIANNA, Claudia Salles Vilela. *Previdência social*: custeio e benefícios. São Paulo: LTr, 2008.

VIEIRA, José Roberto. *A regra-matriz de incidência do IPI*: texto e contexto. Curitiba: Juruá, 1993.

VILANOVA, Lourival. *As estruturas lógicas e o sistema do direito positivo*. São Paulo: Max Limonad, 1997.

VILANOVA, Lourival. *Escritos jurídicos e filosóficos*. São Paulo: Axis Mundi-IBET, 2003. v. 1 e 2.

VILANOVA, Lourival. *Causalidade e relação no direito*. 4. ed. São Paulo: RT, 2000.

VILLEGAS, Héctor B. *Curso de finanzas, derecho financiero y tributario*. 7. ed. Buenos Aires: Depalma, 2001.

VILLEGAS, Héctor B. Destinatário legal tributário: contribuintes e sujeitos passivos na obrigação tributária. *Revista de Direito Público*, São Paulo, v. 30, p. 271 e ss., jul./ago. 1974.

VILLEGAS, Héctor B. *Manual de finanzas públicas*: la economía juridicamente regulada del sector público en el mundo globalizado. Buenos Aires: Depalma, 2000.

VITA, Jonathan Barros. *Valoração aduaneira*. São Paulo: RT-Fiscosoft, 2014.

VITAL MOREIRA. O futuro da Constituição. *In*: GRAU, Eros Roberto; GUERRA FILHO, Willis Santiago (org.). *Direito constitucional*: estudos em homenagem a Paulo Bonavides. São Paulo: Malheiros, 2001.

VIZCAÍNO, Catalina García. *Derecho tributario*: consideraciones económicas y jurídicas. 2. ed. Buenos Aires: Depalma, 1999. t. I.

WARAT, Luiz Alberto. *O direito e sua linguagem*. 2. ed. Porto Alegre: Fabris, 1995.

WITKER, Jorge. *Derecho tributario aduanero*. México: UNAM, 1999.

XAVIER, Alberto. *Direito tributário internacional no Brasil*: tributação das operações internacionais. 5. ed. Rio de Janeiro: Forense, 2002.

XAVIER, Alberto. *Do lançamento no direito tributário brasileiro*. 3. ed. Rio de Janeiro: Forense, 2005.

XAVIER, Alberto. Do prazo de decadência em matéria de *"drawback"* – suspensão. *In*: SCHOUERI, Luís Eduardo (coord.). *Direito tributário*. São Paulo: Quartier Latin, 2003. v. I, p. 527-541.

XAVIER, Alberto. *Estudos sobre o imposto de renda*. Belém: CEJUP, 1988.

XAVIER, Alberto. *Os princípios da legalidade e da tipicidade da tributação*. São Paulo: RT, 1977.

XAVIER, Alberto. *Tipicidade da tributação, simulação e norma antielisiva*. São Paulo: Dialética, 2001.

XAVIER, Helena de Araújo Lopes. O conceito de comunicação e telecomunicação na hipótese de incidência do ICMS. *Revista Dialética de Direito Tributário*, n. 72, p. 72-87, 2001.

ZAFFARONI, Eugênio Raul; PIERANGELI, José Henrique. *Manual de direito penal brasileiro*: parte geral. São Paulo: RT, 1997.

ZOPPINI, Andrea (coord.). *Diritto civile*: il rapporto obbligatorio. Milano: Giuffrè, 2009.